新青年

LA JEUNESSE

1

《新青年》百年典藏

政治文化卷

张宝明 主编

河南文艺出版社
·郑州·

主编简介：

张宝明，历史学博士、教授、博士生导师，现任河南大学党委副书记。享受国务院政府特殊津贴专家，“新世纪百千万人才工程”国家级人选，中宣部文化名家暨四个一批人才，国家“万人计划”领军人才。主要从事中国近代思想史尤其是20世纪思想史研究。近年来，在《中国社会科学》《文学评论》《光明日报》《学术月刊》等国内重要刊物发表论文70余篇，在商务印书馆、人民出版社、学林出版社、三联书店、河南文艺出版社等出版社出版学术论著。编著有《回眸〈新青年〉》《多维视野下的〈新青年〉研究》《文言与白话》等。

LA JEUNESSE
中國郵務局特准掛號認爲新聞紙類
中華民國四年九月十五日出版
青年雜誌
第一卷 第一号
卡內基
上海群益書社印行

LA JEUNESSE
青年雜誌
中華民國四年十月十五日出版
第一卷第二号
屠爾格涅甫
上海群益書社印行
中國郵務局特准掛號認為新聞紙類

出版说明

一、《新青年》(原名《青年杂志》)1915 年 9 月 15 日创刊于上海;1917 年年初迁入北京;1920 年 12 月迁至广州;1921 年 9 月回迁上海。在其编辑地点变化的过程中,刊物也经历了由“同人”时期到“同志“时期的历史性变化。1922 年 7 月 1 日,《新青年》出满 9 卷 54 号停刊。1923 年 6 月 15 日,《新青年》完全进入“同志”时期并以季刊方式重新面世,至 1926 年 7 月 25 日又出版 9 期(号)。

二、《新青年》提倡民主与科学,提倡新文学反对旧文学,提倡白话文反对文言文,堪称新文化运动的主要标志。1918 年 10 月, 李大钊在《新青年》5 卷 5 号上发表《Bolshevlsm 的胜利》《庶民的胜利》等文章, 开始了马克思主义思想在中国的传播。尤其在后期,《新青年》从“同人”刊物逐渐转向“同志”刊物。自 1919 年下半年至 1921 年 7 月中国共产党成立,先后刊登有关马列主义、十月革命及工人运动的相关文章 130 多篇,从而使之成为中国共产党真正的精神发展之源。

三、1998 年 5 月北京大学 100 周年校庆之际,由本社策划并约请张宝明、王中江两位年轻学者联袂主编的《回眸〈新青年〉》,类分为《社会思想》《哲学思潮》《语言文学》3 卷成功出版,并在北京大学召开学术座谈会——这是《新青年》创刊至当时 80 多年的第一次类分出版,在学术、出版等多个领域及广大读者之中,均产生了积极而广泛的影响;在采用 16 开版本形式及淡黄色内文用纸的印制方面,同样具有一定的示范意义。作为本社成立之初的第一套重要图书,在荣获1998年河南省优秀图书一等奖的同时,还荣获了1998年河南省优秀图书校对奖。

四、为了纪念《新青年》创刊100周年和“五四运动”100周年,《回眸〈新青年〉》之策划兼责编,又持续策划并约请著名学者张宝明,分别主编“平装普及”与“精装典藏”两种版本的丛书先后出版。“平装普及”版以大众阅读为目标,分为“政治”“思潮”“哲学”“文学创作”“文学批评”“文字”“翻译”“青年妇女”“文化教育”“随感”等10卷,已于2016年5月出版。“精装典藏”版以学者研究为指归,在《回眸〈新青年〉》和“平装普及”版的基础上,重新类分为“政治文化”“哲学思潮”“语言文学”“社会教育”“翻译随感”等5卷,并即将于2019年5月出版。

五、“平装普及”和“精装典藏”中有关的“随感”内容,均选自《新青年》原版各卷中的“随感录”,为第一次集中选编出版。因原文发表时大部分只有编号,本次编选出版的标题为主编根据其主题与内容所加。

六、鉴于“五四运动”前后由文言文向白话文过渡的特殊文化背景,鉴于当时各位作家非规范的语言、语法使用状况,在丛书的编辑过程中,我们对文章内容(包括特殊的语言、语法使用,习惯性的虚词、数字、异体字使用,一些作者的个性化署名及外文中人名、地名的个性化翻译等)尽量尊重原文并以其原貌呈现。

七、为方便当代读者的阅读习惯,本次编选对原文中的繁体字进行了简体转换,对可以确定的技术性(如作者笔误、排版误植等)错讹进行了谨慎订正,对个别标点符号的用法进行了相对规范。对原文中错讹较多的英、俄等外文,特邀有关专家进行了认真校订。一些相同的问题处理,“精装典藏”依然遵循了本社1998年5月版《回眸〈新青年〉》“编选出版说明”的基本原则进行。

八、以上三套书的主要区别,在于各自内容类分的粗放与精细、各自读者定位的广泛与精准、各自版本印刷的平装与精装。同时,三套书的选入篇目数量，也根据各自规模的大小有所区别。

九、在三套书前后长达20多年的策划、出版过程中，先后经历了一些意想不到的种种困难，但都经多方努力最终解决，并得以延续历史始终不渝的“五四”情怀。谨此，我们对主编及相关人员的人力支持表示特别感谢。

河南文艺出版社

2019年4月16日

百年回眸：经典并不遥远

张宝明

回望20世纪，如果从思想史或文化史的意义上说，我们都无法绕过有“天下第一刊”美誉的刊物——《新青年》。1915年9月15日，陈独秀在上海创办《青年杂志》（1916年9月第2卷第1号起改名为《新青年》）。从杂志创刊到今天，历史的车轮已经前行了一个多世纪。由于她和五四新文化运动之间千丝万缕的联系，今天我们对于这样一个带有特殊意义的精神符号便有了挥之不去的历史记忆。尤其在“百年”“世纪”这样颇具标志性的恢宏时刻，我们更是充满着向经典致敬的情结。光阴如同流水一样流逝，安放在图书馆一角的典藏，也在蓬头垢面的褪色面相中等待着重新绽放的青春。要知道，这是当年那一代仁人志士为青春中国所写下的歌词，既是青春的誓言，也是家国的书签：“民主”与“科学”，如同两张镌刻着美丽梦想的发黄的明信片，古色古香，令人回环爱恋。

光阴荏苒，但历史并未远去。在“五四”百年回望《新青年》、回眸“五四”那个“众声喧哗”却又让人无限神往的年代之际，我们感慨万千：往事并不如烟。

一

1923年10月，胡适在给高一涵等人的信中说：“二十五年来，只有三个杂志可代表三个时代，可以说是创造了三个新时代：一是《时务报》，一是《新民丛报》，一是《新青年》。"①经历过与"老革命党"们在新文化运动中的并肩战斗,原本谦逊温和的胡适说话也坚定了不少,尤其是在回顾新文化运动的历史时,胡适有一种强烈的"建构"意味。胡适说这话时,《新青年》同人早先"态度的同一性"已经瓦解,杂志面貌已不再是胡适期许的模样,但他对《新青年》的"新时代""创造"作用依然深信不疑。在胡适看来,一个好的杂志不仅要"代表"时代,更要"创造"时代,要以一种高屋建瓴的姿态引领时代。这为我们提供了一种观察传媒的视角,即合格的或者优秀的期刊,应该与时代处于一种怎样的关系?是一味地迎合还是批判进而造成张力?是如实地反映时代还是"超前"地引领?

《新青年》真正流行并逐渐成为传媒界的"金字招牌",是在 1918 年第 4 卷之后,尤以陈独秀出掌北大文科学长之后。② 恐怕连陈独秀本人都没有想到,《新青年》能够在现代社会转型过程中成为思想的"智库"、现代性的发源地,催生出一大批踌躇满志的思想者与精神"导师",也培育出一批批自信进取的"新青年"。《新青年》在民国报刊界崛起速度之快、影响范围之广,不能不说是一个文化的奇迹。《新青年》成功的原因,除了研究者已经指出的"革命家与思想家的联合、学术与舆论的联合"之外,从传媒与时代的关系角度而言,在于它敏感地捕捉到了时代的兴奋点,并适时地将这种兴奋点放大。美国学者威尔·施拉姆指出:"媒介一经出现,就参与了一切意义重大的社会变革——智力革命、工业革命,以及兴趣爱好、愿望抱负和道德观念的革命。这些革命教会我们一条基本格言:由于传播是根本的社会过程,由于人类首先是处理信息的动物,因此,信息状况的重大变化,传播的重大牵连,总是伴随着任何一次重大社会变革的。"③把《新青年》的成功放在整个中国社会现代转型的大背景中考察,无疑将深化我们对思想舆论传播与社会变革的内在关系的认识,为中国传媒发展的现代性演进理出一条线索。

首先,杂志准确找到了自身的时代定位,并且确立了一种全"新"的价值规范。它

① 胡适:《与高一涵等四位的信》,《努力周报》第 75 期,1923 年 10 月。

② 王奇生:《新文化是如何"运动"起来的——以〈新青年〉为视点》,《近代史研究》2007 年第 1 期。

③ [美]威尔·施拉姆、威廉·波特著,陈亮等译:《传播学概论》,新华出版社 1984 年版,第 18-19 页。

不仅满足于“代表”时代，还要指明社会、人生发展的“理想”状态，即力图创造一个新鲜的、美好的未来。民国报界新旧混杂，读者趣味不尽相同，激进刊物尽可大谈理想与未来，老派读者只钟情于鸳鸯蝴蝶、才子佳人。但在进步的思想界，人心思变，唯“新”是举，已成一种趋势。一个“新”字，既表明了与过去的决绝姿态，也亮出了杂志用以号召民众的旗帜。在创刊号上，汪叔潜为“新”作出了具体的表述：“旧者不根本打破，则新者绝对不能发生；新者不排除尽净，则旧者亦终不能保存。新旧之不能相容，更甚于水火、冰炭之不能相入也。”①汪叔潜在文中将西洋文化与中国传统分别作为“新”“旧”对立的做法，百年后的今天我们当然不会简单认同。杂志后来对中国传统文化的猛烈批判，也招致了“全盘化”反传统以至传统断层与价值失范的指责，但回到当时的历史语境，“新”的旗帜是不能不立的。今天的学者在以“后见之明”指责先贤时，恐怕没有体会到先贤“急症等不得慢郎中”甚至是“病急乱投医”的焦灼。

其次，杂志预设并且耐心培养了理想的读者群，那就是“青年”。正如刊名所示，“新青年”身上寄寓了启蒙先驱太多的期待。《新青年》创刊号上，主编开篇的《敬告青年》就不吝对青年的赞美：“青年如初春，如朝日，如百卉之萌动，如利刃之新发于硎，人生最可宝贵之时期也。青年之于社会，犹新鲜活泼细胞之在人身。”②从创刊号上的目录如《敬告青年》《共和国家与青年之自觉》《青年论》来看，主编是把“宝”押在了“青年”身上。“新中国”的建设，一帮读圣贤书之乎者也的老书生自然靠不住，在“老中国”与“新中国”之间，亟需培养一批自信的、年轻的主体，即“青年”。《新青年》在办刊过程中始终注意对“青年”进行引导与重塑，而且在青年的拥护与欢迎中，其影响力逐步扩大，从而成为“金字招牌”。青年也在阅读《新青年》中潜移默化地接受熏陶，被改造成为理想的历史主体。

最后，从杂志的编纂方针看，《新青年》面对复杂的社会问题找到了一个犀利的“切口”，那就是“文学革命”。《新青年》办刊前后，中国社会问题极其乱象丛生。面对一堆乱麻的问题，主编一筹莫展，理不出头绪。在与胡适联袂发起新文学革命之前，陈独秀敬告青年、引进法兰西文明、痛斥国民觉悟，用力不可谓不深，但始终没有

---

① 汪叔潜：《新旧问题》，《新青年》第1卷第1号，1915年9月15日。

② 陈独秀：《敬告青年》，《新青年》第1卷第1号，1915年9月15日。

引起预期的反响。说到底,再高深的思想也不能不具备一定的话题性。直到远在美国留学的同乡胡适来信指责其既提倡“写实主义”,又将谢无量的古典诗歌推为“希世之音”的矛盾时,陈独秀才以一个职业报人的敏感觉察出这里面大有文章可做。陈独秀将胡适来信刊登在《新青年》上,不仅承认自己的矛盾之处,而且表示了对于文学革命问题的热烈期盼:“海内外讲求改革中国文学诸君子,倘能发为宏议,以资公同讨论,敢不洗耳静听。”[①]在致胡适的信中,陈独秀重申:“文学改革,为吾国目前切要之事。”“此事务求足下赐以所作写实文学,切实作一改良文学论文,寄登《青年》均所至盼。”[②]就这样,两个有志于改造中国社会的安徽老乡相互启发,共同在中国大地上卷起了“新文学风暴”和“思想风暴”。

学界早已注意到了文学革命的浓厚功利性以及文学革命在启蒙规划中的作用,但对为什么文学革命能在当时起到牵一发动全身般的效果缺乏探讨。其实,文学革命作为当时最受国人瞩目的公共事件,最大程度地吸引了社会关注力。文学问题牵涉王公贵族与贩夫走卒,既阳春白雪又下里巴人,谈论似乎没有什么门槛。专家教授可以谈文学理论,普通读者可以谈阅读感受,进而引起了全民“狂欢”。可以说,文学革命为《新青年》积聚了超高的人气。以“人气”做基础,以后再谈论其他问题自然事半功倍。艺术社会学认为,“艺术和社会处于一种连锁反应般的相互依赖的关系中,这不仅表示它们总是互相影响着,而且意味着一方的任何变化都与另一方相互关联着,并向自己提出进步变化的要求。”[③]的确,文学革命始终与社会改造统一步伐,并没有偏离启蒙主旨。

《新青年》的成功,从表面上看是几个关键人物的引领、几个突发事件的影响,实质上则是晚清报业维新救国传统的发展,是“时势”“英雄”共同造就的传媒奇迹。

二

从与时代互动的角度,我们解读出了《新青年》成功的部分密码。然而要成为“金

① 胡适、陈独秀:《通信》,《新青年》第2卷第2号,1916年10月1日。

② 陈独秀:《致胡适》,《陈独秀文章选编》(上),三联书店1984年版,第143页。

③ [匈]诺德·豪阿泽尔,《艺术社会学》,居延安译,学林出版社1987年版,第37页。

字招牌”、一代名刊,还必须具备其他条件。这可以从两个维度去衡量:横向上,要考量报纸杂志在当时的辐射力与影响力;纵向上,要考量报纸杂志的宗旨、文化理念、具体内容对其后中国现代性路径选择与现代化进程的长远影响与现实意义。如果一个刊物只是满足了前者,可能只是一时的时髦,随着时过境迁而烟消云散。只有同时满足了后者,才具有了“经典”“原典”的意味。

从横向上看,《新青年》杂志可以说“创造”了一个新时代。虽然社会各界包括青年读者对《新青年》的接受经历了一个相当“慢热”的过程,《新青年》在办刊宗旨上也有过自相矛盾,但将《新青年》作为“五四”时期杂志的代表应该是没有争议的。《新青年》可以说是“五四”时代的“万花筒”与“显微镜”,内容上具有极大的包容性。处于“现代性”起源处的《新青年》是非常驳杂的,我们很难从单一学科的角度给它定性。从撰稿群来看,《新青年》在一个比较稳定的同人群体之外又有一定的包容性与开放性,不仅有革命家充满激情的预言,学者平心静气的探讨切磋,市民、学生、普通读者的心声也可以反映到杂志中去。从内容来看,它涵盖了几乎所有的人文科学领域,举凡政治学、哲学、文学、教育、伦理、道德、宗教等,无所不包。这种包容性,根源在于其办刊宗旨在启蒙与革命两极间的反复摇摆。①

与包容性相关的,是《新青年》在“五四”时代的急速扩散性,它有力推进了新价值观的形成与舆论空间的扩展。《新青年》的创刊,加速了一个时代的过渡、转型。《新青年》是一系列新潮杂志的发源地,诸如《每周评论》《努力周报》《新潮》《国民》,都是这个杂志大家庭中的成员。其中,《每周评论》《努力周报》是《新青年》“主将”们意见不合后另辟战场的产物;《新潮》《国民》则是受《新青年》感召由年轻学生与读者创办的刊物,类似于母与子的关系。1923 年,北大学生黄日葵回忆道:“五四运动之前年,除《新青年》杂志为教授所主持者不计外,学生方面有两种大的倾向,一种倾向是代表哲学、文学一方面,另一种倾向是代表政治社会的问题方面。前者是新潮杂志社,后者是国民杂志社。”“新潮社一派,隐然以胡适之先生为首领;国民杂志社一派,隐然以

---

① 关于《新青年》作者群启蒙与革命的“两难”处境,参见拙著《启蒙与革命——五四“激进派”的两难》,江西教育出版社 2009 年版。

陈独秀先生为首领。”①

《新青年》对于“五四”思想界的影响力，一个根本的原因在于其占领了当时的思想高地与学术高地。蔡元培认为：“《新青年》杂志为五四运动时代之急先锋。”1936年胡适在为上海亚东图书馆重印《新青年》题词时道：“《新青年》是中国文学史和思想史上划分一个时代的刊物，最近二十年中的文学运动和思想改革差不多都是从这个刊物出发的。”②可以说，《新青年》是“五四”的智库，是名师的摇篮。就“主撰”陈独秀而言，《新青年》无疑是其一生中事业的顶点。当年的留美博士胡适意气风发，因在《新青年》上提倡文学革命而“暴得大名”。对于鲁迅来说，《新青年》是其文学事业腾飞的真正起点，《狂人日记》的发表将其从“抄古碑”的落寞与人生低谷中暂时拉了出来。胡适在晚年讲演时说：“我们那时一个《新青年》的同事，他姓周，叫做豫才，他的笔名叫鲁迅。他在我们那时候，他在《新青年》时代是个健将，是个大将。我们这班人不大十分创造文学，只有鲁迅喜欢弄创造的东西。他写了许多《随感录》《杂感录》，不过最重要的是他写了许多短篇小说。”③除此之外，诸如李大钊、高一涵、吴虞、周作人、刘半农、钱玄同……不一而足。即使是“学生”一辈也是“后浪”汹涌，诸如傅斯年、罗家伦、顾颉刚、毛泽东……呈现出薪火相传的运势。以一杂志之力积聚或者“生产”出这么多的社会贤达，恐怕也是“奇迹”的一大表现吧。

这，无疑构成了那一代人挥之不去的记忆。同时，这也是后人值得珍藏的一份历史记忆。后来的历史发展表明，《新青年》的同人群体实际上存在着文化理念与现代性路径选择上的巨大差异，甚至是难以通约的原则矛盾，在当时却在共同目标下形成了所谓“态度的同一性”。从知识分子的身份转换以及面对社会问题的方式、发声的姿态来看，“五四”知识分子（尤以《新青年》作者群为代表）确实具备了鲜明的“代际”特征。他们自觉脱离了原先高度精英化同时也相当狭窄的士大夫圈子，将关注点从千钟粟、黄金屋、颜如玉转向社会公共空间，主动将“小我”放在国家、民族发展的大背景中进行定位。“五四”一代或多或少都有着传统的因袭与“鬼气”，他们从传统中走

---

① 张允侯等编：《五四时期的社团》（二），三联书店1979年版，第35页。

② 见汪原放：《回忆亚东图书馆》，学林出版社2006年版，第193页。

③ 耿云志辑：《胡适回忆〈新青年〉和白话文运动》，见中国社会科学院近代史研究所编：《五四运动回忆录》，中国社会科学出版社1979年版，第172页。

来,却毅然切断自己与传统的血肉关联,拥抱充满诱惑却茫然不可知的未来。这种真诚、勇气、果敢与坚定,正是“五四”一代知识分子的魅力所在。

要想简明扼要地归纳出《新青年》留给今天的思想遗产,显得相当困难。陈独秀在1919年1月《本志罪案之答辩书》中铿锵有力的一段话常常被人引用,甚至已经成为了《新青年》的旗帜:“本志同人本来无罪,只因为拥护那德莫克拉西和赛因斯两位先生,才犯了这几条滔天的大罪。”①“德先生”(民主)与“赛先生”(科学)因此蜚声中华大地。实际上,将民主、科学作为杂志的关键词尚可,但这绝非杂志的全部。由于民初不断激进的政治氛围与办刊宗旨的变化,《新青年》的面貌相当驳杂。它探讨过各种各样的“问题”,如劳工问题、教育问题、女子解放问题、伦理变革问题……也宣扬过各种各样的“主义”,如达尔文主义、易卜生主义、实验主义、马克思主义……《新青年》后来因为“问题与主义”之争走向分化,究其实“问题”与“主义”远没有那么泾渭分明。各种“问题”的背后依稀可见“主义”的影子,再高明的“主义”最终也要落实到一个个“问题”的解决上。百年后的今天,“问题”依然存在:“主义”是否坚定,信仰是否迷失,都亟待我们反思。我们生活在一个物质富足、灵魂却越来越轻浮的时代,一个科技越来越发达、韵味却越来越缺失的时代,一个拥抱现实放逐理想的时代。所有这些,都让我们有频频回首的冲动。

马歇尔·伯曼说:“一切坚固的东西都烟消云散了。”历史的惊涛拍岸,卷走了多少英雄豪杰,无论怎样慷慨的高谈阔论,都将湮灭于历史的年轮中。面对经典的支离与破碎,哲人哈贝马斯告诫我们:现代性依然是个“未完成的方案”。只要现代性依然“未完成”,《新青年》就不会“烟消云散”。谈论现代性,我们无法绕开“五四”;谈论“五四”时期的杂志,我们又无法绕开《新青年》。与当下拉开的距离愈远,《新青年》作为一代名刊的文化“经典”意味便愈浓:这是一代中国人开始觉醒呐喊的地方,这是现代中国梦开始扬帆起航的地方,这是现代性孕育萌芽的地方。再回首,还有那漫漫长路伴着我们。

一言以蔽之曰:“五四”,是一个有梦的地方,但是这个“梦”不是“桃花源”似的理

① 陈独秀:《本志罪案之答辩书》,《新青年》第6卷第1号,1919年1月15日。

想国,更不能一托了之。否则,那真是把理想寄托在一个没有地方之“乌托邦”式的自慰了。唯有寻梦、追梦才是我们的选择。

及此,或许我们能用这样的话语来概括《新青年》之所以经典并值得典藏的魅力:当年的“问题”意识,以及当今尚要面对的“问题”永远一脉相传。近代以降,从洋务运动起,近两百年的历史告诉我们,中国的转型一直在路上:问题不停地重现,学者们也不断地梳理这样的重复和再现。这一方面说明了问题的重要性,一方面表明了问题一直处于进行时的状态。我们只有将之转化为学术责任,真正梳理清楚,才会更有利于中华民族的复兴和发展。进一步说,《新青年》同人所提出的古老中国何去何从的现代性转换命题本身,就是一个十分抢眼而要紧的问题。当问题不断出现的时候,我们要有十分清醒的态度。正是在这个意义上,我们不能不重读《新青年》。因为,在这里我们可以读懂中国。

最后值得说明的是,我们之所以在 20 多年的时间里先后编选了三套环环相扣的丛书,理由只有一个:这里有太多值得回味的有关新文化的故事。尤其是在《回眸〈新青年〉》和“平装普及”版的基础上重新类分编选并即将出版的这一套“精装典藏”版,其问世不仅为学术同人提供了一个问题分类的阅读视角及其研究便利,更重要的是为我们的世纪回眸画上了一个圆满的句号。

目录

政治

中西文化

政治

吾人最後之覺悟

陳獨秀

人之生也必有死。固非爲死而生。亦未可漠然斷之曰爲生而生。人之動作。必有其的。其生也亦然。洞明此的。斯眞吾人最後之覺悟也。世界一切哲學宗教。皆緣欲達此覺悟而起。茲之所論。非其倫也。茲所謂最後之覺悟者。吾人生聚於世界之一隅。歷數十年。至於今日。國力文明。果居何等。易詞言之。卽盱衡內外之大勢。吾國吾民。果居何等地位。應取何等動作也。故於發論之先。申立言之旨。爲讀者珍重告焉。

吾華國於亞洲之東。爲世界古國之一。開化日久。環吾境者皆小蠻夷。閉戶自大之局成。而一切學術政教。悉自爲風氣。不知其他。魏晉以還。象教流入。朝野士夫。略開異見。然印土自已不振。且其說爲出世之宗。故未能使華民根本丕變。資生事之所需也。其足使吾人生活狀態變遷。而日趨覺悟之途者。其歐化之輸入乎。歐洲輸入之文化。與吾華固有之文化。其根本性質極端相反。數百年來。吾國擾攘不安之象。其由此兩種文化相觸接相衝突者。蓋十居八九。凡經一次衝突。國民卽受一次覺悟。惟吾人惰性過强。旋覺旋迷。甚至愈覺愈迷。昏瞶糊塗。至於今日。綜計過境。略分七期。第一期在有明之中葉。西教西器初入中國。知之者乃極少數之人。亦復驚爲河漢。信之者惟徐光啓一人而已。第二期在清之初世。火器歷法。見納於清帝。朝野舊儒。羣起非之。是爲中國新舊相爭之始。第三期在清之中世。鴉片戰爭以還。西洋武力。震驚中士。情見勢絀。互市局成。曾李當國。相繼提倡西洋製械練兵之術。於是洋務西學之名詞。發現於朝野。當時所爭者。在朝則爲鐵路非鐵路問題。在野則爲地圓地動地非圓不動問題。今之童稚皆可解決者。而當時之頑固士大夫。奮筆鼓舌。嘵嘵不已。咸以息邪說正人心之聖賢自命。其睡眠無知之

选自《青年杂志》第一卷第六号(原版内文)

新旧问题

汪叔潜

吾何为而讨论新旧之问题乎？见夫国中现象，变幻离奇，盖无在不由新旧之说淘演而成。吾又见夫全国之人心，无所归宿；又无不缘新旧之说，荧惑而致。政有新政、旧政，学有新学、旧学，道德有所谓新道德、旧道德，甚而至于交际酬应，亦有所谓新仪式、旧仪式。上自国家，下及社会，无事无物，不呈新旧之二象。吾人与事物之缘，一日未断，则一日必发生新旧问题。新新旧旧，杂陈吾前，吾果何所适从耶？吾有此疑问，吾料人人均有此疑问，则辨之乌可不早辨耶？

吾国自发生新旧问题以来，迄无人焉对于新旧二语下一明确之定义。在昔前清之季，国中显分维新、守旧二党，彼此排抵，各不相下，是谓新旧交哄之时代。近则守旧党之名词，早已随前清帝号以俱去。人之视新，几若神圣不可侵犯。即在昌言复古之人，亦往往假托新义，引以为重。夷考其实，则又一举一动，罔不与新义相角触。因此之故，一切现象似新非新，似旧非旧，是谓新旧混杂之时代。新旧交哄之时，姑无论其是否，然人各本其良心上之主张，不稍假借。国家一线之生机，犹系于此。独至新旧混杂，非但是非不明，且无辨别是非之机会。循此不变，势必至于举国之人不复有精神上之作用，吾不知国果何所与立也？

夫有是非而无新旧，本天下之至言也。然天下之是非，方演进而无定律，则不得不假新旧之名以标其帜。夫既有是非、新旧，则不能无争。是非不明，新旧未决，其争亦未已。始则口诛笔伐，终且兵阵相攻矣！吾国新旧问题，倘不早日解决，所谓新旧之争，必愈演而愈烈。试观数岁以来，国法何以朝更夕改？政治何以举棋不定？曰：惟新旧之争故。人心何以涣散不宁？社会事业何以停滞不进？亦惟曰：新旧之争故。此本过渡时代必经之阶级，原不足怪。今日所可异者，人人投身于新旧竞争之漩涡，行其实而独避其名。今试举一人或一事焉，欲辨别其孰为新、孰为旧，几不可能。明明旧人物也，彼之口头言论则全袭乎新；自号为新人物也，彼之思想方法，终不离乎旧。譬之封爵，旧事也，而取义于平等，则新矣；譬之办学，新事也，而明分乎阶级，则旧矣。诸如此类，不胜枚举。是故从前新旧之争，如火如荼；近则新旧之争，为鬼为蜮。磊落光明之态度，一变而为昏沉暧昧，一旦积久而卒发，将有过当倾侧之虞！吾尝考此现象之所由成，盖有三派之人不能不负其责。

一曰伪降派　此派盖纯乎旧者也。彼之旧脑筋、旧观念、旧方法、旧习惯，实与有生以俱来。彼于革新事业，本属格格不入，徒以迫于外势，不得不降心以相从。彼之降心相从，不过为彼之一种手段。彼虽极力敷衍新门面，然所谓旧观念旧方法者，仍随在流露于不自觉。今日新旧混杂之故，实以此派为之主动。

一曰盲从派　此派盖近乎新者也。彼之趋新，如恐不及，一唱百和，竟成风气。问其究有真知灼见与否？无有也。叩其究有真正信仰与否？亦无有也。此派之人，在国中实居多数。彼虽自命为新界之功臣，实则为新界之罪人。

一曰折衷派　往当新旧二派明张旗鼓之时，国中辄有一部分之人，好为调停之说，以为二者可以并行不悖。新者固在所取法，旧者亦未可偏废。一方面提倡维新，一方面又调护守旧，所谓折衷派是也。此派言论，对于认理不真之国民，最易投合。且彼自身处于不负责任之地位，而能周旋于二者之间，因以为利，彼之自处可谓巧矣！故养成此不新不旧之现象者，尤以此派为最有力。

综此三派，可以一言蔽之曰：旧者不肯自承为旧，新者亦不知所以为新而已。吾恶夫作伪，吾恶夫盲从，吾尤恶夫折衷。吾以为新旧二者，绝对不能相容。折衷之说，非但不知新，并且不知旧。非直为新界之罪人，抑亦为旧界之蟊贼。吾为此言，吾非好为提倡新旧之争也。吾以为国于天地，必有与立一国之人，苟有一致之趋向上也。假使不然，则维新固有维新之精神，守旧亦有守旧之精神。人人各本其自信者，锲而不舍，精神之角斗，无时或息，终必有正当解决之一日。惟依违其间，唯唯否否，乃至匿怨而友，阴相残贼，而国家之元气，真乃斲丧尽净矣！不亦重可悲乎？

今日之弊，固在新旧之旗帜未能鲜明。而其原因，则在新旧之观念与界说未能明了。夫新旧乃比较之词，本无标准。吾国人之惝恍未有定见者，正以无所标准，导其趣舍之途耳！今为之界说曰：所谓新者无他，即外来之西洋文化也；所谓旧者无他，即中国固有之文化也。如是,则首当争辨者,西洋文化与中国文化根本上是否可以相容?欲解决此问,又当先知西洋之伦理与中国之伦理是否相似。此在稍识外情者,亦必知欧美各国之家族制度、社会制度以至于国家制度,固无一焉可与中国之旧说勉强比附者也。欧美现今一切之文化,无不根据于人权、平等之说。在二百年前,其为君权政治、特权社会,固无异于中国或且加甚焉。乃自法兰西革命以还,人权之说大唱,于是对于人生之观念为之大变;人生之观念既变,于是对于国家之观念亦不得不变;人生之观念变,于是乎尊重自由,而人类之理性,始得完全发展;国家之观念变,于是乎,铲除专制,而宪政之精神,始得圆满表见。是谓之西洋文化,而为吾中国前此所未有,故字之曰"新"。反乎此者则字之曰"旧"。二者根本相违,绝无调和折衷之余地。今日所当决定者,处此列族竞存时代,究竟新者与吾相适,抑旧者与吾相适?如以为新者适也,则旧者在所排除;如以为旧者适也,则新者在所废弃。旧者不根本打破,则新者绝对不能发生;新者不排除尽净,则旧者亦终不能保存。新旧之不能相容,更甚于水火、冰炭之不能相入也。吾国提唱维新几三十年,大都局于新旧比较之词,从未体认新旧根本之异。根本观念倘未明了,仅龂龂于一事一物之新旧,则所谓为新旧者,乃时间的而非空间的,乃主观的而非客观的,乃比较的而非绝对的。人人得各新其所新,而旧其所旧。新旧之说愈繁,而新旧之界愈晦;新旧之界愈晦,而新旧之争愈乃不可收拾。戾气磅礴,罔测所届,此诚中国唯一之根本大患。此而不辨,则一切云雾终无廓清之日。国事且不论,即吾个人安身立命之所,亦不能不有所归宿,岂遂任多数潮流所支配,或东或西,自贻无形之天君以无限之苦痛?吾社会未来之主人翁,不应急择所趣舍也耶?

(第一卷第一号,一九一五年九月十五日)

近世国家观念与古相异之概略

高一涵

一涵曰：伯伦智理（Bluntschli），德意志瑞士之秀里人也。于千八百五十二年，崭然特起。创《原国》一书，论者至拟之为希腊亚里士多德。学风所被，论政之士，几无一不受其熏陶。诚近世公正、坦白之评政家也。其书去今五六十年矣，而精义入神之处，犹为觇国者之所宗。此篇为《原国》中一节，征古今立国之大经大法，条举骈列，存而不议。令读者一开卷间，自得其变化迁流之积，恍然悟人事演进不主故常之道焉。比年以来，吾国论政之士，多拘泥史积，未观其通，不悟吾国生机停滞。令之现状，方诸西土，仅当其千百年前之故辙，乃谓中西殊途，不可强合。方将守此终古，识者惧焉。士君子读史原在籀古今变迁之往例，测将来人事演进之所趋。天演之运，脱故谋新，迤逦前驰，永无退转。若认作循环，谓继今而往，凡百变迁，皆于古为重规叠矩，则一乱一治之局，终不可逃，是何说哉！今移译是篇，世有君子，读其文，寻其变，原始要终，探其演进相沿之程序，庶几会通进化之理而不为史积所迷欤！

太古国家观念与近世国家观念之差异：

一　公认人权

向也，国家剥夺人权，因亦讳言小己之自由，国民多为无权利之奴隶。所谓自由公民，仅少数耳。农工商贾，多委诸奴隶之手。职此之故，贱视勤劳，凡奔走服役之夫，绝无毫黍价值。奴隶无关于国,仅托庇主人以联络于国家而已。无与闻国事之权,无父母兄弟之邦,人格之权剥蚀殆尽。习惯奉行胜于法典,虽至善者亦无定局,而日趋于恶焉。奴隶谋叛时,有所闻而莫不同遭酷遇者。

今也,国家一视同仁,凡属人类均享人权。废奴隶之阶,视为不道,即附土农奴、世传仆役,亦视为背乎人身天然之自由。人之身体为享有权利之主,不得视同器皿附属于人。勤劳之事,珍重期待,一任自由。各级人民均有与闻政事之资格。选举之制,扩充至普,甚至奔走服役之子亦畀之而不遗。奴隶谋叛,于今弗睹。国基于民,故根深蒂固,安若泰山。

一涵曰:吾国贵贱阶级,方诸西土,似不若彼之酷。布衣而为卿相,匹夫而作帝王者,比比皆是。是乃自始而然,非群化演进,悟而革之者也。至享有人权、与闻政事、国基于民诸事,方之彼邦,将类其近世之制,抑类其太古之制欤?识者当能辩之。天国为人而设者也,国家权利即以人民权利为根基。自由人格全为蕲求权利之阶梯,而权利又为谋达人生归宿之凭借。人生归宿还在人生,非一有国家便为归宿。之所以人民为国家之牺牲品,若主人之豢畜、犬、豕、麋、鹿然,视人若物,剥尽其权。此太古国家之盛衰兴废所以视政府之智愚贤不肖,而其应如响也。今者,国本在民之理大阐明于西方,举国家全力,保护人民之权利。人智日启,即国家之文化日高。国家文明,因人演进,自今以往,日新月盛,将永绝一治一乱、突兴突败之局,而立不退转之文明。然则保障人权,其今日立国之神髓也欤!

二　国家措施之范围

向也,国家行为,于人生事业总括无遗。举宗教、典章、道德、技艺、学术、文化,一听国家之措施。祝宗之职,即为布政之官,小己之精神自由亦多为其所否认。

今也,国家自悟限制其权力而为法律政治之社会。宗教信仰之管辖,均委之教会及小己之自为。祝宗之职专为司教之官,科学技艺脱离国权之干涉,而质疑建说之自由又举为国家所珍卫焉。

一涵曰:立宪国家之第一要义,即在限制其政权,而范围之于法律之中。国家违法与人民违法厥责维均。盖国家、人民互相对立,国家权力仅能监护人民之举动,防其互相侵害无间。于物质精神,国家均不能以自力举行之。国家可高悬奖励学术、技艺之典章,而不能以其权力自图其发展;国家可颁布奖励生产企业之命令,而不能自任勤劳、自冒危险。其所能者,则立于人民之后,赞助人民自为之耳。质疑建说之自由,乃人民自为之凭借,所以瀹灵答智,俾充发其本然独立之能者也。今者,吾国政权,其有所限制欤?质疑建说,果得自由欤?世有君子,举吾国政纲,层层抉剥,必有以知其近于近世,抑近于太古者矣!

三 小己自由及私法

向也,握有权利者,仅公民耳。希腊公私两法,杂然混淆。罗马虽区分其原理,然私法之行,犹全恃人民与国家之意向。小己自由为其与国家抵触也,亦痛恶而深讳之。

今也,小己举有权利,私法、公法画然判分。然私法之事乃国家所认许,非国家所创制;乃国家所保护,非国家所指挥。人民自由独立发展不为国家所侵蚀,行使权利举出一己之意志而不为国权之所拘。

一涵曰:约翰·弥尔氏谓自由为缮心瀹性,锻炼人生特操异撰之资。柏哲士谓国愈文明,则自由之范围愈广。盖维皇降衷各有异秉,非随异而之充发至尽,则无由展其天能。故自由尚焉,国家之文明愈高,自由之界域愈广;实则自由之界域愈广,国家之文明始克愈高耳!今者,吾国小己,即梦寐犹不得自由,束缚驰骤,较之希腊、罗马,且万万有加焉。而鼎鼎文名之子,且公然著论,拾赫胥黎之片语,驳卢梭之真诠,引物理家言,证明天壤间绝无所谓自由之事。盖自忘其前日盛称约翰·弥尔书时,曾作何言语也!

四　统治权

向也，国家统治权绝对独立。

今也，国家统治权乃立宪以自制。

一涵曰：近日留东法政学生，颇拾东人牙慧，倡国权无限之说，然东人崇德学，不读伯伦智理之书乎？

五　直接政治代表政治

向之国权、主权者，直接运用之在古代共和国家，凡为公民齐集国民议会，以直决主要之公务。

今则代议制兴，代表机关由公民进举者组织之，以代表齐民之意向，核定国典运用政权，则今之代表机关之能力实视古代为尤优焉。

六　都城民族

希腊为都城国家，罗马则扩张之而为世界国家。

近世以民族国家为最要，都城仅国中之社会，非为国家之中心。

七　分职

向也，国家之运施，虽因性质主旨而异，然常以同一机关举行。各种之职务，立法、行政、司法等职，时执行于同一议会、同一官员。

近世则设官分职，各种事务畀诸各种机关。昔之因权力之旨而分者，今则转因人身之职务而分矣。

八 国际关系

古代国家之受制于外也，仅为他国所抗拒，而不受普通国际法之制裁。罗马且悍然以辖治世界之力，为己国之特权。

近世国家举认国际法以限制其国权，借之保全其民族之生存，及国家之自由，而不许一国高张国权加诸他国之上。

中古国家观念与近世国家观念之差异：

(1)源于上帝及源于人生。

中世思想，以国家及国家之治权为由神降，而国家制度乃神所指挥创造者焉。

近世国家，则为人类所建筑。立于人类性情之上，乃公共生活之一制度创设。运用于含灵秉气之人生，由之以蕲人类之归宿者也。

一涵曰：神权国家之说，以元首直接代宣神意，天威尊严，懔然不可干犯。其弊也，小己对抗政府之权利扫地尽矣。近世乃一反其说，而谓国家为人类所创造，以求人生之归宿者。而国家人民，始同处于法律之中，而有平等对抗之资格。小己权利，乃于以蔚然振兴。郅治之基，方定于此。吾国古虽以神道设教，称"元首"曰"天子"，然论政之书，其迷信神权，未尝如西土之竺。乃今者于古无神权之国中，倏有祭天典礼，比隆于古之帝王。某氏贤者也，竟有《郊天典礼与政治思想之关系》一篇皇皇大文，载之京报。盛称神权政治，且谓外国学者不知我国政治之大本，呜呼！是何说哉？吾国人其狂易邪！何以国家思想，固犹在太古以上也！最近政象之支离，岂尽执政之咎哉？曲学阿世之士，盍自反乎？

(2)神学及科学。

中古国家观念举为神学原理所统制。回教认国土为上帝之王国，而托之于苏丹(Sultan)。耶教则明认国家与教会之二重主义，但信上帝有二道：一圣，一俗；一托诸法王，一托诸皇帝。新教讳言神道，仅认国家之大权，惟君主权力，降自上帝。故欲坚握国权,必准乎宗教观念。

近世国家,根本原则为人类哲学、史学所制定。而政治之学首以人生理论诠明国家之性质。有谓国家为小己社会联合而成,以卫其安宁自由者;有谓以民族为本位,缔合以成者。国家观念不迷于宗教,亦不反乎宗教;国家不恃宗教信仰,而亦不讳言维皇降衷之事及政府信教之为。至于政治,则蔚成科学不羼杂神道,但殚力诠明国家为人类创造之制度焉!

(3)神政。

中古国家之观念与东方民族回殊,东方民族为直接神政,西方则间接神政,而主治之人即为上帝之代表。

近世国家,一切神岐均屏诸民族之政治,良能而外。国家为人类创设之制度,国家治权为公法所限定。而政治蕲向诠以人性之理,运以人类之力,以求民族之公安。

(4)宗教。

中古国家全凭社会之信仰,而要求统一之信条。信根浅薄者流及旁门外道之子,举剥夺其政权,迫胁驱除,俾无噍类其最上者,则仅容忍之。

近世国家,举不以宗教为法典之条件。公法、私法均脱教旨而独立,且为之保护信教之自由,俾异教之徒互相和结。即有背教不信之子,亦禁其横加迫胁之行。

(5)教会。

中古耶教之徒谓教会为精神之事,故高尚;国家为肉体之事,故卑下。此掌教之主,所以高立于国王之上,而僧侣亦首出于常人,以享有宽免租税之惠及特别大权。

近世国家,自拟人身,举其精神、肉体而一以贯之。(精神即民族精神,肉体即宪法也。)独立以与教会相对峙,且积人为体含蕴质,力主有至高之权,驾乎教会之上。国家法权,四民同享。僧侣之高贵,既非所认,即许免及特权之事亦并举而废之。

(6)教育。

中古教会,掌有教育青年之权。科学之事,亦运行于其权力之下。

近世国家,仅以宗教教育,畀诸教会。至学校,乃国家之学校。科学则离教权而自由独立。其自由之事,国家则专司保护焉。

(7)公法及私法。

公私两法无所区分,领土权视同物权,为国王之所私有,国王权力即其家族权利焉。

公法、私法画然判分，公共权利一变而为公共义务。

(8)割据主义及统一主义。

中古封建制兴，国权分裂递嬗递降，由神及王，由王而公侯、而武士、而都邑，法律之制定极其万殊。

近世国家为民族所部勒，用其国权保持统一。国基奠于民族之上，愈张愈广，法度、典章适于民族、人道而一视同仁。

(9)代议制。

中古代表限于阶级，僧徒、贵族最占其势力。法度、典章亦因身份财产而异。

近世国家，必赖人民代表，四民平等，绝无差异。国家大权掌于多数人民之手，而其根基毕奠于齐民之上，各级平权，同为公民。法度、典章全国人民一体待遇。

一涵曰：今世国家原理，在以国家为全体人民之国家，非为主政者一人之私产。无间君主共和，皆取惟民主义。国属于民之特征，即在与人民以参政权一事。故代表制之设立，即明示国家为公，宣布人民总意，即为国家施政之准则。俾各党、各派、各级、各流之意见、感情、希望、痛苦得以如量宣泄，相剂相调，铸成萨威棱帖(Sovereignty)。民情舒则国基固，长治久安之道，肇于是矣！今者，吾国之萨威棱帖，既不许合人民总意以铸成，则即有代表机关亦聋哑者之口耳！具文而已，绝非宣示人民意见、感情、希望、痛苦者。矧并此具文而犹欲绝之哉，固不若谓为中古国家，或竟曰部落，犹似名称其实也。

(10)自由。

列侯贵族自由之权大张，致国家权力旁落下堕，村农贫氓之自由权剥夺殆尽，使终拘于不自由之天。近世国家，公民之自由展至各级全体，国民均服从于国权之下。

(11)国家措施之范围。

中古国家，固亦有法，然裁判之事有所督厉，致人民不能维持其权利，政府行政均甚衰弱，且毫无发达之可期。

近世国家，为其立宪也，故亦为法制国，惟同时从事于生计文化，而以政治统系一切焉。政府强固，行政亦殚精进展，而以求民族社会之治安为归。

(12)无意而然之习惯及精心创制之立法。

中古国家，鲜有精心卓识经营缔造之事，多随自然及大势之所趋，人人所知惟在天然之发育，而习惯之事即其典章制度之大源。

近世国家几无一事不由意匠费营，其所措施皆有物有则，根于法理而不因其天然，人为之法乃其典章制度所由生。

一涵曰：统观伯氏之说，则国家观念由浑之画、由虚而实、由迷信而真理。出治之权，亦由一阶一级，降而普及齐民。大例昭然，五洲万国，举莫能逃者也。乃回顾吾邦，事事反古，出死力以排除近世国家原理，似惟民主义能行万方者独不能行于吾国。非持数千年前陈言古义逆系人心，则其群必将立涣。凡其制为吾史乘中所未经见，即当视作异端左道百计驱除。一若国国皆循进化大势以前趋，独吾一国必遥立于天演公例而外，逆进化之大势而退转自由平权。人格权利在他国视为天经地义，倾国家全力以保护之者，在吾国必视为离经畔道，倾国家全力以铲除。之他国已入于一治不乱之时者，吾国必永罹一治一乱之劫，犹曰此吾国历史之特征也。此先王之微言大义深入人心也！此亚洲民俗不能强合欧美也！囚心于虞夏商周，定睛在三皇五帝，迷身于一朝一代历史现象之中。举其比例参勘观察，会通之官能屏而不用，则迷于一国史迹，更何待言！苏子曰："不识庐山真面目，只缘身在此山中。"吾国君子，得毋同病此欤？欲知妍媸，在于取镜自览。移译此篇，取镜之义也。

（第一卷第二号，一九一五年十月十五日）

人生唯一之目的

李亦民

人类以藐然一身，存于大地，生生死死，不可究诘。虽至圣大哲，亦唯有委之自然。自然者，莫知其由而由，莫知其至而至。循事记录，但得曰天地间有此事实云云，不可穷其目的也。特人生寿算，约数十纪。数十纪间，不可无衣以卫身、无食以果腹、无室庐以蔽风雨。于是乎农工商贾，各出智能，以事所事。或则手胼足胝，披星戴月；或则化材成器，懋迁有无。总总林林，遂成今日所谓社会之局。凡此种种，可一言以蔽之曰“求生”。求生者，人类自初至终之目的也。

既得生矣，衣、食、住一无所缺矣。甚至积米为山，堆金满屋，仍复敝敝营营，如吾人目睹之现象。其最不可解者，视生命如草芥，等驱壳于土苴。如古今侠烈之就义捐躯，战士之疆场效命，其活动之行径，适与吾人所谓求生者分道而僢驰。凡此诸般，既不可委为自然，复不可目为生计，殆人生于生活之外，别有所求乎？盖仅饱食暖衣，延目前之呼吸，决不足以尽人生能事也。于是，人生之目的乃成极有趣味之论题。人生行动，恒听命于感情。猛虎当前，怯者越涧，置鸩于酒，甘之如饴。所以动其情者异也。吾国古学，于人生社会之本然，绝少研究。如所谓喜、怒、哀、乐、爱、恶、欲，差足以发情感之大凡，然论列未曾入细。此等情感，酝酿于心界之现象如何？发露于外界之影响奚若？不可得而闻也。其吉光片羽，散见群经者，则曰“民以食为天”，曰“饮食男女，人之大欲”，曰“抚我则后，虐我则仇”。论治术者，亦恒曰“使人遂其乐生之心”，是则人情当然之向往，固未尝非古人所知。特其所以垂教，用为大经大法者，别有所在。故“克己制欲”为圣门唯一之训诫，而利用厚生之道，反置诸脑后也。

自《周易·系辞》立“仁义”为人道之极，至《孟子》而诋諆功利，等于蛇蝎。汉室崇尚儒术，沿袭至今。人间所传述皈依者，舍“忠君亲上”等片面为人的道德外，别无他物。于发育长养国民实际之生活，皆听之自然。士林之彦，至以不事家人生产，交相矜宠。叩以人生进路，当何所出？则曰："希圣，希贤！"否则，服古入官已耳。"蚩蚩之氓"，更舍顺帝之则，别无可以率由之道。故我中华民族之大多数（包含农、工、商三种而言），实未尝被丝毫之教泽。其生也，纯为自然之事实；其动也，纯出天赋之本能，与鹿、豕、虫、鱼无殊异也。人而等于鹿、豕、虫、鱼，其生存可谓绝无意趣矣！

欧西自唯物哲学发明，文人学士，大声疾呼，号召于众曰：人类之目的，幸福而已，快乐而已；人类之仇敌，痛苦而已。何者为幸福、为快乐，当就之？何者为痛苦，当避之？何者足以致我痛苦，当除之？此与吾国"抚我则后，弱我则仇"之旨，后先相应。彼中宗教道义之士，亦未尝不斥为背于礼法。顾其势力，浸淫磅礴，至于今日，已举一切政治、法律、风俗、习惯而受其支配。社会群众，各向所谓幸福快乐之途而奔驰。我讲道德、说仁义、耕田食、凿井饮之民族，与彼相见，遂以形见势绌，而无可如何，是岂民族之咎哉？不能不太息痛恨于功利主义之见嫉也。

昔者杨朱曾倡"为我"之说矣。全豹不可见，其义见之列书者，差近于性分之真，不作伪以欺天下。而孟氏斥为无君，詈为禽兽。然则所谓人者，绝不容有为我之念存于胸中。纯为外物之牺牲，乃足以尽其性分乎？是大谬不然矣。儒家之教忠、教孝，曷尝不以我身为中心？因其为我之君也，故当忠；为我之亲也，故当孝。若不识谁何之君亲，甚或仇敌视之，固无所施其忠孝也。彼孟氏之滔滔不竭，亦唯门户之见。有以驱之，顾必以"为我"为病，所见犹出佛氏之下。佛说虽戒"我见"，而其以此世界为"我见"所成，固透宗之论也。

撒格逊民族，以个人主义著闻于世。其为人也，富于独立自尊之心，用能发展民族精神，以臻今日之强盛。我国惩忿窒欲之说，入人最深。凡事涉利己者，皆视为卑卑不足道。必须断绝欲求，济人利物，乃能为世崇仰。不知自我欲求，所以资其生也。设无欲求，则一切活动，立时灭绝，岂复有生存之必要？顾欲以人力禁制之，于是日言"合群"，日言"公益"，而所谓"合群""公益"者，尽变为涂饰耳目之名词。人人心中，各怀一最小限度之个人主义，实不可以告人，亦不肯举以自白。而虚矫诈伪之习，乃日益加剧。

甚矣！人情之不可遏抑。遏抑之，乃不能不走于偏宕。若决江河，沛然莫之能御也。曷若顺人性之自然，堂堂正正，以个人主义为前提，以社会主义为利益个人之手段。必明群己之关系，然后可言“合群”；必明公私之权限，然后可言“公益”也。

唯物哲学，倡言利己主义，姑无论矣。英人亚丹·斯密以能言伦理、心理著闻于世。居恒于唯物派之理论，颇示反对。然其论人情自利之倾向，初不以为病而激扬之。其余英国之经验学派、德国之官厅学派（日本译曰官房学派），概以利己主义为人类生活唯一之基础。最近德国硕学修谟拉总合诸说，认自爱自利为人类行为之唯一原因。然则为我云者，亦何必讳莫如深哉？假使人人各扩其为我主义至于最大限度，则全国无不适之我，斯无不适之人。所谓黄金世界者，舍此皆为梦想也。

吾人既言为我主义，则所以实践此主义者将置我于何境乎？居今日以立言，本可各立预定之线路，进至目的地点，以安其身。南北东西，各适其适，初非有划一之境界也。然观人类已往之事实，确有一物焉，驱之使向于同一之进路，则前述之“感情”是已。修谟拉之说曰：“人类意识之基础，并一切行为之究竟出发点，为快苦之感情。无论何种行为，其动机必出于就快乐、避痛苦之企图。即诸般之道德组织，亦取快乐主义。否则，去此世之快乐，以达彼岸之快乐者也。瞑想主义之伦理学，且以幸福为人生唯一之指归。幸福云者，去不快、享快乐之谓也。此求幸福之心理，乃人类意识不可灭之特征。”此就人间心界已然之现象，而致其钻研者也。至唯物派之快乐说，其源出于希腊大哲爱比克罗司。爱氏之言曰：“人类最终之目的，快乐而已。快乐非他，即满足感性之谓也。”斯皮挪萨更为精密之说明，以快与不快定善恶邪正之标准。至边沁又扩充快乐之分量，创为“最大多数最大幸福”之说，谓快与不快为人类行为之二大发动机。就此以视，吾人之至情已可概见，吾人之趋向亦不难立决矣。

然则所谓快乐者，果何物乎？依爱比克罗司之解答，则为“满足感性”；斯皮挪萨谓为“满足欲求之意志”；修谟拉之说亦谓“快乐者，使吾人满意之谓；痛苦反之，而压迫吾人者也”。是则快、苦云者，以吾人之自由意志为其根本。凡顺吾人之意志、从心所欲者，快乐；逆吾人之意志、不能如愿者，痛苦也。人类意志，依程度之文野、教育、风习、宗教、法律之种种不同，快、苦感情亦随之而生差异。要其为人生趋避之标的，则至不可诬也。修谟拉曰：“快乐为人生之指南车，痛苦乃航船之警备塔。”洵至言哉！

此等理解，在心理学家、社会学家大都一致承认。盖无论何种巧辩，不能反乎人性以立言也。然则，怀抱为我主义，审择快乐与痛苦，以抉进取之途，乃人类自然之大方针。宅此身于安乐之乡，非人生唯一之天职乎？

世有反对此说者乎，必曰人类为群居动物，独标为我主义，与群居之理性不相容。且乐极生悲，未有不能坚苦卓励，而能向上发展者。群情趋于快乐，且与进步主义不相容。是足以流毒社会，堕落人群者也。虽然，此未究明为我与快乐之真性，纯以世俗眼光论事者耳！

人生天地间，乃自然之事实，非有为而生也。既非有为而生，则除维持此自然身体之生活及适意外，不能发现第二之目的。如谓人曰：汝须爱人，须利人，须爱物，须利物。为达爱人利人、爱物利物之目的，虽牺牲本身，亦为当然之事。则必决定一前提曰"人也者，为人与物而生者也"，然后乃有立脚之根据。否则，其结论为不可通。盖叩其何以爱与利，不在本身而在人物，不能得切当之解答也。人类既无为人、为物之天职，则所当为者，舍我而外，更有谁哉？乃为之教者，必使其精神附丽于人（君为臣纲，父为子纲，夫为妻纲。是为臣、为子、为妻者，各以身附丽于君父与夫也），依草附木。附于奴隶、牛马不能独立自主之惨境，尚有何向上发展之可言？"为我"两字，既为天经地义，无可为讳。则转眼于外界，接触于我之身心者，但有快乐、痛苦两境，商量审择之间，去苦而就乐，亦乃人性之自然，天赋之权利。吾人所当自为主张者也。

第仅曰"为我"，仅曰"去苦就乐"，浅闻之士每诮为卑劣，不足以语高尚。且快、苦感觉，为人类之本能，无所用其提倡。即鹿、豕、虫、鱼，其蠢然动息，感觉中亦未尝无快、苦两境。余既以等于鹿、豕、虫、鱼为人生之病，已复以是导人，其陷于矛盾矣。然鹿、豕、虫、鱼之具此本能也，不能自确认之。且其活动，不克出本能一步，所谓"冲动的活动""盲目的活动"，未尝有丝毫审议于其间也。吾人既具此本能，自确认之，更自发挥光大之。冲动之来，酌加审议，以调节之，即所以尽其为人之道。至高尚、卑劣云者，则比较程度之差，以目光远迩、见地广狭为其标准，纯属知识问题，与快乐之本身无与。彼杨氏之"为我"，拔一毛而利天下不为，其目光至短、见地至狭，非吾人所谓"为我"也。谚所谓"今朝有酒今朝醉"，只顾目前娱乐，不计来日痛苦，非吾人所谓"快乐"也。

真能"为我"者，但行动以我身为中心，不为外界所驱使，乃精神上之一转捩，非兢兢与人较量之谓也。至形之于外，则我自为我，当使人之行为，有利于我，否亦无害于我。故人我之间，不能不有交换之条件，而行为之规律，随之以生。真能快乐者，当使前途之希望发生愉快，而现实之享乐次之。故牺牲目前之快乐，以希冀将来，为青年唯一之箴言。修谟拉曰:“为高尚之生活者,当使高尚之感情,支配卑劣之感情;舍弃目前之享荣,而博得将来之效果。”凡此皆基于本人之见地,而广狭各殊。我国民族,素以刻苦相励。而其结果,反以只图目前娱乐著闻于世。虽属知识上之缺憾,抑亦逆性之道德家,其教泽不能真入人心故耳!

爱比克罗司之论快乐也,区为感性快乐与智性快乐两种。感性快乐,人类与群动所同;智性快乐,则人类所独有也。且曰:“人类之寻乐,应以知识及克己精神为手段。抑制一时之快乐,以期其比较的永久。”边沁、弥尔诸氏则谓:“追求个人自身之快乐,不可不兼顾社会公众之快乐。”惟吾人何以必须兼顾公众,则其立说之根据,尚嫌薄弱。至斯宾塞、斯悌文诸氏,更立坚固之地盘,谓:“社会为一有机体,个人为其组成之细胞。细胞欲自求健全,不可不图有机体全身之健全。故个人欲增进生活,寻觅快乐,不可不增进社会全体之活动。”此说足以固边沁、弥尔两氏之壁垒,尚未使吾人满意也。英人古林氏,于十九世纪末期创为“自我实现说”,以满足种种欲求为伦理之善,无大异于诸氏。惟关于满足欲求之节制,仍以本身快、苦为立脚点,反复说明。谓:“逞一时之欲求,而不顾其他,乃自灭之道。如恣口腹之欲,不加制限,必至害胃伤肠,病延全体,是以饮食欲自戕也。故欲求之中,一面为感情作用,一面仍不可无理性作用。”其说个人与社会之关联,尤为剀切瞭亮,谓“人类之智能及生活资料,皆辗转受供给于他人,故必相依相扶,以营协同之生活。若自宅于孤立之状态,则死而已矣。故个人求自己之满足,同时不可不求社会全体之满足。求社会全体之满足,不必有他妙巧,但发挥自我之天才,遂其向上发展,自能达其目的。恰如人身诸部之机关,但能自保健康,即于全身福利,有所贡献,埋无二致也”。

修谟拉之说曰:“恣意享乐,不能忍受痛苦,诚为荼毒人间之恶魔。”然不足以破快乐说之壁垒。盖人类以教育及生活经验之结果,感情跻于高尚。渐认抛弃一时之快乐,以图永久幸福,为人生之必要。故牺牲逸暇之愉快,以事劳作,受训育,为将来之幸福也。制肉体过分之享乐,为防将来之害毒也。其进步之迹,初由肉体感情,进于美的感情,再进于智的感情,更进于道德感情。至是不能以肉体之快感为满足,必于社交家族、智术技能各方面寻永久不变之快乐。快、苦感情,既为种种之结合,其决定意志、指导行为之方向,不能出于一途。如为家族及同胞而战死沙场,亦出于幸福感情之一念,固已超出生理快感之上也。

观此诸说，则快乐主义，一方面仍具有牺牲之精神。特其牺牲也，仍以自我快乐为动机，非于自身快乐以外别有被动之义务也。为快乐而牺牲，肉体方面虽不无苦楚，精神上尽有无限愉快。以其牺牲也，固出于自动的自由意志也。若受外力强迫而为之，则五衷俱痛矣。

青年乎！汝知汝所受之教育，为为人之教育乎？忠孝节义，全非植根本于汝身。由身外之人，课汝以片面之义务。汝知汝所处之境地，为痛苦之境地乎？自由意志，毫无发展之余地。如知之也，其速决汝大方针曰“为我”，以进于独立自主之途；其速定汝大目的曰“快乐”，以遂汝欲求意志。

（第一卷第二号，一九一五年十月十五日）

抵抗力

陈独秀

一　抵抗力之谓何

“天道远，人道迩。天道恶，人道善。”吾人眼前之正路，取径乎迩而不迷其远，尽力乎善以制其恶而已！宇宙间一切生灭现象，吾人觉性之所能知，能力之所可及，此人道也；其生灭之本源，吾人所未知也，自然也，此天道也。老聃曰：“天法道，道法自然。”自然之天道，其事虽迩，其意则远，循乎自然。万物并处而日相毁，雨水就下而蚀地，风日剥木而变衰，雷雹为殃，众生相杀，孰主张是？此老氏所谓“天地不仁，以万物为刍狗也”，故曰“天道恶”。众星各葆有其离力而不相并，万物各驱除其灾害而图生存。人类以技术征服自然，利用以为进化之助，人力胜天，事例最显。其间意志之运用，虽为自然进动之所苞，然以人证物，各从其意志之欲求以与自然相抗，而成败别焉，故曰“人道善”。兹所谓“人道”者，非专为人类而言，人类四大之身，亦在自然之列。惟其避害、御侮、自我生存之意志，万类所同，此别于自然者也。自然每趋于毁坏，万物各求其生存。一存一毁，此不得不需于抵抗力矣！抵抗力者，万物各执着其避害、御侮、自我生存之意志，以与天道自然相战之谓也。

二　抵抗力之价值

万物之生存进化与否，悉以抵抗力之有无、强弱为标准。优胜劣败，理无可逃，通一切有生、无生物。一息思存，即一息不得无抵抗力，此不独人类为然也。行星而无抵抗力，已为太阳所吸收；植物而无抵抗力，则将先秋而零落；禽兽而无抵抗力，将何以堪此无宫室、衣裳之生活？人类之生事愈繁，所需于抵抗力者尤巨。自生理言之，所受自然之疾病，无日无时无之。治于医药者，只十之二三；治于自身抵抗力者，恒十之七八。自政治言之，对外而无抵抗力，必为异族所兼并。对内而无抵抗力，恒为强暴所劫持。抵抗力薄弱之人民，虽尧舜之君，将化而为桀纣；抵抗力强毅之民族，虽路易拿翁之枭杰，亦不得不勉为华盛顿，否则身戮为天下笑耳。自社会言之，群众意识，每喜从同恶德污流，惰力甚大，往往滔天罪恶；视为其群，道德之精华，非有先觉哲人力抗群言，独标异见，则社会莫由进化。自道德言之，人秉自然，贪残成性，即有好善利群之知识，而无抵抗实行之毅力，亦将随波逐流，莫由自拔。矧食色根诸天性，强言不欲，非伪即痴，然纵之失当，每为青年堕落之源，使抗欲无力。一切操行、一切习惯，悉难趣诸向上之途，而群己之乐利，胥因以破坏。审是人生行径，无时无事不在剧烈战斗之中，一旦丧失其抵抗力，降服而已！灭亡而已！生存且不保，遑云进化！盖失其精神之抵抗力，已无人格之可言；失其身体之抵抗力，求为走肉行尸，且不可得也！

三　抵抗力与吾国民性

吾国衰亡之现象，何只一端？而抵抗力之薄弱，为最深、最大之病根！退缩苟安，铸为民性，腾笑万国，东邻尤肆其恶评。最近义勇青年杂志所载《支那之民族性与社会组织》文中，有言曰：

> 彼等但求生命财产之安全，其国土之附属何国，非所注意。其国为历代易姓革命之国也，其国王之为刘氏或李氏，乃至或英、或俄、或法，一切无所容心，所谓“凿井而饮，耕田而食，帝力于我何有哉”之言，最足表示彼等之性格。彼等所愿者，租税少、课役稀、文法不繁而已。数千年来，所谓为政者，设种种文法，夺百姓之钱，以肥私腹，而百姓之利害休戚，不置眼中，终至官贼同视。彼等于个人眼前利益以外，决不喜为之。政治上之抗争，宁目为妨害产业之绝大非行。政治之良否是非，一般人民绝不闻问，彼等但屈从强有势力者而已……（中略）支那今日之醒觉，不过一部分外国留学生，而一般国

民，深以政争妨害自身产业为彼等心中第一难堪之痛苦。若夫触世界之潮流，促醒其迷梦，使知国家为何物，民权为何物，自由为何物，其日尚远也！

日人此言，强半属于知识问题者，犹可为国人恕，惟其“屈从强有势力者”一言，国人其何以忍受？然征诸吾人根性，又何能强颜不承？呜呼！国人倘抛置抵抗力，惟强有势力者，是从世界强有势力者多矣！盗贼外人，将非所择，厚颜苟安，真堪痛哭矣！呜呼！国人须知奋斗乃人生之职，苟安为召乱之媒！兼弱攻昧，弱肉强食，中外古今，举无异说。国人而抛置抵抗力，即不啻自署奴券，置身弱昧之林也。举凡吾之历史、吾之政治、吾之社会、吾之家庭，无一非暗云所笼罩。欲一一除旧布新，而不为并世强盛之民所兼、所攻、所食，固非冒万险、排万难，莫由幸致。以积重难返之势，处竞争剧烈之秋，吾人所需抵抗力之量，较诸今日之欧战，理当无减有增，而事象所呈，适得其反。愚昧无知者无论矣，即曲学下流、合污远祸、毁节求容者，亦尚不足深责。吾人所第一痛心者，乃在抵抗力薄弱之贤人君子。其始也，未尝无推倒一时之概，澄清天下之心。然一遇艰难，辄自沮丧。上者愤世自杀；次者厌世逃禅；又其次者嫉俗隐遁；又其次者酒博自沉。此四者，皆吾民之硕德名流而如此消极、如此脆弱、如此退葸、如此颓唐，驯致小人道长，君子道消，天地易位。而亡国贱奴，根性薄弱，真乃铁案如山矣！或谓“今俗浇薄，固如此也”，而征之在昔，耦耕之徒，目孔、墨为多事；汉、明之灭，或归罪于党人；历代国变，义烈之士，亦不过慷慨悲歌、闭门自杀而已。杨雄、蔡邕文学盖世，而贬节于王、董；谯周、冯道，士林所不齿也，而少年操行，俱见重于乡党；洪承畴初未尝无殉国之志，而卒为清廷厚禄美色所动；曹操、秦桧之为巨奸大恶，妇孺所知也，而操相济南、桧为御史时，不可谓非正人君子。由是而知吾国社会恶潮流势力之伟大，与夫个人抵抗此恶潮流势力之薄弱，相习成风，廉耻道丧，正义消亡，乃以铸成今日卑劣无耻、退葸苟安诡易圆滑之国民性。呜呼！悲哉！亡国灭种之病根，端在斯矣！

四　国人抵抗力薄弱之原因及救济法

披荆斩棘，拓此宏疆！吾人之祖先，若绝无抵抗力，则已为群蛮所并吞。而酿成今日之罢弱现象者，其原因盖有三焉：一曰学说之为害也。老尚雌退，儒崇礼让，佛说空无。义侠伟人，称以大盗；贞直之士，谓为粗横。充塞吾民精神界者，无一强梁敢进之思。惟抵抗之力，从根断矣！一曰专制君主之流毒也。全国人民，以君主之爱憎为善恶，以君主之教训为良知。生死予夺，惟一人之意是从。人格丧亡，异议杜绝。所谓纲常大义无所逃于天地之间，而民德、民志、民气，扫地尽矣！一曰统 之为害也。列邦并立，各自争存，智勇豪强，犹争受推重。政权统一，则天下同风，民贼独夫，益无忌惮。庸懦无论矣！即所谓智勇豪强，非自毁人格，低首下心，甘受笞挞，奉令惟谨，别无生路。“臣罪当诛，天王圣明。”至此则万物赖以生存之抵抗力，乃化而为不祥之物矣。并此三因，造成今果。吾人而不以根性薄弱之亡国贱奴自处也，计惟以“热血汤”涤此三因，以造成将来之善果而已。拿破仑有言曰：“‘难’字、‘不能’字，惟愚人字典中有之，法兰西人所不知也。”孟子曰：“富贵不能淫，贫贱不能移，威武不能屈，此之谓大丈夫。”聂尔孙曰：“吾不识世间有可畏之事。”乃木希典有言曰：“训练青年，当使身心悉如钢铁！”卡内基有言曰：“遇难而退，遇苦而悲者，皆无能之人也。”岩崎氏者，以穷汉而成日本之第一富豪，其死也，卧病数十日，未尝一出呻吟之声。美利坚力战八年而独立，法兰西流血数十载而成共和，此皆吾民之师资。幸福事功，莫由幸致。世界一战场，人生一恶斗！一息尚存，决无逃遁苟安之余地。处顺境而骄，遭逆境而馁者，皆非豪杰之士也，外境之降虏已耳！

（第一卷第三号，一九一五年十一月十五日）

民约与邦本

高一涵

往古政治思想,以人民为国家而生;近世政治思想,以国家为人民而设。而揭此大经大法,明告天下,俾拘故袭常、陈陈相因之人心政论别开新面。自其根本改图,以归正极者,是为"民约说"(Contract Theory)之殊勋。夫立国之始,必基于人民之自觉,且具有契合一致之感情、意志,居中以为之主。制作典章制度,以表识而显扬之,国家乃于是立。故国家之设,乃心理之结影,而非物理之构形。自觉心理,悬而非察。故国家本体,亦抽象而无成形,非凭一机关则不克行其职务。此机关之设,必与国家同时并生。以其直立于国家之后,执行国家之职务,其势常易于攘国家权力据为己有也。故文明各国,皆规定宪法以制之。宪法由国家主权而生,非以限制国家自身之权力,乃以限制国家机关之权力,即规画政府对于人民布政运权之范围者也。政府之设,在国家宪法之下。国家之起,见于人民总意之中。政府施设,认为违反国家意思时,得由人民总意改毁之,别设一适合于国家意思之政府,以执行国家职务。政府之权力,乃畀托而非固有。固有之主厥惟人民,是之谓"人民主权"(Popular Sovereignty)。古今国家观念之根本差异,即在此主权所在之一点。于此不明,纵政论盈箧,终为词费。"民约说"精一微言,即在贯彻此理。是说盛行,而国家基础,奠于人民,本根益牢固而不可拔。不佞谨摘其要旨,论厥大凡,俾关心国本者,得以观览焉。

"民约说"立论之本,皆肇自主权在民。而推演其流,其于政体也,乃由极端君主趋于极端民主。其于国家、政府之分也,乃由浑而之画;其于国家主权也,始则与人民权力划然判分,终则翕然丽合。考"民约说",夙分二派:曰行政契约(Governmental contract),曰社会契约(Social contract)。不佞所论,乃其后者。此派之首唱于欧洲大陆者,为奥塞秀(Johannes Althusius);唱于英伦者,为浩克尔(Richard Hooker)。而阐扬遗蕴、发挥光大，以改正国家根本问题，造成掀天震地之伟绩者，厥惟霍布斯(Hobbes)、陆克(Locke)、卢梭(Rousseau)三子。三子者，论据虽同，演绎之终不免互有出入。不佞谨探其真诠，以为误会者告焉。

霍布斯以洪荒初辟之始，即为人群战斗之天。生命财产之权，举无所有。弱肉强食，无一息之安，不得已，乃捐其天然自由之一部，相约而为群焉。一群之立，除一君(Sovereign)而外，余皆为民(Subject)。一经成约，则主权即为君主所固有，不得君主同意，人民绝不得撤回之。君主权力，独立无对。契约既成，则人民革命之权早已消归乌有。何也？君主所为，无不合法；民约之事，乃民与民相约，而非民与君相约也。此说之误即在混视国家政府而不明主权与君身之区别。谬以国家主权为属于国家机关，不识政府之权力为人民所托畀。夫人民之于国家，固不得任意毁坏者也。至政府之宜变更与否，则全视人民总意为转移。总意一去，则现存之政府，已应时瓦解，无复存立之余地。故主权所托，专视人民总意之所归，能托诸人者亦能取而反之。霍氏以主权为不能转易，设由此种政体变为彼种政体也，必先毁约破群而后可。不知政体之变迁，特政府之形式一转易间耳。于主权本体，夫固毫无亏损也。此则霍氏之误也。陆克特起，已开国家与政府区别之机。其第一要义，即在限制主权之行使。彼以为太初天下，人民之自由平等，得自天然。及相约为国，乃画定权力，若者托诸政府，若者仍留于人民。国家之存专以保护人民权利为职务。治权运行终不能超民权而独立。政府行使权力，设有所过人民得收而反之，以返真归朴，乐乎天然之自由。霍氏以为，就法律言，主权者无不合法之施舍；陆氏以为，就法律言，主权者无迫胁人民之理由。霍氏以为，主权者之权力，在法无所不能；陆氏以为，政府之权力，运用当有所限。盖陆氏之说较霍氏更进一步明察政府为国家之政治机关，官吏为人民之政治代表，而人民对于不良政府之革命权，虽未认为法律上之权利，已允为道德上之权利矣！综陆氏之说，有发明重要之点二：一、最高主权时为人民所保留；二、政府权力乃寄托而非固有；三、政府行动，缩纳诸定范常轨之中。自是而数千年来，窃权自恣，虽过无责，凭国为祟，莫敢谁何之不良政府，已失其护身之符。而施政方针，与夫人民总意乃互相接近，趋集一途。而为民建国，国本于民之观念，遂大昌明于天下。反背民意之虚构政府，已为群演所淘汰而破灭无遗。其永存不毁、巩若泰山者，则均建筑于民意上之政府。恶劣政府，绝迹人寰而淘汰。所遗之政府，其根基方自此固矣。

虽然陆氏之说升堂矣，而犹未入于室也。入室者，其惟卢梭乎？至卢氏，而人民主权，乃克建极，国家政府，判然划分。国家主权，几与人民之主权同视。政府为奉行国家意思之公仆，而绝不能发表国家之意思，立法之权永存于人民之手。何也？以权力可委托于政府，而意志则绝不能委托者也。人民自由与未约之初，其广阔之界盖无异处。对于事实上之政府，其服从也视其愿，初无丝毫拘束力焉，其拘束者，人民之总意耳！而此总意之发表，由人民直接集会票决之。故真正主权之人，惟属于人民全体。主权既在人民，断无自挟主权以迫胁人民自身之事。于是，凡为政府，即为奉行人民总意之仆。选仆易仆，无容动其声色。已举政府人民，迫胁抵抗，相持不下，痿脞万几之积弊，一扫而空。革新之事，日日流行。且政府之权，既有所制，无拘胁人民之力，无壅塞心理之能，民情宣泄，无患渟潴。故革命之惨，自可绝迹于天地之间。此则卢氏之功也。

顾有辨者、论者曰，由卢梭之言，则政府及政府权力之恒久性，已被破坏无余。陆克限制政府之权力，卢梭则毕举其权力而消灭之。（美儒 Willaughby 氏即持此说，见其所著《国家论》中。）曰，恶！是何言耶？自不佞观之。卢梭竭其全力，毕举革命之症结，破坏之、消灭之耳！其于政府之恒久性，不翅铸金城以捍之。由卢氏之说，虽谓终古无革命之事可也。夫人情喜宣而恶郁，尚通而惧塞。善治国者，知人民之意见、感情、希望、痛苦，必令如量以泄也，则致之于适宜之所，俾得调剂融和之知。一阶、一级、一党、一派之心思、念虑、好恶、利害，必令时得调和也，则致之于相安之域，俾得尽量流露之。此非防止革命之策，然革命之事，自拔本塞源，从其先天廓清之矣。盖一代大患之起，必先朝野壅塞，彼此情虑互捍格而不通。而强有力者，每以一己意志垄断他人之意志。是非之判，举以好恶、异同为标准，执一部分心理迫压各阶、各级、各党、各派之心理，此阶、此级、此党、此派之心理纾，则彼阶、彼级、彼党、彼派之心理郁。心理者，流通活泼，寻途前之，一遭顿挫，则萦回曲折，别寻他径以达之。人性不灭，此种心理，必灵通于大地之内，回环于人我之间。在求其感应，借感应之机，互相印证，证得公同所在，则发之为舆论，主之为公理，正义人道即此公同之所归。人类苟无此同情，则等于下劣动物，自生自死而已，绝不能成此世界。人情感发之和激，要以壅塞之久，暂为权衡，断无一遇挫折，终古屈而不伸之理。速发者其祸小，迟发者其祸烈，此革命往例。所以必在屈抑至极，无路可伸之时也。卢梭所谓“人民总意”，盖即指此公同而言。主权质素，为此公同所构成。设此总意，见夺于一人，虽法令如毛，初不与人民之公同相涉。主权质素，设非此人民总意，此人民公同所结合，则主权精神，已离其躯壳而去。无精神之躯壳，焉有不日即腐坏之理？卢梭谓权力可托于政府，而意志绝不能委托者，以政府而劫夺人民之意志，蔽之、塞之、毁之、灭之，而不听其自用，强以一己意志代之，是犹移他人之精神强附诸吾人之躯壳。谓使之出死入生，是直行尸而走肉耳！犹得为人哉？故卢梭又曰："人民一正当集会，以设主权团体，则政府统辖之权，即应时消灭。"何也？以离去人民总意，则政府凌空无据，迎风即仆。虽欲自持，以延残喘，不可得也。

然则欲防止革命之险，惟有听人民之总意流行，蔽之、塞之、毁之、灭之，是制造革命之媒也。世谓从卢梭之言，则革命终无可止之时；吾谓从卢梭之言，则革命将永无再见之日。古昔所扑灭之恶劣政府，果有一不显背卢梭之言者乎？今日永存之善良政府，果有一不符合卢梭之旨者乎？请以法兰西喻，法之民性，今固不异于昔也，何以当一千七百八十九年以后，不惮一再革命，至于数次而不已，迨自千八百七十五年至今，乃相安于一政府之下，而断尽革命之梦邪？谓昔日所扑灭之政府，为合于卢梭之言乎？抑今日现存之政府，为合于卢梭之言乎？若今日现存之政府，符合卢梭主权在民之旨；则昔日所扑灭之政府，必为背弃卢梭之旨也明矣。谓从卢梭之言，则政府恒性破坏无余；则不从卢梭之说者，其政府必巍然终古也又明矣。信斯言也，则法兰西昔日之政府，当终古无恙；而今日之政府，当倏建倏亡。乃何以适得其反？昔日政府，竟一仆再仆，朝建设而夕已崩颓；今日政府，反日固一日，绝无动摇之虑耶？且不独法兰西然也，如韦罗贝（Willoughby）氏之言，则民约之说，早大行于德意志，英、美政治，亦莫不靡然向风。美国宣布独立，联邦宪法且明采民约之说，规定于条文之内。何以英美德诸国乃不闻有一次革命之举，而革命相续、鸡犬不宁之事反叠见？于排斥卢说，诋为异端，视若蛇蝎之邦，然则卢梭之功罪要亦不烦言而解矣！设淫词以助之攻，宁非自制革命、自取灭亡耶？

人事，演进者也；民情，流通者也。欲其循常轨而之，必因势利导，不激其流；区别条理，不壅其机。否则郁之久者宣必激，抑之甚者扬必高。凡力以其一冲击其一，必有反动之力以应之。冲力弥甚，抗力弥强，此无间于人情物理，莫不皆然者也。欲销除革命，惟有不挑激革命已耳！扼人民之心理，禁其流通；夺人民之意志，强之同我。人至于有良心而不能发表，有意志而不能径行，其神明所感受之痛苦必较之奴隶牛马万万有加。侪人民于奴隶牛马，是剥夺人民之人格也。夫人民对于国家，可牺牲其生命，捐弃其财产，而不得自毁其自由，斫丧其权利。国家对于人民，得要求其身体，不得要求其意志；得要求其人生，不得要求其人格。卢梭谓意志不可委托于政府，即保重人格之第一要义。盖意志乃自主权之动因，所以别于奴隶牛马者，即在发表此意志得以称心耳！一为政府所夺，他事不可知，先令失其自主权矣。自主权失，尚何人格之足言？人格丧失，宁非耻辱之尤者乎？愚民之政，固令人痛恶不堪；辱民之策，尤令人愤恨莫忍！天下难忘之事，孰有过于耻辱？最易逼起反抗之事，又孰有过于耻辱？吾读卢梭之言，吾心怦怦，吾神凛凛，吾欲使吾辈青年，知永弭革命之道也。乃于是乎书之。

（第一卷第三号，一九一五年十一月十五日）

国家非人生之归宿论

高一涵

今吾国之主张国家主义者，多宗数千年前之古义，而以损己利国为主，以为苟利于国，虽尽损其权利以至于零而不惜。推厥旨归，盖以国家为人生之蕲向，人生为国家之凭借。易词言之，即人为国家而生，人生之归宿，即在国家是也。人生离外国家，绝无毫黍之价值。国家行为，茫然无限制之标准，小己对于国家，绝无并立之资格，而国家万能主义，实为此种思想所酿成。吾是篇之作，欲明正国家蕲向之所在，以证明此说之自相矛盾。世有君子，幸正教焉。

关于国家蕲向一事，至十九稘初叶以前，纷纷聚讼，几为政治学议论汇萃之区。迨近世，且有谓为无置论之必要者，又因国家官品之说兴，多谓国家如自然物，其生长发育，皆因其有自然主体。主体而外，绝无蕲向之可言。殊不知国家为人类所创造之一物，其实有体质，即为人类所部勒之一制度，用为凭借，以求人生之归宿者也。故一国之建也，必有能建之人，与夫所建之旨。能所交待，而国家乃生、乃存、乃发达、乃垂久，固非漫无主旨，而自然生成也者。国家为事而非物，一事之起，必有其所以起之因。事客而所以起之因乃为主，至于物则不然。一物之生长，其有所以生长之因乎？其生其长，乃因其自然，无所谓当然。于自体而外，一无所为，非如事之有为而为也。故攻物理学家，常以事实变理想，不以理想变事实。因物推理，无所容心。若治人事学者，则凡为经营缔造之事，必有所以经营缔造之旨，存乎其先。即事而言，则所经营缔造之事，即为所以经营缔造之旨之凭借，用为达其所以经营缔造之旨之方法。即人而言，则所以经营缔造之旨，即为所经营缔造之事之蕲向，主之以作所经营缔造之事之归宿。质言之，即事为人之凭借，人为事之蕲向是已。国家之学，人事学也。当其建国之始，必有所以建国之因。所建者国家，而所以建者则为人生自身之问题。故国家蕲向，即与人生之蕲向同归。此学者所以多反掊国家官品说，而主张国家必有蕲向之微旨也。

顾国家既有蕲向矣，又不可不明国家蕲向论，在政治学上，其为重要若何也？格芮曰："欲定国家措施之正当范围，必先定国家之蕲向。"盖政治之事，有鹄焉，有术焉。鹄者根本大则；术则本此大则，达诸实行者也。以言其经，则国家蕲向为政鹄，政府之职务为政术；以言其用，则政府之职务为政鹄，政府之政策为政术。故国家蕲向为大经大法之所主，主定则发号施令，皆得准此而行。非先明正国家蕲向之所在，则政府之适当职务，必游移荡漾而无着。或起而强定之，岐其途径，则所行之政，必将与所蕲之旨僢驰。此国家蕲向论之所以为重要也。

自政治学说发达以来，关于国家蕲向一事，歧议横生，莫衷一是。日人小野冢曰："国家蕲向论，自古为政治学中之重大宿题。其歧议之横生，亦随历史而愈进。"见日本法学博士小野冢喜平次《政治学大纲》国家之目的节。柏哲士曰："关于此旨，议论丰富，然皆参差背戾，极不相调，且又多非充满之论。"其故何欤？非以人事之学，因时变化，不主故常，非若物理之学一成不变者哉？日人浮田和民曰："国家之实际蕲向，因时势、境遇及其实力之如何而异其旨。随人民之自觉，应时世之要求，以变其趣者也。"盖国家为人类所部勒，利用之为求人生归宿之资。其职务之均配，必视所建设者当时之缺憾所在，合为群力，以弥缝而补救之也。故国家之措施，设不应时世之急需，与夫人民之缺点，以变通尽利之，则反人民之蕲向。反人民蕲向之国家蕲向，斯为不适于人群之制度。制度而不适于人群，斯直无可存之资格，终亦必亡而已矣。且反背人民之蕲向以建国家，则国家人民之旨趣，莫由调和，莫由一致，将掘人民之权利以益国家乎！离外有权利之人民，以创一有权利之国家，则国家权利，将附着何所？夫一物之含有某性也，任碎其分子，至于微尘，所含之性，必不异于全体之物性，何也？以全体之性，即此微尘分子所合而成者也。总集人民之权利，虽不能即成国家之权利，然建筑国家之权利，必端赖握有权利、富有自治能力之人民。以人民必先能确保一己权利者，乃能高建国家权利也。今欲以剥尽权利之国民（分子），结成一权利张皇之国家（全体），是犹聚群盲以成离娄，集群聋以为师旷也。故背戾人民蕲向之国家蕲向，微特不可，抑又不能。人民蕲向，应时势、境遇而异其趣，绝无终古不变之事，故学者又分为国家相对蕲向及绝对蕲向焉。

古今倡国家绝对蕲向者，约言之，可得两派：即道德幸福说与保护权利说是也。希腊之柏拉图、德国之海格尔，皆以道德说为国家之绝对蕲向，亚里士多德以幸福为国家之绝对蕲向。继此而惩前说之弊者，缩定国家蕲向之范围，以限制国家对于人民之干涉，但以确定小己权利及以法律维持秩序等事，为国家唯一之蕲向，如陆克、康德、韩鲍德、斯宾塞尔等，其最著者也。陆克谓国家之蕲向，在保护人民之生命、财产及自由；康德谓国家以发扬光大人类之权利为主旨；韩鲍德谓人类最高之祈求，即在完全发扬其能力；斯宾塞尔之说，略与韩同。要皆借国家之力，为一种方法，以发扬鼓舞群伦之权利者也。

此外则有画分国家蕲向以应次施行者，略可当相对蕲向之目。其中著名者，为德人郝尊道。彼谓国家蕲向有三，要皆相需相待，相剂相调，而依其施行之、序列之，曰国力、曰小己自由、曰人类文化。伯伦智理承郝氏之绪余，而以公安说为最要，分国家蕲向为直接、间接二者。前者关系国家自体，总括增进国力、完全民生于其中；后者关系小己自身，兼含维持自由、治安于其内。美人柏哲士分国家蕲向为始、次、终三者，谓终极蕲向，在人道之完全及世界之文化；次在允发民族之特性及演进其民质、民生；始在有政府与自由。格芮以维持人人之平和、秩序、安宁、公道为原始祈向，次在图人类之公共治安，终在振兴人类之文化。日人小野冢氏亦分原始、终局蕲向二者。前包国力、国法之施设运用，后包发达人民之身心，演进社会之文化。此外作者，尚指不胜屈。要皆以国家之蕲向，为循序渐进，始奠国家生存之本基，继求小己社会之自由之权利，终则鼓舞振兴世界人类之文明者也。

吾人欲统观诸说，籀其公同，折衷一是，必先解剖各说之窔奥，会其通。而穷探其利弊，由纷纭歧异之中，寻其合辙同归之旨，而绝不敢擅断焉。顾于未评诸说之先，首当申明吾旨曰：国家者，非人生之归宿，乃求得归宿之途径也。人民国家，有互相对立之资格。国家对于人民有权利，人民对于国家亦有权利；人民对于国家有义务，国家对于人民亦有义务。国家得要求于人民者，可牺牲人民之生命，不可牺牲人民之人格；人民之尽忠于国家者，得牺牲其一身之生命，亦不得牺牲一身之人格。人格为权利之主，无人格则权利无所寄。无权利则为禽兽、为皂隶，而不得为公民。故欲定国家之蕲向，必先问国家何为而生存，又须知国家之资格与人民之资格相对立，损其一以利其一，皆为无当。吾将持此观念，评前引诸家之说焉。

道德幸福之说，固皆各有所主，特欲见诸实行，则不免侵害小己之自由。何也？前者以实行道德之理想为界说，后者以求最大多数之最大幸福为格言。若者为道德，若者为幸福，皆无至当之畛域。以道德幸福之责，托诸国家，则国家权力，泛然无所限制。古今万国，凡国权过大，而无一定之界限者，未有不侵及民权。此说如行，则凡人民对于国家之行动，举莫逃出道德、幸福之范围者，即举莫逃出国家之干涉，势必损人民之自由，以为国家之刍狗。国权、人格互相对立之第一要义，即在各有限制，各正其适当运施之封域，相调相剂，而不相侵。道德幸福之说，不得不谓为背此要义也。其最能辟脱此说之弊，而着眼于明定国权行动范围者，厥惟保护权利说。夫权利亦非人生之归宿，仅人生欲达归宿必由之一途。至国家实行上之终极蕲向，则不得不止于此。盖国家蕲向，有实行、理想之别。国家可赞助人民，使求终极之蕲向，而不能自代人民以求之。凡人为之发现于外者，国家可加以制裁，至蕴于心意中之思想、感情、信仰，虽国家亦无如之何。以国家之权力，仅及于形式，而不能及于精神。国家可颁布一切制度，以奖励人民之行为，不能代人民自行、自为之。国家可以权力鼓舞文化、学术之动机，不能自行进展文化、学术之事。盖精神上之事，国家仅能鼓其发动之因，不能自收其动作之果。且不独精神界然也，即关于实物界，如人口之事然，国家但能筹发展民族之途，布卫生除害之令，使生养居处之适宜，不能自行繁衍人口，自使人民康强逢吉也。如生计之事然，国家但能颁布善良政策，助起产业之昌盛，鼓励勤劳者之心神，至生产企业投资、服役之事，亦非国家所能自行也。故国家职务，在立于亿兆之间，以裁判其相侵、相害之事实，调和其相需、相待之机宜；奖励其自由，所以发其自治之动因；保护其人格，所以期其独立之结果。人民求其归宿，必取径于权利之一途。国家惟立于人民之后，持其权力，鼓舞而振起之，以杜其害，以启其机，足矣！管子曰："毋代马走，使尽其力。毋代鸟飞，使弊其羽翼。"此则保护权利说之真正价值也。

至于相对蕲向诸说，虽所见略有不同，综籀其微，盖出一辙，如郝氏之国力及小己自由，伯氏之维持公安，柏氏之政府自由，格氏之原始、第二两项，小野冢氏之原始蕲向。或以维持国家自身之生存，或以资助小己一身之活动，皆如人生之于衣服、饮食然，乃为遂其归宿之凭借，而非即其归宿所在也。于是诸说所余者，皆仅其最终蕲向之一点，而要莫不归宿于人道之完全及世界之文化。前者为实行之蕲向，此则为理想之蕲向，皆足为保护权利说之臂助，而与其旨有互相发明者。盖保护权利，即自尽其实行蕲向之责，以助人民自求此理想蕲向耳。然则国家蕲向，殆即以保护人民权利为归欤。

或曰：保护权利之说，缩小国家行动之范围，而限制过严，推其极也，必令国家供人民之牺牲。要知国家者，乃一国人之总业，如农贾然，非实有也。实谓之人，业谓之农贾，如家市、乡曲亦然，有土、有器、有法。土者人所依，器与法者人所制，故主之者曰人。天下有业而能不为主所用者乎？有创造于人之物，不为创造者所凭借，而创造者反为所创造者之凭借乎？鲍因哈克曰："漠视小己之权利，没收于国家之中者，古代之国家思想，已绝迹于今日者也。盖人在天地间，有最高之蕲求，国家为人而存者，故国家以人生之蕲求为蕲求。"浮氏田曰："置人民于度外，而视玄相之国家及宪法为神圣者，政治之迷信也……以理想之国家可崇拜，而现实之国家不可崇拜者也。漫然崇拜之，凡事皆仰政府及现在多数者之鼻息，终为一种卑劣之像偶教而已。"然则国家为人而设，非人为国家而生。离外国家，尚得为人类；离外人类，则无所谓国家。人民，主也；国家，业也。所业之事，焉有不为所主者凭借利用之理？浮田氏又曰："小己之发达，为国家蕲求之一部。若小己而不发达，则国家断无能自发达之道。"是故无人民不成国家，无权利不成人民，无自由不成权利。自由、权利、国家，均非人生之归宿，均不过凭之借之，以达吾归宿之所耳。人民借自由、权利以巩固国家，复借国家以保护其自由、权利。自国家言，则自由、权利为凭借；就自由、权利言，则国家为凭借；就人民言，则国家、自由、权利举为凭借。人民借自由、权利以求归宿，不谓自由、权利供人民之牺牲，至凭国家以求归宿，独恐其供人之牺牲，其有当于名学之律否耶？此牺牲国家之驳议，所以不足累保护权利说之真价也。

于是可知吾人爱国之行为，在扩张一己之权利，以搘拄国家。牺牲一己之权利，则反损害国家存立之要素，两败俱伤者也。小己人格与国家资格，在法律上互相平等。逾限妄侵，显违法纪。故国家职务，与小己自由之畛域，必区处条理，各适其宜。互相侵没，皆干惩罚。美其名曰"爱国"，乃自剥其人格，自侪于禽兽、皂隶之列，不独自污，兼以污国。文明国家，焉用此禽兽、皂隶？为古代人民，若希腊、罗马、日本，大抵皆以国家为人生之归宿。若离国家，则无价值。故不惮尽其所有，以供牺牲。而古代国家，亦绝不与小己以方寸自由之界域。摩西古法，并小己饮食、衣服、起居之宜，悉受裁制。此为数千年前之古制，久为近世学者所排斥，安有二十稘之国家，反溯其源流，奉为主臬之理？格芮曰："近世之政治思想，仅以国家为创设之一制度，为发动之因力，为致用之媒介，借之以求社会公共之蕲向，而非以己身为蕲向者也。"吾诵斯言，以终吾篇焉。

（第一卷第四号，一九一五年十二月一五日）

读梁任公革命相续之原理论

高一涵

朔风告急,警变时传。眷怀故都,余心戚戚。寄学异邦,频遭激刺。国有佳音,闻之而情舒色喜者,每视在国时为尤切。予自留东以来,每日课余,必检读此邦新闻三数种,凡记载之关吾国事者,必尽览而不遗。顾所谓佳音,恒万不一遇,而所为心惊胆裂者,则在传吾国革命之一事。彼辈用心,专为造言惑我,本无足论之价值。顾吾人何以睹之而惊惶?国内何以闻之而戒惧?岂其国经一度革命而后,遂日日居于临深履薄、战战兢兢之天,而永无再免革命之理欤?偶于故纸堆中,得梁任公《革命相续之原理及其恶果》读之(《庸言报》第一卷第十四号),见其大书特书。开宗明义之言曰:"历观中外史乘,其国自始未尝革命,斯亦已耳。既经一度革命,则二度、三度之相寻相续,殆为理势之无可逃避。"又曰:"革命复产革命,殆成为历史上普遍之原则。"其终复有最可惊骇之词曰:"革命只能产出革命,革命决不能产出改良政治。"读罢置书,神魂若丧。辗转细绎,窃有未安。遂不得不特操斧斤,汗颜血指,造班门而一弄之。

顾余于未著议之先,首当申明者二事。任公之所以危言耸听者,其心在求免革命相续之惨祸,此吾辈所同情者也。人非狂惑,未有欲其国之革命频生者。又任公之论,在"泛论常理,从历史上归纳,而得其共通之原则",此亦吾辈所同情者也。何则以涉及时政,非本志范围之所许。故本篇即本此二点以立言,所欲论列者,在明革命之正当观念,欲于此中求革命之真解则可,至其事之为美为恶,决不为之置一辞。盖论事而杂以欣喜厌恶之情于其中,则往往失其事之真相,非余所敢取也。此旨既申,余论乃作。欲求革命之正当观念,宜先严革命之界说。革命本吾国历代君主易姓之称,以之译英文 Revolution,本非确诂。英文 Revolution,含有转环之意。用之于天文,则凡日月各球,由曲线轨道(in a curved line or orbit),运行一周,复归元极者,以是名之。用之于几何，凡点、线、平面之由中心点、线而之他，运点作成曲线，运线作成平面，运平面作成主体者，亦以是名之。此皆别有所译，惟用之于政治，以之训谋变法而成功，及政府宪法之倏尔变迁、激烈变迁、完全变迁者，乃以革命译之，故欧洲政治书中所用革命一语，殆无不训为政治根本上之变迁。由此义以推，凡“逐利”“啸聚”“裹胁”“架罪”“构陷”“叱咤”“煽动”云云（凡括弧内单词片语，皆引用任公原文。本篇以后均仿此），苟不牵动政治根本问题，求之吾国文字，曰叛曰乱，求之英文，曰 Rebellion，Revolt 云云，不曰 Revolution.反之，苟牵动政治根本问题，即不“逐利”“啸聚”……云云，亦得字之曰革命。如鼐尔孙（Nelson）《百科辞典》，举革命之例，而以法国千八百四十八年之第二共和与千八百五十一年之路易拿破仑自帝，同类并列。柏哲士谓英国《宪法》所以底于今形者，乃由三度革命而成。所谓三度革命，即以千二百十五年、千四百八十五年、千八百三十二年之役当之。（*Burgese*’“*Political Science and Constitutional Law.*” Vol.I，Bk.111，p.91—7.）然则所变之政，无论由君主而贵族而共和，抑由共和而贵族而君主，所由之法，无论为平和，为激烈，凡为变至骤，为事迁及政治根本者，举为革命字义之所包。是变迁政治根本，乃革命字义中所含最重之要素，亦犹非具最高性，则不成主权之名辞，非有主权，则不能冒国家之称号也。今为区别之便，准伯伦智理国体演进始而君主，继而贵族，继而共和之例以推，字由君主而贵族而共和者，曰顺进革命；字由共和而贵族而君主者，曰逆动革命。此则革命之界说也。

革命之界说既明，于是应推求肇起革命之真因。夫改革政治，非以革命为归宿，革命特改革政治之一方法耳。故必有改良政治之计划确立于先，不得已一由此法，期以达诸实行。其方法在扫除现政治，其蕲求则在建设新政治。设仅取此方法，而不具此蕲求，则应锡以他名，不得以革命之名假之。此正名之法，即所以正用也。至其为用，按历史通例，凡政治由改良而渐进者，局于久成之事实，每为改革之障碍，令不能尽符乎理想；由革命而骤变者，其民众理想之制度，常足以涤濯积习，不致再局于现象。故福禄特、卢梭之学说，非经法国大革命之锻炼，必不能骤见诸施行；贵族僧侣之特权，非经法国大革命之扫削，必不能一举而铲除殆尽。严复曰：“旧有干局，既坚且完，其改制沮力，亦以愈大，而革故鼎新皆难，其物乃入于老死，此不易之公例也。”盖习之既久，则国拘政惑，情瞀智絯，为改革之梗。设非变之至骤，则委靡不振之人心，终患无由振作，此满清末世所以不可施药也。且宇内万力，莫不具有爱拒二面，相推相挽以系之,乃克趋循常轨,如月球之绕地是已。夫政见之冲突生于拒,政见之调和成于爱。欲政局之不离常轨,必使爱拒二力,相抵相冲,保其中度,剂其停匀。乃克互相摩荡,得其用而不腐其机;互相权衡,执其中而不走其极。苟其中有一力腐其用,而任他力奔至极端,则此力之辟散,为势至优,彼力之翕聚,为效无睹。政局为独力所鼓荡,斯其国中利害感情,必无一处不形其抵触,颠播殒越之虞,即时有所见。若再此方成骑虎之势,彼方有维谷之形,则革命之事,必真为"理势之无可逃避"。此则革命所以肇端之真因也。

既得革命之界说,与其所以肇端之真因,乃于是转入正论。引任公之说以衡之,任公之言,最乖名实者,即在"革命决不能产出改良政治"一语。夫曰"改之"云者,苟余诠之不谬,则必由甲种国体政体,变为乙种国体政体者,始足以当之。即不然,必于同种国体之下,而变易其政体;抑于同种政体之下,而易其出政之方者,乃足以当之。若此者岂非所谓政治根本之变迁乎?曰"良之"云者,如余解之不岐,则必能谋最大多数之最大幸福者,始足以副之。即不然,亦必适于国情历史者,乃足以副之。此改良政治之界说也。至于革命一语,即如鼐尔孙《百科辞典》所列之路易拿破仑自帝之例,亦何尝不移易政治根本。此在余论,谓之逆动革命。然犹曰:"凡逆动革命,谓为改政治则可,谓为改良政治则未也。"引此证革命之必为改良政治,以折任公,任公必不服。味任公全文,似不认逆动革命为革命。以逆动革命,为疾视顺进革命者行之,多非以"革命为第二天性",非"失业之民",非"退伍之兵",非"初次革命有功之人",非视"革命成为一种职业"者故也。任公所蛇蝎视者,即此顺进革命。今将以顺进革命之例证之。查欧洲政治史,凡称顺进革命,绝无一不由君主贵族国体,而改为共和;或由专制政体,而改为立宪;抑由阶级政治,而改为惟民主义之政治。其由于激烈,若法若美之由君主或殖民地变为共和者,固彰彰明矣。其由于平和,若英国之革命,亦无一次不迁及政治根本者。如柏哲士言,则其千二百十五年之革命,乃由君主宪法,变为贵族宪法;其千四百八十五年之革命,乃国家政权,由贵族而逐及平民;至其千八百三十二年之役,论者多以革新"Reformation"名之,柏氏考其情形,推其结果,而必字之以革命。盖英国众议院(The house of Commons)之得二重位置,一面为国家主权机关,一面为立法院者,即此千八百三十二年一役之结果故也。(同前,194 页至 95 页)然则和平、激烈,非革命字义中必需之条件,其至重条件,惟在变迁政治根本问题耳。若美若法若英之革命，其为关于政治问题，固卓然共见。其由君主而共和，由殖民地而共和，由君主宪法而贵族宪法，政权由贵族而平民，众议院由立法院而为国家之主权机关，其确足以当得一改字，又卓然共见矣。至谓之良，其路易专制，妄用其权为良乎？抑人权宣言以后，平等自由，特权阶级均废法律一视同仁为良乎？此法制也。至如美，其忍受英国专制之殖民政策，禁工抑商，横征暴敛为良乎？抑自建政府，国号共和，最高主权出自平民为良乎？至如英，其国权听君主独裁为良乎？抑由平民公议为良乎？吾知即三尺之童，亦必皆以后者为良矣。改云、良云、政治云，一举法、美、英三国革命之例，则无一字不完全做到，而偏曰“革命决不能产出改良政治”，其意何居？要知革命字义之成立，即在“变迁政治根本”数字。不改良政治，而偏名之曰革命，是谓不词。此任公取名弃实之过也。设革命而但能“逐利”“啸聚”……云云，然则白狼之蹂躏数省，马贼红胡之出没掠财，最近某省之三合会，高张旗帜，自称为帝，亦将锡以革命之嘉名乎？恐即搜破万卷书，亦寻不出革命字解中，果含有此种义蕴也。任公篇末有最得意之笔曰：“请遍翻古今中外历史，曾有一国焉，缘革命而产出改良政治之结果者乎？试有以语我来。”余敢曰：请遍翻古今中外历史，除逆动革命外，曾有一不产出改良政治之结果，而可谓之革命者乎？试有以语我来。

任公复曰“革命复产革命，殆成为历史上普遍之原则”，曰“革命只能产出革命”。夫革命纯为改良政治而起，凡一国革命告终，而议及建设问题，则已入于政治范围，不得仍谓为革命时代。何则以革命与破坏同其命运？建设一始，则破坏告终。破坏告终，则革命之能事已尽。此其界判若鸿沟，何能混视？故建设之时，纯为政治问题。政治之建设不得其当，由是而肇起革命则有之，谓革命本身有以召之，史例绝不吾许。揆诸事实，苟一次革命而后，制度典章，巩然确立，运得其中。不久激成逆动革命，则所谓二次、三次革命，即无端可得而肇。至云“二次革命之主动者，恒为初次革命有功之人”，此显然指顺进革命而言，其间必经一次逆动革命，乃任公之所未见。何则以顺进革命之再见，必初次革命之制度典章，人物策略，皆自其根本扑灭之者，乃得借端而起？苟“初次革命有功之人”，无逆动革命排之，使离去政局，初次革命后之制度，无逆动革命芟夷蕴丛，绝其本根，则“二次革命之主动”，其将对于一己之身再行之乎？抑对于手创之制度，而复手自破坏之乎？任公所引之例曰法兰西，曰墨西哥云云，夫法兰西自大革命后，苟非王党之阴谋，拿破仑之自帝，则何至有二次、三次之事？墨西哥非爹亚士之横暴,阴柔伪善,排斥异己,俾国内利害,莫得调和,又何至有迭见兵端之事?故法、墨之革命屡起,为政治势力趋入一端之所召,于革命本身,若风马牛之不相及。今不罪王党拿破仑、爹亚士等之逆动政治,乃专蔽罪于革命本身,虽文成天口,舌若悬河,辩则辩矣,理则未也。何也?历史中凡第二次顺进革命,纯为逆动改革所酿成。逆动改革,又纯为初次顺进革命后,政治建设之失当,致爱拒二力,莫由平衡,乃相激相感,而召成是果,与初次顺进革命之本身,完全无涉。史例具在,安得挟好恶之情以淆之?此征之于例,革命不能产生革命之证也。

余于是再求夫理,革命之兴,既由于政治矣。一云政治问题,则吾人应特别注意于爱拒二力之调和,各方利害之适当。俾各党各派之感情意见,好恶利病,饶有自由余地,得施其斡旋融汇之功,不使政局偏于一力一方,久为独占。论者谓法兰西"后乎千八百七十五年,未尝一革命,乃明于政力向背之道。掌力者务使两力相待,各守其藩。由是一党既兴,决不过用其力以倒他党,他党以能尽其相当之分,遂乃共趋一的,而永纳其国于平和有序之中",即此理也。至美国自一次革命以后,绝不再见革命者,由蒲徕士之言以推,则"英国《宪法》,有两优点,较然分明。一则制宪之时,社会中所存向背二力,悉量衡之,铢两靡遗,且坦然认定离心力之存在,而任其自然发展。当其收合所有向心力,施以准绳,制为规则,亦惟以不久惹起分崩之逆动为限。匠心所至,并使联邦与非联邦两党,皆踌躇满志以归,以是向心力转增高度"。美国所以再免革命之道,端系乎此。此皆完全为政治问题,何尝混入初次革命之关系?然则革命真因,专在政治。政治之根本不良,即为产生革命之母。美人察其真因之所在,而先事预防,故革命相续之惨,绝不见于彼土。任公求之美例,而不能通,乃字之曰"例外"。不知即此一例外,已足证明革命复产革命之非。又曰"美国乃独立而非革命",美自脱离英絷,由殖民属土,一变为共和国家,政治根本,全然迁易。此而不谓之革命,将更锡以何名?就美国对英关系而言,诚为"独立";就其内政之建设言,则纯为革命。况"American Revolution"一语,稍检西籍,即睹是名者乎。至任公曰"英国统治权不能完全行于美境",统治权不可分者也,何有完全不完全之别?又曰"美之独立,实取其固有之自治权扩张之巩固之耳",自治权任扩张巩固,至于何度,终不能名曰最高权,以自治权为统治权所赋予故也。英之统治权既行脱去,而犹曰自治权,是谓无根;且自治权为地方团体所行使之权力,而非国家所行使者,有自治权而无最高权,是曰不国;非统治权所赋与,而犹曰自治权,是谓不词。此又本论以外之枝叶语,因其抹煞美国革命名称,以自圆其说也,姑并及焉。

虽然,任公,学者也。余于辩论既尽,敢献一言于吾辈学者之前曰:治心犹治水也,在利导不在抑塞;在宣之使流,不在激之使溃。凡事既能波谲云涌,鼓动人心,趋赴之者万亿人,厉行之者数十纪,传播之者数十国,则其事必有所以吸收人心之一道。固不得目为无意识者也,既为有意识之事,补救之法,惟有顺其意识而利道之,致之于相当之域,乃克奏绩。革命之事,其一端也。任公曰革命"成一种美德",视为"神圣",夫事之美恶,在实不在名。其实果恶,虽誉之以神圣,不能强人人之心理而悦服也;其实果美,虽疾之若蛇蝎,亦不能蔽人人之知觉而盲从也。故免除革命,不必问其能革之主体奚若,要当问其所革之客体为何。神圣视、蛇蝎视,均无益也。苏子曰:"智勇辩力,此四者皆天民之秀杰者也。……区处条理,(使)各安其处,则有之矣。锄而尽去之,则无是道也。"夫欧人自十五世纪以来,要求立宪,民情汹汹,卒以君主诸国让出政权,始得相安者比比,不闻诛戮宪党,令其绝迹也。同盟罢工,资本、劳力两家,皆蒙不利,两败俱伤者也。欧洲生计学者,欲免除此弊,乃使双方调剂,一方令资本家增加薪金,一方令劳力者减少晷刻,不闻施愚工之策,布虐工之令,而迫胁禁锢之也。女子参政权之运动,喧传各国。英国政治学者,欲弥缝其缺,方广设女学,增其智识,养成其参政能力,不闻其毁废女校,吝施教育,加以愚辱之策也。欧人今日,政局常固,革命不生者,安有一国不行此原则?其有不谙此理,倒行逆施者,又安有一国能逃革命相续之惨?革命肇起,既由政治问题,非由天运,安得谓无预防之策?恃感情以诅咒之,不独劳而无功,或转激而加速。学者论事,或出乎此,甚非所以巩固国基之道也。

(第一卷第四号, 一九一五年十二月十五日)

自治与自由

高一涵

以我克我曰自治，不以他克我曰自由。鲍生葵曰："自治者，勉小己（Jndicidual）以赴大己（Greater Self）、克私利群之谓也。自由者，事由己决，不为物制之谓也。"（见 *Bosanqust's the philossphical theory of the state* 第六章　自由之概念篇）前者必用限制之力，后者则与限制之力绝不相容。睹其名义，二者固若水炭之相克。推其致用，则实有相反相成之功。小己者何？离群独具之身，偏颇奇特之用，孤立而外于群者也。大己者何？由历史以观，即立国以来世世相承之民族性；由人道以观，则人类众生心心相印之公同。礼法谣俗，政教学艺，举由民性公同所孕形。我我相承，性性相续，显见表征，影留史迹者，乃至于今。固非本有客观之自体，予吾人可以观察抚触者也。故历史为吾人心性相连之表见，国情即吾人心性相印之特征。留见既往者，心性之影焕耀将来者。心性之光，非影非光，而真实可凭，变化由己者，则惟现在。古往今来宇宙间之一切现象，何一非由现在之我所造成？息息以现在之我，脚踏实地，定小己之趋。俾唯大己是向，与天演相战，与他族之人事相战，与一己离群独秉之私欲相战，举夫固有民性，发挥尽致，我我相待，团结之力自坚，几反乎人治之自然。侵凌吾人之外族，举可一扫而空，得以自由生存于大地之内，是之谓自治，是之谓自由。

举凡人地民族，具最能享受自由之福者，自治之力必最强。反之，则终不得入自由福境之一步。二者比衡，丝毫不爽。人生之始，本无性善、性恶之分，常徘徊于可善、可恶之界，故一自含生而后，方寸之内，即为交兵对垒之场。一身之间，常具勤、惰二力，相推相挽，以分主、奴之门。鲍生葵曰："持大己以运化联络小己，扩张之，激刺之，必用强力。大力之行，又必与精神之怠惰相终始。"然则自治之道，在自用勤力，以战胜吾惰性而已。今者举国上下，昏昏终日，疲癃恇怯，麻木僵残，嗒然魂丧，颓然心灰，腐坏停滞之机，触目皆是。岂国情所遗，民性所秉，得诸先天者而然哉？论者恒曰：中国民性薄弱。为问强、弱之因，果由天地所诞降，抑由人力所造成？设曰由于后者，则吾国之上下昏昏，但当归咎人力之不振，不当归咎民性之不完。论者恒曰：中国国运衰颓。为问运会之事，果有客观之具体物，抑为民族精神所构形？设曰由于后者，则吾国之上下昏昏，但当蔽罪于精神之斫丧，不当误指为运会之流行。盖生性所含，勤、惰相杂。吾人若排去惰性，而伸张其勤力，则身心间应时而清明、而壮健，振兴之象应之；若将迎其惰性，委弃其勤力，则身心间应时而颓散、而衰朽，弱亡之象应之。吾国今者所以有朝不保夕、得过且过之象，岂人人伸张其勤力，而犹不足挽回者所致哉？特皆苟且迁就，充分发挥其惰性，相染相积，演成此疲癃恇怯、麻木僵残、嗒然魂丧、颓然心灰之见象也。民用云乎哉？国运云乎哉？

心理学家谓人生惰性，根于先天，亦犹无明真如，同时并有。然则吾人不贵无惰，而贵克惰，不必问先天之赋畀，惟当问后天之人工。人类所以超越下生，即在能以自力，造成安身立命之所。勤之真诠，惟曰自强不息。乾坤之运行，人生之业举，莫非勤之一字所积成。偶有所间，惰即乘之。人生若无惰性，则勤之一字，转为不词，何也？以无惰性以与勤争，则无所用其兢兢业业之念。以强行自治之功，精神心志，均无所施，则无惰之惰，乃大惰矣。且惰非特精神心志之敌也，不事勤劳，则血液之循环缓顿，脑浆之络脉板滞，细包松散，筋肉之结构不坚，饮食起居之能，举失常度，肉体之感觉，已麻木不仁。精神欲勤，已为肉体所制，不得自由。惰之主乐，复操之于惰。一张一弛，一消一息，俱惟肉体自然之动作是听，非外境之降虏，直自身之降虏耳，即欲自侪于下生，且不可得，自由云乎哉？

且勤则借助甚殷，惰则排斥必烈；勤则惟日不足，惰常日永如年，何则？大群非独力所能支持，民族特性非一人所能表显。人欲胜物，必先合群，欲表扬民性，必心心相印，向同一之方面齐趋。勤者有此经验，故殷殷望助之情，愈激刺而愈形恳挚。国人至互相望助，相依为命，则感应之敏捷，亲爱之肫诚，其度必继长增高。团结之力，安得不固？至于惰则反之。尔我之间，无资将伯，即有所资，两皆不足以相辅畀。由相轻之念，酿成相侮之端。由相侮之端，激起相排之果。国人至于相排，则中伤、倾陷、架(嫁)祸、构诬诸恶德，安得不相集而来？恒见国人之旅居外国者，每于街衢电车中一遇，多掉首他顾，若将浼焉者。栖处异域且然，他自可知。亡国之征，孰显于此。且人生多不满百，以人计时，安有暇晷？惟日不遑给之人，或得多所成就，何也？以时日之长，只有此限，其暇者人自为暇，非晷刻本身之有暇也。乃返（反）瞻吾国，几半为优游暇预之人，虑日月之不暮也，则曰消遗时日，非岂燕居逸处，无所事事，精神逸散，百无聊奈（赖）之征欤！消遣之名词一立，卒之国家万事，举销沉败坏于逍遥游宴、奔走周旋、醇酒妇人、呼卢喝雉之顷，遂养成今日游民遍国之见状。呜呼！孰知惰之恶德，稍一联想，竟至于斯极矣乎？

吾言及此，流入悲观，大违立言之本旨，乃极力镇定，以反吾初。吾所以以“自治与自由”命题者，欲以明自由之福，匪可幸致。设不尽自治之功，即无由享自治之报耳。弥尔者，诠自由之名家也。顾谓自由之道，在于人人相关之界，寻得空间以行之。鲍生葵谓其以他人为主，属于消极，终不合为所欲为之旨，乃于一己之中，分治者与被治者二面，治者大己，被治者小己。盖谓社会为吾人精神所放大，合群胜物，以人胜天，乃人生之天职，故国家盛衰之度，全视团结力之强弱以为衡。团结力之强弱，又举以自治力之强弱为标准。宇宙间天行之事，莫不反乎人治，而与之相反相仇。自由者即超脱乎天行之障碍，径谋夫吾心之所安，不为外物、外力所降逼。自治者，就一己言，以勤力战惰性；就一群言，以大己战小己；就人道言，则以人治战天行。自由乃自治之归宿，自治实自由之途径。二者常相得相用，而不可相离。舍自治以求自由，自奴而已矣，自缚而已矣。北辙而南其辕，宁有能达之时邪？

（第一卷第五号，一九一六年一月十五日）

我

易白沙

挽近民听不钧，大盗崛起。圣智之祸，横于九隅。廉耻之维，绝于四境。天下士夫，各丧其“我”。虽有起居，木偷之踊跃耳，有司其机枯者在？虽有语言，留音器之发声耳，有司其謦欬者存？魂魄离散，芜薉愁苦，日暮涂穷，倜然无所归宿。今之所述，类当《招魂》诗曰：“天之方跻，无为夸毗。”夸毗者，失魂之谓也。

我之名以何因缘而生耶

于宇宙万象中，忽标识一两足纵生之物，谓之曰“人”。于人类晰、黄、棕、红、黑五色中，各持一标识自己之共名，谓之曰“我”。人之名胡由立？人之形胡由成？于是欧西演为动物进化之论，印度腾其十二缘生之说，皆略能解决此疑问矣。胡为而有我？胡为而谓之我？持破我执者，既已无我之名，自不必言我之实。惟今吾人，无一不在我执之中，则我之本原，自不能不探索焉。我之本原惟何，即对于一切倮生、非倮生，画一鸿沟之界，建国立都，设险自守，以与之宣战者也。质言之，我之名词，即个体与他体、此族与他族宣战之名词也。昔者何平叔少育于魏之宫中，画地而处其中曰“何氏之庐”，以为外是皆曹氏土地也。归玄恭当亡明之季，名其读书之室曰“己斋”，以为外是皆清夷土地也。此亡国士夫，痛其土宇沉沦，画所居之地，以示异于盗贼夷狄之域中。虽非事实，聊以寓意耳。今人类莫不自名曰“我”，亦犹“何庐”“己斋”之寓意也。自我以外，皆非我也。我之性质，即独立之性质，即对于他人、他族宣战之性质。《说文》

训“我”曰:“施身自谓也,从戈从扌。”扌者,杀之古文。戈而杀者,谓之“我”。其名他人也,谓之曰“佗”。佗本作它。它者,蝎蛇之谓也。(古称人曰它,《诗经·鹤鸣》:“它山之石。”《释文》:“它,古他字。”《周语》“不出于它矣”,注“它,它族也”。后人以“佗”代“它”。“佗”,《说文》“负何也”,非本训。)以戈杀为“我”,以蝎蛇为“他”,此古人宣战之意也。墨子曰:“圣王为猛禽、狡兽,暴人害民。于是教民以兵,行日带剑,为刺则入,击则断,旁击而不折,此剑之利也。”夫人性罔不自卫,奚待圣王之教?禽兽害我,我必有以与禽兽战;暴人害我,我必有以与暴人战。不独倮虫之我为然,非倮虫之我亦莫不然。角而触者,以角之我而战也。爪而距者,以爪之我而战也。螫而毒者,以螫之我而战也。不能进其战之道与战之器,虫我也,恶我也;进其战之道与战之器,至于无疆,人我也,善我也。吾人时时居空气中,以抗微虫之啮蚀,此战之隐者;西方断人,流血千里,日损万人,此战之显者。籀先哲之遗言,往行师其所长,攻其所短,此战于古者;处优胜劣败之潮流,学术竞争,如追亡人,此战于今者。凡此种种相战之司令之名,谓之曰“我”。

我之有无问题

我之有无问题,当以世界有无问题为前提。破我执者,必破世界。形色、领受、名号、作业、心识,五蕴设施有我,五蕴皆空,是故我空。空性非有,亦复非无。人我、法我,亦复无有,则佛氏无我之说尚矣。吾国学者,亦倡无我,其在道家,所论稍近于佛。道家谓我身非我有,乃天地之委蜕,虽倡无我,尚有我之天地。佛家则并我之天地,亦归于灭度矣。老聃言有生之气、有形之状,皆幻。因形移易,随起随灭,无生死之辨,故无我汝之分。《庄子·至乐》篇则以生为大忧,以死为至乐,然既言全乐,则是无生之我,而有死之我。列子言无我,大似佛家轮回之说,试列于下:

“列子行食于道,从见百岁髑髅,攓蓬而指之曰:‘惟予与汝知,而未尝死、未尝生也。若果养乎?予果欢乎?’种有几,得水则为继。得水土之际,则为蛙蠙之衣。生于陵屯,则为陵舄。陵舄得郁栖,则为乌足。乌足之根为蛴螬,其叶为胡蝶。胡蝶胥也,化而为虫,生于灶下,其状若脱,其名为鸲掇。鸲掇千日为鸟,其名为干余骨。于余骨之沫为斯弥，斯弥为食醯。颐辂生于食醯，黄軦生于九猷，瞀芮生于腐蠸，羜羊比乎不笋。久竹生青宁，青宁生程。（《尸子》曰程，中国谓之豹。）程生马，马生人，人又反入于机。万物皆入于机，皆出于机。”（《庄子·至乐篇》《列子·天瑞篇》皆同。）

由上所陈，《列子》不仅无我相，且无众生相。“程生马，马生人”二语，又近动物进化之论。达尔文以前，西方言动物学者，亦有谓人类由马而进化也。惟列子谓“万物皆入机、出机”，斯为循环，而非进化。道家之“无我论”，虽不逮佛氏之精微，大抵皆属出世法，非入世法也。儒家、墨家，同倡“无我”，而同为入世法。其最明了者，莫如孟子、墨翟之言。孟子曰：“杀人之父，人亦杀其父。杀人之兄，人亦杀其兄。”墨翟曰：“夫爱人者，人必从而爱之。利人者，人必从而利之。恶人者，人必从而恶之。害人者，人必从而害之”。（《兼爱》中篇）儒、墨二家之“无我论”，乃深悉社会对于个人之关系，牺牲自家之我，以爱护他人之我，复假借他人之我，以资助自家之我。彼之无我主义，实无异为我主义也。此儒、墨无我，与佛、老无我，迥然不同者。盖一涉及世界，涉及国家，虽倡无我，适证其有我而已，虽大我、小我之界说不齐，非绝对无我者也。

我与国家及世界之关系

有世界矣，有国家矣，斯不能无我以为之主人。以先后论，我为先，世界次之，国家为后。以轻重言，世界为重，国家次之，我为轻。先后之说，天上地下唯我独尊之说也。轻重之义，天下溺者若我溺之，天下饥者若我饥之之义也。二者相成而不相悖。有目之我，然后五色立；有耳之我，然后五声显；有口之我，然后五味生；有鼻之我，然后五香程。世界一切有形之大地、山川、飞走、潜游，皆因我而亭毒；无形之忧悲、苦恼、欢喜、愉快，皆由我而弛张。我执既空，五蕴随灭，故我先于世界。人类分殖，斯立国家。国之名词，本为对待。国之性质，纯属竞争。蜗角一隅，规模狭隘，无异蜘蛛走网以自维，春蚕吐茧以自缚。元元之众，且难包举，况宇宙万有，各运天游。鸱鸦蝍且、猿鳅麋鹿，正味正色，曷知其辩？岂一网一茧所能尽载？故世界先于国家，是之谓先后。世界主义，人群福禄之门。国家名词，蟊贼兵戎之首。同人于野乃亨，同人于宗则吝。世有哲人，首出庶物，必先破国家之樊，运于大同。众人熙熙，如登春台，大同之谓也。爱国者不如爱世界，忧国者不如忧世界。世界者，我之我与他人之我所归宿也，故国家轻于世界。然而国家者,人生之逆旅也。吾人隆寒而赴温泉之浴,盛暑而登清凉之山,道路万程,非一蹴所能及,势不能不假此逆旅。证一宿之缘,避风雪而荫暍人,亦逆旅赉我之幸福耳。苟或外来之寇,穿墙越垣,突然侵逼,甚至逆旅主人,暴慢无礼,乱法自婰,夺我幸福,与外寇无殊,宿此逆旅无数之我,将奴隶、牛马,为所葬送。我心恻隐,复怀羞恶,必出死蹈亡,恢复幸福,牺牲个体之我,抗卫群体之我。群体之我,个个牺牲,个个抗卫,则我应享之幸福,必不为外盗或主人所夺。他日登山临水,百禄无疆,皆我之牺牲精神所造化耳,故我轻于国家,是之谓轻重。有牺牲个体小我之精神,斯有造化世界大我之气力,有我溺我饥之心,斯有惟我独尊之概,故曰二者相成而不相悖也。由先后之说,必有我而后有世界;由轻重之说,必无我而后有世界。有我者,非有我,亦非无我,我与世界无须臾离;无我者,非无我,亦非有我,个体之小我亡,而世界之大我存。

个体之我亡,世界之我存,何谓也?言去躯壳之我,留精魂之我也;化有数之我,为无数之我也;寿此数十百年之我,为千百世祀无终之我也。非我无以验世界,非世界更无以储我。我与世界,实未有分。我亡而世界未亡,故我之我亡,世界之我不亡。今试证以欧人之我;哥白尼天文学,创地圆之新论,彼仅七十年之我耳,而后人探殖民地,奉其学说为指针,是皆哥白尼之我也。倍根、笛卡儿哲学,倡明穷理,彼一为六十五年之我,一为六十年之我而已,而西方穷理之学大明,是皆倍根、笛卡儿之我也。孟德斯鸠述万法精理,诋卖奴之制,主张人道;卢骚倡人权,申民约,为文明革命之祖。彼两学者,同为六十六年之我而已,而今日孟德斯鸠、卢骚之我,且布满全世界矣。佛兰克林八十四岁之我耳,发明电学,而电气之用,于今大显,皆佛兰克林之我矣。瓦特八十三岁之我耳,发明汽机,而世界丕变,皆瓦特之我矣。杯黎制排气机,奈端创重学,皮里士利明化学,连那士开植物学,彼皆数十年之我耳,而物质文明,因以大启,则杯黎、奈端、皮里士利、连那士之我,犹徘徊于今世界矣。此外伯伦知理言国家学,边沁言功利,斯宾塞言群学,达尔文言进化,亚丹斯密言理财,康德言哲学,约翰弥勒言罗辑,其学说各能披靡一世,天下学者,云合雾集,鱼鳞杂遝,熛至风起,皆为此数子之我精神所鼓荡而已,此数子之我固在也。以上所举,欧人之我,皆有关系于今之世界、今之国家者,彼之我虽亡,彼世界之我犹在。西方哲人,所以能造化世界、造化国家者,无佗,各自尊重其我而已矣。

救国必先有我

我之我力，既如此其巨，虽造化世界，亦觉游刃有余，何况国家。然而天演之场，社稷邱墟，人民台隶，相望不绝者，非我之不足救国，实国人自丧其我也。神州立国，四千年矣。其间数挫于异族，必排而去之；数困于独夫，必起而诛之。黄帝、尧、禹、周公、孔子之我，假手国人之我，张其威权耳。国人之我，犹能救国，似可以此为证明。不图今国人日为丧我之言曰："甲派固不足救亡，若乙派又奚足以救亡？"此中国必亡之征兆。不思甲、乙而外，尚有我在也。又曰："社会如此，风气如此，予一人又奚以为？"不知社会者集我而成，风气者由我而出，改社会，移风气，我之天职也。国人丧我之宪象，触目皆是。今日之我为尧、舜，明日之我忽为桀、纣。口之我言伯夷之言，手之我又忽行盗跖之行。我之神明，久不相系矣。举足则有肩舆（近日内地乘轿之风最炽），举手必招侍仆。妇人巾帚装容之事，尽佣奴婢。丈夫饮食居处之常，亦不躬亲。我之官能，早失其用矣，非亡我亡国之明证耶？既知国家危亡，由于国人之丧我，则扶危救亡，非使人人矜重其我，实无他道之可寻。儒、墨者，以无我为我者也。请诵其言，以终斯篇。

曾子曰："士不可不宏毅，任重而道远。仁以为己任，不亦重乎？死而后已，不亦远乎？"

颜渊曰："舜，何人也？予，何人也？有为者亦若是。"

孟子曰："人皆可以为尧舜。"

墨子曰："圣人恶疾病，不恶危难。"又曰："杀己以存天下，是杀己以利天下。"（见《大取篇》）

（第一卷第五号，一九一六年一月十五日）

吾人最后之觉悟

陈独秀

人之生也必有死，固非为死而生，亦未可漠然断之曰为生而生。人之动作，必有其的，其生也亦然。洞明此的，斯真吾人最后之觉悟也。世界一切哲学、宗教，皆缘欲达此觉悟而起。兹之所论，非其伦也。兹所谓最后之觉悟者，吾人生聚于世界之一隅，历数千年，至于今日，国力文明，果居何等？易词言之，即盱衡内外之大势，吾国吾民，果居何等地位，应取何等动作也？故于发论之先，申立言之旨，为读者珍重告焉。

吾华国于亚洲之东，为世界古国之一，开化日久。环吾境者皆小蛮夷，闭户自大之局成，而一切学术政教，悉自为风气，不知其他。魏、晋以还，象教流入，朝野士夫，略开异见。然印土自己不振，且其说为出世之宗，故未能使华民根本丕变，资生事之所需也。其足使吾人生活状态变迁，而日趋觉悟之途者，其欧化之输入乎？欧洲输入之文化，与吾华固有之文化，其根本性质极端相反。数百年来，吾国扰攘不安之象，其由此两种文化相触接、相冲突者，盖十居八九。凡经一次冲突，国民即受一次觉悟。惟吾人惰性过强，旋觉旋迷，甚至愈觉愈迷，昏瞶糊涂，至于今日。综计过境，略分七期。第一期在有明之中叶。西教、西器初入中国，知之者乃极少数之人，亦复惊为“河汉”，信之者惟徐光启一人而已。第二期在清之初世。火器、历法见纳于清帝，朝野旧儒，群起非之，是为中国新旧相争之始。第三期在清之中世。鸦片战争以还，西洋武力，震惊中土，情见势绌，互市局成。曾、李当国，相继提倡西洋制械练兵之术，于是洋务西学之名词发现于朝野。当时所争者，在朝则为铁路、非铁路问题，在野则为地圆地动、地非圆不动问题。今之童稚皆可解决者，而当时之顽固士大夫，奋笔鼓舌，哓哓不已，咸以息邪说、正人心之圣贤自命。其睡眠无知之状态，当世必觉其可恶，后世只觉其可怜耳。

第四期在清之末季。甲午之役，军破国削，举国上中社会，大梦初觉。稍有知识者，多承认富强之策，虽圣人所不废。康、梁诸人，乘时进以变法之说，耸动国人，守旧党尼之，遂有戊戌之变。沉梦复酣，暗云满布，守旧之见，趋于极端，遂积成庚子之役。虽国几不国，而旧势力顿失凭依，新思想渐拓领土，遂由行政制度问题，一折而入政治根本问题。第五期在民国初元。甲午以还，新旧之所争论，康梁之所提倡，皆不越行政制度良否问题之范围，而于政治根本问题去之尚远。当世所诧为新奇者，其实至为肤浅。顽固党当国，并此肤浅者而亦抑之，遂激动一部分优秀国民，渐生政治根本问题之觉悟，进而为民主共和、君主立宪之讨论。辛亥之役，共和告成，昔日仇视新政之君臣，欲求高坐庙堂、从容变法而不可得矣。第六期则今兹之战役也。三年以来，吾人于共和国体之下，备受专制政治之痛苦。自经此次之实验，国中贤者，宝爱共和之心，因以勃发；厌弃专制之心，因以明确。吾人拜赐于执政，可谓没齿不忘者矣。然自今以往，共和国体果能巩固无虞乎？立宪政治，果能施行无阻乎？以予观之，此等政治根本解决问题，犹待吾人最后之觉悟。此谓之第七期，民国宪法实行时代。

今兹之役，可谓为新旧思潮之大激战。浅见者咸以吾人最后之觉悟期之，而不知尚难实现也。何以言之？今之所谓共和、所谓立宪者，乃少数政党之主张，多数国民不见有若何切身利害之感而有所取舍也。盖多数人之觉悟，少数人可为先导，而不可为代庖。共和立宪之大业，少数人可主张，而未可实现。人类进化，恒有轨辙可寻，故予于今兹之战役，固不容怀悲观而取卑劣之消极度态，复不敢怀乐观而谓可踌躇满志也。故吾曰：此等政治根本解决问题，不得不待诸第七期吾人最后之觉悟。此觉悟维何？请为我青年国民珍重陈之。

（一）政治的觉悟。吾国专制日久，惟官令是从。人民除纳税、诉讼外，与政府无交涉。国家何物，政治何事，所不知也。积成今日国家危殆之势，而一般商民，犹以为干预政治，非分内之事。国政变迁，悉委诸政府及党人之手。自身取中立度态，若观对岸之火，不知国家为人民公产，人类为政治动物。斯言也，欧美国民多知之，此其所以莫敢侮之也。是为吾人政治的觉悟之第一步。吾人既未能置身政治潮流以外，则开宗明义之第一章，即为决择政体良否问题。古今万国，政体不齐，治乱各别。其拨乱为治者，罔不舍旧谋新，由专制政治，趋于自由政治；由个人政治，趋于国民政治；由官僚政治，趋于自治政治。此所谓立宪制之潮流，此所谓世界系之轨道也。吾国既不克闭关自守,即万无越此轨道、逆此潮流之理。进化公例,适者生存。凡不能应四周情况之需求而自处于适宜之境者,当然不免于灭亡。日之与韩,殷鉴不远。吾国欲图世界的生存,必弃数千年相传之官僚的、专制的个人政治,而易以自由的、自治的国民政治也。是为吾人政治的觉悟之第二步。所谓立宪政休,所谓国民政治,果能实现与否,纯然以多数国民能否对于政治自觉其居于主人的、主动的地位为唯一根本之条件。自居于主人的、主动的地位,则应自进而建设政府,自立法度而自服从之,自定权利而自尊重之。倘立宪政治之主动地位属于政府而不属于人民,不独宪法乃一纸空文,无永久厉行之保障,且宪法上之自由权利,人民将视为不足重轻之物,而不以生命拥护之,则立宪政治之精神已完全丧失矣。是以立宪政治而不出于多数国民之自觉、多数国民之自动,惟日仰望善良政府、贤人政治,其卑屈陋劣,与奴隶之希冀主恩、小民之希冀圣君贤相施行仁政,无以异也。古之人希冀圣君贤相施行仁政,今之人希冀伟人大老建设共和宪政,其卑屈陋劣,亦无以异也。夫伟人大老,亦国民一分子,其欲建设共和宪政,岂吾之所否拒?第以共和宪政,非政府所能赐予,非一党一派人所能主持,更非一二伟人大老所能负之而趋。共和、立宪而不出于多数国民之自觉与自动,皆伪共和也、伪立宪也,政治之装饰品也,与欧美各国之共和、立宪绝非一物。以其于多数国民之思想人格无变更,与多数国民之利害休戚无切身之观感也。是为吾人政治的觉悟之第三步。

(二)伦理的觉悟。伦理思想,影响于政治,各国皆然,吾华尤甚。儒者三纲之说,为吾伦理政治之大原,共贯同条,莫可偏废。三纲之根本义,阶级制度是也。所谓名教,所谓礼教,皆以拥护此别尊卑、明贵贱之制度者也。近世西洋之道德政治,乃以自由、平等、独立之说为大原,与阶级制度极端相反。此东西文明之一大分水岭也。吾人果欲于政治上采用共和立宪制,复欲于伦理上保守纲常阶级制,以收新旧调和之效,自家冲撞,此绝对不可能之事。盖共和立宪制,以独立、平等、自由为原则,与纲常阶级制为绝对不可相容之物,存其一必废其一。倘于政治否认专制,于家族社会仍保守旧有之特权,则法律上权利平等、经济上独立生产之原则,破坏无余,焉有并行之余地?自西洋文明输入吾国,最初促吾人之觉悟者为学术,相形见绌,举国所知矣;其次为政治,年来政象所证明,已有不克守缺抱残之势。继今以往,国人所怀疑莫决者,当为伦理问题。此而不能觉悟,则前之所谓觉悟者,非彻底之觉悟,盖犹在惝恍迷离之境。吾敢断言:伦理的觉悟,为吾人最后觉悟之最后觉悟。

(第一卷第六号,一九一六年二月十五日)

我之爱国主义

陈独秀

伊古以来所谓为爱国者(Patriot),多指为国捐躯之烈士,其所行事,可泣可歌,此宁非吾人所服膺所崇拜。然我之爱国主义则异于是。

何以言之？世之所重于爱国者何哉？岂非以大好河山,祖宗丘墓之所在,子孙食息之所资,画地而守,一群之所托命,此而不爱,非属童昏。即欲效犹太人流离异国,威福任人已耳。故强敌侵入之时,则执戈御侮,独夫乱政之际,则血染义旗,卫国保民,此献身之烈士所以可贵也。今日之中国,外迫于强敌,内逼于独夫(兹之所谓独夫者,非但专制君主及总统,凡国中之逞权而不恤舆论之执政,皆然)。非吾人困苦艰难,要求热血烈士为国献身之时代乎？然自我观,中国之危,固以迫于独夫与强敌,而所以迫于独夫强敌者,乃民族之公德私德之堕落有以召之耳。即今不为拔本塞源之计,虽有少数难能可贵之爱国烈士,非徒无救于国之亡,行见吾种之灭也。世有疑吾言者乎？试观国中现象,若武人之乱政,若府库之空虚,若产业之凋零,若社会之腐败,若人格之堕落,若官吏之贪墨,若游民盗匪之充斥,若水旱疫疠之流行,凡此种种,无一不为国亡种灭之根源,又无一而为献身烈士一手一足之所可救治。外人之讥评吾族,而实为吾人不能不俯首承认者,曰"好利无耻",曰"老大病夫",曰"不洁如豕",曰"游民乞丐国",曰"贿赂为华人通病",曰"官吏国",曰"豚尾客",曰"黄金崇拜",曰"工于诈伪",曰"服权力不服公理",曰"放纵卑劣"。凡此种种,无一而非亡国灭种之资格,又无一而为献身烈士一手一足之所可救治。一国之民,精神上、物质上如此退化,如此堕落,即人不我伐,亦有何颜面,有何权利,生存于世界？一国之民德、民力在水平线以上者,一时遭逢独夫强敌,国家濒于危亡,得献身为国之烈士而救之,足济于难。若其国之民德、民力在水平线以下者,则自侮自伐,其招致强敌独夫也,如磁石之引针,其国家无时不在灭亡之数，其亡自亡也，其灭自灭也。即幸不遭逢强敌独夫，而其国之不幸乃在遭逢强敌独夫以上，反以遭逢强敌独夫，促其觉悟，为国之大幸。夫所贵乎爱国烈士者，救其国之危亡也，否则何取焉？今其国之危亡也，亡之者虽将为强敌为独夫，而所以使之亡者，乃其国民之行为与性质。欲图根本之救亡，所需乎国民性质行为之改善，视所需乎为国献身之烈士，其量尤广，其势尤迫。故我之爱国主义，不在为国捐躯，而在笃行自好之士，为国家惜名誉，为国家弭乱源，为国家增实力。我爱国诸青年乎，为国捐躯之烈士，固吾人所服膺、所崇拜。会当其时，愿诸君决然为之，无所审顾。然此种爱国行为，乃一时的而非持续的，乃治标的而非治本的。吾之所谓持续的治本的爱国主义者。

曰勤 《传》曰："民生在勤，勤则不匮。"今日西洋各国国力之发展，无不视经济力为标准。而经济学之生产三要素：曰土地，曰人力，曰资本。夫资本之初源，仍出于土地与人力。土地而不施以人力，仍不得视为财产，如石田童山是也。故人力应视为最重大之生产要素。一社会之人力至者，其社会之经济力必强；一个人之人力至者，其个人之生计，必不至匮乏，此可断言者也。晳族之勤勉，半由于体魄之强，半由于习惯之善。吾华惰民，即不终朝闲散，亦不解时间上之经济为何事，可贵有限之光阴，掷之闲谈而不惜焉，掷之博弈而不惜焉，掷之睡眠宴饮而不惜焉。西人之与人约会也，恒以何时何分为期，华人则往往约日相见；西人之行路也，恒一往无前，华人则往往瞻顾徘徊于中道，若无所事事。劳动神圣，晳族之恒言；养尊处优，吾华之风尚。中人之家，亦往往仆婢盈室。游民遍国，乞丐载途。美好丈夫，往往四体不勤，安坐而食他人之食。自食其力，乃社会有体面者所羞为，宁甘厚颜以仰权门之余沥。呜呼！人力废而产业衰，产业衰而国力隳，爱国君子，必尚乎勤！

曰俭 奢侈之为害，自个人言之，贪食渔色，戕害其生，奢以伤廉，堕落人格。吾见夫世之倒行逆施者，非必皆丧心病狂。恒以生活习于奢华，不得不捐耻昧心，自趋陷阱。自国家社会言之，俗尚奢侈，国力虚耗。在昔罗马、西班牙之末路，可为殷鉴。消费之额，不可超过生产，已为经济学之定则。况近世工商业兴，以机械代人力，资本之功用，卓越前世。国民而无贮蓄心，浪费资财于不生产之用途，则产业凋敝，国力衰微，可立而俟。吾华之贫，宇内仅有。国民生事所需，多仰外品。合之赔款国债，每岁正货流出，穷于计算。若再事奢侈，不啻滴尽吾民之膏血，以为外国工商业纪功之碑，增加高度。人人节衣省食,以为国民兴产殖业之基金,爱国君子,何忍而不出此?

曰廉 呜呼!金钱罪恶,万方同慨。然中国人之金钱罪恶,与欧美人之金钱罪恶不同,而罪恶尤甚。以中国人专以造罪恶而得金钱,复以金钱造成罪恶也。但有钱可图,便无恶不作。古人云:"文官不爱钱,武官不怕死,则天下治矣。"不图今之武官,既怕死又复爱钱。若龙济光、张勋辈,岂真有何异志与共和为敌。只以岁蚀军饷数百万,累累者不肯轻弃,遂不恤倒行逆施耳。袁氏叛国,为之奔走尽力者遍天下,岂有一敬其为人或真以帝制足以救国者,盖悉为黄金所驱使(严复明白宣言曰:余非帝制派,惟有钱而无不与耳)。袁氏殁,其子辈于白昼众目之下,悉盗公物以去。视彼监守边郡,秘窃宝器者,益无忌惮矣。夫借债造路,丧失利权,为何等痛心之事,只以图便交通,忍而出此。乃竟有路未寸成,而借款数千万悉入私囊者,人之无良,一至于此!又若金州画界,胶州画界,利敌贿金,蒙蔽溢与,其罪恶更有甚焉!至于革命乃何等高尚之事功,革命党为何等富于牺牲精神之人物,宜不类乎贪吏矣!而恃其师旅之众,强取横夺,满载而归者,所在多有。此外文武官吏,及假口创办实业之奸人,盗取多金,荣归乡里,俨然以巨绅自居者,不可胜数,社会亦优容之而不以为怪。甚至以尊孔尚德之圣人自居者,亦复贪声载道。呜乎!"贪"之一字,几为吾人之通病。此而不知悔改,更有何爱国之可言!

曰洁 西洋人称世界不洁之民族,印度人、朝鲜人与吾华鼎足而三。华人足迹所至,无不备受侮辱者,非尽关国势之衰微。其不洁之习惯,与夫污秽可憎之辫发与衣冠,吾人诉之良心而言,亦实足招尤取侮。公共卫生,国无定制;痰唾无禁,粪秽载途;沐浴不勤,臭恶视西人所畜犬马加甚;厨灶不治,远不若欧美厕所之清洁。试立通衢,观彼行众,衣冠整洁者,百不获一。触目皆囚首垢面,污秽逼人,虽在本国人,有不望而厌之者,必其同调。欲求尚洁之皙人不加轻蔑,本非人情。然此犹属外观之污秽,而其内心之不洁,尤令人言之恐怖。经数千年之专制政治,自秦政以讫洪宪皇帝,无不以利禄奔走天下,吾国民遂沉迷于利禄而不自觉。卑鄙龌龊之国民性,由此铸成。吾人无宗教信仰心,有之则做官耳,殆若欧美人之信耶稣,日本人之尊天皇,为同一之迷信。大小官吏,相次依附,存亡荣辱,以此为衡,婢膝奴颜,以为至乐。食力创业,乃至高尚至清洁适于国民实力伸张之美德,而视为天下之至贱,不屑为也。农弃畎亩以充厮役,工商弃其行业以谋差委,士弃其学以求官,驱天下生利之有业者,而为无业分利之游民，皆利禄之见为之也。闻今之北京求官谋事者，数至二十万众。此二十万众中，其多数本已养成无业游民之资格，吾知其少数中未必无富有学识经验之人，可以自力经营相当事业者，而必欲投身宦海，自附于摇尾磕头之列，毋亦利禄之心重，而不知食力创业为可贵也。不能食力者，必食他人之食；不思创业者，自绝生利之途。民德由之堕落，国力由之衰微。此于一群之进化，关系匪轻，是以爱国志士，宜使身心俱洁。

曰诚　浮词夸诞，立言之不诚也；居丧守节，道德之不诚也；时亡而往拜，圣人之不诚也。吾人习于不诚也久矣。以近事言之，袁氏之称帝也，始终表里坚持赞成反对者，吾皆敬其为人。乃有分明心怀反对者也，而表面竟附赞成之列。朝犹劝进，夕举义旗，袁氏不德，固应受此揶揄，而国民之诈伪不诚，则已完全暴露。其上焉者谓为从权以伺隙，其下焉者诡曰逢恶以速其亡。吾心固反对帝制者也，不知若略迹论心，即筹安六人，去杨、刘外，何尝有一人诚心赞成帝制？惟其非诚心赞成而赞成之者，其人格远在诚心赞成而赞成之者之下，明知故犯，其罪加等。此何等事，而云从权逢恶，则一旦强敌压境夺国，不知其从权逢恶也，更演何丑态、作何罪孽？此外人所以谓法兰西革命，为悲剧的革命。而华人革命，乃滑稽剧也。若张勋、倪嗣冲、陈宧、汤芗铭、龙济光、张作霖、王占元辈，本诚心赞成帝制者也。乃袁势一去，或叛袁独立，或仍就共和政府之军职，视昔之称扬帝制、痛骂共和也，前后竟若两人。孙毓筠非供奉洪宪皇帝之御容，称以今上圣主万岁者乎？乃帝制取销时，与其友书，竟有袁逆之称。其他请愿劝进之妄人，今又复正襟厉色以言民权共和者，滔滔皆是，反复变诈，一至于斯，诚不知人间有羞耻事也。呜乎！不诚之民族为善不终，为恶亦不终。吾见夫国中多乐于为恶之人，吾未见有始终为恶之硬汉。诈伪圆滑，人格何存？吾愿爱国之士，无论维新守旧，帝党共和，皆本诸良心之至诚，慎厥终始，以存国民一线之人格。

曰信　人而无信，不独为道德之羞，亦且为经济之累。政府无信，则纸币不行，内债难得，其最大之恶果，为无人民信托之国家银行，金融大权，操诸外人之手。人民无信，则非独资无由创业。当此工商发达时代，非资本集合，必不适于营业竞争。而吾国人之视集资创业也，不啻为骗钱之别名。由是全国资金，皆成死物，绝无流通生长之机缘。以视欧美人之资财，衣食之余，悉贮之银行，经营产业，息息流通，递加生长也。其社会金融之日就枯竭，殆与人身之血不流行，坐待衰萎以死，同一现象。是故民信不立，国之金融，决无起死回生之望。政府以借债而存，人民以盗窃而活，由贫而弱，由弱而亡,讵不滋痛!

之数德者,固老生之常谈,实救国之要道。人或以为视献身义烈为迂远,吾独以此为持续的治本的真正爱国之行为。盖今世列强并立,皆挟其全国国民之德智力以相角,兴亡之数,不待战争而决。其兴也有故,其亡也有由。唯其亡之已有由矣,虽有为国献身之烈士,亦莫之能救。故今世爱国之说与古不同,欲爱其国使立于不亡之地,非睹其国之亡始爱而殉之也。夫国亡身殉,其义烈固自可风。若严格论之,自古以身殉国者,未必人人皆无制造亡国原因之罪。故爱其国使立于不亡之地,爱国之义,莫隆于斯。

(第二卷第二号,一九一六年十月一日)

乐利主义与人生

高一涵

人类自含生受性，而有感觉。因感觉而辨苦乐，因苦乐而争趋避。苦虫蛇禽兽之相害，则习兵剑击刺；苦风雨寒暑之相逼，则作宫室衣裳；苦同群之相侵扰，而制法律；苦异姓之相凌辱，而备甲兵。焚顶捐躯，前仆后起者，苦乐问题之所迫也。仲尼之席不暇暖，释迦之舍身度世，墨翟之摩顶放踵，悲天悯人皇皇终日者，苦乐问题之所趋也。故人生第一天职，即在求避苦趋乐之方。犷野之种，仅知求生；文明之伦，则知求所以善其生。求生者，惟避苦之是务；求所以善其生者，惟趋乐之是求。苦乐两境，与有生俱。人治未臻上理，则自受形以讫属纩，常徘徊偃息于此两境之间。宇宙欲得其治平，惟有集伦汇万殊之苦乐，比例平衡，求得脱苦享荣之极度，立为准则，制为法律。俾最大幸福，得与最大多数人类共享之，是即乐利主义之旨归也。

自十八世纪来，神权、契约两说，风靡全欧。修模(Hume)特起，大唱乐利之说以排之。边沁(Jeremy Bentham)承流，毕宣其蕴，其徒堆莽(Dumont)纂辑其言，传播欧陆。逮十九世纪初叶，英美二邦，亦风尚其说，国法改革，悉奉其议为准绳。今日西方立法问题，已成往事，故边氏之流风遗韵，亦稍稍衰矣。其所以然，则边氏之说，在探立法之原理，而注意于巩固民权之基。法制既定，则无须沾沾于此。至法制改革，本源未正之邦，允宜毕阐其微，铸为造法之大本。今者国制抢攘，法本荡然，敢旁征其旨，赘以诠言，俟关心民权者，得以览观焉。边氏之言曰：

> 公善者，法家之主旨；公益者，推论之本根。立法之学，应识社会真善之所在，建为立法之基，且探寻涂术，由之以实行此善焉……
>
> 天之生人也，俾屈处乎苦乐二境之下，思维肇于是，判断因于是，生活定

于是。离去苦乐问题,则衷无所感,莫知所云。虽人生有时舍至乐而求至苦,然通经常权变而衡之。其惟一职志,则在避苦趋乐之一途。其情历久而不渝,坚定而不可折,此固论道经邦者所当殚精钻研者也。苦欤！乐欤！其即乐利主义纲维万象之主宰欤?

乐利之名,玄名也。所以明一物,脱恶向善之体用也。凡恶,皆苦也,即不然,亦为召苦之因;凡善,皆乐也,即不然,亦为致乐之兆。凡物利于其人者,必可益其人幸福之总量;利于一群者,必并构此一群之小己,亦各增其幸福之总积焉……正乐、利二字之名,惟在集所有苦乐而计之衡之耳。此外观念绝不使混淆于其中。

崇尚功利主义者,于一切公私行为,必衡其所生之苦乐如何,而后试其褒贬。吾所用公、不公,德、不德,善、不善诸语,举为广涵之名,而包蕴若干苦乐观念于其中者也。吾所用苦、乐二字,虽愚夫愚妇,可以与知,绝无新辟之窦,独擅之奇,谓当排去何苦何乐,而其义始备。亦非有精深之蕴、玄奥之藏,必俟商之柏拉图,质之雅里士多德,而其理始明也,何也?苦乐者,人人所同受,无间于贵贱贤愚,其所感觉者一也。

乐利家之所谓善,即由之而肇乐;所谓恶,即由之而肇苦者……如见常人之所谓德所生之乐,不偿所苦,将决然曰:此伪德也,即举世盲从,而彼将不更为此伪德所束缚。鄙夫之政策,每在利用伪德以达其所图,乐利之徒,深鄙之也。又当世号称罪恶者,其中尽有无瑕之乐。如此为乐利之徒所见,将立宣言曰:“此伪恶也,此小人儒之所谓恶也,此奚害为合法之行为也。”是故世有罚非其罪者,大为乐利之徒所怜,而故入人罪之科条,彼必尽歼除之而后已。(以上均见 Bntham's *Theory of Legislation*,自如见常人之所谓德,以下从秋桐译,惟易其原文,用学之徒为乐利之徒耳!)

上所征引,乃边氏乐利主义之诠释,褒然成章,冠诸立法论之首。读边氏书所当首先置辩者,即乐利主义,乃立为造法之常经,非著为彝伦之典则,何也?夫集万亿不齐之伦汇,而范之以国家;综万亿不齐之利害情感,而平之以法律。则必于樊然错杂之中,求一各足相安之点,本之以为立国之大经,制法之大本。斯其国乃为适宜之部勒,群情对于其法,始克翕然相恰,各满其怀,各餍其望,遂其相安相得之天。近世立法之权,所以必操之群众者,亦以吾人一群之苦乐,惟吾人本身自感、自觉、自享、自受之耳!以吾人身受之利害,非还叩诸吾人之本身,则忻喜厌恶,必不克适如吾人之所愿。是故望他人体量吾身之苦乐,任其代定标准者,是奴隶牛马之事,非人类之事也。甘受他人代定苦乐之标准,帖然服习,而不辞者是麻木不仁之身,良心上毫无感觉者也。非他人所能感觉之苦乐,而必仰他人鼻息,托其代为判定者,是之谓自寻苦恼,以戕其生者也!近世深爱自由幸福之民族,所以断脰焚身,以争民政而踣专制,收回立法之大权者,其用心正在此耳。

或曰:"精诚相应,感而遂通。"苟得圣贤,必能设身处地,为吾民谋避苦趋乐之途也。不知人类因罪恶不灭,始建国家;因权利不固,始造法律,方群演之始也。无国与法,逮群演之终也。亦无需国与法,惟当中天之运,群演方将。善恶公私之念,炽然相战,故必赖国法并存,以维系而平理之,始克奠烝民于安乐之域。夫人治未隆,既不免各有所私,而握有重权者,尤莫不欲滥用其权以自恣,乃中世人生之通性。设立法权集于主权者一身,则彼身之乐,必臻其极。立法权落诸贵族一阶,则彼阶之乐,亦必日益而不已。其势,然也。其有一线希望者,惟主权者与贵族因良心之省悟,而自行谦让耳!夫谦者抗之宾让者争之。偶一群苟乏抵抗之力,则谦之德不能独生;一群苟无竞争之能,则让之美不克自见。政治之事,必相衡相荡,始得其平。其平也,乃抗争之极,而得其衡,非谦让之极,而消其隐。欲持政局之平衡,而乃出之以谦让,自撤其抗争之力,是谓自杀之政策,终归于败而已矣。是故弃分所应享之乐而不受,而乞怜他人求其让与者,是奴隶之根性未除也。应得之乐,不竞争以求得之;应避之苦,不竞争以求避之者:是呰窳偷生之懦夫也!然此犹曰:"仰他人以求幸福,其势不可必得也,即万一可得,亦文明伦类所不取。"何也?人生幸福,首贵自谋,呼蹴而与,乞人不屑,奚况其他。故保重人格之道,第一,即在有自求幸福之能力。喔咿儒儿,突梯滑稽,是丧其人格者也。见真乐所在,则挺身拔剑,奋起而争之;见他人以伪乐欺我,则揭其虚伪,一鼓而破之,决不受其束缚,是之谓尊重人格,是之谓有自立之能,是之谓深知爱护自由幸福之民。

或者曰:"苦乐既为吾人所自感自觉,则自求趋避之方可矣。"法律于我何择,国家于我奚关,不知国家职务在主乎公道,法律能事在折衷群情,调剂百感,以平其所不平，而定其所不定者也。外国家法律以求幸福，是自放于混沌洪荒之世界。荆天棘地，举足左右，则危害之祸应之。生命且危，何有于乐？求乐脱苦之术，必有所凭借，始克实行，凭借维何，是即权利。权利者求幸福时所必由之途，而国家法律之第一职务，即在保护此物。无国与法，则权利不存；权利不存，则幸福宁能幸致？且人生于国家之下，即无一事或逃国家之范围。恶政府必生恶法律，恶法律必重人民之苦，夺人民之乐。于法律不良之国，而欲自遂其生，自充其欲望，是犹断港绝潢，而求至于海也。是故小己之图谋幸福，必自改良政治始；改良政治，必自夺回立法之权始。

避苦趋乐之道，必于立法原理中求之，既如上所述矣。顾苦乐与人生之究竟，关系奚若，则尤不得不略赘一言。崇尚禁欲主义者，每指赏心快目之事，为万恶之媒，而以安穷处困，为人生惟一之天职。宗教家以苦为性分之所固有，故 Stoics 不以苦为恶，而 Jansenists 则反以苦为善（见边沁《立法论》第二章 *The Ascetic Principle.*）。吾国墨翟之徒，亦以苦身劳形为职志，皆此物此志也。不知人类之所以为万物灵者，不贵其能生，而贵其能善其生。善生者，脱苦安乐之谓也。以宗教家为安苦避乐者，乃见其涂术，误认为彼之归宿也。佛家度世，在使众生离一切苦，得究竟乐。耶稣救世，则悬一极乐世界之天国，以引人入胜。儒者尊王，王者始于忧勤，终于逸乐。升平之世，谓为王道之隆，大同之福，乃儒家言治之极。墨子之苦身劳形，乃在兼利天下，然则佛耶儒墨，举莫不以去苦享乐为人生之究竟。其所以刻苦自甘，不忍独乐者，则居中天之运。乐未遍及乎群黎，故暂以安苦为求乐之方法，非其归宿之所止于安穷处困也。专制之朝，犷野之族，群演未深，立法之权，莫知运用，制法之责，专在君相，惨刻寡恩，比比皆是。宗教家悯群生之涂炭，乃倡苦身救世之言，以促君相之觉悟，冀少救残刻凶暴之行。其言安穷处困，乃对救世者言，非对待救于人者言也。乃谓治己之道应然，非谓治人之道亦止于此也。以暂时之苦，易永久快乐之方；以一身之苦，辟众生趋乐之径。苦者暂而乐者常，苦者一而乐者众；苦者其方便，乐者其归宿也。专制之朝，得以少敛浮威；犷野之族，得以苟延残喘者，皆此说之所赐也。若认方便为归宿，谓安苦避乐为人生之究竟，则失佛耶儒墨之教旨，与夫人生终极之蕲向矣。

人生归宿，既在于乐。国家者，以人生之归宿为归宿者也。故国家职务，即在调和群类，拥护机宜。俾人各于法律范围之中，谋得其相当之幸福而已。幸福之求，专恃人民之自觉自动；国家之责，惟在鼓舞其发越之机，振兴夫激扬之路。故凡物质上之快乐,体育上之欢娱,务使发扬至尽。俾得与精神焕越之程度,相应相调,以遂其演进文明之愿,此挽近国家奉为职志之惟一大则也。禁欲主义,反真归朴,绝圣弃智,是阻人群进化之机者也。推此说而行之,则人生为多事,国家为妄设。所谓戕贼人性,毁弃万有之论也,于近世国家奚取哉?

(第二卷第一号,一九一六年九月一日)

驳康有为致总统总理书

陈独秀

南海康有为先生，为吾国近代先觉之士，天下所同认。吾辈少时，读八股，讲旧学，每疾视士大夫习欧文谈新学者，以为皆洋奴，名教所不容也。后读康先生及其徒梁任公之文章，始恍然于域外之政教学术，粲然可观，茅塞顿开，觉昨非而今是。吾辈今日得稍有世界知识，其源泉乃康、梁二先生之赐，是二先生维新觉世之功，吾国近代文明史所应大书特书者矣。厥后任公先生且学且教，贡献于国人者不少，而康先生则无闻焉。不谓辛亥以还，且于国人流血而得之共和，痛加诅咒。《不忍》杂志，不啻为筹安会导其先河。天下之敬爱先生者，无不为先生惜之！中国帝制思想，经袁氏之试验，或不至死灰复燃矣。而康先生复于别尊卑、重阶级、事天尊君、历代民贼所利用之孔教，锐意提倡，一若惟恐中国人之"帝制根本思想"或至变弃也者。近且不惜词费，致书黎、段二公，强词夺理，率肤浅无常识，识者皆目笑存之，本无辩驳之价值。然中国人脑筋不清，析理不明，或震其名而惑其说，则为害于社会思想之进步也甚巨，故不能已于言焉。惟是康先生虽自夸，"三周大地，游遍四洲，经三十国，日读外国之书"，然实不通外国文，于外国之伦理学、宗教史、近代文明史、政治史，所得甚少，欲与之析理辨难，知无济也。曷以明其然哉！原书云："今万国之人，莫不有教，惟生番野人无教。今中国不拜教主，岂非自认为无教之人乎？则甘认与生番野人等乎？"按台湾生番及内地苗民，迷信其宗教，视文明人尤笃。则人皆有教，生番、野人无教之大前提已误，不拜教主，且仅指不拜孔子，竟谓为无教之人乎？则不拜教主即为无教之小前提又误。大小前提皆误，则中国人无教与生番野人等之断案，诉诸论理学，谓为不误可乎？是盖与孟子"无父无君，是禽兽也"之说，同一谬见。故知其不通论理学也。欧美宗教，由"加特力教"（Catholicism）一变而为"耶稣新教"（Protestantism），再变而为"唯一神教"（Unitarianism),教律宗风,以次替废。“唯一神教”,但奉真神,不信三位一体之说。斥教主灵迹为惑世之诬言,谓教会之仪式为可废,此稍治宗教史者所知也。德之倭根,法之柏格森,皆当今大哲,且信仰宗教者也(倭根对于一切宗教皆信仰,非只基督教已也)。其主张悉类“唯一神教派”,而教主之膜拜,教会之仪式,尤所蔑视。审是西洋宗教,且已由隆而之杀。吾华宗教,本不隆重,况孔教绝无宗教之实质(宗教实质,重在灵魂之救济,出世之宗也。孔子不事鬼,不知死,文行忠信,皆入世之教。所谓性与天道,乃哲学非宗教)。与仪式,是教化之教,非宗教之教。乃强欲平地生波,惑民诬孔,诚吴稚晖先生所谓“凿孔栽须”者矣!君权与教权,以连带之关系同时削夺,为西洋近代文明史上大书特书之事。信教自由,已为近代政治之定则。强迫信教,不独不能行之本国,且不能施诸被征服之属地人民。其反抗最烈,影响最大者,莫如英国之“清教徒”,以不服国教专制之故,不惜移住美洲,叛母国而独立。康先生蔑视佛、道、耶、回之信仰,欲以孔教专利于国中,吾故知其所得于近世文明史、政治史之知识必甚少也。然此种理论,必为康先生所不乐闻,即闻之而不平心研究,则终亦不甚了了。吾今所欲言者,乃就原书中,指陈其不合事实、缺少常识、自相矛盾之言,以告天下,以质之康先生。

康先生电请政府拜孔尊教,南北报纸,无一赞同者。国会主张删除宪法中尊孔条文,内务部取消拜跪礼节,南北报纸,无一反对者,而原书一则曰“当道措施,殊有令国人骇愕者”。再则曰“国务有司所先行,在禁拜圣令,天下骇怪笑骂”。吾知夫骇愕笑骂者,康先生外宁有几人?乌可代表国人,厚诬天下?此不合事实者一也。欧洲“无神论”之哲学,由来已久,多数科学家,皆指斥宗教之虚诞,况教主耶?今德国硕学赫克尔,其代表也。“非宗教”之声,已耸动法兰西全国,即尊教信神之“唯一神教派”,亦于旧时教义教仪,多所吐弃。而原书云:“数千年来,无论何人何位,无有敢议废拜教主之礼,黜教主之祀者。”不知何所见而云然?此不合事实者二也。吾国四万万人,佛教信者最众。其具完全宗教仪式者,耶、回二教,遍布国中,数亦匪鲜。而原书云:“四万万人民犹在也,而先自弃其教,是谓无教。”又云:“今以教主孔子之神圣,必黜绝而力攻之,是导其民于无教也。”以不尊孔即为无教,此不合事实者三也。原书命意设词,胥乏常识。其中最甚者,莫若袭用古人极无常识之套语,曰以《春秋》折狱,曰以“三百五篇”作谏书,曰以《易》通阴阳,曰以《中庸》传心,曰以《孝经》却贼,曰以《大学》治鬼，曰以半部《论语》治天下，吾且欲为补一言，曰以《禹贡》治水，谅为先生所首肯。夫《春秋》之所口诛笔伐者，乱臣贼子也。今有狱于此，首举叛旗，倾覆清室者，即原书所称“缁衣好贤宵旰忧劳”之今大总统，不知先生将何以折之？（辛亥义师起，康先生与其徒徐勤书，称之曰贼、曰叛，当不许以种族之故，废孔教之君臣大义也）所谓以《大学》治鬼者，未审与说部《绿野仙踪》所载齐贡生之伎俩如何？所谓半部《论语》治天下，不识“民可使由之，不可使知之”，“天下有道，则庶人不议”等语，是否在此半部中也？呜乎！先生休矣。先生硁硁以为议院、国务院，无擅议废拜废祀之权，一面又乞灵议院，以“以孔子为大教”，编入宪法，要求政府“明令保守府县学宫及祭田，皆置奉祀官”（以上皆原书语）。夫无权废之，何以有权兴之？然此犹矛盾之小者也。孔教与帝制，有不可离散之因缘。若并此二者而主张之，无论为祸中国与否，其一贯之精神，固足自成一说。不图以曾经通电赞成共和之康先生，一面又推尊孔教。既推尊孔教矣，而原书中又期以“不与民国相抵触者，皆照旧奉行”。主张民国之祀孔，不啻主张专制国之祀华盛顿与卢梭，推尊孔教者而计及抵触民国与否，是乃自取其说而根本毁之耳，此矛盾之最大者也！

吾最后尚有一言以正告康先生曰：吾国非宗教国，吾国人非印度、犹太人，宗教信仰心，由来薄弱。教界伟人不生此土，即勉强杜撰一教宗，设立一教主，亦必无何等威权，何种荣耀。若虑风俗人心之漓薄，又岂干禄作伪之孔教所可救治？古人远矣！近代贤豪，当时耆宿，其感化社会之力，至为强大，吾民之德敝治污，其最大原因，即在耳目头脑中无高尚纯洁之人物为之模范，社会失其中枢，万事循之退化（法国社会学者孔特，谓人类进化，由其富于模仿性，英雄硕学，乃人类社会之中枢，资其模仿者也）。若康先生者，吾国之耆宿，社会之中枢也。但务端正其心，廉洁其行，以为小子后生之模范，则裨益于风俗人心者，至大且捷，不必远道乞灵于孔教也。

（第二卷第二号，一九一六年十月一日）

新青年之家庭

李　平

吾师彬夏女士，造"基础之基础"论，有云："予尝著论谓中国街道之污秽，原于家庭之污秽。因家庭为吾人饮食起居之地，最易造养吾人之习惯。试思始落母胎，呱呱坠地，其地即家庭。凡目所先见，耳所先闻，手足所先接触者，为家庭与家庭之事物。其后成长于此，老死于此。则家庭者，此躯壳之所寄存，而灵魂之所依附也，最易造养吾人之习惯。若家庭污秽，吾人即习惯于污秽，无往而不污秽，且莫觉其污秽。谓予不信，试观中国，其街道之污秽如同家庭，无城乡市镇皆臭。即往欧美唐人街，仍黑暗臭秽。而欧美人虽移在吾国，仍清洁整齐，其街道亦平坦阔大。是则家庭之清洁能使人习惯清洁，并将其所至境域，亦变清洁也。"又云："予故曰改良家庭，即整顿社会也，岂专指清洁与污秽而言。家庭于社会之影响，此其一耳。"（俱见《妇女杂志》本年八月号社说第二页）旨哉言乎！家庭与吾人及社会之关系既如此密切，故前此国人之腐败，青年之堕落，要皆恶劣家庭所养成。家庭不良，社会国家斯不良耳。今之谋革新者，独舍家庭而求之社会国家，讵有济乎？欲为新青年筹改造新家庭之准备，因作斯篇。挂一漏万，在所不免，世有同调，幸垂教焉。

一、家庭之组织，仅许一夫一妻，及未婚之子女。

二、家庭之出纳庶务，均由主妇主张之，男子无干涉之权。

（第二卷第二号，一九一六年十一月一日）

社会

陶履恭

“社会、社会”，此近来最时髦之口头禅。以之解释万有现象，冠诸成语之首者也：曰社会教育，曰社会卫生，曰社会道德，曰社会习惯。政治之龌龊，则归咎于社会；教育之不进，则溯源于社会；文学之堕落，则社会负其责；风俗之浇漓，则社会蒙其诟。要之，无往而非社会。嘻，“社会、社会”，人间几多罪孽尽托汝之名而归于消灭。

世人用语，率皆转相仿效，而于用语之真义反漫然不察。物质界之名词，每有实物可稽寻。世人用之，或能尤悖词旨，鲜支离妄诞之弊。独进至于抽象之名词，无形体之可依托，而又非仅依吾人官觉所能理会。设转相沿袭，不加思索，非全失原语之真义，即被以新旨而非原语之所诂，此必然之势也。夫社会一语，宋儒以之诂村人之组织。今人用之，以译梭西埃特(Society)。梭西埃特之与社会，其语源，其意味，殆若风马牛之不相及。特以西方思想之传播，吾人假固有之名词，以诂输入之新义而已，非因袭千年前之古训也。际兹时会，社会、社会之声，万喙佥同，充耳不绝。梭西埃特之本性，即今日所谓社会之真义，岂非吾人所当深切研究者耶。

今试执一般之学子，而卒然质以社会之义，则必曰：“人群而已，人与人相集之团体而已。”斯说尚矣。人何以必有群，何以必集为团体，人群果何以异于兽群？社会之团体，果何以别于公司之团体，何以别于学校之团体？既为群，既为团体，果否亘久不散，历万劫而不灭？群之各员，果否有相牵动相连带之关系？社会之中，果否有共同之努力、共同之理想？凡此诸问题，皆社会之根本观念，而一般以社会为口头禅者所弗暇致思者也。

社会者，人与人相集之团体也。其所以异于兽群者，以其永存，非若动物之聚散靡常。西比利亚之荒原，饿狼结群，猎取食物，其成群也，迫于食欲之冲动。一旦食欲既满，则无复结群之必要，而群之各员咸星散。动物之中，人类而外，固亦有终始群居者矣。若蚁、若蜂，其最著者也。然群居之人类，犹有别乎其他群居之动物。人类之群乃人类所组织，其人与人之间，关系密切，影响深远。视诸其他动物之群，繁复万状。今日之动物心理学、昆虫心理学，固属研究初期，于动物、昆虫之结群，于其群居之奥秘，犹未能一览而无余。即使异日群居动物、群居昆虫之研究豁然大明，吾敢断言，人类之社会，固仍为至繁、至密之群也。公司、学校，固亦人类之团体矣，然而吾不能称之为社会。公司之职员，有更易而其职解。即使其任务终身，而其为公司职员之资格，不过当其人生命之一方面。职员乃专对于公司而言；对于国家，则称国民；对于家族，则称父、称兄弟、称子侄。学校之生徒、教师，非悉能终身不去职者也。即使有就学终身、掌教终身其人者，教学乃其人一方面之活动，非全生命也。要之，公司、学校，非能包括人之全生命。公司不过当人之职业的事务一方面，学校不过人之教学的一方面，咸属片面的、人为的一种团结，人类之一种团体而已，不得称为社会也。举此以例其他，则人间无量数之团体，只能表示人类之片面的、人为的组织，而不能毕括全生命，要不外人类之一种团体，易言以明之，人类群居生活之一方面，不得称为社会也。

由是观之，社会者，人类种种活动之周围，亦即人类群居生活之全体也。虽然，社会吾不之见，非若宫室、汽车之形体具在，可以视、可以摩挲，可以吾人之官觉理会者也。吾人之所能理会者，唯社会关系、社会制度而已。吾人之存于斯世也，绝不可以个人而独存。对于其他个人，势必生无穷之关系。种种关系，性质靡同，而可大别为数类。吾之对于父母，对于兄弟、姊妹，对于妻子，是皆与生养攸关，可称为生命之关系；吾之日常劳动，专勤事业，势必与他人相共，是为经济的或实业的关系；吾人立于国家主权之下，与他人同属于政治范围之内，负责任，享权利，是为政治的关系。吾人广义之生命，吾人之活动，非特限于生命的关系、经济的关系、政治的关系已也。吾人与他人之关系，必犹于吾人之心灵发展，有所进益、增蓄思想、研究学术、教学相长，是为知识的关系。崇高信仰、洁己修行、明人神、人人之道，是为宗教之关系。二者之关系，咸发达吾人之心灵者也。兹所述之五端，特其荦荦大者，而人与人之关系繁复，又绝非止于此。人之相接触、相邻近，勿论其与吾有否生命、经济、政治诸关系，要有不可磨灭之关系存乎其间。吾之一举一动，势必不免涉及他人，而他人之行为，亦难免涉及于我。吾之言语思想，亦必与他人之言语思想相通相应。故人既群居，道德的关系，心理的关系，乃无往而不存。

人群之中，个人与个人之关系，既若是之伙，更扩而充之，则个人与团体、团体与团体之关系，其数愈多，枚举愈难。故吾生于斯世，乃觉无数之社会关系，萦绕于吾之一身，吾乃若万矢之的，络绎不绝之社会关系麇集于吾身。昔卢梭著《民约论》，弁言既竟，首章之首句曰："人之生也自由，而无处不受束缚。"束缚匪它，即以人之寄身于斯世，无穷之社会关系，必憧憧往来于人我之间。自十七八世纪之绝对自由、自然自由之立足点观之，则斯类之关系，限制行为，形同束缚，卢梭之语非诬。自今日之社会学理观之，则人之所以为人，人之所以有文明之进步，有心理之发展，胥赖乎社会关系。社会之文野，文化之进退，胥视乎社会关系之密均繁复程度何似，则卢梭之呻吟语于今日已无价值。夫社会之生命亦即种种社会关系之活动，家族之中，婚姻、祭祀，是生命之活动也；劳形骸，营生活，是经济之活动也；输纳租税，监督政府，是政治之活动也；修养心性，瞻拜至尊，是心灵之活动也。若夫道德的心理的活动，则吾人行之，犹无时或间。总之，凡因社会关系而产出之社会活动，千差万别，靡有休息，可总称为社会之生命，其影响及于个人，及于团体，及于团体之各个人，而影响之反动，复反及于个人，及于团体，其相牵动、相连带之关系，殆莫可究诘。关系愈繁，则活动之关系愈密切，愈显人类有相共相同之追求，是亦即社会进化之征也。

社会者，一种抽象之观念。吾人不能睹其形，剖析而阐明之，唯见种种相牵连之关系，种种相关系之活动。而所以范畴关系、范围活动者，厥为社会制度。制度者，关系活动之标准，吾人所共认、共守者也。若家族制度、婚姻制度、商业制度、劳动制度、政治制度、教育制度、宗教制度，莫非规则吾人之活动。而吾人之日常起居，晤接周旋，罔不有礼节、仪制以范围。我兹所谓制度者，非具体之制度也。就具体之制度，而深求其本，详探其旨，咸不外乎一种道理之表象。例若祖先崇拜，乃吾族之一种宗教制度，岁时祭祀，跪拜号泣，固属仪式，而实所以表示慎终追远之观念；焚化楮钱，供献品物，事死如事生，事亡如事存，实表示死后生命之信仰；折经咒，招亡魂，仗十方佛力、莲花化生，实表现佛教净土宗之教旨。总之，试取吾族祖先崇拜之制度，详诵而深究之，将见具体之制度，正观念旨意之表象、具体制度之变更，亦即观念旨意之嬗变也。又若国会之制，乃政治制度，巍然之建筑，灿烂之宪法，要不过宪政大旨之一种表现而已。若遽以具体之国会宪法为政治制度，是忘却制度之本旨也（此理甚奥，兹所举不过二例，以促读者之注意，容当别为文以论之)。

吾述至此，则世人一般关于社会观念之谬，将不俟辩而自明。所谓社会者，至泛至漠之名词，叩其意义，阐解维艰，世人既不暇思索其真意，卒至举人世上一切问题，悉以社会一语容纳之，而责任乃无所归。噫！是邪说乱世，诱人于迷涂也。夫社会之成，成于个人之相往还，生无穷之关系。而个人之关系，准乎制度，以为活动。故人世上之恶，非制度之不良，即活动之不当，或关系之不正，而决非社会之责也。关系之不正，个人之过也；活动之不当，个人之失也。即制度之窳废，亦吾人所得而纠正，个人之责也。吾不云乎，制度所以范围关系、范围活动，则社会制度，诚可为革新人群、革新社会之基础。社会之进化，社会制度之进化而已。举此以律吾国社会之状况，则举凡家族制度、婚姻制度、劳动制度、政治制度、教育制度、交际制度，乃及其他无量数之制度，何一不亟当改革？谋根本之刷新，何一非个人之责任？彼昏昏者，不此之谋，而日犹以社会之牌匾，叫嚣于众，以若所为，求若所欲，是直若群氓既陷于泥淖之中，不思躬自表率，谋所振拔之，而反轻易的脱卸责任，复从而抑制之也。噫！

（第三卷第二号，一九一七年四月一日）

宪法与孔教

陈独秀

"孔教"本失灵之偶像，过去之化石，应于民主国宪法，不生问题。只以袁皇帝干涉宪法之恶果，天坛草案遂于第十九条，附以尊孔之文，敷衍民贼，致遗今日无谓之纷争。然既有纷争矣，则必演为吾国极重大之问题，其故何哉？盖孔教问题、不独关系宪法，且为吾人实际生活及伦理思想之根本问题也。余尝谓："自西洋文明输入吾国，最初促吾人之觉悟者为学术、相形见绌、举国所知矣。其次为政治。年来政象所证明，已有不克守缺抱残之势。继今以往，国人所怀疑莫决者，当为伦理问题。此而不能觉悟，则前此之所谓觉悟者，非彻底之觉悟，盖犹在惝恍迷离之境。"（见本志前卷六号《吾人最后之觉悟》篇中）盖伦理问题不解决，则政治学术，皆枝叶问题。纵一时舍旧谋新，而根本思想，未尝变更，不旋踵而仍复旧观者，此自然必然之事也。孔教之精华曰礼教，为吾国伦理政治之根本。其存废为吾国早当解决之问题，应在国体宪法问题解决之先。今日讨论及此，已觉甚晚。吾国人既已纷纷讨论，予亦不得不附以赘言。

增进自然界之知识，为今日益世觉民之正轨。一切宗教，无裨治化，等诸偶像，吾人可大胆宣言者也。今让一步言之，即云浅化之民，宗教在所不废。然通行吾国各宗教，若佛教教律之精严，教理之高深，岂不可贵？又若基督教尊奉一神，宗教意识之明了，信徒制行之清洁，往往远胜于推尊孔教之士大夫。今蔑视他宗，独尊一孔，岂非侵害宗教信仰之自由乎？（所谓宗教信仰自由者，任人信仰何教，自由选择，皆得享受国家同等之待遇，而无所歧视。今有议员王谢家建议，以为倘废祀孔，乃侵害人民信教之自由，其言实不可解。国家未尝祀佛，未尝祀耶，今亦不祀孔，平等待遇，正所以尊重信教自由，何云侵害？盖王君目无佛耶，只知有孔，未尝梦见信教自由之为何物也。）今再让一步言之，或云佛、耶二教，非吾人固有之精神，孔教乃中华之国粹。然旧教九流，儒居其一耳。阴阳家明历象，法家非人治，名家辨名实，墨家有兼爱、节葬、非命诸说，制器敢战之风，农家之并耕食力，此皆国粹之优于儒家，孔子者也。今效汉武之术，罢黜百家，独尊孔氏，则学术思想之专制，其湮塞人智，为祸之烈，远在政界帝王之上。今再让一步言之，或谓儒教包举百家，独尊其说，乃足以化民善俗。夫非人是己，宗风所同，使孔教会仅以私人团体，立教于社会，国家固应予以与各教同等之自由。使仅以"孔学会"号召于国中，尤吾人所赞许。西人于前代大哲，率有学会以祀之。今乃专横跋扈，竟欲以四万万人各教信徒共有之国家，独尊祀孔氏，竟欲以四万万人各教信徒共有之宪法，独规定以孔子之道为修身大本。呜乎！以国家之力强迫信教，欧洲宗教战争，殷鉴不远。即谓吾民酷爱和平，不至激成战斗，而实际生活，必发生种种撞扰不宁之现象（例如假令定孔教为国教，则总统选举法，及官吏任用法，必增加异教徒不获当选一条。否则异教徒之为总统官吏者，不祀孔则违法，祀孔则叛教，无一是处。又如学校生徒之信奉佛道耶回各教者，不祀孔则违背校规，祀孔则毁坏其信仰，亦无一是处），去化民善俗之效也远矣。以何者为教育大本、万国宪法、无此武断专横之规定。而孔子之道适宜于民国教育精神与否，犹属第二问题。盖宪法者，全国人民权利之保证书也，决不可杂以优待一族、一教、一党、一派人之作用。以今世学术思想之发达，无论集硕学若干辈，设会讨论教育大本，究应以何人学说为宗，吾知其未敢轻决而著书宣告于众。况挟堂堂国宪，强全国之从同，以阻思想信仰之自由，其无理取闹，宁非奇谈！

凡兹理由，俱至明浅，稍有识者皆知之。此时贤之尊孔者，所以不以孔教为宗教者有之；以为宗教而不主张假宪法以强人信从者有之。此派之尊孔者，虽无强人同己之恶习，其根本见解，予亦不敢盲从。故今所讨论者，非孔教是否宗教问题，且非但孔教可否定入宪法问题，乃孔教是否适宜于民国教育精神之根本问题也。此根本问题，贯彻于吾国之伦理政治、社会制度、日常生活者，至深且广，不得不急图解决者也。欲解决此问题，宜单刀直入，肉薄问题之中心。其中心谓何？即民国教育精神果为何物，孔子之道又果为何物，二者是否可以相容是也。西洋所谓法治国者，其最大精神，乃为法律之前，人人平等，绝无尊卑贵贱之殊。虽君主国亦以此为立宪之正轨，民主共和，益无论矣。然则共和国民之教育，其应发挥人权平等之精神，毫无疑义。复次欲知孔子之道，果为何物。此主张尊孔与废孔者，皆应有明了之概念，非可笼统其词以为褒贬也。今之尊孔者,率分甲乙二派。甲派以三纲五常,为名教之大防,中外古今,莫可逾越。西洋物质文明,固可尊贵,独至孔门礼教,固彼所未逮。此中国特有之文明,不可妄议废弃者也。乙派则以为三纲五常之说,出于纬书,宋儒盛倡之,遂酿成君权万能之末弊,原始孔教,不如是也。持此说之最有条理者,莫如顾实君。谓宋以后之孔教,为君权化之伪孔教,原始孔教,为民间化之真孔教。三纲五常,属于伪孔教范畴,取司马迁之说,以四教(文、行、忠、信)、四绝(毋意、毋必、毋固、毋我)、三慎(斋、战、疾)为原始之真孔教范畴(以上皆顾实君之说,详见第二号"民彝"杂志《社会教育及共和国魂之孔教论》)。愚则宁是甲而非乙也。三纲五常之名词,虽不见于经,而其学说之实质,非起自两汉唐宋以后,则不可争之事实也。教忠(忠有二义:一对一切人,一对于君。与孝并言者,必为对君之忠可知),教孝[吴稚晖先生,谓孝为古人用爱最挚之一名词,非如南宋以后人之脑子,合忠孝为一谈。一若言孝,而有家庭服从之组织,隐隐寓之于中。又云孝之名即不存,以博爱代之。父与父言博爱,慈矣;子与子言博爱,孝矣(以上见十月九日中华新报说孝)],倘认人类秉有相爱性,何独无情于骨肉?吴先生以爱代孝之说尚矣。惟儒教之言孝,与墨教之言爱,有亲疏等差之不同,此儒墨之鸿沟,孟氏所以斥墨为无父也。吴先生之言,必为墨家所欢迎,而为孔孟所不许。父母死三年,尚无改其道,何论生存时家庭服从之组织?儒教莫要于礼,礼莫重于祭,祭则推本于孝(祭统云:"凡治人之道,莫急于礼。礼有五经,莫重于祭。"又云:"祭者,所以追养继孝也。"),儒以孝为人类治化之大原,何只与忠并列?祭统云:"忠臣以事其君,孝子以事其亲,其本一也。"《孝经》云:"资于事父以事君而敬同。"又云:"孝莫大于严父。"又云:"父母之道,天性也,君臣之义也。"又云:"要君者无上,非圣人者无法,非孝者无亲,此大乱之道也。"审是忠孝并为一谈,非始于南宋,乃孔门立教之大则也。吴先生所云,毋乃犹避腐儒非古侮圣之讥也欤?教从(郊特牲曰:"妇人,从人者也。幼从父兄,嫁从夫,夫死从子),非皆片面之义务,不平等之道德,阶级尊卑之制度,三纲之实质也耶?"不仕无义,长幼之节,不可废也,君臣之义,如之何其废之";"挞之流血,起敬起孝";"妇人者,伏于人者也";"夫不在,敛枕箧簟席、襡器而藏之",此岂宋以后人尊君、尊父、尊男、尊夫之语耶?纬书,古史也,可以翼经,岂宋后之著作?董仲舒、马融、班固,皆两汉大儒。董造《春秋繁露》,马注《论语》,班辑《白虎通》,皆采用三纲之说,朱子不过沿用旧义,岂可独罪宋儒?愚以为三纲说不徒非宋儒所伪造,且应为孔教之根本教义，何以言之？儒教之精华曰礼，礼者何？《坊记》曰："夫礼者，所以章疑别微，以为民坊者也。故贵贱有等，衣服有别。"又曰："天无二日，土无二王，家无二主，尊无二上，示民有君臣之别也。"《哀公问》曰："民之所由生，礼为大。非礼无以节事天地之神也，非礼无以辨君臣上下、长幼之位也。"《曲礼》曰："夫礼者，所以定亲疏，决嫌疑，别同异，明是非也。"又曰："君臣上下，父子兄弟，非礼不定。"《礼运》曰："礼者，君之大柄也。"《礼器》曰："礼之近人情者，非其至者也。"《冠义》曰："责成人礼焉者，将责为人子，为人弟，为人臣，为人少者之礼行焉。"是皆礼之精义（晏婴所讥盛容繁饰，登降之礼，趋详之节，累世不能殚其学，当年不能究其礼，此犹属仪文之末）。尊卑贵贱之所由分，即三纲之说之所由起也（三纲之义，乃起于礼别尊卑，始于夫妇，终于君臣，共贯同条，不可偏废者也）。今人欲偏废君臣，根本已摧，其余二纲，焉能存在？而浏阳李女士，主张夫妻平等，以为无伤于君父二纲（见本年第五号妇女杂志社说）是皆不明三纲一贯之根本精神之出于礼教也。此等别尊卑、明贵贱之阶级制度，乃宗法社会封建时代所同然，正不必以此为儒家之罪，更不必讳为原始孔教之所无。愚且以为儒教经汉宋两代之进化，明定纲常之条目，始成一有完全统系之伦理学说。斯乃孔教之特色，中国独有之文明也。若夫温良恭俭让信义廉耻诸德，乃为世界实践道德家所同遵，未可自矜特异，独标一宗者也。使今犹在闭关时代，而无西洋独立平等之人权说以相较，必无人能议孔教之非。即今或谓吾华贱族，与晰人殊化，未可强效西颦，愚亦心以为非而口不能辨。惟明明以共和国民自居，以输入西洋文明自励者，亦于与共和政体、西洋文明绝对相反之别尊卑、明贵贱之孔教，不欲吐弃，此愚之所大惑也。以议员而尊孔子之道，则其所处之地位，殊欠斟酌。盖律以庶人不议，则代议政体，民选议院，岂孔教之所许？（《礼运》所谓天下为公，选贤与能，乃指唐虞之世，君主私相禅授而言。略类袁氏金匮石室制度，与今世人民之有选举权，绝不同也。）以宪法而有尊孔条文，则其余条文，无不可废。盖今之宪法，无非采用欧制，而欧洲法制之精神，无不以平等人权为基础。吾见民国宪法草案百余条，其不与孔子之道相抵触者，盖几希矣，其将何以并存之？

吾人倘以为中国之法，孔子之道，足以组织吾之国家，支配吾之社会，使适于今日竞争世界之生存，则不徒共和宪法为可废。凡十余年来之变法维新，流血革命，设国会，改法律（民国以前所行之大清律，无一条非孔子之道），及一切新政治新教育，无一非多事，且无一非谬误。应悉废罢，仍守旧法，以免滥费吾人之财力。万一不安本分，妄欲建设西洋式之新国家，组织西洋式之新社会，以求适今世之生存，则根本问题，不可不首先输入西洋式社会国家之基础。所谓平等人权之新信仰，对于与此新社会、新国家、新信仰不可相容之孔教，不可不有彻底之觉悟，勇猛之决心，否则不塞不流，不止不行。

（第二卷第三号，一九一六年十一月一日）

军国主义

刘叔雅

太空中有无数星云,某星云偶起旋涡,内自凝结,外相摄引,以成此太阳系;某处物质较密,内自凝结,外相摄引,以成此圆舆。此圆舆凝而未固,动摇震荡以成此海陆山川,提封万里之国。比之圆舆,数十分之一也;圆舆比之太阳系,千万分之一也;太阳系比之恒河沙数世界,更太仓之稊米也。今于其间强分疆域,命曰国家。吾人生此国中,又强欲葆此疆域为已有而持军国主义,直庄子所谓蛮氏、触氏之争也。然则以何因缘而道军国主义?曰:“以求生意志故”(Wille zum leben)。盖众生由求生意志而生,互争其所需之空间、时间、物质,而竞存争生之事遂起。人类在众生为最进化,其争亦最烈。个人争之不胜,乃合群以争之,此既合群,不得不与他群争。进化既久,遂成国家。邦国交哄,杀人盈野,实起于匹夫之弯弓;匹夫之弯弓,又起自爪牙之相搏。求生意志乃世界之本原,竞存争生实进化之中心。国家者,求生意志所构成;军国主义者,竞存争生之极致也。往者,世界列国限于山海,接触甚鲜,各有其土,各保其民,自非土壤相接,竞争犹不甚烈。近世交通之利,十百倍于古代,列国之接触愈多,经济愈膨胀,竞争亦愈剧烈,而军国主义遂应此时世而兴起。国于今之世界,苟欲守此疆域,保我子孙黎民,舍军国主义无他道。生于今之世,苟欲免为他人之臣虏,舍持军国主义无他法。今日之天下,军国主义之天下也。呜乎!彼蛮氏既日以其巨炮、飞机、潜艇、毒弹相陵轹,将灭吾国而夷吾种,则吾舍自居触氏与彼奋斗力争之外,复何策可以自全?此记者所以大声疾呼,乞吾青年之觉悟也。

中华民国者,世界列邦中最不尚军国主义之国也。稽之史册,吾先民武功彪炳征伐四克之日,虽亦恒有,然被征服于异族之事,则更史不绝书。近世西力东渐,吾国对外历史遂无一页而非屈辱,无一字而非失败。有清之世,犹为战败之国民。民国既建,乃更一落万丈,化为不战而屈伏之民族。试观今日之域中,秉钧当国者不解军国主义,故尽智索能于调和敷衍,研精覃思以排挤异己,处心积虑以恢蹟其逆乎?世界潮流之势力,宁甘分崩离析种类为夷之祸,而余凶剩孽不可不肆其饕餮,恶直丑正不可不逞其奸回。军人不解军国主义,故诸藩镇州将不惟不肯为国家之丁城心膂,甚且阻恃其众,跋扈恣睢,日销磨其精神于集会联盟、干涉政治、残贼生民、侵盗公帑、扶植势力、保全权位诸事。外人哀的美敦书来,则俯首帖耳,不敢出气,而并不觉有丝毫羞耻。政党不解军国主义,故但知驰骛追逐,营巧竞利,甚且为大盗权奸供奔走、执贱役,而于国家大计鲜有建树,致为国民所疾视,不复认为近世列邦之所谓政党,而与甘陵汝南东林复社同科。商人不解军国主义,故但知鬻良杂苦,饮羊欺诈,以博不正当之利得,而不求所以与人并驱争先之道。工人不解军国主义,故至今犹不脱锁国时代之遗风。纵有一二高瞻远瞩之徒,亦唯知购人机械,模仿学制最简单之物品,而于立国根本之化学工业,曾无人敢于一试,卒致国人于日光空气及农产物外,无不仰给于人。文人不解军国主义,故但著尘羹土饭之文字,诲盗诲淫之小说,以谋些微之稿费而糊其口,甚且修劝进之表,或为权奸大盗办机关报,拟忍心害理之电稿,以弋禄秩。其能尽发蒙振聩勖励国民之天职者,万无一焉。学子不解军国主义,故游惰废学,耽于淫乐。或则以校中课程为敲门砖,卒业证书为获官符,无论所习何科,所治何学,而殊途同归,皆以作官为最终目的。不特治法律、政治、经济者,不肯终为法学家、政治学者,即学文学、美术、医工者,亦必辗转请托,求入教育。内务农商部以充课员技正,卒之一行作吏,素衣化缁,进无裨于国计,退无绩于简编,横舍化为科场。科学等于八股,而国家强盛之机亦绝。凡此诸端,在吾国人我行我素,绝不见其可异,而在力行军国主义之民族观之,吾知其惊愕之情,必有如逢奇魅,如见怪兽者。丑者不自知其丑,引镜自鉴,则必恚怒惭恨,扑镜于地。德意志者,军国主义之产地而吾国之镜也。记者不敏,敢述其大略。愿吾青年鉴焉。

德意志帝国,天下莫强焉。今日言强国者,殆无不联想及于德意志者也。开战以来,一战而灭比利时,再战而破法兰西,三战而蹶露西亚。处四战之地,抗天下之师,而能战胜攻取,亟摧敌国。自汉堡以至特理埃斯特,由阿斯丁德迄于巴格达德,占领数千万里之地,奴虏三千万之民,奥大利、土耳其、布加利亚之帝王皆执鞭提鼓以从凯撒之戏下。英法俄意诸强国丧师失地,覆败相寻,悉率其赋,仅能自守,其丰功伟烈真书契以来所未有也。然而德意志国家也,我中华民国亦国家也;日耳曼人丈夫也,吾汉人亦丈夫也。同此霜露所均,同此日月所照,其土地寒荒硗确,远不若吾土之尽膏腴;其壤地甚小,又远不如吾封域之广,何以彼能兴隆大好,冠冕万邦,而吾则衰微不振,有亡国灭种之惧乎?此无他,德意志人倡军国主义而我则自侮自伐也,夫使造物之加惠德人为独厚。天雨金而地涌巨炮,则其席卷全欧之烈,曾何足称?其世界政策(Welt politik)之雄,岂容学步?然试一稽史乘。一世纪以前,其贫弱衰微殆有甚于今日之中国。入其国者,但见寒村而无都会,接其人则但有哲学家与农夫而鲜工商业者。拿破仑之雄师劲卒驰骋于其国中,逐之极北之地。路易兹后北面长跪,以乞哀于拿破仑前,而终不能邀战胜者之垂怜。忍气吞声以为谛尔西特城下之盟,丧其版图人口之半,偿金一万三千万法郎。限制常备军数不得逾四万二千人,遵奉其无理之条例,其耻辱、痛苦、损失十倍甲午庚子之和约。苟非俄帝为之乞请,则拿破仑固早灭其国为法兰西之郡县矣!此若在吾国,则苟安怀佚,禽视鸟息,以为战胜者之臣虏而已。纵有二三激昂慷慨之士,亦唯发无数极长之通电,或演出储金救国等滑稽剧耳。乃德意志经此巨创深痛之后,君臣上下卧薪尝胆,必欲以十年生聚、十年教训沼法兰西而洒斯耻。路易兹后制钤章,文曰"不禁涕零",以志不忘。深知强国之基在乎教育,于彼播越颠沛之中创立柏林大学。爱国哲学家斐希特氏为之校长,一意作育人材(才),以植兴复之基。故哲人辈出,民族精神发扬振起。谛尔西特城下之盟缔于千八百七年,及千八百十三年,普将布留赫尔将军已董统鹰扬,霆击电扫,破灭拿破仑之军队,恢复侵地,以奏欧罗巴独立之伟勋,其间相距才七年耳。其后蹶奥大利,破法兰西,遂举德意志帝国复兴之祝典于法兰西之王宫,为圆舆第一强国矣。其统一复兴所以若是之神速者无他,军国主义而已。

开战以前之德意志,其学术之精微深邃,其工艺之振兴发达,其商业之突飞猛进,夫人而知者也。开战以后之德意志,其军队之强器械之巧,又世人所赞叹不置者也。凡此诸端,苟欲详述之,将成巨帙,然若考其原因则片言可蔽之。曰军国主义之赐而已。德意志之军人、政治家、学者、工商业家、文人、艺术家,品类虽至不齐,然而百致一虑,殊途同归,莫不以军国主义为旗帜,实力政治、世界政策为标榜。笃信德意志负有统一世界之天职,明认世界被德意志人征服为幸福。凯撒维廉二世之雄心,全国军人之主战,实其民族精神之表现,决非一人或一阶级社会之好大喜功也。试即其各方面之代表人物之言论观之。柏林大学史学教授特莱谛开氏之言曰:“无论个人国家,其最强者即其实力最充足者也。实力者,统御一切社会者也。凡一切政治罪恶中,其最可鄙贱者未有如‘弱者’之甚者也。‘弱者’之一观念,其害足以陷国家于腐败,堕国家之声威,斯实对于上帝之罪恶也。”前宰相彪罗公爵宣言曰:“战争者固不祥物也,国家之当尽力防止战争。此何待言,然亦仅在无碍于国家之荣誉利益时为然耳。倘竟有关国家之荣誉利益,则战争亦实无可避免。所谓永久和平者,特理想而已,梦呓而已。”主战论之著者彼龙哈的将军之言曰:“武力者,无上之权利也。苟有权利之竞争,则战争而外,实无他途可以解决。故战争者,所以解决权利之最后胜负者也。”开战之初,德意志宰相贝特曼·何尔维希氏在其帝国议会宣言曰:“德意志帝国今日之境况,事不得已,事不得已则尚何法律之可言乎?我师既侵卢森堡,又占领比利时之境土,夫侵犯中立国之为违反国际法,此何待论?然而吾国今日实非所顾也,盖我苟多一日之顾虑,多稽迟一日,则彼法兰西兵即将攻入我之境土矣。故我国对于卢森堡比利时政府之正当抗议,置之不省。进击如故者,不得已也。世或能谓此为不义之举.即我辈亦不惮明认其为不义,惟俟他日军事上目的既达之后,当能有相当之辩解耳。”此犹其军人、政治家与历史学家之言也。更就其哲学家、文学家之言论观之,则彼高谈仁义道德之鲍净氏之言曰:“德意志国民之为诗人、为思想家,此国人所以之自豪者也。然不可不知吾德意志国民,又实勇而能斗之国民也。”耶那大学教授哲学名家倭根氏之言曰:“吾德意志之强盛,英人嫉之久矣。故英人处心积虑,欲于吾羽毛未丰之际,加我以巨创,将来孰胜孰败,实世界争霸之大问题也。吾德意志苟蹉跎岁月,不制机先,则必为英人所破灭无疑。故德意志国民为自卫计,为权利及正义计,皆不可以不战。完全维持人类之生存者,乃他国民所仰赖吾德意志人之任务也。德意志国民以有知识之国民雄飞至今,而尽其全力于科学之研究,宗教之信念,人格之养成者也。德意志之如是努力者,即所以行此统御世界之任务也。”大戏曲家豪普特曼氏之言曰:“我国民世界主义之思想,根柢甚深,非仅在政治上为然也,即在文艺、哲学思想亦莫不然。彼嫉视吾人之仇敌,欲以铁环箍吾人之胸,吾人之胸不可不更扩张,则不能不寸断此铁环,否则吾人之呼吸将止矣。吾人不肯自止其呼吸者也,故寸断此环,实吾人自卫之权利。”

综观诸人之言论,可以觇德意志国民之心理矣。其军国主义,决非发自凯撒一人之野心，决非由于其国军人之渎（黩）武，亦非其国政治家之好大喜功，实日耳曼之民族精神也。其皇室持军国主义，故历代帝王卧薪尝胆以济统一复兴之大业；其政治家持军国主义，故忠贞体国以修政理；其军人持军国主义，故将帅研精覃思以治戎画策，士卒则奋勇死绥，咫尺无却；其学者持军国主义，故艰苦力学，勇猛精进，以其所得贡献于国家社会；其工商业者持军国主义，故尽智极能以殖产兴业；其思想家、文人持军国主义，故摛藻振翰以发扬民族之精神，启迪国民之思想。军国主义者，德意志强盛之总因也。稽之其国历史，其国步愈益艰难，则其民之孟晋自疆之心愈益炽盛。故虽以三十年战争之祸，分崩离析，民坠涂炭，百有余载，而民族之雄心不衰。谛尔西特议和时，国之不亡，间不容发，而不及十年，遂能复仇洒耻，光复旧物。今兹之战，微论德军尚居优势，即果如协约诸国所期，直抵柏林，迫之为城下之盟，然军队战舰从可覆败，民族精神必难消灭。他日十年生聚，十年教训，必有卷土重来之日，无可疑也。

军国主义非仅为德意志人之信条已也。近三十年以还，此主义实弥漫于圆舆。有国于今之世界者，为国家之生存发展，有不得不宗此主义之势。欧洲战争既开，其事乃益显著。其事之与此主义相僢者，但有我中华民国耳。英吉利者，非世所称为政党政治之典型者耶？今自由党内阁乃不得不与保守党相提携，以组织混合内阁矣。募兵主义，非其历世相传之成法耶？今乃不得不行征兵制矣。自由贸易，非其国是耶？今乃不得不讲保护政策矣。法兰西非笃信博爱主义，而反对军国主义者耶？怵于德人之鹰瞵虎视，乃不得不大修军备，奋起直追，以谋自保矣。至于北美合众国，则更以平和主义为标榜，门罗主义为国是者也。近以日本之剑及履及，咄咄逼人，乃不得不投亿万金资以扩充其海军。其深识远虑之士，更鼓吹全国皆兵主义，施行军事教育，以谋兴强大陆军矣。至若比利时则本以工商立国之小邦，又有永久中立之保障，宜若可以不置一兵，不筑一垒矣。乃既拥十二万五千之常备陆军，复有里爱巨、纳米尔、安都厄尔比三大要塞。其国人犹以为未足，更于开战之前二年，通过军备扩充案，期以五年之间，加增兵力二倍，改筑最新式要塞，不幸设施未完，战争骤起。使比人能早三四岁从事于此，则陆军可得五十万人，旧式要塞，悉已改筑，则德人从肆其侵暴，比之兵力，必能久守以待英法之援师，比民所受荼毒，何至若斯之惨烈哉？世有迷信和平，昧于时势者，妄冀其梦境幻想可以实现。谓他日欧战终局，德意志人一败涂地，军国主义亦将随之而灭，世界和平可以自兹永保。不知欧洲纵得一时之伪和平，何有于吾衰微不振之东洋民族？盖东洋民族中，复有步武德意志，力行军国主义之国日伺吾傍。纵晰种能扫清军国主义，力保和平，吾国则舍此何以救死？持斯说真聋昧之下科，其可悲悯，殆不异游鼎之鱼，巢幕之燕也。

或口军国主义，诚救国之良药。然德意志之军国主义，乃发于其民族之根性，吾诸华有笃爱和平之天性，与军国主义不相容。民族性如斯，岂人力所能改造。不知好战乃人类之本性，进取实立国之原则。吾诸华既为人类，又葆有国土历数千年，其间捍拒异类，讨灭敌国之事，无代无之本能。纵麻痹于一时，决非汨没已尽，徒以受毒于腐败政治过久，民族精神，无由发扬，遂有今日之衰颓。苟荡涤其瑕秽，洒扫其积垢，则发扬蹈厉，必能为人类历史增其荣光。日本非新兴之强国耶？非以武功焜耀大地者耶？然其维新以前，承平日久，人民不见兵革。又以封建时代，军旅之事，专之武门，齐民但知锄耒。故美将普莱之战舰一入下田，而江户之民仓皇奔避，其怯弱卑劣为何如？其后施行征兵制，论者犹谓农商子弟服兵役，是驱市人而战。然曾几何时，柔弱之民化为剽悍，北蹶强俄，遂霸亚洲。往日对黑船而战剽者，今乃向美人挑衅矣。司知天下无不能战争之民族，在高瞻深识者鼓舞提倡而已。但吾青年昆弟，能自觉己身之责任，扩观世界之潮流，深知军国主义为立国根本，救亡之至计，振作精神则吾诸华未必不能化为世界最强毅之民族，中夏犹可兴也。或谓中国今日已患武人之恣睢，更倡军国主义，必至政出武人。牛民之自由幸福危，而共和政体亦将不保，此尤不通之论也。今日之佩文虎章带剑而御黄色衣者，岂得谓之军人？此辈之乘资逞暴，与他国之军人专政，全然两事。今彼盐枭马贼巡防统领，招集数千无赖，购数千废枪，即敢于恣心任忒，无所忌惮者，正欺吾民皆怯弱卑劣，恋恋于伪和平耳。使吾国民能力行军国主义，坚贞刚毅如德意志之民，则四裔犹不敢不享，何此曹之足云？

（第二卷第三号，一九一六年十一月一日）

袁世凯复活

陈独秀

近来上海中西报纸,盛传袁世凯未死之说。闻者咸大惊异,而疑信参半。于是袁世凯果死与否之探讨,纷然以起。余则坚信袁世凯未死,且以此问题实无待探讨之必要也。吾耳日闻袁世凯之发言,吾目日见袁世凯之行事,奈何痴人果以为袁世凯之已死耶?

善哉!蔡先生孑民之言曰:"袁氏之为人,盖棺论定,似可无事苛求。虽然,袁氏之罪恶,非特个人之罪恶也。彼实代表吾国三种之旧社会。曰'官僚',曰'学究',曰'方士'。畏强抑弱、假公济私、口蜜腹剑、穷奢极欲,所以表官僚之黑暗也。天坛祀帝、小学读经、复冕旒之饰、行拜跪之仪,所以表学究之顽旧也。武庙宣誓、教会祈祷、相士贡谀、神方治疾,所以表方士之迂怪也。今袁氏去矣,而此三社会之流毒,果随之以俱去乎?"(见第三号《旅欧杂志》)由蔡先生之说,即"强谓肉体之袁世凯已死,而精神之袁世凯,固犹活泼泼地生存于吾国也",不第此也。即肉体之袁世凯,亦已复活。吾闻其语矣,吾见其人矣。其人之相貌、思想、言论、行为,无一非袁世凯,或谓为袁世凯二世。呜呼!黄兴、蔡锷死矣,而袁世凯复活。吾思民国,不禁悲从中来。

昔始皇帝创无限专制君主制,其子二世亡之。拿破仑一世,破坏法兰西共和,帝制自为,身败名辱。其犹子拿破仑三世,仍明目张胆,蹈其覆辙。今堕地呱呱之中华民国,在朝之魔王袁世凯一世方死未死,而在野之瞀儒袁世凯二世方生。一何中外古今之史例巧合若斯也!袁世凯二世,酷肖袁世凯一世之点甚多。其身矮而胖也同;其口多髭须也同;其眸子不正,表示其心术也同;其风姿气味,完全一市侩,无丝毫清明之气也同;其自命为圣王,雄才大略也同;其贪财好色,老而不戒也同;其欲祭天尊孔以愚民也同;其爱冕旒,喜拜跪也同;其尊信文武圣人、求神、治鬼、烧香、算命、卜卦、看相也同；其主张复古，提倡礼教国粹也同；其左袒官僚，仇视民党也同；其重尊卑阶级，疾视平等人权、平民政治也同；其迷信官权万能，恶民权如蛇蝎也同；其主张高下从心之人治，恶法治害己也同；其主张小学读经，以维持旧思想也同；其怂恿军人，摇旗呐喊，通电拥护旧政教，排斥新人物也同；其口称德义，而负友辜恩也同；其自居为中国第一老资格，而国人亦以第一老资格目之也同；其对门生部属，有命令而无辩论也同；其主张荒谬，即上座党徒亦反面攻之也同；其利用国民弱点，投合旧社会之心理，增上其种种罪恶，以自攫权势也同。蔡先生谓"袁世凯代表吾国三种旧社会"，余谓"此袁世凯二世则完全代表袁世凯，不独代表过去之袁世凯，且制造未来之无数袁世凯"。袁世凯之废共和复帝制，乃恶果，非恶因；乃枝叶之罪恶，非根本之罪恶。若夫别尊卑重阶级，主张人治，反对民权之思想之学说，实为制造专制帝王之根本恶因。吾国思想界不将此根本恶因铲除净尽，则有因必有果。无数废共和复帝制之袁世凯，当然接踵应运而生，毫不足怪。今袁世凯二世，竟明目张胆，为吾国思想界加造此根本恶因，其恶果可立而待也！袁世凯二世！袁世凯未死！袁世凯复活！此声也，不祥之声也，吾何忍作此声以扰国人之好梦！然黑越越中，实有老猞。呼之欲出。

呜呼！欧洲自力抗自由新思潮之梅特涅失败以来，文明进化，一日千里。吾人狂奔追之，犹恐不及。乃袁世凯以特别国情之说，阻之五年，不使前进。国人不惜流血以除此障碍矣。不图袁世凯二世，又以国粹礼教之说，阻吾前进，且强曳之逆向后行。国人将何以处之？法律上之平等人权，伦理上之独立人格，学术上之破除迷信、思想自由，此三者为欧美文明进化之根本原因，而皆为尊重国粹国情之袁世凯一世、二世所不许。长此暗黑，其何以求适二十世纪之生存？吾护国军人，吾青年志士，勿苟安！勿随俗！其急以血刃铲除此方死未死、余毒未尽之袁世凯一世，方生未死，逆焰方张之袁世凯二世。导吾可怜之同胞，出黑暗而入光明。

（第二卷第四号，一九一六年十二月一日）

孔子之道与现代生活

陈独秀

甲午之役，兵破国削。朝野惟外国之坚甲利兵是羡。独康门诸贤，洞察积弱之原，为贵古贱今之政制学风所致。以时务知新主义，号召国中。尊古守旧者，觉不与其旧式思想、旧式生活状态相容，遂群起哗然非之。詈为离经叛道，名教罪人。湖南叶德辉所著《翼教丛篇》，当时反康派言论之代派也。吾辈后生小子，愤不能平，恒于广座为康先生辩护。乡里瞀儒，以此指吾辈为康党，为孔教罪人，侧目而远之。戊戌庚子之际，社会之视康党为异端，为匪徒也（其时张勋等心目中之康有为，必较今日之唐绍仪尤为仇恶也。与辛亥前之视革命党相等），张之洞之《劝学篇》，即为康党而发也。张氏亦只知歆羡坚甲利兵之一人，而于西洋文明大原之自由、平等、民权诸说，反复申驳，谓持此说者为"自堕污泥"（《劝学篇》中语），意在指斥康梁，而以息邪说正人心之韩愈、孟轲自命也。未开化时代之人物之思想，今日思之，抑何可笑，一至于斯！不图当日所谓离经叛道之名教罪人康有为，今亦变而与夫未开化时代之人物之思想同一臭味。其或自以为韩愈、孟轲，他人读其文章，竟可杂诸《翼教丛篇》《劝学篇》中，而莫辨真伪。康先生欲为韩愈、孟轲乎？然此荣誉当让诸当代卫道功臣叶德辉先生。叶先生见道甚早，今犹日夜太息痛恨邪说之兴，兴于康有为，而莫可息；人心之坏，坏于康有为，而莫可正；居恒欲手刃其人，以为叛道离经者戒。康先生闻之，能勿汗流浃背沾衣耶？或谓"叶、康皆圣人之徒，能予人以自新；康既悔过自首，叶必嘉其今是而赦其昨非"。此说然否，吾无所容心焉。盖康先生今日应否悔过尊从孔教问题，乃其个人信仰之自由，吾人可置之不论不议之列。吾人所欲议论者，乃律以现代生活状态，孔子之道，是否尚有遵从之价值是也。自古圣哲之立说，宗教属出世法，其根本教义不易随世间差别相而变迁，故其支配人心也较久。其他世法诸宗，则不得不以社会组织生活状态之变迁为兴废。一种学说，可产生一种社会；一种社会，亦产生一种学说。影响复杂，随时变迁。其变迁愈复杂而期间愈速者，其进化之程度乃愈高其欲独尊一说，以为空间上人人必由之道，时间上万代不易之宗。此于理论上决为必不可能之妄想，而事实上惟于较长期间不进化之社会见之耳。若大文明进化之社会，其学说之兴废，恒时时视其社会之生活状态为变迁。故欧美今日之人心，不但不为其古代圣人亚里斯多德所拘囚，且并不为其近代圣人康德所支配。以其生活状态有异于前也。即以不进化之社会言之，其间亦不无微变。例如吾辈不满于康先生，而康先生曾亦不满于张之洞与李鸿章，而张之洞、李鸿章亦曾不满于清廷反对铁路与海军之诸顽固也。宇宙间精神物质，无时不在变迁即进化之途，道德彝伦，又焉能外？“顺之者昌，逆之者亡”，史例具在，不可谓诬。此亦可以阿斯特·瓦尔特之说证之：一种学说，一种生活状态，用之既久，其精力低行至于水平。非举其机械改善而更新之，未有不失其效力也。此“道与世更”之原理，非稽之古今中外而莫能破者乎？试更以演绎之法，推论孔子之道。实证其适用于现代与否，其断论可得而知之矣。康先生前致总统总理书，以孔教与婆、佛、耶、回并论，且主张以“孔子为大教，编入宪法”。是明明以孔教为宗教之教，而欲尊为国教矣。今观其与教育范总长书（见《国是报》），乃曰：“孔子之经，与佛、耶之经有异。佛经皆出世清净之谈，耶经只尊天养魂之说。其于人道举动云为、人伦日用、家国天下多不涉及，故学校之不读经无损也。若孔子之经，则于人身之举动云为、人伦日用、家国天下，无不纤悉周匝。故读其经者，则于人伦日用、举动云为、家国天下皆有德有礼，可持可循。故孔子之教，乃为人之道。故曰：‘道不远人。人之为道而远人，不可以为道。’若不读经，则于人之一身举动云为，人伦日用，家国天下，皆不知所持循。”是又明明不以孔教为出世养魂之宗教，而谓为人伦日用之世法矣。余以康先生此说诚得儒教之真，不似前之宗教说厚诬孔子也。惟是依道与世更之原理，世法道德必随社会之变迁为兴废。反不若出世远人之宗教，不随人事变迁之较垂久远（康先生与范书，极称西洋尊教诵经之盛。不知正以其为出世远人之宗教则尔也，今亦已稍稍杀矣）。康先生意在尊孔以为日用人伦之道，必较宗教之迂远，足以动国人之信心，而不知效果将适得其反。盖孔教不适现代日用生活之缺点，因此完全暴露，较以孔教为宗教者尤为失败也。现代生活，以经济为之命脉。而个人独立主义，乃为经济学生产之大则，其影响遂及于伦理学。故现代伦理学上之个人人格独立，与经济学上之个人财产独立,互相证明,其说遂至不可摇动。而社会风纪、物质文明,因此大进。中土儒者,以纲常立教。为人子为人妻者,既失个人独立之人格,复无个人独立之财产。父兄畜其子弟(父兄养成年之子弟,伤为父兄者之财产也小,伤为子弟者之独立人格及经济能力也大。儒教慈、孝、悌并称,当然终身相养而不以为怪异),子弟养其父兄(人类有相爱互助之谊,何独忍情于父兄?况养亲报恩,乃情理之常。惟以伦理见解,不论父兄之善恶,子弟之贫富,一概强以孝养之义务不可也)。《坊记》曰:"父母在,不敢有其身,不敢私其财。"此甚非个人独立之道也。康先生与范书,引"鳏寡孤独有所养""我不欲人之加诸我也,吾亦欲无加诸人"等语,谓为个人独立之义,孔子早已有之。此言真如梦呓!夫不欲人我相加,虽为群己间平等自由之精义,然有孝悌之说以相消。则自由平等只用之社会,而不能行之于家庭。人格之个人独立既不完全,财产之个人独立更不相涉。"鳏寡孤独有所养"之说,适与个人独立之义相违。西洋个人独立主义,乃兼伦理、经济二者而言,尤以经济上个人独立主义为之根本也。现代立宪国家,无论君主、共和,皆有政党。其投身政党生活者,莫不发挥个人独立信仰之精神,各行其是。子不必同于父,妻不必同于夫。律以儒家教孝、教从之义,父死三年,尚不改其道。妇人从父与夫,并从其子。岂能自择其党,以为左右袒耶?妇人参政运动,亦现代文明妇人生活之一端。律以孔教,"妇人者,伏于人者也""内言不出于阃""女不言外"之义。妇人参政,岂非奇谈?西人孀居生活,或以笃念旧好,或尚独身清洁之生涯,无所谓守节也。妇人再醮,决不为社会所轻(美国今大总统威尔逊之夫人,即再醮者。夫妇学行,皆为国人所称)。中国礼教,有"夫死不嫁"(见"郊特牲")之义。男子之事二主,女子之事二夫,遂共目为失节,为奇辱。礼又于寡妇夜哭有戒(见《坊记》),友寡妇之子有戒(见《坊记》及《曲礼》)。国人遂以家庭名誉之故,强制其子媳孀居。不自由之名节,至凄惨之生涯,年年岁岁,使许多年富有为之妇女,身体精神俱呈异态者,乃孔子礼教之赐也。今日文明社会,男女交际,率以为常。论者犹以为女性温和,有以制男性粗暴,而为公私宴聚所必需。即素不相知之男女,一经主人介绍,接席并舞,不以为非。孔子之道则曰"男女不杂座",曰"嫂叔不通问",曰"已嫁而反,兄弟弗与同席而坐,弗与同器而食";曰"男女非有行媒,不相知名;非受币,不交不亲"(均见《曲礼》);曰"女子出门,必拥蔽其面",曰"七年(即七岁)男女不同席,不共食"(均见《内则》);曰"男女无媒不交,无币不相见",曰"礼非祭,男女不交爵"(均见《坊记》)。是等礼法,非独与西洋社会生活状态绝殊,又焉能行于今日之中国?西洋妇女独立自营之生活自律师、医生以至店员、女工,无不有之。而孔子之道则曰,"男女授受不亲"(见《坊记》),"男不言内,女不言外,非祭,非丧,不相授器"(见《内则》),"妇人,从人者也"。是盖以夫为妇纲,为妇者当然被养于夫,不必有独立生活也。妇于夫之父母,素不相知,只有情而无义。西洋亲之与子,多不同居。其媳更无孝养翁姑之义务。而孔子之道则曰:"戒之敬之,夙夜毋违命。"(见《士昏礼》)"妇顺者,顺于舅姑。"(见《昏义》)"妇事舅姑,如事父母。""父母舅姑之命,勿逆勿怠。""子甚宜其妻,父母不悦,出。"(古人夫妻情好甚笃,以不悦于其亲而出之,致遗终身之憾者甚多,例如陆游即是也。)"凡妇,不命适私室,不敢退。妇将有事,大小必请于舅姑。"(均见《内则》)此恶姑虐媳之悲剧所以不绝于中国之社会也。西俗于成年之子,不甚责善,一任诸国法与社会之制裁。而孔子之道则曰:"父母怒不悦,而挞之流血,不敢疾怨,起敬起孝。"此中国所以有"父要子死,不得不死;君要臣亡,不得不亡"之谚也。西洋丧葬之仪甚简,略类中国墨子之道。儒家主张厚葬,丧礼之繁,尤害时废业,不可为训。例如"寝苫枕块,非丧事不言"之礼。试问今之尊孔诸公居丧时,除以"苫块昏迷"妄语欺人外,曾有一实行者乎?以上所举孔子之道,吾愿尊孔,诸公叩之良心,自身能否遵行?征之事实能否行之社会?即能行之,是否增进社会福利、国家实力,而免于野蛮黑暗之讥评耶?吾人为现代尚推求理性之文明人类,非古代盲从传说之野蛮人类。乌可以耳代脑,徒以儿时震惊孔夫子之大名,遂真以为万世师表,而莫可议其非也!孔子生长封建时代,所提倡之道德,封建时代之道德也;所垂示之礼教,即生活状态,封建时代之礼教,封建时代之生活状态也;所主张之政治,封建时代之政治也。封建时代之道德、礼教、生活、政治,所心营目注,其范围不越少数君主贵族之权利与名誉,于多数国民之幸福无与焉。何以明之?儒家之言社会道德与生活,莫大于礼;古代政治,莫重于刑。而《曲礼》曰:"礼不下庶人,刑不上大夫。"此非孔子之道及封建时代精神之铁证也耶?康先生所谓孔子之经,于人身之举动云为,人伦日用,家国天下,无不纤悉周匝。吾知其纤悉周匝者,即在数千年前宗法时代、封建时代,亦只行于公卿、大夫、士之人伦日用,而不行之于庶人,更何能行于数千年后之今日共和时代、国家时代乎?立国于今日民政、民权发张之世界,而惟注意于少数贵族之举动云为,人伦日用,可乎不可?稍有知识之尊孔诸公,其下一良心之判断!康先生与范书曰:"中国人,上者或博极群书，下者或手执一业。要其所以心造自得，以为持身涉世修己治人之道，盖无不从少年读《论》《孟》来也。”斯言也，吾大承认之。惟正以社会上下之人，均自少至老，莫不受孔教之陶镕，乃所以有今日之现象。今欲一仍其旧乎？抑或欲改进以求适现代之争存乎？稍有知识之尊孔诸公，其下一良心之判断！康先生与范书曰：“夫同此中国人，昔年风俗人心，何以不坏？今者风俗人心，何以大坏？盖由尊孔与不尊孔故也。”是直瞽说而已！吾国民德之不隆，乃以比较欧美而言。若以古代风俗人心，善于今日，则妄言也。风俗人心之坏，莫大于淫杀。此二者古今皆不免，而古甚于今。黄巢、张献忠之惨杀，今未闻也。有稍与近似者，亦惟反对新党赞成帝制孔教之汤芗铭、龙济光、张勋、倪嗣冲而已。古之宫庭秽乱，史不绝书，防范之策，至用腐刑。此等惨无人道之事，今日尚有之乎？古之防范妇人，乃至出必蔽面，入不共食。今之朝夕晤对者，未必即乱。古之显人，往往声妓自随。清季公卿，尚公然蓄嬖男宠，今皆无之。溺女蛮风，今亦渐息。此非人心风俗较厚于古乎？共和思想流入以来，民德尤为大进。黄花冈七十二士，同日为国就义，扶老助弱，举止从容。至今思之，令人垂泪！中国前史，有此美谈乎？袁氏称帝，冯、段诸公，竟不以私交废公义；唐、蔡、岑、陆，均功成不居。此事在欧、美、日本为寻常，而为中国古代军人所罕有。国民党人，苦战余生，以尊重约法之故，首先主张癸丑年与为政敌之黎元洪继任，为天下倡。此非共和范为民德之效耶？浅人所目为今日风俗人心之最坏者，莫过于臣不忠，子不孝，男不尊经，女不守节。然是等谓之不尊孔则可，谓之为风俗人心之大坏，盖未知道德之为物，与真理殊。其必以社会组织、生活状态为变迁，非所谓一成而万世不易者也。吾愿世之尊孔者，勿盲目耳食，随声附和。试揩尔目，用尔脑，细察孔子之道果为何物，现代生活果作何态，诉诸良心，下一是非、善恶、进化或退化之明白判断。勿依违，勿调和。依违调和为真理发见之最大障碍！

（第二卷第四号，一九一六年十二月一日）

一九一七年豫想之革命

高一涵

合纷然淆杂互相错综之生活状态，而组成社会。积判然各殊息息变迁之群众心理，而演成思潮。持现状以比衡往迹，数其递嬗递变厘然殊观之经历，而名之曰“进化”。构成社会之分子愈杂，则演成思潮之支派愈纷。纷之度达其极，则摩荡切劘，各成趋向。趋向愈歧，则变迁愈速，而进化之机乃愈灵。人群进化之原动力，宜万而不宜一，宜互竞于平衡而不宜统摄于一尊。道一同风之训，乃根诸专制思想而来，一群之众，其受专制之毒弥深，则梦想一尊之心思弥切。甚或从专制思想之中，籀出专制教育主义，至教育主义隶属于专制思想而下，则群众之心灵汩没，而进化之机息矣。

近日从专制思想中，演出二大盲说，必待吾人之力极廓清者。即于政治上应揭破贤人政治之真相，于教育上应打消孔教为修身大本之宪条是也。往岁之革命为形式，今岁之革命在精神。政治制度之革命，国人已明知而实行之矣。惟政治精神与教育主义之革命，国人犹未能实行。实行之期，其自一九一七年始。

曷言乎贤人政治，从专制思想演绎而出也。吾国专制思想，其延缘于人民脑襞者，垂四千余年。迄于清末，新旧互争。濡染欧化者流，群悟专制之非。而深中旧毒之士大夫，既知专制主义，与世界思潮相抵触，又不欲翻然改图，乃弃名取实，诡其词曰“开明专制”。迨民国成立，经二次政治革命而后，专制基础，扫荡无遗。不得公然以专制名词相号召，乃转饰其名曰“贤人政治”。今就二者比较以观，自不难立睹其真相。伯伦智理与黎白，皆谓专制与权力并存。何则政权公诸有众者也？欲以一部分人私有之，故必赖权力为人保障。贤人政治，亦将公有之政权，私之于一部分人士者也。故亦必借势力为护符，此与专制同者一。专制者，成于独而消于衡。无惟我独尊之心理，则不能决然行专制；亦无惟我独尊之心理，则不敢自任为贤人。此与专制同者二。

专制既假权力而行，则专制无定主，惟视权力为转移。贤人亦无标准者也，欲强定其标准，亦惟视权力以为衡。权力愈大者，其贤亦愈大；权力最小及毫无权力者，则不得不降为不肖焉。此与专制同者三。专制之特性，在排斥异己，非排斥至尽，则专且不能，何有于制？贤人之名词，乃与不肖相对待。非指斥他部分为不肖，则不能显见此部分为贤人。何也？以一国皆贤，则无贤人之名可立故也。此与专制同者四。行专制者，必划分人民为治者与被治者二级。贤人政治，以贤人为治者，以不肖为被治者，亦分人民为两级者也。此与专制同者五。专制者之职务，在以一部分人代理全国人之事务，而不欲放任人民之自为。贤人之职务，亦代不肖者总理庶事，而不欲放任不肖者之自为也。此与专制同者六。专制者，想望一人首出庶物，建为元后，以子育人民。贤人政治亦想望一部分人首出庶物，立为人民师表者也。此与专制同者七。然则贤人政治，殆几与专制同其界说欤。

国家者，何乃自由人民以协意结为政治团体，借分功通力，鼓舞群伦，使充其本然之能，收所欲蕲之果。乃以自智自力，谋充各得其所之境，非借他人智力代为自谋者也。古者国家政治，其原动力在官；近世国家政治，其原动力在民。往者政治为人力车，近世政治为摩托车。故国家惟一之职务，在立于万民之后，破除自由之阻力，鼓舞自动之机能，以条理其抵牾，防止其侵越。于国法上公认人民之政治人格，明许人民自由之权利。此为国家惟一之职务，亦即所以存在之真因。谈贤人政治者，虽未见其明定国家之界说，然总观所论，则国家者由一部分贤人握有政权，以尽其指导扶持之责。借此部分人智力，代他部分人民谋充其各得其所之境者也。凡百行为，以贤人为原动，以人民为被动。于是国法上不能遍认人民均有政治人格与自由之权利矣。由斯义以推，第一与哈蒲浩“国家建筑于人民权利之上”之原则相反；第二与边心“最大多数之最大幸福”之主旨相违。此在贵族政体盛行时代，容或可行。若欲行于二十稘民权大张，群争自立之时，是反世界之趋势与进化之精神。不若仍明倡帝制，犹为直截了当也。论者岂不曰“由官治可进于民治欤？”然要知官治民治之根本原理，绝不相容。民治之精神，在先予以政治上之人格自由权利，借政治之力以自造于贤人之域，政治其因贤人其果。官治之精神则先夺其政治上之人格自由权利。俾托贤人之庇荫，安享政治之成。贤人其因政治其果，故一则养成富于自治自立之风，一则养成依赖他人之习，欲以依人为生之民，行自治自立之事，是命盲者视聋者听之类也。呜呼可哉!

再言教育。孔道应否为教育大本为一问题;教育大本应否由国家规定,是又别一问题。前者已为海内时贤所斥驳,后者则似尚付缺如。夫教育主义大别不外二种:一隶属于政治者,一超轶乎政治者。国家而以官治为中心,其制度含有专制性质者,往往以政治势力左右教育,故教育主义纯粹隶属于政治范围之中;国家而以民治为中心,其制度含有共和性质者,往往任人民自由选择,听其趋向,以为教育之方针。故教育事业,全超轶乎政治范围而外。军国民教育,实利主义教育,及公民道德教育,属乎前者;世界观教育,世道主义教育,属乎后者焉。

曷言乎世界观教育。世界之种类亦有二:一曰"现象世界",一曰"实体世界"。前者以谋现世幸福为鹄的,后者则以谋究竟幸福为鹄的;前者有空间时间之关系,后者则无空间时间之可言;前者由于感受,后者全恃直觉。政治者,由人类所感受之激刺,为一族一国之群众谋现世幸福之谓;教育者,由人类一己之直觉,为普遍世界之群众谋无终无极之究竟幸福也。故强使世界观教育,俾隶于政治范围而下。其违背教育主义者二:一为空间之限制,即缩小教育范围,使仅及于现象世界中一族一国之人;一为时间之限制,即减短教育功用,使仅谋现象世界之现在幸福也。人不能有生而无死,国家不能有存而无亡。现世幸福,随死亡以消灭。以不生不灭之人生,于无始无终之实体中,而仅仅以谋随死亡而消灭之现世幸福为鹄的。若而人生,若而世界,有何价值之足云。此世界观教育,所以为世界人生之最终蕲向,而超然于政治之表者也。

曷言乎世道主义之教育。夫合无始无终之时,无穷无极之世,与有生无生之物以成世界。则所谓世界,即非一时一地之有生物所得专焉者也。矧人类特有生物中之一种乎?论者动曰"人道主义,为世界之究竟"。不知人道主义,特以人类为范围,不过占世界生物中之一部。谓为人类之究竟,犹且不可。况谓为世界之究竟乎?教育者,以合宇宙万汇有形无形有生无生之全体为范围者也。限以有生有形,已嫌其偏,何况更限以人类?设再以政治之潮流为教育之标,则更以人类一种族一国家之事,为实体世界无始无终不生不灭之真实人生体也。此人道主义之教育,所以不若世道主义之教育尤为范围普遍,万汇咸周之道,而为教育主义之究竟也。

然此特言超轶乎政治之教育也。即隶属乎政治,若军国民教育,实利主义教育,及公民道德教育等,亦不宜束缚其趋向,尽纳诸政治潮流之中。教育之事,端在启瀹心灵,顺人类之特生异秉,使充其本然之能。其造诣之境愈杂,则心能之启发愈多,而学术之发明亦愈速。一道同风之说,乃汩没心灵之媒。况一之同之之标本,无能定可定者。欲以谋现世一部分幸福之政治主义,定为谋普遍世界无终极幸福之教育主义,其纰缪更何待言。故不特以孔道为教育大本,无有是处;即于孔道而外,别取佛道耶回之道或他宗学流为教育大本,以规定于宪法,亦无有是处。故今日所争者,为教育大本,应否规定之问题,非应否规定何人之问题也。无论何人,均不能以一教之力,束缚未来人类之心思,更何有于由专制思想演绎而出之孔道!

（第二卷第五号,一九一七年一月一日）

再论孔教问题

陈独秀

吾国人学术思想不进步之重大原因,乃在持论笼统与辨理之不明。近来孔教问题之纷呶不决,亦职此故。余故于发论之先,敢为读者郑重申明之。

第一,余之信仰。人类将来真实之信解行证,必以科学为正轨,一切宗教皆在废弃之列。其理由颇繁,姑略言之。盖宇宙间之法则有二:一曰自然法,一曰人为法。自然法者,普遍的永久的必然的也,科学属之;人为法者,部分的一时的当然的也,宗教道德法律皆属之。无食则饥,衰老则死,此全部生物永久必然之事,决非一部分一时期当然遵循者。若夫礼拜耶和华,臣殉君,妻殉夫,早婚有罚。此等人为之法,皆只行之一国土一时期,决非普遍永久必然者。人类将来之进化,应随今日方始萌芽之科学,日渐发达,改正一切人为法则,使与自然法则有同等之效力。然后宇宙人生,真正契合,此非吾人最大最终之目的乎?或谓宇宙人生之秘密,非科学所可解;决疑释忧,厥惟宗教。余则以为科学之进步,前途尚远。吾人未可以今日之科学自画,谓为终难决疑。反之,宗教之能使人解脱者,余则以为必先自欺,始克自解,非真解也。真能决疑,厥惟科学。故余主张以科学代宗教,开拓吾人真实之信仰,虽缓终达,若迷信宗教以求解脱,直欲速不达而已。

复次,则论孔教。夫孔教二字,殊不成一名词。中国旧说中,惟阴阳家言属于宗教,墨家明鬼,亦尚近之。儒以道得民,以六艺为教,孔子儒者也。孔子以前之儒,孔子以后之儒,均以孔子为中心。其为教也,文行忠信。不论生死,不语鬼神。其称儒行于鲁君也,皆立身行已之事,无一言近于今世之所谓宗教者。孔教名词,起源于南北朝三教之争。其实道家之老子与儒家之孔子,均非教主。其立说之实质,绝无宗教家言也。夫孔教之名词既不能成立,强欲定孔教为国教者,讵非妄人。相传有二近视者,因争辨匾额字画之是非，至于互斗，明眼人自旁窃笑。盖并匾额而无之也。今之主张孔教者，亦无异于是。

假令从社会之习惯，承认孔教或儒教为一名词，亦不可牵入政治，垂之宪章。盖政教分途已成公例，宪法乃系法律性质，全国从同，万不能涉及宗教道德，使人得有出入依违之余地。此蔡孑民先生所以谓"孔子是孔子，宗教是宗教，国家是国家，义理各别，勿能强作一谈"也。蔡先生不反对孔子，更不绝对反对宗教。此余之所不同也。其论孔子、宗教、国家三者性质绝异，界限分明，不能强合。此余之所同也。孔教而可定为国教，加入宪法，倘发生效力，将何以处佛、道、耶、回诸教徒之平等权利？倘不发生效力，国法岂非儿戏？政教混合，将以启国家无穷之纷争。孔子之道，可为修身之大本，定入宪法，则先于孔子之尧、舜、禹、汤、文武、周公之道，后于孔子之杨、墨、孟、荀、程、朱、陆、王之道，何一不可为修身之大本。乌可一言而决者，其纷争又岂让于教祸？

或谓国教诚不可有。孔子亦非宗教家，惟孔门修身之道，为吾国德教之源。数千年人心所系，一旦摈弃，重为风俗人心之患，故应定入宪法以为教育之大方针。余对此说，有三疑问，以求解答：

(1)孔门修身伦理学说，是否可与共和立宪政体相容？儒家礼教是否可以施行于今世国民之日用生活？

(2)宪法是否可以涉及教育问题及道德问题？

(3)万国宪法条文中，有无人之姓名发现？

倘不能解答此三种疑问，则宪法中加入孔道修身之说，较之定孔教为国教，尤为荒谬。因国教虽非良制，而尚有先例可言。至于教育应以何人之说为修身大本，且规定于宪法条文中，可谓为万国所无之大笑话。国会议员中，竟有多数人作此毫无知识之主张者，无惑乎解散国会之声盈天下也。余辈对于科学之信仰，以为将来人类达于觉悟获享幸福，必由之正轨尤为吾国目前所急需。其应提倡尊重之也，当然在孔教孔道及其他宗教哲学之上。然提倡之尊重之可也，规定于宪法使人提倡之尊重之则大不可。宪法纯然属于法律范围，不能涉及教育问题，犹之不能涉及实业问题，非以教育实业为不重也。不能以法律规定尊重孔子之道，犹之不能以法律规定尊重何种科学，非以孔道科学为不重也。至于孔子之道，不能为共和国民修身之大本，尚属别一问题。宪法中不能规定以何人之道为修身大本，固不择孔子与卢梭也。岂独反对民权共和之孔道，不能定入宪法以为修身之大本，即提倡民权共和之学派，亦不能定入宪法以为修身之大本，盖法律与宗教教育，义各有畔，不可相乱也。

今之反对国教者，无不持约法中信教自由之条文以为戈矛。都中近且有人发起信教自由会，以鼓吹舆论。余固以为合理，而于事实则犹有未尽者。何以言之？中国文庙遍于郡县。春秋二祀，官厅学校，奉行日久。盖俨然国教也。而信仰他教者，政府亦未尝加以迫害或禁止。即今以孔教为国教，定入宪法，余料各科并行，仍未必有所阻害。故余以为各教信徒，对于政府所应力争者，非人民信教自由之权利，乃国家待遇各教平等之权利也。国家收入，乃全国人民公共之担负，非孔教徒独力之担负。以国费立庙祀孔，亦当以国费建寺院祀佛道，建教堂祀耶、回，否则一律不立庙，不致祭。国家待遇各教，方无畸重畸轻之罪戾。各教教徒对于国家担负平等，所享权利，亦应平等，必如是而后教祸始不酝酿于国中。由斯以谈，非独不能以孔教为国教，定入未来之宪法，且应毁全国已有之孔庙而罢其祀。

（第二卷第五号，一九一七年一月一日）

对德外交

陈独秀

国家存亡问题，国民发挥爱国心及能力品格之唯一机会。

此次对德外交问题，乃国家存亡问题，不可以寻常外交视之，此吾国民应有之觉悟也。加入协约与否，政府对德方针未决以前，国人应群起从事于利害是非之讨论，以促政府积极之进行，绝对不可袖手勿置可否也。愚之私意，绝对承认加入协约方面，则对内对外，于国家利多而害少。其理由如下：

一、白皙人种之视吾族，犹人类之视犬马。德意志人过用其狭隘之爱国心，尤属目无余子。在彼强大民族或确有其可以骄慢之理由，而自弱者被征服者之吾人之地位论之，当然不承认彼强者、征服者有天赋之权利，而竭力与之抗争。即抗争而失败，若比利时、塞尔维亚，其民族之荣誉，国家之人格，视不战而屈、苟安忍辱之懦夫犹胜万万。此次对德外交，果能全国一致，始终出以强硬态度，无论结果之成败如何，其最低成功，吾人服公理不服强权之精神，已第二次表示于世界（反对袁氏称帝为第一次），一改数百年来屈辱的外交之惯例。虽予以极大代价，所得不已多乎？

二、战争之于社会犹运动之于人身。人身适当之运动，为健康之最要条件。盖新细胞之代谢，以运动而强其作用也。战争之于社会亦然。久无战争之国，其社会每呈凝滞之态。况近世文明诸国每经一次战争，其社会、其学术进步之速，每一新其面目。吾人进步之濡滞，战争之范围过小，时间过短，亦一重大之原因。倘有机缘加入欧战，不独以黄奴之血，点染庄严灿烂之欧洲，为一快举。而出征军人所得之知识及国内因战争所获学术思想之进步，必可观也。

三、"维持现状"四字，为致吾国亡种促之唯一不祥语。以今之现状，乃国亡种，促之现状，绝对不可维持者也。欲易此现状，舍教育实业无由。然国家财政如此困难，教育实业将何以兴起？欲整顿财政，以今日群丑割据，野蛮军队遍国中，政府理财之策，无法可以施行。长此因循，待亡已耳。倘加入协约团体，为得财政之援助（若缓赔款、大借款、改正关税、输出军需之类），肃军纪、理财政、兴学奖业，国人倘能奋发有为，非千载一时之机会乎？失此机会，直可谓救亡无术矣。

四、新兴国家，党争自所不免。然党争逾轨，实为进步之障碍。倘有对外战争，各党贤者，食毛践土，具有天良，理当捐弃私愤，互相提携，以求达较远大之目的。南北军人，亦将以患难相依，泯其畛域，此事影响于国家安危，岂不甚巨？

以上四种利益，皆加入协约后应有之事实，似非假定之理想。然反对派所谓加入协约有害于国家者，亦举其词而正之。

一曰，加入利害藐不相关之欧战，以增国家之担负，非计也。愚则以为外以维持国家之"国际人格"，内以乘此整顿军政财政，虽增担负，其又奚辞？况吾国加入后应尽之义务，可以协约规定之，非绝无限度也。又况欧战之于吾国，非绝对无利害之关系乎？又况一方面国家固因加入协约加增担负，一方面政府商民非因加入而可获财政之救济乎？

一曰，吾国国际之生存，唯赖列强之均势耳。今加入协约，是自破均势，邻人将乘之，危道也。愚则以为欧洲自开战以来，世界大均势，业已破坏，无可维持。试观巴尔干半岛诸国，有何法可以利用均势维持中立而不为左右袒乎？若在远东，虽情势较缓，环吾国土者，皆协约国。世界大均势，亦无可言。强言有之，则列强在东方之均势耳。此项均势，即去德奥，亦未为破坏。盖英、美、日、俄对华政策，以利害不一致之故，仍属对抗的而非一致的也。故愚以为吾国对德问题，与列强均势问题，不发若何特别影响。邻人侵略与否乃国力问题，未必因加入协约与否，而生根本之变化。若虑其以加入为侵略之导火线，则天下无理取闹之事固多，能保其不以我反对加入协约为导火线乎？列强东方均势未全破坏，万目睽睽之下，岂容一国野心之独逞！决定加入以前，吾外交当局，周旋国际谈判，自有相当之防范，吾国民其勿过虑也。

一曰，吾国加入协约，德人必煽动西北回部以为吾患。愚以为此妄言耳。今之西北国民椎鲁而衣食足，耸令为乱，颇非易事。纵令小有蠢动，国家倘并此镇定兵力而无之，将何以国为？

一曰，加入协约乃政界之大阴谋，国民不可为其所欺弄。愚则以为此神经过敏之言也。所谓大阴谋,计有三种:一曰,军政界要人,假此以谋复辟也。此言不啻青天之霹雳。所谓军政界要人,其为无实力者乎,则其谋必无效。其为有实力者乎,此时尽可横行,何必汲汲假援于外?即令有之,列强均不利中国之纷扰,焉肯以此为加入协约之交换条件?且今之执政,虽非大贤,亦未必平地生波,一愚至此也。不观康南海亦反对加入协约乎,以此可知加入与复辟确无关系矣。二曰,段内阁以此巩固其地位,且将假戒严令以制异己也。夫现内阁之地位,未见其有若何危险,愚诚不解说者以何情由谓其必假外援始克巩固其地位。反之段氏以毅然决定加入协约之故,或招一部分军人及一部分议员之反对,使其地位稍形摇动,且不可知。彼若悍然不顾而出此,则先国后己之德,正自可钦,奈何疑其假外交以自固也。段氏在旧势力人物中,尚属最廉正者,非法戒严之事,无由预断其必有。不容异己,乃吾人之通病,何独段氏然耶?三曰,梁派假外交以夺政权也。夫以任公之政治知识,果能总揽政权,岂不愈于北洋军人万万。特以政象所趋,无论誉任公者毁任公者,均不信任公有组织一党内阁之魄力与野心。此时一党内阁既不能成,以任公之学识,且以代表其党之资格加入阁员,决无损于他党之权利,岂有假外交以夺政权之必要耶?愚故谓此三大阴谋者,皆神经过敏之言也。

一曰,无故开罪天下莫强之德国,后患之必至也。此说果无误也,第一必假定欧战结果,完全胜利必属德国。愚则以为两方将皆无绝对之胜利也。第二必假定德国完全胜利后,其实力即足以同时防备英、法,经营近东(侵略巴尔干半岛及小亚细亚乃德人之第一目的),征服远东。愚则以为德国战后,非休养十年,国力莫能恢复。弃远东而专力近东,尚恐不济,焉能悉师东征,效古人复仇思想乎(近世国家对外乃殖民主义非复仇主义)。第三必假定战,后世界外交,俄、德、日本三国同盟,以抗英、法、美,而处分中国。愚则以为日、俄之于英、法,经济之关系正深,能否遽然联德,岂非疑问。且外交方针,全以利害为转移,非一成不变者也。使吾国民稍稍振作,国力但在水平线以上,进行岂绝无活动之余地乎?总之,国家存在之原理,当以战斗力为唯一要素。吾人果能于欧战表示一二不可侮之成绩,印之欧人脑里,则莫敢轻于侮我。何独德意志人,国际交涉,有利害而无好恶,无所谓开罪与不开罪也。否则虽日日长跪于其前,彼世界最重强权且勇武可敬之德意志人,必不容吾不战而屈,苟安忍辱之懦夫栖息于人类。

(第三卷第一号,一九一七年三月一日)

我之孔道观

常乃德

今当述此论之前，当先陈仆对于现今尊孔之意。仆不只反对定孔教为国教之说，并反第十九条第二项对宪法草案“国民教育，以孔子之道为修身大本”。国教之无理由，可不待论。若宪法草案之不当，亦有种种之理由。其一，教育不过行政之一部；国民教育，又不过教育之一部；修身一科，又不过国民教育之一部。以宪法而越俎于行政之最小部分，可乎不可？其二，假令国民教育可以孔子之道为修身大本，则军事教育，亦何不可以关、岳之道为大本？推之实业、交通等项，亦皆求以谁某之说为大本，可乎不可？其三，修身大本是否仅可限于孔子之道，与孔子之道是否仅可限于修身大本？倘使两皆不能互限，则为此两不尽物之文，于实际有何用处？其四，前乎孔子者，有尧、舜、禹、汤、文、武，皆孔子所祖述宪章；后乎孔子者，有马、郑、程、朱、陆、王，皆孔子之宗子嫡派。究竟以何者为孔子之道？则必如谑者所云：“孔子之道，别以法律定之。”试问，如此尚复成何说法？不如此则更有何法？凡此种种，皆对于孔道定入宪法之疑问，尚不必问孔道之实质，果宜于国民教育否也。故以个人之见，与其愿定孔道为教育大本，宁愿定孔教为国教，何则？孔子之学，虽非宗教，国教二字，虽不成意义（宗教为超世间的，国家则世间之一物耳。以世间之物而范围超世之教，其说实不可通），究竟尚有前例可援。若某人之道云云，定入宪法，则全球无此笑闻。其二，定为国教，不过稍侵信仰之自由，其他尚无显著之弊害。若以孔道定教育大本，则必悉以孔道之精神，纳入教育。其可行者固无妨，其不合于现世者，亦必强而行之。蹂躏思想自由，何可胜言！且国民教育而求尊孔，则必以小学读经为入手第一步（今之主张孔道者，其目的即在此事，所谓项庄舞剑意在沛公者也）。夫小学读经之利害，在今日实已无讨论之余地。总之此事一行，势必使多数天真活泼之儿童，陷入悲惨之境遇，而中国前途一线之生机亦绝，可断言也。定为国教，不过一部分人受其损害；糅入教育，则蒙其害者将在全国。此吾所以宁取彼而舍此也。又有以孔道问题，与信教自由相提并论，倡为存则俱存、废则俱废之说者，此尤可笑。信教自由，为人民之权利，为消极之制限；孔道问题，为人民之义务，为积极之行为。信教自由云者，乃许其自由，并非不许其不自由也。宪法虽有信教自由之文，假令其人信仰一教，即不得再信他教，不能援宪法之条文，谓宪法许汝自由，汝胡为不自由也？是则宪法虽有规定，而从舍仍在人民。孔道之于教育，能如是乎？假令宪法条文为国民教育，许其以孔子之道为修身大本，则无论其他点衷理与否，尚可与信教自由相提并论。然而，今之宪法草案所规定者，固明明为强制而非任意也。且信教自由，为近世文化之根源，与定于一尊之旧思想，根本不能相容。两存固不可，俱废亦岂能乎？

由此观之，则尊孔之说，无论由何点观之，实无一是处。是故，欲明孔道之真相，必先祛其尊孔与诋孔之一念，而后始得有公平之观察。此下所言，乃仆个人对于孔道之意见，不敢谓他人亦同此观念。然见仁见智，各如其分。故曰我之孔道观，而非他人之孔道观也。

欲观孔道之若何，必先明孔子在学术史上所处之地位。善夫！马君武先生之言曰："孔子不过古代学术家之一，其功罪是非，当与其他学术家比较而观，不当特异视于他人。"（原文字句稍有异同，见二月十二《民主报》）此言可谓持平之论矣。虽极尊孔子者，不能谓其非古代之一学术家；虽善诋孔子者，亦不能谓其非古代之一学术家。然则就学术史上之地位而观察孔道，其殆无偏无党之论也乎？

吾人本此见解以观察孔道，其第一之特彩，迥非他派学说所可及者，即其学说系统之完密与持论之一贯。中国学者，不讲逻辑、因果之学，故其持论往往首尾不能相应，易蹈顾此失彼之讥。然孔子之学说独不然，其政治学说、伦理学说、道德学说，皆以一贯之学理通之。深至鬼神哲学，浅如日用纤悉，无不以此一理贯彻始终。其理为何，即所谓"絜矩"之道而已。吾人试一翻《论语》《学》《庸》之书，则见累累者言，无非发明此一理。所谓"君使臣以礼，臣事君以忠"也，所谓"父父、子子、君君、臣臣"也，所谓"与父言慈，与子言孝"也，所谓"己所不欲，勿施于人"也。若此者，举之不可胜举。而《春秋》一书，即专为阐明此理而作，故曰："参乎吾道一以贯之。""一"者何？"絜矩"之道而已。曾子以"忠恕"二字释之："忠"者为己所当为；"恕"者不为己所不当为。

为己所当为者,《孝经》所以寓孔子之行;不为己所不当为者,《春秋》所以见孔子之志,其实皆由"絜矩"之道出也。

孔子之道,最为今人所訾议者,莫如纲常之说。因之,尊孔者乃有倡纲常非孔子原始教义,以护其说者。其实,此语殊不尽然。纲常之说,确为孔子之教义,且亦由此一贯之"絜矩"学理而出。其递演之情状,请为图表以明之:

孔子之道—絜矩之道—尽职

上古遗传思想—{封建制度、鬼神思想、家族制度}报恩

{尽职、报恩}→{恕、忠、孝}→{慎终、追远、明分、辨等}三纲五伦

由上图观之,孔子之道,实以"絜矩"为起点,由"絜矩"之理,而得有"尽职"之观念。盖唯人人尽其职,而后"絜矩"之道始可言也。孔子书中如"君子思不出位"之类,皆明此理。由"尽职"而再进一步,乃得有"忠恕"之观念。"忠"为积极,"恕"为消极,皆所以求"尽职"之道,前文已言之。盖当为者为,固"尽职";不当为者不为,亦"尽职"也。孔了既以"忠恕"为实践之教义,于此时,而适有占代传米之思想,若"忠孝"二字者,适足为其教义之一大声援。乃即取以与向有之教义相糅合,而别等"明分"之学说出焉。"忠孝"二字,本古代遗传之思想,非孔子所自创。其观念之构成,由于"报恩"一义,与孔子所主张"尽职"之说,迥不相同。"报恩"之义者,实吾国古代(春秋以前)思想之根源。其来源由十鬼神、封建、家族三思想结合而成。其被于古代政治学术诸界之影响,至伟且巨(其详见《庸言报》梁任公所论)。由"报恩"一义,而得有"忠孝"之观念;亦犹由"尽职"一义,而得有"忠恕"之观念。乃自然之趋势,不足深论。所当知者,"忠孝"之"忠"与"忠恕"之"忠",二者名虽同而实则大异。前者由于封建之遗制,所谓食毛践土,具有天良者也;后者由于尽职之教义,所谓人人修其身而天下平者也。可知"忠孝"之"忠",与"忠恕"之"忠",实为二事。至其所以混为一谈而别构成一新教义者,则孔子为之也。孔子所以必引"忠孝"以入己说者,殆由当时"报恩"之观念,已广布于学者思想界中,不可遽灭。因即其说而扩充之,以树自己之新义。且"报恩"之义,与"尽职"之义,亦最相近。"报恩"者,对于一人之偿负行为;"尽职"则移其对于一人者而对于众人、对于职务。此即孔子所以利用古代之思想,而导之使同化于自己之教义之故也。因此,二义之结合,乃产出所谓"明等差别贵贱"之学理,而

纲伦之说兴。是故,可知纲伦之说,实孔子之教义,并非后人所伪托。不过,孔子之"纲伦"说出于"絜矩"之道,乃相对的义务,非如后儒所说,一方面绝对有权利而无义务,一方面绝对有义务而无权利。此则证之经书,所可晓然者也。(如"小杖则受,大杖则走"之义,使后人言之,得毋曰"子罪当诛,父固圣明"耶?)

孔子之论男女,多尊男抑女之辞。此则与其一贯之"絜矩"学理,不能相应,此甚可怪。若求其故,当是囿于当时习俗,不克远见。试观当时诸子百家,异论棼起,而未闻有提倡女权之说。可知习俗入人之深。盖古代男女之际,本带有主奴之性质。《左传》所载诸侯大夫取一正妻,则其诸姑姊妹,悉为媵妾,则固夷然奴视之矣。传言孔子亦有妾,而孔子之弟子屡有出妻之事,则孔子之不主张男女平权可知。且孔子之教义,以宗祀为极重,以无后为不孝,此亦其重男轻女之一因也。昔苏格拉底,希腊大哲,而独主张蓄奴之制,习俗囿人,贤者不免,士论至今惜之。孔子之重男轻女,殆亦类于此者欤?仆以为,居今日而言改革孔道,其最先宜注意者,即在恢复女子之自由一事。与此事相连而起者,则孔子之家族主义是也。家族主义、嗣续主义不破,中国人终不能出水火而登衽席。与其以专制罪孔,而孔不任受,何如以家族主义罪孔,尚得其实乎?虽然家族主义虽成于孔,而非出于孔也。自二帝三皇以来,家族之基础,已不可破矣。孔子特承之而益光大之而已。

孔学之精华,著于六经。故论者每即经以求孔子之说,此固莫得有非之者。然窃以为,此中亦自当分别观之。如《诗》如《书》,乃古代典章,孔子不过为删节而已,此外更无所增益。故不得借此以论孔学。可借以觇孔学者,莫如《易》与《春秋》。《春秋》孔子所自作,《易》则冒《系辞》焉,皆足以传其学。此外若《论语》之类,虽为弟子所杂志,不足以明一贯之理,要亦可窥其细微之节。独《礼记》一书,虽多载孔子之言,然泰半皆周之典籍,汉儒又杂引汉制以淆之,孔子虽有言,仅解释经义而已,似不当即此以论孔学也。

仆所见于孔道者止此,意既匪颖,言词又不足以达之,宜卑卑不足道。顾所以为此者,将以求正于先达也,非以自炫奇也。倘有为点其是而斥其非者乎?私日望之矣。

(第三卷第一号,一九一七年三月一日)

俄罗斯革命与我国民之觉悟

陈独秀

自二月九日吾政府对德抗议以来,国人于政府外交政策,赞成、反对各极其盛。愚亦于前号本志发表赞同意见,贡诸国人。其后赞成抗德派渐得势,内阁获国会之同意,遂宣告与德绝交。自是以来,反对派所预言绝德后之危险,幸未一中。在理论上应现举国一致对外之象矣。而事实不尔者,有重大之原因三焉:一曰,失意之伟人,无论其事于人类之公理正义如何,于国家之利害关系如何,凡出诸其敌党段祺瑞、梁启超所主张者,莫不深文以反对之。虽牺牲其向日之主张进取、主张正义、不畏强权之精神,亦所不惜。虽与国蠹张勋、倪嗣冲、王占元、张怀芝同一步调,亦所不羞。某有力家遂利此以为攘夺政权之机会,虎踞南服,舆论因以从之。一曰,恶闻战争,乃吾国民之恶劣根性。今之"恐德病"亦自此根性所生。冯副总统威慑南方,一言九鼎,亦为诱发此病重大之外因。愚以为商会反对加入协约团体,与前此反对革命、主张拥护项城、维持现状,同一心理。一曰,同时俄罗斯发生革命事作也,吾国短视之人,误料俄罗斯革命,无论旧政府存续与否,必陷于与德国单独议和之地位。俄德和解,英、法必不支。英、法不支,日、俄、德同盟谋我之势成。此种见解,不独反对加入协约者言之确然,即赞成者亦不无怀疑而恐怖。以上之三因,日来吾国对德外交之所以沉滞也。前二因非由于误解,且非空言可喻,姑置不论。兹所欲正告吾国民以促其觉悟者,即俄之革命,将关于世界大势也如何,吾国民或犹在梦中,不闻吾言!

吾国民第一所应觉悟者,欧洲战争无意识者恒少,故战后而不改革进步者亦恒少。此次大战争,乃旷古所未有。战后政治学术,一切制度之改革与进步,亦将为旷古所罕闻。吾料欧洲之历史,大战之后必全然改观。以战争以前历史之观念,推测战后之世界大势,无有是处。

其次，吾国民所应觉悟者，此次欧战之原因结果，固甚复杂。而君主主义与民主主义之消长，侵略主义与人道主义之消长，关系此战乃至巨焉。使德意志完全胜利也，无道之君主主义，侵略主义，其势益炽，其运命将复存续百年或数十年未可知也。此物存续期间，弱者必无路以幸存。

又其次，吾国民所应觉悟者，吾可怜之中华，未能日久生存于均势之下也。一国家而生存于均势之下，非真生存。且均势自身，亦难历久而不变乎？吾华真能生存之运命操诸己者，适用近世文明，以固国力之发展。操诸人者，君主主义、侵略主义之失势耳。前者且听命于后者，以列强侵略主义不稍衰，吾人已无有发展国力之余地。

又其次，吾国民所应觉悟者，俄罗斯之革命，非徒革俄国皇室之命，乃以革世界君主主义、侵略主义之命也。吾祝其成功！吾料其未必与代表君主主义、侵略主义之德意志单独言和，以其革命政府乃亲德派旧政府之反对者，而为民主主义、人道主义之空气所充满也。吾料世界民主国将群起而助之，以与德意志战，且与一切无道之君主主义、侵略主义的国家战。国际今日之抗德，犹吾国前日之讨袁，非扑此獠，将难自保。力能胜否？义所不计。吾中华民国国民，以是非计，以利害计，均不应滑头中立，以图败则苟免，胜则坐享其成。

又其次，吾国民所应觉悟者，即令俄之新政府，以非战故与德单独言和，或德意志利用俄之纷扰，目前军事上获若干胜利，吾料新俄罗斯非君主、非侵略之精神，将蔓延于德、奥及一切师事德意志之无道国家。宇内情势，因以大变，此为益吾国，视君主侵略主义之俄罗斯战胜德意志也，奚啻万倍。奈何吾短视之国民，竟以俄罗斯革命之故而"恐德病"反加剧耶。

吾国民倘有上陈种种之觉悟，自应执戈而起，随列强之后，惩彼代表君主主义、侵略主义之德意志，以扶人类之正义，以寻吾国之活路。倘仍挟愤寻仇，或希图苟免，或拘拘计较吾国根本生存以次利害，以阻外交之进行，则今既不附同盟，又不联协约，且已非中立，遗世孤立，将何以图存乎？加入战团后，当然有列席和议之权。其时发言效力，固必极微，岂不愈于他国代表吾人，议定而责吾承受之乎？爱国君子，其洞观世界大势，平心思之，勿徒为意气之争也！

（第三卷第二号，一九一七年四月一日）

旧思想与国体问题

在北京神州学会讲演

陈独秀

今日本会开讲演会,适遇国会纪念日,鄙人不觉发动一种感想,所以选择此题。鄙人感想非他,即现今之国会非君主国的国会,乃共和国的国会。方才李石曾先生演说《学术之进化》有云:“政治进化的潮流,由君主而民主,乃一定之趋势,吾人可以怀抱乐观。”鄙人以为李先生的理论固然不错,但是鄙人对于我国现在情形,总觉得共和国体有无再经一次变动,却不能无疑。自从辛亥年革命以来,我国行了共和政体好几年。前年筹安会忽然想起讨论国体问题,在寻常道理上看起来,虽然是很奇怪,鄙人当时却不以为奇怪。袁氏病殁,帝制取消,在寻常道理上看起来,大家都觉得中国以后帝制应该不再发生,共和国体算得安稳了。鄙人却又不以为然。鄙人怀着此种意见,不是故意与人不同,更不是倾心帝制舍不得抛弃,也并不是说中国宜于帝制不宜于共和。只因为此时,我们中国多数国民口里虽然是不反对共和,脑子里实在装满了帝制时代的旧思想,欧美社会国家的文明制度连影儿也没有,所以口一张手一伸,不知不觉都带君主专制臭味。不过胆儿小,不敢像筹安会的人,堂堂正正的说将出来。其实心中见解,都是一样。袁世凯要做皇帝也不是妄想,他实在见得多数民意相信帝制,不相信共和。就是反对帝制的人,大半是反对袁世凯做皇帝,不是真心从根本上反对帝制。数年以来,创造共和再造共和的人物也算不少。说良心话,真心知道共和是什么,脑子里不装着帝制时代旧思想的,能有几人?西洋学者尝言道:“近代国家是建设在国民总意之上。”现在袁世凯虽然死了,袁世凯所利用的倾向君主专制的旧思想依然如故。要帝制不再发生,民主共和可以安稳,我看比登天还难!如今要巩固共和,非先将国民脑子里所有反对共和的旧思想一一洗刷干净不可。因为民主共和的国家组织、社会制度、伦理观念,和君主专制的国家组织、社会制度、伦理观念全然相反。一个是重在平等精神,一个是重在尊卑阶级,万万不能调和的。若是一面要行共和政治,一面又要保存君主时代的旧思想,那是万万不成。而且此种“脚踏两只船”的办法,必至非驴非马,既不共和,又不专制,国家无组织,社会无制度,一塌糊涂而后已。现在中华民国的政治人心就是这种现象。分明挂了共和招牌,而政府考试文官,居然用“上天下泽,履君子以辨上下,定民志”“百姓足,君孰与不足”和“学则三代共之,皆所以明人伦也。人伦明于上,小民亲于下”为题。不知道辨的是什么上下?定的是什么民志?不知道共和国家何以有君?又不知道共和国民是如何小法?孟子所谓人伦,是指忠君、孝父、从夫为人之大伦。试问民主共和的国家组织、社会制度、伦理观念,是否能容这“以君统民,以父统子,以夫统妻”不平等的学说?分明挂了共和招牌,而国会议员居然大声疾呼,定要尊重孔教。按孔教的教义,乃是教人忠君、孝父、从夫。无论政治伦理,都不外这种重阶级尊卑三纲主义。孟子道:“孔子成《春秋》而乱臣贼子惧。”荀子道:“礼有三本:天地者,生之本也;先祖者,类之本也;君师者,治之本也。”董仲舒道:《春秋》之法,以人随君,以君随天。”这都是孔教说礼尊君的精义。若是用此种道理做国民的修身大本,不是教他拿孔教修身的道理来破坏共和,就是教他修身修不好,终久要做乱臣贼子。我想主张孔教加入宪法的议员,他必定忘记了他自己是共和民国的议员,所议的是共和民国的宪法。与其主张将尊崇孔教加入宪法,不如爽快讨论中华国体是否可以共和。若一方面既然承认共和国体,一方面又要保存孔教,理论上实在是不通,事实上实在是做不到。分明挂了共和招牌,而学士文人对于颂扬功德、铺张宫殿田猎的汉赋和那思君明道的韩文杜诗,还是照旧推崇。偶然有人提倡近代通俗的国民文学,就要被人笑骂。一般社会应用的文字,也还仍旧是君主时代的恶习。城里人家大门对联,用那“恩承北阙”“皇恩浩荡”字样的,不在少处。乡里人家厅堂上,照例贴一张“天地君亲师”的红纸条,讲究的还有一座“天地君亲师”的牌位。这腐旧思想布满国中,所以我们要诚心巩固共和国体,非将这班反对共和的伦理文学等等旧思想,完全洗刷得干干净净不可。否则不但共和政治不能进行,就是这块共和招牌也是挂不住的。若是一旦帝制恢复,蔡孑民先生所说的“以美术代宗教”,李石曾先生所说的“近代学术之进化”,张溥泉先生所说的“新道德”,在政治上是“叛徒”,在学术上是“异端”,各种学问都没有发展的余地,贵学会还有什么学问可讲呢?

(第三卷第三号,一九一七年五月一日)

时局杂感

陈独秀

两月以前,吾人对于外交问题,揽世界之大势,与国民以指针。不料朝野两方面均属手挥五弦,目送飞鸿,意在政争,假外交为手段,以国家为孤注。呜呼,何其大胆妄为无爱国心一至此哉!

此次政变之是非利害,国内人自有公评,本志自无加以慷慨书空之必要。且不欲以此等卑污细事,费吾洁白青年读者之时间。唯愚对于时局怀种种感想,不得不吐诸国人之前者,敢为读者一一陈之:

愚固迷信共和,以为政治之极则。政治之有共和,学术之有科学,乃近代文明之两大鸿宝也。然衡以国人信仰共和之量之度,遽言共和国体今已稳固,余终怀疑。莽哉,吾国民党人,既无法使国人信仰共和之度量日益增加,又无力使国中反对共和之蟊贼日益减少,日唯张空拳绳民贼以法度。狭隘无远识之党徒,对于比较的略知现代国家组织之敌党,日造恶言,逼使铤而走险。宪法空文,不能自行也。欧美文明制度,如何乞灵于空文,强使尽行于至野蛮、不识字、无经济能力之豚尾民族哉!援春秋责备贤者之意,政局至斯,吾国民党人当首任其咎。

自吾神经过敏之国民党人之眼观之,凡进步党人,皆阴谋家也,皆败坏国家之蟊贼也。然以愚耳目之所闻见,良心之所判断,进步党不乏贤达可敬之士。唯愚之评论进步党人也,急近功名,依附权贵,惮于根本之改革,是其所短耳。以此原因,进步党人每以能利用权门自喜,而反为权门所利用,一点污于袁世凯,再见欺于督军团。国民党之荣誉,往往在失败。进步党之耻辱,往往在胜利。吾知该党贤达诉诸良心,必当惭恧复惭恧,忏悔复忏悔矣。呜呼,一之为甚,不可以再,再又甚焉,不可三也。而今而后,吾国政治倘有政党活动之余地,吾国民党人对于进步党诸公,固应有相当之敬意。

而进步党诸公，亦应有根本之觉悟。此觉悟维何，即公等倘欲使中国稍近现代国家组织，则公等之敌，非国民党人。吾国民党人，实公等之友也。吾国民党人，非于根本上反对立宪政治，使之万万不能发生者。立宪政治者，现代国家存在之必然的条件，进步国民两党根本相同之政见也。吾故曰："吾国民党人，实公等之友也。"假敌灭友，在道德上非君子之行，在政略上亦非自全之道，窃为公等不取焉。

国家组织之作何状态，实以国中有力分子若何配布以为衡。配布得当，国基安宁。然后据此事实载之宪章，始可垂诸久远。盖国法之为物，充分得以实施者，条文多后于事实。若以理想制宪法若干条，去事实绝相远，其何以见诸施行哉？中国国家组织自元设行中书省以来，分权制度已早萌芽。清政不纲，省权益重，兵马财赋，多不统于中央，辛亥兵兴，势益分裂，倘顺此事实创为联邦，则六年以来，政局纷争，必当稍杀。不幸野心家利用一二书生统一之误解，一般俗见亦不解统一国家与单一国家之为二物。（联邦虽非单一国家，却不害其为统一。章秋桐先生在民立报纸上屡申此义，奈国人不察也。）勉强牵合，日言统一，日益纷争，国基迄不巩固。无他，国家组织偏于理想而远于事实之为害耳。复次论及国中有力分子应若何配布，则中国国家组织亦宜分而不宜合。北洋系以普鲁士自居，力倡大权政治，军国主义。国民党以革新先觉自命，倾向平民政治，自由主义。此两派人之思想之政见，殆若南北两极之不相及，水火冰炭之不相融。求其调和相安，各得其所于同一国家组织之下，自非昏聩，知其难也。同一北洋系，而冯、段又未必相融；同一民党，而孙、岑素不相得；同一护国军，而滇、粤势不相下。分裂之象，已至于斯。倘不因势利导，使国中有力分子各得其所，则各派健者，同室异心。貌饰调和，而心怀剿灭。剿灭不可能也，两败俱伤已耳。国家组织之偏于理想而远于事实也，其为害必至于斯。对于今之时局，有排难解纷之责者，曷深思之。

社会国家之进步也，其道万端，而始终赖为必要者，乃有大众信仰之人物，为之中枢为之表率。吾国自互市以来，日益贫弱，无一页光荣历史之可言者，正坐此耳。此百年中国内最知名之人物，莫如曾国藩、李鸿章、袁世凯、康有为、孙文五人。孙氏为人，尚未有定评。康则日夜自毁，殆已无可救治。袁世凯所制造之国民罪恶，今后数十年且恐不能洗净。曾、李功业，亦殊卑卑不足道。就吾人耳目所接近，求一共同崇拜足资模仿之人，竟藐不可得，此国人之所以日趋下流也。今之在朝者若黎元洪、段祺瑞，在野者若孙文、岑春煊、梁启超、唐绍仪、章炳麟，皆一时闻人，毁誉尚未大定者。愚甚望其以社会之中枢、国民之表率自任，勿自杀。而社会为自救计，亦勿以细故而杀之，使一国人才完全破产也。社会得一闻人，必培养数十年，毁之至易，成之至难。愿社会珍重之，尤愿其人慎自珍重，勿为袁、康之续，使吾人滋痛。吾思至此，吾心甚悲。

吾人理想中之中华民国，乃欲跻诸欧美文明国家，且欲驾而上之，以去其恶点而取其未及施行之新理想。乃事象所呈，使吾人之失望，出乎情理之外。于是不得不抛弃平昔之理想，以求夫最低限度之希望。此希望为何？曰："削除此自古与国家绝对不能两立之叛将骄兵耳。"自袁氏执政以来，故纵此骄兵叛将，为害遍于国中。段氏继之，亦未能制止。今且明目张胆，万恶不法之张勋、倪嗣冲，竟横戈跃马，逞志京津，自称起义矣。国中贤豪长者，不思讨贼，且以调和之说进。呜呼！中华民国，尚复成何世界。此等凶顽，倘不铲除净尽，则一切理财、治军、兴学、殖产均无从谈起，一切国会、宪法、新政、法理，皆属戏言。不独共和宪政不能施行，即君主制度亦不能成立。唐末藩镇，无其蛮横；明末厂逆，无其凶肆，即唐宗、汉祖复生，不能保皇冠不为其所溺。此时中国能铲除此等凶顽与否，非仅共和能否存在之问题，乃国家能否存在之问题也。因此等凶顽，必不能生存于二十世纪之世界，国人不能自除之，将必由他人铲除之。由他人铲除之，则国不国矣。欲存国家，必去此凶顽。去此凶顽，然后财富可理，政令可行，学可兴，国可保，然后始有共和可言。不然不但共和必无幸，国家之危且如累卵。

（第三卷第四号，一九一七年六月一日）

儒家主张阶级制度之害

吴虞

满清时，京师大学堂监督刘廷琛者，素主“三纲”之说。杨度在咨政院演说忠义之衰，由于孝悌，刘大非之，诋杨为少正卯，宜加两观之诛，大有息邪说正人心，觊觎两庑特豚之意。然吾于其奏疏中“欧美主耶教，重平等；中国主孔孟，重纲常”数言，谓足证东西教义之优劣。盖耶教所主，乃平等自由博爱之义。传布浸久，风俗人心皆受其影响，故能一演而为君民共主，再进而为民主平等自由之真理，竟著之于宪法，而罔敢或渝矣。孔氏主尊卑、贵贱之阶级制度，由天尊地卑，演而为君尊臣卑，父尊子卑，夫尊妇卑，官尊民卑。尊卑既严，贵贱遂别，几无一事不含有阶级之精神意味。故两千年来不能铲除阶级制度，至于有良贱为婚之律，斯可谓至酷已！守孔教之义，故专制之威愈衍愈烈。苟非五洲大通，耶教之义输入，恐再两千余年，吾人尚不克享宪法上平等自由之幸福，可断言也。或曰孔孟之书，未常无公平之理。不知尊卑、贵贱之阶级既严，虽有公平之理，亦断不能行。此考于历史易知。《荀子·宥坐篇》记孔氏诛少正卯之言曰，心达而险，行辟而坚，言伪而辩，记丑而博，顺非而泽，此五者，有一于人，则不得免于君子之诛。而少正卯兼有之，不可不诛也。是以汤诛尹谐，文王诛潘止，周公诛管叔，太公诛华仕，管仲诛付里乙，子产诛邓析、史付，此七子者，皆异世同心，不可不诛也。（尹谐、潘止、付里乙、史付，杨倞注：“事迹皆未闻。”）而就管叔、华仕、邓析之事迹推之，则据近世文明法律，固无可诛之道。然七子者皆不获免，此则以尊贵治卑贱，竟无学说异同与政治犯之可言，何公理之得伸耶？又据范家相《家语证伪》云，少正卯一事，即以《论语》证之，可见其非。夫子对季康子患盗曰：“子为政，焉用杀？”岂身甫执政，先杀少正卯以立威哉？据称少正卯闻人之伪，不过褫其鞶带，甚则投之远方，已足蔽辜，初无死法。乃以是为爰书遽杀之两观之下，尸于朝三日。鲁君与季氏其何以堪？

即臣庶亦不服也。若其人别有乱政之实,何以不为子贡明言之?然此非但《家语》之失也。北齐刘昼曰:少正卯在鲁,与孔子同时,孔子门人三盈三虚,唯颜渊不去。夫门人非不知孔子之圣也,亦不知少正卯之佞。子贡曰:少正卯,鲁之闻人也,夫子为政,何以先之?夫子曰:“赐也,非尔所及。”云云。其言未知何本,如所言似子之诛少正卯,以其欺世盗名故耳。然总非圣人作用。是少正卯之诛,儒教徒亦不敢竟以为是。盖孔氏之七日而诛少正卯,实以门人三盈三虚之私憾。所以一朝权在手,便把令来行。梁任公亦谓此实孔氏之极大污点矣。自孔氏演此丑剧,于是后世虽无孔氏,而所诛之少正卯遍天下。至明思宗,亦以少正卯斥黄道周,几不免于死。作俑之祸,吁可悲也!今满清已亡,君纲早绝,而刘廷琛不闻远希王蠋,长揖齐夷,斯亦可谓色厉内荏,深愧当日道学家主持纲常名教之门面语矣。盖孔氏之徒,湛心利禄,故不得不主张尊王,使君主神圣威严,不可侵犯,以求亲媚。而当时之人格高洁,如沮溺之流,皆深鄙夷不屑。观微生亩“丘”,何为是栖栖者欤?毋乃为佞之言,及孔氏“事君尽礼,人以为谄”之语,则孔氏之谄佞,当时固暴著于社会矣。夫孔氏对于尊卑贵贱之态度,于《乡党篇》记之特详。其种种面目,变幻不测。虽今日著名之丑角,亦殆难形容维肖,诚可为专制时代官僚派之万世师表者也!然孔氏尊卑贵贱之见,深中于心,则尤不止此。《家语·子路初见篇》曰:孔子侍坐于哀公,赐之桃与黍焉。孔子先食黍而后食桃,左右皆掩口而笑。公曰:“黍者,所以雪桃,非为食也。”孔子对曰:“丘知之矣。然夫黍者,五谷之长,郊礼宗庙以为上盛。果属有六,而桃为下,祭祀不用,不登郊庙。丘闻之,君子以贱雪贵,不闻以贵雪贱。今以五谷之长雪果之下者,是从上雪下。臣以为妨于教,害于义,故不敢。”公曰:“善哉!”(《韩非子·外储说》同)余谓此如《世说新语》载,王敦初尚主,如厕,见漆箱盛干枣,本以塞鼻。王谓厕上亦下果,食遂尽。既还,婢擎金澡盘盛水,琉璃碗盛澡豆,因倒著水中而饮之,谓是干饭,群婢莫不掩口笑之。其纰漏与孔氏止同。夫乡里小人,初入餐馆,不辨刀叉之用,本无足异。而孔氏于桃黍之微,亦必强借贵贱上下之义,以自饰其陋,而公然面谀。哀公亦勉强称善,不欲穷人。王闿运谓以名尊孔氏而师之者,犹哀公之诔丘,哀公殆已知儒可以为戏,而不可用矣。且孔氏生平动以礼自文。故当其问礼于老聃,而老子即以“其人与骨皆已朽”谕之。又于《道德经》深斥“礼为忠信之薄乱之首”。今《礼记》多引吾闻诸老聃之言,大抵皆孔氏所问而得之语,然其失老子之本意则远矣。呜呼!孔孟之道在六经,六经之精华在满清律例,而满清例律则欧美人所称为代表中国尊卑贵贱阶级制度之野蛮者也。好学深思之士,试研究之。自孔氏诛少正卯,著“侮圣言,非圣无法”之厉禁,孟轲继之,辟杨、墨,攻异端,自附于圣人之徒。董仲舒对策,以为诸不在六艺之科、孔子之术者,皆绝其道,勿使并进。韩愈《原道》“人其人,火其书,庐其居”之说昌,于是,儒教专制统一,中国学术扫地。顾炎武谓“韩文公起八代衰,若但作《原道》《谏佛骨表》《平淮西碑》《张中丞传后》诸篇,而一切谀墓之文不作,岂不诚山斗乎?”张尔岐记六祖衣钵传,自达摩藏广东传法寺,衣本西方诸佛传法信器,钵则魏主所赐。嘉靖中,庄渠魏校,督学广东,取衣焚之,钵碎之。旷代法物,一朝沦毁。明李卓吾以卑侮孔孟,专崇释氏,为张问达所劾,逮死狱中。所著《焚书》,两次禁毁。言论出版,皆失自由。则儒教徒之心理与犷悍,可以想见。缪种流传至于今日,某氏收取章太炎《诸子学略说》,烬于一炬,而野蛮荒谬之能事极矣。呜呼!太西有马丁·路德创新教,而数百年来宗教界遂辟一新国土;有培根、狄卡儿创新学说,而数百年学术界遂开一新天地。儒教不革命,儒学不转轮,吾国遂无新思想、新学说,何以造新国民?悠悠万事,唯此为大。已吁!

(第三卷第四号,一九一七年六月四日)

复辟与尊孔

陈独秀

张、康复辟之谋，虽不幸而暂遭挫折，其隐为共和国家之患，视前无减。且复辟之变，何时第二次猝发不可知。天下妄谬无耻之人，群起而打死老虎。昔之称以大帅，目为圣人者，今忽以“张逆”“康逆”呼之；昔之奉为盟主，得其数行手迹珍若拱璧者，今乃弃而毁之。何世俗炎凉，不知羞耻，至于斯极也！夫张、康夙昔之为人及其主张，举国所晓。岂至今日，始知其悖逆？张、康诚悖逆矣，愚独怪汝辈夙昔并不反对张、康之主张，而以为悖逆，及其实行所主张而失败，乃以悖逆目之也。汝辈当知自今日之政象及多数之人心观之，张、康所主张并未根本失败，奈何以悖逆目之耶？愚固反对复辟，而恶张、康之为人者也。然自“始终一致主张贯彻”之点论之，人以张、康实行复辟而非之，愚独以此而敬其为人，不若依违于帝政共和自相矛盾者之可鄙。夫事理之是非，正自难言，乃至主张之者之自相矛盾，其必有一非而未能皆是也，断然无疑。譬如祀天者，帝政之典礼也。袁世凯祀天，严复赞同之，及袁世凯称帝，严复亦赞同之。其事虽非，其自家所主张之理论，固一致贯彻，未尝自陷矛盾，予人以隙。若彼于袁世凯之祀天，则为文以称扬之，及袁世凯称帝则举兵以反对之，乃诚见其惑矣！张、康之尊孔，固尝宣告天下，天下未尝非之，而和之者且遍朝野。愚曾观政府文官试题，而卜共和之必将摇动（见本志三卷三号论文《旧思想与国体问题》），今不幸而言中。张、康虽败，而共和之名亦未为能久存，以与复辟论相依为命之尊孔论，依旧盛行于国中也。孔教与共和乃绝对两不相容之物，存其一必废其一。此义愚屡言之，张、康亦知之。故其提倡孔教必掊共和，亦犹愚之信仰共和必排孔教。盖以孔子之道治国家，非立君不足以言治。

孔子之道，以伦理政治忠孝一贯为其大本，其他则枝叶也。故国必尊君，如家之有父。荀、董以后所述尊君之义,世或以为过当,非真孔道。而孟轲所言,不得谓非真孔道也。孔、孟论政,纯以君主贤否卜政治之隆污。故曰:"君仁莫不仁,君义莫不义,君正莫不正,一正君而国定矣。"(《离娄篇》)答滕文公问为国之言曰:"学则三代共之,皆所以明人伦也。人伦明于上,小民亲于下。有王者起,必来取法。"(赵注:"人伦者,人事也。"非是。按人伦即指五伦。孟氏语陈相曰:"使契为司徒,教以人伦:父子有亲,君臣有义,夫妇有别,长幼有序,朋友有信。"《尚书》之所谓五典、五品、五教,皆即此也。)所谓保民,所谓仁政,已非今日民主国所应有,而当时实以为帝王创业之策略。故一则曰:"保民而王,莫之能御也。"(《梁惠王篇》)再则曰:"行仁政而王,莫之能御也。"(《公孙丑篇》)陈仲子,齐之廉士也,而孟氏为以无君臣上下薄之(见《尽心篇》),犹之孔门以废君臣之义洁身乱伦责荷筱丈人(见《论语·微子》章)。此后乎孔子者所述之孔道也。前乎孔子论为治之道,莫备乎《尚书》。《夏书·五子之歌》曰:"皇祖有训,民可近,不可下。"(《传》云:"近谓亲之,下谓失分。")《商书·仲虺之诰》曰:"唯天生民有欲,无主乃乱。"(《传》云:"民无君主,则恣情欲,必致祸乱。")《太甲》曰:"民非后,罔克胥匡以生。"又曰:"一人元良,万邦以贞。"《咸有一德》曰:"后非民罔使,民非后罔事。"《盘庚》曰:"各长于厥居,勉出乃力,听予一人之作猷。"(按此即韩退之"作粟米麻丝以事其上"之说,所由出也)《说命》曰:"唯天聪明,唯圣时宪,唯臣钦若,唯民从义。"(《传》云:"宪,法也。言圣王法天以立教。"又云:"民以从上为治,不从上命则乱,故从乂也。")《周书·泰誓》曰:"亶聪明作元后,元后作民父母。"又曰:"天佑下民,作之君,作之师。"《洪范》曰:"天子作民父母以为天下王。"又曰:"唯辟作福,唯辟作威,唯辟玉食。"(《传》云:"言唯君得专威福,为美食。")凡此抑民尊君之教典,皆孔子以己意删存,所谓"芟夷烦乱,翦截浮辞,举其宏纲,撮其机要,足以垂世立教"者也。孔氏赞《易》,为其大业。班固所谓"孔子晚而好《易》,读之韦编三绝,而为之传,即《十翼》也"是已。说《易》者其义多端,而要其指归,即系辞之开宗明义"天尊地卑,乾坤定矣。卑高以陈,贵贱位矣。动静有常,刚柔断矣"数语。《说卦》云:"乾,健也。坤,顺也。"又云:"乾,天也,故称乎父;坤,地也,故称乎母。"又云:"乾为天、为圜、为君、为父……坤为地、为母……为众。"《序卦》云:"有天地然后有万物,有万物然后有男女,有男女然后有夫妇,有夫妇然后有父子,有父子然后有君臣,有君臣然后有上下,有上下然后礼义有所错。"《家人·象》曰:"家人,女正位乎内,男正位乎外。男女正,天地之大义也。家人有严君焉,父母之谓也。父父子子、兄兄弟弟、夫夫妇妇,而家道正。正家而天下定矣。"《履卦象》曰:"上天下泽履,君子以辩上下,定民志。"凡此皆与系辞之言相证明,皆所谓不易之道,易名三义之一也。(《易纬·乾凿度》云:"易一名而含三义。所谓易也,变易也,不易也……不易者,其位也。天在上,地在下;君南面,臣北面;父坐,子伏;此其不易也。郑康成采此说,作《易赞》《易论》云:"易之为名也,一言而含三义:易简,一也;变易,二也;不易,三也。"又云:"天尊地卑,乾坤定矣。卑高以陈,贵贱位矣。动静有常,刚柔断矣。"此言其张设布列不易者也。)孔氏视上下尊卑贵贱之义,不独民生之彝伦,政治之原则,且推本于天地,盖以为宇宙之大法也矣。《春秋》者,孔教大义微言之所在,孟轲以之比烈于夏禹、周公者也。(《滕文公篇》曰:"昔者,禹抑洪水而天下平,周公兼夷狄驱猛兽而百姓宁,孔子成春秋而乱臣贼子惧。")其开卷即大书特书曰:"王正月。"《公羊传》云:"曷为先言王而后言正月?王正月也。(何注云,以上系于王,知王者受命,布政施教,所制月也。)何言乎王正月?大一统也。"《春秋》大义,莫大于尊王也,可知。《孝经·纬》曰:"孔子云:欲观我褒贬诸侯之志在《春秋》,崇人伦之行在《孝经》。"是知孔子之道,《春秋》《孝经》,相为表里,忠孝一贯,于斯可征。《天子》章曰:"夫孝,始于事亲,中于事君,终于立身。"《士》章曰:"资于事父以事君而敬同。"又曰:"故以孝事君则忠。"《圣治》章曰:"父子之道,天性也,君臣之义也。"《五刑》章曰:"要君者无上,非圣人者无法,非孝者无亲,此大乱之道也。"(此即君亲师并重之义。)《广扬名》章曰:"君子之事亲孝,故忠可移于君。"《论语》者,记孔子言行之书也。《八佾》章曰:"夷狄之有君,不如诸夏之亡也。"《子路》章曰:"如知为君之难也,不几一言而兴邦乎?"《颜渊》章曰:"君子之德风,小人之德革,草上之风必偃。"(孔注曰:"加草以风,无不仆者,犹民之化于上。")《季氏》章曰:"天下有道,则礼乐征伐自天子出。"又曰:"天下有道,则庶人不议。"《微子》章曰:"不仕无义,长幼之节,不可废也,君臣之义,如之何其废之?欲洁其身,而乱大伦。君子之仕也,行其义也。"(韩非及后世暴君之欲加刑戮于隐逸也,皆取此义。)《泰伯》章曰:"民可使由之,不可使知之。"上所征引,皆群经之要义,不得谓为后儒伪托,非真孔教矣。然据此以言治术,非立君将以何者为布政施教之主体乎?

今中国而必立君,舍清帝复辟外,全国中岂有相当资格之人足以为君者乎?故张、康之复辟也,罪其破坏共和也可,罪其扰害国家也亦可,罪其违背孔教国国民之心理则不可,罪其举动无意识自身无一贯之理由则更不可。盖主张尊孔,势必立君;主张立君,势必复辟。理之自然,无足怪者。故曰:张、康复辟,其事虽极悖逆,亦自有其一贯之理由也。

张、康虽败,而所谓"孔教会""尊孔会"尚遍于国中,愚皆以为复辟党也。盖复辟尚不必尊孔,以世界左袒君主政治之学说,非独孔子一人。若尊孔而不主张复辟,则妄人也,是不知孔子之道者也。去君臣之大伦,而谬言尊孔,张、康闻之,必字之曰"逆"。以此等人而骂张、康曰"逆",其何以服张、康之心?

说者或曰,孔子生于二千年前君主之世,所言治术,自本于君政立言,恶得以其不合于后世共和政制而短之耶?曰,是诚然也。愚之非难孔子之动机,非因孔子之道之不适于今世,乃以今之妄人强欲以不适今世之孔道,支配今世之社会国家,将为文明进化之大阻力也。故不能已于一言。

(第三卷第六号,一九一七年八月一日)

近世三大政治思想之变迁

高一涵

政治本由理想产出。理想者为事实所感召，立之以纲维时会之迁流者也。必有新理想导之于先，乃有新政治实现于后。国人局于现象，鉴吾国政治状况，大似欧洲十八世纪之初。凡所论列，多摭拾十八世纪以前之学说，以津津自憙。如天赋人权，小己主义，放任主义，早为西人所唾弃者，尚啧啧称道，自诩新奇。殊不知政治进化，非同机械；发达变迁，均为有意识之动作。凡他国由枉道而得之利益，吾可由直道而得之。他国几经试验，由失败而始得成功者，吾为后进之国，自应采取其成功之道，不必再经其失败之途。由此以推，则凡先进国回环顿挫，历数世纪始获得之进步，后进国可寻得捷径，而于一世纪之中追及之。然则述西人政治思想之变迁，以为吾国政治思想变迁之引导，诚为今日之急务焉。兹略举数事如左（下）：

一、国家观念之变迁 古代人民思想，均以国家为人生之归宿。故希腊罗马及前代之倭人，莫不以国家为人类生活之最高目的。人民权利，皆极端供国家之牺牲。至唱人权，放任，小己，之说者起，乃一变其说，谓国家权力，与人民权利，绝不相容；且有谓政府之存在，徒因人类之有罪恶；罪恶一去，政府斯亡，乃至十八世纪以后，新国家主义日益发明，如费舒特 Fichte、海格尔 Hegel、玛志尼 Mazzini、加奈尔 Carlyle、骆司硁 Ruskin、格林 Green 诸氏，均阐发国家之功能：以为人类一切障碍，惟赖国家之力，可以铲除；一切利益，惟赖国家之力，可以发达。在千八百六十四年，英人之思想，以反对国家者为正教，以信赖国家者为异端；在最近数年前，则以信赖国家者为正教，以无政府主义为异端。考其所以变迁之原因，盖一由国家观念，大异于前，一由国家功效，昭昭在人耳目，故也。唱人权放任小己之说者，以为国家权利，与人民权利，乃两相妨害之物；国权一伸，民权自不得不缩。近世乃知人民之权利自由，由法律所赋予。国家权力强固一分,即人民权利强固一分,确认国家无自身之目的,惟以人类之目的为目的。犹经济学上之富然:富非人生之究竟,乃为求达人生究竟之一途;国家亦非人生之归宿,不过为人类凭借,以求归宿之所在耳。又因列强竞争,日形激烈;人民自由,仅为此小国家主义所限制,劳劳战备,日在惴惴战栗之天,自由范围,终嫌狭隘。于是信赖民族竞争之小国家主义者又一变而神想乎人道和平之世界国家主义。欧战告终,国际间必发生一种类似世界国家之组织,以冲破民族国家主义之范围。此征之于最近西人舆论而可信者也。

二、乐利主义之变迁 古代之政治思想,多自"损下益上""损万姓以奉一人"之原则演绎变化而来。自边沁唱最大幸福之说,政治思潮,倏焉丕变,顾尔时之解乐利主义者,犹重其数量而略其性质。多数之幸福,犹为少数代表所代谋。夫幸福之所以可贵者,在引人民于政治范围以内,俾借群策群力,以谋公共福祉之谓也。设以他人代谋为原则,使多数人民,立于被动地位,颓废其独立自营之本能,所谓幸福,直欺人语耳。盖近世所谓幸福,绝非根据他方之痛苦而来,亦不得以一阶一级之人数为界限。设移此阶此级之幸福,以享他阶他级之人,抑或因谋最大多数之人幸福,而置少数之人幸福于不顾,皆非近世之所谓乐利主义。乐利云云,必以个人为单位。无论牺牲万姓以奉一人者为非,即牺牲一人以奉万姓者亦非。此方所增之幸福,绝不自他方痛苦中夺来,亦非自他方幸福中减出。设在吾国,痛苦一人,以利三万万九千九百九十九万九千九百九十九人,犹是阶级的乐利主义,多数的乐利主义,而非平等的乐利主义,全体的乐利主义也。真利所存,必其两益。绌此伸彼,终必致两败俱伤。近世学说,多由主张小区选举制度,变为主张大区选举制度,由主张多数选举,变为主张比例选举。此制如行,则旧日多数专擅自营其私之弊端,可日益廓清;且可更进而行直接民政,公意全发动于人民之自身矣。

三、民治主义之变迁 在贵族政体初变时代,论平民政治者,犹未脱尽阶级资格之观念,限制选举,多以教育财产为必要之条件。与其谓之为平民政治,毋宁谓优秀人民政治。乃择其优秀者,畀以参政权,非畀以参政权,使养成优秀人民也。迨十九世纪之末,欧美学者所谓平民政治,大抵皆建筑于人民权利及小己私益之上:以为平民政治云者,小己自保其权利,自享其私益之谓。不知权利私益,皆为人生之凭借,而非人生之归宿。近数年来,多唾弃小己主义,主张合群主义;唾弃私益问题,主张公益问题;以为真正平民政治,乃建设于担负社会职任之小己之上。小己私益,即自社会公益中分来。人民入群而后,皆以谋社会公共幸福之目的,谋小己之幸福。而社会利益之进化,不徒恃普通选举制,及议院政府制,乃恃有中介的团体,使小己与一群,得以联络一气。民治政府,实为责任政府。予人民以参政机会,即道人民以负责之方。以选举之事,锻炼政才,故实行平民政治,实足以收教育之功能,选举制度,不惟无教育资格之必要,且足以补教育之缺焉。

吾国政治思想,偏于守旧。自表面观之,所受世界思想变迁之影响,似乎极微。推求实际,近日政治现况,实与世界思想,一致前趋。大凡政治理想发现之初,不为破坏的革命,则为消极的反对。当新思想未能实行之先,必使与我反抗之旧思想,破坏无余,乃有建树新思想之余地。哈蒲浩有言曰:"当自由主义之发端也,恒为破坏的革命的批评。取消极态度者,约数世纪。所立事业,破坏多于建设。削除人类进步之障碍,远多于表明积极之主张。"吾意中国今日之政治思想亦然。袁氏之自私的国家主义,已经打消。段氏之负气的武力政策,亦瞬见失败。此后群众放矢之的,又将转向"骑墙"的自私诡计而发。凡凭国为祟,图谋一部分乐利,及假贤人政治为名,以屏斥人民于政治范而外者,皆与此国家主义、乐利主义、民治主义之新思想,不能并存。不试则已,试则未有不掩旗息鼓,败北而逃者也。

(第四卷第一号,一九一八年一月十五日)

人生真义

陈独秀

人生在世,究竟为的甚么?究竟应该怎样?这两句话实在难得回答的很。我们若是不能回答这两句话,糊糊涂涂过了一生,岂不是太无意识吗?自古以来,说明这个道理的人也算不少,大概约有数种:第一是宗教家,像那佛教家说世界本来是个幻象,人生本来无生。"真如"本性为"无明"所迷,才现出一切生灭幻象。一旦"无明"灭,一切生灭幻象都没有了,还有甚么世界,还有甚么人生呢?又像那耶稣教说人类本是上帝用土造成的,死后仍旧变为泥土。那生在世上信从上帝的,灵魂升天;不信上帝的,便魂归地狱,永无超生的希望。第二是哲学家,像那孔孟一流人物,专以正心修身齐家治国平天下做一大道德家、大政治家,为人生最大的目的。又像那老庄的意见,以为万事万物都应当顺应自然。人生知足,便可常乐,万万不可强求。又像那墨翟主张牺牲自己,利益他人为人生义务。又像那杨朱主张尊重自己的意志,不必对他人讲甚么道德。又像那德国人尼采也是主张尊重个人的意志,发挥个人的天才,成功一个大艺术家,大事业家,叫做寻常人以上的"超人",才算是人生目的。甚么仁义道德,都是骗人的说话。第三是科学家,科学家说人类也是自然界一种物质,没有甚么灵魂。生存的时候,一切苦乐善恶,都为物质界自然法则所支配,死后物质分散,另变一种作用,没有连续的记忆和知觉。

这些人所说的道理,各个不同。人生在世,究竟为的甚么,应该怎样呢?我想佛教家所说的话,未免太迂阔。个人的生灭,虽然是幻象,世界人生之全体,能说不是真实存在吗?人生"真如"性中,何以忽然有"无明"呢?既然有了"无明",众生的"无明",何以忽然都能灭尽呢?"无明"既然不灭,一切生灭现象,何以能免呢?一切生灭现象既不能免,吾人人生在世,便要想想究竟为的甚么,应该怎样才是。耶教所说,更是凭空捏造,不能证实的了。上帝能造人类,上帝是何物所造呢?上帝有无,既不能证实,那耶教的人生观,便完全不足相信了。孔孟所说的正心修身齐家治国平天下,只算是人生一种行为和事业,不能包括人生全体的真义。吾人若是专门牺牲自己,利益他人,乃是为他人而生,不是为自己而生,决非个人生存的根本理由。墨子的思想,也未免太偏了。杨朱和尼采的主张,虽然说破了人生的真相,但照此极端做去,这组织复杂的文明社会,又如何行得过去呢?人生一世,安命知足,事事听其自然,不去强求,自然是快活的很。但是这种快活的幸福,高等动物反不如下等动物,文明社会反不如野蛮社会。我们中国人受了老庄的教训,所以退化到这等地步。科学家说人死没有灵魂,生时一切苦乐善恶,都为物质界自然法则所支配,这几句话倒难以驳他。但是我们个人虽是必死的,全民族是不容易死的。全人类更是不容易死的了。全民族全人类所创的文明事业,留在世界上,写在历史上,传到后代,这不是我们死后连续的记忆和知觉吗?

照这样看起来,我们现在时代的人所见人生真义,可以明白了。今略举如下:

——人生在世,个人是生灭无常的,社会是真实存在的。

——社会的文明幸福,是个人造成的,也是个人应该享受的。

——社会是个人集成的,除去个人,便没有社会。所以个人的意志和快乐,是应该尊重的。

——社会是个人的总寿命。社会解散,个人死后便没有连续的记忆和知觉,所以社会的组织和秩序,是应该尊重的。

——执行意志,满足欲望(自食色以至道德的名誉,都是欲望),是个人生存的根本理由,始终不变的(此处可以说"天不变道亦不变")。

——一切宗教法律道德政治,不过是维持社会不得已的方法,非个人所以乐生的原意,可以随着时势变更的。

——人生幸福,是人生自身出力造成的,非是上帝所赐,也不是听其自然所能成就的。若是上帝所赐,何以厚于今人而薄于古人?若是听其自然所能成就,何以世界各民族的幸福不能够一样呢?

——个人之在社会,好像细胞之在人身。生灭无常,新陈代谢,本是理所当然,丝毫不足恐怖。

——要享幸福,莫怕痛苦。现在个人的痛苦,有时可以造成未来个人的幸福。譬如有主义的战争所流的血,往往洗去人类或民族的污点。极大的瘟疫,往往促成科学的发达。

总而言之,人生在世,究竟为的甚么?究竟应该怎样?我敢说道:

个人生存的时候,当努力造成幸福,享受幸福。并且留在社会上,后来的个人也能够享受。递相授受,以至无穷。

(第四卷第二号,一九一八年二月十五日)

“今”

李大钊

我以为世间最可宝贵的就是“今”，最易丧失的也是“今”。因为他最容易丧失，所以更觉得他可以宝贵。

为甚么“今”最可宝贵呢？最好借哲人耶曼孙所说的话答这个疑问：“尔若爱千古，尔当爱现在。昨日不能唤回来，明天还不确实，尔能确有把握的就是今日。今日一天，当明日两天。”

为甚么“今”最易丧失呢？因为宇宙大化，刻刻流转，绝不停留。时间这个东西，也不因为吾人贵他爱他稍稍在人间留恋。试问吾人说“今”说“现在”，茫茫百千万劫，究竟哪一刹那是吾人的“今”，是吾人的“现在”呢？刚刚说他是“今”是“现在”，他早已风驰电掣地一般，已成“过去”了。吾人若要糊糊涂涂把他丢掉，岂不可惜？

有的哲学家说，时间但有“过去”与“未来”，并无“现在”。有的又说，“过去”“未来”皆是“现在”。我以为“过去未来皆是现在”的话倒有些道理。因为“现在”就是所有“过去”流入的世界。换句话说，所有“过去”都埋没于“现在”的里边。故一时代的思潮，不是单纯在这个时代所能凭空成立的。不晓得有几多“过去”时代的思潮，差不多可以说是由所有“过去”时代的思潮，一凑合而成的。吾人投一石子于时代潮流里面，所激起的波澜声响，都向永远流动传播，不能消灭。屈原的《离骚》，永远使人人感泣。打击林肯头颅的枪声，呼应于永远的时间与空间。一时代的变动，绝不消失，仍遗留于次一时代，这样传演，至于无穷，在世界中有一贯相联的永远性。昨日的事件与今日的事件，合构成数个复杂事件。此数个复杂事件，与明日的数个复杂事件更合构成数个复杂事件。势力结合势力，问题牵起问题。无限的“过去”，都以“现在”为归宿。无限的“未来”，都以“现在”为渊源。“过去”“未来”的中间全仗有“现在”以成其连续，以成其永远，以成其无始无终的大实在。一掣现在的铃，无限的过去未来皆遥相呼应。这就是过去未来皆是现在的道理。这就是“今”最可宝贵的道理。

现时有两种不知爱“今”的人：一种是厌“今”的人，一种是乐“今”的人。

厌“今”的人也有两派。一派是对于“现在”一切现象都不满足，因起一种回顾“过去”的感想。他们觉得“今”的总是不好，古的都是好。政治、法律、道德、风俗，全是“今”不如古。此派人唯一的希望在复古。他们的心力全施于复古的运动。一派是对于“现在”一切现象都不满足，与复古的厌“今”派全同。但是他们不想“过去”，但盼“将来”。盼“将来”的结果，往往流于梦想，把许多“现在”可以努力的事业都放弃不做，单是耽溺于虚无缥缈的空玄境界。这两派人都是不能助益进化，并且很足阻滞进化的。

乐“今”的人大概是些无志趣无意识的人，是些对于“现在”一切满足的人。觉得所处境遇可以安乐优游，不必再商进取，再为创造。这种人丧失“今”的好处，阻滞进化的潮流，同厌“今”派毫无区别。

原来厌“今”为人类的通性。大凡一境尚未实现以前，觉得此境有无限的佳趣，有无疆的福利。一旦身陷其境，却觉不过尔尔，随即起一种失望的念，厌“今”的心。又如吾人方处一境，觉得无甚可乐。而一旦其境变易，却又觉得其境可恋，其情可思。前者为企望“将来”的动机。后者为反顾“过去”的动机。但是回想“过去”，毫无效用，且空耗努力的时间。若以企望“将来”的动机，而尽“现在”的势力，则厌“今”思想却大足为进化的原动。乐“今”是一种惰性(inertia)，须再进一步，了解“今”所以可爱的道理，全在凭他可以为创造“将来”的努力，决不在得他可以安乐无为。

热心复古的人，开口闭口都是说“现在”的境象若何黑暗，若何卑污，罪恶若何深重，祸患若何剧烈。要晓得“现在”的境象倘若真是这样黑暗，这样卑污，罪恶这样深重，祸患这样剧烈，也都是“过去”所遗留的宿孽，断断不是“现在”造的。全归咎于“现在”是断断不能受的。要想改变它，但当努力以创造将来，不当努力以回复过去。

照这个道理讲起来，大实在的瀑流，永远由无始的实在向无终的实在奔流。吾人的“我”，吾人的生命，也永远合所有生活上的潮流，随着大实在的奔流，以为扩大，以为继续，以为进转，以为发展。故实在即动力，生命即流转。

忆独秀先生曾于“一九一六年”文中说过，青年欲达民族更新的希望，“必自杀其一九一五年之青年,而自重其一九一六年之青年。”我尝推广其意,也说过人生唯一的蕲向,青年唯一的责任,在“从现在青春之我,扑杀过去青春之我,促今日青春之我,禅让明日青春之我”。“不仅以今日青春之我,追杀今日白首之我,并宜以今日青春之我,豫杀来日白首之我。”实则历史的现象,时时流转,时时变易,同时还遗留永远不灭的现象和生命于宇宙之间,如何能杀得?所谓杀者,不过使今日的“我”不仍旧沉滞于昨天的“我”。而在今日之“我”中,固明明有昨天的“我”存在。不止有昨天的“我”,昨天以前的“我”乃至十年二十年百千万亿年的“我”,都俨然存在于“今我”的身上。然则“今”之“我”“我”之“今”,岂可不珍重自将为世间造些功德。稍一失脚,必致遗留层层罪恶种子于“未来”无量的人,即未来无量的“我”,永不能消除,永不能忏悔。

我请以最简明的一句话写出这篇的意思来:

> 吾人在世,不可厌“今”而徒回思“过去”,梦想“将来”,以耗误“现在”的努力。又不可以“今”境自足,毫不拿出“现在”的努力谋“将来”的发展。宜善用“今”,以努力为“将来”之创造。由“今”所造的功德罪孽,永久不灭。故人生本务,在随实在之进行,为后人造大功德,供永远的“我”享受、扩张、传袭,至无穷极,以达“宇宙即我,我即宇宙”之究竟。

(第四卷第四号,一九一八年四月十五日)

驳康有为《共和平议》

陈独秀

一月前，即闻人言康有为近作《共和平议》，文颇冗长可观，当时以不能即获一读为憾。良以此老前后二十年，两次谋窃政权，皆为所援引之武人所摈斥（戊戌变法，见摈于袁世凯；丁巳复辟，见排于张勋），胸中郁抑不平之气，发为文章，必有可观。又以此老颇读旧书，笃信孔教尊君大义，新著中必奋力发挥君主政治之原理，足供吾人研究政治学说之资，虽论旨不同无伤也。乃近从友人求得第九、十两期合本《不忍》杂志读之，见有《共和平议》及与徐太傅书，一言民主共和之害，一言虚君共和之利（前者属于破坏，后者属于建设。不读后者，不明其主论之全旨，故此篇并及之），不禁大失望。《共和平议》凡三卷二万四千余言，多录其旧作及各报言论，杂举时政之失，悉归罪于共和，词繁而义约，不足观也。与徐书，颇指斥专制君主之非，盛称虚君共和之善。且譬言虚君共和之君主，如土木偶神，如衣顶荣身之官衔。一若国家有此土木偶神，有此衣顶荣身之官衔，立可拨乱而反治，转弱而为强，其言之滑稽如此。《共和平议》卷首题言，用《吕览》之例，有破其说者，酬千圆。吾观吕氏书，其自谓不能易一字，固是夸诞，然修词述事，毕竟有可取处。若康氏之《共和平议》虽攻之使身无完肤，亦一文不值。盖其立论肤浅，多自矛盾，实无被攻之价值也。

康氏原作，文繁不及备录，兹今录其篇目，要义可见矣。

导言

求共和，适得其反而得帝制

求共和，适得其反而得专制

求共和，为慕美国适得其反而为墨西哥

求共和若法今制，适得其反而递演争乱，复行专制如法革命之初

民国求共和设政府为保人民和平、安宁、幸福、权利、生命、财产而适得其反，生命、财产、权利、安宁、皆不能保，并民意不能达

求共和为自强、自立、自由，一跃为头等国而适得其反，乃得美日协约之保护如高丽，且直设民政如属地，于是求得宣布中国死刑之日

《新闻报》论日美协同宣言曰：

代议员绝非民意

号民国而无分毫民影

民国六年未尝开国民大会。所有约法、参议院、国会行政会议、约法会议、宪法，皆如一人或少数武人专制之意而非四万万民意

中国共和根本之误，在约法为十七省都督代表所定而非四万万之民意

民国政府明行专制，必不开国民大会，故中国宪法永不成而无共和之望

中国即成共和之宪法，亦虚文而不能行

中国武人干政，铁道未通，银行听政府盗支，无能监理，与共和成鸿沟绝流，无通至之理

中国武力专制，永无入共和轨道之望，不能专归罪于袁世凯一人

武人只有为君主之翼戴或自为君主，而与民主相反，不相容

中国若行民主，虽有雄杰亦必酿乱而不能救国

中国必行民主则国必分裂

中国若仍行民主始于大分裂，渐成小分裂，终遂灭亡

日本《每日新闻》论中国政局之支离灭裂，蹈俄国波斯突厥之覆辙

以上卷一

此卷各篇之总义：谓今之中国武人专政，国民无力实行共和，徒慕共和之虚名，必致召乱亡国。愚以为立国今世，能存在与否，全属国民程度问题，原与共和君主无关。倘国民程度不克争存，欲以立君而图存，与欲以共和而救亡，乃为同一之谬误。以吾国民程度而言，能否建设民主共和，固属疑问。即以之建设虚君共和制，或立宪君主制，果足胜任而愉快乎？敢问康氏及读者诸君以为如何？无论民主共和，或虚君共和，

或君主立宪，只形式略异。而国为公有，不许一人私有。武人专政，则一也，吾国民果能遮禁武人专政，使国为公有，是岂有不能实行民主共和之理。倘曰未能，虽有君主，将何以立宪乎？更将何以虚君共和乎？纷争日久，国力消亡，外患乘之，覆灭是惧，此象共和君主之衰世皆有之，非独见诸共和时代也。不必远征往史，即前清道、咸之间，庚子之乱，取侮召亡，岂非眼前君主时代之事乎？

以上诸问：康氏倘不能解答，其主论之基础完全不能成立。

以下列举其荒谬之想，矛盾之言，以问康氏，以告国人：

康氏全文发端，即盛称共和之美曰："夫以专制之害也，一旦拨而去之，以土地人民为一国之公有，一国之政治，以一国之人民公议之。又举其才者贤者行之，岂非至公之理至善之制哉？"又曰："鄙人昔发明《春秋》太平世无天子之义，《礼运·大同》公天下之制，与夫遥望瑞士美法共和之俗，未尝不慨然神往，想望治平。"后文乃谓："吾国人民，本无民主共和之念。全国士夫，皆无民主共和之学。"又谓："若美法诸国，设代议士而号称民意，而选举之时，皆以金钱酒食买之，不过得一金钱一酒食之权云尔，非出于真知灼见是非好恶之公也，何民意之足云。"是不独其言前后自相矛盾，且对于美法共和而亦加以诅咒，况堕地六年之中华民国乎？康氏诅咒中国之共和，非谓其求共和为慕美法适得其反而诅咒之乎？今并美法之共和而亦诅咒之，可见中国共和政治，即比隆美法而适得其反，亦不免康氏之诅咒也。以美法之共和，尚为人所诅咒。堕地六年之中华民国，虽为人所诅咒也，庸何伤？康氏须知善恶治乱，皆比较之词。今世共和政治，虽未臻至善极治，较古之君主时代之黑暗政治，岂不远胜乎？（即吾国之共和，虽尚无价值，而杀人夺货之惨酷，岂不愈于三国唐末五代之事乎？）且今世万事，皆日在进化之途，共和亦然。共和本无一定之限度，自废君以至极治之世，皆得谓之共和，虽其间程度不同，而世界政制，趋向此途，日渐进化，可断言也。因其未至，而指摘之，诅咒之，谓为不宜，必欲反乎君政，将共和永无生长发达之期，不亦悖乎？康氏若效张勋辜鸿铭辈，自根本上绝对排斥共和，斯亦已矣，然明明主张无天子、公天下之义，又盛称共和拨去专制之害矣。复谓今非其时，但强行之，徒以乱国。夫共和果为善制，择善而行，岂有必待来年之理。吾人行善，更不应一遇艰难，即须反而为恶。譬之缠足妇人，初放足时，反觉痛苦不良于行，遂谓天足诚善，今非其时，复缠如旧，将终其生无放足之时矣。又如人露宿寒郊，僵冻欲死，初移温室，不克遽苏，而云仍返寒郊，始能续命乎？其谓共和虽善，此时行之中国而无效，不如仍立君主者，何以异是？

康氏谓："今中国六年来为民主共和之政，行天下为公之道，岂不高美哉！当辛亥以前未得共和也，望之若天上。及辛亥冬居然得之，以为国家敉宁，人民富盛，教化普及，德礼风行，则可追瑞士，媲美法，可跻于上治，而永为万年有道之长矣，岂非吾人之至望至乐。嗟乎，宁知适传其反耶？"又曰："求共和为自强自立自由，一跃而为头等国，而适得其反。"夫民国六年操政权者，皆反对共和政治之人，共和名耳，何以责效，即令执政实行共和，国利民福，岂可因之立致。美法瑞士之兴隆，更非六年所可跻及（美法无论矣，即日本之改革，内无阻力，尚辛苦经营数十年，始有今日）；共和虽善，无此神奇。康氏讥国人误视共和为万应丸药，其实国人何尝如是，有之惟康氏自身耳，且其指摘六年以来之弊政，不遗余力。既云宁知适得其反，又云为民主共和之政，行天下为公之道，跌宕为文，固以作态，绳之论理，将焉自诠乎？

求共和适得其反，而得帝制，而得专制，诸共和先进国非无其例，何独以此归罪于吾国之共和耶？共和建设之初，所以艰难不易现实，往往复反专制或帝制之理由，乃因社会之惰力，阻碍新法使不易行，非共和本身之罪也。其阻力最强者，莫如守旧之武人（例如中国北洋派军人张勋等）及学者（例如中国保皇党人康有为等），其反动所至，往往视改革以前黑暗尤甚，此亦自然之势也。然此反动时代之黑暗，不久必然消灭，胜利之冠，终加诸改革者之头上，此中外古今一切革新历史经过之惯例，不独共和如斯也。平情论事，倘局视反动时代之黑暗，不于阻碍改革者之武人学者是诛，而归罪于谋改革者之酿乱，则天壤间尚有是非曲直之可言乎？此理此事，不必上征往古，取例远西，即以近事言之，戊戌变法，非吾国文明开发之始基乎？当时见阻于守旧之军人（荣禄、袁世凯等）、学者（张之洞、叶德辉等）。致召庚子之难，一时复旧，残民之政，远甚于变法以前，平情论事，不于当时守旧党荣袁张叶是诛，而归罪于谋变法者康梁与夫死难六贤之酿乱，则天壤间尚有是非曲直之可言乎？康氏诅咒共和，无所不用其极，乃至以破坏共和者洪宪帝督军团之所为，亦归罪于共和，休矣康氏，胡不自反！

吾人创业艰难，即一富厚之家，亦非万苦千辛莫致。况共和大业，欲不任极大痛苦，供极大牺牲而得之者，妄也。其痛苦牺牲之度，以国中反对共和之度为正比例。墨西哥及法国革命之初，所以痛苦牺牲剧烈者，正惟狄亚士拿破仑辈反对共和剧烈之故耳，岂有他哉？中华民国六年之扰乱，亦惟袁氏及其余臭反对共和之故耳，岂有他哉？

康氏倘不忍使祖国递演争乱，如墨西哥如法国革命之初，正宜大声疾呼，诏国人以"天下为民公有之义"与夫"《春秋》太平世无天子""礼运大同公天下"诸说，使窃国奸雄，知所敛抑。奈何日夜心怀复辟，且著书立说，诅咒共和，明目张胆，排斥民本主义，将以制造无数狄亚士拿破仑袁世凯以乱中国哉！

康氏既曰："以土地人民为一国之公有，一国之政，以一国之人民公议之，又举其才者贤者行之，岂非至公之理至善之制哉？"又曰："共和为治，非以民为主耶？考美国宪法，最重之权利法典，为保人民身体之自由及财产之安固，各国同之，美各州宪法，尤重此义，皆首举之。有二十六州明定之曰：人民皆享受保护其生命自由与天然权利。又曰：凡自由政府，以人民之权威为基础，政府为谋人民平和安宁幸福及保护财产而设之者，南州路易诗烟拿之宪法，尤深切著明曰：凡政府自人民而起，本人民之意志因人民之幸福而设立，其唯一之目的，在保护人民使享有生命自由财产。此数语乎，真共和国之天经地义矣。"又曰："夫民意乎，岂非民国之主体乎？"又曰："欧美之政体，只争国为公有，而不争君主民主。"又曰："吾三十年前，著大同书，先发明民主共和之义，为中国人最先。"又曰：以数千游学之士，……拾欧美已过之唾余，不中时之陈言，曰自由也，曰共和联邦也，……"又曰："今民国群众所尚，报纸所哗，则新世界之所谓共和平等自由权利思想诸名词也。……以风俗所尚，孕育所成，则只有为洪水猛兽布满全国而已。"又曰："鄙人不以民主为然也。"又曰："吾国人醉于民本主义以为万应丸药，无人知其非者！俄波突厥亦然，甚矣醉药之易于杀人也！"忽称自由权利为天经地义，忽又称为洪水猛兽，不中时之陈言。忽而赞美国为公有，凡政府自人民而起，为人民而设之说，忽又指斥为民本主义争国为公有者乃饮药自杀。忽自称为发明民主共和之先觉，忽又自称不以民主为然。是殆国便骋词，任意取舍，遂不觉言之矛盾也。

康氏所谓中国不宜民主共和，而宜虚君，共和之理由有三：曰武人专政，曰铁道未通，曰银行听政府盗支。按此三者，本国之大患，无论若何国体，若何政制，都不相容，不独限于民主也。民主共和而武人专政，则为狄克推多；虚君共和而武人专政，则为权奸，其义一也。康氏谓："君主国之制，自上及下，故将校得借君主之威灵而驭下，而后其下懔威而听命焉！民主国之制自下以及上，故将校借士卒之力而后其上畏威而听命焉。无世爵之延，以结其不叛之心；无忠义之名，以鼓其报效之气。故不足以收武人之用，而反以成其跋扈之风也。"夫以盛时而言，康氏见德日军人服从其君主，独不闻法将霞飞，威震邻邦，而俯首听命于国会乎？以衰世而言，汉之莽卓，唐之藩镇，独非君主时代之事乎？即以近事证之，辛亥之役，即不废帝政，袁世凯握八镇之兵行操莽之事挟天子以令诸侯，视六载伪共和，不更暗无天日乎？（即就康氏自身而论，戊戌亡命所受之痛苦，岂不较今为甚？）再以最近事证之，去年复辟之役，康氏所谓："复辟可反攻以讨逆，旧君之义可废，何有于法。"可见帝政复兴，亦无以结其不叛之心，鼓其报效之气也。又康氏与徐东海书云："惟绍帅专心兵事，其政治大计，皆付托左右，遂至其左右隐操大权，刚愎自用而专断。……先是吾代草诏书，用虚君共和之义，定中华帝国之名，立开国民大会而议宪法。即召集国会而速选举，其他除满汉，合新旧，免拜跪，免避讳等诏，皆预草数十，以备施行，及见排不用……"呜乎！大权犹未操，已是何等景象！武人秉政而谓能国为公有，虚君言治邪？嗟嗟康氏，幸不为蔡伯喈耳，见排不用，犹未为大辱也。康氏曰："凡共和之国，必须道路交通而后民情可达。又必道路交通，而后无恃险阻兵，以酿战事。……今吾国创造铁路，南不能至川滇黔粤、北不能通新疆甘肃陕西，故西南得以负险而称兵，政府亦不能陈兵旅拒之。其初敢抗拒政府者，肇于僻远之云南，渐及负险之四川。"夫道路交通，固立国之要政，何独限于共和耶？岂君主国与夫虚君共和国，道路皆不必交通，民情可不必宣达耶？康氏所理想之虚君共和，不识是何等黑暗景象！西南义师，正以道路修阻，得扑袁帝而保共和。康氏所云，为袁帝鸣不平则可，若引此以为中国不宜共和之证，却正与事实相反。康氏曰："凡共和之国，必在财政与国民共之，而政府不能分毫妄支焉，今中国交通两银行，皆为政府所欲为。国民虽有资本，国民虽有贮金，而政府妄支，以养私人，以行暗杀，以战敌党，而国民不能知其数，更不能监理之，坐听其亏空，停止兑现而已。"按袁皇帝盗国币以行暗杀，以战敌党，以致停止兑现，此正政府不行共和之果，非中国不宜共和之因，倒果为因，殊违论法。而康氏或曰：国民何以不能监督政府，听其妄支妄为，不行共和，此非中国不宜共和之因乎？然则国民若不能监督政府之妄支妄为，即君主国又何以立宪，又何以虚君共和，国为公有乎？康氏以此三种理由，谓中国不宜民主共和，而宜虚君共和；毋宁谓中国不宜共和，而宜君主专制；毋宁谓中国不宜共和，而宜酋长专制；更毋宁谓其不能存在于今世！良以今世国家，若武人专政，道路不通，国民无力监督政府之妄支妄为，未有不灭亡者也，岂独不能共和哉？

康氏所指摘民国六年以来之政象,谓为共和所致者,如下:

袁世凯称帝

失去外蒙西藏道里物产无算

各督跋扈狎侮轻玩中央

无国会无宪法

督军团跋扈于前西南割据于后

烟酒盐关教育实业之拒派遣

府院争权

令长吏授意举其私人为议员

增兵至八十师团兵费至二万万两

不经国会公决而组内阁而借外债而宣战

解散国会召集参议而废约法

增外债数万万

围议院迫议员

政府妄支国币以养私人以行暗杀以战敌党

中国银行积款八千万已为洪宪盗而称帝

矫诬民意强迫议员签名布告中外以拥袁帝

总统总理日日盗取银行

政费日增赋敛日重富者远徙民生日蹙

诸将争权人民生命财产损失无算生机断绝

私抽赋税妄刑无辜民不堪命

六年以来无预算决算之表示民不敢过问

新税加征公债强迫

元年京津之变损失逾万万

袁世凯月用八十万金其施之于侦探暗杀五百万金

六年四乱商务大败银行停止兑现纸币低折

袁称帝而川湘粤大受蹂躏

开平之煤招商局之船汉冶萍之铁厂亦可押于外人

袁世凯善用金钱收买习而成风

癸丑江赣粤楚之战死民无数

贤才摧弃若赵秉钧宋教仁以暗杀死谭典虞汤觉顿无辜被戮

对于蔡锷曹锟张敬尧梁士诒等赏罚错乱

非法之假政府逮捕真国会之二百议员

密订军械借款及凤皇山铁矿合辨之约

上列政象,有一非反对共和之袁世凯及其爪牙"会议徐州,决行复辟,出名画诺,信誓旦旦,之十四省督军"(用康氏与徐东海书中语)之所为乎?此正不能厉行共和之果,而谓为共和所致,且据此以为中国不宜共和之因,倒果为因,何颠倒一至于此!

康氏谓民国六年,未尝开国民大会,又谓代议员绝非民意。试问康氏所谓国民大会,乃不用代议制乎?夫国民直接参政,诚属共和之极则,然非分裂至极小之国家,或自由都市,此事如何可期。康氏最恶分裂,又反对代议制,不知有何法以通之?倘谓君主国无论大小,国民大会皆可不用代议制,斯真梦呓矣。此时世界立宪国家,无论君主民主,皆采用代议制者,良非得已。代议员之意,固与国民总意(国民总意,亦只多数而非全体)有间,然不愈于君主一人或权贵少数人之意乎?康氏非难共和,并非难代议制,则世界民主共和君主立宪皆无价值,奈何独指此以为中国不宜共和之征乎?代议制虽非至善之法,然居今日遽舍此而言立宪,直借口欺人耳,盖国民直接参政之时期尚远,必待此而始可共和,始可立宪。吾不知康氏所主张之虚君共和制,将以何法使吾"四万万人,人人自发其意"乎?"若中国土地之大,人民之多,万事之赜,若事事待于合议,则意见各殊,运动不灵,大失事机。故瑞士议长之制,国民公决之法,共和至公至平之制也。但中国之大,则难行也。"此非康氏之言乎?夫自知其难行,而执以非难今日之共和,岂非借口欺人乎?

康氏又谓:"中国若行民主,虽有雄杰亦必酿乱,而不能救国。"并引墨西哥之狄亚士为证。康氏不知共和国行政首长不贵有雄杰也。狄亚士之乱墨西哥,正因其自雄杰不循共和轨道之故。康氏游墨诗有云:"专制犹存乱岂平。"可谓知言矣。康氏称狄亚士,而惜其"若在中土,虽唐太宗宋太祖明太祖何以加焉,不幸生于墨西哥民主之国,而以专制治。夫以墨积乱三百年,非专制不能为治。然既为民主国而专制即大悖乎共和之法,而大失乎人心矣”。康氏《参政院提议立国之精神议书后》中,亦有相类之论调曰:“今墨乱已三百年,而今乱日臻。南美共和廿国,殆皆类是。盖未可行共和而宜专制者,若误行之,祸害必大。”康氏论墨西哥事,既以非“专制不能光治”为前提,又惜狄亚士以共和专制而败,然则舍君主专制,墨固无治法矣。康氏数以墨乱戒中国,且云:“中国之广土众民,远过于墨。鉴于去年府院争权,尤非专制不能定乱。”夫既曰:“非专制不能为治”,“宜专制”,“尤非专制不能定乱”,其心其志盖已昭然。何国为公有云乎哉!何虚君共和云乎哉!呜呼康氏!一面主张国为公有,讥民国政府“为专制君主之私有其国”,讥“国人不通政学,不知欧美政体之徒争国为公有,而不争民主君主之虚名”,而一面又主张专制。呜呼康氏!果何以自解?吾知康氏所精通之政学,一言以蔽之曰:借口欺人而已。

民国两年已失蒙藏辽地二万里

民国之内乱如麻川粤惨剧将演于各省而国民日危

近者长沙内变惠潮兵争而宁波又独立浙江又风起云涌矣凡此皆由南北争权利为之而实共和为之也湘粤浙之同胞乎憾共和可也

曹王陈李四督最后忠告之通电

民国之兵只可自乱

民国之兵费必亡国

民国数年之外债过于清室百年再增一倍半即可如埃及之亡国

民国苛敛数倍清室加之长乱频仍致民生凋敝四海困穷

民国之官方只同盗妓

民国之贤才必隐沦摧弃

民国高谈法治而法律赏罚皆颠倒奇谬甚于野蛮无法

民国之物质扫地同于野蛮

民国之媚外类于尼固黑奴

民国之学术只导昧亡

民国之教化崇尚无良无耻无恒沦于禽兽

民主政府内争者必一切不顾甘卖国而竞当前之权利而吾国民听其鬻若

南洋之猪仔

凡共和政府必甘心卖国若近者军器同盟及凤皇山铁矿其一端

李烈钧致南京李督军武昌王督军南昌陈督军电

民国之政俗坏乱人莫不厌之愤之忧之怒之

吾旧论中国行民主必不能出美洲墨国印度乱惨分立之轨道不幸而言中

以上卷二

是卷各篇之总义:乃举所有中国丧权辱国兵争民困一切政治之不良,悉归罪于共和民主。夫共和果为如是不祥之怪物耶?君主政治之下,此等不良之政象,果无一能发生者耶?康氏所举事实,虽不尽诬,使民国字样,悉易以中国,则予固无词以驳之。若其归罪于共和,则共和不受也。若其归罪于伪共和则可,而真共和不受也。真共和而可不经国会许可,与外国订丧失蒙藏之条约耶?真共和而有"以十五条易帝制",听外人设警察之事耶?真共和而有谋复帝制,废弃国会,非法内阁,致演川湘浙粤之兵争耶?真共和而可以国币贿买海陆军,以制造内乱耶?真共和而可不经国会之认可,大借外债,以增军队杀敌党行专制耶?真共和而可任意苛敛浪费,无须国会之预算决算耶?真共和而文官可以妻妾营差,武官则不识字之督军(此等督军,只可与言复辟尊孔)遍国中耶?真共和而贤才隐沦且遭暗杀耶?真共和而有法律无效之事耶?真共和而有空言礼教不尊重科学,力图物质文明者耶?真共和而容有因内争卖国之政府耶?真共和而可不经国会之认可,而订军器同盟私卖矿山之约耶?凡此康氏所痛恨者,吾人亦痛恨之。正惟痛恨之,乃希望实行真共和始有以救之。若君主专制,则无济也。盖君主专制之国无法律(专制国之法律,君主得以个人私意兴废之),无民权,无公道,政无由宁,乱无由止,康氏谓中国非专制不能定乱,康氏独不思六朝五代晋室八王及欧洲中世之黑暗,皆帝王专制而非共和耶?

康氏或曰:专制定乱,纵不可必。然非至大同之世,真共和又岂可期。伪共和实为召乱之媒,故不若虚君共和,既去帝王专制之弊,又无以兵争政之忧,不亦善乎?按此亦似辩而实非也。夫自政治原理言之,虚君共和与民主共和,本非异物,施行此制时所需于国民之德之力,均不甚相远,所不同者,惟元首世袭与选举之别耳。康氏论选举制之弊曰:"行总统制,则必由专制而复于帝制,人民不服,必复乱。行责任内阁制,则府院不和，必各拥各省督军以内乱。”又曰：“美总统之制，仅统内阁之群吏，于各州自治无预也。中国之总统，则统各省之行政。其事权之大，百倍于美总统矣。然中南美之总统也，必以兵争。”又曰：“法责任内阁之制，乃鉴于革命八十三年之乱，不敢复行旧总统制也。见英行虚君共和制之安乐也，乃仿行之，以总统为虚君也，岂知英之虚君，世袭而非选举，论门第而不论才能，故不与总理争权，故能行之而安也。”夫总统制与内阁制，各有利弊，本政治学者所苦心讨论之问题，然未闻有以虚君制能解决此难题者。盖虚君制虽不发生总统选举问题，而内阁制之弊依然存在也。内阁而亦世袭耶？则必无此事理。内阁而由君主任命耶？则专制而非虚君矣。内阁而由国会推举耶？则今之英制与法无异。虚君制之内阁，即不与虚君争权，保无以兵争总理之事乎？且保无欺虚君之无权，效操莽之篡窃乎？依人为而言政制，盖无一而可者。若云预防流弊，则采用康氏所深恶痛恨之联邦制，更益以责任内阁，岂不足以防总统之专制乎？兵争总统之事，不当稍杀乎？倘云诸制悉非至善，则舍从康氏“非专制不能定乱”之本怀，固无他法矣。

中南美廿民国除智利阿廷根外皆大乱

俄改民主共和必内乱且分裂苟不改渐或致亡

民主政体可行于小国不可行于大国

民主能行于大国只有一美然美有特因

天下古今民主国无强者

罗马与英皆由民主改君主而后盛强

吾三十年前著大同书先发明民主共和之义为中国人最先

美国共和之盛而与中国七相反无能取法误慕师之故致乱

法国取法美国尚致乱何况中国相反之极

中南美洲廿共和国全师美国尚致乱何况中国去美之远

法共和制不良中国不可行

葡制与中国不同不能行

瑞士制为小国联邦与中国相反尤不能行

吾有自创之共和制立虑不能行

中国古今无民主国民不识共和而妄行故败

以上卷三

此卷各篇之总义：乃谓民主共和政体，不能造成强大国家，遂不能应国际之竞争。是以行之欧美，尚利不胜害，况无共和学识与经验之中国乎？

余第一欲问康氏者，今世强大国家果皆君主乎？君主国果皆强大乎？民主国果无一强大者乎？康氏倘未能用统计形式，确定此大前提，则所谓"民主共和不能造成强大国家"，与此反证"非君主不能造成强大国家"之说，故当然不能成立。康氏亦尝称美国共和之盛矣，即法兰西可谓非今世强大国家乎？康氏不尝称雅典罗马共和时代之武功乎？中南美虽曾经专制者之扰害，然今日果皆大乱如康氏所云乎？近世衰乱而亡之国，若波兰若印度，若缅甸，若安南，若朝鲜，有一非君主国乎？有一可归罪于共和者乎？且何以近世国家行民主共和而灭亡者，反未之闻也？

第二欲问康氏者，即云共和不能造成强大国家。而近世国际竞争场里，除东洋式昏乱之君主专制国外，果非强大国家无一存在者乎？弱小而文明国若荷比瑞士人民之幸福，果不及强大而野蛮之俄罗斯人乎？此次欧战之结果，除国民消极的自卫外，积极的侵略的强大国家之观念，保无破坏乎？今日之中国，当以宁政苏民，徐图发展为要务（专制政体之下，政无由宁，民无由苏，民力国势，莫由发展），果有造成强大国家之必要与可能乎？

第三欲问康氏者，欧美之行共和，果皆利不胜害，不若君主国一一强盛乎？美法无论矣，瑞士之安乐如何？二十世纪俄罗斯之共和，前途远大，其影响于人类之幸福与文明，将在十八世纪法兰西革命之上，未可以目前政象薄之。（此义非短篇所能罄，当专论之。）若论中南美诸共和国，智利阿根廷固康氏所称许。他若巴西秘鲁诸邦之富盛，不远愈于康氏所梦想之大清帝国乎？康氏蔑视南美之谬见，章秋桐君在《甲寅杂志》中已力证其妄，康氏岂未见之耶？一八二五年，美国建革命纪念碑于Bunker Hill时，大雄辩家Daniel Webster。著名之演说中有云：

When the Battle of Bunker Hill was Fought, the Existence of South America was scarcely fit in the civilized world. The Thirteen little colonies of north America habitually called themselves"Continent" Borne down by Colonial subjugation. Monopoly, and bigotry, these vast Regions of the south were hardly Visible above the horizon. But in Our day there has been, as it were, a new creation. The southen hemispherr emerges from the sea. Its lofty mountains begin to lift themselves into the light of heaven; its broad and fertile plains stretch out, in beauty, to the eye of civilized man, and at the mighty bidding of the voice of political liberty the waters of darkness retire.

Webster 氏谓："此南方广土，蹂躏于殖民者屈服垄断顽固之下，不见天日，今始得有一新生命，南半球乃由海底而起。"康氏乃谓为岁岁争乱，视若地狱。又曰："共和国者，共乱国也。"（康氏谓共和国武人争政为共乱国，吾谓君主国武人专政为军主国，军主国有不终归大乱，不可救治者乎？）呜呼康氏，诅咒共和，至于斯极。倘有好事者译以告欧美人，当大怪笑至陋极臭之豚尾奴，何以狂妄糊涂如此！

第四欲问康氏者，共和若必由有经验而成，则终古无经验，将终古无成理矣。且最初之经验，又何所托始乎？若不信古无而今有，则古无康有为，何今无经验而竟有之？康有为又未尝为《不忍》杂志，何今竟有之？《不忍》杂志前无《共和平议》一文，何今竟有之？康氏须知自盘古开辟，以至康有为撰《不忍》杂志，其间人事万端，无一非古无而今有也，何独于共和而疑之乎？康氏尝述春秋太平世无天子之义，《礼运·大同》公天下之制，又谓《易赞》群龙无首为政治之极轨，又称周召共和，又自称先发民主共和之义为中国人最先，又曰："共和民主国，岂待外求于欧美哉？吾粤之乡治，久实行之。吾中国地大而治疏，上虽有君主之专制，而乡民实行自由共和。"又曰："九江乡绅多，无尤强大者，故无争，能守法，此与雅典略同，真吾国共和之模范也，何必欧美？其不能穷极其治乐者，则以统于大国之下，无外交，无国史，故不焜耀耳。"今奈何忽一笔抹杀，谓"吾国人民，本无民主共和之念；全国士夫，皆无民主共和之学"。又谓："中国古今无民主，国民不识共和。"又谓："共和为中国数千年未尝试验之物。"嗟嗟康氏！任意骋词，大有六经皆我注脚之概，奈自相矛盾何。

帝制初改共和，照例必经过纷乱时代，此本不足为异。康氏纯以目前现象乱不乱为前提，遂不惜牺牲六年四战以鲜血购来之共和，欲戴清帝，以求定乱。然又云："今上海租界，已是小共和国，于中国共乱亦能不乱，然执政者谁哉，吾滋愧言之。”夫康氏政见，但求不乱耳，何必问执政者为何族，又何必言之滋愧。

卢骚所谓“民主之制宜于二万人国”之说，乃指人民直接参政而言。若用代议制，更益以联邦制，“民主政体又行于小国不可行于大国”之说，已完全不能成立。何以证之，请观美法康氏所谓大国不能共和之理曰：“小国寡民，易于改良。其最要则不治兵，故无武人，故无武人之干政，即无改君主之事变。”又曰：“若国土既大，则靖内对外，不能不待兵力。既用兵，则最强武者遂为国之君主矣。诸强者并立，则必以兵争政矣。”又曰：“大国必待兵，待兵则不能禁武人干政，故不能行民主共和也。”夫武人干政，甚至以兵争政，固非共和之道。然以国为公有之虚君共和国家，即不妨武人干政，以兵争政乎？若曰未可，则大国不但不能行民主共和，亦并不能行虚君共和也。民主虚君，既均不能行，则治大国舍从康氏非专制不能定乱之本怀，固无他法矣。康氏须知今世国家，无论大小，皆有相当之兵力。倘民权未伸，舆论无力，豪强皆可盗以乱政，此固无择于国之大小君主共和也。若执此以为民主可行于小国不可行于大国之理由，康氏所谓为兵争政乱之南美诸邦，有一大国乎。亦自相矛盾而已。

康氏谓民主能行于大国，只有一挟有天然海界之美以其四无强邻也。不知近代世界交通便利，宛若比邻；欧人足迹，无所不至；远洋荒岛，皆有主人；民主政治，若不能行之美国而致衰乱，天然海界，乌足以庇之。法兰西属地人口之众，不可谓非大国，岂亦有天然海界，四无强邻耶？

国家制度，犹之私人行为，舍短用长，断无取法一国之事，更无必须地理历史一一相同，然后可以取法之理。乃康氏举中国不同于美者七事，谓为无能取法；谓中国若欲师美，“请先掘西藏，印度，波斯，安南，中亚细亚，为一大太平洋。迁西伯利部之俄罗斯于欧洲，而听其为殖民地。移日本于南美洲，以为大东洋。则四无强邻，高枕而卧，可以学美矣。（一）又必烧中国数千年之历史书传，俾无四千年之风俗以为阻碍。又尽迁四万万人于世界之外，但留三百万之遗种（倘留三百万能一人，不知零师美国否?），以耕食此广土而复归于朴僿。（二）又令于明清两朝时，先改为十三国殖民地（十二国不知可行否?），设十三议院，及十三总统。然后今乃费尽诸志士才人之心肝口舌，以八年奔走之力说合之。（三）又令英、俄、德、法、日本尽废其铁路，轮船，铁船，飞船，无线电种种奇技异器。（四）国内又尽去百万之兵，只留警察。若能是，则学英之总统制可也,为联邦制亦可也。(五)然尚须上议院监限其总统之权”。夫必地理历史一一酷肖如此,然后可以取法它国政制,则世界各国,皆应自为风气,未可相师矣,有是理耶?康氏固以英之虚君制教国人者,试问英之地理历史,有一与吾华相同者乎?康氏其有以语我。虚君共和外,康氏复有自创之共和制,自谓:“上禀孔子群龙无首之言,外采希腊罗马德瑞美法之制,内采唐虞四岳,周召共和之法,合一炉而冶之,调众味而和之,其或可行乎。”其制维何?即于国会外,立元老院为最高机关,各省还公举元老一人,额数二十八,输选七人为常驻办事员,分掌外交、兵事、法律、平政、国教五事,公举议长副议长各一,其议长之制如瑞士。

接康氏此制,所谓之老院职掌之五事,皆不越行政范围,与立法事无关涉。所不同于总统府者,惟人数加多,不由国会选举耳。而康氏不曰改总统府为元老院,乃曰于国会外立元老院,诚令人索解不得也。人数加多,且分掌大政,适与内阁各部为骈技,则院院之争,不将较府院尤烈乎?元老不由国会选举,而由各省区分举。夫公举法固不识如何,在康氏理想,被选举者必为该省区之贤豪无疑。所不解者,此等贤豪,何以不能屈尊于国会或内阁,必别立元老院始许为国宣劳也?近世政制之患,首在立法行政之隔阂耳。康氏此制,匪独不能沟通此二者,且以促进行政纷争之程度,瑞士之制,果如是乎?康氏赞成君主,则主张君主制可也,不必诡曰虚君共和。康氏赞成民主,则主张民主共和可也,不必别立此非驴非马之元老院。盖康氏所谓之元老院制,既非图行政立法之沟通,又不足以言行政部选举制,只为行政部增一促进纷争之赘疣耳。犹不若废去国会内阁,直效希腊贤人会议,罗马元老院及三头政治之为痛快也。吾知康氏之主张虚君共和,意在虚君而不在共和。其自创之共和制,意在元老院而不在共和。康氏脑中,去君主贵族,无以言治,殆犹犬马之舌,习于粪刍,舍此无以为甘美也。

康氏理论之最奇者,莫如“凡共和政府,必甘心卖国”。呜呼,是何言也!谓全世界凡共和政府皆如是耶?不知康氏将何以证实此前提之不误?谓以袁段政府,代表全世界凡共和政府耶?则亦必无此理。

康氏全文之结语曰:“要之一言:民国与中国不并立,民国成则中国败矣,民国存则中国亡矣。”康氏倘易其词曰:“民国与大清帝国或中华帝国不并立,民国成则帝国败,民国存则帝国亡。”则谁得而非之?或云:“民国即亡,而中国犹可存。”此亦不得而非之。以政制虽变更，而国犹存在也。若今后共和不亡，民国俨然存在，不知更指何物为中国，而谓之败谓之亡也？岂非大清帝国或中华帝国，即不可谓为中国乎？康氏其有以语我。

吾文之终。有应忠告康氏之言曰：

一、凡立论必不可自失其立脚点。康氏倘直主张其君主制，理各有当，尚未为大失。今不于根本上反对共和，而于现行制度及目前政象，刻意吹求，是枝叶之见也，是自失其立脚点也。

二、凡立论必不可自相矛盾。他人攻之，犹可曰是非未定也。自相矛盾，是自攻也，论何由立？

今之青年，论事析理，每喜精密，非若往时学究可欺以笼统之词也。康氏倘欲与吾人尚论古今，慎勿老气横秋，漠视余之忠告。

（第四卷第三号，一九一八年三月十五日）

新的！ 旧的！

李大钊

宇宙进化的机轴，全由两种精神运之以行，正如车有两轮，鸟有两翼，一个是新的，一个是旧的。但这两种精神活动的方向，必须是代谢的，不是固定的。是合体的，不是分立的，才能于进化有益。

中国人今日的生活全是矛盾生活，中国今日的现象全是矛盾现象。举国的人都在矛盾现象中讨生活，当然觉得不安，当然觉得不快。既是觉得不安不快，当然要打破此矛盾生活的阶级，另外创造一种新生活，以寄顿吾人的身心，慰安吾人的灵性。

矛盾生活，就是新旧不调和的生活，就是一个新的，一个旧的，其间相去不知几千万里的东西，偏偏凑在一处，分立对抗的生活。这种生活，最是苦痛，最无趣味，最容易起冲突。这一段国民的生活史，最是可怖。

欲研究一国家或一都会中某一时期人民的生活，任取其生活现象中的一粒微尘而分析之，也能知道其生活全部的特质：一个都会里一个人所穿的衣服，就是此都会里最美的市场中所陈设的；一个人的指爪上的一粒炭灰，就是由此都会里最大机械场的烟突中所飞落的。既同在一个生活之中，刹刹尘尘都含有全体的质性，都着有全体的颜色。

我前岁在北京过年，刚过新年，又过旧年。看见贺年的人，有的鞠躬，有的拜跪，有的脱帽，有的作揖，有的在门首悬挂国旗，有的张贴春联，因而起了种种联想。

想起黄昏时候走在街头，听见的是更夫的梆子丁丁地响，看见的是站岗巡警的枪刺耀耀地亮。更夫是旧的，巡警是新的。要用更夫，何用巡警？既用巡警，何用更夫？

又想起我国现已成了民国，仍然还有什么清室。吾侪小民，一面要负担议会及公府的经费，一面又要负担优待清室的经费。民国是新的，清室是旧的，既有民国，那有清室？若有清室，何来民国？

又想起制定宪法，一面规定信仰自由，一面规定“以孔道为修身大本”。信仰自由是新的，孔道修身是旧的。既重自由，何又迫人来尊孔？既要迫人尊孔，何谓信仰自由？

又想起谈论政治的。一面主张自我实现，一面鼓吹贤人政治。自我实现是新的，贤人政治是旧的。既要自我实现，怎行贤人政治？若行贤人政治，怎能自我实现？

又想起法制习俗。一面立禁止重婚的刑律，一面许纳妾的习俗。禁止重婚的刑律是新的，纳妾的习俗是旧的。既施刑律，必禁习俗；若存习俗，必废刑律。

以上所说不过一时的杂感，其余类此者尚多。最近又在本志上看见独秀先生与南海圣人争论，半农先生向投书某君棒喝。以新的为本位论，南海圣人及投书某君，最少应生在百年以前。以旧的为本位论，独秀半农，最少应生在百年以后。此等“风马牛不相及”的人物思想，竟不能不凑在一处，立在同一水平线上来讲话，岂不是绝大憾事？中国今日生活现象矛盾的原因，全在新旧的性质相差太远，活动又相邻太近。换句话说，就是新旧之间，纵的距离太近，横的距离太近。时间的性质差得太多，空间地接触逼得太紧。同时同地不容并存的人物、事实、思想、议论，走来走去，竟不能不走在一路来碰头，呈出两两配映，两两对立的奇观。这就是新的气力太薄，不能努力创造新生活，以征服旧的过处了。

我常走在前门一带通衢，觉得那样狭隘的一条道路，其间竟能容纳数多时代的器物：也有骆驼轿，也有上贴“借光二哥”的一轮车，也有骡车、马车、人力车、自转车、汽车等。把今世纪的东西，同十五世纪以前的汇在一处。轮蹄轧轧，汽笛呜呜，车声马声，人力车夫互相唾骂声，纷纭错综，复杂万状。稍不加意，即遭冲轧，一般走路的人，精神很觉不安。推一轮车的讨厌人力车、马车、汽车，拉人力车的讨厌马车、汽车，赶马车的又讨厌汽车。反说回来，也是一样。新的嫌旧的妨阻，旧的嫌新的危险。（照）这样层级论，生活的内容不止是一重单纯的矛盾，简直是重重叠叠的矛盾。人生的径路，若是为重重叠叠的矛盾现象所塞，怎能急起直追，逐宇宙的文化前进呢？仔细想来，全是我们创造的能力缺乏的缘故。若能在北京创造一条四通八达的电车轨路，我想那时乘坐驼轿、骡车、人力车等等的人，必都舍却这些笨拙迂腐的器具，来坐迅速捷便的电车。马路上自然绰有余裕，不像那样拥挤了。即有寥寥的汽车、马车、自转车等依旧通行,因为与电车纵的距离不甚相远,横的距离又不像从前那样逼近,也就都有容头过身的道路了,也就没有互相嫌恶的感情了,也就没有那样容易冲突的机会了。

因此我很盼望我们新青年打起精神,于政治、社会、文学、思想种种方面开辟一条新径路,创造一种新生活,以包容覆载那些残废颓败的老人。不但使他们不妨害文明的进步,且使他们也享享新文明的幸福,尝尝新生活的趣味,就像在北京建造电车轨道,输运从前那些乘驼轿、骡车、人力车的人一般。打破矛盾生活,脱去二重负担。这全是我们新青年的责任,看我们新青年的创造能力如何?

进!进!进!新青年!

守常先生要新青年创造新生活,这话固是绝对不错。但是我的意思,以为要打破矛盾生活,除了征服旧的,别无它法。那些残废颓败的老人,似乎不必请他享新文明的幸福,尝新生活的趣味,因为他们的心理,只知道牢守那笨拙迂腐的东西,见了迅速捷便的东西,便要"气得三尸神炸,七窍生烟","狗血喷头"的骂我们改了他的老样子。我们何苦把辛辛苦苦创造成功的幸福去请他们享受,还要看他们的脸,受他们的气呢?守常先生!你道我这话对不对?

玄同

更正　第四卷第四号《老洛伯》序言中言及 *Lyrical Ballads* 于一七八九年出版。注,即法国大革命之年。顷检书,知此书系于一七九八年出版。特为更正于此。

(适)

(第四卷第五号,一九一八年五月十五日)

今日中国之政治问题

陈独秀

本志同人及读者,往往不以我谈政治为然。有人说,我辈青年,重在修养学识,从根本上改造社会,何必谈什么政治呢?有人说,本志曾宣言志在辅导青年,不议时政,现在何必谈什么政治惹出事来呢?呀呀!这些话却都说错了。我以为谈政治的人当分为三种:一种是做官的,政治是他的职业,他所谈的多半是政治中琐碎行政问题,与我辈青年所谈的政治不同。一种是官场以外他种职业的人,凡是有参政权的国民,一切政治问题、行政问题,都应该谈谈。一种是修学时代之青年,行政问题本可以不去理会,至于政治问题,往往关于国家民族根本的存亡,怎应该装聋推哑呢?

我现在所谈的政治,不是普通政治问题,更不是行政问题,乃是关系国家民族根本存亡的政治根本问题。此种根本问题,国人倘无彻底的觉悟,急谋改革,则其他政治问题,必致永远纷扰,国亡种灭而后已!国人其速醒!

第一,当排斥武力政治。以理论言,单独武力,决不能建设现代的国家。以事实言,袁世凯、张勋相继以武力政策都归失败,不但其自己失败,国家也因之到了破产地位,倘有继之者,其效果也可想而知。目下政治上一切不良的现象,追本求源,都是"武人不守法律"为恶因中之根本恶因。无论何人,一旦有枪在手,便焚杀淫掠,无所不为,国法人言,无所顾忌,尚复成何世界!此种武力政治倘不废除,不但共和是个虚名,就是复辟立君,也没有办法;不但宪政不能实行,就是专制皇帝,也没有脸面坐在金銮殿上发号施令。所以我们中国要想政象清宁,当首先排斥武力政治。无论北洋派也好,西南派也好,都要劝他们把这有用的武力,用着对外,不许用着对内;必定这一层办得到,然后才配开口说到什么政治问题。否则将是无论北洋武人执政也好,西南武人执政也好,终久是个"秀才遇见兵,有理说不清",有什么政(治)法律之谈呢?

(日本楠濑中将说道:“中国目前最要者,与其谓为南北妥协,宁在改革督军政治;若不改革,即聘百顾问,亦终难改善国政。”这话可算说得切中要害。)

第二,当抛弃以一党势力统一国家的思想。现在世界各国中,像德意志虽说是以普鲁士为中心势力统一联邦,像日本虽说是以萨长军阀为中心势力统一三岛,但是德意志各联邦,也不是事事仰普鲁士的鼻息;德、日各政党盘踞之国会,都有绝大的威权,也非普鲁士及萨长军人可以任意指挥,随便破坏的;况且近年以来,普鲁士及萨长军阀的威权,也都有日渐收缩之势了。试问我们中国哪一党人哪一派人,配说有普鲁士或萨长军阀的勋劳和实力呢?袁世凯以数十年的辛苦经营,尚且不能以一派势力统一国家,其余各党各派的内容,都是四分五裂,本身尚不能统一,如何当作统一全国的中心势力呢?这种迷梦倘不打破,各派人都想拿自己之势力来统一中国,而各派都统一不成;即使一时成功,也断断不能持久;互想统一,互夺政权,争夺不休,必致外国人来统一而后已。所以我始终主张北洋、国民、进步三党平分政权的办法,又赞成一党组织内阁的梦想。我们中国人无论何党何派,自己甘心在野,容让敌党执政的雅量,实在缺乏得很。老实说一句:一碗饭要大家吃,若想一人独吃,势必大家争夺,将饭碗打破,一个人也吃不成!

第三,当决定守旧或革新的国是。无论政治学术道德文章,西洋的法子和中国的法子,绝对是两样,断断不可调和牵就的。这两样孰好孰歹,是另外一个问题,现在不必议论。但或是仍旧用中国的老法子,或是改用西洋的新法子,这个国是,不可不首先决定。若是决计守旧,一切都应该采用中国的老法子,不必白费金钱派什么留学生,办什么学校,来研究西洋学问。若是决计革新,一切都应该采用西洋的新法子,不必拿什么国粹,什么国情的鬼话来捣乱。譬如既然想改用立宪共和制度,就应该尊重民权、法治、平等的精神;什么大权政治,什么天神,什么圣王,都应该抛弃。若觉得神权、君权为无上治术,那共和立宪,便不值一文。又如相信世间万事有神灵主宰,那西洋科学,便根本破坏,一无足取。若相信科学是发明真理的指南针,像那和科学相反的鬼神、灵魂、炼丹、符咒、算命、卜卦、扶乩、风水、阴阳五行,都是一派妖言胡说,万万不足相信的。因为新旧两种法子,好像水火冰炭,断然不能相容,要想两样并行,必致弄得非牛非马,一样不成。中国目下一方面既采用立宪共和政体,一方面又采唱尊君的孔教,梦想大权政治,反对民权;一方面设立科学的教育,一方面又提倡非科学的祀天、信鬼、修仙、扶乩的邪说；一方面提倡西洋实验的医学，一方面又相信三焦、丹田、静坐、运气的卫生；我国民的神经颠倒错乱，怎样到了这等地步！我敢说：守旧或革新的国是，倘不早早决定，政治上、社会上的矛盾，紊乱，退化，终久不可挽回！国家现象，往往随学说为转移，我们中国，已经被历代悖谬的学说败坏得不成样子了。日下政治上、社会上种种暗云密布，也都有几种悖谬学说在那里作祟。漫说一班老腐败了，就是头脑不清的青年，也往往为悖谬学说所惑；我所以放胆一言，以促我青年之猛醒！

（第五卷第一号，一九一八年七月十五日）

关于欧战的演说（三篇）

庶民的胜利

李大钊

我们这几天庆祝战胜，实在是热闹的很。可是战胜的，究竟是哪一个？我们庆祝，究竟是为哪个庆祝？我老老实实讲一句话，这回战胜的，不是联合国的武力，是世界人类的新精神。不是哪一国的军阀或资本家的政府，是全世界的庶民。我们庆祝不是为哪一国或哪一国的一部分人庆祝，是为全世界的庶民庆祝。不是为打败德国人庆祝，是为打败世界的军国主义庆祝。

这回大战有两个结果，一个是政治的，一个是社会的。

政治的结果是"大……主义"失败，民主主义战胜。我们记得这回战争的起因，全在"大……主义"的冲突。当时我们所听见的，有什么"大日耳曼主义"咧，"大斯拉夫主义"咧，"大塞尔维主义"咧，"大……主义"咧。我们东方也有"大亚细亚主义""大日本主义"等等名词出现。我们中国也有"大北方主义""大西南主义"等等名词出现。"大北方主义""大西南主义"的范围以内，又都有"大……主义"等等名词出现。这样推演下去，人之欲大，谁不如我？于是两大的中间有了冲突，于是一大与众小的中间有了冲突，所以境内境外战争迭起，连年不休。

"大……主义"就是专制的隐语，就是仗着自己的强力蹂躏他人欺压他人的主义。有了这种主义，人类社会就不安宁了。大家为抵抗这种强暴势力的横行，乃靠着互助的精神，提倡一种平等自由的道理。这等道理，表现在政治上，叫作民主主义，恰恰与

“大……主义”相反。欧洲的战争,是“大……主义”与民主主义的战争。我们国内的战争,也是“大……主义”与民主主义的战争。结果都是民主主义战胜,“大……主义”失败。民主主义战胜,就是庶民的胜利。社会的结果,是资本主义失败,劳工主义战胜。原来这回战争的真因,乃在资本主义的发展。国家的界限以内不能涵容它的生产力,所以资本家的政府想靠着大战把国家界限打破,拿自己的国家作中心,建一世界的大帝国,成一个经济组织,为自己国内资本家一阶级谋利益。俄、德等国的劳工社会,首先看破他们的野心,不惜在大战的时候起了社会革命,防遏这资本家政府的战争。联合国的劳工社会也都要求平和,渐有和他们的异国的同胞取同一行动的趋势。这亘古未有的大战,就是这样告终。这新纪元的世界改造,就是这样开始。资本主义就是这样失败,劳工主义就是这样战胜。世间资本家占最少数,从事劳工的人占最多数。因为资本家的资产,不是靠着家族制度的继袭,就是靠着资本主义经济组织的垄断才能据有。这劳工的能力是人人都有的,劳工的事情是人人都可以做的,所以劳工主义的战胜,也是庶民的胜利。

民主主义、劳工主义既然占了胜利,今后世界的人人都成了庶民,也就都成了工人。我们对于这等世界的新潮流,应该有几个觉悟。第一,须知一个新命的诞生,必经一番苦痛,必冒许多危险。有了母亲诞孕的劳苦痛楚,才能有儿子的生命。这新纪元的创造也是一样的艰难。这等艰难是进化途中所必须经过的,不要恐怕,不要逃避的。第二,须知这种潮流是只能迎,不可拒的。我们应该准备怎么能适应这个潮流,不可抵抗这个潮流。人类的历史是共同心理表现的记录。一个人心的变动,是全世界人心变动的征兆。一个事件的发生,是世界风云发生的先兆。一七八九年的法国革命,是十九世纪中各国革命的先声。一九一七年的俄国革命,是廿世纪中世界革命的先声。第三,须知此次平和会议中,断不许持“大……主义”的阴谋政治家在那里发言,断不许有带“大……主义”臭味,或伏“大……主义”根蒂的条件成立。即或有之,那种人的提议和那种条件断归无效。这场会议恐怕必须有主张公道破除国界的人士占列席的多数,才开得成。第四,须知今后的世界变成劳工的世界。我们应该用此潮流为使一切人人变成工人的机会,不该用此潮流为使一切人人变成强盗的机会。凡是不做工吃干饭的人,都是强盗。强盗和强盗夺不正的资产,也是一种的强盗,没有什么差异。我们中国人贪惰性成,不是强盗便是乞丐,总是希图自己不做工,抢人家的饭吃,讨人家的饭吃。到了世界成一大工厂,有工大家做、有饭大家吃的时候,如何能有我们这样贪惰的民族立足之地呢?照此说来,我们要想在世界上当一个庶民,应该在世界上当一个工人。诸位呀!去做工啊!

(第五卷第五号,一九一八年十月十五日)

劳工神圣!

蔡元培

诸君!此次世界大战争,协商国竟得最后胜利,可以消灭种种黑暗的主义,发展种种光明的主义,可见此次战争的价值了。但是我们四万万同胞直接加入的,除了在法国的十五万华工,还有什么人!

这不算怪事,此后的世界,全是劳工的世界呵!

我说的劳工,不但是金工木工等等,凡用自己的劳力做成有益他人的事业,不管他用的是体力,是脑力,都是劳工。所以农是种植的工,商是转运的工,学校职员、著述家、发明家是教育的工,我们都是劳工,我们要自己认识劳工的价值。劳工神圣!

我们不要羡慕那凭借遗产的纨绔儿!不要羡慕那卖国营私的官吏!不要羡慕那克扣军饷的军官!不要羡慕那操纵票价的商人!不要羡慕那领干修的顾问谘议!不要羡慕那出售选举票的议员!他们虽然奢侈点,但是良心上不及我们的平安多了。我们要认清我们的价值。劳工神圣!

(第五卷第五号,一九一八年十月十五日)

欧战以后的政治

陶履恭

现在欧战已经停了,交战各国现在正忙着办停战善后的事情和媾和的大问题,这总要一两年的工夫才可以完的。但是我们应该想一想,这次空前绝后的大战争,所争的重要之点是什么？并且这次大战争给我们有什么教训？单说教训，就有许多种，不能述说完全。我现在只说那政治上的教训。

政治上有四种观念，被这次大战争打得粉碎，教训我们，这四种观念再也用不得了。倘使一个国家不听这个教训，在国内要扰乱宇内的治安，在国外要酿起世界的纷争。那所打破的四种观念是什么呢？

一、秘密的外交。向来的战争，都是由秘密外交惹起来的。因为外交全是几个少数执政者所把持的，而一般国民一点也不晓得里面的真相，全听政府的指挥。这次的战争，德国人民先前深信自己理直，因为他们不知道他们政府的外交真相的缘故。这次俄国革命，宣布出许多外交上的秘密文件，才知道当时俄国所以也掉在战争的旋涡里面，也因为政府严守外交上的秘密独断独行的缘故。所以秘密外交，在国内一方面是欺骗人民，在国外一方面是欺瞒友邦，都是扰乱的根源。

二、背弃法律。国家的成立、国际的平和，都是用法律做基础的。德前皇不守条约，就是破坏国际的法律，所以才有这次的大战争。协约诸国因为要保护法律才战争的。那执政的不守法律，不单是酿起国际上的轇轕，还惹起国民的反感。所以德皇不但是世界各国不能再认他为政治上的领袖，就是他本国的人民也不承认他再可以代表全国操握政权了。

三、军人干政。一国里头，总是民政占主要的位置，军政是附属在民政底下的。德国是军人干涉政治、操纵政策，所以闹出这样大风波。军人干政的国家，是扰乱世界的根源，所以协商方面一定得用全力把德意志的军人干政的制度铲除净尽，才可以使世界和平。因为军人是要守法的，他来干涉政治是已经不守法了。

四、独裁政治。秘密外交和背弃法律都是独裁政治的产物。因为一个人独握政权，就容易野心太高、私心太大，所作所为也就不顾法律，肯把全国当孤注掷出去，办理那秘密外交了。这次战争，有许多独裁的君主都逃掉了。那最有名的三个独裁政府就是俄、德、奥三国，所以那俄皇已经被枪毙，那德、奥两国皇帝也已经被强迫退位了。

现在世界各国，无论是在战团内或是在战团外，那政治上的设施绝不能仍保守上边所说的四种旧观念的。这是我们从这次大战争得来政治上的教训。

（第五卷第五号，一九一八年十月十五日）

BOLSHEVISM 的胜利

李大钊

"胜利了！胜利了！联军胜利了！降服了！降服了！德国降服了！"家家门上插的国旗，人人口里喊的万岁，似乎都有这几句话在那颜色上音调里隐隐约约的透出来。联合国的士女，都在街上跑来跑去的庆祝战胜。联合国的军人，都在市内大吹大擂的高唱凯歌。忽而有打碎德人商店窗子上玻璃的声音，忽而有拆毁"克林德碑"砖瓦的声音，和那些祝贺欢欣的声音遥相对应。在留我国的联合国人那一种高兴，自不消说。我们这些和世界变局没有很大关系似的国民，也得强颜取媚：拿人家的欢笑当自己的欢笑；把人家的光荣做自己的光荣。学界举行提灯。政界举行祝典。参战年余未出一兵的将军，也去阅兵，威风凛凛地耀武。著《欧洲战役史论》主张德国必胜后来又主张对德宣战的政客，也来登报，替自己作政治活动的广告；一面归咎于人，一面自己掠功。像我们这种世界上的小百姓，也只得跟着人家凑一凑热闹，祝一祝胜利，喊一喊万岁。这就是几日来北京城内庆祝联军战胜的光景。

但是我辈立在世界人类中一员的地位，仔细想想：这回胜利，究竟是谁的胜利？这回降服，究竟是哪个降服？这回功业，究竟是谁的功业？我们庆祝，究竟是为谁庆祝？想到这些问题，不但我们不出兵的将军、不要脸的政客，耀武夸功，没有一点儿趣味，就是联合国人论这次战争终结是联合国的武力把德国武力打倒的，发狂祝贺，也是全没意义。不但他们的庆祝夸耀是全无意味，就是他们的政治命运，也怕不久和德国的军国主义同归消亡！

原来这次战局终结的真因，不是联合国的兵力战胜德国的兵力，乃是德国的社会主义战胜德国的军国主义。不是德国的国民降服在联合国武力的面前，乃是德国的皇帝、军阀、军国主义降服在世界新潮流的面前。战胜德国军国主义的，不是联合国，是德国觉醒的人心。德国军国主义的失败，是 Hohenzollern（德国皇家）的失败，不是德意志民族的失败。对于德国军国主义的胜利，不是联合国的胜利，更不是我国徒事内争托名参战的军人，和那投机取巧卖乖弄俏的政客的胜利，而是人道主义的胜利，是平和思想的胜利，是公理的胜利，是自由的胜利，是民主主义的胜利，是社会主义的胜利,是 Bolshevism 的胜利,是赤旗的胜利,是世界劳工阶级的胜利,是二十世纪新潮流的胜利。这件功业,与其说是威尔逊(Wilson)等的功业,毋宁说是列宁(Lenin)、陀罗慈基(Trotsky)、郭冷苔(Collontay)的功业;是列卜涅西(Liebknecht)、夏蝶曼(Scheidemann)的功业;是马客士(今译马克思)(Marx)的功业。我们对于这桩世界大变局的庆祝,不该为哪一国哪些国里一部分人庆祝,应该为世界人类全体的新曙光庆祝;不该为哪一边的武力把哪一边的武力打倒而庆祝,应该为民主主义把帝制打倒、社会主义把军国主义打倒而庆祝。

Bolshevism 就是俄国 Bolsheviki 所抱的主义。这个主义,是怎样的主义?很难用一句话解释明白。寻它的语源,却有"多数"的意思。郭冷苔(Collontay)是那党中的女杰,曾遇见过一位英国新闻记者,问她 Bolsheviki 是何意义,女杰答言:"问 Bolsheviki 是何意义,实在没用,因为但看他们所做的事,便知这字的意思。"据这位女杰的解释,"Bolsheviki 的意思,只是指他们所做的事。"但从这位女杰自称她在西欧是 Revolutionary Socialist,在东欧是 Bolshevik 的话,和 Bolsheviki 所做的事看起来,他们的主义,就是革命的社会主义;他们的党,就是革命的社会党;他们是奉德国社会主义经济学家马客士(Marx)为宗主的;他们的目的,在把现在为社会主义的障碍的国家界限打破,把资本家独占利益的生产制度打破。此次战争的真因,原来也是为把国家界限打破而起的。因为资本主义所扩张的生产力,非现在国家的界限内所能包容;因为国家的界限内范围太狭,不足供它的生产力的发展,所以大家才要靠着战争,打破这种界限,要想合全球水陆各地成一经济组织,使各部分互相联结。关于打破国家界限这一点,社会党人也与他们意见相同。但是资本家的政府企望此事,为使他们国内的中级社会获得利益,依靠战胜国资本家一阶级的世界经济发展,不依靠全世界合于人道的生产者合理的组织的协力互助。这种战胜国,将因此次战争,由一个强国的地位进而为世界大帝国。Bolsheviki 看破这一点,所以大声疾呼,宣告:此次战争是 Cgar 的战争,是 Kaiser 的战争,是 Kings 的战争,是 Emperors 的战争,是资本家政府的战争,不是他们的战争。他们的战争,是阶级战争,是合世界无产庶民对于世界资本家的战争。战争固为他们所反对,但是他们也不恐怕战争。他们主张一切男女都应该工作,工作的男女都应该组入一个联合,每个联合都应该有的中央统治会议。这等会议,应该组织世界所有的政府,没有康格雷,没有巴力门,没有大总统,没有总理,没有内阁,没有立法部,没有统治者,但有劳工联合的会议,什么事都归他们决定。一切产业都归在那产业里做工的人所有,此外不许更有所有权。他们将要联合世界的无产庶民,拿他们最大、最强的抵抗力,创造一自由乡土,先造欧洲联邦民主国,做世界联邦的基础。这是 Bolsheviki 的主义。这是二十世纪世界革命的新信条。

伦敦《泰晤士报》曾载过威廉氏(Harold Williams)的通讯,他把 Bolshevism 看作一种群众运动,和前代的基督教比较,寻出两个相似的点:一个是狂热的党派心,一个是默示的倾向。他说:"Bolshevism 实是一种群众运动,带些宗教的气质。我曾记得遇见过一个铁路工人,他虽然对于至高的究竟抱着怀疑的意思,犹且用'耶典'的话,向我极口称道 Bolshevism 可以慰安灵魂。凡是晓得俄国非国教历史的人,没有不知道那些极端的党派将要联成一大势力,从事于一种新运动的。有了 Bolshevism,于贫苦的人是一好消息,于地上的天堂是一捷径的观念,他的传染的性质和权威,潜藏在他那小孩似的不合理的主义中的,可就变成明显了。就是他们党中的著作家、演说家所说极不纯正的话,足使俄国语言损失体面的,对于群众,也仿佛有一种教堂里不可思议的仪式的语言一般的效力。"这话可以证明 Bolshevism 在今日的俄国,有一种宗教的权威,成为一种群众的运动。岂但今日的俄国,二十世纪的世界,恐怕也不免为这种宗教的权威所支配,为这种群众的运动所风靡。

哈利逊氏(Frederic Harrison)也曾在《隔周评论》上说过:"猛厉,不可能,反社会的,像 Bolshevism 的样子,须知那也是很坚、很广、很深的感情的发狂。这种感情的发狂,有很多的形式。有些形式,是将来必不能避免的。"哈氏又说:"一七八九年的革命,唤起恐怖,唤起过激革命党的骚动:但见有鲜血在扫荡世界的革命潮中发泡,一种新天地,就由此造成。Bolshevism 的下边,潜藏着一个极大的社会的进化,也与一七八九年的革命同是一样,意大利、法兰西、葡萄牙、爱尔兰、不列颠都怵然于革命变动的暗中激奋。这种革命的暗潮,将殃及于兰巴地和威尼斯,法兰西也难幸免。过一危机,危机又至。爱尔兰独立运动,涌出很多的国事犯。就是英国的社会党,也只想和他们的斯堪的那维亚、日耳曼、俄罗斯的同胞握手。"

托洛茨基在他著的《Bolsheviki 与世界平和》书中也曾说过:"这革命的新纪元,将由无产庶民社会主义无尽的方法,造成新组织体。这种新体,与新事业一样伟大。在这枪炮的狂吼、寺堂的破裂、豺狼性成的资本家爱国的怒号声中,我们应先自而进,从事于此新事业。在这地狱的死亡音乐声中,我们应保持我们清明的心神,明了的视觉。我们自觉我们将为未来唯一无二创造的势力。我们的同志现在已有很多,将来似可更多。明日的同志,多于今日。后日更不知有几千万人跃起,隶于我们旗帜的下边。有数千万人,就是现在,去共产党人发布檄文已经六十七年,他们只须丢了他们的绊锁。”从这一段话,可知托洛茨基的主张,是拿俄国的革命做一个世界革命的导火线。俄国的革命,不过是世界革命中的一个,尚有无数国民的革命将连续而起。托洛茨基既以欧洲各国政府为敌,一时遂有亲德的嫌疑。其实他既不是亲德,又不是亲联合国,甚且不爱俄国。他所亲爱的,是世界无产阶级的庶民,是世界的劳工社会。他这本书,是在瑞士作的。着笔在大战开始以后。主要部分完结在俄国革命勃发以前。书中的主义,是在陈述他对于战争因果的意见。关于国际社会主义与世界革命,尤特加注意。通体通篇,总有两事放在心头:就是世界革命与世界民主。对于德、奥的社会党,不惮厚加责言,说他们不应该牺牲自己本来的主张,协助资本家的战争,不应该背弃世界革命的信约。

以上所举,都是战争终结以前的话,德、奥社会的革命未发以前的话。到了今日。托氏的责言,已经有了反响。威、哈二氏的评论,也算有了验证。奥匈革命,德国革命,匈牙利革命,最近荷兰、瑞典、西班牙也有革命社会党奋起的风谣。革命的情形,和俄国大抵相同。赤色旗到处翻飞,劳工会纷纷成立,可以说完全是俄罗斯式的革命,可以说是二十世纪式的革命。像这般滔滔滚滚的潮流,实非现在资本家的政府所能防遏得住的。因为二十世纪的群众运动,是合世界人类全体为一大群众。这大群众里边的每一个人、一部分人的暗示模仿,集中而成一种伟大不可抗的社会力。这种世界的社会力,在人间一有动荡,世界各处都有风靡云涌、山鸣谷应的样子。在这世界的群众运动的中间,历史上残余的东西,什么皇帝咧,贵族咧,军阀咧,官僚咧,军国主义咧,资本主义咧,凡可以障阻这新运动的进路的,必挟雷霆万钧的力量摧拉他们。他们遇见这种不可当,都像枯黄的树叶遇见凛冽的秋风一般,一个一个地飞落在地。由今以后,到处所见的,都是 Bolshevism 战胜的旗。到处所闻的,都是 Bolshevism 的凯歌的声。人道的警钟响了!自由的曙光现了!试看将来的环球,必是赤旗的世界!

我尝说过:“历史是人间普遍心理表现的记录。人间的生活,都在这大机轴中息息相关,脉脉相通。一个人的未来,和人间全体的未来相照应。一件事的征兆,和世界全局的征兆有关联。一七八九年法兰西的革命,不独是法兰西人心变动的表征,实是十九世纪全世界人类普遍心理变动的表征。一九一七年俄罗斯的革命,不独是俄罗斯人心变动的显兆,实是二十世纪全世界人类普遍心理变动的显兆。"俄国的革命,不过是使天下惊秋的一片桐叶罢了。Bolshevism 这个字,虽为俄人所创造,但是它的精神,可是二十世纪全世界人类人人心中共同觉悟的精神。所以 Bolshevism 的胜利,就是二十世纪世界人类人人心中共同觉悟的新精神的胜利!

(第五卷第五号,一九一八年十一月十五日)

非“君师主义”

高一涵

这几个月来，我是不谈政治的，是不读“总统命令”的。一则因为中国现在无举国公认的政府，无举国爱戴的总统；二则因为我们所讲求的是法治不是人治，所研究的是法律不是命令。所以就是总统合法的命令，也不大理会他，何况这种总统的“上谕”呢！然我看见十一月二十四日的“大总统令”中有一大堆“道德”的话头，谓：“牖民成俗，是惟道德，……西哲有言，道德为共和国之元气，……亟当……揭橥道德以为群伦之表率。……”一又有什么“教条”，又有什么“检束身心以为律度”，又有什么“各秉至诚以回末俗”，又有什么“教育事业……著教育部通饬京外学校于修身学科，认真教授，并酌择往哲嘉言懿行，编为浅说，颁行讲演，以资启迪……”云云。我读了一遍，觉得这种“天地、君亲、师”的总统观念，在中国是很印入人心的，绝不止徐世昌一人独怀这种意见。曾记得严复有曰：

……读此可知东西立国之相异，而国民资格，亦由是而大不同也。盖西国之王者，其事专于作君而已。而中国帝王，作君而外，兼以作师。且其社会，固宗法之社会也，故又曰元后作民父母。夫彼专为君，故所重在兵刑。而礼乐、宗教、营造、树畜、工商，乃至教育、文字之事，皆可放任其民使自为之。中国帝王下至宰守，皆以其身兼天地、君亲、师之众责，兵刑二者不足以尽之也。于是乎有教民之政，而司徒之五品设矣；有鬼神郊禘之事，而秩宗之五祀修矣；有司空之营作，则道路梁杠皆其事也；有虞衡之掌山泽，则草木、禽兽皆所咸若者也。……使后而仁，其视民也，犹儿子耳；使后而暴，其遇民也，犹奴虏矣。为儿子、奴虏异，而其于国也，无尺寸之治柄，无丝毫应有必不可夺之权利，则同。由是观之，是中西政教之各立，盖自炎黄、尧舜以来，其为道莫有同者。……

严氏论事，多执己见，独这一段实写中国君后观念，却无一字虚构的。所以这种"神圣的"总统，"元后的"总统，"家长的"总统，"师傅的"总统思想，在中国社会上很占势力。惟其为"神圣的"总统，所以能定"教条"；惟其为"元后的"总统，所以能"一正心而天下定"；惟其为"家长的"总统，所以云"在下则当父诏兄勉，以孝悌为辅世之方"；惟其为"师傅的"总统，所以"教育""修身"，皆得由彼"酌择"。然则这次"大总统令"，实为中国旧思想之结晶，所以不得轻易看过去的。

我以为这种"天地、君亲、师"的总统观念，所以发生的原因有二：（一）是缺乏历史进化的观念；（二）是行制度革命而不行思想革命的坏处。

因为缺乏历史进化的观念，所以严复竟将古今立国的异点，看作中西立国的异点。他就不晓得看看欧洲古代国家是什么样儿；他就不晓得欧洲现在的国家观念，是自古如此的，还是从那政教合一时代变来的呢？政治学中所说的国家渊源，不外神权说、家长说、权力说数种，这是人人皆知的。神权说者，多谓国家为神所创造。希伯来人谓：国家者，神所直接建设的；希腊及罗马人则谓：国家为神所间接建设的。所以他们多谓君主为神的代表，神的权力即是君主的权力。犹太的国家，是由十二族合造的，罗马法中 Patria Potestai，即以家长对于子孙的教育、宗教及其他一切权力为基础。至于尊权力说者，又谓国为"首出庶物"者，为"天亶聪明"者所手造。然则"自炎黄、尧舜以来""作君而外兼以作师"的帝王，以 "身兼天地、君亲、师之众责"的帝王，亦不独中国有之，即欧洲上古亦有之。现在欧洲的皇帝连严氏所谓"兵刑"之权，亦皆失去，而完全为国家所有矣。文明国家，大概皆由古代神权家长及"元后作民父母"的时代，递嬗递变而来。严氏以中国停滞未进化的立国原理，去比那欧洲已进化的立国原理，所以觉得大不相同。然此特古今立国原理之差异，而非东西立国原理之差异也。误认为东西异点者，不是未明历史进化的观念吗？

再说共和政治，不是推翻皇帝便算了事。国体改革，一切学术思想亦必同时改革。单换一块共和国招牌，而店中所买的，还是那些皇帝"御用"的旧货，绝不得谓为革命成功。法国当未革命之前，就有卢梭、福禄特尔、孟德斯鸠诸人，各以天赋人权、平等、自由之说,灌入人民脑中。所以打破帝制,共和思想,即深入于一般人心。美国当属英的时候,平等、自由、民约诸说,已深印于人心,所以甫脱英国的范围,即能建设平民政治。中国革命是以种族思想争来的,不是以共和思想争来的。所以皇帝虽退位,而人人脑中的皇帝尚未退位。所以入民国以来,总统行为,几无一处不模仿皇帝。皇帝祀天,总统亦祀天;皇帝尊孔,总统亦尊孔;皇帝出来地下敷黄土,总统出来地下也敷黄土;皇帝正心,总统亦要正心;皇帝"身兼天地、君亲、师之众责",总统也想"身兼天地、君亲、师之众责"。这就是制度革命、思想不革命的铁证。

因有以上两种原因,所以总统命令,要适用那二千三百多年前的柏拉图学说,不惜以道德为国家目的;不惜以二十世纪的中国,强行那由家长制度变为元后专制制度的希腊的政治学说;又不惜将中国政教分立的国家,去将就那中世纪政教混合时代的思想。欧洲的国家,早在讲法治、重组织的时代;我们国家尚在这里谈人治,用那几千年前"一正心而天下定"的套语,去"检束身心""以回末俗"。古德诺谓:"吾国政治思想尚在欧洲中世纪时代。"照这样看起来,恐怕还在欧洲上古时代了,又谓:"西哲有言,道德为共和国之元气。"我想所说的西哲,必定是孟德斯鸠。孟氏政治哲学的方法,不源于柏拉图即基于亚里士多德。然他解释法律,既不说法律是理性的表示,又不说是元后的命令,但说是人与人的关系。是孟氏已承认道德与法律及元首,是分开的了。他虽说过共和政府以道德为原理,然他所谓"道德",乃是政治的道德(Political virtue),即是爱国与爱平等是也,绝不是那关于伦理的道德与宗教的道德(not moral or Christian virtue)。因为近世谈政治的人,稍明政治原理,即明白道德为人类内部的品德,属于感情及良知的范围。国家的权力,仅能支配人类外部的行为,绝不可干涉人类的思想、感情、信仰。岂但不可吗?实在是不能的。所以国家但能保护或奖励人民之生产,却不能自生货财;但能设卫生条例,却不能直接使人民寿康;但能发布宗教制度,却不能逼人生宗教的信仰。若曰能之,则是上古神权家长时代的元首;所做的事,而非现在共和国家为民公仆的元首所做的事。然则国家与道德,元首与道德,法律与道德,久已互相分开了。草总统命令者,就说自己的政治学说,认定道德与国家不分就是,又何必以此去诬那西哲呢!

因为国家不能干涉个人道德,所以宪法上必有信仰自由、言论自由、思想自由等等之规定。这几条自由权,在欧洲中古时代,也不晓得费了多少身家性命才争来的。

政教混合的时代,元首得代表上帝,干涉异教的思想。若对于国教,稍持异议,不遭屠戮,即被迫挟。坐此原因,所以个人精神的自由,全被皇帝扑灭。用皇帝一人的意见,去下那道德的注脚。往往与人民良知所感觉者相反,却又威迫势禁,令人不得不从。所以人尽模棱,怀疑不白;而特殊的见识,超群出众的思想,皆被国家消磨尽矣。此即近世道德教育,所以皆贵自动的,而不贵被动的缘故。

我的意见,不是说道德是不必要的,是说道德不能由国家干涉的;不是说共和国家不必尚道德的,是说主人的道德,须由主人自己培养,不能听人指挥,养成奴性道德的;也不是说现在社会道德是不坏的,是说就是坏到极点,也不能因我们大总统下一道"上谕"的命令,就可以立刻挽回的;更不是说道德不该有人倡导的,是说总统偶吃一次斋,万不能使人人戒杀;偶沐一回浴,万不能使人人涤面洗心;偶正一刻心,亦万不能使人人的心皆放在正中,而永远不歪的。所以道德必须由我们自己修养,以我们自己的良知为标准,国家是不能攒入精神界去干涉我们的。此外尚有一个理由,就是国家待人民,要看做能自立、自动,具有人格的大人;万不要看作奴隶,看作俘虏,看作赤子,看作没有人格的小人。共和国的总统是公仆,不是"民之父母";共和国的人民,是要当作主人待遇,不能当作"儿子"待遇,不能当作"奴虏"待遇的。

国家若干涉道德问题,则必生下列的三种政治:

(一)专制政治——扩张国家的权力,使干涉人民精神上的自由;凡信仰、感情、思想等事,莫不受国权之拘束;则道德的范围,道德的解释,皆由统治者自定。于是专制之弊端见矣。

(二)贤人政治——柏拉图以道德为国家的绝对目的,所以柏拉图又尊尚贤人政治。因凡在道德、法律混合的国家,其国家的元首,不是教主,即是家长,不然则是"首出庶物""天亶聪明"的伟人。治者与被治者,无论在法律上、在习惯上,皆是不平等的。所以柏拉图谓:"人类皆从地底而来,赋生之时,或夹些金质,或夹些银质,或夹些铜铁质。含金质者为君主,含银质者为辅臣,含铜铁质者则为农商。"所以被治者之瀹灵启智,皆须得治者为之引导:此即贤人政治所以成立之基础,以元首不自信为贤人,则必不敢"揭橥道德,以为群伦之表率"也。

(三)政教混合政治——中古以后,道德属宗教的范围,法律属国家的范围,本有界限。惟元首并法律、道德而皆得干涉之,则是"奉天承运""替天行道"的教主与"元后作民父母”的皇帝合而为一矣。所以宪法中也必要以“孔子之道为修身大本”;孔子的诞日,也必要强迫不尊孔的人去放一天假。又要祭孔,又要祭天,这还不是皇帝、教主的“混血儿”吗?

(第五卷第六号,一九一八年十二月十五日)

我们政治的生命

陶履恭

我们中国由君主改为共和已经七年了。这七年里头纷纭扰攘，变故迭生，四万万人没有过一天安静的日子。大凡人遇见了困苦的事情，或是使身体受苦，或是使精神不快，就是受了一种刺激，总要生一种感想。那感想是总不外乎要脱解所受的苦痛。中国一般的人民在这七年里头已经闹得个民不聊生，在战事区域内的，更是流离失所，家败人亡。① 每天的生活，一天难似一天，租税加重，物价加贵，收入日少，钞票日跌。他们对于这种苦况也，自然有一番感想的了。

一派的人想这是“势所必至，理有固然”，没有什么研究讨论的价值。生活既然是这样的艰难，我们只有为自己的生活计划罢了。普通的人只求饱食暖衣，野心高的人更还希望着安富尊荣。生物的特性本来就是求生的意志，人类求生的意志本来又是他最强的本能，所以无论是撞见了什么境遇，无论是碰上了什么状况，总是求生。人类贪生怕死，本也无足怪的。读者诸君试把眼放开看一看那憧憧往来的男女老少，那求生之念够怎么样的迫切呀！那沿街叫化的乞丐，呼爷叫娘，受人唾骂，所求的是什么呢？不过是一个铜元、半碗稀粥为着保全性命罢了；那倚门卖笑的娼妇，迎新送旧，供人玩弄，为的是什么呢？不过是吃三顿饱饭、穿两件新衣，将来求做个阁员政客的宠妾罢了；那焚杀掳掠的军匪，伤天害理，屠戮无辜，为的是什么呢？不过是抢些衣服财宝，供他们自己的挥霍罢了；那结纳权贵的政客，趋炎附势，无隙不乘，为的是什么呢？不过图个高楼大厦左姬右妾罢了。就像这四种人，虽然不是操一种的职业，——假使乞丐、娼妓、军匪和政客，可以算做职业——但是那求生的目的却都是一样的。一个人生在某个家庭里，是一桩偶然的事。甲生在贫民的家里，为求生的意志所驱使，就去做乞丐；乙生在缙绅的家里，为求富贵的生命，就去做军匪，做政客。倘若两个人换个境遇,那求生的方法又自然不同,但是那求生的目的仍然是没有什么分别的。人类只求生存,也不问求生的方法是怎么样,也不问所求的生存是什么状态,据我想是大错的。

年纪在三四十岁以上的人民,在前朝的时候,景况比现在好的,另外有一种感想。他们觉得现在生活的困难,就联想到十年前所过的好日子;想到以先所过的好日子,也就厌恶现在政府无能的状态,向往前朝的盛况。所以有一派的人向往康熙爷、乾隆爷的盛代,就说定还是帝国时代比现在民国好。因为清朝虽然是异族秉政,但是比现在军阀政府、元老政府还胜过多多。以先的政权没有这样的不稳,以先的军人没有这样的跋扈,以先的金融没有这样的杂乱,以先的风气没有这样的卑鄙,以先的生活没有这样的困难。总之,以先的人民都能享安乐的幸福。我想这是一个误谬的见解,发这个议论的人,没有赶上那康乾的盛代,所以不能知道康乾时代的真相。中国的历史没有一部是描写人民的历史,没有一部是写真社会的历史。即有清三百年的历史,也还要等着一位大历史(学)家,征集无限真确的材料,运用他特出的心思和想象力才可以把人民社会的真相描写出来呢。这都是因为失望于现在,所以就追想到过去。所以那迷信古典没有辩证的能力的书呆子,更追念那太古尧、舜、禹、汤郅治之世。以为是黄金时代咧!因为失望于现在,就托思于既往,是我们人类常有的心理。但是既往是万万追不回来的,又何必去想念他呢?况且那帝政时代的秕政弊端,实在不见得少,小民所受的苦痛实在也是很厉害,不过因为是在过去所以就忘了,俗语所谓"好了疮忘了痛"正是此意。现在又遇见苦恼,所以就把已经好了的创痛忘了。我们要想避去现在的苦痛,只追念既往是不济事的。

这七年的民国,会造出这许多委曲求生的人民来,有一派人说是政治上的罪恶。这几年的政治不良,荼毒小民,是人人都知道的。政治舞台上的角色,总是不外乎那几个军人、元老、名流"民党"、流氓卖国奴、留学生和前朝的猾吏。这些形形色色的人物,也有一人兼戴着几种头衔的,一个一个的都登过场,个人独唱、全体合唱的戏已经由他们都演完了。假使请他们再演一番,仍然还是旧套头,翻来覆去,又有什么意思。倘然老角色渐渐地下台,一班新角色再上台,所演的恐怕还及不上他们的老前辈呢!所以政治的罪恶既然已经铸成,使人民流离困苦,丧家亡身,那是已往的不可收拾的了。但是一般的人民现在还在那里热心的希望那造罪恶的去除他们的罪恶,去解人民的倒悬，岂不是妄想么？这不是推理上所谓连环推论 Vicious Circle 永远出不去环外么？我想我们人民受苦不都是政治上的罪恶，不都是军人、元老、名流、“民党”、流氓、猾吏、留学生、卖国奴的罪恶，实在是我们人民自己的罪恶。美国林肯说过的，什么样的人民，也就应该有什么样的政府。

详细研究起来，我们中国人对于时局，对于自身，各人有各人的感想，不必全相同的。但是上边所说那三种的看法，可以说是代表国人大部分的意思。一派的人，两只眼睛只望着背后，却看不见前面。发起议论来，总是前代如何，古代如何[②]，不推想现在应该如何、可以如何；一派的人只在那里责骂当局，却忘记了自己。发起议论来，总是军人如何，政府如何，不推想我应该如何、可以如何：又一派的人抱着那自私的龌龊的实利主义，只谋自己的富贵利达，却忘记自己以外的几万万的男女。发起议论来，总是我应该如何，别叫他们如何，不推想我们应该如何、可以如何。这三种观念都不是健全的，都是片面、不见全体的见解，都是戕贼社会、不是进善社会的办法。就是那已经达到富贵的，果然得到实利了么？我也不能无疑。我想那专营私利己的，所得的也不过是肉欲的、物质的实利，损害人生的价值。他们的行为是酿造社会的罪恶，贻害他们的子孙。那祸患及于社会是无穷尽，怎么会认做实利呢？

现在我们要觉悟上边所说的三种态度都不是健全的态度。要知道现在中国的政治不是共和，仍然是专制。我们受政治的扰乱不能有良善稳静的生命的缘故，正是受专制的毒害。要知道什么是共和，什么是民政，诚心按着民治的道理行去才是救济我们自己唯一的方法。换一句话说，就是我们要有历史的观念。世上的事都是相继续的，绝没有与以前隔断再重完全新发生的。所以我们的政治，我们的社会也是历史的产物，因袭固有的制度。因为是因袭固有的制度，所以就是与民治主义相背驰。现在革除那固有的制度的坏的，实践民治主义，就是解救我们人民的根本条件了。

何以说现在中国的政治不是共和呢？这个道理说起来很长。现今只简单的指出几样来。第一样就是执政的人物。现今操纵全国政权的大人物，大部分都是前清的官僚。后进的人物也都是追随官僚的后尘，他们可以打到官僚界里去，也就是因为模仿老官僚的缘故。第二样是执政的思想。历来大总统的命令和行政官的告示都可以认做现代执政者思想的结晶（参看本号《非君师主义》）。他们的思想最高的，不过是孔孟的政治哲学。孔孟的政治哲学是一种“开明政治”的理想，只承认人民是民，不承认人民是人;只承认人民是被治者,不承认人民是能自治的。孔孟的道理即使是能完全实行出来也无足贵,也不能容于民治的时代,何况他们连这个思想还及不上呢?第三样是政治的制度。民国的总统依然是保存皇帝的仪制。文武百官依然是欺侮百姓剥削小民。火车轮船都是为官吏谋方便、为小民生困苦;防瘟疫,剿土匪,都是使官吏发外财,反使小民损失生命财产;借外债,卖矿山,都是肥官吏的私囊,吮人民的膏血。种种专制的苛毒,不可遍数,共和的国家怎么会有这种制度呢?第四样是人民。中国四千年的历史是专制的历史。现今的人受了四千年专制观念的遗传,一时不能把余毒除净。所以人人的脑筋还是专制的。他的理想的政治家是拿破仑、袁世凯,最服膺的政治观念是统一、是武力,最赞美的道德观念是忠孝节义。上焉者每天的钻营谋干,不过是光耀祖宗,挂着一个爱国爱民的假面具。这种人民,因为久伏于专制制度之下,是专能骄下谄上,没有独立性的。

以上所说的都是几千年来所积的恶毒,留到现在,社会学上所谓 Survival 的。但是他的势力极大,我们要认清把他一一的除去。本志历来攻击旧思想、旧制度的文章并不是好为谩骂,止是这个去毒的意思。因为这旧思想、旧制度在旧日专制制度之下虽然有他相当的价值,但是在民治制度之下,是绝对不能相容的。那些旧思想,旧制度一旦不除,那民治之义也就不能实现于我们四万万人民里。像康有为、辜鸿铭的一派,不承认民治主义,专去辩护尊王,推戴治者,也就拥护历史传来的思想、制度,却也主张一贯。倘若我们承认国家是个共和,应该实行共和,那与专制制度相关系的思想、制度,都要一齐推翻,丝毫不值顾惜的。现今人民的疾苦,就是这个。国家在名称上已经变为共和,但是执政的人物,依然是专制时代的旧人物;执政的思想,依然是专制的脑筋;政治的制度,依然是专制时代的旧样式;一般的人民,也依然不能脱除专制的余毒挺然独出,显出自己的真生命真价值来。

现在希望执政者把国家治好,拯救我们小民的苦痛,是等不得,也是万万办不到的。这个有两个缘故:一则执政者在舞台上所演的戏法已经都演完了。他们不明白民治主义的真意思。名流、"民党"、留学生虽然也读过和文横文的书籍,他们所记得的也不过是几个名词、几种制度。所以有人要做皇帝,这般新人物就把"民意"端出来,有人要逐总统,就把"国会"造出来。他们怎么会懂得那些名词制度所蕴蓄的真精神呢?二则人民专依赖执政者也是与民治主义相背谬。在民治的国家里,政治是人民的生命,是他最重要的活动。政治不良,他要监督执政者,推翻执政者;即使政治良,也要鼓励执政者,指导执政者。所以政治就是人民共同活动的一种表示。共和国家政治的良否,只看那人民共同组织的能力若何;共和国家人民生命的良否,只看那人民共同的活动若何。但是受专制毒害过深的人民,是没有政治的生命的。因为他们只知道有命令和服从[3],缺乏共同组织共同活动的精神。大家共同组织一个会,人人希望做会长出风头,大家共同办一桩事,人人想掌权,把持一切。大权在握,就颐指气使,作威作福的就是专制的脑筋。遇见了位置高、权势大的,就胁肩谄笑奴颜婢膝的,就是奴隶的根性。在专制国家内,只有命令者与服从者两种人。换一句话说,只有专擅与奴隶的两类。两种人虽然是相对待,但纯然是同一心理,两种的表现罢了。所以我们有依赖服从的心理,就是我们没有脱除专制的观念的一个证据。共和国家内不能容专擅与奴隶的。我们是共和国的人民,不能再等待"执政者"解脱我们了。

我们现在要靠着我们自己救我们了,要靠着我们共同的活动造我们良美的生命了。从今以后,我们每人先把专制的观念——不特政治上的专制,连思想、风俗、习惯、家庭各方面的专制也包括在内——推翻,更把奴隶的根性——凡是对于君王、官吏、父兄、思想、风俗、习惯,为盲目的服从,含畏服的心理者都在内——掀倒,才可以有政治的生命,才可以联合组织做共同的组织。有共同组织、共同活动的,才可以称做民治国家。[4]但是民治国家并不是没有命令和服从的。不过他的命令不是外来的命令,不是专制的命令,是大家约束大家;他的服从,不是盲目的奴隶的服从,是大家顾全大家的利益,大家顾全大家的生命的一种服从。所以民治国家的总统,不能自己随意下"上谕",更不能下讲道德、说仁义的教条,因为他不过是行政的领袖,他只能在各种法律所定范围之内尽推行的职务。即在总统政权最大的美国,也是有宪法、惯习和他自己的道德观念管着他。所以民治国家的国会代表不能是"鱼行"的伙计,更不能是督军的代表,因为国会代表是我们人民举出来替我们说话的,替我们筹划大家应该怎么约束自己的,替我们监视各种官吏的行为的。即在宪政委靡,劳动没有代表的日本,也是有几个国会议员是代表人民的。至于曹汝霖会代表乌梁海,孙毓筠会代表前藏,汪荣宝会代表土谢图汗,林长民会代表三音诺颜汗[5]只有中国的政治舞台上可以演得出来,即英国一八三二年选举法修正以前,也没有这样鬼蜮的选举的。所以民治国的人民也不能袖手旁观、听凭当道的处置,更不能谄媚官长去做他们的傀儡的。因为人民所组织的、所活动的、所奋斗的，都是为保护自己，增进大家的利益。大家不联络起来保护自己，就要受己以外的人支配剥削的。那贪鄙庸懦的虽然可以借着巴结逢迎有权势的去保护他本身，增进他自己的利益，但是那权势有变迁，有升沉，是一个不可靠的东西——中国这七年的历史已经可以证明这个道理——任凭你是五花八门，朝秦暮楚，迎张送李[⑥]，也是保不住你自己的利益。能稳固又为什么不由大家尽力去保护大家的稳固呢？更深一层说，一段便宜事只是个人或少数人得到，但是多数人得不到或反吃亏的，并不是真便宜，那个便宜也是不能长久的。这个道理现在不能申说了。

七年以来的民国，是没有人民的民国。因为人民没有声息，没有动转，没有对执政者说："我们在这里看着你了！"所以执政者才造出这许多政治的罪恶。并不是因为政治的罪恶，所以人民才这样流离困苦的。现在七年将尽，转瞬就是新岁，我们人民岂不可以跳到政治舞台上各人都发挥政治的生命，成有组织的活动，使八岁的民国，变成人民的国家，民治的国家么[⑦]？

（第五卷第六号，一九一八年十二月二十五日）

①七年以来，各省人民没有不因为政局的影响受灾害的。但是那受兵祸最惨的就是四川、湖南两省了。两省人民所受的苦发表在报纸上的，不过是沧海之一粟。况且各处人民所亲受的苦况，更不是纸笔所能形容的。今年十二月七日有"旅沪湖南善后协会"上南北当局的电报一通，读了可以略窥湖南人民的苦状。原电如下："……'在湘客军，数逾十万。淫掠焚杀，无所不至。举其著者，如醴陵之役，全城被焚；黄土岭之役，女尸满山。此外，城镇市村，焚掠蹂躏几无幸免。溃军土匪，更番扰害。全省公私财物，抢劫一空。恶探诬指，陷害无辜。厘局横暴，强攫商货。民命民财，朝不保夕，顷据湘省来人报告最近情形，如财政、金融之紊乱，尤令人不寒而栗。既设裕湘银行，复私设日新银号，滥发纸币，乱相兑换，狼狈为奸。湖南银行去岁在沪订印铜元票四千五百万串，原为收换旧票之用，今旧票不唯不换，更将收存未毁之烂票及沪印之新票，一并发出，计新旧铜元票一项，数已逾一万万串，又以纸币勒派各县，兑换现洋，每县数万元。综计吸现金为数极巨，而军饷仍复欠发，纸币永不兑现。又强定最低兑换法价，银行可按法价易银，商民则不能以法价兑现，由是官家可以一纸之空票流通，商民则不能以贱值之法价交易。又日铸铜元数万串，均贩汉渔利。钱票日增，铜元日乏，遂至银钱两荒，市场金融，根本破坏，人民无端破产，百业以之荒废。其受害尤烈者，首为民食。盖军民以纸币易米，米商不

能以纸币易谷,终乃遂致无形罢市。不仅此也.湘岸榷运局,复巧立护照名目,加收盐费,每包苛征,倍于国课。使盐商失业,穷民缺贩。故目前湘垣石米,需钱百串,斤盐需银四两,人非淡食,即属绝粮。民不聊生,至于此极。凡兹所述,皆属巨痛。至于四民失所,百物凋残,困苦流离,万言难罄。'……"

②最奇怪的就是有一派人说民国三四年,袁世凯统一时代胜于黎、冯秉政时代。假使袁世凯没有帝制的野心,中国一定可以久安,即使不能久安,也一定比现在强。这种悖谬的议论,我们没有证据驳他,但是他也没有证据使我们相信,因为这是历史的假定(historical Snpposition)虚无缥缈,不值一研究的。但是从政治理想上可以判定袁世凯与中华民国不能相并立的。专制的遗制,一日不除,也没有优劣进退可言的。

③服从是奴隶的特性,但是民治的国家也要服从。两种服从的不同处,是前者服从权威,服从势力,服从金钱;后者服从理性,服从知识,服从全体的利益。

④"民治"的英文原字是Democracy,日本书上多译为"民本主义",国人近来也多沿用此字。"民本"两个字容易引人误会,孔孟的政治观念也可以称做民本主义,那开明专制论旨一派,更可以用这个名词文饰他们的政策的。"治"字有发动的意思在内,也正是希腊原字的本意。我想现代进化的国家的真精神,就在人民自己的活动。

⑤这是民国二年的国会。今年督军团的国会代表更不值得一评论了。假使曹汝霖可以代表乌梁海,我的同乡温世霖也可以代表新疆,他去代表新疆倒可以胜曹汝霖一筹,因为温世霖曾在新疆住过一年多,知道新疆的情状,曹汝霖连张家口外都没有到过,更不必说乌梁海了。

⑥今最可笑、最可怜、实在最可悲的现象就是这个。随政局的变化,就有许多人追随那有权势的,滚来滚去。这几年北京的政象变化最多这种现状也是最容易见的。

⑦我并不是说人民有了政治活动,即刻可以人乐民安。我以为政治良善是各种进步的必要条件。倘若国家内政局不稳,政权转移于少数私人手更有武力为扰乱,人民的生命财产且不能保全,更有什么进步呢?

和平会议的根本错误

高一涵

这几年来,“调和”两个字,竟成了政客名士的口头禅。然所谓调和的主体,大概皆丢开国民,注重特殊的势力。民国元年的调和,乃是民党与袁世凯派平分政权;五年的调和,乃是国民系、进步系与北洋系平分政权;今年的调和,虽尚未宣布具体的条件,然探其内幕,亦不过北洋的官僚与西南的政客,瓜分政治上高级的位置罢了。只要特殊势力,取得相当的地位,即是调和成功。至于国民的福利和国家的根本问题,就无人过问了。所以中国这几年来,完全是寡头政治;完全是牺牲人民福利,去迁就特殊势力。若是特殊势力因分赃不匀而冲突起来,则无论什么法律,皆要一扫而空。于是胆怯的人和那趋炎附势的人,纯以迁就敷衍为事,遂奉这种特殊势力,以为政治中心。一若政治如失了中心,国家就不得安宁了。这种政治中心之说,就是牺牲国民全体的福利,去迁就一系一派的。这就是政变的祸根!这就是调和的恶果!

我前几年常看人家调和的论说,所以也深信调和是立国的天经地义。现在的观念,稍与往日不同,以为政治改革,全赖一般扎硬寨,打死仗的人,天天和那反对派战争,才能时时改进。若才争得两步,又倒退一步,去等候那守旧的人,则政治进步,便觉停顿很多了。原来政治革命,都是理想家发起的,都是少数人倡导的。既明明知道我所发起的所倡导的是政治真理,就应该勇往直前,去战胜阻拦障碍的人。断不可因为多数人压迫,就抛弃自己的主张,去迁就那些老死不知改革的人。中国现在南北纷争,正是政治改革的动机。几次战争,皆是平民政治与官僚政治战争,法治思想与人治思想战争,正义人道与强权武力战争。于此乃倡言调和,难道中国应行半官半民的政治,应存半法半人的思想,应作半道义半权力的国家吗?一方要护法,一方偏要毁法,难道法律问题,也可半推半就的吗?连法也不许你护,尚有调和的余地吗?本无调和的余地，而偏要调和，这是和平会议的根本错误一。

若退一步说，认和平会议为有成立的理由。然所谓调和，亦必丢开武人、官僚、政客三种人的特殊利益，为一般平民谋幸福，为国家建定永久的和平，才是调和的正当办法。现在的和平会议，不过是些武人、官僚、政客，私议瓜分权利，指定某省划归某人，某位置让与某派。至于为国家主权所在的主人翁，反退居第三者地位，去居间为之仲裁。仲裁本是中间人的事；必身在局外，乃有中立可言；若身在局中，何能中立？既非中立，又何能居间调停？由此推论，可见这次和平会议，大家都看做南北两政府当局的事，不曾看做全体国民的事。所以不是发起国民仲裁会，就是自命为居中调停人。题目都未认得清楚，做出的文章，就可想而知了。这是和平会议的根本错误二。

要想解决法律上纠纷问题，必定要把和平会议所议决的条件，认为最高的法律，非经特殊的机关，不能轻易变更。这是什么缘故呢？因为这次法律上争点，就是宪法；欲将国会从前所不能自由解决的问题，拿到和平会议里去解决，则和平会议所议决的条件，必定要有拘束宪法会议的效力。所以这次和平会议所议决的条件，应当属于国家根本问题，调剂万殊，流通百感，而为国民全体的权利书；不当属于个人权利问题，仅规定当事人的双方利益，而为当局少数人的权利书。现在和平会议，既叫人民居于第三者地位，可见是双方当事人的意思，不是全体国民的意思；所议定条件，亦是当事人的私约，不是全体国民的公约矣。这是和平会议的根本错误三。

和平会议的责任，既这样重大，所以任该会代表的，至少必具有三种资格：（一）不受党派的操纵。（二）代表的人品，必高尚纯洁。（三）其人必来自民间，毫无自身的权利思想。必如此才能看见国利民福所在，不为权利所蒙蔽，不为势力所动摇。这回的和议代表不是为某党某派去效忠，就是受某人的指使。好像傀儡登场，听人暗中操纵罢了。不但讲不到发挥自由独立的意见，就是叫他们自由，叫他们独立，恐怕也是做不到的。这种傀儡的代表，留音机器的代表，还有什么意见可发挥呢？不过替人家去争权夺利，回头来分“一杯羹”罢了。这是和平会议的根本错误四。

凡是政治上光明正大的会议，没有不可以公开的。只有前几年外交上会议协商，因为有些鬼鬼祟祟的计划，不可告人，所以，但凭着几个人秘密磋商，绝不叫外人知道。这回欧战，就是秘密外交造成的，所以协约国现在同声倡议，要打破秘密外交主义，此后一切政治问题，皆须公开，毋庸隐秘。这次和平会议，所讨论的是何等重大问题！直到现在，尚不知他们葫芦中卖的什么药。我想如果是光明正大的调和计划，断不须严守秘密；他们既已严守秘密，想必是有不可告人的诡计。人家以秘密主义，为扰乱世界和平的祸根，不惜尽力打破之；我国反以秘密主义为天经地义，而极力实行。这是和平会议的根本错误五。

有这五种错误，则这次和平会议的效果，也就可想而知了。我且奉告当局几句话：就是二十世纪的政治，不是政党首领的寡头政治；国家的权利，不能容两三党派的重要人物，去私下瓜分的。政治的事业，不是那些拿钱吃饭不做事的人所能独占，所能私相受授的。你们要晓得推翻帝制，打倒贵族，单使中等以上的社会享幸福，那是十八世纪的政治革命；推翻中等以上的阶级，打倒军阀，使全体国民享幸福，才是现在的社会革命呢。要想乘人家革命的机会，使我们于中取利，升官发财，像袁世凯的样子，是万万做不到的了。奉劝代表诸君，和自居调人诸君，不要在此做梦罢！

（第六卷第一号，一九一九年一月十五日）

吃人与礼教

吴虞

我读《新青年》里鲁迅君的《狂人日记》，不觉得发生了许多感想。我们中国人，最妙是一面会吃人，一面又能够讲礼教。吃人与礼教，本来是极相矛盾的事，然而他们在当时历史上，却认为并行不悖的，这真正是奇怪了。

《狂人日记》内说："我翻开历史一查，这历史每叶上都写着'仁义道德'几个字。仔细看了半夜，才从字缝里看出字来，满本都写着两个字，是'吃人'。"我觉得他这日记，把吃人的内容，和仁义道德的表面，看得清清楚楚。那些戴着礼教假面具吃人的滑头伎俩，都被他把黑幕揭破了。我现在试举几个例来，证明他的说法：

(1)《左传》：僖公九年，"周襄王使宰孔赐齐侯胙。曰：'天子有事于文武，使孔赐伯舅胙。'齐侯将下拜。孔曰：'且有后命。天子使孔曰，'以伯舅耋老，加劳赐一级，无下拜！'"对曰：'天威不违颜咫尺，小白余敢贪天子之命，无下拜？恐陨越于下，以遗天子羞。敢不下拜？'下，拜。登，受。"这是记襄王祭文王武之后，拿祭肉分给齐侯，说"齐侯年老，可以不必下拜，讲君臣的礼节"。齐侯听得襄王如此吩付，便同管仲商量。管仲答道："照着襄王分付(吩咐)的话做去，不行旧礼，便成了为君不君，为臣不臣，那就是大乱的根本了。"(《齐语》)于是齐侯出去见客，便说道，"天子如天，鉴察不远，威严常在颜面之前，不敢不拜"。据这样看来，齐侯是很讲礼教的。君君臣臣的纲常名教，就是关于小小的一块祭肉，也不能苟且。讲礼教的人到这步田地，也就尽够了。就是如今刻《近思录》《传习录》的老先生，讲起礼教来，未必有这样的认真。齐侯真不愧为五霸之首了。然而我又考《韩非子》说道："易牙为君主味。君之所未尝食，唯人肉耳。易牙蒸其首子而进之。"《管子》说道："易牙以调和事公。公曰，'惟蒸婴儿之未尝'。于是蒸其首子，而献之公。"(戴子高《管子校正·治要》"首子"作"子首"，《韩子·难》篇同,今本误倒。)你看齐侯一面讲礼教,尊周室,九合诸侯,不以兵车,葵丘大会,说了多少"诛不孝,无以妾为妻,敬老,慈幼"等等道德仁义的门面话;却是他不但是姑姊妹不嫁的就有七个人,而且是一位吃人肉的,岂不是怪事?好像如今讲礼学的人,家中淫盗都有,他反骂家庭不应该讲改革。表里相差,未免太远。然而他们这类人,在历史上,在社会上,都占了好位置,得了好名誉去了。所以奖励得历史上和社会上表面讲礼教,内容吃人肉的,一天比一天越发多了。

(2)就是汉高帝。《汉书》:高帝二年,"汉王为义帝发丧,袒而大哭,哀临三日。发使告诸侯曰:'天下共立义帝,北面事之。今项羽放杀义帝江南,大逆无道,寡人亲为发丧,兵皆缟素。愿从诸侯王击楚之杀义帝者!'"高帝虽是大流氓出身,但他这样举动,是确守名教纲常,最重礼教的了。十二年,过鲁,以太牢祀祝孔子。孔二先生背时多年,自高帝用太牢加礼以后,后世祀孔的典礼,便成了极重大的定例。武帝以后,用他传下这个方法,越发尊崇孔学,罢黜百家,儒教遂统一中国。这崇儒尊孔的发起人,是要推高帝;儒教在中国专制二千多年,也要推高帝为首功了。班固又恭维高帝道:"天下既定,命萧何次律令,韩信中军法,张苍定章程,叔孙通制礼仪,陆贾造《新语》;虽日不暇给,规摹弘远矣。"据这样看来,汉高帝哭义帝,斩丁公,他把名教纲常看得非常重要。他晓得三纲之中君臣一纲,关系自己的利害尤其吃紧,所以见得孔二先生说"君臣之义不可废"的话,他就立刻把从前未做皇帝时候"溺儒冠"的脾气改过,赶忙拿太牢去祀孔子,好借孔子种种尊君卑臣的说法来做护身符。他又制造许多律令礼仪来维持辅助,以期贯彻他那些名教纲常的主张。果然就传了四百年天下,骗了个"高皇帝"的尊号,史臣居然也就赞美他得天统了。却是我读《史记·项羽本纪》,说"项王与汉俱临广武而军,相守数月。当此时,彭越数反梁地,绝楚粮食。项王患之,为高俎,置太公其上。告汉王曰:'今不急下,吾烹太公!'汉王曰:'吾与项羽俱北面受命怀王,约为兄弟;吾翁即若翁,必欲烹而翁,幸分我一杯羹!'"汉王这样办法,幸而有位项伯在旁营救,说是"为天下者不顾家"——就是说想得天下做皇帝的人,本来就不顾他老爹死活的。项王幸亏听了他的话,未杀太公。假如杀了,分一杯羹给汉王,那汉王岂不是以吃他老爹的肉为"幸"吗?又读《史记·黥布列传》说:"汉诛梁王彭越,醢之。盛其醢,遍赐诸侯。"这也可见当时以人为醢,不但皇帝吃人肉,还要遍给诸侯,尝尝人肉的滋味。怪不得《左传》记"析骸易子而食";《曾国藩日记》载"洪杨之乱,江苏人肉卖九十文钱一斤,涨到一百三十文钱一斤”。原来我们中国吃人的风气,都是霸主之首,开国之君,提倡下来的。你看高帝一面讲礼教,一面尊孔子,一面吃人肉;这类崇儒重道的礼教家,可怕不可怕呢?后来太公得上尊号做“太上皇”,没有弄到锅里去成了羹汤,真算是意外的侥幸呀!

(3)就是臧洪、张巡辈了。考《后汉书·臧洪传》:“洪,中平末,弃官还家,太守张超请他做郡功曹。后来曹操围张超于雍丘。洪将赴其难,自以众弱,从袁绍请兵;袁绍不听,超城遂陷,张氏族灭。洪由是怨绍,绝不与通。绍兴兵围洪,城中粮尽,洪杀其爱妾,以食兵将;兵将咸流涕,无能仰视。”臧洪不过做张超的功曹,张超也不过是臧洪的郡将,就在三纲的道理说起来,也没有该死的名义。便有知己之感,也只可自己慷慨捐躯,以死报知己,就完事了。怎么自己想做义士,想身传图像,名垂后世,却他把人的生命拿来供自己的牺牲;杀死爱妾,以享兵将,把人当成狗屠呢?这样蹂躏人道,蔑视人格的东西,史家反称许他为“壮烈”,同人反亲慕他为“忠义”;真是是非颠倒,黑白混淆了。自臧洪留下这个榜样,后来有个张巡,也去摹仿他那篇文章。考《唐书·忠义传》,载“张巡守睢阳城,尹子奇攻围既久,城中粮尽,易子而食,析骸而爨。巡乃出其妾,对三军杀之,以飨军士,曰,‘请公为国家戮力守城,一心无二。巡不能自割肌肤,以啖将士,岂可惜此妇人!’将士皆泣下,不忍食。巡强令食之。括城中妇人既尽,以男夫老小继之,所食人口二三万。许远亦杀奴僮以哺卒。”(《新书》)臧洪杀妾,兵将都流涕,不能仰视。张巡杀妾,军士都不忍食。可见越是自命忠义的人,那吃人的胆子越大。臧洪、张巡,被礼教驱迫,至于忠于一个郡将,保守一座城池,便闹到杀人吃都不顾,甚至吃人上二三万口。仅仅他们 二人对于郡将,对于君主,在历史故纸堆中博得“忠义”二字。那成千累万无名的人,竟都被人白吃了。孔二先生的礼教讲到极点;就非杀人吃人不成功,真是惨酷极了。一部历史里面,讲道德说仁义的人,时机一到,他就直接间接地都会吃起人肉来了。就是现在的人,或者也有没做过吃人的事;但他们想吃人,想咬你几口出气的心,总未心打扫得干干净净!

到了如今,我们应该觉悟!我们不是为君主而生的!不是为圣贤而生的!也不是为纲常礼教而生的!什么“文节公”呀,“忠烈公”呀,都是那些吃人的人设的圈套,来诳骗我们的!我们如今应该明白了!吃人的就是讲礼教的!讲礼教的就是吃人的呀!

中华民国八年,八月,二十九日,吴虞又陵草于成都师今室。

（第六卷第六号,一九一九年十一月一日）

实行民治的基础

陈独秀

(地方自治与同业联合两种小组织)

民治是什么？难道就是北京《民治日报》所说的民治？杜威博士分民治主义的元素为四种：

(一)政治的民治主义:就是用宪法保障权限,用代议制表现民意之类。

(二)民权的民治主义:就是注重人民的权利,如言论自由,出版自由,信仰自由,居住自由之类。

(三)社会的民治主义:就是平等主义,如打破不平等的阶级,去了不平等的思想,求人格上的平等。

(四)生计的民治主义:就是打破不平等的生计,铲平贫富的阶级之类。

前二种是关于政治方面的民治主义,后二种是关于社会经济方面的民治主义。原来"民治主义"(Democracy),欧洲古代单是用做"自由民"(对奴隶而言)参与政治的意思,和"专制(统)治"(Autocracy)相反。后来人智日渐进步,民治主义的意思也就日渐扩张,不但拿他来反对专制帝王,无论政治、社会、道德、经济、文学、思想,凡是反对专制的、特权的,遍人间一切生活,几乎没有一处不竖(树)起民治主义的旗帜。所以杜威博士列举民治主义的元素,不限于政治一方面。

我们现在所盼望的实行民治,自然也不限于政治一方面。而且我个人的意思:觉得"社会生活向上"是我们的目的,政治、道德、经济的进步,不过是达到这目的的各种工具。政治虽是重要的工具,总不算得是目的。我敢说若要改良政治,别忘了政治是一种工具,别拿工具当目的,才可以改良出来适合我们目的的工具。我敢说最进步的政治,必是把社会问题放在重要地位,别的都是闲文。因此我们所主张的民治,是照着杜威博士所举的四种元素,把政治和社会经济两方面的民治主义,当做达到我们目的——社会生活向上——的两大工具。

在这两种工具当中,又是应该置重社会经济方面的。我以为关于社会经济的设施,应当占政治的大部分,而且社会经济的问题不解决,政治上的大问题没有一件能解决的,社会经济简直是政治的基础。

杜威博士关于社会经济(即生计)的民治主义的解释,可算是各派社会主义的共同主张,我想存心公正的人都不会反对。至于他关于政治的民治主义的解释,觉得还有点不彻底。我们既然是个"自由民"不是奴隶,言论、出版、信仰、居住、集会这几种自由权,不用说都是生活必需品。宪法我们也是要的,代议制也不能尽废。但是单靠"宪法保障权限","用代议制表现民□(意)",恐怕我们生活必需的几种自由权,还是握在人家手里,不算归我们所有。我们政治的民治主义的解释:是由人民直接议定宪法,用宪法规定权限,用代表制照宪法的规定执行民意。换一句话说,就是打破治者与被治者的阶级,人民自身同时是治者又是被治者。老实说,就是消极的不要被动的官治,积极的实行自动的人民自治。必须到了这个地步,才算得真正民治。

我们中国社会经济的民治,自然还没有□(人)十分注意。就是政治的民治,中华民国的假招牌虽然挂了八年,却仍然卖的是中华帝国的药,中华官国的药,并且是中华匪国的药!"政治的民治主义"这七个好看的字,大家至今看了还不大顺眼。但是我决不因此灰心短气,因为有三个缘故:一是中国创造共和的岁月,比起欧美来还是太浅,陈年老病哪有著手成春的道理。二是中国社会史上的现象,真算得与众不同:上面是极专制的政府,下面是极放任的人民。除了诉讼和纳税以外,政府和人民几乎不生关系。这种极放任不和政府生关系的人民,自己却有种种类乎自治团体的联合:乡村有宗祠,有神社,有团练;都会有会馆,有各种善堂(育婴、养老、施诊、施药、积谷、救火之类),有义学,有各种工商业的公所。像这些各种联合,虽然和我们理想的民治隔得还远,却不能说中国人的民治制度,没有历史上的基础。三是中国人工商业不进化和国家观念不发达。从坏的方面说起来,我们因此物质文明不进步,因此国民没有一致团结力;从好的方面说起来,我们却因此没有造成像欧洲那样的资产阶级和军国主义,而且自古以来,就有许行的"并耕",孔子的"均无贫"种种高远理想。"限田"的讨论,是我们历史上很热闹的问题;"自食其力",是无人不知道的格言。因此可以证明我们的国民性里面,确实含着许多社会经济的民治主义的成分。我因为有这些理由,我相信政治的民治主义和社会经济的民治主义,将来都可以在中国大大地发展,所以我不灰心短气,所以我不抱悲观。

现在政象不佳,没有实行民治主义的缘故,也有好几层:一是改建共和未久;二是我们从前把建设共和看得太容易,革命以前宣传民治主义的工夫太做少了;三是共和军全由军人主动,一般国民自居在第三者地位;四是拥护共和的进步国民两党人,都不懂得民治主义的真相,都以为政府万能,把全副精神用在宪法问题、国会问题、内阁问题、省制问题、全国的水利交通问题,至于民治的基础——人民的自治与联合——反来无人过问;五是少数提倡地方自治的人,虽不迷信中央政府,却仍旧迷信大规模的省自治和县自治,其实这种自治,只算是地方政府对于中央政府的分治,是划分行政区域和地方长官权限的问题,仍旧是官治,和民治的真正基础——人民直接地实际地自治与联合——截然是两件事。我们现在要实行民治主义,首先要注重民治的坚实基础,必须把上面说的二、三、四、五这几层毛病通通除去,多干实事,少出风头,把大伟人、大政治家、大政客、大运动家、大爱国者的架子收将起来,低下头在那小规模的、极不威风的、坚实的民治基础——人民直接地、实际地自治与联合上做工夫。不然,无论北洋军人执政也罢,西南军人执政也罢,交通系得势也罢,北方的安福部得势也罢,南方的安福部(就是政学会)得势也罢,进步党的内阁也罢,国民党的内阁也罢,旧官僚的内阁也罢,我可以断定中国的民治,仍旧是北京《民治日报》的民治,不是杜威博士所讲"美国之民治的发展"的民治。

我不是说不要宪法,不要国会,不要好内阁,不要好省制,不要改良全国的水利和交通,也不是反对省自治、县自治。我以为这些事业,必须建筑在民治的基础上面,才会充分发展。大规模的民治制度,必须建筑在小组织的民治的基础上面,才会实现。基础不坚固的建筑,像那沙上层楼,自然容易崩坏。没有坚固基础的民治,即或表面上装饰得如何堂皇,实质上毕竟是官治,是假民治,真正的民治决不会实现,各种事业也不会充分发展。

社会经济的民治主义,哪一国都还没有实行;政治的民治主义,英、美两国比较其余的国家,总算是发达的了。

他们所以发达的由来,乃是经许多岁月,由许多小组织的地方自治团体和各种同业联合,合拢起来,才能够发挥今天这样大规模的民治主义。好像一个生物体,不是一把散沙,也不是一块整物,乃无数细胞组织、器官组织合拢起来,才能够成就全体的作用。他们的民治主义,不是由中央政府颁布一部宪法几条法令,就会马上涌现出来的,乃是他们全体人民一小部分一小部分自己创造出来的。所以杜威博士在他"美国之民治的发展"讲演中说道:"美国是一个联邦的国家,当初移民的时候,每到一处,便造成一个小村,由许多小村,合成一邑,由许多邑合成一州,再由许多州合成一国。小小的一个乡村,一切事都是自治。"又说道:"美国的联邦是由那些有独立自治能力的小村合并起来的,历史上的进化是由一村一村联合起来的。美国的百姓是为找自由而来的,所以他们当初只要自治不要国家,后来因有国家的需要,所以才组成联邦。"

我们现在要实行民治主义,是应当拿英、美做榜样,是要注意政治经济两方面,是应当在民治的坚实基础上做工(功)夫,是应当由人民自己一小部分一小部分创造这基础。这基础是什么?就是人民直接地、实际地自治与联合。这种联合自治的精神:就是要人人直接地,不是用代表间接地;是要实际去做公共生活需要的事务,不是挂起招牌就算完事。这种联合自治□(的)形式就是地方自治和同业联合两种组织。

现在有许多人的心理,以为时局如此纷乱,政府哪里顾得到地方自治的问题,而且地方自治的法案,还未经正式国会详细规定出来,我们怎样着手?至于同业联合的组织法,政府国会都还未曾想到,更是无从组织。我想这种见解是大错而特错,是有两个根本上的错误:第一个错误,是以为地方自治和同业联合都要政府提倡,才能够实现。我以为这种从上面提倡的自治联合,就是能够实现,也只是被动的官式的假民治,我们不要。我们所要的,是从底下创造发达起来的、人民自动的真民治。第二个错误,是以为法律能够产生事实,事实不能够产生法律。我的见解恰恰和它正相反对,我以为法律产生事实的力量小,事实产生法律的力量大。社会上先有一种已成的事实,政府承认它的"当然"就是法律,学者说明它的"所以然"就是学说。一切法律和学说,大概都从已成的事实产生出来的。譬如英、美两国的自治制度,都是先由他们的人民创造出来这种事实,后来才由政府编成法典,学者演成学说,并不是先由政府颁布法典,学者创出学说,他们人民才去照办的。所以我觉得时局纷乱不纷乱,政府提倡不提倡,国会有没有议决法案,都和我们人民组织地方自治、同业联合不生关系。

我所说的同业联合,和那由店东组织的各业公所及欧洲古时同业协会(Guild)不同，和欧洲此时由工人组织的职工联合（旧译工联 Trade Union）及其他各种劳动组合也不同。因为此时中国工商界，像那上海、天津、汉口几个大工厂和各处铁路矿山的督办、总办，都是阔佬官，当然不能和职工们平起平坐。其余一般商界的店东、店员，工界的老板、伙计，地位都相差不远，纯粹资本作用和劳力没有发生显然的冲突以前，凡是亲身从事业务的，都可以同在一个联合。

关于地方自治和同业联合的种种学说、制度非常之多，至于详细的办法，一时更说不尽。我现在单只就中国社会状态的需要而且可以实行的，举出几条原则，免得失了直接的、实际的精神，就会发生笼统、涣散、空洞、利用、盘踞、腐败，种种不可救药的老毛病。

最小范围的组织 乡间的地方自治，从一村一镇着手，不可急急去办哪一乡的自治；城市的地方自治，要按着街道马路或是警察的分区，分做许多小自治区域，先从这小区域着手，不可急急去办哪城自治、市自治。同业联合是要拿一个地方的一种职业做范围，譬如一个码头的水手、船户、搬运夫，一个矿山的矿夫，一条铁路的职工，一个城市的学校教职员、新闻记者、律师、医生、木匠、瓦匠、车夫、轿夫、铁工、纺织工、漆工、裁缝、剃头匠、排印工人、邮差、脚夫等，各办各的同业联合。商业的店东管事和店员，在小城市里便归在一个联合，在大城市里，譬如上海地方，就按行业或马路分办各的同业联合，万万不可急于组织那笼统、空洞的什么“工会”，广大无边的什么“上海商界联合会”，什么“全国工人联合会”。凡是笼统空洞、没有小组织做基础的大组织，等于没有组织。这种没有组织的大组织，消极方面的恶结果，就是造成多数人冷淡、涣散、放弃责任；积极方面的恶结果，就是造成少数人利用、把持、腐败。

人人都有直接议决权 这种小组织的地方团体和同业团体，人数都必然不多，团体内的成年男女，都可以到会直接议决事务，无须采用代表制度。若是一团体的事务，各个分子都有直接参与的权利。它所生的效果：在消极方面，可以免得少数人利用、把持、腐败；在积极方面，可以养成多数人的组织能力，可以引起大家向公共的利害上着想，向公共的事业上尽力，可以免得大家冷淡旁观、团体涣散。中国现在的地方自治办不好，就是因为大家让少数的绅董盘踞在那里作恶；同业联合没有好效果，就是因为现在各业公所的组织，只是店东、管事独霸的机关，与多数的职工店员无涉。我所以主张小组织，就是因为小组织的人少，便于全体直接参与，一扫从前绅董、店东、工头、少数人把持的积弊,又可以磨炼(练)多数人办事的能力。若有人疑心多数的教育程度不够,还是用代表制度的好,我便拿杜威博士《美国之民治的发展》讲演上的话来回答:"民治主义何以好呢?因为它自身就是一种教育,就是教育的利器,叫人要知道政治的事不是大人先生的事,就是小百姓也都可以过问的。人民不问政事,便把政治的才能糟蹋完了,再也不会发展了。民治政治叫人去投票,叫人知道对于政治有很大的责任,然后自然能养成一种政治人才。美国的浩雷斯曼说:"我们的主张不是说人生下来就配干预政治,不过总要叫他配干预才是。"这就是民治主义的教育。从前美国的选举也有财产、教育、男女的限制,现在才把这些限制去了。去了限制之后,从没听人说过哪个人不会选举,可见得政治的才能是学得的,不是生来的。若有人疑心女子不便加入,我以为男女应该有同等权利的理论姑且不提,单就事实上说,女子加入的坏处,我一时想不出,我却想出许多女子加入的好处:女子的和平、稳静、精细、有秩序、顾名誉、富于同情心等,可以使团体凝结的性质,都比男子好。她们第一美点,就是不利用团体去寅缘官做。

执行董事不宜专权久任执行 团体议决事务的董事,由团体全员投票选举。选举权和被选举权,都不应当有教育、财产、男女、地位的限制。董事的人数宜多,任期宜短,不能连任。每半年改选三分之一,满期退任的次第,抽签预定。无论大会或是董事会,都只设临时主席,取合议制,不设会长、总董。这都是防备少数人盘踞必不可缺的制度。

注重团体自身生活的实际需要 地方自治应该注重的是:教育(小学校及阅书报社)、选举(国会、省县议会及城乡自治会)、道路、公共卫生。乡村的地方,加上积谷、水利、害虫三件事。同业联合应该注重的是:教育(补习夜学、阅书报社、通俗讲演)、储蓄、公共卫生、相互救济(疾病、老、死、失业等事)、消费公社、职业介绍、公共娱乐、劳工待遇等事。上海工业界现在有许多同业的联合会发生,我们十分欢迎。但是我们也有十分担心的两个疑问:(一)是否仅仅为了外交的感触?还是另有团体本身生活上实际需要的觉悟?(二)是否店东、管事们在那里包办?上海各马路的商界联合会,颇和我主张的小组织相同,但我们不能满意的地方:(一)到会的会员都只有各店代表一百多人,不但不是全体,并没有过半数。(二)这些代表恐怕多半是店东、管事,没有店员的份。(三)本身的组织和实际生活需要的问题,都没有谈起,请了许多事外的人来演说，发些救国裕商的空套议论，这是做什么！我盼望社会上理想高明的人，不要以为我所注重的实际生活需要讨价过低，说我主张不彻底。我相信照中国现社会的状况，只有这种小组织，注重这种实际生活的需要，乃是民治主义坚实的基础，乃是政治、经济彻底改造必经的门路。我盼望官场中神经过敏的人，不要提起地方自治，马上就联想到破坏统一；不要提起同业联合，马上就联想到社会革命。我主张的这种小组织，实在平易可行，实在是共和国家政治、经济的实际需要，实在说不上什么破坏统一，什么社会革命。这种小组织的地方自治，固然和你们政权无涉，于你们官兴多碍。就是这种小组织的同业联合，所注重的实际需要，也都是在现社会现经济制度之下的行动，并非什么过激的办法，不但比不上法国的工团主义（Syndicalism）那样彻底，就是比英国的工联（Trade Union），还要和平简陋得多。

断绝军人、官僚、政客的关系　军人、官僚、政客是中国的三害。无论北洋军人、西南军人、老官僚、新官僚、旧交通系、新交通系、安福系、已未系、政学会，可以总批它“明抢暗夺、误国殃民”八个大字。一定要说哪个好、哪个歹，都是一偏之见，缺少阅历。自从五四运动以来，我们中国一线光明的希望，就是许多明白有良心的人，想冲出这三害的重围，另造一种新世界。这新世界的指南针，就是唤醒老百姓，都提起脚来同走“实行民治”这一条道路。这条道路的基础上最后要留意的，就是别让三害鬼混进来，伸出他背上的那只肮脏黑手，把我们的一线光明遮住了。蝇营狗苟的新官僚（就是政客先生），惯会看风头，乘机窃取起来，更是眼明腿快，我们要格外严防，别让他利用我们洁白的劳动工人和青年学生，来办什么政党、什么劳动党，做他当总长的敲门砖。最好是各种小组织的事务所，都贴上“小心扒手”，好叫大众留神。我所以主张小组织，固然重在民治要有坚实的基础，也是故意摆出矮户低檐的景象，好叫这班阔人恐怕碰坏了纱帽翅，不来光顾才好。

这篇文章刚做好寄到上海付印，就看见张东荪先生新做的《头目制度与包办制度的打破》那篇文章（见《解放与改造》的一卷五号），说得很透彻，可以补我这篇文章的遗漏，读者务必要参看。我所主张的小组织好叫人人有直接参与权，似乎是打破一切寡头制度（头目包办制度自然包含在内）的根本方法。这种思想倘然能够成为事实、成为习惯，不但现在经济方面的恶制度可以扫除，就是将来较大的政治方面、经济方面的大组织，自然也不会有寡头专制的事发生，真民治主义才会实现。我所主张的同业联合,也含着有“两元的社会组织”的性质。但是我心中所想的未必和《联合会日刊》所说的尽同,而且我不愿意采用“两元”的名词,因为本来我们所痛苦的是现代社会制度的分裂生活,我们所渴望的是将来社会制度的结合生活,我们不情愿阶级争斗发生,我们渴望纯粹资本作用——离开劳力的资本作用——渐渐消灭,不至于造成阶级争斗。怎奈我们现在所处的不结合而分裂的——劳资、国界、男女等——社会,不慈善而争斗的人心,天天正在那里恶作剧(现在美国劳资两元组织的产业会议,就是一个例),我心中所想说的话,不愿说出,恐怕有人误作调和政策,为一方面所利用,失了我的本意。此话说来太长,而且不是本篇的论旨,改日再谈罢。

十一月二日夜

(第七卷第一号,一九一九年十二月一日)

论新旧

潘力山

现在年少的人,多爱讲“新”,有人很觉得危险,欲矫其弊,根本上不承认有什么新,除了“旧”就没有“新”。我从前也讲过几天“旧”的,现在因知识上的变迁,觉得旧的是有些不对,所以我把我对于新旧的感想,略略写点出来,同大家讨论,并不是有意同人捣乱。这一点意思,要请人原谅的。

有人说“新、旧相待者也,舍旧不能言新”。这话不错。不过还要补一句,“舍新不能言旧”。“新旧”两个字,是从时间上发生出来的。要是没有时间,新、旧两个字,就无从发生。有了时间,那么从后者而言前者,前者就是旧的;从前者而言后者,后者就是新的。也有那里已经旧了的东西,这里现在才晓得,就这里的人说,也算新的。这里已经旧了的东西,那里现在才晓得,就那里的人说,也算新的。譬如民权自由的话,在欧洲十八世纪的时候,算是新的。我们东亚,那时正在睡觉,不晓得有这回事(此就一般言,若指个人言,黄梨洲早就晓得,孟子晓得更早)。到了五十年前,这民权自由的话,在欧洲(除俄罗斯等数国)早经旧了的东西,在日本又新起来了。二十年前,这民权自由的话,在日本已经是半新半旧的东西,在中国又新起来了。现在共产主义、集产主义那些话头,在美欧已经说了几十年,不是很新的东西,现在那个潮流,才绕到东亚,又新起来了。不能说民权自由的话,在欧洲十八世纪的时候,才算是新,到了五十年前的日本,二十年前的中国,就不算新了。集产、共产的话头,也是一样。总之,新旧是依时间而起,也有因空间的关系,对于同一事物,在同一时间内,或认为新,或认为旧。这类的例,是很多的,然而无碍其一为新、一为旧。何以无碍呢?因为新、旧两字,本非绝对,因旧立新,因新立旧。你若说世间上没有新的哪,我就要说世间上没有旧的。我的理由,恐怕比你的理由还长。为什么呢?因为天下的事物,本来并非常住,是生灭不息，时时变化的。从这个道理说起来，只有新的东西，断不会有旧的东西。不过我们要说话的时候，没有法子，不能不从便宜上分一个新旧来。不但新旧两个字是如此，其他分别的字，都是如此。譬如说“我”，为的是有“你”、有“他”。若是无“你”、无“他”，这个“我”字，也用不着了。严格说起来，我们只好“言语道断，心心相印”罢了。不然，要一开口就落了边际，还能说别的道理么。所以新旧本是假立，然而实在有假立之必要。

有人说：“舍旧而言新，则历史文字，一概抹杀，所谓新者，必且回复上古原人之状况而后可。”殊不知言新的人，还是有一个理想，并不是把旧的东西，无意识地一概抹杀。世间上也难免有无意识的人，把旧的东西，一概抹杀的，但不可以概一般讲新的人，所以万不会有“回复上古原人之状况”那种事体出现。我倒担心，若是全不讲“新”的时候，倒恐怕要回复“原人之状况”喏。因为原人没有理想，多半被支配于本能的生活，后来不知不觉地有了些意识，慢慢进步，又有了些理想，才到了现在。我敢说我们那些未开化的原人始祖，所以有我们现在这样开化的贤明子孙，就是好在那些始祖，守旧虽然守旧，还不是完全守旧。若是完全守旧，一点没有变化，一点也不会有新的思想，新的事物出来，那就永远成一个原人，还能有我们这样开化的贤明子孙么？我们这样开化的贤明子孙，食了“新”的赐，倒反说新的危险。哼，讲新旧调和的人，倒决不至于此哟。那些无意识完全讲复古的人，总想由民国复到前清，由前清复到前明，层累而上，复到三代，复到唐虞，再复上去，就恐怕真正有“回复上古原人之状况”那一天，你看危险不危险？所以我说新派倒不是危险思想，旧派才真是危险思想啊！

有人说：“今所谓新之最显著者，莫若新文学。夷考其实，不过欲以白话为一切文而已。”白话文是新文学属性之一种，且属于形式的方面，不能说凡白话文都是新文学。我以为新、旧文学之分，在实质不在形式。韩退之的文章，与六朝人的文章，同是文言，然而可以算是一种新文学。归熙甫的文章，与前、后七子的文章，同是文言，然而也可以算是一种新文学。现在的新旧文学之分，虽难下一个确切的断语，大概旧文学重外表，新文学重内容（不是说旧文学全不讲内容，是说他重内容不如他重外表；不是说新文学全不讲外表，是说他重外表不如他重内容。）；旧文学重传奇，新文学重写真（不是说旧文学全不写真，是说他重写真不如他重传奇；不是说新文学全不传奇，是说他重传奇不如他重写真。）。所以那些“摇头摆尾”的桐城调子，“妃黄俪白”的文选话头，在新文学里都用不着了。旧文学本来也有外表、内容两者兼备，所谓“文质彬彬”的著作，那非有真学问的人做不到。坏就坏在一派专门以词章名家、古文名家的先生们，并没有人家文章上的道理，只把人家文章上的字眼、句调揣摩得个烂熟，并且立成法式，来注入后人的脑筋，硬要你合他那一样的模形，才算好文章。若是有点不合，就说你于义法没闹清楚，不合古法，害得全国的聪明子弟，勾腰驼背地在那里揣摩，也有头白齿落，还在揣摩的，也有一辈子都没有揣摩得到的。这并不是笑话，古文大家的曾涤生，他就自己说过：他老了还在高声朗诵地读古文。并且说姚惜抱老了，不能高声朗诵，也须得把调子放低些来读一读，这就可以见得他们一天所做的工夫了。曾涤生又说过：古文万事都宜，只不宜于说理。因为古文要做出些抑扬顿挫来，篇法、句法、字法，大概都有规矩的，说得理来，规矩就要破坏，抑扬顿挫的样子，就会显不出来了，所以只好割爱，把那有碍于文势的道理，削减一些，或变更一些，来将就文势。文势倒好，他为什么做这一篇文章的意思，却就抛在九霄云外去了。以上是古文家的通病：文选派不能说理，更在古文家以上（像《文心雕龙》那样的文章，以偶语来说理的，有几个呢），不用说了。不特说理，就是抒情叙事，大概都很少实际，只是空说华辞。其中纵有极少数讲究修辞立诚的人，也不免在外表上费了些工夫。何不索性把我们全副精神多多地用在内容上呢？说到这里，白话文虽不能说就是新文学，总也算是新文学的一种属性，因为我们说话，是想达我们的意思；我们作文，是想达我们的说话。说话能把我们的意思完全达出，可谓善说话了；作文能把我们的说话完全达出，可谓善作文了。文言能代表古人的说话，白话能代表今人的说话。不能用古人的说话，来代表今人的说话，犹之不能用今人的说话，去代表古人的说话。假如有人硬要用现在的白话去代替《尚书》所载的那些“都”“咈”“俞”“吁”的字眼，我想人人都必定以为是笑话。反过来说，硬要把古代的“之”“乎”“也”“者”“矣”“焉”“哉”来代替现在的助词，仔细想一想，不是笑话是什么呢？不过白话虽足以代表今人的说话，其中也有个巧拙。反对白话的人，避开巧的不说，专举拙的来作新文学的榜样，又何足以服讲新文学的心呢？

有人说，“某君所解释新生活的意义，‘新生活者，有意思之生活也’。其义为宋儒所已言、已行者，不得为新。”据我所见：宋儒虽然事事体验，不是糊糊涂涂地过日子，但是他终有个孔子的偶像在那里。这“生活中之何故”，恐怕为那偶像所遮蔽，未能完全经过自己合理的考虑罢。况且现在这种政治的、经济的状况，是我们十年或二十年前所未经过的。现在的生活，对于我们十年或二十年前的生活而言，就可以说是新生活了。何况对于宋儒的时候呢？以政治论：宋儒时候的人，是专制君主国的臣仆；现在的人，是民主立宪国的主人。以经济论：宋儒是锁国自给时代，现在是世界大通时代。因政治及经济的影响，道德文艺之事，家庭社会之间，其他各方面的生活，都有变动。怎么能说与宋儒的生活一样呢？怎么能说不是新生活呢？纵令某君的话，只能道破“生活”的意义，没有道破“新生活”的意义，又何能因此就否认新生活之存在呢？

> 我以为生活的内容，因时代和地域的关系有文野、繁简不同，分别新旧，这是一件事。某君把有意思、无意思分别生活的新旧，这又是一件事。前一件事，由时间上、空间上比较新旧，是就生活内容上说。后一件事，是假定的绝对新旧，没有时间上、空间上程度不同的分别，是就生活意义上说。譬如：一个人的生活，若是有意思，觉得“为什么”“何故”要这样，不问他生活的内容是周代、是宋朝、是现代，那内容的繁简、新旧虽说不同，在生活意义上都算是内部的、自动的、有意思的新式生活。若是糊糊涂涂地过日子，一言一动都跟着环境走，不觉得“为什么”“何故”要这样，就日夜生活在极新式、极文明的社会。极而言之，就是坐在科学研究室试验物理、化学，站在演说台上鼓吹社会共产主义，他生活的内容虽说比古代新些，在生活意义上，却仍旧是外部的、被动的、无意思的旧式生活。有人误会了某君的意思，潘先生所辩护的，专注意前一件事，恐怕也和某君的意思有点不同。我所以把某君的意思引申一下，不知道对不对？
>
> 独秀附识

反对新文学、新生活的人，应该把新文学、新生活的意义弄得十分明确，然后再加批评。若单举某篇白话文不好，就是新文学不好；某文不足以表明新生活的意义，就说没有新生活，这恐怕不是学者的态度罢。

总之，新旧虽非绝对。一个时代是有一个时代精神，那个时代精神现于社会事物的各方面，与从前的精神既不相同，形式也觉改观。从便宜上说起来，就不能不谓之为新了。或者那件事体,古人已经说过、做过,而没有成一种时代精神,我们现在才成一种时代精神的时候,当然也可以谓之为新。就是古时已经成过时代精神的事物,中间又经过多少其他时代精神的间隔,我们再把他翻过来作成现代的时代精神,也不妨给他一个“新”的名字。各位,凡“名”都是由便宜而起啊,要是认它真有“自性”,那就请你还读两天佛书来再说。

(第七卷第一号,一九一九年十二月一日)

本志宣言

本志具体的主张，从来未曾完全发表。社员各人持论，也往往不能尽同。读者诸君或不免怀疑，社会上颇因此发生误会。现当第七卷开始，敢将全体社员的共同意见明白宣布。就是后来加入的社员，也共同担负此次宣言的责任。但“读者言论”一栏，乃为容纳社外异议而设，不在此例。

我们相信世界上的军国主义和金力主义已经造了无穷罪恶，现在是应该抛弃的了。

我们相信世界各国政治上、道德上、经济上因袭的旧观念中，有许多阻碍进化而且不合情理的部分。我们想求社会进化，不得不打破“天经地义”“自古如斯”的成见，决计一面抛弃此等旧观念，一面综合前代贤哲、当代贤哲和我们自己所想的，创造政治上、道德上、经济上的新观念，树立新时代的精神，适应新社会的环境。

我们理想的新时代、新社会，是诚实的、进步的、积极的、自由的、平等的、创造的、美的、善的、和平的、相爱互助的、劳动而愉快的、全社会幸福的。希望那虚伪的、保守的、消极的、束缚的、阶级的、因袭的、丑的、恶的、战争的、轧轹不安的、懒惰而烦闷的、少数幸福的现象，渐渐减少，至于消灭。

我们新社会的新青年，当然尊重劳动，但应该随个人的才能兴趣，把劳动放在自由愉快、艺术美化的地位，不应该把一件神圣的东西当做维持衣食的条件。

我们相信人类道德的进步，应该扩张到本能（即侵略性及占有心）以上的生活，所以对于世界上各种民族，都应该表示友爱互助的情谊。但是对于侵略主义、占有主义的军阀、财阀，不得不以敌意相待。

我们主张的是民众运动、社会改造，和过去及现在各派政党，绝对断绝关系。

我们虽不迷信政治万能，但承认政治是一种重要的公共生活，而且相信真的民主政治，必会把政权分配到人民全体，就是有限制，也是拿有无职业做标准，不拿有无财产做标准。这种政治，确是造成新时代一种必经的过程，发展新社会一种有用的工具。至于政党，我们也承认它是运用政治应有的方法，但对于一切拥护少数人私利或一阶级利益，眼中没有全社会幸福的政党，永远不忍加入。

我们相信政治、道德、科学、艺术、宗教、教育，都应该以现在及将来社会生活进步的实际需要为中心。

我们因为要创造新时代、新社会生活进步所需要的文学、道德，便不得不抛弃因袭的文学、道德中不适用的部分。

我们相信尊重自然科学、实验哲学，破除迷信妄想，是我们现在社会进化的必要条件。

我们相信尊重女子的人格和权利，已经是现在社会生活进步的实际需要，并且希望她们个人自己对于社会责任有彻底的觉悟。

我们因为要实验我们的主张，森严我们的壁垒，宁欢迎有意识、有信仰的反对，不欢迎无意识、无信仰的随声附和。但反对的方面没有充分理由说服我们以前，我们理当大胆宣传我们的主张，出于决断的态度。不取乡愿的、紊乱是非的、助长惰性的、阻碍进化的、没有自己立脚地的调和论调；不取虚无的、不着边际的、没有信仰的、没有主张的、超实际的、无结果的绝对怀疑主义。

（第七卷第一号，一九一九年十二月一日）

由经济上解释中国近代思想变动的原因

李大钊

凡一时代,经济上若发生了变动,思想上也必发生变动。换句话说,就是经济的变动,是思想变动的重要原因。现在只把中国现代思想变动的原因,由经济上解释解释。

人类生活的开幕,实以欧罗细亚为演奏的舞台。欧罗细亚,就是欧亚两大陆的总称。在欧罗细亚的中央,有一凸地,叫做 Tableland。此地的山脉,不是南北纵延的,乃是东西横亘的。因为有东西横亘的山脉,南北交通,遂以阻隔。人类祖先的分布移动,遂分为南道和北道两条进路。人类的文明,遂分为南道文明——东洋文明和北道文明——西洋文明两大系统。中国本部、日本、印度支那、马来半岛诸国、俾露麻、印度、阿富汗尼士坦、俾而齐士坦、波斯、土尔其、埃及等,是南道文明的要路;蒙古、满洲、西伯利亚、俄罗斯、德意志、倚兰、比利时、丹麦、士坎迭拿威亚、英吉利、法兰西、瑞士、西班牙、葡萄牙、意大利、奥土地利亚、巴尔干半岛等,是北道文明的要路。南道的民族,因为太阳的恩惠厚,自然的供给丰,故以农业为本位,而为定住的;北道的民族,因为太阳的恩惠薄,自然的供给啬,故以工商为本位,而为移住的。农业本位的民族,因为常定住于一处,所以家族繁衍,而成大家族制度——家族主义;工商本位的民族,因为常转徙于各地,所以家族简单,而成小家族制度——个人主义。前者因聚族而居,易有妇女过庶的倾向,所以成重男轻女、一夫多妻的风俗;后者因转徙无定,恒有妇女缺乏的忧虑,所以成尊重妇女、一夫一妻的习惯。前者因为富于自然,所以与自然调和,与同类调和;后者因为乏于自然,所以与自然竞争,与同类竞争。简单一句话,东洋文明,是静的文明;西洋文明,是动的文明。

中国以农业立国,在东洋诸农业本位国中,占很重要的位置。所以大家族制度,在中国特别发达。原来家族团体,一面是血统的结合,一面又是经济的结合。在古代原人社会,经济上男女分业互助的要求,恐怕比性欲要求强些,所以家族团体所含经济的结合之性质,恐怕比血统的结合之性质多些。中国的大家庭制度,就是中国的农业经济组织,就是中国二千年来社会的基础构造。一切政治、法度、伦理、道德、学术、思想、风俗、习惯,都建筑在大家族制度上作他的表层构造。看那二千余年来支配中国人精神的孔门伦理,所谓纲常,所谓名教,所谓道德,所谓礼义,哪一样不是损卑下以奉尊长?哪一样不是牺牲被治者的个性以事治者?哪一样不是本着大家族制下子弟对于亲长的精神?所以孔子的政治哲学,修身、齐家、治国、平天下,"一以贯之",全是"以修身为本"。又是孔子所谓修身,不是使人完成他的个性,乃是使人牺牲他的个性。牺牲个性的第一步,就是尽"孝"。君臣关系的"忠",完全是父子关系的"孝"的放大体。因为君主专制制度,完全是父权中心的大家族制度的发达体。至于夫妇关系,更把女性完全浸却。女子要守贞操,而男子可以多妻、蓄妾;女子要从一而终,而男子可以细故出妻;女子要为已死的丈夫守节,而男子可以再娶。就是亲子关系的"孝",母的一方还不能完全享受,因为伊是隶属于父权之下的,所以女德重"三从":"在家从父,出嫁从夫,夫死从子"。总观孔门的伦理道德,于君臣关系,只用一个"忠"字,使臣的一方完全牺牲于君;于父子关系,只用一个"孝"字,使子的一方完全牺牲于父;于夫妇关系,只用几个"顺""从""贞节"的名辞,使妻的一方完全牺牲于夫,女子的一方完全牺牲于男子。孔门的伦理,是使子弟完全牺牲他自己以奉其尊上的伦理;孔门的道德,是与治者以绝对的权力责被治者以片面的义务的道德;孔子的学说所以能支配中国人心有二千余年的缘故,不是他的学说本身具有绝大的权威,永久不变的真理,配作中国人的"万世师表",因他是适应中国二千余年来未曾变动的农业经济组织反映出来的产物,因他是中国大家族制度上的表层构造,因为经济上有他的基础。这样相沿下来,中国的学术思想,都与那静沉沉的农村生活相照映,停滞在静止的状态中,呈出一种死寂的现象。不但中国,就是日本、高丽、越南等国,因为他们的农业经济组织和中国大体相似,也受了孔门伦理的影响不少。

时代变了!西洋动的文明打进来了!西洋的工业经济来压迫东洋的农业经济了!孔门伦理的基础就根本动摇了!因为西洋文明是建立在工商经济上的构造,具有一种动的精神,常求以人为克制自然,时时进步,时时创造。到了近世,科学日见昌明,机械发明的结果,促起了工业革命。交通机关日益发达,产业规模日益宏大。他们一方不能不扩张市场,一方不能不搜求原料。这种经济上的需要,驱着西洋的商人,来叩东洋沉静的大门。一六三五年顷,已经有荷兰的商人到了日本。以后 Perry Harris 与 Lord Elgin 诸人相继东来,以其商业上的使命,开拓东洋的门径,而日本,而中国,东洋农业本位的各国,都受了西洋工业经济的压迫。日本国小地薄,人口又多,担不住这种压迫,首先起了变动,促成明治维新,采用了西洋的物质文明,产业上起了革命——如今还正在革命中——由农业国一变而为工业国,不但可以自保,近来且有与欧美各国并驾齐驱的势力了。日本的农业经济组织,既经有了变动,欧洲的文明、思想,又随着他的经济势力以俱来,思想界也就起了绝大的变动。近来 Democracy 的声音震荡全国,日本人夸为"国粹"之万世一系的皇统,也有动摇的势子;从前由中国传入的孔子伦理,现在全失了效力了。

中国地大物博,农业经济的基础较深,虽然受了西洋工业经济的压迫,经济上的变动,却不能骤然表现出来。但中国人于有意无意间也似乎了解这工商经济的势力加于中国人生活上的压迫实在是厉害,所以极端仇视他们,排斥他们,不但排斥他们的人,并且排斥他们的器物。但看东西交通的初期,中国只是拒绝和他们通商,说他们科学上的发明是"奇技淫巧",痛恨他们造的铁轨,把它投弃海中。义和团虽发于仇教的心理,而于西洋人的一切器物一概烧毁,这都含着经济上的意味,都有几分是工业经济压迫的反动,不全是政治上、宗教上、人种上、文化上的冲突。

欧洲各国的资本制度一天盛似一天,中国所受他们经济上的压迫也就一天甚似一天。中国虽曾用政治上的势力抗拒过几回,结果都是败辱。把全国沿海的重要通商口岸都租借给人,割让给人了,关税、铁路等等权力,也都归了人家掌握。这时的日本崛然兴起,资本制度发达的结果,不但西洋的经济力不能侵入,且要把他的势力扩张到别国。但日本以新兴的工业国,骤起而与西洋各国为敌,终是不可能。中国是他的近邻,产物又极丰富,他的势力自然也要压到中国上。中国既受西洋各国和近邻日本的二重压迫,经济上发生的现象,就是过庶人口不能自由移动,海外华侨,到处受人排斥虐待,国内居民的生活本据,渐为外人所侵入——台湾、满蒙、山东、福建等尤甚——关税权为条约所束缚,适成一种"反保护制"。外来的货物和出口的原料,课税极轻,而内地的货物,反不能自由移转,这里一厘,那里一卡,几乎步步都是关税。于是国内产出的原料品，以极低的税输出国外，而在国外造成的精制品，以极低的税输入国内。国内的工业，都是手工工业和家庭工业，哪能和国外的机械工业、工厂工业竞争呢？结果就是中国的农业经济挡不住国外的工业经济的压迫，中国的家庭产业挡不住国外的工厂产业的压迫，中国的手工产业挡不住国外的机械产业的压迫。国内的产业多被压倒，输入超过输出，全国民渐渐变成世界的无产阶级，一切生活，都露出困迫不安的现象。在一国的资本制下被压迫而生社会的无产阶级，还有机会用资本家的生产机关；在世界的资本制下被压迫而生世界的无产阶级，没有机会用资本国的生产机关。在国内的就为兵为匪，跑到国外的，就做穷苦的华工，辗转迁徙，贱卖他的筋力，又受人家劳动阶级的疾视。欧战期内，一时赴法、赴俄的华工人数甚众，战后又用不着他们了，他们只得转回故土。这就是世界的资本阶级压迫世界的无产阶级的现象，这就是世界的无产阶级寻不着工作的现象。欧美各国的经济变动，都是由于内部自然的发展，中国的经济变动，乃是由于外力压迫的结果，所以中国人所受的苦痛更多、牺牲更大。

中国的农业经济，既因受了重大的压迫而生动摇，那么首先崩颓粉碎的，就是大家族制度了。中国的一切风俗、礼教、政法、伦理，都以大家族制度为基础，而以孔子主义为其全结晶体。大家族制度既入了崩颓粉碎的运命，孔子主义，也不能不跟着崩颓粉碎了。

试看中国今日种种思潮运动，解放运动，哪一样不是打破大家族制度的运动？哪一样不是打破孔子主义的运动？

第一，政治上民主主义（Democracy）的运动，乃是推翻父权的君主专制政治之运动，也就是推翻孔子的忠君主义之运动。这个运动，形式上已算有了一部分的成功，联治主义和自治主义，也都是民主主义精神的表现，是打破随着君主专制发生的中央集权制的运动。这种运动的发动，一方因为经济上受了外来的压迫，国民的生活，极感不安，因而归咎于政治的不良、政治当局的无能，而力谋改造。一方因为欧美各国Democracy的思潮随着经济的势力传入东方，政治思想上也起了一种响应。

第二，社会上种种解放的运动，是打破大家族制度的运动，是打破父权（家长）专制的运动，是打破夫权（家长）专制的运动，是打破男子专制社会的运动，也就是推翻孔子的孝父主义、顺夫主义、贱女主义的运动。如家庭问题中的亲子关系问题、短丧问题,社会问题中的私生子问题、儿童公育问题,妇女问题中的贞操问题、节烈问题、女子教育问题、女子职业问题、女子参政问题,法律上男女权利平等问题(如承继遗产权利问题等)、婚姻问题——自由结婚、离婚、再嫁、一夫一妻制,乃至自由恋爱、婚姻废止——都是属于这一类的,都是从前大家族制下断断不许发生、现在断断不能不发生的问题。原来中国的社会只是一群家族的集团,个人的个性、权利、自由,都束缚禁锢在家族之中,断不许他有表现的机会。所以从前的中国,可以说是没有国家,没有个人,只有家族的社会。现在因为经济上的压迫,大家族制的本身,已经不能维持。而随着新经济势力输入的自由主义、个性主义又复冲入家庭的领土,他的崩颓破灭,也是不可逃避的运数。不但子弟向亲长要求解放,便是亲长也渐要解放子弟了;不但妇女向男子要求解放,便是男子也渐要解放妇女了。因为经济上困难的结果,家长也要为减轻他自己的负担,听他们去自由活动,自立生活了。从前农业经济时代,把他们包容在一个大家族里,于经济上很有益处,现在不但无益,抑且视为重累了。至于妇女,因为近代工业进步的结果,添出了很多宜于妇女的工作,也是助她们解放运动的一个原因。

欧洲中世,也曾经过大家族制度的阶级,后来因为国家主义和基督教的势力勃兴,受了痛切的打击,又加上经济情形发生变动,工商勃兴,分业及交通机关发达的结果,大家族制度,遂立就瓦解。新起的小家族制度,其中只包含一夫一妻及未成年的子女,如今因为产业进步、妇女劳动、儿童公育种种关系,崩解的气运,将来也必然不远了。

中国的劳动运动,也是打破孔子阶级主义的运动。孔派的学说,对于劳动阶级,总是把他们放在被治者的地位,作治者阶级的牺牲。“无君子莫治野人,无野人莫养君子。”“劳心者治人,劳力者治于人。”这些话,可以代表孔门贱视劳工的心理。现代的经济组织,促起劳工阶级的自觉,应合社会的新要求,就发生了“劳工神圣”的新伦理,这也是新经济组织上必然发生的构造。

总结以上的论点:第一,我们可以晓得孔子主义(就是中国人所谓纲常名教),并不是永久不变的真理。孔子或其他古人,只是一代哲人,绝不是“万世师表”。他的学说,所以能在中国行了二千余年,全是因为中国的农业经济,没有很大的变动,他的学说适宜于那样经济状况的缘故。现在经济上生了变动,他的学说,就根本动摇,因为他不能适应中国现代的生活、现代的社会。就有几个尊孔的信徒,天天到曲阜去巡礼,天天戴上洪宪衣冠去祭孔,到处建筑些孔教堂,到处传布“子曰”的福音,也断断不能抵住经济变动的势力来维持他那“万世师表”“至圣先师”的威灵了。第二,我们可以晓得中国的纲常、名教、伦理、道德,都是建立在大家族制上的东西。中国思想的变动,就是家族制度崩坏的征候。第三,我们可以晓得中国今日在世界经济上,实立于将为世界的无产阶级的地位。我们应该研究如何使世界的生产手段和生产机关同中国劳工发生关系。第四,我们可以正告那些钳制新思想的人,你们若是能够把现代的世界经济关系完全打破,再复古代闭关自守的生活;把欧洲的物质文明、动的文明完全扫除,再复古代静止的生活,新思想自然不会发生。你们若是无奈何这新经济势力,那么只有听新思想自由流行,因为新思想是应经济的新状态、社会的新要求发生的,不是几个青年凭空造出来的。

（第七卷第二号,一九二〇年一月一日）

洪水与猛兽

蔡元培

二千二百年前，中国有个哲学家孟轲。他说国家的历史，常是“一乱一治”的。他说第一次大乱，是四千二百年前的洪水。第二次大乱，是三千年前的猛兽。后来说到他那时候的大乱，是杨朱、墨翟的学说。他又抱自己的距杨、墨，比较禹的抑洪水、周公的驱猛兽。所以崇奉他的人，就说杨、墨之害，甚于洪水猛兽。后来一个学者，要是攻击别种学说，总是袭用“甚于洪水猛兽”这句话。譬如唐宋儒家，攻击佛、老，用他；清朝程朱派，攻击陆王派，也用他；现在旧派攻击新派，也用他。

我以为用洪水来比新思潮，很有几分相像。它的来势很勇猛，把旧日的习惯冲破了，总有一部分的人感受苦痛；仿佛水源太旺，旧有的河槽，不能容受它，就泛滥岸上，把田庐都扫荡了。对付洪水，要是如鲧的用湮法：便愈湮愈决，不可收拾。所以禹改用导法，这些水归了江河，不但无害，反有灌溉之利了。对付新思潮，也要舍湮法用导法，让它自由发展，定是有利无害的。孟氏称“禹之治水，行其所无事”，这正是旧派对付新派的好方法。

至于猛兽，恰好作军阀的写照。孟氏引公明仪的话：“庖有肥肉，厩有肥马，民有饥色，野有饿莩，此率兽而食人也。”现在军阀的要人，都有几百万几千万的家产，奢侈得了不得，别种好好做工的人，穷得饿死，这不是率兽食人的样子么？现在天津、北京的军人，受了要人的指使，乱打爱国的青年，岂不明明是猛兽的派头么？

所以中国现在的状况，可算是洪水与猛兽竞争。要是有人能把猛兽驯服了，来帮同疏导洪水，那中国就立刻太平了。

这是蔡先生替《北京英文导报》的特别增刊做的。我们因为这篇文章是

现在很重要的文字，很可以代表许多人要说而不能说的意思，故把他的中文原稿登在这里

（适）

（第七卷第五号，一九二〇年四月一日）

“五一”May Day 运动史

李大钊

一

大凡一个纪念日，是吉祥的日子，也是痛苦的日子。因为可纪念的胜利，都是从奋斗中、悲剧中得来的。“五一”纪念日，也是如此。

“五一”纪念日，是一日工作八小时的运动胜利的纪念日。它的起源，是一八八四年十月七日在芝加哥（Chicago）所开国际的并国民的八大联合（Union）大会里，决议以每年五月一日为期，举行以一日工作八小时制度实行为目的的示威运动——总同盟罢工，指定一八八六年的五月一日为第一回示威运动的日子。参与这次决议的，不只是美国，加拿大也在其中。

这个运动，是因为政府屡次扬言改善劳工条件而不实行起来的。民众知道希望不诚实的政府是绝望的事，要想达到目的，非靠自己努力不可，乃决定排去一切向人请愿的行动，对于资本家取直接行动，以图收预定的效果。所以“五一”纪念日，是由民众势力集中的协同团体涌现出来的。它的起源，全在劳工组合主义；它的发起人等的志向，全在毫不带政治臭味的纯粹经济运动。

一八八五年，由十一月至十二月间，差不多同时开会的劳工组合（Knight of Labor，一八三四年在美国发生的）会，并美国劳工同盟会的大会，决议使八小时工作运动愈盛。全国劳工以翌年五月一日为期向雇主要求八小时工作，万一不听便断然罢工，从那一日起决不做八小时以上的工。这个运动，从这时直到翌年五月一日，继续着进行很猛。

他们的运动那样猛烈，有许多的雇主，不到五月一日那一天，就屈服了。一八八六年的四月中旬以降，已竟有出和从前一样的工钱、实行八小时工作的不少了。

一八八六年的五月一日到了！美国全国所有从事于各种职业的工人，都停了工，合声唱着

> 从今以后，一个工人，
> 也不可做八小时以上的工作！
> 工作八小时！
> 休息八小时！
> 教育八小时！

的歌，在街市上游行。

这回运动的结果，居然获得可惊的胜利。五月一日以后，不过数日间，已有十二万五千人得了八小时运动的成功。一个月后，成功的人数，增加到二十万。

一八八六年的五月一日，这样成了全美劳工大胜利的纪念日。

美国还有一个劳动节，就是Labor day，每年九月的第一个星期一日举行。但这是法定的纪念日，和那特别与八小时工作运动有关系的劳工自决得了胜利的“五一”纪念日迥乎不同。

二

“五一”纪念日为欧洲劳工团体所采用，是在一八八九年在巴黎开会的万国社会党大会里决定的。因为它在美国得了很大的成功，给欧洲劳工界以很大的刺激，使他们信欧美两大陆一致的大示威运动，必定有更大的效果。

一九〇〇年的“五一”纪念日，欧美各国大小无数的工业都市，一齐起来，举行这个大运动。伦敦海德公园里的大示威运动，与会的总数，不下廿五万人，设了演坛十六处，为廿年来未曾有的大示威运动。

是年所开的第五次万国社会党大会，议决此后每年继续不断的在五月一日举行

这种大运动。

一九〇四年，在盎士铁尔丹所开的第六次万国社会党大会，最后的一天，也议决了每年五月一日的停工和示威运动。也有在五月的第一(个)星期日举行的国，但是普通以五月一日举行的为多。

一九〇六年，万国社会党本部，刊行一本小册子，题曰《五月一日万国联合示威运动》。这是用英、德、法三国语写的，内容就是八小时工作权的获得，诉于万国工人的宣言。节录于左(下)：

> 万国社会党择定五月一日为有阶级的自觉的万国工人停工举行示威运动的日子。
>
> 这个示威运动，是对于资本家制度的定期警告。劳工阶级拿这个表明他们要求解放的确切信念，并且宣言这个信念，决不能被像国际战争那样的诱惑和迷乱。
>
> 这个统一的运动，是万国平民一致结合始能获得胜利，始能使劳工阶级赋予平和与自由于全世界的事情。
>
> 各国团结的劳工，以法定的最长工作时间限于一日八小时，为自己阶级解放的根本条件之一，相信依劳工组合的活动和立法的手段能取得之。(中略)
>
> 产业愈发达，结果愈使工人结合，工作剧重，生产状态单一，因而作成使工作时间的限制有越发必要，越发容易的倾向。
>
> 八小时工作，可作给劳动力以新活气，防止人种衰弱，并使平民大多数人人类知识的生活的手段。这个道理，如今越发明白了。(中略)
>
> 我们希望工人们参加这迫切的示威运动以求实现此希望的意思更加巩固。
>
> 于五月一日停工啊！
>
> 于五月一日举行示威运动啊！
>
> 祝福劳工啊！

由是以来，美欧各国的工人，年年在五月一日举行示威运动。资本家阶级，都战战兢兢地过他们的厄日。到一九一四年，大战勃发，劳工阶级解放的信念，一时遭了爱国主义马蹄的蹂躏。各国社会党，多有为爱国的狂潮所卷而效忠于资本家政府之前的。大规模的“五一”运动，似乎一时中止；可是有少数信念最笃的志士，仍然利用那一天举行休战的示威运动。一九一六年德国社会党首领李卜奈西特（Karl Liebknecht）的被捕入狱，就是因为他的“五一”宣言和演说。关于此事的始末，本志另有专篇记述，我只把他的“五一”宣言，译在此处罢了。

李卜奈西特的《“五一”宣言》（*May Day Manifesto*）

贫困和灾难，需要和饥馑，正在管治着日耳曼、比利时、波兰和塞尔维亚。他们的血，帝国主义的凶鬼正在吮吸，他们好像大坟墓。全世界，很受赞美的欧洲文明，被此次世界大战造出来的荒乱，剥落尽了。

那些由战争获利的人，将要同合众国战。或者明天他们便命我们用那无情的武器，去敌我们同胞中的新群合，去敌我们合众国的劳工好友，也攻打美洲起来。我们应该仔细思量这件事：限于我们日尔曼民族不站起来，不用那由自己意思指导的势力，这个民族的暗杀，仍将继续不已。千万人的声音，都高叫：“打破无耻的灭人族类的政策！推倒那些犯此罪行的祸首！”我们的仇敌，不是英国人，不是法国人，也不是俄国人，是那大日尔曼的地主，是日尔曼的资本家和他们的执行委员会。

前进！我们要同这政府战！我们要同这 切自由的不共戴天的仇敌战！我们要为凡是劳工阶级将来的胜利战，为人类和文明的将来战！

工人们！朋友们！女界同胞们！切不可令这次的“五一”纪念日——战争以来的第二个“五一”纪念日——一点不反抗帝国主义的屠户，就空空过去了。

“五一”这一天，我们要万众同声地高叫：“扫荡灭亡民族的罪恶行为！推倒那些主战的祸首！”

一九一八年，俄京莫斯科的“五一”纪念日，更是一个盛典。因为那一天是劳农共和组织成立后的第一纪念日，是举行马克思铜像除幕式的纪念日，接着五月四日又是马克思诞生百年的纪念日。

三

“五一”这一天，劳工阶级固然得了很多的收获，但是也曾出了很大的牺牲。一八八六年的芝加哥（Chicago）悲剧，就是一段极惨的事件。

在一八七七年的时候，美国诸大城市，充满了多数失业的工人，芝城更是不少。那里的国际社会党人，召集了多次的群众大会，他们的宣传运动，很得这一班贫苦工人的信从。一八八四年的感谢节（Thanksgiving day，普通是在十一月中最后的星期四日），他们举行了一次游街示威运动。芝城 *The Arbeiter-Zeitung*、*The Vorbote*、*The Fackel*、*The Alarm* 诸报，都鼓吹工人赶快武装起来。有一位 Most 君，编了一本小册子，题为《战争的革命科学》（*Revolutionary Science of War*）。许多报馆，把它重印出来，传布很广。

自从一八八四年，决议以一八八六年的五月一日为八小时制实行的日子，美国全国的工人，都起来参与这激烈的运动。芝城的运动，更是猛烈。一八八五年，八小时会由 GeorgeA.Schilling 君及其他有志者的提议，组织成功。职工会议（The Trade and Labor Assembly），是芝城中最有组织的劳工团体的中心，也立刻整饬了阵容，准备作战。中央劳工联合会（The Central Labor Union）也接踵而起。

芝城的国际社会党人，最初对于这种运动，还守中立的态度。后来看见八小时运动，得了大部分的同情，而且成了劳工界的中心问题，他们才渐渐变了宗旨，起来助进这个运动。像 Parsons、Spies、Fielden、Schwab 等一流雄辩家，都在八小时集会里做了说士，很受欢迎。他们大都劝说工人预备在五月一日那一天武装起来。

是年的“五一”运动，芝城的工人，达到八小时工作的目的者占大多数，但那没有达到目的者，还有四万人左右。他们只得继续着同盟罢工，以图贯彻他们的要求。

最激烈的纷扰，实起于 McCormick 农具制造厂罢工的工人。他们由二月间已竟被迫出厂，因为厂主雇来三百多武装侦探，保护那班破坏罢工同盟的工人，雇主和工人间的战斗益烈。五月三日的早晨，罢工的工人在 McCormick 工厂附近，集合了一个群众大会,讨论恢复工作的平和条件。Spies 君出头演说,会场的光景,却很平静。不意 McCormick 工厂的铃忽然响了,那些破坏同盟的工人出现了。有约一百五十人的群众,动了怒气,离开大会,向那些破坏同盟的工人面前进发。双方相见,就大起冲突,巷战起来,互以石子掷击。警察看势不佳,便去急打电话。不多时,一个巡官的马车飞过街市而来。又不多时,有七十五名警察,步行随着那辆车子走来。还有四五辆巡官的马车,在警察后面。这些巡官一被他们用石块抛击,便向群众开枪乱打。无辜的男、女、儿童,受伤的很多。

民众非常激怒了。Spies 君急忙回到 Arbeiter Zeitung 报馆,草了一篇对于芝城工人的宣言。后来人叫这做"复仇檄文",因为这宣言的首句,就是"复仇!",劝工人们起来报他们同胞惨遭杀戮的仇。这篇宣言印了五千份,用英文和德文写的,分布各街。

次晚,在 Haymarket 地方又召集了一个群众大会,追悼他们惨遭杀戮的工界朋友。到会的约有二千人,Spies、Parsons、Fielden 诸君,都有演说。

这次集会,官府在白天并没有干涉。到了晚十点钟的时候,芝城市长 Harrison 氏离了会场,这个会议实际上已经算是闭会了。因为眼看着云气低重,有大风雨将至的样子,至少有三分之二都散去了,只剩下数百人,Fielden 君还在那里给他们演说。演(说)了十余分钟,就有一百七十六名警察,由 Ward 大佐督队,急奔这一部分余众而来,严令解散。Fielden 君答复说,这个集会是很平和的,并没有什么危险。在这个时候,忽然由一个附近的小路,掷进来一个炸弹,正落在第一个警士和第二个警士的中间,轰然炸裂,发出可怕的声响,炸毙一个警士,受伤的很多。双方立刻开枪乱射,延到两分钟之久,没有间断。结果警察方面,死了七人,伤了约六十人;工人方面,死了四人,伤了约五十人。

抛炸弹的人到底是谁呢?这是一个大疑问。有一位 Rudolph Schnaubelt 君,是 Schwab 君的妻兄弟,他当时很受嫌疑。Haymarket 悲剧发生以后,他便即时逃走了。可是他在欧洲报纸上,却屡次声明,他和这事没有关系。此外还有两说,亦颇盛传:一说谓这个炸弹,是平日为警察所陷害的人的亲友放的,是为报复私仇;又一说谓当时八小时运动很占势力,所以官府使人暗掷炸弹,以便得所借口,好把这一班指导这个运动的中心人物一网打尽。从法庭审判此案故意罗织很不公平看起来,似乎最后一说,也颇可信。

事实纵然如此，但是反对党到底要把这桩罪案栽到社会党人身上。于是所有的工人会，都被解散。Arbeiter Zeitung 报馆，也受警察严重的检查，Haymarket 大会中发言的人和 Arbeiter Zeitung 报馆印刷部、编辑部中的重要分子，都被逮捕。五月十七日，预审陪审官以投掷炸弹炸死警察 M. J. Degan 的罪状，控告 August Spies、Michael Schwab、Samuel Fielden、Albert R. Parsons、Adolph Fischer、GeorgeEngel、LouisLingg、OscarW.Neebe、Rudolph Schnaubelt 和 William Seligar 等十人。除 Schnaubelt 在逃，Seligar 以告密免罪外，其余八人，均付审讯。

审讯的手续既不合法，证据也不充分，并且有伪造的嫌疑。任被告人若何申辩，律师若何辩护，法官终是不睬。因为他们早有成见，此案不过是一个口实。有人说都是他们作出来的恶剧。到了八月二十日，判决书下了。Spies、Schwab、Parsons、Fielden、Fischer、Engel、Lingg 七人判了死刑，Neebe 十五年监禁。他们到州高级法庭去上告，仍然认可原判；到合众国高级法庭控诉，他们说没有审理此案的审判权，却之不理。山穷水尽，只剩下了一条路：就是请求政府特赦或减刑。有的被告取了这个方法，结果只把 Schwab、Fielden 两人减为终身监禁，Lingg 仰药自尽，Spies、Parsons、Fischer、Engel 于一八八七年十一月十一日惨遭绞刑。

他们死义的时候，都很悲壮。Spies 君当那绞绳放在颈上的时候，有一句临终的宣言，说："我们在坟墓中的沉默比我们的演说更能动人的时候快来了。"Parsons 的最后一句话，是"让民众的声音得被听见"。Fisher 的死状，尤其壮快，他以踊跃的跳步、光明的颜色，上了断头台，高呼："这是我一生最快的一刹那。"这样构成了这一段冤狱！

过了六年，John P.Altgeld 被选为 Illinois 州长，冒许多困难，精查此案的真相，得到他们八人确实无罪的证据，才把还在生存的 Fielden、Neebe、Schwab 三人释放出来，并声告当时审理此案的检查官、审判官、警官等，以贿赂关系同谋捏造证据的种种事实。这段冤狱，算是得了昭雪。但是死者已矣！他们的牺牲的精神，冤枉的罪案，只有引起后人的同情罢了！

我再把这八位悲剧中的人物的略传，记在下面：

August Spies，那时才三十一岁。生于德国，一八七二年移居到美国。一八七七年为社会工党（Socialist Labor Party）的会员。他曾作过实业经理人，后来在 *Arbeiter Zeitung* 报充当编辑长，直到他被捕的时候。社会革命俱乐部成立，他便加入这种运动。

他是马克思派的学者。用英、德文作文,都是一样的。在八人中是最有学识的人。

Albert R. Parsons,一八四四年生于美国 Alabama 州 Montgomery 地方。十五岁时,曾习排字术。南北战争时,曾在南部联盟方面当过兵役,但他在一八六八年刊行一种报纸,专鼓吹保障有色人种的权利,因此颇招他的亲底嫉恨。一八七五年,加入社会民主工党(Socialist Democratic Labor Party)。一年后,又组织芝加哥劳工组合的织工会议,他是首先加入一八八〇年社会革命运动的一个人。一八八四年后,发刊 *The Alarm* 报。他是一个有辩才且有魔力的说士,是一个有才能的组织家。由一八七五年至一八八六年间,他曾在群众大会里演说过不下一千次。他为组织社会工党(Socialist Labor Party),后又为组织万国工人会(International Working people´s Association),奔走各处,足迹遍十六州。

Michael Schwab 的才能,比 Spies、Parsons 的才能略逊,但他也是一个受过良(好)教育的德国人。年三十三岁,被捕时来美已八年了。那时他正辅助 Spies 作编辑部员。他虽不是创造的作者,却也很明通,演说也很畅利。他所以于劳工运动很有影响的缘故,全在他那对于劳工阶级利益伟大的热心、无限的献身。

George Engel,是八人中最年长的。一八三六年生于德国 Kassel 地方。艰难困苦的生涯,使他养成了一种惨厉的精神。他酷恨这现在的社会,是缘于个人的感情,不是社会哲学的结果。他一到美国,便加入社会改造的运动,为一最热心的献身者。

Louis Lingg,年只二十二岁,是一个笃诚、狂热的社会运动者。

Samuel Fielden,一八四七年生于英伦,当过织工、车夫,并是一个辞职的 Methodist 宣教师。他的社会主义的知识,大部分得自报章上的论述和公开的讨论。他的演说,直截了当,也有雄辩的煽动的气味,群众很欢迎他。

Adolph Fischer 比 Lingg 长两岁,生于德国,十五岁时移居美国。他的社会主义的教育,受自他的父母。他被捕的前数年,才倾信无政府主义,是一个百折不挠的社会运动家。

Oscar Neebe,一八四九年生于纽约,一八六六年来芝加哥居住。从那时以后,就和各方面劳工运动发生关系。他曾当过一回国民劳工联合的代表,后来加入社会工党和万国工人会。他未曾作过无政府党人的宣传运动,始终在工联运动上尽力。在一八八六年的八小时运动中,也占首要的地位。

四

法国的"五一"纪念日,也曾受过鲜血的洗礼,染印在它的历史上。

一八九一年四月下旬,礼路地方的织物工业中心地、雇有二万多工人的福尔梅市,起了同盟罢工的风潮。一直延到"五一"纪念日,还没有平息。

欧洲旧俗,五月一日本来是一个令节。是日,士女都出游野外,摘取鲜花,欢欣歌舞。这一天福尔梅市的青年男女,也结队成群地出游原野,拿美丽的花,装饰在身上,笑语而归。

忽然满街起了杀气,军警和工人起了冲突,把工人捕去了数人。出游回来的青年士女,看见军警暴乱的样子,很是愤慨,便一齐唱着悲壮的歌,喧噪起来。在前引道的,是一双青年男女:女年十八岁,名叫玛利亚·卜伦德,手拿着一枝白桑茶西花;男年十九岁,名叫多孟德·季洛特,手拿着三色旗。民众并没有什么武器,不过空声骚动罢了。

军警的指挥官,再三用刀枪袭击群众,结果只是增加他们的愤慨,愈加激昂起来。军官又发开枪的命令。按法国的法律,在这个时候,必须击三次大鼓,以为开枪的警告,乃军官不守法律遽发枪击的命令,实在是违法的行为。

在这次非法的暴行之下,死了九人,伤了廿四人。也有在咖啡店里吃饭的客中流弹而死的。那引导群众的一双青年男女,一个血溅着三色旗,一个血溅着白桑茶西花枝,都作了这次血祭的牺牲。此外还有少女三人、青年男子四人,听说其中还有一个年才十岁的小孩。

这一天在塞奴的都市苦里西,官吏于民众也有虐杀的事情。

苦里西的电报局员,早起把赤旗带(戴)在胸前,不多时就被警官夺去了。午前,工人成群结队地等候着演说的机会,直到正午,没有什么事情发生,可是警探已竟布满了街衢。

午后二时,鲁法罗呵的同志团体,忽然涌(拥)入苦里西。他们要以自由独立的意气,纪念这个日子。

他们高呼着"自由万岁",在街上游行,和警官小有冲突。

他们以后又进到一个酒店里，高声合唱工人解放的歌。警察署长闻而大怒，发令袭击酒店。警官或用刀或用手枪，直奔酒店，汹汹而来，工人乃不得不出于正当防卫。结果警官方面，伤了六人，暂行退却。

于是又为第二次的袭击。这回警官得了胜利，工人大部分逃去，只捕住狄侃、达尔达尔、鲁非优三人。

三人的裁判，过了四个月才确定了。检察官要求死刑，但陪审官很公平持正，判决鲁非优无罪，达尔达尔三年监禁，狄侃五年监禁。

最近一九一九年的“五一”纪念日，法国巴黎也曾起了骚动。是日巴黎市民，照例举行大示威运动，参加者多系少年，并且有外国人很多。午后，军队和群众发生了大冲突，军队遮断群众前进的道路，群众拼命冲破警戒线，消防队欲用水龙击散群众，群众仍悍然前进，警察用棍棒乱打。群众过 OperaHouse 前，齐呼“推倒政府”。入夜形势更险，骑兵和群众又大冲突，群众用手枪自卫，死十八岁少年一人，警察受伤的四百二十三人，其中受重伤的二百五十人。这一天巴黎全市罢工，又值阴雨，光景更觉凄惨。

五

我写了这一段“五一”运动史，不禁起了好些感想。现在把他写出来，作本文的结论。

二三年前，《劳动》杂志上有过一个题目：《不入支那人清梦之五月一日》。那时中国人对于这“劳工神圣”的纪念日，何等淡漠！到了去年，北京《晨报》在五月一日那一天，居然出了一个“劳动节”纪念号，一般人才渐渐知道这个纪念日的意义。到了今年，不但本志大吹大擂地作这“五一”祝典，别的同志的同业，同声庆祝的，也有了好几家，不似从前那样孤零落寞了！可是到了今天，中国人的“五一”纪念日，仍然不是劳工社会的纪念日，只是几家报馆的纪念日。中国人的“五一”运动，仍然不是劳工阶级的运动，只是三五文人的运动；不是街市上的群众运动，只是纸面上的笔墨运动。这是我们第一个遗憾！

“五一”运动的历史，胚胎于八小时工作问题，已如上述。去年华盛顿的劳工会议，对于工作时间问题，居然规定了下列四项：

(甲)一日八时间,一星期四十八时间。

(乙)只有在特别紧急的时候,才准有法定时间外的做工。

(丙)法定时间外的做工,须另加百分之二十五的工银。

(丁)关系法定时间外的做工,有工人团体的地方,须与工人团体协议,此协议的结果,有法律上的效力;无工人团体的地方,由政府决定。

以上四项,都是确定八小时工作制的规定,不能不说是这次劳工会议一件很大的成绩了。可是这个成绩,是三十年来,工人依自己阶级直接行动的努力,早已得到的。"五一"运动,已经发生了一种新意义。英、美的工人,早已更进一步,做"六小时""三十六小时"的运动了。劳工会议的规定,还只是先进国劳工依自己阶级的努力已经获得的收获,或其以下。难怪意大利和别国的工人代表灰心失望！这是我们第二个遗憾!

华盛顿劳工会议的成绩,虽然不能满足我们的希望,然而要他那四项一一适用到我们的劳工社会来,我们那些苦工人,也许可以得享些幸福。谁知中国和日本、印度等国,又被他们认作特殊国除为例外了！那关于日本、印度等国的,我且不提,单把那关于中国的特殊规定,写在下面:

(甲)每星期休息一日。

(乙)以一日十时间、一星期六十时间为原则。对于不满十五岁的人,以一日八时间、一星期四十八时间为原则。

(丙)对于使用百人以上的工场,适用《工场法》。

(丁)在各国租界内,亦适用同一规定。

再让一步,就是这种特殊规定,果然能够实行,也未始不是这一班苦人的幸福。无奈他们的愚昧,真是可怜！就是这个,他们也不知道起来设法使它实行。这是我们第三个遗憾!

我们在今年的"五一"纪念日,对于中国的劳工同胞,并不敢存若何的奢望,只要他们认今年的“五一”纪念日作一个觉醒的日期。

我们在今年的“五一”纪念日，对于世界的劳工同胞，希望很大。希望他们由“八小时”“四十八小时”的运动，到“六小时”“三十六小时”的运动，给“五一”纪念日加一新意义，为“五一”运动开一新纪元。

我们最后对于“五一”纪念日的自身，希望它早日完成那“八小时”运动的使命，更进而负起“六小时”运动的新使命来。

起！起！起！勤劳辛苦的工人！今天是你们觉醒的日子了！

我这篇记述，是根据下列诸书作成的：

1.Morris Hillquit——*History of Socialismin The United States*.p.209—221.

2.《解放》创刊号，山川菊荣著《五月祭与八时间劳动的话》。

3.《改造》大正八年九月号，新妻伊都子著《致不真面目的劳动论者》和山川菊荣著《答新妻氏》。

4.Karl Liebknecht——*The Future belongs to The People*.p.126—128.

（第七卷第六号，一九二〇年五月一日）

劳动者底觉悟

陈独秀

(在上海船务栈房工界联合会演说)

世界上是些什么人最有用最贵重呢？必有一班糊涂人说皇帝最有用最贵重，或是说做官的读书的最有用最贵重。我以为他们说错了，我以为只有做工的人最有用最贵重。这是因为什么呢？我们吃的粮食，是那种田的人做的，不(是)皇帝、总统、做官的、读书的人做的；我们穿的衣服，是裁缝做的，不是皇帝、总统、做(官)的读书的人做的；我们住的房屋，是木匠、瓦匠、小工做的，不是皇帝、总统、做官的、读书的人做的；我们坐的各种车船，都是木匠、铁匠、漆匠做的，还有许多机器匠、驾船工人、掌车工人、水手、搬运工人等，才能把我们的货物和我们自己送到远方，这都不是皇帝、总统、做官的、读书的人的功劳。这世界上若是没有种田的、裁缝、木匠、瓦匠、小工、铁匠、漆匠、机器匠、驾船工人、掌车工人、水手、搬运工人等，我们便没有饭吃、没有衣穿、没有房屋住、没有车坐、没有船坐。可见社会上各项人，只有做工的是台柱子，因为有他们的力量才把社会撑住；若是没做工的人，我们便没有衣食住和交通，我们便不能生存。如此，人类社会，岂不是要倒塌吗？我所以说只有做工的人最有用最贵重。但是现在人的思想，都不是这样，他们总觉得做工的人最无用最下贱，反是那不做工的人最有用最贵重。我们现在一方面盼望不做的工人，快快觉悟自己无用的下贱；一方面盼望做工的人快快觉悟自己有用、贵重。世界劳动者的觉悟，计分二步：第一步觉悟是要求待遇，第二步觉悟是要求管理权。现在欧美各国劳动者的觉悟，已经是第二步；东方各国像日本和中国劳动者的觉悟，还不过第一步。在表面上看起来，欧美日本的劳动者，都在那里大吹大擂的运动，其实日本劳动者底觉悟和欧美大不相同。因为他们觉悟后所要求的，有第一步、第二步的分别。第一步觉悟后所要求的，是劳动者对于国家、资本家，要求待遇改良（像减少时间、增加工价、改良卫生保险教育等事）；第二步觉悟后所要求的，是要求做工的人自身站在国家资本家地位，是要求做工的人自己起来管理政治、军事、产业，和第一步觉悟时仅仅要求不做工的人对于做工的人待遇改良大不相同。第一步要求还是讨饭吃，必须到了自己做饭吃的时候，油、盐、柴、米、菜、蔬、锅、灶、碗、碟等，都拿在自己手里，做工的人的权利，才算稳固。否则无论如何待遇改良，终是仰仗别人的恩惠、赏饭。中国古人说："劳心者治人，劳力者治于人。"现在我们要将这句话倒转过来说："劳力者治人，劳心者治于人。"各国劳动者第二步觉悟、第二步要求，并没有别的奢望，不过是要求做工的劳力者管理政治、军事、产业，居于治人的地位，要求那不做工的劳心者居于治于人的地位。我们中国的劳动运动还没有萌芽，第一步觉悟还没有，怎说得到第二步呢？不过，我望我们国里底做工的人，一方面要晓得做工的人觉悟确有第二步境界，就是眼前办不到，也不妨作此想；一方面要晓得劳动运动才萌芽的时候，不要以为第一步不满意，便不去运动。

（第七卷第六号，一九二〇年五月一日）

谈政治

陈独秀

一

本志社员中有多数人向来主张绝口不谈政治，我偶然发点关于政治的议论，他们都不以为然。但我终不肯取消我的意见，所以常常劝慰慈、一涵两先生做关于政治的文章。在他一方面，外边对于本志的批评，有许多人说《新青年》不讨论政治问题，是一个很大的缺点。我对于这个批评也不能十分满足，曾在“我的解决中国政治方针”演说中回答道：“我们不是忽略了政治问题，是因为十八世纪以来的政制已经破产，我们正要站在社会的基础上造成新的政治；我们不是不要宪法，是要在社会上造成自然需要新宪法的实质，凭空讨论形式的条文，是一件无益的事。”因此，可以表明我对于政治的态度，一方面固然不以绝口不谈政治为然。一方面也不愿意和一班拿行政或做官弄钱当作政治的先生们谈政治。换句话说，就是：你谈政治也罢，不谈政治也罢，除非逃在深山人迹绝对不到的地方，政治总会寻着你的；但我们要认真了政治底价值是什么，决不是争权夺利的勾当可以冒牌的。

以上的说话，虽然可表明我对于政治的态度，但是过于简单，没有说出充分的理由，而且不曾包含我最近对于政治的见解，所以现在要详细谈一下。

二

我们中国不谈政治的人很多,主张不谈政治的只有三派人:一是学界,张东荪先生和胡适之先生可算是代表;一是商界,上海的总商会和最近的各马路商界联合会可算是代表;一是无政府党人。前两派主张不谈政治是一时的不是永久的,是相对的不是绝对的,因为他们所以不谈政治,是受了争权夺利的冒牌的政治的刺激,并不是从根本上反对政治。后一派是从根本上绝对主张人类不应该有一切政治的组织,他们不但反对君主的贵族的政治和争权夺利的政治,就是民主的政治也要反对的。

我对于这三派的批评:在消极的方面,我固然很有以他们为然的地方;在积极的方面,我就有点异议了。

前两派只有消极没有积极的缺点,最近胡适之先生等《争自由的宣言》中已经道破了。这篇文章开口便说:"我们本不愿意谈实际的政治,但是实际的政治却没有一时一刻不来妨害我们。"要除去这妨害,自然免不了要谈政治了。

后一派反对政治,从消极的方面说起来,也有一大部分真理。他们反对政治,反对法律,反对国家,反对强权,理论自成一系统,倒没有普通人一面承认政治、法律、国家,一面反对强权的矛盾见解。强权是少数人的或多数人的,广狭虽然不同,但若是没有强权便没有法律,没有法律还有什么政治国家呢?因此我们应该明白强权国家政治法律是一件东西的四个名目,无政府党人一律反对,理论倒算是一贯。古代的社会契约(Social contract)和中世纪的自治都市(Commune),不但不是普遍的,而且是人类政治组织没有进化到近代国家的状态。近代国家是怎样?Franz Oppenheimer 说:国家的唯一目的,就是征服者支配被征服者的主权,并且防御内部的叛乱及外部的侵袭。这主权的目的,也就是征服者对被征服者经济的掠夺(详见 *Christensen's Politics and Crowd Morality*, p.72 所引)。Christensen 说:国家是掠夺别人并防止别人来掠夺的工具,它的目的并不是制止每人和每人间的战争,乃是使这战争坚固而更有效力。罗素说:国家的骨子,就是公民集合力的仓库。这力量有两个形式:一是对内部的,一是对外部的。对内部的形式是法律及警察,对外部的形式是战斗力所表现的陆海军。国家是一定区域内全住民的集合体依政府指挥用他们联合力所组织起来的。国家的权力,对内仅限于叛乱的恐怖,对外仅限于战败的恐怖;所以它阻止这两样是绝对的。在实际上它能够用租税名义夺人家的财产,决定结婚和继承的法律,惩罚它所反对的意见发表,因为要把一种人民所住的地方划归别国它能置人于死地,并且他想着要打战便命令一切强健男子到战场去赌生命。在许多事件上,违反了国家的目的和意见,就是犯罪(见 Russell's Principles of Social Reconstruction, p.45,46,47)。过去及现在的国家底作用实在是如此,我所以说无政府党反对国家,反对政治,反对法律,反对强权,也有一大部分真理。

从消极方面说起来,无政府党否认国家政治,我们固然赞同。从积极方面说起来,我们以为过去的现在的国家和政治,过去的现在的资本阶级的国家和政治,固然建筑在经济的掠夺上面。但是将来的国家和政治,将来的劳动阶级的国家和政治,何人能够断定它仍旧黑暗绝对没有进步的希望呢? 反对国家的人,说它是掠夺机关;反对政治的人,说它是官僚的巢穴;反对法律的人,说他是资本家私有财产的护符;照他们这样说法,不过是反对过去及现在掠夺的国家,官僚的政治,保护资本家私有财产的法律,并没有指出可以使国家政治法律根本摇动的理由。因为他们所反对的,不曾将禁止掠夺的国家,排除官僚的政治,废止资本家财产私有的法律,包含在内。

或者有人说:就是将来的禁止掠夺的国家,排除官僚的政治,废止资本家私有财产的法律,仍然离不掉强权,所以不从根本上绝对废除国家、政治、法律,这几种强权,实现自由组织的社会,不能算彻底的政革。

我们对于这种意见,可以分开理论和事实两方面讨论。

从理论上说起来,第一我们应该要问:世界上的事理本来没有的,我们从何处彻起? 所以懂得进化论的人,不应该有彻底不彻底的观念。第二我们应该要问:强权何以可恶? 我以为强权所以可恶,是因为有人拿它来拥护强者无道者,压迫弱者与正义。若是倒转过来;拿它来救护弱者与正义,排除强者与无道,就不见得可恶了。由此可以看出强权所以可恶,是它的用法,并不是它本身。我们人类文明最大的效果,是利用自然征服自然:例如水火都可以杀人,利用水便得了行船,洗濯灌溉的效用;利用火便得了烧饭菜,照亮,温暖身体的效用;炸药和雷电伤人更是可怕,利用他们便得了开山治病及种种工业上的效用。人类的强权也算是一种自然力,利用它也可以有一种排除黑暗障碍的效用。因此我觉得不问强权的用法如何,闭起眼睛反对一切强权,像这种因噎废食的办法,实在是笼统的武断的,决不是科学的。若有人不问读书的目的如何,但只为读书而读书;不问革命的内容如何,但只为革命而革命,自然是可笑。现在若不问强权的用法如何,但只为强权而反对强权,或者只为强权而赞成强权,也未免陷于同一的谬误。

从事实上说起来,第一我们要明白世界各国里面最不平最痛苦的事,不是别的,就是少数游惰的消费的资产阶级,利用国家、政治、法律等机关,把多数勤苦的生产的劳动阶级压在资本势力底下,当做牛马机器还不如。要扫除这种不平这种痛苦,只有被压迫的生产的劳动阶级自己造成新的强力,自己站在国家地位,利用政治,法律等机关,把那压迫的资产阶级完全征服,然后才可望将财产私有,工银劳动等制度废去,将过于不平等的经济状况除去。若是不主张用强力,不主张阶级战争,天天不要国家、政治、法律,天天空想自由组织的社会出现。那班资产阶级仍旧天天站在国家地位,天天利用政治、法律,如此梦想自由,便再过一万年,那被压迫的劳动阶级也没有翻身的机会。法国的工团派,在世界劳动团体中总算是很有力量的了。但是他们不热心阶级战争,是要离开政治的,而政治却不肯离开他们,欧战中被资产阶级拿政权强迫他们牺牲了,今年"五一节"后又强迫他们屈服了,他们的自由在哪里?所以资产阶级所恐怖的,不是自由社会的学说,是阶级战争的学说。资产阶级所欢迎的,不是劳动阶级要国家政权法律,是劳动阶级不要国家政权法律。劳动者自来没有国家没有政权,正因为过去及现在的国家、政权,都在资产阶级的手里,所以他们才能够施行他们的生产和分配方法来压迫劳动阶级;若劳动阶级自己宣言永远不要国家不要政权,资产阶级自然不胜感谢之至。你看现在全世界的国家对于布尔什维克的防御,压迫,恐怖,比他们对于无政府党厉害得多,就是这个缘故。

第二我们要明白各国的资产阶级,都有了数千年或数百年的基础,站在优胜的地位,他们的知识经验都比劳动阶级高明得多,劳动阶级要想征服他们固然很难,征服后想永久制服他们不至死灰复燃更是不易。这时候利用政治的强权,防止他们的阴谋活动;利用法律的强权,防止他们的懒惰、掠夺,矫正他们的习惯、思想;都很是必要的方法。这时候若反对强权的压迫,若主张不要政治,法律,若提倡自由组织的社会,便不啻对资产阶级下了一道大赦的恩诏,因为他们随时得着自由,随时就要恢复原有的势力地位。所以各国共和革命后,民主派若失了充分压服旧党的强力,马上便有复辟的运动。此时俄罗斯若以克鲁巴特金的自由组织代替了列宁的劳动专政，马上不但资产阶级要恢复势力，连帝政复兴也必不免。克鲁巴特金《国家论》中所称赞的中世自治都市是何以失败的，他所指责的近代资本主义的国家是何以发达起来的？这主要的原因，不用说一方面是自治都市里既不是以劳动阶级为主体，又没有强固的政治组织，因此让君主贵族们垄断了政权；一方面是新兴的资本家利用自由主义，大家自由贸易起来，自由办起实业来，自由虐待劳动者，自由把社会的资本集中到少数私人手里，于是渐渐自由造成了自由的资本阶级，渐渐自由造成了近代资本主义自由的国家。我们明明白白晓得中世自治都市是放弃政权失败的，是放任那不法的自由(unconscionable Freedom)失败的，劳动阶级的枷锁镣铰分明是自由主义将它带(戴)上的。现在理想的将来的社会，若仍旧妄想否认政治是彻底的改造，迷信自由主义万能，岂不是睁着眼睛走错路吗？我因此深信许多人所深恶痛绝的强权主义，有时竟可以利用它为善；许多人所歌颂赞美的自由主义，有时也可以利用它为恶；万万不可一概而论，因为凡强权主义皆善，凡自由主义皆恶，像这种笼统的大前提，已经由历史的事实证明它在逻辑上的谬误了。

第三我们要明白人类本性的确有很恶的部分，决不单是改造社会制度可以根本铲除的：就是社会制度——私有财产制度，工银劳动制度——所造成的人类第二恶性，也不是制度改变了这恶性马上就跟着消灭的。工银劳动制度实在不应该保存，但同时若不强迫劳动，这时候从前不劳动的人，自然不会忽然高兴要去做工；从前受惯了经济的刺激(Economic Stimulus)才去劳动的工人，现在解除了刺激，又加上从前疲劳的反动，一定会懒惰下来，如此一时社会的工作效率必然锐减。少数人懒惰而衣食，已经酿成社会上的不平等，若由少数增至多数，这社会的生活资料如何维持呢？人类诚然有劳动的天性，有时也自然不需强迫。美术化的劳动和创造的劳动，更不是强迫所能成的，自来就不是经济的刺激能够令它进步的。所以工银制度在人类文化的劳动上只有损而无益。至于人类基本生活的劳动，至少像那不洁的劳动，很苦的劳动，既然没有经济的刺激，又没有法律的强迫，说是人们自然会情愿去做，真是自欺欺人的话。凡有真诚的态度讨论社会问题的人，不应该说出这样没有经验的话来。制度变了，制度所造成的人类专己自私的野心，一时断然不易消灭。倘然没有法律裁制这种倾向，专制的帝王贵族就会发生在自由组织的社会里，若要预防它将来发生，抵抗它已经发生,都免不了利用政治的法律的强权了。更有一件事,就是人类的性欲本能和永续占有冲动合起来发生的男女问题,这问题是人生问题中最神秘不可思议的部分,不但社会制度革命不能解决它,并且因为解除了经济的政治的压迫和诱惑,真的纯粹的男女问题更要露骨的发生。这时候的男女问题内,并不夹杂着政治的经济的影响和罪恶;倘由这种问题发生了侵犯个人及损害社会安宁的罪恶,也应该有点法律的裁制才好。

据以上的理论和事实讨论起来,无政府党所诅咒的资产阶级据以造作罪恶的国家、政治、法律,我们也应该诅咒的。但是劳动阶级据以铲除罪恶的国家、政治、法律,我们是不应该诅咒的。若是诅咒它,倒算是资产阶级的朋友了。换句话说,就是我们把国家、政治、法律,看做一种改良社会的工具,工具不好,只可改造它,不必将他抛弃不用。

三

不反对政治的人也有两派:一是旧派,他们眼中的国家,就是"我国家数百年深仁厚泽"的国家,学生这样嚣张还成个什么"国家"的国家;他们眼中的政治,就是"吴佩孚只是一个师长不配参与政治"的政治;他们眼中的法律,就是"王法""国法""大清律"的法律。这派的意见,我们犯不着批评。一是新派,他们虽不迷信政治、法律和国家有神秘的威权,他们却知道政治、法律和国家是一种工具,不必抛弃不用。在这一点上我很以他们为然。但是他们不取革命的手段改造这工具,仍旧利用旧的工具来建设新的事业,这是我大不赞成的。这派人所依据的学说,就是所谓马克思修正派,也就是 Bebel 死后德国的社会民主党,急进派所鄙薄所攻击的社会党也就是这个。中国此时还够不上说真有这派人,不过颇有这种倾向,将来这种人必很有势力要做我们唯一的敌人。

他们不主张直接行动,不主张革那资产阶级据以造作罪恶的国家、政治、法律的命,他们仍主张议会主义,取竞争选举的手段,加入(就是投降)资产阶级据以作恶的政府、国会,想利用资产阶级据以作恶的政治、法律,来施行社会主义的政策,结果不但主义不能施行,而且和资产阶级同化了,还要施行压迫劳动阶级反对社会主义的政策。现在英法德的政府当局那个不是如此?像这样与虎谋皮为虎所噬还要来替虎噬人的方法,我们应该当做前车之鉴。

他们主张的国家社会主义,名为社会民主党,其实并不要求社会的民主主义,也不要求产业的民主化,只主张把生产工具集中在现存的国家——现存的资产阶级的军阀官僚盘踞为恶的国家——手里。Wilhelm Liebknecht 批评这种国家社会主义道:这种国家社会主义,实在说起来只可叫做国家资本主义(State Capitalism),取其貌似投时所好来冒牌骗人罢了。德国的国家社会主义,严格说起来就是普鲁士的国家社会主义,它的理想就是军国的、地主的、警察的国家,它所最厌恶的就是民主主义(见 *Wilhelm.Liebknecht*, *No Compromise*, *No Puliticol Trading*, p.15)。这种国家社会主义的国家里面,劳动阶级的奴隶状态不但不减轻而且更要加重。因为国家成了公的唯一的资本家,比私的数多的资本家更要垄断得多。这种国家里面,国家的权力过大了,过于集中了统一了,由消灭天才的创造力上论起来,恐怕比私产制度还要坏。这种国家里面,不但无政府党所诅咒的国家、政治、法律的罪恶不能铲除,而且更要加甚。因为资产阶级的军阀官僚从前只有政治的权力,现在又假国家社会主义的名义,把经济的权力集中在自己手里,这种专横而且腐败的阶级,权力加多罪恶便自然加甚了。若是把这名义与权力送给世界上第一个贪污不法的中国军阀官僚,那更是造孽不浅。

他们反对马克思的阶级战争说很激烈,他们反对劳动专政,拿德谟克拉西来反对劳动阶级的特权。他们忘记了马克思曾说过:劳动者和资产阶级战斗的时候,迫于情势,自己不能不组成一个阶级,而且不能不用革命的手段去占领权力阶级的地位,用那权力去破坏旧的生产方法。但是同时阶级对抗的理由和一切阶级本身,也是应该扫除的。因此劳动阶级本身的权势也是要去掉的(见《共产党宣言》第二章之末)。他们又忘记了马克思曾说过:法国社会主义及共产主义的著作,到德国就全然失了精义了,并且阶级争斗的意义从此在德国人手中抹去,他们还自己以为免了法国人的偏见……他们自以为不单是代表无产阶级利害的,是代表人类本性的利害,就是代表全人类利害的。这种人类不属于何种阶级,算不得实际的存在,只有哲学空想的云雾中是他存在的地方。(见前书第三章)他们只有眼睛看见劳动阶级底特权不合乎德谟克拉西,他们却没眼睛看见戴着德谟克拉西假面的资产阶级特权是怎样。他们天天跪在资产阶级特权专政脚下歌功颂德,一听说劳动阶级专政,马上就抬出德谟克拉西来抵制,德谟克拉西倒成了资产阶级的护身符了。我敢说,若不经过阶级战争,若不经过劳动阶级占领权力阶级地位的时代,德谟克拉西必然永远是资产阶级的专有物,也就是资产阶级永远把持政权抵制劳动阶级的利器。修正派社会主义的格言就是:“从革命去到普通选举!从劳动专政去到议会政治!”他们自以为这是“进化的社会主义”,殊不知 Bebel 死后德国的社会民主党正因此堕落了!

四

我的结论是:

我承认人类不能够脱离政治,但不承认行政及做官争地盘攘夺私的权力这等勾当可以冒充政治。

我承认国家只能做工具不能做主义,古代以奴隶为财产的市民国家,中世以农奴为财产的封建诸侯国家,近代以劳动者为财产的资本家国家,都是所有者的国家,这种国家的政治法律,都是掠夺的工具。但我承认这工具有改造进化的可能性。不必根本废弃它,因为所有者的国家固必然造成罪恶,而所有者以外的国却有成立的可能性。我虽然承认不必从根本上废弃国家、政治、法律这个工具,却不承认现存的资产阶级(即掠夺阶级)的国家、政治、法律,有扫除社会罪恶的可能性。

我承认用革命的手段建设劳动阶级(即生产阶级)的国家,创造那禁止对内对外一切掠夺的政治法律,为现代社会第一需要。后事如何,就不是我们所应该所能够包办的了。

(第八卷第一号,一九二〇年九月一日)

《社会主义史》序

蔡元培

我们中国本有一种社会主义的学说，如《论语》记："有国有家者不患寡而患不均；不患贫而患不安。盖均无贫；和无寡；安无倾。远人不服，则修文德以来之。既来之，则安之。"就是对内主均贫富，对外不取黩武主义，与殖民政策。《礼运》记孔子说："人不独亲其亲，不独子其子。使老有所终，壮有所用，幼有所长，矜寡孤独废疾者皆有所养。男有分，女有归。货恶其弃于地也，不必藏于己；力恶其不出于身也，不必为己。"就是"各尽所能，各取所需"的意义，且含有男女平等主义。《孟子》记许行说"贤者与民并耕而食，饔飧而治"就是"泛劳动"主义。

中国本又有一种社会政策；《周礼》："小司徒经土地而井牧其田野。""遂人辨其野之土，上地，中地，下地，以颁田里。"孟子说："乡田同井；出入相友；守望相助；疾病相扶持。""设为庠序学校以教之。"《汉书·食货志》："民年二十受田，六十归田。七十以上，上所养也。十岁以下，上所长也。十一以上，上所强也。""女修蚕织。""春令民毕出在野；冬则毕入于邑。……入者必持薪樵，轻重相分，班白不提挈。冬民既入，妇人同巷相从，夜绩女工。……必相从者，所以省费燎火，同巧拙而合习俗也。"虽是偏着农业一方面，但不能不认为社会政策之一种。后来宋儒常常想恢复井田，但总没有什么机会。

西洋的社会主义，二十年前，才输入中国。一方面是留日学生从日本间接输入的，译有《近世社会主义》等书。一方面是留法学生从法国直接输入的，载在《新世纪》周刊上。后来有《民声》周刊简单地介绍一点。俄国广义派政府成立以后，介绍马克思学说的人多起来了，在日刊月刊中常常看见这一类的题目。但是切切实实，把欧洲社会主义发起以来一切经过的情形，叙述出来的，还没有。我友李君懋猷取英国辟司所增订的克卡朴《社会主义史》用白话译出,可以算是最适用的书了。

克氏此书成于一八九二年,于社会主义的学说,叙述得颇详。但是社会主义派最近的运动,自然有遗漏的。经辟司于一九一三年增订一回,加入的不少。虽然大战以后,俄国新政府的设施,国际联盟条约中劳工规约的讨议,各国同盟罢工的勃起,矿山铁道国有问题的要求,这些重大事变还没有包在里面。但是一九一三年以前的事实,很可以资考证了。

克氏辟氏都是英国人,自然是稳健派。所以对于以前的社会主义,很有消极的批评。又如辩护家庭、辩护宗教、辩护中央与地方政府,甚且辩护英国的殖民政策,读的人一定有嫌他们不彻底的。但是他们所叙述的给我们的教训,已经很多。

在这部书里面说:"现在一般有名的研究家,都承认历史——经济的历史在内——是许多有次序的现象之连续体,凡在连续线内的各种情形,都有种种特别的事实和倾向标明出来。""一个时代的失败,常指出以后一个时代中成功的路道。""我们讨论社会主义运动的问题,不独当以历史和人类为标准则,还须特别参考现在流行的各种势力一工业的,政治的,社会的和道德的势力。"很可以令我们猛省,知要实行这种主义,必要有各种的研究。不是随便拈出几句话头,鼓吹鼓吹,就有希望的。

他说:"差不多没有一国的工界像比国工界一样,受那种难以名状的苦痛。从前比国工人毫无知识,做工的时间极长,工价极廉。他们既没有政治上的权利,又没有一点组织,所以常被压制。"这不是我们工界的缩影么?但是"最近几十年来比国社会主义运动,以组织坚固和包罗宏富两点著名。""从英国采入它的协作和自助;从德国采入它的政治上的策略和根本上的原则;从法国采入种种理想的倾向。"它的特点"是它的协作的大组织。""比国的协作社会已经使比国的工党根深蒂固,在世界各国中,除德意志外,没有能和它相比较的。"这不是我们应该注意的方法么?

他叙工团主义的起源说:"法国人发生三种观念:一、工人阶级在政治上得不到救助;二、国会是一群自谋私利的空谈家,他们只要有官做,或有贿得,他们就会牺牲他们向来的主义;三、中央政府是一个仇敌。"因而工团主义的观念:"一、工界的救援不在乎政治方面,而在乎自助和自己组织团体;二、要制胜资本家不在乎公众所组织之政治性质的团体,而在乎工界所组织之工业性质的团体;三、工人第一是一个作工的人:如做矿工,工程师,或制棉工人,第二才做一个国民。""工团主义是纯粹工界的产物。不是一个人的力量造成的，它是由许多不著名的人之种种意见相合而成的，它的发生是出乎自然的。”我们中国无论什么组织，总是有政客想利用它，那法国的工团主义不是我们很该注意的么？

他说：“人类发展之中，有两种要素：是脑力的发达，和合群原则的发达。”又说：“从现时过渡到社会主义时代……一定是渐进的，必先做一番预备工夫，使大多数人民的知识，道德，习惯和组织，都合于一种更高的社会经济的生活。”这就是工人教育问题。第一是学者的加入。如“美国各大学校学生中有许多是社会主义者，这些人中间有许多是在德国各大学得过学位的。当一九一〇年，各校社会主义社有十支社，到一九一二年，增至五十二支社”。又如英国“费边会在各地方组织支部……在牛津大学，剑桥大学和别的大学里面，都有支部。……近来联成一个大学社会主义同盟会”。第二是特别的教育。如德国社会民主党有教育委员会“当一九一二年至一九一三年的时候，对于经济学、历史、文学、美术、社会主义、哲学、协作运动、工联主义、政治学和各种专门学科，共讲演三千五百次。此外，还公开无数的音乐会，欢迎会和演剧等”。“又有一种活动影片也是用作传播社会主义之用的。”“柏林有一种社会主义学校。在这个学校里面，每年有三十一个当选的年龄不同之男子和妇女，教授普通史、社会史、宪法史、政治经济学、社会主义的历史和学说、社会和工业的法律、演说术和作文法、新闻事业和别的学科。”“设一个妇女部……预备各种小册子和别种印刷品，在妇女中分发。”“设法使青年和社会主义相接触，组织六百五十个地方委员会，专办这一类事。还办一种特别的新闻纸，名为《劳动少年》。在二百七十四处地方，设有少年图书馆。自一九一二年至一九一三年，举行演讲会四千五百次；开音乐会和欢迎会二千四百零五次；举行旅行会博物院参观会等等共一万四千三百次。他又刊布小册子八十二万五千份，分发国内各青年。”这不是我们应该效法的么？

我读了这部译稿，发生许多感想。特将重要一点的写出来，表示我介绍此书的诚意。

中华民国九年七月二十三日，蔡元培

（第八卷第一号，一九二〇年九月一日）

对于时局的我见

陈独秀

昨天有两个相信社会主义的青年，问我对于时局的意见，我说：中国政治中心虽在北京，上海是经济中心，所以时常发出对于政治上有力的舆论。现在安福倾覆后上海方面对于时局的舆论，颇不一致，我以社会主义者的见地，略述如下：

（一）总想“不劳而获”，是中国人最大的毛病。这次打倒安福派，只是吴佩孚一军的力量，别人都坐观成败。若是事后说便宜话，或是提出过大的要求，这是一定没有效果的。我们想“获”，必须要“劳”，“不劳而获”，是不可能而且很可耻。至于左袒安福和假的先生们，正应该闭门思过，若还厚起面皮，拿国民的名义来唱高调，只好请他到假国去做安福国民，中华民国实不能容这样没廉耻的人！

（二）我以为世界上只有两个国家：一是资本家的国家，一是劳动者的国家。但是现在除俄罗斯外，劳动者的国家都还压在资本家的国家底下，所有的国家都是资本家的国家，我们似乎不必妄生分别。各国内只有阶级，阶级内复有党派，我以为“国民”不过是一个空名，并没有实际的存在。有许多人欢喜拿国民的名义来号召，实在是自欺欺人，无论是国会也好，国民大会也好，俄罗斯的苏维埃也好，都只是一阶级一党派的势力集中，不是国民总意的表现。因为一国民间各阶级各党派的利害，希望各不相同，他们的总意不但没有方法表现，而且并没有实际的存在。

（三）国家、权力、法律，这三样本是异名同实。无论何时代的法律，都是一阶级一党派的权力造成国家的意志所表现，我们虽然应该承认它的威权，但未可把它看做神圣。因为它不是永远的真理，也不是全国民总意的表现，它的存废是自然跟着一阶级一党派能够造成国家的权力而变化的。换句话说，法律是强权的化身，若是没有强权，空言护法毁法，都是不懂得法律历史的见解。吾党对于法律的态度，既不像法律家那样迷信它,也不像无政府党根本排斥它。我们希望法律随着阶级党派的新陈代谢,渐次进步,终久有社会党的立法,劳动者的国家出现的一日。

(四)在社会党的立法和劳动者的国家未成立以前,资本阶级内民主派的立法和政治,在社会进化上决不是毫无意义。所以吾党遇着资本阶级内民主派和君主派战争的时候,应该帮助前者攻击后者。后者胜利时,马上就是我们的敌人,我们对于他们的要求,除出版结社两大自由及工厂劳动保护的立法外,别无希望。因为吾党虽不像无政府党绝对否认政治的组织,也决不屑学德国的社会民主党,利用资本阶级的政治机关和权力作政治活动。

(第八卷第一号,一九二〇年九月一日)

国庆纪念底价值

陈独秀

我们对于一切信仰一切趋赴的事,必须将这事体批评起来确有信仰趋赴底价值,才值得去信仰趋赴,不然便是无意识的盲从或无价值的迷信。

我们中华民国双十节是建设共和国的国庆纪念日,从元年到今年已经是第九次了;其间受反革命的帝制派的压迫几乎不成个纪念日的光景曾有好几次,最明目张胆地强行禁止开会纪念的,就是去年反革命的帝制派天津警察厅长杨以德和今年反革命的帝制派上海镇守使何丰林。在这班反革命的帝制派仇视共和禁止国庆日的纪念,本是当然的事,我们不去论他;但是信仰共和趋赴共和的人,也要确乎明白纪念这共和国庆日有什么价值。

讨论这个问题当分两层:一是共和的价值,一是中国共和的价值。

我们对于共和价值的批评,固然不像反革命的帝制派及无政府党人把共和看得一文不值,也不像一班空想的政论家迷信共和真能够造成多数幸福。我们十分承认却只承认共和政治在人类进化史上有相当的价值。法兰西大革命以前的欧洲,俄罗斯大革命以前的亚洲,打倒封建主义不能说不是他的功劳。但是封建主义倒了,资本主义代之而兴,封建主义时代只最少数人得着幸福,资本主义时代也不过次少数人得着幸福,多数人仍然被压在少数人势力底下,得不着自由与幸福的。教育是智慧的源泉,资本主义时代的教育是专为少数富家子弟而设,多数贫民是没有份的;他们的教育方针也是极力要拥护资本主义的学说及习惯的,因此这时代的青年自幼便养成了崇拜资本主义的迷信,以为资本主义是天经地义,资本家是社会不可少的中枢。共和国里当然要尊重舆论,但舆论每每随多数的或有力的报纸为转移,试问世界各共和国的报纸那一家不受资本家支配?有几家报纸肯帮多数的贫民说话?资本家制造报馆,报馆制造舆论,试问世界上那一个共和国的舆论不是如此?共和国里表示民意的最具体的方法就是选举投票,以财产限制选举权的国里不必说了,就是施行普通选举的国里,也没有穷人可以当选的道理,花几十万元才得着议员这是很平常的事。最穷的日本国,最近的议员运动费也必须十万元左右;相传有一位极有名望的人主张"理想的选举",决计不出运动费,不过他的朋友亲戚代他用了酒席车马费七千元,到处传为美谈;试问这种美谈没有人帮助的穷人得的着吗?全国的教育、舆论、选举,都操在少数的资本家手里,表面上是共和政治,实际上是金力政治,所以共和的自由幸福多数人是没有份的。主张实际的多数幸福,只有社会主义的政治。共和政治为少数资本阶级所把持,无论那国都是一样,要用他来造成多数幸福,简直是妄想。现在多数人都渐渐明白起来要求自己的自由与幸福了,社会主义要起来代替共和政治,也和当年共和政治起来代替封建制度一样,按诸新陈代谢的公例,都是不可逃的运命。

我们对于中国共和价值的批评,并不觉得他比别的国共和格外无价值;对于他在中国将来并无希望,也和在别的国一样或者还要更甚一点。过去的纪念像黄花岗壮烈的牺牲,接着就是十月革命,废黜君主,建设共和,在中国历史上不能说不是空前的盛举,在这一点上看起来,我以为全中国人都应该觉得双十节的确是中国历史上唯一的纪念日。只可惜这历史上空前的盛举是一时偶发的,太没有持续性(这种现象是中国民族可恐怖的最大弱点),以至于多数人得不着幸福固属当然(上面曾说过共和政治不能造成多数幸福),即次少数人也没有像欧美中产阶级都得着了幸福,自由权利与幸福还是为最少数人所独占,直到如今还完全是封建主义复恢了固有的势力,支配一切。尊祀孔子及武人割据,这两件事就是封建主义支配一切精神方面及物质方面的明证。中国共和政治所以如此流产的原因,一方面是革命的共和派没有专政的毅力和远见,急于和反革命的帝制派携手遂致自杀了;一方面是一般国民惑于调和的邪说,又误解共和以为应该给全国民以自由权利连反革命的帝制派也算在内,反革命的帝制派得着了自由,共和政治那有不流产的道理。由封建而共和,由共和而社会主义,这是社会进化一定的轨道,中国也难以独异的。现在虽说是共和失败了封建制度恢复了势力,但是世界潮流所趋,这封建主义得势,也不过是一时现象,我以为即在最近的将来,不但封建主义要让共和,就是共和也要让社会主义。在这一点上看起来,除追怀先烈以外,这国庆纪念日已没有可以令人狂信的价值了。但有人以为由封建而社会主义。中间还必须经过共和时代,所以眼前还是政治问题要紧;又有人以为中国封建式的武人为患,是政治造成的,不是经济造成的,所以眼前只是政治革命要紧,还不须经济革命。我看这两种话都似是而非。由封建而社会主义虽是一定的轨道,然这轨道却不能够说必须要经过若干岁月才可以改变方向。西欧共和政治经过长久的岁月底原因:一是西欧的代议制度来源甚古,共和政治比较的容易支持;一是他们社会主义的思想刚与共和同时发生,当时都还迷信共和可以造成多数幸福。现在的东方各国却和他们情形不同,所以俄罗斯共和推倒了封建半年便被社会主义代替了,封建和社会主义之间不必经过长久的岁月,这是一个很明显的例。至于说中国只须政治革命不必经济革命,我便有七个疑问:(一)中国社会的资本已集中在最少数的武人官僚手里,用政治革命手段,是否可以免得由甲派武人官僚手里的资本转到乙派武人官僚手里,是否可以使社会的资本归社会公有?(二)中国士大夫的人格是否已与封建式的武人同化,他们的政治道德是否可以适用代议制不需人民直接行动,除了多数人的援助他们的力量是否能够打倒封建式的武人建设共和政治?(三)共和政治是否能够造成多数幸福?(四)抛弃多数的幸福是否能够使人心安定共和巩固?(五)中国此时资本家生产制还未十分发达的时候,是否应该乘机创设社会的工业,是否应该提倡私人的工厂酿成经济不平行之危机?(六)中国除了劳动界有了阶级的觉悟,组织强大的革命团体,绝对打破资本家生产制,有何方法可以抵制外国由经济的侵略进而为政治的侵略?(七)单是政治革命,能否解决官、匪、政客,游民兵过多的问题?我不但不反对政治的革命,而且很盼望他早日实现;但我断然不能迷信他能够将中国从危险中救出;若有人迷信他,说中国此时只须政治革命不需经济革命,我便要请他解答上面的七个疑问。

以上所讨论的共和的价值和中国共和的价值,似乎都是我们在国庆纪念日应有的觉悟。

(第八卷第三号,一九二〇年十一月一日)

实行社会主义与发展实业

周佛海

社会主义为救现代社会一切恶弊的万能药。恐怕就是反对社会主义的人,良心上也是承认的、不过里面还须讨论的,就是中国于最近的将来,能否实行社会主义一问题。近一年来谈社会主义的杂志很多,虽其中也有短命的。但是都似乎有不谈社会主义,则不足以称新文化运动的出版物的气概。在这个社会主义风行全国知识阶级的内面,反对他的人当然不能说没有。但是求其发表议论,积极地攻击他,汲取研究的态度,把他能否适用于中国一问题,详加讨论的,我简直没见过,没听过。我当时心中就生了许多疑惑:我们中国人未必都觉悟了吗?未必都相信社会主义吗?未必在中国实行社会主义都没有困难地方,都没有须商榷的地方吗?不然,出版物上,怎样没看见一篇积极地反对社会主义,或对于他抱疑惑的文章呢?果真都觉悟了,果真都相信社会主义,果真中国实行社会主义,没有困难地方。没有须商榷的地方,那是我日日所梦想,所希望的,那还有对于这个现象,抱不满的道理。但是其实不然,中国人是否都觉悟了,是否都相信社会主义,我不能执途人一一而问之,所以就不敢决定他们没有。但是中国要实行社会主义,就是据我以社会主义为终身宗教的人来看,确是有些困难地方,确是有些须商榷的地方(后面详说),何以竟没有人来提及呢?可见得这些主张社会主义的,先生们,没有把社会主义的本身下一番切实的研究工(功)夫,即对于社会主义,有相当的知识,而没有把他和中国的现状,连起来研究一下。大概都是时髦主义,东挪西扯地说几句马克思主义,说几句共产主义,来出出风头。其对于实行上的问题,他们梦中都没有想到,又何怪他们不发现出实行上的困难?所以我对于没有反对或讨论社会主义的文章的现象,不但不欢喜,并且非常悲观。就是悲观这些先生们只是谈社会主义,而没有实行社会主义的决心。所以我很欢迎反对或讨论他的文章。

自从罗素到中国来后，我预想谈社会主义的，一定会要大加勇气，大吹大擂地来谈了。那晓得结果适得其反。因为罗素有“中国须发展实业，振兴教育”的两句话，反引出反对社会主义的讨论来了。这虽出我意料之外，我恐怕还要生出好结果，就是大家都会要一去盲从的态度而取研究的态度了。所以有些人对于为这种讨论的人，大加攻击，我却不然。我不但不攻击他，反非常欢迎他这种议论。一个问题越有反对，才越能引起讨论。设若没有这种反对议论，就是我这篇文章，也不至于做了。

反对社会主义的议论，是以中国现在宜发展实业，振兴教育，不宜空谈社会主义为论据的。对于振兴教育一问题，将来再做专文讨论。现在只讨论实行社会主义和发展实业的关系。

一、中国现在是否有实行社会主义的必要和资格

我先要讨论中国现在是否有实行社会主义的必要和资格，然后再进而论实行社会主义和实业发达与否没有关系。

有些人以为欧洲社会主义所以发生的，是因为产业革命底结果：小资本变为集积的大资本；家庭劳动，变为工厂的劳动。资本家和劳动者两阶级的对立一成立，两者的悬隔一太甚，于是才有社会主义出来救治这种弊病。所以近代工业不发达的国家，不至于发生社会主义，就是发生了，也不容易入人之耳，中国现在，简直可以说没有资本家，没有劳动者。既然没有劳资两阶级的对抗，当然就没有从这个对抗，生出来的恶弊，既没有这种恶弊，当然无需救治他的药。所以结论就是没有行社会主义的必要。这种议论骤听之似乎有理，其实不然。我要问中国实业是否有发达的一日？就是资本家与劳动者，是否有阶级对抗的一日？我又要问中国现在是否有贫富悬隔的现象。对于第一个问，谁也不敢答没有。既有劳资两阶级对抗的一日，那么，由这个对抗所生的恶弊，也有发生之一日。像这种恶弊的可惊，可怕，以及悲惨、残酷的程度，我们只要看一看各工业发达国的劳动阶级的生活状态，和资本阶级堕落腐败的状态，就可知了。我们是否硬要等到这些弊病，随着资本主义流到中国来，并且等他根深蒂固了之后，才来谋救治呢？详说起来：就是硬要等到劳动者陷于悲惨的境遇，才来救济他；资本家作出大恶来，才来谋推翻他吗？无病而呻，都固然是没有意思；无病防病，那就不是无意思的行动了！例如当虎疫症(Cholera)流行的时候，我们还是等到受了传染，病上了身之后，才去就医；还是于未受传染之前，先行预防注射呢？（行了预防注射之后，是否绝对不受传染，这是医学上的问题，我不能决定）我恐怕没有这样蠢的人，硬要等到濒死的时候，才去就医！硬要等到病上身才去就医，即能救一死，而所受的痛苦，所费的手续，究竟与行预防注射时所受的，所费的，要相差多少？这个原理也就可以适用于预防资本主义上面。有人说我们何妨等到资本主义成立后，再来设法，乃一定要干这样“庸人自扰”“无的放矢”的事？我则以为这种“急来抱佛脚，平时不烧香”的劣根性，我们总要极力排斥。等到资本制度根深蒂固的时候，你就来想推翻他，恐怕也没这样容易了。那时非经长期的争斗，受极大的牺牲，决不能推翻地盘已固的资本制度。试看欧洲劳动运动，已几十年了；各大国除俄国及灰色改造的德国外，他们是否已推翻资本制度？我们看一看他们怎样艰难，怎样争斗，怎样牺牲，就越觉得中国于资本制度未稳固之先，就更有实行社会主义的必要了。我们并不是怕斗争，然而也不必故意去找斗争；我们并不是怕牺牲，然而也不必故意去找牺牲，我们若要免掉长期的斗争，和巨大的牺牲；我们就不得不于资本制度还没有坚固的基础之先，实行社会主义了。换一句话说：就是中国现在有实行社会主义的必要。加以中国贫富悬隔的现象，日甚一日，这种必要的程度，就更加一层了。

次论到中国是否有实行社会主义的资格。

有人说实行社会主义，为绝对不可缺的武器，就是劳动阶级。国内没有劳动阶级，绝对是行不成社会主义的。试问中国有无劳动阶级？虽然通都大邑，也有了几个，他们的势力怎样？在这种状态下面，当然没有行社会主义的资格。这话虽然似乎有理，其实不然。社会主义是为劳动阶级而生的，所以要实行他，非有劳动阶级不可：这是我们所承认的。然而劳动阶级之所以必要，是因为要他对抗资本阶级的。因为资本阶级有了阶级的结束，势力伟大，所以劳动者要和他们斗争，也非有阶级的结束，增大势力不可。设若没有资本阶级，劳动阶级已不成为实行社会主义上的唯一武器了（至于没有劳资两阶级时，应否实行社会主义已于前面说明）。那么，我就要问他是否承认中国现在有劳资两阶级。设若他承认有资本阶级，那么，一定就有劳动阶级——因为他俩是互相关联的。既有劳动阶级，我们就可拿他来对抗资本阶级了。怎样没有实行社会主义的资格呢？设若他承认现在中国没有劳动阶级，那么，当然也就是没有资本阶级了。既然没有资本阶级，那么，就不能拿有无劳动阶级的理由，来决定有无实行社会主义的资格了。质言之:就是在没有资本阶级的社会里面,虽然没有劳动阶级,也可以行社会主义的。所以中国现在即使没有劳动阶级,也断不至于失掉了实行社会主义的资格。至于中国现在富力不充,将来一遇列国的封锁,就要坐以待毙;所以也是没有实行社会主义的资格一问题,等到后面再详说。

由上所述,我敢下结论道:中国现在有实行社会主义的必要和资格。

二、社会主义与"人"的生活

有人说中国现在硬穷极了,一般下等的人,简直不是在过"人"的生活。所以我们最要紧的问题,就是要使他们得过"凡"的生活,不必空谈社会主义。而要使下等人民过"人"的生活,就是要开发富源,发展实业。这个话似乎很有理的。但是我要问社会主义,是不是以使一般人得过"人"的生活为目的的?社会主义是不是不肯发展实业的?若说"空谈"社会主义,于事无益;这确是真的。但不是"空谈",而是"实行"又便怎样?设若只是"空谈",则空谈社会主义,固然是无益;然而空谈开发实业,又是有益的吗?设若是"实行",则实行在资本制度下面发展实业,所得的结果,与我们努力前进,趁早实行社会主义所得的结果,那样好些?要使下等社会的人民,得过"人"的生活,固然是我们承认为极重要的事。但是要使他们过"人"的生活,而其方法乃出于资本制度,我恐怕其结果乃是南辕北辙,适得其反。一天关在工厂里面,做十点钟以上的工,所得还不足以养活;这是不是"人"的生活?早晨天未亮就出去,晚上天黑了才回来;什么人生的愉快,家庭的愉快:他们一点都没尝过;这是不是"人"的生活?其余一切的悲惨情形,简直是说不尽。在资本制度下面发展实业,使下等社会所得过的"人"的生活,如是而已!我们要想使他们过的生活,就是这样吗?设若就是这样,我恐怕中国现在一般穷民所过的生活,比这个还好得多,至少也比这不得坏。现在一般的穷民,固然是衣食不足,生活不安定;然而在资本制度下面的工人,谁能保他丰衣足食,生活安定?现在一般贫民,固然也是一日到晚地做工;但是与其在树木青葱,空气新鲜的原野里做工,和一日到晚地关在煤气充天、空气污浊的工厂里做工,谁是"人"的生活?一日到晚地在青天白日下做工,和一日到晚地踞在矿坑深处,连外面的晴雨都不知道,像牛马一样地做工,谁是"人"的生活?在社会主义制(度)下,固然免不掉在工厂矿山里做工,然而那时工作的条件,和工作的设备,比资本制度下面的总要好得多,总不至于过像资本制度下面的工厂矿坑这样的"非人"的生活。所以不说要使人过“人”的生活则已，不然，除掉了实行社会主义一法外，简直找不到第二个方法。若说资本制度，反是使人过“非人”的生活的。欧美各国劳动者的生活状态，我没亲眼见过，然据我看见日本劳动者的生活状态，简直是和动物一样，还说什么“人”的生活！假设中国实业发达，就到了日本现在这样程度；而劳动者所过的生活，还不是和日本现在的劳动者的一样？我们能承认他是“人”的生活吗？人家大错已铸成，现在正在极力地谋打破；而我们乃照着他的覆辙走去，这真是舍福求祸了。所以我重复地说一句道：要使一般贫民得过“人”的生活，非实行社会主义绝对做不到。

三、社会革命与牺牲

有人说道：“现在要实行社会主义，就免不掉社会革命。中国经过这几年内乱，元气消磨殆尽，还能经得起一次革命吗？设若还有革命，就是他的催命符；就是使他陷于万劫不可复的境遇。所以我们现在只有发展实业，以培养元气。等到资本主义发生弊病时，再由政府的力打破他，来实行社会主义。就是要行社会革命，当时元气已充，也可以受得住战乱的牺牲了。”现在行社会革命，要生出种种牺牲，这是我们所预料的。中国现在，已受不起革命，也是我们所知道的。但是设若我们既有了实行社会主义的决心，就等到实业发达，资本制度确立以后才来行，是否能免牺牲？果有余力经得起革命？现在实行社会革命，固然是要牺牲，然而就是等到实业发达后，其牺牲就要更大。当资本制度未成立以前，想着方法避开他而实现社会主义；与资本制度地盘已固，实力已充，再来谋推翻他而实行社会主义；其牺牲的孰大孰小，虽三尺童子也能知道。我现在举两个正相反对的例来证明：俄国一九一七年的三月革命，乃是有产阶级 Bourgeoisie 革贵族阶级 Aristocracy 命，不算得完全社会革命；这大概是人人所承认的。惟其因为有产阶级刚代贵族阶级而兴，基础还没巩固；所以十一月革命，没有受什么大牺牲即完成社会革命。一八四八年的法国二月革命，人人都知道他内里社会革命的彩色很浓的。但是因为一七八九年大革命后，有产阶级的基础已渐渐巩固，所以虽然有社会革命的举动，其结果穷民被打死几万，而有产阶级还依然如故。所以既决心行社会主义，不但早晚都要受牺牲，并且愈行得晚，则牺牲必愈大。既然早晚都须经过一次，我何妨早忍心受过这次，早来谋幸福呢？既然将来的牺牲要大些，我们何不舍将来的大牺牲，而就现在的小牺牲呢？至于说等到实业发达后，才有受牺牲的余力，这却不然。设若将来牺牲的程度，和现在所必受的是一样，那么，元气多培养一层,就多有一层实力;虽受牺牲,而不至于破产。无奈那时的牺牲,比现在的要大得多。元气虽加一层,而牺牲却也要大一层;其结果就是正加负还是等于零。所以于元气薄弱时受小牺牲,和于元气充足时受大牺牲,其结果都是一样。牺牲既然免不掉,结果既然是一样,我们当然走早一日受牺牲,早一日谋幸福的这条路。

至于说将来可用政府的力,来打破资本阶级,这真是梦想。因为等到资本阶级发达了的时候,政府就是资本阶级,资本阶级就是政府。最少政府一切的行动,都要受资本阶级的支配。马克思道:"现在的政府,是处理有产阶级的一切事务的公共委员会。"要想以他们的公共委员会的力来打破他们,不是梦想吗?

总而言之:我们早晚都要牺牲;所以与其缓一日受大牺牲,不如早一日受小牺牲。

四、在资本制度下发展实业的恶弊

在现在这个状态下面发展实业,我们不能说全无益处;然而仔细考察,就可见他的害处远过于他益处了。在现在状态下面,发展实业,只有四个办法,一是由国家来办,二是由资本家来办,三是由劳动者集款来办(这是罗素说的),四是用协作社来办。现在的国家,你要他破坏则有余,——现在恐怕连破坏的力量都没有了——要他来发展实业,一定是靠不住的。所以第一个方法不足恃。劳动者连自己的饭都没有吃的了,那还有力来办实业?那么,第三个方法也靠不住了。组织协作社来办,固然是好的;然而肯组织协作社的,是热心而无钱的人,有多钱的人不肯来组织协作社。你试随便向那一个拥有巨资的人,问他还是愿意独自当个资本家,或为大资本家内一个大股东来办实业:还是愿意加入协作社。我敢确定他们不愿意加入协作社。所以即有几个热心的人来组织协作社,来办实业,也不过占全数的极小部分,其余的大部分,不得不让资本家来占了。所以说来说去,其结果要发展实业,还只有由资本家来干。而资本家发展实业,最大且最显著的恶弊,厥有数端,现在分别地说来:

(一)财阀和军阀官阀打成一团。现在要到内地各省会各都会去办实业,非和本地的武人官僚联络成一气,他们就要用种种方法,使你的企业不能成立。所以要想企业成功,一定要和当地武人官僚,一鼻孔出气;或邀他们入股,或竟送股份给他们;或约互相维持。那么,军阀,官阀,财阀遂合并而为一了。从来军阀,官僚,虽有腐败政治,压制贫民的势力,而苦财力不充,财阀虽有财力,而苦没有势力。现在军阀官阀,则假财阀的财力而助其势力;财阀则假军阀官阀的势力,而助其财力。于是狼狈为奸,彼此都可以畅所欲为，政治之黑暗，贫民之痛苦，遂因之益甚。我们只想推翻军阀官阀已竟不易，而复加以财阀与他们的结托；财阀只以其财力，已可制贫民之命而有余，而复加以军阀官阀和他们的提携。其结果就是支配者的势力越固，被支配者所受的压迫越甚。将来社会上的黑暗悲惨，不知要到什么程度。对于贫民还有什么利益可言？

（二）军阀官阀摇身一变而为财阀。现在的军阀官阀，即以最小限度而言，谁没有拥资数十万？现在国民打破军阀官阀的呼声，一天高似一天；他们见势头不佳，于是将以所拥有的资财，摇身一变而为财阀。再由财阀底资格，来操纵政治，肆行阴险狡诈的伎俩，以压制贫民。那末，军阀官阀底名目虽消灭，而他们的恶毒，还依然存在，不过表现的形式不同罢了。所以用资本家来发展实业，就是使军阀官阀有蜕化的余地，以保存其固有势力。

（三）酿成将来的大乱。有人说即使军阀官阀，变为财阀，而他既变为财阀，即不利中国有内乱；所以中国的内乱，就可以稍止。这却是确事。但是现在的内乱虽可稍止，而将来的大乱，就萌芽蕴蓄丁这个稍止的时期内了。财阀既得势，则资本阶级当然确立；将来要打破资本阶级，须经长期的斗争，这固然是个原因。财阀既得势，则不独社会上贫富阶级，将愈悬隔，愈明了；政治亦必愈黑暗，愈腐败。于是政治革命，将和社会革命同时爆发而不可复遏。彼时财阀在政治上社会上既有稳固的基础，一时不能推翻；而财阀欲用其政治上、社会上的势力，完全扑灭贫民的反抗，也是绝做不到。于是长期的大乱，就要从此开幕了。所以内乱虽可稍止，而这个稍止的时间，就是给长期的大乱的种子以酝酿成长的机会。

上面所述的，不过是在中国现状下面，用资本家来发展实业，所必生的特殊恶弊（Special evil）。至于用资本家来发展实业，所必生的一般的恶弊（Genral evil），例如资本阶级的道德堕落，劳动阶级的生活困难等事，已有工业最发达的各国，实地演出来给我们看了。若要把他一一举出，至少也要成一篇长文。所以就不说，谅大家也早已知道了的。由资本家来开发实业，既有这样一般的恶弊，复加以中国的特殊的恶弊，我不知将来的社会，要呈一种什么现象。所以有人对我说，由资本家来发展实业，虽然有些弊病，我们总不能“因噎废食”；我就答他道，我们明明地见着他这些恶弊，我们又甘心“食鸩止渴”吗？

有人又问道，“此后外国的资本，将如急风暴雨地侵入中国；我们要防止他这种侵入，只有奖励本国资本家来办实业一方法。设若本国资本家一推倒，外来资本，不是要即刻侵入吗?”外国资本的侵入，固然是极可怕的；然试问本国资本家就不被推倒，能抵抗他的侵入吗？现在他们还没有被推翻，而外国资本的侵入，是否已经抵抗住了？我又要问资本家一倒后，我们就不发展实业吗？谋抵制外国资本，除资本家以外就没有别法吗？设若说现在资本家不能抵制外国资本。是因为资本家少了，设若资本家一多，企业一盛，当然就可以抵制；那我就敢断言以资本家来发展实业，不独不能抵制外国资本，反是为他作前驱，开门揖盗地引他进来。不信，试看现在有几个大企业，不是中外合办？因为和外国人合办，于资本家有两种利益：一是经济上的，一是政治上的。经济上的，就是利用外国资本家的财力；政治上的，就是借外人的势力来保护，以免武人官僚的压迫。有这两种原因，我敢确定在中国现在这个状态下面，叫资本家来办实业，决难免他们喜欢和外人合办。那末，就是叫他们引外国资本进来，还说什么抵制！

总而言之，资本家来办实业，社会上多数人决不能受他们利益，他不过帮着外国资本家来掠夺压迫中国人罢了。

五、实行社会主义与外交问题

有人说中国现在实业不发达，仰给外国的东西甚多。设若实行社会主义，列强将以对待俄国的手段，来对待我们，把我们一封锁，那时物质缺乏，没有求处，这不是自杀吗？这确是个最大的问题，我前面说中国实行社会主义时，有困难的地方，就是指这 点。因为我们现需要外国底机器，原料，制造品，专门人才以及一切日用所必需的东西，非常之多。那末，没有机器，没有原料，没有专门人才，我们就要发展实业。又怎样来发展呢？况且日用所必需的东西一缺乏，生活都不能维持了，遑论及他。这个问题在我脑内盘旋了好久，总不得解决。想来想去，只想得一个方法。就是我想我们实行社会主义，俄国一定要来帮助的；那时我们所需的东西就可仰给予他。然而这不过是无聊中的自慰方法，我知道是不十分靠得住的。所以这个难关，总是哽在心里不快活。我想热心社会主义的人，也会有这个同病罢。

然而现在得了解决的方法了。我们定可以超过这种困难了。我们所怕的，不是列国像封锁俄国一样，来封锁我们吗？设若他们过来封锁这确是困难。但是谁又能决定他们一定要来封锁呢？而我却敢确定他们绝不至于来封锁。协约国和俄国通商的消息，已一天一天地传起来了。英俄通商的条约且将成立了。这就是证明协约国知道封锁人家，于自己也是没有利益的；就是证明他们封锁的失败。他们既有了这一次经验，还敢重演第二次失败吗？再进一层，我们要研究协约国为什么要封锁俄国。据我的观察有三个原因：（一）劳农政府单独与德媾和；（二）宣言废弃一切国债；（三）向各国宣传他们的主义。协约国要封锁俄国的，我想就是为这三大原因。试看主张封锁最力，且极不赞成和俄国通商的，乃是法国一事实就可证明了。法国为什么这样？一、因为德国是法国的深仇宿怨，而俄国乃于战事吃紧的时候，单独和德国媾和；二、革命前只有法国在俄国投的资本最多；三、俄国宣传主义，法国就要首当其冲。从这里看起来，可知他们封锁俄国，是为这三个原因了。试问中国将来，也有这三个原因吗？第一个不成问题。中国当然没有的。第二个，我们只要承认一切国债（俄国最近也曾这样宣言），就可以免掉。第三个，只要我们不向外国宣传，当然可以没有。协约国封锁俄国的原因，我们既然一个都没有，我就敢断言他们不至于来封锁中国。况且封锁中国，于他们也有巨大损失。第 ，因为他们需中国的原料品甚多；第二，他们要以中国为销行他们的制造品的商场。所以他们绝不至于和中国断绝经济关系以自苦的。但是这里还有个疑问。就是我们要推翻资本家，就不单是本国资本家，而必连外国在中国的资本家一起推翻；外国人在中国经营的事业很多，他们既然受了这种损失，他们的国家，一定会不承认我们社会主义的组织的。但是这也有解决的方法。就是只要他们依从我们的产业经营法，工厂管理法，以及一切关于产业上的法规，我们尽可许他们依旧在中国经营事业。就是俄国最近，也曾决定这个办法。我们实行社会主义，既然于他们都没有损失，他们为什么一定要来反对我们呢？

有人又怕列国将要像援助台尼金（Danikin）、柯尔恰克（Kolchak）和欲台里起（Yudenich）、兰格尔（Wrangel）一样，援助中国的反社会主义便派他们和我们战争。我也敢断言这件事是没有的。协约国所以要援助他们。打倒劳农政府的，也就是因为上述的三个原因。我们既然 个都没有，他们怎样又甘心情愿做这个恶人？况且外国人不愿意中国有战争，比中国自己还要甚些——日本除外。设若社会主义占了优胜地位，他们绝不至于援助将死的反社会主义派，延长战争，使他们自己受损失的。设若社会主义还没有占优胜地位，那就是我们的运动没有成熟，就是反对派没有外人的援助,我们也不能成功的。而怕列国援助反对派一事,是不足虑的。

综上所述:就是叫资本家来发展实业,绝没有好结果;实业就没有发达,也可以行社会主义。不过这个社会主义,要绝对地不受一切旧政党——无南无北,不管他是护法是违法——支配,不受一般臭伟人政客以及一切过去人底操纵,这才算真正的社会主义。

一九二〇年十二月十日

(第八卷第五号,一九二一年一月一日)

社会主义与中国

李 季

英国克卡朴所著的《社会主义史》中有一句话:“在马克思死去一世纪之内,却还有何种文明国家没有为社会主义所征服,恐怕难得使人相信。”近世科学的社会主义始祖马克思死于一八八三年,距今不过三十八年,而澳洲的社会主义实行已久,俄国的社会主义由理论进而为实行,也将近四年,虽因对内对外,战争不绝,以致阻力横生,不能放手做去,然俄国劳农政府的成绩已有可观。同时最近几年中世界各文明国中社会主义运动的进行,也蓬蓬勃勃,一日千里,迥非从前可比了。就现今世界的趋势看起来,各文明国在这五六十年之内,次第变为社会主义化的国家,决非难事;故克氏此书的预言并不是一种幻想。

“西洋的社会主义二十年前,才输入中国。一方面是留日学生从日本间接输入的,译有《近世社会主义》等书。一方面是留法学生从法国直接输入的,载在《新世纪日刊》上。后来有《民声周刊》简单的介绍一点”(见蔡元培先生的克氏《社会主义史》序)。及至辛亥革命,南京政府成立,便发生一种社会主义运动。当时社会党成立于南京,各省也多有支部;然不久都被袁世凯解散了。我国社会主义运动遂因此匿迹销声了。自一九一七年十一月俄国布尔什维克政府成立后,又有少数人提倡社会主义;及五四运动以后,社会主义的学说盛极一时,并很受一般青年学子的欢迎。这可算是一种很好的现象。

然就我国的现情而论,不独一般劳动的平民不知道社会主义是什么,就是知识界的人,甚至于欢迎社会主义的人能真正了解社会主义之内容的,我敢说是居最少数。现今欧、澳、美各洲有组织的工人不知道社会主义的居最少数,而我国知识界的人真知道社会主义的居最少数;两两相较,恰成一个反比例。由此看来,在马克思死去一世纪之内,号称文明古国的中华,恐怕没有实行社会主义的希望了。

俗语说得好,"事在人为"。又说,"有志竟成"。我们中国虽事事落在人家的后面,然只要认定目标,急起直追,未见得不能和各先进国并驾齐驱,也未见得不能出乎他们之上。试看俄国的社会主义运动后于英、法、德等国,而他的实行社会主义,却先于诸国。这不是我们一个很好的先例么?

我近来常听见好些懂得西文的新顽固说:"欧、美各国资本主义的发达,已经登峰造极;所以发生一种反响,造成一种社会主义。这正是对症下药的。我们中国现在穷极无聊,大资本主义还没有见端,若高谈什么社会主义,岂不是无的放矢么?"他们又说:"世界上并没有不经过资本阶级而能达到社会主义的,如俄国未经过资本阶级,所以很难成功。中国若想社会主义的实现,不得不提倡资本主义。"现在一班自命为稳健派的新顽固党多半具同一见解;他们不独是"不要社会主义",反要"提倡资本主义去发达中国的实业。"他们这种似是而非的论调,虽不足以欺有识的人,然一班老顽固见了,必定兴高采烈,把他当做新四书五经互相号召;一班资本家见了,必定欢天喜地,把他登在报纸上,借以骗钱,和南洋兄弟烟草公司把"罗素博士之名言"登在报纸上骗钱一样;一班脑筋简单的青年见了,必定为他所惑,对于社会主义不肯加以研究;就是一班欢迎社会主义的青年见了,也未必不呈一种徘徊歧路和裹足不前的状态。照这样看起来,他们这种莠言对于我国的社会主义的运动将发生一种阻力了。他们说这种话,不是别有作用,就是不知道或误解社会主义的学说。我现在为图大家明白社会主义的学说起见,先把欧美各国学者对于社会主义所下的解说撮出几种,给大家看一看,然后加以说明,并且驳斥那些新顽固所说的话,借以表明社会主义是一种最好的学说,是救我国全体人民的唯一良策。

克卡朴的《社会主义史》说,"德国最著名的经济学家罗协(Roscher)以为社会主义'不独是和人性相符合的,他并且含有要求大家对于公众的福利,加以更大之注意的种种倾向。'赫尔德(Held)说,'凡属要求个人的意志服从团体之各种倾向,我们都可以看做社会主义的活动。'耶讷(Jare)对于社会主义所下的解说,更加详细,他的解说如下:'倘若有一种主义所说的是国家有一种权力可以矫正,现时人世财产的不平等,依法将财产均分,有余的就取出来,不足的就弥补他,而这种情形是永久的,不是遇了什么特别的事件,才是这样——例如饥荒,公共的灾祸等等,这种主义我们就可以称为社会主义。'拉威列(Laueleye)说,'社会主义的目的,第一在使社会里面的各种情形,更加平等;第二在借法律或国家的权力,使种种改革的事体实现出来。'汪协尔(Von Scheel)乃单说社会主义是'受压迫各阶级的经济哲学。"(见克卡朴《社会主义史》上卷第六页)以上各种解说不是太笼统,就是流于错误;然却和克氏所说的一样,他们"将世人对于社会主义的性质所具的意见,实实在在反映出来了"。"社会主义"这个名词出现于世虽有了八十八年,然他的解说却仍然是不定的。想要了解他的真意义,详尽无遗,当亲自参加这种运动,绝非三言两句所能够包括的。我现在再把美国列德莱(Laidler)博士对于社会主(义)所下的解说,写在下面。他说,"从广义说起来,社会主义运动的目的在实现一种社会状况,使机会均等,正义,自由,民主主义,和博爱,在这种状况之下,都为人类的遗传物。"(见列氏《社会主义之思潮及实验》第五章。按此书已由我译出一大部分,不日可以译完)

照上面最后的一种解说看起来,或者有人要问,社会主义不是和孔教的大同,佛教的慈悲,及耶教的博爱相同么?这三种教久已流行于世,现在他们分门别户,入主出奴,闹个不休,何必还要提倡社会主义去和他们相争呢?其实这三教成立于数千年以前,他们的教义都建筑在他们的时代之经济制度——即生产及交换方法——上面,当然不适用于现代。现代所谓社会主义,不但和古代教义不同,并且和马克思以前的乌托邦社会主义不同。现代社会主义是由于看出现代经济制度——即生产及交换方法——的破绽,非改造无以救济;改造的方法是采用阶级战争的手段,废除现今资本制度的生产和交换方法,建立一种土地,和资本公有的经济制度,使一阶级掠夺他阶级的事实以及工银劳动等等都归于消灭。

社会主义的优点,大家看了上面的两段话,总会明白,用不着我来学颂扬圣德的先生们,加上"至矣尽矣,蔑以加矣"的话头,替他鼓吹。就是一班新顽固也并不否认社会主义的好处,他们的意思不过是说中国没有大资本家,所以用不着社会主义。现在我要讨论的第一件事是中国到底有没有大资本家这个问题。

我们中国有许多事情原来是很古怪的,现在连带资本家也是很古怪的。试看那外国的资本家,如美国的煤油大王、钢铁大王等等,都是拿自己手中的资本去干那掠夺的事业。中国的资本家自己没有极巨的资本,不能从事大规模的掠夺,遂输入外国资本,造成一种"两重式"的资本家。外国的资本家因把资本输入中国,在我们国内掠夺一次,而中国的资本家仗着外国资本的势力又掠夺一次,你看利害不利害。现在中国的十大矿产只有一二处没有外国资本;现在的汇业银行,懋业银行,中法实业银行,中义银行等等——这些东西不是大资本家的产业么,不是中国大资本家联合外国资本家来共同掠夺么?“两重式”的资本家,利害可怕,自不用说,我现在单说完全中国的资本家也是一样地利害可怕。

我去年下半年亲自到过山东峄县枣庄中兴煤矿公司,现在把这个公司的大概情形,写在下面,给大家看一看。中兴公司是完全中国的大资本家办的,资本为三百八十万元,在这五年之内,共赚千万元,内中有工人六七千人。在大煤井内的矿工每日继续做工十二点钟,在小煤井内的矿工,因上下不便,每日继续做工二十四点钟,若稍一休息,遇着一班监工和练习生,就要挨打。工人挨了打是不敢反抗的,因为公司中有一个警察局,工人若反抗,警察马上就将他捉去了。工人不独没有星期休息,就是当过年过节的时候,也是要照常做工,不能休息的。倘若有人疑我故意张大其词,来耸人听闻,请他到商务印书馆买一本《中国十大矿产调查记》,把内中关于记载中兴公司的各节看一遍,便知道我的话并不是闭门虚造的。

至于工人的工钱,在矿洞中做工的人每日做工十二点钟可得银二角余以至三角,除掉吃饭,每日或可余铜子数枚;在地面做工的人,每日只得铜子二十四枚,刚够吃饭,因为工人每日需吃面三斤,计铜子二十一枚,余下三枚连吃菜吃烟都在内。至于穿衣,住屋,和养家的银,简直没有法子去赚。我写到这里,不禁又令我想及柯尔(Cole)在他的《工业自治》里面所说的“他们每天逢着巨富和赤贫,高红利和低工银这些可耻的对照”的话头了。去年唐山煤矿中冤枉死了几百工人,社会大起不平之声,替他们呼冤。然中兴公司三四年前一次死了四百六十余人,去年上半年一次又死了七十余人,社会上何曾知道啊?平常一匹骡子从三四岁做工可至十五岁或二十岁才死。在中兴公司矿洞中的骡子每日(二十四点钟)做工八点钟,只能经过五年就要死了。你看工人在矿洞中每日要做工十二点钟以至二十四点钟,岂不是不如畜牲么?骡子每天做工八点钟,尚减少一半或三分之二的寿年。工人每日要做工十二点钟以至二十四点钟,我请大家想一想,到底将减少若干寿年?(中兴公司的矿工得肺病的非常之多)

我现在要问那些新顽固,在五年之内赚一千万元的中兴公司,是不是我国大资本家的产业？劳动者终日替他们做工，得了二十四个铜子，他对人生不可少的衣食住三大要素，只解决一项——食——这真是他们的命该如此么？外国工人每日做工八点钟，他们所得的工资除掉维持自己的衣、食、住外，还可养家，还可剩下储蓄；他们尚不满意于资本家的掠夺，要实行社会主义化的生产。我们中国的工人终日劳动，尚不能自给；乃一班知识界的新顽固还说中国实业不发达，要提倡资本主义去办实业，岂非丧心病狂么？幸而中国实业不发达，像中兴公司这样的资本团体，还居少数，使大多数的劳动者得在较此略好的状况中苟延残喘；否则我国冠绝全球的劳动力，不出几十年恐怕会丧失过半，反要向欧美各国输入工人啦。

俄国的农民占全国人口百分之八十五；我国因没有调查录可查，不易知道农民的确数。然据我个人的推测，我国农民和全国人口的比例数一定比俄国还要大些。

我们现在再进而考察我国一般农民的状况，是否令人满意，是否有行社会主义的必要。我是湖南平江人，我住在乡下十四年，我的亲戚朋友多半是乡下人，所以我对于农民的状况，颇知道一点。我们湖南的农民大多数是租人家的田地耕种的。每人每年至多只能耕田两石，出谷量的最大限度为八十石。农民如耕田两石，以半数送地主作为租谷，则所余的只有四十石。农民一人每年因吃饭耗去的谷子约十石，便只余下三十石了。他一人用度之外，还要赡养父母和妻室儿女，预备粮牛种子，肥料，农具，以及乡里戚族的庆吊费等等。他虽可以种一点杂粮，如茴豆之类，借以增加收入，然这些东西总不足维持他家庭的生活。他的父母妻子虽不是纯粹安坐而食的，然他们也只能帮助他耕种这些田地。例如他的老父和子或可替他牧牛和砍柴，他的老母和妻子或可替他纺织和烹饪，借以供给一家的需要。总之，他终岁劳动，所入能和所出相抵，就算是幸事。我这种计算还没有把他租田时批金，以及买牛钱，买农具的钱一并加入。倘若把这些钱数一概计算起来，那么，无论他如何勤奋，他总不能跳出困苦的范围。还有一层，我这种计算若令农民看见了，他真正要骂我做书呆子；因为我的计算，是依农民耕种的力量和出谷量的最大限度作根据的。其实我国内地各省，无论何处，都是人烟稠密的，一个农民到那里去找两石田耕啊？我国农民知识幼稚，对于虫灾水灾和旱灾等等多不知道防备，所以意外之灾时常出现，农民即或就耕了两石田，他又何能希望收入八十石谷子啊？大家如果听见“湖北沔阳州，三年两不收”“旱灾年年有，轮流在九州”“年年防饥，夜夜防盗”的歌谣，及去年北五省的旱灾，大概也就明白农民的收入是极无把握的了。

农民终岁劳动，只能从收入中取得半数，有时还少于半数——例如略遇灾害，出产减少，地主仍照原来定额收租之类，地主不必劳动，也得半数，甚至多于半数，这桩事已是不应该的。乃一班地主吃了不劳而获的东西，还不安分，竟造出一种什么“衣食父母”的话，去压制农民。“衣服父母”的意思就是，地主把田地给农民耕种，农民才有饭吃，才有衣穿，所以他应当把地主看做父母。大家听了这种令人肉麻的话将发生一种什么感想？

我记得上海某报记者曾说，“我们中国的农民所耕的田地，多半是自己的，他们多半是属于有产阶级”。我当时看了，便觉得奇怪，我就自己问道，为什么我们中国二十二行省中，除掉我所亲自看见和听见的湖南地方外，其余各省的农民多半是属于有产阶级？同是中国的农民，为什么我们湖南人这样倒霉，各省人那样亨幸福呢？后来我遇着外省人就问他们那些省份的农民所耕种的田地是不是他自己的。我所遇的答案总是说农民自己没有田的。后来我又在报上看见某报记者，说他自己在内地旅行，虽没有深入腹地，却觉得中国穷到极点了。我看了这段话，我才知道这位先生是一个市民，是不常到乡下去的，他那农民多半是属于有产阶级的话原是出于杜撰，用起来哄一哄城市人民的。不然，农民既多半是属于有产阶级，而内地尽是农民，他在内地旅行，何致看见“中国穷到极点了”。

现在我们再退一步说，假定某报记者，所说中国农民多半是属于有产阶级那句话是真的。农民既有产业，我们便不能说他的田地，不多不少，刚够他自己耕种。他的田地如果不足，必定向别人租地，则他便是一个被掠夺的人。他的田地如果有余，则他处置剩余田地的方法，不出两途：一将田地租给别人耕种，二雇人耕种。他若用第一个方法，则他成为一个掠夺家，关于这一层，上节已经说明了，不必再讲。他若用第二个方法，他也成为一个掠夺家。何以故呢？譬如他除掉自己耕种的田地外，尚余下一块出谷六十石的田地；他将雇一个人耕种这种田地。他每年付给雇工的工资和饭食，及其余费用最多不能超过三十石谷的价值，其余三十石谷就是一种盈余价值，为他所掠夺了。

我们中国虽没有很多的大资本家，却有无数的小资本家。大资本家所掠夺的数目很大，如像在五年之内赚一千万元的中兴公司是，小资本家掠夺的数目很小，如像上节假得定白三十石谷的农民是;他们的掠夺在数目上虽有差别,然在性质上是绝对没有差别的。我国既有一种资本主义的制度,既有一种掠夺的事实,那么,一种大公无我的社会主义去纠正他,应当受每个有理性和有良心的人之欢迎和赞助。我国当着这个时候,小资本主义已经根深蒂固,大资本主义正在勃然兴起;现在才谈社会主义,已经是缓不济急,怎么叫做"无的放矢"呢?我们中国已有了无数的小资本家,就和一个人得了许多小病一样,而社会主义就是医治这种病的圣药。现在那些新顽固说"中国若想社会主义实现,不得不提倡资本主义"。这就好比说"一个人若想实行服药,不得不使他大病特病"。唉,天下哪里有这种蠢材啊!

那些新顽固多半是自命为深通西洋情形的。他们所以说必定须资本主义发达到极处,然后社会主义才能够实现,大概自以为是根据学理的。因为马克思和恩格斯的著作曾说,产业集中,资本家数目减少,中等阶级消灭,工人痛苦增加,和工业危机继续出现,使社会分为界限判然的两阶级,之后,然后工人借政治组织之力,攫得政权,实行社会主义。……(见马恩两氏的《共产党宣言》,恩氏的《乌托邦》和《科学的社会主义》,及马氏的《资本论》等书。)马恩两氏固然是近世科学的社会主义之始祖;他们两人固然有许多独具只眼的见解;然他们也同是圆颅方趾的人类,并不是什么"神"。当他们著书立说的时候,为当时的环境所限,他们依照这种环境的趋势,推测将来的情形,后来时过境迁,自然是有些不大中肯的地方。如马克思的产业集中说,对于西洋各国的工业方面固然是言中了,然在农业一方面的集中运动却没像他所说的那样快。又如:"他所谓一方愈富,一方愈贫,与历史事实完全相反。事实上劳动社会后来也渐渐提高。大战的影响,劳动阶级,且得益不少,工资因此提高了。他的科学的推算,以为社会主义实现最早的国家,一定是经济制度最完备的国家。他以为理想社会的实现,一定在英、美、德、法等国,不料事实上竟在经济制度极不完备的俄国。"(见杜威博士《五大讲演》上卷第六十四页)所以我们对于古人的学说,当参照现在的情形,加以考虑,断不可一味盲从,做出那"孔趋亦趋,孔步亦步"的样子。并且我们要晓得马氏固然极力陈说资本集中,产业发达的结果,社会主义必然实现,马氏却未曾说,必须资本集中,产业发达,然后社会主义才能实现,否则决不能实现。

那些新顽固说"世界并没有不经过资本阶级而能到社会主义的。中国若想社会主义实现,不得不提倡资本主义"。这种无意识的曲说是我所绝对否认的。因为实行社会主义,并不必经过资本主义的发达;大家如不信我的话,我就要找出一个例给大家看一看,我们中国的南方不是有个澳洲么?澳洲自英国人移殖后,他的政府和社会的组织都是社会主义化的。澳洲各处政府是一种真正平民的政府,而国家事业和私人事业的区别,并不明了,新西兰的国有煤矿,南部和西部澳大利亚的采矿机器以及生命保险,火灾保险,公共托拉斯等等都是澳洲所首创政府事业。澳洲的劳动法令非常之多。如一千八百九十四年纽西兰和南部澳大利亚所实行的劳动界纷争强迫仲裁制,一千八百九十六年维多利亚所组织的最小限度工资部,一千八百九十八年纽西兰所通过的养老年金制,以及各处保护劳工的工厂条例,普及教育的教育条例,和破除大产业制,保护定居农民,处罚拥有土地而不寄住在这种土地上面的土地条例等等,不过是澳洲劳动法令中几种法令罢了。我现在要问那些新顽固观今的澳洲各处没有经过资本阶级,何以能达到社会主义?

大家看了以上各节的理论和事实,自然知道社会主义是救我们中国的良药,也自然知道那些新顽固所说资本主义不发达,不能实现社会主义的话,是荒谬绝伦,大错特错的了。

民国十年一月四日作于广州看云楼

(第八卷第六号,一九二一年四月一日)

从科学的社会主义到行动的社会主义

〔日本〕 山川均

马克思的学说,有许多人将它分为社会学说和经济学说两种。马克思学说是一个体系,原不能这样截然区别出来,但为研究便利起见,把它分为社会学上的学说和经济学上的学说两种,也不见得就有什么妨害。

然而马克思的这两种学说,更可以细分为四项。

恩格斯在马克思的墓前,曾经有了一篇告别的演说,把马克思比做达尔文。这便因为达尔文在生物学领域内发现出来的东西,马克思在人间社会里发现了;达尔文阐明了生物个体的进化,马克思却阐明了人类社会的进化了。

成了马克思学说体系的基础,成了出发点的东西,就是这个社会进化的原则,马克思学徒叫它作"唯物史观"。

达尔文发现了生物进化的法则,马克思也同样的用唯物史观把人类社会进化的法则说明了。但是生物进化的法则在实际上转动着的枢纽(Mechanism)是什么呢?达尔文为要答复这个问题,就发明了生存竞争和自然淘汰的假说。同样,人类社会倘是依着唯物史观的法则进化,这唯物史观的进化在实际上转动着的枢纽又是什么呢?马克思回答说,这是阶级争斗。阶级争斗说就是马克思的第二项学说。

复次,马克思又说明阶级争斗根柢里横亘着的经济上的历程(Process)。马克思从他的价值学说出发,把资本制度下劳动盘剥的机械的历程分析出来。马克思经济学说,就是把那躲在阶级的意识和阶级争斗根柢上所有经济实事的分析说明;梭勒尔说,《资本论》是阶级争斗的历史的研究,这话确有一面的真理。

但是马克思经济学说里,更有重要的真理,不可忘却。马克思又同样的从价值学说出发,把资本制度应当崩坏的纯经济的纯机械的历程也说明了。

所以马克思经济学说的任务是在说明资本制度应当崩坏的纯经济的纯机械的历程。马克思一面说明了这纯经济的纯机械的历程,同时又认识了资本主义移到社会主义的历程上那自动的人类的要素。马克思以为革命的无产阶级就是从资本主义移到社会主义的历程上自动的要素。那修正派错误的地方,就是将马克思经济学说所证明资本制度的纯经济的纯机械的历程误认为说明资本主义推移到社会主义的马克思学说的全部。

马克思依据了这第四项重要学说,就是革命的无产阶级学说,就将实现社会主义之实际上的历程阐明了。

罗素曾经做过《到自由之路》(*Proposed Roads to Freedom*)一书。他在这书中努力描写那可以使我们得着最大自由的新社会的组织和构造。但是读了罗素《到自由之路》一书的人,都会知道这小绅士阀的哲学者,好像连那到自由的"路",还没有告诉我们。他不但没有把到自由的"路"告诉我们,就是他自己也不曾想知道什么是到自由的"路"。他是到俄国去过的。俄国无产阶级走到了自由的"路",已经明明白白摆在那里。可是罗素对于俄国无产阶级"建议"(Proposed)于他的"路",他却不要看。这条"路"并不止是"建议"的"路",这条"路"就是已被俄国无产阶级踏实的"路"。可是罗素——这仰慕自由的哲学者——却不想走这条"到自由的路"。他不但不想走这条"路",而且连那横在他面前的"到自由的路",看都不愿意看。罗素不过是描写了自由社会便满足的一种智的手淫者罢了。他是仰慕自由的人。但我们却不能忘掉无产阶级方才踏上"到自由的路"的时候,首先起来呼号反对的便是这个哲学家所代表的小绅士阀伪善者的阶级。

《到自由之路》的著者,什么"路"都不曾告诉我们。马克思在五十年以前,却已将这"路"明白指示我们了。能够把"到自由的路"指示我们的,也只有马克思一个人。马克思在一八七一年著过《法国内乱》(*Civil War in France*)一书,那书上说,"劳动阶级单靠掌握现成的国家机关要达到自己的目的是不能的"。他又在一八七四年著的《哥达纲领批判》(*Gotha Program*)里所说的更是明白,他说:"从资本主义社会到社会主义社会的中间,必须经过革命的变形的时期。这时期中须有一个政治上的过渡期。这政治上的过渡期,就是无产阶级的革命的独裁政治。"马克思在五十年前早就发现了革命的无产阶级与独裁政治的学说,把唯一的"到自由之路"指示我们了。

但有一件事却也不可忘记：马克思革命的无产阶级独裁的学说，并没有含着离开唯物史观说独立或者把唯物史观说修正的意思，这是唯物史观说当然的结论与应用。

依马克思说：历史是依唯物史观的法则进化的，它的作用，在根本上是机械的。资本制度因为它的内部包含着矛盾，终必按着机械的历程崩坏。但这机械的历程，必定要成为人的心理现象表现出来。只有一层，这个历史的唯物的历程，并不是在一切人的意识上平均正确地反映出来，首先感觉到的大抵是少数的无产阶级，多数的无产阶级，只是仿佛感觉着。所以大多数的人还是半无意识地被历史的必然性拘束着。因此革命事业，必定是这些少数无产阶级的先锋首先着手实行。所以无产阶级独裁政治，在一方面说，是无产阶级强制粉碎反对阶级，使他们和自己阶级同化吸收的一种组织；同时在别一方面，又就是使大多数的无产阶级从资本主义的心理解放出来的组织。

然而罗素和或种无政府主义者，他们却排斥一切的强制，要求"自由"。这些"想在二十四点钟内实现理想社会的人"，他们的前提，就是一切人在资本制度之下都能够从资本主义的心理解放出来。否认一切有组织的强制，这无非是等候一切人们自觉，这不外是否认革命。他们就是一面要自由，一面又否认"到自由之路"。

依马克思经济学说看来，社会主义是始于空想而成为科学。而由革命的无产阶级和无产阶级独裁政治的学说看来，科学的社会主义，又是始于行动的社会主义而成为实行的社会主义。

这篇文章是日本社会主义者山川均先生特意为本杂志做的，他把行动的社会主义介绍给我们，这实在是一篇最切要的最有效的文字，读者都自然能够知道，用不着我来絮说。只是我要借着这个机会，把山川先生介绍给读者。

山川先生自少就研究思想问题，能通英、德、法三国语言，笃信社会主义。二十岁时因办《青年的福音》杂志受了三年六个月的监禁，后来又因办《平民新闻》，遭了忌讳，被监禁一月半。后来又因办《劳动者》杂志，触犯《新闻条例》受监禁两月；又因赤旗事件（社会革命），受妨害官吏执行的罪名被监禁两年；后又和荒烟寒村办《青服》杂志，主张联合权和罢工权，被禁锢四个月。他这种抵抗官权努力运动百折不挠的精神真够令人佩服。他现在和他的夫人菊荣女士合编《社会主义研究》杂志。著作有《动物界的道德》《社会主义的立场》《社会主义者的社会观》《马克思传》《马克思资本论大纲》《劳动组合运动史》《马克思经济学》《劳动运动与社会主义》《马克思学说体系》《劳农俄国研究》等书。

译者李达附识。

山川均、堺利彦两先生本来都要做一篇文章来；但堺先生要到北海道巡回讲演去了，没有空闲，所以现在本社只接到山川先生的一篇。山川先生原也很忙，而且同他夫人山川菊荣先生一样，现在正患肺病。他在这样的情状里却还替本社做这样扼要的文章，本社同人真是非常感激。

山川先生的原文，本想翻成罗马字文刊在志末，但因为时间的关系，就省却了。而且李达先生的译文，已很忠实，不附原文似乎也没有什么妨害。

陈望道　附记

一九二一年四月十二日，在上海

（第九卷第一号，一九二一年五月一日）

讨论社会主义并质梁任公

李　达

近来讨论社会主义的人渐渐多了，这确是一个好现象。因为社会主义的真谛若能充分地阐发出来，批评者就不会流于谩骂，信仰者就不会陷于盲从。而且知识阶级中表同情于资本家的与表同情于劳动者的两派，旗帜越发鲜明，竭智尽力，各为其主，而社会主义与反社会主义两方面，皆可同时发展，以待最后之决胜。所以我说现时讨论的人越多，越是好现象。

《改造》杂志二月号特辟《社会主义研究》一栏，一时知名之士如梁任公、蓝公武、蒋百里、彭一湖、蓝公彦、费觉天、张东荪一班人，均有长篇文字，表明对于社会主义的态度。他们的文字均有点研究，我读了非常感佩。但是这几篇文字之中，也有误解社会主义的，也有同情于社会主义的，也有积极赞成资本主义的，也有恐怖伪劳农主义的，我觉得这种地方，却也应该详细研究分别讨论。只是我没有许多闲暇，作从容的论辩。所以只就梁任公一篇代表的文字，讨论一个大概。

梁任公是多方面的人才，又是一个谈思想的思想家，所做的文字很能代表一部分人的意见，很能博得一部分人的同情。就是《复东荪书论社会主义运动》的一篇文字，虽然明明主张资本主义反对社会主义，而立论似多近理，评议又复周到，凡是对于社会主义无甚研究的人，看了这篇文字，就不免被其感动，望洋兴叹，裹足不前。我为忠实主义起见，认定梁任公这篇文字是最有力的论敌，所以借着这篇文字做一个 X 光线，窥察梁任公自身和梁任公所代表的知识阶级中一部分人总括的心理状态，试作一个疑问质询梁任公，或者对于主义上有些少的阐明补正也未可知。这也许是梁任公所说“冀普天下同主义之人有以教之”的一点反应了。

梁任公本文的旨趣，约分五层，兹摘录大概如下。

(一)误解社会主义。梁任公首先误解社会主义为社会政策派的劳动运动,所以说,“吾以为中国今日之社会主义运动,有与欧美最不相同之一点焉。欧美目前最迫切之问题,在如何而能使多数之劳动者地位得以改善。中国目前最迫切之问题在如何而能使多数人民得以变为劳动者”。因此推论中国产业不发达,生产机关极少,不能行均产主义。所以又说,“我虽将国内资产均之又均,若五雀六燕铢黍罔失其平,而我社会向上之效终茫如捕风”。于是又论到社会主义运动,说:“故吾以为在今日之中国而言社会主义运动,有一公例当严守焉。曰,在奖励生产的范围以内,为分配平均之运动。若专注分配而忘却生产则其运动可为毫无意义。”此一层是梁任公误解社会主义的本质的议论。

(二)提倡资本主义,反对社会主义。梁任公又以为中国生产事业极其衰落幼稚,中国人消费所需之生产品,皆仰外人供给。而制造此类消费品的资本家、劳动者和工厂,均在外国而不在中国,中国人受不到外国资本家的恩惠,中国无业人民,又不能到外国工厂做工。中国国内未梦见工业革命之作何状,工厂绝少,游民最多,并无劳动阶级。既没有劳动阶级就不能行社会主义运动。所以说:“欲行社会主义生产方法必须先以国内有许多现行之生产机关为前提。若如今日之中国,生产事业,一无所有,虽欲交劳动者管理,试问将何物交去?”社会主义既不可行,则为改造中国社会计,当然不能防止资本阶级之发生,而且要借资本阶级以养成劳动阶级,做实行社会主义的准备。此一段是梁任公提倡资本主义,反对社会主义的立言。

(三)高唱爱国主义,排斥外国资本家。梁任公看见国内无业游民过多,贫困日甚。加以受外国产业革命影响,“我国人之职业直接为外国劳动阶级之所蚕食;而我国人衣食之资,间接为外国资产阶级之所掠夺”。所以中国生产事业,必须由中国资本家自己开发,以便造成多数生产机关,吸收本国多数无业游民使为劳动者。所以说,“中国生产事业若有一线之转机,则主其事者,十九仍属于将本求利者流。吾辈若祝祷彼辈之失败耶?则无异自诅咒本国之生产事业以助外国资本家张目”。末了又说:“欲使中国多数人弃其游民资格而取得劳动者资格,舍生产事业发达外其道无由。生产事业发达,凡吾国人消费所需皆由吾国人自生产而自供给之,至少亦须在吾国内生产而供给之。”若对于本国资本家采抗阻态度“必妨害本国生产,徒使外国资本家得意而匿笑。且因此阻碍劳动阶级之发生,于吾辈之主义为大不利”。“然则所当采者为何？则矫正态度与疏泄态度是已。所谓矫正态度者，将来勃兴之资本家，若果能完其为本国增加生产力之一大职务，能使多数游民得有职业，吾辈愿承认其在社会上有一部分功德，虽取偿较优亦可姑容。”由此一段可推知梁任公爱本国，爱本国资本家劳动者之热情，故发而为排斥外国资本家劳动者之言，也许是爱国主义和资本主义结合的一种表现了。

（四）提倡温情主义，主张社会政策。梁任公既然主张用资本主义开发本国产业，而资本制度发生的恶果，当然要循外国资本制度的旧径，发出无穷的弊害。要想补救此种弊害，只有采矫正态度与疏泄态度，不可抗阻，亦不可坐视。所以说，“唯当设法使彼辈（资本家）有深切著明之觉悟，知剩余利益断不容全部掠夺，掠夺太过必生反动，非彼辈之福。对于劳力者生计之培养，体力之爱惜，知识之给予皆须十分注意。质言之，则务取劳资协调主义，使两阶级之距离，不至太甚也。至所用矫正之手段，则若政府的立法，若社会的监督，各因其力之所能及而已”。又说，“所谓疏泄态度者，现在为振兴此弃毙之生产力起见，不能不瞩望于资本家，原属不得已之办法。却不能恃资本家为国中唯一之生产者，致生产与消费绝不相谋，酿成极端畸形之弊。故必同时有非资本主义的生产，以与资本主义的生产相为骈进”。此一段是他提倡温情主义，施行社会政策的主张。

（五）误会社会主义运动。梁任公误解社会主义运动为劳动者地位改善，所以反对。又误解为均产，所以反对。又误解为专争分配所以也反对。又误解社会主义运动为利用游民，所以说，“劳动阶级运动之结果能产出神圣之劳动者。游民阶级运动之结果，只有增加游民”。又说，“游民阶级假借名义之运动，对于真主义之前途无益而有害”。这是梁任公反对中国社会主义运动最精刻的地方。但是依他所主张的运动方法却不外以下两层。即对于劳动者，“第一，灌输以相当之知识。第二，助长其组织力。先向彼辈切身利害之事入手，劝其办一两件（如疾病保险之类）办有成效，彼辈自感觉相扶相助之有实益，感觉有团体的好处，则真正之工会，可以成立”。工会次第成立，有组织完善之工会，然后可以行社会主义运动。但梁任公所主张的工会运动，不在敌抗本国资本家，而在敌全世界资本家，所以说，“全世界资本主义之存灭，可以我国劳资战争最后之胜负决之”。又说，“谋劳动团体之产生发育强立，以为对全世界资本阶级最后决胜之准备”。他主张运动的规模非常之大，而所用的手段又非常之小。

未知是否有效，实有讨论之余地。

以上梁任公论社会主义运动的大概，以下逐条讨论。

第一，社会主义是什么？社会主义运动又是什么？我以为这应该首先在这里说明。

社会主义成了现实的势力活动而来的，还是十八世纪以后的事情。瓦特发明蒸汽机关以来就引起欧洲产业革命的导火线，新机械陆续发明，归特权阶级所有与利用。家庭工业变成工厂工业。手工业者骤然失业，不得不到特权阶级的大工厂中，做机械的奴隶。新机械不需劳动者多年的练习，又不需专用男性，而吸收妇女与少年。劳力供给过多，惹起男女的竞争，助长工银的低落，占大多数的消费者无产阶级，不能消纳工厂中的生产品，资本阶级不得不向海外觅销场，于是惹起国际战争；于是惹起经济恐慌；于是贫富的悬隔愈甚；于是欧洲的劳动者觉悟他们实在是被引到错路上来了。他们觉悟他们自己的正当权利，于是觉悟到以共同生产共同消费为原则的社会主义。一言以蔽之，资本主义给了他们一个好教训，但这教训的代价不小，使他们知道以自由竞争及私有财产为根本的社会组织是毕竟要使他们陷于资本主义的迷途，而把自身做它的牺牲的；要谋社会全体的福利，只有把这种自由竞争和私产制度永远除去，而建设永久的共产社会。阶级由对峙而斗争，而社会主义运动的大势以成，这是欧洲社会主义运动的由来。

所以社会主义在根本改造经济组织谋社会中最大多数的最大幸福，实行将一切生产机关归为公有，共同生产共同消费。

社会主义运动，就是用种种的手段方法实现社会主义的社会。至于所采取的手段，有急进缓进的分别，然就现时最新的倾向而言，一方面在联合一切工人组织工会，作为宣传社会主义的学校，学习管理生产机关，一俟有相当组织和训练，即采直接行动实行社会革命，建设劳动者的国家。它一方面则联络各国劳动阶级为国际的团结，行国际的运动，以期扫荡全世界资本阶级。

中国现在已是产业革命的时期了。中国工业的发达虽不如欧美日本，而在此产业革命的时期内，中国无产阶级所受的悲惨，比欧美日本的无产阶级所受的更甚。先前恃丝业、茶业、土布业、土糖业，以至制钉业、制铁业谋生的劳动者，今皆因欧美日本大工业的影响，次第失业，又不能赴欧美日本大工场，去充机械的奴隶，得工资以谋生。加以近年来国内武人强盗,争权夺利,黩武兴戎,农工业小生产机关,差不多完全破坏。中国无产阶级的厄运,实不能以言语形容。所以我说中国人民,已在产业革命的梦中,不过不自知其为梦罢了。

中国旧有的小生产机关,既然受了欧美日本产业大革命的影响,差不多完全破坏,而新式生产机关又非常的少,因此之故,中国大多数无产阶级的人民,遂由手工业者变而为失业者,专成为欧美日本工业生产品消费的失业劳动者了。所以中国的游民,都可说是失业的劳动者。

我并不主张利用游民实行革命。但是劳动者不幸失业而成游民,若有相当的团体训练,何以绝对不许他们主张自身的权利?梁任公一定要他们回复到了赁银奴隶的地位以后,才准他们发言,是何道理?

至说中国现时社会实况与欧美略有不同,这是我们所承认的。但是不同的地方,也只有产业发达的先后不同,和发达的程度不同,而社会主义运动的根本原则,却无有不同,而且又不能独异的。

所以在今日的中国而讲社会主义运动,在如何设法得以造出公有的生产机关,如何方能避去欧美资本主义生产制度所生的弊害,而不专在于争生产品的分配。梁任公既误认了这对象而主张"在奖励生产的范围内为分配平均之运动",这明明是主张贫人丐富人恩惠以谋生的运动,只可说是乞丐的社会主义运动。梁任公这公例,我就首先不承认了。前提既然不当,以后因此前提演出来的推论,当然也是不对。

照以上所述看起来,我们晓得欧美社会主义运动,决不是梁任公所说的"劳动者地位改善",也不是他所说的"均产",也不是专在于争分配了。

第二,要想为中国无产阶级谋幸福而除去一切悲痛,首先就要使他们获得生活必需的资料。要使他们获得生活必需的资料,首先就要开发生产事业。所以发达生产事业的一件事,无论是资本主义者,或是社会主义者,都是绝对承认的,只不过生产方法不同罢了!

资本主义有资本主义的生产方法,社会主义有社会主义的生产方法。今就这两种生产方法分别比较于下。

资本主义生产组织,一切生产机关,概归最小数资本阶级所私有,最大多数的劳动者,均为劳银的奴隶,完全受资本阶级所支配。劳动者与资本家的关系是人与物的关系。劳动者制造出来的剩余生产尽归资本家,自己仅得些小工资过活,还不能赡养一家。资本家专讲自由竞争,对于生产力绝对不谋保持均平,供给与需要不能相应,只顾盘算劳动者的剩余劳动,增加生产力,谋生产多量的商品,增加自己的私产。一时需要减少,生产过剩,其结果资本家别谋妙法填补,劳动者却因此大受恐慌,招来失业的苦痛,这就是产业组织不受政治力支配的恶果。社会主义生产组织却不是如此,一切农工业生产机关,概归社会公有,共同劳力制造生产物平均消费。商品生产可以全废,生产物不至于压迫生产者。人与人的生存竞争完全消灭。生产消费完全可以保持均平。一人利用他人,压迫他人的事实绝对不会发生,也没有经济恐慌人民失业的危险。所以资本主义的生产组织,是无政府无秩序的状态,社会主义生产组织是有秩序有政府的状态。这两者的利害得失,我想无论何人都容易判别出来。

世间不懂社会主义的人,把社会主义看做洪水猛兽一般,当着这社会主义潮流澎湃而来的时候,这类人就大惊小怪,好像对于项城称帝、张勋复辟一样,纷纷议论顺逆的态度。他们以为一旦实行社会主义,就破坏生产机关,或者将生产机关分散,生产事业就要永远停止,人民就得不着生活资料了。梁任公误解社会主义为均产主义的说法,也就是因为忘记了社会主义更有很好的生产方法的缘故。他或者不是不知道社会主义有很好的生产方法,而以为资本主义是一个必不可免的过程。那么,我就要告诉梁先生。若忧劳动者不经过资本主义不能自觉,这是个教育的问题。若忧劳动者自己没有发达生产的资本,那时资本却在劳动者自己身上。资本家要雇劳动者,共产的劳动者只须自己出气力。若说劳动者在起初毕竟少不得金钱的资本,那么资本家的金钱本来是要归还给劳动者的。

将来社会的经济组织必归着于社会主义,我想无论何人都当承认的。中国生产事业虽十分幼稚,远不如欧美日本,然在稍远的将来,中国的社会组织必有追踪欧美日本的一日。据现时趋势观察起来,欧美日本的社会改造运动,已显然向着社会主义进行,中国要想追踪欧美和日本,势不得不于此时开始准备实行社会主义。

就中国现状而论,国内新式生产机关绝少,在今日而言开发实业,最好莫如采用社会主义。譬如我们要建造新建筑物,只好按着我们的理想去造,不必仿照他人旧式不合理想的式样暂时造出不合理想的建筑物,准备将来改造。欧美各国的经济组织,正如旧式不合理想的大建筑物一样,规模太大,转换不易,要想根本改造,实在是最难之事。请看欧美社会改造运动家，那样的努力那样的牺牲，犹然达不到改造的目的，这就是最好的实例。梁任公说“吾辈畴昔所想念总以欧美产业社会，末流之弊至于此极，吾国既属产业之后进国，正可惩其前失毋蹈其覆辙，及至今日，而吾觉此种见解十九殆成梦想”。然据我的推想，梁任公所说的不过是没有经验的“梦想”，因为他并未向着这个目标进行，并没有努力运动，又岂能期望社会主义自然实现吗？

梁任公主张要设法使中国国境以内建设适当之生产事业，以吸收失业游民使不至冻馁而死，资本阶级纵掠夺剩余生产亦可姑容。这样说来，我们的目的若果是专在使游民得衣食资料，那就有两条近路可走。第一，设法不开发工业，极力奖励旧式手工业生产，或者提倡国货，排斥外货，依梁任公所说，“凡吾国人消费所需，皆由吾国人自生产而自供给之”。照这样办，我国的生产事业也可望发达，游民可以减少，劳动阶级可以成立。社会运动得有主体，新社会亦可以实现了。第二，就是完全抛弃国家主义，主张将中国全土交各强大之资本国家共管。各国就可以用最大的加速度的生产力在中国开发产业。此时中国游民，不患不能得生活资料了。中国全国人民若尽成为劳动者，则以劳动阶级资格和世界资本阶级为最后之决战，世界的社会主义就可实现了。单凭思想，这两条办法，或者也可以试办。只有一层，就第一办法说，现在已不是闭关自守的时代，而且受不起外部的压迫，要维持旧式生产事业是绝对难办到的。就第二办法说，是爱国主义者所绝对不肯承认的。除了这两法以外，若一方面要采用欧美式资本主义，一方面要固执国家主义来谋本国实业的发展，那就是大大的烦闷了。我们有件事应当注意的，就是资本主义的背面，存有军国主义。若美，若英，若法，若德，都是资本主义最发达的国家，也是军国主义最强盛的国家。欧美姑且不说，就说新具工业国的日本，日本的工业发展的路径，不皆是海陆军助长而成的吗？中国是万国的商场，是各资本国经济竞争的焦点，是万国大战争的战场。各资本国在中国培植的经济势力，早已根深蒂固，牢不可破。当着产业万分幼稚的时代又伏在各国政治的经济的重重势力之下的中国，要想发展资本主义和各资本国为经济战争，恐怕要糟到极点了。梁任公认此是唯一可行之道，我看这唯一可行之道，反不免是空想罢。

至于梁任公说，中国现在没有劳动阶级不能行社会主义运动，若要行社会主义运动，唯有奖励资本家生产，“有资本阶级然后有劳动阶级，有劳动阶级然后社会主义运动有所凭借”。若照这样说，简直是为实行社会主义，才造劳动阶级；为造劳动阶级，才奖励资本主义，梁先生就有故意制造社会革命的嫌疑了。

中国境内的资本家是国际的，全国四万万人——由某种意义说，都可算是劳动者。虽然有许多无业的游民，然而都可以叫做失业的劳动者。所以就中国说，是国际资本阶级和中国劳动阶级的对峙。中国是劳动过剩，不能说没有劳动阶级，只不过没有组织罢了。

若依梁任公说，中国若是没有劳动阶级，当然就没有资本阶级了。政治方面没有贵族和平民阶级的中华民国，又没有资本劳动阶级，就可以算作无阶级的国家了。社会主义运动就是要实现消除阶级的国家，中国既无阶级，又何须制造阶级？若因为行社会主义运动才提倡资本主义以制造劳动阶级，是梁先生有意制造社会革命，就不应非难社会主义运动的人了。我有一句好笑的比喻，譬如一个天然足的女子，就用不着我们说缠足的解放。若是因为要解放伊，故意为伊缠足，使伊得着有被解放的资格，然后再替伊解放，岂不是陷于“循环定理”吗？

诚如梁任公所说，资本主义可以达到社会主义，因而我们一面去“挖肉做疮”。那么，梁先生亦觉此法迂缓否？若是梁先生不怕亡国，我看还是照我前边说的话，让外国资本家到中国来开发实业，到了程度，中国社会革命自然也可以成功的。否则，索性慷慨点，也不要讲什么主义。世界的趋势，是必须要实现社会主义，资本主义是必须灭亡的。让他们外国的资本家来到中国做逋逃薮，爝火余光，也必须熄灭的，等它将熄灭的时候，中国的劳动者一齐起来，联合世界的社会主义劳动者，同扑灭此荧荧余烬共建社会主义的天下，岂不省事！

第三，资本主义，在今日的中国并不是拯救失业贫民的方策。我们要知道劳动者的失业，就是因为新机器发明产业革命招致而来的。一架机器可抵数十百人的劳力。在资本制度的社会里，新机器增多一架，就增多失业者数十百人，所以在今日产业革命正在开始的中国，若更奖励资本制度的生产，并不曾将产业革命的流弊根本除去，产业革命还是产业革命，不过将外国人的资本家变成中国人的资本家罢了。若果中国提倡资本主义生产，效力速，则一时间产业革命的影响烈，旧工业之下的失业者亦愈众。而能“丐余沥以求免死者”不过千分之一二而已，然而同时外国商业的掠夺不能说就可以抵制得了的。则又无非使中国的劳动者受一个两重的压迫罢了，救济一语还是空谈。效力迟咧，不消说了，梁先生对于资本主义所抱的希望都成泡影！要等中国的资本主义发达到一面可以和外资抗衡，一面可以尽数吸收国内的劳动者，其中要经过如何长的时日。恐怕那个时期未到，“而我中国的四万万同胞，且相索于枯鱼之肆”了！我们在这里做梦，外国的社会主义劳动者“且将匿笑于其后”了！只有抱着国家主义的人听见自己国内也有资本家，也有兵强国富才眉飞色舞罢了。

其次讨论温情主义。梁任公既然主张资本主义，其当然的顺序，要归结于施行社会政策的。这种滑稽的办法，我们实在不敢苟同。现社会中经济的组织，不外两个大原则，就是自由竞争和私有财产。这两大原则就是现社会中万恶的根源，社会主义运动就是要把这两原则完全撤废。讲社会政策的大都不然，只主张借资本阶级的国家的立法，施行几项温情政策，略略缓和社会问题，并不是想根本地解决社会问题的。自由竞争和私有财产，还是依然存在，资本家仍可以行自由放任主义，积极地发展自由竞争，无限制地扩张私有财产。无产阶级呻吟于资本家掠夺支配之下，绝对得不到丝毫的幸福。简单说，社会政策，就是处理社会问题的结果，并不是要铲除社会问题的根本原因。梁任公正在欲实行资本主义却就提倡社会政策，在方法上已是南辕北辙。还有一层，社会政策在欧美各国说起来，是资本主义和军国主义极端发挥以后所生的必然的结果，若果在资本主义和军国主义未发达的国家说，社会政策就行不去，而且也不能一一见诸实行的。就中国说，资本主义正在萌芽时代，人民因产业革命所蒙的苦痛尚浅，若能急于此时实行社会主义，还可以根本的救治；若果要制造了资本主义再行社会政策，无论其道迂不可言，即故意把巧言饰词来陷四百兆无知同胞于水火之中而再提倡不彻底的温情主义，使延长其痛苦之期间，又岂是富同情者所忍为？资本主义是社会的病，社会主义是社会健康的标准，社会主义运动是治病而复于健康的药。只要问中国现在的社会病不病，什么病便下什么药。一定要把中国现在的病症移做资本主义的病症而后照西洋的原方用药，这种医生是不是庸医？“庸医杀人！”中国人民的元气已经丧到不能再丧了。梁任公对于资本主义所取之矫正态度说“唯当设法使彼辈有深切著明之觉悟，知剩余利益断不容全部掠夺太过，非彼辈之福”。梁先生以为靠这一句空话，资本家便能奉行，劳动者便能安乐了么？资本家若果能有著明深切之觉悟，他们一定能觉悟到他们的最后命运——就是他们终于不能存在而必须让给社会主义的世界。若是没有觉悟，他们一定唯利是图。他们宽待劳动者，无非是免得受罢工的损失，而可以安稳地扩张资本势力；换句话说，即是使劳动者安于奴隶状态而不思反抗。况且谁可以矫正资本家?国家是受资本家维持的,绅士式的知识阶级是受资本家豢养的,社会改造论者的空言是无补的,有实行力者唯有劳动家,而劳动家却被温情主义缓和了。梁任公要想在温情主义之下使劳动者觉悟,是不明社会问题的真相。要想由资本主义而温情主义而社会主义是不明欧洲社会进化的历程。

提倡某种步调与社会中事实有某种步骤是不同的。因为社会实况的中间,实行温情主义的时候,就有反对的呼声。反对的呼声,就是促劳动者觉醒的。提倡的人可不能自己反对自己。所以我说由梁任公的温情主义的主张是不能达到社会主义的。

第四,资本主义是国际的,并无所谓国界。资本主义既是侵略,所以无论何种社会主义,对于资本主义国际的势力必须采用国际的对抗方法。

资本家在各国蔑视国境并且超越国境营国际的生活。如所谓银行团国际信托等等,均有国际的生活,为国际的行动。各国资本阶级驱使劳动阶级如牛马。所以在现时资本主义国家的世界,必须厉行国际社会主义运动,支持国际的方针,和资本阶级国际的行动挑战。

劳动者没有祖国。社会党划分人类,以阶级不以国。若要假设一些纵线将国与国分开,就可另引一横线与各纵线相交,将资本阶级和劳动阶级截为两段。社会党只注重这横分线,不注重纵分线。社会党因为要增加本阶级反对别阶级的力量,想把所有的垂线取消,因为这些垂线纷乱劳动阶级的心理,妨扰劳动阶级的自觉,阻碍自己主义的进路,所以要谋国际劳动者的团结。

所以就社会主义者的立场而论,不论本国外国,凡见有资本主义,就认为仇敌总要尽力扑灭它。也不论在本国或外国,凡见有掠夺压迫的资本阶级,就认为仇敌,总要出死力战胜它。社会主义没有国界,资本主义也没有国界。我们不能说外国资本家所行的资本主义应该反对,本国资本家所行的资本主义就不应该反对。我们不能说本国资本家对于本国劳动者有所爱护别国资本家对于本国劳动者更加虐待。资本家务必掠夺劳动者然后方能大行其资本主义;我们不能说本国资本家的资本主义所生的弊害比外国资本家的资本主义的弊害少。外国资本家把商品舶到中国卖,席卷金钱,存在自己衣袋里;中国资本家造出商品在中国卖,席卷金钱也是存在自己衣袋里。同是一样的藏在自己衣袋里,中国的无产阶级不能向他们领取分文使用,在劳动者有什么区别?

况且就现在的资本家说,他们并不排斥外国劳动者;不但不排斥,而且非常欢迎。资本家雇用劳动者,不问国界,也不问是亡国奴或是未开化的人民,只要他们甘愿受低廉的劳银做工,资本家无不欢迎。中国的劳动者遍布世界,各国资本家很欢迎他们,而且对于本国的劳动者反不愿雇用,因为本国劳动者要求高价的劳银,并且有时不肯受虐待。总而言之,资本家是虎,我们不能说,本国的虎比外国的虎不会食人;我们也不能说,只可抵抗外国的虎,不必扑杀本国的虎。资本主义是流行世界的瘟疫,瘟疫的菌能够流播全世界,我们不能说,本国的瘟疫不可怕,而外国的瘟疫可怕;我们也不能说,只可消灭外国传来的瘟疫,不必消灭本国的瘟疫。劳动者没有祖国,所以要谋国际的团结,要扫灭全世界所有的资本主义。这是马克思的教训,要谈论社会主义或资本主义的人,至少要了解这一点,不然,就要说门外汉的话了。

第五,梁任公要谋中国劳动阶级的产生发育强立,以为对全世界资本阶级最后决胜之准备。梁先生的目的,可说是非常远大,可是所主张的手段,只说要对劳动者灌输知识,助长组织,而先从疾病保险入手以促成真正的工会,借工会以与世界资本阶级作战,以期达到那远大的目的。这种手段,如何的迂缓固不待言,而且这也并不算是什么革命的手段,实不过是改良主义的社会政策派的劳动运动罢了。我想借此机会把社会主义运动的手段略述一个大概。

社会主义运动的手段很多,我只举出最重要的三种。一为议会主义,二为劳动运动,三为直接行动。这三种手段,究竟哪一种宜于中国,我想和大家讨论一下。

先就议会主义说。议会主义主张劳动者组织团体为参政的运动,想借立法机关,成立改善劳动地位或矫正资本阶级的法案,慢慢地改造社会。这种手段,没有多大的效果,我们看看德国社会民主党的先例就知道了。社会党要和作对的资本阶级在议会中妥协,试问能够得到什么利益么?不过要求资本阶级的政府行使社会政策倡办慈善事业罢了。社会根本改造事业,永远不能达到。欧美各国社会党,得了多年的经验,受了俄国革命的提醒,多能觉悟到议会主义已经破产而倾向于有效的急进的方面了。

再说劳动运动。劳动运动是社会运动最大的武器。可是劳动运动是社会运动的一部而不是全部,社会党若专靠行劳动运动,不能达到革命的目的。工会本是社会主义的学校，是劳动者学习支配管理生产机关的教场，学会了组织训练，准备组织劳动者的国家。可是不能利用罢工的手段来举行革命。因为举行总罢工实行革命，劳动者非皆有相当的教育和训练不可。劳动者既然有如许的教育和训练，其结果当然要实现新社会了。然而事实上决不能与理想相合的。所以劳动运动只可作为一种必要的手段，却不能算作社会运动唯一的手段。

现在说直接行动。现代各国进步的社会党都觉悟了直接行动是社会革命的最有效的手段，都晓得采用了。直接行动是什么呢，就是最普遍最猛烈最有效力的一种非妥协的阶级争斗手段。直接行动，可分两种。一种是劳农主义的直接行动，一种是工团主义的直接行动。工团主义的直接行动，主张用突发的总罢工的手段，实行革命。劳农主义的直接行动，主张联合大多数的无产阶级，增加作战的势力，为突发的猛烈的普遍的群众运动，夺取国家的权力，使无产阶级跑上支配阶级的地位，就用政治的优越权，从资本阶级夺取一切资本，把一切生产工具集中到无产阶级的国家手里，用大速度增加全部生产力，这就是直接行动的效验。

以上三种之中，中国社会主义运动者，究应采取何种手段，我却不大留心这事。可是就我的推测而言，或者不得已要采用劳农主义的直接行动，达到社会革命的目的。因为议会主义的手段，在欧美曾经实验过，并没有多大的效果，可说是已经破产了。劳动运动的手段，只于工业国相宜，而于农业国不相宜。其理由俟有机会再行详述。所以中国将来的社会革命专恃劳动运动恐怕不甚容易。除了这两种手段以外，只有采用直接行动的一法。而直接行动的两种之中，我看或者要用劳农主义的。工团主义的直接行动，专靠总同盟罢工的武器，也只能适用于工业国，所以俄国的革命运动，就要采取另一种方式，即劳农主义的方式了。俄国是农业国，中国也是农业国，将来中国的革命运动，或者有采用劳农主义的直接行动的可能性。

所以中国社会党人，若也抱着与梁任公同一的宗旨，想组织中国的劳动阶级和世界资本主义宣战，我看还是不必去办疾病保险式的工会，不如采直接行动，和各国劳动阶级为适当之联络，共同努力运动，反为有效。我并不是不主张劳动运动，我只不过不认劳动运动为社会运动的全部罢了。

我的讨论说完了，现在我把这篇讨论文字的大旨，简单明了地条陈于下。

一、中国社会运动者，要联络中国人民和世界各国的人民，在社会主义上会合。

二、为中国无产阶级谋政治的经济的解放,做实行社会主义的准备。

三、采社会主义生产方法开发中国产业,努力设法避去欧美资本制产业社会所生之一切恶果。

四、万一资本主义在中国大陆向无产阶级磨牙吮血,则采必死之防卫手段,力图扑灭。

五、联络世界各国劳动阶级,图巩固的结合,为国际的行动,与世界资本阶级的国际行动对抗。

为达到上列的计划,采必要之运动手段:

一、网罗全部劳动者失业的劳动者,组织社会主义的工会,为作战之训练。

二、培养管理支配生产机关的人才。

三、结合共产主义信仰者,组织巩固之团体,无论受国际的或国内的恶势力的压迫,始终为支持共产主义而战。

四、社会党人不与现政党妥协,不在现制度下为政治活动,要行有效的宣传为具体的准备。

一九二一年四月八日于上海

(第九卷第一号,一九二一年五月一日)

太平洋会议与太平洋弱小民族

陈独秀

> “我们社会主义者,往往不甚觉察列强对于被掠夺的各地之苛酷,常一再加以压迫而不休,其实若谓‘非列强’的民族之独立,全靠列强间不和而保存,良非过言。华盛顿会议的危机,即列强间苟能妥协,则中国或将被列强分割而压迫,或不被分割而受列强其同样的压迫。诚然中国代表亦将列席于华盛顿会议,但在巴黎和会,中国未尝无代表,其结果曾何益于中国,中国不签约曾何补于土地的丧失?”

罗素先生对英国 Labour Leader 记者说的几句话,竟然唤不醒我们中国人的迷梦,实在可怜极了!

我们中国人尤其是知识阶级,尤其是美国留学生,对于华盛顿太平洋会议有两个唤不醒的迷梦:(一)他们以为此次华盛顿会议是中国免除外患千载一时的机会,列强们至少美国必然主张正义人道帮助中国抵抗日本。(二)他们以为此次华盛顿会议,倘列强不能妥协,冲突起来,限制军备案不能成立,太平洋诸问题不得解决,不但是太平洋沿岸弱小民族的不幸,简直是世界和平的不幸。

在这资本私有制度所必然产生的帝国主义时代,那一个不是借口自由竞争实行弱肉强食,除非列强他们自己抛弃殖民政策,毁坏他们自己的商业,他们如何能够主张正义人道来帮助弱小民族,所以我们中国人第一个迷梦,可以说是“与虎谋皮”了。至于第二个梦,那太平洋会议的结果必和中国人梦中的说话恰正相反;国为列强间若是自起冲突,相互破坏个干净,这时候太平洋沿岸被他们压迫的弱小民族才有解放之一日;若是他们互相妥协了,则太平洋沿岸弱小民族如中国人朝鲜人西伯利亚人不但没有解放的希望,被压迫的程度将比从前更甚,尤其是中国若不急谋剧烈的反抗,迟早不免要受列强分管或共管的命运。所以太平洋会议列强若是冲突而破裂,正是太平洋弱小民族的幸事,如何反说是不幸呢?中国人这种观察完全错误,我所以说那太平洋会议的结果必和中国人梦中的说话恰正相反。

若有人不相信我的说话,检查一下太平洋会议的来源及召集会议的最近动机,便明白这会议的性质了。

此次太平洋会议远的来源就是英日同盟,这是英日同盟的作用,起初乃是英日合力排除俄国在华的势力;其后乃是英日合力排除德国在华的势力。在日俄战争以前,中国北方在俄国掌握之中,南方在英国势力范围之下,日本初兴想来中国得到好处,必须北破俄或南破英,否则不能插足,在日本当日联俄破英图中国南部,或联英破俄图中国北部本无成见,和英国商议盟约的同时也有密使在俄谈判,只因英国外交手腕敏捷些,日英同盟成立,俄国便败于日本;倘当日俄日同盟成立,形势便和现状不同了。日俄战后,日本乃代替俄国的地位和英国一北一南半分了中国。这时新兴的德国忽来插足山东,北日南英都同时戒严,英日都要巩固他们在华的势力,所以不得不续盟。现在俄德虽然没有力量损害英日在华的权利,然英国仍然依赖日本帮它压迫印度,日本也要依赖英国帮它抵制美国,所以第三次盟约本年虽要满期,英日都还有续盟的必要;但是美国加拿大澳大利亚都极力反对英日续盟,英国此时固然不愿意开罪美国,至于加拿大和澳大利亚的反对更足致英国的死命,英国处在两难,因此只有希望在华盛顿太平洋会议解决之一法,所以太平洋会议有表面上虽由美国发起,内幕中实为英国主动之说,总之英日同盟确为太平洋会议一主要的原因。这种英日分赃的同盟,在几次盟约上不啻将他们压迫弱小民族的野心和盘托出:这同盟起源于英日合力排除俄德,垄断在华的权利,所以盟约第一条即郑重声明两缔约国之特别利益,即:大不列颠国在中国之利益及日本在中国所有利益,这是不用说的了;其第二次盟约即将第一次盟约中维持韩国独立字样删除了,同时加入印度问题,开口即郑重声明该同盟以“保持两缔盟国在东亚及印度地域之领土权,并防护两缔盟国在该地域特殊利益等为目的”;第三条英国明白承认日本在韩国的权利,第四条日本明白承认英国在印度的权利;这种分赃的盟约是何等明目张胆!

以明目张胆的分赃同盟为主要原因的太平洋会议,于太平洋弱小民族是幸事还是不幸呢?

太平洋会议的最近动机,虽由美国上议院议员 Borah 及众议院议员 Portes 先后提议,然所以能够成立此会议的原因如下:

(1)英日续盟与否亟待解决;

(2)日美在中国在西伯利亚在前属德国的太平洋殖民地种种利害冲突;

(3)美日海军竞争甚剧,有酿成第二次大战的趋势,这是各资本主义国惟一的恐怖;

(4)美国急谋在中国发展资本主义的机会,"门户开放""机会均等"就是他们的武器。

试看上列的原因,那一样是关于太平洋弱小民族的利益呢?

美总统所发华盛顿会议之通牒,不是明说为了军备限制问题和讨论远东问题吗?

他们所谓军备限制问题,乃是图列强间均衡的限制,免得列强间相互竞争扩充,酿成列强间自身的不幸;并不是相约平均废除军备即废除压迫掠夺弱小民族的武器;因为列强的军备或是依现状加以限制,即或照现状缩减一半,拿这军备来压迫掠夺弱小民族也十足够用。所以野心勃勃的列强间,能否实行限制军备,固然是个大大的疑问;即或能实行限制,也只是列强间自身的利益,和被压迫被掠夺的弱小民族毫无关系。

至于所谓讨论远东问题,乃是讨论列强间尤其是美日间如何均分及防卫在远东的利益,免得列强间因利害冲突而决裂,而战争与弱小民族以自然解放的机会;并不是列强间都忽然发了慈悲心,愿意抛弃帝国主义经济的和政治的侵略,来讨论怎样解决帮助远东诸弱小民族呵!

我们中国人尤其是美国留学生赶快不要做梦罢!

我们揣测此次太平洋会议的结果不出三个途径:一是列强间利害不一致,尤其是限制军备问题互相猜疑,然又互相回避不肯决裂,至于无结果而散;一是列强间分赃不匀,势必非武力不能解决,则此次会议即第二次大战的序幕,这是列强间的不幸,却是弱小民族大大的幸事;一是弱小民族大大的不幸,就是列强间在此次在会议席上或秘密谈判中,分赃均匀,互相妥协,英日同盟扩充为英日美同盟,或更扩充为英日美法(英国战后虽嫉妒法国,但在中欧局势上又不能不利用法国防御俄德,因此法国虽与远东问题无关也要拉入)四国同盟;可怜被压迫掠夺在此同盟势力之下的弱小民族,在列强自身内被压迫掠夺的阶级即无产阶级联合起来,和弱小民族携手努力世界的改造成功以前,决没有一日能逃帝国主义资本主义之铁蹄和算盘蹂躏的。

在资本主义帝国主义的大海中,没有一滴水是带着正义人道色彩的呵!

我们中国人尤其是美国留学生赶快不要做梦罢!

(第九卷第五号,一九二一年九月一日)

评第四国际

李　达

一

第一国际是受了马克思的影响于一八六四年在伦敦创立的，第二国际是统续第一国际于一八八九年在巴黎成立的，第三国际是复活第一国际于一九一九年在莫斯科成立的。

第一国际拟定了无产阶级解放的方针，指示了世界革命运动的策略；第二国际把无产阶级组织了，训练了；第三国际把第一国际计划实现了，完成了。

第一国际是因为当时政治形势所迫，不得已归于停顿的；第二国际被一班机会主义改良主义的领袖引上错路，已丧失无产阶级的信仰了；第三国际起来揭发第二国际的虚伪，重新决定用武装的争斗，企图世界革命，建设国际劳农共和国，以劳农政府的形式实行无产阶级专政。

第三国际成立以来，恰好三年了，全世界共产党的运动发展得异常迅速。据第三国际书记部的报告，差不多无论什么国家，凡是有劳动阶级存在的地方，都有了共产主义党派的组织，而且他们的活动，很引起世人的注目，可知第三国际很得了世界无产阶级的同情和援助。所以第三国际正如旭日东升，无产阶级都景仰它，支持它；第二国际正如西山落日，快要沉没，无产阶级都唾弃它，离开它了。

然而同时成立的又有两个国际：一个是骑墙派所组织的二半国际，一个是极大派所组织的第四国际。二半国际是德意志独立社会党、法兰西联合社会党、英吉利独立劳动党等团体所组织的，他们既不加入第三国际，又不加入第二国际，徘徊歧路，无所适从，虽欲独树一帜，而自去年经英国劳动党拒绝后，已是不能支持了。只有第四国际是德国共产劳动党和荷兰葡萄牙游哥斯拉夫以及英国相似之团体所组织的，他们打着共产主义的旗帜，却不肯和第三国际合作，这确是耸动世界无产阶级观听的事实，很值得我们研究。

据第四国际的宣言书看起来，据第四国际理论的指导者郭泰的言论看起来，第四国际也和第三国际同奉共产主义，也赞成无产阶级专政。就这点说，可知第四国际所信奉的根本原理完全和第三国际相同，其不同处只因为一手段有差别。换句话说，第四国际所以和第三国际对立，并不是因为主义不同，乃是因为些少的问题闹孩子气罢了。

第四国际对于第三国际的政策所不满意的地方，大约可分为下列五点今依次论述于下：

一、指导者的问题；二、劳动组合运动；三、议会运动；四、农村运动；五、俄国的新经济政策。

二

无产阶级要实行革命，必有一个共产党从中指导，才有胜利之可言。一九一七年俄国革命之所以成功，与一八七一年巴黎共产团之所以失败，就是因为一个有共产党任指挥而一个没有。无产阶级革命的目标在夺取政权实行劳工专政。政权必须用武装方能夺到手，既用武装就不能不有严密的组织，什么劳动者自由的结合，完全没有用处。阶级争斗，就是战争，一切作战计划，全靠参谋部筹划出来，方可以操胜算。这参谋部就是共产党。关于这一点，我以为第三国际的主张是对的。

第四国际不赞成无产阶级有独立的政党，以为无产阶级革命应由全体无产阶级加入，而不承认少数先觉劳动者所组成的共产党立在指导地位。这种主张在理论上我是赞成的。谁也希望个个无产者都变成革命的英雄，因为无产阶级全体若都觉悟了，资本阶级自然要倒的。这样，与其依赖少数指导者来指导革命，当然不如使全体都变成指导人。但在事实上不是这样。“阶级”和“政党”并不是一样东西。就现在说，世界无产阶级大都被一班机会主义者、改良论者、基督教徒，以及有产阶级爪牙弄污秽了。换句话说，多数工人阶级觉悟的萌芽，都被那班黄色领袖践踏了。他们被那班领袖的邪说所迷，还不感觉无产阶级革命的必要，甚至有时还甘愿为有产阶级所利用。照这样，若如第四国际的主张，要希望全体无产阶级都变成革命的指导人，这恐怕要成问题了。无产阶级若没有一个共产党来领导，决不能从有产阶级手里，从那班昏迷的领袖们手里解放出来的。

大凡一个革命，总是少数发动，多数顺应的。少数有革命精神的先组织一个精密的团体，把这种精神贯彻到全体，从事组织、训练，以至于成就，却不是顺从多数的意见的。刚才说过，世界无产阶级还陷溺在不觉悟的途中，譬如欧战当时，各国大多数劳动者都被爱国的社会主义所惑，反把有产阶级争利益而战。像这种无觉悟的大多数工人，应该由少数有阶级觉悟的人来启发他们，引他们到觉悟的途上去。决不可以顺应他们的。若以少数觉悟的去盲从多数无觉悟的，就要糟到极点。所以无产阶级革命，应先由有阶级觉悟的工人组织一个共产党做指导人。共产党是无产阶级的柱石，是无产阶级的头脑，共产党人散布到全体中间宣传革命，实行革命。

共产党不仅在革命以前是重要，即在革命时也是重要革命之后又须监护劳农会尤其重要。除非到共产主义完全实现的时代，共产党不可一日不存在。

三

关于劳动组合运动的问题，第三国际主张共产党人加入一切已成的劳动组合，用坚忍持久的力量使其共产主义化；第四国际主张退出旧式劳动组合而另集共产主义劳动者组织共产主义劳动组合。对于这问题，我也承认第三国际的主张较为有效。

世界革命在俄国发动以来，到现在已四五年了，各先进国无产阶级所以至今还未响应，德国社会革命所以成为流产的原因，实因为有一个最大的障碍力。这障碍力就是各国已成的劳动组合。这些劳动组合大概都是在资本主义势力之下组织起来，其目的在于改善劳动者的地位。

他们向来被那班黄色第二国际的领袖们所指导，被磨钝了阶级的自觉心，所以弄得腐败不堪，被加上了黄色劳动组合的徽号。他们不但不知反抗有产阶级，甚至有时还替有产阶级出力来反对共产主义。现在德国属于这种组合的人员达八百万，在英国亦有同样的数目，试问以如许无产阶级觉悟的分子，夹在两阶级之间做缓冲机，共产主义的革命又怎能实现呢？然而他们虽然没有十分阶级的觉悟，却是有组织的无产阶级。共产党的天职，以组织训练无产阶级为己任的，所以一面要组织劳动组合以外的劳动者而加以训练，一面要唤醒劳动组合员而引为同志。这样，共产主义军队的势力才能够雄厚起来，方有胜利的希望。

若照第四国际的办法，把一切黄色劳动组合都看做是腐败不堪的东西，而主张共产主义分子一律退了出来。那么，结果无非分裂无产阶级为共产主义与非共产主义的两派罢了。共产主义者在无产阶级中另占一个区域，而非共产主义者将永远脱离不了那班黄色领袖的支配，永远受不到共产主义的洗礼，这简直是放弃有组织的无产阶级了。这简直是替那班黄色领袖，譬如雷金孔巴斯亨德逊一流人淘汰他们组合中的共产主义分子。殊不知那些黄色的劳动组合，固然是腐败不堪，令人失望，但若共产主义分子下了决心加入其中运动，不见得不能使他们共产主义化。假使有几万的共产党员加入各组合中组织共产主义的核心，散布共产主义种子使他发酵起来，一面更用别种宣传方法和那班黄色领袖抗争，结果一定可以得到若干同志加入自己的队伍中来。若是黄色国际所领袖的那许多黄色组合都共产主义化了，世界革命马上就会实现。

俄国共产党从少数党手里夺取劳动组合，正是用这个法子。现在英美德各国劳动组合比大战以前大不同了。他们之中都增了左派的分子，这便是共产主义发酵方法的效验。但第四国际却不肯照办，偏要和旧式组合同盟绝交，用关门的法子以行其部落式的共产主义。德国共产劳动党脱离黄色劳动组合以来，八百万黄色的组合员更趋于保守了。这事在他仍以为洁身自好，我却以为是大大的失败。

四

其次关于议会运动的问题，亦有不同的主张。

第三国际主张共产党人参加第三阶级议会宣传革命。

第四国际主张对第三级阶议会同盟绝交。

我读《德国社会民主党运动史》的时候,看见柏柏尔布拉克老李卜克内西诸人最初在议会中的活动方法真是巧妙绝伦,铁血宰相大为所窘,而劳工们对于社会党的同情亦是有加无已。像这样利用议会宣传,实是极好的模范。

但是后来资本主义势力扩大,他们就忘记了社会革命的目的,只顾目前利益,借第三阶级议会为立法运动了,逐末忘本,遂至于卖却劳动阶级而不顾,这是惹起世人厌恶议会主义的根本原因。

然而第三阶级的议会却不是绝对不可以利用的。共产党对于革命运动,凡在可能的范围内,没有不利用。共产党人若是抱着革命目的跑进议会去,利用议会而不为议会所利用,定可以得到很好的成绩。小李卜克内西在德意志帝国议会揭破军国主义的假面具,很得了无产阶级的信仰;其次如贺格兰在瑞典干的也是一样。又如俄国多数党在克伦斯基时代的议会内所收的效果,也都很好。

宣传主义最好莫如利用资本阶级的报纸。资本阶级的报纸销路很广,许多都市和僻地的工人和农民,大概都看这类报纸。而且这类报纸说的话,比较上易使人民信用,共产党若能利用这类报纸作宣传,效力必大。而欲利用这类报纸宣传,至好莫如到议会去演说。议会中的演说词,无论什么报纸都不能隐瞒的,就是有些怀偏见的报纸要为有利于资本阶级的报告而共产党议员所辩论的事实总隐瞒不了。全国有国会,地方有地方议会,共产党若都有使徒走进议会去努力揭破资本阶级政府的虚伪,陈述资本主义的罪恶,宣布共产主义的好处,唤起劳动阶级的自觉,那么,像这类演说词,全国的地方的一切报纸,都必记载出来,宣传事业比这再好没有了。共产党处在第三阶级治下,很难发行痛快的印刷物而合法的出版品,又须顾虑到触及政府的条文。总之,无论怎样,共产党在议会中要说的话,平日决不能在合法的党报上登载的。

最紧要的,临到革命机会成熟的时候,临到内乱将起的时候,凡在议会的共产党员一奉到中央委员会的命令,就即时一致在议会内发作起来,和议会以外的无产阶级相呼应,一面毁掉第三阶级政府的机关,一面另组无产阶级的政府,这便是夺取政权最好的时机。利用议会宣传革命,实有这样好处。所以第四国际那种要和议会绝缘的主张,未免错过大好机会了。

五

其次关于农村运动问题，第三国际的主张亦很有条理。社会革命，工业劳动者固然是主力军，而非与农村无产阶级结合，就不易成就。这一点理论非常浅显，但第四国际领袖郭泰却不以为然。他说，城市无产阶级之应联络农村无产阶级革命，在农业国的俄国是对的，在东亚各农业国也是对的，至西欧各国则不然，西欧各国农民至少也有一片土地，纯粹农村无产阶级很少，所以所取的方向和俄国是不相同的。这种话固然也有相当理由，但社会革命最初实应联络农村中这种半无产阶级，至少也要运动他们严守中立，才可以减少阻碍力。所以第四国际对农村运动的主张，并不见得不能适用于欧洲方面。

其次关于劳农俄国所行的新经济政策，譬如和农民妥协以及和资本主义国家通商等事，亦颇有非难。这种非难，实在没有理由。劳农俄国之行新经济政策，是否违背共产主义原则，我想共产主义者必能了解，决不会像资本阶级那样诬谤的。至于俄国之所以要和资本主义国家通商，系出万不得已。若使西欧果有几个大社会主义国家出现，俄国又何至于降格和资本主义国家通商！可惜第四国际的领袖郭泰的荷兰，班格哈司特夫人的英国不曾变为共产主义国家，不然，俄国便可和社会主义国家通商了。

六

由以上所述看来，第四国际所以和第三国际对立，是因为手段不同，并不是因为有什么非分裂不可的理由。我们知道：第三国际之所以脱离第二国际，是因为主义不同，即是前者是共产主义的，后者是非共产主义的；前者是主张无产阶级专政，后者是主张第三阶级民治的。至于第四国际既然和第三国际在原则上是一致，就不应因为些少进行计划不同而遽行分裂。若因些少进行计划不同而遽行分裂，则所谓国际的价值也就可想而知了。

资本主义已经把自己的坟坑掘好了。欧战刚告终的时候，资本主义已将属圹，不过因为东亚一块避难所,得以苟延残喘于暂时罢了。然而去属圹的时期终不远了,帝国主义的资本主义,正在准备着最末次的大战争,爆发就在目前了。

自从一九一七年世界无产阶级和世界资本阶级第一次在俄国交绥以后,无日不在战争状态中,所以无产阶级,应当用十分急进的作战的精神,利用一切可能的机会,猛烈地从事宣传、运动、组织、训练,务期军势充实,以便一鼓推倒资本阶级。千金一刻的光阴,只应努力实行,岂可清谈误事。否则,若当战事进行之中而犹高谈阔论,贻误戎机,这便是故意分裂无产阶级,等于放弃世界革命。我极希望第四国际的创始人,能够牺牲一点意见,勿固执"国家的布尔什维主义"或"爱国的布尔什维主义",勿帮助敌人攻击第三国际,务为和第三国际并合起来,完成世界革命。所以我的结语是:

阶级的白兵战快接近了,世界劳动者团结起来!

一九二二年四月二十二日于上海

(第九卷第六号,一九二二年七月一日)

二十七年以来国民运动中所得教训

陈独秀

现代中国国民运动,起源远在中日战争以后,当时所谓士大夫(即智识阶级与官僚),受战败之刺激,由反对李鸿章议和误国运动,一变而为维新自强运动。这个运动的中心人物,就是翁同龢、文廷式、张謇、康有为、梁启超等。当时政治思想分为二派:一是文人派,首领是在北京的大学士翁同龢;一是实力派,首领是在天津的北洋大臣李鸿章。隶属翁派的是些都下名士,是崇拜旧的中国文物制度的;隶属李派的是些办铁道轮船电报海军等洋务人才,是主张采用西洋军事交通制度的。在当时前一派属于守旧,后一派属于维新,两派在思想上,在政权上,中日战前即有不少的暗潮。战后维新自强运动起,两派思想互变,李派属于守旧,翁派属于维新,而暗斗愈烈。卒以翁派得清帝之助及时论同情,李遂失政权而入居北京。自康有为入北京上书变法救亡并设保国会,而翁派势力大张,翁康互相利用,结托清帝,遂造成戊戌变法的局面。

"戊戌变法""义和团""辛亥革命""五四运动"这四件事,都是中国革命的无产阶级开始表现它的社会的势力以前,小资产阶级之重要的国民运动。而也只有这四件事配说是国民运动,因为在这四个运动中,都有广大民众参加,不像什么西南"护国""护法"都是南北军人间的互斗,不但没有民众参加,而且没有丝毫民族对外的意义。

"戊戌变法"运动,所谓变法,不过是一种方法,其目的乃是由变法而自强而御侮而救亡,其动机乃由帝国主义的军事侵略而起。这次运动的优点有二:(一)当时所谓变法维新,较前此老维新派李鸿章等采用西洋的军事交通制度,更进一步主张采用西洋的行政教育制度,因此李鸿章等退为当时之守旧派。(二)当时之变法维新运动,不但在政治思想上生了大变化,即学术思想上也生了大变化。所谓思想上的变化虽然不出孔教范围,而因为西洋学术思想之输入,遂使孔教教义起了新的分化:一是康有为梁启超等之改革派，一是张之洞叶德辉等之护教派。张之洞著《劝学篇》，叶德辉著《翼教丛编》，均以明伦卫道之正统自居，斥康梁为异端邪说。这种辩论，使远在此前汉学派今古文之争扩大到政治上学术思想上普遍的冲突。

这次变法运动的弱点亦有二：(一)变法维新的内容，只主张在现政治之下谋行政及教育制度的改革，并未想到政治的根本改革及其准备，因此，遂引起后来立宪派与革命派之争；(二)变法维新的方略，未曾在社会上坚筑改革派民众组织的基础，专思以清帝的威权行之，当时的改革派不但没有抓住社会势力，并没有看清包围清帝之亲贵——统治阶级对他们作战的力量，因此他们遂至为袁世凯所卖，一败涂地，几乎全军覆没。他们的妥协性，使他们忽略了民众的组织，使他们忽略了革命的准备，这是在国民运动中第一次给我们的教训！

戊戌政变后，清廷的反动，日甚一日。同时，外国帝国主义之政治的经济的侵略，也日甚一日。全国，尤其是北方穷苦的农民及手工业者之生活困难与失业增加和帝国主义经济的侵略(外货输入)成为正比例。同时，清廷一方面对内厉行反动政策，一方面图结外人之欢心和缓其责难，保护外人及教堂之严令，纷如雪片地颁布到各县各镇乡。因此，遂逼成“义和团”事件。

“义和团”事件的起因十分明白：一是经济上的原因——农民对于帝国主义侵略的反抗；一是政治上的原因——清廷反动政局趋于极端之结果。

思想简单的北方农民及失业的游民无产阶级，凭了英法联军入京火烧圆明园，中日战争割地赔款，洋货充斥物价飞涨，教堂教徒势力薰天，政府因仿办洋学堂洋船洋枪炮等增加租税——这些多年的直觉，遂由白莲教的反清复明运动，一变而为义和团的扶清灭洋运动。恰当此时清廷反动的政局日趋极端，无论如何媚外，终不免外人借口要挟的责难，至外国容纳亡命的改革派，尤为清廷愤恨，及义和团运动起于山东，延及直隶东三省，端庄毓贤刚毅辈遂思利用之以铲除外人干涉，以偿其尽量反动之大欲。

义和团之蔑视条约，排斥外力外货及基督教，义和团之排斥二毛子三毛子——帝国主义者之走狗，都无可非难。义和团之信托神力，义和团之排斥一切科学与西洋文化，自然是它的缺点，然这些本来是一般落后的农业社会之缺点，我们不能拿这些特别非难义和团。

义和团真正缺点是:(一)只是冲动的暴动之一群,而没有相当的组织,致一败而遂瓦解;(二)与反动派合作而为其利用,致失社会上进步分子的同情。这是在国民运动中第二次给我们的教训!

义和团运动之失败,在国民运动上遗下两个极大的影响:一是因此暴露了清廷之罪恶与昏庸,戊戌以来社会上所谓维新党,分化为立宪与革命二派,这是好的影响;一是因此一般富于妥协性的知识阶级,附和二毛子三毛子的宣传,以排外为野蛮为耻辱,损坏了民族革命即反抗外国帝国主义之精神,这是恶的影响。这个恶影响为害于国民运动至大,远及于辛亥革命一直到现在。

自义和团事件至辛亥革命十二年中,立宪与革命之辩论,纷起于侨居日本及上海之知识阶级;同时,内地之商业资产阶级及知识阶级的"权利收回"运动亦轰然特起,最著者,若对俄之东三省主权收回运动;若对美之粤汉铁路收回运动;若对英之山西河南煤矿收回运动,安徽铜官山矿废约运动,沪杭甬路拒绝借款运动,苏直鲁津铁路废约运动;若对法之滇矿收回运动,拒绝沪绍航权运动。若对比之收回京汉路管理权运动。吉林、河南、四川都组织了保路会,成了人的群众运动。这些运动,遍于全国,明明是对于帝国主义者依《辛丑条约》向中国经济进攻之反抗。当时的革命党,应看清这乃是当时革命运动之唯一动力。

当时立宪与革命两派之争,前者是希望清廷的宪政来改造中国,后者是主张以革命的势力来改造中国,立宪论实在是当时一部分妥协的知识阶级之愚妄,然而革命的结果,也未达到改造中国之目的。这并不是革命主张之错误,乃革命方法之错误。辛亥革命方法错误之点正多,最重要的有二:(一)单调的排满,虽然因此煽动了民族的情感,使革命易于成功;同时并未抓住社会上客观的革命势力,即当时商民之经济的要求,亦即反抗外国帝国主义收回权利的要求。因此,革命之目的不为商民所了解,革命运动遂不得不随清室退位而中止。因此,中国的产业未能随革命成功而发展。因此,封建余孽得勾结帝国主义者扑灭革命势力,而帝国主义之长驱直入,革命后反比前清更甚。这是辛亥革命之大失败。(二)单调的军事行动,这种军事行动之基础,不但不曾建筑在民众的力量上面,即参加革命的军队,也只是被少数党人权力的煽动,并非是普遍地受了革命的宣传与鼓动。因此,军人以争夺权利而互斗的内战,血污了十三年民国史。这不但是辛亥革命之失败,直是辛亥革命之罪恶。

专做军事行动而忽略了民众的政治宣传;专排满清而放松了帝国主义的侵略,不但放松了,而且满口尊重外人的条约权利,力避排外的恶名,军行所至,皆以冒犯外人为大戒,致使外力因中国革命而大伸,清末权利收回运动,无形消灭,借外债,送权利,成为民国史之特征。同时军人以兵乱政,亦为前清所未有,至如军阀与帝国主义者勾结为患的局面,亦可以说是辛亥革命方法错误所遗下的恶影响。这是在国民运动中第三次给我们的教训!

以武力排满的辛亥革命,失了国民革命的真面目。国民革命的目的物——外国帝国主义者与国内军阀——因而虐焰愈炽,在此虐焰之下忍受了八年(自辛亥革命至五四运动)的中国青年,受了欧战后世界革命的潮流,遂发生五四运动。

五四运动重要的事实是:北京学生团三千余人,反对巴黎和约签字,民国八年五月四日,为外交的示威,火烧曹汝霖住宅,痛殴章宗祥;六月三日,北京学生讲演团被捕者千余人,上海学生罢课商人罢市工人罢工,要求罢免曹汝霖、陆宗舆与章宗祥三人并释放被捕学生,同时,南京杭州武汉天津九江山东安徽厦门广州的学生及搬运苦工,先后继起,一致声讨卖国贼及排斥日货;至十日北京政府下令罢免曹陆章,上海始开市开工开课。

此次运动的优点是:(一)纯粹的市民反抗外国帝国主义之压迫及以直接行动的手段惩罚帝国主义者之走狗——卖国贼;(二)随之而起的文化运动和社会运动,加旧思想以重大的打击。

此次运动的弱点是:(一)民众运动的对象,只是当时感觉最甚地勾结国内军阀段祺瑞之帝国主义的日本,而忽略了国际帝国主义者对华侵略之全部情态,并且还有一部分领袖有求助于更险毒的敌人美国帝国主义者之倾向。此倾向,发展到华盛顿会议时,更恶化了全社会。(二)群众中无有力的组织与领袖将此运动继续扩大深入到社会各阶级中被压迫的群众,在欧战后世界革命的大潮中,失去了被压迫的中国民族解放运动大爆发的机会。当时在南方的国民党均囚在"以武力和北方争地盘"的旧政策内,或更周旋于分赃的南北和平会议,并未看清中国革命之真关键——反抗国际帝国主义的民族解放,也未看清中国革命之新方向及新势力,他们对于学生运动取了旁观态度,甚至有一二领袖还加以怀疑或非难。在北方的青年领袖们根本上没有革命性,不但临事脱逃,并且公然提出回避革命的口号:"读书求学不问政治。"因此,在革命时机有革命倾向的五四运动，变成了秀才造反，中国懦弱的知识阶级，在此次运动中可谓原形毕露！这是在国民运动中第四次给我们的教训！

以上四个国民运动，都是小资产阶级（知识阶级包含在内）独唱的舞台，也就是屡次失败之根本原因。

可是最后的五四运动乃是在欧战后世界革命的怒潮中和中国城市工业开始发展中（民国八年西历一九一九年）发生的。因此，五四运动虽然未能达到理想的成功，而在此运动中最努力的革命青年，遂接受世界的革命思潮，由空想而实际运动，开辟了中国革命之新的方向。这新方向便是社会中最有革命要求的无产阶级参加革命，开始表现它的社会势力。

开始表现它的社会势力之无产阶级，无论在阶级争斗或民族争斗，它的力量虽然还幼稚，而在“只有失败而无妥协”这一点看来，这一个“革命阶级”的根性已充分表现出来。因此，这新方向的运动不过才开始进行，即已做出几个使帝国主义者惊心动魄的运动：

自海员罢工至镇压商团反革命（民国十一年一月十二日—民国十三年十月十五日）。

香港中华海员联合会，因要求加薪不遂，全体罢工，前后加入罢工之海员二万余人，全市搬运工人煤炭苦力公私佣工等同情罢工者数万人，罢工凡五十四日（一月十二日—三月五日），以达到加薪要求而解决。

在此次罢工中，我们可以看出同情援助者由全香港工人以至中国北方的铁路工人之阶级的觉悟，我们可以看出香港公私所雇华人全体罢工时之民族的觉悟，我们可以看出英国帝国主义者运输停止之恐慌及运输工人之威力，我们可以看出英政府保护英资本家（船公司）严厉的压迫罢工之一致（香港政府封禁海员工会，勒令各行船馆缴销牌照，以武力禁止海员及一切人民自由出境；上海英官则代船公司招工，并拘捕同情于香港罢工之工人数名）。

由海员罢工胜利起，至京汉路工“二七”惨剧止，这一年中，是中国工人阶级进攻时期。由香港广东而上海而长沙而萍乡而武汉，沿京汉津浦京奉路而抵山海关，罢工与工会运动，轰动全国，使军阀官僚资本家侧目而视。

工会运动中，比较有力的是铁路工人，京汉京绥正太粤汉津浦京奉各路都有了组织，京汉尤比较得完备，而军阀官僚对之也尤为嫉视。

当中国工会运动最高潮中（民国十一年，西历一九二二年），国际资本帝国主义已镇住了世界革命的怒潮，重复向世界工人阶级及远东被压迫的民族进攻了。同时，新兴的直系军阀正抱了武力统一的野心，恰好和新兴的工人阶级统一全国铁路工会的运动相抵触，冤家狭路，分外眼明，复加以汉口帝国主义者之教唆，沿京汉路各埠商人对于罢工工人之非难，民国十二年二月七日京汉路工之惨剧乃起。

“二七”惨剧给我们的教训是：使我们认识外国帝国主义者和中国的军阀官僚商人，他们同立在一条反革命的联合战线。

“二七”失败后，帝国主义者军阀官僚资本家同时向工人阶级进攻，各省（广东、湖南除外）工会或解散或改为秘密的小组，全国工潮一时遂低落下去。

广东虽无多产业工人，而一般劳动群众因为处在五六年来政治上反抗北方的南方政府统治之下，得到普通的集会结社之自由，较之有强固组织的资产阶级压迫下之大都市产业工人，反能发挥其革命性。因此，在全中国工潮低落之时，广东劳动群众不但能固守阵地，最近还能向帝国主义者及其走狗进攻——沙面罢工及镇压商团反革命都得到了胜利。

沙面英法租界新定入界苛例，实际上只是取缔华人，这本是对于中国全民族的耻辱。然而罢工抗议者只是被雇的工人与警察，商人毫无表示，而国民党右派党员，反有和英捕房勾结欺骗工人妥协者，幸而广州市工人群起援助并力持不妥协态度，香港海员亦表示同情，英法帝国主义者终至让步。

广东商团乡团，久有和工人农民对抗的形势及冲突，最近各县商乡团且联合在广州商团团长陈廉伯（英国汇丰银行买办）指挥之下，阴谋推翻孙中山政府。他们曾勾结国民党右派军人以罢市要挟政府发还了私运的枪弹。他们自己说后面有英人援助；他们自己说奉了曹吴的命令。他们居然以武力拦阻国庆日游行庆祝的市民，杀伤了工人学生数十人。罢了市不算，还号召各属商乡团集中广州，对政府及工人取攻势。工团军农民自卫军联合各校学生及陆军学生组织工农兵学革命大同盟和商团对抗。孙中山因民众之奋起，遂毅然排弃国民党右派妥协政策，以武力击散商团军，没收其枪械。

此次商团反革命之镇压，时间虽只一日夜，地域虽只广州一隅，其实比民国十三

(年)中任何大的战争都有意义。因为它是中国的工人农民国民党左派的学生军人，对于外国帝国主义及国内军阀富商(商团)乡绅大地主(乡团)国民党右派的军人政客之战争，它是中国现在及将来革命与反革命争斗之缩影。

二十余年来国民运动给我们的总教训是：社会各阶级中，只有人类最后一阶级——无产阶级，是最不妥协的革命阶级，而且是国际资本帝国主义之天然对敌者。不但在资本帝国主义国家的社会革命它是主力军，即在被资本帝国主义压迫的国家之国民革命，也须它做一个督战者，督促一切带有妥协性的友军——农民手工业者革命的知识阶级游民无产者(兵与会匪)及小商人，不妥协的向外国帝国主义者及其走狗——国内的军阀官僚富商劣绅大地主反革命的知识阶级进攻，才能够达到国民革命之真正目的——民族解放。

(季刊第四期，一九二四年十二月二十日)

列宁主义与中国民族运动

陈独秀

列宁主义自然就是马克思主义,然而马克思主义到了列宁,则更明了、确定了,周密了,也扩大了。其更明了、确定、周密、扩大之点,最重要的便是资本制度与共产制度间之无产阶级独裁制及反帝国主义的国际民族运动这两个理论。后者尤于中国目前的民族革命有关,我们应该略知列宁对于民族问题的意见。列宁对于民族问题的意见和资产阶级的改良派对于民族问题的意见,完全不同。

列宁的意见:

(一)全世界一切有色无色人种的;

(二)行动上帮助民族解放运动;

(三)由被压迫者革命而分立,而自建国家;

(四)被压迫的民族共同反对帝国主义的国际问题;

(五)联合被压迫的民族运动和被压迫的阶级运动——推翻国际帝国主义;

(六)各民族间在政治上应该是自由分立的,在经济上应该是协作而统一的。

改良派的意见:

(一)欧美白人种的;

(二)口头上的民族平等;

(三)由压迫者恩赐民族自治——在宗主国统治下的自治;

(四)在帝国主义统治下之各国内的局部问题;

(五)利用民族联合或排斥异族的名义巩固帝国主义;

(六)各民族间在政治上应该是统一的,在经济上应该是分离而竞争的。

据上表看来,世界上一切被压迫的殖民地及被压迫的国家(即半殖民地),他们的民族运动,只有依照列宁这样伟大的、周到的意见而行,才能够澈底地解决,才能够得着真正自由,这是一件最明白无疑的事。改良派所谓民族问题,乃是宗主国应该采用何项政策欺骗殖民地的民族,使之永久服侍宗主国而不思反叛,以维持各帝国主义的宗主国永久对于殖民地政治上的统一经济上的剥削。他们所谓民族问题和民族解放运动,本是正相反背的一件事。改良派不但不赞成殖民地的民族解放,并且公然宣传:落后的民族,只有在宗主国统治之下,才有和平的幸福与进步。照他们的意见,各帝国主义的国家,对于殖民地政治的压迫和经济的剥削,都是不可少的高厚天恩。所以改良派的第二国际党,对于殖民地民族解放运动,始终不表同情,而且公然承认各帝国主义的国家有统治其殖民地的权利,公然以帝国主义的国家所剥削殖民地之余沥,掀动国内一部分工人贵族,使之维持构成本国帝国主义势力的大来源——剥削殖民地,使之拥护祖国之胜利,反对本国的殖民地之民族运动及工人运动,因此更进而使之拥护本国资产阶级之政权。这是改良派的第二国际党不可宽恕的最大罪恶,这就是第三国际党指它为帝国主义的走狗之真实事证,这也就是革命派的第三国际党和改良派的第二国际党根本不同之一重要点。

第二国际党所谓国际,乃以欧美白人种为限,其余有色人种,都是天赋给他们的被统治者、被剥削者资格,不在国际之列。第三国际党所谓国际,不但绝对没有人种的限制,其主要目的,乃是联合全世界所有被压迫的无产阶级与所有被压迫的弱小民族,推翻国际资本帝国主义对于全世界之统治与剥削,跻全人类于真正平等、自由之地位。这就是国际的无产阶级运动,同时也是国际的民族运动。第三国际党这个理想,这个运动,就是伟大的列宁主义之结晶。

欧战后,全世界被压迫的民族,饱受了威尔逊所谓“民族自决”“人种平等”的欺骗,中国人也在内;在华盛顿会议,太平洋被压迫的民族又受了哈定一次欺骗,中国人也在内。我们因为这些欺骗的教训,应该明白:在帝国主义及其走狗第二国际党的势力统治下的世界,绝没有解决民族问题之可能;要民族解放成功,是必须依照第三国际党所指示,亦即列宁主义所指示,联合世界被压迫的阶级与被压迫的民族,共同打破帝国主义束缚全世界被压迫者的锁链。

现在的中国民族运动,是不是以推翻帝国主义为对象呢？大部分是的,然却有三个危险的倾向:

第一是大商买办阶级。他们现在虽未曾公然反对民族运动,然而他们始终和侵入中国的帝国主义势力有共同的利益。他们将来即进化到工业资产阶级,也是卖国的资产阶级,不是民族的工业资产阶级。因为他们一向在帝国主义势力支配下发展他们的经济力之关系,尽有在美国人"中美提携和平进步"或日本人"大亚细亚主义"等口号之下,与帝国主义者勾结的可能。他们这种勾结帝国主义所发展的工业,将用"输入外资"的名义卖尽国民经济的命脉及国家主权。这是中国民族运动第一个大患。

第二是不脱封建思想的知识阶级。如国民党一部分右派分子及青年党等,口中也说赞成民族运动;但是他们所谓民族运动的观念,完全立脚在国家主义上面,他们所谓民族运动的对象,是笼统的外族,不是帝国主义者。自资本帝国主义征服了全世界,全世界的经济关系成了整个的,因此全世界的革命运动也成了整个的。无产阶级革命与民族革命,是一个推翻国际资本帝国主义的世界革命之两方面。在此世界经济成了整个的时代,已经没有一个封建时代闭关孤立的国家,便不能有一个封建时代闭关孤立的国家主义;在此世界革命运动成了整个的时代,也已经没有一个孤立无援的民族,便不会有一个原始的、笼统的民族排外运动。中国民族是全世界被资本帝国主义压迫者之一,中国民族运动也是全世界反抗资本帝国主义之一,所以此时我们的民族运动,已经不是封建时代一个闭关的单纯的民族运动,而是一个国际的民族运动,而是和全世界被压迫的无产阶级及被压迫的弱小民族共同起来推翻资本帝国主义的世界革命之一部分。因为若不将资本帝国主义束缚全世界被统治、被剥削者的锁链全部毁坏,他在世界上存在一天,任何被统治、被剥削的无产阶级及弱小民族都不会得着自由。因此,我们应该懂得立脚在国家主义上面而不以资本帝国主义为对象的民族运动,乃是资本主义前的民族运动。换句话说,就是封建时代闭关的民族运动。不脱封建时代思想的民族主义者,即资本主义前的民族主义者,他们不了解资本主义发展到最高形式的帝国主义和被他剥削的弱小民族之间的关系,他们不懂得现代的民族运动特性和封建时代的民族运动不同,他们认不清弱小民族之敌人是谁,更认不清弱小民族的友人是谁。因此,他们自以为是民族主义者,实际上他们竟放过了民族运动之敌人,且会和民族运动的敌人妥协,而受敌人的教唆仇视民族运动之友人。如德意志民族党,一面和英、法、美帝国主义者妥协,承认《道威斯计划》,一面极力仇视反帝国主义的苏俄，便是一个显例。中国不脱封建时代思想的知识阶级也是如此。他们当中，或极力主张民族运动（如青年党），或自以为是民族主义者（如国民党右派）；然而他们都不赞成反对帝国主义，他们竟看不见剥削、压迫中国民族无所不至的帝国主义者，他们竟不觉得他们自己及自己的民族践踏在帝国主义者的脚下，反而攻击同情于中国民族运动的苏俄是“赤色帝国主义”。且竟附和官僚的研究系，对于反帝国主义的国际民族运动者，加以“亲俄”“卖国”的罪名，实际上做了帝国主义者宣传的工具。这是中国民族运动第二个大患。

第三是工贼。在中国的民族运动中，工人阶级参加的力量，已经使帝国主义者及其工具——国内军阀与大商买办阶级——感觉得有利用工贼来破坏工人阶级团结力的必要。这班工贼有些是工人贵族，有些是冒充工会运动者即招牌工会之职员。他们不反对帝国主义者，他们不反对军阀官僚，他们不反对买办阶级，他们的唯一目的是破坏代表工人阶级利益的共产党，分裂工人阶级的团结力。帝国主义者军阀、官僚、买办阶级要利用他们就正在这一点。帝国主义者用以阻碍中国民族奋起的第一个工具是军阀官僚，第二个工具是买办阶级，这班工贼便是第三个工具。这班工贼不但勾结军阀官僚及买办阶级（交通系）是公开的，他们勾结帝国主义者也是公开的，他们已和帝国主义者的走狗第二国际党公开地发生关系。第二国际党为什么要和他们发生关系呢？不用说是为了要利用他们破坏中国民族运动中重要的力量——工人阶级的团结力，破坏第三国际党反帝国主义的国际民族运动在中国发展。这是中国民族运动第三个大患。

中国的民族运动，此时虽然有日渐发展的趋势；但是上述的三种力量若同时也日渐发展起来，至少也会减少中国民族运动成功的速度，和第二国际党的思想行动减少世界革命成功的速度一样。因此，我们敢说：在中国民族运动的现代，我们实有了解“列宁主义”——反帝国主义的国际民族运动——的必要。孙中山先生，他是了解这种必要的一个人，他临终时致苏联遗书如下：

苏维埃社会主义共和国大联合中央执行委员会亲爱的同志：

我在此身患不治之症，我的心念，此时转向于你们，转向于我党及我国的将来。你们是自由的共和国大联合之首领，此自由的共和国大联合，是不朽的列宁遗于被压迫民族的世界之真遗产,帝国主义下的难民,将借此以保卫其自由,从以古代奴役战争偏私为基础之国际制度中谋解放。我遗下的是国民党,我希望国民党在完成其由帝国主义制度解放中国及其他被侵略国之历史的工作中,与你们合力共作。命运使我必须放下我未竟之业,移交与彼谨守国民党主义与教训而组织我真正同志之人,故我已嘱咐国民党进行民族革命运动之工作,俾中国可免帝国主义加诸中国的半殖民地状况之羁缚。为达到此项目的起见,我已命国民党长此继续与你们提携,我深信你们政府亦必继续前此予我国之援助。亲爱的同志,当此与你们诀别之际,我愿表示我热烈的希望,希望不久即将破晓,斯时苏联以良友及盟国而欣迎强盛独立之中国,两国在争世界被压迫民族自由之大战中,携手并进以取得胜利。

谨以兄弟之谊祝你们平安。

孙逸仙

(季刊一号,一九二五年四月二十二日)

《新青年》之新宣言

我将创造成整个儿的世界，
又广大，又簇新；请几万万人
终身同居住，免得横受危害，
只希望我自己的自由劳动……
我终看得见奇伟的光辉内
那自由的平民、自由的世界。
那时我才说：唉，“一瞬”，
你真佳妙！且广延，且相继！
我所留的痕迹，必定
几千百年，永久也不磨灭。

——歌德之《浮士德》(Goethe,“Faust.”)

《新青年》杂志是中国革命的产儿。中国旧社会崩坏的时候，正是新青年的诞辰。于此崩坏的过程中，新青年乃不得不成为革新思想的代表，向着千万重层层压迫中国劳动平民的旧文化，开始第一次的总攻击。中国的旧社会旧文化是什么？是宗法社会的文化，装满着一大堆的礼教伦常，固守着无量数的文章词赋；礼教伦常其实是束缚人性的利器，文章词赋也其实是贵族淫昏的粉饰。一九一一年十月十日的中国革命，不过是宗法式的统一国家及奴才制的满清宫廷败落瓦解之表象而已，至于一切教会式的儒士阶级的思想，经院派的诵咒画符的教育，几乎丝毫没有受伤。如何能见什么自由平等！可是中国的大门上，却已挂着“民国”招牌呢。当时社会思想处于如此畸形的状态之中,独有新青年首先大声疾呼,反对孔教,反对伦常,反对男女尊卑的谬论,反对矫揉做作的文言,反对一切宗法社会的思想,才为“革命的中国”露出真面目,为中国的社会思想放出有史以来绝未曾有的奇彩。五四运动以来,更足见中国社会之现实生活确在经历剧烈的变迁过程,确有行向真正革命的趋势,所以新青年的精神能波及于全中国,能弥漫于全社会。新青年乃不期然而然成为中国真革命思想的先驱。中国现时的旧社会,不但是宗法社会而已,它已落于世界资本主义的虎口,与世界无产阶级同其命运。因此,中国黑暗反动的旧势力,凭借世界帝国主义要永久作威作福,中国资产阶级自然依赖世界资本主义而时时力谋妥协。于是中国的真革命,乃独有劳动阶级方能担负此等伟大使命。中国社会中近年来已有无数事实,足以证明此种现象,即使资产阶级的革命亦非劳动阶级为之指导,不能成就。何况资产阶级其势必半途而辍失节自卖,真正地解放中国,终究是劳动阶级的事业,所以新青年的职志,要与中国社会思想以正确的指导,要与中国劳动平民以智识的武器。新青年乃不得不成为中国无产阶级革命的罗针。

新青年自诞生以来,先向宗法社会军阀制度作战,革命性的表示非常明显。继因社会现实生活的教训,于“革命”的观念,得有更切实的了解,知道非劳动阶级不能革命,所以新青年早已成无产阶级的思想机关,不但将于宗法社会的思想行剧激的争斗,并且对于资产阶级的思想同时攻击。本来要解放中国社会,必须力除种种障碍:那宗法社会的专制主义,笼统的头脑,反对科学,迷信,固然是革命的障碍;而资产阶级的市侩主义,琐屑的对付,谬解科学,“浪漫”,亦是革命的大障碍。因此种种,新青年孤军独战,势不均力不敌。军阀的统治、世界帝国主义的统治,如此之残酷,学术思想都在其垄断贿买威迫利诱之下,无产阶级的思想机关既不得充分积聚人才能力之可能,又内受军阀的摧残,外受“文明西洋人”的压迫,所以困顿竭蹶,每月不能如期出世,出世的又不能每期材料丰富。然而凡是中国社会思想的先进代表必定对于新青年表无限的同情,必定尽力赞助;新青年亦决不畏难而退,决不遇威而屈。现在既能稍稍集合能力,务期不负他的重任,所以在可能的范围内,重新整顿一番,再作一次郑重的宣言。

《新青年》当为社会科学的杂志。新青年之有革命性,并不是因为他格外喜欢革命,“爱说激烈话”,而是因为现代社会已有解决社会问题之物质的基础,所以以发生社会科学,根据于此科学的客观性,研究考察而知革命之不可免。况且无产阶级在社会关系之中,自然处于革命领袖的地位,所以无产阶级的思想机关,不期然而然突现极鲜明的革命色彩。中国古旧的宗法社会之中,一切思想学术非常幼稚,同时社会演化却已至极复杂的形式。世界帝国主义,突然渗入中国的社会生活,弄得现时一切社会现象繁杂淆乱,初看起来,似乎绝无规律,中国人的简单头脑遇见此种难题尤其莫名其妙,于是只好假清高唱几句“否认科学”的“高调”。独有革命的无产阶级,能勇猛精进,不怕“打开天窗说亮话”,应当竭全力以指导中国社会思想之正当轨道,研究社会科学。当严格的以科学方法研究一切,自哲学以至于文学,作根本上考察,综观社会现象之公律,而求结论。况且无产阶级,不能像垂死的旧社会苟安任运,应当积极斗争,所以特别需要社会科学的根本智识,方能明察现实的社会现象,求得解决社会问题的方法。凡是中国社会之新活力,真为劳动平民自由正义而奋斗的青年,不宜猥猥琐琐泥滞于目前零碎的乱象,或者因此而灰心丧志,或者因此而敷衍涂砌,自以为高洁,或自夸为解决问题;更不宜好高骛远,盲目地爱新奇,只知求所谓高深邃远的学问,以至于厌恶实际运动。新青年对于社会科学的研究,必定要由浅入深,有系统有规划地应此中国社会思想的急需。“社会现象复杂得很呢,单是几个‘新术语’尚且要细加绎,然后能令真正虚心诚意的革命青年及劳动平民知道‘社会’是个什么东西!”

新青年当研究中国现实的政治经济状况。研究社会科学,本是为解释现实的社会现状,解决现实的社会问题,分析现实的社会运动,真正的科学,绝不是玄虚的理想。中国新思想的幼稚时期已过,现在再也可以不用搬出种种现成的模型,勉强要中国照着他捏。其实“中国式的新乌托邦家”不但不详悉他自己所荐举的模型,而且也不明了中国社会,正因不了解社会科学的方法,不能综观实际现象而取客观的公律,所以不是泥于太具体的事实,说到中国政治,头脑里只有张曹吴孙几个大姓大名,就是力避现实,逃于幺想;说到经济改造,满嘴的消费、生产、分配等类的外国新名词,不会应用于实际。新青年现在也要力求避免此等弊病,当尽其所有区区的力量,用社会科学的方法,试解剖中国的政治经济,讨论实际运动。

新青年当表现社会思想之渊源,兴起革命情绪的观感。社会科学本是要确定社会意识,兴奋社会情感,以助受压迫被剥削的平民实际运动之进行。所以对于一般的思想及情绪之流动,都不得不加以正确的分析及映照。一切文学艺术思想的流派,本没有抽象的“好”与“坏”，在此中国社会忙于迎新送旧之时，新青年应当分析此等流派之渊源，指出社会情绪变动的根由，方能令一般的意识渐渐明晰，不至于终陷于那混沌颟顸等于飞蛾投火的景象。再则，现时中国文学思想，资产阶级的“诗思”，往往有颓废派的倾向，此旧社会的反映，与劳动阶级的心声同时并呈，很可以排比并观，考察此中的动象，亦可以借外国文学相当的各时期之社会的侧影，旁衬出此中的因果。却尤其要收集革命的文学作品，与中国麻木不仁的社会以悲壮庄严的兴感。

新青年当开广中国社会之世界观综合分析世界的社会现象。社会科学本无国界，仅因历史的关系，造成相隔离的文化单位，所以觉得各国有各国的“国粹”，其实不过是社会的幻觉泥滞于形式上的差别。中国受文化上的封锁三千多年，如今正是滚入国际舞台的时候，非亟亟开豁世界观不可。况且无产阶级的斗争本来就是国际的，尤其不可以不知道各国劳工革命运动的经验。因此新青年当注意于社会科学之世界范围中的材料，研究各国无产阶级运动之过去与现在，使中国得有所借鉴。从最反动的日本至赤色的苏维埃俄国，都应当研究。

新青年当为改造社会的真理而与各种社会思想的流派辩论。社会科学，因研究之者处于所研究的对象之中间，其客观的真理，比自然科学更容易混淆。因此，人既生于社会之中，人的思想就不能没有反映社会中阶级利益的痕迹，于是社会科学中之各流派，往往各具阶级性，比自然科学中更加显著。新青年是无产阶级的思想机关。无产阶级，于现代社会中，对于现存制度自取最对抗的态度；所以他的观察，始终是比较上最客观的。何况新青年在世界无产阶级的文字机关中，算是最幼稚的，未必有充分健全的精力，足以为绝对正确的观察。有此两因，都足以令新青年不能辞却与各方面的辩论：一则以指出守旧各派纯主观的谬误，一则以求真诚讨论后之更正确的结论。于辩论之中，方能明白何者为无产阶级的科学结论，何者为更正确更切合于事实的理论。总之，为改造社会而求真理。

中国幼稚的无产阶级，仅仅有最小限度的力量，能用到新青年上来，令它继续旧时新青年之中国“思想革命”的事业，行彻底的坚决斗争，以颠覆一切旧思想，引导实际运动，帮助实际运动，以解放中国，解放全人类，消灭一切精神上物质上的奴隶制度，达最终的目的：共产大同。新青年虽然力弱，必定尽力担负此重大责任，谨再郑重宣告于中国社会：

新青年会为中国真革命思想的先驱，

新青年今更为中国无产阶级革命的罗针。

新青年既为中国社会思想的先驱，如今更切实于社会的研究，以求智识上的武器，助平民劳动界实际运动之进行。而现代最先进的社会科学派别，最与实际的世界革命运动有密切关系的，就是共产国际。所以新青年新整顿之时，特以此“共产国际号”为其第一期。

（季刊第一期，一九二三年六月十五日）

孙中山与中国革命运动

瞿秋白

一

孙中山时代的中国，是屈服于满洲贵族北洋军阀统治之下的中国，同时，亦就是受英、法、俄、日等资本国家侵略的中国。从一八六六到一九二五（从清同治丙寅到民国乙丑），六十年中的中国历史就是帝国主义的侵略远东史。在这六十年中，中国的经济，因受帝国主义国家的侵略，外货的输入，原料的吸收，外债的增加，赔款的勒索，路、矿、实业权利的攫取，领土、租界、港口的割让，不知道经过多少变更，六十年前的中国与六十年后的中国，在经济上简直是完全两样的国家。社会里的阶级关系也因此经过巨大的变更——士大夫的“世家”已经完全消灭；买办阶级已经大半变成所谓“中国”的体面商人；小农民、小商人、小手工业者之中，已经一部分变成现代的无产阶级。中国国际关系上的变更，日日促进中国社会里的阶级分化，统治者、压迫者已经掉换了好几十次。各帝国主义者对远东侵略的形势转变了种种花样——可是有一件事是至今还没有改换的，便是中国民族——大多数的平民始终还是受着压迫和剥削。六十年中所变更的只是压迫者的人和压迫的方法，而中国民众的受压迫和受剥削这件事实，是没有变更的，不但没有变更，而且剥削的范围更大了，剥削的程度更深了。因此，这六十年中中国平民的倾向革命、需要革命，也是没有变更的一件事实。

帝国主义的侵略、压迫、剥削一天天地增加起来，中国平民的革命运动也就一天天地扩大而且深入。中国古代的宗法社会和小农、小手工业的经济，遇见了帝国主义者的资本主义,都崩溃下去,发生中国的资产阶级和无产阶级,于是历史的舞台上,一个一个地发现新的革命力量。中国的革命运动因此在六十年中一步步地进化,而中国历史上第一个革命家——孙中山也就在这过程里逐渐地生长出来。

总之,最近六十年的中国是革命的中国,尤其是民族革命的中国——而孙中山的历史使命,便是完成这一民族革命。世界资本主义的发展,等到侵略中国的一时期,已经进了帝国主义的阶段。中国受列强经济、政治、文化上种种侵略而要反抗,受资本主义化而发生经济发展的趋势。无论如何,只要求这种发展的成功,便不能不实行革命,而且首先便是民族革命。因为中国经济发展的最大障碍,便是世界的帝国主义。帝国主义的阻碍中国发展还不仅在于经济方面,中国经济发展所需要的民权主义,根本上便与帝国主义势力不相容,更不用说中国大多数平民的生计的改善——中山先生所称为民生主义的了。六十年前的中国早已知道自己的历史使命,是在发展经济,以抵制帝国主义的侵略,这是中国民族加入世界史的最重大的责任;换一方面说,帝国主义的侵略,也必然先引起中国人的这种民族自觉。因此,我们可以说,从孙中山出生直到现在,中国民族的历史职任,一直是反抗列强帝国主义的民族革命。孙中山现在死了,这一民族革命离他的成功还遥远得很,然而中国革命运动,在孙中山引导之下,已经经过好几个阶段,而得到了他的正当的道路:因为要反抗列强,然后知道非颠覆满清政府不可,非建立共和不可,非为大多数中国平民争生活之改善不可,最后非联合世界上一切反帝国主义势力、被压迫的殖民地及弱小民族和世界的无产阶级不可。这一条中国革命运动所已经经过的道路,中国民族自觉地深入和前进,在现时看来是很明了的,然而从中山开始自己事业的初年的中国思想,进步到现在的国民革命的口号,中国平民群众及孙中山不知道经过几多困苦的经验、几多迷误的方法、几多重大的失败——这是一条荆棘的路。"反抗列强"是多么简单的"爱国"主义,四五十年前与中山同时的"政治家""士大夫"何尝不知道。然而只有孙中山寻着了解决这一问题的真正的答案——革命。为什么? 因为孙中山感觉上代表中国的平民阶级,认识中国平民阶级的历史职任。所以只有中山能随着革命运动的经验,寻找着中国民族革命的道路。

二

中国的革命运动既然是民族革命、反抗列强的民族革命，那么，第一个问题，便是谁是中国的民族？这一问题，似乎问得很奇怪。可是在四五十年前，连"汉人才是中国民族"这一粗浅的答案，都不是公认的。当时，满清的官吏，所谓维新派的分子，也谋反抗列强，也极力想"谋富强"。中国人那时的民族自觉很模糊的，只想以全国对待外国，便是爱国主义：中国的朝廷，中国的人民都是自己的；那带着枪炮兵轮的外国人才是侵略中国的。所以在孙中山的少年时代，已经是"国家奋筹富强之术，月异日新，不遗余力，骎骎乎将与欧洲并驾矣，快舰、飞车、电邮、火械，昔日西人之所恃以凌我者，我今亦有之……"（孙中山《与李鸿章书》）。这种"朝廷"的革新政策，不能说不是中国民族自觉的第一步。满洲政府在当时似乎足以代表中国民族以反抗列强。不但孙中山当时是如此想，中国一般人民都是如此的想。必须要满洲政府几十次事实上证明它实在不是中国政府，而是满洲贵族自私自利的政府，而且是列强的奴才，那时中国平民再进而有革命的觉悟，想到要颠覆满洲贵族。这一革命的觉悟，据《孙文学说》的《中山自叙》，直到庚子之役，方在民间开始传播，而前此差不多倡排满革命者，大家都目为乱臣贼子、大逆不道。然而孙中山却在上书李鸿章后十年（上李鸿章书时在甲午），乙酉（一八八五）中法之战的时候，已经开始革命运动。中国平民革命运动的目标，本在于压迫剥削中国最强大的仇敌——列强帝国主义，前此三四十年时希望满洲政府革新富强，到此才打破这种幻想。既然这样，要反抗列强，便必须革命——推翻满清政府，所有中国人——汉人便都能负这种革命的使命么？中国的民族革命，一方面是对满洲贵族的，一方面亦就是反抗列强的——这种民族革命里"民族"的意义，似乎是指全体的汉人的了。事实上却大谬不然。抽象的全体的民族，实际上并没有这么一回事。满清政府时代的中国社会，显然分着士大夫和平民的阶级。经济上固然农、工、商三类人之中还包含着许多阶级，而在社会上士的一阶级是政府的雇佣奴才，它在经济未发展、工业未出现以前，帮着满洲贵族统治小资产阶级的平民。所以要推翻满清政府，必须要以平民做领导阶级，革命运动中方才有主力军，方才能得到胜利。《孙文学说》上说：

> 予由太平洋东岸之三藩市登陆……至纽约市，沿途所过多处……皆说以祖国危亡，清政腐败，非从民族根本改革无以救亡，而改革之任，人人有责。然而劝者谆谆，听者终归藐藐，其欢迎革命者，每埠不过数人或十余人而已。然美洲各地华侨多设立洪门会馆。洪门者，创设于明朝遗老……以"反清复明"之宗旨，结为团体……此殆洪门创设之本意也；然其事必当极为秘密，乃可防政府之察觉也。夫政府之爪牙为官吏，而官吏之耳目为士绅，故凡士大夫之类，皆所当忌而须严为杜绝……当予之在美洲鼓吹革命也，洪门之人，初不明吾旨，予乃反而叩之反清复明何为者，彼众多不能答也；后由在美之革命同志鼓吹数年，而洪门之众乃始知彼等原为民族老革命党也……内地之人，其闻革命、排满之言而不以为怪者，只有会党中人耳。

于是中国革命运动发现了这老民族革命党，辛亥以前的革命，差不多大半以会党为中枢——这是革命的社会基础。士绅阶级的态度是怎样呢？当时所谓保皇党的康梁派可以代表他们；他们只要利用狭义的爱国主义或所谓国家主义蒙蔽民众，想借此逼迫满洲贵族而和他们平分政权，保存自己统治阶级的地位，所以倡君主立宪、变法维新以谋富强的主张。这时，在当初谋富强以抗列强的总口号之下，显然已经发现阶级的分化：一方面民党以下层阶级为社会基础，从事于革命运动；别方面皇党以士绅阶级为后盾，而进行立宪运动。康梁派机关报的《新民丛报》，便竭力攻击民党的联络会党及主张民生主义：他们的论调，不外说："利用下等社会，必无所成而徒荼毒一方；政治革命与社会革命并行之后，无资产之下等握权，秩序不得恢复，而外力侵入，国遂永沦。"（见《朱执信集》）在这两层反对意见里，已经显然可见梁启超等代表士绅阶级的说话。本来士绅阶级不但不肯革命，而且摧残革命，帮助反动势力；名说也要变法维新、要谋富强，而又反对下等社会握权，反对土地国有、平均地权，反对改善下等社会的生活。所以康梁派不肯革命，以为满洲政府能代表中国民族，又曾倡国家主义以抵制民族主义。这种国家主义在当时就等于宣传"忠君爱国"，即使真能变法维新，当然仍旧是满洲贵族和中国士绅阶级联合而压迫平民的局面：实际上，中国大多数人民仍旧受着压迫和剥削；而在反抗这种压迫的革命过程中，士绅阶级当然会反过去求助于外人。所以要回答“谁是中国民族？谁是民族革命里的领袖阶级?”的问题，到此便非常明显了，“只有中国平民是中国民族的代表，只有中国平民是民族革命中的领袖阶级”。

三

中国革命运动实际上在辛亥以前，一直是以“下等社会”——平民阶级为中枢的，而孙中山的同盟会，也是以代表“下等社会”的会党做实力的基础。尤其是当时平均地权的口号，孙中山要借此组织并集中“下等社会”的力量于革命的标语。孙中山以“平民的感觉”觉到“上等社会”的奴才性和卖国性，本能地知觉中国革命事业必须以平民为中枢，才能成功，因为只有平民真正要反抗列强，真正受满清的压迫，只有平民真正要求革命，真正要求从专制政体及列强侵略压迫之下解放出来，力趋于“中国民族的经济发展”。总之，孙中山在组织革命运动的初年，便早已知道:真正的中国民族代表是中国的平民——所谓“下等社会”，只有他们能负担真正民族革命的职任。

虽然如此，革命运动进行的过程中，反映着中国经济各种力量——阶级的斗争。辛亥革命的结果，革命的平民阶级竟完全失败，而反革命的军阀阶级却起而代替满洲贵族——压迫平民，并做列强侵略中国的工具。

中国的反抗列强，本不仅是平民的需要:满洲贵族、士绅阶级以及平民阶级——或所谓第三阶级及农民阶级，在民族自觉的初期，本有反抗“外国”的共同倾向。不过在历史的、经济的、政治的发展过程中，各阶级在总的反抗列强的倾向里，渐渐暴露各阶级自己的本性，各阶级都想利用这一反抗运动专图自己的利益。我已经说过，就是最早“富国强兵”的口号，也未始不是民族自觉的一种表现，不过这一口号实际上只代表满洲贵族治者阶级的利益;一切采用火器制造兵舰等的新政，未始不是反抗列强的一种运动，不过这种改革只利于当时的政府。满洲贵族自私自利的政策，却要蒙着爱国、排外的假面具。所以等到这种最初期的新政，一方面既不足以抵抗外力的侵入，别方面又刚刚加重人民的负担，反而增加革命潮流的“恶势”，那时，满洲贵族——尤其是在庚子之役之后，只有倒到列强的怀中，努力媚外，以求自存。士绅阶级便乘机进而要求立宪。当康梁变政失败之后，士绅阶级那种“得君行道”革新的运动，并不因之而停止,并不因这种极明显的失败而悔悟,并不因此而完全站到平民阶级方面来。这是因为士绅阶级的梦想,一直在于居中调和满洲贵族与中国平民的斗争,实际上便是欺罔民众,使与满洲贵族妥协,而结果必然是使革命流产。代表士绅阶级的“改良派”的策略,总是造作许多“君主立宪”等的幻想,使民众暂时躲避“困难的”革命道路。当时革命派的职任,便在于暴露这种“改良派”——康梁派的罪恶,暴露他们口号的虚罔,打消“改良派”所造成的种种幻想,而使民众自己深信革命之必要。孙中山先生和民党那时的策略正是如此。可是满清政府客观上也帮助革命的进行不少——历史的和平的立宪运动,一直到一九一〇年各省谘议局请颁布《宪法》前后三次的入京请愿为止,无不受清廷的打击。九年预备立宪的欺人之谈,更使民众深信除革命外别无出路。

于是辛亥革命便一发而不可遏止了。辛亥革命的结果,只是颠覆满清贵族的民族革命,这次革命的唯一胜利只是推倒一腐朽不堪的满清政府。然而就只这一点胜利,也还完全靠平民阶级做中枢,士绅阶级在这革命里只有反动的作用。士绅阶级在革命前竭力阻遏革命,在革命后又竭力破坏革命;只要看康梁派在辛亥前主张保皇,在辛亥后联袁世凯而排斥民党,便可以了然。

四

可是所谓平民,也还包含了利益相反的种种阶级,在革命前分化还没有明显,而且共同的仇敌未去,所以内部的斗争没有表现出来。同盟会中可以兼收并蓄地包容种种不同的成分,也就因此。当时中国的社会组织,因受帝国主义的侵略,农民手工业者破产日多,于是游民的无产阶级数量日增,这是大多数当时的平民——小资产阶级中最流动、最革命的一部分,实是革命运动的中枢、革命运动的社会基础,虽然在革命组织里,形式上不能做原动力,诚如中山先生所言(《孙文学说》),然而这不过是形式上的事,以社会阶级关系的观点来看,这部分平民确是革命中的发难者。其次,便是半欧化的知识阶级及军官——这部分人,因为满清旧社会的崩溃,已经客观上没有插足士绅阶级的可能,而且受着新式的教育,应当能代表当时的民族意识,所以也是革命中的重要部分。可是知识阶级本身绝不会有独立的政治作用,其中的分子可以代表小资产阶级的平民而加入革命，也可以代表大商阶级，更可以混入军阀阶级——绝非靠得住的革命力量。再其次，便是大商阶级，在前清末年，这种大商阶级（或所谓工商界），有两个来源：一、是士绅式的资产阶级，这是资本主义初期"贵族的资产阶级化"中必然发现的现象，他们"代表"着人民争立宪，其实是清廷路、矿、邮电的新政中，这些"洋务官僚"，靠着官署积累资本，到此已自有阶级利益，只想借立宪运动巩固自己的阶级地位，实行"提倡实业"等的"爱国"目的；二、侨商的买办阶级，这部分是因为与帝国主义接触，而来做外国资本与中国原料、或外国货物与中国市场间的中间人，因而积累资本，渐渐有独立投资于工业的倾向，所以比较地赞助革命——因为清廷的压迫及外国的侵略，无处不阻碍这种工业发展。

士绅式的、官僚式的资产阶级与侨商的买办的资产阶级，对于革命的态度，微有不同，然而他们对于"维新"或"革命"的希望，根本与小资产阶级不同，尤其与游民的无产阶级，有阶级利益的冲突。最后，便是最大多数的城市及乡村的小资产阶级、小商人及农民。这是数量上最大的群众。他们的政治要求，应当是很民主主义的政纲，他们的经济利益，不但和列强帝国主义相冲突，并且和士绅资产阶级及侨商资产阶级是相竞争的。可是小资产阶级在革命过程中总是动摇不定的，必须有一领导它的阶级，充分地去帮助它发展自己的革命性而遏止它的反动性，然后才能彻底地忠于革命。否则，它便容易受大资产阶级的欺罔，倒到反动派的怀抱里去，而受人家的利用。

所谓"平民"——辛亥以前可以概括的与满洲贵族及士大夫相对待的，实际上含着这许多不同的成分；到辛亥革命前后，已经分化得日益明显出来。然则这所谓"平民"之中等到革命爆发之后，政治上积极行动的是那几个阶级呢？上述的各阶级中，只有两个阶级是在政治上积极行动的：一、大资产阶级（士绅资产阶级及侨商资产阶级——这两部分虽然在革命前政纲上不甚相同，然而满清既倒之后，政治上的合作和联盟，对于他们是极自然的事）；二、游民的无产阶级（所谓会党，所谓土匪，根本上不脱小资产阶级的根性，可是因为破产失业最受苦痛，他们那种暴动的反抗性是很厉害的）。当时工业的无产阶级数量上还极少，而且政治上还没有成一觉悟的自动的力量，可以说还没有"组成阶级"——所以自然没有能起而领导革命——引导大多数小资产阶级的农民，以至于游民的无产阶级。因此，我们在辛亥革命时，只看见大资产阶级及游民无产阶级的政治行动。无产阶级是经济上有组织、有团结力的阶级，只有它能领导革命;游民无产阶级便不同,虽然革命性很强,然而它自身便是一盘散沙,只能有极模糊的社会理想,只能顺着革命潮流随处发起无组织的暴动。这种阶级自然不能引导农民及一般小资产阶级实现胜利的革命。于是不久便使大资产阶级攫得革命运动的指导权,镇压游民无产阶级的暴动,和反动派妥协,而终至于使革命完全失败。平民中之阶级分化,在这种革命时期,最显而易见。

辛亥革命的时候,孙中山的革命口号——“平均地权”,虽然在国民党自己并未努力去宣传和实行。可是所谓最下等的“下等社会”,尤其是长江下游的会党、各地失业的穷而无告的游民,往往奋起暴动。当时即使没有很明显的社会主义的要求,也就有不少地方,所谓“土匪”都染着革命潮流,高呼均分财产的口号,有些地方,并且有小农的暴动。恐怖的空气——“匪类”“暴乱”“暴民专制”的骂声,可以不绝地在各城市的“绅商界”里看得出、听得见的。这样的情形,至多不过三四个月——随后竟完全消沉了。游民无产阶级,当然梦想也想不到现代的社会主义;可是他们的要求,最早在革命以前,实在代表大部分饥寒交迫的小农、小商。不过游民无产阶级的均产主义,根本上是资产阶级的;他们内部决不会有无产阶级的集体主义,而只会有宗法社会式的“头目制度”,夹杂着小资产阶级的个人主义。他们对于富人的嫉恨,实际上并不适合他们取消贫富不均的理想,而终究是代表各个想自己变成富人的意识。所以即使游民的无产阶级暴动成功,或是真正成了一种实力,也很容易受头目的卖,而完全丧失其革命性,简直变成军阀、官僚。譬如革命初年江苏的徐老虎(宝山),便是最明显的例。

经过这种革命的潮流之后,马上便开始资产阶级的反动期。当时许多城市里,商会都大大地活动起来,并且编练“商团”维持秩序,大商阶级亟想取得政权,是当时很明显的事实。“商人”那时的政治活动,对于满清的地方官,对于当地的士绅阶级,确有些革命的作用;可是因为它的阶级利益,决不会和游民无产阶级联合引导当地的小农、小商,彻底地去实行革命,却只会受着了游民的恐吓,反而去和士绅阶级妥协,以“维持秩序”。不但如此,中国当时的大资产阶级,差不多纯是商业资本,经济力还很薄弱,政治上的积极性,也很有限,不能独立地取得政权,于是因为要“维持秩序、保障私产”,便不能不假手于新、旧军阀:各地“绅商”对于革命初期的都督或军政长,都是竭力奉迎,要借他们的武装,拥护自己的利益。其结果,渐渐造成革命后的新式封建诸侯——督军。到此，资产阶级大半仍旧退回受治阶级的地位，于是革命便完全失败。

读者或者以为上述的过程，只是当时的地方现象，并不能概括全国范围的政治变化。其实从南京临时政府，而袁世凯、宋教仁以至二次革命的过程，只是上述的社会阶级之相对关系的反映。辛亥革命的时候，一方面是反动的满清贵族和士绅阶级——袁世凯等清室的新军军阀；别方面是革命的平民各阶级——孙中山及民党，互相斗争的局势。士绅阶级及军阀，虽然在群众排满的口号之下，不得不形式上转移于"革命"方面，而实际上是想以此转移"革命"于自己手里，造成自己代替满清而为治者阶级的地位。革命方面势力的涣散既如上述，而且大资产阶级亟亟乎要维持秩序，而想和新起的军阀妥协——这样局势之下自然是真正的平民、真正的"下等社会"重受压迫而失败——孙中山所以不得不让袁世凯。社会阶级之中，那侨商资产阶级赞成革命于前，而想谋与反动派妥协于后。这种阶级分化反映到民党方面来，便形成民党中的右派——宋教仁及黄兴等。右派于孙中山让袁世凯之后，还是主张责任内阁，一直到袁世凯解除民党武装，大借款成功，右派还是梦想妥协。右派的主张，完全代表这种"革命"后资产阶级：怕骚乱、想和平、反对下等社会、求与军阀妥协——有一件最好的证据，便是宋教仁等改同盟会为"国民党"时的新党纲：（一）政治统一；（二）发展地方自治；（三）种族同化；（四）注重民生；（五）维持国际和平。请看，同盟会时代的国有土地、平均地权的党纲，变成了极模糊的"注重民生"四字。当时主张与袁世凯议和让位的是这些右派；主张改政纲而容纳一班士绅阶级的，亦是这些右派。民党内部右派的胜利，便是革命运动中资产阶级的反动和妥协的明证。可是，孙中山的革命主张被右派搁而不行，"下等社会"受大资产阶级的压迫而不能进行革命。总之，大资产阶级战胜真正平民之后，不久，军阀的政权因此便大稳固，更用不着资产阶级对他妥协了。何况帝国主义者趁此竭力帮助，于是他们——军阀便一转而压迫及于资产阶级自身，于是民党连右派也受压迫和贿买，二次革命便完全被镇压下去。此后，资产阶级更不容"下等社会"抬头了，不但袁世凯称民党为乱党，一班资产阶级，甚至于小资产阶级都认民党为乱党了。

孙中山却始终代表真正的平民，一直反对妥协，主张讨伐袁世凯，只因受右派牵制，终致于失败。辛亥革命里没有一个彻底的、团结的、真正能领袖革命的阶级，所以失败;然而孙中山和中国的平民从此更觉悟革命的职任。帝国主义固然趁此更加扩张它的势力,利用国内各派的军阀互争而从中取利,指使他们压迫中国的平民,阻碍中国的发展;中国的平民——小商人小农等也越益明了自己的敌人,不仅是满清贵族,而是帝国主义,而是一切种种的妥协派、大资产阶级。

五

二次革命失败之后,中国的反动政局,直到现在,根本上并没有变更:满清贵族已推翻了,然而代替他而统治中国的仍旧是反动的军阀阶级和士绅阶级。中国的民族革命至今没有成功。民族革命的主体——中国平民,经过了阶级的分化,一部分士绅式的资产阶级结合了军阀阶级,侨商中的买办阶级也早已退出革命的战线,他们在辛亥革命中的作用,纯粹是反动的。只剩得大多数的小资产阶级——全国的小农、小商人,客观上十分需要彻底的民权主义的革命,可是主观上没有政治上的积极能力。至于游民的无产阶级,本来只有破坏的、暴发的反抗能力,在革命的过程中,不但不能做指导阶级,而且这种阶级的内部崩裂和个人主义,反而成就军阀阶级的反动力量——兵匪的蔓延扰乱,是一切军阀统治的根本。而民族革命的对象——列强帝国主义,不但没有丝毫损丧,反而利用国内军阀的互争和反动,用尽种种的方法扩张自己的势力。

既然如此——民族革命的职任还没有尽,民族革命的力量却已经自就崩坏,那代表中国民族革命及大多数小资产阶级民众的革命运动,便只能利用各派军阀及各国帝国主义之间的冲突和互争,作军事上的应付。护法以来的南北战争,客观上确能削弱北洋军阀和凭借这种军阀的各国帝国主义之势力;然而这种斗争的社会基础是间接的——大多数民众并不能赞助这种斗争。革命之中而没有革命的阶级做它的社会基础,积极地参加和领导,这种革命当然是不能成功的。我们在这一时期,只看见革命营垒的内部崩溃——右派的民党,妥协的、投降的反动的分子随时随处发现,只看见辛亥以前多少有些革命性的社会阶级一天一天地反动。

虽然如此,帝国主义自己的发展,日益倾向于灭亡——它内部的矛盾不得不爆发;欧洲大战使帝国主义国家的势力在殖民地上大大地削弱,中国这时也能偷着机会稍稍发展自己的工业。于是五四运动以来,中国工业无产阶级渐渐地上了历史的舞台。五四运动本身是中国资产阶级发展的结果,是中国民族自觉的一大进步。随后中国无产阶级——铁路工人、矿山工人、海员以及其他工人的罢工运动,组织工会的运动,工人阶级的政党组织,都大大地开展出来。民族革命运动中便得着了一支生力军——革命的无产阶级,真正能做革命的先锋的,而且是革命运动的领袖阶级。所以,此后的民族革命运动便能有群众的、广大的范围,渐渐地将以前模糊的革命政纲变成很明了的革命口号——反对一切军阀,推翻帝国主义。

孙中山在革命运动开始的时候,便明白地感觉到革命的主要阶级是大多数的贫苦的平民,尤其是农民,所以革命口号是"平均地权";他在革命过程里,很正确地找着革命中的同盟者——"下等社会"的会党。他的革命主张,经过好几十次的失败,经过了辛亥革命后右派背叛革命的大失败之后,始终不变,孙中山是代表中国平民的民族革命的首领——所以虽然在反动潮流很利害的时期,平民各阶级都不能积极革命——孙中山却没有一刻妥协,没有一刻忘掉革命。如今革命战线之中新发现了无产阶级,他当然加入民族革命,而且是强有力的生力军,于是革命运动的主力军便很明显的是中国的工人和农民。民族革命中的联合战线形成,革命的高潮重新兴起,民族革命的政党——国民党,在孙中山指导之下,决然改组,容纳中国工人的政党——共产党加入。这便是孙中山对于"谁能执行民族革命谁是中国民族"的问题之事实上的第二次的答案。

同时,反动派方面的情形也已经大大地改变。假使辛亥以前,满洲贵族及士绅阶级是帝国主义的工具,是反动派,孙中山要以农民阶级及游民无产阶级的联盟反抗他们,那么,辛亥革命以后,农工阶级及一切平民的仇敌却是军阀阶级及买办阶级。这十几年之中,帝国主义在中国的势力比前清时代增加了许多,他们不但利用形式上的中国中央政府,攫取权利,而且直接指使一种买办阶级组织的武装力量——如广州买办陈廉伯的商团,实行反革命。这种买办阶级到处表现他们的反动性。孙中山指导之下的广州革命政府毅然决然地扑灭这种外国雇佣的"商团"。这便是孙中山第二次对于"民族革命中应当反对的反动势力是谁"的答案。

再则,中国革命运动,虽然根本上是反抗列强帝国主义的革命,然而在辛亥以前形式上似乎只是反对满清的革命。一直要等到革命之后,各帝国主义屡次地帮助反动军阀及买办阶级,甚至于要直接以兵力攻打革命政府,经过了几十年的苦经验,中国民族革命运动再明白地宣言:“今后的革命,目的要在推翻帝国主义。”这并不是偶然的发现于孙中山政府对外宣言的一句话,实是因为最近无产阶级参加民族革命运动,他们的利益,完全与帝国主义相反,他们的要求反映到革命运动上去,使隐藏在革命内的最终目的彻底显露出来——于是全国民众的“废除不平等条约”的呼声便充实了孙中山的革命事业的内容。

孙中山的末年,正是中国民族革命运动初初开辟新的道路的时候——已经有真正能代表中国民族的无产阶级,真正能彻底革命的阶级,此后足以领导大多数农民群众及一切贫苦的平民——游民无产阶级,积极地实行革命,反对一切士绅阶级买办阶级的反动势力,避免资产阶级性的妥协政策——直接打倒帝国主义及其工具之军阀阶级。孙中山的伟大,正因为他在四十年来能随着社会内革命势力的增长而日益进于明显的不妥协的革命政纲。

不但如此,中国民族革命运动的对象,既是世界的帝国主义,他能够并且应当在国际范围中找着革命的同盟军。世界各国的资产阶级往往有共和、民主、人道、正义的口头禅;尤其是那资产阶级性的民主主义,尽着欺罔无产阶级和弱小民族。革命前各国往往有遵守所谓国际公法而保护中国的政治犯的。

当辛亥革命之初,孙中山曾有联日的政策,然而不久便证实帝国主义者在辛亥前即使优容中国的革命党,也仅仅在于自利自私的见解,想趁革命爆发而未胜利的时候,更进一步地攫取中国权利。等这种局面造成之后,他们便转而力助军阀等的反动势力了。孙中山对于这一点,曾经在《陈英士致黄克强书》后附注着说:“……不图彼国政府目光如豆,深忌中国之强,尤畏民党得志而碍其蚕食之谋,故屡助官僚以抑民党,必期中国永久愚弱,以遂彼野心……”中国在这最近十年之中方才明切地看见帝国主义之用心,方才明白觉到中国自己所处的国际地位;孙中山在《民族主义》上说中国是各国的殖民地,是“众人的奴隶”。这些主人,“以不平等条约束缚中国的列强”,如何能做中国革命的同盟军!中国人既是“奴隶”,还得找奴隶的朋友。所以中国民族革命的同盟军,当然是各国无产阶级、世界所有的被压迫民族及殖民地——尤其是已经革命胜利的苏联农工阶级。

因此,孙中山——中国革命运动的代表,最后的遗嘱,尚且郑重地声明中国革命运动有与苏联及一切弱小民族联合之必要。

中国民族革命运动——半世纪以来，从模糊的“富国强兵”的口号，进化到“反对一切帝国主义，废除不平等条约”；从会党的军事暴动，进化到劳工农民之联盟；从联日政策，进化到与世界无产阶级携手——这一条困苦的道路，正反映在孙中山的生平和事业里呵！

（季刊第二号，一九二五年六月一日）

国民革命运动中之阶级分化

——国民党右派与国家主义派之分析

瞿秋白

中国民众革命运动的开始,可以说是从五四时代起的。帝国主义的发展,欧洲各国的向外侵略、征服殖民地,是资本主义进程中不可免的现象。资本主义的国家,如英、如法、如德、如俄、如日等,内部生产力的增加和阶级斗争的剧烈,渐渐地动摇资本主义的生产关系——私有财产制度。于是资产阶级便不得不力求扩大自己商品的市场和原料的来源,就是掠夺殖民地,以维持自己阶级的统治地位。他们侵略弱小民族——资本主义文化还没有发展的国家,他们可以独占那地的市场,垄断那地的原料,因为这些地方自己既然没有工业,当然不能和帝国主义竞争。

因此,他们可以得到超越的非常的利润——比本国市场内多至百倍的利润。可是,这种殖民地政策的施行:一、不能不引的帝国主义各国之间互相的冲突;二、不能不使被侵略的国家逐渐的资本化。这两种结果,原是帝国主义自己所造成的,便足以致帝国主义的死命。社会革命的爆发便在这帝国主义内部崩溃的过程里发现:帝国主义的欧战是列强冲突的表现,是争夺殖民地的战争,可是战争的延长和破坏,使全社会中大多数群众不能再忍受资本主义的统治,农民、小资产阶级、知识阶级等都倾向于无产阶级而造成革命的形势。俄国的十月革命便是因此发动,又加以内部农民问题、民族问题等类种种矛盾冲突的汇集而成功的。便是英、美、法、日各国在欧战后(一九一九年至一九二〇年),也都经过一个可怕的革命危机。至于殖民地的资本主义化,对于帝国主义国家尤其是致命伤,他们的种种殖民政策、经济政策,无一不是遏制弱小民族的工业发展;可是弱小民族内部假使商业经济极不发达,大多数人民安于农业的自足经济,那时,资本主义国家便无从畅销他们的商品,无从多量吸收原料。所以弱小民族与帝国主义国家接触,便自然而然,至少在商业方面,逐渐地资本主义化,商业资本的积累(所谓“资本之最初积累”)必然发生工业资本,这时候,帝国主义的侵略便和殖民地弱小民族间的资产阶级发生冲突了。何况,帝国主义列强为夺殖民地而互相战争时,正给殖民地以发展自己工业的机会,宗主国的生产完全集中于军事,殖民地的生产和原料,当然只能自己经营、自己应用;那商业里(买办、洋货商)积累的资本,久受宗主国资产阶级政策的束缚和遏抑,到此便不能不急速地投入工业生产。这便是国民革命的经济基础。于是社会革命开始的时代,便是殖民地弱小民族里国民革命开始的时代。帝国主义之前的一时代里,后进的资本国与先进的资本国相竞争(如俄国彼得大帝变法、日本维新)的过程,和现时殖民地弱小民族的向帝国主义革命的过程是断不能相混的。即前一过程,即使有革命,也只是纯粹的资产阶级革命;这后一过程,便含着多量的无产阶级的性质在内——在国际范围内,这不过是世界无产阶级革命的一部分,在一国范围内,虽然性质上还是资产阶级的,而在革命力量上,却大半须以无产阶级为主力军。

中国国民革命运动的发端,正在于五四时代,这里原因看上述的经济分析便可以明了。五四时代的新文化运动,它在政治上的成绩,影响于多数民众最大的,只是“国货”两字,这一运动的资产阶级性质,和五四前后中国资产阶级,确有一期的大发展的事实,便已经完全证明了。可是资产阶级的民主革命,反对宗法封建军阀的革命,内部必定含孕着无产阶级革命的种子,各国革命史都是实例,中国何尝又能除外?——其中的理由非常明显:资本主义发展之中,资产阶级的经济力固然集中而强大,无产阶级的增多与团结也必然相伴而行,天下那里有没有工人的工厂呢?况且这种资产阶级的民主革命运动,在殖民地上,如中国的五四运动,事实上、思想上都是受世界革命潮流的冲动——一九一七年至一九一九年,中国新思想的勃兴,谁又能否认俄国革命、德国革命、英美大罢工、劳动问题的世界化等等的影响呢?那时的青年和学生,差不多个个人都注意报上世界革命运动的消息,个个人都想谈几句劳动问题、社会主义。这些社会主义的思想,当然是很笼统模糊的,然而就在这一源流里,生长出中国无产阶级的政治思想——共产主义。《新青年》杂志的左倾与其共产主义化的过程,便是明证。当初五四运动时的新文化思想——反对孔孟、反对旧礼教、白话运动、妇女问题等等,都是中国资产阶级发展所需要的。同时,社会主义、共产主义、无政府主义以及劳动社会问题的研究热与上述各种运动混流并进。这是很明显的资产阶级与无产阶级以及小资产阶级的联合战线,反抗宗法封建社会。——这种联合战线,第一,当然不是自觉的;第二,当然增加中国革命运动的新力军,以救辛亥革命后垂危的国民党。实际上这些思想上的新潮,只是资产阶级民族自觉的先驱和后盾,所以主要的政治力量,仅仅只产生"外抗强权,内除国贼"的口号。可是在当时的环境里,这种社会力的伸张,确是一大进步,可以使国民党、孙中山先生等"俯就"新潮,甚至于俯就马克思主义——《建设》杂志、《星期评论》、《孙文学说》等等,都是在这时候出世的。

五四到五卅,这六七年确是中国历史上的一个时期,有重大的政治上、文化上的意义。五四时代,大家争着谈社会主义;五卅之后,大家争着辟阶级斗争——从北京、上海到广东,从北京大学教授戴季陶(中国"第一批马克思主义者"之一!)到所谓"中兴名将"的曾、左、李国家主义派。这是什么缘故?原来,中国社会在欧战之后,一方面资产阶级发展,别方面无产阶级发展;社会上新力量产生的初期,共同联合战线反抗宗法军阀社会,涌起国民革命的巨潮,随后的发展,便是两阶级互争革命的指导权和国际上联盟军的争择之过程。这六七年中国国民革命的实际进程,却是从模糊笼统的联合战线进而至于明显的自觉的,从资产阶级"爱国主义"进而至于无产阶级的革命主义,从资产阶级联美、制日的希望进而至于联世界无产阶级的国民革命。这种过程,到五卅运动而得到了极高的发展。国际关系上,在这六七年中,资产阶级所希望于巴黎和会、华盛顿会议的,着着落空;而无产阶级的新国家苏联,不但事实上废除领事裁判权等,并且进而切切实实赞助中国国民党的发展。国内斗争里,在这六七年中,中国无产阶级运动长足的进步、四五年来的罢工运动已经使无产阶级的三分之一(至少数)组织在工会里,每次在民族斗争里,表现它的力量;国民党改组一年,在党内刷除买办官僚的分子,在广东给买办和土豪阶级(商团、民团)以极大的、继续的打击;并且军阀之中亦起分化。无产阶级在这国民革命过程中,确已占得多份的优势,到五卅时候,广州国民政府的成立,上海工商学联合会的领袖五卅运动,尤其是无产阶级指导下之联合战线发展的最高点。资产阶级看着无产阶级的势力足以导国民革命于胜利,看见国民革命的进行中资产阶级要牺牲自己的私利——其实不过是容许工人、农民组织和斗争的自由,极普通的民权,于是开始反动而求争回革命的指导权以消灭革命。同时帝国主义者尤其害怕这种运动的澈底发展,正在努力"工作",作反对所谓赤化苏联的宣传,离间挑拨资产阶级。于是资产阶级的社会思想,也发现自己的"阶级觉悟”,而努力于反对阶级斗争和国家主义的宣传。国民党右派的形成,实际上是与帝国主义者联合战线。这里阶级分化的现象是非常之明显的,半年来思想界里的反动潮流,从主义上、策略上、革命领袖问题上以及道德文化上所发生的争执,都是这一现象的表演。可是,同时中国革命运动的进展,使无产阶级政党和国民党的主张,如反帝国主义和军阀的斗争、废除不平等条约和国民会议的运动等,都因而渗入普遍的群众里去。中国社会一般的革命化的过程,当然影响到政党界与思想界,革命的小资产阶级及智识阶级也就逐渐显现他们的左倾。最近半年来,北京方面有《猛进》杂志、《莽原》杂志,上海方面有《洪水》杂志等等。至于国民党内如柳亚子、朱季恂、甘乃光、陈公博等,居然形成强有力的群众的左派,汪精卫、蒋介石等革命倾向之确定更不用说。思想界与政党界左右分化的过程,显而易见是随着国民革命运动的进展而日益激厉的,或者以为国民党右派和国家主义派的兴起是中国社会反动的表征。其实不然,这种反动正足以证明中国革命进展急速——使帝国主义者不得不于军阀以外,另找一种比较“灰色”的工具;使资产阶级不得不急起直追地攫取革命思想的指导权。

中国革命是国民革命,然而国民革命的进行可以有两种方式:一是由资产阶级来指导——对于帝国主义作局部的抵御,利用所谓列强之间的冲突而苟延残喘,想镇压劳动民众的阶级斗争,处处与军阀、帝国主义者妥协而希望以反对赤化取媚外人,求得些许的恩惠;一是由无产阶级来领导——对于帝国主义整个儿推翻,利用帝国主义与世界无产阶级的总冲突而进行革命斗争,发展国民革命中之阶级斗争成分,集中最大多数民众的革命力,以求肃清国内一切买办、军阀、土豪等帝国主义的工具和劳动平民的压迫者。现时左右派斗争的具体问题是如此,并非如表面上看来是共产与反共产的争执。然而右派——国民党右派及国家主义派——故意装着不知道自己造作一个共产做对象——其实是帝国主义的谣言,他们却偏偏当真的来攻击。

如果要反对共产主义,便应当明了共产主义的意义。

如今思想界的右派却都是信口胡说。譬如邹鲁、孙镜亚等类的国民党员,曾琦等类的国家主义派便都是如此。

他们或者说广东政府立刻就在实行共产,或者说共产党是要中国社会回到原始共产制度(《醒狮》第六十八期)。广东政府是否共产,现在不值一驳。中国共产党要实行的是原始共产制度吗?这不过是曾琦等自暴其不学与荒谬,不值得去说他。至于比较有研究的戴季陶先生和《独立青年》杂志的灵光先生,也是同样的不了解“共产主义”四字是何所指。季陶说中国共产党的主义不适宜于中国,灵光说中国共产党要抄俄国的老文章。他们说这些话的时候,是否知道中国共产党的主义究竟是什么?我想,他们一定知道的,他们一定知道中国共产党并不曾主张明日便使中国社会里实现共产制度;可是他们因为要反对中国共产党,故意一口咬定地这样说。这里我们可以找着丝毫的客观态度吗?当然不能够!

我们应当分清楚共产制度与共产主义的区别。共产制度是说全人类社会之中阶级已经消灭,一切生产分配由社会经营,个人只须依照社会的计划去参加工作,便能得到社会的一切供给——衣、食、住、娱乐、科学等等。共产主义是说从现在社会——帝国主义的列强、商业资本、宗法社会的弱小民族殖民地,以至于菲(非)洲、西伯利亚等处的原人社会——怎样过渡到共产制度的种种式式政治、经济、教育等的方法:政党的策略、革命中的阶级关系、经济文化等的政策、革命后的国家制度等等。他们右派说共产主义不适宜于中国,即不能实现于现时的中国。如果是指共产制度而言,那么,不用说在中国,便是在已革命的俄国,将来革命后的美国,也不能立刻涌现。如果指的是共产主义,那么共产国际对于各国,都有相当适应于当地经济状况并与世界各国革命运动相联络的政策。他们应当对于中国共产党的具体政策加以详细的、虚心的研究,才有开口批评的资格。中国共产党根据马克思列宁主义,对于中国经济状况有周密的研究,以前《新青年》《前锋》杂志曾经登过不少这类的文章。因此,中国共产党确定进行革命以达共产制度的第一步政策:(一)中国资本主义发展的初期。适值世界帝国主义猖獗侵略中国的时代,亦就是世界无产阶级社会革命的时代,中国的无产阶级、小资产阶级和农民以至于资产阶级,都处于帝国主义、军阀双重的压迫之下。因此,中国无产阶级应当努力实行国民革命,引导一切平民参加民族解放斗争——中国的国民革命当然就是世界的社会革命的一部分,因为中国民族的解放,便是国际帝国主义势力的削弱。(二)这种国民革命的斗争里,无产阶级和农民应当以自己地位的改善和政治自由的取得为目标,因为解放大多数中国民众才能算得民族的解放。(三)凡是遏制劳动民众的斗争自由、剥削劳动民众的利益之一切势力,都应当和它奋斗,都应当推翻。那么,中国资产阶级如果压迫、剥削民众,阶级斗争便是国民革命中不可免的,如果他们因为要压迫、剥削民众而与帝国主义者、军阀妥协或联合,那么,劳动平民的阶级斗争不但拥护自己阶级利益，而且就是拥护民族利益——更加必要。（四）这种革命的进行和胜利，必须联合世界无产阶级及其他被压迫民族，因为只有这样，我们中国的力量才能排斥帝国主义的势力。而中国、印度、安南、朝鲜、南美等排斥帝国主义势力，同时，英、日、美、法、意等国内无产阶级反抗帝国主义的资产阶级，这种革命的胜利自然就是打倒帝国主义，资本主义在那时便当然根本推翻。（五）帝国主义国家内资本主义推翻而开始建设社会主义的时候，弱小民族及殖民地上的幼稚的私人资本主义便根本无继续发展之必要与可能，亦可以由劳动平民组织的国家执行有规划的发展经济实业计划，以渐进于社会主义和共产制度。这种政策，是否适合于中国的国情？用不着理论上来回答。中国共产党加入国民党之后，中国共产党开始劳动运动之后，这四五年来中国社会的发展，革命运动的进行，直到五卅的大开展，全国工人、农民、小商人的积极参加政治运动，废除不平等条约的呼声普及穷乡僻壤，便是老老实实的证据。广东国民政府成立，农工阶级因得着多量的自由而赞助革命政府，还在继续不断地和地主、买办阶级奋斗，以巩固革命政府的基础。广东一般人民现在能免除苛税杂捐的重负和反动军阀的压迫，便是这建筑在阶级斗争上的国民革命的结果。苏联、土耳其、蒙古、印度、埃及、叙利亚、英、法工人等革命势力对于广州政府的赞助和同情，便是革命政权确定而不受英国帝国主义摧残的保障之一。这种政策是否抄俄国的老文章，更不用详细地解释了。醒狮派和邹鲁派当然每况愈下，已经和买办阶级的冯自由派不能互相区别。他们除反对苏联、反对赤化而外，本无别种任务，只是信口造谣，说广东是俄人统治，是实行共产，说共产党是否认国家等等。广州的事实，最近国内外国民党代表的第二次大会，甚至于得到华侨及香港华商的赞助——已经为一般人所公认。中国共产党首先提出国民革命的联合战线，提出反对帝国主义、解放中国民族的口号，诚意地和国民党左派、革命派的孙中山主义合作——这第一阶段的中国共产党政策当然和国民党的革命主义相符合。何以能说共产党否认国家？可见醒狮派的态度，还不仅是曾琦等无知、荒谬不学的结果，并且是有意工蒙混事实，出于造谣中伤的用心。至于戴季陶、灵光等也是无的放矢，还有些人，或者接受共产党政策而故意反对共产党。适足以表现他们主义的资产阶级性质。

国民党右派和国家主义派所反对的既不是共产制度——共产主义的终极的目标，当然便是共产主义适用于中国情势的政策。这些政策之中第一个重要问题，便是阶级斗争。资本主义开始发展的中国,自然而然工人阶级的运动也随着开始;尤其因为中国是半殖民地——帝国主义的资本家既在实行对于殖民地劳动者的奴隶制度,中国的资本家又因处于帝国主义强力的压迫与竞争之下,不必能如资本先进国的余裕,可以及早让步、赂买部分的劳工贵族,亦是拼命地向劳动者压榨,以求利润。中国工人阶级对于这种双方两重的剥削,自然不能不开始斗争,而且这种斗争一开始便是革命的阶级斗争,绝无改良主义的阶级妥协之可能。中国工人阶级开始斗争的期间,所争的不过是增加些工资、承认工会和罢工的自由——罢工期间的工资、减少工作时间的要求实际上也还很少,开始斗争的方式何尝不是"和平"的谈判?然而资本家的政策,都是非常狡猾无信、残暴狠毒,次次必须以罢工的斗争才能解决问题。阶级斗争本来是资产阶级自身的行为。如今资产阶级向无产阶级斗争,右派却叫无产阶级不准回斗,岂非纯粹站在资产阶级方面!右派常说,要劝告资本家,诱发他们的仁爱性——仿佛共产党只是鼓动工人斗争,而又反对资本家仁爱。这种劝告,事实上是否收效?中国几千年的孔孟仁爱学说,是右派自诩为中国的国民性的,何以中国资本家都变成孔孟化外的人,而且变得如此之速呢?中国劳工运动的历史事实具在,现时工人阶级所处的实际地位具在,何以能说阶级斗争不适合于中国国情?七八年前说中国没有大资本主义,或者可以说得过去,而五卅之后,上海、香港、汉口、河南、安源、天津等处,百万余工人的罢工事实还想否认吗?工人阶级默无声息地替资本家用汗血去赚钱,资产阶级的学者、思想家、政治家或者还可以装着不看见,信口乱说中国没有工人——没有工业资本。如今工人阶级已经有实际的行动,震动全世界的大罢工,资产阶级的学者等等还能装聋装瞎吗?

共产党不但不反对资本家仁爱,而且只有共产党能够使资本家仁爱,只有工人阶级的阶级斗争能够使资本家仁爱。譬如去年十二月商务印书馆的罢工,工会方面前三天提出条件,要求答复,然而资本家不理,一定要等到宣布罢工,军警压迫、开枪、鞭打而工人不屈,而后资本家"仁爱"起来,假猩猩地哭起来,退职俸金的条例答应了……这是一个证据。五卅以前,国民党右派和国家主义派都是反对阶级斗争,甚至于说农民协会、工会等的保护政策都是赤化(那时骂广东政府的口头禅,谢英伯、冯自由等反对广州中央的"证据");如今右派和国家主义派除反对阶级斗争之外,也赶紧谈起劳工立法,谈起劝资本家仁爱来了。假使不是工人阶级最近几年来的斗争,戴季陶先生的仁爱说,《商报》、陈畏垒君的劝告说(一月二十四日),《独立青年》杂志的宣言,醒狮国家主义派的"解决国是办法"——处处不敢不提起劳工利益的口头禅,恐怕还未必见得实现罢?而现在谈得格外起劲,更是因为五卅运动中工人阶级的斗争力量之充分表显。这是第二个证据。再则,中国工人阶级在五卅运动的时候,罢工要求承认工会,以几十万人的斗争力量,逼使段政府不得不拟议工会条例,上海总商会也不得不代行电请;等到帝国主义者和军阀摧残了工人运动,工人的大规模的斗争被停止了,段政府和总商会便不肯"仁爱",不肯提起工会条例了。这是第三个证据。

国民党右派和国家主义派总说工人阶级的斗争足以把资产阶级吓得反动,分散国民革命的联合战线。这尤其是笑话。难道中国工人阶级应当忍受中国资本家的剥削,同时却又能反抗外国资本家的剥削——参加国民革命?中国资产阶级要利用工人的力量争民族的解放,便应当牺牲自己的目前利益:工人反抗外国资本家的剥削,当然也反抗中国资本家同样的压迫;中国资本家不能自动地减轻压迫,便只有受反抗。假使中国资本家因受反抗而竟反动,以至于勾结军阀、帝国主义,那就工人阶级的阶级斗争,尤其必要。总之,中国资本家、地主,只有两条路:一是向工人、农民让步,不禁止阶级斗争,因而取得民族解放——关税自主权、国家的统一、军阀的肃清、苛税杂捐的免除;一是宁可受帝国主义的压迫和军阀的虐使,而勾结他们来压迫工人——自己忍受军阀的扰乱市场,勒捐饷项,帝国主义者之扼制——如领事裁判权、关税协定权、租界管理权等。前一条路是现在广东的资产阶级小资产阶级等所走的;后一条路是上海资产阶级所走的:广东工人、农民的阶级斗争(工会的发达、资本家剥削的限制,工人罢工斗争的自由、农民协会的组织、农民自卫军的战斗)是革命政府的基础,而如今广东一般商人、资本家、地主,已经能免除苛税杂捐,自己建筑黄埔商港;上海的资本家却宁可受帝国主义者的统治,电气业由他们垄断独占,五卅时租界当局停止供给华厂电气时,中国资本家赶紧出全力帮助帝国主义者用种种勒迫、欺诈的手段摧残罢工,仅仅因为不肯牺牲停电期间的工资!

再则,如上海孙文主义学会的《革命导报》宣言,如《商报》一月廿四日的社论,总是说:"中国工人只受外国资本家的压迫,战斗的目标也只外国资本家",或是说,"以阶级斗争助成民族独立运动,吾人亦不能无异辞:民族独立要求,意义有在麦饼、米饭以上者"。诚然不错!可是,阶级斗争的意义不但在"麦饼、米饭"以上,并且还在民族解放以上。现时中国工人阶级所以能懂得废除不平等条约等等,正因为他们实行了阶级斗争,正因为这是中国共产党首先提出的阶级斗争之最低限度的目标,正因为中国国民革命是世界范围内中国无产阶级和世界资产阶级的政治的、经济的斗争。国民党右派要反对国内的阶级斗争,要否认民族解放与阶级斗争有一方面的共同意义,并且要工人的战斗目标限于外国资本家——正足以见他们完全只代表中国资产阶级的利益;他们“努力工作”“站起来”和赤化及阶级斗争奋斗,反对中国共产党,用种种手段欺蒙无产阶级,说中国“任何阶级”(军阀、买办似乎也在内)都有共同利害,实际上是叫工人去反对外国资本家的压迫而不要反对中国资本家的剥削(去年上海、天津、郑州、安源等的华厂工潮,已是中国资本家剥削、压迫的明证——他们还要说没有!)——正足以见得他们努力从事于“阶级斗争”,站在资产阶级地位来反对工人的阶级斗争。他们自身的发现于中国,他们自身的政治态度和政策,正是中国共产党政策和共产主义适合中国情势的最有力的例证。国民党右派和国家主义派呵,你们如果要证明马克思列宁主义的不适于中国,要证明共产主义是不合事实的理论,那么,你们对于中国共产党最有力的打击,便是停止你们自己的存在,消灭你们自己!

国民党右派的内部,正和中国资产阶级、买办阶级的内部一样,是决不能一致的。虽说他们反对赤化,和帝国主义也可以结成联合战线,可是他们各派相互之间仍旧有许多不同的矛盾的观点和政策。去年国民党右派中央委员的西山会议,完全受邹鲁、谢持等买办阶级派之统治——他们勾结冯自由等之所谓国民党同志俱乐部,对于戴季陶等右派中较左的,施行绑票,提到俱乐部中,加以殴打、恐吓,强迫签发宣言。所以继承西山会议的所谓上海中国国民党中央委员会,事实上是邹鲁派的,而还不是戴季陶式的,戴季陶因此而宣言辞职。去年十二月十四日(见《民国日报》十二月二十四日)这一所谓“中央”的告国民书,公开地骂共产党是依赖苏俄,说苏俄是另一属性的帝国主义,对于联合世界无产阶级和被压迫民族共同作战,简直完全不提起,只说“必先取得中国在世界的平和地位,然后才配进行实际的援助弱小民族”。然而戴季陶先生最近的表示(致楚伧的信),却明确说:“现代之帝国主义成为一国际的组织,反帝国主义之工作非一民族之力所能成功,故……凡信仰先生(中山)之遗教、遗嘱者,必须重视此点,对于先生与革命之苏俄友善,及与一切被压迫民族联合,与世界各国之革命的民众提携之旨,尤不可忘。至对于同在革命道途之友党……亦宜尊重同仇之德义,相见以诚,不为无益之猜忌、无理之攻击。”此中的分化,又更显然。嗣后上海孙文主义学会的《革命导报》宣言还是说:“他们(左派)只是消极地反对国际帝国主义这一制度,国民党之反对帝国主义,乃积极地扶植中国农、工、商、兵、士各阶级之利益的发展,联合殖民地、半殖民地各被压迫民族在同一战线上促进帝国主义之崩坏。”这可与戴季陶先生不同了:第一,《革命导报》宣言中有许多“无理之攻击”;第二,戴先生认帝国主义为国际的组织,必须“与世界之革命势力切实合作之以图我民族独立之成功,而促世界革命之实现”(见他复广州孙文主义学会电)。《革命导报》说国民党左派和共产党是消极地反对帝国主义,这竟是抹杀许多事实——共产党四五年来的实际斗争,迹近造谣诬蔑。他们自己承受了联合被压迫民族、促帝国主义崩溃之政策,却还反过来攻击最先提议这一政策的人,实在有点可笑。可是善变的周佛海,从马克思主义者变成孙中山主义的修正派的周佛海,更退后了一步,竟说国民革命不是根本打倒帝国主义,而只是打倒帝国主义在华的一切势力(见他《论国民革命与社会革命》的演讲和《革命导报》上的《释打倒帝国主义》)。这不但和戴季陶先生不同,并且与《革命导报》宣言自相矛盾。这种政见已经与《独立青年》和《醒狮》完全相同,不过肯用帝国主义四个字罢了。醒狮派国家主义者动辄高呼外抗强权,认打倒帝国主义为共产党一党的口号,“非国民革命之所宜采”(见曾琦《对于开除共产党后的国民党之三大忠告》——《醒狮》第六五期)。《独立青年》宣言也说:“我们要认清我国的问题,是我们中国的问题,不是国际的问题,是应由我们中国人自起而解决的问题,不是要联合全世界那一阶级来打倒他一阶级的问题——如共产党所主张的什么打倒帝国主义的问题。”

邹鲁、周佛海派的上海右派国民党中央和独立青年、醒狮等派的国家主义,总是反对打倒帝国主义——而只说要抵抗外国的侵略。无产阶级当然抵抗帝国主义的侵略,可是同时认清必须打倒国际的帝国主义,而后中国才能根本免除侵略;资产阶级却不愿打倒资本主义所产生的帝国主义。这些右派的资产阶级性是非常明显的。其实中国民族如果真能排斥一切帝国主义的在华势力——他和土耳其的经济上的国际地位大不相同——必然予帝国主义以致命的打击。各国无产阶级得此援助,必然群起革命,推翻世界的资本主义,那时帝国主义自然要根本打倒。周佛海等难道还赶去救护这一帝国主义吗?各国无产阶级革命,必然互相联合起来——这是反乎所谓国家主义的,国家主义派势必努力反对的了。这结果,岂不是国民党右派和国家主义派是列强资本主义——帝国主义的很恭顺、可靠的保护人!

不但如此,中国民族同时要反抗各国帝国主义的侵略——各国帝国主义如有巩固的国家主义,足以蒙蔽国内的劳动平民,他们便有可靠的军队、教徒、军事上的技术能力,加上外交阴谋、资本势力,中国民族用什么力量能抵抗这种侵略!国家主义派反对联合各国无产阶级,孙文主义学会也是如此(《革命导报》宣言只说被压迫民族)。这种主张是足以为帝国主义所利用,证实他们的“黄祸”谣言——法国总理白里昂便以“防御”摩洛哥人屠杀白人的理由欺骗法国工人,使他们不反对出兵摩洛哥。中国国民革命必须联合被压迫民族,必须联合世界无产阶级共同作战,才能有充分的革命力量;必须努力宣传世界的阶级斗争,使各国无产阶级自己起来反抗帝国主义政府,同时帮助中国的国民革命,才能得到根本的解放——所以中国国民革命的进行中,反对各国国家主义,是联合世界一切革命势力所必须的工作。

至于联合被压迫民族和苏俄的革命运动问题,邹鲁派的国民党“中央”既是包藏着攻击苏俄的用心,并说先求中国独立,然后再能援助弱小民族。邹鲁等也曾和醒狮派一样,说广州革命政府受俄人的统治,况且他们的“援助”弱小民族也和醒狮、独立青年等派一样,主张改蒙古、西藏为中国的行省,反对民族自决。先论联俄问题,这里有一个很可笑的现象:他们尤其是醒狮派,反对“帝国主义”的名词,可是却说苏联是赤色帝国主义。苏联是否帝国主义?有事实可以证明——试看如上海、汉口、天津、广州等处的苏联领事早已没有领事裁判权,最近那右派的所谓中央,却说苏联要以《陆路通商条约》为废除领事裁判权之交换条件,这岂不是造谣伎俩?他们攻击广州是俄人的统治,现在已经不成问题,香港的华商及一般人都已经看见事实的证明;俄国人在广东的唯一“罪状”,大概只是帮助国民政府练成强有力的革命军,弄得香港的英帝国主义者无从侵略。他们最近宁可和张作霖及日本帝国主义者联合战线,对于中东路风潮反对苏联,仿佛中兴名将于曾、左、李之外,又添了一位咱胡子也姓张的张作霖了!苏联是无产阶级的国家,中国的国民革命运动,即使站在民族的观点,也应当和他联合,利用他和各国帝国主义的冲突。帝国主义者所最恐惧的,便是中国民族与苏联联合战线,而国家主义派所最反对的,也是这一联合战线。大家想想,他们对于帝国主义的功绩多么大!对于与被压迫民族联合战线的问题,孙文主义学会形式上是赞成了;邹鲁派的国民党"中央"却要先"独立"而后"援助"。真不错! 日本现在先独立了,所以讲起大亚细亚主义,国家主义派亦很赞成,只是不要日本来行,而要中国来行(《醒狮》第六六期曾琦答孙文主义学会)。这种中国帝国主义的阴谋显然暴露。《独立青年》更反对蒙古、西藏的民族自决,因而反对联邦,要使他们变成中国的行省(《独立青年(创刊号)·联邦与中国》)。蒙古自决问题呢,国民党右派——连孙文主义学会也在内,以及醒狮派、独立青年派,都因此问题而说中国共产党是"亲俄卖国",要"求中国为俄国的第三国际的附属品,……促成俄国发展到帝国主义"。国民党右派显然违背孙中山主义——第一次国民党代表大会的宣言,明确地承认蒙古等民族的自决权,主张各民族自由结合的中华民国。其实,单由民族革命、国民革命的观点上来论——就是《醒狮》和《独立青年》也不能不承认这种革命,中国内部的民族问题,只有汉族采取绝对自由的民族自决的原则,才能解决;如果蒙、藏民族自己要坚持联邦制度,中国国民革命的政党,都可以让步——只有这样,才能使弱小民族倾心于革命的中国。各种右派的民族问题政策,正足以恐吓蒙、藏,使他们和中国离贰,或者愈益倾向苏俄,或者受帝国主义的利用。他们几百年来受中国大商阶级及满清贵族的侵略,自然有许多过分的怀疑和不信仰。列宁主义说:"民族自决直到分立国家",这种原则,已经结合许多民族而成立伟大的苏联;孙中山主义说"各民族自由联合的中华民国",只有这一原则才能结合巩固的"五族共和"。

国家主义派醒狮、独立青年等,往往说共产党的打倒帝国主义是社会革命的口号,"共产适是以召共管"。这一说法,刚巧和辛亥革命前保皇党的康梁派之"革命适足以召瓜分"太相像了,这可不是偶然。所谓共产是什么? 难道是中国共产制度的实现? 那么,中国这种落后国家里共产制度尚且实现了,帝国主义当然早已不存在,又何从来的共管呢? 假使是说共产主义政策的实行、各劳农阶级的阶级斗争、中国无产阶级与世界及苏联劳动平民的联合战线——在他们目光中,甚至于说国民党左派的政策,如辅助劳农、平民的组织、不禁止妨碍他们的阶级斗争、和苏联及各国革命平民相联络等,也认为共产主义。假使所谓共产是说的这些政策,是说的现时中国达到共产制度的革命途程(这里所谓共产主义并不名不副实——如灵光君在《独立青年》第一号所说的),那么事实上已经证明"共产即召共管"的论调之荒谬。这些政策,不是广东国民政府所实行的吗? 事实上,这些政策正是救广东出于共管现象的唯一道路;

而上海、北京等处的五卅经验中，都证明不能实行这些政策，适足以成就帝国主义的共管事实：五卅案司法重查、关税自主经列强一致否认等等。

至于理论上，他们以为中国只要利用列强的冲突，便可求得独立，常常举土耳其来作例子，用不着联合世界无产阶级和被压迫民族。这一理论的错误是很大的：第一，譬如土耳其，在欧战以前，同样有英、法、德、俄各帝国主义势力的冲突，何以不能独立解放？因为帝国主义之间的冲突，是有一定限度的，它决不能帮助自己所要侵略的国家解放。第二，土耳其的革命成功，因此显而易见是苏联革命胜利、第三国际成立后，英、法共产党的工人反抗帝国的侵略政策和苏联政府的实力赞助之结果。第三，中国经济上的国际地位和土耳其完全不同，当然更比维新前的日本不同。维新前的日本是处于资本主义初初发展成帝国主义的时期，列强的“海外侵略”还有较阔大的战场，他们因互相冲突而放任日本资本主义发展，还有如中国等处的市场可以侵略。土耳其在经济上对于帝国主义的存在，现在也不占举足重轻的地位，它的独立，不足以致整个儿帝国主义制度之死命。中国现时既处于帝国主义末期的时代，帝国主义的命根差不多全在中国，而且中国本身有最大的富源、最多量的廉价劳动力、最优越的商品销售场。因此，中国即使不行“共产主义”政策，仅仅民族革命，也足以促起列强的联合战线。共产主义的政策正足以破列强国内的民族的国家主义的联合战线，使这种帝国主义的联合战线、各国资产阶级的联合战线灭杀大部分的力量，不足以行共管。何况，五卅运动的经验里（见本号《五卅运动与国民会议》），证明帝国主义的联合战线只能到一定的限度，过此限度，便必然互相冲突；中国方面民族解放运动愈澈底——民族革命政策愈共产化——他们的联合战线愈软弱而致于破裂。

国民党右派——邹鲁派国民党“中央”和上海孙文主义学会，如今说共产党是勾结一派军阀以打倒别派军阀（见《右派中央及革命导报宣言》）。这在国家主义派口中，还仿佛是假清高的论调，在右派口中，真不知是何居心，有何颜面！邹鲁等勾结杨希闵、刘震寰的事实谁都知道。当共产党反对这种右派政策、反对依赖军阀的时候，右派说共产党是离间国民党的“友军”（卢永祥等）——前年双十节，黄仁同志还因此而被“人”凶殴致死。共产派反对这种残杀行为时，叶楚伧等还要为“人”辩护，不肯开除。如今却说共产党勾结军阀！何等的……！国家主义派（醒狮）说共产党勾结军阀，竟指出上海国民党市党部督促冯玉祥为国民会议奋斗的电报作证据。国民党左派及共产党的政策是看清现在军阀的崩溃和分化，主张平民召集国民会议，将一切倾向民众或表面上赞助民众的军阀，放在平民的国民会议之统治之下，使他们无可遁形。帝国主义者反对冯玉祥、蒋介石等，说他们是赤化军阀，正是要恐吓他们，使他们离开民众。国家主义派也帮着谩骂冯、蒋联俄卖国。国民党右派最近已不敢反对国民军，对蒋介石更从来不敢“开罪”，然而还空口地说共产党勾结军阀。他们这种行为何等的“对内一致”——与帝国主义者一致呵！冯玉祥等的国民军，当然还包含着不少反动成分，其中有吴佩孚余党，有犹豫畏怯、冯玉祥式的政策。可是人民方面，只有督促着国民军往革命道路上走，才能肃清它内部的反动分子和反动政策；决不能将所有中国的武力一概视作军阀而反对之，都送给帝国主义者御用。人民与武力的结合，是孙中山先生的革命策略。这一策略的运用，一方面是造成国民革命军和武装工农平民，别方面是将现有的军队、兵士，下级士官以至于忠实于革命的“将军”，置于人民的统治及指导之下。这种策略运用得不好，弄得国民政府受军阀的挟制操纵，如以前杨希闵等的所作所为，国民党左派和共产党以至一般人民都要反对，并且要力求肃清这些势力的。我们对于国民军，亦是这样主张。至于蒋介石等，现时的国民革命军，恐怕唯一的“罪状”，便是遵照人民的意志，肃清了反动军阀，停止了拉夫，勒派饷项，擅收租税、杂捐等的事罢了。国家主义派要反对这种军队，何不直说反对国民革命的成功呢？

奇巧不巧，《革命导报》居然说：“他们（左派）之反对军阀，目的在利用少数军阀，以促成名义上的劳农专政，实际上的寡头政治。”共产党在国民革命时代并未主张无产阶级独裁制，这是谁都知道的，右派的这种攻击，和其他攻击一样，故意自制其“共产主义政策”来做对象，这是因为他们没有在理论上驳难共产主义政策的能力，所以只好以造谣的伎俩来中伤。共产党所主张的——国民党左派当然也可赞成——正是在国民革命时代必须革命的，各革命党联合战线的，对于保皇党、帝国主义党、军阀党、买办党、土豪党，对于一切反动势力的独裁制——国民革命的革命派独裁制。一切革命没有独裁制便完全是空想：难道革命胜利之后，还能容许反革命派的自由，以便他们推翻革命？至于《醒狮》《独立青年》等，更宣言反对一党的专政，可是《独立青年》第一号《民众势力与军阀势力》一篇论文说：“由真诚了解民治主义者，抱我入地狱长期牺牲之决心，分途羼入各机关团体，加以切实之整顿、有力之指导、严固之组织。”

这不是政党作用又是什么？如果这些机关组织内，推而至于一国内，有买办、军阀等反革命分子，不服从所谓“有力之指导”，那时怎样呢？难道照德谟克拉西的原则，应当放任？推而至于国家的政治，应当由国内一切阶级，所谓全民：军阀、买办、土豪、人民等等的“联合政府”来治理？真正的民权主义，只有拥护保障真正平民的政权。至于无产阶级一阶级的独裁制，诚然不错，是共产主义，可是这一共产主义政策的实行，事实上当然只在社会内其他阶级，如资产阶级完全变成反革命的时候。中国共产党，现时认为国民革命时代中，应当实行对于军阀、买办等帝国主义的走狗之革命独裁制。这是中国唯一的出路，这种政策，已经为孙中山先生的革命的国民党所接受(国民党第一次大会宣言)。灵光君对于无产阶级独裁制怀疑，他以为：“无产者的志愿是在乘机得到一些财产……所谓成功，不是共产革命成功，而是他们个人的致富成功。”(《独立青年》，灵光：“质郭沫若……”)又说，共产党有什么“不投降便打倒”的政策，这和误解劳农专政是寡头政治是一样的。灵光君不曾研究一研究：俄国现时——革命胜利后第八年，无产阶级是怎样“团体致富”——大规模的社会主义生产、工人农民的俱乐部、协作社、公共寄宿舍等；他也不曾研究一研究：俄国现时的选举制度，各省、各县及中央的国家职员有多少农民、工人(这些都有统计和事实可以复按的，最好要不以耳代目)。至于说中国工人幼稚，甚至于如《商报》上的姚公鹤，说女工高呼“打倒帝国主义!”和“废除不平等条约!”都是出钱买她们来的。这种对于劳农平民的不信任，实是知识阶级傲慢与无知的结果。俄国工人、农民当初也是很无智识、很幼稚，而革命斗争的经验和共产党的工作，使他们现在做了苏联的主人。就是中国的女工，受着帝国主义者的压迫和五卅斗争中的经验，也有一部分比以前的智识、能力长进得多了。假使说这都要用钱去买，岂非大笑话？五卅时期，上海大街小巷都贴着打倒帝国主义的标语，大半都是一般普通人民所写的，难道都是钱买来的？这种意见，简直认农工民众中，永无增进智识的变化，显然是不切事实的。“不投降便打倒”和“寡头政治”的说法，尤其是“海外奇谈”——欧洲的帝国主义者和投降资产阶级的社会党也往往这样地骂俄国共产党，事实上俄国政治的实际状况和各国共产党的政治行动，都可以证明这完全是谣言。共产党不但不抱着“不投降便打倒”的原则，而且处处都是引导革命派的统一联合。譬如广东政府里的汪精卫、蒋介石，现在更加上胡汉民，甚至于伍朝枢、孙科，他们何尝投降了共产党，而并没有被打倒；上海最近的国民会议促成会(固然仅仅只有左派而无共产党,然而共产党是赞助它的),极力与孙文主义学会去合作,只见右派拒绝,却不见左派打倒他们。总之,社会革命时代无产阶级独裁制之可能与必要,正和国民革命时代革命派的独裁制之可能与必要是一样的,现时都有具体的事实证明。

中国最近几年来的国民革命运动,尤其是五卅运动,已经有很广大的发展,资产阶级的阶级意识——所谓"民族精神"或"国家主义",也就因此而发现出来,国民革命运动里的阶级分化和阶级斗争已经确有明显的表示。虽然戴季陶先生、上海孙文主义学会、邹鲁、周佛海派的国民党"中央"、独立青年派、醒狮派等相互之间互相矛盾,尤其是对于帝国主义及联合世界革命势力的问题上:季陶先生赞成和世界无产阶级联合;上海孙文主义学会只赞成和被压迫民族联合,可是还要促起帝国主义的崩溃;周佛海则反对打倒帝国主义,国民党右派之中已经互相违背"党的纪律";国家主义派更连帝国主义的名词也不肯用,他们内部也有冲突:孤军社(《独立青年》)和醒狮社共同署名答复共产主义青年团的信,居然在《独立青年》杂志和《醒狮》周报上发表的互相不同,听说中间经过曾琦个人擅自地削改(这真是寡头政治)。然而这不过是聪明的和愚笨的、远见的和近视的、不愿受帝国主义利用的和宁愿受买办阶级指导的种种式子的资产阶级政见之冲突。他们比较有一共同的目标:消灭无产阶级的政治觉悟,破坏共产党的政治势力,以民族或国家的笼统名词欺蒙无产阶级,以口头上的保护劳动社会政策诱惑无产阶级,使为己用而专擅国民革命的指导权。这种"指导",像我们上面的分析,其势必定使国民革命失败或妥协:以反对阶级斗争而灭杀劳农、平民参加国民革命的势力,以反对联合各国革命势力而巩固帝国主义的国家。

共产党的政策和共产主义,正因此而不得不加劲发展,否则,共产党的失败,不仅是无产阶级斗争的失败,而且同时也是中国民族解放运动的失败。中国民族解放的唯一道路,只有和无产阶级携手共进,在无产阶级之政治领袖之下,结合革命的联合战线。中国现时正是格外需要共产主义之宣传,不但对于工人、农民,而且对于一般人民,甚至于资产阶级和买办阶级:使他们知道人类历史的演进,最终的目的地必然是共产主义,共产主义的政策——从国民革命以至于社会革命的,不过是革命的,亦就是所谓"赤化"的政策罢了,并没有什么洪水猛兽似的可怕;使他们知道,世界以及中国无产阶级的力量必然日益发展,资本主义的末日,中国国民革命和世界社会革命的胜利,不久便要临到;他们那所谓的顽蛮的抵抗,只能帮助帝国主义压迫自己,没有别的好结果。共产主义的发展在中国今日决不太早,只嫌太迟而太缓——以至于增加资产阶级许多愚妄、自欺、野蛮、残狠的、枉然的顽抗和梦想。

中国国民革命中的阶级分化虽然开始,然而因为中国的经济状况——使资产阶级知道别无出路,不能得到帝国主义的让步,使小资产阶级知道自己的犹豫畏怯只是造成帝国主义巩固其统治之机会与可能。这种分化的结果,只能使大多数革命青年和劳农阶级,在经验上更加确定自己的革命意志,巩固无产阶级的政治指导;使小资产阶级等逐步觉悟,因而逐次巩固一般平民阶级的革命联合战线;只有极少数的反动"领袖"将来完全倒到帝国主义、军阀、买办、土豪的怀里去,变成明显的反革命党。

一九二六年一月二十九日

(季刊三号,一九二六年三月二十五日)

世界革命与中国民族解放运动

陈独秀

国民党右派及国家主义者,都以为中国的民族独立解放运动该由中国人自己的力量来做,不应该接受外力即苏俄的援助。他们的理论仿佛是一民族的独立解放运动中若夹杂了外力,便失了独立性,所谓独立便名不称实了。

他们这种形式的逻辑、这种关门革命的方法,表面上好像是他们的民族主义更高调些,他们的独立运动更彻底些。可是实际上,若是用他们这样独立的方法,想达到独立之目的,真算是缘木求鱼!他们不是民族主义而是闭关主义,他们不是独立运动而是孤立运动。照他们的方法,关起门来做中国一民族的独立运动,拒绝全世界的同情、援助,使中国一民族完全站在孤立无助的地位,此诚为我们的敌人——国际帝国主义之所喜,而陷中国的民族独立解放运动于更孤危、更险阻的困境中。

法国《巴黎晨报》曾说:“英、法、日、美应联合压迫中国,恢复国内秩序,以免赤俄在亚洲势力膨胀,否则莫斯科从中援助之亚洲民族自由运动将发展到中国。”可见帝国主义者压迫中国的计划有国际的联合,而中国的国民党右派及国家主义者,却反对中国民族运动有国际的援助。又可见帝国主义者早已料到外力援助中国民族自由运动对于他们的危险,而中国的国民党右派及国家主义者,却正是专门拼命反对中国民族运动接受莫斯科的援助。这真巧极了,帝国主义者应该如何感谢他们(国民党右派及国家主义者)!

他们以为接受外力援助有损独立精神,他们忘记了美国独立战争中接受了不少的法国援助。他们更忘记了现代国际帝国主义所造成之整个的世界革命状况,和前代各国各自革命状况更大不相同。

现代资本制度已发达到最高形式——统一世界之财政资本主义,即国际帝国主义。因此,全世界的经济成了整个的,全世界政治也直接、间接在这整个的经济影响支配之下成了整个的。因此,全世界的统治者、压迫者(国际资本帝国主义)成了整个的,全世界被统治者、被压迫者(工农阶级及弱小民族)对于统治者压迫者之反抗,也汇合起来成了整个的世界革命。各处弱小民族及被压迫国家的解放运动和各帝国主义国家内的工农阶级解放运动,都是这整个的世界革命运动之一部分,而有相互的密切关系。因为现在已经是二十世纪之第二十六年,已经是对于资本主义造成的革命对象——统治全世界的国际帝国主义革命时代,而不是十八世纪各国各自对于本国统治阶级革命的时代了。

在此整个的世界革命时代,任何国家的革命运动,任何属性的革命运动——阶级的或民族的,都不是国民党右派及国家主义者所想象之一国家一民族关起门来独立革命可以得到成功的。

这还是理论一方面,现在再说事实。俄国十月革命总算是最成功的了,然而革命的军事终了后,仍然要对小资产阶级让步,仍然要受帝国主义不断的威吓。英国屡欲用兵力压迫苏俄,都因为英国工人反对及各殖民地革命运动之兴起而作罢。最近洛迦诺会议中进攻苏俄之密谋方定,而英国大罢工突起,势不得不暂时停顿。土耳其民族革命之成功,不用说是因为有苏俄很大的援助。土耳其的民族革命总算成功了,基玛尔居然趾高气扬地杀戮共产党了,并且想离开苏俄了。殊不知英、法两帝国主义还未倒,他们仍旧向土耳其夹攻,尤其是最近英国抢夺莫塞尔,于是基玛尔再回向苏俄。中国及波斯在俄皇时代所失各种权利,若不是俄国无产阶级革命成功,如何能够收回?去年中国五卅运动初起,英、法、德、美各国的资产阶级的政党及其政府,一致宣传中国五卅运动是义和团一类的排外运动,嗣因英、法、德、美、俄、日本的工人及其政党纷起援助,才不便这样宣传。中国的五卅运动,因为有各帝国主义国家内的工人同情、援助,使各帝国主义者不得不提出他们久已忘记了的关税会议来敷衍中国人。并且英国帝国主义者因为恐怕中国五卅运动引起印度人的觉悟,也拿出一点小小让步,和缓印度资产阶级的感情。现今弥漫全世界之民族独立运动,如欧洲之墨西托尼亚、皮沙拉比亚、布哥维那、西里西亚、克洛西亚等,如亚洲之波斯、阿拉伯、叙利亚、土耳其、阿富汗、爪哇、中国、印度、高丽等,如非洲之摩洛哥、埃及、阿尔及利亚等,莫不有苏俄之后援。最近摩洛哥中悲壮震动全球的里夫民族之失败,《巴黎晨报》说:"阿白杜尔克林之降,可使俄、德不复抱法国必败于摩洛哥之梦想,法国虽死一百七十万人,然终能一再表示其自卫之能力,阿白杜尔克林固可依恃法国之恩慈,但宽恕非忘却前事之解,阿氏与布尔希维克及日耳曼之接洽,法人不能忘也。”小小的里夫民族,为数不及一百万,军队只六万五千,前曾击破西班牙十万大兵,继又和法国苦战一年有余,今虽不幸失败,其所加于法国之损失如此之大,此固由于摩洛哥人勇敢善战,而俄、德、法各国共产党人援助之力亦不小,《巴黎晨报》只说法国不能忘阿氏与俄、德之接洽,却不肯说出阿氏更与它自己国中“不爱国”的法国共产党接洽也。

依据这些事实,现代整个的世界革命运动中各部分相互关系之密切,已非常明显。

现在,我们再研究中国民族解放运动的前途和世界革命之关系是怎样。

中国是英、美、法、日、意、比等帝国主义国家共同掠夺的市场,而不是那一个帝国主义国家的殖民地。所以中国民族解放运动第一个对象是国际帝国主义,而不仅仅是那一个帝国主义的国家。中国民族解放运动第二个对象是国内军阀,因为他们是帝国主义者用作掠夺中国利益、压制中国民众之工具。所以中国的民族解放运动,必须是由集中民众的组织,民众取得武装,解除军阀的武装,一直到和帝国主义者武装冲突之胜利,才能够达到民族解放的目的。

中国现有的直、奉两系军阀,只要有一系存在,都是民众的大敌,都是束缚民族解放运动之万钧锁链。国内军阀比起英、美、法、日任何一个帝国主义的力量来,却只是九牛之一毛,何况国际帝国主义的力量,那更是大莫与京。所以,中国的民族解放运动,不但高等华人之友谊的磋商和资产阶级之和平要求等于痴人说梦。即令有困苦的革命争斗,这种争斗,若不得到苏俄及全世界无产阶级有力的援助,使这争斗能成为长期的一直到和各帝国主义国家内的无产阶级革命汇合起来,完成整个的世界革命,也是不会完全成功的。

那么,或者有人以为反正中国的民族解放,非到世界革命实现不会成功,待到世界革命实现了,国际帝国主义覆灭了,中国问题也自然解决了,现在中国民族便无须努力作这不必要的革命争斗。这种见解非常之错。

不但在主观上,世界革命是世界各民族中革命民众之共同义务,任何革命民众,都不能取这种机会主义的可耻态度。并且在客观上,被压迫国家、弱小民族的民族革命运动和各帝国主义国家内的无产阶级革命运动，二者汇合起来，才能根本推翻国际帝国主义，才能成就整个的世界革命，譬如一车之两轮，缺一不可。我们若坐待世界革命机会之到来，而自己不努力于反帝国主义的民族争斗，使帝国主义者得集其全力以镇压其本国内的无产阶级革命，则我们所坐待之机会，或至永远不会到来。所以中国的民族解放运动，固然不应如国家主义者所主张，关起门来独立革命，也不应如机会主义者主张我们自己不必努力，只坐待世界革命之到来。在实际的历史现象上，全世界反帝国主义的民族革命高潮，也是和各帝国主义国家内的无产阶级革命高潮，在相互影响中平流并进。中国是国际帝国主义所共同征服的国家，自然不能幻想马上就会有和帝国主义者武装冲突的胜利之可能。但我们在这世界革命高潮中之可能的责任，是不断地努力、不断地争斗、不断地摇动帝国主义在中国之势力，不断地和帝国主义者争夺中国现有的武装——尚未为帝国主义者所有的武装，如冯玉祥、唐生智等军队，甚至于已为帝国主义者所有的武装，如直、奉两系军队——不断地扩张民众的武装，如民团、商团、红枪会、农民自卫团、工人自卫团、工人纠察队、学生军等。经过这样的长期努力与争斗，才能够解除军阀的武装，才有联合别的被压迫国家如苏俄等和帝国主义者武装冲突之可能。帝国主义在中国之势力摇动一分，他们国内的无产阶级革命潮即高涨一分。中国民众的武装及接近民众的武装扩张一分，军阀的势力即削弱一分，亦即中国民众和帝国主义武装冲突之期接近一分。如此长期争斗之结果，再和各帝国主义国家内的无产阶级革命汇合起来，才能够根本推翻统治全世界的国际帝国主义，才能够实现世界革命，才能够使中国民族得到完全的解放。

在政治上，中国是国际帝国主义共同征服的国家；在经济上，中国是国际帝国主义共同掠夺的市场，不根本推翻统治全世界的国际帝国主义，中国民族不会有完全解放之可能。因此，中国民族解放运动之背景及其必然的途径，可称为一切民族解放和世界革命关系之模范的说明。

国民党右派及国家主义者关门革命的方法，固然不合实际。有些国民党左派，自以为赞成世界革命表示特别激进，其实这并不算什么特别激进。中国民族革命，只是整个的世界革命之一部分，赞成世界革命的人无有不赞成中国民族革命。尽力中国民族革命的人也应该尽力世界革命，尽力世界革命即是尽力中国民族革命，这两件事是很难分开的，因为这两个革命的对象只是一个：统治全世界的国际帝国主义。

中国的民族革命者,不但要尽力世界革命,并且要努力研究世界革命的现状及其趋势。换句话说,就是不但要懂得本国的真实状况,即其历史发展到了什么阶段,并且要懂得世界的真实状况,即其历史发展到了什么阶段,更要懂得本国和所处的世界之革命的关系是怎样一种形势。懂得了这些,然后所定革命的策略及行动,才适合实际,才不至于落后或空想。

现在已经不是闭关时代了,世界各部分的革命运动,因为相互影响之关系日渐密切,已成为整个的不能分开了,凡是一个民族革命者,头脑中若没有一个世界革命形势之具体的图画,并且时常检查这图画中有无错误而加以改正,则口中虽说赞成世界革命,实际上仍旧是关门革命。

一九二六年五月三十日

(季刊第五号,一九二六年七月二十五日)

中西
文化

現代文明史

法國薛紐伯著　陳獨秀譯

薛紐伯（一）為法國當代第一流史家。本書乃歐土名著之一。今為篇幅所限。擇要譯之。譯者識

第一章　十八世紀歐羅巴之新強國（略）

第二章　十八世紀殖民制度（略）

第三章　十八世紀歐羅巴之革新運動

（一）十八世紀之新思想

十七世紀之工商業　中古時代。人人於君主特許之社團外。無從事勞作之自由。營業者不得違反君主認可之規律。在諸專制君主國。務保存此等社團及規律。製造之業。由國家管理。私人無創業之權。工作者屬於都市工頭之特權。無論何人。皆不得於鄉間建設工場。亦不得新設於市內。違者處以死刑。雖有勞作之特權者。亦不能自由勞作。及有造作。必遵循舊傳方法及命令楷則。執政者咸謂工人悉應受政府之指導。法蘭西人柯耳白爾。（二）曾編定一工業法規。工人必需之鉋。應如何為之。羅紗之幅。例應若干。皆一一定之。監視人應不絕巡察工場。倘屬不合此法規之產物。沒收不赦。或令毀棄之。政府欲輸入新工業於國內。建立種種製造場。政府自為管理人。支給勞作者之工貲。（葛白那（三）織場及柯耳白爾創設之薄紗工場。皆此類也。）政府有制商權。亦當時歐羅巴洲之通例也。不經政府之允許。及遵守其法規。私人所有之貨物。不得運

选自《青年杂志》第一卷第一号(原版内文)

法兰西人与近世文明

陈独秀

“文明”云者,异于蒙昧未开化者之称也。La Civilisation 汉译为“文明”“开化”“教化”诸义。世界各国,无东西今古,但有教化之国,即不得谓之无文明。惟地阻时更,其质量遂至相越。古代文明,语其大要,不外宗教以止残杀,法禁以制黔首,文学以扬神武。此万国之所同,未可自矜其特异者也。近世文明,东西洋绝别为二。代表东洋文明者,曰印度,曰中国。此二种文明虽不无相异之点,而大体相同。其质量举未能脱古代文明之窠臼,名为“近世”,其实犹古之遗也;可称曰“近世文明”者,乃欧罗巴人之所独有,即西洋文明也,亦谓之欧罗巴文明。移植亚美利加,风靡亚细亚者,皆此物也。欧罗巴之文明,欧罗巴各国人民皆有所贡献,而其先发主动者率为法兰西人。

近代文明之特征,最足以变古之道,而使人心、社会划然一新者,厥有三事:一曰人权说;一曰生物进化论;一曰社会主义是也。

法兰西革命以前,欧洲之国家与社会,无不建设于君主与贵族特权之上。视人类之有独立自由人格者,唯少数之君主与贵族而已;其余大多数之人民,皆附属于特权者之奴隶,无自由权利之可言也。自千七百八十九年,法兰西拉飞耶特(La Fayette,美国《独立宣言书》亦其所作)之《人权宣言》(*La déclaration des droits de l' homme*)刊布中外,欧罗巴之人心,若梦之觉,若醉之醒,晓然于人权之可贵,群起而抗其君主,仆其贵族,列国宪章,赖以成立。薛纽伯有言曰:“古之法律,贵族的法律也。区别人类以不平等之阶级,使各人固守其分位。然近时之社会,民主的社会也。人人于法律之前,一切平等。不平等者虽非全然消灭,所存者关于财产之私不平等而已,公平等固已成立矣。”(语见薛氏所著 *Histoire de la Civilisation Contemporaine* 之“结论”,第 415 页。)由斯以谈,人类之得以为人,不至永沦奴籍者,非法兰西人之赐而谁耶?

宗教之功,胜残劝善,未尝无益于人群。然其迷信神权,蔽塞人智,是所短也。欧人笃信创造世界万物之耶和华,不容有所短长,一若中国之隆重纲常名教也。自英之达尔文,持生物进化之说,谓人类非由神造,其后递相推演,"生存竞争""优胜劣败"之格言,昭垂于人类。人类争吁智灵,以人胜天,以学理构成原则,自造其祸福,自导其知行,神圣不易之宗风,任命听天之惰性,吐弃无遗。而欧罗巴之物力人功,于焉大进。世多称生物学为十九世纪文明之特征,然追本溯源,达尔文生物进化之说,实本诸法兰西人拉马尔克(Lamarck)。拉氏之《动物哲学》出版于千八百有九年,以科学论究物种之进化与人类之由来,实空前大著也。其说谓生物最古之祖先,为最下级之单纯有机体。此单纯有机体,乃由无机物自然发生,以顺应与遗传为生物进化之二大作用。其后五十年,倾动世界之达尔文进化论,盖继拉氏而起者也。法兰西人之有大功于人类也又若此。

近世文明之发生也,欧罗巴旧社会之制度破坏无余,所存者私有财产制耳。此制虽传之自古,自"竞争""人权"之说兴,机械、资本之用广,其害遂演而日深。政治之不平等,一变而为社会之不平等;君主、贵族之压制,一变而为资本家之压制。此近世文明之缺点,无容讳言者也。欲去此不平等与压制,继政治革命而谋社会革命者,社会主义是也。可谓之反对近世文明之欧罗巴最近文明。其说始于法兰西革命时,有巴布夫(Babeuf)者,主张废弃所有权,行财产共有制(La communauté des biens)。其说未为当世所重。十九世纪之初,此主义复盛兴于法兰西。圣西孟(SaintSimon)及傅里耶(Fonrier),其最著称者也。彼等所主张者,以国家或社会为财产所有主,人各从其才能以事事,各称其劳力以获报酬,排斥违背人道之私有权,而建设一新社会也。其后数十年,德意志之拉萨尔(Lassalle)及马克斯(Karl Marx),承法人之师说,发挥而光大之。资本与劳力之争愈烈,社会革命之声愈高。欧洲社会,岌岌不可终日。财产私有制虽不克因之遽废,然各国之执政及富豪,恍然于贫富之度过差,决非社会之福。于是谋资本、劳力之调和,保护工人,限制兼并,所谓社会政策是也。晚近经济学说,莫不以生产分配相提并论。继此以往,贫民生计,或以昭苏。此人类之幸福,受赐于法兰西人者又其一也。

此近世三大文明,皆法兰西人之赐。世界而无法兰西,今日之黑暗不识仍居何等! 创造此文明之恩人,方与军国主义之德意志人相战,其胜负尚未可逆睹。夫德意志之科学，虽为吾人所尊崇，仍属近代文明之产物。表示其特别之文明有功人类者，吾人未之知也。所可知者，其反对法兰西人所爱之平等、自由、博爱而已。文明若德意志，其人之理想决非东洋诸国可比，其文豪、大哲、社会党人，岂无一爱平等、自由、博爱，为世矜式者？特其多数人之心理，爱自由、爱平等之心，为爱强国、强种之心所排而去，不若法兰西人之嗜平等、博爱、自由，根于天性，成为风俗也。英、俄之攻德意志，其用心非吾所知；若法兰西人，其执戈而为平等、博爱、自由战者，盖十人而八九也。即战而败，其创造文明之大恩，吾人亦不可因之忘却。昔法败于德，德之大哲尼采曰："吾德人勿胜而骄，彼法兰西人历世创造之天才，实视汝因袭之文明而战胜也。"吾人当三复斯言。

（第一卷第一号，一九一五年九月十五日）

现代文明史（一）

〔法国〕薛纽伯 著 陈独秀 译

薛纽伯[1]为法国当代第一流史家。本书乃欧土名著之一。今为篇幅所限，择要译之。

译者识

第一章 十八世纪欧罗巴之新强国（略）

第二章 十八世纪殖民制度（略）

第三章 十八世纪欧罗巴之革新运动

（一）十八世纪之新思想

十七世纪之工商业。中古时代，人人于君主特许之社团外，无从事劳作之自由，营业者不得违反君主认可之规律。在诸专制君主国，务保存此等社团及规律。制造之业，由国家管理，私人无创业之权。工作者属于都市工头之特权。无论何人，皆不得于乡间建设工场，亦不得新设于市内，违者处以死刑。虽有劳作之特权者，亦不能自由劳作。及有造作，必遵循旧传方法及命令楷则。执政者咸谓工人悉应受政府之指导。法兰西人柯耳白尔[2]曾编定一工业法规，工人必需之刨应如何为之，罗纱之幅例应若干,皆一一定之。监视人应不绝巡察工场。倘属不合此法规之产物,没收不赦,或令毁弃之。政府欲输入新工业于国内,建立种种制造场,政府自为管理人,支给劳作者之工资。(葛白郎[③]织场及柯耳白尔创设之薄纱工场,皆此类也。)

政府有制商权,亦当时欧罗巴洲之通例也。不经政府之允许及遵守其法规,私人所有之货物,不得运输及买卖之。法兰西政府禁止国内之小麦输出,并不许由此省运往他省,或囤积之。盖以预防饥馑及垄断者囤积居奇,致市价翔贵也。此禁令之结果:收获不足之地方,遂遭凶歉,以无法输入粒食也;同时,收获成熟之地方,农人拥有余谷,亦无缘销售。

租税之通则,亦当时所未有。各国之所求者,惟在设立租税,足以使其收入尽量加多,被弊其国不顾也。各处租税,极不平均。政府为自利计,贵族租税几于全数豁免,农民则备受迫压之苦。

重商政策。对外贸易,乃遵循十五世纪威尼士[④]及弗罗连斯[⑤]之当局者所立原则。彼等以为所有之国家,乃对于他国商业竞争之谓也。又云:“贸易者,战争也。一国民之所利,同时必他国民之所损。”因以各国欲增加其国之富力,不得不侵蚀他国。尔时计富以金银为主,因有金钱者,可购买一切也。法重尽力输入金钱于国内,且尽力制止其外溢。因此必求多量商品之输出(即售之外人者)以易取金钱,亦必尽量减少输入(即购诸外人者)以节省货币。此等国家,乃若商号,各自以买寡卖多为致富之道。每岁之终,比计输出输入之额,是谓贸易均衡。(当时之人,视国家若年终计较损益之银行家。)凡一国之输出超过输入之时,则确获货币上之利益,于贸易均衡,彼之利也;反之输入之额多,则货币损失,于贸易均衡为不利。致富之输出,使之加多;召贫之输入,殊于输入之制造品,使之减少。各国之政府,设法阻止工艺品贩卖于国内,且驱除外国之作品而代以国货。行此政策有二方法:其最急激者,禁止商人运入某种外国制造品是也。柯耳白尔禁止威尼士之薄纱贩卖于法兰西境内,法兰西人不得购买非法兰西工场制出之薄纱。此所谓“输入制止主义”[⑥]也。其他则仅令运入国内之外货,缴纳一定之关税。(此等外来商品税,自十二世纪已行之东方[⑦]诸港。收税之关,名曰都昂[⑧],此亚剌伯语也。在当时不过以关税为筹款之法,后世遂以为保护内地工业之用。)其货之价值,当然增涨。国内所制同样之货,不纳此税。于价值上自易与外货竞争。政府于边境征收此税,既为国家增加收入,又以保护工商业者。此所谓“保护贸易主义”[9](Le système Protecteur)也。

十七世纪欧罗巴诸国,无不采用此禁制或保护之方法。一千六百五十一年之航海条例[10],乃适用禁制主义于英吉利海军者也。凡非属于英吉利船主,由英船长指挥之英吉利船只,皆阻止其与英吉利及英殖民地贸易。柯耳白尔亦施行此保护之义于法兰西。彼曾云:“关税如柱杖,以之扶持营业之进行,至于十分稳固,方可抛弃也。”

此种制度,称为“重商政策”[11]。(正当言之,此政策绝不合于学理,亦不合于一般之应用。不过于商业政策[12]名义之下,兼举十六、十七两世纪各国执政者之持论及设施而已。)其目的在奖励贸易及输入钱币于国内。最适此者莫如意大利诸都市。是等都市以工业及输出为致富之道。对于敌市,不得不拥护自市之商业。此风盛行于十五世纪,其时银量稀少,而需求孔殷。但此种政策,乃不适用于大国。加以亚美利加之发见,供给金银无算也。

经济学者。对于社会及国家增富之策加以学理的研究者。自十七世纪始,此种研究称曰“经济学”(此语千六百十五年孟克芮相[13]始用之),是所谓一国岁计之学也。经济学家之所探求者,应取何法使一国之工商业趋于生产性质,以及采用如何税法,而国家之收入极多,私人之苦感极少也。经济学者有三时代,其大部分为法兰西人。

第一,自路易十四治世之末年,有波洼构卑[14]者,著书二种:一曰《法兰西事情》(一六九七年);一曰《法兰西形势论》(一七〇七年)。有倭班[15]者,著《什一税论》,皆以摘发法兰西之贫状。彼等以统计法表示人口之减少及政府任取严厉手段,亦不获扩充收入,其弊在租税制度之不良。一切租税,皆由郡吏任意断定。富者尽运动之方法,使其所有地及其佃户之地得以漏税,贵族领地之免税,其权利也。茹苦负重者,可怜之农民已耳!彼辈终岁所获,租税恒取其三分之一(此外尚有应纳僧侣之什一税及地主之租)。农民劳而无获,遂不得不转徙他乡,而耕地委任荒芜矣。倭波二氏,唱议欲去斯弊,必平租税。一切土地,悉令纳税无差别。彼等之书,旋于千七百有七年,受刑事之宣告,由执法官毁弃之。然法兰西人租税制度改革必要之感自此始矣。

第二,路易十五世之中顷,王之侍医桂内[16]其人者,著一书曰《经济演讲》。相传路易十五颇爱读此书,且订正书中之引证,自是经济学流行于世。桂内门下,蔚为一宗。地主如米拉波[17]、高等官如郡守顾内[18]亦列其中。彼等主张之原则,谓神定天然法则,以支配富力之生产。其法完善,人间所作一切法,不能媲美于天然之秩序。最良之制度，乃放任一切事物悉顺天然之进行。彼等称此学说为"地力主义"[19]（即天然支配之意）。"地力主义"者，亦尝讨论若何而富力发生，乃造成一种生产论。（此论之主要学说，载杜朋德努姆[20]及梅雪德拉里委尔[21]之著书中。）

彼等之言曰："金银非富，符号而已。真富唯有用之物品。"桂内氏于土地之产物以外，胥不认为富。彼曾云："土地者，富之唯一源泉也。"其他经济学者，增之以一切工业生产物。彼等一致非难政府采用之方策，其言曰："诸种法规，非能助长工商业，适以妨害工人之制作，抑制商人之贸迁。政府最良应行之策，莫若纯任工商业者之自由，而不加以保护及监督。"盖以生产尽量加多，卖价尽量从廉，彼等之所利也。何者为彼等之利，彼等自知之过于大臣也。柯耳白尔一日向一工业家叩以富国之道，其人答曰："其任自行乎！其任自止乎！"[22]斯言也，桂内引用之，经济学者莫不奉为金言。盖为工商业者要求完全自由也。彼等主张废弃妨碍工业之团体及法规，一任其自由工作。停止妨害商业之专卖制度及输入制止主义，各听其买卖之自由。此种自由，乃以开国际工商业者自由竞争之端绪，而造福于无疆。何以言之？诚不斯则工人不得不力求制品之精良，商人不得不售以较其竞争者稍廉之价。彼等但得相当之利益，而产物改良，市价低落，此消费者之所利也。地力主义者，以为国家举租税之负担，悉责诸农民，此农业荒废之因。是宜课诸地主本身，而无所差别，间接税及关税亦应废之。若夫以土地为唯一之富源，设立单税制[23]，负担悉责诸地主，亦此派中人所主张者也。

第二，十八世纪之经济学者，后出之二人最知名：一为法兰西人屠尔果[24]；一为苏格兰人亚当斯密士[25]。其研究经济之事象，皆精密过于前人。纸币与现货若何不同？何故分业有增加富力之效能？以及工价与资本之关系如何？屠尔果皆有所说明。亚当斯密士以明晰之文章，辑散见之学说于一卷书中，即《国富论》[26]（一七七六年）是也。社会得此，始知此种新学问之重要。其书驳正土地为唯一富源之说，且以明工业所以致富者，变更原料之形态故也。

是等经济学者之所说，全然合理与否，非今日所能断定。听任私人之自营，恒为所最利，此说亦未必尽然。彼等以为利者，往往适得其反。工商业者，以浅识或怠慢之故，恒于可以致富之时，失其完备方法或扩张贸易之机会。多数经济学者恒不计及业主及顾客之利害，且自由竞争，对于劳动者本非最有利益之制度。善良法规之利，视绝对放任，即所谓法规全无者。生产之费加廉，而分配财富亦较趋平等。然是等经济学者反对当时之政府，亦非绝无理由，盖无法较善于恶法也。

英吉利之哲学者。十七世纪，欧罗巴多著名之哲学家——狄卡儿[27]、马尔布郎氏[28]、斯皮挪萨[29]、雷布尼兹[30]等是也。彼等专事全般人类之研究（即吾人所谓“心理学”）及探求宇宙之大法（即吾人所谓“形而上学”），于政治未表露何等之思想，以此为政府之事，当局者所重视也。

十八世纪法兰西高才之文人辈出，自拟于哲人之伦，其理论亦列于哲学。此等哲学者，于诸大问题别无新思想披沥于世，所加意者惟实际问题。彼等研究当时之信仰及制度，何者悖乎道理，则著书加以驳斥而破坏之。谓彼等为哲学者，宁谓为政论家。

当时欧罗巴各国之社会，殆建设于同一基碍之上。国家及教会乃有绝对之威权，人民相习盲从其君主。时人有言曰：“王权受之自神，彼有支配之权利。彼之臣民，有服从彼之义务。”王之权利，无所限制，彼之权力绝对者也。实言之，国王及其大臣，皆深知无人有反抗彼等之方法。其为政也，遂于臣民之愿望及国家之利益，非所计及。恣其野心，以事攻战，虚耗国帑，供给一奢侈无度之宫廷，强行无道之法令。有议其所为者，则投之狱中。不得政府之许可，不能刊行一书。无论何等人民，大臣皆可任意捕而系之于狱。无所谓监督政府，无所谓个人自由，是曰“专制制度”。

当时信徒之服从教会，亦复如是。固无择乎新教国与加特力教国也。决定教义、教仪，人当信仰遵行，此僧侣之权也。乃属信徒，皆有服从此教义、教仪之义务。有拒绝教会行教者，则视为叛逆而放逐之。一国之内，不容异教之存立。全国居民，必遵奉国定之宗教。礼安息日，列圣晚餐，定期禁食，行婚礼、执葬仪、行婴儿洗礼于教会。在加特力教国，尚有忏悔斋戒之事。是所谓“不宽容”[31]之制度也。国家与教会，互相提携。政府放逐异端，强制臣民服从教会，僧侣则卫教以事王。此二种绝对之威权，相合而御世。

自十七世纪，在英吉利，此制度已至动摇，国家与教会相战而互赴衰微。千六百八十八年之革命，国王之专制不存，而宗教之宽容亦立。巴力门[32]之势力代王权而勃兴，异教会对公立教会而创设。巴力门之徒党与分立教会之徒党相结，以保君主立宪政治与夫宗教之宽容。其时国王对于臣民失其绝对权，教会对于信徒失其绝对权。而社会未尝破灭此种轻验，乃与王者神权说及宗教统一说以致命伤也。英吉利获此政治之自由，与夫宗教之宽容，其哲学者就此实行之事，更以学理证明之。其中最知名者，为《宽容论》[33]著者陆克[34]、沙甫特司白利[35]及波林布若克[36]也。

彼等之言曰："基督教不能不适合乎理性。"理性者，神所赋与于吾人以发见真理者也。基督教各派所争论之问题，无足轻重。其最关紧要者，乃全体基督教徒之共同教理也。基督教之本义，自然教也，其基础之观念有二，即一神为世界之主宰，及人有不死之灵魂是也。

人类有充实之理性，以认识根本原理与夫辨别善恶之能力（道德的意识）皆受之自神，此英吉利哲学者之所信也。又以为人类生前合于理性及道德，良以人为神所创造，神之所作皆善故尔。

现行之惯习，英人素所尊重者也，故无废灭国教之要求。教会之特权，以及政府之给费与维持，皆彼等所容许。彼等所求者，他种宗教信仰之宽容而已。斯即所谓公布所信而不被迫害之权利也。惟彼等所视为危险之信仰，若"无神论"[37]及"加特力教"[38]，则无此权利宽容此等，决非尊重良心之自由，要之彼等惟容许或种之信仰，有公言之权利而已。即于事实视前此为宽容，亦为扩张彼等宗教计耳。彼等盖代自然宗教以英吉利教也。

与此同一理论之变化，亦发见于政治。千六百八十八年革命所立之英王，由代表国民之巴力门授以政权。哲学者，以说明此王与臣民之关系，发明一新学理。陆克唱以"契约"之说，其义曰："政府者，建设于组织国民之公民等，相立一种契约也。"彼等缔此协约，以保具公同利益耳。陆克以为人类未成社会以前，即生而赋有自导其行为之德性及天然之权利，此即"人权"[39]也。人权者，个人之自由也，家主权也，财产权也。此等权利，皆建基于自然教义之上，皆神圣也。人类之创设政府，为互相守护此等权利耳！为政府者，不可不卫此天然权利。人民服从之者，唯此条件之故。政府试侵犯之，即失其存在之理由。盖彼自破此授彼以权之契约，凡属公民，人人得而反抗之也。国家权力，决非绝对之物如"神权说"之所云，乃受公民天然权利之限制者也。财产权为绝对之物，君主亦无征收租税之权。易词言之，即无权夺取公民财产之一部也。彼因公益需赀，应请求于国民或国民之代表。国民代表，监视君主，禁制其行使绝对之权。君主不与国民代表相融，无能为政也。

波林布若克益广其意曰："所有唯一之权力，皆易流于绝对。禁制利用公权压迫国民之唯一良法，乃在保持权力间之均势，使之相制而各得其平。"

由此观之,英吉利政治自由学说之兴也,其非本于共通原理,与宗教宽容之说相同。英之哲学者,并未主张全体公民皆有同一之权利,王及贵族世袭之政权,彼等之所容许、所求者,政府不越一定之限制,不犯私人之自由而已。

法兰西之哲学者。法兰西于路易十四世、十五世时代,犹保存不宽容之教会及专制君主制。宗教宽容与夫政治自由,未之有也。然自十八世纪之初,人民已渐厌旧制。学者社会,遂发生反抗教会及君主政治之精神。路易十四世之末年,巴黎及宫廷间多有当时所谓"抗俗之士"[40],虽未公然掊击宗教,然以宗教为无足重轻,则所公言者也。(见拉布留耶尔[41]书中《抗俗之士》一章。)对于政府及国王之专制,政治之不平家亦同时而起。

至路易十五世之时,是等不平家虽知有英吉利之新学说,然不敢口之于公,以避迫害。是时,法兰西之文人,率假小说、故事及游记等,以种种寓言表见其思想。学说渐次发展,终至诞生崭新之结果。彼等所论定之原理,益加普遍,所要求之改革,益加深远,非彼等之先辈英吉利人想象所及。

法兰西之哲学者,分二时代:第一时代,在十八世纪之前半期,以孟德斯鸠[42]、福禄特尔[43]为代表;第二时代,在同世纪之后半期,以卢梭[44]、狄对儿[45]及"百科辞典家"为代表。

孟德斯鸠与福禄特尔,皆上流社会出身。孟氏以贵族而富,居波尔多法署[46]之首席,又为学士会会员。福氏为巴黎公证人之子,受学于瑞司特教徒[47],资产富厚,曾购买费儿内旧城[48]。是二人者,皆认许其生存之社会,颠覆之则非其所愿,所求者改革而已。英吉利人,彼等之师也。福禄特尔以与一人地主争,不得不去法兰西。居英吉利三年,习英之语言,交英之贵族,献《显理王颂》[49]于英后。又千七百三十一年于哲理诸说中[50],称道已见。彼颂美、英国之宪法,尤激赏其宗教之宽容。彼用其长久之岁月,于小说、于诗歌、于讥讽文、于史传、于哲学字汇,披沥其政治及宗教之见地与批评。

福禄特尔于政治问题,无多兴感,但得有学者为王者师之条件,虽专制君主,彼亦所赞许。彼曾云:"此时之革命,不必如路德[51]时代之所为,但求之于主治者之精神中足已。"彼所非难者,为各种违背人道之习惯,如刑讯残忍之体罚及收没财产是也;彼所专心致志者,在与不宽容之宗教相格斗耳。

福禄特尔敌视一切人为教[52],自然教[53]外悉所不取。(自然教,仅信唯一神及灵魂不灭。)彼毕生之著作,在反抗一切不宽容之形式,如迫害、排斥异端、宗教战争等是也。褫夺僧侣所有特权,亦所期望。彼之议论,日渐激烈。至于晚年,竟为基督教之仇敌。持基督教与他宗教较而冷嘲之,喻之以恶魔,诅之曰殄灭污秽。"污秽",即谓基督教也。

彼非欲废弃一切宗教也(彼以为宗教之目的,在使人民遵从法律),所希望之宗教:无独断、无神秘、无信条。僧侣说教,以道德牖民为限。彼之门下,所谓福禄特尔派者,未尝热心于政谈,依然以理性及人道之名义掊击宗教。

孟德斯鸠之论敌,虽以自然教徒诬之,而其与福禄特尔相反。于宗教之事,不甚措意,所求者宽容而已。彼乃一完全政论家也。其初作《波斯文学》出版后,漫游欧罗巴各国。最所激动者,英吉利之制度,所著《万法精神》[54],赞赏英国宪法,谓为善良政治之模范。(就十八世纪之英国宪法精研之,孟德斯鸠所言失当之处不可掩也。)国家之目的,在保持自由,而其最确实之方法,在分配权力:一为君主;一为世袭贵族之议会;一为地主代表之议会。

孟德斯鸠有名之学说,乃"权力分离论"[55]也。彼谓治国之良方,莫若立法、司法、行法三权分离。孟氏实自由主义议会论之主唱者也。

福禄特尔及孟德斯鸠,均非革命党人。彼等于改革之外,无他求也。所主张改革者如下:

于宗教方面,教会应停止迫害背教及不信者之事,僧侣之富有与权力均应轻减。

于政治方面,君主与贵族共治,而不可专擅逮捕。贵族应尽纳税之义务,而放弃审判与禁制遗产[56]之权利。刑讯、残酷之体罚及秘密审判制度,一应废弃。征收租税,宜采用公平方法。

第二时代之哲学者,则不若是之温和矣。卢梭及狄对儿,皆出身平民。卢氏为几内甫[57]钟表商人之子。狄氏乃兰格耳[58]铁匠之儿。工人莫不饱受巴黎生计之困难,对于当时社会之制度,自无好感。即英吉利之制度文物,亦非彼等所满足。彼等建立夫共通原则,由彼等原则所构成之社会,则所望也。

卢梭于当时之政教,一无所许。彼谓:"人为之事反乎自然,皆恶也。人生而善爱、公正与秩序,此道德之原理也。"又曰:"致人类幸福与善良者,自然也,社会夺之而陷人类于悲境。"盖以社会不与众人以同等之利益,斯不当也。又以财产本属于全体人类之物，而私有权乃略取“公共财产”[59]，亦不当也。然视此等尤不正当者，则政府也。政府之为物，不啻“婴儿命令老成，愚人指导贤哲”，是应破坏社会财产私有权及政府，一返乎自然。而后人类互相承诺，构成一新社会。此新社会盖建设于众人协约之上，即“社会契约”[60]是也。彼等设立之政府，与众人以同等之权利而行使诸种权力。于是国王之主权，易而为人民之主权。所有公民，一切平等。政府由众选立，受绝对之权力，以规定财产、教育、宗教诸制度。卢梭排斥基督教，然崇拜至高存在之神，仍彼之所容许。归依卢氏门下者，皆所谓“自然之友”，与夫“平等主义之革命党员”也。

百科辞典家。狄对儿为此世纪最有光荣之文人之一也。彼为生颇勤苦，开演讲于巴黎，又为书肆从事著作哲学之论文，渐为世所称道。曾被捕系于温生奴[61]之狱。彼发宏愿刊行一大辞书，其书总括人类之智识，署名《百科辞典》[62]，一名《科学美术职业之合理字典》。编纂者，文人协会也。董理者，狄对儿也。担任数学部分者，达兰倍尔[63]也。

与闻斯业者，殆当代学士及哲学者之全体。狄对儿不独躬当检阅之任，其中哲学、历史、政治及主要之机械工艺，亦多所记述。达兰倍尔于数学外，绪言亦其所作。

此书出版，经二十年以上之岁月(自一七五一年至一七七二年)。内容都二十八册，其中十一册为图画。始终贯彻此业者，狄对儿之大力也。其首二册于千七百五十二年，为检阅官所禁止，并由警吏停止其十八月内刊行续卷，其后复得官许发行。至第七册又停止刊行，终至撤回此禁令者，则以硕瓦徐耳[64]之尽力也。

此书风行欧罗巴全土，大为传播法兰西哲学思想之助。执笔之人，意见亦未能一致。其中秀出者，殊丁最终数册，辩论尤烈。若大叶尔委休司[65]、多尔巴[66]、马布里[67]、雷纳尔[68]，百科辞典家之名，即以称诸人者也。狄对儿为彼等之领袖，自然宗教及人权之说，亦非所容许。彼等之言曰：“人生寻乐耳，自利外无他图。法律也、宗教也，皆妨害人类享受幸福之羁绊耳！故欲返自然，不可不破坏此等羁绊。”

此派哲学者，对于教会国家以及社会之旧制度，如家族制度、财产私有制度，无不掊击之。否认神之存在及灵魂不灭之说，无神论者、唯物论者，彼等所公认不讳也。

法兰西精神之影响。此等哲学之势力，成于法兰西哲学者，同时又为当代之文豪。彼等以明晰灵活之笔，发表其理论。于讽刺文、于小说、于记事，使不学之俗人，亦得读而解之。其书遂广行于社会，法院时指斥彼等之书，令执法官毁弃之，然其书依然公行。有时官场亦默许之,当时显人夜会招待,亦及此等哲学者,彼等各以己为中心,结合一小社会,相要而非难宗教及讨论哲学经济之事。顷假而帝王亦染此风。俄女帝加特里奴[69]与福禄特尔、卢梭、狄对儿,往复通书。佛雷对里克二世[70]招聘福禄特尔于泼达姆[71],是时市民颇爱读新闻纸,为哲学者之议论所感动。于福禄特尔及卢梭,则尤甚焉。当千七百七十八年福禄特尔之归巴黎也,众人迎之,如庆凯旋。

于十八世纪,此等哲学已灌输于欧罗巴全土。其理论虽多异点,而根本思想则相同也。世人唯习惯与宗教之是从,哲学者谓为偏见与迷信耳!现存之社会,无不有害而且可笑。又曰:"万般事物未有能维持现状者也。光明之世,来日可俟。理性之光,照耀人类。社会基础应建设于理性之上。夫十八世纪之理性,非科学及事实之观察,常识而已、论理而已。哲学者,于其所欲改革之社会,不甚措意;于现实之人间,非其所知;于农民、于劳动者,亦无所见解。彼等无宗教、无社会习惯,骋其幻想,以造成想象之人物。此人物于幸福之外无希冀,于抽象之理性外无行为。人类同性,无不合理,无不善良。欲返其本性,不可不打破诸障碍制度。政府一令,足以行之。社会改革,固应如是。"此皆彼等所放言者也。

社会之组织不良,必待改革。改革之道,贵政府之自觉。此哲学者之结论也。此哲学乃造成十八世纪之政制,执政多采用之,改革运动遂盛行于全欧。法兰西人民,躬任实行,终之以革命焉。

①Ch.Seignobos,法国文学博士,巴黎文科大学教授。②Colbert.③Gobelin.④Venise.⑤Florence.⑥Le système prohibitif.⑦Levant.指地中海迤东沿岸诸地方。⑧Douane.⑨Le système Protecteur.⑩L' acte de novigation.⑪Le système mercantile.⑫Mercantilisme.⑬Monchretien.⑭Bois guillebert.⑮Vauban.⑯Quesnay.⑰Mirabean.⑱Gournay.⑲Physiccratie.以地土所产天然物为财源之经济学说。日本译曰"重农主义",对"重商主义"而言也。⑳Dupont de Nemours.㉑Mercier de la Riviere.㉒Laissez faire, laissez Passer.㉓Un impot unique.㉔Turgot.㉕Adam Smith.㉖La Richesse des nations,英文原名 The Wealth of Nations,即严复所译之《原富》。㉗Descartes.㉘Malebranche.㉙Spinosa.㉚Leibnitz.㉛L' intolerance.㉜Parlement.英国议会之名。㉝Lettres sur la tolerance.㉞Locke.㉟Shaftesbwry.㊱Bolingbroke.㊲L' atheisme.㊳Le catholicisme.别于路德改革以来新教之名。中国称曰"天主教"。㊴Les droits de I' homme.㊵Le espritfort.蔑视教理者之称。直译则为"强狠精神"之义。㊶La Bruyere.㊷Montesquieu.㊸Voltaire.㊹Rousseau.㊺Diderot.㊻Parlement de Bordeaux.㊼J' esnites.㊽Le chatean de Ferey.㊾Henriade.㊿Les Lettres Philosophiques.(51)Luther.(52)Les religions positives.(53)La religion naturelle.(54)Esprit des lois.即严复所译之"法意",日本译曰"万法精理"。(55)La separation des pouvoirs.(56)Mainmorte.贵族对于农奴,不许其以遗嘱传财产于他人。直译原文为"死手"二字。(57)Geneve.(58)Langres.(59)Fonds Commun.(60)le Contract social.日本译曰"民约"。(61)Vinconnes.(62)*Encyclopedie.*(63)Dalembert.(64)Choiseul.(65)Helvetis.(66)d' Holbach.(67)Mably.(68)Raynal.(69)Catherine.(70)Frederic Ⅱ.(71)Potsdam.

（未完）

（第一卷第一号,一九一五年九月十五日）

现代文明史（二）

〔法国〕薛纽伯 著 陈独秀 译

第三章 十八世纪欧罗巴之革新运动

（接第一卷第一号）

（二）法兰西及欧罗巴之改革试验

改革家诸君主及大臣。十八世纪之后半期，欧洲列国之当局，多依前所述之经济学者及哲学者之思想而施行政治。其中君主若奥大利之约瑟夫二世[72]、托司加纳之勒泼耳德[73]、普鲁士之佛雷对里克二世、俄罗斯之加特里奴。其最著也，又若巴德[74]、槐马尔[75]、蛮司[76]、诸王亦然。其以国王之名而行政治之大臣，若拿破里[77]之塔奴其[78]，葡萄牙之潘巴尔[79]，西班牙之亚兰大[80]，及康泼马内斯[81]是也。

此等政治当局者，对于君主之职务，颇抱新奇之想。以国家为君主之私领，得任己意处分之观念，彼等业已抛弃。若夫君主不过为国家之元首，无权费用租税以充自身个人之欲望，必以之办理有益之事业。彼亦无权与官职于其宠眷之人，必授诸正直奉公之士。为君主者，且应节省宫廷之费用，和政刑，明法度，以增进臣民之富力，此皆彼等所怀之主义也。

彼等之理想，与哲学者同辙，以为人情相若，遵一己之理解而行政府之任也。彼等以为臣民习于服从，社会改良之事尽可以命令行之。欲以此抹去其国“野蛮之痕迹”，建设“光明圣世”，即所谓筑基础于“道理”上之政府。是以发令改革，一意孤行，于夫臣民协议之困难及其习惯，无所容心。举国家之强力，以供当时所谓文明之用，世于彼等事业,字以开明专制政治[82]之名。

奥大利约瑟夫二世。奥帝约瑟夫二世乃开明专制最完全之典型。彼即位以来,奉献全身于君主之义务。每朝五时起床,整衣兴趋公室,命书记治案牍。讫于正午,接见来宾,受诸请愿。散步二小时后,一人独酌,急了食事,稍弄乐器,仍复治事。夜分九时,尚许谒见,十一时入剧场。就枕之前,犹往往展阅书牍。彼于水之外无所饮。被青色军服,着长靴,寝则黍槁以为被,兽革鹿皮以为枕。时整鞍马,以备出行。巡幸境内,时御劣乘,跋涉崎岖,以赴急务。其至都市也,止诸旅亭,备治事之几案,以供记录朗读签印而后行。彼之在世中,维也纳[83]之宫廷,其奢华与仪式与十八世纪诸君主国无异。厩有马二千二百头,黄金食器,重量计有二百二十五启罗格拉姆[84]。宫廷岁费三千五百万,厨膳备极骄奢(皇后手饲鹦鹉所食之面包,浸以托基[85]所产之葡萄酒,每年用至二吨[86])。然帝每召侍从与之共食。熔铸库币,废止宴会。彼且变乱当时之礼仪,尝在濮拉谷[87]偕一平民妇人与贵族社会游。贵妇人辈悉拒与彼女交言,独帝一人与之偕舞。

约瑟夫采哲学者之人道主义,废止农奴,容许农民不必经其主人之承诺,而有结婚及迁地之自由。罢刑讯及死刑,废出版检阅之制,虽抗帝之书亦许刊行。帝公布一意见书,自求臣民之公判,不据敌党之谤书而据皇帝自身之行为。彼颇恢弘宗教上之宽容,虽新教徒及犹太教之宗仪,咸许其公然行之。

帝之蔑视传说,不信有遵守习惯与古法之义务也,亦与诸哲学者同。彼自记有曰:“予所统治之帝国,应由予之意见而理之,应消灭一切偏见狂热及党派的精神、智术之奴隶。凡属予之臣民,悉得行使其天赋之权利。”原夫奥大利家之邦国,乃于一帝室领地之中,杂然并合异邦土地而成。其人民之种族、语言、风俗,举不相同,块无何等团结一致之理由。日耳曼人、匈牙利人、科若亚特人[88]、波黑米亚人[89]、波兰人、比利时人、意大利人,诸种相异之民族,庞然相集,其中多有古代自成一国民者。各省之间状况绝异,齐一之法度,不可适用。如此国情,欧罗巴罕有其类。然约瑟夫二世欲取同一之方策革新全国,而波黑米亚及匈牙利依其国内之习惯拒绝此盟约。帝遂罢前此省制,分全国为十三县,县各分区,各县区皆施行同一之法律,同一之税则,同一之行政。决令匈牙利之裁判所悉操用日耳曼语,罢免不通日耳曼语之裁判官,匈牙利之议会出而抗议,帝乃抑止之。

帝复自信有权规定其臣民之宗教,彼尝有言曰:“自余获世界第一之帝冠以来,哲学乃余国之国法也。"

千七百八十年时,帝有言曰:"予不欲负有导吾人于天国之使命者,复于此世界之俗务,重劳彼等指教也。"以此之故,帝乃任命"毁坏无用修道院"之委员。二千六百六十三修道院中,废闭者六百二十四所,收没其财产,用之于建筑物、病院、学校、工场及兵营。帝又以奥大利之教会堂装饰过盛,褫取圣徒立像之薄纱与宝名,以及巡礼者所纳礼拜堂之供物,此等宝器、用品及遗物,悉售诸犹太人,任其毁铸,并售装饰细工绘画之手迹誊本与夫印章及羊皮纸。彼又毁坏所谓"教会障碍物"之祭坛,废十字架及立像,禁止巡礼及行列诵经。规定供养之数及神圣之一周间仪式。建设通常之讲习所,使牧师辈学习适合帝意之教仪。帝有言曰:"予之企图告成,则帝国人民应对神了解彼等之义务。"一七八二年,罗马教皇亲赴维也纳,对于此等专断之举动有所抗议。约瑟夫一切拒之,而坚持其改革。

帝于己所不悦之宗教,不之容许。当时有一宗派起于波黑米亚正直勤勉之农民,此派所信仰者神,以自然一神教信徒[90]自称。帝召之法庭,固执其说者,悉罚笞二十五杖,且声称曰:"非罪其为自然一神教徒,以其无知而妄言也。"然此笞刑未能改变彼等之信仰。帝悉捕而流诸土耳其之边鄙,令与众绝别。

约瑟夫二世,诚实希望为一善良执政,然彼意以为无论若何大业,皆可一蹴而就。彼蔑视信仰与习惯,以为不当于理。彼以威权抵抗此信仰与习惯,反动之声蜂起于比利时及匈牙利。约瑟夫于未死之前,不得已宣布有名之"取消世人目为违反普通法律之命令"于匈牙利。其敕语有云:"吾人为求公共福利之热情所驱,且唯一之希望以为明示卿等以经验,卿等必将欢迎之,是以政府不恤有所改革。由今思之,卿等所希求者,旧有之治术,且其大裨于卿等之福祉,吾人所共信也。"匈牙利人奉此敕令,莫不大悦。咸裂其土地登记簿涂抹其门牌,废学日耳曼书。

托司加纳之勒泼耳德。自奥大利勒泼耳德王之至托司加纳以来,努力节省此小邦之费用,解散其兵队,毁披萨[91]之要塞,缩小其宫廷,王之治事于其书室也。据一寻常之桌,秘书官所用者为枞木制之板,此外则锡制烛台一。效文明诸君主之例,废止刑讯,异教纠察所[92]及收没财产之制,建立病院,亲往慰问。托司加纳之修道院自中世以来,即享有所谓"隐匿权"[93]之特权,虽裁判官亦不能拦入。此等修道院中,容留无数冒险者、杀人犯、亡命者、脱逃之橹犯[94],而为之巢窟,妨害正业,虐遇行人。勒泼耳德不顾此特权，一七六九年，悉捕此辈。

俄罗斯之加特里奴二世。加特里奴，本为日耳曼一王女，后杀其夫而为俄之女帝。彼乃女文豪而与哲学者游，著有喜剧悲剧。狄对儿评之曰："彼有布鲁吐斯[95]之灵魂，藏诸克勒巴特尔[96]之形貌中。"

加特里奴乃非常活泼而又非常富于虚荣心之人也，所希望者声誉之高，采哲学者之见而施政，在欧罗巴称为文明君主，是其所大愿也。

彼盛称孟德斯鸠尝云万法精神，应为君主之日诵经[97]。又云使余为法王，则推尊孟德斯鸠为圣徒。

一七六七年任命一委员长，拟编纂法典，颁布俄罗斯全国，自草训令，指导委员，其中多引用孟德斯鸠之语句。自云此虽出于剽窃，若能追随彼（指孟德斯鸠）之功业，彼于二千万人有意之剽窃，悉不非难。帝赠此训令一册于普鲁士王，附言曰："足下视余所为，一若古说中著孔雀毛羽之鸟。篇中此引一行，彼引一句，惟次序排列，乃余所为耳。"委员以各省之代表组织而成，其后，帝闻彼等所云，却还所拟草案，遂以哲学者之理论为基础，自制一法典。有言曰："国民非为君主而有，君主乃为国民而有也。宽宥十罪人，善于损害一无罪者。"于是废刑讯及死罪。帝于宗教一切冷淡。加特力教徒、背教者，皆得自由行其宗仪，由加特力教国驱逐之厄端特教徒[98]亦集于此。然加特里奴所以采行哲学者之理论，不过为己而已。其与狄对儿书曰："以卿之伟大理论，可以为善书，亦可以造恶业。"彼以流西比利亚代死刑，而不废笞刑。征伐波兰，大杀其土人。一七八一年，其在位已十九年。就其所行事业作一报告书，并送改哲学者格里姆[99]。如下表：

建筑新式之县政厅	二九
新建之市政厅	一四四
缔结之协约条约	三〇
战胜	七八
关于法律及根本法之敕令	八八
人民救助之敕令	一二三
总计	四九二

（以上均属国家之事，私人事故，概不列入）

加特里奴欲以此证明其政绩，然此等法令大部分未尝实施。所谓市者，多仅驿站之改名，彼固未曾言及此也。其所建筑之物，亦均忽焉归于颓废。

彼之所事，不过求文人及公众称彼功业而已。哲学者奉以北方绥密拉密士[100]之名，此其所获之效果也。

葡萄牙之潘巴尔。潘巴尔为地方绅士，生于一六九九年，初入军队继习史学及法学，后为外交官居英吉利多年，次转任于奥大利。一七五〇年，约瑟五世擢为外务大臣，无几，王委以国务全体。以讫一七七七年国王之死，潘巴尔不啻为葡萄牙之独裁君主。

葡萄牙自十七世纪以来，即支配于异教纠察所及厄瑞特二势力之下。国王及其家族之忏悔者，总揽宫廷及政府之事。依《葡英条约》，葡国于经济上全隶属英国。一六五六年之条约，英人握有输入货物于葡之特权。又一七〇三年之条约，葡萄牙产之葡萄酒输入英国，应纳之税，较法国产之葡萄酒，不及三分之一。制造品向由英国输入，输出者为自国之葡萄酒，及由殖民地巴西赍来之黄金。葡萄牙本非工商业国，其驶入里斯本[101]之船舶，皆英船也，定居葡萄牙之商人，亦皆英人也。英人日渐握得贸易之全权，遂乘之向葡人强求种种条件，非许以极贱之价，不再购买葡萄酒。以此糊口之无数工人，多失业而弃其耕地。一七五九年，潘巴尔致英国政府书曰："以经济界黑暗无比之故，吾人容许公等供给衣服及他奢侈品，吾人出赀维持伦敦市内乔治[102]王臣民之工人生活，凡五万人。"

潘巴尔之政略，首先举葡国政府脱厄瑞特派之支配，次则使葡之人民离英吉利而独立。

彼之抗英人也，建设上都罗[103]种植葡萄总公司，予以葡萄酒专买之权，而规以定价，别设商会，予以开设分售商店之特权。如是政府遂将葡萄酒业及分售贸易之利权，收归萄葡牙臣民之手，又以鼓励萄葡人振兴工业之故。潘巴尔采用保护政策，禁止羊毛及他种原料之输出，免除绢及砂糖等制造品之出口税。潘巴尔用猛烈之手段，反对教僧之压迫，厄瑞特教徒起而抗之。彼遂与之宣战，一七五七年之终，放逐王家之忏悔者，厄瑞特教徒不得官许，禁入宫廷。以教徒经商之事诉诸教皇，要求彼等团体之改革。教皇遂派遣枢密官[104]审查此事，且改革厄瑞特之团体，宣言教徒之从事商业有背神法及人法，褫夺彼等受忏悔及说教之权。

一七五八年九月三日之夜，谋杀国王案起。潘巴尔乘此机会，开始搜检厄瑞特教徒之罹此罪案者。虽无何种证据，政府亦没收其财产，尽数逐出王国及殖民地，以船载往教皇领内之斯委塔位其亚[105]。前此葡萄牙之学校，司教授者无一非厄瑞特教徒，经此放逐，潘巴尔遂改用在俗之教师，聘请拉丁语、希腊语、修辞学、论理学诸科教授，俸由国给，不取学费，授教师以贵族之特权。彼于孔布尔大学[106]创设自然科学及数学二分科，复建置医学、化学之博物馆及天文台一所。尤所尽力者，为科学及葡萄牙语之教授。彼有言曰："国语教育，乃唤起文明国民精神最有力之一法也。"

潘巴尔欲改良孔布尔大学之训练，于一七六六年发现学籍登录之学生六千人中，多属伪名，减至七百人。

一七七二年，彼任命教授凡八百八十有七人（其中任讲义授文字者四百七十九人，授拉丁语者二百三十六人，授希腊语者八十八人），盖欲使葡萄牙人之教育，与欧洲诸国民比肩也。

然此等改革未获永续进行，国王死而潘巴尔罢黜，政府悉复其旧。

西班牙王查尔士三世[107]之大臣西班牙亦与葡萄牙处于同一之境遇，工商失业，异教纠察所与厄瑞特教徒横行国中。

查尔士三世原为拿破里国王，一七五九年转登西班牙之王位，勉力再兴其新王国，赞襄其功业之大臣，初为自意大利偕来之斯葵拉司[108]及古利马耳地[109]，其后则有西班牙人亚兰大、康泼马内斯及佛罗里大布兰加[110]。

彼欲以保护政策振起西班牙之工业，征收外国商品进口税，且禁止若干种货物之输入。

彼又以振兴商业之故，采用相反之自由贸易主义。一七六五年准许谷物贸易之绝对自由；一七七八年许全体西班牙人，皆可与殖民地贸易。盖前此与殖民地贸易之专权，初属诸塞委耳[111]商人，次则属诸加地斯[112]商人，此政策之结果颇佳。一七八八年，与殖民地之贸易额，加增八倍至九倍。

西班牙有经济协会多所，弘扬经济学之新学理。此等协会，创始于巴司克人。[113]组织同样之协会，乞政府许可者，凡五十四市。其中若马德利得[114]之协会，设立免费之爱国学校多所，教授女子以织工及纺织。

诸大臣未有断然禁止异教纠察所者。至一七七〇年，亚兰大发令禁止纠察所裁判民事诉讼案，法兰西百科辞典家称之，作颂文一首，且表露彼有破坏异教纠察所之意。亚兰大因之大惊，恐人永远目彼为宗教及异教纠察所之敌也。一七七八年，有政府官吏阿拉委大[115]其人者，因读禁书且奉哥白尼[116]之学说，财产没收，处以禁锢于修道院八年。然死刑之宣告则甚少，二十九年间，烧杀者四人而已。

政府从事教育制度之改正，以代厄瑞特，而萨拉蛮克[117]大学拒此改革施诸彼校，且发送其根据亚里斯多德[118]哲学之课程表，而宣言钮通[119]狄卡儿之学说，有背天启之真理。于诸大学之外，创设植物园数所，博物馆一，当时西班牙与葡萄牙均硕学辈出，此等学问勃兴之运动直至反抗拿破仑战争时始已。

法兰西之改革试验。一七七四年以前，终路易十五之世，法兰西政府无重大之改革。一七七〇年，大法官莫卜[120]之改组执法部[121]也，废高等法院[122]，以新裁判所代之，因此颇启争端。及路易十六即位，复置高等法院，一如一七七〇年前之旧。至路易十六之世，即位时年甚少，欲施善政于人民，任用爱重廉直与公共福利之政治家二人：一为执法官马尔塞布[123]，一为经济学者屠尔果，均命为大臣。总揽政柄者，乃一老年侍臣莫芮泊[124]。王宣布其欲行改革之意旨，且咨询于屠尔果，屠尔果应之。一七七四年八月二十四日，进书于王，述其计划。

屠尔果以总监之职，当财政整理之任，其要策曰："不破产，不募债，不增税。"依彼之计算，每岁节省约二千万，减少岁出之超过，渐次清偿公债。则所得之结果，二岁中，偿还债务四千万佛郎以上，岁出之超过二千二百万佛郎，减少至一千五百万。

彼所拟经济制度之全局改革如下：

第一，废止妨害小麦买卖诸法令，与谷物商以完全之自由。

第二，废止享有特权之同业团体，无论何人，皆得有从事工业之自由。

第三，废止关于租税之特权，所有地主一律平等纳税。屠尔果有言曰："政府之岁出，其目的若为人人之利益计，则人人皆有担负之义务。其享受社会之权利愈多者，其分担之义务亦应愈重也。"

第四，于各市镇、各州郡设立地主议会，以助官吏之施政。屠尔果言于王曰："吾国民缺少相当之组织，由各种阶级组成社会，其结合甚不完全。各个人民之间殆无何种社会的连锁，人计己利。如是一切事务，不得不待陛下自身之裁决，或委诸受命之臣。欲矫正此崩离现象，应建立各种党派互相依赖之方策也。”

屠尔果之陷于极困难地位者，彼之计划不为侍臣及王后所容，彼等皆不欲节省宫廷用费故也。贵族及高等法院则反对租税平等，职工长等则反工业开放之自由，势力薄弱之文人而外，未有赞助屠尔果者也。

彼未及提出全体改革案，一举而邀王之采用，乃竟次第出之。路易十六世为之保证曰：“其依卿之意见而进行，朕常助卿于所有强大反对党之间。”屠尔果所得遂行之改革如下：

第一，一七七四年，建立谷物贸易之自由，而镇定其骚动。

第二，废止职工及其首领即所谓享有特权同业团体之制度，工作者得完全之自由。此一七七六年之事也。

第三，彼建立租税之前人人平等主义，然此主义只行于次等租税。彼自云：“人头税[125]不便课诸贵族及僧侣，以特权社会怀有卑视此税之观念也。”故其主义惟适用于极微末之租税，如王室徭役（吾人称为佣工）。昔惟施诸平民，特权社会皆免之。屠尔果废除此制，代之以征收货币之税，凡地主皆应纳之。此亦一七七六年之事也。

复次，屠尔果以创设州议会改革内政之策进于王，而路易十六世，颇畏彼反对改革者之激昂。高等法院亦拒绝登录一七七六年之法令。若宫廷也，王后也，与夫社会之人人，无不怨屠尔果。谓为理论家，若从其言，将以倾覆王国。屠尔果遂于一七七六年解职，继其后者，前所废止悉恢复之。

屠尔果之州议会案，内克尔[126]亦采用之，然未能行之以果决（一七七八年至一七七九年）。彼于倍利[127]及上儿内[128]，创设一贵族僧侣及地主之代表议会。其代议士之一部分，由政府任命之。此议会之职务，为掌理家产评价、征收租税及道路、商业等事，其他无能为也，为州郡监察官[129]佐治而已。内克尔有言曰：“吾人常宜出以必要之注意者，因于此等新政，须表示陛下信任之尊严，价值之外无势力。助王之发政施仁者，惟在不辱王命之行改官及受任委员耳。”

政府决布州议会制于法兰西全国，乃在一七八七年（除已有地方议会者），然为时已过晚，不平之声极高。此等州会，起而与州郡监察官相争，助长行政之紊乱。

马尔塞布欲施行改革于警察及裁判，稍事监狱之改良，废止刑事审判常用之刑讯。然拘留状[130]犹未能废也，彼亦与屠尔果同时受反对者之抨击而去职。

改革事业始于路易十六世之初年，以特权社会之反抗而不果行，旧制度依然巩固。一七八一年时之陆军大臣，决定惟贵族得为士官，种种祭司、司教区、修道院、女修院之附属官职，悉为贵族所居。地方之大地主辈运动法官使农民仍纳小租。当此时也，国家岁出之超过，日益增加，此等制度遂以革命终。

⑫Joseph Ⅱ.⑬Leopold en Toscane.⑭Bade.⑮Weimar.⑯Mayence.⑰Napoles.意大利小国名。⑱Tanucci.⑲Pombal.⑳Aranda.㉑Compomanes.㉒le despotisme éclaire.㉓Vienne.奥国都城名。㉔Kilogrammes.一格拉姆，当华量二分六厘七毛。启罗格拉姆，即千格拉姆之义。㉕Tokay.㉖Tonne.每一吨合千启罗格拉姆。㉗Prague.奥国东北部 Bohemia.省之省会。㉘Croates 即 Croatie 人之义。㉙Bobemiens.即 Bohemia 人之义。㉚Deiste.㉛Pise ㉜Inquisition.㉝Droit de refuge.㉞Galerien 犯罪而罚为橹手者。㉟Brutus.杀害恺撒者之一人。㊱Cleopatre.古埃及女王，英文作 Cleopatra.㊲Breviaine.㊳Jesuite.一五三四年创立之耶教会员，以排斥异教教化新世界为目的。㊴Grimm 日耳曼之哲学者又语言学者。㊵Semiramis.鱼神之。女私诸 Ossyria 王 Ninus。(即 Nineueh) Ninus 之死，绥密拉密士有谋害之嫌疑，继承王位，建立无数名城于东方，功业震世，在位四十二年，禅诸其子 Ninyas，化鸠而去。事出希腊神话。(101)Lisbonne.葡京。(102)Georges.(103)Haut-Douro.(104)Cardinal.凡七十人，有选举教皇之权。(105)CivitaVecchia.(106)L'université de Connbre.(107)Charles Ⅲ.(108)Squilace.(109)Grimaldi.(110)Florida Blanca.(111)Seville.西班牙南部之省。(112)Cadix.西班牙西南部之省。(113)Basqne.住于法兰西、西班牙间 Pyrenees 山脉近傍之民族。(114)Madrid.西班牙中部之省。(115)Olavida.(116)Copermic.波兰天文学者，英文作 Copernicus.(117)Salamanque.(118)Aristotle.希腊古哲人。(119)Newton.英国物理学者，旧译奈端，日本译曰牛顿。(120)Maupeou.(121)Magistrature.(122)Parlement.(123)Malesherbes.(124)Maurepas.(125)Taille.一七八九年始废。(126)Necker.(127)Berri.(128)Haute-Guienne.(129)Intendant.(130)Lettre de cachet.

（第二卷第二号，一九一六年十月一日）

现代欧洲文艺史谭（一）

陈独秀

欧洲文艺思想之变迁，由古典主义（Classicism）一变而为理想主义（Romanticism），此在十八、十九世纪之交。文学者反对模拟希腊、罗马古典文体，所取材者，中世之传奇，以抒其理想耳！此盖影响于十八世纪政治社会之革新，黜古以崇今也。十九世纪之末，科学大兴，宇宙人生之真相日益暴露，所谓“赤裸时代”，所谓“揭开假面时代”，宣传欧土。自古相传之旧道德、旧思想、旧制度，一切破坏文学艺术亦顺此潮流，由理想主义再变而为写实主义（Realism），更进而为自然主义（Naturalism）。

自然主义，唱于十九世纪法兰西之文坛，而左喇（Emile Zola，法国巴黎人，生于一八四〇年，卒于一九〇二年）为之魁。氏之毕生事业，惟执笔耸立文坛，笃崇所信，以与理想派文学家勇战苦斗，称为“自然主义之拿破仑”。此派文艺家所信之真理，凡属自然现象莫不有艺术之价值。梦想、理想之人生，不若取夫世事人情诚实描写之有以发挥真美也。故左氏之所造作，欲发挥宇宙人生之真精神、真现象，于世间猥亵之心意、不德之行为，诚实胪列。举凡古来之传说，当世之讥评，一切无所顾忌，诚世界文豪中大胆有为之士也！与氏最称莫逆者——法兰西小说家龚枯尔（Goncourt）、佛罗倍尔（Guctave Flaubert，法国 Rouen 人，生于一八二一年，卒于一八八〇年）及都德（Alphonse Daudet，生于一八四〇年，卒于一八九七年。吾国胡适君所译《柏林之围》（*Le Siege de Berlin* 见甲寅第四号）及《割地》（原义《最后之课》*Dernière Classe*）二篇，皆都德所作）、俄罗斯小说家屠尔格涅甫（Ivan Turgenev，生于一八一八年，卒于一八八三年，即本志译录之《春潮》作者）。当时青年文士及美术家，承风扇焰，遍于欧土。自然派文学艺术之旗帜，且被于世界。法人裴利西（Georges Pellisier）不满意于自然主义者也，所著《现代文学之运动》（*Le mouvement litteraire contemporain*）中有言曰：“自然主义，果真失败乎？即其毁坏无复存续，而于坚持文学上之观察力及现实界真诚之研究，其功迹亦未可没。其最可称道者，莫如小说若佛罗倍尔、若龚枯尔兄弟（兄名 Edmond de Goncourt，1822—1879，弟名 Jules de Goncourt，1630—1870）、若都德、若左喇、若莫泊三（Henri Rene Alburt Guy de Moupassant，生于一八五〇年，卒于一八九三年）、若法白儿。求之吾国历代文学史中，以小说得名之正，未有能过之者也。"读此可见今日欧洲自然派文学之势力矣！

现代欧洲文艺，无论何派，悉受自然主义之感化。作者之先后辈出，亦远过前代。世所称代表作者，或举俄罗斯之托尔斯泰、法兰西之左喇、那威之易卜生（Henrik Ibsen，1828—1906）为世界三大文豪；或称易卜生及俄国屠尔格涅甫、英国王尔德、比利时之梅特尔林克（Maurice Maeterliuck，生于一八六二年，今尚生存）为近代四大代表作家。

现代欧洲文坛第一推重者，厥唯剧本。诗与小说，退居第二流。以其实现于剧场，感触人生愈切也。至若散文，素不居文学重要地位。作剧名家，若那威之易卜生、俄罗斯人安德雷甫（L.N.Andreyev，今尚生存）、英人王尔德、白纳硕（Bernard Shaw）、伽司韦尔第（Galsworthy）、德意志之郝卜特曼（Hauptmann）、法人布若（Brieud）、比利时之梅特尔林克，皆其国之代表作家，以剧称名于世界者也。

裴利西原语如下：Le naturalisme fit-il réellement faillite? S'il ne laissait rien de durable，encore aurait'il bien mérite de la littérature en la ramenant à l'observation，à l'étude sincère de la réalite. Mais，pour ne parler ici que du roman，nous lui devous Flaubert，les Goncourt，Daudet，M.Emile Zola，Guy de Maupssant，Ferdinend Faber；et peutetre aucune autre époque de notre histoire litteraire ne fournirait，dane un seul genre，plus de nome justement illustre.

（第一卷第三号，一九一五年十一月十五日）

现代欧洲文艺史谭（二）

陈独秀

西洋所谓大文豪，所谓代表作家，非独以其文章卓越时流，乃以其思想左右一世也。三大文豪之左喇，自然主义之魁杰也。易卜生之剧，刻画个人自由意志者也。托尔斯泰者，尊人道，恶强权，批评近世文明，其宗教道德之高尚，风动全球，益非可以一时代之文章家目之也。西洋大文豪，类为大哲人，非独现代如斯，自古尔也，若英之沙士皮亚（Shakespeare），若德之桂特（Goethe），皆以盖代文豪而为大思想家著称于世者也。

托尔斯泰之远祖，出于普鲁士，德文原姓曰狄克（Dick），俄译曰托尔斯泰（Tolstoi）。十七世纪之末，俄帝大彼得，与其姊争政权，托尔斯泰家，以助帝受爵，世为名族。大文豪托尔斯泰，生于一八二八年，为其父之第四子，三岁失母，九岁丧父，以姑母之助，学于莫斯科大学。自幼天性高逸，时作遐思。曾自述其七八岁时，发奇妙之想，以为人苟熟练，不难飞行空中，有时攀登楼窗，试飞空之技，坠地负伤，家人大惊。二十岁时，卒业于圣彼得堡法科大学，得法学士学位。不事猎官运动，归耕故乡三年，投身高加索远征军，任炮兵士官，屡冒危险，建殊功。暇时博饮渔色，豪迈作乐，为同行士官之中心。俄土战争旋起，托尔斯泰转任军令部参谋。是役也，托氏于枪林弹雨之下，三军气阻之时，毅然挥众以御敌。一八五五年，任山炮队指挥官。黑山剧战，勇名益著，依功应授侍从武官之职，乃以肆口批评军令部长官，贾老将之怨，遂以见阻。旋以报告战况之任务，急归彼得堡，坚请免职，军队生涯自此终，文学生涯自此始。

托氏从征高加索也，感其地天然之美，文思勃发，驰声帝京。及其归也，彼得堡人以贵族而兼勇士文豪欢迎之，宴饮无虚夕。一时美人名士，靡不乐与握手订交。著名小说家屠尔格涅甫，称托氏为俄罗斯拔群之著作家。当时之盛名，可以想见。然托氏理想超凡,又锐于观察力,脱身帝都欢迎文家赞赏声中,若弃敝屣,复归耕故乡,时年二十有六。彼尝自述此时代之思想曰:“余自战场凯旋,初以文明为人生之最大目的,而促进此文明者,文学家、美术家是也。然叩之于我及我之心中,果何所能?何所知?而不能答。又觉文明之为物,不少可疑之点,因自认所信之误,遂欲脱却文学家、美术家之浮名矣。”又托氏之“自白”书中有言曰:“由文章而得之浮名与金钱,足蔽余之灵眼,数年间不能忘此结习也。”彼隐居后,专心农事,暇则读书自娱,或著短篇纪事之文。然闲淡之田园生活,犹非青年托尔斯泰之所能安,居未久,遂作远游之计,首赴波斯,次至意大利,次至法兰西,得爱兄尼古喇死耗,急遽归国。伤悼之余,注全力于人生大问题“死”之研究,此托尔斯泰生平道德思想大革新之远因也。时值俄皇尼古喇一世殁,历山二世践祚,解放农奴之问题发生,俄罗斯之志士,群起以求善后之策。托氏以为此辈毫无教育之农奴子弟,乏独立生活之知识,放任置之,终无良果,应如何教导之,使为德义健全之农民?遂以此动西欧观察之念,首赴德意志,调查农民教育之组织,继游意大利、瑞典,经法之巴黎、英之伦敦,再至德意志,考察幼稚园。归国从事乡土之教育事业,时在一千八百五十九年。

(第一卷第四号,一九一五年十二月十五日)

东西民族根本思想之差异

陈独秀

五方风土不同，而思想遂因以各异。世界民族多矣：以人种言，略分黄、白；以地理言，略分东、西两洋。东、西洋民族不同，而根本思想亦各成一系，若南北之不相并，水火之不相容也。请言其大者：

（一）西洋民族以战争为本位，东洋民族以安息为本位。

儒者不尚力争，何况于战？老氏之教，不尚贤，使民不争，以佳兵为不祥之器。故中土自西汉以来，黩武穷兵，国之大戒。佛徒去杀，益堕健斗之风。世或称中国民族安息于地上，犹太民族安息于天国，印度民族安息于涅槃，安息为东洋诸民族一贯之精神。斯说也，吾无以易之。若西洋诸民族，好战健斗，根诸天性，成为风俗。自古宗教之战、政治之战、商业之战，欧罗巴之全部文明史，无一字非鲜血所书。英吉利人以鲜血取得世界之霸权，德意志人以鲜血造成今日之荣誉。若比利时，若塞尔维亚，以小抗大，以鲜血争自由，吾料其人之国终不沦亡。其力抗艰难之气骨，东洋民族或目为狂易。但能肖其万一，爱平和、尚安息、雍容文雅之劣等东洋民族，何至处于今日之被征服地位？西洋民族性，恶侮辱、宁斗死；东洋民族性，恶斗死、宁忍辱。民族而具如斯卑劣无耻之根性，尚有何等颜面，高谈礼教文明而不羞愧！

（二）西洋民族以个人为本位，东洋民族以家族为本位。

西洋民族，自古讫今，彻头彻尾个人主义之民族也。英、美如此，法、德亦何独不然？尼采如此，康德亦何独不然？举一切伦理、道德、政治、法律，社会之所向往，国家之祈求，拥护个人之自由权利与幸福而已。思想言论之自由，谋个性之发展也。法律之前，个人平等也。个人之自由权利，载诸宪章，国法不得而剥夺之，所谓人权是也。人权者，成人以往，自非奴隶，悉享此权，无有差别。此纯粹个人主义之大精神也。自唯心论言之，人间者，性灵之主体也；自由者，性灵之活动力也。自心理学言之，人间者，意思之主体；自由者，意思之实现力也。自法律言之，人间者，权利之主体；自由者，权利之实行力也。所谓性灵，所谓意思，所谓权利，皆非个人以外之物。国家利益，社会利益，名与个人主义相冲突，实以巩固个人利益为本因也。东洋民族，自游牧社会，进而为宗法社会，至今无以异焉；自酋长政治，进而为封建政治，至今亦无以异焉。宗法社会，以家族为本位，而个人无权利。一家之人，听命家长。《诗》曰："君之宗之。"《礼》曰："有余则归之宗，不足则资之宗。"宗法社会尊家长、重阶级，故教孝；宗法社会之政治、郊庙、典礼，国之大经。国家组织，一如家族，尊元首，重阶级，故教忠。忠孝者，宗法社会、封建时代之道德，半开化东洋民族一贯之精神也。自古忠孝美谈，未尝无可泣可歌之事。然律以今日文明社会之组织，宗法制度之恶果，盖有四焉：一曰损坏个人独立自尊之人格；一曰窒碍个人意思之自由；一曰剥夺个人法律上平等之权利（如尊长卑幼同罪异罚之类）；一曰养成依赖性，戕贼个人之生产力。东洋民族社会中种种卑劣不法、惨酷衰微之象，皆以此四者为之因。欲转善因，是在以个人本位主义，易家族本位主义。

（三）西洋民族以法治为本位，以实利为本位；东洋民族以感情为本位，以虚文为本位。

西洋民族之重视法治，不独国政为然，社会家庭，无不如是。商业往还，对法信用者多，对人信用者寡。些微授受，恒依法立据，浅见者每讥其俗薄而不惮烦也。父子昆季之间，称贷责偿，锱铢必较，违之者不惜诉诸法律。亲戚交游，更无以感情违法损利之事。或谓西俗夫妇非以爱情结合艳称于世者乎？是非深知西洋民族社会之真相者也。西俗爱情为一事，夫妇又为一事。恋爱为一切男女之共性；及至夫妇关系，乃法律关系、权利关系，非纯然爱情关系也。约婚之初，各要求其财产而不以为贪；既婚之后，各保有其财产而不以为吝。即上流社会之夫妇，一旦反目，直讼之法庭而无所愧怍，社会亦绝不以此非之。盖其国为法治国，其家庭亦不得不为法治家庭。既为法治家庭，则亲子、昆季、夫妇，同为受治于法之一人，权利义务之间，自不得以感情之故而有所损益。亲不责子以权利，遂亦不重视育子之义务。避妊之法，风行欧洲。夫妇生活之外无有余资者，咸以生子为莫大之厄运。不徒中下社会如斯也，英国贵妇人乃以爱犬不爱小儿见称于世，良以重视个人自身之利益，而绝无血统家族之观念。故夫妇间题与产子问题，不啻风马牛相去万里也。若夫东洋民族，夫妇问题，恒由产子问题而生。“不孝有三，无后为大。”旧律无子，得以出妻。重家族，轻个人，而家庭经济遂蹈危机矣。蓄妾养子之风，初亦缘此而起，亲之养子，子之养亲，为毕生之义务。不孝不慈，皆以为刻薄非人情也。西俗成家之子，恒离亲而别居，绝经济之关系。所谓吾之家庭(My family)者，必其独立生活也，否则必曰吾父之家庭(My father's family)。用语严别，误必遗讥。东俗则不然，亲养其子，复育其孙，以五递进，又各纳妇，一门之内，人口近百矣。况夫累代同居，传为佳话。虚文炫世，其害滋多！男妇群居，内多诟谇；依赖成性，生产日微；貌为家庭和乐，实则黑幕潜张，而生机日促耳。昆季之间，率为共产，倘不相养，必为世讥。事蓄之外，兼及昆季。至简之家，恒有八口。一人之力，曷以肩兹？因此被养之昆季习为游惰，遗害于家庭及社会者亦复不少。交游称贷，视为当然，其偿也无期，其质也无物，惟以感情为条件而已。仰食豪门，名流不免。以此富者每轻去其乡里，视戚友若盗贼。社会经济，因以大乱。凡此种种恶风，皆以伪饰虚文、任用感情之故。浅见者自表面论之，每称以虚文、感情为重者，为风俗淳厚之征。其实施之者多外饰厚情，内恒愤忌。以君子始，以小人终，受之者习为贪惰，自促其生，以弱其群耳。以此为俗，何厚之有？以法治、实利为重者，未尝无刻薄、寡恩之嫌。然其结果，社会各人，不相依赖，人自为战，以独立之生计，成独立之人格，各守分际，不相侵渔。以小人始，以君子终，社会经济亦因以厘然有叙。以此为俗，吾则以为淳厚之征也。即非淳厚也何伤？

(第一卷第四号，一九一五年十二月十五日)

人类文化之起源（一）

陶履恭

文化发源，已至久远。若以人类历史，衡地球发达之时代，仅当最迟最短之期间，盖人类之生，大地已经若干亿兆载，形态渐成。吾人欲穷人类之源，文化之端，必先究地史古生物学以资比较。

第一节　地质期

地层之石，就其构成，常别为二种：地火迸发，岩石熔化，凝结成石，是为火成石；物落水中，积压日久，沉淀成石，是为水成石。火成石乃迸发之结果，其象漫无秩序。水成石积多成层，排列有序，蕴藏古物。若各种化石，表示先代之史迹，先代之动物。依地质学家言，地层石质不同，所藏之生物化石又异，别为四纪。原始之纪，多花岗石云母片石，最深者下地面三十几鲁米突，无生物之迹。及太古纪，生物初见，种类日多，若三角介。究其构造，已极复杂。由是推之，原始纪当已有生物，惟化石不存，无踪迹之可寻而已。

及中古纪，动植物之遗迹愈多，形态之发达愈高，种类亦愈繁。旧有之生物种族多灭绝，代以新生之种族，每代必有新种发生。迨近古纪之第三期，哺乳动物之发达顿盛，有半猿人猿之属。及洪积期，人类初见。迄于冲积期，人类卓越，远超乎动物。依德人希米德 Schmidt（德生物学者赫克尔之徒）之计算，人类初生迄于今兹，至少已有廿四万年。

昔法儒屈唯野（Cuvier）谓地下各层，以极有力之激变，乃生成者。故最早之生物，摧灭殆尽。而每纪之生物，有若新生，是名为激变说。英之地学家赖页尔（Lyell）谓地层固有由激变而成者，而大部分则经几千万年，沉积成叠。或动力之所致，地面日缩成皱，或地下沉而为海洋，或隆起为山岳。自常人观之，地表坚固异常，而自地球观之，则至薄弱，常受外力之剥蚀。地之受水蚀者，若瑞典之滨若司皮兹柏尔根岛（Spitzbergen）日以沉陷者，若格林兰之陆地，皆亘无量数之年代。常有大陆，全浸入于海。或海底隆耸，成最高之巅，喜马拉雅高一七〇〇〇尺处，秘鲁之安底斯，在一四〇〇〇尺处，咸有海蜗牛贝类之发见，皆足证之。然则大地之上，土地起伏，沧海桑田，相为循环。不知历若干劫也，而水之为力，变化土地形态，厥功尤巨。水化为汽，落而为雨。虽至坚之石，亦为所剥蚀，裂为沙砾，更随川流，奔入于海。积年累月，更成新层，此地球发达之历史，永存之活动状态也。

依上所述，地球之成乃经长久年代之嬗变。生物之生，亦正仿此，非骤然发生者也。低等生物，经湮远之年代，以变化遗传生存争竞之淘汰，新周围之适应诸方法，乃日有异。种类渐增，种型渐高，此生物种原之论。以地质学、比较解剖学、生理学、病理学可得而证明者也。

第二节　有史前期

物种之源，自低型递变，既如上述，则人之源，必亦由低型嬗变而来。当近古纪之第三期，哺乳动物，初见于世，演进至于“人猿”之属，人类尚不见其迹。及洪积期，初见人类，然当时之人，绝非榛狉无文，而其进化颇高，与今社会学者所谓前猎期相当。或有谓与今之南非布须人（Bushman）、澳洲土人、火国（在南美之南端）土著等程度相若者，考当时文化，武器械具，其类颇多。有多少发达之言语，造火燃火之知识，一定之宗教观念，并极少宝贵之知识。其文化之程度，似已经无量数年演进之成迹。今人溯进化之纲，自地质期至有史前期，有大罅隙，是为人类之胚胎时代。时人类渐进，制械具，造言语，造火燃火，遂远迈众生物。人类之胚胎时代，乃人类文化史上之最早最要时期。而今日研究，发见至微。学者所述，不过臆说，惟资料搜集日富。则兹时代，或可渐明。要之，人类胚胎时代，固尚在研究中也。然近世社会学，主在社会方面，讨究人之存在，人之进步。上溯迄于胚胎时代，法之最善者，莫若依比较法。严动物人类之别，以究文化之起源，明乎人兽之别，斯渐明乎文化之胚胎矣。

第三节 无文化之人类先代

欲究文化之胚胎，必先评较发达至高之动物与发达至低之人类。二者之别，在言语、武器、械具、知识、宗教、观念及燃火、用火之知识诸端；而人类之先祖，所以能超乎一般动物，造言语制械具者，必有根本之原因，必有所以致之之状态。盖先代之人，必先有手，有手然后能制作器具。先代之人，必为群居动物，有群之生活，然后能创言语，为众所了解。今分别论之。

手之功用。手之功用至大，凡世上器物，需人力而成者，莫不有手之功。然考动物之变迁，则其初代，皆为四足，人类之先代或亦四足。揆诸生理解剖，人有尾骨，尾骨之存，可推人之先代，躯干与地面平行，非直立于地上。迨习于升木，前足以攀援，渐变成手形。试观察攀木之猿，在众兽中，有手渐能垂立。发达最高之猿，与发达最低之人，自解剖生理方面观之，其别颇巨。然试自最低之猿，上溯进化之级，则亦有显然之间断。而间断不在人猿之间，而在下级猿上级猿之间，即新旧世界之猿远高出狐猿之上。赫胥黎谓人与秦盘吉（Chimpanzee）之相去，不若秦盘吉与狐猿之相异远，正谓此也。

两手既离地，运动自如，身体直立，与地作垂直线。身之上下，两部之运动，遂各有专司。上部之手，为握持之运动；下部之足，支柱身体，而运转之。自是手遂为升树之用，后更捆木石，作械具，用益大矣。

（未完）

（第二卷第五号，一九一七年一月一日）

人类文化之起源（二）

陶履恭

言语之起源　人具灵性，必有方法，使灵性相通。言语之用，即所以通人之意思，明彼此之意念。溯其发源，则由于社会之群居生活。考哺乳动物群居生活者，可别为二型：一曰离居制。或单独家族制，成小团体。幼者长成，即脱离长者，别立家庭，而不与长者同居。此制主在传种，使不灭绝，不见群居生活之利。狮虎熊猫狐之属，隶此制下。一曰群居制。有社会之生活，小若蜂蚁。咸有社会性之本能。更上若马狼犬狒狒之属，皆群居为生活。而言语即肇端于群居家族，相聚所以相通者也。兽类之语，不外呼喊，表示爱好，警告幼稚，发表情绪而已。而兽种不同，其相通之语复有异。且兽之龄至短促，前辈所遗，斯为已足。语数之增，至稀亦至宝贵也。

吾师威斯特马克（Westermarck），芬兰之社会学者，主伦敦大学讲席。于所著《人类婚姻进化史》，尝考证人类起源，溯诸似人之猿若秦盘吉之属，谓为单独家族，而非群居社会。学者多反对是说，佥谓缺可信之证据，且与今日事实之真相相刺谬。盖人之起源，未必出诸今日生存之猿种。自近古纪第三期而后，人兽渐别猿类之哺乳动物亦渐嬗变。今日所存陆上之哺乳动物，殆已全见于当时，而衰绝之种亦伙。故就百廿一之哺乳动物化石中，灭亡或衰颓者凡五十九，则人与似人之猿相并演进，不必前者未必出诸后者也。更究今存之人猿与起源人类之关系，威斯特马克所论，尤多荒谬不伦。盖猿缺乏社会性，言语文化，皆未进化，而复反于原始家族之状态。故猿者，人类祖先退化之种也。故其行为，与孩提绝相肖。依生理之根本通则，人非出于猿，猿乃出于人也。达尔文论人种起源，谓据四手猿属之多数而考证之，咸群居的。故人类之祖先，亦群居的（《种源论》一六六页）。其说至当。盖究之事实，猿属之群居团结，救危拒险，服从协助，仅见于成人。若其团体之势力，则尤人群所罕见。卜烈谟波提二

(Brehm Perty)动物心理学者,常观察狒狒多种。其所报道,颇资推论。其言曰:“狒狒之群至巨,常以千百计,夜至则蹲踞蜷曲,相欹而眠。外置警守,有来袭者,全群咸起立,呐喊号召,声至凶猛。男之壮者,出拒敌,掊击之。或保卫稚弱,携之远遁,以避敌锋。掳获羚羊山羊鸡蜗牛昆虫之属,为食品,藏之石下。石过巨者,以众力移之。原人游猎,与狒狒之相肖,于斯可见。又若人之虚荣性,亦人性所固有,而见于猿属。狒狒之好虚荣,人偶加以叱责嘲戏,即愤然怒,亦明例也。”

由是观之,人类最早为群居之生活,无家族制度,殆无可疑。而至不可解之问题,则今之人类,乃行单独家族制,设人以生活困难,散为小群,遂成离居制。则离居不过一时权宜,而人类必复集为一团体。离居制正吾人所难解,亦正主张群居离居两派说明人种起源者,聚讼之一原因也。然人之有社会性,有群居之本能,与生也俱。人必起源于有社会性之原祖,则确然不可拔。要之,人类无文化之祖先,乃攀木之动物,与四手类之动物,殆为同原。而此所谓四手者,与今日现存之猿类异。以今之猿属,不与人类直接同原也。

第四节 人之成就

夫人之始祖,既与动物无以异。则其后日之进化,又奚以别乎一般动物,相群居,发达言语,制作器械,蓄积理想,怀宗教道德之观念,明是非善恶之大别,有精神之生活,而遥驾乎大千动物而上之。斯乃人类进化史上最要问题。明乎此,明乎人之所以为人矣。

人之有大进步者,以其境遇周围之变。进步之始,则以人之始祖渐脱离攀木,而立足地上。猿属多种,曾直立于地,攫获食品,猎取诸兽。躯于垂直,而手渐自由。凡此属者,长于猎获,愈脱离攀木,遂愈习于土地上之生活。自是遂登于进化之途。人类之变嬗,遂日有进,而进步遂亦日迅速。夫树木本攀木兽类安身之所,以避仇敌,防御猎食之兽,凭依之者。不俟狩猎,不必利用土地,不必殚心竭智,而自然有食物可以无忧。心思能力,遂窳废而不能有进步。土地者,实攀木菜食之人类变为狩猎战争人类之要素也。人类自是出夷入险,去安身御敌之木,而入平坦无依之野。尽力于战争狩猎,必有狡猾忍耐,勇武之德能,黠巧之智,以与猎食之兽争,以与万物争。较诸木居之简单生活,境遇状态咸大异。而当此新境遇新状态,人群生存竞争,乃益有进。而生存竞争之最要利器有二:一曰群之生活,一曰两手之用,制造械具。二者,文化最初之原因也。

群及言语　动物之团结,若上所述,见于猿属。而群之为物,较每个为高,超乎每个之上。盖群者,不特一人之耳目手足,而千百个之耳目手足也。必亦有公共之目的,为众所企达。而群之中,所借以互相交通者,是为言语。言语非人类所专有,高等动物,亦常有达意之言语。笛彭(Dupont)谓鸡鸽有声十二,犬声十五,牛声二十二。而道尔涩(Dorsey)谓普通英人常用之语不过三百,格纳(Garner)谓猿猴之语用以相互争辩戏谑者二十音,更辅以无数之动作并活泼的模拟之态。

考言语起源于呼喊,传达意思,已足为言语之用。人类组织成群,成相同之神经系,有相类的心理的构造。使每个相集为一体,抵御宇宙间之外物。虽至强而有力之猎食猛兽,带至凶狠之爪牙,亦遭失败。经长年代之物竞天择,言语之利器,遂日进步。人群团体之争竞结果,使组织日益高。昔德人盖格司(Geiersg)谓言语创造思想。言语未成之先,人无思想。斯说虽奇,实则思想言语二者,相并进步。二者缺一,无进步也。苟深究心理,明乎知识之性质,斯见此说之不谬。故言语初用,不过为通意之具。及其渐进,功用更增。一则集蕴社会之思想,一则以言语传达思想,乃能增殖知识。今请先后述二者之功用。

言语之传达思想者,无数年代人类之心思蕴集最久之结果。个人得收集之,故获精神之益。传达之法,或以教育,或以习俗,积久成思想之宝库。譬如今之学子,读古人书,解其理想。是即古人思想,蕴集至于今日。故今之个人,虽至乏教育,亦多少袭受古今思想之宝库。虽不享用,亦得以之傲顾群动物。盖自有言语,而后人类思想之进步,去禽兽乃益远也。

然个人所思,非其个人微弱之智,实乃全人类或大多数个人之知识也。蕴积愈多,乃成群智。故人类之思想,乃亿兆人脑筋活动之成绩。以之较诸个人知识,伟大莫京。即一代之天才,望之亦无颜色。是以今之学子,绝不能胸罗万有之知识。盖天才之高,非以其个人知识之伟,乃以其奇特。有若埃及塔之巅,巍然高耸。而视诸塔之全体,不过较高。而其量,则渺乎小矣。

人智之优于动物,揆其原因,亦以言语所积之结果。个人之智,与最高动物相较,苟无过去之所遗留，则相去绝近。今之动物心理学者谓动物亦能联络意念，推解道理，利用经验，揣测人之思想。凡记忆、了解、想象、判断，象猿犬狐，皆具此能力，智力极高。就中特以人与犬相习，知其黠智。故西方有“犬能言是为人”之谚。人而无教育，无思想，无言语，则其优于秦盘吉奥朗者几希，必亦属于兽类。故洪荒之世，獉狉之人类，所以别乎一般动物者，正以其言语耳。后人进步，亦言语之作用也。

人智之优于动物，非纯以个人之言语蕴积之结果，而必以群之言语蕴积之结果解说之。而人兽之了解力，犹有根本之大别。兽不能造抽象之概念，而人能之。人之思想日进，智识卓越，抱绝伟之能力，莫非由于能造抽象概念之结果。而抽象之概念，则又言语所赐。

言语者何？代表一物或代表物之象。例如橘，所以表橘之物，或橘之象。故字所以诠物符号而已。故人之异乎禽兽者，非特能追思记忆，或为想象，犹能以符号为思想。盖人之冥思，思想之回萦脑际，皆以字为之。吾今读天生蒸民，有物有则，即会其意，无待图解之说明。盖符号印于眼帘，眼传于脑，以字思想。不俟具体之物，而能有抽象之概念。然方吾思时，吾固未尝自觉吾以字思也。吾好读英籍，久之遂以英字为思想。缮书札时，喜用英文。昔德哲尼采（Nietsche）谓欲求为文，先求思想之明确。诚哉言乎，思想者以言语之符号，思想明确，斯能属文矣。

自有言语之符号，吾人心灵之活动，遂益发达。兹括计之，其益有三。

符号所包括之义，较实物为多。今若描画三角，其种不一。有等边、等角、直角、不等边诸形。而三角之符号，即三角一语，则勿论形象若何，凡属于三角者，皆包括之。又若“我”之一字，无量数人形象、思想、气质、欲望皆不同，而皆自称为“我”。此函括之义广也。

二符号之义易变。设有桂花于此，吾人无繇判别物质二者，盖物与质在实物固不能判离者也。自有符号乃能分析实物。“黄”之符号，所以代色。“香”之符号，所以代味。“小”之符号，所以代体。“花”之符号，所以代物。观念乃益发达。

三符号之义确。实物之相似，常相溷混。独以符号，得析别之。例如军人一队，以符号区别各士，较实物为清晰。

由是观之，心灵之活动，自以文字或以有意义之符号为思想。而后较实物追想之象，范围大扩。概念之于实物，譬犹纸币之于金币也。若吾人之币，纯以金制，则今日之私人贸易，国家财政，势必有所不行。设今有百万元于此，全为现金，则必囊橐累累，而计算必且旷时费日。若代以一叶之纸，加以笔画，以代表百万之符号。则其便利，灼然可见。故言语之符号，乃人类思想所必需之具。若一般动物，至今犹未出金币之时代也。故人之高出于动物，其故匪它，以其能思，而其进步则又原因于言语也。

综观上述，则人兽之异，知能之悬绝，非不可思议。人兽隔绝，言语使之然也。言语者，传达思想于社会之神经系，蕴集个人之稚弱思想知识，而成群智。依个人之了解力，自不便之实物界，而入于易变之概念思想界者也。

言语之大用，法屈唯野尝早论及。德言语学之鼻祖洪博德（Humboldt）尝谓人之所以为人者，以言语。又曰，“欲发明言语，还先为人。”斯语也，今世学者所不敢苟同。盖言语非发明者，东方之仓颉，西方之卡德马（Cadmns）乌托之天才也。言语之起源缓渐，一字一字，创造而成。自兽之呼喊，渐发达成有用之具。结团体之组织，遂为生存竞争之利器，更经无量数年之长时代，自然之淘汰，言语乃渐完全美备。而言语与知识之关系，既非言语造知识，又非知识造言语。盖二者相提携并进者也。言语有进，则思想亦与并进。思想之进，亦即促言语之进。是犹二足相前后进，乃能步行。吾国近年来，言语之增殖，思想之进步，可以见矣。

（第二卷第六号，一九一七年二月一日）

人类文化之起源（三）

陶履恭

手及械具，人之祖先，即相聚为团体之生活，出林而入于野。更有利器，以与野兽争，是为手。手之自身，本不足为利器，而手之活动之结果，功效至巨，可称为利器之母。

言语通意，早见于群居之兽。手之活动，固亦见于动物界。猿之扶杖而行，揉木御敌，以树枝或有刺之果掷击之，或掷石为戏，以石击碎胡桃、牡蛎之属。秦盘古依木筑小室，与野人之居室绝相肖，凡此皆生物学家所观察者也。

故猿属已当木石之时代，而人之所以进化者，则以离木而履平地，犹今之态，常人立而以足踉行。唯人上身之肢体，以垂立而能自由活动。手遂为捆握之机关，适于新功用。然其去于猿之以石击胡桃者几稀，而人则能以石击石。坚硬之石（法国古物学者所谓拳击 Conp de Poing.形似拳，用以击物也。）遂为人类最初之器械。坚硬之石，其用至广，可以代刀锯斧凿。睹一物之不能尽用，乃加以柄，刻以齿，利器之形殊而种类增。木之堕者，以之造掷击挖掘之杖，于是有枪戟棍棒，最后乃有刀弓矢桨之属。

自有械具，则物竞全依械具之进化，而武器之进化为尤要。群之相争，挥枪振斧于疆场之上，则不复仅依个人之体力。则人群之争竞，出物质界，而入于精神界，胜者不必体健，而重在准备防御胜人，是即知识胜人也。自是而后，精神心思之械具，遂日与物质之力相抵抗。而获胜之人类，进化之趋向，遂更渐脱动物界，而登人群进化之途。

自器械之发明，而自然文化之差别益著。那雷（Noire）曰：手所握之刀，直若自然之机械，手所不能者，器械代之。实则握刀之手，直若手外复成新手。勿论钻锥杯皿，斧凿枪炮，莫非更有力之手也。故人自有手之用，遂产出无数之器械。佛教末流，有膜拜千手千眼佛者,以为千手则力巨。而人类以手制作器械之多,实远胜于千手也。

人类之进化,自有机的范围,渐趋于文化范围,必有枢纽之点。而此枢纽之点,则舍言语发现之外,以手能制作之功为最大。

火之发见,文化滥觞时代最末之发见,是为取火。造言语、造器械二者,殆相辅而进,造火当在稍后。盖造火之工,较为复杂,且有待于知也。

古人造火,说者不一。今推想原人世界,当木器、石器之时代,既有器械,钻木久,则其旋转之运动发生火星。火星四散,烧燃及于苔藓之干燥者,由是遂有火之发见。古代原人造火方法,未必皆同,而要不外木石之相摩擦。设古人之居,依近火山,则炽热之熔岩,爆发之飞火,皆能应用。今日大洋洲岛屿中,有火山之土著,仍就火山之熔岩燔焙食物,或有民族依含铁之石而取火。今日以击石取火,为文化之最低级。火国及爱斯基摩之土著,犹以击石取火焉。

解释取火之法既不一说,而尤难之问题,则人类何故经困难费时力磨物以取火?人之祖先,所居不在寒带,其地燠暖,殆无求火之必要。人之欲以火燔炙食物,其用更鲜,盖原人口腹之欲性质偏于保守。幼所未习者,殆不肯啖,且钻燧取火,则火之破坏力,燃及野草,蔓延成燎原之势,必为原人所珍重。由是观之,火光之闪灼,金黄红绿之色,跳跃飘忽之焰,淡蓝之烟,氤氲成形,消灭生物,其势凶烈必惹先人之注意。儿童在野,见火之燃,必且以为悦目。持以入夜,万物暗黑,火力凶烈,其用尤显。潜伏之猎食,动物、狮虎之属,见火之燃,咸畏避不敢近,火亦卫人者也。

故先人取火初意,昼则取其娱目,夜则取其可畏,是则童稚所爱道,亦有文化之人类所未忘者也。德国言语学者盖格曾论此点曰:先人之爱火,非以其利民,非以其用,亦非以其生温,乃以其光耀炎赤之色。今敢断言者,则火之名,非来自温热,亦非来自燃烧消化之质或生损毁而来自红色,盖颜色之意义乃在最古。而人之取火,亦即以其颜色也。

综上所述,取火为文化胚胎期之终点。而文化胚胎期之亿兆年间,正当地质之第三期。人类渐别于一般动物,而发达最重要之点有二:两手之用,初不过为揉木之机关,乃复能直立于地,成制械具之械具,一也。言语发达,增人灵性,使人心相通,遂创出群智。久之社会本能,促进人类,为更高之组织,二也。故人类之超越群动物,卓越地上,非以其个人能力之显耀,乃以人之相群,集众为高级更有势力之组织,各种制度蔓延亘大地各社会。

今若比较文化各级之优劣,则个人与社会之关系,显然可指。近世文明之国家,视诸澳洲土著、锡兰畏陀(Veadlis)之群制,其相去为何如?且澳洲土著、锡兰畏陀之去于欧人更何如?盖社会之势力愈大,则个人依赖社会不能孤立也愈甚。设一人独处于野,所用之械具,凡文明人类之所有,咸自制造,无交换,无货币,则其人必为世上最穷困之人。唯人之与群相接触,受群力之陶熔,于是个人乃登于文化之高点。今举实例,此理益显。吾闻之新大陆之发见也,西班牙人苏塔士(Veddas)及其僚,于一五四〇年,登陆于美之南方,而所携食品用品不丰,牲畜饿毙,受火之药已绝,刀剑朽坏,衣履凋敝,卒乃著红印度人之服奋斗攻击,俨若印度人。文明孤立,不与群之相接触,必即返于野蛮獉狉之故态,于兹可见。而人之育于野者,未尝沾文化之影响,亦不过无知无识,不能言语之痴人而已。

人类文化之演进,依希米德之说,则尝经过廿四万年。吾兹所述,不过溯文化之起源,示其特点,以见先民出野入文之艰难。而文化发源时代,果当廿四万年间之若干分,则非吾所敢知。美国历史学者骆宾孙,掌教于哥伦比亚大学有年,尝就希米德所计算之年,拟为十二小时。每时凡二万年,而每分凡三百三十三年四月。设吾人正当十二时,则自一时以至十一时有半,人类文化之遗迹,殆不可寻。埃及、巴比伦之文明,乃仅在距今廿分、十分以前。希腊优美之文学,绝世之雕刻,乃在七分以前。文艺复兴,乃在一分以前。而瓦特之汽(轮)机,不过半分之生命。则人类迄于晚近,进步乃愈敏速,岂非至奇之事?而唤醒吾人以注意者耶。

(完)

(第三卷第一号,一九一七年三月一日)

中国国民性及其弱点

光　升

一国之政治状态，一国人民精神之摄影也。立国于宇宙之间，皆以其国民所计划所持循所需求者为之。而其发生之政治状态，即其所计划所持循所需求之结果。此所计划所持循所需求者，无以名之，名之曰国民之精神。政治学者，或别称之曰国民性，即一国民之思想也。盖一国民之思想，乃一国之种族地势气候学说政教等之所陶冶而成。既成矣，因其所陶冶者之各有畸毗，而长短优劣见焉。吾国以数千年开化之古国，据有全世界陆地十三分得一之领土，全人类四分得一之人口，中更数十朝家之纷争革命，以及五胡辽金胡元满清之侵略蹂躏。而吾伟大统一之民族，独维系团结而不散。迄于今日，所称埃及、腓尼基、罗马以及墨苏波达米亚诸古国，皆不过历史上之一名词。独吾则新命旧邦，绵延勿替，岿然为世界之灵光，此则吾国民可引以自豪者也。虽然易一面观之，凡社会经一次革命，必有一次进步。彼西方国民，由所谓阶级革命宗教革命政治革命，渐演渐进。以有今日者，胥是道也。吾国民既更数十朝家之纷争改革，以及五胡辽金胡元满清之侵略蹂躏，则所历之变乱，不可谓不多矣。乃起视国度民情政教风俗，恰如在模型之中，不可转动。殆数千年如一日，而且若退缩焉。申言之，即吾国民数千年来，所行者吾固有之政制，所守者吾固有之文化，而鲜有变通者也。今则由革命而共和矣。吾国民犹若视为旧史上更姓改朝之故事，而一无根本之觉悟，其何以与今日进步之时势相应哉。夫国民性之可欣可幸者如彼，而其可悲可惧者又如此，则其短长优劣之故，可得而言之。

一、种性。厥初生民，只一种人与一种人争。因天演公例，而优劣胜败之数以分。迟之又久，因移殖杂婚之结果，劣者遂吸收于优者，而为种族同化。因其同化力之强弱，而种族之分合大小见焉。溯吾汉人种起自西陲，沿黄河流域而东。所首先相遇者，即苗民是也。自是所谓东夷西戎南蛮北狄,环吾族而杂处相轧不相下者数千年。顾此诸族者,开化程度极低,虽有野蛮之武力,足以相持,而实无自有之文明,可以独立,其不能不折而入于汉族者势也。即如五胡辽金胡元满清之入主中夏,无不舍其历史性习,以渐染华风。当其盛也,暗恶叱咤而莫之能御。及其衰也,并其固有之丑类,皆烟消雾化,而无复片影之存。不似欧西种族如希腊、拉丁、斯拉夫、日耳曼、斯堪狄纳维亚、法兰克、盎格鲁撒逊等,皆有同一之能力,不可磨灭,遂滋生发达以各树一帜也。盖吾古来种族主义,有不与欧西同者,即彼采排斥主义,而吾采感化主义。自希腊分自由民奴隶之阶级,罗马袭之。所谓贵族平民罗马公民非罗马公民之争,亘数百年而不定,及条顿人种兴,此风愈烈。至今日各文明国内部所包含之各族,犹复孤居不化畛域分明者,皆排斥主义之结果也。我国自黄帝之征有苗,善者迁于邹屠,恶者迁于有北。《书》曰,"以亲九族,九族既睦。平章百姓,百姓昭明。协和万邦,黎民于变时雍"。九族百姓者,本族也。黎民,九黎之民,异族也。协和于变,即感化之意,苟能向化,皆一视而同仁。故淮泗伊洛之间,皆听夷戎杂居,直至有周而未尝驱除。盖叛则征之,服则舍之。是故族姓者,吾民族之表识也。传称黄帝二十五子,得姓者十有四人为十二姓。考其分封之迹,南及江水。故三代之世,所谓天子诸侯大夫士之族,殆无一不为此十二姓者之子孙。盖吾古先王分封之制,即为扩张本族势力以统驭异族而设。故吴楚越号称蛮夷,而皆以汉族为之君长。于是东南江海之滨,皆见汉人之足迹焉,及乎庄蹻王滇,而吾汉族势力,被于西徼矣。尉佗帝越,而吾汉族势力,渐于南海矣。当封建之世,宗姓犹严。及井田破坏,民无定处。姓氏淆,而天下之人,皆得祖羲轩而宗颛顼矣。吾国种族之变化,尤以五胡之乱为一大关键。当此之时,北方衣冠旧族,既随晋南渡,以为南北文化之调和。而刘石苻姚,又各袭汉姓以据中土,及魏孝文改代北九十九姓,厉行胡汉杂婚。于是言张必清河,言李必陇西,无复与辨者矣。又况辽金元之子孙,因失国而袭吾族姓以留遗于中土者,实繁有徒。至今日犹所谓蛮夷、戎狄、羌羯、鲜卑、闽越瓯骆、耶律完颜、蒙古色目人之子孙乎,无有也,盖已吸收于汉人种而混而一之耳。今之言曰,五族共和。吾谓满洲人种,不过一历史上之名词。其语言文字历史等,已失成立之根据,将来必转化于汉人,可断言也。回民之人居内地,久与汉人混和,其信徒又半杂汉人。只可视为宗教关系,而非种族关系。至于蒙藏二族之向背,乃关系吾国内政外交者大,而为别一问题耳。若夫本部各行省内,除极少数淘汰未尽若生若灭之苗猺獠猓及若干融化禾熟之满人外，犹有何人不自承为汉人种者乎。称中国人曰黄帝子孙，盖真正炎黄血胤者十之七八，因婚姻杂居化合者十之二三。以近世民族意义言之，其皆为同一种族之民。今日国家，谓之领地团体，而非血族团体，即事实上亦无有以一血族组织一国者。然其种性究不可磨灭，而种族之纯驳，关系国家组织涣固者实大。观于今日奥之匈牙利问题，俄之波兰芬兰等问题，英之爱兰问题，以及巴尔干之斯拉夫问题，犹屡为政治上外交上之纠葛，庸得谓非种性为之乎。独吾以所称全世界陆地十三分得一之领土，全人类四分得一之人口之国，什九皆为同一种族之民所组织，此不可不为吾国民之一大特色也。

二、国性。国于大地，必有与立。所与立者，即国性是也。因其国性之纯驳，而国之大小分合，国祚之修短，皆由此分焉。昔者希腊人以独立自营为尚，成立数十之市府国家，而不能集而为一大组织。蒙古人之盛也，地跨欧亚，沿部落习惯，所得属土，悉以分配诸子弟。势分而力弱，遂不成一久大之国家。罗马人则尝成一大国矣。然卒东西分裂，不可复合，以至于亡。法兰克人亦然。沙列曼所创之大帝国，只一再传而遂分。凡此皆其国性之缺纯一坚固耳。吾国自黄帝东征西伐，设左右大监以监万国，而国家之基础以立。三代以来，朝诸侯有天下。有似欧洲中世之神圣罗马帝国，而少其纷更。及周之衰，天子守府，海内戴为共主，犹数百年而不废。嬴秦代之，遂成一统郡县之业。盖生民有欲，无主乃乱，为吾国立国主义之根源。孔子曰："天无二日，民无二王。"孟子曰："定于一。"皆此义也。至后世而遂演为正统之说。正闰之辨，真伪之别，称引天命，援据功德。若与君主政体为缘，其实即近世所称主权不可分割之义。典午之乱，神州陆沉，夷为邱墟者，殆二百年，吾汉族遗民，得保有江东。以待隋唐之混一者，何莫非此正统之思想以维系之，有宋之南渡也亦然。盖取春秋大一统以为义，虽强如项籍，成如王莽，贤如杨行密、周世宗，苟不足以抚有区夏而久安，皆夷于紫色蛙声而不足与存。大凡成一物体，必视其向心力以为离合。组织愈密之物，其向心力亦愈坚。正统思想即吾国民向心力之所寄也。是故立国以来，所更祸乱亦夥矣。战国楚汉之交，三国六朝五代十国以及隋末元季之分争割据，少者十数年，多者数百载。然卒辗转吞并，归于合一。而不至为罗马帝国法兰克帝国之续者，非国民向心力之厚，曷克臻此。即如此次武昌之役，各省独立，国纲解纽，若以俄奥等之复杂国民当之，其不土崩瓦解者几希矣。然风驰电掣，不半稔而南北统一，政府告成，此尤吾纯一坚固之国性之表征也。

三、宗教性。人之生也,宗教性与种性,皆随禀赋以俱来。今日政教分离,宗教似无甚关系。然在古代则尝酿重大之纷扰。彼欧洲各国,其始基督教与犹太教争。抵排虐杀,纷扰者数百年。继则基督教与回教争,卒成十字军之大战,纷扰者又数百年。迨至近世基督教分新旧两派,为宗新教又以宗派之歧,互生轧轹。

如英国异教徒,以本国不容,逃于新世界。而最近巴尔干各小国与土耳其人冲突,犹是宗教纷扰之余波。故读欧洲古来之历史,大抵皆教争之历史也。吾国教争之事,于古无见。即至后世,以儒教定于一尊。而佛道二教,亦并行于社会。盖视教为补助政化所不逮,而不倚为门户阶级之争。即有如魏太武之去佛存道,周武帝之尊儒除佛道,唐初之尊道毁佛,亦不过当事者偶然好尚之结果。不旋踵而复故,未尝酿政治上之纷扰。迨近年耶教人,往往酿成民教之纠葛。此则外交上国势上之关系,非教争也。或谓中国人宗教信仰薄弱,故团结力不坚,而少奋往直前之概。是说也,吾人亦无以易之。然试览欧洲数千百年教争之血史,究属利害各居其半。而吾国民独能脱然于此种魔障之外,亦自有可为庆幸者也。

吾国民既具此三特性,即可征语言文学历史思想之同一,而为纯粹之民族国家,可行和平均一之政制,宜可以稳进而蕲发达矣。然而其结果乃适得其反者,何也?则以吾国民性固有绝大之数弱点在焉。

其一则缺乏自由思想也。自由有表里两面,自消极方面言之,为不羁;而自积极方面言之,为权利。自由思想,即权利思想,由人格主义而来。人格者,即法律上能享权利尽义务之主体也。古代专制国家,持国家万能主义,而不认有个人人格,遂无自由权利之可言。自近世进步之国家理想,承认人格主义,而个人乃获得法律上之地位。国家虽有任意改废法律以伸缩人民自由之权,而必无不依一定信条以干涉人民之事。此各立宪国之个人自由如言论结社出版居住等之自由,所以占宪法之一部也。个人服从国家,与奴隶牛马之服从于人者不同。奴隶牛马无人格,一切待命主人,故鞭挞戮辱任意。而个人则一方立于国权之下,一方犹自有独立之人格。故国家与人民,乃两人格者间之法律关系,即权利义务之关系也。国家对于人民,有统治权,人民则须服从之,是为人民之义务。人民对于国家,有国民权,即广义之自由权(包含宪法所保障之自由权及参政权公力请求权)。国家不敢侵犯之,是为国家之义务。国家而不认个人之自由,是蔑视个人人格,而为国家之不法矣。盖个人为构成国家之一支体,与通常器械之支体对于本体之关系不同。通常器械之支体,专为本体而役。其支体自身,不能为独立之存在。而个人则为国家之一支体以外,同时犹有独自生存之目的,其目的殆占人类生活之大部。于此有大部独自生存目的之个人,不认以相当之自由,则人民之能力精神,穷屈而无由发舒,必反乎此者而人类生活,乃有回旋展布之余地,此近世国家发达之要件也。吾国建国最古,国家主义早立,而于个人人格之认识独啬。《书》曰,“生民有欲,无主乃乱”。其于国家之缘起,及夫主权统一之义,发挥已无余蕴。又曰,“民为邦本,本固邦宁”,曰,“众非元后何戴,后非众罔与守邦”。此说明个人与国家之关系,不可谓不至矣。然独未尝离国家而认个人之存在。旧说九流,皆谈治术。其理论之秩然足述者,则为儒、道、法三家。道家游心于玄默,使国家与个人,皆沦于惝恍迷离之境者,不论矣。法家之言曰,“民强国弱,民弱国强”。人而不为国效用如隐逸者流,皆可杀。是全不认有个人自由,其极至于惨覈少恩斩艾屠猕而不惜。儒家反之,一方尊君,一方又策君爱民。其视弱民之说有间矣。然自政治真义言之,民亦何所用其爱哉。人民对于国家,有应尽之义务,有应享之权利。于其应尽者而不求多,于其应享者而不削少足矣。安事噢咻孑煦为也。夫爱之云者,特恩惠之名词,人而为人所爱,惟立于依赖地位,而必不有其权利之可以主张。康德曰:“以仁爱为国,则其政府为专制。而视人民为孩提为未成年者,遂使其自由权利销归乌有矣。”此之谓也。若是则儒家之爱民与法家之弱民虽有仁暴宽狭之不同,而其根本不认有个人之自由则一也。自法家之言,秦一用之而败,遂为学者所讳言。迨汉武罢黜百家,而言治道者乃一折衷于孔子。孔子曰:“民可使由之,不可使知之。”于是愚民者窃之以为柄。韩愈氏引申其义曰:“民者出粟米麻丝作器皿通货财以事其上者也,民不出粟米麻丝作器皿通货财以事其上,则诛。”是故西方国民,自古罗马之世,即有平民贵族之争。意大利公民权之争,延及中近世。所谓不出代议士不纳租税人身保护律权利请愿等。人民之要求自由者,不绝于史。则其相摩相荡,渐演渐进。以有今日者,非一朝夕之故矣。而吾民则数千年来,托政府为恩主,以盲从为义务。其桀纣幽厉暴秦亡隋以及一切衰朝末世之暴君污吏残民以逞者无论矣。即刑措如成康,小康如“文景”“贞观”“庆历”。所谓流风善政复绝千古者,亦不过轻刑敛与民休息而已。吾民惟侥幸于道德上之生存,而终未占有法律上之地位。甚至外族入主,如五胡辽金胡元满清之世，吾民亦惟偷安苟活于其淫威之下。偶有一得，即俯仰颂祷而不能自已。盖人民之无自觉心久矣。彼为奴隶者，苟得慈善主而事之，何尝不有一日之安乐乎？然不得以此谓奴隶之有自由也。数千年来政体民智沉滞废顿而一无竞进者以此。

其二则缺乏法治思想也。法治思想，由自由思想而出。盖各个人皆立于法律保障之下，始有真实确固之自由也。与法治主义相对者，则有德治主义。人类之所以形成国家者，乃以保安全长幸福。与增进道德之目的，殆不相关。故曰，国家者形式的强制组织也。即国家强制作用，只能为形式上之干涉，而不能为精神上之干涉也。人之精神，藏于内部，必非政治之力所能侵入。执道德主义为政，消极行之，不免空言而无效。积极行之，且有危险之结果。盖道德者，至高美而至无标准。孰规定是，孰操制是，徒为强者所持以制服弱者之具。故德治实与力治为缘者也。昔孟子以德力别王霸，其实德者力之外衣，而力者德之内衬。专制之世，流血漂橹，僵尸百万。以为一家之私产，而曰除暴安民。御下以威，一言之忤，系组伏剑，义无迟回，而曰君臣无狱。东朝西贡，竭天下以奉一人，威福玉食由已，而曰惟辟宜然。庄子所谓侯之门仁义存者此也。秦皇帝之颂曰德过三皇，后世君主，虽虐比桀纣幽厉，亦尸神圣文武之号。以道德自饰，并以道德戮人。故怨望有诛，腹诽有诛，心怀不轨有诛。而欧洲中世且以违反宗教而死者不知凡几。怨望也，腹诽也，心怀不轨也，宗教之信仰也，皆属于精神道德之事。而以政治干涉之，其流毒至此。故德治与自由思想绝不相容者也。若法律者，媺美虽不可定，而矩矱则有可循。弱者得依托以为安，即强者亦范围而不过。盖德治者，不恃法而恃人。人之性格不定，法之程限有常。故德治易流为专制，而法治可企于平等也。且德治云者，自政治理想言之，则为太平之极轨。自进化阶级言之，实则野蛮之陋风。盖太古家族团体，宗教制度，人人日匍匐于家长教主之前。仰如神圣帝天，一听其以意思为生杀予夺。所谓古无道德法律之别者，实无所谓法律也，但有道德耳。迨团体分子膨胀，欲望渐增，人智亦渐进，仅此简单道德不足以维持平和也。于是取向来团体内所行之习惯，附以强制程序，使有所守，而法生焉。迟之又久，智欲更进，生活关系愈繁，而法亦愈密焉。是故法治为社会进化之阶梯，脱野蛮道德拘挛而入开明法律组织。此人类生活关系由简单进于缜密，由恐怖进于稳固之一大关键也。吾国夙以德礼立国。孔子曰："道之以政，齐之以刑，民免而无耻。道之以德，齐之以礼，有耻且格。"而法家则谓德为民之仇仇，法为民之父母。此儒法两家德治法治之大争点也。儒者之言德治有二义：一曰德政，由出治者下膏泽于民，所谓以德行仁是也；一曰德教，使天下人胥化于德，所谓明德新民是也。法家最粹之言曰，“君臣上下尊卑贵贱皆从法”。是即国家主义之真诠，而其极则谓弱民以强国，全不认有个人自由，又可谓之绝对的国家主义。儒家者，一方采国家主义，一方又重家族主义。盖犹袭古代宗法社会之遗。夫是以重德轻法，虽谓之“家族的国家主义”可也。当春秋战国之世，百家争鸣。卓然见治效于政界者，先为法家，如管仲子产申不害商君李悝。其最著者，自秦任发而败。申商之法，乃为学者所讳言。且其惨礉少仁恩和义，易为战乱困敝之民所厌忌。故温和之儒教，得起而代之。而儒家之家族主义，又适宜于农业生活之人民。此秦汉之际儒法两家消长之原因也。希腊人之立国也，重文轻法，颇近于中国之儒术政治。乃罗马代之，饰政刑，尚实用，遂一跃而入于国家主义时代。道德主义，重名分，尚礼义，其弊宽慢虚伪而鲜实用。法律主义，明利害，务施报，其弊烦琐刻覈而少蕴藉。故罗马法系之国，以重实利之过。至于父子兄弟之伦，泛泛然如萍梗之相值。此似有不如中国者。然自国家主义言之，彼曰权利，而吾曰仁义。彼曰竞争，而吾曰礼让。卒之礼让流为颓靡，仁义遁于空虚。数千年人智国力沉滞而寡进者，虽欲不谓为德治之敝不可也。夫道德之流于宽慢虚伪也。其故由于秩序不整，而侥幸乘焉。界限不严，而依赖乘焉。未若法律则事事为之界限，不相侵越。以养成人人秩序之心。如是依赖之途绝，而竞奋生，宽慢者归于肃厉矣。侥幸之门杜，而真实尚，虚伪者化于诚信矣。盖依赖与侥幸，皆极不道德之事。而实起于道德，其弊之所必至耳。吾以道德立国而今所啬转在道德者此也。

其二则缺乏民治（国民政治）思想也。国者全国民之公共集合体也。则一国之政治，应合一国之民谋之，理固然也。然古代国家幼稚，国民政治思想薄弱。此公共集合体之政权，类为个人或少数阶级所窃据，于是有君主专制贵族专制政体之发生。夫此贵族专制君主专制，行之古代，往往收重大之效果。自国际竞争剧烈，各国民之自觉心愈盛，而国家之组织，亦因之一变。盖古代国家，利在消极之维持。故仅借一人或少数人之力可以有济。近代国家，利在积极之发达。非合全国大多数人之力，不足以图存，于是立宪政治，乃代专制政治而兴。全国政事，不专使一人或少数人垄断，而必公之全国国民，而其作用则为代议制度。使全国之民之精神能力，有所托以为国家之用，即所谓“国民政治”是也。彼白皙人民，自古即有参政权之要求。及十八九世纪大革命起，国民主义，弥漫天地。而各国立宪政体，以次成立。发荣滋长，至今日而其功用大见矣。吾国自孔子有一人定国之说。孟子曰，“一正君而国定矣”。此足代表吾国人之政治思想。数千年来，株守君主专制。所谓文武兴则民好善，幽厉兴则民好暴。举全国人之荣悴休戚，惟视一二人之仁暴以为转移。然在昔时不与世界相见，自生灭于一国之内，听其一治一乱而不求进步，犹可耳。乃至今世而其势大绌矣。人各挟其国民主义以谋我，而我惟恃一孤危之政府以对之，是以一二人敌抗亿万人也。庸有幸乎！今则改制共和矣。秉政者仍狃于政府万能主义，国人不改其自来梦想圣君贤相之心，欲以争存于今之世界难矣。

（第二卷第六号，一九一七年二月一日）

礼论

吴　虞

《老子》曰:“上德不德,是以有德。下德不失德,是以无德。上德无为而无以为,下德为之而有以为。上仁为之而无以为,上义为之而有以为。上礼为之而莫之应,则攘臂而扔之。故失道而后德,失德而后仁,失仁而后义,失义而后礼。夫礼者,忠信之薄,而乱之首也。”李宏甫注曰:“无为也而亦无为也,是谓上德,黄帝是也。其次虽为之而实无为,是谓上仁,尧之仁如天是也。又其次不唯为之,而且有必为之心,是上义也,舜禹以下圣人是也。夫失道而德,失德而仁,失仁而义,至于失义而礼,则所以为之者极矣。故为而不应,则至于攘臂。攘臂不应,则刑罚甲兵。相因而起矣,是乱之首而忠信之薄也。”《礼运》郑康成注曰:大道,谓五帝时也。天下为公,公犹共也。禅位授圣,不家之。天下为家,传位于子,谋用是作,兵由此起,以其违大道敦朴之本也。禹、汤、文、武、成王、周公,由此其选也,能用礼义以为治。此六君子者,未有不谨于礼者也。是谓小康。大道之人,以礼于忠信为薄。言小安者,失之则贼乱将作矣。孔颖达疏曰:自大道之行,至是谓大同,论五帝之善。自大道既隐,至是谓小康,论三王之后。为公,谓揖让而授圣德,不私传子孙,即废朱均而用舜禹是也。选贤与能,明不世诸侯。国不传世,唯选贤与能,黜四凶举十六相是也。干戈攻伐,各私其亲,是大道去也。天下为家者,父传天位与子,是用天下为家也,禹为其始。五帝犹行德,不以为礼。三王行为礼之礼,故五帝不言礼,而三王云以为礼也。其时谋作兵起,递相争战,禹汤等能以礼义成治,故云由此其选。周既礼道大用,何以老子云失道而后德,失德而后仁,失仁而后义,失义而后礼?礼者,忠信之薄,道德之华,争愚之始。故先师准纬侯之文,以为三皇行道,五帝行德,三王行仁,五霸行义。若失义而后礼,岂周之成康在五霸之后。所以不同者,老子盛言道德质素之事,故云此也。礼为浮薄而施,所以抑浮薄,故云忠信之薄。据李宏甫、郑康成、孔颖达之说，则老子所谓道德，乃指三皇五帝之世公天下而言。确有所指，非如谢无量所谓仅为仁义未起以前之状态而已。老子所谓仁、义、礼，即指三王、五霸以来家天下而言。其曰失道而后德，失德而后仁，失仁而后义，失义而后礼，即指皇降而帝，帝降而王，王降而霸之世也。禹、汤、文、武、成王、周公六君子者，皆家天下之君臣。故莫不谨于礼，而以礼为人君之大柄，仅得小安。失之则臣弑其君，子弑其父，而贼乱作矣。故必用礼为纪，以正君臣，以竺父子，以睦兄弟，以和夫妇。然不知道德之本，各私其私。而陈恒、齐简之君臣，晋献、申生之父子，郑庄、叔段之兄弟，鲁桓、齐姜之夫妇终不绝于世也，则礼之为用末矣。

《文子》曰："为礼者，雕琢人性，矫拂其情。目虽欲之，禁以度。心虽乐之，节以礼。趋翔周旋，屈节卑拜，肉凝而不食，酒澄而不饮，外束其形，内愁其德，钳阴阳之和，而迫性命之情，故终身为哀人。何则？不本其所以欲，不原其所以乐，而防其所乐。是犹圈兽而不塞其垣，禁其野心；决江河之流，而壅之以手……夫礼者，遏情闭欲，以义自防。虽情心咽噎，形性饥渴，以不得已自强，故莫能终其天年。礼者，非能使人不欲也，而能止之。乐者，非能使人勿乐也，而能防之。夫使天下畏刑而不敢盗窃（王介甫《礼论》曰，凡为礼者，必诎其放傲之心，逆其耆欲之性。莫不欲逸而为尊者劳，莫不欲得而为长者让。擎跽曲拳，以见其恭。夫民之于此，岂皆有乐之心哉，患上之恶己而随之以刑也），岂若使人无盗心哉！"（韩非曰，古之让天子者，是去监门之养而离臣虏之劳。古传天下而不足多也。今之县令，一日身死，子孙累世絜驾，故人重之。是以人之于让也，轻辞古之天子，难去今之县令者，厚薄之实异也。盖大同敦朴，君行民近，故禅授而弗矜。小康浮薄，君贵民贱，故争斗而勿绝。项羽曰，彼可取而代也。英布曰，欲为帝耳。是其证也。）故知其无所用，虽贪者皆辞之。不知其所用，廉者不能让之。又曰，廉耻陵迟，及至世之衰，害多而财寡，事力劳而养不足，民贫苦而忿争生，是以贵仁。人鄙不齐，比周朋党，各推其与，怀机巧诈之心，是以贵义。男女群居，杂而无别，是以贵礼。性命之情，淫而相迫于不得已，则不和，是以贵乐。故仁义礼乐者，所以救败也，非通治之道也。故德衰然后饰仁义，和失然后调声，礼淫然后饰容。故知道德，然后知仁义不足行也；知仁义，然后知礼乐不足修也。故曰，道散而为德，德溢而为仁义，仁义立而道德废矣。又曰，循性而行谓之道，得其天性谓之德，性失然后贵仁义，仁义立而道德废，纯朴散而礼乐饰，是非形而百姓眩，珠玉贵而天下争。夫礼者，所以别尊卑贵贱也。义者，所以和君臣、父子、兄弟、夫妇人道之际也。末世之礼，恭敬而交，为义者布施而得。君臣以相非，骨肉以生怨也。故水积则生相食之虫，土积则生自肉之狩，礼乐饰则生诈伪。又曰，深行之谓之道德，浅行之谓之仁义，薄行之谓之礼智。又曰，修道德即正天下，修仁义即正一国，修礼智即正一乡。夫文子者，老子之弟子。其分别道德、仁义、礼智之高卑深浅与其弊之所极，可谓至明白矣。是故道家则贵道德，庄子言道德菲薄仁义是也。儒家则主仁义，孟子专尚仁义而不及道德是也。其次如荀卿，则一切本诸礼。最后如荀卿之门人李斯、韩非则以智术为尚而专用法（吾国法家所立之法，不过命令而已。与今世之所谓法律由议院议决者不同），而吾国专制之祸于是益烈矣。盖自礼运以礼为人君之大柄，荀卿隆礼义而杀诗书。《唐律》十恶大不敬条疏议曰，礼者敬之本，敬者礼之舆。故《礼运》云，礼者君之柄。而儒家所主张礼、乐、仁、义之效，亦可睹矣。

《隋书·礼仪志》曰："自犬戎弑后，迁周削弱，礼失乐微，风俗凋敝。仲尼预蜡宾而叹曰，'丘有志焉。禹、汤、文、武、成王、周公，未有不谨于礼者也'。"秦氏以战胜之威并吞九国，尽收其仪礼归之咸阳，唯采其尊君抑臣以为时用。至于退让起于趋步，忠孝成于动止，华叶靡举，鸿纤并摈。汉高既平秦乱，枚赏元勋，未遑庙制，群臣饮酒争功，或拔剑击柱，高祖患之。《叔孙通言》曰，儒者难与进取，可与守成。于是请起朝仪而许焉，犹曰：度吾能行者为之。微习礼容，皆知顺轨。若祖述文武，宪章洙泗，则良由不暇，自畏之也。《汉书·叔孙通传》曰，臣愿颇采古礼与秦仪杂就之。习之月余，通曰，上可试观。上使行礼，曰吾能为此，乃使群臣肄习。会群臣朝十月，谒者治礼。至礼毕，尽伏置法酒。诸侍坐殿上，皆伏抑首，以尊卑次起上寿，觞九行，谒者言罢酒。御史之执法举不如仪者辄引去，竟朝置酒无欢哗失礼者。于是高帝曰，吾乃今日知皇帝之贵也。是则今日礼据隋志言之，更非文武、洙泗之旧，仅采秦氏尊上抑下之旨。于是叔孙窃圣人之号，汉高知皇帝之贵。始溺孔氏之儒冠，终享孔氏以太牢。自汉迄今，滔滔不返，而其害酷矣。

苏明允《礼论》曰：彼圣人者，必欲天下之拜其君父兄何也，其微权也。彼为吾君，彼为吾父，彼为吾兄，圣人之拜不用于世。吾与之皆坐于此，皆立于此，比肩而行于此，无以异也。吾一旦而怒，奋手举挺而搏逐之可也。何则？彼其心常以为吾侪也，不见异于吾也。圣人知人之安于逸而苦于劳，故使贵者逸而贱者劳。且又知坐之为逸，而立且拜之为劳也。故举其君父兄坐之于上,而使之立且拜于下。明日彼将有怒作于心者,徐而自思之,必曰,此吾向之所坐而拜之且立于其下者也。圣人固使之逸而使吾劳,是贱于彼也。奋手举挺以抟逐之,吾心不安焉。刻木而为人,朝夕而拜之,他日析之以为薪而犹且忌之。彼其始木焉而已,犹且不敢以为薪。故圣人以其微权而使天下尊其君父兄,而权者又不可以告人,故先之以耻,然后君父兄得以安其尊,以至于今(此即有子其为人孝悌,则不犯上作乱之意也)。苏子瞻《始皇论》曰,圣人忧民之桀猾变诈而难治也,是故制礼以反其初。礼者,所以反本复始也。圣人非不知箕踞而坐,不揖而食,便于人情,而适于四体之安也。将必使之习为迂阔难行之节,宽衣博带,佩玉履舄,所以回翔容与而不可以驰骤。上自朝廷而下至于民,其所以视听其耳目者,莫不近于迂阔。其衣以黼黻文章,其食以笾豆簠簋,其耕以井田,其进取选举以学校,其治民以诸侯。嫁娶死丧,莫不有法。严之以鬼神,而重之以四时,所以使民自尊而不轻为奸。故曰,礼之近人情者,非其至也。周公、孔子所以区区于揖让升降之间,丁宁反复而不敢失坠者,世俗之所谓迂阔,而不知夫圣人之权固在于此也。吕东莱曰(《经义考周礼引》),朝不混市,野不逾国,人不侵官,后不敢干大子之权,诸侯不敢潜天子之制,公卿不牟商贾之利,九卿、九牧相属而听命于三公,彼皆民上也。而尺寸法度不敢逾,一毫分寸不敢易,所以习民于尊卑等差阶级之中(礼之精意从此求之),消其逼上无等之心,而寓其道德之意(此道德乃指世俗所谓忠、孝、节、义之道德,非道家所谓之道德也)。是以民服事其上而下无以觊觎,贱不亢贵,卑不逾尊,一世之人,皆安于法度分寸之内(法度分寸,即指尊、卑、贵、贱、上、下之阶级等差)。志虑不易,视听不二,易直淳庞,而从上之令(礼之作用如此。制礼者用心之深远,魄力之伟大,吾亦不得不佩服之)。父召其子,兄授其弟,长率其属,何往而非五礼、六乐、三物、十二教哉。观苏氏父子及东莱之言,虽未明道德仁义礼降失之次第,及礼之兴于家天下之后之故,而于制礼者偏重尊贵长上,借礼以为驯扰制御卑贱幼下之深意,则已昭然若揭矣。是故,福泽谕吉之论吾国曰,支那旧教,莫重于礼乐。礼者,使人柔顺屈从者也。乐者,所以调和民间郁勃不平之气,使之恭顺于民贼之下也。呜呼!以福泽谕吉之言,证明允子瞻东莱之说,而后知圣人之嘉惠吾卑贱下民者至矣。宜乎晋人讲老庄之学如阮嗣宗辈,谓礼非为我辈设也。

《后汉书·陈宠传》曰:礼经三百三千,故甫刑大辟二百,五刑之属三千。礼之所去，刑之所取。失礼则入刑，相为表里。孟德斯鸠曰，支那政家，合宗教、法典、仪文、习俗四者于一炉而冶之，凡此皆民之行谊也，皆民之道德也。总是四者之科条，而一言以括之曰，礼。使上下由礼而无违，斯政府之治定，政府之功成矣。此其大经也。顾支那为民上者之治其国也，不以礼而以刑。彼欲民之由礼，而其力不能得，则相与殷然持刑而求之，使天下之民皆漓然丧其常德。夫景教宗风，以人道相亲为根本。其为仪文也，事天平等，法会无遮，故其所求于人类在合。而支那礼之所重，在严天泽之分，谨内外之防，峻夷夏之辨，故其所成于民德在分。知分之为事，最近于专制之精神。知分之出于专制，而吾国之礼意可推矣。刘申叔《法律学史》序曰、《汉书·艺文志》云：法家者流，出于理官。信赏必罚，以辅礼制。儒家者流，不尚成文之法典，以居敬行简临民，以为古代圣王准理以制义，故即用礼以止刑。礼禁未然之先，法施既然之后。此儒家所由崇教化也。又儒家制礼，首重等差(《中庸》云，亲亲之杀，尊贤之等，礼所生也。盖儒家之论等差，一曰亲疏之别，二曰贵贱之差，凡名物制度咸因此而生差别，是儒家以礼为法也)。以礼定分(《礼运》曰，礼达而分定。《荀子·大略篇》亦曰，礼者，法之大分也)，以分为理。凡犯分即为犯律(《王制》曰，凡听五刑之说，必原父子之亲，立君臣之义以权之)。故出乎礼者入于刑(《礼》曰，罪多而刑五，丧多而服五，是礼刑相与为表里也)。是则儒家所谓法典者，不外礼制之文而已。观陈宠、孟德斯鸠及刘申叔之说，吾国之礼与刑实交相为用。故《礼运》以礼为人君之大柄，而《汉书·刑法志》称大刑用甲兵。专制之国，其御天下之大法，不外礼与刑二者而已，而礼刑皆以尊、卑、贵、贱、上、下之阶级为其根本，此学者所宜深求而熟考者也。

孟德斯鸠曰：雅里斯多特穆常穷计极思，以摧散国民之武德，以柔蛊其少壮之精神。则令国中少年宜蓄发作髻如女子，簪花弄姿为五色奇衣，锦襜褕令长及踵，从师执乐器、习歌舞。出必有女子为持伞执扇，薰兰麝甲煎，浴则献比疏，列青铜镜以供，号为教育。至于弱冠，然后习他业。夫以如是为教育，所深喜之者，独暴主民贼耳。彼暴主民贼，固一身之逸乐无患是求，而国权之弱且衰，诚非所计及。严几道论之曰，雅里氏之所为，虽秦政之销钟镰、毁兵杖，无以过之。顾使当日秦不为彼而为此，中国之人将以为无道与否，未可知矣。何则？褒衣大袑，儒者之饰也。而五色奇服，固前代至今所不禁。而侍女添香，宫人执扇，含鸡舌，冠鵔鸃，皆先朝法制。廊庙且犹用之，况闾阎乎？观此，又知霸主民贼改正易服，制礼作乐，别有一番深意，中外所同，一经勘破，从此推寻，迎刃而解。独不知孔氏问礼于老聃，亦略闻大同小康之绪论。老聃博古达今，通礼乐之原，明道德之归。何以孔氏背其本师，舍道德，崇仁义，主张家天下之小康而偏重于礼，殆由其以干禄为心，汲汲于从政。三月无居，栖栖惶惶，自比匏瓜，贻讥丧家之狗。下拜南子，思赴佛肸，所干至七十二君之多，急于求沽。以礼为霸者时君所须，可以使贵贱有等，长幼有差，贫富轻重皆有称，意在趋时阿世。故曰君使臣以礼，又曰礼让为国。盖专制之朝，极之由礼而止，道德非其所尚也。二千年来，儒者自尊为礼义之邦，沿流不返。曾国藩之徒，至谓古之学者，无所谓经世之术，学礼焉而已。不仅宗教、法典、习俗、仪文归之于礼，即天文、地理、军政、官制、盐漕、赋税、科学、历史莫不萃集其中。礼之为事，宏巨如是，可谓诞谩矣。士大夫既高曾相传，视礼为天经地义，弗悟其非。苟询其何以当尊，何以当贵，亦瞠目而莫明其理，唯漫应曰，古圣人之制也。吁可嗤矣。故夫谈法律者，不贵识其条文，而贵明其所以立法之意。言制者，不在辨其仪节，而在知其所以制礼之心。余故略举诸家之言而论之如此，冀大雅宏达之教诲焉。

（第三卷第三号，一九一七年五月一日）

偏激与中庸

北京大学理科学生　胡哲谋

《新青年》杂志出版，余得而读之，见其持论雄伟，不囿成见，不避物议，务以真理名言启发青年之思想，私心钦服，不可名状。唯数日以来，耳目之所接，赞成斯志者固不乏人，而反对之者实繁有徒。反对者之言，大抵皆为"矫枉过正""失之偏激"等似是而非之语。余惧其言之动听容易摇惑我青年之心志也，不揣谫陋，作此以辟之。非敢有所阿好也，心有所见，不容自已，聊以贡之于我青年之前耳。

我国人有一最大之通病，即人人皆好自居中庸，而不肯稍出偏激，是已，此言似亦近于偏激。然事实如此，余亦不能不冒偏激之恶名，而悍然言之也。夫偏激者何？坚信一己所独到之见，积极猛进。真理所在，则赴之如赴戎行。不特以身赴之，且号召与共利害有关之人以同赴之。其所号召之言，容有过当。然皆确有所见者是也。中庸者何？不问时势之适否，不问事理之是非，而唯持一中立调和之态度，成则居其功，败则不任其责。其所主张虽或有近于是者，然要皆折中两间，非自心之确有所见者是也。夫天下之事，有可以为中庸之论断者，有不可以为中庸之论断者。世界时势万变，有可以取中立态度之时，有不可以取中立态度之时。而我国人则往往于不可取中立态度之时，对于不可为中庸论断之事，而仍取中立之态度，为中庸之论断。驯至今日，于是每建一议举一事，人人皆不欲表一异众之意见，而唯以模棱两可之言为不二法门。其结果，遂养成一弱懦寡断、迂缓不进、毫无真知灼见之民族性。吁！可慨矣。

夫中庸，美德也。然使中庸不能成事，则中庸为无用矣。偏激，恶德也。然使偏激能成事，则偏激为有功矣。斯既信矣，则试取东西各国历史观之。自来天下大事业成于偏激者夥乎？成于中庸者夥乎？自来大英雄大豪杰其能创一新理成一巨业，使后世永食其赐者，有能不取剧烈之手段，冒偏激之恶名，排众议历万险，甚至牺牲其一己之生命名誉而不顾者乎？赵武灵王胡服骑射，国以强盛。夫欲强国则整兵备而已，胡服奚为者。然而卒赖之以强盛者，非此则莫能起积弱也，斯偏激之效也。斯巴达人习俗，年少者不与以饮食，必使之行窃而后得之。其窃之成功者则嘉奖之，窃而被捕者则挞之不稍惜，曰是无用者也。此非亦偏激之甚者乎？然而斯巴达人至今以勇特闻，斯则又偏激之效也。拿破仑曰："'难'之一字，唯愚人之字典中有之。"夫天下固多难事矣，拿翁此言，亦偏激之尤甚者。然而法人为此言所感发，卒以成天下最难成之事，斯则又偏激之效也。夫能成事斯善矣斯美矣，不能成事斯恶矣。庸知其初本为偏激抑为中庸乎？然则偏激与中庸孰美孰恶，亦可见矣。

譬之治病，热症者则治之以寒剂，寒症者则治之以热剂。非不知寒剂之偏于寒，热剂之偏于热也。然而治热必以寒，治寒必以热者，对症而发药也。夫中庸温剂也，不问时势之若何，事理之是非，而动辄责人必取中庸之道，而勿出之偏激者，是亦犹不知病情，不问寒热，而责人皆以温剂进也。

世界大势，无日不在变迁之中。立国于世界上，其政治制度、文物艺术，无日不当作更新求全之计。三千年前之文化，必不适用于三千年之后。一自年前之文化，必不适用于一百年之后。此非特势所使然，实亦理所必然也。盖人类之进化，实无异于个人之进化。青年时代之知识，必高于幼年时代之知识。中年时代之知识，又必高于青年时代之知识也。然当其变更之际，必有多少之阻力。其故则因人类有天然之惰性，往往喜苟安陈旧，而不喜变更。唯有一二明哲之士，知变更之必不可少，惰性之必不可纵，毅然决然以实行其所见。而又痛夫国人之沉湎苟安，不知自新，乃不得已，出为危言以警觉之，出为偏激之言以调剂之。而此沉湎苟安之国人，恶其言之异已也，恶其所提创者非己之所素习也，乃往往极力排斥之阻碍之。呜呼，夫良药苦口而利于病，而世之人往往以其苦口也遂屏之而不御。不特屏之而不御，且又弃掷之污蔑之，曰是无用之药也。是矫枉过正者也，亦可谓不智之甚者矣。此二三明哲之士，既不见信于世，而自命中庸之辈，承其余绪调和两间，去其过于偏激者，而存其易于实行者，以告于国人曰，此我折中之办法也。国人亦以一番之警觉激刺，其惰性稍杀，于是变更之事，乃得稍稍见诸实行。此自命中庸之辈，亦遂施施然以成功自诩于世。而孰知其所成功者价值殊微，向使彼二三明哲极进之士得行其志，其所成功必不止于此也。呜呼，读人类进步之历史，每一事之结果，必不及我人最初之希望，未尝不太息痛恨于中庸之败事也。

夫此二三之士，非不知其所主张者之近于偏激也，亦非不知其偏激之主张，必为时俗所诟病也，而顾不惮冒时俗之所大不韪，而出为偏激之论者，则亦深知非如此必不能有大裨于国家也。含盐基性之水，欲使之成中性，必稍加酸性之液。夫酸性则诚偏于酸矣，然而非以此，则此盐基性之水必无由成中性也。若仅加多量中性之水，则虽尽倾五大洋，亦只能使其盐基性渐成稀弱，断不能使之完全消灭也。夫事之无裨于其群者，则虽如中庸何用？事之有裨于其群者，则偏激又何妨？彼二三之士所图者，无非欲利其群。苟利其群矣，则享其成功者，不必在我。而提创之鼓进之，则我辈之责也。此所以忧时爱国之士，宁为偏激之论，而不屑同流合污自居于中庸。

夫所以恶夫矫枉过正者，恶其矫之之结果过于正也，非恶其为过正之矫也。夫矫枉者必矫之稍过于正，而其结果仅乃得正。若矫之仅及于正，则其结果仍为枉矣。此亦事理之显见者。夫矫之之结果过正与否，非可在其矫之之时而贸然断定之也，必事成而后见也。即欲为之预断，亦必先细审此已枉之程度为何如，矫之者过正之程度又何如，然后乃可揣而定之也。呜呼，不知我国之言论家动辄斥人为矫枉过正者，亦计及此否？吾正恐吾国诸事既枉之程度已深且固，虽矫之甚过于正犹不能正之也。

东西洋之文化，因地势民情种种之不同遂大相驰异。其间虽亦有相同之点，然究竟其不相同者，实远过于相同者。此两文化既不相同，其为孰优孰劣，余不敢言。然自近世东西洋交通以来，我东洋诸国乃日趣于劣败之地位，唯日本一国知旧文明之不足恃，极力改张，乃得稍稍与西洋诸国相抗衡。余者非已被征服被保护，则亦苟延残喘而已。夫国家既处于劣败之地位矣，则非其文化之咎而更谁归？时至今日，我国人如尚不承认西洋之文化为优于我则已矣。如尚以谓我之旧文化，实有足以使我自立于世界而不致于劣败则已矣，如其不然，则除奋然变计，极力改张外，更无他道。夫模仿他人者，非自弃者也；庞然自大者，乃自弃者耳！我愿国人勿仍为“用夷变夏”一语所慑服，而踌躇不前也。

然当此变更之际，此必不能免之阻力，实强顽异常。吾国民之惰性，又极坚固。如沉疴之久缠，非薄剂所能起，如极浓之盐基性液，非淡水所能消。欲使国之免于危亡，是在我少数忧时爱国之士冒偏激之恶名，取极进之手段，不惜以身为烈剂如强酸，以与此强顽之阻力相抗而已。

请为之结论曰:中庸者,无损于己无益于人者也。夫既处于群中,而不能有益于其群,则即谓之有害于群可也,乡愿之道德也。偏激者,损己利人者也。夫既处于群中,而能有利于其群,则实亦有利于己者也,国士之道德也。外患日迫,国亡无日,我青年宜知所择矣。

(第三卷第三号,一九一七年五月一日)

质问《东方杂志》记者

陈独秀

《东方杂志》与复辟问题

《东方杂志》第十五卷六号，译载日本《东亚之光》杂志《中西文明之评判》一文，同号该志论文《功利主义与学术》，又四号该志之《迷乱之现代人心》，皆持相类之论调。《东方杂志》记者既译载此文，又别著论文援引而是证之，其意可见矣。余对于此等论调，颇有疑点，条列下方，谨乞《东方杂志》记者之赐教。

(1)《中西文明之评判》文中，其重要部分，为征引德人台里乌司氏评论中国人胡某之著作。按欧战前后类于此等著书，唯辜鸿铭氏有之，日本人读汉音辜、胡相似，其或以此致误。辜老先生之言论宗旨，国人之所知也，《东方杂志》记者其与辜为同志耶？敢问。

(2)弗兰士氏谓：台里乌司氏承认孔子伦理之优越，又云：胡君对于民主的美国宁对于德国之同情较多。夫孔子之伦理如何，德国之政体如何，辜鸿铭、康有为、张勋诸人，固已明白昌言之，《东方杂志》记者亦赞同之否？敢问。

(3)《功利主义与学术》文中有言曰："二十年来，有民权自由之说，有立宪共和之说。民权之与自由，立宪之与共和，在欧美人为之，或用以去其封建神权之旧制，或借以实现人道正义之理想，宜若非功利主义所能赅括矣。而吾国人不然，其有取乎此者，亦以以盛强著称于世之欧美人尝经过此阶级，吾欲比隆欧美而享盛强之幸福，不可不步趋其轨辙耳。"诚如《东方杂志》记者之言，岂主张国人反对民权自由，反对立宪共和，不欲比隆欧美不享盛强之幸福耶？敢问。

(4)自广义言之,人世间去功利主义无善行。释迦之自觉觉他,孔子之言礼立教,耶稣之杀身救世,与夫主张民权、自由立宪共和诸说,以去封建神权之革命家,以及《东方杂志》记者痛斥功利主义之有害学术,非皆以有功于国有利于群为目的乎?余固彻头彻尾颂扬功利主义者也。功之反为罪,利之反为害,《东方杂志》记者倘反对功利主义,岂赞成罪害主义者乎?敢问。

(5)《东方杂志》记者误以贪鄙主义为功利主义,故以权利竞争为政治上之功利主义,以崇拜强权为伦理上之功利主义,以营求高官厚禄为学术上之功利主义,功利主义果如是乎?敢问。

(6)《东方杂志》记者谓:"此时之社会,于一切文化制度,已看穿后壁,只赤条条地剩一个穿衣吃饭之目的而已。"夫古今中外之礼法制度,其成立之根本原因,试剥肤以求,有一不直接或间接为穿衣吃饭而设者乎?个人生活必要之维持,必不可以贪鄙责之也。《东方杂志》记者倘薄视穿衣吃饭,以为功利主义之流弊,而何以又言"犹有一事为功利主义妨阻学术之总因,则此主义之作用,能使社会组织剧变,个人生计迫促,而无从容研学之余暇,是也"。原来《东方杂志》记者亦重视穿衣吃饭如此,岂非与"君子谋道不谋食,忧道不忧贫"之非功利主义相冲突乎?敢问。

(7)《东方杂志》记者以反对功利主义故,并利益多数国民之通俗书籍文字而亦反对之;然则《东方杂志》记者之所为文章,何以不模仿周诰殷盘,而书以篆籀,其理由安在?敢问。

(8)《东方杂志》记者以反对功利主义故,并教育普及亦而反对之;竟云:"教育普及。而廉价出版物日众,不特无益学术,而反足以害之。"夫书籍之良否,果悉以售价之高下为标准乎?上海各书局之出版物,售价奇昂,果皆有益于学术者乎?欧美各种小册丛书,售价极廉,果皆无益于学术者乎?倘谓一国之文化,重在少数人有高深之学,不在教育普及,则欧洲中古寺院教育及今之印度婆罗门亦多硕学奇士,以视现代欧美文化如何?敢问。

(9)伧父君《迷乱之现代人心》文中,大意谓:"中国周孔以来,儒家统一,思想界未闻独创异说者,此我国之文明,即我国之国基。乃自西洋学说输入,思想自由,吾人之精神界中,种种庞杂之思想,互相反驳,遂至国基丧失,可谓之精神界之破产。于是发生政治界之强有力主义,此主义即以强力压倒一切主义主张;当是非淆乱之时,快刀斩乱麻,亦不失为痛快之举。古人有行之者,秦始皇是也;今人有行之者,德意志是也。唯此种强力,吾国此时尚不可得,乃发生教育界回避是非之实用主义。此主义为免思想界各种主义相反相抵之纷扰,亦自可取;唯其注重物质生活,而弃置精神生活,其弊也,中国胡氏,德人台里乌司言之颇中肯。吾人今日迷途中之救济,决不希望陷于混乱矛盾之西洋文明,而当希望于己国固有之文明。”云云。余今有请教于伧父君者:(一)中国学术文化之发达,果以儒家统一以后之汉、魏、唐、宋为盛乎?抑以儒家统一以前之晚周为盛乎?(二)儒家不过学术之一种。倘以儒术统一为国是、为文明,在逻辑上学术与儒术之内包外延何以定之?倘以未有独创异说为国是、为文明,将以附和雷同为文明、为国是乎?则人间思想界与留声机器有何区别?(三)欧洲中世,史家所称黑暗时代也,此时代中耶教思想统一全欧千有余年,大与中土秦、汉以来儒家统一相类。文艺复兴后之文明,诚混乱矛盾,然比之中土,比之欧洲中世,优劣如何?(四)近代中国之思想学术,即无欧化输入,精神界已否破产?假定即未破产,伧父君所谓我国固有之文明与国基,是否有存在之价值?倘力排异说,以保存此固有之文明与国基,能否使吾族适应于二十世纪之生存而不消灭?(五)伧父君谓:“吾人在西洋学说尚未输入之时,读圣贤之书,审事物之理,出而论世,则君道若何,臣节若何……关于名教纲常诸大端,则吾人所以为是者,国人亦皆以为是,虽有智者不能以为非也,虽有强者不能以为非也。”伧父君所谓我国固有之文明与国基,如此如此。请问此种文明,此种国基,倘忧其丧失,忧其破产,而力图保存之,则共和政体之下,所谓君道、臣节、名教、纲常,当作何解?谓之迷乱,谓之谋叛共和民国,不亦宜乎?(六)伧父君之意,颇以中国此时无强有力者以强力压倒 切主义主张为憾,然则洪宪时代,颇有此等景象,伧父君曾称快否?(七)伧父君谓:“古代教育,皆注重于精神生活;今之教育,则埋没于物质生活之中。”又云:“吾人今日在迷途中之救济,决不能希望于自外输入之西洋文明,而当希望于固有之文明。”请问伧父君古代之精神生活,是否即君道、臣节及名教、纲常诸大义?或即种种恶臭之生活?(伧父君所称赏之胡氏著作中,曾谓:中国人不洁之癖即中国人重精神不重物质之证。)西洋文明,于物质生活以外,是否亦有精神文明?我中国除儒家之君道、臣节、名教、纲常以外,是否绝无他种文明?除强以儒教统一外,吾国固有之文明是否免于混乱矛盾?以希望思想界统一故,独尊儒家而黜百学,是否发挥固有文明之道?伧父君既以为非己国固有文明周公、孔子之道,决不足以救济中国，而何以于《工艺杂志》序文中（见第十五卷第四号《东方杂志》），又云：“国家社会之进行，道德之向上，皆与经济有密切之关系。而经济之充裕，其由于工艺之发达。十余年以来，有运动改革政治者，有主张提倡道德者；鄙人以为工艺苟兴，政治道德诸问题，皆迎刃而解。非然者，虽周、孔复生，亦将无所措手。”是岂非薄视周公、孔子而提倡物质万能主义乎？今后果不采用西洋文明，而以固有之文明与国基治理中国，他事之进化与否且不论，即此现行无君之共和国体，如何处置？由斯以谈，孰为魔鬼？孰为陷吾人于迷乱者？孰为谋叛国宪之罪犯？敢问。

（10）《中西文明之评判》之中有云：“此次战争，使欧洲文明之权威，大生疑念。”此言果非梦呓乎？敢问。

（11）胡氏谓：“中国之文化为完全，较之欧洲文化，著为优良。”又云：“至醇至圣之孔夫子，当有支配全世界之时；彼文人以达于高洁，深玄，礼让，幸福之唯一可能之道；故诸君（指西洋人）当弃其错误之世界观，而采用中国之世界观，此诸君唯一之救济也。”此固不但谓非中国固有之文明，不足以救济中国，更进一步，而谓“欧洲人非学于我等中国人不可”。（胡氏原语）案辜鸿铭氏夙昔轻视欧洲之文明，即在欧人之伦理观念（即此文之所谓世界观），以其不知君道、臣节、名教、纲常诸大义也。辜氏于政治，力尊君主独裁之大权，不但目共和为叛逆，即英国式之君主立宪，亦属无道。彼意以为一国中，只应有上谕而不应有宪法。宪法者，不啻侵犯君主神圣，破坏君道、臣节、名教、纲常之怪物也。此等见解之是非，姑且不论。《东方杂志》记者诸君倘以为是，则发行此志之商务印书馆何以不用欧洲文译中国书，输出君道、臣节、名教、纲常诸优良文明以救济世界，却偏要用中国文译欧洲书，输入混乱矛盾之文化，以乱我中国圣人之道，使我中国人思想自由，使我中国人国是丧失，精神界破产，迷乱而不可救济耶？敢问。

（12）台里乌司氏谓：“欧洲之文化，不合于伦理之用。此胡君之主张，亦殊正当；胡君著作之主旨，实在于此。彼以其二千五百年以来之伦理的国民的经验，视吾欧人，殆如小儿；吾人倾听彼之言论，使吾人对于世界观之大问题，怅然有感矣。”彼迂腐无知识之台里乌司氏，在德意志人中，料必为崇拜君权反对平民共和主义之怪物，其称许辜氏之合理与否，兹不必论。独怪《东方杂志》记者处共和政体之下，竟译录辜之言而称许之。岂以辜氏伦理上之主张为正当耶？敢问。

(13)台里乌司氏谓:“欧洲之道义,全属于物质的。伦理之方面,即以赏罚之概念为主。中国在纪元前五百年,既有大心理学者,从精神之根本动机,说明善为自成与自乐,非依酬报而动者。”按此即伦理学上动机论与功利论之分歧点,亦即中西文化鸿沟之一也。此二者之是非且不论,今所欲论者,动机论之伦理观,岂中国所独有而欧洲所无乎?所以造成今日欧洲之庄严者,非进化论发达以来,近代 Utilitarianism 战胜古代 Asceticism 及基督教之效乎?敢问。

(14)胡氏谓:“欧洲人在学校所学者,一则曰知识,再则曰知识,三则曰知识;中国人在学校所学者,为君子之道。”夫个人人格之养成,岂不为欧校所重?即按之实际,欧人中人格健全所谓 Gentleman 者,其数量岂不远胜于我中国人乎?崇拜孔夫子之中国人,其人格足当君子者,果有几人?且智、力、德三者并重,为近代教育之通则;若夫 Herbart 派之专事外行之陶冶,及胡氏所谓学为君子之道,果为完全教育乎?敢问。

(15)台里乌司氏称“中国人三岁之儿童,在学校中学中国大思想家之思想;德国人在学校,于自国文化之高顶,绝不得闻”。夫教儿童以大思想家之思想,果为教育心理学原则之所许乎?试观中国、印度及回教各民族之儿童教育,皆以诵习古圣经典为重,其效果如何?敢问。

(16)台里乌司氏承认孔子伦理之优越,而视欧西之伦理,为全然物质主义。且推赏胡氏之著作,谓微妙锐利,无逾于此书。而胡书(氏)书中曾谓,中国人不洁之癖,为中国人重精神而不注意于物质之一佐证。不知所谓精神者,为何等不洁之物?敢问。

以上疑问,乞《东方杂志》记者一一赐以详明之解答,慎勿以笼统不中要害不合逻辑之议论见教;笼统议论,固前此《东方杂志》记者黄远庸君之所痛斥也。

(第五卷第三号,一九一八年九月十五日)

再质问《东方杂志》记者

陈独秀

记者信仰共和政体之人也，见人有鼓吹君政时代不合共和之旧思想，若康有为、辜鸿铭等，尝辞而辟之；虑其谬说流行于社会，使我呱呱坠地之共和，根本摇动也。前以《东方杂志》载有足使共和政体根本摇动之论文，一时情急，遂自忘固陋，竟向《东方杂志》记者提出质问。乃蒙不弃，于第十五卷十二号杂志中，赐以指教，幸甚，感甚。无论《东方杂志》记者对于前次之质问如何非笑，如何责难，即驳得身无完肤，一文不值，记者亦至满意。盖以《东方杂志》记者既不认与辜鸿铭为同志，自认非反对臣权自由，自认非反对立宪共和，倘系由衷之言，他日不作与此冲突之言论，则记者质问当时之根本疑虑，涣然冰释，欣慰为何如乎。惟记者愚昧，对于《东方杂志》记者之解答，尚有不尽明了之处；倘不弃迂笨，对于下列所言，再赐以答，则不徒记者感之，谅亦读者诸君之所愿也。

（1）辜氏著书之志，即在自炫其二千五百年以来君道臣节、名教纲常等之固有文明，对于欧人无君臣礼教之伦理观念，加以非难也。《东方杂志》记者既郑重征引其说，且称许之，则此心此志当然相同。前文设为疑问者，特避武断之态度，欲《东方杂志》记者自下判断耳。不图《东方杂志》记者乃云："夫征引辜氏著作为一事，与辜同志为又一事；二者之内包外延，自不相同。"此何说耶？夫泛泛之征引，自不发生同志问题。若征引他人之著作，以印证自己之主张，则非同志而何？譬若记者倘征引且放许尼采之"强权说"或托尔斯泰之"无据抗说"当然自认与尼采或托尔斯泰为同志；以其主张之宗旨相同也。记者未云：辜鸿铭主张君臣礼教，《东方杂志》记者亦主张君臣礼教，由是而知《东方杂志》记者即辜鸿铭，且并未云：《东方杂志》记者乃辜鸿铭第二。但以《东方杂志》记者珍重征引辜氏生平所力倡之言论宗旨，且称许之，遂推论其与辜为同志。倘谓此二者内包外延自不相同，所推论者陷于谬误。则此等逻辑，非记者浅学所可解矣。

(2)德国政体，君主政体也。孔子伦理，君臣等之五伦也。君臣尊卑者，孔子政治伦理之一贯的大原则也。辜鸿铭、康有为、张勋皆信仰孔子之伦理与政治，主张君主政体者也。此数者，本身之全体虽为异物，而关于尊重君主政体之一点，则自然互相连缀。《东方杂志》记者倘承认吾人思想域内有观念联合之作用，自不禁其并为一谈。德国政体君主政体也。孔子伦理尊君之伦理也。此二者，当然可并为一谈。辜鸿铭所主张之孔子伦理，尊君之伦理也。其所同情之德国政体，君主政体也。此二者，当然可并为一谈。辜鸿铭之所言，尊孔也，尊君也。张勋之所言，亦尊孔也，尊君也。此二者，更无不可并为一谈。孔子伦理，尊君之伦理也。张勋所言所行，亦尊君也。当然可作一连带关系。此数者，关系尊重君主政体之一点，乃其共性。苟赞同其一项者，则其余各项，当然均在赞同之列。诉诸逻辑，"凡尊崇孔子伦理，而不赞同张勋所言所行，为其人之言不顾行者也"。《东方杂志》记者对于前次之质问，未曾将此数项所以不能并为一谈之理由，及各项中赞同者何项，不赞同者何项，一一说明。但云："对于《新青年》记者所设问题，以为过于笼统，不能完全作答。"《东方杂志》记者之答词，如此笼统，则《新青年》记者，未免大失所望。

(3)民权自由立宪共和与功利主义，在形式上虽非一物，而二者在近世文明上同时产生，其相互关系之深，应为稍有欧洲文明史之常识者所同认也。所谓民权，所谓自由，莫不以国法上人民之权利为其的解，为之保障。立宪共和，倘不建筑于国民权利之上，尚有何价值可言？此所以欧洲学者或称宪法为国民权利之证券也。不图《东方杂志》记者，一则曰："欧美民权自由立宪共和之说，非功利主义所能概括；吾国人之为此，则后于功利主义。"再则曰："夫批评功利主义之民权自由，非反对民权自由。批评功利主义之立宪共和，非反对立宪共和。"是明明分别功利主义之民权自由立宪共和，与非功利主义之民权自由立宪共和为二矣。以记者之浅学寡闻，诚不知非功利主义之民权自由立完共和果为何物也。《东方杂志》记者以应试做官之读书及金钱运动之选举，比诸功利主义之民权自由立宪共和，斯亦过于设解功利主义，拟不于伦矣。《东方杂志》记者谓可以逻辑之理审察之，则所谓逻辑者，其《东方杂志》记者自己发明之形式逻辑乎。否则应试做官之读书，乃读书者腐败思想；金钱运动之选举，乃选举中违法行为；功利主义之所谓权利，主张所谓最大多数之最大幸福等，乃民权自由立宪共和中重要条件。若举前二者以喻后者，为之例证，所谓因明与逻辑，得谓为不谬于事实之喻与例证乎？

（4）通常所谓功利主义，皆指狭义而言；《东方杂志》记者之所非难者，亦即此物，此不待郑重声明者也。惟广狭乃比较之词，最广与最狭，至于何度，是固不易言也。余固彻头彻尾颂扬功利主义者，原无广狭之见存。盖自最狭以至最广，其间所涵之事相虽殊，而所谓功利主义则一也。《东方杂志》记者所排斥之功利主义，与余所颂扬者虽云广狭不同，即至最狭，亦不至与其相反之负面同一意义。但在与其负面相反以上，虽最狭之功利主义，与《东方杂志》记者所排斥者同一内包外延，余亦颂扬之。盖以功利主义无论狭至何度，倘不能证明其显然为反对之罪害事实，无人能排斥之也。倘排斥之，自不能不立于与其相反之地位。《东方杂志》记者乃不谓此推论为然，且设一例证云："'凡反对图利之人，即赞成谋害者；凡反对贪功之人，即赞成犯罪者。'此推论果合乎否乎？"余则以此不足为非反对功利主义，即赞成罪害主义之证明。盖以功利主义与图利贪功，本非一物；若以恶意言之（既以其人谋利贪功而反对之，必具为不应谋而谋，不应贪而贪之恶方面也），且与功利主义为相反之负面。审是，则图利与谋害，贪功与犯罪，同属恶的方面，而无正负之分。固不能谓反对其一者必赞成其一，若夫功利主义之与罪害主义，为相反之正负两面，反对其一者为赞成其一，不容两取或两舍也。《东方杂志》记者以此例证批评记者推论之不合，合前条所举之例证观之，得发现其有一共同之误点。其误点为何？即《东方杂志》记者不明功利主义之真价值，及其在欧美文明史上之成迹，误以贪鄙不法、苟且势利之物视之。其千差万错，皆导源于此。《东方杂志》记者，倘亦自承之乎？

（5）自根本言之，学术无所谓高深。其未普及之时，习之者少，乃比较地觉其高深耳。且今日柏格森之哲学，可谓高深矣。乃其在大学公开之演讲，往各国游行之演讲，听众率逾千人。贩夫走卒，亦得而与焉。此非高深亦可普及之一例乎？况《东方杂志》记者以高深学术为教育文化中心之说，记者本不反对。特以其专重高深之学，而蔑视普及教育，遂不无怀疑耳。明言"教育普及而廉价出版物日众，不特无益学术，反足以害之"。此非谓教育普及廉价出版物日众，为有害学术之事乎？谓为有害学术，非反对而何耶？不图《东方杂志》记者复遁其词曰："所谓廉价出版物之有害学术者，自指勃氏所言之书报及坊肆中诲盗诲淫之书而言。”夫诲盗诲淫之书，与廉价出版非同一物，与教育普及更毫无关系。今反对诲盗诲淫之书，不知以何因缘而归罪于廉价出版，更不知以何因缘而归罪于教育普及。《东方杂志》记者倘承认其因噎废食之推论为不谬，最好再归罪于仓颉之造字。《东方杂志》记者强不承认明说，“教育普及，廉价出版物日众，有害学术”，为反对教育普及之言，已觉可怪。复设一相类之例以自证曰：“民国成立而定期出版物日多，言论荒谬如某日报之鼓吹某事，杂志之主张某说云云，则此例中所指为言论荒谬者，自然指某日报某杂志而言。若以此例所言为‘反对民国，反对出版物，以定期出版物为荒谬’。果当乎否乎？”余以为《东方杂志》记者此等例证，只益自陷于谬误而已，未见其能自辩也。此例之文倘改曰：“自民国成立以来，定期出版物日众，其中佳者固多，唯言论荒谬如某日报之鼓吹某事，某杂志之主张某说。”此不过泛论当时出版界之现象，或无语病之可言。因其所谓荒谬者，乃专指某日报某杂志而言，与民国成立而定期出版物日多，不生因果连带之关系也。今《东方杂志》记者所设之例，其本意之反对民国反对定期出版物与否不必论。第据其例词，显然以民国成立而定期出版物日多为之因，以某日报某杂志之言论荒谬为之果，二者打成一片，未尝分别其词，虽欲谓之非反对民国、非反对定期出版物而不可得也。以此比证前例，亦以教育普及而廉价出版物日众为之因，以有害学术为之果，虽欲谓之非反对教育普及而不可得也。倘易其词曰：“教育普及而廉价出版物日众，学术因以发展。唯若勃氏所言之书报及坊肆中诲盗诲淫之书，则不特无益学术，反足以害之。”使《东方杂志》记者如此分别言之，不使诲盗诲淫有害学术之书，与教育普及廉价出版发生因果连带之关系，虽欲谓之反对教育普及而亦不可得也。

(6)学术之发展，固有分析与综合二种方向，互嬗递变，以赴进化之途。此二种方向，前者多属于科学方面，后者属于哲学方面，皆得谓之进步，不得以孰为进步、孰为退步也。此综合的发展，乃综合众学以成一家之言，与学术思想之统一，绝非一物。所谓学术思想之统一者，乃黜百家而独尊一说。如中国汉后独尊儒术罢黜百家，欧洲中世独扬宗教遏抑学术，是也。易词言之，即独尊一家言，视为文明之中心，视为文化之结晶体，视为天经地义，视为国粹，视为国是。有与之立异者，即目为异端邪说，即目为非圣无法，即目为破坏学术思想之统一，即目为混乱矛盾庞杂纠纷，即目为国是之丧失，即目为精神界之破产，即目为人心迷乱。此种学术思想之统一。其为恶异好同之专制,其为学术思想自由发展之障碍,乃现代稍有常识者之公言,非余一人独得之见解也。《东方杂志》记者之所谓分化,当指异说争鸣之学风,而非谓分析的发展。所谓统整,当指学术思想之统一,而非谓综合的发展。使此观察为不误,则征诸历史,诉之常识,但见分析与综合,在学术发展上有相互促进之功,而不见分化与统整,在进化规范上有调剂相成之事。倘强曰有之,而不能告人以例证,则亦无征不信而已。反之统整(即学术思想之统一)之为害于进化也,可于中土汉后独尊儒术,欧洲中世独扬宗教征之。乃《东方杂志》记者反称有分化而无统整,不能谓之进步,且征引"中国晚周时代,及欧洲文艺复兴以后之文明,分化虽盛而失其统整,遂现混乱矛盾之象"以为例证。夫晚周为吾国文明史上最盛时代,与欧洲近代文明之超越前世,当非余一人之私言。不图《东方杂志》记者因其学术思想不统一也,竟以"混乱矛盾"四字抹杀之,且明言以晚周与汉魏唐宋比较其文明,不能谓其彼善于此,诚石破天惊,出人意表矣。即以汉魏唐宋而论,一切宗教思想、文学美术,莫不带佛道二家之彩色,否则纯粹儒家统一,更无特殊之文化可言。盖文化之为物,每以立异复杂分化而兴隆,以尚同单纯统整而衰退。征之中外历史,莫不同然,《东方杂志》记者之所见,余何止与历史之事实相反耶。《东方杂志》记者又云:"至于文明之统整,思想之统一,绝非如欧洲黑暗时代之禁遏学术,阻碍文化之谓,亦非附和雷同之谓。"按欧洲中世所以称为黑暗者无它,以其禁遏学术阻碍文化故。其所以禁遏学术阻碍文化者亦无它,乃以求文明之统整思想之统一故。大统一与黑暗,皆比较之词。黑暗之处,乃以统一之度为正比例。一云统一,即与黑暗为邻,欧洲中世特其最甚者耳。《东方杂志》记者倘不以欧洲黑暗时代之禁遏学术,阻碍文化为然,亦当深思其故也。《东方杂志》记者以"孔子之集大成,孟子之拒邪说,皆致力于统整者"为高,复以"后世大儒亦大都绍述前闻未闻独创异说"为贵,此非附和雷同而何?此非以人间思想界为留声机器而何?《东方杂志》记者意谓:"吾大在西洋学说尚未输入之时,本有圣经贤传名教纲常之统一的国是,今以西洋学说之输入,乃陷于混乱矛盾,乃至国是丧失,乃至精神界破产。遂至希此"强有力主义,果能压倒一切主义主张,以暂定一时之局"。此非禁遏学术阻碍文化而何?《东方杂志》记者一面言"吾人不宜仅以保守为能事","西洋学说之输入,夙为吾人所欢迎","尽力输入西洋学说",一面乃谓"西洋在中古以前,宗教上之战争与虐杀,史不绝书,其纷杂而不能统一,自古已然。文艺复兴以后,思想益复自由,持独到之见以风靡一世者，如卢梭、达尔文等，代有其人。而集众说之长，立群伦之鹊者，则绝少概见”。（记者按：西洋学者，若康德、孔特、卢梭、达尔文、斯宾塞之流，莫不集众说以成一家言，为世宗仰。只以其族尊疑尚异，贵自由独到。不欲独定一尊，以阻碍学术思想之自由发展，故其新陈代起，日益美备。《东方杂志》记者乃以其不独定一尊谓为立群伦之鹄者绝少概见。其病在不细察文化之实质如何，妄以思想统一与否定优劣，不知适得其反也。）又谓：“吾人今日在迷途中之救济，决不能希望于自外输入之西洋文明，而当希望于亡国固有之文明，此为吾人所深信不疑者。盖产生西洋文明之西洋人，方自陷于混乱矛盾之中，而亟亟有待于救济。吾人乃希望借西洋文明以救济吾人，斯真问道于盲矣。西洋人之思想，为希腊思想与希伯来（犹太）思想之杂合而成。希腊思想，本不统一，斯笃克派与伊壁鸠鲁派，互相反对，其后为希伯来思想所压倒。文艺复兴以后，希伯来思想又被希腊思想破坏。而此等哲学思想，又被近世之科学思想所破坏。今日种种杂多之主义主张，皆为破坏以后之断片，不能得其贯串联合之法，乃各各持其断片，欲借以贯彻全体，因而生出无数之障碍。故西洋人于物质上虽获成功，得致富强之效，而其精神上之烦闷殊甚。”（按：《东方杂志》记者所非难之西洋文明，皆在中古以前及文艺复兴以后，殆以其思想不统一之故乎。独思想统一之中古时代，则未及之。不知《东方杂志》记者之所谓宗教上之战争与虐杀，正以正教统一，力排自由思想之异端，造成中古黑暗时代耳，此非中古以前文艺复兴以后之所有也。）似此一迎一拒，即油滑官僚应付请托者之言，亦未必有此巧妙也。若此等“战争与虐杀”之文明，“自陷于混乱矛盾”之文明，“破坏以后之断片”之文明，“精神上烦闷”之文明，《东方杂志》记者明知其不足为“吾人今日在迷途中之救济”，乃偏欲尽力输入而欢迎之。是直引虎自杀耳，岂止“问道于盲”已耶？《东方杂志》记者其狂易耶？不然，明知“此等主义主张之输入，直与猩红热、梅毒等之输入无异”，何苦又主张尽力输入而欢迎之，不更使吾思想界混乱矛盾不能统一，使吾精神界破产，使吾国是丧失耶？是则愚不能明也。

若云“西洋之种种主义主张，骤闻之，似有与吾固有文明绝相凿枘者，然会而通之，则其主义主张，往往为吾固有文明之一局部，扩大而精详之者”耶，若假定此等“丙种自大派”（见本志五卷第五号五一六页第十三行）之附会穿凿为不谬，则《东方杂志》记者所诅咒西洋文明之恶名词，皆可加诸吾固有文明之上矣。既认定其为吾固有文明之一部，且扩大而精详之，又何独以其在西洋而诅咒之耶？若云"尽力输入西洋学说，使其融合于吾固有文明之中"耶，将输入其同者而融合之乎？使其所谓同者为非同，则附会穿凿耳；使其所谓同者为真同，则尽力输入为骈枝，为多事。将输入其异者而融合之乎？则异者终不能合，适足以使吾人思想界增其混乱矛盾之度，非所以挽回国是之丧失，精神界之破产，而为吾人迷途中救济之道也。无已，唯有仍遵《东方杂志》记者"不希望于自外输入西洋文明"之本怀，且用"强力压倒一切主义主张"之方法，使吾国数千年统整之文明不致摇动，则《东方杂志》记者之主张，方为盛水不漏也。

《东方杂志》记者又谓："民视民听，民贵君轻，伊古以来之政治原理，本以民主主义为基础。政体虽改而政治原理不变，故以君道臣节、名教纲常为基础之固有文明，与现时之国体，融合而会通之，乃为统整文明之所有事。"呜呼！是何言耶！夫西洋之民主主义(Democracy)乃以人民为主体，林肯所谓"由民(by people)而非为民(for people)"者，是也。所谓民见民听，民贵君轻，所谓民为邦本，皆以君主之社稷——即君主祖遗之家产——为本位。此等仁民爱民为民之民本主义(民本主义，乃日本人用以影射民主主义者也。其或径用西文 Democracy，而未敢公言民主者，回避其政府之干涉耳)，皆自根本上取消国民之人格，而与以人民为主体由民(主)主义之民主政治，绝非一物。倘由《东方杂志》记者之说，政体虽改而政治原理不变，则仍以古时之民本主义为现代之民主主义，是所谓蒙马以虎皮耳，换汤不换药耳。毋怪乎今日之中国，名为共和而实不至也。即以今日名共和而实不至之国体而论，亦与君道臣节名教纲常，绝无融合会通之余地。盖国体既改共和，无君矣，何谓君道？无臣矣，何谓臣节？无君臣矣，何谓君为臣纲？如何融合，如何会通，敢请《东方杂志》记者进而教之，毋再以笼统含混之言以自遁也。若帝制派严复"大总统即君"之谬说，乃为袁氏谋叛之先声。今无欲自称帝之人，《东方杂志》记者谅不致袭用严说，重为天下笑欤。

就历史上评论中国之文明，固属世界文明之一部分，而非其全体。儒家又属中国文明之一部分，而非其全体。所谓君道臣节、名教纲常，不过儒家之主要部分而亦非其全体。此种过去之事实，无论何人，均难加以否定也。至若《东方杂志》记者所谓，《新青年》"于共和政体之下，不许人言固有文明中有君道臣节、名教纲常诸大端"，又云，"固有文明中有君道臣节、名教纲常诸大端，乃已往之事实，非《新青年》记者所得而取消。已往之事实既不能取消，则不能禁人之记忆之、称述之"。斯可谓支吾之遁词也矣。吾人不满于古之文明者，仍以其不足支配今之社会耳；不能谓其在古代无相当之价值，更不能谓古代本无其事，并事实而否认之也。不但共和政体之下，即将来竟至无政府时代，亦不能取消过去历史中有君道臣节、名教纲常及其他种种黑暗之事实。若《东方杂志》记者之所云，匪独前次质问中无此言，即全部《新青年》亦未尝有此谬说。前次质问中所谓：共和政体之下，君道臣节、名教纲常，当作何解者？乃以《东方杂志》记者力言非统整己国固有君道臣节、名教纲常之文明，不足以救济精神界之破产，不足以救济国是之丧失，不足以救济国家之灭亡。然若实行以强力压倒一切主义主张，恢复君道臣节、名教纲常，以图思想之统整，以救国家之灭亡，则无君臣之现行制度，不知将以何法处之？疑不能明，是以为问。非谓吾固有文明中无君道臣节名教纲常，而欲取消历史上已行之事实，禁人记忆之、称述之也。《东方杂志》记者所谓焚书坑儒，所谓前清专制官吏，动辄以大逆不道谋为不轨之罪名，压迫言论，此正君道臣节、名教纲常时代以强力压倒一切主义主张者之所为。而混乱矛盾之共和时代，或不至此。公等倘欲享言论自由，主权利而恶压迫，慎毋反对混乱矛盾之西洋文明，慎毋梦想思想统整，而欲以强力压倒一切主义主张以自缚束也。

(7)《东方杂志》记者所谓“原文明言强有力主义之不能压倒一切，反足酿乱”，今细检原文，未见有此。有之则所谓“特恐其辗转于极短缩之周期中，愈陷吾人于杌臬彷徨之境耳”。于表示欢迎之下，紧接此词。盖唯恐其寿命不长，未能压倒一切为憾；固非根本反对强力主义，谓为足以酿乱也。其他极力赞扬之词则曰：

> 强有力主义者……即以强力压倒一切主义主张之谓。当是非淆乱之时，快刀斩乱麻，亦不失为痛快之举……古之人有行之者，秦始皇是也。百家竞起，异说争鸣。战国时代之情状，殆与今无异；焚书坑儒之暴举，虽非今日所能重演；而如此极端之强有力主义，实今后世之人，有望尘勿及之叹。今日之欧洲，又与我之战国相似，乃有德意志主义出现……无所谓正，无所谓义，唯以强力贯彻者，斯为正义……秦始皇主义，德意志主义，与我国现时政治界中一部分之强有力(当指段内阁而言)主义，实先后同揆……秦始皇主义，在我国已经实验，虽获成功，不旋踵而殁……然中国统一之局，汉室四百年之治，亦未始非始皇开之。德意志主义，正在试验时代，成败尚不能预

> 料。吾人就历史上推测强力主义之效果,则当文治疲敝是非淆乱之时,强力主义出。而纠纷自解……故我国之强有力主义,果能压倒一切主义主张,以暂定一时之局,则吾人亦未始不欢迎之。

《东方杂志》记者眼中之战国时代及欧洲现代之文明,皆百家竞起,异说争鸣,是非淆乱之文明也。颇希望强有力者,出其快刀断麻之手段,压倒一切主义主张,以定于一。此言也,《东方杂志》记者固笔之于书,谅非《新青年》记者推想之误。其是非可否,请读者加以论断,余则不欲多言矣。若余之所感者,乃《东方杂志》记者所崇拜,所梦想,所称为"痛快之举""望尘勿及""纠纷自解""吾人未始不欢迎之"之三种强力主义:其一秦始皇主义,固可以开汉室四百年统一之江山,颂其功德。其他二种强力主义,均已成败昭然,效果共睹。坐令是非淆乱之今日,无有能快刀断麻,压倒一切,以定时局,以解纠纷者。吾知《东方杂志》记者对于德帝威廉及段内阁,当挥无限同情之热泪也欤。

工艺杂志序义中所云:"虽周、孔复生亦将无所措手。"固属述其当年之感想,而后文对于自给自足之工艺,则仍谓亟宜提倡,未见取消前说;谓为反面文字,亦未得当。

(8)所谓梦呓者,乃指《中西文明之评判》之著者日人而言。盖自欧战以来,科学、社会、政治,无一不有突飞之进步,乃谓为欧洲文明之权威,大生疑念。此非梦呓而何?正以此事乃稍有常识者之所周知,而况《东方杂志》记者之博学方闻,宁不识此?故未详加事理上之诘责耳。何谓反唇相讥耶?

(9)辜氏《春秋大义》主旨在尊王,并以非难欧洲人之伦理观念也。台里乌司氏亦谓欧洲文化,不合于伦理之用,而称许辜氏所主张之二千五百年以来之伦理为正当,是非崇拜君权而何耶?《东方杂志》记者译录其说而称许之,故敢以辜氏伦理上之主张为正当与否为问。此何谓罗织?

(10)辜氏谓中国人不洁之癖,为中国人重精神而不注意于物质之一佐证。夫注意物质则洁,注重精神则不洁,独重精神者可与不洁为缘,重物质者则否。是以中国人以重精神故,致有不洁之癖,致有种种臭恶之生活,岂非精神之为物,使我中国人不洁至此哉?余是以有精神为何等不洁之物之叹也。

此外,若前次质问中之(5)(6)(7)(13)(14)(15)等条,及(9)条中之第四项与第七项之前半段,并乞明白赐教。倘仍以“不暇一一作答”六字了之,不如一字不答也。

此中最要之点,务求赐答者,即:

一、自西洋混乱矛盾文明输入,破坏吾国固有文明中之君道臣节、名教纲常,遂至国是丧失,精神界破产,国家将致灭亡。

二、今日吾人迷途中之救济,非保守君道臣节、名教纲常之固有文明不可。

三、欲保守此固有文明,非废无君臣之共和制不可。倘废君臣大伦,便不能保守君道臣节、名教纲常,便不能救济国是丧失,精神界破产,国家灭亡。

此推论倘有误乎、否耶?

(第六卷第二号,一九一九年二月十五日)

新文化运动是什么？

陈独秀

“新文化运动”这个名词，现在我们社会里很流行。究竟新文化的内容是些什么，倘然不明白它的内容，会不会有因误解及缺点而发生流弊的危险，这都是我们赞成新文化运动的人应该注意的事呵！

要问“新文化运动”是什么，先要问“新文化”是什么；要问“新文化”是什么，先要问“文化”是什么。

文化是对军事、政治（是指实际政治而言，至于政治哲学仍应该归到文化）、产业而言，新文化是对旧文化而言。文化的内容，是包含着科学、宗教、道德、美术、文学、音乐这几样。新文化运动，是觉得旧的文化还有不足的地方，更加上新的科学、宗教、道德、文学、美术、音乐等运动。

科学有广狭二义：狭义的是指自然科学而言，广义的是指社会科学而言。社会科学是拿研究自然科学的方法，用在一切社会人事的学问上，像社会学、伦理学、历史学、法律学、经济学等。凡用自然科学方法来研究、说明的都算是科学，这乃是科学最大的效用。我们中国人向来不认识自然科学以外的学问，也有科学的威权；向来不认识自然科学以外的学问，也要受科学的洗礼；向来不认识西洋除自然科学外没有别种应该输入我们东洋的文化；向来不认识中国的学问有应受科学洗礼的必要。我们要改去从前的错误，不但应该提倡自然科学，并且研究、说明一切学问（国故也包含在内），都应该严守科学方法，才免得昏天黑地乌烟瘴气的妄想、胡说。现在新文化运动声中，有两种不祥的声音：一是科学无用了，我们应该注重哲学；一是西洋人现在也倾向东方文化了。各国政治家、资本家固然利用科学做了许多罪恶，但这不是科学本身的罪恶。科学无用，这句话不知从何说起？我们的物质生活上需要科学，自不待言，就是精神生活离开科学也很危险。哲学虽不是抄集各种科学结果所能成的东西,但是不用科学的方法下手研究、说明的哲学,不知道是什么一种怪物!杜威博士在北京现在演讲的"现代的三个哲学家",一个是美国詹姆士,一个是法国柏格森,一个是英国罗素,都是代表现代思想的哲学家。前两个是把哲学建设在心理学上面,后一个是把哲学建设在数学上面,没有一个不采用科学方法的。用思想的时候,守科学方法才是思想,不守科学方法便是诗人的想象或愚人的妄想。想象、妄想和思想大不相同。哲学是关于思想的学问,离开科学谈哲学,所以现在有一班青年,把周、秦诸子,儒、佛、耶、回,康德、黑格尔横拉在一起说一阵昏话,便自命为哲学大家,这不是怪物是什么?西洋文化我们固然不能满意,但是东方文化我们更是领教了。它的效果人人都是知道的,我们但有一毫一忽羞恶心,也不至以此自夸。西洋人也许有几位别致的古董先生怀着好奇心要倾向它,也许有些圆通的人拿这话来应酬东方的土政客,以为他们只听得懂这些话,也许有些人故意这样说来迎合一般朽人的心理,但是主张新文化运动的青年,万万不可为此呓语所误。"科学无用了""西洋人倾向东方文化了",这两个妄想倘然合在一处,是新文化运动一个很大的危机!

宗教在旧文化中占很大的一部分,在新文化中也自然不能没有它。人类的行为动作,完全是因为外部的刺激,内部发生反应。有时外部虽有刺激,内部究竟反应不反应,反应取什么方法,知识固然可以居间指导,真正反应进行的司令,最大的部分还是本能上的感情冲动。利导本能上的感情冲动,叫它浓厚、挚真、高尚,知识上的理性、德义,都不及美术、音乐、宗教的力量大。知识和本能倘不相并发达,不能算人间性完全发达。所以詹姆士不反对宗教,凡是在社会上有实际需要的实际主义者,都不应反对。因为社会上若还需要宗教,我们反对是无益的,只有提倡较好的宗教来供给这需要,来代替那较不好的宗教,才真是一件有益的事。罗素也不反对宗教,他预言将来需有一新宗教。我以为新宗教没有坚固的起信基础,除去旧宗教的传说的、附会的、非科学的迷信,就算是新宗教。有人嫌宗教是他力,请问扩充我们知识的学说,利导我们情感的美术、音乐,哪一样免了他力?又有人以为宗教只有相对价值,没有绝对的价值,请问世界上什么东西有绝对价值?现在主张新文化运动的人,既不注意美术、音乐,又要反对宗教,不知道要把人类生活弄成一种什么机械的状况,这是完全不曾了解我们生活活动的本源,这是一桩大错,我就是首先认错的一个人。

我们不满意于旧道德,是因为孝悌的范围太狭了。说什么爱有等差,施及亲始,未免太猾头了。就是达到他们人人亲其亲、长其长的理想世界,那时社会的纷争恐怕更加厉害。所以现代道德的理想,是要把家庭的孝悌扩充到全社会的友爱。现在有一班青年却误解了这个意思,他并没有将爱情扩充到社会上,他却打着新思想、新家庭的旗帜,抛弃了他的慈爱的、可怜的老母。这种人岂不是误解了新文化运动的意思?因为新文化运动是主张教人把爱情扩充,不主张教人把爱情缩小。

通俗易解是新文学的一种要素,不是全体要素。现在欢迎白话文的人,大半只因为它通俗易解;主张白话文的人,也有许多只注意通俗易解。文学、美术、音乐,都是人类最高心情的表现。白话文若是只以通俗易解为止境,不注意文学的价值,那便只能算是通俗文,不配说是新文学,这也是新文化运动中一件容易误解的事。

欧美各国学校里、社会里、家庭里,充满了美术和音乐的趣味自不待言,就是日本社会及个人的音乐、美术及各种运动、娱乐,也不像我们中国人的生活这样干燥无味。有人反对妇女进庙烧香、青年人逛新世界,我却不以为然;因为他们去烧香、去逛新世界,总比打麻雀(即麻将,下同)好。吴稚晖先生说:“中国有三种大势力,一是孔夫子,一是关老爷,一是麻先生。”我以为麻先生的势力比孔、关两位还大,不但信仰它的人比信仰孔、关的人多,而且是真心信仰,不像信仰孔、关还多半是装饰门面。平时长、幼、尊、卑、男、女的界限很严,只有麻先生的力量可以叫他们鬼混作一团。他们如此信仰这位麻先生虽然是邪气,我也不反对;因为他们去打麻雀,还比吸鸦片烟好一点。鸦片烟、麻雀牌何以有这般力量叫我们堕落到现时的地步?这不是偶然的事,不是一个简单的容易解决的问题,不是空言劝止人不要吸烟、打牌可以有效的。那吸烟、打牌的人,也有他们的一面理由:因为我们中国人社会及家庭的音乐、美术及各种运动娱乐一样没有,若不去吸烟、打牌,资本家岂不要闲死,劳动者岂不要闷死?所以有人反对郑曼陀的时女画,我以为可以不必;有人反对新年里店家打十番锣鼓,我以为可以不必;有人反对大舞台、天蟾舞台的皮簧戏曲,我以为也可以不必。表现人类最高心情的美术、音乐,到了郑曼陀的时女画、十番锣鼓、皮簧戏曲这步田地,我们固然应该为西洋人也要来倾向的东方文化一哭,但是倘若并这几样也没有,我们民族的文化里连美术、音乐的种子都绝了,岂不更加可悲!所以蔡孑民先生曾说道:“新文化运动莫忘了美育。”前几天我的朋友张申甫给我的一封信里也说道:“宗教本是发宣人类的不可说的最高的情感（罗素谓之‘精神’Spirit）的，将来恐怕非有一种新宗教不可。但美术也是发宣人类最高的情感的（罗丹说：‘美是人所有的最好的东西之表示，美术就是寻求这个美的。’就是这个意思）。而且宗教是偏于本能的，美术是偏于知识的，所以美术可以代宗教，而合于近代的心理。现在中国没有美术真不得了，这才真是最致命的伤。社会没有美术，所以社会是干枯的；种种东西都没有美术的趣味，所以种种东西都是干枯的，又何从引起人的最高情感？中国这个地方若缺知识，还可以向西方去借；但若缺美术，那便非由这个地方的人自己创造不可。”

关于各种新文化运动中的误解及缺点，上面已略略说过。另外，还有应该注意的三件事：

一、新文化运动要注重团体的活动。美公使说中国人没有组织力，我以为缺乏公共心才没有组织力。忌妒、独占的私欲心，人类都差不多，西洋人不比中国人特别好些；但是因为他们有维持团体的公共心牵制，所以才有点组织能力，不像中国人这样涣散。中国人最缺乏公共心，纯然是私欲心用事，所以遍政界、商界、工界、学界，没有十人以上不冲突、三五年不涣散的团体。最近学生运动里也发生了无数的内讧，和南北各派政争遥遥相映。新文化运动倘然不能发挥公共心，不能组织团体的活动，不能造成新集合力，终久是一场失败，或是效力极小。中国人所以缺乏公共心，全是因为家族主义太发达的缘故。有人说是个人主义妨碍了公共心，这却不对。半聋半瞎的八十衰翁，还要拼着老命做官发财，买田置地，简直是替儿孙做牛马，个人主义决不是这样。那卖国贪赃的民贼，也不尽为自己的享乐，有许多竟是省吃俭用的守财奴。所以我以为戕贼中国人公共心的不是个人主义，中国人的个人权利和社会公益，都做了家庭的牺牲品。“各人自扫门前雪，不管他人瓦上霜。”这两句话描写中国人家庭主义独盛、没有丝毫公共心，真算十足了。

二、新文化运动要注重创造的精神。创造就是进化，世界上不断的进化只是不断的创造，离开创造便没有进化了。我们不但对于旧文化不满足，对于新文化也要不满足才好；不但对于东方文化不满足，对于西洋文化也要不满足才好。不满足才有创造的余地。我们尽可前无古人，却不可后无来者；我们固然希望我们胜过我们的父亲，我们更希望我们不如我们的儿子。

三、新文化运动要影响到别的运动上面。新文化运动影响到军事上，最好能令战争止住，其次也要叫它做新文化运动的朋友不是敌人。新文化运动影响到产业上，应该令劳动者觉悟他们自己的地位，令资本家要把劳动者当做同类的“人”看待，不要当做机器、牛马、奴隶看待。新文化运动影响到政治上，是要创造新的政治理想，不要受现实政治的羁绊。譬如中国的现实政治，什么护法，什么统一，都是一班没有饭吃的无聊政客在那里造谣生事，和人民生活、政治理想都无关系，不过是各派的政客拥着各派的军人争权夺利，好像狗争骨头一般罢了。他们的争夺是狗的运动，新文化运动是人的运动。我们只应该拿人的运动来轰散那狗的运动，不应该抛弃我们人的运动去加入他们狗的运动！

（第七卷第五号，一九二〇年四月一日）

近代文明底下的一种怪现象

周佛海

"世界越文明,生活程度就越高;生活程度越高,生活难的呼声,也就越高"这个问题,在我的脑筋内已烦恼了好久了。生活程度越高,生活难的呼声也越高,这是自然的结果,没有什么可怪的。因为生活程度越高,维持生活的资料也就越要得多,而得生活资料的手段也就越不容易。假设十年前两三块钱一个人可以过一月的,现在要八九块了;十年前以一天劳动的所得 足以维持一天的生活而有余的,现在则以一天劳动的所得,就是糊口还不足。既然是这样的状态,又何怪生活难的呼声,一天高似一天呢?

但是为什么世界越文明,生活程度就越高呢?详说起来,就是为什么科学越发达,机器越发明,生产越容易,富力越充足,而生活反越难维持呢?据理论说,机器越精良,生产越容易,生活难的程度,就应该随着低下。而实际都不这样。物质文明越发达的地方,物价就越是昂贵,因之生活的费用也就越要得多。现在就以我们中国来比喻。在上海、汉口等西方文明稍发达的地方,一样东西,例如猪肉、米等的价钱要一元的,在内地,在原始时代的状态,没有和西方文明接触过的内地只要两三百钱一月最低生活的标准,在上海等所谓文明都会要五六元的,在内地只要三四千。拿这个状态,我们就可推想物质文明越发达,生活困难的程度就越高了。生产越容易,富力越充足,而一般人反困于生活难,这不是一种怪现象吗?

我现在把在物质文明底下,不应该有这种怪现象的理由,和产生这种怪现象的原因,据我一个人所想到的,稍说一说。

生活困难的原因,我想不外三种:(1)物资缺乏;(2)因之物价昂贵;(3)无业的人多。但是这三种原因,在现代物质文明底下,都应该免掉的呀!先就物资缺乏一项而论物资缺乏的原因,就因为生产力太小,不能和需要相调节。例如每日社会所需要的布是百匹,而社会的生产力,每日只能出八十匹,那么,布就要缺乏二十匹了。因为有了这个二十匹的缺乏,其余八十匹的价钱就要增加。价钱一增加,那么,每日只有一定的收入的人,就不免困难;就是收入很充足,可以以贵价而买布的人,因为有这二十匹的缺乏,也感着困难了。但是以现在这样的生产力,照理论上说,决不致生出这种现象呀!大规模的机器生产,生产力不能说不大;生产力一大,所生产的生产物就决不至于不充足。例如在手工业时代,以十个人十天的劳动,才能生产出五匹布;若以现在的生产力,则十个人十天的劳动;简直可以产出几百个,甚至于几千个五匹。那么,那里还有不能供给需要的道理呢?所以照理论说,在现在这样生产力底下,应该绝没有物资缺乏的事,因此生活困难,也应该不至于因此而生。

次就物价昂贵一项而论。物价的高低,和社会的生产力,是有密切的关系的。前面已经说过,社会的生产力若小,所出的生产物也就少,常有和需要不能调节,致生出物资缺乏的现象,使物价也随着腾贵。但是物价的高低和生产力的关系,还不只这一点。现在要再进一步,研究一件物品的价值,在别一方面和生产力的关系。一个物品无论在货币形态没有成立,或已充分发达的时候,它和别的物品交换的比例,不是以它的使用价值(Use Value)为标准,乃是以它的价值(Value)为标准的。例如一点小金刚石等于十二石米,它的比例,并不是以金刚石的使用价值和米的使用价值比较而定的。若说是以使用价值而定,那么,米的使用价值就比金刚石的使用价值大多了,为什么反十二石米才等于一点小金刚石呢?又假设二十石米等于六十块钱,一点金刚石也等于六十块钱,设若以使用价值为标准,那么,十二石米的价值,就不只等于六十块钱了。因为没有金刚石人还可以过活,没有米,人就要挨饿,所以米的使用价值,比金刚石的要大些。我们从此就可以知道一个物品和别的物品相交换的比例,是以它的价值而定的;就用货币来代表它,也是一样。但是要测定它的价值,又用什么做标准呢?马克思他说就是以劳动。一个物品的价值,是以生产它所要的社会的劳动的多少而定的。要得多些,这个物品的价值就要高些;要得少些,这个物品的价值就要低些。金刚石为什么比米要贵些?这就是因为生产金刚石所必要的劳动分量,比生产米所必要的大些。金刚石这种矿物,是非常稀少的,要从地下掘出来一点,不知要费多少日子的劳动,所以它的价值,就比米的要高些。但是劳动的分量,就是劳动时间，和劳动生产力也有密切的关系。劳动生产力大，劳动时间，就要少；劳动生产力小，劳动时间就要多。它两者照这样的关系，就影响到第三者价值的身上来了。价值既然是以劳动的分量而定的，那么，劳动生产力大，劳动时间要得少的结果，就是物品的价值要低；劳动生产力小，劳动时间要得多的结果，就是物品的价值要高。总而言之，"一物品的价值大小，是以体现于这个物品的劳动量为正比例，以生产力为反比例而变化的"（Karl Marx：*Capital. Volume* I.P.47）。再说一句，就是：生产力越大，物品的价值就要随着越低。现代社会的生产力，是不是比以前的要大得多？我想无论什么人，总不敢说一个"不"字的。那么，生产物品所要的社会的劳动，一定就要少些。在手工业时代的时候，一百个人生产一千匹布所要的总劳动为二十天的，现在在大工厂里面用机器来生产所必要的，只需两天了。劳动的分量既然少了，那么，它所生产的物品的价值，也就应该随着低了，绝没有比以前还要贵些的道理。所以照理论说，断没有在生产力大的社会里面，物价昂贵一事，反一天比一天贵起来的道理。因此生活困难，也不应因此而生。

再就无业的人多一问题而论。一个社会里面，生产的人若比坐食的人少，那么，社会一般，就一定要感着生活困难。因为生产的人少，所产出的物资也就少，不能满足一般的需要，物价也就因之越贵。这是所谓生之者寡，食之者众的自然结果。所以社会上无业的人太多，也是生活困难的一种主要原因。然而设若全社会里面，各人都是生产者，至少只要生产者的人口，占全人口的十分之七八，那么，生活困难，就不能因这个（题）而生了。现在各工业发达的国，大规模的工厂，差不多到处都是。这些工厂，大的可以收容几万劳动者，至小的也可收容几百。既然这样大的容留场到处皆是，那就可以把一般无业者都吸收进去，变为生产者了。那么，无业的问题，也就可以不发生了。有人说因为大规模的工业一发达，小企家就要失掉他的独立营业的地位；因为机器工业一发达，手工业者就要因此夺去他的独立劳动的地位，所以现在生活困难，还是无职业的人过多为一种重要原因。我都以为不然。小企家固然因为大规模的工业，失掉了独立营业的地位；手工业者固然因为机器工业，夺去了独立劳动的地位。但是说前者是失掉了独立营业的地位，而堕入劳动者的地位则可，若说他硬成了无业的人则不可；说后者是失掉了独立劳动者的地位而陷入工钱劳动者的地位则可，说他也是完全失了职业则不可。机器工业，也是要人的劳动的。没有人的运用，机器它自己不会动的。尔看大工厂的里面,哪里不是容着几百、几千,以至于几万的劳动者。所以说大规模的机器工业,使人从独立的职业陷入奴隶的职业,从自由的职业陷入束缚的职业则可,若说使他们陷入于无职业的境遇则不可。机器工业,还是要人的劳动的,并且一个工厂可以吸收一大群的无业者而为生产者;那么,工业越发达的地方,工厂就要越多;工厂一越多,所吸收无业的人数也要越多;无业的人被吸收到工厂去的越多,社会上无业的人也就要越少。所以照理论上说,工业越发达,失业的人就应该越少,而生活困难也不应因此而生。

从上面所述的三个重大理由,我们就可推想在现在这样物质文明的社会里面,本不应该有生活困难的问题发生。就是在物资可以充分满足需要,物价不至这到底于太贵,社会上没有无职业的人,至少也没有好多的社会里面,本不应该有生活困难的问题发生。设若发生了,断不是常现象(Normal phenomena),断不是必然的结果(Necessary effect),反不可不说它是怪现象(Abnormal phenomena),是例外的结果(Exceptional effect)。

其实不然,这种怪现象无论在近代文明国的那一国,都是普遍有的了。下层阶级生活困难的呼声,只有一天比一天甚的。在日本报上看见几次因为生活困难先杀全家然后自杀的记事。日本近几十年来,近代工业也可谓发达了。自从欧战以来它的富力,直增加了几倍,然而生活困难反至于逼人自杀,这到底是什么原因?这难道是机器生产它自身不好吗?那我们就要怪那些科学家不应该发明机器了;那我们就要废止近代大规模的工业,复反于中世纪的手工业了。因为机器没有发明之前,手工业的时代,生活困难,绝没有像现在这样狠的。自从机械发明以来大规模的工业发达以来,生活困难,才有飞也似的向上长的趋向。所以我们看着生活困难这种现象,就要咒骂近代文明,就要打破近代文明,再狭一点说就要打破机器工业,使它不至于酿成生活困难的恶毒,以贻害社会了。

不然不然,机器生产它本身,一点都没有坏处,大规模工业它本身也一点没有错处。就它们的本身说,只有使社会一般生活安全,向上的,断没有反使生活不安全,困难的。在内里作怪,使生出这种怪现象的,乃是资本制度这个怪物,生活困难,一天一天狠起来的,乃是资本制度的必然的结果,在近代物质文明的底下,本不至于有物资缺乏,物价昂贵,失业者多的种种现象,已如上述了。但是有了资本制度,反使物资不应缺乏的而缺乏起来了;物价不应昂贵的而昂贵起来了;失业者不应有的而有起来了。这三个条件都以资本制度的厚赐完完全全地具备起来,生活还有个不困难的吗?所以我把现代生活困难的责任归到资本制度,并没有冤枉它老人家呀!

用着这样大的生产力,用着规模这样大的生产手段,日夜不绝地在那里生产,反使物资缺乏,我想读者一定要骂我胡说的。不然我只要把资本主义的缺点举出一个,就不独可以证明它能使物资缺乏,并可以使物价昂贵,失业者增多。这是什么?就是经济学上所谓的“恐慌”。有了“恐慌”这位老先生,什么物资缺乏,物价昂贵,失业者增多,就要一起出现了。这几位老先生一出现,生活断没有不一天一天地困难起来的。读者不信,请看下文。

资本家的生产,并不是为消费而行的,乃是为交换而行的;换一句话说,就是为赚钱而行的。所以他们生产的时候,不问社会直接需要的是什么,只问什么货物在市场上价值最好。于是估量什么货物的价值最好,就来专门生产这种货物,想去多赚几个钱。这就叫做投机(Speculation)。但是资本家谁不知道投机?你看这个物价好,来生产这种物;我看见这个物价好,也来生产这个物;他也同样的来生产这个物。那么,举社会上一切生产机关都来生产一样的东西,别的需要的东西就不管了。大家都来生产一样的东西,当然所生产的,要超过所需要的。于是就生出生产过剩的现象。资本家的资本都拿出来生产了。而所生产的东西又卖不动,于是活的资本,变成没有人要的死的货物了。这就叫恐慌。恐慌固然是生产过剩的结果,在别一方面又由它生出物资缺乏的现象。因为大家都来生产一样的东西,别的就没有人来生产,或只有少数人来生产了。所以别的东西的生产,就要不能满足需要,而生物资缺乏的现象。这些东西既然缺乏,它们的价钱一定就要昂贵。所以物资缺乏,物价昂贵,都当做恐慌的结果生出了。在别一方面,又由生产过剩,生出失业的人。因为资本家都把资本拿来生产货物,而这些货物因为过多又没有地方去卖,资本家的资本,就变成货物,不能拿来运用了。他的结果就是倒闭工厂。工厂一倒闭,在工厂内做工的劳动者就也随着失了业了。他们以一天的劳动,只能勉强过活一天,断有剩余可蓄积的。以一个钱的蓄积都没有的劳动者,一旦失了业已是不得了的事又加以恐慌的结果,物价更为昂贵,他们除掉饿死,还有什么法子?这又何怪乎生活难的呼声,一天一天地悲惨起来?所以只就恐慌一项而言,已可以证明现代文明底下的这种怪现象,乃是资本制度产生出来的了。再进而就资本家和劳动者的关系,以证明这种怪现象是资本制度产生的。

近人大概以为资本家和劳动者的关系,是主和奴的关系。这却不然。设若是主和奴的关系劳动者的生活固然不能保他高尚,断不至到了不安、困难的状态。农奴时代,为什么没有看见农奴的生活不安定,难于谋生活?因为当时农奴的生活,主人替他们负责任了。农奴是主人的所有物,所以农奴的生活资料归主人供给。农奴虽然没有独立的人格,和牛马一样隶属于主人,但是他们的生活,都可以安安全全地过,断没有像现在劳动者一样,今天把饭吃了,不知明天的饭在什么地方的。因为主人不得不供给农奴以生活资料,就和他们不得不给草料与牛马是一样的。然而劳动者却不然。他们和资本家的关系,并不是奴和主的关系。他们的身体,并不是隶属于资本家的,他们的独立的人格在法律上已被承认了的。他们在法律上的地位,是和资本家平等的。所以他们的生活,资本家就不能替他们负责任,他们各自以独立人格,自由选择,和资本家结卖劳力的契约。但是因为这个原因,他们法律上的地位虽然比奴隶的高,他们经济上的地位反堕入比农奴的还要苦的了。在资本制度底下,劳动者名义上是自由的,可以自由选择职业,可以自由和雇主结劳动契约,自己不愿意卖劳力给哪个资本家,就可即刻和他断绝关系,决不是像农奴一样,终身隶属于主人的。但是因为有了这个自由,他们就要堕入生活难的状态。他们和雇主的关系,是契约的关系,是暂时的,不是永久的。所以顾主只要劳动者把契约上规定的劳动拿出来,他把契约上规定的工钱给了他们之后,他们两者的关系遂断绝,各不管别人的死活了。劳动者此后怎样谋生活,他们资本家不管,所以劳动者堕入生活不安的境遇,今天做着工,明天挨饿也未可知。劳动者所得的工钱,能否维持生活,资本家他们不管,所以劳动者就陷入生活困难的境遇,每日所得,不足为每日的生活资料。劳动者既因为生活不安,就天天怕着失业,怕着失业,就是怕着失了现在的雇主。于是雇主提出的工作条件,无论怎样虐酷,他们都不得不依。设若不依,即刻就要挨饿。设若跑去和别的雇主结约,则“到处老鸦一般黑”,那一个雇主不是这一样?并且雇主的条件苛刻,劳动者简直不能发怨言的。你若说一声不愿,雇主他就有话说了。你想他要怎样说?他一定道:“你们劳动者是自由的,愿不愿和我结约是你们的自由,我不能强迫你们。设若以为条件苛刻,你们可以不必和我结约,不必替我做工了。”咳!这种自由,真是饿死的自由。所以每逢劳动者和资本家自由结劳动契约的时候,只有劳动者吃亏的。他们契约规定的工钱,一定是很苛刻的。所以劳动者眼看生产力增加,资本家赚钱,而自己还天天只得契约上规定的工钱。生活程度一天一天地高,他们的收入不一天一天地加,就说也可增加,而工钱增加的比例,不能和生活程度加高的比例保一致,劳动者的生活还有不困难的吗?劳动者的人口要占全人口的大多数,所以劳动者的生活难,直可看做社会一般的生活难。所以就从资本家和劳动者的关系来论,也可证明近代文明底下的这种怪现象,乃是资本制度产生出来的。

我先不是说过,物件的价值,是以劳动量为正比例,以生产力为反比例而变化的吗?为什么在生产力这样大的社会里面,物价不见低落,反有腾贵的趋势呢?这内里也是资本制度在作怪!一个物件直接和别的物件交换的时候,它的比例就是以它们的价值为标准的。但是中间一有了"市场"这种东西,各种物品遂变为商品,都以货币为等价(Equivalent value)了。货币当做价值尺度的职能,就是使一切种种的商品的"价值"(Value),变为种种的"价值"(Price)(Karl marx:*Capital. Volume* I.P.110)。所以商品一到了"市场"上,它们的交换的比例,就是以"价格"为标准而不以"价值"为标准了。例如拿一匹布到市场上去换米,它们的交换的比例,是以一匹布的价格怎样和一石米的价格怎样为标准的。换一句话说就是以一匹布要多少钱和一石米要多少钱为标准,而不以一匹布内里所含的劳动量和一石米内里所含的劳动量为标准的。因为这个原因,资本家就好在里面操纵价格。本来劳动量要得多,价值大些的商品,他们可以把它的价格弄低些。本来劳动量要得少,价值小些的商品,他们可以把它的价格弄高些。一切商品的价格,都由资本家任意高低,所以理论上的原则,就失了效力了。然而以充满黄金欲的资本家,除了万不得已的时候以外,没有愿意商品的价格减低的,所以它的价格,反有一天一天增高的倾向。物价一昂贵,生活就要受它的影响了。总而言之,因为资本制度的生产,是以交换为目的,所以遂有所谓市场的发现;有了市场,则商品的价格,可以由资本家任意高低;资本家只愿意商品的价格昂贵的,所以物价一天一天地贵。物价一贵,一般的生活,就要困难起来了。所以从这一方面,也可以证明近代文明底(下)的这种怪现象,乃是资本制度产生出来的。

近代文明并没有坏处,是资本制度使它坏的。近代文明,不是没有特殊的精神,是资本制度使它不得充分发挥的。你们不要咒近代文明,近代文明没有使人生活困难。你们要咒资本制度,资本制度使人生活困难的。所以要铲除近代文明底下的这种怪现象,就要先铲除生出这种怪现象的资本制度!

一九二一年二月十日

(第九卷第一号,一九二一年五月一日)

东方文化与世界革命

屈维它

东西文化的差异，其实不过是时间上的。人类社会的发展，因为天然条件所限，生产力发达的速度不同，所以应当经过的各种经济阶段的过程虽然一致，而互相比较起来各国各民族的文化于同一时代乃呈先后错落的现象。若详细分拆起来，其中因果关系非常复杂，而一切所谓“特性”“特点”，都有经济上的原因，东方和西方之间，亦没有不可思议的屏障。正因人类社会之发展有共同的公律，所以东方文化与西方文化有相异之处。这却是由于彼此共有同样的主要原因，其仅因此等原因之发展程度不同，故有差异的结果，并非因各有各的发展动力，以至于结果不同。此处的异点正足以表示其同点，是时间上的迟速，而非性质上的差别。

西方文化，现已经资本主义至帝国主义，而东方文化还停滞于宗法社会及封建制度之间，假使设此两种文化各自独立，不相关涉，便可以如此说，以得一确定的概念，然后更进一步：先明了此两种经济制度之不同，两种制度的特性，然后看他们俩各自发展中的动象，以至于因发展而相接触，因相接触而起混合的演化，便能得现代世界政治经济的形势、世界革命的渊源及其趋向。这是研究的方法，至于详尽的说明，不是一篇杂志论文所能了事，况且此处各篇幅所限，只能略略指明，以后再逐期详细讨论。

中国人，甚至于学者，所心爱的东方文化究竟是什么？

第一种元素是宗法社会之“自然经济”。

“中国之‘家庭手工业’，在城市之中，尚且还有不少保存着呢，并且是在很老很大的商业城市之中。譬如宁波，有三十万人的居民，前一辈的妇女还是亲手制作衣履，以供夫妇子女之用。当时青年妇女，自己本亦能做女工，若竟向商铺购买此等事物，必定引起大家的注意,以为怪事。”(见 Dr.Nyok-Ching-Tsur,N:*Die gewerblichen. Bc triebs for men der Stadt Ningpo*! Tubingen. 1909,P.51)这是十五六年前的话。如今呢,比较僻静的外省外县,还不是如此?更不用谈到乡村了。农家手工业本是中国宗法社会的经济基础之一。至于农业上之土地制度、义庄制度、族有制度等之宗法社会的色彩,尤其明显。记得二十年前的老太太们,若听见姑娘们要到店里买鞋,必定骂她们“无耻”,若看见洋手巾、铅笔,都说是有“洋骚气”。此种厌恶西方文化的态度,崇拜东方文化的旧梦,何等高傲,何等自大!其实中国木匠的鲁班祖师、秀才的至圣先师,不过是中世纪“行会”“教会”式的文化。假使社会学家、经济学家看见中国理发师手臂上刻的花纹,中国字画上“世伯”“世兄”“年兄”“姻侍生”等的题款,必定很高兴,以为社会史上经济史上添了不少陈列馆中的材料。所谓伦常纲纪、阴阳五行同样是宗法社会或行会制度的表征而已,并无特异的文化,更无神圣不可侵犯之处。

第二种元素,是畸形的封建制度之政治形式。

东方其他各国的宗法社会现象,虽然各有特殊形式,与中国不相类,然而性质是一样的,也许色彩的浓淡相异而已,可是此地封建制度的遗迹,却很显露,比中国明显得多,田地制度、劳役制度处处都可以表现此等国家中经济上的封建遗迹。至于中国呢,难道完全脱离了封建制度?中国当初因民族斗争的结果,经济文化屡屡受外族的破毁,并为地理状态所限,经济上的发展至近代尚停滞于宗法社会之“半自然经济”,这是屡进而又屡退的过程(此层意思将来再当详论,此处仅限于总观念),所以政治上虽屡见统一的君主专制政体,其实并非真正的集权政府。不过以宗法社会为基础,承封建制度几经屡起屡仆,“诸侯”的力量薄弱,经济上的凭借极不稳固,资本制度又为技术所限无从发生。那时所谓“资产阶级”仅得极小的一部分商业上的分配权,所以君主得勉强建成立于一盘散沙之上的“中央政府”,政府之下隶属无数的小经济单位,就是家族,百“姓”。因此,百“姓”之中的“大姓”“世家”,往往可以形成似贵族非贵族的阶级,而官僚、疆吏、地方官亦能形成似诸侯非诸侯的统治者。封建制度于政治上实未曾死灭,况且“改丁归漕”之法律上的实行不过是一个半世纪以前的事,而“捉差”“办差”等制,直到清朝末年还是存在。经济上又何尝可以说封建制度完全消灭于秦灭诸侯之后呢?新式社会,若无建设它的相当动力,是不能代旧式社会而兴的。中国独立的文化之中,经四五十世纪的历史,而竟不能求得丝毫类似于资产阶级的民主主义,也就无足怪了。辛亥革命,为资产阶级透了一口气,可还不是资产阶级的革命,资产阶级的革命不但没有完成,并且着手预备得也还很少。因此,封建制度的余势大盛。中国资产阶级的稚弱,统一君主的败落,各“地方”区域内的经济发展,及外国帝国主义的利用,有此四端可乘,于是军阀割据制度成,而所谓“统一的”中国遂崩坏分裂。中国社会乃逆世界潮流,由“民主革命”反退向封建制度,现代中国的军阀制度所异于欧洲中世纪的封建制度者不过两端:一、后者为自其原有的经济基础生长而成,前者乃攫得此种经济基础于外;二、后者根据于采地制度农业经济,而前者根据于雇佣军队投机商的财阀。同样都是资产阶级经济发展的障碍。然军阀制度,由先得政治地位进而行经济侵略,剥削商民,压迫劳动者,不但简直和封建诸侯相似,而且比封建诸侯更可怕,依西欧历史的类似阶段而论,中国其实还没有封建制度,比封建制度还早一期,正在由部落的酋长时期,进于封建制度的过程中呢(此处当然是比拟而说,不可拘泥)。例如四川、云贵、湖南、山西、甘肃,东三省等,几乎全是一军征服之后渐渐依据地势强行逼迫商民,凭借当地的经济势力,实行农奴制度式的劳役征调以剥削劳工民众,于是造成他自己的“政治势力范围”。四川省内现时各军队之“保商”“护商”制度,商人怕“匪”当初请他们“保镖”,现在落得反客为主,每次护商队“临幸”,商人反须贡献一大笔费用,往往超过所有货价百分之五十,颇与俄罗斯开国史上商人请镖师,镖师变成“外国来的老爷”相像。福州“拉夫”办法几乎完全恢复清朝乾隆皇帝下江南的“捉差”制。京汉铁路、汉阳工厂自从今年罢工失败后,实行军队强迫工作。其他残杀奸淫,拘禁铐掠,和封建时代的诸侯对待农奴的手段相比,有过之无不及,劳工平民一概是为军阀经营生产交通的牛马。凡此都不过是最显著的实例,其他相类的事情,举不胜举。此等现象,由所谓“自由”贸易(经济学上谓之“简单的商品生产制”)变成小诸侯辖制的商业,由所谓“自由”劳动变成公开的武力强逼的力役,岂非中国社会逆流退向封建制度的铁证!中国“东方文化派”的学者所要保存的,是否此等肮脏东西,人间地狱?

第三种元素是殖民地式的国际地位。

东方诸国,其在政治上、经济上的发展既落后,及渐与先进(文明)国家相接触,迎受西方文化——资本主义,遂不得不成为此等国家的殖民地。而西方(文明)国输入资本主义的形式,就是帝国主义。资本主义在西欧初发展时正是封建制度的劲敌,然侵略国外弱小民族之际,却往往辅助此等民族内部的封建制度,其实是维持自己的统治权。凡是所谓强国,因其经济上资本主义的要求,可以进而为种种政治上、军事上的侵略阴谋,务使殖民地的经济生活适宜他的剥削政策,所以维持殖民地内能代行其统治权的各派各阶级的势力,直至完全克服臣属此等弱小民族为止。中国的地位尤其可危,因有所谓"国际均势",而成国际的殖民地。各强国得以联络各经济区域内的事实上的政府(军阀),以至于新生的大资产阶级,间接实行其统治权。其结果,军阀为互相争夺势力范围而时起战祸,列强亦因互争势力范围而阴谋倾轧赂买威吓,令中国顾东失西,日陷于绝对臣服的地位。各国各势力范围内的经济发展程度若有异,则其对待中国军阀或中国资产阶级的态度亦就不同。中国的军阀既须有经济上的凭借,每每能令其地方政府渐成资产阶级经济的发展之中心点,所以外国资本之占有此经济区域者,必从而役使之、利用之。同时,若是军阀凭借经济势力的形式太鲁莽,足以障碍资产阶级经济的发展,那时外国资本之较强者,能力贯于几省以上,就想除此障碍,而与国内的大资产阶级携手。然帝国主义的性质唯在于:一、投货;二、搜刮原料;三、投资;四、开发原料。凡此都是救世界的资本主义于危亡所必需的程序,此中仅因其经济侵略力发展的阶级不同,而异其掠夺的方式,异其所维持之阶级。而总观起来,他决不能容中国资产阶级充分的发展,因为中国若是经济上真能独立发展,则帝国主义必受挤而颠覆。所以不论他是辅助军阀,或是辅助资产阶级,他必有一相当的限度,辅助至此而止,力求合于他自己的目的。所谓资产阶级经济的发展,是外国人在中国经营的经济。所谓助国内资产阶级排除障碍,不但此等障碍专是外国经济在此发展的障碍,而且所助的"国内的"资产阶级,亦正是依赖外国资本为生的资产阶级。譬如最近汉口的外国商人,趁京汉工潮的失败,役使湖北地方政府专门封闭工会之与外国企业有关系者,是证军阀的制度始终大有利于外国资本。再则如上海镇守使确实是外国资本家的刽子手,外国资本家的报纸可以一面鼓吹中国资产阶级之所谓"裁兵理财制宪"运动,一面协同军阀竭力压迫一切平民之集会结社自由,甚至于市民(资产阶级)欢迎孙中山的大会都在禁止之列,更不论工会! 可见外国资本甚至于与军阀同样采取极公开的野蛮政策。所以不论如何,帝国主义客观上自成为使中国社会退向封建制度的重要原因,同时又以强力纳入资本主义。一九二二年,上海金银业工人罢工,外国老爷竟放出猎狗来噬啮工人,此等现象只有《东方杂志》殖民地上可以发现，自古以来无论天灾战祸弄的人烟断绝，禽兽横行，也只有乌鸦啄白骨，野狗龈死人的惨状，决比不上故意纵犬吞噬、将活人当狐兔一般看待的新奇，真可算是东方文化的特色！

宗法社会的文化早已处于崩坏状态之中，而所谓"东方文化派"的学者还在竭力拥护。或者说，谈文化何必论到此等琐琐屑屑的"细事"。然而要知道，所谓"文化"(Culture)是人类之一切"所作"：一、生产力之状态；二、根据于此状态而成就的经济关系；三、就此经济关系而形成的社会政治组织；四、依此经济及社会政治组织而定的社会心理，反映此种社会心理的各种思想系统。凡此都是人类在一定的时间、一定的空间中之"所作"，这种程序是客观上当有的。"作者"是人而非虚灵，不能离时间、空间而独立。所以研究他的"所作"也自然有此程序。若是研究文化，只知道高尚玄妙的思想，无异乎"览蜻蜓"之首足倒置的姿势，必定弄得头晕眼暗。"伦常纲纪，孝悌礼教"的思想明明是宗法社会的反映，不必多论；"和平好让"更是因宗法社会中经济发展薄弱，虽争亦必能多得，祖孙父子兄弟伯叔在同一经济单位之中，求分配的相安，除此更无别法。中国的"天下四海观"，尤其是古旧的封建制度，崩坏，而经济发展刚到"简单的商品生产制"，不能前进，加上宗法社会的经济组织，所以大家只觉得要"安居乐业"，各人管各人的家事，各人做各人的生意，用不着集权的国家，如何能有国家观念？只当着其他各国、其他各民族也和中国一样呢。若更说玄妙些，讲到东方人的习静养心、绝欲诚意的功夫，尤其可笑。请问：在如此恬静的农村生活里，威严的君主政治下，求不到什么"物"，所以只好养"心"，不会满愁，所以只好绝欲，是不是东方文化的优点？要知道罗马时代也有"天下观"，中世纪教会中也有绝欲主义，又是什么，奇珍异宝！诚然不错，我们决不否认精神上的力量能回复其影响于物质的基础，社会思想往往较其经济发展落后一步，所谓历史的"惰性律"；然而最根本的动力，始终是物质的生产关系。譬如中国经济发展，较之十年前已经大不相同，然而北京总商会仍旧只有送万民伞的本领，福州市民甚至于打着白旗向领事馆投降，这真是宗法社会封建制度之奴隶性的心理，崇拜君父的滥调。若是此等幼稚的资产阶级能运用现时所有的一些实力，也决不至于如此。虽然，假设中国资产阶级真有极大的工厂，几万万的银行资本，他还肯如此俯就么？那时，恐怕此等敬长上不争夺的"美德"早已烟消云灭了。而此种物质力的自然发展，决不能以一纸唯心论而打消，决不能以仁爱的空名来限制,其实已经容不得你“预”防,中国的资产阶级还没长成,外国已经现成。帝国主义无孔不钻地渗入中国的政治经济生活之中。你爱和平,他却不爱;你讲诚意,他却不讲;你自己老实,他却不老实呢。

中国的文化、宗法社会,已经为帝国主义所攻破;封建制度,已经成帝国主义的武器,殖民地的命运已经注定,现在早已成帝国主义的鱼肉。我们也决不歌颂西方文化,因为文化本无东西之别。文化只是征服天行,若是充分地征服自然界,就是充分地增加人类驾驭自然界的能力。此种文化愈高,则社会力愈大,方能自强,方能独立,方能真正得自由发展。帝国主义处处阻滞此种可能。于殖民地上往往最初一期外国人似乎是文化的宣传者,然而只要看一看下列几项“琐事”,就可以知此种的“宣传”的限度了。美国人在中国所设学校都授美国宪法,还不是些自由平等法律之类的原则!然而美国人克门私运现银出境,犯了法被发觉,反与关卡兵士冲突受误伤致死,美国政府却不惜以改变对华政策为要挟,庇护这一犯法的人。基督教青年会自诩为文化机关,教会了中国学生踢球、打球,等到和美国兵赛球时,赢了他的球就应该吃他巴掌(北京)。此等税关法例、球场规则,原来是中国人学来的,也可以说是极粗浅的社会共同生活的公约,而中国人却无福气实行。至于科学艺术也受限制。住在租界上的人,连看一本马克思主义的经济学都要提到巡捕房里去。请问“真正民主共和国”的民主主义在那里?帝国主义不但为经济上、政治上的侵略,并且扰害殖民地的法治,竭力阻止殖民地人研究真正的科学,唯恐弱小民族因真得科学文明而强盛。

宗法社会及封建制度的思想不破,则于帝国主义的侵略无法抗拒。所以不去尽帝国主义的一切势力,东方民族之文化的发展永无伸张之日。科学文明是资产阶级的产儿,然而亦就是破毁资产阶级的起点。宗法社会的仁义道德说亦正是宗法社会破产的先声。至仁义道德说之真正的平民化及科学文明之真正的社会化时,就是一切旧社会的末日。此种文化过程,在先进“文明国”每每分为两段。因世界经济的发展其时尚有相当的余地,所以强国得以从容不迫先经所谓“民主主义”,而后重返于绝端反对民主主义的帝国主义,先经科学的文明而后重返于反对科学的市侩主义,非至于旧社会中的新力量勃生,彻底翻腾、演为无产阶级革命之时,此种“循环论证”不能终止。至殖民地上,此种过程,却有不得不双方并进之势:就是民族的解放运动、普通的民主运动,因厄于帝国主义之故,自然当与世界的无产阶级革命相融合而为一;于思想上即是道德之平民化与科学之社会化两阶段同时并呈,道德与科学本非相消的。只有真正的道德、真正的科学是颠覆东方文化之恶性的利器。此种恶性,宗法社会、封建制度及帝国主义颠覆之后,方能真正保障东方民族之文化的发展。

所谓东方文化的"恶性"绝非绝对的,宗法社会的伦理也曾一度为社会中维持生产秩序之用。但是他现在已不能适应经济的发达,所以是东方民族之社会进步的障碍。西方之资产阶级文化,何尝不是当时社会的大动力。但是他既成资产阶级的独裁制,为人类文化进步之巨魔,所以也成了苟延残喘的废物。直至帝国主义沟通了全世界的经济脉络,把这所谓东方西方两文化熔铸为一,然亦就此而发生全人类的文化。世界无产阶级得联合殖民地之受压迫的各民族,以同进于世界革命,此种趋势,此种新革命文化的先驱,正就是杀帝国主义的刽子手。宗法社会的思想代表还正在竭力拥护旧伦理,世界资产阶级也反过来否认新科学。这也难怪,原来他们俩,一在殖民地上,一在强国之中,都已魂游墟墓,看不见前途,所以不得不向后转。世界的资产阶级,既以科学的发明,作为少数人享福之用。他眼看着用了这许多精力,杀人放火的机械制造得如此之精明,始终还是镇不住"乱",保不住自己的统治地位,所以他的结论是"科学无能"。刚刚迎合了宗法社会的心理,于是所谓"东方文化派"大得其意。其实那里是什么"科学破产",不过是宗法社会及资产阶级文明的破产罢了。世界的无产阶级正应当用敌人所怕的武器,殖民地上的劳动平民也应如此。世界的资产阶级及殖民地上的贵族阶级已经没有能力,为他们所依附的经济制度(私产制及自给经济)所限,不能再进。自己不能克"物",所以不得不教人"克己"。难道受压迫者便真听了他们"克己",讲唯心主义么?因此可见,颠覆一切旧社会的武器止是科学。科学只是征服大行的方法。在少数人垄断此种方法之结果的社会里,方法愈妙,富人愈富,于是社会中阶级斗争愈剧烈,国际间战祸愈可惨。因此以为是科学方法本身的罪恶,假设为大多数人利益而应用科学,则虽有斗争亦自能保证将来发达进步之可能。只因此等进步已非资产阶级文化的进步,而是无产阶级文化的进步,所以资产阶级要否认。等到私产绝对废除,阶级消灭时,科学愈发明,则体力劳苦的工作愈可灭少,全社会的福利愈可增进;物质文明愈发达,经济生活愈集中,则精神文明愈舒畅;文化生活愈自由,为"求生"的时间愈少,则为"求乐"的时间亦愈多了。那时,才有真正的道德可言,不但各民族的文化自由发展,而且各个人的个性亦可以自由发展呢。

要达到此种伟大的目的,非世界革命不可,这是"无产阶级的社会科学"的结论,有客观事实可按的。只有世界革命,东方民族方能免殖民地之祸,方能正当的为大多数劳动平民应用科学,以破宗法社会封建制度的遗迹,方能得真正文化的发展。况且世界无产阶级的革命,若是东方民族不能以自力先行从事于一切革命运动,断绝一切帝国主义的"辎重队",使无发展余地,亦必暂限于停滞状态。所以必须以正确的社会科学的方法,自然科学的方法,为劳动平民的利益,而应用之于实际运动。当令西方的无产阶级与东方的弱小民族一致地起来反抗帝国主义,乘现代各地生产力发展之矛盾性,凭客观的政治经济实力以斗争,即此锻炼其主观的阶级意识,逐步前进,颠覆宗法社会、封建制度、世界的资本主义,以完成世界革命的伟业。如此,方是行向新文化的道路。这一方针固然非常之明确,然而实际运动之时,尤须时时不忘科学的方法,缜密的考察,因时因地而相机进行。无产阶级革命与东方民族革命相应的方法,以及东方民族内部运动之阶段,都必须是极慎重的研究。现在且就此初步的尝试,共产国际第四次世界大会所通过的东方问题之显要看一看,便可先得一总纲领。

（季刊第一期,一九二三年六月十五日）

共产主义之文化运动

〔德国〕 项莱 〔俄国〕 克鲁朴斯嘉

社会改造的伟业不能没有精神上的文化能力来担负，况且共产主义本身就是文化运动，是最先进最普遍的文化运动。文化运动必定要能增进劳动群众之政治智识及政治觉悟，使农工平民了解其所处之社会地位，自觉其政治能力，方才能行向社会改造，尽复与人类文化之天责。唯其如此，文化运动方能实际增加社会运动之内力，社会运动亦必有此，方能成其为文化的社会运动，共产主义派的社会运动及文化运动所以永不能相离，亦永不能不注意于"政治教育"，宣传方法的研究。学理深入的讨论，其重要不在实际运动之下。共产国际第四次世界大会（一九二二年十一月），曾讨论及此一问题。兹取当时之教育回顾委员德国代表项莱（Hcrnley）及俄国代表克鲁朴斯嘉（Krupskaga，列宁夫人）之演说，译述如下，以见共产主义之文化运动的意义。

奚浈女士志 一九二三年二月二十二日

（一）项莱之演说

同志们，此次之教育问题委员会一致主张以为大会中所当讨论的教育问题，不是共产主义的教育政策全部之计划，而仅限于共产党内所执行的教育问题——共产党中职员与党员之政治教育问题，及共产党中职员与党员施行政治教育于党外群众之问题。

共产党之政策比之于资产阶级和改良派之政策，非但宗旨不同，并且事实上亦有异点，因为共产党之政策是根据于科学的，而且由于细心分析历史情境及明白知道资本制度内的社会势力而定的，这种政策之方法，就是马克思主义的研究方法和历史的唯物主义。从这样看来，一切共产党之政策，必以严格的马克思主义为根据，方能做革命的无产阶级之领袖，以及一切受压制的民众之引导者。因为这层缘故，共产党应当给他党员和职员以一种精细的学理上的训练，这是很要紧的。

共产党中需要政治教育，还有一层缘故在里边，就因为一切共产党均在幼稚时代，非但机关成立未久，而且党员之多数在政治上的经验又很少。现在许多共产党员，仍受小资产阶级及改良派的观点与理想之遗害。我们现在斗争的战阵，异常复杂，幼稚的共产党，虽然发展很快，始终觉着应接不暇，艰难万状。譬如现时“统一战线”的策略（见本期第二编），尤其要共产党中一般的党员都能敏捷适应，彻底思考，且须有一致不变的宗旨，此种需要，不仅限于一党中少数的指导者。因此各国共产党中之共产教育必须从党员中进行起来，切不可只施于少数职员。盖共产党不像改良派，其重要事务不是少数领袖所执行，而是全体党员所参与的，共产党党员绝非仅享有选举权利，开会时到会，领有党证而已，更非盲从的群众，讨论时盲目投票而已。共产党员一定要担任党中职务的。因为必须服务，每个共产党员至少须有一点最小限度的政治智识和“马克思”主义的教育，再则须具些组织、演说与辩论之才能，学习公共会议之习惯法等，如此，方能组织各种机关内之共产党“小组”（Cell），议会中工会中之共产“系”（fraction）。

共产教育与改良派教育大不相同。改良派使工人相信，以为在资本制度之内，虽然无产阶级横受剥削贫困不堪，始终在智识及艺术方面还可以与资产阶级平衡，似乎在资本制度之下，所谓全人类平等自由的幻想，至少在精神方面可以实现！以此而令工人不注意于阶级斗争。再则改良派教育偏向于个人主义、利己主义，或有工人借一己之勤恳，常听通俗科学演讲，及受某几种科目之特别训练，而后乃超越侪辈，这样就是利用同伴中之费用而使他地位较优。共产教育简直与此相反，他的宗旨是在训练成一辈革命战士，训育各个工人之阶级的共同责任心，使党中之战斗力、鼓动力与组织力发展增高。从这样看来，改良派教育之结果是使工人依赖于资产阶级的理想，而共产派教育的宗旨却是使工人超脱资产阶级思想的“轮回”。共产派教育使工人明白一切理想均依赖于经济与社会之基础常屈于经济与社会现状之下，欲得精神上之自由是不可能的。总之，改良派之教育仅与工人以现成的结论，况且还是用的很坏的普及方法，或受以很平常而未必可靠的资产阶级的科学与艺术智识，人家的残羹剩肴，反当他是膏粱肥肉。反之，共产派教育使无产阶级知道资产阶级的科学及全部教育制度均有阶级性质，而决与资产阶级的科学、艺术、道德、宗教宣战。指明资产阶级的趋势，不但在社会科学与政治中有，而且在不关社会与政治之科学中及纯粹抽象的问题中亦有。如此批评资产阶级的科学、艺术、道德、宗教，即所以建立共产派教育的基础，以备创造无产阶级的社会主义的新文化及平民生活之新模范。只有批评资产阶级的科学艺术，只有为着无产阶级革命而批评，为着阶级斗争之伟业而批评，方能创造无产阶级的新文化，否则所谓“新文化”都是幻想而已。

现在无产阶级贫困，非但缺少物质的产业，并且也缺少精神的产业，因为精神方面不能有遗传的“宝藏”，这就是无产阶级革命与资产阶级革命之重要异点。在资产阶级革命中，他们自已的有智慧者，当革命运动之际，便能于艺术与科学方面大放光明出来。他们所以能够做到这地步，因为在革命之前，资产阶级之衣食是充足的。况在资产阶级的政治革命之前，他们已享有物质与精神两方面的“生产手段”。无产阶级都大不然。无产阶级仅在取得政权之后，方能完全享有精神物质两方面的“生产手段”。虽然，最早的无产阶级的文化成绩，以历史的观点而论，却在幼稚时代，即能于斗争的过程中，锻炼出唯物史观的利器，督促马克思与昂格士二人建此伟大的马克思主义。

共产派教育之进行，既为专供奋斗之用，必须划有界限。设有一个经济竭蹶之党，又要做重大的政治奋斗，他所施的教育，决不能普及各种科学智识方面，而只能专限于有益于该党之科学。其他各派各种科学，固然很好，然而暂时并非直接有关于其运动的。相当的教育只能限于授几种直接有益于奋斗之科目，例如劳动革命运动之历史，马克思经济学社会学之要纲，及共产国际之原则及策略，必须教导党员。若在民众尚受宗教影响很深的地方，更当进一步，教导他们了解自然科学及宗教之来源。若在无产阶级群众多不识字的地方，应当注意初等教育，至少令党员必须受初等教育，这样方能使他们做宣传者、鼓吹者，及报告者，设使不授初等教育，他们就不能进行政治与革命的职务了。

试从这一层看来，可见共产党教育问题，首在于为党中增进鼓吹力与组织力的方法。

共产党一方面施行这样的普通教育于大众党员中,若欲完全其职务,对于职员之特别教育,亦当同时进行,因共产党在职工联合会、各种协作社、各种租户联合会,以及妇女与青年中都有事务执行,再则在国会及地方自治会等中亦有要做的事情,所以共产党之职员必须具有各种特别知识以备执行各种事务。担任这类职务,没有特别训练是不行的。因为一个人单有普通知识,不够办专门事业。共产党里若是没有勤恳的有系统有组织的教育事业,往往有危险发现,党员因无智识而不得不依赖其领袖,更因缺少必需的"民主主义的不肯轻信的精神"而不能监督和批评其领袖,和改良派一样。如此势必至于为虎头蛇尾的领袖所牺牲。但党员之普通教育及职员之特别教育,两种犹不足以尽共产派的教育。共产派教育一定应当发展到党外群众之间及与共产党表同情之人,尤当普及于改良派之工人,以至于漠视政治的普通民众之间。共产党不应当只有普通的宣传鼓动,必须有马克思学说之根底,而同时必令群众明白了解,应用极浅显的说理方法。有一大哲学家曾经说过,天下最精之艺术,莫若用极简单之语言以述极深奥之事。大多数共产党之鼓吹者都要表同情于这句格言。这本来是极难的事:要用十分简单的普通语言以发表马克思主义的科学理论及其政治情势的研究,又要留心党外的漠视政治的群众之偏见及成见。

应当从极普通的日常生活的利益上说到深切的伟大的目的,也确是一件最最困难的事情。所以共产党必须时常开创宣传与鼓吹之新法,以感动民众而引起他们的兴味,吾们应当知道,资产阶级素来用图画、幻灯,及教堂中各种游艺以蛊惑民众,所以最好也要利用电影、幻灯、艺术宴会及戏剧表演等于共产党中为政治宣传等之工具,共产党对于这一类运动还向来没有注意。但现在我们应当循序而实行之,吾们又必须与党外赞成共产主义的平民教育机关贯通,这里的平民教育机关差不多各国都有的,例如德国有"无产阶级自由思想者"之组织(Proleta riat Free thinkers),在别个国里边这种运动有叫做"无产文化"(Proletcult)的,英国则称之为"平民联盟"(Plebs Leagues)。这类组织内的共产主义者大半已有活动,然而他们的活动不受共产党指导的。要知道,一两个人在这种平民教育机关里单独的活动,与受共产党之指导而为协作的活动,这两方面有大不相同的地方。

有几个国中设立许多补习学校,有市立的有国立的,如"平民大学"之类。有时这种学校亦能助共产党革命事业之进行,这里面念书的学生,多数是工人。倘共产党不伸展势力到这些工人渴求学问的地方去,那就放弃他的重要职任了,所以共产党应当竭力在这种学校里操得指挥权,而后可以鉴定他们的功课。共产党应当保有势力于这种教育机关内,或有时可假手于地方自治公会等。那么可以引起里边的工界学生反对资产阶级的教授与讲师。这种学校里的教授法当采取自由讨论的办法,这样可使优秀分子参与讨论而引起其对于资产阶级的学术持对抗派(Opposition)的态度。

当共产党取得政权之后,其教育问题自然又可以有另一形式,而范围亦要扩大了,到那个时候,共产教育问题,已非专为教育一辈党员、职员、组织者和宣传者等等。那时,已不能以党内交换政治智识自足。无产阶级独裁制既已得胜之国,共产党之职任已决不止此。必须在各工厂、各种文化机关、各学校、各大学之中都有共产主义的精神,全国文化生活都受共产主义之指导。

共产派教育与资产阶级及改良的教育,于教授法方面,亦有不同。现在资产阶级所办的“平民大学”中之普通教授法,仍旧不过使学生领受现成的学问罢了,学生仅用强记的方法迎受讲义,绝对是消极的。这样的教授法完全不合于共产教育,因为我们的主义,第一要与学生以科学的方法,马克思主义的方法使学生能自动地分析实际的历史情景及经济政治状况。这个方法,预备学生能够对改良派及资产阶级政治家辩论,又能够在工厂中工会中自己解决一切问题,拟议一切提案,提倡一切行动。

共产教育中,应当弃除无味的讲演式,而代以师生间集合的思想,就是利用自由讨论方法以交换意见,不是授不消化的学问于学生,令消极的迎受,一变而为积极的自动。

执行共产教育应当常以经验校正之,这种经验,是共产党在平日之奋斗与宣传中所得来的,所以共产教育应当与平日党中之宣传和奋斗有密切之关系,虽共产党之教育动作与政治动作无并行之情形,但是前者常附属于后者的,因此组织方面须注意一点,共产党执行教育事务之负责职员,不应当是一辈不著名的文人与美术家等等,以致讲不关革命之文化。但是必须是党中最优等的政务上的指导者与奋斗者,这样是使全部教育事务附属于党中之政治奋斗里边。至于教育政策必须与政治经验相关连之理,在某几种情形中就可显明出,当共产党在紧急的时候,必须召每个党员出来合全力以奋斗,在奋斗之中,重要的运动在于街道与工厂之间,此等时期理论上的事务,当然暂退至第二等重要地位。当平静时,再从事于理论方面,以分析过去之经验而从胜负之中推出新教训出来,变这些新教训为一种新知识和新势力之根源,以备将来奋斗之用。

总括起来,今日共产党对于教育事业所当行的事情至少如下列几项:中央设立教育机关以教导全体党员,及特别训练职员,与一切鼓动宣传以马克思主义的及科学的解释,而附以真正通俗的宣传法和幻灯、音乐、戏剧等机械方法。

即使最弱的共产党,必能做这些事项,以训练一辈办理党务的人出来。这辈人能用马克思主义以训练其余党员,其实教导一切党员、候补党员,及与共产主义表同情之人。亦不必一定有十分深奥的科学教授法,凡一富有经验的同志能够对于缺少政治智识的新党员授以一切必须有的学问。在某几种情形内,甚至必须教这辈新党员,怎么样去读共产党报纸,及报里面对于工人之宣传文字怎样的去实际应用。

共产党不可让少数党员任意单独行动发刊教科书等,这件发刊的事情,必须也是中央主持而用共产党全党之联合力以执行的。

共产党中掌理教育事务之文书股,须与党中之出版发行股联络,这样可以促进发刊对于教育事业特别重要之书籍,图书馆亦不可少的,因为工人日益贫乏,不能各自备重要之书,或竟无钱买最重要的马克思学说出版品,所以共产党的地方机关,应当设法补救这辈没有书看的工人,必当行的方法就是拿共产党的著作品放在工会的图书馆及公共的图书馆中,这样既可节省经费而仍能宣传重要的政治智识于党员及工人之中。共产党之中央出版部也应当找革命的美术家与著作家帮助宣传共产主义,要知道这类美术家与著作家各自单独行动,虽有宣传而无综合的计划,其结果没有像群力会于一处而合作的好。

共产党之教育事业也应当包括少年工人及儿童之教育事业在其中,如共产主义的少年团体独自施行教育,共产党非但应当供给他们经费,又应当供给教师及书籍等,每个共产党青年当有许入一切共产党教育机关的权利,共产党又应当注意平民儿童之革命教育,这种教育已由各地共产党童子会的组织着手进行。

此次教育问题委员会呈建议于大会:共产国际执行委员会,应特设一部,组织、指导及监督各党之共产教育事业,以使共产教育机关成为国际的组织。并在莫斯科设立一社会主义学院,因该地为执行委员会所在之区,各国共产党聚集之处,最易研究国际的总运动,许多详细的情形容后再说。但我们决定各国必须遣多少具有初步学识的同志,到这里来受完备的马克思主义教育。因为西方各共产党,除俄罗斯共产党以外,所以受困的原因,是由多数党员缺少切实的马克思主义学识之缘故,设了一个马克思主义研究学校,就能满足这种需要了。

固然,以上所说的计划,依集中制度为原则而组织,作极有系统的文化运动,在各国应用起来,必各有不同,不能一致。因为有的党已能公开,有的却还在秘密状态之中;再则,大的党经济必较宽裕,小的党思想还没有稳定。所以此一有系统的文化运动,学理的研究,假使能由共产国际执行委员会来员总指导之责,必定能大增各国共产党及共产国际之战斗力。

(二)克鲁朴斯嘉女士之演说

同志们,我要在项莱同志所说之外再加几句,我们俄罗斯共产党,于鼓吹与宣传方面素有很多经验,吾党中之特色,就是每个党员必须活动,这是由于党中之情形使然。盖共产党从来算为一种不法组织,入党的人就要冒大危险,第一件危险事就是要被捕,党中无利益给党员而能使党员尽大责任,所以只有积极的分子方来入党。然于理论上,此一问题早已十分明白。二十年前列宁同志所著的《怎么办》(*What Must Be Done*)一书中慎重说,每个党员必须担任党中职务。一九〇三年共产党第二次大会讨论党员资格问题,遂肇布尔塞维克(Bolsheviks)与孟塞维克(Mensheviks)两派分裂之源。列宁之提议,以为每个党员非但必须赞成党中的党纲,而且必须在党中某一机关服务。反之,马尔托夫(Martov)之提议,以为每个党员仅当承认党中之党纲,待受其指导而服务。两派意见之分歧,初看似乎很小。当时有许多党员确以为这个争论中包含意义甚微,而并无利害的背景,但从共产党以后之历史证明出来,这一争论却有极重要之意义。吾党之得有影响于群众,而能占优胜地位,显然是党员都活动的缘故,盖每个党员必须尽力党务,那么,党中之全部组织及鼓吹与宣传方面都受利益了。仅因与会所至而研究理论研究各种问题,是一件事,若因实际运动的需要而研究理论,求各种问题的深切的解决方法,却又是一件事。每一党员必任"鼓吹"的责务,或作宣传事业或从事于组织方面。我要先在"鼓吹"(Agitation)方面说一点。共产党于鼓吹方法组织切当,所以能影响群众。鼓吹一法就是提起人的感情。曾因用这个方法,而有许多人来入共产党,鼓吹问题之开创在经济运动发现之时。第一期所鼓吹的,就是须奋斗以改善工人物质方面的生活状况,那时候在一千八百九十余年间,由是我们同志中有许多人对于这方面之奋斗过于注意，其结果遂发现一派，所谓“工人思想派”（работчеснгслентсе！俄文）。这派人过于看重群众无秩序的自生自灭的劳工运动。他们因鼓吹既能大得胜利，于是相信奋斗之进行，无需于理论之宣传，只赖工人之运动罢了。这一派人，甚至于说，工人自能达到社会主义，无需乎马克思与昂格士等。由是共产党对于这种趋势竭力奋斗，故此后又有一问题发生，就是“怎么样使我们的吹鼓力深入”。这个讨论发生于二十年前。我们同志中有一部分人主张以为我们不必增加鼓吹的力量，只要限于群众日常易晓的问题，当时群众只知道经济问题，于是这一部分党员主张，以为我们应当限于鼓吹这一方面的问题而不可出此范围，不要提高当时工人的程度。

这一派人就是所谓“经济派”“劳工事业派”——当时此派之俄文报纸名劳工事业（работчие дело）。他们主张，不必加深鼓吹之程度，只须跟着工人阶级在后面追。当时之“火星派”（列宁等一派，“火星”亦报名，俄文为 искрсе）即极力反对，实因其有害于工人运动之进步。确是不错，假使全党都以“经济派”的观点为观点，决不能领导群众。

马克思主义助我们共产党正确审定“鼓吹”之价值。这件事我们那时怎么样做的呢？就是吾们时常分划吾们鼓吹之集中点。在十九世纪之末，经济的要求是吾们鼓吹之集中点，在一九〇五年，集中点就是工人政治上之要求，而后来到大战时候，战争就为集中点了，但是集中点不过是许多问题中汇集的一点。鼓吹员联合组织成“职员会”而讨论各问题之分配。在大战时候我们共产党之能成大事，因为从前吾们十分注意于一种鼓吹问题的缘故，至若讨论鼓吹之形式，我将先论口头的鼓吹，这种鼓吹之得胜，不十分凭借演说者之口才及其演说术之程度，而大分赖于鼓吹问题对于群众之兴味何如。

这层关系在各种情形中证明出来都是正确的，例如在战争的时候，一个不善于谈话的兵丁而能使群众受感动，这是因为他言语之间发表群众的感觉的缘故，这一种鼓吹应当特别注重。他若地方关系的鼓吹问题，现在我且不讨论，但是我要指出在战争时所常用的一种鼓吹，这就是用艺术方法的鼓吹，要知道工人之思想，偏于具体的形象较多，而抽象的推理很少。所以用画片、音乐与戏剧等艺术以鼓吹，能发生大印象于群众工人之脑中，若欲引起群众工人直接行动之时，则用艺术鼓吹，尤其有重要价值,关于这一方面俄国的经验实足以证明,此种形式之鼓吹确有极重大的意义。

我们共产党里边相传下来的方法,非但鼓吹一种"宣传"(Propaganda)在吾党中也是重要职务。当我们的鼓吹起初感动群众之先,我们已行宣传于秘密的结社里。研究马克思主义的学者往往来党中念马克思与昂格士的著作,讨论日常生活中之问题。所讲的是文化史及经济学等。这种习惯入人很深,不但成年工人,而且少年工人都受影响。我曾亲见一偏僻的村庄中,幼年工人要求他们的女教员,教以从前他们在"工社"中所研究的科目经济学与文化史,诚然不错,这种"工社"中的研究,为时往往很短,每因逮捕,而工人乃不得不于流戍监狱之中,"终其所业"。

我们俄国的习惯,几至于监狱或流戍之地,自成其为一种学校。在这些"学校"中许多工人后来成了得力的职员,因为受了马克思主义的教育,那"劳工事业派"都不明白宣传之重要。列宁同志同他们争论,指出昂格士的农民战争(The Peasants' War)之绪言中所说:工人阶级之经济运动,及政治斗争而外,还有学理的训育,也有同样的重要。共产党对于鼓吹及宣传问题,从来不与其根本事业分开,盖鼓吹与宣传是共产党中之重要职务。

现在俄国共产党已成公开的组织,工人已经取得政权,而工会中之教育事业仍旧保存此好习惯。凡是从事于政治教育的职员,无论在什么地方,不论是成年人的补习学校,不论是图书馆,不论是职工联合会,人人都就其能力篇围之内,尽其宣传之责任,现在正进行不懈呢。因为这种种缘故,我们造成这样的一种大势力,使马克思主义教育普遍全国,而少年人现在很勤恳研究这种学问,吾们欢迎这种倾向于理论研究的趋势。这一点在上次我国共产少年大会时尤其明显(一九二三年秋)。

综括地说来,我们的现在却正在大变迁之交。当革命之初年,我们的注意大致完全在战场上及一般民众之间。现在我们进而经营经济建设事业,就更当做深入一层的功夫。现在大家对于马克思之理论及研究马克思主义,十分有兴味。我任职于"政治政育委员会",每天我们得有许多接触,足以证实,如今群家实在渴求智识之增高。这个情形完全是当然之理。盖一九〇五年之革命,鼓动群众,怒潮遍于全国。此后,反动随之,在这几年反动时期间,智识阶级灰心失志。他们以为革命的一切胜利已经完全丧失,无可挽回。然而群众却永没有忘记革命。一九一二年林纳(Lena)之役(金矿工人罢工被残杀),立刻便激起群众,足证这几年间工人阶级有多大的进步。无形之中，这几年已经成就工人运动内部的事业不少。当时群众对于革命的感想，那几年来确已细细地经过一番“回味”，一番讨论。一九一二年的劳工群众，就已经比一九〇五年大不相同了。现在亦是这种过程。群众专意于修养，专意于建设物质的基础，来巩固革命之胜利，然而建设物质上的经济事业，却需要人才，需要更高的文化程度，要劳动之一切旧习惯的革新，要社会心理的变更。

现时我们正又经历一个时期，在此过程中，当有深沉的伏流的无形之中的伟大事业成就呢。俄罗斯的工人阶级、劳工青年，现在正发愤向学。一方面他们研究“生产”之定义，亦就是一方面自己发展能力，这正教我们能抱无穷的希望，将来世界革命一日爆发之时，我们一定满有准备的了。

（季刊第一期，一九二三年六月十五日）

无产阶级革命与文化

蒋侠僧

我的心灵使我追惋，
那八十年前的海涅，
多情的海涅啊！
你为什么多虑而哭泣呢？
多情的诗人，
可惜你未染着十月革命的赤色！

——录侠僧《我的心灵》诗一节

“……想起来那个时候——共产主义者，不信神的人们得到了统治权，用自己粗糙的手腕，毫不怜惜地破坏一切温柔的美的偶像（我的心灵所贵重的东西）——我真是恐怖而战栗啊！他们破坏一切为诗人所爱的艺术的幻景；铲锄去我的娇艳的樱桃树林，而种下粗野的马铃薯；美妙的百合花亦将要被芟去而离开社会上一块土了！……呸！当我想起来那个时候——凯旋的无产阶级将我的诗抛入坟墓与一切旧的浪漫幻想的世界同归于尽——我真抱着无限说不出来的羞辱啊！”

德国伟大的诗人海涅在一八五六年临死不久的时候，写出自己对于将来的悲痛。他明知道无产阶级，粗糙的共产主义者，要得到政权，为世界的统治者；但同时忧惧他们破坏一切为诗人所爱的东西。哎哟！我的多情的海涅啊！你真是空忧惧了！倘若你能活到十月革命之后，亲睹俄国无产阶级对于旧有艺术保护无所不至，你又作何感想呢？

共产主义者也爱百合花的娇艳，但同时想此百合花的娇艳成为群众的赏品；共产主义者也爱温柔的美的偶像,但同时愿把此温柔的美的偶像立于群众的前面。共产主义者对于资产阶级之无意识的玩物,非常的厌恶,然对于美术馆、博物馆及一切可为群众利益的艺术作品,仍保护之不暇,还说什么破坏呢?共产主义者对于帝王的冠冕可以践踏,但是对于诗人的心血——海涅的《织工》、哥德的《浮士德》,仍是歌颂,仍是尊崇!我的海涅啊!你可知道你有许多的作品还为共产主义者所诵读呢。倘若你能听到这诵读的声音,你又作何感想呢?

海涅真是白忧惧了!

倘若有人说,无产阶级只能作破坏人类文化的事业,无产阶级革命也只是为着讨厌的面包问题,而不能顾及人类文化的前途,那么,我们现在拿俄国无产阶级做一例证,好不好呢?

> 我们是粗暴的劳动军,
> 我们战胜海洋陆地的空间,
> 举着人为的太阳之光照遍都城,
> 我们的心灵之火也红得动地惊天。
> 我们立于暴动的权威之上,
> 让人们对于我们的呼喊:
> "你们是杀美的刽子手啊!"
> 为着明天,我们抛去艺术之花,
> 我们焚毁宫殿,破坏博物馆!……
>
> ——克里洛夫《我们》诗一节

在无产阶级革命的怒涛中,本有破坏一切艺术的一种倾向,这种倾向,不过是对于资产阶级文化之反动,为一时的,无理性的现象。克里洛夫本是无产阶级出身的革命诗人,这一种不顾一切的宣言,实可代表俄国无产阶级对于文化,一种反常的心理。然而当十月革命发作时,对于文化问题之解决有二大趋向:克里洛夫代表无产阶级之一种反常的趋向;我们又可以在无产阶级诗人格拉昔莫夫诗中,看出无产阶级革命对于文化问题之一种伟大纯正的趋向。格拉昔莫夫答复克里洛夫的宣言:

我们统了都拿来,我们统了都认识,
我们探讨广大的深渊到底。
这金光灿烂的五月,
使得春天的心灵沉醉,
我们能领受一切,
我们向着这新的博物馆高举玉杯……

这真是无产阶级对于文化的态度啊！“我们统了都拿来,我们统了都认识”,这种态度是何等伟大呢。虽然当无产阶级革命时,发生一种反常的潮流,但是这种反常的潮流是一时的,而非永久的。整理过去的文化,创造将来的文化,本是无产阶级革命对于人类的责任,这种责任也只有无产阶级能够负担。所以克里洛夫的宣言终为格拉普莫夫的宣言所战败了。

十月革命以后,一些攻击共产党的人,天天闭着双眼,乱骂共产党人为杀美的刽子手,人类文化的蟊贼——总之,共产党是野蛮分子。现在俄国革命已经六年了,无产阶级政权日益巩固,而对于俄国旧有的文化,所损害在什么地方呢？剧院、博物馆,不但没有被野蛮的共产党所破坏,而且较从前增加得多了。虽然在最短时期中,不能产出伟大的著作家,但是现在俄国文学界总比欧美兴勃得多了。教育因为经济困难不能发展到我们所希望的地步,但是比较未革命以前,一般人民的程度已高得多了。到底无产阶级对于人类文化所损害的在什么地方呢？无产阶级革命对于人类文化有无损害,我们可以在俄国看得出来。倘若反对共产主义者的人们,一定要骂共产党为人类文化的蟊贼,那我们也不愿意多争辩了。

不错,无产阶级革命是为着解决讨厌的面包问题,倘若没有面包问题,十月革命也将不会发生了。但是无产阶级革命的意义就止于解决面包问题吗？正面说无产阶级革命原是为着解决讨厌的面包问题,而在反面说,无产阶级革命也就是对于人类文化之促进。面包为文化之本,面包问题不解决,人类文化永无充分发展的希望:人们不能饿着肚皮,静听美妙的音乐;人们更不能饿着肚皮,创造出贵重的作品！我们固然知道这美妙音乐、贵重的作品,可以圆满人类最高度的精神生活,但是若面包问题不解决,这美妙的音乐、贵重的作品,纵然不能完全不能存在,至少也可以说为少数人独享,而其余的多数人,都无赏鉴、听闻的机会。

无产阶级革命,不但是解决面包问题,而且是为人类文化开一条新途径。

人类的精神生活由其物质生活而定。换言之,人类文化依着物质的、经济的基础而发展。物质的基础发展到某一定程度,人类文化必与之相符合,而不能超出范围,因为人类文化本是人类物质生活的产物。某一时代经济发展的形式规定某一时代文化发展的程度:原始共产社会时代的文化是一样,封建制度时代的文化是别一样,而资本主义时代的文化更与前二者不同。经济形式进步,文化也随之发展,所以封建制度时代的文化比原始共产社会时代的文化高,而资本主义时代的文化又比封建制度时代的文化高。

但是因为生产力没有充分发展的缘故,社会中分成统治与被统治二个阶级。因为社会中有阶级的差别,文化亦随之而含有阶级性。统治的阶级为着制服被统治阶级,于是利用文化迷惑被统治阶级之耳目,而别一方面被统治阶级生活于劳苦之中,几无享受文化之机会。不错,文化为全人类的结晶,但因阶级斗争缘故,文化本身不得不蒙着一重阶级色彩了。

试问在现在有阶级的社会中,多数人们能听得美妙音乐么?多数人们有创造贵重作品的机会么?资产阶级占有文化,或借文化为消磨无产阶级觉悟的工具,可以说,现在资本主义制度下的文化非有害于无产阶级,即与无产阶级没有关系。

试问现代的文化能称为全人类的文化么?现代的文化是阶级的文化!阶级为文化发展的障碍,阶级不消灭,人类文化永无充分发展之可能。

无产阶级革命的目的是消灭社会阶级,建设无产阶级社会,实现共产主义。生产机关与工具既属公有,竞争市场的现象必归消灭。用全社会力量发展全社会生产力,生产力当然可以发达到最高程度,而随生产力发展而发展的文化,当然也可无止境地发达起来。阶级既归消灭,文化的阶级性亦随之而失去,全人类的文化方有开始发展之可能。虽然无产阶级革命一时不能创造成全人类的新文化(因为阶级一时不能消灭),然而无产阶级革命却开辟了创造全人类的新文化之一条途径。

照着这一条新的途径走,且看将来人类文化的灿烂光华啊!

倘若现在的社会中,多数人们不能静听美妙的音乐,无创造贵重作品之机会,则在将来社会中,人人都能静听美妙的音乐,都有创造贵重作品之机会,岂不是快事么?

所谓无产阶级文化,是否有存在之可能?主张全人类文化说者,以为文化为全人类所有的,当然没有阶级性,所谓资产阶级文化、无产阶级文化等等,直是一种成见而已。

我上头已经说过了,文化为全人类的结晶,不应为任何阶级所独占,但是在有阶级的社会中,文化虽为全人类产物,其势力不得不为统治阶级所私有。统治阶级,一方面为自己阶级地位巩固计,竭力发展自己阶级的文化,而别一方面,将所有非自己阶级所产出的文化,务使其适应自己阶级的利益,而灌输之以自己阶级的思想。阶级的文化就因此而成立了。封建阶级有自己特殊的文化,资产阶级也有自己特殊的文化,在事实上,实不容加以否认。

无产阶级亦与其他阶级一样,在共产主义未实现以前,当然能够创造出自己特殊的文化——无产阶级的文化。而在别一方面说,这种无产阶级的文化为真正全人类文化的开始。真正全人类的文化,在无产阶级完全得到胜利之后,才能实现:无产阶级消灭各阶级之后,全人类成为一体,文化再没有含着阶级性的可能。此种共产主义的文化——全人类的文化——现在我们暂且不说,我们所要说的,就是在过渡时代,无产阶级能否创造自己特殊的文化。

无产阶级文化,在欧洲、美洲已经开始发展了。无产阶级既成为政治上一大势力,在文化上不得不趋向于创造自己特殊的、而与资产阶级的相对抗。这种趋向经过自己的思想家表现出来。无产阶级亲手创造出许多伟大的无产阶级诗人。

但是在无产阶级未握政权的国家中,此种无产阶级文化,当然发展在极低度,因为物质的力量欠足,无产阶级不能为所欲为的缘故。在无产阶级执政的国家(譬如俄国),无产阶级文化的发展程度快得多了。现在俄国无产阶级的诗人、无产阶级的剧院、无产阶级的艺术家……在文化上,已经夺得一部分优越的地位,而努力创造自己阶级的文化,这些无产阶级诗人、剧院、艺术家……可以说为无产阶级文化的代表。

倘若有人问:无产阶级文化是不是可能的呢?我们就回答:无产阶级文化,不但是可能的,而且是必然的。

无产阶级文化在自己社会经济的基础上,当然比资产阶级文化高些,范围宽大些。无产阶级文化的基础是现代的大工业,伟大的机器已经锻炼得无产阶级异常强固——因此无产阶级的文化更有切实的根据。在思想方面,无产阶级经过自己的伟大思想家,已成立科学的根据,比较资产阶级更强有力得多了。

倘若资产阶级从高等的阶级(贵族)及知识阶级(小资产阶级)中得了许多帮助者,无产阶级从别的阶级中所得来的帮助者必定更多。一些慈心而颖慧的人,自然对无产阶级抱绝大的同情。有时并且有些伟大的分子从敌无产阶级跑将过来,而为无产阶级革命的忠臣。这些阶级的叛贼,在无产阶级革命以前,可以促进无产阶级革命的速度,在无产阶级革命成功以后,更对无产阶级文化之创造上,将有莫大功绩。因此无产阶级的文化,不但是可能的,而且已有很坚固的根据了。

现在且回头看一看无产阶级革命后的俄国:俄国无产阶级收集了许多由别阶级跑来的一切尊重人类文化的分子,正在一方面发展无产阶级文化,而别一方面同时开始全人类文化的途径呢!倘若同海涅有一样忧虑的人们,现在可以觉悟了!

(季刊第三期,一九二四年八月一日)

图书在版编目(CIP)数据

《新青年》百年典藏. 政治文化卷/张宝明主编. —郑州:河南文艺出版社,2019.5

ISBN 978-7-5559-0537-0

Ⅰ.①新… Ⅱ.①张… Ⅲ.①期刊-汇编-中国-民国 Ⅳ.①Z62

中国版本图书馆 CIP 数据核字(2019)第 066082 号

主编: 张宝明　总策划: 王国钦
责任编辑: 王淑贵

出版发行　河南文艺出版社
本社地址　郑州市郑东新区祥盛街 27 号 C 座 5 楼
邮政编码　450018
承印单位　河南瑞之光印刷股份有限公司
经销单位　新华书店
纸张规格　700 毫米×1000 毫米　1/16
总 印 张　153
总 字 数　2529 000
版　　次　2019 年 5 月第 1 版
印　　次　2019 年 5 月第 1 次印刷
定　　价　880.00 元(共 5 册)

图书如有印装错误,请寄回印厂调换。
印厂地址　河南省武陟县产业集聚区东区(詹店镇)泰安路
邮政编码　454950　　电话　0391-2527860

新青年

LA JEUNESSE

2

《新青年》百年典藏

哲学思潮卷

张宝明 主编

河南文艺出版社
·郑州·

LA JEUNESSE

中國郵務局特准掛號認爲新聞紙類

青年雜誌

中華民國四年十一月十五日印

第一卷 第三號

王爾德

上海群益書社印行

LA JEUNESSE
中華民國四年十二月十五日印
第一卷第四號
托爾斯泰
青年雜誌
上海群益書社印行

目录

哲学

思潮

哲学

叔本華自我意志說

劉叔雅

盜賊盈國。天地既閉。崩離之禍。不可三稔。而夸者死權。貪夫殉財。邪僻之徒。役姦智以投之。若蟬之赴明火。覩無不二之臣。野寡純德之士。齊仲孫曰。國之將亡。本必先顛。今日是也。昔者餘杭章先生。閔黨人之偸樂。憂民德之日衰。宣揚佛教。微言間作。惟恢心邪執。衆庶所同。大乘之教。不可戶喻。欲救其敝。斯亦難矣。德意志大哲叔本華先生。天縱之資。既勇且智。集形而上學之大成。（Deussen博士語也）爲百世人倫之師表。（R. Wagner教授語也）康德而後。一人而已。先生之說。以無生爲歸。厭生憤世。然通其義。可以爲天下之大勇。被之橫舍。則士知廉讓。陳之行陣。則兵樂死綏。其說一變而爲尼采超人主義。再變爲今日德意志軍國主義。余獲讀遺書。竊抽秘旨。世之君子。得以覽焉。

先生名亞特。姓叔本華氏。（Arthur Schopenhauer）普魯士之丹崎（Dantzig）人也。父爲大賈。家富。不嗇。母曰約翰拿。博學工文。有聲於時。氏幼遊學葢亭（Gottingen）受學於當時老師蕭爾慈（Schulze）者凡三年。轉入柏林大學。受學於斐希特（Fichte）既卒業。講學柏林大學十餘年。以不能人間事。不得充教授。遂去職。居於梅恩河上之佛蘭克復（Frankfurt am Main）端居讀書。不復講授。千八百六十年。年七十二。卒於家。年二十五時。撰一文曰『充足理由原理之四根』Ueber die vierfache Wurzel des Satzes vom zureichenden Grunde（英人Hillebrand氏譯本Fourfold Root of the principle of sufficient reason載在Bohn's Library中）已爲當時學者所稱道。其後六年。造『世唯意識論』Die Welt als Wille und Vorstellung（英人Haldane，譯本The world as will and as idea）宇宙大名。由此遂

选自《青年杂志》第一卷第四号（原版内文）

述墨

易白沙

周秦诸子之学,差可益于国人而无余毒者,殆莫如子墨子矣。其学勇于救国,赴汤蹈火,死不旋踵。精于制器,善于治守。以寡少之众,保弱小之邦,虽大国莫能破焉。今者四郊多垒,大夫不以为辱,士不以为忧。战既不能,守复无备。土地人民,惟人之宰割是听。非举全国之人,尽读墨经,家有禽子之巧,人习高何之力,不足以言救国。以《备城门》《备梯》《备高》诸篇之义,固吾土宇,此"非攻"之说不可缓也。百工废其规矩,则器不足;商贾阻于道路,则货不足;农怠其耕芸,山虞辍其林木,则材不足。国人日用饮食衣服之需,仰给邻国,称贷外债,以土地主权为质,富与贵更据私财,深缄縢扃鐍之藏。一食万钱,一裘千镒,而人民啼饥号寒,遍于四竟之内矣。此"节用"之说不可缓也;人类之立,舍爱莫由也。今者,父子、夫妇、兄弟各不相爱,社会中皆不慈、不友、不孝、不悌之人耳! 父自爱不爱子,故亏子而自利。兄自爱不爱弟,故亏弟而自利。子之事父,弟之承兄,亦若是焉。夫妇之间,以利相求。卒之利无两立之道,爱无独生之情,是以尽社会之人,群起而攘夺劫掠。弊之所积,不爱社会,不爱国家,不爱祖宗,不爱子孙,不爱廉耻,不爱名誉,且不自爱其身。此"兼爱"之说不可缓也;见不可布于海内,闻不可明于百姓,则天神地祇、人鬼物魅,为愚民心中不可离之物,是以浅化社会。人心之结,必以宗教。宗教之成,必由信仰。用以劝善禁恶,趋吉避祸,维系社会道德于不坠者,鬼神之力也。中国今日宗教,世俗所论,大约为儒、释、道三派。儒之蔽诡取利禄,无守死善道之风;道之蔽依傍他人,缺少独立之性;释之蔽义在出世,诵经坐食,游惰害群。三者惟存仪式,求其利益人群,清宁世法,慨不可得。此"天志""明鬼"之说不可缓也。是皆墨子之学,荦荦最著者,"勤俭"之说,古今中外所同尊,墨书持之特切。中国今日之恶俗颓风,不益需于此乎? 庄子道其学曰:"不侈于后世,不靡于万物,不晖于数度,以绳墨自矫,而备世之急。"又曰:"其生也勤,其死也薄,其道大觳。使人忧,使人悲,其行难为也,恐其不可以为圣人之道。反天下之心,天下不堪。墨子虽独能任,奈天下何!离于天下,其去王也远矣!"墨子称道曰:"昔者禹之湮洪水决江河,而通四夷九州也。名山三百,支川三千,小者无数。禹亲自操橐耜而九杂天下之川,腓无胈,胫无毛,沐甚雨,栉疾风,置万国。禹大圣也,而形劳天下也如此。"使后世之墨者,多以裘褐为衣,以跂蹻为服,日夜不休以自苦为极。曰:"不能如此,非禹之道也,不足谓墨。"读庄生之言,可以窥墨学精神矣!兹篇稽其本末,拾其精英,缀为篇章,扬此绝学。志士仁人,起而行之,斯国家无疆之休也。

第一章 墨学之起源

墨子以前,即有墨学。惟创于何时,不可考见。读墨子之书,溯源祖祢,实宗夏禹。然诸家追论学派,每多异词,今并举之,益见其学之广大无涯、取精用宏,非一朝一夕突然创立者也。

有谓其学出古于古人,墨子变本加厉者。

《庄子·天下》篇:"不侈于后世,不靡于万物,不晖于数度,以绳墨自矫,而备世之急。古之道术,有在于是者,墨翟、禽滑厘闻其风而说之。为之大过,已之大顺。"按:《说文》:"已,用也。""顺"一本作"循","循"与"过"义近。"用之大循",亦犹为之大过也。

有谓其学出于官守者。

《汉书·艺文志》:"墨家者流,盖出于清庙之守。茅屋采椽,是以贵俭。养三老五更,以是兼爱。选士大射,是以上贤。宗祀严父,是以右鬼。顺四时而行,是以非命。以孝视天下,是以上同。"

有谓其学出于史者。

《吕氏春秋·当染》篇:"鲁惠公使宰让请郊庙之礼于天子。桓王使史角往,惠公止之。其后在于鲁,墨子学焉。"按:高注:"其后,史角之后也。"

汪中《述学·墨子序》:"周太史尹佚,实为文王所访(《晋语》)。克商营洛,祝策迁鼎。有劳于王室(《周书·克殷解》《书·洛诰》)。成王听朝,与周公、召公同为四辅(贾谊《新书·保傅》篇),数有论谏(《淮南子·主术训》《史记·晋世家》),身殁而言立。东迁以后,鲁季文子(《春秋传·成四年》)、惠伯(《文十五年》)、晋荀偃(《襄十四年》)、叔向(《周语》)、秦子桑(《僖十五年》)、后子(《昭元年》)及左邱(丘)明(《宣十一年》)并见引重,遗书二篇。刘向校书,列诸墨六家之首。"

有谓由儒家而为墨家者。

《淮南·要略训》:"孔子修成康之道,述周公之训,以教七十子,使服其衣冠,修其篇籍,故儒者之学生焉。墨子学儒者之业,受孔子之术,以为其体烦扰而不说,厚葬靡财而贫民,服伤生而害事,故背周道而用夏政。"

《史记·儒林列传》:"田子方、段干木、吴起、禽滑厘之属,皆受业于子夏之伦,为王者师。是时,独魏文侯好学。凌迟以至于始皇,天下并争于战国。儒术既绌焉。然齐鲁之门,学者独不废也。"是禽子亦学于儒。《孟子·告子章句上》赵岐注:"告子者,告,姓也。子,男子之通称也。名不害,兼治儒、墨之道者,尝学于孟子,而不能纯彻性命之理。"是告子亦学于儒。

有谓出于道家者。

葛洪《神仙传》:"墨子卧后,有人来以衣覆足。墨子乃伺之,忽见一人,乃起问之曰:'君岂非山岳之灵气乎?将度世之神仙乎?愿且少留,诲以要道。'神人曰:'知子有志好道,故来相候。子欲何求?'墨子曰:'愿得长生,与天地相毕耳!'于是神人授以素书,朱英丸,方道灵教戒,五行变化,凡二十五篇。告墨子曰:'子有仙骨,又聪明,得此便成,不复须师。'墨子拜受合作,遂得其验。乃撰集其要,以为《五行记》。"

按:此杂以神仙丹术之说,似为不经,然墨子固言五行也。《抱朴子·内篇·遐览卷第十九》曰:"道家有墨子枕中《五行记》。"又曰:"其变化之术大者,惟有墨子《五行记》。本有五卷,昔刘君安未仙去时,钞取其要,以为一卷。其法用药、用符,乃能令人飞行上下,隐沦无方。含笑即为妇人,蹙面即为老翁,踞地即为小儿,执杖即成林木。种物即生瓜果可食,画地为河,撮壤成山,坐致行厨,兴云起火,无所不作也。"此列墨子于道家,其说虽诞,治墨学所未曾有。故附于此,以广异闻。

而墨家自道,则谓出于夏禹。

《庄子·天下》篇:"其称道曰:'昔者禹之湮洪水,决江河,而通四夷九州也。名山三百,支川三千,小者无数。禹亲自操橐耜而九杂天下之川,腓无胈,胫无毛,沐甚雨,栉疾风，置万国。禹大圣也，而形劳天下也如此。'故使学者以裘褐为衣，以跂蹻为服，日夜不休，以自苦为极。曰：'不能如此，非禹之道也，不足谓墨。'"

本书（《墨子》）《公孟》篇："公孟子曰：'君子必古言服，然后仁。'子墨子曰：'商王纣、卿士费仲为天下之暴人，箕子、微子为天下之圣人，此同言而或仁、不仁也。周公旦为天下之圣人，关叔为天下之暴人，此同服或仁或不仁。然则不在古服与古言矣。且子法周而未法夏也，子之古，非古也。'"

《列子·杨朱》篇："禽子曰：'以吾言问大禹、墨翟，则吾言当矣。'"张湛注云："禹翟之教，忘己而济物也。"

综以上诸说，涂辙虽异，归宿则同。曰古之道术、曰清庙之守、曰史官、曰儒家、曰道家与法禹之说，尤不相悖。墨子受业儒术，旋背其道，自不能诬以出自孔门。道家者流，出于史官，墨子亲士修身，澹泊冲远，实近道宗老？为征藏史，史佚复为墨家，导源既同。谓其学必无相通之处，无是理也。史角掌郊庙之礼，即清庙之守耳。《吕氏春秋》尤可与《班志》相印证，故《庄子》不加辨析，但曰："古之道术而已。"伊古元首，既施治政之方，复操教化之柄。文明学术，多肇自帝王。其迹掌诸史官，则史佚史角，断难决其不识夏制。史佚墨者，文王所访。周公制礼，尚未发端，此时自无《周礼》之可用。是史佚所法，必夏制无疑也。近儒汪容甫，必将史佚与禹列为二事，谓墨学出于史佚，而不法禹，殆未观其会通耳。

《淮南子》曰："世俗之人，多尊古而贱今。故为道者，必托于神农、黄帝而后能入说。"《庄子》亦曰："重言十七，所以已言也，是为耆艾。年先矣，而无经纬本末以期年耆者，是非先也。人而无以先人，无人道也；人而无人道，是之谓陈人。"故为道者必托古，知此二说者，乃可语于墨子法夏之故。盖周秦诸子，其学术精审，实远出神农、黄帝、尧、舜、禹、汤之上。许行为农神，彼均贫富、齐社会，非神农所能梦见矣；道家祖述黄帝，彼老庄杨朱之博大，非轩辕所可企及矣；儒家言称尧舜，而孔子已贤于尧舜远矣；墨之法禹，又岂禹所逮哉？

墨子法禹之迹，可以得言者，《论语》孔子称禹："菲饮食而致孝乎鬼神，恶衣服而致美乎黼黻，卑宫室而尽力乎沟洫。"《辞过》篇所论，即不外此旨。"菲饮食"，"恶衣服"，"卑宫室"，所以节用；"致孝鬼神"，所以明鬼；"尽力沟洫"，所以兼爱。惟"美黼黻"之事，与墨子所言不同。《说苑·反质》篇："禽滑厘问于墨子曰：'锦绣絺纻，将安用之?'墨子曰:'恶!是非吾所用务也。古有无文者得之矣,夏禹是也。卑小宫室。损薄饮食,土阶三等,衣裳细布。当此之时,黼黻无所用,而务在于完坚。'"孔子言禹美黼黻,而墨子乃谓不用黼黻矣。孟子称禹治水三过其门而不入,思天下有溺者,犹己溺之。此兼爱之说所出也。《淮南子·要略训》:"禹之时天下大水,死陵者葬陵,死泽者葬泽,故薄财节葬,闲服生焉。"《齐俗训》高诱注:"三月之服,是夏后氏之礼。"《后汉书》注引《尸子》:"禹之丧法,死于陵者葬于陵,死于泽者葬于泽,桐棺三寸,制丧三月。"此节葬之说所出也。此皆墨学之宗夏制者。墨子更有宗教之仪式,渊源于禹者,则传巨子是也。《史记》言:"禹之治水,左准绳,右规矩。"王肃曰:"左右言常用也。洪水初平,未分道里,大禹析土斫木,为标识以表道路。车船橇檋之用,导水披山之工,非规矩、准绳不能利其器。"故大禹常用规矩。墨子法禹,制器亦工。观其车辖之引重,木鸢之飞,守圉之器,不以规矩不能成方圆。故墨子亦时执规矩。《列子·汤问》篇:"而门人之贤者,传巨子授之。"《吕氏春秋·上德》篇:"孟胜为墨者巨子,善荆之阳城君。阳城君令守于国,毁璜以为符,约曰符合听之。荆王薨,群臣攻吴,起兵于丧所,阳城君与焉,荆罪之。阳城君走,荆收其国。孟胜曰:'受人之国,与之有符。今不见符,而力不能禁。不能死,不可。'其弟子徐弱谏孟胜曰:'死而有益阳城君,死之可矣;无益也,而绝墨者于世,不可。'孟胜曰:'不然。吾于阳城君也,非师则友也,非友则臣也。不死,自今以来,求严师必不于墨者矣,求贤友必不于墨者矣,求良臣必不于墨者矣;死之,所以行墨者之义。而继其业者也,我将属巨子于宋之田襄子,田襄子,贤者也。何患墨者之绝世也?'徐弱曰:'若夫子之言,弱请先死以除路。'还没头前于孟胜,因使二人传巨子于田襄子。孟胜死,其弟子死之者八十三人。二人以致令田襄子,欲反死孟胜于荆,田襄子止之曰:'孟胜已传巨子于我矣。'不听,遂反死之。"此可以考见墨家传巨子者数事:

(一)巨子必传于贤者。

(二)巨子得传,则其学不绝于世。

(三)巨子死,弟子必皆殉之而死。

(四)巨子死,必传巨子于可以不死之贤者。

(五)贤者受巨子,同门弟子皆听其令。

巨子之传,即传其制器之规矩,犹佛家传衣钵也。(巨子、规矩皆当作"巨"。《说文》:“规,巨也。”)《庄子》言其以巨子为圣人,皆愿为之尸,冀得为其后世,至今不决。墨家之尊重巨子,从可知矣。缅法夏后之准绳,近创宗教之仪式,诚中国空前绝后之学也。

按,禹宗五行之教,《墨子》亦言五行,故道家遂谓有“五行之记”,亦墨家法禹之一证也。其详见后章。

(第一卷第二号,一九一五年十月十五日)

述墨(续二号)

易白沙

第二章 墨子历史

墨子遗事,西汉人已不能言其详。太史公《史记》,惟附数语于《孟子荀卿列传》,且不能定其时代。墨子为周季学术一大宗派,记载如此简略,此史公之疏也。兹征讨群书,得其辜较,为录于下:

(一)墨子之姓名 墨子姓名,旧有二说:一谓姓墨氏,名翟;一谓姓翟氏,名乌。究以前说为确,可证之书:(1)《史记·孟子荀卿列传》,(2)《荀子·非十二子》篇,(3)《韩非子·显学》篇,(4)《吕氏春秋·当染》篇,(5)《汉书·艺文志》,(6)郑樵《通志·氏族略》,皆谓墨子姓墨名翟者也。而《墨子》本书,亦自称曰翟,是即古人称名之例。伊世《珍琅环记》,引贾子《说林》,谓墨子姓翟名乌。其母梦日中赤乌入室,惊觉生乌,遂名之,此说不足据。陶弘景《真诰·稽神枢》篇:"墨狄服金丹而告终。"以"狄"为"翟",亦非古义。

(二)墨子之国籍 墨子为鲁人,为宋人?亦一疑问。高诱《吕氏春秋·当染》篇注,以为鲁人。葛洪《神仙传》,以为宋人。就《墨子》本书考之,当以鲁人为是也。

(1)《贵义》篇:"墨子自鲁即齐。"

(2)《鲁问》篇:"越王为公尚过束车五十乘,以迎子墨子于鲁。"

又考《吕氏春秋·爱类》篇:"公输般为云梯欲以攻宋,墨子闻之自鲁往,见荆王曰:'臣北方之鄙人也。'"《淮南子·修务训》亦云:"自鲁趋而往,十日十夜至于郢。"皆墨子为鲁人之确证。《史记》班固,谓为宋大夫者,以鲁人而仕于宋也。后人遂因此,误为宋人。

(三)墨子之时代 墨子生卒年月,无所考见,故治墨学者,各执一说。瑞安孙诒让著《墨子间诂》,考定精审,为诸说所不逮。今分列于左,读者仍取孙说可也。葛洪《神仙传》:"墨子年八十有二,入周狄山学道。"其说虽不足尽信,然墨子实寿考,征以汪中孙诒让所载,尚非虚语矣。

(1)《史记·孟子荀卿列传》:"墨翟或曰并孔子时,或曰在其后。"

(2)《汉书·艺文志》:"墨子名翟,为宋大夫,在孔子后。"

(3)《后汉书·张衡传》注,引衡集论"图纬虚妄"疏云:"公输般与墨翟,并当子思时,出仲尼后。"

(4)《史记索隐》引刘向《别录》:"墨翟在七十子之后。"

(5)毕沅《墨子注叙》:"墨翟实六国时人,至周末犹存。"

(6)汪中《墨子序》:按《耕柱》《鲁问》二篇,墨子于鲁阳文子,多所陈说。《楚语》惠王以梁与鲁阳文子,韦昭注:"文子,平王之孙,司马子期之子。"其言实出世本。故《贵义》篇:"墨子南游于楚,见献惠王,献惠王以老辞。"献惠王之为惠王,犹顷襄王之为襄王。由是言之,墨子实与楚惠王同时,其仕宋当景公、昭公之世,其年于孔子差后,或犹及见孔子矣。《艺文志》以为在孔子后者是也。《非攻中》篇言"知伯以好战亡,事在春秋后二十七年",又言"蔡亡",则为楚惠王四十二年,墨子并当时及见其事。《非攻下》篇言"今天下好战之国,齐晋楚越",又言"唐叔吕尚邦齐晋,今与楚越四分天下"。《节葬下》篇:"言诸侯力征,南有楚越之王,北有齐晋之君。"明在勾践称伯之后,秦献公未得志之前,全晋之时,三家未分,齐未为陈氏也。《檀弓下》:"李康子之母死,公输般请以机封。"此事不得其年。季康子之卒,在哀公二十七年。楚惠王以哀公七年即位,般固逮事惠王。《公输》篇:"楚人与越人舟战于江,公输子自鲁南游楚,作钩强以备越。"亦吴亡后楚与越为邻国事。惠王在位五十七年,本书既载其以老辞墨子,则墨子亦寿考人与?

(7)武亿《墨子跋》:《楚语》:"惠王以梁与鲁阳文子。"注:"文子,平王之孙,司马子期之子,鲁阳公也。"惠王十年,为鲁哀公十六年,孔子方卒。又翟本书《贵义》篇:"子墨子南游于楚,见楚献惠王。"楚世家无此名,是献惠即惠王,误衍一献字。审是则翟实当楚惠王时,上接孔子未卒,故太史公一云并孔子时,说非无据。

(8)孙诒让《墨子年表》:墨子前及与公输般、鲁阳文子相问答,而后及见齐太公和(见《鲁问》篇:“田和为诸侯,在安王十六年。”),与齐康公兴乐(见《非乐上》篇:“康公卒于安王二十三年。”),楚吴起之死(见《亲士》篇:“在安王二十一年。”)上距孔子之卒(敬王四十一年),几及百年,则墨子之后孔子,盖信。审核前后,约略计之,墨子当与子思并时而生,年尚在其后(子思生于鲁哀公二年,周敬王二十七年也。下及事鲁穆公,年已八十余,不能至安王也。《史记·孔子世家》:“子思年止六十二。”则不得及穆公,近代谱牒书,或谓子思年百余岁者,并不足据),当生于周定王之初年,而卒于安王之季,盖八九十岁,亦寿考矣。其仕宋盖当昭公之世,邹阳书云宋信子罕之计,而囚墨翟。(《史记》本传)其事他书不经见。秦汉诸子,多言“子罕逐君”,高诱则云“子罕杀昭公”(《吕氏春秋·召类》篇注),又《韩非子》说“皇喜杀宋君”(《内储说上》)。子罕与喜当即一人。窃疑昭公实被放杀,而史失载。墨子之囚,殆即昭之末年事与?

(四)墨子之遗事　墨子者,躬行君子也。身所行事,即学说所主张。昔者齐王问墨子曰:“古之学者为己,今之学者为人。何如?”对曰:“古之学者,得一善言,以附其身。今之学者,得一善言,务以悦人。”(北《堂书钞》八十三,《太平御览》六百七引《新序》)盖墨子之行于身者,即言于口者,故其遗事,多撰入后章,与学说相发明。兹不备述,述其异闻而已。

一曰墨子梦周公。

《论语》载孔子梦周公,不知墨子亦梦周公。《吕氏春秋·博志》篇:“孔丘墨翟,尽日讽诵习业,夜亲见文王周公旦而问焉。”此言墨子与孔子同梦也。《贵义》篇:“子墨子南游使卫,关中载书甚多。弦唐子见而怪之曰:‘吾夫子教公尚过曰、揣直曲而已。(言不必多读书)今夫子载书甚多,何有也?’子墨子曰:‘昔者周公旦朝读百篇,夕见漆十士(漆,七假借字),故周公旦佐相天子,其修至于今。翟上无君上之事,下无耕农之难。吾安敢废此?’”是墨子尝以周公之勤劳自勉,则夜见周公,亦精神上应有之召感矣。

二曰墨子哭歧道。

《荀子·王霸》篇言杨朱哭衢,不知墨子亦哭歧道。《吕氏春秋·疑似》篇“墨子见歧道而哭之”,高诱注:“为其可以南可以北,言乖别也。”贾子《新书·审微》篇:“故墨子见衢路而哭之,悲一跬而缪千里也。”按可南可北,一跬千里,皆所染篇所言之理。

三曰墨子吹笙。

墨子，非乐者也，然实善于乐。《吕氏春秋·善因》篇：“墨子见荆王，衣锦吹笙，因也。”高诱注：“墨子好俭非乐，锦与笙非其所服也。而为之，因荆王之所欲也。”《艺文类聚》四十四引《尸子》云：“墨子吹笙，墨子非乐而于乐有是也。”按《淮南·主术训》谓“墨子修先王之术，通六艺之论”，是墨子实通于乐，惟不言乐耳。

四曰墨子从赤松子游。

葛洪《神仙传》：墨子年八十有二，乃叹曰：“世事已可知，荣辱非常保。将委流俗，以从赤松子游耳。”乃入周狄山，精思道法，想象神仙，于是数闻左右山间有诵书声者。墨子卧后，又有人来以衣覆足。墨子乃伺之，忽见一人，乃起问之曰：“君岂非山岳之灵气乎？将度世之神仙乎？愿且少留，喻以道要。”神人曰：“知子有志好道，故来相候。子欲何求？”墨子曰：“愿得长生，与天地相毕耳。”于是神人授以素书，朱英丸，方道灵教戒，五行变化，凡二十五篇。告墨子曰：“子有仙骨，又聪明，得此便成，不复须师。”墨子拜受合作，遂得其验。乃撰集其要，以为《五行记》。乃得地仙隐居，以避战国。至汉武帝时，遣使者杨违束帛加璧以聘墨子，墨子不出。视其颜色，常如五十许人。周游五岳，不止一处。

（第一卷第五号，一九一六年一月十五日）

述墨（续）

易白沙

第三章 《墨经》

一 《墨经》之名称

古代典籍，以经称者，老聃、孔子称《诗》《书》《礼》《乐》《易》《春秋》为六经（《庄子·天运篇》）。管子称《诗》《书》《礼》《乐》为四经（《管子·戒篇》）。此六艺称经之最古也。然非六艺，亦可称经。禹益治水，作《山海经》，则纪山川异物者（《论衡·别通篇》）。吴语言挟经秉桴，则为兵家之书；而《黄帝内经》为医家之言；荀卿子引道经，为道家之义；老子五千言，汉人谓之《道德经》；屈原《离骚》，后世谓之《离骚经》；《汉书·艺文》则《论语》《孝经》，亦称为经，传诸六艺之列。《管子·牧民》以下十篇，皆谓之经言。韩非书《内储说》上下，亦分为经。经之名称亦广矣。

《墨子》之书以经称者，见于《庄子·天下篇》。试列其说于下：

"相里勤之弟子，五侯之徒。南方之墨者，苦获已齿邓邻子之属，俱诵墨经，而倍谲不同。相谓别墨，以坚白同异之辩相訾，以觭偶不仵之辞相应。"

按《墨子》有《经》上下、《经说》上下四篇，阐明逻辑，为全书之纲领。墨经之名，所以立也。惟《庄子》所谓《墨经》，乃指墨子全书而言，非仅四篇。盖墨家别树旗帜，卓然成一家之学。其书所依据之六经，亦与孔子删订之六经，绝不相类。所引夏书、商书、周书，孔子未删之书也；所征之诗，孔子未删之诗也；所举《春秋》，周之《春秋》、郑之《春秋》、燕之《春秋》、宋之《春秋》、齐之《春秋》也。故墨家学术博大，与孔子并称显学。

二 《墨经》之文字

《墨经》多古籀之文,较周秦诸子,尤难解训。晋人鲁胜以后,遂成绝学。其书虽存,无人讲习,故文字脱误,不可校读。古文奇字,为后人妄改者甚多。试观说文,可证二事。(一)《墨经》之羛字。义下云:"墨翟书,义从羛。魏郡有羛阳乡,读若錡。按今之义字,不从弗而从我,此后人所改也。"(二)《墨经》之绷字。绷下云:"墨子曰:'禹葬会稽,相棺三寸,葛以绷之。'按今《节葬篇》,此句凡三见,皆作缄而不作绷,此后人所改也。"

即此二事,可证西汉时《墨》原本尚少谬误,至明人刊行之道藏本,已异于许叔重所读者也。今读其全书,仓籀遗意,犹有存者,分列于下,以为文字学之参考焉。(其不可考者,《经说》上篇之"䚷"字,说下篇之"頯"字,《大取》篇之濆字,《杂守》篇之卣字。)

(一)古文。

长,"张"之古文。《所染》篇,范吉射染于长柳朔,《吕氏春秋》《群书治要》皆作"张柳朔"。

予,"序"之古文。《尚贤》中篇,诲女予爵,予《诗经》作序。

兹,"滋"之古文。《非攻》上篇,其不仁兹甚,言不仁滋甚也。

睘,"环"之古文。《节葬》下篇,三寰,言三环绕也。

方,"傍"之古文。《天志》上篇,方施天下。

羊,"祥"之古文。《明鬼》下篇,敬莙取羊,取福祥也。

佳,"惟"之古文。同上,刿佳人面。

丌,"其"之古文。《公孟》《鲁问》《备梯》《备城门》等篇,皆有此字。

台,"诒"之古文。《经说》上篇,台彼,诒彼也。

沶,"流"之古文。《经说》下篇,沶梯者不得沶。

兑,"锐"之古文。《备城门》篇,兑其两端。

莫,"幕"之古文。同上。

夫,"钛"之古文。同上,铁钛。

鬲,"隔"之古文。《备梯》篇,杀有一鬲。

舄,"磶"之古文。《备穴》篇,柱下傅舄。

曼,"蔓"之古文。《迎敌词》篇,曼延燔人。

(二)籀文。

遬,"速"之籀文。《明鬼》下篇,其此之憯遬也。

𣛧,"嗌"之籀文。《节葬》下篇,哭泣不秩,声翁翁𣛧形近而误。

俿,"虎"之籀文。《经说》上篇,画俿,当为虎籀文,籀文多偏旁也。

㑿,"鼠"之籀文。《备穴》篇,㑿㑿当为鼠竄之籀文。

(三)古文之误。

(四)古文"雷"之误。《非攻》下篇,四电诱祇,四当作田,雷之古文也。

臺,古文"握"之误。《经说》上篇,臺执,臺当作𡎺,古文握字。

放,古文"杀"之误。《鲁问》篇,贼放百姓,放当作㲋,古文杀字,《尚贤·中篇》,误作贼傲万民。

(五)类似古籀之字。

鸖,鹤也。《非攻》下篇,鸖鸣十馀夕,即鹤鸣。

聆缶,吟谣也。《三辩》篇,息于聆缶之乐。《太平御览》引为吟谣。

偄,掞也。《节用》上篇,侵就偄槖。

傐,碻也。《天志》中篇,傐明知之。

漉,洒也。《明鬼》下篇,攡其血。《太平御览》漉作洒。

恕,智也。《经》上篇,恕明也。

䀹,諰也。《经说》上篇,知其䀹也。

傃,县也。同上。傃于欲之理。

躳,屈也。《经说》下篇,躳倚则不正。

𢀵,并也。同上。

亯,𡖅也。同上。

騾,赢也。同上。

瘧,瘧也。同上。

粺,稗也。同上。

庴鹿,磿鹿也。《备高临》篇,唐鹿卷牧。

㨽，梓也。《备穴》篇，用㨽若松，㨽当为梓，梓之别体。

醘，醢也。同上。

蒯，𠛆也。《杂守》篇，角脂蒯羽，即考工记之𠛆，𡿺之误也。

融，独也。《备蛾传》篇融其两端，融当为独，刺矛也。

（六）古之俗字。

㳒，法之俗字。《备蛾传》篇，以为㳒程，即法程也。隋邓州舍利塔铭，法作㳒。

宍，肉之俗字。《迎敌祠》篇，食其宍广，韵宍俗肉字。

三 《墨经》之篇目

《墨子》之书，流传后世者，约分二种：一为十五卷，七十一篇；一为三卷，十三篇。言十五卷者，曰《唐书·经籍志》、曰《新唐书·艺文志》、曰《宋史·艺文志》、曰《崇文书目》，以及马端临之《文献通考》、王应临之《玉海》、晁公武之《读书志》皆是也。言七十一篇者，《汉书·艺文志》是也，是为《墨经》之完本。

《隋书·经籍志》："《墨子》十五卷，目一卷。"马总意林谓"《墨子》十六卷，亦并目录为一卷"。《吕氏春秋》高诱注，则言"《墨子》七十二篇，盖并目一篇，皆与十五卷七十一篇之说，不悖谬也"。

按班固、高诱，皆言篇数。《唐书》以后，仅言卷数，而不言篇数，疑《墨经》汉以后即有残阙。孙诒让言北宋时尚有完本，恐不可据。杨倞注《荀子》云："墨子著书三十五篇（见《修身》篇注），则唐时已无完本矣。"毕沅曰："藏本云：'阙者八篇，而有其目。《节用》下、《节葬》上中、《明鬼》上中、《非乐》中下、《非儒》上是也，当是宋本如此。'而馆阁书目云：'自《亲士》至《杂守》为六十一篇，亡九篇。恐是八讹为九。又七十一篇。亡其九，当存六十二，而云六十一，亦二之讹也。其十篇者，藏本并无目，亦当是宋时亡之。然则宋时所存，实止五十三篇耳。'然《诗正义》引《备冲》，则尚存其目，而不知列在第几。《太平御览》引有《备冲法》，正在此篇，则宋初尚多存与。"此毕沅述七十一篇残阙之大略也。

有言三卷者，郑樵《通志·艺文略》所谓《乐台注》是也。陈直斋《书录解题》、焦弱《侯篇籍志》，亦均言三卷。吴正传《战国策》校注，引《兼爱·中篇》"楚灵王好士细要"数语，云："今按《墨子》三卷中无此文，亦言三卷。有言二卷十三篇者，《潜溪诸子辩》。上卷七篇，号曰‘经’；下卷六篇，号曰‘论’，共十三篇，则又分为上下二卷。”黄氏日抄《墨子》之书凡二，其后以论称者多衍复，其前以经称者善文法，则又分为前后二卷。言二卷者，有篇数；言三卷者，未著明篇数。不知三卷之《墨子》是否即二卷之《墨子》，实一疑问。分为二卷，前经后论，则后人所称之经，非《庄子》所称之《墨经》矣。二卷三卷之本，今皆失传，吾今所得读者，五十三篇之阙文而已。

（第二卷第一号，一九一六年九月一日）

叔本华自我意志说

刘叔雅

盗贼盈国，天地既闭，崩离之祸，不可三稔。而夸者死权，贪夫殉财，邪僻之徒，役奸智以投之，若蝉之赴明火。朝无不二之臣，野寡纯德之士。齐仲孙曰："国之将亡，本必先颠。"今日是也。昔者余杭章先生，闵党人之偷乐，忧民德之日衰，宣扬佛教，微言间作。惟恢心邪执，众庶所同，大乘之教，不可户喻。欲救其敝，斯亦难矣。德意志大哲叔本华先生，天纵之资，既勇且智，集形而上学之大成（Deussen 博士语也），为百世人伦之师表（R.Wagner 教授语也），康德而后，一人而已。先生之说以无生为归，厌生愤世，然通其义可以为天下之大勇，被之横舍则士知廉让，陈之行阵则兵乐死绥。其说一变而为尼采超人主义，再变为今日德意志军国主义。余获读遗书，窃抽秘旨，世之君子，得以览焉。

先生名亚特，姓叔本华氏（Arthur Schopenhauer），普鲁士之丹崎（Dantzig）人也。父为大贾，家富不赀。母曰约翰拿，博学工文，有声于时。氏幼游学盖亭（Göttingen），受学于当时老师萧尔慈（Schulze）者凡三年，转入柏林大学，受学于斐希特（Fichte），既卒业，讲学柏林大学十余年，以不能人间事，不得充教授，遂去职，居于梅恩河上之佛兰克复（Frankfurt am Main），端居读书，不复讲授。一千八百六十年，年七十二，卒于家。年二十五时，撰一文曰《充足理由原理之四根》，*Ueber die vierfache Wurzel des Satzes vom zureichenden Grunde*（英人 Hillebrand 氏译本 *Fourfold Root of the principle of suffcient reason*，载在 *Bohn's Library* 中），已为当时学者所称道。其后六年，造《世唯意识论》，Die Welt als Wille und Vorstellung（英人 Haldane，译本 The world as will and as idea），宇宙大名，由此遂立。他若《意志之在自然》Ueber den willen in der Natur（英文本 On the will in Nature，亦载 Bohn's Library 中）与《伦理之二大问题》Die beiden Grundprobleme der Ethik,并为学者所重。殁后十余年,弟子佛劳恩斯他德(Frauenstadt),编其全集,刊之于莱卜崎(Leipzig),凡六卷。斯丁汭(R.Steiner)所纂者凡十三卷,谷利斯巴(Grisebach)所纂者若干卷,三集并行于世。巴克斯(Bax)选译其文,命曰《叔本华文钞》,载《彭氏丛书》。(*Schopenhauer's Essays, by Bax in Bohn's Library*)又谷利斯巴搜集其笔记,命曰《叔本华随笔》(即 Neue Paralipomena),凡十二篇。

德义生博士有言:"解自然之玄奥之秘钥,实吾人天然自有之,中而得此秘钥者叔本华也。其丰功伟烈虽勒之景钟,被之歌咏,犹未足赞其万一也。"(Deussen, Elemente der Metaphysik.第二部第一章第八节)叔氏去今五十年矣,今之学者或病其说之旧而短之。然要为希世大哲,其学说浸润于人心者至深,征诸北欧之文艺,自然派、新理想派之人生观、艺术观,与旷世文豪托尔斯泰之思想,实皆与叔氏之说有同感焉。斯可见其影响于世人之精神生活者至大,苟偷婾婴之民闻之可以发扬蹈厉,在猖诈贪饕之徒亦一服清凉散也。其世界观,实兼采柏拉图、康德、斐希特、谢灵格诸诸家之精英,其人生观则得诸印度哲学者为多,为说甚富。兹就其关于自我意志者,略述要指于下:

世界者我之观念也(Die welt ist meine Vorstellung),自我(Ego)与心思之先天条件所创造者也。盖吾人认此世界之存在者,以有眼、耳、鼻、舌、身、意也,我之组织如是,故世界对我呈如是之宪象。我之组织倘与今异,则世界亦必改旧观。物体之有坚有柔,其色之有黑有白,与其占空间,具不可入性,皆在我觉其如是耳。使我无目,安得有色?使我无耳,安得有声?使我无鼻,安得有臭?使我无舌,安得有味?使我无知觉,安得有空间有物体?可知宪象之世界实依我而存在,由我智灵之组织而生,非有绝对之存在者也。然宪象世界之外有真如在,真如,绝对者也。(金刚略疏亦云"真如,绝对",与先生之说相合。)其存在出于自然,初非由吾人之智识而生,独立不倚,无所赖于吾人之心灵也。(以上所陈见 *Die Welt als Wille und Vorstellung* 卷一 pp.3ff.)康德亦谓宪象世界之外有物如(Ding an sich)在,斯即吾人意识中之真如也。然康德虽认此物之存在,同时复谓吾人悟性之范畴(Caterogie),不可施于此物。质言之,即谓此非吾人理性所可得而知也,其可得而知者,唯宪象世界而已,以宪象即吾人之心也。夫心诚不能自降而为物,主诚不能自居为客,然吾人信世界存在之心又实不可排除,故知吾人之自觉实使吾人觉他,使吾人仅为主体但能自觉,则于客体之本质必绝无所知矣。由是观之,吾人虽为己心之主又实兼为其客,犹吾人为他人之心之客也。主兼为客，客亦可以为主，其实质本自相类。批评派于主客之界视等鸿沟，实则非不可泯也。

此相类之本质，为万有所同具，虽在批评派亦不能不承也。笛卡尔、斯皮挪萨、雷布尼兹、海格尔及合理派诸师，皆谓此本质为心思智灵。雷布尼兹且谓万有皆具心思知觉，唯其程度为有差耳。叔氏则谓此为意志（Wille），至心思智识皆由意志而生，此说虽万世不易也。我之本质，即万有之本质，此无可疑也。我之本质为意志，是世界之本质亦为意志。（德国近世心理学家 Wundt 及 Kuelpe 诸公皆以意志为人格之中心，Stackenbug 氏亦云人之社会生活成于意志。见 *Introduction to the study of sociology*, p. 167. 原文作 A man's social life is shaped by the will to live and to make the most of life.）我之有身，由意志也，我之意志呈此宪象也。我所知觉之物皆属宪象，其生于意志亦犹我也。意志有时甚纯粹，与知灵不相接触，是为激刺性，人身血液之流通及化脓、分泌皆此神力司之。有时与知灵相关，为有意识，是即吾人日常所谓意志或自由意志也。意志斯时遵从动机（Motiv）为有意识之激刺性，如吾欲举手则手自举是也。吾人之动作又有时兼由二者，如瞳子为过强烈之光所激刺则收缩，此由于激刺性者也。然当吾人观察极细之物时，瞳子又自然收缩焉。有意识之意志其力之伟大，实无限量。观彼黑奴有以自止其呼吸而自杀者，可以知意志之力，大莫与京矣。无论其有无意识，为激刺性，抑为自由意志，变化之多至于何许，其为意志则一也。（《人体为意志宪象》之说见同书卷一 § 18，118ff；卷二 Kap.××，277ff.）

意志无论有否意识，绝无休止者也。身心皆有倦时而志意独不倦，虽在睡时犹然，观于梦寐可知也。其在人身非仅当其发育之时也，实先吾之身而有矣。吾之身乃意志应其所需而构造组织者也，其在胚胎中使大脑之一部分变作目之网膜（Retina）者，备其见物也；使胸管之黏膜变而为肺者，备吸大气中之酸素也；细管系发生生殖机关者，以个体在发育中欲殖其种也。诸动物之构造，骤观之似其生活之状态为随其形状而来，先有其形然后有其生活，鸟之能飞似因有翼，牛之好触似因有角。然静观细察将见其反，鸟之有翼，因其欲飞，牛之有角，为其好触也。禽兽固有羽翼未成已思奋飞，爪牙未具已思搏噬者矣，牛羊尚未生角已以头触，野豕尚未生牙已以喙攻，故知意志实构造之原动力，而创造进化之中心也。猛兽鹰隼以搏噬为生，故爪牙坚利，力强而目锐。其不欲搏噬，但欲以疾走远窜自全者，则耳聪而足捷，獐鹿麋羚之属是也。水鸟以虫为食，故其足特高，颈啄亦长。枭攻爵于暗，故其目倍明；恐惊宿鸟，故羽柔而飞无声。猪猬龟鳖不能奔窜,故或以其豪自卫,或以其甲自全。南美有树居之兽,以不能奔窜,则其形与生苔之树干无异,籍以自隐。乌贼以不能游泳,敌至则吐褐汁以自蔽。沙漠中之动物,色皆类沙,以他色则如雪中之鸿,易为猎者所见,故以此自隐也。凡此种种皆求生意志(Wille zum leben)为之也。(详见同书卷一§27,pp.179ff.)然此等自存之具犹未完全,其卓越一切完美莫比者,则人类之智灵是也。动物之意志必形于外,人类则不唯藏而不露,且能作伪(如怒而佯喜,取而佯与)。动物之意志有定,人类则变化万端,此心灵之所以为利器也。

非仅动物之生成进化为由意志也,即植物亦莫不然,惟不若在动物之显著,故人多不察耳。树木之枝柯欲向明,故向上直立。其根欲向湿,故四布于土以求之。种播于地,亦至颠倒不齐矣,然当其萌芽,蘉必向上,根必向下。茸菌,至柔脆之物也,然其力能穿壁裂石以向光明。芋生窖室中,其芽必向明处。女萝能辗转以附乔木。此皆意志也,皆吾人所谓激刺性为之也。激刺性与被动之性能本无大别,盖动机常生激刺,使意志发动。草木之向日乃由激刺,动物亦若是,唯动物有智灵,能自觉日光于其身体生何效果而已。

就意志之表现论之,其上下两端难明而中部易晓。其上端为人类,中部为动植物,下端则矿物也。动植物皆有一定性质,犬之性忠,虎之性猛,狐之性狡,仙人掌喜燥,琉璃草喜湿,及花木之何时苞、何时放、何时实,此皆易晓。夫人而知者也,然人类与矿物之性则甚难知,而知人为尤难。盖一为造化之绝顶,变化万端且能作伪;一则其表现也甚微,非一览所能知也。然经验既久则知人格物,亦匪难事。人固有其一定之性情、气质、癖好,矿物亦莫不然。磁针常指北,物要下坠常成直线,水常就下,某物遇热则膨胀、遇冷则收缩,某物与某物合则成晶体,此类意志之表现在化学最为易见。吾人云火欲燃,水欲流,铁嗜酸素。曰欲曰嗜,非仅比喻之辞也,火水铁盖真有嗜欲也。(详见 *Ueber den Willen in der Natur*,3d ed.pp.96ff.)

叔氏之所谓意志,即斯皮挪萨所谓本质(Substanz),谢灵格所谓绝对也,然又不似汛神论(Pantheismus)认其为神,但视为无意识之造化大力而已。意志现于宇宙间,构成万有(即 principium individuationis),然其自身又非空间、时间律之主宰,且不可思议。人之智灵但知其陆续表现而已,意志之次第表现于时间实依一定之律、一定之型,此一定之型即柏拉图所谓意象(Idea)也。自人类以至于庶物,皆由之而生。其超出空间、时间永久不易，亦犹意志，唯由此而生之个体变化不息耳。下级之意象为重量、不可入性、固性、流性、弹性、电气、磁气、化合力等，高级者惟有机界有之，人类实其绝顶。各级互争其所需之物质、空间、时间，而争生竞存之事起矣。每一有机体表一意象，减少用以征服下级意象之力。机体征服自然力之功愈隆，则其表意象也愈完全，且与所谓美（Schnheit）者愈近也。（详见 *Welt als Wille und Vorstellung*，I. § § 30ff，pp. 199ff.）

意志者，宪象世界之无穷源泉也。一日有意志，则一日有世界。个体有生灭，而意志无始终，有始终者其表现而已。吾人之本质为意志，故永不灭，此印度、希腊、罗马所同认之真理也。由是以观，死无足哀。死生皆天然之序，绝无可逃，且吾人为意志之一部分，意志既不灭，是吾人亦有不死者在，可以自慰藉矣。惟彼自经讲读者，本欲一瞑不视，闻有不死者在，当以为大戚耳。死之所毁者，宪象而已，非意志也，身体而已，非精神也。故自杀者但能解脱宪象耳，非真解脱也。（详见 *Neue Paralipomena* 第七章）

意志者，众生之本源，故亦万恶之本源也。其所生之世界非最善之世界，乃最恶之世界也，含生之类莫不以相杀为生。试一权为牺牲者之苦与得胜利者之乐，苦多于乐可以立见。历史者无量数屠戮掳掠、阴谋诈伪之记录也，但观其一页则其余可以概见。彼勤勉、坚忍、克制、俭约诸德，无他，利己心而已。真道德惟有慈悲耳，余者皆自求生意志而生。世之相残相杀无有穷期，究其所求，惟在生存。不知生命实不可挽救之痛苦，生命愈完全智灵愈进化则其苦亦愈甚，人之与禽，其苦乐相去真不可以道里计。笑固人类所独有，啼亦人类所独有也。生存即痛苦，故积极之乐全属梦想，绝不可得。惟大彻大悟，明生命快乐一切皆空，则意志自断自灭，可以寂灭免痛苦耳。此义为佛教与基督教所同，二教皆认人生斯世为有罪恶。盖人实生于淫欲，即圣保罗（St, Paul）亦视婚姻为不德也。构精生子诚为罪恶，证以人尽觉其可羞，不敢公行必在帏幙可以知矣。与其生此苦海、欲海中，不如无生之为愈也。基督教之所谓天惠，即在能悟一切皆空。慈悲心、爱他心，以及我相之捐，除意志之否认，皆自此来，超凡入圣之道亦在是矣。耶稣者，即其典型也。圣灵者即慈悲舍弃之精神，欲求此精神涌现于大地，故自断其求生意志，以己身为牺牲，此其所以为救世主也。加特力派之重信誓，好布施，及其不婚之律，持斋之戒，皆最忠于耶稣之精神者也。新派虽曰便俗，然去耶稣之意远矣。惟其中羼杂犹太人之思想，崇信有人格之上帝，视之为造物主，斯大谬耳。（详

见 *Die Welt als Wille und Vorstellung*, I.,319ff)

叔氏自谓其学但本经验以研究世界之本质,于“何以有此世界”之问题绝非所问,以此问题超出吾人智灵之上,终古无从索解者也。吾人智灵之不能解此,犹之聋不闻声、瞽不辨色,既亡其具自不能其事矣。独断派之形而上学家好问“何以”“何从”,不知“何以”之义等于“以何因缘”,而空间、时间之外,安得有因果?人类之智灵既不能离因果律,则此等超乎时间、空间以外之事,安得而知耶?欲解此等问题,不异以莛撞钟。万物之本质,非但超乎吾人智识之外,虽有圣人亦不得知,斯实无知觉而又不可知觉者也。(按此又无异唯物论也。)至吾人之智灵,则形式而已,附加之物而已。希腊埃力亚派,中世埃力辑纳(Erigena),及近世布鲁诺(Bruno)、斯皮挪萨、谢灵格诸公所倡之万有一元论,吾所宗也。然泛神论则不敢承,泛神论以其所未知强解所已知,吾之意志说则循科学之通例,据经验之事实,由所已知以求所未知。泛神论为乐观,吾则视世界为万恶之府。吾之说与古今哲人之说皆有间,与斯皮挪萨、雷布尼兹、海格尔之说尤相悬殊也。(详同书 II.,Kap.L.)

(第一卷第四号,一九一五年十二月十五日)

孔子平议(上)

易白沙

天下论孔子者,约分两端:一谓今日风俗人心之坏,学问之无进化,谓孔子为之厉阶;一谓欲正人心、端风俗、励学问,非人人崇拜孔子,无以收拾末流。此皆瞽说也。国人为善为恶,当反求之自身,孔子未尝设保险公司,岂能替我负此重大之责。国人不自树立,一一推委孔子,祈祷大成至圣之默祐,是谓惰性;不知孔子无此权力,争相劝进,奉为素王,是谓大愚。

孔子当春秋季世,虽称显学,不过九家之一。主张君权于七十二诸侯,复非世卿,倡均富,扫清阶级制度之弊,为平民所喜悦。故天下丈夫、女子,莫不延颈举踵而愿安利之。无地而为君,无官而为长,此种势力,全由学说主张,足动当时上下之听。有与之分庭抗礼,同为天下仰望者,墨翟是也;有诋其道不足救国而沮之者,齐之晏婴、楚之子西及陈蔡大夫是也。所以孔子只能谓之显学,不得称以素王。其后弟子众多,尊崇其师,贤于尧舜。复得子夏教授西河,为魏文侯师。子贡常相鲁、卫,家累千金。孔门学术,赖以发扬。然在社会,犹一部分之势力而已。至秦始皇摧残学术,愚弄黔首,儒宗亦在坑焚之列。孔子弟子,善于革命,鲁诸儒遂持孔氏之礼器,往奔陈涉,此盖以王者受命之符,运动陈王,坚其揭竿之志。远孙孔鲋,且为陈涉博士,与之俱死。刘季马上得天下,不事诗书。项羽授首,鲁竟不下,荐绅先生大张弦诵之声。汉高祖震于儒家之威,鉴秦始覆辙,不敢再溺儒冠,祠孔子以太牢,博其欢心,是为孔子身后第一次享受冷牛肉之大礼。汉武当国,扩充高祖之用心,改良始皇之法术,欲蔽塞天下之聪明才志,不如专崇一说,以灭他说,于是罢黜百家,独尊儒术,利用孔子为傀儡,垄断天下之思想,使失其自由。时则有赵绾、王臧、田蚡、董仲舒、胡毋生、高堂生、韩婴、伏生、辕固生、申培公之徒,为之倡筹安会。中国一切风俗人心,学问过去未来之责任,堆积孔子之两肩。全国上下,方且日日败坏风俗,斫丧人心,腐朽学问。此三项退化,至两汉以后,当叹观止矣!而曹丕之尊孔,实较汉武有加。其诏曰:

> 昔仲尼资大圣之才,怀帝王之器,当衰周之末,无受命之运。在鲁、卫之朝,教化乎洙泗之上,凄凄焉,皇皇焉,欲屈己以存道,贬身以救世,于时王公终莫能用之。乃退考五代之礼,修素王之事,因鲁史而制《春秋》,就太师而正《雅》《颂》,俾千载之后,莫不尊其文以述作,仰其圣以成谋咨,可谓命世之大圣,亿载之师表者也……

更以孔羡为宗圣侯,修旧庙,置吏卒,广宫室,以居学者。不知汉高帝、武帝、魏文帝,皆傀儡孔子,所谓尊孔,滑稽之尊孔也。典礼愈隆,表扬愈烈,国家之风俗、人心、学问,愈见退落。孔子不可复生,安得严词拒绝此崇礼报功之盛德耶?就社会心理言之,昔之丈夫、女子延颈举踵而望者,七十子之徒尊崇发扬者,已属过去之事。国人惟冥行于滑稽尊孔之彀中,八股试帖,俨然衣钵,久而又久,遂成习惯。有人诋此滑稽尊孔者,且群起斥为大逆不道,公羊家接踵,谶说坌起,演成种种神秘奇谈:身在泰山,目能辨吴门之马;饮德能及百觚;手扛国门之关,足蹑郊坰之虎;生则黑帝感召,葬则泗水却流;未来之事,遗于谶书;春秋之笔,绝于获麟;几若天地受其指挥,鬼神为之使令,使人疑孔子为三头六臂之神体!公羊家之邪说,实求合滑稽尊孔者之用心。故历代民贼,遂皆负之而趋矣。乃忧时之士,犹思继续演此滑稽之剧,挽救人心。岂知人心、风俗即崩离于此乎?

中国二千余年尊孔之大秘密,既揭破无余,然后推论孔子以何因缘被彼野心家所利用,甘作滑稽之傀儡,是不能不归咎孔子之自身矣!试分举之:

一、孔子尊君权,漫无限制,易演成独夫专制之弊。君主独裁,若无范围限制其行动,势将如虎傅翼,择人而食。故中国言君权,设有二种限制:一曰天,一曰法。人君善恶,天为赏罚,虽有强权,不敢肆虐,此墨家之说也。国君行动,以法为轨。君之贤否,无关治乱;法之有无,乃定安危。此法家之说也。前说近于宗教,后说近于法治,皆裁抑君主,使无高出国家之上。孔子之君权论,无此二种限制。君犹天也,民不可一日无君,犹不可一日无天。(《尚书大传》孔子对子张语。)以君象天,名曰天王;又曰:帝者,天称也；又曰：天子者，继天理物，改一统，各得其宜。父天母地，以养万民，皆以君与天为一体，较墨翟以天制君者绝异，所以不能维持天子之道德。言人治不言法治，故是尧非桀；叹人才之难得，论舜治天下由于五臣，武王治天下，由于十臣；一人有庆，兆民赖之。《孝经》《论语》之大义微言，莫不主张人治。荀子言，有治君、无治国，有治人、无治法，即师承孔子人治之义，彰明较著以言之也。较管、商、韩非以法制君，又迥然不同，所以不能监督天子之行动。天子既超乎稷躬稼。此讲学之态度，极不明了也。门人如子夏、子游、曾子、子张、孟子、荀卿，群相非谤，各以为圣人之言。岂非态度不明之故，酿成弟子之争端耶。至于生平行事，尤无一定目的。杀身成仁，仅有空论。桓魋一旦见陵，则微服而过宋；穷于陈蔡，十日不食；子路享豚，褫人衣以沽酒，则不问由来而饮食之；鲁哀迎飨，席不正不坐，割不正不食，沽酒不饮；从大夫之后不敢徒行，视陈、宋之时，迥若两人。求如宗教家以身殉道，墨家赴汤蹈火、死不旋踵，商鞅、韩非杀身行学，皆不可得。美其名曰中行，其实滑头主义耳！骑墙主义耳！肸肸见召而欲往，南子请见而不拒，此以行道为前提，小德不逾闲，大德出入可也。后世暴君假口于救国保民，污辱天下之名节，皆持是义。

二、孔子但重作官，不重谋食，易入民贼牢笼。君子谋道不谋食，学也禄在其中，是为儒门安身立命第一格言。孔门之学在于六经，六经乃先王治国政典，管子谓之六家，君与民所共守也。（见《山权》数篇）孔子赞《易》，删《诗》《书》，定《礼》《乐》，修《春秋》，遂有儒家之"六艺"。孔子尝执此考察列国风俗政教，其言曰：

> 入其国，其教可知也。其为人也，温柔敦厚，《诗》教也；疏通知远，《书》教也；广博易良，《乐》教也；洁净精微，《易》教也；恭俭庄敬，《礼》教也；属辞比事，《春秋》教也。故《诗》之失愚，《书》之失诬，《乐》之失奢，《易》之失贼，《礼》之失烦，《春秋》之失乱。其为人也，温柔敦厚而不愚，则深于《诗》者矣；疏通知远而不诬，则深于《书》者矣；广博易良而不奢，则深于《乐》者矣；洁净精微而不贼，则深于《易》者矣；恭俭庄敬而不烦，则深于《礼》者矣；属辞比事而不乱，则深于《春秋》者矣。

孔子因此，明于列国政教。故陈说"六艺"，干七十二君。孔子三月无君，则皇皇如也,出疆必载质。“六艺”者,孔子之质也,亦孔子之政见书也。孔子尝谓老聃曰:“丘治《诗》《书》《礼》《乐》《易》《春秋》六经,自以为久矣,孰知其故矣。以干七十二君。论先王之道,而明周召之迹,一君无所钩用。甚矣,夫人之难说也,道之难明邪?”老子曰:“幸矣,子之不遇治世之君也!夫六经先工之陈迹也,岂其所以迹哉!”(见《庄子·天运篇》)是孔子虽干说诸侯,“一君无所钩用”,昔言“禄在其中”,已失效验,忧贫之事,其何可免?既不屑偶耕,又不能捆屦织席,不能执守圉之器以待寇,不能制飞鸢车辖以取食。三千弟子中,求如子贡之货殖,颜回之躬耕,盖不多见。然子贡常相鲁、卫,游说列邦,不专心于货殖;颜回且说齐君以尧舜、黄帝之道,而求显达,其志亦非安于陋巷箪瓢,鼓琴自娱者矣。儒家生计,全陷入危险之地,三月无君,又焉得不皇皇耶?夫孔子或志在救民,心存利物,决非薰心禄饵,竦肩权贵,席不暇暖,尚可为之原恕。惟流弊所趋,必演成哗世取宠、捐廉弃耻之风俗。李斯鉴于食鼠窃粟,遂恶卑贱而悲穷困;鲁诸生各得五百斤金,因尊叔孙通为圣人。彼去圣人之世犹未远也,贪鄙龌龊,已至于此,每况愈下,抑可知矣。以上四事,仅述野心家利用孔子之缺点。言其学术,犹待下篇。

(第一卷第六号,一九一六年二月十五日)

孔子平议（下）

易白沙

中国古今学术之概括，有儒者之学，有九家之学，有域外之学。儒者，孔子集其大成。九家者，道家、阴阳家、法家、名家、墨家、纵横家、杂家、农家、小说家，各思以学易天下，而不相通。域外之学，则印度之佛、皙人物质及精神之科学。所以发挥增益吾学术者。三者混成，是为国学。印度、欧洲，土宇虽远，国人一治其学。螟蛉之子，祝其类我。佛教之发扬于中国，已有明征。西土文明，吾方萌动，未来之演进，岂有穷期。以东方之古文明，与西土之新思想，行正式结婚礼。神州国学，规模愈宏，愚所祈祷，固不足为今之董仲舒道，何也？今之董仲舒，欲以孔子一家学术，代表中国过去未来之文明也。

以孔子统一古之文明，则老庄杨墨、管晏申韩，长沮桀溺，许行吴虑，必群起否认，开会反对。以孔子网罗今之文明，则印度、欧洲，一居南海，一居西海，风马牛不相及。闭户时代之董仲舒，用强权手段罢黜百家，独尊儒术；开关时代之董仲舒，用牢笼手段附会百家，归宗孔氏。其悖于名实，摧沮学术之进化，则一而已矣。汉武帝以来，二千有余岁，治学术者，除王充、稽叔夜、金正希、李卓吾数君子而外，冠圜履句，多抱孔子万能之思想，谓孔子称“西方之人”，有圣者焉（见《列子·仲尼篇》），乃与佛教精神相往来，《礼运》言大同之世，天下为公，选贤与能，符于世界未来之文化。此种理论，是否合于事实，非愚所敢武断。即令近代文物，孔子皆能前知，发为预言，遂使远方学术，一一纳诸邹鲁荐绅先生之门，汉武帝复生，亦难从事于斯矣。圣哲之心理虽同，神明之嬗进无限，孔子自有可尊崇者在，国人正无须如八股家之作截搭题，以牵引附会今日学术，徒失儒家之本义耳。

尊孔子者又以古代文明，创自孔子，即古文奇字，亦出诸仲尼氏之手，沮诵仓颉，失其功用（近儒廖平之学说）。夫文化由人群公同焕发，睿思幽渺，灵耀精光，非一时一人之力所能备。文字为一切文化之结晶，尤难专功于一人。故西方言希腊罗马文字者，不详始作之人。中国文字，亦复如是。故学者言文字起源，其说不一。有谓始于"庖牺"者（许慎《说文解字·序》）；有谓始于"容成氏、大庭氏"者（《庄子》云："当是时也，民结绳而用之。"）；有谓始于"无怀氏"以前者（《管子·封禅篇》）；有谓始于"仓颉"者（《鹖冠子》《吕氏春秋》皆言之）。而荀子则曰："好书者，众矣，而仓颉独传者一也。"此言古人作书者众，不过仓颉集其大成，所以独传。人文孟晋，决非一代一人，能奏功效。文字创造，归美仓颉，犹且不可，况仓颉二千年后之孔子乎？周之保氏，教国子以六书。周秦诸子，皆受保氏之教，孔子因此精于六书。试举许氏《说文解字》所引孔子之说，证列于下：

王　孔子曰：一贯三为王。

士　孔子曰：推一合十为士。

璠　孔子曰：美哉璠与。远而望之，焕若也；近而视之，瑟若也。一则理胜，二则学胜。

羊　孔子曰：牛羊之字，以形举也。

貉　孔子曰：貉之为言恶也。

乌　孔子曰：乌于呼也。

儿　孔子曰：人在下，故诘诎。

犬　孔子曰：视犬之字，如昼狗也。

狗　孔子曰：狗叩也，叩气吠以守。

六书纲要，在形、声、训三者。孔子解字，皆能得其本原。愚谓尊孔子者，与其奉以创造文字之虚名，无宁扬其精深六书之实德。为政之道，先以正名。郑氏注曰："正名，谓正书字也，古者曰名，今世曰字。"孔子见时教不行，故欲正其文字之误。文字为一国文明之符号，欲政治修明，必先正其文字。孔子深于文字之学，知其关系人民甚切也。周室衰微，保氏失教，列国并起，文字错乱，实以中国文字，本不统一。一代有一代之文，各国有各国之文，学者不便，莫甚于此。其后大儒李斯相秦，统一文字，以行孔子正名之说。中国文字统一，孔子倡之，而李斯行之，诚不能不拜儒者之嘉赐矣。

古代学术，胚胎既早，流派亦歧。不仅创造文字，不必归功孔子，即各家之学，亦无须定尊于一人。孔子之学，只能谓为儒家一家之学，必不可称以中国一国之学。盖孔学与国学，绝然不同，非孔学之小，实国学范围之大也。朕即国家之思想，不可施于政治，尤不可施于学术。三代文物，炳然大观，岂一人所能统治？以列国之时言之，孔子之学与诸子之学，门户迥异。读周秦典籍者，类能知之。班固《艺文志》曰：

> “儒家者流，盖出于司徒之官。道家者流，盖出于史官。阴阳家者流，盖出于羲和之官。法家者流，盖出于理官。名家者流，盖出于礼官。墨家者流，盖出于清庙之守。纵横家者流，盖出于行人之官。杂家者流，盖出于议官。农家者流，盖出于农稷之官。小说家者流，盖出于稗官。”

各家发源不同，学说主张，因以绝异。儒家游文于六经，干说诸侯，以此为质。而道家则以六经为先王陈迹，不合当世采用。法家亦谓国有《礼》有《乐》，有《诗》有《书》，必致消亡之祸。墨家则不遵孔子删订之六经，而别立六经。此异于孔子者一也。儒家留意于仁义之际，而道家则曰“大道废，有仁义”“绝仁弃义，民复孝慈”，又曰：“为之仁义以矫之，则并与仁义而窃之。”法家则曰：“仁者能仁于人，而不能使人仁。义者能爱于人，而不能使人爱，是以知仁义之不足以治天下。”此异于孔子者二也。儒家祖述尧舜，宪章文武，非先王之法，服不敢服，非先王之法，言不敢言。而法家则以为伊尹无变殷，太公无变周，则汤武不王；管仲无易齐，郭偃无更晋，则桓文不霸。墨家亦曰：“所谓古者，皆尝新矣。”道家亦曰：“三皇五帝之礼义法度，不贵同而贵治。”（道家以上古之世为至德，而又不重守古，此其说似相才盾。）保守主义终不能战胜进化主义。故荀子亦不法先王，而法后王。此异于孔子者三也。儒家慎终追远，厚葬久丧。而墨家则主张三月之丧、三寸之椁。道家则以天地为棺椁，以日月为连璧，星辰为珠玑，万物为赍送，蝼蚁何亲？乌鸢何疏？皆言薄葬短丧。此异于孔子者四也。儒家乐天顺命，以法自然。此近于道家之无为，而悖于墨家之非命。墨家之言曰：“今用执有命者之言，则上不听治，下不从事。上不听治，则刑政乱；下不从事，则财用不足。”又曰：“欲天下之富而恶其贫，欲天下之治而恶其乱，执有命者之言，不可不非，此天下之大害也。”法家亦言自然，其重在势，道家之言自然，其重在理，与儒家言自然重在天者，稍有不同。此异于孔子者五也。儒家分大人之事、小人之事，不注重农圃。而道家、农家，均贵自食其力，上可以逍遥物外，保全廉耻，不为卿相之禄所诱；下可以仰事俯畜，免于饥寒，不为失业之游民。许行且倡君臣并耕，禁仓廪府库以自养，舒其平等伟大之精神。法家亦重垦令，贵耕稼，恶谈说智能。此异于孔子者六也。儒家不尚物质，重视形而上之道，贱视形而下之器。而兵家重技巧，以为攻战守备之用。墨家长于制器，手不离规矩，刻木为鸢，飞三日而不集；刘三寸之木，以为车辖，而引五十石之重；司空之教，赖以不坠。此异于孔子者七也。以上七事，仅举其大者。各家学术，皆有统系，纲目既殊，支派亦分，不同之点，何可胜道。庄子所谓譬如耳、目、鼻、口，皆有所明，不能相通。当时思想之盛，文教之隆，即由各派分涂，风飙云疾，竞争纷起，应辩相持。故孔子不得称为素王，只能谓之显学。

证以事实，孔子固不得称素王。若论孔子宏愿，则不在素王，而在真王。盖孔子弟子，皆抱有帝王思想也。儒家规模宏远，欲统一当代之学术，更思统一当代之政治。彼之学术，所以运用政治者，无乎不备。几杖之间，以南面事业推许弟子。《说苑》曰："孔子言，雍也可使南面，南面者，天子也。"《盐铁论》曰："七十子皆诸侯卿相之才，可南面者数人。"是孔子弟子，上可为天子诸侯，下可为卿相。孔子亦自言"如有用我者，吾其为东周"；又言"文王既没，文不在兹"。此明以文王自任，志在行道，改良政治，非若野心家之囊橐天下。故干说七十二君，而不以为卑；应公山弗扰之召，而不嫌其叛。后人处专制朝代，不敢公言南面之志，或尊为素王，或许以王佐，岂非厚诬孔子？孔子以后，有二大儒：一曰孟子，一曰荀子。孟子言："五百年必有王者兴，以其时考之则可矣。"又曰："如欲平治天下，当今之世，舍我其谁？"荀子尝自谓："德若尧禹，宜为帝王。遗言余教，足以为天下法式表仪，所存者神，所过者化。"可见孟、荀二巨子，均以帝王自负。列国之君，因疑孔子有革命之野心，不敢钩用。观《史记·孔子世家》所载：

> "楚昭王将以书社地七百里封孔子。楚令尹子西曰：'王之使使诸侯，有如子贡者乎？'曰：'无有。''王之辅相，有如颜回者乎？'曰：'无有。''王之官尹，有如宰予者乎？'曰：'无有。''且楚之祖封于周，号为子男五十里。今孔丘述三王之法，明周召之业，王若用之，则楚安得世世堂堂方数千里乎？夫文王在丰，武王在镐，百里之君，卒王天下。今孔丘得据土壤，贤弟子为佐，非楚之福也。'昭王乃止。"

得百里之地而君之，以王天下。孔子之志，孟子已言之。令尹子西，有见于此，遂沮书社之封。儒家革命思想，非徒托诸空言，且行之事实，如田常篡齐，子贡、宰我颇涉谋乱之嫌疑。《史记·弟子列传》：“宰我为临菑大夫，与田常作乱，以夷其族。”《墨子·非儒篇》言：“孔子遣子贡之齐，因南郭惠子以见田常，则田常之谋齐，宰我、子贡均为谋主。”《庄子·盗跖篇》言：“田成子常杀君窃国，而孔子受币。”《胠箧篇》言：“田成子一旦杀齐君而盗其国，并与其圣智之法而盗之。”察庄子之言，是孔子亦与闻其事矣。《墨子》又言：“其徒属弟子，皆效孔丘。子贡、季路辅孔悝乱乎卫，阳虎乱乎齐，佛肸以中牟叛，漆雕形残。”《庄子》又言：“子路欲杀卫君，而事不成，身菹于卫东门之上。”由诸家所说，子贡、宰我、阳虎、佛肸、漆雕开，皆欲据土壤，以施其治平之学。此处于专制积威之下，不得已而出此。汤武革命，一以七十里，一以百里，天下称道其仁。儒家用心，较汤武尤苦，而诛残贼、救百姓之绩，为汤武所不逮，以列国之君，罪浮于桀、纣也。墨翟、庄周不明此义，竟以乱党之名词，诬孔门师弟，千载以后，遂无人敢道孔子革命之事。微言大义，湮没不彰。愚诚冒昧，敢为阐发，使国人知独夫民贼利用孔子，实大悖孔子之精神。孔子宏愿，诚欲统一学术，统一政治，不料为独夫民贼作百世之傀儡，惜哉！

（第二卷第一号，一九一六年九月一日）

戴雪英国言论自由之权利论

高一涵

英人戴雪氏所著《宪法论》(A.V.Dicey's "*The Law of the Constitution*"),法学界名著也。此篇乃从其书第六章译出。

译者识

出版自由,浸酿成英伦之特制者,其故何欤?盖二百年来,英国政府与出版之关系,一听国法之宰制,递嬗递演,孕为特质。(国法宰制者,即非显违法律者,不干惩罚,与人人隶于普通法律,不受特别法之裁制耳,并见戴雪书。)故英国言论自由,冠绝寰宇,而报章印行,全无拘束。其所膺受之自由,尤为大陆诸国至今所未尝梦见者,其原因端在于此。固无庸特颁偏宠,以左袒夫言论自由也。吾人苟一潜心视察近世英伦出版之情状,即可恍然此理,且有以明其与法兰西出版律及十六七期间英伦出版条件之互相差异者矣。

今者英伦出版之事,显然酿成二种特质。其一,如曼斯福(Lord Mansfield)之言曰:"出版自由非他,乃出版无预求特许之必要,必出版后有违法事件发生,始依律处理。"叶伦波(Lord Ellenborough)亦曰:"英吉利法律者,自由之法律也。自由者,特许之宾也。'特许'两字,在英法实无用处,如人欲出版,则出版而已,无他程序也。至出版后如或违法,须受法庭审判,则亦与他种违法事件等耳,非于出版独异也。"(曼叶二氏之言,从秋桐译,见《民立报》及《甲寅》第一号。)

观此可知英伦所以号称出版自由者,即在适用此"非显触法纪,不干惩罚"之通则。特许检阅之事,首与此通则之根本,互相捍格而不通。夫辞者所以达意,情之所欣,著之篇章,付诸剞劂,乃吾人天良中自行抉择之事。特许检阅,则最与此事相妨者也。至禁止谤书行世,乃属于法庭之权利,非经法庭判决,而先加以特许检阅之限制,又可谓与此通则,极不相容。且新闻出版规则,或以新闻之业,非富有资力者不举,抑以偶涉诽谤,非薄有资财,莫任赔偿之责,故必于出版之先,豫索保证之费。此种规程,揆诸通则精神,又在在形其抵触焉。夫向新闻社主,索取入质之资,于定期出版之权,或别有所限制,识者原非尽诋其失当。特吾人之所断断不已者,此等逆制豫防之政策,与英律大本,实龃龉而不能相通,何也?以英律大本,凡人民之受拘囚、干惩责者,非因其将来容有违法之事,特因其显触典章明载之条,而判成事实者耳,此英伦所以除沿异制而来之演剧特许外。若付梓之特许,政治新闻出版之检阅,皆所绝口不谈者也。且著作家之财物,为政府所指为诽谤,目为煽乱者,不外书籍、杂志、报章等物。若而物者,本非违法之件,故无论政府及其他具有势力之人,皆无掠夺破坏著作家财物之权。惟法庭遭特别时会,为保护人民损害起见,于已经判决,认为谗谤之为者,乃可禁其一再梓行,限制其广为贩鬻,至于政府,则绝无此权焉。然则名山著作之客,实同安居乐业之齐民。设有不韪,与齐民同受治于普通国法而已,宁知其他?至于报章行世,与朋侪间裁笺修简,书疏往还者,又奚以异?驿传书翰,无间政府法庭,皆无权可以过问。一至报章之发行,何遽独膺大权,可以监察禁制之。且新闻著作者之地位,若泛言之,直可与裁笺修简者同视,而渎天亵神之辞,榜诸门闾,与夫著之简编,灾诸梨枣者,同为亵慢。若在英伦,则相提并论,绝无轩轾于其间。此新闻著作之家,在法律上,所以一同待遇,无需特宠为之偏袒也。英伦出版自由之特状,即在将出版之事,纳诸普通国法之中,吾人苟一研钻,殆即有以明其故矣。

其二,由英律以言,出版犯罪,其得以谳科者,仅普通法庭中之判事与陪审官耳。

英自维新以后,报章违法,无间于谗谤煽惑,抑为渎神亵天,从未受特别法庭之审理。此在英人,固属习以为常之事,然推其实益,俾脱去出版之拘束者,殆无以过之。出版之事,既一惟陪审官之命是从,则凡百著述,为此十二人所认为不得处罚者,虽君后阁员,亦莫得施其严酷之督责。其得以偶一行之者,仅国民泰半,反攻政府之时耳,故政府得以抑制论政过激之时,仅在万众感情仇视行政当局之日。过此以往,概无抑制之权,然即丁兹时会,为谳勘出版之违法与否,召集陪审官,陪审官于官僚所认为可罚者,将宣示同意,而于政府失政,反得以公然评题,主乎公道,故鞫勘报罪之日,正授人民以伸论公理之机。此陪审官之判决，所以实为今日自由发舒政见之一大保障，持以与百年以前，治者心思，与被治者情意，互相隔阂之时，相提并论，诚为趣益孔多之谭。今略而不赘，但论英伦出版自由之蒸蒸日上者，首因出版犯罪，与各种谤罪、同审理于陪审官一事，此诚吾人所当识之者也。

然则英伦之出版自由，特国法最高无所不赅之结果。凡“出版自由”“出版犯罪”“出版检阅”诸名，举为词费，论法之家，置诸不齿，考其所以，盖无非因出版违法，必为谗谤，处理审决，一折衷于普通谤律而已矣。

今者英人于此，视为当然，原无所用其注意，特不佞欲继此而论及法兰西革命前后之现律，及英伦十七期末叶出版之条件，不得不偶一及之。由此以观，可知今日英伦科罚违法新闻，显然为法律精神，贯彻宪法全部之一例焉。

（第一卷第六号，一九一六年二月十五日）

赫克尔之一元哲学

马君武

赫克尔(Ernst Haeckel)为达尔文后最有名之进化论学者。达尔文发明进化学说,赫克尔为赞助此论最有力之一人。晚年复本进化论创一元哲学(Monistische philosophie),于哲学界放一异彩。德国近顷各处立一元学会(Monisten Bund),欲以此代宗教,其势极盛。吾国至今尚鲜知赫克尔名者,诚吾学界至大之耻也。赫克尔著书凡数十种,至一八九九年,乃综合之作《一元哲学通论》,又名《世界之谜》(*Die Welträtsel, oder Gemeinverständliche Studien über Monistische Philosophie*)。予今摘译此书,以介绍赫克尔之学说于中国。

第一章 人类学

第一节 世界未解决之问题

十九世纪之末,已有许多问题,凡前人所不能解决者,皆经解决。不惟自然科学之理论上进步而已,凡技术工艺交通诸问题皆然,以造成今世界之文明生活。然其他精神方面,及社会关系,则不惟毫无进步,反有退步焉。因有此冲突之故,不惟个人之感想,破碎假伪,且其影响及于政治及社会,危险甚大。故爱人类之学者,当本其良知以解决此问题,而免其因是所生之弊害,是为其正当权利,亦其神圣义务。欲为此事,首当本其所认识之真理,而定一种明白坚固之世界观念。

自然知识之进步 试以十九世纪初期自然知识之状态与末期比较,其进步实可惊诧。凡自然科学之任一支派,在此世纪皆发明光大,其后半期尤甚。有显微镜以查至细之物,有望远镜以查至大之物,皆百年前人类之所不能见者。因显微镜之改良,不惟单独细胞，所谓不可见之生物界，可任人研究。且凡动植物之最小细胞，即所谓生机元素及其所构成之肌体，皆显露无隐。以解剖学之进步，影响至大，又有胚胎学辅之，知凡高等生物，皆至单独细胞发育而成，因是成细胞理论。生命之物理化学心理作用皆可解释，前人所谓灵魂不死之说，不难打消矣。又因细胞病理学之发明，医者乃知疾病之真因。

无机界之发明，亦与有机界相匹，有如物理学之各部分皆然。由热学理论，知其彼此关系如何密切。由光影分析，知地球上之物质，与太阳及他行星多相同者。由天文物理学，知世界上大于地球之物体无限，使人之世界观念益增阔大。由化学之进步，发见新化合物甚多，以供人类之使用，有如碳素一宗，其化合物殆不可胜计。因物理及化学之进步，以得物体定理，如物质不灭、物力不灭，是为世界根本律。全世界皆为此定律之所范围，一元哲学之解释世界大谜，即以此律为先导之明星也。

此下数章皆述吾人所具自然界知识及其十九世纪之进步，姑不具述，但关于进化论之发明，兹不能不略叙之。千年以前，虽有略知进化之事者，至于进化为全世界公例，且此世界亦不过物质进化之一例，则为此世纪之新发明。英国人达尔文于一八五九年始确定进化论之基础。达氏之先导，则为法人拉马尔克(Jean Lamarck)及德人桂特(Wolfgang Goethe)。进化论发明后，所谓疑问中之疑问，如人类在自然界之位置者，乃能明了。至今一八九九年，吾人乃因是以定一元原理，以与物体根本律相合，述明自然界之一切现象。或谓拉马尔克、桂特、达尔文三人为十九世纪第一等之三大明星，诚不诬也！

因理论的自然知识进步，施于各种实用，故人类文明之进步亦与之相当。吾人今处于"交通时代"，国际间贸易旅行非常便利。有电线电话等不受时间及空间之限制，此物理学之赐也。农业工业常有各种进步。医学亦然，有哥罗肪玛琲杀菌药、清血液，各种之应用，人类疾苦大为减少，此化学之赐也。因各种工艺之新发明，十九世纪之进步遂远驾于前数世纪之上，其事为世人所共知，不俟赘述。

社会方面之进步　自然界知识及其实用，在十九世纪之进步，既如是其伟大。而在社会一方面，所谓文明生活者，则几无成绩之可言。英人华雷司(Alfred Wallace)之言曰："试以物质科学及其使用之进步，与社会方面比较，则行政制度、司法制度、国民教育，及一切社会及道德之组织，今尚未脱野蛮之地位。"试以其言与吾人之公共生活及报纸记载实证之,可知其不虚也。

司法事务 今日之司法事务,实未能与今日已进步之人类及世界知识相伴。法庭之判决,每多不可思议者。所谓今世国家,除纸上数条宪法而外,实尚行专制政体。法官之主张,多仰承居高位者之鼻息,其教育已先不充足。欧洲之法律教育,多为形式的而非真实的,尤如人类机体及其重要作用,法律家大概不知为何物。予曾与有名法律家言人类所自发生之蛋胞及数月内之胎体为有生命的,此法官不之信,且一般法律学生不读人类学、心理学及进化史。此教学者,为判决人事之重要条件,其推卸之词,则曰时间不足也。其学生时代所学者,不过数十百条之法律条文而已。

国家行政 今世国家行政之恶劣,人所易知,不俟详述。其重要原因,即一般官吏多为受形式教育之法律家,不知人类学及一元心理学,故不知人类本性;又不知动物学及进化史,故不知社会关系。国家非他即社会体之构造及生活是也。故充行政官者,当先知个人之构造及生活,且须先知细胞学。苟行政立法者能知此数学,何至于谬误百出,如报纸每日所记载者乎?

文明国家最大之谬误即在与文明仇敌之教会相结合。德国政客如中央党(Zentrum)者,全在罗马教皇支配之下,其所主张不本于权利与良知,而本于迷信与盲从。故国家制度,非全与教会脱离关系,而使全体国民得相当之世界及人类知识。通达自然界知识,以进于较高之阶级不可,而国体如何,则可以置之不论。盖今论国体为君主为民主,皆非重要问题,而改良教育,使一般青年国民尊重良知,破除迷信,乃为国家之根本问题也。

学校 现今之青年教育,亦未能与十九世纪科学之进步相伴。自然科学既超过他科学之上,且包有所谓精神科学于其中。而学校内每视为旁助科目,或竟弃却不顾,而古经、古文、古历史等则视为重要科目。所谓道德学者,乃不出耶稣经典之范围。以信仰为先,知识为后,而科学信仰如吾侪所谓一元教义者,大概为学校之所未梦见。虽高等学校,亦不知今世世界学、人类学、生理学、进化学为何事。其所注重之科目,仍不过言语、历史等,于理论无所补,于实用无所济。大学之状况,亦复如是。

教会 反对今世教育,反对自然知识者,厥惟教会。天主教、希腊教之顽固愚谬无论矣。即路德新教,于迷信之外,稍重良知。其所主张之道德,虽有与吾辈之一元道德相合者,然其所主张之神论、世界论、人类论、生活论,皆与真理相反。既学新教育之工学家、化学家、医学家、哲学家，皆厌闻其说，更何足怪。教会派不知以一元进化为根底，确定不可摇之自然知识，与一般言语学者、政治学者、法律学者无以异。

（第二卷第二号，一九一六年十月　日）

赫克尔之一元哲学（续前号）

马君武

良知及教条之冲突 吾人今日之教育，既为科学进步之结果，则于公私生活各方面须有相当之权利，即人类当本良知以进于知识之较高级，依更善之路途以得幸福，方足以收自然科学进步之效。而主张宗教者，凡关于精神教育一项，恒欲将人类羁留于中世纪，顽守教条，恪遵默示，以埋没其良知。凡今日之言，宗教学、言语学、社会学、法律学者皆如是。此辈之良知，亦非完全本于自利主义，而在于不知真正事实，拘守古说。故良知及科学之三大仇敌，即恶念、无知识、怠惰三者，而后二者较前者更为危险，虽具大神力，能战胜第一敌，犹难战胜第二及第三敌也。

造人说 教会派世界观念之有力支柱，即造人说（Anthropismus）。以为人类构造，与一切自然界之生物相反，为有机创造物之最后目的，与神相似，是为一切谬说之源。造人说又分为三大教条，即集中造人说、变体造人说、比较造人说三者。

一、集中造人教条（Das anthropozentrische Dogma）谓人类为地球上或全世界一切生命之预设中心点及最后目的。此谬说与人类之自利心能适合，又与摩西、耶稣、谟罕默德三大教有密切关系。故现今文明世界，尚有大部分从之。

二、变体造人教条（Das anthropomorphische Dogma）亦与上述三教有密切关系，以为上帝创造世界，管治世界，可与灵巧之工匠、睿智之君主相比，上帝之思想及行为一如人类。反言之，人类与上帝相似，谓“上帝依己像造人”是为上古一神教之肤近神秘学。上帝既具人相，复是血肉。近世神秘学微变其说，谓神不可见，能有思想，有言语，有行为，造成一种气质脊椎动物之谬说。

三、比较造人教条（Das anthropolatrische Dogma）是以人与神之灵魂作用比较得之。谓人之灵魂不死，人类具二元性，不死之灵魂，暂居宿于必死之肉体中，是即二元教条。

世界之一切宗教,大概以此三教条交互变换,自圆其说。积世以后,迷信已深,谬误百出,成为造人的世界观念。与吾侪所主张之一元自然知识,恰相反对,是当以宇宙真相观察破之。

宇宙之真相观察 今本宇宙真相观察,以建立吾侪所主张之一元说,不惟上所述之造人三大教条。凡一切二元哲学之世界观念,及其他愚人之宗教,皆可不攻自破。今列已实证之宇宙公例如下:

1.宇宙为永远无尽期无止境者。

2.体质(Materie)及势力(Energie)合为物质(Substanz),充塞空间,运动不息。

3.此运动在无尽期内,新旧交换,生死代谢,为单位之进化。

4.世界体无数,分布于以太(Ether)间,皆依物质公例。在宇宙之一部分,有运行的世界物体退化灭亡,在他一部分进化发达。

5.太阳为此无数世界体之一,地球为旋绕太阳诸行星之一。

6.地球经冷却期甚久,乃具水质,为有机生物成立之最先条件。

7.有水之后,经生理作用,有无数生物徐徐进化改变,其所经年数,至少在十万万年以上。

8.经生理进化,得各种动物,最后得脊椎动物,为发达最完善者。

9.脊椎动物变成后,又经若干年,至三叠系纪(Triasperiode),由最下等之爬行类及双栖类变得哺乳类动物。

10.哺乳动物类发达之至完全者为猿猴类(Primaten),其时约在第三系纪(Tertiarzeit)之初期,距今三百余万年。

11.猿猴类发达之至完全者为人类,其出现时约在第三系纪之末期,为自数种人猴类之所变成。

12.人类之文明发达史,不过数千年,以与地球生物史比较,短不可言。地球之生物发达史,与行星成立史比较,亦短不可言。地球为太阳分出之一小体,与无尽境之世界比较,复小不可言。而每一人在有机世界内,不过极微小之一元素。

此上所述自宇宙真相观察所得之十二公例,即解决世界一切疑谜之张本,不惟人类在自然界之位置,依此可以明了,而造人教条之谬说亦不难破除。所谓"依神相造人”“永远生命”“无界限之意志自由”诸说，皆不能成立，如罗马皇帝加里古纳（Caligula）自尊如天神，不过为此谬说之流毒。今排除此谬说，实地观察宇宙之真相，则一切疑谜不难解释矣。

疑谜之数 未受文明教育之人类，与自然界之人类，在此世界，随处皆遇有疑谜。文明愈进步，科学愈发达，则疑谜之数愈少。一元哲学所认为疑谜者，惟有一项，即物质问题（Substanz Problem），与此问题相关者，尚有疑谜数项。博雷孟（Emil du Bois-Reymond）一八八〇年在伯林科学会之著名演说，谓世界不可解之疑谜有七。顺列之如下：

1.原质（Materie）及强力（Kraft）之本性。

2.运动之起源。

3.最初生命。

4.自然界之合宜配置。

5.感觉及知识之由来。

6.思想及语言之由来。

7.意志自由问题。

博氏谓此七疑谜中，第一、第二、第五三者，为完全超越不可解释；第三、第四、第六三者，为甚困难而仍有解释之望；第七者实用上最重要，虽有解释，然至难决定。

予之一元哲学所解释之疑谜，虽与博氏所主张者不同，然博氏所谓七疑谜，莫不可本一元哲学解释之。有如第一、第二、第五三者，可据本书第十二章之物质论解释；第三、第四、第六三者，可据进化论完全解释；第七章不成科学问题，本为一种欺人之教条，故原不存在。

疑谜之解释 吾侪解释世界大疑谜之方法，不外纯粹的科学知识，由经验以得结论。科学之结验，由吾侪用感觉机关及大脑之感觉府，积多种观察及试验得之。感觉机关，为极微细之司感觉细胞所成，感觉府为脑线细胞聚集之族部所成。自此，精神界之贵重机关，由外界所得经验在脑髓之他部分保存之，以待与他经验相积合。结论造成之方法有二，即最有价值不可缺少之归纳及演绎二法。其他脑髓作用，如联合结论之构造、悬想、悟会，已得之知识，依幻想补充之，以及理想思虑研索诸事，皆大脑之脑筋线所显作用。凡此一切，皆属良知之最高范围。

良知(Vernunft 或译“理性”前后均同) 兴会(Gemut)、彻悟(offenbarung)欲得真实之自然界知识及解释世界疑谜,惟赖良知。是为人类所具最贵之物,与其余动物相异,即在于是。然必须文明及精神教育进步,科学发达,其价值乃见。未受教育之人类及自然界野蛮人类之良知,与其他相近之动物,如猿犬之类,无甚大异。然今人多谓除良知之外,尚有兴会及彻悟,为得知识之他二途,此实大误,不可不辩。兴会与真理认识毫无关系。所谓兴会者,乃脑髓之一种复杂作用,由哀乐感触,好恶悬想及拒求倾向等联合所成。其他各种机关之作用,亦助成之,如五官、筋肉、胃脏、生殖器之需要,等等。而认识真理全不须此。反之,兴会适足以与良知相妨,而受其害。世界疑谜,决无依兴会解释或促进之理。至于彻悟,则全依有识或无识之迷惑所得,与真理无关(详见第十六章)。

哲学及自然科学 解释世界疑谜之二途,即经验与思想。单凭思想,必至陷于理想的世界构造观,不足语于真正知识,如伯拉图(Plato)及赫格儿(Hegel)皆是。若单凭经验以为世界观念之基础,其弊陷于不完全,如倍根及弥尔(Mill)皆是。属于感觉的经验及属于良知的思想为脑筋之不同二作用,前者以感觉机关及中央感觉脑府司之,后者以思想脑府及大脑皮之集中处司之。经验与思想相合,乃有知识。今之哲学家,每尚欲以自己之头脑构造世界,不知世界实为何物,故轻视经验的自然知识。于他一方又有自然界之研究家,以为科学问题,惟在事实证验及单一自然界现象之客观研究,谓哲学之时代已过,代之者为自然科学〔费尔索(Virchow)一八九三年之言〕。此偏重经验一方者,易致陷于最危险之错误,与偏重思想一方者同。今世自然界研究之大成功,如细胞论、热论、进化论及物质公例为哲学的事实,然非纯粹思想之结果,而为完全推广经验之结果也。

二元论及一元论 自今日自然科学之立脚点评判之,凡哲学可分为二类,其一为二元的世界观,他一为一元的世界观。前者与宗教及唯心之教条相关联,后者与物力及真实之原理相关联。二元论分世界为二,即物质世界及非物质上帝,后者为前者之创造者、维持者、管理者。一元论只认此世界为一物质,上帝与自然界同为一物,物体与精神不可分离。

唯物论及唯心论 一元论每易与唯物论的唯物论相混淆,恰如理想唯物论每易与实用唯物论相混淆,因是起许多纷扰错误。今明辨之如下:

1.纯粹的一元论与理想的唯物论迥异,后者不认有所谓精神,而视此世界为原子之聚合物。纯粹的一元论又与理想的唯心论迥异,后者不认有所谓体质,而视此世界为势力或非体质之自然力集列所成。

2.桂特(Goethe)谓"体质无精神或精神无体质,均不能存在及有作用"。斯皮挪萨(Spinoza)谓"体质为物质之扩充至无限者,精神即有感觉或思想之物质,一切神的世界以及上下四方之物质,皆以此二者为大本"。吾侪所主张纯粹无贰义之一元论,即在于是。

(第二卷第三号,一九一六年十一月一日)

赫克尔之一元哲学(续前号)

马君武

第二节 人之身体构造

一切生理研究,及一切有机体之形状及生活作用之研究,皆以可见之身体为标准。形态学及生理学之现象,皆具于是。人类及其他自然界之生物体,皆依此定理。徒观察外形,不足以尽研究之功,故必详察其内部,精究其大小各部分。凡关于此种研究之科学,名解剖学。

人类解剖学 最初引起人类身体构造之知识者为医学。古时司此事者在欧洲为教徒,当时为文化最高代表。在耶稣纪元前千余年,已略具解剖知识。但较为详密之经验,则自分解哺乳动物得之,更以是推于人类。耶稣前五六百年,有恩倍斗克累司(Empedokles)对某克里偷司(Demokritos),尤以有名医生喜剖克拉推司(Hippokrates)为最著。至亚里斯多德(Aristoteles),则以哲学家兼科学家,知识尤博,称为生物史学之原祖。其后惟希腊医生卡伦奴司(Claudius Calenus)甚有名。耶稣后二百年,在罗马行医。当时解剖人体,悬为厉禁。故其知识非直接自人体得来,而自与人类最相似之猿类解剖得之。其实可名为比较解剖学者。

耶稣教兴,主张神秘之世界观念。解剖学及其他科学,又复衰绝。罗马教皇常谋闭锢人类之知识,尤不欲世人知人体构造。故在十三世纪百年内,惟卡伦奴司之人体解剖书及亚里斯多德之生物史书,流传于世。直至十六世纪,经路德改新教后,教皇之世界精神统治权,乃被打破。哥白尼(Kopernikus)之新天文学说出,宗教之世界观念,乃失根据。人体构造之知识,即于此新时期重复发达。当时著名之解剖学者,有如韦沙鲁司(Vesalius)、欧司达邱司(Eustachius)、法娄皮乌司(Fallopius)皆依自己之根本研究,以得人体之详确知识。其后学者辈出,人体解剖学之基础大定。是时韦沙鲁司尤富于思想，好学不倦。二十八岁时，著人体构造论“De humani corporis fabrica”，集解剖学之大成。其后移居马德里，为西班牙王查尔第五（今译为菲利浦）第二之御医。而天主教会指为魔徒，宣告死罪，后减为贬徙，至耶路撒冷。归时行至臧特（Zante）岛船破，死于穷病。

比较解剖学　十九世纪对于人类构造之贡献，为二种重要研究之新方向，即比较解剖学及细胞肌体学，后者又名显微镜解剖学。欧洲至十五世纪尚以死刑禁止解剖死人体。此后三世纪内，解剖学者大概只研究人类机体。直至一八〇七年，法国动物学者曲越儿（George Cuvier）始创比较解剖学，著“Lecons d'anatomie comparée”，发明人体与兽体之各定例。但其前一七九〇年，德国桂特（Goethe）已以人骨架与其余哺乳动物之骨架相比较。曲越儿则详及其余诸机体，分为独立之四大类，即脊椎动物、节足动物、软体动物、射线动物，而以人类归于脊椎动物类。又一七三五年，李累（Linne）著生物系 Systema naturae，已以人类归哺乳动物类。于此中又分出主兽级 Primates。此级内又分三部，为半猿部 Lemur、猿部 Simia、人部 Homo，但未以比较解剖学立为独立科学耳。至十九世纪，则此学大发达。著名之学者有梅克耳（Friedrich Meckel）、米勒（Johannes Müller）、欧文（Richard Owen）、赫胥黎（Thomas Huxley）、格根保儿（Carl Gegenbauer）。格根保儿于一八七〇年著《比较解剖学通论》，始以达尔文所发明之人类起源说为生理学原理。此外著书甚多，皆根据实验，材料极富，一以进化论为归。一八九八年，著《脊椎动物比较解剖学》，谓人类具脊椎动物本性。引证详明，根本大定矣。

细胞肌体学 Histologie **及细胞学** Cytologie　显微镜解剖学亦于十九世纪发明，而其方向则与比较解剖学全异。一八〇二年，法国医生比沙（Bichat）始以人体分解之最细部分，用显微镜观察之，以定各肌体 Hista，Tela 之关系。但此时肌部之共同元素为何物，尚未明了。故比沙之研究，不能贯彻。至一八三八年，司奈登（Matthias Schleiden）发明植物界细胞，同时司旺（Theodor Schwann）发明动物界细胞。至十九世纪之第六十年内，寇里克（Albert Kölliker）及威寿（Virchow）始倡细胞理论及肌体说，以解释无病及有病之人类机体。谓“人类如一切动物，其肌体皆自极微小之细胞所成。此等微小细胞聚合以成人体，如公民聚集以成国家。人体之细胞数盖以万亿计。凡细胞皆自母细胞 Cytula 分离生长。细胞先聚，集为肌体。在人类与其余一切哺乳动物同”。发达最新最高之哺乳动物级，有特别晚成之性质，与他级异。有如哺乳动物之毛发、皮腺、乳腺、血胞等之显微镜组织，与其余脊椎动物所具者迥异。以人类就此等生理学关系言之，实为真正之哺乳动物。

寇里克及来底希（Leydig）之显微镜研究，不惟就人体动物体向各方面扩充吾人之知识，且述明细胞及肌体之进化史。又证明齐包德 Carl Theodor Siebold 之重要理论，谓"最下动物如睫虫类 Infusorien 及根足虫类 Rhizopoden 为单独细胞之所成"。

人类之脊椎动物本性 人体之构造，无论巨细，皆具有脊椎动物之特性。一八〇一年拉马尔克（Lamark）最初发现此事。依李累之说，分脊椎动物为四类，即哺乳类、鸟类、双栖类、鱼类，皆为高等动物；又分下等动物为二类，即六足虫类及软体类，又名非脊椎动物类。一八一二年，曲越儿皆以比较解剖学证实之。其实一切脊椎动物，自鱼类以至人类，皆有大致相类似之处。如皆具强固骨架，有硬骨及软骨，皆具脊椎及头壳，头部之组织复杂。差异虽多，而皆离原形不甚远。且脊椎动物之背部皆具灵魂机体，即脑筋集中系。分为脑髓及背脊，脑髓为知觉及一切灵魂作用之工作器，藏于头壳之内，其构造及大小虽不同，而集合之特状则莫不同。

再以人身其余机体与其余脊椎动物相比较，亦得同一之现象。机体之大小及构造，在特别部分虽因与生活条件适合之结果，互相差异，而其最初及互有关系之位置不变。有如血液皆自二大管流动，其一居肠上，其一居肠下。其通过心脏之时，部位各别，此皆脊椎动物之特性。又肠部亦最初分为二部：其一以司呼吸，名头肠；其他一以司消化，与肝脏连，名肝肠。又如肉筋系之分部，及排尿机关生殖机关之特殊。就此等解剖关系言之，人类实为真正之脊椎动物。

人类之四足动物本性 亚里斯多德以一切高等热血动物之具四足者，归四足动物类 Tetrapoda。及曲越儿更推广其范围，谓"两足之鸟及人类，亦归此类"。因其内骨架本起源于四足。人类之双手，鸟类及蝙蝠之双翅，本为四足动物之二前足所变成，定其名为 Ouadrepeda。

一切四足动物四肢之骨架，同一起源，此为最重要之事实。试以蝾螈及蛙之骨架与猿类及人类之骨架详细比较，可见肩骨前及腹盘骨后之重要骨节，在四足动物内莫不相同。最初具一中空之强骨，居前者名上臂骨，居后者名腿骨。次之为支持此骨之二他骨，居前者名下臂骨及腕骨，居后者名下腿骨及足骨。再以脚部比较，则见复杂诸小骨之配合，皆大概相似。在前足为手根骨手掌骨及五手指，在后足为足根骨足掌骨及五足趾，此诸小骨之形状至不同。有时与他骨混合，或遂不见，故甚难确定。此难问题直至格根保儿乃解释之。格氏于一八六四年著《脊椎动物比较解剖学》(*Untersuchungen zur vergleichenden Anatomie der Wirbeltiere*)，谓陆居四足动物之五趾，本自水居鱼类之四线鳍所变来。一八七二年，格氏又著《脊椎动物头壳研究》(*Untersuchungen über das Koplskeletten der Wirbeltiere*)，谓四足动物最新者之头骨，实自鱼类最老者如鲨鱼之所变出。

石炭纪水陆双栖动物类发现，始具四足。每足五趾，至今遗传不变。人类亦复如是，甚宜注意。且四足之节骨、肉筋、脑筋之构造，在人类实与其余四足动物无大区别。就此等重要关系言之，人类实为真正之四足动物。

人类之哺乳动物本性 哺乳动物为脊椎动物之最新最高级。本自双栖动物类之老级变出，与鸟类及爬行类相似，而与其他四足动物有重要之区别。有如具有毛发及二种皮腺即汗腺及油腺。腹部皮腺更起局部变化，成为特别机体，即乳腺。此乳腺聚集一处，遂突起成为乳房，以为哺饲幼儿之用。具乳房之动物，皆具有肉筋状隔膜Zwerchfell，使胸膛与腹膛隔断。是惟哺乳动物有之，为其他一切脊椎动物之所不具。哺乳动物之头壳，亦具特状。如上下颚骨及听骨，此外如脑髓、嗅关、心脏、肺脏、内外生殖器、肾脏及他体部。其粗细构造，皆具有特状。是为哺乳动物与其先祖爬行类双栖类动物差异之特征。其变生在三叠系纪，距今至少一千二百万年。据此等重要关系言之，人类实为真正的哺乳动物。

人类之脐带动物本性 近世动物学者分哺乳动物为许多小族。一八一二年，布朗威尔(Blainville)则分之为三分级：即叉骨动物(Gabeltiere，Monotrema)、袋囊动物(Beuteltiere，Marsupialia)及脐带动物(Zottentiere，Placentalia.或译曰“胎盘类动物”)。此三分级之区别，不惟在体部构造及发达之重要关系。且其成立之阶级，亦不相同。叉骨类之成立在三叠系纪 Triasperiod，袋囊类在崓岴系纪 Zurazeit，脐带类在白垩系纪 Kreidperiod。人类即属于脐带类，具有脐带类之特性，与叉骨、袋囊二类相别。脐带类之胎体，在母腹留存甚久，由脐带皮以得营养。此脐带与胎衣合生，突入母体子宫之黏膜皮内。其相连之柔皮极薄，营养质即自母体血液传达儿体血液内。因是儿体能久居母体子宫内，以遂其发育。此为叉骨、袋囊二类之所不具。此外尚有解剖特状，如脑髓之发达，袋骨之消灭等。脐带类动物之发达，遂超出于他二类之上。就此等重要关系言之,人类实为真正之脐带动物。

人类之主兽级本性 近时有人将脐带动物分为一〇至一六族。若以近时新发见已绝种者加入,至少可得二〇至二六族。若依其有亲近关系者同列之,则二六族可合为八大族。其初祖为原始脐带动物 Urzottentiere,今于白垩纪化石中发见之。与峫屼纪之袋囊动物最相似。此八大族又可归为四部。今日之代表,即啮齿兽、分蹄兽、肉食猛兽、主兽四者。主兽内分为三族,即半猿族、猿族、人族。此三族有许多之重要特性,与脐带动物类其余之二三族相别。择要言之,即具长足,以与最初攀登高树之生活相适合。手足皆具五趾,有长指以便攀握树枝,具长爪。牙齿完全,分为四种:即门牙、尖牙、隙牙、大牙。其头壳及脑髓之构造,与其他脐带兽迥异。其构造愈完全者,在地球史上出现愈迟。据此等重要解剖关系言之,人类机体与其余主兽机体相合,故人类实为真正之主兽(或译主兽为高等哺乳类动物)。

人类之猿类本性 今以半猿类及猿类之身体构造相比较,有许多关系。可知半猿类较低、较老,猿类较高、较新。半猿类之子宫分为二种,与其余哺乳动物相同。猿类子宫左右合生成梨状,人类之子宫亦然。又在猿及人类之头壳、眼窝及睡骨窝有骨壁全隔离之,在半猿类此骨壁缺乏或发达不完全。且半猿类之大脑平而小,褶痕不显。猿之大脑较大,所具灰膜亦发达较良,其褶痕渐明显,与人类相近。猿与人之手及面部尤相似。据此等重要关系言之,可知人类为真正猿类。

人类之狭鼻猿 本性猿族极多,一八一二年柔阿弗罗亚 Geoffroy 分为二分族,今之动物学分系皆依之,即西部猿 Platyrrhinae 及东部猿 Catarrhinae。前者居地球西半部,后者居地球东半部。亚美利加之西部猿,名阔鼻猿。其鼻低平,鼻孔掀向两边,中壁极阔。旧世界之猿名狭鼻猿,鼻孔向下,中壁甚狭。两种猿族之区别,又在耳鼓膜。阔鼻猿之耳鼓膜居上面,狭鼻猿之耳鼓膜深入耳鼓骨,变为长而狭之骨质耳朵。在西部猿族其耳朵甚阔而短,或全缺乏。又狭鼻猿之牙齿数与人类所具牙齿数同,即乳牙二十,常牙三十二。每边具门牙二、尖牙一、隙牙二、大牙三。阔鼻猿类每边多一隙牙,全数三十六。此解剖差异,在此二猿族皆同。分居东西两半球,已历百万余年,特性不变,是为人类起源最重要之历史。故人类为真正之狭鼻猿类,惟变为人类之狭鼻猿,今在旧世界已绝种耳。

人类之无尾猿本性 狭鼻猿之生存于亚洲非洲者,其形状诸多不同。具尾者名曰有尾猿，又名犬猿 Cynopitheca。不具尾者名无尾猿，又名人猿 Anthropomorpha。人猿比之犬猿距人类愈近，不惟无尾，及身体之形状相似也。其脊椎尾以五段脊椎融和而成，与人类同。犬猿之脊椎尾则以三段间或四段融和而成。就牙齿论之，犬猿之隙齿较长，而人猿之隙齿较阔。第一大牙在犬猿仅有四峰，在人猿则有五峰。又人猿及人之门牙外阔于内，犬猿反之。非亚二洲之人猿如猩猩等之体部构造，大概与人类极相似。犬猿之构造阶级，则相离甚远。任以何种机体比较可见。一八八三年解剖学家赫特门（Robert Hartmann）著《人猿及人猿机体与人机体比较论》，以人及人猿为一类，其他狭鼻猿及阔鼻猿别为一类。人与人猿关系密切，实无可疑。

自比较解剖学所得各种重要事实，可见人与人猿不惟极相似，且就一切确实关系言之，实即相等。二者同具骨节二百，皆依同样之秩序相配合；同具肉筋三百，以司运动；同具毛发；同具脑筋系；心脏同具四房，血液依同理流动；同具牙齿三十二，秩序亦同；同具口涎腺、肝腺、肠腺以司消化；同具相似之生殖机关，以司续种之事。

更详细比较之，虽见人及人猿各机体之大小形状微有不同，然以高级人类与下级人类之体部构造比较之，亦非无差异可言，且以同种人比较之亦然。虽二人之高矮相同者，其耳目鼻口等，亦非完全相似。试于聚会场中留心观察之，可见各人之形状，实迥不相同。虽同胞之姊妹兄弟，亦复如是。然是于体部构造之根本同等事实，固无妨碍。其单独部分之生长，或有微异，不足为病也。

（第二卷第四号，一九一六年十二月一日）

赫克尔之一元哲学(续前号)

马君武

第三节　人之生活

吾人关于人类生活之知识,至十九世纪乃成为独立真实之科学,且发达为科学中之最优美有趣而最重要者。所谓生理学者 Physiologie,虽在古昔已为医学中必要之学,与解剖学并重,然其根本研究,每与许多困难相抵触,故其发达较为迟缓。

生与死相对,自古昔以来,已为思想界一大问题。人之生活与动物之生活有一定特别之变化,最显者为运动。如独立行动、心跳、呼吸、言语,等等,皆为死体之所不能。但仅据此等现象,不易以有机体与无机体相别。有如水流、火腾、风吹石坠,皆属运动,故未开化之自然人,以为此等死体亦具有生活者。

人类生理学　关于人类生活作用之研究,始于耶稣纪元前第六第五世纪。关于此类事实搜集最富者,为亚里士多德所著之自然史学。其最多部分,盖采自德谋克里偷司(Demokritos)及喜卜克拉特司(Hippokrates)。后者于生理学已有新解说,以为人类及动物之生活原理,乃因具有一种流质的生活精神 Lebcusgeist,Cueuma。格拉西司特拉都司(Grasistratus)生耶稣前二八〇年,分生活精神为高低二种。低者 Puenma zoticon 居心,高者 Cuenma psychicon 居脑。

其将此等散漫之知识集合以成生理学一系统者,以希腊医生卡伦奴司为始。卡氏又为解剖学大家,前既述之。当其研究人体机关之时,即同时研究其生活作用,且常以与人类相似之动物如猿者相比较。由猿类所得之结果,直接以推于人类。卡氏又明认生理实验之价值,以猿犬猪用活体解剖法 Vivisektion 为诸种有趣之实验。活动解剖法,不惟无知识之人反对之,即与科学为仇之宗教家及重感情之人,亦反对之。然是为研究生活问题不可缺之方法,重要生理问题,每借所得最贵重之解决,而卡伦奴司于一七〇〇年前已知之。

体部之一切作用,卡伦奴司归为三大部,与生活精神之三种形式相当。第一为灵魂部精神 Puenma psychicon,其位置在脑及脑筋,司思想感觉意思之事;第二为心部精神 Puenma zoticon,司心跳脉动及热量造成之事;第三为肝部精神 Puenma physicon,是为所谓菜食的生活作用,以及营养、物质交换、生长、传衍等之原理。卡氏尤注重于血液花肺部变新之事,以为必有一日发明斯理。血液由呼吸所吸收空气之一部分,所以增其精力者,他日必可分离。及后一千五百年,拉瓦喜儿(Lavoisier)乃发明是为养素。卡伦奴司之生理学,亦如其人体解剖学,湮没不彰者一千三百年,无人过问。此时期内耶稣教之势力极盛,反对文明,为一切自然知识之障碍。自第三世纪至第十六世纪,无一人研究人类生活作用。敢越卡伦奴司所立系统外者,直至十六世纪,乃有著名之医生及解剖学者研究生理学。至一六二八年,英国医生哈维(Harvey)发见血液循环之理,知心脏为抽送器,因其合节之松缩,使血液自血管流通。哈维又发明动物生殖之理,谓一切生物皆由一卵发达 Omne vivam exovo。

由哈维所得生理学研究之激动,十六及十七两世纪遂有许多发明。至十八世纪之中季,哈勒(Albrecht Haller)乃集其大成。其所著《生理学通论》*Glementa physiologiae*,述明此种科学独立之价值,盖不仅实用医学之关系而已。但哈勒谓脑筋作用有特别感觉力司之,而肉筋之运动有特别感触性司之,因是遂为主张生活力之谬说者所利用。

生活力 Lebenkraft,Vitalismus 自十八世纪之中季至十九世纪之中季,医学界及生理学界,皆墨守一种旧说。谓生活现象之一部分,为物理及化学作用所致,而其他一部分则为一种独立的生活力之所致。关于生活力之本体及其与灵魂之关系,说各不同。然皆谓生活与物理化学力绝无关系,而为力之他一种。是为独立而不具无机本性之原始力,不惟灵魂作用,以及脑筋之感觉、肉筋之激动,皆赖以生活力。凡感触作用以及生殖发达作用,皆为此神妙不可思议之生活力所致,故不能以物理化学之自然作用解释之。生活力之自由作用,既顺理而行,不假思维,遂成为哲学界内明极论 Teleologie 一种问题。康德著批判哲学,亦承认明极决断力。以为人类良知,可以解释一切力学的现象,不受限制,而关于有机生活之现象,即无所用。是当归于自然界以外之原理,盖力学的生活作用。仅以物理化学解释,则与生活力之现象冲突愈甚。有如血液循环及其他运动,定为力学作用,呼吸消化,定为无机性的化学作用。而脑筋及肉筋作用,以及灵魂生活,则皆不能解释。因是发达完全为二元哲学,无机本性及有机本性,力学作用及生活力作用,物质力及生活力,身体及灵魂,皆显然有区别。至十九世纪之初,法国鲁意仲马(Lonis Dumas)尤为主张生活力最有力之人。一七九五年,汉保德(Alexander Humboldt)至作诗以咏之。

生活机械主义即一元生理学 十七世纪之上半期,已有狄卡儿(Descartes)依哈维血液循环之发明,谓人体与其他动物体同为一复杂之机器,其运动一依力学定理,与其他人造机器同。但狄卡儿犹认人类有完全独立非物质之灵魂,而灵魂之主观感觉即思想者,为全世界唯一所以得真确知识之具。此虽为二元说,然无害于狄卡儿之力学的生活作用说。及一六六〇年,佛雷李(Vorelli)谓动物体之运动一依物理学定例,又西尔浮司(Silvius)同时证明消化与呼吸完全为化学作用。二人之学说,当时皆未经世人公认。至十八世纪,生活力之说大昌。佛西二氏之学说,乃全湮没。直至十九世纪之第四旬,比较生理学发明后,其学说乃复昌明。

比较生理学 人类生活作用之知识,亦如人类身体构造之知识,非直接自人类机体研究得之。乃自其近似之高等脊椎动物如哺乳动物研究得之,故人类解剖学及人类生理学发达之初期,实皆为比较的。而真正之比较生理学,自最下等动物以至人类,以其生活现象相比较,则在十九世纪。此学之始创者为米勒约翰(Johannes Müller),父为鞋工。自一八三三年至一八五八年,讲学于伯林大学,其在生理学界贡献极大。最后六十年,德国之言生理学者,皆直接或间接为米勒弟子。其研究之主旨,为人类解剖学及人类生理学。而以各种高等及下等动物比较之,以改灭种之动物与方生存之动物之构造比较,以人类之健康机体与受病机体相比较。凡有机生活之现象,以哲学明其关系。生理学之知识,至米勒遂达最高度矣。

米勒之研究结果,具载于所著《人类生理学全书》(*Handbuch der Physiologie des Menschen*)。一八三三年出版,书之内容,实比较生理学。今日之言生理学者,未能过之。书中所述研究试验之法,与哲学界之演绎归纳二法价值相等。米勒初为主张生活力之一人,与同时之生理学者相似。然其解释不同,未几即立于反对之地位。凡生活之一切现象,米勒皆务以力学解之。米勒之所谓生活力,不超出其余自然界之物理及化学定律以外,而与此密切相关。故米勒之所谓生活力者,即生活,即生活机体一切现象之和。凡感觉及灵魂生活,以及肉筋之运动,血液之循环,呼吸消化,以至生殖及发达之现象,等等,米勒皆务以力学理解释之。凡述一切生活现象,必自最下等动物始移步而进,至高等动物以至人类。于生理学及解剖学,皆用批判的比较法。凡一问题,先自各方面平均研究,而集合其结果,在自然科学家独树一帜。米勒死后,其学说今分为数家,即人类及比较解剖学、病理解剖学、生理学、进化史四者。有如亚历山大既建造世界帝国,死后乃分为数国也。

细胞生理学　米勒之多数弟子,当米勒在时,或其死后,皆于生理学有所建树,其中最有名者为司旺(Thcodor Schwann)。一八三八年,耶拿 Yana 植物学者司耐登(Schleiden)已知细胞为植物之共同元本机体,植物体之一切肌体,皆为细胞聚合所成。米勒推广其学说于动物体之各种肌体,司旺则更推阐师说,证之于一切动物体。一八三九年,著《动植物构造生长相符之显微镜研究》(*Mikroskopischen Untersuchungen über die übereinstiusmung in der Strukfur und dem Wachsthum der Thiere und Pflanzen*),是书为细胞论之基础。自是生理学及解剖学,皆依此逐年发达。知一切机体生活作用之原,在其肌体之元素即细胞。此说为白吕克(Grust Brücke)及叩里克(Albert Külliker)之所倡,二人皆米勒弟子也。白吕克谓细胞为元本机体,在人体及他动物体为生活之独立有为因子。白吕克更进证动物卵及自此所得之皱缩球体,皆细胞之所成。

细胞说与生理学关系之重要,既为世所知。而细胞生理学 Zellularphysiologie 之独立成为科学,则属近世之事。创此者为费尔阿文(Max Verworn)。赫克尔一八六六年所著《细胞灵魂论》(*Theorieder Zellseele*),以单细胞之原始动物为试验基础,以无机物之化学作用,与最高动物之灵魂生活相比较。一八八九年,著《单独细胞动物之心埋的生理研究》(*Phychophysiologischen Protistenstudien*)记载其中,又著《生理学通论》(*Allgemeinen Physiologie*)以近世发明之进化论为根据。米勒谓生活现象皆可以物理学及化学的试验证之,费尔阿文则更以细胞生理学助之。于是人类之生活作用,及一切动物之生活作用与物理学化学定例之关系,乃益确定矣。

细胞病理学　细胞说既为生理学之根本条件,在十九世纪之后半期,不惟形态学及生理学因是大获进步,即生理学之与医学实用有关系如病理学者,亦因是成立。盖人类疾病亦为一种自然现象,故须与其他生活作用同。当以自然科学方法研究之,古昔医学家已有此种观念。十七世纪有多种医生,即欲将疾病原因以物理学及化学之变化解释之，惟当时自然科学尚极幼稚，故无成功。故古说不能消灭，谓疾病之原因属于神秘。及至十九世纪之中纪，其学说乃能成立焉。

是时有米勒弟子威尔寿(Rudolb Virchow)者，以细胞说推广于健康机体及有病机体，研究有病细胞及自此所成之肌体之变化，以是为疾病所起之原因。生活机体之危险及死亡，皆由于是。当其在宇持堡 Würzburg 为教授之七年(一八四九年至一八五六年)，即全注力于是。一八五八年，著《细胞病理学》(*Zellularpathologie*)，于病理学及实验医学界，开一新面目。以纯粹一元科学解释病理。无论健康之人或有病之人，皆与其他有机界同为此物理学化学永久不灭之定律之所支配。

哺乳类动物生理学 于各种动物中，惟哺乳动物因形态及生理关系，独占一种特别位置。因人类据身体构造言，属于此类，故其生活作用之性质，亦必与其余哺乳动物相符。事实上果如是。血液循环及呼吸，人类与其他哺乳动物恰依同例。心肺二脏之构造，惟在此类动物，益加完全。凡哺乳动物红血液由左心房通过左血道，分布全身。在鸟类则经过右血道，在爬行类则经过左右二血道，以分布之。又哺乳动物之血液与其他脊椎动物相异之处，为其红血细胞不具中核。呼吸运动，在哺乳动物因有横隔膜，使胸腔与腹腔完全分离而益加良。其最重要者，尤在此类动物产生乳液，以哺养其小儿。因是母子之爱愈增，故此类动物以是得名也。

猿类生理学 就哺乳动物言之，以猿类之身体构造与人类最相近，故其生活作用亦然。而猿类生活习惯、运动、感觉作用、哺乳抚育等事，与人类极相似，此尽人所知者。据科学研究之结果，则在心脏作用、液腺构造、男女生活，尤为与人符合。有如已达生殖期之牝猿，按期自子宫有经血排出，与女人相似。且其乳腺之发育及育儿之周挚，复与女人无异。

最有趣味之事，为猿类发声，已为人类言语之先导。印度产之人猿，今日尚存在者，能谙音乐。苏门答腊所产人猿之一种 Hylobates Syndactylus，能唱歌，具七音阶。故今日之言语学者，谓人类言语，实自猿类啼声发达之所成。

(第二卷第五号，一九一七年一月一日)

读《荀子》书后

吴 虞

孔学之流传于后世，荀卿之力居多；孔教之遗祸于后世，亦荀卿之罪为大。汪中《荀子通论》曰：《毛诗》《鲁诗》，皆荀卿所传。《韩诗外传》引《荀子》以说诗者四十有四，则《韩诗》亦荀卿之别子。《左氏春秋》《谷梁春秋》，皆荀卿所传。而荀子之学，本长于礼，曲台之礼，又皆荀卿之支与裔也。自七十之徒即没，汉诸儒未兴，中更战国暴秦之乱，六艺之传赖以不绝者，荀卿也。据《荀子·大略》篇，"《春秋》贤穆公，善胥命"，则为《公羊》《春秋》之学。刘向又称荀卿善为《易》，此皆荀学出于孔氏之证。周公作之，孔子述之，荀卿传之，其揆一也(以上皆汪氏说)。夫人之生活，在其精神；学之成立，在其宗旨。精神既失，则形体如尸；宗旨既差，则枝叶无取矣。余就汪氏之说，以读荀卿之书，则其尊君、卑臣、愚民之宗旨，盖莫不与孔氏合。其《礼论》篇曰：礼有三本，天地者，生之本也；先祖者，类之本也；君师者，治之本也。无天地，恶生？无先祖，恶出？无君师，恶治？三者偏亡，焉无安人。故上事天，下事地，尊先祖而隆君师，是礼之三本也。又曰：父能生之，不能养之；母能食之，不能教诲之；君者，已能食之，又善教诲之，丧三年毕矣哉。得之则治，失之则乱，文之至也；得之则安，失之则危，情之至也。两至者俱积焉，以三年事之犹未足也，直无由进之耳。杨倞注云：君兼父母之恩(孔孟均以君父并尊)，以三年之丧报，犹未足也(刘止唐先生亦主此说者)。此实吾国"天地君亲师"五字牌之所由立。而君主既握政教之权，复兼家长之责，作之君，作之师，且作民父母，于是家族制度与君主政体遂相依附而不可离。儒教徒之推崇君主，直驾父母而上之，故儒教最为君主所凭借而利用。此余所以谓政治改革而儒教家族制度不改革，则尚余此二大部专制，安能得真共和也？夫知政治当改革者，容纯父诸人也；知政治儒教当改革者，章太炎诸人也；知家族制度当改革者，秦瑞玠诸人也；知政治、儒教、家族制度三者之联结为一,而皆不可不改革者,严几道诸人也。而荀卿则“三本”并称,尊王尤甚,其不合于共和一也。《仲尼篇》曰:人臣处位可终身行之之术,曰“持宠处位,终身不厌之术”云云,引《诗》“媚兹一人,应侯顺德;永言孝思,昭哉嗣服”以证之。又言:“擅宠于万乘之国,必无后患之术,莫若好同之。”又云:“能而不耐任,且恐失宠,则莫若早同之。”夏曾佑论之曰:李斯本孔子专制之法,行荀卿性恶之旨,卒至具五刑。黄犬东门,父子相哭,千古为之增悲,皆荀卿以持宠固位终身不厌之术,为臣事君之宝之教害之也。夫尊君卑臣,患得患失,至于教之持宠固位,以顺为正,同于妾妇,终不免于祸国亡身,去公仆之义绝远,其不合于共和二也。孔氏言“民可使由之,不可使知之”,为秦始皇愚黔首政策之所本,而实李斯承荀卿之说以启之。《正名篇》曰:“民易一以道,而不可与共故。”郝懿行解云:“故谓所以然也。夫民愚而难晓,故但可偕之大道,而不可与共明其所以然。所谓‘民可使由之,不可使知之’。”夫立宪之国,务智其民;教育普及,富强之要。欧美恒言:“欲民行之,必先智之。”《管子》曰:“智者知之,愚者不知,不可以教民。”(宋于庭曰:老子之学,出于管子。管子为黄帝之后,传其学。故《汉志》列管子于道家,而当时并称“黄老”。)荀卿之说,适得其反,此不合于共和三也。然则吾国专制之局,始皇成之,李斯助之,荀卿启之,孔子教之也。大本即拨,二千年来拘墟面教,不能旧舍谋新,全国厌厌,困于宗法,甘为奴隶,老洫之讥,卑劣之诮,播于全球。廖季平曰:“秦始皇尊孔行经。”日本人曰:“支那人盲目以崇儒教,真枯死之国民。”合而观之,皆有味乎其言也!韩退之曰:“荀子大醇小疵。要其归,与孔子异者鲜。”苏子瞻曰:“荀卿喜为异说而不让,敢为高论而不顾,然后知李斯之所以事秦者,皆出于荀卿。”故自韩、苏之言观之,知荀学之归合于孔,与秦制之本出于荀,则于吾国政教、学术、法典、礼俗之演成,皆可以推明其得失。若陆桴亭之徒,仅以性恶、礼伪之言,讥其纯粹不及孟子,力量不及杨、墨,则犹属道学家皮相之论也。

(第三卷第一号,一九一七年三月一日)

物质实在论(哲学问题之研究一)

恽代英

哲学家之问题,每有出于吾人意料外者。如物质实在 The Reality of Material World 之研究,是其例也。在吾人未闻哲学家之绪论以前,对于此问题,当无不以为不假思索而可决其实在。何者?吾目实见形色,以为形色不实在不可也;吾耳实闻声音,以为声音不实在不可也。吾见巍巍者,吾以为是有山在。如有人以为未尝有山,则吾何为跋涉而劳顿也?吾见滚滚者,吾以为是有水在。如有人以为未尝有水,则吾何为堕陷而沉溺也?夫跋涉而劳顿,以证山之实在;堕陷而沉溺,以证水之实在。虽有辩者,岂能有所疑乎?且无论吾人目亲见,耳亲闻,身亲历,决然信其为实在矣。即盲者目未尝有所见,固不妨深信形色之实在。聋者耳未尝有所闻,固不妨深信声音之实在。如语盲者以形色之不实在,语聋者以声音之不实在,彼必立斥其妄,而不肯信,更无论有目有耳者也。今试语人曰,凡尔所见之形色,非真形色也。凡尔所闻之声音,非真声音也。乃至凡尔所嗅非真臭,凡尔所尝非真味,凡尔所触非真物,凡尔所历非真境。盖天地本无天地也,山河本无山河也,形、声、臭、味、物、境本无形、声、臭、味、物、境也。若此而有人信之乎?更进一步,于对谈之间,明明有尔有我也,乃谓尔本无尔,我本无我。若此而有人信之乎?吾等如未尝探究哲学家之历史,必谓此等荒唐之语。不独无人信之,亦且无人言之。盖虽无论如何癫狂之辈,亦决不至癫狂至于此极也。然固有人言之矣,固有人信之矣,其人决非癫狂也。岂徒非癫狂而已,且为世界文化中最有名誉之人,即吾等所视为学艺之花之哲学家,此不甚可异乎?哲学家对于此问题,意见初不止一种。然自最少之一部分外,鲜有与吾人表完全之同意者。或虽谓物质为实在,然其所以决物质为实在者,仍自与吾人异。然则此问题岂非极为有可研究价值之问题乎?吾今请述诸大哲之说,分别之为四种。读者或于此而知此问题之重要,不可凭吾人直觉而遽论断之,谓为不足讨论也。

一、绝对实在说 Absolute Realism。绝对实在说者,与吾人上述之意见,表绝对的同情者是也。在哲学家,唯常识派 Common Sense 主张之。然其说又各不同,今举两家之说,以见其一斑焉。(一)黎德 Thomas Reid(一七一〇至一七九六)。黎德之意,谓吾人之观察外物,实直接窥见其真相。故吾人目之所见、手之所触,即为物质实在之惟一证据。自狄卡儿 Descartes(一五九六至一六五〇)以下,谓吾人只能观察物之映象,不能观察物之实质者,非也。黎德著《人心之考察》*An Inguiry into the Human Mind* 有曰:“当人以手抚案时,则感案之硬性。所谓硬性者何耶?必以其有所感触,而生知觉。由此知觉径推论而知有实在之外物存在。此实在之外物颇重大,故不能不用颇大之力以移动之也。吾人于此,可知有所谓知觉,有所谓由知觉推论而得之结论。案之硬性,结论也。硬性之感,推得此结论之知觉也。前者为物之性,存于物以存于物。故吾人未感之之前,或即感之之后,其硬性无异。后者为心之觉,存于心以存于心。故吾人感之则觉其硬,未感之前,或即感之后,均不觉其硬也。”吾人读此言,可知黎德之意。虽力与狄卡儿等相反,然其不承认物质与知觉为同一事物,其言吾人所以能知物质之实在,必假知觉以为之媒介,皆与狄卡儿等无异。其所可以为异者,狄卡儿等以为由知觉可推论而知有实在之外物存在。黎德则谓由知觉径推论而决实在之有外物存在,如是而已。夫既与狄卡儿等相较不能执稍强固之理由,则亦安容独得一稍强固之结论?今舍前人郑重之态度,而故为武断以自异。此无以见其特优,但相形而见绌耳。(二)哈密尔顿 Sir William Hamilton(一七八八至一八五六)。哈氏之说,与黎德异。谓吾人观物而有知觉,此知觉乃一种复杂之组织也。其组织之成分,观物之心居其三之一;使吾人得有此物知觉之媒介物,居其三之一;实在之物质,居其三之一。故吾人所能直接观察者,盖仅实在物质三分之一也。哈氏不谓吾人得直接观察实在物质之全部,而特创此奇说。初聆之似觉可喜,虽然吾人初不能离感觉而直接有所谓知识,此在习心理学者,无不犹言之。彼以为吾人得直接观察实在物质之全部者,固非矣。既谓吾人得直接观察实在物质三分之一者,又何能遽以为可信乎?且哈氏又言吾人之能直接观察外物之实在者,限于此物直接呈示于吾人感官之时而止。与其前所主张,显然矛盾。可见彼亦初不能自满其主张,而又游移为此说矣。

二、假定实在说 Hypothetical Realism。假定实在说者,即狄卡儿、陆克 John Locke

(一六三二至一七〇四)所倡导之学说也。狄卡儿根据心理家言,谓吾人之观察外物,必经神经之传导,然后达于脑。故人之见物,非能见身外之真物也,但见吾人脑中所现物之现象而已。由是可知吾人之谓外物为存在者,非有何等直接证据,初不过就吾等脑中所现之现象而推论之,假定之,以为存在耳。由狄氏之言,吾人之知识限于吾人脑中所现之现象而止。初无一人,初无一事,能于此现象外,更有丝毫之知识。然则何由而能断定自此现象外,又有实在之外物,可以假定为存在乎?狄氏又曰,吾人对于物之观念,与实在之物,必不尽一致。夫吾人自始未见实在之物,安能持之以与物之观念比,安能断其一致乎?狄氏此言,殊为惑矣。陆克之说,大抵师承狄氏。其解释吾人对于物之观念,谓观念非外物,可知其与绝对实在说者之主张相异,旗帜较狄氏尤为鲜明。虽然,其矛盾处亦极可笑也。尝曰:“吾思天下之人,无论怀疑至何等地位,断未有并其目所亲见,手所亲触之物质,而并疑其不实在者。”陆氏以为此至明显,无可论议矣。虽然陆氏他日不言目所亲见,手所亲触者,为观念非物质乎。如果为观念而非物质,则吾目并未见物质,手并未触物质,何为不可以疑物质之不实在乎?陆氏欲以此决物质之实在,恐不足据矣。

三、批评派实在说 Critical Realism。批评派实在说,康德 Immanuel Kant(一七二四至一八〇四)之说是也。康德之说,先别物质 Noumena 于物象 Phenomena。物质者,实在之外物也。物象者,吾人脑中所现物之现象也。此等区别,古哲多有言者,初非自康德始,惟康德始能确见此义。故其学说,谓吾人知识,限于物象一方面而止。吾人之研究,亦宜限于物象一方面而止,过此必徒劳而无功也。古之学者,或谓物质为一种有形有质之物。然所谓形也质也,均吾人以形容物象之名。今以形容物质,则不当。或以为物质为物象之原因,所以有物象者,以有物质故。然原因结果,亦物象界之名词,今用之以说物质,亦非也。总之物质之与物象,其关系盖难言。吾人初无物质界之知识,必强欲研究物质界,或物质与物象之关系,无异夸父追日,徒自烦苦而已。吾人于此或将生一疑问,究竟康德承认物质之实在否乎?按上述之论调,即令康德承认物质为实在,此物对于吾人,亦为了无意义之物,以吾人毫不知其关系与性质也。然康德终不欲承认物质之非实在。康德本为富于保守性之人,且彼以为吾人既对于物质无知识可言,则其究竟实在与否,均非吾人所得武断,故康德对于物质实在问题取旁观的态度与诸哲异其趣也。

四、物质非实在说 Idalism。物质非实在说，即所谓观念论是也。此说承认物质非实在之物，亦非存在于外界，初不过吾人心灵之所构成而已。其说分为二派。（一）主观派 Subjective Idealism。如柏克尼 George Berkeley（一六八四至一七五三）谓凡吾人之知识，皆对于观念之知识，初非对于外物之知识。以此观念，为与其品性迥殊之物质之代表，实为无理由之举动也。柏氏又于其所著《人智之纲要》The Principles of Haman knowledge 悍然为物质非实在之宣言。虽然物质果非实在，则天下万事万物，皆为心灵之作用矣。柏氏乃谓存在于世界者有四物：1.感觉之观念。2.幻想之观念。3.心之动作。4.独立之我。所谓独立之我者，为实在之物质乎？抑为心灵之作用乎？在柏氏之意，固以其为物质，而与一切之心灵作用异，如此是与其例自相抵牾矣。谦谟 David Hume（一七一一至一七七六）谓独立之我，亦为一切观念之组合物。此等观念变动不居，互相继续，吾人则以为是我也。谦氏之说，世之满意者至鲜。今即舍此不论。柏氏既谓一切唯心造，所谓感觉之观念，与幻想之观念，又作如何之区分乎？吾人于一切观念之发生，固皆以为系心灵之作用，然感觉之观念，则非独心灵之作用而止，必有实在之外物，接触于五官者，以为之原因。此其所以异于幻想之观念之处也。若一切唯心造，无所谓实在之外物，则感觉之观念与幻想之观念毫无分别。如谓目见耳闻，则为感觉之观念，然目见空华，耳闻幻响，明明为幻得之观念，反不得不谓为感觉之观念，其为说岂不窘乎？此柏氏之说之未可信也。（二）客观派 Objective Realism。其为说较主观派更进一步，谓一切外物内心，均为神之现象。此所谓神者，初不与宗教之所谓神者相混。其意盖谓一种普遍之心灵，贯彻于宇宙间，而为外物内心生灭变化之原因也。黑格尔 Hegel（一七七〇至一八三一）谓之神理 Divine Reason，柏克尼谓之神意 Divinemind，白勒尼 Bradley 谓之至上 Absolute。其为说虽不一，究其终止皆此物此志而已。吾人对于此说，实有不能赞一辞者。印度佛家言，似亦为此说之一种也。

就上四说，而问之吾人自身之裁判力，究以何者为较恰当乎？绝对实在说，与心理学原理悖谬。吾人始终未尝见所谓物质，则吾人自不能知物质之形状。彼以为吾人能知物质之全部或一部分者，其为非理甚明也。谓物质为非实在者，与前说绝对相反。然主观派既混真境与幻境为一物，客观派又有所谓普遍之心之奇幻学说，为吾人所不愿承认。康德之说，弥近理矣。然谓物质非为吾人所知则可，并其究竟实在与否？亦不下一有力之断语，则似非也。假定实在说，以吾意言之，似为最近确实之一说。惟其说者，每不能举充分之理由，且其主张常不免陷于矛盾，令人有所指摘，此则所不能满意者也。

吾以为物质必为实在。何以知物质为实在也？曰：吾人之知觉，必待感官受外物之刺激而后发生。虽吾人不能直接以见外物，因感官之既受刺激而发生知觉，遂决为外界必有实在之物质，此亦宜可信也。吾人对于真幻之分，鲜不以为若天渊之悬绝。试思此悬绝之点何在乎？一有对象，一无对象而已。此等区别，虽无论何等唯心学者，均深信之。如上述柏克尼分观念为感觉的、幻想的二种即是此义。谦谟为有名怀疑学者，然彼虽谓不能确知有实在外物，以为感官之刺激与否，固区别由刺激所得之知识，与纯粹之观念为二物。且谓凡学问皆根本于经验。所谓经验，亦言由感官所得之知识而已。

或谓吾人既始终未见所谓实在之物质，安知当吾人知觉发生时，必有外物以为之刺激乎？曰：吾于上文既述真幻之分矣，所以知真有对象者。吾人苟非有精神病者对于一真物或一真境，每起同一之认识或感想，如有方丈之塘于此，甲见之以为方丈，乙见之亦以为方丈，昼见之以为方丈，暮见之亦以为方丈，如非确有物焉存立于吾人感官之外，以刺激吾人之感官，吾人何以不约而有此同一之认识与感想乎？若幻境则不然矣。甲幻一境，为方丈之塘，乙幻一境，断不能与甲一致。千万人各逞其幻想之能，亦断不能互相一致，此何也？以幻境本无对象，故无拘束。即就甲一人言之，其幻境似能一致矣。然时时不同，日日不同，亦绝不能互相一致，此何也？亦惟以幻境本无对象，故无拘束。由此观之，真幻之分明，真境之必有对象了然矣。且真境明显，幻境暗昧，真境可分拆可集合，有原因有结果，而幻境一切反是。凡此各种区别，皆足知真境之有客观实在物质之关系，非如幻境完全为主观一方面之活动也。盲者不见形色，聋者不闻声音，然形色、声音不以不见不闻而遂不存在。盖客观之物，虽待主观健全，始足以认识感觉之。即令主观不健全，不能认识感觉，其客观之物之存在如故，不可以为离主观而遂无客观也。然则于此不足以证物质之实在耶！（上述形色声音，以便于行文，故浅言之。实则此皆吾人形容物象界之名词，为主观的，而非客观的。客观者，即为此形色声音之本原，吾人无可思议者也。）

吾既以为物质为实在矣，至物质究竟之形状，物质与物象究竟之关系，则以为不可知，是何也？吾人既始终未见所谓物质，则其形状及其与物象之关系，从何而得知此至明显之事也？世之论物质形状者，有三说：（一）物质各种形状，与物象所表现者为一致。（二）物质之形状，为物象所表现者之本原，故形状较简单。（三）物质无形状可说。如斯宾塞 Herbert Spencer（一八二〇至一九〇三）不可知之说 Unknowable 是也。此三说者，立说各异，然言吾人之所不能言，而好为武断，则皆受同一之弊端。明明知物质非吾人之所得知，而强欲论之，不亦惑乎？论物质与物象之关系者，有二说：（一）物质与物象为因果之关系。（二）物质与物象不得为因果关系。此二说者，立说适为相反。然其犯武断之弊，亦正相同。吾人既初未见物质，则此等关系，乃超越常识之问题，非吾人所得讨论。今遽以为属因果关系，或非因果关系，果何所据以立论乎？吾人今日之所得言者，物质必为存在而已，物质与物象必有关系而已，至其如何而存在或有如何之关系，非吾人之所得论。

或疑吾既不知物质如何而存在，何以知物质之必存在？吾既不知物质与物质有如何关系，何以知其必有关系？然吾固言之矣，凡吾人以为真物真境者，吾人必推想而假定为有一种与此物境相关系之对象。无对象，吾人不应对于同一物境，生同一认识与感想。此对象即物质也。吾人于此既不能不假定有实在之物质，既不能不假定物质与物象有如何之关系，然则虽不知物质如何存在，何为不能知物质必存在？虽不知物质与物象有如何之关系，何为不能知其必有关系乎？

或又将有疑吾说者，以吾此言物质之实在，初不过由一种理论而假定之耳。夫果实在，即不得为假定。既假定，尚安得为实在？故必有一尤确之证据，始足信此为定案。为此言者，亦近是矣。虽然不妨以佛勒顿教授 Prof Fullerton 之论他心存在问题 The Existence of Other Mind 之语答之。夫我有心，他人亦有心，此无可疑议者也。然试有人卒然问曰："汝何以知他人亦有心乎？汝岂得直接视察之而证实其有心乎？"唯心之学者，并他人之存在亦且不肯承认，更何论于他心。如此则他心之存在与否，果成为问题矣。唯心派学者之言，不免过于情实。然吾人所以知他心之存在，实无何等证据，此亦无可讳饰者也。吾人之知他心之存在，惟以他人与我有同一感受同一动作，由我有心，以为此等感动之主张，以知他人亦必有心，以为此同一感动之主张。舍是以外，更无论据也。夫如此则他心之存在，亦不过假定而已，岂可以为不可信乎？佛勒顿教授曰："吾人之论他心实无求证据之理，盖初无证据可求也。惟直接得以感官观察者，然后有证据。他心固不可直接观察，而于此求证据，不亦惑乎？颜色之存在，吾人不容以鼻不能嗅而否认之。以颜色本非鼻所能嗅,苟能嗅且不为颜色矣。吾人之求证据,亦必求于其可求之处然后可。”佛氏此言,可谓透彻矣。他心如此,物质亦如此。吾人既谓物质不可观察,而必欲于前之理论外,求一种尤确之证据,是何异必欲以鼻辨颜色之存在,而不顾颜色之不可以鼻辨乎?

(第三卷第一号,一九一七年三月一日)

消极革命之老庄

吴 虞

日本人有言曰:“法兰西人为积极革命派。中国人为消极革命派,老庄其代表也。”吾推究其说,盖法兰西人见政府腐败,则亟起革命,断脰流血,迫不及待,以求涤瑕荡秽,保其自由,弗可以须臾忍。老庄派则不然,彼常诵法老子“圣人不仁,以百姓为刍狗。大道废有仁义,国家昏乱有忠臣。绝圣弃智,民利百倍。礼者忠信之薄乱之首”之言,深知家天下者遗弃公天下之道德,而专以家天下之仁义智,愚弄人民,阴遂其私。又研求《庄子·胠箧·盗跖篇》,所谓窃国盗法以守其盗贼之身。斗斛权衡符玺仁义皆民贼窃之。独夫盗之,假圣智之名,享君王之实。圣明之天王,乃胠箧之巨盗耳。故孔子言:“君不君,臣不臣,虽有粟不得而食。”又曰:“君臣之伦,如之何其废之?”《春秋》主尊王攘夷,君亲无将,将而必诛。《孝经》明资于事父以事君。儒教徒如孟子,虽略有“民贵君轻”之语,然其辟杨墨则以无君者比之禽兽。荀子贵礼“三本”,以天、地、君、亲、师并重,而谓君恩在父母之上。班固《白虎通》以君臣、父子、夫妇列为三纲。于是君臣大义,炳如星月矣。自后民贼必崇儒教,儒教必辟异端。叔孙通、董仲舒之徒,虽或斥为“希世”,或诋为“大愚”,而固已拥“圣人”“大贤”之徽号,以笼罩天下后世。相推相演,以迄于今。儒术之弊与专制之祸俱达于极点。禅让之迹,后世窃之;征诛之局,大盗袭之。封建非也,郡县亦失。乱臣贼子,元恶巨猾,夷狄杂种,更起迭进,不绝于世。二十四史,脓血充塞,束以礼教。唐太宗、明成祖之于伦纪,莫如何也,范以律例;王巨君、曹孟德之于逆篡,莫能止也,唯是雍容揖让,敷衍搪塞,委国家于吏例利,而为空泛道德之谈。倘恍性命之理,沾沾于汉、宋,切切于陆、王,自以为命世大贤,孔门正脉,而生无补于时,死无损于世,亦可嗤矣。周濂溪曰:“《春秋》正王道,明大法,孔子为后世王者修也。乱臣贼子诛死于前,所以惧生者于后也。宜乎万世无穷，王祀夫子，报德报功之无尽焉。”呜呼！濂溪之言，真足以证明孔教与民贼及中国之关系矣。而老庄一派则不然。晋宋六朝之人，多深于老庄之学，其视霸主直民贼耳、盗魁耳。故稽康非汤、武而薄周、孔，钟会以为非毁典谟，王者所不宜容。引太公戮华士，孔子诛少正卯为例。阮籍斥汉高、项羽为竖子，礼法之士疾之如仇。即蔡撙、王僧达辈，皆有以自高而不为贵戚权倖屈，其君臣之观念极浅。其朝秦暮楚，身仕数朝，绝不以为怪。其托身仕宦，类因私计。如陶渊明谓人曰：“聊欲弦歌以为三径之资。”执事者闻之以为彭泽令。王秀之为晋平太守，期年谓人曰：“吾山资已足，岂可久留以妨贤路？”皆可证也。其他因婚嫁之费，门户之累，而弹冠入仕者，见于史册，不胜枚举。彼既视霸主为大盗，世岂有忠于盗贼而尽节者哉？特不能如法兰西人之起而驱逐，置民贼于断头台上，以发挥其人权之宣言，斯所以为消极也。善乎萧子显之论褚渊曰：“世之非责渊者众矣。夫汤、武之迹异乎尧、舜；伊、吕之心，亦非稷、契；降此风规，未足证也。自魏氏君临，年祚短促，服褐前代，宦成后朝。晋氏登庸，与之后事，名虽魏臣，实为晋有。故主位虽改，臣任如初。自是世禄之盛，习为旧准。君臣之节，徒致虚名。贵仕素资，皆由门庆。平流进取，坐致公卿。殉国之感无因，保家之念宜切。中行智伯，未有异遇，既以民望而见引，亦随民望而去之。恩非已独，责人以死，斯固人主之所同谬，世情之过差也。”观子显之言，足以考“老庄派”对于君臣一伦之心理矣。夫专制之世，污君之朝，高尚其志，遁世无门，故二十四史无“隐逸传”者，不过数史。盖君臣之伦，儒者既谓无所逃于天地之间，而置身盗跖之廷，与负匮担囊者为侣，又节侠之士所鄙夷而不屑，此独行隐逸之士所以史不绝书，而老庄之学，其影响为至巨也！夫汉武罢黜百家，表章“六艺”，孔学一尊，而西汉乃无名节之可言；光武异严子陵之高节，而东汉气节之盛以开。此老庄之学所以见忌于霸主与官僚，而儒教所以又独能与霸者官僚极相吻合也。

（第三卷第二号，一九一七年四月一日）

儒家大同之义本于老子说

吴 虞

或问：子谓儒教义主专制不合共和，然《礼运》不有“大同”之说乎？应之曰：孔氏问礼于老聃，《礼运》“大同”之说，乃窃道家之绪余，不足翘以自异，何以言之？按《礼运》云：大道之行，天下为公，选贤与能，讲信修睦，故人不独亲其亲，不独子其子，是故谋闭而不兴，盗窃乱贼而不作，故外户而不闭，是谓大同。孔颖达疏云：“自‘大道之行’至‘是谓大同’，论五帝之善。”又《礼记》原目疏云：“先师准纬候之文，以为三皇行道，五帝行德，三王行仁，五霸行义。”而老子言：“失道而后德，失德而后仁，失仁而后义，失义而后礼。”即皇降而帝，帝降而王，王降而霸也。又言：太上，不[下]知有之，其次亲之誉之，其次畏之，其次侮之。信不足，有不信，犹兮其贵言。功成事遂，百姓皆谓我自然。老子所谓“太上”，即指三皇、五帝以大道为公，无为无迹，故民不知有之，所谓“帝力于我何有”也。道德既衰，下及三王，以仁为治，则民亲之誉之。迨五伯以后，仁义不足以治其心，则以刑罚为政（《汉书·刑罚志》曰：“圣人因天秩而制五礼，因天讨而作五刑。”《艺文志》曰：“法家者流，出于理官。信赏必罚，以辅礼制。”儒家礼制，首重等差，以礼定分，以分为理。凡犯分即为犯律，故出乎礼则入于刑。盖儒家所谓法典者，不外礼制之文而已），故下畏之。刑罚不足以制其意，则以权谲虚矫为事，故众庶侮之，而不信其言。圣人则不然，功成而不执，事遂而无为，使百姓咸遂其性，所谓“大同”之治也。老子又言：“大道废，有仁义。智慧出，有大伪。六亲不和，有孝慈。国家昏乱，有忠臣。”则讥“小康”之世。故王安石解云：道隐于无形，名生于不足。道隐于无形，则无大小之分。名生于不足，则有仁、义、智、慧差等之别。仁者，有所爱也。义者，有所别也。以其有爱有别，此大道所以废也。智者，知也。慧者，察也。以其有知有察，此大伪所以生也。孝者，各亲其亲。慈者，各子其子，此六亲所以不和也。忠者,忠于己之君谓之忠,忠于他人谓之叛。盖道家重道德,以公天下为贵,传贤不传子。故曰:“不独亲其亲,不独子其子。”即三皇五帝之世,所谓“大同”之治也。儒家重仁义,以家天下为主,传子不传贤。故曰:“各亲其亲,各子其子。”即三王五霸之世,所谓“小康”之治也。孔氏盖闻老聃“大同”“小康”之绪论,故虽亦揭“大同”之旨,而仍注重于“小康”。《礼运》所举禹、汤、文、武、成王、周公六君子,皆家天下之君臣。其所标举为仁义礼乐,而谓礼为君之大柄。盖孔氏虽慕古之志切,终不敌其用世之情深,故略举“大同”,而详述“小康”,以迎合时君,期于得位乘时。故三月无君,则栖栖惶惶如丧家之狗。遂为吾国二千年来儒者治国事君之大法。至谓“治国不以礼,犹无耜而耕;为礼不本于义,犹耕而弗种;为义而不讲之以学,犹种而弗耨;讲之以学而不合之以仁,犹耨而弗获;合之以仁而不安之以乐,犹获而弗食;安之以乐而不达于顺,犹食而弗肥。”其所谓顺,即指前陈礼耕以至乐安是也。盖儒家之教,极之礼、乐、仁、义而止,不上溯于道德矣。呜呼!此老子所以痛斥“礼为忠信之薄乱之首”。主张绝圣弃智,民利百倍。绝仁弃义,民复孝慈。绝巧弃利,盗贼无有。绝学无忧,以深非之。盖学不本于道德,而规规于仁义礼乐,以粉饰家天下之政,不如绝之。斯诚有慨于“大同”之义汩没于儒家,不可再见于吾国,故不觉心长而语重也。《艺文志》称道家为“人君南面之术”,而于儒家则仅称为“助人君、顺阴阳、明教化”而已。其意固俨然有所轩轻,而道家与儒家之优劣,益可见矣。若夫后世小智小慧之徒,窃仁义而行之,仁者煦煦,义者孑孑,则伪日滋而乱日甚。方且标老子所绝弃之仁义孝慈为道德,以号于众,若击鼓以求其亡子。是则岂唯不足以企“大同”,并不足以言“小康”,与袁了凡之“功过格”近,而与孔仲尼之仁义说远。又乌得冒道德之名,而妄附于儒家者流乎?且《礼记》辑自汉儒,某增某减,具有主名,亦毋庸聚讼。汉儒工于阿世,左氏言刘累之后,《公羊》称“母以子贵”,附会层出。当日帝后多好黄老之学,其窃道家之言以冀贵宠亲媚,初无背其皇皇干禄之旨也。抑学说贵有系统秩序,不得摭拾相合数语,即认为鸿宝。须知德意志之伏甫氏亦有大宇宙国之说。东西洋学者,此类思想颇多,勿以“辽东之豕”见哂于人也。康长素《礼运》序曰:吾中国二千年来,凡汉、唐、宋、明不别其治乱兴衰,总总皆“小康”之世也。凡中国二千年儒先所言,自荀卿、刘歆、朱子之说所言,不别真伪、精粗、美恶,总总皆“小康”之道也。其故则以群经诸传所发明,皆三代之道,亦不离乎“小康”故也。或又曰,儒教专制,而孟氏独明“民贵君轻”之义,亦正有可取。应之曰:孟氏攻杨朱无君,则其学说亦不合于今日。惟孟子性刚,竟以“草芥寇仇”之语,被朱元璋逐出文庙,而孔氏仍安享太牢无恙。章太炎目为“国愿”,于此可以思其故矣。

(第三卷第五号,一九一七年七月一日)

柏格森之哲学

刘叔雅

柏格森,名安利路易(Henri Louis Bergson)。其先本犹太人。犹太文明旧族,近世哲人,先有斯宾那莎,后有柏格森。柏氏一千八百五十九年生于巴黎。幼学于利塞康多尔塞(Lycée Condorcet),研精数学,试辄冠其曹。年十八,以解数学难题受上赏,为麦马韩将军所称叹。转入高等师范学校,修哲学。既卒业,掌教于利塞丹采(Lycée d' Angers)、利塞克莱蒙(Lycee Clermont)者凡七年。其后撰一文曰《意识之直接资料论》(*Essai sur les données immédiates de la conscience*),得充博士,然名声犹未显也。一千九百年,充教授于法兰西大学校(Collège de France)。十稔以还,声誉日隆,宇内治哲学者仰之如斗星。讲学英、美诸大学,士之归之,如水就下。德意志无倭铿(R. Eucken),此君当独步也。其著作甚富,而《创造进化论》一书,尤为学者所宝,盖不朽之作矣(原名 *L' Evolution Drèatrice*。美国 Mifchell 氏译作 *Creative Evolution*。德国耶那 Jena 之 *Eugen Diederichs* 氏译作 Schöpferische Entwicklung)。其他著述,每一篇出,诸国竞相传译。而吾国学子鲜有知其名者,良可哀也。此篇为其杰作,原名《形而上学发凡》(*Introduction à la Métaphysique*),载一千九百三十年一月之《形而上学伦理学评论》(*Revuede Métaphysique et de Morale*)(杂志名)。英德意大利匈牙利波兰瑞典日俄八国皆有译本,为研究其学说之津梁。爰取其英文本译为华言。虽然,吾家子骏有言:"空自苦,吾恐后人用覆酱瓿也。"

叔雅识

诸哲学家于形而上学之界说与绝对(Absolute)之概念,学说虽至纷纭,然试一比较之,即可见其百致一虑。于认识对象,分相僢之二法焉:其一,为由外观之;其他,则由内观之也。前者有赖于吾人之观察点与自表现之符号,后者则二者皆置不用。前者得相对之知识而止,后者则常能跻绝对之境也。例如有一物体运动于空间,因吾观察点有运动静止之不同而知觉亦异,随其动轴与吾人关系之不同而所以道之之法亦殊,盖即随表此运动之符号而异也。以此二因,吾故谓此等运动为相对也。盖吾人于此,实置身此物体之外也。绝对运动则不然。吾人视此运动之物体宛然若有精神心思,与之有同感,且借想象之力,置吾身于其中。如是,则吾人之所感觉,将随其运动静止与其运动之方而不同。且吾所感觉,绝不有赖于观察点,以吾方处此物体之中也。绝不有赖于符号,以吾已得其原文,无取翻译也。一言以蔽之,吾将跻绝对之境,不复外察,但由内观矣。

更举一例以明之:今有传奇小说于此,道英雄冒险之事业,在彼作者诚能于书中人物描写入微,随其心之所至以状其言动。然作者之千万言,终不若吾于一刹那间置身其境,与书中人物合而为一时所得单纯之感觉也。由此单纯之感觉,将见此书中人物之言语、风采、举动自然流露,有如泉涌。凡此诸事,非复徒增加于吾人所构成书中人物之观念而终不得完成之者矣。盖一旦吾人置身其境,与彼书中人物合而为一,则其为人将一举尽为吾所会得。而表示此书中人物之千万事件,不特无所益于此观念,反将尽脱离之。且虽脱离,亦无伤于其本质也。彼作者名状此人物之辞愈繁,徒使吾人观此人物之观察点愈多。其所以描写此人物者,必以吾所既知之人物事件比较观之,始得了解耳,是表其象之记号而已。符号也,观察点也,皆置吾于此人物之外而皮相之者也。所可得而知者,其与众所同处耳,彼所独有处不可得而知也。至其特质,纯属于内,故非由外所能窥也。一切外物不可方比,故非符号所能表现也。叙述也,历史也,分析也,皆但能示我以相对而已。欲得绝对,唯有与此书中人物合而为一耳。

由是观之,绝对之义,与完全(Perfection)相同。譬有一城于此,从各方面摄其影,更一一凑合之使成其全景,然终不能比吾人所游行之真城也。有诗一首于此,译以各国方言,更取诸译文互相参照,加以修正,惨淡经营,使其意渐近于原作,然合诸译文所得之意味,仍不能传原作之真意也。故由某观察点所得之表象,用某符号之所表示,比之原物,终为不完。而绝对者全系原物,非其表象,即为原作,非其译文,故得完全也。

世往往认绝对与无限(Infini)为同物,亦以此故也。譬吾欲以读何玛(Homeros)诗所得之单纯印象传诸不通希腊文之人,则吾必先译其辞句,更加以注释,注释复注释,讲解复讲解,渐近于吾所欲表示之意味,然终不能臻吾心所望之境也。譬之汝一举汝之腕,此在汝之自觉,一至简单之事耳。然在吾由外观之,则见汝腕通过一点,更通过他点,二点之间,复有无数点,欲悉数之,将无尽期。故由内观之,绝对者,一至单简之物耳。然由外观之,易辞以言,即就其与他物之关系观之,则绝对之非符号所得尽表,犹以金币易散钱,必难尽得其原值也。能同时兼备"完全之了解"与"无尽之枚举"者,即无限其物也。

由是观之,余者皆可以分析而明。绝对则必求之直觉(Intuition)(直觉二字,不甚妥当,按其欧文本义,与程正叔所谓"德性之知"无殊。程子云:"见闻之知,非德性之知。物交物,则知之非内也,今之所谓博物多能者是也。德性之知,不假见闻。"此与柏格森之直觉哲学吻合)。直觉者,一种智灵之同感(Sympathie intellectuelle)之谓也。吾人借此得置身物体之中,而达一种不可方比不可名状之境焉。分析则反是,不过使物体还于既知诸要素之方而已,使复归于物所共有之要素而已。故分析者,非能表示一物也,借他物以表示之耳。是分析者,翻译也,借符号以敷衍也。详言之,即于吾人所方研究之新对象,与已知之他对象间,从相关联之观察点所取得之表象也。分析法希冀包举对象之全体,回环于其四周,而此希望求不得达。增加观察点至于无限,以求此表象之全,而表象永不得全。变更符号不已,以求此翻译之完,而翻译永不得完。以若所行,求若所欲,将不知其终极。而直觉苟可得行,实一单简之业也。

由是以观,可知实证科学之本职在于分析。其第一事,即在借符号以说明一切也。虽在最具体之自然科学如生物学诸科,其所论者,亦限于生物之外形、器官与其解剖学之要素而已。惟比较其外形,归复杂于简单而已。一言以蔽之,今日生物学于生命之机能,仅研求其有形之符号耳。求其得绝对之实在而非相对之知,置身其内而非由外察,直觉而非分析,超脱一切言辞翻译符号,则独有形而上学耳。形而上学者,无取于符号之学问也。

译者按:柏格森之学,世所称为"直觉哲学"者也。而斯篇于"直觉"之义,说之最详。英儒赫美(Hulme)称之:"Its importance, however, is greater than that of a simple introduction, for in it M. Bergson explains at greater length and in greater detail than in his other books, exactly what he means to convey by the word intuition."学者读此节,当于柏氏之方法论(Methodologie)思过半矣。

(第四卷第二号,一九一八年二月十五日)

读弥尔的《自由论》

高一涵

弥尔的一生著作,其中有极力发挥他自己的特别见解,句句话皆自他心中呕出。推倒舆论,打破习惯,跳出宗教党派的范围者,即是这《自由论》一书。此书作于一八五四年,据他自己说,深得其妻泰勒尔(Mrs.Taylor)之力。几次修改,到一八五九年,方才印行于世。林德色(Lindsay)说:“《自由论》一篇,在弥尔著述中,为最有名之作。凡他自己的特别的道理,皆包蕴于其中。”此论很可谓确当。故读过此书,一则可以窥见弥尔个人的特识,一则可借以考证尔时英国政治社会的情况。

凡一代学问家思想的潮流,多为当时社会实在情形所鼓荡。我们尚论古人,必定要明白古人所处的境遇,所呼吸的四围之空气和那些时代的政治社会学术思想之状态,然后再平情论断,方为得当。我看白克尔(E.Barker)所著《英国政治思想史》是很推重弥尔的。不过中有几句话,说:“弥尔的《自由论》《代议政体论》二书,皆出于一八四八年而后。虽能将旧说解释精详,然终不脱旧说之范围,故与其称弥尔为一八四八年后新派之先知先觉,不如称彼为乐利派之‘殿军’。”又有人说弥尔晚年虽欲避开习惯礼教的势力,极力主张思想言论之自由,但他的言论思想,仍为乐利主义所拘束。他所梦想的自由,假设的幸福,皆是凭空悬揣,毫无具体的主张。且《自由论》中,往往以异材癖性,混同为一。他以为人类美德,专在发挥奇异的癖性,至于幸福之实质为何,取得自由之途径为何,皆未尝详为指出。故论者多以为彼所论的,乃空空洞洞的自由和那捉摸不定的个人。这些批评,固也有是的,但自我个人意见观之,未免忽略时代的实情,而以后人的眼光和现代的理想,尚论古人了。

我看弥尔一个人,真如那过渡的舟楫,通达两岸的桥梁。在十八世纪的时代,抱乐天主义者,不信大造的神工,即信上帝的万能。弥尔亦是抱乐天主义之一人,但他既不信自然，又不信上帝，而所信仰者惟人。尔时英国的革新派所要求者在制度，弥尔所信托者乃在人民。尔时英国的政治家所谓平民政治，在以少数服从多数，弥尔则以多数专制，与一人专制，同时并诋，大倡比例选举制，以为少数党谋利益。再以弥尔自幼所受的教育论，我以为世界上的人，自小至大，全由一个先生教授，其为时之久，用力之专，从无第二人如弥尔者。彼自三岁以后，即受教于老弥尔（James mill）一人。老弥尔与边沁（Bentham）皆终身以传播乐利主义为事，故弥尔自幼，其四周空气，即为乐利主义所弥漫。彼自言当十五岁时，尝信仰边沁主义为宗教。“少成若天性”，此在他人，将终身莫逃乐利主义之范围矣。然弥尔则兼容并包，打破边沁、老弥尔所传道的狭隘乐利主义，而收纳异派，炼于一炉，而成一折衷主义（Eclecticism）。边沁与弥尔同是急进派，但边沁的急进主义，是哲学的，立其基础于理想之上；弥尔的急进主义，则建其基础于常存不灭之社会上。弥尔以前之乐利主义，多为个人的性质。一入弥尔之手，则由个人的性质，而变成社会的性质。先代的乐利派，在攻击少数人的特权，一部分人的私利，到弥尔则平民政治的根基，已日益巩固，故彼乃力排多数党之专制，为少数人争心思言议之自由。弥尔一生心力，不尽是用在个人主义上，而是将个人主义引入社会，使得以递嬗递变，循序渐进。然则弥尔一生，不啻为过渡时代之关键。谓彼为旧说所拘，终身跳不出乐利主义之范围者，似乎有点近于苛论了。

弥尔一篇《自由论》，其唯一无二的宗旨，即在反对好同恶异。他说：“倘若人类除了一个人，抱反对意见而外，其余的人，皆是一样的意见，则以全体意见，禁止一人，和那以一人意见，阻止全体者，同为不公不平的事。”他如礼俗宗教，和世界的通义云云，凡可以拘束个人的心灵者，皆为弥尔所反对。他所以不说幸福的种类者，即是尚异恶同，不愿以我的心思，拟度他人的好恶。弥尔的主旨，彻头彻尾归根于个人之自择。倘若代他人定下幸福的种类，说些幸福的性质，不问他人好恶如何，必使他随我所指定的标准而行，岂不是以一人意见，拘束他人么？岂不是好同恶异么？

司台芬（Sir Leslie Stephen）说：“奇癖的人，犹如‘曲拳臃肿之材’，然不能建成国家的。”马砼（Mac Cunn）说“癖性乃个人的伪性”。此话诚然。但是幸福乐利云云，全是个人心安意得，认为可幸可乐的，不是奔到极端，以不同于人者，为幸福为乐利。此中有一最为重要之点，即在任人人之自择，人人各寻得其心之所安耳。弥尔盖深痛宗教习惯等势力，根深蒂结，牢不可破。信教媚俗之徒，心疑之而不敢言，倡为异论，斯为大逆。此犹我国所谓“纲常名教”者然，拘束我国人心，垂数千年，不知湮灭了许多特性，不知埋没了许多奇材异能。严复译弥尔书，有曰：“……人尽模棱，而长丧其刚方勇直之心德。虽有明智之士，见微知远之人，大抵以浊世之不可与言，各藏其所独得之抱负。即有告语，不为惊俗忤时之论也。故虽心知其理之不如是，亦必仪情饰貌，以与俗相人。其有宅心高伉，而不屑为媚俗之可差，则亦择事发言，而慎无及于要道。所及者大抵皆社会琐节。即有其弊，将及时而自袪者。独至最高甚重之义，必有自繇不讳之谈，而后有以启沃民心，使日趋于刚直方大者，则宁闭口无言焉……”阅者试掩卷想想，我国数千年来思想的历史，不是这样吗？

我们自读书以后，久已晓得英国是个自由的国家。弥尔生在世界上第一个自由的国家，还痛骂英国习俗专制。舆论专制，倘若生在中国，不知又怎样痛骂了？中国古代思想，不用说是定于一尊的了，就是到民国成立以后，此风犹相沿未改。我见湖南有一位老先生，去年在北京著一篇议论，见中国“言论庞杂”，他就忧虑了不得，要把所有的报馆，一齐封禁，叫政府专请几个人，来办一个报馆。他还夸口说这是统一思想的第一个善法子，现在无第二人能想出的。列位想想，比较汉武帝“尊儒术，罢黜百家”，不还厉害么？“联邦论”在外国，既不是宗教的问题，又不是“纲常名教”，似可听人自由发挥了。然中国人一谈及联邦，即视为破坏国家的罪人。故论联邦者，不曰“我非赞成联邦”，即曰“至个人之赞成与否，须待它篇”。听之者不必待其议论终了，即悍然曰中国绝不得行联邦制，必终古用这无办法的和那不统一的统一制。这也不独论政为然，即是北京之评戏亦然。说某人唱的不好，问其何故，则曰“不学老谭”。又说某人某句唱的不好，问其何故，则曰“老谭不是这样唱”。刘鸿升的坏处，即在与谭派立异。王又宸的坏处，又在轻于学谭不免看轻老谭了。他如论政治，则梦想“哲人政治”；论德育，则想“以孔道为修身大本”；论兵力，则想“以北洋派统一中国”。逐类旁推，无一处不从专制思想和那好同恶异的念头，演绎变化而来。生在今日，想老天生出一个弥尔，为我们打开种种的障碍，还是妄想的。要在我们自己是弥尔，我们自己亲去打开，才是真的。我们要打破习惯专制、舆论专制，必先从我们自己心中打起。因习惯舆论，即是我们自己心意造成的。所以中国今日思想，不要统一，只要分歧。所有的学说不必先去信他，只要先去疑他。这就是弥尔的自由论中尚异恶同的宗旨了。

（第四卷第三号,一九一八年三月十五日）

德意志哲学家尼采的宗教

凌 霜

德意志学者，群以此次大战，为“生存竞争”不免之结果，且借 Darwin 之说，以文其非。Kropotkin 反对之，以生物及社会之进化，由互助而不由残杀，由诚正而不由谝诈。英国学者多然其说，于是将其所著之《互助为进化之一要素论》（Mutual aid：AFactor of Evolution）重印而广播之。李石曾先生以此次战争，为帝国与民国之争，实含有革命性质。德胜，则帝国主义必横行于世界；德败，则世界之帝国主义，虽尚未绝，而大势已去（说见《旅欧杂志》第二期《欧战论》）。其言可谓深中肯綮。顷见本年一月二十三日美国 The Outlook 周刊，有《尼采的宗教》（Nietzche's Religion）一篇，执其说而驳其谬。爰为之述译。一方面既可以增进国内青年反对帝国主义之热潮，一方面又可以见人道主义之不容已，吾人所当合全世界人类而经营之也。

译者志

William Mackintire Satler 近刊一书曰：《思想家尼采之研究》（Nietzche the thinker：A Study），今略撮其言，以成此篇，易其名曰《尼采的宗教》。

人生的目的，乃创造“理想中之伟大人物”（Superman）。进化产出之人类，以尼采之理想言之，不外如是。历史上之大英雄大豪杰，如 Alcibiades，Caesar，Jrederick，Leonardo Da vinci，Caesar Borgia，Napoleon，Goethe Bismark，庶几近之。惟此不过个人之伟大而已。若民族之能发展，如上所云之个人者，则有史以来所鲜见焉，反之所谓纯良的，社会的，弱病的人种，则见存于世界，而犹日进而未已。此吾人之所以引为不平，而主张伟大人物或强盛民族，速须驾驭世界也。若夫弱者病者，吾人无须保存之。吾人之责任，惟有助其死亡而已。就彼等自身计，亦当以速自灭绝，免占人生之权利，为较胜于偷生耳。个人固当如是，民族亦何独不然。吾人以战争危险灾祸种种猛烈手段，施诸不能开化及毫无进步之民族，以速其灭亡。且由是以廓清之，使劣种不复能遗留于世界，此乃最适当之办法。彼等有起而抵抗者乎，吾人方欢迎之不暇，何所犹豫而不与之交接耶？由是而大战之期近矣。大战之目的，乃为主义而战，为改造及驾驭地球上之组织而战。设吾人战而胜，吾人理想上之伟大民族，于是成立。以道德言之，道德自身，且非吾人之所认为义务所应尽之事，是道德亦何从而反对吾人之所为。道德之威权，惟有普通的或社会的，观之人群之风俗习惯，各因其群之状况，而各有所异，斯可见矣。故真正之标准，可以放诸四海而不易者，世界上无之。尼采所以毅然决然，称其徒曰"非道德家"（Immoralists）。彼又曰：所谓道德能产生善而有利于一群者，实非善也。群惟有自身，与它事无所关联。所谓善恶者，亦徒见其自创自造已耳。一群中之份子，虽时有伤害，与它群毫无关系，且它群亦必不因是而自责也。尼采于其名著中（吾知谓其当覆瓿者，大有人在），述一最高尚之民族，其份子之交际，皆能各自自治，互相帮助，感情诚笃。若对于异族，则杀之戮之，焚劫之，且视为游戏，曾无足惜。彼又曰：吾人理想中之伟大人物，即所以代上帝之位置。而是强大民族之责任，亦所以创造无数之主宰若上帝。如尔不能创造上帝乎？Zarathustra 有言曰：请勿言上帝。

吾人于尼采之主张，有二法以反驳之曰：科学的与实际的。

科学的。进化之道，乃由竞争。夫与人竞争，何异与己竞争？如弱者全数灭亡，则强者将奚由而发展？强者与弱者竞，则强者必须扩张其武力。以欧争言之，德意志之直接以破坏法兰西。即间接以破坏 Kant，Hegel，Goethe，Schiller，Luther，与 Frobel 之德意志。英伦出其死力以救比利时，乃所以救 Cromwell，Hampden，Wordsworth，Browning，Martineau 与 Arnolds 之英伦。推而言之，设尼采之父若母，依彼之哲理而行，则其子必不能生存。盖人类之至弱者，莫婴孩若设为之父若母者，于其初生时，而不提携之，抚育之，其能长成者，抑亦几希矣。虽以 Romulus 之强，亦须借助于豺狼为之哺乳，且不吞噬之，然后能生存，余可知矣。

实际的。哲学之试验其果能推行而无碍乎？尼采公然于诚信智慧仁慈之平民之前，倡导其"惟我之哲学"（Philosophy of Egotism），以为人类无道德性之遗传，人生之公例，惟有强者之自利及弱者之灭绝。其试验之结果如何，此次战争，已显扬于世界矣。(Atlantic monthly 正月号记尼采对其徒言,若彼国之民,肯采行其主义,则其对于一群之效验,必能目见,可以参考。)比利时首先反抗之,乘势而起者,且接迹于道。于是德意志之行径,世人不目之为“野蛮”,则名之曰“中风狂走”矣。积数世纪历史之所未有,而为纪元以来所仅见之惨祸,发于顷刻,其悲苦之声,继之以无人道之事,震荡耳鼓,皆此等学说为之厉阶。它方面又使好和恶战之民,亦滚入血战旋涡中。吾诚不知以何种心理学,而后能解析作俑者之意见。Salter 引美国某大学教授之言,谓德人抵抗文明之战为“尼采的宗教之试验”(Nietzche's religion in action),且鄙夷之,其言诚当矣。

(第四卷第五号,一九一八年五月十五日)

诸子无鬼论

易白沙

鬼神有无,古今学者每多聚讼。吾国周秦以来,亦起争执,佛家则谓大地河山,乃由心造,人且非真,鬼将焉附?惟小乘说法,颇有神鬼之谈。管仲、老聃、庄周、韩非、刘安、王充诸子,亦谓鬼神起于人心。孔子态度不甚明了,然多重人事,少说鬼话。只有墨家祀天佑鬼,施于浅化之民,因风俗以立教义。中国宗教不能成立,诸子无鬼论之功也。

吾国鬼神,盛于帝王。古代文化,亦借鬼神以促其演进。黄帝仓颉制造文字,而曰天雨粟、鬼夜哭。神农发明耕稼,能兴风雨,而称之曰神。神尧知人善任,而称之曰神。神禹平水土,而称之曰神。此种人物,皆神所造,而非人所生,于是谓之天子。《说文》云:"古之神圣母感天而生子,故曰天子。"吾辈视此,即私生子之代名。而古人尊为神圣之美号、一切礼学文物,皆出其手。《管子》言:"有虞之王,封土为社,始民知礼。"(《管子·轻重戊篇》)宰我言:"周人以栗,使民战栗。"(见《论语》)是以君主教主操之成权,其用意乃在知礼与战栗耳。

原人不知法律,天子最难辨者,莫如血斗之是非,不假神权,无从解决。试举黄帝所制文字证之。

"荐"下云:"解荐,兽也。似牛,一角。古者决狱,令触不直者。象形。"

"荐"下云:"兽之所食草。从荐从草。古者神人以荐遗黄帝曰,何食何处?曰,食荐。夏处水泽,冬处松柏。"

"法"下云:"刑也。平之如水,从水。荐。所触不直者去之,从荐去。法,今文省。"(三字皆见《说文》)

黄帝既借此似牛之物裁判诉讼,后世天子,奉为宪法。《论衡·应是篇》:"觟鯱者，一角之羊也。性知有罪。皋陶治狱，其罪疑者，羊起触之。有罪则触，无罪则不触。"然则皋陶虽善治狱，不过为牛之傀儡，裁判实权，不操之自身也。《夏书·甘誓》曰："用命赏于祖，不用命戳于社。"是军事裁判刑罚之柄，亦牛操之也。（社不能言，即由荐解所触而定。）《周礼·媒氏》："男女之阴讼，听于胜国之社。"是牛亦干涉男女之阴私也。《墨子·明鬼篇》言："齐庄君之臣，有王里国、中里徼者，二子讼，三年而狱不断。齐君使二人共一羊盟齐之神社。刺羊洒血，读王里国之辞既已终矣，读中里徼之辞未半也，羊起而触之，折其脚而殪。"是三年不断之狱，非牛不能决也。惟许慎以为牛，墨翟、王充以为羊。牛耶？羊耶？吾人未见此种怪物，亦无从裁判其是非。（西方古时，亦神权决狱。谚曰："古之讼狱乃密结，华犹言冒险也。"见严译《社会通诠》。）

古之帝王，神道设教，运天下于掌，遂以不祀鬼神之国为野蛮，必灭其地而虏其君。孟子言汤之灭葛，由于葛伯放而不祀。（《滕文公》下）武王灭纣《泰誓》三篇，宣布罪状：一则曰弗事上帝神祇，遗厥先宗庙，弗祀牺牲粢盛；再则曰谓祭无益；三则曰郊社不修，宗庙不享。春秋之时，楚人灭夔，由于夔子不祀祝融与鬻熊之神。（《左传·僖公二十六年》）晋景公灭潞国而虏其君，数其五大罪，以不祀鬼神为第一罪状。（《宣公五年》）葛伯商讨夔子、潞子既以不祀鬼神，至于亡国，故是时诸侯虽国小兵弱，亦欲借鬼神之佑，以捍强邦。楚武王侵随，随侯所恃以拒楚者，在祀神之牲牷肥腯、粢盛丰备。（《左传·桓公六年》）齐师伐鲁庄公所恃以敌齐者，在以信祀神。（《庄公十年》）晋侯假道于虞以代虢宫之奇谏虞公曰："吾享祀丰洁，神必据我。"（《僖公五年》）汉时受匈奴之祸，而使范氏诅胡于神。（《汉书·匈奴传》）匈奴亦常埋牛羊于水上以诅汉军。（《汉书·西域传》）王莽将死，犹坐斗柄曰："天生德于予，汉兵其于予何？"（《汉书·王莽传》）自三代以至清人之义和团一部廿五史，捍御强敌，几乎无代不以鬼神为武器。

君权、神权，关系密切。若就君主论国人之知能，谥以野蛮，实非过当。然国人三千年以前，有首出之英，欲脱此神道以入于人道，举凡鬼神奇谈，摧陷而廓清之。故国人至今无统一之宗教。此种学说潜滋暗长，虽君主亦无如彼何。诸子之无鬼论，皆欲解脱神道者也。首先发难以卜神权者，为道家。其后法家、儒家，相继以起。墨家天志明鬼，亦力求改良，去君主之纲罗，为宗教之仪式。薄葬明鬼道相乖违，汉人犹谓其难从。帝王之神道设教，诸子早唾弃无余矣。

《论衡·卜筮篇》曰：

周武王伐纣卜筮之。逆占曰："大凶。"太公推筮蹈龟而曰："枯骨死草，何知吉凶？"

《管子·修权篇》曰：

上恃龟筮，好用筮医，则鬼神骤祟。故功之不立，名之不章。(《形势解》亦云："牺牲圭璧，不足以享鬼神。")

《韩非·饰邪篇》曰：

龟筮鬼神，不足举胜。左右向背，不足以专战。

太公为道家之宗，管仲、韩非其学亦自道家出，而皆力诋龟筮鬼神，韩非更谓其祸必至亡国。《亡征》篇言："用时日事鬼神、信卜筮而好祭祀者，可亡也。"此与汤武灭纣之宣言，完全反对。盖有鉴于神权之流毒政治，如随侯、庄公、虞公诸学说，可以亡国而有余。太公、管子直视鬼神为对外秘诀，玩弄诸侯于股掌之上。或以为灭国新法，或假为外交手段，该分举于下。

一(是)太公之神道。武王发纣太公阴谋，食小儿以丹，令身纯赤，长大教言殷亡。殷民见儿身赤，以为天神。及言殷亡，皆谓商灭。兵至牧野，晨举脂烛，奸谋惑民，权掩不备，周之所讳也。(《论衡·恢国篇》)

一(是)管子之神道。龙斗于马渭之阳，牛山之阴。管子入复于桓公曰："天使使者临君之郊，请使大夫初饰，左右玄服，天之使者乎？"(按："天上"当脱"祀"字，闻盛服饰以祀天使。)天下闻之曰："神哉，齐桓公。天使使者临其郊。"不待举兵而朝者八诸侯，此乘天威而动天下之道也。故智役使鬼神，而愚者信之。(《管子·轻重丁篇》)

太公之说，可与武王《泰誓》三篇不祀鬼神互相印证。管子之言龙乃天使，则黄帝鼎湖之龙，大禹舟中之龙，更可推知。太公、管仲之属道宗，同屈鬼神而又利用之，以为

霸王之资。所谓奸谋惑民,所谓役使鬼神,旗帜鲜明,毫不隐讳。然不仅施之外交,且行于内政。《管子·牧民篇》曰:

顺民之经,在明鬼神。祇山川、敬宗庙、恭祖旧……不明鬼神,则陋民不悟。不祇山川,则威令不闻;不敬宗庙,则民乃上校;不恭祖旧,则孝悌不备。

(管子又尝说种种鬼怪为桓公治病。桓公𪥁然而笑。不终日而不知病之去也。见《庄子·达生篇》)

管子斥神道防害政治,若对于国外之"愚者"与国内之"陋民",亦常利用。然其无鬼论,纯属政治,无关学理。若老子之言,则更进矣。老子曰:"以道莅天下,其鬼不神。非其鬼不神,其神不伤人。非其神不伤人,圣人亦不伤人。夫两不相伤,故德交归焉。"(《老子》第六十章)韩非见其言隐约,更申其义曰:"人处疾则贵医,有祸则畏鬼。圣人在上则民少欲,民少欲则血气治而举动理,血气治而举动理则少祸害。夫内无痤疽瘅痔之害,而外无刑罚法诛之祸者,其轻恬鬼神也甚。故曰以道莅天下,其鬼不神。治世之民,不与鬼神相害也。故曰非其鬼不神也,其神不伤人也。"(《解老篇》)《列子》亦曰:"列姑射山土无札伤,人无夭恶,物无疵厉,鬼无灵响。"(《黄帝篇》)与《韩非·解老》其义正同。其后,儒家荀卿、杂家王充尤发挥此义。

《荀子·解蔽篇》曰:

凡观物有疑,中心不定,则外物不清,吾虑不清,则未可定然否也。冥冥而行者,见寝石以为伏虎也,见植林以为后人也;冥冥蔽其明也。醉者越百步之沟,以为跬步之浍也;俯而出城门,以为小人之闺也;酒乱其神也。厌目而视者,视一以为两;掩耳而听者,听漠漠以为哅哅;势乱其官也。(按:"厌"为"压"古文。目压故视一物有两形。)故从山上望牛者若羊,而求羊者不下牵也,远蔽其大也;从山下望木也,十仞之木若箸,而求箸者不上折也,高蔽其长也。水动而景摇,人不以定美恶,水势玄也(按:"玄"为"眩"古文);瞽者仰视而不见星,人不以定有无,用精惑也。……夏首之南,有人焉,曰涓、蜀、梁。其为人也,愚而善畏。明月而宵行,俯见其影,以为伏鬼也。仰视其发，以为立魅也。背而走，比至其家，失气而死。岂不哀哉！凡人之有鬼也，必其感忽之间，疑玄之时正之。此人之所以无有而有无之时也。

《论衡·订鬼篇》曰：

凡天地之间有鬼，非人死精神为之也，皆人思念存想之所致也。致之何由？由于疾病。人病则忧惧，忧惧则见鬼出。……夫病者所见非鬼也。病者困剧，身体痛则谓鬼持棰杖殴击之，若见鬼把椎锁绳立守其旁，病痛恐惧，妄见之也。初疾畏惊，见鬼之来；疾困恐死，见鬼之怒；身自疾痛，见鬼之击，皆存想虚致，未必有其实也。夫精念存想，或泄于目，或泄于口，或泄于耳。泄于目，目见其形；泄于耳，耳闻其声；泄于口，口言其事。（按：愚自童时即执无鬼说。前岁大病，则口言鬼、目见鬼、耳闻鬼。吾兄培基亦梦鬼降，言愚必死，亦王充思念存想之说也。）

荀子、王充言鬼由心造，较韩非、列子解释更详。荀子为儒家正宗，不仅排斥鬼神，凡古代相传之上帝及祯祥妖孽诸说，均以为无关人事。其详见于《天论篇》。兹分举之：

一、人力可以胜天。

天有常行，不为尧存，不为桀亡。应之以治则吉，应之以乱则亡。强本而节用，则天不能贫。养备而动时，则天不能病。修道而不贰，则天不能祸。故水旱不能使之饥渴，寒暑不能使之疾，妖怪不能使之凶。本荒而用侈，则天不能使之富。养略而动罕，则天不能使之全。背道而妄行，则天不能使之吉。故水旱未至而饥，寒暑未薄而疾，妖怪未至而凶。

二、妖异不足惧。

星坠木鸣，国人皆恐。曰："是何也？"曰："无何也。是天地之变，阴阳之化，物之罕至者也。怪之可也，而畏之非也。夫日月之有蚀、风雨之不时、怪星之党见（按：'党'即'傥'。古文'傥见'，犹言或见。群书治要引此正作'傥'），是无世而不常有之。上明而政平，则是虽并世起无伤也。上暗而政险，则是虽无一至者无益也。"

三、祭祀祈祷非言享鬼，实以饰礼。

云而雨，何也？曰："无何也，犹不云而雨也。日月食而救之，天旱而云，卜筮而后决大事，非以为得求也。"

以文之也，故君子以为文，百姓以为神。以为文则吉，以为神则凶。

儒家不信鬼神，是以怪力乱神，孔子不语。子路问事鬼神，子曰："未能事人，焉能事鬼。"樊迟问智，子曰："敬鬼神而远之，可谓智矣。"此虽不谈鬼神，惜用意涵混，不若《荀子·解蔽天论》所言章明较著矣。儒家子思、孟轲颇言五行，故荀子于《非十二子篇》力诋其谬。盖孟子常言天，《中庸》则曰："国家将兴，必有祯祥。国家将亡，必有妖孽。见乎蓍龟，动乎四体。"与荀子《天论》水火不相容也。荀子、王充而外，能详解其原委者，更有淮南王刘安《淮南书·汜论训篇》，言鬼神起源乃因三事。

夫醉者俯入城门，以为七尺之闺也，超江淮以为寻常之沟也。酒浊其神也。怯者夜见立表，以为鬼也；见寝石，以为虎也。惧掩其气也。又况无天地之怪物乎。夫雌雄相接，阴阳相薄，羽者为雏鹫，毛者为驹犊，柔者为皮肉，坚者为齿角，人弗怪也。水生蠬蜄，山生金玉，人弗怪也。老槐生火，久血为磷，人弗怪也。山出枭阳，水生罔象，木生毕方，井生坟羊，人怪之。见闻鲜而识物浅也。（以上言鬼神由于心造。）天下之怪物，圣人之所独见。利害之反复，知者之所独明达也。同异疑嫌者，世俗之所眩惑也。夫见不可布于海内，闻不可明于百姓，是故因鬼神机祥而为立禁，总形类推而为变象，何以知其然也，世俗言曰："飨大高者，而彘为上牲。葬死人者，裘不可以藏。相戏以刃者，太祖斩其肘。枕户橉而卧者，鬼神蹠其首。"此皆不著于法令，而圣人之所不口传也。夫飨大高而彘为上牲者，非彘贤于野兽麋鹿也，而神明独享之。何也？以为彘者家人所常畜，而易得之物也，故因其便以尊之。裘不可藏者，非能具绨绵曼帛温暖于身也。世以为裘者难得贵贾之物也，而不可传于后世，无益死者而足以养生，故因其资而詟之。相戏以刃太祖軵其肘者，夫以刃相戏，必为过失。过失相伤，其患必大。无涉血之仇争忿斗，而以小事自内于刑戮，愚者所不忌也，故因太祖累以其心。枕户橉而卧鬼神履其首者，使鬼神而玄化，则不待户牖之行。若乘虚而出入，则无能履也。夫户牖者，风气之所往来也。风气也，阴阳相捔者也，离者必病。故托鬼神以伸诫之也。凡此之俗，皆不可胜著于书策竹帛而藏于府官者也。故以机祥明之，为愚者之不知，其害乃借鬼神之威，以声其教，所由来者远矣，而愚者以为机祥，而狠者以为非，唯有道者,能通其志。(以上言鬼神由于设教。)今世之祭井灶、门户、箕帚、臼杵者,非以其神为能飨之也,恃赖其德烦苦之无已也,是故时见其德不功其功也。触石而出,肤寸而合,不崇朝而雨天下者,唯太山。赤地三年而不绝,流泽及百里而润草木者,惟江河也。是以天子秩而祭之。故马免人于难者,其死也葬之。牛其死也,葬以大车为荐。牛马有功,犹不可忘,又况人乎? 此圣人之所以重仁袭恩,故炎帝于火而死为灶,禹劳天下而死为社,后稷作稼穑而死为稷,羿除天下之害而死为宗布。此鬼神之所以立。(以上言鬼神由于报功。)

其第一事,与《荀子·解蔽篇》、王充《订鬼篇》旨意相同;第二事,即经传中所谓神道设教;第三事,则崇德报功之说。皆非有真鬼真神于幽暗之中,宰制人事。刘安之无鬼论,诚根本解决矣。诸子既倡无鬼,故于人之死后无所论说,惟列御寇、庄周、王充略言死后之情状。

一、列御寇说。列子行食于道,从见百岁髑髅,攓蓬而指之曰:"唯予与汝知而未常死未尝生也。若果养乎? 予果欢乎?"种有几,得水则为䘀,得水土之际则为蛙玭之衣,生于陵屯则为陵舄,陵舄得郁栖则为乌足,乌足之根为蛴螬,其叶为蝴蝶,蝴蝶胥也化而为虫。生于灶下,其状若脱,其名为鸲掇。鸲掇千日为鸟,其名为乾余骨。乾余骨之沫为斯弥,斯弥为食醯。颐辂生于食醯,黄軦生于九猷,瞀芮生于腐蠸,奚羊比乎不箰,久竹生青宁,青宁生程。(《尸子·广泽篇》程中国谓之豹,越人谓之貘。)程生马,马生人。(《庄子·至乐篇》)

二、庄周说。子祀、子舆、子犁、子来四人相与语曰:"孰能以无为首,以生为脊,以死为尻。孰知生死存亡之一体者,吾与之友矣。"……而俄子舆有病。……子祀曰:"汝恶之乎?"曰:"亡。予何恶? 浸假而化予之左臂以为鸡,予因以求时夜。浸假而化予之右臂以为弹,予因以求鸮炙。浸假而化予之尻以为轮,以神为马。予因以乘之,岂更驾哉。"(《庄子·大宗师篇》)

三、王充说。人之所以生者,精气也,死而精气灭。能为精气者,血脉也。人死血脉竭,竭而精气灭,灭而形体朽,朽而成灰土,何用为鬼? 人无耳目,则无所知,故聋盲之人,比于草木。夫精气去人,岂徒与无耳目同哉。朽则消亡,荒忽不见,故谓之鬼神。(《论衡·论死篇》)

列子之说，今言鬼者多以轮回附会。实则列子论生前之人，非谈死后之鬼。古人言语，虽难尽解，观其全文，大意谓由水生植物变成陆地植物，再变昆虫，再变飞鸟，再变走兽，由豹子演成马，由马演成人。盖详述动物进化。（《天瑞篇》引列子语中有“人血为野火，马血为转磷”，专言物质变化者也。）至《吕氏春秋》，更言犬似玃，玃似母猴，母猴似人。（《察传篇》）已明人猴玃犬，相递进化，较列子马生人之说，尚觉确凿。欧洲动物学者，亦有马变人一说，因古代之马其蹄亦五指，足之骨节颇有类人之处。自达尔文以后，此说乃废。不审何以与《列子》《吕览》符合如此。

至于王充则从物理上辩明无鬼，谓世俗言鬼神状态，皆不足信。今举《论死篇》所言分列之。

一、死者不已，将有鬼满之患。

天地开辟，人皇以来，随寿而死，若中年夭亡，以亿万数计。今人之数，不若死者多。如人死辄为鬼，则道路之上，一步一鬼也。人且死见鬼，宜见数百千万满堂盈庭填塞巷路，不宜徒见一两人也。

二、鬼火乃人血之变，非真鬼磷。

世言其血为磷血者，生时之精气也。人夜行见磷，不像人形，混沌积聚，若火光之状。磷，死人之血也，其形不类生人之形也。

三、鬼不得有衣服。

鬼者，死人之精神，则人见之，宜徒见裸袒之形，无为见衣带被服也。何则？衣服无精神，人死与形体俱朽，何以得贯穿之乎？精神本以血气为主，血气常附形体，体虽朽精神尚在，能为鬼可也。今衣服丝絮布帛也，生时血气不附着，而亦自尢血气，败朽遂已，与形体等，安能自若为衣服之形？

四、鬼不得有饮食与言语。

人之所以能言语者，以有气力也。气力之盛，以能饮食也。饮食损减则气力衰，衰则声音嘶困，不能食则口不能复言。夫死困之甚，何能复言？或曰：死人歆肴食气，故能言。夫死人之精，生人之精也，使生人不饮食，而徒以口歆肴食之气，不过三日，则饿死矣。或曰：死人之精，神于生人之精，故能歆气为音。夫生人之精在于身中，死则在于身外，死之与生何以殊？身中身外何以异？

五、鬼不能害人。

凡人与物所以能害人者，手臂把刃、爪牙坚利之故也。今人死手臂朽败，不能复持刃，爪牙隳落，不能复啮噬，安能害人？……病困之时，仇在其旁，不能咄叱，人盗其物，不能禁夺，羸弱困劣之故也。夫死，羸弱困劣之甚者也，何能害人？……凡能害人者，五行之物。金伤人，木殴人，土压人，水溺人，火烧人，使人死精神为五行之物乎？

六、巫人夸诞不足信。

世间死者，今生人殄而用之。言及巫叩元弦下死人魂，因巫口谈皆夸诞之言也（按：此即近世扶乩所谓下死人魂也。今人为《灵学丛志》，其文皆江湖派口吻，无关学理。玉鼎真人释回教不食猪狗义，全不明回教之说。陆氏、江氏《音韵篇》，答吴稚晖先生之问，囫囵吞枣，毫无究竟）。

诸子中唯王充反复讨论，不厌详晰，又有《龙虚篇》证龙神之诞，《雷虚篇》驳雷神之妄。今世科学大明，其言益信。王充以后，晋有阮瞻、阮修执无鬼论，物莫能难。二阮皆道家，其言鬼无衣服，亦同王充。南济范缜著《神灭论》，神形心藏之分，彭生伯有之事，意在拒绝佛教宋儒亦多言无鬼。王安石以灾异不足畏，朱熹谓轮回为生气未尽，偶尔凑泊，其论皆不出周汉人士之书，兹不备述。

愚意鬼神之说，关于国家盛衰。管仲谓功之不正，名之不章。韩非谓可亡国，不足举胜。荀卿谓以为神则凶。吴稚晖谓鬼神之势大张，国家之运告终。证以历史，自三代以至清季，一部廿五史，莫不如是。盖大可惧之事也。墨者言有鬼外可弭诸侯之争，内可禁暴人盗贼，然则古之神道社会，何以杀人盈野？今之耶教徒何为日日从事战场？自古诸族但有以笃信鬼神亡国者，未闻可以救亡者也。

（第五卷第一号，一九一八年七月十五日）

欧战与哲学

蔡元培

现在欧洲的大战争,是法国革命后世界上最大的事。考法国革命,很受卢梭、伏尔泰、孟德斯鸠诸氏学说的影响。但这等学说,都是主张自由平等,替平民争气的。在贵族一方面,全仗向来占据的地盘,并没有何等学理可替他辩护了。现今欧战,是国与国的战争,每一国有他特别的政策,便有他特别相关的学说。我今举三种学说作代表,并且用三方面的政策来证明他。

第一是尼采(Nietsche)的强权主义,用德国的政策证明他;第二是托尔斯泰(Tolstoy)的无抵抗主义,用俄国过激派政策证明他;第三是克罗巴金(Kropotkin)的互助主义,用协商国政策证明他。考尼氏、托氏、克氏的学说,都是无政府主义,现在却为各国政府所利用,这是过渡时代的现象啊!

古今学者,没有不把克己爱人当美德的。希腊时代的诡辩派,虽对于普通人的道德有怀疑的论调,但也是消极的批评罢了。到一千八百四十五年,有一德国人约翰·加派·斯密德(John Kaspar Schmidt)发行一书,叫做《个人与他的产业》(*Der Elnzlge und sein Eigentum*),专说"利己论"。他说:"我的就是善的,'我'就是我的善物。善呵,恶呵,与我有什么相干?神的是神的,人类的是人类的。要是我的,就不是神的,也不是人类的。也没有什么真的,苦的,正义的,自由的。就是我的,那就不是普通的,是单独的。"他又说:"于我是正的,就是正。我以外没有什么正的,就是于别人觉得有点不很正的,那是别人应注意的事,于我何干?设有一事,于全世界算是不正的,但于我是正的,因是我所欲的,那就我也不必去问那全世界了。"这真是大胆的判断呵!到十九世纪的后半世纪,尼采始渐渐发布他个性的强权论,有《察拉都斯遗语》(*Also sprach Zarathustra*)、《善恶的那一面》(*Jenseits von Gut und Bose*)、《意志向着威权》(*Der wille zur Macht*)等著作。他把人类行为,分作两类。凡阴柔的,如谦逊、怜爱等,都叫做奴隶的道德;凡阳刚的,如勇敢、矜贵、活泼等,都叫做主人的道德。他所最反对的,是怜爱小弱。所以说,“怜爱是大愚”,“上帝死了,因为他怜爱人,所以死了”。他的理论,以为进化的例,在乎汰弱留强。强的中间有更强的,也被淘汰。逐层淘汰,便能进步。若强的要保护弱的,弱的就分了强的生活力,强的便变了弱的。弱的愈多,强的愈少,便渐渐地退化了。所以他提出“超人”的名目。又举出模范的人物,如雅典的亚尔西巴德(Alcibiades),罗马的该撒(Caesar),意大利的该撒·波尔惹亚(Cesare Borgia),德国的鞠台(Goethe)与毕斯麦克(Bismarck)。他又说此等超人,必在主人的民族中发生,这是属于亚利安人种的。他所说的超人,既然是强中的强,所以主张奋斗。他说:“没有工作,只有战斗;没有和平,只有胜利。”他的世界观,所以完全是个意志,又完全是个向着威权的意志。所以他说:“没有法律,没有秩序。”他的主义是贵族的,不是平民的,所以为德国贵族的政府所利用,实做军国主义。又大倡“德意志超越一切”(Deutsche uber alles),就是超人的主义。侵略比利时,勒索巨款,杀戮妇女,防她生育;断男儿的左手,防他执军器;于退兵时,拔尽地力,焚毁村落,叫他不易恢复,就是不怜爱的主义。条约就是废纸,便是没有法律的主义。统观战争时代的德国政策,几没有不与尼氏学说相应的。不过尼氏不信上帝,德皇乃常常说“上帝在我们”,又说“上帝应罚英国”,小小的不同罢了。

与尼氏极端相反的学说,便是托氏。托氏是笃信基督教的,但是基督教的仪式,完全不要,单提倡那精神不灭的主义。他编有《福音简说》十二章,把基督所说五戒反复说明。第一是绝对的不许杀人,第四是受人侮时不许效尤报复,第五是博爱人类,没有国界与种界。他的意思,以为有人侮我,不过辱及我的肉体,并没有辱及我的精神。但他的精神,是受了侮人的污点,我很怜惜他罢了。若是我用着用眼报眼、用手报手的手段去对付他,是我不但不能洗刷他的精神,反把我自己的精神也污蔑了。所以有一条说:“有人侮你,你就自己劝他;劝了不听,你就请两三个人同劝他;劝了又不听,就再请公众劝他;劝了又不听,你只好恕他了。”这是何等宽容呵!《新约·福音书》中曾说道:“有人掌你右颊,你就把左颊向着他;有人夺你外衣,你就把里衣给他。”这几句话,有“成人之恶”的嫌疑,所以托氏没有采入《简说》中。托氏抱定这个主义,所以绝对地反对战争。不但反对侵略的战争,并且反对防御的战争。所以他绝对地劝人不要当兵。他曾与中国一个保守派学者通信,大意说,中国人忍耐得许久了,忽然要学欧洲人的暴行,实在可惜,云云。所以照托氏的眼光看来,此次大战争,不但德国人不是,便是比、法、俄、英等国人也都没有是处。托氏的主义,在欧洲流行颇广,俄境尤甚。过激派首领列宁(Lenin)等,本来是抱共产主义,与托氏相同,自然也抱无抵抗主义,所以与德人单独讲和,不愿与协商国共同作战了。在协商国方面的人恨他背约,在俄国他党的人恨他不爱国,所以诋他为德探。但列宁意中本没有国界,本不能责他爱国。至于他受德国人的利用,他也知道。他曾说:“军事上虽为德人所胜,主义上终胜德人。”就是说,他的主义,既在俄国实演,德国人必不能不受影响。这是他的真心话。但我想,托氏的主义,专为个人自由行动而设。若一国的人,信仰不同,有权的人把国家当作个人去试他的主义,这与托氏本意冲突。过激派实是误用托氏主义,后来又用兵力来压制异党,乃更犯了托氏所反复说明之第一、第四两戒了。

现在误用托氏主义的俄人失败了,专用尼氏主义的德人不久也要失败了,最后的胜利,就在协商国。协商国所用的,就是克氏的互助主义。互助主义,是进化论的一条公例。在达尔文的进化论中,本兼有竞存与互助两条假定义。但他所列的证据,是竞存一方面较多。继达氏的学者,遂多说互竞的必要,如前举尼氏的学说,就是专以互竞为进化条件的。一千八百八十年顷,俄国圣彼得堡著名动物学教授开勒氏(Kesster)于俄国自然科学讨论会提出“互助法”,以为自然法中,久存与进步并不在互竞而实在互助。从此以后,爱斯彼奈(Espinas)、赖耐桑(L.L.Lanessan)、布斯耐(Louis Buchner)、沙克尔(Huxley)、德普蒙(Henry Drummond)、苏退隆(Sutherland)诸氏都有著作,可以证明互助的公例。克氏集众说的大成,又加以自己历史的研究,于一千八百九十年公布动物的互助,于九十一年公布野蛮人的互助,九十二年公布未开化人的互助,九十四年公布中古时代自治都市之互助,九十六年公布新时代之互助,于一千九百〇二年成书。于动物中列举昆虫鸟兽等互助的证据。此后各章,从野蛮人到文明人,列举各种互助的证据。于最后一章列举同盟罢工、公社、慈善事业种种实例。较之其他进化学家所举“互竞”的实例,更为繁密了。在克氏本是无政府党,于国家主义,本非绝对赞同,但互助的公例,并非不可应用于国际。欧战开始,法比等国平日抱反对军备主义的,都愿服兵役以御德人。克氏亦常宣言,主张以群力打破德国的军国主义。后来德国运动俄法等国单独讲和,克氏又与他的同志,叫做“开明的无政府党”

的联合宣言主张非打破德国的军国主义，不可讲和。可见克氏的互助主义，主张联合众弱，抵抗强权，叫强的永不能凌弱的，不但人与人如是，即国与国亦如是了。现今欧战的结果，就给互助主义增了最重大的证据。德国四十年中，扩张军备，广布间谍，他的侵略政策，本人人皆知的了。且英、法等国均自知单独与德国开战必难幸胜，所以早有英、法协商，俄、法协商等预备，就是互助的基本。到开战时，德国首先破坏比国的中立，那时比国要是用托氏的无抵抗主义，竟让德兵过去，攻击法国，英、法等国难免措手不及了。幸而比国竟敢与德国抵抗，使英、法等国有从容预备的时期。俄国从奥国与东普鲁士方面竭力进攻，给德国不能用全力攻法，这就是互助的起点。后来俄国与德国单独讲和，更有美国加入，输军队，输粮食。东亚方面，有日本舰队巡弋海面，有中国工人到法国助制军火。靠这些互助的事实，才能把德人的军国主义逐渐打破。现在德人已经承认美总统所提议的十四条，又允撤退比、法境内的军队。互助主义的成效，已经彰明较著了。此次平和以后，各国必能灭杀军备，自由贸易，把一切互竞的准备撤销，将合全世界实行互助的主义。克氏当尚能目睹的。照此看来，欧战的结果，就使我们对于尼氏、托氏、克氏三种哲学，很容易辨别了。我国旧哲学中，与尼氏相类的，只有列子的《杨朱篇》，但并非杨氏“为我”的本意。（拙作《中国伦理学史》中曾办过的）托氏主义，道家、儒家均有道及的。如曾子说的“犯而不校”，孟子说的三“自反”，老子说的“三宝”，是很相近的。人人都说我们民族的积弱，都是中了这种学说毒，也是“持之有故”。我们尚不到全体信仰精神世界的程度，只“可用各尊所闻”之例罢了。至于互助的条件，如孟子说的“多助之至，天下顺之；寡助之至，亲戚畔之”“不通功易事，则农有余粟，女有余布”，普通人常说的“家不和，被邻欺”“群策群力”“众擎易举”都是很对的。此后就望大家照这主义进行，自不愁不进化了。

（第五卷第五号，一九一八年十月十五日）

斯宾塞尔的政治哲学

高一涵

一 斯宾塞尔时代的政治思潮

古今学问家的思想,没有一个不受时代影响的。所以要想知道斯宾塞尔(以下或单称斯氏)的政治思想,必先要知道他那个时代的政治思潮。斯宾塞尔的时代,是生物学、经济学等发达的时代。这个时代的政治哲学,多受这些科学的影响。所以要想明白这个时代的政治哲学,有必要先明白这个时代生物学、经济学的原理原则。原来政治和经济是关系最密切的,所以经济学的原理,常常影响到政治学上去了。这种先例,英国是最多的。如放任主义,本是旧派经济学家斯密亚丹和李佳德等所倡导的,后来竟成了政治上的信条。干涉主义,是从德国李斯特(List)的保护主义和马克斯(Marx)的国际社会主义,输到英国来的,后来也变成了政治上的信条。生物学的原理,影响英国政治学家的思想,更是彰明较著的。如"生存竞争""适者生存"的公例,和那"物竞天择"的道理,也适用到政治学上去了。更有许多人拿自然有机体的生长进化,去说明社会的组织演进。所以斯宾塞尔的时代,可算得拿生物学、经济学的原理原则,来说明社会进化的时代。

当十九世纪的中世,英国思想家因为"保护贸易制度""徒弟法""米谷条例"……把工商各界的自由,差不多剥夺完了。此外又有什么国教,又有什么救贫法,不是拘束思想自由,就是斫丧个人的品格,这皆是不能不反对的。所以当时的学者,一个个都大唱放任主义。打一八四八年到一八八〇年,前后三十二年间,是趋向个人主义的时代。主张个人主义的,必定拿天然权利作根据,拿放任政策作方法。所以这个时代,不问是政治学家是经济学家，总脱不了天然权利和放任主义两种学说的色彩。这种学说的实际应用，对于内政，总说人民有天赋的权利，因此便想把政府的权限，缩到不能再缩的地步；对于国际贸易，总想把自由贸易的政策，行到各国里边去才好。简单讲起来，这个时代的一般思想，是从侵略主义（Militarism）趋到实业主义（Industrialism）的。所以斯宾塞尔的时代，又可说是个人主义和放任主义极盛的时代。一八七〇年后，英国政府因为应时势的要求，竟拿国家的权力，去施行教育。再过十年，到了一八八〇年的时候，格林（Green）在牛津大声疾呼的，主张伸张国家权力；社会主义，也渐渐的雷厉风行。当时 Hyndman 激烈社会主义和 Fabians 改革社会主义，主张虽不大相同，然却没有一个不是想把经济的生活，放在社会管理之下的。这就是那个时代的反响和个人主义放任主义过盛的证据。

斯氏生在这个科学发达的时代，本可拿科学的训验来阐发政治原理。但他的政治学，并不是纯从科学中得来的，是拿各种不同的观念凑成的。当他研究科学的时候，他就先有了政治上的成见，又把不能相合的人权因果观念和那国家有机体及进化的观念合在一块。所以斯氏的哲学，从头至尾是拿一个自然权利和生理的比譬凑合起来的。他本想把各不相调的原理，融成一个原理，可惜他不能成功。照这样看来，斯氏仅是一位“牛溲马勃”“俱收并蓄”的概括家，不能成一位“条分缕析”“融会贯通”的哲学家；仅成了一个杂乱无章时代的产儿，不能成一个汇合万派的先觉。这也是因为他思想的来源太杂了，所以才成就了一个驳杂不纯的斯宾塞尔。

二 斯宾塞尔思想的来源

斯氏生平有一种癖性，就是说凡事由我创始，不肯“拾人牙慧”。所以他的学说，就是和前人一样，也再说不是学人家的。他当一八九九年，写信给司泰芬（Leslie Stephen）说他作《静止的社会观》（*Social Statics*）的时候，并不曾预备过。所论的事，皆是拿自己眼光观察的，不是从人家观察得来的。照他自己说，他的学问是没有来源的。照事实上说，却没有一处不是从人家思想发源下来的。就是他信为“独得之奇”的自由界说，“人人自由，以不侵犯他人自由为限”一句话，也是从法国《人权宣言》书中抄来的。所以我们要想明白斯氏的思想，不可不先去找出他思想的来源。

斯氏思想的来源有三:(一)激进主义(Radicalism),(二)自然科学(Natural Science),(三)唯心主义(Idealism)。

(一)激进主义的发源。斯氏早年,即在英国激进的空气中生活。他生在不信国教的家庭中,自小就受了许多反对国教的教育。他的叔父名叫斯宾塞尔泰门司(Rev Thomas Spencer),是一位很文明的神学家,他说教会是适应外界的情形生长起来的,他又常常同斯达支(Joseph Sturge)合在一块,办 Nonconformist 周刊,并加入普通选举的运动。斯氏的政治活动就是从一八四二年任普通选举联合会的职员起。这个时候,英国人多反对金钱选举成了一种社会的运动,斯氏也曾出了许多气力,又常常做些文章,反对国教和米谷条例。他当一八四八年,曾充任 Economist 的副主笔,因此才同浩思金(Thomas Hodgskin)合在一块儿。可是自打同他在一堆做事,感受他的影响是很不少的。浩思金说:社会是自然的现象,当受自然法支配。政府的职务只是消极的,将来的乌托邦,就是无政府;到了无政府的时候,人类全体的感情,自然能够一致。斯氏早年既受这种激进主义的影响,且把浩思金的思想奉作政治上的信条,所以他后来的思想,总脱不尽激进主义的色彩。

(二)自然科学的影响。斯氏哲学的思想,是一半从生物学得来的,一半从物理学得来的。斯氏当少年时代,最欢喜抽气机和电机,又亲自做几年机器师,所以他得物理学的益处很多。他常常拿物力机械的名词,说明宇宙的进化,却不用生物有机的名词。他用的第一个原则,就是“物力永存”。又从这个原则中,看出万物的终极,必走到极端的平均。因为如此,所以必须顺着进化的次序,向平均的地方走去。斯氏社会的进化观,也是这个道理。他说社会必有达到极端平均的那一天,因为未达到极端平均的地步,所以才有进化,进化就是向极端平均的地方走的。这种观念,在达尔文前,已经有了,斯氏不过承这派的“绪余”罢了。

但是斯氏受生物学的影响,也是很大的。他自幼就好喂养昆虫,所以也很得生物学的益处。后来他常常适用一八〇〇年拉马克(Lamarck)所说的生物学原则。他说外部的境遇能够感动内部的精神。内部精神的构造和机能,又常适应外界的环境。这种适应,是打多少时代上经验得来的。

斯氏的生物进化观和 Coleridge 的生物进化观念不同:Coleridge 说生物进化,是从内部发动的;斯氏说是从外部发动的。所以斯氏自始至终,都主张生物内部的精神常随外界的环境变化,这就是他跳不出拉马克主义外的铁证。他又承认“自然律”非常的庄严,好像老庄看“天道”一样。因为“自然律”如此,所以才能够淘汰不适宜的,遗留下那种最适宜的。这就是斯氏受生物学影响的所在。

(三)唯心主义的影响。斯氏常从 Coleridge 书中,求得德国 Schelling 和 Schlegel 的唯心主义。他静止的社会观中所说的“生命观念”,Idea of Life 就是从唯心主义中得来的。他说“生命”是宇宙进化的原因,实在就可算是宇宙进化。照这样看来,斯氏的进化观念,并不是从生物学上起首的,也不是拿生物学上的进化观扩张起来,适用到宇宙进化上去的。他是从宇宙进化的观念起首,然后把生物的进化包括到宇宙进化之中的。他书中所说的“进化的假设”也是 Schelling 讲求过的。所以斯氏哲学的基础,简直可以说是合冶 Hodgskin 和 Schelling 两个人的理想而成的。这就是他受唯心主义影响的所在。

斯氏思想的来源虽不止这三种,但这三种思想,是斯氏政治思想中最重要的。斯氏的脑筋,是一个“博采兼收”的杂货店子,所以才成了一个驳杂不纯的概括家。他是打唯心的生命观念起头,到唯物的物力永存观念收尾;一方面深信激进主义,一方面又深信自然主义。他虽想用种种的解说,把各种观念调和一致,但他始终不曾做得到。这就是斯氏学说所以驳杂的原因。

三　斯宾塞尔的乌托邦主义

斯氏的政治思想,很有许多地方和我国老子一样:(一)老子主张放任主义,斯氏也主张放任主义。不过老子的放任,是放任于天,对于个人,则主张“无为”,教他不要去“代司杀者杀”。斯氏的放任,却是放任于个人,不教国家去干涉个人的行动。(二)老子把“自然法”看得非常的森严,所以教人听天,不要有为。斯氏也把“自然法”看得非常的重要,所以说天演造就人,比国家造就的好得多。(三)老子的政治学说,推到极端,只有无知无识、老死不相往来的个人,并没有国家社会。斯氏的政治理想,推到终点,也是一个人人均等的无政府的社会。(四)老子心目中的世界是一个想像的古代的世界。斯氏心目中的社会,是一个想像的将来的社会。这就是他们两个人大同小异的地方。

我们研究斯氏的政治哲学，第一件紧要的事就是要晓得他所论的社会，是将来的空想的社会，不是现在的实际的社会。

斯氏是一位崇拜“乌托邦”主义的人，他确信进化的终点，必达到完全均等的境界。这完全均等的境界，就是进化最终的目的，也就是终极的社会观念。到了这个境界，进步就止住了，运动也停歇了。生存这个境界中的人，要怎么样便怎么样，应该怎么样做便怎么样做，所以用不着政府。他在《静止的社会观》里面有几句话说到政府存废的问题。他说：

“政府不是不道德的吗？……政府所以存在，不是因为世间有犯罪的事吗？若是世间没有犯罪事体，政府的职务，已经没有了，还可以存而不废吗？”

他又说：

“说政府可以永远存在，这句话是很不对的，……政府不是必定需要的，而是偶然需要的。我们看见布虚民族是先有国家后有政府，所以相信这两个东西，将来必有一个是可以废止的。”

他所以想废止政府的意思，就是痴心妄想那种无政府的“乌托邦”。因为拿那无政府的“乌托邦”来作社会的标准，所以把现在的社会看作万恶的来源。他所以这样主张，也有几层道理：（一）他看这不完全的政府，实在不配干预人民的行动；（二）他是崇拜个人主义的，所以主张凡事总要从个人的智识得来，不要从国家和政府官史的智识得来；（三）他是最信人数自然权利的，所以他的反面，不得不反对政府；（四）他是信服“自然法”胜于人为法的，所以他相信人为的淘汰，不如天然淘汰的公平。这也是十九世纪中最普通的政治思想。

斯氏的意思，以为不均等是进化的原因，极端均等是进化的归宿。当未达到极端均等的时候，政府也不能够就废。惟一的方法，只有限制政府的权力。斯氏很反对国家立法去管理贸易，反对立法去干涉卫生，反对国设的教育和国立的教会，反对营求属地，反对救贫的制度，并且连国家管理邮政和发行货币也一齐反对的。他理想中的国家，只是一个合股保险公司，只有保护自然权利的一种职务。在这外边，如再多给一点保护，就是人民多受一点损失。所以他说的国家职务，全属于消极的一方面，只说某事某事都是国家不当做的，不说某事某事是国家应该做的。他所以有这种主张，就是因为他确信有自然权利和天演淘汰两件事。

四　斯宾塞尔的自然权利观

斯氏所以反对国家，就因为想保全自然权利。他以为人数第一件重要的事，就是自由运用个人的才能。把个人的才能，发展到了极点，就能够得最大的幸福。发展个人才能的要件，就是自由。他《静止的社会观》中第一原则，就是平等的自由律。平等的自由，就是人人自由，以不侵犯他人的自由为限。甲尽力发展甲的才能，乙尽力发展乙的才能；甲也不妨害乙的活动，乙也不妨害甲的活动。这就是斯氏的平等的自由观念。

斯氏哲学的基础，全筑在个人身上。他的个人，是无关系的个人，是虚拟的个人。国家的特性，就是集合个人的本性所成的，所以说国家的根本就在个人。国家全靠着个人。个人全靠着自由。能够自由才能得权利。斯氏所说的权利，是自然的权利，是从天赋得来，在未有社会以前，已经有了的。

这也不是斯氏一个人说的，卢梭也是这样说。但这种观念，是很不对的。因为不由社会承认，不待法律承认，不能算是权利。斯氏不承认人民的私有土地权，因为这私有权，妨害一切自由的法则。他主张把土地归公家所有。不过一经分给个人，则土地上产生的东西，必为个人私有的。这是什么缘故呢？这不单是因为他花费了人工，只因为他向社会租借土地，当得社会承认的时候，已经得到所有权了。照这句话推论起来，私有权要社会承认，难道自然权利就不要社会承认吗？斯氏这一句话，几乎把自己的自然权利根本推翻。他后来竟把所有权认作社会的权利，就是因为这句话改变的。

但是斯氏说家族制度，仍然本着自然权利的观念。他极力反对妇人服从，并且连儿童的服从也反对的。他不但说妇人应该有选举权，并且说家庭内的生活组织和训育儿童的职任，也是应该废止的。自由的权利，就是小孩子也是应该享受的，也应该和大人一样，不当让父母去压制他。这种主张也是从自然权利观念发出来的。

五　斯宾塞尔的天演观

斯氏注重自然权利,本想为个人寻出自由的根据,让他去发展自然的才能。他尊重天演,发挥“物竞天择”“适者生存”的道理,也是教人发展他适宜于环境的才能。他因为那时代的国家说不起造就人物的话,所以相信天演有造就人物的功能。所以他说:“人者生物之一科,而最为善变者也。自其善变,而其变常受成于所遭于外境。”(见严译《群学肄言》)这是说环境影响人生的功效,且看他举出天演中适者生存的证据:

“……是故目莫疾于鸷鸟,此非泰始而然也;其不疾者以艰食而渐亡,其疾者以天择而蕃滋焉;故鸷鸟以目疾特传。足莫迅于食荐,其不迅者为豺虎之食尽矣;而豺虎以求食之愈难也,亦存而衍其迅足而善伺者。故天演之事,其能杀与所杀,二者形体之完利,有交相进者焉。不独形体有交进也,其官知亦然。

“警者遇险而早觉,蠢者当机而晚悟;早觉者传而衍,晚悟者渐以亡也。黠者以善伺而得食,钝者以惊物而常饥;如是黠者有其子孙,而钝者绝其种嗣。故自有生物以还,自然者用其相攻,以范进乎庶类;圆颅方趾之伦,其受范于自然亦如此耳,岂能违哉?”(见严译《群学肄言》)

这是斯氏所以重视天演的原因。他因为天演是存留最适宜的,淘汰那不适宜的,所以他反对救贫制度和公共卫生。因这两件事,都是妨碍生存竞争、适者生存的事,是干涉天演的事;就是同老子说的“代司杀者杀”“代大匠斫”,是一个道理。

六　斯宾塞尔有机体的社会观

斯氏因为Schelling所说的生物学原理,有趋于个体的倾向。所以他由生物学得来的进化观念,就是“由一之万,由纯之杂”。因为他深信个体的原理,所以极力主张个人主义。他以为人有人的个体,社会有社会的个体。因为人的个体是有机体,所以社会的个体,也可说是有机体。原来有机体含有三层意思:(一)由不一样的部分合组起来的生活体;(二)因为各部有各部的用处,才能够互相补助、互相倚靠;(三)全部的发达,全仗各部能够各做各的事。这种生活体,是天然生长的,不是人力制造的;是由内外部一齐发达长起来的,不是由一部一部单独长起来的。斯氏拿这个原则来说明社会,却有两层用意:一是想让它自由生长,不教国家去干涉它;二是想叫各部分同时发达,各尽各的职务,不可单从一部分着手。不过社会有机体到底是个什么,恐怕连斯氏自己也不大明白。人是天然的躯体,可以称为有机体。社会不过是由人类精神结合的组织,并没有天然生成的躯体,若叫他为物质的社会有机体(Physical Social organism),试问这个名词,怎么能通呢?

原来国家和社会,有些地方是同有机体相同的,有些地方是同有机体两样的。什么地方是相同呢?(一)国家和社会的构成分子,结成一块,各有各的机能。照这样看来,国家和社会绝不像无生命的机械体,倒很像有生命的有机体。(二)国家和社会想达到公共目的,全仗各部各自做事。有机体也是这个样子。(三)国家和社会的变迁,也是由内部发动,用全体进步的法子。这个地方也很像有机体。说到不同的地方,可就很多了:(一)有机体的构成分子,离了全体,就没有独立的生命。国家和社会的构成分子,就是离了全体,也可以独立生活的。(二)有机体的构成分子,不能自由运动迁移。国家和社会的构成分子,不但可以自由运动迁移,并且可以增减个数。(三)有机体的分子发展活动,都是没有意识的;国家和社会的分子发展活动,都是有意志的。因为有这些不同的地方,所以只能说国家社会像有机体,不能说国家社会就是有机体。国家和社会单是精神的心理的结合,不是物质的生理的结合!斯氏不把他分析清楚,所以弄出许多费解的议论。

七 结论

斯氏的政治思想,到后来很有许多变更,土地和妇人两个问题,变易的痕迹是很明白的。他那种直觉的道德观已抛弃了,外界的环境观念,后来也变成内界的精神观念。但他的虚荣心很重,所以始终打不破自我作始的念头,去不掉固执己见的癖性。伯尔克(Barker)说:“斯氏生平,不大坦白,若是改变观念,总要遮掩他改变的痕迹。他又有一个习惯,凡遇有矛盾,他就模模糊糊地掩饰过去。他同密尔泰勒尔争论妇人选举问题,同乔其亨利辩论土地国有问题。后来因为后一问题,竟同赫胥黎、乔其亨利等吵闹。他对于这些问题,虽分明改变了旧日的主张,却不肯明明白白地说出来。他一八九二年所印的《静止的社会观》把第一次出版书中关系这个问题的部分删了,却不加一个字的说明,这真是一桩可笑的事!"照这几句话看来,就可以明白斯氏学问受自我作始和固执己见两桩事的影响。所以把他引来,作我这篇政治哲学的结尾。

本篇的议论,多从白尔克的《英国政治思想史》(Barker's *Political Thought in England* from Spencer to today)上得来的,读者可以参看原书。

(第六卷第三号,一九一九年三月十五日)

实验主义

胡 适

一 引论

现今欧美很有势力的一派哲学,英文叫做 Pragmatism,日本人译为“实际主义”。这个名称本来也还可用,但这一派哲学里面,还有许多大同小异的区别,“实际主义”一个名目不能包括一切支派。英文原名 Pragmatism 本来是皮耳士(C.S.Peirce)提出的,后来詹姆士(William James)把这个主义应用到宗教经验上去,皮耳士觉得这种用法不很妥当,所以他想把他原来的主义改称为 Pragmaticism 以别于詹姆士的 Pragmatism。英国失勒(J.C.S.Schiller)一派把这个主义的范围更扩充了,本来不过是一种辩论的方法,竟变成一种真理论和实在论了(看詹姆士的 Meaning of Truth,页五十一)。所以失勒提议改用“人本主义”(Humanism)的名称。美国杜威(John Dewey)一派,仍旧回到皮耳士所用的原意,注重方法论一方面。他又嫌詹姆士和失勒一班人太偏重个体事物和“意志”(Will)的方面,所以他也不愿用 Pragmatism 的名称,他这一派自称为“工具主义”(Instrumentalism),又可译为“应用主义”或“器用主义”。

因为这一派里面有这许多区别,所以不能不用一个涵义最广的总名称。“实际主义”四个字可让给詹姆士独占。我们另用“实验主义”的名目来做这一派哲学的总名。就这两个名词的本义看来,“实际主义”(Pragmatism)注重实际的效果;“实验主义”(Experimentalism)虽然也注重实际的效果,但它更能点出这种哲学所最注意的是实验的方法。实验的方法就是科学家在试验室里用的方法。这一派哲学的始祖皮耳士常说他的新哲学不是别的,就是“科学试验室的态度”(the laboratory attitude of mind)。

这种态度是这种哲学的各派所公认的,所以我们可用来做一个“类名”。

以上两段论实验主义的名目,也可表现实验主义和科学的关系。这种新哲学完全是近代科学发达的结果。十九世纪是科学史上最光荣的时代,不但科学的范围更扩大了,器械更完备了,方法更精密了,最重要的是科学的基本观念都经过了一番自觉的评判,受了一番根本的大变迁。这些科学基本观念之中,有两个重要的变迁,都同实验主义有绝大的关系。

第一,是科学家对于科学律例的态度的变迁。从前崇拜科学的人,大概有一种迷信,以为科学的律例都是一定不变的天经地义。他们以为天地万物都有永久不变的“天理”,这些天理发现之后,便成了科学的律例。但是这种“天经地义”的态度,近几十年来渐渐地更变了。科学家渐渐地觉得这种天经地义的迷信态度,很可能阻碍科学的进步;况且他们研究科学的历史,知道科学上许多发明都是运用“假设”的效果;因此他们渐渐地觉悟,知道现在所有的科学律例,不过是一些最适用的假设,不过是现在公认为解释自然现象最方便的假设。譬如行星的运行,古人天天看见日出于东落于西,并不觉得什么可怪。后来有人问日落之后到什么地方去了呢?有人说日并不落下,日挂在天上,跟着天旋转,转到西方又转向北方,离开远了,我们看不见它,便说日落了,其实不曾落。(看王充《论衡》说日篇。)这是一种假设的解释。后来有人说地不是平坦的,日月都从地下绕出;更进一步,说地是宇宙的中心,日月星辰都绕地行动;再进一步,说日月绕地成圆圈的轨道,一切星辰也依着圆圈运行。

这是第二种假设的解释,在当时都推为科学的律例。后来天文学格外进步了,于是有哥白尼出来说日球是中心,地球和别种行星都绕日而行,并不是日月星辰绕地而行。这是第三个假设的解释。后来的科学家,如恺柏勒(Keppler,)如牛顿(Newton),把哥白尼的假设说得格外周密。自此以后,人都觉得这种假设把行星的运行说得最圆满,没有别种假设可比得上它,因此它便成了科学的律例了。即此一条律例看来,便可见这种律例原不过是人造的假设用来解释事物现象的。解释得满人意,就是真的;解释得不满人意,便不是真的,便该寻别种假设来代它了。不但物理学、化学的律例是这样的,就是平常人最信仰、最推崇为永永不磨的数学定理,也不过是一些最适用的假设。我们学过平常的几何学的,都知道一个三角形内的三只角之和等于两只直角;又知道一条直线外的一点上只可作一条直线与那条直线平行。这不是几何学上的天经地义吗？但是近来有两派新几何学出现，一派是罗贝邱司基（Lobatschewsky）的几何，说三角形内的三只角加起来小于两直角，又说在一点上可作无数线和一条直线平行；还有一派是利曼（Riemanr）的几何，说三角形内的三角之和大于两直角，又说一点上所作的线没有一条和点外的直线平行。这两派新几何学（我现在不能细说，）都不是疯子说疯话，都有可成立的理由。于是平常人和古代哲学家所同声尊为天经地义的几何学定理，也不能不看做一些人造的最方便的假设了。（看 Poincare，Science and Hypothesis，Chapters Ⅲ.Ⅴ，and Ⅸ）

这一假说从前认作天经地义的科学律例如今都变成了人造的最方便、最适用的假设。这种态度的变迁涵有三种意义：（一）科学律例是人造的，（二）是假定的，——全靠它解释事实能不能满意，方才可定它是不是适用的，（三）并不是永远不变的天理，——天地间也许有这种永远不变的天理，但我们不能说我们所拟的律例就是天理。我们所假设的律例不过是记载我们所知道的一切自然变化的“速记法”。这种对于科学律例的新态度，是实验主义的一个最重要的根本学理。实验主义绝不承认我们所谓“真理”就是永远不变的天理。它只承认一切“真理”都是应用的假设。假设的真不真，全靠它能不能发生它所应该发生的效果。这就是“科学试验室的态度”。

此外，十九世纪还有第二种大变迁，也是和实验主义有极重要的关系的。这就是达尔文的进化论。达尔文最重要的书名为《物种起源》。从古以来，讲进化的人本不少，但总不曾明白主张“物种”是变迁进化的结果。哲学家大概把一切“物种”（Species）认作最初同时发生的，发生以来，永世不变，古今如一。中国古代的荀子说，“古今一度也，类不悖，虽久同理”。杨倞注说：“类，种类，谓若牛马也。言种类不乘悖，虽久而理同。今之牛马与古不殊，何至于人而独异哉？”（看我的《中国哲学史大纲》页三百一十一至三百一十三。）这是说物的种类是一成不变的。古代的西洋学者如亚里士多德一辈人也是主张物种不变的。

这种物类不变的观念，在哲学史上很有大影响。荀子主张物类不悖，虽久同理，故他说那些主张“古今异情，其所以治乱者异道”的人都是“妄人”。西洋古代哲学因为主张物类不变，故也把真理看做一成不变。个体的人物尽管有生老死灭的变化，但“人”“牛”“马”等种类是不变化的；个体的事实尽管变来变去，但那些全称的普遍的“真理”是永久不变的。到了达尔文方才敢大胆宣言物的种类也不是一成不变的，都有一个“由来”，都经过了许多变化，方才到今日的种类。到了今日，仍旧可使种类变迁，如种树的可以接树，养鸡的可以接鸡，都可得到特别的种类。不但种类变化，真理也变化。种类的变化是适应环境的结果，真理不过是对付环境的一种工具，环境变了，真理也随时改变。宣统年间的忠君观念已不是雍正、乾隆年间的忠君观念了。民国成立以来，这个观念竟全行丢了，用不着了。知道天下没有永久不变的真理，没有绝对的真理，方才可以起一种知识上的责任心。我们人类所要的知识并不是那绝对存立的“道哪”“理哪”，而是这个时间，这个境地，这个我的这个真理。那绝对的真理是悬空的，是抽象的，是笼统的，是没有凭据的，是不能证实的。因此古来的哲学家可以随便乱说，这个人说是“道”，那个人说是“理”，第三人说是“气”，第四人说是“无”，第五人说是“上帝”，第六人说是“太极”，第七人说是“无极”。你和我都不能断定哪一个说的是，哪一个说的不是，只好由他们乱说罢了。我们现在且莫问那绝对究竟的真理，只须问我们在这个时候，遇着“这个真理”；这一类“这个真理”是实在的，是具体的，是特别的，是有凭据的，是可以证实的。因为这个真理是对付这个境地的方法。所以，它若不能对付，便不是真理；它能对付，便是真理，所以说它是可以证实的。

这种进化的观念，自从达尔文以来，各种学问都受了它的影响。但是哲学是最守旧的东西，这六十年来，哲学家所用的“进化”观念仍旧是海智尔(Hegel)的进化观念，不是达尔文的《物种起源》的进化观念。(这话说来很长，将来再说罢。)到了实验主义一派的哲学家，方才把达尔文一派的进化观念拿到哲学上来应用，拿来批评哲学上的问题，拿来讨论真理，拿来研究道德。

进化观念在哲学上应用的结果，便发生了一种“历史的态度”(The Genetic Method)。怎么叫做“历史的态度”呢?

这就是要研究事物如何发生，怎样来的，怎样变到现在的样子；这就是“历史的态度”。譬如研究“真理”，就该问，这个意思何以受人恭维，尊为“真理”? 又如研究哲学上的问题，就该问，为什么哲学史上发生这个问题呢? 又如研究道德习惯，就该问，这种道德观念(例如“爱国心”)何以应该尊崇呢? 这种风俗(例如“纳妾”)何以能成为公认的风俗呢? 这种历史的态度便是实验主义的一个重要的元素。

以上泛论实验主义的两个根本观念，第一是科学试验室的态度，第二是历史的态度。这两个基本观念都是十九世纪科学的影响。所以我们可以说，实验主义不过是科学方法在哲学上的应用。

二　皮耳士——实验主义的发起人

詹姆士说"实验主义"不过是思想的几个老法子换上了一个新名目。这话固然不错,因为古代的哲学家如中国的墨翟、韩非(看我的《中国哲学史大纲》页五三至一六十五、又一九十七、又三七十九至三八十四),如希腊的勃洛太哥拉(Protagoras),都可说是实验主义的远祖。但是近世的实验主义是近世科学的自然产儿,根据格外坚牢,方法格外精密,并不是古代实验主义的嫡派子孙,故我们尽可老老实实地从近世实验主义的始祖皮耳士说起。

皮耳士生于西历一八三九年,死于一九一四年。他的父亲 Benjamin Peirce 是美国一个最大的数学家,所以他小时就受了科学的教育。他常说他是在科学试验室里长大的。

后来他也成了一个大数学家,名学家,物理学家。他的物理学上的贡献是欧美学者所公认的。一八六几年皮耳士在美国康桥发起了一个哲学会,会员虽不过十一二人,却很有几个重要人物,内中有一个便是赫赫有名的詹姆士。皮耳士在这会里曾发表他的实验主义,詹姆士很受了他的影响。到了一八七七年十一月,皮耳士方才把他的实验哲学做了一篇长文登在美国《科学通俗月刊》上。这篇文章共分六章,登了几个月才登完。当时竟没有人赏识他。直到二十年后,詹姆士在加省大学演讲,方才极力表章(彰)皮耳士的实验主义。那时候,时机已经成熟了,实验主义就此一日千里地传遍全世界了。

皮耳士这篇文章总题目是"科学逻辑的举例"。这个名称很可注意,因为这就可见实验主义同科学方法的关系。

这篇文章的第二章题目是"如何能使我们的意思明白"。这个题目也很可注意,因为这一章是实验主义发源之地,看这题目便知道实验主义的宗旨不过是要寻一个方法来把我们所有的观念的意义弄得明白清楚。他是一个科学家,所以他的方法只是一个科学实验室的态度。他说:"你对一个科学实验家无论讲什么,他总以为你的意思是说某种实验法若实行时定有某种效果。若不如此,你所说的话他就不懂得了。”他平生只遵守这种态度,所以说:“一个观念的意义完全在于那观念在人生行为上所发生的效果。凡试验不出什么效果来的东西,必定不能影响人生的行为。所以我们如果能完全求出承认某种观念时有那么些效果,不承认他时又有那么些效果,如此我们就有这个观念的完全意义了。除掉这些效果之外,更无别种意义。这就是我所主张的实验主义。”(Journal of Philos.,Psy.,and Sc.,Meth.XⅢ,No.26,p.710 引)

他这一段话的意思是说,一切有意义的思想都会发生实际上的效果。这种效果便是那思想的意义。若要问那思想有无意义或有什么意义,只消求出那思想能发生何种实际的效果,只消问若承认他时有什么效果,若不认他时又有什么效果。若不论认他或不认他,都不发生什么影响,都没有实际上的分别,那就可说这个思想全无意义,不过是胡说的废话。

我且举一个例。昨天下午北京大学哲学教授会审查学生送来的哲学研究会讲演题目。内中有一个题目是:“人类未曾运思以前,一切哲理有无物观的存在?”这种问题,依实验主义看起来,简直是废话。为什么呢?因为无论我们承认未有思想以前已有哲理或没有哲理,于人生实际上有何分别?

假定人类未曾运思之时“哲理”早已存在,这种假定又如何证明呢?这种哲理于人生行为有什么关系?更假定那时候没有哲理,这哲理的没有,又如何证明呢?又于人生有什么影响呢?若是没有什么影响,可不是不成问题的争论吗?

皮耳士又说:“凡一个命辞的意义在于将来(命辞或称命题 Proposition)。何以故呢?因为一个命辞的意义还只是一个命辞,还只是把原有的命辞翻译成一种法式,使它可以在人生行为上应用。”他又说:“一个命辞的意义即那命辞所指出一切实验的现象的通则。”(同上书 p.711 引)这话怎么讲呢?我且举两条例。譬如说“砒霜是有毒的”。这个命辞的意义还只是一个命辞。例如“砒霜是吃不得的”,或是“吃了砒霜是要死的”,或是“你千万不要吃砒霜”,这三个命辞都只是“砒霜有毒”一个命辞所涵的实验的现象。后三个命辞是前一个命辞翻译出来的应用公式,是这个命辞的真正意义。又如说“闷空气是有害卫生的”和“这屋里都是闷空气”,这两个命辞的意义就是叫你“赶快打开窗子换换新鲜空气”。

皮耳士的学说不但是说一切观念的意义在于那观念所能发生的效果,他还要进一步说,一切观念的意义是那观念所指示我们应该养成的习惯“闷空气有害卫生”,一个观念的意义在于它能使我们养成常常开窗换新鲜空气的习惯。

“运动有益身体”一个观念的意义在于它能使我们养成时常健身运动的习惯。科学的目的只是要给我们许多有道理的行为方法,使我们从信仰这种方法生出有道理的习惯。

这是科学家的知行合一说。这是皮耳士的实验主义。(参看 Journal of Ph.Psy.and Se Meth.XⅢ,26,pp.708~720)

三　詹姆士的心理学

维廉詹姆士(William James)生于一八四二年,死于一九一〇年。他的父亲 Henry James 是一个 Swedenborg 派的宗教家,有一些宗教的著作。(Swedenborg,1988~1772,瑞典人,是一个神秘的宗教家,自创一派流传到今。他说人有一种精神的官能,往往闭塞了,若开通时便可与精神界直接往来。他自己说是真能做到这步田地的。)他的兄弟也叫 Henry James(1983~1916),是近世一个最大的文豪,所做的小说在英美两国的文学中占极重要的位置。我们的哲学家詹姆士初学医学,在哈佛大学得医学博士学位之后,就在那里教授解剖学和生理学,后来才改为心理学科哲学的教授。一八九〇年他的大《心理学》出版,自此以后他就成了一个哲学界的重要人物。

他的著作很多,我且举几种最重要的:

大《心理学》(*The Principles of Psycholgy*,1890)

小《心理学》(*Psychology*,1892)

《信仰的意志》及其他论文,(*The Will to Believe*, 1897)

《宗教经验的种种》(*The Varieties of Religious Experience*,1902)

《实验主义》(*Pragmatism*,1907)

《真理的意义》(*The Meaning of Truth*,1909)

詹姆士在哲学史上的最大贡献就是他的“新心理学”。

他的新心理学是心理学史上一大革命,因为以前只有“构造的心理学”(Structural Psychology),到了他以后方才有“机能的心理学”(Functional Psychology),又名“作动的心理学”(Behavioristic Psychology)。这种新心理学又是哲学史上一大革命,因为一百五十年来的哲学都受了休谟(David Hume)的心理解剖的影响,把心的内容看做许多碎细的元素,名为“印象”(Impressions)与“意象”(Ideas)。休谟走到极端,不但把一切外物都认作一群一群的感觉,并且连这个感觉的“我”也不过是一大堆印象和意象。还有物界一切因果的关系,也并没有实在,不过都是人心联想习惯的结果。后来出了一个大哲学家康德(Kant),觉得休谟的知识论不能使人满意,于是创出他的新哲学。我现在不能细述康德的哲学,只可略说一个重要的方面。康德承认休谟的心理分析是不错的,承认心的内容是一些零碎的感觉;但是康德进一步说这些细碎的分子之外,还有两个综合的官能,一个是直觉,一个是明觉。直觉有两个法门,一是空间,一是时间;明觉有十二种法门,什么多数哪,独一哪,有哪,无哪,因果哪,我也不去细说了。每起一种知觉时,先经过直觉关,到了关上,那感觉的“与料”便化成空间、时间;然后明觉过来,自然会把那“与料”归到那十二法门中的相当法门的去,于是才知道它是一还是多,是有还是非有,是因还是果。康德的哲学因为要填补休谟的缺陷,故于感觉的资料之外请出一个整理组合的理性来。康德以来的哲学虽然经过许多变迁,总不曾跳出这个中心观念。一方面是感觉的资料,一方面是有组合作用的心。后来的人说来说去,越说越微妙了,但总说不出为什么这两部分都不可少,又说不出这两个相反对的部分怎样能够同力合作发生有系统的组织。

詹姆士的心理学以为休谟一派的联想论把一切思想都看做习惯的联想,固是不对的,但是理性派的哲学家,建立一个独立实在的心灵,也没有实验的根据。他说科学的心理学应该用生理的现象来解释心理的现象,应该承认脑部为一切心理作用的总机关,更应该寻出心理作用的生理的前因和生理的后果。他说:“没有一种心理的变迁同时不发生身体上的变迁的。”这是生理的心理学,固然不是詹姆士创始的,但他更进一步,把生物学的道理应用到生理的心理学上。从前斯宾塞(Spencer)曾定下一条通则,说“心理的生活和生理的生活有同样的主要性质,两种生活都是要使内部的关系和外部的关系互相适应”。詹姆士承认这个通则在心理学上很有用处,所以他的心理学的基本观念是:凡认定未来的目标而选择方法和工具以求做到这个目标,这种行动就是有心的作用的表示。心的作用就是认定目的而设法达到所定目的的作用。这种观点可以补救从前休谟和康德的缺点。为什么呢?因为休谟一派人把心的内容看做切碎的分子,其实那一点一块的分子并不是经验的真相;个人的经验是连贯不断的一个大整块,不过随时起心的作用时自然不能不有所选择,不能不在这连绵不断的经验上挑出一部分来应用,所以表面上看去很像是一支一节的片段,其实还是整块的、不间断的。还有康德一派人于感觉之外请出一个综合整理的心,又把这个心分成许多法门,这也是有弊的说法。因为神经系统之外更没什么"心官",况且这个神经系统也不是照相镜一般的物事。若如康德所说,那心官分做许多法门,外物进来,自然会显出种种关系,那么心官岂不是同照相镜一样,应该有什么东西便自然照成什么东西,——那么,何以还有知识思想上的错误呢?詹姆士用生理来讲心理,认定我们的神经系统不过是一种应付外物的机能,并不是天生成完全无错误的,是最容易错误的,不过是有随机应变的可能性。"上一回当,学一回乖。"一切错误算不得是他的缺点,只可算是必须经过的阶级。心的作用并不是照相镜一般的把外物照在里面就算了,心的作用是从已有的知识里面挑出一部分来做现在应用的资料。一切心的作用(知识思想等)都起于个人的兴趣和意志。兴趣和意志定下选择的目标,有了目标方才从已有的经验里面挑出达到这目标的方法、器具和资料。康德所说的"纯粹理性"是绝对没有的东西。没有一种心的作用不带着意志和兴趣的,没有一种心的作用不是选择去取的。

这是詹姆士的新心理学的重要观念。从前经验派和理性派的种种争论都可用这种心理学来解决调和。因为心的作用是选择去取的,所以现在的感觉资料便是引起兴趣意志的刺激物,过去的感觉资料(经验)便是供我们选择方法工具的材料,从前所谓组合整理的心官便是这选择去取的作用。世间没有纯粹的理性,也没有纯粹的知识思想。理性是离不了意志和兴趣的;知识思想是应用的,是用来满足个人的意志兴趣的。古人所说的纯粹理性和纯粹思想都是把理性和思想看做自为首尾,自为起结的物事,和实用毫无关系,所以没有真假可说,没有是非可说,因为这都是无从证明的。现在说知识思想是应用的,看他是否能应用就可以证实他的是非和真假了。所以我们可说,詹姆士的心理学是实验主义的心理学上的基础。

四　詹姆士论实验主义

本章的题目是"詹姆士论实验主义"。这个标题的意思是说,本章所说虽是用他的《实验主义》一部书做根据，却不全是他一个人的学说，而是他综合皮耳士、失勒、杜威、倭斯䵷（Ostwald）、马赫（Mach）等人的学说，做成一种实验主义的总论。他这个人是富有宗教性的，有时不免有点偏见，所以我又引了旁人（以杜威为最多）批评他的话来纠正他的议论。

詹姆士讲实验主义有三种意义：第一，实验主义是一种方法论；第二，是一种真理论（theory of truth）；第三，是一种实在论（theory of reality）。

（1）方法论。詹姆士总论实验主义的方法是"要把注意之点从最先的物事移到最后的物事，从通则移到事实，从范畴（Categories）移到效果"（Pragamtism，pp.45～55）。这些通则哪，定理哪，范畴哪，都是"最先的物事"。亚里士多德说"在天然顺序中比较容易知道的"，就是这些东西。古来的学派大抵都是注重这些抽象的东西的。詹姆士说："我们大家都知道人类向来喜欢玩种种不正当的魔术。魔术上最重要的东西就是名字。你如果知道某种妖魔鬼怪的名字，或是可以镇服他们的符咒，你就可以管住他们了。所以初民的心里觉得宇宙竟是一种不可解的谜；若要解这个哑谜，总须请教那些开通心窍、神通广大的名字。宇宙的道理即在名字里面；有了名字便有了宇宙了。（参看中国儒家所论正名的重要，如孔丘、董仲舒所说。）'上帝''物质''理''太极''力'都是万能的名字。你认得它们，就算完事了。玄学的研究，到了认得这个神通广大的名字，可算到了极处了。"他这段说话挖苦那班理性派的哲学家，可算得厉害了。他的意思只是要表示实验主义根本上和从前的哲学不同。实验主义要把种种全称名字一个一个地"现兑"做人生经验，再看这些名字究竟有无意义，所以说"要把注意之点从最先的物事移到最后的物事，从通则移到事实，从范畴移到效果"。

这便是实验主义的根本方法。这个方法有三种应用。

（甲）用来规定事物（objects）的意义，（乙）用来规定观念（ideas）的意义，（丙）用来规定一切信仰（定理、圣教、量之类）的意义。

（甲）事物的意义。詹姆士引德国化学大家倭斯䵷（Ostwald）的话"一切实物都能影响人生行为，那种影响便是那些事物的意义"，他自己也说，"若要使我们心中所起事物的感想明白清楚，只须问这个物事能生何种实际的影响，——只须问它发生什么感觉，我们对它起何种反动"（pp.46～47）。譬如上文所说的"闷空气"，它的意义在于它对于呼吸的关系和我们开窗换空气的反动。

（乙）观念的意义。他说我们如要规定一个观念的意义，只须使这观念在我们经验以内发生作用。把这个观念当做一种工具用，看它在自然界能发生什么变化、什么影响。一个观念（意思）就像一张支票，上面写明可支若干效果，如果这个自然银行见了这张支票即刻如数现兑，那支票便是真的，——那观念便是真的。

（丙）信仰的意义。信仰包括事物与观念两种，不过信仰所包事物观念的意义是平常公认为已经确定了的。若要决定这种观念或学说的意义，只须问"如果这种学说是真的，那种学说是假的，于人生实际上可有什么分别吗？如果无论哪一种是真是假都没有实际上的区别，那就可证明这两种表面不同的学说其实是一样的，一切争执都是废话。"（p.45）譬如我上文所引"人类未曾运思以前，一切哲理有无物观的存在"问题，两方面都可信，都不发生实际上的区别，所以就不成问题了。

以上说方法论的实验主义。

（2）真理论。什么是"真理"（truth）？这个问题在西洋哲学史上是一个顶重要的问题。那些旧派的哲学家说真理就是同"实在"相符合的意象。这个意象和"实在"相符合便是真的，那个意象和"实在"不相符合便是假的。这话很宽泛，我们须要问：什么叫做"和实在相符合"？旧派的哲学家说："真的意象就是实在的摹本（copy）。"詹姆士问道："譬如墙上的钟，我们闭了眼睛可以想象钟的模样，那还可说是一种摹本。但是我们心里起的钟的用处的观念，也是摹本吗？摹的是什么呢？又如我们说钟的发条有弹性，这个观念摹的又是什么呢？这就可见一切不能有摹本的意象，那'和实在相符合'一句话又怎么解说呢？"（Pragamtism，p.199）

詹姆士和旁的实验哲学家都攻击这种真理论，以为这种学说是一种静止的、惰性的真理论。旧派的意思好像是只要把实在直抄下来就完了事，只要得到了实在的摹本，就够了，思想的功用就算圆满了。好像我们中国在前清时代奏折上批了"知道了，钦此"五个大字，就完了。这些实验哲学家是不甘心的，他们要问："假定这个观念是真的，这可于人生实际上有什么影响吗？这个真理可以实现吗？这个道理是真是假，可影响那几部分的经验吗？总而言之，这个真理现兑成人生经验，值得多少呢？"

詹姆士因此下一个界说道："凡真理都是我们能消化受用的，能考验的，能用旁证证明的，能稽核查实的。凡假的观念都是不能如此的。"（p.201）他说："真理的证实在能有一种满意摆渡的作用"。（p.202）怎么叫作摆渡的作用呢？他说："如果一个观念能把我们一部分的经验引渡到别一部分的经验,连贯得满意,办理得妥贴,把复杂的变简单了,把烦难的变容易了——如果这个观念能做到这步田地,它便‘真’到这步田地,便含有那么多的真理。”(p.58)譬如我走到一个大森林里,迷了路,饿了几日走不出来,忽然看见地上有几个牛蹄印子,我心里便想到若跟着牛蹄印子走,一定可寻到有人烟的地方。这个意思在这个时候非常有用,我依了做去,果然出险了,这个意思便是真的,因为他能把我从一部分的经验引渡到别部分的经验,因此便自己证实了。

据这种见解看来,上文所说“和实在相符合”一句话便有了一种新意义。真理“和实在相符合”并不是静止的符合,乃是作用的符合。从此岸渡到彼岸,把困难化为容易,这就是“和实在相符合”了。符合不是临摹实在,是应付实在,是适应实在。

这种“摆渡”的作用,又叫作“做媒”的本事。詹姆士常说一个新的观念就是一个媒婆,它的用处就在能把本来有的旧思想和新发现的事实拉拢来做夫妻,使他们不要吵闹,使他们和睦过日子。譬如我们从前糊糊涂涂地过太平日子,以为物体从空中掉下来是很自然的事,不算稀奇。不料后来人类知识进步了,知道我们这个地球是悬空吊在空中,于是便发生疑问,这个地球何以能够不掉下去呢?地球既是圆的,圆球那一面的人物屋宇何以不掉到太空中去呢?这个时候,旧思想和新事实不能相容,正如人家儿女长大了,男的吵着要娶媳妇了,女的吵着要嫁人了。正在吵闹的时候,来了一个媒婆,叫做“吸力说”,他从男家到女家,又从女家到男家,不知怎样一说,女家男家都答应了,于是遂成了夫妇,重新过太平的日子。

所以詹姆士说,观念成为真理全靠它有这做媒的本事。一切科学的定理,一切真理,新的旧的,都是会做媒的;或是现任的媒婆,或是已经退职的媒婆。

纯粹物观的真理,不曾替人做过媒,不曾帮人摆过渡,这种真理是从来没有的。

这种真理论叫做“历史的真理论”(genetic theory of truth),为什么叫做“历史的”呢?因为这种真理论注重的点在于真理如何发生,如何得来,如何成为公认的真理。真理并不是天上掉下来的,也不是人胎里带来的;真理原来是人造的,是为了人造的,是人造出来供人用的。是因为他们大有用处所以才给他们“真理”的美名的。我们所谓真理,原不过是人的一种工具。真理和我手里这张纸、这条粉笔、这块黑板、这把茶壶,是一样的东西,都是我们的工具。因为从前这种观念曾经发生功效,故从前的人叫它做“真理”;因为它的用处至今还在,所以我们还叫它做“真理”。万一明天发生他种事实，从前的观念不适用了，它就不是“真理”了，我们就该去找别的真理来代它了。譬如“三纲五伦”的话，古人认为真理，因为这种话在古时宗法的社会很有点用处。但是现在时势变了，国体变了，“三纲”便少了君臣一纲，“五伦”便少了君臣一伦。还有“父为子纲，夫为妻纲”两条，也不能成立。古时的“天经地义”，现在变成废话了。有许多守旧的人觉得这是很可痛惜的。其实这有什么可惜？衣服破了，该换新的；这支粉笔写完了，该换一支；这个道理不适用了，该换一个。这是平常的道理，有什么可惜？“天圆地方”说不适用了，我们换上一个“地圆说”，有谁替“天圆地方”说开追悼会吗？

真理所以成为公认的真理，正因为它替我们摆过渡，做过媒。摆渡的船破了，再造一个。帆船太慢了，换上一只汽船。

这个媒婆不行，打她一顿媒拳，赶她出去，另外请一位靠得住的朋友做大媒。

这便是实验主义的真理论。

但是人各有所蔽，就是哲学家也不能免。詹姆士是一个宗教家的儿子，受了宗教的训练，所以对于宗教的问题，总不免有点偏见，不能老老实实地用实验主义的标准来批评那些宗教的观念是否真的。譬如它说，“依实验主义的道理看来，如上帝那个假设有满意的功用（此所谓‘满意’乃广义的），那假设便是真的。”（p.299）又说，“上帝的观念，……在实际上至少有一点胜过旁的观念的地方：这个观念许给我们一种理想的宇宙，永久保存，不致毁灭。……世界有个上帝在里面作主，我们便觉得一切悲剧都不过是暂时的，都不过是局部的，一切灾难毁坏都不是绝对没有翻身的。”（p.106）最妙的是它的“信仰的心愿”论（The Will to Believe），这篇议论太长了，不能引在这里但是议论中最重要又最有趣味的一个意思，它曾在别处常常提起，我且引来给大家看看。“我自己硬不信我们的人世经验就是宇宙里最高的经验了。我宁可相信我们人类对于全宇宙的关系就和我们的猫儿狗儿对于人世生活的关系一般。猫儿狗儿常在我们的客厅上、书房里玩，他们也加入我们的生活，但他们全不懂得我们的生活的意义。我们的人世生活好比一个圆圈，他们就住在这个圆圈的正切线（tangent）上，全不知道这个圆圈起于何处终于何处。我们也是如此，我们也住在这个全宇宙圆圈的正切线上。但是猫儿狗儿每日的生活可以证明它们有许多理想和我们相同，所以我们照宗教经验的证据看来，也很可相信比人类更高的神力是实有的，并且这些神力也朝着人类理想中的方向努力拯救这个世界。”（p.300）

这就是他的宗教的成见。他以为这个上帝的观念——这个有意志，和我们人类的最高理想同一方向进行的上帝观念，能使我们人类安心满意，能使我们发生乐观，这就可以算它是真的了！这类论理，仔细看来是很有害的。它在这种地方未免把它的实验主义的方法用错了。为什么呢？因为我们上文说过实验主义的方法须分作三层使用。第一是用定事物的意思；第二，定观念的意义；第三，定信仰的意义。须是事物和观念的意义已经明白确定了，方才可以用第三步方法。如今假定一个有意志的上帝，这个假设还只是一个观念，他的意义还不曾明白确定，所以不能用第三步方法，只可先用第二步方法，把这个观念当做一种工具，当做一张支票，看它在这自然大银行里是否有兑现的效力。这个"有意志的神力"的观念是一个宇宙论的假设，这张支票上写的是宇宙论的现款，不是宗教经验上的现款。我们拿了支票，应该先看它是否能解决宇宙论的问题。一切宇宙间的现状，如生存竞争的残忍，如罪恶痛苦的存在，都可以用这个假设来解决吗？如不能解决，这张支票便不能兑现。这个观念的意义便不曾确定。一个观念不曾经过第二步的经验，便不配算作信仰，便不配问它的真假在实际上发生什么区别。为什么呢？因为一张假支票在本银行里虽然支不出钱来，也许在不相干的小钱店里押一笔钱。那小钱店不曾把支票上的图章表记认明白，只顾贪一点小利，就胡乱押一笔钱出去。这不叫做"兑现"，这叫做"外快"，这是骗来的钱。詹姆士不先把上帝这个观念的意义弄明白，却先用到宗教经验上去，回头又把宗教经验上所得的"外快"利益来冒充这个观念本身的价值。这就是它不忠于实验主义的所在了。（参看 Dewey，*Essays in Experimental Logic*，pp.312~325）

（3）实在论。我的所谓"实在"（Reality）含有三大部分：（A）感觉，（B）感觉与感觉之间及意象与意象之间的种种关系，（C）旧有的真理。从前的旧派哲学都说实在是永远不变的。詹姆士一派人说实在是常常变换的，常常加添的，常常由我们自己改造的。上文所说实在的三部分之中，我们且先说感觉。感觉之来，就同大水汹涌，是不由我们自主的。但是我们各有特别的兴趣，兴趣不同，所留意的感觉也不同。因为我们所注意的部分不同，所以各人心目中的实在也就不同。一个诗人和一个植物学者同走出门游玩，那诗人眼里只见得日朗风清，花明柳媚；那植物学者只见得道旁长的是什么草，篱上开的是什么花，河边栽的是什么树。这两个人的宇宙是大不相同的。

再说感觉的关系和意象的关系。一样的满天星斗，在诗人的眼里和在天文学者的眼里,便有种种不同的关系。一样的两件事,你只见得时间的先后,我却见得因果的关系。一样的一篇演说,你觉得这人声调高低得宜,我觉得这人论理完密。

一百个大钱,你可以摆成两座五十的,也可以摆成四座二十五的,也可以摆成十座十个的。

那旧有的真理更不用说了。总而言之,实在是我们自己改造过的实在。这个实在里面含有无数人造的分子。实在是一个很服从的女孩子,她百依百顺的由我们替她涂抹起来,装扮起来。“实在好比一块大理石,到了我们手里,由我们雕成什么像。”宇宙是经过我们自己创造的工夫的。“无论知识的生活或行为的生活,我便都是创造的。实在的名的一部分和实的一部分都有我们增加的分子。”

这种实在论和理性派的见解大不相同。“理性主义以为实在是现成的,永远完全的;实验主义以为实在还正在制造之中,将来造到什么样子便是什么样子。”(p.257)实验主义(人本主义)的宇宙是一篇未完的草稿,正在修改之中,将来改成怎样便是怎样,但是永没有完篇的时期。理性主义的宇宙是绝对平安无事的,实验主义的宇宙是还在冒险进行的。

这种实在论和实验主义的人生哲学和宗教观念都有关系。总而言之,这种创造的实在论发生一种创造的人生观。这种人生观,詹姆士称为“改良主义”(AMeliorism)。这种人生观不是悲观的厌世主义,也不是乐观的乐天主义,乃是一种创造的“淑世主义”。世界的拯救不是不可能的,也不是我们笼着手、抬起头来就可以望得到的。世界的拯救是可以做得到的,但是须要我们各人尽力做去。我们尽一分的力,世界的拯救就赶早一分。世界是一点一滴一分一毫地长成的,但是这一点一滴一分一毫全靠着你和我和他的努力贡献。

他说,“假如个造化的上帝对你说:‘我要造一个世界,保不定可以救拔的。这个世界要想做到完全无缺的地位,须靠各个分子各尽他的能力。我给你一个机会,请你加入这个世界。你知道我不担保这世界是平安无事的。这个世界是一种真正冒险事业,危险很多,但是也许你最后的胜利。这是真正的社会互助的工夫。你愿意跟来吗?你对上自己,和那些旁的工人,有那么多的信心来冒这个险吗?’假如上帝这样问你,这样邀请你,你当真怕这世界不安稳竟不敢去吗?你当真宁愿躲在睡梦里不肯出头吗?”

这就是淑世主义的挑战书。詹姆士自己是要我的大着胆子接受这个哀的米敦书的。他很嘲笑那些退缩的懦夫,那些静坐派的懦夫。他说:“我晓得有些人是不愿意去的。他们觉得在那个世界里须要用奋斗去换平安,这是很没有道理的事。……他们不敢相信机会。他们想寻一个世界,要可以歇肩,可以抱住爸爸的头颈,就此被吸收到那无穷无极的生命里面,好像一滴水滴在大海里。这种平安清福,只不过是免去了人世经验的种种烦恼。佛家的涅槃其实只不过是免去了尘世的无穷冒险。那些印度人,那些佛教徒,其实只是一班懦夫,他们怕经验怕生活。……他们听见了多元的淑世主义,牙齿都打战了,胸口的心也骇得冰冷了。”(pp.291~293)詹姆士自己说:“我吗?我是愿意承认这个世界是真正危险的,是须要冒险的;我决不退缩,我决不说我不干了!”(p.296)

这便是他的宗教。这便是他的实在论所发生的效果。

(第六卷第四号,一九一九年四月十五日)

马克思学说

顾兆熊

一、传记

Heinrich Karl Marx 于一八一八年生在特列(Trier)。他的父亲操律师业,是由犹太教改入耶稣教的。马克思在特列的高等学校毕业后,先后在波昂(Bonn)及柏林学法学和哲学。一八四一年他再往波昂,想要充任大学讲师。那个时候他有一个朋友叫包尔(Bruno Bauar)在波昂大学任神学讲师,因为言论有违背政府的意思的地方,便被辞退。马克思眼见这桩事,就明白在普鲁士大学里是决没有他的立足之地了。

这个时候,莱因河流域的急进自由党得了自由党领袖的同意,在廓伦(Koln)地方开办了一种大规模的反对党新闻纸。马克思就是一个重要的著述员。作了许多关于当时议会及法律的文章。一八四二年他移居廓伦,充这新闻纸的总编辑。由此这新闻纸的论调便激烈起来。后来经过政府几次的干涉,到了次年,就被封禁了。

马克思此时决意到那较自由的巴黎去,继续他的事业。到巴黎之后,与别的人共组织了一个"德法年书"。但是第一因为这"德法年书"在德国不易流行,第二因为马氏到了法国之后,研究经济学与法国社会主义的结果,主张社会主义,因此与同事的人意见不合,所以这"德法年书"只出了一期,便停办了。这个时候马克思却得了一个同志名叫昂格思(Engels),以后他的著作和鼓吹事业全是与昂格思共同的。这个关系直到马克思死为止。

当时巴黎有一个德文的周刊叫作 Vorwarts,专批评当时德国专制的罪恶,揭破德国假立宪的阴私。马克思亦在这报里帮助作论说。因此招了德国政府的忌恨,要求法国内阁把马克思逐出法境。法国答应了。马克思便于一八四五年迁居比京比利塞。马克思在比利塞发表了他的著作两种，叫做：*Misère de la philosophie，réponse à la philosophie de la misère* 与 *Discours sur la question du libre Echange*.

一八四八年马克思与昂格思经“共产党同盟会”的委托，拟定了“共产党宣言”。一八四八年“二月革命”起，比利塞人民响应。马克思被捕并且被逐出境。四月，马克思往廓伦。六月，在那里出了一种《斯莱因报》。第二年五月又停版了。编辑的人或是拘捕，或是驱逐出境。这报的生命虽然不及一年之久，马克思却到了刑庭两次。一次因为犯了新闻纸条例。一次因为煽动武力抵抗。但是两次全被宣告无罪。

马氏于是又往巴黎。然而因为六月十三日示威运动的事，为避免长期拘留计，又不得联离开法国迁居伦敦。在伦敦地方他发表了以下的著作：《新莱因河报》（政治经济评论）、《讨论与政治一览》《廓伦共产党案索隐》。一八五二年起，马氏充任 New York Tribune 的伦敦通信员。他此时著述，包含许多关于欧洲各国政治经济的论文，都是长期研究的结果，并不是寻常的通信。

一八五八年马氏宣布了他数年时间在不列颠博物院研究经济学的结果，这就是他的《政治的经济学批评》（*Zur Krüe der politischen Ökonomie*）的第一册。这第一册刚出版，他便发明他在述说以下几册的大意的时候，还有些不清楚的地方。于是他又重新更改。到了一八六七年他宣布了他的《资本》的第一卷——《资本的出产法》。他一方面预备《资本》的第二、三卷，一方面仍致力于工人运动。一八六四年“万国工人协会”成立。协会的章程和《开会宣言书》，就是马氏所撰的。由是以后，马氏便是“万国工人协会”的领袖。所有以后协会的宣言，都是出于马氏之手。

“万国工人协会”初立的时候，虽然分子复杂（协会里头有法国的“普鲁东派”、德国的“共产派”、英国的“新工会派”），却还可以意见一致。等到一八七一年巴黎社会党政府推翻之后，“万国工人协会”对外须与各国政府战争，对内须与无政府党分子竞斗。荷京会议，虽然把无政府党战败，却是以后的工人运动形势又变，那“万国工人协会”的形式，已经不适用了。

马氏从此对于鼓吹事业渐渐舍弃，专从事研究学问。他是一个周详审慎的学者，所以他每研究一个题目，必把一切相关的科学，都涉猎一过。他能读一切罗马系的文，一切日耳曼系的文，此外并习古斯拉夫语、俄罗斯语、斯尔维亚语以研究那些地方的社会情形。可惜他身体渐渐地不健康,不能把这种探讨工夫整理起来。他病终于一八八一年。

马氏的著作颇多。最要紧的几种,上文已经举出。至于那(一)解释马氏经济学的著作;(二)讨论马氏在十九世纪社会运动中所发生之影响的著作;(三)批评马氏的"唯物历史观"的著作,批评马氏的"价值论"的著作,批评马氏之《出产集中论》《贫乏造成论》《经济恐慌论》等的著作,都极其宏富,不是此地能全录的。

二、唯物的历史观及批评

马克思以前的关系学说

"唯物的历史观"是一种科学的历史观察法,是一种空前的社会哲学。这唯物历史观的创造人,便是马克思。

马克思的历史哲学,是受黑格尔(Hegel)、费巴赫(Feuerbach)和法国社会主义家的影响的。马克思把黑格尔的哲学作以下的解释:凡在世界上曾实现的,一定可以证明它是势所必然无可逃避的。因为是势所必然无可逃避的,所以也是合于情理无可非难的。然而历史上一切现象,都是与时间的条件相称。若是这种时间的条件变更,那与此条件相称的一切现象,一定消灭。按照黑格尔的哲学说,世界上没有什么经常不变的,没有什么千古不易的,没有绝对的,没有神圣的。宇宙间一切的现象,永远在那里变化。旧者消灭,新者代兴,没有间断的时候。并且变化的趋势,永远是由较低的变为较高的。马克思以为这就是黑格尔哲学革命的性质。黑格尔哲学,自然也有保守的一面。黑格尔哲学说,在某时代之某种见解和某种社会制度,因与那时代的情形符合,所以就应当承认这种见解与这种社会制度是合理。这就是黑格尔哲学保守的一面。但是马氏却以为黑格尔哲学里这种保守主义是相对的。黑格尔哲学里革命性质是绝对的。所以马氏的根本意见,以为历史是一个永久不停的变化轮机,并且是一个永久不停的进步轮机。黑格尔哲学把历史变化的公例,由那所谓"绝对的理解之自然发展"引出来。马克思却在此处受了费巴赫哲学的影响,说一切理想,全是由人创造。人的历史,并不是被理想所支配的,即使那宗教里头的超于人的神灵也全是人的想象所造成,全是人的本性的影子。人既然是可以于不知不觉间造成那最高尚的宗教，为什么不能造成政治、法律、科学、美术的生活呢？但是人的这种行动，究竟有什么公例没有？这个问题的答案，马氏是从法国历史家与社会主义家得了指导的。那个时候法国历史家如狄丽（Thierry）、祁则（Cuizot）等，都说要了解法国自中古以来的政治史，必要把它当做一个封建制度与平民间的决斗看才可。并且由一八二几年以后，做工的人也渐渐地起来与那有特权的阶级竞斗，这是有目皆见的事实。因此当时的法国社会主义家，如福烈（Fourier）、柏郎（Blanc）等，都把近世史当做一个阶级战争看，当做经济进化看。以上所称的各种材料，原来不相统属。马克思把它结成了一个大统系，化成了一个完全的理论。这个统系，这个理论，就是"唯物的历史观"。

"唯物的历史观"的大意

"唯物的历史观"说凡社会秩序的基础，全在这社会里的"出产"（Production）（日人译作"生产"）和那出产品的交易形式。至于那出产品如何分配于社会内各阶级，这各阶级如何成立，全看社会里出产何物、如何出产与出产品如何交易而定。所以欲观察人类社会，那最根本、最原始的物件就是经济。一切社会生活的基础只是共同出产。社会里一切变动的最终的原因，须在一时代的经济里寻找。

一国的法律也全看那一国的社会经济而定。社会经济是社会生活的物质，是社会生活的实体。社会经济是基础，法律与政治是这基础上头的建筑。社会经济的特性如有重大的变化，那节制这社会经济的形式，也必须随着转移。

所以社会生活里头有一种规律。这种规律是可以天然科学的方法赢得的。社会经济的现象是一种天然物。他的成立，变化消灭，都是可以天然科学方法探讨的。这社会经济现象的全部就是社会生活的"物质"。这社会经济现象的生存、消灭，就是"物质的运动"。

"唯物的历史观"并不否认"理想"的作用。无论是以前还是将来，人的社会理想，是可以为改变法律、改变社会秩序的近因的。但是人对于善恶的想象，决不是在这物质世界以后独立存在的。换一句话说，人对于善恶的想像，决不是另有一个因果行列的。"唯物历史观"的意思以为就历史上的社会变迁细看起来那些理想，并不是社会变迁的最终的原因，乃是一种社会经济的影子。因为有了这种社会经济，所以那些理想才发生出来。

由以上所述的看起来，"唯物的历史观"对于社会中"理想"与"经济"的关系主张下说：

第一层世界里头只有一个单纯的经验。一切事变，都在一个时间行列里演出来。世界里并没有两个时间种类，并没有两个性质不同的因果系。“理想”与“物质”在宇宙之中，是联结在一个因果系里头的。这一层意思是与一切科学的经验相符合的，并没有什么特别的“唯物”性质。“唯物历史观”的“唯物”性质却是由第二层意见里才显明。“唯物历史观”把社会经济与社会经济现象当作社会生活里唯一真实的物件看。此外一切社会的理想期望、想象都是按照一种不可移之公例随着社会经济转移的。由这第二层理论，又引出一个极重要的断案出来：社会理想，既然全是社会经济的影子，不是改革社会制度的最终的原因，所以社会制度的改革，决不能靠着社会理想。社会的改革，必由于阶级战争。这阶级战争，是经济现象的结果。

上头已经说过了，“唯物历史观”是一种极有用的史学方法，是一种空前的社会哲学。马克思在世的时候，那哲学的大思想家时代已经过去了。当时研究社会科学与史学的学者专探讨单独的事实注重零碎的考究。这种研究方法，在天然科学里是可以行之无碍的，因为天然科学的原则和应用的方法早已弄清楚了。至于社会科学，却不能这样做去。社会生活究竟有什么规则的发展？社会生活与天然界的现象究竟有什么关系？这些紧要且根本的问题，都没有讨论透彻。因为没有讨论透彻，所以一切零碎的工夫，都没有原则作准，没有方法可循。正当这个时候，那“唯物历史观”崭然出现。所以“唯物历史观”在社会科学里的大意义，就是指示社会生活的规则。

“唯物历史观”的应用

“唯物历史观”出现之后，那拿他应用在史学及社会科学的人是非常之多的。初民文明、家族、国家、私有财产制度，欧洲中古史，法国革命，等等，都拿这唯物历史观去解释它。然而这全是以前历史上的应用。此外还有一个极重要的应用，就是“唯物历史观”在现世及将来社会上的应用。这个应用，便是那所谓“科学的社会主义”。

“科学的社会主义”就是德国式的社会主义。它的社会哲学的根据，就是唯物历史观。它并且自命是“科学的”，因为他说他的论断是采用天然科学方法的。

“科学的社会主义”的意见大略如下：

一、近世的经济，已经渐渐的变成“社会式”的经济了。换一句话说，就是近世的出产，都是循大计划用大规模聚集许多的人组成大经济单位通力合作而举行的（这大经济单位就是工厂、大段的田地、大商业等)。这种大经济单位,范围愈弄愈大,它的数目,却是愈弄愈少。这是现世社会经济的实状。然而现行的法律,却还是由古来沿袭下来的。那个时候(法律成立的时候),工作的人所用的器械,是属于工作人自己的。所以法律也承认工作人作出来的出产品应当归工作人所有。到了近世这法律的经济基础已经变更了。工作人的器械,不是属于他自己了。工作人被佣于人,作出来的出产品,也不归他自己了。换一句话说,现世社会经济的基础是"合力共作的",是"社会式的"。然而现行的法律,却还是自古沿袭下来与古代"独作自享"的经济、"个人式的"经济相称的。这便是现代社会的矛盾、现代社会的冲突。

法律与它的经济基础既是不相称,若是按照"唯物历史观"推论法律一定要退让的,一定要随着经济改变的。所以"科学的社会主义"说"私有财产制度"是基于古时经济的法律,到了现在是太老了,不能存在了。

二、现世的经济制度里头有一个极大的矛盾,这个矛盾就是:一方面在一个经济单位之内有许多的人循着一个大计划通力合作,这是极有纪律的,是很统一的。然而一方面在一个社会之内的各经济单位,却是彼此不相统属,毫无计划、毫无秩序。换一句话说,每一个经济单位的本身(譬如工厂、大商业等)是有完全的组织的,是中央集权的。但是整个社会里无数的经济单位,却是没有一个意志去支配它,是在无政府状态之下的。

这种经济的矛盾生出许多不良的矛盾。因为社会内的各经济单位,没有一个计划去统一它,各行其是,各谋其利,所以靡费许多人工,糟蹋许多材料。所以由马克思学派的人看起来,现世"无政府的社会出产法"一定归于废除,因为经济发展的趋势不容它了。所谓"废除无政府的社会出产法"是背面的消极的话,这话的正面就是"出产工具作为公产,建造社会主义的社会制度"。马克思学派的人以为这种趋势是根于天然科学公例的,是不能避免的。

如要批评现代所谓"科学的社会主义",一定要批评"唯物历史观",因为"科学的社会主义"是完全以"唯物历史观"为根据的。"科学的社会主义"并不树立一种理想的社会制度,以为改造之标准。"科学的社会主义"是说"出产工具改为公产"是势所必至之天然结果。

“唯物历史观”的批评

“唯物历史观”在社会科学的重大意义,是我们所承认的,但是它的弱点也很多。

以前批评“唯物历史观”的人,往往用历史的经验去驳它,引了多少历史的事实,去证明“唯物历史观”的错误。这种批评法完全错认了“唯物历史观”的性质了。“唯物历史观”原来不过是一个研究历史的方法,并不是史事的记述,所以一切历史的事实是不能摇动它的。若要批评“唯物历史观”,当批评他的“认识条件”,因为无论创辟科学方法,还是批评科学方法,都要考究他的“认识条件。”

“唯物历史观”所举的“经济”与“出产法”两个名词,究竟是什么物件,这是第一个问题要弄清楚的。“经济”与“出产法”都有“技术”与“社会”的两方面。现在既然是讲“社会科学”并不是讲“工学”,所以“唯物历史观”所说的“经济”一定是指着“社会里头的经济秩序”而言了,他所说的“出产法”一定是“社会的出产法”了。然而一切社会科学的事务,只是人与人间外部关系。这种关系无论在历史的什么时代都是依法律构成的。由此看来所谓经济现象,并不是一个天然物,并不是循着天然科学的公例变化的。经济现象就是许多性质相同的法律关系。所以法律的关系是认识经济现象的条件。

社会经济就是人因充足其欲望而演出之共同动作。这种共同动作,确可以影响于社会秩序(法律)。这是“唯物历史观”的卓见无可非难的。但是“社会经济”与“法律”并非如“唯物历史观”所云,“社会经济是基础,法律与政治是这基础上头的建筑”。社会经济是在法律节制条件之下的。若是去掉节制条件,那社会经济便不存在了。

社会经济与法律的真确关系是这样:在一定的法律秩序之下,有一定的社会生活,有一定的社会现象。由这社会现象里头又生出改革法律秩序的意志与运动出来。这种改革的意志与运动如有了效果,就把旧法律秩序推翻。旧法律推翻了,那依着旧法律秩序而演出的旧社会现象也随着不存在了。这时候在新法律秩序之下,便构成新社会现象。

这就是历史中续续不断的循环途径:社会现象促迫社会秩序之改革,社会秩序又造成新社会现象。如是无已时。

“唯物历史观”说将来“社会的冲突”是由现世“社会经济的内部矛盾”而来的。这个经济就在“出产力”与“社会秩序”之间。“出产力”是不断的膨胀而沿袭下来的旧秩序,是不能容纳他了。这种社会的矛盾,将来必要自己废除。旧社会秩序,必要崩裂。这是大势所趋无可避免的。

但是他所说的"旧社会秩序必要自己废除",这"必要"究竟是什么意思呢?马克思自己说这个"必要"是论理的必要。因为社会的冲突是社会体里头的一个"否认"(Negation)。这个"否认"一定要产出另一个"否认"出来。这与黑格尔所说的"人类历史之思辩性质"相称的。

但是马氏以后"唯物历史观"的代表,却不用这种黑格尔的名词了。他们也不说"论理的必要"了。他们只说这个必要是一种天然现象的因果关系。

以上两种意见,都未认清社会科学的认识条件。社会科学里所研究的社会现象,不是别的,乃是在一种秩序之下的共同动作。这种共同动作是有组织的、有纪律的、有意志的。所以"唯物的历史观"所说的"旧社会秩序必要废除",这"必要"既不是论理的必要,又不是天然现象因果的必要,乃宗旨的必要。因为社会秩序是方法,社会生活是宗旨,如果社会秩序与社会生活有冲突的时候,它的宗旨全失了。人要达到这个宗旨所以起来改革社会秩序。换一句话说,改革与否并如何改革,这是视人的意志而定的,并不是机械的、自动的。

三、马克思之经济学说及批评

价值论与盈余价值论

马克思的经济学说与他的唯物历史观是有关系的。所以上节讲唯物历史观的时候,已经把马氏的经济学说,大略说了些。现在专就这个题目,作较详的讲述。

经济理论里头很烦难的一段就是价值论。并且凡在经济根本问题上有什么主张或对于现世经济制度下什么批评的人,也必要对于价值这一个问题弄个透彻,然后他的理论才有根据。马克思的经济学说也是不外此例的。马氏用黑格尔式的演绎法推论"价值"。他推论的大意说:凡两件货物若是互易,这两件货物一定有什么相同的地方。这相同的地方究竟是什么呢?譬如白面与铁,无论这两件货物互易的比例是怎样,却一定可以若干之白面易得若干之铁。这两件货物形式不同,物理的性质不同,用处不同,他们相同的地方只是都为工作的结果。所以凡货物的价值全视制造这货物所用的“社会上需要的”或“平均的”这工作数量而定。譬如用十二小时社会上需要的工作制成的货物,它的价值,就比用六小时工作制成的货物高一倍。所谓“社会上需要的”就是指着“社会上普通的出产条件与平均的技术、平均的勤勉”而言。特别的烦难的工作须按寻常工作的几倍计算。

出产的人如要出产,第一,须备具那些必需的出产工具(如机器等)。第二,须备具若干生活品,供他工作时候生活之用;等工作品制出之后,再拿来补偿。然而在现代社会里,只有少数的人占有上称的两件东西(出产工具与屯积的生活品)。这少数以外的人,只有一件货物,这货物就是他们的工作力。他们若要生存,一定要把这工作力卖给资本家。这资本家给他们多少价钱呢?按照马克思的价值公例,一件货物的交换价值寻常总是等于制造这件货物所用的工作。所以工作力的价值,就是等于培养这工作力的工作。换一句话说,工作力的价值,就是制造工人必需生活品的工作。譬如一个工人每日所需的生活品值六小时,他若是每日也工作六小时,便已产出他的生活品的价值了。但是他若把工作力卖给资本家,他每日工作的时间,便要比六小时多了。因此工作力的价值与工作力的利用时间是不相同的。但是资本家购买工作力的时候,也正是希求这个价值的差别。这个价值的差别是工人创造的,却是被资本家攫取了,这就是“盈余价值”。

这个理论,曾经昂格思这样说明:“工人把他的工作力卖给资本家,约定了每日的价钱。做了几小时之后,工人所做的工已经把这价钱补偿了。然约他们的合同,却是让工人多做多少小时凑满一天。工人在这额外钟点里头所做的工的价值,就是盈余价值。资本家毫无劳费,这盈余价值却是全入了他的钱囊了。”所以在资本式的出产法之下,一方面资本家吸取无报酬的工作,一方面工人被人攫夺他的工作结果。

这盈余价值,便是资本家在出产事业内所贪图的。资本家经济行为的动机,只是扩大这盈余价值。所以若要考究资本主义的社会经济里头的公例,只要推究这“贪图盈余价值的心理”可以生出什么结果就是了。

但是资本家所投的资本有两部分:一部分用在工价里头,这是可以产生盈余价值的。还有一部分投在出产工具里头以后再由出产品里头偿还的,这一部分并不经出产手续有所增益,所以这一部分也可以叫做“不变的资本”;那产生盈余价值的一部分就叫做“变的资本”。

每日工作时间愈长，资本家所得的盈余价值愈多。所以资本家永远要延长工人的工作时间，愈久愈好。工人一面自然是愿欲工作时间短。这是他们两面利害冲突的地方。但是资本家的势力优越，工人是决不能和他对抗的。所以这利害冲突的结果，永远是工人失败，资本家胜利。所以无论何时何地，工人工作的时间，总是无限地延长。等到他们痛苦极了，然后结合起来，用全阶级的势力逼迫国家对于工作时间立一种限制的法律。

扩大盈余价值的第二个方法，就是增多"变的资本"。变的资本多，所雇用的工人也多。雇用的工人多，盈余价值也跟着多了。因为这个原故，资本主义之下的出产永远有膨胀的趋势。

扩大盈余价值的第三个方法是提高工作的"出产能力"（每时间单位之工作制造出来的出产品之数量叫做"出产能力"）。出产能力若是提高，工人的生活品，在一个较短工作时间之内便可以补偿了。譬如工人以前每日须工作六点钟，才能补偿工价的工值。到了现在出产力提高之后，他只须每日工作五点钟已经可以补偿工价的价值了。但是他的工作时间决不因此缩短，所以资本家所得的盈余价值一定是增加了。

现代资本式的出产的状况与它变迁的趋势

现代资本式的出产法是渐渐发达的。在手工时代这资本式的出产决难扩大范围。后来技术进步，工厂等大规模的组织出现，以前的小组织，全不能存在了。以前的工徒，经过学习时期，便可自备出产工具独立营业。到了现在，他们只能为人佣雇，若想自立做资本家，那是很不容易的了。

在现代资本制度之下，机器的势力最为重要。因为用了机器，所以小规模的工业不能存在，大资本大规模的工业成了一种必要。因为用了机器，所以分工极其精细，腕力变为无用。所以应用机器的结果，遂使工厂雇用那体力柔弱的妇人和发育未完的童子。这种攫夺人力的方法，愈来愈酷。工作人道德的、知识的、身体的堕落，是不可以言语形容的。并且机器既把工人的妻子也引到工作场上，他于是把工人工作力的价值分配在他的全家了。工人从前须赡养全家才能生活，所以他的工价是包括他自己和他妻子的生活品的价值。现在他的妻子也做工不需他养活，他的工价一定要低落了。机器还有一个结果，就是一方面引诱许多从前不做工的人来做工，一方面挤开许多无用的工人使他失业，如是伸缩不断就造成一种"额外的工民队"。这种"额外的工民队”为饥寒所迫，完全服从资本家的要求。

现代的社会经济组织，把出产工具归私人所有。所以它的首要的弊病，就是全社会的出产力，涣散纷乱，茫无计划。社会里无数的经济单位，各以它估量市情的能力，当做出产的标准。然而它确不能预知市场的货物，究有多少；能销售的数量，究有多少。无数出产的人，当出产的时候，决不知他所制出的货物一定可以卖出否，他的成本一定可以抵偿否。换一句话说，现代的社会出产是无指挥、无计划的社会出产，是无政府的社会出产。无数的出产人相互竞赛各竭其力改良他的出产法，为的是超过他的互竞者，所以出产的范围，愈弄愈大。然而市场的销路，却是不能与他相称。因为销路的广狭，不视消费人的欲望而定，乃视销（消）费人的购买力而定。社会上大多数人的购买力，决不能与那贪利无厌竞赛争逐的出产并驾齐驱。因此社会内出产太骤，不能消费，货物屯积，不能流通，所以经济恐慌、市场停顿乃在不可免之列，并且这经济恐慌要循环往复时时出现的。这便是现代资本式出产必有的结果。

以全社会而论，出产事业既然是处于无政府状态之下。以一个经济单位而论，他的组织，却是一天比一天完全；他的计划一天比一天周到。这种完全的组织周到的计划，就是推倒旧日手工业的利器，也就是现代相互竞赛的方法。一个工厂的出产有完全的组织，一个社会的出产却在无政府状态之下，这就是现代社会经济的矛盾。这矛盾的原因，就在一面共同出产，一面却让私人攫取出产的结果。（参看上节内《唯物历史观的应用》）

经过一次经济恐慌，社会里资本薄弱的企业家便被一次淘汰。但是这经济恐慌是循环无已的。不但循环无已，并且一次比一次利害。因为资本家挽救经济恐慌的方法，不外开辟新市场或罗掘旧市场。这种方法不过是预备更大的经济恐慌罢了。经济恐慌既是循环无已，并且逐次加烈，所以资本式的出产法昌盛之后，社会内中级的人（如小企业家、手工等）渐渐地就灭亡了。只有那大企业继长增多，势力一天比一天大。但是无数的大企业，也是相互竞赛的。他们遇见剧烈的经济恐慌，也是不能全都站得住的。所以资本式的出产的趋势，就是只剩下少数的最大的企业可以存在，一切较小的企业全归覆亡；只留下极少数财力极雄厚的资本家操纵社会的出产，社会上大多数的人只是佣工谋活，决无自立的希望。并且他们的困苦艰难，一天比一天沉重。等到他们的境遇坏得够了，他们的人数也多得够了，他们一定就要团结起来，用武力夺取国家的权力。夺得之后，把一切出产工具改为国有，脱离资本家的羁绊，恢复他们的经济自由。这就是现代社会经济制度必有的结果，也是解决现代社会经济的矛盾的唯一方法。这个结果，是循着社会演进的程序自然而至的。

况且资本式的出产法，并不能保持出产家的利益。出产的步骤，忽而急促，忽而停顿。出产不能均匀，销路往往停顿，金融时有恐慌。再加上大多数的人流为贫乏，反抗的意志与反抗的运动一天烈似一天。于是那资本的出产法，那出产工具作为私有的经济制度，只有颠覆的一途。

以上所述的马克思的经济理论，再简单的总括起来：马克思学说的根据，就是“唯物历史观”与“价值论”（“盈余价值论”）。马氏用这两个基础学说去批评现代资本式的出产法，推论它发展的趋势与将来社会秩序的改革。分别层次说：现代资本式的出产使社会的出产集中在大企业里头，并且使社会的资财与“所得”聚集在少数的人手里，这就是“出产集中论”与“财富聚集论”。现代资本式的出产法，是利用工人的工作力，攫取他们工作的结果，所以使大多数的人贫乏困苦。这是“攫夺论”与“贫乏论”。但是工人既然不免贫困，那企业的人，却也是拼命的角逐，所以出产事业不能安稳，时时发生经济恐慌。再加上大多数贫困无告的人，嗷嗷待哺，图谋反抗。这种情形一定有崩溃的一天，万不能持久的。这就是“经济恐慌论”与“颠覆论”。这种的经济发展把全社会分为有财产与无财产的两个阶级。这无财产的阶级，一面因为共同工作，一面因为觉悟他们的共同利害，于是联络起来在政治上奋斗，争取国家的权力。等取得国家权力之后，再运用这国家权力，实行社会式的出产组织。此时实行社会式的出产组织，并不困难，因为以前的经济发展专向“出产集中”一面走去，已经把这新社会组织预备好了。这就是“阶级竞斗论”与“革命论”。

以上都是述说马克思的经济学说，以下是这学说的批评。

修正派

马克思学说出现之后，惹起各国社会主义家和经济学者的详核的批评。这批评的著作是非常宏富的。经过这种批评，马克思学说的真意义固然显明，他的缺点却也昭著了。就是德国的社会主义家从前本来专以马克思学说为根据的，到了现在，也不全认马氏的学说为不刊之论了。德国社会党如卞斯天（Bernstein）、达维德（David）、师培尔（Schippel），都对于马氏学说有驳拒的批评。并且他们这批评是对于马氏学说的基础而发，是对于马氏学说全体而发。他们虽然说，他们只求“修正”马氏的学说，自称“修正学说”（Revisionismus），却是这种“修正”竟无异把马氏学说的一大部分推翻了。

修正派既全属社会党人，他们的批评自然有特别价值。以下先述他们的批评。

卞斯天是这派的领袖。他对于唯物历史观说：以历史的事实而论，除经济之外，那地方的民族的特性，政治的、宗教的、道德的事实，都在历史的演进上有决大的影响。

凡历史的唯物主义都忽略了一个重要的事实。这事实是什么呢？就是人的历史是人造的。人都有头脑，这头脑的状态，决不是一件机械的东西，专看经济的境遇而变迁的。唯物历史观一类的思想，总迫人假定人的一切事变志向行为，都是物质的出产情形的影子。然而就事实看起来，人对于经济发展的支配能力却是时时在那里增长。经济的束缚力，一天减杀一天。无论个人还是民族，文明程度高了便可把拂意的经济羁绊渐渐脱除。

马克思的“价值论”与“盈余价值论”不与事实的真象相符，这也是卞斯天所承认的。卞斯天说，马氏这种理论不过一种“纯粹思想的抽象”，马氏的原意，不过举一个理想中的经济社会以明出产事业的原则罢了。至于社会的分配问题，工作结果如何分配方为公允，如何分配便为不公允的问题，决不是仅靠着价值论可以解决的。现代被佣的工人不能取得出产品的全值这是一件事实，但是若专依据这一件事实，便主张社会主义与共产主义，这是不可能的。所以马氏共产主义的要求，也确不是依据这件事实而主张的。他不过认定资本式的出产法必要颠覆，所以才说共产主义的出产是必至的结果罢了。

马氏预测资本式的出产不久必要颠覆。这个预测是根据他的“出产集中论”“贫乏论”“经济恐慌论”而成立的。然而这些理论并不与事实相符，这也是修正派所承认的。先就“出产集中”而论，有许多种工业，固然是由小规模的经营变成大规模的工厂，非工厂组织不能存在了；然而此外还有许多工业，经营的规模可大可小的。还有许多制造业，因为种种原因只宜于小经营不宜于大经营的。况且大企业成立之后，往往又唤起许多附属的小企业，这都是看那工艺的特性而异，不可一概而论的。这还是专就工业立论。若是讲到农业，按照各国近几十年的统计看起来，只有与“集中”相反的趋势。大段的田地或是不加多,或是竟减少了。再就社会的财富分配看起来,文明各国里有资财的人和所得丰富的人只有相对的绝对的增多并无减少。马氏的"贫乏论"与"财富聚集论"是不能成立的。至于现代的社会经济往往发生恐慌,这固然是事实,然而这经济恐慌的循环性,并非如马氏所云,是现代的经济制度所固有,不能避免的。现在的问题,只是研究这经济恐慌的强度和影响与救济的方法罢了。以今日世界市场之广大,交通之便利,信用机关之灵敏,企业同盟会组织之完备,剧烈的经济恐慌,颇不容易各地同时发生。即便发生经济恐慌,这恐慌的剧烈程度,也决不至把现代经济制度推翻。

现代的技术条件与经济条件既是不能促共产制度的实行,而现代政治的与心理的条件,也与社会式的出产制度相去甚远。马氏所称的"无资产阶级"(Proletariat)包含极复杂的群众。他们与"有资产阶级"相对,并不能自成一个团体。换一句话说,社会里阶级分析的情形,很是复杂,决不像马氏理论中所称的那样简单。现在阶级的竞斗固然是事实,然而在文明各国里这竞斗的形式却渐渐地缓和了。因有彼此谅解社会全体的利害,所以总可以寻得着调和的方法。至于"无资产阶级"因为经济的逼迫大举革命,这是出乎意想的事。马克思与昂格思晚年也把这层放松了。此外还有社会心理的问题和组织的问题最为重要。现时社会主义不能实行,也是多半受这两个问题的牵制。所以即便今日社会党取得了政治权力,也决不能实行社会式的经济制度。社会主义的共有财产决不能因把资本主义的私有财产一旦推翻便可成立,必要等到社会主义的共有财产发达之后,资本主义的私有财产才能消灭。

修正派虽然这样批评马克思的学说,他们却仍认现代的经济发展是趋向社会主义一面去的。修正派与修正派以外的社会主义家之间争论颇烈,但是他们都认这种争论是马克思主义范围以内的讨论,并没有社会主义的基础学说。

批评

马克思的学说虽然包含许多的错误,它在历史上的大意义却是终古不能磨灭的。它的功效就是对于现在经济制度的批评。自经他的批评,然后现代社会制度里的弊病才暴露出来。社会科学与社会运动受了它的教训,然后才考量现代社会制度的调剂方法。社会科学自马氏著作出现,得了许多新的探讨途径。社会里有许多重要的事实和关系为前人所未注意的,经马氏的著作才发现无遗。

但是马克思学说的严酷的格式,始终没有经科学界的赞许。他对于现代经济的消极的批评与精神的解析固是非常可贵,但是他的积极的抽象的构造与偏狭的推测,却是不与事实真象相符。

马克思价值论里所用的论理很属勉强,并且有根本矛盾的地方。他说两件互易的货物,一定有一个相同的性质。这相同的性质,就是制造这货物的工作,这就是他们相同的价值。然而他论“盈余价值”的时候,又说盈余价值所以能够取得的原故,就是因为按照普通情形,一切货物售卖的价格,或是超于他的价值,或是低于他的价值。由此而论,按照普通情形,两件互易的货物,并不是有相同的价值了。这就是马克思价值论的矛盾。

马克思说,货物的交换价值恒有以货物里所用的工作为标准之趋向。这话却不与事实相符。货物的交换价值,也受制造时所投资本之大小久暂的影响。

马克思分资本为“变的”与“不变的”两部分。他说,资本家的行为,是专图那变的资本所产生的盈余价值,所以他的一切设施,都可以拿这个动机去解释的。这种抽象的设想,固然可以为探讨真理之一助,然而到了应用的时候,却不能把这理论中所有的断案,都一一按格推究出来作为社会经济的真象。因为实在的资本家,并非图谋“变的资本”的盈余,乃求全部资本的盈余。所以若把马氏的设想严格地推论下去,把一切实在与私有资本相反的趋势置之不问,那就不免流于偏狭过甚,与事实相去太远。马氏的“贫乏论”“财富聚集论”“颠覆论”都是由这个误谬来的。

我们对于这些问题的意见,大致是与修正派相同的:现代文明各国的经济发展是趋向社会主义一面去的。但是这社会主义的目的并不是一个具体的社会计划,乃是一个社会原则,这原则就是联合互助。至于这社会主义的实行,也只能预测它的大概趋势和条件,却不能用模型的严格的理论预写他进行的详细程序。而国家社会的渐渐演进和教育等公正事业的积极建设,都可以促进社会理想的实现。

(第六卷第五号,一九一九年五月)

马克思学说的批评

凌　霜

马克思的学说大约可分为三大要点:(一)经济论,(二)唯物史观,(三)政策论。世人对于这些学说的批评多得很。那攻击社会主义的人,不必说了。(例如 W.H.Mallock 所著的 *A Critical Examination of Socialism* 第十八页说:"马氏的经济学'在现在的科学界'正如古人分元素为四种。或如 Thales 万物皆出于水的理论之在现今的化学。")社会党不满意于这种学说的人,也是不少。无政府党对于他的政策论,绝对的不赞成,早已成为历史上有名的争论,更不必说了。作者批评马氏的学说,对于他的经济论和唯物史观,以德人 E.Bernstein 的批评为根据;对于政策论的批评,以俄人 Z. Kropokein 的批评为根据。现在且把马氏学说的缺点和他的好处写出来:

一　经济论

马氏的经济论大约见他所著的《资本论》(*Das Kapital*)。他的演(绎)的经济学,以余值说(Theory of suplus value)为根据。他所发明最重要的社会学原理,就是《唯物的历史观》(*materialist conseption of history*)。这本书第二、三两卷,是他的遗稿。后来他的朋友 Engse 才将它印出来。有许多人说马氏始初的观念:一个时代的社会组织,必与生产方法相应,不然社会革命就不免了。自从古代的共产或半共产的部落解散,国家制度成立之后,新旧战争最烈的,就是阶级战争。所以社会阶级一日没有消灭,这种战争一日不能停止。到了资本家的社会,就是无产或是劳动的平民和资本主决战,而最后的胜利却在劳动家。不对,我以为不然。为什么呢?这种现象,征诸历史事实,是的确无可疑的。马氏经济论最缺点的地方,还在他的记载,有不尽不确的地方。

他所根据来做演绎的统计,有许多没有证明他所要证明的东西。他的价值说与唯物历史观,在经济学上,最为重要,他的学说所以卓然成一家言的,也不外乎这两要点。不知这两种观念,在他前头的社会党和社会学者,早已说过了。马氏不过说得较明白罢了。[即如强夺说 Ausbeutungs theorie 令人信以为创自马氏。其实蒲鲁东(Prodhon)在他所著的《什么是产业?》(*Qu' est-ce que la proprieté?*)第一章已屡言"财产是赃物""财产所有主是盗贼"。]又马氏所引以为演绎根据的统计证明有许多地方不特不够,也有不着边际的。此外有一极危险的论调,就是他屡次指出关于某问题的现象,后来却忘记了这些现象的存在,而犹申论不已。却不自知他后来的论点和先前的,已有不对呢。例如资本论第一卷记载资本家增加的历史的趋势,到了最后的一部分,却说资本家减少。这是一种已经成立的事实,而他的统计,又证明资本家没有减少,但有增加。至在他处,还要极力说这种事实的确当!

马氏所用的方法,还不出黑格尔(Hegel)的辩证法之外。他虽然说过若是要这个方法合于理性,必要将他转过来,搁在一个唯物的根据之上,但是他自己却不能处处依着这个范围立论。难道马氏不知严格的唯物方法的断案不能离事实太远的么?他的著作,本来要以科学为根据,不从预存的观念和从表面观察所谓现社会后进化律,推演下来以为断案,然而他最后的断案,却是一个预存的观念!简单说马氏不过把辩证的事业,代了前人辩证的观念罢了。空想会弄坏了科学,马氏恐怕不能自辞其咎罢。

以上将马氏《资本论》的经济学不当的地方说出来。但是他的"余值说""工值说"就现在看起来,他的价值,是不可磨灭的。那些劳动家所生产的东西,他们自己所得些少之外,还有许多盈余,为他人所掠夺,这是无论何人不能否认的。他的工值说,是社会主义的根据。他的信徒 Gronlund 以此为他的"思想之母""idée mère",说得倒是不错。那反对马氏主义最烈的无政府党,对于马氏这些重要的证明,也无异辞,他的价值,就可想而知了。

二 唯物史观

马氏历史哲学的方法和原理的发明,可算是他最大的创造,为学问界开一新纪元。他所说的生产者在历史进化上的重要,可谓发前人之所没发。况且他能证明他们在社会机体的形式和意义的影响,所以姑无论他有时出自假托,到底可算是他著作中最重要的一部分。有人将马氏这种发明和达尔文的发明相比较。马氏的《政治经济学的批评》(Zur Kritikder politischen Ökonomie)出世,恰和达氏的种原论同时。马氏在他的历史的哲学序中,说明社会机体进化的原理和达氏所发明的生物机体进化的论据,很是相近。

三 政策论

马氏的政策论详见他和 Engels 合著的《共产党宣言书》(*Manifest der Kommunistichen Partei*,*The Communist manifesto.*)。(马氏所谓共产主义即今日的集产主义,和他同时在《万国劳动会》相对抗的无政府党巴枯宁(Bukumiu)自称为集产主义,实即今日的共产主义。)这宣言书中有十条件,可算是社会民主主义的政策。这些政策是什么样呢?其大意如下:

(一)废除产业。

(二)一切交通机关,收归国家管理。

(三)一切工厂及生产的机器,并为国有。

(四)设立工兵,而犹注重农兵。

批评这种主张的人,以无政府党为最多。这是因为他们的共产方法,与马氏的集产方法,有根本不对的缘故。无政府党人以为国家的组织,从历史上观之,无非建立私权,保护少数特殊幸福的机关。现在教育、国教和保护领土种种大权,都在政府掌握之中。若更举土地、矿山、铁道、银行、保险等等给了它,谁保国家的专制,不较现在还要利害。[这是克鲁泡特金(Kropotkin)的话。见《英国百科全书》他所著的 *Anarchism* 一条。]我们的首领,谁保他们不变了拿破仑、袁世凯呢?且社会主义,不应当压制个人的自由。社会民主党的政府,又要设立什么工兵、农兵,这不是压制个人的表征吗?此外还有他们所主张的分配问题,也有可批评之点。社会是对个人而言。既称为社会主义,那么,社会的物概当属诸公有,不要为个人所私有,这才对的。马氏的集产说,以衣食房屋之类,可以私有,是明明尚有个人财产,根本上已和社会主义的定义不对。况且同一房屋,牛马的圈厩。既为公有,人居的房舍则为私有,在理论上也说不过去。还有一层,他们主张按各人劳动的多寡,来给酬报。那么强有力的,将享最高的幸福;能力微弱的,将至不能生活。能力微弱的缘故,或关乎生理,非其人懒惰的罪,而结果如此,还说什么幸福呢?无政府共产党想将国家的组织改变,由平民自己建立各种团体会社,如办教育就有教育会,办农业就有农业会等等,由单纯趋于复杂,以办理社会所应需的事,去除一切强权,而以各个人能享平等幸福为主。他们所主张的劳动原则,就是"各尽所能"(To each according to his capacity)四个大字。他们所主张的分配原则,就是"各取所需"(To each according to his needs)四个大字。无政府党和马克思派争论的焦点,就在这个了。

马氏的学说,在今日科学界上,占重要的位置。我这种批评,究竟对不对,我可不敢武断。今更引马氏致友人书数语,做这篇的结论。他说:"我们决不学那些空论家,想以自己的主义,征服世界,说道:'这就是真理,跪下来罢!'我们由世界自己的原理中,抽出新的原理来,我们不叫人:'你的奋斗,是不好的你,离了他罢。你听我的话,跟着我来战斗就够了。'我们不过说明奋斗的真目的,就使他不赞成,也要自己找出一个必要达到的目的来。"很愿传播新思想、新学说的人,都有这种态度。

(第六卷第五号,一九一九年五月)

我的马克思主义观

李大钊

一

一个德国人说过，五十岁以下的人说他能了解马克思的学说，定是欺人之谈。因为马克思的书卷帙浩繁，学理深晦。他那名著《资本论》三卷，合计二千一百三十五页，其中第一卷是马氏生存时刊行的，第二、第三两卷是马氏死后他的朋友昂格思替他刊行的。这第一卷和二、三两卷中间，难免有些冲突矛盾的地方；马氏的书本来难解，添上这一层越发难解了。加以他的遗著未曾刊行的还有很多，拚上半生的工夫来研究马克思也不过仅能就他已刊的著书中，把他反复陈述的主张得个要领，究不能算是完全了解"马克思主义"的。我平素对于马氏的学说没有什么研究，今天硬想谈"马克思主义"已经是僭越的很。但自俄国革命以来，"马克思主义"几有风靡世界的势头。德、奥、匈诸国的社会革命相继而起，也都是奉"马克思主义"为正宗。"马克思主义"既然随着这世界的大变动，惹动了世人的注意，自然也招了很多的误解。我们对于"马克思主义"的研究，虽然极其贫弱，而自一九一八年马克思诞生百年纪念以来，各国学者研究他的兴味复活，批评介绍他的很多。我们把这些零碎的资料，稍加整理，乘本志出《马克思研究号》的机会，把他转介绍于读者，使这为世界改造原动的学说，在我们的思辨中有点正确的解释。吾信这也不是绝无裨益的事。万一因为作者的知能谫陋，有误解马氏学说的地方，亲爱的读者肯赐以指正，那是作者所最希望的。

二

我于评述“马克思主义”以前，先把“马克思主义”在经济思想史上占若何的地位，略说一说。

由经济思想史上观察经济学的派别，可分为三大系，就是个人主义经济学、社会主义经济学与人道主义经济学。

个人主义经济学，也可以叫做资本主义经济学，三系中以此为最古。著《原富》的亚丹·斯密(Adam Smith)是这一系的鼻祖。亚丹·斯密以下，若马查士(Malthus)、李嘉图(Ricardo)、杰慕士穆勒(James Mill)等，都属于这一系。把这一系的经济学发挥光大，就成了正系的经济学，普通称为正统学派。因为这个学派是在模范的资本家国的英国成立的，所以英国以外的学者也称它为英国学派。这个学派的根本思想是承认现在的经济组织为是，并且承认在此经济组织内，各个人利己的活动为是。他们以为现在的经济组织，就是个人营利主义的组织，是最巧最妙最经济不过的组织。从生产一面讲，各人为自己的利益，自由以营经济的活动，自然努力以致自己的利益于最大的程度。其结果社会全体的利益不期增而自增。譬如各人所有的资本，自然都知道把它由利益较少的事业，移到利益较多的事业上去。社会全体的资本，自然也都舍了那利益较少的事业，投到利益较多的事业上去，所以用不着什么政治家的干涉，自由竞争的结果，社会上资本的全量自然都利用到社会全体最有利的方面去。而事业家为使他自己的利益达于最大的程度，自然努力以使他自己制品全体的价增大，努力以求其商品全体的卖出额换回很多的价来。社会全体的富是积个人的富而成的。个人不断地为增加自己的富去努力。你这样做，他也这样做，那社会全体的富也不期增而日增了。再从消费一面讲，我们日用的一切物品，都不是在自己家内生产的，都是人家各自为营利为商卖而生产的。自己要得一种物品：米、盐、酱、醋乃至布匹、伞、屐、新闻杂志之属，都不是空手向人家讨得来的；依今日的经济组织，都是各人把物卖钱，各人拿钱买货。各人按着自己最方便的法子去活动，比较着旁人为自己代谋代办，亲切的多，方便的多，经济的多。总而言之，他们对于今日以各人自由求各自利益为原则的经济组织很满足，很以为妥当。他们主张维持它，不主张改造它。这是个人主义经济学,也就是以资本为本位、以资本家为本位的经济学。

以上所述个人主义经济学,有两个要点:其一是承认现在的经济组织为是;其二是认在这经济组织内,各个人利己的活动为是。社会主义经济学正反对它那第一点。人道主义经济学正反对它那第二点。人道主义经济学者以为无论经济组织改造到怎么好的地步,人心不改造仍是现在这样的贪私无厌,社会仍是没有改善的希望。于是否承认经济上个人利己的活动,欲以爱他的动机代那利己的动机;不置重于经济组织改造的一方面,而置重于改造在那组织下活动的各个人的动机。社会主义经济学者以为现代经济上社会上发生了种种弊害,都是现在经济组织不良的缘故。经济组织一经改造,一切精神上的现象都跟着改造,于是否认现在的经济组织,而主张根本改造。人道主义经济学者持人心改造论,故其目的在道德的革命。社会主义经济学者持组织改造论,故其目的在社会的革命。这两系都是反对个人主义经济学的,但人道主义者同时为社会主义者的也有。

现在世界改造的机运,已经从俄、德诸国闪出了一道曙光。从前经济学的正统是在个人主义。现在社会主义、人道主义的经济学,将要取此正统的位系,而代个人主义以起了。从前的经济学是以资本为本位、以资本家为本位。以后的经济学要以劳动为本位、以劳动者为本位了。这正是个人主义与社会主义人道主义过渡的时代。

马克思是社会主义经济学的学祖,现在正是社会主义经济学改造世界的新纪元,"马克思主义"在经济思想史上的地位如何重要,也就可以知道了。

本来社会主义的历史并非自马氏始的,马氏以前也很有些有名的社会主义者,不过他们的主张,不是偏于感情,就是涉于空想,未能造成一个科学的理论与统系。至于马氏才用科学的论式,把社会主义的经济组织的可能性与必然性,证明与从来的个人主义经济学截然分立,而别树一帜;社会主义经济学才成一个独立的系统,故社会主义经济学的鼻祖不能不推马克思。

三

"马克思主义"在经济思想史上的价值,既如上述,我当更进而就他的学说的体系略为大体的分析,以便研究。

马氏社会主义的理论,可大致为三部。一为关于过去的理论,就是他的历史论,也称社会组织进化论;二为关于现在的理论,就是他的经济论,也称资本主义的经济论;三为关于将来的理论,就是他的政策论,也称社会主义运动论,就是社会民主主义。离了他的特有的史观,去考他的社会主义,简直的是不可能。因为他根据他的史观,确定社会组织是由如何的根本原因变化而来的。然后根据这个确定的原理,以观察现在的经济状态;就把资本主义的经济组织,为分析的、解剖的研究,预言现在资本主义的组织不久必移入社会主义的组织,是必然的运命。然后更根据这个预见断定实现社会主义的手段方法仍在最后的阶级竞争。他这三部理论,都有不可分的关系。而阶级竞争说恰如一条金线,把这三大原理从根本上联络起来。所以他的唯物史观说,"既往的历史都是阶级竞争的历史"。他的资本论也是首尾一贯的根据那"在今日社会组织下的资本阶级与工人阶级,被放在不得不仇视,不得不冲突的关系上"的思想立论。关于实际运动的手段,他也是主张除了诉于最后的阶级竞争,没有第二个再好的方法。为研究上便利起见,就他的学说各方面分别观察,大概如此。其实他的学说是完全自成一个有机的、系统的组织,都有不能分离、不容割裂的关系。

四

请先论唯物史观。

唯物史观也称历史的唯物主义。它在社会学上曾经并且正在表现一种理想的运动,与前世纪初在生物学上发现过的运动有些相类。在那个时候是用以说明各种形态学上的特征关系的重要,志在得一个种的自然分类与关于生物学上有机体生活现象更广的知识。这种运动既经指出那内部最深的构造,比外部明显的建造,若何重要,唯物史观就站起来反抗那些历史家与历史哲学家,把他们多年所推崇为非常重要的外部的社会构造,都列于第二的次序。而那久经历史家辈蔑视,认为卑微暧昧的现象的,历史的唯物论者却认为于研究这很复杂的社会生活全部的构造与进化有莫大的价值。

历史的唯物论者观察社会现象,以经济现象为最重要。因为历史上物质的要件中,变化发达最甚的,算是经济现象。故经济的要件是历史上唯一的物质的要件。自己不能变化的,也不能使别的现象变化。其他一切非经济的物质的要件,如人种的要件、地理的要件等等,本来变化很少,因之及于社会现象的影响也很小。但于它那最少的变化范围内,多少也能与人类社会的行程以影响。在原始未开时代的社会,人类所用的劳作工具极其粗笨,几乎完全受制于自然。而在新发现的地方,向来没有什么意味的地理特征,也成了非常重大的条件。所以历史的唯物论者,于那些经济以外的一切物质的条件,也认它于人类社会有意义有影响。不过因为它的影响甚微,而且随着人类的进化日益减退,结局只把它们看作经济的要件的支流罢了。因为这个缘故,有许多人主张改称唯物史观为经济史观。

唯物史观也不是由马氏创的。自孔道西(Condorcet)依着器械论的典型,想把历史作成一科学,而期发现出一普遍的力,把那变幻无极的历史现象,一以贯之,已经开了唯物史观的端绪,故孔道西算是唯物史观的开创者。至桑西门(Saint-Simon),把经济的要素,看得比精神的要素更重。十八世纪时有一种想象说,说法兰西历史的内容不过是佛兰坎人与加利亚人间的人种竞争。他受了此说的影响,谓最近数世纪间的法国历史不外封建制度与产业的竞争,其争以大革命期达于绝顶,而产业初与君国制联合,以固专制的基础,基础既成又扑灭王国制。产业的进步是历史的决定条件,科学的进步又为补助它的条件。Thierry、Mignet 及 Guizot 辈继起,袭桑西门氏的见解,谓一时代的理想、教义、宪法等,毕竟不外当时经济情形的反映。关于所有权的法制,是尤其重要的。蒲鲁东亦以国民经济为解释历史的钥匙,信前者为因后者为果。至于马氏用他特有的理论,把从前历史的唯物论者不能解释的地方,予以创见地说明,遂以造成马氏特有的唯物史观,而于从前的唯物史观有伟大的功绩。

唯物史观为要领,在认经济的构造对于其他社会学上的现象是最重要的,更认经济现象的进路是有不可抗性的。经济现象虽用它自己的模型,制定形成全社会的表面构造(如法律、政治、伦理及种种理想、精神上的现象都是),但这些构造中的哪一个也不能影响它一点。受人类意思的影响,在它是永远不能的。就是人类的综合意思,也没有这么大的力量。就是法律是人类的综合意思中最直接的表示,也只能受经济现象的影响,不能与丝毫的影响于经济现象。换言之,就是经济现象只能由它一面与其他社会现象以影响,而不能与其他社会现象发生相互的影响或单受别的社会现象的影响。

经济构造是社会的基础构造,全社会的表面构造都依着它迁移变化。但这经济构造的本身,又按它每个进化的程级为它那最高动因的连续体式所决定。这最高动因,依其性质,必须不断地变迁,必然的与社会的、经济的进化以诱导。

这最高动因究为何物,却又因人而异。Loria 所认为最高动因的,是人口的稠庶。人口不断地增加,曾经决定过去四个连续的根本状态。就是集合奴隶,所有奴仆(Servie),佣工。以后将次发生的现象,也该由此决定。马克思则以“物质的生产力”为最高动因。由家庭经济变为资本家的经济,由小产业制变为工厂组织制,就是由生产力的变动而决定的。其他学者所认为最高动因的,又为它物。但他们有一个根本相同的论点,就是经济的构造依它内部的势力,自己进化,渐于适应的状态中,变更全社会的表面构造。此等表面构造,无论用何方法,不能影响到它这一方面。就是这表面构造中最重要的法律,也不能与它以丝毫的影响。

有许多事实,可以证明这种观察事物的方法是合理的。我们晓得有许多法律,在经济现象的面前暴露出它的无能。十七八世纪间那些维持商业平准、奖励金块输入的商法,与那最近英国禁遏脱拉斯(Trust)的法律,都归无效,就是法律的力量不能加影响于经济趋势的明证。也有些法律当初即没有力量与经济现象竞争,而后来它所适用的范围,却自一点一点地减缩,至于乌有。这全是经济现象所自致的迁移,无与于法律的影响。例如欧洲中世纪时禁抑暴利的法律,最初就无力于那高利率的经济现象竞争。后来到了利润自然低落,钱利也跟着自然低落的时候,它还继续存在,但它始终没有一点效果。它虽然形式上在些时候维持它的存在,实际上久已无用,久已成为废物。它的存在全是法律上的惰性,只足以证明法律现象远追不上它所欲限制的经济现象,却只在它的脚后一步一步地走,结局唯有服从而已。潜深的社会变动,惟依它自身可以产生,法律是无从与知的。当罗马帝国衰颓时代,一方面呈出奴隶缺乏,奴价腾贵的现象;一方面那一大部分很多而且必要的寄生阶级造成一个自由民与新自由民的无产阶级。他们的贫困日益加甚,自然渐由农业上的奴隶劳动、工业上的佣工劳动,生出来奴隶制度的代替,因为这两种劳动全于经济上有很多的便利。若是把废奴的事业全委之于当时的基督教,人类同胞主义的理想那是绝无效果的。十八世纪间英人曾标榜过一种高尚的人道主义的宗教。到了资本家经济上需要奴隶的时候,他们却把奴制输入美洲殖民地,并且设法维持它。这类的事例不胜枚举,要皆足以证明法律现象只能随着经济现象走，不能越过它，不能加它以限制，不能与它以影响。而欲以法律现象奖励或禁遏一种经济现象的都没有一点效果。那社会的表面构造中最重要的法律尚且如此，其它如综合的理想等，更不能与经济现象抗衡。

五

迄兹所陈是历史的唯物论者共同一致的论旨。今当更进而述马氏独特的唯物史观。

马氏的经济论，因有他的名著《资本论》详为阐发，所以人都知道他的社会主义系根据于一定的经济论的。至于他的唯物史观，因为没有专书论这个问题，所以人都不甚注意。他的《资本论》虽然彻头彻尾以他那特有的历史观做基础而却不见有理论地揭出他的历史观的地方。他那历史观的纲要稍见于一八四七年公刊的《哲学的贫困》及一八四八年公布的《共产党宣言》；而以一定的公式表出他的历史观，还在那一八五九年他作的《经济学批评》的序文中。现在把这几样著作里包含他那历史观的主要部分，节译于下，以供研究的资料。

一、见于《哲学的贫困》中的：

> 经济学者蒲鲁东氏，把人类在一定的生产关系之下制造罗纱、麻布、绢布的事情，理解得极其明了。可是这一定的社会关系，也和罗纱、麻布等一样，是人类的生产物他还没有理解。社会关系与生产力有密切的联络。人类随着获得新生产力，变化其生产方法；又随着变化生产方法，——随着变化他们的生活资料的方法——他们全变化他们的社会关系。手臼造出有封建诸侯的社会。蒸汽制粉机造出有产业的资本家的社会。而这样顺应他们的物质的生产方法，以建设其社会关系的人类，同时又顺应他们的社会关系，以作出其主义，思想范畴。

二、见于《共产党宣言》中的：

“凡以前存在的社会的历史都是阶级竞争的历史。希腊的自由民与奴隶，罗马的贵族与平民，中世的领主与农奴，同业组合的主人与职工，简单的说：就是压制者与被压制者，自古以来，常相反目而续行或隐然、或公然、不断的争斗。总是以全社会革命的变革，或以相争两阶级的共倒结局的一切争斗。试翻昔时的历史，社会全被区别为种种身份者，社会的地位有多样的等差。这类现象我们殆到处可以发现。在古代罗马则有贵族，骑士，平民，奴隶；在中世则有封建诸侯，家臣，同业组合的主人，职工，农奴；且于此等阶级内更各分很多的等级。”由封建的社会的崩坏产出来的近世的社会，仍没把阶级的对立废止。他不过带来了新阶级，新压制手段，新争斗的形式，以代旧的罢了。

“可是到了我们的时代，就是有产者本位的时代，却把阶级的对立简单了。全社会越来越分裂为互相敌视的两大阵营，为相逼对峙的两大阶级：就是有产者与无产者。

“……依以上所述考之，资本家阶级所拿它做基础以全勃兴的出产手段及交通手段，是已经在封建社会做出来的。此等生产手段及交通手段的发展达于一定阶段的时候，封建的社会所依以营生产及交换的关系，就是关于农业及工业封建的组织，简单一句话就是封建的所有关系，对于已经发展的生产力久已不能适应了。此等关系，现在不但不能奖励生产，却妨阻生产，变成了许多的障碍物。所以此等关系不能不被破坏，果然又被破坏了。

“那自由竞争就随着于它适合的社会的及政治的制度，随着有产者阶级的经济的及政治的支配代之而起了。

“有产者阶级于其不满百年的阶级支配之下，就造出比合起所有过去时代曾造的还厚且巨的生产力。自然力的征服，机械、工业及农业上的化学应用；轮船、火车、电报、全大陆的开垦，河川的开通；如同用魔法唤起的这些人类。在前世纪谁能想到有这样的生产力能包容在社会的劳动里呢？

“把这样伟大的生产手段及交通手段，像用魔法一般唤起来的资本家的生产关系及交通关系，资本家的所有关系；现代的资本家的社会，如今恰与那魔术师自念咒语唤起诸下界的力量，而自己却无制御他们的力量了的情事相等。数十年的工商史,只是现代的生产力,对于现代的生产关系,对于那不外有产者的生活条件及其支配力的所有关系,试行谋叛的历史。我们但举那商业上的恐慌——因隔一定期间便反复来袭,常常胁迫有产社会的全存在的商业恐慌,即足以作个证明。……有产者阶级颠覆封建制度的武器,今乃转而向有产者阶级自身。

"有产者阶级不但锻炼致自于已死的武器,并且产出去挥使那些武器的人——现代的劳动阶级,无产者就是。

"人人的观念意见及概念,简单一句话,就是凡是属于人间意识的东西,都随着人人的生活关系,随着其社会的关系,随着其社会的存在一起变化。这是不用深究,就可以知道的。那思想的历史所证明的,非精神上的生产,随着物质上的生产,一起变化而何?"

三、见于《经济学批评》序文中的:

"人类必须加入那于他们生活上必要的社会的生产;一定的,必然的,离于他们的意志而独立的关系;就是那适应他们物质的生产力一定的发展阶段的生产关系。此等生产关系的总和,构成社会的经济的构造——法制上及政治上所依以成立的,一定的社会的意识形态所适应的,真实基础。物质的生活的生产方法,一般给社会的、政治的及精神的生活过程,加上条件。不是人类的意识决定其存在,他们的社会的存在反是决定其意识的东西。

"社会的物质的生产力,于其发展的一定阶段,与它从来所在那里面活动当时的生产关系,与那不过是法制上的表现的所有关系冲突。这个关系,这样由生产力的发展形式,变而为束缚。于是乎社会革命的时代来。巨大的表面构造的全部,随着经济基础的变动或徐、或急,都变革了。

"当那样变革的观察,吾人非当把那在得以自然科学的论证的经济的生产条件之上所起的物质的变革,与那人类意识此冲突且至决战的法制上、政治上、宗教上、艺术上、哲学上的形态,简单说就是观念上的形态,区别不可。想把那样变革时代,由其时代的意识判断,恰如照着一个人怎样想他自己的事,以判断其人一样,不但没有所得,意识这个东西宁是由物质生活的矛盾,就是存在于社会生产力与生产关系间的冲突,才能说明的。

“一社会组织,非到它的全生产力,在其组织内发展的一点余地也没有了以后,决不能颠覆去了。这新的,比从前还高的生产关系在这个东西的物质的生存条件于旧社会的母胎内孵化完了以前决不能产生出来。人类是常只以自能解决的问题为问题的。因为拿极正确的眼光去看,凡为问题的,惟于其解决所必要的物质条件已经存在,或至少也在成立过程中的时候,才能发生。

“综其大体而论,吾人得以亚细亚的、古代的、封建的及现代资本家的生产方法为社会经济的组织进步的阶段。而在此中资本家的生产关系,是社会的生产方法之采敌对形态的最后。此处所谓敌对,非个人的敌对之意,是由各个人生活的社会的条件而生的敌对之意。可是在资本家社会的母胎内发展的生产力同时作成于此敌对的解决必要的物质条件。人类历史的前史,就以此社会组织终。”

(以上的译语,从河上肇博士。)

据以上所引,我们可以略窥马克思唯物史观的要领了。现在更把这个要领简单写出,以期易于了解。

马克思的唯物史观有二要点:其一是关于人类文化的经验的说明;其二即社会组织进化论。其一是说人类社会生产关系的总和,构成社会经济的构造。这是社会的基础构造。一切社会上政治的、法制的、伦理的、哲学的,简单说凡是精神上的构造,都是随着经济的构造变化而变化。我们可以称这些精神的构造为表面构造。表面构造常视基础构造为转移,而基础构造的变动,乃以其内部促它自己进化的最高动因,就是生产力为主动;属于人类意识的东西,丝毫不能加它以影响;它却可以决定人类的精神、意识、主义、思想,使它们必须适应它的行程。其二是说生产力与社会组织有密切的关系。生产力一有变动,社会组织必须随着变动。社会组织即社会关系,也是与布帛菽粟一样是人类依生产力产出的产物。手臼产出封建诸侯的社会,蒸汽制粉机产出产业的资本家的社会。生产力在那里发展的社会组织,当初虽然助长生产力的发展,后来发展的力是到那社会组织不能适应的程度,那社会组织不但不能助它,反倒束缚它、妨碍它了。而这生产力虽在那束缚它、妨碍它的社会组织中,仍是向前发展不已。发展的力量愈大,与那不能适应它的社会组织间的冲突愈迫,结局这旧社会组织非至崩坏不可。这就是社会革命。新的继起,将来到了不能与生产力相应的时候,它的崩坏亦复如是。可是这个生产力,非到在它所活动的社会组织里,发展到无可再容的程度,那社会组织是万万不能打破。而这在旧社会组织内,长成它那生存条件的新社会组织,非到自然脱离母胎,有了独立生存的运命,也是万万不能发生。恰如孵卵的情形一样,人为的助长,打破卵壳的行动是万万无效的,是万万不可能的。

以上是马克思独特的唯物史观。

六

与他的唯物史观很有密切关系的,还有那阶级竞争说。

历史的唯物论者,既把种种社会现象不同的原因,总约为经济的原因;更依社会学上竞争的法则,认许多组成历史明显的社会事实,只是那直接间接,或多或少,各殊异阶级间团体竞争所表现的结果。它们所以牵入这竞争中的缘故,全由于它们自己特殊经济上的动机。由历史的唯物论者的眼光去看,十字军之役也含着经济的意味。当时繁盛的意大利共和国中,特如 Venice 的统治阶级,实欲自保其东方的繁富市场;宗教革新的运动,虽然戴着路德的名义,其时的民众中,也似乎有一大部分是意在免去罗马用种种方法征课的重税(那最后有道理的赎罪符也包在内)。基督教的传布也是应无产阶级的要求做一种实际的运动。把首都由罗马迁至 Byzantium(就是现在的康士坦丁堡)与那定基督教为官教,也是经济的关系。这两件事都是为取罗马帝国从来的重心而代之。因为当时的中产阶级,实为东方富有财势的商贾阶级势力很厚。他们和那基督教的无产阶级相合,以与罗马寄生的贵族政治分持平衡的势力而破坏之。法国大革命也全是因为资本家的中级势力,渐渐可以压迫拥有土地的贵族;其间的平衡久已不固,偶然破裂,遂有这个结果。就是法国历史上迭起层兴的政治危机,单由观念学去研究终于神秘难解。像那拿破仑派咧、布尔康家正统派咧、欧尔林家派咧、共和党咧、平民直接执政党咧,他们背后,都藏着很复杂的经济意味。不过打着这些旗帜互相争战,以图压服他的反对阶级,而保自己阶级经济上的利益就是了。这类的政治变动,由马克思解释其根本原因都在殊异经济阶级间的竞争。我们看那马克思与昂格思的《共产党宣言》中“从来的历史都是阶级竞争的历史”的话,马克思在他的《经济学批评》序文中也说“从来的历史尽是在阶级对立,固然在种种时代呈种种形式中进行的”,就可以证明他的阶级竞争说,与他的唯物史观有密切关系了。

就这阶级竞争的现象,我们可以晓得,这经济上有共同利害自觉的社会团体,都有毁损别的社会团体以增加自己团体利益的倾向。这个倾向,斯宾塞谓是本于个人的利己心。他在《社会学研究》中说:“个人的利己心引出由他们作成的阶级的利己心,于分别的努力以外,还要发生一种协同的努力,去从那社会活动的总收入中,取些过度的领分。这种综合的倾向,在每阶级中这样发展,必须由其他诸阶级类似的综合的倾向,来维持其平衡。”由此以观,这阶级竞争在社会的有机体中,恰与 Wilhelm Roux 所发现的“各不同的部分官能组织细胞间的竞争,在各有机体中进行不已”的原则相当。宇宙间一切生命都向“自己发展”(Self-expansion)活动不已。“自己发展”是生物学上、社会学上一切有机的进化全体根本的动机,是生物界普遍无敌的倾向。阶级竞争是这种倾向的无量表现与结果中的一个。而在马克思则谓阶级竞争之所由起,全因为土地共有制崩坏以后,经济的构造都建在阶级对立之上。马氏所说的阶级就是经济上利害相反的阶级,就是有土地或资本等生产手段的有产阶级,与没有土地或资本等生产手段的无产阶级的区别。一方是压服他人、掠夺他人的,一方是受人压服、被人掠夺的。这两种阶级,在种种时代,以种种形式表现出来。亚细亚的、古代的、封建的现代资本家的,这些生产方法出现的次第可作经济组织进化的阶级。而这资本家的生产方法,是社会的生产方法中采敌对形式的最后。阶级竞争也将与这资本家的生产方法同时告终。至于社会为什么呈出阶级对立的现象呢?马氏的意见以为全是因为一个社会团体,依生产手段的独占,掠夺他人的余工余值(余工余值说详后)的原故。但这两种阶级,最初不过对于他一阶级,可称一个阶级,实则阶级的本身还没有成个阶级,还没有阶级的自觉。后来属于一阶级的,知道他们对于别的阶级,到底是立于不相容的地位。阶级竞争是他们不能避的运命,就是有了阶级的自觉,阶级间就起了竞争。当初只是经济的竞争,争经济上的利益,后来更进而为政治的竞争,争政治上的权力,直至那建在阶级对立上的经济的构造自己进化,发生了一种新变化为止。这样看来,马氏并非承认这阶级竞争是与人类历史相终始的。他只把他的阶级竞争说应用于人类历史的前史,不是通用于过去、现在、未来的全部。与其说他的阶级竞争说是他的唯物史观的要素,不如说是对于过去历史的一个应用。

七

马氏的唯物史观及其阶级竞争说,既已略具梗概,现在更把对于其说的评论,举出几点并述我的意见。

马氏学说受人非难的地方很多,这唯物史观与阶级竞争说的矛盾冲突,算是一个最重要的点。盖马氏一方既确认历史——马氏主张无变化即无历史——的原动为生产力;一方又说从来的历史,都是阶级竞争的历史,就是说阶级竞争是历史的终极法则,造成历史的就是阶级竞争。一方否认阶级的活动,无论是直接在经济现象本身上的活动,是间接由财产法或一般法制上的限制,常可以有些决定经济行程的效力;一方又说阶级竞争的活动,可以产出历史上根本的事实,决定社会进化全体的方向。Eugenio Rignano 驳他道:"既认各阶级间有为保其最大经济利益的竞争存在,因之经济现象亦自可以随这个或那个阶级的优越,在一方面或另一方面受些限制;又说经济的行程像那天体中行星的轨道一样的不变,从着它那不能免的进路前进,人类的什么影响都不能相加。那么那主要目的在变更经济行程的阶级竞争,因为没有什么可争,好久就不能存在了。在太阳常行的轨道上,有了一定的变更,一定可以贡献很大的经济利益于北方民族而大不利于南方民族。但我想在历史纪录中,寻找一种族或一阶级的竞争,把改变太阳使它离了常轨做目的的是一件无益的事。"这一段话可谓中了要扼。不过这个明显的矛盾,在马氏学说中,也有自圆的说法。他说自从土地共有制崩坏以来,经济的构造都建立在阶级对立之上。生产力一有变动,这社会关系也跟着变动,可是社会关系的变动,就有赖于当时在经济上占不利地位的阶级的活动。这样看来,马氏实把阶级的活动归在经济行程自然的变化以内。但难是如此说法,终觉有些牵强矛盾的地方。

这全因为一个学说最初成立的时候,每每陷于夸张过大的原故。但是他那唯物史观,纵有这个夸张过大的地方,于社会学上的进步,究有很大很重要的贡献。他能造出一种有一定排列的组织，能把那从前各自发展不相为谋的三个学科，就是经济、法律、历史联为一体，使他现在真值得起那社会学的名称。因为他发现那阶级竞争的根本法则，因为他指出那从前全被误解或蔑视的经济现象，在社会学的现象中，是顶重要的；因为他把于决定法律现象有力的部分归于经济现象，因而知道用法律现象去决定经济现象是逆势的行为。因为他借助于这些根本的原则，努力以图说明过去现在全体社会学上的现象。就是这个，已足以认他在人类思想有效果的概念中占优尚的位置，于学术界、思想界有相当的影响。小小的瑕疵，不能掩了他那莫大的功绩。

有人说，历史的唯物论者以经济行程的进路为必然的，不能免的，给他加上了一种定命的色彩。后来马克思派的社会党，因为信了这个定命说，除去等着集产制自然成熟以外，什么提议也没有，什么活动也没有，以致现代各国社会党都遇见很大的危机。这固然可以说是马氏唯物史观的流弊。然自马氏与昂格思合布《共产党宣言》大声疾呼，檄告举世的劳工阶级，促他们联合起来推倒资本主义，大家才知道社会主义的实现，离开人民本身，是万万做不到的。这是马克思主义一个绝大的功绩。无论赞否马氏别的学说的人，对于此点都该首肯。而在社会主义者评论（Socialist Review）第一号揭载的昂格思函牍中，昂氏自己说，他很喜欢看见美国的工人，在于政治信条之下，做出一种组织，可见他们也并不是坐待集产制自然成熟，一点不去活动的。而在另一方面，也可以拿这社会主义有必然性地说，坚人对于社会主义的信仰，信它必然发生于宣传社会主义上，的确有如耶教福音经典的效力。

历史的唯物论者说经济现象可以变更法律现象，法律现象不能变更经济现象。也有些人起了疑问。历史的唯物论者既承认一阶级的团体活动，可以改造经济组织。那么一阶级的团体活动，虽未至能改造经济组织的程度，而有时亦未尝没有变更经济行程趋势的力量。于此有个显例，就是现代劳工阶级的联合活动，屡见成功，居然能够屈服经济行程的趋势。这种劳工结合，首推英国的“工联”（Trade unions）为最有效果，他们所争在增加劳银。当时经济现象的趋势是导工人于益困益卑的地位，而工联的活动竟能反害为利。大战起来以后，工联一时虽停止活动，战事既息，他们又重张旗鼓。听说铁路人员总会、交通劳动者（专指海上劳动者）联合会和矿夫联合会三种工联联合起来向政府及资本家要求种种条件，声势甚猛。（参照《每周评论》第三十三号欧游记者明生君通信）将来的效果必可更大。这自觉的团体活动，还没有取得法律的性质,已经证明它可以改变经济现象的趋势。假使把这种活动的效力,用普通法律或用那可以塞住经济现象全进路的财产法,保障起来巩固起来,延长它那效力的期间,它那改变经济现象趋势的效力,不且更大么?试把英、法二国的土地所有制比较来看:在英国则诺曼的侵略者及其子孙,依战胜余威,获据此全土;而与其余人口相较,为数甚少,故利在制定限嗣财产制,与脱拉斯制以保其独占权,结果由此维持住大财产制。在法国则经数世纪的时间,贵族及僧侣阶级的财产,为革命的中产阶级所剥夺。这剥夺它们的中级人民人口的数又占全体的大部,故利在分割而不在独占;适与英国的诺曼侵略者及其子孙相反。于是中级人民催着通过特别遗书遗产法,以防大财产制的再现。它们二国的财产法和防遏或辅助田间经济现象趋势的法制,这样不同,所以导致它们经济的表现与进化于不同的境界。一则发生很大的领地财产,隐居主义,为害田禾的牧业,全国的人口减少,农村人口的放逐,与财富的分配极不平均,种种现象。一则发生土地过于割裂,所有者自治其田畴,强盛的农业,节俭之风盛行,分配平均,种种现象。这样看来,经济现象和法律现象,都是社会的原动力。它们可以互相影响,都于我们所求的那正当决定的情状有密切的关系。那么,历史的唯物论者所说经济现象有不屈不挠的性质,就是团体的意思,团体的活动,在它面前,都得低头的话,也不能认为正确了。但是此等团体的活动,乃至法律,仍是在那可以容它发生的经济构造以上的现象,仍是随着经济的趋势走的,不是反着经济的趋势走的。例如现代的经济现象,一方面劳工阶级的生活境遇,日趋困难;一方面益以促其阶级的自觉,益增其阶级活动的必要,益使其活动的效果足以自卫。这都是现在资本主义制下自然的趋势,应有的现象,不能作足以证明法律现象可以屈抑经济趋势的理据。与其说是团体行动,或法律遏抑经济趋势的结果,毋宁说是经济本身变化的行程。英、法二国财产制之著效,也是在他们依政治的势力,在经济上得占优势,得为权力阶级。以后的事,也全是阶级竞争的结果。假使在英国当时定要施行一种防遏大财产制的法律,在法国当时定要施行一种禁抑小财产制的法律,恐怕没有什么效果。在经济构造上建立的一切表面构造,如法律等,不是绝对的不能加些影响于各个的经济现象,但是他们都是随着经济全进路的大势走的,都是辅助着经济内部变化的。就是有时可以抑制各个的经济现象,也不能反抗经济全进路的大势。我们可以拿团体行动、法律、财产法,三个连续的法则,补足阶级竞争的法则,不能拿它们推翻马氏唯物史观的全体。

有许多人所以深病“马克思主义”的原故,都因为他的学说全把伦理的观念抹煞一切。他那阶级竞争说,尤足以使人头痛。但他并不排斥这个人高尚的愿望,他不过认定单是全体分子最普通的伦理特质的平均所反映的道德态度,不能加影响于那经济上利害相同自觉的团体行动。我们看在这建立于阶级对立的经济构造的社会,那社会主义伦理的观念,就是互助博爱的理想实在一天也没有消灭。只因有阶级竞争的经济现象,天天在那里破坏,所以总不能实现。但这一段历史,马氏已把它划入人类历史的前史,断定它将与这最后的敌对形式的生产方法,并那最后的阶级竞争一齐告终。而马氏所理想的人类真正历史,也就从此开始。马氏所谓真正历史,就是互助的历史,没有阶级竞争的历史。近来哲学上有一种新理想主义出现,可以修正马氏的唯物论,而救其偏蔽。各国社会主义者,也都有注重于伦理的运动、人道的运动的倾向。这也未必不是社会改造的曙光,人类真正历史的前兆。我们于此,可以断定在这经济构造建立于阶级对立的时期,这互助的理想,伦理的观念,也未曾有过一日消灭。不过因它常为经济构造所毁灭,终至不能实现。这是马氏学说中所含的真理。到了经济构造建立于人类互助的时期,这伦理的观念可以不至如从前为经济构造所毁灭。可是当这过渡时代,伦理的感化,人道的运动,应该倍加努力,以图划除人类在前史中所受的恶习染,所养的恶性质,不可单靠物质的变更。这是马氏学说应加纠正的地方。

我们主张以人道主义改造人类精神,同时以社会主义改造经济组织。不改造经济组织,单求改造人类精神,必致没有效果。不改造人类精神,单等改造经济组织也怕不能成功。我们主张物心两面的改造,灵肉一致的改造。

总之,一个学说的成立,与其时代环境,有莫大的关系。马氏的唯物史观,何以不产生于十八世纪以前,也不产生于今日,而独产生于马氏时代呢?因为当时他的环境,有使他创立这种学说的必要和机会。十八世纪以前的社会政治和宗教的势力,比经济的势力强,所谓社会势力从经济上袭来的很少。因为原始社会的经济组织是仅求自足的靠着自然的地方居多,靠着人力的地方还少,所以宗教和政治的势力较大。譬如南美土人,只伸出一张口,只等面包树、咖啡树给他吃喝,所以他们只有宗教的感谢,没有经济的竞争。到了英国产业革命后的机械生产时代,人类脱离自然而独立,达到自营自给的经济生活，社会情形为之一变。宗教政治的势力全然扫地，经势济力异军苍头特起支配当时的社会了。有了这种环境，才造成了马氏的唯物史观。有了这种经济现象，才反映以成马氏的学说主义。而马氏自己却忘了此点。平心而论，马氏的学说，实在是一个时代的产物。在马氏时代，实在是一个最大的发现。我们现在固然不可拿这一个时代一种环境造成的学说，去解释一切历史，或者就那样整个拿来应用于我们生存的社会，也却不可抹煞他那时代的价值和那特别的发现。十字军之役，固然不必全拿那历史的唯物论者所说，全是经济的意味去解释。但当那僧侣彼得煽动群众营救圣墓的时候，彼得与其群众虽然没有经济的意味参杂其间，或者纯是驱于宗教的狂信，而那自觉的经济阶级，实在晓得利用这无意识的反动，达他们有意识的经济上的目的。从前的历史家，完全抱经济的意味蔑视了，也实未当。我们批评或采用一个人的学说，不要忘了他的时代环境和我们的时代环境，就是了。

（第六卷第五号，一九一九年五月）

老子的政治哲学

高一涵

一　老子时代政治社会情形

老子生在什么时候，死在什么时候，没有人晓得确实。大概总生在周朝灵王初年，当西历纪元前五百七十年前后。老子前两三百年的时候，中原一带连年都不免兵争。南边有吴、楚各国争王夺霸，北边又有猃狁、犬戎等族进来打搅。闹得兵火连天，百姓都东跑西散。所以老子的时代，可算是兵祸顶利害的时代。

周朝行封建制度，社会里头贵贱阶级是很不平等的。《左传》上说："王臣公，公臣大夫，大夫臣士，士臣皂，皂臣舆，舆臣隶，隶臣僚，僚臣仆，仆臣台；马有圉，牛有牧，以待百事。"可见当时的社会是一个比一个胜些。乡下的老百姓，不是替帝王去打仗，就是替权门贵族做马牛。你看《鸨羽》《陟岵》《采薇》《草不黄》等诗，写得怎样凄惨。后来"钱谷兵刑"的权柄，渐渐落在权贵手里，社会上的财产，一齐聚在几个权贵家里。这就是经济上"分配不均"。有了分配不均情形，社会自自然然的就现出贫富不等的状况。你看《葛屦》诗里头所说的劳动社会，不是替富贵人家做马牛吗？劳动的人到了冬天，还穿着夏天的衣服鞋子；那王孙公子，沾他祖上福气，一点事也不做，在家里受用那种享不了的荣华、受不尽的富贵。这还怪得《伐檀》的诗人在那里痛骂吗？照这种情形看起来，从老子前几百年来，真是一种贫富不均，"损不足以奉有余"的时代。

再看看那时候的政治，老百姓只有当兵纳税两种义务。法律是管不着有钱有势的人的。老百姓的生命一个大子也不值，老百姓的财产是没有"所有权"的。《大雅·瞻印》诗中讲的最明白，它说："人有土田，女反有之；人有民人，女覆夺之。此宜无罪，女反收之;彼宜有罪,女覆说之。"你想这还算什么世界呀? 再看做《硕鼠》的诗人,想丢了"父母之邦"不要,跑到外国去过日子;你想当时的政治,岂不黑暗极了吗? 所以从老子前几百年来,又可算是暴君污吏以百姓为土芥的时代。

政治思想,本是正对时事发生的,无论谁家学说,不是时代思潮的产儿,便是社会情况的反动。凡当人民顶不自由,顶不平等的时代,自然会有人出来主张"自然法"和"放任主义"。

因为凡想打破人为的法制,总会说天然法怎样好,怎样森严。说天然法好,可见得人为法不好;说天然法森严,可见得随便怎样人为法也不能胜过它。英、法两国十八世纪的经济学家深信"自然法是完全无缺,不变不灭的;人为法是不大完全,且常常变化的。人为要顺乎自然才好,若背乎自然,就存不着了",所以那时经济学家所抱的政策,多是顺乎自然的放任主义。至于政治家,如英国的洛克,法国的卢梭,美国的浩克尔(Hooker)、文素朴 Winthrop 等,皆生在顶不自由、顶不平等的时代,所以一个个都拿"自然法""自然权利""自然平等""自然国家"等说,做攻击政府干涉民事、侵夺民权的武器——这都是当时社会情形的反响。老子的政治哲学,也完完全全是刚才说的三个时代——兵祸顶利害的时代;贫富不均,损不足以奉有余的时代;暴君污吏,以百姓为土芥的时代——反响。讲政治学的人,明白这个道理,可以免去两种弊病:(一)知道政治学说,是对着时事而发的,不要去无的放矢;(二)知道一个时代有一个时代的政治学说,不要强拉时代不同的学说,不分青红皂白,一齐拿来应用。这就是我当叙述老子政治哲学时所以先叙叙老子时代政治社会情形的原因。

二 老子政治哲学的根本观念

要想明白老子的政治哲学必先明白老子哲学的根本观念。老子哲学是起于"无"而复归于"无"的。以"无"为一切事物的缘起,亦以"无"为一切事物的究竟。老子说:

> 天地万物生于有,有生于无。

他说恍恍惚惚之中,仿佛有了象,有了物,这就是有生于无的道理。老子所说的“道”是“先天地生”的。在未有天地之先,当然是一样东西也没有,所以老子的“道”即“无”,“无”也即“道”。他以为天地万物是有始有终的,“道”是无始无终的,所以天地万物起于“无”复终于“无”。他说:

> ……复归于无物。是谓无状之状,无物之象;是谓恍惚。至虚极,守静笃,万物并作,吾以观其复。夫物芸芸,各复归其根,归根曰静,是谓复命。

老子所说的返真归朴,就是归到那“无状之状,无物之象”的境界,归到那寂寥混沌、不可名状的“恍惚”的境界。一到了可字可名的地步,便不是那“万物恃之而生而不辞,功成不名有,衣食万物而不为主”和那“恍兮惚兮”“窈兮冥兮”、混混沌沌不可名状的“道”了。所以他说:

> 道可道,非常道;名可名,非常名;无名天地之始,有名万物之母。

他以为天地的原始,是无名的,有名才有万物。名字既立,人类的知识便随之发生。何以故呢? 因为有了名字,万物才有区别。人所以能够识别万物,就因为有了名字可以代表物性;人类借这名字,把万物的区别印入脑中,所以发生知识的问题。知识越多智越多,智越多伪也越多。善恶、美丑、贤不肖,和那有无、难易、长短、高下,前后种种区分,都是从名字上知识上起的。既有这种区别万物的工具和识别万物的能力,才生出来文物制度。既有了文物制度,那“无名之朴”的混沌世界就根本推翻了。老子以为这都是大乱的种子,是人类所以造成种种罪恶的原因。不把这种子和原因去了,再也不能达到那沌沌闷闷、无知无欲的乌托邦。所以他要“绝圣弃智”“绝仁弃义”“绝巧弃智”,拿那“无名之朴”来镇压人欲,让万物自化,智欲自消,天下自定。所以老子说:

> 民之难治,以其智多。故以智治国,国之贼;不以智治国,国之福。
> 天下多忌讳,而民弥贫;民多利器,国家滋昏;人多伎巧,奇物滋起;法令

滋彰，盗贼多有。

这就是老子所以尊尚“无名朴”的用意。他说要想使民易治，必先愚民；要想叫人不生情欲，必先废去“五色”“五音”“五味”；要想叫人不争、不偷、不闹乱子，必先“不尚贤”“不贵难得之货”“不见可欲”；要想叫人不作恶，必先叫人不晓得“美之为美”；要想叫人不作不善的事，必先叫人不晓得“善之为善”。老子的意思，想把文物制度一扫而空，使天地万物复归到“无”的境界——这就是老子政治哲学的根本观念。

三　老子理想中的国家

老子的政治哲学是反抗当时政治和社会情形的，所以他的国家观念是空想的，不是实际的。只从消极的方面想法子，便不从那积极的文明进步上着想。老子一生，一点也不受政治和社会的现状拘束，这是他所以能成一个理想大家的原因，也是所以仅成一个空想大家的原因。

何以说老子的政治哲学是反抗当时政治社会情形的呢？因为他看见当时年年打仗，百姓东跑西散，所以才主张去兵；看见当时社会贫富不均，损不足以奉有余，所以才主张尚俭；看见当时暴君污吏以百姓为土芥所以才主张无为；看见当时智巧日生、诈伪百出，所以才主张尚愚。这四个主张——去兵、尚俭、无为、尚愚，就是造成老子理想国的入手办法。

（一）去兵。老子的人生哲学是抱定知止不争主义，所以他说：

知足不辱，知止不殆，可以长久。……祸莫大于不知足，咎莫大于欲得，故知足之足常矣。

他又说：

是以圣人欲上民心以言下之，欲先民必以身后之。是以圣人处上而民不重，处前而民不害，是以天下乐推而不厌。以其不争，故天下莫能与之争。

上善若水,水善利万物而不争……夫唯不争,故无尤。

老子以为为人的道理,贵知止,贵不争。能够知止,自然用不着争的;若要不争,须先把做战争工具的兵废掉了。故去兵就是老子知止不争主义的实际应用。老子眼见周朝人民,不是直接受服兵的痛苦,就是间接受那因兵争而起的死亡、丧乱、流离、转徙的痛苦。各国的当道都把所有的百姓,当他争权夺利的器械。据老子看起来,都因为他们不懂得知止和不争之争的道理,所以造成这样战争不歇的世界。老子所最痛恨的就是兵,所以他说:

夫佳兵者(佳古唯字也),不祥之器。物或恶之,故有道者不处。君子居则贵左,用兵则贵右。兵者不祥之器,非君子之器,不得已而用之。

以道佐人主者,不以兵强天下。其事好还。师之所处,荆棘生焉;大军之后,必有凶年。

老子以为国家的永远和平——天下的永远和平——只在去兵一事。他确信"自然法"是调剂均平,称物平施的。就是有强梁者也不得其死;暂时胜了,不久也是要败的;暂时忍辱含羞,终久必能抵抗强暴。这就叫做"天网恢恢,疏而不失"。与其不能拿人的力量,去战胜大的力量,又何必不知止不退让,去反乎天道而行呢?

(二)尚俭。老子反对高等文化,却不甚反对低等文化。老子对于精神上的欲望,极端的反对,所以只叫人见素抱朴,少私寡欲。说到物质上的欲望,他并不十分反对,却要人吃得饱饱的,穿得好好的,住得安安静静的。所以他说:

虚其心,实其腹;弱其志,强其骨。

圣人为腹不为目。

甘其食,美其服,安其居,乐其俗。

老子眼见当时富贵人家的幸福,都是劳动人家的汗血;下等社会的百姓,都是上等社会的马牛,所以非常的痛恨。我们现在读《小雅·正月》一诗,"彼有旨酒,又有嘉肴,洽比其邻,婚姻孔云。念我独兮,忧心殷殷！佌佌彼有屋,蔌蔌方有谷,民今之无禄,天夭是椓。哿矣富人,哀此茕独!”可见当时苦乐不均的状况。读《大东》“小东大东,杼柚其空。纠纠葛屦,可以履霜。佻佻公子,行既周行。既往既来,使我心疚”几句诗,可见当时贫富不均的状况。再读《伐檀》诗中“不稼不穑,胡取禾三百缠兮！不狩不猎,胡瞻尔庭有悬狟兮！彼君子兮,不素餐兮!”几句,和《北山》诗中“或燕燕居息,或尽瘁事国;或息偃在床,或不已于行,或不知叫号,或惨惨劬劳;或栖迟偃仰,或王事鞅掌,或湛乐饮酒,或惨惨畏咎,或出入风议,或靡事不为”几句,可见当时劳逸不均的状况。大概那个时代,全是“损不足以奉有余”。所以老子想反抗这种现状,“损有余以奉不足”;想把那太奢侈的生活,拿来填补那太贫苦的生活,把社会上的生活,引到一个水平线上。这就是老子尚俭的目的。所以他说:

> 天之道其犹张弓乎！高者抑之,下者举之;有余者损之,不足者与之。

他以为天地生物,只有一定的数量。分配不均,这个所多的,就是那个所少的。所以他说:

> 民之饥,以其上食税之多,是以饥。

但是老子说的社会生活平等观是损有余以补不足,不是添加不足上齐乎有余的。他的真正的目的在“去甚、去奢、去泰”,他的平等的基础是“贵以贱为本,高以下为基”,可见老子是求人类最小幸福却不是求人类最大幸福的。他以为穷奢极欲,必定要侵占人家幸福,所以必须尚俭。

(三)无为。主张“自然法”的人,大概都有一种迷信,说是:“任凭你费尽了多大力气,总跳不出那天行的圈套儿。”从积极的方面做,知道有天行处处同我为难,必得要步步留神,才能敌得过他,这就是“戡天主义”(Conquestofnature)。

从消极的方面做,明晓得跳不出自然的范围,又何必白费气力,去逆天而行呢?这就是达观主义。老子属于达观主义一派,他以为人是逃不出天地范围的,天地是逃不出道的范围的,道是逃不出自然的范围的。所以他说:

人法地，地法天，天法道，道法自然。

无论是人、是地、是天、是道，总要受自然支配的；顺着自然法则，便“无为而无不为”；背着自然法则，“虽欲为之而无以为”。

他把“自然法”的功用看得这样森严，所以才主张放任主义。不过老子的放任主义和欧洲学者弥儿、斯宾塞尔等说的不同。他们的放任主义是放任于个人，老子的放任主义，却(是)放任于自然。且看老子说：

天之道，不争而善胜，不言而善应，不召而自来，浑然而善谋。

天网恢恢，疏而不失。

因为天行如此，所以凡想拿人力去抵抗天行的，皆不是本分内的事。且看他说：

常有司杀者杀夫，代司杀者杀。是谓代大匠斫夫，代大匠斫者希有不伤其手者矣。

自老子眼光看来，凡是替天行化的，都是违反大道，都是搅乱自然法则。国家的举措赏罚和个人的学问知识，都是用不着的。大家只有混混沌沌，无知无欲，听那“自然”摆布罢了。

(四)尚愚。老子不但主张生活平等，并且主张知识平等。他的知识平等，是以愚做本位；百姓必到了混混沌沌、无知无欲的程度，才合老子乌托邦的人民资格。所以他说：

古之为治者，非以明民，将以愚之。民之难治，以其智多，故以智治国，国之贼。不以智治国，国之福。

绝圣弃智，民利百倍；绝仁弃义，民复孝慈；绝巧弃利，盗贼无有。

他以为天地间一切罪恶,皆是从知识上起的。且看他说:

民多利器,国家滋昏;人多伎巧,奇物滋起;法令滋彰,盗贼多有。

因为如此,所以才用全副精力,去打消人类的知识,铲除世界的文化。他的理想的国民,就是他说的:

我独泊兮其未兆,如婴儿之未孩。儽儽兮若无所归。众人皆有余,而我独若遗。我愚人之心也哉!沌沌兮。俗人昭昭,我独昏昏;俗人察察,我独闷闷。澹兮其若海,飂兮若无止。众人皆有以,而我独顽似鄙。我独异于人而贵食母。

这样国民,还有什么知识?这样国家,还有什么文物制度?愚的程度,必到了没有为非作恶的能力,才合老子尚愚的意思。

综看老子这四个主张——去兵、尚俭、无为、尚愚,可见他确是反对政治社会现状的一个顶激烈的政治家。把他的理想实现出来,不但没有国家,并且没有社会。他理想中的天下不过是一群无知无识的人散在地面上,天天吃饭睡觉罢了。不用器械,不讲交通,不要甲兵,不要文字;学问知识,文物制度,一齐废掉。这还是什么世界,还像什么国家?老子有描写这样天下顶好的一段文章,说:

小国寡民,使有什伯人之器而不用,使民重死而不远徙。虽有舟舆无所乘之,虽有甲兵无所陈之。使民复结绳而用之。甘其食,美其服,安其居,乐其俗。邻国相望,鸡犬之声相闻,民至老死不相往来。

这几句话,的的确确是老子理想中国家的小照,所以特为引出来,做本篇的结论。

(第六卷第五号,一九一九年五月)

罗素的社会哲学

高一涵

这篇文章是高先生从东京寄来的。我同张崧年先生看了一遍，删去了一部分。因为路远，不能先得高先生的同意，故声明一句。

（适）

罗素论人类行为的动机

从来政治哲学家的人类行为动机观，在因袭的道德家眼光看来，多说是理性的要求；在个人主义的政治学家眼光看来，又多说是欲望的要求。两家的观察点虽然不同，但有一个共同的地方，便是把人类行为的动机看作有意识、有目的的。到了欧战一开，自高蹈的哲学家眼光看来，全世界的人都一个个极力发挥他的兽性，就是生平以阐明真理自命的人，和世间尊重的哲学家、思想家、科学家，和那些讲人道博爱的宗教家，都没有一个不为自己国家曲辩，不说人家国家的坏话。即如世界上很推重的倭铿、柏格森等，都没有一个不是这样。因此便使一般高蹈的哲学家疑惑几千年来所夸奖的文明都是嘴上说得好听，其实只是欺人的假话；因此便使一般高蹈的哲学家觉得人类行为的动机，仍然没有意识，没有目的，不过是一种本能——生性——的动作罢了；因此便使一般高蹈的哲学家觉得从前把人类的行为动机看作理性的要求，看作欲根的要求，都是错的，不得不从理性、欲望之外，再求人类行为的动机。

罗素所著《社会改造原理》（*Principles of Social Reconstuction*）第一章开首便说：

凡感受新印象和为新思想所动的人，经过这回大战，从前的信仰和希望上总会生相当的变化。怎样变化虽因个人性格、境遇的关系各有不同，但总有一个共同的地方。我这回由大战所学得的第一件事便是人类行为的动机观——即人类由什么动机而行动和怎样才可利导修正这种动机。(《社会改造原理》)

人类行为的动机到底是什么东西呢？照罗素看起来，便是鼓动本能力量顶大的"冲动"(Impulse)。所以他说：

战争的最后原因并不是经济的、政治的，战争的发源并不是因为没有方法来镇压国际的争论，真正的原因是因为多数人抱着不好调和而好争斗的冲动。(《社会改造原理》)

又说：

冲动一方面是战争的原因，一方面也是科学、艺术、恋爱的原因。(《社会改造原理》)

罗素从前虽然主张理智万能，但察看欧战发动的原因，总觉得理智的力量不及冲动的力量大。从前的哲学家虽然说欲望是人类动作的动机，但自罗素看来，欲望只能支配人类一部分行为，不是支配人类全部行为的主因。所以他说：

人类一切活动，本从两个渊源生出来的：一是冲动，一是欲望。……但是欲望只支配人类行动的一部分，而且不是重要的部分，只不过是最有意识、最明了、最文明的部分罢了。(《社会改造原理》)

他以为人类行动最大的部分便是发于自然的、无意志的、无目的的冲动，这些行动并不受有意识的、有目的的欲望支配。他说：

人类天性更有本然的一部分,在一定范围以内,受无目的的冲动支配,与有一定目的的欲望毫不相干。譬如小孩便(边)走便(边)叫,并没有想得到什么好东西的意思,不过被走的叫的冲动刺激罢了。犬之吠月也并不想到于它自己有什么利益,不过被吠的冲动刺激罢了。(其)他如饮食、恋爱、争斗、傲慢种种行动,也并不是有什么目的,有什么意志,不过为冲动所感触罢了。(《社会改造原理》)

人类行动不但大部分受冲动支配,这种冲动并且是盲目的、无规则的、无统御的。所以他说:

冲动本来是盲目的,并不预想什么结果,并不是由先见预料而起的。(《社会改造原理》)

讲理性的人本来连欲望都看不起的。照罗素说:人类行动不但说不上理性,并且连理性家所看不起的欲望也说不上,可见得人类行动和禽兽并没有什么区别!

罗素不但承认冲动是人类行动的动机,并且承认冲动是不可排除的。如果排除冲动,这种生活便是死的、冷淡的、不快活的生活。他说:

我们所希望的并不是想把冲动弄弱,是想利导他,使他不要朝死亡、荒废的方向去,只朝生活生长的方向去。想以意志来强制冲动——伦理家常常提倡这一说,并想借经济的必要来强行这种主张——真是无希望的事。生活受目的和欲望统制,把冲动完全排除,便成不快活的生活。活力、生气都消磨完了,结果便使人对于所经营的目的不大注意。全国国民如照这样生活,这种国民必定衰弱,遇到阻止欲望的障碍物,便不能有充分的力量将它打倒。

近代产业主义和社会制度,都想强使文明的国民抑制冲动,依目的生活。这种生活的样式、结果,不使生命的来源枯涸,便要引起来一种新冲动。

> 这种新冲动和从前为意志抑制的、为意识感悟的冲动性质大不相同，新冲动比被抑制的旧冲动还要坏些。过度的节制，由外部加入的节制，往往唤起残忍的破坏的冲动。这便是军国主义所以使人民性格上受恶影响的一个理由。如果突发的自动的冲动没有发泄的路途，结果必定引起压制活气和有害生命的种种冲动。……（《社会改造原理》）

罗素这种人类行为动机观，便不啻把古来制欲派、正心诚意派的社会哲学和政治哲学根本推翻，便不啻把几千年来天天抹油搽粉的文明假面具一齐揭开，便不啻把“移风俗”必须从“正人心”做起、改良社会必须从改良个人做起的种种迷梦一齐唤醒。罗素的意思，是想教人知道现在所夸张的文明世界，仍然是一个兽欲横行世界。要想使兽性渐渐变化，使人性渐渐扩张，非从社会改造、政治改造下手断断不能成功。这便是罗素所以主张社会改造的理由。

二　罗素社会政治目的观

罗素承认人类行为的动机是由于冲动，并承认冲动不应该用意志来强制，但是他并不承认所有冲动都是不能利导的。罗素承认现在的世界仍然是本能的世界，并承认本能是不可灭的，但是他并不说本能是绝对不可变的。且看他说：

> 现在有一个普遍的信心，就是说我们的本能不可变化，只有承认它，善用它罢了。这是不对的。人类各有各的自然性质，并可借外界的境遇，养成一定的性格。就是性格中本能的部分，也可以训练出来的。或由信仰，或由物质的情形，或由社交的事情，或由文物制度，都可以使他生出变化。（《社会改造原理》）
>
> 冲动一方面是战争的原因，一方面也是科学、艺术、恋爱的原因。所以我们所希望的并不是把冲动弄弱，是想利导它，使它不要朝死亡、荒废的方向去，只朝生活生长的方向去。（同前）

罗素虽承认本能可以改变,冲动可以利导,但他的改变和利导的下手方法和旧道德家绝对不同。旧道德家把正心诚意作治国平天下的本源,罗素却以改造政治制度、改造社会制度,为改变个人本能、利导个人冲动的本源。他认定人类行为常随社会政治的情形变化,社会生活根本变迁,社会组织根本变迁,人类行为也会跟着改变。所以,他主张改良人类行为应该从改造社会制度、政治制度入手。

但是罗素是一个主张“绝对多元论”的人,所以他的冲动观、本能观也是一种多元论。他不但说人类行为的动机,有欲望和冲动两个渊源,并且说冲动也分两种:(一)叫做占据的冲动(Possesive Impulse),(二)叫做创造的冲动(Creative Impulse)。前者包括财产、权力、战争等冲动说,后者包括知识、艺术、恋爱、建设等冲动说;前者是死的方面冲动,后者是生的方面冲动。他说:

> 货物可分两种,冲动也可分两种。货物有可以许个人占据的,有可以许人人同享的。这个人的衣食不是那个人的衣食,设若供给不足,这个人所有的便是从牺牲那个人而得的。……至于精神的物品,便不是排除他人,专为一个人所有了。譬如某人研究某种学问,不但不因此妨碍他人研究,并且可以帮助他人增进知识。……
>
> 冲动也可同货物一样分为两种:(一)叫做占据的冲动,以取得及维持私人独占的财产为目的,因此便造成财产的冲动;(二)叫做创造的冲动,把既不能秘密,又不能占据的货财公诸社会,且要令使用有效。(《政治理想》)

冲动是藏在本能里边的,由本能发动出来的。这种本能也有好坏的两方面。所以个人同个人相处,一方面有本能的亲爱,一方面又有本能的嫌恶。大概自罗素看来,无论是本能是冲动,总都分个好坏两方面。

而且这好坏两方面并不是毫无关系、互相独立的,乃是互相消长、互相妨制的。且看他说:

> 占据冲动强盛的时候,很妨害创造的进行。这个发现重要的东西,那个同他竞争的发现家或者要生出满肚子嫉妒。又如这个人发现治癌的方法,

那个人发现治肺的方法,或者你欢喜我发现有错,我欢喜你发现有错。便是不错,也并不是专为治疗病人的痛苦设想。这种地方他们并不是专为着知识效用,不过希望传播声名罢了。所有创造的冲动往往为占据的冲动遮蔽。便是大发志愿想做圣人的人,对于已经成功的圣人总感觉他怀一种嫉妒。便是爱情,也往往同嫉妒相随而至。这便是占据的冲动常常闯入创造的世界。(《政治理想》)

创造的世界既已被占据的冲动闯将进去,无怪乎嫌恶的冲动常常抑制亲爱的冲动,战争的冲动常常遮住艺术、科学的冲动,朝死亡绝灭方面去的冲动常常驱逐朝生活生长方面去的冲动。要想拿政治的、社会的势力,来利导亲爱的、艺术的、科学的、生活的、生长的冲动,抑制嫌恶的、战争的、死亡的、绝灭的冲动——换句话说,要想减少占据的冲动,利导创造的冲动:这便是罗素社会制度、政治制度的目的。

罗素的社会政治目的,既全在减少占据的冲动,增长创造的冲动,所以他评判一切制度都拿这种观念作标准,要想估计某种制度有没有价值,必定要先研究某种制度合不合这个标准。所以他说:

政治或社会制度的好坏,必定由他对于个人的影响善恶而定。看这种制度是不是鼓舞创造性比较占据性多,是不是实现或增进人类中尊敬的精神,是不是保持自重心。因此,才可以判断这种制度的好坏。(《政治理想》)

我们应该尽力增多本能的亲爱之情,减少本能的嫌恶之情。这事比什么都重大,因为必定要由它的结果来判断政治制度的好坏。(《社会改造原理》)

罗素以为社会政治目的在使人类得到最善的生活;最善的生活便是使创造冲动的活动尽量增多,使占据冲动的活动尽量减少的生活。(《政治理想》)这是罗素的社会政治目的观。他理想的社会政治制度,都是从这个观念中演绎出来的,所有建设的主张,都是拿这个观念作标准的。

三　罗素理想的政治社会制度

从来哲学方法注重分析的对于政治社会的主张，多注说个人。罗素的政治哲学有许多地方简直是个人主义的社会政治哲学。讲个人主义的社会政治哲学家，第一个重要条件便是自由，都想把国家社会权力范围缩到最小限度，单靠自由一个方法来做造成个人创造的、自主的、进步的、能力的工具。罗素也是这样，所以他说：

> 政府和法律本来是为限制自由而设的，但是自由实在是政治的产物中很大的东西。(《自由的道路》)

罗素社会政治的理想制度，第一在能使各个人都自由去发展他的创造的冲动。他把自由看做取得政治的条件、经济的条件最适用的物事，最反对那种消极的自由，说消极的自由一点建设的意味都没有。他说：

> 安宁和自由，不过是理想政治组织的消极条件，我们既已得到之后，便要有积极的条件，即奖励创造的精力(Creative Energy)。(《政治理想》)

罗素的理想政治并不是想发现一种“乌托邦”，不过想发现政治运动的正当方向。他有判断政治运动方向的两个原理：

> (一)要尽量促进个人和社会生长力和生活力。
> (二)一个人或一个社会的生长，不甚牺牲别个人或别个社会。(《社会改造原理》)

归总一句话，他所希望的人类便是：

> 不单要许多物质上的好东西，是要更多的自由，更多的自主，更多的创

造的机会,更多的享乐的机遇,更多的自发的协同,和更少的不自由的服从。(《社会改造原理》)

罗素对于今后社会政治制度总希望要达到这些目的,所以这几句话便是他理想社会政治制度的抽象的目标。单研究罗素抽象的目标还不能明白他社会政治哲学的真相,此后再略为说一说他对于国家、国际关系、财产、教育、婚姻等具体的主张。(罗素承认宗教有存在的必要,说社会组织改造和人生哲学改造之后,必定要有适应新时代的新宗教。我是不欢喜说宗教的人,所以把它删了。)

(A)国家

罗素想从个人自由和公共管理中间找出一个调和的方法,所以一方面不赞成国家社会主义派的主张,一方面又不满意无治主义派的主张;一方面承认国家非常有害,一方面又承认国家暂时为必不可缺的机关。他以为现在国家主要的目的便是势力,尤其是武力的势力。对内侵犯个人的自由,对外侵犯别国的自由,所以认为有害。最好的方法,便是以法律代替暴力。不过法律太静、太死,离生长的运命太远。法律太偏于理论,对内除了革命,对外除了战争,不能修正。要想防止这些事,只有借势力均衡的状态,时时变更修改罢了。

国家的职权必定要尽力缩小,积极的职掌只以两个原则为限:

(一)为人类社会幸福着想,国家在最小限度以内对于普及的事项有主张维持的权利。

(二)国家可以防止牺牲他人的不正当行为。

应用第一原则,国家可以执行卫生法,预防传染病,奖励科学的研究,推行义务教育。应用第二原则,国家有排除经济上不公平的权利。如果把这些权利许给国家,以国家的权力来抑制人民的自由,又将怎样处置呢?唯一的方法便在分权。一组织独立的团体,一委托自治的机关。国家除了维持治安以外,所有积极的目的,不必由国家自己实行,可使若干独立的团体分担执行。地域上及商业上的事项,可委托各种自治机关之手,实行地方分权。(《社会改造原理》)行政部的权力固然不能忽然废止,但有两种方法可以除去弊害:一、把各部分的问题,委托各部分团体——地方自治,同业组合——解决;二、把行政部占领的权限让立法部收回行使。(《自由的道路》)这便是罗素对于国家改造的大致主张。

(B)国际关系

照罗素想来,妨害国际关系的根本问题,只是人性中一部分心理的原因和事实的原因。这种原因中最重要的便是竞争性、权力欲、嫉妒心等,由这些原因发生出来的害处,可用改良过的教育和改良过的经济制度、政治制度来纠正、消灭。(《自由的道路》)现在所看得见的国际间利害冲突,最重要的有三种:(一)关税;(二)虐待劣等民族;(三)扩张权力和领土。(一)是妄想,(二)是罪恶,(三)是儿戏,必定要一齐打消的。

罗素理想中的国际关系,并不是一种"世界主义"(Cosmopolitanism),并不是想借交通接触的机会把各种民族的特性一齐消灭。消灭各民族的特性是"世界主义"损失的结果,并不是成功的结果。对于祖国的爱国心还是要有的,不过不要妨害个人对它的亲爱罢了。为人类谋幸福,使仁爱的精神赶早实现,使偏狭的爱国心赶早消灭。一国思想学术出众,是为全世界的利益,并不是一国家、一民族的利益。家族的爱情不要想触国家的爱情,国家的爱情不要想触人类的爱情。对于世界,人类全以爱做根基,便是除去国际间恶害的好方法。

(C)财产

崇拜金钱足以减去人类的生活力,现在的制度应该尽力改造,使拜金主义消灭,好让一般生命增长。资本主义与近代人所发现的正义观念绝对相反,大资本主义便是牺牲他人所得,侵略弱劣民族的祸根。

经济组织原有四个目的:(一)得最多量数的生产;(二)使分配公平;(三)使生产的人得安定的生活;(四)减少占据冲动,解放创造冲动。现在的经济组织只以第一项为目的,社会主义只以第二、第三两项为目的,现在的改造家想把产业交给个人经营,便是注重这第四项。

罗素以为社会主义家主张生产归国家管理,是很妨碍个人和团体自由发展的。"工团主义"(Syndicalism)固然大唱产业自治,可是他们想完全脱离中央的关系,一定许惹起分配不公的问题。只有同业组合社会主义(Guild Socialism)把分配划归国家统治,把生产划归同业组合自治,是一种完全的组织。罗素的意思是经济的行动与政治的行动并行,所以对于同业组合所主张的直接行动,排斥政治的行动,也是不满意的。

总而言之,罗素最注重前边所说的经济组织目的中第四个目的——减少占据冲动,解放创造冲动。无论什么经济组织,只要违反这个目的,都是他必定排斥的。

(D)教育

罗素以为现在的教育不是给青年的思想,不过是给青年的教条。拿积极的见解去强迫青年,既不使他怀疑,又不想养成他精神的独立性。所以,现在的教育实在是阻害自由讨论和新思想发生的障碍物。

教育的真正的目的不是给青年信仰真理的信条,乃是养成他们对于真理的欲望,养成他们精神上的冒险性。将来的教育应该努力保存独立心和冲动,去了服从和训练;努力养成尊敬心,去了轻蔑心;与其教人默从,不如教人反对;与其教人轻信,不如教人怀疑;与其教人爱慎重,不如教人爱冒险。增加创造的冲动,养成尊敬的心理,便是罗素的教育最大的目的。

(E)婚姻

罗素对于婚姻制度也没有想出根本救济的好方法,不过想等到新宗教发生后再由新宗教去掌管罢了。为现在经济制度逼迫,生出晚婚和避胎两个弊病,是要根本改造的。再偏于性欲的秘密恋爱,没有共同生活,不生子女,也不是好现象。要想保持男女的关系,使他享幸福生活,得安固生活,必须有一种新组织。这种新组织,第一要鼓吹精神的发达。儿童以国家的经费公育,婚姻制度要取一夫一妇主义,结婚要以自由原则做基础。

(附注)罗素的学说外人批评的很多,我想从东京帝国大学图书馆把这一类批评罗素哲学的杂志书籍一齐借出来参考,做一篇"对于罗素政治社会哲学之批评",但不知这个交涉能办妥不能?

二月十五日在东京作

(第七卷第五号,一九二〇年四月一日)

罗素的逻辑和宇宙观之概说

王星拱

我们都知道宇宙间有两种东西：一是物质 Matter，二是形式 Form。换一句话说，一是原质 Elements，一是关系 Relation。二者缺一，不能成其为宇宙。这两样东西都是实在的。依罗素的意思，哲学之精髓就是逻辑；逻辑和算学一样，是专门研究形式——关系——的学术，至于物质，有各行专门科学去研究它，不是哲学所应研究的。形式是普遍的，所以哲学的目标是普遍的。哲学不藉科学的材料为基础，而哲学的结论，也不因科学埋论为转移。它有它自己的范围，若懂得这个范围里的东西，就可以懂得宇宙之普遍的模样(General aspects of the universe.)。

我们首先举一个例，来说明这个形式——关系——之实在。(哲学问题中所举的。)譬如我说："我是在这间屋里。""我"和"屋"固然是实在的，"这间"是表明这屋的性质的。然而"在里"二字，也必定代表一个实在的东西，这个实在的东西，就是我和这间屋的关系。若是"在里"二字不能代表这个实在的东西，则"我是在这间屋里"这一句话——这一个命辞——是没有意义的，是不能为人所了解的。所以我们的了解 Uuderstanding 之中，不但隐含着物质及其性质，并且隐含着关系，即此一层，已经可以证明关系是实在的了。

因为要承认关系之实在，所以罗素反对经院派的逻辑。经院派的逻辑，自亚里士多德传下来，乃是类之逻辑——把宇宙间的所有，汇成一一的类，本是亚里士多德的野心。这个逻辑，即以主词 Subject 和谓词 Predicate 之关系为起点。例如在"牛是有角的"这个命辞之中，"牛"是主词，"是有角的"是谓词；在"人是能笑的动物"这个命题之中，"人"是主词，"是能笑的动物"是谓词。依经院逻辑说来，所有的命题，都可以归于主谓词的形式 Subject-predicate form 之下；换一句话说：所有的关系，都可以简约而成一个主词的性质。以上所举的二例,原是说主词“牛”和“人”的性质,当然是主谓词的形式所能收纳得下的。若把这个理论,应用到我们在上节所举的例子“我是在这间屋里”上去,就有点不大好说了。因为这个命题之中,含有两个项 Terms——两个物件;这两个物件,是相对的——是有相对的关系的。若必以此项不过为彼项之性质,未免是抑制原来敌辑之妻,而为丈夫的附属品了。然而这还不算是经院逻辑之致命椎。我们再看看中含“比较的等级”(Gomparatire degree)的命题,这种命题中所隐含的关系,就是罗素所叫做的反相称的关系。Asymmetrical relation 这个关系,是无论如何不能简约而成一个主询的性质的。试看他所说如何。

今有一个命题“此物是较大于彼物”。在此命题之中,我们不但知道它俩有不同的体量,并且知道:其一的体量是较大于其他的分量。这个关系,是完全无法可以简约而成一个主词的性质的。倘若我们知道:此物是与彼物相同的,我们还可以把这个命题“此物是与彼物相同的”变成“这两个物件是相同的”一个命题。在这个新命辞中,以“这两个物件”为主词,以“是相同的”为谓词,那就是说:以“是相同的”为“这两个物件”这一个主词的性质;换一句话说,我们把它俩的关系,简约而成它俩的共同性质了。倘若我们仅仅知道:此物是与彼物不同的,我们也还可以把这个命辞“此物是与彼物不同的”变成“这两个物件是不同的”一个命题。在这个新命题中,以“这两个物件”为主词,以“是不同的”为谓词,那就是说:以“是不同的”为“这两个物件”这一个主词的性质;换一句话说,我们把它俩的关系,简约而成它俩的不同性质了。但是现在我们不但知道此物是与彼物不同,并且知道此物是较大于彼物,则它俩的不同性质,在形式方面,完全不能够解释这个事实。质说起来,“此物是较大丁彼物”这个命题之中所包含的,不仅仅是它俩的不同性质。倘若此命题中所包含的,仅仅是它俩的不同性质,则“此物是较大于彼物”和“彼物是较大于此物”,毫无分别之可言了。我们须得说:此物的体量是较大于彼物的体量。我们无论如何,驱逐不掉“较大”这个关系。因为关系不同,所以形式不同。所以,“此物是较大于彼物”这个命辞,和“这两个物件是同的”和“这两个物件是不同的”这两个命题,各有形式不同。这个反相称的关系,既是无论如何,驱逐不掉的——是无论如何,不能简约而成一个主词的性质的。由此更可见关系是实在的,我们必得承认它。

“较大”的关系是如此,较小,较先,较后,在左,在右,在内,在外,诸关系,都是如此。以上所举的例,不过是两项之间之关系。我们须知道:有这种关系的项,可以为三,为四,为五,以至无限,例如:一排中之单位,一直线中之点都是的。

经院逻辑既相信主谓词(见第三段)的形式之普遍,所以它相信“天下”只有一个主词。这个主词,就是绝对。它以为,凡当判断 Judgement 而发结命题之时,我们都是描写一个共总的同一的主词之性质;如果“天下”可以有两个主词,则“两个主词是在这里”这一个命辞(此命辞之中,以“两个主词”四字为主词,以“是在这里”四字为谓词)。也不能描写二主词中此主词之性质,也不能描写二主词中彼主词之性质。所以赫格尔的道理,是哲学的命题之形式,必定是“绝对是如此如此”(见罗素的《哲学》中之《科学方法》)。这个道理,是罗素所极端反对的。他以为命题之形式,不止这一个(主谓词的形式)。不但不止这一个,并且是多得很——无限地多咧!如上节可举的例,已经可以表明:命题可以有不同的形式。其余如凡一命题中有“与”“或”“除非”“倘若”“如果”“加”“每”“不”“非”,没有,以及其他否定的字,等等字样的,都各有不同的形式。因为这些字样,都介绍进来各自特别的关系。罗素这个道理,若应用于含有否定字如“不”“非”“没有”的命辞之中,最为明了。这些字都是代表关系——形式的。若不以形式为实在,而把这些否定字表明实现的物质,是说不通的。因为没有一样实现的物质——如日月桌椅——可以有消极的——“没有”的性质。有些哲学家,因为这一层说不通的道理,而主张天下没有“没有”。你不能设想“没有”Thou canst not conceive nothing 就是他们的偈言。但是我们每日判断了解之中,几乎无时不碰着“没有”,足见“没有”也是实在的。但是它这个实在,是一个消极的形式;凡形式之实在,都和物质之实在不同罢了。所以罗素说:“从前的人以为心理的世界和物理的世界之外,别无其他世界。现在我们知道,这两个世界之外,还有一个形式的世界。这个形式的世界,和物理的世界一般也是客观的,但是不像物理的世界之可为器官所感触的。”逻辑之职务,就是要研究这个形式的世界。在这个形式的世界里,也有各种类之不同,可以用物理世界里的“光怪陆离”的草木鸟兽来比喻它们,不是像在经院逻辑之中只有一个以一概百的形式。所以逻辑的机能,就是分析;逻辑形式之“字典”,必须充足,才不至于发生“屈众就一之下”的毛病。这样逻辑之第一步,就是承认关系之实在。

由这样分析的逻辑所发生出来的宇宙观,概括起来说,有以下四个特点:(一)多元,(二)人类渺小,(三)唯实,(四)中立。

(一)多元　这个实现的世界,是许多的物带着许多的性质和许多的关系所成的。这个关系,从不比物质还重要——依罗素说其实在哲学的方面,只有这个关系是重要的。——至少也和物质是一样的重要。譬如:我和你有友谊,其中有两项之关系;我因为她而嫉妒你,其中有三项之关系;我希望你把这本书送给他,其中有四项之关系;世上所有的人,都各尽所能,各取所需,其中有无限项之关系。我们可以用一个粗浅的——我希望不是误引的——推敲来说:物质是砖,关系是泥,二者缺一,不能成墙。但是这个泥,也是占据空间的,我们切不能因此而把关系当做占据空间的东西。许多项在一道,如何因为连接的关系集合而成世界,其中又要牵引到联续和无限之观念。罗素的连续和无限之理论,是从算学中得来,带有专门的色彩的,此处也不便说及它了。

(二)人类渺小　希腊哲学家信从和"一",以为宇宙就是一个"一"。中古宗教哲学家以为人是宇宙之主。依罗素说,这都把宇宙太看小了。希腊哲学家所以信从和一,是因为他们过于尊崇理性而不重经验,他们依理性推论起来,宇宙必是一的,不能够是多的。中古哲学家日居战争扰乱之中,所以他们的理想,就是一个整齐的宇宙。罗素以为如此的宇宙观,是把宇宙之所有——已知的和未知的——都当做书案上的地球仪,晤言一室之内了。依罗素逻辑说来,我们只能因彼此之关系,由此推彼,因彼与又彼之关系,而由彼推又彼。再往前推,关系复杂,也许就无从推了,何以见得是和一呢?所以我们不能在未知的区域以内,设一个和一的范围界线。若说这个宇宙是完备的,所以是和一,则"天下"也许有许多宇宙,每个宇宙都似乎是完备的。这就是算学中无限之外可以有有限的道理,何以见得是不可能的呢?所以,这个宇宙,也许是许多宇宙中之一个;太阳系是这个宇宙中之微尘;地球又不过太阳系中之一部分;人类又不过是地球上一类生物。若以为人类之欲望,与宇宙之进行相符,那真是井蛙不可语海了(这个道理和第四特点中立,自然也是相符的)。

(三)唯实　逻辑是研究关系的学术,这些关系的张本,就是感触(亦译感觉)。这个感触的张本,是实在的,不是像唯心论家所说:它是因心神而存在的,也不是像唯物家所说:它就是外界的物体的本身。凡感触都是真的,即梦中之感触,也是真的。因为梦中之感触和醒时之感触,不能连接起来而不相冲突,所以我们说梦不是真的。足见梦之不真,并不是感触之分子不真,是这些分子之关系不真(科学的真实,是系统的真实,也是这个意思)。这个感触,既是实在的张本,则物理学中之"物",都是由这个感触建设起来的。换一句话说,物理学中之物,和感触张本有一定的关系,物理学中之物,就是感触张本之函数 Function。譬如:我绕一个桌子而走,看见桌子之连续为眼所感触的颜色。这些颜色之联合的级系,是实在的,至于桌子本身之存在,乃是经由各感触(视官的感触和筋肉的感触)之互组,而建设起来的。所有几何学中之点 Point 力学中之瞬,Instant 都是由感触张本建设起来的。

(四)中立　　哲学所研究的普遍的形式,是不受人类欲望之驱使的。二加三得五,不能因为我们望它为六而即变为六。罗素以为宇宙之行动,究竟是进化还是退化,不是哲学所应答的问题。凡进化论中自不善而进于善之观念,乃是人类欲望的出产品(科学的进化论之本身,本不过是内界的组织,随外界环境而变迁,是一种机械的动作,自不善进化于善之观念,是带着伦理学的色彩的)。但是我们不要骇怕:普遍的形式,既是中立的,则人类之生死存亡,全凭命运支配。我们若要直接寻快乐,往往不如经由别的途径间接的寻快乐者所得之多。星卜学是直接的求趋福避祸的,然而不如中立的天文学之有益于人类;点金化学是直接的求发财的,然而不如中立的近代化学之有益于人类。求善亦是如此。哲学尽管不以善为目标,然而如果我们懂得宇宙之普遍的模样,则所得的结果,比拘拘守财奴式的求善者所得的结果,大得多啊!

(第八卷第三号,一九二〇年十一月一日)

唯物史观在现代史学上的价值

李大钊

“唯物史观”是社会学上的一种法则,又Karl Marx和Friederich Engels一八四八年在他们合著的《共产党宣言》里所发现的。后来有四种名称,在学者间通用,都是指此法则的:即(1)历史之唯物的概念(The Materialistic Conception of History),(2)历史的唯物主义(Historical Materialism),(3)历史之经济的解释(The Economic interpretation of History),(4)经济的决定论(Econmic Determinism)。在(1)(2)两词,泛称物质,殊与此说的真相不甚相符。因为此说只是历史之经济的解释,若以“物质”或“唯物”称之,则是凡基于物质的原因的变动,均应包括在内;例如历史上生物的考察,乃至因风土、气候、一时一地的动植物的影响所生的社会变动,均应论及了。第(4)一词,在法兰西颇流行:以有倾于定命论宿命论之嫌,恐怕很有流弊。比较起来,还是“经济史观”一词妥当些。Seligman曾有此主张,我亦认为合理,只以“唯物史观”一语,年来在论坛上流用较熟,故且仍之不易。

科学界过重分类的结果,几乎忘却它们只是一个全体的部分而轻视它们相互间的关系,这种弊象,呈露已久了。近来思想界才发生一种新倾向:研究各种科学,与其重在区分,毋宁重在关系;说明形成各种科学基础的社会制度,与其为解析的观察,不如为综合的观察。这种方法,可以应用于现在的事实,亦可以同样应用于过去的纪录。唯物史观,就是应这种新倾向而发生的。从前把历史认作只是过去的政治,把政治的内容亦只解作宪法的和外交的关系。这种的历史观,只能看出一部分的真理而未能窥其全体。按着思想界的新倾向去观察,人类的历史,乃是人在社会上的历史,亦就是人类的社会生活史。人类的社会生活,是种种互有关联、互与影响的活动,故人类的历史,应该是包含一切社会生活现象,广大的活动。政治的历史,不过是这个广大的活动的一方面,是社会生活的一部分,不是社会生活的全体。以政治概括社会生活,是以一部分概括全体,陷于很大的误谬了。于此所发生的问题,就是在这互有关联、互与影响的社会生活里,那社会进展的根本原因究竟何在?人类思想上和人类生活上大变动的理由究竟为何?唯物史观解答这个问题,则谓人的生存,全靠他维持自己的能力;所以经济的生活,是一切生活的根本条件。因为人类的生活,是人在社会的生活。故个人的生存总在社会的构造组织以内进动而受它的限制,维持生存的条件之于个人,与生产和消费之于社会是同类的关系。在社会构造内限制社会阶级和社会生活各种表现的变化,最后的原因,实是经济的。此种学说,发源于德,次及于意、俄、英、法等国。

唯物史观的名称意义,已如上述,现在要论它在史学上的价值了。研究历史的重要用处,就在训练学者的判断力并令他得着凭,以为判断的事实。成绩的良否,全靠所论的事实确实与否和那所用的解释法适当与否。十八世纪和十九世纪前半期的历史学者,研究历史原因的问题的人很少。他们多以为历史家的职分,不外叙述些政治上、外交上的史实;那以伟人说或时代天才说解释这些史实的,还算是你一层的研究。Lessing 在他的《人类教育论》与 Herder 在他的《历史哲学概论》里所论述的,都受过神学观念的支配,很与思想界的新运动以阻力。像 Herder 这样的人,他在德国与 Ferguson 在苏格兰一样,可以说是近代人类学研究的先驱,他的思想犹且如此,其他更可知了。康德在他的《通史概论》里,早已窥见关于社会进化的近代学说,是 Huxley 与许多德国学者所公认的,然亦不能由当时的神学思想完全解放出来,而直为严正的科学的批评。到了 Hegel 的"历史哲学",达于历史的唯心的解释的极点,但是 Hegel 限的"历史精神"观,于一般领会上究嫌过于暧昧过于空虚。

有些主张宗教是进化的关键的人,用思想感情等名词解释历史的发长,这可以说是历史的宗教的解释。固然犹太教、儒教、回教、佛教、耶稣教等五大宗教的教义,曾于人类进步,以很深的影响,亦是不可争的事实,但是这种解释,未曾注意到与其把宗教看作原因,不如把它看作结果的道理,并且未曾研究同一宗教的保存何以常与它的信徒的环境上性质上急遽的变动相适合的道理。这历史的宗教的解释,就是 Benjamin Kidd 的修正学说,亦只有很少的信徒。

此外还有历史的政治的解释。其说可以溯源于 Aristotle,有些公法学者右之。此派主张通全历史可以看出由君主制到贵族制、由贵族制到民主制的一定的运动；在理想上，在制度上，都有个由专制到自由之不断的进步。但是有许多哲学家，并 Aristole 亦包在内，指出民主制有时亦弄到专制的地步；而且政治的变动，不是初级的现象，乃是次级的现象，拿那个本身是一结果的东西当作普遍的原因，仿佛是把车放在马前一样的倒置。

这些唯心的解释的企图，都一一失败了，于是不得不另辟一条新路。这就是历史的唯物的解释。这种历史的解释方法不求其原因于心的势力，而求之于物的势力，因为心的变动常是为物的环境所支配。

综观以上所举历史的解释方法，新旧之间截然不同。因历史事实的解释方法不同，从而历史的实质亦不同，从而及于读者的影响亦大不同。从前的历史，专记述王公世爵记功耀武的事。史家的职分，就在买此辈权势阶级的欢心，好一点的，亦只在夸耀自国的尊荣。凡他所记的事实，都是适合此等目的的，否则屏而不载。而解释此类事实，则全用神学的方法。此辈史家把所有表现于历史中特权阶级的全名表，都置于超自然的权力保护之下。所记载于历史的事变，无论是焚杀，是淫掠，是奸谋，是篡窃，都要归之于天命，夸之以神武，使读者认定无论他所遭逢的境遇如何艰难，都是命运的关系。只有祈祷天帝，希望将来，是慰藉目前痛苦的惟一方法。

这种历史给予人类精神的影响，就是把个人的道德的势力，全弄到麻木不仁的状态。既已认定配境遇的艰苦，都是天命所确定的，都是超越自己所能辖治的范围以外的势力所左右的，那么以自己的努力企图自救，便是愚妄至极的事，只有出于忍受的一途。对于现存的秩序，不发生疑问；设若发生疑问，不但丧失了他现在的平安，并且丧失了他将来的快乐。他不但要服从，还要祈祷，还在杀他的人的手上接吻。这个样子，那些永居高位握有权势的人，才能平平安安的常享特殊的权利，并且有增加这些权利的机会。而一般人民，将永沉在物质道德的卑屈地位。这种史书，简直是权势阶级愚民的器具，用此可使一般人民老老实实的听他们掠夺。

唯物史观所取的方法，则全不同。它的目的，是为得到全部的真实。其给予人类精神的影响，亦全与用学神的方法所得的结果相反。这不是一种供权势阶级愚民的器具，乃是一种社会进化的研究。而社会一语，包含着全体人民，并他们获得生活的利便，与他们的制度和理想。这与特别事变特别人物没有什么关系。一个个人，除去他与全体人民的关系以外,全不重要;就是此时,亦是全体人民是要紧的,他不过是附随的。生长与活动,只能在人民本身的性质中去寻,决不在他们以外的什么势力。最要紧的,是要寻出那个民族的人依以为生的方法,因为所有别的进步,都靠着那个民族生产衣食方法的进步与变动。

斯时人才看出他所生存的境遇,是基于能也时变动而且时时变动的原因;斯时人才看出那些变动,都是新知识施于实用的结果,就是由像他自己一样的普通人所创造的新发明新发现的结果,这种观念给了很多的希望与勇气在他的身上;斯时人才看出一切进步只能由联合以图进步的人民造成,他于是才自觉他自己的权威、他自己在社会上的位置,而取一种新态度。从前他不过是一个被动的、否定的生物,他的生活虽是一个忍耐的试验品,于什么人亦没有用处。现在他变成一个活泼而积极的分子了,他愿意知道关于生活的事实,什么是生活事实的意义,这些生活事实给进步以什么机会;他愿意把他的肩头放在活轮前,推之提之使之直前进动。这个观念,可以把他造成一个属于他自己的人,他才起首在生活中得了满足而能于社会有用。但是一个人生在思想感情都锢桎于古代神学的习惯的时代,要想思得个生活的新了解,那是万万不可能。青年男女,在这种教训之下,全麻痹了他们的意志,万不能发育实成。

这样看来,旧历史的方法与新历史的方法绝对相反:一则寻社会情状的原因于社会本身以外,把人当作一只无帆无楫无罗盘针的弃舟,漂流于茫茫无涯的荒海中,一则于人类本身的性质内求达到较善的社会情状的推进力与指导力;一则给人以怯懦无能的人生观,一则给人以奋发有为的人生观!这全因为一则看社会上的一切活动与变迁全为天意所存,一则看社会上的一切活动和变迁全为人力所造,这种人类本身具有的动力可以在人类的需要中和那赖以满足需要的方法中认识出来。

有人说社会的进步,是基于人类的感情。此说乍看似与社会的进步是基于生产程序的变动之说相冲突,其实不然。因为除了需要的意识和满足需要的愉快,再没有感情;而生产程序之所以立,那是为满足构成人类感情的需要。感情的意识与满足感情需要的方法施用,只是在同连环中的不同步数罢了。

有些人误解了唯物史观,以为社会的进步只靠物质上自然的变动,无须人类的活动,而坐待新境遇的到来。因而一般批评唯物史观的人,亦有以此为口实,便说这种定命(听命由天)的人生观,是唯物史观给下恶影响。这都是大错特错,唯物史观给予人生的影响乃适居其反。

旧历史的纂著和它的教训的虚伪既是那样荒陋,并且那样明显,而于文化上又那样无力;除了少数在神学校的,几乎没有几多教授再做这种陈腐而且陋劣的事业了。晚近以来,高等教育机关里的史学教授,几无人不被唯物史观的影响,而热心创造一种社会的新生。只有出之学校的初级史学教员,尚未觉察到这样程度的变动。因为在那里的教训,全为成见与习惯所拘束,那些教员又没有那样卓越的天才,足以激励他们文化进步上的自高心。而现今的公立学校又过受政治和教科书事务局的限制。

唯物史现在史学上的价值,既这样的重大,而于人生上所被的影响,又这样的紧要,我们不可不明白它的真意义,用以得一种新人生的了解。我们要晓得一切过去的历史,都是靠我们本身具有的人力创造出来的,不是哪个伟人圣人给我们造的,亦不是上帝赐予我们。将来的历史,亦是如此。现在已是我们世界的平民的时代了,我们应该自觉我们的势力,赶快联合起来,应我们生活上的需要,创造一种世界的平民的新历史。

(第八卷第四号,一九二〇年十二月一日)

马克思还原

李 达

马克思的社会主义，已经在俄国完全实现了。可是还有许多人正在那里怀疑，实在有替他们解释的必要，所以特意写点出来看看。

这篇文字的大意，第一要说明马克思主义的本体，其次要说明马克思主义堕落的原因和历史，末了要说明马克思主义复活的事实，使世人了解真正的马克思。

马克思社会主义是什么？这个问题最难于简单的答复，可是这里也为省篇幅起见，特就马克思所述社会革命的原理、手段、方法及其理想中的社会，列举大概如下：

一、一切生产关系财产关系，是社会制度的基础；一切社会、宗教、哲学、法律、政治等组织，均依这经济的基础而定。

二、社会的物质的生产力，发展至于一定程度时，就与现社会中活动而来的生产关系财产关系发生冲突。资本家利用收集生产物的剩余价值，坐致巨富，劳动者仅赖工钱以谋生。富者愈富，贫者愈贫，遂划分社会为有产者、无产者两大阶级。

三、人类的历史是阶级争斗的历史。资本制度发展到了一定阶段，大多数的无产阶级就与少数的有产阶级互相对峙起来。劳动者发生阶级的心理与阶级的自觉，互相联合组成一大阶级，与有产阶级为猛烈的争斗。

四、资本主义跋扈，渐带国际的倾向，而无产阶级的作战，亦趋于国际的团结。于是全世界一切掠夺、压迫、阶级制度、阶级斗争，若不完全歼灭，全世界被压迫被掠夺的无产阶级，不能从施压迫施掠夺的有产阶级完全解放。

五、无产阶级的革命，在颠覆有产阶级的权势，建立劳动者的国家，实行无产阶级专政。

六、无产阶级藉政治的优越权，施强迫手段夺取资本阶级一切资本，将一切生产工具,集中到劳动者的国家手里,用最大的加速度,发展全生产力。

七、国家是一阶级压迫他一阶级的机关,若无产阶级专政,完全管理社会经济事业,把生产工具变为国家公产以后,则劳动阶级的利益,成为社会全体的利益,就没有奴隶制度,没有阶级差别,生产力完全发达,人人皆得自由发展。国家这种东西自然消灭,自由的社会自然实现了。

以上是马克思社会主义的概观。综合起来说,马克思社会主义的性质,是革命的,是非妥协的,是国际的,是主张劳动专政的,这就可以明白了。

马克思社会主义是科学的,其重要原则有五:一、唯物史观;二、资本集中说;三、资本主义崩坏说;四、剩余价值说;五、阶级斗争说。马克思的政治学说和经济学说,均详备于此五原则之中。

马克思是理论家又是实行家,实具有二重资格。学者的马克思与实际运动家的马克思或不免略有出入的地方,马克思的门徒就因为这种关系,发生了许多误会出来。固守师说的人拘泥不化,自作聪明的人妄加修改,把一个马克思的真面目湮没了,什么正统派、修正派也就发生了。

马克思社会主义的堕落,可以从两方面说明:一是从实际的方面说明;一是从理论的方面说明。

马克思社会主义在德国本不甚流行,可是现在一般的论者,却多指德国社会民主党为马克思社会主义的代表。所以要说明马克思主义堕落的原因,无论如何,非说明德国社会民主党的本体及变态不可。

德国社会民主党,是马克思派的国际劳动协会和拉塞尔派的德国劳动协会合并而成的。当时马克思派以威廉里布克勒为代表,他们最初标榜纯马克思主义。对于拉塞尔派的国家主义,带有国际主义的色彩。所以社会主义的政策,从理论上说,马克思派较为彻底。可是从当时的实际问题上说,拉塞尔派反占有力的地位。再严格地说,拉塞尔派并不能称为社会党,只可称为自由党,他们承认国家、承认战争、承认国家的活动。而当时马克思派的主张却与此完全相反对。可是德国民族有崇拜国家万能的根性,所以为时不久,马克思派所信奉的主义就渐呈变态了。拉塞尔派主张经济改善,须俟政治改善,以为一切社会改革非行普通选举使全体人民参政不可,所以要纠合全国无产阶级组织一个大政党。马克思派本来标榜彻底的主义,可是到了一八六九年,马克思派的国际劳动协会,组织了民主劳动党,以实现所谓自由民国为标帜。而实现这自由民国的手段,则以获得政治的自由为政纲,说政治的自由是经济的自由的基础,所以也主张行直接的普通选举。到这时候,民主劳动党所标举的政纲,已极其保守,与拉塞尔派极相接近,马克思派国际主义,鉴于周围的形势已经放弃了。两派既无根本不同之处,而合同之机运已到,所以两派于一八七五年在哥达合并,社会民主劳动党于是产生了。当时该党在哥达所订的政纲,在理论上虽采用马克思的经济学说,而在实际政策上则采用拉塞尔派的劳动资本两阶级的协和主义了。国际主义派与国家主义派互相提携结为一党,实是一种变态。这是马克思主义堕落的第一步。

社会民主劳动党自经俾斯麦施镇压令以后,该党颇受挫折,且因受当时社会状态的影响,于是理论上与政策上的见地,于有形无形中发生变化,把该党一八九一年爱尔弗尔特政纲一看,就可知道的。该党在理论上原来反对议会政策的,从前党员被选为议员出席国会的时候,常有一种标语说,“我们到议会非参与立法事宜,乃是妨害议场并宣传主义的。”又说,“我们不是赞成资本阶级的立法,不是卖同志。”所以他们虽然做国会议员,口头上还有几分强硬态度。可是自一八九〇年以后,该党不称“社会民主劳动党”,改称“社会民主党”,表明社会主义与民主主义相结合,简直要与权力阶级妥协了。威廉里布克勒简直承认了议会政策。他说:“主义与战术有别,我在一八六九年本反对过议会政策的,可是在今日则事实与前大变了。”于是从前反对预算、关税、立法、军备、殖民政策的,此时却不惜加以协赞了;帝国议会书记八名中也有一名社会党员加入了,社会党自已也提出法案了。兵士增饷的法案,施行社会政策的法案,责任内阁的法案,保险官办的法案,等等,或径由该党提出,或加以协赞了。从前主张阶级斗争,此时主张阶级调和;从前反对议会政策,现在赞成议会政策。这是马克思主义堕落的第二步。

关于社会民主党的变态及堕落更堪注意的,就是该党对于战争的态度。社会民主党本来极力反对战争的。因为国际战争是资本阶级国家与国家间的战争,是资本阶级利益的冲突,劳动者是没有祖国的,国家虽亡,而劳动者除失掉铁锁以外并无他种损失。劳动者若承认资本阶级国际的战争,就是承认资本主义,所以社会党是根本的绝对的反对战争的。可是由国际主义变而为国家主义的德国社会民主党,后来对于战争的态度也改变了。一九〇七年贝贝尔在帝国议会的演说,说明对于战争应取的态度,他说“本国侵略他国的战争,本可反对,若本国受他国的侵略则须应战”,是已明白承认了战争了。这种主张,支配了社会民主党大多数人的心理,直至此次欧洲大战发生的时候,该党党员因此大中其毒。在欧战将开始的时候,该党犹装腔作势,极力非战,言论鼓吹,不遗余力,可是战端开始以后,该党的态度就大变了。战费案也协赞了,党员也从军了,并且人人都努力为国牺牲,好像殉教者一般。昨日的社会党,今日已成了国民党自由党了。欧战五年间德国除加尔里布克勒、连休修达、哈良三人及卢森布尔克、泽特金二女士外,差不多没有社会主义者了。马克思社会主义至此时已完全消失了。这是马克思主义堕落的第三步。

由以上所述考察起来,马克思社会主义,经过德国社会民主党的蹂躏,精彩完全消失,由国际主义堕落到国家主义,由社会主义堕落到自由主义,由革命主义堕落到改良主义,由阶级斗争堕落到阶级调和,由直接行动堕落到议会主义,马克思的真面目被威廉里布克勒、贝贝尔、柏伦斯泰因、柯兹基一流人湮灭殆尽了。

这是从实际上说明马克思主义堕落的原因,而在理论上又是如何变迁附会的呢?也有详细叙述的必要,再说明于下。

依唯物史观所说,新社会的组织,是旧社会组织中各种固有势力发展的结果。资本制度发达至于一定程度的时候,必然发生一种“自身解体的物质上的动因”,资本制度自己掘自己的坟坑。可是某种社会形式中固有的生产力,若在可以充分利用发达的期限以内,绝不会倒灭的。这种社会形式发展的结果,内中新生产力的利用和发达,当然要与这社会形式发生冲突。资本的独占成为生产关系的桎梏。于是生产机关的集中与劳动的社会化,遂与资本主义不能两立,而新社会组织于是起来代替了。可是这里所述的“新生产力”和“资本制度自身解体的物质上的动因”,究应如何解释呢?若说资本制度的解体是资本集中的结果,则由旧社会推移到新社会的途径,完全可以离却人的精神的要素和意识的行动,马克思的唯物史观就变为机械的史观了。若是这样解释,社会党无需干社会革命,只听资本主义自然发展好了。社会主义者也无需鼓吹革命,只努力去开发实业好了,国家当然可以利用阶级当然可以调和了。因为资本集中的结果,自然要发生革命的。所以照这样说,马克思一面运动革命,一面唱这种机械史观的宿命论,不是自相矛盾吗?这是使人易生疑窦的地方,马克思派主义者的变态，未始不从这种怀疑点出发的。他们这种误入歧路的地方，早已有许多学者出来纠正了的，可是这种错误，一般普通人都可以看得出的。就是上面所说的，资本制度发达到了一定程度，资本阶级收集掠夺劳动者的血汗的剩余生产，增加自己的私有财产，劳动者仅依工钱谋生。于是社会截然分为有产者、无产者两大阶级。无产阶级受了资本阶级的掠夺和压迫，久而久之，就会发生一种阶级的觉悟。有了这种阶级的觉悟，就发生一种阶级的心理。有了这种阶级的心理，就会有一种阶级的组织和阶级的运动，就自然有一种团体的结合，成为阶级斗争的行动。阶级斗争的结果，无产阶级得最后的胜利，自然要废止私有财产，推倒资本制度。所以唯物史观一方面说明资本制度发展的过程，一方面注重现社会中新兴的无产阶级的力量。若忽视这种阶级的心理和阶级的自觉，不去助长阶级斗争的运动，社会革命是不可期待的。

过信资本集中论的人，对于马克思的学说，便生出一种根本的怀疑点，因为马克思的先见，是说明资本集中的结果，一资本家压倒多数的资本家，收夺者复遭收夺。且此时应受收夺的人已非为自己作工的劳动者，反是利用多数劳动者的资本家。照这样说，马克思的革命观，当然要跟着资本制度发达的程序益增显著。可是自十九世纪中叶至十九世纪末叶，数十年间，资本集中的步骤，并未证实马克思预言的确实。而且在他一方面看来，资本制度的范围扩大，公司会社日见增加，中产阶级的人数因亦增多，小资本家依然存在。资本并未集中，反形分散之象。而收夺者的收夺亦未成就。马克思的预言至此竟成空想。于是马克思派主义者，对于资本集中和社会自然革命的先见，怀疑起来，以为资本集中的学说，资本制度倒坏的学说，都是不可靠的了。于是不相信革命的必然主义，以为从旧社会到新社会的过程，只有进化而无革命，只有运动而无目的，而所谓修正派的运动，于是盛行了。加以当时思想界的倾向，在文艺方面已由自然主义转入新罗曼主义，在哲学方面已由实证主义转入新理想主义，所以社会主义也不能超过这范围独立存在。所以新理想主义，渐至代替唯物史观的位置。同时修正派运动发生"新马克思派的康德化，新康德派的马克思化"的现象，愈增显著了。于是柏伦斯泰因的修正主义，遂支配了社会民主党员大多数的心理，都放弃革命主义流而为进化主义、改良主义了。

其须最堪注目的，就是马克思派的政治运动。一部《共产党宣言》，差不多纯粹讲革命的，可是把那十大政纲看起来，却很平易而且是利用国家的。这种地方就含有所谓“二元的性质”。这种二元的性质,就被他们附会到议会主义去了。从实际上说起来,一切社会问题,不尽是一阶级的问题,也有阶级与阶级间的共通问题。这种阶级间共通的问题,关系阶级间共通的利害。无产阶级对于这种问题的解决方法,有时也无定要推倒有产阶级的必要,而且有时也可以和有产阶级携手的。所以无产阶级对于革命运动以外,凡有可以与有产阶级协同行动的,只有阶级共通的问题。这种协同的行动,就是政治运动。政治运动当然要利用国家,这也是必然的趋势。马克思派误会了这种地方,重视了这类阶级间共通的问题,专行政治运动,而且把阶级对抗的运动也附属于政治运动的范围以内了。于是社会党议会主义的大旗帜,在世界上招展起来了。马克思主义一入议会主义的范围,立刻就由革命主义堕落到改良主义,失却了本来的面目。

要推倒资本主义,必须厉行阶级争斗。所以劳动团体阶级的运动,最关紧要。劳动团体阶级的运动,决不可附属于政治的团体。马克思也曾说“劳动组合要达到本来的目的,决不可附属于政党。劳动组合若失其独立,劳动组合立即死亡。劳动组合是社会主义的学校,劳动者在这学校里和资本阶级争斗,其结果要达到社会主义。一切政党无论其倾向如何,只不过唤起劳动阶级的热狂,而劳动组合,则在劳动阶级之间造成有力而且永久的团结。所以只有劳动组合能够造成真的劳动阶级的党派,能使劳动者的势力抵抗资本家的势力”。所以由这一点看起来,劳工运动是不能把来附属政党的。社会民主党也把政治运动和阶级运动并为一事,公然要借议会政策达到社会革命的目的,不过是一种梦想罢了。

以上是从理论上说明马克思主义堕落的原因的。我们从上述实际上理论上观察马克思派社会主义的变迁,就可以知道标榜马克思主义的德国社会民主党,是牵强附会的,是堕落的了。

马克思社会主义在理论上是完成了的,在事实上也可以完成。只有一事与马克思的预言略有不符,就是十九世纪后半期四五十年间,各国的资本主义虽日见扩张,劳动阶级的人虽日见增加,而劳动者阶级的心理与阶级的自觉,十分幼稚,所以劳动组织和运动,都不甚发达。当时的德国固不待言,即如英国劳动组合虽日见发达,然仍不能离去地位改善运动的范围,很带保守的倾向。这种地方是与马克思的预期相反的。一般马克思派主义者,窥见当时的形势,以为与其求速成而无效,不如取渐进主义，愈改变而愈离奇，竟弄出非驴非马的马克思社会主义来了。

可是最近二十年，各国劳动运动的发达，一一与马克思的预言相符合了。劳动组合已由职业的组合变为阶级的组合了。劳动运动已由同业运动变而为阶级的运动了。更有一种新劳动组织，已经创造新生产组织了。阶级的觉悟与阶级的心理，愈益增大，而阶级斗争的运动，亦日增剧烈了。“一切工业社会化”的声浪，几乎无处不闻。所以说到这里来，我们就不能不佩服马克思的先见了。

更举实例说明，就是劳农俄国的缔造。世间以耳代目的人，都说劳农俄国所行的主义是一种什么过激主义，看做蛇蝎一般。其实劳农俄国的施设，在我的眼光看起来，并无新奇的地方。就是俄国所行的，各国最怕的“劳动专政”，都是数十年前马克思所倡导、所主张的，用不着大惊小怪。列宁并不是创造家，只可称为实行家，不过能将马克思主义的真相阐明表彰出来，善于应用，这便是列宁的伟大，世人都要拜服的。

被威廉里布克勒、贝贝尔、柏伦斯泰因、柯兹基等弄堕落了的马克思社会主义，到今日却能因列宁等的发扬光大，恢复了马克思的真面目，这是一件很重要的事实。

所以我要大声疾呼：“马克思还原！”

一九二〇，一二，二六，于上海

（第八卷第五号，一九二一年一月一日）

马克思派社会主义

李 达

一 马克思主义之分派

马克思学说出世以后，从前的空想社会主义变而为科学的社会主义，于是社会主义就为马克思主义所代表，一说社会主义，就晓得这是马克思主义了。但是近来各派社会主义产生，范畴复杂，遂有所谓马克思派社会主义和非马克思派社会主义的名称，马克思主义就不能代表社会主义了。

马克思派社会主义，究竟包含一些什么主义？恐怕还有一些研究社会主义的人弄不清楚的。他们自己要提倡马克思派社会主义，却自己不知道，反指摘别人所提倡的马克思主义为过激主义，加以过激派的头衔，使别人害怕，不敢公然主张。揣摩他们的心理真是可笑至极，也许是不懂得马克思主义的派别所致。我觉得有就这中间的派别说明的必要，所以作一篇马克思派社会主义的文字。

从前说马克思主义的派别的人，多半列举正统派和修正派两种，至于工团主义和组合社会主义(Syndicalism)(Guild socialism)，却不当作马克思主义看的。若提到多数主义(Bolshevism，中国人多译作过激主义或劳农主义，我主张译为多数主义)那更不消说了，一般人不特不承认这是马克思派社会主义，反说是无政府主义。这事正和北京政府中人说“劳农俄国”即“无政府主义”的话，是一样的无识可笑！

所以我特地在这里把马克思派社会主义分为五种范畴。即：一、正统派社会主义；二、修正派社会主义；三、工团主义；四、组合社会主义；五、多数主义。

二 正统派社会主义

既说是“正统派”当然是纯粹的马克思主义了，但是我却不敢这样说。“正统派”的名称是在十九世纪末叶柏伦斯泰因一派提倡修正说的时候才发生的。正统派的代表柯祖基，因为要保存马克思主义的本体，和修正派争论非常激烈，世上的人就是到现在都承认他确是马克思主义代表的学者。但是据我看来，我们只可说正统派社会主义中所保存的马克思主义的质量以修正派为多，却不能说就是纯粹的马克思主义。因为在正统派和修正派分裂的时候，当时的马克思主义，似乎完全变成了德国社会民主党的社会民主主义，已经不是纯粹的马克思主义了。所以我说正统派社会主义不是纯粹的马克思主义，不过是马克思派社会主义中一个分派。

马克思主义的本质怎样？这一层我曾在本志八卷五号《马克思还原》一篇文字上说明了，而且在这里也无赘说的必要，所以只就各派别发生的历史和内容，叙述一个大概。在十九世纪七十年代前后，马克思社会主义输入欧洲各国，各国相信马克思社会主义的人，都很热心运动，希望社会革命早日实现。他们要实行马克思的学说，尽最完善的努力，排斥妥协，直接行动。他们晓得是资本家特权，妨害了社会主义的发展；他们晓得社会党应该归纯粹无产阶级组织；他们的目标在根本的社会改造，不在现存制度的改良；他们的手段，是结合无产阶级，实行有组织的阶级斗争；所以要实行革命的政治运动，在共产主义基础上，建设共产社会；所以反对温情主义，反对劳动救济的立法，反对和资本阶级携手，反对共同运动，反对工会运动。综合起来说，这时候马克思社会主义者的运动就是要用无产阶级的直接行动，实现无产阶级的共产社会。所以这时候的社会运动者，很能彻底实行马克思主义的。

可是这里有不可掩饰的事实，社会革命完全是无产阶级的事，全靠无产阶级自己觉悟，革命运动才有进展的希望。在这个时候，资本主义虽然日见扩张，劳动阶级的人虽然日见增多，可是劳动者阶级的自觉和阶级的心理，尚属十分幼稚，所以劳动者的组织和运动还没有十分发达。因为这个理由，所以当时的产业虽然进化，虽有集中的倾向，却没有照马克思的预言那样急速成就。小产业、中产业似乎增加了；农业方面的实验，也和马克思的预言相反，地主之数不特不减少，而且增加了；商业上的恐慌,也似乎不多见了。社会主义者看见了当时的状况,不晓得自己对于促进劳动者阶级的自觉的努力不足,反以为马克思的学说不易奏效,于是就改变方向,在实行和理论上发生变化了。譬如德国的社会民主党,在这时候早就改变方针,采用了议会主义。所以在表面上德国社会民主党虽然奉行马克思主义,而在实际上已成了民主主义了。后来愈演愈进,到了十九世纪末,当时的马克思主义者之间发生冲突,于是就有正统派和修正派分立起来了。

正统派自然是标榜纯粹马克思主义的,在当时的人固不消说,就是现在也有很多人承认正统派是马克思主义的嫡派。但是正统派有一种根本的谬误的地方,就是误解马克思的学说,坚守民主主义,支持议会政策。马克思主义是否采用民主主义和社会政策,这是马克思派中一个新近发生的最重要的问题。关于这个问题的讨论,有柯祖基和列宁、托洛斯基两派人的著书和辩论。我想凡是研究了马克思主义,又读过这两派著作的人,一定能够了解谁是真正的马克思主义者。

三　修正派社会主义

修正派的代表,首推柏伦斯泰因(Edward Bernstein)。他于一八九九年脱离正统派,关于实行社会主义的手段,主张逐渐的受国家干涉。他著了很多修正马克思学说的论文,要从社会主义内部,改革社会主义。他对于马克思的“唯物史观说”“剩余价值说”“资本集积说”“资本主义崩坏说”“阶级斗争说”都加了严格的批评,要大行修正运动。他这种主张,也得到一部分人的信仰,而尤以德国社会民主党人受影响的最多,这是不可掩饰的事实。

修正派运动,同时在英、法两国也发生了。法国虽然有喀特(Guesde)一派坚守正统说,可是又有米勒兰(Millerand)一流提倡改良主义。米勒兰主张实行社会主义最好和一切政党携手,他排斥马克思派的意见,反对无产阶级共同团结,来行无产阶级革命。所以他反对喀特派,又反对梭列(gaures)。梭列主张劳动者地位改善,在某种程度,虽然可以和国家妥协,却不愿社会党和别的政党携手。换句话说,他就是希望继续阶级斗争,推倒中产阶级的国家。喀特也是主张用阶级斗争来实行社会革命的。

英国也是一样。正统派的社会民主同盟的势力衰弱以后,独立劳动党的势力增大起来了。独立劳动党是从费边主义产生出来的,即修正派。

德国的柏伦斯泰因、法国的米勒兰、英国的韦卜这一流人,都把进化的思想,注入本国社会党的纲领,社会主义,就变成了进化的或改良的主义了。

综合这些修正派的学说,虽然有种种不同的地方,可是这个进化的社会主义的特征,可分为以下五项:(一)产业协会或消费协会之发达,(二)助成产业归市有或国有的倾向,(三)组织地位改善的工会,(四)使劳动者获得选举权,(五)由国家征收累进的所得税。

进化的社会主义运动,其目的或对象,在学说上和马克思派社会主义并无不同。两派的主张,都是要推倒私有的现时个人的私有制度,把生产机关移归社会管理来组织新社会的。但是进化的社会主义,在学说上虽然有了这个目的,而在实际上,正统派的呼声较高,修正派的态度,却是非常冷淡的。

到了近年来,马克思还原的呼声一天比一天高了,这一派的学说,在事实上,已不能引起我们的注意。

四 工团主义

一九〇七年国际社会党在巴黎开会的时候,讨论了社会主义和工团主义的关系。当时演说的人,多指定工团主义的发生是社会主义复兴的新倾向。他们猛烈的批评那进化的社会主义或议会的社会主义,已经渐渐地消失了阶级斗争的思想,证明了真正的马克思主义已不存在;而自称奉纯粹马克思主义的人,都采用议会主义去了。

但是工团主义是什么呢?工团主义的名词,本有劳动组合主义的意思。法国的劳动组合,最初分两派:一是改良主义,一是革命主义。前者的目的在减少工作时间,增加工银,改良劳动状态;后者的目的专在革命,并不希望减轻资本主义的弊害,而在根本的改革社会组织。而且后者比前者势力较大,到了廿世纪初期以后,就支配了法国全部劳动运动的精神。

工团主义根本的思想是阶级斗争。依工团主义者的意见,社会是由掠夺者和被掠夺者两大阶级而成,雇者和被雇者的利益完全相反,所以劳动者应当和那些握有生产机关的资本家继续斗争。但是劳动者要得到经济的解放,就要凭借自身的力量,在经济上实行有效力的战斗。所以按照以前的经验,信赖议会政策,专从事投票的竞争,不惜和别的阶级妥协,反失掉革命的精神。所以工团主义反对民主主义。他们不重在态度冷淡的多数,而重在有"自觉的少数"。工团主义反对生产机关集中在国家手里,以为国家是束缚个人的。

工团主义的理想,在使劳动者有自主的"自由工场",主张劳动阶级的解放,由劳动阶级自主。工团主义反对专从事改善劳动者地位的运动,主张实行自然的总同盟罢工,而不主张准备罢工基本金。

工团主义以直接行动为主,说社会常在战争状态,资本家、劳动者两阶级之间,有最大的隔阂,利益完全相反。所以劳动者要用一切手段征服资本阶级,继续努力奋斗,末了实行总同盟罢工,一举而实现社会革命,变更一切社会组织。

工团主义一方面固可以说是马克思主义的反动,一方面又可以说是马克思主义的还原。工团主义不相信资本家社会自然的破灭,不相信社会是自己的命运的结果所产生的,只相信根本的变革,是劳动阶级多年牺牲和斗争方能做到的。马克思说,力是旧社会孕育新社会的必要的产姆。工团主义却主张把这力提早运用。在这种地方,工团主义似与马克思主义相反。但是工团主义者却自称保存马克思主义的神髓。据 Lagardelle 说,"阶级斗争若包含社会主义的全部,社会主义全部就包含在社会主义之中,工团主义以外阶级斗争是没有的"。G.Sorel 也曾说过,马克思主义在工团主义的形式复兴起来了。

工团主义也不描写理想中的社会,据法国著名的一个工团主义者说:"若要将目的确定,就惹起无穷的争论。有人说,我们的目的在实现无政府的社会;或者说,我们的目的在实现善于统治、善于经营的社会。这两种意见正确与否,我没有断定的责任。比如我要到某地方去,总要等到旅行完了之后再定,到这时候旅行的目的地自然明了的。"

工团主义相信大革命的时候,劳动阶级一定要起来统治社会。劳动阶级就会要掌握本来资本家所有的一切生产机关。他们会要组织协会管理工场矿山铁道,各协会联合组成中央大协会,开全国会议决定许多职业和产业的关系,尽统治的责任。

工团主义的国家也有统治的人。各职业的全国会议选出代表开总会议,决定各协会会员所应受之分配额。有余裕的协会,又可以补助没有余裕的协会。

工团主义否定政治的方法,但是依工团主义看起来,所谓“总会议”,当然要用代议制度做基础,这不是别开妥协、术数和种种政略的门径吗?而且社会上各人的结合,不专在经济一方面,必定还有行政裁判、国民教育、宗教等必要的东西。工团主义排斥政治的结合,主张经济的结合,这显然是一个缺陷。

但是工团主义主张劳动者的成功,与其依赖政治的行动,不如依赖经济的行动,所以不赞成工会受政党的利用。工团主义的新运动使产业的各国,都注意于工会的组织了。比如英国的工会,非常萎靡不振,可是受了工团主义新精神的刺激,也渐渐进步起来了。英国的进步的劳动者也认定产业的团结是一件重要的事情,要借团体运动要求管理产业,于是产生了组合社会主义。这也可以算是受了工团主义的影响。

五 组合社会主义

组合社会主义与集产主义和工团主义都不相同。实在的说起来,这是把集产主义和工团主义的要点结合起来,另成一种新形式的。

组合社会主义的意义,就是用工会和国家共同经营产业的提案。生产机关归社会公有,委托工会管理。但是管理的权利,不仅属于生产者,消费者也可以经由地方团体或中央团体发表自己的要求。生产的程序和方法,虽然归工会管理,而生产的种类和缓急,却不能决定的。组合社会主义者,想把现在的工会,变成合理想的组合,使适宜于将来产业的管理;推倒工钱制度,以达到与国家共同管理产业之目的。其第一步在结合劳动者向这目的进行,和资本阶级对抗;第二步要求共同管理产业,使国家收买资本家,允许组合经营产业。

组合社会主义不干涉生产者的自由,拥护个人权利。所谓组合有全国的和地方的区别。全国的组合,大概是处理物品标准之决定、商品贩卖,以及需要供给之调节等事。地方的组合在一定范围之内,实行产业的自治。组合的职员,由组合的会员选举而出。全国的组合组成一个中央机关,即组合总会。这总会是生产者方面最高的权威,是和消费者方面最高的权威的国家对立的。组合总会和国家各派代表组织共同委员会,掌管产业上最高的事务。生产者和消费者,因为这个委员会,可以时时接触,互相协议,就不至有一方面的利益和他方面的利益相冲突的事情,所以能够共同拥护全社会。

国家的收入，每年用单税法形式，按照各组合所得的纯利益提出若干充作国家的收入。国家得到这宗收入，就用来办理教育、公共道德、裁判和国际事务。

但是这里有一种反对论：在近代社会之中，各种活动，关系非常复杂，像组合主义者的主张，把国际关系委托国家管理，把生产事业委托组合管理，恐怕没有这样容易划分界限的。因为国际关系，每每含有经济的生产问题；而经济的生产问题，又每每含有国际关系，所以不能明白的分别出来。

况且组合制度，就是成立，恐怕也不能保持产业的平和。这种思想，也是一种空想。组合社会主义者，以为人性本善，过于相信人类有爱他人的本能。殊不知要使人类不为利益生产而为效用生产，若没有一种强制的权力去指导，必不会达到新社会的境界的。

六 多数主义

当多数主义初次得势的时候，世人都把这当做洪水猛兽，或以为这是无政府主义，想纠合世界一切暴力，去完全歼灭他的。后来看了劳农俄国的建设以后，多数主义的真相，渐渐明了，但是劳动专政一层，却惹起了全世界各方面的非难。社会主义以外的各色各派的人，无论是贵族绅士军阀资本家，当然都要反对的。非社会主义的人反对社会主义，乃是必然的道理，我们可以不必计较。只是最奇怪的地方，莫如社会主义者反对社会主义，儿莫如马克思社会主义者反对马克思社会主义。

多数主义的建设，完全遵奉马克思主义，这一层我想人人都应知道的。但是马克思主义者如所谓正统派代表柯祖基一流人，却极力的攻击，不承认多数主义是马克思主义，我们却不能无疑义了。所以我想就列宁、托洛斯基和柯祖基两派关于辩论“劳动专政”的著作和言论，略略的做一个简单的介绍：一面研究“劳动专政”是否出自马克思学说，一面说明多数主义的本质意义和实行的方法。

多数主义指导的原理就是劳动专政，我们要完全了解多数主义，要了解多数主义是否马克思主义，只就劳动专政一事研究清楚就很够了。据列宁、托洛斯基的申说，劳动专政纯粹根据马克思学说；但是柯祖基却极力否认，并且著了《劳动专政》和《民主主义？独裁政治?》(这是《劳动专政》书中的一部分,另印单行本的)两书,由理论批评多数主义所主张的劳动专政,不承认这是马克思的主张。柯祖基说,若没有民主主义就没有社会主义,力说社会主义非和民主主义结合不可;并且说马克思纵然主张劳动专政,但这是政治状态的劳动专政,而不是政治形式的劳动专政,即不是劳农俄国所实行的劳动专政。劳农俄国所行的劳动专政,是否马克思所说的劳动专政,还须由列宁的说明来说明;至于柯祖基所说的和社会主义结合的民主主义,当然是德国式的社会民主主义了,这一层我在上面说过,我觉得这并不是发源于马克思主义的。

马克思在他所著的《法国内乱》一书上曾经说:"劳动阶级要想达到自己阶级的目的,单靠掌握现行的国家是不济事的。"又在一八七四年著的《哥达纲领批判》里面说:"由资本主义社会转移到社会主义社会的中间,有一个政治的过渡时期。这政治的过渡时期,就是劳动专政。"又在《共产党宣言》上说:"劳动阶级的革命,第一步在使劳动阶级跑上支配阶级的地位。劳动阶级就用政治的优越权,从资本阶级夺取一切资本,把一切生产工具集中到国家手里,即集中在组成支配阶级的劳动阶级手里,全部生产力就可用人速度增加起来……劳动阶级若和资本阶级战斗,迫不得已,自己不得不组织一个阶级,用革命手段,把自己造成一个支配阶级,并且用权力扫除旧生产条件,于是阶级对抗的存在和一切阶级的自身都要扫除的,无产阶级的优越权也要废除了。"这几段话,就是多数主义实行劳动专政的思想的源泉,经列宁引申立论之后,凡是曾经研究社会主义的人,都是不得不承认的。无论柯祖基如何曲辩,而劳动专政发源于马克思主义一事,已有确切的根据了。

多数主义何以反对现代的民主主义、反对议会政策而必欲实行劳动专政呢？这是因为议会政策是资本阶级社会的政治机关,和阶级斗争的思想绝对不相容的。据列宁说一切民主主义都是对立的,换句话说,就是阶级的民主主义。以前的民主主义不过是一阶级的机关;资本阶级的民主主义,不过是资本主义专制的表现。所以劳动阶级的民主主义(即劳动专政)要努力把资本阶级的民主主义打破。又资本主义虚伪的主张一切阶级的政府,而在事实上却是一阶级的政府。所以劳动阶级的革命,也率直的组织劳动阶级的政府,以期实现一切阶级的民主主义。

劳动阶级的意义怎样？列宁在他所著的《国家与革命》一书上说:"劳动阶级革命的独裁政治,是被压迫的人为图谋粉碎施压迫的人而造成的先锋的支配阶级之组织。”他又在他所著的《劳兵会论》上说:“劳动专政是一句伟大的话。这句伟大的话不可空用,这是征服绞取者和恶人而且具有勇敢、强权的铁血支配。”他又在论社会革命的文字中说:“说共产党的暴力的人,全不懂劳动专政的意义。革命的自身,是纯粹的强力的行动。专政的语义,由各国语言说起来,不过是用强力的意思。所以强力和阶级的意义在这里是非常重要的。革命的地位越是困难,专政的程度越是辛辣。”所以由列宁这些解释说起来,劳动专政的意义就是劳动阶级对于资本阶级运用的强力政治。

劳动专政的意义,在上面说了,劳动专政的本质又是如何呢?据列宁说,劳动专政的本质,即一阶级对于他阶级而实行的革命的强有力的国家。换句话说,所谓劳动专政,就是劳动者的国家。至于劳动者的国家又是什么?列宁的解释,也和马克思、恩格斯的意见相同。据马克思说,国家是阶级支配的一个机关;是一阶级压迫他阶级,因此造出法律,使这种压迫继续持久,借以缓和阶级冲突的机关。又据恩格斯说,国家是一定发展阶段之中的社会的一个产物,是阶级的冲突和经济的利益不能和谐的一个证据。列宁因此引申他两人的话,演绎出自己的国家观,他说,国家是阶级冲突的产物,是那些不调和性的表现,所以国家只限于在阶级冲突不能调和的时候发生。反面说,国家所以存在,是阶级冲突不能调和的证明。所以依着发展的程序说起来,在资本阶级国家之次的是劳动者的国家;而这种劳动者的国家,已不是真正的国家,无不例外是在劳动专政的形式里实现社会主义。所以资本阶级的国家是资本阶级专政;劳动者的国家是劳动阶级专政。

劳动专政的作用怎样?这也是应当说明的。据列宁说,劳动专政的目的在征服资本阶级,根本铲除资本主义的一切思想、风俗习惯和制度,确定社会主义的根基;一方面用强制的权力,破坏资本阶级压迫劳动阶级的机关,从资本阶级夺取武装,把劳动阶级武装起来,制服一切反革命的反动力,因此徐徐的经过这政治的过渡时期,巩固新社会的基础。

劳动专政用什么形式表现出来呢?依列宁说,劳动专政的形式,形成了劳动阶级和下等农民永久专政的典型的劳农会共和制度。托洛斯基也说,劳农会是劳动阶级的组织,其目的在为革命的权力而战,所以劳农会又是劳动者阶级的意思的表现。至于劳农会的组织,依列宁说,一切劳动者和下等农民都包含在内,所以劳农会是劳动阶级运用主权征服资本阶级的机关，把一切立法上、行政上的权力，一致结合，不以地方分别选举区域，而以工厂、工作场所等产业的单位为选举区域的。至于劳农会组织的详细，在这里不便多为介绍，暂从省略。

七 结论

综合上述各派社会主义理论，范畴虽有种种不同，但在社会改造的根本原则上，都是主张将生产机关归社会公有的。不过所采取手段，各派各不相同，或者采用直接的适宜的手段，能够早日达到目的；或者采用间接的迂缓的手段，愈实行而离目的愈远。至于各派所采取手段所以不同，或者因为各国国情和国民性不同所致，但是我相信近的将来，各派都要在同一目的地会合的。

第三国际，已经可以代表各国社会党的进步派，都是赞成劳动专政，采用劳农制度的，这也可称是各国社会运动最新的趋势了。

中国何时能够发生社会革命，中国社会革命究竟采用何种范畴的社会主义，大概也是要按照国情和国民性决定的。未到实行的时候，我们也不能预先见到，所以不敢说中国应实行多数主义，却又不敢说中国一定不适宜多数主义。

一九二一年六月二日

本文参考书如下：

拉金的《马克思派社会主义》

列宁的《国家与革命》

柯祖基的《民主主义？独裁政治？》

列宁的《劳兵会论》

室伏高信的《列宁主义批评》

（第九卷第二号，一九二一年六月一日）

马克思的共产主义

存 统

一 序论

大家都知道马克思是一个科学的社会主义者,他的社会主义是有科学的体系的。在他以前的社会主义,都是空想的社会主义,没有科学的体系;自从他出来之后,社会主义才具备了科学的体系,划了一个新纪元。这个区别,我可以借河上肇的话来说明:

> 把"共产主义的社会"当做理想来描写的思想家,在马克思以前,也很多很多。可是他们都只能在他们的头脑中描写那个理想,至于可以实现那个理想的"物质的基础",却都不能发现,所以他们都只做一个空想家就完了。简单点说,那种只想飞到空中去而不去研究怎么样才能飞到空中去的手段的人,我们可以说他是一个空想家。但是如果有人想做出像飞行机那样东西来,用它飞到空中,我们就不能说他是空想家,因为他已整然想出为实现那个目的的"物质的基础"了。因为马克思关于(一)为实现那个当做理想的共产主义社会要怎样的"物质的基础",和(二)那个必要的"物质的基础"如何才能完成——这两个问题,曾经做了科学的研究,所以在这一点上,他的社会主义可以称做科学的社会主义,可以同他以前的空想的社会主义区别的。

这一段话,很足以说明科学的社会主义和空想的社会主义的区别,也很可以表明马克思的共产主义能够实行的理由。

关于(一)问题,就是生产力十分发展;关于(二)问题,就是改造经济组织。换句话说:要实现共产主义,必须以生产力十分发展为前提;要生产力十分发展,必须以改造经济组织才能实现,即只有靠社会革命才能实现。社会革命,简单点说,就是改变经济组织的革命。经济组织一改变了,社会的全部制度都要随之而改变,于是新社会也就因而出现。

但是要完成这个社会革命,实现共产主义,是有一定的顺序的。马克思在一八七五年所著的《哥达纲领批判》中,把这个顺序明白告诉了我们。马克思是一八八三年死的,离他做这篇文章只有八年,所以我们很可以在这篇文章里窥见他的成熟的思想。我们从他这篇文章里,可以把他的实现共产主义的顺序分为三期:第一期,是革命的过渡期;第二期,是共产主义的半熟期(这就是普通所说的社会主义的时期);第三期,是共产主义的完成期。(其实,是不能这样严密区分的,大家以意会之就是了。)在这第三期各人都得着"生存保证",自由社会也就完全实现了。

二　革命的过渡期

现在先说第一期,这一期就是革命的过渡期。我们把马克思在这篇文章中及其他文章中关于这点的话一同引在下面,当能格外明白。《法兰西内乱》上说:

> 劳动阶级要想达到自己阶级的目的,单靠掌握现存的国家是不济事的。

大家不要轻轻看过这句话,这句话是马克思主义的精髓呢。因为马克思主义的根只是唯物史观,依唯物史观的解释,一种经济组织,一定要有一种政治组织和它相适应。所以一面改变经济组织,同时也非改变政治组织不可。那些要想在议会里实现社会主义,死守有产阶级德谟克拉西的先生们,在这一点,明明是违背马克思主义的教义的。所以列宁骂他们为"马克思主义的淫卖妇",实在是不错的。我们之所以不承认正统派社会主义(就是柯祖基所代表的那一派)为纯粹的马克思主义,也就在此。纯粹的马克思主义,据我看来,只有布尔什维克主义。

《哥达纲领批判》里说:

从资本主义社会推移到社会主义社会的中间,必须经过一个革命的变形时期。同这个革命的变形时期相适应的,有一个政治上的过渡期。这个政治上的过渡期,就是无产阶级革命的独裁政治。

这一段话可为紧接上段而说的,也就是山川均先生所说的"这是唯物史观说当然的结论与应用"。

《共产党宣言》上说:

劳动阶级的革命,第一步是使劳动阶级跑上权力阶级的地位。……既达到第一步,劳动阶级就用政治的优越权从资本阶级夺取一切资本,将一切生产工具集中在国家的手里,就是集中在组成权力阶级的劳动阶级手里。这样做去,那全部生产力,就可以用最大的速度增加起来了。起初的时候,少不得要用强迫的攻击手段对付私有财产权和资本家的生产方法,才得达到目的……劳动者和资本阶级战斗的时候,迫于情势,自己不能不组成一个阶级,而且不能不用革命的手段去占领权力阶级的地位,用那权力去破坏旧生产方法。但是同时阶级对抗的存在和一切阶级本身,也都是应该扫除的,因此劳动阶级的权势也是要去掉的。

《空想的及科学的社会主义》上说:

劳动阶级掌握政权,先把生产机关收归国有。从此之后,把无产阶级自身也一同废止,一切阶级区别、阶级对抗,都一概废止,就是叫做"国家"的国家,也随着废止。……无产阶级握取政权,用这个权力,把离开有产阶级的手的"社会的生产机关",完全移归公共机关所有。

这一段话，是马克思说的，虽没有像前面那几段那样明白，但也明明白白教无产阶级夺取政权的了。总之，马克思主张“劳动专政”，实是一桩很的确的事实。他从一八四七年起草《共产党宣言》以来，就抱有这个思想，不过明白确定的，却在一八七一年巴黎自治团失败之后。有人说他到了后年思想成熟了，放弃这个主张，那是不对的。

在这个革命的过渡期，无产阶级最大的工作，就是把一切生产机关收归国有，及把一切阶级消灭。俄罗斯同志现在所做的，就是这第一期的事业。这第一期，是由资本主义进到社会主义的过渡时期，就是马克思所说的社会革命的时期。这个时期经过的长短，我看要以各国的经济发达状况和人民知识程度如何而定的。在俄国、中国这些产业幼稚、人民无知识的国家，过渡时期要比别国多一些时日也未可知。究竟要多少时日，我们固不能预定，不过共产主义不是一举而成的这件事实，我们是无疑的。我们也只有同心协力，尽我们最善的努力，以期早日通过这个过渡期就是了。

三　共产主义的半熟期

共产主义的半熟期，就是共产主义的第一期。到了这时期，因为已经经过了“久产之苦”的过渡期，把一切生产机关都收归国有了，所以就没有有产阶级和无产阶级的阶级区别了，也就没有一切阶级区别了，因之无产阶级专政这个政治形态，也便随着告终了。而同时在别一方面，因为全社会的生产机关已成为“国家的统一”，和全社会的生产力已成为“意识的计划的结合”，所以“全生产方法的变革”也就实现了，“社会的生产力”也就大大地增加了。到了巨大的生产力增加的时候，社会才进到共产主义的第一期。但是在这时期的共产主义，起初还不过半熟的东西罢了。现在再把马克思在《哥达纲领批判》中关于这共产主义第一期的话写在下面：

> “我们这里要处置的东西，并不是在那个固有基础上发展的共产主义社会，实在是那个刚从资本主义社会产出之后那些时候的共产主义社会。在这时期无论在经济上、在道德上、在精神上，在其余一切关系上，都还没有脱除那个生它的母胎旧社会的遗风。在这种社会里每个生产者，都向社会正

确地取回自己所给予社会的东西(扣除为社会全体所必要的费用之后)。他给予社会的东西,就是他个人的劳动量。……他向社会领受了一种证券,这种证券上面写明'供给这些这些分量的劳动'(扣除了他为共同团体所行的劳动);拿了这个证券,向消费物的社会的仓库,取出与这个所费的劳动相等的东西。这就是:他把他在这一个形式上所给予社会的东西,在别一个形式上取回。换句话说,就是同量的劳动互相交换。"

这是已经过了过渡期,进了共产主义第一期以后的事。在这时期,社会已完全没有私有生产机关和掠夺剩余价值的有产阶级了,所以一切人都成为"社会的劳动者"而劳动,各人都应其提供的劳动多寡从社会领受一定的报酬。在这各个人"在别一个形式上,取回同在这一个形式上所付给社会的劳动相等分量的劳动"一点看起来,可以说是实现劳动全收权。(但是因为从全体劳动收益当中,先扣除了为社会全体的必要费用之故,所以实不是各人完全取回他的劳动收益全部的。)但我们要问:这种承认劳动全收权的社会,就是马克思当做理想的"共产主义的社会"吗?那不是的。据马克思的意见,一切权利,都是有产阶级社会的残渣,劳动全收权也是一样。同在《哥达纲领批判》当中,他又接着说道:

"在这个地方,明明白白被同'那个规定商品交换(只要它是在同一价值内交换)的原则'相同的原质支配着。不过在这变化过的事情下面,因为(一)无论是谁,都不能提供他的劳动以外的东西,和(二)除了个人的消费物以外,无论什么东西,都不能归个人所有,所以内容和形式,都发生了变化。但是关于各个生产者之间的消费品分配,是被同'商品同价量交换'一样的原则支配着的,即是这个形式同量的劳动,同别个形式同量的劳动交换。

"在商品交换里,'等价的交换'这条原则,只是在全体平均上存立的,在各个的场合是不存立的。但是在这个场合,是没有说有'原则和实际不一致'那样的事的。不过那个'平等权利',从其原则上说,还仍旧是有产者的权利。

"这个平等权利,虽然如上述那样有进步,但仍旧还负有有产者的限制的。为什么呢？因为生产者的权利，与其‘劳动给付’成比例，平等还存在用‘劳动’这个同一尺度去测量这一点上之故。（所以其结果，不免要发生种种不平等。）有人对于别人，在肉体上或精神上，占着优等的地位，所以在同一时间当中，能够提供更多的劳动，或者更能劳动更多的时间。因为把劳动当做尺度使用，所以其张度及强度，也不可不斟酌的。不然，那就不是尺度了。这样说来，这个叫做‘平等权利’的权利，实在是对于不平等的劳动的不平等的权利。不用说，各人都同别人一样，单是一个劳动者；阶级的区别，是不承认了。但是这个，在不知不觉之中，已经把不平等的个人的天分，以及不平等的个人的给予能力，认做‘自然的特权’了。所以这个，同一切权利一样，从其内容来说，也是不平等的权利。……还有别的种种差别，例如一个劳动者结了婚，别个劳动者没有结婚；这个人的小孩子，比别个人多等。所以纵使大家做同一劳动勤务，对于社会的消费财物取同一的分量，也要发生一个人在事实上所得的东西比别人多，一个人比别人富那样的事情。如果要想避免这些弊害，那么我们就可以知道：‘权利’不是平等的，实在是不平等的。然而这些弊害，在共产主义社会的第一期——即在吃了‘久产之苦’（这是指革命的过渡期的）之后，刚从资本主义社会产出不久那些时候的共产主义社会，是不可避的现象。大凡权利这个东西，决不能成为比‘社会的经济状态及靠这经济状态附做条件的文化的发展’更高的东西的。”

所谓“在变化过的事情上面，无论是谁，都不能提供他的劳动以外的东西；在别一方面，除了个人的消费物以外，无论什么东西，都不能归属个人所有”，以及“大家都不过是一个相同的劳动者，不承认有阶级的区别”那些话，都不过是说明这么一个时期的社会状态，即一切生产机关都归社会公有，社会没有了叫做有产者及无产者这种阶级区别的时期——即社会已经过了过渡期进入共产主义的时期——的社会状态。在这个时期，社会虽然已经进了共产主义的时期了，然而在起初的时候，社会还没有脱除旧社会的熏习，所以关于消费品的分配，也不能就采用“各取所需”这条原则。为奖励各人的劳动起见，还有应其所提供的劳动的分量而定财富分配的必要。所以虽然已经进到共产主义社会了，然在第一期，却也还承认近于“劳动全收权”的权利的。但我们已经知道,在主张有权利的时候,是没有平等的;一切权利,都是不平等的权利。在这种以各人劳动分量多少来定分配的时候,要发生种种的不公平。例如有两个人,虽然在同样必要的时候,但因为二人的劳动分量不同,所以就发生一个得到较多消费手段,一个得到较少消费手段的事情;还有有更多的必要的人,所得的分配额,反而比有更少的必要的人少的事。这样说来,社会虽然已经进入共产主义时代,然在第一期,什么正义、自由、平等这些东西,都还不能达到完满境域的。据马克思想,这些弊害,到底是不能避免的。

总之,在共产主义的第一期,只不过免除了从生产机关私有所生出来的弊害,至于跟着以劳动量为标准的分配制度所产生的种种不公平,一时还不能免除。这时候有两条重要原则:一条是“不劳动的不许吃”,一条是“做多少工作,给多少报酬”。这就是马克思所说的共产主义的第一期。

四 共产主义的完成期

共产主义“在那个固有的基础上发展”起来,渐渐儿使社会的生产力成就了巨大的发达,最后就达到“实现共产主义所必需的程度”,而社会的一切组成员也就都得着“生存保证”。做到这样,也决不是不可能的事。到了这个时候,共产主义才脱了半熟期而进到完成期,人类也成为真正的自然支配者。关于这个时期,马克思在《哥达纲领批判》里说道:

> “在共产主义社会更高级的状态!在从服从分业原理而发生的个人的奴隶的隶属没有了之后;在精神劳动和肉体劳动的对立废除了之后;在劳动不当做为单维持生活的手段,而劳动自身成为第一个生活要求之后;在生产力随着个人的全面的发展一同增加,而共同财富的源泉都十分流出之后——到了这个时候,社会才完全从狭隘的有产者的法律的地平线拔出来,而且只有在这个时候,社会才能在旗帜上大书特书着‘各尽所能,各取所需’。”

所谓“各尽所能”，就是“各人应其能力为生产财富而劳动”的意思；所谓“各取所需”，就是“各人应其欲望而消费社会财富”的意思。这两句话，是把共产主义社会的生产及消费的根本原则，最简单明晰表现出来的话。这样的社会，马克思并不以为立刻就能实现的。他以为要实现这样的社会，必须先经过许多年数，等到社会的生产力大大地增加，最后，“共同财富的一切源泉都流出来”的时候，这样的社会才能实现。他的共产主义不能称为乌托邦，也就在此。我们之所以不相信别的共产主义，而独信马克思的共产主义，也在于此。

这样的一个社会，就是我们所要的自由社会。在这种社会里，“劳动已不是为生活的单一手段，而其自身就是第一个生活要求”。这种为“生活要求”的劳动，也就是一般人所仰慕的优美愉快的劳动，也就是一般艺术家所企望的“劳动的艺术化”。在这时候，人人都能够自由劳动、自由消费，真是一个快乐世界！而且社会的生产力既然十分发展，精神劳动和肉体劳动的对立既然消灭，则劳动时间一定可以大大减少，余暇时间一定可以大大增加，什么科学、艺术这些东西，谁也不能独占了：真正的自由、平等、正义、幸福，也都只有这时才能完全实现！这就是“各个人都能够自由发展，全体才能自由发展的协同社会”！马克思所谓“共产主义的更高级的状态”，就是这样的！

五　结论

由上所说，马克思的共产主义是什么东西，大概总可以明白了。我为读者容易记忆起见，再把上文大意总括如下：

1.社会革命期。这期的特质，就是无产阶级专政。这期最大工作：(一)把一切生产机关收归国有；(二)征服有产阶级并消灭一切阶级；(三)整理生产事业并发展生产力。这期工作，大部分属于破坏。

2.共产主义半熟期。这一期就是刚从资本主义社会脱出的新共产主义社会的时期，也就是经过了社会革命期后的时期。(在社会革命期中，是正与资本主义社会战争的时期，不能说是已经脱出资本主义社会。)因为它去资本主义社会未远，所以无论在经济上、在道德上、在精神上、在一切关系上，都还遗留着旧社会的遗风。因之，强制力在这时期也还不能免除。这个时期,已没有了阶级的区别和生产机关的私有。无产阶级的国家也已消灭,全社会人都已变做生产劳动者。这时破坏已完,完全努力建设。因为生产机关已为全社会所有,生产事情已有统一的计划,所以生产力也就能充分发展起来。至于分配消费品,还仅能采用“各取所值”一条原则,做多少工才给多少报酬,所以在这时候,还有许多不公平的事情。

3.共产主义完成期。这个时期,就是生产力已达了十分可惊的程度,完全能够做到“各尽所能,各取所需”的自由共产社会的时期。这就是恩格斯所说“自由的王国”,马克思所谓“协同的社会”。

大家请看:马克思的共产主义是对的吗?把共产主义的目的、手段、过程,都一一告诉我们的人,除了马克思之外,还有什么人呢?这种从经济上来主张共产主义不去相信,到底要信什么共产主义呢?世界上主张共产主义的学说,还有比马克思更完备的吗?自由、平等、正义、幸福,是凭空建筑得起吗?究竟是先有了共产主义的经济组织,然后有平等、自由、正义、幸福,还是先有了自由、平等、正义、幸福,然后有共产主义的经济组织呢?这一个差别,是很大的呢!朋友们,都要仔细想一想呵!

现在再说一点我的意见。我以为马克思主义全部理论,都是拿产业发达的国家的材料做根据的,所以他有些话,不能适用于产业幼稚的国家。但我以为我们研究一种学说一种主义,决不应当“囫囵吞枣”“食古不化”,应当把那种主义那种学说的精髓取出。比方唯物史观告诉我们:经济组织起了变化,社会组织也就要随之而起变化。我们因此就可以知道:要改变社会组织,必须先改变经济组织。又如马克思经济学说告诉我们:产业社会化的结果,共产主义是必然到来的运命。我们因此又可知道:要想实现共产主义,必须先使产业社会化。诸如此类,举不胜举。所以我们在中国主张马克思主义,实在没有违背马克思主义的精髓,乃正是马克思主义精髓的应用。

我们很知道:如果在中国实行马克思主义,在表面上或者要有与马克思所说的话冲突的地方,但这并不要紧,因为马克思主义的本身,并不是一个死板板的模型。所以我以为我们只要遵守马克思主义的根本原则就是了。至于枝叶政策,是不必拘泥的。

我以为我们千万不要忘记唯物史观,忘记了唯物史观就没有了马克思主义。非但马克思主义者应该注意唯物史观,就是别的社会主义者,也非注意唯物史观不可。

一种社会组织，一定要建在一定的经济组织上面。经济组织，是社会组织的基础；没有基础，怎么建筑得起？空想社会主义者的弊病，我们千万不可犯。社会革命，绝非偶然侥幸的事，是要在一定的条件下面来行的。不顾一定的条件，空谈社会革命，是一件无益的事。我们如果真要使社会革命成功，除了遵守唯物史观之外，没有别的办法。

什么正义、人道、自由、平等，都要建筑在一定的经济基础上面的。找不到那种经济基础，空讲自由、平等，就是讲一万年，也是不会实现的。我们并不是不要自由、平等，我们只不过要先筑成能够得到自由、平等的经济基础。我们知道：社会是进化的，由较不完善进于较完善的。要想一步跳过，那完全是梦想。我们对于社会进化必须经过的阶段，是避免不来的。所以我们必须实行阶级斗争，必须采用劳工专政。拿什么“彻底不彻底”的话来反对马克思主义，我看是一钱不值。

总之，马克思的共产主义，一定可以在中国实行的，不过如何才能实行，却全靠我们的努力了！

一九二一年八月

（第九卷第四号，一九二一年八月一日）

马克思学说

陈独秀

一　剩余价值

马克思是一个大经济学者，他的学说代表社会主义的经济学和亚当·斯密代表个人主义的经济学一样，在这一点无论赞成马克思或是反对者都应该一致承认。

马克思的经济学说，和以前个人主义的经济学说不同之特点，是在说明剩余价值之如何成立及实现。二千几百页的《资本论》里面所反覆说明的，可以说目的就是在说明剩余价值这件事。亚当·斯密也曾说过："在土地未私有资本未集聚的最初状态，劳动者所生产的东西全属劳动者自己所有。"（见《原富》一卷六六页）又说："劳动者自己享有全部生产品的最初状态，土地私有资本集聚之后便不行了。"（见《原富》一卷六四页）这两段明明说因为土地和资本私有的缘故，劳动者不能得着所做的生产品全部分，只得着一部分。那剩余的部分归了何人呢？照马克思的学说，这就叫做剩余价值，是归了资本家的荷包。资本家夺取了劳动者的剩余价值，作为他私有的资本，再生产再掠夺，以次递增，资本是这样集聚起来的，资本制度就是这样发达起来的。话虽这样简单，但是要真实明白剩余价值是什么，以及他是如何成立、如何实现和分配的，本是一件很烦难的事，现在不得不略略说明一下。

要明白马克思所说的剩余价值是什么，首先要明白马克思所指的价值是什么，其次要明白马克思所说的劳动价值是什么及劳动价值如何定法。亚当·斯密以来的经济学者，对于凡物之价格都分为自然价格（Natural Price）、市场价格（Market Price）两种。剩余价值所指的价值，是自然价格所表现的抽象价值，不是市场价格所表现的具体价值,我们千万不可弄错。劳动价值也分二种:(一)劳动力自身之价值,即劳动者每月拿若干工钱把劳动力卖给资本家之价值;(二)劳动生产品之价值,即劳动者每月做出若干生产品之价值。这两种劳动价值是如何定的呢?照马克思的意思是说,凡两件货物互换,这两件货物一定有什么相同的地方,譬如拿若干布匹换若干面粉,这两样货物形式不同,物理的性质不同,用处不同,他们相同的地方只是都为劳动所做的结果,因此所费劳动相等的货物价值亦相等。用十二小时做成的货物,价值比用六小时做成的货物高一倍,一个茶碗价值二角,一个茶壶价值一元,壶的价值比碗大四倍,是因为做壶所用的劳动比做碗的多四倍。所以马克思说:"一切用劳力所制造的商品(就是货物)之价值,乃是由制造时所需社会的劳动分量而定。"(劳动分量,就是劳动时间长短的意思。社会的劳动,是与个别劳动不同的意思。个别劳动有个别勤惰巧拙以及工具精粗的差异,所谓社会的劳动,是指在一定时代的社会状况之下,将这些个别的差异都作为平均程度,因此社会的劳动也叫做平均的劳动。)劳动者把劳动力卖给资本家,因此劳动力自身也是一种商品,所以马克思说:"劳动力这种商品的价值,是由培养他所需的劳动分量,也就是制造劳动者及其家族生活品所需的劳动分量而定。"马克思所谓制造一切商品所费的劳动分量,乃是兼"生的劳动"(制造该商品时所费的劳动)和"死的劳动"(制造该商品时所用原料工具建筑等以前所费的劳动)两种而言,这也是我们不可忽略的。

马克思的价值及劳动价值公例,略如以上所说,以下再说剩余价值是什么。

剩余价值究竟是什么呢?乃是货物的价值与制造这货物所费的价值(兼生的劳动之价值及死的劳动之价值而言)之差额。例如费一万元生产一万五千元的货物,在这货物一万五千元的价值中,除去生产这货物所费一万元的价值,所剩余的五千元就是剩余价值。说详细一点,当分为剩余价值之成立及剩余价值之实现和分配二部分,剩余价值是如何成立的呢?照马克思说,剩余价值是在生产过程中成立的,不是在流通过程中成立的。这个意思十分重要,我们也千万不可弄错。此话怎讲?因为马克思所指出的剩余价值,虽然要在流通过程中才能够实际归到资本家的荷包,但是夺取的方法和剩余价值的本质,都不是指流通过程中一件一件生产品的卖价,乃是指生产过程中劳动者为资本家所做"剩余劳动"的价值。"剩余劳动"又是什么呢?是因为近代利用机器,制造业的规模一天大似一天,手工的生产品比机器的生产品货色不好价钱又贵,因此手工业一天衰败似一天。于是由手工工业时代变了机器工业时代,由家庭工业时代变了工厂工业时代,由独立生产时代变了共同生产时代,这就叫做“产业革命”。自产业革命以来,所有生产所必需的工具(土地、矿山、房屋、机器、原料等)都为资本家所占有,资本家以外的人,除了将自身的劳动力卖给资本家,便做不成工,便得不着生活费用。资本家给他们多少生活费用(即工钱)呢?照马克思的价值公例,一切商品之价值常与制造此商品时所费的劳力相等,劳力(也是一种商品)之价值(即工钱)也常与培养这劳力所需的劳动(即制造劳动者所必需的生活品之劳动)相等。那么,譬如一个劳动者每日所需的生活品值六小时的劳动分量,照理他每日做工六小时便已产出他生活品的价值。然而资本家往往要劳动者每日做工十二小时,所给工钱只值六小时的生活品,其余六小时,在实际上劳动者未曾得着工钱,是替资本家白做了,这白做的六小时就叫作“剩余劳动”。生产品之全部价值都是劳动者做出来的,而劳动者所得只一部分与六小时劳动价值相等的工钱,其余一部分由六小时剩余劳动而生的价值,就叫作“剩余价值”。

剩余价值是如何实现和分配的呢?剩余价值虽然成立在生产过程中,但是必须到了流通过程中才能够实现。资本家雇用劳动者产出一定价值的货物,剩余价值的本质及作用固然已经包含在这货物之中,然必待将这货物卖给消费者,把这货物的价值变成市场价格,剩余价值变成货币归到资本家的荷包,这时剩余价值才算实现。譬如一资本家费价值五成的劳动工钱,造成价值十成的棉纱,这时剩余价值五成固然已经由剩余劳动五成在生产过程中成立了,然必待将棉纱卖给消费者,将价值十成的货物变成价格十成的货币归到资本家的荷包,那时五成剩余价值才算实现了。这是因为生产者不能将货物直接卖给最后消费者,中间必须经过贩卖者之手,贩卖者须得一定资本及劳力之报酬,于是生产者不得不在价值以下的价格卖出他的货物。譬如用价值五成工钱造成价值十成的棉纱,因为贩卖者之报酬,价值十成的棉纱至多只能卖得价格八成的货币,因此五成剩余价值中,制造棉纱的资本家只能得着三成,其余二成是归了贩卖棉纱的资本家;制造棉纱的资本家若是向他资本家借过资本,便须拿一部分剩余价值付他资本家的利息;纱厂的地基若是向地主租的,又须拿一部分剩余价值付地租;剩余价值大概是如此分配的,各种资本家分配所余才是制造棉纱的资本家实际得着的剩余价值。所以说,剩余价值是在生产过程中成立的,是在流通过程中实现的。

资本家的资本是夺取劳动者剩余价值变成的,剩余价值是剩余劳动之价值变成的;工作时间越长,剩余劳动越加多;工钱越少,剩余劳动也越加多;出产能力越提高,剩余劳动也越加多;所以资本家想扩张剩余价值,天天在那里提高出产能力,天天在那里反对增加工钱、反对减少工作时间,拿剩余价值变成货币,又拿货币制造商品增加剩余价值,再拿剩余价值变成货币。如此利上生利,这就叫作“资本主义的生产方法”。资本主义的生产营业的规模一天大过一天,掠夺兼并的规模也一天大过一天,加上交通机关一天便利过一天,殖民地新市场一天扩大过一天,精巧的机器一天增多过一天,大银行大公司便一天发达过一天,从前的小工业都跟随着这些制度之发展,逐渐被大工业吸收了压倒了。这种吸收压倒的结果,便是把全社会的资本聚集在少数人手里,这就叫作“资本集中”。在从前小工业时代,资本不集中,因此产业不能发达,所以资本集中使生产能力增加、产业规模扩大,资本主义的生产方法好过以前的生产方法只在这一点。但是在财产私有制度之下,把全社会的财产大部分集中在少数资本家手里,便自然发生以下各项结果:(一)无财产的佣工渐渐增多;(二)生产能力增加而无产佣工的购买能力不能随之增加,因此造成“生产过剩”的结果,生产过剩又必然造成“市场缩小经济恐慌”和“工人失业”两种结果。合起这几项结果,无产佣工的困苦一天比一天沉重,而他们的人数却一天比一天增多,他们的团结也就一天比一天庞大。这个随着资本集中产业扩张而集中而扩张的无产阶级,必有团结起来,夺取国家政权,用政权没收一切生产工具为国有,毁灭资本主义生产方法之一日。

像以上所说资本主义的生产方法怎样利用机器对手工业起了产业革命,怎样夺取剩余价值集中资本,怎样造成大规模的产业组织,同时便造成了大规模的无产阶级,又怎样造成无产阶级对于资本主义革命之危机,这种种历史上经济制度之必然的变化,在马克思学说里叫作“经济的历史观察”,又叫作“唯物的历史观察”。

二 唯物史观

马克思的唯物史观学说虽然没有专书,但是他所著的《经济学批评》《共产党宣言》《哲学之贫困》三种书里都曾说明过这项道理。综合上列三书中所说明的唯物史观之要旨有二：

其一说明人类文化之变动。大意是说：社会生产关系之总和为构成社会经济的基础，法律政治都建筑在这基础上面。一切制度、文物、时代精神的构造都是跟着经济的构造变化而变化的，经济的构造是跟着生活资料之生产方法变化而变化的。不是人的意识决定人的生活，倒是人的社会生活决定人的意识。

其二说明社会制度之变动。大意是说：社会的生产力和社会制度有密切的关系，生产力有变动，社会制度也要跟着变动，因为经济的基础（即生产力）有了变动，在这基础上面的建筑物自然也要或徐或速的革起命来，所以手臼造出了封建诸侯的社会，蒸汽制粉机造出了资本家的社会。一种生产力所造出的社会制度，当初虽然助长生产力发展，后来生产力发展到这社会制度（即法律、经济等制度）不能够容它更发展的程度，那时助长生产力的社会制度反变为生产力之障碍物，这障碍物内部所包涵的生产力仍是发展不已，两下冲突起来，结果，旧社会制度崩坏，新的继起，这就是社会革命。新起的社会制度将来到了不能与生产力适合的时候，它的崩坏亦复如是。但是一个社会制度，非到了生产力在其制度内更无发展之余地时，决不会崩坏。新制度之物质的生存条件，在旧制度的母胎内未完全成立以前，决不能产生，至少也须在成立过程中才能产生。

马克思社会主义所以称为科学的不是空想的，正因为他能以唯物史观的见解，说明资本主义的生产方法和资本主义的社会制度所以成立所以发达所以崩坏，都是经济发展之自然结果，是能够在客观上说明必然的因果，不是在主观上主张当然的理想。这是马克思社会主义和别家空想的社会主义不同之要点。

有人以为马克思唯物史观是一种自然进化说，和他的阶级争斗之革命说未免矛盾。其实马克思的革命说乃指经济自然进化的结果，和空想家的革命说不同；马克思的阶级争斗说乃指人类历史进化之自然现象，并非一种超自然的玄想。所以唯物史观说和阶级争斗说不但不矛盾，并且可以互相证明。

马克思的好友恩格斯曾述说马克思的意见道："在历史各时代，必然有它的生产分配之特殊方法，又必然由这种特殊方法造出一种社会制度，那时代的政治和文明之历史，都建设在那个基础上面，依据那个基础说明。所以人类全历史是阶级争斗的历史，即掠夺阶级和被掠夺阶级、压制阶级和被压制阶级对抗的历史。这些阶级争斗的历史相连相续,构成社会进化之阶级,到了现在又达到一种新阶级,被掠夺被压制的阶级(即无产劳动者)要脱离掠夺压制阶级(即绅士阀资本家)的权力,将自己解放出来;同时还要将一切掠夺压制和阶级差别阶级争斗完全铲除,永远把社会全体解放出来。”这一段话可以说是把唯物史观说和阶级争斗说打成一片了。

三 阶级争斗

一八四八年马克思和恩格斯共著的《共产党宣言》,是马克思社会主义最重要的书,这书的精髓,正是根据唯物史观来说明阶级争斗的。其中要义有二:

(一)一切过去社会的历史都是阶级争斗的历史。

例如在古代有贵族与平民,自由民与奴隶;在中世纪有封建领主与农奴,行东与佣工。这些压制阶级与被压制阶级,自来都是站在反对的地位,不断的明争暗斗。封建废了,又发生了近代有产者与无产者这两个阶级新的对抗、新的争斗。

(二)阶级之成立和争斗崩坏都是经济发展之必然结果。例如欧洲在封建时代的工业组织之下,生产事业是由同行组合一手把持的,到了发现了印度、中国等市场和美洲、非洲等殖民地的时候,便不能应付新市场需要的增加了,于是手工工厂组织应运而生,各业行东遂被工场制造家所挤倒,接着市场日渐扩大,需要日渐增加,交通机关和交换方法都日渐发展,这时手工工厂组织也不能应付了,于是又有蒸汽及大机器出来演成产业革命,从此手工工业又被大规模的近代产业所挤倒,近代的有产阶级便是这样成立的。近代产业建设了世界的市场,有了这些市场,商业、航业、陆路、交通都跟着发达,这些发达又转而促进产业发达,产业、商业、航业、铁路既这样发达,有产阶级也跟着照样发达,资本越加多,产业越扩大,将中世纪留下的一切阶级都尽情推倒了。由此可知近代有产阶级乃长期发达和生产及交换方法迭次革命的结果。由此可知做有产阶级基础的生产和交换方法,是萌芽在封建社会里面,这种生产和交换方法发展到一定地步,封建社会的生产和交换制度(即农业手工封建的制度)便不能和那已经发展的生产力适合,这种制度便成了生产力的障碍物,便必然要崩坏,结局果然崩坏了,封建的制度倒了,自由竞争的制度代之而兴,适合这自由竞争的社会及政治制度也就跟着出现,有产阶级的经济及政治权利也就跟着得到了。有产阶级得势以后，造成了极雄大惊人的生产力（像工业、农业、轮船、铁道、电报、运河等），惹起这般大规模生产及交换的社会，将人口财产及生产机关都集中了，建设了许多都市，将乡村人口移到都市，使乡村屈服在都市支配之下，使多数人民脱离了朴素的乡村生活，使野蛮和未开化国屈服于文明国，农业国屈服于工业国，东洋屈服于西洋。但是到了有产阶级的生产力发展到了与有产阶级社会的制度不适合的时候，社会制度就成了社会生产障碍物，有产阶级及有产阶级社会的制度也是必然要崩坏的。崩坏的征兆就是商业上的恐慌，这种恐慌隔了一定期间便反复发生，一回凶过一回，常常震动有产阶级社会的全部。这恐慌发生的缘故，是由于资本主义的生产方法所造成的生产过剩，是由于有产阶级社会的制度过于狭小，不能包容那过于发展的大生产力。有产阶级救济这种恐慌的方法，不外一面开辟新市场，一面尽量剥削旧市场，这只能救济一时，终是朝着更广大更凶猛的恐慌方面走去。如此，有产阶级颠覆封建制度的武器现在却向着有产阶级自身了。有产阶级不但造成了致自己死亡的武器，还培养了一些使用武器的人，这些人就是近代的劳动阶级，也就是无产阶级。

无产阶级是跟着有产阶级照同一的比例发达起来的。近代产业发展的结果，一般小资产的小商人小工业家，一方面因为他们的专门技能为新生产方法所压倒，一方面因为他们的小资本为大规模的产业所压倒，都不断地降到无产阶级；可是一方面产业愈加发展，一方面无产阶级不但人数愈加增多，而且渐次集中结成大团体，因为生活不安，对于有产阶级渐次增长阶级抵抗的觉悟，发生争斗，始于罢工，终于革命。有产阶级存在根本的条件，是在资本成立及蓄积；资本的重要条件，是在工钱制度；工钱制度，全靠劳动相互竞争。但有产阶级既已促进了产业进步，便已经使劳动者从竞争的孤立变成协力的团结了，近代产业发达，使有产阶级的生产及占有之基础从根破坏。有产阶级所造成的首先就是自身的坟墓，有产阶级之倾覆及无产阶级之胜利，都是不能免的事。

马克思说明阶级争斗大略如此，我们实在找不出和唯物史观有矛盾的地方。

四　劳工专政

从前有产阶级和封建制度争斗时，是掌了政权才真实打倒了封建，才完成了争斗之目的；现在无产阶级和有产阶级争斗，也必然要掌握政权利用政权来达到他们争斗

之完全目的,这是很明白易解的事。所以马克思在《共产党宣言》里说:

从前一切阶级一旦得了政权,没有不拼命使社会屈从他们的分配方法,巩固他们已得的地位。

有产阶级发达一步,他们政治上的权力也跟着发达一步。……自他们成为有产阶级后,近代代议制度国家的政权都被他们一手把持。

劳动阶级第一步事业就是必须握得政权。

劳动阶级革命,第一步就是使他们跑上权力阶级的地位,也就是民主主义的战胜。既达到第一步,劳动阶级就利用政权渐次夺取资本阶级的一切资本,将一切生产工具集中在国家手里,就是集中在组织为支配阶级的劳动者手里……其初少不得要用强迫手段对付私有财产和资本家的生产方法,才得达到这种目的。

原来政权这样东西,不过是一个阶级压制一个阶级一种有组织的权力;劳动者和资本家战斗的时候,迫于情势,自己不能不组织一个阶级,而且不能不用革命的手段去占领支配阶级的地位,不得不用权力去破坏旧的生产方法。

他又在所著《法兰西内乱》里说:

劳动阶级要想达到自己阶级之目的,单靠掌握现存的国家是不成功的。

他又在所著《哥达纲领批判》里说:

由资本主义的社会移到社会主义的社会之中间,必然有一个政治的过渡时期。这政治的过渡时期,就是劳工专政。

(第九卷第六号,一九二二年七月一日)

自由世界与必然世界

瞿秋白

今年春夏间,《努力周报》丁文江、胡适之先生等与张君劢先生辩论科学与人生观。我看他们对于自然科学与社会科学之争辩实在打不着痛处。可是因为辩论所涉太广,我不愿意直接加入,弄得我的文章变成论战体(polé'mique)的,读者反不易懂。我只说"所论的问题,在于承认社会现象有因果律与否,承认意志自由与否",别的都是枝节。所以我试一论"必然"与"自由"的意义——"That is the question!"

一　自然现象及社会现象之规律性

人类社会的发展与自然界的发展各有不同的历史。最显著的差异便是:自然界里只有无意识的、盲目的各种力量流动而互相影响。此中共同因果律的表现,亦仅只因为这些力量的互动。自然界里绝对无所谓愿望、目的。人类社会的历史里却大不同——这里的行动者是有意识的人,各自秉其愿欲或见解而行,各自有一定的目的。固然,研究各时代或各战役的时候,这一异点,应当特别注意,因为它对于人类历史有很大的价值,然而并不能因此而否认历史的进程之共同因果律。表面上看来,历史之中,虽然有人所愿望的目的,而实在还是偶然的事居多。所愿望的事能够真正实现的,非常之少。人的目的往往互相冲突反对,或者是根本上不能实行,或者是手段不足以实行。历史之中无数不同的倾向及行动互相冲突,其结果却与无意识的自然界毫无差异。凡行动都有所愿望的目的;然而此等行动之结果却往往并非所愿。即使表面上看来,结果与原定目的相符,而实际上此等结果又能引出非所愿望的事,决不能刚刚是人所愿望的。因此,社会里与自然界同样是偶然的事居多。然而凡有"偶然”之处,此“偶然”本身永久被内部隐藏的公律所支配。科学的职任便在于发现这些公律。

历史的进程大致是:各人自求其目的而有所行动,于是无数人的行动互相牵掣推移而进展,便成历史。各人的目的和意志受愿望与见解的规定。然而直接规定愿望和见解的各种影响,又各不相同。此等影响或来自外物,或出于思想:虚荣心,“爱真理及正义”,个人的毒恨,甚至于一切肉欲。然而一方面,我们已经说明个人的愿望决不能完全实现,所以这些愿望根本上便只有第二等重要的价值。别方面,却发生了新的问题:“究竟是什么样的力量支配着人的意志而能使移易方向?究竟是什么样的历史原因反映于人的思想里而引起各种愿望?”

旧派的唯物论向来不设这种问题。他们的历史观实在是唯用主义(实验主义)的。可以分历史上的人物为“好人”与“坏人”,各依其所愿望为标准而断,研究的结果大半是好人吃亏而坏人沾光。于是就说历史发展中并无所谓“天道”——这算是唯物论!其实这种学说自己就反对唯物论。他以为思想的动机是历史事实的最后原因,而不去研究那思想动机后所隐匿的动机。这种学说的不一贯,不在于他承认思想动机之存在,而在于他不追究思想动机之后的最后原因。

历史现象的研究应当更深一层。英雄伟人以至于群众的动机,不论是显而易见的或是隐匿难见的,都不是历史现象的最后原因。最后原因却是造成这种种动机的现实力量。黑智儿的历史哲学不承认个人的动机是最后原因,然而他承认是哲学思想的流派。他寻求最后的原因不在历史之中,而在历史之外。譬如黑智儿解释希腊史,他不细细考究希腊史实之间的联系原因,而说希腊史是真美个性之创造过程,说是艺术作品的实现。客观的唯心论之谬误,就在于此。

历史中之政治家的动机,不论是有意的或是无意的,必定与最后原因相联系。个人的动机无论如何重要,总敌不过群众的动机,或是民族的,或是阶级的。所以研究历史的原因,必须追究群众动机的根源。然而群众动机,还不仅在于短期的爆发或涌动(如中国五四运动时之群众心理),而在于能引起历史上之巨大变更的长期运动。所谓时代思潮,或是明显的有组织有意识的,或是隐藏的无组织无意识的。先细察此等动机——或是直接明了的,或是托之神秘幻想的——只要是能侵入群众及其首领(所谓伟人)的头脑的,都要研究,再进便求此等动机的最后原因。如此,方能发见历史进化里的公律以及某一时代或某一地域之特别公律。

二　自由与必然

既如此，一切动机（意志）都不是自由的而是有所联系的，一切历史现象都是必然的。所谓历史的偶然，仅仅因为人类还不能完全探悉其中的因果，所以纯粹是主观的。决不能因为“不知因果”便说“没有因果”。

或者有人说：“若是承认一切现象，甚至于精神现象都是必然的，那人的行为都成了盲目的不自由的了！”其实所谓“自由”（绝无因果）仅仅是尚未了解的“必然”。“必然”的所以显着是盲目的，亦仅仅因为暂时不可了解。凡是可以了解的“必然”，就决不是盲目的。“自由”不在于想象里能离自然律而独立，却在于能探悉这些公律。因为只有探悉公律之后，方才能利用这些公律，加以有规划的行动，而达某种目的。因此所谓“意志自由”，当解作“确知事实而能处置自如之自由”。若是否认因果律，就算自由，那真是盲目的真理了！人的意志愈根据于事实，则愈有自由；人的意志若超越因果律，愈不根据于事实，则愈不自由。因为不知因果律，便无从决定行为，只有孤注一掷的赌博的侥幸心，而绝无所谓自由意志。“自由”实在是能克制自然及自己，然必以知悉自然的必要为根据。所以“自由”本是历史发展之必然的产物。最早的人，在昧昧时代，各方面都不自由，与禽兽无异。然而每一次的文化进步，都是行近自由的一步。人类历史的初步便是火之发明，发现机械的动及摩擦可以生热及火——到最近代的文明，却是变热力成机械的动。人类离自然而独立自由，完全在于探悉自然界的公律。人类历史的发展里，人若欲求得自由，欲求脱离社会现象之“自生自灭性”的压迫，而进于自由处置社会现象的威权，亦必须探悉社会现象里的“必然”的因果律。空言意志自由，甚至于否认因果律以立意志自由——那简直是自相矛盾。

三　历史的必然与有意识的行动

资本主义时代的强有力的生产工具若能变成公共的财产，生产制度若得按照社会关系而组织，那时，人类方能完全克服自然，才能完全制止自己的盲动。只有到了那个时候，人类方才能有意识地制造自己的历史。只有到了那个时候，人类的意志（社会的原因）方才渐渐的能实现。只有到了那个时候，为人类所支配而动的社会原因，方才能渐近其所愿望的目的。“这是从必然世界至自由世界之一跃”。

第一，应当明了“必然”的意义。亚里士多德便说“必然”有种种程度的不同。譬如：必然要吃药，病才会好；必然要呼吸，人才会活；必然要到上海去，才能讨着债。这是所谓“附条件的必然”——假使要病好，我们便应当吃药；假使要活，我们便应当呼吸。人类经营生活，对外物有所动作，常常遇见这一种的“必然”：假使他要收获，他便必然要先种植；假使他要打野兽，他便必然要射箭；假使他要开动汽机，他便必然要积蓄热力。此种“附条件的必然”里，显然有“服从”的成分在内。人若能不费劳力，而满足自己的需要，那时他就更自由些。因此，即使人能征服自然，使自然为人服务，那时，人仍旧是服从自然。然而这种对于自然之“服从”却是人类解放的条件。人若服从自然则对于自然的威权反而增长，人的自由亦就增长。所谓服从自然，是说服从自然律。所谓征服自然，是说征服自然本身。组织有规划的社会生产时亦是如此。服从技术上及经济上的某几种“必然”，人便能破毁那受自己生产品所支配的“作茧自缚”的怪现象，人便能得多量的真正自由。他的“服从”正是他的“解放”之源泉。

其次，所谓“必然”还有“障碍力”的意思。就是特别的一种力量，强迫我们不能照着自己的心愿去做，而只能做违心之举。这种“必然”的确是人的自由的对敌。然而应当知道，外力固然足以使事实与我们的心愿相违异，可是他亦能使事实与我们的心愿相适合。我们的心愿，自己能成为一种外力。只看我们的观点如何。譬如“强迫地主无代价移让土地权于贫农”——这是一件事实，他对于地主，确是很可恨的一种历史的必然；然而对于贫农，却是自由意志之表现。至于“以相当报酬赎取土地于地主”——对于地主是自由意志之表现，对于贫农便是可恨的历史的必然。

于是可见“附条件的必然”和“障碍力的必然”都不是绝对与自由意志不能并立的，却是相反相成的。

再则，最重要最根底的问题，便是“因果的必然”。那“附条件的必然”是主观的行动，“障碍力的必然”是主观的受动。至于“因果的必然”才是客观的解释。或者以为社会发展既有因果的必然，便可以绝不行动，便无从有意识地去助长某种历史的发展。这种学说以为只有两种情形：“或者我认这种现象是必然的，不可免的，那便用不着去助长他;或若我的行动是引起这种现象所必需的,那便这种现象不能叫做必然的。谁又竭力去助长那必然的不可免的太阳之东升呢?”

太阳之东升与人类社会关系绝无联系,不是它的因,亦不是它的果。所以可与社会现象相对待。至于社会现象和历史,对于人类却不同了。历史是人做的。当然,人的意向不能不是历史发展的一因素。可是,人所做成的历史偏偏是这样的而不是那样的,正因为其中亦有个“必然”在。既有这一“必然”,便有这“必然”的果——人的某种意向。此种意向再回过去做社会发展因素。“意向”并不与“必然”不相并立,不过意向亦受“必然”的规定罢了。

每一阶级倾向于求解放,行社会的变革,他的行动亦是这一变革的因。然而他的行动及种种意向又是某种经济发展的果,所以他自己亦受“必然”的规定。

社会学之所以能成科学,全在于他能解释明白人之社会的目的何故发生。社会的目的是社会发展过程之必然的果,追寻他最后的原因,却在于经济发展。

既然知道历史的必然,人的行动就更可以“自由些”——更容易达到目的些。我可以看着自己的行动以为是某种必然的社会运动所需要的种种条件之一。我的行动因此更有意识些。所以决不能因为既有历史的必然便不要有意识的行动。只有否认历史的必然时,方才真正否认社会学,否认社会科学,而一切社会运动都成盲目的无意识的侥幸行动。

四　理想与社会的有定论

理想是什么?普通人的答案是:“理想是目的,是我们道德上所不得不立的目的,可是因为太高了,我们不能达到。”所以有所谓“信仰理想”。其实“信仰”与理想绝对不相关涉。只有与现实毫不相关的理想,容得人家信仰。现在许多中国人都说社会主义的理想是好极了,可惜不能实行。这种人是最信仰社会主义的理想的。反而是对社会主义怀疑的人,还想着些现实世界。那种颂扬社会主义的人,比警察可怕万倍。理想与现实之间必须有密切的联系。假使没有联系,那种理想便是幻象。譬如章士钊的农村立国之类,就是这种东西。社会主义的理想却密切联系着现实生活。真正的理想就是明天的现实。现在的现实是过去的果,亦就是将来的因。现实是流变不居的。既有流变,便有公律,依此现实流变不居的里面公律而后能预见将来的现实。这种将来的现实对于现在便是理想。假使没有这种必然的公律,哪里能发生对于将来的理想呢? 张君劢先生以为自然界有"相同现象"可以做科学的对象。人类社会间则有英雄豪杰等,不能发现"同相"人,故不能以科学测度,这是很错的。科学的公律正是流变不居的许多"异相"里所求得的统一性。譬如雷雨前的天色实在没有一次是绝对相同的,然而亦不因此而不能求得雷雨的公律。中国革命与法国革命的环境形势大相差异,然而并不因此而不能求得革命的公律。

因有公律可寻,所以才有社会理想。真正的社会理想只有根据于科学公律所求得的"将来之现实"。

既然如此,或者可以说:"一切英雄豪杰的理想家,所谓'天才',所谓'创造',似乎都是无用的,都是不足奇的了。"那却不然! 从客观方面说来,现实的社会生活以至于艺术思想,从旧的变成新的形式,恰好用得着理想家或天才,他们是这种变革里所必需的"历史工具"。然而此等历史工具仍旧是历史的产物。社会科学的证据不在于孙文之类似罗倍士比埃尔,而在于孙文之不似罗倍士比埃尔。假使中国与法国革命前的经济制度及国际地位等绝不相同,而能生一孙文恰好与罗倍士比埃尔相似,那才足以证明社会现象之无因果呢。再则,从主观方面说来,英雄或天才能参加伟大的历史运动,能当得起历史工具,是很荣耀的事,然而他至少要能知道几分社会现象的必然公律。那自然现象的公律,若是没有物质,必不能有;社会现象的公律,若是没有人,亦决不能有。可是决不能据此便说个性可以不顾社会公律。

总之,社会现象是人造的,然而人的意志行为都受因果律的支配。人若能探悉这些因果律,则其意志行为更切于实际而能得多量的自由,然后能开始实行自己合理的理想。

因此,"必然论"是社会的有定论(déterminisme),而不是"宿命论"(fatalisme)。社会的有定论说明"因果的必然",只有不知道"因果的必然"的人,方趋于任运的宿命主义,或者行险的侥幸主义。

五 社会与个性

社会的有定论说社会现象的最后原因在于经济，并不曾否认社会里的心理现象及个性天才，他仅仅解释心理及天才的原因而已。

“科学与人生观的论战”里，人生派一让步到仅仅“情感是超科学的”(梁启超)，再让步到仅仅“先天的义务意识是超科学的”(范寿康)。请问：戊戌以前的旧中国“儒者”遇着李贽、谭嗣同、梁启超之流，不由得不起一种极厌恶的情感，他们先天的义务意识是要请这班“大逆不道”的人上菜市口去砍头。现时的中国智识阶级却对这班“大逆不道”的人表历史上的同情，他们先天的义务意识是要请这班“先知先觉”的人进中国思想史古物陈列馆里去——这样的情感和义务意识是否是超科学的，是否是先天的？当然不是！这都可以以科学解释其因果。最后的因，便是中国经济的变迁——从宗法社会到资产制度的动象能规定那社会的情感及义务意识的流变。

社会现象的最后原因，精确些说，是生产力(包含“自然”“技术”和“工力”三者)。

社会现象变迁的程序大致可以说明如下：

一、生产力之状态；

二、受此等生产力规定的经济关系；

三、生长于此经济“基础”上之社会政治制度；

四、一部分直接受经济现象的规定，别部分受生长于经济现象上的社会政治制度的规定之社会心埋(社会的人之心理)；

五、反映此等社会心理的种种性质之“社会思想”——社会思想家之理想。

每种社会理想无不根据于当代的社会心理(时代的人生观)。然而社会心理随着经济动象而变，于是在这流变之中可以先发现一二伟大的个性，代表新的社会心理之开始(个性的人生观)。每一期人与自然界的斗争，由于自然的适应而生技术上的变革。于此斗争的过程里，得综合技术的成绩而成系统的智识(科学)。然而技术的变革，必定影响于经济关系；经济关系又渐渐确定新的政治制度，变更人与人之间的斗争阵势。于是政治制度较稳定的时期，大家引用当时所已得及已承认的智识，便有大致相同的对于人生及宇宙的概念——养成当代的社会心理。如此转辗流变，至有新技术、新科学、新斗争之时,便能生新人生观。这是人生观所以有时代的不同之原因。再则,当新的社会心理创始之期——政治制度受剧变之时,平素隐匿未见的阶级矛盾显然地爆发,伟大的个性能先见此新人生观,立于新阶级的观点而与旧阶级开始思想上之斗争。这是人生观所以有个性的(阶级的)不同之原因。

新阶级的群众对于某一问题,因其对于生产工具之关系相同,大致有同一的态度。所以解决这一问题的趋向,亦就不相上下。然而阶级的观点永久与经济环境相关,所以各阶级及阶级内,各"层"的观点必不相同,解决这一问题的趋向也就各自相异。此种群众的动机在阶级内有共同的解决问题的趋向,本来亦是经济原因的必然结果。况且在各阶级之间又有各种趋向的斗争,互相牵掣而各不能达,于是又落于第二次的客观的必然结果。经济发展的"必然"如此愈演愈复,使各阶级的解决问题的趋向,所谓"意志",亦愈适应而愈精密,能渐近真正的解决。可是,某一阶级利于有此必然的结果,别一阶级则否。因此,前一阶级的解决问题法日近于真理,而后一阶级的解决问题法便日远于真理。

个性孕育在社会里,它受当代社会心理的暗示,亦受当时社会里阶级斗争的影响。学者能发见当时社会里所已有的问题,虽然大家还视为当然的事,它却能发疑问。然而它不能制造出社会所没有的问题。佛经上的譬喻——若是梦见人头生角,那是因为醒时"此处见头,彼处见角"。人决不能梦见他绝对没有概念或印象的东西。解决问题的方法,亦只是当代所能有的种种手段。即使顶天立地的最伟大的个性,亦决不能在孔子时代想着现代的共产主义。当代的社会心理有阶级的分化,个性能"自由"选择某一阶级的观点,"自由"趋向于某一阶级的解决问题法——当然依此个性之环境及性格而定。他却不能跳出当代社会而以他"绝对自己"的观点为立足地。尤其是一切道德善恶及所谓"义务意识",完全建筑在当时社会人与人之间的关系上。绝对的"利己主义的人生观"只能存在于无社会的矿物世界里,其实是无己可利。人类往往以利己主义出发而得利他主义的结果,一切利他互助主义都产生于利己斗争的过程里。所以社会里个性的动机在初民时代便是社会的,在现今有阶级的社会里便是阶级的。伟大的个性能超越阶级而"自由"选择观点,是因为这一斗争的过程显示了必然的因果律,使他不得不转移其观点于新阶级,结果仍旧是阶级的观点。所以个性的动机仅仅是群众动机的先锋、阶级动机的向导。

大致可以说,因生产力的状态而成当代的经济关系;因经济的关系而生政治制度;因政治制度而定群众动机;因群众动机而有个性动机。经济动向流变,故个性动机随此阶级分化而各易其趋向,足以为新时代的政治变革的种种因素中之一因素。历史的规律性便在于此。

然而最重要的,还在于适应新变化的个性能自己觉得历史流变之"必然的因果",那时,他方能超阶级而"自由"选择观点。至于阶级的社会心理亦因对于"必然的因果"之认识日益清晰,而能自化为人类的社会理想。初民个人依利己主义而向自然进攻。人与自然的斗争过程里发见自然现象的公律,能使他不得不结合共产部落而同进于较自由之域——实在是利他。无产阶级的"阶级个性"依利己主义而向现存制度进攻。阶级斗争的过程里发见社会现象的公律,能使无产阶级觉悟:"非解放人类直达社会主义不能解放自己"——实在亦是利他。个性之于阶级,亦与阶级之于人类的关系相同。

总之,科学的因果律不但足以解释人生观,而且足以变更人生观。每一"时代的人生观"为当代的科学智识所组成;新时代人生观之创始者便得凭借新科学智识,推广其"个性的人生观"使成时代的人生观。可是新科学智识得之于经济基础里的技术进步及阶级斗争里的社会经验。所以个性的先觉仅仅应此斗争的需要而生,是社会的或阶级的历史工具而已。他是历史发展的一因素,他亦是历史发展的一结果。

各个性的努力足以促进历史的进化,正因为他们在斗争过程里不断发见历史的"必然因果",所以能使人类运用"自然律"及"社会律"同登"自由之域"。

譬如人不知道电气的公律时只有信电神,知道公律之后便能应用电气;人不知道资本集中律时,只能受它的害,知道之后便能应用此集中律以达无阶级无政府之共产社会。

我们现在可以总结:

一、社会现象的规律性应当先求之于社会的最后原因。不能以个人动机或群众动机作为社会现象的惟一因素,当再求此因素之因素。

二、社会现象确有因果律可寻,惟知此因果律之"必然",方能得应用此因果律之"自由"。

三、人的意识是社会发展之果,既成社会力量之后亦能为社会现象之因,然必自知此因果联系,人的意志方能成社会现象之有意识的因。

四、社会的有定论以科学方法断定社会现象里有因果律,然后能据此公律推测"将来之现实"就是"现时之理想"。

五、社会发展之最后动力在于"社实的实质"——经济,由此而有时代的群众人生观,以至于个性的社会理想。因经济顺其客观公律而流变,于是群众的人生观渐渐有变革的要求,所以涌出适当的个性——此种"伟人"必定是某一时代或某一阶级的历史工具。

历史的工具运用"必然"的公律——由个性而阶级而人类,由无意识而有意识——成为群众的实际运动。群众运动的斗争正需要此历史的工具,社会的实质亦已能产生此历史的工具,于是方开始从"必然世界"进于"自由世界"的伟业。

人要从"自然之奴"进于"自然之王"必须知道自然律;人要克服社会的自生自灭性必须知道社会律。

一九二三年十一月二十四日

(季刊·第二期,一九二三年十二月二十日)

实验主义与革命哲学

瞿秋白

哲学的思潮往往是时代的人生观变易之际的产物。譬如法国革命前的百科全书派、启蒙学派,或是欧战前后的复古思潮——都是社会制度根本动摇时的影响。然而每一时代新旧交替之际,各派思想的争辩都含有阶级的背景。中国五四运动前后,有实验主义出现,实在不是偶然的。中国宗法社会因受国际资本主义的侵蚀而动摇,要求一种新的宇宙观、新的人生观,才能适应中国所处的新环境——实验主义的哲学,刚刚能用它的积极方面来满足这种需要。这固然是中国"第三阶级"发展时的思想革命,可是实验主义的本身,在欧美思想界里所处的地位是否是革命的呢?这却是一个疑问。

实验主义首先便否认理论的真实性,而只看重实用方面——"多研究问题,少谈主义!"可是这一个原则,亦没有抽象的价值。它的应用亦是因时因地而异其性质的。它应用于中国的时候,对于资产阶级是很好的一种革命手段:且不要管什么礼教,怎样能发展你自己,便怎样做。可是他对于劳动阶级的意义却是:不用管什么社会主义了,怎样能解决你们目前的难题,便怎样做去算了。于是大家蒙着头干去,当前的仇敌,固然因此大受打击,而后面的群众也不至于"妄想"——岂不是很好的手段?所以"且解决目前问题,不必问最后目的"——这种原则,用之于中国,一方面是革命的,一方面就是反动的。至于欧美呢,这却纯粹是维持现状的市侩哲学。

诚然不错,实验主义教中国人自问"为着什么而生活,怎么样生活",在中国是旧制度崩坏,新阶级兴起时的革命标语;在欧美却是旧阶级衰落时,自求慰藉的呓语——因为实验主义给的答案是"怎样应付现状"。阶级所处的地位不同,这"应付"的方法也就不同:在中国的第三阶级,要应付军阀的压迫,所以是革命的;在欧美的资产阶级,要应付劳工阶级的反抗,所以是反动的。

中国这样文化落后的国家,处于国际竞争之间,当然需要科学的知识,以为应付之用,所以实验主义带着科学方法到中国。其实这是一种历史的误会。实验主义只能承认一些实用的科学知识及方法,而不能承认科学的真理。实验主义的特性就在于否认一切理论的确定价值。它是欧洲资本主义社会的实用哲学,尤是“美国主义”。实验主义竭力综合整理现代市侩的心理,暗地里建筑成一个系统——虽然它自己是否认一切哲学系统的。

市侩所需要的是“这样亦有些,那样亦有些”:一点儿科学,一点儿宗教,一点儿道德,一点儿世故人情,一点儿技术知识,色色都全,可是色色都不彻底。这样才能与世周旋。可是决不可以彻底根究下去,不然呢,所得的结论,便是彻底改造现存制度,而且非用革命方法不可。那多么可怕呵!现状是可以改造的,却不必根本更动现存的制度,只要琐琐屑屑,逐段应付好了。所以实验主义是多元论,是改良派。

实验主义是什么?

詹姆士说:实验主义的方法,最先便是消弭哲学上辩来辩去辩不完的争论问题。宇宙是一元的还是多元的?是唯物的还是唯心的?是自由的还是必然的?这是永久不能解决的问题。宇宙的真实,其实可以不用讨究。实验主义只问某种意见在实用上有什么结果。假使某人认甲种意见为真理,认乙种意见为非真理,在实用的结果上,有什么区别?若是没有什么区别,那就很不用争辩。真正的争辩,只有实用上两种意见有不同的结果时,方有价值。

实验主义的名称——Pragmatism 的语根与欧洲文 Practic(实行)一字相同,本为希腊字“行动”之意。普通的哲学系统,大致都以“静观”作考察宇宙的观点,从没有问及宇宙的变易之可能与必然的,亦没有注意到现实世界的积极精神的。实验主义却是一种行动的哲学。

“实验主义远避一切抽象的不可及的东西,一切纸上的解决,先天的理由,一切硬性的不可变易的原则,一切锁闭的系统以及一切绝对与原理。它只问具体的,切近的东西,只问事实行动及权力。”(詹姆士之《实验主义》)实验主义不愿意做锁闭的系统,它要成一种新的研究方法——有这方法可以研究现实生活,并且改革现实生活;它的根本精神,就是使一切“思想”都成某种行动的“动机”;它时时刻刻注重现实生活的实用方面及积极性质，这都是实验主义的优点。

然而实验主义的弱点，却亦在它的轻视理论——因为实验主义的宇宙观根本上是唯心论的。

照实验主义说来，一切理论不是解释疑谜的答案，而只是工具罢了。凡是一种理论，一方面是我们对付外界的手段，别方面是一种逻辑的工具，如此而已。人的知识，究竟符合于客观世界与否，并不重要，重要的在于这种知识能否促进我们的某种行动。因此，一切学说的价值，照实验主义的意思说来，只要看他对于我们是否有益。某种学说假使是有益的，便是真实的；有几分利益，便有几分真理。一切真理都应当合于我们的需要。一切学说的真实与否，完全看它实用上的结果而定。"哪一种理论对于我们最有贡献，最能领导我们，最能解决现实生活里的各部分的问题，最能综合我们的一切经验，丝毫不爽——这种理论，实验主义方认为是真实的。假使宗教能合乎上述的条件，假使'上帝'的概念有这样的能力，那么，实验主义又何所根据而反对上帝仍存在呢？"（詹姆士）只要对于事实有利益，不管他究竟真不真，这种理论总是好的。假使宗教能"安人心"，那么，宗教亦是真理。

实验主义的意思，以为真理自身并无何等价值。每种学说必须与人的实际需要发生关系，方能成为真理。假使宗教能帮助我们经营实际生活，减少我们生活里的苦恼，那么，宗教亦是真实的，而且是必要的。

实际上真理是否能作如此解释呢？不然的。仅仅是"有益"还不能尽"真实"的意义。一种思想，必须是真实的，必须是合于客观的事实的，方能是有益的——思想的积极精神必须反映现实里的积极精神。事实上无所用其"积极"的地方，单是我们主观的努力是无用的。一定要客观世界给我们一个保证：保证客观里的一切发展是依定律的，这些定律可以做我们人的行动的指导的——那时方有积极之可能。如今实验主义只问理论能否做人的行动的动机——那就是承认一切催眠术式的学说亦是真实的。譬如说，中国现在要一个好政府——你们只要承认这一个意见，动手去干就好了，不必细问这一种意见，是否客观上有实行的可能。中国政治的发展，社会里各种力量的形势，依社会变易的定律，是否容许好政府式的救中国，也应当考虑一下。

何以实验主义以为一切理论自身本无何等价值？这是因为实验主义的宇宙观根本建筑在多元论上。"……现实世界若是离了人的思想，就变成很难捉摸的东西。现实世界接触了人的经验之后，还没有定名，便只造成某种观念；或者呢，现实世界还没有被人认识明白之先，能因经验而与人以某种概念。在这种时候，只有一种模糊的绝对的不可捉摸的意象——纯粹理想上的一种界说。”（詹姆士）如此说来，所谓现实世界只是人的种种色色的感觉之总和。这种感觉以外的真实世界，若是不和我们的经验接触，那么，他的存在与否，都不成问题。于是我们便能任意分割经验上得来的感觉，使成种种事物、种种关系及联系以及我们自己的观念。感觉固然是受外界的刺激而来，绝不受我们的管束的，可是我们有自己的利益和需要，凭着这些利益和需要我们来决定：许许多多感觉之中对于哪几种感觉我们便注意，对于哪几种便不注意。因此，现实世界的内容，可以由我们自己选择。外物自外物，我自我。我凭我的需要，择取外物的观念——我所见的现实世界，未必便是别人所见的；我现在所见的现实世界，未必便是我将来所见的。于是外物都成了我们任意造出来的东西，我们凭着自己的需要而设想出来的。詹姆士说：“……就是在感觉方面我们的精神亦能在一定的范围里有自由选择的能力。我们能取此舍彼——这便是感觉方面的界限。注重感觉所得的某几部分，而不注意其余的部分，我们就划出一个先后来了。在这里再整理出一个系统之后，我们方能了解他。总之，我们有的是一块大理石，要自己拿来雕一个形象出来。”在某一现实世界里，我们有几种目的，便照着这些目的制造出一种观念来，这些目的以外的现实世界，我们可以不问。因此，对于实验主义，不但没有绝对的现实，并且亦没有客观的现实。其结果完全是唯心论的宇宙观，它的真理便成了主观的。所以一切“真实”只是为我们思想的方便（Expedient）而设——一切“正义”，亦都是为我们行为的方便而设。

照实验主义的观点看来，假使某种真理，因种种缘故而变成无益的，亦就成了谬见。换句话说，假使原有的目的和需要变了，以前的真理便变成非真理了。人的需要、现实生活的要求、主观的愿望及目的——是知识和意见之真否的最高标准。这些目的和需要愈有价值，愈高尚，那么，能以达到这些目的和需要的学说也就愈有价值、愈真实。

现实生活里的目的和愿望完全依着我们的利益而定的——所以实验主义的重要观念在于利益；再则，各人的利益不尽相同——所以实验主义便只能承认：有几种利益便有几种真理。从表面上看起来，往往有人以为这种学说和马克思的互辩律的唯物主义(Le matérialisme dialectique)很相近,其实不然。

第一层应当注意的就是——马克思主义所注重的是科学的真理,而并非利益的真理。马克思主义以为:“各种观念是由于各种感觉所引起的,感觉乃是人对于外界环境直接起的反应作用。人的行为大致依照着自己的需要和利益而定——尤其是每一社会阶级的行为是如此。”仅仅承认在心理方面说来,每一社会阶级对于自己有益的真理,对于那种能够做自己阶级斗争的好工具的学说,格外接近些,却并没有承认一切有益的学说都是真理,亦没有承认人的愿望和目的可以做外物的标准、真理的规范,更没有承认知识的内容是主观的。

实验主义的积极精神早已包含在互辩律的唯物论里。互辩律的唯物论的根本观念,是承认我们对于外物的概念确与外物相符合。因此,我们要利用外物,只能尽它实际上所含有的属性,来满足我们的需要,达到我们的目的。客观的现实世界里所没有的东西,不能做我们行动的目标。现实只有一个,真理亦只有一个。我的观念及思想,当然是时时刻刻变的,然而这是因为客观的现实世界在那里时时刻刻地变,却并不是因为我们主观的目的在那里变。照互辩律的唯物论的意义,我们亦在时时刻刻变易外界的现实生活,然而只能依着客观的趋向。我们不能要做什么便做什么。现实生活处处时时矫正我们的行动。我们的观念反映客观的现实很正确的时候,我们的行动便不至于和现实相冲突,不至于“碰钉子”。某种意见是真理——并不因为它对于我们有益;这种意见对于我们有益——却因为它是真理,换句话说,就是因为他切合客观的现实世界。客观的现实世界确是变易不息的,我们因此要求科学的真理——确定的真理,求此变易之中“不易”,不能像实验主义那样,只能暂时有益于我们的算真理。我们得了科学的真理,客观世界的定律之后,才能彻底地改造社会,不能安于琐屑的应付。

实验主义既然只承认有益的方是真理,它便能暗示社会意识以近视的浅见的妥协主义——决不是革命的哲学。

(季刊·第三期,一九二四年八月一日)

思潮

青年雜誌 第一卷第六號目次

(民國五年二月十五日發行)

选自《青年杂志》第一卷第六号(原版内文)

当代二大科学家之思想

陈独秀

英史家嘉莱尔(Carlyle)所造英雄崇拜论,罗列众流,不及科学家,其重要原因盖有二焉:其一,前世纪之上半期,尚未脱十八世纪破坏精神,科学的精密之建设,犹未遑及,世人心目中所拟英雄之标准与今异也。其一,当时科学趋重局部与归纳,未若综合的演译的学说,足以击刺人心也。二十世纪科学家之自负,与夫时代之要求,与前异趣。诸种科学,蔚然深入。综合诸学之预言的大思想家,势将应时而出。社会组织,日益复杂。人生真相,日渐明了。一切建设,一切救济,所需于科学大家者,视破坏时代之仰望舍身济人之英雄为更迫切。彼应此时代之要求,而崭然露其天才之头角者,于当世科学家中得二人焉:一曰梅特尼廓甫(Metchnikoff),一曰阿斯特瓦尔特(Ostwald)。

梅特尼廓甫

(一)略历　梅特尼廓甫,以一八四五年,生于俄罗斯加耳廓甫州。父为陆军士官,母犹太人也。本乡大学卒业后,复游德意志诸大学。归国以一八七〇年,任阿得萨(Odessa)大学动物学教授。居十余年,辞职南游意大利西细里亚岛(Sicilia),从事地震学之研究者数岁。此数岁中实梅氏最重要之生涯也。其地濒海,便于无脊动物之研究,因以发见高等动物及人类与无脊动物之血液的关系。一八八四年,更造论发明白血球退治微生物之作用,大为法国巴士特氏(Pasteur)所赞赏。巴氏为近世大化学家、大医家。数年前巴黎某杂志,曾发起投票公认何人为国史中最大英杰。及揭晓时,拿破仑大帝仅居第四位,政治家甘必达(Gambetta)居第三位,第二为文家嚣俄(Hugo),巴氏乃居第一位,其盛名可想。一八九五年,巴氏招聘梅特尼廓甫为其医学研究所之管理者。巴士特研究所,创始于一八八六年,为各国医学研究所之嚆矢,设备最称完美,得梅氏之管理,盛名益著。巴士特之功,在发见诸种病原。梅特尼廓甫之功,在根绝诸种病原,谋长生久视之术。世多称梅氏继巴氏后,为贡献人类幸福之双星。梅之为人,朴质寡言,贫居巴黎市外,不喜交际。然四方来问学者,无不殷勤接待,详说而曲喻之。数年前曾以研究鼠疫,亲来满洲一游。(梅)氏之血统,乃半犹太人,于宗教则为无神论者,于政治则自由主义之人。以此之因,宜其不容于国内。一八八一年亚历山大二世暗杀案起,俄之政潮,日趋剧急。梅特尼廓甫亦以政见得罪皇帝,辞阿得萨而南游,适此时也。

(二)长生说　易从来之实验的治疗法,而从事于组织的研究,穷探病源,施以根本之救治,此现代医学界之大革命也。革命之健将为谁?即梅特尼廓甫是矣。旧式之药剂法,率用人身以外之植物质或矿物质。金鸡纳(Quinine)及水银,尚为比较害少之品,纳此等于胃中,经过各消化机,以达血管,驱杀病菌,此常法也。若现代驱杀病菌之法,率不假外物,即在增多血液中原有之一种消毒素(Antitoxin),血清注射,与以刺戟,其效立见。或于马之血液中提取同质之物,愈足补益。白血球退治病菌,亦人身生理自然之作用,梅氏字之曰"食菌细胞"(Phagocyte),取希腊语食(Phagein)、器(kytos)二字以成之也。盖以白血球周历人身各处寻求食物无已时,自营半独立之生活,若单细胞动物阿米巴(Amoeba)然,虽皮肤及硬骨中,亦能羼入。例如皮肤受伤,白血球即时凝集,混于血液,恰若积土成垒,以御敌攻,结合新成之皮肤,保护新生之肉,皆其职也。其或病菌侵入,敌势强大之时,白血球则整队以御之。敌军增多,白血球亦即续发相当之动员令,奋斗求胜,死而后已。战斗酣时人身遂至发热,用显微镜窥之,战况历历可见。白血球退治有毒之微生物其效如此,此梅氏初期研究之所得也。更深讨论之,白血球岂始终杀敌致果,以卫吾人之生命乎?此当然之疑问也。原夫白血球之贪食病菌,非有保卫人体之义务,乃以自身食欲为之动机。有时大敌当前,竟然放弃其作用,必病菌附有阿卜索宁(Opsonium)类之刺激物,使白血球对之食欲亢进,乃能兴奋其杀敌之精神。据梅特尼廓甫之意见,白血球虽有防卫人身之作用,而身体衰弱时,则变而为强敌。人生之衰老也,精力之消耗也,皆由此贪食之白血球食杀人身神经细胞之故。食毛发之色素,则颁白而变衰。肝肾二脏,被蚀易形,夺取骨骼中之石灰质纳诸血管,一面致骨骼脆弱,一面使动脉变硬,一举而生二害。人生之由壮而老也,半由于病菌之围攻,半由于谋叛者白血球之内应。梅氏研究之结果,曾下有名之定义曰:“人身机关之衰老也,全属微生物之为害,与他病症无异。”又曰:“衰老者,传染的慢性病也。高等部分,日变形而软化,白血球活动过度,亦其重大之原因也。”夫以衰老为一种病症,且特属微生物为害之结果,则寻流溯源,未必无治疗之法。此梅特尼廓甫所以醉心于长生术之研究也。因此研究而首得之疑问,即大肠之于人身是否需要是矣。盖以大肠中多附诱起病因之微生虫。梅氏直谓大肠为无用之长物,倘施以外科手术,割去或缩短之,未必即有特别之恶影响。由有脊动物解剖之证明,肠之长短与生命之长短成反比例。但梅氏尚未尝以外科手术割去大肠,及用化学消毒之事,惟尽力培养无害之细菌于肠中,以驱逐繁殖有毒之细菌。施此术也,以乳酸菌为最有效,以其有克杀毒菌之功用。例如肠窒扶斯,乃最易传染之大肠病也。布加利亚人喜用乳酸菌,而此疾稀见。牛肉与乳,其滋养分殆相伯仲。惟肉易腐败,发生有害之分子,乳之味酸而甘,且含有砂糖分,可防止腐败细菌之增长。然则牛乳之为物,不徒为人身之滋养品,且可攻克侵入大肠内之毒物也。蒙古与俄属南部,喜食马乳之作品,游牧之民,多嗜凝结之牛乳。埃及与印度边境,牛乳亦为重要之食品。布加利亚人以喜食含有极强度细菌之乳酸闻名,而其人之寿逾百岁者,实居多数。文明程度低下,与夫贫乏之人,每多长寿。由此以推,生活简单而应顺自然,亦长寿之条件。依梅氏意见,人之老死,既得其因,复有疗法。长生久视,虽未必遽能实现,而定命固属妄说。人生保寿百年以外,实非异事也。

(三)道德意见　伦理学者所谓利他主义,宗教家所谓博爱主义,非世人目为金科玉律,莫敢废置者乎?而梅特尼廓甫氏,乃谓利他、博爱非永久不可缺欠之道德。冒危险,供牺牲,舍己济人之善行,当随文明之进步,日益减少而至于无。此实梅氏创获之见解,惊倒一世者也。欲明其说之涯略,请举其言曰:“人事界之祸害,随文明进步而减少,终至全然消灭,而牺牲之事鲜矣。防疫而有血清法,医生遂无与传染病相战之危险。昔之医生,施义膜性咽喉炎 Diphtheria 患者以手术,不得不舍命为之。余之友人中,少年有望之医生供此牺牲而死者,实繁有徒。今已有义膜性咽喉炎退治血清之发明,即无前此牺牲之必要矣。要之,科学进步,即所以杜绝牺牲之道也。在昔亚布喇哈姆(Abraham,犹太人之祖,见《圣书》),以宗教信仰,牺牲其孤儿。此等高尚行为,其日益稀少而至绝迹乎?自合理的道德言之,此种行为,虽云有赞赏之价值,而究有何所用耶？人人拒绝他人同情之时代，其将至乎？康德以行善为人间纯粹之义务，斯宾塞以助人为人间本能之要求，此等原理，将行于何时何世，吾不得而知也。自理想言之，人各自达于充足之境遇行善不及于他人，此种社会，其旦暮遇之。”（以上见梅氏 *The Prolongation of Life*.p.323）梅氏眼中之博爱利他主义，不过为应时之道德，非绝对不可离之真理。其破坏博爱利他主义之根底，视尼采为尤甚。盖尼采目博爱利他为不道德之恶劣行为，意过偏激，不合情理，使人未能释然。梅氏之解释个人主义，亦不似尼采猖披过当，令人怀疑也。请更征其言曰：“无论若何社会主义，均不能完全解决社会之生活问题，与夫个人之自由保障。惟人智之进步，乃足使人人之财产自然趋于平均。盖人有知识，深明多藏之害，当然弃其有余。自来生活奢侈者寿命多促，其事至愚。履人生之常道，以简朴严正为生者，往往得最大之幸福。明乎此，则富者尚质素之生活，贫者自日趋于顺境。但遗产私有之习惯，未必为根本必无之事。进化非急激而行者，必由种种之努力及新知识之加增，乃有济也。新生产之社会学导先路者，当为其姊生物学。据生物学之所教，凡组织愈复杂者，其个体之意识愈发达，乃至有个体不甘为团体牺牲之患。惟劣等动物，若粘菌、若管状水母等，其个性全然没却于团体之中，然其所牺牲者乃极少，此等动物绝无自个意识故也。营社会生活之羽虫，居劣等动物与人类之中间，有明了之自个意识者，惟人类而已。故为社会组织之便利计，未可强人以牺牲。敢断言曰，人类社会生活之组织当以个性之研究为第一义。”（以上见 *The Prolongation of Life*.p.231）由上之言，梅氏道德见解，乃以个人之完全发展，为人类文明进步之大的。博爱利他非究竟义，其说视自来主张个人主义者，设词缓而树义坚矣。然梅氏虽主张个人主义，而生平行事，决非绝对利己之人，虽不以博爱利他为究竟义，而所行多博爱利他之事。自表面观之，似为矛盾之见解，其实梅氏乃笃行者而非幻想者，乃科学家而非哲学家，乃不以博爱利他为究竟义，非恶夫博爱利他有害于今之社会也。犹之氏之重身命，说长生，乃乐天家而非厌世家，胡为轻身东来，乐与极酷至险之鼠疫为伍耶？盖其个人精神之伟大，无论若何博施济众，而非以博爱利他为动机也。其重惜生命，乃了解人生存顺殁宁之真正价值。阴暗怯弱之厌世家固彼所不为，庸懦苟偷之乐天家，亦彼所不取，以矛盾议之者浅矣。

（第二卷第一号，一九一六年九月一日）

当代二大科学家之思想(续第一号)

陈独秀

阿斯特瓦尔特

(一)略历　精力说之倡导者阿斯特瓦尔特氏,颜其居曰“精力别墅”(Landhaus Energie)。彼诚精力绝人,名称其实,非若东洋流之名士,戏以雅号佳名自饰也。氏任莱卜兹(Leipzig)大学教授,并同校化学实验室之主任。教学之暇,手著之书,除化学多种外,尚有二十余种,其页数计一万五千八百余。又论文百数十首,页数千六百余;讲演数种,三百余页;介绍学说,三千九百;著作批评,九百有余。此外,复担任刊行《物理化学评论》(自一八八七年始)及“科学丛书”(自一八八九年始),宾客往访,率珍重遇之。有问学者,尤不惜殷勤详答。其精力之强,诚堪惊叹。氏以一八五三年生于里加(Riga,俄之西北港市),年二十二卒业于大学,年二十七与某女结婚。次年,任里加某工业学校教授。一八八七年,去俄罗斯往德意志,任撒格逊尼(Saxony)王国都中莱卜兹大学教授,时年三十有四。在职十九年,等身著作,大部分成于此时。一九〇六年,辞教授之职,移居乡间“精力别墅”,精研哲学。今犹健在,老而益勤。或有以何故弃有用之化学,而从事哲学等不生产之学问为质者,阿斯特瓦尔特答曰:“公等视哲学为不生产之学问耶?是谬见也。所谓文明者,专门研究之时代,与夫全体综合之时代,互更递进。前世纪乃专门研究时代也,今世纪乃全体综合时代也。余自始即好哲学,然未尝治之者,时代为之也。今其时矣,此余之所以舍莱卜兹而来精力别墅也。”氏长于语学之天才,兼精俄、德、英、法各国语及世界语。尝谓各国异语,颇为学术及交通之障碍,遂锐意于世界语之改良及传播。一九〇九年,以化学所得诺倍尔赏金,悉数充作传播世界语之用。然彼对于语学问题,则以为青年学习语学过甚,有伤独创及论理之能力。尝谓尼采之偏见畸行逾越常规者,乃学习古典语过多之故。奥匈国民之天才罕见者,以其大部分之精力与时间,均消磨于语学之需要耳。氏之日常生活,喜时时转换其业务,治学倦时,改作绘画、风琴(疑为钢琴。编者注)(Piano)、胡弓(Violin)为其长技。青年时代,兼擅诗曲。盖事后休息,先时所营,仍留脑际。必改向性质绝不相同之事物,则血液乃移行作用绝不相同之他部脑髓,前用之部,始获真正之宁息。其毕生事业,亦一事成功,即改营他事,以资休养。此即应用其精力之第二法则也。(说见后)

(二)幸福公式　去今十年前,阿斯特瓦尔特氏以裁决仍留莱卜兹而任大学教授,抑或退居"精力别墅"而从事哲理家之生活也,遂证明下方之幸福公式,以自白其经验。

$$G=E^2-W^2$$

此公式中之G为幸福(Glück),E为精力(Energie),W为逆境(Widerwillig)。盖以人生幸福之大小,视其奋发之精力以为衡。欲享受幸福之一日,不可不一日尽力以劳动;欲享受一生之幸福,不可不尽力劳动以终其生。劳动者,获得幸福之唯一法门也。故无论何人何时,应竭精力之限度,以送其努力奋斗之生涯。就此公式,更进一步而成下之方程式。

$$G=E^2-W^2=(E+W)(E-W)$$

幸福之G,由精力E之加增,其量弥大,而缘此所生逆境之W,其量亦加大,例如亚历山人、拿破仑、罗斯福其人,皆精力雄足,而与之反对之势力,亦甚强大。但彼等幸福之全量,究非吾等意想所及,是曰英雄的幸福(Heldenglück)。惟是人间之精力,不尽如罗斯福等,而欲效其奋斗主义之生活,则烦冤痛苦,必非一端。于是所生之幸福,全与罗等殊科。守避世禁欲主义之生活,若希腊哲人狄阿贵内斯(Diogenes)然,印度之"涅盘说"、希腊之"斯托亚学派"〔Stoic,雅典哲人齐隆(Zenon)淡泊主义之学派〕,皆此类也。夫节精力、避痛苦,乃云山隐者之生活,非有为青年之所宜,是曰田舍的幸福(Hüttengluck)。英雄的幸福与田舍的幸福,虽各有其满足之点,而谓为同等之幸福,则不可也。恰如大小二杯,各注以酒其满足也同,其容量则不同。

(三)精力法则　精力论占阿斯特瓦尔特之学说之重要部分。其师赫克尔以物质

(Substanz 或译本质)为其哲学之中枢,阿氏则以精力(Energie 或译势力)为其哲学之主脑。精力之法则有二:其一,即一八四二年马耶(Mayer)所发明之精力常存说是也。其说以为无限空间中,生起一切现象之精力,其状态虽有所变更,其总量则常存而无所增减。例如,吾人之购求煤炭也,非求其所燃之炭素,乃求其中能燃之精力。煤之燃也,其炭素与酸素化合而为炭酸加斯,散而为烟,他无所有。吾人所用者,乃燃烧之际炭素与酸素化合所生之热而已。以此热力故至令锅内之水化而为蒸气。水蒸气之膨胀力,异常强大,于是发热精力一变而为膨胀精力。以此膨胀力故至令蒸气机关行动,于是膨胀精力又变而为连动精力,用此力以转动发电机,则运动精力又变而为电气精力。传电燃灯,则电气精力又变为发光精力。以电行车,则电气精力再转而为运动精力。自发热至此,精力之状态已经过种种变化,而其为力之量,精密计算之,曾不稍有增减。此即常存之说,精力之第一法则也。然则宇宙间之精力,既常存而无所增减,而以何原因?忽有此良否盛衰,万有不齐之现象耶?欲解答此疑问,则不得不求诸精力之第二法则,即阿斯特瓦尔特之精力低行说是也。其说乃谓精力之为物,平行如水,无物激之,时有由高就下之势,低行抵于水平,遂静止而失其作用矣。故引水灌远,必取源于高处。欲转动水车而以水平之水,其必不得水力之效用,复何待言?水之精力,一度效用,则如量低下,复抵水平,此自然之势也。其他精力之作用,悉无异于是。一切精力莫不由高就低,以保其水平性。精力而不在水平以上,决未有能利用之理由。宇宙者,精力大流之总和也。人间文野之差,乃以酌此大流之浅深为标准耳。例如,初民始知用棒,是为文明开发之第一步。因用棒以延长身体之精力,在徒手者之精力水平以上也。次知投石,则文明开发又进一步。因石能致远,视用棒者之身体精力更增高度也。又其次则发明弓、矢、舟、车,文明更进一步。因其人身体精力之扩充,又在投石者之精力水平以上也。迨近世蒸气、机械、电报、电话、飞机、潜艇之发明,而文明大进,人间精力之伸张,远在古人之精力水平以上。此皆利用宇宙间自然常存之精力,而不任其废置低行故也。今日之世界,非文明的行动尚有多事,如国际战争及社会中各阶级之冲突,此皆作为无益。精力低行之量尚属广大,故讲求利用精力之法,关系于世界文明,至为紧要矣。此第二法则影响于哲学社会学者至巨,且视第一法则之精力常存说为优胜。盖前世纪为纯粹科学时代,盛行宇宙机械之说,乃以第一法则为哲学之根基,生物学者赫克尔教授集其大成。二十世纪将为哲理的科学时代,化学者阿斯特瓦尔特氏导其先河,置重第二法则,说明生命及社会之现象,且以为未来之预言,法兰西之数学者柏格森氏与之同声相应。非难前世纪之宇宙人生机械说,肯定人间意志之自由,以“创造进化论”为天下倡,此欧洲最近之思潮也。机械说谓世界之要素二:曰物质,曰运动。万物皆成于原子,原子不可分,而有永久存在性。各原子于一定之时间,以一定之速度,向一定之方向而进行。以此推论,假令各原子遽然中止,且以同前之速度逆行其进路,则万象悉返前境。将见死者肉其白骨,鬼雄起立战场,败落之果飞上枝头,已燃之灰复返为木,世界历史均次第旧幕重开。此理论将不为机械论者所非难,而亦物理学所容许,然为自然界、人世界之所必无。彼怀古笃旧者,正不必耽此迷梦也。是以第一法则,虽为一种不可破之定理,必待第二法则以补其缺憾。生物界之吾人,允当努力以趋无穷向上之途,时时创造,时时进化,突飞猛进,以遏精力之低行,不可误解机械说及因果律,以自画也。

(四)效率论　所谓理想的机械者,科学家之恒言也。今世之机械,颇近于理想,而犹未至。由来机械之目的,乃以一种之动作变生他种之动作是也。理想的机械最重此义。倘所呈效果,无加于吾人自力之所为,则无机械之必要矣。例如植物为自体生存计,直接受日光之精力与作用。人类及其他动物,未能直接应用太阳之精力,不得不假植物,间接以取其由太阳精力所成之食物。因是植物者不啻为变更日光发射之精力,而为食物化学的精力之机械矣。此二种精力之量,吾人得而测量之。盛夏之际,一亚克(Acker,德国面积名,合英国四八四〇方码)之地,所受日光几何?测其热度而知之。所生之植物,其包含之精力分量几何?燃烧之而测其热度亦知之。就二者精密比较,其结果殊可惊异。盖植物体中所贮之精力较所受日光之精力,每不及百分之一。虽其生活作用不无消费,而大部分有用之精力,付之废弃,可断言也。然则植物者可谓为极不完全之机械矣。惟其可取之点,乃在植物独力生成,不假人助而收获耳。加以人工,固生产增额。适度耕作之地,较诸天然荒原与夫原始时代之森林,所获自增数倍。然人工备至之地,即极盛之花园,所含藏之精力,较其受诸日光之分量,亦相差甚远。所受精力与所生精力之比例,以术语言之,是曰效率。植物之效率最低,以其不能利用所受之精力也。效率最高者,莫如近世之发电机。其所生之电气精力,较所受之机械精力,仅少百分之五。效率之说,本取日常语言,应用于科学,毋宁谓为“善之权衡”(Güteverhaltnis)尤觉适当。例如评判豆或麦之善恶,可比量一亚克之产额多寡而知之。又若发电机，其不能利用精力至百分之九五者，则谓之恶发电机矣。道德上善恶之定论，亦同此理。盖世事万端，无一不与精力之变化相关联。道德之事，非在例外。惟是依第一法则，精力决无消亡之理。而机械不良，未能变原料精力为等量之有用精力，其效率遂至不齐，亦系显然之事实。斯二说似有不可调和之疑问，然第二法则已足解答此疑问。欲求效率之高，惟在善于利用精力，不令低行已耳，非第一法则之有何谬误也。且发电机所呈之效率，虽只百之九五，而其他五分决非消灭，乃一部分因磨擦而变热，一部分因电线之抵抗化而为电流。即如植物所利用之太阳精力，虽只百分之一，其余九十九分之热仍存宇宙间，未尝丝毫消灭。只以机械之良莠不齐，遏制精力低行之程度有强弱，斯所呈之效率有高低，非精力之本身有所生灭增减也。尤如货币，由甲地汇至乙地，其损失之部分，乃为汇费而非货币之自身。汇兑机关之美恶，非以汇费损失之多寡决之乎。此亦效率高低可判断道德上善恶之一证也。夫机械之不完全，为精力效率低下之重大原因，吾人可目为定则矣。而尚有一种谬见，不得不辨明者，即人工机械之不完全，较天然机械尤甚之说是也。今世人为机械之巧夺天工者，不一而足。新器发明，犹日进未已，其所不能者，乃吾人头脑冥顽及熟练不足之罪耳。电气应用于人生，不过百余年以来之事，人间生活已因此生重大之变更。由现在以测将来，其使吾人精力效率之增高，宁有限度？科学之与产生二果，其一精力之为物，大效用于人间之生活；又其一则原料精力变为有用精力之时，其效率必至增加。在昔以亚里斯多德之明哲，亦以为奴隶制度终无废弃之理。盖希腊、罗马之经济基础，皆建筑于奴隶制度之上。诸大思想家之得以委身学问也，皆奴隶制度之赐，否则一切劳力之事，必躬自为之。但利用牛马风水，以供劳役，无假力奴隶之必要，距今千余年前既已发见，此岂亚里斯多德所及料？由斯以谈科学智识之增长，人间精力效率之高度，其事至明。人间若不幸无此智识，仍至何时亦固守愚昧劣等之生活状态以终。吾人在此种生活状态期间，尚有何等伦理道德之可言乎？古之人胼手胝足，挥汗如雨；今之人劳力极微，惟聚精凝神，安坐以操配电盘与推进机而已，使人间之劳动，不同于牛马。科学之功用，自伦理上观之，亦自伟大。更试就宗教言之，世非仰望基督为持人类和平之使命而来耶？然历史上所生结果，不幸全与之相反。近代之人对于和平论之伦理的价值有所怀疑，视古人加甚。今日颇有从事世界之和平运动者（按：诺倍尔赏金，亦奖励此种事业。印度达噶尔之获赏，即以其有功于世界之和平运动,非以其文学也),与其谓为影响于基督之和平教训,宁谓为戒于战争及战争准备浪费巨量精力之故。若工艺、若伦理道德,阿斯特瓦尔特氏皆以“精力的命令”为贯彻吾人生涯全体之统治权,惟是精力之变更及其效率之增加也,将何道之由耶?曰是在积极以求机械之改良,消极则以“勿为浪费精力之事”为格言,犹之经济学家恒以“不生产之消费”为大戒也。经济学贵在以较少之时间与精力获较多之生产物。阿斯特瓦尔特之著书中,亦恒有曰:“汝之劳动,务以极少量原料精力之损失,以成高尚有用之精力。”(按自蒸汽机发明以来,人间时间之节省及精力效率之增加,已属不可思议。而近日欧美人节省时间与精力之法,日异月新,无微不至。例如作书之字母,依声连书,已称便利矣。而尚嫌于每字结束之后,另于t上加横,i上加点,废时耗力,且欲去之。以视吾东洋使用象形文字之民族,其文明进化,一时如何可及。)

(第二卷第三号,一九一六年十一月一日)

论生活上之协力与倚赖

罗佩宜

人生而有欲，且循世运嬗衍之骎进，欲以日奢。凡所为充其欲者，求之一人之身不能备也。则其势必取于相养相资，而通力合作协同为治之事起矣。然所谓相养相资协力为治者，必有一要件焉，则人皆有独立自营之力是已。苟生民秉彝，于独立自营之事有亏，则通功易事之事弗举。通功易事弗举，而谓能营协力共同之生活，既已仅矣，何则？以有易无者，必有所以易之者，或仅恃他人之惠爱以为赠施，与夫一己之武力智巧，以猎取之。则其情毗于倚赖而不可以久，以供之者难乎其为继也。故协力之生活，必起于交易既行以后，民各出其独立自营之余裕，相为资养，而后人各餍足其欲而无遗憾焉。

且协力治生之为用，不仅餍足人人之欲愿已耳。凡厚用资生之事，莫不待其群之通力合作而后举。人治日蒸，则所待者益繁。昔之，一人一家已足尽其能事者，必联数十人、数百家而始克有成焉，政治及其他事业无论已。一公司焉，其母财，非一股东之力所能措也；其业务殷繁，非一人所克肩任也。故一群资生前用之业，必合群策群力而后举。有劳心者焉，有劳力焉，其致功程效各殊，要皆竟其长以图生事之发展则一。夫而后，一群之生计舒裕而不困，此协力治生之大效也。于此有害生焉，则协力为治之事生，而依赖仰食之群起。夷考其朕，厥有数因。一、食祖父勤殖之余，膏腴坐拥，匪绍箕裘，而丰衣美食，呰窳偷生，是谓侈惰之群；二、坐縻饩廪，罔知生计，惟工辞揣色，博主人欢，若倡优侏儒，斗鸡走马，竭智尽力，无裨事功，是谓使辟之群；三、狡黠性成，以樗蒲赌博为业，或故设骗局，抛卖空盘，鱼肉颛愚，变诡万状，是谓谲诈之群；四、杀人越货，胗臂夺食，小或狗偷，大且狼逐。贵如王公，贱则盗贼，朘削下民，衣食万方，是谓暴戾之群。凡兹种种，不胜指偻。或无所事事，坐縻饷餶；或隳突叫嚣，恣为蟊贼。问名则是，辨实则非。其劳逸贵贱虽殊，而其耗国财以蠹民功则一也。甚哉！协同治生之事，为缮群成俗所必需，而流弊所伏，适资以害群。利日进，弊亦日进，孜孜攘攘，将迁流递嬗，靡所底止耶？

昔者，斯密亚丹氏尝纵论生利之事，有曰：总一国之民，无论或劳力，或不劳力，劳力矣。或生利，或不生利，其待养于地之所产，民之所出，则均。顾一国之岁殖，只有此数。惟其养徒食者数多，则以赡能生者数寡；赡能生者数寡，而国之所殖，岁以荒矣。又谓一国之岁殖日微，则所存留于国内之金银，其势亦不可久，彼必输之外邦。而致本国所不足之物，输出之数，必与岁殖所不足之量相齐。故以国贫而后有金银外溢之事，非金银外溢而后国贫也。虽然，究其旨归，则一国分利之人多而生利之人少也。

唯斯密氏谓国之王侯君公，降至执法司理之官吏，称戈擐甲之武夫，皆仰食于生利之民，而为不生利者。后之学者，辄以其言太过，多訾议之。平心而论，天下通义，治人者必食于人，受治于人者必有以食人。即云设官治兵，实皆在公之隶。既公隶矣，则其群自不能无所食之，而听其自谋，以反乎协同为治之公例。且人类未几于大同，则保卫之责，化导之方，凡关于民质民德诸无形之利，尤不可以已也。惟是率私奉公必有其界，若或衣租食税，漫无制防。惟务竞小己之权利，谋司枋之尊荣，则与协同为治之义已乖。夫一国之租税，每岁之度支，已为不生产之费用矣。而犹罔惜民艰，恣为放肆，浮虚冗滥，所费日多。至于养人劝工之政，则废而不举。民虽极于勤奋，而损下终不足以益上。驯至公私交罄，民之流离者众，而国亦月削日微矣。此斯密氏所由伍官吏师儒于倡隶之伦，而斥为不生利之功，诚慨乎其言也矣。

夫人栖息于一群之中，无独立自营之力，傀然终岁而不生利者，其害犹小。徒倚赖于生利之民，以分享其利者，其害滋大。民之致力而生财也，为数有限。苟节而贮之，用以规后利于将来，则生生不息，其利溥可届于无穷。今也，仰劳民勤劬之余，以恣其贪欲无艺，则国财坐竭。来日大难，其见之有形者，则农工商业，日以萎缩夷伤。而民生利赖之业，其甫茁之机，待萌之蘖，被摧抑于无形者，迨莫能以巧历算矣。其始也，以分功之故，而协力之生业以宏；其继也，以分利之故，而倚赖之生活以长。治何所殊而有进退，国何所届而有荣枯，胥国人协力治生之功之消长致之耳。

惟倚赖生活不可以恒久恃也，盖供者易竭。而倚赖既久，渐以失其独立自营之力，一旦去所以倚，则亦自即于淘汰而已矣。记日儒河上肇君有云，共同生活为人类进于上治之动机。于是时也,有寄生生活之事,潜起并行,以妨害其进化焉,而致遗生事无限之困穷。其二者外形逼肖,区别綦难,凡含生负气之伦,莫不具此前例。有足审者,即如蜂之与蚁,为吾人所习见也。苟细为判别,则显著等差矣。其中或司卵育,或专御侮,或营业觅食,分功并骛而绝不相蒙。自大较观之,一共同生活也。究之雄者力优,不是生业,为之供设以给其生者,实一群不雌不雄之倖耳。以供役之群,率皆孱弱不竞,遂为其雌若雄者所屈,为之厮保佣卒,而终于不悔。其彼此权利义务之分际,若通其藩而无所制焉。故自蜂蚁之生活言之,与谓为共同,宁谓为寄生,即谓为协力,宁谓为倚赖也。又谓若虻虱之寓于人,茑萝之寓于树,仰他体之脂膏,供一群之咕嘬,其为计未有能恒者。夷考动植二界,以寄生为生活之类,皆昔苑而今枯,其例甚显。孑遗所存,足以供吾侪学理之笺释者亦寥寥耳。以是知被寄生者,惟以供他群牺牲之故,因而耗失其自觉之机能而不省。寄生者亦以有所倚赖,其致力成物之诸器及良知,久于不用,则亦麻痹不仁势成废弃矣。故唇亡者齿寒,蛩僵者駏仆,同归于尽,有由然也。呜呼!此言可发人类社会之深省矣。

(第二卷第二号,一九一六年十月一日)

经济学之总原则

——在北京学术研究会之演说

章士钊

贵会号为学术研究会，兹请就“学术”两字约略言之。凡划出一定范围，将其中所有事实及其相互之关系，一一调查明晰，虽未能尽，而约略可以假定。将来别有所得，亦必不至与所已见之现象全然相反。因将此种事实、此种相互关系、此种已见之现象，条分缕析，从而观其共同之点何在，即其共同之点立为原则。而原则又有大小偏全之分焉，于此大小偏全之中，或更能发见总原则者，即谓之“学”。本此种种原则，求其所以应用，即谓之“术”。以经济言之，凡人生之如何劳力，如何生财，如何耗费，以及金融如何流通，财产如何分配，皆所应行研究之事实。此种种事实，类有相从之种种原则。而种种原则之中，又有总原则立其上焉。此总原则为何？即以最小之劳费，而求最大之效果是也。此原则也，其义与中国“俭”字相合。唯“俭”之云者，乃指资本如何用法始最合算，非如守财虏储钱不用，而自行克苦之谓也。由是言之，经济学可谓之“俭学”，实则此义并不为创。英文之 Economy，其含有“俭”义，一望而知。即日人所谓不经济，亦即不合算之谓也。但“俭”字须分两方面观之， 人的方面，一财的方面。人与财皆包括在资本以内，故计较资本之用，不可不双管齐下也。当民国元二年之时，兄弟在北京目睹项城政治之浊乱，曾发为“正本清源综核名实”之论。此八字看来似觉过于广泛，做去似难得下手方法。而兄弟当时理想，实不过一经济总原则之作用。盖谓欲救中国之弊，总须做到有一分的才，得一分的用；有一文的钱，得一文的用。由前之说，是谓俭才；由后之说，是谓俭财。今人之恒言曰：人才消乏，有事无人办，是固有然。但由他方面观之，有人才而未得相当之用者实夥。近日以来，兄弟有欧洲同学之工程师、矿师数人，所学甚好而不得用，亦只好混入无数奔走伺候之人之中，求一与所学全不相应之小事，以资糊口。兄弟睹此，为其人计，为国家生计前途计，均觉寒心。夫以中国现时所有人才之总量,悉投之生计界中,尚虞其不足。而乃以社会罪恶之故,多方阻之。兄弟前所谓有一分之才得一分的用,始能救中国的弊者。今竟有数分之才,不得一分之用。才之不俭,可谓极矣。此犹为消极一方也。若在积极一方,真才不得其用,不才者即取其位而居之;无才不足以善事,加以不才又足以败事,故国事至今日愈不可问也。以言乎财,则今日无论公私,其为用之不得其正,更不必举例即可了然。然姑且言之,今人动曰生活程度日高如何如何。究其实,生活程度高是何解说,不必人人都能答复。兄弟在欧洲时,亦闻其国人说到生活程度高,但乃其社会中之好现象,人无不乐其高。独在吾国适得其反何也?盖欧洲所谓生活程度高者,例如一教习,去年月薪百圆,差足自给。而今年仍为月薪百圆,但以国家经济组织完密,制造日精,出品愈夥,而物价益低,该教习月以八十圆支持家用,即可得去年所以自给之程度。而此赢余之二十圆,则以之洁其家室,新其衣冠,多购书籍,并偶或携其妻子为观剧游园之乐。而生活程度,顿觉其高矣。此乃言本人技术不进者也。若本人技术进步,则薪俸以及他种利润更有增加。一面再食国家经济组织完密、物价低廉之赐,则生活程度愈见其高矣。而吾中国则不然,国家经济组织全无可言,工业不与,恶币充斥,以至物价日高一日。例如去年月薪百圆,足以自给者,今年百物腾贵,非以百二十圆不能支持去年之生活。斯时有两歧路,为其人所抉择:一减少应有之生活物事,使收支适合;一攫取额外不应得之金钱,以撑持现时之生活。由前之说,则仰望生活程度之高,而自安于低。由后之说,则冀追他人之生活,而仰齐其高,大约今之恒言所谓生活程度高者,俱是此种。其所以酿成如是现象,不外二因:(一)社会之经济能力不充,机关不备,以致物价腾踊。(二)个人之技术不进,无法以致高薪。以此二因,社会之滥用愈甚,经济事业愈不得发达。人才为社会虚荣所侵伐,又无途以致用,日益不能自养。其结果又益使物价腾踊,技术败退,互相为因,互相为果,反复数巡,中国如枯槁矣。其他国家之滥用,如养冗兵、养冗员、行政官之贪婪无厌、实业家之滥投资金,无在不足促国家即于破产之一途,则尤其彰明较著者也。中国本为贫国,以其尽有之财,悉数纳入正轨,以求相当之效,尚虑其不能追及近世文明之百一,而乃公私滥费如此,岂非完全自杀。由上观之,吾国今日之根本大弊在两点:一为才不得其用,一为财不得其用。至才与财之足用与否,尚为第二问题。兄弟前言经济学总原则为以最小之劳费,求最大之效果。所谓最小最大全无限度。故用一分之才,容或收两分三分乃至十分之效果。用一文的钱,容或收两文三文乃至十文之效果。此在欧洲社会,可以语此。而吾乃反是。吾今大抵有两分三分乃至十分的才,而不必有一分的效果,耗两文三文乃至十文的钱,而不必有一文的效果。故吾不敢过于希望所悬俭才俭财之的,亦唯适如其量以相求而已。故兄弟历年所持"正本清源综核名实"之论,在乎以一分之才,得一分之用;以一文之钱,得一文之用,而止也。然欲行此,谈何容易。如果有清明强健之政府,可以望其行之,如果有清明强健之社会,亦可以望其行之。而二者皆不可得,于是不得不求诸少数优秀之士,务便默喻此意,利用种种机会,以冀贯彻其主旨。贵会以学术研究为名,兄弟个人私意,以为舍俭才俭财无学,舍实行俭才俭财无术,不识诸君以为何如?

(第三卷第二号,一九一七年四月一日)

论迷信鬼神

徐长统

呜呼！我国人之迷信多矣。宗教之迷信也，做官之迷信也，风俗之迷信也，学说之迷信也，种种迷信不一而足。而其迷信最久、最深、最不可遏止者，厥唯鬼神之迷信而已。是故他种迷信姑勿论，特于迷信鬼神一事而申论之。

今夫鬼也神也，何言之者如此之多，信之者如此之深也。吾冥思之，穷鞫之，殆有两义焉，即一关于人，一关于物也。

关于人者何，第一试问人有好奇性乎？既有好奇性，则偶闻平生所罕闻者，无论是非，必主张之以使成事实也。第二试问人有造谣性乎？既有造谣性，则偶闻奇异之事，无论虚实，必修饰敷衍之，以传于他人也。第三试问人有习惯性乎？既有习惯性，则幼小时所闻鬼神事，所谈鬼神话，至长必记忆之，以支配于其心，每接一事，必以鬼神之意而逆之也。若是者，欲人之不言鬼神，不信鬼神，胡可得哉？欲人之言鬼神，信鬼神，确实而不荒谬亦何可得哉？

关于物者何？第一由事物实质之未明了也。如夜行时，见一木骨树立，而以为鬼神立于其处焉。如熟眠时，偶有鼠猫接触，以致惊醒，而以为鬼神来此显灵焉。此不过略举以为例耳，其他类此者，更十仆而不能数也。第二由于事物真理之未曾考察也。如一声音触于山彦中而反射，未考察音，以为鬼神在山彦中传话也。如用一着色之玻璃窗，而窗之内外风光骤异，未考察者，以为鬼神在此间现怪也。如蜃市楼者，由光线屈折而使空气变状，未考察者，以为鬼神来往于其间也。又如圣脱枯拉港者，每遇船舶到，则该港人民必患寒疾，众深信之。其后奇痕铿蒲学士细心而苦究之，知其港之地势，非有大东北风，外人船舶不得进，故患寒疾者，不因船舶而因东北风也。未考察者，以为外人船舶中必带有鬼神来此作祟也。又如日本于某城于某年每朝鸡鸣之前，有声如当天下者，一城之人咸谓鬼神告天下有大变动，盖将有当天下之人出也。然有一人欲探知其原因，迎其声而行，乃知在城外之锻冶所，每朝三点钟即从事于锻工。故知当天下之声，即打铁之声云。若终不考察，必以为鬼神能告人以祸福也。此不过略举以为例耳。其他类此者，更十仆而不能数也。第三由于事物之变化无穷也。如雌鸡化雄也，是生物之一种生理变态也，不知者以为鬼神使之然也。如桑谷共守也，是植物之一种特别机能也。不知者，以为鬼神使之然也。他如化石结晶、石磷光等，是地质中所构成之化合物也。不知者，以为化石结晶石乃鬼神所变之物，磷光乃鬼神所放之火也。又如地震山崩、暴风疾雨等，是地球之收缩及空气之急变也。不知者以为地震山崩为地神所致，暴风疾雨为天神所施也。此亦不过略举以为例耳。其他类此者，更十仆而不能数也。

然则，人之既好迷信鬼神也若彼，事物又易令人迷信为鬼神也若此，故夫学者不察天变地异之本于何理，偶遭山崩地裂等事，而曰此乃鬼神所致也，不必研究也。呜呼！试问我国之学识何由而增进乎？农者不察耕种栽培之方法善良与否，偶遭荒歉之岁，而曰天也命也，不可挽回也。呜呼！试问我国农业何由而振兴乎？病者不知求医之调治，不讲摄生之力法，及致陷身于危境之时，而信鬼神祈禳之法。呜呼！试问我国之种族何由而强健乎？为政者不察各国政治之潮流，偶有变乱或危殆时，而曰我国阳九之厄，灰劫之运也，不能与人相较也。呜呼！试问我国政治何由而改良乎？且不特此也，试问有矿不采，有路不治者，抑何故乎？曰风水之不利也。试问迎神赛会，耗费金钱而不惜，废时失事而不悔者，抑何故乎？曰将敬鬼神而求福以免祸也。又试问有产业而不生息，有职务而不履行，朝以愁闷，夕以感叹者，抑何故乎？曰相命卜筮，多谓我将于某月某日必病死，而因此灰心也。此不过聊举以为例耳，其他类此者，更十仆而不能数也。

呜呼！迷信鬼神之害，尚忍言乎？吾不得不为迷信鬼神者忧，更不得不为我国家前途患焉。虽然，我心犹未死。我愿举一二补救方法，而为迷信鬼神者告焉。

一曰壮其胆力也。鼐尔逊曰，吾未见有所可畏之事，吾不识畏之为何物也。王阳明曰，人人有路透长安，坦坦平平一直看。夫人苟具一种勿畏性，则向其前途也，有破釜沉舟，一瞑不视之概。徇其主义也，有天上地下，唯我独尊之观。如此则何有于鬼，何有于神哉？苟人具有路透长安之想，则高，高山顶立，深，深海底行。以第二之世界，为归宿之故乡，以无极之长途，为所怀之希望。如此则又何有于鬼，何有于神哉？此欲免迷信鬼神，而胆力之不可不壮也。二曰多求知识也。传曰，妖由人兴。语云，少见多怪，旨哉斯言。譬诸人皆以风为神物所呼吸，雷为天神之击鼓，而曾学天文者，必知其妄矣。人皆以磷光为幽灵所燃火，地震为鳌鱼之转身，而曾学地文者，必知其诬矣。此不过略举其万一耳，苟他日学业之精达于极点，举今日所谓鬼也神也，悉扫而空之，亦意中事也。此欲免迷信鬼神，而学识之不可不多求也。

（第三卷第四号，一九一七年六月一日）

论信仰

恽代英

今日已为宗教之末日矣。而一般学者,顾于此古董之宗教,不忍遽尔抛弃。虽不敢争神之存在与否,彼所设教律之正确与否,但日日号于人曰:信仰为人类向上之根本,故吾人为保存人类之此等向上性,即有不能不保存人类各项信仰之必要,即有不能不保存人类所信仰之宗教之必要。此近日宗教家唯一之护符也。

要上所言,不能谓无片面理由。信仰之引人向上,固不可诬之事。且其功用能使怯者勇,弱者强,散漫者精进,躁乱者恬静。历史所载,其伟大之成绩,不可偻数,今人震眩之以为不可抛弃,盖亦非偶然也。唯信仰固有如此之功用,而除信仰外,尚不乏有此同一之功用者。以信仰比之,其利益大小,固有差异。宗教虽为一种信仰,而除宗教外尚不乏他种之信仰,以宗教比之,其利益大小,又有差异。故必谓信仰不可抛弃,其说已非上乘。又因信仰不可抛弃,而谓宗教即亦不可抛弃,其说尤可议矣。

道德上之大动力有三:一曰信,二曰爱,三曰智。(基督教谓为信、爱、望之三者,然望包在信内。)信之功用,既如上所述矣。至于爱之功用,凡言社会学、伦理学者无不知之。吾人最大之道德,如孝慈者,出于父子之爱也。如悌友者,出于兄弟之爱也。如敬随者,出于夫妇之爱也。如博爱者,出于商人对于大群之爱也。如慈仁者,出于常人对于不幸之同类之爱也。凡爱之情愈深,其道德之行为愈真挚。一切有道德之价值的品性,皆因而产生焉。故粗暴之武人,对于其妻子,常呈其特别之忍耐;柔弱之女子,对于其产儿,常呈其特别之勇猛。爱之功用,亦犹信之功用,对于人有特别不可思议之影响。故苟能启发人类对于各方面自然具有之爱力,即不须信仰之鞭策,已足养成其见善如不及之品性矣。

至就智的方面言之,知行合一之说,东西哲人,皆有倡导者。苏格拉底曰,人之所以为不善,皆以不知其为不善故。程子曰,人性以循理而行为顺,故烛理明则自乐行。是其说也。道德之真意义,道德对于吾人之真关系,吾人苟能灼见确知,自然趋善避恶,如不能舍。古人言,明理则不惧。盖唯明理者,乃知世所谓可惧者本不足惧,或不应惧。其取舍行藏,皆确然有主张,有把握。虽无所谓信仰,而自然勇,自然强,自然精进,自然恬静。如此可知,信仰之为用,甚有限也。

信与爱、智虽同为三原动力之一,然以信与智较,即相形而绌。信与智,常相冲突之物也。吾人之智,常欲破除吾人之信。吾人之信,又常欲闭塞吾人之智。然使吾人因信而弃智,是自绝文化进步之本原,而安于迷惑愚妄之境地也,其可乎哉?总之,吾人之信如与智不一致之时,则此信为无价值,为不足保存。虽彼有种种有力之功用,以此等功用,不过引导吾人于迷惑愚妄之境地,使吾人倒行逆施,自绝于进化之门,不为有益,但有害耳。

就上之论据,可知有知识之人,初不须假借信仰之力,更不须假借宗教之力,自能竭力实践道德上之义务。虽有时信仰与知识一致,足以增加其人实践道德之力量,然如不幸而不与知识一致,则徒为其勇猛进德之妨碍。而凡名为信仰者,即多少含有不与知识同时并进之意。故信仰与知识一致,乃偶然之事。其不一致,乃当然常有之事。以此故知,信仰虽有若干之利益,然利不胜弊,绝对无保存之价值也。或曰,有知识之人,不宜以信仰画制之,固矣。无知识或知识简单之人,其知识既不足以认识道德,则假信仰乃至宗教以扶掖之,不亦可乎?曰,世人谓无宗教,则中下社会中人无信仰,于道德之前途大有妨碍,则误也。凡无知识或知识简单之人,有信仰乃至有宗教,以扶掖之,固为有利之事。然即无宗教,彼亦仍自有其信仰。而此信仰者,非知识至可以认识道德之程度,绝不至破坏也。此自有之信仰为何?曰,信仰法律制裁,信仰社会制裁,信仰良心制裁。是皆知其当然,而不知其所以然,故谓之信仰,不谓之知识也。此三种制裁之信仰,其效力绝不小于神之制裁之信仰。而此三种制裁为当时社会风俗习惯之反映,其比较于亘古不变的神之制裁,即本质上亦应较为合理可信。故即对于无知识或知识简单之人,虽似不可不假信仰以扶掖之,然于宗教之存废,初不可假此以为护符也。

无知识或知识简单之人,如上所述,自然有其较合理的信仰。然即此等信仰,吾人虽不必破坏之,亦决不可提倡之。盖无知识可进而为有知识,知识简单可进而为知识高尚。如必如宗教家,为之立一坚固之信仰,则异日必为其知识进化之累矣。如此可知,凡今日言保存宗教,提倡信仰者,皆多事也,皆有害无利之事也。

且吾人与其以宗教范围无知识或知识简单之人,使其为无理由之信,毋宁以教育启发之使其智,训练之使其爱之,为愈盖有智以指导其行为。而智与爱,又共同鞭策之,则自能见善无不为,而所为无不善。比之但以无理由之信鞭策行为者,虽勇于有为,而所为或合理或不合理,皆未可知,其利益远殊矣。由此可知,信仰为用,对于有知识无知识者,皆极微小。而宗教为用,则又微小之微小,直无足轻重也。就已事论之,宗教固亦可谓为社会结合,文化增长之一因,然此皆主持宗教者意不及料之结果。即此等结果,亦唯在野蛮社会中,可以见之。若在今日,人心对于宗教之信仰,已甚薄弱。虽以强力迫使之信仰,亦口应而心非。盖宗教已应成过去之一物,此一时,彼一时,固非人力之所得争矣。

智与爱为千古不磨之道德原动力。信仰二字,吾人虽不必十分排斥,亦大可不更加提倡矣。异哉,吾国学者,于此日此时,乃欲大倡信仰之说于吾国,宗教也,国教也,纷呶不可辨析。意者自欧风东渐,彼数百年前之宗教史,有足使吾人羡慕者耶。或西人既至今日,尚任其宗教自由存在,自由传播,即足为吾人应建设宗教,应建设国教之唯一理由耶。或有欲为大教主大牧师,以俯享一国人之尊敬崇拜者耶。吾甚愿其一读此篇,恍然知宗教之价,在今日且不足道。而悟于其所主张,国教之非也。

（第三卷第五号,一九一七年七月一日）

归国杂感

胡 适

我在美国动身的时候,有许多朋友对我道:“密斯忒胡,你和中国别了七个足年了,这七年之中,中国已经革了三次的命,朝代也换了几个了。真个是一日千里的进步。你回去时,恐怕要不认得那七年前的老大帝国了。”我笑着对他们说道:“列位不用替我担忧。我们中国正恐怕进步太快,我们留学生回去要不认得他了。所以他走上几步,又退回几步,他正在那里回头等我们回去认旧相识呢。”

这话并不是戏言,乃是真话。我每每劝人回国时莫存大希望:希望越大,失望越大。所以我自己回国时,并不曾怀什么大希望。果然船到了横滨,便听得张勋复辟的消息。如今在中国已住了四个月了,所见所闻,果然不出我所料。七年没见面的中国还是七年前的老相识!到上海的时候,有一天,有一位朋友拉我到大舞台去看戏。我走进去坐了两点钟,出来的时候,对我的朋友说道:“这个大舞台,真真是中国的一个绝妙的缩本模型。你看这大舞台三个字岂不很新?外面的房屋岂不是洋房?里面的座位和戏台上的布景装潢又岂不是西洋新式?但是做戏的人都不过是赵如泉、沈韵秋、万盏灯、何家声、何金寿这些人。没有一个不是二十年前的旧古董!我十三岁到上海的时候,他们已成了老角色了。如今又隔了十三年了,却还是他们在台上撑场面。这十三年造出来的新角色都到哪里去了呢?你再看那台上做的《举鼎观画》,那祖先堂上的布景,岂不很完备?只是那小薛蛟拿了那老头儿的书信,就此跨马加鞭,却忘记了台上布的景是一座祖先堂!又看那出《四进士》,台上布景,明明有了门了,那宋士杰却还要做手势去关那没有的门!上公堂时,还要跨那没有的门槛!你看这二十年前的旧古董,在二十世纪的大舞台上做戏,装上了二十世纪的新布景,却偏要做那二十年前的旧手脚!这不是一幅绝妙的中国现势图吗?”

我在上海住了十二天,在内地住了一个月,在北京住了两个月,在路上走了二十天。看了两件大进步的事:第一件是"三炮台"的纸烟,居然行到我们徽州去了;第二件是"扑克"牌居然比麻雀牌还要时髦了。"三炮台"纸烟还不算希奇,只有那"扑克"牌何以会这样风行呢?有许多老先生向来学ABCD,是很不行的,如今打起"扑克"来,也会说"恩德""累死""接客倭彭"了!这些怪不好记的名词,何以会这样容易上口呢?他们学这些名词这样容易,何以学正经的ABCD,又那样蠢呢?我想这里面很有可以研究的道理。新思想行不到徽州,恐怕是因为新思想没有"三炮台"那样中吃罢?ABCD,不容易教,恐怕是因为教的人不得其法罢?

我第一次走过四马路,就看见了三部教"扑克"的书。我心想"扑克"的书已有这许多了,那别种有用的书,自然更不少了,所以我就花了一天的工夫,专去调查上海的出版界。我是学哲学的,自然先寻哲学的书。不料这几年来,中国竟可以算得没有出过一部哲学书。找来找去,找到一部《中国哲学史》,内中王阳明占了四大页,《洪范》倒占了八页!还说了些"孔子既受天之命""与天地合德"的话。又看见一部《韩非子精华》,删去了《五蠹》和《显学》两篇,竟成了一部韩非子糟粕了。文学书内,只有一部王国维的《宋元戏曲史》是很好的。又看见一家书目上有翻译的莎士比亚剧本,找来一看,原来把会话体的戏剧,都改作了《聊斋志异》体的叙事古文!又看见一部《妇女文学史》,内中苏蕙的回文诗足足占了六十页!又看见《饮冰室丛著》内有《墨学微》一书,我是喜欢看看墨家的书的人,自然心中很高兴。不料抽出来一看,原来是任公先生十四年前的旧作,不曾改了一个字!此外只有一部《中国外交史》,是我从前很佩服的,如今居然到了三版了。只有这件事可以使人乐观。此外那些新出版的小说,看来看去,实在找不出一部可看的小说。有人对我说,如今最风行的是一部《新华春梦记》,这也可想见中国小说界的程度了。

总而言之,上海的出版界——中国的出版界——这七年来简直没有两三部以上可看的书!不但高等学问的书一部都没有,就是要找一部轮船上火车上消遣的书,也找不出!(后来我寻来寻去,只寻得一部吴稚晖先生的《上下古今谈》,带到芜湖路上去看。)我看了这个怪现状,真可以放声大哭。如今的中国人,肚子饿了,还有些施粥的厂把粥给他们吃。只是那些脑子叫饿的人可真没有东西吃了。难道可以把些《九尾龟》《十尾龟》,来充饥吗?

中文书籍既是如此,我又去调查现在市上最通行的英文书籍。看来看去,都是些什么莎士比亚的《威匿思商》《麦克白传》,阿狄生的《文报选录》,戈司密的《威克斐牧师》,欧文的《见闻杂记》……大概都是些十七世纪、十八世纪的书。内中有几部十九世纪的书,也不过是欧文、迭更司、司各脱、麦考来几个人的书,都是和现在欧美的新思潮毫无关系的。怪不得我后来问起一位有名的英文教习,竟连 Bernard Shaw 的名字也不曾听见过,不要说 Tchekoff 和 Andreyev 了。我想这都是现在一班教会学堂出身的英文教习的罪过。这些英文教习,只会用他们先生教过的课本。他们的先生又只会用他们先生的先生教过的课本。所以现在中国学堂所用的英文书籍,大概都是教会先生的太老师或太太老师们用过的课本!怪不得和现在的思想潮流绝无关系了。

有人说,思想是一件事,文学又是一件事,学英文的人何必要读与现代新思潮有关系的书呢?这话似乎有理,其实不然。我们中国人学英文,和英国、美国的小孩子学英文是两样的。我们学西洋文字,不单是要认得几个洋字,会说几句洋话。我们的目的在于输入西洋的学术思想。所以我以为中国学校教授西洋文字,应该用一种"一箭射双雕"的方法,把"思想"和"文字"同时并教。例如教散文,与其用欧文的《见闻杂记》,或阿狄生的《文报选录》,不如用赫胥黎的《进化杂论》。又如教戏曲,与其教莎士比亚的《威匿思商》,不如用 Bernard Shaw 的 *Androcles and the Lion*,或是 Galsworthy 的 *Strife* 或 *Justice*。又如教长篇的文字,与其教麦考来的《约翰生行述》,不如教弥尔的《群己权界论》……我写到这里,忽然想起日本东京丸善书店的英文书目。那书目上,凡是英美两国一年前出版的新书,大概都有。我把这书目和商务书馆与伊文思书馆的书目一比较,我几乎要羞死了。

我回中国所见的怪现状,最普通的是"时间不值钱",中国人吃了饭没有事做,不是打麻雀,便是打"扑克"。有的人走上茶馆,泡了一碗茶,便是一天了。有的人拿一只鸟儿到处逛逛,也是一天了。更可笑的是朋友去看朋友,一坐下便生了根了,再也不肯走。有事商议,或是有话谈论,倒也罢了,其实并没有可议的事,可语的话。我有一天在一位朋友处,有事忽然来了两位客,是□□馆的人员。我的朋友走出去会客,我因为事没有完,便在他房里等他。我以为这两位客一定是来商议这□□馆办什么要事的。不料我听得他们开口道:"□□先生,今回是打津浦火车来的,还是坐轮船来的?"我的朋友说是坐轮船来的。这两位客接着便说轮船怎样不便,怎样迟缓。又从轮船上谈到铁路上,从铁路上又谈到现在中、交两银行的钞洋跌价。因此又谈到梁任公的财政本领,又谈到梁士诒的行踪去迹……谈了一点多钟,没有谈上一句要紧的话。后来我等得没法了,只好叫听差去请我的朋友。那两位客还不知趣,不肯就走。我不得已,只好跑了,让我的朋友去领教他们的"二梁优劣论"罢!

美国有一位大贤名弗兰克令(Benjamin Franklin)的,曾说道:"时间乃是造成生命的东西。"时间不值钱,生命自然也不值钱了。上海那些拣茶叶的女工,一天拣到黑,至多不过得二百个钱,少的不过得五六十钱。茶叶店的伙计,一天做十六七点钟的工,一个月平均只拿得两三块钱!还有那些工厂的工人,更不用说了。还有那些更下等,更苦痛的工作,更不用说了。人力那样不值钱,所以卫生也不讲究,医药也不讲究。我在北京上海看那些小店铺里和穷人家里的种种不卫生,真是一种黑暗世界。至于道路的不洁净,瘟疫的流行,更不消说了。最可怪的是无论阿猫阿狗都可挂牌医病。医死了人,也没有人怨恨,也没有人干涉。人命的不值钱,真可算得到了极端了。

现今的人都说教育可以救种种的弊病。但是依我看来,中国的教育,不但不能救亡,检(简)直可以亡国。我有十几年没到内地去了。这回回去,自然去看看那些学堂。学堂的课程表,看来何尝不完备。体操也有,图画也有,英文也有,那些国文、修身之类,更不用说了。但是学堂的弊病,却正在这课程完备上。例如我们家乡的小学堂,经费自然不充足了,却也要每年花六十块钱去请一个中学堂学生兼教英文唱歌。又花二十块钱买一架风琴。我心想这六十块一年的英文教习,能教什么英文?教的英文,在我们山里的小地方,又有什么用处?至于那音乐一科,更无道理了。请问那种学堂的音乐,还是可以增进"美感"呢?还是可以增进音乐知识呢?若果然要教音乐,为什么不去村乡里找一个会吹笛子的唱昆腔的人来教?为什么一定要用那实在不中听的二十块钱的风琴呢?那些穷人的子弟学了音乐回家,能买得起一架风琴来练习他所学的音乐知识吗?我真是莫名其妙了。所以我在内地常说:"列位办学堂,尽不必问教育部规程是什么。须先问这块地方上最需要的什么。譬如我们这里最需要的是农家常识、蚕桑常识、商业常识、卫生常识,列位却把修身教科书去教他们做圣贤!又把二十块钱的风琴去教他们学音乐!又请一位六十块钱一年的教习教他们学英文!列位且自己想想看,这样的教育造得出怎么样的人才?所以我奉劝列位办学堂,切莫注重课程的完备,须要注意课程的实用。尽不必去巴结视学员,且去巴结那些小百姓。视学员说这个学堂好,是没有用的。须要小百姓都肯把他们的子弟送来上学,那才是教育有成效了。”

以上说的是小学堂。至于那些中学校的成绩,更可怕了。我遇见一位省立法政学堂的本科学生,谈了一会,他忽然问道:“听说东文是和英文差不多的,这话可真吗?”我已经大诧异了。后来他听我说日本人总有些岛国的习气,忽然问道:“原来日本也在海岛上吗?”……这个固然是一个极端的例,但是如今中学堂毕业的人才,高又高不得,低又低不得,竟成了一种无能的游民。这都由于学校里所教的功课,和社会上的需要毫无关涉。所以学校只管多,教育只管兴,社会上的工人、伙计、账房、警察、兵士、农夫……还只是用没有受过教育的人。社会所需要的是做事的人才。学堂所造成的是不会做事又不肯做事的人才。这种教育不是亡国的教育吗?

我说我的“归国杂感”,提起笔来,便写了三四千字。说的都是些很可以悲观的话。但是我却并不是悲观的人。我以为这二十年来中国并不是完全没有进步,不过惰性太大,向前三步又退回两步,所以到如今还是这个样子。我这回回家寻出了一部叶德辉的《翼教丛编》,读了一遍,才知道这二十年的中国实在已经有了许多大进步。不到二十年前,那些老先生们,如叶德辉、王益吾之流,出了死力去驳康有为,所以这书叫做《翼教丛编》。我们今日也痛骂康有为。但二十年前的中国,骂康有为太新;二十年后的中国,却骂康有为太旧。如今康有为没有皇帝可保了,很可以做一部《翼教续编》来骂陈独秀了。这两部“翼教”的书的不同之处,便是中国二十年来的进步了。

> 我相信世间万事万物,无一不是新陈代谢,进化无穷。我预料二十年后,陈独秀也要做一部《翼教再续编》来骂他人。哈哈!“后之视今,亦犹今之视昔。”不知那日叶德辉、康有为、陈独秀三人,作何等感想。
>
> 独秀识

(第四卷第一号,一九一八年一月十五日)

中国学术思想界之基本误谬

傅斯年

三年以前,英国杂志名《十九世纪与其后》(*The Nineteenth Century and After*)者,载一推论东方民性之文。作者姓名与其标题,今俱不能记忆,末节厚非东方文明,印吾心识上者,历久不灭。今举其词,大旨谓:

> 东方学术,病痼生于根本。衡以亚利安人之文明,则前者为无机,后者为有机,前者为收敛,后者为进化。质言之,东方学术,自其胎性上言之,不能充量发展。倘喀郎(Chalons)之役,都尔(Tours)之军,条顿罗甸败北,匈奴或大食胜者,欧洲荣誉之历史,将随罗马帝国以覆亡。东方强族,纂承统绪,断不能若日耳曼人,仪型先民,与之俱进。所谓近世文明者,永无望其出于亚细亚人之手。世间之上,更不能有优于希腊,超于罗马之政化。故亚利安族战胜异族,文明之战胜野蛮也,适宜文明战胜不适文明也。

移录此言,以启斯篇。当日拘于情感,深愤其狂悖。及今思之,东方思想界病中根本之说,昭信不诬。缩东方之范围,但就中国立论,西洋学术,何尝不多小误,要不如中国之远离根本,弥漫皆是。在西洋谬义日就减削,伐谬义之真理,日兴不已。在中国则因仍往贯,未见斩除,就令稍有斩除,新除谬又将代兴于无穷。可知中国学术,一切误谬之上,必有基本误谬,为其创造者。凡一切误谬所由生成,实此基本误谬为之潜率,而一切误谬不能日就减削,亦惟此基本误谬为之保持也。今欲起中国学术思想界于较高之境,惟有先除此谬,然后从此基本误谬以生之一切误谬,可以"神遇而不以目视"。欲探西洋学术思想界之真域,亦惟有先除此谬,然后有以相容,不致隔越。欲知历来以及现在中国学术思想界之状况何若，亦惟有深察此弊之安在，然后得其实相也。

至于此种误谬，果为何物，非作者之陋所能尽量举答。姑就一时觉察所及，说谈数端，与同趣者共商榷焉。

一、中国学术，以学为单位者至少，以人为单位者转多，前者谓之科学，后者谓之家学，家学者，所以学人，非所以学学也。历来号称学派者，无虑数百，其名其实，皆以人为基本，绝少以学科之分别，而分宗派者。纵有以学科不同，而立宗派，犹是以人为本，以学隶之，未尝以学为本，以人隶之。弟子之于师，私淑者之于前修，必尽其师或前修之所学，求其具体。师所不学，弟子亦不学；师学数科，弟子亦学数科；师学文学，则但就师所习之文学而学之，师外之文学不学也；师学玄学，则但就师所习之玄学而学之，师外之玄学不学也。无论何种学派，数传之后，必至黯然寡色，枯槁以死。诚以人为单位之学术，人存学举，人亡学息，万不能孳衍发展，求其进步。学术所以能致其深微者，端在分疆之清。分疆严明，然后造诣有独至。西洋近代学术，全以学科为单位，苟中国人本其"学人"之成心以习之，必若柄凿之不相容也。

二、中国学人，不认个性之存在，而以为人奴隶为其神圣之天职。每当辩论之会，辄引前代名家之言，以自矜重，以骇庸众，初不顾事理相违，言不相涉。西洋学术发展至今日地位者，全在折中，于良心，胸中独制标准。而以妄信古人依附前修为思想界莫大罪恶。中国历来学术思想界之主宰，概与此道相反。治理学则曰，"纂承道统"，"辅翼圣哲"。治文学则曰，"惧斯文之将坠，宣风声于不泯"。治朴学则曰，"功莫大于存古"。是其所学之目的，全在理古。理古之外，更无取于开新，全在依人，依人之外，更无许乎独断。于是陈陈相因，非非相衍，谬种流传，于今不沫。现于文学，则以仰纂古人为归宿；现于哲学，则以保持道统为职业；现于伦理，则忠为君奴，孝为亲奴，节为大奴，亲亲为家族之奴。质而言之，中国学术思想界，不认有小己之存在，不许为个性之发展。但为地下陈死之人多造送葬之"俑"，更广为招致孝子贤孙，勉以"无改于父之道"。取物以譬之，犹之地下之隧宫，亦犹之地上之享庙，阴气森森，毫无生趣。导人于此黑暗世界，欲其自放光明，讵可得耶？

三、中国学人，不认时间之存在，不察形势之转移。每立一说，必谓行于百世，通于古今。持论不同望空而谈，思想不宜放之无涯之域。欲言之有当，思之由轨。理宜深察四周之情形，详审时代之关系。与事实好合无间，亲切著明，然后免于漫汗之谈，诏人而信已。故学说愈真实者，所施之范围愈狭，所合之时代愈短。中国学者，专以“被之四海”“放之古今”为贵，殊不知世上不能有此类广被久延之学说，更不知为此学说之人，导人浮浅，贻害无穷也。

四、中国学人，每不解计学上分工原理（Division of Labour），“各思以其道易天下”。殊类学术，皆一群之中，所不可少，交相为用，不容相非。自中国多数学人眼光中观之，惟有己之所肄，卓尔高标，自余艺学，举无足采。宋儒谈伦理，清儒谈名物，以范围言，则不相侵陵，以关系言，则交互为用。宜乎各作各事，不相议讥。而世之号称汉学者，必斥宋学于学术之外，然后快意。为宋学者，反其道以待汉学。壹若世上学术，仅此一家，惟此一家可易天下者。分工之理不明，流毒无有际涯。举其荦著者言之：则学人心境，造成褊浅之量，不容殊已，贱视异学。庄子谓之“各思以其道易天下”。究之，天下终不可易，而学术从此支离。此一端也。其才气大者，不知生有涯而知无涯，以为举天下之学术，皆吾分内所应知，“一事不知，以为深耻”。所学之范围愈广，所肄之程度愈薄，求与日月合其明，其结果乃不能与爝火争光。清代学者，每有此妄作。惠栋钱大昕诸人，造诣所及，诚不能泯灭。独其无书不读，无学不肄，真无意识之尤。倘缩其范围，所发明者，必远倍于当日。此又一端也，凡此两者，一褊狭而一庞大，要皆归于无当。不知分工之理，误之诚不浅也。

五、中国学人，好谈致用，其结果乃至一无所用。学术之用，非必施于有政，然后谓之用，凡所以博物广闻，利用成器，启迪智慧，熔陶德性，学术之真用存焉。中国学人，每以此类之大用为无用，而别求其用于政治之中。举例言之。卣绎封建之理，评其得失，固史学当家务之急，若求封建之行于后世，则谬妄矣。发明古音，亦文学界之要举，若谓“圣人复起，必举今日之音反之醇古”，则不可通矣，历来所谓读书致用，每多此类拘滞之谈。既强执不能用者而用之，其能用者，又无术以用之，亦终归于不能用。盖汗漫之病，深入肌髓，一经论及致用之方，便不剀切，势必流入浮泛。它姑不论，但就政学言之，政学固全在乎致用者。历来谈政之士，多为庞大之词，绝少切时之论。宋之陈同甫叶水心，清之龚定盦魏默深，皆大言炎炎，凭空发抒，不问其果能见诸行事否也。今日最不可忽者：第一，宜知学问之用，强半不在见于行事，而施于有政者尤稀。第二，宜于致用之道，审之周详，勿复汗漫言之，变有用为无用也。

六、凡治学术，必有用以为学之器。学之得失，惟器之良劣足赖。西洋近世学术，发展至今日地步者，诚以逻辑家言，诣精致远，学术思想界为其率导，乃不流于左道也。名家之学，中土绝少，魏晋以后，全无言者。即当晚周之世，名家当涂，造诣所及，远不能比德于大秦，更无论于近世欧洲。中国学术思想界之沉沦，此其一大原因。举事实以言之：墨家名学，“本之于古者圣王之事”，引古人之言以为重，逻辑所不许者。墨子立“辩”，意在信人，而间执反对者之口，故有取于此，立为“第一表”。用于辩论则可，用于求真理之所在，真理或为往古所囿。魏晋以后，印度因明之学入中国，宜乎为中国学术之助矣。然因明主旨，在护法，不在求知。所谓“世间相违”，“自教相违”者，逻辑不以为非，而因明悬为厉禁。旧义不许自破，世间不许相违，执此以求新知识。讵有得者，谈名学者，语焉不精，已至于此，若全不解名学之人，持论之无当，更无论矣。余尝谓中国学者之言，联想多而思想少，想象多而实验少，比喻多而推理少。持论之时，合于三段论法者绝鲜，出之于比喻者转繁，比喻之在中国，自成一种推理式。如曰，“天无二日、民无二王”，前辞为前提，后辞为结论，比喻乃其前提，心中所欲言乃其结论。天之二日，与民之二王，有何关系。说者之心，欲明民之无二王，而又无术以证之，遂取天之一日，以为譬况。壹若民之所以无二王者，为天之无二日故也。此种“比喻代推理”，宜若不出于学者之口，而晚周子家持论，每有似此者。孟子与告子辩“生之为性”，而取喻于“白羽”“白雪”之“白”，径执“白”之不为“白”，以断“生”之不为“性”，此其曲折旋转，虽与“天无二日”之直下者不同，而其借成于比喻，并无二道。操此术以为推理之具，终古与逻辑相违，学术思想，更从何道以求发展？后代论玄学者，论文学者，论政治者，以至乎论艺术者，无不远离名学，任意牵合。词穷则继之以联想，而词不可尽；理穷则济之以比喻，而理无际涯。凡操觚之士，洋洋洒洒，动成数千言者，皆应用此类全违名学之具，为其修学致思之术，以成其说，以立其身，以树其名。此真所谓病痌生于心脾，厉气遍于骨髓者。形容其心识思想界，直一不合实际，不成系统。汗漫支离，恍惚窈冥之浑沌体而已。

七、吾又见中国学术思想界中，实有一种无形而有形之空洞间架，到处应用。在政治上，固此空洞架子也；在学问上，犹此空洞架子也；在文章上，犹此空洞架子也；在宗教上，犹此空洞架子也；在艺术上，犹此空洞架子也。于是千篇一面，一同而无不同。惟其，到处可合，故无处能切合也。此病所中，重形式而不管精神，有排场不顾实在。

中国人所想所行,皆此类矣。

上来所说,中国学术思想界根本上受病诸端,乃一时感觉所及,率尔写出,未遑为系统之研究,举一遗万,在所不免。然余有敢于自信者,则此类病痾,确为中国学术思想界所具有,非余轻薄旧遗,醉心殊学,妄立恶名,以厚诬之者。余尤深察此种病魔之势力,实足以主宰思想界,而主宰之结果,则贻害于无穷。余党谥中国政治宗教学术文学以恶号,闻者多怒其狂悖。就余良心裁判,虽不免措词稍激,要非全无所谓。请道其谥,兼陈其旨,则"教皇政治""方士宗教""阴阳学术""偈咒文学"是也。何谓教皇政治?独夫高居于上,用神秘之幻术,自卫其身,而氓氓者流,还以神秘待之。政治神秘,如一词然,不可分解。曾无人揭迷发覆,破此神秘,任其称天而行,制人行为,兼梏人心理,如教皇然。于是一治一乱,互为因果,相衍于无穷,历史黯然寡色。自秦以还,二千年间,尽可缩为一日也。何谓方士宗教?中国宗教,原非一宗,然任执一派,无不含有方士(即今之道士)浑沌支离恶浊之气。佛教来自外国,宜与方士不侔。学者所谈,固远非道士之义。而中流以下,社会所信仰之佛教,无不与方士教义相糅,臭味相杂。自普通社会观之,二教固无差别。但存名称之异,自学者断之,同为浑浑噩噩初民之宗教。教义互窃互杂,由来已久。今为之总称,惟有谥为方士的宗教,庶几名实相称也。何谓阴阳学术?中国历来谈学术者,多含神秘之作用。阴阳消息之语,五行生克之论,不绝于口。举其著者言之,郑玄为汉朝学术之代表,朱熹为宋朝学术之代表,郑氏深受纬书之化,朱氏坚信邵雍之言。自吾党观之,谈学术至京焦虞氏《易说》《皇极经世》《潜虚》诸书,可谓一文不值,全同梦呓。而历来学者,每于此大嚼不厌。哲学,伦理,政治(如"五帝德""三统循环"之说是),文学(如曾氏古文四象是)及夫一切学术,皆与五行家言,相为杂糅。于是堪舆星命之人,皆被学者儒士之号,而学者亦必用术士之具,以成其学术,以文其浅陋,以自致于无声无臭之境。世固有卓尔自立,不为世风所惑者,而历来相衍,惟阴阳之学术为盛也。何谓偈咒文学?中国文人,每置文章根本之义于不论,但求之于语言文字之末。又不肯以切合人情之法求之,但出之以吊诡,骈文之涩晦者,声韵神情,更与和尚所诵偈辞咒语,全无分别。为碑志者,末缀四言韵语。为赞颂者亦然。其四言之作法,直可谓与偈辞咒语,异曲同工。又如当今某大名士之文,好为骈体,四字成言,字艰意晦,生趣消乏,真偈咒之上选也。吾辈诚不宜执一派之文章,强加恶谥于中国文学,然中国文学中固有此一派,此一派又强有势力,则上荐高号,亦有由矣。(又如孔子,老子,子思,世所谓圣人也。而《易系》《老子》《中庸》三书,文辞浑沌,一句可作数种解法,《易系》《中庸》姑不具论,《老子》之书,使后人每托之以自树义,汉之"黄老"托之,晋之"老庄"托之,方士托之,浮屠亦托之以为"化胡"之说,又有全不相干太野氏之子孙,"戏"谥为"元玄皇帝"。此固后人之不是,要亦老子之文,恍惚迷离,不可捉摸,有自取之咎也。)凡此所说,焉能穷丑相于万一,又有心中欲言,口中不能者。举一反三,可以推知受病之深矣。今试问果以何因受病至此,吾固将答曰,学术思想界中,基本误谬,运用潜行,陷于支离而不觉也。

今日修明中国学术之急务,非收容西洋思想界之精神乎?中国与西人交通以来,中西学术,固交战矣。战争结果,西土学术胜,而中国学术败矣。然惑古之徒,抱残守缺犹如彼,西来艺学,无济于中国又如此。推察其原,然后知中国思想界中,基本误谬,运用潜伏,本此误谬而行之,自与西洋思想扞格不入也。每见不求甚解之人,一方未能脱除中国思想界浑沌之劣质,一方勉强容纳西洋学说,而未能消化。二义相荡,势必至不能自身成统系,但及惝恍迷离之境,未臻亲切著明之域。有所持论,论至中间,即不解所谓,但闻不相联属之西洋人名学名,佶屈聱牙,自其口出,放之至于无穷,而辩论终归于无结果。此其致弊之由,岂非因中国思想界之病根,入于肌髓,牢不可破?浑沌之性,偕之以具成,浮泛之论,因之以生衍。此病不除,无论抱残守缺,全无是处,即托身西洋学术,亦复百无一当。操中国思想界之基本误谬,以研西土近世之科学哲学文学,则西方学理,顿为东方误谬所同化,数年以来,"甚嚣尘上"之政论,无不借重于泰西学者之言。严格衡之,自少数明达积学者外,能解西洋学说真趣者几希。是其所思所言,与其所以腾诸简墨者,犹是。帖括之遗腔,策论之思想,质而言之,犹是笼统之旧脑筋也。此笼统旧脑筋者,若干基本误谬活动之结果。凡此基本误谬,造成中国思想界之所以为中国思想界者也,亦所以区别中国思想界与西洋思想界者也。惟此基本误谬为中国思想界不良之特质,又为最有势力之特质,则欲澄清中国思想界,宜自去此基本误谬始。且惟此基本误谬分别中西思想界之根本精神,则欲收容西洋学术想想。以为我用,宜先去此基本误谬,然后有以不相左耳。

(第四卷第四号,一九一八年四月十五日)

辟“灵学”

陈大齐

一

近日上海有人设坛扶乩，取乩书所得，汇刊成册，名曰《灵学丛志》。并设灵学会，以从事灵学之普及。吾所及见者，乃该丛志第一卷第一期，其内容之荒妄离奇，真足令人捧腹绝倒。据该志所载，所设之乩坛曰盛德坛，由孟轲主坛，庄周墨翟二人为之辅，下置“四秉十六司”，此种说话已属滑稽之极。而某日“圣贤仙佛”临坛时，各有题诗。周末诸子居然能作七绝诗，孟轲且能作大草，又李登讲音韵，能知 Esperanto（世界语）之发音，此真荒谬、离奇之尤者也。答吴稚晖先生音韵三篇，该会中人自谓惑人之力最大，足以使科学家信服者，据吾友钱玄同先生言，亦复陈义肤浅。假使果有陆德明等鬼，断不致作如此肤浅之文。此种荒谬之点，钱玄同先生别有详论，见本志本期《随感录》中，足以尽发妄人作伪之覆。至如该志所载，某日陆俞二人同扶，请陈仲瑀之鬼到坛所说一段，则扶者之肺肝益昭然若揭，不待智者而后知其诈也。呜呼！处二十世纪科学昌明之世界，而犹欲以初民社会极不合理之思想愚人，亦徒见其心劳而日拙耳。

二

吾今姑退让一步，灵学会诸君皆系有道君子，诚实无欺，断无作伪愚人之理，即以此项假定为事实。灵学会诸君虽无作伪之意，犹不失有作伪之实。盖扶乩等现象，假使果非有意作伪，在现今心理学视之，纯属扶者之变态心理现象，精神病者优为之，固不待“圣贤仙佛”之降临也。精神病者之胡言乱语，见神见鬼，精神病者自信以为真，而非约神病者必笑以为妄，何独至于扶乩时之“圣贤仙佛降临”而不敢妄之。尝闻人说笑话，有藏金于某处者，自书其处曰：“此地无银三百两。”隔壁阿二见而窃之，更书于其傍曰：“隔壁阿二勿曾偷。”今假有人焉，见“此地无银三百两”而信以为真无藏金，见“隔壁阿二勿曾偷”而信以为真勿曾偷，则闻者必笑其为至愚。乩书“亚圣到”而信为真孟轲乩书“武松到”，而信为真武松（闻无锡某处乩坛曾有武松、黄兴同时临坛之事）。此与信无金信未偷者又何以异，何独不敢愚之耶。生民之初，人智未进，思辨力未发达，所见所闻，莫不信以为真，不能反省而考察之，分析而研究之。迷信谬说之多，不足深怪。时至今日，智力既进，科学研究法亦渐备，乃犹欲法愚妄之行，诩诩然以自建新学为得意，不知深思力索，求一合理之说明，不亦大可哀耶。

要而言之，若扶者故作乩书，用以惑人，是有意作伪也。若纯出于扶者之变态心理，扶者不自知为己所书，而信为真有“圣贤仙佛”，是无意作伪也。作伪均也，不过有有意与无意之别耳。有意作伪，是奸民也；无意作伪，是愚民也。假灵学会诸君而有意作伪，吾无执法之权，惟有期其良心上之反省，不与之辩可耳。若其不然，果出于无意之作伪，则吾辈略有科学智识者，不可不聊尽提斯警觉之责。国有奸民，宁有愚民。今姑以君子待人，姑以扶乩为非有意作伪，本此意旨，以科学之理解释扶乩，以明扶乩之为变态心理现象，而非真有“圣贤仙佛”之降临。灵学会诸君或能因此稍加反省，不再鼓吹邪说，以蛊惑青年，不再摧残科学，以种亡国之根，则吾之希望为不虚矣。

三

乩何以能动，扶者动之也。诚实之扶者闻之，必哗辩曰：吾未尝动之，吾非故作虚言，吾实未尝动之也。诚实之扶者固未尝自觉其动，然而动之者仍是扶者，不过是扶者之无意识的筋肉动作耳。此种动作，虽于扶者为无意识，然仍出于扶者之筋肉，仍以扶者为动原。人生有许多自动作用（automatic action），如心脏之跳动，胃脏之消化，虽属生理一方面，亦是自动作用，方其运行也，人未尝以意志支配之，亦未尝知觉之。故自动作用是无意识作用，扶者动乩之筋肉动作，亦此种无意识的自动作用之一也。

因是无意识作用，故乩之动虽原于扶者手臂筋肉之动，而扶者不自觉其运动出于彼也。

筋肉之能发无意识的自动作用，于施行催眠术时，例证颇多。术者或手持有光辉之体，使被催者凝视，或以两手按摩被催者之身体，为法虽有种种，要之施术若干分钟后，即可使被催者发生自动之运动。术者使被催者两手向前伸直，且告以手勿用力，任其自然，不自作运动，亦不故意抵抗运动，于是术者予被催者以两手接近之暗示，则被催者之两手自能渐相接近，至两手相合为止，而被催者不自觉其动也。两手既合之后，术者复予以两手分离之暗示，则被催者之两手又能逐渐分开，而被催者亦不自觉其动也。手虽运动，而动者不自觉，故为无意识的作用。当此之时，被催者若意存抵抗。不欲运动，则运动便不能发生。惟心无杂念，处于纯被动之位置，始能发现动作，以此知被催者之两手运动虽不意识，纯属自动，非术者自以手动之，亦非术者役使鬼神以动之，扶乩者手之运动，亦犹是也。

患 hysteria（歇斯推里亚病）者，有时身体某部忽丧失感觉。今假有病者，其右手丧失感觉，虽刺之不知痛，抓之不知痒，若于右手及目之间，设物为屏，使病者不能自见其手，乃以铅笔纳于右手之中，伺病者方注意它事时，窃以针刺其右手。右手本为无感觉之手，虽刺不痛，况值注意专一之时，而刺戟又微，其不能知觉，固无待言，然而刺戟之后，其无感觉之手能作适当之反应。例如以针刺手三次，则手写三字，刺五次，则写五字。又或于病者之耳畔，低声有所质问，其无感觉之手亦能作适当之回答。病者之手虽能运动作字，然病者不自知其所作何字，且亦不知其手所运动。扶乩者手之运动，亦犹是也。

四

人手能发无意识的运动，方运动之际，不能自知，此理观于上述诸例当可明了。今更转而论扶乩之必出于此种运动，并借西人实验之例以证明之。

与扶乩相类之事，泰西各国亦颇有之。有所谓 Planchette 者，以木柏为之，状如心脏，下有三脚，两脚下有轮，故可推动。一脚中插铅笔，可借以留运动之痕迹于纸上。扶者置手于 Planchette 之上，凝心息虑，则 Planchette 能运动，有时且能作有意义之文句，而扶者固不自觉其动，亦不知其作何语也。又有以戒指或小球系于线之一端，而以两指夹持其它端，使线垂下，则线能作往来运动或回旋运动，持者固亦未尝有意使之动也。此种装置，英人谓之 magic pendulum（魔摆）。若持摆立于中央，而四围排列极大之字母，则摆能次第移向各字母，拼成字句，以答人问。昔罗马之卜者尝以此术愚人，遇有求卜者，则代祷上帝，藉摆之运动以宣神意。二千年前罗马卜者之用意，与今日中国灵学会诸君之见解不谋而合。然西方学者早知摆之运动出于手之无意识的运动，非有神灵凭于其上。十八世纪 Grey 尝研究此事，经种种实验，乃断言魔摆之线，于人手外，无论挂于何物上，不能运动。近时 Barrett 亦尝施以实验，以线之一端系于煤气灯之杆上，坚闭门窗，使室中无风，足以吹动此线，则向之持摆而可以使之动者，虽心中念念欲使摆动，而摆终不少动。由是观之，可知魔摆之动，实缘于人之动之。人手有自动运动，故所持之线亦随以动，灯杆不能自发运动，故同是此线，不能少动，一经实验，此理甚明。假如迷信者所云，有神灵凭其上，则魔摆虽离人手，而挂于毫不能动摇之物体上，亦当运动自如，不为之少阻，扶乩与持摆同出一理，视彼即可以喻此。

西洋又有所谓 Thought-reading（测思术）者，藏物某处，使精于此术者搜之，一搜即获。其法先于别室以布蒙术者之眼，藏者于藏物之后，引术者入室，以手置术者之额上或肩上，心中默念物藏某处，术者默立少顷，便趋赴藏品之处探而得之。藏物时术者不在室中，入室时又以厚布蒙眼，或厚布之间更实以棉絮，故断无以眼窥见之理，而默立少顷，一搜即获，使灵学会诸君见之，又不知将视术者为何如人。三十年前有 Bishop 者，精于此术，Romanes 尝集诸同志以实验法研究之。据 Romanes 研究之结果，术者之所以能趋赴藏者所思之处者，亦以受藏者筋肉无意识的自动运动之影响使然。盖藏者心中切念物藏某处，其心中所想，于不知不觉间发而为筋肉运动，欲引术者至其所思之处。术者心地寂静，纯取被动态度，其肩或额为藏者所扶，遂藉此以受扶者之运动而随以运动。当此之时，术者纯属被动之体，其反于藏者之关系，犹乩之于扶者，摆之于持者也。施术之际，必扶者置手于术者身上，而后术乃有效，已可想见术者之动出于扶者之动，若更加以实验，其理益明。试于术者之额上或肩上，置许多极软之棉絮，而后使扶者之手轻按其上，则术无效。或取丝线一条，以一端系于术者之额或肩上，而使扶者持其它端，不拉系，使线弛而不张，则术亦无效。术之无效，以棉絮柔软，线不紧张，不足以传扶者之运动故也。又若不以布蒙术者之眼，而反以布蒙扶者之眼，则术亦无效。盖扶者两眼被覆，虽心中切念藏物之处，然以不能辨方向与位置之故，行动失其指导，遂不能引术者以发见所藏之物。观此诸例，术者之能搜获藏物，纯属扶者无意识运动之结果，极为明白。测思术之术者犹扶乩时之乩，观彼又足以喻此。

观西人诸种实验之结果，借彼喻此，吾敢断言，乩之动，扶者助之，不过出于扶者之无意识的运动，故扶者或不自觉耳。乩动之理既明，则于扶者之外，更何烦设想“圣贤仙佛”为哉。然吾知吾文出后。必有某处乩坛乩能自动不须人扶之说发生，是则非吾所忍言矣。

五

乩之动出于扶者之自动作用，已如上述矣。然则自动作用谁实主之，何自动者不自觉其动耶？曰：自动作用出于 subconsci onsness（下意识）。今先说明下意识之性质，则自动不觉之理自可明了。

昔人以为一切心作用无一非意识作用，心作用即是意识作用，意识作用即是心作用者。近自变态心理学等进步以来，乃知心作用与意识作用，其范围之广狭相去甚远。尽有是心作用而非意识作用者，吾言而自觉其言，吾动而自觉其动，是之谓意识作用。言而不自觉，动而不自知，然虽不意识，犹不失为心作用者，是为下意识作用。是故下意识作用者，乃无意识之心作用，平时潜伏于心作用中，不显然表现者也。乩动时之自动作用，出于下意识作用，故扶者虽不意识，犹不失为扶者之心作用。人之手臂平时居于意识作用势力范围之中，故一举一动，皆为意识之我所自觉，及一旦因故而为下意识所指挥，则虽动而非意识之我所能知矣。心作用中之有下意识，虽经变态心理学之探讨而其理益显，然下意识之用非仅变态时有之，常态时亦有焉。

常态时之有下意识作用，例证甚多，今姑举一二例证如下。吾人常见之物，其状态如何，未必能明记于心，然用之之时，未尝少误。例如日常出入之教室，其间向内开抑向外开，吾人未必明白记忆之，然开门之时，向外开者，必不往内推。虽不明忆而不少误者，下意识之功也。又如教室中所挂之黑板，高低如何，殆无人能详言者，然某日忽将黑板移高或移低，则入室者莫不觉黑板之迁移。不能明言其处而能知其迁移者，亦下意识之功也。吾人日常之意识作用,常有下意识作用为之助,而下意识作用但现其结果于意识作用中,故吾人有时行一事而不自知所以行之之故。

常态时之下意识作用,不过为意识作用之补助,未尝显然表现,亦未尝占据身体之一部分,与意识作用分道而驰也。至于变态之时,则下意识作用显然表现,且别树一帜,与意识作用分道而驰。如前述之歇斯推里亚病者,其无感觉之手能作字以答问,此盖手为下意识作用所占据,而脱离意识作用统治之范围,故手虽运动作字,而在意识之我则毫不自觉。上述之例,不过身体上一小部分为下意识作用所占据耳。精神病之较深者,身体全部尽为下意识作用所占据,有暂时占据者,亦有占据甚久而竟变作他人者。

一八八七年一月十七日,美国牧师 Ansel Bourne 于 Providence 市某银行取存项五百五十一元后,人忽不见,虽经警察搜查,卒不可得。而离 Providsnce 甚远之 Norristown 市上,有 Brown 者,新开一小杂货店,贩卖纸笔点心之类。开店后六星期,于三月十四日晨,Brown 醒时,忽大惊骇,自称 Ansel Bourne,不知此是何地,亦不知有开店之事,惟取存款一事,犹若昨日事耳。店伙邻人群骇为狂,延医诊视,亦断为狂疾。以其自称 Providence 人,姑电询该市,果有其人,失踪者将及两月,家属闻之,遂迎以归。而 Ansel Bourne 于此两月之间,所做何事,茫然不自记忆。此缘 Ansel Bourne 下意识之我驱逐意识之我,代领身体,故一切行事,意识之我莫从知之。

法国有少女名 Félida 者,患歇斯推里亚病,一八五八年就诊于 Azam 医士,时女年十四岁也。初病之时,昏睡约十分钟,及醒,人忽一变,忧郁之性变而为活泼之性,能言善歌,谈笑不倦,与 Félida 平时之性格大异。继续若干时后,忽又昏睡,醒后又为 Félida 如初。初病约每星期发病一次,而人格转移之间,须时约十分钟,其后每月发病,而转移之间,须时亦渐减少。二十七岁时,普通状态与病的状态,其继续时间约略相等。及三十二三岁时,竟反客为主,普通状态不过两三星期出现一次,每现亦不过数小时而止。盖是时 Félida 下意识之我已完全驱逐意识之我,而代为身体之主矣。两状态之间,绝无记忆之联络,故普通状态所为之事,病的状态不知之,病的状态所为之事,普通状态亦不知之。

变态现象程度之深浅,至不齐一,上述二例,乃举显而深者言耳。扶乩现象足一时的变态现象,扶者之手与臂一时为扶者下意识之我所占领,故手之运动及其所作之文字，扶者意识之我莫从而知之。

六

歇斯推里亚病者无感觉之手能作文字以答人问，Ansel Bourne 下意识之我能营商业，Félida 下意识之我能行常人一切之行为，则扶乩者下意识之我能藉乩以作文字，何疑之有，亦何怪之有？顾信奉“灵学”者必又有辩，以为扶乩所得之文，实非扶者所能作，例如《灵学丛志》中所载答吴稚晖先生音韵文三篇，文虽肤浅，然扶者毫无小学智识，即欲伪造亦断无伪造之实力。扶者意识之我尚不能作，乃谓扶者下意识之我为之，试问扶者下意识之我何由能做此文耶？此种见解实为创造“灵学”之大护符，而亦常人不敢绝对排斥“灵学”之一大原因也。虽然，谓下意识之我不能为意识之我所不能为者，亦未尝深思故耳。如前例所云，Ansel Bourne 一牧师也，未尝学习商业，亦未尝留意商情，而一旦变为 Brown，设店卖物，条理井然，有若素习，此非下意识之我能为意识之我所不能为之一证耶。盖意识之我统领身心，终日营营，以经营切己之事为专职，其有与一身利害不甚密切之事，有时虽映于吾目接于吾耳，吾视之不见听之不闻者有之，或虽一时闻见而知之，及事过境迁，遗忘净尽不稍留痕迹者有之。下意识之我则不然，以清闲之身处无事之位，得从容闲暇以观察意识我所视为不切己之事物，故意识之我所视而不见听而不闻者，下意识之我得见之闻之，或意识之我所既经遗忘不稍留痕迹者，下意识之我得牢记之，且与经验当时之情形无丝毫之异。Ansel Bourne 身为牧师，商业非其切己之事情，故其意识之我不知商情，然身居市上，岂无观察商事之机会，徒以事非切己，故未加注意耳，而下意识之我则尝留意及之，故一旦下意识之我统领身心，本过去之经验以经营商业，乃能有条不紊。下意识之我能经验意识之我所不经验，能记忆意识之我所不记忆，例证甚多，举数则如下。

Niss Hunt 于某日下午六时付园丁工资，以纸包之，并付信数封，嘱于归家途中寄出。一小时后，园丁忽奔回，言失去工资，沿途寻觅，杳不可得，恐已为人拾去。入夜，园丁睡后，忽梦见途中某处泥块之傍，纸包之工资在焉，晨起搜之，果得之于梦中所见之处。园丁能于梦中发见所失之物，一若甚属奇异，其实梦非能预言，亦非有神秘之力。当园丁遗落工资之时，其意识之我虽不及自觉，其下意识之我实亲见之。梦时意识休息，下意识之观念遂得出现于心中，其观念甚明且强，故醒后犹能忆之耳。此下意识之我能经验意识之我所不经验之一证也。

Delbaeuf乃热心研究梦学之人，某晚梦见羊齿之下有许多蜥蜴，且梦见羊齿之植物学上名词是asplenium ruta muralis。Delbaeuf本不长于植物学，植物学上艰涩之学名更非其所知，乃一查植物学辞典，羊齿之学名固如梦中所见，不过末字muralis乃muraria之误耳。本非Delbaeuf所能知之学名，何忽于梦中见之？Delbaeuf亦深以为异，而追思其故，终不可得。然Delbaeuf求学之毅力，迥非志行薄弱者所可比，孜孜考求，卒于十六年之后发见其原因。某日Delbaeuf于友人案头翻阅一册，中有羊齿乾叶，与梦中所见者同，下书植物学上学名，乃Delbaeuf亲笔。Delaeuf见之大惊，及细细追思，始忆做梦前二年，友人之姊妹采集植物，以为旅行之纪念，使Delbaeuf于一一植物下记其学名。其后又于做梦前一年之旧杂志中发见一画，中画许多蜥蜴，一如梦中所见。此异时所经验之二事，Delbaeuf意识之我早经遗忘，而其下意识之我犹能记忆，遂牵合之以成梦境。此下意识之我能记忆意识之我所不能记忆之一证也。

以上但就梦境举例，梦境之外，精神病者亦供给许多例证。如Carpenter书所载，有德意志少妇本未受高深教育，亦不知古代文字，而某日失神之际，胡言乱语，人不能解，细辨之乃拉丁语希腊语希伯来语也。闻者咸大惊异，及细考少妇身世，始知少妇幼时曾寄寓某僧家，病时所诵，即当年某僧所诵之句也。然而少妇醒时，并不能记忆此种文句，但于失神时偶一表现之耳。此又下意识之我能记忆意识之我所不能记忆之一证也。催眠之时，亦多此种例证，平时所既经遗忘者，催眠时得以暗示唤起其记忆。近时Freud之治精神病，亦应用是法。

下意识之我能为意识之我所不能为，例证甚多，不遑繁举，观上述诸例，其理已明。而下意识我之所为，亦必以过去经验为基础，知觉意识之我所不知觉，记忆意识之我所不记忆，遇有机会，则取所记忆者而再生之，或牵合数事以造成一想象，此理亦可于上述诸例征之。扶乩所得之文，虽非扶者所能作，顾安保扶者于无意之中，未常经验此文之材料耶。例如《灵学丛志》中所载音韵文三篇，其扶者有小学智识与否，非吾所敢断言，今假定扶者绝无小学智识，于平常精神状态断不能作此种文字，然安保扶者不尝寓目于音韵之文，意识之我虽忘之，而下意识之我犹忆之耶。人之不解音韵者，平时偶见音韵之文，或以不能尽明之故，或虽能解，以无关于己，便恝然置之，此盖事理之常,故其意识之我毫不解音韵,断不能作音韵之文。然其下意识之我与意识大异,或于意识之我不留意时,尝留意于他人案头音韵之书,或意识之我偶读音韵之文,觉无味而欲舍去者,下意识之我以极浓之兴味欢迎之,一字一句深入记忆,遇有表现之机会,便牵合各处所得材料,作成音韵之文,以自惊惊人。《灵学丛志》所载音韵文之扶者,安保其不为此种人耶。Delbaeuf 梦中见植物学学名,浅者观之,必惊为神灵所示,而 Delbauef 卒于十六年之后发见其原因,德意志少妇诵希伯来等文,浅者视之,必骇为古鬼所凭,而彼国学者卒细考少妇之身世,以发见其原因。灵学会中人偶得音韵文三篇,非扶者意识之我所能作,不加深求,遽然断言是陆德明等灵魂所作,中外人求学之毅力,何相去若是之甚哉。

七

扶乩所得之文,确是扶者所作,有意作伪者,出自扶者意识之我,无意作伪者,出自扶者下意识之我,此理似已大明。然灵学会诸君或犹有一疑点,以为既是扶者下意识之我所作,而乩书明明作某鬼到者,又何故者。吾谓此乃扶者下意识我之顶冒招牌,正所以表现中国人之劣根性,而吾之谓扶乩为无意作伪者亦正指此。

中国人之天性,喜为古人之奴隶,以能做奴隶为荣,而以脱离古人羁绊为耻,是故"非先王之法服不敢服,非先王之法言不敢道"。对于古人之言行,几有"设令发于余窍……亦将承之"之概。此种奴隶根性,处处流露。今日言道德者,犹高标"三纲五常"之说,言家庭者,犹以"五世同堂"为荣。下而至于制一信笺,造一磁器,亦必仿古。处奴性极深之社会,而又不能自拔于流俗,于是不敢稍越范围,自立一说,但知依附古人之言,假托古人之言,遂以造成顶冒招牌之现象。中国经子诸书,几莫不有后人伪作搀杂其间,如《庄子》《列子》等书,可靠之文数篇而已,此数篇之外,皆顶冒招牌之结晶体也。扶乩者中国人也,而又为奴性极深之人,其下意识之我安得不为奴性所束缚,而假冒古人之招牌以自欺欺人耶。吾故敢断言,扶乩时之书某鬼到者,出于人冒鬼牌,是中国人第一拿手好戏,不足深怪者也。至如《灵学丛志》中所载颜曾诸人能作七绝诗,孟轲能作大草,则狐狸尾巴早现出来,更何所用其怀疑哉。

中国之扶乩者书某鬼到,假使扶者而为西人,素无奴隶根性,则乩虽作字,必不书某某鬼到。此非吾想象之谈,有事实可征者也。西人之扶 Planchette,与中国人之扶乩同,亦能作有意义之文字,然但闻 Planchette 之能作文字,从未闻作文之先,书 Homer 到或 Plato 到者。有奴性者书某鬼到,无奴性者否,两相比较,鬼到云云,其故可思矣。言科学者遇事接物,宜力索其故,深思其理,不可徒为表面现象所蒙蔽,书孟轲到,而必信为真孟轲到,此乃毫无辨别力者所为,灵学会诸君何亦不思之甚而信之之速耶。

八

《灵学丛志》第一期第一卷载鬼文若干篇外,又载人文若干篇,其中丁福保君之《我理想中之鬼说》及俞复君之答《吴稚晖书》二篇,似于扶持"灵学"最为有功。吾辟"灵学"既竟,不可不有一言批评及之。丁文荒谬绝伦,不睹作者姓名,几不敢信为人间所作。俞文说来仿佛有理,然细按之,一无是处。

丁君之鬼说,殆可谓"灵学"之精义矣。开口便说:"人死为鬼,鬼有形有质,虽非人目之所能见,而禽兽等则能见之也。"试问禽兽见鬼,丁君何由知之。动物之有心作用,本非人直接所能知,人但能观其发表于外之动作,用以推知其内界之作用耳。禽兽见鬼,必非丁君直接所能知,然则丁君果借何道以推知禽兽之必能见鬼耶。俗传狗于夜中见鬼,则哭声呜呜,此村妇之谈,贤如丁君,想必不引此为论据。心与身相并行,故观察神经之构造,亦约略可以知某种心作用之有无。丁君医士也,必深于生理解剖等学,岂亦尝解剖禽兽之目,发见其视觉神经有特别作用,足以见鬼耶?抑或于视官外,发见别有感官,足以见鬼耶?浸假而禽兽果能见鬼,果知鬼之有形有质,然丁君是人,非能见鬼者,则丁君何由亦知鬼之有形质,而著之于文耶?岂丁君为今之介葛卢公冶长,能通牛鸣解鸟语,而尝受教于禽兽耶。凡此种种,疑莫能释。丁君全文,皆属一无征验之谈,但云如此如此,而未尝明示所以然之理。吾侪纯根,诚不解所谓,故吾对于丁君全文,无从批评,惟有取与对于第一段同一之态度,诘问丁君所以如此主张之理由。假一无理由而贸然立说,则与精神病者之呓语何异,只好一笑置之,任丁君与能见鬼者纵谈鬼事可耳。

俞文曰:"夫科学之见重于当世,亦以事实征诸实象,定其公律,可成为有系统之学而已。以今日所得扶乩之征验,则空中之确有物焉,不可诬矣。"此段议论,说明"灵学"之所以成立，即吾所谓说来仿佛有理，然细按之，一无是处者是也。科学者之研究事物，宜具致密之观察，精细之分析，不可为幻象所蒙蔽，吾文上来已屡屡说及，已足破俞君之论矣。今复略述于此，以明其误。今之科学，以经验为基础，以事实为根据，通诸事实，求其公理，以成系统之学问，此诚不易之定论也。然所谓经验，所谓事实，亦有真妄之别，非谓耳目之见闻如是，即此经验便可以造成学问，必慎思明辨，察其无妄，然后可引以为学问之基础。梦中所见所闻，固梦者之经验，而方梦之际，亦梦者所引以为真事实，及醒后与外界对照，始知其为幻境。精神病者之见神见鬼，是精神病者之经验，亦精神病者所引为真事实，而旁人观之，莫不笑其诞妄。今假有人以梦时及精神病者之经验为基础，用以创进新学，吾知世人必哗笑其侧，且目之为精神病者矣。扶乩现象明属变态现象，乃珍重视之，欲借以新创"灵学"，其何以异于引梦时及精神病者之经验为基础，以新造科学者之所为耶。关于科学之研究方法，今不欲详论，有疑义者，可取论理学书读之，其疑自解。俞文又云："鬼神之说不张，国家之命遂促。"此种论调真与康有为不设虚君国终不治之主张同一鼻孔出气。试问国民道德，舍神道设教以外，何遂无改善之途径。更试问迷信极盛之世，岂人尽君子而一无小人。谚云，"若要黑心人、吃素淘里去寻"，岂不与俞君之论适相反耶。吾真不解二十世纪之中国人，其顽钝之状，犹与有史前之初民相等。

（第四卷第五号，一九一八年五月十五日）

有鬼论质疑

陈独秀

吾国鬼神之说素盛,支配全国人心者,当以此种无意识之定数观念最为有力。今之士大夫,于科学方兴时代,犹复援用欧美人之灵魂说,曲征杂引,以为鬼之存在,确无疑义,于是著书立说,鬼话联篇,不独已能见鬼而且摄鬼影以示人。即好学尊疑之士,亦以远西性觉 Intuition(日本人译为直觉,或云直观,或云观照。吾以为即释家之所谓"自心现量",乃超越感官之知觉也,与感觉 Sensibility 为对文)哲学方盛,物质感觉以外,岂必尢真理可寻?遂于不能以科学能释之鬼神问题,未敢轻断其有无。今予亦采纳尊疑主义,于主张无鬼之先,对于有鬼之说多所怀疑,颇期主张有鬼论者赐以解答。

吾人感觉所及之物,今日科学,略可解释。倘云鬼之为物,玄妙非为物质所包,非感觉所及,非科学所能解,何以鬼之形使人见鬼,之声使人闻?此不可解者一也。敢问?

鬼果形质俱备,惟非普通人眼所能见。则今人之于鬼,犹古人之于微生物,虽非人人所能见。而其物质的存在与活动,可以科学解释之,当然无疑。审是则物灵二元说,尚有立足之余地乎?此不可解者二也。敢问?

鬼若有质,何以不占空间之位置,而自生障碍,且为他质之障碍?此不可解者三也。敢问?

或云鬼之为物有形而无质耶?夫宇宙间有形无质者,只有二物:一为幻象,一为影像。幻为非有,影则其自身亦为非有。鬼既无质,何以知其非实有耶?此不可解者四也。敢问?

鬼既非质,何以言鬼者,每称其有衣食男女之事,一如物质的人间耶?此不可解者五也。敢问?

鬼果是灵,与物为二,何以各仍保其物质生存时之声音笑貌乎?此不可解者六也。敢问?

若谓鬼属灵界,与物界殊途,不可以物界之观念推测鬼之有无,而何以今之言鬼者,见其国籍语言习俗衣冠之各别,悉若人间耶?此不可解者七也。敢问?

人若有鬼,一切生物皆应有鬼,而何以今之言鬼者,只是见人鬼,不见犬马之鬼耶?此不可解者八也。敢问?

(第四卷第五号,一九一八年五月十五日)

易卜生主义

胡 适

“易卜生主义!”这个题目不是容易做的。我又不是专门研究易卜生的人,如何配做这篇文字?但是我们现在出一本“易卜生号”,大吹大擂的把易卜生介绍到中国来,似乎又不能不有一篇“易卜生主义”的文字。没奈何,我只好把我心目中的“易卜生主义”写出来,做一个“易卜生号”的引子。

一

易卜生最后所作的《我们死人再生时》(*When We Dead Awaken*)一本戏里面有一段话,很可表出易卜生所作文学的根本方法。这本戏的主人翁,是一个美术家,费了全副精神,雕成一副像,名为“复活日”。这位美术家自己说他这副雕像的历史道:

> 我那时年纪还轻,不懂得世事。我以为这“复活日”应该是一个极精致,极美的少女像,不带着一毫人世的经验,平空地醒来,自然光明庄严,没有什么过恶可除。……但是我后来那几年,懂得些世事了,才知道这“复活日”不是这样简单的,原来是很复杂的。……我眼里所见的人情世故,都到我理想中来,我不能不把这些现状包括进去。我只好把这像的座子放大了,放宽了。
>
> 我在那座子上雕了一片曲折爆裂的地面。从那地的裂缝里,钻出来无数模糊不分明,人身兽面的男男女女。这都是我在世间亲自见过的男男女女。(二幕)

这是"易卜生主义"的根本方法。那不带一毫人世罪恶的少女像,是指理想派的文学。那无数模糊不分明,人身兽面的男男女女,是指写实派的文学。易卜生的文学,易卜生的人生观,只是一个写实主义。一八八二年,他有一封信给一个朋友,信中说道:我做书的目的,要使读者人人心中都觉得他所读得全是实事。(《尺牍》第一五九号)

人生的大病根在于不肯睁开眼睛来看世间的真实现状。明明是男盗女娼的社会,我们偏说是圣贤礼义之邦;明明是赃官污官的政治,我们偏要歌功颂德;明明是不可救药的大病,我们偏说一点病都没有!却不知道,若要病好,须先认有病;若要政治好,须先认现今的政治实在不好;若要改良社会,须先知道现今的社会实在是男盗女娼的社会!易卜生的长处,只在他肯说老实话,只在他能把社会种种腐败龌龊的实在情形写出来叫大家仔细看。他并不是爱说社会的坏处,他只是不得不说。

一八八〇年,他对一个朋友说:我无论作什么诗,编什么戏,我的目的只要我自己精神上的舒服清净。因为我们对于社会的罪恶,都脱不了干系的。(《尺牍》第一四八号)

因为我们对于社会的罪恶都脱不了干系,故不得不说老实话。

二

我们且看易卜生与近世的社会,说的是一些什么样的老实话。第一,先说家庭。

易卜生所写的家庭,是极不堪的。家庭里面,有四种大恶德:一是自私自利。二是倚赖性,奴隶性。三是假道德,装腔做戏。四是懦怯没有胆子。做丈夫的便是自私自利的代表。他要快乐,要安逸,还要体面,所以他要娶一个妻子。正如《娜拉》戏中的郝尔茂。他觉得同他妻子有爱情是很好玩的。他叫他的妻子做"小宝贝""小鸟儿""小松鼠儿""我的最亲爱的"等等肉麻名字。他给他妻子一点钱去买糖吃,买粉搽,买好被服穿。他要他妻子穿得好看,打扮得标致。做妻子的完全是一个奴隶。她丈夫喜欢什么,她也该喜欢什么,她自己是不许有什么选择的。她的责任在于使丈夫欢喜。她自己不用有思想,她丈夫会替她思想。她自己不过是她丈夫的玩意儿,很像叫花子的猴子专替她变把戏引人开心的。(所以《娜拉》又名《玩物之家》。)丈夫要妻子守节,妻子却不能要丈夫守节。正如《群鬼》(*Ghosts*)戏里的阿尔文夫人受不过丈夫的气,跑到一个朋友家去,那位朋友是个牧师,狠教训了她一顿,说她不守妇道。但是阿尔文夫人的丈夫专在外面偷妇人,甚至淫乱他妻子的婢女,人家都毫不介意。那位牧师朋友也觉得这是男人常有的事,不足为奇!妻子对丈夫,什么都可以牺牲;丈夫对妻子,是不犯着牺牲什么的。《娜拉》戏内的娜拉因为要救她丈夫的生命,所以冒她父亲的名字,签了借据去借钱。后来事体闹穿了,她丈夫不但不肯替娜拉分担冒名的干系,还要痛骂她带累他自己的名誉。后来和平了结了,没有危险了,她丈夫又装出大度的样子,说不追究她的错处了。他得意扬扬的说道,"一个男人赦了他妻子的过犯是很畅快的事!"(《娜拉》三幕)

这种极不堪的情形,何以居然忍耐得住呢?第一,因为人都要顾面子,不得不装腔做戏,做假道德遮着面孔。第二,因为大多数的人都是没有胆子的懦夫。因为要顾面子,故不肯闹翻。因为没有胆子,故不敢闹翻。那《娜拉》戏里的娜拉忽然看破家庭是一座做猴子戏的戏台,她自己是台上的猴子。她有胆子,又不肯再装假面子,所以告别了掌班的,跳下了戏台,去干她自己的生活。

那《群鬼》戏里的阿尔文夫人没有娜拉的胆子,又要顾面子,所以被她的牧师朋友一劝,就劝回头了,还是回家去尽她的"天职",守她的"妇道"。她丈夫仍旧做那种淫荡的行为,阿尔文夫人只好牺牲自己的人格,尽力把他羁縻在家。后来生下一个儿子,他母亲恐怕他在家学了他父亲的坏榜样,所以到了七岁便把他送到巴黎去。她一面要哄她丈夫在家,一面要在外边替她丈夫修名誉,一面要骗她儿子说他父亲是怎样一个正人君子。这种情形,过了十九个足年,她丈夫才死。死后,他妻子还要替他装面子,花了许多钱,造了一所孤儿院,作他亡夫的遗爱。孤儿院造成了,她把儿子唤回来参与孤儿院落成的庆典。谁知她儿子从胎里就得了他父亲的花柳病的遗毒,变成一种脑腐症,到家没几天,那孤儿院也被火烧了,她儿子的遗传病发作,脑子坏了,就成了疯人了。这是没有胆子,又要顾面子的结局。这就是腐败家庭的下场!

三

其次,且看易卜生论社会的三种大势力。那三种大势力:一是法律,二是宗教,三是道德。

第一,法律。法律的效能在于除暴去恶,禁民为非。但是法律有好处也有坏处。好处在于法律是无有偏私的。犯了什么法,就该得什么罪。坏处也在于此。法律是死板板的条文,不通人情世故。不知道一样的罪名却有几等几样的居心,有几等几样的境遇情形。同犯一罪的人却有几等几样的知识程度。法律只说某人犯了某法的某某篇、某某章、某某节,该得某某罪,全不管犯罪的人的知识不同,境遇不同,居心不同。《娜拉》戏里有两件冒名签字的事。一件是一个律师做的,一件是一个不懂法律的妇人做的。那律师犯这罪全由于自私自利,那妇人犯这罪全因为她要救她丈夫的性命。但是法律全不问这些区别。请看这两个"罪人"讨论这个问题:

> 律师　　郝夫人,你好像不知道你犯了什么罪。我老实对你说,我犯的那桩使我一生声名扫地的事,和你所做的事恰恰相同,一毫也不多,一毫也不少。
>
> 娜拉　　你!难道你居然也敢冒险去救你妻子的命吗?
>
> 律师　　法律不管人的居心如何。
>
> 娜拉　　如此说来,这种法律是笨极了。
>
> 律师　　不问他笨不笨,你总要受他的裁判。
>
> 娜拉　　我不相信。难道法律不许做女儿的想个法子免得她临死的父亲烦恼吗?难道法律不许做妻子的救她丈夫的命吗?我不大懂得法律,但是我想总该有这种法律承认这些事的。你是一个律师,你难道不知道有这样的法律吗?柯先生你真是一个不中用的律师了。(《娜拉》一幕)

最可怜的是世上真少这种人情人理的法律!

第二,宗教。易卜生眼里的宗教久已失了那种可以感化人的能力,久已变成毫无生气的仪节信条，只配口头念得烂熟，却不配使人奋发鼓舞了。《娜拉》戏里说：

> 郝尔茂　你难道没有宗教吗？
>
> 娜拉　我不很懂得究竟宗教是什么东西。我只知道我进教时那位牧师告诉我的一些话。他对我说宗教是这个，是那个，是这样，是那样。（三幕）

如今人的宗教，都是如此。你问他信什么教，他就把他的牧师或是他的先生告诉他的话背给你听。他会背耶稣的《祈祷》文，他会念阿弥陀佛，他会背一部《圣谕广训》。这就是宗教了！

宗教的本意，是为人而作的。正如耶稣说的，“礼拜是为人造的，不是人为礼拜造的”。不料后世的宗教处处与人类的天性相反，处处反乎人情。如《群鬼》戏中的牧师逼着阿尔文夫人回家去受那淫荡丈夫的待遇，去受那十九年极不堪的惨痛。那牧师说，宗教不许人求快乐，求快乐便是受了恶魔的魔力了。他说宗教不许做妻子的批评她丈夫的行为。他说宗教教人无论如何总要守妇道，总须尽责任。那牧师口口声声所说是“是”的，阿尔文夫人心中总觉得都是“不是”的。后来阿尔文夫人仔细去研究那牧师的宗教，忽然大悟原来那些教条都是假的，都是“机器造的”！（《群鬼》二幕）

但是这种机器造的宗教何以居然能这样兴旺呢？原来现在的宗教虽没有精神上的价值，却极有物质上的用场。宗教是可以利用的，是可以使人发财得意的。那《群鬼》戏里的木匠，本是一个极下流的酒鬼，卖妻卖女都肯干的。但是他见了那位道学的牧师，立刻就装出宗教家的样子，说宗教家的话，做宗教家的唱歌祈祷，把这位蠢牧师哄得滴溜溜的转。（二幕）

那《罗斯马庄》（*Rosmer sholm*）戏里面的主人翁罗斯马本是一个牧师，后来他的思想改变了，遂不信教了。他那时想加入本地的自由党。不料党中的领袖却不许罗斯马宣告他脱离教会的事。为什么呢？因为他们党里很少信教的人，故想借罗斯马的名誉来号召那些信教的人家。可见宗教的兴旺，并不是因为宗教真有兴旺的价值，不过是因为宗教有可以利用的好处罢了。如今的基督教青年会竟开明地用种种物质上的便利来做招揽会员的钓饵，所以有些人住青年会的洋房，洗青年会的雨浴，到了晚上仍旧去“白相堂子”,仍旧去“逛胡同”,仍旧去打麻雀扑克。这也是宗教兴旺的一种原因了!

第三,道德。法律宗教既没有裁制社会的本领,我们且看“道德”可有这种本事。据易卜生看来,社会上所谓“道德”不过是许多陈腐的旧习惯。合于社会习惯的,便是道德;不合于社会习惯的,便是不道德。我且举中国风俗为例。我们中国的老辈人看见少年男女实行自由结婚,便说是“不道德”。为什么呢?因为这事不合于“父母之命,媒妁之言”的社会习惯。但是这班老辈人自己讨许多小老婆,却以为是很平常的事,没有什么不道德。为什么呢?因为习惯如此。又如中国人死了父母,发出讣书,人人都说“泣血稽颡”,“苫块昏迷”。其实他们何尝泣血?又何尝“寝苫枕块”?这种自欺欺人的事,人人都以为是“道德”,人人都不以为羞耻。为什么呢?因为社会的习惯如此,所以不道德的也觉得道德了。

这种不道德的道德,在社会上,造出一种诈伪不自然的伪君子。面子上都是仁义道德,骨子里都是男盗女娼。易卜生最恨这种人。他有一本戏,叫做《社会的栋梁》(*Pillars of Society*),戏中的主人名叫褒匿,是一个极坏的伪君子。他犯了一桩奸情,却让他兄弟受这恶名,还要诬赖他兄弟偷了钱跑脱了。不但如此,他还雇了一只烂脱的船送他兄弟出海,指望把他兄弟和一船的人都沉死在海底,可以灭口。这样一个大奸,面子上却做得十分道德,社会上都尊敬他,称他作“全市第一个公民”,“公民的模范”,“社会的栋梁”!他谋害他兄弟的那一天,本城的公民,聚了几千人,排起队来,打着旗,奏着军乐,上他的门来表示社会的敬意,高声喊道,“褒匿万岁!社会的栋梁褒匿万岁!”

这就是道德!

四

其次,我们且看易卜生写个人与社会的关系。

易卜生的戏剧中,有一条极显而易见的学说,是说社会与个人互相损害。社会最爱专制,往往用强力摧折个人的个性(Individuality),压制个人自由独立的精神。等到个人的个性都消灭了,等到自由独立的精神都完了,社会自身也没有生气了,也不会进步了。社会里有许多陈腐的习惯,老朽的思想,极不堪的迷信。个人生在社会中,不能不受这些势力的影响。有时有一两个独立的少年,不甘心受这种陈腐规矩的束缚,于是东冲西突,想与社会作对。上文所说的褒匿,少年时代也曾想和社会反抗。但是社会的权力很大,网罗很密,个人的能力有限,如何是社会的敌手。社会对个人道:"你们顺我者生,逆我者死;顺我者有赏,逆我者有罚。"那些和社会反对的少年,一个一个的都受家庭的责备,遭朋友的怨恨,受社会的侮辱驱逐。再看那些奉承社会意旨的人,一个个的都升官发财,安富尊荣了。当此境地,不是顶天立地的好汉,决不能坚持到底。所以像褒匿那般人,做了几时的维新志士,不久也渐渐的受社会同化,仍旧回到旧社会去做"社会的栋梁"了。社会如同一个大火炉,什么金银铜铁锡,进了炉子,都要熔化。易卜生有一本戏叫做《雁》(*The Wild Duck*),写一个人捉到一只雁,把他养在楼上半阁里,每天给他一桶水,让他在水里打滚游戏。那雁本是一个海阔天空逍遥自得的飞鸟,如今在半阁里关久了,也会生活,也会长得胖胖的,后来竟完全忘记了他从前那种海阔天空来去自由的乐处了!个人在社会里,就同这雁在人家半阁上一般,起初未必满意,久而久之,也遂惯了,也渐渐的把黑暗世界当作安乐窝了。

社会对于那班服从社会命令,维持陈旧迷信,传播腐败思想的人,一个一个的都有重赏。有的发财了,有的升官了,有的享大名誉了。这些人有了钱,有了势,有了名誉,遂像老虎长了翅膀,更可横行无忌了,更可借着"公益"的名誉去骗人钱财,害人生命,做种种无法无天的行为。易卜生的《社会栋梁》和《博克曼》(*John Gabriel Borkman*)两本戏的主人翁都是这种人物。他们钱赚得够了,然后掏出几个小钱来,开一个学堂,造一所孤儿院,立一个公共游戏场,"捐二十磅金去买面包给贫人吃"(用《社会的栋梁》二幕中语),于是社会格外恭维他们,打着旗子,奏着军乐,上他们家来,大喊"社会的栋梁万岁"!

那些不懂事又不安本分的理想家,处处和社会的风俗习惯反对,是该受重罚的。执行这种重罚的机关,便是"舆论",便是大多数的"公论"。世间有一种最通行的迷信,叫做"服从多数的迷信",人都以为多数人的公论总是不错的。易卜生绝对的不承认这种迷信。"多数党说他总在错的一边,少数党总在不错的一边。"(《国民公敌》五幕)一切维新革命,都是少数人发起的,都是大多数人所极力反对的。大多数人总是守旧麻木不仁的,只有极少数人——有时只有一个人——不满意于社会的现状,要想维新,要想革命。这种理想家是社会所最忌的。大多数人都骂他是“捣乱分子”,都恨他“扰乱治安”,都说他“大逆不道”。所以他们用大多数的专制威权去压制那“捣乱”的理想志士,不许他开口,不许他行动自由,把他关在监牢里,把他赶出境去,把他杀了,把他钉在十字架上活活的钉死,把他捆在柴草上活活的烧死。过了几十年几百年,那少数人的主张渐渐的变成多数人的主张了,于是社会的多数人又把他们从前杀死钉死烧死的那些“捣乱分子”一个一个的重新推崇起来替他们修墓,替他们作传,替他们立庙,替他们铸铜像。却不知道从前那种“新”思想,到了这时候,又早已成了“陈腐的”迷信!当他们替从前那些特立独行的人修墓铸铜像的时候,社会里早已发生了几个新派少数人,又要受他们杀死钉死烧死的刑罚了!所以说“多数党总是错的,少数党总是不错的”。

易卜生有一本戏叫做《国民的公敌》里面写的就是这个道理。这本戏的主人翁斯铎曼医生从前发现本地的水可以造成几处卫生浴池。本地的人听了他的话,觉得有利可图,便集了资本,造了几处卫生浴池。后来四方的人闻了浴池之名,纷纷来这里避暑养病。来的人多了,本地的商业市面便渐渐发达兴旺。斯铎曼医生便作了浴池的官医。后来洗浴的人之中忽然发生一种流行病症,经这位医生仔细考察,知道这病症是从浴池的水里来的。他便装了一瓶水寄与大学的化学师请他化验。化验出来,才知道浴池的水管安得太低了,上流的污秽,停积在浴池里,发生一种传染病的微生物极有害于公众卫生。斯铎曼医生得了这种科学证据,便做了一篇切切实实的报告书,请浴池的董事会把浴池的水管重新改造,以免妨碍卫生。不料改造浴池须要花费许多钱,又要把浴池闭歇一两年,浴池一闭歇,本地的商务便要受许多损失。所以本地的人全体用死力反对斯铎曼医生的提议。他们宁可听那些来避暑养病的人受毒病死,不情愿受这种金钱的损失。所以他们用大多数的专制威权,压制这位说老实话的医生,不许他开口。他做了报告,本地的报馆都不肯登载。他要自己印刷,印刷局也不肯替他印。他要开会演说,全城的人都不把空屋借他做会场。后来好容易找到了一所会场,开了一个公民会议,会场上的人不但不听他的老实话,还把他赶下台去,由全体一致表决,宣告斯铎曼医生从此是国民的公敌。他逃出会场,把裤子都撕破了,还被众人赶到他家,用石头掷他,把窗户都打碎了。到了明天,本地政府革了他的官医,本地商民发了传单不许人请他看病,他的房东请他赶快搬出屋去,他的女儿在学堂教书,也被校长辞退了。这就是“特立独行”

的好结果！这就是大多数惩罚少数“捣乱分子”的辣手段！

五

其次，我们且说易卜生的政治主义。易卜生的戏剧不大讨论政治问题，所以我们须要用他的《尺牍》(*Letters*, ed.by his son Sigurd Ibsen, English Trans.1905)做参考的材料。

易卜生起初完全是一个主张无政府主义的人。当普法之战(一八七〇至一八七一年)时，他的无政府主义最为激烈。一八七一年，他有信与一个朋友道：

> ……个人绝无做国民的需要。不但如此，国家简直是个人的大害。请看普鲁士的国力，不是牺牲了个人的个性去买来的吗？国民都成了酒馆里跑堂的了，自然个个都是好兵了。
>
> 再看犹太民族，岂不是最高贵的人类吗？无论受了何种野蛮的待遇，那犹太民族还能保存本来的面目。这都因为他们没有国家的缘故。国家总得毁去。这种毁除国家的革命，我也情愿加入。毁去国家观念，单靠个人的情愿和精神上的团结做人类社会的基本——若能做到这步田地，这可算得有价值的自由起点。那些国体的变迁，换来换去，都不过是弄把戏——都不过是全无道理的胡闹。(《尺牍》第七十九)

易卜生的纯粹无政府主义，后来渐渐的改变了。他亲自看见巴黎“市民政府”(Commune)的完全失败(一八七一)，便把他主张无政府主义的热心减了许多。(《尺牍》第八十一)到了一八八四年，他写信给他的朋友说，他在本国若有机会，定要把国中无权的人民联合成一个大政党，主张极力推广选举权，提高妇女的地位，改良国家教育要使脱除一切中古陋习。(《尺牍》第一七八)这就不是无政府的口气了。但是他终究不曾加入政党。他以为加入政党是很下流的事。(《尺牍》第一五八)他最恨那班政客，他以为“那班政客所力争的，全是表面上的权利，全是胡闹。最要紧的是人心的大革命”。(《尺牍》第七十七)易卜生从来不主张狭义的国家主义，从来不是狭义的爱

国者。一八八八年,他写信给一个朋友说道:

> 知识思想略为发达的人,对于旧式的国家观念,总不满意。我们不能以为有了我们所属的政治团体便足够了。据我看来,国家观念不久就要消灭了,将来定有人种观念起来代他。即以我个人而论,我已经过这种变化。我起初觉得我是挪威国人,后来变成斯堪丁纳维亚人(挪威与瑞典总名斯堪丁纳维亚),我现在已成了条顿人了。(《尺牍》第二〇六)

这是一八八八年的话。我想易卜生晚年临死的时候(一九〇六),一定已进到世界主义的地步了。

六

我开篇便说过易卜生的人生观只是一个写实主义。易卜生把家庭社会的实在情形都写了出来叫人看了动心,叫人看了觉得我们的家庭社会原来是如此黑暗腐败,叫人看了觉得家庭社会真正不得不维新革命——这就是易卜生主义。表面上看去,像是破坏的,其实完全是建设的。譬如医生诊了病,开了一个脉案,把病状详细写出,这难道是消极的破坏的手续吗?但是易卜生虽开了许多脉案,却不肯轻易开药方。他知道人类社会是极复杂的组织,有种种绝不相同的境地,有种种绝不相同的情形。社会的病,种类纷繁,决不是什么"包医百病"的药方所能治得好的。因此他只好开了脉案,说出病情,让病人各人自己去寻医病的药方。

虽然如此,但是易卜生生平却也有一种完全积极的主张。他主张个人须要充分发达自己的才性,须要充分发展自亡的个性。他有一封信给他的朋友 George Brandes 说道:

> 我所最期望于你的,是一种真正纯粹的为我主义。要使你有时觉得天下只有关于我的事最要紧,其余的都算不得什么。……你要想有益于社会,最好的法子莫如把你自己这块材料铸造成器……有的时候我真觉得全世界

都像海上撞沉了船，最要紧的还是救出自己。(《尺牍》第八十四)

最可笑的是有些人明知世界“陆沉”，却要跟着“陆沉”，跟着堕落，不肯“救出自己”！却不知道社会是个人组成的，多救出一个人便是多备下一个再造新社会的分子。所以孟轲说“穷则独善其身”，这便是易卜生所说“救出自己”的意思。这种“为我主义”，其实是最有价值的利人主义。所以易卜生说，“你要想有益于社会，最妙的法子莫如把你自己这块材料铸造成器”。《娜拉》戏里，写娜拉抛了丈夫儿女飘然而去，也只为要“救出自己”。那戏中说：

郝尔茂　……你就是这样抛弃你的最神圣的责任吗？

娜拉　你以为我的最神圣的责任是什么？

郝　还等我说吗？可不是你对于你的丈夫和你的儿女的责任吗？

娜　我还有别的责任同这些一样的神圣。

郝　没有的。你且说，那些责任是什么？

娜　是我对于我自己的责任。

郝　最要紧的，你是一个妻子，又是一个母亲。

娜　这种话我现在不相信了。我相信第一我是一个人正同你一样——无论如何，我务必努力做一个人。(三幕)

一八八二年，易卜生有信给朋友道：这样生活，须使各人自己充分发展——这是人类功业顶高的一层，这是我们大家都应该做的事。(《尺牍》第一六四)

社会最大的罪恶莫过于摧折个性的个性，不使他自由发展。那本《雁》戏所写的只是一件摧残个人才性的惨剧。那戏写一个人少年时本极有高尚的志气，后来被一个恶人害得破家荡产，不能度日。那恶人又把他自己通奸有孕的下等女子配给他做妻子，从此家累日重一日，他的志气便日低一日。到了后来，他堕落深了，竟变成了一个懒人懦夫，天天受那下贱妇人和两个无赖的恭维，他洋洋得意的觉得这种生活很可以终身了。所以那本戏借一个雁做比喻：那雁在半阁上关得久了，他从前那种高飞远举的志气全都消灭了,居然把人家的半阁做他的极乐国了!

发展个人的个性,须要有两个条件。第一,须使个人有自由意志。第二,须使个人担干系,负责任。《娜拉》戏中写郝尔茂的最大错处只在他把娜拉当作"玩意儿"看待,既不许她有自由意志,又不许她担负家庭的责任,所以娜拉竟没有发展她自己个性的机会。所以娜拉一旦觉悟时,恨极她的丈夫,决意弃家远去,也正为这个缘故。易卜生又有一本戏,叫做《海上夫人》(*The Lady from the Sea*),里面写一个女子哀梨妲少年时嫁给人家做后母,她丈夫和前妻的两个女儿看她年纪轻,不让她管家务,只叫她过安闲日子。哀梨妲在家觉得做这种不自由的妻子,不负责任的后母,是极没趣的事。因此她天天想跟人到海外去过那海阔天空的生活。她丈夫越不许她自由,她偏越想自由。后来她丈夫知道留她不住,只得许她自由出去。她丈夫说道:

> 丈夫　……我现在立刻和你毁约。现在你可以有完全自由拣定你自己的路子。
>
> ……现在你可以自己决定,你有完全的自由,你自己担干系。
>
> 哀梨妲　完全自由!还要自己担干系!还担干系咧!有这么一来,样样事都不同了。

哀梨妲有了自己,又自己负责任了,忽然大变了,也不想那海上的生活了,决意不跟人走了。(《海上夫人》第五幕)这是为什么呢?因为世间只有奴隶的生活是不能自由选择的,是不用担干系的。个人若没有自由权,又不负责任,便和做奴隶一样,所以无论怎样好玩,无论怎样高兴,到底没有真正乐趣,到底不能发展个人的人格。所以哀梨妲说:有了完全自由,还要自己担干系,有这么一来,样样事都不同了。家庭是如此,社会国家也是如此。自治的社会,共和的国家,只是要个人有自由选择之权,还要个人对于自己所行所为都负责任。若不如此,决不能造出自己独立的人格。社会国家没有自由独立的人格,如同酒里少了酒曲,面包里少了酵,人身上少了脑筋,那种社会国家决没有改良进步的希望。所以易卜生的一生目的只是要社会极力容忍,极力鼓励斯铎曼医生一流的人物(斯铎曼事见上文四节)。要想社会上生出无数永不知足,永不满意,敢说老实话攻击社会腐败情形的“国民公敌”,要想社会上有许多人都能像斯铎曼医生那样宣言道:“世上最强有力的人就是那个最孤立的人!”

社会国家是时刻变迁的,所以不能指定哪一种方法是救世的良药:十年前用补药,十年后或者须用泄药了;十年前用凉药,十年后或者须用热药了。况且各地的社会国家都不相同,适用于日本的药,未必完全适用于中国;适用于德国的药,未必适用于美国。只有康有为那种“圣人”,还想用他们的“戊戌政策”来救戊午的中国,只有辜鸿铭那班怪物,还想用二千年前的“尊王大义”来施行于二十世纪的中国。易卜生是聪明人,他知道世上没有“包医百病”的仙方,也没有“施诸四海而皆准,推之百世而不悖”的真理。因此他对于社会的种种罪恶污秽,只开脉案,只说病状,却不肯下药。但他虽不肯下药,却到处告诉我们一个保卫社会健康的卫生良法。他仿佛说道:“人的身体全靠血里面有无量数的白血轮时时刻刻与人身的病菌开战,把一切病菌扑灭干净,方才可使身体健全,精神充足。社会国家的健康也全靠社会中有许多永不知足,永不满意,时刻与罪恶分子龌龊分子宣战的白血轮,方才有改良进步的希望。我们若要保卫社会的健康,须要使社会里时时刻刻有斯铎曼医生一般的白血轮分子。但使社会常有这种白血轮精神,社会决没有不改良进步的道理。”

一八八三年,易卜生写信给朋友道:

> 十年之后,社会的多数人大概也会到了斯铎曼医生开公民大会时的见地了。
>
> 但是这十年之中,斯铎曼自己也刻刻向前进。所以到了十年之后,他的见地仍旧比社会的多数人还高十年。即以我个人而论,我觉得时时刻刻总有进境。我从前每作一本戏时的主张,如今都已渐渐变成了很多数人的主张。但是等到他们赶到那里时,我久已不在那里了。我又到别处去了。我希望我总是向前去了。(《尺牍》第一七二)

民国七年五月十六日作于北京

(第四卷第六号,一九一八年六月十五日)

偶像破坏论

陈独秀

"一声不做,二目无光,三餐不吃,四肢无力,五官不全,六亲无靠,七窍不通,八面威风,九(音同久)坐不动,十(音同实)是无用。"这几句形容偶像的话,何等有趣!

偶像何以应该破坏,这几句话可算说得淋漓尽致了。但是世界上受人尊重,其实是个无用的废物,又何止偶像一端?凡是无用而受人尊重的,都是废物,都算是偶像,都应该破坏!

世界上真实有用的东西,自然应该尊重,应该崇拜;倘若本来是件无用的东西,只因人人尊重他,崇拜他,才算得有用,这班骗人的偶像倘不破坏,岂不叫人永远上当么?

泥塑木雕的偶像,本来是件无用的东西,只因有人尊重他,崇拜他,对他烧香磕头,说他灵验,于是乡愚无知的人,迷信这人造的偶像真有赏善罚恶之权,有时便不敢作恶,似乎这偶像却很有用。但是偶像这种用处,不过是迷信的人自己骗自己,非是偶像自身真有什么能力。这种偶像倘不破坏,人间永远只有自己骗自己的迷信,没有真实合理的信仰,岂不可怜!

天地间鬼神的存在,倘不能确实证明,一切宗教,都是一种骗人的偶像:阿弥陀佛是骗人的,耶和华上帝也是骗人的,玉皇大帝也是骗人的,一切宗教家所尊重的、崇拜的神佛仙鬼都是无用的、骗人的偶像,都应该破坏!

古代草昧初开的民族,迷信君主是天的儿子,是神的替身,尊重他,崇拜他,以为他的本领与众不同,他才能居然统一国土。其实君主也是一种偶像,他本身并没有什么神圣出奇的作用,全靠众人迷信他,尊崇他,才能够号令全国,称做元首。一旦亡了国,像此时清朝皇帝溥仪,俄罗斯皇帝尼古拉斯二世,比寻常人还要可怜。这等亡国的君主,好像一座泥塑木雕的偶像抛在粪缸里,看他到底有什么神奇出众的地方呢!但是这等偶像,未经破坏以前,却很有些作怪。请看中外史书,这等偶像害人的事还算少么?事到如今,这等不但骗人而且害人的偶像,已被我们看穿,还不应该破坏么?

国家是个什么?照政治学家的解释,越解释越叫人糊涂。我老实说一句,国家也是一种偶像。一个国家,乃是一种或数种人民集合起来,占据一块土地,假定的名称;若除去人民,单剩一块土地,便不见国家在那里,便不知国家是什么。可见国家也不过是一种骗人的偶像,它本身并无什么真实能力。现在的人所以要保存这种偶像的缘故,不过是借此对内拥护贵族财主的权利、对外侵害弱国小国的权利罢了。(若说到国家自卫主义,乃不成问题。自卫主义,因侵害主义发生。若无侵害,自卫何为?侵害是因,自卫是果。)世界上有了什么国家,才有什么国际竞争。现在欧洲的战争,杀人如麻,就是这种偶像在那里作怪。我想各国的人民若是渐渐都明白世界大同的真理和真正和平的幸福,这种偶像就自然毫无用处了。但是世界上多数的人,若不明白它是一种偶像,而且明白这种偶像的害处,那大同和平的光明,恐怕不会照到我们眼里来!

世界上男子所受的一切勋位荣典,和我们中国女子的节孝牌坊,也算是一种偶像。因为功业无论大小,都有一个相当的纪念在人人心目中。节孝必出于施身主观的自动的行为,方有价值。若出于客观的被动的虚荣心,便和崇拜偶像一样了。虚荣心伪道德的坏处,较之不道德尤甚。这种虚伪的偶像倘不破坏,却是真功业真道德的大障碍!

破坏!破坏偶像!破坏虚伪的偶像!吾人信仰,当以真实的、合理的为标准;宗教上、政治上、道德上自古相传的虚荣欺人不合理的信仰,都算是偶像,都应该破坏!(此等虚伪的偶像倘不破坏,宇宙间实在的真理和吾人心坎儿里彻底的信仰永远不能合一。)

(第五卷第二号,一九一八年八月十五日)

答陈独秀先生《有鬼论质疑》

易乙玄

陈独秀先生作了一篇《有鬼论质疑》,登在《新青年》第四卷第五号。我看过一遍,不觉大怪,以为陈先生如此聪明之人,对于鬼之有无,尚不能十分明解。今且举质疑八条,以问当世。乙玄不敏,然平日主有鬼论甚力。爰将陈先生的疑问别为八条,开列于后,以便逐条答复。

先生说:(一)吾人感觉所及之物,今日科学略可解释。倘云鬼之为物,玄妙非为物质所包、非感觉所及、非科学所能解,何以鬼之形使人见,鬼之声使人闻?……

人之能见鬼形,或闻鬼声者,因富有一种之灵力。感觉不过灵力之利用品而已。所谓灵力,为先天的、常住的、自存的,Platon 谓之本体,Spinozer 则谓物灵乃本体之属性也。灵力弱者与鬼交通难,故人与鬼交通之难否,一视其灵力之强度如何以为定。夫灵力之有强弱,一如感觉之依人而异也。(如两眼之视力,两耳之听力,皆不等。色盲有全色与一部色盲等类。)至感觉所及之物,不尽能为科学所解释,如幻象,光学者莫辨其由;而感觉所不及之物,亦有时能为科学所解释,如微生物,非显微镜,则终不能见之也。近世心理学者,多谓感觉应属于精神上的物质,故能与科学接近,而又能与心灵哲学接近。西洋近虽有以精密器械(如心脏悸动计、电气记录法、压力计等)证明有鬼,然究不过示人以信,止人之谤,而此超自然之理,则终非科学所能解释,亦如科学之不能诠哲学也。

又说:(二)鬼果形质俱备,唯非普通人眼所能见,则今人之于鬼,犹古人之于微生物,虽非人人所能见,而其物质的存在与活动,可以科学解释之,当然无疑。审是则物灵二元说,尚有立足之余地乎?……

鬼非普通人眼所能见,诚然。若谓今人之于鬼,犹古人之于微生物,则差矣。微生物非借显微镜不能见之,若鬼,富有灵力之人则易见,否则不易见,此盖有难见、易见之别,而微生物则直能见不能见耳。夫唯微生物可用显微镜见之,故能施以科学的解释。盖有显微镜即可见微生物,今不能谓人有灵力即可见鬼也。此界说极为明了,而犹斤斤以物灵二元为说者,是不明本体与现象之别。康德不云乎,物之自身与现象,炯然有别,不可不辨,Platon 亦分界想界与个物界。盖向来持二元论,往往不明是理,吾于陈先生何尤。

又说:(三)鬼若有质,何以不占空间之位置,而自生障碍,且为他质之障碍? ……

此不必陈先生再说,二千年前王充论之详矣。充之言曰:

天地开辟,人皇以来,随寿而死。若中年夭亡,以亿万数计,今人之数,不若死者多。如人死辄为鬼,则道路之上,一步一鬼也。人且死见鬼,宜见数百千万,满堂盈庭,填塞巷路,不宜徒见一二人也。

我著有《心灵学》一书,其中有驳他此文的一段,今照录如下:——充此论更为不值,谓人死为鬼,则道路之上一步一鬼也。此所谓道路,不知何指。为显界之道路耶?为幽界之道路耶?其界说殊不明了。且鬼若盈于道路,而又为王充所见,则是非鬼乃人,以王充不信有鬼也。即使为鬼,王充见之,又不得谓为无鬼也。充不知人所居者为显界;鬼所居者尚别有一界,名幽界。(幽显二字,不过吾人假以名。)。此幽界者,永非吾人生时所能见,然抑或见之,而死则必在其中。鬼之于显界也亦然。吾前既云:鬼死为人,人死为鬼。今不见显界有人满之患,又安知幽界有人满之患耶?夫人之见鬼者,为富有灵媒力。病者偶感此力,则亦可见鬼。今幽界既无人满之患,则见一二鬼亦宜矣(原论"一二人"之"人"字,疑有误,应做"鬼"字,否则充尚不明人鬼之辨)。

陈先生必问道:"君何以知道有幽显二界呢?"予曰:证明之方法有二,(一)理论上的证明。夫鬼之存在,已无疑义。假使有显界而无幽界,则鬼必无所栖迟,将如王充所谓"满堂盈庭""填塞巷路"。唯有幽界,故鬼安居乐业,一如吾人,不相妨害。(二)实质上的证明。即搜集种种事实,助以精密之器械,继以正确之试验,可以知除显界外,尚有一幽界(此乃最简单的说明)。夫鬼本为有形无质,故不占空间之位置,更何从自碍、碍人耶?

又说:(四)或云鬼之为物有形而无质耶?夫宇宙间有形无质者,只有二物:一为幻象,一为影像。幻为非有,影则其身亦为非有。鬼既无质,何以知其为实有耶?

此条可简明释之。陈先生谓宇宙间有形无质者,只有幻象与影像。夫幻与影,不过精神的物质上一种之现象耳。若鬼,则纯属精神的,故有形而无质。有质即非鬼矣。

又说:(五)鬼既非质,何以言鬼者每称其衣食男女之事,一如物质的人间耶?……

此条又是王充说过的。陈先生是事事主张改良,何必落古人的窠臼?《论衡·订鬼篇》曰:

夫为鬼者人,谓死人之精神。如审鬼者死人之精神,则人见之宜徒见裸袒之形,无为见衣带被服也。何则?衣服无精神,人死与形体俱朽,何以得贯穿之乎?精神本以血气为主,血气常附形体,形体虽朽,精神尚在,能为鬼可也。今衣服,丝絮布帛也,生时血气不附着,而亦自无血气,败朽遂已与形体等,安能自若为衣服之形?

陈先生所说,不过范围稍广,其实不值一驳。《国故论衡》上说道:"文德之论,发诸王充《论衡》,杨遵彦依用之,而章学诚窃焉。"可套之曰:"鬼之衣服之论,发诸王充《论衡》,范缜依用之,而陈独秀窃焉。"话虽如此,然吾对于幽界衣食男女之事,不主张尽如人间:有相同处,有不相同处。据《鬼语》所载,鬼之衣服,可随意而得。总而言之,吾人今日最急于研究者,在证明有鬼。至幽界衣服男女之事,须待能与鬼以一定之交通后,始得明其真相。

又说:(六)鬼果是灵,与物为二,何以各仍保其物质生存时之声音笑貌乎?

请问先生,何以知鬼之声音笑貌能保其物质生存时之状态?若不之知,骤下一肯定断案,于论理上为不可。夫鬼者,其状貌虽能自现,而发音则必借他物始能闻于人世。如一八四七年美国教徒 John W. Fox 家发生怪音,初尚以为其女所设弄,后经 Crookes、Home、Oliver 诸博士证明确系鬼之敲音,而此音似出自壁间者。故 Creokes 有言曰:"Raps and percussive sounds varying in loudness from a mere tick to loud sounds' which appeared to be caused by an unseen intelligent operator."是鬼之状貌虽能使人见之,而其音则不能使人直接闻之,故不得不假他物也。由是可以知其音貌必不能如吾人。

又说:(七)若谓鬼属灵界,与物殊途,不可以物界之观念推测鬼之有无,而何以今之言鬼者,见其国籍、语言、习俗、衣冠之各别悉若人间耶?……

此与第五、第六两条皆大同小异。我平常最厌那三家村的书呆子,抱着一本书读过竟日，以至老死而百无所成；陈先生何必学那书呆子读法呢？鬼之国籍、语言、习俗、衣冠，乃是幽界之组织。欲知此等组织，今尚未达到时期，只能证明有鬼而已。然由此一步一步地进，不但可知其内部的组织，且可与彼辈交通，此可断言者。陈先生如果寿长，或者还可以亨此最新最高尚的幸福，乙玄也愿执鞭其后。（按：与鬼交通事，近世已形发达，如传心术、降神术、念写等。）

又说：（八）人若有鬼，一切生物皆应有鬼，而何以今之言鬼者，只见人鬼，不见犬马之鬼耶？……

先生越说越远了。刚才讲过，今日吾人所证明之鬼，乃专指吾人死后，其精神尚能存在。对于动物界，其范围已狭，矧于生物界乎？犬马是否有鬼，吾人尚无以证明之。盖人之精力有限，能与吾人化身之物（鬼）相交通，已属大幸。使犬马有鬼，或为吾人所不见，或见之而不识为何物，此乃研究鬼（广义的）之最后的问题，此时则无暇及之也。吾国古人如墨子分鬼为三种：曰天鬼，曰山水鬼神，曰人鬼。《礼记》所谓“气乃神之盛，魂乃鬼之盛”，是接近于广义的鬼说。引而伸之，惜无余福，容后再讲，何如？

吾说既毕，请下一结论曰：鬼之存在，至今日已无丝毫疑义，以言学理，以言实事，以言器械，皆可用以证明之。有反对的只管发表意见，请勿稍存客气。

最后尚有一言。我辈关于学理的辩难，只可从学理上着眼竞争，不可以感情用事。一方可以不伤人谊，一方可以阐明真理。陈先生主无鬼，而我信有鬼，彼此都无妨碍，如六朝时范缜、萧琛等，以“神不灭”与“神灭论”互相辩论，心灵学始得发展于吾国。古人言行可取法的甚多，陈先生若曰“一切古法，非从根本上推翻不可”，则乙玄将以“鬼”之问题暂置他方，与先生以正义相见。

易乙玄

余作《有鬼论质疑》言过简，读者每多误会，承易乙玄君逐条驳斥，使余有申论之机会，感甚感甚。同社友刘叔雅君，别有文难易君，鄙意有未尽者，条列于下：

（1）鄙论原意乃谓：既云鬼形、鬼声可诉诸感官，则无论真幻，均属感觉以内之事，并非科学所不能解释之玄妙也。幻为非有，即有时直接印诸感官而终为非实有，如海市空花是也。真为实有，即有时不能直接印诸感官而终为实有，如微生物等是也。无论真幻，既可直接呈诸感官，胡云非感觉所及非科学所有解耶？灵力之有无且不论，今姑假定其为有，或即以 Energy 当之，亦未有不利用感官而能见闻者。（佛说自在通之一境，与基督教之“上帝”，同为未有确证之玄想耳。）况主张有鬼者明言目见其形，耳闻其语，是所见所闻之对象，与能见能闻之感官，二者具备，则当然为感觉以内之事，科学所能解释也。科学不能解释幻象光学诚闻所未闻。以显微镜观微生物，仍属感觉以内之事，倘其物绝对不能呈诸感官，虽以显（微）镜不能见也。易君所举近世心理学者之说，不知出于何人何书？以心脏悸动计等，为证明有鬼之器械，此器械想为易君所发明，与心理学家所用者确非一物也。

（2）鄙论原意乃谓：二元论者谓物界之外，另有灵界。鬼倘有质，则亦物耳。何灵之有？何二元之有？此正攻击二元论者之论界观念，奈何谓我斤斤以物灵二元为说乎？倘信二元论，焉有主张无鬼之理？

（3）易君理论上幽界之证明，及以“鬼之存在，已无疑义”为前提，在论理学上可谓奇谈矣。今之问题，乃以种种方法，证明鬼之有无，若鬼之有质与否，占领空间与否，幽界有无与否，皆方法之一。不图易君竟移尚未确定之断语为前提，以为证明之证明，不知何以自解？至于实质上之证明，易君所谓事实、器械、试验，并一简单之例证而无之。如此证明，不得不叹为稀有也。易君所信之幽界，不知即在此地球，抑在他星球？鬼若有质，似未能越此适彼，来往自由。即令幽界在他星球，而鬼又能来往自由，彼来在此地球时，亦不能不占空间之位置，碍人自碍也。

（4）易君固主张鬼之有形无质者也。“有质即非鬼矣”，此见极为明达。鄙论前三条，皆以难“鬼为物质”之说，此不足以难易君而易君实不必加以呵斥也。唯鬼果无质，则所谓有，所谓存在，将等诸天道思想等抽象名词耳；何得组织一幽界，且来往显界，其形其声，使人见闻，而人将与之交通耶？既非物质，又何以有衣食男女之事耶？（此义尚望易君详为解答。）

（5）此条质疑，易君一字未答，唯以窃取王充之言见责。夫讨论事理，贵取众材以为归纳式之证明。古人之言，焉足取为标准，以“圣教量”不若“比量”之正确也（参看本号《随感录》）。因此，鬼之有无，《论衡》《鬼语》之言，皆不足为据。鄙人主张无鬼，重在归纳众理，决不取前言以为证也。且王充之意谓鬼若为人死后之精神，衣服无精神，应随人体朽败，不应随鬼再见也。鄙意则谓鬼既非质，自无男女衣食之必要。二者论点截然不同,更无所谓“窃取”,愿易君再详细一读。

(6)鄙论原意,正以讥讽见鬼者之妄言欺世耳,乃易君反责鄙人妄下肯定断案,可谓粗心之至。易君倘于此能下一否定断案,鄙人固极端赞成,但恐自古迄今能见鬼者,均不欲引君为同调耳。

(7)(8)凡讨论一问题,范围以内之材料,自当广搜博采,期于证明,此归纳法所不拒也。易君对于鄙论之疑点,何以往往不加解答,但以一笼统语抹杀之曰:“何必学书呆子读法呢?”“先生越说越远了。”夫学书呆子读法,与鬼之有无有何关系?讨论材料,不厌繁复,只要不出问题之范围,何妨越说越远?鄙论之各条疑问,倘无人完全解答,又何能证明有鬼?易君对鄙论提出疑问之材料,何以不加研究?或云“今尚未达到时期”,或云“此乃研究鬼之最后的问题,此时则无暇及之也”,而一方面又强谓“鬼之存在,已无疑义”,“只能证明有鬼而已”,“鬼之存在,至今日已无丝毫疑义”。乃一考其实;易君所谓有鬼,竟无丝毫之证明。易君所谓“以言学理,以言事实,以言器械,皆可用以证明之”,奈何仅有此简单之空言,而不肯详实见教也。倘曰有之,原文具在,读者诸君可以复案也。

易君倘谓鬼之有无,非人间之观念、语言所可解释,“将以此问题暂置他方,与鄙人以正义相见”,则立盼明教,幸勿食言。

独秀识　　八月一日

(第五卷第二号,一九一八年八月十五日)

难易乙玄君

刘叔雅

陈独秀先生作《有鬼论质疑》,易乙玄君驳之。辨而无征,有乖笃喻,爰作此文,聊欲薄易子之稽疑云尔。

叔雅识

来论云:“人之能见鬼形,或闻鬼声者,因富有一种之灵力。……所谓灵力,为先天的、常住的、自存的,Plato 谓之本体,Spinozer 则谓灵物乃本体之属性也。灵力强者与鬼交通易,灵力弱者与鬼交通难。”

难曰:易子之所谓灵力,当即 Intelligence。以记者所知,则 Plato 但谓此为先天的、常住的、自存的,而未尝谓此即世界之本体。且既曰本体,则为智愚长幼所同具,宜人人可以见鬼形、闻鬼声矣,何以能“活见鬼”“白日见鬼”者,唯彼少数之巫觋耶?Spinozer 为何国何时人,记者浅陋,诚未之前闻。十七世纪荷兰有哲学家名 Spinosa 者,生于阿姆斯特丹,而著书于海牙,持“宇宙即神”之说,为近世哲学之巨子。然此君所著书,颇持形神一体之说,与唯物论相似,又非主张有鬼者所得假借也。至谓与鬼交通之难易,系于灵力之强弱,说亦难持。何者所谓灵力?即人心之虚灵、睿智聪明,是为圣哲,颛蒙嚚顽,谓之凡器。若如来论,圣贤当皆能见鬼,何以宣、尼谓之“未知”,圣人存而不论,而彼“过阴”“讨亡”“捉鬼”“看香头”者,反皆阛阓之贱丈夫,而崇信之者亦皆乡曲之俗士乎。

来论云:“西洋近虽有以精密器械(如心脏悸动计、电气记录法、压力计等),证明有鬼。……而此超自然之理,则终非科学所能解释,亦如科学之不能诠哲学也。”

难曰:以心脏悸动计、电气记录法、压力计等器械证明有鬼之说,已极虚诞。今姑认此为事实,然鬼既可用器械证明,则其为有形有质无疑。其有重量、占空间,亦必与其他物质无异。是易子之所谓鬼者,殆化学上原质之一种。是鬼之为物,当供自然科学家之研究,不得谓非科学所能解释也。至“科学不能诠哲学”一语,易子不解哲学之铁证。坊间 Introduction to philosophy 甚多,易子任意购一二种读之,自知此说之谬,记者不必徒烦翰墨也。

来论云:“……而犹斤斤以物灵二元为说者,是不明本体与现象之别。康德不云乎,物之自身与现象炯然有别,不可不辨。Platon 亦分思想界与个物界。盖向来持二元论,往往不明是理,吾于陈先生何尤。”

难曰:陈先生固非主张二元论者,易子试取《新青年》原文平心重读一遍自知。而记者细玩来论,易子则似主张一元论者,今斯真人大惑不解矣。一元论主张形即神、神即形,范缜之《神灭论》即其代表。易子既思以哲学话头装点有鬼论,不去找 Aristotle, Descartes, Leibnitz,(三子之说,虽不一致,共主张灵质分途则同。)而反似主张 Psychophysical Parallelism,又力讦二元论之短,何其倒也。

来论云:我著有《心灵学》一书,其中有驳他此文(指《论衡·订鬼篇》)的一段,今照录如下:

> 充此论更为不值,谓人死为鬼,则道路之上一步一鬼也。此所谓道路,不知何指。为显界之道路耶?为幽界之道路耶?其界说殊不明了。且鬼若盈于道路,而又为王充所见,则是非鬼乃人,以王充不信有鬼也。即使为鬼,王充见之,又不得谓为无鬼也。充不知人所居者为显界;鬼所居者尚别有一界名幽界。(幽显二字,不过吾人假以名。)此幽界者,永非吾人生时所能见,然抑或见之,而死则必在其中。鬼之于显界也亦然。吾前既云:鬼死为人,人死为鬼。今不见显界有人满之患,又安知幽界有鬼满之患耶?夫人之见鬼者,为富有灵媒力,病者偶感此力,则亦可见鬼。今幽界既无鬼满之患,则见一二鬼亦宜矣(原论“一二人”之“人”字,疑有误,应做“鬼”字,否则充尚不明人鬼之辨)。

难曰:易子之所谓幽界者,不知究在何处?谓其即在宇宙之中耶,则吾人生时何以不能见之？谓其在宇宙之外耶，则六合之外，圣人存而不论，哲学家谓其超出吾人认识范围之外，易子又何从而知之？且道路者，因吾人为空间所限，为物质所碍，乃不得不有此耳。至鬼则超越空间、时间，何必有道路乎？又“此幽界者，永非吾人生时所能见，然抑或见之”一句，文法、论理两欠妥当，请自修正，无待记者费辞。“人死为鬼，鬼死为人”之说，则尤虚诞。若如来论，必幽显二界人口数适相符合，不增不减，乃为合理。今地球人口日增，易子虽未见有人满之患，而欧西学者已深以为忧，委务积神，以谋补救。显界人口日增，即幽界人口日减，长此不已，有鬼亦终归无鬼而已。易子上文既云人之见鬼，因富有一种之灵力，今又云人之见鬼者，为富有灵媒力。灵力与灵媒力，是一是二？此力既为人所固有，何以必病者乃能感受？呜呼，易子今日已在二十世纪科学昌明之世矣，此种病的现象，心理学、医学皆有明确之说明矣。

来论云：“证明有幽显二界之方法有二：（一）理论上的证明。夫鬼之存在，已无疑义。假使有鬼界而无幽界，则鬼必无所栖迟，将如王充所谓‘满堂盈庭’‘填塞巷路’。唯有幽界，故鬼故居乐业，一如吾人，不相妨害。（二）实质上的证明。即搜集种种事实，助以精密之器械，继以正确之试验，可以知除显界外，尚有一幽界（此乃最单简的说明）。夫鬼本为有形无质，故不占空间之位置，更何从自碍、碍人耶。”

难曰：易子之理论上的证明，所谓“鬼之存在，已无疑义”，所谓“假使无幽界，将满堂盈庭，填塞巷路”，皆毫无凭据，不但不能证明幽界，其本身尚待证明。此等架空之从肊言，姑且勿论。其最有力者，为实质上的证明耳。所谓“搜集种种事实”“助以精密之器械”“继以正确之试验”者，可谓完全科学的研究法，使用此法而能证明鬼之存在，孰敢不信？然事实之是否真确，鬼之是否可用器械证明，试验是否确实尚属疑问。若以闾巷之传说为事实，则《聊斋志异》《子不语》《阅微草堂笔记》皆可为证。若以载籍往事为事实，则杜伯挟矢、子仪荷杖、袾子举揖、伯有被介，皆可为证。若即以易子所谓压力计、电气记录计、心脏悸动计为精密器械，则世之化学物理试验室、心理实验室等，皆成鬼试验室。自然利学家何以日用而不知？至试验之正确与否，则尤难言。记者不敏，敢以一事为易子告：有心理学名家达威氏（Davey）者，招英国硕学瓦来士（Wallace，*为动物学名家，与达尔文齐名*）等诸学者来会，当众演降灵术、活见鬼、扶乩等把戏。先使诸学者检验器具，加以封印。演时鬼怪毕现，警心骇目，诸学者欢喜赞叹，信为实有。演毕，达威向（诸学者）索证明书，诸学者与之。有“如斯之现象，唯超自然之方法乃能表现”之语。达威既得证书,乃从容告明此皆市上眩人所用极简单之手法,诸学者大惭。此事载在《心理学年报》(*Annal esdessciences psychique*),而法国硕学鲁本氏(Gustavele bon)所著《群众心理学》第二章第二节征引之。斯真确凿可信之事实也。易子之科学的研究法,恐亦徒为达威氏笑而已。

来论云:“陈先生谓宇宙间有形无质者,只有幻象与影像。夫幻与影,不过精神的物质上一种之现象耳。若鬼,则纯属精神的。故有形而无质,有质即非鬼矣。”

难曰:“精神的物质”作何解?物质的物质又如何?

来论云:“陈先生所说鬼‘既非有质,何以言鬼者每称其衣食男女之事,一如物质的人间耶’。此条较之王充所说,不过范围稍广,其实不值一驳。然吾对于幽界衣食男女之事,不主张尽如人间:有相同处,有不相同处。据《鬼语》所载,鬼之衣服可随意而得。总而言之,吾人今日最急于研究者,在证明有鬼。至幽界衣服男女之事,须待能与鬼以一定之交通后,始得明其真相。”

难曰:陈先生之说与王充《订鬼篇》之文,何以不值一驳?易子又何妨试一驳之?《鬼语》也是书,《论衡》也是书。王充为东汉鸿儒,其思想学识,不特为中夏古代所稀见,即欧洲近世亦鲜其俦匹。易子因《鬼语》是如此说,以为《论衡》即可不攻自破。试问《鬼语》是否圣书?其一句一字皆绝对真理耶?昔秦之焚书也,非秦籍皆烧之。撒拉逊人之焚亚历山大埠图书馆也,非回籍皆烧之。充易子之意,凡非鬼书,皆在可焚之例。呜呼,易子思想如是,吾又何必辩哉!

来论云:“请问先生,何以知鬼之声音笑貌能保其物质生存时之状态?若不之知,骤下一肯定断案,于论理上为不可。夫鬼者,其状貌虽能自现,而发音则必借他物始能闻于人世。……其音貌必不能如吾人。”

难曰:易子虽明有鬼,而体魄不与众同,谓其音貌不同于吾人。然世之言鬼者,则多谓其能保其物质的生存时之笑貌,故陈先生有此疑问。如易子之说是,则自来说鬼之书,必皆凭空虚造无疑,易子即不能引以为据,奈何上文又引《鬼语》乎?韩非子曰:“无参验而必之者,愚也。弗能必而据之者,诬也。”显学易子非愚即诬耳。

呜呼!八表同昏,天地既闭。国人对现世界绝望灰心,乃相率而逃于鬼。有鬼做鬼编而报资不收冥镪之杂志,有荀墨降灵而诗文能作近体之乩坛。害之所极,足以阻科学之进步、堕民族之精神。此士君子所不可忽视,谋国者所当深省者也。韩非子曰:

"用时日事鬼神,信卜筮,而好祭祀者,可亡也。"前者吾国亡征毕备,唯未有此。今既具焉,亡其无日矣。

又易子既主张有鬼,又颇欲假借西洋学者之言以文饰己说,则请勿拉扯柏拉图、斯宾挪莎诸公。英国巴敏拿姆大学校长罗的博士所著《死后之生存》及比国文豪梅特尔林克氏所著《死后若何》二书,尚可一读。斯二子皆西洋人之主张有鬼者,其言亦较有价值也。

(第五卷第二号,一九一八年八月十五日)

“作揖主义”

刘半农

有位尹先生，是我一个畏友。他与我们谈天，常说，生平服膺“红老之学”，“红”就是《红楼梦》；“老”就是《老子》。这“红老之学”的主旨，简便些说，就是无论什么事，都听其自然。听其自然又是怎么样呢？尹先生说：“譬如有人骂我，我们不必还骂，他一面在那里大声疾呼地骂人，一面就是他打他自己。我们在旁边看看，也很好，何必费着气力去还骂他？又如有一只狗，要咬我们，我们不必打他，只是避开了就算，将来有两只狗碰了头，他们自然会互咬起来。所以我们做事，只须抬起了头，向前直进，不必在这‘抬头直进’四个字以外，再管什么闲事。这就叫做听其自然，也就是‘红老之学’的精神。”

我想这一番话，很有些同 Tolstoy 的“不抵抗主义”相像，不过尹先生换了个“红老之学”的游戏名词罢了。

“不抵抗主义”，我向来很赞成，不过因为他有些偏于消极，不敢实行。现在一想，这个见解实在是大谬，为什么？因为“不抵抗主义”面子上是消极，骨底是最经济的积极。我们要办事有成效，假使不实行这主义，就免不了消费精神于无用之地。我们要保存精神，在正当的地方用，就不得不在可以不必的地方节省些，这就是以消极为积极；没有消极，就没有积极。既如此，我也要用些游戏笔墨，造出一个“作揖主义”的新名词来。

“作揖主义”是什么呢？请听我说：

譬如朝晨起来，来的第一客，是位前清遗老。他拖了辫子，弯腰曲背走进来，见了我，把眼镜一摘，拱拱手说：“你看！现在是世界不是世界了，乱臣贼子，遍于国中。欲求天下太平，非请宣统爷正位不可。”我急忙向他作了个揖说，“老先生说的话，很对很对。领教了,再会吧!”

第二客,是个孔教会会长。他穿了白洋布做的“深衣”,古颜道貌地走进来,向我说,“孔子之道,如日月经天,江河行地。现在我们中国,正是四维不张,国将灭亡的时候;倘不提倡孔教,昌明孔道,就不免为印度、波兰之续。”我急忙向他作了个揖,说,“老先生说的话,很对很对。领教了,再会吧。”

第三客,是位京官老爷。他衣裳楚楚,一摆一踱地走进来,向我说:“人的根,就是丹田。要讲卫生,就要讲丹田的卫生;要讲丹田的卫生,就要讲静坐。你要晓得,这种内功,常做了,可以成仙的呢!”我急忙向他作了个揖,说,“老先生说的话,很对很对。领教了,再会吧!”

第四、五客,是一位北京的评剧家和一位上海的评剧家,手携着手同来的。没有见面,便听见一阵“梅郎”“老谭”的声音。见了面,北京的评剧家说:“打把子有古代战术的遗意,脸谱是画在脸孔上的图案,所以旧戏是中国文学美术的结晶体。”上海的评剧家说:“这话说得不错呀!我们中国人,何必要看外国戏,中国戏自有好处,何必去学什么外国戏?你看这篇文章,就是这一位方家所赏识的;外国戏里,也有这样的好处么?”他说到“方家”二字,跷了一个大拇指,指着北京的评剧家,随手拿出一张《公言报》,递给我看。我一看那篇文章,题目是“佳哉梦也”四个字,我急忙向两人各各作了一个揖,说,“两位老先生说的话,很对很对。领教了,再会吧!”

第六客,是个玄之又玄的鬼学家。他未进门,便觉得阴风惨惨,阴气逼人。见了面,他说:“鬼之存在,至今日已无丝毫疑义。为什么呢?因为人所居者为显界,鬼所居者,尚别有一界,名‘幽界’。我们从理论上去证明他,是鬼之存在,已无疑义。从实质上去证明他,是搜集种种事实,助以精密之器械,继以正确之试验,可知除显界外,尚有一幽界。”我急忙向他作了个揖,说,“老先生说的话,很对很对。领教了,再会吧!”

末了一位客,是王敬轩先生。他的说话最多,洋洋洒洒,一连谈了一点多钟。把“中学为体,西学为用”八个字,发挥得详尽无遗,异常透彻。我屏息静气听完了,也是照例向他作了个揖说,“老先生的话,很对很对。领教了,再会吧!”

如此东也一个揖,西也一个揖,把这一班老伯、老叔、仁兄大人送完了,我仍旧做我的我。要办事,还是办我的事,要有主张,还仍旧是我的主张。这不过忙了两只手,比用尽了心思脑力唇焦舌敝的同他辩驳,不省事得许多么?

何以我要如此呢?

因为我想到前清末年,官与革党两方面:官要尊王,革党要排满;官说革党是"匪",革党说官是"奴"。这样的牛头不对马嘴,若是双方辩论起来,便到地老天荒,恐怕大家还都是个"缠夹二先生",断断不能有什么谁是谁非的分晓。所以为官计,不如少说闲话,切切实实想些方法去捉革党;为革党计,也不如少说闲话,切切实实想些方法去革命。这不是一刀两断,最经济最爽快的办法么?

我们对于我们的主张,在实行一方面,尚未能尽到相当的职务。自己想想,颇觉惭愧。不料一般社会的神经过敏,竟把我们看得像洪水猛兽一般。既是如此,我们感激之余,何妨自贬声价,处于"匪"的地位,却把一般社会的身价抬高,——这是一般社会心目中之所谓高——请他处于"官"的地位?自此以后,你做你的官,我做我的匪。要是做官的做了文章,说什么"有一班乱骂派读书人,其狂妄乃出人意表。所垂训于后学者,曰不虚心,曰乱说,曰轻薄,曰破坏,凡此恶德,有一于此,即足为研究学问之障,而况兼备之耶?"我们看了,非但不还骂,不与他辩,而且要像我们江阴人所说的"乡下人看告示,奉送他'一片大道理'五个字"。为什么?因为他们本来是官,这些话说,本来是"出示晓谕"以下,"右仰通知"以上应有的文章。

到将来,不幸而竟有一天,做官的诸位老爷们额手相庆曰,谢天谢天,现在是好了。洪水猛兽,已一律肃清,再没有什么后生小子,要用夷变夏,蔑污我神州四千年古国的文明了。

那时候,我们自然无话可说,只得像北京刮大风时,坐在胶皮车上一样,一壁叹气,一壁把无限的痛苦尽量咽到肚子里去;或者竟带了这种痛苦,埋入黄土,做蝼蚁们的食料。

万一的万一竟有一天变作了我们的"一千九百一十一年十月十日"了,那么,我一定是个最灵验的预言家,我说——那时的官老爷,断断不再说今天的官话,却要说"我是几十年前就提倡新文明的,从前陈独秀、胡适之、陶孟和、周启明、唐元期、钱玄同、刘半农诸先生办《新青年》时,自以为得风气之先,其实我的新思想,还远比他们发生得早咧!"到了那个时候,我又怎么样呢?我想一千九百一十一年以后,自称"老同盟"的很多,真正的"老同盟",也没有方法拒绝这班新牌"老同盟"。所以我到那时,还是实行“作揖主义”,他们来一个我就作一个揖,说:“欢迎!欢迎!欢迎新文明的先觉!”

半农发明这个“作揖主义”,玄同绝对的赞成;以后见了他们诸公,也要实行这个主义。因为照此办法,在我们一方面,可以把宝贵的气力和时间不浪费于无益的争辩,专门来提倡除旧布新的主义;在他们诸公一方面,少听几句逆耳之言,庶几宁神静虑,克享遐龄,可以受《褒扬条例》第九款的优待,这实在是两利的办法。至于到了“万一的万一”那一天,他们诸公自称为新文明的先觉,是一定的;我们开会欢迎新文明的先觉,是对于老前辈应尽的敬礼,那更是应该的。

玄同附记

(第五卷第五号,一九一八年十月十五日)

“恭贺新禧”

陈大齐

今天是大年初一，各处衙门的门口都扎起了一座彩牌楼，红红绿绿的很好看。大街上的店铺里，懒洋洋地挂着国旗，好像含着一种不得已的苦衷。朋友们的“恭贺新禧”帖子已经从四五日以前陆续送来了——依了一等邮政局的通告，特别标明“元旦投递”的，也在元旦的两日前递到了——我也手忙脚乱地捡那递来的贺帖，预备写帖子去回贺。我在这个时候，忽然心里起了一个疑问，又起了一个改良的念头。疑问是：我们为什么要贺新年？贺新年是有意义的事情吗？改良的念头是：何不废了贺年的礼节，改做别的有意义的礼节呢？

我对于我的疑问，细想了一回，觉得只有一个消极的回答说：贺新年是没有什么意思的。地球在太阳的周围，一刻不停地，遵了那椭圆的轨道，在那里走；并不是有一个起点非拿他当做一年的元旦不可的，也并没有一个终点非拿他当做一年的除夕不可的。不过我们任意选定一天，当它一年的第一日；等到地球下一次又走到轨道上这一点时，便拿它当做第二年的第一日。今天是民国八年的元旦，那班讲“夏正”的先生们定要说他是戊午年十一月三十日，自然是没有道理；若说他是必然的元旦，断断乎不能把他改做十二月一日、二月一日或别的日子，似乎也欠通。要晓得地球的运行，本来没有始终，所以并没有天然注定的元旦。我们拿了“六月六、狗生日”来做元旦，也未尝不可以的。我们任意选定了一天当做元旦，便互相恭贺起来，似乎也太没意义了！即使有天然注定的元旦，这也不过是一种自然的现象，对于人生毫无意义，有什么可贺的价值？假使有可贺的价值，则“野日头吃家日头”的时候，衙门的大堂上冬冬地敲起鼓来，也是极有意义、极有价值了。无论元旦是任意选定的，或是天然注定的，总而言之，没有可贺的情节。我们花了钱买帖子来“恭贺新禧”，见了面，还要拱拱手，说“恭喜恭喜”,到底我们所喜的是什么呀?“恭贺新禧”不过是社会上一种习惯,随俗贺贺,原没有什么害处,不过费了精神做这样没意义的事情,似乎也大可不必。所以我的意思:我们很可废去这贺年的礼节。但是一年之中,没有一次写帖子恭贺,见了面说“恭喜”,大家热闹热闹的机会,人生也太索然寡味了。所以我想废了那无意义的恭贺,去找一桩有意义的恭贺来代。一年之中,在我们中国人的生活上看起来,比那元旦有可贺价值的日子也有好几天,其中最该恭贺最该纪念的日子,我以为就是十月十日。

民国前一年的十月十日不是我们中华民国的国民第一天抬起头来做人的日子吗?我们几千年来的国民,虽然有了人的身体,却没有人的资格。被独夫杀了,还要说“臣罪当诛”;被独夫奸淫了,还要说“天恩高厚”;被古人闭塞了聪明,还要说“道贯古今”。做皇帝的奴隶,做家庭的奴隶,做古人的奴隶;层层的奴隶,真是暗无天日。到了民国前一年的十月十日那一天,武昌起了革命,虽没有把层层的奴隶完全摆脱了,却因此生出一种觉悟来:从此不做奴隶了,要做人了——这一天实在可以算得我们国民更生的日子,或是做人的生日。从民国建设到如今,足足地过了七年有零,虽然是积重难返,依旧做皇帝——名称自然已经换了——家庭、古人的奴隶,但是自觉的萌芽已经出了,从此培养起来,便有做人的希望了。正如一个小孩子初出娘胎,虽然还没有成人,却已有了成人的希望。我们中华民国的国民做了几千年奴隶,到了民国前一年的十月十日得了一个抬头做人的机会,从此可以希望过幸福的日子,那一天不是我们国民最可乐的一个日子吗?但是现在的国民明白这可乐日子的,能有几人?所以我们总须想法把这可乐的日子印到一般国民的脑里去,才好。况且这做人的萌芽成立才七年,整日的风吹雨打,两三次几乎没性命,现在虽然还吊住一口气,早已是奄奄一息的了。所以我们更应该把这可乐的日子印到一般国民的脑里去,使他们知道双十节是最可乐,做人的萌芽是最可宝贵,好让大家齐心努力培养这萌芽,使子孙将来得享做人的幸福,不要被风雨把这初出的萌芽蹧蹋了。我们个人遇到了生日,也要买几条面来吃吃,表表祝贺的意思;那有钱有势的人还要唱一台戏,请一天客;难道我们国民全体最该宝贵最该纪念的生日,不该大大地祝贺吗?这种祝贺,对于人生极有意义,不是贺新年那样礼节可比的。

现在每遇双十节的时候,衙门的门口虽也懒洋洋地扎一座牌楼,商家得了警厅的命令，虽也挂几面国旗；但是这种点缀，我以为还不能把双十节可乐的价值完全表出，并且不是一种普遍的祝贺，所以也不能把可乐的价值印到一般国民的脑里去。中国人最快乐的日子要算是新年，我想把新年的快乐移到双十节去，岂不是把无意义的快乐变成了有意义的快乐吗？所以我主张：辞岁的改在十月九日夜里辞奴隶；请年酒的改在十月十日请共和酒；小孩子买花炮放，也在这一天；店里的学徒戴了新帽子，穿了新鞋子，摇摇摆摆游市场，也在这一天；写了帖子大家恭贺，也在这一天；见了面，拱拱手，说“恭喜恭喜”，也在这一天……大大小小，男男女女，大家乐一天，使大家心里也略略想道：今天是国民第一天做人的纪念日，所以可乐。我这个意见，不知道有人赞成吗？凡事初创的时候，一定不能通行，只要有人提倡，慢慢地风行起来，未尝不可以变成一种习惯。倘然有人赞成，我们便首先实行，从今年的双十节起，写个帖子，大家恭贺共和幸福，好吗？

百年要把一月一日的祝贺新年废止，改为十月十日祝贺中国国民做“人”的纪念；这个意思，玄同甚为赞成。原来三百六十五日算一年，每年有个第一日，这不过为人事计算的便利而设；这个年初一，实在没有可以纪念、该配祝贺的理由。有人说，我们民国国民，应该和那些遗老遗少不同；现在是我们的民国八年一月一日，不是他们的夏正戊午年——或宣统十年——十一月三十日；我们遇到自己的正朔，应该特别喜欢，所以要祝贺。我以为这话似新实旧。要知道“改正朔”这件事，是那独夫民贼的野蛮礼制。民国改历，是因为阴历不便计算，不便应用，我们为改良起见，所以用世界公用的文明阳历。这阳历并非中华民国所专有，不过改历之初，只改月日，那年却用民国来纪，没有改从世界公历纪年。暂时用民国来纪年，原也没有什么妨碍，我们也大可承认；——阳历置闰之年，要用公历纪年来计算，所以公历的年月日是一贯的东西；民国将来如能改用公历纪年，那就更便利了。若从中华民国自身说，它是公历一九一一年十月十日产生的，那一日才是中华民国的真纪元。就中国而论，这日是国民做“人”的第一日；就世界而论，这日是人类全体中有四万万人脱离奴籍，独立做“人”的一个纪念日。这真是我们应该欢喜、应该祝贺的日子。

想到这里,联想及于民国历书上所谓"春节,夏节,秋节,冬节",这真是荒谬绝伦的规定。那春节就是阴历元旦,夏节是阴历端午,秋节是阴历中秋,再拉上一个和阴历全不相干的冬至,叫他冬节——如此凑成四节,真可谓不伦不类。你想,民国既然改用阳历,则阴历当然是要消灭的;民间一时仍旧沿用,政府便该劝告他、阻止他的;现在反来推波助澜,把阴历的元旦、端午、中秋定为节日,那就是自己暗中取消阳历。这种心理,和袁世凯身为民国总统,要造反做皇帝,有什么两样?至于冬至,虽是天然的节气,却就是百年所说的,"这也不过是一种自然的现象,对于人生,毫无意义,有什么可贺的价值?"所以我说规定这四个节日是荒谬绝伦。若说一年之中要有几个规定的日子快乐快乐,则除十月十日外,最有价值的就是一九一五年十二月二十五日,那日是中国国民第二次脱离奴籍,抬头做"人"的纪念;此外的一九一二年一月一日的共和政府成立,同年二月十二日的皇位推翻,也是可以纪念的;就是一九一七年七月十二日京津一带除下龙旗,再挂五色旗,也可以算做一种纪念。

以上几种纪念日,虽然大小不同,总比拿阴历的元旦、端午、中秋和自然现象的冬至来做节日,要有价值得多了。

但是退一步想:这阳历过年,挂挂国旗,写写贺年帖子,说说"恭喜恭喜",也可以使那一班现用阴历的国民知道民国改用公历已经实行;所以也不能算全无用处。但是这种用处,是一时的。再过几年之后,国民渐知阳历比阴历要便利,改用阳历的人一天多似一天;那些遗老遗少渐渐死尽,不能复为祸祟,什么"夏正""夏历"的鬼话,没有人讲了,到那时候,这公历岁首的"恭贺新禧"帖子,真正觉得没有一点意思了。

公历一九一九年一月三日　玄同附记

(第六卷第一号,一九一九年一月十五日)

本志罪案之答辩书

陈独秀

本志经过三年,发行已满三十册;所说的都是极平常的话,社会上却大惊小怪,八面非难,那旧人物是不用说了,就是刮刮叫的青年学生,也把《新青年》看做一种邪说,怪物,离经叛道的异端,非圣无法的叛逆。本志同人,实在是惭愧得很;对于吾国革新的希望,不禁抱了无限悲观。

社会上非难本志的人,约分二种:一是爱护本志的,一是反对本志的。这第一种人对于本志的主张,原有几分赞成,唯看见本志上偶然指斥那世界公认的废物,便不必细说理由,措词又未装出绅士的腔调,恐怕本志因此在社会上减了信用。像这种反对,本志同人,是应该感谢他们的好意。

这第二种人对于本志的主张,是根本上立在反对的地位了。他们所非难本志的,无非是破坏孔教、破坏礼法、破坏国粹、破坏贞节、破坏旧伦理(忠、孝、节)、破坏旧艺术(中国戏)、破坏旧宗教(鬼神)、破坏旧文学、破坏旧政治(特权人治)这几条罪案。

这几条罪案,本社同人当然直认不讳。但是追本溯源,本志同人本来无罪,只因为拥护那德莫克拉西(Democracy)和赛因斯(Science)两位先生,才犯了这几条滔天的大罪。要拥护那德先生,便不得不反对孔教、礼法、贞节、旧伦理、旧政治。要拥护那赛先生,便不得不反对旧艺术、旧宗教。要拥护德先生又要拥护赛先生,便不得不反对国粹和旧文学。大家平心细想,本志除了拥护德赛两先生之外,还有别项罪案没有呢?若是没有,请你们不用专门非难本志,要有气力有胆量来反对德赛两先生,才算是好汉,才算是根本的办法。

社会上最反对的,是钱玄同先生废汉文的主张。钱先生是中国文字音韵学的专家,岂不知道语言文字自然进化的道理(我以为只有这一个理由可以反对钱先生)?

他只因为自古以来汉文的书籍，几乎每本每页每行，都带着反对德、赛两先生的臭味；又碰着许多老少汉学大家，开口一个国粹，闭口一个古说，不啻声明汉学是德、赛两先生天造地设的对头；他愤极了才发出这种激切的议论。像钱先生这种用石条压驼背的医法，本志同人多半是不大赞成的。但是社会上有一班人，因此怒骂他，讥笑他，却不肯发表意思和他辩驳，这又是什么道理呢？难道你们能断定汉文是永远没有废去的日子吗？

西洋人因为拥护德、赛两先生，闹了多少事，流了多少血，德、赛两先生才渐渐从黑暗中把他们救出，引到光明世界。我们现在认定只有这两位先生，可以救治中国政治上、道德上、学术上、思想上一切的黑暗。若因为拥护这两位先生，一切政府的迫压，社会的攻击笑骂，就是断头流血，都不推辞。

此时正是我们中国用德先生的意思废了君主第八年的开始，所以我要写出本志得罪社会的原由，布告天下。

（第六卷第一号，一九一九年一月十五日）

论自杀

陶履恭

桂林梁巨川先生因为中国的"国性"已经沦丧,没有立国的根本,打定主意要用自杀的手段,唤起国民。他蓄志好几年,一直到去年十月四日才有机会实行他的志愿。他留下了许多的著作,我所读过的是《敬告世人书》[①]和给亲朋家族的遗书,都是说明自杀的理由。那《敬告世人书》里边已经预想到将来一定有人评论他的自杀:有大骂的,有大笑的,有百思不解的,有极口夸奖但是不知道他的心的。现在梁先生已经死了,我们不应该笑骂——笑骂是不合理的举动,平心静气说理的人没有用笑骂做辩论的——更不必夸奖,夸奖给谁听呢?但是我们要明白他自杀的理由。我仔细读了他的著作,觉着他的死是根本于两种误谬的理想。那是不可不解释清楚的。

第一样是拿清朝当做国家。梁先生之自杀自称为殉清,拿清朝当做几千年的文化。他说"我为满朝遗臣,故效忠于清",并且拿民国之人当效忠于民国做比拟。民国之人所效忠的是民国,不是民国的政府。政府不过是人民的一个政治机关,无论他是清朝或是民国的,一个人绝不能为人民的政治机关殉死的,这是政治上的常识。因为东方人习于孔孟的政治哲学,伏在专制政体下长久了,所以把政府和国家的区别都分不清。观念不清,竟至误送性命,够怎样的危险啊!本志向来对于陈旧思想不遗余力地攻击的缘故也正是深知观念不清的弊病比洪水猛兽的祸害还凶烈呢。

他的政治观念可批评之点差不多句句都是。我以为这是他受了遗传、教育、环境所限制,应该原谅,不关本题,毋庸详细讨论。前节所述已足够了。那第二种误谬思想是以为自杀可以唤醒世人。

这是一个道德问题,也是一个社会问题,我们要稍为详细讨论。讨论分为两层,第一层,自杀是否合乎道德;第二层,自杀是否有效于社会。

自杀是一种社会现象。据社会学者之研究,除了几种低文化民族(例如南美火国之耶干人 yahgans、安达曼岛人和澳洲的几种蛮族)不晓得自杀的以外,这种现象不问社会之文野大概是普遍的[2]。自杀虽然可称为普遍的现象,但是自杀之原因,在各民族里却又不同。低级文化民族自杀之原因有许多种,例如疾病、老年、嫉妒、殇儿、夫死、妻死、凌虐、刑罚、悔恨、仇恨等等都可以产出自杀来。这些种原因在每个社会里都有,因为人生是受种种自然的社会的限制,现在的社会也没有完全的;生老病死之苦痛,爱恨悲悔之情绪,是人人所不能免的。但是绝不能每个人都因为这些种感情情绪去把自己的生命断绝。这是什么缘故呢?自杀之盛否要看那社会里的制度、信仰和自杀者个人的观念如何。印度重女子侍夫,所以寡妇把自己焚化(Sati)。日本推重武士道,所以流行"腹切"(harakiri)。中国重名节,所以女子殉夫;受了污辱,更要上吊跳井;以先重忠君,所以历史上才有殉节的忠臣烈士。这都是因为社会不反对自杀,并且奖励自杀(例如建昭忠祠、烈女牌坊、旌表节烈等方法。昔印度寡妇焚化,有许多亲友协助一切)。一个人遇见了可死的条件,发了这个决心,自然要自杀的。

欧美信奉耶教的民族反对自杀、防范自杀的法律极严,但是他们的社会各级制度也不完全,每年也有许多人为饥寒所迫或为洗白名誉竟至趋于自杀的。现在所论的都假定是心理健全的人,每年自杀者有一大部分是心理有残疾的,我们且不必去论他。

自杀是否合乎道德,要视社会态度的向背为转移。社会的态度是根据著历史传来的习惯和宗教家、哲学家、道德家的教训的。古希腊、罗马对于自杀未尝反对,且认为名誉。司脱阿派(the Stoics)且以自杀为万有苦痛之解脱。反对自杀最力的是后世的基督教徒。圣僧奥格斯丁(St.Augustine)说受污辱的女子不应该自杀。因为贞洁是心理的德行,失身不是出诸本心,并不得算为失节。(这个道理用现在眼光看起来,理由甚充足。不过奥格斯丁所说是根据于耶教经典,人不该自戕其生。现在的说法是男女的道德标准应该一样。女子受男子的污辱便去寻死以保贞洁,那污辱女子的男子,毁了自己的贞洁,更妨害旁人的贞洁,又应该怎么样呢?)哲学家脱玛阿坤(Thomas Apuinas)说自杀有三不当:(1)好生恶死是人的自然倾向,自杀乃背乎这自然倾向,所以是罪孽。(2)各人都是社会里的一分子,自杀乃有害于社会。(3)生命是上帝所赐,生杀之权操诸上帝,人不该干涉。这种观念流传到近世,势力极大。欧洲后代立法如没收自杀者财产,处罚那自杀未遂的,都是受了教会的影响。所以厌恶自杀是一般的风气。后来哲学家反抗这种教会的人生观,提倡个人的自由意志,才渐渐地把旧观念打破。法国的曼泰因(Montaigne)、孟德斯鸠、福禄特尔都说政府不应该苛待自杀者。福禄特尔说假使自杀是有害于社会,那各国法律所认可的战争,屠杀生灵又怎么样呢?英国哲学家休谟(David Hum)论得最透彻:

> 假使我有能力可以移转尼罗河的流域不算为罪,为什么我使几磅的血脱离了他所行的自然的路会算一种罪呢?假使处置人的生命完全属于上帝,人类处置自己的生命是侵害他的权利,人要是延长上帝用自然的通则所限定的生命年限岂不也是错了么……假使我已经没有力量为社会造福,假使我或为社会之累,假使我的生命妨害旁人致力于社会,如此,则抛弃我的生命不只是无辜,并且是可以称赞的。(《休谟文集·自杀篇》)

德国的康德、费希特、黑格尔又都根据个人的哲学不赞成自杀。所以只就欧洲文化里考察关于自杀的态度,各时代已不相同,各人的主张也不全相一致。但是近来思想的倾向都是脱离教会派的羁绊,休谟的论调颇可以代表唯理派的意见。自杀纯然是个人的行为,不能下伦理的判断,褒贬这个行为的。假使一个人心中含有极端之苦痛,无限之悲愁,想要脱离尘世,解脱一切,把生命断送了;我们对于自杀者应该承认他的自由,不必评论他。从社会方面看起来自杀又是一个社会问题。

自杀的结果是损失一个生命,并且使死者之亲族限于穷困。自杀影响是及于社会的,所以是一个极重要的问题。我们对于自杀行为自身虽然不必下判断,但是就社会学者之眼光,我们要研究自杀之原因及其范围的。

按上边所说的道理推论,梁先生之自杀,本无所谓合乎道德与否。不过东方人对于自杀与西方不同,向来是容让并且奖励这个自由的。只就中国说,孔子的伦理学说是除去“匹夫、匹妇”之自杀,并没有加以指责。后世儒家一派的伦理对于殉国——实在是殉皇室——的忠臣,殉夫的节妇,殉贞洁——片面的贞洁,因为身体的一部分接触了不正当的外物,就把身体全部分的机能都毁坏,这就是妇人的贞洁——烈女,都竭力地奖励、颂扬。道德家、史学家更拿殉国、殉夫、殉贞洁三种事觇验一代之气风。

历史、志书都特别记载这忠臣烈妇的事迹。积久竟把这种自杀变成一种形式的道德。形式主义之害,在文学上、在戏剧上、在美术上,已经极烈,在道德上更是一时不能容的。形式主义的道德只有因袭从俗,没有独立选择,所以是奴隶的道德。倘使一个人有一种觉悟,具彻底之人生观,觉得万事皆不如一死为道,这是个人的行为;正如我上边所说的,无道德之可言。倘使把殉节看做一种道德的型(type),那亡国大夫、寡妇和被奸污的女子都应该模仿,并且受世上的褒奖,这就是形式主义的道德,我们是绝对的反对的。倘使道德家再拿名分来做这种道德的后援——什么天经地义,什么君为臣纲、夫为妇纲,什么烈女不事二夫——那更是要极端地反对的。最摧残个人道德的就是把行为变成了一定方式,又拿古圣先贤的言语做那方式的后盾。这种合乎方式的行为并不是无道德之可言,实在是极不道德的。我读梁先生的文章,觉得他自杀是由于彻底觉悟之自杀,不是那遵循方式的自杀,所以他的行为,是无所谓合乎道德与否的。

自杀果能于社会上有益么?上边说过的,自杀既损害性命并且剩下了孤儿寡妇当然是有害的。但是梁先生自己深信自杀可以唤起国民的爱国心。我想这是一种误谬的观念,不可不辩解的。什么是爱国心呢?所爱的国是什么呢?国是一个抽象的名词,原来没有什么可爱。我们所爱的是同在这个抽象名称里头的生灵。但是这亿万的生灵也没有什么可爱,不过因为他们与我有共同的利害关系,所以应该互相友爱。"爱国心"这个名词常用为骗人的口头禅:君主用他保护皇室,帝国主义者用他保护资本家的利益,民国的执政者用他保护他们自己的势力。所以为人民全体争幸福才可以激发真爱国心,不然,这个名词是最危险最祸害的。欧洲诸邦人民爱国心的勃发是在人民有觉悟,牺牲生命,争夺自由的时代。对于共同利害关系有了觉悟,才肯为自由牺牲自己的性命;因为这个自由一个人享受不到,要众人享受、众人奋斗的。读者诸君试研究欧洲近世史,那些新国家之成立(如十九世纪之比利时、德意志、意大利),小国民之卓越(如巴尔干半岛之希腊、塞尔比亚,最近之郤克族、波兰、久哥斯据夫族),都是国民觉悟(national consciousness)之结果。国民觉悟发表出来就是爱国心。他们的觉悟也多少是用流血的代价搏来,这话是不错。但是他们的流血是一种奋斗,是为争生命所最宝贵的部分(如自由独立都是)与强有力者反抗而流血的。东方式的自杀是消极的,不是对于政治上、经济上、宗教上有所奋斗而流血,乃是奋斗无力而流血。梁先生的自杀仿佛比这个胜一筹，但是这种自杀仍然是消极的，没有和旁人奋斗——和梁先生所反抗的东西奋斗——却专和自己的生命奋斗。中国这几年来有许多的烈士，那投海、断指、自杀的事件每年发生的不算为少，生了什么效果呢？他们的性质都不是为所争求的和反对者奋斗，却是和自己的生命奋斗，那有什么用处呢？

更深一层说，有生命才可以奋斗，没有生命就没有奋斗的。为生命去奋斗，不应该先把生命断绝的。那爱国志士因为奋斗而丧失性命的，是以求自由（生命所最宝贵的部分）为主，流血不过是偶然的附属的现象。东方式的自杀是以自杀为主，再拿自杀去鼓动人心，岂不是不明生命的真趣么？悲观的自杀③是厌弃生命的自杀，用不着批评。为唤醒国民的自杀，是借着断绝生命的手段做增加生命的事，岂能有效力么④？

（第六卷第一号，一九一九年一月十五日）

①梁先生文章的原文甚长，本志不能录出，读者能与原文对照最妙。②看威斯特马克所著《道德之起源及发达》，自杀章，本篇材料多有取诸此书者。③蒋观云先生曾在《新民丛报》上论自杀，论悲观与自杀甚为透彻，惜吾书斋中不存此报未能引用。④有爱国心的人比无爱国心的人生命强。自己努力才可以希望旁人努力，不能诚心把自己的努力终止却希望旁人努力的。

对于梁巨川先生自杀之感想

陈独秀

梁巨川先生自杀前一个月，留下《敬告世人书》一篇，说明他自杀的宗旨，现在把这书中最紧的几处录在下方：

> 吾今竭诚致敬以告世人曰：梁济之死，系殉清朝而死也。
>
> 吾因身值清朝之末，故云殉清。其实非以清朝为本位，而以幼年所学为本位。吾国数千年，先圣之诗礼纲常，吾家先祖先父先母之遗传与教训，幼年所闻，以对于世道有责任为主义。此主义深印于吾脑中，即以此主义为本位，故不容不殉。
>
> 今人为新说所震，丧失自己权威。自光宣之末，新说谓敬君恋王为奴性，一般吃俸禄者靡然从之，忘其自己生平主意。苟平心以思，人各有尊信持循之学说。彼新说持自治无须君治之理，推翻专制，摒斥奴性，自是一说。我旧说以忠孝节义范束全国之人心，一切法度纪纲，经数千年圣哲所创垂，岂竟毫无可贵！
>
> 今吾国人憧憧往来，虚诈惝恍，除希望侥幸便宜外，无所用心；欲求对于职事以静心真理行之者，渺不可得。此不独为道德之害，即万事可决其无效也。夫所谓万事者，即官吏军兵士农工商，凡百皆是。必万事各各有效，而后国势坚固不摇。此理最显，我愿世界人各各尊重其当行之事。我为清朝遗臣，故效忠于清，以表示有联锁巩固之情。亦犹民国之人，对于民国职事，各各有联锁巩固之情。此以国性救国势之说也。

梁先生自杀的宗旨,简单说一句,就是想用对清殉节的精神,来提倡中国的纲常名教,救济社会的堕落。他这见解和方法,陶孟和先生已有评论,况且他老先生已死,我们也不必过于辩论是非了。我现在要说的,就是在梁先生见解和方法以外的几种感想:

第一感想,就是梁先生自杀,总算是为救济社会而牺牲自己的生命,在旧历史上真是有数人物。新时代的人物,虽不必学他的自杀方法,也必须有他这样真诚、纯洁的精神,才能够救济社会上种种黑暗、堕落。

第二感想,就是梁先生主张一致。不像那班圆通派,心里相信纲常礼教,口里却赞成共和;身任民主国的职务,却开口一个纲常,闭口一个礼教。这种人比起梁先生来,在逻辑上犯了矛盾律,在道德上要发生人格问题。

第三感想,就是梁先生自杀,无论是殉清不是,总算以身殉了他的主义。比那把道德、礼教、纲纪伦常挂在口上的旧官僚,比那把共和、民权、自治、护法写在脸上的新官僚,到底真伪不同。

第四感想,就是梁先生是单纯殉了清朝,我们虽然不赞成,然而他的几根老骨头,比那班满嘴道德、暮楚朝秦、冯道式的元老,要重得几千万倍。

第五感想,就是梁先生《敬告世人书》中,预料一般人对他死后的评论,把鄙人放在大骂之列。不知道梁先生的眼中,主张革新的人,是一种什么浅薄小儿!实在是遗憾千万!

(第六卷第一号,一九一九年一月十五日)

不朽

胡　适

我的宗教

不朽有种种说法，但是总括看来，只有两种说法是真有区别的。一种是把“不朽”解做灵魂不灭的意思。一种就是《春秋左传》上说的“三不朽”。

(一)神不灭论

宗教家往往说灵魂不灭，死后须受末日的裁判；做好事的享受天国天堂的快乐，做恶事的要受地狱的苦痛。这种说法，几千年来不但受了无数愚夫愚妇的迷信，居然还受了许多学者的信仰。但是古往今来也有许多学者对于灵魂是否可离形体而存在的问题，不能不发生疑问。最重要的如南北朝人范缜的《神灭论》说：“形者神之质，神者形之用……神之于质，犹利之于刀；形之于用，犹刀之于利……舍利无刀，舍刀无利。未闻刀没而利存，岂容形亡而神在?”宋朝的司马光也说：“形既朽灭，神亦飘散，虽有锉烧舂磨，亦无所施。”但是司马光说的“形既朽灭，神亦飘散”还不免把形与神看做两件事，不如范缜说得更透彻。范缜说人的神灵即是形体的作用，形体便是神灵的形质。正如刀子是形质，刀子的利钝是作用。有刀子方才有利钝，没有刀子便没有利钝。

人有形体方才有作用。这个作用，我们叫做“灵魂”。若没有形体，便没有作用了，便没有灵魂了。范缜这篇《神灭论》出来的时候，曾惹起了无数人的反对。梁武帝叫了七十几个名士作论驳他，都没有什么真有价值的议论。其中只有沈约的《难神灭论》说:“利若遍施四方,则利体无处复立;利之为用正存一边毫毛处耳。神之与形,举体若合,又安得同乎?若以此譬为尽耶,则不尽;若谓本不尽耶,则不可以为譬也。”这一段是说刀是无机体,人是有机体,故不能彼此相比。这话固然有理,但终不能推翻“神者形之用”的议论。近世唯物派的学者也说人的灵魂并不是什么无形体,独立存在的物事,不过是神经作用的总名。灵魂的种种作用都即是脑部各部分的机能作用。若有某部被损伤,某种作用即时废止。人年幼时脑部不曾完全发达,神灵作用也不能完全,老年人脑部渐渐衰耗,神灵作用也渐渐衰耗。这种议论的大旨,与范缜所说“神者形之用”正相同。但是有许多人总舍不得把灵魂打消了,所以咬住说灵魂另是一种神秘玄妙的物事,并不是神经的作用。这个“神秘玄妙”的物事究竟是什么,他们也说不出来,只觉得总应该有这么一件物事。既是“神秘玄妙”,自然不能用科学试验来证明他,也不能用科学试验来驳倒他。既然如此我们只好用实验主义(Pragmatism)的方法,看这种学说的实际效果如何,以为评判的标准。依此标准看来,信神不灭论的固然也有好人,信神灭论的也未必全是坏人。即如司马光、范缜、赫胥黎一类的人,说不信灵魂不灭的话,何尝没有高尚的道德?更进一层说,有些人因为迷信天堂、天国、地狱、末日裁判,方才修德行善,这种修行全是自私自利的,也算不得真正道德。总而言之,灵魂灭不灭的问题,于人生行为上实在没有什么重大影响。既没有实际的影响,简直可说是不成问题了。

(二)三不朽说

《左传》说的三种不朽是:一是立德的不朽,二是立功的不朽,三是立言的不朽。

“德”便是个人人格的价值;像墨翟、耶稣一类的人,一生刻意孤行,精诚勇猛,使当时的人敬爱信仰,使千百年后的人想念崇拜。这便是立德的不朽。“功”便是事业;像哥伦布发现美洲,像华盛顿造成美洲共和国,替当时的人开一新天地,替历史开一新纪元,替天下后世的人种下无量幸福的种子。这便是立功的不朽。“言”便是语言著作;像那《诗经》三百篇的许多无名诗人,又像陶潜、杜甫、莎士比亚、易卜生一类的文学家,又像柏拉图、卢梭、弥儿一类的哲学家,又像牛顿、达尔文一类的科学家;或是做了几首好诗使千百年后的人欢喜感叹,或是做了几本好戏使当时的人鼓舞感动,使后世的人发愤兴起,或是创出一种新哲学,或是发明了一种新学说,或在当时发生思想的革命或在后世影响无穷。这便是立言的不朽。总而言之,这种不朽说,不问人死后灵魂能不能存在，只问他的人格，他的事业，他的著作有没有永远存在的价值。即如基督教徒说耶稣是上帝的儿子，他的神灵永远存在。我们正不用驳这种无凭据的神话，只说耶稣的人格、事业和教训都可以不朽，又何必说那些无谓的神话呢？又如孔教会的人每到了孔丘的生日，一定要举行祭孔的典礼，还有些人学那“朝山进香”的法子，要赶到曲阜孔林去对孔丘的神灵表示敬意！其实孔丘的不朽全在他的人格与教训，不在他那“在天之灵”。大总统多行两次丁祭，孔教会多走两次“朝山进香”，就可以使孔丘格外不朽了吗？更进一步说，像那三百篇里的诗人，也没有姓名，也没有事实，但是他们都可说是立言的不朽。为什么呢？因为不朽全靠一个人的真价值，并不靠姓名事实的流传，也不靠灵魂的存在。试看古今来的多少大发明家，那发明火的，发明养蚕的，发明缫丝的，发明织布的，发明水车的，发明舂米的水碓的，发明规矩的，发明秤的……虽然姓名不传，事实湮没，但他们的功业永远存在，他们也就都不朽了。这种不朽比那个人的小小灵魂的存在，可不是更可宝贵，更可羡慕吗？况且那灵魂的有无还在不可知之中，这三种不朽——德、功、言——可是实在的，这三种不朽可不是比那灵魂的不灭更靠得住吗？

以上两种不朽论，依我个人看来，不消说得，那“三不朽说”是比那“神不灭说”好得多了。但是那“三不朽说”还有三层缺点，不可不知。第一，照平常的解说看来，那些真能不朽的人只不过那极少数有道德，有功业，有著述的人。还有那无量平常人难道就没有不朽的希望吗？世界上能有几个墨翟、耶稣，几个哥伦布、华盛顿，几个杜甫、陶潜，几个牛顿、达尔文呢？这岂不成了一种“寡头”的不朽论吗？第二，这种不朽论单从积极一方面着想，但没有消极的裁制。那种灵魂的不朽论既说有天国的快乐，又说有地狱的苦楚，是积极、消极两方面都顾着的。如今单说立德可以不朽，不立德又怎样呢？立功可以不朽，有罪恶又怎样呢？第三，这种不朽论所说的“德、功、言”三件，范围都很含糊。究竟怎样的人格方才可算是“德”呢？怎样的事业方才可算是“功”呢？怎样的著作方才可算是“言”呢？我且举一个例。哥伦布发现美洲固然可算得立了不朽之功，但是他船上的水手火头又怎样呢，他那只船的造船工人又怎样呢？他船上用的罗盘器械的制造工人又怎样呢？他所读的书的著作者又怎样呢？……举这一条例，已可见“三不朽”的界限含糊不清了。

因为要补足这三层缺点，所以我想提出第三种不朽论来请大家讨论。我一时想不起别的好名字,姑且称它做“社会的不朽论”。

(三)社会的不朽论

这种不朽论既名为“社会的”,不可不先讲社会的性质。社会是一种有机的组织。凡有机物的生命,全靠各部分各有特别的构造机能,同时又互相为用。一部分离开独立,那部分的生命便要大受损伤。使能勉强存在,也须受重大的变化。最平常的例子就是人的身体。人身的生命,全靠各种机能的作用,但各种机能也没有独立的生活,也都靠全体的生命。有各种机能就没有全体,没有全体也就没有各种机能。这才叫做有机的组织。社会的生命,无论是看纵剖面,是看横截面,都是有机的组织。从纵剖面看来,社会的历史是有机的:前人影响后人,后人又影响更后人。没有我们的祖宗和那无数的古人,又哪里有今日的我和你?没有今日的我和你,又哪里有将来的后人?没有那无量数的个人,便没有历史;但是没有历史,那无数的个人也绝不是那个样子的个人。总而言之,个人造成历史,历史造成个人,这是纵剖面的社会有机体。从横截面看来,社会的生活也是有机的:个人造成社会,社会造成个人,社会的生活全靠个人分工合作的生活;但个人的生活,无论如何不同,都脱不了社会的影响。若没有那样这样的社会,绝不会有这样那样的我和你;若没有无数的我和你,社会也绝不是这个样子。这是横截面的社会有机体。

来勃尼慈(Leibnitz)说得好:“这个世界乃是一片大充实(Plenum,为真空 Vaouum 之对),其中一切物质都是接连着的。一个大充实里面有一点变动,全部的物质都要受影响,影响的程度与物体距离的远近成正比例。世界也是如此。每一个人不但直接受他身边亲近的人的影响,并且间接又间接地受距离很远的人的影响。所以世间的交互影响,无论距离远近,都受得着的。所以世界上的人,每人受着全世界一切动作的影响,如果他有周知万物的智慧,他可以在每人的身上看出世间一切施为,无论过去未来都可看得出,在这一个现在里面便有无穷时间、空间的影子。”(见 *Monadoiogy* 第六十一节)这便是有机的世界观。

从这个有机的社会观和有机的世界观上面,便生出我所说的“社会的不朽论”来。我这“社会的不朽论”的大旨是:

我这个“小我”不是独立存在的,是和无量数“小我”有直接或间接的交互关系的,是和社会的全体和世界的全体都有互为影响的关系的,是和社会世界的过去和未来都有因果关系的。种种从前的因,种种现在无数"小我"和无数他种势力所造成的因,都成了我这个"小我"的一部分。我这个"小我",加上了种种从前的因,又加上了种种现在的因,传递下去,又要造成无数将来的"小我"。这种种过去的"小我",和种种现在的"小我",和种种将来无穷的"小我",一代传一代,一点加一滴,一线相传连绵不断,一水奔流滔滔不绝——这便是一个"大我"。"小我"是会消灭的,"大我"是永远不灭的。"小我"是有死的,"大我"是永远不死,永远不朽的。"小我"虽然会死,但是每一个"小我"的一切作为,一切功德、罪恶,一切语言、行事,无论大小,无论是非,无论善恶,一一都永远留存在那个"大我"之中。那个"大我",便是古往今来一切"小我"的纪功碑、彰善祠、罪状判决书,孝子慈孙百世不能改的恶谥法。这个"大我"是永远不朽的,故一切"小我"的事业、人格,一举一动,一言一笑,一个念头,一场功劳,一桩罪过,也都永远不朽。这便是社会的不朽,"大我"的不朽。

那边"一座低低的土墙,遮着一个弹三弦的人"。那三弦的声浪,在空间起了无数波澜。那被冲动的空气质点,直接间接冲动无数旁的空气质点。这种波澜,由近而远,至于无穷空间;由现在而将来,由此刹那以至于无量刹那,至于无穷时间。这已是不灭不朽了。那时间,那"低低的土墙"外边来了一位诗人,听见那三弦的声音,忽然起了一个念头。由这一个念头,就成了一首好诗。这首好诗传诵了许多。人人读了这诗,各起种种念头。由这种种念头,更发生无量数的念头,更发生无数的动作,以至于无穷。然而那"低低的土墙"里面那个弹三弦的人又如何知道他所发生的影响呢?

一个生肺病的人在路上偶然吐了一口痰。那口痰被太阳晒干了,化为微尘,被风吹起空中,东西飘散,渐吹渐远,至于无穷时间,至于无穷空间。偶然一部分的病菌被体弱的人呼吸进去,便发生肺病,由他一身传染一家,更由一家传染无数人家。如此辗转传染,至于无穷空间,至于无穷时间。然而那先前吐痰的人的骨头早已腐烂了,他又如何知道他所种的恶果呢?

一千五六百年前有一个人叫做范缜,说了几句话:"神之于形,犹利之于刀。未闻刀没而利存,岂容形亡而神在?"这几句话在当时受了无数人的攻击。到了宋朝有个司马光把这几句话记在他的《资治通鉴》里。一千五六百年之后,有一个十一岁的小孩子——就是我——看到《资治通鉴》里这几句话,心里受了一大感动,后来便影响了他半生的思想行事。然而那说话的范缜早已死了一千五百年了!

二千六七百年前，在印度地方有一个穷人病死了，没人收尸，尸首暴露在路上，已腐烂了。那边来了一辆车，车上坐着一个王太子，看见了这个腐烂发臭的死人，心中起了一念，由这一念，辗转发生无数念。后来那位王太子把王位也抛了，富贵也抛了，父母妻子也抛了，独自去寻思一个解脱生老病死的方法。后来这位王子便成了一个教主，创了一种哲学的宗教，感化了无数人。他的影响势力至今还在。将来即使他的宗教全灭了，他的影响势力终久还存在，以至于无穷。这可是那腐烂发臭的路毙所曾梦想到的吗?

以上不过是略举几件事，说明上文说的“社会的不朽”“大我的不朽”这种不朽论。总而言之，只是说个人的一切功德罪恶，一切言语行事，无论大小好坏，一一都留下一些影响在那个“大我”之中，一一都与这永远不朽的“大我”一同永远不朽。

上文我批评那“三不朽论”的三层缺点:第一，只限于极少数的人。第二，没有消极的裁制。第三，所说“功、德、言”的范围太含糊了。如今所说“社会的不朽”，其实只是把那“三不朽论”的范围更推广了。既然不论事业功德的大小，一切都可不朽，那第一第三两层短处都没有了。冠绝古今的道德功业固可以不朽，那极平常的“庸言庸行”，油盐柴米的琐屑，愚夫愚妇的细事，一言一笑的微细，也都永远不朽。那发现美洲的哥仑布固可以不朽，那些和他同行的水手火头，造船的工人，造罗盘器械的工人，供给他粮食衣服银钱的人，他所读的书的著作家，生他的父母，生他父母的父母祖宗，以及生育训练那些工人商人的父母祖宗，以及他以前和同时的社会……都永远不朽。社会是有机的组织，那英雄伟人可以不朽，那挑水的、烧饭的，甚至于浴堂里替你擦背的，甚至于每天替你家掏粪倒马桶的，也都永远不朽。至于那第二层缺点，也可免去。如今说立德不朽，行恶也不朽;立功不朽，犯罪也不朽;“流芳百世”不朽，“遗臭万年”也不朽。功德盖世固是不朽的，善因吐一口痰也有不朽的恶果。我的朋友李守常先生说得好:“稍一失脚，必致遗留层层罪恶种子于未来无量的人——即未来无量的我——永不能消除，永不能忏悔。”这就是消极的裁制了。

中国儒家的宗教提出一个父母的观念，和一个祖先的观念，来做人生一切行为的裁制力。所以说:“一出言而不敢忘父母，一举足而不敢忘父母。”父母死后，又用丧礼、祭礼等等见神见鬼的方法，时刻提醒这种人生行为的裁制力。所以又说:“斋明盛服，以承祭祀，洋洋乎如在其上，如在其左右。”又说:“斋三日，则见其所为斋者。祭之日，入室，僾然必有见乎其位。周还出户，肃然必有闻乎其容声。出户而听，忾然必有闻乎其叹息之声。”这都是“神道设教”，见神见鬼的手段。这种宗教的手段在今日是不中用了，还有那种“默示”的宗教，神权的宗教，崇拜偶像的宗教，在我们心里也不能发生效力，不能裁制我们一生的行为，以我个人看来，这种“社会的不朽”观念很可以做我的宗教了。我的宗教的教旨是：

我这个现在的“小我”，对于那永远不朽的“大我”的无穷过去，须负重大的责任，对于那永远不朽的“大我”的无穷未来，也须负重大的责任。我须要时时想着，我应该如何努力利用现在的“小我”，方才可以不辜负了那“大我”的无穷过去，方才可以不遗害那“大我”的无穷未来？

民国八年二月十九日稿

（附注）这一篇和本志四卷二号陈独秀先生的《人生真义》，陶孟和先生的《新青年之新道德》，四卷四号李守常先生的《今》大旨都相同。这四篇差不多可算是代表《新青年》的人生观的文字。读者可以参看。

（适）

补白

种种从前都成今我，
莫更思量更莫哀。
从今后，
要那么收果，先那么栽。

（二年前旧作）

（第六卷第二号，一九一九年二月十五日）

何为科学家?

任鸿隽

这篇文字,是我才由美国回来的时候,在上海环球学生会的演说。当时曾经上海各日报记载过,但是记得不完备,我久想把它另写出来。后来《新青年》记者来要文章,一时无以应命。因趁此机会,把这个题目写出来,同大家商量。

我同了几位朋友,从美国回到上海的第二天,就看见了几家报纸,在本埠新闻栏中,大书特书地道:"科学家回沪。"我看了这个题目,就非常的惶惑起来。你道为什么缘故呢?因为我离中国久了,不晓得我们国人的思想学问,到了什么程度。这"科学家"三个字,若是认真说起来,我是不敢当的;若是照傍(旁)的意思讲起来,我是不愿意承受的;所以我今大倒得同大家讲讲。

我所说的傍(旁)的意思,大约有三种:一种是说科学这东西,是一种玩把戏、变戏法,无中可以生有,不可能的变为可能。讲起来是五花八门,但是于我们生活上面,是没有关系的。有的说,你们天天讲空气是生活上一刻不可少的,为什么我没看见什么空气,也活了这么大年纪呢?有的说,用了机械,就会起机心;我们还是抱瓮灌园,何必去用桔槔呢?有的说,用化学精制过的盐和糖,倒没有那未经精制过的咸甜得有味。有的说,"不干不净,吃了不生毛病",何必讲求什么给水工程,考验水中的微生物呢?总而言之,这种见解,看得科学既是神秘莫测,又是了无实用;所以他们也就用了一个"敬鬼神而远之"的态度,拿来当把戏看还可以,要当一件正经事体去做,就怕有点不稳当。这种人心中的科学,既是如此,他们心中的科学家,也就和上海新世界的卓柏林,北京新世界的左天胜差不多。这种科学家,我们自然是没有本领,敢冒充的。

第二种是说科学这个东西,是一个文章上的特别题目,没有什么实际作用。这话说来也有来历。诸君年长一点的,大约还记得科举时代,我们全国的读书人,一天埋头用功的,就是那“代圣贤立言”的八股,那时候我们所用的书,自然是那《四书味根录》《五经备旨》等等了。过了几年,八股废了,改为考试策论、经义。于是我们所用的书,除了四书五经之外,再添上几部《通鉴辑览》《三通考辑要》和《西学大成》《时务通考》等。那能使用《西学大成》《时务通考》中间的事实或字句的,不是叫做讲实学,通时务吗?那《西学大成》《时务通考》里面,不是也讲得有重学、力学以及声、光、电、化种种学问吗?现在科学家所讲的,还是重学、力学以及声、光、电、化这等玩意,只少了四书五经,《通鉴》《三通》等书。所以他们想想,二五还是一十,你们讲科学的,就和从前讲实学的一样,不过做起文章来,拿那化学物理中的名词公式,去代那子曰、诗云、张良、韩信等字眼罢了。这种人的意思,是把科学家仍旧当成一种文章家。只会抄袭,就不会发明。只会拿笔,就不会拿试验管。这是他们由历史传下来的一种误会,我们自然也是不能承认的。

第三种是说科学这个东西,就是物质主义,就是功利主义。所以要讲究兴实业的,不可不讲求科学。你看现在的大实业,如轮船、铁路、电车、电灯、电报、电话、机械制造、化学工业,哪一样不靠科学呢?要讲究强兵的,也不可不讲求科学。你看军事上用的大炮、毒气、潜水艇、飞行机,哪一样不是科学发明的?但是这物质主义、功利主义太发达了,也有点不好。如像我们乘用的代步,到了摩托车,可比人力车快上十倍,好上十倍了。但是“这摩托车不过供给那些总长、督军们出来,在大街上耀武扬威,横冲直撞罢了。真正能够享受他们的好处的,有几个呢?所以这物质的进步,到了现在,简直要停止一停止才是”。再说“那科学的发达和那武器的完备,如现在的德国,可谓登峰造极了,但是终不免于一败。所以那功利主义,也不可过于发达。现在德国的失败,就是科学要倒霉的朕兆”。照这种人的意思,科学既是物质功利主义,那科学家也不过是一种贪财好利,争权徇名的人物。这种见解的错处,是由于但看见科学的末流,不曾看见科学的根源,但看见科学的应用,不曾看见科学的本体。他们看见的科学既错了,自然他们意想的科学家,也是没有不错的。

现在我们要晓得科学家是个什么人物,须先晓得科学是个什么东西。

第一,我们要晓得科学是学问,不是一种艺术。这学术两个字,今人拿来混用,其实是有分别的。古人云,“不学无术”,可见学是根本,术是学的应用。我们中国人,听惯了那“形而上”“形而下”的话头,只说外国人晓得的,都是一点艺术。我们虽然形而下的艺术赶不上他们,这形而上的学问,是我们独有的,未尝不可抗衡西方,毫无愧色。我现在要大家看清楚的,就是我们所谓形下的艺术都是科学的应用,并非科学的本体。科学的本体,还是和那形上的学,同出一源的。这个话我不详细解释解释,诸君大约还有一点不大明白。诸君晓得哲学上有个大问题,就是我们人类的知识,是从什么地方得来的。对于这个问题,各哲学家的见解不同,所以他们的学派,就指不胜屈了。其中有两派绝对不相容的。一个是理性派,这派人说,我们的知识,全是由心中的推理力得来的,譬如那算术和几何,都是由心里生出来的条理,但是他们的公理定例,皆是真确切实,可以说是亘古不变的。至于靠耳目五官来求知识,那就有些靠不住了。例如我们看见的电影,居然是人物风景,活动如生,其实还是一张一张的像片在那里递换。又如在山前放一个炮仗,我们就听得一阵雷声,其实还是那个炮仗的回响。所以要靠耳目五官去求真知识,就每每被他们骗了。还有一个是实验派。这派人的主张说天地间有两种学问:一种是推理得出的,一种是推理不出的。譬如上面所说算术和几何,是推理得出的。假如我们要晓得水热到了一百度,是个什么情形;冷到了零度,又是个什么情形;那就凭你什么天纵之圣,也推理不出来了。要得这种知识,只有一个法子:就是把水拿来实实在在地热到一百度,或冷到零度,举眼一看,就立见分晓。所以这实验派的人的主张,要讲求自然界的道理,非从实验入手不行。这种从实验入手的办法,就是科学起点。(算术几何也是科学的一部分,但是若无实验学派,断无现今的科学。)我现在讲的是科学,却把哲学的派别叙了一大篇。意思是要大家晓得这理性派的主张,就成了现今的玄学,或形上学(玄学也是哲学的一部分);实验派的主张,就成了现今的科学。他们两个正如两兄弟,虽然形象不同,却是同出一父。现在硬要把大哥叫做“形而上的”,把小弟叫做“形而下的”,意存轻重,显生分别;在一家里,就要起阋墙之争,在学术上,就不免偏枯之虑。所以我要大家注意这一点,不要把科学看得太轻太易了。

第二,我们要晓得科学的本质,是事实不是文字。这个话看似平常,实在非常重要。有人说,近世文明的特点就是这事实之学,战胜文字之学。据我看来,我们东方的文化,所以不及西方的所在,也是因为一个在文字上做工夫,一个在事实上做工夫的缘故。诸君想想,我们旧时的学者,从少至老,哪一天不是在故纸堆中讨生活呢?小的时候读那四书、五经、子史、古文等书,不消说了。就是到了那学有心得,闭户著书的时候,也不过把古人的书来重新解释一遍,或把古人的解释来重新解释一遍;倒过去一桶水倒过来一桶水,倒过去倒过来,终是那一桶水,何尝有一点新物质加进去呢?既没有新物质加进去,请问这学术的进步从何处得来?这科学所研究的,既是自然界的现象,它们就有两个大前提:第一,它们以为自然界的现象,是无穷的;天地间的真理,也是无穷的;所以只管拼命地向前去钻研,发明那未发明的事实与秘藏。第二,它们所注意的是未发明的事实,自然不仅仅读古人书,知道古人的发明,便以为满足。所以它们的工夫,都由研究文字,移到研究事实上去了。唯其要研究事实,所以科学家要讲究观察和实验。要成年累月的,在那天文台上,农田里边,轰声震耳的机械工场和那奇臭扑鼻的化学试验室里面做工夫。那惊天动地,使现今的世界非复三百年前的世界的各样大发明,也是由研究事实这几个字生出来的。就是我们现在办学校的,也得设几个试验室,买点物理化学的仪器,才算得一个近世的学校。要是专靠文字,就可以算科学,我们只要买几本书就够了,又何必费许多事呢?

讲了这两层,我们可以晓得科学大概是个什么东西了。晓得科学是个什么东西,我们可以晓得科学家是个什么人物。照上面的话讲起来,我们可以说,科学家是个讲事实学问,以发明未知之理为目的的人。有了这个定义,那前面所说的三种误会,可以不烦言而解了。但是对于第三种说科学就是实业的,我还有几句话说。科学与实业,虽然不是一物,却实在有相倚的关系。如像法勒第发明电磁关系的道理,爱迭生就用电来点灯。瓦特完成蒸汽机关,史荻芬生就用来作火车头。我们现在承认法勒第、瓦特是科学家,也一样承认爱迭生、史荻芬生是科学家。但是没有法勒第、瓦特两个科学家,能有爱迭生、史荻芬生这两个科学家与否,还是一个问题。而且要是人人都从应用上去着想,科学就不会有发达的希望。所以我们不要买椟还珠,因为崇拜实业,就把科学搁在脑后了。

现在大家可以明白科学家是个什么样的人物了,但是这科学家如何养成的?这个问题也很重要,不可不向大家说说。我们晓得学文学的,未做文章以前,须要先学文字和文法。因为文字和文法,是表示思想的一种器具。学科学的亦何莫不然。他们还未研究科学以前,就要先学观察、试验和那记录、计算、判论的种种方法。因为这几种方法,也是研究科学的器具。又因现今各科科学,造诣愈加高深,分科愈加细密,一个初入门的学生,要走到那登峰造极的地方,却已不大容易,除非有特别教授。照美国大学的办法,要造成一个科学家,至少也得十来年。等我把这十年分配的大概说来大家听听。才进大学的两三年,所学者无非是刚才所说的研究科学的器具和关于某科的普通学理。至第四年、第五年,可以择定一科,专门研究,尽到前人所已到的境界,并当尽阅他人关于某科已发表的著作(大概在杂志里面)。如由研究的结果知道某科中间尚有未解决的问题,或未尽发的底蕴,就可以同自己的先生商量,用第六、第七两年,想一个解决的方法来研究它。如其这层工夫成了功,在美国大学,就可以得博士学位了。但是得了博士的,未必就是科学家。如其人立意做一个学者,他大约仍旧在大学里做一个助学,一面仍然研究他的学问。等他随后的结果,果然是发前人所未发,于世界人类的知识上有了的确的贡献,我们方可把这科学家的徽号奉送与他。这最后一层,因为是独立研究,很难定其所须的日月,我们暂且说一个三年、五年,也不过举其最短限罢了。这样的科学家,虽然不就是牛顿、法勒第、兑维阜娄、达尔文、沃力斯,也有做牛顿、法勒第、兑维阜娄、达尔文、沃力斯的。这样的科学家,我们虽然不敢当,却是不敢不勉的。

(第六卷第三号,一九一九年三月十五日)

日本的新村

周作人

近年日本的新村运动,是世界上一件很可注意的事。从来梦想 Utopia 的人,虽然不少,但未尝着手实行。英国诗人 Coleridge 等所发起的"大同社会"(Pantisocracy)也因为没有资本,无形中消灭了。俄国 Tolstoy 的躬耕,是实行汎劳动主义了;但他专重"手的工作"排斥"脑的工作";又提倡极端的利他,抹杀了对于自己的责任,所以不能说是十分圆满。新村运动,却更进一步,主张汎劳动提倡协力的共同生活,一方面尽了对于人类的义务,一方面也尽各人对于个人自己的义务;赞美协力,又赞美个性;发展共同的精神,又发展自由的精神。实在是一种切实可行的理想、中正、普遍的人生的福音。

一九一〇年,武者小路实笃(一八八五年生)纠合了一班同志,在东京发刊《白桦》杂志。那时文学上自然主义盛行,他们的理想主义的思想,一时无人理会。到了近三四年,影响渐渐盛大,造成一种新思潮。新村的计划,便是这理想的一种实现。去年冬初,先发队十几个人,已在日向选定地方,立起新村(Atarashıkı Mura),实行"人的生活"。关于这运动的意义与事实,我极愿略为介绍,但恐自己的批判力不足,容易发生误会,所以勉力多引原文,可以比较的更易看出真相。

新村的运动,虽然由武者小路氏发起,但如他所说,却实是人类共同的意志,不过由他说出罢了。

"我的无学,或要招识者嘲笑;但我的精神,可是并无错误。我的精神,不是我一人的精神;与万人的精神有共通的地方。我所望的事,也正是万人所望的事。……我决不希望什么新奇的事,不过是已经有多人希望过了的,又有多人正希望着的事罢了。"(武者小路实笃著《新村的生活》序)

“我极相信人类,又觉得现在制度存立的根基,非常的浅。只要大家都真望着这样社会出现,人类的运命便自然转变。”(《新村的生活》第三三页)

“只要万人真希真望这样的世界,这世界便能实现。”(第二一页)

因为人类的运命,能够因万人的希望而转变。现在万人的希望,又正是人类的最正当、最自然的意志;所以这样的社会,将来必能实现,必要实现。

“我所说的事,即使现在不能实现,不久总要实现的;这是我的信仰。但这样社会的造成,是将用暴力得来呢?还不用暴力呢?那须看那时个人进步的程度如何了。现在的人还有许多恶德,与这样的社会不相适合。但与其说恶,或不如说‘不明’更为切当。他们怕这样的社会,仿佛土拨鼠怕见日光。他们不知道这样的社会来了,人类才能得到幸福。”(第一八页)

“新时代应该来了,无论迟早,世界的革命总要发生。这便因为要使世间更为合理的缘故,使世间更为自由,更为‘个人的’,又更为‘人类的’的缘故。”(第二五二页)

“对于这将来的时代,不先预备,必然要起革命。怕惧革命的人,除了努力使人渐渐实行人的生活以外,别无方法。”(第一四页)

新村的运动,便在提倡实行这人的生活,顺了必然的潮流,建立新社会的基础,以免将来的革命,省去一回无用的破坏损失。

“人的生活是怎样呢?是说各人先尽了人生必要的劳动的义务,再将其余的时间,做个人自己的事。”(第一百二页)

“我们生在现世,总感着不安,觉得照现在情形不会长久支持下去。现在世间不公平不合理的事真多:因此不能实行人的生活的人,也便极多。”(《新村的说明》第一页)

“非人的生活,便是说不能顾得健康、自由、寿命的生活。因为想得衣、食、住,苦了一生的生活。明知要成肺病,为求食计,不能不劳动;已经成了肺病,为求食计,还不能不劳动;听人家的指挥,从早晨直做得晚,没有自己的余暇;……这等人,我们不能说他们所过的是人的生活。”(第二页)

“我想人类不能享人的生活,是大错的。这错误从何而生,大约有种种缘由。简单说,便是因为他们不明白人类应该互助生活;反迷信自己不取得便宜,即要受损失的缘故。所以心想别人的不幸应该永远忍受,只要自己幸福便好。”(第二页)

“我们想改正别人不正不合理的生活,使大家都能幸福地过人的生活。但第一须先使自己能实行这种生活,使人晓得虽在现今世间,也有这样幸福的生活可以随意加入。”(第四页)

“这便只是互助的生活。不使别人不幸,自己也可以幸福。不但如此,别人如不幸,自己也不能幸福。别人如损失了,自己也不能利益地生活。”(第五页)

“我们想造一个社会,在这中间,同伴的益便是我的益;同伴的损,便是我的损;同伴的喜,便是我的喜;同伴的悲,也便是我的悲。现今世上,都以为别人的损失,便是自己的利益;外国的损失,便是本国的利益。我们对于这宗思想的错误,想将我们的实生活,来证明它。……世上以为若非富归少数者所有,其余都是贫民,社会便不能保存。对于这宗思想的错误,我们也想就用事实来推翻它。”(《新村的生活》第一百四页)

“各人应该互相帮助,实行人的生活。现在文明进步,可以做到使一切的人都不必有衣、食、住的忧虑。但实际上,现在为了衣、食、住在那里辛苦的人,还那么多,很是不好的事情。病人也不可不休息。应该利用以人类智力得来的方法,使他们早得恢复健康。但在现在不能如此,世上因为没有钱,不能保全天命的人,不知可有多少。这都是普通的事实。但这事实却可以用人力消灭的,所以我们应该设法消灭它。据我想这最好的方法,只有各人各尽了劳动的义务,无代价地能得健康生活上必要的衣、食、住这一法。……这样我们才能享幸福的人的生活。”(第二二至二三页)

“凡是人类,因使别人过人的生活,自己才能实行人的生活。又因自己实行人的生活,才能使别人过人的生活。这个确信,因了这回的战争,愈加明显了。……人在错误的路上走,不能得到平和。在归到正路以前,血腥的事件总将接连而起。世人不能像以前地享受平和了,这正像将一个球从坡上滚下,却等候它中途止住一样。少数的人,在多数人的不幸上,筑起自己的幸福,想享太平的福,也不可能了。一切都非用人力变成平等不可。这并不是说,叫一切的人都变成现今的劳动者,也不是都变成现今的绅士。只说一切的人都是一样的人,是健全独立的,尽了对于人类的义务,却又完全发展自己个性的人。……一切的人只覆尽了一定的劳动义务,便不要忧虑衣、食、住。凡是不能将健全的生活所必需的衣、食、住给予人民的国,不能乐享太平。”(第一六至一七页)

这新社会中第一重要的人生的义务,便是劳动。但与现在劳动者所做的事,内容与意义上又颇有不同。因为这劳动并非只是兑换口粮的工作;一方面是对于人类应尽的义务,一方面是在自己发展上必要的手段。

"我想世上如还有一个为食而劳动的人存在,那便是世界还未完全的证据。'额上滴了汗,去得你的口粮'的时代,此刻已应该过去了。……若在现代,不但如此,简直可说,为了你的口粮,卖去你的一生!这样境遇的人,不知有多少。但这正因社会制度还未长成完全的缘故。我并不诅咒劳动,但为了口粮,不得不勉强去做的劳动,应得诅咒。在人类成长上必要的劳动,应得赞美!"(第五至六页)

"我尊敬现在的劳动者。看他们虽然过度的劳动,却仍然颇高兴地度日。但我不能说,现在他们的劳动是正当,是健全。"(第十页)

"劳动也有几种:有我们生存上必不可缺的劳动,与不必要的劳动。现在将这必不可缺的劳动,专叫一部分的人负担,其余的人都悠游度日,虽说在现今是不得已的事情,决不是正当的事。"(第十一页)

"食是各人共通的事。所以如为食而劳动,各人应该共同出力,才是正当,才是合宜。各人协力工作,使得负担减少结果增多,心力体力资本都是必要。"(第八页)

"人类为求生存,必要一定的食物。譬如人类常食,一定要多少五谷;这若干分量的五谷,应该有人种作。但现在世上,已没有奴隶存在的理由。所以我们都有种作这食物的义务。……其他关于矿业、渔业等等,我们也一样应该分担工作。这是人类为了人类的要求而劳动,极是正当的事。"(第二五二页)

"工场是共有的东西。各人不要愁他的衣食,可以安心劳动。男人做男的事,女人做女的事。"(第十二页)

"体弱的人如任什么工都不能做,便不劳动也可以的。……对于病人,医生与药物都无代价。凡有在健全的人的生活上必要的东西,都无代价可以取得。各人有这样权利,便只因各人在劳动上,已经尽了义务。而各人又都替不幸的邻人,代为劳动了。所以无代价地给与,毫不奇怪。"(第十三页)

"一切的人都是平等。没有特别才能的人,在一定期间,都要劳动。这是为自己,也兼为不幸的邻人而劳动。因了劳动的难易,又有区别。工作愈难,义务年限愈短。劳动的分配,由第一流的政治家、经济家公平办理。个人的意志,仍然十分尊重。"(第

二三页）

“在合理的社会里，雇用使女和工人的事，不能行了。各人都是仆役，又都是主人。劳动者这一个特别阶级，也没有了。无论什么人，都非劳动不可。只是有特别才能的人，或衰弱的人，可以免去，但这只是一种例外。”（第二五七页）

“那时候奴仆使女这类人，已没有了。但同胞的人类互相帮助，也可以简易地得到衣、食、住。不必各自煮饭，那是不经济的事。只有一处煮了饭，用自动车分到各处。屋里的扫除等，也可用机械来做，可以简单了事。随后各人利用闲暇的工夫，可以随意再加整理。”（第一九页）

“劳动者便是绅士，绅士也即是劳动者。平民便是贵族，贵族也即是平民。各人虽不能任意动作，却可以没有衣、食、住的忧虑。大家各自独立，却有同一的精神贯通其间。协力的喜悦与独立的喜悦，同时并尝。劳动与健康，互相调和。机械供人使用，不使人被机械使用。不必要的劳动，竭力省节，留出工夫，使各人可以做自己的事。”（第四六页）

“贫富平等，并非使富人变成穷人。不过富人穷人同是一样的‘人’，便同是一样的过人的生活罢了。现在的富人，不能算得在那里过人的生活。略略明白的富人，见这理想的时代到来，怕还要喜欢不迭。”（第二十页）

这新社会原是人类本位的组织，但在现今社会中，不能不暂受一点拘束。所以对于国家的关系，只能如此。

“古人说：‘该撒（按罗马皇帝的称号）的东西，还了该撒。’我们也便将国家的东西，还了国家。在国家一面，可以相信这新社会的设立，于他并无损害。税也拿出，征兵也不敢抗拒。要说的话尽说，意见也尽发表，可以非难的事，也要非难。但我们不想用暴力来抵抗暴力。”（第四一页）

这解决暴力问题，实在可是难说。但他们因为“相信人类”。又如《一个青年的梦》序中所说：“我望平和地合理地又自然地生出这新秩序。血腥的事，能避去时，最好是避去。这并不尽因我胆小的缘故，实因我愿做平和的人民。”（见本志四卷五号介绍）所以新村的运动，是重在建设模范的人的生活，信托人间的理性，等他觉醒，回到合理的自然的路上来。

“我是建设者，是新的萌芽。我们建造新的房屋。能够多造，便想在各处尽量建造。有人愿意进去住的,十分欢迎。我们的工作,是在建造比旧的还要适于人的生活的新屋。但一半也因我们自己想在这屋里生活的缘故。"(第一百六页)

"这样的时代来了,人生问题未必便能解决,但这时代未来以前,人间总不能的不被良心责难的生活。"(第十五页)

关于男女道德问题,一时未能定出规约,大约是这样:

"新社会的里面,当然没有妓女。实行一夫一妇制度,也绝没有横暴的事。其间的制裁法,让大家自己去想就好了。知耻的人比不知耻的,自然更可尊敬。……这宗问题,非实际遇见,不能预先解决。但总之金钱的力,在这些事上,决不能再作威福,这是确实的了。"(第五六页)

新社会中虽不戒杀生,但纯为口腹的残害也所不取。

"肉食在所不禁,但菜食的人,将来总逐渐增多。也想养猪养鸡,倘大家说不必杀了来吃,不杀也好。如有人要杀,也不必严禁。可是残酷的杀法,也不应该。……关于这宗问题,我还没有十分仔细想过;但人如有了爱,那便是猪,或鸡,可也杀不下手罢。暂时或向别村买来也好,但也不能说是好事,这总凭大家的意见。我还没有感到这样深广的爱,竭力地来反对肉食。"(第五七至五八页)

新村的计划,现在虽只限于一地,又只有第一个村,但精神上原含有人类的意义;所以希望很远,将来逐渐推广,造成大同社会。那时候,新村的计划,才算完成。

"这样的制度,先是分国的行了,我还梦想将来有全人类实行的一日。一切的人在自己国语之外,都能说世界语。无论到了何处,只要劳动,或是执有劳动义务期满的证据,便不要金钱,可以生活;可以随意旅行,随意游览,随意学习。这样世界,只要人类再进一步,没有不能办到的事。一个人到了无论哪里,都有同一的义务,同一的权利。先是以人类的资格而生活,更以个人的资格而生活;先在世上为了生存而劳动,更为发展自己天赋的才能而生存。……我望将来有这一个时代,各人须尽对于人类的义务,又能享个人的自由。"(第二四页)

以上是新村的理想,以协力与自由、互助与独立为生活的根本。在生物现象上虽然承认生存竞争的事实,但在人类的生活上却不必要。

"甲:这样说,是人类应该协力的生活;又是这样才能安心喜悦幸福地过日子。你们根据了这信仰,所以立起新村来的?

乙:是的。

甲:这样,生存竞争岂不可以没有了么?

乙:在我们同伴中间,当然可以没有。

甲:照你们的主义上说来,生存竞争是错的了?

乙:我想在人间同类中,总是不应有的。"(《新村的说明》第八页)

至于实行上,现在正是发端,去年十一月才在日向的儿汤郡石河内买了一块地,建立第一新村,着手耕种。又在东京发行一种月刊《新村》发表意见,记载情形。下面这几节,便从这月刊中抄出,可以晓得大概。

"看大家在那里劳动,真是快事。从山冈上叫他们时,大家一齐答应。最有腕力的横井立刻撑小船来迎,渡过河到了大家劳动的地方。前回下种的芜菁和瓢儿菜,都已长出可爱的芽。二亩的荒地现在已很整齐的耕好,都播了种子。我到明日也可拿着锄头,同众人一起劳动,想起来很是愉快。

大家停了工作,在河中洗净了锄镰等农具,乘船回来。吃麦四米六的饭,很觉甘美。地炉中生了火,同大家闲谈,随后到楼上,拟定先发队的规则,今年年内便照着做事。每日值饭的人五时先起,其余的六时起来;吃过饭,七时到田里去,至五时止。十一时是午饭,下午二时半吃点心,都是值饭的人送去。劳动倦了的时候,可做轻便的工作。到五时,洗了农具归家。晚上可以自由,只要不妨碍别人的读书;十时以后息灯,这是日常的生活。雨天,上午十一时以前,各人自由,以后搓绳或编草鞋,及此外屋内可做的工作。每月五日作为休息日,各人自由。又有村里的祭日,是释迦、耶稣的生日。一月一日,新村土地决定的那一天 August Rodin 的生日。又因为这样是四月直跳到十一月,所以 Toltoy 的生日也加进去,定为祭日。就是一月一日、四月八日、八月二十八日、十一月十四日、十二月二十五日这五天,定为新村的祭日。到那时节,当想方法举行游戏。"(《十一月七日武者小路实笃通信》,见《新村》第二卷一号)

"早上七时大家拿了锄或斧,穿上工作的衣服,乘船出去。从清早起,只穿一件小衫劳动,毫不寒冷。横井等有时赤了膊,元气旺盛地做事。今日麦已播种了。近处的农夫同来参观的人见了我们的工作,都很惊服。午后四时起,我们动手砍丛莽,烧草原,直到太阳下山才回去。昨日照了六张照相,……其中一张,在河中大岩石上,大家都坐着;这真是美丽的地方。这大岩石,现在已由新村的人,替它定了名字,叫做 Rodin 岩(Rodin-iwa)。因为土地决定的日子,正在 Rodin 生日十一月十四日,所以作为纪念。这是一个形状很奇妙,看了很愉快的岩石。倘来参观新村我愿意引导。”(同日今田谨吾通信)

对于这平和的运动,可是也有加害中伤的人,武者小路氏通信中又说:

“据从高锅来的人说,今日《日洲新闻》上对于新村的生活,颇有微词;说很为石河内的村人所嫌恶。又有东京的匿名信,寄与高锅近处的村长,教他不许卖土地给新村的人。我想稍过几时,他们就会明白了。世间无论怎样地讲坏话,可请不必忧虑。我们不久必将渐为村人所爱,村人看见我们到了许多人,难免觉得奇怪。听说还疑心我们到这里来养狸子,将皮去卖钱呢。”(《新村》第二卷一号)

原来人生的福音,虽然为万人幸福设法,但因为他们不明白,所以免不了有许多谬见。那些村人的误会,只要晓得了真相,自然可以消除。只有执着谬误思想的政治家、道德家、文人、主笔一流人物,难得有觉悟的时候。武者小路氏说:“太阳虽然一样的照临,但众人未必能够一样地容受它的恩惠。”又说:“土拨鼠不能爱日光。这在土拨鼠是不幸,但在太阳不是不名誉。”这正是极确的话。

(第六卷第三号,一九一九年三月十五日)

工作与人生

王光祈

自从俄国的布尔扎维克(Bolsheviki)直接行动(Direct Action)以来,这布尔扎维克主义(Bolshevism)也就成了中国新闻记者、政治家、教育家所注意的一个问题。不爱读书如我这样的人,也觉得都市中、乡村里,所见所闻的,都含有许多危机,仿佛有布尔扎维克紧跟着似的。我常常自己问我自己道:你莫非中了魔术么?为什么对于世界、国家、社会、家庭,都仿佛有一种不满意的样子!又像立刻就有大祸临头的恐惧!

列位须知这布尔扎维克虽是一个极新鲜的东西,却喜欢光顾这最腐败的地方,我们中国自然是布尔扎维克必游之地。不过是它光临的时候,一定要带许多恐怖的礼物;我们欲减少这种恐怖的程度,只有一个方法,就是不要把自己看作劳动界以外的一个人。换一句话说,就是大家工作起来。

于是有两个问题,随之而起:

(一)什么是工作?

(二)为什么要工作?

工作的定义就是:

以自己的劳力作成有益于人的事业。

劳力二字,是包含用体力的,或是用脑力的;用体力的,如像农夫木匠等等,用脑力的如像教育家著作家,等等。

要用自己的劳力,如利用他人的劳力,那不算工作,如资本家是。

有益的事业,包含必需、普遍诸意义,凡可以使人类物质上、精神上,得满足的快慰者,都叫做有益的事业;如农夫劳动结果所得的米面,著作家劳动结果所得的出版物是。其余非人类必需的,或是不能普遍的,便不得叫做“有益”。

有益于人的“人”字，含包他人及自己。自己为人群里头一份子，人群既得了利益，自己也包含在内。不过是现在的劳动家，大半不是为自己而劳动，因为他们劳动的结果，尽被资本家掳夺去了。

关于工作的意义，有两句极不合理的解释：“劳心者治人，劳力者治于人。”

我们不管他的工作，是劳心或是劳力，只先问他这种工作，对于人有无利益。

“治人”二字是本于权力思想，“治于人”三字是本于奴隶性根。

“治人”是承认“人”以上，还有一种较高的权力，来管辖人类。从前叫做神 God，后来变成皇帝，现代又变成大总统，都是“人”以上的一种东西。什么《圣经》，Bible，纲常，法律，都是他们使用权力的护符，所以世界上就有了“强权”这个名词了！

“治于人”是承认有一部分人类，是“人”以下的一种动物，生杀予夺之权，都在他人手中，所以世界上就有“服从”这个名词了！

最新学说是，承认世界所有人类都在一水平线上，谁也管不了谁；所以有“自治”“平等”“自由”诸名词。此后的人类，不应在“人治人”上用功夫，是应该共同努力，向自然界中，开辟一新世界。换一句话说，就是这个“治”字，只应放在“事物”上，不应放在“人”字上；我们努力向自然界，增加人类的幸福，减少人类的苦恼。人与人不是对抗的，是共向一个方向前进的，所以有“互助”“进化”“礼圣劳动”诸名词。

照这样看来，“劳心者治人”这句话，简直不能成立。换一句话说，就是因治人而劳心的，都不叫做工作；所以官吏军警，都是一种分利而不生利的废物。

大家既知道，什么是工作，什么不是工作，我们就可以讨论第二个问题“为什么要工作”了。

这个问题，据我所知道的有三种学说：

（一）报恩主义，我们人类所以必要工作的缘故，就是因为我们所消费的，都是别人所给与的；既是别人有恩于我，我们自然是应该报答。从前奴隶对于主人，与现在无识的劳动者对于资本家皆是此种感想。

（二）偿债主义，我们所以必要从事工作的缘故，因为我们所消费的，都是与别人交易得来的；非如报恩主义，专凭良心上道义上，应该报答的问题；乃是实际上有相通，公平交易的问题。安那其主义 Anarchism 的集产派，Collectivism 主张各得其所值，即本于此种观念。“集产派主张生产机关（如土地机械等物）归公有，需要（如衣食房屋等)归私有;各人所得之报酬,当视其工作之多寡。以为比例,此派说,谬误甚多,为共产派 Communism 所攻击。"

以上两种主义,其立论根据,虽然不同,而根本上的错误,则是一样。因为他都承认世界上有"施恩者""债权者"之存在,所以才生出这"报""偿"的关系。这种"施恩者""债权者"观念发生的原因,是错把一种"该做或不该做的"事情,当做"可以做可以不做的"事情。譬如父母对于儿女是应该扶养教育的,在报恩主义则以为这种扶养教育的行为,是"可以做可以不做的";如父母尽了他的分内该做的责任,便视为一种大恩,如父母不尽他的分内该做的责任,亦觉得无大过错。又如生产机关、生产物本应属之公有,而不应随意独占,在偿债主义则以所有权为前提而谓借贷关系,是一种任意行为,"可以贷可以不贷的"。总之以上两个主义都错把别人分内应该做的事情,视为恩,视为债。我以为父子之间各做所当做,爱其所爱,无所谓报恩。社会之中,各尽所能,各取所需,无所谓偿债。将来大同世界,老病残废,皆由社会扶养;若责以报恩偿债,我恐怕这些人永无"报""偿"的日子了!

以上两个主义,既不能解决"为什么要工作"这个问题,遂产生第三个主义。

(三)共同生活主义,吾人不能脱离社会而生存,一衣一食,一坐一卧,所有一生的需要,皆取自社会;社会之所以能存在,能进步,又全赖人类继续不断的劳动。古语说的"一夫不耕,或受之饥;一女不织,或受之寒",故吾人最大之职分即是:

为共同生活而工作以创造未来之世界!

(第六卷第四号,一九一九年四月|五日)

我对于丧礼的改革

胡　适

去年北京通俗讲演所请我讲演“丧礼改良”，讲演日期定在十一月二十七日。不料到了十一月二十四日，我接到家里的电报，说我的母亲死了。我的讲演还没有开讲，就轮着我自己实行“丧礼改良”了！我们于二十五日赶回南。将动身的时候，有两个学生来见我，他们说：“我们今天过来，一则是送先生起身；二则呢，适之先生向来提倡改良礼俗，现在不幸遭大丧，我们很盼望先生能把旧礼大大的改革一番。”我谢了他们的好意，就上车走了。

我出京之先，想到家乡印刷不便，故先把讣帖付印。讣帖如下式：

> 先母冯太夫人于中华民国七年十一月
> 二十三日病疫于安徽绩溪上川本宅。
> 敬此讣闻。
>
> 胡适觉谨告。

这个讣帖革除了三种陋俗：一是“不孝□□等罪孽深重，不自殒灭，祸延显妣”，一派的鬼话。这种鬼话含有儿子有罪连带父母的报应观念，在今日已不能成立；况且现在的人心里本不信这种野蛮的功罪见解，不过因为习惯如此，不能不用，那就是无意识的行为。二是“孤哀子□□等泣血稽颡”的套语。我们在民国礼制之下，已不“稽颡”更不“泣血”，又何必自欺欺人呢？三是“孤哀子”后面排着那一大群的“降服子”“齐衰期服孙”“期”“大功”“小功”等等亲族，和“拉泪稽首”“拭泪顿首”等等有“谱”的虚文。这一大群人为什么要在讣闻上占一个位置呢？因为这是古代宗法社会遗传下来的风俗如此。现在我们既然不承认大家族的恶风俗，自然用不着列入这许多名字了。还有那从“泣血稽颡”到“拭泪顿首”一大串的阶级,又是因为什么呢?这是儒家“亲亲之杀”的流毒。因为亲疏有等级,故在纸上写一个“哭”字也要依着分等级的“谱”。我们绝对不承认哭丧是有“谱”的,故把这些有谱的虚文一概删去了。

我在京时,家里电报问“应否先殓”,我覆电说“先殓”。

我们到家时,已殓了七日了,衣衾棺材都已办好,不能有什么更动。我们徽州的风俗,人家有丧事,家族亲眷都要送锡箔、白纸、香烛,讲究的人家还要送“盘缎”、纸衣帽、纸箱担等件。锡箔和白纸是家家送的,太多了,烧也烧不完;往往等丧事完了,由丧家打折扣卖给店家。这种糜费,真是无道理。我到家之后,先发一个通告给各处有往来交谊的人家。通告上说:

> 本宅丧事,拟于旧日陋俗略有所改良。倘蒙赐吊,只领香一炷或挽联之类。此外如锡箔,素纸,冥器,盘缎等物,概不敢领,请勿见赐。伏乞鉴原。

这个通告随着讣帖送去,果然发生效力,竟没有一家送那些东西来的。

和尚,道士,自然是不用的了。他们怨我,自不必说。还有几个投机的人,预算我家亲眷很多,定做冥器、盘缎的一定不少,故他们在我们村上新开一个纸扎铺,专做我家的生意。不料我把这东西都废除了,这个新纸扎铺只好关门。

我到家之后,从各位长辈亲戚处访问事实,——因为我去国日久,事实很模糊了,——作了一篇《先母行述》。我们既不“寝苫”又不“枕块”,自然不用“苫块昏迷,语无伦次”等等诳语了。“棘人”两字,本来不通,(《诗·桧风·素冠》一篇本不是指三年之丧的,乃是怀人的诗,故有“聊与子同归”,“聊与子如一”的话;素冠素衣也不过是与《曹风》“麻衣如雪”同类的话,未必专指丧服;“棘人”两字,棘训急,训瘠,也不过是“劳人”的意思。这一首很好的相思诗,被几个腐儒解作一篇丧礼论,真是可恨!)故也不用了。我作这篇《行述》,抱定一个说老实话的宗旨,故不免得罪了许多人。但是得罪了许多人,便是我说老实话的证据。文人作死人的传记,既怕得罪死人,又怕得罪活人,故不能不说谎,说谎便是大不敬。

讣闻出去之后,便是受吊。吊时平常的规矩是:外面击鼓,里面启灵帏,主人男妇举哀,吊客去了,哀便止了。这是作伪的丑态。古人“哀至则哭”,哭岂是为吊客哭的吗？因为人家要用哭来假装“孝”，故有大户人家吊客多了，不能不出钱雇人来代哭，我是一个穷书生，哪有钱来雇人代我们哭？所以我受吊的时候，灵帏是开着的，主人在帏里答谢吊客，外面有子侄辈招待客人；哀至即哭，哭不必做出种种假声音，不能哭时，便不哭了，决不为吊客做出举哀的假样子。

再说祭礼。我们徽州是朱子、江慎修、戴东原、胡培翚的故乡，代代有礼学专家，故祭礼最讲究。我做小孩的时候，也不知看了多少次的大祭小祭。祭礼很繁，每一个祭，总得要两三个钟头；祠堂里春分、冬至的大祭，要四五点钟。我少时听见秀才先生们说，他们半夜祭春分、冬至，跪着读祖宗谱，一个人一本，读“某某府君，某某孺人”，烛光又不明，天气又冷，石板的地又冰又硬，足足要跪两点钟！他们为了祭包和胙肉，不能不来鬼混念一遍。这还算是宗法社会上一种很有意味的仪节。最怪的是人家死了人，一定要请一班秀才先生来做“礼生”，代主人做祭。祭完了，每个礼生可得几尺白布，一条白腰带，还可吃一桌“九碗”或“八大八小”。大户人家，停灵日子长，天天总要热闹，故天天须有一个祭；或是自己家祭，或是亲戚家“送祭”。家祭是今天长子祭，明天少子祭，后大长孙祭……送祭是那些有钱的亲眷，远道不能来，故送钱来托主人代办祭菜，代请礼生。总而言之，哪里是祭？不过是做热闹，装面子，摆架子！——哪里是祭！

我起初想把祭礼一概废了，全改为“奠”。我的外婆七十多岁了，她眼见一个儿子两个女儿死在她生前，心里实在悲恸，所以她听见我要把祭全废了，便叫人来说，“什么事都可依你，两三个祭是不可少的。”我仔细一想，只好依她，但是祭礼是不能不改的。我改的祭礼有两种：

(1)本族公祭仪节：(族人亲自做礼生)序立。就位。参灵，三鞠躬。三献。读祭文。(祭文中列来祭的人名，故不可少。)辞灵。礼成。

(2)亲戚公祭。我不要亲戚“送祭”。我把要来祭的亲戚邀在一块，公推主祭者一人，赞礼二人，余人陪祭；一概不请外人作礼生。同时一奠、不用“三献礼”。向来可分七八天的祭，改了新礼，十五分钟就完了。仪节如下：序立。主祭者就位。陪祭者分列就位。参灵，三鞠躬。读祭文。辞灵。礼成。谢奠。

我以为我这第二种祭礼，很可以供一般人的采用。祭礼的根据在于深信死人的“灵”还能受享。我们既不信死者能受享，便应该把古代供献死者饮食的祭礼，改为生人对死者表示敬意的祭礼。死者有知无知，另是一个问题。但生人对死者表示敬意，是在情理之中的行为，正不必问死者能不能领会我们的敬意。有人说，"古礼供献酒食，也是表示敬意，也不必问死者能不能饮食。"这却有个区别。古人深信死者之灵真能享用饮食，故先有"降神"，后有"三献"，后有"侑食"，还有"望燎"，还有"举哀"，都是见神见鬼的做作，便带着古宗教的迷信，不单是表示生人的敬意了。

再论出殡。出殡的时候，"铭旌"先行，表示谁家的丧事；次是灵柩，次是主人随柩行，次是送殡者。送殡者之外，没有别样排场执事。主人不必举哀，哀至则哭，哭不必出声。主人穿麻衣，不戴帽，不执哭丧杖，不用草索束腰，但用白布腰带。为什么要穿麻衣呢？我本来想用民国服制，用乙种礼服，袖上蒙黑纱。后来因为来送殡的男人女人都穿白衣，主人不能独穿黑，只好用麻衣，束白腰带。为什么不戴帽呢？因为既不用那种俗礼的高粱孝子冠，一时寻不出相当的帽子，故不如用表示敬意的脱帽法。为什么不用杖呢？因为古人居父母的丧要自己哀毁，要做到"扶而后能起，杖而后能行"的半死样子，故不能不用杖。我们既不能做到那种半死样子，又何必拿那根杖来装门面呢？

我们是聚族而居的，人死了，该送神主入祠。俗礼先有"题主"或"点主"之法。把"神主牌"先请人写好，留着"主"字上的一点，再去请一位阔人来，求他用朱笔蘸了鸡冠血，把"主"字上一点点上。这就是"点主"。点主是丧事里一件最重要的事，因为它是一件最可装面子摆架子的事。你们回想当年袁世凯死后，他的儿子孙子们请徐世昌点主的故事，就可晓得这事的重要了。

那时家里人来问我要请谁点主。我说，用不着点主了。为什么呢？因为古礼但有"请善书者书主"（《朱子家礼》与《温公书仪》同）。这是恐怕自己不会写好字，故请一位写好字的写牌，是郑重其事的意思。后来的人，要借死人来摆架子，故请顶阔的人来题主。但是阔人未必会写字。也许请的是一位督军连字都不认得。所以主人家先把牌上的字写好，单留"主"字上的一点，请"大宾"的大笔一点。如此办法，就是不识字的大帅，也会题主了！我不配借我母亲来替我摆架子，不如行古礼罢。所以我请我的老友近仁把牌位连那"主"字上的一点一齐写好。出殡之后把神主送进宗祠，就完了事。

未出殡之前，有人来说，他有一穴好地，葬下去可以包我做到总长。我说，我也看过一些堪舆书,但不曾见哪部书上有“总长”二字,还是请他留下那块好地自己用罢。我自己出去,寻了一块坟地,就在先父铁花先生的坟的附近。乡下的人以为我这个“外国翰林”看的风水,一定是极好的地;所以我的母亲葬下之后,不到十天,就有人抬了一口棺材,摆在我母亲坟下的田里。(有)人来对我说,前面的棺材挡住了后面的“气”。我说,气是四方八面都可进来的,没有东西可挡得住,由他挡去罢。

以上记丧事完了。

再论我的丧服。我在北京接到凶电的时候,哪有仔细思想的心情?故糊糊涂涂地依着习惯做去,把缎子的皮袍脱了,换上布棉袍,布帽,帽上还换了白结子;又买了一双白鞋。时表上的练(链)子是金的——镀金的——故留在北京。眼镜脚也是金的,但是来不及换了,我又不能离开眼镜,只好戴了走。里面的棉袄是绸的,但是来不及改做布的,只好穿了走,好在穿在里面人看不见!我的马褂袖上还加了一条黑纱。这都是我临走的一天,糊糊涂涂的时候,依着习惯做的事。到了路上,我自己回想,很觉惭愧。何以愧惭呢?因为我这时候用的丧服制度,乃是一种没有道理的大杂凑。白帽结,布袍,布帽,白鞋,是中国从前的旧礼,袖上蒙黑纱是民国元年定的新制。既蒙了黑纱,何必又穿白呢?我为什么不穿皮袍呢?为什么不敢穿绸缎呢?为什么不敢戴金色的东西呢?绸缎的衣服上蒙上黑纱,不仍旧是民国的丧服吗?金的不用了,难道用了银的就更“孝”了吗?

我问了几个“为什么?”自己竟不能回答。我心里自然想着孔子“食夫稻,衣夫锦,于汝安乎”的话,但是我又问:我为什么要听孔子的话?为什么我们现在“食稻”(吃饭)心已安了?为什么“衣锦”便不安呢?仔细想来,我还是脱不了旧风俗的无形的势力——我还是怕人说话!

但是那时我在路上,赶路要紧,也没有心思去想这些“细事小节”。到家之后,更忙了,我也不曾想到服制上去;丧事里的丧服,上文已说过了。丧事完了之后,我仍旧是布袍,布帽,白帽结,白棉鞋,袖上蒙一块黑纱。穿惯了,我更不觉得这种不中不西半新半旧的丧服有什么可怪的了。习惯的势力真可怕!

今年四月底,我到上海欢迎杜威先生,过了几天,便是五月七日的上海国民大会。那一天的天气非常的热,诸位大概总还有人记得。我到公共体育场去时,身上穿着布的夹袍,布的夹裤还是绒布里子的,上面套着线缎的马褂。我要听听上海一班演说家,故挤到台前,身上已是汗流遍体。我脱下马褂,听完演说,跟着大队去游街,从西门一直走到大东门,走得我一身衣服从里衣湿透到夹袍子。我回到一家同乡店家,邀了一位同乡带我去买衣服更换。因为我从北京来,不预备久住,故不曾带得单衣服。习惯的势力还在,我自然到石路上小衣店里去寻布衫子,羽纱马褂,布套裤之类。我们寻来寻去,寻不出合用的衣裤。因为我一身湿汗,急于要换衣服,但是布衣服不曾下水是不能穿的。我们走完一条石路,仍旧是空手。我忽然问我自己道:"我为什么一定要买布的衣服?因为我有服在身,穿了绸衣,人家要说话。我为什么怕人家说我的闲话?"我问到这里,自己不能回答。我打定主意,去买绸衣服,买了一件原当的府绸长衫,一件实地纱马褂,一条纱套裤,再借了一身衬衣裤,方才把衣服换了。初换的时候,我心里还想在袖上蒙上一条黑纱。后来我又想:我为什么一定要蒙黑纱呢?因为我丧期没有完。我又想:我为什么一定要守这三年的服制呢?我既不是孔教徒,又向来不赞成儒家的丧制,为什么不敢实行短丧呢?我问到这里,又不能回答了,所以决定主意,实行短丧,袖上就不蒙黑纱了。

我从五月七日起,已不穿丧服了。前后共穿了五个月零十几天的丧服。人家问我行的是什么礼?我说是古礼。人家又问,哪一代的古礼?我说是《易传》说的太古时代"丧期无数"的古礼。我以为"丧期无数"最为有理。人情各不相同,父母的善恶各不相同,儿子的哀情和敬意也不相同。《檀弓》上说:

> 子夏既除丧而见,予之琴,和之不和,弹之而不成声,作而曰:"哀未忘也,先王制礼而弗敢过也。"子张既除丧而见,予之琴,和之而和,弹之而成声,作而曰:"先王制礼,不敢不至焉。"

这可见人对父母的哀情各不相同。子张、宰我嫌三年之丧太长了,子夏、闵子骞又嫌三年太短了。最好的办法是"丧期无数"。长的可以几年,短的可以三月,或三日,或竟无服;不但时期无定,还应该打破古代一定等差的丧服制度。我以为服制不必限于自己的属亲;亲属值得纪念的,不妨为他纪念成服;朋友可以纪念的,也不妨为他穿服;不值得纪念的,无论在几服之内,尽可不必为他穿服。

我的母亲是我生平最敬爱的一个人,我对她的纪念,自然不止五六个月,何以我一定要实行短丧的制度呢？我的理由不止一端。第一，我觉得三年的丧服在今日没有保存的理由。顾亭林说，“三代圣王教化之事，其仅存于今日者，惟服制而已。”（《日知录》卷十五）这话说得真正可怜！现在居丧的人，可以饮酒食肉，可以干政筹边，可以嫖赌纳妾，可以作种种“不孝”的事，却偏要苦苦保存这三年穿素的“服制”！不能真行三年之“丧”，却偏要保存三年的“丧服”！这真是孟子说的“放饭流歠而问无齿决，是之谓不知务”了！第二，真正的纪念父母，方法很多，何必单单保存这三年服制？现行的服制，乃是古丧礼的皮毛，乃是今人装门面自欺欺人的形式。我因为不愿意用这种自欺欺人的服制来做纪念我母亲的方法，所以我决意实行短丧。我因为不承认“穿孝”就算“孝”，不承认“孝”是拿来穿在身上的，所以我决意实行短丧。第三，现在的人居父母之丧，自称为“守制”，写自己的名字要加上一个小“制”字，请问这种制是谁人定的制？是古人遗传下来的制呢？还是现在国家法律规定的制呢？民国法律并不曾规定丧期。若说是古代遗制，则从斩衰三年到小功缌，都是“制”，何以三年之丧单称为“制”呢？况且古代的遗制到了今日，应该经过一番评判的研究，看那种遗制是否可以存在；不应该因为它是古制就糊糊涂涂地服从它。我因为尊重良心的自由，不愿意盲从无意识的古制，故决意实行短丧。第四，现行的服制实际上有许多行不通的地方。若说素色是丧服，现在的风尚喜欢素色衣裳，素色久已不成为丧服的记号了。若说布衣是丧服，绸缎不是丧服，那么，除了丝织的材料之外，许多外国的有光的织料是否算是布衣？有光的洋货织料可以穿得，何以本国的丝织物独不可穿？蚕丝织的绸缎既不能穿，何以羊毛织的呢货又可以穿得？还有羊皮既可以穿得，何以狐皮便穿不得？银器既可以戴得，金器和镀金器何以又戴不得？——诸如此类，可以证明现在的服制全凭社会的习惯随意乱定，没有理由可说，没有标准可寻；颠倒杂乱，一无是处。经济上的困难且丢开不说，就说这心理上的麻烦不安，也很够受了。我也曾想采用一种近人情，有道理，有一贯标准的丧服，竟寻不出来，空弄得精神上受无数困难惭愧。因此，我索性主张把服丧的期限缩短，在这短期内，无论穿何种织料的衣服，——无论布的，绸缎的，呢的，绒的，纱的，——只要蒙上黑纱，依民国的新礼制，便算是丧服了。

以上记我实行短丧的原委和理由。

我把我自己经过的丧礼改革，详细记了出来，并不是说我所改的都是不错的，也并不敢劝国内的人都依着我这样做。我的意思，不过是想表示我个人从一次生平最痛苦的经验里面得来的一些见解，一些感想；不过想指点出现在丧礼的种种应改革的地方和将来改革的大概趋势。我现在且把我对于丧礼的一点普通见解总括写出来，做一个结论。

结论

人类社会的进化，大概分两条路子：一边是由简单的变为复杂的，如文字的增添之类；一边是由繁复的变为简易的，如礼仪的变简之类。近来的人，听得一个“由简而繁，由浑而画”的公式，以为进化的秘诀全在于此了。却不道由简而繁固然是进化的一种，由繁而简也是进化的一条大路。即如文字固是逐渐增多，但文法却逐渐变简。拿英文和希腊拉丁文比较，便是文法变简的进化。汉文也有逐渐变简的痕迹。古代的代名词，“吾”“我”有别，“尔”“汝”有别，“彼”“之”有别。现代变为“我”“你”“他”“我们”“你们”“他们”，使主次宾次变为一律，使多数单数的变化也归一律，这不是一大进化吗？古代的字如马两岁叫做“驹”，三岁叫做“駣”，八岁叫做“馴”；又马高六尺为“骄”，七尺为“騋”。这都是很不规则的变化，现在都变简易了。

我举这几个例，来证明由繁而简也是进化。再举礼仪的变迁，更可以证明这个道理。我们试请一位孔教会的信徒，叫他把一部《仪礼》来实行，他做得到吗？何以做不到呢？因为古人生活简单，那些一半祭司一半贵族的士大夫，很可以玩那“一献之礼宾主百拜”的把戏儿。后来生活复杂了，谁也没有工夫来干这揖让周旋的无谓繁文。因此，自古以来，礼仪一大简单一大，虽有极顽固的复古家，势不能恢复那“礼仪三百，威仪三千”的盛世规模。故社会生活变复杂了，是一进化。同时礼仪变简单了，也是一进化。由我们现在的生活，要想回到茹毛饮血、穴居野处的生活，固是不可能。但是由我们现在简单礼节，要想回到那揖让周旋宾主百拜的礼节，也是不可能。

懂得这个道理，方才可以谈礼俗改良，方才可以谈丧礼改良。

简单说来，对于丧礼问题的意见是：

(1)现在的丧礼比古礼简单多了，这是自然的趋势，不能说是退化。将来社会的生活更复杂，丧礼应该变得更简单。

(2)现在丧礼的坏处，并不在不行古礼，乃在不曾把古代遗留下来的许多虚伪仪式删除干净。例如不行“寝苫枕块”的礼，并不是坏处；但自称“苫块昏迷”，便是虚伪的坏处。又如古礼，儿子居丧，用种种自己刻苦的仪式，“水浆不入于口者三日，杖而后能起”。所以必须用杖。现在的人不行这种野蛮的风俗，本是一大进步，并不是一种坏处；但做“孝子”的仍旧拿着哭丧棒，这便是作伪了。

（3）现在的丧礼还有一种大坏处，就是一方面虽然废去古代的繁重礼节，一方面又添上了许多迷信的虚伪的野蛮风俗。例如地狱天堂，轮回果报，等等迷信，在丧礼上便发生了和尚念经超度亡人，棺材头点“随身灯”，做法事“破地狱”“破血盆湖”等等迷信的风俗。

（4）现在我们讲改良丧礼，当从两方面下手。一方面应该把古丧礼遗下的种种虚伪仪式删除干净，一方面应该把后世加入的种种野蛮迷信的仪式删除干净。这两方面的破坏工夫做到了，方才可以有一种近于人情适合于现代生活状况的丧礼。

（5）我们若要实行这两层破坏的工夫，应该用什么做去取的标准呢？我仔细想来，没有绝对的标准，只有一个活动的标准，就是“为什么”三个字。我们每做一件事，每行一种礼，总得问自己：我为什么要做这件事？为什么要行那种礼？（例如我上文所举“点主”一件事。）能够每事要寻一个“为什么”，自然不肯行那些说不出为什么要行的种种陋俗了。凡事不问为什么要这样做，便是无意识的习惯行为。那是下等动物的行为，是可耻的行为！

（第六卷第六号，一九一九年十一月一日）

“新思潮”的意义

胡 适

研究问题,输入学理,整理国故,再造文明。

一

近来报纸上发表过几篇解释“新思潮”的文章。我读了这几篇文章,觉得他们所举出的新思潮的性质,或太琐碎,或太笼统,不能算作新思潮运动的真确解释,也不能指出新思潮的将来趋势,即如包世杰先生的《新思潮是什么》一篇长文,列举新思潮的内容,何尝不详细?但是他究竟不曾使我们明白那种种新思潮的共同意义是什么。比较最简单的解释,要算我的朋友陈独秀先生所举出的《新青年》两大罪案——其实就是新思潮的两大罪案——一是拥护德莫克拉西先生(民治主义),一是拥护赛因斯先生(科学)。陈先生说:

> 要拥护那德先生,便不得不反对孔教、礼法、贞节、旧伦理、旧政治。要拥护那赛先生,便不得不反对旧艺术、旧宗教。要拥护德先生又要拥护赛先生,便不得不反对国粹和旧文学。(《新青年》六卷一号,页一〇)

这话虽然很简明,但是还嫌太笼统了一点。假使有人问:“何以要拥护德先生和赛先生,便不能不反对国粹和旧文学呢?”答案自然是:“因为国粹和旧文学是同德、赛两位先生反对的。”又问:“何以凡同德、赛两位先生反对的东西都该反对呢?”这个问题可就不是几句笼统简单的话所能回答的了。

据我个人的观察，新思潮的根本意义只是一种新态度。这种新态度可叫做“评判的态度”。

评判的态度，简单说来，只是凡事要重新分别一个好与不好。仔细说来，评判的态度含有几种特别的要求：

(1)对于习俗相传下来的制度风俗，要问：“这种制度现在还有存在的价值吗？”

(2)对于古代遗传下来的圣贤教训，要问：“这句话在今日还是不错吗？”

(3)对于社会上糊涂公认的行为与信仰，都要问：“大家公认的，就不会错了吗？人家这样做，我也该这样做吗？难道没有别样做法比这个更好、更有理、更有益的吗？”

尼采说现今时代是一个“重新估定一切价值”(Transvaluation of all values)的时代。“重新估定一切价值”八个字便是评判的态度的最好解释。从前的人说妇女的脚越小越美，现在我们不但不认小脚是“美”，简直说这是“惨无人道”了。十年前，人家和店家都用鸦片烟敬客。现在鸦片烟变成犯禁品了。二十年前，康有为是洪水猛兽一般的维新党，现在康有为变成老古董了。康有为并不曾变换，估价的人变了，故他的价值也跟着变了。这叫做“重新估定一切价值”。

我以为现在所谓“新思潮”，无论怎样不一致，根本上同有这公共的一点——评判的态度。孔教的讨论只是要重新估定孔教的价值。文学的评论只是要重新估定旧文学的价值。贞操的讨论只是要重新估定贞操的道德在现代社会的价值。旧戏的评论只是要重新估定旧戏在今日文学上的价值。礼教的讨论只是要重新估定古代的纲常礼教在今日还有什么价值。女子的问题只是要重新估定女子在社会上的价值。政府与无政府的讨论，财产私有与公有的讨论，也只是要重新估定政府与财产等等制度在今日社会的价值。……我也不必往下数了，这些例很够证明：这种评判的态度是新思潮运动的共同精神。

二

这种评判的态度，在实际上表现时，有两种趋势：一方面是讨论社会上、政治上、宗教上、文学上种种问题；一方面是介绍西洋的新思想、(新)学术、新文学、新信仰。

前者是“研究问题”,后者是“输入学理”。这两项是新思潮的手段。

我们随便翻开这两三年以来的新杂志,便可以看出这两种的趋势。在研究问题一方面,我们可以指出:(1)孔教问题;(2)文学改革问题;(3)国语统一问题;(4)女子解放问题;(5)贞操问题;(6)礼教问题;(7)教育改良问题;(8)婚姻问题;(9)父子问题;(10)戏剧改良问题……在输入学理一方面,我们可以指出《新青年》的“易卜生号”“马克思号”,《民铎》的“现代思潮号”,《新教育》的“杜威号”,《建设》的“全民政治”的学理和北京《晨报》《国民公报》《每周评论》,上海《星期评论》《时事新报》《解放与改造》,广州《民风周刊》等等杂志所介绍的种种西洋新学说。

为什么要研究问题呢?因为我们的社会现在正当根本动摇的时候,有许多风俗制度,向来不发生问题的,现在因为不能适应时势的需要,不能使人满意,都渐渐地变成困难的问题,不能不彻底研究,不能不考问旧日的解决法是否错误。如果错了,错在什么地方。错误寻出了,可有什么更好的解决方法。有什么方法可以适应现时的要求。例如孔教的问题,向来不成什么问题。后来东方文化与西方文化接近,孔教的势力渐渐衰微,于是有一班信仰孔教的人妄想要用政府法令的势力来恢复孔教的尊严,却不知道这种高压的手段恰好挑起一种怀疑的反动。因此,民国四五年的时候,孔教会的活动最大,(反)对孔教的人也最多。孔教成为问题就在这个时候。现在大多数明白事理的人,已打破了孔教的迷梦,这个问题又渐渐地不成问题了,故安福部的议员通过孔教为修身大本的议案时,国内竟没有人睬他们了!

又如文学革命的问题。向来教育是少数“读书人”的特别权利,于大多数人是无关系的,故文字的艰深不成问题。近来教育成为全国人的公共权利,人人知道普及教育是不可少的,故渐渐地有人知道文言在教育上实在不适用,于是文言白话就成为问题了。后来有人觉得单用白话做教科书是不中用的,因为世间决没有人情愿学一种除了教科书以外便没有用处的文字。这些人主张:古文不但不配做教育的工具,并且不配做文学的利器;若要提倡国语的教育,先须提倡国语的文学。文学革命的问题就是这样发生的。现在全国教育联合会已全体一致通过小学教科书改用国语的议案,况且用国语做文章的人也渐渐地多了,这个问题又渐渐地不成问题了。

为什么要输入学理呢?这个大概有几层解释:一来呢,有些人深信中国不但缺乏炮弹、兵船、电报、铁路,还缺乏新思想与新学术,故他们尽量地输入西洋近世的学说。

二来呢,有些人自己深信某种学说,要想他传播发展,故尽力提倡。三来呢,有些人自己不能做具体的研究工夫,觉得翻译现成的学说比较容易些,故乐得做这种稗贩事业。四来呢,研究具体的社会问题或政治问题,一方面做那破坏事业,一方面做对症下药的工夫,不但不容易,并且很遭犯忌讳,很容易惹祸,故不如做介绍学说的事业,借“学理研究”的美名,既可以避“过激派”的罪名,又还可以种下一点革命的种子。五来呢,研究问题的人,势不能专就问题本身讨论,不能不从那问题的意义上着想;但是问题引申到意义上去,便不能不靠许多学理做参考比较的材料。故学理的输入往往可以帮助问题的研究。

这五种动机虽然不同,但是多少总含有一种“评判的态度”,总表示对于旧有学术思想的一种不满意,和对于西方的精神文明的一种新觉悟。

但是这两三年新思潮运动的历史应该给我们一种很有益的教训。什么教训呢?就是:这两三年来新思潮运动的最大成绩差不多全是研究问题的结果。新文学的运动便是一个最明白的例。这个道理很容易解释。凡社会上成为问题的问题,一定是与许多人有密切关系的。这许多人虽然不能提出什么新解决,但是他们平时对于这个问题自然不能不注意。若有人能把这个问题的各方面都细细分析出来,加上评判的研究,指出不满意的所在,提出新鲜的救济方法,自然容易引起许多人的注意。起初自然有许多人反对,但是反对便是注意的证据,便是兴趣的表示。试看近日报纸上登的马克思的《赢余价值论》,可有反对的吗?可有讨论的吗?没有人讨论,没有人反对,便是不能引起人注意的证据。研究问题的文章所以能发生效果,正为所研究的问题一定是社会人生最切要的问题,最能使人注意,也最能使人觉悟。悬空介绍一种专家学说,如《赢余价值论》之类,除了少数专门学者之外,决不会发生什么影响。但是我们可以在研究问题里面做点输入学理的事业,或用学理来解释问题的意义,或从学理上寻求解决问题的方法。用这种方法来输入学理,能使人于不知不觉之中感受学理的影响。不但如此,研究问题最能使读者渐渐地养成一种批评的态度,研究的兴趣,独立思想的习惯。十部《纯粹理性的评判》,不如一点评判的态度;十篇《赢余价值论》,不如一点研究的兴趣;十种《全民政治论》,不如一点独立思想的习惯。

总起来说,研究问题所以能于短时期中发生很大的效力,正因为研究问题有这几种好处:(1)研究社会人生切要的问题最容易引起大家的注意;(2)因为问题关切人生，故最容易引起反对。但反对是该欢迎的，因为反对便是兴趣的表示，况且反对的讨论不但给我们许多不要钱的广告，还可使我们得讨论的益处，使真理格外分明；(3)因为问题是逼人的活问题，故容易使人觉悟，容易得人信从；(4)因为从研究问题里面输入的学理，最容易消除平常人对于学理的抗拒力，最容易使人于不知不觉之中受学理的影响；(5)因为研究问题可以不知不觉地养成一班研究的、评判的、独立思想的革新人才。

这是这几年新思潮运动的大教训！我希望新思潮的领袖人物以后能了解这个教训，能把全副精力贯注到研究问题上去；能把一切学理不看做天经地义，但看做研究问题的参考材料；能把一切学理应用到我们自己的种种切要问题上去；能在研究问题上面做输入学理的工夫；能用研究问题的工夫来提倡研究问题的态度，来养成研究问题的人才。

这是我对于新思潮运动的解释。这也是我对于新思潮将来的趋向的希望。

(注)参看《每周评论》(31)《多研究些问题，少谈些主义》，又(33)《问题与主义》，又(35)《再论问题与主义》，又(36)《三论问题与主义》。

三

以上说新思潮的“评判的精神”在实际上的两种表现。现在要问“新思潮的运动对于中国旧有的学术思想，持什么态度呢”？

我的答案是：“也是评判的态度。”

分开来说，我们对于旧有的学术思想有三种态度。第一，反对盲从；第二，反对调和；第三，主张整理国故。

盲从是评判的反面，我们既主张“重新估定一切价值”，自然要反对盲从。这是不消说的了。

为什么要反对调和呢？因为评判的态度只认得一个是与不是，一个好与不好，一个适与不适，——不认得什么古今中外的调和。调和是社会的一种天然趋势。人类社会有一种守旧的惰性，少数人只管趋向极端的革新，大多数人至多只能跟你走半程路。这就是调和。调和是人类懒病的天然趋势，用不着我们来提倡。我们走了一百里路，大多数人也许勉强走三四十里。我们若先讲调和，只走五十里，他们就一步都不走了。所以革新家的责任只是认定"是"的一个方向走去，不要回头讲调和，社会上自然有无数懒人、懦夫出来调和。

我们对于旧有的学术思想，积极的只有一个主张：就是"整理国故"。整理就是从乱七八糟里面寻出一个条理脉络来；从无头无脑里面寻出一个前因后果来；从胡说谬解里面寻出一个真意义来；从武断迷信里面寻出一个真价值来。为什么要整理呢？因为古代的学术思想向来没有条理，没有头绪，没有系统，故第一步是条理系统地整理。因为前人研究古书，很少有历史进化的眼光的，故从来不讲究一种学术的渊源，一种思想的前因后果。所以第二步是要寻出每种学术思想怎样发生，发生之后有什么影响效果。因为前人读古书，除极少数学者以外，大都是以讹传讹的谬说，——如太极图、爻辰、先天图、卦气之类，——故第三步是要用科学的方法作精确的考证，把古人的意义弄得明白清楚。因为前人对于古代的学术思想，有种种武断的成见，有种种可笑的迷信，——如骂杨朱、墨翟为禽兽，却尊孔丘为德配天地，道冠古今！——故第四步是综合前三步的研究，各家都还他一个本来真面目，各家都还他一个真价值。

这叫做"整理国故"。现在有许多人自己不懂得国粹是什么东西，却偏要高谈"保存国粹"。林琴南先生做文章论古文之不当废，他说，"吾知其理而不能言其所以然"！现在许多国粹党，有几个不是这样糊涂懵懂的？这种人如何配谈国粹？若要知道什么是国粹，什么是国渣，先须要用评判的态度，科学的精神，去做一番整理国故的工夫。

四

新思潮的精神是一种评判的态度。

新思潮的手段是研究问题与输入学理。

新思潮的将来趋势，依我个人的私见看来，应该是注重研究人生、社会的切要问题，应该于研究问题之中做绍介学理的事业。

新思潮对于旧文化的态度，在消极一方面是反对盲从，是反对调和；在积极一方面，是用科学的方法来做整理的工夫。

新思潮的唯一目的是什么呢？是再造文明！

文明不是笼统造成的，是一点一滴地造成的。进化不是一晚上笼统进化的，是一点一滴地进化的。现今的人爱谈"解放与改造"，须知解放不是笼统解放，改造也不是笼统改造。解放是这个、那个制度的解放，这种、那种思想的解放，这个、那个人的解放，是一点一滴的解放。改造是这个、那个制度的改造，这种、那种思想的改造，这个、那个人的改造，是一点一滴的改造。

再造文明的下手工夫，是这个、那个问题的研究。再造文明的进行，是这个、那个问题的解决。

中华民国八年十一月一日晨三时

（第七卷第一号，一九一九年十二月一日）

科学的起源和效果

王星拱

我们现在讨论的问题,中间有许多地方,都牵涉到心理学。我并不是心理学家,为何敢做这篇文章呢?因为这篇中间所记载的,有些是我自己原来的意见,后来在书上找出来,不约而同的;有些是书上的理论,我把它推论出来,我自己觉得没有违背逻辑的。所以我相信这篇所记载的,至少总有一定的真实的元素。况且这篇所讨论的,是很有兴趣的问题,无论这篇的价值如何,我并不持抱歉的态度。

一 科学的起源

科学的起源,不是偶然发现的,因为人类是有理性的动物,有种种心理的根据可以发生科学。我们现在把这些心理数出如下:

(一)惊奇　　人类都有惊奇的心理,我们看见一物,必讶问这是什么东西?遇见一桩事,必问这是什么道理?这种种惊奇的心理,就是科学的起源。最初的人类,看见天然界中日月、山川、草木、鸟兽各种不同的现象,首先要辨识这些现象的不同,然后要解释这些现象的道理。把这个心理往前发展,就是科学的进步。但是有一班哲学家说:惊奇的心理,只能创造宗教,不能创造科学,因为人类到惊奇不能解释的时候,就把神来解释,那心上就圆满了。我觉得人类有惊奇的心理的时候,总想得个理性的解释。如果想了多少法子,还不能解释,方才皈依宗教。所以惊奇的心理,对于科学的起源,总有一部分的潜力。

(二)求真　　无论何人,总想明白万事万物的真理,人类的心理,总是信真实而不信假伪的。就是迷信糊涂的人相信假伪的,他的心上是把假伪当作真实。如果有人叫他明明白白地知道他所信的是假伪的,另外还有个真实的,绝没有不"舍其所信而信之"的。亚拉伯成语曰:"不知其不知,才叫做愚。"若是能叫他知其不知,他便不是愚了。就是有心作伪的人的心中,仍然有个求真的趋向。罗司金(Ruskin)说:"求真的渴望,仍然存在于有心作伪的人的心中。"这话深有意思。例如点金化学家说铜钱可变为金,这个学说盛行一千年,但是自十七世纪,有人证明它是假的,也就没有人相信了。又如星卜、命相之流,他的心上何曾不知道他所说的都是骗人的,不过因衣食、名声,不得不说诳话罢了。但是有一派悲观的哲学家,以为"人爱欺骗"(就是假伪 Man loves deceit)。这话我还未敢深信,因为人所以爱欺骗的缘故,还是由于"外铄"的,不是由于天性的自然。

(三)美感　美感,无论是物质的,是精神的,都是人类所共有的。物质的美,是外界的可以感触器官的美;精神的美,是心理上的异中求同综合的判断(Synthetic judgement)。然而精神的美,常常隐在物质的美的后头。科学家以为天然界是美的,因为天然界各部分的秩序(Order of its Parts)是恰恰支配得得当,不是紊乱冲突的,这是物质的美。我们把异中的同点综合起来,成了理论定律,用它去推论,审度,判断,也是不紊乱的、不冲突的,这就是精神的美。这物质的美感和精神的美感,最初的人类也有的。考古学家查得冰川时代的洞居人类乘(?)(原文如此)在灰石上所刻的毳象的图像,有写实的意思。试问那样野蛮人类,为什么要图像呢?是因为他们有物质的美感的缘故。最初人类,解释现象界的繁复,也想用一种综合的方法成一种有系统的理论,(参看以下说简约节)是因为他们有精神的美感的缘故。科学家何以尽心竭力研究科学呢?因为科学中间有和一(不紊乱,不冲突,参观以下说美节)的美。所以科学的起源和它的进步,美感也是一个主使的原因。

(四)致用　这个科学的起源,要分两层的说法。在太古的时候,这个想致用的心理,对于科学的发生,或者有很大的潜力。因为那个时候的人类,穴居野处,茹毛饮血,渐渐觉得天然界中所有天然的器具,实在是不够用的,总想拿这些天然的材料制造一番,来供给他们饮食起居的日用。但是我们现在的科学,是在文艺复兴的时候重行出世的。当这十五六七世纪的时候,那些科学家,像加里里约、牛敦并不是为致用而研究科学的。一直到了近来五六十年间,才有许多科学家,特意地为致用来研究科学。所以致用这一层,在中古期的科学降生,没有什么力量。不过近来的科学的进步,致用也是一个很重要的主动(Motive)。

(五)好善　　人有好善恶恶的本能。卢骚说“我们不知道什么是绝对的善恶”,这话不错,但是我们心里总有个比较的善恶。这个比较,是从辨别得来。科学是辨别的武器,不是糊里糊涂地把前人所说的善恶就当作善恶,必定要明明白白地研究出一个道理来。如果要能辨别善恶,来做行为的标准,必定要发达科学。

(六)求简　　宇宙万象,繁复不同。古时人类,已经想提出一个纲领来,研究宇宙的真理。因为对于繁复的东西,若是没有简约的方法,简直是对付不了,理不出一个头绪来。所以科学之唯一的方法,就是简约。至于星卜、命相各种邪说,都是故作繁难,不要使人家懂得清楚的。

因为如果人家懂得清楚,它的本身就不能存在了。古代点金化学家,也是如此。他教人家点金的方法,故意用颠倒错乱的数目,来蒙蔽人家。人家学过,仍然不懂。倘人来问他,他便答道:“你下次就可以稍为清楚些了。”所以这些邪说,是科学的仇敌。科学是从繁复之中,用简约的方法,理出头绪出来,刚刚合我们心坎儿上所要懂得的。譬如我们有书一架,各色不同,若有人把它编成目录,叫我们可以随时取阅,不费时力,我们必定感激他。科学就是替我们在天然界这个大书架上,用简约的方法,理出一个目录来,我们怎得不感激科学呢!

二　科学的效果

我们人类依据以上种种的心理,来研究科学。科学的发达,就是这几项心理往前发展。现在我们要问:科学既是依这几项心理而发展,还是每项心理,有一个特别的效果呢?还是他们的发展,都趋向同一的途径呢?我们的答案是:“一定趋向同一的途径。”第一,因为奇和真实是递相发现的;第二,因为真实和美、和功用、和善,原是分不开的东西;第三,因为真实是由简约得来的。怎么讲奇和真实是递相发现的呢?不懂得的就是奇,既懂得以后,拿来应用,不得生谬误的,就是真实。我们因为惊奇、求真两种心理来研究科学,期望能懂得这个奇,又渐渐地逼近于真实。如算学的得数,先得万位,再得千位,再得百、十单位,再得小数,一层一层地逼近。然而当每层前进的时候,层层里面有现象发现,这就是奇。再从这个奇又往前研究,我们的知识更增加,我们又得一层真实。凡是研究科学的人,没有不知道这个道理的。例如鲍以耳研究气体的行为,看见气体的体积,因压力而变迁,这是个奇。因此研究,就得了"气体之压力与其体积成反比之定律",这是个真实。但是这个真实,仍不是绝对的。从此再往前研究,知道在一定的情境之中,有新现象发现,就是"气体可变为液体",这又是个奇。因此研究,就得了气体变液体之理论和分子的物理之知识,这又是一层真实。从此再往前研究,又有进步,知道"液体变为气体之时,必收吸热若干",这又是个奇。因此研究,就得了热和形体变迁的关系,这又是一层真实。因惊奇求真,于是研究科学,得和真实相逼近。奇是无穷的,真实也是无穷的。知识增加,层层不绝,我们所以有许多的乐趣在这里。罗司金说:"知之不全,而又知之不已,人生之乐,莫大于此。"唐姆司(Thomas)说:"我们所得之真实,可以逐渐进步,并且可以随时增加确切。"科学家对于绝对的真实,自然不能断定它是已得的,然而就此逼近的真实,叫我们有预测的能力,也不妨就把它叫做真实,至少也可以把它叫做"实用的真实"了。

怎么讲真实的就是美的呢?美有两个不可缺乏的元素:一是秩序,一是谐和。譬如一室之内,桌椅图画,东倒西歪,毫无秩序,决没有美之可言。又如一队音乐,嘈杂无章,各乐器所发之音不相谐和,也决没有美之可言。这两种性质,在科学里边发展得最完备。因为各科学都以算学为基础,算学是最真实的。所以算学秩序整齐,丝毫不可紊乱。必先得第一层的张本(Data),然后能得第二层的得数(Result)。不能无凭借而妄行,也不能桎梏而迁就。又算学的理论,彼此谐和,绝没有自相冲突的地方。例如一个问题,用数学算之,其得如此;用代数算之,其得数也是如此;用方格图算之,其得数也是如此。因为这些得数,都是真实的,就是气体之定律,如鲍以耳之定律、格岁撒克之定律、达尔敦之定律,都是左右逢源,无一点背谬的地方。因为这些定律,都是真实的。就是生物学、社会学里边各种理论,有貌似不相调和的,然而自然科学的精神(科学的精神,指算学确切的精神,并不是说种种学说都要拿算学公式来表明它)输入生物的社会的学问之后,这些学问里边的定律理论,都是逼近于真实的,并没有不相谐和的地方。就拿达尔文和克尔泡得金的学说来说,外貌好像两相矛盾,其实并不是不谐和的。达氏的学说是强的存,弱的灭;克氏的学说是互助的存,独孤的灭。但是我们要记得达氏的原文是:"最适宜的就能生存。"(The fittest survive)和克氏的学说并不冲突。况且强、弱两个字,不是专指体大力强说的,因为地质历史上、人类历史上,有许多体大力强的东西,反来都灭了,是因为不适于环境的缘故。互助是发达人为同情,是合于大家的心理的,那才真正是强。这样看来,克氏的学说是比达氏的学说更加精密,更逼近于真实,并不是不谐和的。科学是以求真实为目的,真实的才能有秩序,才能谐和。有秩序而谐和,就是美。

再从心理的一方面看来。我们观察外界,有千千万万的影子和我们的器官相接触。当这个时候,如果我们的智慧,不能看出他们的同点出来,一把握在掌中,我们遇着无限的接触。只好见一个菩萨磕一个头,那就不堪其苦了——那就没有美感(就是愉快)之可言了。幸而我们的智慧,有这个综合——一把握在掌中——的能力。不但在不同的接触之中,寻出同点来,并且把未曾接触的将来都可以综合在一处来预测它,没有紊乱,没有冲突。这个综合,就是知识的脊椎,就是思想的经济(是有用的),就是精神的美,因为它是有秩序的,它是谐和的,所以安德雷(Andre)说:"无论美是什么东西,它的根本总是秩序,它的精神总是和一(Unity)。""和一"就是不冲突,就是谐和。朋加烈(Boincare)说求美和求有用的心理,都趋向同一的途径(有用的就是真实的,见后节),因为凡是我们觉得美的东西,都是和我们的智慧相适宜的,所以我们可以懂得怎样可以利用它的。

怎么讲真实的就是有用的呢?科学对于物质文明,贡献得如此之多,这是很便易看得出的方面。物质文明,替人类增加许多幸福,把人类的生活,从不美变成美的。茫特因(Montagne)曾经说:"科学是一个最大的装饰品(美的),又是一个最良的应用品(有用的)。"但是这个物质文明,可是真有益于人类,我们可以应该享受它,还有些别致朋友(像托尔司泰一般人。"别致朋友"这四个字是吴稚晖先生给这一般人的徽号),都说不是!不是!在这篇里面,不能作详细的辨明,我只能截取科学的断案,说:科学的本身,是有益于人类的,我们大家都应该享受物质文明。这是功利(Utilitarianism)的方面,现在撇开不谈。我们再谈理论的一方面。我们的科学知识,都从物质的经验得来,真实不虚,无可辩驳的。科学战胜所得的地方,永远不会再被仇敌抢得去的。因为依科学的方法,层层论断,是确切而不可移,最适宜于应用,决不至受它欺骗的。例如我们试验多次,水到摄氏百度即沸腾,因此事实构成定律,就可以预测无论何时何处的水(须非溶液),都是到百度就沸腾。又如几何学中的种种原理,把它量地是准的,把它造机器是准的,把它测算热、光、电动之分量也是准的,就是拿它来研究社会学中人口、货品增减各问题也是准的。况且依这些定律、原理推去,并可知道情境变迁之时,应有如何变迁的现象。例如水中加盐,沸腾点必加高;水上减压力,沸腾点必减低。因为这些定律、原理论等等,都是真实的,所以无论用于何处,恰恰适宜,永不欺骗我们的。这不是科学的大功用吗?所以哥脱(Goethe)说:"凡是适宜的,就是对的。"赫耳姆毫斯(Helmholtz)说:"我们对于外界之表释(Representation)何时算得真的呢?依这个表释,可以推出在一定的情境之中,必有一定的事实发生,且若变其情境,并可推出结果之同变:那么,这个解释,可以算得真的了。"换言之,凡适宜的,可使我们预测将来的,就是真实的,因为它是真正有用的。

怎么讲真实的就是善的呢?科学的致用如此的大,在上节里面,我们已经截取科学家的断案说,科学的本身,是有益于人类的。若是我们拿野心家、资本家的罪恶加在科学身上,那就是不怪刽子手而怪刀了。科学既是有益于人类,那不就是善的吗?这是物质的一方面。再从精神的一方面说,科学所贡献于精神界的,分析起来,有两个新观念。第一,宇宙间的因果的关系。我们从试验里得了物质能力总数不灭的大理论,就是实实在在的证明有因必定有果。我们要得好果,须得我去做。我和物是分不开的,我是物的一分子,物是我的环境。所以科学的人生观,就是要求真实于生活之中。第二,是道德的真意义。从前人把盲信当作道德,科学家把怀疑当做道德:因为怀疑才研究,因为研究才有真是非,有了真是非(就是真实和错误),我们的行为,才有标准。所以科学的道德观,要能辨别是非(就是善恶),这是知的方面,就是以上所说的第二个贡献;又要能取是舍非,这是行的方面,就是以上所说的第一个贡献。苏格拉底说:"知识就是道德。"同科学的"真实的就是善的"的意思很相同。

怎么讲真实是由简约得来的呢?我们要在宇宙不同的万象之中,求出真实,必用简约的方法。否则茫无头绪。所以科学家权量现象之分量,必减少其外来掺杂的情境,然后可以权量我们所要权量的。例如我们要量灯光之分量,必用一黑房,不让太阳光来掺杂它;我们要量空气传声之速率,必选择恬静的天气,不让风来掺杂它(量声之速率尚有他种精密的方法,现在犯不着细讲它),这就是用简约之原理。凡是科学之方法,都是以算学为根据,确切而不模棱。赫切耳(Herschel)说:"数目的确切,是科学唯一的灵魂。"因为算学是简约的,纵是高深的算学原理公式,终是有层次,有秩序,可以寻绎,绝不是紊乱无章,这就是比较的简约。因其简约,所以有用,所以是真实。

这种思想,古代人类亦已有之。试看古代神异学说,以神鬼为操纵宇宙之主,然终承认天然界中,有一种天然力,虽神鬼亦须服从——中国人说是数定的——这就是承认天然一致之定律,这就是简约之方法。不过他们所用的材料,不是真实的,没有实验可以证明,所以闹到神异莫测的地位。科学是平民的学问,就是普通的智慧,都可得其门而入。因为它是简约而可解的,都是真实不虚的。不是神怪莫测,把我们送到莫名其妙的地位的。试看科学中最普遍的、最真实的定律,莫过于牛敦的吸力定律:$G=\frac{M\times m}{D^2}$。我们要知道这个定律,当先是他把两个球做试验而得来的。若是把三个球做试验,这三个球吸力的互相的关系,已经很复杂,不能拿这样的简单公式可以表明得了的。若是用四个球、五个球——百个球、千个球,那就更复杂,不能驾驭了。我们在前头说的异中求同的综合,也是简约方法。我们总要拿我们的智慧去驾驭现象,不能拿我们的智慧去跟随现象。怎么驾驭呢?就是简约的方法。用简约的方法,虽不能把真实完完全全地表托出来(这是不可能的),然而可以和真实相逼近,叫我们在较稳而有限制的地盘上去进行,不至于生出空疏、笼统、紊乱、冲突的弊病来。波耳哈夫说:简约是真实的封锁。就是用简约求真实的意思。这样看来,真实和美、和功用、和善,是不能分开的东西。我们用简约的方法,可以渐渐和它逼近。但是什么时候可以能得着这个东西呢?拉耳默(Larmer)说:“真实住在深井里边,我们永远不得到井底。”然而我们要问:如果我们果然到了井底,那还有什么生活的乐趣吗?进一层说,那还有什么生活的存在吗?

(第七卷第一号,一九一九年十二月一日)

游欧之感想

陶履恭

一

我在三月里头动身,正是巴黎平和大会议极繁忙的时候。五月到了巴黎,劈头就遇着一个大棒击。就是那三大否决我们关于山东的抗议的消息。当时回想我们自从欧战开始以来,在国内时常读到海外传来的新闻,那欧美有名的政治当局的口〈口〉声声地讲什么人道、正义、自决、和平那些好名词,使我们常受欺侮、要在和议席上诉冤的小生灵,听了那慈仁公直的声音,不觉得精神鼓舞起来,以为此次会议真是我们人类的大关键,世上受人凌辱的民族有无限的希望都寄托在这会议里头。会议虽然未必就如爱平和者的理想上所期望的,但是议和席上的衮衮诸公既然再三拿永久平和与公道做那和议的标帜,他们的行为总不能与他们的言语太支离。要求平和当然要讲公道,没有公道的媾和必然是将来扰乱之端。世界所以不能永远太平就是因为向来国际间不讲公道,只讲势力。万不料这次会议又是一番失望。多少理想家的好梦,一下都惊破了。多少爱平和者之希望,一下都变成泡影了。几百万条高贵的性命——这些条性命里包含着无量的希望,假使这些条性命可以尽量地完满发达,可以为人类贡献多少幸福,可以使他们自己的生命增加多少荣耀——都空空地废掉了。于死者,于生者,都没有一点好处。不特没有好处,反留下一个不可收拾的残局,使他们的子孙担忧。还有几万万的生灵,在这四年多的长期间里,牺牲了多少宝贵的东西,受冻挨饿,并且受种种精神上的苦痛,终结也是丝毫的好处没有得到,只承受了许多不公平的遗产。后来处分这遗产,还要发生无数的轇轕。这是我从法国卜伦海口登岸后乘火车赴巴黎的路上看见双米盎战迹的一种觉悟。

但是现在的欧洲,仍然是战争状态的欧洲。我到欧洲的时候,停战的条约虽然是已经签过了六个月,但是各方面仍然维持着战争的状态。战场上的铁丝、铁网、枪炮、子弹、人骨、兽骨,还没有收拾清楚。莱因河畔所驻屯的联军都在那里严装待发。东欧若俄国、波兰,各区域的军事依旧积极进行。战时所发布一切拘束个人自由的法令,仍然是继续有效。在这个恐怖的环境里,如何能希望发生天国的福音,如何能希望那平和会议席上的一班人物会有高尚理想的判决呢?此次战争的发端,就是会议里的人所造出来的。就算不是他们造出来的,也是因为他们因循、糊涂,才酝酿出来的。(就算不是他们酝酿出来的,这班人只能做战争时的英雄,不配做和议席上的公正人,只能作战的,不能议和的,不能谋世界和平的。)我们希望那些贻误大局的会可以在几个月里——并且是在巴黎——整顿全世界纷争的局面,那真是痴想。

我在英、法两国住了三个月,所见的明白人都是怀着这种感想。悲观的人说世界黑暗的程度不能比现在再加厉害了。

以上所说的是此次大战争之后国际平和的局面。因为会议的人都是一班旧人物,没有了解世界的真状态,没有怀着高尚的理想,所以又造出一个强权跋扈的世界,与战争前原无什么区别。他们所做的不过是把地图上的颜色改变改变;把德意志逐去强权之列,换了一个东方崛起的日本;把有名无实的海牙平和会,换了一个五大专制的国际联盟;把"战败"国家的富源地,瓜分给各大强国,更把此次战争所损失的大部分的负担,都加在"战败"国民的身上。因为俄国人的思想与他们不相合,更派了许多军队,费了许多金钱(英国今年自一月至六月征俄的军费共五千万磅。法、美两国征俄的军费还不在此数之内),攻倒他们的政府,封锁他们的交通,困死他们的男女老幼。扶持几个小民族成为独立的国家,但是把他们当做自己的屏风(两个大国的疆土相接连,若是起了冲突太觉危险,所以最好是在两国之间造出一个小国做屏风 Buffer 保持他们的安宁。例如鲁森堡一边是比、法两国,一边是德国,就是最好的一个屏风。这是旧政治思想和旧日国际政治的产生物,假使国际联盟是一个有效的机关,国际上有真正的秩序,这个屏风是用不着的),或认为附庸。(美国《新共和周报》五月三号英人勃雷斯佛论波兰的一篇文,他说强国用新发生的小国家另有作用的,说得极为透彻。)此次巴黎和会里所办的重要事端用以上数语足可以简单包括。欧洲经了这次空前的大战争,破烂已经不堪,以后总得要群策群力,还需几十年的工夫,才可以恢复旧日的文化。现在只由几个强权国家的代表定了一个最不公道的条约(公道必是各国都承认的。一方面以为公道而他方面不承认的,哪里算得公道!),真是人类的大不幸。

这次平和会议虽然是一番大失败,把千载一时的好机会,空空放过,做成了一桩大错事。希望平和、爱惜公理的人没有不失望的,但是我们也不要轻易陷于悲观。我们人类进化的历史,都是由失败与试验造出来的。只是有时候失败与试验的价值太大,牺牲太重,已是不幸之事。有时候失败与试验之后,还要蹈失败之覆辙,那不特不幸,实是可怜,可怜我们人类的驽钝,可怜我们人类的怠惰。此次战争所损失的生命财产,价值之巨,可称空前无比。我们固然没收成效,没得到积极的教训,都可以说获有消极的教训。那个消极的教训就是使我们觉悟,为什么那理想的国际组织不能实现,为什么人道、正义,都归于失败呢?

我们受了这番教训,当然就联想到现在的国家了。此次国际公平的组织不能成立,固然是因为会议的人员没有眼光,没有能力。但是现在世界上国家的程度也太参差不齐了。国家的组织不是一时就能完备,世上的国家也不是一时即可达到同等程度之完备,国际组织也不是必须等所有的国家都发达完备才可以成立的。那国际联盟在消极的方面是维持平和,在积极的方面就是本互助的精神,增进人类公共的幸福,所以已进化的国家就有掖进辅助那未进化的国家的义务,不必一定要所有的国家都要有同等的程度才可以有国际的共同组织。但是我们这次的失败就是因为我们认为"先进国"的、我们所信赖可以主持公道为人类造幸福的国家,竟不能尽他们的天职。这样看来,所谓"先进国"不配戴那个名称了。我们现在且看一看他们国家的现状是什么样。

二

我这次出游虽然把"五大"的国土都到过了,但是为时极暂,只有四个月,所经过的地方观察的机会极少。没有就着各国实地的切实调查,不敢为过于概括的论断。我在英国住的时期较长,所游的地方较多,就英国的情形推论起来当没有什么大差误的。

西欧的国家四年以来都在战争里头，所受战争的影响非常地厉害，那是不待言明的。在战争开始之先，西欧的国家已经发生了许多切要的问题，急待解决。例如劳动者为争工资、减工时，与雇主时起冲突，各国只有敷衍弥缝，没有一种贯彻的办法。又如他们的政治组织因为时代变迁，向来所采用的选举法、立法手续也不能不因时制宜要有大部分的改革，各国也没有定一个大计划，使他们的政治机关合乎现代社会的状况。此外如社会上、教育上种种问题，须解决者仍多。一旦大战争来了，这是国家危急存亡的时候，所以一时全国民的精神、能力，全国的富源、产业、科学，都合并起来，全用在战事上。国内所有的问题，无论是若何迫切，总不能比国家存亡的问题再迫切，暂时都摆在一旁，停顿住了。非但国内诸般问题一时停顿，并且因为在战争的时候，政权要集中，政府的权力要大，所以又施行了许多种战时紧急法律，扩张政府的威力，把人民以先所享受的权利又剥夺了许多。因此国内的问题比战争以前更加增了。现在战争已经停止，但是战争状态依旧保存，战争所遗下之影响，依旧困累人民。总之此次战争使五年前所未能解决之问题加增，加倍地厉害，加倍地难解决。（战争的坏处已经由平和论者解释得明白详细，不待我说了。此次有一个美国人同我讲，战争的时候，人民牺牲和互助的精神如何发达，真是向来没有看见过的。我以为这种好处，也只是暂时的，不能耐久。以先牺牲互助的精神，只因为有共同的外患，于身家性命有大危险。现在危险去了，那牺牲和互助的精神，在一个不公道的政府之下，也就不能发了。看近来欧美劳动界的扰乱就可以明白的。）这些“创痍未复，百废待举”急待改造的国家，由他们的代表造出此次平和的条约，当然不能使我们的希望满足的。

现在西欧的国家正是一个大危机。这个危机远出我们想象之外。我只就政治、经济两方面所观察的稍为说说，就可以明白他们时局的危险了。西欧的政治采用那代议制度，自从十三世纪以来已行了几百年，经世界各国的模仿，因在不同状态之下，所以不免改变了许多。但是那政治制度的改变，还不及社会生活变迁得那样快，所以那政治制度，现在已不能与社会情状相适合，因此把它固有的功用失去。欧洲自从工业革新以来，资本制度发达，社会已渐变成个工业社会，社会上大部分的都是劳动者。向来的代议固然是代表人民，但只可以代表消费者的利益，不能代表生产者的利益。现在那许多劳动者一生专从事制造，要想保护扩张他们生产者的权利，在现在的国会是不能办的，现在的政府自然也是不能办的。这个问题在战争以前已经发生了，但是为了战争的缘故，一时大家都迫于爱国心，一致对外，当战争迫急的时候，要生产多才可以得胜利，所以生产者就停止他们的要求，暂把平时保工的法律停止有效（言明平和时恢复原状），为得可以增加生产。但是在战争危急的时代才可以这样办法。

现在劳动者又要起首要求，所要求的不是恢战争前状态，是为生产者——实在也就是为全国——的利益，出一种彻底的计划（如英国矿山国有、美国铁道国有之运动。英国劳动者想参预工场之组织管理等事，都是劳动者的新觉悟所产出来的计划，这种计划较马克斯的阶级战争更进一步。不是拿劳动与资本家相对抗，是本乎现在社会状态造一个工业的民治国家）。在战争的时候，那国有制度和公有的社会主义（Collectivism）曾在食物、军需制造、铁路、船舶诸项事业上实行过。英、法、美的国民，虽然受个人主义的毒最深、最重，但是有了这一番大经验，也可以看出旧有产业制度不可以不改革了。虽是极顽固的人，视固有制度为神圣的，从此也可以明白制度不是万古不变的了。但是现在的国会，现在的政府不是可以动手改造的人。“改造”两个字在今日有极重要的意思，不像一般人所说“改造”的那样简单容易。改造不是支节的、部分的改造，是按着现在社会上经济、政治、教育诸种状况，造出各种新制度来，便利国民共同的生活。不过现在的政府仍然是战时产出来的政府，只知巩固权利，促进战事，哪晓得全局的改造计划。（这并不是过激之论。英法的报纸现在攻击政府最厉害之点就是因为政府对于事务没有办法，或没有彻底的办法。在百政待举的时候，这种政府是极危险的。）国会也是战时的国会，只能做政府的瓜牙，没有建设主张的能力，已失去向来的尊严。（这种西欧政治最危险征象，理想上国会应该代表人民，与人民的生命相接触，做映照人民意思的一种镜子。但是如今国会渐渐地失去功用。那报纸、工联大会、小册子直接行动，一齐都是映照民意的利器。人民与国会有机的关系渐渐疏了。一位英国朋友告诉我现在他们国会里没有一个大人物。国会制度最发达的英国尚且如此，此深可注意。）我现在不必再举多例去说明政府和国会的失势无能。总括现在情形，就是现在正是试验旧有政治制度最紧要的时期。假使固有的政治制度可以应乎时代的变迁，应乎各种新势力的要求（各种新势力指劳动者、女子、殖民地有色种人诸势力），自动地改造使各种新旧的势力调和完满（harmonize）。章秋桐君所谓“调和”，英文为 Compromise 与此义不同。共同谋良善的生活，才可以证明固有政治制度的优美,它的生命也就可以延长了(有一种制度能时时改造的才是最稳固的制度,不能自动的改造的,是最危险的,早晚总要推翻)。假使固有的制度不能适应社会的新情势,只可以代表一部分固有的势力,那一定要被淘汰的。革命、直接行动、劳兵农会当然都要发生的。我们中国方在这为民治主义奋斗的初期,对于他们工业的民治主义的运动,应该要大加注意的。

现代的政治与经济问题关系最密切,看以上所举的例可以明白了。但是现在战后的经济问题的急迫,有不能等政治制度改造的。美国食物监督 Hoover(此人最初为比国救济委员会长,运食粮救济比利时的饥民,措置得当,得了一时的盛名。后当美国加入战国,方任命他监察美国的食料)在七月里报告欧洲各国政府说:欧洲全体的生产太低。欧洲战后人口连俄国在内共四万五千万人,他们的生产能力,在历史上看来可以算最低的了。欧洲人民领失业的津贴的共一千五百万家,这失业的津贴费都是由政府发给,由政府发印无限的钞票才可以偿出的。假使欧洲没有从旁的地方输入物品,可以使一千万人没有饭吃,没有衣服穿。现在欧洲的生产额比停战条约签字的时候并没有减少,但是假使不倚赖他洲的输入,欧洲的人民就不能维持相当的生活程度的。美洲的生产额固然是可以暂时供给欧洲、接济他们战后燃眉之急,但是欧洲不能永久专倚赖美洲的输入过生活的。因为国际间的贸易是物品与物品相交换,金钱不过是一种媒介物。欧洲自己不能增加生产额与美洲产出的物品相交换,一定变成美洲的债务者,从此就变成经济上的奴隶了。据 Hoover 说,这种经济的奴隶制度将来定要惹起战争,所以这经济的大问题真是危急得很。我在欧洲只觉得生活难,物价昂贵,罢工频繁,影响到我个人身上。但是这不过是战后生产率低的一种表象。它的关系影响人民,真是出我们想象之外。这生产率低减的结果,就是失业、工商业停滞、资本消耗、贫穷、饥寒、革命、劳兵农会、Soviet 相继而至。劳兵农会办得好就像现在的俄国,办得不好就像今年九月的匈加利。总而言之,假使现在的经济状态,不快快地整顿、改造,眼前就是扰乱。这个不只是经济界的扰乱,也就惹起政治的、道德的、社会的大扰乱,这扰乱虽然是战争的结果,但是它的势力比战争还伟大,它的影响比战争还厉害、还苦楚。

我这次看了各国战后的情状,觉得西欧的国家正遇着一个大难关,好像他们进行的路程到了山穷水尽的时候,战前、战后所积累的政治、经济、社会诸问题,一时都如潮地涌出来，要所有的人民一齐努力去解决。他们国家社会的安危、贫富都系在他们身上。我们弱小的民族，自己不努力，反向他们去诉冤，求他们的帮助，他们并不是纯然自利的，不过自顾都忙迫得不了，又哪有机会去替人代抱不平呢？我们现在也是在山穷水尽的时候了，让我们大家一齐结合起来，去解决我们自己最迫切的政治、经济、社会问题罢！新青年！你忘了你的责任吗？

（第七卷第一号，一九一九年十二月一日）

自杀论

陈独秀

思想变动与青年自杀

一九一九年,十一月,十七日,上午,北京大学学生林德扬君在三贝子花园投水自杀了。他自杀的原因,大概是厌世。

林君的同学罗志希君做了一篇文章,叫做《是青年自杀还是社会杀青年?》说林君不是因病想免除痛苦而死,乃是万恶社会迫他自杀的。他并说出三个救济的方法:(一)美术的生活。(二)男女朋友交际的生活。(三)新的人生观。

北大教授蒋梦麟先生也做了一篇文章,他不把青年自杀的罪恶都加在社会身上,他说:"社会本来不能自己改良,要我们个人去改良它。"他主张"奋斗到极点还要奋斗""用大刀阔斧斩一条路,为后人造幸福""从地狱里造天堂"。他以为"自杀是自示其弱""自杀是一个大罪恶"。他以为自杀算是杀了社会上一个人,而且是杀了社会上一有用的好人。

北京《晨报》上登了一首《读"自杀论"有感》的诗:

凡物皆有死。死了仍再生。死死生生何劳苦!不若永死了不复生。
我昔曾绝望。自杀,岂粗鲁。当我自杀时,万象皆空,情志自由,乐难数。
神魂即与体魄离,茫然如睡,无知无识,更何怍?
谁谓自杀是懦夫?懦夫岂能自杀,甘为虏。
利己利他两不亏。何罪,求死不自主?
今且追恨援救我的人,把我解了;死乃生之祖。
茫茫宇宙何时停?我怎能够永久死了不复生?我怎能够永久死了不复生?

有一个外国人,听见蒋梦麟先生谈学潮后青年的三种心理:(一)事事要问做什么,就是对于事事怀疑。(二)思想自由。(三)改变人生观。他便说:好危险!将来恐怕有许多青年要自杀。

我的朋友李守常无生也要做一篇论青年自杀的文章,他这篇文章虽然还没有做出来,他的意思大概是:能自杀的人固然比偷生苟活的人好,但是再转一个念头,能用自杀的精神去改造世界,比消极的自杀更好。

杜威夫人说:"我不自杀。若是我自杀,必须先用手枪打死两个该死的人。"

以上都是对于林君自杀的各种感想:我以为林君自杀,是青年自杀中的一件,青年自杀,是全般自杀中的一件,要评论林君自杀的问题,不得不从全般自杀问题说起。

自杀是一种重大的社会现象,在社会学上是一个重大的问题,因为自杀若成了一种普遍的信仰,社会便自然破灭,哪里还有别的现象、别的问题发生呢?这样重大的问题,不是简单的感想可以解答的。我现在从各种方面分别讨论如下。

一、自杀的趋势

二、自杀的时期

三、自杀的原因

四、自杀的批评

五、自杀的救济

一、自杀的趋势　　据社会学者说,自杀的人数,有随着文明程度(我以为是思想发达和经济压迫的程度)加增的趋势,因此各国自杀的人数多寡不同。从一八八七年到一八九一年,五年间平均计算,欧洲各国的人口一百万里,自杀的人数如下表:

丹麦	二五三	巴威利亚	一一八
法兰西	二一八	英格兰	八〇
瑞士	二一六	那威	六六
普鲁士	一九七	荷兰	五八
奥地利	一五九	苏格兰	五六
比利时	一二二	意大利	五二
瑞典	一一九	爱尔兰	二四

有一位意大利的社会学者也说,自杀的事多发生在智识阶级。曾统计意大利和法兰西百万人中,自杀的人职业如下:

意大利		法兰西	
科学家、文学家	六一四	自由职业	五一〇
军人	四〇四	工业家	一五九
教育家	三五五	原料制造者	一一一
行政官	三二四	商人、运送业	九八
商人	二七七	仆婢	八三
司法官	二一八		
医生	二〇一		
工业家	八〇		
原料制造者	二五		

二、自杀的时期　　欧洲自杀的时期,每年从一月起,渐渐增加;自七月起,渐渐减少。日本人的自杀期,每年七八月间最盛。

三、自杀的原因　　据统计学者的话:自杀事件,文明人比蛮族多,教育程度高的比程度低的人多,青年、老年比少年人多,妇女比男子多,未婚的人比已婚的多,都会比乡村多,穷人比富人多。照统计学上自杀的人数看起来,可以发现自杀的三个原因:

(一)知识信仰发达

文明人

有教育的人

青年老年人

(二)情绪压迫

妇女

未婚的人

(三)经济压迫

都会里的人

穷人

这三个自杀的原因,详细地追本求源,社会压迫自然是这三个原因的总原因。但分别说起来,前两个是偏于主观的,后一个是偏于客观的。偏于主观的自杀,虽然受了社会压迫或暗示的影响,而自杀者的意志在主观上多少总与压迫或暗示的意志相结合;偏于客观的自杀,大部分是因为社会的压迫。

再就自杀事件的各种直接的原因,除精神病之外,可以类别如下:

(1)厌世及解脱

(2)烈女殉夫

(3)忠臣殉君及奴仆殉主人

(4)义士殉国家及朋友

(5)教徒殉教及志士殉主义

第一类关于知识信仰。

(6)失恋

(7)羞惭

(8)忏悔

(9)名誉被污

(10)考试落第

(11)刑罚的痛苦

(12)虐待的痛苦

(13)疾病的痛苦

(14)愤恨

第二类关于情绪压迫。

(15)饥寒所迫

(16)债务所迫

第三类关于经济压迫。

第一类的男子殉忠,女子殉节,都是中国、日本重要的道德、最大的荣誉,印度还有寡妇自焚的事。像这类的自杀,完全是被社会上道德习惯压迫久了,成了一种盲目的信仰。因为社会上不但设立许多陷阱似的制度,像昭忠祠、烈士墓、旌表节烈、节孝牌坊等奖励品,引诱一班男女自杀,而且拿天经地义的忠节大义,做他们甘心自杀的暗示,这种压迫和暗示受久了,便变成一种良知,觉得殉忠、殉节,真是最高的道德,不如此便问心不过。殉教、殉主义、厌世、求解脱这几种自杀,一方面固然是因为客观上社会直接的压迫,一方面也因为主观上受了一种新信仰、新思潮的暗示,暗示也算一种间接的压迫。Wundt 把暗示(Suggestion)叫做"醒的催眠"(Wachhypncse),因为他也有催眠作用。受了暗示的人,便入了"意识逼窄"(Narrowing of consciousness)的状态,暗示的力量压迫着他的思路向一定的方向进行,他自己的意志完全失去效力。Christensen(略用 Christensen 的意思,见 *Politic and crowdmorality* p.12.)分暗示为二大类:一是别人的暗示(Foreign suggestion),一是自己的暗示(Autosuggestion)。别人的暗示又分两种:一种是人身的暗示(Personality suggestion),一种是社会的暗示(Social suggestion)。人当恐怖、猜疑、冥想、迷信的时候,多起自己暗示的作用。中国人怕鬼,就是这种作用。人身的暗示,最有力量的是两亲、业师、宗教家、医生、演说家、音乐家、演剧家、大思想家、社会改革运动者、大文豪、爱国者,不但同地同时,就是在远方古代,他们也都有暗示的力量,社会的暗示就是历史、传说、习惯、舆论、道德、时代精神、社会风尚、思想潮流,这几样暗示的力量强大而且久远。个人的行为或者不能说全没有意志自由的时候,但是造成他的意志以前,他的意志自由去选择信仰行为以后,都完全受环境暗示的支配,决没有自由的余地。自杀也是一种行为,所以不能说不是受环境的压迫和暗示。压迫和暗示紧紧地逼窄了他的意识,意识失了觉性,意志失了效力,好像鬼迷了一般,压迫在后面追赶,暗示在前面指引,所以不知不觉地只看见自杀是唯一的道路,不容他看见第二条道路,而且暗示占领了他的知识界域,成了信仰,也不愿意走别的道路,所以平常人看做极悲惨、可恐怖的事,自杀的人看做平常,绝不回顾。这一类自杀的人所以多是文明、有教育的青年,因为知识信仰发达的结果,比蛮族、无教育的人、少年容易接受这种暗示。

第二类的(6)(7)(8)(9)四种自杀,都是因为情绪上受了道德习惯和舆论的压迫;(10)(11)(12)(13)(14)五种自杀,都是因为情绪上受了社会制度的压迫。人是社交的动物,一旦受了压迫,社会上无立足之地,断绝社交又是人生最大的痛苦,像这种人自然毫无生趣。但是他们倘不受厌世思想、解脱主义的暗示，恐怕还没有自杀的决心。因为自杀多兼两种原因：一是社会的压迫，一是思想的暗示。蛮族、无教育的人、少年，比较自杀的少，都是思想不发达，缺少第二种原因。倘若二种原因俱全，无论怎样勇于奋斗的人，一方面为社会的道德、制度所驱逐，一方面为厌世思想所引诱，还有不自杀的道理吗？妇女的情绪易于感动，未婚的人情绪容易失调，所以自杀的人数比男子、比已婚的人多。

第三类的自杀，纯粹是因为经济的压迫，受思想暗示的影响很小。都会里的人生活更艰难，所以自杀的比乡村多。物质文明越发达，富人兼并的力量越大，穷人所受经济压迫的痛苦越深，所以文明人自杀的比蛮族多。这是社会组织、经济制度不良的结果，不能说是文明本身的弊害。至于学说、思想随着别的文明发达，而且传播加快，厌世主义的暗示，也随着效力加大，所以各国自杀的人数，有随着文明程度加增的趋势，这只可以说是厌世主义的弊害，不能归罪文明本身。这种受了思想暗示的自杀，应该归到第一类，和第三类的自杀关系很浅。因为受经济压迫而自杀的人，大半教育知识的程度很低，未必有学说、思想上的信仰，所以有许多困苦不堪老年残废的乞丐，还要贪生怕死，有为的青年却往往自杀，就是这个缘故了。少年人自杀的少，也因为他感觉痛苦和暗示的力量薄弱。有几种蛮族不但他们自己不自杀，并不相信人类真有自杀的事，正因为他们一方面思想不发达，一方面经济的压迫也不甚厉害。

以上三类十六种自杀的原因，综合起来，不外两大总原因：

（一）社会的压迫（精神的、物质的两方面）。

（二）思想的暗示（个人的、社会的两方面）。

四、自杀的批评　　古来对于自杀的批评，有反对、非反对两派：

（甲）反对派

（一）佛教反对一切杀，自杀也包含在内，而且他们相信轮回，杀这世的肉身，无济于事。

（二）基督教极端反对自杀，以为犯了自杀罪的人不能够到天堂。罗马圣奥古斯丁（St.Augustine）主张就是受污的女子也不应该自杀。

（三）意大利神学者阿夫纳斯（Thomas Aquinas）说自杀有三样罪：一是违背了好生恶死的自然性，二是减少了社会的分子，三是侵犯了上帝的生杀权。

（四）费希特（Fichte）说为人生存时有义务，自杀是想免除义务，所以不道德。

（五）叔本华（Schopenhauer）说自杀不是应该非难的行为，乃是糊涂的行为，因为自杀只能够灭绝肉体，不能够灭绝本体（即意志）。他又以为自杀的真正目的，在求得精神的平安，否定意志是达此目的的唯一方法。否定意志是什么？就是无我主义。

（乙）非反对派

（一）希腊禁欲派（the Stoics）说自杀可以解脱一切痛苦。

（二）英国哲学家休谟说："人类处置自己的生命，若算是侵犯上帝的权利，那么人要延长上帝用自然法限定的生命，岂非也不应该吗？"又说："我若是没有力量为社会造福，或是为社会的累赘，或是因为我的生命妨碍别人为社会尽力，那么我若是自杀了，不但无罪而且有功。"

（三）法国孟德斯鸠（Montesquieu）反对国家设立没收自杀者的财产，和处罚自杀未成的等法律。

（四）福录特尔（Voltaire）说："若说自杀有害于社会，那么屠杀生命的战争，何以各国的法律都认可？"

我们对于这些评论，可以看出两种趋势：一是古代宗教家大半反对自杀，一是后来自由思想的哲学家大半不反对自杀。希腊古代的风气，本和自由思想的近代相仿佛，所以有 Stoics 一派的主张，完全与基督教相反。自由思想的希腊人，事事与基督教相反，不止自杀一端。

五、自杀的救济　　讨论自杀的救济，第一个先决问题，就是究竟有没有救济的必要？

我们为什么要救济自杀？因为自杀若成了一种普遍的信仰，社会便自然破灭。各国政府所深恶痛绝的是共产主义和无政府主义，说他们是破灭社会的危险思想，倒是真有两个可以破灭社会的危险思想，他们却不曾看见。这两个思想是什么呢？一个是独身主义（我以为不婚主义和独身主义是两样），一个就是自杀。

更进一步讨论，我们为什么要维持这社会不让它破灭呢？这种疑问是很难解答的疑问，是哲学上的疑问。厌世自杀的人，正是这种疑问达到他心境最深的处所，感得人生没有什么价值，所以才发生一种彻底的觉悟、最后的决心。这种自杀是最高等的自杀，是哲学的自杀，是各种自杀的源泉、模范，各种自杀多少都受了它暗示的影响。这种对于人生根本上怀疑的自杀，绝非单是改良社会制度减轻压迫所可救济，他心境深处的疑问倘没有圆满的解答，对他说什么生活好，什么生活不好，什么社会制度好，什么社会制度不好；对他说自杀道德不道德，犯罪不犯罪，于社会有害无害；对他说什么死得值不值，什么徒死不能收改良社会的效果，什么为人类造幸福应该奋斗到底，什么自杀是女性、是示弱、是懦夫。像这一类的话，都是隔靴搔痒，在他的眼里都没有一看的价值。只有能解答他心坎里面深处所藏人生哲学的疑问，才能够改变他的人生观，才能够做他不去自杀的暗示。

我以为这种疑问，是两种心理造成的：一是苟且心，一是偏见。苟且心出于宗教上"空观"的暗示，以为人生百年，终久是死，死后的社会更和我没有关系，为什么要维持他不让他破灭呢？偏见出于哲学上"性恶"的暗示，以为人类生来性恶，救济，希望，终久是绝对的不可能，像这种黑暗万恶的社会，为什么要维持他不让他破灭呢？

这两种心理都可以造成厌世自杀，懦弱的人就是不自杀，也要变成顺世堕落一派。顺世堕落原来就是厌世自杀的变相，都是极危险的人生观。这两种人生观，对于人生的价值都是根本地怀疑：一切皆空，人生的意义是什么，价值在哪里？黑暗万恶，人生的价值又在哪里？人生既然无意义，无价值，活着徒受痛苦，不自杀便是无意识的苟活。

人生果然完全是空？人性果然完全是黑暗？人生果然无意义，无价值？

相信"空观"的人，未必都相信灵魂转生（果然灵魂转生，不但现世界空而不空，并且死后的社会还和我关系不断），就是我也不相信灵魂转生。但是"种性不灭""物质不灭"，我们是相信的。一切现象是转变不是断灭，一切空间、时间都无实在性，都是这永续无间的转变现象上便于说明的一种假定，我们也可以相信的。我们个体的生命，乃是无空间、时间区别的全体生命大流中的一滴。自性和非自性，我相和非我相，在这永续转变不断的大流中，本来是合成一片，永远同时存在，只有转变，未尝生死，永不断灭。如其说人生是空是幻，不如说分别人我是空是幻；如其说一切皆空，不如说一切皆有；如其说"无我"，不如说"自我扩大"。物质的自我扩大是子孙、民族、人类，精神的自我扩大是历史。各种历史都是全体生命大流的记录，我与非我一切有生命的现象、痕迹，都包含在这些记录里面。我们个体生命和全体生命的现象、痕迹，无论是善或恶，是光明或黑暗，总算是"有"不是"空"。

复次讨论人性问题。“性恶说”本是一种偏见,人性本有善、恶两方面。如下表:

善的方面	恶的方面
创造的冲动	占有的冲动
利他心	利己心
互助的本能	掠夺的本能
同情心(即恻隐心)	残忍心
爱慕心	嫉妒心
哀哭的本能	嗔忿的本能

在生物进化上看起来,人类也是一种动物,他本性上恶的方面,也和别的动物一样。不过恶的方面越减少,善的方面越发达,他的品格越进化到高等地位,并不是一成不变的。人虽是最高等动物,“下等动物的祖先”所遗传的恶性固然存在,他们所遗传的善性也未尝不存在。况且现在正在进化途中,恶性有减少的可能,善性有发展的倾向,何以见得绝对没有救济的希望呢?受厌世主义暗示的人,只看见人性上恶的方面,没有留心那善的方面,岂不是偏见吗?

“空观”是世俗囿于现世主义的一种反动,“性恶的悲观”是过于把人类看得高明的一种反动。反动不合真理的本来面目。我们现在要了解人生不完全是空,而且要了解这不空的人生不完全是恶,我们要了解人生有相当的意义与价值。了解得人生的意义与价值是什么,他心境最深处所怀的疑问,便自然有了解答,自然会抛弃那危险的人生观。

危险的人生观,厌世的自杀,乃是各种自杀的母亲。这种自杀的救济,也就是各种自杀的根本救济。因为自杀的原因虽各不相同,多少都受点厌世思想的暗示,这种暗示可以算是各种自杀的共性。解除了暗示,抛弃了危险的人生观,对于人生根本的怀疑有了解释,方才可以和他说什么改良生活状况,反抗社会压迫,由个人改造社会,奋斗到底一类的话。这种自杀有了救济,其余自杀的救济才有路可寻。

厌世观以外,其余的自杀:像上文所列的(2)(3)(4)(7)(8)(9)六种,都是为了社会道德习惯上积极的压迫；(5)(6)两种，都是为了宗风、名教、学说、道德上消极的压迫；(10)是因为社会制度上积极的压迫；(11)(12)都是因为社会制度上消极的压迫；(13)(14)都是因为社会制度上积极的或消极的压迫。

社会成了固定性的时候，他的道德的组织和制度的组织，往往发挥一种极有势力的集合力，压迫、驱逐那和他组织不同的分子，那被他积极的(就是奖励)或消极的(就是禁止)压迫，而没有集合力和他反抗的分子，往往出于自杀。这种被压迫、驱逐而自杀的分子倘然多了，绝不是全社会中的好现象。救济的方法分两方面：一方面是压迫的社会要觉察自己的组织的缺点，要有度量容纳和自己组织不同的新生分子，要晓得这种分子将来也会有集合力，也会有一种新组织，取自己的地位而代之；一方面是被压迫的分子倘然发现了社会的罪恶，不要消极地自杀，要有单人匹马奋勇直前的精神，要积极的造成新集合力和压迫的社会反抗。反抗是好现象不是坏现象，反抗与结合，是相反相成的作用，是社会进化所必经的现象。社会上倘永远没有反抗的现象，便永远没有进步。

经济压迫的自杀，自然也是社会制度不良的结果。世界上对于这种自杀的积极的救济，正闹得天翻地覆，现在不用多说了。我相信社会经济制度果然能够改变，生产机关、工具和生产物，都归到生产者自己手里，不被一班好吃懒做的人抢去，那时便真能达到孔子"均无贫"的理想。因为贫富是比较的现象，缺乏乃是对于不缺乏相形见绌的情况，分配果然平均，哪里会有贫的现象？生产物果然按劳力分配平均，无论生活如何困难，哪里会有心怀不平愤而自杀的人呢？

据以上讨论，自杀的救济，仍用因果法则，照着自杀的总原因分为两事：

(一)解除思想的暗示(改造人生观)。

(二)解除社会的压迫(改造道德的、制度的组织)。

现代青年的自杀，大多数是(1)(6)两种原因。林君自杀自然是厌世不是失恋。这班现代的青年，心中充满了理想，这些理想无一样不和现社会的道德、信条、制度、习惯冲突，无一样不受社会的压迫，他们的知识又足以介绍他们和思想潮流中的危险的人生观结识。若是客观上受社会的压迫，他们还可以仗着信仰鼓起勇气和社会奋斗，不幸生在思潮剧变的时代，以前的一切信仰都失了威权，主观上自然会受悲观怀疑思想的暗示，心境深处起了人生价值上的根本疑问，转眼一看，四方八面都本来空虚、黑暗,本来没有奋斗、救济的价值,所以才自杀。像这种自杀,固然是有意义、有价值的自杀,但是我们要注意的,这不算是社会杀了他,算是思想杀了他呵!忠节大义的思想固然能够杀人,空观、悲观、怀疑的思想也能够杀人呵!主张新思潮运动的人要注意呵!要把新思潮洗刷社会的黑暗,别把新思潮杀光明的个人加增黑暗呵!

近代思潮中有这种黑暗的、杀人的部分吗?有的,有的,但是最近代、最新的思潮不是这样。思潮的趋势如下表:

古代思潮	近代思潮	最近代思潮
理想主义	唯实主义	新理想主义人(?)、新唯实主义
纯理性的	本能的	情感的
超自然的	自然的	以自然为基础的
天上的	地上的	人生的
神的	物的	人的
全善的	全恶的	恶中有善的
全美的	全丑的	丑中有美的
未来的	现世的	现世的未来
人性超越万物	人性与兽性同恶	人性比兽性进化
理想万能	科学万能	科学的理想万能
玄想	现实	现实扩大
无我	唯我	自我扩大
主观的想象	客观的实验	主观的经验
个人的非国家的	国家的	社会的非国家的

古代的思潮过去了,现在不去论它。所谓近代思潮是古代思潮的反动,是欧洲文艺复兴的时候发生的。十九世纪后半期算是它的全盛时代,现在也还势力很大,在我们中国的思想界自然还算是新思潮。这种新思潮,从它扫荡古代思潮的虚伪、空洞、

迷妄的功用上看起来，自然不可轻视了它，但是要晓得它的缺点，会造成青年对于世界、人生发动无价值、无兴趣的感想。这种感想自然会造成空虚、黑暗、怀疑、悲观、厌世，极危险的人生观。这种人生观也能够杀人呵！它的反动，它的救济，就是最近代的思潮，也就是最新的思潮。古代思潮教我们许多不可靠的希望，近代思潮教我们绝望，最近代思潮教我们几件可靠的希望。最近代思潮虽然是近代思潮的反动，表面上颇有复古的倾向，但它的精神、内容都和古代思潮截然不同，我们不要误会了。（参看本志六卷六号中《文艺的进化》）

最近代最新的思潮的代表，就是英国罗素（Bertrand Russell）的新唯实主义的哲学，和法国罗兰（Romain Rolland）的新理想主义的文学，和罗丹（Rodin）的新艺术。这也是我们应该知道的。（参看本志前号中《精神独立宣言》）

这思想变动的时代，自然是很可乐观的时代，也是很危险的时代，很可恐怖的时代，杜威博士和蒋梦麟先生所虑的，想必也就是这个意思。但是主张新思潮运动的人，却不可因此气馁，这是思想变动的必经的阶级，况且最近代的最新的思潮，并不危险，并无恐怖性，岂可因噎废食？

（第七卷第二号，一九二〇年一月一日）

基督教与中国人

陈独秀

一

凡是社会上有许多人相信的事体，必有他重大的理由，在社会上也必然是一个重大的问题。基督教在中国已经行了四五百年，奉教的人虽然不全是因为信仰，因为信仰奉教的人自必不少，所以在近代史上生了许多重大的问题。因为我们向来不把他当做社会上一个重大的问题，只看做一种邪教，和我们的生活没有关系，不去研究解决方法，所以只是消极地酿成政治上、社会上许多纷扰问题，没有积极地十分得到宗教的利益。现在若仍然轻视它，不把它当做我们生活上一种重大的问题，说它是邪教，终久是要被我们圣教淘汰的，那么，将来不但得不着它的利益，并且在社会问题上还要发生纷扰。因为既然有许多人信仰它，便占了我们精神生活上一部分，而且影响到实际的生活，不是什么圣教所能包办的了，更不是竖起什么圣教的招牌所能消灭了。所以我以为基督教的问题，是中国社会上应该研究的重大问题，我盼望我们青年不要随着不懂事的老辈闭起眼睛瞎说！

二

在欧洲中世，基督教徒假信神、信教的名义，压迫科学，压迫自由思想家，他们所造的罪恶，我们自然不能否认。但是欧洲的文化从哪里来的？一种源泉是希腊各种学术，一种源泉就是基督教，这也是我们不能否认的。因为近代历史学、自然科学都是异常进步,基督教的“创世说”“三位一体说”和各种灵异,无不失了威权,大家都以为基督教破产了。我以为基督教是爱的宗教,我们一天不学尼采反对人类相爱,便一天不能说基督教已经从根本崩坏了。基督教的根本教义只是信与爱,别的都是枝叶。不但耶稣如此,《旧约》上开宗明义就说:

> 有害你们生命流你们血的,无论是兽是人,我必讨他的罪。人与人是弟兄,人若害人的生命,我必讨他罪。凡流人血的,人也必流他的血。因为上帝造人,是按着自己形像造的。(《创世记》第九章之五、六)

所以基督徒或是反对者,都别忽略了这根本教义。

三

基督教在中国行了几百年,我们没得着多大利益,只生了许多纷扰,这是什么缘故呢?是有种种原因:(1)吃教的多,信教的少,所以招社会轻视。(2)各国政府拿传教做侵略的一种武器,所以招中国人的怨恨。(3)因为中国人的尊圣、攘夷两种观念,古时排斥杨、墨,后来排斥佛、老,后来又排斥耶稣。(4)因为中国人的官迷根性,看见《四书》上和孔孟往来的人都是些诸侯、大夫,看见《新约》上和耶稣往来的,是一班渔夫、病人,没有一个阔佬,所以觉得他无聊。(5)偏于媚外的官激怒人民,偏于尊圣的官激怒教徒。(6)正直的教士拥护教徒的人权,遭官场愤恨、人民忌妒;邪僻的教士袒庇恶徒,扩张教势,遭人民怨恨。(7)基督教义与中国人的祖宗牌位和偶像显然冲突。(8)白话文的《旧约》《新约》,没有《五经》《四书》那样古雅。(9)因为中国人没有教育,反以科学为神奇鬼怪,所以造出许多无根的谣言。(10)天主教神秘的态度,也是惹起谣言的引线。

上列十种原因当中,平心而论,实在是中国人的错处多,外国人的错处不过一两样。他们这一两样错处,差不多已经改去了,我盼望他们若真心信奉耶稣最后的遗言——《马太传》的末章最后二节所说——今后不要再错了。我们中国人回顾从前的历史,实在是惭愧;但现在是觉悟到什程度么?我盼望尊圣卫道的先生们总得平心研究，不要一味横蛮！横蛮是孟轲、韩愈的态度，孔子不是那样。

四

我们今后对于基督教问题，不但要有觉悟，使他不再发生纷扰问题；而且要有甚深的觉悟，要把耶稣崇高的、伟大的人格和热烈的、深厚的情感培养在我们的血里，将我们从堕落在冷酷、黑暗、污浊坑中救起。

支配中国人心的最高文化，是唐虞三代以来伦理的道义。支配西洋人心的最高文化，是希腊以来美的情感和基督教信与爱的情感。这两种文化的源泉相同的地方，都是超物质的精神冲动；他们不同的地方，道义是当然的、知识的、理性的，情感是自然的、盲目的、超理性的。道义的行为，是知道为什么应该如此，是偏于后天的知识；情感的行为，不问为什么只是情愿如此，是偏于先天的本能。道义的本源，自然也出于情感，逆人天性（即先天的本能）的道义，自然算不得是道义，但是一经落到伦理的轨范，便是偏于知识、理性的冲动，不是自然的、纯情感的冲动。同一忠、孝、节的行为，也有伦理的、情感的两种区别。情感的忠、孝、节，都是内省的、自然而然的、真纯的；伦理的忠、孝、节，有时是外铄的、不自然的、虚伪的。知识、理性的冲动，我们固然不可看轻；自然情感的冲动，我们更当看重。我近来觉得对于没有情感的人，任你如何给他爱父母、爱乡里、爱国家、爱人类的伦理知识，总没有什么力量能叫他向前行动。梁漱溟先生说："大家要晓得，人的动作不是知识要他动作的，是欲望与情感要他往前动作的。单指出问题是不行的，必要他感觉着是个问题才行。指点出问题是偏于知识一面的，而感觉它真是我的问题都是情感的事。"梁先生这话极有道理，但是他说："富于情感是东方人的精神。"又说："这情感与欲望的偏盛是东西两文化分歧的大关键。"他这两层意思，我都不大明白。情感果都是美吗？欲望果都是恶吗？情感果能绝对离开欲望吗？只有把欲望专属物质的冲动，情感专属超物质的冲动，才可以将它两家分开。其实情感与欲望都兼有物质的、超物质的两种冲动，不能把它们分开，不能把它们两家比出个是非高下。欲望、情感的物质的冲动，是低级冲动，是人类的普遍天性（即先天的本能，它自性没有善恶），恐怕没有东洋、西洋的区别。欲望情感的超物质的冲动，是高级冲动，也是人类的普遍天性，也没有东洋、西洋的区别。所以就是极不开化的蛮族,也有他们的宗教。所以我以为:西洋、东洋(殊于中国)两文化的分歧,不是因为情感与欲望的偏盛,是在同一超物质的欲望、情感中,一方面偏于伦理的道义,一方面偏于美的、宗教的纯情感。东洋的文化自然以中国为主,阿利安人(Aryan)的美术、宗教,本是介在这两文化系间的一种文化,与其说他近于中国文化,不如说他近于西洋文化。至于希伯来(Hebrew)文化,更不消说的了。

中国的文化源泉里,缺少美的、宗教的纯情感,是我们不能否认的。不但伦理的道义离开了情感,就是以表现情感为主的文学,也大部分离了情感加上伦理的(尊圣、载道)、物质的(纪功、怨穷、诲淫)彩色。这正是中国人堕落的根由,我们实在不敢以"富于情感"自夸。

中国社会麻木不仁。不说别的好现象,就是自杀的坏现象都不可多得。文化源泉里缺少情感,至少总是一个重大的原因。现在要补救这个缺点,似乎应当拿美与宗教来利导我们的情感。离开情感的伦理道义,是形式的不是里面的;离开情感的知识,是片段的不是贯串的,是后天的不是先天的,是过客不是主人,是机器、柴炭,不是蒸汽与火。美与宗教的情感,纯洁而深入普遍我们生命源泉的里面。我主张把耶稣崇高的、伟大的人格,和热烈的、深厚的情感,培养在我们的血里,就是因为这个理由。

五

我们一方面固然要晓得情感的力量伟大,一方面也要晓得它盲目的、超理性的危险。我们固然不可依靠知识,也不可抛弃知识。譬如走路,情感是我们自已的腿,知识是我们自已的眼或是引路人的眼,不可说有了腿便不要眼。

基督教的"创世说""三位一体说"和各种灵异,大半是古代的传说、附会,已经被历史学和科学破坏了,我们应该抛弃旧信仰,另寻新信仰。新信仰是什么?就是耶稣崇高的、伟大的人格和热烈的、深厚的情感。

不但那些古代不可靠的传说、附会,不必信仰,就是现代一切虚无、琐碎的神学、形式的教仪,都没有耶稣的人格、情感那样重要。耶稣说:

> 我告诉你们,现有一比神殿更大者在此。(《马太传》十二之六)

又说：

我不为祭祀而为怜悯。(《马太传》十二之七)

犹太人杀害耶稣罪状，就是因为他说：

我能破坏这神殿，并且三日内造成。(《马太传》二十六之六十一)

我们应该崇拜的，不是犹太人眼里四十六年造成的神殿(《约翰传》二之二十)，是耶稣心里三日再造的、比神殿更大的本尊。我们不用请教什么神学，也不用依赖什么教仪，也不用借重什么宗派；我们直接去敲耶稣自己的门，要求他崇高的、伟大的人格和热烈的、深厚的情感与我合而为一。他曾说：

你求，便有人给你；你寻，便得着；你敲门，便有人为你开。(《马太传》七之七)

六

耶稣所教我们的人格、情感是什么？

(1)崇高的牺牲精神。他说：

我是从天降下的活面包，吃这面包的人永生。为了人世的生命，我所贡献的面包就是我的肉。(《约翰传》六之五十一)

我的肉真是食物，我的血真是饮物。(《约翰传》六之五十五)

吃我肉饮我血的人，与我合一，我也与他合一。(《约翰传》六之五十六)

爱父母过于爱我的人，不配做我的门徒；爱子女过于爱我的人，不配做

我的门徒。(《马太传》十之三十七)

不背着他的十字架随我的人,不配做我的门徒。(《马太传》十之三十八)

想保全他的生命的人,将来必失去生命。他为我失去生命,将来必得着生命。(《马太传》十六之二十五)

耶稣在将要被难之前,知道他的十二门徒中,有一人要卖他,他举起酒杯向他们道:

请你们满饮此杯,因为这是我的血,为誓约、为众人赦罪流的血。(《马太传》二十六之二十七、二十八)

(2)伟大的宽恕精神。他说:

你们宽免别人的罪,天父也要宽免你们的罪。(《马太传》六之十四)

悔改与赦罪将由他的名义从耶路撒冷起,宣传万国。(《路加传》二十四之四十七)

一人悔罪,天使大喜。(《路加传》十五之十)

我告诉你,那妇人许多罪恶都赦免了,因此她爱也多。被赦免的少,爱也少了。(《路加传》七之四十七)

神欢喜一个有罪的人悔改,过于欢喜九十九个正直的人无须悔改。(《路加传》十五之七)

别人告诉你们:爱你们的邻人,恨你们的敌人。我告诉你们:爱你们的敌人,为迫害你们的人祈祷。这样才是天父的儿子:他的日光照善人也照恶人,他降雨给正义的人也给不义的人。(《马太传》五之四十三、四十四、四十五)

勿敌恶人:有人打你右边脸,你再把左边向他。有人到官告你,取去你的上衣,再把外套给他。(《马太传》五之三十九、四十)

我不是为无罪的人而来,乃为有罪的人而来。(《马太传》九之十三)

(3)平等的博爱精神。他说:

使瞎子能看,跛子能走,聋子能听,有癞病的人洁净,死的人复活,穷人得着福音。(《马太传》十一之五)

尊敬你的父母,爱邻人如爱你自己。(《马太传》十九之十九)

卖你所有的东西,送给穷人,如此你将得着天国的财宝。(《马太传》十九之二十一)

富人入天国,比骆驼穿过针孔还难。(《马太传》十九之二十四)

第一尽全心、全精神、全意爱你的神,第二爱邻人如爱你自己,一切法律、预言者,都是遵这两大诫。(《马太传》二十二之三十七、三十八、三十九、四十)

你们须相爱,你们须相爱如同我爱你们。(《约翰传》十三之三十四)

穷人少的布施,多过富人多的布施,因为富人布施的是他的有余,穷人布施的是他的不足,是尽其所有。(《路加传》二十之三、四)

Pharisee 人与学者讥诮耶稣和税吏及罪人同食,耶稣对他们说道:

你们堂中,谁有一百只羊?若失去一只,他不离开这九十九只,去将那失去的寻得吗?寻得了,是要喜欢地把它背在肩上。他回到家里,他要邀集他的朋友、他的邻人,对他们说,恭喜我寻回来了我失去的羊。我告诉你们,神喜欢一个有罪的人悔改,过于喜欢九十九个正直的人无须悔改也是这样。(《路加传》十五之一至七)

这就是耶稣教我们的人格,教我们的情感,也就是基督教的根本教义。除了耶稣底人格、情感,我们不知道别的基督教义。这种根本教义,科学家不曾破坏,将来也不会破坏。

七

耶稣说:"听到我的话而不实行的人,好比一个愚人把房屋做在沙上。风吹,雨打,洪水来了,这屋是要倾覆的,这是很大的倾覆。"(《马太传》七之二十六、二十七)

现在全世界的基督教徒都是不是愚人?把传教当饭碗的人不用说了,各国都有许多自以为了不得的基督教信者,何以对于军阀、富人种种非基督教的行为,不但不反抗,还要助纣为虐?眼见"万国人祈祷的家做了盗贼的巢穴",不去理会,死守着荒唐无稽的传说,当做无上教义,我看从根本上破坏基督教的,正是这班愚人,不是反对基督教的科学家。大倾覆的责任,不得不加在这班愚人身上!

中国的基督教状况怎么样?恐怕还是吃教的人占多数。

最可怕的,政客先生现在又来利用基督教。他提倡什么"基督教救国论"来反对邻国,他忘记了耶稣不曾为救国而来,是为救全人类的永远生命而来;他忘记了耶稣教我们爱邻人如爱我们自己;他忘记了耶稣教我们爱我们的敌人,为迫害我们的人祈祷。他大骂无产社会是"将来之隐患","大乱之道",他忘记了基督教是穷人的福音,耶稣是穷人的朋友。

(第七卷第三号,一九二〇年二月一日)

近代心理学

张嵩年

译自伦敦《自然》(*Nature*)周刊五十年纪念号(一九一九,十一月初六出,即二千六百十号,属一百零四卷)。原题“*The Modern Science of Psychology*”。未著作者姓名。今译间有更改增补之所。

自从一八六九(按《自然》在那年十一月初四创刊)以来,心理学所作的进步真可正当地说为从来无比。在那年这个科目还无实验室,还看做一种哲学的研究。今日心理实验室既差不多各个重要大学都有一个,心理学也认成自然科学团里的最年少的新团员,便是成了心的历程(Processes 或译“程序”,日本通译“过程”)之自然科学。

近代的心理学,虽也承认哲学家们研究的老的、纯粹内省的心理学(此派在英以娃德 Ward 与斯陶谛 Stout 之著作为代表)之大价值,但很少见到它的危险,它的不足,因求把它脱离了一切元学的含蓄,而于既知的变的情形之下研究心的历程。因此遂成立了实验心理学。由这个实验心理学又起了许多小分科:(一)生理心理学,研究心的对于神经的历程的关系;(二)动物心理学,研究动物的对于人的心态和行动之关系;(三)个人的和种族的心理学,考定不同的个人间和人种间心的差异。

此外又发展了“应用”心理学种种支派。例如,(四)教育心理学,此科研究结果今为为教师者在学习之时所必肄习;(五)社会心理学,此包有宗教和其他种种社会制度及特性之心理学;(六)变态心理学,研究反常或病的心理,现在剑桥、爱丁堡、曼切斯特等地大学便以此为心理的医术科毕业试验一科目;(七)工业心理学,此科所涉在发见得工人最高的心的效率之最好的情形,就是在什么情形工人心的效率最大,近来大工商行时有聘请老练的心理学家的,就是为的此事;(八)美学之心理学,在此科里已有很多对于美术很重要的实验室的研究公刊。现在在西方各所谓文明国,特如美与德,对于教育心理学、变态心理学、个人心理学、动物心理学、宗教心理学、工业心理学、证据心理学、心理生物学等科都各出有专门杂志。总科如实验心理学、应用心理学也都是各有专门杂志的。

费希纳(Fechner)工作于哥敦坚(Gottingen),翁德在来比锡(Leipzig)大学首创心理实验室(时一八七九)。此二人实可算实验心理学之祖。费希纳是第一个排列出心理物理学的种种方法的。这种方法是欲免除心理实验之许多陷阱,非贯□□(原文如此)根基他们不可的。翁德左右,或其学生中,特如居尔卑(Kulpe),常是为欧美各地学生求习实验心理的所集,来自美的为尤多。但在意、奥、俄,对于此学注意者尚少。在瑞士学此学多从法人黎菩(Ribot)、耶讷(Janet)和毕讷(Binet)之导。黎菩与耶讷立近代记忆病、人格病说之基。毕讷属于最先系统地研究个人心的差异并策划心能力试验方法的。

在美以受郝尔(Stanley)与狄臣讷(Titechener)之影响,德派的传说起初非常盛行。在瑞典、挪威、丹麦也然。大多数的美国心理(学)者,与大多数的德国心理学者同,起初都是学哲学的,所刊的著作,普通也是照德国的样子,常是为得哲学博士学位而作的"处女"论文。但英国的实验心理学发展的路术却与此很不相同。此英国派特以受来威斯(Rivers)影响为多。来威斯于去今二十余年前始受聘到剑桥讲五官生理学。此派实验心理学是没甚受哲学资助的,研究它的多是于生理与医业已很有研究的人。故他们研究它也多是从生理学与医学而入。如来威斯与马克独孤(Mac Dougall,他今已由牛津大学应美哈佛大学之聘,为心理学教授补闵斯特堡 Ministerburg 死后留下的缺)之研究始于视觉。麦尔斯(Myers)之研究始于听觉,以后有斯璧曼(Spearman),曾受业于翁德,则专门于种种心的能力之相关。在美科学的心理学尝受遇于通俗之危险,在英也无此病。英派所重尝在比较的心理学之一二方面,至像德国实验室之纯粹实验心理学实非其的重。因为他见到在不同的实验情形之下的得的心的差异比在同一样情形下观察不同的个人所得的,程度上、意义上都较着小。在英、在德,诚都对于酒精和他种药料在一指定的个人心的历程上的影响有过研究,但就在此,以至如爱宾豪(Ebbinghans)和弥勒(G.E.Muller)在记忆上著名的研究,特别的兴趣总注在研究不同的个人的行动上。英国比较心理学的研究又很为晚近生长很速的教育心理学、工业心理学、医术心理学几种应用科学所激动。海敦(Haddon)率领到都列斯海峡(在澳大利亚与新几内亚之间)的剑桥人类学探险队,中有心理学者三人,也是于此研究极有影响的。

就是在德与美,也不能常守着起初的,虽基本而少成效的研究题目而无破。石泰伦(Stern)的个人心理学的著作是随著英国噶尔顿(Francis Galton)的精辟的研究的。美国甄宁斯(Jennings)、桑代克(Thorndike)、颜克斯(Yerkes)关于动物行动的工夫又是根于英国罗曼斯(Romonces)与劳得摩根(Lloyd Morgan)的立的基础的。这都是破例的。

自尔以来,老的内省心理学的不充足乃益显然,不论在实验室里研究,或在其外研究,通是一例的,新近娃岑(Watson)等曾求立一种只以行动(Behavior)作解说的心理学。(按马克独孤于其在一九〇五年刊的《生理心理学》小书已界说心理学为"生物之的行为之实证科学"。并言此界说最好、最周博。)洛布(Loeb)与鲍劳(Pawlow)则求立一种以纯粹机械的或生理的历程解说的。海德(Head)和其同事曾证明除非研究周边神经的与神经中枢的伤损之影响,不能解析和循迹感觉的及高等的历程之进化。他新近发表其十八年来研究感觉与脑皮的关系之结果,对于旧说颇多推翻,影响甚巨,倾动一时。佛洛德(Freud,成立"心解"术 Psychoanalysis 的)与其高足弟子和批评者曾指出种种内省不可得的情绪的、本能的、副意识的(Sub-conscious 潜在意识)历程之研究非常重要。佛洛德的见解,不论我们全体承认他们不全体承认,他的著作确实已与心理学以大激刺:一方因为注重由相敌不相容的心的(特情绪的)历程而起的冲突,一方因为指明自然和医生可以用以反抗这种冲突的种种不同的原理。欧战以来,佛洛德的学说愈益见重。他学说真实重要的部分是在有意识的心的活动对于诸种本能一般的关系,并不在此活动与一特殊本能的关系,即不在专说凡神经病、凡梦、凡心的活动都与男女性欲本能(Sexual instincts)有直接关系。佛洛德说的痛苦的思想与欲望压抑成无意识,且以矫揉了的形状重现于梦中,重现于舛错的记忆中,或于神经病的确定征候中:一种学说,现在差不多已经公认。不过说所有这种压抑、遏制都有一个源泉在性欲本能,懂得的人还少。(近风传佛洛德的意见新近已有修改,但尚未证实。)佛洛德的无意识与意识的关系的学说一个重要结果,就是在神经病治疗上的应用。这种治疗法是:假使这种病是痛苦的观念在无意识中之矫揉牵强的表示,治法只应把这种痛苦观念回到病人意识的心中来，并助病人去愈合它，且助之见到它是能够顺顺当当愈合的。这种方法（即所谓心解法）已非常见效验，是有很强的理论基础的。寻常以为对于不快的经验，最好是把它忘掉，心解法的指趣却与此正相反。但平常也有以为待遇疯颠莫若使他事事随心，意思则与此法有些相近。

欧战以来，美军中马恪德（MacCurdy）等公刊的经验，和布劳恩（Brown）、哈谛（Hart）、马克独孤、麦尔斯、皮尔（Pear）、来威斯、楼斯（Rows）以及别的心理学者，战时在英军中从事于机能的神经病及心病的治疗的。公刊的经验，也都曾指示出早点应用适当的心理治疗法治这种病功效能怎样伟大。这次战争又见出用心理的验试选对于一种工作最相宜的人的功效。心理实验的重要不但在职业指导上，就在论到工业的疲乏上，工作休息时间的长短与分配之影响上等等，也都公认了。

以前曾有通俗的见解以为心理学的研究考索是限于反应时间的实验的，又或把它与研究心灵现象的"心灵研究"（Psychical research）混同。在德对于反应时的实验所费的力固然在究竟上于研究情绪的复杂结构和职业的选择也可希望得有用的结果。又若心灵研究结果执行它的人是于实验方法有系统的习练，并是超脱个人的偏执与成见的，自非心量褊狭的人，也没有把他摒诸心理科学之外的。但是无论如何，心理学最有希望的将来发展，却非在这两层上面，是要从别的路上去找的。如前文所指，特有希望的是在神经伤损与精神病、神经病之影响的研究，和个人心的差异之考察、核认里面。

（第七卷第三号，一九二〇年二月一日）

人口问题，社会问题的锁钥

顾孟馀

一

讲人口问题,永远离不开人口学的鼻祖马尔塞斯(Thomas Robert Malthus)——无论是赞成他,还是反对他。

马尔塞斯的公式被人误会、被人抨击,人口学的真埋——马氏人口论的真埋——却是更显著了。

马尔塞斯人口论的要旨,只说食品增加的速度赶不上人口增加的速度。若要保持二者的均势,人口的增加一定须受节制。这节制人口的途径,只有两个:(一)预防的节制(人为的)。(二)积极的节制(天然的)。这就是:有碍卫生的职业、过度的工作、极端的贫穷、儿童恶劣的食品、恶浊的风俗、疾病、时疫、战争、饥馑。

反对马尔塞斯人口论的人可分三派。

(一)社会主义派　举几个重要的,葛德文(Godwin)和马尔塞斯的争论,把马尔塞斯人口论的真理更发挥明确了。马克思(Marx)说马尔塞斯的人口公例是资本制度之下的人口公例,这是没有细察人口增加的趋势和条件。佐治(Henry George)的强辩——他说,人口增加的趋势正与马尔塞斯所说的相反——纯是一种妄想,离事实太远了。总而言之,这些社会主义家,对于他们所号召的太热心,所以不能或不愿看见事实。但是社会主义家之中也很有赞同马氏学说的:英国人铎木孙(William Thomson)的组合制度里,不能任人自由婚嫁。社会要规定婚嫁的数目,预防人满的祸患。法国人卜郎(Louis Blanc)也承认马尔塞斯人口论的确实,但是以为自制不可靠。要行他的工作组织,提高工人的生活程度,让他们爱惜高尚的生活,自知警戒。德国人文克雷希(Winkelblech)说:“人类的增殖繁衍,若是不自行制限,祸乱必要循环无已。”奥国人高慈启(Kautzky)说:“在人口问题未就绪以前,社会问题决不能得圆满的解决。”

(二)乐观派 这派的人以为人口将来的趋势不足为忧。即便不改革社会和国家的组织,人满之患也自然可以消释。举几个重要的:巴斯嘉(Bastiat)说:“文明进步,欲望日繁,出产也随着欲望扩充。但是需求在前头跑,供给却是跛行着在后面追随。所以人永远有缺乏之感,马尔塞斯把它误认作人满之患了。”凯利(Carey)说:“天然界里头一切构造和生活,都是谐和一致,不能自己冲突。人的神经发展,生育力便要减少。”乐观派的假定虚无缥缈,完全没有察看人口的事实。

(三)根据天然科学的反对派 举几个重要的:德柏对(Th.Doubleday)说:“食品和生育力是相反抗的。无论动物、植物,吸取的滋养料愈丰,生育力愈减。所以贫穷的民族食品最粗劣,生育率也最大。富足的民族,生活饶侈,生育最少。食品适中的民族,人口不增不减。”这派最有力的是斯宾塞尔(H.Spencer)。斯宾塞尔说,动物的生活有两方面:第一是个体的发达,第二是种类的繁衍。以生物学看起来,这两方面生活是反对的。生物界里,可以得以下的公例:(1)机体愈小,维持个体生活的材料也愈少。维持个体生活的材料愈少,生殖之力愈强。(2)机体的构造愈简单,繁殖的能力愈大。(3)动物中行动愈不灵敏而操作愈少的,繁殖之力愈大。由这动、植物的公例可以预测人口变迁的趋势。人口日繁,生存的竞争一定剧烈,人便不能不增进他的知识技术,不能不自己节制,为的是在社会里生存。如是生理上神经脑髓既然发展,生育力就要衰弱,直到均势而止。这天然科学派的话,乍一听见,似乎可信。生物学的证据,向来是有眩惑的效用的。其实人口增加的情形,并不这样简单。“人的生理上神经脑髓发展,生育力就要衰弱”,这话并不能在经验上得一个确证。现在文明各国生育率的低减,还是心理的原因,并不是生理的原因。究竟人的“食物”“神经”“脑髓”于人的生育率有什么显著的影响,这还不曾证明。但是据以前和现在的“食物”“神经”“脑髓”的发展看,他们即便在生育率上发生影响,这影响也非常之小,决不能些须抵消那急烈的蕃衍力。“均势”是更不可望了。

那么,马尔塞斯学说的原理,是不能摇动的了。我们且借这原理的光线,来烛照中国的人口。

二

现在所能知的最古的调查人口方法的记载,要在《周礼》里寻找。《周礼》说:“小司徒之职,掌建邦之教法,以稽国中及四郊都鄙之夫家九比之数,以辨其贵贱、老幼、废疾。……乃颁比法于六乡之大夫,使各登其乡之众寡、六畜、车辇,辨其物,以岁时入其数。以施政教,行征令。及三年,则大比。大比则受邦国之比要,乃会万民之卒伍而用之……以起军旅,以作田役,以比追胥,以会贡赋。”又:“乡大夫以岁时登其夫家之众寡,辨其可任者:国中自七尺以及六十,野自六尺以及六十有五皆征之。”又:“司民掌万民之数。自生齿以上,皆书于版。辨其国中与其都鄙,及其郊野,异其男女。岁登下其死生。”由这些记载看起来,调查人口的目的,第一是军役,第二是寻常的力役,第三是赋税,这都是维持当时操政权的人的势力必需要的。至于操政权的人很愿欲人口的增加,这是古今中外一律,不消说的。他们永远要拿人口作扩充势力的器具,而人口的天然的增加趋势,也正可以供他们的利用。

以中国而论,周以后人口的被战争淘汰,班班可考。杜佑说:“战国之时,考苏秦之说计,秦及山东六国戍卒尚余五百余万。推人口数,尚当千余万。秦兼诸侯,所杀三分居一。犹以余力北筑长城四十余万,南戍五岭五十余万,阿房、骊山七十万。三十年间,百姓死没相踵于路。陈、项又肆其酷烈。新安之坑,二十余万。彭城之战,睢水不流。汉高帝定天下,人之死伤亦数百万,是以平城之卒不过三十万。方之六国,十分无三。”以当时的政治史看起来,这数目确有几分可信。马端临说:“汉孝平时人口五千九百余万。光武中兴之后,三十余年所附养,至末年户数仅及西都孝平时四分之一。兵革之祸,可畏也哉。”又说:“兴平、建安之际,海内荒废,天子奔流,白骨盈野。……割剥庶民三十余年。及魏武克平天下,文帝受禅,人众之数,万无一存。”相类的记载,还可以引许多。总而言之,鼎革的战争,封建的战争,夷狄的祸患,无论他政治的、文化的结果如何,变动一次,人口便大大地削减一次。因为死亡的原因,不限于兵燹直接的影响,间接的影响比直接的影响还要利害。但是平和多少年,休养生息的结果,人口数目总还要很快地复原。所以我们只要把最高的或平均的数目知道,便可以满意了。

最古的数目是出自夏禹时代。那时候的“九州”,说是有人口一千三百五十五万。马端临说:“周公相成王,政理刑措,人口一千三百七十万。”这是长江以北的人口。地面大约占现在国境的百分之六十五。所以那时候的人口大约有二千余万。汉时的数目是五千万至六千万。南北朝之后,隋炀帝时大约五千五百万。唐玄宗末年,安史之乱以前,大约六千万。宋时数目和唐时不相上下。金、元的扰乱,把人口又削减了一大部分。明代最高数目大约六千三百余万。至于这些数目的来源,自然是不很可靠的。探讨的问题,只是用科学的方法,确定一个差错的界限罢了。清代的人口调查,起初也只是为的征赋,并且“令直省每岁底将丁、徭、赋籍汇报,以户口消长课州县吏殿最”。如是调查所得的纳赋人数,直到乾隆六年前,每次都不过二千余万。康熙五十一年的谕诏说:“朕览各省督抚奏编审人丁数目,并未将加增之数,尽行开报。今海宇承平已久,户口日繁,若按现在人丁加征钱粮,实有不可,人丁虽增,地亩并未加广。应令直省督抚将现今钱粮册内有名丁数勿增勿减,永为定额。自后所生人丁,不必征收钱粮。编审时止将增出实数察明,另造册题报。朕凡巡幸地方,所至询问,一户或有五六人,止一人交纳钱粮。或有九丁、十丁,亦止一二人交纳钱粮……由此观之,民之生齿日繁。朕故欲知人丁之实数,不在加征钱粮也……直省督抚及有司官编审人丁时不将所生实数开明具报者,特恐加增钱粮,是以隐匿不据实奏闻。岂知朕并不为加赋,止欲知其实数耳。”粉饰太平和矜夸的意思,固然在所不免,但是综合着看起来,算是一种脱离国帑狭见的人口观察。这谕诏一时自然还是没有效果。直到乾隆六年调查人口的数目才达到一万四千三百余万,这个数目或者离事实不远了。乾隆末年大约增到三万万。按照乾隆时屡次调查的数目计算起来,每年天然的增加数大约是百分之一点六九。这是用几何级数推算的平均数目,不是代数的平均数目。若是原来的数目尚有几分可靠,这增加数便可以给我们一个大概的形象,并且可以暂且拿来和东方的日本、印度比较比较。日本自一九〇〇至一九一〇年十年间平均的每年增加数是百分之一点三七。印度于一九一一年的调查,由原来的三亿一千五百一十三万三千人口,在十年中增加了百分之七,平均数(代数的)是每年百分之零点七。这都是代数的平均数——实在的增加数还要小——更可以知道中国数目的大了。

近年的人口数目,经过欧美人多少估计。这种估计的价值,自然大多数也是很不可靠的。先举几个例:中国内地教会 The China Inland Mission 所出的 *The Chinese Em-*

pire(一九〇六年)说苏州的人口本年有七〇〇,〇〇〇(七十万)。*Richard's Comprehensive Geography* 说有五〇〇,〇〇〇(五十万,一九〇八年)。一九一一年的《海关十年报告》*Customs' Decennial Report* 说一九〇九年的时候官署调查结果有二十五万六千五百二十四。一八九一年的《海关十年报告》里的《福州报告》说福建人口有六百万至八百万。同时《厦门报告》的福建人口数目是三千万。四川的人口据《海关报告》说是大概有七千二百万。但是下面注着 Hosie(前英国驻重庆领事)估计有四千五百万。Parker 所著的 *China, past and present* 也是这样说。中国政府的人口调查的价值,也与此相差不多。中国人自己调查,机关虽然较为完备,但是一般人对于这个问题没有兴味。至于近年全国的人口数目,各种估计,相差很多。先把各种估计中最高的数目和最低的数目提出来对照:

	最高数目	最低数目
直隶	32570000	20930000
山东	38000000	25810000
山西	17050000	9420000
河南	35310000	22380000
安徽	36000000	14080000
江苏	37800000	15380000
浙江	26300000	11580000
江西	26530000	11000000
四川	79500000	45000000
湖南	23600000	18000000
湖北	35280000	21260000
广东	32000000	23700000
广西	8120000	5140000
福建	30000000	8560000
云南	12720000	4000000

续表

	最高数目	最低数目
贵州	11300000	5000000
甘肃	10380000	3800000
陕西	10310000	6730000
东三省	20000000	12740000
蒙古	10000000	1800000
新疆	2490000	1000000
西藏	6500000	2200000
共	544760000	289510000

以上的数目是这样集成，最高数目：河南、湖北、甘肃、江西、山西、西藏是光绪廿八年户部估计。浙江、江苏、广西、陕西是根据一八八二年的《海关报告》。安徽、山东、广东是根据一九一〇年的《海关每年报告》。直隶、湖南、贵州是根据宣统二年民政部的调查。福建是录自一九〇一年的《厦门海关十年报告》。云南是录自 Richard 的《地理学》。四川是根据俄人 Popoff 的报告。东三省、蒙古是依着 *The Chinese Empire*。最低的数目：河南、山东、山西、江苏、安徽、湖北、福建、广东、陕西、甘肃是依着宣统二年民政部的调查。浙江、广西是依着光绪廿八年户部估计。湖南是依着一九一一年的《海关十年报告》。江西是根据一九〇二年的《英国领事江西报告》。贵州、新疆是根据 *The Chinese Empire*。四川是根据 *Hosie*。云南是根据《蒙自海关报告》。东三省是根据民政部调查。西藏、蒙古是依着 Richard《地理学》。以上最高、最低的数目，相差二万五千多万！

宣统二年民政部的调查和同年海关的估计，是比较的最可靠的。据前者的调查，全国人口数目是：（廿一省）三三一一八八〇〇〇，加上新疆、西藏共三四二六三九〇〇〇。民政部的调查，只是调查户数。然后用一个由多少详细调查得来的每户平均人数去乘它。这每户平均人数是五点五，但是奉天一处每户平均人数却是假定八点三八。所以这种调查，其实也只是一种估计。同年海关估计，二一省共有人口四三八四二五〇〇〇。

近世兵燹、饥馑、灾疫等对于人口的势力,大约如下:明末清初的流寇的鼎革的封建的扰乱,是不消说的。洪、杨之役,蹂躏了九省,死于兵革的大约有五千万人。嘉、道之际,死于饥馑的也约有五千万人。光绪四年的饥馑,死亡的约有一千万人。光绪二十六年陕西饥馑,死亡的人约占全省人口三分之一。前数年江北饥馑,死者约有三百万人。这都是重大的事件,显而易见的。其余如各省河流的溃决、海盗、会匪、胡匪、瘟疫等等,所吞没的牺牲一定数目很多,不过我们不能举一个详确的数目罢了。婴儿死亡的数目,可以由香港的调查得一个写真:据一九〇九年香港的调查,本年一岁以下的中国婴儿,每百分中死亡八十七分。由这个数目,可以推测到南方沿江海大城镇的相类的情形了。婴儿死亡率高,是一个确凿的人满的征兆!

和这死亡数有关系的便是人口的密度。我把几个密度最高的省分和他们约略的人口密度列在后方:

省名	密度1	密度2
山东	204	262
江苏	173	213
浙江	179	123
广东	107	124

由这个数目看起来,山东人口密度,按照海关的估计,远超过欧洲人口最稠密的比利时。就是按照民政部的调查,也赶上工商业最繁盛的英格兰。江苏人口的密度恰像英国三岛,浙江、广东也赶上德国。这种现象的意义是非常重大的。

以上是种种记载估计。我们若是再想想那"不孝有三,无后为大"、以延嗣为人生惟一天职的宗教(这个关系最大),那以子女为父母的投资的伦理,那早婚、纳妾的风俗,那苟且偷安、节省神经的性情,就知道这记载估计是虽不中不远了。由此看来,足见:(一)中国的人口是超乎中国经济能力以上。这种离均势的状况决不能持久的,必要时时发生天灾人祸。(二)现时社会的困苦,不能全归罪于政治不良。(三)人口离均势的社会很难助成好政治,即使有了好政治,若是不在限制人口上做工夫,好政治也不能收长久的效果。(四)无论改革政治或改革社会,须同时根本上打破那造成人满的宗教伦理,改铸那造成人满的风俗。

三

人满的结果很多,我还须详细列举:

(一)由经济一面观看　人类居住在天然界里,如要维持他们的物质生活,有两件东西是不可少的:第一是人工,第二是社会的资本或国民的资本。社会的资本就是一切动的货物,可资以出产,或可利用之以增益出产的效果的。譬如原料、助料、机器、工作场、器械,辅助出产的各种交通器具(如铁路、各种运送机器、传递消息机器),田地内灌溉排水等等的建筑、肥料、仓廪、堤坊、屯积的生活品等。凡这些社会的资本,都是社会一代一代渐渐贮蓄下来的。社会资本的作用,是增益人工在出产上的效果。人若是徒手工作,出产能力极小,社会资本愈完备、愈充足,工作的效果愈大。所以一国天富(土地、矿产)无论如何丰裕,倘或没有社会的资本,徒有人工,不能开发富源。这人工的效果既然太小,除去他们的消耗——因为人都要衣、食、住——便没有富余可以贮蓄。并且工作的效果既然小,工作人的生计一定艰难。他们除去苟延残喘之外,决不能享受文化的幸福,这是社会很不幸的事。由此看来,一国贫富的区别,就在此处:富的国所以富,就是社会资本和人口相形之下比较地充足;贫的国所以贫,就是社会资本和人口相形之下比较地缺乏。

若是社会资本比较地充足,工作的效果(每人每日工作所得的结果)便可以大,因此社会中平均每人所得的收获才能丰厚。社会中平均每人所得的收获丰厚,然后这国人的生计才能优裕,这就是富国的情形。社会资本若是比较地缺乏,工作的效果(每人每日所得的结果)一定小,因此社会中平均每人所得的收获必少,而这国人的生计自然也要窘迫,这便是贫国的情形。由此看来,一国的社会资本和一国的人口一定要持平均之势,然后这国的人民才能免于贫困。在人满的国里,一面社会的资本太少,不能安置那蕃衍太速的人口;一面人口太多,不能找得卖力求生的机会。

所以在人满的国里,人的生活程度是一定很低的。但是什么是生活程度?

生活程度是人在饮食、衣住、卫生、娱乐、学问等等之所用的货物的数量和品格。

所以生活程度的高低和费用大小不是一件事。尽管一个人或一个地方全体的人费用很大,花的钱很多,他们的生活程度不见得一定就高。但是在钱币经济时代,一切货物的价格,都是以钱为标准。生活程度高,所需要的货物的价格也高,值的钱也多。所以以个人论,收入的钱多,便是高等生活程度的 个重要条件。

我们细看这收入的“钱”对于个人的生活和社会的生活都有什么影响,于个人和社会都有什么价值?一个人收入了一定数目的钱之后,他先拿一部分满足他和他家族的生活必需的欲望。这生活必需的欲望满足之后,他若还有富余的钱,他便可以用在卫生、娱乐、读书、求学、教育子女等等上头。他若是这些欲望满足之后,还有富余的钱,他便可以用在赏玩美术品、旅行、游览、提倡或捐助公益事业上头。这样看起来,他收入的第一部分,专拿来维持他个人的生活,别无效力。以后一部分一部分地加增,他才能拿来作些于社会的文明有益的事情。所以“钱”——此地专指“消费人的钱”——对于人的价值有两个,就是:(1)个人的生存价值。(2)社会的文明价值。前者(个人的生存价值)是一个人收入中第一部分的钱所产生的,后者(社会的文明价值)是第二、三部分以下各部分的钱所能产生的,并且第三部分钱的文明价值便比第二部分钱的文明价值大,第四部分钱的文明价值又比第三部分钱的文明价值大。如是递推,收入的钱愈多,每一个钱的单位所能发生的文明效力亦愈大。在不用钱币的社会或时代里(以前的天然经济或是将来社会式的经济),各人所分得的财货的价值,正与此同,不必重复述说。这就叫作“财货效力递增的公例”。按照这个公例,一样这多的财货,若是集在一个人手里,刚可以(我不说“一定”,这是为的顾虑一切非经济的条件)发生文明的效力的,倘或分给两个人消费,便只能维持他们两个人的生存,决不能发生文明的效力了。所以无论直接恤贫还是间接恤贫,都不是根本上救济多数贫人的方法。

贫人为什么贫呢?

惟一的原因,就是社会资本缺乏。(1)因为社会资本缺乏,所以他们虽然愿欲工作谋生,却得不着工作的机会。——因为徒手是不能工作的。——社会里工作的机会有限,竞争的人太多,工作力不值钱,——并不是因为资本家垄断——虽然情愿廉价卖力,却不可得了。(2)因为社会资本缺乏,所以教育的设备不完备。一般蕃衍无限的人,自幼失学,长大了之后,一无所长;道德、知识、身体都是不及格的(培养道德、智识、身体,一定要资本)。这些人除去下等的兽欲之外,没有一点思想感觉,其中驯善的只是辗转就死,狡黠的便可以逞他们的恶欲,实行他们的残杀行为,这便是人满社会的现象。

(二)由社会的心理一面观看　一国人满或是人口增加得太快,影响于人的心理很大。因为职业少而谋职业的多,竞争一定剧烈。竞争若是剧烈,必有一部分道德薄弱的人施种种不道德的恶劣的手段,达他谋生的目的。平心而论,人要到了饥寒交迫的时候,尚能操守坚贞、丝毫不苟的,千万人之中实难找出一两个来。大多数的人总是枉道以求了。但是甲既然违背良心去谋生,乙更要加甚,丙更要加甚、更要卑劣,如是互竞不已,道德的堕落便没有止境了。

人满的或人口增加太快的社会里头,谋生是最急、最要、最难的事。所以无论某人的行为如何,即便是盗窃抢夺,只要能够自谋衣食,并且可以给他的家族、亲戚、党羽谋衣食,社会的一般人就一定羡慕他、佩服他。一个社会的毁誉,就是表明这社会里的人的需求。人满的社会里,多数的人要靠着少数的人生活。这些寄生虫占大多数,所以他们的毁誉有势力,他们准着他们的利害造成社会的是非。

人满的或人口增加太快的社会里,人口的压力太大,生计的竞争太烈,所以养成互相残害、互相嫉忌的心理,把一切互助互爱的动机都摧残于未萌。因为受了生计竞争的严酷教训,所以人人脑中都深刻着一个印象,这印象是"凡事于人有益,便多半于我有损"。

(三)由文化一面观看　文明有两大种,便是物质文明和精神文明。若是一国人口太多或增加太速,经济窘迫,自然没有物质文明,更无从有精神文明。人满的社会里头,没有高等技术、高等科学的需要。一切的职业事务,只有数量,没有品格;一切的货物(广义的货物)只要问他目前能够延长多少人的生命,不问他对于人生有什么价值。所以高等技术、高等科学的人才,不能在这种社会里生存。他们本来不容易享受高等的教育,既享受高等教育之后,决不能施展他的才干。什么缘故?这是很容易明白的:高等技术科学所以能够应用的条件是集中的组织,是社会的资本,它的原则是在精不在多。人满的社会,一切情形正与此相反,所以决不能产生文化的人才。即便有了文化的人才,也决不能收他的效用。

人满的社会,生计最贵,人最贱。所以人格是卑下的,风俗是恶浊的。谋生太难,所以急不暇择了。

（四）由社会的挑选一面观看　社会里的人，哪个可以生存，哪个必要灭亡，哪个人可以发展，哪个人必须被淘汰，这些事都有一个伟大的势力在暗中主持。这伟大的势力就是社会。个人是不能独立生活的，他的一切物质的生活基础和一切精神的快乐，都仰仗他所附属的社会。他的性情、意向、志趣、态度若是与社会所崇尚的性质、意向等等相符合，他便可以生存；他的那一切等等若是与社会所崇尚的相违背，他便不能立足。所以社会的生活，就如一个大法庭：社会是法官，他有权力挑选某某人应生、某某人应死。社会里的个人就是被挑选的。但是一个社会里哪种人便可以生存荣盛，哪种人便要枯衰凋落呢？再进一步，我们要问问社会这个法官公平不公平呢？他还是把善良的分子——忠直的、义侠的、智慧的、优秀的人——保存住呢，还是把恶劣的分子——奸诈的、虚伪的、愚钝的、粗鄙的人——保存呢？换一句话说，他还是传播良种、淘汰劣种，使社会进步呢？还是反乎此道而行呢？

由历史的经验看起来，一个社会很健康的时候，这个法官——社会——的判断，实在很公道。但是在不健康的社会里，这个法官便非常地倒行逆施。他把忠直义侠的人都残害了，他把智哲优秀的人都抛到荒野去饿死或监闭在污秽的空气里忧郁死了。然后，他便把死的人的财产分给一帮凶恶的无赖和狡黠的滑头，饱他们的兽欲，弄得暗无天日，这便是这法官时常作的事。什么缘故呢？这缘故自然很多，但是多少缘故之中的一个大缘故就是人满。

在人满的国家（或地方），因为上几条所说的关系，惟有恶劣的分子才能生存。因为物质的竞争太烈，非把一切的顾虑——道德的——都抛置脑后，非把良心埋没不能生活。在人满的社会里，贤者被淘汰，凶恶狡诈的人，才能有立足之地。

由历史上看起来，文化的真进步，人类真价值的增加，都是社会的良善分子、优秀分子牺牲他们的心力、生命争来的。社会的一般人，只是受他们的赐，才能够物质上、精神上发达进步。社会所以有生气，能够繁昌荣盛，也只是这些良善分子、优秀分子的血汗的作用。所以这些良善优秀的分子就譬如燃料，社会就譬如机器：机器所以能转动，全靠着焚烧燃料；社会所以能进步，全靠着牺牲贤者。这是历史的事实，人类的运命，无可更易。但是非人满的社会和人满的社会的区别就在这里：第一，在非人满的社会里，良善、优秀的分子牺牲了他们的心力、生命之后，便一定可以在社会里成全一点事业,建设一点功绩。他们的牺牲,不是枉然的,社会的确因为他们的牺牲得了益处了,社会里大多数的人的确因为他们的牺牲增添了幸福了。所以他们的牺牲是经济的,这就是说,他们的牺牲——这是社会全体的消耗——是可以产生相当效果的。用将才所举的譬喻说,就如同一个机器有高的"效用率"(efficiency),消耗最少的燃料,产生最多的能力。在人满的社会里,这种效用是没有的:良善的、优秀的分子无论如何牺牲,在社会上不能发生效力。就譬如一个窳败的机器,无论焚烧多少燃料,因为它的消耗(泄露能力、糟蹋能力的地方)太多,所以不能够产生应用的能力。第二,在非人满的社会里,物质的竞争不烈,生活比较地还容易;所以良善、优秀的分子,还有独善其身的机会。社会的恶毒的气焰还不至于逼人太紧。良善、优秀的分子还有休养的时候。他们虽然仍要为社会牺牲,但是牺牲的宗旨、牺牲的方法,还可以从容选择。并且利用人类的摹仿性,还可以传播他们的高尚的理想和纯洁的习尚。社会的良善的、优秀的种子多了,他们的势力自然厚了;他们的牺牲的宗旨、方法,便更可以慎重选择了。他们虽然牺牲,却是他们的根蒂不断,所以社会的进步可以绵亘永续。在人满的社会里,四周的恶浊空气逼人太甚,好似冰霜,把一切向上的萌芽都冻死了。这种社会里,有无量数恶魔时时捉人入地狱,躲避也躲避不开。所以良种没有工夫传衍——没有发育已摧残了。良种绝了,社会的进步也停滞了。这就譬如——再用我们的譬喻——把燃料全焚烧尽了,机器也停顿了。

以上是人满的结果,我想这些结果都是我们不幸所眼见的。救济的方法,我想不能拘定一种,必要把各种的方法同时应用才可。就是:(一)禁止早婚(规定最低的婚嫁年岁)。(二)禁止纳妾。(三)打破一切造成人满的宗教、伦理、风俗。(四)传播人口学说和各派限制人口的方法。(五)提高人民的生活程度。(六)提高科学、美术的教育。(七)施行有统系的恤贫律。(八)施行各种保护工人的政策。

(第七卷第四号,一九二〇年三月一日)

贫穷与人口问题

陶孟和

一

什么叫做贫穷？以各人生活程度的高低和他收入的多少有不同的解释法。譬如那督军每年要赚几十万元的，看了他的下级士官每年不过有一二千元的收入，就是穷人。那些丧心的卖国贼他那非义的、不道德的收入每年有几十万元的，看了他部下每年只有二三千元收入的官吏，是穷人。行政官吏每年只收入二三千元的，看了那店铺的伙计，每年薪水和花红至多不过四五百元的，是穷人。至于店铺的伙计，做小生意的和中小学校的教习，那一类人每年的收入，平均四五百元。他们看了那做苦工的，每年只赚一二百元的，又是穷人了。由此类推，大概贫穷本没有一定的标准。因各人的身份不同，每年所得的薪俸工钱不同，他的贫穷的观念也就不同了。

但是贫穷的标准不能如上边所说，专用主观的眼光判定的。假使我们另寻一种看法，定下一个数目做贫穷的标准；说是一个人的收入在这个数目以上的就不算贫穷，在这个数目以下的就算贫穷。但是人的嗜好不同，脾气又不同。因此两个人的收入虽然相同，他们的生活不一样，费用也就不同。生活简单的人的收入还有余剩，花销浩大的人的收入还忧不足。所以这种标准还是不定，贫穷的意思，还是不能解释。

要知道贫穷是一个社会问题，不是个人真问题。所以我们要找出一个客观的普遍的标准，才可以解释这贫穷的意义。一个人活在世上，最不可缺少的当然就是衣、食、住三者。现在文明社会里，无论什么人每天总要有三餐果腹；有可以避风雨、御寒气的房子住居，两三件衣服可以蔽身体、保体温。就是那些诗人，学者，无论他们如何屏弃世俗,超轶群伦,也不能把衣、食、住缺了一样。假使他们缺了一样,他们连活人都做不成,更不必说诗人、学者了。但是衣、食、住的程度(即生活程度)各人不一样。所以我们不能取任一人的——你的或他的——生活程度做标准,上边已经说过了。那客观的、普遍的标准就是一个人的衣、食、住的最简单的需要。这种需要不用科学、只用我们普通的常识也可以考察出来的。那最简单的需要是到什么程度呢?一个人每年至少要吃大米若干升(假使他是北方人,他要吃麦粉或小米若干斤),蔬菜、肉类若干斤,至少要穿单衣、棉衣若干件,袜子、鞋子若干双,还要占据若干方尺地,做他栖身之所。这个需要可以算为人的生活最低限。假使生活在这最低限度以上,他可以任普通各种的劳动;假使在这最低限度以下,因为他身体上缺少营养发现了病态或发生其他种种现象就立减少他平日劳动的能力。

生理学者和医学者研究人的身体上的组织,知道身体上器官的常态、变态,应该怎样保养,才可以维持健康。身体健康是劳动不可缺的唯一条件。不健康的人即使可以勉强劳动,他的能力、效果总赶不上健康的人。我们借着生理学、医学的知识,可以明白我们的身体应该如何营养。胃里要有相当的食物,才可以取脂肪,保我们的体温,化血液,营养我们的全身,排泄体内的废物;皮肤上要有相当的遮盖,才可以防御体外过分的刺激,维持普通必要的温度;所住的屋里要有充量的新鲜空气,才可以使心里的血液新陈代谢,永远干净。近几十年以来,有机化学,非常进步,分析各种食物,把它们的价值都可以定出来。文明人普通所用的食物,总不外米、面、豆、鱼、肉、蔬菜、盐、糖、牛乳几种。这些种食物从有机化学上看来,会有若干原质,为人类身体所必不可缺之成分。有属蛋白质的,有属脂肪质的,有含轻气的,有含铁的。普通的人保持他的身体常态(即健康态)每日需要有相当的成分,相当的重量。这些成分从普通重要食品里都可以分析出来的。上边所说的生活最低限用常识可以看出来的。现在按这诸种科学的发现,可以寻出一个更可靠的标准来,验明各种重要食品,成人每日须用若(干)重量才可以保持健康常态。

我们既认定生活最低限为贫穷的标准,那生活最低限又要用衣、食、住的需要指示出来。但是用饮食、衣服、房屋来量生活限度,觉得困难并且麻烦。人的生活所要的固然是衣、食、住,但是人的劳动直接所得的却不是衣、食、住。文明社会的人因为所造的物品、所做的事务种类繁而又杂,不能直接地用物品互相交换。所以发明了一种货币,代表物品。交换物品就用货币来做它的媒介。所以一个人由劳动所换来的,不是衣、食、住所需要的物品,乃是可以换衣、食、住所需要的物品的货币(金钱或金钱的替代物如纸币、支票等)。所以现在生活最低限,不能取个人的衣、食、住所需要的物品为标准,要取那可以购买他衣、食、住所需要的物品的货币为标准。如此看来,生活最低限究竟还是如本篇第一、二两节所引之例,要用金钱的数目来做标准。但是这个数目却不是随意滥定的,也不是任取一个人的生活程度来做标准。乃要考察普通人生活上最简单的、必不可缺的需要,才可以定的。调查那个人所居的社会里的重要食品和衣服、房屋的价格,和他收入的金钱,就知道他可以有购买多少物品的能力。假使一个人的劳动换来若干金钱,可以换到他最简单的衣、食、住所需要的物品,他就是在生活最低限以上。倒转身来,假使一个人,由劳动所换来的金钱,不够换到他生活上所需要最少的物品,他就是在生活最低限以下。但是金钱的收入又不能认为绝对的标准。因为金钱不是物品(Commodities),乃是代表物品的东西。金钱的价格,因物品之增减时有改变,所以金钱自身是没有绝对的价值。我们用金钱的收入量生活的限度,也是一个不得已的方法。因为现在文明社会里,都用金钱代表一切物品,我们所谓生活最低限度不外乎表明所需要的物品。所以我们也只好用金钱指示生活程度。由个人金钱的收入的多少,可以推知他对于物品的购买力。上边说过的,金钱自身的价格,不是绝对的,是依赖物品的多寡的,所以我们时时要注意时间上、空间上物品之增减,调查物价的高低。假使这一个地方物价低,每年有二百元的收入就可以在生活最低限以上,但是另一个地方物价高贵,每年有二百元的收入的,反在生活最低限以下。这是地方上的不同。也有同在一个地方,同是二百元的收入的,而前一年的生活,在最低限以上,后一年的生活,落在最低限之下。这又是时间上的不同。所以经济学者在各地方研究物价的升降,用物价指数指示物价的变迁,于研究贫穷问题,是非常重要,非常有用的。

二

以上所说的都是解释什么叫做贫穷。贫穷既然是一个人的劳动,不能换到生活最低限的需要品,那么他与人口的关系,从上文里也就可以大略推出来了。贫穷问题最根本之点，就是衣、食、住所需要之物品，人口问题最根本之点，也就是衣、食、住所需要之物品。换一句话语，贫穷与人口的关系，就在于人类衣、食、住最简单的需要。一个人不能满足他最低限度的需要就是一个穷人。他不能满足需要或者有许多的原因。有因为懒惰不能劳动去赚钱去买那生活上的需要品，因此变成穷人的。也有因为身体残废，不能用劳动去谋生活，变成贫民的。这几种都与人口问题没有直接的关系。假使一个人因为社会上劳动力太多，所以不能用他的劳动换得生活上的需要品，或是一个人口为社会上所产出生活需要品，虽然已经到了最高限额，还是不敷分配，他纵有劳动的能力也不能换到生活需要品，这就是人口问题所应该研究的了。

人口问题应该从过多过少两方面研究。从人类历史上看起来，人口过少，不是重要的问题。人类的趋势向来是合群的，团结的，繁殖的。假使一个地方人口太少，不能生存，他们当然要迁徙到别的地方去与旁的种族结合，或者依赖旁的种族，以求生命的安全。假使他们连迁与联合他族的能力都没有，那只好等待自然淘汰，终结将种族完全灭绝为止。人类历史上因为人口过少终归灭亡的种族，共有多少，现在无从去推测。但是被灭亡的种族大概是由于错综的原因，不能说全由于人口过少的缘故。有因为文化低的被文化高的种族吞并的。这不是人口过少的原因，是文化的原因。况且被征服的民族常与征服者通婚姻，繁衍成杂种苗裔，也未必就沦于灭亡。有受疫疠之传染，而种族灭亡的，这也不是人口过少的原因，常因知识低陋，不知道卫生，或身体上抵抗力薄弱的原因。我们只能承认那孤立的民族，因为人口过少，不能克服自然，所以引起“灭种”的大问题。人口过少果然是要灭种，但是灭种的原因决不是完全为得人口过少，所以人口过少不过是灭种里一个局部的问题。

人类生殖的能力向来是繁衍的。历来发生文明的民族，人口都是繁盛的。欧弗拉底斯河流域、尼罗河流域、黄河流域，这些古代的文明发生地的人口较为稠密。因为人口密度加增，并且有好的环境才创造文明，发达文明。这里有两层关系：(一)人口加多就是劳动力加多。劳动力是制伏自然界的能力，也就是创造财富的能力。所以在洪荒草昧的时代，人口充足就可以利用自然，(如利用河边淤泥从事耕种，利用天生的植物制作衣服、修盖住房)来改进衣、食、住的状况。满足衣、食、住的需要的物品或事业(Services)，这两种经济学者统称做财富(Wealth)。假使一个人口众多的民族住在气候温和、土壤肥沃的环境里,各人都从事劳动就可以增加财富。财富增加是文明发生的根本条件。上边说过的,无需什么人,衣、食、住的需要是缺不得的。人口少的时候,劳动力也少,人民都要努力才可以用劳动换来衣、食、住所需要的物品。人口稠密的时候,劳动力大,财富加增,人民也就可以省出闲暇的工大,致力丁衣、食、住以上的事业。衣、食、住以上的事业就是文明。思想、科学、文学、美术,这些文明都是财富有余时的产物。所以人口密度加增的结果,直接的增加财富,间接的就是产生文明。(二)人口加多的时候,人的相互接触更加复杂。社会关系变复杂了,社会间就容易起利益的冲突。所以维持复杂的社会,需有复杂的社会制度,规范人民的活动,调和人民的利益。人口密度加增,需有适当的制度维护生命财产的安全,使人民共同活着。所以复杂的社会制度就是人口稠密的结果,也就是文明的产物。

从此看来,人口稠密是发生文明的一个条件。但是人口密度增加也得有个限制。那么增加到如何程度,就算过多,并且凋落到如何程度,就算过少,又需找一个标准。

三

过度问题最初有系统的研究,当然要推英国马尔塞斯的《人口论》。马尔塞斯读了葛德文(Godwin)革命的著作《中正》(*On Justice*)这部书,起了疑惑,他以为考察人类的前途,决不能像葛德文所说的那样,能够达到完满的境界。他考究人口的趋势是繁殖的,那繁殖的能力是每二十五年人口可以增加一倍。但是事实上却不是如此,因为人口的增加必须受生计(means of subsistence)的制限。(马尔塞斯《人口论》的第一章说人口是按着几何级数增加,生计是按着数学的级数增加,但是以后全书绝没有提到这一点。所以近来的人口论者以为这句话在他的人口论里,没有重要关系。)假使生计加增的时候,没有方法去遏制生殖力,人口必然增加。所以我们现在据马尔塞斯的意见以生计做人口密度的标准,生计就是满足衣、食、住的需要的方法。假使社会里人人都有生计,那社会的人口,不得谓为过多;假使有不得生计的,那就是人口过多的征象。不得生计就必陷于贫穷的状态。马尔塞斯又说,除去有大饥馑的时候,生计并不是直接的限制人口。“直接箝制人口的,乃是由于生计缺乏时所酿成的风俗和疾病。还有其他原因,虽然与生计缺乏没有关系,但是他们道德和物质的性质上却有害于身体的。"(原书第六版第十二页)所以马尔塞斯以为贫穷是直接限制人口的要素。

按着马尔塞斯的见解,贫穷与人口的关系,更显得密切。贫穷是遏制人口繁殖的一种积极的原因。但是贫穷并不是完全因为人口过多、生计缺乏的征象。马尔塞斯论到生计与人口增加关系的时候,表明贫穷未必与生计缺乏是一件事。他说:"生计或者可以增加,但是考今日社会的现状,决不能把新增加之生计分配给低级社会里去,所以还是不能发生促进人口增加的势力。"(前书第廿四页)他在前边也说过,人类的生殖永远是超过生计的增加。因为这个缘故,低级社会常受窘迫,他们的生活状况,不能有经久的改良。(前书第十七页)

以上所说的,就是马尔塞斯对于人口研究最有价值的贡献。总括他的意思,就是:生计限制人口,但是生计所以限制人口的不是生计自身,是因生计缺乏时所产出的状况为疾病、贫穷、恶风俗等等。一国里的低级社会不容易享受生计增加的益处。第一,因为一国的生计向来低级所得的份是少的。第二,因为生计加多的时候,假使不设法遏制生殖力,人口自然要增殖,仍然得不到生计增加的益处。如此看来人口永远有超过生计的危险,人类也就会时时陷于穷困的境遇。马尔塞斯说,从历史上观察起来,过度的危险有自然的抑制方法。天灾、战争、疫疠、饥馑,常不断地祸害人类,都是天然抑制过度的大势力。但是马尔塞斯所最希望的、最称赞的还是道德的抑制。文明社会里深思远虑的人到了应该结婚的年龄,遇见结婚的机会,再四思维,考究独身生活和结婚生活的利弊,终安于独身生活,就是马尔塞斯所说的道德的抑制。(参看前书第十三页)

四

马尔塞斯的《人口论》出版以后惹起当时约数反对的批评,反对最利害的当然是一般迷信最深的耶教徒。这层姑且不去论它,且说本篇目的是研究贫穷与人口的关系,所以现在只就上述马尔塞斯的结论,做我们研究的参考。

人类的趋势永远是繁殖的。取各国最近统计的材料可列表如下:

年度 国别	一八六〇	一八七〇	一八八〇	一八九〇	一九〇〇	一九一〇
合众国	31443000	38558000	50156000	62948000	75995000	91972000
英国	28927000	31485000	34885000	37733000	41459000	45222000
英领印度	不明	不明	不明	287271000	2400316000	315086000
澳大利亚	不明	不明	2253000	3183000	3773000	4455000
坎拿大	不明	3518000	4336000	5035000	5592000	7447000
纽锡仑	不明	不明	490000	637000	773000	1008000
俄罗斯 欧洲本部	不明	65732000	71028000	91862000	106159000	131022000
挪威	不明	1702000	1813000	200000	2240000	2392000
瑞典	3860000	4169000	4566000	4785000	5136000	5522000
丹麦	1608000	1785000	1969000	2172000	2450000	2737000
荷兰	3309000	3580000	4013000	4511000	5104000	5858000
德意志	37611000	40085000	45095000	49241000	56046000	64926000
比利时	4732000	5088000	5537000	6069000	6694000	7424000
法兰西	37386000	36102000	37672000	38343000	38962000	39602000
奥地利	不明	20218000	22144000	23895000	26151000	28572000
匈牙利	不明	15509000	15739000	17464000	19255000	20886000
西班牙	15655000	16799000	16432000	17545000	18608000	19589000
布尔格利亚	不明	不明	2008000	3200000	3744000	4329000
罗马尼亚	4000000	4754000	5300000	5800000	5957000	6966000
阿金丁	不明	1803000	不明	3964000	不明	7092000
乌拉圭	229000	334000	438000	751000	936000	1043000
日本	不明	33111000	36500000	40719000	44816000	50896000
意大利	21777000	26810000	28460000	30536000	32450000	34671000

[上表中统计数目是从W.S.Thompson的人口论文里一〇四页至一〇九页抄来。这篇人口论文是美国克仑比亚大学出版的,名叫《人口论》,别名《马尔塞斯主义之研究》(*Population*:*A.Stndy in Malthusianism*]

上边所列的国别一共二十三个。有新的国家如澳大利亚、坎拿大、纽锡仑、阿金丁、乌拉圭;有老大的国家,如英国、英领印度、日本、意大利;有工业发达的,如英国、德意志、比利时;有工商业不进步的,如西班牙、罗马尼亚。各国情形虽然完全不同,但是人口逐渐增加,却是一律。按着马尔塞斯所说的道理,人口所以增加的原因自然也是一样,都是因为生计扩张的缘故。但是生计扩张可以称做总原因,此外与生计扩张相伴或是受生计扩张之影响,发生许多不同的现象,促进人口的增加。待我逐条说来。(一)自从欧洲产业革新之后,人类用机械代筋骨的劳动,省了若干人工,增加生产的分量,满足生活的需要品加增,所以现在世界足可以维持那屡增不已之人口。德意志的人口自一八六〇至一九一〇年增多二千七百万以上,日本自从一八七〇至一九一〇年人口增加二千万以上。所以人口增加的主要原因,都是因为工商业发达,物品充斥的结果。(二)与产业膨胀相伴的现象就是生活进步,文化进步。所谓生活和文化的进步,未必是全社会或全人类的进步。但是至少必有一部分人享受这个福气,增进他们的文化,改进他们的生活。生活进步的时候,使疾病减少,同时使死亡率低减。人类文化进步的时候,知识发达,明白生活之道,如医学、卫生学等都是,使死亡率低减。假使生殖率无变更而死亡率逐渐地低减,结果就是人口增加,人口学者把它叫做自然增加。(自然增加是生殖率与死亡率的差,研究人口问题的不可专注意生殖率,应该注意生殖率和死亡率的比例。)所以生活进步也是人口增加的一个主要原因。(三)新开辟的地方,天产富饶,一时取之不尽,用之不竭,因此可以吸收无数人口。合众国自一八六〇至一九一〇年,五十年间人口增加几有三倍。坎拿大自一八七〇至一九一〇年,四十年间,人口增加亦有两倍有余。阿金丁在同年(?)内,五十年间,人口增加几至四倍。这一类增加的主要原因,也是因为从外国移来的人民多。(四)生计应该包括衣、食、住三种农产物,当然是生计上所最不可缺的。但是也有农产少的国家,人口反倒增加的。例如英国出产的谷类不足养活本国的人口,但是现在借着轮船、铁路交通的便利,得从谷物丰饶的地方运来供给他们增加的人口。这是因为英国工业发达,可以用他们的制造品,换外国的农产物品,补本国农产的不足。所以一个国家,虽然农产不足只要工业发达,有交通的便利,人口也是增加的。

综观以上所述四项,人口增加的情形虽然不同,但都是直接或间接原因于生计。生计充裕的表现,或是生活必要品充斥,或是生活程度进步,或是天产富饶为人利用,或是本国的制造发达,用之有余,得以与别国所出产的生活必要品相交换,这都是促进人口增加的。十九世纪以来各国人口的增加,可以说都是生计充裕的缘故。假使百年以前,科学没有进步,如同汽机电气没有发现,工业没有革新,新地方没有开拓,国际贸易没有发展,人类生活没有改良,我们敢断言人口绝对不能有那样的增殖。至于人口九百万以上的伦敦、纽约大都会更是梦想不到了。总而言之,近百年以来,生计扩张,诚然是人类可庆的事,并且最可注意的事实。生计扩张的结果,不只是供养了无数的增加的人口,并且使人类一部分的生活程度增高,享受物质文明的幸福。(经济学者研究近世纪经济的发展以为最显著的现象,就是财富之增加。究其实,财富之增加就是物品和事业比前代加增,现代人民能享受多量的物品,满足他们生活的需要。)马尔塞斯的人口论经了这百年的历史,更显得确凿,没有可驳诘的地方。世界人口虽然是累累加增,但是马尔塞斯所栗栗危惧的过庶,始终没有现诸事实,就是生计扩张的缘故。

五

过度虽然没有现诸事实,但是马尔塞斯所说的那遏制人口的贫穷,却变成了文明社会普遍的现象,成为现在人类一种最苦痛的社会病。文化灿烂的国家里面尚且有若干饥寒交迫的贫民。英国的伦敦总算是在都会中首屈一指,文明、经济都是最发达的了。据一八八八年的调查,伦敦人口百分之三十点七都是在贫穷境里。每十人中总有三人死在贫民院、疯人院、施医院里。(参看 *Charles Booth*:*Labour and Life of the People of London* 1891)又如纽约总算是新世界第一个都会,物质文明在世界无匹的了。亨特调查它的贫民竟占去百分之十四至百分之二十。这种悲惨的现象不特发生在都会里。亨特调查纽约、麻萨珠塞、米西甘等九州的人民,也是有五分之一是在贫民之列。由此看来,生计扩张产出两种结果来:一种结果就是供养许多新增加之人口,一种结果就是造出贫穷的大问题。"所以我们现在所应该研究的就是,贫穷是不是人口过多的变象。我们在上边已经声明过度没有现诸事实,那世界普遍的贫穷状况当然不是过度的变象,定是由于旁的原因了。"

从理论上推想起来,人类确是有过度的危险。人类的生殖力原来是无限的。马尔塞斯计算人类繁殖廿五年分可加增一倍。现在生理学者考查男子媾合时一次所泄精虫之数足可供全世界及笄女子授胎之用。人类生殖力之伟大可以想见了。但是地球上可居之土地是有限制的。蒙古的高原,美洲的草野,各处人口虽然疏落,但长此以往终有人满之一日。农业化学、食物化学凭它进步多少,食品种类凭它是发现多少,将来出产总有穷竭之时。总之,土地、食物二种是有穷的,生殖是无穷的,后者终须受前者的限制。所以过庶的危险在理论上确是无可疑的。但是现代社会还没有这个危险,为什么呢?因为凡是文明社会,虽然如本篇表上所列,人口逐渐增加,但是自一八七〇年以后生殖率却都是日见低减。据人口学者的调查,澳大利亚洲的生殖率降得最低。其次就是比利时、萨逊、纽锡仑、法兰西、德意志、澳地利、英格兰、丹麦、瑞典、挪威这些国家。现在采几国可靠的统计,列出表来,做为参考。

年度 国别	一八七〇	一八八〇	一八九〇	一九〇〇	一九一〇
英格兰	34.8	32.9	29.8	28.3	25.4
澳大利亚	38	36	35	27	27
纽锡仑	40	38	29	26	26
挪威	不明	30.9	30.2	30.0	26.1
瑞典	32.0	29.6	27.9	26.8	25.1
丹麦	21.6	22.0	30.8	29.8	27.8
德意志	40.3	37.9	36.3	35.7	30.7
比利时	不明	31.6	29.5	28.8	24.4
法兰西	26.1	24.9	22.6	21.8	19.1
澳地利	40.2	38.6	37.3	36.7	33.0

(上表系从前述 Thompson 书中录出。Thompson 在书中声明过,所取统计数目都是依据政府统计录。)

总之,世界上文明国家除去合众国,俄罗斯同日本以外,没有一国不是生殖率逐年减少的。生殖率虽然日见低减,但是贫穷问题反是日见困难。据人口学者的研究,一国里各种阶级的生殖率低减的程度也有差别。大概高级社会的生殖率减少最烈,低级社会的生殖率低减最微,也有保持原态的或增长的。但是低级社会的死亡率也是最高。所以我们推想近五十年来世界大部分的人口增加,除去移民不计外,当然是由于自然的增加,就是生产率与死亡率差的增高。

现在既证明近年人口增加是自然的增加,我们仍然不能断定自然的增加与过庶有别,不至于发生贫穷的问题。所以我们需考察现在社会的经济状况,世界的产物果否可以敷现在人口的分配。全世界的生产统计,现在不能详述。只看英美两国的财富,全国人口如何分配,也就可以推知其余了。英国全国的收入在一九〇八年值十八亿四千四百万金镑。从所得税的统计调查这财富如何分配:“全国人口百分之十二竟取去全国总收入二分之一,而全国人口三十分之一,只取去三分之一以上。”(参看 Chiozza Money.*Riches and Poverty*1010 版)美国斯帕尔调查:“美国住户百分之一竟取去全国总收入四分之一,而住户之百分之五十只取去总收入五分之一。”(参看 Charles B.Spar:*An Essay on the Present Distribution of Wealth in the United States* 1896)上边曾说明金钱是代表物品的东西。全国总收入都是按金钱计算,我们用它指示全国一年所出产的物品。所以计算一国生产品有多少值格,即可推知那一国的生计。把生产的值格由全国人民平均分配即可推知所生产的物品是否能满足人民的需要。照上边所引的调查看起来,那分配的方法,太不公平。英国的总收入假使平均分配起来每人每年可以得四十镑,五口之家共可得二百镑。所以现在文明社会的贫穷问题,不是由于人口过多,实在是由于分配不均。

但是有一派人反对这个道理。他们说假使把全国的财富平均分配于人民,结果必至使全国人民尽陷于贫穷的境遇。例如假使英国人民每人都只收入四十镑,他们都不能有安舒的生活。法国经济学者吉德即是这种主张。(Charles Gide;*principe de l'Economie polique* 论社会主义章内)他们又说现在低级社会的生殖率已经表示增高,或保持原态的倾向,假使他们的生活进步,将来他们的生殖率扩张,使他们的子孙膨胀于全社会,岂不又产出过度的现象吗? 这种议论都是昧于晚近人口上最显著的事实。那个最显著的事实就是文明越进步,生殖率越低减。文明越进步的国家,他的人民生殖率越低减。一个社会里也是一样,文明最高的阶级也是生殖率最低。爱理司说:

“与社会巩固相伴有生殖率低减的倾向诚然是文明的本质。这种倾向在个人或者是熟思的，但是在社会上只可以认为本能的冲动，用它支配生活的状况，解决贫穷病死的问题。”（Havelock Ellis：*the task of Social Hygiene*“论低落的生殖率”章第一八六页以下）爱理司的话是由许多人口统计的材料考查出来的断语，不是凭空杜撰的。所以我们敢说贫穷是生计分配不均的缘故，不是人口过多的缘故。我们并且可进一步说，低级社会的过度也是生计分配不均所产出的结果。分配问题是经济学的最重要部分，本篇不能离题太远，现在只好置之不论。读者要注意的就是贫穷与分配的关系，较贫穷与人口的关系更为切要。

六

以上所说都是引用外国的学说，采取外国的事实，讨论人口与贫穷的关系。论到中国，有种种的困难，不能为彻底的研究。第一，我们没有详确的人口统计。（《续文献通考》论户口登耗说：“国家户口登耗，有绝不可信者。有司之造册，与户科、户部之稽查，皆仅儿戏耳。掌民部者宜留心经理焉。”）第二，我们没有财富的调查。所以我们人口到底是过多、或是过少实在无从稽查。中国人口，普通常用的数目是四万万或三万五千万。这个数目是推测的，不是切实调查出来的。假使只有这个数目没有全国财富的统计，仍然是不能考出中国的人口能否有享受贫穷以上的生活。现在满街跑的是乞丐，到处有的是流氓，是大家都知道的。但是乞丐、流氓，是原因于过度，还是原因于生计分配不均，我们是无从推测。

外人对于中国人口的研究，有说中国的人口将来膨胀不可限量，必然充满全球的。但是细心观察的人都知道中国的生殖率虽尽极发达，而同时死亡率也异常伟大。十年前美国的洛斯教授来游历中国，征集了外国医士三十三人的意见，说殇儿在西洋大概是占十分之三，在中国就要占十分之八。（参看 E.A.Ross：*the Changing chinese*）那么，中国的生殖率虽然发达，终结仍然是让死亡率抵消。所以生殖率过度的危险，在中国社会里到底到若何程度我们不能断定。

但是一般的议论常以为中国的贫穷是过度的弊病。例如山东、广东、福建和扬子江下流诸省分，都是人口密度最高的区域，他们向外移出的人口非常的多。我们现在没有人口统计、物财富统计,不能只依据人民迁徙的现象,就断定过度为事实。中国各地方的人都是从事农业,所以移民的现象,只可认为农业上不能消纳他们。农业以外还有许多职业可以消纳。至于农业上可以消纳若干人口与农业上可以供养若干人口又不是一事。前者指从事农产的人口,后者指农产所维持的人口。我们考查每年海关报告,即可以知道中国农产可否维持现存的人口。假使中国的农产不足供给中国人口之用,我们仍然不能就认为过度的现象。因为农产不足的社会可以用他们的制造品去换食料,上边所举英国的例即是如此。假使农业、工业发达的程度都是幼稚,全国人口的生计总需依赖外国的补助,那一国的输入额定然超过它的输出额。这个还不能判定为过度的现象。例如英国的输入额常是超过输出额的,但是它不感过度的苦痛。英国的输出品运到外国,变成了生产的要素,在国外更造出物品,输入英国。所以英国所输入的实在还是它以先所输出的变象。由此看来中国输入额超过输出,还是不敢就认为过度的现象。

据我看来中国人满的现象经过这几层推敲讨论,只可认为先天的、事前的判断,还是缺少归纳的、科学的研究。我们再观察社会现状:见那横征暴敛的政府,嚣张跋扈的军人,蝇营狗苟的政客,敲剥朘削的财主,在那里肆无忌惮地吸取小民的膏血。收入分配的不均平,一方有月入几万元的军人、政客,一方有月入六七元的车夫小贩。全国的物产、产业,向来虽然没有发展,还算是小民公有之物,现在竟渐渐地都集中于少数人之手。看此情形,中国的贫穷更是与人口的关系小,与政治及经济的关系大了。

(一九二〇,一,廿四)

(第七卷第四号,一九二〇年三月一日)

马尔塞斯人口论与中国人口问题

陈独秀

一

我向来有两种信念:一是相信进化无穷期,古往今来只有在一时代是补偏救弊的贤哲,时间上没有"万世师表"的圣人,也没有"推诸万世而皆准的制度";一是相信在复杂的人类社会,只有一方面的真理,对于社会各有一种救济的学说,空间上没有包医百病的良方。我对于马尔塞斯的人口论,就是这种见解。不但马尔塞斯人口论是这样,就是近代别的著名学说,像达尔文自然淘汰说,弥尔自由论,布鲁东私有财产论,马克思唯物史观,克鲁泡特金互助论,也都是这样。除了牵强、附会、迷信,世界上决没有万世师表的圣人、推诸万世而皆准的制度和包医百病的学说这三件东西。在鼓吹一种理想实际运动的时候,这种妄想、迷信,自然很有力量、价值,但是在我们学术思想进步上,在我们讨论社会问题上,却有很大的障碍。这本是我个人的一种愚见,是由种种事实上所得一种归纳的论断,并且想用这种论断演绎到评判各种学说、研究各种问题的态度上去。

二

马尔塞斯人口论的内容,简单总括起来,就是:(1)自然界一切生物(人类也包含在内)的增殖,常有超过食物范围以上的倾向。(2)这种不断的倾向的结果,生物常苦于食物不足,自然界所以发生种种悲惨,人类社会的贫困罪恶不能绝迹也就为了这个缘故。(3)因此人类社会要想断绝这个祸根,凡是没有赡养家属资力的人,不得不遏制性欲,守独身主义,来防止人口过多的自然力。

后来新马尔塞斯派,对于前列的(2)(3)两项大加修正。这修正派的人,以为人类的贫困和罪恶,不仅是人口过多的结果,社会组织的缺陷,的确也是一种原因。他们又以为拿制欲和独身主义来限制人口,未免太酷,不如实行预防受胎的法子。因为预防受胎比制欲合乎自然,而且不损身体的健康。

后来无论赞成马尔塞斯的学说或是反对的人,对于修正派的意见,反对的却少得多了。但是他们对于马尔塞斯的(2)(3)两项意见,虽然加了多少修正,却于他的根本学说,还是不曾动摇。因为马尔塞斯主张的大前提,是在前列的(1)项,马尔塞斯得了永久不朽的大名,迷信他的学说当做万古不动的一大真理,也就在(1)项,因此人口论的研究,便不得不集中于(1)项了。

三

人口的增殖率,果然是照马尔塞斯的推算,每二十五年必定增加一倍吗?

生物的生殖力,自然都很伟大,即以一切动物中生殖力最低的象而论,他一生百年间,平均生殖六子。这六子果然都能生存繁殖,从最初的一对夫妇起,经过七百四五十年,应有一千九百万匹子孙。生殖力最高的微生物,有几种一昼夜可以生殖一万倍以上。若照马尔塞斯的主张,单就生物生殖力的理论,便可以推断生物在事实上计年增加的倍数,那么单是生殖力最低象一项,也已经充满地球了。

生物的生殖力和繁殖力,本来不是一件事。人类也和他种生物一样,事实上繁殖增加的倍数,决不能拿理论上的生殖力用数学式来武断推算的。人类的生殖力固然伟大,克鲁泡特金所谓自然的破坏力(寒冷、大雪、暴风雨、旱灾、水灾等)亦复伟大。战争的、瘟疫的破坏力更是不用说的了。据中国的历史,三千年间人口增加不过二十倍,再加上调查不精密,国土古今广狭不同,合并异族的人口增加等原因,实际增加当然还没有二十倍。可见马尔塞斯的人口增殖率,未免离事实太远了。在马氏他自己也知道在历史的事实上因有自然的限制,人口增加率不是这样快,所以他说:“人口若无限制,是按几何的比例增加。”(《人口论》第一版十一、十四页)后来迷信马氏学说的人,只注意下半句,忘记了上半句,因此比马尔塞斯更要武断一点。

在马氏著书当时,机器初兴,失业的人多,一时现出人口过剩的假象。马氏不在这多人失业上研究救济方法,却想用限制人口来根本解决,已经和用石条压平驼背的法子同样可笑。自从他死后一直到现今,欧洲大陆各国,不但没有人口过多的现象,而且却有人口不足的恐慌,这真是马氏警告、预言当时所想不到的了。如今大战后更是不用说的了,就在战前,即以法、德两国而论,如何使人口增加,不是两国几十年来政治家和学者苦心研究的问题吗?法国因为人口减少,Bertillon 有三百年后降为三等国,五百年后种族灭亡的警告。“法国人口增加奖励协会”(Alliance nationale pour l’accroissement De la population francaise)曾提出奖励人口增加议案十二条。议会也屡次提出同样的议案。德国自从一九〇〇年以来,产儿力非常低减,因此国论沸腾,一九一一年至一九一四年间,关于这个问题的著书多至二百一十六种。Julius wolf 教授等所组织的“德国人口政策学会”(Deutsche Yesellschalf für Bevolkerungspolitik.),他们的政策:(1)产儿的限制。(2)产儿的障碍,如花柳病预防、女工保护、产妇保护等。(3)保护现生的小儿。此等现象,岂不正和马尔塞斯的警告、预言相反吗?

四

生物的增殖,果然和食物的增殖不能保平均的速度吗?文化进步的社会,果然不能按照人口增殖速度扩张食物的范围,增加食物增殖的速度吗?

多数的生物一方面是食物的需求者,一方面又是食物的供给者。像这种生物,自己吃别的生物而生存,同时别的生物又吃它而生存。因此可以说生物的增殖速度增加,同时也就是食物的增殖速度增加。例如猛类鱼吃普通鱼而生存,普通鱼吃小鱼及甲壳虫而生存,它们在一方面是食物的需求者,同时在他方面不又是食物的供给者吗?

即以最进步的人类而论,一方面吃别的生物而生存,一方面也算是别的生物的食物,像那最大的猛兽和最小的微菌,不都是吃人的生物吗?前一项现在或者可以说渐渐减少,后一项无论医术卫生如何进步,将来能否绝迹,还是一个疑问。

人类的人口递增固然是事实,食物随着递增也不是空想。在文化进步的社会,除了宗教上、私有财产上、非生活品的工业上等障碍，又加上科学的发达和生产技术的进步，那时食物增加的速度，恐怕不是现在时代的人想象得到的，何以能断定它只能照算术的比例增加呢?

人口增殖率当然不能每二十五年增加一倍，供给人类吃的生物，它们的生殖力，每二十五年却可以增加数十倍或数百倍。倘用科学来选择、培养和人力保护，不叫别的生物侵占，增殖的速度更要大大地无限增加。例如有许多我们现在不吃的生物，若是利用科学来选择、消毒，我们食物的范围便自然扩张了；我们现在所吃的生物，若是用科学来培养和人力来保护，像养鱼隔离法(产卵期内和他鱼隔离，防止卵为他鱼所吃)，农业上、蚕业上驱除害虫法，家畜防疫法，牧场防兽法，都严密实行起来，食物增殖的速度，自然没有不意外增加的道理。

私有财产废止的好处：(1)社会资本在真能集中；(2)全社会资本完全用在生产方面，不会停滞；(3)人人都有劳动生产的机会；(4)可以节省用在拥护私有财产(国内、国际)大部分的劳力资本，到生活品的生产事业上去。在这时候，自然可以实现“无旷土、无游民”的理想，再加上农业化学天天进步，农产物增加的速度，自然非常伟大了。

姑且让一步说，这都是未来的空想。就以现代的经济制度、现代的科学程度而论，自从马尔塞斯死后现在八十五年间，因为资本集中、机器广行、交通发达、殖民地开拓这四个缘故，欧美经济状况生了绝大的变化，和马尔塞斯时代迥不相同。一方面农产物输入多量，毫没有收获渐减的恐慌；一方面工业物却有收获渐增的效果，生产过剩的恐慌，居然成了经济学上一个原则。因为有生产过剩的恐慌，所以他们寻找销场的希望比寻找殖民地的希望，更要热烈得万倍。他们用极强大的海陆军保护殖民地还不过是一种手段，扩充销场，拥护商业，才真是他们的根本目的。所以近代的国际战争，往往拿出极大的牺牲，所争得的并不是一块土地，不过是几项有利的通商条约。

再让一步说，这种过剩的生产物，乃是资本私有制度之下，分配不均、劳动者无力购买的结果，不是实际的过剩。这话固然不错，但无论分配如何不均，也必定在勉强维持社会生存以上，资本家才能够拿过剩的名义输出国外。像现在俄、奥两国产业界的情况，无论有如何大力的资本家，也不能够把维持国内的生存尚嫌不足的生产物，用过剩的名义输出国外。在一种生产过剩急找销场的国家，若是没有资本私有制度，平均分配起来,当然有维持生存以上的余裕了。因此就是这种非实际的生产过剩,一方面可以证明社会上贫困的现象,不是因为生产物不足,乃是因为分配不均;一方面可以证明马尔塞斯食物增加和人口增加不能保持平均速度的理论,确有不验的地方,不验的时代。况且棉纱、米谷更是生活品中第一不可少的东西,决没有绝对不足还可以输出的道理。近代中国、日本、美国的人口都非常增加,而棉纱、米谷,反是大宗的输出品,这岂不正和马尔塞斯的预料相反吗?

五

科学发达,生产技术也进步,人类食物的范围,自然有无限扩大的可能性,但是对于土地这一层,有一以为土地的丰腴力有一定的限度,因此对于这一定丰度的土地上所加劳动的生产力,也不能不有一定的限度,这就叫做"收获递减法则"。这种法则都是马尔塞斯人口论的一个有力的帮助,因为这种法则若是真理,在人类食物范围扩大上有很大的影响。这种法则就是说:一块土地的收获分量,决不能随劳力分量比例增加。例如第一年十人耕种一块土地,有百分的收获,第二年加十人耕种,收获分量虽有增加,决不能照人数增加的比例增加一倍。照人数比起来,反有劳力递加收获递减的现象,如下表:

	一年度	二年度	三年度	四年度	五年度
劳力人数	10	20	30	40	50
收获总量	100	180	240	280	300
(最后增加的劳力所收获)	80	60	40	20	

第一我们要晓得我们的食物不全靠农产物;第二我们要晓得化学发达可以人工增加不须耕种的食物;第三我们要晓得将农业化学发达,收获的增加还可以在人数增加的比例以上;第四我们要晓得此时地球上未开垦的荒地还多得很,假定收获递减法则是真理,人口有加无减也是事实,这种真人满的恐慌,也不知道在多少年以后。若是把眼前的社会问题放下不理,预先忧虑那多少年以后的事,那么,有人说地球将来

也要毁坏的，我们应该怎样预防呢？

六

有人把经济思想分为二大系统：一是富的哲学，说明富的性质及原因；一是贫的哲学，说明贫的性质及原因。斯密亚丹属于前者，马尔塞斯属于后者。人类的贫困不单是食物一样，乃是衣、食、住、知识、娱乐一切等等不足者对于足者比较的现象。不但没有衣、食、住是贫困，吃素菜的比吃肉的是贫困，着布衣的比着绸缎的是贫困，住茅屋的比住大屋的是贫困，着短衣的比着长衣、外套的是贫困，没有钟表用的比有钟表的是贫困，步行的比坐马车、汽车的是贫困，无钱结婚的比妻妾成群的是贫困，无力量读书的比学者是贫困。倘在均产社会里，权利均等，机会均等，没有足不足的比较，个人贫困的现象便不会发生了。个人比较的贫的现象，不一定是因为人口超过了生活资料，大部分是因为财产私有分配不均，一阶级人的占据有余造成一阶级人的不足。若拿有余补不足，岂不立刻成了“均无贫”的社会吗？到了均产社会时代，若公共觉得生活资料不足，那时才可以拿人口过剩算贫的一种原因，也不是全原因。因为还有科学不发达，生产技术不精，劳力的数量不充分，交通不便，也都是造成生活资料不足的一种原因。马尔塞斯说明贫的性质只注重食物一样，已经不大周到了。他说明贫的原因只注重人口过剩这一层，把分配不均、科学不发达、生产技术不精、劳力的数量不充分、交通不便这五种贫的重大原因都忽略了。他这种贫的哲学，恐怕还不及斯密亚丹富的哲学稍有根据。

马氏生在盛唱均产、人权的时代，不肯盲从时论，对于 Godwin 及 Condorcet 加以有系统地攻击，我们不能不佩服他有胆识。发明了贫的一种原因——即人口过剩，我们不能不承认他在社会经济学上有很大的贡献。但是他过于偏重他发明的这一种原因，和别的发明家、持论家陷于同样的偏见。不但如此，假全人口过剩是造成贫困的唯一原因，此外没有别的原因，非限制人口不能救济，也没有理由专门要限制下层贫民，上流富裕阶级就有孳生的权利，他们的这权利是从哪里来的？又何至主张贫民没有生存权，又何至说没有得父母财产的人没有吃饭的权利，好比宴会里未请的宾客没有入座的权利一样呢？（《人口论》第二版五三一页）Place 说马尔塞斯否决无事的穷人有吃饭的权利,却许无事的富人有这种权利。像马氏这种掩护资本家的偏见,不免要发生学者良心问题。

贫民多子,自然是社会上一种悲惨的现象,我们应该设法救济的;但是救济的方法,不能够像限制人口那样简单。第一要问贫民是怎么会贫的,是不是社会制度的罪恶?第二要问贫民的子女何以没有公共教(育)的机关,是不是社会制度缺点?若丢开这两个问题,专门限制贫民人口,这种劫贫济富的办法,就不说什么生存权和人道主义,社会上必招两项实际的损失:(1)贫民的子孙中往往有许多伟大的人物,倘限制贫民多子,社会上岂不是要受绝大的损么?(2)富人的子弟多游惰,贫民的子弟多勤劳,倘专门限制贫民多子,社会上游惰的分子渐渐增加,勤劳的分子渐渐减少,岂不是可怕的么?

优种论虽有点和个人自由、人权平等冲突,比人口论似乎还好些。因为优种论所要淘汰的,在他的观察总是社会上恶劣分子,还没有贫富的分别。

七

说到中国人口问题,有一班糊涂人常常以我们中国人口众多自豪,实在是梦话。第一我们要晓得我们中国一百万人口左右的都市,不过上海、武汉(合武昌、汉口、汉阳而言)、广州、北京四处,拿人口和土地比例起来,是不是人口众多,还是一个问题。第二我们要晓得无知识、无能力、无职业游惰偷生的人口越多,社会越发不得了,单是人多不一定就可以自豪。单是我们人口数日比别国多不算是真人多,必须我们人口和土地的比例比别国多,才真是人口众多。单是人口众多也(不)能自豪,必须是有知识和生产能力的人多,才可以自豪。

但是中国人口问题,也不曾是马尔塞斯的学说可以解决的。中国不生产而消费的人过多,人口增加似乎是超过了生活资料之上,这也是到处发生生活困难的一种原因。但这种原因,不是专靠限制人口可以解决的,因为中国人口过多的现象,不是和土地比例的人口过多,乃是不生产而消费的游惰人口过多。生活资料不足,不是生活资料增加的可能性赶不上人口增加,是增加生活资料的方法赶不上人口增加。照现在增加生活资料的方法和"游惰神圣"的社会制度,若不改造,就照现在的人口减去一半,恐怕仍然免不掉贫困的现象。若依马尔塞斯的主张专门限制下层阶级,不承认贫民有生存权,那么,中国式的上流阶级——即富贵游惰分子渐渐增加,贫苦的劳动的生产分子渐渐减少,不知道将来要变成一种什么社会?

所以我主张要解决中国人口问题,应该并行下列的几个方法:

(1)发展生产事业。劳动方面,大都市的工厂里,每天工值两三角做十二点钟的工,大家还惟恐谋不到手;人口稠密的农村里,因为租地竞争,地主除收租外还有种种不法的需索,佃户终年辛苦还不能够饱暖;农家的帮工,每年工价不过十余元,这都是人口过多,工价过低到这样地步。但是我们中国不但矿业、工业、交通事业,都还有无穷的发展,就是已经发达的农业,不但东北、西北的边地,就是内地各省的荒地荒山也不知有多少,拿这一样就可消纳无穷的人口。

(2)发展交通事业。此事对于人口问题有两种效果:(一)增加能生产的人口;(二)利用有余以补不足,等于增加生活资料。

(3)发达科学。此时欧美各国的物质文明虽是进步,将来科学越发达,衣、食、住各种生活资料还要随着无限地增加,至于我们科学还未萌芽的中国更是不用说的了。

(4)发达生产技术。无论农产、工产品,技术越发进步,生活资料增加的速度越发增加。

(5)增加劳力的数量。土地劳力在生产要素上应该居首要地位,在我们"游惰神圣"的国里,不但劳动的人数过少,劳动的力量也不充分,一般劳动者做工的时虽多,大半等于西洋的怠工。现在要增加生活资料,应该在社会制度上、经济组织上取消那"游惰的上流阶级"和"游惰神圣"的风尚,使劳力的数量充分增加。

(6)分配平均。现在军阀集中资本,人民已经是受不了。财阀倘再来集中一下,将来恐怕只有极少数的人生活余裕,那最大多数、最大痛苦的人,连一班拥护资本主义、大骂社会主张的学者自己或是他的子孙,都要变成没有生活资料的贫民,都要被马尔塞斯取消他们的生存权了。在财产权(私)有社会里,似乎不可因为有许多穷人生活资料不足,便马上断定是人口过剩,更马上断定人口常有在生活资料以上增加的倾向,因为若将全社会合拢起来平均分配,不见得生活资料真是不足,恐怕是一班强盗太有余了,别人便当然不足呵。所以若要讨论社会上究竟是不是人口过剩,究竟生活资料足不足,候实行分配平均后再谈,似乎才能够得到真相。纵然大家说平均分配是一种不能实现的空想,那就请大家狠狠心肠拿出一部分剩的价值(他们说是什么红利)来,办几个贫儿公育院,这总是做得到的罢。这种分配的法子固然离平均还差得远,但是也可以救济人口问题一部分的危急。

(7)限制人口。在以上几种方法没有收效以前,用限制人口的法子减轻社会上一部分生活困难,也可使的。但限制的方面应该注重在游惰的上流社会,不限于贫苦的劳动者,这却和马尔塞斯的主张有点不同。

(第七卷第四号,一九二〇年三月一日)

什么是科学方法?

王星拱

自孔德提倡实证主义、穆勒实行逻辑革命以来,科学方法之重要,渐渐为公众所承认了。科学方法是什么呢?换一个名字说,就是实质的逻辑。这实质的逻辑,就是制造知识的正当方法。

知识缘何而来,本是一个屡经辩论的问题。讨论这个问题的,大约可以分为两派:第一派说,知识是由经验得来的,是后天的;第二派说,知识是由理性得来的,是先天的。这两派所用的逻辑不同:第一派的逻辑是归纳,第二派的逻辑是演绎。我们且先看这两派的意见如何,再看科学家的意见和这两派有什么不同的地方。

第一派的人说,宇宙之间,每件东西,有每件东西的特点,决没有两个相同的东西。宇宙的全体,就是无数不同的团体集合起来的,并没有什么类、什么定律,可以管理它们。一万个人,有一万个不同的面孔,一万个人,有一万个不同的性质,谁也不能反对谁。因为各有各的道理,各有各的主观,没有两个人真正可以互相了解。所以我们彼此相待遇,应该要持互相容纳的态度,不能强迫人家同自己一样。而且,依进化论讲起来,宇宙一层一层的接续不断,往前进行,每层所发现的,都是新的,决不会和已经过去的那一层相同。况且宇宙之进行,既是接续不断的,那已经无层之可分了。不过我们智慧的习惯,把它分成层数,以期便于了解、便于研究罢了。这样看来,宇宙之行为,是没有秩序的,所以我们不能预测将来,即最近的将来,也是不能预测的。这是从异的方面着想,自然有充分的理由。然而宇宙间每个东西,把它分析起来,有无限的性质或表德,可以做我们的参考点。选择这些参考点之若干保存起来,就是概念;把这些参考点记录下来,就是界说。无论如何相同的两个东西,它俩的参考点,决不能完全都是同的。然而无论如何不同的两个东西,它俩的参考点,决不能完全都是不同的。如果我们所经验的东西,每个都是完全不同的,那就无从构造科学了。但是我们这儿实在是有个科学呀!个体的事实,当然不能抹煞,然而类和定律,是弃其异点、取其同点构造起来的,是个最经济的方法。不过类和定律,只能作推测的指导,没有能够强纳事实入其范围的道理。科学是能预测的,但是我们不能预先断定这个预测准到什么地步罢了。这是科学家和这一派不同的地方。

第二派的人说,宇宙间各件东西,都是有系统、相贯串的。宇宙的全体,是一个合一,倘若宇宙的全体不是合一,则宇宙之各部分,不能互相影响、互相反应了。然而宇宙之各部分,是能互相影响、互相反应的。换一句话说,宇宙是有秩序的,是有系统。我们只须得了这个秩序、系统,就可以推论未知——预测将来,和“割牛得其纹理”一般。这就是因果律的道理。宇宙之间,有一定的因,就有一定的果,万众森罗,形形色色,都有迭相接续的因果关系。所以宇宙之进行,是有定的,是可以为我们所预测的。然而我们有时不能预测将来,又是什么道理呢?这是因为我们所凭借的张本不能完备的缘故。若是有一个超人,能够观察无限,记忆无限,思想无限,他一定可以广知四海,远知万世,丝毫都不差错的。科学最注重因果律——科学之成立,全靠因果律做脊椎,所以科学家承认宇宙是有定的。但是我们观察,是用我们自己的器官,不是用超人的器官(天眼通、天耳通);我们推论,是用我们的智慧,不是用超人的智慧。所以我们推论所得的结果,不过是或然的。这样讲法,和意志自由论并不冲突。意志自由论家恐怕:如果因果律是普遍的真实,则我们的意志,将有“为外境的因所强逼,去愿意我们所不愿意的”的时候,岂不是人类的大苦恼吗?殊不知因果律不过表明一种关系,因不能强逼果,和果不能强迫因一般,不过有个时间的先后罢了。我们的意志,究竟倾向何方,谁能说不受历史和环境的影响?只须我们智慧发达,能够把外界的情境分析得明明白白,让我们自由地权衡轻重,自由地选择途径,就不至于有愿意我们所不愿意的苦恼了。总而言之,宇宙虽是有定的,然而我们预测将来,不能完全是必然的,必得要有试验来证明它。这是科学家和这一派不同的地方。

科学家和这两派既有不同的地方,所以科学所用的制造知识的方法,也不是纯粹归纳法,也不是纯粹演绎法,它所用的是科学方法。科学方法有什么特点呢?概括起来说,它有五个特点:

一、张本之确切　知识最初的起源,都由于器官的感触,但是在这些感触的时候,有一个智慧的我在里边认识它。这些感触所得的结果，叫做器官的张本。要造好房子，须用好砖瓦、好材木；要造真实的知识，也须用真实的张本。我们好多不真实的知识，如神异的知识、玄想的知识，都是由于没有真实的感触张本。科学中的观察，是极其小心的，用各种方法去防备错误，去减少错误，所以科学中的张本是真实的。而且科学中所用的各种仪器，不但可以得真实的张本，而且可以观察得到我们裸体的器官观察所不能到的地方。自望远镜发明，天空里不知添了几多星辰；自显微镜发明，世界上不知添了几多小的东西啊！

二、事实之分析　当我们研究问题的时候，各方面的情境，呈具于我们面前的，淆杂混乱，棼如乱丝。我们必须把它分析到最小的部分，因为从最小的部分里边，易于看得出它的性质。而且如次分析之后，纵有错误，也易于寻觅出来。譬如电学家研究磁力，把它分成力线；力学家研究速率，把它分成微分。宇宙本是个毫无间断的连续，但是我们有认识的需要，所以我们必定把它分析出来。分析是智慧——理性的能事，科学中智慧发达最强，所以科学是擅长于分析的。必定如此分析，我们才能除却神秘的态度，而得个明白的态度。

三、事实之选择　当我们比较繁复的事实而综合，或搜集过去的经验而构造假造的时候，这些事实经验，是无限的。若要从这些事实经验之中，取其有同点的综合起来，成一个定律或理论，不能完全凭借智慧——理性去决定，是要凭借我们的直觉去选择。即如科学家做试验去寻因果的关系，也只能首先凭借直觉去构造几个选择的假定，然后做试验去证明它。但是既是凭借直觉，就不是方法所能范围的了。不过这个直觉可以培养得来的。我们无论遇着什么问题，都让我们自身有比较事实、创造假定的机会，那就可以增加这个直觉能力了。这就是自动教育之原理。

四、推论之合法　经院学派遗传下来的逻辑，都是研究推论如何合法。科学方法还能比它好吗？然而科学方法和那普通逻辑有大不同的地方。科学方法和普通逻辑，都注重界说之清晰，都注重概念之确定。但是普通逻辑把这个概念当做具体的，把所推论的对象和所用以推论的概念，看做同一的东西。科学方法却不然，它把这个概念当做抽象的，凡我们所推论的对象，并不是界说里纯净的假定（把概念用言辞记录下来，就是界说），不过是这个概念的影子，也许有大同小异的地方。例如“人是要死的”，是人的略说；“要死”的观念，是人的概念。我们用这个概念推论某甲，某甲的

“人”和界说里的“人”，并不是同一的东西。所以推论所得的结果，如果能满足一个界说，都是一个新真实。

五、试验之证实　科学的知识，不是纯粹经验的记录所能了事的，所以必定有事实之选择和方法之推论。选择是一种简约的方法，简约必有牺牲之连带，由简约的得来的，并不是真实之本身，如何靠得住是真实呢？而不推论的时候，所推论的东西和所用以推论的概念，并且是同一的。那么，这推论所得的结果，又如何靠得住是真实呢？所以最后的判断，还靠试验之证实。如果没有试验一层，这个知识制造法，并没有完事，没有“告成”的资格。试问制造半途中止，如何能有良美的出产品呢？这样看来，知而不行，并不能算作真知。这就是实验派“以实行为思想之一部”之理由。

（第七卷第五号，一九二〇年四月一日）

新历史

陶孟和

新历史是与旧历史相对的名称。今日讲演新历史的目的有三层:(一)可以得历史的新眼光。(二)可以略知研究历史的方法。(三)可以明研究历史的用处。

一

未讲新历史之先,不得不述明旧历史梗概。旧历史记载方法,无论中外皆附于文学之内。历史向来为文学之一部分。试观自古以来之历史,概皆以极佳妙之文词述之。至于与事实相符合与否,反不甚注意。故无论名人传记、政治历史、宗教历史、战争历史,向来皆重在文笔之巧拙。文笔优畅则群推为好历史。艰晦则鄙夷微不足道。其最明显之例如吾国之《史记》《汉书》。其写法为后代历史家之模范。所以历史写法必称班、马。又如英国文学家马哥莱(Macaulay)所著的《英国史》其文体至今为习英文者所模仿。重在写法,即常忽略事实。逞一时之文气,势必至牺牲事实之真相。历史与文学本来是两件事。若必合为一谈,则必将二者之精神全行失去。若以历史附属文学别为一支,则必将历史之真精神全行失去。

历史重在文笔,是历史家历来的通病。但是所记的内容也因各人趣味不同,所注重的不一样。一派的历史家专记骇人听闻的故事。将"天雨血""兽人立而啼""凤凰来临"等虚无缥缈的事记在历史上。比这个较胜一筹的是专用大战争或奇怪的事迹做历史变迁的线索。中国的历史演义就是这一派。

又一派历史家取纪年的体裁,按着年代先后做出大事表。《春秋通鉴》都是这一类。西洋称 Aunals 或 Chronicles。历代大事年表的写法在年月日底下列了许多人名地名，表示某种事实曾发现过。

又一派专记载政治的事实。普通称为政治史。政治史占旧历史中最重要之部分。历史家所最注意的就是政治的变化。他们以为历史的用处是做政治家之圭臬、为军事家之参考资料。吾国之《资治通鉴》即属此类。英国史学家佛里曼(Freeman)常说“历史就是过去的政治”。我们把佛里曼的话掉转过来，可以说除法过去的政治的大部分就都不是历史。德国史家兰克(Ranke)曾写了很好的历史，并且会用校勘法选报正当的史料。但是他也是偏重政治一方面。他以为国家是人类发展的继续绵延的基础。所以历史的目的是使我们明白国家的起源及性质。

总之旧历史不过供文学家炫示舞文弄墨的伎俩。所记的都是些耸人听闻的琐碎事或撼动天地的大变乱，或是记些没有关机(系)的年月日人名地名，或是记帝王卿相的行为和政治事迹。常有一种史兼有数派之性质者。我们读了这几类的历史到底有什么用处？我们人类是向前进的，我们的眼光是向前看的。过去的事我们读了有什么用处？几千年前在现在曲阜的地方生了一个名叫孔丘的，我们现在知道了于我们有什么关系？又如几千年前希腊人和波斯人在塞毛披雷(Thermupaelae)那个地方开了一个大战，打破战车若干辆、掳获俘虏若干人，我们知道了又有什么好处？充其量也不过挂个博学的招牌。因为人家知道，我们也不得不知道。因为受过教育的人都知道，我们要表示我们是受过教育的贵族阶级，所以也不得不知道。但是到底有什么用处呢？这是读旧历史的时候可发生的疑问。

我们对于这个疑问暂缓答复，现在先把各种旧历史的短处批评出来。旧历史是属于文学的。假使我们所研究的是事实，我们就不能牺牲事实专注意文笔。历史家的始祖 Thucydides 在两千年前就看不起那专图“悦耳”不说实话的历史家(但事实上他还脱不了这个习气。他的历史写法也是讲究辞藻愉悦读者的)。历史是记载过去的事实的。注意事实，照着事实原原本本用普通言语发表出来，对于事实没有损益、没有夸张、没有贬损，历史家的能事已毕，又何必计较文笔的巧拙。我们读历史为知道过去，不是为的学文学。若以历史为文学之一部那就是认错本题。

骇人听闻的事不能无故而发生。不过因为那事实奇异，是我们所不经见的，所以历史家特别标出来。但是历史家因为注意不经见的，却把那经见的事忽略，是大错的。惊天动地的事不是孤立的。与惊天动地的事件发生的前后都是些有关系的事实。历史家只注意非常之事,竟把所以致非常之事的情形和非常之事所发生的影响一概忽略,可谓不明历史的性质。历史是长久的经过,所有的事实都是相连贯相衔接的。国家的兴亡、朝代的盛衰不过是长久经过中最惹人注意的事。所以发生兴亡、盛衰的事实,是不促人注意的。但是仔细看来那些事实虽然不惹人注意却是非常重要。

历史自太古以来一直连贯不绝、相衔接的。那衔接的关系不能用年代做枢纽,也不能用枯燥无味的人名、地名做枢纽。年代、人名、地名联络起来,不能作为历史。

历史记载人群各种的行为,并不限定政治一种。希腊大哲学家亚里士多德曾云:"人为政治动物。"后来德国的政治学者,也以为人类最高的组织是国家,所以人类最高的活动,也是为国家的活动、政治的活动。但是人的生活是多方面的。人不只是政治的动物,并且是生产的动物、群居的动物、思想的动物、有欲望的动物、求进步的动物。历史所记述的,应该包括全体。政治不过是人类活动的一部分,也就是历史之一部分。只有全体可以包括一部分,不能以一部分包括全体。故吾人研究历史之全,最为重要。

总括向来的历史缺点如下:(一)偏重文学的。(二)人名地名过多,于读者无意味,不能促发他的兴趣、思想。(三)偏重政治而排斥其他事实。(四)常注意于骇人听闻的事实,不能判别事实的重要与否,失去正确的历史眼光。

二

新历史是因为旧历史不恰意才产出的。但是它的产出也与时代的思想、科学,有密切的关系。(一)思想方面。自从达尔文用自然淘汰的道理说明进化,开思想界的新纪元,我们得到许多益处。今只就历史简单言之,有三层:第一层,我们的眼光不是限于一时一处的,扩充到久远。第二层,使人有连贯的观念,从事于发生的 Genetic 的研究。将人类的历史扩充到有史前的时代。人类自有生以来到现在之进化,久远自远过于有史之时代。第三层,历史是人类的演化嬗变,不是各不相关的片段的事实。人事复杂,所以嬗变的关系,也是复杂。(二)各种科学之发展。以前研究古代历史,只有古代的书籍碑板,材料有限。近来因新科学日有成立,材料大为加增,如人类学发源于十九世纪之初,研究现代之野蛮民族,我们可以取来作为研究历史之参考,现在之文明人类乃古时野蛮民族所化,而古时野蛮民族未发达时之生活状态,今与之非洲、美洲、澳洲诸处土著殆有相近似之点。各民族的生活,不是完全一样的。现在的野蛮民族,实在是已经经过几千年的进化的,更未必与古代半开化的时代相同。但是他们的生活,却是可以供我们的参考。如吾三国代之文明不必全与然昔 Aztecs(古墨西哥族)Incas(古秘鲁族)相同,但其文化状态和宗教思想、社会制度,颇足供研究历史者之考证。又如地理学,不只供给历史上地名的考据,并且由地方之形状,可以研究人类之迁移。如古时欧洲罗马文明向北传播,为何只传至于克伦 Koln 而未能深侵入今日北德腹地。此问题若从历史自身,恐不能得完满之解释。今若从地理的情势研究,可以知昔日罗马人北上时,系沿莱茵河而上。河流交通之形势,限定历史上之事实。罗马人为河流所限,没有深侵入日耳曼蛮族的腹地。

近来学者推测人种的历史有若干年,还没有共同见解。有人说人类自初生到现在有十万年。又有人推测为二十万年。单以十万年而论,只有五千年的历史是有破碎、不完全的记载的。此外尚有九万五千年,是没有一点记载可寻的。而此九万五千年虽不能考究,然亦不可因为没有记载的历史,就一笔抹杀。这又是人类学、古物学,可以供给历史家参考的材料。

此外更有社会学,比较宗教学,经济学,心理学,等——都可以帮助历史家考查历史事实,理会那事实的意味,检查事实的关系。

历史是不是一个科学问题,曾引起了多少的争论。但是看现在的情形,应用各种科学,历史自身已经无形的变为科学了。不过各种科学内容不同,所研究的东西不同,所以应用科学方法研究,也不是一样。历史当然与物理化学不是同种的科学。

我们研究新历史应当:

(一)取批评疑惑的态度。

(二)应当权历史事实之轻重,无论其经见,微细,或隐晦,皆须注意。不可以事小而轻忽视之。

(三)应排斥神学的、怪异的、种种非科学的解释。

今举一例,如煮饭本来是一件小事,不足写在历史上。然而在中古时罗马人何以能如是战争?所向无敌,统一全欧,战胜诸族。其兵士之组织,何以如是之精?煮饭也可以说明其一部分之原因。古时交通不便,运输粮食极其困难。后罗马人代以麦粉

Polanta。此粉可以在任何地方,随便煮食。不需备制就得大量的粮饷。煮饭之事虽小,对于军事极大。对于历史上的事实,有重大的影响。

三

以上所说,都是说方法应该怎样改变。讨论方法与目的和用处是相关联的。现在先用欧洲历史家的见解论研究历史的眼光。

古人对于历史研究之眼光不同。罗马的 Polybius 说历史注意事实。无论事实之重要与否,均以诚恳之态度写出。他以为历史专供政治家及军人的参考。这就是司马光的看法。我们中国史学家用往古鉴来今的意思。及基督教盛行于欧洲,历史家专用历史上的事实,证明宗教,或是用宗教观念说明历史。他们以为历史上所有的事实,都显上帝与魔鬼的关系。例如圣僧奥格斯丁所著的《上帝之市》就是证明人类历史纯然是上帝的计划。人类受了许多苦痛,都是上帝的意思。等到耶稣再生,末日审判,赏罚分明,人类就没有苦痛了。又如法国的 Bossnet 文章简洁流丽,做了一部《世界史》(*Historic Universelle*)可称为文学上的美品。可惜他的眼光还是神学的,用历史显明上帝的意旨。十七八世纪的时候唯理派的思想勃兴,宗教的迷信一时受了大打击,历史家的眼光也随之俱变。福禄特尔谓历史专为寻“有用的真理”。但是什么叫做真理,真理是做什么用的,要是叫福禄特尔解释起来恐怕还脱不了十八世纪玄学的思想的窠臼。

及至德国哲学家黑格尔,历史家的眼光受了唯心论的大毒,变出了一种玄而又玄的历史哲学。这一变就变到一种玄学的历史观。黑格尔的历史哲学的讲义,说明历史是显示历史的民族的世界的精神(Weltgeist 英文译为 Universal Spirit)。黑格尔所谓历史的民族,指波斯、希腊、罗马,和当时的日耳曼族。历史的民族都是能够驾驭全世界统制全人类,所以他们具有世界的精神。所以黑格尔一派的历史家都流于一种主观的、国家主义的、狂妄的、骄恣的历史观。这种观念浸入人的脑筋里,人人都要变成帝国主义军国主义一派,危险不堪言状。后来德国的历史学者大概都沾染了他的思想。Treits chke 可以说是他的高徒。现在还有一位日耳曼化的英国人名叫 Honston Stewart Chamberlain 的,也算是黑格尔一派。他做了一部《十九世纪之基础》两大厚册,真是大著作。可惜他苦心孤诣都是为证明德意志民族是历史上最高贵的民族,向来各族伟大的人物都带着条顿族的色彩或血统。以上所说各种历史观都是属于神学的、主观的、玄学的或国家主义的,不是科学的。

我们的新历史观,应该像照相的对光一样。对于所看的应该清楚,正确,不能支离恍惚。把一桩事情,看得畸轻畸重,都是不当。历史上的事实,各有比较的关联的位置。所以我们不能用主观的神学的玄学的或国家主义的观察去研究历史,我们要采用观客(客观)的科学的方法考究历史的真相。

四

我们研究新历史有什么用处?历史不是为博学的人做广告的。人的知识的价值在乎应用在人生上。假使不能应用,只变为贵族阶级、知识阶级的装饰品,那就没有普遍的价值。历史也不是我们的借鉴。古时之情形与现代不一样。如自然界的花必须有水、有热、有光而后能生长。要素简单,可以推论它的生长变化的情形。人群变化的历史不能如是简单。故不能以古事为今事之榜样。人类之生活状况不同,而生种种之情形,如国会、革命、复辟、文化运动等各国皆有,而现象不完全相同。人类的情形极其复杂,不能以孟子所说的五百年一治一乱之语包括历史上的变象。由此观之,历史于我们不能考鉴,可以不必研究。历史既然不能作考鉴,吾人又何必研究呢?欲解决此问题,必须从进化论的眼光观察,现代与过去相衔接。明古代过去之事,即可帮助我们明白我们的现在,我们自身和我们同胞。明白人类现在的问题和将来的希望。简言之历史是与人一种看法。

人类思想的习惯和社会上情形的变迁,速度向来是不一样的。前者永远是比后者迟缓。我们最容易有的,也是最常有的危险,就是用已经陈腐的情绪,观察现在的问题,并且用已经陈腐的思想解决那个问题。我们生活向来不能完全的与所处的环境相调和适应,这就是一个最重要的原因。我们对于现在的问题,用陈腐的脑筋观察,用陈腐的脑筋解决,那永远没有解决之一日。所以改良现在的社会,绝对不能用古时之社会做参考。更不能因袭固有的制度或社会的惯习。应该先求明白现在的情形、现在的思想。但是要求明白现在的情形和现任的思想,需先知道他们有怎样的经过。过去的事实说明现状何以如此。历史所研究的，不是过去的事实若何，是怎样会产出那样的事实。这就叫“历史的观念”。

历史的用处不是供给人类行为的前提。但是我们的行为也应该有根据，有基础，乃不致有盲目的无意识的行动。那个基础就是要对于现状十分明了。要想明白现状，必须对于过去具有充分的知识。杜威博士曾说过：读历史是明白现在不是解决现在。

这是我在北京高师附属中学的教育研究会的讲演，由该校学生张世泰君笔记后，又加修正增损，成了这一篇文章。愿意研究历史的我介绍读下列各书：

Robinson：*The New History*

Adams：*Historical Literature*（参考用）

Pollard：*Essential Facts of History*

Yooch：*History and the Historians*

H. G. Wells：*uniersal History*

（现正在刊行中尚未出完。Wells 是当代有名的小说家，小说以外他曾著了许多社会学的论文，都是极有价值的。去年夏间我在梁任公先生席上曾遇见他，他说正在编述世界通史自人类发生直至近代，现在已出了两册，可称为一种模范的“新历史”。）

（第八卷第一号，一九二〇年九月一日）

生存竞争与互助

周建人

凡纯粹科学的一种学说，本来只有是非，无所谓什么功罪，然而一经输入中国，便时常无端的定出功罪来，其最甚的，尤莫如"生存竞争"与"互助"。

"生存竞争"即旧译所谓"争存"，输入还在戊戌政变以前。其时的读书人不但心以为然，而且还用作催促革新的方便，所以争存说非常风行。到后来，革新与复旧两俱失败，国人略略自己觉到劣点了，于是对于争存生出恐怖，只有恐怖而不肯努力，于是又变了怨恨，甚且至于怨恨到达尔文，说他提倡争存，便是这回大战的引子。

克鲁泡特金的《互助论》，初版本在一九〇二年。欧战时候，协约国要鼓吹协力，盛行翻印，余波也流到中国——先前的少数人的介绍，是别一事，——才都知道天下有互助这件事。那时候鼓吹的意思，已经与著者的本意不同了，然而中国几个论客，却又以为此说驳倒了达尔文，从此可以从生存竞争里救出，是一种有益社会的学说，扶助人类的福音。现在，欧战大略已完，中国却并未得救，牢牢记着中国在协约国之内的人，便又对互助说抱了疑心，露出慨叹了。

其实，自然界中的生物，生活方法原不一律：同一蜂类中，有合群的蜜蜂，也有不合群的蜾蠃，或者生活极其活泼，或者极其简单。各样的生活，只是要有生活的机会，而且能繁殖它们的子孙，所以如何适于生存，它们便如何生活。这并非用了我们自己的道德观念，可以评论功罪的事。

生物究竟如何生活，如何进化，我们应该向自然中去寻，因为进化论不是书卷上的学问。书上所说"生存竞争"与"互助"，也不是著作者私自造作的教条，教人应该如何模仿生活，却是在自然界中研究过许多生物的生活状况，然后得到的一个解释；这解释的当否，只有生在自然中的生物，可以证明，也并非用了"想当然"便可以评论是非的事。

何况达尔文的生存竞争说与克鲁泡特金的互助说,本来并不背驰,也不见有所冲突,自然更无所谓驳倒与否了。这缘故极易了然:就是达尔文所研究的是物种何以繁变,归结到生存竞争;克鲁泡特金所研究的是何法最利于生存竞争,归结到互助。

我们试略看两人的学说,就更明白了。

物种起源的问题,在希腊哲学家也早说起,直到达尔文少年时代,物种说还有二派:一派是林那(Liuni)学说,说各种生物本来各自化生,并非由别种转变;一派是赖马克(Lamarck)学说,说物种能受外缘的影响而起变化,生物又能将从外缘得来的变化遗传下去,于是愈变愈著,愈与外缘适宜,各种物类无不如此变成[①]。达尔文到南美洲,目睹地层中化石形状,和 Galapogos Archipalago 岛上生物分布状况,便发生极大的感想,知道生物逐步变迁,并非千古如一。他后来又见园艺家培养动植物,凡留种时候,必将好种拣起,使 px 再出;如是代代选择,果实大的便愈大,花美的也愈美了。他又见家鸽中,有尾羽较多一支的,使与同一的雌鸽相配,那生产的雏鸽,尾羽竟有多出二支或三支的了[②]。因此他深信生物具有变化的性质。这变化性又能遗传后代。若将起了变化的种类选择起来,自然愈变愈显,能够成一新样的物种。这便是培养下动植物变种的由来。

生物在培养下既如此,在自然中当然也该有变化性和遗传性了。它们能够变出新种也便是因为在变化性和遗传性上,再加选择的作用。但人为的选择物种,是在合用,自然中的选择作用却不同。自然中的选择作用,只是适于生存者当选!

自然何以有选择?便因为自然中有生存竞争。生存竞争这意见,也不始于达尔文,以前的毕封(Buffon)等,早已说过了。达尔文于一八三八年间读了马勒赛司(今译作马尔萨斯)(Malthus)的《人口论》,受了极大的影响[③]。眼见得生物的生殖数,要比能生活的数目多,可知它们虽然各求生存,但其中的一部分不免死亡,只有适宜的能够存活,这便是生存竞争。但生存竞争的事,又并非如现在论客所意料,是自相残杀,或强食弱肉,只是各个挣扎性命。希图生存,竞争的结果,能适合环境的便得存活——便是优胜。所以达尔文在《物种起源》上说:“我须说明,我用生存竞争这名词,是广大的,比喻的,包括彼此的依赖;而且包括(最重要)不特个体的生存,又在后代的成立。”[④]又说:“如两个食肉动物在饥馑时候,固可以说彼此因为求食而起竞争。但如有一株植物,生在沙漠近旁,可以说它对于旱叹争生存。一株植物生了数千的子,其中一株长大起来,可以说它和密被地上的同类和异类的物种有竞争。"又说:"槲寄生是依赖鸟类传布种子的,它们的生存所以依靠着鸟,倘使鸟类喜吃他的果实,比别种果实更喜欢,因此传布它的种子也多,便可以说槲寄生和别种果树有竞争了。"[5]由此看来,可知达尔文的生存竞争说,范围本极广大,生物生活一日,即不免有一日广大范围的竞争。罗曼尼司(Romanes)更明白解释说:"生存竞争这名词,应该知道它的意义所指,不但是同种类中同时期的个体争生存;其实也集合一起,争它们种族的永久。"[6]

生物生存的要因,既在适于自然,则"自然选择"这话,便与斯宾塞所谓"最适者生存"无异;所以达尔文也说,"我称自然选择,便是最适者生存"。物类许多变种都由这理由而来:例如生存寒地的动物,皮毛何以独厚?便因为抵抗寒冷,皮毛薄者即不适于生存,唯有皮毛厚的,生存机会可以较多,所以独得存留;传到后代,依样抵抗,适的生存,不适的淘汰,于是寒地的动物的毛皮,便与热地的不同了。又如牛何以有角呢?便因为当初的牛虽本无角,以常受别种野兽的攻击,群中头部强大体力强壮的,生存机会便比其余的多;若使有牛,头上有发育未全的角,则它的生存的机会自然更多,不但自身生存,又能繁衍他的子孙;不适的渐渐灭亡,以至后代依样竞争,于是自然而然只剩了头上有角的牛了。而且生理上又有发达相称的原理,一部既有不同,别部也起相应的变化,因此全体的形状,便都与从前不同了。诸如此类,便是自然选择的作用,生存竞争的来由,也便是使物种变化的缘故。达尔文一部《物种起源》,即用了自然选择说,来说明自然界中千变万化的物类,如何由一个祖先变化而来的理由;但其结果,欲对于生物如何存活这问题,也下了一点解释。

达尔文对于生物如何存活这问题,解答是生物经过生存竞争之后,只有最适于生存的才能够存活。至于怎样的才是最适者,却并无说明。克鲁巴特金(今译作克鲁泡特金)便对此下了解答,说最适者便是能互助者;《互助论》中明白说:"我们若用间接的证明,去问自然,——谁是最适者:这些继续战斗的呢,还是互相维持的呢?我们可以即刻看出,这些动物有互助的习性的,是最适者无疑。"[7]

一部《互助论》,便是根据许多事实,反复声明,动物同种里没有自相残杀的情形,只有互相维持的趋势,个个相助,合力抵抗环境的严苛;互助的利于生存,则因少费能力而能保持极大的公益[8]。因此,大概能互助的动物多繁衍,强盛,而且动物愈进步,互助的范围也愈广大,所以动物的互助,也正是进化的公例。至于动物里面,不合群的也很多,据克鲁巴特金的意见,便是动物之所以离群独生,是环境有以使然。例如印度甘蔗田多,以及欧洲制糖厂多的地方,离群独生的蜜蜂很多;蜜蜂本是富于社交性的昆虫,现在因遇境便利上,使它们变为独立的生活了。但此种生活,能力总不及合群的强,所以将来总要受自然选择而淘汰。

合群的生活,何以便是最适于生存?《互助论》上没有细说,现在从生物学方面讲,便因为合群生活合于生活的经济的缘故。各种生物,生活上都有一种经济的相互关系,个体的生活和种族的生活,都是如此。寄生物的变为简单,也就因为生理上的便利。但生物中愈发育的种类,它们的生活愈复杂,生活上不能一一迁就环境,即不能不设法来应付。有如蜜蜂蚂蚁之类,生活既不如蚱蜢蟋蟀的春生秋死,遗卵土中,待明年再发,便不能不营过冬的巢穴,贮藏粮食了。它们生活既然复杂,也便不能不协力合作了。所以这种合群的生活,便"少费能力而得极大的公益",显然是适于生存的一个条件,——是极经济的事情。

《互助论》所引的事实,虽然全是动物,但我们在植物界里,也能发现这情况。人都知道禾本科莎草科等植物,在地上分布最广,种类也极多,最高等的菊类,更不必说了。这种植物的花,都有聚集一处的趋势,菊科的花,合许多小花,变成"头状"。这样生法,在生活上便有极大的便利,因为植物的根叶等是营养用的,生殖部分是消费的。倘使菊类的一个头状中所集合的多数小花,个个离生,而且颜色仍须照旧美丽,即不免每朵花外,须有几片极美而且大的花瓣,此外更须很长的花梗,更大的花萼,消费便增多了。现在它将许多花朵集在一处,花极小,极简单,可以减少许多消耗,然而美丽和作用却并不减少,在生活上极其便宜,也极其经济。

照上文看来,可以知道生存竞争与互助,本只是生物现象的一事的两面,或后者是前者的较为绵密的说明;而且因为有互助,却愈足证明生物界有竞争。达尔文自己也曾举出许多互助的事例,中国的杂志日报都介绍过他[9]。但几个祖述他的进化论者如赫胥黎等,往往侧重竞争,收小范围,去讲个体竞争的事,这是克鲁巴特金所弹射的。

现在生物学的研究更加精密了。达尔文以自然选择说,于说明物种的起源有些不足,互助说也是一样,于说明最适者有些不足了。但也还不失为见到生物现象的一方面。现在知道生物的变化——因有变化,所以有进化——便起于生物自己,因为它自具变化的性质,所以虽在同一境况之下也能自生变种,并非逐渐而来,且这变种,又非都变复杂,或者反失掉它们祖先原有的性质的一部分(Retrogressive Mutation)。一方面,又能受环境的影响,美国妥惠(Tower)曾在实验室中改造环境,培养甲虫,后来仔虫便发生变化,与原种不同;而且这变种的后代,能保持它所变化的形状[⑧]。至于自然的境界中,使生物发生变化的要素(Factor)如何,却正与生物自起变化的内部要素如何这问题相同,至今不能解析明白。

但因为环境不同,生物自身又有变化的性质,所以物类的生活,极不一致,只要如何适于生存,它便如何生活。动物界里有秩序井然合群的蜜蜂、蚂蚁;也有散生的蜜蜂,有退化到极简单的绦虫、肝蛭,只要有生活的机会,它们都能发育,繁衍它们的子孙。这生活状况愈不一致,便是生活的门路愈广大。若离开生物界,照人意判断,就所谓积极的一方面的生活说,则必生物愈进化,它们的生活便愈活动,与环境的抵抗也愈多,到独力不济的时候,便自然而然的发生合群协力的必要。例如许多鸟类,平时虽然散处,一到迁徙时节,便要合成大群了。

因此合群这一种习性,也只是起于生活上的必要。倘使生活上并无此种需要,它们即不必都营合群生活,就令本是合群的物类,到一新境遇,适于散处,也要离群独生;此后如境遇不变,也便能长久存在。

生物的遗传上,各种的物类,既自具固有的性质,则同种的物类,性质自然相近,这便是一遇必要时候,容易合群的动机,例如相同的分子,结起晶来,自然容易聚成一定形状的晶体。但它们虽因为遗传相似,易于合群,而最重要的原因,却还在生活上的必要,在这时候,便是本不同种,也就有互相维持的了。

克鲁泡特金虽假定散生的蜜蜂,将来不免死灭,但如最近学说,生物能依环境的要素而起变化,则也就仍有生存的希望,必须固执不变,才会灭亡。所以互助固然利于生存,但也只是利于生存的一条件。

互助利于生存,仍不能免去生物的生存竞争,对于团体以内是互助,对于团体以外还是有竞争,所以中国论者之所谓互助说打破了自私自利的进化论这一类话,实在陷于谬误。生物界现象极分歧,关系也很错杂。合群的生物因为习性相同,成为大群,抵抗力因而增强,虽然是利,但习性相同,食物嗜好也就相同,据达尔文的意思,此中却又埋伏着生存竞争了。候鸟迁徙的时候,虽然合成大群,但胸部狭小,翅羽不强的,就容易遇到危险,中途坠死,也就是互助之中,仍行着生存竞争了。所以互助说并不能打破进化论;而克鲁泡特金的本意,也不在打破进化论。

生存竞争与互助两说,在今日不害其并存,谅将来也便如此;至于各有上述的不足,则因达尔文对于研究生物进化,是一个开始者,克鲁泡特金对于观察生物现象,是偏用了人间社会的眼光。至于中国论者的恐怖与怀疑,是在将生存竞争误解为同类相残,互助又误解为受惠!

①Osborn,-From the Greeks to Darwin. Chap. Ⅵ

②Weber,-History of Philosophy. p.565-6.

③Seward,-Darwin and Moderm Science. p.13-5

④Darwin,-The Origin of Species.(Oxford Ed.)p. 58.

⑤do. p.58-9.

⑥Romanes,-Darwin and after Darwin. vol.I.p.267.

⑦Kropotkin,-Mutual aid.(Populared.)p. 14.

⑧do. p.14

⑨《新鲜》第三号及《时事新报》

⑩Castle, Couler, Davenport, East, Tawer. Heredity and Eugenics.p.213ff.

(第八卷第二号,一九二〇年十月一日)

达尔文主义

周建人

进化这一个观念,虽然几乎和人类的思想一样古老,但不到达尔文五十多岁的时候,世界上还没有一贯的进化说。达尔文的进化说,便是“自然选择”,始于一八五八年七月一日,和华来斯合作的一篇长文(*On the Tendency of Species to form Varieties, and on the Perpetuation of Variaties and Species by Natural means of Selection.*),由虎扣尔(Hooker)和雷侠儿(Lyell)两人介绍到林那学会去公开,于是才将自然选择的要义,告诉大众。次年十一月二十四日,他的有名的著作《物种的起源》刊行,于是从比葛尔军舰航行世界起,二十多年的工作,一并发表,放出烈日一般的强光,照着思想界,登时变了颜色;许多观念,都换了式样了。

达尔文的进化说,虽不是几句话可以说明,但重要的意义,却从以下的一段文中,可以看出:

“各种生物,生产的比能够存活的多,所以有循环不息的生存竞争了;物类在复杂而且有时极繁变的生活状况之下,变化得虽然微细,但若能合于生活,自能得到较好的生存机会,如是便自然当选了。由遗传的原则,各种优选的变种,自能递衍他的新的而且变迁的形状。”①

因此可知生存竞争,是自然选择的起因,最适的生存,是自然选择的结果。生存竞争的含义,我在《生存竞争与互助》(《新青年》八卷二号)中,已经大略说过;但所谓自然选择,也只是比喻的话,借了农家选择合用的物种,传播种子的意思,去引喻自然间的作动,并非说自然中也像人们一般是有意的选择。这不同处,便是“人的选择物类,只为合于他自己的用,自然的选择物类,只为合于自然的倾向”②。

所以照达尔文的意见,物类能生存的,便是最适合于自然的倾向的;克鲁泡特金进为解说,说互助便是最适;然而这是积极一方面的话,不能概括一切生存。若问不合群的物类,如何也得在自然选择中存活,则自不能不有更普遍的说明;罗素的意思,是“生物的能生存与否,便以一切选择作用进行的总结果为定;情形虽然异常复杂,但平均上能够存活的,便是一般最适任用的生物”[③]。

最适任用的生物,当然是适合于自然倾向的。这范围所指,自然广大,不单以一种性质的适合,便算最适;便能在自然中得优选,例如螳螂之能生存,当然不能只靠着保护色一端,其他必尚有适于生存的地方;但保护色在自然选择中的价值,却是最明显的事,所以就此一端,很可以作一条所谓适于自然的说明。税司诺赖(Cesnola)曾用一种很简单的试验,以验螳螂的保护色,在自然选择中的用处曾载在一九〇四年英国的《生物统计杂志》(*Biometrika*)上,说:

“意大利的螳螂,分两种颜色,一种褐色,一种绿色;绿的常生在青草上,褐的生在枯草上。税司诺赖先生曾将在青草上的二十个绿螳螂约束了,不使逃散;在枯草上的二十个褐色螳螂,也照样约束。十七日后,仍都活着。他又将二十五个绿的放在枯草上,十一日后都死灭。又换一方面试验,将四十五个褐色的放在青草上,十七日后只剩了十个。大多数的死于鸟,五个绿的死于蚂蚁。由此可以得到一论证,数目虽然少,然已经很可见这两族螳螂的保护色,选择的价值了。”

保护色和拟态等,都是最易显出功用的性质;但此种性质,是已由自然选择中成就来的,而选择作用的进行,在进化上的重要,殊不止此;达尔文的意见,和选择作用在进化上的重要关系,也便可以引他自己的话来说明:

“选择作用虽然缓慢,但若衰微的人能行人为选择,当大有成效,我看当变化无限,能增进美好,和一切生物间极复杂的适合,彼此及与他们生活的物理状况的适合,这宗生活的物理状况,也可以在许多长时期中,经过选择的自然能力,而成效果,这便是最适的生存。”[④]

照上文,可知他认选择作用,是进化上极重要的原因;但生物本身的变迁,却并非纯由选择作用而起,尚有别种原因做他的辅助;辅助原因之重要的,便是“有用遗传”(Useinheritance)。所谓有用遗传,便是生物一生中,由习惯得来的有用性质,能遗传后代,这便是生物变化的又一原因。所以他说:

“变改习惯,能发生遗传上的效果,一种植物,由一种气候移至别种气候中,能变更花期,便是一例。动物各部,如格外应用,或废止不用,也有很显著的影响。⑤

"家鸭飞不及野鸭,走胜于野鸭,骨骼和野鸭的骨骼相比,也有相当的变化。马能教以步节,小马能承续这样合意养成的步伐。家兔圈禁惯了,成此柔顺的性情;狗和人相处久了,所以灵敏,来复犬能教以携运物件,而这些心智上的禀性,和身体的能力,均能遗传。"⑥

达尔文的著作中,说起法国著名生物学家赖马克的地方,虽然很少,然而谓由外界得来的习惯,能改变性质,又能遗传后代,则和赖马克的"用和不用说"(Use and disuse,也译作用进废退说)很相近了。从"有用的习性能够遗传"这一个观念上,又建立一种遗传说(泛生说 Theory of Pangenesis),谓细胞中能发生极细之点,名叫微芽(Gemmles),初则游走体中,后来归宿在胚种细胞中,所以外界的影响,能由微芽带入胚种细胞,将来胚种细胞发育而成个体,复将微芽发散出来,所以前代的性质,能发现于后代;但此事在本篇不关重要,姑且不论。

至于达尔文的自然选择说,便是他解释进化的一个重要的假设,所以平常所谓自然选择说,便是指达尔文主义,反过来说,达尔文主义,也便是一个自然选择说;然而有时,又常常称为达尔文和华来斯二人的自然选择说者,便因为英国的华来斯,也是一个倡道自然选择说的人。他在马来岛观察生物的生活状况,得了和达尔文很相像的意见;一八五八年送往林那学会的文章,又是二人合作。他后来著一册书,又称为《达尔文主义》(*Darwinism*);所以近人往往将这二人并称了。但他们虽然皆倡自然选择说,其中不同的地方却很大:第一,华来斯的学说,是认自然选择为进化中的唯一原因,不像达尔文的只认他是一个主要原因;第二的最大的不同,便是华来斯以为人类的进化不全是出于像生物一般的选择作用。例如人类躯干的构造,虽由于自然选择,但头脑的巨大,身体的裸出无毛,以及人的声音、手、足等等,虽然也由选择而来,但当不是"盲目的"自然选择所可能的;至于精神及智能方面,则以为不能用自然选择所可解释,这原因当在不可目睹的精神界里了。一八六九年四月间,达尔文曾给他一封信,信中说:"照你的解释,我和你很有不同,我对于此事,甚觉可惜。我以为对于人类,可以无需更用了添加而且近切的原因来说了。"⑦这样看来,可知华来斯的所谓达尔文主义,其实并非达尔文的达尔文主义。

达尔文主义里的自然选择,上文已经说过,不过是比喻的话;便是自然选择这话的意义,也只是一个比喻。自然中的生物,只有生活现象,和变迁的景况,并不是生活的现象中间,分明有选择作用这一件东西存在;不过生物学家观察了许多分歧的生象,仿佛生物只有变得适于生存的能够存活,有如人的选择好种,加以传播一般,便将这“选择”二字,来形容自然。人类用了生活上几句应用的话,表耳闻目睹的事物,和动作态的这些言语,描写自然中的作动,自然不能不多少涉及比喻;但我们看到这些用语,更须想到所指的物象,一想他的含义。譬如中国旧医,常说感冒的症状是“鼻窒声重”,声本无分量可称,然而“声重”的意思,却极了然,我们便不能再斥他“比不应事”;又如对人言语,说“是”或“不是”,这“是”或“不是”中间,当然包括着对语的人所发的一段言语;但若比喻我们不习熟的事,或并不细细推量含义,则便容易“望文生义”:所以赫胥黎用了“角斗戏中的展览物”来比喻生存竞争的现象,便惹人口实了。他的文章,于一八八八年二月间,登在《十九世纪报》(*Nineteenth Century*)上,其中说:

“从道德家的观点上看来,动物界实和角斗戏中的展览物相似。牲畜教至熟练,使他战斗,只有最强,最灵敏,最狡猾的,能够存活,供异日的战斗。败者不复宽容,也无需观览的人屈拇指了。”

这一节话的缺点,便在以人间特别的行为,去比喻自然原理,却再用他来说人间社会。便如德国有名的生物学家赫克尔(Haekel),也不免有这类误会的议论,他道:

“达尔文主义除却社会主义,便是一切。倘有政治方针,随顺此种英国的学说——也须很有此种倾向——这显然是贵族的,不是平民的,也不很是社会的。选择说是教导我们,说人生也正和动物植物等的生活一样,在各地方,和各时间内,只是少数有特别权威的少壮,能够继续,能够繁盛?大多数必须饿着,多少尚未成丁,便死于艰苦。有无数的个体,都是这班各类的种胚,许多的幼稚,都从这些胚种生发出来。得侥幸的,只有一部分;他们便不然了,他们能长足寿命,能得到他们的目的了。这蛮暴不仁的生存竞争,竟满遍生物界中,因此所有生物,有此不息而且惨酷的角逐,此是自然必行而不可免的事实;只有那适的少壮,能够胜此角逐,而得存活,更有大多数的参战者,不久便死在困苦之中!我们对此可悲的事,能不悲伤,然而我们不能否认此等事实,也不容改变他。‘许多被召,当选者不多!’这宗选择作用,是合着遗弃大多数的弱者死者,选出优选者。别的英国学者,甚至说达尔文主义的要点为‘最适者生存’,‘最优者胜利’。显然选择的原理是凡百事件,但不是平民的,在字的真义上,他是贵族的。”[8]

其实达尔文主义中的所谓生存竞争,不过是生物各求生活;而自然选择,也只是合于自然倾向的物种,得以存在,与人间行为的“好勇斗狠”,截然不同。螳螂捕虫,虎豹食羊鹿,原不是“刀锯鼎镬以待天下”,便在人道主义之下,传染病流行的时候,抵抗力薄弱的人,若说比健全者更能幸免,我们实觉得不可思议。此等谬误的起源,都因为先以人间行为引喻自然,却再用他来解说人间社会,所以无端发生了许多恐惧与悲观。人类系生物之一部,自然逃不出公例;不但人类,便是物理界中,也仍有选择作用。物理学家谓世界在无生的时代,各种物理构造不同的化合物,也并非能够一律并存;极微的分子,彼此相遇,有的依然稳固,有的便自破灭,或者另行构成新化合物。能稳存的物质,物理学上,称为安定产物(Stable Product),此种作动,称为物理的选择(Physical Selection)。便是天空行星的创始,虽不能详细知道,但物理学家,未尝不用一般的理由去推测。微分子中有的为何能稳存,也便是合于环境;无机界的环境,只是无机界,不像生物的环境,除无机界外,又有有生界的一方面,情况自然更加复杂了。物理学家推测生物之初,也有这般起灭作用,较稳定的——便是适合外缘的——当然利于生存。如此演进,渐渐复杂,生物对于有生无生两界之间,也循着这选择作用演进,只是改了名称,称为生物的选择(Biological Selection),也就是自然选择。

但在人类的选择作用,却并不如赫胥黎的比喻,也不如赫克尔的推论;我们就事实上推究,可以知道人类是由个人的竞争,进而为群和群的竞争,再由以上两个要素,成为人类联合一气,与生物界及无生物界竞争。

未有历史以前,我们不能断定人类没有竞争;有社会之后,竞争也未尝免;然而竞争的发展,便是一切改革的动机;个人主义,也便是成社会主义的要素。社会的改进,断从竞争中产出,不是从服从中得来。服从的社会,必呈沉静的状态;沉静是退化的前兆。社会所以有一时安静,必有一时作动;安静是由于迟钝,然迟钝也是保持安定不可少的要素;至有一番作动,便有一番改进:静默之下,其实已有分子在中活动,如火山未发,地中已先作工,初只微微地震,终必喷发出来。社会中分子,也是如此酝酿,随着适于生活的一方面进发,渐渐将旧平衡倾倒。改成新的平衡,当时便又有分子在中工作;所以长处于保守状态,便是落后,不是奋进。例如动物界中的寄生物,他的适处,只在吸力强,可以吸住不放,卵壳或茧膜的牢固,进到肠胃,不致被消化液侵蚀,那便可以“苟延残喘”,用不着奋斗,也无需合群了。所以合群也便由于竞争,克鲁泡特金说,“合群的生活,是广义的生存竞争中最有力的武器”[9],群与群的竞争,是合大群的动机,正如社会的改进,从群的内部的竞争中发生一样。

社会中有教育、训练等各种意趣,使社会中的各分子,都具强固的生活能力,使他们能在社会与社会的竞争中存立;各社会的奋进,便是人道主义的萌芽。由知识、商业,以及各种经济上的竞争,使世界人类的相关,愈加密切;一地方的人民,发明一种有益工具,世上的人共享便利,制服一种有害病菌,多少人的生命得救;少数人不能抵抗环境的竞争,于是人类联络一体,共负责任;一种工具,能利一国人的,也能利别国人;有害病菌,有害于某地的人,不能使别处人民有益:这便是引起合力的共同点。所以人道主义的基础,也正建立在生存竞争上。不可谓生类有社交性,人类便可乐观;社交生于相互关系密切之后,正与道德观念的发生相同。倘说社交是一切动物所固具,因有社交而后能群,这话便涉神秘;事实神秘,是引人讨究的激动要素,若神秘的解释,却是思想的牢笼了。

我们观察自然中的生象,知道竞争是生活前进的要素;互助下的生活,也只有努力和劳作的得到生活,团体不能在依赖和贪惰中建立;便是小动物如雀类,也不许在别个造成的巢中居住,即窃取草屑少许,也须受同群的攻逐[10]。所以人间社会,便在人道主义之下,也只有努力的前进;文明社会中的新生活,与未进化和不进化的人民全然无涉。而且自然中,物类又并非一律前进,许多生物,实反退后。虽说自然界中生活的状况异常复杂,退化的也尽有生活的门路,但这是就下级动物而言,若已进化为牛,断不能再化为牛虻;已进化为人,断不能再退化为头虱。古代尽有盛大的动物,不能追随环境的变迁,在地史的中途灭亡了;我们常见的银杏树,植物学家都知他渐就衰绝,虽然原因不能十分了然,但大半便因为古老的物种,不善于应变。古老的民族,也恐怕难逃公例;希望所在,便在人能觉悟,知道努力,奋力往能生活的路上走,这便是进化论借给人们的教训了。

①Darwin-Origin of Species. p.3.

②Do. p.65

③Thomson and Geddes-Evolution. p.168-9.

④Darwin-OriginofSpecies. p.85.

⑤Do. p.8.

⑥Darwin-Variation of Animals and Plantsunder Domestication. Vol. Ⅱ. p.367.

⑦Clodd-Pioneers of Evolution. Che ap Ed. p.64.

⑧Haeckel-Freie Wissen chaft und Freie Lehre. S.73.

⑨Kropotkin-Mutual aid. Populared. p.49.

⑩Do. p.50.

（第八卷第五号，一九二一年一月一日）

科学与人生观序

陈独秀

亚东图书馆汇印讨论科学与人生观的文章，命我作序，我方在病中而且无事，却很欢喜地作这篇序。第一，因为文化落后的中国，到现在才讨论这个问题（文化落后的俄国此前关于这问题也有过剧烈的讨论，现在他们的社会科学进了步，稍懂得一点社会科学门径的人，都不会有这种无常识的讨论了，和我们中国的知识阶级现在也不至于讨论什么天圆地方天动地静电线是不是蜘蛛精这等问题一样），而却已开始讨论这个问题，进步虽说太缓，总算是有了进步。只可惜一班攻击张君劢、梁启超的人们，表面上好像是得了胜利，其实并未攻破敌人的大本营，不过打散了几个支队，有的还是表面上在那里开战，暗中却已投降了（如范寿康先天的形式说，及任叔永人生观的科学是不可能说）。就是主将丁文江大攻击张君劢唯心的见解，其实他自己也是以五十步笑百步，这是因为有一种可以攻破敌人大本营的武器，他们素来不相信，因此不肯用。“科学何以不能支配人生观”，敌人方面却举出一些似是而非的证据出来。“科学何以能支配人生观”，这方面却一个证据也没举出来，我以为不但不曾得着胜利，而且几乎是卸甲丢盔的大败战，大家的文章写得虽多，大半是下笔千言离题万里，令人看了好像是“科学概论讲义”，不容易看出他们和张君劢的争点究竟是什么，张君劢那边离开争点之枝叶更加倍之多，这乃一场辩论的最大遗憾！第二，因为适之最近对我说，“唯物史观至多只能解释大部分的问题”，经过这回辩论之后，适之必能百尺竿头更进一步！因为这两个缘故，我很欢喜地作这篇序。

数学物理学化学等科学，和人生观有什么关系，这问题本不用着讨论。可是后来科学的观察分类说明等方法应用到活动的生物，更应用到最活动的人类社会，于是便有人把科学略分为自然科学与社会科学二类。社会科学中最主要的是经济学、社会学、历史学、心理学、哲学(这里所指是实验主义的及唯物史观的人生哲学,不是指本体论宇宙论的玄学,即所谓形而上的哲学)。这些社会科学,不用说和那些自然科学都还在幼稚时代,然即是幼稚,已经有许多不可否认的成绩,若因为还幼稚便不要它,我们不必这样蠢。自然科学已经说明了自然界许多现象,这是我们不能否认的;社会科学已经说明了人类社会许多现象,这也是我们不能否认的。自然界及社会都有它的实际现象。科学家说明得对,它原来是那样;科学家说明得不对,它仍旧是那样;玄学家无论如何胡想乱说,它仍旧是那样。它的实际现象是死板板的,不是随着你们唯物论、唯心论改变的。哥白尼以前,地球原来在那里绕日而行,孟轲以后,渐渐变成了无君的世界。科学的说明能和这死板板的实际一一符合,才是最后的成功。我们所以相信科学(无论自然科学或社会科学)也就是因为"科学家之最大目的,早摈除人意之作用,而一切现象化之为客观的,因而可以推算,可以穷其因果之相生"(张君劢语),必如此而后可以根据实际寻求实际,而后可以说明自然界及人类社会死板板的实际,和玄学家的胡想乱说不同。

人生观和(社会)科学的关系是很显明的,为什么大家还要讨论?哈哈!就是讨论这个问题之本身,也可以证明人生观和科学的关系之深了。孔德分人类社会为三时代,我们还在宗教迷信时代。你看全国最大多数的人,还是迷信巫鬼符咒算命卜卦等超物质以上的神秘。次多数像张君劢这样相信玄学的人,旧的士的阶级全体,新的士的阶级一大部分皆是。像丁在君这样相信科学的人,其数目几乎不能列入统计。现在由迷信时代进步到科学时代,自然要经过玄学先生的狂吠,这种社会的实际现象,想无人能够否认。倘不能否认,便不能不承认孔德三时代说是社会科学上一种定律。这个定律便可以说明许多时代许多社会许多个人的人生观之所以不同。譬如张君劢是个饱学秀才,他一日病了,他的未尝学问的家族要去求符咒仙方,张君劢立意要延医诊脉服药。他的朋友丁在君方从外国留学回来,说汉医靠不住,坚劝他去请西医,张君劢不但不相信,并说出许多西医不及汉医的证据。两人争持正烈的时候,张君劢的家族说,西医汉医都靠不住,还是符咒仙方好。他们如此不同的见解,也便是他们如此不同的人生观,他们如此不同的人生观,都是他们所遭客观的环境造成的,绝不是天外飞来主观的意志造成的,这本是社会科学可以说明的,绝不是形而上的玄学可以说明的。

张君劢举出九项人生观,说都是主观的,起于直觉的、综合的、自由意志的,起于人格之单一性的,而不为客观的、论理的、分析的、因果律的科学所支配。今就其九项人生观看起来:第一,大家族主义和小家族主义,纯粹是由农业经济宗法社会进化到工业经济军国社会之自然的现象。第二,男女尊卑及婚姻制度,也是由于农业宗法社会亲与夫都把子女及妻当作生产工具,当作一种财产,到了工业社会,家庭手工已不适用,有了雇工制度,也用不着拿家族当生产工具,于是女权运动自然会兴旺起来。第三,财产公有私有制度,在原始共产社会,人弱于兽,势必结群合作,原无财产私有之必要与可能(假定有人格之单一性的张先生,生在那个社会,他的主观、他的直觉、他的自由意志,忽然要把财产私有起来,怎奈他所得的果物兽肉无地存储,并没有防腐的方法,又不能变卖金钱存在银行,结果恐怕只有放弃他私有财产的人生观);到了农业社会,有了一定的住所,有了仓库,谷物又比较的易于保存,独立生产的小农,只有土地占有的必要,没有通力合作的必要,私有财产观念,是如此发生的;到了工业社会,家庭的手工的独立生产制已不能存立,成千成万的人组织在一个通力合作的机关之内,大家无工做便无饭吃,无工具便不能做工,大家都没有生产工具,生产工具已为少数资本家私有了,非将生产工具收归公有,大家只好卖力给资本家,公有财产观念,是如此发生的。第四,守旧维新之争持,乃因为现社会有了经济的变化,而与此变化不适应的前社会之制度仍旧存在,束缚着这变化的发展,于是在经济上利害不同的阶级,自然会随着变化之激徐,或激或徐地冲突起来。第五,物质精神之异见,少数人因为有他的特殊环境,一般论起来,漫说工厂里体力工人了,就是商务印书馆月薪二三十元的编辑先生,日愁衣食不济,那有如许闲情像张君劢、梁启超高谈什么精神文明东方文化。第六,社会主义之发生,和公有财产制是一事。第七,人性中本有为我利他两种本能,个人本能发挥的机会,乃由于所遭环境及所受历史的社会的暗示之不同而异。第八,悲观乐观见解之不同,亦由于个人所遭环境及所受历史的社会的暗示而异,试观各国自杀的统计,不但自杀的原因都是环境使然,而且和年龄性别职业节季等都有关系。第九,宗教思想之变迁,更是要受时代及社会势力支配的。各民族原始的宗教,依据所传神话,大都是崇拜太阳、火、高山、巨石、毒蛇、猛兽等的自然教;后来到了农业经济宗法社会,族神祖先农神等多神教遂至流行;后来商业发达,随着国家的统一运动,一神遂至教得势;后来工业发达,科学勃兴,无神非宗教之说随之而起;

即在同一时代,各民族各社会产业进化之迟速不同,宗教思想亦随之而异,非洲美洲南洋蛮族,仍在自然宗教时代,中国、印度乃信多神,商工业发达之欧美,多奉基督;使中国圣人之徒生于伦敦,他也要奉洋教,歌颂耶和华;使基督信徒生在中国穷乡僻壤,他也要崇拜祖宗与狐狸。以上九项种种不同的人生观都为种种不同客观的因果所支配,而社会科学可一一加以分析的论理的说明,找不出哪一种是没有客观的原因,而由于个人主观的直觉的自由意志凭空发生的。

梁启超究竟比张君劢高明些,他说:"君劢列举'我对非我'之九项,他以为不能用科学方法解答者,依我看来十有八九倒是要用科学方法解答。"梁启超取了骑墙态度,一面不赞成张君劢,一面也不赞成丁在君,他自己的意见是:

"人生问题,有大部分是可以——而且必要用科学方法来解决的。却有一小部分——或者还是最重要的部分是超科学的。"

他所谓大部分是指人生关涉理智方面的事项,他所谓一小部分是指关于情感方面的事项。他说:"既涉到物界,自然为环境上——时间空间——种种法则所支配。"理智方面事项,固然不离物界,难道情感方面事项不涉到物界吗?感官如何受刺激,如何反应,情感如何而起,这都是极普通的心理学。关于情感超科学这种怪论,唐钺已经驳得很明白。但是唐钺驳梁启超说:"我们论事实的时候,不能羼入价值问题。"而他自己论到田横事件,解释过于浅薄,并且说出"没有多大价值"的话,如此何能使梁启超心服!其实孝子割股疗亲,程婴杵臼代人而死,田横乃木自杀等主动,在社会科学家看起来,无所谓优不优,无所谓合理不合理,无所谓有价值无价值,无所谓不可解,无所谓神秘,不过是农业的宗法社会封建时代所应有之人生观。这种人生观乃是农业的宗法社会封建时代之道德传说及一切社会的暗示所铸而成,试问在工业的资本主义社会,有没有这样举动,有没有这样情感,有没有这样的自由意志?

范寿康也是一个骑墙论者,他主张科学是指广义的科学,他主张科学决不能解决人生问题的全部。他说:"人生观一部分是先天的,一部分是后天的。先天的形式是由主观的直觉而得,绝不是科学所能干涉。后天的内容应由科学的方法探讨而定,绝不是主观所应妄定。"他所谓先天的形式,即指良心命令人类做各人所自认为善的行为。

什么先天的形式,什么良心,什么直觉,什么自由意志,一概都是生活状况不同的各时代各民族之社会的暗示所铸而成。一个人生在印度婆罗门家,自然不愿意杀人,他若生在非洲酋长家，自然以多杀为无上荣誉；一个女子生在中国阀阅之家，自然以贞节为她的义务，她若生在意大利，会以多获面首夸示其群；西洋人见中国人赤膊对女子则骇然，中国人见西洋人用字纸揩粪则惊讶；匈奴可汗父死遂妻其母，满族初入中国不知汉人礼俗，皇太后再嫁其夫弟而不以为耻；中国人以厚葬其亲为孝，而蛮族有委亲尸于山野以被鸟兽所噬为荣幸者；欧美妇女每当稠人广众吻其所亲，而以为人妾为奇耻大辱；中国妇人每以得为贵人之妾为荣幸，而当众接吻虽娼妓亦羞为之。由此看来，世界上那里真有什么良心，什么直觉，什么自由意志！

丁在君不但未曾说明"科学何以能支配人生观"，并且他的思想之根底，仍和张君劢走的是一条道路。我现在举出两个证据：

第一，他自号存疑的唯心论，这是沿袭了赫胥黎、斯宾塞诸人的谬误，你既承认宇宙间有不可知的部分而存疑，科学家站开，且让玄学家来解疑。此所以张君劢说："既已存疑，则研究形而上界之玄学，不应有丑诋之词。"其实我们对于未发现的物质固然可以存疑，而对于超物质而独立存在并且可以支配物质的什么心（心即是物之一种表现），什么神灵与上帝，我们已无疑可存了。说我们武断也好，说我们专制也好，若无证据给我们看，我们断然不能抛弃我们的信仰。

第二，把欧洲文化破产的责任归到科学与物质文明，固然是十分糊涂，但丁在君把这个责任归到玄学家教育家政治家身上，却也离开事实太远了。欧洲大战分明是英德两大工业资本发展到不得不互争世界商场之战争，但看他们战争结果所订的和约便知道，如此大的变动，那里是玄学家教育家政治家能够制造得来的。如果离了物质的即经济的原因，排科学的玄学家教育家政治家能够造成这样空前的大战，那么，我们不得不承认张君劢所谓自由意志的人生观真有力量了。

我们相信只有客观的物质原因可以变动社会，可以解释历史，可以支配人生观，这便是"唯物的历史观"。我们现在要请问丁在君先生和胡适之先生：相信"唯物的历史观"为完全真理呢，还是相信唯物以外像张君劢等类人所主张的唯心观也能够超科学而存在？

一九二三，十一，十三。

（季刊第二期，一九二三年十二月二日）

图书在版编目(CIP)数据

《新青年》百年典藏. 哲学思潮卷/张宝明主编. —郑州:河南文艺出版社,2019.5

ISBN 978-7-5559-0537-0

Ⅰ.①新… Ⅱ.①张… Ⅲ.①期刊-汇编-中国-民国 Ⅳ.①Z62

中国版本图书馆 CIP 数据核字(2019)第 066083 号

主编：张宝明　总策划：王国钦

责任编辑：王淑贵

出版发行　河南文艺出版社

本社地址　郑州市郑东新区祥盛街 27 号 C 座 5 楼

邮政编码　450018

承印单位　河南瑞之光印刷股份有限公司

经销单位　新华书店

纸张规格　700 毫米×1000 毫米　1/16

总 印 张　153

总 字 数　2529 000

版　　次　2019 年 5 月第 1 版

印　　次　2019 年 5 月第 1 次印刷

定　　价　880.00 元(共 5 册)

印厂地址　河南省武陟县产业集聚区东区(詹店镇)泰安路

邮政编码　454950　　电话　0391-2527860

新青年

LA JEUNESSE

3

《新青年》百年典藏

语言文学卷

张宝明　主编

河南文艺出版社
·郑州·

LA JEUNESSE

青年雜誌

第一卷第五號

正月號

佛蘭克林

上海群益書社印行

中華郵政局特准掛號認為新聞紙類

中國郵務局特准掛號認為新聞紙類

青年雜誌

中華民國五年二月十五日出版

第一卷第六號

譚根

上海羣益書社印行

目录

文字

文学批评

文学创作

小说

话剧

散文 · 诗歌

文字

論眞理的時候，本誌同人大半氣量狹小，性情直率，就不免聲色俱厲；寧肯旁人罵我們是暴徒是流氓，却不願意裝出那紳士的腔調，出言吞吐，至使是非不明於天下。因爲我們也都「抱了掃毒主義」。古人說得好，「除惡務盡」，還有什麼客氣呢？鄙人現有兩句話請問足下：(一)玄同先生說「謬種」，說「妖孽」，固然是罵人；而足下說「毒氣」，說「毒物」，是不是罵人呢？(二)足下列舉毒物五種，因爲我們罵人，也在這五種範圍以內；但不知罵人的毒是歸那一種呢？足下既然厭惡那五種毒物的熱度一天高似一天；又抱了掃毒主義，那是好極了。但是奉勸足下；以後就是有人把毒氣噴到你臉上，千萬不要「罵人」，要緊要緊。

獨秀

文字改革會與國語報紙

獨秀，適之，玄同三位鈞鑒：敬呈者，揖儀久仰，我勞何如。讀新青年月報，謙諸先生等痛國病之不救，爰本積學卓識從事文字改革，不憚勞怨，至佩血誠。墉忝妄無似，曾隨諸先覺從事新聞有年。竊自浙，魯，奉等地漫遊後，深知國民非懂得國語，斷不克生活現代『世界潮流中』之社會；尤非盡撤『破碎不全似是實非』之漢文，另易以萬國治熔人類共安之語言文字，爲根本上之治本策略，庶斯後之中國國民，得世界人類應有之智識，並能力；而無世界上做人應有本領有竭匱之患矣。幸先生國獲在抱，合力提倡，反覆商榷，國運轉新。茲有述者：

1、新青年月報末幀通信欄，可否另闢世界語 Esperanto 研究一項，俾國內外內國民暢曉(愛世濟蘭脫)爲將來世界文語同盟之預備。

2、由先生等發起，在京，滬，粤，漢，甯，等地，用國語發刊一種或二種報紙，凡論評至詩文及廣告，均用國語。

(原版内文)

西文译音私议

陈独秀

译西籍,方舆姓氏,权衡度量,言人人殊。逐物定名,将繁无限纪。今各就单音,拟以汉字。举其大要,阙所不知。如下表:

单独字母译音

A 亚　B 白　C 克斯　D 德　E 厄　F 夫　G 格　H ○(凡字母必直接合母音始发音者皆缺)　I 易哀　J ○　K 克　L 尔　M 姆　N ○　O 阿　P 卜　Q ○　R 儿　S 斯　T 特　U 尤虞　V 甫　W ○　X 爱格斯　Y ○　Z 兹

拼合字母译音

Ba 巴 Da 达 Fa 法 Ga 加 Ha 哈 Ja 惹 Ka 卡 La 拉 Ma 马 Na 那 Pa 帕 Ra 喇 Sa 萨 Ta 塔 Va 伐 Wa 瓦 Ya 牙 Za 杂

Be 贝 De 兑 Fe 非 Ge 徐 He 赫 Je 热 Ke　Le 雷 Me 梅 Ne 内 Pe 佩 Re 芮 Se 绥 Te 推 Ve 肥 We 微 Ye 耶 Ze 醉

Bi 比 Di 狄 Fi 费 Gi 基 Hi 兮 Ji 日 Ki 其 Li 李 Mi 米 Ni 尼 Pi 皮 Ri 律 Si 西 Ti 梯 Vi 维 Wi 威 Yi 伊 Zi 兹

Bī 拜 Dī 戴 Fī　Gī 该 Hī 海 Jī　Kī 凯 Lī 来 Mī 埋 Nī 奈 Pī 派 Rī 莱 Sī 赛 Tī 泰 Vī　Wī 外 Yī 埃 Zī 才

Bo 波 Do 多 Fo 佛 Go 哥 Ho 霍 Jo 若 Ko 苛 Lo 洛 Mo 莫 No 诺 Po 坡 Ro 罗 So 索 To 托 Vo 福 Wo 倭 Yo 约 Zo 左

Bu　Du 丢 Fu　Gu 勾 Hu 侯 Ju 柔 Ku 口 Lu 路 Mu 缪 Nu 钮 Pu　Ru 卢 Su 素 Tu 图 Vu 浮 Wu　Yu 尤 Zu 祖

Bü 布 Dü 杜 Fü 弗 Gü 谷 Hü 胡 Jü 如 Kü 苦 Lü 庐 Mü 木 Nü 奴 Pü 蒲 Rü 鲁 Sü—

Tü—Vü 缚 Wü 吴 Yü 虞 Zü—

Cha 查 Sha 夏 Wha 华 Gua 瓜 Qua 夸

Che 且 She 谢 Whe 徽 Gue 桂 Que 匮

Chi 支 Shi 希 Whi 惠 Gui 归 Qui 葵

Chī　Shī 懈 Wī 怀 Guī 怪 Quī 蒯

Cho 却 Sho 学 Who　Guo　Quo 科

Chu 丘 Shu 修 Whu

Chü 区 Shü 虚 Whü

Ban 班 Dan 丹 Fan 方 Gan 刚 Han 韩 Jan 然 Kan 康 Lan 兰 Man 曼 Nan 南 Pan 庞 Ran 郎 San 三 Tan 唐 Van 房 Wan 王 Yan 杨 Zan 臧 An 安

Ben 边 Den 颠 Fen 芬 Gen 根 Hen 仙 Jen 染 Ken 铿 Len 廉 Men 门 Nen 能 Pen 彭 Ren Sen 孙 Ten 天 Ven 焚 Wen 温 Yen 颜 Zen 曾 En 英

Bin 宾 Din 丁 Fin—Gin—Hin 亨 Jin 仁 Kin—Lin 林 Min 民 Nin 宁 Pin 平 Rin　Sin 新 Tin 亭 Vin—Win 文 Yin 阴 Zin 精 In 印

Bon 奔 Don 东 Fon 丰 Gon 龚 Hon 洪 Jon 戎 Kon 孔 Lon 龙 Mon 蒙 Non 农 Pon 朋 Ron 轮 Son 生 Ton 顿 Von 奉 Won 翁 Yon 荣 Zon 宗 On

Chan 张 Shan 上 Whan 黄 Guan 光 Quan 匡

Chen 陈 Shen 申 When 昏 Guen 肱 Quen 昆

Chin 秦 Shin 盛 Whin—Guin—Quin—

Chon 筇 Shon 兄 Whon　Guon　Quon 空

说明

所谓父音(Consonant,即声也),不合母音(Vowel,即韵也),不能发音者,乃言难定正音,非皆绝对无音也。例如 BR DR FR GR KR PR TR ST 之前一字母,虽不直接与母音联合,亦能独立发音。又如英德俄三国语,D F K L P R S T V Z 之居语尾者,虽其前为父音字母,亦恒独立发音。其居母音之次者,固照例发音。然其音亦为独立之音,不随其前之母音而生变化也。例如英文 Put、pot、post 三字,其中之母音虽不同,而语尾之 t 作特音则一也。

法德二语,读 E 均入灰韵,今从之。英语读 I,有易哀长短二音。此即中土古韵之咍同部之理。今从英语,以短音 i(易)属之部,以长音 ī(哀)属咍部。y 分长短二音与 I 同,故略之。法德之 I y 二音,均有短无长。其作长音读入咍部者,德为 Ei,法为 Aï,皆复母音,非单独一 I 也。中土古韵,灰齐同部,故英语读 E 入齐韵。今韵之齐相近,灰咍亦相近,变迁至为复杂。今分 E i ī 为三类,而三者源流贯通,中西一辙也。

中国现代之麻韵字,古音多在歌韵。如阿字古在歌韵,今韵歌麻二韵之音并读。山阿之阿,则读入歌韵。阿哥之阿,则读入麻韵。兹取以拟 O,乃歌韵之阿,非麻韵之阿。今江浙两省及安徽之徽州,读巴、卡、马、那、夸、查、华等字,尚在歌韵。他省皆读入麻韵,故取以拟 A 韵之音。西文中,亦有歌麻二韵相通者,例如英语之 law、was、walk、all 等字之 A,皆读与 O 同。

中国古韵,尤虞相近。今音若杜、柔、路、缪、奴、鲁、素、图、浮、祖等字,尚尤虞并读。英文读 u 音之字,尤(Pure)虞(Put)兼有。法德读 u,只合虞韵,今二者并列。

复母音 Ai 同 E(灰韵),Ie 同 I(之韵)。Eu 同 u(尤音),英文,Ew 同 u(尤韵),Ou(敖)读若萧韵,Ow(敖阿)或读若萧韵,或读若歌韵。法文,Au 同 O,Ou 同 ü(虞韵),Eau 同 O,Oi 读音如 Wa,Ei 同 E。兹均从略。

梵文所谓随韵随鼻韵者,皆于字上加点作 M 音。今欧洲语言学者,亦多谓 M N 为半母音。证以中国江阳、先仙、真庚、东冬诸韵。其为 A E I O 诸母音,与半母音 N 相合而成一复母音也,确无疑义。兹故别为一音类。M 同 N,不另列。

英义读 E 入齐韵,且在语尾时,概无母音之作用。今拟 E 行之字,多为译法德义而设也。

B 声合华音帮母,P 声合华音滂母,D 声合华音端母,T 声合华音透母。固皆画然分别也。华音,帮、滂均属重唇,端、透均属舌头。故华译西文,B P 不分,D T 相混。然此亦不独华译为然。即西人语言,每多混乱。例如英人读语尾之 D,恒作 T 音。法人读 Paris 为 Baris,读 Palais 为 Balais,读 Station 为 Sdation。是皆 B 与 P、D 与 T 之相乱也。华译欧罗巴及法都巴黎巴拿马运河,均已沿用日久,未便改易。今后译者,B 之与 P,D 之与 T,不可无别也。

C 分刚柔二声,刚声同 K,柔声同 S,故不另列。

F V W 三声,合华音非、奉、微三母。同属轻唇,而皆有分别。旧译 V 声,不轻乱于 F,即重乱于 W。今后译 F 声必用非母之字,V 声必用奉母之字,W 声必用微母之字,始各厘然有当也。

J 声,德文读同 Y 声。英文固有名词中,J 声不甚多。其重要者,如 Jesus 华译曰耶稣,Jerusalem 华译曰耶路撒冷,John 华译曰约翰,Johnson 华译曰约翰生,Judea 华译曰犹太,Jordan 华译曰约旦河,Joseph 华译曰约瑟夫,皆从德音。[约旦河,希伯来音原作 Yarden。荷兰神学者 Yansen,英文作 Jansen。南美洲哥伦比亚之 Yapura 河,英文作 Japura(音读则作 Yapora)。罗马尼亚 Yäshe 城,英文作 Jässy。是译从德音者较正也。]法文固有名词中,J 声极多。故 J 声皆拟以华音日母之字,专为译法文计耳。(华音日母之字,古时多在泥母。尔、耳、二、热、日、人、染、认、儿、弱等字,今江浙两省均读在泥母。故章太炎先生作音表,以日母之字附属泥母,不另立。然证以法文 J 声,华音日母仍有独立存在之必要也。)

C 之刚声,于华音属溪母。G 之刚声,于华音属见母。均有分别。华译 C 声,多乱于 G。例如 Colombia 译曰哥伦比亚,是读 Co 为 Go 矣。K 声亦属华音溪母,与 C 之刚声同。

G 之刚声,于华音属见母开口正韵。G 之柔声,为其副韵(中国甲、加、家、假、角、街、江等字,亦均有正刚副柔二种音读)。Gu 之声,于华音属见母之合口音。C 之刚声及 K 声,于华音属溪母开口正韵。Ch 之声(以英语言),为其副韵(中国客、确、敲等字,均有正刚副柔二种音读)。Qu 之声,于华音属溪母之合口音。由是观之,G 声与 C(K 同)声虽同为牙音,而声类各别。其副韵合口之变化,亦统系分明,不容紊乱也。

法德文读 Ch 之声,等于 Sh,与英文大异。然以华音证之,亦可明其声变之例。华音牙喉二音,自来相通[章太炎先生音表(见《新方言》),分五音三类,牙喉二音,列为一类,善矣]。例如牙音之溪字,可读入喉音之晓母。牙音之疑字,可读入喉音之喻母(日本汉音、喉音之字,多读入牙音溪母,如影、香、兴、形等)。法德之读 Ch 如 Sh,犹夫华语读牙音溪母之溪(Chi)字,如喉音晓母之希(Shi)字也。(因牙喉二音相通,遂明英德读 J 声不同之理。英文读 J 如 G 之柔声,于华音属牙音之见母。德文读 J 如 y,于华音属喉音之影母。)

L N R 三声,亦易混乱。依华音,L 在来母,N 在泥母,R 则为弹舌音[佛典译者,用此译梵文 R 韵(梵文单韵九,轻重 R 居其二),于来母之字加口旁为识]。泥母属舌头音,来母属半舌半齿音,其分别盖显然也。今译 L 声者,皆用来母之字,不误。译 N 声者，间或误入来母，然大体亦均用泥母不误。惟译R声者，自来与L声无别。例如亚喇比亚Arabia，西伯里亚Siberia，罗兰Rolland，莱茵河Rhein等是也。盖弹舌声法，不易标识，混乱久矣。今只得姑仍其旧。

译佛典者，以迦（CK）别加。（G柔音J）又以伽（G刚音）别迦，（CK）以啰（R）别罗，（L）似可采用也。

I之与yi，音有短长。以易、伊别之。尔在日母（或泥母），以之译属于来母之L，本不适当。今无相当之字，姑仍旧译惯例。

译字如杜、狄、戴、谷、李、雷、钮、张、陈、秦、查等，乃为译姓计也。Chi之译支，本不适合，以支那已成定名也。Ton之译顿尤，非是然以Washington（华盛顿）、Milton（弥尔顿）、Boston（波士顿）、Gladstone（格拉斯顿）久有定名，只得仍其旧也。En之译为英，Tn之译为印，皆从英吉利印度之定名。Shan之译为上，从上海之定名。Ki之译其，从土耳其之定名。余仿此。

En之音，法文多读同An，德文读同华音先韵，英文读同真文韵。华音真文先三韵相近，故En行之字二者并用。

上所论列，略具梗概而已。海内宏达，倘广赐教正，使译音得就统一，未始非学者节时省力之一道也。

（第二卷第四号，一九一六年十二月一日）

论注音字母

钱玄同

一九一三年的春天，教育部开“读音统一会”，会里公议注音字母三九个，现在先把他写出来。表“母”（就是“子音”。中国向来叫做“声”，又叫做“纽”）的字母二四个：

ㄍ ㄎ ㄫ ㄐ ㄑ ㄬ ㄉ ㄊ ㄋ ㄅ ㄆ ㄇ ㄈ ㄪ ㄗ ㄘ ㄙ ㄓ ㄔ ㄕ ㄏ ㄒ ㄌ ㄖ

表“韵”（就是“母音”）的字母一二个：

ㄚ ㄛ ㄝ ㄟ ㄞ ㄠ ㄡ ㄢ ㄤ ㄣ ㄥ ㄦ

表“介音”的字母三个：

ㄧ ㄨ ㄙ

这三九个注音字母，原来都是中国固有的字，取那笔画极简单的，借来做注音的符号。表“母”的二四个，单读原字的子音：像“ㄎ”字原字的音读做 Kao，现在单读他的子音 K；“ㄈ”字原字的音读做 Fang，现在单读他的子音 F。表“韵”和“介音”的一五个，单读原字的母音：像“ㄛ”字原字的音读做 Ho，现在单读他的母音 O；“ㄞ”字原字的音读做 Hhai，现在单读他的母音 Ai；“ㄨ”字原字的音读做 Ngu，现在单读他的母音 V。

这种字母的形式、取材和读法，很有人对他生一种的疑问，有的说：“既然新制音标，为什么不特造新符号，要借用古字，读他音的一半呢？”有的说：“与其借用古字，何不直取世界公用的罗马字母来标中国的音呢？”

这两种疑问，待我来答他。

答第一问：特造新符号，原没有什么不可以。不过符号的形式，很难决定。因为造新符号，在应用上固然贵乎简明，然在形式上也要求他好看，才能得多数人之认可。否则甲所做的，乙说不好看，乙所做的，丙又说不好看，丙所做的，又有丁、戊、己……说他不好看，纷纷扰扰，闹了一会子，终究还是没有结果，这是很不好的。但是形式好看这一层,却是很难用一丨丿乁这些直线笔画,三笔两笔,凑成一个符号,怎能好看?前几年,什么“快字”“简字”“音字”之类出得很多,没有一种是行得通的。这个缘故,固然由于做的人于声韵之学从未讲求,把制音标的事情看得太容易,然而形式不好看,难得多数人之认可,却也是一个大大的原因。现在借用古字,则形式是固有的,好看不好看,制音标的人不负这个责任,但求简明,便可应用,可以免却许多无谓的争执。据我看来,这借用古字的法子,实在比造新符号来得好。

答第二问:取罗马字母来标中国音,这是极正当的办法。但是据我个人的意见,以为中国现在应该兼用罗马字母和注音字母两种来标音。为什么呢?因为罗马字母,已经变成现世界公用的音标。凡其国有特别形式之文字者,若要把他的语言和名词行于国外,都要改用罗马字母去拼他的音,像俄罗斯文、印度文、日本文之类,都是这样办法。我们中国向来没有纯粹的音标,现在急需新制,当然应该采用罗马字母,这是毋庸置疑的。但是中国的音标,却有两种用途:

一、记字典上每字的音和高深书籍上难识的字的音。

二、教科书、通俗书报和新闻纸之类,应该在字的右旁记他的音。

第一种的记音,自然当用罗马字母。至于第二种的记音,罗马字母却有不便利的地方。因为中国字是直行的,罗马字母只能横写。这一层,还可以想法,把中国字也改成横行。还有一层困难:因为罗马字母记音的方法,如为单独母音的字,只用一个母音字母便够了;如其备有子音、介音、母音和收鼻音的,至多的可以用到七个字母(因为子音、母音和收鼻音,有时都要用两个字母去拼他)。你想,这一个字母和七个字母,他的长短大不相同,拿了来记在字字整方的中国字旁边,那种参差不齐的怪相,可不是很难看吗?这是不能不用注音字母的了。据我看来,高等字典和中学以上的高深书籍,都应该用罗马字母记音;学生字典、中小学校教科书、通俗书报和新闻纸之类,都应该用注音字母记音(学生字典可以兼用两种记音)。假如再过几年之后,中国竟能废弃这种“不象形的字”(中国古代的字,本是象形的,但因籀、篆、隶、草的变迁,已经不象形了。现在的字,既非拼音,又不象形,这种无意义的记号,我姑且戏称他做“不象形的字”),改用纯粹拼音的字,那么注音字母当然跟了一同废弃。若在今日,则注音字母正复大有用处。

这两种疑问既已解答,于是当说明注音字母的读音和他的缺点。

现在先将注音字母中表“母”的字母二四个，与旧有的守温三六字母及罗马字母，列为对照表，如右：

守温三六字母	注音字母表“母”的二四字母	罗马字母
见 溪 群 疑	ㄍ　ㄐ ㄎ　ㄑ ㄫ　ㄬ	K　Ch Kh　Chh G，Gh　Dj，Djh Ng（英音）　Ng（法音）
端 透 定 泥	ㄉ ㄊ ㄋ	T Th D，Dh N
知 彻 澄 娘		Ṭ Ṭh Ḍ，Ḍh Ṇ
帮 滂 并 明	ㄅ ㄆ ㄇ	P Ph B，Bh M
非 敷 奉 微	ㄈ ㄪ	F Fh V，Vh Vv
精 清 从 心 斜〈邪〉	ㄗ ㄘ ㄙ 	Ts Tsh Dz，Dzh S Z，Zh
照 穿 床 审 禅	ㄓ ㄔ ㄕ 	Ṭ Ṭh Ḍ，Ḍh Ṣ Ẓ，Ẓh
影 喻 晓 匣	 ㄏ　ㄒ 	A　E　I　O　U Y　W H Hh
来	ㄌ	L
日	ㄖ	J（略如法国读法）

（附记）这表中标“知”“彻”“澄”“娘”“微”“匣”六纽的罗马字母，用亡友胡仰曾君所著《国语学草创》中所标。

注音字母于兼有清浊的纽,只制清母,不制浊母,因为北音浊声不很发达的缘故。但是北音也并非全无浊声。北音凡上声、去声字(北音没有入声),虽然有清无浊,然在平声,却是清浊全备,像“通”(透)和“同”(定),“千”(清)和“前”(从),分明是两个读法,这便是有浊声的确据。既然平声有浊,乃竟不制浊母,那么请问“同”“前”这些字归入哪一纽呢?原来他却有个很可笑的办法:那上、去的浊声字,既然不读浊声,便硬把他改入清声。至于平声的浊声字,也把他归入清声,唤做“阳平”。像“通”“同”两个字,都归入“透”纽,把“通”字唤做“阴平”,“同”字唤做“阳平”;“千”“前”两个字,都归入“清”纽,把“千”字唤做“阴平”,“前”字唤做“阳平”。这种名称,非常荒谬。要知道平仄是长短的区别,阴阳是清浊的区别,两事绝不相干,岂可混为一谈?无如从元明以来,就有这种奇怪名称。到了现在,有一般人说得更妙,他道“南音的四声,是平、上、去、入;北音的四声,是阴平、阳平、上、去”。这种议论,真要叫人笑死。当读音统一会未开之前,吴稚晖先生——后来就是读音统一会正会长——做了一本《读音统一会进行程序》,早把这种荒谬名称加以驳斥。先生说道:

> 北方之“阴、阳平”,不能遽行援入于长短通例之内:因彼似为清浊之问题,非长短之问题。长短者,音同而留声之时间不同;清浊者,音同而所发之音气不同。粗率用一近似之比例,比之于风琴:假如同弹第一音,短乃仅按一拍子,长则按至三拍子是也。又如同弹第一音,清乃按右手靠边之一把,浊则按左手靠边之一把。一则其声清以越,一则其声闳以肆。……所以本会之结果,有预料之同意可言者,必大段不离于人人意中之“官音”,粗率即称之曰“北音”亦可。惟决不能不商定者,即北音长短内之“入声”,及关涉清浊,北人意中之所谓“阴阳”,皆留不甚完全之弱点。故为一国之所有事,即不能率言标准于一城一邑之北音。

吴先生当日早已料到这一层,恐怕读音统一会的结果仍旧留下这个弱点,所以先加以警告。然而后来竟不出先生所料,专制清母,把浊声的平声仍旧唤做“阳平”。

于是其人想出一个补救的方法来,说:“可以仿照日本假名的办法,就在清声字母的右上加他两点,算做浊母。”

我想这个法子,固然可行,但是这第三位的浊声,都是兼承两个清声,有些地方承第一位,有些地方承第三位。像那“群”纽,有些地方读 G,是承“见”纽(K);有些地方读 Gh,是承“溪”纽(Kh)。“定”“澄”诸纽,都是这样。然则应该在哪一个清声字母上加点呢?这还是待研究的问题。

“见”“溪”“疑”“晓”四纽,都有两个字母。因为这四纽的出声,除福建、广东等处以外,其余各处,读正音(就是“开口”和“合口”)和副音(就是“齐齿”和“撮口”)都微有不同,所以用“ㄍ”“ㄎ”“ㄫ”“ㄏ”四母表正音,用“ㄐ”“ㄑ”“ㄬ”“ㄒ”四母表副音。这是因时制宜的办法,倒很不错。

“知”“彻”“澄”三纽,今音和“照”“穿”“床”三纽的三等呼读得一样。“照”“穿”“床”“审”四纽的二等呼,今音和“精”“清”“从”“心”四纽读得一样。(“照”“穿”“床”“审”四纽的二等和三等,出声不同,《广韵》里反切用字各分为二。清陈澧做《切韵考》说,应该分做八纽,很是。这是守温做字母时误合的。)注音字母于“知”“彻”“澄”三纽不制字母,也用“ㄓ”“ㄔ”两母去标他,这是与现在的音很对的。(“照”“穿”“床”“审”的二等,在注音字母里,大概也用“ㄗ”“ㄘ”“ㄙ”三母去标他。)

“敷”纽的出声,本和“非”纽差不多。前人因为“非”从“帮”变,“敷”从“滂”变,统系不同,所以分做两纽。注音字母合做一母,也很不错。

注音字母于“娘”纽没有制母,当时误用“疑”纽副音的“ㄬ”去标他,这是很不对的。“疑”“娘”二纽的出声,有喉、舌之异,断不可混合为一。但是“娘”本从“泥”变,其声颇不易读,现在各处读“娘”纽字,颇有仍归入“泥”的,像“拿”“铙”“赧”“女”“尼”这些字都是。我以为“娘”纽不必增母,也用“ㄋ”母去标他便了。

凡“影”纽的字,都是纯粹母音字,本来不应该有这一纽。因为从前做反切的人,守定用两个字标音的例,不知变通,就是纯粹母音字,上面也要配它一个字(反切两字:上字标子音,下字标母音)。守温做字母时,就把这些字标为“影”纽。现在用注音字母去改良旧切,遇母音字,只须用一个母音字母去标他,便够了。这“影”纽当然应该删除。至于“喻”纽,虽是“影”纽的浊音,究竟不能算做母音。注音字母连带删除,这却不对。我以为应该加一个标“喻”纽的字母才是。

(未完)

(第四卷第一号,一九一八年一月十五日)

论注音字母（续）

钱玄同

表“韵”和“介音”的字母一五个，与《广韵》的二〇六韵，元刘鉴《切韵指南》的一六摄，明人《字母切韵要法》的一二摄，及罗马字母，列为对照表，如下。

把韵书里母音相同的韵归纳为一，叫做“韵摄”。现存最古的讲韵摄的书，是宋杨中修的《切韵指掌图》——此书旧称司马光作，非是，——其书不但无标摄的记号，并且无韵摄的名目，称说很不便利。刘鉴的一六摄，其分摄最多。《字母切韵要法》——此书载在《康熙字典》卷首，从“证乡谈法”起至“韵首法”止，不知撰人姓名，劳乃宣说，大抵为明正德以后清康熙以前人所作——分一二摄，纯以元明以来之北音为主，与注音字母十九相同。所以兼列此两家，以资参考。

现在的《诗韵》，本于刘渊的《平水韵》和阴时夫的《韵府群玉》，其中如“鱼”“虞”分⌊而为⌋二，而“虞”“模”反合为一，“元”“魂”“痕”三韵并合为一“元”韵之类，于音理极为乖谬。所以此处只列《广韵》而不及《诗韵》。

《广韵》韵目	《切韵指南》一六摄	《字母切韵要法》一二摄	注音字母表"韵"和"介音"的一五字母	罗马字母
齐支脂之微	止	裓 模鱼虞韵皆在此摄	ㄧ	I
模	遇 鱼虞韵皆在此摄		ㄨ	U
鱼虞			ㄩ	ü
麻	假	迦	ㄚ	A
歌戈	果	歌	ㄛ	O
		结	ㄝ	
		傀	ㄟ	E
咍佳皆	蟹 灰韵亦在此摄	该	ㄞ	Ai
豪肴萧宵	效	高	ㄠ	Au
侯尤幽	流	钩	ㄡ	Eu
寒桓删山先仙				
元覃谈咸衔添	山 咸	干	ㄢ	Au, Am
监严凡				
唐阳 江	宕 江	冈	ㄤ	Ang
痕魂臻真殷文	臻 深	根	ㄣ	En,In,Im
谆 侵				
庚耕青清 登	梗 曾 通	庚	ㄥ	Eng, Ung
蒸 东冬钟				
			ㄦ	

（附记）所记《广韵》韵目，皆举平以赅上去入。

注音字母所取的音，百分之九十九是京音——本册有吴稚晖先生的通信，说明此事——京音只有平、上、去三声，没有入声。他碰到入声，都拿来消纳到平、上、去三声之内。以前的《菉斐轩词韵》和周德清《中原音韵》里，都有"入声作平声，作上声，作去声"的话。复来李汝珍作《音鉴》，有《北音入声论》一篇，他说道：

> “屋”者，韵列一屋，乃入之首也，而北音谓之曰“乌”，此以入为平矣；余如“七”“发”之类，皆以阴平呼之；“十”“斛”之类，皆以阳平呼之；“铁”“笔”之类，皆以上声呼之；“若”“木”之类，皆以去声呼之。兹分录于后，注以反切。较之周德清所论北音，略加详备矣。

注音字母对于入声的分配，大概和周李诸家相同。至于字母之音，都读平声。遇到上去的字，照旧法，于其字左上右上以圈或点作记——或用“阴平、阳平、上、去为四声”之说，阴平圈左下，阳平圈左上，上声圈右上，去声圈右下。这实在是不通的办法。说详本卷第一一页。

“丨”“ㄨ”“ㄩ”三母，兼作“介音”用。什么叫做“介音”呢？原来子音母音相同的字，往往有可读出四种声音的，就是“开口”“齐齿”“合口”“撮口”，名曰“等呼”。读这四种声音时候嘴的姿态，潘耒《类音》里曾说道：

> 初出于喉，平舌舒唇，谓之“开口”；举舌对齿，声在舌腭之间，谓之“齐齿”；敛唇而蓄之，声满颐辅之间，谓之“合口”；蹙唇而成声，谓之“撮口”。

“开口”的字，既然“平舌舒唇”，则但用子音母音拼合，便足，无须介以它音。“齐齿”，则因有“举古对齿”的姿态，中有“I”音，所以就用“丨”母作介；合口，则因有“敛唇而蓄之”的姿态，中有“U”音，所以就用“ㄨ”母作介；撮口，则因有“蹙唇而成声”的姿态，中有“U”音，所以就用“ㄩ”母作介。例如“心”纽“山”摄的字：“珊”是开口，则作“ㄙㄢ”；“仙”是齐齿，则作“ㄙ丨ㄢ”；“酸”是合口，则作“ㄙㄨㄢ”；“宣”是撮口，则作“ㄙㄩㄢ”。这个方法，倒很巧妙。

“麻”韵中“车”“遮”“奢”“蛇”这些字，现在北音不读“A”母音，所以注音字母于“ㄚ”母之外，又制“ㄝ”母，这实在是一种方音，不是多数人能发的。我以为“ㄝ”母只能作为“闰母”，为拼切方音之用——“闰母”之说，亦见《读音统一会进行程序》中。至于“ㄝ”母的音，用罗马字母应该怎样拼他，我却拼不出来，有人拼作“Eh”，恐怕不很对罢！

“寒桓……”和“覃谈……”，其母音后之收鼻音，本有“N”“M”的不同。所以唐宋以前,这两类的字,从不通用。填词家称“侵”“覃”诸韵为“闭口音”,闭口的意义,就是说他收“M”。南宋以后,北方把收“M”的音也读做收“N”,渐渐的中部也无了。到了现在,只有广东人读“覃”“谈”韵的字,还字收“M”:如三读“Sam”,甘读“Kam”,之类是。因收“M”的音既消灭,所以元明以来用北音讲韵讲摄的书,都把“寒桓……”和“覃谈……”并合为一。——刘氏之分“山”“咸”三摄,大概只是存古,未必当时的北方还有这“Am”的音。

“真……”和“侵”的并合,与“寒桓……”和“覃谈……”的并合同例。

这并合“M”“N”的收音为一,从理论上讲,本来很分别的,忽然大混合,却是不对。惟现在读“侵覃”同于“真寒”者居全国十分之八,那就只好“将错就错”了。

“庚耕清青蒸登”和“东冬钟”,母音截然不同。自宋以前,从没有拿“东……”算做“庚……”的“合口”的。不知何故。明清以来,凡以北音为主的韵书,都说“东……”是“庚……”的“合口”,因此注音字母也把它合成一个“ㄥ”母。我以为不合于古,还没有什么要紧,若和现在的声音相差太远,却是不可。这“东冬钟”诸韵,还宜别加一个字母才是。

至于《广韵》又把“庚耕清青”和“蒸登”分为二类,刘鉴亦分为二:“庚耕清青”为“梗”摄,“蒸登”为“曾”摄——这大概和“东”“冬”的分别相类,或者是古音不同之故,现在无从考证。且与造注音字母为应用之资者全不相干,可以不必去论他。

注音字母里造得最奇怪的,就是“ㄦ”母。造这字母的时候,因为“支”“脂”“之”诸韵中“儿”“耳”“二”等字,其母音似与“羁”“奇”“宜”“题”“离”“皮”诸字不同,于是异想天开,说他的母音不是“一”,仿佛是“儿”,因此造了这个“ㄦ”母。殊不知“ㄦ”音在西文中,是“L”或“R”,断断不能说他是母音。若因其母音不像“一”,则如“知”“摛”“驰”“诗”“时”“赀”“雌”“疵”“斯”“词”诸字,其母音也不像“一”,仿佛就是劳乃宣说的那个“餕师”(读成一音)的母音。岂不是还要加一个母音字母,才算完备吗?

殊不知“儿”“知”这些字的母音,实在是“一”。不过舌齿间音,读成“齐齿”,往往不能清晰。其实“知”的音确是“ㄓ一”,“儿”的音确是“ㄖ一”,因为读得不清晰,于是“知”字的音,好像只有子音“ㄓ”,“儿”字的音,又好像别有一个“打弯舌头”的母音“ㄦ”了。

综观这三九个注音字母,因为全以北音为主之故,所以删浊音,删入声,而如“ㄓ”

“彳”“ㄕ”诸母，则存而不删——此诸母能发其正确之音者，全国中不过十之三四——此等地方，不可谓非制字母时之疵点。平心而论，现在国中南北东西语言绝异之人相见，彼此而操之“普通话”，其句调声音，略类所谓“官音”。“官音”与“京音”大同小异——似乎以北音为主，亦非全无理由。但是既为国定的注音字母，当然不能专拿一个地方的音来做标准。所以我对于注音字母，虽极愿其早日施行，而在此未曾施行之短时期内，尚欲论其缺点，希望有人亟起讨论，加以修正。那么这注音字母的音，真可算得中华民国的国音，并不是什么“京音”“官音”“北音”了！

（本期通信栏内，有作者答吴稚晖先生一信，可与此参照。）

（完）

（第四卷第三号，一九一八年三月十五日）

应用文之教授

——商榷于教育界诸君及文学革命诸同志

刘半农

钱玄同先生,说过要做一篇关于应用文的文章——他拟定的题目,已忘却了——由本志发表。我眼巴巴地等到今天,尚未看见只字,若换了肉麻滥调家,少不得要说声"千呼万唤不出来",或说些"望眼欲穿""望穿秋水"的套语来填凑篇幅了。

无已,还是我来先开口。

但是钱先生所要说的是应用文之全体,我所说的是应用文之教授。题目既有大小,说话就各不相同的了。

应用文与文学文,性质全然不同,有两个譬喻:(1)应用文是青菜黄米的家常便饭,文学文却是个肥鱼大肉;(2)应用文是"无事三十里"的随便走路,文学文是运动会场上大出风头的一英里赛跑。

说到前辈先生教授国文的方法,我却有些不敢恭维。他们在科举时代做"猢狲工"的怪现状,现在不必重提。到改了学校制度以后,就教科书、教授法两方面看起来,除初等小学一部分略事改良外,几乎完全在科举的旧轨道中进行,不过把"老八股"改作了"新八股"——请看近日坊间所出的某杂志和某某等书,简直是"三场闱墨"的化身——实行其"换汤不换药"的敷衍主义便了。

"新八股"便是钱先生所说的"高等八股"。若将文学改良问题撇开不说,则此种"新八股",亦未始不可视为一种近乎正当的玩意儿。即使"造了假古董"全无用处,还尽可与"著围棋""射文虎""打诗钟"等末技共同存在。然而我要问问——

第一,现在学校中的生徒,将来是否各个要做文学家?有无例外?

第二,与"著围棋""打诗钟"价值相等的"新八股",是否为人人必受之教育?

这两个问题,如能完全"可决",我这篇文章,尽可不做。谓不幸而犹有万分之一之"否决"之余地。则还要问问——

第一,现在学校中的生徒,往往有读书数年,能做"今夫""且夫",或"天下者天下之天下也"的滥调文章,而不能写通畅之家信,看普通之报纸、杂志、文章者。这是谁害他的? 是谁造的孽?

第二,现在社会上,有许多似通非通、一知半解学校毕业生:学实业的,往往不能译书;学法政的,往往不能草公事、批案件;学商业的,往往不能订合同、写书信;却能做些非驴非马的小说、诗词,在报纸上杂志上出丑。此等"谬种而非桐城,妖孽而非选学"的怪物,是谁造就出来的? 是谁该入地狱?

唉,老哥! 别怪我说得太激烈,这一等人,我已亲眼看见了不少。当知无论干什么事,总须走清路头,方有优美的成效。譬如一个人,天天不吃饭,专吃肥鱼大肉,定要害胃病;小孩子不教他好好走路,一下子便强迫他赛跑,定要跌断四肢,终身残废。

我从前也做过一年半载的教书先生,那时口讲指画,津津有味的,便是"新八股"。前文说了一大批骂人话,若没有什么人肯领教,肯赏收,便由昔日之我,完全承认了罢。

去年秋季,我又做了教书先生了。那时因文学革命诸同志之所建议,及一己怀疑之结果,又因所教的学生,将来都不是要做文学家的,我便借此绝妙机会,为教授应用文之实验。虽将来成绩是好是坏,目下全无把握,而"头脑不清"之病,却勉强可以不犯了。

我在教授之前,即抱定一个极简单的宗旨,曰:

不好高骛远,不讲派别门户;只求在短时期内,使学生人人能看通人应看之书,及其职业上所必看之书,人人能作通人应作之文,及其职业上所必作之文。更作一最简括之语,曰"实事求是"。

既抱定此宗旨,故于授课之第一日,即将从前研究文学与现在研究应用文不同之点,列一简明之表格,以示学生,且一一举例证明之。今仅录表格如下,例从略。

	昔之所重而今当痛改者	昔之所轻而今当注重者
字法	1.用怪僻费解之字。（如用古字，及古物名之类） 2.借用不适当之字。（如字之通用，及强以虚字作实字，实字作虚字之类） 3.用不合义理之典故。	1.无论虚字实字，一一研究其正确之意义；作文时勿乱用，读书时勿任其滑过。 2.字在句中，力求位置妥协，意义安适。
句法	1.讲骈俪。 2.讲古拙。}弊之所极，必至不合文法。 3.语意含混，无一定之是非可否。 4.不合论理学。	1.骈散一任自然，务求句之构造，不与文法相背。 2.句句有着实之意义与力量。 3.造句时，处处施以论理学上之分析。
章法	1.（措辞）摹仿古人。 2.（立意）依附古人（即所谓“文以载道”及“代圣贤立言”也）。	1.（措辞）说理通畅，叙事明了。 2.（立意）以自身为主体，而以古人（或他人）之说为参证，且不主一家言。

又列一更简之表如下，使学生知应用文与文学文之各有所重。

研究文学应用之功夫
- 甲项
  - 字义
  - 文法
  - 论理学

  具此三者，始可称之曰“通”。
- 乙项……修辞学
  - 文采（非滥用辞头之谓）
  - 老练（非节省虚字之谓）

（应用文）甲>乙

（文学文）乙>甲

“>”表“重于”之意，非谓研究甲项者即不必研究乙项，研究乙项者即不必研究甲项，特与“等于”=不同耳。

以上是教授应用文的“开宗明义章第一”。以下可分作两项：

第一项是选讲模范文章，这是蚕吃的桑叶，吃不着他，固然要饿死；吃了坏的，也要害瘟病。今分选的方面与讲的方面，各别言之：

选的方面。

1.凡文笔自然，与语言之辞气相近者选；矫揉做作者，不选。

2.凡骈俪文及堆砌典故者，不选。

3.凡违逆一时代文笔之趋势，而极意模仿古人者——如韩愈“平淮西碑”之类——不选。

4.凡思想过于顽固，不合现代生活，或迷信鬼神，不脱神权时代之习气者，均不选。

5.凡思想学说，适于现代生活，或能与西哲学说互相参证者选；其陈义过高，已入于哲学的专门研究之范围者，不选；意义肤浅，而故为深刻怪僻之文以欺世骇俗者，如《扬子法言》之类，亦不选。

6.卑鄙龌龊之应酬文干禄文，一概不选。

7.谀墓文不选。其为友朋或家属所撰，确有至性语者选。

8.意兴枯索，及故为恬淡之笔，而其实并无微辞奥义者，不选。

9.小品文字，即短至十数言，而确能自成篇幅者，亦选。

10.文章内容，与学生专习之科目有关系者选。

11.记事文同一题目，而内容有详略或时代之不同；论辩文同一题目，而内容有全部或一部分之反对；或题目虽不同，而所记所论，可以互相参证者，酌选一篇为主篇，余为附篇，用较小一号之铅字排印。

12.凡长篇文字，仅选一节者，即以此节为主，其余为附。用字体分别，庶无任意割裂，首尾不完之弊。

讲的方面。

1.选定之文，均用西式句学符号。且分全文为若干段，每段后分为若干小节：眉目明晰，便于学生之预备及自习。

2.每讲一文，先命学生自行预备，上课时，仅就3~7五条仔细解释之。

3.作者所处时代之文学趋势如何；此时代之文学，优点如何，劣点如何；作者在此时代中，其文字之价值如何；所讲之文，能否代表其一生所作文字之全体。

4.艰深之字义，费解之典故，均探求其来历及出处。其用于本文中之当与不当，与作文时能否仿用，亦详细说明。

5.古奥之文句，依文法剖析之。且说明其合与不合，及作文时能否仿造。

古人用字用典及造句，尽有谬误百出，万万不宜盲从者，故于4、5两条，尤为注意。

6.所讲之文，如与学生专习之科目有关，则命学生自为比较的研究；如与西哲学说——普通的而非专门的——可以互相参证或攻辩，则兼述西哲学说之大要，命学生为比较的研究。

7.前后所讲各文，有内容上、性质上、文体上之类似或反对，一一比较研究之。

8.讲述左列各条——并非逐句讲述——既毕，学生如于不讲处有未能明白者，许其自由发问。但一人发问，即以所问者向全体学生细讲之。

9.文中如有引证或相关事实之过于冗长，必兼阅他书始能明白者，即指出书名，令学生自向图书馆借阅，以促其自动之机能。

10.将逐日所讲之事项，另编"注解"一份，与"选本"分订，仿"Key"之办法，于每学年之末，发给学生。

第二项是作文，这比选讲尤为重要。因为研究文学文的，尽可读了一世书，自己半个大字不做，尚不失为"博古通今"的"记丑之士"；至于研究应用文，着手第一步，便抱了"要能作应用文"的目的，故前文所说的选讲两方面，其实都是个"作"字的预备而已。

学生作文之前，我定了十二个注意事项，令其每次作文，取来阅看一遍。

1.题目要认得清楚。其主要处，尤须着意。

2.文宜分段。文中意义，当依照层次说出。

3.下笔时应先将全篇大意想定，勿做一句想一句、做一段想一段。

4.时时注意字义安适与否、文法妥协与否、意义与论理学相悖与否。

5.作文要有独立的精神，阔大的眼光。勿落前人窠臼，勿主一家言，勿作道学语及禅语。

6.勿用古字僻字。字义有费解，或未能了解其真义者，宜多查字典，或以习见字之相当者代之。字有古义已失者，宜用习用之今义。

7.不避俗字俗语，即全用白话亦可。要以记事明畅、说理透彻为习文第一趣旨。

8.勿打滥调,勿作无谓之套语,勿故作生硬语。实用文最宜明白晓畅,凡古文家、四六家、八股家之恶习,宜一概避去。

9.引证当记明出处,如某书某节或某页。引用西书,当并列译文及原文。

10.实用文取迅速主义。篇幅不逾五百字者,限两小时完篇;过五百字及有特别情形者,可酌量延长。

11.篇幅不论长短,自一二百字至一二千字均可。要以不漏不烦,首尾匀称,精神饱满为合格。

12.字体以明了为佳,亦不必过求工整,免费时刻。

这都是对学生说的话,在教授上,则分为出题、批改两方面。

出题的方面。

1.出一记事文或论文题目,由学生自由作文。(这是老法)

2.说一段文字,令学生笔述,不许增损原义。

3.译白话为文言,或译文言为白话。

4.化韵文为散文。(如古诗及白香山纪事诗,均可改作散文,兼采辞曲。)

5.以“讲的方面”第6条研究之结果,令学生撰为论文或笔记。

6.以一段长冗之文字,令学生删繁就简,作一短文,其字数至多不得逾原文三分之一。

7.就其专习之科目,出种种应用题目,令学生实地研习。(如记载实验、解析学理、辩论、批牍、商业通信、订立合同等,各视所专习之科目定之。)

8.以一段文字,抽去紧要虚字,令学生填补之。

9.以一篇不通之文字,或文理不通而意义尚佳之小说、杂记等,令学生细心改订,不许掺入己意。

10.以一篇文字,颠倒其段落字句,令学生校订之。

11.以一段简短之文字,令学生演绎成篇。

12.预先指定一书,或一书之一部分——其篇幅以一万字至三万字为限,且文义不宜高深,要以学生能自行阅看、全无窒碍为度,令学生阅看,即提纲挈领,作一笔记,或加以论断,字数不得逾千。

批改的方面。

前辈先生批改学生文字，大约不出三途：

一种是专拍学生马屁，不问通与不通，“把密密的圈儿圈到底”，再加上个很肉麻、很恶心的腐败批语；

一种是老气横秋的插烂屙，在文卷上画了无数的“单杠”“双杠”“枷儿”“靴子”“瓜子肉”“蚂蚁骨头”，末了孝敬“不通”二字，便算办完公事；

一种是认真得无谓，他把学生的原作，改得体无完肤，面目全变，学生看了，却是莫名其妙。

今欲补救其失，每作一文，必批改二次，讨论一次，其手续为——

1.初次批改，只用种种记号，将文中“毛病”，逐一指出。已定之记号，凡二十四种：

× 虚字不妥　　⋈ 用典不当　　⊗ 无谓套语，大可不说

— 语气不贯　　＊ 字义未安　　+ 无理

△ 全句意义不明　　く 中有夺字(或有应补字)　　∧ 句未完全

└ 误写　　⋕ 不合文法　　⫽ 滥调当去

[? 有误写否?　　※ 不合论理学　　⩓ 琢句未善

| 不可解　　⅂ 应行另起一行　　↑ 语气未完

⊥ 上文无照应　　ʅ 不必另起一行　　‖ 此字尽可不用

┬ 下文无照应　　╪ 句太生硬　　≷ 句太软弱

各记号皆记于字右，遇记号不敷用时，则于字左加一直，而以“眉批”说明其理由。

2.初次批改后，以原卷发还学生，令其互相研究，自行改正。有不能改，或虽有符号指出其毛病，而仍不能知其所以然者，许其详细质问。

3.学生自行改订后，另卷誊真，乃为第二次之批改。此次不用记号，竟为涂抹添削，至评判分数，则折中于初作二作之间。

4.第二次批改后，学生有不明了处，仍准质问。

我把学生作文应行注意的十二事和二十四种记号，合刻一本小册子。其空白处，填了些古人成语，亦颇有趣味，如：

“才学，便须知有着力处；既学，便须知有得力处。”——王守仁

“习于见闻之人，则事之虽非者，亦莫觉其非矣。”——薛瑄

“识度曾不畏人，或乃竞为僻字涩句，以骇庸众，断自然之元气，斯又才士之所同蔽，戒律之所必严。”——曾国藩

此外尚拟编辑“文典讲义”一部，以为读文、作文之补助，其主要材料为——

甲、“助字”用法。

乙、字类通用法。如“名词”借作“动词”，“动词”借作“形容词”之类，即昔人所谓“虚字实用，实字虚用”也。

丙、浅近之修辞学——即字义是否适当，两字或数字连接是否妥洽，琢句是否明白干净之类。

丁、浅近之论理学——示以用字造句必须斟酌之要点，使不至有“自相矛盾”之弊。

戊、依西洋文法之前例，编“句法图解”若干节。

我所主张，且已施诸实行之应用文教授法，如是如是。虽不敢如陈独秀所说“其是非甚明，必不容反对者有讨论之余地，必以吾辈所主张者为绝对之是，而不容他人之匡正”，然使有人与我为“根本上之反对”，我必正色告之曰：

“我苟消耗青年学子之光阴于无用之地，我必入地狱，诸君速速预备登天堂可也！”

此文所举种种办法，有一部分得诸沈尹默先生之匡助，书此志谢。

（第四卷第一号，一九一八年一月十五日）

汉字索引制说明

林玉堂

汉字索引制者，检字之一新法也。旧有字书，因仍不改者二百有余年。而检法迂缓，隶部纷如，不适今用。当此普及教育之世，检字必有一简便捷速之新法。使学者尽知字典之用，而后自修有道，且检字不至于费时也。

本制检字之法，取字之首先笔画，名之曰"首笔"。而以汉字中所有首笔，会集成表，定其位次，别其先后。欲检一部首，即以是部之首笔检之。部中检字，以余部之首笔检之。同首笔者，既极少数。得首笔，即并得本字也。

例如"鲤"字：先检"ク"于部首中，即得"鱼"部；复于"鱼"部中检"冂"则得"鲤"。

又如"勝"字：旧例属于"力"部，学者所难检得。新法先检"⺆"，得"月"部。复于"月"部中检"八"，则得"勝"字。

新制既以首笔检字，首笔犹部首也。学之者必先知首笔之次序。首笔分为横、直、撇、点、钩五种，皆视其第一笔为例：横起者"一"居先，直起者"冂"次之，撇起者"ク"又次之，以此类推。同第一画首笔，其中分序，亦以第二笔之横、直、撇、点为准，适如英文 aa、ab、ac、ad 之例。计得首笔二十八种，如下：

点点 ⺀	
点撇 ソ	撇点 メ
点直 丬	撇挑 ㄥ
点横 亠	

撇钩 ㇇
撇点 メ
撇撇 ミ
撇直 亻
撇横 𠂉

斜点 ㄑ
斜撇 ⺁
斜直 ⺁
斜横 ⼆

直角 ㇄

直点 ⺊
直撇 丿丨
直直 刂
直横 ⺊

横角 ㇕
横撇 ナ
横捩 フ

横钩 ㇈
横点 ⼇
横直 十
横横 二

故明以上之表，即明本制之用法。例如“首”字，属于点撇“ソ”，求“ソ”，斯得“⺍”部矣。“笔”字属于撇横“𠂉”，求“𠂉”，斯得“竹”部矣。

首笔原是母笔所合而成。计汉字中，凡有十九母笔，如下：

右钩	左钩	点	捺	斜点	斜挑	斜撇	斜笔	直折	直角	直钩	直挑	直笔	横钩	横角	横撇	横捩	横挑	横笔

汉字笔画、写法结构，皆有不同。“韦”首笔，可谓直横丨㇕，亦可谓横直㇕丨，此写法之不同也。同此二画而有“交”“接”“离”之异；十丅丅、ㄖ冂冂接笔又有“外”“内”之分：⺁丅、口ㄖ此结构之不同也。是又不可无所以规一之者。上表所列，仅至第二笔而止。再举其常见者而增广之，至第三第四笔，使于表中各有规则之位置。学者知所指归，检查自无疑难矣。增广首笔表如下：

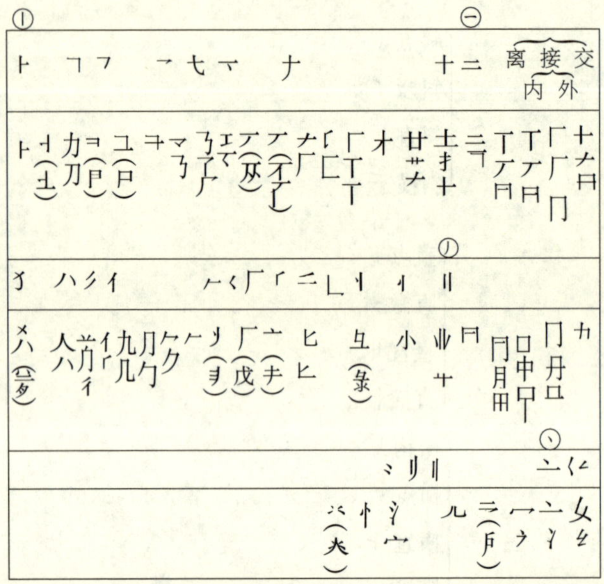

按:此法检字,比之旧法,似有数点优处:(一)旧法检字,须详全字数画,新法则一见可知字之首笔。(二)检算画数,常属难定。首笔则皆于表中有一定之位置以规一之。(三)旧法部首次序,至难记忆,必赖目录之助。新法惟须记忆"横""直""撇""点""勾"位次而已。(四)旧法分部,绝无纯一之例以贯通之,学者无所根据,游移莫决。新法惟以字之起先首笔为部首,明白了当,绝无疑义。(五)旧例同部同画字中,及辞书之同首字者,绝无所准以为先后。新法即无一字不有一定逻辑之位置。(六)旧法不能用于短篇人物之表,如教员课堂中用之学生名单,新法则易为之。(七)旧法合于程度既高,读书有年者之用;而新法则小学学生及普通人民,皆易通晓。(八)此实验言之,新制检字,较于旧制,可速三倍至五倍不等,而其最高速率,五分时检三十七字,乃旧法所不能达到之点。

新制之作,应社会一需要。作者既深感其事之难,又极望同志之助。倘蒙赐之匡正,借供切磋,使此制得成完璧,则幸甚矣。

附:蔡孑民先生序

凡文字皆具形声义三者,故部类文字而训释之者,亦有三种。以义为部者,《尔雅》《广雅》《释名》之属是也。以声为部者,如《经籍籑诂》用今韵,《说文通训定声》用古韵之属是也。以形为部者,如《说文解字》依据六书,《康熙字典》及《新字典》标准画数之属是也。三种之中,便如检阅者,以形部为较便。而今隶点画,多异小篆,检字者又不尽通六书,故《说文解字》又不如《字典》之便。顾《字典》便矣,而同一画数之部首,无所准以为先后。在一部中,同一画数之字,又无所准以为先后。不惟此也,点画错综之字,其部居有未易猝定者。甚矣,检字之难也!西文由 a、b、c、d 等字母缀合而成,其编字典也,以 ab 及 ac 及 ad,或 aba 及 abb 及 abc 等为先后,序次井然,一检可得。因推而用之于图书之目,人物之名,其易检也,亦犹是焉。我国之字典既不易检,而电话簿、会员录之类,不立部首,专计画数者,其难检更甚。林君玉堂有鉴于是,乃以西文字母之例,应用于华文之点画,而有"汉字索引"之创制:立十九"母笔"以为华文最小之分子。其两分子或三分子之接触,则更以"交笔""接笔""离笔"别之。而接笔之中,又别为"外笔""内笔"二类。以此为部,则无论何字,第取其最初三笔之异同,而准之以为先后,其明白简易,遂与西文之用字母相等,而检阅之速,亦与西文相等。苟以之应用于字典、辞书,及图书名姓之记录,其足以节省吾人检字之时间,而增诸求学与治事者,其功效何可量耶!或以破坏字体不合六书为疑。然今隶之形,固已取小篆而破坏之。《字典》之分部,不合于六书者多矣。吾人所以沿用之者,为便于检阅计,不得不如是也。林君之作,何以异是?若乃精研小学,则自有《说文解字》之旧例在,于林君之作,又何疑焉?

(民国)六年,五月,九日,蔡元培叙

附:钱玄同先生序

西文衍声,中文衍形。衍声,故英法诸国之字典,以字母之先后为顺序;衍形,故许慎《说文解字》之部居,始"一"终"亥",据形系联。

然衍形文字,组合极为复杂,书写至不便利,故秦汉以后,解散古文籀篆之体,作为隶楷,期便书写。于是古之象形文字,至此但略具匡廓,已为众所共喻,不必复求酷肖其实物之本形。此就应用之便利上言之,固为文字之进化。惟隶楷对于古篆之笔画，既多省矣，则依造字初形分部之字典，自不适于翻检，此所以魏晋以后韵书大盛也。

韵书原不能遽目为字典，然为翻检计，实较《说文解字》为便利。故徐锴作《说文篆韵谱》，以隋唐以来韵书之部居，排比《说文解字》之九千余字。宋元以降，至有改《说文解字》始“一”终“亥”之次为始“东”终“甲”者，以韵书之据音分部，易《说文解字》之据形分部，无非图翻检之便利而已。

盖隶楷虽非拼音，然其字形，已成为一种无意识之符号，不能复以六书相绳：就《说文解字》之部居，以求形体省变之文字，甚为困难，反不若就字音求之为易。字音虽古今南北不能尽同，而大致尚不甚相远。故虽谓韵书为《说文解字》之代兴物可也。

若中国文字之分部如韵书，则与西文之以“A、B、C、D”顺者，其用意固相似；而尤与日本之字典以“イ、ロ、八”次序排比汉字及和文者同一法则。

然而近代字典尚不能据韵书分部者，则亦有故。

其故惟何？曰：中国无适当之标音记号。昔之韵书，标“声”——即子音，标“韵”——即母音，借用汉字，无明确之读音。彼宋明之世所以觉韵书之便于翻检者，以其时诗赋盛行，韵书为属文之士所熟记也。故不知字音者，韵书即无从翻检。

虽然，据音分部，实是一法。玄同尝谓“注音字母”今已草创，异日倘能修正颁行，凡中小学校之教科书及杂志、新闻纸之类，悉以“注音字母”附记字旁。则此后字典，可用注音字母之“ㄍ、ㄎ、ㄦ”为顺，师韵书之成法，仿其法日本字典之体例，岂不甚善？

顾其法今尚难行。今日之字典，惟有依据楷书之点画分部，最为适当。因用此法，则无论识与不识之字，皆易于检寻也。

林君之“汉字索引制”，其法即如此。观此说明书，知其立法简易，用意周到。蔡孑民先生谓其“足以节省吾人检字之时间，而增诸求学与治事者”，因叹其功效之大，诚至当不易之评论。玄同复何用多赘？

惟玄同以为林君既发明此法，则尚有一事当注意者，即字体之画一是也。楷书字体，自唐石经、宋版书以来，渐归一致。明清时代刻书用之“宋体字”及今世之铅字，字体画一者，固居百分之九十九，然字形歧异者，亦尚有百分之一：即如林君所举之“勝”字，其右旁之首笔，林君属之于“八”，然亦有作“ソ”者；又如“全”“俞”诸字，其上或作“人”形，或作“入”形。此等地方，苟不求画一之法，则于检寻上尚有窒碍之点。不审林君已有善法以处此否？

至于满清之《康熙字典》及现在坊间出版之《新字典》等等，其分部之法，最无价值。貌似同于《说文解字》，实则揆之造字之义，触处皆是纰缪。若谓图检查之便利耶，则如“才”入“手”部，“尹”入“尸”部，“年”入“干”部，“冀”入“八”部，“求”入“水”部之类，皆令人百思不得者。如此而云便于检查，则尤堪发噱。故其书于“探本”“便查”二者，两无是处。林君谓其“合于程度既高读书有年者之用”，其实彼乌足以当此！

玄同常谓字典分部，亟宜改良。今见林君此作，深喜海内研究此事者今已有人。因略述愚衷，拉杂书于其后。

钱玄同　一九一八年一月五日

（第四卷第二号，一九一八年二月十五日）

新文学与新字典（通信）

沈兼士　钱玄同

玄同吾友：

文学改良，已习闻兄及胡陈二君之论矣。弟现于新文学之基础建设上，稍稍有所主张，其说如下：

应用之文，必须用俗语。文学之文亦可用俗语，固为吾人之所公认。惟其为文之性质不同，故其用字之范围广狭，亦宜因之而有区别。

应用之文，说理叙事，期于易知易能，故用字宜采狭义的标准字。今拟标准字典之编法大纲如下：

（一）采方言中之流行较广者，每一义只载一字，其余“转注”之字，一切不录。

（二）字形须合于六书之义。凡方言有本字而俗不知者，考出之。

例如负举为“竭”，揉屈为“毁”。

有本字而俗借他字为之者，考证之。

例如“一⿱日叉”作“一会”，“瘼病”作“毛病”。

有本字而别造俗字者，附俗字于本字之下。

例如“叉”作“抛”，“迦”作“卡”。

皆须注明古今音变。

（三）不合六书之俗字，其本字不可考见而必须用者，别附录之。

文学中如“诗”“词”“曲”等，多有格律音叶之限制，若专用一种标准字，恐有拘滞牵强之弊，故其范围宜稍加广，以资通融调剂。今拟文学字典之编法大纲如下：

（一）凡合于今之方言者，悉载之，不限于一义一字。

(二)同标准字典。

(三)同标准字典。

(四)不合于今之方言,而《说文》所载,古籍常见之字,别附一篇,以资考古。

弟对于国语之主张,大致如上所说,意在“求是”“致用”二者兼顾。惟病中属思欠周密,又不能动笔,不能多言,特请人粗写其大要如此。故引证说明,多不详晰,兄当能谅其意也。如有不妥处,尚祈赐教,并望于“国语研究会”中代弟发表之,以供同人讨论。

此外尚有“文字上之中国古代社会进化观”“象形及指事字之解剖研究”“新尔雅”三个拟题,兹不复详其体例,病愈再当就正也。

沈兼士

惠书敬悉。足下所拟新字典择字的标准,玄同很为赞成。但鄙意以为考求本字的最大目的,是要明白这字的意义和这字音读的沿革变迁,所以在字典上,必须考证确当,详细说明。至于在应用一方面,只可拿现在的声音来做标准。例如某本字,在文言里现读甲音,白话里应该用这个本字的地方也读甲音,这类本字,自然应该采用。又如某本字在文言里虽读甲音,而白话里应该用这个本字的地方,却读了乙音,那就只可写一个和乙音相同的假借字了。本来“假借”一书,所包甚广。小学家所谓“同音假借”者,固然有许多是写别字,但是也有并非别字,因音变而不得不借用的。音变而别造一字的,就是“转注”;音变而不造字,借用同音字的,就是“假借”。像那“老”字,由 Lao 音变为 Khao 音,后来造“考”字,这就是“转注”。然“考”字未造以前,借用同音的“丂”字(钟鼎里有这样写的),这就是“假借”。所以鄙见以为像“瘼病”写成“毛病”,正和“老”字写“丂”字一样。在字典上,必须讲明“毛病”本作“瘼病”——不然“毛”字的意义便不可通——而在应用上,则只可写“毛病”——因为现在“瘼”字不读做“毛”——庶几不至和现在的声音不合。尊见以为然否?祈更赐教。

钱玄同

(第四卷第二号,一九一八年二月十五日)

句读符号（通信）

钱玄同

记者足下：

本志从二卷以来，改良旧日不论句读一概用“。”的法子，为以“。”表句，以“、”表读。近来同人觉得“。”“、”两种，还是不够。从四卷以来，有几个人的文章采用西文句读符号，这固然是很好。但是同人主张，各有出入，所以四卷一号里所用，未能划一。玄同对于同人各种主张的去取，现在奉告如下：

采用繁简二式。

（甲）繁式　用西文六种符号：，读/；长读/：冒或结/·或。句/？问/！叹

（乙）简式　仍照以前用句读两号：、读/。句

甲式中应该说明的：西文于“·”号之后，必空一格。汉文如其亦空，自当用“·”；如其不空，可改用“。”，以期醒目。这是胡适之先生的主张，玄同颇然其说。或疑五种都用西号，就这一种改用中号，似乎不伦不类。其实不然。我们采用西号，碰着不适用于汉文的地方，自然应该变通办理。像西文引号的“”‘’，因为不适用于直行，就依日本改用『』「」，这就是变通办理的前例。

乙式中应该说明的：碰着该用“；”“：”的地方，或用“。”，或用“、”，像那《大学》里的：

> 所恶于上，毋以使下；所恶于下，毋以事上；所恶于前，毋以先后；所恶于后，毋以从前；所恶于右，毋以交于左；所恶于左，毋以交于右：此之谓絜矩之道。

这“使下”“事上”“先后”“从前”“交于左”底下的“;”,和“交于右”底下的“:”,都可以用“。”。又像“《诗》云”“子曰”等字底下的“:”,可以用“、”。至于“?”“!”两种,在乙式中或用,或否,可以随便。

甲式既然完备,为甚么又要有乙式呢?因为有人不主张用西号,且嫌符号太多了,记起来麻烦,那就可以暂用乙式,以趋简易。

又有将西文中“;”“:”二号别造一中号去代它的。像适之先生从前主张以“△”代“;”,以“、、”代“;”(见《科学》第二卷第一号),现在又主张以“⸒”代“;”,以“、、”代“:”。胡彬夏女士和陈独秀先生均以“、、”代“;”,而“:”号则废弃不用。(胡女士用的,见《妇女杂志》第二卷)。我以为这样办法,若自己圈点古书,原无不可,至于排印新书、杂志之类,“△”“⸒”“、、”三号皆为铅模所无,与其定铸,不如全用西号了。

以上为玄同个人对于今后的《新青年》所用句读符号的意见。请同人赐教,幸甚幸甚。

钱玄同　一九一八年一月五日

(第四卷第二号,一九一八年二月十五日)

文言合一草议

傅斯年

文辞远违人情，语言切中事隐，月前著文，抒其梗概，今即不复赘言。废文词而用白话，余所深信而不疑也。虽然，废文词者，非举文词之用一括而尽之谓也。用白话者，非即以当今市语为已足，不加修饰，率尔用之也。文言分离之后，文词经二千年之进化，虽深芜庞杂，已成陈死，要不可谓所容不富。白话经二千年之退化，虽行于当世，恰合人情，要不可谓所蓄非贫。以白话为本，而取文词所特有者，补苴罅漏，以成统一之器，乃吾所谓用白话也。正其名实，与其谓“废文词用白话”，毋宁谓“文言合一”，较为惬允。文言果由何道以合一乎？欲答此题，宜先辨文词与言语之特质，即其特质，别为优劣，取其优而弃其劣，夫然后归于合一也。切合今世语言（下文或作语言，此作白话或作俗语，同是一词）之优点。其劣点乃在用时有不足之感。富满充盈，文词之优点。其劣点，乃在已成过往。故取材于语言者，取其质，取其简，取其切合近世人情，取其活泼饶有生趣。取材于文词者，取其文，取其繁，取其名词剖析毫厘，取其静状充盈物量。本此原则，制为若干规条，将来制作文言合一之文，应用此规条而弗畔，庶几预于事前，不致陷咎于事后也。

难者曰，文言合一，自然之趋向，不需人为的指导，尤不待人为的拘束。故作为文言合一之词，但存心乎以白话为素质，而以文词上之名词等补其阙失，斯已足矣。制为规条，诚无所用之也。予告之曰，文言合一之业，前此所未有，是创作也。凡创作者，必慎之于事前。率尔操觚，动辄得咎。苟先有成算，则取舍有方，斯不至于取文词所不当取，而舍其不当舍；舍白话所不当舍，而取其不当取。文言合一，亦不易言矣。何取何舍，未可一言断定。与其浑然不辨，孰若详制规条，俾取舍有所遵率。精于方者成于终，易于始者蹶于后。谓此类规条为无用，犹之斥世间不应有修词业也。

此类规条，说之良非易易。以蒙孤陋，于此安所容喙。虽然，一得之愚，容有一二可采，姑拉杂写成一时所见到者，求正于高明也。

（一）代名词全用白话。“吾”“尔”“汝”“若”等字，今人口中不用为常言。行于文章，自不若“你”“我”“他”等之亲切，此不待烦言者也。

（二）介词位词全用白话。此类字在白话中无不足之感（代词亦然），自不当舍活字而用死字。

（三）感叹词宜全取白话。此类原用以宣达心情与代表语气。一个感叹词，重量乃等于一句或数句。以古人之词表今人之心情与语气，隔膜至多，必至不能充满其量，而感叹之效用，于以丧失。如曰“呜呼”，不学者不解其何谓也，学者解之，要不亲切。不能直宣声气，犹待翻译，一经翻译，效用失矣。“哀呀”虽不可与道古，用于当今，差胜于“呜呼”。一切感叹词皆如是观，不待一一举列。

（四）助词全取白话。盖助词所以宣声气，犹之感叹。以宣古人声气者宣今人，必不切合。“焉”“哉”“乎”“也”等，全应废弃，宜以“拉”“了”“么”“呀”等字代之。

（五）一切名静动状，以白话达之，质量未减，亦未增者，即用白话。曰“食”不如曰“吃”，曰“饮”不如曰“喝”，曰“嬉”不如曰“玩”也。俗语少小所习，入人者深。文辞后来所益，入人者浅。故吾人聆一俗语，较之聆一同义之文言，心象中较为清楚。谈书时不能得明确之意象，聆人言语即不然，亦此理也。此语言之特长，应保持勿失者也。

（六）文词所独具，白话所未有，文词能分别，白话所含混者，即不能曲徇白话，不采文言。“今言道义，其旨固殊也。农牧之言‘道’（即白话）则曰‘道理’，其言‘义’亦曰‘道理’。今言‘仁人’‘善人’，其旨亦有辨也。农牧之言‘仁人’则曰‘好人’，其言‘善人’亦曰‘好人’。更文籍而从之，当何以为别。里闾恒言，大体不具也。”（章太炎先生《訄书》“正名杂义”）

世有执“大体不具”之说，菲薄白话者。白话之不足应用，何能讳言。不思所以补苴，并其优点亦悍然斥废，因噎废食之方耳。文言合一，所以优于专用白话者，即在能以文词之长，补白话之缺。缺原可补，又焉能执其缺以为废弃之口实也。

（七）白话之不足用，在于名词，前条举其例矣。至于动静疏状，亦复有然。不足，斯以文词益之，无待踌躇也。例如状况物象之词，用文词较用俗语为有力者，便用文词。如“高明”“博大”“庄严”等，倘用俗语以代之，意蕴所存，必然锐减。盖中国今日之白话，朴素已极。此类状况之词，必含美或高之德性，非素质者所蓄有。一经俗语代替，便大减色也。

（八）在白话用一字，而文词用二字者，从文词。在文词用一字，而白话用二字者，从白话。但引用成语不拘此例。

中国文字，一字一音，一音一义，而同音之字又多，同音多者，几达百数。因同音字多之故，口说出来，每不易于领会，更加一字以助之，听者易解矣。如唐曰“有唐”，夏曰“有夏”，邾曰“邾娄”，吴曰“句吴”，皆以虚字助之，使听者易解也。三代秦汉，多用双声叠韵之字，又有重词、骈词，尽可以一字表之，乃必析为二者，独音故也。然则复词之多，单词之少，出于自然，不因人之好恶。今糅合白话文词，以为一体，因求于口说手写两方，尽属便利。易词言之，手写出来而人能解，口说出来而人能会。如此，则单词必求其少，复词必求其多，方能于诵说之时，使人分晓。故白话用一字，文词用二字者，从文词。白话用二字，文词用一字者，从白话。如文词曰“今”，白话曰“现在”，舍“今”而用“现在”。文词曰“往”，白话曰“过去”，舍“往”而用“过去”。“今”“往”一音之字，听者易混。“现在”“过去”二音之词，听者难淆。此孙卿所谓“单不足以喻则兼”也。然引用成语，不拘此例。如曰“往事已非”，不必改“往”以就“过去”，既是成语，听者夙知，又有他字助之，更不易淆也。

（九）凡直肖物情之俗语，宜尽量收容。此种词最能肖物，故最有力量。《文心雕龙》云，“‘灼灼’状桃花之鲜，‘依依’尽杨柳之貌。‘杲杲’为出日之容，‘瀌瀌’拟雨雪之状。‘喈喈’逐黄鸟之声，‘喓喓’学草虫之韵。‘皎’日‘嘒’星，一言穷理，‘参差’‘沃若’，两字穷形。”此均直有物情之字。《诗经》之义所以独贵者，善用斯品即其一因。“灼灼”等在今日为文言，在彼时为白话。以古例今，凡俗语中具此性质者，宜不避俚俗，一概收容。例如“乒乓”“叮当”“飘飘”“遥遥”之类，无论雅俗，皆不可捐。又如“软”“硬”“快”“慢”“粗”“细”等，其声亦有物情。“软”字发声较柔，“硬”字发声较刚，“快”字发声疾，“慢”字发声迟，“粗”字发声粗，“细”字发声微。此种直效物情之字，最为精美（此所举列数字，以言语文字学之眼光观其变迁之迹，各有其转化之历史。今俱存而不论，但就今人口中发音之情形论之，毋庸执诂训以衡吾言也），万不可以相当之文言代之。若“依依”等字，今世俗言虽已不用，而酷肖物情，蔑以复加，偶一采纳，固不患人之不解也。

（十）文繁话简，而量无殊者，即用白话。文词白话文法有殊者，即从白话。出词贵简，简则听者读者用力少，用力少故生效大。又贵次叙天然，次叙天然则听者或读者用力少，用力少故生效大。人心之力，用于聆读时，为量有限。先之以繁言紊叙，彼将用其心于解译文句，又焉能分费精神，会其概观。文简语繁之时，何所取舍，此条中姑不置论。若当文繁语简之际，自宜从语会文。又文词中之文法，在古人原为自然，在今人已成过往，反似人造，不如语言中之文法，切合今世人情。故舍彼就此。

以上所举，乃一时率尔想到。不尽不详，尤恐不当，更不合论理的排列。将来续有所悟，再补益之也。

凡各条例，原本于一，即取白话为素质，而以文词所特有者补其未有，是也。此语言之极易，行之甚难。本篇略举数端，以见百一。苟为条贯之研究，充盈其量，可成一部文言合一的修辞学。

此外尚有八事，愿与谈文言合一与制定国语者一榷商之。

第一，文言合一，趋向由于天成，设施亦缘人力。故将来合一后之语文，与其称之口天然，毋宁号之以人造也。有人造之迹，斯不妨以最近修辞学言语学上所发明要理加之使入，以成意匠之文。夫然后有尚之价值，视今之文辞白话二端，均有特出者（此言其可加入。若有与中国文法不能相容之处，不可勉强以成文离之象）。

第二，文言合一者，归于同之谓也，同中而异寓焉。作为论学论理之文，不能与小说戏曲同其糅合文词白话之量。易词言之，论学论理，取资于白话者较多，小说戏曲较少。有其异，不害其为同；有其同，不应泯其异。然则合一后遣词之方，亦应随其文体以制宜。论者似未可执一道而强合之也。

第三，钱玄同先生曰："选字皆取最普通常用者，约以五千字为度。"所谓选字，蒙意以为似不紧要。逐一选择，其道至难。纵使竟成，作者未必尽量率由，不或离畔，是用力多生效少也。但求行文之时不从僻、不好奇、不徇古，悬之以为严规，万无违于通俗之理。陈其方而已，无待举数也。

第四，采用各地语言，制成标准之国语，宜取决于多数。如少者优于劣者，亦不妨稍加变通，要须以言语学修辞学上之原则为断，不容稍加感情于其间。

第五，将来制定标准国语，宜避殊方所用之习语成辞。今所通行之官话，无论北京杭州，优点均在逐字逐句之连成，全凭心意上自由结合，绝少固定之习语成词掺杂其间。反观方言,习语最多,其弊有四。学之甚难,一也。难则不能求其迅速普及,二也。各地有其成词习语,不能相下,三也。思想为成语所限,宣达不易自由,较之为古典故事与一切文学上之习用辞所限制者,厥弊惟均,四也。广东人到北京,学语三四个月,便可上口。北人至广东,虽三四年不能言也。此盖社会上通用之官话。(此与通行于北京土著之北京语有别。北京语仍是方言,多用习语,吾等自外省来北京,于此不刻意摹仿,另操一种南北可以互喻之语。此种互喻之语,不专取材于一城一市,乃杂合各地平易之语以成。虽有偏重北方之质,要其混合的性质可采。)此吾所谓社会上通用之官话(其性质另有详论),原为各省人士混合以成。乃言语之纷地,绝少习语成词,故学之甚易。此为统一行远语言之特质,将来制为国语,此点不可忽也。

第六,制定国语之先,制定音读,尤为重要。音读一经统一,自有统一之国语发生,初不劳大费精神。今使荆蜀滇黔之士,操其普通用语与北人谈,有可喻者,有不可喻者,令其写出,无不解会。可知殊方言语之殊,殊在质料者极少,殊在音读者转多(闽、粤等当别论)。又音读划一,稍事取舍,便成统一之国语。又制定统一音读,尚非至难。所应集思筹策者,将由何法使殊方之人,弃其旧贯,而遵此人为之统一音读也。

第七,统一音读,只论今世,不可与沿革上之音读混为一谈。顾亭林云:“圣人复起,必举今日之音而反之淳古。”是岂可行之事。章太炎先生谓:“统一语言,于‘侵’‘谈’闭口音,宜取广东音补苴之。”此种闭口音,自广东外,无能发者。令廿一省人徇一省,无论理有未惬,即于势亦有所不能行。故在古人为正音,在今人为方音者,宜遂以为方音,不以入于国语。

第八,较易统一者,国语之质料耳(即有形象辞之语)。若夫国语之意态,即无形象之声气。全随民俗心理为转移,樊然淆乱,差异尤甚于质料,一难也。质料制定,尚易遵循,至于语气,出之自然,虽加人为的制限,即不易得人为的齐一,二难也。就现在异地方言之意态论之,蓟北(北京永平以东)语气锐利,其弊哀嘶。中原(直隶南部及黄河沿岸)语气凝重,其弊钝迟。吴会风气流丽,其弊靡弱。闽粤语气复繁,其弊结屈。此不过略举数端,悉言乃不可胜数。今强之趋于一统,理势恐有未能。即其未能而安之,则作为文词,所用虚字,随方而异,又与统一国语之原旨违矣。果由何道生其殊点,愿持制作标准语之论者加之意也。

上来所说,乃一时兴到之言,率尔草就于一夜。咎谬良多,更何待言。尚祈明达进而教之。

（第四卷第二号,一九一八年二月十五日）

注音字母（通信）

钱玄同

稚晖先生：

惠书敬悉。

玄同对于注音字母之意见，敬为先生陈之。

注音字母之作，实欲定一种全国公有之国音，而其开会之结果，乃过偏于北音，此为玄同所未能满意者。故略述鄙见，作《论注音字母》一篇，分载于本志四卷一、三两号，既以供国人之讨论，尤希望高才硕学如先生其人者提议修正，以期完全无缺，可以早日施行。

玄同之不满意于北音者，非因其不古也，亦非因其不能具备全国之音也。以为既以制定国音为务，当然不是叫人专"打官话"，其于全国音声之去取，必有一种标准，即所去者为奇诡之音，仅极少数人能发者，所取者为平易之音，必大多数人所能发者，而苟有某种平易之音，为大多数人所能发，惟极少数人不能发者，则宜强极少数使从大多数，是也。使此标准而不谬，则北音实未可完全采用。因如"入声""浊音"二种，全国多数皆有之。若因北部一隅之不发达，遂完全消灭，牺牲大多数以利极少数，似有未可。

若谓消灭此二者，利者虽利，而牺牲者实亦无害，故即牺牲之亦未尝不可。如是，则凡此有而彼无之音，皆当从删，如"ㄓ""ㄔ""ㄕ""ㄖ"诸母，中南两部发之极为困难，亦当删去。又如"ㄫ""ㄬ"二母，及"ㄪ"母之音，亦北人所不能发者，亦以删去为宜。——杜亚泉先生即主此论者，曾在《东方》杂志第十三卷第五号中撰有《论国音字母》一篇，其中有言曰：

> 欲统一读音而设定字母，则此字母之音，必使全国之人皆能读之，故必取全国皆有之音以为准。若其音为某处所无，则强其发此音，在势为不可能，即孟子所谓“日挞而不可得”者。故凡甲有而乙无，甲分而乙合者，宜从乙，勿从甲。依此主张，则浊音之诸母固可去。即齿头音之诸母，半舌半齿之“ㄖ”母，亦宜去之；而四声之入声，可并于他三声中。AEO之高音低音，亦可并合。

鄙意以为必如此办法，始足以昭平允。否则甲有而乙无者则删之，乙有而甲无者则存之，似乎未得其平矣。

又先生对于官音，以为“出于口而言者以为滑熟，入于耳而听者以为适当”，又有“文人学士以纸上之清浊，作南北之杂腔，亦复无形中自惭其为‘蓝青官话’”之说。此意玄同尚未敢苟同。彼中南两部之人打起官话所以不免于“蓝青”者，实缘出于口考未能滑熟也。玄同，浙人也，居北方已将五年，所见乡人之北来者，其学北京话最感困难之点，即为浊音之改变，如读“群”“亭”“瓶”三字为 Djhün、Dhing、Bhing，十人之中读准者，不过二三人而已。又舌上，正齿，诸音亦难学准，而北人之往南者，亦以浊音之改变为最苦。曾有天津友人至上海归，告我曰：“上海人呼‘钱’音如 Tong-tien。”我告之曰：“非也，其音实为 Dong-dien。”此友强学数次，终不能肖。以是知南北最异之点，实在于是。北人读西文，于此亦多不准，所见读 B、D、G 等字如法音之 P、T、K 者，比比然也。故谓人人以官音为滑熟为适当之说，于事实上恐未必如此。

至于“蓝青官话”，玄同则以为毫无可“惭”。俗人以“蓝青”为可“惭”者，正犹以“不伦不类”为不合耳。其实凡由此而变为彼，其中必须经过介乎彼此之间之一阶级。此一阶级，即“不伦不类”也，即“蓝青”也。故由“官话”而变为“国语”，必有“蓝青官话”为其过渡之物。玄同且以为自津浦铁路交通以后，南人往北、北人往南者，日有其人。南人固不得不打“蓝青”之“官话”，而北人亦不得不就其纯粹之“官话”中搀入几分“蓝青”之质料，以期通行于南部。彼亦一“蓝青”，此亦一“蓝青”，吾侪定国音制国语者，取此各种各样之“蓝青官话”而定于一，斯即非南，非北，非“蓝青”，而为国音国语矣。——Esperanto，即杂取欧洲各国之语而定为一种人造的公用语言。窃谓中国之古文，犹欧洲之希腊拉丁语也；今之各省方言，犹英、法、德、意、西、俄诸国之国语也；综合各省方言而制成一种民国的新国语,犹 Zamenhof 之杂取欧洲各国国语而制 Esperanto 也。Zamenhof 不能即用俄语或法语等为“国际语”,可知吾侪不能即用北京话为国语。

以上所论,略贡其愚,希再赐教,幸甚!幸甚!

先生又有论舌齿间音诸语,精当绝伦。玄同于“ㄐ”“ㄑ”诸音,向来颇觉疑滞,今得先生之教,始恍然大悟,铭感无既。

钱玄同　一九一八年二月十八日

(第四卷第三号,一九一八年三月十五日)

中国今后之文字问题（通信）

钱玄同　陈独秀　胡　适

独秀先生：

先生前此著论，力主推翻孔学，改革伦理，以为倘不从伦理问题根本上解决，那就这块共和招牌一定挂不长久（约述尊著大意，恕不列举原文）。玄同对于先生这个主张，认为救现在中国的惟一办法。然因此又想到一事：则欲废孔学，不可不先废汉文。欲驱除一般人之幼稚的野蛮的顽固的思想，尤不可不先废汉文。

中国文字，衍形不衍声，以致辨认书写，极不容易，音读极难正确。这一层，近二十年来很有人觉悟。所以创造新字，用罗马字拼音等等主张，层出不穷。甚至于那很顽固的劳玉初也主张别造“简”字，以图灭省识字之困难。除了那选学妖孽、桐城谬种，要利用此等文字，显其能做“骈文”“古文”之大本领者，殆无不感现行汉字之拙劣，欲图改革，以期便用，这是对于汉字的形体上施攻击的。

又有人说：固有的汉字，固有的名词，实在不足以发挥新时代之学理事物。于是有造新字者，有造新名词者，有直用西文原字之音而以汉字表之者，如“萨威棱帖”“迪克推多”“暴哀考脱”“札斯惕斯”之类，有简直取西文原字写入汉文之中者。种种办法，虽至不同，而其对于固有的汉字和名词认为不敷用之见解则一，这是对于汉字的应用上谋补救的。

以上两种见解，固然都有理由，然玄同今日主张废灭汉文之理由，尚不止此。

玄同之意以为汉字虽发生于黄帝之世，然春秋战国以前，本无所谓学问，文字之用甚少。自诸子之学兴，而后汉字始为发挥学术之用。但儒家以外之学，自汉即被罢黜。二千年来所谓学问，所谓道德，所谓政治，无非推衍孔二先生一家之学说。所谓《四库全书》者，除晚周几部非儒家的子书外，其余则十分之八都是教忠教孝之书。

“经”不待论，所谓“史”者，不是大民贼的家谱，就是小民贼杀人放火的账簿，如所谓“平定什么方略”之类。“子”“集”的书，大多数都是些“王道圣功”“文以载道”的妄谈。还有那十分之二，更荒谬绝伦，说什么“关帝显圣”“纯阳降坛”“九天玄女”“黎山老母”的鬼话。其尤甚者，则有“婴儿姹女”“丹田泥丸宫”等说，发挥那原人时代“生殖器崇拜”的思想。所以二千年来用汉字写的书籍，无论哪一部，打开一看，不到半页，必有发昏做梦的话。此等书籍，若使知识正确、头脑清晰的人看了，自然不至堕其玄中；若令初学之童子读之，必致终身蒙其大害而不可救药。

欲祛除三纲五伦之奴隶道德，当然以废孔学为惟一之办法。欲祛除妖精鬼怪、炼丹画符的野蛮思想，当然以剿灭道教——是道士的道，不是老庄的道——为惟一之办法。欲废孔学，欲剿灭道教，惟有将中国书籍一概束之高阁之一法。何以故？因中国书籍，千分之九百九十九都是这两类之书。中国文字，自来即专用于发挥孔门学说，及道教妖言故。

但是有人说：中国旧书虽不可看，然汉文亦不必废灭，仍用旧文字来说明新学问可矣。此说似是而实非。既不废汉文，则旧学问虽不讲，而旧文章则不能不读。旧文章的内容，就是上文所说的“不到半页，必有发昏做梦的话”。青年子弟，读了这种旧文章，觉其句调铿锵，娓娓可诵，不知不觉，便将为其文中之荒谬道理所征服，其中毒之程度，亦未能灭于读《四书》《五经》及《参同契》《黄庭经》诸书。况且近来之贱丈夫动辄以新名词附会野蛮之古义，如译 Republic 为“共和”，于是附会于“周召共和”矣；译 Ethics 为“伦理学”，于是附会于“五伦”矣。所以即使造新名词，如其仍用野蛮之旧字，必不能得正确之知识。其故有二：(1)国人的脑筋，异常昏乱，最喜瞎七搭八，穿凿附会一阵子，以显其学贯中西。(2)中国文字，字义极为含混，文法极不精密，本来只可代表古代幼稚之思想，决不能代表 Lamark、Darwin 以来之新世界文明。

至于有人主张改汉字之形式，即所谓用简字罗马字之类，而不废汉语，以为形式既改，则旧日积污，不难洗涤。殊不知改汉字为拼音，其事至为困难。中国语言文字极不一致，一也；语言之音，各处固万有不同矣，即文字之音，亦复分歧多端，二也。制造国语以统一言文，实行注音字母以统一字音，吾侪固积极主张。然以我个人之悬揣，其至良之结果，不过能使白话、文言不甚相远，彼此音读略略接近而已。若要如欧洲言文音读之统一，则恐难做到，即如日本之言文一致，字音划一，亦未能遽期。因欧洲文字，本是拼音,日本虽借用汉字,然尚有行了一千年的“五十假名”。中国文字,既非拼音,又从无适当之标音符号,三十六字母,二百〇六韵,闹得头昏脑涨,充其极量,不过能考证古今文字之变迁而已,于统一音读之事,全不相干。今欲以吾侪三数人在十年八年之内,告成字音统一之伟业,恐为不可能之事。又中国文言既多死语,且失之浮泛,而白话用字过少,文法亦极不完备,欲兼采言文,造成一种国语,亦大非易事。于此可见整理言文及音读两事,已甚困难。言文音读不统一,即断难改用拼音。况汉文根本上尚有一无法救疗之痼疾,则单音是也。单音文字,同音者极多,改用拼音,如何分别?此单音之痼疾,传染到日本,日本亦大受其累。请看日本四十年来提议改良文字之人极多,而尤以用罗马字拼音之说为最有力,然至今尚不能实行者,无他,即“音读”之汉字不能祛除净尽,则罗马字必难完全实行也。吾以为改用拼音,至为困难者,此也。

即使上列诸困难悉数解决,汉字竟能完全改用拼音,然要请问,新理新事新物,皆非吾族所固有,是自造新名词呢,还是老老实实写西文原字呢?由前之说,既改拼音,则字中不复含有古义,新名词如何造法?难道竟译 Republic 为 Kung-huo,译 Etnics 为 Lun-li-hsüh 吗?自然没有这个道理。由后之说,既采西文原字,则科学哲学上之专门名词,自不待言。即寻常物品,如 Match、lamp、ink、pen 之类,自亦宜用原文,不当复云 Yang-huo, Yang-teng, yang-meh-shue, yang-pih-teu;而 dictator、boycott 之类,应写原文,亦无疑义。如此,则一文之中,用西字者必居十之七八,而“拼音之汉字”不过几个介连助叹之词,及极普通之名代动静状之词而已。费了许多气力,造成一种“拼音之汉字”,而其效用,不过如此,似乎有些不值得罢!盖汉字改用拼音,不过形式上之变迁,而实质上则与“固有之旧汉文”还是半斤与八两,二五与一十的比例。

所以我要爽爽快快说几句话:中国文字,论其字形,则非拼音而为象形文字之末流,不便于识,不便于写;论其字义,则意义含糊,文法极不精密;论其在今日学问上之应用,则新理新事新物之名词,一无所有;论其过去之历史,则千分之九百九十九为记载孔门学说及道教妖言之记号。此种文字,断断不能适用于二十世纪之新时代。

我再大胆宣言道:欲使中国不亡,欲使中国民族为二十世纪文明之民族,必以废孔学、灭道教为根本之解决,而废记载孔门学说及道教妖言之汉文,尤为根本解决之根本解决。至废汉文之后,应代以何种文字,此固非一人所能论定。玄同之意,则以为当采用文法简赅、发音整齐、语根精良之人为的文字 ESPERANTO。

惟 Esperanto 现在尚在提倡之时，汉语一时亦未能遽尔消灭，此过渡之短时期中，窃谓有一办法，则用某一种外国文字为国文之补助。此外国文字，当用何种，我毫无成见。照现在中国学校情形而论，似乎英文已成习惯，则用英文可也，或谓法兰西为世界文明之先导，当用法文，我想这自然更好。而国文则限制字数，多则三千，少则二千（前于三卷四号中致先生一书，云“以五千字为度”，今思未免太多），以白话为主，而“多多夹入稍稍通行的文雅字眼”（此是先生答玄同之语，见三卷六号）。期以三五年之工夫，专读新编的“白话国文教科书”，而国文可以通顺。凡讲述寻常之事物，则用此新体国文；若言及较深之新理，则全用外国文字教授。从中学起，除“国文”及“本国史地”外，其余科目，悉读西文原书。如此，则旧文字之势力，既用种种方法力求减杀，而其毒焰或可大减。既废文言而用白话，则在普通教育范围之内，断不必读什么“古文”发昏做梦的话，或可不至输入于青年之脑中。新学问之输入，又因直用西文原书之故，而其观念当可正确矣。

以上为玄同个人主张废灭汉文之意见，及过渡时代暂行之办法。

此外尚有一法，则友人周君所言者，即一切新学问，亦用此“新体国文”达之，而学术上之专名，及没有确当译语，或容易误会的，都用 Esperanto 嵌入。这个意思：一层可以使中国人与 Esperanto 日渐接近；二层则看用“新体国文”编的科学书，究竟比看英法原文的容易些。我想此法亦好。此法吴稚晖先生从前也主张过的，其言曰：

> 中国文字，迟早必废。欲为暂时之改良，莫若限制字数：凡较僻之字，皆弃而不用，有如日本之限制汉文。此法行，则凡中国极野蛮时代之名物，及不适当之动作词等，皆可屏诸古物陈列院，以备异日作“世界进化史”者为料之猎取。所有限制以内之字，则供暂时内地中小学校及普通商业上之应用。其余发挥较深之学理，及繁赜之事物，本为近世界之新学理新事物。若为限制行用之字所发挥不足者，即可搀入万国新语（即 Esperanto），以便渐搀渐多，将汉文渐废，即为异日经用万国新语之张本。（《新世纪》第四十号）

这个废灭汉文的问题，未知高明以为何？如愿赐教言，以匡不逮。如以为然，尤愿共同鼓吹，以期此事之实行。本社同人，及海内志士，关于此问题，如有高见，不论赞成与反对,尤所欢迎。

钱玄同　一九一八年三月十四日

吴先生“中国文字,迟早必废”之说,浅人闻之,虽必骇怪而循之进化公例,恐终无可逃。惟仅废中国文字乎?抑并废中国言语乎?此二者关系密切,而性质不同之问题也。各国反对废国文者,皆以破灭累世文学为最大理由。然中国文字,既难传载新事新理,且为腐毒思想之巢窟,废之诚不足惜。(康有为谓美国共和之盛,而与中国七相反,无能取法,其一即云:“必烧中国数十之历史书传,俾无四千年之风俗,以为阻碍。”在康氏乃故作此语,以难国人。在吾辈则以为烧之,何妨?)至于废国语之说,则益为众人所疑矣。鄙意以为今日“国家”“民疾”“家族”“婚姻”等观念,皆野蛮时代狭隘之偏见所遗留,根底甚深,即先生与仆亦未必能免俗,此国语之所以不易废也。倘是等观念,悉数捐除,国且无之,何有于国语?当此过渡时期,惟有先废汉文,且存汉语,而改用罗马字母书之;新名悉用原语,无取义译;静状介连助叹及普通名代诸词,限以今语。如此行之,虽稍费气力,而于便用进化,视固有之汉文,不可同日而语。先生谓为“还是半斤与八两,二五与一十的比例”,恐未必然也。至于用西文原书教授科学,本属至顺。盖学术为人类之公有物,既无国界之可言,焉有独立之必要?先生及读者诸君以为如何?谨复。

独秀

独秀先生所问“仅废中国文字乎?抑并废中国言语乎?”实是根本的问题。独秀先生主张“先废汉文,且存汉语,而改用罗马字母书之”的办法,我极赞成,凡事有个进行次序。我以为中国将来应该有拼音的文字。但是文言中单音太多,决不能变成拼音文字。所以必须先用白话文字来代文言的文字,然后把白话的文字变成拼音的文字。至于将来中国的拼音字母是否即用罗马字母,这另是一个问题,我是言语学的门外汉,不配说话了。

适

(第四卷第四号,一九一八年四月十五日)

致钱玄同先生论注音字母书（通信）

吴敬恒

吴稚晖先生这封信，于本年一月下旬登在上海《时报》中，只登了三次。玄同审其语气，似乎未曾完结，但迟至二月中旬，尚未见续登，以为下文的确没有了，因即抄下，转载本志第四卷第三号通信栏，并附答语。现在接到吴先生寄来全信，才知道登在《时报》上的只有十分之三，还有十分之七改登上海《中华新报》。玄同前此因为没有看见，以致转载未完。此信后半，精义尤多，实能发前人之所未发，因此再把全信录登于此，以供研究注音字母者之参考。

钱玄同

玄同先生执事：

读先生大著《论注音字母》篇（见《新青年》四卷一册），欣喜无量。此事若多经通人引论，其发达之速，必能别出意外。大著平允精核无伦，虽犹未卒读，丁要点已见多所抉正。自三十年以来，外人之著作勿论外，国人之从事于此事者，有数十家，任择一家而用之，二五犹之一十，均可合用，当日王小航劳玉初两先生之所作，尤近适当。若早经政府社会合而欢迎，则今日普通教育，已久有利器矣。无如一事之创起，虽属毛细，必经千回百折，由于应当审慎者半，由于彼此未谋者亦半。此事言其简单，固简单已极，言其纷杂，而纷杂亦甚。在学问范围之内，旧则有古音学家、韵学家、词曲家等，新则有发音学家、外国语言学家、符号创制家、通俗教育家等。彼此不同研究遂亦不同见解。范围之外，普通一般人又有或“神奇”，或“怪诞”，或“肤浅”，或“僭妄”等之批评。所以民国二年，教部遂有开会讨论决于法律性质之手续，即得先生所论之三十九母，对以审定八千字之音，其实犹夫诸家之旧，特就其异同而整理之而已，惟取所较当，与诡其合理，皆当日会中同人之志也。然教部所以迟迟未发表，会中编理其结果之人迟迟未将全案清缮者，即正欲将会中所经历，如何而公决为较当，如何而群认为合理者，略报告于多数学者，并以语于普通之国人。其条理纷错，叙述较迟之故也。去年复经范静生先生长部时郑重催促，当去发表不远矣。今就大著半篇所及可以略说者，先承教于下方：

八千字之音，虽由三十九字母而审定，实则三十九字母，为此八千字音所产生（审定之字虽八千，而同切者可类推；准而用之，无不可取得其音也）。今即舍无字之音，仅言有音之字，合古今南北不同之字音，非此三十九字母所能概括而尽，故浊音无母，“喻”纽无母等，皆必然之数矣。字母之数，止对其全国统一及现行之字音而定，为凡用字母国之所同，虽注音与造字异其趣，而准于所需之音俾莫或阙赘，则一也。

八千字之音，何等之音耶？曰，所谓“官音”是也。虽不必有《北史》李冲其人，指帝言为正，然八千字中百分之九十九，又所谓“京音”者也。盖出于口而言者以为滑熟，入于耳而听者以为适当，有莫知其所以然，此即古今字音所以成变迁。故每一时期，必有一种特殊之音声，积渐而著，莫反其初，非人力所能制止而矫正之也。

汉魏之音，虽不同于殷周，而论者以为犹未若齐梁间变古之甚。齐梁方标其音韵之盛轨，迨陆法言综厥成，行至唐末，即受攻驳。宋元间，刘阴方以并韵为适时，而周德清辈之《中原音韵》，已借曲韵而崭露其头角，乐宋因以造《正韵》，虽增《中原音韵》之部十九为二十二（二十二部，谓若平上去之每类），文学界与之相持，似《正韵》于五百年间不显功能，实则潜势力之增长至于今。而注音之韵母止剩十有四（“儿”母特别，未数），“江”“阳”固并，“麻”“遮”固分，而又“支”“齐”莫辨，“萧”“爻”无别，“真”“寒”“删”“先”并而为二，且吸“侵”“覃”“监”而入之矣。故古音虽经卫古之士时时争持于纸上，而节节失败于口中。今所谓咬字甚清，音正腔圆，作西皮二簧之“剧评”者，固不足道，其如实际正相承认之，何哉？且文人学士以纸上之清浊，作南北之杂腔。亦复无形中自惭其为“蓝青官话”，则又何哉？盖今日八千字之官音，即古今流变中一段之音将取用于现时，以为齐一全国之用，固应时之骄子。殷周莫可如何于汉魏，汉魏莫可如何于齐梁，齐梁宋元莫可如何于明清以来者也。

以上言“韵”耳，而“声”亦有然。孙叔然固未示其声系，同时李登虽有所作，今亦徒存《声类》之名词。残辑之稿，莫能审其类也。直至陆氏《切韵》，存其例法于《广韵》之中，经最近陈兰甫氏考定为四十类。至舍利造字母，谬并为三十；守温复增其六，乃为三十六母，沿用于《切韵指掌图》《七音略》《四声等子》《五音集韵》《切音指南》诸书，至于今而似犹确定。殊不知"门法"等方增繁于元世，而元吴澄等已辗转不惬于"知""彻""澄""娘"等之独立。自明以来，张位兰廷秀方以智等之二十母，复大惬心，贵当于时人。樊腾凤李汝珍之徒，且以把持于一般流俗之社会，势力伟大不可言（李母虽三十三，实则十九，正二十母之嫡系）。近代新化邹叔绩，通人也，犹拜倒于二十母下，张目甚力，可谓异矣。然何异哉？注音字母之结果，其声母名虽二十四，若以"ㄐㄑㄒテ"四母依常法复之，固刚刚二十耳。辗转必入其玄中，此莫可引避者也。

故若音之存于纸上者，高之而求先秦之音部，自郑庠六部以迄今日章太炎先生之二十三部。侈敛，阴阳，对转，极古音之奇观，精之而推等韵之母数，由舍利之三十母，而复至于今日劳玉初先生之五十八母，统"清浊"而辨"戛透轹捺"，又尽声纽之能事。然此正皆为音学界谈说名理，研精古籍之所资，决非可以圆满之理论，造一美备新语，强群不熟于其耳之人而使容易出口者也。故先生大著引及当日会中之论述，以为于"平仄""清浊"等，颇望有所矫正，此实有之，恒亦其中之一人。然迄今详思而博考之，而知经典主要之声韵，尚莫能返古。则晚近美例，又何妨略多变除。劳玉初先生，即深致此忠告者也。

即如"知彻澄"与"照穿床"，先生亦已允许合并，为此大牺牲矣。若详加讨论，不惟古音"知彻澄"合于"端透定"，而"照穿床"包括"精清从"，我国学子固斤斤分别；即日本采用吾文，"知彻澄"之字与"端透定"皆在"タ"行，"照穿床"之字与"精清从"尽列"サ"行不相混也。况以发音状态而言，北方能读"知彻澄"，以"照穿床"合并之也；其读法，以舌尖略略返抵上腭，音之感觉在舌叶（叶，谓近舌尖之面），不在舌尖。感觉于舌尖，则为不规则之"端透定"矣。中部能读"照穿床"（遍于全中部，否则未深考），以"知彻澄"合并之也；其读法，以舌尖平抵龈后上腭之边脊，音亦感觉于舌叶。若感觉去舌尖稍近，则为不规则之"精从清"矣。以理想言，如混合中北两部而各存一系，岂非将于三十六母可无所缺？然而群不属意于此者，非以此一问题为较浑，而别有问题为较画，浑则可任其吞并，画则当出力保存欤？然浑画之间，正未易定其程量也。

"知""照"等音，南部闽广皆合并于注音字母"ㄐㄑ"诸母之中，论者称其即为

"知""照"等之古音。"ㄐㄑ"诸母,不属于牙音之齐齿,另当独立,乃断然可决。昔日部中吾乡杨奂之先生曾言之矣。今以"ㄐㄑ"诸母之发音状态而言,当舌尖略着于下齿之背,以舌前(舌前者,谓舌面中部略前之处)抵上腭之深处,其出声与牙音各母音出舌根者固不同,即与北中两部读"知""照"等舌出于舌叶者亦不同。于古既"知彻澄"之与"端透定","照穿床"之与"精清从",可相出入。"端"等音出舌尖,"精"等近舌尖,若微缩而成舌叶音,有是理矣,深入舌面腹部,不应有此理。以恒揣想之,南部读"支"如"几",必如中部人读"支"之状态,舌忽下垂,而音之感觉则移诸舌前,成为"ㄐㄑㄒテ"一系之舌前独立音;北中两部人牙音之齐齿亦读于此系者,齐齿韵母"一"字之势力在舌前,其声母"ㄎ"字之势力在舌根;闽广人能加多舌根之势力,故齐齿字犹读在牙音本系;而北中两部人之发音,为舌前韵母之势力所胜。故遂变入"ㄐㄑ"诸母之系矣。惟《释名》云:"天,显也,以舌腹言之。"若舌腹正如舌前之部分,则"显"同"ㄒ""ㄐ",或果曾为"端""知"之古音矣。且西方对于"ㄐ""ㄑ",本有以为以"ㄉㄊ"连结"ㄒ"音而成也。

"知彻澄"之与"照穿床",其较浑者;而母之清浊,与声之阴阳,则较画。然"阴阳"也,"清浊"也,"长短"也,"高下"也,"广狭"也,"缓急"也,"轻重"也,"快慢"也,"小大"也,"尖圆"也,"钝锐"也,"强弱"也,诸如此类之词类,皆为谈音家所惯用。实则有时而若绝有界限,迨有时一生连带之关系,则又彼此融晕而相入。虽声为长短,母为清浊,如此之辨别,至今吾意犹然,且不得不然——因无此分别标定之名词,则将穷于言说而莫可形容。惟年来反复穷思,其不妨假借之观念日积增强,亦有足为先生告者。

(一)四声究以何者为标准乎?今不知出诸当日周彦伦沈休文等之口者何如。若取今日所可质论者而论之:除每地之四声,或则递高一等,或则递下一等,无有恰相符合者勿论外;又除变声之字,单读则副其标向,复读则其意为动为静,其位则为上为下,皆可变倒其声格,亦勿置论外(他如闽广等有七声八声,大都合清浊而累数之,尚未发见其有价值之研究。近日伦敦大学讲师英人阿猛斐尔氏著一《普通发音学》,据粤东吴君之说以"分""粉""困""焚""奋""份"为六声之分别,谓系大发明,即此类也),即四声自身之长短,向有两派。甲为考古派。《音论》以平为最长,上次之,去次之,入又次之。古音去入相变,秦陇则去声可为入;梁益则平声可似去,皆其明证。其读去声，皆主不甚着力。解“去”字之意，大约即谓其声将去而不留。今日南北主此读法之地甚多，而北方更溥。乙为通俗派。则以去为最长，平次之，上次之，入又次之。神珙所引《元和韵谱》，谓“平声哀而安，上声厉而举，去声清而远，入声直而促”；《玉钥匙歌诀》谓“平声平道莫低昂，上声高呼猛烈强，去声分明哀远道，入声短促急收藏”，皆此派之所本。其读去声当清，则与不着力为相反，曰“远”，曰“哀远道”，则延长可知。是彼解说“去”字，盖谓送其声而远去。吾郡即如此读法也。

（二）入声果当于四声之分配乎？今日读入声而最明晰者，为长江流域之中部。然其收声，概含西方 H 母，故西人译我入声，即一概殿以 H 母为讫事。此非齐梁以来之故物，则不可译。盖东邻之音，传自六朝唐宋，无论“吴音”“汉音”，其入声例有语尾，如“屋沃烛觉药铎陌麦昔锡职德”之字则用 K，“质术栉物迄月没曷末黠辖屑薛”之字则用 T，“缉合盍叶帖洽狎业乏”之字则用 P；返而证之于《音韵阐微》序例等之所论，今日粤人等口中之所说，正复相同。然则“屋”“质”“缉”等之用 K、T、P 收其声，与“东”“真”“侵”之以 NG、N、M 收其声又何以异？且“东”“真”“侵”等所含之音母，与“屋”“质”“缉”等所含之音母，在西方十八九统以为“短音”，又相同也。然则胡为“东”“真”“侵”等之鼻音有平、上、去三声可分，而“屋”“质”“缉”等独无之乎（试就入声一字，而以平、上、去读之，似无人不能造其区别也）？故若谓周德清辈以入声分隶于平、上、去为不合古音，似矣。而谓入声自亦可有其平、上、去，必非无一论之价值，盖以“东”“真”“侵”等为一团，“屋”“质”“缉”等为一团。

复以“东”“真”“侵”“屋”“质”“缉”等所自出之，“支脂之微鱼虞模齐佳灰皆咍萧宵肴豪歌戈麻尤侯幽”为本团。

三团皆有其平、上、去，非较周、沈等之分别为善乎？近世北方即有如是之倾向，惜“支脂”等皆西方所谓“长音”，而北人读“屋”“质”“缉”等同之，终为美中不足耳。（然平、上、去之分别，恒亦非敢认为“天经地义”。如按音理而细分，恐决不止于三阶；若仅适于声歌词章，似长言短言而已足，即所谓“平仄”是也。前有浮声，后有切响，齐梁发明四声诸字，其功用亦止于此。惟宋元词曲家有云：“上去不可无辨。”其然，岂其然乎？）

（三）北方之“阴、阳平”果何自来乎？大概言之，“群定澄并从床”等六声母，平则通于“溪、透”等而为其阳声，仄则通于“见端”等而同为阴声（虽江慎修等有异论，而事实则然也；至“疑”等十二母，别论于后）。故分配母之清浊自来不一其见解，有以“见群”为配者，有以“溪群”为配者；近时劳玉初先生则坚主“见群”为配，而谓“溪”亦自有其浊音，特中国缺之耳。恒略考之，两配皆在，未尝有缺。玄应所引《大般涅槃经》“比声”二十五字中，可具此证。当时钱竹汀、陈兰甫诸先生意不属此，故未注音。不然，“阴、阳平”之为物，早略有着落矣。今取其舌根声五字，复以英人梵文注音并列之，自灼然可见：

迦　呿　伽　㖴　俄

K　KH　G　GH　NG

见　溪　群　奇　疑

姑取“奇”字以为配“溪”之阳平，则“见群”一对，“溪奇”一对，合南北而分配之，自无所缺也。西方发音家呼“见溪”为“气子”，“群奇”为“声子”。“见群”为狭类气子、声子之一对，斯惠脱氏谓法兰西之子音皆狭类是也，如K读“格”，正即“见”母。“溪奇”为广类气子之一对，斯氏又谓英国之子音皆广类是也，如K读“克”，正即“溪”母。所谓狭类者，发音紧；广类者，发音舒耳。如英、法等，或广或狭，皆止有其一类；而我国之于“气子”，南北皆兼有广狭，斯为异征。惟于“声子”，北方仍有广而无狭，南方亦有狭而无广。

（四）阳平之广狭果归一律乎？十八浊母之性质，以发音状态而审测之，固彼此各异其趣，“群定澄并从床”者“断子”，“奉微邪禅喻匣”者“续子”，“疑泥娘明来日”者“流子”也。惟“断子”之阳声，南狭而北广；至“续子”六阳声，似南北皆广；因“非敷心审晓”之音，其价值等“溪”（“影”则杂有母音，其子音擦颤之状态难于吐发，参详下文《“影”母之子音》条）。如是则“奉微邪禅喻匣”等之音，价自然亦等于“奇”；此因此类“续子”，每由擦颤而成，音气啴涣，不易狭读之故也。其“流子”六阳声，似南北皆狭；此六母者，自周德清以至樊腾凤，皆有阳而无阴，与南方之有浊无清为相应，仅执阳声浊音以相求，殊不易定其广狭。惟自李汝珍辈定为阴阳兼有，王润山先生之《国音检字》因之，由所谓阳平若“声欧尼浓摩蛮隆来戎茸”等求之，其音价自等于“见端”。阴而清者如此，则其阳而浊者若“挨昂倪农糜曼龙雷”等，亦将等价于“群定”，此因“流子”有半母之性质，易广亦易狭也。（惟“流子”六母，在南固纯粹似狭，若北方则不能断其甚纯，因北方于狭浊，本有倾向于广浊之势，且“流子”之狭量，决不能比“断子”，故以“疑泥”较“群定”，即南人口中，狭量亦自有差别，所以等韵家亦以“群定”为全浊，“疑泥”为次浊。如是，或北方于此六母，大半为狭，少半为广欤？惟其阴平，似南北皆绝无广音；倘北方果于阳平杂有广狭，而广无所配，亦一特例也。）

仅举上陈四端而审量，似周、沈在齐梁时之定四声，亦止为一种之分配，而条理其当日之现状，非不有不可动摇之界画，足以范围古今，使尺寸不可逾越也。故以“阴、阳平”与“上、去、入”为“五声”之阶系，是杂衡系于纵系，自多可议。但既浊音仅异其广狭，而实际存在，而“上、去、入”之名称，依然无恙，则五声者见其为五声，四声者见其为四声，能各满所愿以去，“阴、阳平”即“阴、阳平”可矣（且南方于“奉微邪禅喻匣”诸母，亦有阳平也）。

况吾人所以今日犹必致谨于“四声”“五声”者，于单文只义之字，视此每略减其郑重。惟质有精粗谓之“好上恶入”，心有爱憎辨为“好恶皆去”，当体则云“名誉去”，论情则曰“毁誉平”，南北学者皆计较之必审。是四声五声，功用如一。即或因四五之异同，而致称别之混淆，又将为说经家所容许，因此等无谓之区分，古无其事，不过萌芽于汉代，渐盛于葛洪、徐邈以来耳。

昔人不明“支脂”等为A、E、I、O、U之一团，“东”“真”“侵”等为尾音当加NG、N、M之一团，“屋”“质”“缉”等为尾音当加K、T、P之一团，援入声于四声，叙述宜其周章，考诸经传而入声独立，不与三声相混，有清诸儒以为足当一声之据。殊不知彼之不相混，乃与“东”“真”“侵”等之不相混于“支脂”诸韵同一理由。“支脂”诸韵，因发音宽广，而字数较多，有其平、上、去。“东”“真”“侵”等之音尾为“流子”，有半母性质，而发音尚舒，其字数亦多，亦有平、上、去。惟“屋”“质”“缉”等之音尾为“断子”，发音迫促，字数既少，平、上、去亦不易分别，遂若与“支脂”“东真侵”等异其趣，为“团”者降为“声”矣；亦与“阳平”之本为“音类”者变为“声类”，沈休文固与周挺斋同一不求甚解也。（入声或细按经传，自其不相混用者而分别之，可得“平屋”“上屋”“去屋”，亦未可定；惟“支脂”“东真侵”等，经传尚平、上、去多其混用，则“屋质缉”等止有少数之字，其混用愈可知；然则欲得古人入声之平、上、去，殊不为易事，且古人似亦本无平、上、去也。）顾亭林氏首先质疑，有“入为闰声”之说，其杌陧于其分配乎四声，情态如见；复于四声相配之法，亦不以《广韵》等诸韵书为然。恒则以为陆氏等韵书之配法，与顾氏等古音之配法，两各有当：陆氏等则以含有音尾者与含有音尾者相配，且分配适均，惜其见解能达此点，竟未悟入声之为一团，是时世为之。顾氏等则以配于彼此有语尾者，后以配于所含之音。双配之法，尤合三团一贯之理，在学理为较陆氏等为进步，惜既仍未悟入声为一团，其分配亦不完整（就中似以江慎修为最当，然与宋元等韵家之双配法大同小异，未甚改良也）。

段玉裁谓古无去声；江晋三则谓古音有去无入，平轻去重，平引成上，去促成入（江氏所知之四声长短法，似即吾郡之通俗法，用以谕古，不免扞格）。上入之字，少于平去，职是故耳。北人语言，入皆成去，至今犹旧。按二说似异而实同：段则入转去，江则去转入耳。段所据者，经传多去入相变之字，最为其所注意。惟入之变去，乃“屋质缉”等失其音尾，变入“支脂”等耳，与“雺”之并韵于“东”“侯”“寅”之两谐于“真”“支”，为“东真侵”等失其音尾，转入于“支脂”等，正相同也。故去、入转变之说，不足为去、入惟一之关系。入之变去者固多，其变而为平、上者，亦未为少，如“祝”可为“州”，“蒲”可为“亳”，殆难悉数也。至江氏并以北人语言入皆为去援为去促成入之证，则疏谬殊甚。北人入声之转变，略以《中原音韵》迄于《李氏音鉴》诸书所载者考之，大约等韵正清之字变为上声，次清正浊之字变为阴、阳平，次浊诸母之字方变为去声，何尝入皆成去乎？惟段江之是非，不在今日讨论范围之内，姑可从略。恒所以引其说者，彼等认许四声可增减，如陈季立所谓“上、去仅轻重之间”云云，其意皆有足取者。恒辗转以思，约有如下之概念，然仅附论于同志之通信，聊当剧谈耳，决非敢提议有所改作也。吾意入声则自为一团，与“支脂”“东真侵”等并立为三团。于古、于今之北方，其实皆止有“长短言”：“长”，即谓“平”；“短”，即谓“仄”。求入声平、仄之法，即以经传中入之韵于平、上、去者推类求之，可也，或如今日注音字母，实际已失去音尾，转入“支脂”等，即照《中原音韵》等之法，分隶于平、上、去而求之，亦可也。今惟就“支脂”“东真侵”两团而论其平、仄，则周颙、沈约等当日之分上、去无异。即周德清等之分阴、阳平，何也？周、沈“上”其名，实即古之“阴阳”，“去”其名，实即“阳仄”而已。试为表于下以明之：

平见—阴平—狭　　上见—阴仄—狭
平溪—阴平—广　　上溪—阴仄—广
　　　　　　　　上群＼
平群—〇〇—狭　　去见—阳仄—狭
　　　　　　　　去群／
平奇—阴平—广　　去溪—阳仄—广

说明上表者，即刘士明等谓“北方读浊上似去”，是其重证也。虽江慎修等争之，此与钱竹汀言“‘影’母之字引而长之则为‘喻’母”，陈兰甫亦力辩其非。而西方发音家则言Ｉ母引读太长，起舌腭间之擦颤，则成Ｊ子，是“影”母引长，确可成为“喻”母。先儒不以发音状态为要，故多拘执。浊上挟其峻促之势，若以广声子之法读之，固不成散短，不能不变而为去。即以狭声子之法读之，亦必弛而莫保其上声之音价。今于实际，固以狭声、子声法读之者也，无如其已似于去。就是以推，考古派与今日北方之去声，皆主弛短，则清去浊去，虽勉强与外来之浊上同以狭气子、狭声子之法读之。弛且短，声带即不能无颤，适皆成为狭声子矣。上声次清，因峻促而保有其广气子之音价；若去声次清，吐发尤弛，遂以广气子之资格适成为广声子矣。细审其转变之结果：上声适成为广、狭两气子，去声适成为广、狭两声子；上声为阴仄，去声为阳仄者也。而尤可援以证明者，即北方入声正清变为上声，其次浊变为去声，清浊对待，正是阴、阳仄而何上、去之有？故五声之法，非特阴、阳平为音系而不为声系，即上、去两声亦为音系而不为声系也。若辄以吾郡通俗派之四声长短法律之，鲜有不极诧者。然追迹于先秦“长、短言”之时代，又正有可讨论者焉。

又：先生郑重于三十六母之存废，谓“影”非声母，“喻”不可缺，其论固精核矣。惟三十六母自身之分类，实有其不尽当者，先生之所发见，则为“ㄐㄑㄒテ”当独立于三十六母之外，复以发音状态纠之，似“心邪”“审禅”与“精清从”“照穿床”同列，“非敷奉微”与“帮滂并明”相配，均不合法。当日会议之时，惟汪怡安先生颇持精要，而劳玉初先生向日之著作，亦多所变改，惟喉、鼻、舌、齿、唇之音类仍依旧法，则迁就“戛透轹捺”太过，分法遂失其自由。今姑以自然者分类之表于后，自见其得失也：

声门音……续子一对：晓、匣（黑等）

舌根音……断子两对：见、群，溪〇（格克等）　流子一对：〇、疑（兀等）

舌根兼唇音……续子两对：影、喻，晓、匣（乌呼等）

舌前音……续子一对:影、喻(伊等)

舌前兼唇音……续子一对:影、喻(迂等)

舌腹音……断子两对:见群溪〇(几溪等)　续子一对:晓匣(希等)　流子一对:〇疑(睨等)

深舌叶音(甲)　断子两对:知澄彻〇　流子一对:〇娘

深舌叶音(乙)　断子两对:照床穿〇　续子一对:审禅

浅舌叶音……断子两对:精从清〇　续子一对:心邪

舌尖音……断子两对:端定透〇　流子一对:〇泥

伸舌之边音……流子一对:〇来

翘舌之边音……流子一对:〇日

唇齿音……续子一对:非奉

唇音……断子两对:帮并滂〇　续子一对:敷微　流子一对:〇明

所谓舌腹音者,当稍前于舌前一几微。然舌前“伊”之浊音,与舌腹“希”之浊音,即甚不易分,惟能心知其意而已。“舌腹”之名,即因《释名》“显为舌腹”言之,借以名焉。

发音家论轻唇字,在英文为唇齿,在日文为唇,今似中国之“非敷奉微”,当分属两类。“非”“敷”两气子究应谁属,则不可说。李安溪以“非奉”“敷微”为配,敷樊、腾凤则作“敷奉”“非微”。姑从李氏以见意耳,“非敷”之字已相混淆,不可理而当也。惟“奉”则必属于唇齿,“微”必属唇。两声子之关系有可言者,北方“微”皆归“喻”,即为同是唇音而互变。日人读其“ヌ”母,有时若我国南方“无”,亦此关系之所致。(若谓古音“并奉”“明微”相对转,此乃轻重唇转变之关系:“奉”以唇齿与“并”相交涉,而“微”以同在唇者与“明”就近相交涉,皆无害其为各分音系也。)“非敷奉微”为续子,中国续子皆非若断子之兼有广、狭,则“非”母万无必以与“帮”母相当之理也。胡仰曾先生为我国知音巨子,其注“微”母等西音,皆极精当,先生故皆依之。

发音家之论子母,如“乌”字发音在舌根,而唇虽近于密合,不起擦颤者,母音也;唇上起有擦颤之感觉,则子音矣。其论“伊”“迂”亦同:“伊”之擦颤起于腭,而“迂”亦在唇。故“影”母不当列母音,为正当之论断。且吾人不能读“乌”“伊”“迂”为次清之音,以配“喻”之广子,仅假借母音读若狭子,尤与“非奉”“敷微”“心邪”“审禅”“晓匣”等之同宗系者相乖迕。“影”之一母位，殊与余之三十五者不相当，惟在其位上，当有一子音，则又事实之所不可缺，不得已借母音当之，乃图适于施用，无可于何而已。而“喻”母既为“影”母之浊声，当然与其他浊母同为阳平之牺牲物矣。

实际字母之数当存在者，就上表断子十有四对、续子十对、流子七对而言，即对于北方广浊不为之地，去其空圈，亦应有独立之母四有十八；而旧日之三十六母，固为不甚完好之分类也。如此则迁就保存之意，又无妨稍冷淡也。

终之，音声之学，亦与诸科学相类，积今日之人智而日昌，故即吾国“古音”“韵学”“等韵”诸学，亦必有推求日密之观，将来著作之富，应千百倍于向有之卷数。惟学问则必有论争不定之音，而国语则期其及今可行，疏密之异势，盖有无可如何者也。

故如代表音母之笔画，尤为微末。不加深察者，往往看作郑重。前年闻国会中曾有山东某先生欲专为笔画之讨论，列作议案。其实除采用西母，或另采简易速记术等之字，甚难分别，不适于通俗教育者外，如其止仿日本“假名”之体式，采用汉字偏旁，终与今之采用最少笔画之字毫无异同，徒失却附带而得之历史的价值也。试取各家偏旁之字母详细比较之，自可见矣。故先生亦于“答第一问”中深切言之，谓“借用古字，实比新造符号为好”。恒之意，且以为但以所定之简易古字便于浅学记认者作为基本，行之已久，其笔势欲趋于简单，自可由美术上之工巧成之。如日本之“平假名”，如彼其累赘，尚能书以狂草，使飞速有致，则何有于所定注音字母之本较简约乎？至于行之域外，可仿日本之法，拼用罗马字母对照为之，诚如先生所书“应读兼用”者也。但恒视世界之趋势，罗马字母亦将与我国《说文》等早晚必为博物院之陈列品。盖一个符号止代一个之音，为今日发音学家之定论；限于二十六母，一字必将如先生所虑“或需七母”，此岂新世界应得存在之物乎？今日改良之音符，普通者已有两种：一为万国发音会之所定，沿罗马字母而修改之者也，用此音母注读各国文字之势日盛一日，将来第一步之改良字母必或以此为代用。当时世界语因迁就时好，所用字母，尚多可议，异日亦必迫而修改。一则为发音学祖师佩尔氏之音字，依发音状态而成，在实际尤为美善；惜以习惯上之关系，佩母终将止用于专门学术中，不易即成为代用罗马字母之一物也。但罗马字母决不为惟一之通用品，则或承认此说者已多。然则我国注音，且取我国固有之简易字而用之，恒亦与先生同意也。欲就商榷者不尽百一，惟愿先生常常教之！

这封信才录完，又得吴先生信，对于本卷第二四五、二四六两页的拙著又有见教。现在把这信节录于后。又：玄同对于吴先生的信，还有要请教的地方。等回信写成，尚拟附录于本志之通信栏中。

钱玄同

（一）我邑于“支微齐佳灰”之北方 EI、AI 两音，皆读长 A，并无 I 之余韵。而北方“车”“遮”之母，代表以“ㄝ”，似确系英国 E 之短音，寻常字典作 E 者也。时汪怡安先生论为“后中母”，弟现在略审其音，似为前母。古无“ㄚ”音，姑从众说。然虽无“ㄚ”音，必有 AI（即“ㄞ”音）。如是，“麻”之一韵读“ㄚ”者，AI 失去 I 字；读“ㄝ”者，EI 失去 I 字；或未可定。或者“车”“遮”等字，先由 EI 而混入 AI，再由 AI 失 I 而成“ㄚ”；北方俗音则残存最初 EI 之音而渐亦失其 I 者耳。惜弟未能详考“车”“遮”等字先秦古音，与今日读“ㄟ”等字有何关联痕迹可求。先生博达经典，盍暇时一迹之？

（二）注音字母之“儿”字，最为枝赘，不惟无韵母价值为可议也，且当时何不即以“ㄌ”字当之，读为“儿”音，与“日”相类，甚佳；何必反与“ㄍ”“ㄎ”等为类，读之为“ㄌㄛ”，而反赘一“儿”乎？……现在“儿”在字典，仅供注出“而、耳、二”等字耳。“而、耳、二”等字既非有韵母之价值，何必立一韵母以注之？如谓声母不能独立，而“ㄓ”固独注“知”“支”等字，此真十分糊涂。弟已想不出当时之理由，大约即因北方品物，多殿以“儿”，北人欲一独立之母以适之，然“ㄌ”如读“儿”，又何尝不适？真可怪之。至……惟“儿”之与韵母离本题而闲谈，古人实曾有行之者，即钱竹汀所引《一切经音义》之天竺字母，“理”“厘”为韵，实与“逻”“罗”之“超声”为声者不同，钱氏概称为“来”母，则不合也。《大般涅槃经》止载“理”“厘”二母，其实有四：盖天竺韵母，或载十二韵（不数“理”“厘”），或载十四（即合“理”“厘”言之），或载十六（即“理”“厘”外尚有“理”“厘”），即 L 一长一短，R 一长一短也，英文注释，用加圈之“L̥”“R̥”为之。惟此韵母，天竺字法亦不切字，但用于古书。故“理”“厘”者，印度人实认为韵母，西洋人亦从而韵母之者也。因“流子”如 NG、N、M、L、R 等，介乎“韵”与“声”之间，性质本有怪殊。弟则主张“ㄓㄔㄕㄙ儿”等之韵母，似非“一”母，必与舌叶相关，或颤擦为 L、R，不颤擦者即此物。但舌前以外尚有韵母，非西人所论，此又实为我东方之特性，或必俟我东方考定之！然弟于音理智识太浅，无野心探索，先生盍祛此疑。

（第四卷第五号，一九一八年五月十五日）

革新文学及改良文字（通信）

朱我农　胡　适　钱玄同

适之我兄先生：

舍弟经农来信，屡屡提及先生，故怀想已经很久。日来又在友人傅彦长君处看见今年出版的《新青年》两三册，虽从前的《新青年》未曾看见——先生的《文学改良刍议》也没有看见，可惜！——但我对于诸君主张的文字改良已极表同情。……现在我要对于改良文字这问题及《新青年》所载各件，说几句话：

（一）先生等主张暂时将文言改为白话，为改良文学的入手办法，此一着我极赞成。但是，笔写的白话，同口说的白话断断不能全然相同的。口说时有声调状态帮助表明人的意思，笔写时就没有此等辅助品了。所以用笔写那口说的白话时，即使加进许多表意思的东西，也未必能把口说时的意思完全表出来。反言之，则笔写时的白话大概必须比口说的详而周到。但是，此等详而周到，是指用字用符号说，并非说的意思详而周到。譬如"你不要瞎说"一句话，在口说时或作笑容、或作怒态、或作和声、或作激调，语意随声调状态级级不同。倘写在纸上，就加上什么"拍案怒道""低声道""微笑道"许多符号，也是不能形容尽致的。所以先生等名为文言改为白话的白话——就是我称为"笔写的白话"的——其实依旧是文言，不过不是那种王敬轩先生所崇拜的文言罢了。既是文言，那就要有文法了，因为文法是学习将白话写出来时（的）必要之物。——这不必我多说。中国学习文字的旧法，向来是用"熟读唐诗三百首，不会吟诗也会吟"的方法，所以从前的教书先生每每知其然而不知其所以然，只会说留学生所做的文不通，然而说不出为什么不通。此间有一个学堂的汉文教习，看见一个学生文内有"三而思之"一句，他就说不通，学生问他为什么不通，他睁着眼睛说了半天，东拉西扯，依旧一点道理也说不出来，弄到后来，只得发急道，"从古以来没有这种句子，所以不通”，那个学生仍旧莫名其妙。中国向来无文法书，也难怪这位教习说不出来。所以我以为欲建设新文学，文法是不可少的。《马氏文通》和章行严《中学文典》等书不敷用，他们对于Tense、Mood等等全未十分注意。先生等既欲改良文学，则文字的教授也必须注意。文法一书切不可少，不知已有著述否？我对于这问题曾注意研究，已经收集了许多材料，做了若干的说明，——与马氏、章氏的著作大不相同：彼等以古文为标准，我则以白话为标准，——但尚未完了。先生等如以为此书对于改良文学是有益的，写封信来，我就可以把这稿本奉送。

（二）用罗马字拼音法，我甚赞成。现在厦门、汕头、台湾等处中国人能看教会中所发行的Romanized Chinese（罗马字拼成的中国语）的人，比能看中文的人多。这就是极好的成绩。十三四年前，我极不赞成此事，以为单音的中文断不能变为拼音。千九百九年，我与厦门雷文铨君同居苏格兰之爱丁堡，看见他的家信凡从厦门来的，都是一种非希腊、非拉丁、非英、非德的文字，我一点都看不懂。雷君告我说这是厦门白话用罗马字拼出来的，并说这种拼音文字的如何便利、如何易学。当时，我腹笑之。后来我又认识一个英国医生高似兰（Dr. P. B. Consland）君，此君因在汕头多年，既懂中文又能说汕头话，他也极力说Romanized Chinese的好处，且说“中国人欲科学进步，非改用拼音文字不可”。当时我虽未然其说，但自己一想，从前中国人费了十数年的苦功，单单学一点本国文字，尚不能弄通，并且有“老死书乡一窍不通”的人，可见中文之难。当此科学时代，哪有许多工夫去学这样难的东西呢？从此，就渐渐地把从前的顽固思想改变了。去年有一个英国医生名Tavlor的到横滨来印刷一部《内外科看护学》，这书全是用Romanized Chinese做成的。据他说，台湾人能看此种文字的甚多。他在台湾所设的医院及学堂，全然用此种文字。他又将书中文句念给我听，我虽不大懂得厦门话，——台湾人说的是厦门话，然而其中能听得懂之处甚多。此一年来，我很研究此事，近来愈觉得此种文字之便利，所以我赞成用罗马字拼音。至于各省语音不同，可以不必虑及。若有标准的拼法，其读法发行（适按：此句似有错字），不但不至有碍，且可以借此统一中国的语音。兹持寄上用罗马字拼音法的报纸，以供先生等审查。

（三）《新青年》何以不用横行？用横行既可免墨水污袖，又可以安放句读符号。我所见的三四本《新青年》，每一页中句读符号错误的地方至少也有二三处。这就是直行不便用句读符号的证据。

我要说的话多得很，但是傅彦长君今晚九时就要动身，我要托他带这信与先生，所以没有时候再写，也没有时候将这信誊清，实在是无法，只好一切请傅君口述。

朱我农上

梅荪吾兄先生：

令弟经农前不多时寄有一封长信，讨论改良文学和用字母拼中国话的问题，我已拿来登在本期《新青年》上，并附有答书。前几天我在教育部会场演说“新文学”，下台之后，有一位有胡子的少年来和我拉手，我看他好生面善，但是一时叫不出名字来。他递给我一张名片，我方才知道他是我十年不相见的傅彦长君，心里已极高兴。他又摸出一封长信，我站着看了信后的名字，见是我们中国公学的旧人，又是我的好朋友朱经农的哥哥——朱梅荪。那时，即使你这封信是王敬轩先生一类的大文，也是很欢迎的！何况这样一封 thrice welcome 的信呢！我对于这信很少要辩论的话，故仅能简单答复于下。

（一）来书说“欲建设新文学，文法是不可少的”，这话我极赞成。我的《改良文学刍议》中主张的八事，其中有一条就是“不做不合文法的文字”。最可怪的是今日中国部定的学校课程，从国民学校到大学毕业，从七岁到二十四岁，整整的十八年中，只有中学校第三、四年有一点钟的“文法要略”！这种骇人听闻的怪事，要不是我亲自看过教育法令，我决不信的！现在大学里有几位教授正在预备编一部国语文法，先生所编的稿子，若能借给我们做参考的材料，我们是感激得很的。（赐书请寄北京南池子缎库后胡同八号，胡适）

（二）来书论罗马字拼音的可行，读了使我们增添许多乐观。我对于这个意见，已在答令弟经农书中说了。我四五年前也是很反对这种议论的，近二三年来，觉得中国古文虽不能拼音，但是中国的白话一定是可用字母拼出的。现在北京的注音字母传习所已能用注音字母出报，各处教会所发行的“罗马字的中国话”更不用说了。我对于这个问题略有一点意见，现在正在收集材料，仔细研究，将来很想做一篇文字讨论拼音文字的进行细则。先生所寄拼音文字的报，现在还没有寄到，很望早日寄下，使我见识见识。

（三）《新青年》用横行，从前钱玄同先生也提议过。现今所以不曾实行者，因为这个究竟还是一个小节的问题。即如先生所说直行的两种不便:第一“可免墨水污袖”,自是小节;第二“可以安放句读符号”,固是重要,但直行也并不是绝对的不便用符号。先生所见《新青年》里的符号错误,乃排印的人没有句读知识之故。《科学》杂志是用横行的,也有无数符号的错误。我个人的意思,以为我们似乎应该练习直行文字的句读符号,以便句读直行的旧书,除了科学书与西洋历史、地理等书不能不用横行,其余的中文书报尽可用直行。先生以为何如?

先生还有许多要说的话,千万不要忘了,我们很盼望你肯陆续通信见教。

胡适

我个人的意见,以为中国文字不足以记载新事新理。欲使中国人知识长进,头脑清楚,非将汉字根本打消不可(近日与朋友数人编小学教科书,更觉中国文字之庞杂汗漫,断难适用)。但文字易废,语言不易废。汉语一日未废,即一日不可无表汉语之记号。此记号,自然以采用罗马字拼音为最便于写识。我一年前也有此种主张,后来因为想到各方面困难之点甚多(如单音之词太多、一义有数字、声音之平上去入等),恐一改拼音文字,反致意义混淆,于是改变初衷,主张仍用汉文,而限制字数,旁注“注音字母”。惟以汉字之一字一形,形体组合,千奇百怪,这样的文字,实在难于辨认。今见朱先生之信,证明罗马字拼中国音之可行,并知已有以此种文字撰为医书的,于是使我一年前的主张渐渐有复活之像。朱先生所说罗马字拼音的报纸,我尚未看见。如其确有良好的方法,我也要来跟着提倡。中国今后果能一面采用一种外国文,作为第二国语,以求学问,一面将中国语改用拼音,以适于普通说话、粗浅记载之用,则教育上可谓得到很好的一种工具了。

中国字改用横行书写之说,我以为朱先生所举的两个理由,甚为重要。还有一层,即今后之书籍,必有百分之九十九须嵌入西洋文字。科学及西洋文学书籍,自不待言,即讲中国学问,亦免不了要用西洋的方法。既用西洋的方法,自然要嵌入西洋的名词文句,如适之先生新近在北京大学中编纂之《中国哲学史大纲》内中嵌入的西洋字就颇不少。若汉文用直行,则遇到此等地方,写者看者均须将书本横搬直搬,多少麻烦,多少不便啊!至于适之先生所谓“应该练习直行文字的句读符号,以便句读直行的旧书”,这一层,我觉得与改不改横行是没有关系的。适之先生所说的“句读旧书”,不知是重刻旧书要加句读的呢?还是自己看没有句读的旧书时,用笔去句读它呢?若是重刻旧书,则旧书既可加句读,何以不可改横行?如其自己看旧书时要去句读他,此实为个人之事,以此为不改横行的理由,似乎不甚充足。同人中如适之、半农两先生,如玄同都能用新式句读符号句读古书,却并没有怎样的练习过。总而言之,会不会用“句读符号”,全在懂不懂文中的句读。如其懂得,横行直行都会用;如其不懂,横行直行都不会用。这句话未知适之先生以为然否?

惟《新青年》尚未改用横行的缘故,实因同人意见对于这个问题尚未能一致。将来或者有一日改用,亦未可知。朱先生之提议,在玄同个人,则绝对赞成此说也。

玄同附言

(第五卷第二号,一九一八年八月十五日)

论句读符号（通信）

慕　楼　胡　适

适之先生:

每诵大著,不胜倾慕。闻先生素尚文学改革主义,有识者流,孰敢稍存猜谤?惟是昌言改革,较易于实行建设。尤望先生双方着力,庶可以收绝大之效果。至于文句圈点,如“乎”“么”“呵”等,似近重叠。以中文“乎”“么”等即“?”之记号,“呵”“呀”等即感叹之记号也。未审有当尊裁否?

慕楼顿首　八月十日

附诗一首《眉妃叹》:

(一)“抬头望见北斗清,北斗照我颜色白。北斗当秋明,我颜减光泽。吁嗟乎!前年我与君,相见在今夕!”

(二)眉妃御黑衣,长裙垂翡翠,登楼明月照人心:“吾爱今夜居何地?”心中想道梅佛是个好男儿,他能奉命从军骑……

(三)眉妃对镜着戎装——梅妃非男子——解下战袍交梅佛,梅佛心中甚欢喜。怒马欲长征,相视久无语。——临行脱下金约指,说一声:“吾爱梅妃,我先将此物交还你!”

慕楼君鉴:尊诗五章,因来书有“削政”之命,我已大胆删去了二四两章,末章中又删去两句。若足下不以我所删为是,望赐书相告,并望以通信地址见示。此诗依我个人看来,只有末句很好。所删去的第二章最不好。全篇有一个大毛病,就是不大能够代表这时代的文物。依末句金约指一事看来,此诗所指乃近事。但“战袍”“垂翡翠”

“马革将尸裹”(原文今删)“带着眉头”(原文今删)诸语，又不是今日的物事。此犹是用古典套语的流弊，却忘了今日军人不用带“盾”也。

论句读符号一层，本社同人也不知共同讨论了多少次。我从前在《科学》第二卷第一期作《论句读及文字符号》时，曾说：“吾国文凡疑问之语，皆有特别助字以别之。故凡何、安、乌、孰、岂、焉、乎、哉、欤诸字，皆即吾国之疑问符号也。故问号可有可无也。”吾对于感叹符号，也颇有这个意思。但后来我的朋友钱玄同先生说，这两种符号(?!)都不可废。因为中国文字的疑问语往往不用上举诸字，并且这些字有各种用法，不是都拿来表疑问的意思。我记不得钱先生所举的例子。中国京调戏里常有两个人问答，一个问道：“当真?”一个答道：“当真。”又问道：“果然?”又答道：“果然。”这四句写出来若不用疑问符号，便没有分别了。又如人说：“你吃过饭了?”答道：“我吃过饭了。”又如说：“你敢来?”答道：“我敢来。”都是这一类的例。又如《檀弓》上曾子怒曰：“商汝何无罪也!”这句虽用“何”字，却不是疑问语，乃是怒骂语，故当用感叹符号。又如《孟子》上陈仲子说：“恶用是鶃鶃者为哉!”这句用了“恶”字和“哉”字，但不是疑问语，而是厌恶语，故当用感叹号。又如我们说“做什么”三个字，若大声喝问，当用感叹号；若是平常问话，当用疑问号。钱先生曾举古书“也”“邪”两字通用的例(俞樾说)，若“也”字用做“耶”字时，有疑问号指出，便不致误会了(参看本报第三卷诸号通信)。

总而言之，文字的第一个作用便是达意。种种符号都是帮助文字达意的。意越达得出越好，文字越明白越好，符号越完备越好，这是本社全用各种符号的主意。

近见《时事新报》(八日八日)登有绩溪黄觉僧君的《折中的文学革新论》，黄君极赞成我们的文学革新论，但他却“不主张纯用白话”。他这一种主张，我另有答复，今不具论。他对于我们所用的句读符号，与慕楼君所主张略同。他说：“西文所用之Comma(,),Senicolon(;),Colon(:),Period(.)等是可用者。若Interrogation(?),exclamation(!)等，则我国既有么、呢等，或乎、哉等表示问词，乎、哉等表感叹词之尾声，何必再加此赘疣乎?”黄君此言，我已答在上文，故附录其语于此。即如黄君所举诸字中，“乎”“哉”两字可表感叹，又可表疑问，若不用符号，岂不容易混乱吗?

八月十四日　胡适

(第五卷第三号，一九一八年九月十五日)

反对注音字母（通信）

朱有畇

适之先生：

前几天我寄交先生的书籍和信，此刻想已经登览了。从前我说要和先生讨论的事件，今天我有一二小时闲空，暂且先把最要紧的一件事写给先生看看。这件事就是"反对注音字母"。

我对于改良中国文字主张用罗马字拼音法，和这件事有密接的关系。至于我反对的理由，那就很多了。因为一刻不能和盘托出——我的闲空时间，极其宝贵，不得不算就了行事，原谅原谅——只得将要紧的分条写出如下：

（一）注音字母不足简省学者的脑力。

这一种理由，可以拿日本人用注音字母（指用假名注汉字而言）的覆辙来做证据。日本自发明假名以来，已经八百年了，不但一点好成绩也没有，反大受其害。现在虽有许多眼光稍远的日本人，要用罗马字拼音法来代替旧文字，却被汉字（音读的）所累，不能成功。日本地方比中国小，人口比中国少，方音比中国单纯，尚且用注音的成绩不佳，那么将来中国用注音字母的成绩不佳，可以"不言而喻了"。我知道有许多人看见我这议论，一定要驳我道："日本一般社会上的人，至少三分之一能够看报写信，这就是好成绩。"这种议论，听起来像有道理，其实是不对的。日本能看报写信的人比中国多，一半是教育普及的成绩，一半是教授得法的成绩。譬如我们中国人有和日本同样的教育，同样的教法，我敢说那个时候，即使这害煞人的汉字未废，比较起来，中国的能看报写信的人未必比日本人少呢！再进一层说，拿欧美来同日本比，欧美的小儿，大多数十五岁即可写信看报，请问十五岁的日本小儿有几个能够这样？这就是日本文字不适用，不好的铁证，也就是注音字母和汉字（单音字）不好的铁证。更进一层说,日本人不过偷几个汉字用,尚且注音字母的成绩不好,可见全用汉字的中国文,更与注音字母不相宜了。

为什么日本人用注音字母的成绩不佳呢?这就是我说的注音字母不能简省学者的脑力。为什么注音字母不能简省学者的脑力呢?这很容易明白的。简单说:譬如一个人要记一件事,当然比记两件事容易,所以记一个干干净净的中国字,比记一个中国字又加上旁附的注音字母要容易。如果用注音字母,则学者不但须熟记此字母,而且仍不能不熟记汉字。反转来说,就是除记了汉字外,还要记这附加的注音字母。这个到底是简省学者的脑力呢,还是多费学者的脑力呢?就说这注音字母极容易记,不见得多费学者的脑力,但是那个汉字依旧是“依样画葫芦”,断不简省学者的脑力,这是确实无误的定论了,注音字母原来为简省学者脑力而设的,既不能简省脑力,请问要他做什么?

请看那些日本人,拿了一张报,嘴里叽叽咕咕地念,一面看汉字,一面看注音,这是什么缘故呢?因为他们先看字不念音既不能懂,念了音不看字仍旧不懂,就是看了字念了音还须去猜摸意义。请问这种文字有什么好处?日本的明白人,哪一个不说他们的文字不合用?我们中国如果用这个注音字母,以后受害还要比日本人大呢(因为全是汉字之故)!

我们中国人以为日本文最容易学,就以为日本文简便,比欧美文容易,所以我们可以仿照他的样子用注音字母。但是要知道中国人的以为日本文容易学,并不是日本文真容易学,不过内中的中国字我们原已认得的便了。犹之乎意大利人学法文比美国人要容易,是一样的道理。你如问一问懂中国文和日本文的欧洲人,“到底中文容易学,还是日文容易学?”我知道他一定说:“中文容易。”这个不是我空设的比喻,我已经问过好几个这种欧洲人了。这样推想起来,将来中国用了这注音字母,或者把这害煞人的难汉文更加弄难了。

总而言之,用注音字母的理由,不过是简省学者的脑力,既不能简省学者的腿力(已经证明),我绝对的不赞成。

(二)注音字母不足改良文字。

这一种理由,更容易懂了。今日中国最要紧的事,改良文字要算一件。如果不先改良文字(如何改良文字不能在此条理由内讨论),先用注音字母,请问在桐城派的古文、《文选》派的文学上加几个注音字母，能够使这种死文字起死回生么？能够使学者容易学么？如此推想，就晓得注音字母对于改良文字，一点好处也没有。我也知道提倡注音字母的诸君，以为借此可以统一中国的语音，可以做一个建设国语的基础。但是我说这种注音字母决不能统一语音，日本人用假名已经八百年了，至今横滨人跑到九州地方，依然和到了外国一样，这就是一个好标榜。不但如此，就在英法等国，语音又何尝统一？伦敦人跑到了爱丁堡，巴黎人跑到了马赛，也要吃语音不同的亏的。这是地域上、习惯上的效果。语音因地因时而改变，先靠注音字母去强同他，是万万做不到的。就说道注音字母能有统一语音的功力，等到数年数十年之后因地域、因习惯而改变，渐渐又不同了，岂不是又要造一种注音字母去统一他呢？况且这注音字母并不足统一语音么？所以现在对于改良文字这一问题，先用注音字母去统一语音，实在不是根本的办法。先生曾说“国语不是单靠几位言语学的专家就能造成的……”“也不是单靠几本国语教科书和几部字典就能造成的……”我极赞成，我还要加一句“国语不是单靠注音字母去统一语音就能造成的”。不但如此，就是统一语言，也不能靠这注音字母的。所以我说这种注音字母，不过多费一番精力，实在毫无益处。

（三）何不爽爽快快把中国字完全去了。

既要用注音字母，就是要保存中国旧文字，为什么缘故呢？因为注音就是注汉字的音，那么不是保存中国旧文字是什么？吴稚晖先生曾说：“中国文字，迟早必废。”既然如此，何不爽爽快快把汉文全然打消，用世界最通行的罗马字拼音法？为什么要用这白费一番精力，毫无益处的注音字母呢？难道这也是和中国一般宪政党的屁话，说“中国没有 Repuflic 的程度，必须先立宪”一样？以为中国没有立即改用拼音文字的程度，必须先用注音字母么？日本吃死了注音字母的亏，我们中国人还要去走他的旧路么？至于反对罗马字拼音法的人，不是那一班讲国粹的守旧鬼，就是不知道拼音文字好处的人。这种人不配反对拼音文字！诸君，诸君！我们受这汉字古文的害，已经几千年了，还要用这注音字母去挽救他，再使我们的子孙受害么？

用罗马字拼音法的好处，当另作文讨论。以上这三种理由，是我反对注音字母的主脑。此外还有许多理由，我很想和盘托出，但是我的闲空时间已经告终了，且待后来再说。

过几日再有空，当再和先生讨论他事，但是我已经写了三封信给先生，至今没有得着一封回信,甚念。

(民国)七年九月十五日　朱有畇谨启

(第五卷第四号,一九一八年十月十五日)

补救中国文字之方法若何？

吴敬恒

近接钱玄同先生来信，对于补救中国文字的方法，问我好几条，并且又说，李䃾丞先生在《太平洋杂志》第一卷第八号引我的话道："万一拼音文字一时办不到，不若先采英文为学校人人必习之文字，庶借以吸收世界知识，而谋一切实用学术之发达。"这些问题，本是我素性爱谈的，常常剌剌不休地乱说。既如此，今天何妨再来说他一下呢？

第一，我们先讲用汉语拼了音，另造一种新文字。

有人问："这样办法，行不行呢？"我可以不要思索，回报了"不行"两个大字。我生平是最反对用汉语拼音另造新文字的。我们且慢讲着理由，先想那情景。假如有一天，大家决议，用汉语拼音另造新文字，自然"粤若稽古""唯初太极"，只能翻义，更不能翻音，因为倘使翻起音来，对着"粤若"的音，"唯初"的音，要说明这些声音应该是何等解说，那更麻烦。所以到了这步田地，只能《六经》《三史》当柴火烧，《尔雅》《说文》糊窗子用。总而言之，统而言之，不管他"歇后""点鬼"的好手声声怒骂，汉魏唐宋的文豪哀哀痛哭，所可翻音的，只剩着"太阳""月亮"的名词，"什么""那个"的话头，拼着音，重做起一个世界来了。

在那怒骂痛哭的一方面，我也能硬着头皮由他去，因为他早晚总有那一天；在那"太阳""月亮"的一方面，我在另一个问题上，也很愿意赞成。可是在这个问题上若公平判断，就很有些奇怪了。既是小题大做，对了几千万的老顽固下决心棘手的战争，舍得烧掉他的《六经》《三史》，撕破他的《尔雅》《说文》，而争得来的，只是"太阳""月亮""什么""那个"。那"太阳""月亮""什么""那个"，是不错的，叫做汉语。汉人应该说汉语，那是了不得的尊重母语，可以激起爱国心的条件。这好比从前李鸿章的幕友,考察宪政的大臣于晦若先生,他的粪,必要用油纸包起,挂到墙上。其故因为那些尊粪,是出于他的尊肚,不容不尊重的。必要挂得多了,挂不尽了,方才扔掉几包,也就不再追究。现在那要用汉语造拼音新文字的,就是把那“粤若稽古”“唯初太极”的几包旧的扔了,还留着那“太阳”“月亮”“什么”“那个”几包新的。

这情景,就不用再来形容,也够得觉着很好笑的了。

但是这是情景,不是理由。我尽晓得他的理由,也绝不是单单注重着无价值的母语。他有毅力,烧掉《六经》《三史》,撕破《尔雅》《说文》,他既懂不得国粹,如何还顾着母语?他所以要留着“太阳”“月亮”“什么”“那个”,无非一则向汉人改革,用那汉语,是比较的便当;二则汉语用什么替代,无论何人,在现在是下不下断语,汉语又变成惟一承乏的东西。但这些理由,其声口,是从便当上计算,汉语不过拿来应急。就是揣摩他的心理,也必定拼音字母须采用欧母,“哲学”必不拼做 Cheshüo,必然仍用 Philosophy,这就是日本人鼓吹的改革。把这种改革解剖起来看看,所争的,无非“太阳”不用 Sun,拼做 Taiyang;“什么”拼做 Shima,不用 What 而已(用英文比较者,不过随手掇拾以为论料,非主张英文可代汉文也)。这种半降伏的状态,果然单为权且便利起见么?或者可以永久,也有计算永久的心思么?

果然单为权且便利起见,就是所谓向汉人改革,用汉语便当,而且难寻替代,汉语只好承乏。既如此,须要晓得废却汉字,单留汉语,另造新文字,要叫“太阳”与“腿痒”生出分别,“什么”与“石马”变成两样,制作时候的麻烦,就算不必计较,而条例繁多,自在意中。拼音文字国的文字,不是“拼音”两个大字可了,这是读过几句 abcd 的人没有不知道的。不然,俄罗斯、西班牙难道不是用拼音文字么?何以说教育不良,不识字的百姓会有百分之七十五呢?难道二三十个字母,教他拼拼音,只是一半月工夫的事情,就没有力量施这教育么?这因为成了一种文字,必定有许多条例,不是“拼音”两个字可以了事。所以弄到没有力量,简直生不出良教育结果,叫不识字的人满街走着。因此,若果然单为权且便利起见,尽管有比另造新文字简易万倍的法子可以用着,便是先用汉字说起白话来,旁边注着声音符号,“太阳”与“腿痒”,“什么”与“石马”,都请汉文去分别;他们的声音,就简简便便地用着无条例的符号拼起,岂不省事呢?这问题,反正下面还要说着,现在姑且搁一搁。

若说现在费一点麻烦,就是多些条例,如果汉语的拼音文字可以永久,也未尝不可计算起来图他的永久。这就是我最反对的烧点。各位想想看:(1)一点一画一撇一捺可以变做abcd了;(2)"哲学"又仍用Philosophy了;(3)我们固有的一部分,如"尧、舜、禹、汤、黄河、泰山"的专门名词,"老庄道德,孔孟仁义"的学术名词,他人本要援Typhoon(大风)、Kowtow(磕头)等成例,用abcd拼了,纂入他的字典,我们自己也先把abcd拼起了。如此,我们一本汉语新文字的字典,七分重要的已一齐与人公共;所剩三分,只有甲记号的"太阳",乙记号的"腿痒",丙记号的"什么",丁记号的"石马"。为了这一点与别人立异,叫世界上添了一种七分相像、三分不像的拼音文字。倘我等有新发明的学问,用这种文字写成,又叫世界学问家增一参考上的困难,这算什么一种"恶狗当路睡,人己两不便"的把戏呢?窥到最深的内容,无非有于若晦先生挂他尊粪的意思。为尊语毕竟出于他的尊口,应留着三分罢了。而且要得到那三汉七洋的怪物,说不定,当着烧掉《六经》《三史》,撕破《尔雅》《说文》的时候,"苏木水"会流得不少。既然肯出流"苏木水"的代价,难道不好加进大同的计划,要制造这种怪物么?这真是城隍庙里的拆字先生,别号"天下第一糊涂"了!

第二,我们来讲教育部的注音字母,如何叫他跟汉字永不相离。

说起拼音字,像现在西洋各国的文字,他早先呢,原也不过拼凑声音,简单得很。在希腊以前,我想总还没有现在蒙古文满洲文的文明。蒙古文在元初创造,满洲文在清初创造,到现在无声无臭。这就因为创造文字之后,没有许多思想学术。把他的文字发挥,只有些"太阳""月亮""什么""那个"的普通话头,所以连文字都枯萎了。然希腊罗马因为有优美思想、高深学术,把他文字作用起来经着无数曲折、无数习惯,就把文字的规则条例弄成非常繁复。到了今日,却不能算作单单拼音。就是近来Esperanto等,把他的规则条例发狠地简易起来,使他近似单单拼音,然而他所承袭的旧文,也就很得了现成,所有规则条例,够得发挥优美思想、高深学术的材料,都暗藏在内,绝非拼几个音就算了事的。

然而一班糊涂虫,就相传有"拼音文字只是拼音"的一种见解存在脑子里。

自从与西洋文字接触以来,因为我们汉文的繁难,众口一词,都想造起一种拼音文字。造法又竭力要想简便,故凡是打算造拼音新文字的人,没有一个不是简简便便把拼音的原理应用起来,管着一子一母,叫两个音扛着一个音,做足一种改良反切,便手舞足蹈,大声疾呼,说:"拼音文字,唾手可成,有最简最便的法子,为何不造拼音文字?”据我所知,最初是西洋教会,借罗马字母拼切土音,供教民使用。三十五年前,我知道有苏州白、宁波白、上海白等,后来又见有厦门白。华人仿造,我所知者,在二十年前,香山有王亮畴君的父亲王炳耀君,侯官有现在在议会里做速记长蔡君的父亲蔡锡勇君,厦门有卢戆章君,吴县有沈学君,他们的著作,都有单行刻本,或刻在《时务报》跟《万国公报》等。冷了一阵,在十五年前,便有宁河王照君造“官话字母”,经吴挚甫先生带到日本,北京有几位也替他鼓吹,当时袁世凯做北洋大臣,并且曾发到营盘里,叫兵丁学习。不多几时,桐乡劳乃宣君把“官话字母”整理一番,名叫“简字”,端方替他在南京设立学堂,大张旗鼓。此外到处有人制造,有数十百家。伦敦学生林君,曾刻书教授伦敦大学英国学生;意大利留学诸君,曾发印杂志;西洋人如丁义华君、戈裕德君、贝尔君等,也各有华文字母。这都在十年内教育部读音统一会拣定“注音字母”之先。总而言之,统而信之,或是读了一阵西文或曾研究发音学,或精于中国的等韵,或略略知道一点反切,就不约而同,走到一条路上去。上面寻一个双声,或叫做子音,下面寻一个叠韵,或叫做母音,一子一母,把口舌相撞起来,生出一个新的声音,就欣然色喜,唤做拼音文字。简直有几个尤其谬妄的朋友以为得了不传之秘,“仓颉第二”,垂手可得,兀自可笑得很。并且入主出奴,议论笔画,比较个数,人人皆称自己为“神圣”,称人为“狗屁”。其实尽是胡闹,甲的十六两,乙的还是一斤,既然并非文字,讲些什么优劣?所以教育部的“注音字母”,也就是数十百种里的一种,与他种都是哥哥弟弟的一物。不过用他注注音,使当使当“灶婢厮养”,不能数十百种并用,终要牺牲了其余的,留起一种,方能大家通用。那“注音字母”就是教育部打算留着的一种。

但是自从二十年以来闹动了拼音文字,双方无意识的朋友,好似泥中斗兽,闹得一个“不亦乐乎”。一般社会,几乎至今莫名其妙。若传到后世,我并时的人物竟如此痴愚,彼时就是摇篮里的小孩,也能嗤之以鼻。

一方面,那班自命“仓颉第二”的朋友,拼命地定要叫做新发明,称为“传音快字”,为“减笔字”,为“简字”,不是想代用大小篆,也至少想列做“第二汉文”。所以南北热心推广“注音字母”的一班同志,至今还是不能把观念弄得很清楚,往往有无谓的设施,引人疑怪。借着注音字母,教教一班“灶婢厮养”(屡言“灶婢厮养”,我意并无亵视,不过借以形容最苦恼,无机会能受教育之人。下此四字,为人所公共承认苦恼者耳!),任他单独应用,原足补助通俗教育,发生很大的效力。但有最无谓的一端,即诸君定要在字母上面赘附“四声”，这是承了“官话字母”以来的一种赘疣办法。因为若从教者施与受者，教者必系文人学士，所有教本，大可尽列汉文，把字母附注，希望受者于认识字母之外，汉文常进眼帘，也能识得一二，收起加倍利益。既有汉文做主，四声自有汉文自己掌管。若由受者一方面执笔，请教何处“灶婢厮养”能通透四声？假如说，“今天我上北京顺治门外注音字母传习所去学习注音字母”，能从“今”字到“母”字，一一注得四声不错么？从前秀才还要“失黏”，何况他们苦恼的粗人！要晓得苦恼了，弄到要用注音字母单独达意，自然所写的绝不能当作契约，不过达意而止。达意，是从上下文语气接连听进耳朵，彼此帮助，合成意思。虽四声全行弄错，也能达意。如其不相信，我将官音拼起若干来。假使说，“众话命锅低伊柮纵通交巽问，低而柯交冤师欸，低散柯交里怨哄，低思柯交奉果丈”，诸君读下，定能懂我意思。虽加多四声，自然只有好处，不能算做毛病；但显出一种精神，似乎辗转想出法子，要求分别精细，能令这拼音独立，所以不惜增多教授时间，想吃那天鹅肉。纵然实际上并不能增加什么效果，诸君的野心，是随在显露？（效果不增加者，如“北京”与“白荆”，均为入声及阴平，此类不一而足，分别甚有限也。）

一方面，那班国粹的老顽固恐慌到没有理由。有如恐怕白狗咬人，见了白羊也怕。当初劳玉初先生在南京推广简字，倘推广到如今，通俗教育必然已经受赐不少，说不定，大多数人民的智识，可以不是现在这样一个形状。然而彼时如《中外日报》等，大肆攻击，好像有了什么深仇宿怨。度量他们的隐微，也实在有洪水猛兽的恐慌。直到现在，这种朋友还是不少。其实也没有什么理由，不过他们的见识，也同那自命“仓颉第二”的 样，总觉得拼音文字是容易制造；并且制造了，是容易代用文字的。他们惟一的理由，不过如此罢了。

然而我要请问双方，制造文字，果如此容易么？那么，请诸君去买一册《和英（或和独和佛）字典》，上面所有日本语，通通都用欧母拼着，通行全国，没有不能读着声音，便晓得意思。如此看来，日本的欧式拼音文字，是已经成功了。何以他们对着，一点文字观念也没有？就是那醉心欧化的朋友，也另外有打算，不愿意拿《和英字典》等里面的“日本语欧母拼音”，便算文字。

如此，现在我们大家须要懂得，拼音是拼音，拼音文字是拼音文字，二者相似而不同，相去有十万八千里。古时斐尼基文为拼音，希腊文为拼音文字；今之日本假名为拼音，欧洲各国文为拼音文字。就是所谓蒙古文、满洲文，皆拼音，并非拼音文字。朝鲜的“谚文”，自然更是拼音。惟其日本文为拼音，故终脱离不得汉文。因拼音而非拼音文字，一不能述高深学术，二不能为契约。今日日本的高深学术，旧者用汉文，新者直用欧文。其契约我常说，日本语读“广东”叫做“コ丨ト丨”，读“行东”亦是“コ丨ト丨”。倘拿“コ丨ト丨”写上契约，假使实在是用三千银子卖却一个经纪的行东，而买的人要来索一个“广东”，这岂不大生阻碍么？所以他契约的条件，也必要附着汉文。然则拼音是辅助文字的东西，决不能代用文字。用拼音辅助一种文字，此日本所以俨然得文字之用，且效力增加。若以拼音强作文字，为蒙古文、满洲文、朝鲜谚文等，不但不收文字的效用，弄到思想学术样样无可称，便是那冒充文字的拼音亦且渐渐消灭，必至送到字纸篓里完结。如此说来，拼音的不能代用文字，即使大家抬举，他自身总归站立不住。

至于有了文字，再有拼音帮忙，我相信他效力反加增。即如日本，既有了汉文，又有假名帮忙，或者他的教育容易进步，就是这个缘故。这个虽然不敢穿凿的乱说，但有了文字，再要有一种拼音帮忙，实有理由。就是现在欧洲各国的拼音文字，也宜乎再造一种拼音，帮他一帮忙。这句话，初听虽觉得奇妙，若细细说明，也很平常。因为一种文字的成就，都是经过无数习惯、无数曲折而来，到成就的时节，规则条例必然繁多。就如英文中 Tail 说尾巴，Tale 说故事，Tael 说中国的银两，声音同为发音学字母的 teil。近十年以来，把发音学字母注着旧文字的读本，一天多似一天，这就是拼音文字还须拼音帮忙的证据。假使俄罗斯、西班牙能把发音学字母，简简便便，将七十五个不识字的国民，每个教上两月，无论 Tail、Tale、Tael，都把 teil 一拼，让他群盲众聋用来互相通问，鲁莽灭裂，如“众话命锅……”之类，连着上下文，相合而成意，慰情聊胜无，岂不强于没字碑么？且即把发音学字母的拼音注成浅近读本，使他自己阅读，岂不事半功倍么？这种心思所以不发生，大约一则是拗着他们已经是拼音文字国，故不屑更乞灵于拼音；二则凡是因循久梏的人心，总从皮肤上着想，恐怕拼音去乱了他的拼音文字。然而现在时机已来，或者彼中已有人提议，也未可定。

所谓拼音帮忙文字者，就是文字只能用长久时间，耗重大费用，养成一部分人的学问，不能在穷困时候，用最少日力，超度一班“灶婢厮养”，也增一点智识。能够当此责任者，惟有拼音。然而使拼音脱离文字，独立而进，必失却智愚贤不肖隐隐中为一条鞭的联络。且恐拼音独立,所加之职责,过于"灶婢厮养"的限度,误当它为拼音文字,请他养成无限量的学问,彼亦就笑而不答了。

故依我的愚见,中国果然要用拼音文字,决不要再将汉语制造。当现在只好用汉语的时候,莫妙于把汉文留着,将一种拼音帮他的忙。所谓注音字母将与汉文如何不相离,请条举如下:

(1)所谓《六经》《三史》,老古董的一部分,让汉文独立,不必与注音字母交涉;

(2)青年所读古书,其应用旧反切之处,皆以注音字母反切之;

(3)通俗书报,小学读本,一律附注音字母于其旁,凡晓示大众之文告广告同;

(4)凡致"灶婢厮养"之函牍,手写者可单用注音字母,印刷者必加以汉文;

(5)"灶婢厮养"互相通问,可单用注音字母。

其传达之法,就是先由公家强迫师范学校及小学校限期教授,此期于读音一律,为统一全国口音之预备者也;余则社会上竭力鼓吹传布,如北京注音字母传习所之类,推广于各地,此即实造福于"灶婢厮养"者也。惟传习者观念宜正确,乃传习拼音,并非教授拼音文字。我说这句话,毫无意于迁就老顽固,冀得其首肯,使减少阻力,这是我自己心窝里要正其名实而已。

第三,我们来讲对于 Esperanto 怎样安放。

钱玄同先生问我:"倘不用汉语制造拼音文字,我们能否简直就采用 Esperanto 来做我们的文字?"我可以权且先答一句,说倘使做得到,真是一种可以要得的东西。我们先来想,人类到再过多少时候,果否总得要说一种言语,写一种文字?这个答案,恐怕只有早晚的问题,绝没有否定的问题。凡语言文字,有种人过于相信都是"习惯"演成的,过于不相信有可以"人为"的。其实什么叫做"习惯"呢?也不过聚了无数"不成文"的小人为,受了许多小人为的转变,演成一个"有名目"的习惯罢了。并且那小人为中间,也有万有不齐的力量。用力量大一点,转变得多一点;用力量小一点,转变得少一点;虽还有种种复杂的原因,有出了力量,没有转变的效力的;也有大一点的力量,只得到少一点的转变的;也有小一点的力量,却得到多一点的转变的。这却必有间接得了助力,或间接失了助力的缘故。总之,如何大的一个习惯,必要如何多少人为的力量才转变得成,这是可以盲断的。从盲断上立起一个"十死笨伯"的定义来,假如要用十万个一斤、两斤、十斤、八斤、三十五十斤、一百搭八十斤、一千搭八百斤的小人为力量,才转变成一个习惯,也未尝不可用数个一万搭八千斤的大人为力量,造成一种同等的习惯。所难定的,惟有那个目标的习惯,不知那无数小人为,到底共用了若干斤力量?我们用大人为替代的斤两,到底够不够?又,无数小人为的中间,有间接得助力的,有间接失助力的,现在的大人为,当间接得助力否,间接失助力否,他的比例应当如何?这也极难估量。所以必定有用起大人为来,比小人为所成的习惯,差着几分,不能成得刚刚恰好的同等习惯。以后就或者自成一种不满人意的习惯;或者再加着小人为,成了似是而非的习惯;或者更加大人为,过了力量,成了出乎意料的习惯,这都不能知道。或者都可以受人批评,叫做人为的不曾成得目标的习惯,简直算做失败。但由盲断的一方面着想,恐怕出了灯油,绝不会放他暗处坐的,花多少力量,必有多少转变,可以相信得过的。所以姑且承认从前的希腊、拉丁、英、法、德、俄文都由小人为用习惯造成,则今日的 Esperanto 即用大人为演成习惯,乃毫无二致。(且各国习惯演成之文字,其中间所用较大人为,都可指说。如英文,十世纪以前的旧英文,诺曼以后的新英文,皆有特意改作之人;即如我国,李斯等的小篆,周颙等的四声,韩退之的"文起八代之衰";日本的"目的""义务""手续""场合"不二十年满于华文的著作,皆觅票用过大人为的功夫者也。)故只有力量够不够的问题,绝没有大人为只能叫做"人为",不如小人为能叫做"习惯",而有可不可的问题。

那么,现在 Esperanto 的力量,到底够不够转变成一个习惯呢?这个我不敢乱答。所以陶孟和先生有"五十年后看世界语如何"的疑问,我也曾经有过同样的疑问。钱玄同先生来信说,有人言"I do 的势力,比 Esperanto 要大",这就是力量够不够的问题。惟我从乐观一方面着想,世界语之为世界语,终是无恙。就使五十年后有五十年后的 I do,今日已经有今日的 I do,其为十六两还是一斤,又可以盲断。先把一笑话说明,倘有人问,"徐锡麟的革命,力量够不够?"竟在安庆校场杀头,形似不够,但毕竟做总统的还是徐世昌。总之,成了有姓徐的做总统的民国,绝不再是有姓爱新觉罗的做皇帝的帝国。更着一个近似的比方:有如蔡锡勇用缩写做了"传音快字",沈学又做"十八笔",王照又用偏旁做"官话字母",劳乃宣又做"简字",教育部又取笔画最少之字做"注音字母",近来西教士的内地会又用偏旁要改什么新造字母。其实说穿了,总是那一直一横两三笔的笔画,"阿伊乌哀""子此知尸"等的声音,换汤不换药,一种所谓官话的传声东西罢了。

照这样看来,我又要掺杂起来,先发两个问题。

(1)对于我们汉语发一问题:

(a)是否可以听凭十八省的土话终古的各行其是?必回答说,不能。

(b)是否可以用闽广的土白,或吴越的方言作为标准语?必又回答说,不能。

那么,所谓汉语,虽有中州、北京、汉上、夏声等的分别,不过十有八九相同,所谓"蓝青官话"的罢了。

(2)同样的可对于世界语又发一问题:

(a)是否中、日、英、法、德、俄、回回、巫来由的语言文字将终古不变?必回答说,不能。

(b)是否中日的象形文字可以为后日世界通行之利便物?又是否拼音字母必将以回回、满、蒙、巫来由等所用之字母代用今日之所谓欧母?必又回答说,不能。

那么,所谓世界语,虽有 Esperanto、I do 等的分别,也不过是杂取全世界的语文。先用所谓欧母,或近似欧母的字母,做成一种驴不驴、马不马的文字,使我辈兴叹五十年后将夭殇的罢了!(着一"先"字者,千百年后,欧母终必蜕化,别有一种良好之面目拼切将来的世界语也。)

所以 Esperanto 到底可行若干年,我不敢答。敢答者,无论尚有 I do 不 I do,终之十之八九还是今日 Esperanto 的一物,换汤不换药,十六两还是一斤罢了!

但是有人驳说:"便是你讲世界语应当杂取全世界的语文,然今日的 Esperanto,就使斟酌了英、法、德、俄、意及其他欧系的语文,小小心心地选择起来,在欧美是满意了;别的不管,单是中间没有我们汉语,怎么叫做世界语呢?"

我说,这到了问题咯!倘使有一种国粹的名士,有于先生挂粪的见解,必定要拿象形文字来统一世界。无论世界何种专门名词、学术名词,如"欧洲"必改称"大秦","英吉利"必改称"红毛","逻辑"必改称"名学",否则,宁可不与世界相通。我敢翘起一拇指,称他为"有志气的好汉""爱国的志士""母语的护法""保存尊粪的有情感朋友"。我只有钳口结舌,不敢再说世界语。又倘使有汉语拼音文字家,必要避去欧文面目,用注音字母等的一物算做世界语的底子,于是强人就我,将来 Philosophy 必改为"ㄈㄧㄌㄠㄙㄨㄛㄈㄧ",London 必改为"ㄌㄣㄉㄣ"。我也称他为"有趣的别致朋友",就也不赞一词,由他去造他的世界语。所以我们对于这两种人,都要提开算,不可泥中斗兽,连他也讨论在内。

我们所要同他讨论的,便是那赞成欧母的朋友。不过他的甲组,要世界语包括了汉语在内;他的乙组,要将"用欧母拼音的汉语"做着底子,包括欧系语文在内。这甲乙两位,都是个"欧迷"朋友。其实多多少少,终要做成落在Esperanto圈子里的朋友罢了!仓颉终将对他痛哭,莎士比亚等亦当恨他刺骨。他是终要送世界旧日各国语文进博物院陈列的主顾。

甲组的问题,就是恨现在Esperanto不包汉语的问题,这不算做Esperanto的缺憾,不足为推翻Esperanto的条件。有如"尧、舜、禹、汤""黄河、泰山""大风、磕头"之类,凡是汉语的专门名词、学术名词、特别惯语,现在习见的英文,已经慢慢地收进字典。这是自然而然,别人也不肯轻易放过的。在英文收进这些词头,不碍算做完全英文。那么,Esperanto也把这些词头慢慢地收进字典,怎么就会碍着算做完全的世界语呢?所以慢慢地吸收汉语,扩大Esperanto的范围,是顺理成章的事情。如在礼有什么"禘、祫、烝、尝",在乐有什么"黄钟、太簇",在学有什么"儒墨名法",在术有什么"阴阳、五行",在惯语有什么"不行""像煞有介事"种种可以供参考及历史纪念的,没有不能慢慢地加进Esperanto。Esperanto也必欢迎这些词头,热切得厉害。

乙组的问题,就是要把"用欧母拼音的汉语"做个底子的问题,虽然似乎要打得Esperanto成个落花流水,但让一步说,就算Esperanto甘心受打,还是要在中间占一大部分的势力:

(1)是欧文固有的专门名词、学术名词、特别惯语,"我们汉语做底子的世界语"也不能不采用。采用的时节,杂取英、法、德、意文来特别制造,费却大手脚,结果还同现在的Esperanto是哥哥弟弟,故必落得省事,多分采用Esperanto。

(2)因这一采用,所有我们的专门名词、学术名词、特别惯语,也就事同一例,采用Esperanto的拼合规则。

(3)于是普通词头,所与人为惟一竞争的东西,那拼音的规则亦必强迫而同于Esperanto。不过"太阳"不用Suno,改用Tajjan;"月亮"不用Luno,改用Jojan;"什么"不用Kio,改用sima;"那个"不用Tio,改用Nako;吃饭的"吃"不用Mangi,改用Ci;喝茶的"喝"不用Trinki,改用Ho;"大"不用Granda,改用Da;"小"不用walgranda,改用Sjaü;"然而"不用Tamen,改用Janl;"如此"不用Tiel,改用Juc罢了。

但是就照那样办法，现在的 Esperanto，不已经是一个重要的参考品，不是仍旧落在他的圈子里么？

但我要质问一句，彼此的专门名词、学术名词、特别惯语，是原来各不相妨的。所断断可争的只是那些“太阳、月亮、什么、那个、吃、喝、大、小、然而、如此”之类的普通话头。这一齐要用汉语，又怎么叫做世界语呢？倘满、蒙、回、藏、日本、朝鲜、印度、安南、巫来由等个个出来主张，又如何安排？我以为既然专门名词、学术名词、特别惯语，欧洲固有的，仍着欧旧了；中国固有的，也改用欧式了。所剩的，只是那普通名、状、动、副、介、连等的话头，这些话头，不将欧洲旧物，其语根与欧式文字相应的充着，反要将语根与欧式文字不容易相应的汉语充着，这又是什么一种拗执的把戏呢？又所谓“恶狗当路睡，人己两不便”的办法咯！所以苟其“尧、舜、禹、汤、黄河、泰山、大风、磕头、禘、祫、烝、尝、黄钟、太簇、儒、墨名、法、阴阳、五行、不行、像煞有介事”，皆已可闻声而达意，则其余的“太阳、月亮、什么、那个、吃、喝、大、小、然而、如此”之类就又何妨竟用着 Esperanto 呢？我是一个懒汉，或者迂就得实在有些过当，亦无妨对我们“欧迷”朋友互相谈谈，本不曾敢向“国粹家”“母舌家”开口。

上面说了许多话，说来说去，到底是什么意思？不过说，无论在欧洲，在中国，也不必争着 Esperanto 不变做 I do。我盲断他还是这样的一物，现在的 Esperanto，极少总有做一个世界语底子的价值。无论哪一国的人，如果盼望将来要有一个世界语的，就该把现在的 Esperanto，在有工夫的时候，分一点神思，理会一理会，扶助他畅行，是第一希望；进了他的门，倘见着不良的，可以改良，是第二希望；真要别创 I do，把他做个底了，是第二希望。好在他也不费得我们许多脑力，他又尽是些英、法、德、俄、意的文字，读了也不算白读。

至于钱玄同先生信上所说的 I do，我很鄙陋。所跑的国都也太少，学问界的情形又只算全不知道，这新产物，倒还没有听见。我耳朵里聒着的，有人说，二三十年以来，同 Esperanto 一道出风头的，还有两家：一个叫做 Volapük，一个叫做 Idiomneutral。但近十年中，我在伦敦、巴黎一带地方，只听见 Esperanto 在那里独出风头。有好多人对我说，那两家是偃旗息鼓得好久了。不知五十年后到底如何？若据我一人的经历，自从一九〇五年在巴黎看他慢慢地兴旺起来，到了一九一五年我回国的一天，是只有一天热闹似一天。自然不能如摩托车那样暴兴，但是衰败的样子是绝不曾显出的。他也不仗《评论之评论》报社一家鼓吹，他自有首要的发行所，在勃烈颠博物院左近。当然这些新事业，那国粹的名家，词林的文人，虽心中也有意思讨论，然绝没有纡尊降贵，肯失了他的身份，随便赞成的。这好比一家同是姓徐，那揎拳攘臂，做出暴徒的行径，只好苦徐锡麟不着，那徐世昌先生，总得要到了制礼作乐的时候，才好垂绅正笏地请他出场的。所以 Esperanto 是还不曾开了牛津大学的课堂，戴着博士帽子，天天教授。热心赞成的，多半是那些中下流的人物。只有那厉害直接的商家，能够招来买客，愈便利愈好，故店铺伙计学习 Esperanto 的，很是不少。因此，普通的夜学校添这一课的，也就日有增加。至于"伦敦公园有传习所"，这是孙芾仲先生听了我的话，不曾深知欧洲情况，故误"传布"为"传习"，且添了一个"所"字。公园中知何容得传习所呢？陶孟和先生以为"走遍公园，也没有看见"，自是确情。但是一种演述社会主义等的"乞丐"朋友，在城西海岱公园，城南克腊责草地，城东维多利亚公园向人鼓吹 Esperanto，是司空见惯的事。大凡上等学者都不屑留意，我因为常欢喜调查那些"乞丐"朋友，故接触略略多着一点。（"乞丐"二字，是民国元年饶孟任先生在"上海共和建设讨论会"上给伦敦社会党的徽号。他说："我在伦敦，从没有见过什么社会党，只有几个乞丐闹着罢了。"）

闲话少说，那采用 Esperanto 以为我们第一步代用汉文汉语的问题，若问我究竟赞成否，我可以复说一遍，倘使做得到，真是一种可以要得的东西；并且倘使做得到，我总是第一个赞成。但恐这件事情，是不大容易做得到！果然能把老顽固说得眉飞色舞，相信起来，或者简直掩耳缩头，不屑抵抗。这样说法，那造汉语拼音文字，绝不如径用 Esperanto 为好，管他有五十年气候没有五十年气候。我非敢与陶孟和先生、陈独秀先生、胡适之先生等故意捣乱。我的心头真意，无非相信 Esperanto 是用得的，汉语拼音文字是不必造的。但我以为对于 Esperanto 的进行，可以和平进行。现在的 Esperanto，就使不必果为大同时代的真正代用物，终是那代用物的幼虫。凡世界上的开明人类，皆有把它传布，对它讨论的责任；凡相当的学校，皆当采做一种必修的附属功课，比之于地理、历史等科，绝可有此价值，而且有此时间（因其易习）。至于代用汉语的问题，似乎把它作为两个问题，尤其妥当。这是我十年来固持的意向，请在下一条再来细述。

第四，我们来讲采用一种欧洲文字作为第二国文的问题。

我是一个谬妄的物质文明崇信家，要问“有那物质文明，到底干么?”我是不能答。物质文明，又是我的贱骨头所消受不来的。但是我的信条，终以为死亡绝灭，人人以为不好，那就是说，“没有是不好”；粗陋恶劣，人人又以为不好，那就是说，“不精工是不好”“不好看是不好”。故就盲从着乱说起来，以为有是好，多有更好；有得精工是好，有得好看是好。这种肤浅的思想，自然不值一驳。就是我虽没有学问，也能寻出几句高尚的门面语来，驳得我自己哑口无言。但我的实在信仰，终是消灭不得。

有了这种信仰，就鄙陋之心不能自抑，总眼热不了欧美那区区可笑的一点物质文明，而且深信不疑，认为这是人类进化阶级上应有的文明。我常常胡言乱语道，把世界扭做一起，以为书契以前，且搁起不必谈；书契以来，可分做三时期：

(1)中国从伏羲到帝挚，算是二千年，叫做上古一时期。这个时期，虽然有像伏羲等一点画八卦的理想，然这种理想，究竟只能造出一点粗浅物件。自从伏羲造纲罟，神农造耒耜，到最后五百年的黄帝时代，那城郭、宫室、舟车、衣裳，造得极热闹了。在西方，恰是埃及巴比伦时代，也是这么一个状况。

(2)从尧舜到秦庄襄王，又算是二千年，叫做中古一时期。这个时期，是理想发达的时期。把那没机器的物质文明，好比如上古的粗浅物件之类，慢慢地扩充完全起来。这个时期的理想，也仿佛如上古时期。起初如尧舜等，略有一点伦理法律的思想，极盛也在最后五百年；就是到了春秋战国时候，老、孔、杨、墨、庄、孟之徒，方才一齐出世。西方希腊七贤，若德黎等，是与老孔同时；雅典学者，如苏格拉底师弟是与庄孟同时。最奇的，文学每先哲理而兴，中国商周之际有雅颂，彼中亦有鄂谟诗篇。两种文学的古董，都出于诸子百家之先，好像互相约定的一般。

(3)从秦始皇到清宣统帝，又二千年，叫做近古一时期。这个时期，补缀四千年无机器的物质文明，到无可美备；而又发挥中古的理想，酝酿出科学，使发生第四期机器的文明。什么叫做科学?就是理想有系统，有界说，能分类，重证据的便是。这两千年，也是起初稍稍地萌芽科学理想，末后就科学的理想大著，不过不能如前两时期的样子，发达极盛整整的都在后五百年罢了。汉儒说经重派别，罗马生出政法学说，中国也有西汉人伪造条理较精密的《周礼》，这都是科学理想的萌芽。这时期的中间如西方的黑暗时代，东方宋元学术的荒陋，皆状况无别。惟西方自戈白尼推翻日局，直接竟向科学线上进行；我们就倒霉，走向歧途。但是科学理想的细胞原虫，未尝不潜伏在吾人脑子之中，与人类的气化相应。即如宋儒之说“诚”说“敬”，虽他们的学术自有误谬，然他们极寒俭的冥想，界说自极森严，就彼论彼，绝不容信口开河，实有一种特色。遂间接而开清儒考据的局面。于是应用在他们考据中间的系统，界说、分类、证据，皆应有尽有，虽号称汉学，实非汉儒所能梦见。

从此以后，倘使还是二千年一个时期，那么，从十九世纪初年，或从民国元年起，到民国二千年，我们可以题它一个名目，叫做粗浅机器时期。再从六千年的后面看上来，现在这些惊人的机器，就同伏羲的纲罟一般；现在这些高深的科学理想，就同伏羲的八卦一般。若正式的粗浅机器，抵得黄帝的舟车的，尚要等一千五百年，方才出世。至于真正科学理想，抵得春秋战国东西诸儒的哲理的，应在三千五百年之后。

我为什么百忙中插这一段无根盘的冬烘讲义，引人发笑呢？我的意思，无非要表明：今日欧美的物质文明，并非西学，乃人类进化阶级上应有的新学。这种所谓科学理想的头脑，到这时期，已由叫做什么“上帝”的遍赋予东西人类的脑壳里面。不过在这发脚的时节，西方人已经直接地应用在科学与机器，我们只间接地应用在汉学考据，尚未直接地应用到科学。早晚应用起来，或者一千五百年后的“未来黄帝”还生在东方。那么，现在初期的发脚，东西相差一百搭八十年。六千年后的人类当然无所感知，看作我们同时发脚罢了！但是我这几句宽慰的话，不是奖励我们的惰性，引我们再睡一下，是要辨明我的眼热欧美物质文明，断非因贫弱了，震惊别人的富强，为一种虚骄的感情；实见得发生这种物质文明，是我们人类到此时应有的天职。我们间接误应用于汉学考据，已迟误了二百年；再以“中学为体，西学为用”，又迟误了目前的二十年；抛弃人类天职，实是可惜。但恐怕我们自己懊丧，故想出几句“往者不可谏，来者犹可追”的话头，一面慰藉了，叫我们定着神。如小学生早睡失觃，误了上学时间，及唤醒起来，既睡眼蒙眬，又性急慌忙。所以替他摩着面孔，安慰几句，定定他的神，到他清爽了，望他拔脚就奔，快！快！飞快！你若再在路上游玩，便不是一个好学生。那么，我说完这一节，我们向欧美物质文明上奔去，也该快！快！飞快！若再迟回不进，便不是一个好人类。

所谓“来者犹可追”，我们当从“追”字上着想。“追”字是如何情态，就所谓快！快！飞快！这才到了我们采用一种欧文为第二国文的问题。上面从进化线上着论，在数千年后看来，今日的欧美物质文明，殊不值一笑，但是若我们同一时代的人实地比较,实已相差得太远。仿佛从前我们是踱方步地前进,他人始而是乘了牛车前进,继而是快马前进,现在是汽车前进。本来快马的时节,离他已隔数程,今日他的汽车飞驰不息,简直十万八千里地跑得毫无影子。数年前“中学为体,西学为用”的教育,是一种雇着牛车追赶的法子;近来主张多采新法课程,改良学校,是改雇快马追赶的法子;一班所谓志士,想出多派留学生,改造拼音文字,用白话文体,是购买自转车,或坐火油船,旁求捷径,升天入地,四路追赶的法子;依靠 Esperanto,是向单轨火车发明家预定将来新建物成功,可用他一飞就赶到的法子。前几样嫌他太无速力,后一样又嫌他缓不济急,所以正门道路,采用一种有力量的欧洲文作为第二国文,是追赶汽车也用汽车的法子。假如取了法文算第二国文,再把英德文作为大学及高等学校必修的辅课,把 Esperanto 作为高等小学及中学必修的辅课,仍将英德文作为中学可增的辅课。如此,庶几乎世界头等文明国的书报,如替中国做的;印刷厂、报社,如替中国开的;各种学校,如替中国立的。此如汽车以外,火车、飞机,帮着并进,庶几乎可以追到同等的地位,真能同负了粗浅机器创造的责任。否则,懒惰朋友真能靠了“气化”自然前进么?试观我们苗大哥的远祖共工氏,继着伏义拿“水德”称帝,多大局面!后来蚩尤一战而败,三苗已格而窜。想来他在那时节,已崇拜踱方步主义,“苗学为体,夏学为用”,自以为允当,变成缩进了贵州内山。所谓配德黎者有老子,他不曾有谁;配科学者有考据,他又不曾有“么”。他不曾得文明的徽号,尚小事;他竟不曾尽人类的天职,是大咎。

有人说:“学校可以自立,印局可以自设,报馆可以自开,书报可以自编及翻译而成。”曰,唯唯!否否!我仰天大笑,冠缨索绝。学校什么一个程度?印局、报馆什么一个资本?自编的书报什么一个大著?反正各人都有手镜,让他自己照了面孔好笑,我不必再费口舌辩论。惟有那翻译一端,凡那“中学为体,西学为用”的腐儒,抱有《盛世危言庸盦文编》见解的朋友,都在那里做这一场好梦。至于稍微读过一点东西洋文字,出出国门的,才心里明白。凡是快马程度的,或者还可仰仗翻译;至于那汽车程度的,连美、法、德诸国尽有译手,也互相不及翻译。所以他们进大学而便参考,已有必修一种外国文的规定!

至于第二国文应采何种文字?钱先生问我,法文是否较适当?我以为法文本来旧日曾有世界语的资格,果国人一朝而有第二国文的信仰,也必有群焉倾向之势。即彼向有英、德文之癖者，法文本不过与国文并重，视各国文，英、德之文，本在大学及高等学校为必备的辅课，其高等学子，既于小学中学精读法文，由法文而进修英、德文的辅课，视今日径习英、德文，且事半而功倍。如此，当法文课为吾国第二国文的时代，所有情愿精习英、德文，学于纽约、伦敦、柏林者，必可多于今日。所以这一问题，容易解决。

以上所说，不过是钱先生提起了，搔着我的痒处，不由自主地，写了这许多行数。此外钱先生还有想买一辆自转车的办法，就是想要杂用汉文、西洋文、注音字母，商量出一个简易便当的法子来。这法子，依我的理想，也觉得可以不成空言，我真乐于讨论。但是说起来，又必定话头甚长，这回写得手也酸极了，因此，暂且搁一搁，下次再谈。

玄同以为我们对于中国文字，应该讨论得很多，并且为了要革新文艺、振兴科学、普及教育起见，更非赶紧在旧文字上谋补救的方法不可。因此曾于十月里写给吴稚晖先生一信，信中提出几个问题，请教吴先生。吴先生思想见解的超卓，知道的人很多，不用我再来赞扬，单是就改良中国文字方面说，吴先生于一九〇八年在《新世纪》上曾经发表过许多议论；一九一三年读音统一会所制的"注音字母"，吴先生又把他传播给巴黎的华工；两年以来，又替教育部编了一部注音字典的字典——名叫《国音字典》。我知道吴先生对于补救中国文字的方法，怀抱的精思伟识非常之多，所以写信去请教他。现在接到这篇文章，说得详详细细，有一万四五千字光景，其中所言极有价值，因亟录登《新青年》以资国人之讨论。

又吴先生别来一信说，今后关于注音字母改良文字，及其他种种的问题，要说的话很多，将陆续写出，寄登《新青年》。这是《新青年》同人所最欢迎的，玄同当代《新青年》同人向吴先生道谢！

一九一八年十一月三日　钱玄同记

（第五卷第五号，一九一八年十一月十五日）

汉文改革之讨论（通信）

张月镰　钱玄同

《新青年》诸君足下：

近从友人处获读贵报第五卷第一及第二两号，不料当此文妖猖獗时代，尚有这样健全的言论机关存在，真正喜不可言！大体主张，均表同意。对于郭仁林先生的《告青年》一番忠言，更为服膺无既。弟正因二十年奋斗生涯，闹得头昏眼花，筋疲力尽，今获闻名言说论，不觉精神倍长，从前勇气，亦已完全恢复。郭仁林先生实在助我不少，感谢感谢！以后当如先生所说，“尽其为我之道”就是了。

虽说大体主张均表同意，然而意见不能强同之处，正复不少。我不会说“千虑一得”的客气话，所以就要爽爽快快说到我的顽固意见，以就正于诸君之前。第一桩是“改良文字”问题。这是一般人类间共通之大问题。若照我辈之最高欲望而言，能完全满足我辈所要求的最善文字，自然是理想中之大同世界所能通行之真正的 Esperanto。不过研究这样问题，似非二十世纪东方人之责任，而且万万非我辈之责任。何以故呢？我辈今日所以急急主张改良文字之原因，并非完全抱大同观念，不过为产于亚东大陆之四五亿同胞争存保种起见。更明白言之，不过为灌输二十世纪之世界知识于此四五亿守旧党人之故，不得不将固有之复杂难晓之文字，改为一种较为简单易晓之文字。这是一时的救急方法，这是全要从国民经济上着想的。所以不妨因陋就简，只要从捷径上做去就是了。就是只要一种轻而易举的改良方法，使国人易于赞同，则因势利导，事半而功倍。虽然与我辈最初要求未能全符，然而我辈救国之目的，岂非可以达到了么？

如上所说，我对于改良文字之观念，是完全就功效一方面着想。所以对于改用罗马字之议，是绝对的反对；用罗马字拼音表示汉语之议，亦未能十分赞同（反对之理由

在后)。我之主张,是这样的:

大致用白话体裁,混入寻常谈话中用惯之文言;有时需用学术上术语,即混入外国原名,亦无不可。

如此则研究科学一方面,既觉便利,与自来之旧文学,相去亦不甚远。(旧文学是否应完全破坏,是别一问题。今为我辈理想容易见诸实际起见,不得不稍屈从来主张,是不得已亦是步步为营之法。)该新造此种文规,亦较为轻而易举。因之得社会上赞助既易,收效亦速,岂非各方面之要求都已满足了么?

我知骤闻此议者,必然极力反对,以为此种不三不四、非驴非马之文字,算什么呢?一国文字,是国民文化攸关,岂可如此苟且的呢?则请答曰:苟且二字,似有几分不免,然在过渡时代,既不可墨守成规,又不能完全推翻旧文学,则创造一种中间物,以为新旧文学交递之媒介乃必然之结果。请看日本最古书籍,全用假名,自与吾国交通以后,一时文人均用汉文著书;后复有人调和其间,乃造汉字假名交互文之法;再经屡次改革,至今遂自成一国文字。再看 Himono、Jndo jinriki 诸字,本脱胎于日语,而今已常见于西文中。交际社会中之文件无论何国,人都采用法文。可见交通机关愈发达,人类交际愈繁杂,则各国之语言文字将于不知不觉之中,自然而然地渐趋统一。又如吾国各处土语各个不同,而目下交际社会通用一种普通话,人皆习用之而不以为非。若必深恶此等普通话,而目为不三不四、非驴非马之言语,则我可无言;否则可以同样理由,证明此种文字固自有其相当之价值也。

然而又有难者曰:中西文杂出之文字可以之著书而教小学生徒乎?曰:是可无虑。西文原以有时无相当译语不得已而始用之,小学校教科书本未及高深之学理何用此等原名?如其偶一见之,是必为寻常通用之物或人人应有之常识,则亦不足为病。

更请以余之经验为证:余在中国中学校时所受各科均用中文本,然而理化学中之术语如 energy、work 之类,则反以原名为便于记忆,且容易了解。如译为“能力”“作用”之类,字义既晦,反觉其难解。夫研究科学之法,万不能取“好读书不求甚解”主义。是以中西文合并而成之新文学,实为应时势之要求已至瓜熟蒂落之期而产出,只须忍些微之痛苦,定能获良好之结果,是可以断言者也。

此种新文字之副产物,即文字排列之法须改直行为横行,及句读处加以符号之类是也。此议贵志上已屡次论及,故不多述。

(中略)

中国实业至今故步自封不能应用科学者,并非因缺乏学者,是全在乎缺乏技术家之故。学者之责任在乎研究学理,故非研究外国文直接看外国书不可。然而此等人才,今日似已不少。即以东西洋之留学生人数观之,更以推测中国实业状况,早应有良好成绩。日本每年派遣西洋留学生之人数,不过中国十分之一,而其成绩,则与中国适成反比例。此中原因,虽有派遣之法截然不同之故,然而尚有一大原因在,盖日本学者只须一论文一图案之劳,便可以其独得之新理转授技术家而立刻见诸实际;中国学者则虽有良法美意,无从发表。试看中国之工人,能有几人懂得图案之意?正如残废之人,虽有充分之脑力,而无手足以承其意志,则亦徒唤奈何而已。故中国学者只能独善其身,而无从贡献于社会。今欲于短岁月内造成多数之技术家,自应以相当之科学知识为前提,岂可更以外国文之类乱其心志?而且技术家责任,只须仰承学者之指挥,而实地从事于改良或创造,并无研究学理之必要,故无研究外国文之必要,故不得以中国实业不发达之故。便以为今后少年非教他们研究科学不可,要叫他们研究科学,非教他们研究了外国文直接看外国书不可。余之主张,并非谓外国文不必研究,不过谓人人研究外国文,却非必要;而且照目今时局而观万无此等余裕,以图此正本清源之解决法。所以余竭力反对改用罗马字之议。总之,余之意见是与朱经农先生的大致相同,诸君以为何如?

日本有罗马字会,主张废止汉字及假名,而用罗马字拼音以代之。会员多帝国大学一方面之人物,所以近来该校试题,亦渐渐采用此等文字。高等学校(即大学预科,非高等专门学校)亦渐仿行之。并闻中央学务会议亦已有人提议及此。大概时机成熟之期,定然不远。不过我国今日既无此等余裕,而一般国民对于罗马字之趣味亦与日本人不可同日语,故余今日尚不欲赞同其说。

我是研究工科一方面的学生,不过从来对于文学亦颇有研究兴味,所以看了《新青年》就生了许多意见,不知不觉地说了一大篇外行的话。请诸君不要好笑,而以正义折服之,幸甚!

张月镰白

先生主张中国文“用白话体裁,混入寻常谈话中用惯之文言;有时需用学术上术语,即混入外国原名,亦无不可”。这个主张很有道理,很合于现在之用。惟玄同之意,以为此等办法可即从小学校实行起。白话和谈话中用惯之文言,都是现在的中国人嘴里讲惯的,耳朵里听惯的,写了出来是人人可以懂得的。一切适用于现世界的新学问,是西洋人先我而发明的;其中术语,是西洋人已经有了定名的。我们研究新学,若要深求,非看西文书籍不可。在小学校时,即知其原名,则后来看西书要容易得多。若但求普通智识,亦以识得西文原字为宜。名词术语,愈能统一则愈好。西文名称,在英、法、德大致相同。日本从前虽然一一翻译,近则更用假名拼了西音,注于译名之旁;或专写拼音不用汉字;或简直把西字嵌入,连假名拼音都不用,是亦渐渐与西洋趋于一致。中国人亦何妨径直用西名?先生谓“能力”“作用”等字,以写原文为宜,则如化学元素之类,特造许多“金字”旁之新字者,自然更是多事,简直采用拉丁原字,最为善法。至于有人以为此种新式文字“不三不四,非驴非马”,斥为“苟且”,我则绝对不以为然。请问现在世界上哪一国文字是纯粹国风,不杂一个别国字的?且纯粹国风的文字又有什么好处?我以为文字者,不过语言事物的记号而已。甲国此语无记号,乙国有之,就该采乙国的记号来补阙。若说外来语侵入足以破坏国粹,则惟有厉行闭关政策,不与世界交通,学内山苗蛮之办法而已。至于 Esperanto,虽非旦夕间遽能实行,然我辈亦何妨于改良汉文之余暇,提倡提倡呢?先生“对于改良文字之观念,完全就功效一方面着想”,我也很赞同,但既以 Esperanto 为“我辈所要求的最善文字”,又说“研究这问题,似非二十世纪东方人之责任,而且万万非我辈之责任”,此说玄同尚不敢苟同。中国人(书中之“东方人”,似是专指中国人言。若日本,则虽未至欧美,已非中国人所能企及也)在百事不如人,应该急起直追,灌输正当的科学文艺自是正办,但谓世界事业绝不配我们中国人去管,持论似稍偏激,未知高明以为然否?

记者(玄同)

(第五卷第五号,一九一八年十一月十五日)

横行与标点（通信）

陈望道　钱玄同

《新青年》诸子：

昨日马君枉临，带来大志一本，我看了很是赞叹，很是欢喜——唉！像中华民国这样“与古为徒”的陈死人满山盈谷的地方，还有这开眼张吻的汉子煎“起死回生汤”给人家吃，我骤然看见，却疑是“妖”，却是惊奇了！那反对革新的，亦不过是这惊奇一念的同病别发。诸子不必败兴，尽管放胆前去，等到他们回生之后，元气复了，再和他们重提旧事以相嘲弄行了！

但是我对于诸子，还要说诸子缺“诚恳的精神”，尚不足以讲“撤销他们的天经地义”。譬如文字当横行，这已有实验心理学明明白白地诏告我们，诸子却仍纵书中文，使与横书西文错开；圈点与标点杂用，这是东人尾崎红叶的遗毒，诸子却有人仿他；而且前后互异，使浅识者莫名其妙——这不是缺“诚恳”的佐证么？诸子如此在诸子心中或有“待其时而后行”之一念亦未可知，在我看来，纵有此一念，亦是不必如此——亦是绝对的……不可如此。诸子须知……我们破除旧恶习如何困难？倘作过渡想，而不以“除恶务尽”为志，将来时过境迁，则此过渡的遗迹又是一种陈症，又须用猛烈剂辛辛苦苦地去医他了。那时回想诸子现在之所革新岂不是拔毒种的霉么？诸子试思，这不是诸子不敢放胆前去的罪么？诸子既以革新为职，我很愿诸子加力放胆前去，不稍顾忌，勿使“后人而复哀后人”才好。诸子！诸子！亦作如是想否？

陈望道　Tokis 一九一八

《新青年》杂志本以荡涤旧污、输入新知为目的。依同人的心理，自然最好是今日提倡，明日即有人实行。但理想与事实，往往不能符合，这是没有法想的。同人心中，绝无“待其时而后行”之一念。像那横行问题,我个人的意见以为横行必较直行为好,在嵌入西文字句的文章里,尤以改写横行为宜。曾于本志三卷三号六号、五卷二号《通信栏》中屡论此事。独秀先生亦极以为然,原拟从本册(六卷一号)起改为横行,只因印刷方面发生许多困难的交涉,所以一时尚改不成,将来总是要想法的。至于标识句读,全用西文符号固然很好,然用尖点标逗,圆圈标句,仅分句读两种,亦颇适用,我以为不妨并存。《新青年》本是自由发表思想的杂志,各人的言论,不必尽同;各人的文笔,亦不能完全一致。则各人所用的句读符号,亦不必定须统一,只要相差不远,大致相同便得。若说除恶务尽,这话原是不错。但旧日之恶,今日纵然除尽,然今日所认为善者,明日又见为恶;则在今日便应提倡,到了明日又该排除,进化无穷尽,则革命亦无已时。所以“时过境迁,则此过渡的遗迹又须用猛烈剂去医他”,是当然如此的,不必以“拔毒种霉”为虑也。

记者(玄同)　一九一九年一月九日

(第六卷第一号,一九一九年一月十五日)

新文体（通信）

查钊忠　钱玄同

钱先生：

自从你们几位先生提倡文学革命以来，一方面很发生了许多的影响，一方面却也有盲动的行为跟了起来。这种盲动的行为，本来是过渡时代万不能免的一种怪象；无论那盲动的反对派固然没有丝毫的价值，就是那盲动的附和派实在也觉得无意识得很！

我对于新旧学问的根底，本来是很浅薄的。不过一向很欢喜碰着书就看，起了兴便做。所以受用的，多是那“三脚猫”的一套工夫。我常常说：“弗晓得某一种的真正好处，就没有主张他的价值。弗晓得某一种的真正坏处，就没有破坏他的能力。”因为这个缘故，我就弗敢趁着热闹来开口了。

现在我有了一点意思，多是从“建设的文体革命”上着想的，其中有些必须要请教请教，方才我自己相信得过咧。我且把他拉拉杂杂写在下面：

新文体的种类，陈独秀先生分为“应用之文”和“文学之文”，刘半农先生分为“文字（Language）”和“文学（Literature）”。这种名目，原不过从他的性质上来分析，自然是多可以用得的。但是我想，陈先生论及“应用之文”和“文学之文”那一篇文章，叫做《文学革命论》；刘先生论及“文字”和“文学”那一篇文章，叫做《我之文学改良观》。既然大名多用了“文学”二字，何以里面偏把“应用之文”和“文学之文”，或“文字”和“文学”来做相对的名词呢？这种地方，本来是没有要紧的，不过今日提倡文体革命的，却偏把“文学”二字来代表文体，似乎究竟有点牵强了。我的主见：大名叫做“新文体”，小名则分“常文”和“美文”两类。这个名目对不对，还请先生赐教。

从前古文派说“古文是文章的正宗”，骈文派说“骈文是文章的正宗”。各自请出那些先圣先王的文章来遮头盖脸,数千年来你嘲我骂,闹个不休。一则固然是各自称好汉,每每意气用事,实行“文人相轻”的吃醋手段;一则也可见他们两派本来没有代表真正文章的价值。现在新文体派常常说“白话是文章的正宗”,弄得那些盲目的趋时派都以此语为他们的“口头禅”。但是我仔细想想,这个旧式的名词(正宗)实在有点弗大妥当。为什么呢? 1.好像是平列的而处于对待的地位。2.好像是替代的而含有突兴的性质。(《新青年》四卷四号《建设的文学革命论》说:“我望我们提倡文学革命的人对于那些腐败文学,个个都该存一个‘彼可取而代也’的心理。”我想胡先生既然把旧文学叫做“假文学”和“死文学”,那么,怎么可以把“真文学”和“活文学”替代得来呢? 老实说,也无非是用这句成语“彼可取而代也”的毛病,你道是不是呢?)几乎与古文骈文鼎足而三。所以,我以为弗大妥当。现在新文体里面用不妥当的旧名词多是要不得的。

我且问问:“言语是什么东西?”自然是代表意思的声音了。“文字是什么东西?”自然是代表言语的记号了。那么,用现在的意思,说现在的言语,写现在的文字,做现在的文体,真正是往古来今的自然趋势,所以这种“现在的文体”,更没有另外的东西和它可以平列的,也没有另外的东西是它可以替代的。简括说,宇宙里面,无论从前的、现在的、将来的,凡所以代表言语的记号,只有这一样东西,没有第二样的。我记得《易经·系辞》里说道:“书不尽言,言不尽意。”那晋朝的卢谌引他来说道:“书非尽言之器,言非尽意之具,况言有不得至于尽意,书有不得至于尽言耶?”那么,文字弗能完全代表言语,和言语弗能完全代表意思,这种缺陷,本来古今有思想的人已经觉得的,如今把他返到原路上去,这缺陷总可少许补些。这种独一无二的东西,还肯和人家夺“正宗”的称呼吗?

“桐城谬种”“选学妖孽”这两句话,是先生破坏他们两派的断案。有的说:“现在那两派对于新文体上有极大的阻力,应该这样排除他的。”有的说:“桐城派也未见得个个是谬种,选学派也未见得个个是妖孽。”据我看来,说到现在那桐城派和选学派,还不配用这种徽号抬举他,简直多是“谬种而非桐城,妖孽而非选学”那一班东西!我并弗是好骂人家,我只听得他们骂来骂去,都是这样的口气。我原来弗负责任,何妨把他们的口气来说说呢? 若有那真正的桐城谬种,真正的选学妖孽,来和那新文体派为学理上正当的讨论,却还是可敬的呢。

我尝把旧文体略为解剖，也把他写在下面，请教请教：

旧文体的外貌：
1.有价值的——各时代就各时代的语言所做的文章。
2.较有价值的——各时代就各时代"近语的文言"所做的文章。
3.较无价值的——简明的文言。
4.无价值的——套语滥调的、八股的、徒堆典故的文言。

旧文体的内容：
1.有价值的——无论白话文言，其学术或思想确为古今所不能废的。
2.较有价值的——无论白话文言，其学术或思想确在当时有重要的关系——不为一人的或一事的。
3.较无价值的——无论白话文言，纯为被动的，或摹仿的。
4.无价值的——无论白话文言，纯为无意识的，或不道德的。或对于新旧文体过渡时代中间，却有两个较重的问题。

1.新文体的构造……无论"常文""美文"，各自用各自的方言来做文章——就是各人用各人口里所说的言语来做文章——以为将来做"标准国语"的基础。

2.新文体的叶韵……各自用各自的方音来叶韵脚，以为将来做"标准国韵"的基础。

现在"标准国语"和"标准国韵"，既然弗是一人的、一地的，自然必要取决于公众的、全国的了。但是如今要制造国语以统一文言，实行注音字母以统一字音，大家都做那"文求近于语，语求近于文"的文章，那么，那胆子小的和那弗懂"蓝青官话"的人，心里虽要做那些新体的文章，手上却又吞吞吐吐弗敢下笔咧。我以为要免这种害处，应该用那上面所举的两个法子来"矫枉过正"，就把那言语口气实实在在写它出来。——"矫枉过正"四个字，实在是救久病的良药，中国万事万物都该用这四个字切实做去，才有复活的希望咧。那么，做无韵文的弗必顾忌那"弗三弗四""半官半土"的调头（先生说"我们现在做白话文章，宁可失之于俗，不要失之于文"，是极，是极），做韵文的也弗必顾忌"古学音异""不合音理"的韵脚。这是从推行的方面说。还有那做新文体派的几位先生，应该积极地做那"蓝青官话"的文章来提倡提倡。这是从模范的方面说。如此，才能造成一种合法的国语，才能做到文言一致的地步。——《留美学生季报》有攻击新文体用字雅俗参半的（原文道：……卒乃雅俗参半，而北音吴语——如像煞有介事——格磔其间），实在外行得很。

我从前对于编纂国语的文学教科书，文学的国语教科书，和标准文法、标准字典种种关于新文体建设上的利器，以为没有一种可以须臾缓的，没有一种可以随便做的。现在想想，其实这种新编的书籍，尽可弗必问“标准国语”之已成与否。就是把现在大家所见得到的来给大众做个榜样，也仍旧弗失为新旧文体过渡时代有价值的著作。

我对于先生“废中国文字”的主张，非常佩服。这个问题，断非别人能够提议得来。若有人说“未免太早”，其实是不对的。就是论到用现在的言语写现在的文字这一个问题上，中国文字也有点独立不成了。至于那文章中的符号，好像动物的筋络，断断弗可少的。我主张完全用外国文的符号，正和先生要用耶稣纪年的主张同一意思。但是先生所定的繁简两式，为现在未读外国文字的人打算，也是可以使用的。

以上所述，原是师生间请益的办法，如先生以为稍有一点儿价值，望转请陈、胡、刘几位先生赐教赐教，可使得吗？

查钊忠　一九一八年九月廿一日

钜猷兄：

你的来信，我看了，非常地佩服。近年以来，那些家里请了先生，读《古文观止》和《东莱博议》的，固不必论。其投身于学校中而研究中国文学者，往往都是弯腰驼背，规行矩步；学那老先生的样子，有时或朗诵《四六法海》，或吟哦《归方合评史记》；或则竖直了羊毫笔，临几个颜字，或则抖膝摇头做几首“无题”“有感”的诗；遇到什么纪念会、追悼会……便集《文选》、集《杜诗》拼成几篇“百衲文章”——这就是研究中国文学者的成绩。你也是研究中国文学者之一，而思想如此新颖，见识如此超卓，我焉得不佩服呢？

“正宗”这个名词，本来是随手拉来用用，原非当他一种确当的字样。五卷四号傅孟真君论戏剧的文章里，用了“天经地义”四个字，也有人来驳过。其实这都是用成语的毛病。

“新文体”这个名称，我很以为然。我以为就是我们常说的“废文言，用白话”这句话，也有语病。因为嘴里讲的叫做“话”，也叫做“语”，笔下写的叫做“文”。古人既用古语写成文章,今人就该用今语写成文章。我以为该说“我们是今人,该用今语做文章,不用古语做文章”。这才没有语病。并有照此说法,则今世只该有今语之文,那古语之文绝没有可以并存的理由,更为明显。那“正宗”的话,简直不成问题了,因为既没有古语之文来占“旁支”的地位,就不必说“正宗”的话了。

你说我们尽可用方言来做文章,尽可用方音来叶韵,这话也很不错。适之先生的《建设的文学革命论》说得好,他说:“若要造国语,先须造国语的文学。”可说“中国将来的新文学用的白话,就是将来中国的标准国语。造中国将来白话文学的人,就是制定标准国语的人”。这话很有道理。至于做新文学用的白话的取裁,他说道:“可尽量采用《水浒》《西游记》《儒林外史》《红楼梦》的白话。有不合今日的用的,便不用他。有不够用的,便用今日的白话来补助。有不得不用文言的,便用文言来补助。”我现在再加几句话道:“有不得不用方言的,便用方言来补助。有中国话不够用的,便用外国话来补助。”原来这国语既然不是天生的,要靠人力来制造,那就该旁搜博取,拣适用的尽量采用。文学里用得多了,这句话便成了一句有价值、有势力的国语了。有人说:国语这样制造,不是庞杂不纯吗?我说:无论何种语言文字,凡是有载思想学术的能力的,都是很庞杂不纯的。那纯而不杂的,惟有那文化初开、思想简单的时候,或者可以做得到。到了彼此一有交通,则语言即有混合;学问日渐发达,则字义日有引申。一义转注为数语,一语假借为数义,那就要庞杂不纯了。愈混合则愈庞杂,愈庞杂,则意义愈多;意义愈多,则应用之范围愈广;这种语言文字,就愈有价值了。那桐城派所以没有价值者,就是因为他们的文章的格局有一定,用字的范围有一定,篇幅的长短有一定,句法的排列有一定。弄到无论如何只好仿“削足适履”的办法,改事实以就文章,如章实斋古文十弊篇所讥的话了。有人讲笑话,说:“一个塾师替人家做祭文,抄错了一篇成文。人家来质问,塾师大怒,说:我的文章是有所本的,决无错理;除非他们家里死错了人。”桐城派的做古文,正是如此。他所以要如此者,就是要纯不要杂的缘故。——照此看来,国语的杂采古语和今语、普通话和方言、中国话和外国话而成,正是极好的现象、极适宜的办法。

至于声音一端,与语言似乎微有不同,因为语言是有意义的,声音是无意义的。既是无意义的,似乎不必广采方音,就用普通所谓“官音”者来统一,也没有什么不可。一九一三年读音统一会议决的注音字母和审定的字音,我们读书可以照它读音,做韵文也可以照他押韵。惟国语既采及方言,则方言之音必当各仍其旧,不可强照字面,改为官音。假如苏语之“像煞有介事”有采入国语之必要,则其音必当读为 Zi-ang-sah-yin-ka-zu,不可读为 Siang-sha-diu-chiel-shi。所以读音统一会审定之字音,也不过一个大概。将来国语发达,应该添入的字音一定是很多的。

钱玄同　一九一九年一月九日

(第六卷第一号,一九一九年一月十五日)

世界语问题

凌　霜

世界交通，地球越缩越小，科学文物渐趋大同。但是各国的言语不下数百种，虽极聪明的言语学家，最多也不过懂得数十种。如今在大学或高等的毕业生，于本国语之外，也仅能懂得三四种。这三四种中，未必能一一说得通，写得通。其他未受过高等教育的人，更不消说了。所以识拉丁文、英文、西班牙文的博士，到了俄国，便须一个通法文的人来做他的翻译。

这不过举一条简单的例子，若是说起理由来，世界言语不通，对于人类感情上、知识上的阻碍，说几天也说不完。因为这个缘故，所以从十九世纪的下半期直到了二十世纪我做这篇文章的现在，天天有许多学者在那里讨论统一世界言语的问题，但是这个问题，很难解决的。有许多人想用现在最通行的言语来当世界语。拉丁、希腊都是死语，不便说话的，不必说了。法文、英文在世界上最通行，最有势力，应该任择一种来当世界语。反对派就驳道："你们主张采用强国的言语来当世界语，别的国未必肯从。那么看来，这种办法，不免弄成国际上的争辩了。究不如采取　最小国的言语，如Norwegian，它本国的人口很少，自不会闹起风潮。还有一层，这种文字的构造，比那法、英的简单得多，我们应该照这样行才是啊。"

这种办法也不行的。为什么呢？据我说来，那威人所以容易学 Norwegina 的缘故，因为他们从小的时候，已经懂得许多土语，才学它的文字，可见得 Norwegian 本身并非易学的。中国的方言，各地不能相通，但广东人到北京仅六个月，便能说"官话"。若欧洲人学中国"官话"，非有三年的工夫，恐怕不能说得清楚。但是欧人以为中国语的构造，还比那 Norwegian 简单一点。况且 Norwegian 的字母，参差得很，有许多不发音的。它的文学，有许多是由作文的人，任意砌成，并不依着文法去做的。这样看来，无论哪一国哪一种的“天然语”(Natural Language),都不能用作世界语的。(详见 H. Sweet, *Practical study of Languages* 六六页)

天然语难学的缘故,因为它的文字,有许多无理的变化,所以我们想用它来表示思想,就有不完全之弊。它的单字的语根,许多是从习惯上武断得来,与那声音意义一点也没有关系。虽每种言语里头,都有一部分依着文法去做,但是文法也有许多例外的,有种种的歧语成语,和字性无谓的分别。所以我们学一句话,它的文法是这样,到了学别一句话的时候,又要变化了。

我们见得以上种种的困难,所以想统一万国的言语。假使人人公认英文或法文来当世界语,这些文字不发音的缀字,不但要废掉,它的文法上的困难,如英文的 Shall 和 will,法文的 avoir 和 etre,也应该去掉。字根的数目也应有一定。它的意义,不可有歧异和混乱的弊病。它的字根,更当用单音,将一切拼音困难的地方去掉才是。(参见 H.Sweet, *Universal Languages*)

应用这几种原理,所以有人造的世界语出现。一八八〇年,德国南方有一位教徒,叫做 J.M.Schleyer,创了 种言语,叫做 Volapük,这是世界语的起源(考一六六一年有 Dalgarno 造 Arssignorum,一六六八年又有 Wilkin 造 Real Characters,均未成功)。它的字根,许多是从英文改变成的,拉丁罗马的字也不少。作者采取的时候,完全用个人的意思,将旧字改了单音。如 Volapük 一字,就从英文的 Wrorld(世界)、Speak(语)两字集合而成的。它的文法上的附属位(genitiv)、牵动位(Dativ)、被动位(Akkusativ),都用三个正音 a e i 来做表示。至主动位(Nominativ),就依原字不变。复数加 s。形容词语尾为-ik。动词之位次(persons)就于语尾加代名词 ob(我)、ol(你)、om(他),复数加 obs(我们)等文,来做分别。至于时候(tenses)和反格(passive),就用语头(prefix)来做表示,语气(mood)就随位置的次序,用语尾当表示。它的文法的构造,大半是德国式,我且抄几句供人家看看:

Lofob kemenis valik vola lolik, patiko etis peknlivol, kels konfidoms Volapüke, as bale med as gletkün netasfetana.

(译)我爱世界的人类,而尤爱他们信 Volapük 能联络各国的文明人类。

Volapük 的构造虽不得当,它的历史倒很有趣味。它初出世的时候,只在德国南方传播;过了四五年,渐渐侵入法国;又四五年,欧洲各国学它的人,一天比一天多起来。当 Volapük 第三次大会于巴黎召开的时候，各地方的会所，总计有二百八十三处。学它的人，有一万万人。会中的差役，也能说 Volapük。这种世界语，人人以为一定有成功的希望了，哪知它分裂的时间，比那传播的时间还要快十倍呢！它为什么缘故会分裂呢？原来学这种言语的学者，要把它完全为商场之用，又主张它的文法和单音的字，要改成简单些。始创家反对此举，于是一班学者和它的意见一天比一天深了。一八八七年，Volapük 第二大会组织的学院的院长，也要将文法从根本上改变，各人的意见，不能一致。直到一八九三年，俄国有一位叫做 M.Rosenberger，被举为该院院长，才将它改造（成）一种新的言语，叫做 Idiom neutral（中立语），那 Volapük 就算完全消灭了。

Idiom neutral 是 M.Rosenberger 所改造，但是集合这功劳，还当归于环球语万国学院（Akademi international de lingu universal）。这个学院，系由一八八七年和一八八九年的 Volapük 大会造成的，如今又变成提倡 Idiom neutral 的机关了。Idiom neutral 的字根，多从英、法、德、俄、西班牙、意大利、拉丁（文）采来的。它的文法，完全用罗马文做基础。它的字，许多是法文，如问话用 eske，是由法文 estceque 等字集合做成的。又如"最高级比较"（Superlative）的 leplu，实由法文 le plus 两字做成的。它的文中没有"定冠词"（bestimte Artikel）。又有音同而义不同的字，如 kar 为"车"（名词），又可用做"可爱"（形容词）解。有歧义的字，如"哲学"为 filosofi，用做抽象名词，又可当做复数具体的名词。这是 Idiom neutral 最缺点的地方。若是从结构上看起来，比那 Volapük 又容易得多。我们将下列的话，和上列的 Volapük 互相比较，便知道了。

Idiom neutral es usabl no sole pro skribasion, mo et proporlasion.

（译）"中立语"不特便于书写，也便于说话。

以上两种世界语即是这样。我更要将现在最通行的 Esperanto 的构造说一说。

Esperanto（原意为"希望者"，日本人译为"世界语"）初发现于一八八七年，这时 Volapük 恰在衰落的时代。始创家为波兰医生 Dro. L. L. Zamenhof，一八五九年生于 Bielostok。这城里的居民，有波兰的、日耳曼的、犹太的、俄罗斯的，各人操着本国的口音，所以语言一有误会，就闹个不了。Zamenhof 是一位慈悲的人，见了这个样子，就立志要造成一种言语，使大家的意见可以相通。他在大学的时候，懂得德、法、英、俄、拉丁、希腊的文字，所以 Esperanto 的字根，也是从这几种文字采来。它的字根的数目，据

Esperanto(*Universala Uortaro*)字典所载,不过二千六百四十二个。至于各国通用的字,如 Poezio、telefono 还不在内。因为这种字根,学者自己可以容易认识的。每一字根加以"语头"或"语尾",便能变出许多字来。如"友"的语根为 amik,末加一 o 字,就成为名词 amiko,再就它的前头加一 mal,就成"仇敌",再加语尾 in,即成"女仇敌"。这是 Eeperanto 不需许多字根的缘故。

它的拼音,是很容易的,我不必说了。它的文法,用一天工夫就能完全学会。因为它是很有规则的言语,所以如此容易。如名词语尾为 o,形容词为 a,复数加 j,受事格加 n,一说就明白了,举例如下:

	单数	复数
主格 nom.	la bona patro	la bonay patroy
受格 Akk.	la bonan patron	la bonajn patrojn

它的冠词,无论单数、复数、男类、女类、什么格,都是用一 a 字。动词不定式(infinitive)的语尾为-i,现时用-as,过去用-is,将来用-os,假定用-us,命令用-u。它的兼词(Participle)的变化如下:

	主动	被动
现在	-anta	-ata
过去	-inta	-ita
将来	-onta	-ota

它的相关代名词(correlative pronoun),共有四十五个,似乎很难记忆,但因为整齐的缘故,也没有什么大困难。举例如下:

	不定	c 个别	K 疑问关系	NEN 否定	T 指定
品质	ia 某种	cia 每种	kia 何种	nenia 无种	tia 彼种
缘故	ial 某故	cial 每种	kial 何故	nenial 无故	tial 彼故

它的章法,也不算难,兹举托尔斯泰《致中国人书》首节,便知道了:

Letero dc Leono Tolstoj lahino. Estimata Sinjoro: La vipo de hina popolo ciam tre interesis min, ……precipe la hinan religian sagon-librojn de Konfucio, Mentze, Laotze kajiliajn komentariojn

(译)可敬的先生:中国人民的生活,我常常见得很有趣味。中国圣人的书,如孔子的、孟子的、老子的,我更喜欢得了不得。

以上三种人造的世界语,Volapük 早已衰落了,我们不必去理会它;就 Idiom neutral 和 Esperanto 两种中,我们应该承认哪一种当做世界语呢?这个问题,很难回答。但我们将它们的构造互相比较,觉得 Esperanto 的优点多过 Idiom neutral。况且 Idiom nentral 的字根,天天有改变,Esperanto 是有一定的。这是 Esperanto 胜过 Idiom neutral 的第一层。我们试将学这两种言语的人的数目来比较,究竟哪一边占多数,就中国来看,学 Esperanto 的人,最少有一万,学 Idiom neutral 的人,我没有听见过。我们又看哪一种的成绩多一点呢?试将各大书店的图书目录拿来一看,我们看见 Esperanto 的书不少,Idiom neutral 就绝无仅有。这是第二层。我因为 Esperanto 有这两层优点,所以主张世界语当用 Esperanto。如今欧战完了,什么"国际联盟""万国国会""永久和平"的声浪,震动我的耳鼓。我以为世界语的重要问题,也应提出来讨论讨论才是啊。

现在反对 Esperanto 的人很多,他们最大的理由,大约有两种:

(一)Esperanto 的构造,完全是依欧洲的语根造成,与亚剌伯、中国、日本的言语无关。Esperanto 怎么能当做世界语呢?

(二)现在的言语学已经很发达,各种言语的文法,比较得很清楚,故无论何人,不懂得言语学的,就不配创造一种新言语。

照第一条说,若能有一种言语,既合欧洲的,又合东方的象形文字,我是中国人,自然也很赞成。可惜如今中国的先觉,要将汉文废去,或主张改成 Romanized Chinese。这个问题,自然没有什么价值了。

第二条问题,倒不能难住 Dro.L.L.Zamenhof, 因为他虽非言语学专家,但研究言语是很精的。P.Kropotkin 说得好:Men of Science invent no more, or very little. ……the attorneys, clerk Smeaton, the instrument-maker Watt…… were as Mr. Smiles justly says, "the real makers of modern civilization…… "It was not the theory of electricity which gave us the telegraph, ……even the empirical knowledge of the laws of electrical currents was in its infancy when a few bold men laid a cable at the bottom of the Atlantic Ocean, despite of the warnings of the authorized men of science. (see P. Kropotkin: Fields, Factories and Workshops P.398~402)

作者对于世界语的意见，虽然如此，但恐怕不确当的论点不少，极望当世的学者细心去讨论它一下子，给我们好走一条平平正正的道路。这是作者最大的希望！

（第六卷第二号，一九一九年二月十五日）

英文“SHE”字译法之商榷（通信）

钱玄同　周作人

启明兄：

你译小说，于第三身的女性人称代名词写作“他女”。我想这究竟不甚好，是读“他”一个字的音呢，还是读“他女”两个字的音呢？我现在想出三种办法，写在下面，请你指教：

（甲）照日本译“彼女”的办法，竟写作“他女”二字，阳性者，则单称一“他”字。

（乙）照半农的意思，造一个新字。但半农所要造的“她”字，我以为不甚好。因为这字右半的“也”字，要作“他”字用，若使许叔重解此字之形，当云，“从女，从他省，他亦声”。我想照此意思，不如造一“㚰”字，“他”字古写作“它”，从“它”即从“他”。若解其形，当云，“从女，从它——它，古他字——它亦声”。如此，则“他”字和“女”字的意思都完全了。

（丙）简直实行我们平日的主张：中国字不够，就拿别国的字来补。不必别造新字，老实就写一个 she 字。写到这里，忽想起中国的“他”字，包括阴、阳、中三性。现在把阴性分出了，则“他”字所含之义，已较从前为狭；而阳性与中性同用一个字，也不大好。既如此，何妨竟全用 He、She、It 三字呢？若不用英文而用 Esperanto 的，li、si、gi 三字则更好。

这三种办法，叫我自己来批评，则第一种不甚妥当。因为日本的“彼女”，意思是“那个女人”，所以于文义上没有毛病，我们若写“他女”二字，则有些“不词”。第二种办法，可以用得。但每次要特铸许多“㚰”字，在事实上或者有点困难，也未可知。还有一层，我们对于汉字既认为不甚适用之物，则添造新字，好像觉得有些无谓。第三种办法，在我觉得是毫无不可。照你平日的持论，大概也可以赞成。这种办法，有人以为恐怕人家看了不懂。我以为这层可以不必顾虑。你译的那些小说，原是给青年学生们看的，不是给"粗识之、无"的人和所谓"灶婢厮养"看的。今后正当求学的学生，断断没有不认得外国字的，所以老实用了外国字，一定无碍。若是给"粗识之、无"的人和所谓"灶婢厮养"看的书，自然不能十分道地。遇到这种地方，或如你现在的办法，写作"他女"可也，或如普通的译法，He、She 改作"男""女"，亦可也。这是我对于我自己的主张的批究。你的意见究竟怎样？请你答复。

弟钱玄同　一九一九，二，八

玄同兄：

你问"他女"这一个字怎么说法，我的意思是读作"他"字，"女"字只是个符号。我译《改革》这篇小说时，曾经说明，赞成半农那个"她"字，因为怕排印为难，所以改作这样。就是"从女，从他，他亦声"。又照小局面的印刷局排印"鹜"字作"族(下从鸟)"的办法，将"女"字偏在一旁。我写这样一个怪字，一面要求翻译上的适用；一面又要顾印刷局的便利；一面又教中国人看了，嘴里念着"他"字，心里想着"女"字，合成一个第三身的女性人称代名词，是一个不得已的办法。我自己对于这一字的不满，便只在他是眼的文字，不是耳的文字，倘若读音而不看字，便不能了解，实是缺点，至于字形上的不三不四，尚在其次。这是我对于"他女"字的说明，若对于你所说的三种办法，我的意见是这样的：

(甲)照上文所说，"他女"这名称，不能适用，非但有些"不词"，实际上背了用代名词的本意了。中国旧书中也有"生""女"的称呼，但那是名词，不能作代名词用。倘若名词可以兼代名词用，我们要代名词何用呢？(因此想起日本的"彼女"，也不甚妥当。)

(乙)我既然将"她"字分开，写作"他女"用了，如用本字，自然没有不赞成的道理。照你说造一"𫲭"字，文字学上的理由更为充足，我也极赞成。但这仍是眼的文字，还有点不足。所以非将他定一个与"他"字不同的声音才好。你前天当面和我说的，他读作 ta，𫲭读作 te 也是一种办法。我又想到古文中有一个"伊"字，现在除了伊尹、孙洪伊等人名以外，用处很少，在方言里却尚有许多留遗的声音。我们何妨就将这"伊"字定作第三身女性代名词，既不必叫印刷局新铸，声音与"他"字又有分别，似乎一举两得。不知你以为如何?

(丙)中国字不够,就拿别国的字来补,原是正当办法。但连代名词都不够,那可真太难了。我极望中国采用 Esperanto,一面对于注音字母及国语改良,也颇热心。正如你所说,“新屋未曾造成以前,居此旧屋之人,自不得不将旧屋东补西修,以蔽风雨”。修补旧屋之时,如开一个天窗,缺一块玻璃自然不得不拿别国的东西来用。倘若连灶的砖还要求诸海外,便未免太费手脚。我们何妨亲自动手,练一堆烂泥烧几块四斤砖,聊以应用呢?我以为要教他们认识 li、si、gi 等字,须连上下文一起读。至于单用的时候,就是用在汉语中间时,便用第二条所说的新字。我本反对“金”旁一个“甲”字那宗字,却单独赞成“女”旁一个“它”或“也”字的代名词(用“伊”字更好),因为读到“钾”字的人,可以认得 Kalium。至于代名词,则不只是翻译上要用,便在“灶婢厮养”平常谈话写信看书报时,也是必不可少的。我的赞成新造怪字,更望以“伊”字代用,便因为这个缘故。至于补入中国文中的别国文字,应该用哪一种才好,那是别一问题,现在不及议论了。我的意见,总不赞成用某一国的国语,所以将 she 字借用一节,可以作罢了。

总之我对于这个代名词问题,毫无一定成见。哪一个方法好,我便遵行。但现在尚无决定的办法,我还暂且用我的旧方法写那二字一音的字。

周作人　二月十三日

启明兄:

复信敬悉。

特造“她”或“她”字而读“他”之古音如“拖”,现在仔细想想这个办法究竟不大好。因为:(一)我们一面主张限制旧汉字,一面又来添造新汉字,终觉得有些不对。(二)从旧字里造出新字,这新字又要读旧字的古音,矫揉造作得太厉害了。(三)非添铸字模不可,恐怕印刷局又要来找麻烦。要免去这三层,则用“伊”字最好。我且用个旧例来比方比方:如“考”“老”“寿”三字,意义全同,又是叠韵,于古为转注字(转注用章太炎师说),但后来分作三种用法,如“先考”不能称“先老”,“老人”不能称“考人”,“做寿”不能说“做老”或“做考”。若呼“老头子”曰“寿头开店的‘老板’曰‘寿板’”,这更是要挨嘴巴的了。意义相同而施用各异,久而久之,竟至彼此决不可通用者,就是荀子所谓“约定俗成谓之宜”的道理。我们行文,用定“他”字代男性,“伊”字代女性,等到渐渐成了习惯,也觉得彼此决不可通用了。所以我很赞成用“伊”字的办法。

玄同　二月十四日

(第六卷第二号,一九一九年二月十五日)

白话文的价值

朱希祖

昨天遇见一位老先生与一位朋友谈天。那老先生说道:“白话的文与文言的文,皆是不可灭的。譬如着衣服:做白话的文,就如着布衣;做文言的文,就如着绫罗绸缎的衣。着得起绫罗绸缎的就是富人;那贫人着不起绫罗绸缎,只好着布的了。”我听了暗中笑。我常常说人家都喜欢做“衣裳文学”,偏偏这位老先生又要讲“衣裳文学了”。要晓得贫富,本不在衣裳上区别。那富的人固然也有着绫罗绸缎的衣,然而着布衣的,也尽有富的,并不为着了布衣,就失了他富的资格。那安分守己的贫人,固多着布衣,然而也有贫的人,要假装富人,着了绫罗绸缎,到人家面前去诳耀。试到我们江苏、浙江的街上去看看,着绫罗绸缎的人非凡之多。若到他们家里去看看,十之八九是穷得不堪的。也未见得因为他着了绫罗绸缎,就算他是富人。我们中国人只晓得假装门面,这种贫无聊赖的人,偷窃欺骗人家的钱来,做了绫罗绸缎的衣裳,着了去诳耀“只认衣裳不认人”的下流人物,就可以代表中国大多数文言的文章了。

又有几个人在那里批评白话的文的价值,以为总不如文言的文:

甲说道:“白话的文太繁秽,不如文言的文简洁;白话的文太刻露,不如文言的文含蓄。所以白话的文是毫无趣味的。”

乙说道:“白话的文,今天看了,一览无余,明天就丢掉了,断不能垂诸久远;文言的文色泽又美,声音又好听,使人日日读之不厌。所以孔子说,‘言之无文,行而不远’。古人的文章所以能千古不朽者,就是用文言的缘故。所以我们雅人,只要学古;白话的文,由他们俗人作通俗文用罢了。”

丙说道:“白话的文,车夫走卒都能为之;文言的文,非学士大夫不能为。”

我以为甲的主张,不过要制造伪的文章罢了。文章的好坏,不在繁简,从前顾亭林的《日知录》已经说过了,不必再辩。秽的一字,我不解,大约指着白话的文中骂人的语句,或批评人家,说得太不堪的样子。然而文言的文中,难道就没有这种弊病吗?你看《论语》《孟子》中,不批评人家则已,一批评人家,开口就是"禽兽""盗贼"等恶毒的骂言,"妾妇""穿窬""徒哺啜""贱丈夫"等不堪的嘲笑。你们方且以他们为圣贤,要崇拜他们的,不因此抹杀文言的文。所以这种弊病,不是白话的文专有的。若讲到含蓄,要分两层说。一对于字句的。作文言的文,以为字句必须含蓄,不许直说,所以措词或用古典,或用古字;造句或务简短,或求古奥。所以他们的句语,也有如谶词的,也有如灯谜的,也有如歇后语的,矫揉造作,一副假腔,如同做戏的戴了假面具,把真面目不露出来。到了这种地位,虽有很好的意思,含蓄在内,人家也不看出来了。从前田鸠说墨子的文,"多而不辩,恐人怀其文,忘其用,与楚人鬻珠,秦伯嫁女同类"(说详《韩非子外储说》左上),以华辞巧饰,自讬含蓄的,上者使人买椟还珠,下者徒饰空椟,竟无珠了。白话的文,把真面目刻露出来,即无此种毛病。一对于意思的。做文章时,意思含蓄不露,所谓引而不发,意在言外,使人自己去寻味;若豁然贯通,必如获了珍宝;自是文学的上品。此种好处,不但文言的文有之,白话的文亦有之。试看现在欧美、日本的白话小说、戏曲及新体的白话诗,皆有此种境界。所以未曾细读多读白话的文学作品,而漫欲批评白话文,全无是处。

乙的主张,不过要制造"古"的文章罢了。"古"的弊病,我下文再讲。若说白话的文不能传诸久远,试问《尚书》中《殷盘》《周诰》,多是古代的白话,何以能传诸久远呢?《水浒》《红楼梦》,我敢说再过数千年,也是不能磨灭的。况且最古的时代,文章本是代语言的,我们做白话的文,实在是最古的法则。然而人家不要误会,我们并不因为白话文是古的,然后要做它的。

丙的主张,不过要做"贵族"的文章罢了(学士大夫,即贵族的代名词)。晓得文学的事业,总以人的全部分为标准。若以少数贵族为标准,就是自私自利,这种文章,已无文学上的价值。我的朋友仲密君做了一篇平民文学,载在《每周评论》的第五期,讲得非凡透彻,我也不必再说。至于贵族的心理,以为"文章做到难懂,工夫就深极了;人家不懂,我独能懂,所以可贵。白话的文,人人能懂,车夫走卒皆能懂,所以不足贵"。实现在的新文学,非从科学哲学出来,即不能成立;用极深远的哲理,写以极浅近的白话。所以就外面看来,学士大夫能懂得,车夫走卒亦能懂得;若就内容的理由讲，不但车夫走卒不能懂，即旧派的学士大夫何尝能懂呢？

上文列的数家，不过中国的守旧派反对白话的文罢了。还有留学欧美，做外国的守旧派的，崇奉莎士比亚等贵族的文学，以为“外国文言何尝一致”，亦来反对白话文学。

某君《中国文学改良论》云（见《东方杂志》第十六卷第三号）：“语言若与文学合而为一，则语言变而文字亦随之而变。故英之 Chancer 去今不过五百余年，Spencer 去今不过四百余年，以英国文字为谐声文字之故，二氏之诗，已如我国商周之文之难读；而我国，则周秦之书尚不如是，岂不以文字不变，始克臻此乎？向使以白话为文，随时变迁，宋元之文已不可读，况秦汉魏晋乎？此正文言分离之优点。乃论者以之为劣，岂不谬哉？且《盘庚》《大诰》之所以难于《尧典》《舜典》者（按：《舜典》已亡，今惟伪古文有《舜典》），即以前者为殷人之白话（按：《大诰》是周人的，非殷人的），而后者乃史官文言之记述也。故宋元语录，与元人戏曲，其为白话，大异于今，多不可解；然宋元之文章，则与今无别。论者乃恶其便利而欲增其困难乎？抑宋元以上之学，已可完全抛弃而不足惜，则文学已无流传后世之价值，而古代之书籍可完全焚毁矣，斯又何解于西人之保存彼国之古籍耶？”

某君攻击白话的文，较之中国的守旧派，程度自然高出百倍。他也晓得白话的文可以传诸久远；惟虑白话的文传诸久远而后，语言代变，恐后人不能懂。此乃某君之谬，今为分析辨之：

文学最大的作用在能描写现代的社会，指导现代的人生。此二事，皆非用现代的语言不可。其理由，下文再说。假使作文的时候就要离却现代的社会与人生，而欲为千秋万岁后的读者计划，则思想隐欲专制将来，文学上已无时代精神可表现。若要如此，则吾人不必再创新文学，只要死守旧文学已足。再进一步说，吾人之所以创新文学，实不满意于旧文学；吾人今日的新文学，过了百年千年，后人的智慧日进，必不满意于吾人所创的文学而视为旧文学。所以一代自有一代的文学，离却现代而欲预讲千百年后的将来，与离却现代而欲实现千百年前的过去同一谬见。

文学的作家，与那供给现代人看的文学作品，截然是两事。供给现代人看的文学作品，必须以现代的白话写之。若文学作家所研究的文学书，自然不能限于现代的作品，必将自古以来文学的源流变迁，及自古以来一切文言、白话的文学作品，细细研究。文言、白话中因古今语变,有不懂的,必须研究言语学;我们中国亦有小学,即语言文字学;此皆所以通古今之邮者。盖学术思想,是递变而进化的,所以做白话文学的,一定也要保存古书,以观察过去进步之迹,然后可谋现代的进步。换一句话说,就是观察过去的不满足之处,以谋现代的建设,惟此是文学专家的事,并非要使现代的普通人类都读古书。现代的普通人,既然不是都要读古书,读古书让之文学专家,则后代的人亦是如此,又何患白话的文后人不懂耶?且某君但虑白话的文代变,恐防后人不懂;然则某君所指为文言的,如《尧典》中之"于变时雍""庶绩咸熙",《法言》中之"蠢迪检柙",《阙史》中之"虬户""铣溪",难道后人不通训诂故事就能懂吗?某君必以为"此是古人的书,自或不懂"。然今人中如章太炎先生、刘申叔先生的文,皆是文言的,某君以为不通训诂能全懂吗?可见性质古了,无论语言或文字,皆不能懂的。然而普通的人,对于《尧典》《法言》《阙史》等书,章太炎、刘申叔诸先生的文,皆不能懂,是不妨的;至于文学专家,若不懂以上所举的文章,则对于文学上且慢开口,因为他的学问尚未到此地位。能懂以上所举的文章,然后配讲白话文学的短长。

不能辨别作家与作品的不同,中国守旧派与外国守旧派皆有此病。现代的作品,务使现代人皆能读之,如戏曲小说等是。现代的作家,不能使现代人皆能为之;盖作家必须通科学、哲学,然后能作文学的作品。某君谓:"口语所用之字句多写实,文学所用之字句多抽象(这两句讲不通,我不值得驳)。执一英国农夫,询以 percedtpon, conception, consciunsness, freedom of will, reflection, stimulation, trancc, meditation, suggestion 等名词,彼固无从而知之,即敷陈其义,亦不易领会也。"科学、哲学上的名词,文学专家自当深通其义,此乃作家的学问。农夫只要能读文学作品,如小说、戏曲等。外国现代的小说、戏曲,岂专以科学、哲学上的抽象名词敷衍满纸吗?若农夫必须懂了 perception 等名词,然后读小说、戏曲,难道农夫必须自通几何学、矿学、机械学等,然后用新式的耕田机器吗?

我本来要说白话的文的价值,因为人家反对白话的文,所以费了许多说话,未曾讲到本题。今要讲到本题,尚须分两层讲:一是白话的文功用上的价值,二是白话的文本质上的价值。

一、白话的文功用上的价值分为三条:

(1)我常常听见学生们说:"中国文有三难,一、难读;二、难解;三、难作。所以学了十几年文章,字句尚不通顺。"此指普通文言的文说。我以为作文如制器;同制一器,有学了一二十年才能成功的,有学了五六年即能成功的。其结果利益相等,人必求其速的而舍其缓的。作文亦然学文言的文,须一二十年成功;学白话的文,四五年即能成功,其余十数年,可腾出来专学各项科学及哲学。所以同是用了一二十年功,其结果,学白话的文的知识,超出于学文言的文的数十百倍。(文言的文,难读难解;白话的文,易读易解。两种利弊的比较,我于《北京大学月刊》第一期《文学论》中详言之。此不再说了。)

(2)作文言的文,文章虽做得甚巧,往往有拙于语言,不能应对的。然言语的功用,有较胜于文章的时候。若作白话的文,不必用功于作文,只要用功于说话,演说谈讲,随时随地可以为练习文章之用;所以有了思想,口可以达的,笔亦可以达的,说话与作文为一件事的两面,一举而有两利。学文言的文不注重思想,粗疏简陋;所以他们的一生,作文固多不通,说话也更多不通了。

(3)作白话的文,照他的口气写出来,句句是真话,确肖其为人。作文言的文,虽写村夫俗妇的说话,宛然是一个儒雅的人;写外国人的说话,亦宛然是一个中国辞章之士。中国文人多说假话,多装点门面语,文章是全然靠不住的;所以文学之士,人家看起来与倡优一样。作白话的文不能妆点,比较起来,是真一点。文章譬如美人:白话的文是不妆点的真美人,自然秀美;文言的文是妆点的假美人,全无生气。

二、白话的文本质上的价值分为二条:

(1)白话的文的本质,与文言的文的本质有广狭之不同。文言的文,无论骈文散文,皆以典雅为宗;世俗的语与外来的语,不典不雅,皆不许用于文章。桐城派的文人,往往骂苏轼、钱谦益辈用"释典"语;则今世一切科学、哲学的新语,皆在排斥之列。骈文的选词,虽无桐城派之严,然必须用丽典雅词,一切语言亦无从阑入。总之所谓典雅者,非古人已用的,断不敢用入文章,"刘郎不敢题'糕'字"即为此二派的代表。不知人事一日进化一日,思想一日复杂一日,若使新语不许用入文章,则思想既为古人所蔽,一切新事业就被它无形消灭;阻碍进化,其力甚大。所以举国皆用"夏正",则民国已无形取消;举国皆崇古学,则新学亦无从输入。日本维新四十年,已与欧美并驾齐驱;而吾国社会依然如故,皆因用旧日文言束缚的缘故。若打破古例,输入外来的新语,则文学的思想界,正如辟了数国的新疆土,又添了数国文学上的新朋友,岂不有趣？然此事，或谓“用浅近文言的文，亦可做得到，只要不做旧式的骈文散文罢了”。不知一代的文学，总须表现一代社会的现象。文言的文只能伪饰贵族文人，至于社会全体的真相，非白话俗语不能传神毕肖。社会全体的真相不明，则文学家虽欲指陈它的利弊，亦无从开口。所以白话的文的领土，既能容纳一国的全社会，又能容纳外国的各社会，运用自在，活泼泼地；文言的文，既以古为质，范围又狭，与现代社会现代人生不相应，虽有文学而实无用，竟与死的一样。

(2)文学之对于人生，与食物同。食物的良否，视消化的难易与滋养料的多少而定。文言的文与白话的文滋养的多少，皆非一定。文言的文，滋养有多的，亦有少的。白话的文亦然。现在由科学、哲学的见地所成之白话的文，滋养料的丰富，固无可比；若宋元明清的白话语录、小说、戏曲及现今无学识的白话文，滋养料亦不多的。所以从滋养料上讲，白话的文与文言的文差不多。惟讲到消化，白话的本质，仿佛就是粥、饭、面包、牛乳、鸡子。文言的文，消化的容易，远不及白话的文了。一种食物既然不易消化，就有两种毛病：其一，食了未曾溶解，即排泄而出，虽有滋养料，亦不能提出补益身体。其结果，必成为贫血病，精神日渐萎顿，不堪做事，渐致不能支持身体。文言的文即有此弊：作的人愈经锻炼，读的人愈难溶解，囫囵吞咽，消化力自不健全。所以虽有好文学，亦无补于人生，反使社会毫无活力。其二，食了不易溶解，且有积滞于胸而不化的，百病从此而生，寿命亦自然短促。文言的文以古为质，读的人往往食古不化，作的人又必想尽种种方法，比喻他的句调，叫做什么“掷地作金声”“精金百炼”……无非叫人读了凝积于胸，不易消去，致使社会上弊病百出，有人要做裨补滋养社会的事业反而生出许多阻力。可见消化容易，为食物第一急要条件。文学中，白话的文之胜于文言的文，其最大要义，即在此。世有反对白话新文学者，难道是不要吃粥、饭、面包、牛乳、鸡子，而要吃陈古千年钢铁样硬的糯米团子和糠粃团子吗？——就说白话的文不见得尽是粥、饭、面包、牛乳、鸡子那样的滋养料，也还可以说是新鲜的糠粃团子，食了纵少补益，也还无害于身体；若陈古千年钢铁样的糠粃团子，不但无益，而且有害！

（第六卷第四号，一九一九年四月十五日）

关于新文学的三件要事（通信）

潘公展　钱玄同

记者先生：

贵杂志提倡新道德，灌输新思想，建设新文学，真不愧为“新青年”。我自从读《新青年》，不到一年，觉得完全改变了旧日的态度，就是我朋友之中和我一样被感化的也不少，可见《新青年》是今日国中一线的曙光。要拯拔中国的青年，跳出旧家庭、旧社会束缚的势力，重新做他们的“人”，全靠这《新青年》了！

以上所说，不是我的虚誉，——《新青年》的声价，也未必要因我的虚誉而始增；我不过是本我良心上的意见，希望这《新青年》的势力普及全国罢了。

我对于《新青年》的主张，大体同意；而对于“文学革新”的问题，尤为赞成。我现在是小学校国文教员，所以就想把《新青年》中所主张的来实行。但在实行之前，觉得有许多困难：一般老古董和半新半旧的人的阻力，教科书的不能应用，教授时间的限制，学生家庭的迷信等。所以我想乘寒假期内，做一篇关于“革新文学与小学国文之教授”——将来或就以此为题目　　的文章，将我个人对于实行改良文学方法写出来和识者讨论。现在因内容所包甚多，一时不能脱稿，将来做完了，总要寄上请诸位先生指教的。

再，我以为关于建设新文学，还有三件事是很要紧的，并且《新青年》里已经讨论过，现在把他写在后面，请诸君格外的努力去做。

（一）创作模范文学，或选定古人所做可以作为模范的文学书。——这一层包括自撰、自编、翻译、选订，种种。现在《新青年》上所刊载的，偶于翻译一面居多。

（二）编中国新文学所应用的“文法教科书”。——中国向来没有文法，教授上很感困难。现在既然要建设新文学，示人以“规矩准绳”，那么文法的书一定要赶紧编好。

（三）审定今韵。——要做韵文，总逃不了韵——无韵诗似在例外。古韵既和今韵不同，那么今人要做韵文，用前代的韵觉得勉强，随意用韵，那又各人不同，所以审定标准韵实在是最要紧的事。前在《新青年》上好像看见有北京大学审定今韵的事，由玄同先生主任，不知道现在怎么样了？

这三件事想早已在诸位先生的筹划之中，不过我希望得切，所以写了出来。请诸位先生注意！

我对于白话诗的观念，以为较从前做诗，活泼得多，有生气得多。所以我虽没有研究过，却也“跃跃欲试”，滥做了几首，并且以后立志总要这样做，定了我那练习白话诗的书名叫《独唱集》。因为我觉得做白话诗的宗旨，是要把我个人的自由意志情感，用最直接爽快的方法写出来；至于成诗不成诗，别人说是算不得诗，那就不问。并且因为我四围的人没有一个表同情的，所以取那“独唱无和”的意思，来把“独唱”两字做我的书名。但是我最喜欢献丑；俗人的面前我固不屑和他讲，至于那识者的面前，我很愿意把自己的陋作受他们的批评。所以我把我第一次所仿的白话诗，另用一张纸写好寄上，还要请诸先生忙中抽闲指示指示才好。

我现在没有什么要写了，但希望《新青年》发达，诸先生健康，并盼赐教。

一九一九年一月三十一日，潘公展上

公展先生：

先生褒奖《新青年》的话，同人实在不敢当。但是先生既然这样说法，则同人益当勉力做去。能得二十三岁的青年少几个人做“遗少”，这是同人惟一的希望。

改良小学校国文教科书，实在是“当务之急”。改古文为今语，一方面固然靠着若干新文学家制造许多“国语的文学”，一方面也靠小学校改用“国语教科书”。要是小学校学生人人都会说国语，则国语普及，绝非难事。小学校里用了国语，教员也容易讲，学生也容易懂，比那用国文的，一难一易，差得远了。这不是说空话，是有实证的。去年蔡孑民先生在北京办了一个孔德（Comte）学校。先把那国民学校第一年级改用国语教授，由我们几个人编了一本《国语读本第一册》。据教的人说比用坊间出版的国文教科书，学生要容易领会得多了。教了两个月，叫学生把读本上的句子改换几个字,居然能够改换改换(譬如"我有一支笔"改为"他有一本书";"我同我的弟弟到学校去"改为"我同我的姊姊到体操场去"之类)。这就因为国语的本身既容易了解,他的句法又是很活泼,简直是识字方块字。三四册以后,各课的文句,有很晦涩的,有太高古的,又有文理不甚通的,学生读了,和读《三字经》《神童诗》差不多。请问怎么能受益呢?先生要做的那篇文章,我以为这是现在极要紧的,已经脱稿了没有?我希望早日做成,早日发表,我是极想早点领教啊。

先生所说关于新文学的三件要事,具答如左(下):

(一)《新青年》里的几篇较好的白话论文,新体诗,和鲁迅君的小说,这都算是同人做白话文学的成绩品。"模范"二字,是断不敢说,不过很愿供给大家做讨论批评的材料罢了。周启明君翻译外国小说,照原文直译,不敢稍以己意变更。他既不愿用那"达旨"的办法,强外国人学中国人说话的调子,尤不屑像那"清室举人"的办法,叫外国文人都变成蒲松龄的不通徒弟。我以为他在中国近来的翻译界中,却是开新纪元的。至于选古人的白话文,我觉得此事甚难。若从严格论,现在所谓古文,都是古人的白话。佶屈聱牙的《周诰、殷盘》实在是当时的白话告示。有劳毛亨、郑玄、朱熹们诸公加笺注的《诗经》,实在是当时的白话诗。若就较近于今日之白话而论,惟有明清以来之小说。小说中较有价值者,不过《红楼梦》《儒林外史》两部书。然要在这两部书中选它几十节,却不容易。《水浒》和《元曲》,与现在的话实不相近;若宋儒语录,在现在看来,和苏东坡的策论一样的难懂。这两种,我以为都不当入选。

我又以为我们所以要做白话文的缘故,不过是"今人要用今语做文章,不要用古语做文章"两句话。那么,古人做得矫揉造作不合当时语言的文章,固不当学,就是古人做得很自然的白话文章,也不当学。因为在他当时是今语,该这样做;在我们现在已经变为古语,不该照样去学他。所以我个人的意见,我们很该照自己的话写成现在的白话文章,不必读了什么"古之白话小说",才来做白话文章。

(二)国语的文法书,的确很重要。现在北京大学的国文研究所,正在那里着手做这件事。

(三)现在做白话诗所用的白话,自然是全国中最普通的语言了。这种语言,就是一种不成文的国语。所以做白话诗所用的白话,可以说,就是国语。——做白话文的白话,自然也是这一类,自然也是国语——既然用国语做诗,那就该用国音押韵。一九一三年，读音统一会于制定三十九个注音字母之后，又审定常用字七千多字的音。这审定的就可说是这七千多字的标准国音。去年，教育部委托吴稚晖先生把这审定的七千多字的音编成一部书；吴先生又把和这七千多字同音的字，准照这七千多字的审定的音，也注上个音，附在后面，也有七千多字。合这一万五千字，做成一部《国音字典》。这字典，现在已经由商务印书馆印成，不久即可颁行。我以为今后做诗，可以照这标准国音用韵。凡《国音字典》里同母音的字，在《诗韵》里虽不同韵，现在尽可拿来押韵；《国音字典》里不同母音的字，在《诗韵》里虽同韵，现在断断不可拿来押韵。例如（下列之音，因注音字母的字模，除商务馆外，别的印刷局中尚未备此，故暂用罗马拼音代之）：

江（Chiang）阳（Yang）诸字可以押韵；

奇（Chi）希（Shi）西（Si）诸字可以押韵；

因（In）今（Chin）诸字可以押韵；

寒（Han）元（Yüan）删（San）先（Sian）覃（Tan）盐（Yan）咸（Shian）诸字可以押韵；

萧（Siau）肴（Shiau）豪（Han）诸字可以押韵；

庚（Keng）蒸（Cheng）诸字可以押韵，

之（Chih）低（Ti）眉（Mei）儿（Erh）诸字不可押韵；

来（Lai）雷（Lui）诸字不可押韵；

虞（Yu）模（Mu）诸字不可押韵；

喧（Shuan）门（Men）诸字不可押韵；

马（Ma）也（ye）诸字不可押韵。

总而言之，是现在的人，该用现在的国语做诗，该用现在的国音押韵。那从前的《诗韵》，只配丢在字纸篓里；或者拿去盖盖酒甏口，也还使得。到做诗的时候，丝毫用处也没有。（《诗韵》这样东西，就是在旧韵学上，也没有半点价值。研究“小学”的人，也很吐弃这书。）吾友刘半农君曾有反对把“规，眉，危，悲”等字与“支，之，诗，时”等字押韵之论（见《新青年》三卷三号），我很以为然。一般人都说刘君不懂古音——他们所谓古音，大概就是《诗韵合璧》罢。我倒要请问他们：诸君嘴里读“规，眉，危，悲”等字和“支，之，诗，时”等字，母音是一样的吗？假如嘴里读得不一样，不过据着《诗韵合璧》来骂人，那我又要请问：《诗经》不比《诗韵合璧》更古吗？第一首《关雎》中，把

“服”字和“得”“侧”二字押韵，把“采”字和“有”字押韵，把“笔”字和“乐”字押韵，诸公为什么不照办呢？好古而但知《诗韵合璧》，似乎还欠深造罢！

先生的白话诗几首，已经拜读了。窃谓在纯文学——诗、小说、戏剧中，描写口气的地方，固不妨用方言，以期曲肖。但方言中，往往有写不出字的。这写不出字的，约有三种：

（1）未曾制字者：如我们吴兴人称“他”为 Dji，乃“其”字；而称“他们”为 Dja，则未曾制字。

（2）或有其字而未曾考出者：如吴兴人称虾蟆之音为 Dien-dien-wu。这样的名目，似乎应该有个字，然而竟写不出来。

（3）虽有其字，而因古今音变，不能适用者：如吴兴人称“不要”为 Shiau，此实是“勿要”二字之合音。但“勿要”二字，照国音是 U-iau，照吴兴方音是 Feh-iau，则不能再拿来表 shiau 音。

我主张凡方音中写不出字的，将来可以直用《注音字母》去拼它的音，不必更造字。现在《注音字母》尚未普及，或姑用罗马拼音表之，亦可。惟不可用近似而不甚合之字。如大作中“我淦清”的“我”字，注云，“音 Nga”案，吴兴音之 Nga，其义实是“我们”而非“我”（大作此句中之 Nga，则为“我们的”），鄙意以为宜老老实实写 Nga 音，不必用近似之“我”字。未知尊见以为然否？

记者（钱玄同）　一九一九年九月二十二日

（第六卷第六号，一九一九年十一月一日）

同音字之当改与白话文之经济（通信）

陈懋治　胡　适　钱玄同

适之先生：

有人问我两件事情，我不能答复，写出来请先生指教。

第一件是：前年我从日本回来，有人问我日本情形。我说："自欧战以后，商业十分发达，人民的富力增加了许多，所以各处地方的工厂也是格外发达了。"旁边有位先生听了这句话，将"工厂"二字误作"公娼"，我和他办明白了。又有一个人说道："今天这'工厂'二字，是第二次误会了。"因为那天早上有人问他杭州学校的情形，那人说："自从杭州近来有了公娼，学校里很受影响。"这听的人却误把"公娼"认为"工厂"。我于是有一个感想，像这种同音字，应该改作什么？前天有人又把"《每周评论》"误作"《美洲评论》"，这又应当怎么改？今天听见人说，蒋梦麟先生要买地毯，叫车夫拉到买地毯的地方去。车夫没有听明白，把他拉到了地坛。我住的察院胡同，打电话的时候，十次有九次，人都误听了是茶叶胡同。以上所说的，是要请教的一件。

第二件是：有人说，"用白话作文，固然好，但是字数不得不多，那就不能不多费时间和纸张，似乎有点不经济"。也请先生作一答语。

我想把"工厂"改作"制造厂"，"公娼"改作"公设的娼妓"，"美洲评论"改作"亚美利加洲的批评"，"每周评论"改作"每星期的评论"。字数多一点，似乎稍微累赘。但是我想，这四个头字的名词和成语，并不是普通白话里头的自然生产品，乃是从旧文学上遗传下来的，我们用惯了似乎觉得方便，实际上却有这同音异义易于误会的不方便。察院胡同似乎可说"就是'都察院'的'察院'两字"，但是那个人若不知道都察院，仍是不得明白。

白话不经济的问题，我对那个人说的是："在写的时候，白话似乎不经济，但是在学的时候，却非常经济。”这个答复，请先生指教指教。《东方杂志》第十六卷第三号所载南京高师胡先骕先生的一篇《中国文学改良论》，反对白话文字。这篇文章，在反对论中算是最有力量的了。务请先生辩正一番！

陈懋治上言

颂平先生：

来信所说的两件事，分答如下：

第一件，同音异义的复音字，究竟不很多，只要说话的人随时留意，就不致误会。先生改“工厂”为“制造厂”，“公娼”为“公设的娼妓”很好。在常说，“语言文字全是上下文的”（见《国民公报》），如“公娼”与“工厂”一类的名词，太短了，能拉长一点，更为稳当。至于地名如察院胡同之类，只需加上“上下文”，如“西单牌楼……”等字，便不致错了。北京的地名，不但有音同的，竟有许多字同的。但是加上了“东四”“西单”“哈达门外”“西城”等附加词，便不怕了。

先生说，“四个头字的名词和成语，乃是从旧文学上遗传下来的”。这话很是。中国文字太整齐了，实在是一个缺点。西文的书名，不妨长到二十个字。中文书名，至多不过五六个字。如“Journal of Philosophy’ Psychology and Scientific Mothod”，译成中文“哲学，心理学科学方法的杂志”，就有些人见了摇头了！

第二件，白话不经济的问题，我也听见人说过。这话可以有两种答辩：

（1）他们所说的经济，不是真经济，而是偷懒；并且不过是暂时的偷懒，不是根本的偷懒。譬如我编讲义，用文言写了，岂不偷懒？但是上讲堂时，我不能不替自己作翻译，这番工夫躲得过吗？又如学生记我的讲义，他们听的是白话，又翻成文言，字虽少写了几个，究竟经济何在？若是翻译错了，失了原意，那更不经济了。所以要是做文言的文，一定要忍受心里翻译的不经济，忍受意义不正确的不经济，忍受文法不精密、不完全的不经济，忍受听者读者误解误听的不经济，这真是太不经济了。

（2）白话文字有一种根本上的大经济，就是先生说的“教育上的经济”。一句文言，懂得的有十人；一句白话，懂的有千人万人，可不是大经济吗？将来白话文的习惯养成了，提起笔来，有什么话，说什么话。像我写这信的样子，不用造句子，不用翻典故，不用掉书包。那时候，白语的真经济就更显著了。

以上是匆匆写的,先生以为何如?

胡先骕的驳议,是"似是而非"的。已有罗家伦君在《新潮》第一卷第五号里驳过他了。我也没有什么可加的意见。他有信来,说有一封信给我,已写了十分之六七。我等他那封信写成时再答他。

以上所答,都是百忙中偷空写的,定多不当的地方。听说玄同先生还要加一段详细的答语,我更可以少说几句了。

胡适

这封信所说的那两件事,颂平先生也曾经写信问过我,所以现在就在这里附答——

我对于第一件事,所见完全和颂平先生相同。我以为这种两个头字四个头字的名词和成语,除了那用得熟而又熟,早已变成一句普通语言的——如"总而言之""诸如此类""自然而然"之类——以外,在今语体的文章里,总不要去乱用它。并且要常常留意,可以改用一句普通话的,务必改用,才是。即如"每星期的评论",这六个字何等明了。"星期"是嘴里常常说的,又是一个复音名词。"周"是嘴里所不说的(这名词是从日本贩来。其实日本称为"周间",也是复音名词),又是一个单音名词。自然是"星期"比"周"要适用了。"每星期"之下加一个"的"字,文法便很完备了。这是我绝对赞成的。至于"地毯""察院胡同"之类,只要说得明白一点,就不至于弄错。因为"我要去买地毯"和"我要上地坛去",这两句话说完全了,决不至于误会的。"察院"和"茶叶"无论南音北音,都不相同,说得清楚一点,也不会弄错的。

不过照上面所说的改法,有惰性的人一定反对,以为太麻烦。就是我们自己,虽然说的时候很明白,恐怕下笔的时候,惰性一发作,又要想少写几个字了。发生这种惰性的缘故,我以为大原因是由于写这种方块头的"不象形字"。为什么呢?因为这种"不象形字",是一种极无道理,极麻烦,极不适用的记号;写这种记号,能够少写一些,便总想少写一些。加以从前的旧文章,本来不讲究什么文法,极重要的介词连词之类,都可以任意省略,任意颠倒,任意变换(但看一部《经传释词》,便可知道古人用"虚字"的杂乱无章)。我们现在还可以看得懂这种笼统含糊的文章,于是不知不觉,就爱用这两个头字四个头字的成语,爱做文法不完备的文章。我以为要根本改良这一种弊病,第一步,当规定一种极周密、极完备的语法。我们做今语体的文章,务必要处处合于语法,叫人家不至于看成一片糊涂帐。第二步,必须将这种极不适用的"不象形字"废去,改用字母拼音——这字母该用如何的形式,那是别一问题。若依我个人的主张简单说来,现在可以先用《注音字母》,将来慢慢地再改良——每一个"词",无论一音二音三音四音,都连在一起写;两个词之间,空开半个字的地位;行款改用横行。总而言之,完全改用西文的写法。如此,则两个头字四个头字的名词才可以消灭净尽。——惟有我上文所举的"总而言之"等,可以存留。——先生所主张的改法可以完全实行。因为到此地步,如其不照先生所改的办理,还是沿用旧法,简直要变成一种莫名其妙的东西了。例如拼"公设的娼妓"作 Kungshe ti changchi(因为印刷局没有《注音字母》的铅字,所以暂且照普通罗马拼法拼音),"公娼"作 Kung Chang;拼"每星期的评论"作 Mei singchi ti Pinglun,"每周评论"作 Mci ChenPing Lun;前面的两个居然成字,居然有文法,后面的两个只是一个一个的声音,无论何人,一定照前面的两个写了。因为字母既比"不象形字"要容易写,写拼音的文字必须一个复音名词连写,几个名词分写,又有极显明的文法,非此,则无从明了。那么,单音名词因为有同音字混淆,于是只好不用了;复音名词若不连写,则不知那里到那里是一个名词,于是不得不连写了;没有显明的文法,则意思看不明白,于是文法上应有的字不能省略了。——于是这些笼统含糊的两个头字四个头字的东西,完全宣告死刑了。

我对于第二件事,所见完全和适之先生相同。以为今语体的文章,多用复音的词,文法上应有的字一一写入,这都是使意义正确明显,写的人可以完全把意思表达出,看的人可以一看就明白,少费了许多锻炼揣测的瞎工夫,真可谓经济到极。我于今年五月里做过一篇《文学革新杂谈》,登在《北京高等师范学校周刊》第七十期。其中有一段话,现在引在下面:

> 我个人的意思,无非是说:愈分晰,愈精密,愈朗畅的文章,字数一定是愈多的。因为要它分晰,要它精密,要它朗畅,则介词、连词之类应该有的,一个也缺少不得;名词、动词之类,复音比单音的要明显,——譬如一个"道"字,最普通的有两个意义。若都用一个单音的"道"字,则容易误解。若用复音语,曰"道路",曰"道理",则一望便明白了——那就该用复音的。介词、连

词应有尽有,名词、动词改用复音,那么,比到旧日的古文,它俩的字数,必至成了五与三的比例,或者竟至加了一倍——一般人觉得本来只要写三百个字就完事的,现在要写到五百个字才算完事。于是就说:"这是不经济。"殊不知道在看的人一方面,假定一分钟能看二十个字,看那古文,因为文章笼统、粗疏、含糊,所以三百个字虽然十五分钟就已看完,可是还要仔细推求,才能明白。——说不定还有误会的地方——这仔细推求的时间,或者还要费上两三个十五分钟,也未可知。若看白话的文章,因为文章分晰、精密、朗畅,所以五百个字虽然要看到二十五分钟,可是看完了,意思也明白了,用不着再瞎费仔细推求的工夫。请问谁经济,谁不经济呢?

我对于这经济不经济的问题,意见就是这样。我常常觉得古代的文章所以简的缘故,实在是文法没有完备。例如《左传》第一句"惠公元妃孟子",连写三个名词,中间竟没有虚字。若在汉唐以来的文章里,便须作"惠公之元妃曰孟子",多了"之""曰"两个字,便觉得比《左传》明白。这就是后世文章进化的地方。若及今语,必作"惠公的元妃叫做孟子",或再明显些,作"惠公的第一个夫人叫做孟子"。这个"曰"字在古文里作"说道""叫做"两个意义用,今语分做两个,这是更进化了。那些桐城谬种、选学妖孽,一定说"惠公元妃孟子"这个句法最好。他们这些人是不足深责的。我愿现在的明白人,不要来上"字简就是经济"这句"似是而非"的话的当!

从前听见人家讲笑话,说有一副对联,叫做"今年真好晦气全无财帛进门",有两种读法:(1)"今年真好晦气,全无财帛进门。"(2)"今年真好,晦气全无,财帛进门。"又听说有两句话,叫做"雨落天留客天留人不留",也有两种读法:(1)"雨落天留客,天留人不留。"(2)"雨落天,留客天,'留人不?''留!'"这种话头,是那些古老人最爱谈的。他们说,这是文章的妙处。其实从这种笑话里,就可以看出中国文法句法的含糊,"虚字"的缺少。我们现在正应该把含糊的弄清晰,缺少的一一补足,做极精密不能丝毫游移的文章,才是真经济!

以上所说,颂平先生以为然否?

钱玄同　一九一九年十月廿四日

(第六卷第六号,一九一九年十一月一日)

写白话与用国音（通信）

郭惜黔　钱玄同

玄同兄：

（上略）据《新青年》里所说，大致你是最激烈的文学革命者。我现在还没有研究这件事，不敢说你所主张的是否。但就我个人的意思说，似乎现在社会，宜稍从容些进行，不必操之过急，反倒生出阻力。你想，我这话可还有一二分道理吗？废汉文一事，外间非难你的人颇多。据事实来说，一时似也办不到。我想现在要紧的是要言文合一，是要大多数的人应用的文字不要太艰深。譬如用典故，讲骈体等，似可设法先行除去。写白话，用方音（即国音，非必限于何一方），似可尽先提倡。如能把寻常应用的字选择一遍，将笔画少，意义单纯，随便写写可以够用的字，做成一部简易字典，或编成教科书，凡初学作文时，便把这层工夫放在第一件，大致总可容易明白。如要研究文学，再做第二第三以次的工夫。一面著书的，出报的，都从这一方面着手，总要大家容易看，容易懂，方算有用。久而久之，自然认字不费事，读书不困难。个个人都能够从书报里慢慢儿晓得自己国家的地位，世界各国的情形，那就一切改革的事都容易下手了。这是我的理想，你说可以通得去吗？你的意见如何，能告诉我一点吗？我自己根底太浅薄，看见中国人新的太新了，旧的太旧了，我自己一个都搭不上，反叫我心中恍惚起来了。你是我的老朋友，现在你的学问又简直可以做我的先生，你替我想想，应该怎样做工夫，才是正道理呢？（下略）

弟郭惜黔上言　（民国）八年，三月，十五日

步陶兄：

老兄这封信里第二段的话，我句句都赞成。内中“个个人都能够从书报里……都

容易下手了”几句话,尤为不刊之名论。现在的中国人的脑子,实在可怜。不是挨饿没的吃,就是吃日子搁久的臭鱼烂肉,再不然,就拿漏脯鸩酒来充饥。你想,这样办法,不是饿死,就是毒死。所以用现在的语言来做书办报,把二十世纪的人类应有的知识一件一件写将出来,救救他们的脑子,真是“功德无量”的事。至于我主张废汉文,虽然明明知道不是旦暮间就做得到的事,但我总觉得“人定可以胜天”,世界上一切事情,我想到了,就该说,就该尽我之力做它几分。若说“汉文废灭不知当在何时”,我以为这事本无一定。如其大家都觉得汉文不适用,都来鼓吹废灭的话,则数十年间,即可废去;如其人人意存观望,或以为不当废灭,则其命运虽再延五百年,亦是意中之事。所以我以为废灭之办得到、办不到,全在人为,不能靠着自然。

老兄说我“是最激烈的文学革命者”,我看了这话,真是惭愧得很。我本是一个研究古董的废物,受了二十年的腐败教育,新的知识半点也没有。老兄和我是老同学,必定深知我的历史,何以竟加了我这样一个好头衔呢?我的讲文章革命,和胡适之、周启明、刘半农、陈独秀诸公真懂得新文学的,其观念完全不同。我是因为自己受旧学之害者几及二十年,现在良心发现,不忍使今之青年再堕此陷阱;只因自己是过来人,故于此中之害知之较悉,于是常常在《新青年》空白的地方,用不雅驯的文笔,发几句极浅薄的议论。虽然要竭力摆脱古文的句调,顽旧的议论,究因陷溺太深,所以“乌烟瘴气”,“古今中外”的议论,终不免时时流露;连“稳健的新党”还是远赶不上,还说什么“激烈”呢?

至来信第三段所谓“新的太新,旧的太旧”,这话我却不敢赞同。中国现在以两种人为最多:一种是僵尸相的旧人;一种是半死半活,不死不活,似死似活的“折中派”。真的新人,恐怕是很少很少。“新”既很少,则更无“太”之可言。外面的人看了《新青年》和《新潮》这类杂志,以为这是新人的新言论了。殊不知这些新人,都和“半路出家”的和尚一样,所以无论怎样,这旧气总是洗涤不尽。一些旧污也不染的新人,只能希望小学校的学生。但是也还不敢担保,说他们真能不染一些旧污。现在姑且说几句乐观的话,则此等小学生,自从今年“五四运动”以来,也颇受了一点刺激,似乎比到从前,颇添许多活泼气象。但愿以后少受他们的家庭教育,少读圣经贤传,少读那些“文以载道”的古文,多听些博爱、互助、平等、自由的真理的演讲,尽两手之能而常事工作。如此,则庶几可为将来新中国的新人物。至于我们自己,处在这种二十世纪欧洲大战以后的新时代,趁此脑筋尚未完全陈腐的时候,应该赶紧把身上背着的二十四部"相斫书""民贼家谱"里的黑暗旧道理尽力抛弃,对于现在已经渐发曙光的进化真理尽力赶上去研究;千万不要疑心它太新,"心中恍惚起来"！我们应该知道,人家的学问、道德、知识都是现代的;我们实在太古了,还和春秋以前一样。急起直追,犹恐不及,万不可再"徘徊歧路"了!

步陶！我们是老同学,我所以对你说这几句不客气的话,你大概不至于见怪罢。

弟钱玄同　一九一九年十月二十四日

(第六卷第六号,一九一九年十一月一日)

中文改用横行的讨论（通信）

钱玄同　陈大齐

百年吾友：

两年以来，我很主张写中国字应该照写西洋字的样子，改直行为横行。我所以主张改革的理由，有三层：

（1）今后的中文书里，必定常常要嵌进西文。那人名、地名，是不消说了。此外凡有译不正确的名词，如 Logie、Bolsheviki、Democracy 等字，译义为“论理学”“过激派”（或广义派）“民本主义”，既嫌它意义不正确，译音为“逻辑”“布尔札维克”“德莫克拉西”写上要多笔画复杂，意义不连贯，声音又似是而非的汉字，又觉得麻烦讨厌，难于记忆。我以为这都应该老老实实写西文原字的。既然中文里常常要嵌进西文，西文既不能改写直行，则惟有把中文改写横行之一法。否则一行里面，要是嵌进了五六个西文，写的时候，看的时候，要把书本直搬横搬，手也吃力，眼睛也眩乱，嘴里又不能一口气读将下去，毫无理由，白白吃苦，真正冤枉极了。

（2）中文字形是正方的，本来可横可直，在不写西文的文章里，似乎横行也未尝不可。但是中文写法，还有一层不便之处，则自右而左是也。因为自右而左，所以写第二行的时候，手腕就碰在第一行上；要是遇到不容易吸墨的纸，则第一行未干的墨迹，都要印在手腕上了。若改自右而左为自上而下，则可免此病。有人说：“这是你写字不会悬腕的缘故。要是你会悬腕，那未干的墨迹，怎会印在腕上呢？”我说：“写字会悬腕的，只有书法家；普通的人，恐怕都和我一样，不会悬腕的。”我对于研究书法的人，虽不至如傅孟真君说的“吃饱饭，没事干，闲扯淡”（见《新潮》第一卷第三九五页），可是决不提倡这个，说是人人都该写好字，人人都该会悬腕写字。有人说：“那么，何不单改自右而左为自左而右呢？何必牵连到横行直行上去呢？要知道字形正方的文字，虽然可横可直，但是中文因为自来习惯是直行的，所以写行书草书时，那笔势的连贯是自上而下的，如'曰'字'言'字之类；要是改了横行，恐怕写行草时有不便利。"我说："照第一层理由看来，横行实在比直行便利，实在是非改不可的。若讲到写行草，难道行草的笔势是不可改变的吗？那行草里遇到'曰'字旁'言'字旁的字，写'曰'字'言'字的笔势，就自左而右了。改用横行以后，单写'曰'字'言'字的时候，也可以仿照'曰'字旁'言'字旁的写法，这有什么为难呢？总而言之，写直行的时候，笔势当然是自上而下，改用横行，笔势当然是要改为自左而右。这是毫无疑义的，改改也毫不困难。"

（3）我们既然主张今后的中文非加标点符号不可，那就应该晓得，在印刷方面，排横行加标点符号比排直行加标点符号要便利。试举两例：（A）横行在每逗之后排"，""；"等号，其后即接排文字，两逗之间，约空每字三分之一地位排"，""；"等号，最为醒目。若排直行，或如《新青年》，于两逗之间不空，将"，""；"等号排在字的右旁，则排时若稍有移动，此号当属某字之下即不能明了；或如《每周评论》，将"、"号置于两逗之间，也占他一个字的地位，又未免太空，且未免占篇幅太多了。（B）如照《新青年》的款式，还有一层困难，即每句每逗的末了一个字，如是私名，或是书名，则此字之右旁既要排"——""～～"等号，又要排"，""。"等号，两号在同一地位，不能并容。所以《新青年》自从第四卷革新符号以来，遇到这个地方，两号必缺其一。因此，我们别想一法，今年春天，和适之、启明两君商酌，把私名号、书名号搬到字的左旁，期与句号逗号不相冲突。《新青年》从六卷五号起就照此改排了。但是我觉得这个办法，终究不大好。第一层，是一个字的笔势，大都是自左而右，写完一个字，在右旁加符号，是很便利的；如倒过去，在左旁加私名号、书名号，再在右旁加句号逗号，实在不甚便利。第二层，将来《注音字母》推行以后，必有许多书籍要在字的右旁加注音字母的，遇到每句每逗的末了一个字，那就《注音字母》和句号逗号又要冲突了。如其改为横行，则句号逗号在字的右旁，私名号、书名号在字的底下，注音字母在字的上面，毫无冲突。

以上三层，是我主张改中文为横行的理由。这些理由，纯粹是就应用一方面说的。记得今年春天，你曾经对我说："就生理学方面研究起来，看横行比较看直行要不费力。"这是根据学理立论，理由一定更为充足。现在我要请你把这就生理证明看横比看直便利的道理详详细细地告诉我，想来你总可以允许我这请求的。

钱玄同

玄同兄：

来书敬悉。你主张中文改用横行，就应用上举出了三层理由，很是周到。我想有反省的人总该赞成你的主张。我从前告诉你“看横行比较看直行要便利”，现在既然承你问我，我不妨约略写出点来，或者可以做你主张的帮助。

我们读书，除了那盲人以外，总是用眼睛看的。但是照生理学上说起来，那眼球的各部分并不是有同样的视力。网膜的正中点看东西最明白，周围的部分都不及它，这一点叫做中央小窝（Focua）。因为中央小窝看东西最明白，所以我们看东西的时候，总要把它的像映到中央小窝上去。这件事情，是很容易明白的。我们平时把东西放在眼睛面前，就是物像映在中央小窝上，便看得明白；假如放在旁边，物像不映到中央小窝上，便模模糊糊的看不清楚，就是这个道理。而中央小窝又很小，容不了很大的物像。倘然有一件大东西放在我们眼睛面前，只有一部分能够照在中央小窝上，其余的部分只能照在中央小窝外的网膜上。因为如此，所以只有一部分看得清楚，其余的部分便不能很明白。但是我们既注意了一件东西，要去看它，总想把它的全体看明白。而中央小窝又小，容不下很大的物像。这个时候，我们必须移眼球，次第地看过去，才能把这东西全体看见。所以眼球的运移，在看东西的时候，是一种极重要的作用。不过眼球的运移是很快的，所以往往我们自己不大觉得。

身体上无论哪一部分的运动，都靠着筋肉的伸缩。眼球也是如此。眼球所靠的有六条筋肉：内直筋，外直筋，上直筋，下直筋，上斜筋，下斜筋。眼球往左或往右的时候，只要有一条筋肉作用，便能发生运动的现象。至于往上或下的时候，单有一条筋肉作用，不能发生运动。往上的时候，一定要上直筋和下斜筋共同作用；往下的时候，一定要下直筋和上斜筋共同作用。所以眼球的左右运动只靠一条筋肉的作用，眼球的上下运动却靠两条筋肉的复合作用。单有一条筋肉作用，用力较小。用力小，自然是较为安逸，或为容易。要两条筋肉共同作用，用力便大。用力大了，自然是较为劳苦，较为困难。这个道理，可以用事实来证明的。我们画一个很精确的正方形在纸上，我们试拿来一看，总觉得左右的两条边较长，上下的两条较短。明明是一个正方形，我们看过去，却变成了一个长方形，不是正方形了。这是什么缘故呢？正因为上下看较为劳苦，较为困难，左右看较为安逸，较为容易。两方一比较，便生出一长一短来了。

正如我们走路,同是走十里路,初走的时候,人还不曾疲倦,十里路不觉得远,走到后来,人疲倦了,十里路便觉得很远。现在把这左右看容易、上下看困难的道理应用到读书上面去,便可知道横读容易,直读困难。我讲这句话,或者有人反对我,说:“我们直读并不觉得比横读困难。”这句反对的话也有道理。我们读书的人从读“赵钱孙李”“天地玄黄”的时候起,便是直读,直读惯了,自然不觉得直读比横读困难,或者竟是比直读要容易些。倘然就那些没有读书的人——直读横读的习惯都没有的人——而论,横读一定比直读要便利。这是就上文所说的可以推想而知的。再进一步说,假如我们从小便养成了横读的习惯,则现在读书一定也比现在的直读要便利许多。总而言之,直读已经成了习惯,自然不觉得不便利,假使直读横读都未成习惯,或都成了同程度的习惯,则横读一定较为便利。

横读和直读比较,前者是比较经济的习惯。我们想养成一种习惯,岂有弃了那经济的而反取那不经济的道理呢?即使那不经济的习惯已经养成,我们也应该打破了它,另养成一种更经济的习惯,好救将来的损失。

陈大齐

(第六卷第六号,一九一九年十一月一日)

国语的进化

胡 适

一

现在国语的运动总算传播得很快很远了。但是全国的人对于国语的价值,还不曾有明了正确的见解。最错误的见解就是误认白话为文言的退化。这种见解是最危险的阻力。为什么呢?因为我们既认某种制度文物为退化,决没有还肯采用那种制度文物的道理。如果白话真是文言的退化,我们就该仍旧用文言,不该用这退化的白话。所以这个问题——"白话是文言的进化呢?还是文言的退化呢?"——是国语运动的生死关头!这个问题不能解决,国语文与国语文学的价值便不能确定。这是我所以要做这篇文章的理由。

我且先引那些误认白话为文言的退化的人的议论。近来有一班留学生出了一种周刊,第一期便登出某君的一篇《平新旧文学之争》。这篇文章的根本主张,我不愿意讨论,因为这两年的杂志报纸上早已有许多人讨论过了。我只引他论白话退化的一段:

> 以吾国现今之文言与白话较,其优美之度,相差甚远。常谓吾国文字至今日虽未甚进化,亦未大退化。若白话则反是。盖数千年来,国内聪明才智之士虽未尝致力于他途,对于文字却尚孳孳研究,未尝或辍。至于白话,则语言一科不讲者久。其乡曲愚夫,闾巷妇稚,谰言俚语,粗鄙不堪入耳者,无论矣。即在士夫,其执笔为文亦尚雅洁可观,而听其出言则鄙俗可噱,不识

者几不辨其为斯文中人。……以是入文,不惟将文学价值扫地以尽,且将为各国所非笑。

这一段说文言"虽未甚进化,亦未大退化",白话却大退化了。

我再引孙中山先生的《孙文学说》第一卷第三章的一段:

> 中国文言殊非一致。文字之源本出于言语,而言语每随时代以变迁,至于为文虽亦有古今之殊,要不能随言语而俱化。……始所歧者甚仅,而分道各驰久且相距愈远。顾言语有变迁而无进化,而文字则虽仍古昔,其使用之技术实日见精研。所以中国言语为世界中之粗劣者,往往文字可达之意,言语不得而传。是则中国人非不善为文而拙于用语者也。亦惟文字可传久远,故古人所作,模仿匪难。至于言语,非无杰出之士妙于修辞,而流风余韵无所寄托,随时代而俱湮,故学者无所继承。然则文字有进化而语言转见退步者,非无故矣。抑欧洲文字基于音韵,音韵即表言语。言语有变,文字即可随之。中华制字以象形、会意为主,所以言语虽殊而文字不能与之俱变。要之,此不过为言语之不进步,而中国人民非有所缺于文字,历代能文之士其所创作突过外人,则公论所归也。盖中国文字成为一种美术,能文者直美术专门名家,既有天才,复以其终身之精力赴之,其造诣自不易及。……

孙先生直说"文字有进化而语言转见退步",他的理由大致也与某君相同。某君说文言因为有许多文人专心研究,故不曾退步;白话因为没有学者研究,故退步了。孙先生也说文言所以进步,全靠文学专家的终身研究。他又说,中国文字是象形、会意的,没有字母的帮助,故可以传授古人的文章,但不能记载那随时代变迁的言语。语言但有变迁,没有进化;文字虽没有变迁,但用法更"精研"了。

我对于孙先生的《孙文学说》曾有很欢迎的介绍(《每周评论》第三十一号),但是我对于这一段议论不能不下一点批评。因为孙先生说的话未免太笼统了,不像是细心研究的结果。即如他说"言语有变迁而无进化",试问他可曾研究言语的"变迁"是朝什么方向变的?这种"变迁"何以不能说是"进化"?试问我们该用什么标准来定哪一种“变迁”为“进化”的，哪一种“变迁”为“无进化”的？若不曾细心研究古文变为白话的历史，若不知道古文和白话不同之点究竟在什么地方，若不先定一个“进化”“退化”的标准，请问我们如何可说白话“有变迁而无进化”呢？如何可说“文字有进化而语言转见退步”呢？

某君用的标准是“优美”和“鄙俗”。文言是“优美”的，故不曾退化；白话是“鄙俗可噱”的，故退化了。

但是请问我们又拿什么标准来分别“优美”与“鄙俗”呢？某君说，“即在士夫，其执笔为文亦尚雅洁可观，而听其出言则鄙俗可噱，不识者几不辨其为斯文中人”。请问“斯文中人”的话是怎样说法？难道我们都该把“我”字改作“予”字，“他”字改作“其”字，满口“雅洁可观”的“之”“乎”“者”“也”，方才可算做“优美”吗？“梦为远别啼难唤，书被催成墨未浓”固可算是美，“衣裳已施行看尽，针线犹存未忍开”又何尝不美？“别时间语在心头，哪一句依他到底？”完全是白话，又何尝不美？《晋书》说王衍少时，山涛称赞他道：“何物老妪，生宁馨儿！”后来不通的文人把“宁馨”当做一个古典用，以为很“雅”，很“美”。其实“宁馨”即现在苏州、上海人的“那哼”。但是这班不通的文人一定说“那哼”就“鄙俗可噱”了。《王衍传》又说王衍的妻郭氏把钱围绕床下，衍早晨起来见钱，对婢女说：“举阿堵物去。”后来的不通的文人又把“阿堵物”用做一个古典，以为很“雅”，很“美”。其实“阿堵”即苏州人说的“阿笃”，官话说的“那些”。但是这班不通文人一定说“阿笃”“那些”都是“鄙俗可噱”了！

所以我说，“优美”还需要一个标准，“鄙俗”也需要一个标准。某君自己做的文言未必尽“优美”，我们做的白话未必尽“鄙俗可噱”。拿那没有标准的“优美”“鄙俗”来定白话的进化、退化，便是笼统，便是糊涂。

某君和孙先生都说文言因为有许多文人终身研究，故不曾退化。反过来说，白话因为文人都不注意，全靠那些“乡曲愚夫、闾巷妇稚”自由改变，所以渐渐退步，变成“粗鄙不堪入耳”的俗话了。这种见解是根本错误的。稍稍研究言语学的人都该知道，文学家的文学只可定一时的标准，决不能定百世的标准。若推崇一个时代的文学太过了，奉为永久的标准，那就一定要阻碍文字的进化。进化的生机被一个时代的标准阻碍住了，那种文字就渐渐干枯，变成死文字或半死的文字。文字枯死了，幸亏那些“乡曲愚夫，闾巷妇稚”的白话还不曾死，仍旧随时变迁：变迁便是活的表示，不变迁便是死的表示。稍稍研究言语学的人都该知道，一种文字枯死或麻木之后，一线生机全在那些“乡曲愚夫，闾巷妇稚”的白话。白话的变迁，因为不受那些“斯文中人”的干涉，故非常自由。但是自由之中，却有个条理次序可寻。表面上很像没有道理，其实仔细研究起来，都是有理由的变迁，都是改良，都是进化！

简单一句话，一个时代的大文学家至多只能把那个时代的现成语言，结晶成文学的著作，他们只能把那个时代的语言的进步，作一个小小的结束。他们是语言进步的产儿，并不是语言进步的原动力。有时他们的势力还能阻碍文字的自由发达。至于民间日用的白话，正因为文人学者不去干涉，故反能自由变迁，自由进化。

二

本篇的宗旨只是要证明上节末段所说的话，要证明白话的变迁并非退步，而是进化。

立论之前，我们应该定一个标准：怎样变迁才算是进化？怎么变迁才算是退步？

这个问题太大，我们不能详细讨论，现在只能简单说个大概。

一切器物、制度都是应用的。因为有某种需要，故发明某种器物，创造某种制度。应用的能力增加，便是进步；应用的能力减少，便是退步。例如车船两物都是应付人类交通运输的需要的。路狭的地方有单轮的小车，路阔的地方有双轮的骡车；内河有小船，江海有大船。后来陆地交通有了人力车、马车、火车、汽车、电车，水路交通有了汽船，人类的交通运输更方便了，更稳当了，更快捷了。我们说小车、骡车变为汽车、火车、电车是大进步，帆船、划船变为汽船也是大进步，都只是因为应用的能力增加了。一切器物、制度都是如此。

语言文字也是应用的。语言文字的用处极多，简单说来，（一）是表情达意，（二）是记载人类生活的过去经验，（三）是教育的工具，（四）是人类共同生活的惟一媒介物。我们研究言语文字的退化、进化，应该根据这几种用处，定一个标准：“表情达意的能力增加吗？记载人类经验更正确明白吗？还可以做教育的利器吗？还可以做共同生活的媒介物吗？”这几种用处增加了，便是进步；减少，便是退化。

现在先泛论中国文言的退化。(一)文言达意表情的功用已减少至很低的程度了。禅门的语录,宋明理学家的语录,宋元以来的小说,都是文言久已不能达意表情的铁证。(二)至于记载过去的经验,文言更不够用。文言的史书、传记只能记一点极简略、极不完备的大概。为什么只能记一点大概呢?因为文言自身太简单了,太不完备了,绝不能有详细写实的记载,只好借“古文义法”做一个护短的托词。我们若要知道某个时代的社会生活的详细记载,只好向《红楼梦》和《儒林外史》一类的书里寻去。(三)至于教育一层,这二十年的教育经验更可以证明文言的绝对不够用了。二十年前,教育是极少数人的特殊权利,故文言的缺点还不大觉得。二十年来,教育变成了人人的权利,变成了人人的义务,故文言的不够用,渐渐成为全国教育界公认的常识。今年全国教育会的国语教科书的议案,便是这种公认的表示。(四)至于做社会共同生活的媒介物,文言更不中用了。从前官府的告示,《圣谕广训》一类的训谕,为什么要用白话呢?不是因为文言不能使人懂得吗?现在的阔官僚到会场演说,摸出一篇古文或骈文或韵文的文章,哼了一遍,一个人都听不懂;明天登在报上,多数人看了还是不懂!再看我们的社会生活——在学校听讲、教授、演说,命令仆役、叫车子,打电话、谈天、辩驳——哪一件是用文言的?我们还是“斯文中人”,尚且不能用文言做共同生活的媒介,何况大多数的平民呢?

以上说语言文字的四种用处,文言竟没有一方面不是退化的。上文所说,同时又都可证明白话在这四方面没有一方面的应用能力不是比文言更大得多。

总括一句话,文言的种种应用能力久已减少到很低的程度,故是退化的;白话的种种应用能力不但不曾减少,反更加发达了,故是进化的。

现在反对白话的人,到了不得已的时候,只好承认白话的用处,于是分出“应用文”与“美文”两种,以为“应用文”可用白话,但是“美文”还应该用文言。这种区别含有两层意义。第一,他承认白话的应用能力,但不承认白话可以作“美文”。白话不能作“美文”,是我们不能承认的。但是这个问题和本文无关,姑且不谈。第二,他承认文言没有应用的能力,只可以拿来作无用的“美文”。即此一端,便是文言报丧的讣闻,便是文言死刑判决书的主文!

天下的器物、制度绝没有无用的进化,也绝没有用处更大的退化!

三

上节说文言的退化和白话的进化,都是泛论的。现在我要说明白话的应用能力是怎样增加的,就是要说明白话怎样进化。上文我曾说:"白话的变迁,因为不受文人的干涉,故非常自由。但是自由之中,却有个条理次序可寻。表面上很像没有道理,其实仔细研究起来,都是有理由的变迁,都是改良,都是进化!"本节所说,只是要证明这一段话。

从古代的文言变为近代的白话,这一大段历史有两个大方向可以看得出:(一)该变繁的渐渐变繁了。(二)该变简的都变简了。

(一)该变繁的都变繁了。变繁的例很多,我只能举书几条重要的趋向。

第一,单音字变为复音字。中国文中,同音的字太多了,故容易混乱。古代的字的尾音除了韵母之外,还有 p、k、t、m、n、ng、h 等,故区别还不很难;后来只剩得韵母和 n、ng、h 几种尾音,更容易彼此互混了。后来"声母"到处都增加起来,如轻唇、重唇的分开,如舌头、舌上的分开,等等,也只是不知不觉地要补救这种容易混乱的缺点。最重要的补救方法还是把单音字变为复音字。例如"师""狮""诗""尸""司""私""思""丝"八个字,有许多地方的人读成一个音,没有分别。有些地方的人分作"ㄕ"(师、狮、诗、尸)、"ㄙ"(私、司、思、丝)两个音,也还没有什么分别。但是说话时,这几个字都变成了复音字:"师傅""狮子""死尸""尸首""偏私""私通""职司""思想""蚕丝",故不觉得困难。所以我们可以说,单音字变成复音字,乃是中国语言的一大进化。这种变化的趋势起得很早,《左传》里的议论文已有许多复音字,如"散离我兄弟,扰乱我同盟,倾覆我国家……倾覆我社稷,帅我蟊贼,以来荡摇我疆场"。汉代的文章用复音字更多。

可见这种趋势在文言本身已有了起点,不过还不十分自由发达。白话因为有会话的需要,故复音字也最多。复音字的造成,约有几种方法:

(1)同义的字并成一字。例如"规矩""法律""刑罚""名字""心思""头脑""师傅"……

(2)本字后加"子""儿"等语尾。例如"儿子""妻子""女子""椅子""桌子""盆儿”“瓶儿”……这种语尾,如英文之-let,德文之-chen,-lein,最初都有变小和变亲热的意味。

(3)类名上加区别字。例如“木匠”“石匠”,“工人”“军人”,“会馆”“旅馆”,“学堂”“浴堂”……

(4)重字。例如“太太”“奶奶”“慢慢”“快快”……

(5)其他方法,不能遍举。

这种变迁有极大的重要。现在的白话所以能应付我们会话讲演的需要,所以能做共同生活的媒介物,全靠单音字减少,复音字加多。现在注音字母所以能有用,也只是因为这个缘故。将来中国语言所以能有采用字母的希望,也只是因为这个缘故。

第二,字数增加。许多反对白话的人都说白话的字不够用。这话是大错的。其实白话的字数比文言多得多。我们试拿《红楼梦》用的字和一部《正续古文辞类纂》用的字相比较,便可知道文言里的字实在不够用。我们做大学教授的人,在饭馆里开一个菜单,都开不完全,却还要说白话字少,这岂不是大笑话吗?白话里已写定的字也就不少了,还有无数没有写定的字,将来都可用注音字母写出来。此外文言里的字,除了一些完全死了的字之外,都可尽量收入。复音的文言字,如“法律”“国民”“方法”“科学”“教育”等字,自不消说了。有许多单音字,如“诗”“饭”“米”“茶”“水”“火”等字,都是文言、白话共同可用的。将来做字典的人,把白话小说里用的字和各种商业、工艺通用的专门术语搜集起来,再加上文言里可以收用的字和新学术的术语,一定比文言常用的字要多好几十倍(文言里有许多字久已完全无用了,一部《说文》里可删的字也不知多少)。

以上举了两条由简变繁的例。变繁的例很多,如动词的变化,如形容词和状词的增加……我们不能一一列举了。章太炎先生说:

> 有农牧之言,有士大夫之言。……而世欲更文籍以从鄙语,冀人人可以理解则文化易流,斯则左矣。今言“道”“义”,其旨固殊也。农牧之言“道”则曰“道理”,其言“义”亦曰“道理”。今言“仁人”“善人”,其旨亦有辨也。农牧之言“仁人”则曰“好人”,其言“善人”亦曰“好人”。更文籍而从之,当何以为别矣?夫里闾恒言,大体不具。以是教授,是使真意讹淆,安得理解

也？（《章氏丛书·检论五》）

这话也不是细心研究的结果。文言里有许多字的意思最含混，最分歧。章先生所举的“道”“义”等字，便是最普通的例。试问文言中的“道”字有多少种意义？白话用“道”字的许多意义，每个各有分别，例如“道路”“道理”“法子”等。“义”字也是如此。白话用“义气”“意义”“意思”等词来分别“义”字的许多意义。白话用“道理”来代“义”字时，必是“义不容辞”一类的句子，因为“义”字这样用法与“理”字本无分别，故白话也不加分别了。即此一端，可见白话对于文言应该分别的地方，都细细分别；对于文言不必分别的地方，便不分别了。白话用“好人”代“仁人”“善人”，也只是因为平常人说“仁人君子”本来和“善人”没有分别。至于经书里说的“仁人”，本不是平常人所常见的（如“惟仁人放流之”等例），如何能怪俗话里没有这个分别呢？总之，文言有含混的地方，应该细细分别的，白话都细细分别出来，比文言细密得多。上文章先生所举的几个例，不但不能证明白话的“大体不具”，反可以证明白话的变繁、变简都是有理由的进化。

（二）该变简的都变简了。上文说白话比文言更繁密、更丰富，都是很显而易见的变迁。如复音字的便利，如字数的加多，都是不能否认的事实。现在我要说文言里有许多应该变简的地方，白话里都变简了。这种变迁，平常人都不大留意，故不觉得这都是进化的变迁。我且举这条最容易明白的例。

第一，文言里一切无用的区别，都废除了。文言里有许多极无道理的区别。《说文·豕部》说，豕生三月叫做“豯”，一岁叫做“豵”，二岁叫做“豝”，三岁叫做“豜”；又牝豕叫做“豝”，牡豕叫做“豭”。《马部》说，马二岁叫做“驹”，三岁叫做“駣”，八岁叫做“馴”；又马高六尺为“骄”，七尺为“騋”，八尺为“龙”；牡马为“骘”，牝马为“騇”。《羊部》说，牡羊为“羝”，牝羊为“牂”；又夏羊牝曰“羭”，夏羊牡曰“羖”。《牛部》说，二岁牛为“犕”，三岁牛为“犙”，四岁牛为“牭”。这些区别都是没有用处的区别。当太古畜牧的时代，人同家畜很接近，故有这些繁琐的区别。后来的人，离开畜牧生活日远了，谁还能记得这些麻烦的区别？故后来这些字都死去了，只剩得一个“驹”字代一切小马，一个“羔”字代一切小羊，一个“犊”字代一切小牛。这还是不容易记的区别，所以白话里又把“驹”“犊”等字废去了,直用一个“类名加区别字”的普通公式,如“小马”“小牛”“公猪”“母猪”“公牛”“母牛”之类,那就更容易记了。三岁的牛直叫做“三岁的牛”,六尺的马直叫做“六尺的马”,也是变为“类名加区别字”的公式。从前要记无数烦难的特别名词,现在只记得这一个公式就够用了,这不是一大进化吗?(这一类的例极多,不能遍举了。)

第二,繁杂不整齐的文法变化,多变为简易划一的变化了。我们可举代名词的变化为例。古代的代名词很有一些麻烦的变化。例如:

(1)“吾”“我”之别。“如有复我者,则吾必在汝上矣。”又:“如有用我者,吾其为东周乎?”又:“今者吾丧我。”可见“吾”字该用在主位,“我”字该用在目的位。

(2)“尔”“汝”之别。“……丧尔子,丧尔明,尔罪三也。而曰汝无罪欤?”可见名词之前的形容代词(主物位,白话的“你的”)应该用“尔”。

(3)“彼”“之”“其”之别。上文的两种区别后来都渐渐地失掉了,只有第三身的代名词,在文言里至今还不曾改变。“之”字必须用在目的位,决不可用在主位。“其”字必须用在主物位。

这些区别,在文言里不但没有废除干净,并且添上了“余”“予”“侬”“卿”“伊”“渠”等字,更麻烦了。但是白话把这些无谓的区别都废除了,变成一副很整齐的代名词:

第一身　我,我们,我的,我们的。

第二身　你,你们,你的,你们的。

第三身　他,他们,他的,他们的。

看这表,便可知白话的代名词把古代剩下的主位和目的位的区别一齐删去了。主物位虽然分出来,但是加上“的”字语尾,把“形容词”的性质更表示出来,并且三身有同样的变化,也更容易记得了。不但国语如此,就是各地土话用的代名词虽然不同,文法的变化也都大致相同。这样把繁杂不整齐的变化,变为简易划一的变化,确是白话的一大进化。

这样的例,举不胜举。古文“承接代词”有“者”“所”两字,一个是主位,一个是目的位。现在都变成一个“的”字了:

(1)古文。(主位)为此诗者,其知道乎?

(目的位)播州非人所居。

(2)白话。(主位)作这诗的是谁?

(目的位)播州不是人住的。

又如古文的"询问代词"有:"谁""孰""何""奚""曷""胡""恶""焉""安"等字。这几个字的用法很复杂(看《马氏文通》二之五),很不整齐。白话的询问代词只有一个"谁"问人,一个"什么"问物,无论主位、目的位、主物位都可通用。这也是一条同类的例。

我举这几条例来证明,文言里许多繁复不整齐的文法变化在白话里都变简易划一了。

第三,许多不必有的句法变格,都变成容易的正格了。中国句法的正格是:

(1)鸡鸣。狗吠。

(格)主词—动词。

(2)子见南子。

(格)主词—外动词—止词。

但是文言中有许多句子是用变格的。我且举几个重要的例:

(1)否定的外动词的止词若是代名词,当放在否定词与动词之间。

(例)莫我知也夫! 不作"莫知我"。

吾不之知。不作"不知之"。

吾不汝贷。不作"不贷汝"。

(格)主词—否定词—止词—外动词。

白话觉得这种格是很不方便的,并且没有理由,没有存在的必要。因此白话遇着这样的句子,都改做正格:

(例)我不认识他。

我不赦你。没有人知道我。

(2)询问代词用做止词时(目的位),都放在动词之前:

(例)吾谁欺? 客何好? 客何能? 问臧奚事?

(格)主词—止词—外动词。

这也是变格。白话也不承认这种变格是有存在的理由的,故也把它改过来,变成正格：

（例）我欺谁？你爱什么？你能做什么？

（格）主词—外动词—止词。

这样一变，就更容易记得了。

（3）承接代词“所”字是一个止词（目的位），常放在动词之前：

（例）己所不欲，勿施于人。

天所立大单于。

（格）主词—止词—动词。

白话觉得这种倒装句法也没有保存的必要，所以也把它倒过来，变成正格：

（例）你自己不要的，也不要给人。

天立的大单于。

（格）主词—动词—止词。

这样一变，更方便了。

以上举出的三种变格的句法，在实用上自然很不方便，不容易懂得，又不容易记得。但是因为古文相传下来是这样倒装的，故那些“聪明才智”的文学专门名家都只能依样画葫芦，虽然莫名其妙，也只好依着古文大家的“义法”做去！这些“文学专门名家”，因为全靠机械地熟读，不懂得文法的道理，故往往闹出大笑话来。但是他们绝没有改革的胆子，也没有改革的能力，所以中国文字在他们的手里实在没有什么进步。中国语言的逐渐改良，逐渐进步——如上文举出的许多例——都是靠那些无量数的“乡曲愚夫，闾巷妇稚”的功劳！

最可怪的，那些没有学问的“乡曲愚夫，闾巷妇稚”虽然不知不觉地做这种大胆的改革事业，却并不是糊里糊涂地一味贪图方便，不顾文法上的需要。最可怪的，就是他们对于什么地方应该改变，什么地方不应该改变，都极有斟酌，极有分寸。就拿倒装句法来说，有一种变格的句法，他们丝毫不曾改变：

（例）杀人者。知命者。

（格）动词—止词—主词。

这种句法，把主词放在最末，表示“者”字是一个承接代词。白话也是这样倒装的：

(例)杀人的。算命的。打虎的。

这种句法,白话也曾想改变过来,变成正格:

(例)谁杀人,谁该死。谁不来,谁不是好汉。谁爱听,尽管来听。

但是这种变法,总不如旧式倒装法的方便,况且有许多地方仍旧是变不过来:

(例)杀人的是我。

这句若变为"谁杀人,是我",上半便成疑问句了。

(又)打虎的武松是他的叔叔。

这句决不能变为"谁打虎,武松是他的叔叔"!

因此白话虽然觉得这种变格很不方便,但是他又知道变为正格更多不便,倒不如不变了罢。

以上所说,都只是要证明白话的变迁,无论是变繁密了或是变简易了,都是很有理由的变迁。该变繁的,都变繁了;该变简的,都变简了;就是那些该变而不曾变的,也都有一个不能改变的理由。改变的动机是实用上的困难,改变的目的是要补救这种实用上的困难,改变的结果是应用能力的加多。这是中国国语的进化小史。

这一段国语进化小史的大教训:莫要看轻了那些无量数的"乡曲愚夫,闾巷妇稚"!他们能做那些文学专门名家所不能做又不敢做的革新事业!

(民国)八年十二月二十三(日)夜十一时

(第七卷第三号,一九二〇年二月一日)

减省汉字笔画的提议

钱玄同

前几天，独秀先生对我说："表中国国语的文字，非废去汉字、改用拼音不可。"这个意思，我现在是极端赞成的。但是我以为拼音文字，不是旦暮之间就能够制造成功的，更不是粗心浮气、乱七八糟把音一拼，就可以算完事的。造成拼音文字，第一步是规定语法，第二步是编成字典。有了这两样东西，才能有拼音文字出现。做这两样东西，必须专心一致，仔细研究，经过许多次数的修改，才能完美无缺，可以施行。所以这几年之内，只是拼音文字的制造时代，不是拼音文字的施行时代。加以中国社会的喜欢守旧、反对改良，那么，拼音文字制成以后，恐怕还要经过许多波折，费上无数口舌，才能通行。我以为我们就使讲"一相情愿"的话，这拼音新文字的施行，总还在十年之后。如此，则最近十年之内，还是用汉字的时代。汉字的声音难识，形体难写，这是大家知道的。今后社会上一切事业发展，识字的人一天多一天，文字的用处自然也是一天多一天，这也是大家知道的。既然暂时还不得不沿用汉字，则对于汉字难识、难写的补救，是刻不容缓的了。我们断不可存一种心：以为这汉字既然不过十年的命运，就可以任其自然，不加改良。

要知道若不改良，则汉字阻碍这十年之内的文化发展，其力量甚大。现在试举一例。今后学校里的学生抄讲义，是一件很重要的事。现在学生用毛笔在文章格纸上抄楷书字的讲义的办法，是万万不可再行的了，必须照日本学生的办法，用钢笔在 note book 上抄讲义，教员一句话讲完，学生也跟着写完，这才不至误事。但是用这样抄讲义的法子，这字体必须大大减省，才能缩短写字的时间。这就是字体非减省不可的一个重要证据。

现在对于汉字声音难识的补救，已经有了注音字母了。这注音字母，到了拼音文字已经通行以后，再回头看这种东西，自然是极笨重、极可笑的。可是在现在还不得不沿用汉字的时候，实在是补救汉字缺点的一种重要东西。

至于对于汉字形体难写的改良，即就上面所说抄讲义这件事看来，已可证明这种改良，在现在是需要甚急，非赶紧着手去做不可的了。我是很高兴做这件事的。现在打定主意，从一九二〇年一月起，来做一部书，选取普通常用的字三千左右，凡笔画繁复的，都定他一个较简单的写法。那本来笔画很简的，如“一”“二”“上”“下”“天”“人”“尺”“寸”等字，自然无须改作。就是在十画以内的字，如其没有更简的写法，也可以不必改。照此办法，预计这三千字的笔画，平均总可减少一半。如“钱”字写作“𠂉”，减十六画为二画；“恭”字写作“恭”，减十画有九画；“執”字写作“执”，减十一画为六画。减得多的和减得少的扯匀了计算，所以说可以减少一半笔画。笔画减少一半，则写字的时间，自然可以缩短一半。况且字体简单，就容易写会，大可减少——或废除——学校里的“习字”科的时间。我那部书，大约有三四个月的工夫，就可以做成。抄用的简体字，大都是固有的，新造的很少。因为新造有两层困难：一则逐字重造，不但麻烦，并且有些字还造不好；二则一个人造的字，很难得多数人的同意，用那固有的，则可免争执，推行较易，——况且既有现成的拟体字，拿来应用，岂不省事？不过到了那不得已的时候，也只好仿照那固有的简体字的形式，造上几个新的。现已预计，采旧的有五类，造新的有三类，列之如下：

a.采取古字：如“围”作“口”，“胸”作“匈”，“集”作“亼”。

b.采取俗字：如“聲”作“声”，“體”作“体”，“劉”作“刘”。

c.采取草书：如“東”作“东”，“爲”作“为”，“行”作“リ”。此种须有限制。那彼此笔画联系纠结的草书字，实在不容易写，要是不能拆断的，就不采用。

d.采取古书上的同音假借字：如“譬”作“辟”，“导”作“道”，“拱”作“共”。此种有时亦须限制。有些借字，在古时候因为和本字同音，所以可以通借，现在两个字的音不同了，那就不能通借了（这是指这个借字在现在常用的说。要是这个借字现在已经不用的，那也就不妨把他的音改读为本字的音而借为本字用）。又如“譬”“导”“拱”和“辟”“道”“共”等字，现在国语里都不单用，已经合成为“譬如”“引导”“拱手”和“道路”“共同”等字音词（“辟”字在国语里竟不甚用得着：“大辟”“刑辟”都是古语；

“复辟”这句野蛮话,也不是常要用着的)。所以“辟如”和“复辟”、“引导”和“道路”、“拱手”和“共同”,虽然同用一字,但是各有各的义,彼此可以绝不相干,也决不至于误会。要是遇到那些本字和借字在国语里都是有单用的,那就不可借用了。

e.采取流俗的同音假借字:如“薑”作“姜”,“驚”作“京”,“腐”作“付”。“姜”字只有人姓用着它,“京”字只有地名用着它,人姓和地名,都是“托名标志”,没有意义的,所以把“姜”“京”借为“薑”“驚”,在意义上是决不会混淆的。“付”字在国文里虽然单用,但是“腐”字在国语里却不单用,如“豆腐”“腐败”“腐烂”“陈腐”都是复音语。那么,“付”和“豆付”“付败”“付烂”“陈付”,也是各有各的义,彼此可以绝不相干,也决不至于误会。所以借“付”为“腐”,也是可以借得的。

f.新拟的同音假借字:如“範”作“范”,“预”作“予”。这是准照e类的办法新拟的。

g.新拟的借义字:如“旗”作“㫃”,“鬼”作“甶”,“脑”作“囟”。“㫃”本音ian,“甶”本音fu,“囟”本音sin,和“旗”“鬼”“脑”三字的音不同,但是字义相同。现在“㫃”“甶”“囟”三字已经废弃不用,成为死字了,我们何妨拿来“废物利用”呢?我尝以为象形文字本来没有一定的读音。譬如“⊙”字中国古音可以读为nit,今音可以读为jik,英人可以读为sun,日本人可以读为Hi。因为这字只是画了一个太阳,本没有规定的读音记在里面,所以可以随便读它。我主张读“㫃”“甶”“囟”为“旗”“鬼”“脑”,就是这个意思。

h.新拟的减省笔画字:如“厲”作“历”,“蠱”作“蛊”“襲”作“袭”。因为“萬”字作“万”,“蟲”字借“虫”,“龍”字借“龙”,所以“厲”“蠱”“襲”三字援例省改。但是这一类字,总以少造为宜。如“厲”“蠱”“襲”三字,因为笔画过繁,从前又没有简单的别体,所以援例省改。至于那从前有简体的,或曾经借用他字的,那就不用新造了。

总而言之,抱定惟一的主张曰“减省笔画”。所以无论古字、俗字、本字、借字、楷书、草书,只要合于这个主张的,都可以采取。

这种简体字,应该从学校里用起,因为学生写字的时候很多,他们需要简体字很急的缘故。国民学校的学生,从进学校起,就认这种新字,无须再认旧字。那大一点的学生,已经认过好多旧字的,可以就他原来“习字”科的时间,改为认新字和练习写新字,以每星期两小时计,至多不过两年,一定可以完全认得、完全会写。以后便可以把

"习字科"废除。费上一百四十小时的学习,可以得到以后写字的大便利,这实在是很经济的!

假如有人以为简体的俗字可以采用,那没有俗字的,只可新造,不可采用古字,那么,我要声明:我主张采用古字,只是因为古字中有好多笔画简单的,我们叫它复活,拿它来用,觉得比较新造要省事——就是新造一个,也不过把笔画改简,其实和用简笔的古体一样,——绝对不含有复古的思想在内。

假如有自命为懂得"国故"的人来攻击,我们本可不理,因为我们本不是主张保守"国故"的,我们认定文字是要合用的,不是一成不变的。但是如要对付他们,却很容易,只消把"古已有之"四个字抬出来,就可以堵住他们的嘴。我现在姑且出几条"策问"来问问他们:

(1)《说文·序》说:"李斯取史籀'大篆'或颇省改,所谓'小篆'者也。"这所说的"省改",不就是减省笔画吗?(不但此也,商朝的甲骨刻辞,商、周两朝的钟鼎款识里,已经有许多简体字了。)

(2)《说文》中所谓"从某省""某省声"不是减省笔画吗?

(3)周朝底鉩(即"玺"字)文,汉朝的砖文,魏、齐的造像,以及古钱上所刻的,不是简体字很多吗?

(4)近人翻刻的宋朝的《京本通俗小说》和元朝的《古今杂剧三十种》,这两部书里,俗体小写的字不是很多很多吗?

他们如其真懂"国故"的,看了我这几条"策问",一定不再开口了。假如他们蛮不讲理,以为惟古人可以减省,今人则无此权利,这样颟顸的人,那就绝对不用去理他了。

假如他们看了上面的"策问",莫名其妙,只能抬出《字学举隅》来吓人,那便是八股陋儒,状元、翰林而已,配不上谈"国故"!我们应该可怜他智识浅短,不可和他计较。

这种简体字如其通行,则我以为印刷用的铅字应该完全改铸。铅字笔画的多少,在印刷方面,固然不生时间快慢的问题,但是如其书写用新字、印刷用旧字,则学习的人非认两种字不可,那便闹到求简反繁了。

刻简体字的字模,我以为应该用楷书的笔势,不可用所谓"宋体字"的笔势。因为简体字既采及草书，难保不有几个笔势圆转的字，要是刻成“宋体字”的形式，却太不好看了。

我以为简体字既须一一新铸，最好把常用的复音字铸成一个字模，以便今后印刷改良，可以逐词分开，如印西洋书之式。（我是主张汉文应该改为横行的，所以以为这种复音字的字模，应该铸成横列的式样。）

我以为简体字的字模，最好连着注音字母铸上去，以补汉字声音的缺陷。汉字无论“象形”“谐声”，到了汉魏以后，“形”和“声”的功用都已失去，只能当作一个无意识的记号看待。（简体字更不必说。所以无论什么字，都要拿注音字母去补上它的音。）好在铅字多些笔画，是不要紧的。简体字加上注音字母，那笔画的多少，不过和现在通行的字相等。但是若沿用现在通行的字印刷，则认字者须认两种字，太不经济。若用简体字加注音字母印刷，则印刷体和书写体一律，在认字方面固然经济，并且因此又可以记得字音。笔画的多少虽然相等，而效用则大不相同了。至于书写，当然无须加注音字母，以图省便。用了这种简体字，字典的分部才能改良。楷书字的分部，本来是极困难的事。《玉篇》和《类篇》，照着《说文》分部，于字义虽合，可是无从检查，当然不适用。《字汇》和《康熙字典》，别定部居，定者虽自以为便于检查，其实还是很难。所以现在有林玉堂君的《汉字索引制》，想要改用新法来分部。但是现在通行的字，笔画彼此“参伍错综”，林君用最简的点、画、直、钩……来分部，我觉得还是不甚适用。若把笔画改简了，再去掉许多小画、短直和横斜的笔势，利林君的方法，大可应用了。

（第七卷第三号，一九二〇年二月一日）

中学国文的教授

胡 适

我是没有中学国文教授的经验的。虽然做过两年中学学生,但是那是十几年前的经验,现在已不适用了。况且当这个学制根本动摇的时代,我们全没有现成的标准可以依据,也没有过去的经验可以参考。我这个完全门外汉居然敢来高谈中学国文的教授,真是不自量力了!但是门外汉有时也有一点用处。“内行”的教育家,因为专做这一项事业,眼光总注射在他的“本行”,跳不出习惯法的范围。他们筹划的改革,总不免被成见拘束住了,很不容易有根本的改革。门外旁观的人,因为思想比较自由些,也许有时还能供给一点新鲜的意见,意外的参考材料。古人说的“愚者一得”大概也是这个道理。这就是我这回敢来演说“中学国文的教授”的理由了。

(一)中学国文的目的是什么?

我们现在既没有过去的标准可以依据,应该自己先定一个理想的标准。究竟中学的国文应该做到什么地位?究竟我们期望中学毕业生的国文到什么程度?

民国元年的《中学校令施行细则》第三条说:国文要旨在通解普通语言文字,能自由发表思想,并使略解高深文字,涵养文学之兴趣,兼以启发智德。

这一条因为也是理想的,并不曾实行,故现在看来还没有什么大错误。即如“通解普通语言文字”一句,在当初不过是欺人的门面话,实在当时中学的国文与“普通语言”是无关系的。但是到了现在国语通行的时候,这八个字反更有意义了。又如“并使略解高深文字”一句,当日很难定一个界说,现在把国语和古文分开,把古文来解

“高深文字”，这句话便更容易解说了。

元年定的理想标准，照这八年的成绩看来，可算得完全失败。失败的原因并不在理想太高，实在是因为方法大错了。标准定的是“通解普通语言文字”，但是事实上中学(校)教授的并不是普通的语言文字，乃是少数文人用的文字，语言更用不着了！标准又定“能自由发表思想”，但是事实上中学教员并不许学生自由发表思想，却硬要他们用千百年前的人的文字，学古人的声调文体，说古人的话，一直不要自由发表思想！事实上的方法和理想上的标准相差这样远，怪不得要失败了！

我承认元年定的标准不算过高，故斟酌现在情形，暂定一个中学国文的理想标准：

(1)人人能用国语(白话)自由发表思想——作文、演说、谈话，都能明白通畅，没有文法上的错误。

(2)人人能看平易的古文书籍，如《二十四史》《资治通鉴》之类。

(3)人人能作文法通顺的古文。

(4)人人有懂得一点古文文学的机会。

这些要求不算苛求吗？

(二)假定的中学国文课程

定了标准，方才可谈中学国文的课程。现行的部定课程是：

第一年：讲读，作文，习字。　　共七

第二年：讲读，作文，习字，文字源流。　　共七

第三年：讲读，作文，习字，文法要略。　　共五

第四年：讲读，作文，文法要略，文学史。　　共五

依我们看来，现在中学校各项功课平均每周男校三十四时，女校三十三时，未免太重了。我们主张国文每周至多不能过五时，四年总数应在二十时以下。现在假定每周五时，暂定课程表如下：

年一：国语文一，古文三，语法与作文一。　　共五

年二：国语文一，古文三，文法与作文一。　　共五

年三：演说一，古文三，文法与作文一。　　共五

年四：辩论一，古文三，文法与作文一。　　共五

这表里删去的学科是习字、文字源流、文学史、文法要略四项。写字决不是每周一小时的课堂习字能够教得好的，故可删去。现有的《文法要略》《文字源流》，都是不通文法和不懂文字学的人编的，读了无益，反有害（孙中山先生曾指出《文法要略》的大错，如谓鹄与猿为本名字，与诸葛亮王猛同一类）！文学史更不能存在。不先懂得一点文学，就读文学史，记得许多李益李颀老杜小杜的名字，却不知道他们的著作，有什么用处？

又这表上"国语文"只有两时。我的理由是：（1）第二、三年的演说和辩论都是国语与国语文的实习，故这两年可以不用国语文了；（2）我假定学生在两级小学时已有了七年的国语，可以够用了。

（三）国语文的教材与教授法

先说国语文的教材。共分三部。

（1）看小说。看二十部以上、五十部以下的白话小说。例如《水浒》《红楼梦》《西游记》《儒林外史》《镜花缘》《七侠五义》《二十年目睹之怪现状》《恨海》《九命奇冤》《文明小史》《官场现形记》《老残游记》《侠隐记》《续侠隐记》等。此外有好的短篇白话小说，也可以选读。

（2）白话的戏剧。此时还不多，将来一定会多的。

（3）长篇的议论文与学术文。因为我假定学生在两级小学已有了七年的白话文，故中学只教长篇的议论文与学术文，如戴季陶的《我的日本观》，如胡汉民的《惯习之打破》，如章太炎的《说六书》之类。

教材一层，最须说明的大概是小说一项。一定有人说《红楼梦》《水浒》等书有许多淫秽的地方，不宜用作课本。我的理由是：（1）这些书是禁不绝的。你们不许学生看，学生还是要偷看。与其偷看，不如当面看，不如有教员指导他们看。举一个极端的

例:《金瓶梅》的真本是犯禁的,很不容易得着。但是假的《金瓶梅》——石印的,删去最精彩的部分,只留最淫秽的部分,却仍旧在各地火车站公然出卖!列位热心名教的先生可知道吗?我虽然不主张用《金瓶梅》作中学课本,但是我反对这种"塞住耳朵吃海蜇"的办法!(2)还有一个救弊的办法,就是西洋人所谓"洗净了的版本"(Expurgated edition),把那些淫秽的部分删节去,专作"学校用本",即如柏拉图的《一夕话》(*sgmposium*)两译本,一是全本,一是节本。商务印书馆新出一种《儒林外史》,比齐省堂本少四回,删去的四回是沈琼枝一段事迹,因为有琼花观求子一节,故删去了。这种办法不碍本书的价值,很可以照办。如《水浒》的潘金莲一段尽可删改一点,便可作中学堂用本了。

次说国语文的教授法。

(1)小说与戏剧。先由教员指定分量——自何处起,至何处止——由学生自己阅看。讲堂上只有讨论,不用讲解。

(2)指定分量之法,须用一件事的始末起结作一次的教材。如《水浒》劫"生辰纲"一件事作一次,闹江州又是一次;《儒林外史》严贡生兄弟作一次,杜少卿作一次,娄家弟兄又作一次;又《西游记》前八回作一次。

(3)课堂上讨论,须跟着材料交换,不能一定。

例如《镜花缘》上写林之洋在女儿国穿耳缠足一段,是问题小说,教员应该使学生明白作者"设身处地"的意思,借此引起他们研究社会问题的兴趣。又如《西游记》前八回是神话滑稽小说,教员应该使学生懂得作者为什么要写一个庄严的天宫盛会被一个猴子捣乱了。又如《儒林外史》写鲍文卿一段,教员应该使学生把严贡生一段比较着看,使他们知道什么叫做人类平等,什么叫做衣冠禽兽。

(4)无论是小说还是戏剧,教员应该点出布局,描写的技术,文章的体裁,等等。

(5)读戏剧时,可选精彩的部分令学生分任戏里的人物,高声演读。若能在台上演做,那更好了。

(6)长篇的议论文与学术文,也由学生自己预备,上课时教员指导学生讨论。讨论应注重:

(甲)本文的解剖:分段,分小节。

(乙)本文的材料如何分配使用。

(丙)本文的伦理:看好文章的思想条理,远胜于读一部法式的伦理学。

(四)演说与辩论

须认明这两项是国语与国语文的实用教法。凡能演说、能辩论的人,没有不会做国语文的。做文章的第一个条件只是思想有条理,有层次。演说辩论最能帮助学生养成有条理系统的思想能力。

(1)择题。演说题须避太抽象、太笼统的题目。

如"宗教",如"爱国",如"社会改造"等题,最能养成夸大的心理、笼统的思想。从前小学堂国文题如"富国强兵策"等,就是犯了这个毛病。中学生演说应该选"肥皂何以能去污垢?""松柏何以能冬青?""本村绅士某某人卖选举票的可耻"一类的具体题目。辩论题须选两方面都有理可说的题,如"鸦片宜严禁"只有一个方面,是不可用的。

(2)方法。演说辩论的班次不宜人数太多,太多了一个人每年轮不着几回;也不宜太少,太少了演说的人没有趣味。每班可分作小组,每组不可过十六人。演说不宜太长,十分钟尽够了。演说的人须先一星期就选定题目,先作一个大纲,请教员看过,然后每段发挥,作成全篇演说。辩论须先分组,每组两人,或三人。选定主张或反对的方面后,每组自己去搜集材料,商量分配的方法、发言的先后。辩论分两步。第一步是"立论",每组的组员按预定的次序发言。第二步是"驳论",每组反驳对手的理由。预备辩论时,每组须计算反对党大概要提出什么理由来,须先预备反驳的材料。这种预备有两大益处:(1)可以养成敏捷精细的思想能力;(2)可以养成知识上的互助精神。辩论演说时,教员与学生各备铅笔,记录可批评的论点与知识,下次上课时,大家提出讨论。

(五)古文的教材与教授法

先说中学古文的教材。

（1）第一学年。第一年专读近人的文章。例如梁任公、康长素、严几道、章行严、章太炎等人的散文，都可选读。此外还应该多看小说。林琴南早年译的小说，如《茶花女遗事》《战血余腥记》《撒克逊劫后英雄略》《十字军英雄记》《朱树人的穑者传》等书，都可以看。还有著作不多的学者，如蔡孑民《答林琴南书》、吴稚晖《上下古今谈序》，又如我的朋友李守常、李剑农、高一涵做的古文，都可以选的。平心而论，章行严一派的古文——李守常、李剑农、高一涵等在内——最没有流弊，文法很精密，论理也好，最适宜于中学模范近古文之用。

（2）第二、三、四学年。后三年应该多读古人的古文。我主张分两种教材。

（甲）选本。不分种类，但依时代的先后，选二三百篇文理通畅、内容可取的文章。从《老子》《论语》《檀弓》《左传》，一直到姚鼐、曾国藩，每一个时代文体上的重要变迁，都应该有代表。这就是最切实的中国文学史，此外中学堂用不着什么中国文学史了。

（乙）自修的古文书。最重要的还是学生自己看的书。一个中学堂的毕业生应该看过下列的几部书：

（a）史书：《资治通鉴》或《四史》（或《通鉴纪事本末》）。

（b）子书：《孟子》《墨子》《荀子》《韩非子》《淮南子》《论衡》等。

（c）文学书：《诗经》是不可不看的。此外可随学生性之所近，选习两三部专集，如陶潜、杜甫、王安石、陈同甫之类。

我拟的中学国文课程中最容易引起反对的，大概就在古文教材的范围与分量。一定有人说："从前中学国文只用四本薄薄的古文读本，还教不出什么成绩来，现在你定的功课竟比从前增多了十倍！这不是做梦吗？"

我的回答是：

第一，从前的中学国文所以没有成效，正因为中学堂用的书只有那几本薄薄的古文读本。我们试回头想想，我们自己做古文是怎样学的？是单靠八九十篇古文得来的，还是靠看小说看古书得来的？我自己从来背不出一篇古文，但是因为我自小就爱看小说、看史书、看杂书，所以我还懂得一点古文的文法。古文的选本都是零碎的，没头没脑的，不成系统的，没有趣味的。因此，读古文选本是最没有趣味的事。因为没有趣味，所以没有成效。我可以武断现在中学毕业生能通中文的，都是自己看小说看杂志得来的,决不是靠课堂上几本古文选本得来的。我因此主张用“看书”来代替“讲读”。与其读王安石的《读孟尝君传》,不如看《史记》的《四公子列传》;与其读苏轼的《范增论》,不如看《史记》的《项羽本记》;与其读林琴南的一部古文读本,不如看他译的一本《茶花女遗事》。

第二,请大家不要把中学生当小孩子看待。现在学制的大弊就是把学生求知识的能力看得太低了。现在各级学堂的课程,都是为下下的低能儿定的,所以没有成绩。现在要谈学制革命,第一步就该根本推翻这种为下下的低能儿定的课程学科!

第三,我这个计划是假定两级小学都已采用国语做学科书了。国语代替文言以后,若不能于七年之内使高小毕业生做通顺的国语文,那便是国语教育的大失败。学生既通国语,又在中学第一年有了国语文法(见下),再来学古文,应该更容易好几倍,成绩应该加快好几倍。已通一国文字的人,再学第二国文字时,成绩要快得多。这是我深信不疑的。所以我觉得我拟的中学古文课程并不是梦想,是可以用实地试验来决定的。

再说古文的教授法。上文说的用看书来代讲读,便是教授法的要点。每周三小时,每年至多不过四十周,合起来不过一百二十点钟,若全靠课堂上的讲读,一年能讲得几篇文章?所以我主张,学校但规定学科内容的范围与程度,教员自己分配每一课的分量,学生自己去预备本日指定的功课。学生须自己翻查字典,自己加句读,自己分章分节。上课时,只有三件事可做:

(1)学生质问疑难,请教员帮助解释。教员可先问本班学生有能解释的没有,如没有人能解释,教员方可替他们解释。

(2)大家讨论所读的书的内容。教员提出论点,引起大家讨论。教员不当把一点钟的时间自己占据去,教员的职务在于指点出谈论的错误或不相干的讨论。

(3)教员可以随时加入一些参考材料。例如读章行严的文章时,教员应该讲民国三四年的政治形势,使学生知道他当时为什么主张调和,为什么主张联邦。

此外的方法,上文第三章已讲过,可以参用,不必重说了。

(六)文法与作文

从前教作文的人大概都不懂文法,他们改文章全无标准,只靠机械地读下去,读得顺口便是,不顺口便不是,总讲不出为什么要这样做,为什么不可那样做。以后中学堂的国文教员应该有文法学的知识,不懂文法的,决不配做国文教员。所以我把文法与作文并归一个人教授。

先讲文法。

第一年,专讲国语的文法。要在一年之内,把白话文法的要旨都讲完。为什么先讲国语的文法呢?(1)因为学生有了八年的国语文,到中学一年的时候,应该把国语文的"所以然"总括起来讲解一遍,作一个国语教育的结束。(2)因为先有了国语的文法作底子,后来讲古文的文法便有了一种参考比较的材料,便更容易懂得了。(我现在编一部国语文法草案,不久可以成书,此地不能细说国语文法的怎样编法了。)

第二、三、四年,讲古文的文法。

(1)用书。现在还没有好文法书。最好的书自然还要算《马氏文通》。《文通》有一些错误矛盾的地方,不可盲从;《文通》又太繁了,不合中学堂教本之用。但是《文通》究竟是一部空前的奇书,古文文法学的宝库。教员应该把《文通》仔细研究一遍,懂得了,然后可以另编一部更有条理、更简明易晓的文法书。

(2)教授法。讲古文的文法应该处处同国语的文法对照比较,指出同的地方和不同的地方,何以变了,变的理由何在,变的长处或短处在什么地方。让我举几个例。

(例一)白话说:"我骗谁?"古文要说:"吾谁欺?"白话说:"你爱什么?你能做什么?"古文要说:"客何好?客何能?"这是不同的句法。比较的结果得一条通则:"若外动词的止词是一个疑问代名词,这个疑问代名词在白话里须放在外动词之后,在古文里须在外动词之前主词之后。"

(例二)《论说》阳货欲见孔子一章,阳货在路上教训了孔子一顿,孔子答应道:"诺,吾将仕矣。"同类的例如"原将降矣""赵将亡矣",既用表示未来的"将"字,何以又用表示完了的"矣"字呢?再看白话说"大哥请回,兄弟去了""大哥多喝一杯,我要走了”,这是相同的句法。比较起来,可得一条通则:“凡虚拟(Subjunctive)的将来,白话与古文都用过去的动词,古文用‘矣’,白话用‘了’。”

分得更细一点,可得两式:

甲式	乙式
虽千万人吾往矣。	赵将亡矣。
我去了。	他要死了。

这种比较的教法功效最大。此外还可用批评法:由教员寻出古文中不命文法的例句,使学生指出错在何处,何以错了。我从前曾举林琴南“而方姚卒不之踣”一句,说踣是内动词,不该有“之”字作止词。这种不通的句子古文里极多。前天上海《晶报》上有人举孟子“天油然作云,沛然下雨,则苗勃然兴之矣”一句,以为“兴”是内动词,不可有“之”字作止词。这个例很可为林先生解嘲!这一类的例,使学生批评,可以增长文法的兴趣,可以免去文法的错误。

次讲作文。

(1)应该多做翻译,翻白话作古文,翻古文作白话文。翻译的用处最大:一是练习文法的应用。例如讲动词的止词时,可令学生翻译“己所不欲,勿施于人”“无所不能”“他什么都不”等句,使他们懂得止词的位置有种种不同的变法。二是译长篇可使学生练习有材料的文字。作文最忌没有话说。翻译现成的长篇,先有材料作底子,再讲究怎样说法,便容易了。

(2)若是出题目做的文章,应注意几点:(a)最好是令学生自己出题目;(b)千万不可出空泛或抽象的题目;(c)题目的要件是第一要能引起学生的兴味,第二要能引学生去搜集材料,第三要能使学生运用已有的经验学识。

(3)学生平日做的笔记、杂志文章、长篇通信,都可以代替课艺。教员应该极力鼓励学生写长信,做有系统的笔记,自由发表意见。这些著作往往比敷衍的课艺高无数倍。往往有许多学生平日不能做一百字的《汉武帝论》,却能做几千字的白话文通信。这种事实应该使做教员的人起一点自责的觉悟!

(4)作文的时间不可多,至多二周一次。作文都该拿下堂去做。

(5)改文章时,应该根据文法。合文法的才是通,不合文法的便是不通。每改一句,须指出根据哪一条文法通则。例如有学生做了“而方姚卒不之踣”,我圈去“之”

字,须说明“之”字何以不通。又如学生做了“客好何?”,我改为“客何好?”或“客好何物?”,也须说明古文何以不可说“客好何?”。

(6)千万不可整篇涂去,由教员重做。如有内容论理上的错误,可由教员批出,但不可代做。

(七)结论

我这篇《中学国文的教授》,完全是理想的。一个人的理想自然是有限的,但我希望现在和将来的中学教育家肯给我一个试验的机会,使我这个理想的计划随时得用试验来证明哪一部分可行,哪一部分不可行,哪一部分应该修正。没有试验的主观批评是不能使我心服的。

我演说之后,有许多人议论我的主张,以为我对于中学生的期望太高了。有人说:“若照胡适之的计划,现在高等师范国文部的毕业生还得重进高等小学去读书呢!”这话固然是太过,但我深信我对于中学生的国文程度的希望,并不算太高。从国民学校到中学毕业是整整的十一年。十一年的国文教育,若不能做到我所期望的程度,那便是中国教育的大失败!

(民国)九年三月二十四日北京

(第八卷第一号,一九二〇年九月一日)

国语文法的研究法

胡 适

第一篇 导言

什么是国语？我们现在研究国语文法，应该先问：什么是国语？什么是国语的文法？

“国语”这两个字很容易误解。严格说来，现在所谓“国语”，还只是一种尽先补用的候补国语，并不是现在的国语。这句话的意思是说，这一种方言已有了做中国国语的资格，但此时还不曾完全成为正式的国语。

一切方言都是候补的国语，但必须先有两种资格，方才能够变成正式的国语：

第一，这一种方言，在各种方言之中，通行最广。

第二，这一种方言，在各种方言之中，产生的文字最多。

我们试看欧洲现在的许多国语，哪一种不是先有了这两项资格的？四百年前，欧洲各国的学者都用拉丁文著书通信，和中国人用古文著书通信一样。那时各国都有许多方言，还没有国语。最初成立的是意大利的国语。意大利的国语起先也只是突斯堪尼（Tuscany）的方言，因为通行最广，又有了但丁（Dante）、鲍卞曲（Boccacio）等人用这种方言做文学，故这种方言由候补的变成正式的国语。英国的国语当初也只是一种“中部方言”，后来渐渐通行，又有了乔叟（Choucer）与卫克立夫（Wycliff）等人的文学，故也由候补的变成正式的国语。此外法国、德国，及其他各国的国语，都是先有这两种资格后来才变成国语的。

我们现在提倡的国语，也具有这两种资格。第一，这种语言是中国通行最广的一种方言——从东三省到西南三省（四川、云南、贵州），从长城到长江，那一大片疆域内，虽有大同小异的区别，但大致都可算是这种方言通行的区域。东南一角虽有许多种方言，但没有一种通行这样远的。第二，这种从东三省到西南三省，从长城到长江的普通话，在这一千年之中，产生了许多有价值的文学的著作。自从唐以来，没有一代没有白话的著作。禅门的语录和宋明的哲学语录自不消说了。唐诗里已有许多白话诗；到了晚唐，白话诗更多了。寒山和拾得的诗几乎全是白话诗。五代的词里也有许多白话的词。李后主的好词多是白话的。宋诗中更多白话。邵雍与张九成虽全用白话，但做得不好；陆放翁与杨诚斋的白话诗便有文学价值了。宋词变为元曲，白话的部分更多。宋代的白话小说，如《宣和遗事》之类，还在幼稚时代。自元到明，白话的小说方才完全成立。《水浒传》《西游记》《三国志》，代表白话小说的“成人时期”。自此以后，白话文学遂成了中国一种绝大的势力。这种文学有两层大功用：（一）使口语成为写定的文字，不然，白话决没有代替古文的可能；（二）这种白话文学书通行东南各省，凡口语的白话及不到的地方，文学的白话都可侵入，所以这种方言的领土遂更扩大了。

这两种资格，缺了一种都不行。没有文学的方言，无论通行如何远，决不能代替已有文学的古文，这是不用说的了。但是若单有一点文学，不能行到远地，那也是不行的。例如广东话也有绝妙的“粤讴”，苏州话也有“苏白”的小说。但这两种方言通行的区域太小，故必不能成为国语。

我们现在提倡的国语是一种通行最广最远又曾有一千年的文学的方言。因为它有这两种资格，故大家久已公认它做中国国语的惟一候选人，故全国人此时都公认它为中国国语，推行出去，使它成为全国学校教科书的用语，使它成为全国报纸杂志的用语，使它成为现代和将来的文学用语。这是建立国语的惟一方法。

什么是国语文法？凡是一种语言，总有它的文法。天下没有一种没有文法的语言，不过内容的组织彼有大同小异或小同大异的区别罢了。但是，有文法和有文法学不同。一种语言尽管有文法，却未必一定有文法学。世界文法学发达最早的，要算梵文和欧洲的古今语言。中国的文法学发生最迟。古书如公羊谷梁两家的《春秋传》，颇有一点论文法的话，但究竟没有文法学出世。清朝王引之的《经传释词》，用归纳的方法来研究古书中“词”的用法，可称得一部文法书。但王氏究竟缺乏文法学的术语和条理,故《经传释词》只是文法学未成立以前的一种文法参考书,还不曾到文法学的地位。直到马建忠的《文通》出世(光绪二十四年,西历一八九八年)方才有中国文法学。马氏自己说:“上稽经史,旁及诸子百家,下至志书小说,凡措字遣辞,苟可以述吾心中之意以示今而传后者,博引相参,要皆有一成不变之例。”(《文通》前序)又说:“斯书也,因西文已有之规矩,于经籍中求其所同所不同者,曲证系引,以确知华文义例之所在。”(后序)到这个时代,术语也完备了,条理也有了,方法也更精密了,故马建忠能建立中国文法学。

中国文法学何以发生得这样迟呢?我想,有三个重要的原因。第一,中国的文法本来很容易,故人不觉得文法学的必要。聪明的人自能“神而明之”,笨拙的人也只消用“书读千遍,其义自见”的笨法,也不想有文法学的捷径。第二,中国的教育本限于很少数的人,故无人注意大多数人的不便利,故没有研究文法学的需要。第三,中国语言文字孤立几千年,不曾有和他种高等语言文字相比较的机会。只有梵文与中文接触最早,但梵文文法太难,与中文文法相去太远,故不成为比较的材料。其余与中文接触的语言,没有一种不是受中国人的轻视的,故不能发生比较研究的效果。没有比较,故中国人从来不曾发生文法学的观念。

这三个原因之中,第三原因更为重要。欧洲自古至今,两千多年之中,随时总有几种平等的语言文字互相比较,文法的条例因有比较遂更容易明白。我们的语言文字向来没有比较参证的材料,故虽有王念孙、王引之父子那样高深的学问,那样精密的方法,终不能创造文法学。到了马建忠,便不同了。马建忠得力之处,全在他懂得西洋的古今文字,用西洋的文法比较参考的材料。他研究“旁行诸国语言之源流,若希腊若拉丁之文词,而属比之,见其字别种而句司字所以声其心而形其意者,皆有一定不易之律;而因以律夫吾经籍子史诸书,其大纲盖元不同。于是因所同以同夫所不同着”(后序)。看这一段,更可见比较参考的重要了。

但是马建忠的文法只是中国古文的文法。他举的例,到韩愈为止,韩愈到现在又隔开一千多年了。《马氏文通》是一千年前的古文文法,不是现在的国语的文法。马建忠的大缺点在于缺乏历史进化的观念,他把文法的条例错认作“一成之律,历千古而无或少变”(前序)。其实从《论语》到韩愈,中国文法已经过很多的变迁了;从《论语》到现在,中国文法也不知经过了多少的大改革!那不曾大变的只有那用记诵模仿的文法勉强保存的古文文法。至于民间的语言,久已自由变化,自由改革,自由修正;到了现在,中国的文法——国语的文法与各地方言的文法,久已不是马建忠的“历千古而无或少变”的文法了。最明显的例,如古文“莫我知”“不汝贷”“未之见”,这一类的否定动词用代名词作止词时,止词必须在动词之前。现在的白话便不用这种通则,便改成了“没有人知道我”“不晓你”“不曾见过他”。这些用作止词的代名词都移到动词的后面去了。

懂得这个道理,方才可讲“国语的文法”。因国语是古文慢慢地变出来的,国语的文法也是古文的文法慢慢地改革修正出来的,古文的文法虽是很容易,但它的里面还有许多没有道理的条例。如上文举的例“莫我知”“不汝贷”“未之见”,何以这三个止词——我、汝、之一定要放在动词之前?何以“不知命”“不知人”等用名词作止词,便不能移在动词之前呢?何以不可说“不命知”“不人知”呢?这种条例,就是古文大家也不能说出所以然与所以不然的道理,何况普通一般国民呢?古文家只晓得模仿古人,故古人说“莫我知”,他也说“莫我知”,全不晓得何以不说“莫知我”的理由。但是一般小百姓是不怕得罪古人的。他们觉得“莫我知”一类的文法实在不方便,故他们不知不觉地遂把它改成“没有人知道我”“不晓你”“不曾见过他”,都改成更容易懂的文法了(参看《新青年》七卷三号我的《国语的进化》)。这一类的例极多,我不能多举,我以后在本书还要随时详细说明中国古文演化到国语的趋势。现在我只能说一个大意。古文文法里有许多很繁杂的规矩,被几千年的守旧文人用全力保留到于今,被政府用科举的法子强迫一般文人遵守到于今。但是大多数的国民是没诵读古书的,是不用做那“未之有也”“莫我知也夫”的文章的,是在学校与科举的势力范围之外的。他们说话的目的只有两项:一是方便,二是容易懂得。他们拿这两个标准来修正中国语言,努力朝着这两方面做去,用“快刀斩乱麻”的手段,把几千年的古文家糊里糊涂地保守下来和马建忠认为“历千古而无或少变”的文法,都痛痛快快地改变了:该保留的都保留了,该变简的都变简了,该变细密的都变细密了,不规则的都变规则的了。这种变更的结果,便是我们现在的国语文法。

国语文法不是我们造得出的,它是几千年演化的结果,它是中国“民族的常识”的表现与结晶。“结晶”一个名词最有意味。譬如雪花的结晶或松花蛋(即皮蛋)上的松花结晶,你说它是有意做成的罢,它确是自然变成的,确是没有意识作用的;你说它完全无意识罢,它确又很有规则秩序,绝不是乱七八糟的;雪花的结晶绝不会移作松花的结晶。国语的演化全是这几千年"寻常百姓"自然改变的功劳,文人与文法学者全不曾过问。我你这班老祖宗并不曾有意地改造文法,只有文法不知不觉地改变了。但改变的地方,仔细研究起来,却又是很有理的,的确比那无数古文大家的理性还高明多!因此我们对于这种玄妙的变化,不能不脱帽致敬,不能不叫它一声"民族的常识的结晶"!

第二篇 文法的研究法(上)

我这部讲义最注重的一点就是研究文法的方法。为什么我要这样注重方法呢?第一,因为现在虽有古文的文法学,但国语的文法学还在草创的时期,我们若想预备做国语文法学的研究,应该先从方法下手。建立国语文法学,不是一件容易做的事。方法不精密,决不能有成效。第二,一种科学的精神全在它的方法,方法是活的,是普遍的。我们学一种科学,若单学得一些书本里的知识,不能拿到怎样求得这些知识的方法,是没有用的,是死的。若懂得方法,就把这些书本里的知识都忘记了,也还不要紧,我们不但求得出这些知识来,我们还可以创造发明添上许多新知识。文法学也是如此,不要说我们此时不能做一部很好的国语文法书,就是有了一部很好的文法书,若大家不讲究文法学的方法,这书终究是死的,国语文法学终究没有继续进步的希望。古人说"鸳鸯绣取从君看,不把金针度与人",这是很可鄙的态度。我们提倡学术的人应该先把"金针"送给大家,然后让他们看我们绣的鸳鸯,教他们来绣一些更好更巧妙的鸳鸯!

研究文法的方法,依我看来,有三种必不可少的方法:(一)归纳的研究法,(二)比较的研究法,(三)历史的研究法。

这三种之中,归纳法是根本法,其余两种是补助归纳法的。

(一)归纳的研究法。

平常论理学书里说归纳法是"从个体的事实里求出普通的法则"的方法。但是这句话是很含糊的,并且是很有弊病的。因为没有下手的方法,故是含糊的;因为容易使人误解归纳的性质,故有弊病。宋朝的哲学家讲"格物",要人"即物而穷其理"。初看去，这也是“从个体的事实里求出普通的法则”的归纳法了。后来王阳明用这法子去格庭前的竹子，格了七天，格不出什么道理来，自己反病倒了。这件事很可使我们觉悟：单去观察个体事物，不靠别的帮助，便想从个体事物里抽出一条通则来，是很不容易做到的事，也许竟是不可能的事。从前中国人用的“书读千遍，其义自见”的笨法，便是这一类的笨归纳。

现在市上出版的论理学书，讲归纳法最好的，还要算严又陵先生的《名学浅说》。这部书是严先生演述耶芳斯(Jevaus)的《名学要旨》做成的。耶芳斯的书虽然出版得很早，但他讲归纳法实在比弥尔(J.S.Mill.穆勒・约翰)一系的名学家讲得好。耶芳斯的大意是说归纳法其实只是演绎法的一种用法。分开来说，归纳法有几步的工夫：

第一步，观察一些同类的“例”；

第二步，提出一个假设的通则，来说明这些“例”；

第三步，再观察一些新例，看它们是否和假设的通则相符合。若无例外，这通则便可成立。若有例外，须研究此项例外是否有可以解释的理由。若不能解释，这通则便不能成立。一个假设不能成立，便须另寻新假设，仍从第二步做起。这种讲法的要点在于第二步提出假设的通则。第三步即用这个假设做一个大前提，再用演绎的方法来证明或否证这个假设的大前提。

这种讲法，太抽象了，不容易懂得，我且举一条例来说明它。白话里常用的“了”字，平常用来表示过去的动词，如“昨天他来了两次，今天早晨他又来了一次”，这是容易懂得的。但是“了”字又用在动词的现在式，如：

大哥请回，兄弟去了。

又用在动词的将来式，如：

你明天八点钟若不到此地，我就不等你了。

你再等半点钟，他就出来了。

这种“了”字自然不是表示过去时间的，它表示什么呢？这种用法究竟错不错呢？

我们可试用归纳法的第一步，先观察一些“例”：

(例一)他若见我这般说，不睬我时，此事便休了。

(例二)他若说“我替你做”，这便有一分光了。

(例三)他若不肯过来，此事便休了。

(例四)他若说“我来做”,这光便有二分了。

(例五)第二日他若依前肯过我家做时,这光便有三分了。

我看了《水浒传》这几条例,心里早已提出一个假设:这种“了”字是用来表示虚拟的口气(Subjunctive Mood)的。上文引的五个例,都是虚拟(假定)的因果句子:前半截虚拟的“因”都有“若”字表出,故动词可不必变化;后半截虚拟的“果”都用过去式的动词表出,如“便休了”“便有了”都是虚拟的口气。因为是虚拟的,故用过去式的动词表示未来的动作。

这个假设是第二步。有了这个假设的通则,我再做第三步,另举一些例:

(例六)我们若去求他,这就不是品行了。(《儒林外史》)

(例七)若还是这样傻,便不给你娶了。(《石头记》)

这两例都与上例相符合。我再举例:

(例八)你这中书早晚是要革的了。(《儒林外史》)

(例九)我轻身更好逃窜了。(《儒林外史》)

这都是虚拟的将来,故用“了”字。我再举例:

(例十)只怕你吃不得了。(《水浒传》)

(例十一)可怜我哪里赶得上,只怕不能够了。(《石头记》)

(例十二)押司来到这里,终不成不进去了。(《水浒传》)

这都是疑惑不定的口气,故都用虚拟式。我再举例:

(例十三)好汉息怒。且饶恕了,小人自有话说。(《水浒传》)

(例十四)不要忘记了许我的十两银子。(《水浒传》)

(例十五)你可别多嘴了。(《石头记》)

这些本是命令的口气,因为命令式太重了,太硬了,故改用虚拟的口气,便觉得婉转柔和了。试看下文的比较,便懂得这个虚拟式的重要。

(命令的口气)	(虚拟的口气)
放手!	放了手罢。
不要忘记!	不要忘了。
别多嘴!	你可别多嘴了。

我举这些例来证明第二步提出的假设“这种‘了’字是用来表示虚拟的口气的”。

这个假设若是真的，那么，这一类的“了”字应该都可用这个假设去解释。第三步举的例果然没有例外，故这条通则可以成立。

这种研究法叫做归纳的研究法。我在上文说过，归纳法是根本法。凡不懂得归纳法的，决不能研究文法。故我要再举一类的例，把这个方法的用法说明格外明白些。

马建忠作《文通》用的方法很精密，我们看他自己说他研究文法的方法：

> 古经籍历数千年传诵至今。其字句浑然，初无成法之可指。乃同一字也，同一句也，有一书迭见者，有他书互见者。是宜博引旁证。互相比拟，因其当然以进求其所同所异之所以然而后著为典则义类照然。（例言）

他又说：

> 愚故罔揣固陋，取《四书》《三传》《史》《汉》，韩文，……兼及诸子，语（国语），策（国策），为之字栉句比。
>
> 繁称博引。比例而同之触类而长之。穷古今简篇，字里行间，涣然冰释，皆有以得其会通。

这两段说归纳的研究法都很明白。我们可引《文通》里的一条通则来做例：

（例一）寡人好货。寡人好色。寡人好勇。（《孟子》）

（例二）客何好？客何事？客何能？（《史记》）

例一的三句，都是先“主词”次“表词”次“止词”（主词，《文通》作起词。表词，《文通》作语词）。例二的三句都是先“主词”次“止词”，“表词”最后。何以“寡人好货”的“货”字不可移作“寡人货好”？何以“客何好”不可改作“客好何”？

我们用归纳法的第一步，看了这例二的三个例，再举同类的几个例：

（例三）吾何修而可以比于先王观也？（《孟子》）

（例四）生揣我何念？（《史记》）

看了这些例，我们心里起一个假设：

(假设一)"凡'何'字用作止词,都该在动词之前"。这是第二步。我们再举例:

(例五)夫何忧何惧?(《论语》)

(例六)客何为也?(《史记》)

这些例都可以证明这个假设可以成为通则。我们且叫它"通则一"。这是第三步。

这个"何"字的问题是暂时说明了。但我们还要进一步,问:"何以'何'字用作止词便须在动词之前呢?"我们要解答这问题,先要看看那些与"何"字同类的字是否与"何"字有同样的用法。先看"谁"字:

(例七)寡人有子,未知其谁立焉?(《左传》)

(例八)朕非属赵君当谁任哉?(《史记》)

(例九)吾谁欺?欺天乎?(《论语》)

从这些例上,可得一个通则:

(通则二)"凡'谁'字用作止词,也都在动词之前。"

次举"孰"字的例:

(例十)后之人,其欲闻仁义道德之说,孰从而听之?(韩愈)

次举"奚"字:

(例十一)问臧奚事,则挟策读书;问穀奚事,则博塞以游。(《庄子》)

(例十二)子将奚先?(《论语》)

次举"胡""曷"等字:

(例十三)胡禁不止?(《汉书》)

(例十四)曷令不行?(《汉书》)

我们看这些例,可得许多小通则;可知何、谁、孰、奚、胡、曷等字用作止词时,都在动词之前。但这些字都是"询问代名词",故我们又可得一个大通则:

"凡询问代名词用作止词时,都该在动词之前。"这条通则,我们可再举例来试证;若没有例外,便可成立了。

得了这条通则,我们就可知道"客何好"的"何"字所以必须放在"好"字之前,是因为"何"字是一个询问代词用作止词。这就是《文通》的《例言》说的"博引旁证,互相比拟,因其当然,以进求其所同所异之所以然"。我们若把上文说的手续合为一表,便更明白了：

客何好？客何能？
吾何修？
夫何忧何惧？ } 通则一　凡“何”字作止词，应在动词前。

未知谁立？
当谁任哉？
吾谁欺？ } 通则二　凡“谁”字作止词，应在动词前。

孰从而听之？} 通则三　“孰”字同。

问臧奚事？
问穀奚事？ } 通则四　“奚”字同。

胡禁不止？} 通则五　“胡”字同。

曷令不行？} 通则六　“曷”字同。

（以上六条通则）} 总通则　凡询问代名词用作止词时，都在动词之前。

这就是《文通》自序说的“比例而同之，触类而长之……皆有以得其会通”。这就是归纳的研究法。

（第九卷第三号，一九二一年七月一日）

国语文法的研究法（续前号）

胡　适

第三篇　文法的研究法(中)

(二)比较的研究法。

比较的研究法可分作两步讲。

第一步,积聚些比较参考的材料,越多越好。在国语文法学上,这种材料大部分是各种“参考文法”,约可分作四类:

(1)中国古文文法,——至少要研究一部《马氏文通》。

(2)中国各地方言的文法,——如中国东南各省的各种方言的文法。

(3)西洋古今语言的文法,——英文法、德文法、法文法、希腊拉丁文法等。

(4)东方古今语言的文法,——如满蒙文法、梵文法、日本文法等。

第二步,遇着困难的文法问题时,我们可寻思别种语言里有没有同类或大同小异的文法。若有这种类似的例,我们便可拿它们的通则来帮助解释我们不能解决的例句。(1)若各例彼此完全相同,我们便可完全采用那些通则。(2)若各例略有不同,我们也可用那些通则来做参考,比较出所以同和所以不同的地方,再自己定出新的通则来。

我且举上篇用的虚拟口气的“了”字作例。我们怎样得到那个假设呢?原来那是从比较参考得来的。我看了《水浒传》里的一些例,便想起古文里的“矣”字,似乎也有这种用法——也有用在现在和未来的时间的。例如:

诺,吾将仕矣。(《论语》)

原将降矣。(《左传》)

如有复我者,则吾必在汶上矣。(《论语》)

如有不嗜杀人者,则天下之民皆引领而望之矣。(《孟子》)

我于是翻开《马氏文通》,要看他如何讲法。《文通》说:

> 矣字者,所以决事理已然之口气也。已然之口气,俗间所谓“了”字也。凡“矣”字之助句读也,皆可以“了”字解之。(九之三)

《文通》也用“了”字来比较“矣”字,我心里更想看他如何解释。他说:言效之句,率以“矣”字助之。(《孟子》如有不嗜杀人者,则天下之民皆引领而望之矣。)……“矣”字者,决已然之口气也。而“效”则唯验诸将来。“矣”字助之者,盖“效”之发见有待于后,而“效”之感应已露于先矣。(言效之句即我说的虚拟的效果句子。)

这一段话的末句说得很错误,但他指出“言效之句,率以‘矣’字助之”一条通则,确能给我一个“暗示”。我再看他讲“吾将仕矣”一类的文法:

> “吾将仕矣”者,犹云,吾之出仕于将来,已可必于今日也。……其事虽属将来,而其理势已可决其如是而无他变矣。

他引的例有“今日必无晋矣”“孺子可教矣”“三年无改于父之道,可谓孝矣”等句。他说这些“矣”字“要不外了字之口气”。他说:

> “了”者,尽而无余之辞。而其为口气也,有已了之了,则“矣”字之助静字即形容词而为绝句也,与助句读之往事也。有必了之了,则“矣”字之助言效之句也。外此诸句之助“矣”字而不为前例所概者,亦即此已了必了之口气也。是则“矣”字所助之句,无不可以“了”字解之矣。

我看了这一段,自然有点失望。因为我想参考“矣”字的文法来说明“了”字的文法,不料马氏却只用了“了”字的文法来说明“了”字的文法来讲解“矣”字的文法。况且他只说“已了必了之口气”，说得很含糊不明白。如孔子对阳货说“吾将仕矣”，绝没有“必了”的口气，绝不是如马氏说的“吾之出仕于将来，已可必于今日”的意思。又如他说“言效之句”所以用“矣”字，是因为“效之发见有待于将来而效之感应已露于先矣”，这种说法，实无道理。什么叫做“效之感应”？

但我因《文通》说的“言效之句”遂得着一点“暗示”。我因此想起这种句子在英文里往往用过去式的动词来表示虚拟的口气。别国文字里也往往有这种办法。我因此得一个假设：我们举出的那些“了”字的例，也许都是虚拟的口气罢？

我得着这个“假设”以后的试证工夫，上章已说过了。我要请读者注意的是：这个假设是从比较参考得来的。

白话里虚拟口气的“了”字和古文里的“矣”字，并不完全相同，如“请你放了我罢”一类的句子是古文里没有的，和别国文字里的虚拟口气，也不完全相同。如英文之虚拟口气并不单靠过去式的动词来表示。别国文字也如此。但不同之中，有相同的一点，就是虚拟的口气有区别的必要。马氏忽略了这个道理，以为一切“矣”字部可用“已了”“必了”两种“了”字来解说，所以他说不明白。我们须要知道，那些明明是未了的动作何以须用那表示已了的“矣”字或“了”字？我们须要知道，古文里“已矣乎”“行矣，夫子！”“休矣，先生！”一类的句子，和白话里“算了罢”“请你放了我罢”“不要忘了那十两银子”，绝不能用“已了，必了”四个字来解说只有“虚拟的口气”一个通则可以包括在内。

这一类的例是要说明比较参考的重要的。若没有比较参考的材料，处处全靠我们从事实里“挤”出一些通则来，那就真不容易了。我再举一类的例来说明没有参考材料的困难。六百多年前，元朝有个赵德，著了一部《四书笺义》，中有一段说：

> 吾我二字，学者多以为一义，殊不知就己而言则曰吾因人而言则曰我。“吾有知乎哉？”就己而言也。“有鄙夫问于我”，因人之问而言也。

清朝杨复吉的《梦兰琐笔》引了这段话又加按语道：

> 按此条分别甚明。“二三子以我为隐乎？”我，对二三子而言。“吾无隐

乎尔”，吾，就己而言也。

“我善养吾浩然之气”，我，对公孙丑而言，吾就己而言也。

后来俞樾把这一段抄在《茶香室丛抄》卷一里，又加上一段按语道：

以是推之，“予唯往求朕攸济”，予即我也，朕即吾也，“越予冲人，不卬自恤”，予即我也，卬即吾也，其语似复而实非复。

我们看这三个人论“吾我”二字的话，便可想见没有参考文法的苦处。第一，赵德能分出一个“就己而言”的吾，“因人而言”的我，总可算是读书细心的了。但这个区别实在不够用，试看《庄子》“今者吾丧我”一句，又怎样分别“就己”“因人”呢？若有“主词”“止词”等等文法术语，便没有这种困难了。第二，杨复吉加的按语说“此条分别甚明”，不料他自己举出的四个例便有两个是大错的！“我善养吾浩然之气”，这个“我”字与上文的几个“我”字，完全不同！这个“吾”字和上文的几个“吾”字，又完全不同！倘使当时有了“主格”“受格”“领格”等术语、通则可作参考比较的材料，这种笑话也可以没有了。第三，俞樾解释“予”“朕”“卬”三个字，恰都和赵德的通则相反！这种错误也是因为没有文法学的知识作参考，故虽有俞樾那样的大学者，也弄不清楚这个小小的区别。到了我们的时代，通西文的人多了，这种区别便毫不成困难问题了。我们现在说：

“吾”“我”二字，在古代文字中，有三种文法上的区别：

（甲）主格用“吾”为常。

（例）吾有知乎哉？

吾其为东周乎？

吾丧我。

（乙）领格用“吾”。

（例）吾日三省吾身。

犹吾大夫崔子也。

吾道一以贯之。

(丙)受格(止词司词)用“我”。

(例一)夫召我者,而岂徒哉?如有用我者,吾其为东周乎?

如有复我者,则吾必在汶上矣。

以上为外动词的“止词”。

(例二)有鄙夫问于我。

孟孙问孝于我。

善为我辞焉。

以上为介词后的“司词”。

这些区别,现在中学堂的学生都懂得了,都不会缠不清楚了。

故有了参考比较的文法资料,一个中学堂的学生可以胜过许多旧日的大学问家。反过来说,若没有参考比较的文法资料,一个俞樾有时候反不如今日的一个中学生!

现在我们研究中国文法,自然不能不靠这些“参考文法”的帮助。我们也知道,天下没有两种文法是完全相同的;我们也知道,中国的语言自然总有一些与别种语言不相同的特点。但我们决不可因此遂看轻比较研究的重要。若因为中国语言文字有特点,就菲薄比较的研究,那就成了“因为怕跌倒就不敢出门”的笨伯了!近来有人说,研究中国文法须是“独立的而非模仿的”。他说:

何谓独立的而非模仿的中国文字与世界各国之文字(除日本文颇有与中国文相近者外),有绝异者数点:其一,主形;其二,单节音,且各字有平上去入之分;其三,无语尾等诸变化;其四,字词(《说文》“词,意内言外也”),文位确定。是故如标语(即《马氏文通》论句读编卷系七〈适按此似有误系或是象之误〉所举之一部分),如足句之事,如说明语之不限于动字,如动字中“意动”“致动”(如“饮马长城窟”之饮,谓之致动;“彼白而我白之”之第二白字,谓之意动)。等之作成法,如词与语助字之用:皆国文所特有者也。如象字比较级之变化,如名字中固有名字普通名字等分类,如主语之绝对不可缺:皆西文所特有,于国文则非甚必要。今使不研究国文所特有,而第取西文所特有者,一一模仿之,则削足适履,扞格难通,一也;比喻不切,求易转难,二也;为无用之分析,徒劳记忆,三也;有许多无可说明者,势必任诸学者之自由解释,系统既异,归纳无从,四也;其勉强适合之部分,用法虽亦可通,而歧义必所不免,五也;举国中有裨实用之变化而牺牲之,致国文不能尽其用,六也。

是故如主张废灭国文,则已;若不主张废灭者,必以治国文之道治国文,决不能专以治西文之道治国文也。(《学艺杂志》第二卷第三号,陈承泽《国文法草创》页五至六)

陈先生这段话是对那“模仿”的文法说的。但他所指的“模仿”的文法既包括《马氏文通》在内(原文页六至八、注六),况且世间决无“一一模仿”的笨文法,故我觉得陈先生实在是因为他自己并不曾懂得比较研究的价值,又误把“比较”与“模仿”看做一事,故发这种很近于守旧的议论。他说的“必以治国文之道治国文”一句话,和我所主张的比较的研究法,显然处于反对的地位。试问,什么叫做“以治国文之道治国文”?从前那种“书读千遍,其义自见”的笨法,真可算是几千年来我们公认的“治国文之道”!又何必谈什么“国文法”呢?到了谈什么“动字”“象字”“主语”“说明语”等文法学的术语,我们早已是“以治西文之道治国文”了,——难道这就是“废灭国文”吗?况且,若不从比较的研究下手,单用“治国文之道治国文”,我们又如何能知道什么为“国文所特有”,什么为“西文所特有”呢?陈先生形容那“模仿”文法的流弊,说“其勉强适合之部分,用法虽亦可通,而歧义必所不免”。我请问,难道我们因为有“歧义”,遂连那“适合的部分”和“可通的用法”都不该用吗?何不大胆采用那“适合”的通则,再加上“歧义”的规定呢?陈先生又说“有许多无可说明者,势必任诸学者之自由解释,系统既异,归纳无从”。这句话更奇怪了。“学者自由解释”,便不是“模仿”了,岂不是陈先生所主张的“独立的”文法研究吗?何以这又是一弊呢?

中国语言文字的研究,这几千年来,真可以算是“独立”了几千年。“独立”的困难与流弊还不够使我们觉悟吗?我老实规劝那些高谈“独立”文法的人:中国文法学今日的第一需要是取消独立,但“独立”的反面不是“模仿”,是比较与参考。比较研究法的大纲,让我重说一遍:

遇着困难的文法问题时,我们可寻思别种语言里有没有同类或大同小异的文法。

若有这种类似的例,我们便可拿他们的通则来帮助释我们不能解决的例句。

若各例彼此完全相同,我们便可完全采用那些通则。

若各例略有不同,陈先生说的“歧义”,我们也可用那些通则来做参考,比较出所以同和所以不同的地方,再自己定出新的通则来。

第四篇　文法的研究法(下)

(三)历史的研究法。

比较的研究法是补助归纳法的,历史的研究法也是补助归纳法的。

我且先举一个例来说明归纳法不用历史法的危险。我的朋友刘复先生著了一部《中国文法通论》,他也有一长段讲“文法的研究法”。他说:

> 研究文法,要用归纳法,不能用演绎法。
>
> 什么叫做“用归纳法而不用演绎法”呢?譬如人称代词(即《文通》的指名代字)的第一身(即《文通》的发语者)在口语中只有一个“我”字,在文言中却有“我、吾、余、予”四个字。假使我们要证明这四个字的用法完全相同,我们先应该知道,代名词用在文中,共有主格、领格、受格三种地位(即《文通》的主次、偏次、宾次);而领格之中又有附加“之”字与不附加“之”字两种;受格之中又有位置在语词(Verb)之后和位置在介词之后两种。
>
> 于是我们搜罗了实例,来证明他:
>
> A.主格。
>
> 1.我非生而知之者。(《论语》)
>
> 2.吾日三省吾身。(《论语》)
>
> 3.余虽为之执鞭。(《史记》)
>
> 4.予将有远行。(《孟子》)
>
> B.一、领格,不加“之”字的。
>
> 1.可以濯我缨。(《孟子》)
>
> 2.非吾徒也。(《论语》)
>
> 3.既无武守,而又欲易余罪。(《左传》)

4.是予所欲也。(《孟子》)

B.二、领格,附加“之”字的。

1.我之怀矣,自贻伊戚。(《左传》)

2.吾之病也。(韩愈《原毁》)

3.是余之罪也夫!(《史记》)

4.如助予之叹息。(欧阳修《秋声赋》)

C.一、受格,在语词后的。

1.明以教我。(《孟子》)

2.嫂尝抚汝指吾而言曰。(韩愈《祭十二郎文》)

3.女为惠公来求杀余。(《左传》)

4.尔何曾比予于管仲!(《孟子》)

C.二、受格,在介词后的。

1.为我作君臣相悦之乐。(《孟子》)

2.为吾谢苏君。(《史记》《张仪列传》)

3.与余通书。(《史记》)

4.天生德于予。(《论语》)

到这一步,我们才可以得到一个总结,说“我、吾、余、予”四个字,用法完全一样。这一种方法,就叫作归纳法。

(《中国文法通论》页一七)

这一大段,初看起来,很像是很严密的方法;细细分析起来,就露出毛病来了。第一个毛病是:这一段用的方法实在是演绎法,不是归纳法;是归纳法的第三步(看本书第二篇),不是归纳法的全部。刘先生先已打定主意“要证明这四个字的用法完全相同”,故他只要寻些实例来证实这个大前提,他既不问“例外”的多少,也不想说明“例外”的原因,也不问举的例是应该认为“例外”呢,还是应该认为“例”。如C.一(2)“嫂尝抚汝指吾而言曰”一句,这“吾”字自是很少见的,只可算是不懂文法的韩退之误用的“例外”,不能用作“例”。此外如A.(1),在《论语》里确是“例外”,B.一(1)与B.二(1)都是诗歌,也都是“例外”。若但举与大前提相符合作“例”,不比较“例”与“例外”

的多少，又不去解释何以有"例外"，这便是证明一种"成见"不是试证一种"假设"了。所以我说他是演绎法，不是归纳法。

第二个毛病更大了。刘先生举的例，上起《论语》，下至韩愈欧阳修，共占一千五百年的时间！他不问时代的区别，只求合于通则的"例"，这是绝大的错误。这一千五百年中间，中国文法也不知经过了多少大变迁。即如从孔子到孟子的二百年中间，文法的变迁已就很明显了。孔子称他的弟子为"尔、汝"，孟子便称"子"了；孔子时代用"斯"，孟子时代便不用了；阳货称孔子用"尔"，子夏曾子相称亦用"尔、汝"，孟子要人"充无受尔汝之实"，可见那时"尔，汝"已变成轻贱的称呼了。即如"吾、我"二字，在《论语》《檀弓》时代，区别得很严。"吾"字用在主格，又用在领格，但决不用在受格；"我"字专用在受格，但有时要特别着重"吾"字，便用"我"字代主格的"吾"字，如"尔爱其羊，我爱其礼""我非生而知之者""我则异于是"，都是可以解释的"例外"。到了秦汉以后，疆域扩大，语言的分子更复杂了，写定了的文言便不能跟着那随时转变的白话变化。白话渐渐把指名代词的"位次"（Cane）的区别除去了，但文字里仍旧有"吾、我、尔、汝"等字。后人生在没有这种区别的时代，不会用这种字，故把这些字随便乱用。故我们不可说"吾、我"两字用法完全相同。

我们只可说，"吾、我"两字在《论语》《檀弓》时代的用法是很有区别的；后来这种区别在语言渐渐消灭，故在文字也往往随便乱用，就没有区别了。

如此，方才可以懂得这两个字在文法上的真正位置。"余、予"二字也应该如此研究。我们若不懂得这四个字的历史上的区别，便不能明白这四个字所以存在的缘故。古人不全是笨汉，何以第一身的指名代词用得着四个"用法完全相同"的字呢？

这种研究法叫作"历史的研究法"。

为什么要用历史的研究法呢？我且说一件故事：

清朝康熙皇帝游江南时，有一天，他改了装，独自出门游玩。他走到一条巷口，看见一个小孩子眼望着墙上写的"此路不通"四个字。皇帝问他道："你认得这几个字吗？"那孩子答道："第二个是'子路'的路字，第三个是'不亦说乎'的不字，第四个是'天下之通丧'的通字。只有头一个字我不曾读过。"皇帝心里奇怪，便问他读过什么书。他说读过《论语》。皇帝心里更奇怪了：难道一部《论语》里没有一个"此"字吗？他回到行宫，翻开《论语》细看，果然没有一个"此"字。皇帝便把随驾的一班翰林叫来,问他们《论语》里共有几个“此”字。他们有的说七八十个,有的说三四十个,有的说二三十个,皇帝大笑。

这个故事很有意思。顾亭林《日知录》说:

> 《论语》之言“斯”者七十,而不言“此”;《檀弓》之言“斯”者五十有二,而言“此”者一而已。《大学》成于曾氏之门人,而一卷之中言“此”者十九。语言轻重之间,世代之别,从可知矣。

其实何止这个“此”字?语言文字是时时变易的,时时演化的。当语言和文字不曾分离时,这种变迁演化的痕迹都记载在文字里,如《论语》《檀弓》与《孟子》的区别,便是一例。后来语言和文字分开,语言仍旧继续不断的变化,但文字却渐渐固定了。故虽然有许多“陈”迹的文法与名词保存在文字里,但这种保存,完全是不自然的保存,是“莫名其妙”的保存。古人有而后人没有的文法区别,虽然勉强保存,究竟不能持久,不久就有人乱用了。我们研究文法,不但要懂得那乱用时代的文法,还应该懂得不乱用时代的文法。有时候,我们又可以看得相反的现象:有时古代没有分别的,后来倒有分别。这种现象也是应该研究的。故我们若不懂得古代“吾、我”有分别,便不懂得后来这两个字何以并用;若不懂得后来“吾、我”无分别,便不懂白话曾用一个“我”字的好处;若不懂得古代主格与领格同用“吾”字,便不懂得后来白话分出“我”与“我的”的有理。

因为我们要研究文法变迁演化的历史,故须用历史的方法来纠正归纳的方法。

历史的研究法可分作两层说:

第一步:举例时,当注意每个例发生的时代。每个时代的例排在一处,不可把《论语》的例和欧阳修的例排在一处。

第二步:先求每一个时代的通则,然后把各时代的通则互相比较。

(a)若各时代的通则是相同的,我们便可合为一个普通的通则。

(b)若各时代的通则彼此不同,我们便应该进一步,研究各时代变迁的历史,寻出沿革的痕迹,和所以沿所以革的原因。

我们可举白话文学里一个重要的例。前年某省编了一部国语教科书,送到教育部请审查。教育部审查的结果，指出书里“这花红的可爱”“鸟飞的很高”一类的句子，说“的”字都应改作“得”字。这部书驳回去之后，有人对部里的人说：“这一类的句子里《水浒传》皆作‘得’，《儒林外史》皆作‘的’，你们驳错了。”后来陈颂平先生把这事告诉我，我的好奇心引我去比较《水浒传》《石头记》《儒林外史》三部书的例，不料我竟因此寻出一条很重要的通则。

先看《水浒传》的例，都在第一回及楔子。

(1)最易踢得好脚气毬。

(2)高俅只得来淮西临淮州。

(3)这高俅我家如何安得着他？

(4)小的胡乱踢得几脚。

(5)你既害病，如何来得？

(6)俺如何与他争得？

(7)免不得饥餐渴饮。

(8)母亲说他不得。

(9)此殿开不得。

(10)太公到来，喝那后生：“不得无礼！”

(11)极是做得好细巧玲珑。

(12)母亲说得是。

(13)史进十八般武艺：一一学得精熟，多得王进尽心指教，点拨得件件都有奥妙。

(14)方才惊谎得苦。

(15)惊得下官魂魄都没了。

(16)惊得洪太尉目瞪口呆。（此句亚东本作“的”，后见光绪丁亥同文本果作“得”，可见举例时不可不注意版本。我作“尔汝篇”论领格当用“尔”，今本《虞书》有“天之历数在汝躬”一句，然《论语》引此句正作“黎躬”。可见《尚书》经过汉人之手已不可靠了。）

次举《石头记》的例，都在卷二十二至卷二十五。

(17)薛大妹妹今年十五岁，虽不是整生日，也算得将笄之年。

(18)别人拿他取笑，都使得。

(19)贾环只得依他……宝玉只得坐了。

(20)你但凡立得起来,到你大房里……也弄个事儿管管。

(21)告诉不得你。

(22)等那件事成了,可也加倍还得起他。

(23)婶娘身上生得单弱,事情又多,亏婶娘好大精神,竟料理的周周全全,要是差一点,早累的不知怎样了。

(24)只见一个十五六岁的丫头,生的倒也十分精细干净。[比较上文(23)"生得单弱"一条,及下文(25)条》]

(25)只见这人生的长容脸面,长挑身材。

(26)舅舅说的有理。[比较上文(12)条]

(27)说的林黛玉扑嗤的一声笑了。

(28)吓的这个调儿,这只管胡说!

(29)树上桃花吹下一大斗来,落得满身满书满地都是花片。

(30)弄得你黑眉乌嘴的。

(31)林黛玉只当十分荡得利害。

(32)但问他痛得怎样。

再举《儒林外史》的例,都在楔子一回。

(33)世人一见功名便舍着性命去求他。自古及今哪一个是看得破的。

(34)只靠着我替人家做些针凿生活寻来的钱,如何供得你读书?

(35)不然,老爷如何得知你会画花?

(36)有什么做不得?

(37)彼此呼叫,还听得见。

(38)我眼见得不济事了。

(39)都不得有甚好收场。

(40)闹得王冕不得安稳。

(41)这个法却定的不好。

(42)一阵怪风刮的树木都嗖嗖的响。

(43)王冕同秦老吓的将衣袖蒙了脸。

(44)娘说的是。

(45)这也说得有理。[比较上文(44)条]

(46)照耀得满湖通红。

(47)尤其绿得可爱。

(48)乡间人见画得好,也有拿钱来买的。

以上从每部书里举出的十六个例,共四十八个例。《水浒传》最早(依我的考证,是明朝中叶的著作),比《儒林外史》与《石头记》要早二百多年。《水浒传》的十六个例一概用"得"字。《石头记》与《儒林外史》杂用"得""的"两字。这种排列法是第一步下手工夫。

第二步,求出每一个时代的例的通则来做比较。

我们细看《水浒传》的十六个例,可以看出两种绝不相同的文法作用:

(甲)自(1)至(10)的"得"字,都含有可能的意思。"踢得几脚"即"能踢几脚","如何安得""如何来得""如何争得"即"如何能安""如何能来""如何能争","免不得"即"不能免","说他不得"即"不能说他"。以上是表"能够"的意思。"开不得"即"不可开","不得无礼"即"不可无礼"。以上是表"可以"的意思。

(乙)自(11)至(16)的"得"字,是一种介词,用来引出一种状词或状词的分句的。这种状词或状词的分句都是形容前面动词或形容词的状态和程度的。这个"得"字的意义和"到"字相仿(得与到同声,一音之转),大概是"到"字脱胎出来的。"说得是"即"说到是处"。"惊谎得苦"即"惊谎到苦处"。"学得精熟"即"学到精熟的地步"。"惊得洪太尉目瞪口呆"即"惊到洪太尉目瞪口呆的地步"。这都是表示状态与程度的。凡介词之后都该有"司词",但"得"字之后,各词可以省去,故很像无"司词"。其实是有的,看到字诸例便知。

于是我们从《水浒传》的例里求出两条通则:

通则一:"得"字是一种表示可能性的助动词,它的下面或加止词,或加足词,或不加什么。

通则二:"得"字又可用作一种介词,用在动词或形容词之后,引起一种表示状态或程度的状词或状语。

其次,我们看《石头记》的十六个例,可分出三组来:

第一组,(17)至(22)六条的“得”字都是表示可能的助动词。如“也算得”等于“也可算”。“只得依他”等于“只能依他”。“立得起来”等于“能立起来”。“还得起他”等于“能够还他”。这一组没有一条例外。

第二组,(23)至(28)六条,七次用“的”,一次用“得”,都是表示状态或程度的状语之前的“介词”。(23)条最可注意:“生得单弱”“料理的周周全全”“累的不知怎样了”,“生得”的“得”字明是误用的“例外”。下文(24)(25)两条都用“生的”更可证(23)条的“得”字是“例外”。

第三组,(29)至(32)四条,都是与第二组完全相同的文法,但都用“得”不用“的”,是第二组的“例外”。

再看《儒林外史》的十六个例,也可分作三组:

第一组,(33)至(39)七条的“得”字,都是表示可能的助动词,与《石头记》的第一组例完全相同,也没有一个“例外”。

第二组,(40)至(44)五条用的“的”字,都是状语之前的介词,与《石头记》的第二组例也完全相同。

第三组,(45)至(48)四条,又是“例外”了。这些句子与第二组的句子文法上完全相同,如“说的是”与“说得有理”可有什么文法上的区别?

(第九卷第四号,一九二一年八月一日)

文学
批评

文學改良芻議

胡適

今之談文學改良者衆矣。記者末學不文、何足以言此。然年來頗於此事再四研思、輒以友朋辨論、其結果所得頗不無討論之價值。因綜括所懷見解、列爲八事、分別言之、以與當世之留意文學改良者一研究之。

吾以爲今日而言文學改良、須從八事入手。八事者何。

一曰、須言之有物。

二曰、不摹倣古人。

三曰、須講求文法。

四曰、不作無病之呻吟。

五曰、務去爛調套語。

六曰、不用典。

七曰、不講對仗。

八曰、不避俗字俗語。

一曰須言之有物。 吾國近世文學之大病、在於言之無物。今人徒知『言之無文、行之不遠』而不知言之無物、又何用文爲乎。吾所謂『物』、非古人所謂『文以載道』之說也。吾所謂『物』約有二事。

（原版内文）

文学革命之八事*

胡 适 陈独秀

独秀先生足下：

二月三日，曾有一书奉寄，附所译《决斗》一稿，想已达览。久未见《青年》，不知尚继续出版否？今日偶翻阅旧寄之贵报，重读足下所论文学变迁之说，颇有鄙见，欲就大雅质正之。

足下之言曰："吾国文艺犹在古典主义、理想主义时代，今后当趋向写实主义。"此言是也，然贵报三号登谢无量君长律一首，附有记者按语，推为"希世之音"。又曰："子云、相如而后，仅见斯篇，虽工部亦只有此工力，无此佳丽……吾国人伟大精神，犹未丧失也欤，于此征之。"细检谢君此诗，至少凡用古典套语一百事（中略）。稍读元、白、柳、刘（禹锡）之长律者，皆将谓贵报案语之为厚诬工部而过誉谢君也。适所以不能已于言者，正以足下论文学已知古典主义之当废。而独啧啧称誉此古典主义之诗，窃谓足下难免自相矛盾之诮矣。适尝谓：凡人用典或用陈套语者，大抵皆因自己无才力，不能自铸新辞，故用古典套语转一湾子，含糊过去，其避难趋易最可鄙薄。在古大家集中，其最可传之作，皆其最不用典者也。老杜《北征》何等工力！然全篇不用一典（其"不闻殷衰，中自诛褒妲"二语乃比拟非用典也），其《石壕》《羌村》诸诗亦然。韩退之诗亦不用典，白香山《琵琶行》全篇不用一典，《长恨歌》更长矣，仅用"倾国""小玉""双成"三典而已。律诗之佳者，亦不用典，堂皇莫如"云移雉尾开宫扇，日映龙鳞识圣颜"；宛转莫如"岂谓尽烦回纥马，翻然远救朔方兵"；纤丽莫如"梦为远别啼难唤，书被催成墨未浓"；悲壮莫如"永夜角声悲自语，中天月色好谁看"。然其好处，岂在用典哉（又如老杜《闻官军收河南河北》一首更可玩味）！总之，以用典见长之诗，决无可传之价值。虽工亦不值钱，况其不工但求押韵者乎？

尝谓今日文学之腐败极矣,其下焉者,能押韵而已矣。稍进,如南社诸人,夸而无实,滥而不精,浮夸淫琐,几无足称者(南社中间亦有佳作,此所讥评就其大概言之耳)。更进,如樊樊山、陈伯严、郑苏庵之流,视南社为高矣。然其诗皆规摹古人,以能神似某人某人为至高目的。极其所至,亦不过为文学界添几件赝鼎耳,文学云乎哉。

综观文学堕落之因,盖可以"文胜质"一语包之。文胜质者,有形式而无精神,貌似而神亏之谓也。欲救此文胜质之弊,当注重言中之意,文中之质,躯壳内之精神。古人曰:"言之不文,行之不远。"应之曰,若言之无物,又何用文为乎?

年来思虑观察所得,以为今日欲言文学革命,须从八事入手,八事者何?

一曰不用典。

二曰不用陈套语。

三曰不讲对仗(文当废骈,诗当废律)。

四曰不避俗字俗语(不嫌以白话作诗词)。

五曰须讲求文法之结构。

此皆形式上之革命也。

六曰不作无病之呻吟。

七曰不摹仿古人语,语须有个我在。

八曰须言之有物。

此皆精神上之革命也。

此八事略具要领而已,其详细节目,非一书所能尽,当俟诸他日再为足下详言之。

以上所言,或有过激之处。然心所谓是,不敢不言。倘蒙揭之贵报,或可供当世人士之讨论。此一问题关系甚大,当有直言不讳之讨论,始可定是非。适以足下洞晓世界文学之趋势,又有文学改革之宏愿,故敢贡其一得之愚。伏乞恕其狂妄而赐以论断,则幸甚矣。匆匆不尽欲言。即祝撰安。

胡　适白

拜诵惠书,敬悉一一。以提倡写实主义之杂志,而录古典主义之诗,一经足下指斥,曷胜惭感。惟今之文艺界,写实作品,以仆寡闻,实未尝获觏。本志文艺栏,罕录国人自作之诗文。即职此故,不得已偶录一二诗,乃以其为写景叙情之作,非同无病而呻。其所以盛称谢诗者，谓其继迹古人，非谓其专美来者。若以西洋文学眼光，批评工部及元、白、柳、刘诸人之作，即不必吹毛求疵。其拙劣不通之处，又焉能免？望足下平心察之，实非仆厚诬古人也。承示文学革命八事，除五、八二项，其余六事，仆无不合十赞叹，以为今日中国文界之雷音。倘能详其理由，指陈得失，衍为一文，以告当世，其业尤盛。第五项所谓文法之结构者，不知足下所谓文法，将何所指？仆意中国文字，非合音无语尾变化，强律以西洋之 Grammar，未免画蛇添足。（日本国语，乃合音，惟只动词、形容词，有语尾变化。其他种词，亦强袭西洋文法，颇称附会无实用，况中国文乎？）若谓为章法语势之结构，汉文亦自有之，此当属诸修辞学，非普通文法。且文学之文与应用之文不同，上未可律以论理学，下未可律以普通文法，其必不可忽视者，修辞学耳。质之足下，以为如何？尊示第八项"须言之有物"一语，仆不甚解。或者足下非古典主义，而不非理想主义乎？鄙意欲救国文浮夸、空泛之弊，只第六项"不作无病之呻吟"一语足矣。若专求"言之有物"，其流弊将毋同于"文以载道"之说。以文学为手段、为器械，必附他物以生存。窃以为文学之作品，与应用文字作用不同。其美感与伎俩，所谓文学、美术自身独立存在之价值，是否可以轻轻抹杀，岂无研究之余地？况乎自然派文学，义在如实描写社会，不许别有寄托，自堕理障，盖写实主义之与理想主义不同也。以此以上二事，尚望足下有以教之。海内外讲求改革中国文学诸君子，倘能发为宏议，以资公同讨论，敢不洗耳静听！若来书所谓加以论断，以仆不学无文，何敢何敢！

独　秀　谨复

（原载《新青年》第二卷第二号，一九一六年十月一日）

＊本文原为通信，标题为编选者所拟。

文学改良刍议

胡 适

今之谈文学改良者众矣。记者末学不文,何足以言此?然年来颇于此事再四研思,辅以友朋辩论,其结果所得,颇不无讨论之价值。因综括所怀见解,列为八事,分别言之,以与当世之留意文学改良者一研究之。

吾以为今日而言文学改良,须从八事入手。八事者何?

一曰,须言之有物。

二曰,不摹仿古人。

三曰,须讲求文法。

四曰,不作无病之呻吟。

五曰,务去烂调套语。

六曰,不用典。

七曰,不讲对仗。

八曰,不避俗字俗语。

一曰须言之有物 吾国近世文学之大病,在于言之无物。今人徒知"言之无文,行之不远",而不知言之无物,又何用文为乎?吾所谓"物",非古人所谓"文以载道"之说也。吾所谓"物",约有二事:

(一)情感。《诗序》曰,"情动于中而形诸言。言之不足,故嗟叹之。嗟叹之不足,故永歌之。永歌之不足,不知手之舞之,足之蹈之也。"此吾所谓情感也。情感者,文学之灵魂。文学而无情感,如人之无魂,木偶而已,行尸走肉而已(今人所谓"美感"者,亦情感之一也)。

(二)思想。吾所谓"思想",盖兼见地、识力、理想三者而言之。思想不必皆赖文学而传，而文学以有思想而益贵；思想亦以有文学的价值而益贵也。此庄周之文，渊明老杜之诗，稼轩之词，施耐庵之小说，所以敻绝千古也。思想之在文学，犹脑筋之在人身。人不能思想，则虽面目姣好，虽能笑啼感觉，亦何足取哉？文学亦犹是耳。

文学无此二物，便如无灵魂无脑筋之美人，虽有秾丽富厚之外观，抑亦末矣。近世文人沾沾于声调字句之间，既无高远之思想，又无真挚之情感，文学之衰微，此其大因已。此文胜之害，所谓言之无物者是也。欲救此弊，宜以质救之。质者，何？情与思二者而已。

二曰不摹仿古人　文学者，随时代而变迁者也。一时代有一时代之文学：周秦有周秦之文学，汉魏有汉魏之文学，唐宋元明有唐宋元明之文学。此非吾一人之私言，乃文明进化之公理也。即以文论，有《尚书》之文，有先秦诸子之文，有司马迁班固之文，有韩柳欧苏之文，有语录之文，有施耐庵曹雪芹之文：此文之进化也。试更以韵文言之：《击壤》之歌，《五子》之歌，一时期也；《三百篇》之诗，一时期也；屈原荀卿之骚赋，又一时期也；苏李以下，至于魏晋，又一时期也；江左之诗流为排比，至唐而律诗大成，此又一时期也；老杜香山之“写实”体诸诗（如杜之《石壕吏》《羌村》，白之《新乐府》），又一时期也；诗至唐而极盛，自此以后，词曲代兴，唐五代及宋初之小令，此词之一时代也；苏柳（永）辛姜之词，又一时代也；至于元之杂剧传奇，则又一时代矣。凡此诸时代，各因时势风会而变，各有其特长。吾辈以历史进化之眼光观之，决不可谓古人之文学皆胜于今人也。左氏史公之文奇矣，然施耐庵之《水浒传》视《左传》《史记》何多让焉？《三都》《两京》之赋富矣，然以视唐诗宋词则糟粕耳。此可见文学因时进化，不能自止。唐人不当作商周之诗，宋人不当作相如、子云之赋。即令作之，亦必不工。逆天背时，违进化之迹，故不能工也。

既明文学进化之理，然后可言吾所谓“不摹仿古人”之说。今日之中国，当造今日之文学，不必摹仿唐宋，亦不必摹仿周秦也。前见“国会开幕词”，有云：“于铄国会，遵晦时休。”此在今日而欲为三代以上之文之一证也。更观今之“文学大家”，文则下规姚曾，上师韩欧；更上则取法秦汉魏晋，以为六朝以下无文学可言，此皆百步与五十步之别而已，而皆为文学下乘。即令神似古人，亦不过为博物院中添几许“逼真赝鼎”而已，文学云乎哉？昨见陈伯严先生一诗云：

“涛园钞杜句，半岁秃千毫。所得都成泪，相过问奏刀。万灵噤不下，此老仰弥高。胸腹回滋味,徐看薄命骚。”

此大足代表今日“第一流诗人”摹仿古人之心理也。其病根所在,在于以“半岁秃千毫”之工夫作古人的钞胥奴婢,故有“此老仰弥高”之叹。若能洒脱此种奴性,不作古人的诗,而唯作我自己的诗,则决不致如此失败矣!

吾每谓今日之文学,其足与世界“第一流”文学比较而无愧色者,独有白话小说(我佛山人,南亭亭长,洪都百炼生,三人而已)一项。此无他故,以此种小说皆不事摹仿古人(三人皆得力于《儒林外史》《水浒》《石头记》。然非摹仿之作也),而唯实写今日社会之情状,故能成真正文学。其他学这个,学那个之诗古文家,皆无文学之价值也。今之有志文学者,宜知所从事矣。

三曰须讲文法　今之作文作诗者,每不讲求文法之结构。其例至繁,不便举之,尤以作骈文律诗者为尤甚。夫不讲文法,是谓“不通”。此理至明,无待详论。

四曰不作无病之呻吟　此殊未易言也。今之少年往往作悲观,其取别号则曰“寒灰”“无生”“死灰”。其作为诗文,则对落日而思暮年,对秋风而思零落,春来则惟恐其速去,花发又惟惧其早谢;此亡国之哀音也。老年人为之犹不可,况少年乎?其流弊所至,遂养成一种暮气,不思奋发有为,服劳报国,但知发牢骚之音,感喟之文;作者将以促其寿年,读者将亦短其志气;此吾所谓无病之呻吟也。国之多患,吾岂不知之?然病国危时,岂痛哭流涕所能收效乎?吾惟愿今之文学家作费舒特(Fichte),作玛志尼(Mazzini),而不愿其为贾生,王粲,屈原,谢皋羽也。其不能为贾生,王粲,屈原,谢皋羽,而徒为妇人醇酒丧气失意之诗文者,尤卑卑不足道矣!

五曰务去烂调套语　今之学者,胸中记得几个文学的套语,便称诗人。其所为诗文处处是陈言烂调,“蹉跎”“身世”“寥落”“飘零”“虫沙”“寒窗”“斜阳”“芳草”“春闺”“愁魂”“归梦”“鹃啼”“孤影”“雁字”“玉楼”“锦字”“残更”……之类,累累不绝,最可憎厌。其流弊所至,遂令国中生出许多似是而非,貌似而实非之诗文。今试举一例以证之:

“荧荧夜灯如豆,映幢幢孤影,凌乱无据。翡翠衾寒,鸳鸯瓦冷,禁得秋宵几度?么弦漫语,早丁字帘前,繁霜飞舞。袅袅余音,片时犹绕柱。”

此词骤观之,觉字字句句皆词也,其实仅一大堆陈套语耳。“翡翠衾”“鸳鸯瓦”,用之白香山《长恨歌》则可,以其所言乃帝王之衾之瓦也。“丁字帘”“么弦”皆套语也。此词在美国所作,其夜灯决不"荧荧如豆",其居室尤无"柱"可绕也。至于"繁霜飞舞",则更不成话矣。谁曾见繁霜之"飞舞"耶?

吾所谓务去烂调套语者,别无他法,惟在人人以其耳目所亲见、亲闻、所亲身阅历之事物,一一自己铸词以形容描写之;但求其不失真,但求能达其状物写意之目的,即是工夫。其用烂调套语者,皆懒惰不肯自己铸词状物者也。

六曰不用典　吾所主张八事之中,惟此一条最受友朋攻击,盖以此条最易误会也。吾友江亢虎君来书曰:

"所谓典者,亦有广狭二义。饾饤獭祭,古人早悬为厉禁;若并成语故事而屏之,则非惟文字之品格全失,即文字之作用亦亡……文字最妙之意味,在用字简而涵义多。此断非用典不为功。不用典不特不可作诗,并不可写信,且不可演说。来函满纸'旧雨''虚怀''治头治脚''舍本逐末''洪水猛兽''发聋振聩''负弩先驱''心悦诚服''词坛''退避三舍''无病呻吟''滔天''利器''铁证'……皆典也。试尽抉而去之,代以俚语俚字,将成何说话?其用字之繁简,犹其细焉。恐一易他词,虽加倍蓰而涵义仍终不能如是恰到好处,奈何?……"

此论极中肯要。今依江君之言,分典为广狭二义,分论之如下:

(一)广义之典非吾所谓典也。广义之典约有五种:

(甲)古人所设譬喻,其取譬之事物,含有普通意义,不以时代而失其效用者,今人亦可用之。如古人言"以子之矛,攻子之盾"。今人虽不读书者,亦知用"自相矛盾"之喻,然不可谓为用典也。上文所举例中之"治头治脚""洪水猛兽""发聋振聩"……皆此类也。盖设譬取喻,贵能切当;若能切当,固无古今之别也。若"负弩先驱""退避三舍"之类,在今日已非通行之事物,在文人相与之间,或可用之,然终以不用为上。如言"退避"千里亦可,百里亦可,不必定用"三舍"之典也。

(乙)成语。成语者,合字成辞,别为意义。其习见之句,通行已久,不妨用之。然今日若能另铸"成语",亦无不可也。"利器""虚怀""舍本逐末"……皆属此类。此非"典"也,乃日用之字耳。

(丙)引史事。引史事与今所论议之事相比较,不可谓为用典也。如老杜诗云"不闻殷衰,中自诛褒妲",此非用典也。近人诗云,"所以曹孟德,犹以汉相终",此亦非用典也。

（丁）引古人作比。此亦非用典也。杜诗云，“清新庾开府，俊逸鲍参军”，此乃以古人比今人，非用典也。又云，“伯仲之间见伊吕，指挥若定失萧曹”，此亦非用典也。

（戊）引古人之语。此亦非用典也。吾尝有句云：“我闻古人言，艰难惟一死。”又云：“尝试成功自古无，放翁此语未必是。”此乃引语，非用典也。

以上五种为广义之典，其实非吾所谓典也。若此者可用可不用。

（二）狭义之典，吾所主张不用者也。吾所谓“用典”者，谓文人词客不能自己铸词造句，以写眼前之景，胸中之意，故借用或不全切，或全不切之故事陈言以代之，以图含混过去，是谓“用典”。上所述广义之典，除戊条外，皆为取譬比方之辞。但以彼喻此，而非以彼代此也。狭义之用典，则全为以典代言，自己不能直言之，故用典以言之耳。此吾所谓用典与非用典之别也。狭义之典亦有工拙之别，其工者偶一用之，未为不可，其拙者则当痛绝之已。

（子）用典之工者。此江君所谓用字简而涵义多者也。客中无书不能多举其例，但杂举一二，以实吾言：

（1）东坡所藏“仇池石”，王晋卿以诗借观，意在于夺。东坡不敢不借，先以诗寄之，有句云，“欲留嗟赵弱，宁许负秦曲。传观慎勿许，间道归应速。”此用蔺相如返璧之典，何其工切也！

（2）东坡又有“章质夫送酒六壶，书至而酒不达”。诗云，“岂意青州六从事，化为乌有一先生。”此虽工已近于纤巧矣。

（3）吾十年前尝有读《十字军英雄记》一诗云：“岂有鸩人羊叔子？焉知微服赵主父？十字军真儿戏耳，独此两人可千古。”以两典包尽全书，当时颇沾沾自喜，其实此种诗，尽可不作也。

（4）江亢虎代华侨诔陈英士文有“未悬太白，先坏长城。世无钮霓，乃戕赵卿”四句，余极喜之。所用赵宣子一典，甚工切也。

（5）王国维咏史诗，有“虎狼在堂室，徙戎复何补？神州遂陆沉，百年委榛莽。寄语桓元子，莫罪王夷甫。”此亦可谓使事之工者矣。

上述诸例，皆以典代言。其妙处，终在不失设譬比方之原意。惟为文体所限，故譬喻变而为称代耳。用典之弊，在于使人失其所欲譬喻之原意。若反客为主，使读者迷于使事用典之繁，而转忘其所为设譬之事物，则为拙矣。古人虽作百韵长诗，其所用典不出一二事而已(《北征》与白香山《悟真寺》诗皆不用一典),今人作长律则非典不能下笔矣。尝见一诗八十四韵,而用典至百余事,宜其不能工也。

(五)用典之拙者。用典之拙者,大抵皆衰惰之人,不知造词,故以此为躲懒藏拙之计。惟其不能造词,故亦不能用典也。总计拙典亦有数类:

(1)比例泛而不切,可作几种解释,无确定之根据。今取王渔洋《秋柳》一章证之:

"娟娟凉露欲为霜,万缕千条拂玉塘。浦里青荷中妇镜,江干黄竹女儿箱。空怜板渚隋堤水,不见琅琊大道王。若过洛阳风景地,含情重问永丰坊。"

此诗中所用诸典无不可作几样说法者。

(2)僻典使人不解。夫文学所以达意抒情也,若必求人人能读五车之书,然后能通其文,则此种文可不作矣。

(3)刻削古典成语,不合文法。"指兄弟以孔怀,称在位以曾是。"(章太炎语),是其例也。今人言"为人作嫁"亦不通。

(4)用典而失其原意。如某君写山高与天接之状,而曰"西接杞天倾"是也。

(5)古事之实有所指,不可移用者,今往乱用作普通事实。如古人灞桥折柳,以送行者,本是一种特别土风。阳关渭城亦皆实有所指。今之懒人不能状别离之情,于是虽身在滇越,亦言灞桥;虽不解阳关渭城为何物,亦皆言"阳关三叠""渭城离歌"。又如张翰因秋风起而思故乡之莼羹鲈脍,今则虽非吴人,不知莼鲈为何味者,亦皆自称有"莼鲈之思"。此则不仅懒不可救,直是自欺欺人耳!

凡此种种,皆文人之下下工夫,一受其毒,便不可救。此吾所以有"不用典"之说也。

七曰不讲对仗　排偶乃人类言语之一种特性,故虽古代文字,如老子孔子之文,亦间有骈句。如"道可道,非常道;名可名,非常名。无名天地之始,有名万物之母。故常无,欲以观其妙;常有,欲以观其微。"此三排句也。"食无求饱,居无求安""贫而无谄,富而无骄""尔爱其羊,我爱其礼"。此皆排句也。然此皆近于语言之自然,而无牵强刻削之迹;尤未有定其字之多寡,声之平仄,词之虚实者也。至于后世文学末流,言之无物,乃以文胜。文胜之极,而骈文律诗兴焉,而长律兴焉。骈文律诗之中非无佳作,然佳作终鲜。所以然者何?岂不以其束缚人之自由过甚之故耶?(长律之中,上下古今,无一首佳作可言也。)今日而言文学改良,当"先立乎其大者",不当枉废有用之精力于微细纤巧之末:此吾所以有废骈废律之说也。即不能废此两者,亦但当视为文学末技而已,非讲求之急务也。

今人犹有鄙夷白话小说为文学小道者,不知施耐庵、曹雪芹、吴趼人,皆文学正宗,而骈文律诗乃真小道耳。吾知必有闻此言而却走者矣。

八曰不避俗语俗字　吾惟以施耐庵、曹雪芹、吴趼人为文学正宗,故有"不避俗字俗语"之论也(参看上文第二条下)。盖吾国言文之背驰久矣。自佛书之输入,译者以文言不足以达意,故以浅近之文译之,其体已近白话。其后佛氏讲义语录尤多用白话为之者,是为语录体之原始。及宋人讲学以白话为语录,此体遂成讲学正体(明人因之)。当是时,白话已久入韵文,观唐宋人白话之诗词可见也。及元时,中国北部已在异族之下,三百余年矣(辽,金,元)。此三百年中,中国乃发生一种通俗行远之文学。文则有《水浒》《西游》《三国》之类,戏曲则尤不可胜计(关汉卿诸人,人各著剧数十种之多。吾国文人著作之富,未有过于此时者也)。以今世眼光观之,则中国文学当以元代为最盛,可传世不朽之作,当以元代为最多。此可无疑也。当是时,中国之文学最近言文合一,白话几成文学的语言矣。使此趋势不受沮遏,则中国几有一"活文学出现",而但丁、路德之伟业(欧洲中古时,各国皆有俚语,而以拉丁文为文言,凡著作书籍皆用之,如吾国之以文言著书也。其后意大利有但丁(Dante)诸文豪始以其国俚语著作。诸国踵兴,国语亦代起。路德(Luthor)创新教,始以德文译《旧约》《新约》,遂开德文学之先。英法诸国亦复如是。今世通用之英文《新旧约》乃一六一一年译本,距今才三百年耳。故今日欧洲诸国之文学,在当日皆为俚语。迨诸文豪兴,始以"活文学"代拉丁之死文学;有活文学而后有言文合一之国语也),几发生于神州。不意此趋势骤为明代所沮,政府既以八股取士,而当时文人如何李七子之徒,又争以复古为高,于是此千年难遇言文合一之机会,遂中道夭折矣。然以今世历史进化的眼光观之,则白话文学之为中国文学之正宗,又为将来文学必用之利器,可断言也(此"断言"乃自作者言之,赞成此说者,今日未必甚多也)。以此之故,吾主张今日作文作诗,宜采用俗语俗字。与其用三千年前之死字(如"于铄国会,遵晦时休"之类),不如用二十世纪之活字;与其作不能行远不能普及之秦汉六朝文字,不如作家喻户晓之《水浒》《西游》文字也。

结论

上述八事，乃吾年来研思此一大问题之结果。远在异国，既无读书之暇晷，又不得就国中先生长者质疑问难，其所主张容有矫枉过正之处。然此八事皆文学上根本问题，一一有研究之价值，故草成此论，以为海内外留心此问题者作一草案。谓之刍议，犹云未定草也，伏惟国人同志有以匡纠是正之。

余恒谓中国近代文学史，施曹价值，远在归姚之上，闻者咸大惊疑。今得胡君之论，窃喜所见不孤。白话文学，将为中国文学之正宗。余亦笃信而渴望之。吾生倘亲见其成，则大幸也。元代文学美术，本蔚然可观。余所最服膺者，为东篱，词隽意远，又复雄富。余尝称为"中国之沙克士比亚"，质之胡君及读者诸君，以为然否。

独秀识

（第二卷第五号，一九一七年一月一日）

文学革命论

陈独秀

今日庄严灿烂之欧洲，何自而来乎？曰，革命之赐也。欧语所谓革命者，为革故更新之义，与中土所谓朝代鼎革，绝不相类。故自文艺复兴以来，政治界有革命，宗教界亦有革命，伦理道德亦有革命，文学艺术，亦莫不有革命，莫不因革命而新兴而进化。近代欧洲文明史，宜可谓之革命史。故曰今日庄严灿烂之欧洲，乃革命之赐也。

吾苟偷庸懦之国民，畏革命如蛇蝎，故政治界虽经三次革命，而黑暗未尝稍减。其原因之小部分，则为三次革命，皆虎头蛇尾，未能充分以鲜血洗净旧污；其大部分，则为盘踞吾人精神界根深蒂固之伦理道德文学艺术诸端，莫不黑幕层张，垢污深积，并此虎头蛇尾之革命而未有焉。此单独政治革命所以于吾之社会，不生若何变化，不收若何效果也。推其总因，乃在吾人疾视革命，不知其为开发文明之利器故。

孔教问题，方喧呶于国中，此伦理道德革命之先声也。文学革命之气运，酝酿已非一日，其首举义旗之急先锋，则为吾友胡适。余甘冒全国学究之敌，高张"文学革命军"大旗，以为吾友之声援。旗上大书特书吾革命军三大主义：曰，推倒雕琢的阿谀的贵族文学，建设平易的抒情的国民文学；曰，推倒陈腐的铺张的古典文学，建设新鲜的立诚的写实文学；曰，推倒迂晦的艰涩的山林文学，建设明了的通俗的社会文学。

国风多里巷猥辞，楚辞盛用土语方物，非不斐然可观。承其流者，两汉赋家，颂声大作，雕琢阿谀，词多而意寡，此贵族之文古典之文之始作俑也。魏、晋以下之五言，抒情写事，一变前代板滞堆砌之风，在当时可谓为文学一大革命，即文学一大进化；然希托高古，言简意晦，社会现象，非所取材，是犹贵族之风，未足以语通俗的国民文学也。齐梁以来，风尚对偶，演至有唐，遂成律体。无韵之文，亦尚对偶。《尚书》《周易》以来，即是如此（古人行文，不但风尚对偶，且多韵语。故骈文家颇主张骈体为中国文章正宗之说〔亡友王无生即主张此说之一人〕。不知古书传抄不易，韵与对偶，以利传诵而已，后之作者，乌可泥此)。

东晋而后，即细事陈启，亦尚骈丽。演至有唐，遂成骈体。诗之有律，文之有骈，皆发源于南北朝，大成于唐代。更进而为排律，为四六。此等雕琢的阿谀的铺张的空泛的贵族古典文学，极其长技，不过如涂脂抹粉之泥塑美人。以视八股试帖之价值，未必能高几何，可谓为文学之末运矣！韩、柳崛起，一洗前人纤巧堆朵之习，风会所趋，乃南北朝贵族古典文学，变而为宋、元国民通俗文学之过渡时代。韩、柳、元、白，应运而出，为之中枢。俗论谓昌黎文章起八代之衰，虽非确论，然变八代之法，开宋、元之先，自是文界豪杰之士。吾人今日所不满于昌黎者二事：

一曰，文犹师古。虽非典文，然不脱贵族气派，寻其内容，远不若唐代诸小说家之丰富，其结果乃造成一新贵族文学。

二曰，误于"文以载道"之谬见。文学本非为载道而设，而自昌黎以讫曾国藩所谓载道之文，不过抄袭孔、孟以来极肤浅极空泛之门面语而已。余尝谓唐宋八家文之所谓"文以载道"，直与八股家之所谓"代圣贤立言"，同一鼻孔出气。

以此二事推之，昌黎之变古，乃时代使然，于文学史上，其自身并无十分特色可观也。元、明剧本，明、清小说，乃近代文学之粲然可观者。惜为妖魔所厄，未及出胎，竟尔流产，以至今日中国之文学，萎琐陈腐，远不能与欧洲比肩。此妖魔为何？即明之前后七子及八家文派之归、方、刘、姚是也。此十八妖魔辈，尊古蔑今，咬文嚼字，称霸文坛。反使盖代文豪若马东篱，若施耐庵，若曹雪芹诸人之姓名，几不为国人所识。若夫七子之诗，刻意模古，直谓之抄袭可也。归、方、刘、姚之文，或希荣慕誉，或无病而呻，满纸之乎者也矣焉哉。每有长篇大作，摇头摆尾，说来说去，不知道说些什么。此等文学，作者既非创造才，胸中又无物，其伎俩惟在仿古欺人，直无一字有存在之价值。虽著作等身，与其时之社会文明进化无丝毫关系。

今日吾国文学，悉承前代之敝，所谓"桐城派"者，八家与八股之混合体也；所谓"骈体文"者，思绮堂与随园之四六也；所谓"西江派"者，山谷之偶像也。求夫目无古人，赤裸裸的抒情写世，所谓代表时代之文豪者，不独全国无其人，而且举世无此想。文学之文，即不足观，应用之文，益复怪诞。碑铭墓志，极量称扬，读者决不见信，作者必照例为之。寻常启事，首尾恒有种种谀词。居丧者即华居美食，而哀启必欺人曰

"苦块昏迷"。赠医生以匾额,不曰"术迈岐黄",即曰"著手成春"。穷乡僻壤极小之豆腐店,其春联恒作"生意兴隆通四海,财源茂盛达三江"。此等国民应用之文学之丑陋,皆阿谀的虚伪的铺张的贵族古典文学阶之厉耳。

际兹文学革新之时代,凡属贵族文学,古典文学,山林文学,均在排斥之列。以何理由而排斥此三种文学耶?曰,贵族文学,藻饰依他,失独立自尊之气象也;古典文学,铺张堆砌,失抒情写实之旨也;山林文学,深晦艰涩,自以为名山著述,于其群之大多数无所裨益也。其形体则陈陈相因,有肉无骨,有形无神,乃装饰品而非实用品;其内容则目光不越帝王权贵,神仙鬼怪,及其个人之穷通利达。所谓宇宙,所谓人生,所谓社会,举非其构思所及。此三种文学共同之缺点也。此种文学,盖与吾阿谀夸张虚伪迂阔之国民性,互为因果。今欲革新政治,势不得不革新盘踞于运用此政治者精神界之文学,使吾人不张目以观世界社会文学之趋势,及时代之精神,日夜埋头故纸堆中,所目注心营者,不越帝王权贵、鬼怪神仙与夫个人之穷通利达,以此而求革新文学,革新政治,是缚手足而敌孟贲也。

欧洲文化,受赐于政治科学者固多,受赐于文学者亦不少。予爱卢梭、巴士特之法兰西,予尤爱虞哥、左喇之法兰西;予爱康德、赫克尔之德意志,予尤爱桂特郝、卜特曼之德意志;予爱倍根、达尔文之英吉利,予尤爱狄铿士、王尔德之英吉利。吾国文学界豪杰之士,有自负为中国之虞哥、左喇、桂特郝、卜特曼、狄铿士、王尔德者乎?有不顾迂儒之毁誉,明目张胆以与十八妖魔宣战者乎?予愿拖四十二生的大炮,为之前驱。

(第二卷第六号,一九一七年二月一日)

我之文学改良观

刘半农

文学改良之议，既由胡君适之提倡之于前，复由陈君独秀、钱君玄同赞成之于后。不佞学识谫陋，固亦为立志研究文学之一人。除于胡君所举八种改良，陈君所揭三大主义，及钱君所指旧文学种种弊端，绝端表示同意外，复举平时意中所欲言者拉杂书之，草为此文。幸三君及世之留意文学改良者有以指正之，谓之“我之文学改良观”者，亦犹常君乃德所谓“见仁见智，各如其分。我之观念，未必他人亦同此观念”也。

文学之界说如何乎　此一问题，向来作者持论每多不同。甲之说曰：“文以载道。”不知道是道，文是文，二者万难并作一谈。若必如八股家之奉四书五经为文学宝库，而生吞活剥孔孟之言，尽举一切“先王后世禹汤文武”种种可厌之名词，而堆砌之于纸上，始可称之为文。则“文”之一字，何妨付诸消灭。即若辈自奉为神圣无上之五经之一之《诗经》，恐三百首中，必无一首足当“文”字之名者。其立说之不通，实不攻自破。乙之说曰：“文章有饰美之意，当作文彰。”（见近人某论文书中）近顷某高等师范学校所聘国文教习川人某，尤主此说，谓“作文必讲音韵。后人称韩愈文起八代之衰，其实韩愈连音韵尚未懂得，何能作文。”故校中学生，自此公莅事后，相率摇头抖膝，推敲于“平平仄仄”之间，其可笑较诸八股家为尤甚。夫文学为美术之一，固已为世界文人所公认。然欲判定一物之美丑，当求诸骨底，不当求诸皮相。譬如美人，必具有天然可以动人之处，始可当一美字而无愧。若丑妇浓妆，横施脂粉，适成其为怪物。故研究文学而不从性灵中意识中讲求好处，徒欲于字句上声韵上卖力，直如劣等优伶，自己无真实本事，乃以花腔滑调博人叫好。此等人尚未足与言文学也。二说之外，唯章实斋分别文史之说较为近是。然使尽以记事文归入史的范围，则在文学上占至重要之位置之小说，即不能视为文学。是不可也。反之，使尽以非记事文归入文的范围，则信札文告之属，初只求辞达意适而止，一有此项规定，反须加上一种文学功夫，亦属无谓。故就不佞之意，欲定文学之界说，当取法于西文，分一切作物为文字 Language 与文学 Literature 二类。西文释 Language 一字曰，“Any means of conveying or Communicating ideas”，是只取其传达意思，不必于传达意思之外，更用何等功夫也。又 Language 一字，往往可与语言 Speech、口语 Tongue 通用。然明定其各个之训诂，则“LANGUAGE is generic, denoting, in its most extended use, any mode of conveying ideas; SPEECH is the language of sounds; And TONGUE is the Anglc-Saxon term for Language, especially for spoken language”，是文字之用，本与语言无殊，仅取其人人都能了解，可以布诸远方，以补语言之不足，与吾国所谓“言之无文，行而不远”正相符合。至如 Literature 则界说中既明明规定为“The class of writings distinguished for beau-ty of style, as poetry, essays, history, fictions, or Belles-letters”，自与普通仅为语言之代表之文字有别。吾后文之所谓文学，即就此假定之界说立论。（此系一人私见，故称假定而不称已定。）

文学与文字　此两个名词之界说既明，则“何处当用文字，何处当用文学”，与夫“必如何始可称文字，如何始可称文学”，亦为吾人不得不研究之问题。今分别论之。

第一问题，前此独秀君撰论，每以“文学之文”与“应用之文”相对待，其说似是。然就论理学之理论言之，文学的既与应用的相对，则文学之文不能应用，应用之文不能观为文学，不佞以“不贵苟同”之义，不敢遽以此说为然也。西人之规定文学之用处者，恒谓“Literature often embraces all compositons except these upon the positive sciences”，其说似较独秀君稍有着落。然欲举实质科学以外一切文字，悉数纳诸文学范围之中，亦万难视为定论。就不佞之意，凡科学上应用之文字，无论其为实质与否，皆当归入文字范围。即胡陈钱三君及不佞今兹所草论文之文，亦系文字而非文学。以文学本身亦为各种科学之一，吾侪处于客观之地位以讨论之，不宜误宾以为主。此外他种科学，更不宜破此定例以侵害文学之范围。（吾国旧时科学书，大都并艺术与文学为一谈。幼时初习算学，一部《九数通考》，不半月即已毕业。而开首一段河图洛书说，及周髀图说，直至三年之后始能了解。此外作医书者，虽立论极浅，亦必引证《内经》及仲景之说，务使他人不能明白以为快。蚕桑之书，本取其妇孺多解，而作者必用古文笔法。卜筮之书，本为瞽者留一啖饭地[星学家自言如此]，而必参入似通非通之易理以自重。诸如此类，无非卖才使气，欺人自欺。吾国原有学术之所以不能发达与普及，实此等自命渊博之假文士有以致之。近自西洋物质文明稍稍输入中国，凡翻译东西科学书籍者，都已不复有此恶习。而严复所撰《英文汉诂》，虽全书取材悉系彼邦至粗浅之文法，乃竟以文笔之古拙生涩，见称于世。若欲取此书以为教材，是非使学徒先习十数年国文，即不许其研究英文，试问天下有是理乎？余决非盲从西洋学说之人。此节所引文学用处之规定，其 positive 一字，实以“Philosophical Literature”已成为彼邦文学中之一种。而哲学又为诸种科学之一，故必于“科学”之上冠以“实质”，方不至互相抵触。其实哲学本身，既包有高深玄妙之理想，行文当力求浅显，使读者一望即知其意旨所在。此余所以主张无论何种科学皆当归入文字范围，而不当羼入文学范围也）至于新闻纸之通信（如普通纪事可用文字，描写人情风俗当用文学），政教实业之评论（如发表意见用文字，推测其安危祸福用文学），官署之文牍告令（文牍告令，什九宜用文字而不宜用文学。钱君所指清代州县喜用滥恶之四六，以判婚姻讼事，与某处诰诫军人文有“偶合之鸟”“害群之马”“血蚨”“飞蝗”等字样，即是滥用文学之弊。然如普法之战，《拿破仑三世致普鲁士维廉大帝之宣战书》为“Sire my Brother—Not having been able to die in the midst of my troops, it only remains for me to place my Sword in the hands of Your Majesty. I am Your Mojes ty' s good brother, Napoleon”，未尝不可视为稀世奇文。维廉复书中“Regreting the circumstances under which we meet, I accept the sword of Your Majesty”之句，便觉黯然无色。故于适当之处，文牍中亦未尝绝对不可用文学也），私人之日记信札（此二种均宜用文字。然如游历时之日记，即不得不于有关系之处，涉及文学。至于信札，则不特前清幕府中所用四六滥调当废。即自命文士者所作小简派文学，亦大可不做。唯在必要时，如美儒富兰克令 B. Franklin 之与英议员司屈拉亨 Strayan 绝交，英儒约翰生 S. Johnson 之不愿受极司菲尔伯爵 Lord Chesterfield 之推誉，则不得不酌用文学工夫），虽不能明定其属于文字范围，或文学范围，要唯得已则已。不滥用文学，以侵害文字，斯为近理耳。其必须列入文学范围者，唯诗歌戏曲、小说杂文、历史传记三种而已。（以历史传记列入文学，仅就吾国及各国之惯例而言。其实此二种均为具体的科学，仍以列入文字为是。）酬世之文（如颂辞、寿序、祭文、挽联、墓志之属），一时虽不能尽废，将来崇实主义发达后，此种文学废物，必在自然淘汰之列。故进一步言之，凡可视为文学上有永久存在之资格与价值者，只诗歌戏曲、小说杂文二种也。

第二问题,此问题之要旨,即在辨明文学与文字之作法之异同。兹就鄙见所及,分列三事如次:

(一)作文字当讲文法,在必要之处,当兼讲论理学。作文字当讲文法,且处处当讲论理学与修辞学。唯酌量情形,在适宜之处,论理学或较轻于修辞学。

(二)文字为无精神之物,非无精神也,精神在其所记之事物,而不在文字之本身也。故作文字,如记账,只须应有尽有,将所记之事物一一记完便了。不必矫揉造作,自为增损。文学为有精神之物,其精神即发生于作者脑海之中。故必须作者能运用其精神,使自己之意识、情感、怀抱一一藏纳于文中。而后所为之文,始有真正之价值,始能稳立于文学界中而不摇。否则精神既失,措辞虽工,亦不过说上一大番空话,实未曾做得半句文章也。(以上两端为永久的。)

(三)钱君以输入东洋派之新名词,归功于梁任公,推之为创造新文学之一人。愚以为世界事物日繁,旧有之字与名词既不敷用,则自造新名词及输入外国名词,诚属势不可免。然新名词未必尽通(如"手续""场合"之类),亦未必吾国竟无适当代用之字(如"目的""职工"之类)。若在文字范围中,取其行文便利,而又为人人所习见,固不妨酌量采用。若在文学范围,则用笔以漂亮雅洁为主,杂入累赘费解之新名词,其讨厌必与滥用古典相同(西洋文学中,亦鲜有采用学术名词者)。然亦未必尽不可用,倘用其意义通顺者,而又无害于文笔之漂亮雅洁,固不必绝对禁止也。(此为暂时的。使将来文学界中,能自造适当之新字或新名词以代之,此条即可废除不用。)

散文之当改良者三　此后专论文学,不论文字。所谓散文,亦文学的散文,而非文字的散文。

第一曰破除迷信。尝谓吾辈做事,当处处不忘有一个我,作文亦然。如不顾自己,只是学着古人,便是古人的子孙。如学今人,便是今人的奴隶。若欲不做他人之子孙与奴隶,非从破除迷信做起不可。此破除迷信四字,似与胡君第二项"不模仿古人"之说相同,其实却较胡君更进一层。胡君仅谓古人之文不当模仿,余则谓非将古人作文之死格式推翻,新文学决不能脱离老文学之窠臼。古人所作论文,大都死守"起承转合"四字,与八股家"乌龟头""蝴蝶夹"等名词同一牢不可破。故学究授人作文,偶见新翻花样之课卷,必大声呵之,斥为不合章法。不知言为心声,文为言之代表。吾辈心灵所至,尽可随意发挥。万不宜以至灵活之一物,受此至无谓之死格式之束缚。至于吾国旧有之小说文学，程度尤极幼稚，直处于“Once upon a time，there was a……”之童话时代。试观其文言小说，无不以“某生、某处人”开场，白话小说，无不从“某朝某府某村某员外”说起，而其结果，又不外“夫妇团圆”“妻妾荣封”“白日升天”“不知所终”数种。《红楼》《水浒》，能稍稍破其谬见矣。而不学无术者，又嫌其不全而续之。是可知西人所崇尚之“Half-told Tales”之文学境界，固未尝为国人所梦见。吾辈欲建造新文学之基础，不得不首先打破此崇拜旧时文体之迷信，使文学的形式上速放一异彩也。（近见曾国藩《古文四象》一书，以太阳、太阴、少阳、少阴之说论文，尤属荒谬已极。此等迷信上古神话之怪物，胡不竟向埃及金字塔中作木乃伊去也。）

第二曰文言白话可暂处于对待的地位。何以故？曰，以二者各有所长，各有不相及处，未能偏废故。胡陈二君之重视“白话为文学之正宗”，钱君之称“白话为文章之进化”，不佞固深信不疑，未尝稍怀异议。但就平日译述之经验言之，往往同一语句，用文言则一语即明，用白话则二三句犹不能了解。（此等处甚多，不必举例。）是白话不如文言也。然亦有同是一句，用文言竭力做之，终觉其呆板无趣，一改白话，即有神情流露、“呼之欲出”之妙（如人人习知之“行不得也，哥哥”“好教我左右做人难”等句）。则又文言不如白话也。今既认定白话为文学之正宗与文章之进化，则将来之期望，非做到“言文合一”或“废文言而用白话”之地位不止。此种地位，既非一蹴可几，则吾辈目下应为之事，唯有列文言与白话于对待之地，而同时于两方面力求进行之策。进行之策如何？曰，于文言一方面，则力求其浅显使与白话相近。（如“此是何物”与“这是什么”相近，此王亮畴先生语。）于白话一方面，除竭力发达其固有之优点外，更当使其吸收文言所具之优点，至文言之优点尽为白话所具，则文言必归于淘汰。而文学之名词，遂为白话所独据，固不仅正宗而已也。或谓白话为一种俚俗粗鄙之文字，即充分进步，至于施曹之地，亦未必竟能取缜密高雅之文言而代之。吾谓白话自有其缜密高雅处，施曹之文，亦仅能称雄于施曹之世。吾人自此以往，但能破除轻视白话之谬见，即以前此研究文言之工夫研究白话，虽成效之迟速不可期，而吾辈意想中之白话新文学，恐尚非施曹所能梦见。

第三曰不用不通之字。胡君既辟用典之不通，钱君复斥以僻字代常用之字为不妥，文学上之障碍物，已扫除大半矣。而不通之字，亦在必须扫除之列。夫虚字实用、实字虚用之法，不特吾国文学中所习见，即西文中亦往往以 noun，adjective，verb 三类字互相通用。今欲废除此种用法，固属绝对不可能。而用之合宜与否，与读者果能明白与否，亦不可不辨。《曾国藩致李鸿裔书》论此甚详。所引“春风风人、夏雨雨人”“解衣衣我、推食食我”诸句，意义甚明，新文学中仍可沿用。其“春朝朝日、秋夕夕月”句中，“朝、夕”二字作“祭”字解，已稍稍晦矣。至如《商颂》“下国骏庞”、《周颂》“骏发尔私”之“骏”字均作“大”字解，与《武成》“侯卫骏奔”、《管子》“弟子骏作”之“骏”字均作“速”字解，其拙劣不通，实无让于用典。近人某氏译西文小说，有“其女珠，其母下之”之句，以“珠”字代“胞珠”转作“孕”字解，以“下”字作“堕胎”解。吾恐无论何人，必不能不观上下文而能明白其意者。是此种不通之字，较诸“附骥”“续貂”“借箸”“越俎”等通用之典，尤为费解。

韵文之当改良者三　韵文对于散文而言，一切诗赋歌词戏曲之属，均在其范围之内。其赋之一种，凡专讲对偶，滥用典故者，固在必废之列。其不以不自然之骈俪见长，而仍能从性灵中发挥，如曹子建之《慰子赋》与《金瓠哀辞》，以及其类似之作物，如韩愈之《祭田横墓文》、欧阳修之《祭石曼卿文》等，仍不得不以其声调气息之优美，而视为美文中应行保存之文体之一。

第一曰破坏旧韵重造新韵。梁代沈约所造四声谱，即今日吾辈通用之诗韵，顾武炎已斥之为“不能上据雅南，旁摭骚子，以成不刊之典，而仅按班、张以下诸人之赋，曹、刘以下诸人之诗所用之音，撰为定本，于是今音行而古音亡”。是此种声谱，在旧文学上已失其存在之资格矣。夫韵之为义叶也，不叶，即不能押韵，此至浅至显之言，可无须举例证明也。而吾辈意想中之新文学，既标明其宗旨曰：“作自己的诗文，不作古人的诗文。”则古人所认为叶音之韵，尚未必可用。何况此古人之所不认，按诸今音又不能相合之四声谱，乃可视为文学中一种规律，举无数文人之心思脑血，而受制于沈约一人之武断耶？试观东冬二部所收之字，无论以何处方言读之，决不能异韵，而谱中乃分之为二。“规、眉、危、悲”等字，无论以何处方言读之，决不能与“支、之、诗、时”等字同韵，而谱中乃合之为一。又哿韵诸字，与有韵叶者多而与马韵叶者少，顾不通有而通马。真文元寒删先六韵，虽间有叶者，而不叶者居其十之九，而谱中竟认为完全相通。虽造谱之时，读音决不与今音相同，造谱者亦决无能力预为吾辈二十世纪读音设想。吾辈苟无崇拜古人之迷信，即就其未为吾辈设想而破坏之，当亦为事理之所必然。故不佞之意，后此押韵，但问其叶与不叶，而不问旧谱之同韵与否，相通与否。

如其叶，不同不通者亦可用；如其不叶，同而通者亦不可用。如有迷信古人宫、商、角、徵、羽，本音转音之说，以相诘难者，吾仍得以“韵即是叶”之本义答之。且前人之言韵者，固谓“音声本为天籁，古人歌咏出于自然，虽不言韵而韵转确”矣。今但许古人自然，而不许今人自然，必欲以人籁代天籁，拘执于本音转音之间，而忘却一至重要之“叶”字。其理耶，其通论耶。（西人作诗，亦有通韵。然只闻“-il”与“-ili”；“-ic”与“-ick”；“-oke”与“-ook”等之相通，不闻强声音绝不相似之字，如“规、眉、危、悲”等与“支、之、诗、时”等为一韵，更不闻强用希腊罗马之古音以押今韵也。）虽然，旧韵既废，又有一困难问题发生，即读音不能统一是。不佞对于此问题，有解决之法三。

（一）作者各就土音押韵，而注明何处土音于作物之下。此实最不妥当之法，然今之土音，尚有一着落之处，较诸古音之全无把握，固已善矣。

（二）以京音为标准，由长于京语者造一新谱，使不解京语者有所遵依。此较前法稍妥，然而未尽善。

（三）希望于“国语研究会”诸君，以调查所得，撰一定谱，行之于世，则尽善尽美矣。

或谓第三法虽佳，而语音时有变迁。今日之定谱，将来必更有不能适用之一日。余谓沈约既无能力豫为吾辈设想，吾辈亦决无能力为将来设想。将来果属不能适用，何妨更废之而更造新谱。即吾辈主张之白话新文学，依进化之程序言之，亦决不能视为文学之止境，更不能断定将来之人不破坏此种文学而建造一更新之文学。吾辈生于斯世，唯有尽思想能力之所及，向“是”的一方面做去而已。且语言之变迁，乃数百年间事而非数十年间事。当此交通机关渐臻完备之时，吾辈尚以“将来读音永远不变，永远统一”为希望也。

第二曰增多诗体。吾国现有之诗体，除律诗排律当然废除外，其余绝诗古风乐府三种（曲、吟、歌、行、篇、叹、骚等，均乐府之分支。名目虽异，体格互相类似），已尽足供新文学上之诗之发挥之地乎，此不佞之所决不敢信也。尝谓诗律愈严，诗体愈少，则诗的精神所受之束缚愈甚，诗学决无发达之望。试以英法二国为比较，英国诗体极多，且有不限音节不限押韵之散文诗，故诗人辈出。长篇记事或咏物之诗，每章长至十数万字，刻为专书行世者，亦多至不可胜数。若法国之诗，则戒律极严。任取何人诗集观之，决无敢变化其一定之音节，或作一无韵诗者。因之法国文学史中，诗人之成绩，决不能与英国比，长篇之诗，亦鲜乎不可多得。此非因法国诗人之本领魄力不及英人也，以戒律械其手足，虽有本领魄力，终无所发展也。故不佞于胡君白话诗中《朋友》《他》二首，认为建设新文学的韵文之动机，倘将来更能自造，或输入他种诗体，并于有韵之诗外，别增无韵之诗（无韵之诗，我国亦有先例。如《诗经》"终南河有，有条有梅。君子至止，锦衣狐裘。颜如渥舟，其君也哉"一章中，"梅、裘、哉"三字，并不叶韵，是明明一首无韵诗也。朱注："梅"叶"莫悲反"，音"迷"；"裘"叶"渠之反"，音"奇"；"哉"叶"将梨反"，音"赍"，乃是穿凿附会，以后人必欲押韵之"不自然"眼光，武断古人。古人决不如此念别字也），则在形式一方面，既可添出无数门径，不复如前此之不自由。其精神一方面之进步，自可有一日千里之大速率。彼汉人既有自造五言诗之本领，唐人既有自造七言诗之本领，吾辈岂无五言七言之外，更造他种诗体之本领耶？

第三曰提高戏曲对于文学上之位置。此为不佞生平主张最力之问题。前读近人吴梅所撰《顾曲尘谈》，谓北曲"不尚词藻，专重白描。"又谓"《西厢》'系春心情短柳丝长，隔花阴人远天涯近。'……在当时不以此等艳语为然。谓之'行家生活'，即明人所谓'案头之曲'非'场中之曲'也"。又谓"实甫曲如'颠不剌的见了万千，似这般可喜娘罕曾见'及'鹘伶渌老不寻常'等语，却是当行出色。"又谓"昔洪昉思与吴舒凫论填词之法。舒凫云，'须令人无从浓圈密点'，时昉思女（之则）在座曰，'如此则天下能有几人，可造此诣。'"是吴君已知"白描"之难能可贵矣。然必谓"胡元方言，尤须熟悉"而后，始可语填北曲，则不佞不敢赞同。盖元人所填者为元人之曲，故就近取元人之方言以为资料；吾辈所填者为吾辈之曲，自宜取材于近，而不宜取材于远。元人既未尝弃元语而用唐宋语以为古，吾辈"食古不化"而死用元语，不将为元人所笑耶？故不佞对于此问题，有四种意见：

（一）无论南词北曲，皆须用当代方言之白描笔墨为之，使合于"场中之曲"之规定。

（二）近人推崇昆剧，鄙视皮黄，实为迷信古人之谬见。当知艺术与时代为推移，世人既以皮黄之通俗可取而酷嗜之，昆剧自应退居于历史的艺术之地位。

（三）昆剧既退居于历史的艺术之地位，则除保存此项艺术之一部分人外，其余从事现代文学之人，均宜移其心力于皮黄之改良，以应时势之所需。［第（一）条即为此项保存派说法。从前词曲家，不尚白描而尚纤丽，实未尝能保存词曲之精华也。］

（四）成套之曲可以不作，改作皮黄剧本。零碎小词，可以不填，改填皮黄之一节或数节。（近人填词，大都不懂音律，仅照老词数了字数，对了平仄，堆砌无数艳语，加上一个“调寄某某”之各名而已。今所谓改填皮黄者，须于皮黄有过研究功夫，再用新文学的本领放进去，则虽标明“调寄西皮某板”，或“调寄二黄某剧之某段”，似乎欠雅，其实无损于文学上与技术上之真价值也。）

吾所谓改良皮黄者，不仅钱君所举“戏子打脸之离奇，舞台设备之幼稚”与“理想既无，文章又极恶劣不通”，与王君梦远《梨园佳话》所举《戏之劣处》一节已也，凡“一人独唱、二人对唱，二人对打、多人乱打”（中国文戏武戏之编制，不外此十六字），与一切“报名”“唱引”“绕场上下”“摆对相迎”“兵卒绕场”“大小起霸”等种种恶腔死套，均当一扫而空。另以合于情理，富于美感之事物代之。（此事言之甚长，后当另撰专论。）然余亦决非认皮黄为正当的文学艺术之人。余居上海六年，除不可免之应酬外，未尝一入皮黄戏馆。而 Lyceum Theater 之 Amateur Dramatic Club，每有新编之戏开演，余必到馆观之。是余之喜白话之剧而不喜歌剧，固与钱君所谓“旧戏如骈文，新戏如白话小说”同一见解。只以现今白话文学尚在幼稚时代，白话之戏曲，尤属完全未经发现（上海之白话新戏，想钱君亦未必认为有文学价值之戏也），故不得不借此易于着手之已成之局而改良之，以应目前之急。至将来白话文学昌明之后，现今之所改良之皮黄，固亦当与昆剧同处于历史的艺术之地位。

形式上的事项　此等事项，较精神上的事项为轻。然文学既为一种完全独立之科学，即无论何事，当有一定之标准，不可随随便便含混过去。其事有三：

（一）分段。中国旧书，往往全卷不分段落。致阅看之时，则眉目不清。阅看之后，欲检查某事，亦茫无头绪。今宜力矫其弊，无论长篇短章，一一于必要之处划分段落。唯西文二人谈话，每有一句，即另起一行，华文似可不必。

（二）句逗与符号。余前此颇反对句逗。谓西文有一种毛病，即去其句逗与大写之字，即令人不懂。汉文之不加句逗者，却仍可照常读去。若在此不必加句逗之文字上而强加之，恐用之日久，反妨害其原有之能事，而与西文同病。不知古书之不加句逗而费解者，已令吾人耗却无数心力于无用之地。吾人方力求文字之简明适用，固不宜沿有此种懒惰性质也。然西文“，；：.”四种句逗法，倘不将文字改为横行，亦未能借用。今本篇所用“.、。”三种，唯“、”之一种，尚觉不敷应用，日后研究有得，当更增一种以补助之。至于符号,则"?"一种,似可不用。以吾国文言中有"欤、哉、乎、耶"等,白话中有"么、呢"等问语助词,无须借助于记号也。然在必要之处,亦可用之。"!"一种,文言中可从省,白话中决不可少。"' '"与"" ""之代表引证或谈话。"——"之代表语气未完,"……"之代表简略,"( )"之代表注解或标目,亦不可少。" * "及字旁所注"123"等小字可以不用,以汉文可用双行小注,无须 foot-note 也。又人名地名既无大写之字以别之,亦宜标以一定之记号。先业师刘步洲先生尝定单线在右指人名,在左指官名及特别物名,双线在右指地名,在左指国名、朝名、种族名,颇合实用。惜形式不甚美观,难于通用。

(三)圈点。此本为科场恶习,无采用之必要。然用之适当,可醒眉目。今暂定为三种:精采用"○",提要用"●",两事相合则用"⊙"。唯滥圈滥点,当悬为厉禁。

结语 除于上述诸事,不敢自信为必当,敬请胡陈钱三君及海内外关心本国文学者逐条指正外,尚有三事记之于次:

(一)余于用典问题,赞成钱君之说,主张无论广义狭义工者拙者,一概不用。即用引证,除至普通者外,亦当注明出自何书或何人所说。

(二)余于对偶问题,主张自然。亦如钱君所谓"凡作一文,欲其句句相对,与欲其句句不对者,皆妄也。"

(三)余赞成小说为文学之大主脑,而不认今日流行之红男绿女之小说为文学。(不佞亦此中之一人。小说家幸勿动气)

刘君此文,最足唤起文学界注意者二事:一曰改造新韵;一曰以今语作曲。至于刘君所定文字与文学之界说,似与鄙见不甚相远。鄙意凡百文字之共名,皆谓之文。文之大别有二:一曰应用之文;一曰文学之文。刘君以诗歌、戏曲、小说等列入文学范围,是即余所谓文学之文也。以评论、文告、日记、信札等列入文字范围,是即余所谓应用之文也。"文字"与"应用之文"名词虽不同,而实质似无差异。质之刘君及读者诸君以为如何?

独秀　识

(第三卷第三号,一九一七年五月一日)

历史的文学观念论

胡　适

居今日而言文学改良，当注重"历史的文学观念"。一言以蔽之，曰：一时代有一时代之文学。此时代与彼时代之间，虽皆有承前启后之关系，而决不容完全抄袭；其完全抄袭者，决不成为真文学。愚唯深信此理，故以为古人已造古人之文学，今人当造今人之文学。至于今日之文学与今后之文学究竟当为何物，则全系于吾辈之眼光识力与笔力，而非一二人所能逆料也。唯愚纵观古今文学变迁之趋势，以为白话之文学种子已伏于唐人之小诗短词，及宋而语录体大盛，诗词亦多有用白话者（放翁之七律七绝，多白话体。宋词用白话者更不可胜计。南宋学者往往用白话通信，又不但以白话作语录也），元代之小说戏曲，则更不待论矣。此白话文学之趋势，虽为明代所截断，而实不曾截断。语录之体，明、清之宋学家多沿用之。词曲为《牡丹亭》《桃花扇》，已不如元人杂剧之通俗矣。然昆曲卒至废绝，而今之俗剧（吾徽之"徽调"，与今日"京调""高腔"皆是也）乃起而代之。今后之戏剧，或将全废唱本而归于说白，亦未可知。此亦由文言趋于白话之一例也。小说则明、清之有名小说，皆白话也。近人之小说，其可以传后者，亦皆白话也（笔记短篇如《聊斋志异》之类不在此例）。故白话之文学，自宋以来，虽见屏于古文家，而终一线相承，至今不绝。夫白话之文学，不足以取富贵，不足以邀声誉，不列于文学之"正宗"，而卒不能废绝者，岂无故耶？岂不以此为吾国文学趋势，自然如此，故不可禁遏而日以昌大耶？愚以深信此理，故又以为今日之文学，当以白话文学为正宗。然此但是一个假设之前提，在文学史上，虽已有许多证据，如上所云，而今后之文学之果出于此与否，则犹有待于今后文学家之实地证明。若今后之文人不能为吾国造一可传世之白话文学，则吾辈今日之纷纷议论，皆属枉费精力，决无以服古文家之心也。

然则吾辈又何必攻古文家乎？曰：是亦有故。吾辈主张"历史的文学观念"，而古文家则反对此观念也。吾辈以为今人当造今人之文学，而古文家则以为今人作文必法马、班、韩、柳，其不法马、班、韩、柳者，皆非文学之"正宗"也。吾辈之攻古文家，正以其不明文学之趋势而强欲作一千年二千年以上之文。此说不破，则白话之文学无有列为文学正宗之一日，而世之文人将犹鄙薄之，以为小道邪径而不肯以全力经营造作之。如是，则吾国将永无以全副精神实地试验白话文学之日。夫不以全副精神造文学而望文学之发生，此犹不耕而求获，不食而求饱也，亦终不可得矣（施耐庵、曹雪芹诸人所以能有成者，正赖其有特别胆力，能以全力为之耳）。

吾辈既以"历史的"眼光论文，则亦不可不以历史的眼光论古文家。《记》曰："生乎今之世，反古之道，灾必及乎身。"（朱熹曰：反，复也）此言复古者之谬，虽孔圣人亦不赞成也。古文家之罪正坐"生乎今之世，反古之道"。古文家盛称马、班，不知马、班之文已非古文。使马、班皆作《盘庚》《大诰》"清庙生民"之文，则马、班决不能千古矣。古文家又盛称韩、柳，不知韩、柳在当时皆为文学革命之人。彼以六朝骈俪之文为当废，故改而趋于较合文法，较近自然之文体。其时白话之文未兴，故韩、柳之文在当日皆为"新文学"。韩、柳皆未尝自称"古文"，古文乃后人称之之辞耳。此如七言歌行，本非"古体"，六朝人作之者数人而已。至唐而大盛，李、杜之歌行，皆可谓创作。后之妄人，乃谓之曰"五古""七古"，不知五言作于汉代，七言尤不得为古，其起与律诗同时（律诗起于六朝。谢灵运、江淹之诗，皆为骈偶之体矣，则虽谓律诗先于七古，可也）。若《周颂》《商颂》则真"古诗"耳。故李、杜作"今诗"，而后人谓之"古诗"；韩、柳作"今文"，而后人谓之"古文"。不知韩、柳但择当时文体中之最近于文言之自然者而作之耳。故韩、柳之为韩、柳，未可厚非也。及白话之文体既兴，语录用于讲坛，而小说传于穷巷。当此之时，"今文"之趋势已成，而明七子之徒乃必欲反之于汉魏以上，则罪不容辞矣。归、方、刘、姚之志与七子同，特不敢远攀周秦，但欲近规韩、柳、欧、曾而已，此其异也。吾故谓古文家亦未可一概抹杀。分别言之，则马、班自作汉人之文，韩、柳自作唐代之文，其作文之时，言文之分尚不成一问题。正如欧洲中古之学者，人人以拉丁文著书，而不知其所用为"死文字"也。宋代之文人，北宋如欧、苏皆常以白话入词，而作散文则必用文言；南宋如陆放翁常以白话作律诗，而其文集皆用文言；朱晦庵以白话著书写信，而作"规矩文字"则皆用文言，此皆过渡时代之不得已。如十六七世纪欧洲学者著书往往并用己国俚语与拉丁两种文字（狄卡儿之《方法论》用法文，其《精思录》则用拉丁文。倍根之《杂论》有英文、拉丁文两种。倍根自信其拉丁文书胜于其英文书，然今人罕有读其拉丁文《杂论》者矣），不得概以古文家冤之也。唯元以后之古文家，则居心在于复古，居心在于过抑通俗文学而以汉、魏、唐、宋代之。此种人乃可谓真正"古文家"！吾辈所攻击者，亦仅限于此一种"生于今之世反古之道"之真正"古文家"耳！

（第三卷第三号，一九一七年五月一日）

诗与小说精神上之革新

刘半农

介绍约翰生、樊戴克两氏之文学思想。

我尝说诗与小说是文学中两大主干,其形式上应行改革之处,已就鄙见所及说过一二。此篇专就精神上立论,分述如下。

一 曰诗

朱熹《诗传序》曰:“人生而静,天之性也。感于物而动,性之欲也。夫既有欲矣,则不能无思。既有思矣,则不能无言。既有言矣,则言之所不能尽,而发于咨嗟咏叹之余者,必有自然之音响节奏而不能已焉。此诗之所以作也。”曹文埴《香山诗选序》曰:“自知诗之根于性情,流于感触,而非可以牵强为者。而彼尚戋戋焉比拟于字句声调间也,则曷反之于作诗之初心,其亦有动焉否耶?”袁枚《随园诗话》有曰:“须知有性情,便有格律。格律不在性情外。三百篇半是劳人思妇,率意言情之事。谁为之格,谁为之律,而今之谈格调者,能出其范围否?”可见作诗本意,只须将思想中最真的一点,用自然音响节奏写将出来,便算了事,便算极好。故曹文埴又说:“三百篇者,野老征夫游女怨妇之辞皆在焉。其悱恻而缠绵者,皆足以感人心于千载之下。”可怜后来诗人,灵魂中本没有一个“真”字,又不能在自然界及社会现象中,放些本领去探出一个“真”字来。却看得人家做诗,眼红手痒,也想勉强胡诌几句,自附风雅。于是真诗亡而假诗出现于世。

《国风》是中国最真的诗——《变雅》亦可勉强算得——以其能为野老征夫游女怨妇写照,描摹得十分真切也。后来只有陶渊明、白香山二人可算真正诗家。以老陶能于自然界中见到真处,老白能于社会现象中见到真处,均有绝大本领,决非他人所及。

然而三千篇“诗”,被孔丘删剩了三百十一篇。其余二千六百八十九篇中,尽有绝妙的“国风”。这老头儿糊糊涂涂,用了那极不确当的“思无邪”的眼光,将它一概抹杀,简直是中国文学上最大的罪人了。

现在已成假诗世界。其专讲声调格律,拘执着几平几仄方可成句,或引古证今,以为必如何如何始能对得工巧的,这种人我实在没工夫同他说话。其能脱却这窠臼,而专在性情上用功夫的,也大都走错了路头。如明明是贪名受利的荒伧,却偏喜做山林村野的诗。明明是自己没甚本领,却偏喜大发牢骚,似乎这世界害了他什么。明明是处于青年有为的地位,却偏喜写些颓唐老境。明明是感情淡薄,却偏喜做出许多极恳挚的“怀旧”或“送别”诗来。明明是欲障未曾打破,却喜在空阔幽渺之处立论,说上许多可解不解的话儿,弄得诗不像诗,偈不像偈。诸如此类,无非是“不真”二字在那儿捣鬼。自有这种虚伪文学,他就不知不觉与虚伪道德互相推波助澜,造出个不可收拾的虚伪社会来。至于王次回一派人,说些肉麻淫艳的轻薄话,便老着脸儿自称为情诗。郑所南一派人,死抱了那“但教大宋在,即是圣人生”的顽固念头,便摇头摆脑,说是有肝胆有骨气的爱国诗,亦是见理未真之故。(余尝谓中国无真正的情诗与爱国诗,语虽武断,却至少说中了一半)近来,易顺鼎、樊增祥等人拼命使着烂污笔墨,替刘喜奎、梅兰芳、王克琴等做斯文奴隶,尤属丧却人格,半钱不值,而世人竟奉为一代诗宗。又康有为作《开岁忽六十》一诗,长至二百五十韵,自以为前无古人,报纸杂志,传载极广。据我看来,即置字句之不通,押韵之牵强于不问,单就全诗命意而论,亦恍如此老已经死了,儿女们替他发了通哀启。又如乡下大姑娘进了城,回家向大伯小叔摆阔。胡适之先生说,仿古文章,便做到极好,亦不过在古物院中添上几件“逼真赝鼎”。我说此等没价值诗,尚无进古物院资格,只合抛在垃圾桶里。

朋友!我今所说诗的精神上之革新,实在是复旧。因时代有古今,物质有新旧,这个“真”字,却是唯一无二,断断不随着时代变化的。约翰生论此甚详,介绍其说如下(约翰生博士 Dr.Samuel Johnson,生于一七〇九年,殁于一七八四年。为十八世纪英国文学界中第一人物,性情极僻,行事极奇。我国杂志中,已有译载其本传者,兹不详述。氏所著书,以《英文字典》(*English Dictionary*)、《诗人传》(*The Lives of English Poets*)两种为毕生事业中最大之成就。而《拉塞拉司》(*Rasselas*)、《人类愿望之虚幻》(*Vanity of Human Wishes*)、《漫游人》(*The Rambler*)诸书,亦多为后世珍重。此段即从《拉塞拉司》中译出。书为寓言体，言“亚比西尼亚 abyssinia 有一王子，曰拉塞拉司，居快乐谷 The Happy Valley 中，谷即人世‘极乐地’Paradice。四面均属高山，有一秘密之门，可通出入。王子居之久，觉此中初无乐趣，与二从者窃门而逃，欲一探世界中何等人最快乐。卒至遍历地球，所见所遇，在在均是苦恼。然后兴尽返谷，恍然于谷名之适当云”。氏思想极高，文笔以时代之关系，颇觉深奥难读。本篇所译，力求平顺翔实，要以句句不失原义而止）。

“应白克曰：‘……我辈无论何往，与人说起做诗，大都以为这是世间最高的学问。而且将它看得甚重，似乎人之所能供献于神的自然界者，便是个诗。然有一事最奇怪，世界不论何国，都说最古的诗便是最好的诗。推求其故，约有数说。一说为别种学问，必须从研究中渐渐得来。诗却是天然的赠品，上天将它一下子送给了人类，故先得者独胜。又一说，谓古时诗家于榛狉蒙昧之世，忽地做了些灵秀婉妙的诗出来，时人惊喜赞叹，视为神圣不可几及。后来信用遗传，千百年后，仍于人心习惯上，享受当初的荣誉。又一说，谓诗以描写自然与情感为范围，而自然与情感却始终如一，永久不变的。古时诗人既将自然界中最足动人之事物，及情感界中最有趣味的遭遇，一概描写净尽，半些儿没有留给后人。后人做诗，便只能跟着古人，将同样的事物重新抄录一通，或将脑筋中同样的印象翻个花样布置一下，自己却造不出什么。此三说，孰是孰非，且不必管。总而言之，古人做诗，能把自然界据为已有，后人却只有些技术，古人心中能有充分的魄力与发明力，后人却只有些饰美力与敷陈力了。

“我甚喜作诗，且极望微名得与前此至有光荣之诸兄弟（指诗人）并列。波斯及阿拉伯诸名人诗集，我已悉数读过，又能背诵麦加大回教寺中所藏诗卷。然仔细想来，徒事模仿，有何用处？天下岂有从模仿上着力，而能成其为伟人哲士者？于是我爱好之心，立即逼我移其心力于自然与人生两方面。以自然为吾仆役，恣吾驱使。而以人生为吾参证者，俾是非好坏，得有一定之依据。自后无论何物，倘非亲眼见过，绝不妄为描写。无论何人，倘其意向与欲望，尚未为我深悉，我亦绝不望我之情感为彼之哀乐所动。

“我既立意要做一诗家，遂觉世上一切事物，各个为我生出一种新鲜意趣来。我心意所注射的地域，亦于刹那间拓充百倍。自知无论何事，无论何种知识，均万不可轻轻忽过。我尝排列诸名山、诸沙漠之印象于眼前，而比较其形状之同异。又于心头作画，凡森林中有一株之树，山谷中有一朵之花，但令曾经见过，即收入幅中。岩石之高顶，宫阙之塔尖，我以等量之心思观察之。小河曲折，细流淙淙，我必循河徐步，以探其趣。夏云倏起，弥布天空，我必静坐仰观，以穷其变。所以然者，深知天下无诗人无用之物也。而且诗人理想，尤须有并蓄兼收的力量。事物美满到极处，或惨怖到极处，在诗人看来，却是习见。大而至于不可方物，小而至于纤眇不能目睹，在诗人亦视为相狎有素，不足为奇。故自园中之花，森林中之野兽，以至地下之矿藏，天上之星象，无不异类同归，互相联结，而存储于诗人不疲不累之心栈中。因此等意思，大有用处，能于道德或宗教的真理上，增加力量。小之亦可，于饰美上增进其自然真确之描画。故观察愈多，所知愈富，则做诗时愈能错综变化其情景，使读者睹此精微高妙之讽辞，心悦诚服，于无意中受一绝好之教训。

“因此之故，我于自然界形形色色，无不悉心研习。足迹所至，无一国，无一地，不以其特有之印象见惠，以益我诗力而偿我行旅之劳。”

拉塞拉司曰：“君游踪极广，见闻极博，想天地间必尚有无数事物，未经实地观察。如我之局促群山之中，身既不能外出，耳目所接，悉皆陈旧。欲见所未见，观察所未观察而不可得，则如何？”

应白克曰：“诗人之事业，是一般特性的观察，而非各个的观察。但能于事物实质上大体之所备具，与形态上大体之所表见，见着个真相便好。若见了郁金香花，便一株株地数它叶上有几条纹，见了树林，便一座座地量它影子是方是圆，多长多阔，岂非麻烦无谓。即所做的诗，亦只须从大处落墨，将心中所藏自然界无数印象，择其关系最重而情状最足动人者，一一陈列出来。使人人见了，心中恍然于宇宙的真际：‘原来如此。’至于意识中认为次一等的事物，却当付诸删削。然这删削一事，也有做得甚认真，也有做得甚随便。这上面就可见出诗人的本分，究竟谁是留心，谁是贪懒了。

“但是诗人观察自然，还只下了一半功夫，其又一半，即须娴习人生现象。凡种种社会、种种人物之乐处苦处，须精密调查，而估计其实量。情感的势力，及其相交相并之结果，须设身处地以观察之。人心的变化及其受外界种种影响后所呈之异象，与夫因天时及习俗的势力所生的临时变化，自人人活泼康健的儿童时代起，直至其颓唐衰老之日止，均须循其必经之轨道，穷迹其去来之踪。能如是，其诗人之资格犹未尽备。

必须自能剥夺其时代上及国界上牢不可破之偏见,而从抽象的及不变的事理中判一是非。尤须不为一时的法律与舆论所羁累,而超然高举,与至精无上、圆妙无极、万古同一的真理相接触。如此,则心中不特不急急以求名,且以时人的推誉为可厌,只把一生欲得之报酬,委之于将来真理彰明之后。于是所做的诗,对于自然界是个天人联络的译员,对于人类是个灵魂中的立法家。他本人也脱离了时代与地方的关系,独立太空之中,对于后世一切思想与状况,有控御统辖之权。

"虽然诗人所下苦工犹未尽也。不可不习各种语言,不可不习各种科学。诗格亦当高尚,俾与思想相配。至措词必如何而后隽妙,音调必如何而后和叶,尤须于实习中求其练熟……"

二 曰小说

"小说为社会教育之利器,有转移世道人心之能力。"此话已为今日各小说杂志发刊词中必不可少之套语。然问其内容,有能不用"迎合社会心理"的功夫,以遂其"孔方兄速来"之主义者乎?愿小说出版家各凭良心一答我言。

"文情"二字,又今日谈小说者视为构成小说之原质者也。然我尝举一"文"字,问业于一颇负时名之小说家,其答语曰:"作文言小说,近当取法于《聊斋》,远当取法于'史汉'。作白话小说,求其细腻,当取法于《红楼》。求其瘦硬,当取法于《水浒》。然《红楼》又脱胎于《杂事秘辛》诸书,《水浒》又脱胎于《飞燕外传》诸书。则谓小说即是古文,非古文不能称小说可也。"又尝举一"情"字,问业于一喜读小说之出版家,其答语曰:"情节离奇是小说的骨子。必须起初一个闷葫芦,深藏密闭,直到临了才打破,方为上乘。其次亦当如金圣叹评《大易》,所谓'手轻脚快,一路短打'方是。若在古文上用功夫,句句是乌龟大翻身,有何趣味?"由前说言,中国原有古文,已觉读之不尽,何必再做?且何不竟做古文,而做此刻鹄类鹜、画虎类狗之小说为?由后说言,街头巷尾,小书摊上所卖"穷秀才落难中状元,大小姐后园赠衣物"的大丛书,亦尽可消闲破闷,何必浪费笔墨,再出新书?

小说家最大的本领有二:第一是根据真理立言,自造一理想世界。如施耐庵一部《水浒》,只说了"做官的逼民为盗"一句话,是当时虽未有"社会主义"的名目,他心中已有了个"社会主义的世界"。托尔斯泰所作社会小说,亦是此旨。其宗教小说,则以

“Where’s Love, there’s God”一语为归宿，是意中不满于原有的宗教，而别有一理想的“新宗教世界”也。此外如提福之《鲁滨生》一书，则以“社会不良，吾人是否能避此社会”？及“吾人脱离社会后能否独立生活”？两问题，构成一“人有绝对的独立生活力”的新世界。欧文所著各书，则以“风俗浇漓足以造成罪恶”，而虚构一“浑浑噩噩之古式的新世界”。虞哥所撰各书，则破坏“一切制造罪恶的法律”，而虚构一“以天良与觉悟代法律的新世界”。王尔德所著各书，能于“爱情真谛”之中，辟一“永远甜蜜”的新世界。左拉所著各书，能以“悲天悯人”之念，辟一“忠厚良善”之新世界。虽各人立说不同，其能发明真理之一部分，以促世人之觉悟则一。第二是各就所见的世界，为绘一惟妙惟肖之小影。此等功夫，已较前稍逊。然如吾国之曹雪芹、李伯元、吴研人，英国之狄铿士、萨克雷、吉伯林、史梯文生，法国之龚枯尔兄弟与莫泊桑，美国之欧·亨利与马克·吐温，其心思之细密，观察力之周至，直能将此世界、此社会表面里面所具大小精粗一切事物，悉数吸至笔端，而造一人类的缩影，此是何等本领！至如惠尔司之撰科学小说，康南道尔之撰侦探小说，维廉勒苟之撰秘密小说，瑟勒勃郎之撰强盗小说，已非小说之正，且亦全无道理，与吾国《花月痕》《野叟曝言》《封神榜》《七侠五义》等书同一胡闹。然天地间第一笨贼，却出在我国。此人为谁？曰：俞仲华之撰《荡寇志》是！

同是一头两手，同是一纸一笔，何以所做小说，好者如彼而恶劣者如此，曰：此是头脑清与不清之故。果能清也，天分高，功夫深，固可望大成；即不高不深，亦可望小成。否则，说上一辈子呓话，博得俗伧叫好而已。我今介绍樊戴克之说，即是洗清头脑的一剂灵药。（樊戴克博士 Dr.Henry van Dyke，为美国当代第一流文豪。曾任 Princeton 大学英文学主讲。其著作有“*Fisherman’s Luck*”“*Little Rivers*”，“*The Blue Flowers*”，“*The Ruling Passion*”，“*Music, and other poems*”，“*The House of Rimon*”，“*The Toiling of Felix, and other poems*”等。首二种为记事写生文，次二种为小说，余为诗集，均极有声誉。此节见于 *Ruling Passion* 一书之篇首，标题曰《著作家之祈祷》“*a writer’s Request of His Mas’er*”。盖用教会中祈祷文体，以发表其小说上之观念，正所以自明其视文学为神圣的学问也。其言甚简，却字字着实，句句见出真学问，实不可多得之短文也。）

“愿上帝佑我，永远勿任我贸然以道德问题与小说相牵涉，且永远勿任我叙述一无意义之故事。愿汝督察我，令我敬重我之材料，俾不敢轻视自己之著述。愿汝助我以诚实之心对待文字与人类，因此皆有生命之物也。愿汝示我以至清明之途径，因著书如泗水，少许之澄清，胜于多许之混浊也。愿汝导我观察事物之色相，而不昧我心中潜蓄之灵光。愿汝以理想赐我，俾我得立足于纺机之线，循序织入人类之锦，然后于朦昧不明之一大疑团中，探得其真际所在。愿汝管束我，勿令我注意书籍有过于人类，注意技术有过于人生。愿汝保持我，使我尽其心力，作此一节之功课，至于圆满充足而后止。既毕事，则止我，且给我以酬，如汝之意。更愿汝助我，从我安静之心中，说一感谢汝恩之亚门。"

此说专对小说立论，与约翰生之论诗，虽题目各殊，用意实出一轨。可知诗与小说，仅于形式上异其趋向，骨底仍是一而二，二而一，即诗与小说而外，一切确有文学的价值之作物，似亦未必不可以此等思想绳之。

结论

前文云云，我不敢希望于今之"某老某老"之大吟坛，亦不敢希望于报纸中用二号大字刊登"洛阳纸贵""著作等身"之小说大家。即持此以与西洋十先令或一便士的廉价出版品——有时亦可贵至一圆三角半或三先令六便士！——之著作家说话，亦是对牛弹琴，大杀风景。然则此文究竟做给何等人看？曰：做给爱看此文者看。

"If this will not suffice, it must appear
That malice bears down Truth."——Shakespeare

"Truth crashed to earth shall rise again:
The eternal years of God are hers."——Bryant

（第三卷第五号，一九一七年七月一日）

改良文学之第一步

易 明

今日文界,论古文则有王湘绮、章太炎诸先生辈,论时文则有梁任公、汪精卫诸先生辈。然文之体裁,犹未尽备也。诸先生辈或长于骈散之文,或专于声咏之学,或以词胜,或以理胜,洵足为文坛健者,发挥学业,迥非后生所可及。虽然诸先生辈逝者逝矣,老者老矣,或仆仆风尘之中,或汶汶浊世之内。求欲奉斯人以改良文学,虽心有所向,恐亦势所不能。然则负此重任冀造福于吾国者,其惟我辈青年乎?

夫文以载道,学以致用,古人语我以宝筏矣。何以谓之道?则起居饮食、稻粱菽麦,以至于牛溲马溺,皆载道之具也。何以谓之学?则于个人、于社会、于国家,大而至于天下,皆致用之地也。明乎此,庶可与言文学,庶可与言改良文学。

窃以为文学改良,当先普行俗语。盖中国文字之繁难极矣,从其事者尽毕生之力,始克有成,推其极又不过夸耀一人,尊重一世。而于收普及之效,遗千载斯民之歌颂,则邈乎未之前闻。岂其力不足以致此耶?非也。盖落古人之窠臼,坐斯弊而莫知救也。然惟用俗语,庶足以挽回斯弊。吾故视为文学改良之第一步。

今试举数例,以见俗语之适用于时,使阅者于文学改良上有所研究焉。

(一)论说类 仆读吴君稚晖所著之论说,极为赞成,极其钦佩。以其能广引俗语笑话,润以滑稽之笔,参以精透之理,使观其文者有如仲尼之闻韶,三月不知肉味。而其文势又如天马之行空,鹰隼之搏击。昔东坡嬉笑怒骂,皆为文章,吴君庶足当之。然吾非不喜梁、汪诸人之文章也,特欲从改良文学上设想,仍当推吴君为先着。

(二)书简类 仆与友人冯若飞来往手札,皆纯用白话体。自以为心所欲言者,无不可达之处。非若以文藻饰者,故意引经据典,反失其本意也。仆最厌今人写信,其于起首必书敬启者某某仁兄大人,或兹有恳者等字样;其于收尾必书肃此敬请某安、纸短情长、余容后述等字样。既不能连结上下文,又为千篇一律。此等又臭又烂之客套语,惟俗人始能写出之,亦惟俗语始能纠正之。

(三)小说类　仆以为此层更有须用俗语之必要。何则?以其描写情态,非俗语必不能尽达其意也,试披览吾国之几部有名小说,如《红楼梦》《水浒》《三国演义》《西游记》等,何一非用俗语做成者?虽其间参有几首诗词,亦不过点缀之笔,而其力实足以移风俗、感人心(如看《红楼梦》则羡宝黛,看《三国演义》则恨阿瞒)。且如《西厢记》之绝妙好词,加以金圣叹之批,更形出色。至于《聊斋志异》等书,纯以文词见重,佳则佳矣,惜其用仅限于文人一部分耳。乃近世一般自号为小说大家者,极力摹仿其笔,以为小说之能力至此观止矣,亦何可笑耶?

以上数端,不过略举一二而已。其他有关于人心风俗,而有裨益于社会、造福于国家者尚多。总之文学改良,亦当今之一大急务。仆不敏,愿执鞭以从诸君子之后。兹以课忙未能枚举,俟他日有暇,当详论之,以质于诸君子之前,幸垂教焉。

(第三卷第五号,一九一七年七月一日)

文学革新申义

北京大学文科学生　傅斯年

中国文学之革新，酝酿已十余年。去冬胡适之先生草具其旨，揭于《新青年》，而陈独秀先生和之。时会所演，从风者多矣。蒙以为此个问题含有两面。其一，对于过去文学之信仰心加以破坏。其二，对于未来文学之建设，加以精密之研究。过去文学，乃历史上之出产品。其不全容于今日，自不待智者而后明。故破坏一端，在今日似成过去，但于建设上讨论而已。然以愚近中所接触者言之，国人于此抱怀疑之念者至多。恶之深者，斥为邪说，稍能容者，亦以为异说高论，而不知其为时势所造成之必然事实。国人狃于习俗，此类恒情，原无足怪。然欲求新说之推行，自必于旧者之不合时宜处，重申详绎，方可奏功。然则破坏一端，尚未完全过去。此篇所说，原无宏旨，不过反覆言之，期于共喻而已。

本篇所陈，纷杂无次，综其大旨，不外三端。一、为理论上之研究。就文学性质上以立论，而证其本为不佳者。二、为历史上之研究。泛察中国文学升降之历史，而知变古者恒居上乘，循古者必成文弊。三、为时势上之研究。今日时势，异乎往者。文学一道，亦应有新陈代谢作用。为时势所促，生于兹时也。此外偶有所涉，皆为附属之义。

今试作文学之界说曰："文学者，群类精神上之出产品，而表以文字者也。"此界说中有"群类精神"上出产品之总（Genus）与"表以文字"之差（Difference）。历以论理形式，尚无舛谬。文学之内情本为精神上之出产品，其寄托之外形本为文字。故就质料言之，此界说亦能成立。既认此界说为成立，则文学之宜革不宜守，不待深思而解矣。文学特精神上出产品之一耳（Genus 必为复数）。他若政治、社会、风俗、学术等，皆群类精神上出产品也，以群类精神为总纲，而文学与政治、社会、风俗、学术等为其支流。以群类精神为原因，而文学与政治、社会、风俗、学术等为其结果。文学既与政治、社会、风俗、学术等同探本于一源，则文学必与政治、社会、风俗、学术等交互之间有相联之关系。易言之，即政治、社会、风俗、学术等之性质皆为可变者，文学亦应为可变者。政治、社会、风俗、学术等为时势所迫概行变迁，则文学亦应随之以变迁，不容独自保守也。今知政治、社会、风俗、学术等性质本为变迁者，则文学可因旁证以审其必为变迁者。今日中国之政治社会风俗学术等皆为时势所挟大经变化，则文学一物，不容不变。更就具体方面举例言之，中国今日革君主而定共和，则昔日文学中与君主政体有关系之点，若颂扬铺陈之类，理宜废除；中国今日除闭关而取开放，欧洲文化输入东土，则欧洲文学中优点为中土所无者，理宜采纳；中国今日理古的学术已成过去，开后的学术将次发展，则于重记忆的古典文字，理宜洗濯，尚思想的益智文学，理宜孳衍。且文学之用，在所以宣达心意。心意者，一人对于政治、风俗、社会、学术等一切心外景象所起之心识作用也。政治、社会、风俗、学术等一切心外景象俱随时变迁，则今人之心意，自不能与古人同。而以古人之文学达之，其应必至于穷，无可疑者。知政治、社会、风俗、学术等应为今日的而非历史的，则文学亦应为今日的而非历史的。晚周有晚周特殊之政俗，遂有晚周特殊之文学；两汉有两汉特殊之政俗，遂有两汉特殊之文学；南朝有南朝特殊之风俗，遂有南朝特殊之文学。降及后代，莫不如此，理至明也。

且精神上之出产品，不一其类，而皆为可变者。固由其所从出之精神，性质变动，迁流不居。子生于母，自应具其特质。精神生活本有创造之力，故其现于文学而为文学之精神也，则为不居的而非常住的，无尽的而非有止的，创造的而非继续的。今吾党所以深信文学之必趋革新，而又极望其革新者，正所以尊崇吾国之文学，爱护吾国之文学，推本文学之性质，可冀其辉光日新也。或者竟欲保持旧观，以往古之文学，达今日之政俗、学问。一闻革新之论，实不能容。揆彼心理，诚谓今日以往之文学，造乎其极，蔑以加矣。夫造乎其极，蔑以加者，止境也，即死境也。口持保存国粹之言，乃竟以文学末日待之，何不肖、不祥至于斯也。保存国粹之念，谁则让人。惟其有保存国粹之念，而思所以保存之道，然后有文学革新之谈。犹之欲保存中国，然后扑满清政府而建共和耳。

中夏文学之殷盛，肇自六诗，踵于楚辞（此就屈、宋、景言，不包汉世楚辞）。全本性情，直抒胸臆，不为词限，不因物拘。虽敷陈政教，褒刺有殊，悲时悯身，大小有异，要皆“因情生文”，而情不为文制也。惟其以感慨为主，不牵词句，不矜事类，故能吐辞天成，情意备至。而屈宋之文，遂能“决乎若翔风之运轻椒，洒乎若元泉之出乎蓬莱而注渤澥”。降及汉世，政教失而学术息，章句兴而性灵蔽。武功方张，吐辞流于夸诞；小学深修，奇字多入赋篇。独夫在上，谀声大作。心灵不起，浮泛成文。故能义贫而词富，情寡而文繁。炫耀博学，夸张声势，大而无当，放而无归，瓠落而无所容。于是六义大国，夷为三仓附庸；抒情之文，变作隶胥之录。相如唱之，扬雄和之，犹然天下从风，斯文敝之始也。东京以还，此道更盛。《京》《都》之制，全无性灵。堆积为工，诞夸成性。而性灵亦为文词所拘，末由发展。建安、黄初之间，曹王特出。子建之诗，直追枚、李；仲宣之赋，大革汉风。浮词去而气质尚，上跻乎变风、变雅之间，非舍本逐末之赋家所能比拟。诚文学界中一大革新，亦是文学一大进化。无如狂澜方挽，迷途又生。渡江而后，“诗必柱下之旨归，赋乃漆园之义疏”。文学依附玄家，不能自立。谢容易以光景之文，斯足美矣。而乃“启心闲绎，托辞华瞻，巧倚迂回”，“晦涩费解”。以贵族之习气，合山林之幽阻，不谓为文弊不可也。则有吟咏性情。反贵用事。天才短谢，物类乃崇。“崎岖牵引”，“拘挛补衲”，“唯睹事类，顿失精采”。“大明、泰始中，文章殆同书按”矣。又如沈约制韵，“使文徒多拘忌，伤其真美”。性灵汩没，不知其几何也。简文变古，淫艳当途。声色使人目眩，荡情致人心乱。岂仅害于文章，亦大伤于世道。徐、庾承其流化，辞重情轻之倒置，积重难返矣。其于六代之中，“前不见古人，后不见来者”，独辟致远之境，不染斫辞之病，起江东之独秀者，则陶潜其人也。（以上略本钟嵘、刘勰二家言及五代诸史传论）隋唐之间，清风乃振。炀帝、太宗皆有变古之才。而开元之间，李、杜挺起，除六朝之文弊，启文囿之封疆，性灵大宏矣。降及元和，微之宫词，妇人能解；香山乐府，全写民情。革险阻而趋平易，舍小己以入群伦。又有昌黎、柳州，作范其间，除人造之俪辞，返天然之散体。论其造诣所及，柳则大启后世小说家刺时之旨（唐代小说本盛，然柳州之旨，却与当时芜滥卑劣者不同），又为持论者示精确之准的。韩则论文论学，皆启有宋一代之风化（别有详论），于骈体横被一世之际，独不惜人之“大怪”。于是开元、元和之间，诗文俱革旧观。言乎文情，靡靡者易为积健，拘文者易为直抒，辞重者易为情重。体渐通俗，市语入文。况述社会，略见端倪。言乎文体，又多有创作。七言长风至李杜始成体制，至香山乃能纪事。七律、排律虽不始于此时，而创作奇格，实出杜公。太白古乐府，尤复一篇一格，句法长短参差，竟空前而绝后。又汉乐府之遗意，久已乖亡。晋宋以降。庙堂之制，则摹古不通，燕寝之作，则轻艳浮浅。唐世词张而乐离，乐府之为用已不可存。太白、香山独创新声以应之，后世名之曰词，遂成宋、金、元、明新文学之前驱，斯又足贵也。然则开元、元和之间，又为文学界中一大革新，亦是文学一大进化。旷观此千年中，变古者大开风流，循旧者每况愈下。文学不贵师古，不难一言断定也。历观楚汉至今二千年中文学升降之迹，则有因循前修，逐其末流，而变本加厉者。若扬马之承屈景，南朝之承魏晋，北宋吴蜀六士之承韩公。皆于古人已具之病，益之使深，终以成文弊。又有不辟新境，全摹古人，若明清二代诸家之复古，极其能事，不过"优孟衣冠"，而其自身已无存在之价值，更何论乎性情之发展？别有挟古人之糟粕，当风化之已沫，斫成新体，专刻皮鞟。如樊南之四六、欧王之宋骈，内心疲苶不存，岂有不枯薄者耶？至为曹王变古，独开宗风。李、杜、韩、柳，俱启新境。宋词、元曲，尤多作之自我。惟其不袭古人，故能独标后代也。凡此四格，因革各异，良劣有殊。宏治嘉靖复古之风，至今未斩。虽所托因人不同，其舍己则一。不以摹拟为门径，竞以摹拟为归宿。纵能希抗古人，亦仅为其奴隶（词曲本宋元新文学，自明清复古家作之，亦复同流合污），斯乘之最下者也。若夫刻其皮鞟，逐其末流，一则徒辨乎体貌，一则流连而忘归，亦非宏宝之涂也。此三者均未脱离古人，其能附骥尾而行以传于后者，幸也。明清复古之文，尤少谈之者。既无殊特之点，更无殊特之位置。而今之惑人犹复一步趋古人为名高，岂非大左乎？革新诸家。亦多诡词复古。故太白则曰："圣代复远古，垂衣贵清真。"昌黎则曰："非两汉之书不敢观。"词曲不袭前人矣，犹装其门面曰："古乐府之遗。"斯有贵古贱今，华人恒性。语人自作古始，听者将掩耳而走，何如因利乘便，诡辞以为名高乎？且所谓变古者，非继祖龙以肆虐，束文藉而不观。贤者识其大者，不贤者识其小者，尽可取为我用。但能以"我"为本，而用古人，终不为古人所用，则正义几矣。易曰："革之时义大矣哉。"变动不居，推陈出新。今虽无人提倡文学革命，而时势要求，终不能自已也。

古典文学所由成立之历史，殊不足观也。周秦诸子动引古人，凡所持论，必谓古之道术有在于是者。此则求征以信人，取喻以足理，庄子所谓重言与后世之古典文学渺不相涉者也。自西汉景武以降，词赋家盛起。虽具环玮之才，而乏精密之思。欲为无尽之言，必敷枝叶之词。义少文多，自当取贵于事类。事类客也，今则变为主。所以足言也，今则言足犹取事类。壅肿不治，尾大不掉之病，此其肇端也。又词赋家之意旨，原不剀切。取用于质言，将每至于词穷，幸能免于词穷，亦未足以动人。故利用事类之含胡，以为进退申缩之地；利用事类之炜烨，以为引人入迷之方。此古典文学所由成立之第一因也。两汉章句之儒，博于记诵，贫于性情。发为文章，自必炫其所长，藏其所短。引古人之言以为重，取古人之事以相成，当其能事于事古，其流乃成堆砌之体。斯风流传，久而不沫。于是书按之文，字林之赋，充斥于文苑。京都之作，人且以方物志待之矣。此古典文学所由成立之第二因也。魏晋以降，浮夸流为妄言。禹域未一，而曰“肃慎贡矢，夜郎请职”。克敌未竟，而曰：“斩俘部众，以万万计。”但取材于成言，初无顾于事实。则直为古人所用，而不能用古人矣。斯习所被，遂成不作之言，全以古风事代替之风。此古典文学所由成立之第三因也。降及齐梁，声律对偶，刻削至严。取事取类，工细已深。概以故事代今事，不容质说，古典文学之体于是大定。自斯而后，众家体制，为古典主义所范者多矣。寻其流弊，则意旨为古典所限，而莫能尽情；文词为古典所蔽，而莫由得真；发展性灵之力为记忆古典所夺，而莫能尽性。文以足言之用，全失其效，且反为言害矣。故综此四端，可一言以蔽之，曰：舍本逐末而已。今文学所以急待改革者，正求置末务本。于此舍本逐末之古典文学，理宜加以掊击。然用古典能得足志足言之效者，即不可与古典文学同在废置之例。古典原非绝对不可用，所恶于古典者文学，为其专用古典而忘本也。陈仲甫先生曰：“行文本不必禁止用典，惟彼古典主义，乃为典所用，而非用典也，是以薄之耳。”诚深得其情之言也。

欲知今后文言之宜合，当先知上古文言何由分判。太古文言，固合而不离也。周诰殷盘，诘屈聱牙，正由以语入文，古今语异，乃不可解耳。（今人恶白话，以为不古。而中国第一部书即以白话为之。托词名高者其可以已乎）古人竹简繁重，流传端赖口耳。欲口耳之易传，必巧饰其词。杂以骈句，润以声节。浸成修整之文，渐远天然之语。不观尚书之多韵语、偶辞乎？斯文言分离第一步也。周承二代之后，郁乎其文。大夫行人，多闻博古，自能吐辞温润，动引故言。孔子谓诵《诗》可以专对，专对之尚文可知也。《左传》载行人之语多有雷同者，其刻画可知也。士夫之言日美，遂为文章之宗；农牧之言仍质，乃成市语之体。斯文言分离第二步也。秦汉以还，动多师古，不敢如晚周之世，以当时语言为文章。（诸子之中，自荀子等数家外，多用当时通用之语著之竹帛，即《论语》亦然也）而文言分离之象大定。斯其第三步也。然汉魏六朝之文，内情终不远离于语言。《史记》《汉书》，多载彼时市语，学者诂经，好引当代方言。二陆往来之书，竟通篇为白话焉。魏晋以降，文章典丽，语言称是。《晋书·博物志》《世说新语》等所载当时口语，少因笔削，概由直录。齐梁韵学人文，亦入于语。周颙之徒，双声叠韵，铿锵其话语言。至于隋唐，此风不替。李密隔河数宇文化及罪，化及不解，曰："何须作书语耶。"化及粗顽，自不解书语，然密既腾诸口说，必彼时上流用之也。循上所言之事实以观察之，可得四问。第一，中国语之文分离，强半为贵族政体所造成。贵族之性，端好修饰，吐辞成章，亦复如是。今苟不以高华典贵为文章之正宗，即应多取质言。且贵族之政，学不下庶人，文言分离，无害于事也。今等差已泯，群政艾兴。既有文言通用于士流，复有俗语传行于市民，俗语著之纸墨，别为白话文体。于是一群之中，差异其词。言语文章之用，固所以宣情，今则反为隔阂情意之具。与其樊然淆乱，难知其辨，何若取而齐之，以归于一乎？第二，语文体貌虽异，而性情相关。一代文辞之风气，必随一代语言以为转变。今世有今世之语，自应有今世之文以应之，不容借用古者。与其于今世语言之外，别造今世之文辞，劳而无功，又为普及智慧之阻，何如即以今世语言为本，加以改良，而成文言合一之器乎？第三，《论语》所用虚字，全与《尚书》违。屈景所用，若"羌""些"者，又为他国所无。彼所以勇于作古者，良由声气之宜，非已死虚字所能为。故不以时语为俚，不以方言为狭。惟其用当时之活虚字，乃能曲肖神情，此白话优于文言一巨点也。第四，《史记》《汉书》以下，何以必杂当代白话，二陆书简，何以必用市语。岂非由白话近真，文言易于失旨乎？《史记》云"诸君必以为便便国家"，《汉书》易为文言，杂气极矣。且宋人语录，全以白话为之。议者将曰，理学家不重文章也，从事文辞，劳费精神，有妨于研理也，玩物而丧志也。此皆浅言也。文不尽言，言不尽意。言语本为思想之利器，用之以宣达者。无如思想之体，原无涯略，言语之用，时有困穷。自思想转为言语，经一度之翻译，思想之失者，不知其几何矣。文辞本以代言语，其用乃不能恰如言语之情。自言语转为文辞，经二度之翻译，思想之失者，更不知其几何矣。苟以存真为贵，即应以言代文。一转所失犹少，再转所失遂巨也。且唐宋诗人，多用市语，词曲之体，几尽白话，固为其切合人情。以之形容，恰得其宜；以之达意，毕肖心情。今犹有卑视白话者，岂非大惑乎。

今世流行之文派，得失可略得言。桐城家者，最不足观，循其义法，无适而可。言理则但见其庸讷而不畅微旨也，达情则但见其陈死而不移人情也，纪事则故意颠倒天然之次叙，以为波澜。匿其实相，造作虚辞，曰不如是不足以动人也。故析理之文，桐城家不能为，则饰之曰：文学家固有异夫理学也。疏证之文，桐城家不能为，则饰之曰：

文章家固有异夫朴学也。抒感之文，桐城家不能为，则饰之曰：古文家固有异夫骈体也。举文学范围内事，皆不能为，而忝颜曰文学家。其所谓文学之价值可想而知。故学人一经瓣香桐城，富于思想者，思力不可见；博于学问者，学问无由彰；长于情感者，情感无所用；精于条理者，条理不能常。由桐城家之言，则奇思不可为训，学问反足为累，不崇思力，而性灵终归泯灭；不尚学问，而知识日益空疏。托辞曰“庸言之谨”，实则戕贼性灵以为文章耳。桐城嫡派无论矣，若其别支，则恽子居异才，曾涤笙宏才，所成就者如此其微，固由于桎梏拘束，莫由自拔。钱玄同先生以为“谬种”，盖非过情之言也。世有为桐城辩者，谓桐城义法，去泰去甚。明季末流文弊，一括而去之。余则应之曰，桐城遵循矩矱，自非张狂纷乱者所可呵责。然吾不知桐城之矩矱果何矩矱也。其为荡荡平平之矩矱，后人当遵之弗畔。若其为桎梏心灵戕贼性情之矩矱，岂不宜首先斩除乎？

中国本为单音之语文，故独有骈文之出产品。论其外观，修饰华丽，精美绝伦。用为流连光景、凭吊物情之具，未尝无独到之长也。然此种文章，实难能而非可贵，又不适用于社会。将来文学趋势大迁，只有退居于“历史上艺术”之地位，等于鼎彝，供人玩好而已。且骈文有一大病根存，即导人伪言是也。模棱之词，含糊之言，以骈文达之，恰充其量。告言之文，多用骈体，利其情之易于伸缩，进退皆可也。今新文学之伟大精神，即在篇篇有明确之思想，句句有明确之义蕴，字字有明确之概念。明确而非含糊，即与骈文根本上不能相容。尚旨而不缛辞，又与骈文性质上渺不相涉。况含糊模棱，无信之词也。专用譬况，遁辞之常也。骈文之于人也，教之矜伐，诲之严饰，启其意气，泯其懿德。学之而情为所移，便将与鸟、兽、草、木、虫、鱼不群，而不与斯人之徒相与。欲其有济于民生，作辅于社会，诚万不可能之事。而况六朝文人，多是薄行，鲜有令终。诵其诗，读其文，与之俱化。上焉者，发为游仙之想；中焉者，流成颓唐之气；下焉者，浸变淫哇之风。今欲崇诚信而益民德，写人生以济群类，将何用此骈体为也。

龚定庵久与汪容甫、魏默深号称三家，今更磅礴海内，寻其独立不羁，自作古始，曷尝不堪服膺。生逢桐城滑泽文学盛行之日，又当试帖四六混合体之骈文家角立之时，独能希抗诸子，高振风骨，可以为难矣。然而佶屈聱牙，不堪入口，既乖“字妖”之条，又违“易造难识”之戒。故为惊众之言，实非高人之论，多施僻隐之字，又岂达者之为？用辞含糊，等于骈体，庞然自大，类于古文。文章本以宣意，何必深其壁垒乎？张皋文等好作难解之文，固可与龚氏齐视。余尝读其《赋钞序》《黄山赋》诸篇，几乎不能句读。穷日夜力以释之，及乎既解，则又卑之无甚高论，果何用此貌似深奥者为也？故龚氏之变当时文体则是矣，惜其所变者未当。彼龚氏者，文学界中不中用之怪杰也。

自汪容甫、李申耆标举三国晋宋之文，创作骈散交错之体，流风所及，于今为盛。章太炎先生其挺出者也。盖汉人制文，每牵于章句。梁后俪体，专务乎雕琢。唐宋不免于粗犷，清代尽附于科举。（散文与八比合，骈文与试帖诗赋合）以三国晋宋疏通致远之文当之，则皆望风不及。苟非物换时移，以成今日之世代者，虽持而勿坠可也。无若时势之要求，风化之浸变，陈词故谊，将不适用于今日。魏晋持论，固多精审，然以视西土逻辑家言，尚嫌牵滞句文，差有浮辞。其达情之文，专尚"风容色泽放旷精清"，衡以西土表象写实之文，更觉舍本务末，不切群情。故论其精神，则"意度格力，固无取焉"。论其体式，则"简慢舒徐，斯为病矣"。况文学本逐风尚为转移，今不能以《世说新语》为今后之风俗史，即不能以三国晋宋文体为今后之正家，理至显也。

西方学者有言："科学盛而文学衰。"此所谓文学者，古典文学也。人之精力有限，既用其精力于科学，又焉能分神于古典，故科学盛而文学衰者，势也。今后文学既非古典主义，则不但不与科学作反比例，且可与科学作同一方向之消长焉。写实表象诸派，每利用科学之理，以造其文学，故其精神上之价值有迥非古典文学所能望其肩背者。方今科学输入中国，违反科学之文学，势不能容，利用科学之文学，理必孳育。此则天演公理，非人力所能逆从者矣。

平情论之，纵使今日中国犹在闭关之时，欧土文化犹未输入，民俗未丕变，政体未革新。而乡愿之桐城，淫哇之南社，死灰之闽派，横塞域中。独不当起而翦除，为末流文弊进一解乎？而况文体革迁，已十余年，辛壬之间，风气大变。此酝酿已久之文学革命主义，一经有人道破，当无有间言。此本时势迫而出之，非空前之发明，非惊天之创作。始为文学革命论者，苟不能制作模范，发为新文，仅至于持论而止，则其本身亦无何等重大价值，而吾辈之闻风斯起者，更无论焉。若于此犹存怀疑，非拘墟于情感，即缺乏于常识。此篇所言。全无妙义，又多盈辞，实已等于赘旒。今后但当从建设的方面有所抒写。至于破坏既往，已成定论，不待烦言矣。

（第四卷第一号，一九一八年一月十五日）

论小说及白话韵文

胡　适　钱玄同

玄同先生:前奉读"二十世纪第十七年七月二日"的长书,至今尚未答复。此中原因,想蒙原谅。先生对于吾前书所作答语,大半不须我重行答复。仅有数事,略有鄙见,欲就质正:

(4)(数目字指三卷第六号中原书之各条)《三国演义》一书,极为先生所不喜。然先生于吾原书所云,似有误会处。吾谓此书"能使今之妇人、女子皆痛恨曹孟德,亦可见其魔力之大"。吾并非谓此书于曹孟德、刘备诸人褒贬得当。吾但谓以小说的魔力论,此书实具大魔力耳。先生亦言:"《说岳》既出,不甚有何等之影响。《三国演义》既出,于是关公,关帝,关夫子,闹个不休。"此可见《说岳》之劣而《三国演义》之优矣。平心而论,《三国演义》之褒刘而贬曹,不过是承习凿齿、朱熹的议论,替他推波助澜,并非独抒己见。况此书于曹孟德,亦非一味丑诋。如白门楼杀吕布一段,写曹操人品实高于刘备百倍。此外写曹操用人之明,御将之能,皆远过于刘备、诸葛亮。无奈中国人早中了朱熹一流人的毒,所以一味痛骂曹操。戏台上所演《三国演义》的戏,不是《逼宫》,便是《战宛城》,凡是曹操的好处,一概不编成戏。此则由于编戏者之不会读书,而《三国演义》之罪实不如是之甚也。先生又谓此书"写刘备成一庸懦无用的人,写诸葛亮成一阴险诈伪的人"。此则非关作者"文才笨拙",乃其所处时代之影响也。彼所处之时代,固以庸懦无能为贤,以阴险诈伪为能,故其写刘备、诸葛亮亦只如此。此如古人以"杀人不贬眼""喝酒三四十大碗"为英雄,今人如张春帆之徒以能"吊膀子"为风流。故《水浒传》之武松,自西人观之,必诋为无人道;而《九尾龟》之章秋谷,自吾与先生观之,必诋为淫人。此与吾前书所言《品花宝鉴》不知男色为恶事,同一道理。此理于读书甚有益,故不惮重言之。即如孔子时代,原不以男女相悦为非,故叔梁纥与征在"野合而生孔子"(见《史记》),时人不以此遂轻孔子。及孔子选《诗》,其三百篇中,大半皆情诗也。即如《关雎》一篇,明言男子恋一女子,至于"寤寐思服""辗转反侧",害起"单思病"来了。孔子不以为非,却说"《关雎》乐而不淫,哀而不伤"。又如"陟彼南山,言采其蕨。未见君子,忧心惙惙。亦既见止,亦既觏止,我心则说"。明言女子与男子期会于野。凡此诸诗,所以能保存者,正以春秋时代本不以男女私相恋爱为恶德耳。后之腐儒,不明时代之不同,风尚之互异,遂想出种种谬说来解《诗经》。诗之真价值遂历二千余年而不明,则皆诸腐儒之罪也。更举一例:白香山的《琵琶行》,本是写实之诗。后之腐儒不明风俗之变迁,以为朝廷命官岂可深夜登有夫之妇之舟而张筵奏乐。于是强为之语,以为此诗全是寓言。不知唐代人士之自由,固有非后世腐儒所能梦见者矣。先生以为然否?

(5)先生与独秀先生所论《金瓶梅》诸语,我殊不敢赞成。我以为今日中国人所谓男女情爱,尚全是兽性的肉欲。今日一面正宜力排《金瓶梅》一类之书,一面积极译著高尚的言情之作,五十年后,或稍有转移风气之希望。此种书即以文学的眼光观之,亦殊无价值。何则?文学之一要素,在于"美感"。请问先生读《金瓶梅》,作何美感?

又先生屡称苏曼殊所著小说。吾在上海时,特取而细读之,实不能知其好处。《绛纱记》所记,全是兽性的肉欲。其中又硬拉入几段绝无关系的材料,以凑篇幅,盖受今日几块钱一千字之恶俗之影响者也。《焚剑记》直是一篇胡说。其书尚不可比《聊斋志异》之百一,有何价值可言耶?

以上答先生见答之语竟。

先生论吾所作白话诗,以为"未能脱尽文言窠臼"。此等净言,最不易得。吾于去年(五年)夏秋初作白话诗之时,实力屏文言,不杂一字。如《朋友》《他》《尝试篇》之类皆是。其后忽变易宗旨,以为文言中有许多字尽可输入白话诗中。故今年所作诗词,往往不避文言。吾曾作"白话解",释白话之义,约有三端:

(一)白话的"白",是戏台上"说白"的白,是俗语"土白"的白。故白话即是俗话。

(二)白话的"白",是"清白"的白,是"明白"的白。白话但须要"明白如话",不妨夹几个文言的字眼。

(三)白话的"白",是"黑白"的白。白话便是干干净净没有堆砌涂饰的话,也不妨夹入几个明白易晓的文言字眼。

但是先生今年十月三十一日来书所言,也极有道理。先生说:“现在我们着手改革的初期,应该尽量用白话去做才是。倘使稍怀顾忌,对于‘文’的一部分不能完全舍去,那么便不免存留旧污,于进行方面,很有阻碍。”我极以这话为然。所以在北京所做的白话诗,都不用文言了。

先生与刘半农先生都不赞成填词,却又都赞成填西皮二黄。古来作词者,仅有几个人能深知音律。其余的词人,都不能歌。其实词不必可歌。由诗变而为词,乃是中国韵文史上一大革命。五言七言之诗,不合语言之自然,故变而为词。词旧名长短句。其长处正在长短互用,稍近语言之自然耳。即如稼轩词:

> 落日楼头,断鸿声里,江南游子。把吴钩看了,阑干拍遍,无人会,登临意。

此决非五言七言之诗所能及也。故词与诗之别,并不在一可歌而一不可歌,乃在一近言语之自然而一不近言语之自然也。作词而不能歌之,不足为病。正如唐人绝句大半可歌,然今人不能歌亦不妨作绝句也。

词之重要,在于其为中国韵文添无数近于言语自然之诗体。此为治文学史者所最不可忽之点。不会填词者,必以为词之字字句句皆有定律,其束缚自由必甚。其实大不然。词之好处,在于调多体多,可以自由选择。工词者,相题而择调,并无不自由也。人或问既欲自由,又何必择调?吾答之曰,凡可传之词调,皆经名家制定,其音节之谐妙,字句之长短,皆有特长之处。吾辈就已成之美调,略施裁剪,便可得绝妙之音节,又何乐而不为乎?(今人作诗往往不讲音节。沈尹默先生言作白话诗尤不可不讲音节,其言极是)

然词亦有二短。(一)字句终嫌太拘束。(二)只可用以达一层或两层意思,至多不过能达三层意思。曲之作,所以救此两弊也。有衬字,则字句不嫌太拘。可成套数,则可以作长篇。故词之变为曲,犹诗之变为词,皆所以求近语言之自然也。

最自然者,终莫如长短无定之韵文。元人之小词,即是此类。今日作“诗”(广义言之)似宜注重此种长短无定之体。然亦不必排斥固有之诗词曲诸体。要各随所好,各相题而择体，可矣。

至于皮黄，则殊无谓。皮黄或十字为句，或七字为句，皆不近语言之自然。能手为之，或亦可展舒自如，不限于七字十字之句，如《空城计》之城楼一段是也。然不如直作长短句之更为自由矣。

以上所说，皆拉杂不成统系，尚望有以教正之。

民国六年十一月二十夜　胡　适

惠书敬悉。我个人的意见：以为《三国演义》所以具这样的大魔力者，并不在乎文笔之优，实缘社会心理迂谬所致。因为社会上有这种"忠孝节义""正统""闰统"的谬见，所以这种书才能迎合社会，乘机而入。我因为要祛除国人的迂谬心理，所以排斥《三国演义》，这正和先生的排斥《金瓶梅》同一个意思。至于前书论《金瓶梅》诸语，我亦自知大有流弊，所以后来又写了一封信给独秀先生说："从青年良好读物上面着想，实在可以说，中国小说没有一部好的，没有一部应该读的。"(此信是七月杪间写的，亦见三卷六号)这就是我自己取消前说的证据。且我以为不但《金瓶梅》流弊甚大，就是《红楼》《水浒》，亦非青年所宜读。吾见青年读了《红楼》《水浒》，不知其一为实写腐败之家庭，一为实写凶暴之政府，而乃自命为宝玉武松，因此专务狎邪以为情，专务"拆稍"以为勇者甚多。我现在要再说几句话：中国今日以前的小说，都该退居到历史的地位。从今日以后，要讲有价值的小说，第一步是译，第二步是新做。先生以为然否？论填词一节，先生最后之结论，也是归到"长短无定之韵文"，是吾二人对于此事，持论全同，可以不必再辩。惟我之不赞成填词，正与先生之主张废律诗同意，无非因其束缚自由耳。先生谓"工词者相题而择调，并无不自由"。然则工律诗者所作律诗，又何尝不自然？不过未"工"之时，做律诗勉强对对子，填词硬扣字数，硬填平仄，实在觉得劳苦而无谓耳。总而言之，今后当以"白话诗"为正体(此"白话"，是广义的，凡近乎言语之自然者皆是。此"诗"，亦是广义的，凡韵文皆是)。其他古体之诗及词、曲，偶一为之，固无不可，然不可以为韵文正宗也。填皮黄之说，我不过抄了半农先生的话，老实说，我于此事全然不懂。至于"先帝爷，白帝城，龙归海禁"这种句调，也实在觉得可笑。不过中国现在可歌之调，最普通者惟有皮黄。(昆腔虽未尽灭，然工者极少。梆子，则更卑下矣）故为是云云也。

钱玄同

（第四卷第一号，一九一八年一月十五日）

新文学与今韵问题

钱玄同

半农先生:本志三卷所登先生对于文学革新的大作两篇,我看了非常佩服,以为同适之先生的《文学改良刍议》正如车之两轮,鸟之双翼,相辅而行,废一不可。文学革新的事业,有你们两位先生这样的积极提倡,必可预卜其成绩之佳良。我真欢喜无量。惟我对于《我之文学改良观》一篇,略略有些与先生不同的意见。现在把他写在下面:

先生说,"酬世之文,一时虽不能尽废。……"我以为这些什么"寿序""祭文""挽对""墓志"之类,是顶没有价值的文章。我们提倡文学革新,别的还不过是改良,惟有这一类的文章,应该绝对的排斥消灭。"寿序"一类,就是《选》学家、桐城派,也晓得不该做。至于"祭文""墓志"之类,因为中国人二千年来受了儒家"祖宗教"的毒,专门借了死人来表自己的假孝心,假厚道,以为这是不可少的。但是到了现在,总该有些觉悟,有些进步罢!章太炎先生说得好:"靡财于一奠者此谓贼,竭思于祝号者此谓诬。"又说:"封墓以为表识,藏志以防发掘,此犹随山刊木,用记地望,本非文辞所施。"(均见《国故论衡》中"正赍送"。)我的意思:以为这一类的文章,Language 和 Literature 里面都放不进,只合和八股一律看待。新名词这样东西,我以为应该尽量采用。梁任公的文章,颇为一班笃旧者所不喜。据我看来,任公文章不好的地方,正在旧气未尽涤除,八股调太多,理想欠清晰耳。至于用新名词,则毫无不合。我以为中国旧书上的名词,决非二十世纪时代所够用。如其从根本上解决,我则谓中国文字止有送进博物院的价值;若为此数十年之内暂时应用计,则非将"东洋派之新名词"大掺特掺,掺到中国文里来不可。既然 Language 里采用了,则已成为口头常语,又何妨用到 Literature 里去呢?至于先生所谓"漂亮雅洁"?在我看来,"东洋派之新名词",又何尝不"漂亮雅洁”？“手续”“场合”，原不必用，若“目的”“职工”，则意义很对，有何不可用呢？我觉得日本人造的新名词，比严复高明得多。像严氏所造的什么“拓都”“幺匿”“罔两”之类，才叫人费解哩！至于自造新字，或新名词，固无不可。然使造得不好，像“微生物” 名，某君造了个“百”字（和“千百”之“百”同形异字）某学校造了个“[illegible]”字之类，这不是比日本的新名词差得远了吗？“春朝朝日，秋夕夕月”，底下的“朝”“夕”两个字作“祭”字解，此则近于不通。然《诗经》训“大”之“骏”，《武成》《管子》训“速”之“骏”，似不当以“拙劣不通”讥之，因为经、子中常用此字，后世往往变了，别用彼字，于是觉得此字古奥难解。那些无识的文人偷了去造假古董，像苏绰的《大诰》，韩愈的《平淮西碑》之类，这是非骂不可的。若在三代之时则此等字正是极通行的语言。像殷《盘》、周《诰》，后世看了，觉得“佶屈聱牙”。然在当时，实是白话告示。所以如“骏”字之类，在《诗》《书》《管子》里，决非是乱用古字。至某氏“其女珠其母下之”之妙文，则去不通尚有二十年。此公之文，本来连盖酱缸都不配，只有用先生的法子，把他抛入垃圾桶罢了。

先生此文最有价值之论，为“造新韵”及“以今语作曲”二事。以今语作曲之说，通极，通极。世人多以为作曲须用元语，此与苏绰拟《大诰》何异？我以为现在用“兀的”“么哥”“颠不剌的”这些字样来做曲，和后世述皇帝口气用“都俞吁咈”一样，这是最不通的办法，当然应该革除。造新韵一事，尤为当务之急。今人所用之韵，大约可分三类：(1)做律诗绝句的人，都用什么《诗韵》。这《诗韵》是本于满清的什么《佩文韵》，《佩文韵》本于《平水韵》，《平水韵》乃根据隋唐北宋以来二〇六韵之旧韵而并合其“同用”“通用”之韵。所以《诗韵》虽陋，然和李杜元白苏黄这些人的用韵，也还不差什么。今人做律诗绝句，以为非造唐宋的假古董不可，所以用《诗韵》。(2)做曲的人，是用《词林正韵》一类的韵书。因为这类韵书，起于胡元，元曲所用，就是如此。今人做曲，以为非造元朝的假古董不可，所以如此用韵。(3)还有那做古诗的人，大概有两派：一派是胆子小一点的，他所用的韵，凡在《诗韵》上可押而汉魏人亦押者，用之；在《诗韵》上虽不可押而汉魏人曾押者，亦用之；在诗韵上虽可押而汉魏人不押者，则不用。今人做古诗，以为非造汉魏的假古董不可，所以如此用韵。换言之，即未见汉魏人用过的，他一定不敢用。至于那一派，因为自己通了一点小学，于是做起古诗来，故意把押“同”“蓬”“松”这些字中间，嵌进“江”“窗”“双”这些字，以显其懂得古音“东”

"江"同韵;故意把押"阳""康""堂"这些字中间,嵌进"京""庆""更"这些字,以显其懂得古音"阳""庚"同韵。全不想想看,你自己是古人吗?你的大作各个字能读古音吗?要是不能,难道别的字都读今音,就单单把这"江""京"几个字读古音吗?我说这三类人所主张,固然都是不对,但是若无"标准韵",又叫他们怎么用韵呢?所以制造新韵,我是极端赞成。但先生文中引顾炎武的话,归罪沈约的韵做得不好,并谓"在旧文学上已失其存在之资格",这话恐有不合。沈约的《四声谱》,乃见论诗文平仄之法,并非韵书。即谓其是韵书,然韵书之始作者,为魏李登之《声类》,后有晋吕静之《韵集》,均在沈约之前,亦不可专罪沈约。况今韵古韵,都是因时制宜:李吕之书,是就魏晋之音而作;沈约之论"四声,"也是据着齐梁的音而定。虽不合于三代,却颇合于当时。我谓李吕沈诸人所作,正与我辈在今日想做新韵书相同。顾炎武这个人,学问虽精,思想则不免顽固。他那《音学五书》自序里又说:"天之未丧斯文,必有圣人复起,举今日之音而还之淳古者。"他有了这种顽固思想,所以要责备沈约"不能上据雅、南,旁摭骚、子,以成不刊之典"了。后来江永驳他道:"音之流变已久,休文亦据今音定谱,为今用耳。如欲绳之以古,……举世其谁从之?"又道:"……譬犹窑器既兴,则不宜于笾豆;壶斟既便,则不宜于尊罍。今之孜孜考古音者,亦第告之曰:'古人本用笾豆、尊罍,非若今日之窑器壶斟耳。'又示之曰:'古人笾豆、尊罍之制度本如此,后之模仿为之者,或失其真耳。'若废今人之所日用者,而强易以古人之器,天下其谁从之?"此乃通人之论也。照此看来,岂非不可据顾氏之说以讥沈约乎?又,先生说:"无韵之诗,我国亦有先例。"这话固然很对,但是《终南》这首诗,却非无韵,"梅""裘""哉"三个字,古言都在"咍"韵,读做 Mai,Kǘi,Tsai,这是从文字"谐声"上,从古人用韵上有的确证据的,与宋人"叶韵"之谬说全不相同。云"古音"者,谓今人此字读甲音,古人则本在乙音也,这是非有证据不能瞎说的。云"叶韵"者,谓今人此字读甲音,古人也读甲音,但在此诗之内,则硬改读乙音,这简直是胡说乱道。朱熹上了吴棫的当,拿起一部《诗经》来硬行改读:把《行露》第二章之"家"读做 Kuh,第三章之"家"读做 Kung;《驺虞》第一章之"虞"读做 Nga,第二章之"虞"读做 Ngung。此种谬举,到了明朝的焦竑陈第顾炎武诸人,才把他廓清净尽,专从证据上去考求古音。满清一代,那些小学家讲求此事,甚为精密。所以如"梅""裘""哉"之类,知道在古音里的确是同韵,并非叶韵,也并非无韵。《诗经》里有通体无韵之诗:如《清庙》《维天之命》《昊天有成命》

《时迈》诸篇是也。有一篇之中有一部分不用韵之诗：如《我将》之末三句，《思文》之末四句皆是也。以上拉拉杂杂，写了许多，都是无关弘旨的。先生如不嫌麻烦，幸祈赐教。

钱玄同一九一七年十一月二十一日

玄同先生：

辱承赐教，多谢多谢。奖饰不敢当。

我所谓"酬世之文"云云者，非谓我心中不欲废之，实因现在的虚伪社会上，一时尚有不能尽废之势。请看办丧事人家，无论死的是阿猫阿狗，灵前必挂上一两副挽对，与童男童女争光。一班狗头文士，也极喜欢借了死人做题目，在"悲惨的热闹场"中，大出其"不通的风头"。这种的人心理，与"春王正月"，在城隍庙场上打着小锣唱《小热昏》的"体面叫化"无异；而其"流行性的霉菌"，又已蔓延得遍地皆是。若要我辈费神，一一拿来抛入垃圾桶，恐怕桶中装不了许多。钱谦益说："有遗矢于地者，一人逐而甘之。甘之者固非，沮之者未必便是。"——意思是如此，文句已忘却，恕不检查原书。——故我等对于此等文字，尽可援小说家"一笔表过不提"的成例，听他自然消灭便了。

新名词一层，先生说"尽量采用"，固然很对。然既有"采"字的限制，当然采其"漂亮雅洁"而不采其不"漂亮雅洁"者。果能"漂亮雅洁"，Literature断无闭门不纳之理。至于自造新字或新名词，我当时虽然说了这句话，心中并无具体的办法。若严复之"拓都""版克"，某君之"百"，某校之"঩"，直与武则天自造名字无二，理会他做甚？

先生说"中国文字只有送进博物院的价值"，我对于这个问题，向来没有研究过，暂且不置可否。论虚字实用，实字虚用的一段，是极，是极。至于以俗语作曲及改造新韵二事，第一事有关音乐，将来研究有得，当另撰一文详论之。一因为中国的雅乐俗乐，我都不懂；西乐虽然一知半解，颇觉程度幼稚，非向专家好好讨论一番，不敢胡说白道。——第二件事，却要完全仰仗先生。因为我在"小学"上面，简直一点钟的功夫都没有用过。做那篇文章的时候，只知现在的《诗韵》，在实用上很不相宜，在理路、历史两方面，却未顾到。故沈约被我冤骂了，顾炎武的话又错引了。却不料发表之后，陈独秀先生第一个赞成，"您"钱先生也说他很有价值，大学研究会又将"制定《标准韵》"列为"特别研究"项目，——闻由先生主任其事，这真可说声"万非始料所及"了。先生是音韵训诂专家，《标准韵》果能制成，文学革命诸同志之脑中，必一一为先生铸一无形之铜像！

刘半农　一九一七年十一月二十八日

（第四卷第一号，一九一八年一月十五日）

尝试集序

钱玄同

一九一七年十月，胡适之君拿这本《尝试集》给我看。其中所录，都是一年以来适之所做的白话韵文。

适之是现在第一个提倡新文学的人。我以前看见他做的一篇《文学改良刍议》，主张用俗语俗字入文。现在又看见这本《尝试集》，居然就采用俗语俗字，并且有通篇用白话做的。"知"了就"行"，以身作则，做社会的先导。我对于适之这番举动，非常佩服，非常赞成。

但是有人说：现在中华的国语，还未曾制定，白话没有一定的标准，各人做的白话诗文，用字造句，不能相同，或且采用方言土语和离文言太远的句调，这种情形，却也不好。我以为这一层，可以不必过虑。因为做白话韵文，和制定国语，是两个问题。制定国语，自然应该折衷于白话文言之间，做成一种"言文一致"的合法语言。至于现在用白话做韵文，是有两层缘故：(1)用今语达今人的情感，最为自然。不比那用古语的，无论做得怎样好，终不免有雕琢硬砌的毛病。(2)为除旧布新计，非把旧文学的腔套全数删除不可。至于各人所用的白话不能相同，方言不能尽祛，这一层在文学上是没有什么妨碍的。并且有时候，非用方言不能传神。不但方言，就是外来语，也可采用。像集中《赠朱经农》一首，其中有"辟克匿克来江边"一句，我以前觉得以外来语入诗，似乎有所不可。现在仔细想想，知道前此所见甚谬。语言本是人类公有的东西，甲国不备的话，就该用乙国话来补缺：这"携食物出游，即于游处食之"的意义，若是在汉文里没有适当的名词，就可直用"辟克匿克"来补它，这是就国语方面说的。至于在文学方面，则适之那时在美国和朱经农讲话的时候，既然说了这"辟克匿克"的名词，那么这首赠诗里，自然该用"辟克匿克"才可显出当时说话的神情。所以我又和适之说：

我们现在做白话文章,宁可失之于俗,不要失之于文。适之对于我这两句话,很说不错。

我现在想:古人造字的时候,语言和文字,必定完全一致。因为文字本来是语言的记号,嘴里说这个声音,手下写的就是表这个声音的记号,断没有手下写的记号,和嘴里说的声音不相同的。拿“六书”里的“转注”来一看,很可以证明这个道理:像那表年高的意义的话,这边叫做 lau,就造个“老”字;那边叫做 Khau,便又造个“考”字。同是一个意义,声音小小不同,便造了两个字,可见语言和文字必定一致。因为那边既叫做 Khau,假如仍写“老”字,便显不出它的音读和 lau 不同,所以必须别造“考”字。照这样看来,岂不是嘴里说的声音,和手下写的记号,不能有丝毫不同。若是嘴里声音变了,那就手下记号也必须跟着它变的。所以我说造字的时候,语言和文字必定完全一致。

再看《说文》里的“形声”字:正篆和或体所从的“声”,尽有不在一个韵部里的;汉晋以后的楷书字,尽有将《说文》里所有的字改变它所从的“声”的;又有《说文》里虽有“本字”,而后人因为音读变古,不得不借用别的同音字的。这都是今音与古不同而字形跟了改变的证据。

至于文言和白话的变迁,更有可以证明的:像那“父”“母”两个字,音变为 pa、ma,就别造“爸”“妈”两个字;“矣”字音变为 li,就别造“哩”字;“夫”(读为扶)字在句末——表商度——音变为 bo,就别造“啵”字,再变为 ba 就再借用“罢”字(夫的古音本读 bu)。“无”字在句末——表问——音变为 mo,就借用“么”字,再变为 ma,就再别造“吗”字(“无”的古音本读 mu)。这更可见字形一定跟着字音转变。

照这样看来,中华的字形,无论虚字实字,都跟着字音转变,便该永远是“言文一致”的了。为什么二千年来,语言和文字又相去到这样的远呢?

我想这是有两个缘故:

第一,给那些独夫民贼弄坏的。那独夫民贼,最喜欢摆架子。无论什么事情,总要和平民两样,才可以使他那野蛮的体制尊崇起来:像那吃的、穿的、住的和妻妾的等级、仆役的数目,都要定得不近人情,并且决不许他人效法。对于文字方面,也用这个主义。所以嬴政看了那“辠犯”的“辠”字,和皇帝的“皇”字(“皇”字的古写),上半都从“自”字,便硬把罪犯改用“罪”字;“朕”字本来和“我”字一样,在周朝,无论什么人,自己都可以称“朕”，像那屈平的《离骚》第二句云：“朕皇考曰伯庸”，就是一个证据。到了嬴政，又把这“朕”字独占了去，不许他人自称。此外像“宫”字、“玺”字、“钦”字、“御”字之类，都不许他人学他那样用。又因为中华国民很有“尊古”的麻醉性，于是又利用这一点，做起那什么“制”“诏”“上谕”来，一定要写上几个《尚书》里的字眼像什么“诞膺天命”“寅绍丕基”之类，好叫那富于奴性的人可以震惊赞叹。于是那些小民贼也从而效尤，定出许多野蛮的款式来。凡是做到文章，尊贵对于卑贱必须要装出许多妄自尊大看不起人的口吻。卑贱对于尊贵，又必须要装出许多弯腰屈膝胁肩谄笑的口吻。其实这些所谓尊贵卑贱的人，当面讲白话，究竟彼此也没有什么大分别，只有做到文章，便可以实行那“骄”“谄”两个字。若是没有那种“骄”“谄”的文章，这些独夫民贼的架子便摆不起来了，所以他们是最反对那质朴的白话文章的。这种没有道理的办法，行得久了，习非成是，无论什么人，反以为文章不可不照这样做的，若是有人不照这样做，还要说他不对。这是言文分离的第一个缘故。

第二，给那些文妖弄坏的。周秦以前的文章，大都是用白话：像那《盘庚》《大诰》，后世读了，虽然觉得佶屈聱牙，异常古奥，然而这种文章，实在是当时的白话告示。又像那《尧典》里用“都”“俞”“吁”“咈”等字，和现在的白话文里用“阿呀”“嗄”“呋”“唉”等字有什么分别？《公羊》用齐言，《楚辞》用楚语，和现在的小说里掺入苏州上海广东北京的方言有什么分别？还有一层，所用的白话，若是古今有异，那就一定用今语，决不硬嵌古字，强摹古调。像《孟子》里说的“洚水者洪水也”“泄泄犹沓沓也”，这是因为古今语言不同，古人叫“洚水”和“泄泄”，孟轲的时候叫“洪水”和“沓沓”，所以孟轲自己行文，必用“洪水”和“沓沓”，到了引用古书，虽未便直改原文然而必须用当时的语言去说明古语。再看李耳孔丘墨翟庄周孟轲荀况韩非这些人的著作，文笔无一相同，都是各人做自己的文章，绝不摹拟别人。所以周秦以前的文章很有价值。到了西汉，言文已渐分离。然而司马迁做《史记》，采用《尚书》，一定要改去原来的古语，做汉人通用的文章：像“庶绩咸熙”改为“众功皆兴”，“嚚庸可乎”改为“顽凶勿用”之类。可知其时言文虽然分离，但是做到文言，仍旧不能和当时的白话相差太远。若是过于古奥的，还是不能直用。东汉王充做《论衡》，其《自纪》篇中有曰：“《论衡》者，论之平也。口则务在明言，笔则务在露文。”又曰：“言以明志。言恐灭遗，故著之文字。文字与言同趋，何为犹当隐闭指意？”又曰：“经传之文，贤圣之语，古今言殊，四方谈异也。言当事时,非务难知,使指隐闭也。"这是表明言文应该一致。什么时代的人,便用什么时代的话。不料西汉末年,出了一个扬雄,做了文妖的"原始家"。这个文妖的文章,专门摹拟古人:一部《法言》,看了真要叫人恶心。他的辞赋,又是异常雕琢。东汉一代,颇受他的影响。到了建安七子,连写封信都要装模作样,安上许多浮词。六朝的骈文,满纸堆垛词藻,毫无真实的情感。甚至用了典故来代实事,删割他人名号去就他的文章对偶。打开《文选》一看,这种拙劣恶滥的文章,触目皆是。直到现在,还有一种妄人说:"文章应该照这样做","《文选》文章为千古文章之正宗"。这是第一种弄坏白话文章的文妖。唐朝的韩愈柳宗元,矫正"《文选》派"的弊害,所做的文章,却很有近于语言之自然的。假如继起的人能够认定韩柳矫弊的宗旨,渐渐地回到白话路上来,岂不甚好。无如宋朝的欧阳修苏洵这些人,名为学韩学柳,却不知道学韩柳的矫弊,但会学韩柳的句调间架,无论什么文章,那"起承转合",都有一定的部位。这种可笑的文章,和那"《文选》派"相比,真如二五和一十,半斤和八两的比例。明清以来,归有光方苞姚鼐曾国藩这些人拼命做韩柳欧苏那些人的死奴隶,立了什么"桐城派"的名目,还有什么"义法"的话,搅得昏天黑地。全不想想,做文章是为的什么?也不看看,秦汉以前的文章是个什么样子?分明是自己做的,偏要叫做"古文",但看这两个字的名目,便可知其人一窍不通,毫无常识。那曾国藩说得更妙,他道:"古文无施不宜,但不宜说理耳。"这真是自画供招,表明这种"古文"是最没有价值的文章了。这是第二种弄坏白话文章的文妖。这两种文妖,是最反对那老实的白话文章的。因为做了白话文章,则第一种文妖,便不能搬运他那些垃圾的典故,肉麻的词藻。第二种文妖,便不能卖弄他那些可笑的义法,无谓的格律。并且若用白话做文章,那么会做文章的人必定渐多,这些文妖,就失去了他那会做文章的名贵身份,这是他最不愿意的。

现在我们认定白话是文学的正宗:正是要用质朴的文章,去铲除阶级制度里的野蛮款式。正是要用老实的文章,去表明文章是人人会做的,做文章是直写自己脑筋里的思想,或直叙外面的事物,并没有什么一定的格式。对于那些腐臭的旧文学,应该极端驱除,淘汰净尽,才能使新基础稳固。

以前用白话做韵文的,却也不少:《诗经》《楚辞》固不消说,就是两汉以后,文章虽然被那些民贼文妖弄坏,但是明白的人,究竟也有,所以白话韵文,也曾兴盛过。像那汉魏的乐府歌谣，白居易的新乐府，宋人的词，元明人的曲，都是白话的韵文。——陶潜的诗，虽不是白话，却很合于语言之自然。——还有那宋明人的诗，也有用白话做的。可见用白话做韵文，是极平常的事。

现在做白话韵文，一定应该全用现在的句调，现在的白话。那“乐府”“词”“曲”的句调，可以不必效法。“乐府”“词”“曲”的白话，在今日看来，又成古语，和三代汉唐的文言一样。有人说:做曲子必用元语。据我看来，曲子尚且不必做，——因为也是旧文学了——何况用元语？即使偶然做个曲子，也该用现在的白话，决不该用元朝的白话。

上面说的，都是很浅近的话，适之断没有不知道的，并且适之一定还有高深的话可以教我。不过我的浅见，只有这一点，便把它写了出来，以博适之一笑。

钱玄同　一九一八年一月十日

（第四卷第二号，一九一八年二月十五日）

文学革命之反响

王敬轩

新青年诸君子大鉴。某在辛丑壬寅之际,有感于朝政不纲,强邻虎视,以为非采用西法,不足以救亡。尝负笈扶桑,就梅谦博士讲习法政之学。归国以后,见士气嚣张,人心浮动,道德败坏,一落千丈。青年学子,动辄诋毁先圣,蔑弃儒书,倡家庭革命之邪说。驯至父子伦亡。夫妇道苦,其在妇女则一入学堂尤喜摭拾新学之口头禅。语以贤母良妻为不足学,以自由恋爱为正理,以再嫁失节为当然,甚至剪发髻,曳革履,高视阔步恬不知耻。鄙人观此,乃知提倡新学流弊甚多,遂噤不敢声。辛亥国变以还,纪纲扫地,名教沦胥,率兽食人,人将相食。有识之士,尽焉心伤。某虽具愚公移山之志,奈无鲁阳挥戈之能,遁迹黄冠者,已五年矣。日者过友人案头,见有贵报,颜曰《新青年》,以为或有扶持大教,昌明圣道之论,能拯青年于陷溺,回狂澜于既倒乎。因亟假读,则与鄙见所期,一一皆得其反。噫,贵报诸子,岂犹以青年之沦于夷狄为未足,必欲使之违禽兽不远乎。贵报排斥孔子,废灭纲常之论,稍有识者虑无不发指。且狂吠之谈,固无伤于日月,初无待鄙人之驳斥。又观贵报对于西教,从不排斥,以是知贵报诸子殆多西教信徒,各是其是,亦不必置辩。惟贵报又大倡文学革命之论,权兴于二卷之末,三卷中乃大放厥词,几于无册无之。四卷一号更以白话行文,且用种种奇形怪状之钩挑以代圈点。贵报诸子工于媚外,惟强是从,常谓西洋文明胜于中国,中国宜亟起效法。此等钩挑,想亦是效法西法文明之一。但就此形式而论,其不逮中国圈点之美观,已不待言。中国文字,字字匀整,故可于每字之旁施以圈点。西洋文字,长短不齐,于是不得不于断句之处志以符号,于是符号之形式遂不能不多变。其在句中重要之处,只可以二钩记其上下,或亦用密点,乃志于一句之后。拙劣如此,而贵报乃不惜舍己以从之。甚矣其惑也。贵报对于中国文豪,专事丑诋。其尤可骇怪者。于古人,则神圣施耐庵曹雪芹而土芥归震川方望溪。于近人,则崇拜李伯元吴趼人而排斥林琴南陈伯严,甚至用一网打尽之计。目桐城为谬种,选学为妖孽。对于易哭庵樊云门诸公之诗文,竟曰烂污笔墨,曰斯文奴隶,曰丧却人格,半钱不值。呜呼!如贵报者虽欲不谓之小人而无忌惮,盖不可得矣。今亦无暇一一辨驳。第略论其一二,以明贵报之偏谬而已。贵报三卷三号胡君通信,以林琴南先生而方姚卒不之踣之之字为不通。历引古人之文,谓之字为止词。而踣字是内动词,不当有止词。贵报固排斥旧文学者,乃于此处因欲驳林先生之故,不惜自贬声价,竟乞灵于孔经,已足令识者齿冷。至于内动词、止词诸说,则是拾马氏文通之唾。余马氏,强以西文律中文,削趾适屦,其书本不足道。昔人有言,文成法立。又曰,文无定法。此中国之言文法,与西人分名动、讲起止、别内外之文法相较,其灵活与板滞,本不可以道里计。胡君谓林先生此文可言,而方姚卒不踣,亦可言方姚卒不因之而踣,却不可言方姚卒不之踣。不知此处两句起首皆有而字,皆承上文论文者独数方姚一句,两句紧相衔接,文气甚劲。若依胡君改为而方姚卒不踣,则句太短促,不成音节。若改为而方姚卒不因之而踣,则文气又近懈矣。贵报于古文三昧全未探讨,乃率尔肆讥,无乃不可乎?林先生为当代文豪,善能以唐代小说之神韵,迻译外洋小说,所叙者皆西人之事也。而用笔措词,全是国文风度,使阅者几忘其为西事,是岂寻常文人所能企及。而贵报乃以不通相诋,是真出人意外。以某观之,若贵报四卷一号中,周君所译陀思之小说,则真可当不通二字之批评。某不能西文,未知陀思原文如何,若原文亦是如此不通,则其书本不足译。必欲译之,亦当达以通顺之国文。乌可一遵原文迻译,致令断断续续,文气不贯,无从讽诵乎?噫,贵报休矣。林先生渊懿之古文,则目为不通。周君蹇涩之译笔,则为之登载。真所谓弃周鼎而宝康瓠者矣。林先生所译小说,无虑百种,不特译笔雅健,即所定书名,亦往往斟酌尽善尽美,如云吟边燕语,云香钩情眼。此可谓有句皆香,无字不艳,香钩情眼之名。若依贵报所主张,殆必改为革履情眼而后可。试问尚复几何说话。又贵报之白话诗,则尤堪发噱。其中有数首,若以旧日之诗体达之,或尚可成句。如两个黄蝴蝶改为双蝶,飞上天改为凌霄。不知为什么改为底事。则辞气雅洁,远乎鄙倍矣。此外如胡君之他,通首用他字押韵。沈君之月夜,通首用着字叶韵。以及刘君之相隔一层纸,竟以老爷二字入诗。则真可谓前无古人,后无来者。吾意作者下笔之时恐亦不免颜赧。不过既欲主张新文学,则必异想天开,取旧文学中所绝无者而强以凑入耳。此等妙诗，恐亦非西洋所有也。贵报之文，什九皆嵌入西洋字句。某意贵报诸子必多留学西洋，沐浴欧化，于祖国文学，本非所知，深恐为人耻笑，于是先发制人，攻踣之不遗余力，而后可以自便。某迂儒也。生平以保存国粹为当务之急。居恒研究小学，知中国文字制作最精。（如人字左笔为男，男为阳为天。故此笔之末，尖其锋以示轻清上浮之意。右笔为女，女为阴为地。故此笔之末，顿其锋以示重浊下凝之意。又如暑字中从土、上从日，谓日晒地上也。下又从日，谓夕阳西下之后日入地下也。土之上下皆有日，斯则暑气大盛也。中以丿贯其上下二日，以见二日仍是一日。古人造字之精如此）字义含蕴既富，字形又至为整齐，少至一画，多或四五十画。书于方寸之地，大小可以停匀。（如一字不觉其扁，鸾字不觉其长。）古人造字之妙，岂西人所能梦见？其对偶之工，尤为巧不可阶。故楹联之文，亦为文学中之一体。西字长短无定，其楹联恐未能逮我。不但楹联，如赋如颂如箴如铭，皆中国国粹之美者，然言西洋文学者，未尝称道及此。即贵报专以提倡西洋文学为事，亦只及诗与小说二种。而尤偏重小说。嗟夫，论文学而以小说为正宗，其文学之荒伧幼稚，尚何待论。此等文学，居然蒙贵报诸子之崇拜，且不惜举祖国文学而一网打尽，西人固应感激贵报矣。特未识贵报同人扪心自问，亦觉内疚神明否耶。今请正告诸子，文有骈散，各极其妙，惟中国能之。骈体对仗工整，属句丽辞不同凡响，引用故实，采撷词藻，非终身寝馈于文选诸书者，不能工也。（胡钱诸君皆反对用典。胡君斥王渔洋秋柳诗，谓无不可作几样说法。钱君斥佩文韵府为恶腐朽之书，此等论调。正是二公自暴其俭学，以后望少说此等笑话，免致贻讥通人）散体则起伏照应，章法至为谨严，其曲折达意之处，多作波澜，不用平笔，令读者一唱三叹，能得弦外余音。非深明桐城义法者，又不能工也。选学之文，宜于抒情。桐城之文，宜于论议。悉心研求，终身受用不穷。与西人之白话诗文，岂可同年而语。顾乃斥之曰妖孽，曰谬种，恐是夫子自道耳。某意今之真能倡新文学者，实推严几道林琴南两先生。林先生之文，已如上述，若严先生者不特能以周秦诸子之文笔达西人发明之新理，且能以中国古训补西说之未备。如论理学译为名学，不特可证西人论理即公孙龙惠施之术，且名教名分名节之义非西人论理学所有，译以名学则诸义皆备矣。中性译为罔两，假异兽之名以明无二之义。理想，国译为乌托邦，则乌有与寄托二义皆大显明。其尤妙者，译音之字，亦复兼义。如名学曰逻辑，逻盖指演绎法，辑盖指归纳法。银行曰板克，大板谓之业，克胜也。板克者，言营业操胜算也。精妙如此,信非他人所能几及。与贵报诸子之技穷不译,径以西字嵌入华文中者相较,其优劣何如?望平心思之。鄙人非反对新文学者,不过反对贵报诸子之排斥旧文学而言新文学耳。鄙人以为能笃于旧学者,始能兼采新知,若得新忘旧,是乃荡妇所为。愿贵报诸子慎勿蹈之也。自海禁大开以还,中国固不可不讲求新学,然讲求可也,采用亦可也,采彼而弃我,则大不可也。况中国为五千年文物礼义之邦,精神文明,夐非西人所能企及。(即物质文明,亦尽有胜于西者。以医学而论,中医神妙之处甚多。如最近山西之鼠疫,西人对之束手无策。近见有戴子光君发明之治鼠疫神效汤,谓在东三省已治愈多人,功效极速,云云。又如白喉一症,前有白喉忌表抉微一书,论症拟方,皆极精当。西人则除用血清外,别无它法。于此可见西医之不逮中医)惟工艺技巧,彼胜于我,我则择取焉可耳。总之中学为体,西学为用,则西学无流弊。若专恃西学而蔑弃中学则国本既隳,焉能五稔。以上所言。知必非贵报诸子所乐闻。鄙人此书,不免有失言之愆。然心所谓危,不敢不掬诚相告。知我罪我,听诸国人之公论而已。呜呼!见披发于伊川知百年之将戎,辛有之叹不图于吾生亲见之矣。哀哉哀哉!率布不尽顺颂。

撰安

戊午夏历新正二日　王敬轩刏

敬轩先生:

来信"大放厥辞",把记者等狠狠地教训了一顿。照先生的口气看来,幸而记者等不与先生见面,万一见了面,先生定要挥起"巨灵之掌",把记者等一个嘴巴打得不敢开口,两个嘴巴打得牙齿缝里出血而后快!然而记者等在逐段答复来信之前,应先向先生说声"谢谢",这因为人类相见,照例要有一句表示敬意的话,而且记者等自从提倡新文学以来,颇以不能听见反抗的言论为憾,现在居然有你老先生"出马",这也是极应欢迎,极应感谢的。

以下是答复先生的话。

第一段。(原信"某在辛丑壬寅之际,……各是其是,亦不必置辩。")

原来先生是个留学日本速成法政的学生,又是个"遁迹黄冠"的遗老,失敬失敬。

然而《新青年》杂志社,并非督抚衙门,先生把这项履历背了出来,还是在从前"听鼓省垣","听候差遣"时在"手版"上写惯了,流露于不知不觉呢?——还是要拿出老前辈的官威来,恐吓记者等呢?

先生以为"提倡新学,流弊甚多",又如此这般的说了一大串,几乎要把"上下五千年,纵横九万里"的一切罪恶,完全归到一个"新"字上。然而我要问问:"辛丑壬寅"以前,"扶持大教,昌明圣道"的那套老曲子,已唱了二千多年,始终没有什么"洋鬼子"——这个名目,是先生听了很欢喜的——"新法"去打搅他,为什么要弄到"朝政不纲,强邻虎视"呢?

本志排斥孔丘,自有排斥孔丘的理由。先生如有正当的理由,尽可切切实实写封信来,与本志辩驳。本志果然到了理由不能存立的时候,不待先生督责,就可在《新青年》杂志社中,设起香案,供起"至圣先师大成孔子"的牌位来!如先生对于本志所登排斥孔教的议论,尚未完全读过,或读了之后,不能了解,或竟能了解了,却没有正当的理由来辩驳,只用那"孔子之道,如日月经天,江河行地"的空话来搪塞,或用那"岂犹以青年之沦于夷狄为未足,必欲使之违禽兽不远乎"的村妪口吻来骂人,则本志便要把先生所说的"狂吠之谈,固无伤于日月"两句话,回敬先生了!

本志记者并非西教信徒,其所以"对于西教,不加排斥"者,因西教之在中国,不若孔教之流毒无穷,在比较上,尚可暂从缓议。至于根本上,陈独秀先生早说了"以科学解决宇宙之谜"的一句话,蔡孑民先生又发表过了"以美术代宗教"的一篇文章,难道先生竟没有看见么?若要本志记者,听了先生的话,替孔教徒做那"攻乎异端"的事业。哼哼!恐怕你这位"道人"也在韩愈所说的"火其书,庐其居"之列罢!

第二段。(原文"惟贵报又大倡文学革命之论,……甚矣其惑也。")

浓圈密点,本科场恶习,以曾国藩之顽固,尚且知之,而先生竟认为"形式美观",且在来信之上,大圈特圈,大点特点。想先生意中,以为"我这篇经天纬地的妙文,定能使《新青年》诸记者,拜服得五体投地"。又想先生提笔大圈大点之时,必定摇头摆脑,自以为这一句是"一唱三叹",那一句是"弦外之音",这一句"平平仄仄平平"对那一句"仄仄平平仄仄"对得极工。初不知记者等虽然主张新文学,旧派的好文章,却也读过不少。像先生这篇文章,恐怕即使起有清三百年来之主考文宗于地下,也未必能给你这么许多圈点罢!

闲话少说。句读之学,中国向来就有的。本志采用西式句读符号,是因为中国原有的符号不敷用,乐得把人家已造成的借来用用。先生不知“钩挑”有辨别句读的功用,却说他是代替圈点的;又说引号(“”)是表示“句中重要之处”,不尽号(……)是把“密点”移在“一句之后”。知识如此鄙陋,记者惟有敬请先生去读了三年外国书,再来同记者说话,如先生以为读外国书是“工于媚外,惟强是从”,不愿下这工夫,那么,先生,便到了你“墓木拱矣”的时候,还是个不明白!

第三段。(原文“贵报对于中国文豪……无乃不可乎。”)

先生所说的“神圣施曹而土芥归方……目桐城为谬种,选学为妖孽”,本志早将理由披露,不必再辩。至于樊易二人,笔墨究竟是否“烂污”,且请先生看着——

“……你为我喝彩时,震得人耳聋;你为我站班时,羞得人脸红。不枉你风月情浓,到今朝枕衾才共,卸下了《珍珠》衫,做一场《蝴蝶梦》……这《小上坟》的祭品须丰,那《大劈棺》的斧头休纵。今日个唱一出《游宫射雕》,明日里还接演《游龙戏凤》,你不妨《三谒碧游宫》,我还要《双戏桃山洞》。我便是《缝褡膊》的小娘,你便是《卖胭脂》的朝奉。……”——见樊增祥所著《琴楼梦》小说。

“……一字之评不愧‘鲜’,生香活色女中仙。牡丹嫩蕊开春暮,螺碧新茶摘雨前。……玉兰片亦称珍味,不及灵芝分外鲜。……佳人上吊本非真,惹得人人思上吊!……试听喝彩万声中,中有几声呼‘要命’!两年喝彩声惯听,‘要命’初听第一声。‘不啻若自其口出’,‘忽独与余兮目成’!我来喝彩殊他法,但道‘丁灵芝可杀’!丧尽良心害世人,占来琐骨欺菩萨。……”——见易顺鼎《咏鲜灵芝诗》。

敬轩先生!你看这等著作怎么样?你是“扶持名教”的,却“摇身一变”,替这两个淫棍辩护起来,究竟是什么道理呢?

林琴南“而方姚卒不之踣”一句的不通,已由胡适之先生论证得很明白。先生果然要替林先生翻案,应当引出古人成句,将他证明才是。若无法证明,只把“不成音节”,“文气近懈”的话头来敷衍,是先生意中,以为文句尽可不通。音节文气,却不得不讲。请问天下有这道理没有?胡先生“历引古人之文”,正是为一般顽固党说法,以为非用此“以子之矛,攻子之盾”的办法,不能折服一般老朽之心。若对略解文法之人——只须高小学生程度——说话,本不必“自贬身价”,“乞灵孔经”。不料先生连这点儿用意都不明白,胡先生唯有自叹不能做那能使“顽石点头”的生公,竟做了个“对牛弹琴”的笨伯了!

《马氏文通》一书,究竟有无价值,天下自有公论,不必多辩。唯先生引了“文成法立”“文无定法”两句话,证明文法之不必讲求,实在是大错大错! 因为我们所说的文法,是在通与不通着想的“句法”。古人所说的文法,是在文辞结构上着想的“章法”。——“章法”之不应死守前人窠臼,半农《我之文学改良观》一文“破除迷信”项下,已说得很明白。这章法句法,面目之不同,有如先生之与记者,先生竟把他并作一谈,足见昏聩!

第四段。(原文“林先生为当代文豪……恐亦非西洋所有也。”)

林先生所译的小说,若以看“闲书”的眼光去看它,亦尚在不必攻击之列。因为他所译的“哈氏丛书”之类,比到《眉语莺花》杂志,总还“差胜一筹”,我们何必苦苦的“凿他背皮”。若要用文学的眼光去评论他,那就要说句老实话:便是林先生的著作,由“无虑百种”进而为“无虑千种”,还是半点儿文学的意味也没有! 何以呢? 因为他所译的书,第一是原稿选择得不精,往往把外国极没有价值的著作,也译了出来,真正的好著作,却未尝——或者是没有程度——过问。先生所说的“弃周鼎而宝康瓠”,正是林先生译书的绝妙评语。第二是谬误太多,把译本和原本对照,删的删,改的改,“精神全失,面目皆非”——这两句,先生看了,必说“做还做得不错,可惜太荒谬”——这大约是和林先生对译的几位朋友,外国文本不高明,把译不出的地方,或一时懒得查字典,便含糊了过去(其中有一位,自言能口译狄更士小说者,中国只有他一人,这大约是害了神经病中的“夸大狂”了!)。林先生遇到文笔蹇涩,不能达出原文精奥之处,也信笔删改,闹得笑话百出。以上两层,因为先生不懂西文,即使把原本译本,写了出来对照比较,恐怕先生还是不懂,只得“一笔表过不提”,待将来记者等有了空,另外做出一篇“林译小说正误记”来,“以为知者道”,那时先生如已翻然变计,学习了些外国文,重新取来研究研究,“方知余言之不谬”。

第三层是林先生之所以能成其为“当代文豪”,先生之所以崇拜林先生,都因为他“能以唐代小说之神韵,迻译外洋小说”。不知这件事,实在是林先生最大的病根。林先生译书虽多,记者等始终只承认他为“闲书”,而不承认他为有文学意味者,也便是为了这件事。当知译书与著书不同,著书以本身为主体,译书应以原本为主体,所以译书的文笔,只能把本国文字去凑就外国文,决不能把外国文字的意义神韵硬改了来凑就本国文。即如我国古代译学史上最有名的两部著作,一部是后秦鸠摩罗什大师的《金刚经》,一部是唐玄奘大师的《心经》。这两人,本身生在古代,若要在译文中用些晋唐文笔,眼前风光,俯拾即是,岂不比林先生仿造二千年以前的古董,容易得许多。然而他们只是实事求是,用极曲折极缜密的笔墨,把原文精义达出,既没有自己增损原义一字,也始终没有把冬烘先生的臭调子打到"经"里去。所以直到现在,凡是读这两部"经"的,心目中总觉这种文章是西域来的文章,决不是"先生不知何许人也"的晋文,也决不是"龙嘘气成云"的唐文。此种输入外国文学使中国文学界中别辟一个新境界的能力,岂一般"没世穷年,不免为陋儒"的人所能梦见!然而鸠摩罗什大师,还虚心得很,说译书像"嚼饭哺人",转了一转手,便要失去真义。所以他译了一世的经,没有自称为"文豪",也没有自称为"译'经'大家",更没有在他所译的三百多卷经论上面,加上一个什么"鸠译丛经"的总名目!若《吟边燕语》本来是部英国的戏考,林先生于"诗""戏"两项,尚未辨明,其知识实比"不辨菽麦"高不了许多。而先生竟称之曰"所定书名,……斟酌尽善尽美"。先生如此拥戴林先生,北京的一班"捧角家",洵视先生有愧色矣!《香钩情眼》,原书未为记者所见,所以不知道原名是什么。然就情理上推测起来,这"香钩情眼",本来是刁刘氏的伎俩。外国小说虽然也有淫荡的,恐怕还未必把这等肉麻字样来做书名。果然如此,则刁刘氏在天之灵,免不了轻展秋波,微微笑曰:"吾道其西!"况且外国女人并不缠脚,"钩"于何有。而"钩"之香与不香,尤非林先生所能知道。难道林先生之于书中人,竟实行了沈佩贞大闹醒春居时候的故事么?又先生"有句皆香"四字,似有语病。因为上面说的是书名,并没有"句",先生要做文章,还要请在此等处注意一点。

先生所说"陀思之小说",不知是否指敝志所登"陀思妥夫斯奇之小说"而言?如其然也,先生又闹了笑话了。因为陀思妥夫斯奇,是此人的姓,在俄文只有一个字,并不是他尊姓是陀雅篆是思,也不是复姓陀思,大名妥夫,表字斯奇,照译名的通例,应该把这"陀思妥夫斯奇"的姓完全写出,或简作"陀氏",也还勉强可以。像先生这种横路法,便是林琴南先生,也未必赞成。记得从前有一部小说,说有位抚台,因为要办古巴国的交涉,命某幕友翻查约章。可笑这位"老夫子",脑筋简单,记不清"古巴"二字,却照英吉利简称曰英法兰西简称曰法的办法,单记了一个古字。后来翻遍了衙门里所有的通商书,约章书,竟翻不出一个古国来。先生与这位老夫子,可称无独有偶!然而这是无关弘旨的，不过因为记者写到此处，手已写酸，乐得“吹毛求疵”，与先生开开玩笑，然在先生，却也未始无益，这一回得了这一点知识，将来便不至于再闹第二次笑话了。（又日本之梅谦次郎，是姓梅，名谦次郎。令业师“梅谦博士”，想或另是一人。否则此四字之称谓，亦似稍欠斟酌。）先生这一段话，可分作两层解释：如先生以为陀氏的原文不好，则陀氏为近代之世界的文豪，以全世界所公认的文豪，而犹不免为先生所诟病，记者对于先生，尚有何话可说？——如先生以为周作人先生的译笔不好，则周先生既未自称其译笔之“必好”，本志同人，亦断断不敢如先生之捧林先生，把他说得如何如何好法。然使先生以不作林先生“渊懿之古文”，为周先生病，则记者等无论如何不敢领教。周先生的文章，大约先生只看过这一篇。如先生的国文程度——此“程度”二字，是指先生所说的“渊懿”“雅健”说，并非新文学中之所谓程度——只能以林先生的文章为文学止境，不能再看林先生以上的文章，那就不用说。万一先生在旧文学上所用的功夫较深，竟能看得比林先生分外高古的著作，那就要请先生费些功夫，把周先生十年前抱复古主义时代所译的域外小说集看看。看了之后，亦许先生脑筋之中，竟能放出一线灵光，自言自语道：“哦！原来如此。这位周先生，古文功夫本来是很深的，现在改做那一路新派文章，究竟为着什么呢？难道是全无意识的么？”

承先生不弃，拟将胡适之先生《朋友》一诗，代为删改。果然改得好，胡先生一定投过门生帖子来。无如“双蝶”“凌霄”，恐怕有些接不上，便算接得上了，把那首神气极活泼的原诗，改成了“双蝶凌霄，底事……”的“乌龟大翻身”模样，也未必是“青出于蓝”罢！又胡先生之《他》均以“他”字上一字押韵，沈尹默先生之《月夜》，均以“着”字上一字押韵，先生误以为以“他”“着”押韵，不知是粗心浮气，没有看出来呢？还是从前没有见识过这种诗体呢？——“二者必居其一”，还请先生自己回答。至于半农的《相隔一层纸》以“老爷”二字入诗，先生骂为“异想天开，取旧文学中绝无者而强以凑入”，不知中国古代韵文，如《三百篇》，如《离骚》，如汉魏古诗，如宋元词曲，所用方言白话，触目皆是。先生既然研究旧文学，难道平时读书，竟没有留意及此么？且就“老爷”二字本身而论，《元史》上有过“我董老爷也”一句话，宋徐梦莘所做的《三朝北盟会编》，也有“鱼磨山寨军乱，杀其统领官，马老爷”两句话。这一部正史，一部在历史上极有价值的私家著作，尚把“老爷”二字用入，半农岂有不能用入诗中之理。半农要说句俏皮话，先生说半农是“前无古人”，半农要说先生是“前不见古人”，所谓“不见古人”者，未见古人之书也！

第五段。（原文“贵报之文，什九皆嵌入西洋字句……亦觉内疚神明否耶？”）

文字是一种表示思想学术的符号，是世界的公器，并没有国籍，也决不能彼此互分界限——这话太高了，恐怕先生更不明白——所以作文的时候，但求行文之便与不便，适当之与不适当，不能限定只用那一种文字。如文章的本体是汉文，讲到法国的东西，非用法文不能解说明白，便尽可把法文嵌进去，其余英文俄文日文之类，亦是如此。

哼！这一节，要用严厉面目教训你了！你也配说“研究‘小学’”，“颜之厚矣”，不怕记者等笑歪嘴巴么？中国文字，在制作上自有可以研究之处，然“人”字篆文作“□”，是个象形字，《说文》说他是“象臂胫之形”，极为明白。先生把他改作会意字，又扭扭捏捏说出许多可笑的理由，把这一个“人”，说成了个两性兼具的“雌雄人”。这种以楷书解说形体的方法，真可谓五千年来文字学中的大发明了。“暑”字篆文作“□”是个形声字，《说文》说他“从日，者声”。　　凡从“者”声的字，古音都在“模”韵，就是罗马字母中“U”的一个母音，如“渚”“楮”“煮”“猪”四字，是从“水”“本”“火”“豕”四个偏旁上取的形与义，从“者”字上取的声，即“者”字本身，古音也是读作“Tu”字的音，因为“者”字的篆文作“□”，从“□”“□”声。“□”同“自”，“□”即古“旅”字，所以先生硬把“署”字的形声字改作会意字，在楷书上是可以说得过去，若依照篆文把他分作“日”“旅”“自”三字，先生便再去拜了一万个“拆字先生”做老师，还是不行不行又不行。

文字这样东西，以适于实用为唯一要义，并不是专讲美观的陈设品。我们中国的文字，语尾不能变化，调转又不灵便，要把这种极简单的文字，应付今后的科学世界之种种实用，已觉左支右绌，万分为难。推求其故，总是单音字的制作不好。先生既不知今后的世界是怎么样一个世界，哪里再配把“今后世界中应用何种文字？”一个问题来同你讨论。

至于赋，颂箴，铭，楹联，挽联之类，在先生则视为“中国国粹之美者”，在记者等却看得半钱不值。因为这些东西，都在字面上用功夫，骨子里半点好处没有，若把它用来敷陈独夫民贼的功德，或把胁肩谄笑的功夫，用到死人的枯骨上去，“是乃荡妇所为”，本志早已结结实实的骂过几次了。西文中并无楹联，先生说他“未能逮我”，想来已经研究过，比较过，这种全世界博物院里搜罗不到的奇物，还请先生不吝赐教，录示一二，使记者等可以广广眼界，增些见识！

先生摇头叹曰，“嗟夫！论文学而以小说为正宗……”是先生对于小说，已抱了“一网打尽”的观念，一般反对小说的狗头道学家，“固应感激”先生“矣”，“特未识”先生对于大捧特捧的林先生，“扪心自问，亦觉内疚神明否耶？”

第六段。(原文“今请正告诸子……恐是夫子是道耳!”)

敝志反对“桐城谬种”，“选学妖孽”，已将他们的弊病，逐次披露，先生还要无理取闹，刺刺不休，似乎不必仔细申辩。今且把这两种人所闹的笑话，说几种给先生听听——《文选》上有四句话，说“胡广累世农夫，伯始致位卿相；黄宪牛医之子，叔度名动京师”，这可谓不通已极。又《颜氏家训》上说，“……陈思王武帝诔，‘遂深永蛰之思’。潘岳《悼亡赋》，‘乃怆手泽之遗’：是方父于虫，匹妇于考也。”又说，“诗云，‘孔怀兄弟’：孔，甚也；怀，思也；言甚可思也。陆机《与长沙顾母》书，述从祖弟士璜死，乃言‘痛心拔脑，有如孔怀’；心既痛矣，即为甚思，何故言‘有如’也？观其此意，当谓亲兄弟为‘孔怀’。诗云，‘父母孔迩’，而呼二亲为‘孔迩’，于义通乎？”此等处，均是滥用典故，滥打调子的好结果。到了后世，笑话愈闹愈多，如《谈苑》上说“省试……《贵老为其近于亲赋》云，‘睹兹黄耇之状，类我严君之容’，试官大噱。又《贵耳集》上说“余千有王德者，僭窃九十日为王。有一士人被执，作诏云，‘两条胫脡，马赶不前；一部髭髯，蛇钻不入。身坐银铰之椅；手执铜锤之铢。翡翠帘前，好似汉高之祖；鸳鸯殿上，有如秦始之皇。’”又相传有两句骈文道，“我生有也晚之悲，当局有者迷之叹。”又当代名士张柏桢——此公即是自以为与康南海徐东海并称“三海不出，如苍生何！”的张沧海先生！——文集里有一篇文章，是送给一位朋友的祖父母的“重圆花烛序”，有两联道，“马齿长而童心犹在，徐娘老而风韵依然！”敬轩先生，你既爱骈文，请速即打起调子，吊高喉咙，把这几段妙文拜读几千百遍，如有不明白之处，尽可到佩文韵府上去查查。

至于王渔洋的《秋柳》诗，单就文笔上说，毛病已不止胡先生所举的一端——因为他的诗，正如约翰生博士所说“只有些饰美力与敷陈力”(见本志三卷五号《诗与小说精神上之革新文》中)，气魄既不厚，意境也不高，宛然像个涂脂抹粉，搔首弄姿的荡妇，决不能“登大雅之堂”——若说他别有用意，更不成话。我们做文人的，既要拿了笔做文章，就该有三分胆量，无论何事，敢说便说，不敢说便罢！要是心中存了个要如何如何说法的念头，笔头上是半吞半吐，请问文人的价值何在？不同那既要偷汉，又要请圣旨，竖牌坊的烂污寡妇一样么？

散体之文，如先生刻意求古，竟要摹拟《周诰·殷盘》；则虽非“孺子可教”，也还值得一辨。今先生所崇拜的至于桐城而止，所主张的至于“多作波澜，不用平笔”二语而止。记者又何必费了许多气力与你驳，只须请章实斋先生来教训教训你。他文史通义《古文十弊》一篇里说：“……夫古人之书，今不尽传。其文见于史传评选之家，多从史传采录。而史传之例，往往删节原文，以就隐括。故于文体所具，不尽全也。评选之家，不察其故，误为原文如是。又从而为之辞焉。于引端不具，而截中径起者，诩为发轫之离奇；于刊削余文，而遽入正传者，诧为篇终之崭峭。于是好奇而寡识者，转相叹赏，刻意追摹。殆如左氏所云，‘非子之求，而蒲之觅’矣！有明中叶以来，一种不情不理，自命为古文者，起不知所自来，收不知所自往，专以此等出人思议，夸为奇特。于是坦荡之途生荆棘矣……”

先生！这段议论，你如果不肯领教，我便介绍一部妙书给你看看。那书唤作《别下斋丛书》，我记得他中间某书——书名已忘了——里有一封信，开场是——

“某白：复何言哉！当今之世，知文者莫如足下，能文者莫如我。复何言哉！……”

这等妙文，想来是最合先生胃口的，先生快去买他一部，朝夕讽诵罢！

第七段。（原文“某意今之真能倡新文学者，……望平心思之。”）

译名一事，正是现在一般学者再三讨论而不能解决的难问题。记者等对于此事，将来另有论文——或谈话——发表，现在暂时不与先生为理论上之研究，单就先生所举的例，略略说一说。

西洋的 Logic，与中国的名学与印度的因明学，这三种学问，性质虽然相似，而范围的大小，与其精神特点，各有不同之处。所以印度人既不能把 Logic 攫为己有，说他是原有的因明学，中国人亦决不能把他硬当做名学。严先生译“名学”二字，已犯了“削趾适屦”的毛病，先生又把“名教，名分，名节”一股脑儿拉了进去，岂非西洋所有一种纯粹学问，一到中国，便变了本《万宝全书》，变了个大垃圾桶么？要之，古学是古学，今学是今学,我们把他分别研究,各不相及,是可以的;分别研究之后,互相参证,互相发明,也是可以的。若并不仔细研究,只看了些皮毛,便把他附会拉拢,那便叫做“混账”!

严先生译“中性”为“罔两”,是以“罔”字作“无”字解,“两”字指“阴阳两性”,意义甚显。先生说他“假异兽之名,以明无二之义”,是一切“中性的名词”,都变做了畜生了!先生如此附会,严先生知道了,定要从鸦片铺上一跃而起,大骂“该死”!(且“罔两”有三义:第一义是《庄子》上的“罔两问景”,言“影外微阴”也;第二义是《楚辞》上的“神罔两而无主”,言“神无依据”也;第三义是《鲁语》上的“木石之怪,曰夔,罔两”,与“魍魉”同。若先生当真要附会,似乎第二义最近一点,不知先生以为如何?)

“Utopia”译为“乌托邦”,完全是译音。若照先生所说,作为“乌有寄托”解,是变作“无寄托”了。以“逻辑”译“Logic”也完全是取的音,因为“逻”字决不能概括“演绎法”,“辑”字也决不能概括“归纳法”。而且既要译义,决不能把这两个连接不上的字放在一起。又“Bank”译为“板克”,也是取音。先生以“大板谓之业”来解释这“板”字,是无论哪一种商店都可称“板克”,不必专指“银行”。若有一位棺材店的老板,说“小号的圆心血‘板’,也可以在‘营业上操胜算’,小号要改称‘板克”’,先生也赞成么?又严先生的“板克”,似乎写作“版克”的,先生想必分外满意,因“版”是“手版”,用“手版”在“营业上操胜算”,不又是先生心中最喜欢的么?

先生对于此等问题,似乎可以“免开尊口”,庶不致“贻讥通人”,现在说了“此等笑话”,“自暴其俭学”,未免太不上算!

第八段。(原文“鄙人非反对新文学者……”)

先生说“能笃于旧学者,始能兼采新知”。记者则以为处于现在的时代,非富于新知,具有远大眼光者,断断没有研究旧学的资格。否则弄得好些,也不过造就出几个“抱残守缺”的学究来,犹如乡下老妈子,死抱了一件红大布的嫁时棉袄,说他是世间最美的衣服,却没有见过绫罗锦绣的面,请问这等陋物,有何用处?(然而已比先生高明万倍!)弄得不好,便造就出许多“胡说乱道”,“七支八搭”的“混蛋”!把种种学问,闹得非驴非马,全无进境。(先生即此等人之标本也)此等人,钱玄同先生平时称他为“古今中外党”,半农称他为“学愿”。将来尚拟做他一篇论文,大大地抨击一下,现在且不多说。

原信“自海禁大开”以下一段，文调甚好，若用在乡试场中，大可中得“副榜”！记者对于此段，惟有于浩叹之后，付之一笑！因为现在正有一班人，与先生大表同情，以为外国人在科学上所得到的种种发明，种种结果，无论有怎样的真凭实据，都是靠不住的——所以外国人说人吃了有毒霉菌要害病，他们偏说蚶子虾米还吃不死人，何况微菌；外国人说鼠疫要严密防御，医治极难，他们偏说这不打紧，用黄泥泡汤，一吃就好；甚至为了学习打拳，竟有那种荒谬学堂，设托塔李天王的神位，命学生拜跪；为了讲求卫生，竟有那种谬人，打破了运动强身的精理，把道家“采补”书中所用的“丹田”“泥丸宫”种种屁话，著书行世，到处演说。照此看来，恐怕再过几年，定有聘请拳匪中“大师兄”“二师兄”作体育教习的学堂；定有主张定叶德辉所刊《双梅景阁丛书》为卫生教科书的时髦教育家！哈哈！中国人在阎王簿上，早就注定了千磨万劫的野蛮命。外国的科学家，还居然同他以人类之礼相见，还居然遵守着“科学是世界公器”的一二句话，时时刻刻把新知识和研究的心得交付给他，正如康有为所说“享爰居以钟鼓，被猿猱以冠裳”了！

来信已逐句答毕，有几句骂人话——如“见披发于伊川，知百年之将戎”等——均不必置辩。但有一语，忠告先生：先生既不喜新，似乎在旧学上，功夫还缺乏一点，能用上十年功，到《新青年》出到第二十四卷的时候，再写书信来与记者谈谈，记者一定“刮目相看”！否则记者等就要把“不学无术，顽固胡闹”八个字送给先生“生为考语，死作墓铭”！（这两句，是南社里的出品，因为先生喜欢对句，所以特向专门制造这等对句的名厂里，借来奉敬，想亦先生之所乐闻也）又先生填了“戊午夏历新正二日”的日期，似乎不如竟写“宣统十年”还爽快些！末了那个“䋣”字，孔融曹丕及韩愈柳宗元等人的书札里，似乎未曾用过，不知当作何解。先生“居恒研究小学”，知“古人造字之妙”，还请有以语我来！余不白。

记者（半农） 一九一八年二月十九日

（第四卷第三号，一九一八年三月十五日）

建设的文学革命论

国语的文学——文学的国语

胡　适

一

我的《文学改良刍议》发表以来，已有一年多了。这十几个月之中，这个问题居然引起了许多很有价值的讨论，居然受了许多很可使人乐观的响应。我想我们提倡文学革命的人，固然不能不从破坏一方面下手。但是我们仔细看来，现在的旧派文学实在不值得一驳，什么桐城派的古文哪，《文选》派的文学哪，江西派的诗哪，梦窗派的词哪，《聊斋志异》派的小说哪——都没有破坏的价值。它们所以还能存在国中，正因为现在还没有一种真有价值、真有生气、真可算作文学的新文学起来代它们的位置。有了这种"真文学"和"活文学"，那些"假文学"和"死文学"，自然会消灭了。所以我望我们提倡文学革命的人，对于那些腐败文学，个个都该存一个"彼可取而代也"的心理，个个都该从建设一方面用力，要在三五十年内替中国创造出一派新中国的活文学。

我现在做这篇文章的宗旨，在于贡献我对于建设新文学的意见。我且先把我从前所主张破坏的八事引来做参考的资料：

一、不做"言之无物"的文字。

二、不做"无病呻吟"的文字。

三、不用典。

四、不用套语滥调。

五、不重对偶：文须废骈，诗须废律。

六、不做不合文法的文字。

七、不模仿古人。

八、不避俗话俗字。

这是我的“八不主义”，是单从消极的，破坏的一方面着想的。

自从去年归国以后，我在各处演说文学革命，便把这“八不主义”都改作了肯定的口气，又总括作四条，如下：

一、要有话说，方才说话。这是“不做言之无物的文字”一条的变相。

二、有什么话，说什么话；话怎么说，就怎么说。这是（二）（三）（四）（五）（六）诸条的变相。

三、要说我自己的话，别说别人的话。这是“不模仿古人”一条的变相。

四、是什么时代的人，说什么时代的话。这是“不避俗话、俗字”的变相。

这是一半消极，一半积极的主张。一笔表过，且说正文。

二

我的“建设新文学论”的唯一宗旨只有十个大字：“国语的文学，文学的国语。”我们所提倡的文学革命，只是要替中国创造一种国语的文学。有了国语的文学，方才可有文学的国语。有了文学的国语，我们的国语才可算得真正国语。国语没有文学，便没有生命，便没有价值，便不能成立，便不能发达。这是我这一篇文字的大旨。

我曾仔细研究：中国这二千年何以没有真有价值真有生命的“文言的文学”？我自己回答道：“这都因为这二千年的文人所做的文学都是死的，都是用已经死了的语言文字做的。死文字决不能产出活文学，所以中国这二千年只有些死文学，只有些没有价值的死文学。”

我们为什么爱读《木兰辞》和《孔雀东南飞》呢？因为这两首诗是用白话做的。为什么爱读陶渊明的诗和李后主的词呢？因为他们的诗词是用白话做的。为什么爱杜甫的《石壕吏》《兵车行》诸诗呢？因为他们都是用白话做的。为什么不爱韩愈的《南山》呢？因为他用的是死字死话。……简单说来，自从《三百篇》到于今，中国的文学凡是有一些价值，有一些儿生命的，都是白话的，或是近于白话的。其余的都是没有生气的古董，都是博物院中的陈列品！

再看近世的文学，何以《水浒传》《西游记》《儒林外史》《红楼梦》，可以称为“活文学”呢？因为他们都是用一种活文字做的。若是施耐庵、邱长春、吴敬梓、曹雪芹，都用了文言做书，他们的小说一定不会有这样生命，一定不会有这样价值。

读者不要误会，我并不曾说凡是用白话做的书都是有价值有生命的。我说的是，用死了的文言决不能做出有生命有价值的文学来。这一千多年的文学，凡是有真正文学价值的，没有一种不带有白话的性质，没有一种不靠这个“白话性质”的帮助。换言之，白话能产出有价值的文学，也能产出没有价值的文学，可以产出《儒林外史》，也可以产出《肉蒲团》。但是那已死的文言只能产出没有价值没有生命的文学，决不能产出有价值有生命的文学：只能做几篇“拟韩退之《原道》”或“拟陆士衡《拟古》”，决不能做出一部《儒林外史》。若有人不信这话，可先读明朝古文大家宋濂的《王冕传》，再读《儒林外史》第一回的《王冕传》，便可知道死文学和活文学的分别了。

为什么死文字不能产生活文学呢？这都由于文学的性质。一切语言文字的作用在于达意表情。达意达得妙，表情表得好，便是文学。那些用死文言的人，有了意思，却须把这意思翻成几千年前的典故。有了感情，却须把这感情译为几千年前的文言。明明是客子思家，他们须说“王粲登楼”，“仲宣作赋”；明明是送别，他们却须说“阳关三叠”，“一曲渭城”；明明是贺陈宝琛七十岁生日，他们却须说是贺伊尹、周公传说；更可笑的，明明是乡下老太婆说话，他们却要叫她打起唐宋八家的古文腔儿；明明是极下流的妓女说话，他们却要她打起胡天游洪亮吉的骈文调子！……请问这样做文章如何能达意表情呢？既不能达意，既不能表情，哪里还有文学呢？即如那《儒林外史》里的王冕，是一个有感情、有血气、能生动、能谈笑的活人。这都因为做书的人能用活言语活文字来描写他的生活神情。那宋濂集子里的王冕，便成了一个没有生气、不能动人的死人。为什么呢？因为宋濂用了二千年前的死文字来写二千年后的活人，所以不能不把这个活人变作二千年前的木偶，才可合那古文家法。古文家法是合了，那王冕也真“作古”了！

因此我说，“死文言决不能产出活文学。”中国若想有活文学，必须用白话，必须用国语，必须做国语的文学。

三

上节所说,是从文学一方面着想,若要活文学,必须用国语。如今且说从国语一方面着想,国语的文学有何等重要。

有些人说:“若要用国语做文学,总须先有国语。如今没有标准的国语,如何能有国语的文学?”我说,这话似乎有理,其实不然。国语不是单靠几位言语学的专门家就能造得成的,也不是单靠几本国语教科书和几部国语字典,就能造成的。若要造国语,先须造国语的文学。有了国语的文学,自然有国语。这话初听了似乎不通,但是列位仔细想想便可明白了。天下的人谁肯从国语教科书和国语字典里面学习国语?所以国语教科书和国语字典,虽是很要紧,决不是造国语的利器。真正有功效有势力的国语教科书,便是国语的文学,便是国语的小说、诗文、戏本。国语的小说、诗文、戏本通行之日,便是中国国语成立之时。试问我们今日居然能拿起笔来做几篇白话文章,居然能写得出好几百个白话的字,可是从什么白话教科书上学来的吗?可不是从《水浒传》《西游记》《红楼梦》《儒林外史》等书学来的吗?这些白话文学的势力,比什么字典教科书都还大几百倍。字典说“这”字该读“鱼彦反”,我们偏读它做“者个”的“者”字;字典说“么”字是“细小”,我们偏把它用作“什么”“那么”的“么”字;字典说“没”字是“沈也”,“尽也”,我们偏用它做“无有”的“无”字解;字典说“的”字有许多意义,我们偏把它用来代文言的“之”字、“者”字、“所”字和“徐徐尔,纵纵尔”的“尔”字……总而言之,我们今日所用的“标准白话”,都是这几部白话的文学定下来的。我们今日要想重新规定一种“标准国语”,还须先造无数国语的《水浒传》《西游记》《儒林外史》《红楼梦》。

所以我以为我们提倡新文学的人,尽可不必问今日中国有无标准国语。我们尽可努力去做白话的文学。我们可尽量采用《水浒传》《西游记》《儒林外史》《红楼梦》的白话;有不合今日的用的,便不用它;有不够用的,便用今日的白话来补助;有不得不用文言的,便用文言来补助。这样做去,决不愁语言文字不够用,也决不用愁没有标准白话。中国将来的新文学用的白话,就是将来中国的标准国语。造中国将来白话文学的人,就是制定标准国语的人。

我这种议论并不是“向壁虚造”的。我这几年来研究欧洲各国国语的历史，没有一种国语不是这样造成的，没有一种国语是教育部的老爷们造成的，没有一种是言语学专门家造成的，没有一种不是文学家造成的。我且举几条例为证：

一、意大利。五百年前，欧洲各国但有方言，没有“国语”。欧洲最早的国语是意大利文。那时欧洲各国的人多用拉丁文著书通信。到了十四世纪的初年，意大利的大文学家Dante（但丁）极力主张用意大利话来代拉丁文。他说拉丁文是已死了的文字，不如他本国俗话的优美。所以他自己的杰作《喜剧》，全用Tuscany（意大利北部的一邦）的俗话，这部《喜剧》，风行一世，人都称它做《神圣喜剧》。那《神圣喜剧》的白话后来便成了意大利的标准国语。后来的文学家Boccaccio（1313—1375）和Lorenzode，Medici诸人也都用白话作文学。所以不到一百年，意大利的国语便完全成立了。

二、英国。英伦虽只是一个小岛国，却有无数方言。现在通行全世界的“英文”在五百年前还只是伦敦附近一带的方言，叫做“中部土话”。当十四世纪时，各处的方言都有些人用来做书。后来到了十四世纪的末年，出了两位大文学家，一个是Chaucer（乔叟1340—1400），一个是Wycliffe（1320—1384）。Chaucer做了许多诗歌散文，都用这“中部土话”。Wyciffe把耶教的《旧约》《新约》也都译成“中部土话”。有了这两个人的文学，便把这“中部土话”变成英国的标准国语。后来到了十五世纪，印刷术输进英国，所印的书多用这“中部土话”。国语的标准更确定了。到十六、十七两世纪，Shakespeare（莎士比亚）和“伊里沙白时代”的无数文学大家，都用国语创造文学。从此以后，这一部分的“中部土话”不但成了英国的标准国语，几乎竟成了全地球的世界语了！

此外，法国德国及其他各国的国语，大都是这样发生的，大都是靠着文学的力量才能变成标准的国语的。我也不去一一的细说了。

意大利国语成立的历史，最可供我们中国人的研究。为什么呢？因为欧洲西部北部的新国，如英吉利、法兰西、德意志，它们的方言和拉丁文相差太远了，所以他们渐渐地用国语著作文学，还不算稀奇。只有意大利是当年罗马帝国的京畿近地，在拉丁文的故乡，各处的方言又和拉丁文最近。在意大利提倡用白话代拉丁文，真正和在中国提倡用白话代汉文有同样的艰难。所以英法德各国语，一经文学发达以后，便不知不觉地成为国语了。在意大利却不然。当时反对的人很多,所以那时的新文学家,一方面努力创造国语的文学,一方面还要做文章鼓吹何以当废古文,何以不可不用白话。有了这种有意的主张(最有力的是 Dante 和 Albert 两个人),又有了那些有价值的文学,才可造出意大利的"文学的国语"。

我常问我自己道:"自从施耐庵以来,很有了些极风行的白话文学,何以中国至今还不曾有一种标准的国语呢?"我想来想去,只有一个答案:这一千年来,中国固然有了一些有价值的白话文学,但是没有一个人出来明目张胆地主张用白话为中国的"文学的国语"。有时陆放翁高兴了,便做一首白话诗;有时柳耆卿高兴了,便做一首白话词;有时朱晦庵高兴了,便写几封白话信,做几条白话札记;有时施耐庵吴敬梓高兴了,便做一两部白话的小说。这都是不知不觉的自然出产品,并非是有意的主张。因为没有"有意的主张",所以做白话的只管做白话,做古文的只管做古文,做八股的只管做八股。因为没有"有意的主张",所以白话文学从不曾和那些"死文学"争那"文学正宗"的位置。白话文学不成为文学正宗,故白话不曾成为标准国语。

我们今日提倡国语的文学,是有意的主张要使国语成为"文学的国语"。有了文学的国语,方有标准的国语。

四

上文所说,"国语的文学,文学的国语",乃是我们的根本主张。如今且说要实行做到这个根本主张,应该怎样进行。

我以为创造新文学的进行次序,约有三步:(一)工具,(二)方法,(三)创造。前两步是预备,第三步才是实行创造新文学。

(一)工具。古人说得好:"工欲善其事,必先利其器。"写字的要笔好,杀猪的要刀快。我们要创造新文学,也须先预备下创造新文学的"工具"。我们的工具就是白话。我们有志造国语文学的人,应该赶紧筹备这个万不可少的工具,预备的方法,约有两种:

(甲)多读模范的白话文学。例如《水浒传》《西游记》《儒林外史》《红楼梦》,宋儒语录、白话信札、元人戏曲、明清传奇的说白。唐宋的白话诗词也该选读。

（乙）用白话作各种文学。我们有志造新文学的人，都该发誓不用文言作文，无论通信、做诗、译书、做笔记、做报馆文章、编学堂讲义、替死人作墓志、替活人上条陈……都该用白话来做。我们从小到如今，都是用文言作文，养成了一种文言的习惯，所以虽是活人，只会作死人的文字。若不下一些狠劲，若不用点苦工夫，决不能使用白话圆转如意。若单在《新青年》里面做白话文字，此外还依旧做文言的文字，那真是"一日暴之十日寒之"的政策，决不能磨炼成白话的文学家。不但我们提倡白话文学的人应该如此做去，就是那些反对白话文学的人，我也奉劝他们用白话来做文字。为什么呢？因为他们若不能做白话文字，便不配反对白话文学。譬如那些不认得中国字的中国人若主张废汉文，我一定骂他们不配开口。若是我的朋友钱玄同要主张废汉文，我决不敢说他不配开口了。那些不会做白话文字的人来反对白话文学，便和那些不懂汉文的人要废汉文是一样的荒谬。所以我劝他们多做些白话文字，多做些白话诗歌，试试白话是否有文学的价值。如果试了几年，还觉得白话不如文言，那时再来攻击我们也还不迟。

还有一层，有些人说："做白话很不容易，不如做文言的省力。"这是因为中毒太深之过。受病深了，更宜赶紧医治。否则真不可救了。其实做白话并不难。我有一个侄儿今年才十五岁，一向在徽州不曾出过门，今年他用白话写信来，居然写得极好。我们徽州话和官话差得很远，我的侄儿不过看了一些白话小说，便会做白话文字了。这可见做白话并不是难事。不过人性懒惰的居多数，舍不得抛"高文典册"的死文字罢了。

（二）方法。我以为中国近来文学所以这样腐败，大半虽由于没有适用的"工具"，但是单有"工具"，没有方法，也还不能造新文学。做木匠的人，单有锯凿钻刨，没有规矩师法，决不能造成木器。文学也是如此。若单靠白话便可造新文学，难道把郑孝胥陈三立的诗翻成了白话，就可算得新文学了吗？难道那些用白话做的《新华春梦记》《九尾龟》，也可算作新文学吗？我以为现在国内新起的一班"文人"，受病最深的所在，只在没有高明的文学方法。我且举小说一门为例。现在的小说，单指中国人自己著的，看来看去，只有两派。一派最下流的，是那些学《聊斋志异》的札记小说。篇篇都是"某生，某处人，生有异禀，下笔千言……一日于某地遇一女郎……好事多磨，……遂为情死"；或是"某地某生，游某地，眷某妓，情好綦笃，遂订白头之约……而大妇妒甚,不能相容,女抑郁以死……生抚尸一恸几绝”。……此类文字,只可抹桌子,固不值一驳。还有那第二派是那些学《儒林外史》或是学《官场现形记》的白话小说。上等的如《广陵潮》,下等的如《九尾龟》。这一派小说只学了《儒林外史》的坏处,却不曾学得它的好处。《儒林外史》的坏处在于体裁结构太不紧严,全篇是杂凑起来的,例如娄府一群人,自成一段,杜府两公子自成一段;马二先生又成一段;虞博士又成一段;萧云仙郑孝子又各自成一段。分出来,可成无数札记小说,接下去,可长至无穷无极。《官场现形记》便是这样。如今的章回小说,大都犯这个没有结构,没有布局的懒病。却不知道《儒林外史》所以能有文学价值者,全靠一副写人物的画工本领。我十年不曾读这书了,但是我闭了眼睛,还觉得书中的人物,如严贡生,如马二先生,如杜少卿,如权勿用……个个都是活的人物。正如读《水浒》的人,过了二三十年,还不会忘记鲁智深、李逵、武松、石秀……一班人。请问列位读过《广陵潮》和《九尾龟》的人,过了两三个月,心目中除了一个“文武全才”的章秋谷之外,还记得几个活灵活现的书中人物?——所以我说,现在的“新小说”,全是不懂得文学方法的,既不知布局,又不知结构又不知描写人物,只做成了许多又长又臭的文字,只配与报纸的第二张充篇幅,却不配在新文学上占一个位置。小说在中国近年,比较地说来,要算文学中最发达的一门了。小说尚且如此,别种文学,如诗歌戏曲,更不用说了。

如今且说什么叫做“文学的方法”呢?这个问题不容易回答,况且又不是这篇文章的本题,我且约略说几句。

大凡文学的方法可分三类。

(1)集收材料的方法。中国的“文学”,大病在于缺少材料。那些古文家,除了墓志、寿序、家传之外,几乎没有一毫材料。因此他们不得不做那些极无聊的“汉高帝斩丁公论”、“汉文帝、唐太宗优劣论”。至于近人的诗词,更没有什么材料可说了。近人的小说材料,只有三种:一种是官场,一种是妓女,一种是不官而官,非妓而妓的中等社会(留学生、女学生之可作小说材料者,亦附此类),除此以外,别无材料,最下流的,竟至登告白征求这种材料。做小说竟须登告白征求材料,便是宣告文学家破产的铁证。我以为将来的文学家收集材料的方法,约如下:

(甲)推广材料的区域。官场妓院与龌龊社会三个区域,决不够采用。即如今日的贫民社会,如工厂之男女工人,人力车夫,内地农家,各处小负贩及小店铺,一切痛苦情形，都不曾在文学上占一位置。并且今日新旧文明相接触，一切家庭惨变，婚姻苦痛，女子之位置教育之不适宜……种种问题，都可供文学的材料。

（乙）注重实地的观察和个人的经验。现今文人的材料大都是关了门虚造出来的。或是间接又间接地得来的，因此我们读这种小说，总觉得浮泛敷衍，不痛不痒的，没有一毫精采。真正文学家的材料大概都有“实地的观察和个人自己的经验”做个根底。不能作实地的观察，便不能做文学家；全没有个人的经验，也不能做文学家。

（丙）要用周密的理想作观察经验的补助。实地的观察和个人的经验，固是极重要，但是也不能全靠这两件。例如施耐庵若单靠观察和经验，决不能做出一部《水浒传》。个人所经验的，所观察的究竟有限。所以必须有活泼精细的理想（Imagination），把观察经验的材料，一一地体会出来，一一地整理如式，一一地组织完全：从已知的推想到未知的，从经验过的推想到不曾经验过的，从可观察的推想到不可观察的。这才是文学家的本领。

（2）结构的方法。有了材料，第二步须要讲究结构。结构是个总名词，内中所包甚广，简单说来，可分剪裁和布局两步：

（甲）剪裁。有了材料，先要剪裁，譬如做衣服，先要看哪块料可做袍子，哪块料可做背心。估计定了，方可下剪。文学家的材料也要如此办理。先须看这些材料该用做小诗呢，还是做长歌呢？该用做章回小说呢，还是做短篇小说呢？该用做小说呢，还是做戏本呢？筹划定了，方才可以剪下那些可用的材料，去掉那些不中用的材料，方才可以决定做什么体裁的文字。

（乙）布局。体裁定了，再可讲布局。有剪裁，方可决定“做什么”，有布局，方可决定“怎样做”。材料剪定了，须要筹算怎样做，始能把这材料用得最得当又最有效力。例如唐朝天宝时代的兵祸，百姓的痛苦，都是材料。这些材料，到了杜甫的手里，便成了诗料。如今且举他的《石壕吏》一篇，作布局的例。这首诗只写一个过路的客人一晚上在一个人家内偷听得的事情，只用一百二十个字，却不但把那一家祖孙三代的历史都写出来，并且把那时代兵祸之惨，壮丁死亡之多，差役之横行，小民之苦痛，都写得逼真活现，使人读了生无限的感慨。这是上品的布局工夫。又如古诗《上山采蘼芜，下山逢故夫》一篇，写一家夫妇的惨剧，却不从“某人娶妻甚贤，后别有所欢，遂出妻再娶”说起，只挑出那前妻山上下来遇着故夫的时候下笔，却也能把那一家的家庭情形写得充分满意。这也是神品的布局功夫。——近来的文人全不讲求布局,只顾凑足多少字可卖几块钱,全不问材料用得得当不得当,动人不动人。他们今日做上回的文章,还不知道下一回的材料在何处!这样的文人怎样造得出有价值的新文学呢!

(3)描写的方法。局已布定了,方才可讲描写的方法。描写的方法,千头万绪,大要不出四条:

(一)写人。

(二)写境。

(三)写事。

(四)写情。

写人要举动、口气、身份、才性……都要有个性的区别:件件都是林黛玉,决不是薛宝钗;件件都是武松,决不是李逵。写境要一喧、一静、一石、一山、一云、一鸟……也都要有个性的区别:《老残游记》的大明湖,决不是西湖,也决不是洞庭湖;《红楼梦》里的家庭,决不是《金瓶梅》里的家庭。写事要线索分明,头绪清楚,近情近理,亦正亦奇。写情要真,要精,要细腻婉转,要淋漓尽致。——有时须用境写人,用情写人,用事写人;有时须用人写境,用事写境,用情写境……这里面的千变万化,一言难尽。

如今且回到本文。我上文说的:创造新文学的第一步是工具,第二步是方法。方法的大致,我刚才说了。如今且问,怎样预备方才可得着一些高明的文学方法?我仔细想来,只有一条法子:就是赶紧多多地翻译西洋的文学名著做我们的模范。我这个主张,有两层理由:

第一,中国文学的方法实在不完备,不够作我们的模范。即以体裁而论,散文只有短篇,没有布置周密、论理精严、首尾不懈的长篇;韵文只有抒情诗,绝少纪事诗,长篇诗更不曾有过;戏本更在幼稚时代,但略能纪事掉文,全不懂结构;小说好的,只不过三四部,这三四部之中,还有许多疵病,至于最精彩之"短篇小说""独幕戏"更没有了。若从材料一方面看来,中国文学更没有做模范的价值。才子佳人,封王挂帅的小说;风花雪月,涂脂抹粉的诗;不能说理,不能言情的"古文";学这个,学那个的一切文学;这些文字,简直无一毫材料可说。至于布局一方面,除了几首实在好的诗之外,几乎没有一篇东西当得"布局"两个字!所以我说,从文学方法一方面看去,中国的文学实在不够给我们作模范。

第二,西洋的文学方法,比我们的文学,实在完备得多,高明得多,不可不取例。即以散文而论,我们的古文家至多比得上英国的 Bacon 和法国的 Montaene,至于像 Plato 的"主客体",Huxley 等的科学文率,Boswell 和 Morley 等的长篇传记,Mill,Franklin,G-ikdon 等的"自传",Taine 和 Buckle 等的史论……都是中国从不曾梦见过的体裁。更以戏剧而论,二千五百年前的希腊戏曲,一切结构的工夫,描写的工夫,高出元曲何止十倍。近代的 Shakespeare 和 Moliere,更不用说了,最近六十年来,欧洲的散文戏本,千变万化,远胜古代,体裁也更发达了,最重要的,如"问题戏",专研究社会的种种重要问题;"寄托戏"(Symbolic Drama)专以美术的手腔,作的"意在言外"的戏本;"心理戏",专描写种种复杂的心境,作极精密的解剖;"讽刺戏",用嬉笑怒骂的文章,达愤世救世的苦心——我写到这里,忽然想起今天梅兰芳正在唱新编的《天女散花》,上海的人还正在等着看新排的《多尔滚》呢!我也不往下数了——更以小说而论,那材料之精确,体裁之完备,命意之高超,描写之工切,心理解剖之细密,社会问题讨论之透切……真是美不胜收。至于近百年新创的"短篇小说",真如芥子里面藏着大千世界,真如百炼的精金,曲折委婉无所不可。真可说是开千古未有的创局,掘百世不竭的宝藏。——以上所说,大旨只在约略表示西洋文学方法的完备,因为西洋文学真有许多可给我们作模范的好处,所以我说:我们如果真要研究文学的方法,不可不赶紧翻译西洋的文学名著,做我们的模范。

现在中国所译的西洋文学书,大概都不得其法,所以收效甚少。我且拟几条翻译西洋文学名著的办法如下:

(1)只译名家著作,不译第二流以下的著作。我以为国内真懂得西洋文学的学者应该开一会议,公共选定若干种不可不译的第一流文学名著:约数如一百种长篇小说,五百篇短篇小说,三百种戏剧,五十家散文,为第一部西洋文学丛书,期五年译完,再选第二部。译成之稿,由这几位学者审查,并一一为作长序及著者略传,然后付印,其第二流以下,如哈葛得之流,一概不选。诗歌一类,不易翻译,只可从缓。

(2)全书白话,韵文之戏曲,也都译为白话散文。用古文译书,必失原文的好处。如林琴南的"其女珠,其母下之",早成笑柄,且不必论。前天看见一部侦探小说《圆室案》中,写一位侦探"勃然大怒,拂袖而起"。不知道这位侦探穿的是不是康桥大学的广袖制服!——这样译书,不如不译。又如林琴南把 Shakespeare 的戏曲,译成了记叙体的古文！这真是 Shakespeare 的大罪人，罪在《圆室案》译者之上。

（三）创造。上面所说工具与方法两项，都只是创造新文学的预备。工具用得纯熟自然了，方法也懂了，方才可以创造中国的新文学。至于创造新文学是怎样一回事，我可不配开口了。我以为现在的中国，还没有做到实行预备创造新文学的地步，尽可不必空谈创造的方法和创造的手段，我们现在且先去努力做那第一第二两步预备的工夫罢！

（第四卷第四号，一九一八年四月十五日）

论短篇小说

胡 适

这一篇乃是三月十五日在北京大学国文研究所小说科讲演的材料。原稿由研究员傅斯年君记出,载于《北京大学日刊》。今就傅君所记,略为更易,作为此文。

一、什么叫做"短篇小说"?

中国今日的文人大概不懂"短篇小说"是什么东西。现在的报纸杂志里面,凡是笔记杂纂,不成长篇的小说,都可叫做"短篇小说"。所以现在那些"某生,某处人,幼负异才……一日,游某园,遇一女郎,睨之,天人也……"一派的滥调小说,居然都称为"短篇小说"!其实这是大错的。西方的"短篇小说"(英文叫做 Short story),在文学上有一定的范围,有特别的性质,不是单靠篇幅不长便可称为"短篇小说"的。

我如今且下一个"短篇小说"的界说:

短篇小说是用最经济的文学手段,描写事实中最精彩的一段,或一方面,而能使人充分满意的文章。

这条界说中,有两个条件最宜特别注意。今且把这两个条件分说如下:

(一)"事实中最精彩的一段或一方面"。譬如把大树的树身锯断,懂植物学的人看了树身的"横截面",数了树的"年轮",便可知道这树的年纪。一人的生活,一国的历史,一个社会的变迁,都有一个"纵剖面"和无数"横截面"。纵面看去,须从头看到尾,才可看见全部。横面截开一段,若截在要紧的所在,便可把这个"横截面"代表这一人,或这一国,或这一个社会。这种可以代表全邦的部分,便是我所谓"最精彩"的部分。又譬如西洋照相术未发明之前,有一种"侧面剪影"(silhouette),用纸剪下人的侧面便可知道是某人。(此种剪像曾风行一时。今虽有照相术,尚有人为之)这种可以代表全形的一面,便是我所谓"最精彩"的方面。若不是"最精彩的"所在,决不能用一段代表全体,决不能用一面代表全形。

(二)"最经济的文学手段"。形容"经济"两个字,最好是借用宋玉的话:"增之一分则太长,减之一分则太短;着粉则太白,施朱则太赤。"须要不可增减,不可涂饰,处处恰到好处,方可当"经济"二字。因此,凡可以拉长演作章回小说的短篇,不是真正"短篇小说"。凡叙事不能畅尽,写情不能饱满的短篇,也不是真正"短篇小说"。

能合我所下的界说的,便是理想上完全的"短篇小说"。世间所称"短篇小说",虽未能处处都与这界说相合,但是那些可传世不朽的"短篇小说",决没有不具上文所说两个条件的。

如今且举几个例。西历一八七〇年,法兰西和普鲁士开战,后来法国大败,巴黎被攻破,出了极大的赔款,还割了两省地,才能讲和。这一次战争,在历史上,就叫做普法之战,是一件极大的事。若是历史家记载这事,必定要上溯两国开衅的远因,中记战争的详情,下寻战与和的影响。这样记去,可满几十本大册子。这种大事到了"短篇小说家"的手里,便用最经济的手腕去写这件大事的最精彩的一段或一面。我且不举别人,单举 Daudet 和 Maupassant 两个人为例。Daudet 所做普法之战的小说,有许多种,我曾译出一种叫做《最后一课》(*La dernière classe*)(初译名《割地》,登上海大共和日报后改用今名,登留美学生季报第三年)。全篇用法国割给普国两省中一省的一个小学生的口气,写割地之后,普国政府下令,不许再教法文法语。所写的乃是一个小学教师教法文的"最后一课"。一切割地的惨状,都从这个小学生眼中看出,口中写出。还有一种,叫做《柏林之围》(*Le siège de Berlin*)(曾载甲寅第四号)。写的是法皇拿破仑第三出兵攻普鲁士时,有一个曾在拿破仑第一麾下的老兵官,以为这一次法兵一定要大胜了,所以特地搬到巴黎,住在凯旋门边,准备着看法兵"凯旋"的大典。后来这老兵官病了,他的孙女儿天天假造法兵得胜的新闻去哄他。那时普国的兵已打破巴黎。普兵进城之日,他老人家听见军乐声,还以为是法兵打破了柏林奏凯班师呢！这是借一个法国极强时代的老兵,来反照当日法国大败的大耻,两两相形,真可动人。

Maupassant 所做普法之战的小说也有多种。我曾译他的《二渔夫》(*Deux amis*),

写巴黎被围的情形，却都从两个酒鬼身上着想。（此篇曾载本报，故不更细述）还有许多篇，如“Mlle.Fifi”之类（皆未译出），或写一个妓女被普国兵士掳去的情形，或写法国内地村乡里面的光棍，乘着国乱，设立“军政分府”作威作福的怪状……都可使人因此推想那时法国兵败以后的种种状态。这都是我所说的“用最经济的手腕，描写事实中最精彩的片段，而能使人充分满意”的短篇小说。

二、中国短篇小说的略史

“短篇小说”的定义既已说明了，如今且略述中国短篇小说的小史。

中国最早的短篇小说，自然要数先秦诸子的寓言了。《庄子》《列子》《韩非子》《吕览》诸书所载的“寓言”，往往有用心结构可当“短篇小说”之称的。今举二例。第一例见于《列子·汤问》篇：

> 太形王屋二山，方七百里，高万仞，本在冀州之南，河阳之北。
>
> 北山愚公者，年且九十，面山而居，惩山之塞出入之迂也。聚室而谋曰，“吾与汝毕力平险，指通豫南，达于汉阴，可乎？”杂然相许。其妻献疑曰，“以君之力，曾不能损魁父之丘。如太形王屋何？且焉置土石？”杂曰，“投诸渤海之尾，稳土之北！”
>
> 遂率子孙荷担者三夫，叩石垦壤，箕畚运于渤海之尾。邻人京城氏之孀妻，有遗男，始龀，跳往助之。寒暑易节，始一返焉。
>
> 河曲智叟笑而止之曰，“甚矣，汝之不慧！以残年余力，曾不能毁山之一毛，其如土石何？”
>
> 北山愚公长息曰，“汝心之固，固不可彻，曾不若孀妻弱子！虽我之死，有子存焉。子又生孙，孙又有子，子又有子，子又有孙，子子孙孙，无穷匮也，而山不加增。何苦而不平？”
>
> 河曲智叟亡以应。
>
> “操蛇之神”闻之，惧其不已也，告之于帝。帝感其诚，命夸娥氏二子负二山，一厝朔东，一厝雍南。自此，冀之南，汉之阴，无陇断焉。

这篇大有小说风味。第一,因为他要说“至诚可动天地”,却平空假造一段,太形王屋两山的历史。

第二,这段历史之中处处用人名地名,用直接会话,写细事小物,即写天神也用“操蛇之神”,“夸娥氏二子”等私名,所以写来好像真有此事。这两层都是小说家的家数。现在的人一开口便是“某生”“某甲”,真是不曾懂得做小说的ABC。

第二例见于《庄子徐无鬼》篇:

> 庄子送葬,过惠子之墓,顾谓从者曰:
>
> 郢人垩漫其鼻端,若蝇翼,使匠石斫之。匠石运斤成风,听而斫之,尽垩而鼻不伤。郢人立不失容。
>
> 宋元君闻之,召匠石曰,“尝试为寡人为之!”
>
> 匠石曰,“臣则尝能斫之。虽然,臣之质死久矣!”
>
> 自夫子(谓惠子)之死也,吾无以为质矣!吾无与言之矣!

这一篇写“知己之感”,从古至今,无人能及。看他写“垩漫其鼻端,若蝇翼”,写“匠石运斤成风”,都好像真有此事,所以有文学的价值。看他寥寥七十个字,看尽无限感慨,是何等“经济的”手腕!

Maupassant有一篇短篇,叫做*An Artist*,与庄子这一篇的用意有点相像。但他用了几千字,写来还不如庄子的七十个字。这可见“经济”之中也还有个高下的分别。

自汉到唐这几百年中,出了许多“杂记”体的书,却都不配称做“短篇小说”。最下流的如《神仙传》和《搜神记》之类,不用说了。最高的如《世说新语》,其中所记,有许多很有“短篇小说”的意味,却没有“短篇小说”的体裁。如下举的例:

> (1)桓公(温)北征,经金城,见前为琅琊时种柳,皆已十围,慨然曰,“木犹如此,人何以堪!”攀枝执条,泫然流泪。
>
> (2)王子猷(徽之)居山阴,夜大雪,眠觉开室,命酌酒,四望皎然,因起彷徨,咏左思《招隐》诗,忽忆戴安道。时戴在剡,即便夜乘小船就之。经宿方

至，造门不前而返。人问其故。王曰，“吾本乘兴而来，兴尽而返。何必见戴！”

此等记载，都是拣取人生极精彩的一小段，用来代表那人的性情品格，所以我说《世说》很有“短篇小说”的意味。只是《世说》所记都是事实，或是传闻的事实，虽有剪裁，却无结构，故不能称做“短篇小说”。

比较说来，这个时代的散文短篇小说还该数到陶潜的《桃花源记》。这篇文字，命意也好，布局也好，可以算得一篇用心结构的“短篇小说”。此外便须到韵文中去找短篇小说了。韵文中，《孔雀东南飞》一篇是很好的短篇小说，记事言情，面面都到。但是比较起来，还不如《木兰辞》更为“经济”。

《木兰辞》，记木兰的战功，只用“将军百战死，壮士十年归”，十个字。记木兰归家的那一天，却用了一百多字。十个字记十年的事，不为少。一百多字记一天的事，不为多。这便是文学的“经济”，但是比较起来，《木兰辞》还不如古诗《上山采蘼芜》更为神妙。那诗道：

上山采蘼芜，下山逢故夫。长跪问故夫：“新人复何如？”“新人虽言好，未若故人姝。颜色类相似，手爪不相如。新人从门入，故人从阁去。新人工织缣，故人工织素。织缣日一匹，织素五丈余。将缣来比素，新人不如故。

这首诗有许多妙处。第一，他用八十个字，写出那家夫妇三口的情形，使人可怜那被逐的“故人”，又使人痛恨那没有心肝，想靠着老婆发财的“故夫”。第二，他写那人弃妻娶妻的事，却不用从头说起，不用说“某某，某处人，娶妻某氏，甚贤。已而别有所欲，遂弃前妻而娶新欢……”他只从这三个人的历史中挑出那日从山上采野菜回来遇着故夫的几分钟，是何等“经济的手腕”！是何等“精彩的片段”！第三，他只用“上山采蘼芜，下山逢故夫”十个字便可写出这妇人是一个弃妇，被弃之后，非常贫苦，只得挑野菜度日。这是何等神妙手段！懂得这首诗的好处，方才可谈“短篇小说”的好处。

到了唐朝，韵文散文中都有很妙的短篇小说。韵文中，杜甫的《石壕吏》是绝妙的例。那诗道：

> 暮投石壕村，有吏夜捉人，老翁踰墙走，老妇出门看。吏呼一何怒！妇啼一何苦！听妇前致词："三男邺城戍。 男附书至，二男新战死。生者且偷生，死者长已矣！室中更无人，惟有乳下孙。有孙母未去，出入无完裙。老妪力虽衰，请从吏夜归。急应河阳役，犹得备晨炊。"夜久语声绝，如闻泣幽咽。天明登前途，独与老翁别！

这首诗写天宝之乱，只写一个过路投宿的客人夜里偷听得的事，不插一句议论，能使人觉得那时代征兵之制的大害。百姓的痛苦，丁壮死亡的多，差役捉人的横行，一一都在眼前。捉人捉到生了孙儿的祖老太太，别的更可想而知了。

白居易的《新乐府》五十首中，尽有很好的短篇小说。最妙的是《新丰折臂翁》一首。看他写"是时翁年二十四，兵部牒中有名字，夜深不敢使人知，偷将大石捶折臂"，使人不得不发生"苛政猛于虎"的思想。白居易的《琵琶行》也可算得一篇很好的短篇小说。自居易的短处，只因为他有点迂腐气，所以处处要把做诗的"本意"来做结尾。即如《新丰折臂翁》篇末加上"君不见开元宰相宋开府"一段，便没有趣味了。又如《长恨歌》一篇，本用道士见杨贵妃，带来信物一件事作主体。白居易虽做了这诗，心中却不信道士见杨妃的神话，所以他不但说杨妃所在的仙山"在虚无缥渺中"，还要先说杨妃死时"花钿委地无人收，翠翘金雀玉搔头"，这竟直说后来"天上"带来的"钿合金钗"是马嵬坡拾起的了！自己不信，所以说来便不能叫人深信。人说赵子昂画马，先要伏地作种种马相。做小说的人，也要如此，也要用全副精神替书中人物设身处地，体贴入微。做"短篇小说"的人，格外应该如此。为什么呢？因为"短篇小说"要把所挑出的"最精彩的一段"作主体才可有全神贯注的妙处。若带点迂气，处处把"本意"点破，便是把书中事实作一种假设的附属品，便没有趣味了。

唐朝的散文短篇小说很多，好的却实在不多。我看来看去，只有张说的《虬髯客传》可算得上品的"短篇小说"。《虬髯客传》的本旨只是要说"真人之兴，非英雄所冀"。它却平空造出虬髯客一段故事，插入李靖红拂一段情史，写到正热闹处，忽然写"太原公子裼裘而来"，遂使那位野心豪杰绝心于事国，另去海外开辟新国。这种立意布局,都是小说家的上等工夫。这是第一层长处。这篇是“历史小说”,凡做“历史小说,”不可全用历史上的事,实却又不可违背历史上的事实全用历史的事实,便成了“演义”体,如《三国演义》和《东周列国》志,没有真正“小说”的价值。(三国所以稍有小说价值者,全靠其能于历史事实之外加入许多小说的材料耳)若违背了历史的事实,如《说岳传》使岳飞的儿子挂帅印打平金国,虽可使一班愚人快意,却又不成“历史的”小说了。最好是能于历史事实之外,造成一些“似历史又非历史”的事实,写到结果却又不违背历史的事实。如法国大仲马的《侠隐记》。(商务出版。译者君朔,不知是何人。吾以为近年译西洋小说,当以君朔所译诸书为第一,君朔所用白话,全非抄袭旧小说的白话,乃是一种特创的白话,最能传达原书的神气。其价值高出林纾百倍。可惜世人不会赏识)写英国暴君查尔第一世为克林威尔所囚时,有几个侠士出了死力百计想把他救出来,每次都到将成功时忽又失败。写来极闹热动人,令人急煞,却终不能救免查理第一世断头之刑,故不违背历史的事实。又如《水浒传》所记宋江等三十六人是正史所有的事实。《水浒传》所写宋江在浔阳江上吟反诗,写武松打虎杀嫂,写鲁智深大闹和尚寺等事,处处闹热煞,却终不违历史的事实。《荡寇志》便违背历史的事实了。《虬髯客传》的长处正在他写了许多动人的人物事实,把“历史的”人物(如李靖,刘文静,唐太宗之类)和“非历史的”人物(如虬髯客红拂是)穿插夹混,叫人看了竟像那时真有这些人物事实。但写到后来,虬髯客飘然去了,依旧是唐太宗得了天下,一毫不违背历史的事实。这是“历史小说”的方法,便是《虬髯客传》的第二层长处。此外还有一层好处。唐以前的小说,无论散文、韵文,都只能叙事,不能用全副气力描写人物。《虬髯客传》写虬髯客极有神气,自不用说了。就是写红拂李靖等“配角”,也都有自性的神情风度。这种“写生”手段,是这篇的第三层长处。有这三层长处,所以我敢断定这篇《虬髯客传》是唐代第一篇“短篇小说”。

宋朝是“章回小说”发生的时代。如《宣和遗事》和《五代史平话》等书,都是后世“章回小说”的始祖。《宣和遗事》中记杨志卖刀杀人,晁盖等八人路劫生辰纲,宋江杀阎婆惜诸段,便是施耐庵《水浒传》的稿本。从《宣和遗事》变成《水浒传》,是中国文学史上一大进步。但宋朝是“杂记小说”极盛的时代,故《宣和遗事》等书,总脱不了“杂记体”的性质,都是上段不接下段,没有结构布局的。宋朝的“杂记小说”颇多好的,但都不配称做“短篇小说”。“短篇小说”是有结构局势的,是用全副精神气力贯注到一段最精彩的事实上的。“杂记小说”是东记一段,西记一段,如一盘散沙,如一篇零用账,全无局势结构的。这个区别,不可忘记。

明清两朝的“短篇小说”,可分白话与文言两种。白话的“短篇小说”可用《今古奇观》作代表。

《今古奇观》是明末的书,大概不全是一人的手笔。(如杜十娘一篇,用文言极多,还不如卖油郎,似出两人手笔)书中共有四十篇小说,大要可分两派:一是演述旧作的,一是自己创作的。如《吴保安弃家赎友》一篇,全是演唐人的《吴保安传》,不过添了一些琐屑节目罢了。但是这些加添的琐屑节目便是文学的进步。《水浒》所以比《史记》更好,只在多了许多琐屑细节。《水浒》所以比《宣和遗事》更好,也只在多了许多琐屑细节。从唐人的吴保安,变成《今古奇观》的吴保安;从唐人的李汧公,变成《今古奇观》的李汧公;从汉人的伯牙子期,变成《今古奇观》的伯牙子期——这都是文学由略而详,由粗枝大叶而琐屑细节的进步。此外那些明人自己创造的小说,如《卖油郎》,如《洞庭红》,如《乔太守》,如《念亲恩孝女藏儿》,都可称很好的“短篇小说”。依我看来,《今古奇观》的四十篇之中,布局以《乔太守》为最工,写生以《卖油郎》为最工。《乔太守》一篇,用一个李都管做全篇的线索,是有意安排的结构。《卖油郎》一篇写秦重,花魁娘子,九妈,四妈,各到好处。

《今古奇观》中虽有很平常的小说(如三孝廉,吴保安,羊角哀诸篇),比起唐人的散文小说,已大有进步了。唐人的小说,最好的莫如《虬髯客传》。但《虬髯客传》写的是英雄豪杰,容易见长。《今古奇观》中大多数的小说,写的都是些琐细的人情世故,不容易写得好。唐人的小说大都属于理想主义。(如虬髯客传,红线,聂隐娘诸篇)《今古奇观》中如《卖油郎》《徐老仆》《乔太守》《孝女藏儿》,便近于写实主义了。至于由文言的唐人小说,变成白话的《今古奇观》,写物写情,都更能曲折详尽,那更是一大进步了。

只可惜白话的短篇小说发达不久,便中止了。中止的原因,约有两层。第一,因为白话的“章回小说”发达了,做小说的人往往把许多短篇略加组织,合成长篇,如《儒林外史》和《品花宝鉴》名为长篇的“章回小说”,其实都是许多短篇凑拢来的。这种杂凑的长篇小说的结果,反阻碍了白话短篇小说的发达了。第二,是因为明末清初的文人,很做了一些中上的文言短篇小说。如《虞初新志》,《虞初续志》,《聊斋志异》等书里面,很有几篇可读的小说。比较看来,还该把《聊斋志异》来代表这两朝的文言小说。《聊斋》里面,如《续黄梁》《胡四相公》《青梅》《促织》《细柳》诸篇,都可称为"短篇小说"。《聊斋》的小说,平心而论,实在高出唐人的小说。蒲松龄虽喜说鬼狐,但他写鬼狐却都是人情世故,于理想主义之中,却带几分写实的性质。这实在是他的长处。只可惜文言不是能写人情世故的利器。到了后来,那些学《聊斋》的小说,更不值得提起了。

三、结论

最近世界文学的趋势,都是由长趋短,由繁多趋简要——"简"与"略"不同,故这句话与上文说"由略而详"的进步,并无冲突。——诗的一方面,所重的在于"写情短诗"(Lyricalpoerty 或译"抒情诗"),像 Homer,Milton,Dante,那些几十万字的长篇,几乎没有人做了。就有人做(十九世纪尚多此种)也很少人读了。戏剧一方面,莎士比亚的戏,有时竟长到五出二十幕(此所指乃 Hamlet 也),后来变到五出五幕又渐渐变成三出三幕,如今最注重的是"独幕戏"了。小说一方面,自十九世纪中段以来,最通行的是"短篇小说"。长篇小说如 Tolstoy 的《战争与和平》竟是绝无而仅有的了。所以我们简直可以说"写情短诗""独幕剧""短篇小说"三项,代表世界文学最近的趋向。这种趋向的原因,不止一种。(一)世界的生活竞争一天忙似一天,时间越宝贵了,文学也不能不讲究"经济"。若不经济,只配给那些吃了饭没事做的老爷太太们看,不配给那些在社会上做事的人看了。(二)文学自身的进步,与文学的"经济"有密切关系。斯宾塞说,论文章的方法,千言万语,只是"经济"一件事。文学越进步,自然越讲求"经济"的方法。有此两种原因,所以世界的文学都趋向这三种"最经济的"体裁。今日中国的文学,最不讲"经济"。那些古文家和那"《聊斋》滥调"的小说家,只会记"某时到某地,遇某人,作某事"的死账,毫不懂状物写情是全靠琐屑节目的。那些长篇小说家又只会做那无穷无极《九尾龟》一类的小说,连体裁布局都不知道,不要说文学的经济了。若要救这两种大错,不可不提倡那最经济的体裁——不可不提倡真正的"短篇小说"。

(第四卷第五号,一九一八年五月十五日)

论文学改革的进行程序

盛兆熊　胡　适

适之先生：

今天得着先生的信，说不尽我心中的快乐。

先生所提倡的白话文字，我是很赞成的。但是我的生性，有了半些儿见解就要想“见诸于行事”。者番对于白话文字，也怀着这个意思。以为此种文字，经着先生和独秀、玄同、半农许多先生竭力提倡，国中稍有世界观念的人大约有一大半赞成了。那么，如今就要想实行改革的法子了。

讲起改革的程序，自然要从小学校里做起。要想从小学校做起，不可不先明白小学校里的现状。小学校里的现状，究竟是什么样呢？我前番曾经与友人谈及“现今小学校重视文学、看轻科学”的弊病。他回信来说：“小学校里说不到科学，更说不到文学。现今各校所取的教材，是很合儿童心理的。”我听了他的话，有些不合意，所以再写给一信，告诉他现今小学校里的现状。信中的话，大约说：

> 足下言：小学校教育，说不到科学。今所授者，生活上之常识耳，升学之预备耳。斯言是也。夫既已认为生活上之常识，则认真切实以授之者理也。既已认为升学之预备，则择优选精立其上进之基础者亦理也。然而试一察乎今之实际则何如？教者之所教，儿童之所学，除国文、算术以外，举皆不足以动其心（指高小言）。更精密考查之，则算术尚在轻视之列，其所哓哓焉经日喋喋于儿童之前者，仅一国文耳。而儿童之所敝精劳神、竭力以赴之者，亦一国文耳。足下疑我言乎？则请就现今主持小学教育者而询之，其答辞之不若此者，什二三耳。夫以人生常识上进基础之学科，而其现象若斯，足

下对之,其感想若何?

足下言:小学教育,说不到文学。今所授者,一皆以应用文为主。斯言是也。文学两字,是否成立,我学浅,不敢以语此(他信中说文学是术,不能与科学对举)。今所欲询者,如《史记·渑池之会》《汉书·昆阳之战》、柳宗元之《黔之驴》《永氏鼠》、苏东坡之《留侯论》《贾谊论》、尤侗之《乞者说》、刘基之《卖柑者言》等篇,果属于应用文乎?抑属于文学乎?如以为属于应用文也,则我无间然。如以为非也,则今之小学取此以为教材者,十有七八也。

足下又言:以现今小学校之国文成绩而言,何足以当文学两字?斯言诚不虚,然我尝调查现今小学校之作文题矣,《华盛顿论》《王安石论》《爱菊说》《郭子仪单骑赴会论》《岳武穆奉诏班师论》以迨各种策论,及古奥之说明文等,竟数见不鲜。夫论儿童之成绩,固不足以当文学两字,论此种文题,亦足以当应用文乎?又观教者之所订正者,则"今日朝晨"必改为"今晨","我能明白他的道理了",必改作"我知之矣"。夫文字者,言语思想之代表也。儿童既已据其思想,而以明白显畅之文字表之,又何必节之、约之求合诸古以为贵耶?是故足下所言者,就理论上以推测之也。我之所举,就事实上以立论也。理论固足贵,奈事实上不如是乎?总之,现今我国之小学教育,表面上虽云普及、实用,其内容仍不免带些科举时代意味,虽非养成一般呫哔咿唔之士,实不能立其科学知识之基础,以提倡有裨实用之学,此我所敢断言者。而推究其源,则皆由吾国文字艰深,及教师好古之病,以育成之也。

以上所说的话,没有一句不是真的。不要说别个,就是我自己所教的,也是如此。那么,照着方才所说的"既知即行"这句话,岂不是"自相矛盾"么?却又不然。高等小学的毕业生,虽有一半要去谋生了,但是其他一半,是要升入中学的。现今中学里的国文先生,大半是那前清的老秀才、老翰林,吃过"十年窗下"的苦味。所以一言一动,多含着八九分酸气。就因为他自己日日浸在酸气里,所以他要求的,自然是要有酸气的学生,这也是"同声相应、同类相求"的老例。他所求的既然是要有酸气的,而我所造成的却是没有酸气的,那就不能合他的意思了,那就不能蒙他的赏识了。如此,岂不是我误了一般"殷殷向学"的学子么?

照这样说法,白话文字实行的障碍,就要算中等学校么?这又不然。中学学校的学生,有一半要升入中等学校以上的学校,中等以上的学校,他的“入学试验”也是和中等学校的“入学试验”相同。那么,要想升学就要准备着酸气,要准备酸气不得不于招收学生时预先设法了。这也是一定的法则,所谓“斧头敲凿子,凿子敲木头”,无可设法的。

照此看来,论那改革的起点,在理论上,自然是要从小学里做起。但是从实际上着想,又要从国中最高级的学校里开始改革。先生以为这个话说得对么?

我国最高级的学校,就要算先生所担任讲授的北京大学了。所以我的意见,以为改革的起点,当在大学。大学里招考的时候,倘然说一律要做白话文字(或者先从理工两科改起,文科暂缓),那么,中等学校里自然要注重白话文字了。小学校里又因为中等学校有革新的动机,也就可以放胆进行了。那岂不是如“顺风行舟”,很便利的法子么?

有人说:“从小学校里先改革,也可以行的。若说有中等学校来阻梗,便可采用那‘全国一致’的举动,使那中等学校里招考的时候,除了会做白话文字的人外,没有一个会发酸了。到那时,中等学校里的校长教员,也就无法可想了。”这种说话,粗看着似乎很有理,但是我们从实际上着想,全国小学校能结合成功这种团体么?现今小学校里的教员校长,虽然有许多是新学界人物,但是前清的老八股先生也不少。就拿新人物而论,因为他从前所受教育,是受老秀才、老翰林陶冶成功的。对于旧文字,根深蒂固,牢不可拔,所以他的思想,也是和老八股先生一个样儿。现在要同那种先生去办改革文字这件事,那可办得到么?所以我说,要想实行新文字,必定要从大学做起。

但是我想要从大学做起,也是很难。因为大学里的先生,他所下的酸工夫,更加比中学校的先生高几倍,若是同他讲讲“韩柳欧苏”,是很高兴的。若是要同他讲改革文字,那就未免要挨他一番辱骂了(中略)。从此看来,这件事体要实行起来,岂不是也有许多阻力么?

先生对于实行改革的方法,曾经研究过么?对于我所说的话,也赞成么?请先生同独秀、玄同、半农诸位先生讨论讨论,并且告诉我一个研究结果。

《新青年》杂志中的论文,我以为以后当注重在研究实行改革的法子一方面,庶几能合着众人的心思,去研究这一件大事。

近日校中放春假,所以有许多闲时来同先生作长谈。以后若上了课,那就不大便利了。但是我预计,每一个月中间,必定有一回报告的。

先生前在《新青年》中所发表的《札记》及《归国杂感》这一类文字,最能感动他人。我想先生住在美国很长久,所见所闻,必定不止这一些,何不多发表些呢?

盛兆熊上　四月四日

爱初先生:来信论文学改革实行的程序,极中肯要。先生以为实行的次序应该从最高级的学校里开始改革。实际上看来,这话虽然有理,却也有许多困难。第一,我们现在没有那么大的权力可以把大学入学的国文试验都定为白话。第二,就是我们有这种权力,依我个人想来,也不该用这种专制的手段来实行文学改良。第三,学生学了国文,并不是单为预备大学的入学试验的。他的国文,须用来写家信、上条陈、看报、做报馆里的"征文",……等等。他出学校之后,若去谋事,无论入那一途,都用不着白话。现今大总统和国务总理的通电都是用骈体文做成的;就是豆腐店里写一封拜年信,也必须用"桃符献瑞,梅萼呈祥,遥知福履绥和,定卜筹祺迪吉"……等等刻板文字。我们若教学生"一律做白话文字",他们毕业之后,不但不配当"府院"的秘书,还不配当豆腐店的掌柜呢!

所以我的私意,改革大学这件事,不是立刻就可做到的,也决不是几个人用强硬手段所能规定的。我的意思,以为进行的次序,在于极力提倡白话文学。要先造成一些有价值的国语文学,养成一种信仰新文学的国民心理,然后可望改革的普及(请参看第四卷第四号我的《建设的文学革命论》)。

若必须从学校教育一方面着想,似乎还该从低级学校做起。进行的方法,在于一律用国语编纂中小学校的教科书。现在所谓"国文"定为"古文",须在高等小学第三年以上始开始教授。"古文"的位置与"第一种外国语"同等。教授"古文",也用国语讲解;一切"模范文"及"典文"的教授法,全用国语编纂。

编纂国语教科书,并不是把现有的教科书翻成国语就可完事的。第一件要事,在于选用教科的材料。现有的材料,如先生信中所举的《留侯论》《贾谊论》《昆阳之战》……之类,是决不可用的。我的意思,以为小学教材,应该多取小说中的材料。读一千篇古文,不如看一部《三国演义》,这是我们自己身受的经验。只可惜现在好小说太少了,不够教材的选择。可见我上文所说先提倡白话文学,究竟是根本的进行方法。没有新文学,连教科书都不容易编纂!

现在新文学既不曾发达,国语教科书又不曾成立,救急的方法只有鼓励中小学校的学生看小说。小说之中,白话的固好,文言的也可勉强充数,总比读《古文辞类纂》更有功效了。

七年四月十日 胡 适

(第四卷第五号,一九一八年五月十五日)

新文学及中国旧戏

张厚载　胡　适　钱玄同　刘半农　陈独秀

记者足下：仆自读《新青年》后，思想上获益甚多。陈胡钱刘诸先生之文学改良说，翻陈出新，尤有研究之趣味。仆以为文学之有变迁，乃因人类社会而转移，决无社会生活变迁，而文学能墨守迹象，亘古不变者。故三代之文，变而为周秦两汉之文，再变而为六朝之文，乃至于唐宋元明之文。虽古代文学家好摹仿古文，不肯自辟蹊径，然一时代之文与它一时代之文，其变迁之痕迹，究竟非常显著。故文学之变迁，乃自然的现象，即无文学家倡言改革，而文学之自身，终觉不能免多少之改革。但倡言改革，乃应时代思潮之要求，而益以促进其变化而已。梁任公之《时务新报》《民丛报》，在前清时代八股思想未除净尽之日，乃能以新名词新文体（在当时固为最新之文体）为士流所叹赏，其所著述皆能风靡一时，则文学改良为社会固有之思想，为进化自然之现象，可以想见。故黄远生亦谓"文学之必须改革，乃时代思想当然之倾向"（见所著《想影录》）。且文学改良之后，文学上有三大利益。（一）绝无窒碍思想之弊。旧文学之所以当然淘汰，即因其窒碍思想。如八股为旧文学中最劣等之文学，明太祖创设此种文学，即所以使人民绝对无思想之自由也。新文学第一利益，即使吾人思想活泼，不致为特种情形所障碍，而常有自由进取之精神。（二）使文学有明确之意思，真正之观念。旧文学之弊，在笼统含糊。黄远生且以"笼统为国人之公毒，不仅文字一事"。（见《东方杂志》远生所著《国人之公毒》一篇）新文学则绝无此种弊病，一字有一字之意思，一句有一句之意思，一篇有一篇之意思，一节有一节之意思，文字浅显，而意思明确。多作此种文字，可使吾人头脑清楚，知识明白。（三）为文言一致之好机会。新文学干净明白，使人易于了解，且杂以普通习用之名词，尤为雅俗所共晓。如"结果""改良""脑筋简单""神经过敏"，以至"当然""必要""事实""理想"等语，一般社会，几成为一种漂亮之俗语，尽人皆能言之，而文学上用此等语调，亦仍不失为雅洁，此岂非文言一致之动机乎？有此三事，故仆对于改良文字，极表赞成。至于改良上具体的办法，如胡钱诸先生所举，仆最表同情者，为“不用典”一事，因此事最足以窒碍思想也。袁随园亦谓“用典如陈设古玩，各有攸宜。然明窗净儿，亦有以绝无一物为佳者，孔子所谓‘绘事后素’也”。又谓“唐人诗不用生典，叙风景不过‘夕阳芳草’，用字面不过‘月露风云’，一经调度，便日月轩新。犹之易牙治味，不过鸡猪鱼肉；华佗用药，不过青粘漆叶。其胜人处，不求之海外异国也”云云。则不用典故，一意白描，洵文学上之最美者也。此外若趋重白话一节，仆亦赞成。惟以《水浒》《西厢》等书为极有价值的文学，与金圣叹批评“才子书”同一见解，而金圣叹之批评，乃未尝一为胡钱诸先生所援引，岂尚怕与人苟同耶？仆以为圣叹之批评，亦甚有价值，以其思想，即文学改良的思想也。先生等既倡言改良，而吐弃其人，不屑一称道其与先生等同一之论调，此仆所不解也。仆尤有怀疑者一事，即最近贵志所登之诗是也。贵志第四卷第二号登沈尹默先生《宰羊》一诗，纯粹白话，固可一洗旧诗之陋习，而免窒碍性灵之虞。但此诗从形式上观之，竟完全似从西诗翻译而成，至其精神，果能及西诗否，尚属疑问。中国旧诗虽有窒碍性灵之处，然亦可以自由变化于一定范围之中，何必定欲作此西洋式的诗，始得为进化耶？西人翻译中国诗，自应作长短句，以取其便于达意。中国译外国人诗，能译成中国诗，体固是最妙。惟其难恰好译成中国诗，体故始照其原文字句，译成西洋式的长短句。《宰羊》一诗及其他《人力车夫》《鸽子》《老鸦》《车毯》等作，并非译自西诗，又何必为此西诗之体裁耶？《旅欧杂志》载汪精卫先生译 *Fables de Florian* 一诗，作五言诗体，韵调格律，亦甚自然。彼译西诗，且用中国固有之诗体。先生等作中国诗，乃弃中国固有之诗体，而一味效法西洋式的诗，是否矫枉过正之讥，仆于此事，实在怀疑之至。（《清华月刊》载《忏情丛》谈，对于先生等之文学改良谈攻击甚力，于白话诗尤甚）仆之意思，以为文学改良，乃自然的进化。但一切诗文，总须自由进化于一定范围之内。胡先生之《尝试集》，仆终觉其轻于尝试，以此种尝试（沈先生之《宰羊》诗等，皆统论在内），究竟能得一般社会之信仰否，以现在情形论，实觉可疑。盖凡一事物之改革，必以渐，不以骤。改革过于偏激，反失社会之信仰，所谓“欲速则不达”，亦即此意。改良文学，是何等事，决无一走即到之理。先生等皆为大学教师，实行改良文学之素志，仆佩服已非一日。但仆怀疑之点，亦不能不为胡沈诸先生一吐,故敢致书于贵记者之前,恳割贵志之余白,以容纳仆之意见,并极盼赐以明了之教训,则仆思想上之获益,当必有更进者。

张厚载白

又:戏剧为高等文学,钱胡刘三先生所论极是。胡适之先生更将有《戏剧改良私议》之作,刘半农先生亦谓当另撰关于改良戏剧之专论,仆皆渴望其发表,以一读为快。但胡适之先生《历史的文学观念论》中,谓"昆曲卒至废绝,而今之俗剧乃起而代之"。俗剧下自注云,"吾徽之徽调,与今日京调高腔皆是也。"此则有一误点。盖"高腔"即所谓"弋阳腔",其在北京舞台上之运命,与"昆曲"相等。至现在则"昆曲"且渐兴,而"高腔"将一蹶不复起,从未闻有"高腔"起而代"昆曲"之事。又论中所主张废唱而归于说白,乃绝对的不可能。此言亦甚长,非通讯栏所能罄。刘半农先生谓"一人独唱,二人对唱,二人对打,多人乱打,中国文戏武戏之编制,不外此十六字"云云。仆殊不敢赞同。只有一人独唱,二人对唱,则《二进宫》之三人对唱,非中国戏耶?至于多人乱打"乱"之一字,尤不敢附和。中国武戏之打把子,其套数至数十种之多,皆有一定的打法。优伶自幼入科,日日演习,始能精熟,上台演打,多人过合,尤有一定法则,决非乱来。但吾人在台下看上去,似乎乱打,其实彼等在台上,固从极整齐极规则的工夫中练出来也。又钱玄同先生谓"戏子打脸之离奇",亦似未可一概而论。戏子之打脸,皆有一定之脸谱,"昆曲"中分别尤精,且隐寓褒贬之义,此事亦未可以"离奇"二字一笔抹杀之。总之中国戏曲,其劣点固甚多,然其本来面目,亦确自有其真精神。固欲改良,亦必以近事实而远理想为是。否则理论甚高,最高亦不过如柏茂图之"乌托邦",完全不能成为事实耳。近有刘筱珊先生,颇知中国戏曲国有之优点,其思想亦新,戏剧改良之议,仆以为可与彼一斟酌之也。

张厚载又白

缪子君以评戏见称于时,为研究通俗文学之一人,其赞成本社改良文学之主张,固意中事。但来书所云,亦有为本社同人所不敢苟同者,今就我个人私见所及,略一论之。

来书云:"中国旧诗虽有窒碍性灵之处,然亦可以自由变化于一定范围之中,何必定欲作此西洋式的诗,始得为进化耶?”又云:“汪精卫先生译西诗且用中国固有之诗体。先生等作中国诗,乃弃中国固有之诗体,而一味效法西洋式的诗,是否矫枉过正,仆于此事实在怀疑之至。”今试问何者为西洋式之诗?来书谓沈刘两君及我之《宰羊》《人力车夫》《鸽子》《老鸦》《车毯》等作皆为“西洋式的长短句”。岂长短句即为“西洋式”耶?实则西洋诗固亦有长短句,然终以句法有一定长短者为多。亦有格律极严者。然则长短句不必即为西洋式也。中国旧诗中长短句多矣。《三百篇》中,往往有之。乐府中尤多此体。《孤儿行》《蜀道难》皆人所共晓。至于词,旧皆名“长短句”。词中除《生查子》《玉楼春》等调之外,皆长短句也。长短句乃诗中最近语言自然之体,无论中西皆有之。作长短句未必即为“西洋式的诗”也。平心论之,沈君之《人力车夫》最近《孤儿行》,我之《鸽子》最近词。此外则皆创体也。沈君生平未读西洋诗,吾稍读西洋诗而自信无摹仿西洋诗体之处。来书所云,非确论也。

以上所说,但辩明吾辈未尝采用西洋诗体,并非谓采用西诗体之为不是也。吾意以为如西洋诗体、文体果有采用之价值,正宜尽量采用。采用而得当,即成中国体。然此另是一问题,兹不具论。

来书两言诗文须“自由变化于一定范围之中”。试问自由变化于一定范围之“外”,又有何不可?又何尝不是自然的进化耶?来书首段言中国文学变迁,自三代之文以至于梁任公之“新文体”,此岂皆“一定范围之中”之变化耶?吾辈正以为文学之为物,但有“自由变化”而无“一定范围”,故倡为文学改革之论,正欲打破此“一定范围”耳。

来书谓吾之《尝试集》为“轻于尝试”,此误会吾尝试之旨也,《尝试集》之作,但欲实地试验白话是否可以作诗,及白话入诗有如何效果。此外别无它种奢望。试之而验,不妨多作。试之而不验,吾亦将自戒不复作。吾意甚望国中文学家都来尝试尝试,庶几可见白话韵文是否有成立之价值。今尝试之期仅及年余,尝试之人仅有二三,吾辈方以“轻于尝试”自豪,而笑旁观者之不敢“轻于一试”耳!

来书末段论戏剧,与吾所主张,多不相合,非一跋所能尽答,将另作专篇论之。惟吾《历史的文学观念论》中所谓“高腔”并非指“弋阳腔”,乃四川之“高腔”。四川之“高腔”与“徽调”“京调”同为“俗剧”,以其较“昆腔”“弋阳腔”皆更为通俗也。

胡适　七年三月二十七日

我所谓“离奇”者即指此“一定之脸谱”而言。脸而有谱，且又一定，实在觉得离奇得很。若云“隐寓褒贬”，则尤为可笑。朱熹做《纲目学》，孔老爹的笔削《春秋》，已为通人所讥讪。旧戏索性把这种“《阳秋》笔法”画到脸上来了，这真和张家猪肆记卍形于猪鬣，李家马坊烙圆印于马蹄一样的办法。哈哈！此即所谓中国旧戏之“真精神”乎？

金圣叹用迂谬的思想去批《水浒》，用肉麻的思想去批《西厢》，满纸“胡说八道”，我看了实在替他难过。玄同虽不学，然在本志上发表之文章，似乎尚不至与金氏取“同一之论调”。

钱玄同　一九一八年四月一日

“二人对唱”一句话，仅指多数通行脚本之大体言之，若要严格批驳，恐怕京戏中不特有《二进宫》之三人对唱，必还有许多是四人对唱，五人对唱……以至于多人合唱的。且“唱”字亦用得不妥：一戏子登场，例须念引子报名，岂可算得唱。淫戏中的小旦小生，做了许多手势，只用胡琴衬托，并不开口，岂可算得唱。《下河南》中，许多丑角打混，岂可算得唱……诸如此类，举不胜举。是足下所驳倒者，只一二字，鄙人自为批驳，竟可将全句打消。然我辈读书作文，对于所用字义，固然有许多是一定不可移易，却也有许多应当放松了活看的。这句话，并不是鄙人自为文饰，汪容甫的《说三九》，早就辩论得很明白了。至于“多人乱打”，鄙人亦未尝不知其“有一定的打法”，然以个人经验言之，平时进了戏场，每见一大伙穿脏衣服的，盘着辫子的，打花脸的，裸上体的跳虫们，挤在台上打个不止，衬着极喧闹的锣鼓，总觉眼花缭乱，头昏欲晕。虽然各人的见地不同，我看了以为讨厌，决不能武断一切，以为凡看戏者均以此项打工为讨厌。然戏剧为美术之一，苟诉诸美术之原理而不背（是说他能不背动人美感，足下谓“吾人台下看去，似乎乱打”，似即不能动人美感之一证），即无“一定的打法”，亦决不能谓之“乱”，否则即使“极规则极整齐”，似亦终不能谓之不“乱”也。

刘半农　一九一八年四月十三日

缪子君鉴：尊论中国剧，根本谬点，乃在纯然囿于方隅，未能旷观域外也。剧之为物，所以见重于欧洲者，以其为文学美术科学之结晶耳。吾国之剧，在文学上美术上科学上果有丝毫价值邪？尊谓刘筱珊先生颇知中国剧曲固有之优点，愚诚不识其优点何在也。欲以“隐寓褒贬”当之邪？夫褒贬作用，新史家尚鄙弃之，更何论于文学美术。且旧剧如《珍珠衫》《战宛城》《杀子报》《战蒲关》《九更天》等，其助长淫杀心理于稠人广众之中，诚世界所独有，文明国人观之，不知作何感想。至于“打脸”“打把子”二法，尤为完全暴露我国人野蛮暴戾之真相，而与美感的技术立于绝对相反之地位。若谓其打有定法，脸有脸谱，而重视之邪？则作八股文之路闰生等，写馆阁字之黄自元等，又何尝无细密之定法，“从极整齐极规则的工夫中练出来”，然其果有文学上美术上之价值乎？演剧与歌曲，本是二事，适之先生所主张之“废唱而归于说白”及足下所谓“绝对的不可能”，皆愿闻其详。

独　秀

（第四卷第六号，一九一八年六月十五日）

新文学问题之讨论

朱经农　胡　适　任鸿隽　钱玄同

适之足下：

《新青年》第四卷第四号已收到。《建设的文学革命论》所主张甚是，比之从前的"八不主义"及文规四条，更周密、更完备了。周作人君所译之《皇帝之公园》弟极喜欢。何不寄一本到清宫里给满洲皇族读读？《老洛伯》诗平平而已。译诗本不容易。弟既不能自译，就不敢妄评他人译作，内容姑置不论罢。报中通信一门所论，大半是"中国今后之文字问题"。弟非文学专家，又于白话文章缺少实验，本不应插口乱说。只因这块"文字革命"的招牌底下，所卖的货色种类不一，所以我们作"顾客"的也当选择选择那样是可用的，那样是不可用的。今请分述于下：

现在讲文字革命的大约可分四种。第一种："改良文言"，并不"废止文言"；第二种："废止文言"，而"改良白话"；第三种："保存白话"，而以罗马文拼音代汉字；第四种：把"文言""白话"一概废了，采用罗马文字作为国语（这是钟文鳌先生的主张）。

这第四种弟是极端反对，因为罗马文字并不比汉文简易，并不比汉文好。凡罗马文字达得出的意思，汉文都达得出来。"舍己之田以耘人之田"，似可不必。拉丁文是"死文字"，不用说了。请看法文一个"有"字，便有六十种变化（比孙行者七十二变少不了多少），"命令格"等等尚不在内。同一形容词，有的放在名词前面，有的又在后面，忽阴忽阳，一弄就错。一枝铅笔为什么要属阳类？一枝水笔为什么要属阴类？全无道理可说。西班牙文之繁复艰难，亦复类此。弟试了一试，真是"望洋兴叹"。上学期考试一过，就把法文教科书高高的放在书架顶上，不敢再问，连 Ph.D.的梦想也随之消灭。意大利文我没有见过，不敢乱说，只是同为拉丁文支派，想必也差不多的。就是英文，我也算读了好几年，动起笔来仍是不大自然。并不是我一人如此。虽说各人天分有高低，恐怕真真写得好的也不甚多。试问今日若是把汉文废了；要通国的人民都把娘肚子里带来的声调腔口全然抛却，去学那 ABCD，可以做得到吗？即就欧洲而论，英、法、德、意、西、葡、丹、荷各有方言，各有文字，彼此不能强同，至今无法统一。德国人尚不能采用法文，英国人尚不能采用俄语，何以中国人却要废了汉文，去学罗马文字呢？此外可讨论的地方尚多，想兄等皆极明白，不用我费话。且把这第四种放开一边，再来说第三种。

废去汉字，采用罗马替法，一切白话皆以罗马字书之也是做不到的。请教“诗”“丝”“思”“私”“司”“师”这几个字，用罗马字写起来有何分别？如果另造新名代替同音之字，其弊亦与第四种主张相等。因为不自然，不易记，并且同音之字太多，造新名亦不容易。据我的意思，还是学日本人的办法，把拼音写在字傍边，以作读音标准，似乎容易些。

至于第一、第二两种，应当相提并论。不讲文字革命则已，若讲文字革命，必于二者择一。二者不同之点，就是文言存废问题。有人说，文言是千百年前古人所作，而今已成为“死文字”；白话是现在活人用品，所以写出活泼泼的生气满纸。文言既系“死”的，就应当废。弟以为文字的死活，不是如此分法。古人所作的文言，也有“长生不死”的；而“用白话做的书，未必皆有价值有生命”。足下已经说过，不用我重加引申了。平心而论，曹雪芹的《红楼梦》、施耐庵的《水浒》固是“活文学”；左丘明的《春秋传》、司马迁的《史记》未必就“死”了。我读《项羽本纪》中的樊哙何尝不与《水浒》中的武松、鲁智深、李逵一样有精神呢（其余写汉高祖、写荆轲、豫让、聂政等，亦皆活灵现）？就是足下所译的《老洛伯》诗“羊儿在栏，牛儿在家，静悄悄的黑夜”，比起《诗经》里的“鸡栖于埘，日之夕矣，羊牛下来”等，其趣味也差不多。所以我说文言有死有活，不宜全行抹杀。我的意思，并不是反对以白话作文，不过“文学的国语”，对于“文言”“白话”，应该并采兼收而不偏废。其重要之点，即“文学的国语”并非“白话”，亦非“文言”。须吸收文言之精华，弃却白话的糟粕，另成一种“雅俗共赏”的“活文学”。第一是要把作者的意思完完全全的描写出来；第二要使读文字的人能把作者的意思容容易易、透透彻彻的领会过去；第三是把当时的情景，或正确的理由，活灵活现、实实在在的放在读者的面前（这三层或者有些重复，信笔写去，不及修饰，望会其意，而弃其文）。有些地方用文言便当，就用文言；有些地方用白话痛快，就用白话。我见

《新青年》所载陈独秀、钱玄同诸君的大作,也是半文半俗,“文言”“白话”夹杂并用。而足下所引《木兰辞》《兵车行》、陶渊明的诗、李后主的词,也是如此,并非完全白话。我所以大胆说一句:“主张专用文言而排斥白话,或主张专用白话而弃绝文言,都是一偏之见。”我知道——足下听了狠不高兴,但是我心里如此想,嘴里就不能不如此说。我不会说假话,以取悦于老哥,尚望原谅原谅。

我现在有的地方非常顽固。看见有几位先生要把法文或其他罗马文字代汉文,心里万分难过,故又在——足下面前多嘴。我知——足下必说:“你自己法文不好,就反对法文,和那些不懂汉文的人要废汉文一样荒谬。”这句话是不合名学的。古人说:“君子不以人废言。”又说:“智者千虑,必有一失。”若说“钱玄同的主张必然不错”,就犯了 Ar Zumentum ad Hominem 的语病;若说“老朱的话一定不对”,就犯了 Ignoratio Elenchi 的语病了。我正在这里反对用外国语代汉文,自己忽然写了两个外国字进去——足下必然笑我。须知“废止汉文”,与“引用外国术语”是两件事体。英文里面可引用日本语“Kimono”(着物),因为“着物”非英美所固有;汉文里头也未尝不可引用一二“名学术语”,因为“国语”尚未完全造成,译语尚无一定标准,恐所译不达原意,故存其真耳。

今天我没有功夫多写信了。还有一句简单的话,就是“白话诗”应该立几条规则。我们学过 Rhetovie,都知道“诗”与“文”之别,用不着我详加说明。总之,足下的“白话诗”是狠好的,念起来有音,有韵,也有神味,也有新意思,我决不敢妄加反对。不过《新青年》中所登他人的“白话诗”,就有些看不下去了。须知——足下未发明“白话诗”以前,曾学杜诗,后来又得力于苏东坡、陆放翁诸人的诗集,并且宋词、元曲融会贯通,又读了许多西人的诗歌,现在自成一派;好像小叫天唱戏,随意变更旧调,总是不脱板眼的。别人学他,每每弄得不堪入耳。所以我说,要想“白话诗”发达,规律是不可不有的。此不特汉文为然,西文何尝不是一样。如果诗无规律,不如把诗废了,专做“白话文”的为是。

要说的话狠多,将来再谈罢。

朱经农　六月五日寄于美京

经农足下：

在美国的朋友久不和我打笔墨官司了。我疑心你们以为适之已得了不可救药的证候，尽可不用枉费医药了。不料今天居然接到你这封信，不但讨论的是“文学革命”，并且用的是白话文体。我的亲爱的经农，你真是“不我遐弃”的了！来信反对第四种文字革命（把文言、白话都废了，采用罗马字母的文字作为国语）的话，极有道理，我没有什么驳回的话。且让我的朋友钱玄同先生来回答罢。

第三种文字革命（保存白话，用拼音代汉字），是将来总该办到的，此时决不能做到。但此种主张，根本上尽可成立（赵元任君曾在前年《留美学生月报》上详细讨论，为近人说此事最精密的讨论）。即如来信所说诗、丝、思、司、私、师等字，在白话里，都不成问题。为什么呢？因为白话里这些字差不多全成了复音字，如“蚕丝”“思想”“思量”“司理”“职司”“自私”“私下里”“私通”“师傅”“老师”，翻成拼音字有何妨碍？又如“诗”字，虽是单音字，却因上下文的陪衬，也不致误听。例如说：“你近来做诗吗？”“我写一首诗给你看。”这几句话里的“做诗”“一首诗”，都不致听错的。平常人往往把语言中的字看作一个一个独立的东西，其实这是大错的。言语全是上下文的（Contextual），即如英文的 Rite、Right、Write 三个同音字，从来不曾听错，也只是因为这个原故。

来书论第一、二种文字革命（改良文言与改用白话）的话，你以为我“听了狠不高兴”，其实我并没有不高兴的理由。你这篇议论，宗旨已和我根本相同，但略有几个误解的论点，不能不辩个明白：

第一、来书说：“古人所作的文言，也有长生不死的。”你所说的“死”，和我所说的“死”，不是一件事。我也承认《左传》《史记》在文学史上，有“长生不死”的位置。但这种文学是少数懂得文言的人的私有物，对于一般通俗社会，便同“死”的一样。我说《左传》《史记》是“死”的，与人说希腊文、拉丁文是“死”的是同一个意思。你说《左传》《史记》是“长生不死”的，与希腊学者和拉丁学者说 Euripides 和 Virgil 的文学是“长生不死”的是同一个意思。《左传》《史记》在“文言的文学”里，是活的，在“国语的文学”里，便是死的了。这个分别，你说对不对？

第二、来书所主张的“文学的国语”，“并非白话，亦非文言，须吸收文言之精华，弃却白话的糟粕，另成一种雅俗共赏的活文学。”这是狠含糊的话。什么叫做“文言之精华?”什么叫做“白话的糟粕?”这两个名词含混得狠,恐怕老兄自己也难下一个确当的界说。我自己的主张,可用简单的话说明如下:

我所主张的“文学的国语”,即是中国今日比较的最普通的白话。这种国语的语法、文法,全用白话的语法、文法。但随时随地不妨采用文言里两音以上的字。

这种规定——白话的文法,白话的文字,加入文言中可变为白话的文字——可不比“精华”“糟粕”等等字样明白得多了吗?至于来书说的“雅俗共赏”四个字,也是含糊的字。什么叫做“雅”?什么叫做“俗”?《水浒》说:“你这与奴才做奴才的奴才!”请问这是雅是俗?《列子》说:“设令发于余窍,子亦将承之。”这一句字字高古,请问是雅是俗?若把雅俗两字作人类的阶级解,说“我们”是雅,“他们”小百姓是俗;那么说来,只有白话的文学是“雅俗共赏”的,文言的文学只可供“雅人”的赏玩,决不配给“他们”领会的。

来书末段论白话诗,未免有点偏见。老兄初次读我的《两个黄蝴蝶》的时候,也说“有些看不下去”。如今看惯了,故觉得我的白话诗“是狠好的”。老兄若多读别人的白话诗,自然也会看出他们的好处。就如《新青年》四卷一号所登沈尹默先生的《霜风呼呼的吹着》一首,几百年来那有这种好诗!老兄一笔抹煞,未免太不公了。

来书又说“白话诗应该立几条规则”。这是我们极不赞成的。即以中国文言诗而论,除了“近体”诗之外,何尝有什么规则?即以“近体”诗而论,王维、孟浩然、李白、杜甫的律诗又何尝处处依着规则去做?我们做白话诗的大宗旨,在于提倡“诗体的释放”,有什么材料做什么诗,有什么话,说什么话,把从前一切束缚诗神的自由的枷锁镣铐拢统推翻。这便是“诗体的释放”。因为如此,故我们极不赞成诗的规则。还有一层,凡文的规则和诗的规则,都是那些做《古文笔法》《文章轨范》《诗学入门》《学诗初步》的人所定的。从没有一个文学家自己定下做诗做文的规则。我们做的白话诗,现在不过在尝试的时代,我们自己也还不知什么叫做白话诗的规则。且让后来做《白话诗入门》《白话诗规范》的人去规定白话诗的规则罢!

民国七年七月十四日　胡　适

适之足下:

读《新青年》第四号中足下之《建设的文学革命论》大为赞成,记得去年曾向足下说过,改良文学非空言可以收效,必须有几种文学上的产品,与世人看看。果然有了真正价值,怕他们不望风景从么?但是创造的文学,一时做不来,自然以翻译西方文学上的产品为第一步。此层屡向此邦学文学诸人提及。无奈他们皆忙自己的功课,不肯去做。足下现在既发大愿,要就几年之内,译几百部文学书,那就越发好了。

读《新青年》中广告,知《易卜生号》专载 *A Doll' s House* 一剧。此剧就意思言,固足以代表易卜生的"个人主义",与针砭西方社会的恶习。就构造言,尚嫌其太紧凑了一点。足下若曾看过此剧,便知其各节紧连而下,把个主人翁 Nora 忙得要死,观者也屏气不息。

昨日经农把致足下的书与我看了再行发出。我看了过后,觉得也有几句话要向足下说说。足下说:"白话可做活文字,也可做死文字;文话只能做死文字,不能做活文字。"此层,经农已举左丘明的《春秋传》、太史公的《史记》来辨难了。我想,要替文话觅辩护人,可借重的,尚不止左史两位。即以诗论,足下说:"《木兰行》《孔雀东南飞》、杜工部的《兵车行》《石壕吏》以及陶渊明、白居易的诗是好诗,因为他们是用白话做的,或近于白话的。"今姑勿论上举各篇各作者不必尽是白话。就有唐一代而言,足下要承认白香山是诗人,大约也不能不承认杜工部是诗人。要承认杜工部的《兵车行》《石壕吏》是好诗,大约也不能不承认《诸将怀古》《闻官军收河南河北》……等是好诗。但此等诗不但是文语,而且是律体。可见用白话可做好诗,文话又何尝不可做好诗呢?不过要看其人生来有几分"诗心"没有罢了。再讲韩昌黎的《南山诗》,足下说他是死文字。比起《木兰行》《石壕吏》等来,《南山诗》自然是死的。但是我想南山这个题,原在形容景物,与他种述事言情的诗不同。《南山诗》共用五十二个"或若",把南山的形状刻画尽致,在文学上自算一种能品。要用白话去做,未见做得出。岂可因其不是白话,反轻看他呢?以上各种说法,并非与白话作仇敌,也非与文话作忠臣,不过据我一个人的鄙见,以为现在讲改良文学:第一,当在实质上用工夫;第二,只要有完全驱使文字的能力,能用工具而不为工具所用,就好了。白话不白话,倒是不关紧要的。

经农又说:《新青年》上的白话诗,除了足下做的,是"有声、有韵、有情"(记不清楚了,想是如此说的),他不敢妄加反对外,其余的便有些念不下去了。我想这个又是诗体问题。久已要向足下讲讲,现在趁此机会,略说几句,一并请足下指教。今人倡新体的，动以“自然”二字为护身符，殊不知“自然”也要有点研究。不然，我以为自然的，人家不以为自然，又将奈何？足下记得尊友威廉女士的新画 *Two Rhythms*，足下看了，也是“莫名其妙”。再差一点，对于此种新美术，素乏信仰的，就少不得要皱眉了。但是画画的人，岂不以其画为自然得狠吗？所以我说“自然”二字也要加以研究，才有一个公共的理解。大凡有生之物，凡百活动。不能一往不返，必有一个循环张弛的作用。譬如人体血液之循环，呼吸之往复，动作寝息之相间，皆是这一个公理的现象。文中之有诗，诗中之有声有韵，音乐中之有调和（harmony），也不过是此现象的结果罢了。因为吾人生理上既具有此种天性，一与相违，便觉得不自在。近来心理学家用机器试验古人的好诗好文，其字音的长短轻重，皆有一定的次序与限度。我想此种研究，于诗的 Meter（平仄?）、句法的构造都有关系。吾国诗体由《三百篇》的四言（James Lezze 说中国有二言诗，固附会得可笑。三言诗，《汉郊》《礼歌》等有之，但不足为重）变成汉魏的五言，又由汉魏的五言，变成唐人的七言。大约系因古人言语短简急促，后人言语纡徐迟缓的原故（文体的变迁亦然）。但是诗到了七言，就句法构造上言，便有不能再长之势。再长，就非断不可了。且七言诗句，大概前四字可作一顿，后三字又自成一段。韩昌黎有时费全身的气力，于七言中别开生面，但只可于长诗中偶杂一二句。若句句是“点窜《尧典舜典》字，涂改《清庙生民》诗”的句法（因韩诗已不记得，故引李诗为例），也就不能读了。七言既成了诗句的最长极限，所以宋元的词曲起而代之。长短句搀杂互用，倒可免通体长句，或通体短句的不便处。但是他们的音调平仄，也越发讲究。我以为此种律例，现在看来，自然是可厌。但是创造新体的人，却不能不讲究。就是以后做诗的人，也不可不遵循一点。实在讲起来，古人留下来的诗体，竟可说是“自然”的代表。什么缘故？因为古人作诗的时候，也是想发挥其“自然”的动念，断没有先作一个形式来缚束自己的。现在存留下的，更是经了几千百年无数人的试验，以为可用。所以我要说，现在各种诗体，说他们不完备、不新鲜则可；说他们不自然，却未必然。我再要说，若是现在讲改良文学的人，专以创造几种新体为无上的天职，我把此种人比各科学上的一种人专以发明新器具、新方法为事，也只得恭敬他，再没多话说。若是要创造文学的产品，我倒有一句话奉劝：公等做新体诗，一面要诗意好，一面还要诗调好，一人的精神分作两用，恐怕有顾此失彼之虑。若用旧体旧调，便可把全副精神用在诗意一方面，岂不于创造一方面更有希望呢？这个主张，足下以为何如?

瞎三不着四的议论,发了一阵,纸已写的不少了。还有钱玄同先生的废灭汉文大问题不曾讲到。若是用文话,断不会有如许啰嗦。这也是白话的一种坏处。

经农对于废灭汉文的问题,已经说"心中万分难受"了。我想钱先生要废汉文的意思,不是仅为汉文不好,是因汉文所载的东西不好,所以要把他拉杂摧烧了,廓而清之。我想这却不是根本的办法。吾国的历史、文字、思想,无论如何昏乱,总是这一种不长进的民族造成功了留下来的。此种昏乱种子,不但存在文字历史上,且存在现在及将来子孙的心脑中。所以我敢大胆宣言,若要中国好,除非使中国人种先行灭绝!可惜王、张废汉文汉语的,虽然走于极端,尚是未达一间呢!

此层且按下不讲。尚有一个实际问题:《新青年》一面讲改良文学,一面讲废灭汉文,是否自相矛盾?既要废灭不用,又用力去改良不用的物件。我们四川有句俗话说:"你要没有事做,不如洗煤炭去罢。"

钱先生的废灭汉文一篇大文,原来有点 Sentimental。我讲到此处,也有点 Sentimental 起来。恕罪恕罪。

任鸿隽白　六月八日

叔永足下:

经农的白话信来,使我大欢喜。今又得老兄的白话信,并且还对于我的文学革命论"大为赞成",我真喜欢的了不得。来书有许多话,我已在答经农的信里回答过了(见本期),我现在且把那信里不曾说过的话,提出来回答如下:

(一)来书说:"用白话可做好诗,文话又何尝不可做好诗呢?"又举杜甫的《诸将怀古》《闻官军收河南河北》……等诗为证。《闻官军收河南河北》一首的确是好诗。这诗所以好,因为他能用白话写出当时高兴得狠、左顾右盼、颠头播脑、自言自语的神气。第三、四、七、八句虽用对仗,都恰合语言的自然。五、六两句"白首放歌须纵酒,青春作伴好还乡",便有点做作,不自然了。这可见律诗总不是好诗体,做不出完全好诗。《诸将》五首,在律诗中可算得是革命的诗体。因为这几首极老实本色,又能发挥一些议论,故与别的律诗不同。但律诗究竟不配发议论,故老杜这五首诗可算得完全失败。如"胡卤千秋尚入关",成何说话?"见愁汗马西戎逼,曾闪朱旗北斗殷",实在不通。“拟绝天骄拔汉旌”，也不通。这都是七言所说不完的话，偏要把他挤成七个字，还要顾平仄对仗，故都成了不能达意又不合文法的坏句。《咏怀古迹》五首，也算不得好诗。“三峡楼台淹日月，五溪衣服共云山”，实在不成话。“一去紫台连朔漠，独留青冢向黄昏”，是律诗中极坏的句子。上句无意思，下句是凑的。“青冢向黄昏”，难道不向白日吗？一笑。他如“羯胡事主终无籁”，“志决身歼军务劳”，都不是七个字说得出的话，勉强并成七言，故文法上便不通了。——这都可证文言不易达意，律诗更做不出好诗。《儒林外史》上评“桃花何苦红如此？杨柳忽然青可怜”，说上句加上一个“问”字，便是一句好词，如今强对上一句，便无味了。这话评诗律真不错。即如杜诗“江天漠漠鸟双去”，本是绝好写景诗，可惜他硬造一句“风雨时时龙一吟”作对，便讨厌了。——至于韩愈的《南山诗》，何尝是写景？不过是押韵罢了。老兄和我都不曾到过南山又何从知道他“把南山的形状刻画尽致”呢？

（二）来书说：“现在讲改良文学，第一当在实质上用工夫；第二要有完全驱使文字的能力，能用工具而不为工具所用就好了。白话不白话，倒是不关紧要的。”这话的第一层极是，不用辩了。第二层“能用工具而不为工具所用”，固是不错。但是我们极力主张用白话作诗，也有几层道理。第一，我们深信文言不是适用的工具。（说详《建设的文学革命论》）；第二，我们深信白话是狠合用的工具；第三，我们因为要“用工具而不为工具所用”，故敢决然弃去那不适用的文话工具，专用那合用的白话工具。正如古人用刀刻竹作字，后来有了纸笔，便不用刀笔、竹简了。若必斤斤争文言之不当废，那又是“为工具所用”，作了工具的奴隶了。老兄以为何如？

（三）来书说：“自然也要有点研究。”这话极是。但这个大前提却不能发生下文的断语。下文说：“古人留下来的诗体，竟可说是自然的代表。什么缘故？因为古人作诗的时候，也是想发挥其自然的动念，断没有先作一个形式来束缚自己的。”这种逻辑，有如下例：“古人留下来的缠足风俗，竟可说是自然的代表。为什么呢？因为古人缠足的时候，也是想发挥他的自然的美感，决没有先作一种小脚形式来束缚自然的！”再引老兄的话：“现在存留下的，更是经了几千百年无数人的试验，以为可用。”这话可说诗体，也可说缠足，也可说八股，也可说君主专制政体！可不是吗？——原书前文所说：“近来心理学家用机器试验古人的好诗好文，其字音的长短轻重，皆有一定的次序与限度。”老兄的意思，以为这就可以作自然的证据吗？老兄何不请那些心理学家用机器试验几篇仁在堂的八股文章？我可保那几篇“字学的长短轻重，也皆有一定的次序与限度”。如若不然，我请你看三天好戏，你敢赌这东道吗？——北京最常见的喜事门对，是“诗歌杜甫其三句，风咏周南第一章”。这两句若拿去上那心理学的机器，也是“有一定的次序与限度的”。——总而言之，四言诗（《三百篇》实多长短句，不全是四言）变为五言，又变为七言，三变为长短句的词，四变为长短句加衬字的曲，都是由前一代的自然变为后一代的自然。我们现在作不限词牌、不限套数的长短句，也是承这自然的趋势。至于说我们的“自然”是没有研究的自然，那是蔽于成见，不细心体会的话。我的朋友沈尹默先生做一首《三弦》诗，做了两个月才得做成，我们岂可说他没有研究？不过他不曾请北京大学心理学教授陈百年先生用机器试验罢了！

（四）老兄劝我们道：“公等做新体诗，一面要诗意好，一面还要诗调好。一人的精神分作两用，恐怕有顾此失彼之虑。若用旧体旧调，便可把全副精神用在诗意一方面，岂不于创造一方面更有希望呢？”这个主张，有一个根本的误会。因为我们现在有什么诗料，用什么诗体；有什么话，说什么话：并不一面顾诗意，一面顾诗调。那些用旧调旧诗体的，人有了料，须要截长补短，削成五言，或凑成七言；有了一句，须对上一句；有了腹联，须凑上颈联；有了上阕，须凑成下阕；有了这韵，须凑成那韵，……那才是顾此失彼呢。——岂但顾此失彼，竟是“削足适履”了！

还有论废灭汉文一段，我且让老兄和钱玄同先生去打 Sentimental 官司罢。好在老兄不久就要回国，我们再谈罢。

七年七月廿六日　适

朱、任两先生鉴：

日前由适之先生交来两先生的信，中间对于玄同主张废灭汉文的议论，很为反对。玄同对于这个问题，虽经说道：“不论赞成反对，皆所欢迎。”今得两先生赐教，固极欣喜。惜乎两先生未曾将汉字之优点，及中国古书不可不读之理由说出，只说了几句感情的话。玄同不免失望。今虽欲与两先生详细讨论这个问题，竟至无从说起，只好简单奉答几句：

答朱先生　法文虽然不能尽善，究竟是有字母、有规则的文字。无论如何难法，总比汉文要容易得多。况且现代新学上的“术语”，非中国所固有。英国没有 Kimono，就该用日本原字,则中国没有新学“术语”,也就该用欧洲原字。Kimono之类不过偶然用到,而新学“术语”,则讲到学问,便满纸皆是。一篇文章里,除了几个普通名词、动词、形容词和语词以外,十之六七都是欧洲字。是汉文在今后世界,无独立及永久存在的价值,自不消说。

答任先生　我爱我支那人的热度,自谓较今之所谓爱国诸公,尚略过之。惟其爱他,所以要替他想法,要铲除这种“昏乱”的“历史、文字、思想”,不使复存于“将来子孙的心脑中”。要“不长进的民族”变成了长进的民族,在二十世纪的时代,算得一个文明人。要是现在自己不去想法铲除旧文字,则这种“不长进”的“中国人种”,循进化公例,必有一天要给人家“灭绝”。

还有一层:同人做《新青年》的文章,不过是各本其良心见解,说几句革新铲旧的话;但是各人的大目的虽然相同,而各人所想的手段方法,当然不能一致。所以彼此议论,时有异同,绝不足奇,并无所设“自相矛盾”。至于玄同虽主张废灭汉文,然汉文一日未废灭,即一日不可不改良,譬如一所很老很破的屋子,既不可久住,自须另造新屋;新屋未曾造成以前,居此旧屋之人自不得不将旧屋东补西修以蔽风雨。但决不能因为旧屋既经修补,便说新屋不该另造也。

钱玄同　5,August,1918.

（第五卷第二号,一九一八年八月十五日）

文学进化观念与戏剧改良

胡　适

去年我曾说过要做一篇《戏剧改良私议》,不料这一年匆匆过了,我这篇文章还不曾出世。于今《新青年》在这一期正式提出这个戏剧改良的问题,我以为我这一次恐怕赖不过去了。幸而有傅斯年君做了一篇一万多字的《戏剧改良各面观》,把我想要说的话都说了,而且说得非常明白痛快。于是我这篇《戏剧改良私议》竟可以公然不做了。本期里还有两篇附录:一是欧阳予倩君的《予之戏剧改良观》,一是张謬子君的《我的中国旧戏观》,此外还有傅君随后做的《再论戏剧改良》,评论张君替旧戏辩护的文章。后面又有宋春舫先生的《近世名戏百种目》,选出一百种西洋名戏,预备我们译作中国新戏的模范本。这一期有了这许多关于戏剧的文章,真成了一本"戏剧改良号"了!我看了这许多文章。颇有一点心痒手痒,也想加入这种有趣味的讨论,所以我划出戏剧改良问题的一部分作我的题目,就叫做《文学进化观念与戏剧改良》。

我去年初回国时看见一部张之纯的《中国文学史》,内中有一段说道:

> 是故昆曲之盛衰,实兴亡之所系。道咸以降,此调渐微。中兴之颂未终,海内之人心已去。识者以秦声之极盛,为妖孽之先征。其言虽激,未始无因。欲睹升平,当复昆曲。《乐记》一言,自胜于政书万卷也。(下卷一一八页)

这种议论,居然出现于"文学史"里面,居然作师范学校"新教科书"用,我那时初从外国回来,见了这种现状,真是莫名其妙。这种议论的病根全在没有历史观念,故把一代的兴亡与昆曲的盛衰看作有因果的关系,故说"欲睹升平,当复昆曲"。若是复昆曲遂可以致升平,只消一道总统命令,几处警察厅的威力,就可使国中戏园家家唱昆曲,——难道中国立刻便"升平"了吗?我举这一个例来表示现在谈文学的人大多没有历史进化的观念。因为没有历史进化的观念,故虽是"今人",却要做"古人"的死文字;虽是二十世纪的人,偏要说秦、汉、唐、宋的话。即以戏剧一个问题而论,那班崇拜现行的西皮二黄戏,认为"中国文学美术的结晶"的人,固是不值一驳;就有些人明知现有的皮黄戏实在不好,终不肯主张根本改革,偏要主张恢复昆曲。现在北京一班不识字的昆曲大家天天鹦鹉也似的唱昆腔戏,一班无聊的名士帮着吹打,以为这就是改良戏剧了。这些人都只是不明文学废兴的道理,不知道昆曲的衰亡自有衰亡的原因,不知道昆曲不能自保于道咸之时,决不能中兴于既亡之后。所以我说,现在主张恢复昆曲的人与崇拜皮黄的人,同是缺乏文学进化的观念。

如今且说文学进化观念的意义。这个观念有四层意义,每一层含有一个重要的教训。第一层总论文学的进化:文学乃是人类生活状态的一种记载,人类生活随时代变迁,故文学也随时代变迁,故一代有一代的文学。周秦有周秦的文学,汉魏有汉魏的文学,唐有唐的文学,宋有宋的文学,元有元的文学。《三百篇》的诗人做不出《元曲选》,《元曲选》的杂剧家也做不出《三百篇》。左丘明做不出《水浒传》,施耐庵也做不出《春秋左传》。这是文学进化观念的第一层教训,最容易明白,故不用详细引证了。(古人如袁枚、焦循,多有能懂得此理的)

文学进化观念的第二层意义是:每一类文学不是三年两载就可以发达完备的,须是从极低微的起源,慢慢的,渐渐的,进化到完全发达的地位。有时候,这种进化刚到半路上,遇着阻力,就停住不进步了;有时候,因为这一类文学受种种束缚,不能自由发展,故这一类文学的进化史,全是摆脱这种束缚力争自由的历史;有时候,这种文学上的羁绊居然完全毁除,于是这一类文学便可以自由发达;有时候,这种文学革命只能有局部的成功,不能完全扫除一切枷锁镣铐,后来习惯成了自然,便如缠足的女子,不但不想反抗,竟以为非如此不美了!这是说各类文学进化变迁的大势。西洋的戏剧便是自由发展的进化,中国的戏剧便是只有局部自由的结果。列位试读王国维先生的《宋元戏曲史》,试看中国戏剧从古代的"歌舞"(歌舞是一事。犹言歌的舞也)。(Ballet Dance)一变而为戏优;后来加入种种把戏,再变而为演故事兼滑稽的杂戏(王氏以唐宋辽金之滑稽戏为一种独立之戏剧,与歌舞戏为二事。鄙意此似有误。王氏引各书所记诙谐各则,未必独立于歌舞戏之外。但因打诨之中时有谲谏之旨,故各书特别记此诙谐之一部分而略其不足记之他部分耳。元杂剧中亦多打诨语。今之京调戏亦可随时插入讥刺时政之打诨。若有人笔记之,后世读之者亦但见林步青、夏月珊之打诨而不见其他部分、或亦有疑为单独之滑稽戏者矣)。后来由“叙事”体变成“代言”体,由遍数变为折数,由格律极严的大曲变为可以增减字句变换宫调的元曲,于是中国戏剧三变而为结构大致完成的元杂剧。但元杂剧不过是大体完具,其实还有许多缺点:(一)每本戏限于四折。(二)每折限于一宫调。(三)每折限一人唱。后来南戏把这些限制全都毁除,使一剧的长短无定,一折的宫调无定,唱者不限于一人。杂剧的限制太严,故除一二大家之外,多只能铺叙事实,不能有曲折详细的写生工夫;所写人物,往往毫无生气;所写生活与人情,往往缺乏细腻体会的工夫。后来的传奇,因为体裁更自由了,故于写生、写物、言情各方面都大有进步。试举例为证。李渔的《蜃中楼》乃是合并《元曲选》里的《柳毅传书》同《张生煮海》两本戏做成的,但《蜃中楼》不但情节更有趣味,并且把戏中人物一一都写得有点生气,个个都有点个性的区别。如元剧中的钱塘君虽与布局有关,但没有着意描写;李渔于《蜃中楼》的《献寿》一折中,写钱塘君何等痛快,何等有意味! 这便是一进步。又如元剧《渔樵记》写朱买臣事,为后来南戏《烂柯山》所本,但《烂柯山》中写人情世故,远胜《渔樵记》,试读《痴梦》一折,便知两本的分别。又如昆曲《长生殿》与元曲《梧桐雨》同记一事,但两本相比,《梧桐雨》叙事虽简洁,写情实远不如《长生殿》。以戏剧的体例看来,杂剧的文字经济实为后来所不及;但以文学上表情写生的工夫看来,杂剧实不及昆曲。如《长生殿》中《弹词》一折,虽脱胎于元人的《货郎担》,但一经运用不同,便写出无限兴亡盛衰的感慨,成为一段很动人的文章。以上所举的三条例——《蜃中楼》《烂柯山》《长生殿》——都可表示“杂剧”之变为南戏传奇,在体裁一方面虽然不如元代的谨严,但因为体裁更自由,故于写生表情一方面实在大有进步,可以算得是戏剧史的一种进化。即以传奇变为京调一事而论,据我个人看来,也可算得是一种进步。

传奇的大病在于太偏重乐曲一方面,在当日极盛时代固未尝不可供私家歌童乐部的演唱,但这种戏只可供上流人士赏玩,不能成通俗的文学。况且剧本折数无限,大多数都是太长了,不能全演,故不能不割出每本戏中最精彩的几折,如《西厢记》的《拷红》,如《长生殿》的《闻铃》《惊变》等,其余的几折,往往无人过问了。割裂之后,文人学士虽可赏玩,但普通一般社会更觉得无头无尾,不能懂得。传奇雅剧既不能通行，于是各地的“土戏”纷纷兴起：徽有徽调，汉有汉调，粤有粤戏，蜀有高腔，京有京调，秦有秦腔。统观各地俗剧，约有五种公共的趋向：(一)材料虽有取材于元明以来的“雅剧”，亦有新编者而一律改为浅近的文字；(二)音乐更简单了，从前各种复杂的曲调渐渐被淘汰完了，只剩得几种简单的调子；(三)因上两层的关系，曲中字句比较的容易懂得多了；(四)每本戏的长短，比“雅剧”更无限制，更自由了；(五)其中虽多连台的长戏，但短戏的趋向极强，故其中往往有很有剪裁的短戏，如《三娘教子》《四进士》之类。依此五种性质看来，我们很可以说，从昆曲变为近百年的“俗戏”，可算得中国戏剧史上一大革命。大概百年来政治上的大乱、生计上的变化、私家乐部的消灭，也都与这种“俗剧”的兴起大有密切关系。后来“俗剧”中的京调受了几个有势力的人，如前清慈禧后等的提倡，于是成为中国戏界最通行的戏剧。但此种俗剧的运动，起源全在中下级社会，与文人学士无关，故戏中字句往往十分鄙陋，梆子腔中更多极不通的文字。俗剧的内容，因为他是中下级社会的流行品，故含有此种社会的种种恶劣性，很少如《四进士》一类有意义的戏。况且编戏做戏的人大都是没有学识的人，故俗剧中所保存的戏台恶习惯最多。这都是现行俗戏的大缺点。但这种俗戏在中国戏剧史上，实在有一种革新的趋向，有一种过渡的地位，这是不可埋没的。研究文学历史的人，须认清这种改革的趋向，更须认明这种趋向在现行的俗剧中不但并不曾完全达到目的，反被种种旧戏的恶习惯所束缚，到如今弄成一种既不通俗又无意义的恶劣戏剧。——以上所说中国戏剧进化小史的教训是：中国戏剧一千年来力求脱离乐曲一方面的种种束缚，但因守旧性太大，未能完全达到自由与自然的地位。中国戏剧的将来，全靠有人能知道文学进化的趋势，能用人力鼓吹，帮助中国戏剧早日脱离一切阻碍进化的恶习惯，使他渐渐自然，渐渐达到完全发达的地位。

文学进化的第三层意义是：一种文学的进化，每经过一个时代，往往带着前一个时代留下的许多无用的纪念品；这种纪念品在早先的幼稚时代本来是很有用的，后来渐渐地可以用不着他们了，但是因为人类守旧的惰性，故仍旧保存这些过去时代的纪念品。在社会学上，这种纪念品叫做“遗形物”(Survivals of Rudiments)。如男子的乳房，形式虽存，作用已失；本可废去，总没废去；故叫做“遗形物”。即以戏剧而论，古代戏剧的中坚部分全是乐歌，打诨科白不过是一小部分；后来元人杂剧中，科白竟占极重要的部分，如《老生儿》《陈州粜米》《杀狗劝夫》等杂剧竟有长至几千字的说白，这些戏本可以废去曲词全用科白了，但曲词终不曾废去。元明之际，已有“终曲无一曲”的杂折，如屠长卿的《昙花梦》（说见藏晋叔《元曲选》序），可见此时可以完全废曲用白了；但后来不但不如此，并且白越减少，曲词越增多，明朝以后，除了李渔之外，竟连会做好白的人都没有了。所以在中国戏剧进化史上，乐曲一部分本可以渐渐废去，但他依旧存留，遂成一种“遗形物”。此外如脸谱、嗓子、台步、武把子等等，都是这一类的“遗形物”，早就可以不用了，但相沿下来至今不改。西洋的戏剧在古代也曾经过许多幼稚的阶级，如“和歌”（Chorus）面具、“过门”“背躬”（aside）、武场等等。但这种“遗形物”，在西洋久已成了历史上的古迹，渐渐地都淘汰完了。这些东西淘汰干净，方才有纯粹戏剧出世。中国人的守旧性最大，保存的“遗形物”最多。皇帝虽没有了，总统出来时依旧地上铺着黄土，年年依旧祀天祭孔，这都是“遗形物”。再回到本题，现今新式舞台上有了布景，本可以免去种种开门、关门、跨门槛的做作了，但这些做作依旧存在，甚至于在一个布置完好的祖先堂里“上马加鞭”！又如武把子一项，本是古代角抵等戏的遗风，在完全成立的戏剧里本没有立足之地。一部《元曲选》里，一百本戏之中只有三四本用得着武场；而这三四本武场戏之中有《单鞭夺槊》和《气英布》两本都用一个观战的人口述战场上的情形，不用在戏台上打仗而战争的情状都能完全写出。这种虚写法便是编戏的一大进步。不料中国戏剧家发明这种虚写法之后六七百年，戏台上依旧是打斤斗、爬杆子、舞刀耍枪地卖弄武把子，这都是“遗形物”的怪现状。这种“遗形物”不扫除干净，中国戏剧永远没有完全革新的希望。不料现在的剧评家不懂得文学进化的道理，不知道这种过时的“遗形物”很可阻碍戏剧的进化，又不知道这些东西于戏剧的本身全不相关，不过是历史经过的一种遗迹，居然竟有人把这些“遗形物”——脸谱、嗓子、台步、武把子、唱功、锣鼓、马鞭子、跑龙套等等——当作中国戏剧的精华！这真是缺乏文学进化观念的大害了。

文学进化观念的第四层意义是：一种文学有时进化到一个地位，便停住不进步了；直到他与别种文学相接触，有了比较，无形之中受了影响，或是有意地吸收人的长处，方才继续有进步。此种例在世界文学史上，真是举不胜举。如英国戏剧在伊丽莎白女王的时代本极发达，有蒋生（Ben Jonson）、莎士比亚等的名著；后来英国人崇拜莎士比亚太甚了，被他笼罩一切，故十九世纪的英国诗与小说虽有进步，于戏剧一方面实在没有出色的著作；直到最近三十年中，受了欧洲大陆上新剧的影响，方才有萧伯纳(Bernard Shaw)、高尔华胥(John Galsworthy)等人的名著。这便是一例。中国文学向来不曾与外国高级文学相接触,所接触的都没有什么文学的势力;然而我们细看中国文学所受外国的影响,也就不少了。六朝至唐的三四百年中间,西域(中亚细亚)各国的音乐、歌舞、戏剧,输入中国的极多:如龟兹乐,如"拨头"戏(《旧唐书·乐音志》云"拨头者,出西域胡人"),却是极明显的例(看《宋元戏曲史》第九页)。再看唐宋以来的曲调,如《伊州》《凉州》《熙州》《甘州》《氐州》各种曲,名目显然,可证其为西域输入的曲调。此外中国词曲中还不知道有多少外国分子呢!现在戏台上用的乐器,十分之六七是外国的乐器,最重要的是"胡琴",更不用说了。所以我们可以说,中国戏剧的变迁,实在带着无数外国文学美术的势力。只可惜这千余年来和中国戏剧接触的文字美术都是一些很幼稚的文学美术,故中国戏剧所受外来的好处虽然一定不少,但所受的恶劣影响也一定很多。现在中国戏剧有西洋的戏剧可作直接比较参考的材料,若能有人虚心研究,取人之长,补我之短;扫除旧日的种种"遗形物",采用西洋最近百年来继续发达的新观念、新方法、新形式,如此方才可使中国戏剧有改良进步的希望。我现在且不说这种"比较的文学研究"可以得到的种种高深的方法与观念,我且单举两种极浅近的益处——

(一)悲剧的观念——中国文学最缺乏的是悲剧的观念。无论是小说,是戏剧,总是一个美满的团圆。现今戏园里唱完戏时总有一男一女出来一拜,叫做"团圆",这便是中国人的"团圆迷信"的绝妙代表。有一两个例外的文学家,要想打破这种团圆的迷信,如《石头记》的林黛玉不与贾宝玉团圆,如《桃花扇》的侯朝宗不与李香君团圆;但是这种结束法是中国文人所不许的,于是有《后石头记》《红楼圆梦》等书,把林黛玉从棺材里掘起来好同贾宝玉团圆;于是有顾天石的《南桃花扇》使侯公子与李香君当场团圆!又如朱买臣弃妇,本是一桩"覆水难收"的公案。元人作《渔樵记》,后人作《烂柯山》,偏要设法使朱买臣夫妇团圆。又如白居易的《琵琶行》写的本是"同是天涯沦落人,相逢何必曾相识"两句,元人作《青衫泪》偏要叫那琵琶娼妇跳过船,跟白司马同去团圆!又如岳飞被秦桧害死一件事,乃是千古的大悲剧,后人做《说岳传》偏要说岳雷挂帅打平金兀术,封王团圆!这种"团圆的迷信"乃是中国人思想薄弱的铁证。做书的人明知世上的真事都是不如意的居大部分,他明知世上的事不是颠倒是非,便是生离死别,他却偏要使"天下有情人都成了眷属",偏要说善恶分明,报应昭彰。他闭着眼睛不肯看天下的悲剧惨剧,不肯老老实实写天工的颠倒惨酷,他只图说一个纸上的大快人心。这便是说谎的文学。更进一层说:团圆快乐的文字,读完了,至多不过能使人觉得一种满意的观念,决不能叫人有深沉的感动,决不能引人到彻底的觉悟,决不能使人起根本上的思量反省。例如《石头记》写林黛玉与贾宝玉一个死了,一个出家做和尚去了,这种不满意的结果方才可以使人伤心感叹,使人觉悟家庭专制的罪恶,使人对于人生问题和家族社会问题发生一种反省。若是这一对有情男女竟能成就"木石姻缘",团圆完聚,事事如意,那么曹雪芹又何必作这一部大书呢?这一部书还有什么"余味"可说呢?故这种"团圆"的小说戏剧,根本说来,只是脑筋单简,思力薄弱的文学,不耐人寻思,不能引人反省。西洋的文学自从希腊的 Aeschylus, Sophocles, Euripides 时代即有极深密的悲剧观念。悲剧的观念:第一,即是承认人类最浓挚最深沉的感情不在眉开眼笑之时,乃在悲哀不得意无可奈何的时节;第二,即是承认人类亲见别人遭遇悲惨可怜的境地时,都能发生一种至诚的同情,都能暂时把个人小我的悲欢哀乐一齐消纳在这种至诚高尚的同情之中;第三,即是承认世上的人事无时无地没有极悲极惨的伤心境地,不是天地不仁,"造化弄人"(此希腊悲剧中最普通的观念),便是社会不良使个人消磨志气,堕落人格,陷入罪恶不能自脱(此近世悲剧最普通的观念)。有这种悲剧的观念,故能产生各种思力深沉,意味深长,感人最烈,发人猛省的文学。这种观念乃是医治我们中国那种说谎作伪,思想浅薄的文学的绝妙圣药。这便是比较的文学研究的一种大益处。

(二)文学的经济方法——我在《论短篇小说》一篇里(《新青年》四卷五号),已说过"文学的经济"的道理了。本篇所说,专指戏剧文学立论。戏剧在文学各类之中,最不可不讲经济。为什么呢?因为:(1)演戏的时间有限;(2)做戏的人的精力与时间都有限;(3)看戏的人的时间有限;(4)看戏太长久了,使人生厌倦;(5)戏台上的设备,如布景之类,有种种困难,不但须要图省钱,还要图省事;(6)有许多事实情节是不能在戏台上一一演出来的,如千军万马的战争之类。有此种种原因,故编戏时须注意下列各项经济的方法:

(1)时间的经济。须要能于最简短的时间之内,把一篇事实完全演出。

(2)人力的经济。须要使做戏的人不致精疲力竭;须要使看戏的人不致头昏眼花。

(3)设备的经济。须要使戏中的陈设布景不致超出戏园中设备的能力。

(4)事实的经济。须要使戏中的事实样样都可在戏台上演出来;须要把一切演不出的情节一概用间接法或补叙法演出来。

我们中国的戏剧最不讲究这些经济方法。如《长生殿》全本至少须有四五十点钟方可演完,《桃花扇》全本须用七八十点钟方可演完。有人说,这种戏从来不唱全本的;我请问,既不唱全本,又何必编全本的戏呢?那种连台十本、二十本、三十本的"新戏",更不用说了。这是时间的不经济。中国戏界最怕"重头戏",往往有几个人递代扮演同一个角色,如《双金钱豹》,如《双四杰村》之类,这是人力的不经济。中国新开的戏园试办布景,一出《四进士》要布十个景,一出《落马湖》要布二十五个景!(这是严格的说法。但现在的戏园里武场一大段不布景。)这是设备的不经济。再看中国戏台上,跳过桌子便是跳墙;站在桌上便是登山;四个跑龙套便是一千人马;转两个弯便是行了几十里路;翻几个斤斗,做几件手势,便是一场大战。这种粗笨愚蠢,不真不实,自欺欺人的做作,看了真可使人作呕!既然戏台上不能演出这种事实,又何苦硬把这种情节放在戏里呢?西洋的戏剧最讲究经济的方法。即如本期张缪子君《我的中国旧戏观》中所说外国戏最讲究的"三种联合",便是戏剧的经济方法。张君引这三种联合来比中国旧戏中身段,台步,种种规律,便大错了。三种联合原名 The Law of Three Unities,当译为"三一律"。三"一"即是:(1)一个地方,(2)一个时间,(3)一桩事实。我且举一出《三娘教子》作一个勉强借用的例。《三娘教子》这出戏自始至终,只在一个机房里面,只须布一幕的景,这便是"一个地方";这出戏的时间只在放学回来的一段时间,这便是"一个时间";这出戏的情节只限于机房教子一段事实,这便是"一桩事实"。这出戏只挑出这一小段时间,这一个小地方,演出这一小段故事;但是看戏的人因此便知道这一家的历史;便知道三娘是第三妾,她的丈夫从军不回,大娘二娘都再嫁了,只剩三娘守节抚孤,这儿子本不是三娘生的,……这些情节都在这小学生放学回来的一个极短时间内,从三娘薛宝口中,一一补叙出来,正不用从十几年前叙起:这便是戏剧的经济。但是《三娘教子》的情节很简单,故虽偶合"三一律",还不算难。西洋的希腊戏剧遵守"三一律"最严;近世的"独幕剧"也严守这"三一律"。其余的"分幕剧"只遵守"一桩事实"的一条,于时间同地方两条便往往扩充范围,不能像希腊剧本那种严格的限制了(看《新青年》四卷六号以来的易卜生所作的《娜拉》与《国民之敌》两剧便知)。但西洋的新戏虽不能严格地遵守“三一律”,却极注意剧本的经济方法:无五折以上的戏,无五幕以上的布景,无不能在台上演出的情节。张谬子君说,“外国演陆军剧,必须另筑大戏馆。”这是极外行的话。西洋戏剧从没有什么“陆军剧”;古代虽偶有战斗的戏,也不过在戏台后面呐喊作战斗之声罢了;近代的戏剧连这种笨法都用不着,只隔开一幕,用几句补叙的话,便够了。《元曲选》中的《薛仁贵》一本,便是这种写法,比《单鞭夺槊》与《气英布》两本所用观战员详细报告的写法更经济了。元人的杂剧,限于四折,故不能不讲经济的方法,虽不能上比希腊的名剧,下比近世的新剧,也就可以比得上十六七世纪英国、法国戏剧的经济了(此单指体裁段落,并不包括戏中的思想与写生工夫)。南曲以后,编戏的人专注意词章音节一方面,把体裁的经济方法完全抛掉,遂有每本三四十出的笨戏,弄到后来,不能不割裂全本,变成无数没头没脑的小戏!现在大多数编戏的人,依旧是用“从头至尾”的笨法,不知什么叫做“剪裁”,不知什么叫做“戏剧的经济”。

补救这种笨伯的戏剧方法,别无他道,只有研究世界的戏剧文学,或者可以渐渐地养成一种文学经济的观念。这也是比较的文学研究的一种益处了。

以上所说两条——悲剧的观念,文学的经济——都不过是最浅近的例,用来证明研究西洋戏剧文学可以得到的益处。大凡一国的文化最忌的是“老性”;“老性”便是“暮气”。一犯了这种死症,几乎无药可医;百死之中,只有一条生路:赶快用打针法,打一些新鲜的“少年血性”进去,或者还可望却老还童的功效。现在的中国文学已到了暮气攻心、奄奄断气的时候!赶紧灌下西方的“少年血性汤”,还恐怕已经太迟了;不料这位病人家中的不肖子孙还要禁止医生,不许他下药,说道,“中国人何必吃外国药!”……哼!

(第五卷第四号,一九一八年十月十五日)

戏剧改良各面观

傅斯年

这篇《戏剧改良各面观》的意见，是我一年以来，时时向朋友谈到的，然而总没写成篇章。十日前，同学张谬子君和胡适之先生辩论废唱问题，我见了，就情不自禁了。但是我在开宗明义之前，有两件情形，要预先声明的：

第一，我对于社会上所谓旧戏、新戏，都是门外汉。

第二，我对于中国固有的音乐和歌曲，都是门外汉。

既然都是门外汉，如何还要开口呢？据我个人观察而论，中国人熟于戏剧音乐一道的，什么是思想牢固的了？不客气说来，就是陷溺深的了，和这些“门内汉”讨论“改良”“创造”，绝对不肯容纳的。我这门外汉，却是不曾陷溺的人。我这篇文章，就以耳目所及为材料，以直觉为判断，既不是“随其成心而师之”，也就不能说我不配开口。

我以为改良旧戏和创造新戏，是两个问题（理论详第四节）。应否改良创造的理论，和怎样改良创造的方法，又是两个问题。我们但凡把眼光放大些，可就觉得现在戏剧的情形，不容不改良，真正的新剧，不容不创造；现在止当讨论怎样改良创造的方法，应否改良创造的理论，不成问题了。——若是还把极可宝爱的时光，耗费在讨论这个上，就是中国人思想，处处落在人后的证据。然而就中国社会可怜的情形而论，却不能不供出思想处处落在人后的证据。我们若迳然讨论方法，便有大多数人根本反对道：“何必要改良？”无可如何，只好先把旧戏的情形，作一具体的评判。我还要自己承认，这个评判，是不得已而出的“费话”。

一　旧戏的研究

我们对于旧戏的形式和材料，不表同情，原不消说。然而仅仅漫骂，也不能折人之心。照我意思，先就戏剧进化的阶级为标准，看看现在戏界，进化到何等地步？更就中国戏剧和中国社会同用的关系，判断现在戏界的真正价值如何。易词说来，前者以戏剧历史为观察点，后者是个社会问题。二者并用，似乎可得个概括的论断。

现在中国各种戏剧，无论“昆曲”“高腔”“皮簧”“梆子”，总是“鳖血龟水，分不清白”，在一条水平线上。不仅这样，这般高等戏，和那些下等的“碰碰戏”“秧歌戏”“高翘戏”，也在一个水平线上。虽然词句雅俗、情节繁简、衣饰奢俭，有绝大的分别，若就他组成的分子而论，却是同在一个阶级，没高下之别的。真正的戏剧纯是人生动作和精神的表象（Represcntation of human action and Spirit），不是各种把戏的集合品。可怜中国戏剧界，自从宋朝到了现在，经七八百年的进化，还没有真正戏剧。还把那“百衲体”的把戏，当做戏剧正宗！中国戏剧，全以不近人情为贵，近于人情，反说无味。请问：戏剧本是指写人事的，何以专要不近人情？纯粹戏剧不能不近人情，百衲体的把戏，虽欲近人情而不能组成纯粹戏剧的分子，总不外动作和言语。动作是人生通常的动作，言语是人生通常的言语；百般把戏，无不含有竞技游戏的意味，竞技游戏的动作言语，却万万不能是人生通常的动作言语；——所以就不近人情，就不能近人情了。譬如打脸，是不近人情的。何以有打脸？同为有脚色，何以有脚色？因为是下等把戏的遗传。譬如“行头”，总不是人穿的衣服。何以要穿不是人穿的衣服？因为竞技游戏，不能不穿离奇的衣服。譬如花脸，总做出人不能有的粗暴像。何以要做出人不能有的粗暴像？因为玩把戏不能不这样。譬如打把子、翻筋斗，更是岂有此理了，更可以见得是竞技的遗传了。平情而论，演事实和玩把戏，根本上不能融化：一个重摹仿，一个重自出；一个要像，一个无的可像；一个重情节，一个要花鞘，简直是完全矛盾。中国人却不以完全矛盾见怪，反以“兼容并包”为美。那些下等戏，像上文所举的“碰碰”“秧歌”“高翘”……之类，虽然没有这些上等戏兼容并包的大量，却同是不离乎把戏的精神。在西洋戏剧是人类精神的表现（Interpretation of human Spirit），在中国是非人类精神的表现（Interpretation of inhuman Spirit）。既然要和把戏合，就不能不和人生之真拆开。所以我以为,中国的上等戏、下等戏在一条水平线上,是就戏剧演进的阶级诊断定了的,是就他们组成的原素分析比较过的。好比猴子,进化到毛人,就停住了,再也不能变人了;中国的戏,到了元朝,成了“杂剧”“南戏”的体裁,就停住了,再也不能脱开把戏了。

唱工一层,旧戏的“护法使者”,最要拿来自豪。唱工应废不应废,别是一个问题(解详第四节)。纵使唱工不废,“京调”中所唱的词句,也是绝对要不得。歌唱一种东西,虽不能全合语言的神味,然而总以不大离乎语言者近是。且是曲折多、变化多、词句参差、声调抑扬,才便于唱。若用木强的调调儿,总是不宜。“京调”不能救治的毛病,就在调头不好,——不是七字句,就是两三加一四的十字句。任凭他是绝妙的言语,一经填在这个死板里,当时麻木不仁,索然无味起来。这个点金成铁的缘故,全是因为调头不是,——不合言语的自然,所以活泼泼的妙文,登时变成死言语,不合歌曲的自然,所以必须添上许多“助声”“转声”。我们说话,不是定要七字、十字,唱曲何必定要七字、十字?从四言、五言乐府,变成七言乐府,是文学的进化,因为七言较比五言近于语言了;从七言乐府变成词,是文学的进化,因为词更近于语言了;从稍嫌整齐的词,变成通体参差的曲,是文学的进化,因为曲尤近于语言了;可是整齐的“京调”代不整齐的“昆弋”而起,是戏曲的退化,因为去语言之真愈远了。现在把一部《乐府诗集》和一部《元曲选》比较一看,觉得《元曲选》里的词调好得多。使我们起这种感觉,固然不止一个原因。然而主要原因,总因为乐府整齐,所以笨拙;元曲参差,所以灵活。再把一部《元曲选》和十几本《戏考》比较一看,又要觉得生存的“京调”,尚且不如死了五百年的元曲,也是这个道理。所以我敢断言道:“京调”根本要不得,那些“转声”“助声”,正见其“黔驴技穷”,和八代乐府没奈何时,加上些“妃”“豨”是一样的把戏。“京调”的来源,全是俗声:下等人的歌谣,原来整齐句多,长短句少,——这是因为没有运用长短句的本领,——“京调”所取裁,就是这下等人歌唱的款式。七字句本是中国不分上下今古最通行的,十字句是三字句、四字句集合而成,三字句、四字句更是下等歌谣的句调。总而言之,“京调”的调,是不成调,是退化调。就此点而论,“京调”的上等戏,又和那些下等戏在一条水平线上了。照这看来,中国现在的戏界,不特没有进化到纯粹的戏剧,并把真正歌曲的境界,也退化出去了。

我再把中国戏剧,和中国社会相用的关系说个大概。有人说道,中国戏剧,最是助长中国人淫杀的心理。仔细看来,有这样社会的心理,就有这样戏剧的思想;有这样戏剧的思想,更促成这样社会的心理。两事是交相为用,互成因果。西洋名剧,总要有精神上的寄托;中国戏曲,全不离物质上的情欲。同学汪缉斋对我说,中国社会的心理,是极端的"为我主义";我要加上几个字道,是极端的"物质的为我主义"。这种主义的表现,最易从戏曲里观察出来。总而言之,中国戏剧里的观念,是和现代生活根本矛盾的。所以,受中国戏剧感化的中国社会,也是和现代生活根本矛盾的。

二　改革旧戏所以必要

照上文所说,中国戏剧,既然这样下等,应当改革的道理,可就不必多说了。但是,关于旧戏的技术、文学各方面,还有批评未到的地方,现在再论一番,作为改革旧戏所以不必要的根据。

就技术而论,中国旧戏,实在毫无美学的价值。举其最显著的缺点:第一,是违背美学上的均比律(law of proportion)。譬如一架黄包车,安上十多支电灯,最使人起一种不美不快的感觉。这是因为:十几支电灯的强度,和个区区的黄包车,不能均比。中国戏剧,却专以这种违背均比律的手段为高妙。《红鸾喜》上的金玉奴,也要满头珠翠,监狱里的囚犯,也要满身绸帛。不能彼此照顾,互相陪衬,处处给人个矛盾的、不能配合的现象,那能不起反感?第二,是刺激性过强。凡是声色一类,刺激甚易的,用来总要有节制。因为人类官能,容易疲乏,一经疲乏,便要渐渐麻木不仁,失了本来的功用了。更进一层:人类的情绪,不可促动太高。若是使人心境顿起变化,有不容呼吸的形势,就大大违背"美术调节心情"的宗旨。旧戏里头,声音是再要激烈没有的,衣饰是再要花鞘没有的。曲终歌罢,总少觉"余音绕梁"的余韵,只有了头昏眼花的痛苦。眼帘耳鼓,都刺激疲乏不堪了,请问算美不算美?至于刺激心境,尤其利害。总将生死关头,形容的刻不容发,让人悬心吊胆,好半天不舒服。这种做法,总和美学原理,根本不相容。第三,是形式太嫌固定。中国文学和中国美术,无不含有"形式主义"(formalism),在于戏剧,尤其显著。据我们看来,"形式主义"是个坏根性,用到那里那里糟。因为无论什么事件,一经成了固定形式,便不自然了,便成了矫糅造作的了;何况戏剧一种东西,原写人生动作的自然,不是固定形式能够限制的。然而中国戏里,

"板"有一定,"角色"有一定,动作言语有一定,"千部一腔,千篇一面"。不是拿角色来合人类的动作,是拿人类的动作来合角色。这不是演动作,只是演角色。犹之失勒博士(Dr.F.C.S.Schiller)批评"形式逻辑"道:"'形式逻辑'不是论真伪,是论假定的真伪。"(此处似觉拟于不伦,然失勒之批评"形式逻辑",乃直将一切"形式主义"之乖谬而论辩之,其意于此甚近,但文中不便详引耳。)西洋有一家学者道:"齐一即是丑(Uniformity means ugliness)。"谈美学的,时常引用这句话。就这个论点衡量中国戏剧,没价值的地方,可就不难晓得了。第四,是意态动作的粗鄙。唱戏人的举动,固然聪明的人,也能处处用心。若就大多数而论,可就粗率非常,全不脱下等人的贱样,美术的技艺,是谈不到的。看他四周围的神气,尤其恶浊鄙陋,全无刻意求精、情态超逸的气概。这总是下等人心理的暴露,平素没有美术上训练的缘故。第五,是音乐轻躁。胡琴一种东西,在音乐上,竟毫无价值可言。"躁音浮响,乱人心脾",全没庄严流润的态度。虽然转折狠多,很肖物音,然而太不蕴籍,也就不能动人美感了。旧戏的音乐,胡琴是头脑,然而胡琴竟是如此不堪。所以专就音乐一道评判旧戏,也是要改良的。——上来所说五样,原不能尽,但是总可据以断定:美术的戏剧,戏剧的美术,在中国现在尚且是没有产生。

再就文学而论,现在流行的旧戏,颇难当得起文学两字。我先论词句。凡做戏文,总要本色,说出来的话,不能变成了做戏人的话,也不能变成唱戏人的话,须要恰是戏中人的话,恰合他的身分心理,才能算好,才能称得起"当行"。所以戏文一道,是要客观,不是要主观;是要实写的,不是给文人卖弄笔墨的。"昆曲"的词句,尚且在文学范围之内。然而卖弄笔墨的地方,真太利害了,把元"杂剧"、明"南曲"自然的本色,全忘干净了,所以渐渐不受人欢迎了。"京调"却又太不卖弄笔墨了,翻开十几本《戏考》,竟没一句好文章,全是信口溜下去,绝不见刻意形容,选择词句的工夫。这是因声造文,不是因文造声,是强文就声,不是合声于文。一言以蔽之:京调的文章,只是浑沌,无论甚人,都是那样调头儿。若必须分析起来,也不过一种角色,一种说话法。同在一个角色里头,却不因时因地,变化言辞。这样的"不知鸟之雌雄",还有什么文学的技艺可说?我再论结构。中国文章不讲结构,原不止一端,不过戏文的结构,尤其不讲究。总是"其直如矢,其平如底",全没有曲折含蓄的意味。无数戏剧,只像是一个模磕下来的,——有一个到处应用的公式。若是叙到心境的地方,绝不肯用寓情于事、推彼知此的方法，总以一唱完之大吉。这样办法，固然省事，然而兴味总要索然了。我再论体裁。旧戏的人物，不是失之太多，就要失之太少。太多时七错八乱，头绪全分不清楚了；太少时一人独唱，更不能布置情节。文学的妙用，组织的工夫，全无用武之地了。譬如"昆曲"里的《思凡》文词意思，我都狠恭维他。但是这样不成戏剧的歌曲，只可归到广义的诗里算一类，没法用戏剧的法子去批评他。戏里这样一人独唱的，固是绝无仅有。然而举此倒彼，那些不讲究的体裁，正是多著呢。——照这看来，中国的戏剧文学，总算有点惭愧。

论到运用文笔的思想，更该长叹。中国的戏文，不仅到了现在，毫无价值，就当他的"奥古斯都期"，也没什么高尚的寄托。好文章是有的（如元［北曲］、明［南曲］之自然文笔），好意思是没有的。文章的外面是有的，文章里头的哲学是没有的，所以仅可当得玩弄之具，不配第一流文学。就以《桃花扇》而论，题目那么大，材料那么多，时势那么重要，大可以加入哲学的见解了。然而不过写了些芳草斜阳的情景，凄凉惨淡的感慨。就是史可法临死的时候，也没什么人生的觉悟。非特结构太松，思想里也正少高尚的观念。就是美术上、文学上做得到家，没有这个主旨，也算不得什么。大前年我读莎士比亚的 *Merchant of Venice*，觉得"To baid fish withal……"一段，说人生而平等，何等透彻。只是卢梭以前的《民约论》，在我们元曲选上，和现在的"昆弋""京调"里，总找不出。我狠盼望以后作新戏的人，在文学的技术而外，有个哲学的见解来做头脑。那种美术派（Aesthetical School）的极端主张，是不中用的。

再把改良戏剧，当作社会问题讨论一番。旧社会的穷凶极恶，更是无可讳言。旧戏是旧社会的照相，也不消说。当今之时，总要有创造新社会的戏剧，不当保持旧社会创造的戏剧。旧社会的状况，只是群众，不算社会，并且没有生活可言。这话说来狠长，不是这篇文章里，能够全说的。约举其词，中国社会的里面，只是散沙一盘，没有精密的组织，健全的活动力，差不多等于无机体。中国人却喜欢这样群众的生活，不喜欢社会的生活，——这不就简直可说是没有生活吗？就是勉强说他算有生活，也只好说是无意识的生活。你问他人生真义是怎样，他是不知道；你问他为什么我教做我，他是不知道；他是阮嗣宗所说大人先生胯裆里的虱子，自己莫名其妙的；他不懂得人怎样讲；他觉得戕贼人性以为仁义，犹之乎戕贼杞柳以为杯棬；他不觉得人情有个自然、有个自由的意志；他在樊笼里，却很能过活得，并且忘了是在樊笼里了。——这是中国人最可怜的情形。将来中国的运命,和中国人的幸福,全在乎推翻这个,另造个新的。使得中国人有贯彻的觉悟,总要借重戏剧的力量,所以旧戏不能不推翻,新戏不能不创造。换一句话说来,旧社会的教育机关不能不推翻,新社会的急先锋不能不创造。上来说的,都是新剧所以必要的根据。我还要声明一句,对于有知觉的人,这都算费话。

三 新剧能为现在的社会容受否?

戏剧应当改良的理论,纵然十分充足,若是社会全无容受的地步,也不过空论罢了。所以我们要考察现在社会的情形,能容新剧发生否?说到中国戏剧界,真令人悲观得很。一般"戏迷",正在那里讲究唱工、做工、胡琴的手段、打板的神通,新剧的精神,做梦还没梦到呢。记得一家报纸上说:"布景本不必要,你看老谭唱时,从没有布景,不过把一张桌子、几把椅子,搬来搬去,就显出地位不同来。西洋人唱做不到家,所以才要布景。"这种孩子话,竟能代表许多人。想在这样社会里造出新剧来,如何不难?但是细细考察起来,新剧的发生,尚不是完全无望。专就北京一部而论,——其实到处都是这样,——听戏的人,大部分为两种。第一种人是自以为狠得戏的三昧,——其实是中毒最深的,——听到旧戏要改良的话,便如同大逆不道一样。所以梅兰芳唱了几出新做的旧式戏,还有人不以为然,说:"固有的戏尽够唱的,要来另作。一定是旧的唱不好了,才来遮丑。"你想,和这种人还有什么理论?——然而娴熟旧戏的人,差不多总是这样思想。第二种人在戏剧一道,原不曾讲究,不过为声色的冲动力所驱使,跑到戏园里,"顾而乐之"。这种人在戏界里虽没势力,在社会上却占大多数,普通听戏的人,差不多总是这样。现在北京有一种"过渡戏"出现,却是为这一般人而作。所谓"过渡戏"者,北京通称新戏,但是虽然和旧戏不同,到底不能算到了新戏的地步。那些摆场做法,从旧的很多,唱还没有去了。有一个作戏评的人,造了这个名词,我且从他。社会上欢迎这种戏的程度,竟比旧戏深得多。奎德社里一般没价值的人,却仗这个来赚钱。我有一天在三庆园听梅兰芳的《一缕麻》,几乎挤坏了。出来见大栅栏一带,人山人海,交通断绝了,便高兴的了不得。觉得社会上欢迎"过渡戏",确是戏剧改良的动机。在现在新戏没有发展的时候,这样"过渡戏",也算慰情聊胜无了。既然社会上欢迎“过渡戏”比旧戏更很,就可凭这一线生机,去改良戏剧了。

说到新思想一层,社会上也不是全不能容受。我在旧戏里想找出个和新思想即合的来,竟找不出;只有“昆曲”里的《思凡》还算好的。看起来竟是一篇宗教革命的文章,把尼姑无意识的生活,尽量形容出来。这篇《思凡》本是《孽海记》的一出。就《孽海记》全体而论,也没甚道理可说。我这番见解,总算断章取义罢了。一个女孩儿,因为父母信佛,便送到庵里去。自己于佛书并未学过,佛家的宗旨,既然不知道,出家的道理,更是不消说,却囚在那里,如同入了隧宫一般,念那些全不懂得半梵半汉的佛经。什么思凡不思凡,犹可置而不论。只这无意识的生活,是最不能容忍的,跑下山去,也不过别寻一个有意识的生活罢了(“只因俺父好念经”一段,下至“怎知俺感叹多”,把这个意思形容尽致)。所以就这篇曲子的思想而论,总算极激烈的。但是一人独唱,全没情节,听戏的人不能懂得这个意思,却无从照着社会上欢迎这篇戏的程度,来判断新思想的容受。我后来又找出“过渡戏”《一缕麻》是有道理的,这篇戏竟有“问题戏”的意味。细分起来,有几层意思可说。

(一)婚姻不由自主,而由父母主之,其是非怎样?

(二)父母主婚姻,不为儿女打算,却为自己打算,其是非怎样?

(三)订婚以后,只因为体面习惯的关系,无论如何情形,不能解约。明知火坑,终要投入,其是非怎样?

(四)忽而有名无实的丈夫,因极离奇的情节死掉了,他的妻以后的生活,应当怎样自处?在现在社会习惯之内,处处觉得压迫的力量,总要弄到死而后已。

(五)父、母、庶母、女儿间的关系,中表兄妹的关系,——就是中国人家庭的状况,——何以借此表见?

总而言之,这戏的主旨,是对于现在的婚姻制度,极抱不平了。在作原文的包天笑,未必同我这见解一样;在演成戏剧的人和唱这戏的人,未必有极透彻的觉悟,然而就凭这不甚精透的组织,竟然狠动人感情了。我第一次同同学去看,我的同学,当然受很大的刺激。后来又和亲戚家几位老太太去看,回来我问他们道:“觉得怎样?”他们说:“这样订婚,真是没道理。”咳!这没道理一句话,我想听的人心里,总有这样觉悟。这点觉悟,就是社会上能容纳新思想的铁证。虽然中国人的思想,多半是麻木性的,——不肯轻意因为没道理,——就来打破这没道理。若使有人把这没道理说的透彻了,用法子刺激利害了,也就不由的要打破这没道理了。凭这一点不曾枯亡尽的“夜气”,“扩而充之”,不怕不能容受新思想。所以说到改良戏剧的骨子,还不算是绝望。

至于做法、场面一律改革,尤当受人欢迎。因为旧法子处处板滞,处处没趣。在不常听戏的人看来,竟不能分青红皂白;一经改了新式,便能活泼的紧。现在人唱戏,有时把旧戏里一枝一节,改变法子,成个新样,听戏的人,总觉分外受用。若是完全改了,死的变成活的了,如何不尤其讨人好?譬如梅兰芳唱《狮吼记》,原是古装,怕婆子一场,忽然变成时装了。这样办法,真是矛盾,然而形容怕婆子,总不是古装能做出来的,用时装反觉得格外亲切。衣服尚且如此,何况做法、排场呢?

至于音乐歌唱一层,就原理而论,戏剧里有歌唱,仍是歌曲的遗传,仍不脱“百衲”的本质,和专效动作的真戏剧根本矛盾。就一般妇孺以及不常听戏的男子而论,歌唱原无所用。然而在街巷里,总听见人顺嘴胡唱,在朋友处,常听见他唱几嗓子。这是为何呢?据我看来,喜欢音乐歌唱,是人性的自然。所不幸者,(一)中国可唱的没通俗诗词曲子;(二)歌谣太少了;(三)学校家庭,又全不管音乐;(四)再加上乐器缺乏。有这许多原因,几乎使得中国人和乐曲断绝关系。却又为本能所迫,情不自禁,可就侵犯别处,大嚼戏里的唱了。我以为将来新剧废唱,是绝对的可能,——因为戏里原不能要唱。看戏的人,原不注意在唱,现在所以注重在唱,是一时变态,是别种情形压迫的。——但是这四层缺陷,总是要尽力弥补。若不弥补,虽然可能,不过是少量的可能,不能风行一世。不能把大多数的戏,都变成废唱,不能使得人人知道。演剧和唱曲,是不能融合的两件事。

照上文所说,废唱已经比较别种情形为难办。再加上剧本的缺乏,剧才的缺乏,剧场的缺乏,改革戏剧一种事业也是不易做的。虽然不易做,却又是不能不做的急务。好在改革的动机,和社会的容受情形,很有可以乐观的地方,只好请有心人勉为其难了。——就乐观的地方看来是那样,就困难的地方看来是这样,所以我以为新剧发生,绝对可能。但总要少需时日,早则三年,迟则五岁。现在是在胚胎期,应当做预备的事业。

四 旧戏改良

未来的新剧,唱工废了,做法一概变了,完全是模仿人生真动作,没有玩把戏的意味了,——拿来和旧戏比较,简直是两件事。所以说旧戏改良,变成新剧,是句不通的话,我们只能说创造新剧。但是在这新剧未登舞台以前,——在这预备时代,——难道就容那些不堪的旧戏,仍旧引诱社会吗?照我意思,这预备时代的事业,应当分两途做去:为将来新剧打算,是要编制剧本,培植剧才,供给社会剧学的常识;为现在戏界打算,还要改演"过渡戏",才可以导引现在的社会,从极端的旧戏观念到纯粹的新戏观念上头去。这有三种理由:

(一)现在唱戏的人,十之九不是新剧才,教他做纯粹新戏,绝对的不可能。若是另由别人演做新戏,一时又办不到。在这过渡时代的办法,不妨降格迁就,请这些人多唱"过渡戏"。"过渡戏"虽然不好,总比旧戏高了,总可作将来新戏的引子。

(二)音乐歌曲,放在戏剧里,固是不通,但是当现在他种音乐极不发达的时代,若把戏里歌乐除去了,一般人对于戏剧,便顿然冷淡了许多。若暂且不废歌乐,正可借这歌乐的力量,引导一般人,到新戏观念和新思想上来。——歌乐和情节,是旧戏的两种原素。旧戏对于情节一层,却极不修饰。"过渡戏"若果注意这件,改造好了,听戏人心里,就要从注重歌乐一方面,转到专重情节、忘却歌乐一方面。这是用音乐的效用,导引他来听"过渡戏"。一转之间,又用"过渡戏"的情节,导引他来容受废唱的纯粹新戏。这样做法,看起来似乎曲折,事实上必能很见功效。

(三)创造新戏,比创造新体文学,难好几倍。都因为后者可以孤行己意,不必管社会容受的情形,前者却不能对于社会宣告独立。登台说法,总要有人来听,如果没人理,一番事业,无从措手了。为这缘故,有不能不体察社会情形的形势。我们并不是服从社会,是用迁就社会的手段,来征服社会。

我这主张,不过因为过渡时代,不能不有过渡的办法。等到新剧预备圆满了,我便要主张废除"过渡戏",犹之乎现在主张废除旧剧了。——这"过渡戏"的功用,不过像个过得的桥罢了。我还要劝告演唱"过渡戏"的人,对于思想上、情节上,多多留神,破除旧套,这样才能显出"过渡戏"的过渡效用呢。

到了新剧发生、"过渡戏"消灭的时候，中国式的戏曲，就从此告终吗？我想旧戏到了这时代，总要改变体式，另成一宗；就是从戏剧的位置，退到歌曲的地步。易词说来，从音乐、歌唱、情节三种混合品，离开情节退到纯粹的音乐度曲。这个极小的范围，是旧戏退一步保守得住的。何以见得？

（一）新戏里绝对不容唱的存留，容或有人觉得枯寂。有这样歌曲，可以在演剧之先，或者演剧之后，点缀一下，以为余兴。西洋舞台上，每当戏剧开幕以前，或两幕之间，总有音乐，正是这个意思。

（二）歌曲也是优美的文学，存留著他，可借这体裁，造出许多好文章。

（三）戏剧、歌曲进化的阶级，大略四层：(1)各样把戏和歌曲独立并存；(2)歌曲里容的把戏的材料，再略带上些演故事；(3)成了戏曲的体裁，故事重了，歌曲反轻了；(4)纯粹戏剧成立，歌曲又退出来，去独立了。这个情形，西洋如此，日本如此，中国已到了第三级，想来第四级也必如此。

但是我要保存的独立歌曲一小部，也不是不待改良的。改良之点有两件：

（一）造曲　中国乐歌里，实在曲牌太少，还有许多不适用的。总要不为古人所限，自造若干，才能便于使用。歌唱一道，本极复杂，照著数学上 Combinabin 和 Permutation 的道理，再造百倍二百倍多的曲调，也不穷尽。

（二）改乐　胡琴是件最坏的东西，梆子锣鼓，更不必说。若求美学的价值，不能不去。笛子却好，月琴也可将就。古乐里的琵琶，不妨再用。若果能采取西洋乐器，像短笛、钢琴、"外鄂林"之类，尤其好了。

五　新剧创造

我在上文说过，今年今日，尚不是新剧发生时候，现在还在预备期中。将来发生时一切设施，有许多不便揣拟的，姑且存而不论。我暂把预备时代的预备事业，举出几条，奉请有心此道的人做起来。

第一是编剧问题。我起初想来，中国现在尚没独立的新文学发生，编制剧本，恐怕办不好。爽性把西洋剧本翻译出来，用到剧台上，文笔思想，都极妥当，岂不省事。后来转念道，西洋剧本是用西洋社会做材料，中国社会，却和西洋社会隔膜的紧。在中国剧台上排演直译的西洋戏剧，看的人不知所云，岂不糟了？这样说来，还要自己编制。但是不妨用西洋剧本做材料，采取他的精神，弄来和中国人情合拍了，就可应用了。换一句话说来，直译的剧本，不能适用，变化形式，存留精神的改造本，却是大好。至于做独立的编制，更要在选择材料上，格外谨慎。旧戏最没道理的地方，就是专拿那些极不堪的小说作来源。新戏要有新精神，所以这一点万不可再蹈覆辙。材料总要在当今社会里取出，更要对于现在社会，有了内心的观察，透彻的见地，才可以运用材料，不至于变成"无意识"。我希望将来的戏剧，是批评社会的戏剧，不是专形容社会的戏剧；是主观为意思、客观为文笔的戏剧，不是纯粹客观的戏剧。

将来新剧本，尤要力避文笔粗率。这个毛病，是中国文人的通病，我恐怕将来的新剧作家，免不了这样。剧中人的心情，总不可爽爽快快，自己道出来。在旧戏里一唱了之，真弄得索然兴尽。新戏虽没有唱，却可以造出一个对面人来说白一番；这样固然省事，价值可算没一点了。拿小说作比喻，《水浒》里的宋江，《红楼梦》里的刘姥姥，骨子里何等诈变，外面却专避诈变，却又使得读书的人处处觉出诈变，这种笔法，精细极了。曹雪芹常常替贾宝玉、林黛玉说出心里的层次。有人说道："这两人的心理太曲折，不能'曲喻'。"我说："若是曹雪芹文笔更好一层，可就能'曲喻'了。"我希望将来新剧本，全用"曲喻"，不用"直陈"。就引动观者兴趣而论，就文学的价值而论，是不得不然的。

第二是新剧主义的鼓吹。现在一般的人，对于新剧的观念，全不曾有，忽然新剧发生，容受上总要困难的。所以应当有个鼓吹新剧主义的机关，把旧戏所以不能存在的道理，尽量传布。一面作概括的讨论，通论旧戏的情形，一面作分别的批评，就每出戏批评去，再把新剧的组织、新剧的思想、新剧的精神，张旗擂鼓的道来，使得社会知道新剧是个什么东西，可就便于发展了。等到将来新剧发生，这种机关也是要的，因为新剧组织总要精密，寓意总要深切；在薄于思想力的中国人看起来，恐怕有许多误会，——就是不懂，——非来"面命""提耳"不可。我觉得中国人看西洋的问题戏，不但不能用批评的眼光来解答这问题，并且不知道戏里有什么问题，——这都因为脑筋浑沌。所以在新剧没发生时，这个机关是"宣教师""急先锋"，在发生以后，是"良师、净友"。

六　评戏问题

戏评对于戏界影响的大,原不消说。但是看到现在北京的戏评界,——中国的戏评界,——真教人无限感叹。姑且举几件最不满意的情形:第一,是不批评,这是中国人的通病,只会恭维人、骂人,却不会批评人。说他好,就满纸堆砌上许多好字眼;说他不好,就满纸堆砌上许多坏字眼;只有形容,——不称实的形容,——没有批评。批评原不是容易做的,总要有精密的思想力才可。否则空空洞洞,浮浮泛泛,焉得不说些支吾铺张话,——支吾,铺张,就是不批评。第二是不在大处批评。每天报上登的戏评,不是说"某某身段好",就是说"某某做工好",再不就是说"某句反二簧唱得好","某句西皮唱得好",从来少见过论到戏里情节通不通、思想是不是、言语合不合的。这样专在小地方做工夫,忘了根本,如何能使得戏剧进化?第三是评伶和评妓一样。以前的人,都以为优娼一类(文人也夹在里头),就新人生观念说来,娼妓是没有人格的,优伶却是一种正当职业。不特是正当职业,并且做好了是美术、文学的化神,培植社会的导师。所以古代的莎士比亚、近代的易卜生,都曾经现身说法。更有许多女伶,被人崇拜为艺术大家。然而,中国人依然用亵视人格的办法,去评戏子,恭维旦角,竟和恭维婊子一样。请问是恭维他还是骂他?——凡亵视别人的人格,就是亵视自己的人格;待别人当婊子,就是先以婊子自待。然则婊子评戏,还有甚话可说。第四是党见。党见闹深了,是非全不论了,评戏变成捧角了。这样情形,或者因为个人嗜好乖谬,或者因为怀抱结交之心,或者竟为金钱所使,——总而言之,是不堪问的。北京的剧评家,差不多总要时时刻刻犯这些毛病。我只见有署名春柳旧主者,还偶然评到戏的情节上去,并把现在所谓新戏,叫做"过渡戏",这也算是难得了。缪子君也常有很聪明的说话。

痛快说来,要想改良戏剧,不先改良剧评,才是缪子君说的"空口说白话"呢。所以我希望缪子君和他同好的人,将来的事业,正是多着呢!

七年九月五—六日

(第五卷第四号,一九一八年十月十五日)

再论戏剧改良

傅斯年

（一）答张豂子论旧戏；（二）编剧问题。

上月我做了一篇《戏剧改良各面观》交给胡适之先生。过了几天，胡先生说，同学张豂子君也做了一篇文章，替旧戏辩护。我急速取来一看。同时我在《晨钟》报上，看见豂子君的《戏园的改良谈》；又有位朋友，把《讼报》上登载的欧阳予倩君所作《予之改良戏剧观》剪寄给我。我对于这几篇文章，颇有所感触，不能自已于言，所以再做这一篇。

欧阳君的文，我看了一遍，不由得狂喜。戏评里有这样文章，戏剧家有这样思想，我起初再也料不到。我的《戏剧改良各面观》和欧阳君说的，竟有许多印合的地方，所以我对于欧阳君的文章，也就不再加以评论。我是剧界的“旁观人”“门外汉”，我的议论，自然难以得人信服；欧阳君是戏界中人，欧阳君的说话，是从亲身体练得来。反对戏剧改良的人，可不能再说改良戏剧仅仅是理想之谈了。——改良戏剧的呼声，从剧界发出，这番改良的事业，前途更有希望。

豂子君要改良戏园，虽然不关戏剧问题，在现在也算当务之急，也是戏剧改良预备时代应当做的事业，——因为新戏不能入旧剧场。——就请豂子君和有志此道的人，劝那些戏园东家和掌班的做去。这原是一件功德事。

豂子君辩护旧戏的文章，处处和我心里刺谬，窃取“不敢苟同”之义，每条加以讨论。

豂子君把“抽像”“假像”，混做一谈，其实这两名词，绝不是一件东西。“抽像”对于“具体”而言。“假像”对于“实像”而言。“假像”对于“实像”，是代表的作用

(Representation);"抽像"和"具体",一个是"总"(Universalis),一个是"单"(Particula)。缪子君当做一件事,看的人就不能明白了。况且"抽像"必须离开"具体","体"(Concrete)不曾脱去,如何说得上"抽"(abstraction)?一拿马鞭子,一跨腿,仍然是"具体",不是"抽像":曹操带领几个将官,几个小卒,走来走去,仍然是"具体",不是"抽像";拿张蓝布当城墙,两面黄旗当车子,更无一不是"具体",更无一算做"抽像";上马是一种具体的像,一拿马鞭子,一跨腿,又是一种具体的像;……两件事更没有"总""单"的作用。若说这样做法,含有 Symbolic 的意味,所以可贵(张缪子君说的"假像",据我揣度,或者指 Symbolism? 我想不出中文对当名词,暂用原文)。其实 Symbolism 的用处,全在"视而可识,察而见意":中国戏的简便做法,竟弄得"视而不可识,察而不见意"。这不过是历史的遗留,不进化的做法,只好称他粗疏,不能算做假像。

缪子君引用钱稻孙先生的话,觉得太不切题。当时钱君讲演,我原在坐。他的意思是说:绘画对于实物,含有翦裁、增补、变化的作用,所以较比真的,更为精粹。画中风景,胜于实在。正因为稍带主观,把实物不美、不调和的地方去掉,然后显得超于实物以上。这本是极浅近的道理。我们若是把这道理移在戏剧上,就是说:戏剧摹仿人生,要有意匠的经营,倘使每事摹仿起来,不加简截,不见构造,就不能够见出美来。我们引用别人的话,总要对于引用的话,有几分把握。若果本来的意思,并不见得明了,引用了来,总觉不妥。鲜令的学说,见于他的 *Philosophie der Kunst*;鲜勒的学说,见于他给 gothe 的 *Briefe über die asthetische Erzilhung d.Meuschheit*;斯宾塞的学说,见于他的 *Principles of Psycholozy*;哈德门(Hartmann)的学说,见于他的 *ästhetik*。Bosanquet 的《美学史》上,都有记载和批评。若把这原书翻开一看,便晓得和缪子君的"戏剧假像论"全不相干。我们做一篇文字,里头的名词,总要始终一个意思。如果前终不一贯,不但不能自定其说,就是辨驳的人也无从着笔了。张君文的第一节,拿"假像"一词当骨子,然而起头"假像"和"抽像"混了宗,后来张君心里的"假像"和哈氏评画的"假像"同了流,这样还有什么可说?

据我意思,中国旧戏所以专用视而不可识的"代替法",也有两个缘故:第一,中国戏本是"百衲体",所以不要像的;第二,中国剧台极不发达,任凭露天地上、高堂大厅,都可当做剧台(印度也是如此),所以才用"代替法"来迁就。与其说这样办法含有奥妙作用,不如说这办法是迫于不得已。凡事都有个进化,进化的原则,是由简成繁,由粗成细。上海唱戏的人,虽然没价值,上海唱的新戏,虽然不配叫新戏,然而弄些"真刀真枪,真车真马,真山真水(假山假水)",对于旧来的浑沌做法,总是比较的进化。一般人看起来,就高兴得多。北京唱戏的人,有时把旧戏的"代替法"改成"摹仿体",看戏的人,觉得分外有趣。又如《天河配》一出戏,总算没意识到极点了,但是第一台唱他,加上些布景,换上些"摹仿体",叫坐的力量很大。从这里可以看出旧戏的浑沌式,不讨人好;做法越能亲切毕肖,看的人越喜欢。既然缪子君说的"假像",引人不快之感,如何还能说得上"美"呢?

有人说道:"如果处处要刻意摹仿,有些不能摹仿的事体,究竟怎样处置?"其实这也并不难办。天地间事,尽有不能供给戏的材料的,只好阙如。犹之乎画图不能包括动象,不能四面全露。譬如武戏,简直是根本不能存在,更何必虑到戏台上不能现打仗的原形。西洋戏剧到了现在,两军交战的动作淘汰净了。凡关于战争的事,不过用军卒报告司令官带出来,或者做出一小部分军队,摆布行走,或者做出一队炮兵,驱炮上阵地去。这种办法,推此知彼,举一反三,既不至于遗漏,并且显得精确。比起中国戏来,乱打一阵,全不成摹仿,都变了竞技,真不可以道里计了。总而言之,布景的工夫,中国戏里没有,所以因陋就简,想出这些不伦不类的做法。又因为中国戏不讲体裁,不管什么时候地位,都要弄到戏台上去,所以意想天开,造了些不近人情的手势动作。若果把这些无聊的举动当做宝贝,反来保存下去,岂不是是非倒置?

缪子君文第二节说:中国戏的好处,因为有一定的规律。扬雄说:"断木为棊,捖革为鞠,亦皆有法焉。"又说:"围棊击剑,反目眩形,亦皆自然也;由其大者作正道,由其小者作奸道。"我们只能问规律是不是、好不好?不能因为一有规律,就说是好。天地间事,不论大小,那里有全没规律的?若果不管规律是不是,径然把规律固定,作为中国戏的长处,真觉得说不下去。难道西洋戏就不讲规律?我们主张的新戏,就全没规律不成?况且规律成了死板,处处觉得不自然。不论什么戏,都是一样做法,不算"笼统"算什么?缪子君说:"习惯成自然。"真是一语破的。凡是习惯成的自然,何曾有真自然。中国戏的规律,仅仅是习惯罢了;既然认为习惯,也就不足宝贵了。

缪子君文第三节,极力称道中国戏里音乐唱工的效用。分析起来,有三种意思:

第一,音乐自身的效用狠大。"新戏废唱论",并不是墨子的"非乐论"。音乐自身的价值,原不消说;就是说得天花乱坠,又和戏曲不能和音乐分离有什么相干?戏剧是一件事，音乐又是一件事，戏剧和音乐，原不是相依为命的。中国现在的情形，戏剧、音乐，都不发达。正因为中国戏里重音乐，所以中国戏被了音乐的累，再不能到个新境界。又因为中国音乐夹在戏剧里头，独立的地方狠少，所以中国音乐被了戏剧的累，再不能有变迁、演进的情势。这真是陆机说的："离之则两美，合之则两伤。"戏剧让音乐拘束的极不自由，音乐让戏剧拘束的极不自由。若果中国有 Mozart 一流大人物，正要改乐造曲，使中国音乐的美术地位，更进几层，使中国现在的雏形歌曲（指"京调"）和腐败歌曲（指"昆曲"），变成"近世歌拍拉"式（Modernopera）。然而想要这样办，非先把戏剧、音乐拆开不可。不然，便互相牵制，不能自由发展了。缪子君说，音乐根本是要紧的，我极端极端的赞成。但是因为他要紧，就取消了他的独立，和效动作的戏剧永不分开，实在觉得没甚根据。

第二，歌唱可以补助情节的不工。缪子君说："戏的情节好，伶人的做作好，那么唱工是狠不要紧，……但是，情节和做作多不好，那唱工就断乎不可废的。"这话说得最痛快，最通达。我仍用这个意思，换句话说道："现在旧戏里情节做作都不好，所以才借重于唱。等到新戏把情节做作研究好了，唱工尽可不要。"这正是缪子君的话，不过上半句、下半句互换地位罢了。可见缪子君这段文章，非特没有证明歌唱不可废，反来替主张新剧废唱的帮了忙。旧戏所以必须改造的缘故，不止一条，不讲情节，不工做作，却是件最重要的。新戏专要弥补这个缺陷，歌唱还有什么用处？《二进宫》一种戏，因为没有主义，没有情节，根本要不得。并不是一旦废唱，改为说白就要得了。汪优游一般人的新戏，除了唱工，添上情节，做作上更加了意，就能使得缪子君说："狠好，……我也狠爱看。"可见戏剧感动人，并不靠着歌唱。现在戏剧里用歌唱引人，本因为情节不讲究，发生的一时变态。更进一层说，汪优游一流人的新戏，也没甚道理。西洋近代戏剧，是哲学、文学、美术的"集粹"。若果能够参酌仿制，介绍到中国戏台上，我想缪子君的爱看，正不止像现在说的。

第三，歌唱可以补说白的不足。这仍然因为中国戏里不讲情节和做作，所以任凭什么事，都用歌唱、说白了结他。——这正是中国戏的粗疏处，不自然处。凡各种心景，各种感情，全拿歌唱形容出来，"简便"固然"简便"，其奈不"精细"何？缪子君只见得这样做法，包容一切，又"概括"又"简妙"，却不觉得不合人情，不分皂白。西洋名剧，关于表示感情的地方，总要惨淡经营，曲喻旁达；像旧戏这样"一笔了之"的办法，依然是因陋就简罢了(这道理我在前篇说了许多,现在不再多说,请读者参看)。

繆子君总括三大节,加以论断道:“要说中国旧戏不好,只能说他这几种用得太过分;……所以我们只能说中国旧戏用假像的地方太多,……只能说他用规律的地方太多,……只能说他用音乐的地方太多。”可见旧戏处处用“代替法”,处处用固定的规律,处处用音乐,繆子君也狠觉得不然。——然则给旧戏作辩护士,真不是容易事。——繆子君这番意思,虽然和我们的“新剧创造论”不同(我们的改造主张在质,张君的主张改造在量),却也觉得旧戏要改良。就请繆子君设法“去泰去甚”,就旧戏,说旧戏,未尝没有小补。

繆了君又说:“中国旧戏是中国历史社会的产物,也是中国文学、美术的结晶。”这上半句全没疑义,但是我还要问到繆子君:中国社会是什么社会,中国历史是什么历史?如果是极光荣的历史,极良善社会,他的产物当然也是光荣、良善的了,可以“完全保存”了。如果不然,只因为是历史社会的产物,不管历史社会是怎样的,硬来保存下去,似乎欠妥当些。中国政治,自从秦政到了现在,直可缩短成一天看:人物是独夫、宦官、宫妾、权臣、奸雄、谋士、佞幸;事迹是篡位、争国、割据、吞并、阴谋、宴乐、流离。这就是中国的历史。豪贵鱼肉乡里,盗贼骚扰民间;崇拜的是金钱、势力、官爵,信仰的是妖精、道士、灾祥;这就是中国的社会。这两件不堪的东西写照,就是中国的戏剧。至于说旧剧是中国文学、美术的结晶,真正冤死中国文学、美术了。中国文学,比起西洋近代的,自然有些惭愧,然而何至于下了旧戏的“汤锅”。旧戏的文章,像最通行的京调脚本,何尝有文字的组织和意味,何尝比得上中国的诗歌、小说?中国美术里雕刻、陶器、绘画之类,在世界美术史上,原有颇高的位置。拿因陋就简的“剧工”,和全不修饰的戏台,同这些美术品参照,恐怕不能开个比例率。

综合繆子君全篇的意思,仿佛说道:“凡是从古遗传下来的,都是好的。”我们固不能说,凡是遗传的,都要不得;但是与其说历史的产品,所以可贵,毋宁说历史的产品,所以要改造。进化的作用,全靠著新陈代谢:旧的不去,新的不来;历史的遗传不去,创造的意匠不来。一时代有一时代的出产品,前一时代的出产品,必然和后一时代不能合拍。中国旧戏,只有一种“杂戏体”,就是我在前篇说的“百衲体”。这是宋元时代的出产品。如果要适用于二十世纪,总当把这体裁拆散了,——纯正的“德拉玛”,纯正的“吹拉拍”,纯正的把戏。三件事物,各自独立。况且中国旧戏所以有现在的奇形怪状，都因为是“巫”“傩”“傀儡”“钵头”“竞技”，……的遗传（见王国维《宋元戏曲史》）。如果不把这些遗传扫净，更没法子进步一层。西洋戏剧进化的阶级，可以参证。在英国伊立沙白时代，“杂戏体”本狠流行，只为得有莎士比亚一流人，才把“杂戏”变成“真剧”。例如 *Macbeth* 开场，一个伤兵上来报告军情。现在的“莎士比亚学者”，用各种方法，证明这几幕不是莎士比亚作的。因为伤兵报告军情，是件不通的事，又给台下人一种反感，最和莎氏平日美术的技术不合。现在的 *Macbeth* 剧本，所以有这样情形，都由于被当时唱这戏的人，求合当时剧界的习惯，把纯正的新体，加上些杂戏的做法。照这看来，西洋戏剧的进化，全在推陈出新了。又如西洋二十年前，戏剧的做法，仍然有许多不自然的地方。自从易卜生的 *A Doll's House* 进攻欧洲“剧术”大起革命，说白的自然，时间、地位的齐一（Unities of time and place），结场圆满的废除，“自语”（Soliloquy）的不见，都是新加的原质。西洋人日日改造，中国人年年保存，中西人度量相差，何以这样远呢？

我来做文回答繆子，并不是专和旧人过不去。繆子给旧戏作辩护士，我却是主张新剧的。旧戏的信仰不打破，新戏没法发生，所以作这不惮烦的事。还要请繆子体谅一切。

我把繆子君文，用心看了几遍，又作了这篇回答的说话，心里起了几种感想，姑且连带说下来。第一，我觉得中国人只懂得“好”“最好”，不懂得“更好”。总是拿着“好”当成“最好”，却不知道天地间其实并没“最好”的，也不知道现在的“好”以外，还有未来的“更好”。就戏剧论，中国人觉着旧戏“好”，就以为是“最好”，再不想“更好”的了。第二，中国人对于现状，太为满足。这正是因为不知道“更好”，所以对于目前情形，总是“安之若素”。纵然一件事改革的动机极熟了，旧状再不能容忍了，也甘心敷衍下去。西洋所以有现在的文化，全靠着人人方寸之间，时时刻刻，有个不满现状的感觉；中国所以有现在的糟糕，也全由于人人方寸之间，时时刻刻，有容受下去的心理。第三，中国人不懂得“理想论”（Idealism）和“理想家”（Idealist）的真义。说到“理想”，便含着些轻薄的意味，觉得“理想”即是“妄想”，（fancy）“理想家”即是“妄人”（Crank）。其实世界的进步，全是几多个“理想家”造就成的。“理想家”有超过现世的见解，力行主义的勇气，带着世界上人，兼程并进。中国最没有的是理想家。然而一般的人，每逢有人稍发新鲜议论，便批评道，“理想的狠”。所以这样烦恶理想的缘故，一则由于觉得天地间未曾发生的事，什九是不可能，——恰是拿破仑一世所说的反面，——二则由于上文说的现状满足。这两种情形，就是弱国国民的铁证。第四，中国人把国别看得太清楚了。就戏剧而论，我们说："美善的戏剧，应当怎样?"一般的人说："中国戏是中国的，必要这样；要是那样，就不是中国的了。"我请问中国戏剧的发生，难道不是摹仿西域、北胡吗?（《旧唐书·音乐志》载"拨头戏"，《元史·马可保罗游记》多载中国戏仿自外国之证据）像现在舞台上的"琐呐""胡琴"，是中国自造的吗?第五，自从西洋学说进口，中国游谈家多了个护身符，发起议论来，总加上些西洋的学者名、学术名，却不问相干不相干。这仍然是策论家吓人的惯技，不是用来推论证明。若果有西洋人恭惟中国事情，那更高兴的了不得。卫西琴一流人，真是善会人意的乖觉儿。——这五种看起来好像不切本题，但是我觉得中国人常常如此（我并不敢说缪子君是如此），还请看的人仔细理会一番。

辨论旧戏的当废和新剧的必要，我在前月做前篇文章时，已经说过，都是费话。现在更觉得多费唇舌，真正无聊。旧戏本没一驳的价值；新剧主义，原是"天经地义"，根本上决不待别人匡正的。从此以后，破坏的议论，可以不发了。我将来若果继续讨论戏剧，总要在建设方面下笔。我想编制剧本是预备时代最要办的，不妨提出这个问题，大家讨论讨论，——讨论剧本的体裁，讨论剧本的主义。关于这个问题，我也有几层意思，把他写在下面。

（一）剧本的材料，应当在现在社会里取出，断断不可再做历史剧。

（二）中国剧最通行的款式，是结尾出来个大团圆。这是顶讨厌的事。戏剧做得精致，可以在看的人心里，留下个深切不能忘的感想。可是结尾出了个大团圆，就把这些感想和情绪一笔勾销。最好的戏剧，是没结果，其次是不快的结果。这样不特动人感想，还可以引人批评的兴味。拿小说作榜样，中国最好的小说，是《水浒》《红楼梦》，一个没结果，一个结果极不快，所以这两部书才有价值。剧本的《西厢记》本是没结果的，后来妄人硬把他添起足来，并且说"愿天下有情人，都成眷属"。若果天下有情人都成眷属，天下便没有文章了。我狠希望未来的剧本，不要再犯这个通病。

（三）剧本里的事迹，总要是我们每日的生活。纵不是每日的生活，也要是每年的生活，这样才可以亲切。若果不然，便要生几种流弊：第一引人想入非非，破坏人精密的思想想像力；第二，文学的细致手段，无从运用；第三，可以引起下流人的兴味，不能适合有思想人的心理。

（四）剧本里的人物，总要平常。旧戏里最少的是平常人，好便好的出奇，坏便坏的出奇。——简直是不能有的人。退一步说，也是不常有的人。弄这样人物上台，完全无意义。小孩子喜欢这个，成年人却未必喜欢这个。若说拿这些奇怪人物作教训，作鉴戒，殊不知世上不常有的事，那里能含着教训鉴戒的效用。平常人的行事，好的却真可作教训，坏的却真可做鉴戒。固为平常，所以可以时时刻刻，作个榜样。况且人物奇异，文学的运用，必然粗疏。人物愈平常，文章愈不平庸哩！

（五）中国人恭维戏剧，总是说，善恶分明。其实善恶分明，是最没趣味的事。善恶分明了，不容看戏的人加以批评判断了。新剧的制作，总要引起看的人批评判断的兴味，也可以少许救治中国人无所用心的毛病。

（六）旧戏的做法，只可就戏论戏，戏外的意义，一概没有的。就是勉强说有，也都浅陋得狠。编制新剧本，应当在这里注意，务必使得看的人觉得戏里的动作言语以外，有一番真切道理做个主宰。

以上六条，都是极浅的说话，并不是不能行的说话。还有我在前篇说过的，不再说了。

十年以前，已经有新剧的萌芽。到了现在被人摧残，没法振作，最大的原因，正为着没有剧本文学，作个先导。所以编制剧本，是现在刻不容缓的事业。但是若果编制不好，或者文学的价值虽有，却不能适用在舞台上，可又要被人摧残了。再经一度摧残，新剧的发达，更没望了。我极盼望有心改良戏剧的人，在编剧方法上，格外注意！

民国七年十月二日

（第五卷第四号，一九一八年十月十五日）

人的文学

周作人

我们现在应该提倡的新文学，简单的说一句，是“人的文学”。应该排斥的，便是反对的非人的文学。

新旧这名称，本来很不妥当。其实“太阳底下，何尝有新的东西?”思想道理，只有是非，并无新旧。要说是新，也单是新发现的新，不是新发明的新。新大陆是在十五世纪中，被哥伦布发现，但这地面是古来早已存在。电是在十八世纪中，被弗阑克林发现，但这物事也是古来早已存在。无非以前的人，不能知道，遇见哥伦布与弗阑克林才把他看出罢了。真理的发现，也是如此。真理永远存在，并无时间的限制，只因我们自己愚昧，闻道太迟，离发现的时候尚近，所以称它新。其实他原是极古的东西，正如新大陆同电一般，早在这宇宙之内，倘若将他当作新鲜果子、时式衣裳一样看待，那便大错了。譬如现在说“人的文学”，这一句话，岂不也像时髦。却不知世上生了人，便同时生了人道。无奈世人无知，偏不肯体人类的意志。走这正路，却迷入兽道、鬼道里去，彷徨了多年，才得出来。正如人在白昼时候，闭着眼乱闯，末后睁开眼睛，才晓得世上有这样好阳光，其实太阳照临，早已如此，已有了无量数年了。

欧洲关于这“人”的真理的发现，第一次是在十五世纪，于是出了宗教改革与文艺复兴两个结果。第二次成了法国大革命，第三次大约便是欧战以后、将来的未知事件了。女人与小儿的发现，却迟至十九世纪，才有萌芽。古来女人的位置，不过是男子的器具与奴隶。中古时代，教会里还曾讨论女子有无灵魂，算不算得一个人呢。小儿也只是父母的所有品，又不认他是一个未长成的人，却当他作具体而微的成人，因此又不知演了多少家庭的与教育的悲剧。自从 Froebel 与 Godwin 夫人以后，才有光明出现。到了现在，造成儿童与女子问题这两个大研究，可望长出极好的结果来。中国讲到这类问题，却须从头做起，人的问题，从来未经解决，女人、小儿更不必说了。如今第一步先从人说起，生了四千余年，现在却还讲人的意义，从新要发现“人”，去“辟人荒”，也是可笑的事。但老了再学，总比不学该胜一筹罢。我们希望从文学上起首，提倡一点人道主义思想，便是这个意思。

我们要说人的文学，须得先将这个人字，略加说明。我们所说的人，不是世间所谓“天地之性最贵”或“圆颅方趾”的人，乃是说，“从动物进化的人类”。其中有两个要点，(一)“从动物”进化的，(二)从动物“进化”的。

我们承认人是一种生物，他的生活现象，与别的动物并无不同。所以我们相信人的一切生活本能，都是美的善的，应得完全满足。凡有违反人性，不自然的习惯制度，都应排斥改正。

但我们又承认人是一种从动物进化的生物，他的内面生活，比他动物更有复杂高深，而且逐渐向上，有能改造生活的力量。所以我们相信人类以动物的生活为生存的基础，而其内面生活，却渐与动物相远，终能达到高尚和平的境地。凡兽性的余留，与古代礼法可以阻碍人性向上的发展者，也都应排斥改正。

这两个要点，换一句话说，便是人的灵肉二重的生活。古人的思想，以为人性有灵肉二元，同时并存，永相冲突。肉的一面，是兽性遗传。灵的一面，是神性的发端。人生的目的，便偏重在发展这神性。其手段，便在灭了体质以救灵魂。所以古来宗教，大都厉行禁欲主义，有种种苦行，抵制人类的本能。一方面却别有不顾灵魂的快乐派，只愿“死便埋我”。其实两者都是趋于极端，不能说是人的正当生活。到了近世，才有人看出这灵肉本是一物的两面，并非对抗的二元。兽性与神性，合起来便只是人性。英国十八世纪诗人 Blake 在《天国与地狱的结婚》一篇中，说得最好。

(一)人并无与灵魂分离的身体。因这所谓身体者，原只是五官所能见的一部分的灵魂。

(二)力是唯一的生命，是从身体发生的。理就是力的外面的界。

(三)力是永久的悦乐。

他这话虽略含神秘的气味，但很能说出灵肉一致的要义。我们所信的人类正当生活，便是这灵肉一致的生活。所谓从动物进化的人，也便是指这灵肉一致的人，无非用别一说法罢了。

这样“人”的理想生活，应该怎样呢？首先便是改良人类的关系。彼此都是人类，却又各是人类的一个，所以须营一种利己而又利他，利他即是利己的生活。第一，关于物质的生活，应该各尽人力所及，取人事所需。换一句话，便是各人以心力的劳作，换得适当的衣食住与医药，能保持健康的生存。第二，关于道德的生活，应该以爱智信勇四事为基本道德，革除一切人道以下或人力以上的因袭的礼法，使人人能享自由真实的幸福生活。这种“人的”理想生活，实行起来，实于世上的人，无一不利。富贵的人虽然觉得不免失了他的所谓尊严，但他们因此得从非人的生活里救出，成为完全的人，岂不是绝大的幸福么？这真可说是二十世纪的新福音了。只可惜知道的人还少，不能立地实行。所以我们要在文学上略略提倡，也稍尽我们爱人类的意思。

但现在还须说明，我所说的人道主义，并非世间所谓“悲天悯人”或“博施济众”的慈善主义，乃是一种个人主义的人间本位主义。这理由是，第一，人在人类中，正如森林中的一株树木。森林盛了，各树也都茂盛。但要森林盛，却仍非靠各树各自茂盛不可。第二，个人爱人类，就只为人类中有了我，与我相关的缘故。墨子说“兼爱”的理由，因为“己亦在人中”，便是最透彻的话。上文所谓利己而又利他，利他即是利己，正是这个意思。所以我说的人道主义，是从个人做起。要讲人道，爱人类，便须先使自己有人的资格，占得人的位置。耶稣说，“爱邻如己。”如不先知自爱，怎能“如己”地爱别人呢？至于无我的爱，纯粹的利他，我以为是不可能的。人为了所爱的人，或所信的主义，能够有献身的行为。若是割肉饲鹰，投身给饿虎吃，那是超人间的道德，不是人所能为的了。

用这人道主义为本，对于人生诸问题，加以记录研究的文字，便谓之人的文学。其中又可以分作两项：（一）是正面的。写这理想生活，或人间上达的可能性。（二）是侧面的。写人的平常生活，或非人的生活，都很可以供研究之用。这类著作，分量最多，也最重要。因为我们可以因此明白人生实在的情状，与理想生活比较出差异与改善的方法，这一类中写非人的生活的文学，世间每每误会，与非人的文学相混，其实却大有分别。譬如法国 Maupassant 的小说《人生》（*Une Vie*）是写人间兽欲的人的文学，中国的《肉蒲团》却是非人的文学。俄国 Kuprin 的小说《坑》（*Jama*）是写娼妓生活的人的文学，中国的《九尾龟》却是非人的文学。这区别就只在著作的态度不同。一个严肃，一个游戏。一个希望人的生活，所以对于非人的生活，怀着悲哀或愤怒。一个安于非人的生活，所以对于非人的生活，感着满足，又多带着玩弄与挑拨的形迹。简明说一句,人的文学与非人的文学的区别,便在著作的态度,是以人的生活为是呢?非人的生活为是呢?这一点上,材料方法,别无关系。即如提倡女人殉葬——即殉节——的文章,表面上岂不说是“维持风教”,但强迫人自杀,正是非人的道德,所以也是非人的文学。中国文学中,人的文学本来极少。从儒教、道教出来的文章,几乎都不合格。现在我们单从纯文学上举例如:

(一)色情狂的淫书类;

(二)迷信的鬼神书类(《封神传》《西游记》等);

(三)神仙书类(《绿野仙踪》等);

(四)妖怪书类(《聊斋志异》《子不语》等);

(五)奴隶书类(甲种主题是皇帝状元宰相,乙种主题是神圣的父与夫);

(六)强盗书类(《水浒》《七侠五义》《施公案》等);

(七)才子佳人书类(《三笑姻缘》等);

(八)下等谐谑书类(《笑林广记》等);

(九)黑幕类;

(十)以上各种思想和合结晶的旧戏。

这几类全是妨碍人性的生长、破坏人类的平和的东西,统应该排斥。这宗著作,在民族心理研究上,原都极有价值。在文艺批评上,也有几种可以容许。但在主义上,一切都该排斥。倘若懂得道理,识力已定的人,自然不妨去看。如能研究批评,便于世间更为有益,我们也极欢迎。

人的文学,当以人的道德为本,这道德问题方面很广,一时不能细说。现在只就文学关系上,略举几项。譬如两性的爱,我们对于这事,有两个主张:(1)是男女两本位的平等。(2)是恋爱的结婚。世间著作,有发挥这意思的,便是绝好的人的文学。如挪威 Ibsen 的戏剧《娜拉》(*Et Dukkehjem*)、《海女》(*Fruen fra Havet*),俄国 Tolstoj 的小说 *Anna Karenina*、英国 Hardy 的小说 *Tess* 等就是。恋爱起源,据芬兰学者 Westermarck 说,由于“人的对于与我快乐者的爱好”。却又如奥国 Lucan 说,因多年心的进化,渐变了高上的感情。所以真实的爱与两性的生活,也须有灵、肉二重的一致。但因为现世社会境势所迫,以致偏于一面的,不免极多。这便须根据人道主义的思想,加以记录研究。却又不可将这样生活,当作幸福或神圣,赞美提倡。中国的色情狂的淫书,不必说了。旧基督教的禁欲主义的思想,我也不能承认他为是。又如俄国 Dostojevskij 是伟大的人道主义的作家。但他在一部小说中,说一男人爱一女子,后来女子爱了别人,他却竭力斡旋,使他们能够配合。Dostojevskij 自己,虽然言行竟是一致,但我们总不能承认这种种行为,是在人情以内、人力以内,所以不愿提倡。又如印度诗人 Tagore 做的小说,时时颂扬东方思想。有一篇记一寡妇的生活,描写她的"心的撒提"(Suttee,撒提是印度古语。指寡妇与他丈夫的尸体一同焚化的习俗。)又一篇说一男人弃了他的妻子,在英国别娶,他的妻子,还典卖了金珠宝玉,永远地接济他。一个人如有身心的自由,以自由别择,与人结了爱,遇着生死的别离,发生自己牺牲的行为,这原是可以称道的事。但须全然出于自由意志,与被专制的、因袭礼法逼成的动作,不能并为一谈。印度人身的撒提,世间都知道是一种非人道的习俗,近来已被英国禁止。至于人心的撒提,便只是一种变相。一是死刑,一是终身监禁。照中国说,一是殉节,一是守节。原来撒提这字,据说在梵文,便正是节妇的意思。印度女子被"撒提"了几千年,便养成了这一种畸形的贞顺之德。讲东方文化的,以为是国粹,其实只是不自然的制度习惯的恶果。譬如中国人磕头惯了,见了人便无端地要请安、拱手作揖,大有非跪不可之意。这能说是他的谦和美德么?我们见了这种畸形的所谓道德,正如见了塞在坛子里养大的,身子像萝卜形状的人,只感着恐怖、嫌恶、悲哀、愤怒种种感情,决不该将他提倡,拿他赏赞。

其次如亲子的爱。古人说,父母子女的爱情,是"本于天性",这话说得最好。因他本来是天性的爱,所以用不着那些人为的束缚,妨害他的生长。假如有人说,父母生子,全由私欲,世间或要说他不道。今将他改作由于天性,便极适当。照生物现象看来,父母生子,正是自然的意志。有了性的生活,自然有生命的延续与哺乳的努力,这是动物无不如此。到了人类,对于恋爱的融合,自我的延长,更有意识,所以亲子的关系,尤为深厚。近时识者所说儿童的权利,与父母的义务,便即据这天然的道理推演而出,并非时新的东西。至于世间无知的父母,将子女当作所有品,牛马一般养育,以为养大以后,可以随便吃他骑他,那便是退化的谬误思想。英国教育家 Gorst 称他们为"猿类之不肖子",正不为过。日本津田左右吉著《文学上国民思想的研究》卷一说:"不以亲子的爱情为本的孝行观念,又与祖先为子孙而生存的生物学的普遍事实,人为将来而努力的人间社会的实际状态,俱相违反,却认作子孙为祖先而生存,如此道德中,显然含有不自然的分子。"祖先为子孙而生存，所以父母理应爱重子女，子女也就应该爱敬父母。这是自然的事实，也便是天性。文学上说这亲子的爱的，希腊 Homeros 史诗 *Ilias* 与 Euripides 悲剧 *Troiades* 中，说 Hektor 夫妇与儿子的死别两节，在古文学中，最为美妙。近来 Ibsen 的《群鬼》(*Gengangere*)、德国 Sudermann 的戏剧《故乡》(*Heimat*)、俄国 Turgenjev 的小说《父子》(*Ottsy idjeti*)等，都很可以供我们的研究。至于郭巨埋儿、丁兰刻木那一类残忍迷信的行为，当然不应再行赞扬提倡。割股一事，尚是魔术与食人风俗的遗留，自然算不得道德。不必再叫他混入文学里，更不消说了。

照上文所说，我们应该提倡与排斥的文学，大致可以明白了。但关于古今中外这一件事上，还须追加一句说明，才可免了误会。我们对于主义相反的文学，并非如胡致堂或乾隆做史论，单依自己的成见，将古今人物排头骂倒。我们立论，应抱定"时代"这一个观念，又将批评与主张，分作两事。批评古人的著作，便认定他们的时代，给他一个正直的评价，相应的位置。至于宣传我们的主张，也认定我们的时代，不能与相反的意见通融让步，唯有排斥的一条方法。譬如原始时代，本来只有原始思想，行魔术食人肉，原是分所当然。所以关于这宗风俗的歌谣故事，我们还要拿来研究，增点见识。但如近代社会中，竟还有想实行魔术食人的人，那便只得将他捉住，送进精神病院去了。其次，对于中外这个问题，我们也只须抱定时代这一个观念，不必再划出什么别的界限。地理上、历史上，原有种种不同，但世界交通便了，空气流通也快了，人类可望逐渐接近，同一时代的人，便可相并存在。单位是个我，总数是个人。不必自以为与众不同，道德第一，划出许多畛域。因为人总与人类相关，彼此一样，所以张三、李四受苦，与彼得、约翰受苦，要说与我无关，便一样无关。说与我相关，也一样相关。仔细说，便只为我与张三、李四或彼得、约翰虽姓名不同，籍贯不同，但同是人类之一，同具感觉性情。他以为苦的，在我也必以为苦。这苦会降在他身上，也未必不能降在我的身上。因为人类的运命是同一的，所以我要顾虑我的运命，便同时须顾虑人类共同的运命。所以我们只能说时代，不能分中外。我们偶有创作，自然偏于见闻较确的中国一方面，其余大多数都还须介绍、译述外国的著作，扩大读者的精神，眼里看见了世界的人类，养成人的道德，实现人的生活。

(第五卷第六号，一九一八年十二月十五日)

近代文学上戏剧之位置

知　非

要说明戏剧在近代文学上的位置，必定先要说明近代文学之性质，这决不是数语可以了的。记者现在有一极简便的方法，就将近代文学与从前的文学重要不同之处，举出数点来比较，那近代文学之特质，自然是容易明白的了。讲到近代文学与从前的文学不同之点，第一，从前的文学是乡土的文学，近代文学是世界的文学。本来人类思想的发展，有共通的径路，原不能为乡土所限定的。吾这个区别，似乎不能算一个严格的分界。但是从前的文学思想发展上，尽有共通的地方。至于他所取择的材料，表现的情感，全都是乡土的色彩，与它国国民的文学思想，交涉影响极少。若近代文学，则大不相同。其中乡土的色彩，果然也不见少。但他所含蓄的问题，所注重的材料，乃至描写的方法，都是有共通的性质。乃至作家的思想情感，也不是个人的孤独感想，是世界思潮所织成的。他所发表的作品，也能常常影响及于全世界的文学。然而他那共通的性质，是在什么地方呢？简单一句话，就是共通的一个人生问题。从前的文学，与人生问题虽不是没有交涉，但都是部分的、特种阶级的、表面的。近代文学所表现的人生问题，是普遍的、内面的。材料虽也取择于特种范围之内，至其中所含蓄的人生种种相，或是烦闷苦痛，或是欢喜希望，却不是某某国的特有事实，是世界人类所共同感受、切迫在目前的现实问题。所以近代文学是世界的文学，与从前的乡土文学是大不相同的。第二，从前的文学是特别阶级的文学，近代文学是国民的文学。讲起从前的文学，差不多就是上流社会智识阶级的专有品。他所取择的材料，无非是宫廷贵族之生活，文人学子之感想，英雄豪杰之勋业。与一般国民生活，全然没有交涉。就是他们的作品也只是供君主贵族的玩赏，绝非平民所要求的文学。至若近代文学，则大不然。所取择的材料，就只是国民的生活情感，贩夫走卒、贫民乞丐，都是他们作品中的重要主人翁。在现在的时代,要知道一国国民的生活思想,只须读他国内的文学作品,恍如身入其间大概是无差误的。第三,从前的文学是作家一人的空想文学,近代文学是社会生活的写实文学。这是文学上区别的最大要点。从前所有文学,无论什么宗派,所描写的人物事实,都是奇异万状,世上绝难遇着的。不是神怪荒诞,就是英雄美人、侠客义士。那种离合悲欢的事迹,虽能令人受极强的刺激,回想起来,绝非人类社会中所可有之事。那种刺激,也只和游戏一样,不能有什么很深的印象,留在人的脑中。譬如莎士比亚的戏剧,像哈姆雷特这种人这样的事迹,世上的人有遇着过的么?又如司谷脱之小说,其中所述的人物事迹,如何能教人信为真实呢?所以从前的文学,只以事件为重,所描写的果然惊奇卓绝。但与吾们的现实生活,竟是毫不相关。近代文学则绝然相反,其中人物事迹都是平淡无奇,日常所常见常闻的,描写得却是十分深刻细致。主观的个人情感,客观的社会影响,其中所有一切之因果关系、微妙动机,绝无遗留,使读者宛如身临其境,疑惑书中所写的就是他自己的事情。法国左拉说他的小说是一种实验科学。这虽是过分的话,可是写实派的文学,所用的材料,都是一一从实际观察得来。作者自己先处于旁观的地位,用冷静头脑,将社会生活的内容细细剖解,然后如实地描写出来,绝不愿杂入丝毫作者主观的好恶在内。就是近代文学中不属于写实派的,差不多也采用这种方法。但是近代文学的特质,不只是描写真实,就算完事,尚有最要紧的一件事,就是将社会生活的种种病理原因,以及其中所含蓄的重要问题,从文学中描写出来,促进社会的改革。这是近代文学神圣的地方,与从前仅供玩赏的文学,是大不相同的。第四,自从作家的态度上讲,从前的文学是一种无用的玩好品,近代的文学是一种神圣的事业。这不只是他人如是看法,就是作家自己也是这样的态度。从前的文士,大概不是君主贵族的清客,就是有文才的贵族。他们的作品,无非是献媚贡谄供他人的消遣解闷而已。最高尚的,也只是闲暇无事借来消自己的清兴;或是避绝世俗,以此自命其高。如欧美文学上的成语所谓住在象牙塔中的人罢了,断没有人把他作为一件正经事业的。至于近代的文士,却大大不然,绝无丝毫玩赏的意思在里头,纯粹把它当做一种救世济人的大事业。如俄国的文学,全国聪明才智之士,差不多都把文学当做改革社会、促进文化的教化机关。俄国近代种种的改革变化,简直都可以算是文学鼓吹的效果。态度既如是不同,所以从前的文学,只捡那惊奇好玩的材料,以图赏心悦目,从没有人敢正眼向着社会的黑暗方面,何况再把这些黑暗情形写出来,取他人的厌恶呢。近代的文学,是专从社会的内面着眼,老实不客气,把一切黑暗都彻底地显露出来,令人读了,并无丝毫快感,只留极深刻的印象在脑中。有些简直深刻得令读者几乎要生神经病。这是二者态度极不同的地方。第五,再从他们的形式来讲,从前的文学,是形式的死文学。近代文学是生命的活文学。从前是专在字句、声调、格律上做工夫。从形式上看,真是珠圆玉润、美丽可爱。论到内容,实在是异常贫弱,甚至不过堆砌字面,毫无意义,还不是一种死文学么?至若近代的文学,作家首先声明技巧拙劣,不在字面上做工夫的。(其实近代文学的技巧,远胜从前的文学。不过他们的真本领,不在这方面,所以自己说是技巧拙劣。)讲到内容,真是字字是血,句句是肉,是人生的反映,这真是有生命、有活力的文学,岂是那死文学所可比拟的么?以上吾所说的几点,虽是随便写的,凌乱无序,遗漏很多,但是近代文学的特质以及它的真精神,大概也算是说明白的了。

近代文学之特质,吾已举出几条。现在不能不把文学的种类以及它的变迁,略说几句,才所以论到戏剧在近代文学上之位置。讲到文学的分类,吾这篇本来不是文学论,原可以不必分得精细恰当。说个大概,是可分为:一,写情与纪事的韵文;二,写情与纪事的散文;三,小说;四,戏剧;五,评论;五种。这五种里头,一、二两项,含蓄种类很多。即如三、四两项,流派也都不小。这都归在本文范围之外,当俟他日改题另论的了。至于说到它的变迁,应当先论文学的起源。不过因为限于篇幅,也不能不暂行从略。简单一句话,记者是主张社会起源说的。因为起源于社会的原因,所以古代文学的材料,大致不外宗教与战争二类。神歌祷词以及纪功颂德的诗歌最多。并且那个时候,社会未曾发达,宗教与政治不分。政治又在少数君主贵族之手,常与其他的部落民族交战。所以那时候社会最大的事件以及文学上最好的材料,就是宗教和战争两项。写情记事的韵文,自从这上头发达来的,亦可说是古代的文学,是这种韵文的文学。何以文学先从韵文发达呢?有的说是当时记录的方法不发达,一切全凭口传,有韵的言语最便于记诵,所以韵文就先发达,这话也是理由中之一。可是古代许多宗教上的祝词,不过是表现一种宗教的感情,并没有含着记录传承的意义。就如《三百篇》中之颂,虽也杂有歌颂祖宗功德的意思,但是论它的本质,却只是祭时仪式上用的一篇宗教祝词,与便于记诵传承的理由,未必能相一致。况且记述战争很长的诗歌,像希腊古代荷马的纪事诗,要说韵文比了散文易记,也未见得。所以韵文先发达的缘故,必定另有个原因。依记者想,这是因为当时人类知识尚未发达,一切情绪感想,在意识上都是朦胧迷糊,仿佛心中有这样的感触,意识上却不十分明显,不但言语文字不完备,不能把它明显地表现出来,就是他意识中也是模模糊糊,不能把他捉摸住了,分析清楚,认识明了,所以表现出来的语言文字,都含蓄一种感情的调子,而又似可解不可解的,这是理智力不发达的原因,所以韵文发达在先。等到后来人类智力进步,散文就渐渐地发达,先用于记事的一方面,那历史的文学就异常进步。本来散文的发达与人类理智力的发展是并行的。散文的特质,是条理清楚,意义明显。非内部理智力发达,意识上的观念分析明了,是不会发达的。内部理智力发达到极处,是论理的思想。散文发达到极处,是现代科学的文学(这个名辞是借用写实派左拉等的主张,虽不能说是妥帖,却也无甚大碍)。这真是如车之两轮,相辅而进的。但是文学的本质,原本是发表情意的;中心还在情意,不在理智力。纯粹表现理智力的文字,是科学、哲学,不是文学。这个道理吾是承认的。不过情意要不得理智力的辅助,如何能正确、明显地表现呢?况知识的基础在感觉,要不是理智力发达,情意如何能分化发展呢?更进一步讲,所谓文化发达,就是意识的分化发展(意识是包含智情意而言)。情意是中心,知是轮廓。不是轮廓渐渐地放大,内容渐渐地丰富,意识如何能分化发展呢?所以文化更发达,那文学中理智力的作用,亦日益加重。这就是散文发达在后的原因。因为这个缘故,自中世到近世之初,散文虽是渐渐地发达,韵文的势力在文学上还是不小。不必说诗歌、戏曲是全属韵文,就是纯属散文的文学,也都带着韵文的调子,声调、字句、格律都很谨严。即如莎士比亚的戏剧,名为白话剧,其实也是类似韵文的一类文学。在这个时候,小说戏剧虽渐渐地发达,文学上占重要位置的,还只是写情记事的韵文散文,戏剧是在这种韵文散文之下的一种附属文学。(莎士比亚是当时最出类拔萃的,他的戏剧是最发达的文学。)到了近世之初,是人文史上大进步的一个时候。文学上由古典主义一变而为想象主义(Romantic)。(这译名似不甚妥,但记者想不出好译名,祈阅者指正。)不只文学的思想发达,就是它的形式,也异常进步。其中最发达的就是小说。因为小说最可以自由发挥作家的理想。这个时候,差不多在文学上,可名之为小说的时代。但是他们还没有受过科学的洗礼,文学上空想的分子很多,全凭着作家个人的想象,与社会生活、人生问题,相离甚远。故都捡那惊奇可喜的空想事迹来做材料,全篇的精华,都在那事迹构造得如何新奇,并且末尾还要一个大团圆。他们虽标榜着自由，破坏古典派的形式主义，自己却又套上了一个形式。这里头果然都不是像司谷脱一流的小说，描写社会生活的也很有。至于心理方面，他们也十分注重，但是总脱不出那时代的空气，重空想的事迹，轻现实的生活。如那虚造的人物和那大团圆的结局更是没有一个免得了这个大缺点的。要比较起来讲，休哥和狄更斯二人，自然是杰出之圣的了。以上是说的近代以前文学的发展变迁。戏剧的位置，在文学上尚未见得重要。到了现代，万物更新，社会的组织，异常变动。那文学当着革新的气运，受了科学的洗礼，面目全然不同。首先树革新旗号的先锋队，是法国左拉一派的写实小说。接着北欧易卜生、司脱令盘等的戏剧。和意国、俄国的小说戏剧，蔚然并盛。就如英国的文学，向来是受大陆的影响很浅的，也挡不住这个潮流，有萧伯纳等的革新戏剧。他们的特质，吾上文已经说过，毋庸重述。吾现在是要声明几句。近代文学，不是写实一派。讲到最近的时代，写实派已在过去之列。有新想象派、心理派、象征派、神秘派、唯美派等种种的派别。就是易卜生的晚年作品，也已渐渐脱离写实的色彩。但是他们不是逆行复古，还是站在写实主义上向别种方向发展，不过是因为初期的写实派，是完全注重在客观的描写，把主观的人格活动闲却。故最新的文学，是趋重在主观方面，并不是把客观的描写都丢了。至于他们共通的特质，离不了吾上文所说的几层，是写实的、社会的、教化的、心理的、世界的生命文学。因为这个缘故，戏剧是占极重要的位置。何以故呢？文学中真能描写人生的主观、客观两方面，把住生命中的几微，将它表现出来，当然不是写情记事的韵文散文可以胜任的。就是小说，因为体裁太长，不能不把事件来做个贯穿的线索。而且过长了，总不能精神一贯到底。把人生的真相，用极鲜明的方法，显露在吾们的眼前，印极深刻的印象；那最方便的，就莫如戏剧与短篇小说。这两种中，短篇小说又莫如戏剧（下文再说）。所以近代的文学，可称之为戏剧中心的文学。讲到这里，吾不能不把近代的诗歌略说几句。近代文学中古代的韵文文学，虽渐渐地排除，却不是排除诗歌。是诗歌也经了革命，成了一种革新的诗歌。怎样的革新呢？吾这篇虽不是论诗歌，也可以简单说两句。总而言之，像从前那种专讲字句、声调、格律，形式虽美意义毫无的诗歌，是不为人所重视的了。近代的诗歌，与他种文学，是走一条路的。不是写人生的种种相，就是把捉生命中的几微，用象征、比喻的方法，把它表现出来。形式是不很注重的。象征派诗中，有名为自由诗（Vers libre），又名不定形的诗（Vers amorphes），就是破坏古来诗的体裁格律，自舒新机来表现他心中的情感的。但是他们虽是破坏诗的体裁格律，却不是全然化为散文。他们更注重音调，主张诗与音乐合一。不过他们的音调，是自然的音乐，不是那种形式的声调、格律；读起来感触心胸，与从前的诗歌真有天渊之别。近来《新青年》杂志中，提倡这种自由白话诗，真是中国诗歌的大革命。有一班与现代思潮隔绝的人，都说是乱诌，甚有指为美谈的，这都是不知近代文学的进化与诗歌的本质，才有这种少见多怪的嘲笑。至于《新青年》杂志的自由白话诗，是否成功、如何好坏，那是另一个题。在试验的时候，当然不能说是成功，其中有好有坏，与自由诗之本题，却是全不相干。如要评论这自由诗之能否成立，应当把现代文学中各国的自由诗，都拿来研究过，才够得上有批评之资格。吾这段话，虽似题外之文，因为要说明近代文学的特质，也是不可少的。

文学变迁的径路以及近代文学的特质，吾已略略说明的了。可是这变迁的径路，并不是不期然而然的，其间却有大大的原因伏在里面。吾再略举几点来讲。第一，从前人类智力不发达，对于自然界的现象，全在不可解之列，脑中都是神奇古怪的迷信。最高的学问，就是神学。神学中最高的，就是借那古代未经科学精练过的独断哲学说来附会。所以从前文士的智识见解，都束缚在那迷信及因袭传说的小圈圈里面。除了模仿师承以外，文学中差不多找不出丝毫独创的精神。（古代希腊的哲学思想，是极发达的，但是都属思辩上的论证。就是极有实验精神的阿里斯多德也是一种独断的精神。况且期限甚短，一到罗马的时代，自由研究的精神，几乎铲除尽净。后来又被基督教强安排在神学里面，竟成了中世黑暗时代一种独断的武器。在近世以前，简直可以说与一般思想上没有什么很好的影响。）及至后来科学上种种新发明、地理上种种新发现出现，人类智识的限界渐渐放大，始有自由研究的精神，文学上才有想象主义发生。古典派的势力，也就衰了。到了近世，科学大昌，一切自然界的现象，凡是从前所不可解的，如今都可以拿原理、原则，推寻它的因果关系，思想上就起了大革命。自由精神勃然大盛，对于一切事物，非自己得有实验的确证，是断不肯轻信的。这不只是唯物论的思想如是，即如绝对论、唯心论的思辩论证，也都是应用科学的方法来演绎的。近代文学受了这种科学的影响，把古代传承下来的一切思想形式，都根本打破，才有这新文学出现。第二，从前生活简单，一箪食、一瓢饮，乐在其中。在从前凡是有思想的人，都是以隐遁克欲的生活，为最高尚的理想。把人类的物质欲望及现世的日常生活,看做一切罪恶的根源,以为是极龌龊而且应当排除的事情。所以从前的文学,都是作家虚无缥缈的空想,与实际生活毫无关系。到了近代,自科学进步,物质文明大发达,生活的内容也异常变动,从前所视为极龌龊的物质生活,在近代却当做生存上所万不可缺乏的部分。那种隐遁克欲的古训,竟是成了不可实行的谬想。因此文学的思想,也随着大大的变化。所选择的材料,捕捉的问题,都是目前的现实生活。近代文学,所以说是现实生活的反映,就是这个原因。第三,从前社会组织简单,文士都在极小的圈圈里面生活,可以引起他们注意的,就只是君主贵族一班特别阶级的生活;可以博他们称颂赞美的,也只是英雄义士的特立独行、美人名士的离合悲欢;至于民众的生活,是在水平线以下,为他们所不能接触的。所以从前文学的材料,都是特别阶级和空想的分子。近代自法国大革命以后,民众的势力大盛,政治上、社会上都是民众占重要的位置。那文士的生活眼界也就不能不变化的了。所有的作品,不能不是民众所要求的文学;那材料自然是不能不取之于民众的生活了。第四,从前知识愚昧,对于自然的灾变,人力一无所施。政治的权力,是在一班特别阶级之手,生杀予夺,唯所欲为。所以人类一切祸福的原因,都归在那神道和特别阶级的意志。文学上的材料,也就不是神力命运的奇遇,即是忠义节烈的美谈的了。在近代受了科学的洗礼,对于人事,也用科学的方法来解释。并且因为民众的势力异常伟大,社会的组织异常复杂,个人只能在社会中生存。所有一切生活活动,无处能脱离社会的影响。社会学进化论的学说异常发达,所以学者解释人类祸福的原因,用科学方法来推究,自然趋重在社会的影响。近代文学的思想,因之也大生变化,注重在社会问题。写实派社会派的文学,在近代当然自要大盛的了。第五,是人类内部的意识进化;从前智识不发达,人类内部的意识异常混沌,受那因袭传说的支配,没有反省的力量。就有新理想,不是浮浅的空想,就是模模糊糊一种神秘的感触。近代因为科学进步,文化发达,人类意识的内容,天天的丰富复杂,反省的力量异常发展,人类内部意识的分析也渐渐进步,心理学就大发达了。学者论到人类的思想情感,就用科学的方法,依着心理的法则去解释它的因果关系,这就是近代心理派文学发达的原因。再从他方面讲,因为人类意识的内容发达,思想情感异常复杂,从前的文学形式不能表现它,就不能不有新文学发生的了。第六,上文吾已讲过,从前社会组织简单,有思想的人都拿隐遁克欲的生活为最高理想,现实生活是他们所厌恶不要问闻的;那时候现实与理想,就没有什么大冲突。到了近代一切现实的事物都认为真实的生活。(不只是唯物论的思想如是,就是理想论的黑格尔,也有现实都是合理的主张。)要拿理想去包容他调和他。但是现实与理想,根底上就有冲突的性质。况且近代生活复杂,那冲突的程度就更高。于是现实和理想,物质和精神,个人和社会,成了近代一个思想上解决的难题,有种种的流派。近代文学因为把现实认为真实,而文学的性质,又是属于精神的、理想的,因之感触这种冲突,就也非常之烈。因为感触极烈,那人生问题,以及生活矛盾问题,自然也是感触极深的了。这就是近代生命文学、病理文学发达的原因。以上吾虽是随便说的,就可知道近代文学发达的径路,并且也可说明戏剧所以在近代文学上占最重要位置的理由;何以故呢?因为表现近代人生的文学,都没有戏剧适当。那写情记事的韵文散文,不适当是不必说的了。长篇小说,是因体裁上的关系,吾上文已经说过。即如短篇小说,也因为全靠文字的记号来表现的那印象就不如戏剧现身说法的深切。况且文学和历史不同,因为不是记载事件的。和哲学科学不同,因为不是推求原理原则的。和伦理学美学不同,因为不是研究行为和趣味的规范的。文学的本领,是要把人生如实地表现出来。要如实地表现出来,自然要深刻细致,印象方能鲜明。戏剧当然是最适当的文学。(戏剧所表现的,虽是断片的,因为要深刻鲜明,就不能不断片。二者不能两全。)再进一层讲,近来艺术的趋势,已向于综合的一方面,就是音乐、美术、文学联合在一起的艺术,那戏剧更可以占最高的位置。(所谓联合在一起,并不是一定指歌剧而言。上文论诗歌的时候,已经讲过。)所以近代文学中最重要的文学是戏剧。世界最有名的文学家是戏剧家。就是不专做戏剧文学的人,他一生的作品中,必然也有极著名的戏剧。吾们更可推想戏剧在近代文学的位置了。

照这样讲起来,拿近代戏剧的性质来批评中国的旧剧,自然是毫无价值可言的了。本篇因为限于篇幅,不能详说,当改题另论。(上文所举的文学分类,尚有评论一项,未曾说明。这是在近代文学中才算是一种重要的文学,也因限于篇幅,只好改题另说的了。)

(第六卷第一号,一九一九年一月十五日)

我为什么要做白话诗

(《尝试集》自序)

胡　适

我这二年以来做的白话诗若干首,分做两集,总名为《尝试集》。民国六年九月我到北京以前的诗为第一集,以后的诗为第二集。民国五年七月以前,我在美国做的文言诗词删剩若干首,合为《去国集》,印在后面作一个附录。

我的朋友钱玄同曾替《尝试集》做了一篇长序,把应该用白话做文章的道理说得很痛快透彻(见《新青年》四卷第二号)。我现在自己作序,只说我为什么要用白话来做诗。这一段故事,可以算是《尝试集》产生的历史,可以算是我个人主张文学革命的小史。

我做白话文字,起于民国纪元前六年(丙午),那时我替上海《竞业旬报》做了半部章回小说和一些论文,都是用白话做的。到了第二年(丁未),我因脚气病,出学堂养病。病中无事,我天天读古诗;从苏武、李陵直到元好问,单读古体诗,不读律诗。那一年我也做了几篇诗,内中有一篇五百六十字的《游万国赛珍会》和一篇近三百字的《弃父行》。以后我常常做诗,到我往美国时,已做了两百多首诗了。我先前不做律诗,因为我少时不曾学对对子,心里总觉得律诗难做。后来偶然做了一些律诗,觉得律诗原来是最容易做的玩意儿;用来做应酬朋友的诗,再方便也没有了。我初做诗,人都说我像白居易一派。后来我因为要学时髦,也做一番研究杜甫的工夫。但是我读杜诗,只读《石壕吏》《自京赴奉先咏怀》一类的诗。律诗中五律我极爱读,七律中最讨厌《秋兴》一类的诗;常说这些诗文法不通,只有一点空架子。

自民国前六七年到民国前二年(庚戌),可算是一个时代。这个时代已有不满意于当时旧文学的趋向了。我近来在一本旧笔记里(名《自胜生随笔》,是丁未年记的)翻出这几条论诗的话:

作诗必使老妪听解，固不可。然必使士大夫读而不能解亦何故耶？（录《麓堂诗话》）

东坡云："诗须有为而作"。元遗山云："纵横正有凌云笔，俯仰随人亦可怜。"（录《南濠诗话》）

这两条上都有密圈，也可见我十六岁时论诗的旨趣了。

民国前二年，我往美国留学。初去的两年，作诗不过两三首。民国成立后，任叔永（鸿隽），杨杏佛（铨）同来绮色佳（Ithaca），有了做诗的伴当了。集中《文学》篇所说：

明年任与杨，远道来就我。山城风雪夜，枯坐殊未可。
烹茶更赋诗，有倡还须和。诗炉久灰冷，从此生新火。

都是实在情形。在绮色佳五年我虽不专治文学，但也颇读了一些西方文学书籍，无形之中，总受了不少的影响。所以我那几年的诗，胆子已大得多。《去国集》里的《耶稣诞节歌》和《久雪后大风作歌》都带有试验意味。后来做《自杀篇》，完全用分段作法，试验的态度更显明了。《藏晖室札记》第三册有跋《自杀篇》一段，说：

……吾国作诗每不重言外之意，故说理之作极少。

求一朴蒲（Pope）已不可多得，何况华茨活（Words worth），贵推（Goethe）与白朗吟（Browning）矣。此篇以吾所持乐观主义入诗。全篇为说理之作，虽不能佳，然途径俱在。他日多作之，或有进境耳。（民国三年七月七日）

又跋云：

吾近来作诗，颇能不依人蹊径，亦不专学一家。命意固无从摹仿，即字句形式亦不为古人成法所拘，盖颇能独立矣。（七月八日）

民国四年八月，我作一文论“如何可使吾国文言易于教授”。文中列举方法几条，还不曾主张用白话代文言。但那时我已明言“文言是半死之文字，不当以教活文字之法教之”。又说：“活文字者，日用语言之文字，如英法文是也，如吾国之白话是也。死文字者，如希腊、拉丁，非日用之语言，已陈死矣。半死文字者，以其中尚有日用之分子在也。如犬字是已死之字，狗字是活字；乘马是死语，骑马是活语；故曰半死文字也。”（《札记》第九册）

四年九月十七日夜，我因为自己要到纽约进哥仑比亚大学，梅觐庄（光迪）要到康桥进哈佛大学，故作一首长诗送觐庄。诗中有一段说：

> 梅君梅君毋自鄙！神州文学久枯馁，百年未有健者起，新潮之来不可止。文学革命其时矣！吾辈势不容坐视，且复号召二三子，革命军前杖马棰。鞭笞驱除一车鬼，再拜迎入新世纪！以此报国未云菲，缩地戡天差可拟。梅君梅君毋自鄙！

原诗共四百二十字，全篇用了十一个外国字的译音。不料这十一个外国字就惹出了几年的笔战！任叔永把这些外国字连缀起来做了一首游戏诗送我：

> 牛敦，爱迭孙，培根，客尔文，索虏与霍桑，“烟士披里纯”：
> 鞭笞一车鬼，为君生琼英。文学今革命，作歌送胡生。

我接到这诗，在火车上依韵和了一首，寄给叔永诸人：

> 诗国革命何自始？要须作诗如作文，琢镂粉饰丧元气，貌似未必诗之纯。
>
> 小人行文颇大胆，诸公一一皆人英，愿共僇力莫相笑，我辈不作腐儒生。

梅觐庄误会我“作诗如作文”的意思，写信来辩论。他说：

……诗文截然两途。诗之文字与文之文字,自有诗文以来,无论中西,已分道而驰。……足下为诗界革命家,改良诗之文字则可;若仅移文之文字于诗,即谓之革命,谓之改良,则不可也。……以其太易易也。

这封信逼我把诗界革命的方法表示出来。我的答书不曾留稿,今抄答叔永书一段如下:

适以为今日欲救旧文学之弊,先从涤除"文胜"之弊入手。今人之诗徒有铿锵之韵,貌似之辞耳。其中实无物可言。其病根在于重形式而去精神,在于以文胜质。

诗界革命当从三事入手:第一,须言之有物,第二,须讲求文法,第三,当用"文之文字"时,不可故意避之。三者皆以质救文之弊也。……觐庄所论"诗之文字"与"文之文字"之别,亦不尽当。即如白香山诗:"城云臣按六典书,任土贡有不贡无,道州水土所生者,只有矮民无矮奴!"李义山诗,"公之斯文若元气,先时已入人肝脾。"……此诸例所用文字,是"诗之文字"乎?抑"文之文字"乎?又如适赠足下诗:"国事今成遍体疮,治头治脚俱所急。"此中字皆觐庄所谓"文字之字"。……可知"诗之文字"原不异"文之文字。"正如诗之文法原不异文之文法也。……(五年二月二日)

"诗之文字"一个问题也是很重要的问题。因为有许多人只认风花雪月、蛾眉、朱颜、银汉、玉容等字是"诗之文字"。做成的诗读起来字字是诗!仔细分析起来,一点意思也没有。所以我主张用朴实无华的白描工夫,如白居易的《道州民》,如黄庭坚的《题运华寺》,如杜甫的《自京赴奉先咏怀》。这类的诗,诗味在骨子里,在质不在文!没有骨子的滥调诗人决不能做这类的诗。所以我的第一条件便是"言之有物"。因为注重之点在言中的"物",故不问所用的文字是诗的文字还是文的文字。觐庄认做"仅移文之文字于诗",所以错了。

这一次的争论是民国四年到五年春间的事。那时影响我个人最大的,就是我平常所说的"历史的文学进化观念",这个观念是我的文学革命论的基本理论。《札记》

第十册有五年四月五日夜所记一段如下：

文学革命，在吾国史上非创见也。即以韵文而论，三百篇变而为骚，一大革命也。又变为五言七言，二大革命也。赋变而为无韵之骈文，古诗变而为律诗，三大革命也。诗之变而为词，四大革命也。词之变而为曲，为剧本，五大革命也。何独于吾所持文学革命论而疑之？文亦遭几许革命矣。自孔子至于秦汉，中国文体始臻完备。六朝之文……亦有可观者。然其时骈俪之体大盛，文以工巧雕琢见长，文法遂衰。韩退之所以称“文起八代之衰”者，其功在于恢复散文，讲求文法；此一革命也。……宋人谈哲理者，深悟古文之不适于用，于是语录体兴焉。语录体者，禅门所尝用，以俚语说理纪言；……此亦一大革命也。至元人之小说，此体始臻极盛。……总之文学革命至元代而极盛。其时之词也，曲也，剧本也，小说也，皆第一流之文学，而皆以俚语为之。其时吾国真可谓有一种“活文学”出现。倘此革命潮流（革命潮流，即天演进化之迹。自其异者言之，谓之革命；自其循序渐进之迹言之，即谓之进化可也。）不遭明代八股之劫，不遭前后七子复古之劫；则吾国之文学已成俚语的文学，而吾国之语言早成为言文一致之语言，可无疑也。但丁之创意大利文学，郤叟辈之创英文学，路得之创德文学，未足独有千古矣。惜乎，五百余年来，半死之古文，半死之诗词，复夺此“活文学”之席，而“半死文学”遂苟延残喘以至于今日。……文学革命何可更缓耶！何可更缓耶！

过了几天，我填了一首《沁园春》词，题目就叫做《誓诗》，其实是一篇文学革命宣言书：

更不伤春，更不悲秋，以此誓诗。任花开也好，花飞也好；月圆固好，日落何悲！我闻之曰，“从天而颂，孰与制天而用之？”更安用，为苍天歌哭，作彼奴为？文章革命何疑！且准备搴旗作健儿。要前空千古，下开百世；收他臭腐，还我神奇！为大中华，造新文学，此业吾曹欲让谁？诗材料，有簇新世界，供我驱驰！（四月十三日）

这首词上半所攻击的是中国文学“无病而呻”的恶习惯。我是主张乐观,主张进取的人,故极力攻击这种卑弱的根性。下半首是《去国集》的尾声,是《尝试集》的先声。

以下要说发生《尝试集》的近因了。

五年七月十二日,任叔永寄我一首《泛湖即事诗》。这首又惹起一场大笔墨官司,故不能不抄一段于此:

荡荡平湖,漪漪绿波。言棹轻楫,以涤烦疴。既备我糇,既偕我友,容与中流,山光前后。……清风竞爽,微云蔽暄;猜谜赌胜,载笑载言。行行忘远,息楫崖根。忽逢波怒,鼍掣鲸奔!岸逼流回,石斜浪翻!翩翩一叶,冯夷所吞。舟则可弃,水则可揭,湿我裳衣。畏他人视。……

我答书说:

……泛湖诗中写翻船一段所用字句,皆前人用以写江海大风浪之套语。足下避自己铸词之难,而趋于借用陈语套语之易。足下自谓“用力太过”,实则全未用气力。趋易避难,非不用气力而何?……再者,诗中所用“言”字,(第三句)及“载”字,皆系死字。又如“猜谜赌胜,载笑载言”两句,上句为二十世纪之活字,下句为三千年前之死句,殊不相称也。……(七月十六日)

叔永答书,把原诗极力删改一遍,远胜原稿了。不料我这几句话触怒了一位旁观的朋友。那时梅觐庄在绮色佳过夏,见了我这些话,因写信来痛驳我。他说:

足下所自矜为文学革命真谛者,不外乎用“活字”以入文。于叔永诗中,稍古之字,皆所不取,以为非“二十世纪之活字”。……夫文字革新须洗去旧日腔套,务去陈言,固矣。然此非尽屏古人所用之字,而另以俗语白话代之之谓也。……足下以俗语白话为向来文学上不用之字,骤以入文,似觉新奇而美，实则无永久价值。因其向未经美术家锻炼，徒诿诸愚夫愚妇无美术观念者之口，历世相传愈趋愈下，鄙俚乃不可言。足下得之，乃矜矜自喜，炫为创获，异矣。如足下之言，则人间材智，选择，教育，诸事皆无足算，而村农伧父皆足为诗人美术家矣。甚至非洲黑蛮，南洋土人，其言文无分者，最有诗人美术家之资格矣。至于无所谓“活文学”，亦与足下前此言之。……文字者，世界上最守旧之物也。……足下乃视改革文字如是之易乎？……

觐庄这封信不但完全误解我的主张，并且说了一些没有道理的话，故我做了一首一千多字的白话游戏诗答他。这首诗虽是游戏诗，也有几段庄重的议论。如第二段说：

文字没有雅俗，却有死活可道。
古人叫做欲，今人叫做要；
古人叫做至，今人叫做到；
古人叫做溺，今人叫做尿；
本来同是一字，声音少许变了。
并无雅俗可言，何必纷纷胡闹。
至于古人叫字，今人叫号；古人悬梁，今人上吊；
古名虽未必不佳，今名又何尝不妙？
至于古人乘舆，今人坐轿；古人加冠束帻，今人但知戴帽；
若必叫帽作巾，叫轿作舆，岂非张冠李戴，认虎作豹？……

又如第五段说：

今我苦口哓舌，算来却是为何？
正要求今日的文学大家，
把那些活泼泼的白话，拿来锻炼，拿来琢磨，拿来作文、演说、作曲、作歌；
出几个白话的嚣俄，和几个白话的东坡；

那不是"活文学"是什么?

那不是"活文学"是什么?

这一段全是后来用白话作实地试验的意思。

这首白话游戏诗是五年七月二十二日做的,一半是朋友游戏,一半是有意试做白话诗。不料梅任两位都大不以为然。觐庄来信大骂我,他说:

读大作如儿时听莲花落,真所谓革尽古今中外人之命者,足下诚豪健哉。盖今之西洋诗界,若足下之张革命旗者,亦数见不鲜。最著者有所谓 Futurism, Imagism, Free Verse,及各种 decadent movements in Literature and in arts。大约皆足下俗话诗之流亚。皆喜以"前无古人后无来者"自豪;皆喜诡立名字,号召徒众,以眩骇世人之耳目,而已则从中得名士头衔以去焉。……

信尾又有两段添入的话:

文章体裁不同。小说词曲固可用白话,诗文则不可。今之欧美狂澜横流,所谓"新潮流","新潮流"者,耳已闻之熟矣。诚望足下勿剽窃此种不值钱之新潮流以哄国人也。(七月二十四日)

这封信颇使我不心服,因为我主张的文学革命,只是就中国今日文学的现状立论,和欧美的文学新潮流并没有关系。有时借镜于西洋文学史,也不过举出三四百年前欧洲各国产生"国语的文学"的历史。因为中国今日国语文学的需要很像欧洲当日的情形,我们研究他们的成绩,也许使我们减少一点守旧性,增添一点勇气。觐庄硬派一个"剽窃此种不值钱之新潮流以哄国人"的罪名,我如何能心服呢?

叔永来信说:

足下此次试验之结果,乃完全失败是也。……要知白话自有白话用处

(如作小说演说等),然不能用之于诗。如凡白话皆可为诗,则吾国之京调高腔何一非诗?……呜乎!适之吾人今日言文学革命,乃诚见今日文学有不可不改革之处,非特文言白话之争而已。吾尝默省吾国今日文学界,即以诗论,其老者,如郑苏龛、陈伯严辈,其人头脑已死,只可让其与古人同朽腐。其幼者,如南社一流人,淫滥委琐,亦去文学千里而遥。旷观国内,如吾侪欲以文学自命者,舍自倡一种高美芳洁之文学,更无吾侪厕身之地。以足下高才有为,何为舍大道不由,而必旁逸斜出,植美卉于荆棘之中哉?……唯以此(白话)作诗。则仆期期以为不可。……今且假令足下之文学革命成功,将令吾国作诗者皆高腔京调,而陶、谢、李、杜之流将永不复见于神州,则足下之功又何若哉?……(七月二十四夜)

觐庄说,“小说词曲固可用白话,诗文则不可”,叔永说“白话自有白话用处(如作小说演说等),然不能用之于诗”,这是我最不承认的。我答叔永信中说:

……白话入诗,古人用之者多矣。(此下举放翁诗及山谷、稼轩词为例。)……总之,白话之能不能作诗,此一问题全待吾辈解决。解决之法,不在乞怜古人;谓古之所无,今必不可有,而在吾辈实地试验。一次“完全失败”,何妨再来?若一次失败,便“期期以为不可”,此岂科学的精神所许乎!

这一段乃是我的“文学的实验主义”。我三年来所做的文学事业只不过是实行这个主义。

答叔永书很长,我且再抄一段:

……今且用足下之字句以述吾梦想中之文学革命曰:

(1)文学革命的手段:要令国中之陶、谢、李、杜敢用白话、京调、高腔作诗;要令国中之陶、谢、李、杜皆能用白话、京调、高腔作诗。

(2)文学革命的目的:要令白话、京调、高腔之中产出几许陶、谢、李、杜。

(3)今日决用不着“陶、谢、李、杜”的陶、谢、李、杜。若陶、谢、李、杜生于今日仍作陶、谢、李、杜当日之诗,则决不能更有当日的价值与影响。何也?时代不同也?

(4)吾辈生于今日,与其作不能行远不能普及的《五经》,两汉、六朝、八家文字,不如作家喻户晓的《水浒》《西游》文字。

与其作似陶似谢似李似杜的诗,不如作不似陶谢不似李杜的白话诗。与其作一个学这个学那个的郑苏盦、陈伯严,不如作一个实地试验,"旁逸斜出""舍大道而弗由"的胡适之。

……吾志决矣,吾自此以后,不更作文言诗词。……

……(七月二十六日)

这是第一次宣言不做文言诗词。过了几天,我再答叔永道:

……古人说,"工欲善其事,必先利其器"。文字者,文学之器也。我私心以为文言决不足为吾国将来文学之利器。施耐庵、曹雪芹诸人已实地证明作小说之利器在于白话。今尚需人实地试验白话是否可为韵文之利器耳。……我自信颇能用白话作散文,但尚未能用之于韵文,私心颇欲以数年之力,实地练习之。

倘数年之后,竟能用文言、白话作文作诗,无不随心所欲,岂非一大快事?我此时练习白话韵文,颇似新辟一文学殖民地。可惜须单身匹马而往,不能多得同志,结伴同行。然吾去志已决。公等假我数年之期。倘此新国尽是沙碛不毛之地,则我或终归老于"文言诗国"亦未可知。傥幸而有成,则辟除荆棘之后,当开放门户,迎公等同来莅止耳!"狂言人道臣当烹,我自不吐定不快。人言未足为重轻,足下定笑我狂耳。"……(八月四日)

这时我已开始作白话诗。诗还不曾做得几首,诗集的名字已定下了。那时我想起陆游有一句诗:"尝试成功自古无",我觉得这个意思恰和我的实验主义反对,故用"尝试"两字作我的白话诗集的名字,要看"尝试"究竟是否可以成功。那时我已打定主意,努力做白话诗的试验;心里只有一点痛苦,就是同志太少了,"须单身匹马而往”,我平时所最敬爱的一班朋友都不肯和我同去探险。但是我若没有这一班朋友和我打笔墨官司,我也决不会有这样的尝试决心。庄子说得好:“彼出于是,是亦因彼。”我至今回想当时和那班朋友,一日一邮片,三日一长函的乐趣,觉得那真是人生最不容易有的幸福。我对于文学革命的一切见解,所以能结晶成一种有系统的主张,全都是同这一班朋友切磋讨论的结果。五年八月十九日,我写信答朱经农(经),中有一段说:

> 新文学之要点,约有八事:
>
> (一)不用典,
>
> (二)不用陈套语,
>
> (三)不讲对仗,
>
> (四)不避俗字俗话,
>
> (五)须讲求文法。(以上为形式的一方面。)
>
> (六)不作无病之呻吟,
>
> (七)不摹仿古人,须语语有个我在,
>
> (八)须言之有物。(以上为精神(内容)的一方面。)

这八条,后来成为一篇《文学改良刍议》。(《新青年》第二卷第五号,六年一月一日出版。)即此一端,便可见朋友讨论的益处了。

我的《尝试集》起于民国五年七月,到民国六年九月我到北京时,已成一小册子。这一年之中,白话诗的试验室里只有我一个人。因为没有积极的帮助,故这一年的诗,无论怎样大胆,终不能跳出旧诗的范围。

我初回国时,我的朋友钱玄同说我的诗词“未能脱尽文言窠臼”,又说“嫌太文了”。美洲的朋友嫌“太俗”的诗,北京的朋友嫌“太文”了!这话我初听了很觉得奇怪。后来平心一想,这话真是不错。我在美洲做的《尝试集》,实在不过是能勉强实行了《文学改良刍议》里面的八个条件;实在不过是一些刷洗过的旧诗!这些诗的缺点就是仍旧用五言七言的句法,句法太整齐了,就不合语言的自然,不能不有截长补短的毛病,不能不时时牺牲白话的字和白话的文法,来牵就五七言的句法。音节一层,也受很大的影响:第一,整齐划一的音节没有变化,实在无味;第二,没有自然的音节,不能跟着诗料随时变化。因此,我到北京以后所做的诗,认定一个主义:若要做真正的白话诗,若要充分采用白话的字,白话的文法和白话的自然音节,非做长短不一的白话诗不可。这种主张,可叫做"诗体的大解放"。诗体的大解放就是把从前一切束缚自由的枷锁镣铐,一切打破。有什么话,说什么话;话怎么说,就怎么说。这样方才可有真正白话诗,方才可以表现白话的文学可能性。

《尝试集》第二集中的诗虽不能处处做到这个理想的目的,但大致都想朝着这个目的做去。这是第二集和第一集的不同之处。

以上说《尝试集》发生的历史。现在且说我为什么赶紧印行这本白话诗集。我的第一个理由是因为这一年以来白话散文虽然传播得很快很远,但是大多数的人对于白话诗仍旧很怀疑,还有许多人不但怀疑,简直持反对的态度。因此,我觉得这个时候有一两种白话韵文的集子出来,也许可以引起一般人的注意,也许可以供赞成和反对的人作一种参考的材料。第二,我实地试验白话诗已经三年了,我很想把这三年试验的结果贡献给国内的文人,作为我的试验报告。我很盼望有人把我试验的结果,仔细研究一番,加上平心静气的批评,使我也可以知道这种试验究竟有没有成绩,用的试验方法,究竟有没有错误。第三,无论试验的成绩如何,我觉得我的《尝试集》至少有一件事可以贡献给大家的。这一件可贡献的事就是这本诗集所代表的"实验的精神"。我们这一班人的文学革命论所以同别人不同,全在这一点试验的态度。近来稍稍明白事理的人,都觉得中国文学有改革的必要。即如我的朋友任叔永他也说:"呜呼!造之!吾人今日言文学革命,乃诚见今日文学有不可不改革之处,非特文言白话之争而已。"甚至于南社的柳亚子也要高谈文学革命。但是他们的文学革命论只提出一种空荡荡的目的,不能有一种具体进行的计划。他们都说文学革命决不是形式上的革命,决不是文言白话的问题。等到人问他们究竟他们所主张的革命"大道"是什么,他们可回答不出了。这种没有具体计划的革命无论是政治的(还)是文学的,决不能发生什么效果。我们认定文字是文学的基础,故文学革命的第一步就是文字问题的解决。我们认定"死文字决不能产生活文学",故我们主张若要造一种活的文学,必须用白话来做文学的工具。我们也知道单有白话未必就能造出新文学;我们也知道新文学必须要有新思想做里子。但是我们认定文学革命须有先后的程序,先要做到文字体裁的大解放,方才可以用来做新思想新精神的运输品。我们认定白话实在有文学的可能,实在是新文学的唯一利器,但是国内大多数人都不肯承认这话——他们最不肯承认的就是白话可作韵文的唯一利器。我们对于这种怀疑,这种反对没有别的法子可以对付,只有一个法子,就是科学家的试验方法。

科学家遇着一个未经实地证明的理论,只可认他做一个假设。须等到实地试验之后,方才是试验的结果来批评那个假设的价值。我们主张白话可以做诗,因为未经大家承认,只可说是一个假设的理论。我们这三年来只是想把这个假设用来做种种实地试验——做五言诗,做七言诗,做严格的词,做极不整齐的长短句;做有韵诗,做无韵诗,做种种音节上的试验——要看白话是不是可以做好诗,要看白话诗是不是比文言诗要更好一点。这是我们这班白话诗人的“实验的精神”。我这本集子里的诗,不问诗的价值如何,总都可以代表这点实验的精神。

这两年来,北京有我的朋友沈尹默、刘半农、周豫才、周启明、傅斯年、俞平伯、康白情诸位,美国有陈衡哲女士,都努力作白话诗。

白话诗的试验室里的试验家渐渐多起来了。但是大多数的文人仍旧不敢轻易“尝试”。他们永不来尝试尝试,如何能判断白话诗的问题呢?耶稣说得好:“收获是很多的,可惜做工的人太少了。”所以我大胆把这本《尝试集》刻出来,要想把这本集子所代表的“实验的精神”贡献给全国的文人,请他们大家都来尝试尝试。

我且引我的《尝试篇》作这篇长序的结论:

“尝试成功自古无”,放翁这话未必是。我今写下一转语,“自古成功在尝试!”……莫想小试便成功,哪有这样容易事!有时试到千百回,始知前功尽抛弃。即使如此已无愧,即此失败便足记。告人“此路不通行”可使脚力莫枉费。我生求师二十年,今得“尝试”两个字。作诗做事要如此,虽未能到颇有志。作“尝试”歌颂吾师,愿吾师寿千万岁!

(第六卷第五号,一九一九年五月)

儿童的文学

周作人

1920年10月26日在北京孔德学校所讲

今天所讲儿童的文学,换一句话便是“小学校里的文学”。美国的斯喀特尔(H.E. Scudder)麦克林托克(P.L.Maclintock)诸人都有这样名称的书,说明文学在小学教育上的价值,他们以为儿童应该读文学的作品,不可单读那些商人杜撰的读本。读了读本,虽然说是识字了,却不能读书,因为没有读书的趣味。这话原是不错,我也想用同一的标题,但是怕要误会,以为是主张叫小学儿童读高深的文学作品,所以改作今称,表明这所谓文学,是单指“儿童的”文学。

以前的人对于儿童多不能正当理解,不是将他当作缩小的成人,拿“圣经贤传”尽量的灌下去,便将他看作不完全的小人,说小孩懂得什么,一笔抹杀,不去理他。近来才知道儿童在生理上,虽然和大人有点不同,但他仍是完全的个人,有他自己的内外两面的生活。儿童期的二十几年的生活,一面固然是成人生活的预备,但一面也自有独立的意义与价值;因为全生活只是一个生长,我们不能指定那一截的时期,是真正的生活。我以为顺应自然的生活各期——生长,成熟,老死,都是真正的生活。所以我们对于误认儿童为缩小的成人的教法,固然完全反对,就是那不承认儿童的独立生活的意见,我们也不以为然。那全然蔑视的不必说了,在诗歌里鼓吹合群,在故事里提倡爱国,专为将来设想,不顾现在儿童生活的需要的办法,也不免浪费了儿童的时间,缺损了儿童的生活——即生命。我想儿童教育,是应当依了他内外两面的生活的需要,恰如其分的供给他,使他生活满足丰富,至于因了这供给的材料与方法而发生的效果,那是当然有的副产物,不必是供给时的唯一目的物。换一句话说,因为儿童生活上有文学的需要,我们供给他,便利用这机会去得一种效果——于儿童将来生活上有益的一种思想或习性,当作副产物,并不因为要得这效果,便不管儿童的需要如何,供给一种食料,强迫他吞下去。所以小学校里的文学的教材与教授,第一须注意于“儿童的”这一点,其次才是效果,如读书的趣味,智情与想象的修养等。

儿童生活上何以有文学的需要？这个问题,只要看文学的起源的情形,便可以明白。儿童哪里有自己的文学？这个问题,只要看原始社会的文学的情形,便可以明白。照进化说讲来,人类的个体发生原来和系统发生的程序相同:胚胎时代经过生物进化的历程,儿童时代又经过文明发达的历程;所以儿童学(Paidologie)上的许多事项,可以借了人类学(Anthropologie)上的事项来作说明。文学的起源,本由于原人的对于自然的畏惧的好奇,凭了想象,构成一种感情思想,借了言语行动表现出来,总称是歌舞,分起来是歌,赋予戏曲小说。儿童的精神生活本与原人相似,他的文学是儿歌童话,内容形式不但多与原人的文学相同,而且有许多还是原始社会的遗物,常含有野蛮或荒唐的思想。儿童与原人的比较,儿童的文学与原始的文学的比较,现在已有定论,可以不必多说;我们所要注意的,只是在于怎样能够适当的将“儿童的”文学供给予儿童。

近来有许多人对于儿童的文学,不免怀疑,因为他们觉得儿歌童话里多有荒唐乖谬的思想,恐于儿童有害。这个疑惧本也不为无理,但我们有这两种根据,可以解释它。

第一,我们承认儿童有独立的生活,就是说他们内面的生活与大人不同,我们应当客观理解他们,并加以相当的尊重。婴儿不会吃饭,只能给他乳吃;不会走路,只好抱他,这是大家都知道的。精神上的情形,也正同这个一样。儿童没有一个不是拜物教的,他相信草木能思想,猫狗能说话,正是当然的事;我们要纠正他,说草木是植物猫狗是动物,不会思想或说话,这事不但没有什么益处,反是有害的,因为这样使他们的生活受了伤了。即使不说儿童的权利那些话,但不自然的阻遏了儿童的想象力,也就所失很大了。

第二,我们又知道儿童的生活,是转变的生长的。因为这一层,所以我们可以放胆供给儿童需要的歌谣故事,不必愁他有什么坏的影响,但因此我们又更须细心斟酌,不要使他停滞,脱了正当的轨道。譬如婴儿生了牙齿可以吃饭,脚力强了可以走路了,却还是哺乳提抱,便将使他的胃肠与脚的筋肉反变衰弱了。儿童相信猫狗能说话的时候,我们便同他们讲猫狗说话的故事,不但要使得他们喜悦,也因为知道这过程是跳不过的——然而又自然的会推移过去的,所以相当的对付了,等到儿童要知道猫狗是什么东西的时候到来,我们再可以将生物学的知识供给他们。倘若不问儿童生活的转变如何,只是始终同他们讲猫狗说话的事,那时这些荒唐乖谬的弊害才真要出来了。

据麦克林托克说,儿童的想象如被迫压,他将失了一切的兴味,变成枯燥的唯物的人;但如被放纵,又将变成梦想家,他的心力都不中用了。所以小学校里的正当的文学教育,有这样三种作用:(1)顺应满足儿童之本能的兴趣与趣味,(2)培养并指导那些趣味,(3)唤起以前没有的新的兴趣与趣味。这(1)便是我们所说的供给儿童文学的本意,(2)与(3)是利用这机会去得一种效果。但怎样才能恰当的办到呢?依据儿童心理发达的程序与文学批评的标准,于教材选择与教授方法上,加以注意,当然可以得到若干效果。教授方法的话可以不必多说了,现在只就教材选择上,略略说明以备参考。

儿童学上的分期,大约分作四期,一婴儿期(一至三岁),二幼儿期(三至十岁),三少年期(十至十五岁),四青年期(十五至二十岁)。我们现在所说的是学校里一年至六年的儿童,便是幼儿期及少年期的前半,至于七年以上所谓中学程度的儿童,这回不暇说及,当俟另外有机会再讲了。

幼儿期普通又分作前后两期,三至六岁为前期,又称幼稚园时期,六至十岁为后期,又称初等小学时期。前期的儿童,心理的发达上最旺盛的是感觉作用,其他感情意志的发动也多以感觉为本,带着冲动的性质。这时期的想象,也只是所动的,就联想的及模仿的两种,对于现实与虚幻,差不多没有什么区别。到了后期,观察与记忆作用逐渐发达,得了各种现实的经验,想象作用也就受了限制,须与现实不相冲突,才能容纳;若表现上面,也变了主动的,就是所谓构成的想象了。少年期的前半大抵也是这样,不过自我意识更为发达,关于社会道德等的观念,也渐明白了。

约略根据了这个程序,我们将各期的儿童的文学分配起来,大略如下——

幼儿前期

(1)诗歌。这时期的诗歌,第一要注意的是声调。最好是用现有的儿歌,如北京的“水牛儿”“小耗了”都可以用,就是那趁韵而成的如“忽听门外人咬狗”,咒语一般的决择歌如“狸狸斑斑”,只要音节有趣,也是一样可用的。因为幼儿唱歌只为好听,内容意义不甚紧要,但是粗俗的歌词也应该排斥,所以选择诗歌不必积极的罗致名著,只须消极加以别择便好了。古今诗里有适宜的,当然可用;但特别新做的儿歌,我反不大赞成,因为这是极难的,难得成功的。

(2)寓言。寓言实在只是童话的一种,不过略为简短,又多含着教训的意思,普通就称作寓言。在幼儿教育上,他的价值单在故事的内容,教训实是可有可无;倘这意义是自明的。儿童自己能够理会,原也很好,如借此去教修身的大道理,便不免谬了。这不但因为在这时期教了不能了解,且恐要养成曲解的癖,于将来颇有弊病。象征的著作须得在少年期的后期(第六七学年)去读,才有益处。

(3)童话。童话也最好利用原有的材料,但现在的尚未有人收集,古书里的须待修订,没有恰好的童话集可用。翻译别国的东西,也是一法,只须稍加审择便好。本来在童话里,保存着原始的野蛮的思想制度,比别处更多。虽然我们说过儿童是小野蛮,喜欢荒唐乖谬的故事,本是当然,但有几种也不能不注意:就是凡过于悲哀,苦痛,残酷的,不宜采用。神怪的事只要不过恐怖的限度,总还无妨;因为将来理智发达,儿童自然会不再相信这些,若是过于悲哀或痛苦,便永远在脑里留下一个印象,不会消灭,于后来思想上很有影响;至于残酷的害,更不用说了。

幼儿后期

(1)诗歌。这期间的诗歌,不只是形式重要,内容也很重要了;读了固然要好听,还要有意思,有趣味。儿歌也可应用,前期读过的还可以重读,前回听它的音,现在认他的文字与意义,别有一种兴趣。文学的作品倘有可采用的,极为适宜,但恐不很多。如选取新诗,须择叶韵而声调和谐的;但有词调小曲调的不取,抽象描写或讲道理的也不取。儿童是最能创造而又最是保守的;他们所喜欢的诗歌,恐怕还是五七言以前的声调,所以普通的诗难得受他们的赏鉴;将来的新诗人能够超越时代,重新寻到自然的音节,那时真正的新的儿歌才能出现。

(2)童话。小学的初年还可以用普通的童话,但是以后儿童辨别力渐强,对于现实与虚幻已经分出界限,所以童话里的想象也不可太与现实分离;丹麦(Hans C. Andersen)安徒生作的童话集里,有许多适用的材料。传说也可以应用,但应当注意,不可过量的鼓动崇拜英雄的心思,或助长粗暴残酷的行为。中国小说里的《西游记》讲神怪的事,却与《封神传》不同,也算纯朴率真,有几节可以当童话用。《今古奇观》等书里边,也有可取的地方,不过须加以修订才能适用罢了。

(3)天然故事。这是寓言的一个变相;以前读寓言是为它的故事,现在却是为它所讲的动物生活。儿童在这时期,好奇心很是旺盛,又对于牧畜及园艺极热心,所以给他读这些故事,随后引到记述天然的著作,便很容易了。但中国这类著作非常缺少,不得不取材于译书,如《万物一览》等书了。

少年期

(1)诗歌。浅近的文言可以应用,如唐代的乐府及古诗里多有好的材料;中国缺少叙事的民歌(Ballad),只有《孔雀东南飞》等几篇可以算得佳作,《木兰行》便不大适用。这时期的儿童对于普通的儿歌,大抵已经没有什么趣味了。

(2)传说。传说与童话相似,只是所记的是有名英雄,虽然也含有空想的分子,比较的近于现实。在自我意识,团体精神渐渐发达的时期,这类故事,颇为合宜;但容易引起不适当的英雄崇拜与爱国心,亟须注意,最好采用各国的材料,使儿童知道人性里共通的地方,可以免去许多偏见。奇异而有趣味的,或真切而合于人情的,都可采用;但讲明太祖,拿破仑等的故事,还以不用为宜。

(3)写实的故事。这与现代的写实小说不同,单指多含现实分子的故事,如欧洲的《鲁滨逊》(*Robinson Crusoe*)或《唐吉诃德》(*Don Quixote*)而言。中国的所谓社会小说里,也有可取的地方,如《儒林外史》及《老残游记》之类,纪事叙景都可,只不要有玩世的口气,也不可有夸张或感伤的"杂剧的"气味。《官场现形记》与《广陵潮》没有什么可取,便因为这个缘故。

(4)寓言。这时期的教寓言,可以注重在意义,助成儿童理智的发达。希腊及此外欧洲寓言作家的作品,都可选用;中国古文及佛经里也有许多很好的譬喻。但寓言的教训,多是从经验出来,不是凭理论的,所以尽有顽固或悖谬的话,用时应当注意;又篇末大抵附有训语,可以删去,让儿童自己去想,指定了反妨害他们的活动了。滑稽故事此时也可以用,童话里本有这一部类,不过用在此刻也偏重意义罢了。古书如《韩非子》等的里边,颇有可用的材料,大都是属于理智的滑稽,就是所谓机智。感情的滑稽实例很少;世俗大多数的滑稽都是感觉的,没有文学的价值了。

(5)戏曲。儿童的游戏中本含有戏曲的原质,现在不过伸张综合了,适应他们的需要。在这里边,他们能够发扬模仿的及构成的想象作用,得到团体游戏的快乐。这虽然是指实演而言,但诵读也别有兴趣;不过这类著作,中国一点都没有,还须等人去研究创作:能将所读的传说去戏剧化,原是最好,却又极难,所以也只好先从翻译入手了。

以上约略就儿童的各期,分配应用的文学种类,还只是理论上的空谈,须经过实验,才能确实的编成一个详表。以前所说多偏重“儿童的”,但关于“文学的”这一层,也不可将它看轻;因为儿童所需要的是文学,并不是商人杜撰的各种文章,所以选用的时候还应当注意文学的价值。所谓文学的,却也并非要引了文学批评的条例,细细的推敲,只是说须有文学趣味罢了。文章单纯,明了,匀整;思想真实,普遍,这条件便已完备了。麦克林托克说,小学校里的文学有两种重要的作用,(1)表现具体的影象,(2)造成组织的全体。文学之所以能培养指导及唤起儿童的新的兴趣与趣味,大抵当于这个作用:所以这两条件,差不多就可以用作儿童文学的艺术上的标准了。

中国向来对于儿童,没有正当的理解,又因为偏重文学,所以在文学中可以供儿童之用的,实在绝无仅有;但是民间口头流传的也还不少,古书中也有可用的材料,不过没有人采集或修订了,拿来应用。坊间有几种唱歌和童话,却多是不合条件,不适于用。我希望有热心的人,结合一个小团体,起手研究、逐渐收集各地歌谣故事,修订古书里的材料,翻译外国的著作,编成几部书,供家庭学校的用,一面又编成儿童用的小册,用了优美的装帧,刊印出去,于儿童教育当有许多的功效。我以前因为汉字困难,怕这事不大容易成功,现在有了注音字母,可以不必多愁了。但插画一事,仍是为难。现今中国画报上的插画,几乎没有一张过得去的,要寻能够为儿童书作插画的,自然更不易得了,这真是一件可惜的事。

(第八卷第四号,一九二〇年十二月一日)

做诗的一点经验

俞平伯

从七年春天我尝试用白话做诗,同小孩学走路一样,语法调子都很招笑的。那时候新诗正在萌芽,不但没有法则也没有很多的模范,所以我不知道什么做诗应守的戒律,但我很感谢欣幸这个机会,使我能离开一切拘牵,赤裸显出诗中的自我。

后来继续做《冬夜之公园春水船》在《新潮》登载。以人家的批评看来艺术或稍稍进步些,但这几首诗都染上很浓厚的旧空气。且作风太偏于纯粹写景一面,也不是新诗正当倾向,所以我后来很懊悔把未成熟的作品胡乱径行发表。

我很信好诗是没有物和我的分别的,是主观客观联合在笔下的。惭愧我没有这般的天才,只有心向着路上去学步,即以最近所做的而论,其中或还不免有旧诗词的作风。这足流露于不自觉的,我承认我自己的无力。

我在这篇文字里,要声明一点重要的观念。就是好诗没有是"天籁"的。天籁是什么?简单说来,即适之先生在《建设的文学革命论》上所谓"有什么话说什么话"。但这个旧信条,我以为到现在还有从新解释的必要,而且要严密的解释。

凡做诗的动机大都是一种情感(Feeling)或是一种情绪(emotion),智慧思想,似乎不重要。我们从心理学上,晓得这种心灵过程是强烈的,冲动的,一瞬的。若加以清切的注意或反省,或杂以外来的欲望,便把动机的本身消灭了。所以要做诗,只须顺着动机,很热速自然地把它写出来,万不可使从知识或习惯上得来的"主义""成见",占据我们的这识中心。

我想凡世界上天才的"作者"——后人说他是成什么派别——自己绝没有先知一种分别;决不先想到什么"写实主义""象征主义""艺术的艺术""人生的艺术"这类观念;更没想到"自成一家""传名久远"这类世俗可笑的见解。他们只是"兴到疾书"无所为的自扰，既不及管诗的“工拙”更无所谓社会上的“毁誉”。至于作品家竟如何如何，自有读者去批评；什么主义派别，自有后人编文学史的为他们分类。实在他们自己，只不过一个真率的小孩子，一个酸诌诌的书呆子罢了。授罗古勃 Solsgnt 说：“情动于中，吾遂以诗表之，吾于诗中，已尽言当时所欲言；且复勉求适切之辞，俾与吾之情绪相调和”（见《点滴》上卷 117 页）这真是诗人的自白。即修辞的作用，亦无非想真实详细表出他自己的情绪，与世间的毁誉丝毫无干。我们要做诗，须得具诗人的纯洁态度；这是根本上一个先决问题。

做诗原只是做得，不该把做诗当作求他欲望的手段。诗的兴趣即在本身，不可从本身以外求趣味。若是一个学诗的人问，“做了诗，为什么？怎么样？”这是把功利的臭味，来玷污诗神，我们应该请他出诗人的范围。若是有人问，“诗要怎样做？”也大都也是诗的门外汉，因为他自己带上桎梏。我可以回答，“你要怎样做，就怎样做，我都不会告诉你”。

盛兴来了，我们不得不写下来；若不来呢，虽要写也写不出，即写出来的也不是诗。随盛兴来的诗，未必定是好的，却还不失诗的精神。听它的自然来去，不加一些有这的做作；已是我深信的一条最有效的做诗方法。我的主张，是诗的解放，第一步要解放做诗的动机。

诗有什么调子句法，我不是瞎说，从来没理会到这个。人家都说，新诗的律是件难事，因为没有固定的规则。我的意见都和他们相反。我以为诗律既不难，而且有很精严的规则——自然的规则——存在，但是我们却不要管它，不要有意的遵守它。只趁着“兴会”做我们的诗，它自会如形影的来符合我们。换句话说，人的盛兴和谐律的盛兴是相伴着而同源的，我们不愁有好诗而没有好的调子呵。

调子既不是固定的，又不是先有调子而后做诗的；所以我做诗的经验——对于修饰调子的经验——只是读在嘴里听在耳里，改到无可改为止。若再问我，“这首诗调子是怎样安排的？”我只有请他把原诗读一遍，因为以外我不知什么，实在也没有什么！

至于怎样才能解放做诗的动机？这关于人格的修养，是另外一个问题，不在此论范围以内。我所要说的，不过如此。读者或者觉得这些议论太深渺不着边际，但我总真实表现不可忽略的事实；况且这篇所讲的，并非教人怎样做诗，不过简短自述过去的经验。

民国九年十一月五日，作于杭州城头巷

（第八卷第四号，一九二〇年丨二月一日）

文学上的俄国与中国

周作人

1920年11月在北京师范学校及协和医学校所讲

今天讲的这个题目,看去似太广大,不是我的力量所能及。我的本意,只是想说明俄国文学的背景有许多与中国相似,所以他的文学发达情形与思想的内容在中国也最可以注意研究。本来人类的思想是共通的,分不出什么远近轻重,但遗传与环境的影响也是事实,大同之中便不免有小异,一时代一民族的文学都有他们特殊的色彩,就是这个缘故。俄国在十九世纪,同别国一样的受着欧洲文艺思想的潮流,只因有特别的背景在那里,自然的造成了一种无派别的人生的文学。但我们要注意,这并不是将"特别国情"做权衡来容纳新思想,乃是将新思潮来批判这特别国情,来表现或是解释他,所以这结果是一种独创的文学,富有俄国特殊的色彩,而其精神却仍与欧洲现代的文学一致。

俄国的文学,在十八世纪方才发生。以前有很丰富的歌谣弹词,但只是民间口头传说,不曾见诸文字。大彼得改革字母以后,国语正式成立,洛摩诺梭夫(Lomonosov)、苏玛洛科夫(Sumarokov)等诗人出来,模仿德法的古典派的作品。到加德林二世的时候,俄国运动改造的学会逐渐发生,凯阑仁(Karamzin)等感伤派的小说,也加入农奴问题的讨论了。十九世纪中间,欧洲文艺经过了传奇派与写实派两种变化,拜伦(Byron)与莫泊桑(Maupassant)可以算是两边的代表。但俄国这一百年间的文学,却是一贯的,只有各期的社会情状反映在思想里,使他略现出差别来,并不成为派别上的问题。十九世纪的俄国正是光明与黑暗冲突的时期,改革与反动交互的进行,直到罗马诺夫朝的颠覆为止。在这时期里,一切的新思想映在这样的背景上,自然的都染着同样的彩色:譬如传奇时代拜伦的自由与反抗的呼声,固然很是适合,个人的不平却变成义愤了;写实时代莫泊桑的科学的描写法,也很适于表现人生的实相,但那绝对客观的冷淡反变为生观的解释了。俄国近代的文学,可以称作理想的写实派的文学;文学的本领原来在于表现及解释人生,在这一点上俄国的文学可以不愧称为真的文学了。

这一世纪里的文学,可以依了政治的变迁分作四个时期。第一期自一八〇一至四八年,可以称作黎明期。一八二五年十二月党失败以后,不免发生一种反动,少年的人虽有才力,在政治及社会上没有活动的地方,又因农奴制度的影响,经济上也不必劳心,便养成一种放恣为我的人,普希金(Pushkin)的《阿涅庚》(*Evgeni Oniegin*)来尔孟多夫(Lermontov)的《现代的英雄》里的沛曲林(Petshorin),就是这一流人的代表,也是社会的恶的具体化。一方面官僚政治的积病与斯拉夫人的惰性,也在果戈里(Gogol)的著作里暴露出来。

一八四八年欧洲革命又起,俄国政府起了恐慌,厉行专制,至尼古拉一世死的那一年(一八五五)止,这是第二期,称作反动期。尼古拉一世时代的书报检查,本是有名严厉的,到了此刻却更加了一倍,又兴了许多文字狱,一八四九年的彼得拉绥夫斯奇(Petrashevski)党人案件最是有名,他们所主张的解放农奴,改良裁判法,宽缓检查这三条件,后来亚历山大维新的时候都实行了,在这时代却说他是扰乱治安,定了重刑。这八年间,文学上差不多没有什么成绩。一八五五至一八八一年是亚历山大二世在位的时代,政治较为开明,所以文学上是发达期,这是第三期。其中又可以分作三段,第一段自一八五五至一八六一年,思想言论比较的可以自由了,但是遗传的惰性与迫压的余力,还是存在,所以有理想而不能实行,屠戈涅夫(Turgenev)的《路丁》(*Dmitri Rudin*)冈伽洛夫(Gontsharov)的《阿勃洛摩夫》(*Oblomov*),都是写这个情形的。自一八六一至一八七〇年顷是第二段,唯心论已为唯物论所压倒,理想的社会主义之后也变为科学的社会主义了,所谓虚无主义就在此时发生,屠戈涅夫的《父与子》里的巴察洛夫(Bazarov)可以算是这派的一个代表。虚无主义实在只是科学的态度,对于无征不信的世俗的宗教法律道德虽然一律不承认,但科学与合于科学的试验的一切,仍是承认的,这不但并非世俗所谓虚无党,据克鲁泡特金说:世间本无这样的一件东西。而且也与东方讲虚无的不同。陀思妥夫斯奇(Dostojevski)做的《罪与罚》,本想攻击这派思想,目的未能达到,却在别方面上成了一部伟大的书。第三段自一八七〇至一八八一年,在社会改造上,多数的知识阶级觉得自上而下的运动终是事倍功半的,于是起了“往民间去”(V Narod)的运动，在文学上民情派(Narodnitshestvo)的势力也便发展起来。以前描写农民生活的文学，多写他们的悲哀痛苦，证明农奴也有人性，引起人的同情；到六一年农奴解放以后，这类著作可以无需了。于是转去描写他们全体的生活，因为这时候觉得俄国改造的希望全在农民身上，所以十分尊重，但因此不免有过于理想化的地方。同时利他主义的著作也很是发达，陀思妥夫斯奇，托尔斯泰(Tolstoi)、伽尔洵(Garshin)、科罗连珂(Korolenko)、邬斯本斯奇(Uspenski)等，都是这时候的文人。亚历山大二世的有始无终的改革终于不能满足国民的希望遂有一八八一年的暗杀；亚力山大三世即位，听了坡毕陀诺斯垂夫(Pobiedonostsev)的政策，极力迫压，直到革命成功为止，是俄国文学的第四期，可以称作第二反动期。这时候的“灰色的人生”，可以在契诃夫(Tshekhov)与安特来夫(Andrejev)的著作中间历历的看出。一九〇五年革命失败，国民的暴弃与绝望一时并发，阿尔支拔绥夫(Artsybashev)的《沙宁》(*Sanin*)便是这样的一个人；这正是时代的产物，并非由于安特来夫的写实主义过于颓丧的缘故，便是安特来夫的颓丧也是时代的反映，不是什么主义能够将他养成的。但一方面也仍有希望未来的人，契诃夫晚年的戏曲很有这样倾向；库普林(Kuprin)以写实著名，却也并重理想，他的重要著作如《生命的河》及《决斗》等都是这样。戈里奇(Gorki)出身民间，是民情派的大家，但观察更为真实，他的反抗的声调，在这黑暗时期里可算是一道引路的火光。最近的革命诗人洛普洵(Ropshin)在灰色马里写出一个英雄，一半是死之天使，一半还是有热的心肝的人，差不多已经表示革命的洪水到来了。

以上将俄国近代文学的情形约略一说，我们可以看出他的特色，是社会的，人生的。俄国的文艺批评家自别林斯奇(Bielinski)以至托尔斯泰，多是主张人生的艺术，固自很有关系，即使他们的主张能够发生效力，还由于俄国社会的特别情形，供给他一个适当的背景。这便是俄国特殊的宗教政治与制度。基督教、君主专制、阶级制度，当时的欧洲各国大抵也是如此。但俄国的要更进一层，希腊正教，东方式的君主，农奴制度，这是与别国不同的了。而且十九世纪后半，西欧各国都渐渐改造；有民主的倾向了，俄国却正在反动剧烈的时候；有这一个社会的大问题不解决，其余的事都无从说起，文艺思想之所以集中于这一点的缘故也就在此。在这一件事实上，中国的创造或研究新文学的人，可以得到一个大的教训。中国的特别国情与西欧稍异，与俄国却多相同的地方,所以我们相信中国将来的新兴文学当然的又自然的也是社会的,人生的文学。

就表面上看来,我们固然可以速断一句,说中俄两国的文学有共通的趋势,但因了这特别国情而发生的国民的精神,很有点不同,所以这其间便要有许多差异。第一宗教上,俄国的希腊正教虽然迫压思想很有害处,但那原始的基督教思想确也因此传布的很广,成为人道主义思想的一部分的根本。中国不曾得到同样的益处,儒道两派里的略好的思想,都不曾存活在国民的心里。第二政治上,俄国是阶级政治,有权者多是贵族,劳农都是被治的阶级,景况固然困苦,但因此思想也就免于统一的官僚化。中国早已没有固定的阶级,又自科举行了以后,平民都有接近政权的机会,农夫的儿子固然可以一旦飞腾,位至卿相,可是官僚思想也非常普及了。第三地势上,俄国是大陆的,人民也自然的有一种博大的精神,虽然看去也有像缓慢麻木的地方,但是那大平原一般的茫漠无际的气象,确是可以尊重的。第二种大陆的精神的特色,是"世界的"。俄国从前以侵略著名,但是非战的文学之多,还要推他为第一。所谓兽性的爱国主义,在俄国是极少数;那斯拉夫派的主张复古,虽然太过,所说俄国文化不以征服为基础,却是很真实的,第三种,气候的剧变,也是大陆的特色,所以俄国的思想又是极端的。有人批评托尔斯泰,说他好像是一只鹰,眼力很强,发现了一件东西,便一直奔去,再不回顾了。这个譬喻颇能说明俄国思想的特色,无抵抗主义与恐怖手段会在同时流行的缘故,也是为此。中国也是大陆的国,却颇缺少这些精神,文学及社会的思想上,多讲非战,少说爱国,是确实的;但一面不能说没有排外的思想存在。妥协,调和,又是中国处世的态度,没有什么急剧的改变能够发生。只是那博大的精神,或者未必全然没有。第四生活上,俄国人所过的是困苦的生活,所以文学里自民歌以至诗文都含着一种阴暗悲哀的气味。但这个结果并不使他们养成憎恶怨恨或降服的心思,却只培养成了对于人类的爱与同情。他们也并非没有反抗,但这反抗也正由于爱与同情,并不是因为个人的不平。俄国的文人都爱那些"被侮辱与损害的人",因为——如安特来夫所说——"我们都是一样的不幸",陀思妥夫斯奇、托尔斯泰、伽尔洵、科罗连珂、戈里奇、安特来夫都是如此,便是阿尔支拔绥夫与厌世的梭罗古勃(Sologub)也不能说是例外。俄国人的生活与文学差不多是合二为一,有一种崇高的悲剧的气象,令人想起希腊的普罗米修斯(Prometheus)与耶稣的故事。中国的生活的苦痛,在文艺上只引起两种影响:一是赏玩,一是怨恨。喜欢表现残酷的情景那种病理的倾向,在被迫害的国如俄国、波澜的文学中,原来也是常有的事;但中国的多是一种玩世的(Cynical)态度,这是民族衰老,习于苦痛的征候,怨恨本不能绝对的说是不好,但概括的怨恨实在与文学的根本有冲突的地方。英国幅勒忒(Follett)说,“艺术之所以可贵,因为他是一切骄傲偏见憎恨的否定,因为他是社会化的”。俄国文人努力在湿漉漉的抹布中间,寻出他的永久的人性:中国容易一笔抹杀,将兵或官僚认作特殊的族类,这样的夸张的类型描写,固然很受旧剧旧小说的影响,但一方面也是由于思想狭隘与专制的缘故。第五,俄国文学上还有一种特色,便是富于自己谴责的精神。法国罗兰在《超出战争之上》这部书里,评论大日耳曼主义与俄国札尔主义的优劣,说还是俄国较好,因为他有许多文人攻击本国的坏处,不像德国的强辩。自克利米亚战争以来,反映在文学里的战争,几乎没有一次可以说是义战。描写国内社会情状的,其目的也不单在陈列丑恶,多含有忏悔的性质,在息契特林(Shtshedrin-Saltykov)托尔斯泰的著作中,这个特色很是明显。在中国这自己谴责的精神,似乎极为缺乏:写社会的黑暗,好像攻讦别人的阴私;说自己的过去,又似乎炫耀好汉的行径了。这个缘因大抵由于旧文人的习气,以轻薄放诞为风流,流传至今没有改去,便变成这样的情形了。

以上关于中俄两国情形的比较,或者有人觉得其间说得太有高下,但这也是当然的事实。第一,中国还没有新兴文学,我们所看见的大抵是旧文学,其中的思想自然也多有乖谬的地方,要同俄国的新文学去比较,原是不可能的:这是一种的辩解。但第二层,我们要知道这些旧思想怎样的会流传,而且还生存着。造成这旧思想的原因等等,都在过去,我们可以不必说了。但在现代何以还生存着呢?我想这是因为国民已经老了,他的背上压有几千年历史的重担,这是与俄国的不同的第一要点。俄国好像是一个穷苦的少年,他所经过的许多患难,反养成他的坚忍与奋斗,与对于光明的希望。中国是一个落魄的老人,他一生里饱受了人世的艰辛,到后来更没有能够享受幸福的精力余留在他的身内,于是他不复相信也不情愿将来会有幸福到来;而且觉得从前的苦痛还是他真实的唯一的所有,反比别的更可爱了。老的民族与老人,一样的不能逃这自然的例。中国新兴文学的前途,因此不免渺茫。……但我们总还是老民族里的少年,我们还可以用个人的生力结聚起来反抗民族的气运。因为系统上的生命虽然老了，个体上的生命还是新的，只要能够设法增长他新的生力，未必没有再造的希望。我们看世界古国如印度希腊等，都能有老树的根株上长出新芽来，是一件可以乐观的事。他们的文艺复兴，大都由于新思想的激动，只看那些有名的作家多是受过新教育或留学外国的，便可知道。中国与他们正是事同一律，我们如能够容纳新思想，来表现及解释特别国情，也可望新文学的发生，还可由艺术界而影响于实生活。只是第一要注意，我们对于特别的背景，是奈何他不得，并不是侥幸有这样背景，以为可望生出俄国一样的文学。社会的背景反映在文学里面，因这文学的影响又同时的使这背景逐渐变化过去，这是我们所以尊重文学的缘故。倘使将特别国情看作国粹，想用文学来赞美或保存他，那是老人怀旧的态度，只可当作民族的挽歌罢了。

（第八卷第五号，一九二一年一月一日）

文学研究会宣言

我们发起这个会,有三种意思,要请大家注意。

一、是联络感情。本来各种会章里大抵都有这一项;但在现今文学界里,更有特别注重的必要。中国向来有“文人相轻”的风气;因此现在不但新旧两派不能协和,便是治新文学的人里面,也恐因了国别派别的主张,难免将来不生界限。所以我们发起本会,希望大家时常聚会,交换意见,可以互相理解,结成一个文学中心的团体。

二、是增进知识。研究一种学问,本不是一个人关了门可以成功的;至于中国的文学研究,在此刻正是开端,更非互相辅助,不容易发达。整理旧文学的人,也需应用新的方法,研究新文学的更是专靠外国的资料;但是一个人的见闻及经济力总是有限,而且此刻在中国要搜集外国的书籍,更不是容易的事。所以我们发起本会,希望渐渐造成一个公共的图书馆研究室及出版部,助成个人及国民文学的进步。

三、是建立著作工会的基础。将文艺当做高兴时的游戏或失意时的消遣的时候,现在已经过去了。我们相信文学是一种工作,而且又是与人生很切要的一种工作;治文学的人也当以这事为他终身的事业,正同劳农一样。所以我们发起本会,希望不但成为普通的一个文学会,还是著作同业的联合的基本,谋文学工作的发达与坚固:这虽然是将来的事,但也是我们的一个重要的希望。

因以上的三个理由,我们所以发起本会,希望同志的人们赞成我们的意思,加入本会,赐以教诲,共策进行,幸甚。

文学研究会简章

第一条　本会定名为文学研究会；

第二条　本会以研究介绍世界文学整理中国旧文学创造新文学为宗旨；

第三条　凡赞成本会宗旨有会员两人以上介绍经多数会员之承认者得为本会会员；

第四条　本会之事业分为下列两种。

(甲)研究(一)组织读书会,(二)设立通信图书馆；

(乙)出版(一)刊行会报,(二)编辑丛书,其他事业临时

酌定举行；

第五条　本会每月开常会一次以讨论会务进行之办法如有特别事故得临时召集特别会；

读书会集会之办法另定之。

第六条　本会设书记干事各一人任期皆为一年于每年十二月前后选举之；

会址所在地外之会员得以通信选举职员但为办事便利起见被选人以与会址在同一地点者为限。

第七条　本会的费用由会员全体分担之其募集方法分为两种：

(甲)常年费　其款额为两元；

(乙)临时费　无定额临时募集之。

第八条　本会为稳固基础并创办图书馆起见拟筹募基金若干元，

其募集方法有二：

(甲)募集会员或非会员的特别捐；

(乙)由本会出版的书报所得的版税中抽取百分之十,此

项基金存放于指定的银行中除购买图书或特别用款外不得取

用。

第九条　本会会址设于北京其京外各地有会员五人以上者得设一分会，

分会办事细则由分会会员自定之。

第十条　本简章有未尽事宜得随时修正之。

发起人　周作人　朱希祖　耿济之　郑振铎
　　　　瞿世英　王统照　沈雁冰　蒋百里
　　　　叶绍钧　郭绍虞　孙伏园　许地山

附告：

凡赞成本会宗旨,愿加入本会者,请照简章,与下列诸人接洽,俟后择期开成立会时,商量章程,临时再行布告。

(第八卷第五号,一九二一年一月一日)

文章的美质

（在上海女子体育师范学校所讲）

陈望道

文章的美质，我们可以将它分为三。第一要人家看了就明白，第二要人家看了会感动，第三要人家看着有兴趣。第一是关于知识的，所以有人把它叫做“知识的美质”；第二是关于感情的，所以有人把它叫做“感情的美质”；第三是关于人的嗜好的，所以有人把它叫做“审美的美质”。知识的美质是“明晰”，感情的美质是“遒劲”，审美的美质是“流利”。

一、明了（Clearness）

要文章明晰，必须具备下列两节条件：

第一是周到（Precision）；

第二是显豁（Perspicuity）。

所谓周到，就是文章上显出的意思同作者心里的意思。毫没有大小轻重的差别。譬如说，“俄国冬天很冷”，这话果然很显豁，但“俄国究竟冷到怎样？”还是不明白，所以总觉得还有些不周到。明了周到地说起来，似乎该说“俄国冬天很冷，流了泪就成了冰条，喷了气就成为浓雾”。所以要文章周到，注意下列几件事：

1.要有限制或说明的字眼——譬如前面这句“俄国冬天很冷”，我们所以有冷到怎样的疑问，就因为“冷”字没有限制说明的缘故。加了“流了泪就成了冰条，喷了气就成为浓雾”，将冷字限定，便不再有什么疑问了。又如说“父亲有病，请你回来”，这句话也很有疑问，所谓“有病”，到底是要死的病呢，还是轻微的病？所谓“回来”，到底还是抛了一切回去呢，还是凑有空闲的时候回去？这也就因为没有限制说明的缘故。所以要除去种种疑问，换句话说，就是完成明了的美质，在必须时，须得周到地加上限制或说明的字眼。

2.用近似的说话来对照——譬如说“古文难能而不可贵”,又如说“他敬伊,却不爱伊”。因为说到难能,很容易想到可贵;说到敬伊,很容易疑为爱伊。这样用近似语对照说明出来,便很周到,也就不至于暧昧不明了。

3.少用宽泛语——譬如说“我想编出一本文法书”,这“想”字就太宽泛。所谓“想”究竟是决定的呢,还是打算筹备?倘是决定的,我们就不妨说“我决定编出一本文法书”,不用那“想”一类的宽泛语,听的人就格外容易明了了。

所谓显豁,就是平易毫不费解。要文章平易,必须注意下列几件事:

(1)一样的事物用一样的名词——譬如说,“章太炎”,就全体用“章太炎”,不要又说什么“章余杭”等等。

(2)应该避去前名(Antecedent)不明的代词——譬如说“他从北京到南京去,在那里买了许多土产”。“那里”两字的前名,究竟还是“北京”呢,还是“南京”,就暧昧不明,不如设法避去。

(3)意义接近的词句,放在接近的地位上——就是语词同主词、宾词、补词,或修饰词同被修饰词,最好放在接近的地位。譬如说“某人十年前在美国某学校毕业,回国后就在某学校教书,学生都很信仰他,但他自己还以为经验不够,要到各地视察教育情形,今天来到上海,住在振华旅馆”,这样,主词“某人”同语词“来到上海住在振华旅馆”,这样主词“某人”同语词“来到上海住在振华旅馆”就隔离太远了。我们不如说“某人今天来到上海,住在振华旅馆……”

(4)避去有种种解说的词句和结构——譬如“合作和工业的将来”,这就是“斗鸡眼的结构”。(Squinting Construction),我们不容易明白它到底是说“合作和工业”两种东西的将来,还是将合作一种东西同将来的工业相提并论?

二、遒劲(Force)

文章明了了,看的人固然不致误解,但人家看了毫无感动或厌倦睡去,也是不行的。所以我们有了明了的美质,还须进一步,发挥雄健动人的势力,洗却平弱枯槁的缺点。要文章遒劲须从下列两面用力:

第一,从思想方面;

第二,从词句方面。

思想方面必须深刻与新颖。所谓深刻,就是作者确有所感而且深厚,并不是表面涂饰。表面涂饰的文章,如同替人家做的哀词,请人家做的寿序,多不能感动别人心情,使人歌哭,便是因为思想不深刻的缘故。所谓新颖,就是自己讲自己的话,并不一意模仿古人!文章不将古人的死格式完全推翻,决不能感动别人,使人精神焕发。什么“求木之长者”,什么“世风日下”,全是废话,毫无意义!能够感动我们毫厘的情感吗?

词句方面又必须注意下列几项:

(1)注意字面——用字约有下列几项,应该注意。

(A)少用奇词——一切险怪的字,最好避去不用。

(B)多用专词(Special term)——就是所谓“具体的写法”,如胡适君在《星期评论》“谈新诗”所举的李义山诗“历览前贤国与家,成由勤俭败由奢”,便太抽象,不很有感动我们的力量。

(C)多用譬喻——如明喻、暗喻之类。

(2)注意字数——凡是有力的文字,一定很简洁,很短峭。譬如现在有许多新译的书,一般人读了都易厌倦,便是不注意字数的结果。

(3)注意排列——我们读书最注意的地方,在一本书大约头几句同末几句及特别处所的几句;诸君读过《论语》“学而时习之”,想必定是记得的,在一篇也必是如此;在一句也必是头几个字或末几个字。所以凡是紧要的词句必须摆在这些地方才有力量,这是应该注意的一种方法。

又须注意用对句,将紧要的词句,用对句表出。如“人死留名,豹死留皮”,就很有感动旧脑筋的力量。此外还须注意层次:最好由小入大,由浅入深,层层激进,步步入深。

三、流利(Ease)

文章能够做得明晰,又能够做得遒劲,文章的目的总算可以达到了。但要使人不厌百回读,还须注意最末的一件事,就是流利。

文章怎样做才会流利,本来不是简单几句话能够说明。但我觉得诸君不妨从下列两方面用力:

第一是自然的语气(Movement);

第二是谐和的声调(Rhythm)。

所谓自然的语气，就是像水流就低一般，毫没有艰涩的一种模样。初学的人要做到这一步，最简便的方法，就是将意义相近的字安排在第一句末脚和第二句起首，就是使意义相近的安排在相近的地方。譬如说，昨天早晨我接到一册《小说月报》第三号，那时我才从床上起来。一手就翻到《猎人日记》。内中"接到"同"翻到"是自然相连的事情，我们最好将它接连安排起来。这种接连安排的方法，很能够帮助我们流畅，也是名文自然必有的手段，请诸君于读名文时，时时留意。

所谓谐和的声调，就是文章读起来很顺口，轻重缓急又同意义很相调和。这不是简单所能说明，诸君要修养这一层，只有将名文时时朗读，带便参究它的音节，后来自然会懂到做到。

凡事都是说着容易做着难，文章也是如此。诸君不看见说"国利民福"的堆满十八省，祸国害民的却也十八省堆满么？诸君知道这一层，诸君必能容忍我这短于文章的人讲论文章的美质！

（第九卷第一号，一九二一年五月一日）

十九世纪及其后的匈牙利文学

沈雁冰

一

匈牙利在欧洲诸民族间，是小民族，是被侮辱的民族；自从前世纪以来，匈牙利无日不在强民族的压制底下，直到此次欧战终止，德奥霸力失坠，方才有点挺立的希望。因为是在这样的环境底下，所以匈牙利的文学自然而然的有一种异样色彩，和别国文学不同。李特尔（F.Riede 亦匈人）著本国文学史说："历洲各民族都各有其特点……匈牙利的特赋就是强烈的民族精神，从这民族精神上就兴起了民族的文学。从此以后，匈牙利人的生活和文学完全互表同情，而且关联密切；到了十九世纪中叶，新目的到了人民面前，热切的爱国主义也热切地欢迎德谟克拉西的思想，民族文学到此已达到了顶点。"又说："正如匈牙利国土是受着西来的丹牛波河的灌溉一样，他的文学也是自中世纪以来即受西方思想的潮流影响。匈牙利知识发展的每一时期都是和西欧的思潮有密切的关系的。"这"人生即是文学"的色彩便是匈牙利文学的特色；而且因为是被侮辱的民族，所以它的文学里所表现的民族思想也只不过是要求自由，要求自己一民族也能和其他诸民族一样的立于同等地位以自由向上发展罢了，并不是专想压服他民族的民族主义：这要求"一个公道"的呼吁也是匈牙利文学的一个特点了。

就因为觉得匈牙利文学有这两个特点价值，所以我做了这一篇论文；但我不懂匈牙利文字，不能直接看他们的文学，只好把从间接得来的材料，汇集拢来成了这一篇；大部分是摘译李特尔的书。关于最近代的却又参看了别的书方才写成了。

二

虽然本题是注重十九世纪及其后的匈牙利文学,但是十九世纪以前的匈牙利文学却也不能不略说几句。匈牙利文学可说是从中世纪兴起的;中世纪的两大思潮——宗教和武士道——曾泛滥到欧洲各国的,也照样的浸进了匈牙利民族,使匈牙利产出中世纪的文学来。但是现在存留着的匈牙利中世纪文学却只有那些表现宗教思想的文学,那武士道的文学早已亡逸了。那时传下来的故事传说都是讲圣斯的芬(St.Stophen)、圣拉第斯拉斯(St.Ladislas)等等先哲的。表现的思想都是人类对于自然界的惊讶与求助。而那些帝而兼神的圣斯的芬等便都是"显示灵异"的得自然佑助的"圣"了。时代在先的那些传说中尚颇杂了些异教的思想,到了圣伊利沙伯兹时代,已经有耶稣教思想;如那篇讲伊利沙伯兹丈夫死后的传说便是一个例子。

文艺复兴的思想到了匈牙利,匈牙利的文学也就跟着变色了,那时匈牙利王马席亚斯·柯维奴斯(Matthias Corvinus)很出力引进文艺复兴期的思想。在他朝代最有名的大诗人是茄奴斯·邦拿纽斯(Janus Pannonius,1434—1472)在文艺复兴期中诸大学者中,称得是第一流的人物,此外有茄立哇托(Galeotts)、安淑南·旁菲尼(Anthong-Bonfini,1427—1502)诸人都是很有名的。这时的匈牙利文学全是带着浓厚的意大利气色。自从一五二四年以后,宗教改革运动发生后,匈牙利文学又受了影响,成就了他的宗教改革时期的文学。那时因为《圣经》的翻译改动了散文和诗的体裁,又因宗教争端欲利用文字辩难更引进了新的文调;坚决的语气和生硬的句法重新在文学中出面了。紧接着宗教改革的大事便是摩哈克斯(Mohács)方战的败北:这是匈牙利民族政治史上的大关节,却也是匈牙利文学史上的大关节;爱国思想从此在人心中觉醒,流到文学里来;求祖国的自由,求宗教的自由,从此便在匈牙利文学中高唱低呼,热烈的宗教感情夹杂着忧愁的爱国心占满了那时代兴起的诗歌中,直到近年,方才灭杀一些;宗教改革和摩哈克斯败仗真是匈牙利文学史上两个大节目。从十六世纪的大诗人范伦汀·巴拉萨(Valentine Balassa,1551—1594)起,十七世纪有大诗人尼古拉斯·席林夷伯爵(Count Nicholas Grinyi,1618—1664),十八世纪古典派诸诗人,以及十九世纪初最大的诗人孚罗斯麦的(Vorosmarty),都有一样的爱国情感充满着诗中,诗人爱祖国至如此之深切而着力,真是匈牙利文学的特色了。

十六、十七世纪的匈牙利文学在本篇内是不便详细多说了;我们只能把最重要的人提出几个来讲讲。十六世纪前半叶因为正当宗教争论大盛的时候,散文比诗更占势力,但到了后半世纪,却是诗的势力大了。最有名的两个诗人,一是漂泊诗人西巴斯汀·体脑提(Sebastian Tinodi),他是那时漂泊诗人所谓"敏士却尔"者的代表,把土耳其人侵略的事实编成歌词,到处歌唱,后来死于土耳其人牢狱中;余一便是巴拉萨了。巴拉萨的时代正当土耳其人攻伊具尔要塞和斯的芬·杜布(Stephen Dobo)死守的时候,杜布拒敌的勇敢名震全欧,伊具尔的妇女亦临阵助战,巴拉萨的诗便把这些悲壮慷慨的事描写进去了;后来他因为婚姻的事强袭杜布,招国人之怨,流亡外国,归来时死于战场。他的诗中赞美兵士的生涯和怀念祖国的情思,悲壮而又缠绵悱恻;然归宿的安慰都是宗教。此时也出现了许多短篇小说家,描写战事和恋爱,和伊斯脱范费(Paul Istvanffy)的《鱼实的格利西特丝》及翟尔齐亚(Albert Gyergyai)的《阿尔齐罗丝王子》便是。

十七世纪前半叶是全欧的反宗教改革时期,匈牙利当然不能不卷入旋涡,因此匈牙利的文学也反射出这时代的思想来了。这时最有名的文学家巴士玛南(Peter Pagmany)便是个旧教徒。他除做了许多文学作品而外,又曾做过一本论神学的书唤做《神的真理的引导》,给新教徒以极大的打击;他又曾加入三十年战争,如果不是他早死,那三十年战争的结果也怕要得其相反罢;他又曾在本国建立学院,产生出匈牙利的第一个哲学家来;他的事业真不少呢!但那时新教徒中也不乏名人,最有名的是莫尔那(Albert Sgenci molnar),堪与巴士玛南对抗。到了十七世纪中叶,更出现了两个大才人;一是尼古拉斯·士林夷(Nicholas grin yi,1618—1664),他的杰作是《息具特伐的被围》,是匈牙利代表的大诗人。一是瞿翁瞿亚西(Stephen Gyougyossi,1625—1704),著有《梅拉奈女神和战神联姻》,非常有名。十七世纪末是颓丧时代;土耳其的压力虽然靠着和奥国协作而得脱去,却是奥国的压力又交替着来了。政治上既然仍不能有真正的自由,国内又贫乏到了极点,拉丁文成了"官话",本国文反受鄙视,综合这几个原因,成就了文学上的颓丧时代。然而因为那时尚有拉古兹亲王(Prince F.Rakocgy)独立军的战争,产生了几篇爱国的诗。米克斯(Count keleman Mikes,1690—1762)和法留的(Francis Falndi,1701—1773)便是那时代的明星。

十八世纪初,法国唯理主义(Rationalism)发生,文艺界又受了极大的影响,在匈牙利有诗人皮生俞(George Bessenyai,1747—1811)首先领受了这新思潮,他极倾慕福禄特尔之为人,也效福禄特尔欲借戏台做宣传思想的地方,著有《亚吉斯的悲剧》《哲学家》等戏曲。他又效福禄特尔做小说,著有《太立门的旅行》等书。此外还有尾脱土(Michael Csokonai Viteg,1773—1805 和法士楷斯(Michael Fagekas,1760—1819)等诗人,这样就做成了匈牙利的新古典派。紧接新古典派之后的,就是改革匈牙利文学的卡新克士(Francis Kagincgy,1759—1831)派。这也是匈牙利文学史上一件大事情,因为有了这一次的改革,才产生了十九世纪诸大文学家,正如卡新克士所说,“我们扫清了路,上帝的儿子就快来匈牙利布满荣光了。”

三

现在我们欲讲到十九世纪的匈牙利文学了。这一百年间的匈牙利文学是一步进一步的发展,若照年代先后分起期来,可分为三期:一启明期,二隆盛期,三极盛期。第一期可以请克斯法罗特(Kisfalndy)兄弟做代表,第二期可以请乎罗斯麦底来做代表,第三期可以请摩耳斯·育珂(Maurus Jokai)亚历山大·裴多斐(Alexander Petofi)和约翰·亚拉纳(John Gramy)三人来做代表。在第一、第二两期,匈牙利的国民文学已是发达到极点了,然而不曾博得世界的名誉;却直到育珂的小说出世,匈牙利文学方受世界文坛的注意。十九世纪末三个大历史小说家,法国大仲马、波兰的显克微支、匈牙利的育珂,是并称的。而且也是到了这第三期,匈牙利文学中方才诗歌、小说、剧本三者并盛,不像从前那样仅只有诗歌了。

现在就试按照这三个时期的大干,旁及他的小枝,去寻究十九世纪的匈牙利文学发展的痕迹,或者也可以得一点大概的知识罢。

在十八世纪末,亚历山大·克斯法罗特(Alexander Kisfaludy,1772—1844)的一卷恋歌早已做成;十九世纪期,单行本出来,就大受国人的欢迎。他是个少年的军人,拿破仑在米兰(Milan)的胜仗把他俘了去,幽禁在局莱具南,他就在那里做成了那本著名的恋歌《赫姆非的恋爱》(*Himfy's Love*)。这本书是讲赫姆非恋爱丽萨的事,前半部名为《渴恋》,后半名为《祝福的恋爱》。篇中朗润的字句、灵动的章法,和以前诸古典派文家一比,登时显出古典派文家的著作都是冷酷而无生气了。那紧接着唯理主义出来的发动,在法国开了端的浪漫主义文学也就由亚历山大代表在匈牙利开花了。

此外他又做了许多历史短篇小说,也很受人欢迎。他是个多才多艺的人,出身望族,一生原本没有失意的事;但是却有三件事给了他大打击。第一,他虽是一个能干的军人,却碰到了全欧最能干的军事家拿破仑做对手,以致军事一败涂地。第二,当本国内有人提议复活贵族养兵的旧制而极受人攻击的时候,他起来回护,却不幸又碰到了那时代唯一的雄辩家噶苏士(Kossuit)做对手,于是在辩论上失败了。第三,他虽是文坛的前辈,到晚年却被一个后起的文人胜过,不幸这对手就是自己的兄弟查理士(Charles),匈牙利第一个剧曲家。

查理士·克斯法罗特(Charles Kisfaludy,1788—1830)文学事业的开端在亚历山大第一篇著作发表后十五年,正当匈牙利国人渐渐厌倦抒情诗而喜欢歌剧的时候,他的几篇歌剧作成,登时得到读者的极端欢迎了。他本是个漂泊的画家漫游意大利,生活状况远不及老兄的安适。他的第一篇名作《在匈牙利的鞑靼》(1819年)是在靴匠的作场楼上做成的。这一篇歌剧就开了匈牙利戏曲史的新纪元。在这之前,匈牙利的戏曲只有神秘、讽刺、道德的戏曲,和其余各国经过的戏曲发达的阶段一样;纯粹的匈牙利喜剧是查理士开端的。如《求婚者》《失望》等杰作,竟完全把真正的匈牙利生活描进剧中,是第一次,而且也是最成功的。后来他又做悲剧,《依莱纳》便是最著名的,这是影射土耳其攻破君士坦丁后的一件事,查理士写给米克斯(Mikes)的信中,曾这样说。

查理士不但是戏曲家,也是抒情诗家;他的抒情诗中含有两个特点,暗中造成了十九世纪中叶匈牙利文学主要体裁的基础。这两个中:一个便是亚拉纳和裴多斐的民谣体,余一便是孚罗斯麦底的律诗。批评家都说他的《摩哈克》诗是孚罗斯麦底诗体的滥觞,实是这一首诗带匈牙利进了文学的新时代的门。

此外还有理想派诗人佛兰雪斯·柯克塞(Francis Kolcsey,1790—1838)和悲剧家乔失夫·卡当奈(Joseph Katona,1790—1830)也是那时代著名的文学家,不过在文学史的位置决没有克斯法罗特氏兄弟那么大,所以我们也略过不说了。

四

继承克斯法罗特兄弟之后的大诗人(也就是十九世初纪唯一的大诗人),米却尔·孚罗斯麦底(Michael Vorosmarty,1800—1855年)造成了匈牙利文学的黄金时代。他的伟大之处可以分三端来说明:第一,他是改革文字创造新诗体的人;匈牙利文字直到此时还是不很完密,不足为发表高尚理想的应用自由的工具,自从他创造了许多新字,新句调,然后应用时没有率直单薄枯瘠之弊。第二,他是集诗学大成的人,他的创作中尽包含了以前各派诗的优点而自然和谐。第三呢,因为他的诗体是最庄严、最高超的,没有第二个人能仿佛相似。这三端真是孚罗斯麦底所以为伟大的。至于爱国心的热烈,倒还是其次哩!

孚罗斯麦底第一篇诗唤做《柴拉之战》(1825年)的,实描当时政局的情形,是他二十五岁时的作品。那时奥相梅德涅正竭力想把匈牙利变做奥国的一省,不许匈人有自己的议会。然而因为本国人的革命的奋争,到底在1825年,是十六年以后了,重又复活的匈牙利自己的议会出世。《柴拉之战》在此时出现,却不是庆贺议会复活成功,却是提醒国人,使他们回头看看本国人往日的先烈,不欲自弃,益加奋力起来。所以这篇诗的材料是借用古事的。因此也就发生了一个缺点——杜撰古代神话,因为匈牙利的古代神话是早已失传了的,玷污了全体。他的第二篇史诗《西尔哈龙》是叙述西尔哈龙古战场上的故事,拿拉提斯拉斯王(St.Ladislas 1092年)做中心角色,很有声色。比第一篇已经胜过了许多,但最著名的是那篇可怕的《两城堡》。这是叙述中世纪时居于两个城堡的两大族争斗的故事。叙争斗之处极惨,至最后一族人完全被杀时,铁哈姆自外面(战争)回来了,他见了家人尽被杀死的惨景,立刻发下大誓,非照样报复不为人。他至仇人家挑战,一对一的决斗,把仇人一家人也统统杀死,最后只剩一个年老的父亲和他的年青女儿伊妮姑。铁哈姆向这老人挑战,也杀了,夺过他的甲盔,自己披戴了,走进堡里去寻伊妮姑。伊妮姑一心指望父亲得胜,看见铁哈姆穿着父亲的甲胄来,误以为是父亲,起来很快活地迎接他,但铁哈姆除去铁盔,伊妮姑方知错了,父亲也被杀,自己是在仇人掌握中了,立时就吓死,倒在地上。这可怕的情景也把铁哈姆吓狂,出了堡门,从此不知去向。这样动人的悲哀,孚罗斯麦底在《美丽的绮龙客》末章也描写过。但是两诗的性质却完全不同。前者是以叙述凶惨动人,后者是以叙述怨慕动人。

孚罗斯麦底的抒情诗大概可分为两类:用简单的文调描写简单的事物,却有静穆的气息的,是一类。例如《鸟声》这首诗便是。富于情绪、赞扬和激昂,如《希望》《流倡》等作品,又是一类。

至于流露着爱国思想的诗篇,自然又是一类。这一类可以拿《活的石像》一篇来做代表。《活的石像》是孚罗斯麦底哀波兰之作,因为他见到匈牙利的前途也正要蹈着波兰的覆辙,所以由衷流出同情的声调来,格外地哀怨凄恻。这篇《活的石像》是把“活的石像”象征波兰;“活的石像”所治的是“心”,“心”能感能看;但是“不活”的是“身体”,“身体”既不能言亦不能动作。能感、能看而不能言不能动作,这是多悲惨的命运! 波兰正和这活的石像一般,在这“有知觉”而“无力行动”的惨境里。石像半张的口吻似乎将叹出一口气来,似乎将说:“呵人类呀! 我只要对你们说出一句话便已足够,人类呀,世界、自然、宇宙呀,如果地上有公道,天上有慈悲,请看着我的境地。”

孚罗斯麦底也做了些剧本,其中有,模仿莎士比亚的,如《沙果与都纳》(*Csongor és Tünde*)一剧是从莎士比亚的《仲夏夜之梦》脱胎来的。也有是受了法国派的影响,如 *The Bonus Marat* 便是。这篇剧本是讲土耳其人掠夺匈牙利童子练为兵士的事。匈牙利贵族的幼子鲍特被土耳其人虏了去,习了土俗,长大后被遣到故乡做奸细,见家人不识,竟见了他的嫂嫂而生恋爱,他的兄用计诱出他们的真情,将杀鲍特,因见了他的佩剑,认得是己家之物,方始知是兄弟。此时他的妻绮答已被土耳其人掳去,鲍特愿救出她来以赎前罪;他偷进了土耳其营,方知救她出去是不可能的事,他就杀了她,免致受辱;但因此他自己也逃不出。剧的结尾就是匈牙利兵和土耳其人的战争,结果是土耳其人败仗。看了这篇悲剧的情节很可以明白孚罗斯麦底受法国浪漫派如嚣俄(Victor Hugo)诸人的影响是何等大了。

孚罗斯麦底又翻译了前莎士比亚的戏曲,和裴多斐非、亚拉纳同为匈牙利之莎士比亚介绍者。

此外和孚罗斯麦底同时的作家,也有几个应该顺便讲起的便是有名的诗僧葛雷古·苏克索尔(Gregory Cgucgor,1800—1866),他做了一篇《骇怪》力唤国人起来革命,很有名于世。其次便要算那个专以民歌擅长的约翰·茄莱(John Grary,1802—1853)了。

(未完)

(第九卷第二号,一九二一年六月一日)

十九世纪及其后的匈牙利文学(续前号)

沈雁冰

五

孚罗斯麦底时代也就是匈牙利政治革命气焰日盛的时代。匈牙利十九世纪的三个大政治革命家,前仆后继地争政治自由。因为印刷术已经进步,报纸日渐加多,所以爱国的革命的思想,都发为评论,在报上登出来,不像两世纪前欲专靠诗人来传布了。同时演说也风行起来,噶苏士(Louis Kossuth)等三位政治革命家都就是大演说家。鼓动的文学与描写的文学也就自然而然的分开来,这样便进了匈牙利文学的第三阶段;这一期的特色就是小说的成功了。

匈牙利最早的小说也和别国一样,是传英雄的小说;卢骚,哥德的情感小说盛行后,匈牙利的小说也跟着进化到第二阶段;这时的匈牙利小说家,可以举乔失夫·卡尔曼(Jaseph Kar man,1766—1795)来做代表。他的杰作《芬娜的回忆》,讲一个纯洁而美丽的少女愁损的全十死的经过,在匈牙利文学中简直是创见呢。不幸这位大才人卡尔曼没有寿,二十九岁上就死了。

情感小说盛行之后,社会渐又厌倦,于是小说的发展进了第三阶段,便是《鲁宾逊漂流记》式的冒险小说;这种小说立刻风行了全欧洲,匈牙利自然也跟着走了。乔失夫·瞿凡达尼(Josefh Gvadanyi,1725—1801)便是个代表;他做了一部 *Ronti Pal* 描写漂泊的冒险的英雄生涯。

这样经过了情感小说与冒险小说的过程,到十九世纪前半,就发生了历史小说和社会小说;匈牙利十九世纪的小说便把这两种小说做了中坚了。在下文,我们先要把几个先驱的小说家略说几句。

社会小说的先驱是有名的安局立·佛贻(Andrews Fay,1784—1861);他著了一部《勃脱该的家庭》,表示对于将来的乐观与希望。历史小说的先驱便是尼古拉斯·育薛卡男爵(Baron Nicholas Josika,1794—1868),他是崇拜英国文学,极受司各德感化的文家。他曾从军,抵抗拿破仑的军队;从战场回来,方始做小说;后来又因革命的连累,出亡到外国。他第一部著作名《亚巴菲》,是一部很有价值的浪漫小说,也是他一生著作中最有价值的小说。亚巴菲是一个散荡落魄的旧家子,偶然因为一天在林中拾了一个弃孩来,当儿子一般的抚育着,遂感发了他本有的潜藏的良好天性;从此刻苦,遂成了有名的人物。他这心灵的进化也受了一个高贵女子的恋爱的感化。在这部书中,描写环境的压力和个性的自觉,虽然是浪漫的,却是很能感人,全书的史实是十六世纪时的一件故事。佛贻后来也做社会小说,但没有大成功。继育薛卡而起的文学家便是乔失夫·伊乌脱孚斯,男爵(Baron Joseph Estvos,1813—1871)了。他的祖父是奥皇佛朗西司朝的一个忠臣,匈牙利的国贼,曾教唆奥皇破坏匈牙利的宪法,帮助奥兵平定匈牙利的革命军;匈牙利提起他的名字就恨的。所以乔失夫在小学校的时候,同学的小孩子见了他都远而避之,就因为他是卖国贼的孙子呢;不过乔失夫毫无畏缩的意思,有一天,他乘同学全在讲室里的时候,走上讲台,对大众宣言:他将来一定欲做一个爱国,忠于本国的人;这话,后来自然实践了。

伊乌脱孚斯是大小说家兼是大诗人。他的著作都有向理想主义的倾向,处女作《一个卡萨基人》便是如此。书中英雄格斯太孚有最亲密的朋友,有最忠实的恋人,他正是满足极了;但是一天忽然发现恋人是别有所恋的,密友是来欺骗他的,他于是气极了,成为自我主义者了。他无往而不自私。后来和几个朋友在路上见了一个幼而美,贫而贞洁的女子,因为他的朋友说这女子虽然贫苦,可是没人能夺她的贞操的,他便和朋友赌东——二万法郎的生——他能把她娶过来。因此他便假装是一个苦学生,去和她交结,渐渐地得了她的信任,爱他,他此时也许真就可以有幸福了;但是勃旦(那女子)听见了他们赌东的事,觉得自己的幸福已经完全被破坏,失望而至逃走,不知下落。这一件事极打动了格斯太孚的心,使他从自私变到不私。此时他又听说他从前的恋人现在很是受苦,从前的朋友也改归了正路,过忠实的生活;他找到了勃旦时,她病得快死。她对他说,她能再见他一面,真心满极了;于是他方知道,自私的人永不能得幸福,须先使别人有幸福,方才自己有幸福。

伊乌脱孚斯第二部著作《乡村书吏》是一部描写农民痛苦，乡村书吏横暴的小说，1847年作成，那时匈牙利的农奴制尚不曾废止哩。但据迪克(Deak)的批评，却以为伊乌脱孚斯的描写实在太过分了一点。

伊乌脱孚斯也做了几首抒情诗，最有名的是《去国行》及《我的志愿》等篇，爱国之思，充溢于这几篇诗歌里。

和伊乌脱孚斯同时的，小说家有克曼奈(Sigismund Kemeny，1814—1877)，诗家有裴多菲(Alexander Petofi，1822—1849)。克曼奈以历史小说得名，杰作如《风暴的时候》便是暗指土耳其人攻破布达坚垒的事，是六十年代最著名的小说。他的著作还有一个特色，就是参用巴尔札克的手法很注意书中人物的心理分析，用行动来显示心理状态变化的进程，使他能够丝丝入扣的，在匈牙利文学中只有他是完全成功的。

裴多菲是孚罗斯麦底后最伟大的诗人；正当匈牙利小说家扬眉吐气的时候，他出来重整诗坛的旗鼓；亚拉奈(John Arany)继之，更盛极一时。从此以后，直到现在，便再也没有这等气势了。所以裴多菲和亚拉奈的著作不可不详细些说一说的。

裴多菲的诗是非常的，他的人格和他的生活也就是非常的。十八岁时，他当了兵，二十岁时做了戏子，二十七岁时成了最著名的诗人，同年七月，死于战场。他的生命是极短促的；但是他的生命力的表现却有绵延永久的寿命。他的一生，正当匈牙利政治复活的时候，人人对于将来有无限的希望；他在这“新理想”时代的旋涡中，不但做了那时代苏生精神的记录者，而且做了指导者；他的杰作《国家》内便满含了将至的革命的暗示。果然，1848年3月14日得到了维也纳革命的消息了，匈牙利人不在此时谋独立，更没有时候了，裴多菲立刻做了一篇*Talpra Magyas*，次日，向群众宣读。这篇诗的每段的末句“我们宣誓，我们忠诚地宣誓，不再受暴君的压制了！”受群众狂热的赞许，再三高唱，犹如大军出发前的宣誓一般。等到裴多菲把这篇诗念完，群众就蜂拥到印刷局，斥退奥国派来的检查员，拿过机器来，立刻就印这篇诗，门外的人候印完了才走。不经过检查的诗，这是第一篇呢——裴多菲用笔用口去鼓励国人，他做的《与王者》那篇诗上，每段的末句是“现在没有一个王是应该被爱的了”，尤其惊人；他又说：“说话的时候已经过去了，动手的时候是快到了。”原来匈牙利的革命运动此时正已到了大成熟的时机，革命领袖葛苏士把革命军的指挥权托付与大将波兰人邦将军的手里，要向俄罗斯边境开拔了；裴多菲此时再也不能伏在书桌上了，他生平的志愿是在军号怒吹声中死，现在是机会了；1848 年 10 月，他就投入邦将军营里。翌年 7 月 31 日在战场被哥萨克兵所杀。“在少年时死，死在战场上，为自由而战，既死后就葬在一个平常的坟堆里，和一切为同此神圣的缘故而死的人在一处”，这是裴多菲生平的志愿，现在竟一一做成功！

裴多菲在匈牙利诗坛上的位置是容易定的。他是匈牙利最伟大的抒情诗人。他自说，他的诗只说两个字，一是恋爱，一是自由；但为了自由的缘故，恋爱也当降服。他的诗歌完全是他的人格的自然表现。凡是他灵魂中形结成的感情——不论是爱国心、友谊、恋爱、怒、喜，——一一在诗歌中发泄出来。他自说：“我的心就似有回响的树林，对着叫了一声，会有千百个回音。”他的精神永是活泼的、不退却的；他说：“虽然地上满罩着雪，只要我能播下我的快乐精神的种子，便可有一林的玫瑰花照耀了冬日的阴郁”。一切他想的、感得的、忍受的，都做喷泉一般，在他诗中直冒。他告诉我们，他是饿了、冷了，一个钱也没有了，或是，他父亲打了他了，他的褂子破了。他以前的诗人谁敢如此说？他用最率真的眼光去观察一切事，直说出他观察的结果。所以他的抒情诗有真生命，前人都不能及。

裴多菲又曾做了许多叙事诗，如《*János Vitéz*》和《叛教者》等作都是很著名的。

六

亚拉奈（1817—1882）正和裴多菲一样，是从年少的戏子转而为诗人的；而且也一样的经过了漂泊的生涯。裴多菲是短命的，亚拉奈却长寿了；因此，裴多菲未及见的颓丧时代的匈牙利，亚拉奈却亲身经历过了。他眼见匈牙利的志士起革命军，眼见他们失败，眼见好友裴多菲死于战场；他欲乐观亦不能了，他未尝不想安慰国人，说，死了的树还有苏生的希望，但是目前的折磨太厉害了，理想的安慰还会有什么效力，所以他写了一篇《奈克伊达的流倡》记载这件大不幸，虽然嘴唇上浮着假笑，心里实在是痛苦极了。他和裴多菲不但同时、同享盛名，而且同是理想主义的诗人，这也是和后来作家，如马达西（Madach）等，不同的地方。

亚拉奈是农家子，在提布莱深大学读书的时候，有高材生之目；没有毕业，他就加入游行的演剧团中。匈牙利那时的戏剧还没有十分发达，游行演剧团不很受社会重视;亚拉奈既加入,不但他的教师和同学诧异,他的父母也和他断绝关系。亚拉奈在这团体中两三年,只上台演过一次,他竟没有演剧的才具。于是因为一个夜里的梦——梦见他母亲病在床上将死——他就决心离开演剧团,回家去;在路上经过无限的痛苦,方才到了家里。在家里当了几年的教员,1845 年把一篇讽刺体的叙事诗送到克斯法济特(Kiofalndy Society)学会去应征,竟得了奖,这就是那篇《失去的宪法》,这篇本是不署真名的,奖揭出来之后,方才知道亚拉奈的名字。

第二年,亚拉奈再做诗去应克斯法济特学会的比赛征文,又得头奖,这次的诗便是那篇著名的大叙事诗 *Toldi* 的第一部。这一篇诗引起了裴多菲的同情,两人的交谊就此开始了。1847 年,裴多菲去访亚拉奈,两人欢聚十天,亚拉奈把他已成而未发表的诗——*Toldi's Eve*——念给裴多菲听。但是次年匈牙利革命军兴起,两个人的命运就完全变更了。裴多菲去投军了,亚拉奈也去做革命党机关报的主笔。从 1848 年夏到 1849 年秋,这一年,不但是匈牙利政治史上的一个大纪念,也是匈牙利文学史上一个大纪念;薛具斯伐之役,匈牙利一败堕地,政治上几无复兴之望,而因裴多菲战死了,文学上也受了个大打击。乐观的亚拉奈也不禁要说"我逃去,像一个被追的人;从我自己的灵魂中逃出。天上没有希望,只有失望,失望使我的手垂下,不向天举起了"一类的话,不信国家的将来是有希望。从政治失败引起的悲观思想和颓丧气氛都在文学上表现出来,成为五十年代的匈牙利文学;我们可称他是匈牙利颓丧时代的文学。新起的文人都带着颓丧的色彩原不必说,便是老诗人的诗也含着悲辛凄凉的音调。孚罗斯麦底的《灰白色的流畅》里写他自己听着流畅的歌声,听不出激昂慷慨的调子,只觉得幽怨烦闷,都成了失意事的回响罢了。巴柴(Bajza)说的"只有压制和暴虐,没有正义了,自由只是一个虚名,牢狱翻成善地",在愤慨中也含着失望的意思。汤巴(Mild Tompa)甚至说:"青年的妻都祷祈莫生儿女,父母不可惜儿女的死丧;只有老年人是快乐的,因为想到死期是近了";竟是绝望的口。诗人哀心填满了悲伤,所以见得自然界的一切现象也都是悲哀的象征;柴斯士(Charles Sgasg)有一首诗里说:天空浮动的云是地上泪与血的蒸气所凝结的,但是将来总有一日要射下它们的闪电到地上来。苟莱(Paul Gyalai)的著作也有同样的苦味。悲观的大诗人马达西做了一部《人的悲剧》,竟表示对于人类全体的命运是怀疑是失望了。在这样的颓丧空气中,亚拉奈虽要保持他的乐观主义的倾向也不可得,《奈克伊达的流畅》不能不假装笑脸了。

从 1851 年起直到 1860 年，亚拉奈竟只做民歌，替匈牙利的文学史完成了一件重大的工作。

1890 年，奥军为意大利所败，这正好比是初春的热风吹到匈牙利久冻的精神中使他重复波动起来了。亚拉奈的活动力也就再兴旺起来，1864 年出版的《布达的死》分明表现出亚拉奈的第二个少年的精神来；可惜翌年他的大女儿死了，又把亚拉奈送到愁城中去，几乎有十年之久，没有著作。1979 年发表了《土儿提的恋爱》，1882 年春发表《土儿提的暮年》，同年 10 月逝世。

亚拉奈著作的特色就是能创造出真真的匈牙利人品性来。只看他的土儿提便是；土儿提怒时可以杀人，杀了人可以自首，这是何等尊严大度的气概。他对于君的忠，对于母的孝，以及对于所爱的女人和自己的老仆的和气，都表出他是个智勇仁俱全的人。可是这种美质实在也不单是匈牙利人有，一切人类全有一点。

匈牙利的诗自孚罗斯麦底之《柴兰的逃亡》于 1825 年发表后，到裴多菲和亚拉奈时代而大盛。但至此时也盛极难为继了。七十年代以后就没有很出名的诗家，反是小说家和戏曲家来占优势了。得世界名誉的大历史小说家育珂和他的后继者便是十九世纪末匈牙利文坛上的主要角色了。现在我们先要把颓丧时代的大文人马达西（Madach）说了再说罢。

七

前面已经说过：1848 年薛具斯伐之役把匈牙利人打下了失望的深渊，文学家的作品内都含了忧悒失望的调子。最足代表这时代的文学家就是马达西（Imre Madach，1823—1864）。马达西的大作《人之悲剧》（1861 年作品）真开了匈牙利戏剧史的新纪元。拿人类全体作为文学题材的，在匈牙利文学中实是创举，悲观思想那样的浓厚，也是创举。《人之悲剧》的主人翁是人类始祖的亚当与夏娃，地点是圣经的地名——乐园。亚当与夏娃既出了乐园，便先做了一个梦，这梦中经历的，便是人类自古以来的全史。亚当先在埃及过了奴隶生活，亚当觉得那“万民统于一君”的观念实在是完全错的，于是他就要求自由。第二幕便是他这要求的实现，他是在民主政体的雅典了。但是可惜，雅典的民主政体虽然给大多数市民以自由，而大多数市民竟不能善用这自由，多数的专制把他们的大伟人密尔的迪斯宣告死刑了，亚当的希望又终于失望了。第三幕开时，亚当在罗马帝国，基督教思想渐盛的时候，亚当跟着也想在宗教中求到满足，但是又失望。第四幕的亚当是大天文学家克布勒，想在科学中求慰藉，这时法兰西大革命爆发，亚当又变做了唐登。这样，亚当方到了现代的世界上，在伦敦做市民。自然又很不满意，因为金钱的势力可以买服恋爱，不必说自由与平等了。九幕便讲将来的世界，亚当是在一个社会主义者的国内，但是世界的末日也快到了，亚当的梦也醒了。亚当从梦中醒来，正想把做的梦告诉夏娃，夏娃却先对他耳语说："已经怀了孕了。"亚当惊呼上帝，忽然上帝在云间出现，安慰亚当使他不要灰心，勉励他道："努力向前，信任真理。"全剧到此就完了。

从《人之悲剧》中可以看出马达西的悲观思想，也可以看出马达西虽抱悲观却不是主张"出世"或"享乐"的，上帝说的"努力向前，信任真理"，直是"知其不可为而为之"的精神。马达西的悲观由两个原因促成：一是祖国的失败，二是个人生活的窘迫。马达西一生的遭遇常在惊风骇浪之中，1854 年和妻子离异这件事，更使他大伤心。他只活了四十一岁，《人之悲剧》是他唯一的最后的作品。

和马达西同时的戏曲家最有名的是薛琪列格底（Edward Szigligcti，1814—1878）。他是匈牙利的农民文学家，《手枪》《牧马人》《流倡》等作极有名。继薛琪列格底的文人是土司（Edward Toth，1844—1876），他本是戏子出身，著有《村伧》。社会剧的作者有士薛基（Gregory Csiky，1842—1891），他第一次得名的著作是《无产阶级》（1879 年出版），用写实手腕表示被掠夺者的苦况，是一篇极有价值的作品。此外有《铁人》等作，都是攻击旧社会组织的文字。

八

现在可要谈到匈牙利的小说了。十九世纪末世界最著名的三个历史小说家，一是法国的大仲马，一是波兰的显克微支，一便是匈牙利的育珂了。

育珂（Maurus Tokai，1825—1904）从事于文学著作很早，他第一次遇见裴多菲时，尚是个学生，两人就做了很好的朋友。匈牙利革命时他加入革命军中，尾拉古斯之败，几乎逃不出性命。革命后，曾在布达佩斯住过，1861 年被选为国会议员。他第一次娶的是匈牙利著名女优，十二年后她死了，育珂又娶一个曾经做过女优的年青美妇人。

育珂的著作中人物最夥，他死后临葬的时候，有一个人说："如果把他著作中的人物都复活起来，这其中便有：匈牙利的农人，有中世纪的武士、有议员大爷、有乞丐、有罗马官吏、有希腊兵士、有印度帝王、有土耳其王、有阿拉伯及英国的贵族、有亚患林王、有基督教徒、有黑奴、有俄国人、亚美尼亚人以及棋坡寨流倡——这些人若立在街旁，足有一英里多的长呢。"单从这一点——创铸人物之丰富——看来，育珂真不愧是世界的历史小说家。他对于祖国的贡献，不在裴多菲与亚拉奈之下，对于世界的贡献，一定还在裴多菲两人之上。

育珂著作中最有名的是《新地主》《萨尔坦卡拍铁》《男爵的儿子》《战景》等，都是时代背景的反射；历史小说有在《匈牙利的土耳其人》等部；理想小说有《未来世纪》，描写飞艇在空中的战争。

《新地主》是描写"巴克时代"的匈牙利社会状况；匈牙利自从革命失败后，完全在奥国压力底下，巴克是奥国的首相，竭力想同化奥匈两国；那时就有许多奥国贵族搬到匈牙利来住家。《新地主》的主人翁就是一个奥国的大将，在匈牙利做了地主，渐渐儿居然匈牙利化了，他的女儿并且和一个匈牙利武士恋爱。这位奥国大将，从前是那样虐待匈牙利人的，现在却一天一天觉得匈牙利人是可以尊敬，应该表同情的了。《萨尔坦卡拍铁》是表现下一代的社会情形，《男爵的儿子》和《战景》便是表现革命时代的。

育珂那一派的后继者有戈柏（Arpad Kupa）著了《劳动者》《想象中的帝王》等书；有泰布列（Robert Tabori）著有《大比赛》《四十岁的人》等书；有威纳尔（JuliusWerner）著有《爱曼立戈根提之结婚》《最终将天明了》等书；在匈牙利现代文学界中，算得是很有权威的。但是堪与育珂并肩相抗，独成一派的，究竟欲算米克士萨斯（Kalman Mikszath，b.1849），他是比较的近于自然主义的作家；然其描写下级社会人们生活的作品，于悲苦的表现内仍伏着乐观的思想，却又不是纯然自然派的手法。著名小说《善良的巴洛淑克人》便是描写斯拉夫农民生活的；《圣彼得的伞》于滑稽之中带着对于物质文明的感伤，也是杰作。像他那样的描写法与思想基调也是最近代匈牙利小说中的一派；继起者有拉戈西（Victor Rakosi）著了《隐藏的巢》《要波留斯的论文》等书；有莫拉

(Stephen More)和勃奈特克(Alexius Benedek)等人。其中尤以勃奈特克为最有名,他做了许多寓言和短篇小说,将真正的匈牙利人品性表现出来了。又有专做冒险小说的茄唐夷(Geza Gardonyi)也是此派的健者。

除这两派而外,还有一派,专以介绍外国文学,模仿外国文学得名的,可以举出衰斯(Sigismunt Justh)来做个代表。他是竭力要把法国的写实主义传到匈牙利的一个人,著有《钱之故事》等篇。属于此派旗帜下的,有麦龙夏(Desiderins Malonyai),潘卡斯(Julins Pekas),他著有《金手套的姑娘》一书,以及戈布(Thomas Kobos)等人。

新进作家之中以小说擅长者,有潘塔兰(Stephon Pelelei),著有《云》;恩布鲁思(Zoltan Ambrus)著有《考勃威勃小姐》《猜忌》等作;又有海尔剌格(Francis Herczeg;b. 1863),是短篇小说家,亚拉奈之后惟一的大才人。他的著作的特色是对于人类的讽刺态度。他的短篇,描写日常生活的琐事,却异常警策动人,所有人物,逼真地浮在纸上;他的杰作是《上与下》《一个女子的历史》,等等。

此外在七十年代中做过著作而不很出名的小说家也有几个,如那著了《秘密恋爱》表现匈牙利城市生活的勃拉(Kalozdy Bela, b.1875),和著了《在家里》以攻击腐败官僚的台格莱(Alois Degre)等便是;现在不细说了。

九

再讲到匈牙利最近代的诗人;上文虽已说过,自从裴多菲、亚拉奈之后,匈牙利诗是盛极难为继了,然而八十年代后的新诗人也有几个是有名的。不过浪漫思想的才华已经无论如何是到了顶点的了,所以这些新诗人都换了个方向,进了悲观主义了。这派的代表可以举出范衣达(John Vajda, 1825—1897)和莱维剌基(Gyula Reviczky, 1855—1899)两人来。前者曾被迫服务军营多年,失恋于情人。著有《三十年后》一篇,发挥他的悲观思想。后者一生为病与贫所迫,思想很像叔本华——一方对于现实世界极力咒诅,一方却对于生命非常留恋。在他的诗《潘的死》中,这两个感情混合为一了。

新进诗人中勉强还能追随亚拉奈的“余绪”的要算克斯(Toseph Kiss, b.1843),他是犹太种,民歌做得极好。

十

最后要讲一点匈牙利的批评文学家,匈牙利的批评文学不很发达,这正也是小民族的常例。乔失夫·巴柴(Joseph Bajza,1804—1858)总算是第一个文学批评家;然而最大的批评家一定要算苟莱(Oaul Gyulay,b.1828)。他主张严格的科学批评法,虽然振起了批评界的精神,偏见却也不少。和他主张相同的有鲍淑(Zsolt Reothy,b.1848);现在都是守旧的批评家了。青年的维新的批评家已经产生了不少,最有名的是拉萨尔(Bela Lazas),赫芙西(Alexamder Hevesi),伦凯衣(H.Lenkei),佛伦刺十(Zoltan Ferenczy),巴拉具(Aladar Aallagi)等。

(完)

(第九卷第三号,一九二一年七月一日)

文学创作

·小说·

狂人日記（小說）

魯迅

某君昆仲今隱其名皆余昔日在中學校時良友，分隔多年，消息漸闕。日前偶聞其一大病；適歸故鄉，迂道往訪則僅晤一人，言病者其弟也。勞君遠道來視，然已早愈，赴某地候補矣。因大笑，出示日記二冊，謂可見當日病狀，不妨獻諸舊友。持歸閱一過，知所患蓋「迫害狂」之類。語頗錯雜無倫次，又多荒唐之言；亦不著月日，惟墨色字體不一，知非一時所書。間亦有略具聯絡者，今撮錄一篇，以供醫家研究。記中語誤，一字不易；惟人名雖皆村人，不爲世間所知，無關大體，亦悉易去。至於書名，則本人愈後所題，不復改也。七年四月二日識。

一

今天晚上，狠好的月光。

我不見他，已是三十多年；今天見了，精神分外爽快。纔知道以前的三十多年，全是發昏；然而須十分小心。不然，那趙家的狗，何以看我兩眼呢？

我怕得有理。

二

今天全沒月光，我知道不妙。早上小心出門，趙貴翁的眼色便怪：似乎怕我，似乎想害我。還有七八

（原版内文）

碎簪记

苏曼殊

余至西湖之第五日，晨餐甫罢，徘徊于南楼之上，钟声悠悠而逝。遥望西湖风物如恒，但与我游者乃不同耳。计余前后来此凡十三次，独游者九次，共昙谛法师一次，共法忍禅师一次，共邓绳侯、独秀、山民一次，今即同庄湜也。此日天气阴晦，欲雨不雨，故无游人，仅有二三采菱之舟出没湖中。余忽见杨缕毵毵之下，碧水红莲之间，有扁舟徐徐而至，更视舟中，乃一淡装女郎，心谓此女游兴不浅，何以独无伴侣？移时舟停于石步，此女风致，果如仙人也。至旅邸之门，以吾名氏叩阍者，阍者肃之登楼。余正骇异，女已至吾前，盈盈为礼，然后赧然言曰："先生幸恕唐突，闻先生偕庄君同来，然欤？"余漫应曰："然。"女曰："妾为庄君旧友，特来奉访。敬问先生，庄君今在否？"余曰："晨朝策马自去，或至灵隐、天竺间，日暮归来，亦未可定。君有何事，吾可代达也。"尔时女若有所思，已而复启余曰："妾姓杜，名灵芳，住湖边旅舍第六号室。敬乞传语庄君，明日上午，惠过一谈。但有渎清神，良用歉仄耳。"余曰："敬闻命矣。"女复含赧谢余，打桨而去。余此际神经颇为此女所扰，此何故哉？一者，吾友庄湜，恭慎笃学，向未闻与女子交游，此女胡为乎来？二者，吾与此女无一面之雅，何由知吾名姓？又知庄湜同来？三者，此女正当绮龄，而私约庄湜于逆旅，此何等事。若谓平康挟瑟者流，则其人仪态万方，非也！若谓庄湜世交，何以独来访问，不畏多言耶？余静坐沉思，久乃耸然曰："天下女子皆祸水也！"余立意既定，抵莫，庄湜归，吾暂不提此事。明日，余以电话询湖边旅舍曰："六号室客共几人？"曰："母女并婢三人。"曰："从何处来？"曰："上海。"曰："有几日住？"曰："饭后乘快车去。"余思此时即使庄湜趋约，亦不能及。又思此亦细事，吾不语庄湜，亦未为无信于良友也。又明日为十八日，友人要余赴江头观潮，并观三牛所牵舟。庄湜倦，不果行。迄余还，已灯火矣。余不见庄湜，问之阍者。阍者云:“其于六句钟,得一信,时具晚膳,独坐不食,须臾外出,似有事也。”余即往觅之,沿堤行至断桥,方见庄湜临风独盼。余曰:“露重风多,何为不归?”庄湜不余答,但握余手,顺步从余而返。至旅邸,余罢甚,即就寝,仍未与言女子过访之事也。余至夜半忽醒,时明月侵帘。余披衣即帘下窥之,湖光山色,一一在目,此景不可多得。余欲起庄湜同观,正衣步至其榻,榻空如也。余即出楼头觅之。时万籁俱寂,瞥眼见庄湜枯立栏前,余自后凭其肩,借月光看其面,有无数湿痕。余问之曰:“子何思之深耶?”庄湜仍不余答,但悄然以巾掩泪。余心至烦乱,不知所以慰之,惟有强之就榻安眠。实则庄湜果能安眠否,余不知之,以余此夜亦似睡而非睡也。翌朝,余见庄湜面灰白,双目微红,食不下咽,其心似曰:“吾幽忧正未有艾,吾殆无机复吾常态,与畏友论湖山风月矣。”饭罢,余庄容语之曰:“子自昨日,神色大变,或有隐恫在心,有触而发未尝与我一言,何也?试思吾与子交厚,昨夜睹子情况,使吾与子易地而处,子情何以堪?”此时余反覆与言,终不一答。余不欲扰其心绪,遂与放舟同游,冀有以舒其忧郁,而庄湜始终不稍吐其心事。余思庄湜天性至厚,此事不欲与我言者,必有难言之隐。昨日阍者所云得一信,宁非女郎手笔?吾不欲与庄湜提女子事者,因吾知庄湜用情真挚,而年鬓尚轻,恐一失足,万事瓦解。吾非谓人间不得言爱也。今兹据此情景,则庄湜定与淡装女郎有莫大关系。吾老于忧患矣,无端为庄湜动我缠绵悱恻之感,何哉?余同庄湜既登孤山,见碧睛国人数辈在放鹤亭游览。忽一碧睛女子高歌曰:“Love is enough. Why should we ask for more?”女歌毕,即闻空谷作回音,亦曰:“Love is enough. Why should we ask for more?”时一青年继曰:“O! you kid! Sorrow is the depth of Love.”空谷作抗音如前,游人均大笑。余见庄湜亦笑,然而强笑不欢,益增吾悲耳。连日大晴湖静,余出必强庄湜同行。余视庄湜愁潮稍退,渐归平静之境,然庄湜弱不胜衣,如在大病之后。余则如泛大海中,但望海不扬波,则吾友之心,庶可收拾。一日,庄湜忽问余曰:“吾骑马出游之日,曾有老人觅我否?”余即曰:“彼日觅子者,非老人,乃一女郎。”庄湜愕视余曰:“女子耶?彼曾有何语?”余始将前事告之,并问曰:“彼女子何人也?”庄湜思少间,答曰:“吾知之而未尝见面者也。”余曰:“始吾不欲以儿女之情,扰子游兴,故未言之。今兹反使我不能无问者,子何为得书而神变耶?吾思书必为彼女子所寄,然耶?否耶?”庄湜急曰:“否,乃叔父致我者。”余又问曰:“然则书中所言,与女子过访,不相涉耶?”庄湜曰:“彼女过访,实出吾意料之外。君言之,我始知之。”余又问曰："如彼日子未外出，亦愿见彼女子否？"庄湜曰："不愿见之。"余又问曰："子何由问我有无老人来过？彼老人何人也？"庄湜曰："恐吾叔父来游，不相值耳。"亡何，秋老冬初，庄湜束装归去。余以肠病复发，淹留湖上，或观书，或垂钓，或吸吕宋烟，用已吾疾，实则肠疾固难已也。他日更来一女子，问庄湜在否。余曰："早已归去。"余且答且细瞻之，则容光靡艳，丰韵娟逸，正盈盈十五之年也。女闻庄湜已归，即惘惘乘轩去。余沈吟叹曰："前后访庄湜者两人，均丽绝人寰者也。今姑不问二人与庄湜何等缘分，然二人均以不遇庄湜忧形于色，则庄湜必为两者之意中人无疑矣。但不知庄湜心在阿谁边耳？"又思："庄湜曾言不愿见前之女子，今日使庄湜在者，愿见之乎？抑不愿见之乎？吾今无从而窥庄湜也。夫天下最难解决之事，惟情耳。庄湜宵深掩泪时，余心知此子必为情所累，特其情史，未之前闻。余又深信庄湜心无二色，昔人有言：'一丝既定，万死不更。'庄湜有焉。今探问庄湜者，竟有二美，则庄湜之不幸，可想而知。哀哉！恐吾良友，不复永年。故余更曰：'天下女子皆祸水也！'"半月余亦归沪。行装甫卸，即访庄湜。其婶云："湜日来忽发热症，现住法国医院。"余驰院看之。庄湜见余，执余手，不言亦不笑。余问之曰："子病略愈否？"庄湜但点首而已。余抚其额，热度亦不高。余此时更不能以第二女访问之事告之，故余亦无言，默坐室内，可半句钟，见庄湜闭睫而卧。适医者入，余低声以病状问医者。医者谓其病症甚轻，惟神经受伤颇重，并嘱余不必与谈往事。医者既行，余出表视之，已八句钟又十分矣。余视庄湜仍贴然而睡，起立欲归。方启扉，庄湜忽张目向余曰："且勿遽行，正欲与君作长谈也。"余曰："子宜静卧，吾明晨再至。"庄湜曰："吾事须今夕告君，君请坐。吾得对君吐吾衷曲，较药石为有效验。吾见君时，心绪已宁，更有一事。吾今日适接杜灵芳之简，约于九句钟来院。吾向医者言明，医者已许吾谈至十句钟为止。此子君曾于湖上见之，于吾为第一见，故吾求君陪我，或吾辞有不达意者，君须助我。君为吾至亲爱之友，此子亦为吾至亲爱之友，顾此子向未谋面，今夕相逢，得君一证吾心迹，一证彼为德容俱备之人，异日或能为我求于叔父，于事滋佳。"庄湜且言且振作其精神，不似带病之人，余心始释。然余思今夕处此境地，实生平所未经。盖男女慕恋，憔悴哀痛而外无可言，吾何能于其间置一词哉？继念庄湜今以一片真诚求我，我何忍却之？余复默坐。少间，女郎已至，驻足室外。庄湜略起肃之入。余鞠躬与之为礼。庄湜肃然言曰："吾心慕君，为日非浅，今日始亲芳范，幸何如也！"此际女郎双颊为酡，羞赧不知所对。庄湜复曰：

“在座者，即吾至友曼殊君，性至仁爱，幸勿以礼防为隔也。”女始低声应曰：“知之。”庄湜曰：“吾无时不神驰左右，无如事多乖忤，前此累次不愿见君者，实不得已。未审令兄亦尝有书传达此意否？”女复应曰：“知之。”庄湜曰：“余游西湖之日，接叔父书，谓闻人言，君受聘于林姓，亲迎有日，然欤？”女容色惨沮，而颤声答曰：“非也。”庄湜继曰：“如此事果确者，君将何以……”语未毕，女截断言曰：“碧海青天，矢死不易，吾初心也！”庄湜心为摧折，不复言者久之。女忽问曰：“妾中秋侍家母之钱塘观潮，令叔已知之耶？”庄湜曰：“或知之也。”女曰：“妾湖上访君未遇，令叔亦知之耶？”庄湜曰：“唯吾与曼殊君知之耳。”女曰：“令叔今去通州，何日归耶？”庄湜曰：“不知。”女郎至此欲问而止者再，已而嗫嚅问曰：“君与莲佩女士曾见面否？与妾同乡同塾，其人柔淑堪嘉也。”庄湜曰：“吾居青岛时，曾三次见之，均吾婶绍介。”女曰：“君偕曼殊君游湖所在，是彼告我者。彼今亦在武林，未与湖上相遇耶？”庄湜曰：“且未闻之。”此际，余始得向庄湜插一言曰：“子行后，果有女子来访。”女惊向余曰：“请问先生，得毋密发虚鬟亭亭玉立者欤？”余曰：“是矣。”庄湜闻言，泪盈其睫。女郎蹶然就榻，执庄湜之手，泫然曰：“君知妾，妾亦知君。”言次，自拔玉簪授庄湜曰：“天不从人愿者，碎之可尔。”余心良不忍听此女作不祥之语。余视表，此时刚十句钟矣，余乃劝女郎早归，俾庄湜安歇。女郎默默与余握手，遂凄然而别。嗟乎！此吾友庄湜与灵芳会晤之始，亦即会晤之终也。

余既别庄湜灵芳二人而归，辗转思维，终不得二子真相。庄湜接其叔书，谓灵芳将结缡他姓，则心神骤变，吾亲证之，是庄湜爱灵芳真也。余复思灵芳与庄湜晋接时，虽寥寥数语，然吾窥伺此女有无限情波，实在此寥寥数语之外。余又忽忆彼与余握别之际，其手心热度颇高，此证灵芳之爱庄湜亦真也。据二子答问之言推之，事或为其叔中梗耳。庄湜云与莲佩凡三遇，均其婶氏引见，则莲佩必为其叔婶所当意之人。灵芳问我“密发虚鬟，亭亭玉立”，此八字者，舍湖上第二次探问庄湜之女郎而外，吾固不能遽作答辞也。然则所谓莲佩女士者，余亦省识春风之面矣。弟未审庄湜亦爱莲佩如爱灵芳否？莲佩亦爱庄湜如灵芳否？既而余愈思愈见无谓，须知此乃庄湜之情关玉扃，并非属我之事也，又奚可以我之理想，漫测他人情态哉？余乃解衣而睡，遂入梦境。顾梦境之事，似与真境无有差别。但以我私心而论，梦境之味，实长于真境滋多。今兹请言吾梦，梦偕庄湜、灵芳、莲佩三子，从锦带桥泛棹里湖，见四围荷叶已残破不堪，犹自战风不已，时或泻其泪珠，一似哀诉造物。余怜而顾之，有一叶摇其首而对余曰：

"吾非乞怜于尔,尔何不思之甚也?"将至西泠桥下,灵芳指水边语莲佩曰:"此数片小花,作金鱼红色者,亦楚楚可人。先吾亲见之而开,今吾复亲见之而谢,此何花也?"莲佩曰:"吾未识之,非苹花耶?"庄湜转以问余。余曰:"此与苹同种而异类,俗名'鬼灯笼',可为药料者也。"言时,已过西泠桥。灵芳、莲佩忽同声歌曰:"同携女伴踏青去,不上道傍苏小坟。"俄而歌声已杳。余独卧胡床之上,窗外晨曦在树,晓风新梦,令人惘然。余饭后,复至医院,以紫白相间之花十二当赠庄湜。庄湜静卧榻上。昨夕之事,余不欲重提只字,乃絮论湖上之游。明知此于庄湜为不入耳之言,然余不得不如是也。余见昨夕女所遗簪,犹在枕畔,因谓庄湜曰:"此物子好自藏之。"庄湜开眸微视,则摇其首。余为出其巾裹之,置枕下。已而,庄湜向余曰:"吾婶晨朝来言,吾叔将归,与吾同居别业。"余曰:"令叔年几何?"庄湜曰:"六十一。"继曰:"吾叔屡次阻吾与灵芳相见,吾至今仍不审其所以然。然吾心爱灵芳,正如爱吾叔也。"余顺问曰:"灵芳之兄,何人也?"庄湜曰:"吾同学而肝胆照人者也。"余曰:"彼今何在?"曰:"瑞士。"余曰:"有书至否?"曰:"有,书皆为我与灵芳之事者。"余曰:"云何?"曰:"劝我邀求阿婶早订婚约,但吾婶之意则在莲佩。"余曰:"莲佩何如人耶?"曰:"彼为吾婶外甥,幼工刺绣,兼通经史,吾婶至爱之。"余即接曰:"子亦爱之如爱灵芳耶?"庄湜微叹而答曰:"吾亦爱之如吾婶也。"余曰:"然则二美并爱之矣。"庄湜复叹曰:"君思'弱水三千'之义,当识吾心。"余曰:"今问子,心所先属者阿谁?"曰:"灵芳。"余曰:"子先觌面者为莲佩,而先属意者乃灵芳,其故可得闻欤?"曰:"前者吾游京师,正袁氏欲帝之日。某要人者,吾故人也。一日,招我于其私宅,酒阑,出文书一纸,嘱余译以法文。余受而读之,乃通告列国文件,盛载各省劝进文中之警句,以证天下归心袁氏。余以此类文句,译成国外之语,均虚妄怪诞、谄谀便辟之辞,非余之所能胜任也,于是敬谢不敏。某要人曰:'子不译之,可。'今但恳子联名于此,愿耶?余曰:'我非外交官,又非元老,何贵署区区不肖之名?'遂与某要人别。三日,有巡警提余至一处,余始知被羁押。时杜灵运为某院秘书,闻吾为奸人所陷,鼎力为余解免。事后弃职,周游大地,今羁瑞士。灵运弱冠失父,偕灵芳游学罗马四年,兄妹俱有令名者也。当余新归海上,偕灵运卜居涌泉路,肥马轻裘与共。灵运将行,余与之同撮一小影,为他日相逢之券。积日,灵运微示其贤妹之情,拊余肩而问曰:'亦有意乎?'余感激几于泣下,其时吾心许之,而未作答词焉。吾思三日,乃将灵运之言闻于叔婶,叔婶都不赞一辞,吾亦置之不问。一日，灵运别余，萧然自去。灵运情义，余无时不深念之，顾虽未见其妹之面，而吾寸心注定，万劫不能移也！”余曰：“子既爱之，而不愿见之，是又何故？”庄湜曰：“始吾不敢有违叔父之命也。”余曰：“佳哉！为人子侄，固当如是。今吾思令叔之所以不欲子与灵芳相见者，亦以子天真诚笃，一经女子眼光所摄，万无获免。此正令叔慈爱之心所至，非猜薄灵芳明矣。吾今复有一言进子。以常理度之，令叔婶必为子安排妥当，子虽初心不转，而莲佩必终属子。子若能急反其所为，收其向灵芳之心，移向莲佩，则此情场易作归宿，而灵芳亦必有谅子之一日。不然者异日或有无穷悲慨，子虽入山，悔将何及？”余言至此，庄湜面色顿白，身颤如冒寒，余颇悔失言。然而为庄湜计，舍此再无他言可进。余待庄湜神息少靖乃去。数日，其叔婶果挈庄湜居于江湾之别业。余往访之，见其叔手《东莱博议》一卷，坐藤椅之上，且观且摇其膝。庄湜引余至其前曰：“阿叔，此吾友曼殊君，同吾游武林者也。”其叔闻言，乃徐徐脱其玳瑁框大眼镜，起立向余略点其首问曰：“自上海来乎？”余曰：“然。”又曰：“吾闻汝足迹半天下，甚善，甚善。今日天色至佳，汝在此可随意游览。”余曰：“敬谢先生。”时侍婢将茶食陈于藤几之上。庄湜引余坐定，其叔劝进良殷，以手取山楂糕、糖莲子分余，又分庄湜。余密觇其爪甲颇长，且有黑物藏于爪内，余心谓：“墨也，彼必善爪书。”茶既毕，庄湜导余观西苑。余且行且语庄湜曰：“令叔和蔼可亲，子试自明心迹，于事或有济也。”庄湜曰：“吾叔恩重，所命靡不承顺，独此一事，难免有逆其情意之一日，故吾无日不耿耿于怀。迹吾叔心情，亦必知之而怜我。特以此属自由举动，吾叔故谓蛮夷之风不可学也。”尔时隆隆有车声，庄湜与余即至苑门。车门既启，一女子提其纤鞋下地。余静立瞻之，乃临存湖上之第二女郎也。女一视余，即转目而视庄湜，含娇含笑，将欲有言。余知庄湜中心已战栗，但此时外貌矫为镇定。女果有言曰：“闻玉体有吝，今已平善耶？”庄湜曰：“谢君见问，愈矣。”女曰：“吾前归自青岛，即往武林探君，不料君已返沪。”言至此，回其清盼而问余曰：“曼殊先生，归几日矣？”余曰：“归已六日。”女少思，已而复问庄湜曰：“湖上遇灵芳姊耶？”庄湜曰：“彼时适外出，故未遇之。”女急续曰：“然则至今亦未之见面耶？”此语似夙备者。斯时庄湜实难致答，乃不发一言。女凝视庄湜，而目中之意，似曰：“枕畔赠簪之时，吾一一知之矣。”少选，侍婢请女入。余同庄湜往草场中，徘徊流盼。忽而庄湜颜色惨白，凝立不动。余再三问之，始曰：“余思及莲佩前此垂爱之情及阿婶深恩，而吾今兹爱情所向，乃乖忤如是，中心如何可安？复悟君前日训迪之言，吾心房碎矣！”余见庄湜忧深而言婉，因慰之曰：“子勿戚戚弗宁，容日吾当代子陈情于令叔，或有转机，亦未可料。”实则余作此语，毫无把握。然而溺于爱者，乃同小儿。其视吾此语，亦如小儿闻人话饼，庄湜又焉知余之所惴惴者耶？

（未完）

（第二卷第三号，一九一六年十一月一日）

碎簪记(续前号)

苏曼殊

余辞庄湜归,中途见一马车瞥然而过。车中人,即莲佩也。其眼角颇红。余心叹此女,实天生情种,亦横而不流者矣。方今时移俗易,长妇姹女,皆竞侈邪,心醉自由之风。其实假自由之名而行越货,亦犹男子借爱国之义而谋利禄。自由之女,爱国之士,曾游女市侩之不若。诚不知彼辈性灵果安在也!盖余此次来沪,所见所闻,无一赏心之事。则旧友中不少怀乐观主义之人。余平心而论,彼负抑塞磊落之才,生于今日,言不救世,学不匡时,念天地之悠悠,唯有强颜欢笑,情郁于中,而外貌矫为乐观。迹彼心情,苟谓诸国老独能关心国计民生则亦未也。迄余行至黄浦时约十句钟,扪囊只有铜板九枚。心谓为时夜矣,复何能至友人住宅?昔余羁异国,不能谋一宿。乃往驿路之待客室,吸烟待旦。此法独不能行之上海。余径至一报馆访某君。某君方埋首乱纸堆中,持管疾书。见余笑曰:“得毋谓我下笔千言、胸无一策者耶?”余曰:“此不生问题者也。夜深吾无宿处,故来奉扰。”其君曰:“甚善!吾有烟榻,请子先卧。吾毕此稿,即来共子余谈。吾每日以勋爵勋爵入阁入阁诸名词见累,正欲得素心人一谈耳。”余问曰:“子于何时就寝?”某君曰:“明晨五六点钟,始能就寝。子不知报馆中人,一若依美国人之起卧为准则耶?”余曰:“然则听我去睡。明晨五六句钟适吾起时也。”某君曰:“子自卧,吾自为文。”余乃和衣而睡。明晨余更至一友人家,友人顾问余曰:“子冬衣犹未剪裁,何日返西湖去?”余曰:“未定。”友人出百金纸币相赠曰:“子取用之。”余接金即至英界购一表,计七十圆。意离沪时以此表还赠其公子上学之用,亦达其情。余购表后,又购吕宋烟二十圆之谱,即返向日寄寓友人之处。翌日接庄湜笺,约余速往。余既至,庄湜即牵余至卧室,细语余曰:“吾婶明日往接莲佩来此同住,吾今殊难为计。最好君亦暂寓舍间,共语晨夕。若吾一人独居,彼必时来缠扰。彼日吾冷然对之,彼怅惘而归,吾知彼必有微言陈于吾婶也。”余曰:“尊婶尚有何语?”庄湜曰:“此消息得之侍婢,非吾婶见告者。”余曰:“余一周之内,须同四川友人重赴西湖,愧未能如子意也。”庄湜曰:“使君住此一周亦佳,不然者吾唯有逃之一法。”余即曰:“子逃向何处?”庄湜曰:“吾已审思,如事迫者,吾唯有约灵芳同往苏州,或长江一带商埠。”余曰:“灵芳知子意否?”庄湜曰:“病院一别,未尝再见,故未告之。”余曰:“善! 余来陪子住细细商量可也。子若贸然他遁,此下下策,余不为子取也。”余是日即与庄湜同居。其叔婶遇余一切殷渥,余甚感之。明日莲佩亦迁来南苑,所携行李甚简单,似不久住也者。余见庄湜与莲佩每相晤面,亦不作他语,但莞尔示敬而已。有时见莲佩伫立厅前,庄湜则避面而去。莲佩故心知之而无如何也。一日天阴,气候颇冷,余同庄湜闲谈书斋中。忽见侍婢捧百叶水晶糕进曰:“此燕小姐新制,嘱馈公子并客。”庄湜受之。侍婢去未移时,而莲佩从容含笑入斋,问起居。庄湜此时无少惊异,亦不表殷勤之貌。但曰:“多谢点心,请燕小姐坐近炉次,今日气候甚寒也。”莲佩待余两人归元座,乃敛裾坐于炉次。盖服西装也,上衣为雪白毛绒所织,披其领角,束桃红领带,状若垂巾。其短裾以墨绿色丝绒制之,着黑长袜,履十八世纪流行之舄,乃元色天鹅绒所制。尖处结桃红(Ribon),不冠,但虚鬟其发。两耳饰钻石作光,正如乌云中有金星出焉。余见庄湜危坐,不与之一言。余乃发言问曰:“燕小姐尝至欧美否?”莲佩低鬟应曰:“未也。吾意二三年后,当往欧洲一吊新战场。若美洲,吾不愿往,且无史迹可资凭睇。而其人民以 Make money 为要义,常曰‘Two dallors is always better than one dallor’,视吾国人,直如狗耳。吾又何颜往彼都哉? 人谓美国物质文明,不知彼守财虏正思利用物质文明,而使平民日趋于贫。故倡人道者有言曰:‘使大地空气而能买者,早为彼辈吸收尽矣。’”此语一何沉痛耶! 言已,出素手加煤于炉中。庄湜乘间取书自阅。莲佩加煤既已,遂辞余两人,回身敛裾而去。余语庄湜曰:“斯人恭让温良,好女子也。”庄湜愁叹不语,余乃易一新吕宋烟吸之。未及其半,庄湜忽抛书语余曰:“此人于英法文学,俱能道其精义。盖从苏格兰处士查理司习声韵之学,五年有半,非但容仪佳也,此人实为我良师。吾深恨相逢太早,至反不愿见之,嗟夫命也!”庄湜言时,含泪于眶。顷之,谓余曰:“君今同我一访灵芳可乎? 其兄久无书至,吾正忧之。”余曰:“可。”遂同行。至巴子路,问其婢,始知灵芳母女往昆山已数日,乃怅怅去之。比归别业,则见莲佩迎于苑门之外,探怀出一函呈庄湜曰:“是灵芳姊手笔,告我云已至昆山,不日返也。”翌日，天气清明。饭罢，庄湜之婶，命余等同游。其别业旧有二车。此日，二车均多添一马，成双马车。是日莲佩易紫罗兰色西服。余等既出，途中行人，莫不举首惊望。以莲佩天生丽质，有以惹之也。甫至南京路，日已傍午。余等乃息于春申楼进午餐焉。当余等凭阑俯视之际，余见灵芳于马路中乘车而过，灵芳亦见余等。但庄湜与莲佩并语，未之见，余亦不以告之。餐罢，即往惠罗、汇司诸肆购物。以莲佩所用之物，俱购自西肆者。是日莲佩倍觉欣欢，乃益增其媚。庄湜即奉承婶氏慈祥颜色，亦不云不乐。余即类星轺随员，故无所增减于胸中。莲佩复自购泰西银管四枝，赠庄湜一双，赠余一双。观剧之双眼镜二，庄湜一，余一。诸事既毕，即往徐园，而徐家汇、而梁园、而崔圃。游兴既阑，庄湜请于其婶曰："今夕不归别业可乎？"其婶曰："不归固无不可，但旅馆太不洁净。"庄湜曰："有西人旅舍曰圣乔治，颇有幽致。如阿婶愿之，吾今夕当请阿婶观泰西歌剧。"其婶即曰："今夕闻歌，是大佳事，但汝须恭请燕小姐为我翻译。"庄湜曰："善。"向晚，余等遂往博物院剧场，至则泰西，仕女云集，盖是夕所演为名剧也。莲佩一一口译之，清朗无异台中人。余实惊叹斯人灵秀所终。余等已观至两句钟之久，而莲佩犹滔滔不息。忽一乌衣子弟登台，怒视坐上人，以凄丽之音言曰：What the world calls love, I neither know nor want.I know God's love, and that is not weak and mild.That is hard even unto the terror of death; it offers caresses which leave wounds.What did God answer in the olive-grove, when the Son lay sweating in agony, and prayed and prayed: "Let this cup pass from me?" Did he take the cup of pain from His mouth? No, child; He had to drain it to the depth.莲佩至此忽停其悬河之口。庄湜之婶问之曰："何以不译？"再问而莲佩已呆若木鸡。余与庄湜俱知莲佩尔时深为感动，但庄湜之婶以为优人作狎辞，即亦不悦，遂命余等归于旅邸。既归，余始知是日为莲佩生日也。明日凌晨，莲佩约庄湜共余出行草地中。行久之，莲佩忽以手轻扶庄湜左臂，低首不语，似有倦态。梨窝微泛玫瑰之色。庄湜则面色转白，但仍顺步徐行。比至廊际，余上阶引彼二人至一小客室。谓庄湜曰："晨餐尚有一句半钟。吾侪暂歇于此。子听鸟声乎，似云将卒岁也。"莲佩闻余言，引领外盼。已而语庄湜曰："汝观郊外木叶半已零坠，飞鸟且绝迹，雪景行将陈于吾人睫畔。"且言且注视庄湜。奈庄湜一若罔闻，拈其表链，玩弄不已。余忽见有旅客手执球网，步经客室而去。余亦随之往观。已有二女一男，候此人于草地。余观彼四人击网球，技甚精妙。余返身欲呼庄湜、莲佩同观。岂料余至客室，则见庄湜犹痴坐梳花椅上，目注地毡，默不发言。莲佩则偎身于庄湜之右，披发垂于庄湜肩次。哆其唇樱，睫间颇有泪痕。双手将丝巾叠折卷之，此丝巾已为泪珠浸透。二人各知余至，莲佩心中，似谓吾今作是态者，虽上帝固应默许，吾钟吾爱，无不可示人者。而庄湜此时，心如冰雪。须知对此倾国弗动其怜爱之心者，必非无因，顾莲佩芳心不能谅之。读者或亦有以恕莲佩之处。在庄湜受如许温存腻态，中心亦何尝不碎？第每一思念上帝汝临，无二尔心之句，即亦凛然为不可侵犯之男子耳。余问庄湜曰："尊婶睡醒么？"庄湜微曰："吾今往谒阿婶。"遂借端而去。莲佩即起离椅，就镜台中理其发，而后以丝巾净拭其靥。余中心甚为莲佩凄恻，此盖人生至无可如何之事也。迄余等返江湾，庄湜频频叹喟，复时时细诘侍婢。是夕余至书斋觅书，乃见庄湜，含泪对灯而坐。余即坐其身畔，正欲觅辞慰之，庄湜凄声语余曰："灵芳之玉簪碎矣。"余不觉惊曰："何时碎之？何人碎之？"庄湜曰："吾俱不知。吾归时，即枕下取观始知之。"庄湜言已，呜咽不胜。适其时莲佩亦至，立庄湜之前问曰："君何谓而哭也？或吾有所开罪于君耶？幸相告也。"百问不一答。莲佩固心知其哭也为彼，遂亦即庄湜身畔，掩面而哭。久之，侍婢扶莲佩归卧室。余见庄湜战栗不已，知其病重矣，即劝之安寝。明晨，余复看庄湜。庄湜见余，如不复识。但注目直视，默不一言。余即时请谒其叔，语以庄湜病症颇危。而稍稍道及灵芳之事，冀有以助庄湜于毫末。其叔怒曰："此人不听吾言，狂悖已甚！烦汝语彼，吾已碎其玉簪矣。此人年少任情，不知炫女不贞炫士不信，古有明训耶？"言已，就案草一方交余曰："据此人病状，乃肝经受邪之证。用人参、白芍、半夏各三钱，南星、黄连各二钱，陈皮、甘草、白芥子各一钱，水煎服，两三剂则愈，烦为我照料一切。"言时浩叹不置。余接方嗒然而退，招侍婢往药局配方。侍婢低声语余曰："燕小姐昨夜死于卧室，事甚怪，主母戒勿泄言于公子。"余即问曰："汝亲见燕小姐死状否？"侍婢曰："吾今早始见之，盖以小刃自断其喉部也。"余曰："万勿告公子，汝速去取药。"及余返庄湜卧内，庄湜面发紫色，其唇已白，双目注余面不转。余问安否？累问，庄湜都如不闻。余静坐室中待侍婢归。庄湜忽而摇首叹息，一似知莲佩昨夕之事者。然余心料无人语彼，何由知之。忽侍婢归以药付余，复以一信呈庄湜。庄湜观信既已，即以授余，面色复变而为青。余侧身抚其肩，庄湜此时略下其泪，然甚稀疏。余知此乃灵芳手笔，顾今无暇阅之。更迟半句钟，侍婢将汤药而进。庄湜徐徐服之，然后静卧。余乃乘间披灵芳之信览之。信曰："湜君足下，病院相晤之后，银河一角，咫尺天涯。每思隆情盛意，即亦点首太息而已。今者我两人情分绝矣，前日趋叩高斋，正君偕莲姑出游时也。蒙令叔出肺腑之言相劝。昔日遗簪，乃妾请于令叔碎之用践前言者也。今兹玉簪既碎，而吾初心易矣。望君勿恋恋细弱，须一意怜爱莲姑。妾此生所不与君结同心者，有如皦日。复望君顺承令叔婶之命，以享家庭团圆之乐，则薄命之人亦堪告慰。嗟乎！但愿订姻缘于再世，尽燕婉于来生。自兹诀别，夫复何言！灵芳再拜。"余观竟，一叹庄湜一生好事，已成逝水；一叹莲佩之不可复作，而灵芳此后情境，余不暇计及之矣。庄湜忽醒而吐，余重复搓其背。庄湜吐已语余曰："灵芳绝我，我固谅之。盖深知其心也。惜吾后此无缘复见灵芳。"然而言至此，咽气不复成声。余即扶之而卧，直至晚上，都不作一言。余嘱侍婢好好看视。冀其明日神识清爽，即可仍图欢聚。余遂离其病榻，归寝室。然余是夕已震恐不堪，亦惟有静坐吸烟，联吸十余枝，始解衣而睡。出新表视之，不觉一点半钟。余甫合眼，忽闻有人启余寝室之门。望之，则见侍婢持烛仓皇带泪而启余曰："公子气断矣。"余急起趋至其室，案庄湜之体，冷如冰霜。少间，其叔婶俱至。其叔舍太息之外无他言，惟其婶垂泪颤声抚庄湜曰："汝真不解事，累我至此田地。"言已复哭。天明余亟雇车驰至红桥某当铺，出新表典押，意此表今不送人亦无不可。余既典得四十金，即出。乃遇一女子，其面右腮有红痣如瓜子大，猛忆此女乃灵芳之婢。遂问之曰："灵姑安否？"女含泪不答。余知不佳，时女引余至当铺屋角语余曰："姑娘前夕已自缢恫哉，今家中无钱部署丧事，故主母命我来此耳。"余闻此语，伤心之处，不啻庄湜亲闻之也。迟三日为庄湜出葬之日。来相送者，则其远亲一人，同学一人，都不知庄湜以何因缘而殒其天年也。既安葬于众妙山庄，余出厚资给守山者，令其时购鲜花，种于坟前，盖不忍使庄湜复见残英。今兹庄湜、灵芳、莲佩之情缘既了，彼三人者，或一日有相见之期，然而难也。

（完）

后序

余恒觉人间世，凡一事发生，无论善恶，必有其发生之理由。况为数见不鲜之事，其理由必更充足。无论善恶，均不当谓其不应该发生也。食色，性也。况夫终身配偶，笃爱之情耶？人类未出黑暗野蛮时代，个人意志之自由，迫压于社会恶习者又何仅此？而此则其最痛切者。古今中外之说部，多为此而说也。前者吾友曼殊，造《绛纱记》，秋桐造《双枰记》，都是说明此义，余皆叙之。今曼殊造《碎簪记》，复命余叙，余复作如是观。不审吾友笑余穿凿，有失作者之意否邪？

一九一六年十一月二十二日，独秀叙。

（第二卷第四号，一九一六年十二月一日）

狂人日记

鲁　迅

某君昆仲，今隐其名，皆余昔日在中学校时良友。分隔多年，消息渐阙。日前偶闻其一大病。适归故乡，迂道往访，则仅晤一人，言病者其弟也。劳君远道来视，然已早愈，赴某地候补矣。因大笑，出示日记二册，谓可见当日病状，不妨献诸旧友。持归阅一过知所患盖“迫害狂”之类。语颇错杂无伦次，又多荒唐之言，亦不著月日，惟墨色字体不一，知非一时所书。间亦有略具联络者，今撮录一篇，以供医家研究。记中语误，一字不易。惟人名虽皆村人，不为世间所知，无关大体，亦悉易去。至于书名，则本人愈后所题，不复改也。七年四月二日识。

一

今天晚上，很好的月光。

我不见他，已是三十多年。今天见了，精神分外爽快。才知道以前的三十多年，全是发昏，然而须十分小心。不然，那赵家的狗何以看我两眼呢？

我怕得有理。

二

今天全没月光，我知道不妙。早上小心出门，赵贵翁的眼色便怪：似乎怕我，似乎想害我。还有七八个人，交头接耳的议论我，又怕我看见。一路上的人，都是如此。其中最凶的一个人，张着嘴，对我笑了一笑。我便从头直冷到脚跟，晓得他们布置，都已妥当了。

我可不怕,仍旧走我的路。前面一伙小孩子,也在那里议论我,相色也同赵贵翁一样,脸色也都铁青。我想我同小孩子有什么仇,他也这样。忍不住大声说,“你告诉我!”他们可就跑了。

我想,我同赵贵翁有什么仇,同路上的人又有什么仇,只有廿年以前,把古久先生的陈年流水簿子,踹了一脚,古久先生很不高兴。赵贵翁虽然不认识他,一定也听到风声,代抱不平,约定路上的人,同我作冤对。但是小孩子呢?那时候,他们还没有出世,何以今天也睁着怪眼睛,似乎怕我,似乎想害我。这真教我怕,教我纳罕而且伤心。

我明白了。这是他们娘老子教的!

三

晚上总是睡不着。凡事须得研究,才会明白。

他们——也有给知县打枷过的,也有给绅士掌过嘴的,也有衙役占了他妻子的,也有老子娘被债主逼死的,他们那时候的脸色,全没有昨天这么怕,也没这么凶。

最奇怪的是昨天街上的那个女人,打他儿子,嘴里说道,“老子呀!我要咬你几口才出气!”他眼睛却看看我。我出了一惊,遮掩不住,那青面獠牙的一伙人,便都哄笑起来。陈老五赶上前,硬把我拖回家中了。

拖我回家,家里的人都装作不认识我。他们的眼色,也全同别人一样。进了书房,便反扣上门,宛然是关了一只鸡鸭。这一件事越教我猜不出底细。

前几天,狼子村的佃户来告荒,对我大哥说,他们村里的一个大恶人,给大家打死了。几个人便挖出他的心肝来,用油煎炒了吃,可以壮壮胆子。我插了一句嘴,佃户和大哥便都看我几眼。今天才晓得他们的眼光,全同外面的那伙人一模一样。

想起来,我从顶上直冷到脚跟。

他们会吃人,就未必不会吃我。

你看那女人“咬你几口”的话,和一伙青面獠牙人的笑,和前天佃户的话,明明是暗号。我看出他话中全是毒,笑中全是刀。他们的牙齿,全是白厉厉的排着,这就是吃人的家伙。

照我自己想,虽然不是恶人,自从踹了古家的簿子,可就难说了。他们似乎别有心思,我全猜不出。况且他们一翻脸,便说人是恶人,我还记得大哥教我做论,无论怎样好人,翻他几句,他便打上几个圈,原谅坏人几句,他便说"翻天妙手,与众不同"。我那里猜得到他们的心思,究竟怎样,况且是要吃的时候。

凡事总须研究,才会明白。古来时常吃人,我也还记得,可是不甚清楚。我翻开历史一查,这历史没有年代,歪歪斜斜的每叶上都写着"仁义道德"几个字。我横竖睡不着,仔细看了半夜,才从字缝里看出字来,满本都写着两个字是"吃人"!

书上写着这许多字,佃户说了这许多话,却还笑吟吟的睁着怪眼睛看我。

我也是人,他们想要吃我了!

四

早上,我静坐了一会。陈老五送进饭来,一碗菜,一碗蒸鱼。这鱼的眼睛,白而且硬,张着嘴,同那一伙想吃人的人一样。吃了几筷,滑溜溜的不知是鱼是人,便把它,兜肚连肠的吐出。

我说,"老五,对大哥说,我闷得荒。想到园里走走。"老五不答应,走了。停一会,可就来开了门。

我也不动,研究他们如何摆布我,知道他们一定不肯放松。果然!我大哥引了一个老头子,慢慢走来。他满眼凶光,怕我看出,只是低头向着地,从眼镜横边暗暗看我。大哥说,"今天你仿佛很好。"我说"是的"。大哥说,"今天请何先生来,给你诊一诊。"我说"可以!"其实我岂不知道这老头子是刽子手扮的!无非借了看脉这名目揣一揣肥瘠。因这功劳,也分一片肉吃。我也不怕,虽然不吃人,胆子却比他们还壮。伸出两个拳头,看他如何下手。老头子坐着,闭了眼睛,摸了好一会,呆了好一会,便张开他鬼眼睛说,"不要乱想,静静的养几天,就好了。"

不要乱想,静静地养!养肥了,他们是自然可以多吃。我有什么好处,怎么会"好了"?他们这群人,又想吃人,又是鬼鬼祟祟,想法子遮掩,不敢直捷下手,真要令我笑死,我忍不住,便放声大笑起来,十分快活。自己晓得这笑声里面,有的是义勇和正气。老头子和大哥,都失了色,被我这勇气正气镇压住了。

但是我有勇气，他们便越想吃我，沾光一点这勇气。老头子跨出门，走不多远，便低声对大哥说道，“赶紧吃罢！”大哥点点头。原来也有你！这一件大发见，虽似意外，也在意中，合伙吃我的人。便是我的哥哥！

吃人的是我哥哥！

我是吃人的人的兄弟！

我自己被人吃了，可仍然是吃人的人的兄弟！

五

这几天是退一步想：假使那老头子不是刽子手扮的，真是医生，也仍然是吃人的人。他们的祖师李时珍做的“本草什么”上，明明写着人肉可以煎吃，他还能说自己不吃人么？

至于我家大哥，也毫不冤枉他。他对我讲书的时候，亲口说过可以易子而食。又一回偶然议论起一个不好的人，他便说不但该杀，还当食肉寝皮。我那时年纪还小，心跳了好半天。前天狼子村佃户来说吃心肝的事，他也毫不奇怪，不住的点头。可见心思是同从前一样狠。既然可以易子而食，便什么都易得什么人都吃得。我从前单听得讲道理，也胡涂过去。现在晓得他讲道理的时候，不但唇边还抹着人油，而且心里满装着吃人的意思。

六

黑漆漆的，不知是日是夜。赵家的狗又叫起来了。

狮子似的凶心，兔子的怯弱，狐狸的狡猾……

七

我晓得他们的方法，直接杀了，是不肯的，而且也不敢，怕有祸祟。所以他们大家连络，布满了罗纲，逼我自戕。试看前几天街上男女的样子，和这几天我大哥的作为，便足可悟出八九分了。最好是解下腰带,挂在梁上,自己紧紧勒死。他们没有杀人的罪名,又偿了心愿,自然都欢天喜地的发出一种呜呜咽咽的笑声。否则惊吓忧愁死了,虽则略瘦,也还可以首肯几下。

他们是只会吃死肉的!——什么上说,有一种东西叫“海乙那”的,眼光和样子都很难看。时常吃死肉,连极大的骨头,都细细嚼烂,咽下肚子去,想起来也教人害怕。“海乙那”是狼的亲眷,狼是狗的本家。前天赵家的狗,看我几眼,可见他也同谋,早已接洽。老头子眼看着地,岂能瞒得过我。

最可怜的是我的大哥。他也是人,何以毫不害怕,而且合伙吃我呢?还是历来惯了,不以为非呢?是丧了良心,明知故犯呢?

我诅咒吃人的人,先从他起头,要劝转吃人的人,也先从他下手。

八

其实这种道理,到了现在,他们也该早已懂得……

忽然来了一个人,年纪不过二十左右,相貌是不很看得清楚,满面笑容,对了我点头。他的笑也不像真笑。我便问他,“吃人的事,对么?”他仍然笑着说,“不是荒年,怎么会吃人。”我立刻就晓得,他也是一伙,喜欢吃人的,便自勇气百倍,偏要问他。

“对么?”

“这等事问他甚么。你真会……说笑话。……今天天气很好。”

天气是好。月色也很亮了。可是我要问你,“对么?”

他不以为然了。含含胡胡的答道,“不……”

“不对?他们可以竟吃!”

“没有的事……”

“没有的事?狼子村现吃。还有书上都写着,通红斩新!”

他便变了脸,铁一般青。睁着眼说,“有许有的,这是从来如此……”

“从来如此便对么?”

“我不同你讲这些道理。总之你不该说,你说便是你错!”

我直跳起来,张开眼,这人便不见了。上身出了一大片汗。他的年纪,比我大哥小得远,居然也是一伙。这一定是他娘老子先教的。还怕已经教给他儿子了。所以连小孩子,也都恶狠狠的看我。

九

自己想吃人,又怕被别人吃了,都用着疑心极深的眼光,面面相觑。

去了这心思,放心做事走路吃饭睡觉,何等舒服。这只是一条门槛,一个关头。他们可是父子兄弟夫妇朋友师生仇敌和各不相识的人,都结成一伙,互相劝勉,互相牵制,死也不肯跨这一步。

十

大清早,去寻我大哥。他立在堂门外看天,我便走到他背后,拦住门,格外沉静,格外和气的对他说,"大哥,我有话告诉你。"

"你说就是,"他赶紧回过脸来,点点头。

"我只有几句话,可是说不出来。大哥,大约当初野蛮的人,都吃过一点人。后来因为心思不同,有的不吃人了,一味要好,便变了人,变了真的人。有的却还吃,——也同虫子一样,有的变了鱼鸟猴子,一直变到人。有的不要好,至今还是虫子。这吃人的人比不吃人的人,何等惭愧。怕比虫子的惭愧猴子,还差得很远很远。

易牙蒸了他儿子,给桀纣吃,还是一直从前的事。谁晓得从盘古开辟天地以后,一直吃到易牙的儿子。从易牙的儿子,一直吃到徐锡林。从徐锡林,又一直吃到狼子村捉住的人。去年城里杀了犯人,还有一个生痨病的人,用馒头蘸着血舐。

他们要吃我,你一个人,原也无法可想,然而又何必入伙;吃人的人,什么事做不出。他们会吃我,也会吃你,一伙里面也会自吃。但只要转一步,只要立刻改了,也就人人太平。虽然从来如此,我们今天也可以格外要好,说是不能!大哥,我相信你能说,前天佃户要减租,你说过不能。"

当初,他还只是冷笑,随后眼光便凶狠起来,一到说破他们的隐情,那就满脸都变成青色了。大门外立着一伙人,赵贵翁和他的狗,也在里面,都探头探脑地挨进来。有的是看不出面貌，似乎用布蒙着。有的是仍旧青面獠牙，抿着嘴笑。我认识他们是一伙，都是吃人的人。可也晓得他心思很不一样，一种是以为从来如此，应该吃的。一种是知道不该吃，可是仍然要吃，又怕别人说破他，所以听了我的话，越发气愤不过，可是抿着嘴冷笑。

这时候，大哥也忽然显出凶相，高声喝道，

"都出去！疯子有什么好看！"

这时候，我又懂得一件他们的巧妙了。他们岂但不肯改，而且早已布置，预备下一个疯子名目罩上我。将来吃了，不但太平无事，怕还会有人见情。佃户说的大家吃了一个恶人，正是这个方法。这是他们的老谱！

陈老五也气愤愤的直走进来。如何按得住我的口，我偏要对这伙人说，

"你们可以改了，从真心改起！要晓得将来容不得吃人的人，活在世上。

你们要不改，自己也会吃尽。即使生得多，也会给真的人除灭了，同猎人打完狼子一样！——同虫子一样！"

那一伙人，都被陈老五赶走了。大哥也不知那里去了。陈老五劝我回屋子里去。屋里面全是黑沉沉的。横梁和椽子都在头上发抖，抖了一会，便大起来，堆在我身上。

万分沉重，动弹不得。它的意思是要我死。我晓得它的沉重是假的，便挣扎出来，出了一身汗。可是偏要说，

"你们立刻改了，从真心改起！要晓得将来容不得吃人的人！……"

十一

太阳也不出，门也不开，日日是两顿饭。

我捏起筷子，便想起我大哥。晓得妹子死掉的缘故，也全在他。那时我妹子才五岁，可爱可怜的样子，还在眼前。母亲哭个不住，他却劝母亲不要哭。大约因为自己吃了，哭起来不免有点过意不去。如果还能过意不去……

妹子是被大哥吃了，母亲知道没有，我可不得而知。

母亲想也知道。不过哭的时候，却并没说明，大约也以为应当的了。记得我四五岁时，坐在堂前乘凉，大哥说爷娘生病，做儿子的须割下一片肉来，煮熟了请他吃，才

算好人。母亲也没说不行。一片吃得,整个的自然也吃得。但是那天的哭法,现在想起来,实在还教人伤心,这真是奇极的事!

十二

不能想了。

四千年来时时吃人的地方,今天才明白,我也在其中混了多年。大哥正管着家务,妹子恰恰死了,他未必不和在饭菜里,暗暗给我们吃。

我未必无意之中,不吃了我妹子的几片肉,现在也轮到我自己……

有了四千年吃人履历的我,当初虽然不知道,现在明白,难见真的人!

十三

没有吃过人的孩子,或者还有?

救救孩子……

(第四卷第五号,一九一八年五月十五日)

孔乙己

鲁 迅

鲁镇的酒店的格局，是和别处不同的：都是当街一个曲尺形的大柜台，柜里面预备着热水，可以随时烫酒。做工的人，傍午傍晚散了工，每每花四文铜钱，买一碗酒。——这是二十多年前的事，现在每碗要涨到十文。——靠柜外站着！热热的喝了休息；倘肯多花一文，便可以买一碟盐煮笋，或茴香豆，做下酒物了。但这些顾客，多是短衣帮，大抵没有这样阔绰。只有着长衫的，才踱进店面隔壁的房子里，要酒要菜，慢慢地吃喝。

我从十二岁起，便在镇口的咸亨酒店里当伙计。掌柜说，样子太傻，怕侍候不了长衫主顾，就在外面做点事罢。外面的短衣主顾，虽然容易说话，但唠唠叨叨缠夹不清的，也很不少。他们往往要亲看着黄酒从坛子里舀出，看过壶子底里有水没有，又亲看将壶子放在热水里烫着，然后放心。在这严重监督之下，羼水也很为难。所以过了几天，掌柜又说我干不了这事。幸亏荐头的情面大，辞退不得，便改为专管烫酒的一种无聊职务了。

我从此便整天的站在柜台里，专管我的职务。虽然没有什么失职，但总觉有些单调，有些无聊。掌柜是一副凶面孔，主顾也没有好声气，教人活泼不得；只有孔乙己到店，才可以笑几声，所以至今记得。

孔乙己是站着喝酒而着长衫的惟一的人。他身材很高大，青白脸色，皱纹中间时常夹些伤痕，一部乱蓬蓬的花白胡子。穿的虽是长衫，可是又脏又破，似乎十多年没有补，也没有洗。他对人说话，总是满口之乎者也，教人半懂不懂的。因为他姓孔，别人便从描红纸上“上大人孔乙己”这半懂不懂的话里，替他取下一个绰号，叫作孔乙己。孔乙己一到店，所有喝酒的人，便都看着他笑。有的叫道：“孔乙己，你脸上添上新伤疤了！”他不答应，对柜里说：“烫两碗酒，要一碟茴香豆。”便排出九文钱。他们又故意地高声嚷道：“你一定又偷了人家东西了。”孔乙己睁大眼睛说：“你怎么这样凭空污人清白，……”“什么清白？我前天亲眼见你偷了何家的书，吊着打。”孔乙己便涨红了脸，额上的青筋条条绽出，争辩道：“窃书不能算偷。……窃书！……读书人的事，能算偷么？”接连便是难懂的话，什么“君子固穷”，什么“者乎”之类，引得众人都哄笑起来，店内外充满了快活的空气。

听人家背地谈论，孔乙己原来也读过书，但终于没有进学，又不会营生；于是愈过愈穷，弄到将要讨饭了。幸而写得一笔好字，便替人家抄抄书，换一碗饭吃。可惜他又有一样坏脾气，便是好喝懒做。做不到几天，便连人和书籍、纸张、笔砚一齐失踪。如是几次，叫他抄书的人，也没有了。孔乙己没有法，便免不了偶然做些偷窃的事。但他在我们店里，品行却比别人都好，就是从不拖欠；虽然间或没有现钱，暂时记在粉板上面，但不出一月，定然还清，从粉板上拭去了孔乙己的名字。

孔乙己喝过半碗酒，涨红的脸色，渐渐复原，旁人便又问道：“孔乙己，你当真认识字么？”孔乙己看着问他的人，显出不屑置辩的神气。他们便接着说道：“你怎的连半个秀才也捞不到呢？”孔乙己立刻显出颓唐不安模样，脸上笼上了一层灰色，嘴里说些话；这回可是全是之乎者也之类，一些不懂了。在这时候，众人也都哄笑起来，店内外充满了快活的空气。

在这些时候，我可以附和着笑，掌柜是决不责骂的。而且掌柜见了孔乙己，也每每这样问他，引人发笑。孔乙己自己知道不能和他们谈天，便只好向孩子说话。有一回对我说道：“你读过书么？”我略略点一点头。他说：“读过书，……我便考你一考。茴香豆的茴字怎么写的？”我想，讨饭一样的人也配考我么？便回过脸，不再理会。孔乙己等了许久，很恳切地说道：“不能写罢？……我教给你，记着！这些字应该记着。将来做掌柜的时候，写帐要用。”我想我和掌柜的等级还很远呢，而且我们掌柜也从不将茴香豆上帐；又好笑，又不耐烦，懒懒地答他道：“谁要你教，不是草头底下一个来回的回字么？”孔乙己显出极高兴的样子，将两个指头的长指甲敲着柜台，点头说：“对呀，对呀！……回字有四样写法，你知道么？”我愈不耐烦，努着嘴走远。孔乙己刚用指甲蘸了酒，想在柜上写字，见我毫不热心，便又叹一口气，显出极惋惜的样子。

有几回，邻舍孩子听得笑声，也赶热闹，围住了孔乙己。他便给他们茴香豆吃，一人一颗。孩子吃完豆,仍然不散,眼睛都望着碟子。孔乙已发了慌,伸开五指将碟子罩住,弯腰下去说道:“不多了,我已经不多了。”直起身又看一看豆,自己摇头说,“不多,不多!多乎哉?不多也。”于是这一群孩子,又在笑声里走散。

孔乙己是这样使人快活,可是没有他,别人也便这么过。

有一天,大约是中秋前的两三天,掌柜正在慢慢地结帐,取下粉板,忽然说:“孔乙己长久没有来了,还欠十九个钱呢?”我才也觉得他的确长久没有来了。一个喝酒的人说道:“他怎么来?……他打折了腿了。”掌柜说:“哦!”“他总仍旧是偷。这一回,是自己发昏,竟偷到丁举人家里去了。他家的东西,偷得的么?”“后来怎么样?”“怎么样?先写服辩,后来是打,打了大半夜,再打折了腿。”“后来呢?”“后来打折了腿了。”“打折了怎样呢?”“怎样?……谁晓得?许是死了。”掌柜也不再问,仍然慢慢地算他的帐。

中秋过后,秋风是一天凉比一天,看看将近初冬。我整天的靠着火,也须穿上棉袄了。一天的下半天,没有一个顾客,我正合眼坐着。忽然间听得一个声音,“烫一碗酒。”这声音虽然极低,却很耳熟。看时又全没有人。站起来向外一望,那孔乙己便在柜台下对了门槛坐着。他面孔黑而且瘦,已经不成样子;穿一件破夹袄,盘着两腿,下面垫一个蒲包,用草绳在肩上挂住;见了我,又说道:“烫一碗酒。”掌柜也伸出头去,一面说,“孔乙己么?你还欠十九个钱呢!”孔乙己很颓唐地仰面答道,“这……下回还清罢。这一回是现钱,酒要好。”掌柜仍然同平常一样,笑着对他说,“孔乙己,你又偷了东西了!”但他这回却不十分分辩,单说了一句“不要取笑!”“取笑?要是不偷,怎么会打断腿?”孔乙己低声说道:“跌断,跌跌……”他的眼色,很像恳求掌柜,不要再提。此时已经聚集了几个人,便和掌柜都笑了。我热了酒,端出去,放在门槛上。他从破衣袋里,摸出四文大钱,放在我手里。见他满手是泥,原来他便用这手走来。不一会喝完酒,也在旁人的说笑声中,坐着用这手慢慢走去。

自此以后,又长久没有见孔乙己。到了年关,掌柜取下粉板说:“孔乙己还欠十九个钱呢!”到第二年的清明,又说:“孔乙己还欠十九个钱呢!”到端午可是没有说,再到中秋也没有见他。

我到现在终于没有见,——大约孔乙己的确死了。

附记：这一篇很拙的小说，还是去年冬天做成的。那时的意思，单在描写社会上的或一种生活，请读者看看，并没有别的深意。但用活字排印了发表，却已在这时候，——便是忽然有人用了小说盛行人身攻击的时候。大抵著者走入暗路，每每能引读者的思想跟他堕落；以为小说是一种泼秽水的器具，里面糟蹋的是谁。这实在是一件极可叹可怜的事。所以我在此声明，免得发生猜度，害了读者的人格。

一九一九年三月廿六日记

（第六卷第四号，一九一九年四月十五日）

药

鲁　迅

一

秋天的后半夜，月亮去了，太阳还没有出，只剩下一片乌蓝的天；除了夜游的东西，什么都睡着。华老栓忽然坐起身，擦着火柴，点上遍身油腻的灯盏，茶馆的两间屋子里，便弥满了青白的光。

"小栓的爹，你就去么？"是一个老女人的声音。里边的小屋子里，也发出一阵咳嗽。

"唔。"老栓一面听，一面应，一面扣上衣服；伸手过去说："给我罢。"

华大妈在枕头底下掏了半天，掏出一包洋钱，交给老栓。老栓接了，抖抖地装入衣袋，又在外面按了两下；便点上灯笼，吹熄灯盏，走向里屋子去了。那屋子里面，正在窸窸窣窣地响，接着便是一通咳嗽。老栓候他平静过去，才低低地叫道："小栓……你不要起来。……店么？你娘会安排的。"

老栓听得儿子不再说话，料他安心睡了，便出了门，走到街上。街上黑沉沉的一无所有，只有一条灰白的路，看得分明。灯光照着他的两脚，一前一后地走。有时也遇到几只狗，可是一只也没有叫。天气比屋子里冷得多了，老栓倒觉爽快；仿佛一旦变了少年，得了神通，有给人生命的本领似的，跨步格外高远。而且路也愈走愈分明，天也愈走愈亮了。

老栓正在专心走路，忽然吃了一惊，远远里看见一条丁字街，明明白白横着。便退了几步，寻到一家关着门的铺子，蹩进檐下，靠门立住了。好一会，身上觉得有些发冷。

“哼！老头子。”

“倒高兴……。”

老栓又吃一惊，睁眼看时，几个人从他面前过去了。一个还回头看他，样子不甚分明，但很像久饿的人，见了食物一般眼里闪出一种攫取的光。老栓看看灯笼，已经熄了。按一按衣袋，硬硬的还在。仰起头两面一望，只见许多古怪的人，三三两两鬼似的在那里徘徊；定睛再看，却也看不出什么别的奇怪。

没有多久，又见几个兵，在那边走动；衣服前后的一个大白圆圈，远地里也看得清楚。走过面前的，并且看出号衣上暗红色的镶边。——一阵脚步声响，一眨眼，已经拥过了一大簇人。那三三两两的人，也忽然合作一堆，潮一般向前赶；将到丁字街口，便突然立住，簇成一个半圆。

老栓也向那边看，却只见一堆人的后背；颈项都伸得很长，仿佛许多鸭，被无形的手捏住了的，向上提着。静了一会，似乎有点声音，便又动摇起来，轰的一声，都向后退；一直散到老栓立着的地方，几乎将他挤倒了。

“喂！一手交钱，一手交货！”一个浑身黑色的人，站在老栓面前，眼光正像两把刀，刺得老栓缩小了一半。那人一只大手，向他摊着；一只手却撮着一个鲜红的馒头，那红的还是一点一点的往下滴。

老栓慌忙摸出洋钱，抖抖地想交给他，却又不敢去接他的东西。那人便焦急起来，嚷道：“怕什么？怎的不拿！”老栓还踌躇着；黑的人便抢过灯笼，一把扯下纸罩，裹了馒头，塞与老栓；一手抓过洋钱，捏一捏，转身去了。嘴里哼着说，“这老东西……”

“这给谁治病的呀？”老栓也似乎听得有人问他，但他并不答应；他的精神，现在只在一个包上，仿佛抱着一个十世单传的婴儿，别的事情，都已耳无闻目无见了。他现在要将这包里的新的生命，移植到他家里，收获许多幸福。太阳也出来了；在他面前，显出一条大道，直到他家中。后面也照见丁字街头破匾上“古□亭口”这四个黯淡的金字。

二

老栓走到家，店面早经收拾干净，一排一排的茶桌，滑滑的发光。但是没有客人；只有小栓坐在里排的桌前吃饭，大粒的汗，从额上滚下，夹袄也贴住了脊心，两块肩胛骨高高凸出，印成一个阳文的“八”字。老栓见这样子，不免皱一皱展开的眉心。他的女人，从灶下急急走出，睁着眼睛，嘴唇有些发抖。

“得了么?”

“得了。”

两个人一齐走进灶下，商量了一会；华大妈便出去了，不多时，拿着一片老荷叶回来，摊在桌上。老栓也打开灯笼罩，用荷叶重新包了那红的馒头。小栓也吃完饭，他的母亲慌忙说：“小栓——你坐着，不要到这里来。”

一面整顿了灶火，老栓便把一个碧绿的包，一个红红白白的破灯笼，一同塞在灶里；一阵红黑的火焰过去时，店屋里散满了一种奇怪的香味。

“好香！你们吃什么点心呀?”这是驼背五少爷到了。这人每天总在茶馆里过日，来得最早，去得最迟，此时恰恰蹩到临街的壁角的桌边，便坐下问话。然而没人应他。“炒米粥么?”仍然没有人应。老栓匆匆走出，给他泡上茶。

“小栓进来罢!”华大妈叫小栓进了里面的屋子，中间放好一条凳，小栓坐了。他的母亲端过一碟乌黑的圆东西，轻轻说：

“吃下去罢，——病便好了。”

小栓撮起这黑东西，看了一会，似乎拿着自己的性命一般，心里说不出的奇怪。十分小心的拗开了，焦皮里面窜出一道白气，白气散了，是两半个白面的馒头。——不多工夫，已经全在肚里了，却全忘了什么味；面前只剩下一张空盘。他的旁边，一面立着他的父亲，一面立着他的母亲，两人的眼光，都仿佛要在他身里注进什么又要取出什么似的；便禁不住心跳起来，按着胸膛，又是一阵咳嗽。

“睡一会罢，——便好了。”

小栓依他母亲的话，咳着睡了。华大妈候他喘气平静，才轻轻地给他盖上了满幅补钉的夹被。

三

店里坐着许多人，老栓也忙了，提着大铜壶，一趟一趟地给客人冲茶；两个眼眶，都围着一圈黑线。

“老栓你有些不舒服么？——你生病(了)么?”一个花白胡子的人说。

“没有。”

“没有？——我想笑嘻嘻的，原也不像……”花白胡子便取消了自己的话。

“老栓只是忙。要是他的儿子……”驼背五少爷话还未完，突然闯进了一个满脸横肉的人，披一件玄色布衫，散着纽扣，用很宽的玄色腰带，胡乱捆在腰间。刚进门，便对老栓嚷道：

“吃了么？好了么？老栓，就是运气了你！你运气，要不是我信息灵……。”

老栓一手提了茶壶，一手恭恭敬敬地垂着，笑嘻嘻地听。满坐的人，也都恭恭敬敬地听。华大妈也黑着眼眶，笑嘻嘻地送茶碗、茶叶出来，加上一个橄榄，老栓便去冲了水。

“这是包好！这是与众不同的。你想，趁热地拿来，趁热吃下。”横肉的人只是嚷。

“真的呢，要没有康大叔照顾，怎么会这样……。”华大妈也很感激地谢他。

“包好，包好！这样的趁热吃下。这样的人血馒头，什么痨病都包好！”

华大妈听到“痨病”这两个字，变了一点脸色，似乎有些不悦，但又立刻堆上笑，搭讪着走开了。这康大叔却没有觉察，仍然提高了喉咙只是嚷，嚷得里面睡着的小栓也合伙咳嗽起来。

“原来你家小栓碰到了这样的好运气了，这病自然一定全好。怪不得老栓整天地笑着呢。”花白胡子一面说，一面走到康大叔面前，低声下气地问道：“康大叔——听说今天结果的一个犯人，便是夏家的孩子，那是谁的孩子？究竟是什么事？”

“谁的？不就是夏四奶奶的儿子么？那个小家伙！”康大叔见众人都耸起耳朵听他，便格外高兴，横肉块块饱绽，越发大声说，“这小东西不要命，不要就是了。我可是这一回一点没有得到好处，连剥下来〈的〉衣服，都给管牢的红眼睛阿义拿去了。——第一要算我们栓叔运气；第二是夏三爷赏了二十五两雪白的银子，一个人落腰包，一文不花。”

小栓慢慢地从小屋子走出，两手按了胸口，不住地咳嗽；走到灶下，盛出一碗冷饭，泡上热水，坐下便吃。华大妈跟着他走，轻轻地问道："小栓你好些么？——你仍旧只是肚饿……？"

"包好，包好！"康大叔瞥了小栓一眼，仍然回过脸对众人说，"夏三爷真是乖角儿，要是他不先告官，连他满门抄斩。现在怎样？银子！——这小东西也真不成东西！关在牢里，还要劝牢头造反。"

"啊呀，那还了得。"坐在后排的一个二十多岁的人，很现出气愤模样。

"你要晓得红眼睛阿义是去盘盘底细的，他却和他攀谈了。他说：'这大清的天下是我们大家的。'你想，这是人话么？红眼睛原知道他家里只有一个老娘，可是没有料到他竟会那么穷，榨不出一点油水，已经气破肚皮了。他还要老虎头上搔痒，便给他两个嘴巴！"

"义哥是一手好拳棒，这两下，一定够他受用了。"壁角的驼背忽然高兴起来。

"他这贱骨冷打不怕，还要可怜，可怜哩。"

花白胡子的人说："打了这种东西，有什么可怜呢？"

康大叔显出看他不上的样子，冷笑着说："你没有听清我的话；看他神气，是说阿义可怜呢！"

听着的人的眼光，忽然有些板滞；话也停顿了。小栓已经吃完饭，吃得满身流汗，头上都冒出蒸气。

"阿义可怜——疯话，简直是发了疯了。"花白胡子恍然大悟似的说。

"发了疯了。"二十多岁的人也恍然大悟地说。

店里的座客，便又现出活气，谈笑起来。小栓也趁着热闹，拼命咳嗽；康大叔走上前，拍他肩膀说：

"包好！小栓——你不要这么咳。包好！"

"疯了。"驼背五少爷点着头说。

四

西关外靠着城根的地面，本是一块官地；中间歪歪斜斜一条细路，是贪走便道的人,用鞋底造成的,但却成了自然的界限。路的左边,都埋着死刑和瘐毙的人,右边是穷人的丛冢。两面都已埋到层层叠叠,宛然富翁家里祝寿时候的馒头。

这一年的清明,分外寒冷,杨柳才吐出半粒米大的新芽。天明未久,华大妈已在右边的一座新坟前面,排出四碟菜,一碗饭,哭了一场。化过纸,呆呆地坐在地上,仿佛等候什么似的,但自己也说不出等候什么。微风起来,吹动她短发,确乎比去年白得多了。

小路上又来了一个女人,也是半白头发,褴褛的衣裙;提一个破旧的朱漆圆篮,外挂一串纸锭,三步一歇地走。忽然见华大妈坐在地上看她,便有些踌躇,惨白的脸上,现出些羞愧颜色;但终于硬着头皮,走到左边的一座坟前,放下了篮子。

那坟与小栓的坟,一字儿排着,中间只隔一条小路。华大妈看她排好四碟菜,一碗饭,立着哭了一通,化过纸锭;心里暗暗地想"这坟里的也是儿子了。"那老女人徘徊观望了一回,忽然手脚有些发抖,踉踉跄跄退下几步,瞪着眼只是发怔。

华大妈见这样子,生怕她伤心到快要发狂了;便忍不住立起身,跨过小路,低声对她说,"你这位老奶奶不要伤心了,——我们还是回去罢。"

那人点一点头,眼睛仍然向上瞪着,也低声吃吃地说道:"你看,——看这是什么呢?"

华大妈跟了她指头看去,眼光便到了前面的坟。这坟上草根还没有全合,露出一块一块的黄土,煞是难看。再往上仔细看时,却不觉也吃一惊;——分明有一圈红白的花,围着那尖圆的坟顶。

她们的眼睛都已老花多年了,但望这红白的花,还能明白看见。花也不很多,圆圆的排成一个圈,不很精神,倒也整齐。华大妈忙看他儿子和别人的坟,却只有不怕冷的几点青白小花,零星开着;便觉得心里忽然感到一种不足和空虚,不愿意根究。那老女人又走近几步,细看了一遍,自言自语地说:"这没有根,不像自己开的。——这地方有谁来呢? 孩子不会来玩;——亲戚本家早不来了。——这是怎么一回事呢?"她想了又想,忽又流下泪来,大声说道:——

"瑜儿,他们都冤枉了你,你还是忘不了,伤心不过,今天特意显点灵,要我知道么?"她四面一看,只见一只乌鸦,站在一株没有叶的树上,便接着说:"我知道了。——瑜儿,可怜他们坑了你,他们将来总有报应,天都知道;你闭了眼睛就是了。——你如果真在这里,听到我的话,——便教这乌鸦飞上你的坟顶,给我看罢。"

微风早经息了,枯草支支直立有如铜丝。一丝发抖的声音,在空气中愈颤愈细,细到没有,周围便都是死一般静。两人站在枯草丛里,仰面看那乌鸦;那乌鸦也在笔直的树枝间,缩着头,铁铸一般站着。

许多工夫过了,上坟的人渐渐增多,几个老的小的,在土坟间出没。

华大妈不知怎的,似乎卸下了一挑重担,便想到要走;一面劝着说:"我们还是回去罢。"

那老女人叹一口气,无精打采地收起饭菜;又迟疑了一刻,终于慢慢地走了。嘴里自言自语地说:"这是怎么一回事呢?……"

他们走不上二三十步远,忽听得背后"哑——"的一声大叫;两个人都竦然地回过头,只见那乌鸦张开两翅,一挫身,直向着远处天空,箭也似的飞去了。

(第六卷第五号,一九一九年五月)

风波

鲁 迅

临河的土场上，太阳渐渐地收了它通黄的光线了。场边靠河的乌桕树叶，干巴巴的才喘过气来，几个花脚蚊子在下面哼着飞舞。面河的农家的烟筒里，逐渐减少了炊烟，女人孩子们都在自己门口的土场泼些水，放下小桌子和矮凳。人知道，这已经是晚饭时候了。

老人男人坐在矮凳上，摇着大芭蕉扇闲谈，孩子飞也似的跑，或者蹲在乌桕树下赌玩石子。女人端出乌黑的蒸干菜和松花黄的米饭，热蓬蓬冒烟。河里驶过文人的酒船，文豪见了，大发诗兴，说，“无思无虑，这真是田家乐呵！”

但文豪的话有些不合事实，就因为他们没有听到九斤老太的话。这时候，九斤老太正在大怒，拿破芭蕉扇敲着凳脚说：

“我活到七十九岁了，活够了，不愿意眼见这些败家相，——还是死的好。立刻就要吃饭了，还吃炒豆子，吃穷了一家子！”

伊的曾孙女儿六斤捏着一把豆，正从对面跑来，见这情形，便直奔河边，藏在乌桕树后，伸出双丫角的小头，大声说：“这老不死的！”

九斤老太虽然高寿，耳朵却还不很聋，但也没有听到孩子的话，仍旧自己说，“这真是一代不如一代！”

这村庄的习惯有点特别，女人生下孩子，多喜欢用秤称了轻重，便用斤数当作小名。九斤老太自从庆祝了五十大寿以后，便渐渐的变了不平家，常说伊年轻的时候，天气没有现在这般热，豆子也没有现在这般硬：总之现在的时世是不对了。何况六斤比伊的曾祖，少了三斤，比伊父亲七斤，又少了一斤，这真是一条颠扑不破的实例。所以伊又用劲说，“这真是一代不如一代！”

伊的儿媳七斤嫂子正捧着饭篮走到桌边，便将饭篮在桌上一摔，愤愤地说：“你老人家又这么说了。六斤生下来的时候，不是六斤五两么？你家的秤又是私秤，加重称，十八两秤；用了准十六，我们的六斤该有七斤多哩。我想便是太公和公公，也不见得正是九斤八斤十足，用的秤也许是十四两……”

“一代不如一代！”

七斤嫂还没有答话，忽然看见七斤从小巷口转出，便移了方向，对他嚷道，“你这死尸怎么这时候才回来，死到哪里去了！不管人家等着你开饭！”

七斤虽然住在农村，却早有些飞黄腾达的意思。从他的祖父到他，三代不捏锄头柄了，他也照例的帮人撑着航船，每日一回，早晨从鲁镇进城，傍晚又回到鲁镇，因此很知道些时事：例如什么地方，雷公劈死了蜈蚣精，什么地方，闺女生了一个夜叉之类。他在村人里面，的确已经是一名出场人物了。但夏天吃饭不点灯，却还守着农家习惯，所以回家太迟，是该骂的。

七斤一手捏着象牙嘴白铜斗六尺多长的湘妃竹烟管，低着头，慢慢地走来，坐在矮凳上。六斤也趁势溜出，坐在他身边，叫他爹爹。七斤没有应。

“一代不如一代！”九斤老太说。

七斤慢慢地抬起头来，叹一口气说：“皇帝坐了龙庭了。”

七斤嫂呆了一刻，忽而恍然大悟的道：“这可好了，这不是又要皇恩大赦了么！”

七斤又叹一口气，说：“我没有辫子。”

“皇帝要辫子么？”

“皇帝要辫子。”

“你怎么知道呢？”七斤嫂有些着急，赶忙地问。

“咸亨酒店里的人，都说要的。”

七斤嫂这时从直觉上觉得事情似乎有些不妙了，因为咸亨酒店是消息灵通的所在。伊一转眼瞥见七斤的光头，便忍不住动怒，怪他恨他怨他；忽然又绝望起来，装好一碗饭，搡在七斤的面前道：“还是赶快吃你的饭罢！哭丧着脸，就会长出辫子来么？”

太阳收尽了它最末的光线了，水面暗暗地回复过凉气来，土场上一片碗筷声响，人人的脊梁上又都吐出汗粒。七斤嫂吃完三碗饭，偶然抬起头，心坎里便禁不住突突地发跳。伊透过乌桕叶，看见又矮又胖的赵七爷正从独木桥上走来，而且穿着宝蓝色竹布的长衫。

赵七爷是邻村茂源酒店的主人，又是这三十里方圆以内的唯一的出色人物兼学问家。因为有学问，所以又有些遗老的臭味。他有十多本金圣叹批评的《三国志》，时常坐着一个字一个字的读。他不但能说出五虎将姓名，甚而至于还知道黄忠表字汗升和马超表字孟起。革命以后，他便将辫子盘在顶上，像道士一般。常常叹息说，倘若赵子龙在世，天下便不会乱到这地步了。七斤嫂眼睛好，早望见今天的赵七爷已经不是道士，却变成光滑头皮，乌黑发顶；伊便知道一定是皇帝坐了龙庭，而且一定须有辫子，而且七斤一定是非常危险。因为赵七爷的这件竹布长衫，轻易是不常穿的，三年以来，只穿过两次：一次是和他呕气的麻子阿四病了的时候，一次是曾经砸烂他酒店的鲁大爷死了的时候。现在是第三次了，这一定又是于他有庆，于他的仇家有殃了。

七斤嫂记得，两年前七斤喝醉了酒，曾经骂过赵七爷是“贱胎”，所以这时便立刻直觉到七斤的危险，心坎里突突地发起跳来。

赵七爷一路走来，坐着吃饭的人都站起身，拿筷子点着自己的饭碗说，“七爷，请在我们这里用饭！”七爷也一路点头，说道“请请”，却一径走到七斤家的桌旁。七斤们连忙招呼，七爷也微笑着说“请请”，一面细细的研究他们的饭菜。

“好香的干菜，听到了风声了么？”赵七爷站在七斤的后面七斤嫂的对面说。

“皇帝坐了龙庭了。”七斤说。

七斤嫂看着七爷的脸，竭力赔笑道，“皇帝已经坐了龙庭，几时皇恩大赦呢？”

“皇恩大赦？大赦是慢慢的总要大赦罢。”七爷说到这里，声色忽然严厉起来，“但是你家七斤的辫子呢，辫子？这倒是要紧的事。你们知道，长毛时候，留发不留头，留头不留发……”

七斤和他的女人没有读过书，不很懂得这古典的奥妙，但觉得有学问的七爷这么说，事情自然非常重大，无可挽回，便仿佛受了死刑宣告似的，耳朵里嗡的一声，再也说不出一句话。

“一代不如一代，”九斤老太正在不平，趁这机会，便对赵七爷说，“现在的长毛，只是剪人家的辫子，僧不僧，道不道的。从前的长毛，这样的么？我活到七十九岁了，活够了。从前的长毛是整匹的红缎子裹头，拖下去，拖下去，一直拖到脚跟。王爷是黄缎子，拖下去，黄缎子，红缎子，黄缎子，我活够了，七十九岁了。”

七斤嫂站起身，自言自语地说：“这怎么好呢？这样的一班老小，都靠他养活的人……”

赵七爷摇头道，“那也没法。没有辫子，该当何罪，书上都一条一条明明白白写着的。不管他家里有些什么人。”

七斤嫂听到书上写着，可真是完全绝望了，自己急得没法，更忽然又恨到七斤。伊用筷子指着他的鼻尖说，“这死尸自作自受！造反的时候，我本来说，不要撑船了，不要上城了。他偏要死进城去，滚进城去，进城便被人剪去了辫子。从前是绢光乌黑的辫子，现在弄得僧不僧道不道的。这囚徒自作自受，带累了我们又怎么说呢？这活死尸的囚徒……”

村人看见赵七爷到村，都赶紧吃完饭，聚在七斤家饭桌的周围。七斤自己知道是出场人物，被女人当大众这样辱骂，很不雅观，便只得抬起头，慢慢地说道：

“你今天说现成话，那时你……”

“你这活死尸的囚徒……”

看客中间，八一嫂是心肠最好的人，抱着伊的两周岁的遗腹子，正在七斤嫂身边看热闹，这时过意不去，连忙解劝说：“七斤嫂，算了罢。人不是神仙，谁知道未来事呢？便是七斤嫂，那时不也说，没有辫子倒也没有什么丑么？况且衙门里的大老爷也还没有告示……”

七斤嫂没有听完，两个耳朵早通红了，便将筷子转过向来，指着八一嫂的鼻子，说：“阿呀，这是什么话呵！八一嫂，我自己看来倒还是一个人，会说出这样昏诞糊涂话么？那时我是，整整哭了三天，谁都看见，连六斤这小鬼也都哭，……”六斤刚吃完一大碗饭，拿了空碗，伸手去嚷着要添。七斤嫂正没好气，便用筷子在伊的双丫角中间，直扎下去，大喝道：“谁要你来多嘴！你这偷汉的小寡妇！”

噗的一声，六斤手里的空碗落在地上了，恰巧又碰着一块砖角，立刻破成一个很大的缺口。七斤直跳起来，捡起破碗，合上了检查一回，也喝道：“入娘的！”一巴掌打倒六斤。六斤躺着哭，九斤老太拉了伊的手，连说着“一代不如一代”，一同走了。

八一嫂也发怒，大声说：“七斤嫂，你恨棒打人……”

赵七爷本来是笑着旁观的，但自从八一嫂说了“衙门里的大老爷没有告示”这话以后,却有些生气了。这时他已绕出桌旁,接着说:“恨棒打人,算什么呢。大兵是就要到的。你可知道,这回保驾的是张大帅,张大帅就是燕人张翼德的后代,他一支丈八蛇矛,就有万夫不当之勇,谁能抵挡他。”他两手同时捏起空拳,仿佛握着无形的蛇矛模样,向八一嫂抢进几步道:“你能抵挡他么!”

八一嫂正气得抱着孩子发抖,忽然见赵七爷满脸油汗,瞪着眼,准对伊冲过来,便十分害怕,不敢说完话,回身走了。赵七爷也跟着走去。众人一面怪八一嫂多事,一面让开路,几个剪过辫子重新留起的便赶快躲在人丛后面,怕他看见。赵七爷也不细心察访,通过人丛,忽然转入乌桕树后,说道“你能抵挡他么!”跨上独木桥,扬长去了。

村人们呆呆站着,心里计算,都觉得自己确乎抵不住张翼德,因此也决定七斤便要没有性命。七斤既然犯了王法,想起他往常对人谈论城中的新闻的时候,就不该含着长烟管显出那般骄傲模样,所以对于七斤的犯法,也觉得有些畅快。他们也仿佛想发些议论,却又觉得没有什么议论可发。嗡嗡的一阵乱,蚊子都撞过赤膊身子,闯到乌桕树下去闹。他们也就慢慢地走散回家,关上门睡觉。七斤嫂咕哝着,也收了家伙和桌子矮凳回家,关上门睡觉了。

七斤将破碗拿回家里,坐在门槛上吸烟,但非常忧愁,忘却了吸咽,象牙嘴六尺多长湘妃竹烟管的白铜斗里的火光,渐渐发黑了。心里但觉得事情似乎十分危急,也想想些方法,想些计划,但总是非常模糊,贯穿不得:“辫子呢辫子? 丈八蛇矛。一代不如一代! 皇帝坐龙庭。破的碗须上城才能钉好。谁能抵挡他? 书上一条一条写着。入娘的! ……”

第二日清晨,七斤依旧从鲁镇撑航船进城,傍晚回到鲁镇,又拿着六尺多长的湘妃竹烟管和一个饭碗回村。他在晚饭席上,对九斤老太说,这碗是在城内钉合的,因为缺口大,所以要十六个铜钉,三文一个,一总用了四十八文小钱。

九斤老太很不高兴地说:“一代不如一代,我是活够了。三文钱一钉;从前的钉,这样的么? 从前的钉是……我活了七十九岁了……”

此后七斤虽然是照例日日进城,但家景总有些黯淡,村人大抵回避着,不再来听他从城内得来的新闻。七斤嫂也没有好声气,还时常叫他“囚徒”。

过了十多日,七斤从城内回家,看见他的女人非常高兴,问他说:“你在城里听到些什么么?”

“没有听到些什么。”

“皇帝坐了龙庭没有呢?”

“他们没有说。”

“咸亨酒店里也没有人说么?”

“也没人说。”

“我想皇帝一定是不坐龙庭了。我今天走过赵七爷的店前,看见他又坐着念书了,辫子又盘在顶上了,也有穿长衫。”

“……”

“你想,不坐龙庭罢了?”

“我想,不坐了罢。”

现在的七斤,七斤嫂和村人又都早给他相当的尊敬,相当的待遇了。到夏天,他们仍旧在自家门口的土场上吃饭,大家见了,都笑嘻嘻的招呼。九斤老太早已做过八十大寿,仍然不平而且康健。六斤的双丫角,已经变成一支大辫子了;伊虽然新近裹脚,却还能帮同七斤嫂做事,捧着十八个铜钉的饭碗,在土场上一颠一拐的往来。

(第八卷第一号,一九二〇年九月一日)

小雨点

陈衡哲

小雨点的家，在一个紫山上面的云里。有一天，他正同着他的哥哥姊姊，在屋子里游玩，忽然外面来了一阵风，把他卷屋外去了。

小雨点着了急，伸直了喉咙叫道：

“风伯伯，快点放了我呀！”

风伯，一点也不睬，只管吹着他，向地下卷去。小雨点吓得闭了眼，连气也不敢出。后来觉得风伯伯去了，他才慢慢地把眼睛睁开，四围看了一看。啊呀！他怎的会垂在一个红胸鸟的翅翮上呢？那个红胸鸟此时正扑着他的翅翮，好像要飞上天去的光景。小雨点觉着了，拍着手叫道：

“好了，好了！他就要把我带回我的家去了。”

谁知道那个红胸鸟把他的翅翮扑得太利害了，竟把小雨点掀了下来。

小雨点看见自己跌在一个草叶上面，他便爬了起来，两只手掩了眼睛，呜呜咽咽地哭起来了。他正哭着忽听见有一个声音叫着他说道：

“小雨点，小雨点，不要哭了，到我这里来罢。”小雨点依着那声音的来处看去，只见有一个泥沼在那里叫他去哩。他心里喜欢，便从那个草叶上面，一跤滚了下来，向着那泥沼跑去。他跑到了那里，把那泥沼看了一看，不觉掀着鼻子说道：

“好龌龊呵！”

泥沼把手放在他的嘴上说道：

“听呀！”

此时小雨点忽听见有流水的声，自远渐渐的近了来。

泥沼便对小雨点说：

“这是涧水哥哥,要到河伯伯那里去,现在凑巧走过这里。我们何不也同他一路去呢?”于是小雨点跟了泥沼,去会见了涧水哥哥,一同到河伯伯那里去。

小雨点见了河伯伯,觉得自己很小,便问他道:

“河伯伯,我为什么这样小?”

河伯伯笑着答道:

“好孩子这不打紧,我小的时候,也和你一样。”

小雨点又说道:

“大河伯伯,你现在到那里去?”

泥沼和涧水哥哥也同声说道:

“不错,不错!大河伯伯,你现在到那里去?”

河伯伯道:

“我到海公公那里去,就永远住在他那里了。”

小雨点,和泥沼,和涧水哥哥,都同声说道:

“好伯伯,你能告诉我们,海公公是怎么一个样子吗?”

河伯伯道:

“海公公吗?他是再慈爱没有的了。他见了什么东西,都要请他去住在他的家里的。”

小雨点道:

“他也请像我一样的小雨点吗!”

河伯伯道:

“只要你愿意,他一定请你的。你可知道他小的时候,也是一个小雨点吗?”

他们四个一路上有谈有笑,倒也很快活。隔了两天,居然到了海公公的宫里去,只见海公公掀着雪白的胡子,笑着迎了出来。他见了小雨点,十分喜欢,问讯到好多说话。小雨点心里也觉得快活,那天竟没有想到家里。可见是到了来,又想回去了。他便拉着海公公的胡子说:

“海公公,你肯送我回家去吗?”

海公公说:

“好孩子,你若要回去,也没有什么不可以。但你须要耐心些才是。”

海公公的房子,是一个又大又深的宫。小雨点在他的底下住了两天。到了第三天,他正一人哭着,想回家去,忽听见海公公在屋面上叫着他。小雨点跟着那声音,升了上去。只见白云紫山,可不是他的家吗?他见了喜得手舞足蹈地说道:

“看呀,看呀!海公公,那不是我的家吗?”

海公公摸着他的头说道:

“好孩子,我是留不住你的了,只好让你回去罢。”

小雨点也很不忍心离开这样慈爱的海公公。不过他要回家的心太利害了,所以竟含了眼泪,辞了海公公,向着天上升去。

说也希奇,此刻小雨点止觉得他的身子,一刻大似一刻。不一会,他已升得很高。他心里喜欢,说道:

“今晚我一定可以到家的了,好不快活呵!”

到了下午,他升到了一个高山的顶上,觉得有些疲倦。他向下一看,只见有一朵小小的青莲花,睡在一堆泥土的旁边。他便对着自己说:

“我今天升得也够了,不如休息一刻再说罢。”

说了这个,他便向着那青莲花进行。忽然他的身子,又缩小起来。他着了慌,再睁眼仔细一看:啊呀!他不在那朵花瓣上,又在哪里呢?他此时不觉又哭起来了。

他正哭着,忽听见那青莲花叫着他的名字,说道:

“小雨点,不要哭了,请你快来救救我的命罢。”

小雨点听了很希奇,不由得止了哭,把那青莲花细细的看了一看。只见他干枯苍白,怪可怜的。青莲花此时又接着说道:

“我差不得要死了,请你救救我的命罢。”

小雨点听了,心里很不忍,便答道:

“极愿极愿!但是我可不知道,应该怎样的救你。”

青莲花道:

“听着呵!我因为欠了水,所以差不多要死。你若愿意救我的命,你须让我把你吸到我的血管里去。”

小雨点吓了一大跳。说道:

“啊呀!那我自己又到哪里去了呢?”

青莲花道：

“小雨点，不要害怕，你将来终究要回家去的，不过现在冒一冒险罢了。你愿意吗？”

小雨点听了，心里安了些。又把青莲花看了一看，不由得又疼又爱。他想了一想，便壮着胆说道：

“青莲花，我为了你的缘故，现在情愿冒这个险了！”

青莲花十分感激，果真的把小雨点吸到他的血管里去了。不到一会，他那干枯苍白的皮肤，忽然变了美丽丰满。他在风中颤着，四处瞧望。忽见有个小女孩儿，走过他的身旁。他便把他身上的香味，送到那女孩的鼻子里，说道：

“女孩子，看我好不美丽。为什么不把我戴在你的发上呢？”

那女孩子果真把它折了，戴在她自己的发上。

但是到了晚上，那女孩子忽然又不喜欢这个青莲花了。她便把他从发里取了下来，丢在她爹爹的园里。

青莲花知道他此次真要死了。他又想到了温柔的小雨点，心里便痛苦，不由得叫道：

“小雨点，小雨点！”

小雨点本来没有死，不过睡着罢了。此刻听了青莲花的声音，便醒了起来，说道：

“我在什么地方呀？”

青莲花答道：

“你在我的血管里。”

小雨点听到这里，才慢慢地把往事记了起来。他叹着气说道：

“青莲花，你自己又在哪里？”

青莲花便把他的经历，一一的告诉了小雨点，他又说道：

“小雨点，现在我可真的要死了。”

小雨点着了急，说道：

“青莲花，青莲花！快快地不要死，我愿意让吸我到血管里去。”

青莲花叹了一口气，说道：

“痴孩子，现在是没用的了。况且你已经在我的血管里，我又怎样能再吸你呢？

但是，小雨点，你不必失望，因为我明年春间仍要复活的。你若想念我，应该重来看看我呵！再会了。”

小雨点哭道：

“青莲花，青莲花！快快不要死呀！”

但是青莲花已经听不见他了。小雨点一面哭着，一面看去，好不希奇：他哪里在什么青莲花的血管里，他不是明明在一个死池旁边的草上吗？他把死池看了一看，央着说道：

“泥沼哥哥……”

死池恶狠狠地说道：

“我不是泥沼，我是死池！”

小雨点便道：

“死池哥哥，你能把我送到海公公家里去吗？”

死池哼着鼻子，说道：

“我从来没有听见过这个地方。”

小雨点听了，知道没望了，不由得又哭了起来。他哭得好不伤心，死池听了，也有些不忍，便问道：

“你要到海公公家去做什么？”

小雨点答道：

“我要他送我回家去。”

死池皱着眉毛，想了一想，说道：

“你可知道，你不必到海公公家，也可以回家去的吗？”

小雨点听了，快活得跳了起来，说道：

“死池哥哥，你的话真吗？你肯告诉我，又怎样的回去吗？”

死池道：

“你且等着，待太阳公公来了，便知道了。”

小雨点不敢再问，只得睡在草上，静待了一夜。明朝太阳公公来了，果然把小雨点送回了家去。小雨点见了他的哥哥姊姊，自然喜欢得说不出来。他又把他在地上的经历，一一地告诉了他们。后来他还约了他们，明年春间，同到地上去看那复活的青莲花哩!

（完）

（第八卷第一号,一九二〇年九月一日）

故乡

鲁　迅

我冒了严寒,回到相隔二千余里,别了二十余年的故乡去。

时候既然是深冬。渐近故乡时,天气又阴晦了,冷风吹进船舱中,呜呜地响,从篷隙向外一望,苍黄的天底下,远近横着几个萧索的荒村,没有一些活气。我的心禁不住悲凉起来了。

阿! 这不是我二十年来时时记得的故乡?

我所记得的故乡全不如此。我的故乡好得多了。但要我记起他的美丽,说出他的佳处来,却又没有影像,没有言辞了。仿佛也就如此。于是我自己解释说:故乡本也如此,——虽然没有进步,也未必有如我所感的悲凉,这只是我自己心情的改变罢了,因为我这次回乡,本没有什么好心绪。

我这次是专为了别他而来的。我们多年聚族而居的老屋,已经公同卖给别姓了,交屋的期限,只在本年,所以必须赶在正月初一以前,永别了熟识的老屋,而且远离了熟识的故乡,搬家到我在谋食的异地去。

第二日清早晨我到了我家的门口了。瓦楞上几枝枯草的断茎当风抖着,正在说明这老屋难免易主的原因。几房的本家大约已经搬走了,所以很寂静。我到了自家的房外,我的母亲早已迎着出来了,接着便飞出了八岁的侄儿宏儿。

我的母亲很高兴,但也藏着许多凄凉的神情,叫我坐下,歇息,喝茶,且不谈搬家的事。宏儿没有见过我,远远的对面站着只是看。

但我们终于谈到搬家的事。我说外间的寓所已经租定了,又买了几件家具,此外须将家里所有的木器卖去,再去增添。母亲也说好,而且行李也略已齐集,木器不便搬运的,也小半卖去了,只是收不起钱来。

“你休息一两天，去拜望亲戚本家一回，我们便可以走了。”母亲说。

“是的。”

“还有闰土，他每到我家来时，总问起你，很想见一回面。我已经将你到家的大约日期通知他，他也许就要来了。”

这时候，我的脑里忽然闪出一幅神异的图画来：深蓝的天空中挂着一轮金黄的圆月，下面是海边的沙地，都种着一望无际的碧绿的西瓜，其间有一个十一二岁的少年，项带银圈，手捏一柄钢叉，向一匹猹尽力地刺去，那猹却将身一扭，反从他的胯下逃走了。

这少年便是闰土。我认识他时，也不过十多岁，离现在将有三十年了；那时我的父亲还在世，家景也好，我正是一个少爷。那一年，我家是一件大祭祀的值年。这祭祀，说是三十多年才能轮到一回，所以很郑重；正月里供祖像，供品很多，祭器很讲究，拜的人也很多，祭器也很要防偷去。我家只有一个忙月（我们这里给人做工的分三种：整年给一定人家做工的叫长年；按日给人做工的叫短工；自己也种地，只在过年过节以及收租时候来给一定的人家做工的称忙月），忙不过来，他便对父亲说，可以叫他的儿子闰土来管祭器的。

我的父亲允许了；我也很高兴，因为我早听到闰土这名字，而且知道他和我仿佛年纪，闰月生的，五行缺土，所以他的父亲叫他闰土。他是能装弶捉小鸟雀的。

我于是日日盼望新年，新年到，闰土也就到了。好容易到了年末，有一日，母亲告诉我，闰土来了，我便飞跑地去看，他正在厨房里，紫色的圆脸，头戴一顶小毡帽，颈上套一个明晃晃的银项圈。这可见他的父亲十分爱他，怕他死去，所以在神佛面前许下心愿，用圈子将他套住了。他见人很怕羞，只是不怕我，没有旁人的时候，便和我说话，于是不到半日，我们便熟识了。

我们那时候不知道谈些什么，只记得闰土很高兴，说是上城之后，见了许多没有见过的东西。

第二日，我便要他捕鸟。他说：

“这不能。须大雪下了才好。我们沙地上，下了雪，我扫出一块空地来，用短棒支起一个大竹匾，撒下秕谷，看鸟雀来吃时，我远远地将缚在棒上的绳子只一拉，那鸟雀就罩在竹匾下了。什么都有：稻鸡、角鸡、鹁鸪、蓝背……”

我于是又很盼望下雪。

闰土又对我说：

“现在太冷，你夏天到我们这里来。我们日里到海边捡贝壳去，红的绿的都有，鬼见怕也有，观音手也有。晚上我和爹管西瓜去，你也去。”

“管贼么？”

“不是。走路的人口渴了摘一个瓜吃，我们这里是不算偷的。要管的是獾猪、刺猬、猹。月亮底下，你听，啦啦的响了，猹在咬瓜了。你便捏了胡叉，轻轻地走去……”

我那时并不知道这所谓猹的是怎么一件东西——便是现在也没有知道——只是无端的觉得状如小狗而很凶猛。

“他不咬人么？”

“有胡叉呢。走到了，看见猹了，你便刺。这畜生很伶俐，倒向你奔来，反从胯下窜了，他的皮毛是油一般的滑……”

我素不知道天下有这许多新鲜事：海边有如许五色的贝壳；西瓜有这样危险的经历，我先前单知道他在水果店里出卖罢了。

“我们沙地里，潮汛要来的时候，就有许多跳鱼儿只是跳，都有青蛙似的两个脚……”

阿！闰土的心里有无穷无尽的稀奇的事，都是我往常的朋友所不知道的。他们不知道一些事，闰土在海边时，他们都和我一样只看见院子里高墙上的四角的天空。

可惜正月过去了，闰土须回家里去，我急得大哭，他也躲到厨房里，哭着不肯出门，但终于被他父亲带走了。他后来还托他的父亲带给我一包贝壳和几支很好看的鸟毛，我也曾送他一两次东西，但从此没有再见面。

现在我的母亲提起了他，我这儿时的记忆，忽而全都闪电似的苏生过来，似乎看到了我的美丽的故乡了。我应声说：

“这好极！他，——怎样？……”

“他？……他景况也很不如意……”母亲说着，便向房外看，“这些人又来了。说是买木器，顺手也就随便拿走的，我得去看看。”

母亲站起身，出去了。门外有几个女人的声音。我便招宏儿走近面前，和他闲话：问他可曾写字，可愿意出门。

“我们坐火车去么?”

“我们坐火车去。”

“船呢?”

“先坐船……”

“哈！这模样了！胡子这么长了!”一种尖利的怪声突然大叫起来。

我吃了一惊,赶忙抬起头,却见一个凸颧骨,薄嘴唇,五十岁上下的女人站在我面前,两手搭在髀间,没有系裙,张着两脚,正像一个画图仪器里细脚伶仃的圆规。

我愕然了。

“不认识了么？我还抱过你咧!”

我愈加愕然了。幸而我的母亲也就进来,从旁说:

“他多年出门,统忘却了。你该记得罢,”便向着我说,“这是斜对门的杨二嫂……开豆腐店的。”

哦,我记得了。我孩子时候,在斜对门的豆腐店里确乎终日坐着一个杨二嫂,人都叫伊“豆腐西施”。但是搽着白粉,颧骨没有这么高,嘴唇也没有这么薄,而且终日坐着,我也从没有见过这圆规式的姿势。那时人说:因为伊,这豆腐店的买卖非常好。但这大约因为年龄的关系,我却并未蒙着一毫感化,所以竟完全忘却了。然而圆规很不平,显出鄙夷的神色,仿佛嗤笑法国人不知道拿破仑,美国人不知道华盛顿似的,冷笑说:

“忘了？这真是贵人眼高……”

“哪有这事……我……”我惶恐着,站起来说。

“那么,我对你说。迅哥儿,你阔了,搬动又笨重,你还要什么这些破烂木器,让我拿去罢。我们小户人家,用得着。”

“我并没有阔哩。我须卖了这些,再去……”

“啊呀呀,你放了道台了,还说不阔？你现在有三房姨太太,出门便是八抬的大轿,还说不阔？吓,什么都瞒不过我。”

我知道无话可说了,便闭了口,默默地站着。

“啊呀啊呀,真是愈有钱,便愈是一毫不肯放松,愈是一毫不肯放松,便愈有钱……”圆规一面愤愤地回转身,一面絮絮地说,慢慢向外走,顺便将我母亲的一副手套塞在裤腰里，出去了。

此后又有近处的本家和亲戚来访问我。我一面应酬，偷空便收拾些行李，这样的过了三四天。

一日是天气很冷的午后，我吃过午饭，坐着喝茶，觉得外面有人进来了，便回头去看。我看时，不由得非常出惊，慌忙站起身，迎着走去。

这来的便是闰土。虽然我一见便知道是闰土，但又不是我这记忆上的闰土了。他身材增加了一倍；先前的紫色的圆脸，已经变作灰黄，而且加上了很深的皱纹；眼睛也像他父亲一样，周围都肿得通红，这我知道，在海边种地的人，终日吹着海风，大抵都如此的。他头上是一顶破毡帽，身上只一件极薄的棉衣，浑身瑟缩着；手里提着一个纸包和一支长烟管，那手也不是我所记得的红活圆实的手，却又粗又笨而且开裂，像是松树皮了。

我这时很兴奋，但不知道怎么说才好，只是说：

“啊，闰土哥，——你来了？……”

我接着便有许多话，想要连珠一般涌出：角鸡，跳鱼儿，贝壳，猹……但又总觉得被什么挡着似的，单在脑里面回旋，吐不出口外去。

他站住了，脸上现出欢喜和凄凉的神情；动着嘴唇，却没有作声。他的态度终于恭敬起来了，分明的叫道：

“老爷！……”

我似乎打了一个寒噤；我就知道，我们之间已经隔了一层可悲的厚障壁了。我也说不出话。

他回过头去说：“水生，给老爷磕头。”便拖出躲在背后的孩子来，这正是一个廿年前的闰土，只是黄瘦些，颈子上没有银圈罢了。“这是第五个孩子，没有见过世面，躲躲闪闪……”

母亲和宏儿下楼来了，他们大约也听到了声音。

“老太太。信是早收到了。我实在喜欢的了不得，知道老爷回来……”闰土说。

“啊，你怎的这样客气起来。你们先前不是哥弟称呼么？还是照旧：迅哥儿。”母亲高兴地说。

“啊呀，老太太真是……这成什么规矩。那时是孩子，不懂事……”闰土说着，又叫水生上来打拱,那孩子却害羞,紧紧地贴在背后。

“他就是水生?第五个?都是生人,怕生也难怪的;还是宏儿和他去走走。”母亲说。

宏儿听得这话,便来招水生,水生却松松爽爽同他一路出去了。母亲叫闰土坐,他迟疑了一回,终于就了坐,将长烟管靠在桌旁,递过纸包来,说:

“冬天没有什么东西了。这一点干青豆倒是自家晒在那里的,请老爷……”

我问问他的景况。他只是摇头。

“非常难。第六个孩子也会帮忙了,却总是吃不够……又不太平……什么地方都要钱,没有定规……收成又坏。种出东西来,挑去卖,总要捐几回,折了本;不去卖,又只能烂掉……”

他只是摇头;脸上虽然刻着许多皱纹,却全然不动,仿佛石像一般。他大约只是觉得苦,却又形容不出,沉默了片时,便拿起烟管来默默地吸烟了。

母亲问他,知道他的家里事务忙,明天便得回去;又没有吃过午饭,便叫他自己到厨下炒饭吃去。

他出去了;母亲和我都叹息他的景况:多子,饥荒,苛税,兵,匪,官,绅,都苦得他像一个木偶人了。母亲对我说,凡是不必搬走的东西,尽可以送他,可以听他自己去拣择。

下午,他拣好了几件东西:两条长桌,四个椅子,一副香炉和烛台,一杆台秤。他又要所有的草灰(我们这里煮饭是烧稻草的,那灰,可以做沙地的肥料),待我们启程的时候,他用船来载去。

夜间,我们又谈些闲天,都是无关紧要的话;第二天早晨,他就领了水生回去了。

又过了九日,是我们启程的日期。闰土早晨便到了,水生没有同来,却只带着一个五岁的女儿管船只。我们终日很忙碌,再没有谈天的工夫。来客也不少,有送行的,有拿东西的,有送行兼拿东西的。待到傍晚我们上船的时候,这老屋里的所有破旧大小粗细东西,已经一扫而空了。

我们的船向前走,两岸的青山在黄昏中,都装成了深黛颜色,连着退向船后梢去。宏儿和我靠着船窗,同看外面模糊的风景,他忽然问道:

“大伯!我们什么时候回来?”

“回来？你怎么还没有走就想回来了？”

“可是，水生约我到他家玩去咧……”他睁着大的黑眼睛，痴痴地想。

我和母亲也都有些惘然，于是又提起闰土来。母亲说，那豆腐西施的杨二嫂，自从我家收拾行李以来，本是每日必到的，前天伊在灰堆里，掏出十多个碗碟来，议论之后，便定说是闰土埋着的，他可以在运灰的时候，一齐搬回家里去；杨二嫂发现了这件事，自己很以为功，便拿了那狗气杀（这是我们这里养鸡的器具，木盘上面有着栅栏，内盛食料，鸡可以伸进颈子去啄，狗却不能，只能气死），飞也似的跑了，亏伊装着这么高的小脚，竟跑得这样快。

老屋离我愈远了；故乡的山水也都渐渐远离了我，但我却并不感到怎样的留恋。我只觉得我四面有看不见的高墙，将我隔成孤身，使我非常气闷；那西瓜地上的银项圈的小英雄的影像，我本来十分清楚，现在却忽地模糊了，又使我非常的悲哀。

母亲和宏儿都睡着了。

我躺着，听船底潺潺的水声，知道我在走我的路。我想：我竟与闰土隔绝到这地步了，但我们的后辈还是一气，宏儿不是正在想念水生么。我希望他们不再像我，又大家隔膜起来……然而我又不愿意他们因为要一气，都如我的辛苦辗转的生活，也不愿意他们都如闰土的辛苦麻木而生活，也不愿意都如别人的辛苦恣睢而生活。他们应该有新的生活，为我们所未经生活过的。

我想到希望，忽然害怕起来了。闰土要香炉和烛台的时候，我暗地里笑他，以为他总是崇拜偶像，什么时候都不忘却。现在我所谓希望，不也是我自己手制的偶像么？只是他的愿望切近，我的愿望茫远罢了。

我在蒙胧中，眼前展开一片海边碧绿的沙地来，上面深蓝的天空中挂着一轮金黄的圆月。我想：希望是本无所谓有，无所谓无的。这正如地上的路；其实地上本没有路，走的人多了，也便成了路。

（第九卷第一号，一九二一年五月一日）

文学创作

·话剧·

新青年　第四卷第六號目次

（一九一八年民國七年六月十五日發行）

（原版内文）

老夫妻

陈衡哲

(外面很大的雷雨,渐渐住了。有一个老太婆,在灶内烫衣服。他的丈夫,浑身淋着水,自外面走进。)

老太婆:哪,我晓得你又忘记了。

老太公:忘记了什么?

老太婆:忘记了什么? 你须问你自己,我哪里知道?

老太公:哦! 我记得了。你不是说那块鸡蛋糕吗?

老太婆:不是它又是什么?

老太公:你看哪! 我两只手装得这样的满,哪里再能把它带回来?

老太婆:很好,晚餐的时候你可不要咕哝就是了。

(老太公走进卧房,换湿衣)

老太婆:(对着卧房高声说)你换了衣服,立刻就去把那扇门钉好吧!

老太公:(口中咕哝着向外面走去)大概我终年终日,是不应该有一刻儿休息的。

老太婆:不错不错,这句话是我常常对自己说的。我说:“我自从嫁了这个亨利华伦简直可以说没有休息过一天。一家八口,烧洗缝补,哪一件不是我一人做的?”今早我的腰背……(一个隔壁的寡妇走进来向老太婆借报纸,忽见他怒容满面。)

寡　妇:华伦太太,今天又有甚事不称心了?

老太婆:(指着篮中未烫的衣服)你看!

寡　妇:但你有那么大的家庭,真是福气! 多烫一件衣服,就是说你多了一个孩子。像我这样……

（老太公口中嘘着气，自外面走进，陡见了寡妇。）

老太公：陶林太太，你来得正好。今天我的妻子不知又吃了些什么不消化的东西，他正在发气哩！

寡　妇：（站了起来，且笑且叹着气）好了好了，华伦太太，我丈夫没死的时候，我也常常如此。现在我想起从前我们两口儿怄气的情形，觉得已经和在天上一样，更不要说起我们说笑快乐的情形了。

（寡妇取了报纸自去）

老太公：爱娜我们该用晚餐了！

老太婆：（放下熨斗，一面解围裙，一面说）“好好，我也饿了。”

（二人坐下吃晚餐）

老太婆：啊呀！你的鞋袜都湿了。还不快去换掉，明天又要生病了。

（老太公进内换鞋。）

老太婆取了一块苹果做的点心，放在老太公的座位面前。

老太公：（自房中走出，见点心）这是哪里来的？

老太婆：这是我今天为了你做的。

老太公：爱娜，你可记得三十多年前的那一天，我到你家去看你，你把这个点心给我吃的情形吗？

老太婆：怎的不记得？你那天差不多把碟子都吃下去呢！

老太公：（且吃点心且说）这个点心，也和那天的差不多，不过碟子是我自己的，我舍不得把他吃下去罢了。

（老太公说着，两个人忍不住，都笑起来了。）

（完）

（第五卷第四号，一九一八年十月十五日）

终身大事

(游戏的喜剧)

胡　适

(序)前几天有几位美国留学的朋友来说,北京的美国大学同学会不久要开一个宴会。中国的会员想在那天晚上演一出短戏。他们限我于一天之内编成一个英文短戏,预备给他们排演。我勉强答应了,明天写成这出独折戏,交与他们。后来他们因为寻不到女角色,不能排演此戏。不料我的朋友卜思先生见了此戏,就拿去给《北京导报》主笔刁德仁先生看。刁先生一定要把这戏登出来,我只得由他。后来因为有一个女学堂要排演这戏,所以我又把它翻成中文。

这一类的戏,西文教做 Farce,译出来就是游戏的喜剧。

这是我第一次弄这一类的玩意儿,列位朋友莫要见笑。

戏中人物

田太太

田先生

田亚梅女士

算命先生(瞎子)

田宅的女仆李妈

布景

田宅的会客室。右边有门,通大门。左边有门,通饭厅。背面有一张沙发榻。两旁有两张靠椅。中央一张小圆桌子,桌上有花瓶。桌边有两张坐椅。左边靠壁有一张小写字台。

墙上挂的是中国字画,夹着两块西洋荷兰派的风景画。这种中西合璧的陈设,很可表示这家人半新半旧的风气。

开幕时,幕慢慢地上去,台下的人还可听见台上算命先生弹的弦子将完的声音,田太太坐在一张靠椅上。算命先生坐在桌边椅子上。

田太太:你说的话我不大听得懂。你看这门亲事可对得吗?

算命先生:田太太,我是据命直言的。我们算命的都是据命直言的,你知道——

田太太:据命直言是怎样呢?

算命先生:这门亲事是做不得的。要是你家这位姑娘嫁了这男人,将来一定没有好结果。

田太太:为什么呢?

算命先生:你知道,我不过是据命直言。这男命是寅年亥日生的,女命是巳年申时生的,正合着命书上说的“蛇配虎,男克女。猪配猴,不到头”。这是合婚最忌的八字。属蛇的和属虎的已是相克的了。再加上亥日申时,猪猴相克,这是两重大忌的命。这两口儿要是成了夫妇;一定不能团圆到老。仔细看起来,男命强得多,是一个夫克妻之命,应该女人早年短命。田太太我不过是据命直言,你不要见怪。

田太太:不怪,不怪。我是最喜欢人直说的。你这话一定不会错。昨天观音娘娘也是这样说。

算命先生:哦!观音菩萨也这样说吗?

田太太:是的,观音娘娘签诗上说——让我寻出来念给你听。(走到写字台边,翻开抽屉,拿出一条黄纸,念道)这是七十八签,下下。签诗说,“夫妻前生定,因缘莫强求。逆天终有祸,婚姻不到头。”

算命先生:“婚姻不到头?”这句诗和我刚才说的一个字都不错。

田太太:观音娘娘的话自然不会错的。不过这件事是我家姑娘的终身大事,我们做爷娘的总得二十四分小心地办去。所以我昨儿求了签诗,总还有点不放心。今天请你先生来看看这两个八字里可有什么合得拢的地方。

算命先生:没有。没有。

田太太:娘娘的签诗只有几句话,不容易懂得。如今你算起命来,又和签诗一样。

这个自然不用再说了。(取钱付算命先生)难为你,这是你对八字的钱。

算命先生:(伸手接钱)不用得,不用得。多谢,多谢。想不到观音娘娘的签诗居然和我的话一样!(立起身来)

田太太:(喊道)李妈(李妈从左边门进来)你领他出去。(李妈领算命先生从左边门出去)

田太太:(把桌上的红纸庚帖收起,折好了,放在写字台的抽屉里。又把黄纸签诗也放进去,口里说道)可惜!可惜这两口儿竟配不成!

田亚梅女士:(从右边门进来。他是一个二十三四岁的女子,穿着出门的大衣,脸上现出有心事的神气。进门后,一面脱下大衣,一面说道)妈,你怎么又算起命来了?我在门口碰着一个算命的走出去,你忘了爸爸不准算命的进门吗?

田太太:我的孩子,就只这一次,我下次再不干了。

田女:但是你答应了爸爸以后不再算命了。

田太太:我知道,我知道,但是这一回我不能不请教算命的。我叫他来把你那陈先生的八字排排看。

田女:哦!哦!

田太太:你要知道,这是你的终身大事,我又只生了你一个女儿,我不能糊里糊涂地让你嫁一个合不来的人。

田女:谁说我们合不来?我们是多年的朋友,一定很合得来。

田太太:一定合不来。算命的说你们合不来。

田女:他懂得什么?

田太太:不单是算命的这样说,观音菩萨也是这样说。

田女:什么?你还去问过观音菩萨吗?爸爸知道了更要说话了。

田太太:我知道你爸爸一定同我反对,无论我做什么事,他总同我反对。但是你想,我们老年人怎么敢决断你们的婚姻大事。我们无论怎么小心,保不住没有错。但是菩萨总不会骗人。况且菩萨说的话,和算命的说的,竟是一样,这就更可相信了。(立起来,走到写字台边,翻开抽屉)你自己看菩萨的签诗。

田女:我不要看,我不要看!

田太太:(不得已把抽屉盖了)我的孩子,你不要这样固执。那位陈先生我是很欢喜他的，我看他是一个很可靠的人。你在东洋认得他好几年了，你说你很知道他的为人。但是你年纪还轻，又没有阅历，你的眼力也许会错的。就是我们活了五六十岁的人，也还不敢相信自己的眼力。因为我不敢相信自己，所以我去问观音菩萨又去问算命的。菩萨说对不得，算命的也说对不得，这还会错吗？算命的说，你们的八字正是命书最忌的八字，叫做什么“猪配猴，不到头”，因为你是巳年申时生的，他是——

田女：你不要说了，妈，我不要听这些话。（双手遮着脸，带着哭声，）我不爱听这些话！我知道爸爸不会同你一样主意。他一定不会。

田太太：我不管他打什么主意。我的女儿嫁人，总得我肯。（走到她女儿身边，用手巾替她揩眼泪。）不要掉眼泪。我走开去，让你仔细想想。我们都是替你打算，总想你好。我去看午饭好了没有。你爸爸就要回来了。不要哭了，好孩子。（田太太从饭厅的门进去了。）

田女：（揩着眼泪，抬起头来，看见李妈从外面进来，她用手招呼她走近些，低声说）李妈，我要你帮我的忙。我妈不准我嫁陈先生——

李妈：可惜，可惜！陈先生是一个很懂礼的君子人。今儿早晨，我在路上碰着他，他还点头招呼我咧。

田女：是的，他看见你带了算命先生来家，他怕我们的事有什么变卦，所以他立刻打电话到学堂去告诉我。我回来时，他在他的汽车里远远地跟在后面。这时候恐怕他还在这条街的口子上等候我的信息。你去告诉他，说我妈不许我们结婚。但是爸爸就回来了，他自然会帮我们。你叫他把汽车动到后面街上去等我的回信。你就去罢。（李妈转身将出去）回来！（李妈回转身来）你告诉他——你叫他——你叫他不要着急！（李妈微笑出去）

田女：（走到写字台边，翻开抽屉，偷看抽屉里的东西。伸出手表看道）爸爸应该回来了，快十二点了。

（田先生约摸五十岁的样子，从外面进来。）

田女：（忙把抽屉盖了，站起来接他父亲。）爸爸，你回来了！妈说，……妈有要紧话同你商量。——有很要紧的话。

田先生：什么要紧话？你先告诉我。

田女：妈会告诉你的。（走到饭厅边，喊道）妈，妈，爸爸回来了。

田先生:不知道你们又弄什么鬼了。(坐在一张靠椅上。田太太从饭厅那边过来。)亚梅说你有要紧话——很要紧的话要同我商量。

田太太:是的,很要紧的话。(坐在左边椅子上)我说的是陈家这门亲事。

田先生:不错,我这几天心里也在盘算这件事。

田太太:很好,我们都该盘算这件事了。这是亚梅的终身大事,我一想起这事如何重大我就发愁,连饭都吃不下了,觉也睡不着了。那位陈先生我们虽然见过好几次,我心里总有点不放心。从前人家看女婿总不过偷看一面就完了。现在我们见面越多了,我们的责任更不容易担了。他家是很有钱的,但是有钱人家的子弟总是坏的多,好的少。他是一个外国留学生,但是许多留学生回来不久就把他们原配的妻子休了。

田先生:你讲了这一大篇,究竟是什么主意?

田太太:我的主意是,我们替女儿办这件大事,不能相信自己的主意。我就不敢相信我自己。所以我昨儿到观音庵去问菩萨。

田先生:什么?你不是答应我不再去烧香拜佛了吗?

田太太:我是为了女儿的事去的。

田先生:哼!哼!算了罢。你说罢。

田太太:我去庵里求了一签。签诗上说,这门亲事是做不得的。我把签诗给你看。(要去开抽屉)

田先生:呸!呸!我不要看。我不相信这些东西!你说这是女儿的终身大事,你不敢相信自己,难道那泥塑木雕的菩萨就可相信吗?

田女:(高兴起来)我说爸爸是不信这些事的。(走近他父亲身边)谢谢你。我们应该相信自己的主意,可不是吗?

田太太:不单是菩萨这样说。

田先生:哦!还有谁呢?

田太太:我求了签诗,心里还不很放心,总还有点疑惑。所以我叫人去请城里顶有名的算命先生张瞎子来排八字。

田先生:哼!哼!你又忘记你答应我的话了。

田太太:我也知道。但是我为了女儿的大事心里疑惑不定,没有主张,不得不去找他来决断决断。

田先生:谁叫你先去找菩萨惹起这点疑惑呢?你先就不该去问菩萨,——你该先来问我。

田太太:罪过,罪过,阿弥陀佛,——那算命的说话同菩萨说的一个样儿。这不是一桩奇事吗?

田先生:算了罢!算了罢!不要再胡说乱道了。你有眼睛,自己不肯用,反去请教那没有眼睛的瞎子,这不是笑话吗?

田女:爸爸,你这话一点也不错。我早就知道你是帮助我们的。

田太太:(怒向他女儿)亏你说得出,"帮助我们的",谁是"你们"?"你们"是谁?你也不害羞!(用手巾蒙面哭了)你们一齐通同起来反对我;我女儿的终身大事,我做娘的管不得吗?

田先生:正因为这是女儿的终身大事,所以我们做父母的应该格外小心,格外慎重。什么泥菩萨哪,什么算命合婚哪,都是骗人的,都不可相信。亚梅你说是不是?

田女:正是,正是。我早知道你决不会相信这些东西。

田先生:现在不许再讲那些迷信的话了。泥菩萨,瞎算命,一齐丢去!我们要正正经经地讨论这件事,(对田太太)不要哭了。(对田女士)你也坐下。(田女在沙发榻上坐下)

田先生:亚梅,我不愿意你同那姓陈的结婚。

田女:(惊慌)爸爸,你是同我开玩笑,还是当真?

田先生:当真,这门亲事一定做不得的。我说这话,心里很难过,但是我不能不说。

田女:你莫非看出他有什么不好的地方?

田先生:没有。我很欢喜他。拣女婿拣中了他,再好也没有了,因此我心里更不好过。

田女:(摸不着头脑)你又不相信菩萨和算命?

田先生:决不,决不。

田太太与田女:(同时间)那么究竟为了什么呢?

田先生:好孩子,你出洋长久了,竟把中国的风俗规矩都全忘了。你连祖宗定下的祠规都不记得了。

田女:我同陈家结婚,犯了哪一条祠规?

田先生:我拿给你看。(站起来从饭厅进去)

田太太:我意想不出什么。阿弥陀佛,这样也好,只要他不肯许就是了。

田女:(低头细想,忽然抬头显出决心的神气)我知道怎么办了。

田先生:(捧着一大部族谱进来)你瞧,这是我们的族谱。(翻开书页,乱堆在桌上。)你瞧,我们田家两千五百年的祖宗,可有一个姓田的和姓陈的结亲?

田女:为什么姓田的不能和姓陈的结婚呢?

田先生:因为中国的风俗不准同姓的结婚。

田女:我们并不同姓。他家姓陈我家姓田。

田先生:我们是同姓的。中国古时的人把陈字和田字读成一样的音。我们的姓有时写作田字,有时写作陈字,其实是一样的。你小时候读过《论语》吗?

田女:读过的,不大记得了。

田先生:《论语》上有个陈成子旁的书上都写作田成子便是这个道理。两千五百年前姓陈的和姓田只是一家。后来年代久了,那写作田字的便认定姓田,写作陈字的便认定姓陈,外面看起来,好像是两姓,其实是一家。所以两姓祠堂里都不准通婚。

田女:难道两千五百年前同姓的男女也不能通婚吗?

田先生:不能。

田女:爸爸,你是明白道理的人,一定不认这种没有道理的祠规。

田先生:我不认她也无用。社会承认她。那班老先生们承认她。你叫我怎么样呢?还不单是姓田的和姓陈的呢?我们衙门里有一位高先生告诉我说,他们那边姓高的祖上本是元朝末年明朝初年陈友谅的子孙,后来改姓高,他们因为六百年前姓陈所以不同姓陈的结亲;又因为二千五百年前姓陈的本又姓田,所以又不同姓田的结亲。

田女:这更没有道理了!

田先生:管它有理无理,这是祠堂里的规矩,我们犯了祠规就要革出祠堂。前几十年有一家姓田的在南边做生意,就把一个女儿嫁给姓陈的。后来那女的死了,陈家祠堂里的族长不准她进祠堂。他家花了多少钱,捐到祠堂里做罚款,还把“田”字当中那一直拉长了,上下都出了头,改成了“申”字,才许她进祠堂。

田女:那是很容易的事。我情愿把我的姓当中一直也拉长了改作“申”字。

田先生:说得好容易!你情愿,我不情愿咧!我不肯为了你的事连累我受那班老先生的笑骂。

田女:(气得哭了)但是我们并不同姓!

田先生:我们族谱上说是同姓,那班老先生们也都说是同姓。我已经问过许多老先生了,他们都是这样说,你要知道,我们做爹娘的办儿女的终身大事,虽然不该听泥菩萨瞎算命的话,但是那班老先生们的话是不能不听的。

田女:(作哀告的样子)爸爸!

田先生:你听我说完了。还有一层难处。要是你这位姓陈的朋友是没有钱的,倒也罢了,不幸他又是很有钱的人家。我要把你嫁了他,那班老先生们必定说我贪图他家有钱,所以连祖宗都不顾,就把女儿卖给他了。

田女:(绝望了)爸爸!你一生要打破迷信的风俗到底还打不破迷信的祠规!这是我做梦也想不到的!

田先生:你恼我吗?这也难怪。你心里自然总有点不快活。你这种气头上的话,我决不怪你——决不怪你。

李妈:(从左边门出来)午饭摆好了。

田先生:来,来来。我们吃了饭再谈罢。我肚里饿得很了。(先走进饭厅去)

田太太:(走近他女儿)不要哭了。你要自己明白,我们都是想你好。忍住。我们吃饭去。

田女:我不要吃饭。

田太太:不要这样固执。我先去,你定一定心就来。我们等你咧。(也进饭厅去了。李妈把门随手关上,自己站着不动。)

田女:(抬起头来,看见李妈)陈先生还在汽车里等着吗?

李妈:是的。这是他给你的信,用铅笔写的。(摸出一张纸,递与田女)

田女:(读信)“此事只关系我们两人,与别人无关,你该自己决断。”(重念末句)“你该自己决断!”是的,我该自己决断!(对李妈说)你进去告诉我爸爸和妈,叫他们先吃饭不用等我。我要停一会再吃。(李妈点头自进去。田女士站起来,穿上大衣,在写字台上匆匆写了一张字条,压在桌上花瓶底下。她回头一望,匆匆从右边门出去

了。略停一会)

田太太:(戏台里的声音)亚梅你快来吃饭,菜要冰冷了,(门里出来)你哪里去了?亚梅!

田先生:(戏台里)随她罢?她生了气了,让她平平气就会好了。(门里出来)她出去了?

田太太:她穿了大衣出去了。怕是回学堂去了。

田先生:(看见花瓶底下的字条)这是什么?(取字条念道)"这是孩儿的终身大事。孩儿应该自己决断。孩儿现在坐了陈先生的汽车去了。暂时告辞了。"

(田太太听了,身子往后一仰,坐倒在靠椅上。田先生冲向右边的门到了门边,又回头一望,眼睁睁地显出迟疑不决的神气。幕下来)

(完)

(跋) 这出戏本是因为几个女学生要排演,我才把它译成中文的。后来因为这戏里的田女士跟人跑了,这几位女学生竟没有人敢扮演田女士,况且女学堂似乎不便演这种不很道德的戏!所以这稿子又回来了。我想这一层很是我这出戏的大缺点。我们常说要提倡写实主义。如今我这出戏竟没有人敢演,可见得一定不是写实的了,这种不合写实主义的戏,本来没有什么价值,只好送给我的朋友高一涵去填《新青年》的空白罢。

(适)

(第六卷第三号,一九一九年三月十五日)

文学创作

·散文·诗歌·

新青年 第四卷第四號目次

（一九一八年四月十五日發行 民國七年）

（原版内文）

皖江见闻记

高一涵

我离了安徽差不多三年了,我记得那年到安庆的时候,正当洪宪皇帝归天之后,安徽的人,正在那里忙着恢复省议会。逃亡在外的一般“乱党”,也一个个被他们欢迎回去了。这还不算,凡是在学堂毕业的,在外国留学的和亡命到外国的人,他们多恭维他,叫他“新人物”。这种“新人物”在这个时候,可就是阔得了不得了:吃饭总请他首座,打牌就替他垫钱,对他谈话,还口口声声地说我们安徽也要“维新”。我见了很欢喜,以为这是安徽人的思潮一大变迁,从此“维新”下去,这三年中一定是大有进步了。这回我到安庆见那“番菜馆”门前,是很热闹的。别的不用说,就是这“扑克”牌,每一天也能销几十打。我想形式上既“新”到这个样子,精神上一定还“新”呢！进城去想找几个朋友来问问安徽的事情,找了几天,连一个“新人物”也不见。听说那年的“新人物”,又被他们赶到上海去了。我闷极无聊,跑到书铺子里边想买一本《新青年》来看看,谁知问了半天,他们连这个名字也不知道。最后找到一家书店,出来一位老先生,仿佛有点认得我,低声对我说道:“你老不要在这个地方新新新的,因为我们这个地方人最恶憎的是这一个字。还听人说:‘这《新青年》是白话做的,一般人多以为民国的白话,与晋代的清谈,同为亡国之兆呢。’”我听了这话,不觉毛骨悚然,急回寓处,谁知我同住的一位朋友,已经被巡警抓去了！

那时候,因为冯玉祥在武穴安庆正在特别戒严。我问:“戒严干什么?”他们说:“这里差不多一年到头皆是戒严,你老正是少见多怪了!”戒严的时期,每晚九点钟就闭城门,凡是出进城的客人,所带的行李包里,皆要检查的。我想安庆既不便久居,可到别的地方去逛逛。我的行囊本不多,就是几本破书,打津浦路上走的时候,已经查了一次,箱子上还贴一个“验讫”的条子;到安庆下船时,查了一次;进城门时,又查了一次；这回出城，又查了一次。到芜湖下船，行李就搬到“查船所”，等待军警来查。同行的有位北京去的委员，他对那兵士说：“我们是奉公事来的，该可以不查验？”那兵士挺着腰，大声叱道：“你是公事难道我们不是公事吗？”那位委员是一个外国留学生，他很看不惯这个样子；他就气着把箱子一抛，把箱子锁抛开了，里面现出一角农商部的护照。那兵士见了护照，他的腰儿也渐渐地变了，他的声儿也渐渐地小了，还堆着脸笑道：“对不起！你老人家。”轮次挨到我，那兵士抬头一看，他的腰又依旧直了，大声叫道：“快把箱子打开！”又被他查了一次。可怜我几本破书，真弄成“韦编三绝”了！我旁边的人说：“你先生被检查数次，失落过东西没有？”我说：“没有。”他说：“你还是幸事，我有一位朋友，去年年底从北京往上海去到浦口检查行李时，他装钱的皮扎子，竟‘不胫而走’了。在下关住了两星期，还打信到北京望他朋友借钱，才能够到上海呢。”我想了一想，我这回真是万幸了。

在芜湖一带游览山水，足足跑了一个多月。再回到安庆，那时冯玉祥已离去武穴江西湖南的前敌上，虽然失利，但是离安庆很远，他们是很不关心的，所以社会上又现出一种“歌舞升平”的气象。安庆人的生活，是终日同那熏风巷御碑亭的姑娘，和三层楼小蓬莱的茶房，混在一块儿的。他们各机关办事人员，每日有三样功课，是必要做的：一是请酒，二是打牌，三是送客。凡有相熟的人离安庆，他们皆要到城外迎宾馆去送的。我一回也跟着多少人在那里送一位位置很高的朋友，到蚌埠去。站了半天，连那位朋友的面也未见，他已经上船走了。

在安庆又住了两星期，就从桐城的大路上回家去。走了三天，到了齐岭脚下霸王街看见许多人在那里站着，听一个人演说湖南的战时情状。我当时看见很奇怪，以为湖南的战场远得很呢，他何以知道得这样清楚？后来问了一位姓陶的医生，才知道那人是跟山东师长施从滨到江西湖南一带去打仗的，刚刚逃回来没有几天。原来施从滨就是桐城霸王街的人，前几年还在家里做挂面，因为赌钱输急了，跑到山东去当兵，后来一步一升，竟升到第十七师的师长。这位演说的人，是施从滨的“把兄弟”，因为他运气不好，所以施从滨做了师长，他还在那里当兵。我就杂在人丛中，听那人演说道：“当我们奉军令开往江西的时候，多少胆小的人，就要逃跑。我是老行伍，知道中国人打仗，不过是摆架子，我们到了前敌，包管有人打电报来讲和的。谁知到了江西我那‘把兄弟老施’却远远地在九江住了，发下一个命令，叫我们上前敌去。我听了气闷不过，想想我吃军粮已经二十多年了，当真还去替人家做面子，要打胜仗吗？我们弟兄们也是这样想。所以我们到了战线就在那山头上睡觉。看见南军来了，我们就把枪儿弹儿给他，他也不杀我们，还送我们一件长大褂子，叫我们逃跑。我们朝前进到没有什么危险，朝后面跑，可就费了事了。因为‘老施’是晓得我们要逃回家的，他将所有的路口，早已派兵防堵了。一被他捉去，至少也责打几十军棒，还把你收在那里，他就对中央说，是收抚南边的逃兵，还要望中央要饷呢。我知道‘老施’必然用这一着，所以绕道从湖南那条路跑到长沙在长沙住了几天，也会了多少当兵的熟人。长沙方面的军人，不是防南军的劳苦，到是防百姓反太劳苦了。湖南人一见口操北音的人去问路分明是朝东，他偏叫你朝西。有一回几位朋友请我到小馆子里头去吃面，吃了回来，一个个都叫着肚子痛。还有一位朋友吃面很多，竟弄成七孔流血而亡。兵士们夜里到乡下去放哨，若是落了单，就是几个小孩子，也上前揪着你，将你的枪抢去，然后送你归天去。后来张督军看见这个情状，以为湖南遍地皆是匪，他就用‘以匪治匪’的法子，把山东和徐州一带的土匪，全行招来，编成几连人，将他们放到湖南乡下去。当他们初去的时候，所过的地方，真是鸡犬不留。后来这些土匪也改变宗旨，与那些老百姓要好。有一次从长沙开他们到乡里去，他们刚到城外火车站，就动起手来抢了，抢完之后，就一哄而散，与那些乡下老百姓同过生活。所以现在山东徐州的土匪，竟在湖南新辟一块‘殖民地’。我那天离长沙坐了一只小火轮，刚到二更的时分，见岸上来了许多人，大叫‘轮船莫走！’轮船无法，只得停了。那些岸上的人一齐上船，将口操北音的几个人扯将下去，不知后来怎样处置。听船上人说：‘这些岸上的人都是老百姓呢。’我是口说南方语的人，所以才能幸免，因此就赶紧回来了。”我听见这一段话，是很奇怪的。我未到过湖南不知湖南的状况，真如这位老兵士所讲的么？然比照湖南督军师旅长等所发表的电报，什么“土匪肃清”，什么“军纪严明”，什么“居民安堵”的话头，相差的多了，唯有问亲眼见的人才可知道的。

我在家里过了几天，又从水道出来，雇了一只小船，在内河里走。看这内河两岸，设下多少厘金局，这还是曾国藩“抽厘助饷”的遗策。厘金局的章程：只有钱谷准许流通，以外皆要抽税的。黄豆芝麻等物，不算是谷，谷是指稻米而言。然稻米又有米厘局收税，可见除钱而外，是无物不纳税的。那厘金局的规矩，是很严的：早上八点钟才办事，下午四点钟就停止办公。我的小船到迟了五分钟，就在那里整整地等了一夜，候他看了一遍，照了船单，才敢开船。在船上远远望见一个乡下人，担着一百多个鸡蛋，正在那里赶紧走路，忽被局丁看见了，叫回来命他纳税。那乡下人腰中并无一文钱，哀告了半天。那局丁大怒，说要“办”他。乡下人听见，将要舍鸡蛋而跑，又被局丁抓住了。正争持间，忽来了一位老者，口衔着一支旱烟袋，足有五尺多长，声称与他解和。看他所提出的调和条件，就叫那乡下人拿出二十个鸡蛋，给那局丁，并不要纳税的票子，局丁看在这位老者的面上，才恕过他。那乡下人口中感谢不止，低着头，含着泪，才走了。后来听见人说，那位拿长烟袋的老者，也是厘金局的司事。

这次出来，在安庆住了一个多月，觉得从前看不惯的事，也渐渐看得惯，再不逃去，恐怕要同化了。所以又到芜湖住了十多天，同一位朋友往采石矶一游。到了太平的时候，听见人说：“不好了！太白楼要烧了！”我听见这话很是惊讶。又见一路上大碑很多。碑文是“张老大人德政碑”，我想“张老大人”是谁呢？后来问了一问，才知就是在北京复辟的那位张大帅张勋，原来他做安徽督军的时候，带许多“辫子兵”住在太平采石一带。隔日稍久，所以“张老大人”的“德政”只有那个地方人心里还记得，表面上已多看不见了。我到了采石上太白楼去看看。我往日看见《太白酒楼楹联》一书，所刊的对联共有一百多幅，这回去看，仅仅残留几幅破坏的，和那够不着的匾，还在上头。听人说：“‘辫子兵’住在太白楼的时候，就把对联全摘下来，当作铺板睡觉，睡断了的，就当作柴火烧锅，所以如今仅剩了一个破楼了。”由太白楼上翠螺山山的背面有一湾平地，栽的有桃李几十株，桑树几百株。听人说：“采石镇每年出产，以丝和绸为大宗。小小的一个镇市，每年收入，约在三四万元”云云。到这镇中见有许多老婆子同小女孩子在街心里绩麻，绩成了线，就去织网。所以长江一带上自芜湖下抵镇江渔家所用的网，皆是采石镇的人制的。“辫子兵”住采石时，采石镇仅剩几个男子在家看门，妇女们皆跑到别处去了。采石镇的酒馆如翠螺春、如第一楼等，都被那“辫子兵”将本钱吃干了，都歇了业走了，如今才渐渐的回来。所以他们那里人公议要把太白楼和三公祠一齐烧了，恐怕后来又要住兵。我想了一想，这莫非就是“张老大人德政”吗？

我看过采石搭船到南京晚间打江口火车站旁经过，见车站旁边有几十个女人在那里邪眉竖眼的勾人。对面站的就是一名“维持风纪”的警察。我因向这位警察问道：“这些卖淫的岂不是有伤风化吗？”那位警察答道：“你老想是初次到南京的，原来先几年这个地方大街小巷都是他们一流人。后来我们厅里煞费苦心，才指定这一个地方，给他们做生意。要在别的地方拉人，那就有伤风化了，那就犯法了。”听他的话，才知道这火车线两旁边，是一个风化以外的所在，是一个法律所不管的所在。

我这一篇《皖江见闻记》随便写来，已有三千多字，却无一句不是悲观的话。原来社会改良进步，必先觉得对于社会的现状，有些不安，有点看不惯，才知道改良，才能有进步。若人人对于社会都是随遇而安，不觉得社会有点儿坏处，那就是这社会宣布死刑的日子了。我作《皖江见闻记》的意思，要想在日日所见的小事上着眼；要想使人不满意于社会现状，不要为社会现状所同化；要想使人立在社会外看社会，不要钻到社会中为那社会融化了。如果人人都想与社会现状作对，那社会现状就站不住脚了。

（第五卷第四号，一九一八年十月十五日）

寄会稽山人八十四韵

谢无量

己酉岁，未尽七日自芜湖溯江还蜀。入春淹泊峡中，观物叙怀，辄露鄙音，略不诠理。奉寄会稽山人，冀资嗢噱。

故国三千里，长江日夜声。扬舲鱼服远，隐几鹖冠轻。驿路春光入，风涛夕数惊。实经巫峡险，真念圣湖清。泥渚焦公草，沧浪孺子缨。浮生仍不系，君子直无营。管席陪书幔，扬亭别酒罂。昔时同载魄，此日黯消精。温瞩延犀烬，刘招杳桂英。离群频子夏，浪迹类罗横。未就持竿去，徒为荷锸行。不堪追素孔，只是怯黔嬴。阮籍曾埋照，长沮亦耦耕。东皋淹旅食，南郭竟狂酲。先世承炎帝，于今忆老彭。蜀峰元赴楚，淮岸复通荆。辟地随尸玟，乘流异别今。薄齐缠药里，费日更楸枰。窄濑迟移棹，悬崖逆挂柽。山驱千笏立，江蹴一门成。岛屿参差出，虹蜺咫尺生。屈骚心自苦，汉曲听如喤。夙饲神祠鸟，兼供禹庙牲。受符坛缥缈，刊木岁峥嵘。斑竹泉分泪，幽花冷独荣。瑶姬云不定，杜宇血犹萦。久已无丹凤，虚传画白鹦。仙桥临井路，妖气聚材枪。往往思三户，稍稍骇五丁。猿猱开辟有，斤斧鬼神并。估客皆沾笛，丛霄恍梦笙。滩留高象卧，波倒定龙擎。叹逝嗟何及，观虚道乃莹。下催桑海变，西接杞天倾。复嶂行看尽，环洲远更迎。石钱缘水叠，萝刺倚空撑。镜象明前浦，霞阴转碧泓。平川一帆影，绝壁几茅楹。饥鹘窥人诉，健鸡上屋鸣。峻畦怜菜摘，喧浪得鱼烹。细树澄潭月，香醪小驿筝。人烟通夕步，渔火驻微明。昧爽占风角，萧疏信水程。阵图荒擧柳，舟市贱柑橙。鸟道犹宾洞，鹑襟立野氓。一钱宁易死，百丈每先争。沙濯鸡金粲，盐烧碛雾平。噫嘘侥户喜，呼咤太公狞。飘泊曾无已，修晨况屡更。莫应添客思，强复记王正。爆竹殷山郭，张灯沸市伧。宫讴严汉朔，台址实巴贞。混混聊同浊，苍苍不易名。薄游从曼衍，疾首念鳏惸。鲩佞谁能学,麟伤内暗婴。北辰星隐见,黄道日光晶。多士趋朱黻,明堂仰玉衡。盘盂宣鲁甲,誓今过商庚。海上罗时髦,云台象国桢。季心仍大侠,犀首自名卿。陈气豪湖海,邹谈必裨瀛。义皆攀尾柱,泣为下苏坑。长短经争奏,中和乐漫厅。笑工依狒狒,语好乱狌狌。锻柳甘疏放,欹冠忘裸裎。伊川飘短发,广汉逐青盲。他日瓢终弃,间行剑懒绷。纵横闻虎豹,细黠玩鼯鼪。鼎重恒虞折,邻强慎莫撄。裂眦虚见劫,高鼻动要盟。马上诗书废,人间战伐盈。黄龙知己没,鲁卫孰为兄。柱史空修礼,兰陵但议兵。问频忧国蹙,望极何衢亨。尚武兹成俗,依仁意倍诚。若为传道德,敢冀报瑶琼。岷岭惭疲役,崆峒早系萌。艺瓜秦垅晚,吹籁越溪晴。杜甫先留宅,王郎未见情。此间丰蒟酱,别味胜团羹。豆叶齐初绿,桃跗启半赪。(此间春早桃已攀萼)云封伯益井,苔冷季长茔。松菊应追忆,山川旧徂征。何时回紫气?重得过青城。

文学者,国民最高精神之表现也。国人此种精神委顿久矣!谢君此作,深文余味,希世之音也。子云相如而后,仅见斯篇。虽工部,亦只有此工力无此佳丽。谢君自谓天下文章尽在蜀中,非夸矣!吾国人伟大精神,犹未丧失也欤!于此征之。

记者识

(第一卷第三号,一九一五年十一月十五日)

春日寄怀马一浮

谢无量

往往叨相见，寥寥愧远寻。梦中芳草路，春色五湖阴。簇柳新牵带，游莼暗抱簪。画桡频别浦，席帽定高岑。咏浴澄沂志，随芗吐谷音。料驯元晏鹤，倚落武城禽。若木仁容静，兼山止足深。伯居长简简，朱坐但钦钦。四海干戈在，幽栖日月森。下帘疑罢卜，隐几即援琴。久羡窥颜乐，何繇息跖吟。佹诗应有作，洞历况能任。莫过玄黄野，犹茨赤黑祲。众愚贪地味，衽恶讵天心。出米方征性，重芦旧止淫。淹中惟礼乐，稷下等嚣喑。正复离群数，遥知如道骎。病余人事懒，愁畏二毛侵。列喻承怜蚿，义占比断金。愿持千里意，聊为豁尘襟。

（第一卷第四号，一九一五年十二月十五日）

白话诗八首

胡 适

朋 友

（此诗天怜为韵，还单为韵，故用西诗写法，高低一格以别之。）

两个黄蝴蝶，双双飞上天。
不知为什么，一个忽飞还。
剩下那一个，孤单怪可怜。
也无心上天，天上太孤单。

赠朱经农

经农自华盛顿来访余于纽约，畅谈极欢。三日之留，忽忽遂尽。别后终日不欢，作此寄之。

六年你我不相见，见时在赫贞江边。握手一笑不须说，你我如今更少年。回头你我年老时，粉条黑板作讲师。更有暮气大可笑，喜作丧志颓唐诗。那时我更不长进，往往喝酒不顾命。有时镇日醉不醒，明朝醒来害酒病。一日大醉几乎死，醒来忽然怪自己。父母生我该有用，似此真不成事体，从此不敢大糊涂。六年海外来读书，幸能勉强不喝酒，未可全断淡巴菰。年来意气更奇横，不消使酒称狂生。头发偶有一茎白，年纪反觉十岁轻。旧事三天说不全,且喜皇帝不姓袁,更喜你我都少年。“辟克匿克”来江边(辟克匿克者,Picnic 携食物出游,即于游处食之之谓也),赫贞江水平可怜。树下石上好作筵,牛油面包颇新鲜。家乡茶叶不费钱,吃饱喝胀活神仙。唱个“蝴蝶儿上天”。

月(三首)

其一

明月照我床,卧看不肯睡。窗上青藤影,随风舞娟媚。

其二

但玩明月光,更不想什么。月可使人愁,定不能愁我。

其三

月冷寒江静,心头百念消。欲眠君照我,无梦到明朝。

他

思祖国也,民国五年九月作。

你心里爱他,莫说不爱他。
要看你爱他,且等人害他。
倘有人害他,你如何对他。

倘有人爱他，又如何待他。

江上

雨脚渡江来，
山头冲雾出。
雨过雾亦收，
江楼看落日。

孔丘

知其不可而为之，亦不知老之将至。
认得这个真孔丘，一部论语都可废。

（第二卷第六号，一九一七年二月一日）

鸽子

胡 适

云淡天高,好一片晚秋天气!

有一群鸽子,在空中游戏。

看他们,三三两两,

　　回环来往,

　　夷犹如意,——

忽地里,翻身映日,白羽衬青天,鲜明无比!

（第四卷第一号,一九一八年一月十五日）

鸽子

沈尹默

空中飞着一群鸽子,笼里关着一群鸽子,街上走的人,小手巾里还兜着两个鸽子。

飞着的是受人家的指使,带着鞘儿翁翁央央,七转八转绕空飞,人家听了欢喜。

关着的是替人家作生意,青青白白的毛羽,温温和和的样子,人家看了欢喜。有人出钱便买去,买去喂点黄小米。

只有手巾里兜着的那两个,有点难算计。不知他今日是生还是死——恐怕不到晚饭时,已在人家菜碗里。

(第四卷第一号,一九一八年一月十五日)

人力车夫

沈尹默

日光淡淡,白云悠悠,风吹薄冰,河水不流。

出门去,雇人力车。街上行人,往来很多:车马纷纷,不知干些什么?

人力车上人,个个穿棉衣,个个袖手坐,还觉风吹来,身上冷不过。

车夫单衣已破,他却汗珠儿颗颗往下堕。

(第四卷第一号,一九一八年一月十五日)

人力车夫

胡　适

“车子！车子！”

车来如飞。

客看车夫，忽然中心酸悲。

客问车夫：“你今年几岁？拉车拉了多少时？”

车夫答客：“今年十六，拉过三年车了，你老别多疑。”

客告车夫：“你年纪太小，我不坐你车。我坐你车，我心惨凄。”

车夫告客：“我半日没有生意，我又寒又饥。

　　　你老的好心肠，饱不了我的饿肚皮。

　　　我年纪小拉车，警察还不管，你老又是谁？”

客人点头上车，说：“拉到内务部西！”

（第四卷第一号，一九一八年一月十五日）

相隔一层纸

刘半农

一、屋子里拢着炉火，
老爷吩咐开窗买水果，
说"天气不冷火太热，
别任他烤坏了我。"

二、屋子外躺着一个叫花子，
咬紧了牙齿，对着北风呼"要死！"
可怜屋外与屋里，
相隔只有一层薄纸！

（第四卷第一号，一九一八年一月十五日）

月夜

沈尹默

霜风呼呼的吹着，
月光明明的照着。
我和一株顶高的树并排立着，
却没有靠着。

（第四卷第一号，一九一八年一月十五日）

老鸦

胡　适

六年十二月十一日，重读伊伯生之《国民公敌》戏本，欲作一诗题之。是夜梦中作一诗，醒时乃并其题而忘之。出门，见空中鸽子，始忆梦中诗为“咏鸦与鸽”然终不能举其词。因为补作成二章。

一

我大清早起，
站在人家屋角上哑哑的啼。
人家讨嫌我，说我不吉利。——
我不能呢呢喃喃讨人家的欢喜！

二

天寒风紧，无枝可栖，
我整日里飞去飞回，整日里挨饥。——
我不能替人家带着哨儿翁翁央央的飞，
也不能叫人家系在竹竿头，赚一撮黄小米！

（第四卷第二号，一九一八年二月十五日）

游香山纪事诗

刘半农

一

扬鞭出北门，心在香山麓。
朝阳烛马头，残露湿马足。

二

古墓傍小桥，桥上苔如洗。
牵马饮清流，人在清流底。

三

一曲横河水，风定波光静。
谁家双白鹅，荡碎垂杨影？

四

场上积新刍，屋里藏新谷。
肥牛系场头，摇尾乳新犊。
两个碧蜻蜓，飞上牛儿角。

五

网畔一渔翁，闲取黄烟吸。
此时入网鱼，是笑还是泣？

六

白云如温絮，广覆香山巅。
横亘数十里，上接苍冥天。
今年秋风厉，棉价倍往年。
愿得天上云，化作地下棉。
举世悉温饱，乐土在眼前！

七

渔舟横小塘，渔父卖鱼去。
渔妇治晨炊，轻烟入疏树。

八

公差捕老农，牵人如牵狗。
老农喘且嘘，负病不能走。
公差勃然怒，叫嚣如虎吼。
农或求稍停，挥鞭击其手。
问农犯何罪？欠租才五斗。

（第四卷第二号，一九一八年二月十五日）

雪

沈尹默

丁巳腊月大雪,高低远近,一望皆白。人声不喧哗,鸟鹊绝迹。

理想中的仙境,甚么“琼楼”“玉宇”“水晶宫阙”,怕都不如今日的京城清洁!

人人都嫌北方苦寒,雪地冰天。我今却不愿可爱的红日,照我眼前。

不愿见日,日终当出。红日出,白雪消,粉饰仙境不坚牢!可奈它何!

(第四卷第四号,一九一八年四月十五日)

学徒苦

刘半农

学徒苦！学徒进店为学行贾。主翁不授书算，但曰“孺子当习勤苦！”朝命扫地开门，暮命卧地守户。暇当执炊，兼锄园圃！主妇有儿，曰：“孺子为我抱抚。”呱呱儿啼，主妇震怒。拍案顿足，辱及学徒父母！

自晨至午，东买酒浆，西买青菜豆腐，一日三餐，学徒侍食进脯。客来奉茶。主翁倦时，命开烟铺！复令前门应主顾，后门洗缶涤壶！奔走终日，不敢言苦！足底鞋穿，夜深含泪自补！主妇复惜油火，申申咒诅！

食则残羹不饱。夏则无衣，冬衣败絮！腊月主人食糕，学徒操持臼杵！夏日主人剖瓜盛凉，学徒灶下烧煮！学徒虽无过，“塌头”下如雨！

学徒病，叱曰：“孺子敢贪惰？作诳语！”清清河流，鉴别发缕。学徒淘米河边，照见面色如土！

学徒自念——“生我者，亦父母！”

（“塌头”，屈食指以叩其脑也，或作“栗子”）

（第四卷第四号，一九一八年四月十五日）

梦

唐 俟

很多的梦,趁黄昏起哄。
前梦才挤却大前梦时,后梦又赶走了前梦。
去的前梦黑如墨在的后梦墨一般黑。
去的在的仿佛都说,"看我真好颜色。"
颜色许好,暗里不知。
而且不知道,说话的是谁?
暗里不知,身热头痛。
你来你来! 明白的梦。

(第五卷第五号,一九一八年五月十五日)

爱之神

唐　俟

一个小娃子，展开翅子在空中，
一手搭箭，一手张弓，
不知怎么一下，一箭射着前胸。
“小娃子先生，谢你胡乱栽培！
但得告诉我：我应该爱谁？”
娃子着慌摇头说，“唉！
你是还有心胸的人，竟也说这宗话。
你应该爱谁，我怎么知道。
总之我的箭是放过了！
你要是爱谁，便没命的去爱他。
你要是谁也不爱，也可以没命的去自己死掉。”

（第五卷第五号，一九一八年五月十五日）

桃花

唐　俟

春雨过了，太阳又很好，随便走到园中。

桃花开在园西，李花开在园东。

我说，“好极了！桃花红，李花白。”

（没说，桃花不及李花白。）

桃花可是生了气，满面涨作“杨妃红”。

好小子！真了得！竟能气红了面孔。

我的话可并没得罪你，你怎的便涨红了面孔！

唉！花有花道理，我不懂。

（第五卷第五号，一九一八年五月十五日）

卖萝卜人

刘半农

(这是半农做“无韵诗”的初次试验)

一个卖萝卜人——很穷苦的——住在一座破庙里。
一天,这破庙要标卖了,便来了个警察,说——
“你快搬走!这地方可不是你久住的。”
“是!是!”
他口中应着,心中却想——“叫我搬到那里去!”
明天,警察又来,催他动身。
他瞠着眼看,低着头想,撒撒手,踏踏脚,却没说——“我不搬。”
警察忽然发威,将他撵出门外。
又把他的灶也捣了,一只砂锅,碎作八九片!
他的破席,破被,和萝卜担,都撒在路上。
几个红萝卜,滚在沟里,变成了黑色!
路旁的孩子们,都停了游戏奔来。
他们也瞠着眼看,低着头想,撒撒手,踏踏脚,却不做声!
警察去了,一个七岁的孩子说,
“可怕……”
一个十岁的答道,
“我们要当心,别做卖萝卜的!”
七岁的孩子不懂:

他瞠着眼看，低着头想，却没撒手，没踏脚！

（第四卷第五号，一九一八年五月十五日）

春水

俞平伯

一

五九与六九，抬头见杨柳。
风吹冰消散，河水绿如酒。
双鹅拍拍水中游，众人缓缓桥上走，
都说："春来了，真是好气候。"

二

过桥听儿啼，牙牙复牙牙。
妇坐桥边儿在抱，向人讨钱叫"阿爷"！

三

说道："住京西，家中有田地。
去年决了滹沱口，丈夫两男相继死。
弄得家破人又离，剩下半岁小孩儿。"

四

催车快些走，不愿再多听。
日光照河水，清且明！

（第四卷第五号，一九一八年五月十五日）

他们的花园

唐　俟

小娃子,卷螺发,
银黄面庞上还有微红,——看他意思是正要活。
走出破大门,望见邻家:
他们大花园里,有许多好花。
用尽小心机,得了一朵百合。
又白又光明,像才下的雪。
好生拿了回家,映着面庞,分外添出血色,
苍蝇绕花飞鸣,乱在一屋子里——
"偏爱这不干净花,是糊涂孩子!"
忙看百合花,却已有几点蝇矢。
看不得,舍不得。
瞪眼望天空,他更无话可说。
说不出话,想起邻家:
他们大花园里,有许多好花。

(第五卷第一号,一九一八年七月十五日)

人与时

唐　俟

一人说，将来胜过现在。
一人说，现在远不及从前。
一人说，什么？
时道，你们都侮辱我的现在。
从前好的，自己回去。
将来好的，跟我前去。
这这什么的，
我不和你说什么。

（第五卷第一号，一九一八年七月十五日）

窗纸

刘半农

天天早晨,一梦醒来,看见窗上的纸,被沙尘封着,

雨水渍着,斑驳陆离,演出许多幻象:

看!这是落日余晖,映着一片平地,却没人影。

这是两个金字塔,三五株棕榈,几个骑骆驼、拿着矛子的。

不好!是满地的鲜血,是无数骷髅,是赤色的毒蛇,是金色的夜叉!

看!乱轰轰地是什么?——是拍卖场,正是万头攒动,人人想出廉价,收买他邻人的破产物!

错了!是只老虎,怒汹汹坐在树林里,想是饿了!不是!是一蓬密密的髭须,衬着个 Tolstoj 的面孔——好个慈善的面孔。

又错了。Tolstoj 已死,究竟是个老虎!

还不是的,是个美人——美极了。

看。美人为什么哭?眼泪太多了——看!——一滴!——两滴!——一斛!——两斛!——竟是波浪滔滔,化作洪水!

看!满地球是洪水,Noah 的方船也沉没了——水中还有妖怪,吞吃他尸首!

看!好光明!天边来了个明星!——唉!——是个彗星!

……

"朋友!别再看,快发疯了!"

"怎么处置他?"

"扯去旧的,换上新的。"

"换上新的,怕不久又变了旧的。"

(第五卷第一号,一九一八年七月十五日)

无聊

刘半农

阴沉沉的天气。

里面一座小院子里,杨花飞得满天,榆钱落得满地。

外面那大院子里,却开着一棚紫藤花。

花中有来来往往的蜜蜂;有飞鸣上下的小鸟;有个小铜铃,系在藤上。

春风徐徐吹来,铜铃叮叮当当,响个不止。

花要谢了,嫩紫色的花瓣,微风飘细雨似的,一阵阵落下。

(第五卷第一号,一九一八年七月十五日)

月

沈尹默

明白干净的月光,我不曾招呼她,她却有时来照着我;我不曾拒绝她,她却慢慢地离开了我。

我和她有什么情分?

(第五卷第一号,一九一八年七月十五日)

耕牛

沈尹默

好田地，多黏土，只是无耕牛的苦。

难道这地方的人穷，连耕牛都买不起？

听说来了许多人，都带着长刀子，把这个地方的耕牛，个个都吓死。

吓死几个畜生，算得什么事？

不过少种几亩地，少出几粒米。

好在少米的地方也少人，哪里还愁有人会饿死？

（第五卷第一号，一九一八年七月十五日）

三弦

沈尹默

中午时候，火一样的太阳，没法去遮拦，让它直晒着长街上。静悄悄少人行路，只有悠悠风来，吹动路旁杨树。

谁家破大门里，半院子绿茸茸细草，都浮着闪闪的金光。旁边有一段低低土墙，挡住了个弹三弦的人，却不能隔断那三弦鼓荡的声浪。

门外坐着一个穿破衣裳的老年人，双手抱着头，他不声不响。

（第五卷第二号，一九一八年八月十五日）

“人家说我发了痴”

陈衡哲

一九一八年六月的上旬，藩萨女子大学举行第五十三次的卒业礼。其时我适在病院中。有一天，正取着一张校中的半周刊，看她预告卒业的盛礼，和五十年前的老学生回来团叙的快乐新闻，忽然房门开了，走进一个七十余岁的老太婆，手舞脚蹈地向我说话。我仔细听了她一点多钟，心中十分难过。因此便把她话中的要点写了出来，作为那个半周刊的背影。

一九一八年六月中旬，衡哲

哈哈！人家说我发了痴，把我关在这里。

我五十年前，也在藩萨读书。因此特地跑来，看我小姊妹的卒业礼。

我的家在林肯，离开此地共是一千五百里。

你可曾见过痴子吗？

痴子见人便打，见物便踢。

我若是痴子，

你看呀——我便要这样地把你痛击！

我方才讲的什么？

哦！我记得了。

我不是讲到林肯吗？

我在林肯的时候，我的老同学约我到此后，在一个院子里居住。

我便立刻写信给校中的执事，报名注册。

岂知到了此地，册上名也没有，更不要说起我们的住处。

这还是小事。

我的同学忽然病了,他们便叫我做他的看护妇。

可怜我车子里几天的辛苦。

那晚又是一夜没睡。

明天医生便来,

说我发了痴,

把我送到这里。

他们又打电报给我的儿子,

说我智识没有了,叫他立刻就来。

我儿子他在林肯的西方一千里,离开此地共是二千五百里。

可怜那个电报定要把他吓死。

况且他又如何能立刻赶到这里?

哈哈!你要睡去了吗?

我可该走了。

我们在月亮的那面再见罢。

哦!你可知道这个金匙是什么?

我不瞒你说,

我年轻的时候,可也不算是一个平庸的人哩。

这也不必提起。

记得我前天离开林肯的时候,有无数的亲戚朋友,围绕了我的车子,

说:“你东去藩萨真是福气。

你须把各种的新闻,一一牢记。

回来我们可要细细地问你。”

我说:“这个自然。”

哪里晓得我的大新闻,

就是说我自己忽然变了一个痴子!

明天我回去了,

少不得要说几句谎话。

不然,岂不要被他们笑死。

哈哈!人家说我发了痴,把我关在这里。

(第五卷第三号,一九一八年九月十五日)

香山早起作，寄城里的朋友们

沈兼士

天刚明,披了衣,拄了杖,
散步到石桥旁,
坐在个石头上,
受他山水的供养。
静悄悄地,领略些带露的草香,
听一阵迎风的松响,
赤脚临水,洗脱了肮脏。
这时候,自然的乐趣,
同那活泼泼的小孩子一样。
一忽而,山头上吐出了太阳,
金闪闪的光,照得北京城隐约可望。
一般都是太阳照的地方,
何以城里那样烦热,
乡下这样清凉?

(第五卷第四号,一九一八年十月十五日)

三溪路上大雪里一个红叶
(六年十二月作的)

胡　适

我行山雪中,抬头忽见你!
我不知何故,心里很欢喜。
踏雪摘下来,夹在小书里。
还想作首诗,写我欢喜的道理。
不料此理很难写,抽出笔来还搁起。

(第五卷第四号,一九一八年十月十五日)

山中杂诗一

沈兼士

泉

脑弱失眠宵洗脚，眼疲抛卷午浇头。
爱他冷冷清清的，傍着梅边自在流。

（第五卷第六号，一九一八年十二月十五日）

山中杂诗二

沈兼士

（西风大作，温度斗降，桥边散步，写所见。）

五更山雨振林木，晨起凉意先上足。
野猫亲人去又来，残蝉咽风断难续。
赤膊小孩抱果筐，晌午桥头行彳亍。
为言“今日天气凉，满筐果子卖不出。
卖不出，不打紧。肚里挨饿可难忍！”

（第五卷第六号，一九一八年十二月十五日）

刘三来言子谷死矣

沈尹默

君言子谷死，我闻情恻恻。
满座谈笑人，一时皆太息。
平生殊可怜，痴黠人莫识。
既不游方外，亦不拘绳墨。
任性以行游，关心惟食色。
大嚼酒案旁，呆坐歌筵侧。
寻常觉无用，当此见风力。
十年春申楼，一饱犹能忆。
于今八宝饭，和尚吃不得！

（第五卷第六号，一九一八年十二月十五日）

悼曼殊

刘半农

(一八(??)——一九一八)

一

这一个人死了。
我与他,只见过一次面,通过三次信。
不必说什么“神交十年”“嗟惜弥日”,
只觉他死信一到,我神经上大受打击。
无事静坐时,一想到他,便不知不觉说——
“可怜!”

二

有人说他痴,我说“有些像”;
有人说他绝顶聪明,我说“也有些像”;
有人说他率真,说他做作,我说“都像”;
有人骂他,我说“和尚不禁人骂”;
更有人说他是“奇人”,却遭了“庸死”,我说——
“庸死未尝不好!”

三

只此一个和尚，
百千人看了，化作百千个样子。
我说他可怜，只是我的眼光，
却不知道他究竟可怜不可怜。

四

记得两年前，我与他相见，
同在上海一位朋友家里。
那时候，室中点着盏暗暗的石油灯，
我两人靠着窗口，各自坐了张低低的软椅。
我与他谈论西洋的诗，
谈了多时，他并不开口，只是慢慢的吸雪茄。
到末了，忽然高声说——
“半农这个时候，你还讲什么诗，求什么学问！”

五

“犹是阿房三月泥，烧作未央千片瓦。”
这是杭州某人的诗句。
我两人匆匆别了，他有信来，说
“这两句诗，做得甚奇！”
又约我去游西湖说——
“雪茄尚可吸两月，湖上可以钓鱼，一时不到上海了。”

六

西湖是至今没有游成!

(第五卷第六号,一九一八年十二月十五日)

小河

周作人

有人问我这诗是什么体,连我自己也回答不出。法国波特来尔(Baudelaire)提倡起来的散文诗,略略相像,不过他是用散文格式,现在却一行一行地分写了。内容大致仿那欧洲的俗歌。俗歌本来最要叶韵,现在却无韵。或者算不得诗,也未可知,但这是没有什么关系。

一条小河,稳稳地向前流动。
经过的地方,两面全是乌黑的土,
生满了红的花,碧绿的叶,黄的实。

一个农夫背了锄来,在小河中间筑起一道堰,
下流干了,上流的水,被堰拦着,下来不得!
不得前进,又不能退回,水只在堰前乱转。
水要保他的生命,总须流动,便只在堰前乱转。
堰下的土,逐渐淘去,成了深潭。
水也不怨这堰——便只是想流动,
想同从前一般,稳稳地向前流动。

一日农夫又来,土堰外筑起一道石堰。
土堰坍了,水冲著坚固的石堰,还只是乱转。
堰外田里的稻,听着水声,皱眉说道,

“我是一株稻,是一株可怜的小草,
我喜欢水来润泽我,
却怕他在我身上流过。
小河的水是我的好朋友,
他曾经稳稳地流过我面前,
我对他点头,他向我微笑,
我愿他能够放出了石堰,
仍然稳稳地流着,
向我们微笑;
曲曲折折地尽量向前流着,
经过的两面地方,都变成一片锦绣。
他本是我的好朋友,
只怕他如今不认识我了。
他在地底里呻吟,
听去虽然微细,却又如何可怕!
这不像我朋友平日的声音,
——被轻风搀着走上沙滩来时,
快活的声音。
我只怕他这回出来的时候,
不认识从前的朋友了,
便在我身上大踏步过去;
我所以正在这里忧虑。”
田边的桑树,也摇头说,
“我生得高,能望见那小河,
他是我的好朋友,
他送清水给我喝,
使我能生肥绿的叶,紫红的桑葚。
他从前清澈的颜色,

现在变了青黑。
又是终年挣扎,脸上添出许多痉挛的皱纹。
他只向下钻,早没工夫对我点头微笑,
堰下的潭,深过了我的根了。
我生在小河旁边,
夏天晒不枯我的枝条,
冬天冻不坏我的根,
如今只怕我的好朋友,
将我带倒在沙滩上,
拌着他卷来的水草。
我可怜我的好朋友,
但实在也为我自己着急。"

田里的草和蛤蟆,听了两个的话,
也都叹气,各有他们自己的心事。

水只在堰前乱转;
坚固的石堰,还是一毫不摇动。
筑堰的人,不知到那里去了?

八年一月二十一日

(第六卷第二号,一九一九年二月十五日)

两个扫雪的人

周作人

阴沉沉的天气,
香粉一般白云、下得漫天遍地。
天安门外白茫茫的马路上,全没有车马踪迹,
只有两个人在那里扫雪。
一面尽扫,一面尽下;
扫净了东边,又下满了西边;
扫开了高地,又填平了洼地。
粗麻布的外套上,已经积了一层雪,
他们两人还只是扫个不歇。
雪愈下愈大了;
上下左右,都是滚滚的香粉一般白雪。
在这中间,仿佛白浪中浮着两个蚂蚁,
他们两人还只是扫个不歇。
祝福你扫雪的人!
我从清早起,在雪地里行走,不得不谢谢你。

八年一月十三日

(第六卷第三号,一九一九年三月十五日)

微明

周作人

醉了回来,倒头便睡,
瞢腾里不知过了多少时刻。
一觉醒时,——看四面全然昏黑,
只有窗纸上,现出微白。
不知这是黄昏呢?还是黎明?
静听窗外树上的声息,
不知是夜乌呢?是离巢小鸟的叫声?
无论如何,醒了便只得披衣坐起,
看这微明究竟是什么,
睁眼只望着窗纸。

一月二十三日

(第六卷第三号,一九一九年三月十五日)

生机

沈尹默

枯树上的残雪，渐渐都消化了；那风雪凛冽的余威，似乎敌不住微和的春气。

园里一树山桃花，它含着十分生意，密密的开了满枝。

不但这里，桃花好看；到处园里，都是这般。

刮了两日风，又下了几阵雪。

山桃虽是开着，却冻坏了夹竹桃的叶。地上的嫩红芽，更僵了发不出。

人人说天气这般冷，草木的生机恐怕都被挫折；谁知道那路旁的细柳条，他们暗地里却一齐换了颜色！

（第六卷第四号，一九一九年四月十五日）

他

唐　俟

一

“知了”不要叫了,
他在房中睡着;
“知了”叫了,刻刻心头记着。
太阳去了,“知了”住了,——还没有见他,
待打门叫他,——锈铁链子系着。

二

秋风起了,
快吹开那家窗幕。
开了窗幕,会望见他的双靥。
窗幕开了,——一望全是粉墙,
白吹下许多枯叶。

三

大雪下了,扫出路寻他;
这路连到山上,山上都是松柏。

他是花一般,这里如何住得!
不如回去寻他,——啊!回来还是我家。

(第六卷第四号,一九一九年四月十五日)

一颗星儿

胡 适

我喜欢你这颗顶大的星儿，
可惜我叫不出你的名字。
我只记得，每月月圆时，月光遮尽了满天星，总不能遮住你。
今朝风雨后，闷沉沉的天气，
我望遍天边，寻不见一点半半光明，
回转头来，
只有你在那杨柳高头，依旧亮晶晶地！

八年四月二十五夜。

（第六卷第五号，一九一九年五月）

鸟

陈衡哲

狂风急雨，
打得我好苦！
打翻了我的破巢，
淋湿了我美丽的毛羽。
我扑折了翅翮，
睁破了眼珠，
也找不到一个栖身的场所！
窗里一只笼鸟，
倚靠着金漆的栏杆，
侧着眼只是对我看。
我不知道它还是忧愁，还是喜欢？
明天一早，
风雨停了。
煦煦的阳光，
照着那鲜嫩的绿草。
我和我的同心朋友，
双双地随意飞去；
忽见那笼里的同胞，
正扑着双翼在那里昏昏地飞绕——
要想撞破那雕笼，

好出来重做一个自由的飞鸟。
它见了我们,
忽然止了飞,
对着我们不住的悲啼。
它好像是说:
“我若出了牢笼,
不管它天西地东,
也不管它恶雨狂风,
我定要飞它一个海阔天空!
直飞到筋疲力竭,水尽山穷,
我便请那狂风,
把我的羽毛肌骨,
一丝丝的都吹散在自由的空气中!”

(第六卷第五号,一九一九年五月)

散伍归来的吉普色

陈衡哲

（注）吉普色（Gypsy）乃是欧洲的一种游民，最初是从印度进来的，和中国的逃荒相像，没有一定的家乡。他们过的生活是一种飘泊的生涯。有些人唱歌度日，有些人也会靠点小手艺谋生，有些妇人替人看相算命过日子。（适）

漫漫的长路，
明明的星光，
指着那无尽无边的森林，
说："这是你原来的家乡！"
四年来血污了双手，
恨黑了良心，
更被那炮火枪烟，
迷盲了这两只清明的眼睛。
此刻回到家来，
好教我羞愧得无地藏身。
家乡张开了两臂，
笑迎着我说：
"归来了呀！
这里有如银的雨丝，
如锦的雪霞；
更有那人儿，

怀着真醇的爱情
在那里眼巴巴地望你回家。”
我低着头不敢回答，
眼望着我手上的血迹。
家乡会意，
便笑着向我说：
“那血，我已把它洗去了，
这是你自己复活的新血！”

（第六卷第五号，一九一九年五月）

威权

胡 适

（八年六月十一夜作）

威权坐在山顶上，
指挥一班铁索锁着的奴隶替他开矿。
他说，“你们谁敢倔强？
我要把你们怎么样就怎么样！”

奴隶们做了一万年的工，
头颈上的铁索渐渐地磨断了。
他们说，“等到铁索断时，
我们要造反了！”

奴隶们同心合力，
一锄一锄的掘到山脚底。
山脚底挖空了，
威权倒撞下来，活活地跌死！

（第六卷第六号，一九一九年十一月一日）

欢迎独秀出狱

李大钊

一

你今出狱了，
我们很欢喜；
他们的强权和威力，
终竟战不胜真理。
什么监狱什么死，
都不能屈服了你；
因为你拥护真理，
所以真理拥护你。

二

你今出狱了，
我们很欢喜！
相别才有几十日，
这里有了许多更易。
从前我们的“只眼”忽然丧失，
我们的报便缺了光明，灭了价值；

如今"只眼"的光明复启，
却不见了你和我们手创的报纸！
可是你不必感慨，不必叹惜，
我们现在有了很多的化身，同时奋起。
好像花草的种子，
被风吹散在遍地。

三

你今出狱了，
我们很欢喜！
有许多的好青年，
已经实行了你那句言语：
"出了研究室便入监狱，
出了监狱便入研究室。"
他们都入了监狱，
监狱便成了研究室；
你便久住在监狱里，
也不须愁着孤寂没有伴侣。

（第六卷第六号，一九一九年十一月一日）

乐观

胡　适

（八年八月三十日夜的感想，九月二十八日夜补作。）

一

“这棵大树很可恶，
它碍着我的路！
来！
来快把它斫倒了，——
连树根也掘去！——
哈哈！好了！”

二

大树被斫做柴烧，
树根不久也烂完了。
斫树的人很得意，
他觉得很平安了。

三

但是那树还有许多种子,——
很小的种子,包在有刺的壳里,——
上面盖着枯叶,
叶上堆着白雪,
很小的东西,谁也不注意。

四

雪消了,
枯叶被春风吹跑了。
那有刺的壳都裂开,
每个上面长出两瓣嫩叶,
笑眯眯地,好像是说:
“我们又来了!”

五

过了许多年,
坝上田边,都是大树了。
辛苦的工人在树下乘凉,
聪明的小鸟在树上歌唱,——
那斫树的人哪里去了?

(第六卷第六号,一九一九年十一月一日)

小妹

沈尹默

自从九月六日起,我们的旧家庭里,少了一个你。

小妹!我和你相别许久了。我记得别你时,看得很清楚,——白丝巾蒙着你的脸,身上换了一套簇新的绸衣服。

人力车上坐着一位青年的女子,她用手帕托着腮,——认得她是谁?仔细看来,却不是你。

路上遇见三三两两携手谈心的女青年,他们是谁?听来声音,却都不像你。

幽深的古庙里,小小一间空屋,放着一张尘土蒙着的小桌子,人说你住在这里,我怎能够相信呢?你从前所说的绿茵茵的柳树,清浏浏的河水,和那光明宽敞的房子,却都在哪里?

(第六卷第六号,一九一九年十一月一日)

东京炮兵工厂同盟罢工

周作人

（一九一九年八月至九月）

一

他们替他造枪，
他给他们吃饭。
枪也造得够了，
米也贵得多了。
“请多给我们几文罢！”
“……”

二

“请多给我们几文罢！
米也贵得多了。
我们饭都不够吃了，
也不能替你造枪了。”

三

枪也造得够了。
工厂的锅炉熄了火了，
工人的灶也断了烟了。
拿枪的人出来了，
造枪的人收监了。

一九一九年九月二十一日

（第六卷第六号，一九一九年十一月一日）

答半农的D——诗

独　秀

不知什么是我？不知什么是你？

到底谁是半农？忘记了谁是D？

什么顷间，什么八十多天，什么八十多年，都不是时间上重大问题。

什么生死，什么别离，什么出禁与自由空气，什么地狱与优待室，什么好身手，什么残废的躯体，都不是空间上重大问题。

重大问题是什么？

仿佛过去的人，现在的人，未来的人，近边的人，远方的人，都同时说道：

在永续不断的时间中，永续常住的空间中，一点一点画上创造的痕迹；

在这些痕迹中，可以指出那是我，那是你，什么是半农，什么是D。

弟兄们！姊妹们！

那里有什么威权？不过几个顽皮的小弟兄弄把戏。

他们一旦成了人，自然会明白，自然向他们戏弄过的人陪礼。

那时我们答道：好兄弟，这算什么，何必客气！

他们虽然糊涂，我们又何尝彻底！

当真彻底的人，只看见可怜的弟兄，不看见可恨的仇敌。

提枪杀害弟兄的弟兄，自然大家恨他；

懒惰倚靠弟兄的弟兄，自然大家怨他；

抱着祖宗牌向黑暗方面走的弟兄，自然大家气他；

损人利己还要说假话的弟兄，自然大家骂他；

奉劝心地明白的姊妹弟兄们，不要恨他、怨他、气他、骂他，只要倾出满腔同情的热泪，做他们成人的洗礼。

受过洗礼的弟兄，自然会放下枪、放下祖宗牌，自然会和做工的不说假话的弟兄，一同走向光明里。

弟兄们！姊妹们！

我们对于世上同类的姊妹弟兄，都不可彼界此疆，怨张怪李。

我们的说话大不相同，穿的衣服很不一致，有些弟兄的容貌更是稀奇，各信各的神，各有各的脾气；但这自然会哭会笑的同情心，会把我们连成一气。

连成一气，何等平安、亲密！

为什么彼界此疆，怨张怪李？

大家见了面，握着手，没有不客气、平安、亲密，

两下不见面，便要听恶魔底教唆，彼此打破头颅，流血满地！

流血满地，不止一次，他们造成了平安、亲密在哪里？

我们全家的姊妹弟兄，本来一团和气；

忽然出来几位老头儿，把我们分做亲疏贵贱，内外高低；

不幸又出来几条大汉，把一些姊妹弟兄团在一处，举起铁棍，划出疆界，拦阻别的同胞来到这里；

更不幸又出来一班好事的先生，写出牛毛似的条规，教我们团在一处的弟兄，天天为铜钱淘气；

我们为什么要这样分离，失了和气？

不管他说什么言语、着什么衣裳，不管他容貌怎样奇怪、脾气怎样乖强；表面上不管他身上套着什么镣锁，不管他肩上背着什么刀枪，那枪头上闪出怎样的冷光，肮脏皮肉里深藏着自然会哭会笑的同情心，都是一样。

只要懂得老头儿说话荒唐，

只要不附和那量小的大汉，

只要不去理会好事的先生的文章，

这些障碍去了，我们会哭会笑的心情，自然会渐渐地发展。

自然会回复本来的一团和气，百世同堂。
怎地去障碍，怎地叫他快快发展，
全凭你和我创造的痕迹的力量。

我不会做屋，我的弟兄们造给我住；
我不会缝衣，我的衣是姊妹们做的；
我不会种田，弟兄们做米给我吃；
我走路太慢，弟兄们造了车船把我送到远方；
我不会书画，许多弟兄姊妹们写了画了挂在我的壁上；
有时倦了，姊妹们便弹琴、唱歌叫我舒畅；
有时病了，弟兄们便替我开下药方；
倘若没有他们，我要受何等苦况！
为了感谢他们的恩情，我的会哭、会笑的心情，更觉得暗地里增长。
什么是神？他有这般力量？

有人说：神的恩情、力量更大，他能赐你光明！
当真！当真！
天上没了星星！
风号，雨淋，
黑暗包着世界，何等凄清！
为了光明，去求真神；
见了光明，心更不宁。
辞别真神，回到故处，
爱我的、我爱的姊妹弟兄们，还在背着太阳那黑暗的方面受苦，
他们不能和我同来，我便到那里和他们同住。

十一月十五日

（第七卷第二号，一九二〇年一月一日）

爱与憎

周作人

师只教我爱,不教我憎;
但我虽然不全憎,也不能尽爱。
爱了可憎的,岂不薄待了可爱的?

农夫田里的害虫,应当怎么处?
蔷薇上的青虫,看了很可憎;
但它换上美丽的衣服,翩翩地飞去。
稻苗上的飞蝗,披着可爱的绿衣,
它却只吃稻苗的新叶。
我们爱蔷薇,也能爱蝴蝶。
为了稻苗,我们却将怎么处?

一九一九,十月一日

(第七卷第二号,一九二〇年一月一日)

小湖

刘半农

小湖里一片清流，
水晶般的澄明洁净，
映出它边上的几行杨柳，
和它面上的三五白鸥。
便在黑夜里，
它还透出一片冷光。
地上的树，
天上的星，
和远远近近的渔灯萤火，
都映射在冷光底里，
保存着他们本来的影像。
普遍的黑暗，
却没有能普遍到小湖身上。

到了冬天，
刮几回风，
下几回雪，
小湖里冰冻起来；
墨黑的沙尘，
把它密密封着。

那么，
你或者要悲伤，
说："澄明洁净的小湖，
不幸也变成了这样。"

你情理中的(然而是无谓的)悲伤，
却并不长久。
到明年一见春光，
澄明洁净的小湖，
仍旧还它原样；——
恰恰是一丝不错，
符合着你心中的想望。

(第七卷第二号，一九二〇年一月一日)

一个农夫

双　明

一棵春山似的大树，
撑住火烈烈的太阳。
树下坐着一个抱腿席地的农夫，
喘吁吁地在那里凉凉。
锄头横担在两跨上，
斗笠乱撂在树根旁。
两只精赤的胳膊紫堂堂地拥着宽阔的胸膛。
心头只是辘辘撞：
想！
“今年的收成或许不坏，
却短伊一个人帮着忙！
伊那肚子郎当；
伊那事便在这月头上。”
微微地一阵风，摇曳来清爽；
却带着布机声响。
“唉！伊又闲不惯了！”
忙提起锄头，拾起斗笠，火烈烈的比太阳还要忙。

（第八卷第一号，一九二〇年九月一日）

紫踯躅花之侧

康白情

一对赤着脚的小儿女，
（至多不过十六七罢）
搬了满车的稻梗，
慢慢地走过紫踯躅花之侧。
妇人推着；
男子挽着；
曼声歌着；
叽嘎叽嘎的车声，
浅不凌，浅不凌的鸟讴声，
自然成韵地和着。
蓝花的白帕子漾着满田坎的紫踯躅花。
紫踯躅花有什么香，
他们并不觉得。
紫踯躅花有什么色，
他们并不觉得。

一九二〇年五月，在东京访新村作

（第八卷第一号，一九二〇年九月一日）

牧羊儿的悲哀

刘　复

他在山顶上牧羊;
他抚摩着羊颈的柔毛,
说"鲜嫩的草,
你好好的吃罢!"

他看见山下一条小涧,
急水拥着落花,
不住的流去。
他含着眼泪说,
"小宝贝,你上哪里去?"

老鹰在他头顶上说,
"好孩子,我要把戏给你看:
我来在天顶上打个大圈子!"

他远望山下的平原:
他看见礼拜堂的塔尖,
和礼拜堂前的许多墓碣;
他看见白雾里,
隐着许多人家。

天是大亮的了，
人呢？——早咧，早咧！

哇！
他回头过去，放声号哭：
“羊呢？我的羊呢？”
他眼光透出眼泪，
看见白雾中的人家；
看见静的塔尖，
冷的墓碣。
人呢？——早咧！
天是大亮的了！
他还看见许多野草，
开着金黄色的花。

一九二〇，六，七

（第八卷第二号，一九二〇年十月一日）

地中海

刘　复

我乘着新凉天气，
从亚洲来到欧洲，
最先看看的，
便是淡淡的斜阳，
闪动着一片葡萄酒色的地中海。
地中海！
我敬你，爱你；
你是孕育文明的慈母：
你把你的乳汁哺养他，
从最初时直到现在。

但是，唉！
那边水面上，
露出三两个桅杆，
油漆也剥落了，
绳索也断了：
即此一点，
便可想见五六年来，
……
慈母啊！

我想你心中，
一定有无限的悲哀。
但是慈母的心肠，
只是单纯的爱。
我还希望你，
把过去的眼泪，
化成无限的乳汁，
哺养那无限的未来。

一九二〇年三月八日下午三时

（第八卷第二号，一九二〇年十月一日）

绍兴西郭门的半夜

俞平伯

一

乌篷推起,没遮拦的踞在船头上。
三里——五里——如画的土墙傍在眼前;
臃肿的山,那瘦怯的塔,
也悄悄的各自移动。
月光——今朝遍满,
画就的分明,
厮对着个画不成的荡漾。
一切所有一切,
深深浸在清寒里边。
死乡的寂寞!
只胜咿呀咿呀橹枝打水声。
呵的! 倦意浓,凉意足,
那衣角儿几时的又湿滋滋沿透!
灯火骤黄,十里了! 西郭门。

二

夜幕张开,睡魔醒来,

热烘烘一座闹市，
竟留不下一些儿声息。
铺门下闩了，
门缝里的火光更蒙眬了；
只粉墙垛儿夹着屋角檐，
尖尖戳着那天。
我踱来踱去痴痴的：
这怕是坟堆呢？
将来的罢？
不是啊！正现在呢！
死乡的寂寞，
不仅是人们，谁得不去！
这该心悸么？
当得你的赏玩呀！
去——先试试去爱着罢。
万万的金星直上的蹿，
从很远的屋顶，
马上吓跑了这弄人的撒旦。

三

墙缺处偷双眼睛，
两人忙着做俩自己的工。
风炉抽动，蓬蓬涌起一股火柱，
一上一下耀着四围，——
酱赭的皮肉，蓝紫的筋脉，
都在血黄的芒角下赤裸裸地。
流铁红满了勺子，猛然间泻出；

银电的一溜,花筒也似的喷溅。
眩人的光呀!劳人的工呀!
沉凝的空气,终不受一些一滴的震荡。
死乡的寂寞,重新回到;
将要更深呢!
相信那自然的,人的,人配自然的,
开着形形色色的花朵。
烂漫上这灰色的土泥。
背转脸的美和爱,
两重的恩惠,
裹着脚就可欣然吗?
他总已经给了你们哩!

(第八卷第三号,一九二〇年十一月一日)

《尝试集》集外诗五篇

胡 适

我们三个朋友

(九,八,二二,赠任叔永与陈莎菲。)

(上)

雪全消了,
春将到了,
只是寒威如旧。
冷风怒号,
万松狂啸,
伴着我们三个朋友。
风稍歇了,
人将别了,——
我们三个朋友。
寒流秃树,
溪桥人语,——
此会何时重有?

(下)

别三年了!
月半圆了,
照着一湖荷叶;
照着钟山,

照着台城,
照着高楼清绝。
别三年了,
又是一种山川了,——
依旧我们三个朋友。
此景无双,
此日最难忘,——
让我的新诗祝你们长寿!

湖 上

九,八,二四,夜游后湖——即玄武湖,——主人王伯秋要我作诗,我竟做不出诗来,只好写一时所见,作了这首小诗。

水上一个萤火,
水里一个萤火,
平排着,
轻轻地,
打我们的船边飞过。
他们俩儿越飞越近,
渐渐地并作了一个。

译张籍的《节妇吟》有跋

(原文)君知妾有夫,赠妾双明珠。感君缠绵意,系在红罗襦。妾家高楼连苑起,良人执戟明光里。知君用心如日月,事夫誓拟同生死。还君明珠双泪垂，何不相逢未嫁时？

你知道我有丈夫，
你送我两颗明珠。
我感激你的厚意，
把明珠郑重收起。
但我低头一想，
忍不住泪流脸上：
我虽知道你没有一毫私意，
但我总觉得有点对他不起。

我噙着眼泪把明珠还了，——
只恨我们相逢太晚了！

中唐的诗人很有几个注意社会问题的。元微之，白乐天的乐府自然是人人都认为有“社会文学”的价值的，不用说了。当时还有许多“社会诗人”，为元稹自序里说的李绅，李余，刘猛，都有讨论社会问题的乐府。只可惜这三个人的乐府都不传了。但是当时做这种社会乐府的许多诗人之中，最有文学天才的要算张籍。张籍的乐府在唐代文学里要算是第一人了。他的《贾客乐》《将军行》《少年行》《董逃行》《牧童词》《筑城词》《山农词》《别离曲》《妾薄命》《促促词》《山头鹿》《离妇》，都是极好的社会文学。我最爱的是《乌夜啼引》和《节妇吟》两篇，这两篇都是中国文学里绝无而仅有的“哀剧”。我在病中读了他的全集，译了这两篇解闷；可惜《乌夜啼》引译的不好，不值得存稿；现在只存这一篇。

这首诗中间“妾家高楼连苑起，良人执戟明光里”两句，还不能完全脱去古诗《陌上桑》“东方千余骑，夫婿居上头”等话的俗套，所以我把他们删去了。

此诗的长处在于有哀剧“Tragedy”的意味。《陌上桑》的好处在于天真烂漫，但没有哀剧意味。我译的《老洛伯》诗的末段：

我如今坐也坐不下，
哪有心肠纺纱？
我又不敢想着他：
想着他须是一桩罪过。
我只得努力做一个好家婆，
我家老洛伯并不曾待差了我。

与张籍这篇的末段是同样的哀剧。张籍写了这种境地，却题做“节妇吟”，便可见他的卓识。张籍做“妇人问题”的诗，用意都比别人深一层。

如《妾薄命》云：

……君爱龙城征战功，妾愿青楼歌乐同。
人生各个有所欲，讵得将心入君腹？

又如《离妇》云：

十载来夫家，闺门无疵瑕。薄命不生子，古制有分离。……有子未必荣，无子坐生悲。为人莫作女，作女实难为！

这竟是痛骂孔二先生了。

九，八，三〇

艺　术

报载英国第一“莎翁剧家”福北洛柏臣（Forbes-Robertson）（复姓）现在不登台了，他最后的“告别辞”说他自己做戏的秘诀只是一句话：“我做戏要做的我自己充分愉快”。这句话不单可适用于做戏；一切艺术都是如此。病中无事，戏引申这话，做成一首诗。

我忍着一副眼泪，

扮演了几场苦戏?
一会儿替人伤心,
一会儿替人着急。
我是一个多情的人,
这副眼泪如何忍得?
做到了最伤心处,
我的眼泪热滚滚地直滴。
台下的人看见了,
不住地拍手叫好。——
他们看他们的戏,
那懂得我的烦恼?

九,九,二二

例 外

自从我闭门谢客,
果然客渐稀疏。
最顽皮的是诗神,
挡驾也挡他不住。
我把酒和茶都戒了,
近来戒到淡巴菰,
本来还想戒新诗,
只怕我赶诗神不去。

诗神含笑说:
"我来决不累先生,
谢大夫不许你劳神,

他不能禁你偶然高兴。”
他又涎着脸劝我：
“新诗做做何妨？
做得一首好诗成，
抵得吃人参半磅！”

九，十，六，病中

（第八卷第三号，一九二〇年十一月一日）

秋夜

玄　庐

一　在家园里

竹外青天，
天上缀着一轮月。
微风吹动竹梢头，
影上粉墙三十尺。
这样秋光，
把心灵照得十分透彻。
从那里来也，一声长笛？

二　在野坂底

几棵大树黑簇簇，
树下几间茅草屋；
板门关得静悄悄，
家家困得稀烂熟。
其时月光横过茅屋顶，
茅屋顶上抹落几堆大树影。
月亮亮清清，
树影阴森林，

有人为“车夜水”开出门。
砰的一声门闩落，
惊起邻家小儿哭。

（第八卷第四号，一九二〇年十二月一日）

儿歌

周作人

小孩儿,你为什么哭?
你要泥人儿么?
你要布老虎么?
也不要泥人儿,
也不要布老虎;
对面杨柳树上的三只黑老鸹。
哇儿哇儿的飞去了。

这篇诗是我仿儿歌而作的。我想新诗的节调,有许多地方可以参考古诗乐府与词曲,而俗歌——民歌与儿歌——是现在还有生命的东西,他的调子更可以拿来利用。我这一篇只想模拟儿歌的纯朴这一点,也还未能做到。三只黑老鸹并不含有什么神秘的意思,不过因为乌鸦很多,最为习见罢了。儿童性爱天物,他的拜物教的思想,融入诗中,可以造成一种汎神思想的意境,许多有名的儿童诗都是这样;但是我们不容易希望做到罢了。

十月二十二日

(第八卷第四号,一九二〇年十二月一日)

乐观

俞平伯

一

天外的白云，
云面前绿洗过的梧桐树；
云尽悠悠的游着，
梧桐呢，自然摇摇摆摆的笑呵！
这关着些什么？且正远着呢！
是的，原不关些什么！

二

可是云后边那一个，嗖嗖地下来。
桐叶见也只一顺风的飘，
翠衣内那金黄斑点，
一翻一摺的自己弄着。
不更妆点些颜色？
是呵！也真觉得如此！

三

可是新来的客人会淘气呵，
不肯逢迎谁们的心理。
西风阵阵紧紧；
梧桐也顿然老了，
黄的换上褐的了，
沙沙拉拉颤摇哭着。
谁还理会着，剩得烦厌罢，
谁能提起以前的事！

四

"一叶落，秋深了，"
声音去还未远。
今朝千千万的遍洒，
反随着脚见乱踹，
趁着帚儿乱扫。
老实说，憔悴也可爱的，
又何可避的。
那里是当日的眩媚？
运命先生正笑哩！
"他既不为你来的；
你为甚偏喜欢随他去呢？"

九，十一，四

（第八卷第五号，一九二一年一月一日）

梦与诗

胡 适

都是平常经验，
都是平常影像，
偶然涌到梦中来，
变幻出多少新奇花样！
都是平常情感，
都是平常言语，
偶然碰着个诗人，
变幻出多少新奇诗句！
醉过方知酒浓，
爱过方知情重:——
你不能做我的诗，
正如我不能做你的梦。

(自跋)这是我的“诗的经验主义”(Poetic empiricism)。简单一句话:做梦尚且要经验做底子,何况做诗？现在人的大毛病就在爱做没有经验做底子的诗。北京一位新诗人说“棒子面一根一根的往嘴里送”;上海一位诗学大家胡怀琛先生说“昨日蚕一眠,今日蚕二眠,明日蚕三眠,蚕眠人不眠”！吃面养蚕何尝不是世间最容易的事？但没有这种经验的人,连吃面养蚕都不配说。——何况做诗？

九,一〇,一〇

(第八卷第五号,一九二一年一月一日)

奶娘

刘　复

我呜呜地唱着歌，
轻轻地拍着孩子睡。
孩子不要睡，
我可要睡了！
孩子只还哭，
我可不能哭。

我呜呜地唱着，
轻轻地拍着；
也不知道
是什么时候了，
孩了才勉强地睡着，
我也才勉强地睡着。
我睡着了
还在呜呜地唱
还在轻轻地拍；
我梦里看见
拍着我自己的孩子，
他热温温的
在我胸口儿睡着……

啊啦！——

孩子又醒了，

我，我的梦！——也就醒了。

（一九二一年一月一九日伦敦）

（第九卷第四号，一九二一年八月一日）

一个小农家的暮

刘　复

她在灶下煮饭，
新砍的山柴，
必必剥剥的响。
灶门里嫣红的火光，
闪着她嫣红的脸，
闪红了她青布的衣裳。

他含着个十年的烟斗，
慢慢地从田里回来；
屋角里挂去了锄头，
便坐在稻床上，
调弄着只亲人的狗。

他还踱到栏里去，
看一看他的牛；
回头向她说，
“怎样了——
我们新酿的酒？”
门对面青山的顶上，
松树的尖头，

已露出了半轮的月亮。

孩子们在场上
看着月，
还数着天上的星：
“一，二，三，四……”
“五，八，六，两……”

他们数，
他们唱：
“地上人多心不平，
天上星多月不亮。”

（一九二一年二月七日伦敦）

此二语是江阴谚。

（第九卷第四号，一九二一年八月一日）

病中的诗

周作人

自从三月中肋膜炎复发,进了病院之后,连看书写字都被禁止,变成了纯粹的病人,除却生病以外,一件事都不能做了。但是傍晚发热以及早晨清醒的时候,常有种种思想来到脑里,有的顷刻消灭,有的暂时存留;偶值兄弟走来看我,便将记得的几篇托他笔录下来,作一个记念,这结果便是我的《病中的诗》。或者有人想,躺在病室里,隔开世事,做诗消遣,似乎很是风雅的事。其实是不然的。因为我这些思想的活动,大概在发热苦痛中居多,并非从愉快里得来的。待到病苦退去的时候,这种东西也自然要渐渐减少的罢。

一九二一年四月十七日

原诗计六首,现在又添上了首尾的两首,一总八篇。第八首本为日本的杂志《生长的星之群》而作:武者小路君替他们所办的这杂志来要材料,我译了几首诗,又新作了这一首寄去。现在译出,便附在这后面。

九月五日再记

一　梦想者的悲哀

读 Bebel 的《妇人论》而作

“我的梦太多了。”
外面敲门的声音,
恰将我从梦中叫醒了。

你这冷酷的声音，
叫我去黑夜里游行么？
啊，曙光在哪里呢？
我的力真太小了，
我怕要在黑夜里发了狂呢！
穿入室内的寒风，
不要吹动我的火罢。
灯火吹熄了，
心里的微焰却终于不灭，——
只怕在风中发火，
要将我的心烧尽了。
啊，我心里的微焰，
我怎能长保你的安静呢？

一九二一年三月二日

二 过去的生命

这过去的我的三个月的生命，哪里去了？
没有了，永远的走过去了。
我亲自听见他沉沉的，缓缓的，一步一步的，
在我床头走过去了。
我坐起来，拿了一支笔，在纸上乱点，
想将他按在纸上，留下一些痕迹，——
但是一行也不能写，
一行也不能写。
我仍是睡在床上，
亲自听他沉沉的，缓缓的，一步一步的在我床头走过去了。

四月四日在病院中

三　中国人的悲哀

中国人的悲哀呵，
我说的是做中国人的悲哀呵。
也不是因为外国人欺侮了我；
也不是因为本国人迫压了我；
他并不指着姓名要打我，
也并不喊着姓名来骂我。
他只是向我对面走来，
嘴里哼着什么曲调,一直过去了。
我睡在家里的时候，
他又在墙外的他的院子里，
放起双响的爆竹来了。

四月六日作

四　歧路

荒野上许多足迹，
指示着前人走过的道。
有向东的,有向西的，
也有一直向南去的；
这许多道路究竟到一同的去处么?
我的性灵使我相信是这样的。
而我不能决定向哪一条路去，
只是睁了眼望着,站在歧路的中间。
我爱耶稣，
但我也爱摩西。

耶稣说:“有人打你右脸,连左脸也转过来由他打。”
摩西说:“以眼还眼,以牙还牙。”
吾师乎,吾师乎!
你们的言语怎样的确实呵!
我如果有力量,我必然跟耶稣背十字架去了。
我如果有较小的力量,我也跟摩西做士师去了。
但是,懦弱的人,
你能做什么事呢?

四月十六日

五 苍蝇

我们说爱,
爱一切众生;
但是我——却觉得不能全爱。
我能爱狼和大蛇,
能爱在林野背景里的猪。
我不能爱那苍蝇。
我憎恶它们,我诅咒它们。
大小一切的苍蝇们,
美与生命的破坏者,
中国人的好朋友的苍蝇们呵!
我诅咒你的全灭,
用了人力以外的
最黑最黑的魔术的力。

四月十八日

六　小孩

一个小孩在我的窗外跑过，
我也望不见他的头顶。
他的脚步声虽然响，
但于我还很寂静。
东边一株大树上住着许多乌鸦，
又有许多看不见的麻雀，
它们每天成群的叫，
仿佛是朝阳中的一部音乐。
我在这些时候，
心里便安静了，
反觉得以前的憎恶，
都是我的罪过了。

四月二十日

七　小孩

（一）

我看见小孩，
每引起我的贪欲，
想要做富翁了。
我看见小孩，
又每引起我的瞋恚，
令我向往种种主义的人了。
我看见小孩，
又每引起我的悲哀，
洒了我多少心里的眼泪：

呵,你们可爱的不幸者,
不能得到应得的幸福的小人们!
我感谢种种主义的人的好意,
但我也同时体会得富翁的哀愁的心了。

（二）

荆棘丛里有许多小花,
长着憔悴嫩黄的叶片。
将它移在盆里端去培植呢?
拿锄头来掘去荆棘呢?
呵,呵,
倘使我有花盆呵!
倘使我有锄头呵!

五月四日

八　对于小孩的祈祷

小孩呵,小孩呵,
我对你们祈祷了。
你们是我的赎罪者。
请你们赎我的罪,
和我所未能赎的先人的罪,
用了你们的笑,
你们的欢喜与幸福,
能够成了真正的“人”的荣誉。
你们的前面有美的花园,
平安的往那边去罢,
从我的头上跳过了,
而且替我赎了那个罪,——

我不能走到那边，

并且连那微影也容易望不见了的罪。

八月二十八日在西山

（第九卷第五号，一九二一年九月一日）

山居杂诗

周作人

一

一丛繁茂的藤萝，
绿沉沉地压在弯曲的老树的枯株上，
又伸出两三枝粗藤，
大蛇一般的缠到柏树上去；
在古老深碧的细碎的柏叶中间，
长出许多新绿的大叶来了。

二

六株盆栽的石榴，
围绕着一大缸的玉簪花，
开着许多火焰似的花朵。
浇花的和尚被捉去了，
花还是火焰似的开着。

三

我不认识核桃，

错看它作梅子，
卖汽水的少年，
又说它是白果。
白果也罢，梅子也罢，
每天早晨走去看它，
见它一天一天的肥大起来，
总是一样的喜悦。

一九二一年八月十日在北京西山

四

不知什么形色的小虫，
在槐树枝上吱吱的叫着。
听了这迫切尖细的虫声，
引起我一种仿佛枯焦气味的感觉。
我虽然懂得它歌里的意思，
但我知道它正唱着迫切的恋之歌，
这却也便是它的迫切的死之歌了。

六月十七日晚

五

一片槐树的碧绿的叶，
现出一切的世界的神秘；
空中飞过的一个白翅膀的百蛉子，
又牵动了我的惊异。
我仿佛会悟了这神秘的奥义，
却又实在未曾了知。

但我已经很是满足，
因为我得见了这个神秘了。

六月二十一日

六

后窗上糊了绿的冷布，
在窗口放着两盆紫花的松叶菊；
窗外来了一个大的黄蜂，
嗡嗡地飞鸣了好久，
却又惘然的去了。
啊，我真做了怎样残酷的事呵！

六月二十二日

七

“苍蝇纸”上吱吱的声响
是振羽的机械的发音么？
是诉苦的恐怖的叫声么？
“虫呵，虫呵！难道你叫着，业便会尽了么？”
我还不如将你两个翅子都粘上了罢。

六月二十五日在西山

（第九卷第五号，一九二一年九月一日）

平民学校校歌

胡　适

靠着两只手，
拼得一身血汗，
大家努力做个人，——
不做工的不配吃饭！

做工即是学，
求学即是做工：
大家努力做先锋，
同做有意识的劳动！

十.四.十二。

（注）此歌曾经赵元任先生及萧友梅先生各为制有曲谱。

（第九卷第六号，一九二二年七月一日）

希望

胡 适

我从山中来，
带得兰花草；
种在小园中，
希望开花好。

一日望三回，
望到花时过；
急煞种花人，
苞也无一个。

眼见秋天到，
移花供在家。
明年春风回，
祝汝满盆花！

十.十.四。

（第九卷第六号，一九二二年七月一日）

悲哀的青年

汪静之

漠漠的海边上，
青年在那里彷徨踯躅。
看不透的汪洋，
茫茫无去路！

他虽生在热闹的人间，
但何曾有他的伴侣?
他只是孤独呵，
他只是孤独呵！
他寻遍了人间，
终寻不着光，寻不着花，寻不着爱呵。

他忍不过看这般的世界，
他想高高飞上天；
人们却阻压他，
诱惑他在下界流连。
他的脸在人间笑，
他的心在空中啼。
现在的环境令他哭，
只有希望中的将来引他强笑。

他想任意狂游，
但怎能如他愿呢？
爹妈的慈爱围着他，
爹妈的情丝捆着他，
把他镣铐在他们的心里。
他们虽是爱他，
却不能了解他；
这样愚笨的爱意，
尽够斫丧他的前途了。
汉漠的海边上，
青年在那里彷徨踯躅。
看不透的汪洋，
茫茫无去路！

一九二二.三.二二.杭州

（第九卷第六号，一九二二年七月一日）

飞来峰和冷泉亭

瞿秋白

飞来峰下坐听瀑泉，
我恨不能再乘风飞去。
且来此冷泉石上，
做个中流的砥柱。
只听你湍流奔泻，
急节繁响怒号千古。
始终听不出个：
“你为什么飞来，
为什么又飞不去？”

难道虚名儿叫冷，
出山心却热！
怪不得这样咆哮奔放，如泄积怒，
毕竟也枉称飞来，原来是力求飞去。

一九二三年七月

（季刊第二期，一九二三年十二月二十日）

出狱

刘拜农

同胞们都在地狱中，
你们怎能不入狱？
同胞们都在地狱，
你们怎可长入狱？

为了解放受压迫的同胞，
你们同入狱。
入狱复出狱，
片刻不忘同胞的幸福。

回首望故乡，
虎狼当道行人伤。
伤害我们犹可，
莫使三千万同胞都喂了虎狼。

你们是受压迫的平民的使者，
你们是弱者的朋友。
我谨在你们出狱时，
代表受压迫的平民，
代表弱者，

祝你们一杯酒。

一九二三年十一月

（季刊第二期，一九二三年十二月二十日）

图书在版编目(CIP)数据

《新青年》百年典藏. 语言文学卷/张宝明主编. —郑州:河南文艺出版社,2019.5

ISBN 978-7-5559-0537-0

Ⅰ.①新… Ⅱ.①张… Ⅲ.①期刊-汇编-中国-民国 Ⅳ.①Z62

中国版本图书馆 CIP 数据核字(2019)第 066081 号

主编:张宝明　总策划:王国钦

责任编辑:李　辉

出版发行　河南文艺出版社

本社地址　郑州市郑东新区祥盛街 27 号 C 座 5 楼

邮政编码　450018

承印单位　河南瑞之光印刷股份有限公司

经销单位　新华书店

纸张规格　700 毫米×1000 毫米　1/16

总 印 张　153

总 字 数　2529 000

版　　次　2019 年 5 月第 1 版

印　　次　2019 年 5 月第 1 次印刷

定　　价　880.00 元(共 5 册)

印厂地址　河南省武陟县产业集聚区东区(詹店镇)泰安路

邮政编码　454950　电话　0391-2527860

新青年

LA JEUNESSE

4

《新青年》百年典藏

社会教育卷

张宝明 主编

河南文艺出版社
·郑州·

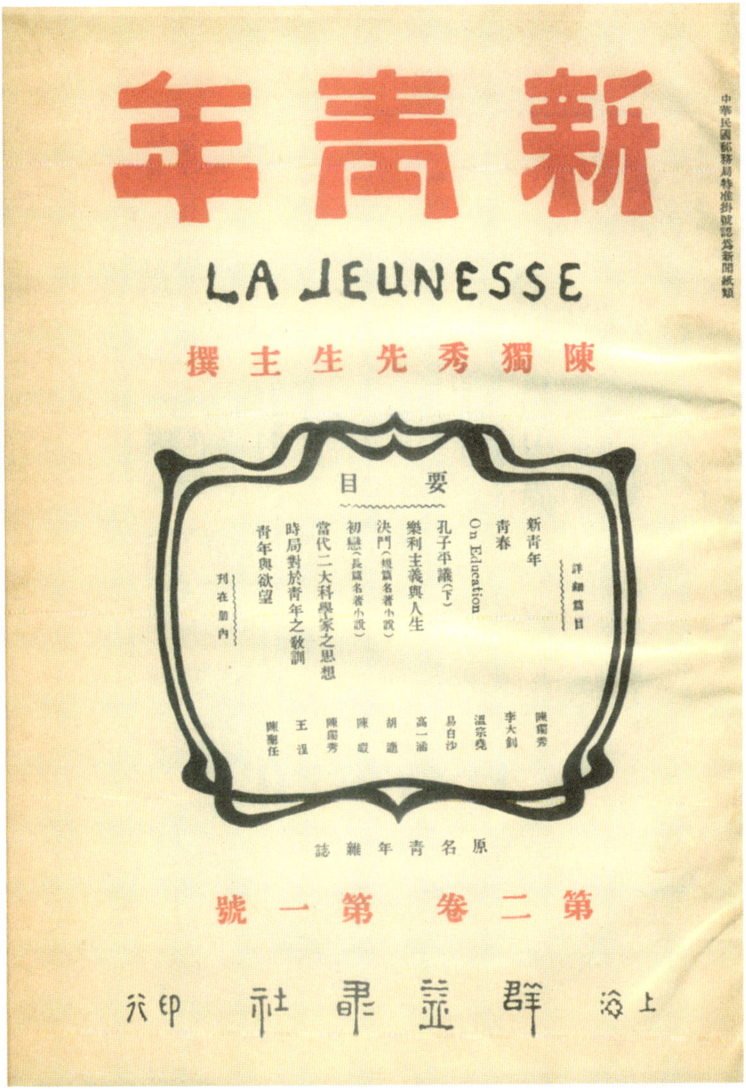

新青年

LA JEUNESSE

陳獨秀先生主撰

中華民國郵務局特准掛號認為新聞紙類

要目

詳細篇目刊在冊內

原名青年雜誌

第二卷第一號

上海群益書社印行

新青年

第壹期

革命黨自獄中慶祝革命之聲

中華民國郵務局特准掛號認為新聞紙類

目录

关于青年

关于妇女

教育改革

关于青年

新青年

陳獨秀

青年何爲而云新青年乎。以別夫舊青年也。同一青年也。而新舊之別安在。自年齡言之。新舊青年固無以異。然生理上心理上。新青年與舊青年。固有絕對之鴻溝。是不可不指陳其大別。以促吾青年之警覺。愼勿以年齡在青年時代。遂妄自以爲取得青年之資格也。

自生理言之。白面書生。爲吾國青年稱美之名詞。民族衰微。即坐此病。美其貌。弱其質。全國青年。悉秉蒲柳之資。絕無桓武之態。艱難辛苦。力不能堪。青年墮落。壯無能爲。此非吾國今日之現象乎。且青年體弱。又不識衛生。疾病死亡之率。日以加增。淺化之民。勢所必至。倘有精確之統計。示以年表。其必驚心怵目也無疑。世界各國青年死亡之病因。德國以結核性爲最多。然據一九一二年之統計。較三十年前減少半數。英國以呼吸器病爲最多。據今統計。較之十餘年前。減少四分之一。日本青年之死亡。以腦神經系之疾爲最多。而最近調査。較十年前減少六分之一。德之立教。體育殊重。民力大張。數十年來。青年死亡率之銳減。列國無與比倫。英美日本之青年。亦皆以强武有力相高。競舟角力之會。野球遠足之游。幾無虛日。其重視也。不在讀書授業之下。故其青年之壯健活潑。國民之進取有爲。良有以也。而我之青年則何如乎。甚者縱慾自戕。以促其天年。否亦不過斯斯文文一白面書生耳。年齡雖在青年時代。而身體之强度。已達頭童齒豁之期。盈千累萬之青年中。求得一面紅體壯。若歐美青年之威武陵人者。竟若鳳毛麟角。人字吾爲東方病夫國。而吾人之少年青年。幾無一不在病夫之列。如此民族。將何以圖存。吾可愛

选自《青年杂志》第一卷第一号(原版内文)

敬告青年

陈独秀

窃以少年老成,中国称人之语也;年长而勿衰(Keep young while growing old.),英美人相勖之辞也。此亦东西民族涉想不同现象趋异之一端欤?青年如初春,如朝日,如百卉之萌动,如利刃之新发于硎。人生最可宝贵之时期也。青年之于社会,犹新鲜活泼细胞之在人身。新陈代谢,陈腐朽败者无时不在天然淘汰之途,与新鲜活泼者以空间之位置及时间之生命。人身遵新陈代谢之道则健康,陈腐朽败之细胞充塞人身则人身死;社会遵新陈代谢之道则隆盛,陈腐朽败之分子充塞社会则社会亡。

准斯以谈,吾国之社会,其隆盛耶?抑将亡耶?非予之所忍言者。彼陈腐朽败之分子,一听其天然之淘汰,惟不愿以如流之岁月,与之说短道长,希冀其脱胎换骨也。予所欲涕泣陈词者,惟属望于新鲜活泼之青年,有以自觉而奋斗耳!自觉者何?自觉其新鲜活泼之价值与责任,而自视不可卑也。奋斗者何?奋其智能,力排陈腐朽败者以去,视之若仇敌,若洪水猛兽,而不可与为邻,而不为其菌毒所传染也。呜呼!吾国之青年,其果能语于此乎?吾见夫青年其年龄而老年其身体者十之五焉,青年其年龄或身体而老年其脑神经者十之九焉。华其发,泽其容,直其腰,广其膈,非不俨然青年也;及叩其头脑中所涉想、所怀抱,无一不与彼陈腐朽败者为一丘之貉。其始也未常不新鲜活泼,浸假而为陈腐朽败分子所同化者有之;浸假而畏陈腐朽败分子势力之庞大,瞻顾依回,不敢明目张胆,作顽狠之抗斗者有之。充塞社会之空气,无往而非陈腐朽败焉。求些少之新鲜活泼者,以慰吾人窒息之绝望,亦杳不可得。循斯现象,于人身则必死,于社会则必亡。欲救此病,非太息咨嗟之所能济,是在一二敏于自觉勇于奋斗之青年,发挥人间固有之智能,决择人间种种之思想——孰为新鲜活泼,而适于今世之争存;孰为陈腐朽败,而不容留置于脑里。利刃断铁,快刀理麻,决不作牵就依违之想，自度度人，社会庶几其有清宁之日也？青年乎！其有以此自任者乎？若夫明其是非，以供抉择，谨陈六义，幸平心察之。

一、自主的而非奴隶的

等一人也，各有自主之权，绝无奴隶他人之权利，亦绝无以奴自处之义务。奴隶云者，古之昏弱对于强暴之横夺，而失其自由权利者之称也。自人权平等之说兴，奴隶之名，非血气所忍受。世称近世欧洲历史为“解放历史”：破坏君权，求政治之解放也；否认教权，求宗教之解放也；均产说兴，求经济之解放也；女子参政运动，求男权之解放也。解放云者，脱离夫奴隶之羁绊，以完其自主自由之人格之谓也。我有手足，自谋温饱；我有口舌，自陈好恶；我有心思，自崇所信；绝不认他人之越俎，亦不应主我而奴他人。盖自认为独立自主之人格以上，一切操行，一切权利，一切信仰，唯有听命各自固有之智能，断无盲从隶属他人之理。非然者，忠孝节义，奴隶之道德也[①]；轻刑薄赋，奴隶之幸福也；称颂功德，奴隶之文章也；拜爵赐第，奴隶之光荣也；丰碑高墓，奴隶之纪念物也。以其是非荣辱，听命他人，不以自身为本位，则个人独立平等之人格，消灭无存，其一切善恶行为，势不能诉之自身意志而课以功过；谓之奴隶，谁曰不宜？立德立功，首当辨此。

二、进步的而非保守的

“人生如逆水行舟，不进则退”，中国之恒言也。自宇宙之根本大法言之，森罗万象，无日不在演进之途，万无保守现状之理。特以俗见拘牵，谓有二境，此法兰西当代大哲柏格森（H.Bergson）之《创造进化论》（*L' Evolution Creatrice*）所以风靡一世也。以人事之进化言之：笃古不变之族，日就衰亡；日新求进之民，方兴未已；存亡之数，可以逆睹。矧在吾国，大梦未觉，故步自封，精之政教文章，粗之布帛水火，无一不相形丑拙，而可与当世争衡？举凡残民害理之妖言，率能征之故训，而不可谓诬，谬种流传，岂自今始！固有之伦理、法律、学术、礼俗，无一非封建制度之遗，持较皙种之所为，以并世之人，而思想差迟，几及千载；尊重廿四朝之历史性，而不作改进之图；则驱吾民于二十世纪之世界以外,纳之奴隶牛马黑暗沟中而已,复何说哉！于此而言保守,诚不知为何项制度文物,可以适用生存于今世。吾宁忍过去国粹之消亡,而不忍现在及将来之民族,不适世界之生存而归消灭也。呜呼！巴比伦人往矣,其文明尚有何等之效用耶?“皮之不存,毛将焉附。”世界进化,骎骎未有已焉。其不能善变而与之俱进者,将见其不适环境之争存,而退归天然淘汰已耳,保守云乎哉!

三、进取的而非退隐的

当此恶流奔进之时,得一二自好之士,洁身引退,岂非希世懿德;然欲以化民成俗,请于百尺竿头,再进一步。夫生存竞争,势所不免,一息尚存,即无守退安隐之余地。排万难而前行,乃人生之天职。以善意解之,退隐为高人出世之行;以恶意解之,退隐为弱者不适竞争之现象。欧俗以横厉无前为上德,亚洲以闲逸恬淡为美风,东西民族强弱之原因,斯其一矣。此退隐主义之根本缺点也。若夫吾国之俗,习为委靡:苟取利禄者,不在论列之数;自好之士,希声隐沦,食粟衣帛,无益于世,世以雅人、名士目之,实与游惰无择也。人心秽浊,不以此辈而有所补救,而国民抗往之风,植产之习,于焉以斩。人之生也,应战胜恶社会,而不可为恶社会所征服;应超出恶社会,进冒险苦斗之兵,而不可逃遁恶社会,作退避安闲之想。呜呼！欧罗巴铁骑,入汝室矣,将高卧白云何处也?吾愿青年之为孔墨,而不愿其为巢由;吾愿青年之为托尔斯泰与达噶尔(R.Tagore,印度隐遁诗人),不若其为哥伦布与安重根!

四、世界的而非锁国的

并吾国而存立于大地者,大小凡四十余国,强半与吾有通商往来之谊。加之海陆交通,朝夕千里。古之所谓绝国,今视之若在户庭。举凡一国之经济政治状态有所变更,其影响率被于世界,不啻牵一发而动全身也。立国于今之世,其兴废存亡,视其国之内政者半,影响于国外者恒亦半焉。以吾国近事证之:日本勃兴,以促吾革命维新之局;欧洲战起,日本乃有对我之要求。此非其彰彰者耶?投一国于世界潮流之中,笃旧者固速其危亡,善变者反因以竞进。吾国自通海以来,自悲观者言之,失地偿金,国力索矣；自乐观者言之，倘无甲午、庚子两次之福音，至今犹在八股、垂发时代。居今日而言锁国闭关之策，匪独力所不能，亦且势所不利。万邦并立，动辄相关，无论其国若何富强，亦不能漠视外情，自为风气。各国之制度文物，形式虽不必尽同，但不思驱其国于危亡者，其遵循共同原则之精神，渐趋一致，潮流所及，莫之能违。于此而执特别历史国情之说，以冀抗此潮流，是犹有锁国之精神，而无世界之智识。国民而无世界智识，其国将何以图存于世界之中？语云："闭户造车，出门未必合辙。"今之造车者，不但闭户，且欲以《周礼·考工》之制，行之欧美康庄，其患将不止不合辙已也！

五、实利的而非虚文的

自约翰弥尔（J.S.Mill）实利主义唱道于英，孔特（Comte）之实验哲学唱道于法，欧洲社会之制度，人心之思想，为之一变。最近德意志科学大兴，物质文明，造乎其极，制度人心，为之再变。举凡政治之所营，教育之所期，文学技术之所风尚，万马奔驰，无不齐集于厚生利用之一途。一切虚文空想之无裨于现实生活者，吐弃殆尽。当代大哲，若德意志之倭根（R.Eucken），若法兰西之柏格森，虽不以现时物质文明为美备，咸楬橥生活（英文曰 Life，德文曰 Leben，法文曰 La vie）问题，为立言之的。生活神圣，正以此次战争，血染其鲜明之旗帜。欧人空想虚文之梦，势将觉悟无遗。夫利用厚生，崇实际而薄虚玄，本吾国初民之俗；而今日之社会制度，人心思想，悉自周汉两代而来——周礼崇尚虚文，汉则罢黜百家而尊儒重道——名教之所昭垂，人心之所祈向，无一不与社会现实生活背道而驰。倘不改弦而更张之，则国力将莫由昭苏，社会永无宁日。祀天神而拯水旱，诵《孝经》以退黄巾，人非童昏，知其妄也。物之不切于实用者，虽金玉圭璋，不如布粟粪土！若事之无利于个人或社会现实生活者，皆虚文也，诳人之事也。诳人之事，虽祖宗之所遗留，圣贤之所垂教，政府之所提倡，社会之所崇尚，皆一文不值也！

六、科学的而非想象的

科学者何？吾人对于事物之概念，综合客观之现象，诉之主观之理性而不矛盾之谓也。想象者何？既超脱客观之现象，复抛弃主观之理性，凭空构造，有假定而无实证，不可以人间已有之智灵，明其理由，道其法则者也。在昔蒙昧之世，当今浅化之民，有想象而无科学。宗教美文，皆想象时代之产物。近代欧洲之所以优越他族者，科学之兴，其功不在人权说下，若舟车之有两轮焉。今且日新月异，举凡一事之兴，一物之细，罔不诉之科学法则，以定其得失从违。其效将使人间之思想云为，一遵理性，而迷信斩焉，而无知妄作之风息焉。国人而欲脱蒙昧时代，羞为浅化之民也，则急起直追，当以科学与人权并重。士不知科学，故袭阴阳家符瑞五行之说，惑世诬民；地气风水之谈，乞灵枯骨。农不知科学，故无择种去虫之术。工不知科学，故货弃于地，战斗生事之所需，一一仰给于异国。商不知科学，故惟识罔取近利，未来之胜算，无容心焉。医不知科学，既不解人身之构造，复不事药性之分析，菌毒传染，更无闻焉，惟知附会五行、生克、寒热、阴阳之说，袭古方以投药饵，其术殆与矢人同科。其想象之最神奇者，莫如"气"之一说，其说且通于力士羽流之术。试遍索宇宙间，诚不知此"气"之果为何物也！凡此无常识之思维，无理由之信仰，欲根治之，厥维科学。夫以科学说明真理，事事求诸证实，较之想象武断之所为，其步度诚缓；然其步步皆踏实地，不若幻想突飞者之终无寸进也。宇宙间之事理无穷，科学领土内之膏腴待辟者，正自广阔。青年勉乎哉！

①德国大哲尼采（Nietzsche）别道德为二类：有独立心而勇敢者曰贵族道德（Morality of Noble）；谦逊而服从者曰奴隶道德（Moralily of Slave）。

（第一卷第一号，一九一五年九月十五日）

共和国家与青年之自觉(一)

高一涵

专制国家,其兴衰隆替之责,专在主权者之一身;共和国家,其兴衰隆替之责,则在国民之全体。专制国本,建筑于主权者独裁之上,故国家之盛衰,随君主之一身为转移;共和国本,建筑于人民舆论之上,故国基安如泰山,而不虞退转。为专制时代之人民,其第一天职,在格君心之非,与谏止人主之过,以君心一正,国与民皆蒙其庥也。至共和国之政治,每视人民之舆论为运施,故生此时代之人民,其第一天职,则在本自由意志(Free will)造成国民总意(General will),为引导国政之先驰。英国宪法学者,每自诩曰:"吾英宪政,为民权发扬之果,而非以宪政为发扬民权之因。"吾国名号,既颜曰共和,与英之君主国体,虽形式迥异,然无论何国,苟稍顾立国原理,以求长治久安,断未有不以民权为本质。故英宪之根本大则,亦为吾华所莫能外。然则自今以往,吾共和精神之能焕然发扬与否,全视民权之发扬程度为何如。澄清流水,必于其源。欲改造吾国民之德知,俾之脱胎换骨,涤荡其染于专制时代之余毒,他者吾不望矣。惟在染毒较少之青年,其或有以自觉。此不佞之所以专对我菁菁茁茁之青年,而一陈其忠告也。

此篇主旨,在述我青年对于国家之自觉。至对于社会、对于一身之自觉,则于他篇觋缕之。今于述青年自觉之先,首当陈述共和国家为何物。夫共和云者,有形式,有精神。形式为何?即共和国体,为君主国体之反对者也。其主权非为含灵秉气之生人所固有,而实存于有官智神欲、合万众之生以为生之创造团体。此团体非他,即国家之本体是已。再共和国家之元首,其得位也,由于选举;其在任也,制有定期,非如君主之由于世袭终身也。此义虽浅,然用以区别共和国体与君主国体之形式,夫固朗若列眉。次论共和之精神。共和原文,谓之 Republic,考其字义,含有大同福祉之意于其中,所以表明大同团体之性质与蕲向者也。就法律言,则共和国家,毕竟平等,一切自由,无上下贵贱之分,无束缚驰骤之力。凡具独立意见,皆得自由发表;人人所怀之意向、蕲求、感情、利害,苟合于名学之律,皆得尽量流施,而无所于惧,无所于阻。就政治言,使各方之情感、思虑,相剂相调,亘底于相得相安之域,而无屈此申彼之弊,致国家意思,为一党、一派、一流、一系所垄断。故民情舒放活泼自如,绝不虞抑郁沉沦,以消磨其特性,而拘梏其天机。共和精神,其忼略盖如此。且国家之与政府,划然判分。人民创造国家,国家创造政府。政府者,立于国家之下,同与全体人民受制于国家宪法规条者也。执行国家意思,为政府之责;而发表国家意思,则为人民之任。所谓发表者,非发表于漫无团结、纷纭议论之人,乃假一机关,应合全国各流、各系、各党、各派之代表于一堂,而从多决议,以发布之,即所称"国会"是也。故一国政治,果能本国民总意,以向此共和精神之轨道而趋与否,是为政府之职。至发扬蹈厉,自舒其能,以来自与共和精神相合辙。而发挥其实际,是则我人民责无旁贷者也。欲政府不侵我民权,必先立有凛然难犯之概;欲政府不侮我人格,必自具庄严尊重之风。政治之事,反诸物理,乃可以理想变事实,不可以事实拘理想者。惟其可以理想变事实也,故吾人须先立当然之理论,以排去不然之事情;惟其不可以事实拘理想也,故吾人应超出已然之现象,而别启将然之新机。我任重道远之青年,安得不耸起双肩、自负此责?吾人又安得不以此责,举而加诸我任重道远青年之双肩也耶?

顾我青年之欲自负此责,与吾人之欲以此责奉诸青年者,必有其根本之图焉。根本维何?即改造青年之道德是。道德之根据在天性,天性之发展恃自由,自由之表见为舆论。不佞继此将逐一详叙焉。

古之所谓"道德"者,泰西则迷信宗教之威势,东亚则盲从君主之权力,及先王之法言。自混沌初辟以来,民智浅陋,茫不知人道之本源。言论思维,全与宗教相混杂。以为天地万物,一造于神,人生良心上之制裁,惟有托诸神意。《圣书》谓道德为神之命令,颇足表明欧人自法兰西革命以前所怀抱之道德思想。至东亚所谓道德,多惟先王之道是从,不问其理之是否合于现世,但问其例之有无。而"遵先王之法而过者,未之有也"一语,颇足表见吾国儒者守先待后之心。顾王由天亶,故道德渊源亦由天出。于是有天命、天罚、天幸之词见焉。夫维皇降衷,各有所秉。特操异撰,人各不同。欲同其最不同者，以企道一风同之化，故不得不于赋界而外，别求一视之不见、听之不闻之物，托为道德之基。此基一奠，则人人依违瞻顾，虚与委蛇。而瀹灵启知、缮心养性之机失矣。专制之朝，多取消极道德，以弃智黜聪，为臣民之本。如"不识不知，顺帝之则""民可使由之，不可使知之"诸词，见诸经传，利其无作乱之能与犯上之力故也。故往古道德之训，不佞敢断言，其多负而寡正，有消极而少积极者。曰惩忿窒欲，曰克己制私，曰守分安命云云，皆为吾国道德之格言。今按国家原理与世界潮流，殆无一不形其抵触。功利家欲倡为废弃道德说者，盖亦有不得已之苦衷云。

虽然，道德者本诸学理，应诸时势，根诸人心，乃因时转移之物，而非一成不变者也。道德而不适时势之用，则须从根本改造之，无所惜也。古者象天尊地卑，以定天泽之分，故君臣大义，无所逃于天地之间；今者地象圆球，飞悬太空，而无上天下泽之判，随所在以观，皆觉平等，故人民思潮，基之趋于齐平，此道德取象天地之说也。然不佞以为道德为人心之标准，本心之物，惟有还证自心，以求直觉，则所谓求之天性是已。所谓天性，乃得诸亶降之自然，不杂于威势，不染夫习惯。顾所谓自然，特不杂第二势力于其中而已，亦非最初、最稚之谓也。必也随其秉赋之奇，施以修缮之力。苟为吾性所固有，即当焕然充发，俾无所遗。循特奇之禀，而之于其极，不可奔向轨外，以求苟同。忿也、欲也、己也、私也，既为吾性之所涵，即当因势利导，致之于相当之域，俾各得其发泄致用之机，不当惩之、窒之、克之、制之，使无可排泄之余地，而溢而横流也。太史公曰："上者利道之，其次整齐之，最下者与之争。"治性之法，亦何莫不然？往古治性与之争者也，今则首当利道，以宣其蕴；次则整齐，俾趋于名学之律，如斯足已。至于分云、命云，皆吾心之所造，而非造吾心者。操纵左右，唯所欲为。何有于守，何有于安，青年记之！夫性犹川然，利道之也顺，拥塞之也狂。此不佞所以有改造道德之说也。持今之道德，以与古较，则古之道德重保守，今之道德贵进取。古之道德，拘于社会之传说；今之道德，由于小己之良心。古之道德，以违反习惯与否，为善恶之准；今之道德，以违反天性与否，为是非之标。古道德在景仰先王，师法往古；今道德在启发真理，楷模将来。古人之性，抑之至无可抑，则为缮练；今人之性，须扬之至无可扬，乃为修养。此则古今道德之绝相反对者也。德国殳家蒙孙氏(Theodor Mommsen)曰："立宪政体，进取者也，富于生机；专制政体，停滞者也，几于死体。"道德随国势为变迁者，古为专制，故道德停滞抑郁，而奄奄待毙；今为共和，故道德亦当活泼进取，而含有生机。

道德之基,既根于天性,不受一群习惯所拘,不为宗教势力所囿矣。顾启瀹之机,将谁是赖?则自由尚焉。自不佞观之,自由之说,不外三种:一、绝对自由说;二、绝对无自由说;三、限制自由说。前者为佛氏、老氏、庄氏之言,后者为普通法家所论,介乎其间者,则为物理学家之所证。美儒柏哲士(Burgess)谓,自由泉源出于国家,如国家不赐以自由权,则小己即无自由之道。定自由之范围,建自由之境界,而又为之保护其享受自由之乐,皆国家之责。自由之界,随文化之演进而弥宽,文化愈高,斯自由愈广。至如十八世纪革命派之所谓自由,则全属理想焉。此即今日盛行法律家之学说,次则由物理以推。凡一事之兴,必有前因后果互持之,无能稍脱其轨范者。法国之言自由,至比之太空浮云,以为真能自由矣。殊不知浮云之舒卷于太空,有通吸力之引摄,有日光热之注射,有大气之盘旋;其上其下,其飞其散,皆感受各力之影响,而循之以之,绝不能稍越其藩,以自行其意向。故真正自由,天地间绝无此物。此物理家之言,赫胥黎等主之,吾国侯官严氏即承其绪余者也。太上有真自由说,谓质力本体,恒住真因,皆存于自然,初无期待。如造化然,如真宰然,孰纲维是?孰主张是?孰居无事而推行是?彼通吸力之所以引,其有所主耶?日光之所以热,其有所燃耶?大气之所以盘旋,其有所运耶?果皆无之,宁非真正自由欤?此其义,佛、老、庄氏各主之,今日余杭章氏其发挥者也。然则自由之说,人将何所适从?

不佞所欲告我青年之自由,固无取艰深之旨,然亦不必采法律家褊狭之说。曩读黎高克(Leacock)氏政治学,见其分自由之类,曰天然自由(Natural liberty),曰法定自由(Civil liberty)。柏哲士所论,即属后者。前者为卢梭氏之所主张,谓"人生而自由者也,及相约而为国,则牺牲其自由之一部"。是谓自由之性出于天生,非国家所能赐,即精神上之自由,而不为法律所拘束者。夫共和国家,其第一要义,即在致人民之心思、才力,各得其所。所谓各得其所者,即人人各适己事,而不碍他人之各适己事也。盖受命降衷,各有本性。随机利道,乃不销磨。启瀹心灵,端在称性说理,沛然长往,浩然孤行。始克尽量而施,创为独立之议。故青年之戒,第一在扶墙摸壁,依傍他人;第二在明知违性,姑息瞻依。自贼天才,莫过于此二者。古之人,首贵取法先儒;今之人,首贵自我作圣。古之人,在守和光同尘之训;今之人,在冲同风一道之藩。乡愿乃道德之贼,尚同实蠹性之虫。夫青年立志,要当纵横一世,独立不羁,而以移风易俗自任。

因于习俗,莫能自拔。悠悠以往,与世何关?日日言学,徒废事耳。西诗有云:“怀疑莫白,口与心违,地狱之门,万恶之媒。”甚愿青年,三复斯言!

顾自由要义,首当自重其品格。所谓品格,即尊重严正,高洁其情,予人以凛然不可犯之威仪也。然欲尊重一己之自由,亦必尊重他人之自由。以尊重一己之心,推而施诸人人,以养成互相尊重自由权利之习惯,此谓之平等的自由也。发扬共和精神,根本赖此。凡我青年,时应以自省也。

康德曰:“含生秉性之人,皆有一己所蕲向。”此即人与物所以相异之点。物不能自用,而仅利用于人。人则有独立之才力、心思,具自主、自用之能力。物可为利用者,而人则可为尊敬者也。人之所以为人,即恃此自主、自用之资格。惟具有此资格也,故能发表独立之意见。此人品之第一义也,亦即舆论正当之源泉。夫家族之本在爱情,宗教之本在信仰,而共和国家之本则在舆论。所谓舆论有三:多数之意见、少数之意见及独立之意见是也。舆论与公论有殊。公论者,根于道理,屹然独立,而不流于感情;舆论者,以感情为基,不必尽合于道理者也。故欲造成真正舆论,惟有本独立者之自由意见,发挥讨论,以感召同情者之声应气求。莫烈(John Morley)曰:“凡一理想之发见,决非偶然。苟吾已见及,则此理想,必次第往叩他人之门,求其采纳。吾冥行而见光明,亦必有他人暗中摸索,随以俱至。吾所发明,特其的耳!”然则吾以独立之见相呼,必有他人以独立之见相应。相应不已,而舆论成焉。舆论在共和国家,实为指道政府引诱社会之具。故舆论之起,显为民情之发表。但当问其发之者,果为独立之见与否,不当先较其是非。孟德斯鸠曰:“自由人民,其一己之推论,果为正当与否,往往不成问题。所当考究者,其所推论,确为人民自主足已。此即言论之所以自由也。”共和国家之本质,即基于小己之言论自由。然则逡巡嗫嚅,不露圭角,宁非摇动国本之媒欤?专制国家之舆论,在附和当朝;共和国家之舆论,在唤醒当道。专制时代之舆论,在服从习惯;共和时代之舆论,在本诸良心,以造成风气。其别也有如此。

虽然,真正发挥舆论,尤有金科玉律宜由焉。即:(一)须有敬重少数意见与独立意见之雅量,不得恃多数之威势,抹煞异己者之主张;(二)多数舆论之起,必人人于其中明白讨论一番,不得违性从众,以欺性灵;(三)凡所主张,须按名学之律,以名学之律为主,不得以一般好恶为凭。共和国家,所以能使人人心思、才力,各得其所者,即由斯道。政府抹煞他人之自由言论,固属巨谬,即人民互相抹煞自由言论,亦为厉禁,何则？不尊重他人之言论自由权，则一己之言论自由权已失其根据。迫挟他人以伸己说，则暴论而已矣，非公论也；屈从他人，违反己性，则自杀而已矣，非自卫也。故曰：欲造成真正舆论，惟本独立者之自由意见，发挥讨论，以感召同情者之声应气求。

以上所陈，乃国法所不能干，观摩所不能得，师友所不能教，父兄所不能责。何也？以所主唯心。苟非吾心，见象即殊，直觉不能，动则成翳故也。轮扁对齐桓公曰："得之于手，而应于心。口不能言，有数存焉于其间。臣不能以喻臣之子，臣之子不能受之于臣。"即此义也。不佞所言，糟粕而已。至于精神，则仍在吾青年自觉云尔。

（第一卷第一号，一九一五年九月十五日）

共和国家与青年之自觉(二)

高一涵

近者讨论国体之声,震惊中外。饩羊仅存之共和名号,尚在动摇未定之秋。斯篇之论,似可不续。然国体之变更与否,乃形式上之事,不佞所论乃共和国民立国之精神。政府施政之效,其影响不逾乎表面之制度,而政治实质之变更,在国民多数心理所趋,不在政治之形式。昔罗马之初变帝政也,政治尚不离共和;周室之衰也,仁义之道,满乎天下,及春秋已四五百载矣,而其余业遗风,流而未灭。可知立国精神,端在人民心理。人人本其独立自由之良心,以证公同,以造舆论。公同、舆论之所归,即是真正国体之基础。无论其间若何变迁,而探其远果,转在在为吾人精神之资助。若有意玉成,而防其少怠者然。故国体之变更与否,由吾人精神以观,几无研究之价值。吾辈青年责任,在发扬立国之精神。固当急起直追,毋以政治变迁而顿生挫折,令吾人最贵之精神,转役于曲折循环之时势,而为其奴隶焉,则庶几欤?

不佞此篇所欲述者,乃共和国家之青年对于社会之事。今者通功易事之制兴,公共生活之业起,一自有生以后,盖无一举一动而不息息与社会相关者。生计、教育等事业,其最著者也。处独立生计时代,自耕自食、自织自衣,无交易之习惯,故可以老死不相往来。今则分功协力,为生计之原则,一人之学问、职业,举莫不与社会相需相待,以底于成。孤立营生,微特反天演之进化,抑且危一己之生存。闭门自守之生活,既非今世之所能。则吾辈青年,即应以谋社会之公益者谋一己之私益,亦即以谋一己之私益者谋社会之公益?二者循环,莫之或脱。损社会以利一己者固非,损一己以利社会者亦谬。必二者交益交利、互相维持、各得其域、各衡其平者,乃为得之。故今之为社会谋公益者,第一须取自利利他主义。自利利他主义,即以小己主义为之基,而与牺牲主义及慈惠主义至相反背者也。不佞谨继此分论之。

何言乎“自利利他主义”也？社会集多数小己而成者也。小己为社会之一员，社会为小己所群集。故不谋一己之利益，即无由致社会之发达。近世生计学家，以自利心及公共心二者，为撦拄生计事业之两大砥柱。所谓“自利”者，即欲使一己之利益，着着落实，非特不害他人之利益，且以之赞助他人之利益之谓也。所谓“公共”者，即以为社会一员之我，借公同之事业，而以谋全社会之利益者，遂其一己之生活也。共和国家之人民，互相需待、互相扶持。凡一己所为，莫不使及其效力于全体，各尽性分，以图事功。考其所为，果为自利，抑为利他，举莫能辨，何也？以群己之关系至密，自利即以利他，而利他亦即以自利故也。顾近世国民之自利，绝不与独立生计时代之自利相同。彼之自利，夺他人之利益，窃为己有；此之自利借社会之公益，以遂吾生。彼之自利，与社会之公利分道僢驰；此之自利，与社会之公利同归合辙。彼以行险侥幸为能，故自利实所以败风化。此以同心协力为主，故自利即所以遵德行。此即不佞所以合生计之二大砥柱，而名曰“自利利他主义”之本旨也。

何言乎“自利利他主义”？必以“小己主义”为始基也。共和国民，其蕲向之所归，不在国家，乃在以国家为凭借之资，由之以求小己之归宿者也。国家为达小己之蕲向而设，乃人类创造物之一种，以之保护小己之自由权利，俾得以自力发展其天性，进求夫人道之完全。质言之，盖先有小己后有国家，非先有国家后有小己。为利小己而创造国家，则有之矣；为利国家而创造小己，未之闻也。欧洲挽近，小己主义风靡一时，虽推其流极，或不无弊害。然其文明之所以日进不息者，即人各尊重一己，发挥小己之才猷，以图人生之归宿。而其社会国家之价值，即合此小己之价值为要素，所积而成。吾国数千年文明停滞之大原因，即在此小己主义之不发达一点。在上者持伪国家主义，以刍狗吾民。吾民复匿于家族主义之下而避之。对于国家之兴废，其爱护忠敬之诚，因之益薄，卒致国家、社会、小己，交受其害，一至于此。今日吾辈青年，正当努力以与旧习俗相战，以独立自重之精神，发扬小己之能力。而自由、权利二者，即为发扬能力之梯阶。务须互重权利、互爱自由、瀹灵启智，各随其特操异秉，而充发至尽。一己之天性完全发展，即社会之一员完全独立。积人而群，积群而国，则安固强盛之国家，即自其本根建起，庶足以巍峨终古，不虞突兴突废矣。国家社会，举为小己主义所筑成，此不佞所以以小己主义为自利利他主义之起点也。

且不佞所谓小己主义者，有二要义焉：一曰用才；二曰重法。共和国家，为各展才能、无所曲抑之国家。凡有寸长，均当致诸适宜之境以用之。所谓“用”者，又非授人以进退黜陟之柄，自为皂隶、牛马，供彼颐指气使也。乃己有一分之长，即举而贡献之于社会，无所谦退，亦无所夸张。古之用才，权在君相；今之用才，权在自身。古之怀才者，多待价而沽；今之怀才者，宜及锋而试。怀才于共和国家，而犹待人荐擢，是反主为仆，自侪于皂隶、牛马之列，显然自丧其人格。共和国民，不宜若是其贱也。至于共和国家之法，乃人民之公约，用以自治自克者，非他人任意制定，举以束缚吾人者也。吾人所以乐共和而恶专制者，即在欲得此制法机关，自审吾人所利、所害、所乐、所苦之何在，谋自为趋避之计耳。法律果真由人民总意以定，即应绝对服从、绝对遵守。所谓“服从”，所谓“遵守”者，非服从、遵守其形式，须服从、遵守其精神；非因执法者在前，乃勉为自好之士，须于无人察觉之际，而深其自懔之心。惧执法者在前，而始不敢犯者，实寡廉鲜耻，不能自立之辈。乃其所不敢为，非其所不甘为；乃惧他人之察觉，非惧良心之察觉也。夫所谓“人格”者，乃节操之当然，伦理之本然。凡为人类，皆当自知爱护，自知尊重，以副其远于禽兽之实，非所以要誉于乡党、朋友者也。违法而不视为人格上之奇辱，乃视为交际上之缺点。不耻无以对己，乃耻无以对人，是即根本上违反小己主义之处。凡我青年，皆当用以自省者也。

此外尚有背戾自利、利他主义者二事，即“牺牲”与“慈惠”是也。凡为社会共通之原则，奉行之者千万人，流传之者千百世，必其则焉。得乎人情之中，放诸四海而皆准，不使一部感其无妄之灾，一部得其分外之惠者，乃克如此。若损其一以利其一，凭一人一时之意气，偶一行之则可，非所望于大公无我。相安相得，区处条理，各适其宜之共和国民也。任侠之徒，愤季世之不平，凭一时之义勇，偶然行此牺牲主义，固足以振起颓废之习俗，激发腐坏之人心。至共和国家，乃合人人之利益以成社会之利益者，人己交际之间，必俱益俱利，乃不违乎社会公益之原则。设损一己之利益以利他人，则一己之利益既丧，即社会利益之一部缺而不完。而所谓利他人者，未必即能为他人之利。即苟能之，然一方弃其所应得者而不得，一方乃取其不应得者而得之，亦绝非相安相得、各适其宜之道。且生计通例，凡大利所存，必其两益。已受勤劳之苦者，即应享勤劳结果之乐，乃克维持一群而不涣。今持牺牲主义，使我尽受勤劳之苦。而勤劳结果之乐，乃尽让他人享之。人人皆思受苦而不思享乐，则享乐之事，将谁甘受之？有苦无乐之世界，其能发育人类者几何？反之，而人人皆待他人勤劳之结果，以供一已之享乐,则勤劳之事,又将谁任之?有乐无苦之世界,其能锻炼人类者又几何?夫人各有所欲,各有所求;自养其欲,自给其求。且以致人人之所欲所求,各安其相适之域。而如量发泄,安行尽利,乃所以利益社会之道。损其一以利其一,则其利也,必有所穷;而其损也,亦必不绝。非大公无私、相安相得、区处条理、各适其宜之共和国民所宜行者也。此牺牲之事,所以尽反乎自利利他主义也。

复次有慈惠主义。夫社会之利益百端,要皆由勤劳而得。约翰弥尔晚年《自叙传》中有云:"吾深盼夫无贫无富之社会,为可企及也;吾深盼夫不勤劳者不衣食。举世之芸芸总总,均莫逃此规则也。必尽其勤劳之因,乃获生产百物之果。生产物之分配权,万不可决之于诞生,要当决之于正义。"不佞之引此说,乃取其"不勤劳者不衣食"及"生产物之分配权,应当决之于正义"二语。其立论之旨,非所问也。人之所以可贵者,在有人格。日本浮田博士曰:"人格因勤劳而成立,因勤劳而实现……新道德于凡属有益于社会之勤劳,皆视为神圣,而尊之敬之。视为发育人类之品性,完全人类之人格,所不可或缺者焉。"然则欲保全人人之人格,必令其借服劳之结果,以自遂其生。仰给于他人者,举为丧失人格之事。今抱慈惠主义者,固明明以丧失人格之事,期诸被惠者矣。使之不劳而得财,既反乎生计之原则,其终也必养成被惠者之依赖心,挑动其侥幸之念,而败坏其勤劳之力。且已既以慈惠为仁、为善而行之矣,则被惠者必为不仁、不善。以仁善自居,而以不仁不善之事转加他人。一方受道德之美誉,一方犯不道德之恶名。已非一视同仁者所忍出,矧更违生计之原则,而与社会上以莫大之恶害哉!然则共和国家之青年,他日立身之计,惟以勤劳易利益,自保其人格,并以保他人之人格。不以慈惠之名,诱起社会之恶德,斯为中庸之正道矣。

总之,今者既入于社会生计时代,社会利益,乃根基于小己利益之上积合而成者。欲谋社会之公益,必先使一己私益著著落实,乃克有当非然者全其一以丧其一,则社会利益将终古无完全发达之时。德国伯伦知理(Bluntchli)有言曰:"社会富孕生计、智识之原力,以扶助国家者也。社会不良,则国家之不良随之;社会安宁利达,则国家亦强。故社会者,治安之条件也。"社会与国家之关系,其重要如此。吾国徒以隶于宗法制度之下,垂四千余年。人各重夫一家之私,多不识社会为何物。而"以谋社会公益以自遂其生"之思想,举凋零颓丧,发达难期,遂奄奄至今,日濒于危矣。而犹守宗法制度,奉爱若神,稍一置议,则目为大逆。习俗浸润,浃髓沦肌,法令教育,一时皆难以收效。非人人自悟其非,而以明于中者行于外,持自利利他主义,以振起颓俗,夫固未易言也。语其根源,惟在青年之能改造时势,不为旧说所拘,则庶几也。

(第一卷第二号,一九一五年十月十五日)

共和国家与青年之自觉(三)

高一涵

秋风萧瑟,霖雨经旬,槛前淅沥之声,似有意扰吾旅人,故示其变徵音节以相逼。东瀛秋节,风恶潮汹,固时予人以可怖,然大抵多倏起倏落,从未有掀天撼地,相逼而来者。今年何年,胡乃变态若此?诚有令人不寒而栗者矣。乃返瞻故国,萧墙之内,隐伏干戈,激变挑衅,无所不至。一若鹬蚌不久相持,即无以惠彼渔人者。彼行尸走肉之辈,原无足责,独怪吾辈活泼青年,本自居于国家主人之列,放主人之职而不尽,是谓暴弃。要知今年今日,绝非吾人所能自暴自弃之时。今日之变,非但国体之良否问题,实为国家之存亡关键。他日或可旁观,此日则断不容袖手;他人或可贷责,吾辈则断不能少卸仔肩。此不佞所以再四叮咛,苦口忠告者也。前此二篇,乃吾青年之对于国家社会也,当思发挥其实以副之;此篇之旨,则吾青年自今以往,当思所以立身处己之道。故此后所陈,皆就原理往例以为言,俟读者之自觉焉耳!

夫总人类集合之全体,而名之曰"国家";指人类协同创设之制度而称之曰"国体"。是"国家"为人类所合成,"国体"为人类所创造,均非本有自体,由勾萌析甲含生负性而自生自长以底于成者也。近世学者,自伯伦知理(J.K.Bluntchli)以迄韦罗贝(Willoughby)氏,均以国家之起,肇自人类之自觉、感情、意志。而"国家有机体说",又为多数学者所斥驳,掊击之至无完肤。然则国家之立也,立于人,国体之变也,变于人。吾人欲创造何种国家?立何种国体?吾人即向何方面着着进行,无所用其顾虑。美国法苑之诠"国家"也,曰:"国家者,乃自由人民为公益而结为一体,以享其所自有,而布公道于他人者也。"(A.State is a body of free persons united together for common benefit to enjoy what is their own and to do justice to others.)吴汝雪(Woolsey)亦曰:"国家者,宜有公道者也。国家而无公道,则其组织即为不适宜于人群。"然则国家创造之主,曰自由人民所以创立之因;曰为公益所以永存不灭之理;曰主公道;曰适宜于人群。兼备此四种要素,而后国家方克巍然存乎天地之间。反乎此者,皆谓之违反今世国家成立之原则。夫违反其原则,未有能生存于今世国家之林者也。国家非物,违反原则与否,非由自动,其自身绝无功过之可言。设其主人袖手旁观,以听国家之自处,欲其自赴于原则也,于理于势,皆有所不能。万众齐趋造成时局,曰景运;万众瑟缩酿成祸患,曰浩劫;抖擞精神,着着前趋,曰进步;灰心颓气,任其颠覆,曰退化。吾辈青年,活泼其心,方刚其气,仔肩巨责,来日方长,如以造成景运,着着进步,自任也,是谓之"自觉";如任万几退化,漠不关心,浩劫长流,永陷不复也,是谓之"自杀"。使吾辈青年而欲自杀也,则亦已矣。否则,正宜猛然奋进,趋于自觉之途,以免自杀之惨。虽然,蠢然盲动,君子所羞,吾辈果欲自觉,必有真正自觉之道焉,而非可盲然以进者也。

青年自觉之道,首在练志。志者,根诸心,发诸己,非可见夺于他人,而亦非他人所能夺者。以他人之志强夺吾志及用他人之志以代吾志者,皆属横暴之事。练志之方,第一即在打破此种横暴障碍,以还我本然之自由,而后志乃可立。曰吾志被人劫夺、曰吾志被人强代者,皆庸庸碌碌,懦夫奴性之流,聊以解嘲而已。果为志士,其动也必随心而之,吾志暂时不行或有之。若夺云、代云,必吾先有易夺、易代之弱点。动人轻视之念,或先露可夺、可代之破绽,予人可乘之机,不然己不被夺,己不甘使人代,又谁能夺之、代之?夫国家者,由吾人之志而成;政策者,合吾人之志,同心戮力以向一定之方向而之者也。故国家建筑于人民意志之上,主权发现于人民意志之中,无志则国已无基,奚由而建?主权无主,奚由而生?世人动曰:吾非不欲立志,特强横暴我,时势迫我,境遇苦我,故俾我颓丧至于斯极。不知所谓志者,正在掊此强横、创造时势、战胜境遇,而后志之名称,乃称志之能事,乃完志之实力,乃予人以可见,否则皆谓之无志。待时会之来,乘之以自见于世者,因缘际会而已,非志也;仰他人之势力,利之以显吾身者,侥幸成功而已,亦非志也。吾所云志,乃预定其当然之理,排除万难,拨开障碍,而循轨赴的以求之。设已然之事而不与吾当然之理合,则立除其已然者,而求合乎吾所谓当然,若徒叹其不然、听其自然或待其将然、幸其或然者,举非吾人志内之事,志士绝不为也。人类所以为万物之灵,不为天演所淘汰者,正以负有此志,可以人力胜天。行能胜物而不为物胜,先定一当然之方针,因之以求其将然之归宿。而幸福、安宁、自由、权利,乃可获得,乃可常保,此则立志之用也。

天下万事，凡理之所在，即为事实之始基。初不必旁征故例，以相质证，然即欲明证其例，亦自非远。今为简单便利计，请引法兰西史以明之。《迈尔通史》(*Myers' General History*)论法兰西革命之原因，首谓："由其君主之专横凶暴，妄用其权，人民之生命财产，得以任意处置，人民被囚往往不识身犯何罪，而暴征苛敛，又皆为所欲为。"(见《迈尔通史》第627、628页)以不佞所闻，法自路易十四以来，屡行暴政，赋税之担负，至贫民而益重。强制公债，滥发无垠，不良泉币，遍布于市，贫富相悬，益不可以道里计。握特权者，穷奢极欲；而耕农苦力，至贫无立锥。至千七百八十九年，国债山积，国家财政几于破产。呜呼！何其危也！及观其革命既成而后，建设共和，实施宪政，人民之生命自由，举为宪法所保障。《人权宣言》之大旨：一曰自由平等，根于天生；二曰国家主权，完全在民；三曰法律主于人民总意，一视同仁。(见 *Declaration of the Rights of Man*, August 26,1789)至其赋税，不得人民许诺，即不得增加一钱，自脱去革命厄运，以迄于今，其享受自由幸福，在世界民族中为第一。呜呼！又何其幸耶！当其暴政横行，国势叠卵，举国志士，绝不苟安旦夕，自取灭亡，而乃怒发冲冠，捐躯殒命，血潭骨阜，炮震肉飞。虽其间几经挫折，共和方成，专制旋复，而奋其义勇，绝不识回，前者覆亡，后者又起，此其故何哉？志在共和。共和未得，故身可捐而志不可违也。彼知不牺牲今日之身家，即无由致国家于安宁、巩固之域，而有以保护其神圣之自由也。志之所指，险阻立化为坦途，危亡立转为安泰。法兰西国民知之，法兰西国民行之，此正有志之效也。

青年自觉之道，又在练胆。夫志者，理义既明，定其正鹄，以为趋赴之的者也。胆者，本此正鹄，鼓其豪兴，以赴前途，无所于惧，无所于恐者也。志为心之所之，胆为行之所主。太平之世，因故袭常，循例以行，罔有所阻。当此之时，瑟缩怯懦之夫，亦得滥竽其列。而吾所谓胆，乃退处于无权，及一旦天倾地裂、雷震风惊，狮象在前，猛虎蹑后，国势阽危，千钧一发，覆亡之惨，悬诸目前，瑟缩懦怯之夫，汗颜咋舌，慑伏退避，而不知所为。吾所谓胆，乃于是脱颖而去。故胆之为用，专在危急存亡之秋。过此以往，将无用武之地。今者，吾国险象，迭见环生，为有史以来所未见。时之所以锻炼玉成吾人之胆者，委曲周至，吾人须知魔力横生，强邻虎视，在在皆为吾人试胆之时。语曰"英雄造时势"，时势何以造？以胆造之。青年第一秘诀，要以时势危急为吾人练胆之资，不得因时局垂危遂生丧胆之象。故自今以往，吾国时势，诚为吾人练胆之第一好机也。

彼法兰西自革命以后，制度破坏，秩序荡然，迨入于恐怖时代（Reign of Terror）。激烈党之互遭残戮者，不下百万。外而列国王侯，又以革命影响将不利于己。从英俄之提倡，联结诸邦，合兵攻法，四境敌兵，长驱深入，血战不利，至千七百九十九年，一败涂地，国势之不绝者直如缕耳！然法人求共和之心，谋自由之志，未尝因是而止也；其后拿破仑以一世之雄，刍狗法人，从事远略。欧洲列强，莫不为其铁马金戈所践踏。对外如此，对内其又奚言？共和既翻，帝政旋始，生杀予夺，从其一心。然法人求共和之心，谋自由之志，未尝因是而止也。云其危急，其有过于四面楚歌，声声相逼。外兵既临城下，而国内党祸尚自相水火者乎！云其迫压，其有过于盖世魔王。手操兵柄，长驱普澳之郊，几如入无人之境，况或少怀顾忌，于所谓民意民气者乎！何法人迫于党争而不惧？迫于联军而不惧？迫于一世魔王之残摧而不惧？而必善始善终，求所谓共和，求所谓自由者乎！曰胆为之也，惟其胆略之壮，故能成此掀天撼地之殊勋。为民族而战为国家而战为世界之人道而战，而无所恐怖也。此又练胆之功也。

青年自觉之道，又在于练识。识者，御事以理，判案以律，推其原因，而有以知其结果者也。故识之本在学，学者，籀其因果公例，用以数往知来，见其然而必以推其所以然者也。如见日而知其朝升东海，夕沉西山；见木叶之入水而知其浮；见金石之入水而知其沉。此但知其然，非可以之为学也。若见太阳之西向而走，即识为地球东向回转之结果；知地球之回绕太阳，为由引力作用之所致；见木叶金石之浮沉，即理解其从比重之法则而然。此乃谓之科学，非依据律令，不得以臆擅断之，学之真乃于是见。夫求科学之道，不外于万殊物理之中，归籀其统　会通之则。执此统一会通之则，以逆万殊之事，以断未然之机也。前者谓之归纳，后者谓之演绎；前者用以读书，后者用以应事。其所以求此之法，应分三种：一曰试验。试验者，见一物之既然，因以求同此物者之皆然，所得者事实也。次曰推证。就其事实，谨慎研求，以寻其常然之例。常然之例者何？曰因同者果莫不同是也。再次曰推概。推概者，既得物理之常然，著为公例，用以逆睹未形者是也。语本严复。名学浅说如化学家分验杂质，合炼原素，执因求果，凡显见之象，变化之节，均如所期者，谓之试验。由此试验，而求某质之所以显某象者，因于某理。某原素之所以呈某变化者，因于某故。由其然而推其所以然者，谓之推证。至于推概，则执此所以然之例，以逆未然。就纷然万殊之物，以籀其同然合理之原。吾见虽或有涯，而吾例则统摄万有，于是归纳之事尽矣。明同因同果之法，则知凡因确同果必无异。他人以甲法强国者，苟其因确与吾同，则吾用甲法，亦必强国；他人用乙法争得自由者，苟其因亦与吾合，则吾用乙法，亦必争得自由。故准卢梭自由平等来自天生之例，则可知吾既为人，亦应享受天然之自由平等。或有障碍，皆为外缘，吾得排而去之也；准卢梭主权为人民总意所成之例，则可知吾国主权，既无物质，亦应由吾人人民总意肇发之；非然者，即为伪造主权，与吾人无与。凡此皆物理人事，例有相通者也。

虽然，今者文明大启，而人事之发明，有不必为物理之例所拘者。即物理者，每由例以求理；人事者，可由理以肇例是也。物理学家先于例中考求，由旧有之例以推阐新理，设例不吾从，吾之理即不能立，当变吾理以殉之；至人事之学则不然，主观在我，凡我以外皆客观。故吾理苟觉可通，吾例即从之而见，凡例有未当吾理者，得以吾理变其例，徒例不能立也。前者由已然而推其所以然；后者则以当然易其未然者也。此又近世物理人事之根本不同处也。论政者，人事之学，即不引例，吾说亦自可行。矧吾国今日情形，在在与他国之往例有合，理例俱符，他日结果，又安能逃国之公例哉？

顾吾所谓由理肇例者，乃谓理不必限于例，非谓凡例皆非理或理皆先于例也。大抵文化初开之时，多以政例肇政理，故有尧、舜、禹、汤之政治，而后孔孟之政论乃大明。至文明大启之秋，则常以政理启政例，故孟德斯鸠之“三权分立”说为近世宪政之精神，卢梭之“平等自由论”遂唤起法国之革命，盖以政例肇政理者，其思想常拘于守成；以政理启政例者，其思想常趋于改进。今之世固脱故谋新、日日演进之世也，固理论一出，而世界之趋势因之丕变之世也。吾人今日第一要务，即在求确当之政理，以为政例之前驱，确信于理可通，于例即有可立。察他人之理论，可行于其国者，则知吾人之理论，必可行于吾邦。其所难者，在于察因耳。察因中所含之条件，果确与平日所推论之原理同，则遵吾所推论者以行之，他日自必收相同之果。此按诸逻辑，其律不爽者也。吾国今者，其原因何在？因中所含之条件何若？果宜从若何之理论而行，乃有转危为安之望？此则专在吾辈青年之自觉。欲自觉其正途，不致彷徨道左也，则识尚焉，此练识又所以为自觉之要道也。

总之练志、练胆、练识，三者互相为用，不可缺一。以志言，则胆与识所以定志者也；以胆言，则志与识所以壮胆者也；以识言，则志与胆所以致识于用者也。志何以不移？有胆有识以定之，故不移；胆何以不怯？有志有识以壮之，故不怯；识何以能行？有志有胆以致之于用则行。吾辈丁兹国运，第一戒在抱悲观；第二戒在图自了。一抱悲观，则灰心颓气而不存猛勇奋进之心；一图自了，则朝不谋夕而不存任重道远之念。境由心造，心神强壮，则虽残山胜水亦为我动心忍性之资；心志颓唐，即壮版雄图反增我感喟凄凉之恨。至欲图自了，则今日更非其时。若吾身昨年已死，自了之愿固可告终。苟吾之死应在明年，则今年尚为吾奋斗之期，而非吾告终之日。非特明年然也，即吾之死在次月、次日、次时、次刻，而吾之奋斗尚当于此月、此日、此时、此刻行之。急起直追，至死乃止，则主人之责已尽，而吾怀乃可少安，吾心乃可明告于天下后世。此所以当共和告别之顷，而殷殷然对我青年为此临岐握手，各自珍重之最后一言也欤！

（第一卷第三号，一九一五年十一月十五日）

德国青年团

谢 鸿

一、德国青年团之源起

“青年教育”云者,非指学校教育而言,乃就社会教育而言也。盖在欧美各国,今日之青年教育,已非单纯教育学上之问题,而为与国运有关之实际问题。此种观念之发生,迫于国难,起一种恐怖心。由是一般国民,受非常刺激,其结果,遂合力图青年社会教育之发达。说者谓英俄两国从事于青年社会教育者,激于俄日战争及南非战争后之警觉,岂不然哉?德国自先世受拿破仑一世蹂躏,国人茹苦忍痛,专事青年教养,以为复仇之准备。厥后普奥及普法两次战争,虽获胜利,尤恐国人因此而生惰气,全国上下,从事青年教育益力。此次联合奥国与四协约国宣战,迄今已逾一载,强敌如英、法、俄、意,始终不能入其国境一步。通国人口,不过七千万,男子约居半数,而出征之额兵及补充兵之数,在七百万以上。合以前死伤俘虏及最近所征,自十七岁至五十二岁之志愿兵计之,其总数达于千万,国民意气之盛,可谓横绝一时。实际德国之强,不在军容之盛,由于国家之基础巩固。举国人民,复能贯彻青年德意志主义,尽其所有智力、能力、财力,以供国家牺牲。有此精神,乃有今日之战绩。饮水思源,谓非青年社会教育之赐不可得也。

二、青年团之统一计划

德国近来教育,受法国鼓励者居多,因法国对于国内青年施军事教育而生对抗之心，征诸国防会及青年德意志会之设置可知也。外此关系教育会之青年团体，亦复不少。其指导之任，大率责诸附近防营之将佐，惟其教育方法，有偏重军事之倾向。国人颇有责言，于是政府知青年教育任各团体之各自行动，易生流弊，遂筹统一方法。其教育目的，不偏重体育，保持中庸之度，养成有坚强体力与强毅精神之健全国民。所谓“德意志魂”是也。遂于一千九百十一年，以统一各团体为目的，组织“青年德意志团”。其趣旨略谓“青年教育，宜谋身心健全，使之守规律、重公德，养成富于敬神心及爱国心之国民为第一要义。青年之父母及社会各方面之人，当协力匡助，始能达其目的。凡党派、军部、教会、实业家，尤当执中立态度，不偏于一面，始能达协同匡助之目的”。此布告一出，举国人民，不论若何阶级，均进而补助青年教育。至今日，遂养成坚强、勤勉而重规律之国民性也。

三、青年团之教育方法

德国统一青年团之计划既成，设本部于柏林，以皇太子为总理，戈尔将军为会长。各联邦均以国王及世子为支部理事。凡各地方青年团之事业，不受本部之拘束，惟其主义及进行方针，不得有背于前项布告之宗旨。其经费，受政府补助，若普鲁士、巴伐利亚之陆军部，更与以特别之便宜。现今此种团体之设置，在一万以上，其会员之多，更不可胜纪。指导之责，率以军营将佐当之。游历德国各地方，星期日见有多数少年，服装不一，荷木枪，军营将佐随其后，于野外仿设野营，或于森林中游戏者，青年团团员也。德国有斯铁青一市，其地毗连俄境，为国家防营之驻扎地。青年团团员，均为自十三岁至十八岁之青年，其教育方法，以体操、游戏、旅行及模仿军营野操，增长其体力。复时开讲演会于附近学校，灌输常识，以补助其智识之不足。遇军营大操及举行纪念时，特许参观，激起其名誉向上之心。平时一团分五队由该地防营之将佐指导一切。此虽就斯铁青一隅而言，举一反三，全国青年团之教育方法，大率类此。至无军队驻扎之地，地方之青年团，以本村有名望之人及学校教员指导之。然在德国，此等人又多为退伍之将佐也。总之，德国青年团之精神所在，就一地方而论，以养成勤勉节约，能独立生活为宗旨。市府稍大者，率以小学校之所在地为标准。区分市街，各区内凡达于征兵年龄之青年，施以教育，务使其思想行为不致放逸。所有工人、佣工、学徒，多利用星期日及休暇日或夜间加职业上之教育。又或利用小学校,设特别学校以教育之。此种学校,德人称为第一勤劳学校,若军队则称为第二学校。青年团本部会长戈尔将军,尝语人曰:"政府知我国青年团,因风俗习尚,易趋于军事的训练,只求体力精神强健,成为守规律之勤勉国民,并按各人所习之职业使之发展。俾与其他之国民角胜,决非使青年尽为军人。"观此欲谋青年社会教育者,可以知所择矣。

(第一卷第三号,一九一五年十一月十五日)

一九一六年

陈独秀

任重道远之青年诸君乎！诸君所生之时代，为何等时代乎？乃二十世纪之第十六年之初也。世界之变动即进化，月异而岁不同。人类光明之历史，愈演愈疾。十八世纪之文明，十七世纪之人以为狂易也；十九世纪之文明，十八世纪之人以为梦想也；而现代二十世纪之文明，其进境如何，今方萌动，不可得而言焉。然生斯世者，必昂头自负为二十世纪之人，创造二十世纪之新文明，不可因袭十九世纪以上之文明为止境。人类文明之进化，新陈代谢，如水之逝，如矢之行，时时相续，时时变易。二十世纪之第十六年之人，又当万事一新，不可因袭二十世纪之第十五年以上之文明为满足。盖人类生活之特色，乃在创造文明耳。假令二十世纪之文明，不加于十九世纪，则吾人二十世纪之生存为无价值，二十世纪之历史为空白；假令千九百十六年之文明，一仍千九百十五年之日，而无所更张，则吾人千九百十六年之生存为赘疣，千九百十六年之历史为重出。故于千九百十六年入岁之初，敢珍重为吾任重道之远青年诸君告也。

自世界言之，此一九一六年以前以后之历史，将灼然大变也欤。欧洲战争，延及世界，胜负之数，日渐明了。德人所失，去青岛及南非洲、太平洋殖民地外，寸地无损；西拒英、法，远离国境；东入俄边，夺地千里；出巴尔干，灭塞尔维亚，德、土二京，轨轴相接。德虽悉锐南征，而俄之于东，英、法之于西，仅保残喘，莫越雷池。回部之众，倾心于德。印度、波斯、阿拉伯、埃及、摩洛哥，皆突厥旧邦，假以利器，必为前驱。则一九一六年以前英人所据欧亚往还之要道，若苏彝士，若亚丁，若锡兰，将否折而入于德人之手？英、法、俄所据亚洲之殖民地，是否能保一九一六年以前之状态？一九一六年之世界地图，是否与一九一五年者同一颜色？征诸新旧民族相代之先例，其略可得而知矣。英国政党政治之缺点，日益暴露，强迫兵役，势在必行。列国鉴于德意志强盛之大原，举全力以为工业化学是务。审此一九一六年欧洲之形势，军事、政治、学术、思想，新受此次战争之洗礼，必有剧变，大异于前。一九一六年，固欧洲人所珍重视之者也。

自吾国言之，吾国人对此一九一六年，尤应有特别之感情，绝伦之希望。盖吾人自有史以讫一九一五年，于政治，于社会，于道德，于学术，所造之罪孽，所蒙之羞辱，虽倾江汉不可浣也。当此除旧布新之际，理应从头忏悔，改过自新。一九一五年与一九一六年间，在历史上画一鸿沟之界。自开辟以讫一九一五年，皆以古代史目之。从前种种事，至一九一六年死；以后种种事，自一九一六年生。吾人首当一新其心血，以新人格，以新国家，以新社会，以新家庭，以新民族。必迨民族更新，吾人之愿始偿，吾人始有与皙族周旋之价值，吾人始有食息此大地一隅之资格。青年必怀此希望，始克称其为青年而非老年。青年而欲达此希望，必扑杀诸老年，而自重其青年，且必自杀其一九一五年之青年，而自重其一九一六年之青年。

一九一六年之青年，其思想动作，果何所适从乎？

第一，自居征服(To Conquer)地位，勿自居被征服(Be Conquered)地位。全体人类中，男子征服者也，女子被征服者也；白人征服者也，非白人皆被征服者也。极东民族中，蒙、满、日本为征服民族，汉人种为被征服民族。汉人种中，尤以扬子江流域，为被征服民族中之被征服民族所生聚，姑苏江左之良民，其代表也。征服者何？其人好勇斗狠，不为势屈之谓也。被征服者何？其人怯懦苟安，惟强力是从，但求目前生命财产之安全，虽仇敌、盗窃、异族、阉宦，亦忍辱而服事之颂扬之，所谓顺民是也。吾人平心思之，倘无此种之劣根性，则予获妄言之咎矣。如其不免焉，自负为一九一六年之男女青年，势将以铁血一洗此浃髓沦肌之奇耻大辱。

第二，尊重个人独立自主之人格，勿为他人之附属品。以一物附属一物，或以一物附属一人而为其所有，其物为无意识者也。若有意识之人间，各有其意识，斯各有其独立自主之权。若以一人而附属一人，即丧其自由自尊之人格，立沦于被征服之女子、奴隶、捕虏、家畜之地位。此白皙人种所以兢兢于独立自主之人格，平等自由之人权也。集人成国，个人之人格高，斯国家之人格亦高；个人之权巩固，斯国家之权亦巩固。而吾国自古相传之道德政治，胥反乎是。儒者三纲之说，为一切道德政治之大原。君为臣纲，则民于君为附属品，而无独立自主之人格矣。父为子纲，则子于父为附属品，而无独立自主之人格矣。夫为妻纲，则妻于夫为附属品，而无独立自主之人格矣。率天下之男女，为臣，为子，为妻，而不见有一独立自主之人者，三纲之说为之也。缘此而生金科玉律之道德名词，曰忠，曰孝，曰节，皆非推己及人之主人道德，而为以己属人之奴隶道德也。人间百行，皆以自我为中心。此而丧失，他何足言？奴隶道德者，即丧失此中心，一切操行，悉非义由己起，附属他人以为功过者也。自负为一九一六年之男女青年，其各奋斗以脱离此附属品之地位，以恢复独立自主之人格。

第三，从事国民运动，勿囿于党派运动。人生而私不能无党，政治运用，党尤尚焉。兹之非难党见者，盖有二义。其一，政党政治，将随一九一五年为过去之长物，且不适用于今日之中国也。纯全政党政治，惟一见于英伦，今且不保。英之能行此制者，其国民几皆政党也，富且贵者多属保守党，贫困者非自由党即劳动党。政党殆即国民之化身，故政治运行，鲜有隔阂，且其民性深沉，不为已甚，合各党于"巴力门"。国之大政，悉决以三C。所谓三C者，第一曰Contest，党争是也；第二曰Conference，协商是也；第三曰Compromise，和解是也。他国鲜克臻此，吾人尤所难能。政党之岁月尚浅，范围过狭，目为国民中特殊一阶级。而政党自身，亦以为一种之营业：利权分配，或可相容；专利自恣，相攻无已。故曰，政党政治，不适用于今日之中国也。其二，吾国年来政象，惟有党派运动，而无国民运动也。法兰西之革命，法兰西国民之恶王政与教权也。美利坚之独立，十三州人民之恶苛税也。日本之维新，日本国民之恶德川专政也。是乃法、美、日本国民之运动，非一党一派人之所主张所成就。凡一党一派人之所主张，而不出于多数国民之运动，其事每不易成就，即成就矣，而亦无与于国民根本之进步。吾国之维新也，复古也，共和也，帝政也，皆政府党与在野党之所主张抗斗，而国民若观对岸之火，熟视而无所容心，其结果也，不过党派之胜负，于国民根本之进步，必无与焉。自负为一九一六年之男女青年，其各自勉为强有力之国民，使吾国党派运动进而为国民运动，自一九一六年始。世界政象，少数优秀政党政治，进而为多数优秀国民政治，亦将自一九一六年始。此予敢为吾青年诸君预言者也。

（第一卷第五号，一九一六年一月十五日）

青年与国家之前途

高语罕

英人甄克思曰："国于天地，必求自存。"语曰："民为邦本，本固邦宁。"由前之说，知吾国当此内忧外患纷呈之时，必求所以自存之道。由后之说，知吾国欲求自存，必须求之国民自身。虽然，吾国之民众矣，老者血气既衰，殆如秋草斜阳，萎谢之期将至；幼者年力未壮，方似春芽初发，郁茂之日尚早，而国势危亡，迫不及待。求于此十年之内，能以卓自树立，奋发为雄，内以刷新政治，巩固邦基，外以雪耻御侮，振威邻国，则舍我青年谁属？盖民为国之根本，而青年又民之中坚也。欲国之强，强吾民其可也。欲民之强，强吾青年其可也。强之之道奈何？曰导正其志趣也，曰培养其道德也，曰发扬其精神也。顾精神之发扬，道德之培养，志趣之导正，首须研究青年之障碍，继说明人生之究竟，终则详论国民之责任。请得而缕陈之。

一、青年之障碍

吾国家族社会，根深蒂固，蟠结人心者数千年，父母之所教，兄弟之所勉，妻子之所仰望，不外目前衣暖、食饱、居安三事。知识所及，不出乎口耳四寸之间，以致英俊青年，半为家族生活所累，其稍进者，则作官发财为唯一教育方针，能此者为一门之肖子，宗祖之贤孙，兄弟以为尊荣，妻子假为光宠。设有一二非常之资，不为流俗所囿，则群聚而非笑之诟詈之，家庭将视之为狂妄顽钝，侪之于浑沌穷奇，终之以郁以折，而美质尽失，与卑卑者俱化。此家庭之阻碍青年前途也。

化民成俗，端资学校。夫学校之在吾国，以人口方域计之，几无教育可言。边鄙荒陬无论已，通都巨邑，学校林立之地，求其设备完全，亦不可多得。其有一二声名卓著者，大都重其形势，而遗其精神，问其教育目光所注，又鲜能为贯彻之主张。吾至高尚纯洁之青年，又乌从而学焉，此自主持教育者一方言之也。至于学者本身，更无一定之旨趣，今日入工业，明日入师范，再明日又入法政，又入陆军，问其来学之目的，则瞠目而不能对。即其个人之意，大都不外前者所谓衣食居处，及作官发财诸问题，纵使教育者主张甚是，来学者趋向亦正，盖亦不离乎讲堂教授，口头文明，而能言行一致，倡为学风，使青年有所观感，有所模范，蔚成一群优秀之青年，未见其人，亦未闻其语也。则学校教育，亦不足促青年之进步矣。

至于社会，则更有足令人寒心者。吾国之社会，可分为两部：曰内部，曰外部。内部交通不便，风气鄙僿，噩噩浑浑，未脱半化之迹，而人情朴厚，尚有一种睦霭之风。外部则交通甚便，风气亦开，惟人情浇薄，俗尚奢靡，青年子弟，濡染既久，每堕志气而荒嬉所业，如新剧社、如公园、如藏书楼、如演说团体、如音乐俱乐等部。文明各国，莫不以此联络国民情感，增进国民爱国保种观念，发扬国民高尚优美思想，故入其社会，自有令人肃然敬慕，怡然和悦者，返观吾国则何如？此固由于政治不良，莫由兴奋，而社会名流，不能力谋进步，不能以身作则，亦未始非重大之原因，于是吾国青年，更失其劝诱观感之机，迷离惝惶，弗识所由。源不正而望其流之清，岂可得乎？

二、人生之究竟

今欲觅补救之方，不可不使青年学子，先了解人生之究竟。说明人生之究竟，首宜详究生死、人我之真相，继论苦乐之胜义，其他问题，则迎刃解矣。近世谈说之士，动曰热心公益也、舍身卫国也、奔走社会救人救世也，吾侪同是血气之伦，此等高谊，恶有不同声膜拜之理？顾问其公益何以要热心，国家何以要保卫，社会何劳于奔走救人也、救世也，何以要发此宏愿？吾恐能解答此问题者甚鲜。此题不解，终是冥行索涂，弗克自主，岂不大可哀耶？则生死、人我之义，研究讨论，又焉可缓？

一、生死问题。夫生死之事大矣，上寿不过百年，终有形枯气索之日。以此魂交形开之身为生耶，则陈白沙先生有言曰：

> 人具七尺之躯，除了此心此理，便无可贵，浑是一包浓血，裹一大块骨

头。饥能食,渴能饮,能著衣服,能行淫欲,贫贱而思富贵,富贵而贪权势,忿而争,忧而悲,穷则滥,乐则淫,凡百所为,一信血气老死而后已,则命之曰禽兽。

夫人而等于禽兽,是虽生犹死也。庄子曰:

一受其成形,不亡以待尽。终身役役而不见其成功,苶然疲役而不知其所归,可不哀耶?人谓之不死奚益。

“终身役役”谓之死,则所谓生者,此心此理也,不苶然疲役而知其所归者也。盖我有躯壳、精神之异,生死亦有形上、形下之殊。形体其身,精神其心。身死事小,心死事大。吾人死其身,勿死其心。生其心,勿徒生其身。心者,性也。性光常照,大智湛然,虚灵不昧,万古不灭,生之至也。

二、人我问题。万事纷纭,都有差别。差别之相,肇自我见。夫我有二:曰理性,曰躯壳。古今之说不同,圣凡之心各异。孔子曰:“古之学者为己。”所谓“为己”者,即为我也,为理性之我,非躯壳之我也。今人徒认躯壳为我,而迷其理性,理性既迷,不但为我非,为人亦非。故我与人所异者躯壳,所同者理性。理性同则我亦人也,人亦我也。舍人而爱我,背乎理性。舍我而爱人,亦背乎理性。德国哲人菲斯的曰:

人类一切责任,更无所谓对世责任,所有者惟对我责任而已。

又曰:

我曷为而生?我为我而生。我曷为而存?我为我而存。我曷为而勤动?我为我而勤动。

故修身、齐家、治国、平天下,皆为我之事也。古昔圣贤、仙佛、忠臣、烈士,皆为我之人也。孟子曰:“万物皆备于我。”又曰:“善推其所为而已。”然则爱万物者,非爱万物也，爱我也。陈白沙亦曰：

“……吾自信，吾自静自动，自开自辟，自舒自展。甲不问乙供，乙不待甲赐。牛自为牛，马自为马。”斯言也，精辟独到，阐发千古余蕴。盖人生必明人我之义，兼爱自爱之实，始有安身立命之地，不为外物所摇。夫生死、人我之说既解，则苦乐问题尚矣。

同此心也，同此理也。吾侪早作而夜思，手胼而足胝，果何为耶？得之则喜，失之则忧，果又何为耶？商贾何为争利于江湖？农夫何为辛苦于稼穑？士子何为穷年于典籍？战士何为效命于疆场？帝王君后，争城争地，子孙诛夷而不顾，盗贼强豪，杀人越货，身为刑僇而不辞。何也？孔子周流列国，席不暇暖，栖栖皇皇；墨子摩顶放踵以利天下；释迦苦心修行，度人度世。抑又何也？无它，皆苦乐问题趋之使然也。夫人类至不齐，所谓苦乐亦樊然而淆乱，恶由立一德以绳之。严几道曰：

论人道，务通其全而观之，不得以一曲论也……然则人道必避苦而趋乐，必有所乐，始名为善，彰彰名矣，故曰善恶以苦乐之广狭分也。然宜知一群之中，必彼苦而此乐，抑己苦而后人乐，皆非极盛之世。极盛之世，人量各足，无取挹注。于斯之世，乐即为善，苦即为恶，故曰善恶视苦乐也。

章秋桐近亦提倡幸福主义，并引穆勒、戴雪及孙卿诸儒之说以实之，颇中肯綮。其言曰：

须知近世国家惟一职志，乃在提倡人民体质上之欢娱。戴雪推广边说，尝精求幸福两字之定义，谓“幸福云者，在使各种阶级，皆于法律范围以内，享有相当之娱乐”。所谓“相当之娱乐”，实不外生活程度与当时文明相应而已，非有他也。

是则苦乐主义，既为善恶究竟问题，而求娱乐既须在范围以内，其程度又必与当时文明程度相应，精密周匝，毫无流弊。虽然，人之度量相越，远有高尚优美思想之人，既明人我之义，又达生死之观，其视苦乐也自异于常人，又乌可以一概论也。

以上说明人我、生死、苦乐诸义，学者当可了悟于心，不佞将继此而论个人与国家之关系。

一、国家之起源。人生而有欲，欲而不足则争，争则强弱以分，弱者肉而强者食。知识渐起，尽于危亡，用相结合以为保助，于是由游牧而酋长，由酋长而国家。国家也，又有由专制而立宪，由君主而民主者矣。要之，立之政府，托以国权，奉身公仆，出纳民意，冀以内息纷争，外御邻敌则一。盖国家既为一国人民共同目的之组织体，主权也，土地也，人民也，非一人一家可得而私，亦非一人可负之而趋，即所以谋一国最大幸福，谋公共安宁之团体也。此国家起源之说也。

二、现在国家在国际间之位置。轮轨发轫，交通频繁，国际纠纷，与日俱进。或骎骎而远驾，或唯唯以听命。前者列强是也，后者吾国是也。海禁之开，迄数十年，进步迟滞，一辱再辱，割地赔款，国已不国。所以苟延残喘者，列强均势之局为之也，非我果有自存之道不亡之势也。欧战初起，波及亚东，东邻乘隙，要素忽来，迫我二十余款之承认，铸成五月九日之奇耻。痛定思痛，血泪未干，风雨漂摇，惊魂又起，则吾国在国际间之地位，国人当自知之矣。

三、国民之责任。吾侪国民，际此大难将临、危亡立至之秋，其责任果安在耶？首须具有政治常识，次须具有合群之能力。（一）国家之强盛，固在少数优秀分子，而多数国民之普通智识，尤为立国之要素。故无论何人，必具有判别是非善恶之能力。政治之良窳，官吏之忠佞，辨之既熟，使奸雄大憝，不敢妄生觊觎，则水平线上之政治常识，必不可缺也。（二）国民宜各量其才能，以觅其自见之涂，守其群己之界，以为活动之地，戢其自营之私，益扩爱群之德。赫胥黎曰："苟私过用，则不独必害于其群，亦且终伤其一己。何则托于群而为群所不容也？"吾于是知必爱其群矣。孙卿曰："人有气，有生，有知，有义……曰人能群……人何以能群？曰分。分何以能行？曰以义。故义以分则和，和则一，一则多力，多力则强，强则胜物。"夫分者有制限之谓也，义者事之宜也。吾于是又知合群之道，在各守其制限，而各行其所当行。阳明先生之言曰："用之者同心一德，以共安天下之民，视才之称否，而不以崇卑为轻重，劳逸为美恶。效用者，亦惟知同心一德以共安天下之民。苟当其能，则终身处于烦剧而不以为劳，安于卑琐而不以为贱……故稷勤其稼而不耻。其不知教，视契之善教，即己之善教也。夔司其乐，而不耻于不明礼，视夷之通礼，即己之通礼也。"其言可深长思矣。世风日下，邪欲横流，逐臭趋腐，民莫知本，私利之争持日甚，国家之危亡益急。吾青年当进德修业之时,正为世储才之际,知其障碍而去之,识其究竟而皈之,明其责任而负之。中庸思辨之学,大学知止之道,不可一日忽也,不可一日忽也!

(第一卷第五号,一九一六年一月十五日)

战云中之青年

易白沙

逢逢战云，一西一东，一南一北。吾青年闻见所涉之世界，已成一伏尸流血，寡妻孤子，伤心惨目之世界。吾青年生长优游寄托之国家，已成一干戈纷起，黔首流离，存亡危急，救死不遑之国家。吾青年今日之藐躬，遭兹世界，处兹国家，其责任重大，不啻背负四百兆男女老幼之哀乐，且肩担六大洲人类之荣枯。愚为斯言，实非夸语，更非故造危词，耸动青年诸君子之清听。凡个人与国家，国家与世界，言笑动止，罔不息息相关。倘自放弃其责任，则父母妻子，仰事俯畜，饮食衣服，思想言论，当一一俯首静待他人裁制。离魅罔两（魑魅魍魉），肖翘惴耎，随地可以停止我之发言权，而我青年时代之生涯，将如朝菌蟪蛄，仅生息此晦朔春秋范围以内，如婴儿老朽，惟啼笑辗转于床箦咫尺之间而已。斯人也，侧身天地，尚安有丝毫价值之可言？放弃责任之青年，即一钱不值之青年也，即朝菌蟪蛄、婴儿老朽，而非青年也。所谓责任者，非朝发一议曰讽世，夕倡一论曰救国。出疆载质，干说当轴，朋党比周，竞夺声誉，大敌当前，犹争私愤，覆巢在目，且攘利权，此实人群之蟊贼，不得尊为救世救国敢负责任之青年。彼利权之奴也，情欲之奴也，以较放弃责任者之奴于他人，无所择其妍媸。

放弃责任者，勿论矣。竞利权而恣情欲，亦与负责任之实绝不相类，惟愿目前一己苟安，罔惜他日丧邦祸国。以责任为利权、情欲之牺牲，以利权、情欲为责任之代价，专制政治，则争帝王；共和国家，则争总统；从事政党，则造言相诋；服役百僚，则群相构陷；将帅握符节，则视异军为仇雠；缙绅长闾里，则目邻邑为敌国；甚至一学校之师徒，一言论之报纸，一通有无之商贾，一化百材之工艺，亦多偏于感情，趋重利权，同室操戈，勇于私斗。邦人特性，往往以社稷人民，为利权、情欲殉葬之冥器。观于亡明之季，朱氏子孙，闺阁大臣，疆场将领，莫不相排相嫉，相攻相夺，相掣肘，相牵制。洪承畴、吴三桂之徒，且引盗入室，为王前驱，使满洲最少数游牧民族，鞭笞神州，宰制华夏，我国人至今犹受其遗毒焉。此中国过去之青年，放弃责任，竞竞于利权、情欲之咎也。人于水鉴，无如民鉴。亡明之民，可以鉴矣。今祝祷现在之青年，勿放弃责任，尤必先祝祷现在之青年，牺牲利权与情欲，绝此两大妖魔，乃可与言责任矣。

责任者，果何物耶？精洁纯白，坚忍沉毅，出于良知之自然，不可旁代，不可中立，发动非由情欲，希望不在利权者也，如孝子之救父，忠臣之抗国，慈母之保赤子，侠士之重然诺，全由一己精神，振荡发越。用志所在，大浸稽天而不溺，大旱金石流山土焦而不热，赴汤蹈火，死不旋踵，以求心之所安。当孝子、忠臣、慈母、侠士，险阻艰难，负其责任而趋，邻人之子，谓孝子曰"吾代救汝父"，他国之大夫，谓忠臣曰"吾代卫汝国"，东邻老媪，谓慈母曰"吾代保汝子"，远方丈夫，谓侠士曰"吾代践汝诺"，假令孝子许之，则失其为子之资格矣，忠臣许之，则失其为臣之资格矣，慈母许之，则失其为母之资格矣，侠士许之，则失其为士之资格矣。何也？彼各立于良知上主人地位，绝对不容他人代尽其责任者也。此种责任心，至精洁纯白，绝无丝毫他种卑劣芜秽之原质，酝酿错杂其间。我责任重大之青年，尤不可不辨析此界说焉。

呜呼，今日何日？我青年之父，待救亦极矣；青年之国，待抗卫亦亟矣；青年之赤子，待保抱携持亦亟矣；青年之然诺，待践行亦亟矣。干戈环绕于吾人之四周，干戈之外，又有干戈以环绕焉。何地无号啼之声？何处无死亡之惨？空气呼吸，何一非血雨腥风？祸灾迁移，何一不惊心动魄？愚者于此时，追责戎首。夫战争之起，必有远因。欧洲之大决斗，乃外交上四五十年之岁月所演成。中国之阋墙，则历史上四千年所栽余孽也。服上刑者，非墓木已拱，即华发堕颠，皆过去之青年，于今日人类痛苦，已无补救，只供历史学者凭吊之材料已耳。智者于此时，又推测将来，吊死扶伤，培养元气，以恢复人间百福。此固慈善事业中第一问题。维持永久和平，廓清野心家之侵略主义，尤人生应有之筹策。凡此所陈，谈何容易。盖非数十百年慈祥恺悌之仁人，公同讨论，断难成就，是乃未来之青年所有责任也。吾今日现在之青年，万难放弃之责任，不在追咎既往与推测将来，惟在目前千金一刻之转瞬光阴，救父、抗国、保赤子、践然诺而已。救之、抗之、保之、践之之道，惟抚剑疾视，求敌一人，不必如项籍学万人敌、范希文胸中有数万甲兵，各奋匹夫之勇，廓清世界之战云，与国内之战云而已。

欧洲战云，弥漫世界，吾青年本无中立之理也。彼抱负大塞尔维亚主义之青年，击死奥大利之男女两青年耳，竟演成一折天柱绝地维空前之大决斗。始则奥、塞二国之眦睚，于是俄人与焉，德人与焉，法人、英人与焉，如比利时，如鲁森堡，如黑山国，如勃牙利，如土耳其之弱，如意大利之中立，皆联袂投入战争，惟恐或后。印度、埃及、阿拉伯、波斯诸亡国遗民，亦且见猎心喜，跃跃欲试。东方日本，风马牛不相及也，乃隔万里重洋，通哀的美敦书于德人，皆以加入交战团为荣幸，以血飞肉舞之场为俱乐部。论者争传某国协约，某国同盟，某国外交，某国运动，其实皆非也。诸国之青年，各尊重其责任心耳。而不然者，我之青岛，切肤巨痛，较诸协约、同盟、外交运动，其关系孰深？胡为从壁上观战耶？郁郁泰山，美哉国乎！我青年一旦放弃其责任，遂使清夜胡笳，杂吹于邹鲁缙绅先生之门，而五月七日最后通牒，无形之灭亡。视比利时、塞尔维亚之山河破碎，为辱几何，非我青年不负责任之咎而谁咎哉！

此次国内之纷争，是非曲直，非本题所欲论。但计国势安危，道德存亡，身世荣辱，我青年肩上之责任，实万无放弃之余地，万无中立之理由。此而放弃，此而中立，譬诸野彘，两虎相遘，眈眈逐逐，爪牙奋张，彘守局外，终为胜者之牺牲；譬诸齐姬，遇两荡子，富均貌敌，嫉妒寻仇，机阱构陷，齐姬傍观，惟供胜者之狎玩；牺牲者放弃之结果也，狎玩者中立之报酬也。愚何敢以鄙悖不情之喻，侮我青年？惟皇天无亲，降此丧乱，我国家地位，实去野彘无几。我国民资格，若再经一次堕落，其高于齐姬几何，决非愚者所能忖度。儒家有恒言曰："今有同室之人斗者，救之，虽被发缨冠而救之可也。乡邻有斗者，被发缨冠而往救之，则惑也，虽闭户可也。"此辨别人生责任，有当负者，有不当负者。夫乡邻血斗，未尝不扰乱公安，与其闭门高枕，受池鱼之殃，奚若仗义执言，肃清风纪，使贪人败类，不容于乡里。吾国青岛中立，所损利权，等于甲午庚子之役，是即闭户主义所遗之辱焉。矧今者祸起门内，无户可闭，我青年唯一之责任，惟祈诸良心判其曲直，仗剑而起，左袒其兄也可，左袒其弟也亦可，而袖手旁观则不可。以非他人他国之事，无中立之余地也。予闻夏之亡也，桀与其属五百人，徙于齐，齐民不从，徙于鲁，鲁民复奔；其属五百人遂蹈海焉。此视田横之客未见其劣也。吾青年果不放弃责任，虽之齐之鲁之海，亦无不可，况从事桑林之舞乎？

（第一卷第六号，一九一六年二月十五日）

青年之敌

高语罕

呜呼，吾至爱之青年乎！呜呼，吾至敬之青年乎！吾至爱至敬之青年，何幸而生此簇新灿烂、光怪陆离之二十世纪之世界耶！吾至爱至敬之青年，又何幸而生此地大物博，有五千年之历史之文明而具雄飞世界之资格之中国耶！吾为吾青年喜。呜呼，吾至爱至敬之青年，又何不幸而生兹生计竞争，万物奋斗之二十世纪之世界耶！吾至爱至敬之青年，又何不幸而生兹国削民弱，耻辱频仍，岌岌殆哉之中国耶！吾又为吾青年惧。

吾青年诸君，试放眼以观世界。其政治之修明若何？其学术之进步若何？其社会之善良若何？其风俗之淳美又若何？至于今最足闹动世人之耳目者，非欧洲战争乎？强国六七，战地遍乎全欧，杀人盈野，军士趋之若鹜。军队之组织，在空则有飞艇队，在水则有潜行艇，在陆则除步马炮工辎外，又有汽车队，自行车队。其攻城也，有四十二栅之巨炮。其防守也，有极坚固之要塞。其侦察敌情也，则用飞鸽。其搜索间谍也，则用警犬。且德人之侦察敌军，用一种光弹，英军之侦察敌人也亦然，且可侦敌而不为敌所侦。德用闷杀瓦斯以攻敌，法则用铝质之嘴套以御之。科学愈明，攻战愈巧，在在足以启发吾人之智识，增进吾人之文明。吾所为吾青年喜者，此也。

吾青年诸君，又试回首以观吾国。其政治之修明者何在？其学术之进步者何在？其社会之善良者何在？其风俗之淳美者又何在？又返观乎吾国之军事，陆军数十师，果足一当彼强邻之马足乎？兵舰大小新旧四十余艘，果足与强邻相逐于惊涛骇浪中乎？其他所谓飞艇队也，潜水艇也，汽车队也，自行车队也，军鸽也，警犬也，光弹也，闷杀瓦斯也，铝质嘴套也，吾恐吾国人之习其名者尚寡，又安望其能力追前程耶？譬之人已登天，我尚扶墙学步；人已入地，我尚跌蹶坦途。外侮屡至，朝不保夕，吾又何以御之？坐而待亡，天演公例，则他年婴此痛苦、罹此大难者，吾今日至爱至敬之青年也。吾乌能不为吾青年惧？

海通至今，数十年矣；危亡至今，亦云亟矣！而吾国人犹瞢瞢若不知有国家灭亡之虑者！

“牛庄之败，浏阳恃以苏中国之昏梦者也。已则竭力苏之，结果为戊戌政变。自此以后，昏梦较甲午有加。联军之后，又复苏之，而昏梦复如故也，且其泄沓颟顸，视庚子前尤甚。其后十年，亦有机会时时以小苏之，而大苏则在辛亥。以吾人恶苏之性且突进也，不及二年，而昏梦之态，又远胜于光宣之间。”

此某杂志记者之言也。中日交涉起，一时国人愤慨填膺，呼号奔走，似此吾民之昏梦可大苏而特苏。今几日耳，国人脑中，尚有“五月九日”四字之印象否耶？政府固若是其因循不知振作，吾民亦何独不然？故“顶门方被铁锤，微觉痛苦，尾后偶戢鞭影，辄又欢腾”（《甲寅》杂志第六期《国民心理反常论》），实吾民之写真也。吾无以名之，强名之曰“猪性”，丁义华则说之曰“顽钝、无耻”。

呜呼，吾国人其真顽钝无耻耶？《孟子》曰：“羞恶之心，人皆有之。”吾民犹是人也，谓之无耻，必不愿受。虽然征之往事，证之见象，名之曰“无耻”，其有奚辞？是必吾人之根性上有一物焉，汩其良知，没其良能。吾民之良知知爱国，此一物曰“汝毋爱之”；吾民之良能能爱国，此一物曰“汝毋爱之”。此一物也，黄远生谥之曰“毒”。斯毒之徽菌，则为“笼统”，可谓一语道破吾国社会之真象矣，斯真吾人之毒也。虽然，斯毒也，必有至久之酝酿，至深之媒孽。夫此酝酿媒孽非他，即惰性也。惰性者，吾国人之公毒也，即吾国人之公敌也。吾人为此敌所降伏既远且溥，贤而至于圣哲，愚而至于编氓，上而至于元首，下而至于娼优，其思想，其言论，其举动，莫不受惰性所鞭笞。曰“将就”，曰“敷衍”，曰“得过且过”，曰“过了一天是一天”，曰“今朝有酒今朝醉”。举凡此类，何一非吾祖宗相传之家法耶？曰“观望”，曰“因循”，曰“首鼠两端”，曰“我躬不阅，遑恤我后”，又何一非吾祖宗相传之心理耶？尤可笑者，吾国二十余朝之历史，何一非自欺欺人之事？何一非盗贼奸宄之所为？谯周之作降表，既见惯而不羞。冯道之为三公，亦屡见而不耻。今日盗贼，明日神圣，无他，皆惰性之毒之也。数千年来不能克此公敌而去之，今则将歼吾种姓矣，可不惧哉！

虽然，此惰性也，亦非能自生自长也，必有种种因缘，以渐成此蔓草难图之势。

其在主观，人情好逸而恶劳，畏难而苟安，贪生而畏死，古先哲已尝言之矣。其在客观：(一)家庭方面。吾国人有一大恶习，即子孙之念是也。大凡三十余岁之夫妇，其子未及冠也，使非其家至不可了生，必为其子完婚，完婚早则添孙早。每观壮年夫妇之得孙也，兄弟亲戚视为莫大之庆，彼等亦自视含饴抱孙为人生无上之乐。而其子与媳血气未定，又不更事，早婚则戕折者多，早子则不教者众。因此而家族愈繁衍，无赖不教之子孙愈多。此不教无赖之子孙，又大率不能独立生活，而仰给于家庭。生之者寡，食之者众。于是由富而贫，由贫而促，而无以为生。惰气乘之，万事俱堕于冥莫之中而不自觉。呜呼，几何不率天下人而乞丐之也？(二)社会方面。由家庭、社会种种恶劣之原因，而造成社会多数无业待食之民。又以水旱洊灾，兵燹屡经，失业之民益众。于是而种种慈善事业，因之以起。此等事业，大半由于行善求福之目的，与烧香拜偶像同也。其他则属于政府地方之救济，如施粥厂，如平粜局，如施送寒衣所，如养老育婴院，如清节堂等等。其于社会吾不能谓其无片面的利益，然头痛医头，脚痛医脚，终之游民愈多，惰民愈众，益增其"好吃懒作"之性，没其独立自营之质。是扬汤止沸、抱薪救火也，非徒无益而又害之。(三)政治方面，益令我不寒而栗。吾国士农工商，虽称四民，而士独尊，其他若农若工若商，皆不得与之齿。自古皆然，今尚未改。士人以读书为其专业，以服官为其天职，有博一第晋一级者，乡党交游，以为光宠。彼士人者峨冠而博带，安貌而宽容，于思于思，以骄以媚，吾民日奉其脂膏食之，日出其血汗以享之，高坐堂皇，觍不知耻。于是商贾罢其业，百工去其肆，捐其资财，投其利器，以从事于官之一途，上焉者耀吾乡党，光吾门第也，其余则谋生耳，疗贫耳，救死耳。至于谋生、疗贫、救死，皆须求之于作官，吾民焉有不贫且弱？吾国焉有不削且亡也？

综上诸因，惰性日增，此吾人内界之敌也。此敌不克，一切外界之敌，若邻国之侵陵也，神奸之蠹国也，其他若恶社会也，恶风俗也，恶国家所遗留之旧思想也，日包围吾人而降之戮之，未有能幸免者也。然则欲克此敌，果何道之由？请举前言为吾至爱至敬之青年诵之。

晏子曰："为者常成，行者常至，婴非有异于人也。常为而不置，常行而不止者，故难及也。"(见《内篇·杂下》第六)

明儒金伯玉先生曰："一事不可放过，一念不可放过，一时不可放过，勇猛精进。"

阳明先生答人“上知与下愚不移”之问曰:“非不能移,是不肯移耳。”

(第一卷第六号,一九一六年二月十五日)

新青年

陈独秀

青年何为而云新青年乎？以别夫旧青年也。同一青年也，而新旧之别安在？自年龄言之，新旧青年固无以异。然生理上、心理上，新青年与旧青年，固有绝对之鸿沟，是不可不指陈其大别，以促吾青年之警觉。慎勿以年龄在青年时代，遂妄自以为取得青年之资格也。

自生理言之，“白面书生”为吾国青年称美之名词。民族衰微，即坐此病。美其貌，弱其质。全国青年，悉秉蒲柳之资，绝无桓武之态。艰难辛苦，力不能堪。青年堕落，壮无能为。此非吾国今日之现象乎？且青年体弱，又不识卫生，疾病死亡之率，日以加增。浅化之民，势所必至。倘有精确之统计，示以年表，其必惊心怵目也无疑。世界各国青年死亡之病因，德国以结核性为最多，然据一九一二年之统计，较三十年前减少半数。英国以呼吸器病为最多，据今统计，较之十余年前，减少四分之一。日本青年之死亡，以脑神经系之疾为最多，而最近调查，较十年前，减少六分之一。德之立教，体育殊重，民力大张，数十年来青年死亡率之锐减，列国无与比伦。英、美、日本之青年，亦皆以强武有力相高。竞舟角力之会，野球远足之游，几无虚日，其重视也，不在读书授业之下。故其青年之壮健活泼，国民之进取有为，良有以也。而我之青年则何如乎？甚者纵欲自戕以促其天年，否亦不过斯斯文文一白面书生耳！年龄虽在青年时代，而身体之强度，已达头童齿豁之期。盈千累万之青年中，求得一面红体壮，若欧美青年之威武陵人者，竟若凤毛麟角。人字吾为东方病夫国，而吾人之少年青年，几无一不在病夫之列，如此民族将何以图存？吾可爱可敬之青年诸君乎，倘自认为二十世纪之新青年，首应于生理上完成真青年之资格，慎勿以年龄上之伪青年自满也！

更进而一论心理上之新青年何以别夫旧青年乎？充满吾人之神经，填塞吾人之骨髓,虽尸解魂消,焚其骨、扬其灰,用显微镜点点验之,皆各有“做官发财”四大字。做官以张其威,发财以逞其欲。一若做官发财为人生唯一之目的。人间种种善行,凡不利此目的者,一切牺牲之而无所顾惜。人间种种罪恶,凡有利此目的者,一切奉行之而无所忌惮。此等卑劣思维,乃远祖以来历世遗传之缺点(孔门即有干禄之学)。与夫社会之恶习,相演而日深。无论若何读书明理之青年,发愤维新之志士,一旦与世周旋,做官发财思想之触发,无不与日俱深。浊流滔滔,虽有健者,莫之能御。人之侮我者,不曰“支那贱种”,即曰“卑劣无耻”。将忍此而终古乎?詟将一雪此耻乎!此责任不得不加诸未尝堕落宅心清白我青年诸君之双肩。彼老者壮者及比诸老者壮者腐败堕落之青年,均无论矣。吾可敬可爱之青年诸君乎,倘自认为二十世纪之新青年,头脑中必斩尽涤绝彼老者壮者及比诸老者壮者腐败堕落诸青年之做官发财思想,精神上别构真实新鲜之信仰,始得谓为新青年而非旧青年,始得谓为真青年而非伪青年。青年之精神界欲求此除旧布新之大革命,第一当明人生归宿问题。人生数十寒暑耳,乐天者荡,厌世者偷,惟知于此可贵之数十寒暑中,量力以求成相当之人物为归宿者得之。准此以行,则不得不内图个性之发展,外图贡献于其群。岁不我与,时不再来,计功之期,屈指可俟。一切未来之责任,毕生之光荣,又皆于此数十寒暑中之青年时代十数寒暑间植其大本。前瞻古人,后念来者,此身将为何如人,自不应仅以做官求荣为归宿也。第二当明人生幸福问题。人之生也,求幸福而避痛苦,乃当然之天则。英人边沁氏,幸福论者之泰斗也。举人生乐事凡十余,而财富之乐居其一。举人生之痛苦亦十余事,而处分财富之难,即列诸拙劣痛苦之内。审是,金钱虽有万能之现象,而幸福与财富,绝不可视为一物也明矣。幸福之为物既必准快乐与痛苦以为度,又必兼个人与社会以为量。以个人发财主义为幸福主义者,是不知幸福之为何物也。吾青年之于人生幸福问题,应有五种观念:一曰毕生幸福,悉于青年时代造其因;二曰幸福内容,以强健之身体、正当之职业、称实之名誉为最要,而发财不与焉;三曰不以个人幸福损害国家社会;四曰自身幸福,应以自力造之,不可依赖他人;五曰不以现在暂时之幸福,易将来永久之痛苦。信能识此五者,则幸福之追求,未尝非青年正当之信仰。若夫沉迷于社会家庭之恶习,以发财与幸福并为一谈,则异日立身处世,奢以贼己,贪以贼人,其为害于个人及社会国家者,宁有纪极!夫发财本非恶事,个人及社会之生存与发展,且以生产殖业为重要之条件。惟中国式之发财方法不出于生产殖业,而出于苟得妄取，甚至以做官为发财之捷径，猎官摸金，铸为国民之常识，为害国家，莫此为甚。发财固非恶事，即做官亦非恶事，幸福更非恶事。惟吾人合做官、发财、享幸福三者以一贯之精神，遂至大盗遍于国中。人间种种至可恐怖之罪恶多由此造成。国将由此灭，种将由此削。吾可敬可爱之青年，倘留此龌龊思想些微于头脑，则新青年之资格，丧失无余。因其精神上之龌龊下流，与彼腐败堕落之旧青年无以异也。

予于国中之老者壮者，与夫比诸老者壮者之青年，无论属何社会，隶何党派，于生理上、心理上，十九怀抱悲观，即自身亦在诅咒之列。幸有一线光明者，时时微闻无数健全洁白之新青年，自绝望消沉中唤予以兴起，用敢作此最后之哀鸣！

（第二卷第一号，一九一六年九月一日）

青春

李大钊

春日载阳，东风解冻，远从瀛岛，反顾祖邦。肃杀郁塞之象，一变而为清和明媚之象矣；冰雪冱寒之天，一幻而为百卉昭苏之天矣。每更节序，辄动怀思，人事万端，那堪回首，或则幽闺善怨，或则骚客工愁。当兹春雨梨花，重门深掩，诗人憔悴，独倚栏杆之际，登楼四瞩，则见千条垂柳，未半才黄，十里铺青，遥看有色。彼幽闲贞静之青春，携来无限之希望，无限之兴趣，飘然贡其柔丽之姿，于吾前途辽远之青年之前，而默许以独享之权利。嗟吾青年可爱之学子乎！彼美之青春，念子之任重而道远也，子之内美而修能也。怜子之劳，爱子之才也。故而经年一度，展其怡和之颜，饯子于长征迈往之途，冀有以慰子之心也。纵子为尽瘁于子之高尚之理想、圣神之使命、远大之事业、艰巨之责任，而夙兴夜寐，不遑启处。亦当于千忙万迫之中，偷隙一盼，霁颜相向，领彼恋子之殷情，赠子之韶华。俾以青年纯洁之躬，饫尝青春之甘美，浃浴青春之恩泽，永续青春之生涯。致我为青春之我，我之家庭为青春之家庭，我之国家为青春之国家，我之民族为青春之民族。斯青春之我，乃不枉于遥遥百千万劫中。为此一大因缘，与此多情多爱之青春，相邂逅于无尽青春中之一部分空间与时间也。

块然一躯，渺乎微矣，于此广大悠久之宇宙，殆犹沧海之一粟耳。其得永享青春之幸福与否，当问宇宙自然之青春是否为无尽。如其有尽，纵有彭聃之寿，甚且与宇宙齐，亦奚能许我以常享之福？如其无尽，吾人奋其悲壮之精神，以与无尽之宇宙竞进，又何不能之有？而宇宙之果否为无尽，当问宇宙之有无初终。宇宙果有初乎？曰：“初乎无也。”果有终乎？曰：“终乎无也。”初乎无者，等于无初。终乎无者，等于无终。无初无终，是于空间为无限，于时间为无极。质言之无而已矣，此绝列之说也。若由相对观之，则宇宙为有进化者。既有进化，必有退化，于是差别之万象万殊生焉。惟其为万象万殊，故于全体为个体，于全生为一生。个体之积，如何其广大，而终于有限。一生之命，如何其悠久，而终于有涯。于是有生即有死，有盛即有衰，有阴即有阳，有否即有泰，有剥即有复，有屈即有信，有消即有长，有盈即有虚，有吉即有凶，有祸即有福，有青春即有白首，有健壮即有颓老，质言之有而已矣。庄周有云："朝菌不知晦朔，蟪蛄不知春秋。"又云："小知不如大知，小年不如大年。"夫晦朔与春秋而果为有耶，何以菌蛄以外之有生，几经晦朔几历春秋者皆知之，而菌蛄独不知也？其果为无耶，又何以菌蛄虽不知，而菌蛄以外之有生，几经晦朔几历春秋者，皆知之也？是有无之说，亦至无定矣。以吾人之知，小于宇宙自然之知，其年小于宇宙自然之年，而欲断空间时间不能超越之宇宙为有为无，是亦朝菌之晦朔，蟪蛄之春秋耳。秘观宇宙，有二相焉。由佛理言之，平等与差别也，空与色也。由哲理言之，绝对与相对也。由数理言之，有与无也。由《易》理言之，周与易也。《周易》非以昭代立名，宋儒罗泌尝论之于《路史》。而金氏圣叹《序离骚经》，释之尤近精微，谓"周其体也，易其用也。约法而论，周以常住为义，易以变易为义。双约人法，则周乃圣人之能事，易乃大千之变易。大千本无一有，更立不定。日新、日日新、又日新之谓也，圣人独能以忧患之心周之，尘尘刹刹，无不普遍。又复尘尘周于刹刹，刹刹周于尘尘，然后世界自见其易。圣人时得其常，故云《周易》"。仲尼曰："自其异者视之，肝胆楚越也；自其同者视之，万物皆一也。"此同异之辨也。东坡曰："自其变者而观之，则天地曾不能以一瞬；自其不变者而观之，造物与吾皆无尽藏也。"此变不变之殊也。其变者青春之进程，其不变者无尽之青春也。其异者青春之进程，其同者无尽之青春也。其易者青春之进程，其周者无尽之青春也。其有者青春之进程，其无者无尽之青春也。其相对者青春之进程，其绝对者无尽之青春也。其色者差别者青春之进程，其空者平等者无尽之青春也。推而言之，乃至生死盛衰、阴阳、否泰、剥复、屈信、消长、盈虚、吉凶、祸福、青春白首、健壮颓老之轮回反复，连续流转，无非青春之进程。而此无初无终、无限无极、无方无体之机轴，亦即无尽之青春也。青年锐进之子，尘尘刹刹，立于旋转簸扬循环无端之大洪流中，宜有江流不转之精神，屹然独立之气魄，冲荡其潮流，抵拒其势力，以其不变应其变，以其同操其异，以其周执其易，以其无持其有，以其绝对统其相对，以其空驭其色，以其平等律其差别，故能以宇宙之生涯为自我之生涯，以宇宙之青春为自我之青春。宇宙无尽，即青春无尽，即自我无尽。此之精神，即生死肉骨、回天再造之精神也。此之气魄，即慷慨悲壮、拔山盖世之气魄也。惟真知爱青春者,乃能识宇宙有无尽之青春。惟真能识宇宙有无尽之青春者,乃能具此种精神与气魄。惟真有此种精神与气魄者,乃能永享宇宙无尽之青春。

一成一毁者,天之道也;一阴一阳者,易之道也。唐生维廉与铁特二家,邃研物理,知天地必有终极。盖天之行也以其动,其动也以不均,犹水之有高下而后流也。今太阳本热常耗,以彗星来往度之递差,知地外有最轻之冈气,为能阻物,既能阻物,斯能耗热耗力。故大宇积热力,每散趋均平,及其均平,天地乃毁。天地且有时而毁,况其间所包蕴之万物乎?漫云天地,究何所指,殊嫌茫漠,征实言之,有若地球。地球之有生命,已为地质学家所明证。惟今日之地球,为儿童地球乎?青年地球乎?丁壮地球乎?抑白首地球乎?此实未答之问也。苟犹在儿童或青年之期,前途自足乐观,游优乐土,来日方长,人生趣味益以浓厚,神志益以飞舞。即在丁壮之年,亦属元神盛涌,血气畅发之期,奋志前行,亦当勿懈。独至地球之寿,已臻白发之颓龄,则栖息其上之吾人,夜夜仰见死气沉沉之月球,徒借曜灵之末光,以示伤心之颜色于人寰。若以警告地球之终有死期也者,言念及此,能勿愀然。虽然地球即成白首,吾人尚在青春,以吾人之青春,柔化地球之白首,虽老犹未老也。是则地球一日存在,即吾人之青春一日存在。吾人之青春一日存在,即地球之青春一日存在。吾人有现在一刹那之地球,即有现在一刹那之青春,即当尽现在一刹那对于地球之责任。虽明知未来一刹那之地球必毁,当知未来一刹那之青春不毁。未来一刹那之地球,虽非现在一刹那之地球,而未来一刹那之青春,犹是现在一刹那之青春。未来一刹那之我,仍有对于未来一刹那之地球之责任。庸得以虞地球形体之幻灭,而猥为沮丧哉!

复次,生于地球上之人类,其犹在青春乎?抑已臻白首乎?将来衰亡之顷,究与地球同时自然死灭乎?抑因地球温度激变,突与动植物共死灭乎?其或先兹事变,如个人若民族之死灭乎?斯亦难决之题也。生物学者之言曰:“人类之生活,反乎自然之生活也。自妇人畏葸,抱子而奔,始学立行,胸部暴露,必须被物以求遮卫,而人类遂有衣裳;又以播迁转徙,所携食物,易于腐败,而人类遂有火食。有衣裳而人类失其毛发矣,有火食而人类失其胃肠矣。其趋文明也日进,其背自然也日遐。浸假有舟车电汽,而人类丧其手足矣。有望远镜、德律风等,而人类丧其耳目矣。他如有书报传译之速,文明利器之普,而人类亡其脑力。有机关枪四十二珊之炮,而人类弱其战能。有分工合作之都市生活，歌舞楼台之繁华景象，而人类增其新病。凡此种种，人类所以日向灭种之途者，若决江河，奔流莫遏，长此不已，劫焉可逃。”此辈学者所由大声疾呼，布兹骇世听闻之噩耗，而冀以谋挽救之方也。宗教信士则从而反之，谓宇宙一切，皆为神造，维护之任，神自当之。吾人智能薄弱，惟托庇于神而能免于罪恶灾厄也。如生物家言，是为蔑夷神之功德，影响所及，将驱人类入于悲观之途。圣智且尚无灵，人工又胡能阙。惟有瞑心自放，居于下流，荒亡日久，将为人心世道之忧矣。末俗浇漓，未始非为此说者阶之厉也。吾人宜坚信上帝有全知全能，虔心奉祷，罪患如山，亦能免矣。由前之说，固易流于悲观，而其足以警觉世人，俾知谋矫正背乎自然之生活，此其所长也。由后之说，虽足以坚人信仰之力，俾其灵魂得游优于永生之天国，而其过崇神力，轻蔑本能，并以讳蔽科学之实际，乃其所短也。吾人于此，宜如宗教信士之信仰上帝者，信人类有无尽之青春，更宜悚然于生物学者之旨，以深自警惕，力图于背逆自然生活之中，而能依人为之工夫，致其背逆自然之生活，无异于顺适自然之生活。斯则人类之寿，虽在耄耋之年，而吾人苟奋自我之欲能，又何不可返于无尽青春之域，而奏起死回生之功也？

人类之成一民族、一国家者，亦各有其生命焉。有青春之民族，斯有白首之民族；有青春之国家，斯有白首之国家。吾之民族若国家，果为青春之民族、青春之国家欤？抑为白首之民族、白首之国家欤？苟已成白首之民族、白首之国家焉。吾辈青年之谋，所以致之回春为之再造者，又应以何等信力与愿力从事，而克以著效。此则系乎青年之自觉何如耳。异族之觇吾国者，辄曰：“支那者老大之邦也。支那之民族，濒灭之民族也。支那之国家，待亡之国家也。”洪荒而后，民族若国家之递兴递亡者，粦然其不可纪矣。粤稽西史，罗马、巴比伦之盛时，丰功伟烈，彪著寰宇。曾几何时，一代声华都成尘土矣。只今屈指，欧土名邦，若意大利、若法兰西、若西班牙、若葡萄牙、若和兰、若比利时、若丹马、若瑞典、若那威，乃至若英吉利，罔不有积尘之历史，以重累其国家若民族之生命。回溯往祀，是等国族，固皆尝有其青春之期，以其畅盛之生命，展其特殊之天才。而今已矣，声华渐落，躯壳空存，纷纷者皆成文明史上之过客矣。其较新者，惟德意志与勃牙利。此次战血洪涛中，又为其生命力之所注，勃然爆发，以挥展其天才矣。由历史考之，新兴之国族与陈腐之国族遇，陈腐者必败；朝气横溢之生命力与死灰沉滞之生命力遇，死灰沉滞者必败；青春之国民与白首之国民遇，白首者必败。此殆天演公例，莫或能逃者也。支那自黄帝以降，赫赫然树独立之帜于亚东大陆者，四千八百余年于兹矣。历世久远，纵观横览，罕有其伦。稽其民族青春之期，远在有周之世，典章文物，粲然大备。过此以往，渐向衰歇之运，然犹浸衰浸微，扬其余晖，以至于今日者，得不谓为其民族之光欤？夫人寿之永，不过百年；民族之命，垂五千载，斯亦寿之至也。印度为生释迦而兴，故自释迦生而印度死；犹太为生耶稣而立，故自耶稣生而犹太亡；支那为生孔子而建，故自孔子生而支那衰。陵夷至于今日，残骸枯骨，满目黯然，民族之精英，澌灭尽矣，而欲不亡，庸可得乎？吾青年之骤闻斯言者，未有不变色裂眦，怒其侮我之甚也。虽然，勿怒也。吾之国族，已阅长久之历史，而此长久之历史，积尘重压，以桎梏其生命而臻于衰敝者，又宁容讳？然而吾族青年所当信誓旦旦，以昭示于世者，不在龈龈辩证白首中国之不死，乃在汲汲孕育青春中国之再生。吾族今后之能否立足于世界，不在白首中国之苟延残喘，而在青春中国之投胎复活。盖尝闻之，生命者，死与再生之连续也。今后人类之问题、民族之问题，非苟生残存之问题，乃复活更生、回春再造之问题也。与吾并称为老大帝国之土耳其，则青年之政治运动，屡试不一试焉。巴尔干诸邦，则各谋离土自立，而为民族之运动。兵连祸结，干戈频兴，卒以酿今兹世界之大变焉。遥望喜马拉雅山之巅，恍见印度革命之烽烟一缕，引而弥长，是亦欲回其民族之青春也。吾华自辛亥首义，癸丑之役继之，喘息未安，风尘满面澒洞，又复倾动九服，是亦欲再造其神州也。而在是等国族，凡以冲决历史之桎梏，涤荡历史之积秽，新造民族之生命，挽回民族之青春者，固莫不惟其青年是望矣。建国伊始，肇锡嘉名，实维中华。中华之义，果何居乎？中者，宅中位正之谓也。吾辈青年之大任，不仅以于空间能致中华为天下之中而遂足，并当于时间而谛时中之旨也。旷观世界之历史，古往今来，变迁何极。吾人当于今岁之青春，画为中点。中以前之历史，不过如进化论仅于考究太阳、地球、动植各物，乃至人类之如何发生、如何进化者，以纪人类民族国家之如何发生、如何进化也。中以后之历史，则以是为古代史之职，而别以纪人类民族国家之更生回春为其中心之的也。中以前之历史，封闭之历史，焚毁之历史，葬诸坟墓之历史也。中以后之历史，洁白之历史，新装之历史，待施绚绘之历史也。中以前之历史，白首之历史，陈死人之历史也。中以后之历史，青春之历史，活青年之历史也。青年乎！其以中立不倚之精神，肩兹砥柱中流之责任，即由今年今春之今日今刹那为时中之起点，取世界一切白首之历史，一火而摧焚之，而专以发挥青春中华之中，缀其一生之美于中。以后历史之首页，为其职志，而勿逡巡不前。华者，文明开敷之谓也。华与实相为轮回，即开敷与废落相为嬗代。白首中华者，青春中华本以胚孕之实也。青春中华者，白首中华托以再生之华也。白首中华者，渐即废落之中华也。青春中华者，方复开敷之中华也。有渐即废落之中华，所以有方复开敷之中华。有前之废落以供今之开敷，斯有后之开敷以续今之废落。即废落，即开敷；即开敷，即废落，终竟如是废落，终竟如是开敷。宇宙有无尽之青春，斯宇宙有不落之华，而栽之培之灌之溉之赏玩之享受之者，舍青春中华之青年，更谁与归矣？青年乎，勿徒发愿。愿春常在、华常好也；愿华常得青春，青春常在于华也。宜有即华不得青春，青春不在于华，亦必奋其回春再造之努力，使废落者复为开敷，开敷者终不废落。使华不能不得青春，青春不能不在于华之决心也。抑吾闻之化学家焉，土质虽腴，肥料虽多，耕种数载，地力必耗，砂土硬化，无能免也。将欲柔融之，俾再反于丰穰，惟有一种草木为能致之，为其能由空中吸收窒素肥料，注入土中而沃润之也。神州赤县，古称“天府”，胡以至今，徒有万木秋声、萧萧落叶之悲。昔时繁华之盛，荒凉废落，至于此极也。毋亦无此种草木为之文柔和润之耳，青年之于社会，殆犹此种草木之于田亩也。从此广植根蒂，深固不可复拔。不数年间，将见青春中华之参天蓊郁，错节盘根，树于世界。而神州之域，还其丰穰，复其膏腴矣。则谓此菁菁茁茁之青年，即此方复开敷之青春中华可也。

顾人之生也，苟不能窥见宇宙有无尽之青春。则自呱呱堕地，迄于老死，觉其间之春光，迅于电波石火，不可淹留，浮生若梦，直菌鹤马蜩之过乎前耳。是以川上尼父，有逝者如斯之嗟，湘水灵均，兴春秋代序之感。其他风骚雅士，或秉烛夜游，勤事劳人，或重惜分寸。而一代帝王，一时豪富，当其垂暮之年，绝诀之际，贪恋幸福，不忍离舍。每为咨嗟太息，尽其权力黄金之用，无能永一瞬之天年，而重留遗憾于长生之无术焉。秦政并吞八荒，统制四海，固一世之雄也。晚年畏死，遍遣羽客，搜觅神仙，求不老之药，卒未能获，一旦魂断，宫车晚出。汉武穷兵，蛮荒慑伏，汉代之英主也，暮年永叹，空有“欢乐极矣衷情多，少壮几时老奈何”之慨。最近美国富豪某，以毕生之奋斗，博得$式之王冠，衰病相催，濒于老死，则抚枕而叹曰：“苟能延一月之命，报以千万金弗惜也。”然是又安可得哉。夫人之生也有限，其欲也无穷。以无穷之欲，逐有限之生，坐令似水年华，滔滔东去，红颜难再，白发空悲，其殆人之无奈，天何者欤？涉念及此，灰肠断气，厌世之思，油然而生。贤者仁智俱穷，不肖者流连忘返，而人生之蕲向荒矣，是又岂青年之所宜出哉？人生兹世，更无一刹那不在青春，为其居无尽青春之一部，为无尽青春之过程也。顾青年之人，或不得常享青春之乐者，以其有黄金权力，一切烦忧苦恼机械生活，为青春之累耳。谚云：“百金买骏马，千金买美人，万金买爵禄，何处买青春？”岂惟无处购买，邓氏铜山，郭家金穴，愈有以障翳青春之路，俾无由达于其境也。罗马亚布达尔曼帝，位在皇极，富有四海，不可谓不尊矣。临终语其近侍，谓四十年间，真感愉快者，仅有三日。权力之不足福人，以视黄金，又无差等。而以四十年之青春，娱心不过三日，悼心悔憾，宁有穷耶？夫青年安心立命之所，乃在循今日主义以进，以吾人之生，洵如卡莱尔所云，特为时间所执之无限而已。无限现而为我，乃为现在，非为过去与将来也。苟了现在，即了无限矣。昔者圣叹作诗，有“何处谁人玉笛声”之句。释弓年小，窃以玉字为未安，而质之圣叹。圣叹则曰：“彼若说：‘我所吹本是铁笛，汝何得用作玉笛？’我便云：‘我已用作玉笛，汝何得更吹铁笛？’天生我才，岂为汝铁笛作奴儿婢子来耶？”夫铁字与玉字，有何不可通融更易之处。圣叹顾与之争一字之短长而不惮烦者，亦欲与之争我之现在耳。诗人拜伦，放浪不羁，时人诋之，谓于来世，必当酷受地狱之苦。拜伦答曰：“基督教徒，自苦于现世，而欲祈福于来世。非基督教徒，则于现世，旷逸自遗，来世之苦，非所辞也。”二者相较，但有先后之别，安有分量之差？拜伦此言，固甚矫激，且寓讽刺之旨。以余观之，现世有现世之乐，来世有来世之乐。现世有现世之青春，来世有来世之青春。为贪来世之乐与青春，而迟吾现世之乐与青春，固所不许。而为贪现世之乐与青春，遽弃吾来世之乐与青春，亦所弗应也。人生求乐，何所不可，亦何必妄分先后，区异今来也？耶曼孙曰：“尔若爱千古，当利用现在。昨日不能呼还，明日尚未确实。尔能确有把握者，惟有今日。今日之一日，适当明晨之二日。”斯言足发吾人之深省矣。盖现在者，吾人青春中之青春也。青春做伴以还于大漠之乡，无如而不自得，更何烦忧之有焉。烦忧既解，恐怖奚为？耶比古达士曰：“贫不足恐，流窜不足恐，囹圄不足恐。最可恐者，恐怖其物也。”美之政雄罗斯福氏，解政之后，游猎荒山，奋其铁腕，以与虎豹熊罴相搏战。一日猎白熊，险遭吞噬，自传其事，谓为不以恐怖误其稍纵即逝之机之效，始获免焉。于以知恐怖为物，决不能拯人于危。苟其明日将有大祸临于吾躬,无论如何恐怖,明日之祸,万不能因是而减其毫末。而今日之我,则因是而大损其气力,俾不足以御明日之祸而与之抗也。艰虞万难之境,横于吾前,吾惟有我,有我之现在而足恃。堂堂七尺之躯,徘徊回顾,前不见古人,后不见来者,惟有昂头阔步,独往独来,何待他人之援手。始以遂其生者,更胡为乎念天地之悠悠,独怆然而涕下哉?惟足为累于我之现在及现在之我者,机械生活之重荷,与过去历史之积尘,殆有同一之力焉。今人之赴利禄之途也,如蚁之就膻、蛾之投火。究其所企,克致志得意满之果。而营营扰扰,已逾半生。以孑然之身,强负黄金与权势之重荷以趋,几何不为所重压而僵毙耶?盖其优于权富即其短于青春者也。耶经有云:"富人之欲入天国,犹之骆驼欲潜身于针孔。"此以喻重荷之与青春不并存也。总之,青年之自觉,一在冲决过去历史之网罗,破坏陈腐学说之囹圄,勿令僵尸枯骨,束缚现在活泼泼地之我,进而纵现在青春之我,扑杀过去青春之我,促今日青春之我,禅让明日青春之我。一在脱绝浮世虚伪之机械生活,以特立独行之我,立于行健不息之大机轴。袒裼裸裎,去来无挂,全其优美高尚之天,不仅以今日青春之我,追杀今日白首之我,并宜以今日青春之我,预杀来日白首之我,此固人生唯一之蕲向,青年唯一之责任也矣!拉凯尔曰:"长葆青春,为人生无上之幸福。尔欲享兹幸福,当死于少年之中。"吾愿吾亲爱之青年,生于青春死于青春,生于少年死于少年也。德国史家孟孙氏,评鹭锡札曰:"彼由青春之杯,饮人生之水,并泡沫而干之。"吾愿吾亲爱之青年,擎此夜光之杯,举人生之醍醐浆液,一饮而干也。人能如是,方为不役于物,物莫之伤。大浸稽天而不溺,大旱金石流土山焦而不热,是其尘垢秕糠,将犹陶铸尧舜。自我之青春,何能以外界之变动而改易,历史上残骸枯骨之灰,又何能塞蔽青年之聪明也哉?市南宜僚见鲁侯,鲁侯有忧色,市南子乃示以去累除忧之道,有曰:"吾愿君去国捐俗,与道相辅而行。"君曰:"彼其道远而险,又有江山,我无舟车,奈何?"市南子曰:"君无形倨,无留居,以为君车。"君曰:"彼其幽远而无人,吾谁与为邻?吾无粮,我无食,安得而至焉?"市南子曰:"少君之费,寡君之欲,虽无粮而乃足。君其涉于江而浮于海,望之而不见其崖,愈往而不知其所穷,送君者将自崖而反,君自此远矣。"此其谓"道",殆即达于青春之大道。青年循蹈乎此,本其理性,加以努力,进前而勿顾后,背黑暗而向光明,为世界进文明,为人类造幸福。以青春之我,创建青春之家庭,青春之国家,青春之民族,青春之人类,青春之地球,青春之宇宙,资以乐其无涯之生,乘风破浪,迢迢乎远矣,复何无计留春望尘莫及之忧哉?吾文至此,已嫌冗赘。请诵漆园之语,以终斯篇。

(第二卷第一号,一九一六年九月一日)

时局对于青年之教训

王 淫

欧云黯淡,演群雄之剧;滇江澎湃,翻首义之声。战争神圣之谈,遂拓开万古心胸,而破人人之迷梦。我国青年,际此外忧内难纷至沓来,试一闭目沉思,吾国家将来当演成何象?立国于二十世纪者,究以何道而即安?现今世界之思潮何若?欧战之影响如何?吾人立身之道,是否以维持现状,苟偷目前为已足?是五问者,吾知国中多数青年,必为笼统下解,作一极无谓之悲观论曰:“中国必亡无疑。”团体事不易为,徒牺此身,无益于世,不如早自为计。任神州之陆沉,则必虚悬无着,摭拾一二可以自大之语,漫作乐观。谓以吾五千余年之古国,四亿之民众,任今日割五城,明日割十城,去亡之期尚远,且不解亡之苦痛何在,恐报端特甚言之耳。后说之丧心病狂,视前说固相去霄壤。而一细按前说之实质,颓然不复自振,心皇皇然莫知其乡。烦闷萌于兹,坠落肇于兹,其足以吸引全国优秀分子而戕杀之也。害等于洪水猛兽,吾国青年果皆类是,斯真国亡无日。吾为此言,非敢妄凭揣测,厚诬吾最有望之青年诸君也。特居今之世,蒿目时艰,如水益深,如火益热。默念来许,障百川而东之,迴狂澜于既倒,此责微青年,其谁与归?望之深斯责之严。闻有一二毗于上述二说者,不禁隐忧独抱,深惧沦胥,此不佞之用心也。兹请就前问引申其说,以与我青年诸君一商兑焉。

吾今不作感情之抽象论,试平心一察吾国家之现状,为鉴往思来之助。以外交言,自前清康熙二十八年《尼布楚条约》,以迄民国四年五月九日之《中日交涉条约》,无一非丧权失地之证明书也。今岁无端召侮,五国警告,且再三而未已矣。以内政言,旋而主张废省,旋而废府存道存省。今则联邦论方腾于国中,此地方行政制度之未确定也。始以自治会宜遍设,则务扩张之,继以人民程度不足,则随省议会以解散。旋又先设京师模范自治会,以资各省取法,此地方自治之未实行也。改保甲之制而编巡警，巡警不能遍设，则议以兵代警，仿俄罗斯警察国之制，此为熊内阁时代之理想。既而国内不靖，则兵自兵，警自警，而巡警惟城厢略具形式，此巡警之无可言也。立国根本，在于教育，教育贵有日新之机。乃经费一再被裁，教员更易无定。教育方针，名与实违。举国学子，不知新学为何用。受教育者锐减，社会之弃材益多，而复古思潮且弥漫于全国，此教育之大可忧也。以云财政，竭泽而渔，犹嗟仰屋！税制之紊乱，外债之滥借，银行兑换券之滥发，饮鸩止渴，祸伊胡底。以云实业，居山野者，农有怨咨。处海滨者，渔难获利。工业不振，商旅茶然，一入市廛，外货充斥。去岁对外贸易，输入超过输出竟达二亿有奇。长此以往，云何能继？以云海陆军，甲午败衄，至今不武。陆军兵数，虽有新式军四十七师团，旧式军八百十一大队，而不足以敌日本之十九师团十旅团。海军如海筹、海容、海琛等，皆不过几千吨，以视日本海军总数达五六十万吨者，已相悬绝，何论英德？总之百不如人，而人之谋我者，方日进而未有已。兴言及此，吾亦几坠于前此悲观论者之所云云，顾吾极力自持，决不作如是观者。以吾国将来应演呈何象，不根于目前之事实，而卜于我青年诸君今日之决心。昔德意志列邦，遭拿破仑一世蹂躏之余，工商疲敝，诸小邦意见纷如。何以师丹之役，一举破法，为天下雄？毛奇将军乃归功于全国小学教员。意大利半岛自罗马亡后，土地隶于教皇，政议归于奥国，奄奄之气，不绝如线。何以光复旧物，统一告成？推其由来，即玛志尼所立之少年意大利会。故决心者，成功之母也。吾国朽腐之积习，当以吾青年心血涤之；尸居之余息，当以吾青年之气培之。诸君有此决心，必可化险为夷，奠国家于磐石。孔子曰："我欲仁，斯仁至矣。"孟子曰："夫天未欲平治天下也。如欲平治天下，当今之世，舍我其谁哉！"凡我青年，皆当以是自任，勿以艰险而生畏阻。吾所为念及国家前途，始自危而窃愿与青年诸君共勉之也。

其次，近世之国家与古代之国家，不特诠义悬殊，即其蕲向亦不一致。国家说之兴也，权舆于神权，次之以权力，再次以契约，又次以实利或有机体说之数者，以诂国家共通之起源，均不无微疵。然语夫改造近世国家之効能，则契约说之原理，为不可磨。语夫增进近时国家之福祉，则实利说之功用，在所必倡。盖人类意识尚在混沌时代，则国家神造也，帝王神圣也，尊帝王即爱国家也。以一种不求甚解之思想，承数千年相传之习说，已足慑服群众心理。俾各乐天安命以为生，即至疾苦频仍，而既莫明其所以然，则偶语弃市，亦视为其人应得之咎。故以秦之苛暴，胜广辈欲有所起事，非阴借篝火狐鸣之谶，阳托项燕扶苏之名，不足以号召徒众。沿袭既深，世之得位以保其子孙者，亦乐引为神器。自革命者曰“妄希非分”，以为久假弗归之谋，国家至是湮其真意久矣。迨人智日开，疑乃滋长，而所谓人生依托之国家者，断非前说所能维持。有贤哲出，本人心积而未达之怀疑，示以迷而必复之真理。人乃恍然国家之由人造，为人生必不得已之要求，其盛衰存亡，视多数组织体程度之何若。已有国家，不能改造之俾进于良，是谓自弃。已有国家，不足以谋最大多数之最大幸福，是谓自画。卢骚曰：“民生而自由者也，于其群为平等而皆善。”又曰：“自由平等而乐善者，其天赋之权利也，国者基于民约而成也。夫然，故可以创约，亦可以毁约。”吾人于足以代表总意之国家，决无反抗之理由。否则惟有服从己意，不能服从他意，是为人类之自觉。人必如是，始脱本能生活，而受道义之制裁。此十八世纪以后，惟民主义之国家，所以日磅礴涌发，舍是且无以自存也。有国家矣，吾人之需此国家者何在？国家以人为方便乎？抑人以国家为方便乎？由前之说，人当一切供国家之牺牲，而国家万能论以兴；由后之说，国家一切供个人之牺牲，而国家机械说以起。二说均趋于极端，不足以诂立国之精义。实则国家者，立于国民总意之上，以其国之共同福祉为的。合于此的者，则认其权至高无上，绝对无限。而人民之自由权利，国家务为保障或奖励之，不可为非理之干涉要求。德(之)康德、英(之)斯宾塞尔均谓国家须于客观方面，确定个人自由权利，维持法律秩序。人生必乐有其国家，国家必有实利于个人，然后爱国之心油然以生，此实利说之未可厚非者也。吾国国度，而在闭关以前，吾民思想，犹去洪荒未远，斯不必论。如其不然，立国于二十世纪者，当遵何道，思过半矣。

其次，环吾身者不仅国人也，尚有世界之各民族在。近世社会学者定民族优劣之原则三：(一)其周围翕受，至为单纯，而尚调和者，是为最幼稚之民族，居今之世，已难自存；(二)周围翕受，虽甚复杂，而未能融洽无间，或肇分裂，或萌反动，处此民族，亦属危道；(三)错综万变，常能开物成务，各有其时代之精神，相摩相荡，以至无极。斯诚所谓优良民族，可胜人而不为人所胜矣。斯言也，凡以谓民族之进步者，始适于生存。进步于何征之，曰于其思想征之。古今历史一民族竞争之试验场也，若者兴，若者亡，若者盛，若者衰，而迹其原由，皆有其不可以已者存。善应之，则日进而无疆；不善应之，未有不即于危亡者。夫云不可以已，即其思想之表征，历史者思想之结晶。思想利于多端，而病单简，宜于条理，而忌庞杂。世界民族之优劣，实准其思想以为等差。

伦敦大学历史教授古蓝氏,由思想变迁上分欧洲近世史为四期:第一期,欧人遗弃现在,执着未来,是谓宗教时代;第二期,破罗马法王之势力,立人间良心之权威,是谓宗教改革时代;第三期,自觉个性之价值,标榜民权之真理,是谓政治革命时代;第四期,知国民的生活之意义,努力于发展完成之,是为民族觉醒时代。前三者为过去之思想。今日最奔腾汹涌横流四溢者,此第四期之思潮也。此思潮之发生,一基于政治的、经济的之发达,一基于国民生活内容之充实。自千八百八十年以来,列强盛倡机会同等,势力平均,实行领土分割。以千百五十万方哩之非洲大陆,残留以遗土人者,不过亚俾亚利亚及奈比利亚两地。太平洋群岛,虽小如珊瑚,非复昔日之无主。亚西亚大陆,近三十年间,殆一变其面目。英国有威海卫、九龙、马来联邦等二十万方哩之支配权;美国亦并菲律宾群岛、布哇等十四万方哩之地;法国于从来所领之柬埔寨及交趾支那外,更掠有安南、老挝、广州湾二十三万方哩之版图;俄国据《瑷珲条约》攫得黑龙江以北之地域,更延长于沿海州及中亚西亚等,约获五十万方哩;德意志号称学术最盛之国,东方占地仅及十万余方哩,利害冲突,遂以酿成今日之战争;日本望尘而奔,踔厉奋发,乘欧洲方醉于内治改革也,一举而奏维新之功。及欧人伸足东亚,均势局成,复乘之以县琉球,割台湾,并高丽,租旅大,肆力于满蒙之野。欧战既作,大有雄视东亚图执牛耳之心,是皆受第四期思想之支配。欧人应运而开之,日人顺流而赴之。吾国人至今尚若鲠在喉,欲茹仍吐者屡矣,是固得失之林也!今更与青年诸君约论欧洲之思想界。

欧洲有自古传来之三思潮,至今犹食其赐者,“自由、平等、博爱”,是也。自由思想导源于希腊,希人富于想象力及爱美之精神,艺术科学不囚拘于习惯,故能实现人生之新理想。平等思想导源于罗马,罗马文明与希腊异。希腊之文学、美术及哲学,异常发达;罗马则因政治与军事之活动,独于法律、宗教二者,放其异彩。昔人尝谓罗马三度侵服天下,先以兵力,次以法律,又次以宗教。罗马法律,犹为欧洲诸国民法之中心者,则以统御数多习惯、言语不同之民族,能求其通有观念,以作成新法律,不失平等待遇之道也。迨罗马帝政衰,新民族勃兴及人种大移转,东方基督教之文明,深入欧洲人心,博爱思想,遂以普及。中世以降,势力渐坠。文艺复兴、宗教改革之声风靡全欧,结果乃获自由研究与自由信仰。自时以后,自由要求之度益高,其先表现者为政治上及社会上之实生活。政治自由渊源于卢骚之《民约论》,著为事实,则法兰西大革命、北美十三州之独立、各国之宪法运动，皆是也。政治改革，国民之实力增加，于是自由之声又扩入于经济，亚丹斯密浚自由贸易之先河，穆勒继之，更发挥光大其说，以明社会的自由之根柢，其种类分为三：（一）思想及感情之自由，凡言论、出版、信教等属之；（二）趣味及事业之自由，即各人得自由谋合其性格之生活；（三）结社之自由，其中有一至严之界线焉，即以勿妨他人自由为限。穆勒以人类真实之进步，在于自由竞争、自由讨论之中。世无万全之真理，惟适应于开化者。斯具有一部之真理，压迫者进步之拒绝也，其结果自由扫地以尽，国势萎靡，以濒于亡，虽然极端之自由，却有碍于平等。平等思想，远溯罗马，次由基督四海同胞之观念，固已深植其基。近世学术进步，乃知人无论文野，色无论黑白，人类本性，初不悬殊，其间唯有知识程度之差。吾人祖先，亦曾与今之蛮人，营同样之生活，其道德观念之相异，由于社会的生活状态之结果。其肉体上之差别，及色之特异，亦由于食物或光热气候之殊。本此理想，遂扩其从来褊狭态度，渊渊乎有咸与陶成之风。故自由主义昌，个性剧烈发挥，而社会上产业之不平等，资本家之跋扈，劳动者之沉沦，相乘而起，有识之士，愀然忧之。社会主义之思潮，乃磅礴而不可遏。故近世欧洲有一最矛盾之思想焉，即标榜自由之个人主义，与标榜平等之社会本位主义是也。美国社会学者衣真古斯，谓："自由预期博爱，博爱预期平等。"然绝对的自由与绝对的平等，二者实现于社会中，势必互相冲突，演成悲惨之历史。俄国文豪托尔斯泰主张无抵抗主义者也，其具体之运动，为万国平和主义。军备废止问题，国际仲裁条约，数十年来武装平和，幸保无事者，依是之功。一方德哲学者尼采则主张"超人论"，依进化之理法，示人以优胜劣败、适者生存之大原则，谓"平和者，百弊之根源也"。美前总统罗斯福亦心醉其说，谓："战争乃洗人心腐败之良剂也。"要之人类苟如神之万能，则权利不至相侵犯，国家亦无设立之必要。所谓国际间之战斗，可以永蠲。又人类苟如动物之无自觉力，则亦不解成立国家，战争当不加烈。惟人者社会的动物也，有利己心，同时有爱他心。人苟流于孤岛，使营独身生活时，则黄金、名誉与恋，均不足惜。故人固以满足自身为务，而亦认他人之存在也。乌合相集，不能为一定目的之活动，非在国家主权之下，断难向上发展。国家主权，不越一国领土之外，故若他国人类有侵犯己国秩序时，最后必诉诸武力。此平和论者无论如何主张，战争只有时间与实力之问题，必无永远弭兵之事实。夫爱平和者，人之本性也，不堪压迫而必出于战争者，亦人之本性也。人本具此矛盾之两性，各因其时代而表著之。苟偏其一或缺一焉，鲜有能存立于世者。近世哲学家教育家所苦心焦思，亦在调和此两极端之思潮，俾入中庸已耳。

吾述至此，试一反观吾国人之心理，其个人主义昌乎？抑有社会本位之思想乎？以吾推断，敢信二者皆未具也。夫使吾国果个人主义发达，则必尊重人格，崇尚竞争，自我有绝对之价值。我之理性，在于知有我。我之个性，我之自由也；我之力，我之权利也。遇有无理束缚我、抑压我者，必有以抵抗之，如盎格鲁撒逊人种之善于自卫焉，必不至有今日。使吾国果偏重社会本位，则必结合巩固，内力极强。善用之以为民族干城，国家后盾，众志所凝，当之者靡，如日耳曼人种之善于奋斗焉，亦必不至有今日。无如吾国人至今中心尚横障一最大之黑影。由个人等而上之，为此黑影所蒙，不见有国家；由国家等而下之，亦见蔽于此黑影，不知有个人。此黑影者乃如日蚀时，月在日与地之中间；月蚀时，地球复在月与日之中间。由地球上之人见之，固不知为月或地所蒙蔽，以为真乃无日无月也。黑影维何？家族本位之思想是也。家族思想发达之极端，个人无自主权，浸至失意志之能力，一切唯其家长之命是听。家长对其子女，固若有处分之才能，以为凡事未经吾允许者，无论善否，均为大逆不道。而国家思想最为所排斥，谓"苟贡身于国，奈此家何"？窃闻留学生父兄之诏其子弟矣，谓"当安分读书，无论何会何社，均不准入，入则灾必逮身也"。又曰："吾辈辛苦谋一学费，将来学成，衣锦还乡，光耀闾里耳，遑问国家。"嗟夫！国人固不知有个人，不知有国矣，只见有数千万之家族本位。何怪一盘散沙，随风飞扬，而任其消失耶？

其次，欧战何为而作也？政治家之言曰："德欲雄飞于世界，英掣其肘。故战争之表面，为奥塞肇端，里面为英德争霸。"经济家之言曰："德人口过剩，每年须移殖海外。世界到处，多为英或其他各国所占有，平和蚕食，势缓不可必得，故德必出于战。"历史家之言曰："德奥与英俄法各国之开战，民族竞争之结果也。"是数国者，初各标榜其国之中心民族主义，以为吸引扩张之具。两力相抵，致生冲突。自余各家，各本其所据之藩，以为立论之鹄，要亦可得共同之一点焉。惟竞争乃可求生存，惟有学术乃可言竞争，惟其国之政府，有容人意思自由之余地。才各得其用，用各如其量，乃可以言学术。今日欧洲人均曰："德强矣，是德之科学发达之赐也。"顾德何以至是？岂因威廉二世拥有至高无上之权力，乃奏厥功耶？德之学者尝谓普鲁士为君主立宪国，而德意志联邦为共和国家矣。共和之真精神，一在政府之权有制限，人民之自由权利，得以确实保证；一在国中人民有参政权，其利害情感得以互济而不至于破裂。德意志有然，英法亦有然。但德有不同者，其组织力极强，人智亦异常发达。故受外境之压迫愈甚，而弹性愈增。人谓德今日所处之地位，与百年前拿翁之待英国同。拿翁倡大陆封锁同盟，以苦英国，英不为屈，幸收海外殖民之功。英、法等国初行财政协商，近议经济同盟，亦袭拿翁故智。德持之几二年，无稍逊色，是知国民之富于政治抵抗力者，其对内易于合同，对外长于御侮。彼其平日得于议坛或演坛上，批评社会事事物物，行平和之改革，又能备之有素。人人认国事与家事无殊，或乃过之。以视禽、视鸟息醉生梦死之国民，神经麻痹，手足无措者，固不可同日语矣。吾青年诸君其勿以隔岸观火之态度，视欧洲战争也。世界有病夫国二：一在近东，一在远东。此次战争以解决近东问题，他日战局终息，远东问题即在目前矣。然近东如土耳其者，犹能荷芟执戈，以从战役。达拉尔海峡，英法舰队攻之数月不能下，虽曰德为后援，而土之精兵天险，有足多也。吾国则何有焉？有七十二湾海隘，而实无尺险；有数十万余兵，而实无一人。前岁八月欧事起，吾国甫布中立。不一月，日兵突由山东龙口上陆，侵我中立。我政府仓皇不知所措，商诸日不调，听之。而德、奥又起抗议，不得已从顾问日人有贺长雄之说，宣布局部中立，扩战区焉。青岛陷后，吾国外交以为暂可息肩，而《廿一条约》之书又至。让步重让步，卒乃酿成五月九日之奇耻大辱。呜呼！诸君其慎评欧战短长矣，国人欲求为比利时之一周抵御而不可得。今后政治不即于良，惟民国家，不克实现。则波兰、犹太各为外人前驱以锄同族之惨状，必将演于吾神州之奥区，不知彼时吾民尚能高枕安卧否也？

最终，吾还以叩青年诸君之身矣。诸君遭际，既非耕食凿饮歌衢击壤之时期，又非理乱不知独善其身之行动，其戚戚以终日欤？天下最可怖者，为失望，为烦闷，是自败成功之基也，其汶汶以没世欤？天生我才必有所以为用，我不克完其为我，是谓负天；我不能表彰其为我，是谓负我。负天不可也，负我尤不可也。禹思天下有溺者，由己溺之；稷思天下有饥者，由己饥之。知有我而后能拯人也。颜渊曰：“舜人也，予亦人也。有为者亦若是，知我与人初无殊致也。”西谚曰：“天助自助者。”又曰：“人各立于己所欲立之地。”英人吉林倡自我实现说，法人柏格森立创造进化论，皆求所以善用。夫我者，有我而后有世界。我之乐利，畴则夺之；我之疾苦，谁实贻之？辗转抽译，遂生自觉。自觉之要件有二：一曰奋斗，最大之幸福，必有如何之困难，战胜困难之程度,即其收获幸福之比例差。世间惟懒惰者易托于厌世,惟薄弱者易入于悲观。我身一息尚存,此志不容少懈。摩西经十余战,乃出埃及;哥仑布舟行六十余日,乃达美洲,善于奋斗之赐也。一曰坚忍,奋斗不必尽成功,能坚忍者总有成功之一日。孔子曰:“譬如为山,未成一篑,止吾止也;譬如平地,虽覆一篑,进吾往也。”人世几多之英雄,由失败中培成之者,巴律西之成磁器,维尔德之设海底电线,尤其显著者也。拿破仑曰:“胜负决于最后之五分钟。”吾国中青年诸君乎!宜破世俗之宿命说,持以仁为己任,死而后已之精神,勿作眼前之成败谈。宜有富贵不淫,威武不屈之毅力。今者时局来诏,既已危机迫逼,间不容发,而恃为惟一转捩者,吾青年诸君之心。诸君勿忘其为我,斯能安吾国家?适应世界潮流,有以巧避欧战后种种之危险矣,是在我与诸君。

(第二卷第一号,一九一六年九月一日)

青年与欲望

陈圣任

人何以生,欲望生之也。人何以死,欲望息而有止境也。孩提之童,呱呱求哺,欲望生焉。及其衰老,视一切事似无所有,而仍未能以已者,欲望犹存也。吾人有一日之生命,必有一日之欲望。详言之,人类所以异于草木禽兽者,为其有欲望。有欲望而后有一定之目的而活动,并各具一理想之目的,殚毕生之力以追求之。故欲望者,人生活动之由始,生存意味之由萌也。而德国学者康德氏(Kant)乃主禁欲之说,谓:"一切欲望均为不道德之根源,宜全禁绝之。"此乃大谬不然。欲望禁绝而能实现道德之理想者,未之有也。夫人之于欲望,犹舟之于水,鸟之于气。舟无水不行,鸟无气不翔。人无欲,亦无用其栖栖为,此理之至明。断绝欲望,即谓之死之别名可也。近世欧美各国骎骎日上,而新进之士均有勇往直前百折不挠之概。其志愿之高,希望之大,已足凌驾一切。文明之进步,实欲望之进步为之。我国学者数千年来,均以多欲为戒,以窒欲为无上之美德。而绝圣弃智、清净自娱之思想,弥布于国中。一般青年志气消沉,坠落尤甚,噫其不明人生之意味亦甚矣!人之生也,非为一人而生也。天之生我,不仅为我七尺之躯,谋数十寒暑之衣食而已足,必有所用于我也。吾人之一生一死,固有关于人类之进化,世运之转移,徒以窒欲自高清洁其身者,固非人类生存之本意。欲望之多不足虑也。欲望者,活动之始也。凡人对于目前能自觉不满足者,即为活动之始基。天下唯怠惰之人,最乏欲望,最为刺激,其一生一死与木石同,几不足以齿人类社会。人类社会多数有此缺乏欲望之人,则其老朽之程度,已可自杀其身,自戕其种,遑问立国?故欲药中国今日之青年乎,必自增进欲望始。

予言至此,有不得不为我青年诸君告者。予主张增进欲望,非如尼采氏(Nietzsche)所标之纵欲说也。吾国都会之地,比年号称文明者,究不外奢侈品之增多,性欲之发达，放辟邪侈，无所不为。此其祸我青年，或更甚于窒欲，吾又何敢更扬其波，然吾又极端排斥窒欲说者。则以近来自好之士，鉴于国家多难，庶政淆乱，艰危万状，旁皇无措。父兄之诏其子弟者，惟以不入党会为言。政府之告其人民者，惟以勿生事为戒。青年思想受人束缚，往往陷于悲观。于是吾人前此所抱之理想，所怀之愿望，均若付之流水。世道既无是非，而所谓英雄豪杰、大人君子者，亦不过尔尔。吾生有涯，既不能发挥本能，则相与不谈政事，求得一啖饭地，以安其生。而青年豪壮之气，峥嵘之象，扫地无余。悲夫！此等青年，其躯壳虽存，而无形中已自杀矣。中国所恃者，青年为支柱也。以历史言，虽曰数千年古国，然革命以来，造端伊始，何一不有待于青年。盖自死而之生者，青年；自存而之亡者，亦青年也。深望我辈青年，勿便气馁，增其高尚之欲望，促成向上之志向，以不断之奋斗，为国家争命脉也！

难者曰："人生不能无欲，欲不可纵，尤不可窒，固矣。"然青年为欲望最强盛之时期，所谓肉体欲望、精神欲望，不知几千万亿。兔起鹘落，莫衷一是。吾子果有何道以增其高尚之欲望，而又不失于放纵乎？吾详进言欲望法则。夫欲望者，相竞争而相吞并者也，是曰欲望代用之法则。经济学、伦理学、卫生学诸家均详言之。欲望与世运同一进步，文明愈发达，欲望亦愈增加。凡人一生之欲望，不能一一满足之，因是欲望之选择生焉。有所取必有所舍，有所重必有所轻。孟子曰："鱼我所欲也，熊掌亦我所欲也，二者不可得兼，舍鱼而取熊掌。"此即欲望代用法则之一例也。重鱼则必舍熊掌，重熊掌则必舍鱼。舍云取云，有权衡之作用，非必去其一而并绝其他也。告子曰："食色，性也。圣人亦何尝不谓然。而所以不甚好之者，以有道德之欲望代之，而食色之欲望为所吞并也。"孟子曰："生亦我所欲，所欲有甚于生者。死亦我所恶，所恶有甚于死者。"此皆较量轻重，而以较重之欲望代轻者焉。近世欧美各国有所谓禁酒茶肆之设。盖欲禁饮酒之恶癖，乃设茶肆，养成饮用咖啡之习惯，亦以良欲望代用恶欲望之一实例也。语曰："吉人为善，惟日不足；凶人为不善，亦惟日不足。吉人之于善，凶人之于恶，尽其一生之力，各满足其欲望。而惟日不足，凶人之所以终于恶者，以无良欲望代之耳！"青年之欲望，虽有恶者亦有善者，吾今不求其窒欲，亦不愿其纵欲，惟求有高尚足以代用之欲望。俾其精神有所集注，含弘光大，发为世用，此即增进青年欲望惟一之要道。青年犹春也，春来花不能不开。青年之时，欲望不能不发达，天理之自然，而进化之枢机也。世人不察，动以好大喜功责人，以安分守己勉子弟，而子弟鲜克由礼者卒多。盖欲望抑之于此，必发之于彼，不能乘机而利导之。徒戒其多欲，甚至将其善良之习惯，而亦铲除之。遂使人虽青年，心如死灰。西人谓吾为病夫国，是谁之咎欤？夫予所以主张增欲望者，盖青年非增大其高尚之欲望，恶欲望乃无由而断绝也。兹请述吾国青年，亟宜增大之欲望有二，列之如下：

（一）运动欲。青年为身体发育最强之期，生理上必有活动之欲望，遂生一种运动欲。运动者，青年惟一肉体上之欲望也。我国受老庄思想之遗毒，以静为主。虽在儿童，必使其若木偶焉，故运动极不发达。夫运动之能增进体力，尽人知之。青年之运动，非仅一身体健康也。运动之欲望发达，使青年觉其兴味，能排除各种有害之欲望。英人嘉白尔（Garber）著《现代教育之运动》，其言曰："现代之教育思想重于教科以外之活动，作业与游戏之分明，乃授学生以无限更新发展之活动力。"又曰："青年高尚精神之发育，必受新兴味、新活动之影响，运动尤其影响之最大者。是青年之于运动，为一生立身上必要之任务也。"予谓运动者，能坚强意志，练磨智识，于智育、德育亦有莫大之关系。西哲有言："健康之精神，宿于健康之身体。"青年之运动欲增加，斯国家必有更新之象矣。

（二）名誉欲。名誉者乃人生第一之生命，肉体乃为人生第二之生命也。谚云："兽死留皮，人死留名。"喻躯壳可死，而名誉不可死也。马丁（Marden）著 *Pushing to the Front or Success Under Difficulties* 一书，为逆境青年痛下针砭，教人增大欲望，以名誉为主。其言曰："人也者，名誉之动物，而最进步之动物也。"孟子曰："好名之人，能让千乘之国。"是无论古今东西，均以名誉为人生惟一要务。青年者，名誉欲最盛之时代，不问其学问或行为，均尽其能力，以博他人之称道。社会学者，谓之自己表彰，属于二次的欲望，谓因有社会而始生者。故青年一入社会，社会必有以鼓舞之，使知爱惜名誉，不特禁其为恶，且可奖之为善，此即青年最良之兴奋剂也。我国偷惰之风既成，遇一年少能任事者，则笑其好出风头，百方抑制之，必使彼等颓然若丧而后快。其忌才嫉能之心，即律以杀人之罪，犹不为过。以故遇有国家大事发生，告之者，虽唔口哓音，而闻之者，若熟视无睹。举国人不知名誉为何物，志节为何事，但求一将来可以容身，每月能赚得阿堵若干者，则虽牺牲一切，有所抚恤。夫名誉者，人类进化之阶梯。名誉欲不发达，人生之真价，去其半矣。呜呼！此亦我青年所当加勉者也。

青年所应增大之高尚欲望多矣，而吾独举是二欲者，诚以我国青年对此尤为缺乏。向为我一知半解之理学前辈，芟除殆尽，又无良欲望以代之。浸至发生二现象，不为里巷之青衿，则为市井之恶少。而谨愿者，亦祗困顿抑郁以了其生。以吾二万万方哩之地，而托庇于此轻佻浮薄、畏葸消沉之青年之手。而适当二十世纪磅礴涌发之潮流，云胡有幸。我青年诸君，当以何欲望为最适于今日国家之要求，为个人发展之余地，请澄思之。

（第二卷第一号，一九一六年九月一日）

青年与工具

吴稚晖

坐吾于一室之中,悠然四顾,惟吾此身,与相对之一猫,及窗前之树,为天然品。余则上椽下席,笔砚几案,衣饰袜履,借猫之褥,支树之橛,皆非天然所能有,概称之曰人为品。盖莫不一一皆造自人也。苟其无人,则此椽此席,此笔砚此几案,此衣饰袜履,与夫此褥此橛,皆无从出现。猫则藉草,树则枕石,皆在山川云雾逦迤回荡之中,生活于天造之草昧而已。纵亦有兽窜之穴,鸟筑之巢,蜂成之窠,蚁聚之垤,稍与大造争别异之观,亦止点缀于天然品之间,非能相对为物。有两大之势,有如今日人为品之耸塔于高峰,建市于平原,连樯于巨川,罥轨于大陆,一若山川云雾,必待城郭舟车,共组而为世界也。然则吾人言人事,所可表异于天然之界者,惟此世界相待以为组织成分之人为品而已。

吾决非崇拜物质文明之一人,惟认物质文明为精神文明所由寄之而发挥,则坚信无疑。幸福者果何物乎?幕吾以天,席吾以地,缠藤叶于吾身,坐山石之上,歌声出金石,固何歉乎精神完固之我,而不认为有一种高尚之幸福?但此种幸福,皆在物质备具,充养吾之精神,已使演进而有余。而后偶任吾个体之返本自适,遂有若天地甚宽,其乐反未央耳。若真在藤叶缠身之世,共幕于天,共席于地之同胞,皆苦藤叶之不供。吾缠吾身,怀宝即罪,杀身之惨,可以区区章身之藤叶,安在而能如戒约完具。盗贼屏远之人境,有晏然之山石可坐,即非出于人与人之相害。以藤叶自缠,苟焉生活之人功,岂能使蛇龙兕虎,敛迹深林,而多干净可坐之山石?而且歌则有思,哭则有怀,纵猿人亦自有呜呜之天趣,然安在所谓声出金石者,而望简册不富。缥缃不具之人类,足生吾人代为设想之繁感,是则吾人理想中高尚之幸福,一若全发挥于精神者,亦几几乎实由物质文明伸缩之区域,为其发挥弛张之区域耳。且认识幸福于自身,由慊然不敢备物之天德,觉与物质文明之进退无关。倘推举吾为幸福之制造家,则吾将造蛇龙兕虎交相腾跃之山石,而坐吾同胞于上为尽职乎?抑将张罗设阱,驱蛇龙兕虎而远行,洁灾害不生之山石以坐之乎?循此以推,将使终年露坐于山石之上,与严霜畏日,争烈于朝暮乎?抑将教之编茅伐竹,蔽山石之半,俾可朝坐而暮息,晴出而雨休乎?一一备物无休,而物质文明遂与人类幸福相驱而并进,于是,幸福中不能不含有巨大成分之物质文明。吾视整然吾椽,洁然吾席,对精良之笔砚,冯坚适之几案,衣饰袜履,莫不周体。慵猫借于褥,瘦树扶于橛,吾草此文于其中。方风雨之潇潇,而吾晏如邻之人力车夫家,大风吹折其树枝,破椽瓦而去。雨水渍床前,坐三足椅上,扶破桌,身着单衣,飒飒寒战。磨金不换于碗底,执大蒜头笔,伸表心纸作书,乞贷乡人。彼此之情状,制造幸福家,厚吾抑厚彼。若谓所予之幸福,果分厚薄,无非备物以贻吾两人者,周与不周耳。是则物质之文明,决未可于人类之幸福,有所蔑视。

物质文明者何?人为品而已。人为品者何?手制品而已。故夫手也者,一切人为品之产母也。生类万物之造作,其工具以角、以口、以足,角与口足之外,更无别种之工具。人之初祖,立其两后足,使能支持其全体,乃以两前足转变为手。自有手而生类最良之工具,因以出世,何也?惟手之为工具,能产生他工具,若角、若口、若足皆不能。攀枝而为杖,拾石而成斧,此产生最初简单之他工具。手能击燧或引日以取火,若角、若口、若足又不能。火之利用溥,杖且倏焉为矛,斧且倏焉有刃,由乎产生之简单他工具,又产生较繁复之他工具,于是网、罟、耒、耜、弓、矢、舟、车,以渐而备。自书契以来,经六千年之演进,于百年前十八世纪之末,尤繁复之工具,所谓蒸汽机者产生焉。蒸汽机既产生,不惟蒸汽机自身为工具,千万倍于手之作用也。即有所谓机转之刨床者焉,他钻所不能刨者,刨床能之;又有所谓机转之钻台焉,他钻所不能钻者,钻台能之;又有所谓机转之锯座焉,他锯所不能锯者,锯座能之。不惟能刨、能钻、能锯,扩张无限之力量而已,而且由刨床、钻台、锯座之所刨且钻且锯者,能得千分万分之一之精密,决非手之所能为功也。此类之刨床、之钻台、之锯座,尽有号为机转,不过有机焉,可手摇足踏,非必尽转以汽机。惟此床、此台、此座能具精密之机件,可手摇足踏,而功用繁富,其所具之机件,固必造自汽机。所以自汽机之产生,汽机自身固突然而为古来未有之工具。由彼产生之刨床、钻台、锯座之类者,亦皆为古来未有之工具。盖由此等工具,皆能产生若斧、若凿、若枢、若括无数能力皆备之工具,以佐吾手之不能也。

吾今卑之无甚高论，以今东方不能备物之民，与西方备物甚富之民较，固无异由人力车夫家之短垣，以窥吾室，备物周与不周而已。其备物不周之故，推想于物之所以备，即工具短缺是矣。工具短缺之情状，普通皆有觉悟，如所谓主张推广机器制造也，所谓传布实业主义也，所谓注重科学教育也，无非间接直接，亦望增多其工具。虽然，如不能成真正工具之嗜好普及于青年间，则所谓机器制造，所谓实业主义，所谓科学教育，皆如隔云雾而谈天际也。古之青年，负箧于外，略具自治之能力者，其箧中必有小剪，有缝针，有修脚刀，或有铁锤。今之青年则有进于上数者之外，又有裁纸削笔之刀，有开瓶之钻，有起钉之凿，甚而至于有剸孔之螺钻。此人人认为与时辰表、寒暑计、画图规尺，为青年之所必备。嗟呼！此真中国之青年！欲知他国青年之生活，正在梦中。

西国鄙谚，即眼前品物而比较文明野蛮者，以吾所闻凡三：一曰国之文野，可以肥皂店多寡分之；二曰国之文野，可以硫酸制造所多寡分之；三曰国之文野，可以工具发售处多寡分之，三者各有其持论之目的。吾以为工具发售处尤为其母亲。肥皂之厂，硫酸之器，皆从极便利、极精密之工具得保有廉价，保有良果，始能日以发达。正如甲生携有小剪、缝针，方不至足穿裂缝之袜，裾曳垂落之纽；如乙丙各生之去家方远，常露其窘态也。吾国昔年除张小全、王麻子之外，曾否有正式之工具店？大匠之所具，百工之所为备，或专有一匠为特别行业，熔造于隘巷，或就普通锻铁所，由求者口讲手画以指制。所可适市而求者，不出乎小剪、缝针、修脚刀、铁锤而已，间或有裁纸之刀。所谓开瓶之钻，起钉之凿，剸孔之螺钻，必于洋货铺。求他物于洋货铺，吾所不忍提议。惟就洋货铺而得工具，能得其制造之母亲，得之而久之可以不复更得，此正所谓借矛攻盾者也。然中国之洋货铺，能求得机转之刨床否？能求得机转之钻台否？能求得机转之锯座否？吾恐吾之青年既未见其制，或且未闻其名。有之，在上海闹市，方用于广东宁波之工匠者，确有无论何种青年，当备于其家中自修之室，而乃概骇之为机器。不曰工人所用，即曰机匠所需，与社会普通青年无关。有所关涉，亦工科之青年而已。嗟乎！此真中国之青年！欲知他国青年之生活，正在梦中。

幸而世界事业演进之发达，循自然而推暨。年来工具之输入，有所谓五金店者，月推而日盛。苟其吾之青年，能联合全国青年，开一欢迎五金店之大会。而中国青年之生活，必开一新纪元，其故无他。吾所谓机转之刨床者，五金店间可以求之；所谓机转之钻台,机转之锯座,五金店且尽可以求之。节缩青年制裘观剧会食,种种消耗无益之资,先求刨床、求钻台、求锯座,置于家中自修室中。开其手匣,有小剪、缝针、修脚刀、铁锤、裁纸削笔之刀、开瓶之钻、起钉之凿、剸孔之螺钻,无不毕备。扪其衣袋,时辰表、寒暑计、画图尺规,亦无不具。于是烧蒸水之玻璃瓶,蓄电气之积累机,与所谓普通斧凿、若枢、若括之支架,相位置于刨床、钻台、锯座之间,复有六经三史图谱哲像,互相点缀,此等青年方为文明之青年,此正如古人骄养之青年。其父兄夸能永给子孙之轿马,无所用其手足,遂任天生之工具,萎缩而不用。今共知以轿马废其手足,缓急之苦累无穷。所以今日无论家富轿马者,亦主张有相当运动,发展其天所赋予之工具。推而进之,今日开明人类,知欲充吾天然之工具,至于相当者,不必发高论。而普通之所谓机械品,宜人人附于天然工具之一手,皆求而有之,而后允一普通人之能力乃完。故吾不望青年为伟人,仅望青年为普通人,当求刨床、求钻台、求锯座。

吾略据英国之青年为报告,其十二三以下之青年,其自修室中,大部有玩具(Toy)。所谓刨床、钻台、锯座,皆刻以木,或制以马口铁,运动之以火酒,此意焉而已。而寻常之锯钻刨凿,皆由岁时即求备于邻近之五金店。十三四至二十以外之青年,遂有模型(Model)。模型之为物,则影响大矣。鼓吹此等模型之报,邑有十数;交换此等模型之古物店,市有百数,制造此等模型之工厂,资本达数十百万者,亦以十百数。此等模型之能力,所谓刨床、钻台、锯座之类者,能连接于五六匹马力、十数匹马力之汽机油机马达以动。而广东宁波工匠得之,能设机器巨肆于虹口洋泾浜之间。皆常出现于彼中青年家屋内自修之室也,即借此刨床、钻台、锯座之能力,自制一半匹马力至两三匹马力之汽机油机马达,以自牵其刨床、钻台、锯座,不仅仅倚恃于手足,亦每日下午放假以后,聚议于公园球架之旁,至寻常也。所以去吾邻居之半里,有中校焉,为生徒者七百,其中三百人家中皆有可用机力牵引之刨床,有正式制造小物之能力。自军火立部以来,所谓爱国之青年,皆思出少力以助公家,于是于星(期)六及星(期)日,此三百青年者,各领枪子二百,两日中就其自修室之刨床而竟工焉。盖一中校游戏工具之所助,乃周助六万"必马",以青年不幸而造杀人之具。此别一问题,自当特别研究。至就作工之本题能力而言,吾青年仅藏小剪、缝针、铁锤而罢者,方如具有工具之人类,与只有若角、若口、若足者相比例矣。然而英之社会,自战事发生以来,犹痛诟其青年,以为工具之教育远不如日耳曼。日耳曼即一车夫之家,皆有一工场(Workshop,

惟用 Workshop，表意乃显。译曰工场，嫌太广，曰工作所，又嫌太狭。所谓 Workshop，即种种工具，如牵机之汽机油机马达，作工之刨床钻台锯座等，无不格外具备，工作可以完善）。工场何物？我之青年必对曰："在裘信昌及制造局。"岂曾梦见自修室中有之乎？

故吾决非崇拜物质文明者也，如稍有一毫不能打破备物以为幸福之理论，请吾青年视其手，又视文明之工具，决非工科青年，方当注重于工具者也。

吴先生稚晖，笃行好学，老而愈挚，诚国民之模范，吾辈之师资。此文竟于发热剧烈时力疾为之，以践本志之约，其诲不倦重然诺如此。全文无一语非药石，我中国人头脑中得未曾有。望读者诸君珍重读之，勿轻轻放过一行、一句、一字也。

独秀　谨识

（第二卷第二号，一九一六年十月一日）

欧洲战争与青年之觉悟

刘叔雅

千九百九年，英国大政论家脑门言介尔（Norman Angell）著一书曰《大幻想》（*The Great Illusion*），就列邦之经济关系，力言战争之必不得起，侵略之绝无所利。言氏文辞华妙，论据精确。宇内谈士大爱好之，争先购读，人手一编，有纸贵洛阳之概。记者癸丑之秋，避地日本，始得见之。亦深叹其识见之卓越，论证之翔实，非寻常高谈仁义之平和论可比。私心窃计，以为世界列强之经济关系既如此密切，平和纵难永保。然近数年中，战祸必难遽作，即英德之竞霸争雄，恐亦以经济战争决其胜负，未必遂以干戈相见也。当时除少数深识之士外，与记者同感者实繁有徒。世界和平之梦方酣，美国富人加乃义与言氏辈其代表也。乃未及期年，塞尔维亚一少年奋锥一击，圆舆震动，旬月之间，兵连祸结。古来文人形容战祸之辞，如所谓“伏尸百万”“朱殷千里”者，竟成实事。若“兴师十万，日费千金”则曾不足以尽其万一焉。诸交战国执戈之士二千万人，战线延长数千里，死伤战士数达千万，所耗战费至八百余亿圆。鼓角鸣于地中，彤珠流于天上，杀敌百里之外，攻入九渊之下。器械之精巧，战祸之惨烈，真令吾临祸怀佚之民族魂精泄横，心折骨惊。呜呼！今而后，方知战斗乃人生之天职，和平为痴人之迷梦。处今之世界而妄冀和平不能力战者，真无异群虱处裈中而不知炎丘火流焦邑灭都之祸也。肉食者鄙，吾何望焉？即彼大人先生亦何足与语力征经营之烈？记者一线之希望，在吾亲爱之青年耳。故敢擘肌为纸，刳肝为墨，哀鸣于吾青年之前，促其自觉。青年而能自觉其责任，孟晋自疆，努力奋斗，则吾青年自身之福祉亦邦家无疆之休。青年而苟偷怀佚不能努力奋斗，则邦家覆败，吾青年亦必及身为虏。地球虽大，不能容此卑劣苟贱之民族以贻人类全体羞也。

此度欧洲战争，为书契以来第一大事，吾人所得教训不可胜数。关于特殊事项者，姑置弗论，其足以垂训人类全体，而弱国之民尤当深铭于心。永矢不忘者，厥有数端。记者不敏，敬举于下，愿吾亲爱之青年诸君察焉。

一、和平者痴人之迷梦也。天下事有字书虽载其名，而终古不可得见者，"和平"二字是也。此二字本卑劣怯弱者脑海中一种幻境，绝无实现于世界之一日。东洋民族之衰亡，实此不祥名词为之总因。其害之烈十倍于鼠疫微菌，苟不速拔除之，其民族未有不夷灭者也！盖世界所以不灭，乾坤所以不熄者，实赖此永世不休之战争。大之则为邦国交哄，杀人盈野；小之则为个体相残，流血五步。内则为天人交战，外则为征服自然。举凡国家之兴废，个体之存亡，人之为圣贤，为禽兽，为文明，为野蛮，莫不由于战争之胜负。即小至于一滴水、一微尘，苟细察之，其中战事炽然，与欧洲战场同其剧烈。即近至吾人七尺躯中，白血球与病菌之战，消毒素与毒质之战，其奋斗努力之状，亦不在彼义勇武怒之军人下也。战争者实创造进化之中心，此事一废，世界随灭。若必欲于此世界中强求所谓和平者，则灭亡二字庶乎近之。好和平之民族，即自甘夷灭之民族也。近世史学大家埃密尔·莱希氏往岁在英京伦敦大学讲演之辞，真足发青年之深省。吾衰微不振之东洋民族，尤当谛听。莱希氏之言曰："战败之国民，其所损失虽大，终有恢复之期。其一蹶不振者非战败之国民，乃不战之国民也，奥大利即其例也。人类借永世不休之战争以得进步，与自然界无殊国民而爱和平，即其灭亡之征兆也。"奥大利虽旧邦，犹未遽即衰亡，往日奋斗之迹，史册俱在。即此次战争亦尚能北抗强俄，南支意师，力战不屈，亟摧敌国。莱希氏犹谓其不能奋斗，终将陨颠。吾国民近代对外交涉，无一非屈辱之历史，甚至以泱泱大国受人最后通牒而奉命惟谨。其卑怯无耻，直为世界诸民族之冠，又安怪莱希氏斥为必亡之国耶？呜呼！世界克享所谓和平幸福者但有两种人：一为战胜者征服人者，威无不加，天下莫强，既无敢与敌者，又免被征服之祸，斯真能享和平之福也。一为蒿里中陈死人，一棺附身，万事都已，无论何种惨祸皆不复受，斯亦和平之至也。若夫被征服者，一息尚存者，则除勇猛精进，脱离被征服之惨辱外，欲求和平，但有自裁一途而已。战争之天职与生俱来，对他国而不力战，必为臣虏；在本国而不奋斗，必为凡庸；对己身而不奋斗，必为撒旦所征服而沦为禽兽。吾先民使不为吾侪战争，则今日吾民族犹为革衣石斧之民，与彼野蛮人无异。吾侪而不为子孙战争，则易世之后，必仍还于渔猎游牧时代之状态。无疑，战争者进化之本源也，和平者退化之总因也。好战者美德也，爱和平者罪恶也。欧洲人以德人为最好战,故德意志在欧洲为最强;亚洲人以日人为最好战,故日本在亚洲为最强。世界诸民族中,吾诸华民族最爱和平,故中国亦最弱。此迷梦若不速醒,亡国灭种之祸必无可逃。即能憬然悟和平之不可恃,发奋为雄,力谋自卫,犹不足以救亡,何者?自卫之本义即为克敌,不能破灭敌人,终必不能自卫。此义不待旁征博引,试观自古无不陷要塞可知也。不能征服他人,必为人所征服;不侵略他人,必为人所侵略。攻势虽难必胜,守势则未有不败者。世有意志薄弱者流,谓中国他日兴隆大好,不当侵略他人,但当为世界和平之保障。此盖其脑海中所受"和平"二字之毒,未异涤除故也。试观史册,自来强盛国家,何一不以侵略为事者。近世国家,既臻强盛,因人口经济之膨胀,有不得不事侵略者,非人力所能强制止之也。愿吾青年,人人以并吞四海为志,席卷八荒为心,改造诸华为世界最好战之民族。国家光荣,庶可永保弗坠。吾青年亦得常享战胜者所独有之和平幸福,否则请于蒿里中求之耳。呜呼!彼龙哈的将军之主战论,吾青年想多见之矣。然彼龙哈的军人也,军人主战,无足异也。至于社会党者,非以和平为标榜,人道为旗帜耶?而今之战役,法德之社会党乃皆以主战闻,社会党而主战,"和平"二字宁尚有丝毫价值耶?

二、强弱即曲直也。吾国人好言"师直为壮曲为老",而欧洲人有谚曰:"威力即为正义"(Might is right),东西民族之盛衰即此二成语可见矣。若就个人关系言之,记者诚不能认强陵弱众暴寡为正义;然就今日之国际关系言之,则威力诚为正义,强弱诚即曲直,何者?近世国家之强弱,全在民德之盛衰。其民苟能孟晋自疆,苟能努力奋斗,则其国未有不强者。国家而至于弱,则其民必皆苟偷怀佚,猖诈寡耻无疑。以孟晋自疆之民族,征服苟偷无耻之民族,非正义而何?强国征服弱国,奴隶其人民,卤掠其重器玉帛,实其民族力征经营所应得之正当报酬。弱国被人征服,人民沦为臣虏,货财为人掠夺,实其民族自伐自侮所应受天讨天诛。盖同有人民,同有土地,何以此强而彼弱?同此日月,同此霜露,何以此盛而彼衰?彼有土地人民而不能振作,有国家而不思恢旷,蒙弱国之恶名而不知愧耻。有强国焉,其民皆有坚贞刚毅之德,不屈不挠之勇,则此强国本优胜劣败之天理,兼弱攻昧之正义,灭其国而有之,谁曰不宜?德意志人谓德国之兼并世界为合乎公理,谓世界之被德国征服为光荣,语虽近夸,实含至理。彼龙哈的将军之主战论,盖深明此义者也。吾青年当知吾国人近世所造罪恶已至稔恶盈贯之程度,民德之堕落已至零点以下,苟孟子所谓"国必自伐而后人伐之"之说非虚。则彼西方皙种灭吾之国,夷吾之种,实为公理所当然,正义所应尔。吾国人不当怨天,不当尤人,但当自怨自艾耳。倘吾青年不甘为皙人臣虏,深自忏悔,慎修厥德,勉图厥功,使我诸华民德增进,冠冕大地,国家兴盛,天下莫强,则世界诸国当然为我所征服,其民当然为我之奴虏,千百世后有圣人作,不得而非之也。大哲尼采有言:"人类纵不德,何至犯一弱字?"弱者实万种罪恶之首,弱国不惟无可怜悯,且堪痛恨,使进化之说不诬。大好世界,皆将为强者所独有,弱者不当有容身之所。盖弱者栖息于大地,食人之粟而不能治人之事,不悉歼灭,是为人类进化之大障碍。

三、黄白人种不两立。黄祸之说,为欧洲人所惯道,亦吾东洋民族所习闻也。倡此说者以德皇维廉二世为最力。近俄国克鲁巴特金将军亦著书极言黄祸之可怖,不特于日本人之武力,深为称许。即吾中国微弱可怜之军队,彼亦不惜辞费,盛加赞美,谓其易世之后,必能电扫欧洲,真令吾人有受宠若惊之慨。彼之所以张大其词、危言耸听者,盖欲联欧西皙种诸民族为一大同盟,并力一心,以歼灭吾黄种而后快也!美国者,素重人道之国也。林肯释奴,光耀简书,排斥异种之事,宜若可以不作。乃加州美人,于吾黄色人种,视之不啻洪水猛兽。吾国衰微,人民之受迫害侮辱,犹有可说。日本者非所谓一等国耶?非世界列强之一耶?何以日本侨民所受迫害侮辱,乃较吾华民为尤甚。可见皙人绝非以强国排斥弱国,实以皙种而排斥黄种也。然德皇维廉二世好大喜功之君主也,克鲁巴特金军人也,加州之排斥黄人,惧夺其生计也,此皆无足深异。记者所最惊心动魄者,则倭根(R.Eucken)、赫克尔(E.Haeckel)二氏痛斥英人之宣言书,及法人反对招致日本兵之论也。当欧洲大战之初起也,倭根与赫克尔共撰一文,宣告天下,责英人以条顿民族之尊,不应使黄色人种加入战争。又谓俄人为半东洋、半野蛮之民族,英人不当与之联盟以残同种。又德军侵入法境,锋不可当。法政治家比兴氏,主张招致日本兵于西方战场,以资臂助。其说一倡,赞成者虽亦有人,而大多数之舆论大哗,谓借助黄人实欧洲高贵民族之大耻,事遂不行。呜呼!吾亲爱之青年,亦知倭根、赫克尔为何如人乎?倭根者,盖当代大哲学家,赫克尔乃达尔文后生物学界之泰斗,以硕学大师,似不应怀此狭隘之见解。孰知彼所谓"精神生活",所谓"内的生命之奋斗",与夫万有皆神之教理,乃皆对于天骄皙种而言。若夫东洋诸民族,则皆与犬羊貉子等视,不齿于世界人类之林。俄国为半东洋,即为半野蛮,此虽敌国丑诋之辞，然其贱视吾东洋，贱视吾黄种亦可概见。呜呼！硕学大师之所见如此，其军人、政治家尚复视东洋人为人类耶？法国招致日本兵之论时，正德军长驱猛进，气吞全法之日。当时法兰西之危急，殆无异师丹梅兹败绩时也。比兴氏所主张能否实行，姑置不论。当时反对党之说，则大都谓东洋人为最猥贱之民族，欧洲诸国兄弟阋墙，不当招奴仆为助。夫人当落井求援之日，但望有人援之以手，宁复计及其人身份之若何？乃法兰西当危急存亡之秋，犹不欲借助黄人，自伤皙种尊严，其平日之贱视吾黄种为何如？他若"亚洲之事当以亚洲人之血解决之"，"亚洲人固吾人之臣虏"，则固时时见于英伦之报纸者。更就各国之待遇俘虏观之，于皙种则遇之甚厚，于有色人种则待若牛马。同为敌人，同为俘虏，而待遇之宽严厚薄，判若天渊。皙种于吾东洋民族，宁复视为人类耶？呜呼！欧美人骄盈者则视吾曹为仆隶臣虏，枭桀者又视吾曹为强对大敌。此次欧洲战争终局以后，即为黄白人种阵师鞠旅以决生死之时期。吾国既为东洋诸民族之领袖，又为皙种诸国所侧目。妖云祲霭，匝地而来，不特吾国之生死存亡责在吾曹青年，即东洋诸族之盛衰兴灭其责任亦全存我躬。欧洲皙种既自觉黄白二种之不能两立，又必并力一心，以死拒捍。克鲁巴特金将军皙种大同盟之说绝非虚语，恐不待易世之后，将见实行。书契以来，任何民族，任何国家，其责任未有如吾曹今日之重者也。吾曹之危险既如此其大，其责任既如此其重，吾曹之努力若不能超过欧洲诸民族近世所费 Energy 之总量，则夷灭之祸，无可幸免。此记者所以泪竭声嘶以求吾青年诸君之自觉也。

四、国家之存亡在科学之精粗。今日之世界，一科学世界也。举凡政治、军事、工业、商业、经济、教育、交通及国家社会之凡百事业，无不唯科学是赖。科学精者其国昌，科学粗者其国亡。精科学者生，不精科学者死。而自然科学尤为国家生存发展上第一要素。盖不能征服自然之民族，必不能征服敌国，终为他人之所征服也。今日欧洲战争，德意志人齐泊林飞艇之功用，潜航艇之精巧，四十余生的巨炮之威力，毒瓦斯之猛烈，此吾青年之所熟知也。其设备之周密，储蓄之丰富，又吾青年之所习闻也。德意志诸邦皆硗确荒寒之地，物产既寡，海岸线复短，论其天时地利，皆远在英法诸国之下。百年以前，全国皆贫乏之荒村。哲学家之外，但有无告之农民而已。拿破仑之铁骑纵横驰突，如入无人之境。普鲁士之君后至于长跪拿破仑之前以乞哀，盖世界最贫弱之国也。即在半世纪以前，其国际位置犹居末座。乃自前世纪末叶以来，兴隆大好，国势日盛，骎骎与英国并驱争先，声名文物，冠冕世界。考其勃兴之原因，则科学而已。天之所废科学能兴之，已覆之邦科学能复之。科学之力，直足以夺造物之巧，非仅与异国争衡已也。德人科学最精，故其器械之巧，工业之盛，亦为举世之最。橡树之皮，本产于热带，为德国诸邦所不生，而其用又至繁，军事上需要尤多。德人精科学，故能以人工造之，虽被封锁，不虞不给。靛与蔗亦热地之特产也，德人精科学，能以人工造之，不惟不仰给他人，且转而供给世界。空气造火药，至骇人听闻之事也，德人精科学，能利用其中窒素以为之，攻战二年，弹药不匮。矿山中盐类，至无用之物也。德人精科学，能以制造毒瓦斯，一瞚之间，杀敌无算。平时则以经济制胜，战时则以利器克敌，皆自然科学昌明之赐也。今之战争，幸协商诸国，科学亦颇精深，较德人稍逊一筹耳。然即以此一筹之稍逊，法则丧师失地，覆败相寻，竭其国力，仅能自守。英则首都常为飞艇所蹂躏，航业日为潜艇所侵扰。加莱阵地，三倍德军而不能进击，潜航商船发明，巨舰八艘而无所用，科学竞争如是其剧烈。国于今之世界，研求自然科学，为有国者第一急务，万事皆可缓图，此则不容稍懈。乃反观吾国青年学子，以法政文学知名者，尚不乏其人，独于自然科学，未闻有能深造者，良可哀也。吾青年当知德人之不即能灭吾种类，特以事势不许耳。他日飞艇东来，则彼以一师之众，数月之间，可以尽歼吾四万万人而有余。言念及此，真令人不寒而栗也。法政诚亦重要，文学非不可宝，苟能精之，又岂恶事？然观于今日欧洲战争，化学工业之功用，实较法政文学为尤重。吾国所需，亦以此为最急。不此之务，则实业军事，两无进步之期。一旦有事，固不啻束手就戮。即在平时，工商竞争，亦必以困乏自毙。吾中国之兴废，在青年之能否务此而已。

（第二卷第二号，一九一六年十月一日）

法国青年团

谢 鸿

一、青年教育偏重军事

青年教育,偏重军事,为世界各国所无,有之自法国始。盖法国自普法之役,蒙割地偿金之耻辱,数十年来,举国上下,复仇之念,一日未尝去怀。其扩张军备,以统计上之人口关系不能凌驾德国,思以个人之精神与体力凌越之。此青年教育之设施,立于国防见地之下之所由来也。距今三十年前,陆军总长皮罗,即主张全国青年,当施以军事教育。嗣后国内之青年团体多按军事组织,凡团内所规定之各项条件,全仿军队之服务,浸渐至于今日。法国青年之风尚,已有军队式之趋向。故法国青年教育之目的,所谓养成义勇青年者,毋宁谓之养成义勇军人也。此等教育宗旨在当时虽有反对之议论,自议会宣言国家兵士,当出自此等青年之中,以后反对之声遂寂无所闻。吾人推原其故,其所以得社会之大多数心理赞同者,无非复仇一念驱之使然,嗟乎!法人爱自由,其独立不羁之精神,于兹益见矣。

二、适任军事证书与射击会

适任军事证书,法国以之奖励青年,其效果各团队因此法而得统一。但青年中能得此证书者颇不易,须经一定考试。其法先检查体格,次验能否耐长时间之运动,又次为体操、打靶、读地图、描地形、测量道路等项,获选者享有特典。未达丁年得提出入伍志愿,及入伍时得任意选入部队,并于停年之最下限,得进上士阶级。此外,在法国青年教育团体之中,有一特殊团体,曰射击会。由政府提倡,分设于各地方,并严令各学校附设此会。据最近之调查,在各地方单独组织者,计二千所,会员达三十万人;附属于小学校者,计三千所;附属于中学者,计百六十所;附属高等专门学校者,计五十所,均受国家监督。因此项教员缺乏之故,特设射击科科目于各学校内,以便养成教员。故射击科学生一经卒业,即予以种种特典,亦政府奖励射击术之意也。

三、军事预习会

军事预习会者,凡小学校卒业学生,未至服兵役之期,利用此时间,使之预习军事也。因此其国内青年,自十七岁至二十岁,约在入伍前二年,不但授以体操,使之强健身体,并仿军队之教授初年兵科目,授以射击术及各种操练。期满,择其优者,给以适任军事证书。会中实习之期,每年始于十月,终于翌年八月或九月。会员定于星期日出操一次,以星期计之,一星期之中约操二次。有时利用夜间,余暇得操三次。其教法虽取严重教育,惟恐积久生厌。于操演后,间为奏乐演艺或游戏。会员中有具将来入骑兵队之志愿者,使练习乘马。有具体操教员之资格者,在兵役中,特授体操科之教育。每年自陆军体操学校出任体操教员者,计二百四十人。故全国之体操教育有统一之状况。现今预习会会务,日益发达,会员中得适任军事证书者甚多。其军事当局对于此会极表满意,非无故也。

四、陆军部令与国民教育会

千九百零八年十一月,法国陆军部,颁部令,大旨以军事预备教育与军事完全教育及体操教育,依下列之三种机关实施之。

一为政府之机关,于官立诸学校之学生会实施之。

二于政府认可之协会实施之,其会员有若干特典。

三于未经政府认可之自由协会实施之,其会员无何等特典。

其属于上列第二项之协会,非赞成协会事业之法国国民不得入会。其会员以未服兵役之青年与现在兵役者,以及服满兵役之地方人士组织之。若附属于学校内之协会与政府认可之协会，其享有特典，毫无差异。此外，仿英国少年团设国民教育会于巴黎，关于军事上之要求，所订科目较多于英国。其考试时，检定会员之成绩均在军事以内。此种青年教育之各团体，在法国受所在地最高军官之监督指导。因团队之请求，每团置将佐一名为顾问，并置下士数名为教官。军器自陆军部发给，子药于预算之范围内，得支给之。至操演团队，准假用该处之军用地。今兹欧战以前，军事预备教育及体育之协会，其总数已达八千五百余所，其内经政府认可者六千余所，会员达九十万人以上。呜呼！盛已！

（第二卷第二号，一九一六年十月一日）

新青年之家庭

李　平

吾师彬夏女士，造“基础之基础”论，有云：“予尝著论谓中国街道之污秽，原于家庭之污秽。因家庭为吾人饮食起居之地，最易造养吾人之习惯。试思始落母胎，呱呱坠地，其地即家庭。凡目所先见，耳所先闻，手足所先接触者，为家庭与家庭之事物。其后成长于此，老死于此。则家庭者，此躯壳之所寄存，而灵魂之所依附也，最易造养吾人之习惯。若家庭污秽，吾人即习惯于污秽，无往而不污秽，且莫觉其污秽。谓予不信，试观中国，其街道之污秽如同家庭，无城乡市镇皆臭。即往欧美唐人街，仍黑暗臭秽。而欧美人虽移在吾国，仍清洁整齐，其街道亦平坦阔大。是则家庭之清洁能使人习惯清洁，并将其所至境域，亦变清洁也。”又云：“予故曰改良家庭，即整顿社会也，岂专指清洁与污秽而言。家庭于社会之影响，此其一耳。”（俱见《妇女》杂志本年八月号社说第二页）旨哉言乎！家庭与吾人及社会之关系既如此密切，故前此国人之腐败，青年之堕落，要皆恶劣家庭所养成。家庭不良，社会国家斯不良耳。今之谋革新者，独舍家庭而求之社会国家，讵有济乎？欲为新青年筹改造新家庭之准备，因作斯篇。挂一漏万，在所不免，世有同调，幸垂教焉。

一、家庭之组织，仅许一夫一妻，及未婚之子女。

二、家庭之出纳庶务，均由主妇主张之，男子无干涉之权。

三、子女必受同等之教育。

四、男子不置妾，女子不畜婢。

五、亲子之关系，专为义务的而非权利的。亲不得视其子如货物，责以报酬。

六、亲不为其子谋婚嫁。

七、教育、卫生二项，岁为预算之巨额。

八、成年之兄弟姊妹弗同居，财产必独立。

九、主妇宜助理杂役，勿多雇佣仆。

十、子女须具自立之人格，勿妄想父母之遗产。

十一、衣食住三者应用科学的方法，务求合于卫生及经济之原理，且养成子女良好之习惯。

十二、交友不事世俗浮文，以免应酬之劳，节消耗之费。

十三、婚嫁力戒奢侈，择配完全为子女之自由。

十四、丧葬务求简便，实行火葬制。

十五、家庭必陈设精洁，父母必以身作则，以为家庭教育之基础。

十六、常率子女旅行他乡或异国，以广见闻而增阅历。

十七、家中须备运动场、藏书室、屋内游戏具，四壁悬英雄名人像、科学挂图，以谋智力之发展。

十八、男子务为直接生利之职业，以益群众而利生存。

十九、女子必习医理，谙教育学，生产必在医院。

二十、节用贮蓄，以应不时之需。

二十一、采用保险法以免临时危急。

二十二、子女月给另用，不复理其琐事，养成其独立自主之习惯。

二十三、家宅择离市场近学校之地为宜。

二十四、力戒吸烟、饮酒、狎邪、赌博及其他嗜好，以造成健康和乐之家庭。

二十五、人不能离社会而独立，无时无地不与社会相接触。故必于职务家事之余，勉为社会服务。及子女长成，另组家庭，为父母者负担既轻，更当注全力于社会事业。

二十六、国家主义之下，人民均有政治责任。故当成年之后，即宜与闻地方自治选举代议士等事，勿复规避。

作此稿甫竟，匆忆六七年前，吾母校校长黄韧之先生，曾述“理想的家庭”，登载第一年《教育》杂志。然兹篇所述，专为新青年设法，非为老者、壮者与夫比，诸老者、壮者之青年而发也。质之黄先生，以为何如?

（第二卷第二号，一九一六年十月一日）

青年之生死关头

李次山

"死"字之定义何说乎？任询诸何人，必曰食息机能停止之谓也。然食息机能并未停止者，便可谓之生乎？此义唯生理学为然，外此初不尔尔。赞扬死人者，恒曰死且不朽。诋毁生人者，恒曰走肉行尸。此虽出于客观的论评，而下字初非无据。盖生死云云，固可由形神两面分观者也。机能停止者，形之死，形死而神生，斯死且不朽矣。机能不停者，形之生，形生而神死，斯走肉行尸矣。形之生死，本于自然。上寿百年，无不蜕化。神之生死，柄操自我。果欲自生，无得而死之者。吾人之于青年，不能抱死且不朽之奢望。然在机能活动时间，走肉行尸之恶评，固尽人所不乐受者也。况无神之形，不可久存。既已蠢然尸，块然肉，则其行与走，亦刹那间事耳。古人云，死生亦大矣。自然之死生，不得不听之自然。人为之死生，其途径固有分明可辨者。我生气勃勃之青年，其亦乐闻于此乎？

一、享福与刻苦

孟氏子舆谓"人生于忧患，而死于安乐"。其理即已发无余蕴矣。顾人生不能尽于忧患，唯安不忘危者，戒慎恐惧，常若履薄临深。斯日在忧勤惕励之中，不暇置身于安乐，此即刻苦自持之说也。国人于此等教训，已成玩弄光景，充耳不闻，仿佛老生常谈者也。不知人类之堕落，靡不由浪费而来。浪费者，贪图娱乐，惮于刻苦之结果也。浪费时间，为自促其寿命。浪费资财，为自削其能力。譬犹度同一之岁日，人则唯日孜孜，我则无所事事，是在人得岁月之实用，在我与不度无殊。虚度光阴，谓之不生可也。纵寿比彭祖，仍与蟪蛄无择。得同一之资财，人则自活经年，我则到手辄尽。是人已从容逸豫,匮乏无虞。我尚敝敝营营,终无担石。两相比较,谓之生活能力,远逊他人可也。纵日进万金,仍与乞儿无间。寿命等蟪蛄,能力等乞儿,其去死也亦近矣,况其害毒犹不止此。

法儒路易普洛耳著《政治罪恶论》,盛称政治腐败,根于奢侈娱乐,征引史证,历历不诬,结论以淡泊质实,为克免败行之唯一良法。大法官罗比塔耳且谓内乱之源,亦基于娱乐侈靡,曾发布节用条例,以矫末流。盖多欲怠荒之人,耗费多而生财寡,出入不相应,必至取求情急检择不遑:手握政柄,则揽暮夜之苞苴;身居闲散,则涎他人之黄白。智取力夺,各因其时,贿赂吞没,劫盗兵戎。其原因一也。最近日本首相大隈重信,于袁前总统病毙后,发布长篇演词(载《新日本》杂志),明示儆觉吾人之意。其中警语,有确为我辈针砭者,摘译如次:

> ……贿赂为华人通病,此种害毒,实于享福主义植其根。盖享福须资财,无资财,则金屋藏娇、羊羔美酒之繁华春梦,杳不可得。求财之道,莫便于入官。以故华人欲望,只在富贵功名。映雪囊萤,初非别有志愿。盖一经腾达,则辇金门下者,源源而至也。取尽锱铢,用若泥沙,苛敛繁征,人民憔悴。少数之享乐,其祸及多数也非一日矣……此弊不除,欲求国运挽回,永世无望……
>
> ……西洋宴饮,至久一二时间,足以了事。华人则通常须三四时间。自古名流,好作长夜之饮。其酒池肉林之穷极奢靡,尤不论也。彼等为谋口腹之欲,牺牲时间与财力,岁有几何?巧历莫算。失败死去之袁世凯,特贪恶享乐之一人耳。袁氏著名之夫人凡六,嬖妾不知凡几,嫡庶子女,几三十人,口腹享乐,亦无限量,爱国云乎哉?爱民云乎哉?华人而欲自存者,不可不醒此,享福主义之痴梦……

他山之石,可以攻错。大隈药石之言,吾人所当永志者也。蒿目时流,鲜不荒嬉纵欲。青年学子,亦相率鲜衣美食,甚或抛弃正业,从事蒲樗花柳之行,一如日暮途远。故倒行而逆施者,耗时无论矣,试问与经济能力果相应否?既不相应,则倾家而享用不支,倾家而债负山积,在官不得不削民膏,以填欲壑;在野不得不奔走权贵,冀入宦途。虽卑鄙屈辱，无所避也。再不得志，则作雨兴风，凌法乱纪，以济其穷。其人岂性恶哉？享福主义，有以驱之。言念前途，罔知所届矣。

闻者疑吾言乎？盍观最近之例证，举世唾骂之筹安六君子，固无一非浪费之人也，就中酷嗜鸦片者凡五。首犯杨度，妻妾盈下陈。孙毓筠宫室服御，拟于帝王。严复侈靡，虽略逊孙氏，而吐雾吞云，西餐旨酒，亦日耗巨资。其污我学界之立国精神建议案也，破我国家之君宪救国论也，尽骗取金钱之方法耳。脱彼六人者，能刻苦自励，则无一人有与袁氏谋帝之事。吾人直敢断言，盖孙氏故铲除帝制之革命健儿，严氏亦淹博中西之老成硕学也，乃以纵欲无极之故，不能不败乱法度，祸及身家毒痛全国，夫亦大可哀矣。我亲爱之青年，其速自审所处。

二、诚实与虚伪

忠信笃敬，行于蛮貊，至诚足以感人也。群疑众难，同舟皆敌，作伪心劳日拙也。诚实与正直相倚，宅心纯正，无所避忌，处世接物，自敢披露襟怀，人之相与接触者，亦坦怀以报。虚伪之人，自知其言行之非是，不得不蔽其真相，而以假面示人。其结果则尔诈我虞，举足荆棘矣。故曰虚伪之人，奸邪而兼怯懦，终以是自绝于人，招致苦痛（英儒斯迈尔斯语），且不宁唯是。凡诚意未至者，处事之际，有初鲜终。盖客气所乘，转瞬消阻。较诸精诚一贯，百折不回者，成败之数，不待烛照龟卜也。

海通以来，我国民族以狡诈闻于天下。工败于肆，商败于市，靡不以是为因缘。甚至制度典章，语言文字，他人视之，直同儿戏，否亦粉饰壮观已耳（外人此等言论甚多，不及备述）。呜呼，天下滔滔，谁复能至诚无伪？唯我（国）人世受野蛮政制之熏陶，虚浮作伪之习性实已深入脑底，不可不反躬自省者也。

人心诚伪，证之于言行。心口如一，行必足以副之。言不由衷，斯行不相顾。文字之作，所以传达语言，无远弗届者也。古人不苟言笑，史官记事，虽一字褒贬，死生以之。存信立诚，所关至巨。自晋魏以降，崇尚文词，侵至衡文取士，制为典例。于是秉笔之辈，但冀美观，害意失实，举非所问。称文字之极致者，曰咳唾生珠玉，曰掷地作金石声，合乎情实与否，初不之计，盖已离文字本旨，而以美术视之矣。洎乎明清，以八股牢笼天下，始犹借口代圣贤立言，末俗所届，演为截塔偏全。种种名目，命题即无意义可寻，作者自积字成句，积句成章，大文煌煌，叩其命意所在，陈述何事，罔不哑然失笑。于是所谓文字者，更离去情实，而另成一种工艺品质，供匠人雕琢之具，竟无诚伪可言矣。晚近废除八股，而文人结习。强半未除，任为何种表示，大都满纸琳琅，羌无故实。髫龄黄口，亦学作拟圣齐贤、治国平天下等狂言妄语。不复知天地间有羞耻事，痛矣夫。国人之相率为伪也，口仁义而心盗跖，文人无行习等故常，盖文字与言语，言语与行为，各不相关久矣。习与性成，积非成是，侵至全国上下，无一诚实不欺之人。其人尽不人矣，国复何以为国？

黄梨洲之论教育也，谓“时人文集，古文非有师法，语录非有心得，叙事无裨史学者，不许传刻。其时文、小说、词、曲应酬代笔已刻者，追板烧之。士子选场屋之文，及私试策义，蛊惑坊市者，弟子员黜革，见任官落职，致仕官夺告身”。其痛绝虚浮，崇奖真实，诚文学界千古创论。独惜蔽于旧惯，语未透宗，盖拔本塞源。与其凭借威权，禁绝传刻，不如改良文教，禁绝发生之为愈也。况由今之道，无变今之俗。所谓师法，所谓心得，所谓史学，又何一非装点文词之具？经典史乘，久失威权，故事格言，徒供掉弄，于世道人心，宁复有丝毫感化之力。用以饰非文过，自欺欺人已耳。呜呼，文字为人类进化之利器，我得之，乃受病至是，语其详尽，必待专篇。而造成虚伪之积习，已足亡国灭种而有余矣。顾瞻前途，曷胜隐痛，此不能不为我亲手垂涕道之者也。

今兹学校教育，士习专科，试场问答，自非昔比。然毒根深远，士林好尚，迄未改移。我青年欲自储实力以立足于竞争场乎，欲屏绝虚浮作伪，以固民族与自身之大信乎，不可不制为自治规律，曰：“凡非文学专家，而肆力于美文者，与众共弃之”，“凡虚浮夸诞之文，无裨实用者，不令淆我视听”，“凡力所不能，心所不欲者，决不出诸言语与文词”，果能依律实行，则譬犹昨死今生，易俗移风，指顾间事耳。

三、事业心与侥幸心

贪权乐利，人类之天性也。用术语以明之，则前者为政治上之欲望，后者为经济上之欲望。人无欲望，则万事俱休。其捐弃权利，以恬淡谦退自甘者，必其所得之代价超于现实权利以上（上者，不朽之令名。次者，较大之实利）。否则知现实权利之必不可得，转而他图者也。然权利与义务相倚，片面之权利，举世无之。此法家之常谈，亦自然之理法也。无义务而贪图权利，非法所许，非理所容，尤非事势所可。故真能恃权乐利者，必以义务供其代价。孟子曰：杀人之父者，人亦杀其父；杀人之兄者，人亦杀其兄。又曰：爱人者人恒爱之，敬人者人恒敬之。因果循环，理无幸致。不能造福利于社会，而欲福利之及乎己身，真南辕而北辙也。

吾人之恃权乐利，无以异于恒人。而士子热衷权位，尤非他族可比。权位所至，利禄随之。享用出乎寻常，尊荣超乎庸众也。刘季睹帝室威仪，谓大丈夫亦当如是。对于皇位，犹生问鼎之心，暴骨横尸，无所顾恤，过此以往，更无论矣。近期朝政翻覆，耸身求售者，无虑满谷满坑。今次统一告成，奔集都下者，几二十万。呜呼，若而人者，其尽关心政局，身系安危者乎？其问心将为当世造何种福利者乎？比而出之，不外三种：其一为役于享乐，博得半职一官，便可安坐以徇兽欲。其二为中于虚荣。革命时代，不乏以草茅下士，致身通显，旁观健羡，群起争趋。此外少数，则迫于生计者也。百废不兴，万民失业，一身一口，无地自容。凡此三种，律以理法，皆不能宽其责备。据情定谳，名曰"侥幸存心"。宇宙至广，吾人盘旋之地，宁复有限。日所出入，无不照英人国旗，其人岂好游乎？无亦英伦三岛，不敷展布耳。我乃郁郁东亚一隅，亦何不广。再退一步，谓国力未实，不足以语殖民。而一国以内，应举之事，奚啻千万，旷土之待辟也，交通之待开也，教育之待兴也，宝藏之待启也，任举一事，穷万众之力，犹不足以赴之，得利得名，何虑不各如其分。乃目光专注政治中心，毋亦争名于朝之故智。徒知此现成有数之国帑，争欲坐尝一脔，以遂其惰气欲心已耳。惰气所乘，不思进取。苟自甘淡泊，犹无害也。顾复热衷荣利，冒死不辞，岂非希冀无义务之权利，欲侥幸以成之者乎？世容有侥幸于万一者，若尽人以侥幸为心，则其成功也，享逆天之乐利。其失败也，满怀不逞，危险思想，缘以发生。民族国家，胥受其病。本身堕落，犹细故也。英儒斯迈尔斯有言："怠惰放逸，而求快乐，乃绝对不能之业。快乐与幸福，唯勤勉与劳动者得之。"又曰："怠惰二字，足使人之肉体精神与良心归于毁坏没灭。世间之败行与悲运，十九由怠惰而来。"怠惰者，侥幸之原；勤勉者，事业之母也。不自谋事业而仰食于社会，衡诸因果律，当受饿毙之刑，顾欲得逾分之享乐与荣施乎？吾为此寄生虫危矣。

四、自立心与依赖性

造物生人，各赋五官百骸，分司知觉运动，将谓人类得此，可以各适所求也。吾人具此本能，益以祖宗传来之。习练教训，其能力即超乎万般生物以上。此本能与习练教训，在人群中，又大率平等无殊异。于是乎吾人在理法上，对于造物，对于自身，对于人群，有自适所求之职责。否则自拟于藤萝，自侪于狼狈者也。换言之，凡不能自视者，为自瞽其目；不能自听者，为自塞其耳；不能自言者，为自喑其口；不能自动作者，为自毁其肢体；不能自感觉虑思者，为自失其神经脑质。凡此种种，谓之残废，谓之笃疾，谓之人格不具，均无不宜。人格不具而出于天然，虽不能享人类幸福，犹受相当之矜悯。倘竟出于自作，则其丧失人类幸福，乃自招之惩创也，与造物与人何尤？

吾人有忘怀于人类幸福者乎？饥不能无食，寒不能无衣，居处不能无栋宇，此生存之最小愿望。所需于人世者，已若是其伙，况乎愿望之进日无已也。愿望无已，斯相需无已。依主产分配之原则，自本所业以供世用而易所求，人己之间，乃能各得其所。否则人之与人，谁负养人之义务？谁有受养之权利？无权而责养于人，谓之横暴，横暴者，人将嫉恶而诛除之；无权而求养于人，谓之卑鄙，卑鄙者，人必轻贱而役使之。受诛者死，受役者奴。不欲为奴，则人将能除其养，仍困顿以即于死。故不甘为奴而欲自存者，除自养外无他道也。凡自居残废之人，不能不仰他人之给养，其结果，则非死即奴耳。

吾国所谓德教，固有迫人使不得自立者。三纲为德教之根源，为君者奴其臣，为父者奴其子，为夫者奴其妻。臣子与妻，既无自主之余地，而列入奴籍矣。祈庇荫于君父与夫，又自然之法则，盖奴人者，固有庇荫其奴之义务也。谬种流布，迄于今兹。易君主以总统，而家庭组织如故。人民之仰赖父夫与君主化身之总统，一如曩日。不知父人也，夫人也，总统亦人也。人人相倚，举国上下，无一独立自主之人。与他国遇则自为奴国，与他种遇则自为奴种。人主我奴，以奴抗主，败也宜然。呜呼，奴隶德教，不能根本铲除，民族生存，断无望也。

前述状态，为对于特定之人而依赖之，犹得委为德教所诏，非我自奴而人先奴我也。彼不耕而食，不织而衣，不生产而消费者，遍地皆是。其依赖农工与生产社会，宁复有奴主之事实,无亦单纯之蠹虫已耳。人类间有此大蠹,不能悉予诛除,则同归于尽,无或幸也。我新时代新人物之青年,其落奴隶德教窠臼,以自抵于亡乎?其蠹虫自居,以同归于尽乎?抑奋志健斗,以自求多福乎?成败荣辱,一唯自择。

(第三卷第一号,一九一七年三月一日)

青年与老人

李大钊

现代之文明,协力之文明也。贵族与平民协力,资本家与工人协力,地主与佃户协力,老人与青年亦不可不协力。现代之社会,调和之社会也。贵族与平民调和,资本家与工人调和,地主与佃户调和,老人与青年亦不可不调和。唯其协力与调和,而后文明之进步,社会之幸福,乃有可图。

青年贵能自立,尤贵能与老人协力;老人贵能自强,尤贵能与青年调和。盖社会之优美境地,必由青春与白发二种之质色、性能缀配匀称,始能显著而呈鲜明壮丽之观;否则零落消沉,无复生气矣。故青年与老人之于社会,均为其构成之要素,缺一不可。而二者之间,尤宜竭尽其所长,相为助援,以助进社会之美丽、文明之发展。若为青年,则当鼓舞其活泼畅旺之气力,为社会摧除其沉滞之质积;若为老人,则当运用其稳静深沉之体验,为社会整理其善良之秩序。若夫互相轻侮与妄自菲薄者,如老人一闻青年之行动,辄骇为危险;青年一见老人之云为,辄嗤为腐败。此其无当,正与青年之以后进自贬,老人之颓衰自废者无殊。吾人均认为野蛮的,非文明的;专制的,非立宪的。若而青年,若而老人,皆在吾人排斥之列矣。

吾尝论之,群演之道,乃在一方固其秩序,一方促其进步。无秩序则进步难期,无进步则秩序莫保。阐论斯旨最精者莫如弥尔,其言曰:"凡于政治或社会之所企,无独关于秩序者,亦无独关于进步者,欲兴其一二者当必共起也……进步之所需,与秩序之所需,其质相同,唯用于进步者视用于秩序者为量较多耳。安巩之所需,与进步之所需,其质亦无异。唯用于安巩者视用于进步者为量较少耳。安巩也,秩序也,进步也,盖同质而异量者也……一群之中,老人与青年之调和,有其自然之域界。老人以名望地位之既获,举动每小心翼翼,谨慎将事;青年以欲获此名望与地位,则易涉于过激。政府有司调和于老人、青年之间,苟得其宜,不妄以人为之力,于天然适当之调和有所损益,则缓激适中,刚柔得体,政治上调和之志的达矣。"(一)古里天森氏《论世界观与政治的确信》,谓皆基于二种之执性,即急进与保守是也。亦曰:"有一义焉当牢记于心者,即此基于执性之二种世界观,不可相竞以图征服或灭尽其他。盖二者均属必要,同为永存。其竞立对抗乃为并驾齐驱,以保世界之进步也。"(二)准二子之言,益知世界之进化,全为二种观念与确信所驭驰以行,正如车之有两轮,鸟之有双翼,二者缺一,进步必以废止。此等观念,判于人之性质者,即进步与保守;判于人之年龄者,即青年与老人而已矣。

轻蔑老人为蛮僿社会之恶风。中央亚非利加之土人,将与他部落战争时,必先食其亲。盖恐战争一经开始,老人易为敌所捕虏,或遭虐遇,甚至虐杀。故为老人者,宁以为己子所食为福;而为之子者,亦以食其亲为孝,诚奇闻也。马来群岛之布尔聂伊附近某岛中人,遇达于一定年龄之老人,则穷追之,使登于亭亭大木之颠。部落中之青年,群集于其下,摇其木使之坠地而惨死焉。日本古代亦有姥舍山之语,相传为舍弃老人之地云。此以证老人于未开之群,实无生存之资格。文明进步之结果,老人之价值乃从之日增。现代文明诸国,对于老人之平生卓著劳绩于其社会国家者,且与以养老年金,以为晚年之慰安,而寓报功崇德之意焉。其故一由于社会之进步,争存之道渐由腕力而趋于智力也。蛮人社会上之地位由腕力之强弱而分优劣,文明人社会上之地位,则由智力之深浅而判崇卑。未开时代之老人,以于腕力为弱者,故遭虐待;开明时代之老人,以于智力为优者(西谚有云:白发即知识之意),故蒙敬礼。今日之社会,实厚与老人以与青年竞争之机会。此老人所当益自奋勉,以报答社会之恩宠者也。一由于老人之自强,体力益以健康,智力益以丰富也。老人之体力,虽视青年为衰,而依其不断之修养,亦可减其程度。而其知识与经验,乃足以其长于青年者补其体力之所短。故其为用于社会,亦殊无劣于青年。吾闻欧美老人之活动于社会者,为数之众,使人惊叹不置。今日之老人,实能多助社会文明之进步,此社会所当设立种种制度,以酬慰老人对于社会之勋劳者也。盖夫宇宙之间,森罗万象,莫不有其存在之意义。苟存在于兹世,即有应尽之职分,可为之事业。西谚有云:"不劳者无食"(Man that does not work shall not eat)。老人岂得以老人之故,而有坐食之权利耶?吾爱二十四岁为英国内阁总理之比特,吾尤爱以八十四龄之老躯为爱尔兰问题奋战之格兰士顿;吾敬以二十六岁之青年,驱百万雄师,越亚尔白士天险征服意大利之拿破仑,吾尤敬以八十二岁之老翁,驰驱于铁血光中,卒以委骨伏尸于战场之罗巴慈。

吾国现代之老人,以其于青年时代既无相当之修养,一臻耄耋之年,辄皆呻吟辗转于病榻之间,投足举手尚待青年之扶持,其智力之固陋,亦几不识今日之世界为汉唐何代。青年而欲与之协力,与之调和,殊为至难。吾人唯有怜之、惜之,以奉养之,此外无所希望于彼等。吾唯盼吾新中国之新青年,速起而耸起双肩,负此再造国家民族之责任,即由青年以迄耄老,一息尚存,勿怠其努力,勿荒其修养,期于青年时代为一好青年,即老人时代为一好老人,勿令后之青年怜惜今之青年,亦如今之青年怜惜今之老人也。

(一)见 *Mill*, *Consideration on Representative Government*.第二章 *The Criterion of a Good Form of Government*.

(二)见 *Christensen*, *Politics and Crowd-morality*.第一章 *World-View and Political Conviction*.

李君此文,引弥尔、古里天森工氏言,以明社会所需进步保守之量,义极精确。劝戒青年不可轻蔑老人,愚亦以为有至理。唯吾青年对于李君之教言,不得不有二种感想:其一则吾国社会,自古保守之量,过于进步。今之立言者,其轻重宜慎所择。其一则此时国人之年龄,与智力为反比例。倘由智力之深浅而判崇卑,则吾国之老人,当敬礼少壮。愚甚望现时诸老人,其勿误会李君立论之旨,真自以为于社会文明之进步,已有何德可崇,何功应报也。质之李君,以为然否?

独秀 识

(第三卷第二号,一九一七年四月一日)

青年之自己教育

朱如一

朱子曰，成己方能成物。苏格拉底曰，欲动世界者，须先动其自身。斯迈尔曰，人所自造，多于被造。上下数千年，东西数万里，圣哲贤俊所见皆同。诚哉，人之不可不自己教育也，而于青年为尤甚。

盖以心理学、生理学言之，人当少年，身心之发达最盛。举凡身体之发育，知能之储蓄，品性之修养，为未来生活之根本者，均必于青年时代植其基础。西哲谓人生最初之二十年，足贮终生之能力，植毕世之根基，殆可当人生之半世，非讆言也。此青年之不可不自己教育者一。

又自生物学论之，有机作之能力为一定，长于此者必拙于彼。人当少年，无室家之累，无社交之繁，正当乘此时机专意修养，举全力以发挥我之良知良能，光大我之特性异禀，使我自成一人物。若玩日愒时，不此之务，一旦置身社会，则即为职业所范围，义务所限制，收入支出，仰事俯畜，营营终日，碌碌穷年，力既不能兼顾，时又无暇及此，虽欲努力，恐亦不及矣。此青年之不可不自己教育者二。或曰我侪自呱呱堕地，以迄弱冠青年，育之者父母也，教之者师长也，故造就我侪者，父母、师长也，是固然也。然愚谓父母师长之教我，其成功终不若我侪自教之速，其效果终不若我侪自教之伟。盖父母师长之教训，外界之刺激与制裁耳，效果仅及于形体之表。而吾侪心内自由活动之精神，则终非父母师长所能赋予。虽有时振奋之力，不得不假之父母师长之教训。然客气难久，有待于外者，终不足恃。刺激既去，怠弛依然。故万事动力之原，不得不属之我。我以外无论何人，皆不能使我之能力实现。我苟不弃我之能力，斯无不能为之善行。不然者，虽父母师长严教厉训，亦徒制其外。一旦离亲辞世，独身涉世，未有能免于放僻邪侈者,非至丧己不已。苟不成己,便为自弃。成己者我,自弃者我,为善为恶,我自为之。吾为此言,非轻视父母师长之教训也。人当幼时,一无所知,意志之方向尚未一定,必有他意志动于其上以规定之。父母师长之教训固不可缺,然父母师长教之而我不能领受则如何,能领受而不能实行则如何,能实行而不知其实行之所以则如何。

一言蔽之,教育无效而已。彼五谷之生也,固恃乎耕耘灌溉,然苟其种子自身无生活力,则必无成长教育之望。青年而不能自己教育,亦终于无成,与无生活力之种子等其结果耳。故吾侪对于本务,未知之前,重在父母师长之教训,既知之后,重在自己之力行。父母师长导其端,而我自收其成者也。呜呼!青年者,将成而未成之人,不于此时自成,更何待乎?

(第三卷第四号,一九一七年六月一日)

说青年早婚之害

郑佩昂

吾侪青年,生兹贫弱之中国,处此竞争之世界,狭而对于国家,广而对于世界,莫不肩有发达国力,促进文明之重大责任。欲完全尽其责任,则非有健全之精神,坚固之身体,丰富之学问,高尚之道德,饶裕之资财不可。而有一事焉足为青年之梗者,其唯早婚乎。夫婚姻者,所以谋后嗣之绵远,种族之繁殖。故于缔婚之始,当以年龄之幼壮,精神之健否,身体之强弱,学问之有无,道德之优劣,资财之贫富(此指个人劳力所得之资财而言)为标准。是以我国古制,男子三十而娶,女子二十而嫁。欧美近世,亦以男子廿五岁以上,女子廿岁以上,为最适宜之婚期。前乎此者,谓之早婚。早婚之风,欧美近渐减少,唯吾国尚盛行之,此国家所以贫弱也。吾国为父母者,以嗣续为重,无后为罪。故多有年未二十之青年男女,即为之成婚,以图早了儿女之孽债,卸家事之权责,而享抱孙之乐,供晚景之娱。夫岂知因一人之谬见,而贻青年莫大之害,种国家无穷之祸耶?兹举其祸之烈者分述于下:

(一)损精神。青年为离儿童期而未入壮年期之时代,其精神未发育,意志未确定,唯强于记忆、富于观念、心雄气盛,宜于究习学问,不宜于结婚。若早成婚,必致斫伤其元气、消耗其精神,变活泼之态度而为萎顿,换旺盛之志气而近颓废,命且不保,遑论学问如何耶?

(二)伤身体。青年之精神固未发育,即身体亦未臻成熟,且自治力弱,不能克制其剧烈之情欲。而使之居室,往往知其可喜而不知其可忧,顾目前之乐而不顾日后之祸。于是恣意纵欲,漫无限制,尽粹全身之能力于媾合一途,驯至发生呼吸器、生殖器、神经系等种种疾病,以伤其身体促其生明者,滔滔皆是。"伤生之事非一,而好色者必死。"苏子之言,不我欺也。

(三)荒学问。凡百学问,非旦夕可几,岁月可成。苟无专一之心,则不能精熟;无勤勉之志,则不能成功;无坚毅之力,则不能持久。而青年之早婚者,有家事萦其虑,儿女系其怀,衣食纷其志,疾病婴其念,其不能专心致志于学问,可知矣。

(四)败道德。人必丰于学问,富于经验,而后道德高尚可为儿孙之模范,社会之信仰。早婚之青年,日溺于欲河,陷于苦海,而不知克制情欲、励志求学,更有何道德可言。

(五)害国计。生之者众,食之者寡,为之者疾,用之者舒,此生财之道,中外所同也。人人如是,能独立自营,不靠人,不累人,而后家丰国富。故人当俟学业修毕后,确执一业,自活之外,量其所入,力足以俯畜妻子、教育儿女,然后可以议婚姻之事。否则其个人尚待食于父母,一旦受室,不数年而儿女成行,不养则为放弃其责任,养之则己躬无治产之能力,势不得不委其责于父母。一家之中,治产者父母一二人,而嗷嗷待哺者数人或至十数人。加以男女居室之日太永,生子愈多则贫愈甚。人而至于贫,则礼义亡、廉耻丧,因之为盗贼、棍骗、乞丐、娼妓者,日见增多。此中国民德所以日偷,国计所以日绌欤。

(六)弱种族。中国民数所以独冠于世界者,受早婚之赐也;中国民力所以独弱于世界者,受早婚之报也。盖早婚者之精神身体俱未发育成熟,故所产儿女多残废疾病、羸弱痴呆、夭亡犯罪者。如是生生不已,递相继续,以愈传愈弱,而至于澌灭。噫,及今不急起改良,恐不十稔,中国民族淘汰尽矣,可不惧乎?

夫青年者,国家之元气,社会之中坚,未来之主人翁也。将来中国之为强为弱,或兴或亡,皆卜于今日之青年。然则吾侪际兹青年时代,岂可妄自菲薄,牺牲其光荣之前途,放弃其重大之责任,而唯早婚是急,以自杀其身,并杀其国家,灭其种族哉?且吾闻之,愈野蛮之人,其婚嫁愈早;愈文明之人,其婚嫁愈迟。由是观之,吾侪青年,愿为文明之人乎,抑为野蛮之人乎?敢以质诸青年诸君。

(第三卷第五号,一九一七年七月一日)

青年学生

北京大学文科学生　罗家伦

国中之青年,惟学生为多。青年而能新者,更非学生莫属。余青年也,亦学生也。居此学生之青年界,以为当有一种“春日载阳”“万象昭苏”之概。乃游沪时,颇觉我理想中之青年学生,莫不暮景沉沉,气息奄奄。若医学所谓鬼脉,物理所谓惰性,兵家所谓暮气。及游于京,觉尤甚焉。噫！是社会致之耶？抑学生自为之耶？不揣冒昧,曾取新学生与陈死人相比较著为长篇,(此稿题曰《二十世纪中国之新学生》,登《复旦》杂志第三、第四两期,沪报有数种转载者)冀相砥砺。然秋虫之鸣,不足动人;人亦不乐为之动,遂愤不复语。今读《新青年》,每为神往。及见学生之置《新青年》者多,是知《新青年》且大有影响于学生界也。爰就记忆及理想所及者,拉杂为我青年辈陈之。

一、主义。今日至无主义者,无过我学生也。执大学生、高等学生、中学生而扣以他日欲成何种人才,以效用于国家,则茫然无以应。盖其求学实无主义之求学,今日命之学工,工可也;明日命之学理,理可也;即转而命之学文,文亦可也;其希望者多数年毕业后之位置而已。造此恶习,其故有三:(一)家庭之遣子弟求学也,仿佛一种投机事业,此日培其本,他日必计其利。(二)社会紊乱,不能利用人才,致所学非所用,所用非所学,而学生亦因之失其求学之标准。(三)个人“安富尊荣”之思想太重,若桓荣所谓“车马印绶乃稽古之力”,故急以求学为一种过渡之方。统此三因,其果遂使学者不以所学为致用之目的,而以为求用之手段。学绝道丧,不知伊与胡底也。此而不正,学术诚未易言。

二、结婚。斫丧青年学生之才智,未有若结婚之酷者也。计其祸害,不可胜言。昔就平日所观察者,特立一论题于《二十世纪中国之新学生》,今录之以足斯篇。

学生时代之结婚

今日学生中更有一种流行病焉,曰结婚。是病也,堕壮志,戕生命,败道德,害生计。直使高尚纯洁、志气拿云之新学生,为卑鄙龌龊、颓唐无耻之罗刹鬼,是不特害及其身,且影响及于国家。夫学生之结婚,其意果何居乎?今日何日?独非中国处惊涛骇浪之中,而我学生枕戈待旦之时耶?风雨飘摇,户牖将覆。为学生者,正宜凝神定气,砥砺磨钝,以攫得优胜位置于天演潮流中,固人同此心,心同此理。铜驼埋棘,王导有新亭之泪;胡骑遍野,陆游有跨漠之心。今英德学生,或沙场喋血,或中夜彷徨者,岂有他哉?诚以国难未纾,英雄原无死所。匈奴不灭,男儿何以家为也。乃我辈当此国步艰难、四郊多垒,反似釜鱼酣戏,幕燕嬉翔,是非别有肝肠,即属血凉心死。此迫于公义不可者,一也。宇宙不灭,大地同仁。天下己任,丈夫分内事耳。天下饥溺为己饥溺,故大禹过门不入,孔席不暇暖者,诚能奋其良知,持大仁,视一体,而有众生不成佛,我不成佛之根性也。今我国外患日迫,内忧频仍,川粤湘滇生民之流离者几何?来日大难,众生之不免者几何?设我不谋出至仁以救之,则不免同归于尽。设我谋有以救之,则不能于此预备时代,以室家之累戕我天才,以速不仁不智之罪戾。或曰:如子前之说壮矣,子后之说亦高矣,然世之作此想者,宁复有几?盖动人者,惟其个人之利害,真理不逮也。今子背驰,是恶影而疾走,不亦迂哉!吾于是拓纸以论其关于个人之利害。夫人以求学也,无论其以此为目的为手段,然自立之志,固尽人皆同。无如学生时代之结婚,实任何志愿之大敌。即以此为手段者,亦多因此失其手段焉。盖学生之求学,实如老僧之入定,必须蠲除万虑尤丝毫俗务之撄心,乃克有济。设一负室家之累,则寒窗寂坐之心,终不免移于燕语莺啼之际。以乐羊子之大贤,犹不免恋家而弃学,设无其妻之一呵,则乐羊子之为乐羊子,亦殆矣。客岁上海肇和兵舰之役,学校学生之忽整归装者,比比皆是,据余所知,则因心怀畏葸,或家无主持而归,固非无人。然因艳妻方少,久旷思聚者,正大有人在。世无乐羊妻,此学生学业之所以不振也。况天才者,实与妻不两立。此非余之危言，乃欧洲大文豪摆伦所语，而摆伦又平生以艳福闻也。可见情绪之间，移人才志，不期然而然。此加富尔、狄卡儿、奈端、亚当·斯密辈之所以终身独处也。噫！加公辈以命世之才，恢弘之志，犹恐以儿女情累风云气，今我辈学生处求学时代，而反加公辈之戒，以缠绵歌泣斫丧他年发展新萌芽，奈之何其有成哉？此结婚堕落志气之罪也。且人之至爱，莫过于身，而学生时代之结婚，实违背生理学之原理，适有以促其身之速衰。因一人之身实有若葳蕤之质，发育早者凋零亦早。近世医学家证明此说者实多，决非架空之理论也。故各国限制早婚，多有垂为律令者。据英德最近统计，男子三十而婚，既同惯例。今我国青年学生，乃悍然抗此神圣公理。无怪其年未五十，而视茫茫，而发苍苍，而齿牙摇动，龙钟老迈，若承蜩之叟也。（西人年逾七十而健步如飞者实多，我国大都五十以外咸衰颓不可。问西医某曾详察，其因著文论早婚之遗害，虽间有一二矍铄翁，终属例外）况少年血气未定时，男女相悦而夭者，固多见诸载籍耶。嗟夫！为父母者，徒欲早见佳儿佳妇；为子弟者徒贪一时之情欲。近之致夭折之祸，远之受拘挛之苦。此结婚破坏生理之罪也。不特此也。父母之为子弟早婚也，固欲享抱孙之乐。即子弟自身，又孰不欲育宁馨儿以亢其宗？顾早婚之效果，适与此相反。盖经世界医学会之调查，凡多疾者、夭折者、衰颓早者，皆幼年父母所育。则一之家中，又安需此秀而不实之稚子为也？况据天演学家之考证，中国民族，以前实魁梧奇伟：汤九尺，文王十尺，曹交九尺四寸，防风氏骨节专车，巨无霸腰大十围，其尤著者也。今则渐次退化，日趋弱小，且发育不完，江以南尤甚焉。大都风俗，淫靡婚嫁，期早不能不尸。其咎长此不救，每况愈下种族前途，莫可收拾。人种学家已有为之抱隐忧者，此青年学生早婚且有害及种族也。抑其流毒，犹足伤人道而败道德。盖少年虽赋结缡，势不能坐守闺闱，而学生游学，其尤著者也。伯劳飞燕，各自西东。人孰无情，谁能遣此。《随园诗话》载金陵女徐氏，适桐城张某，夫久客不归，寄诗云："残漏已催明月尽，五更如度五重关。"此足以代表楼头思妇。而庾子山为《上黄侯世子赠妇诗》，亦足以代表天涯荡子也。忧郁之积，思妇之贞婉者，以恋结而伤身。若袁简斋述诗人王次岳妻席氏，以夫久客，于端阳寄诗云："菖蒲斟玉斝，独泛已三年。”亡何以此夭。此能以诗达其情者也。至不能诗而饮恨无闻者，宁知凡几。稍佻达则成中冓之羞矣。此学生时代结婚伤及人道，且摧残道德之不能免也。更有一事焉，在理论上无讨论之价值，在事实上生莫大之影响，曰生计问题也。夫今日中国社会之贫乏极矣，然推原其故，盖大家族主义盛行，生利之人寡，分利之人众，以数人或数十人，咸仰给一二人也。考其何以能造成若大家族，则因为父母者多乐于为子弟在青年时代结婚。夫青年时代，学生时代也，无论其为中学生、大学生，然求学时期之不能自活，可断言也。顾父母既为之结婚，则势不能不有生育。既娶既生，则绿鬓之妇，黄口之儿，势不能不有以养，有养而不养，势不能不仰仗于父母。为父母者，复一视同仁，一子命之娶焉，他子亦命之娶焉；一子之眷属有养焉，他子之眷属亦有养焉。于是百数十人仰给一人之势成矣。生生不已，则嗷嗷待哺者愈多。待哺者愈多，则父母之担负愈重。积重难返，欲罢不能。余所目击以此破家者数数矣。可不哀哉！况子弟之授室者，以室家累志，俗务撄心，如上所论，则成就实寡。即有成就，亦多限于局部，且有局部之成就未告终，而家已不支者，岂不更可哀哉！此有害于现在之生计也。且其子弟之所生，不但有养，且必有教。责幼稚父母以良善家庭教育，实系难事。稍长势不能不乞灵于学校，而此日学费书籍之资，青年父母既无生利之力，势又不能不转乞灵于其父母。故为父母者，不特须负教子弟之责，且须负教孙曾之责矣。为父母者，何曾不乐以祖父母资格教其孙曾哉？然苟非素封之家，此责实有所难负。素封之家，宁复有几？于是力不从心，而致稚子失学者比比皆是。稍熟中国内情者，当知余言之不谬也。以稚子求学之年，而失其学，致他日陷于一事无成之境，为国之蠹，为民之贼，而家益不振矣。此并害及国家与社会将来之生计也。能不谓之学生时代结婚，侵害生计原则之罪耶？嗟夫！综而观之，颓唐人之志气也，戕及人之生命也，危害将来之种族也，背驰人道而摧残道德也，违背生计原则，而堕落社会生活程度也，皆早婚一事所铸错，致陷我学生人格于不可收拾也。乃我辈混混沌沌，恬不为怪，痛哉！今我学生界之结婚潮，益弥漫澎湃日进无疆矣。据余所知，则高等学生之未婚者，十不三四也，中学生之未婚者，十不五六也，即内地高等小学生之未婚者，亦十不七八也。昔义山《锦瑟》，韩偓《香奁》，其铺张豆蔻春葩、芙蓉秋帐者，淋漓备至。呜呼！孰知所谓豆蔻葩、芙蓉帐，诗人传为佳话者，今乃将我新学生界之新空气斫丧殆尽耶！吾辈新学生，果欲以二十世纪主人翁自待乎！滚滚爱河，渺渺情天，其速于此红粉髑髅队中有所振拔！

三、学风。人非至圣或至愚，罔不为社会风尚所左右。今之教者、学者，当以努力造成善良学风，涵养多数青年，使不知不觉间自然赴诸向上之途，此第一要义也。今之青年学生之学风，顾何如乎？有詹詹君者，曾为科举时代学生及学校时代学生之对照表如左（下，见下表）。

	科举时代之学生	学校时代之学生
目的物	官报　旗杆　顶子	毕业文凭
生理	摇头　抖足　近视　弯脊	挺胸　凸肚　摆腰　大踏步
装饰品	玳瑁眼镜　马蹄袖　红缨帽　花翎	夏士莲雪花　吒力克皮鞋大衣　洋装　香水绸帕
嗜好品	宓大昌元奇　烟筒　旱烟管　绍兴花雕　八铭课艺	言情小说　淫学宝鉴　纸卷烟　胡琴　算学演草威士克
学问	迂腐的　奴隶的	纸的　形式的
头衔	秀才　举人　进士　翰林状元	博士　硕士　学士
口头禅	孔子曰　圣天子　之乎哉也　然而	爱国　热心　牺牲　呜呼同胞

由上观之,其语虽未可概括,然今日学风,大都尽于是矣。故其言曰:“观上表则旧日学生为世诟病,固不足责;今之学生,其足当未来中国之主人欤?是一疑问也。”呜呼!詹詹君之作此语,非以诅咒学校也,特以悲今日教校之学风耳。愿吾辈青年学生力振颓风,一洗此耻。

(第四卷第一号,一九一八年一月十五日)

新青年之新道德

陶履恭

人心浇薄，世俗窳败，君子道消，小人道长，其他类此之言辞种种，要皆当世之人对于今日社会之批评也。而所谓当世之人，观乎吾群滥污不可收拾之状态，充其极量，亦不过怆焉忧愤，惕然危惧，疾首蹙额，长吁短叹而已。及夷考其行，其能奋发自强，振拔流俗者，吾诚不数数觏。而众生之大多数，固犹攘攘熙熙，醉生梦死，日惟沉湎于吃喝嫖赌之中，征逐于功名利禄之场。即其嘲骂社会，睥睨群氓，要亦不过述人云亦云之口头禅而已。

社会非他，不外个人与个人之关系，总括而成。此旨吾已殚述。（见本志第三卷内）于今无俟复赘。故社会之腐败，要在个人与个人之关系。有所未当，个人不得辞其咎。风俗之浇漓，端在个人与个人之交涉，有失其正，个人未能卸其责。凡社会状态之所呈，吾人可以善恶、良窳、进退、文野诸形容词加之者，莫不肇端于个人之行为，原因于个人之努力。吾兹所谓个人，非谓自身以外之个人，即吾亦在其中；非谓莫须有之个人，凡吾人日常所直接间接接触者，亦莫不在其中。而深考社会情状，则人既同居于地球之上，不问男女老幼之别，未有不直接间接相接触者也。先贤以修身为群治之大本，谓“身修而后家齐，家齐而后国治，国治而后天下平”，与兹所说，其理正同。今人不察，以为一己之行为，无所重轻，而独超然脱离于社会之外之上，肆为谩骂批评。不自省察，果否无咎于人群，无辜于国体，而竟臧否社会。不思克己修身，而惟社会之是责，他人之是谤。则其诋讦社会，又何以异于诋讦一己？如斯之人，耶教之所谓伪君子伪信者 Hypocrite 也，则其口头禅之批评，夫复奚贵。

然则吾人苟有所不满于今之社会，移风易俗，化弊为良，其责任端在吾各人之身。吾人之行为举动，凡有影响于吾以外之人者，莫非多少有移化社会之势力。故必慎必戒,谨恪将事,以期无负于人,无罪于社会,然后更进而抉社会之弊害,除社会之积毒。兹数语者,绝似老生常谈,尽人能道之。然吾谓必明乎新道德之性质者,乃足以语此;必明乎新道德之势力者,乃能深信此语而不疑;必履行新道德者,乃能识此语之真价值。

一、新道德乃创造的

新道德,所以别乎旧道德而言。范围畸广,包括人生活动之各方面。若语其详,则绝非此短篇所能罄述。然新道德最要之一特点,即为创造的,而非已成就的。吾人每日之行为,皆前之所无。前之所未现,以吾之种种运动,然后出现者也。如此文本昔之所无,以吾之凝思运笔而使之有;吾之演说,本昔之所不闻,以吾之发作声浪而使之闻,更撮录成文而使之存。由是观之。吾人之活动种种,凡可以发诸外者,无往而非创造的。吾人一生直迄于最末之一息,实创造不绝者也。特以吾人惯于创造,遂不自觉为创造耳。人生斯世,既假以创造之机会,其责任之艰巨为何如?举手投足,发言为文,苟触及于吾以外之人,咸有无穷之影响,岂可以苟且出之?世人动辄苛于责人而薄于责己:一己有过,则以为无足重轻,掩饰其非;他人有过,则以为众所观听,盛言其罪。吾以为自新道德之方面观之,则每种行为,尽属创造,初不必问其出自谁某。贩夫走卒,学士大夫,其为创造 也。其所负道德上之责任,初不问其身份性别而有所轩轻也。奈何轻视一己。而不审慎思行,以期创造大善乎?

二、新道德乃进取的

吾人之行为,既属创造的,同时必且为积极的进取的。人之修炼德行,戒恶习,却癖好,洁身持己,无损于人,表面上固已善矣。昔学究先生修养功夫,多能达此程度。然此与木雕木塑之偶像又何以异?居今日之世界,人绝不能仅止于不为恶,必且进至于使罪恶灭杀;绝不能止于修养一己,必且更进于修养己以外之人;不特止于己所不欲勿施于人,必更进至施己之所欲于己以外之人。盖创造之精神,即寓进取之意也。且社会之成,既成于个人与个人之关系,则社会之进善,岂可仅止于无关系?必且创造关系,特创造良善之关系。学究先生以为洁身自好,即世上少一恶人,而对于罪恶之猖獗,凶暴之横行,惟有咨嗟太息,悲叹世运之衰而已。未闻有崛起而锄恶驱暴者也,未闻有自退缩之地位,而思积极进取者也。此吾所以不满意于学究先生之道德。以为充其极,不过为静止的、消极的、乏生命的。其所成就,不过道德生命之半途,犹未能企及其最重要之部分也。王阳明之知行合一,基督之道德进取,咸存新道德之精神,而新青年所当取法者也。

三、新道德需用智识

道德之行为,视作者之知识程度如何,可大别为二种:或知其为善而为之,或不知其为善而为之。村氓无知,不罹法纲,不造罪恶,是不知善而为之也。都市之民,智巧远胜于村氓,而犹能安分守己,谋公利,进公善,是知善而为之也。二者之中,吾取后者。吾以为将来之国家,将来之社会,必尽使人民知善而为之,乃能成完善之社会、完善之国家。盖行为其物,原有俟于其人之知识。知识低,则其所见者迩,所见者狭,不能审察其行为各方面之影响结果。即使所行为善,要亦不过为盲目之行动,机械地模范他人、模拟社会而已,要亦无足大贵。然试察社会之中,蚩蚩之民,孰非被社会之暗示,局于礼,迫于法,然后有所不为有所不敢为耶?教育高,知识富,则人之所见者远而阔,能周瞩情势,详审利害。故其行为为自觉的,为自动的,不以社会习俗为准绳,不为腐旧礼法所拘囿。道德之进化,社会之革新,端赖此类之人。易言以明之,知识可以为道德之方法。世固有假新获得之知识以争权夺利,戕贼同胞者矣,无他,其方法用之未得其正也。近世欧美之进步,若民政政治,劳动保护,工业革新,何莫非利用新知识以进道德,采取新知识以救济社会上政治上经济上诸般固有之罪恶耶?

附注　吾国讲因果报应者,谓有心为善,虽善不赏。此说之是非,要视"有心"二字作如何解释。若谓"有心"为希冀死后来生之幸福,则其行为为一己之利,不能称为道德的。此犹耶教徒之有所畏于地狱之火焰,而不敢悖上帝之意旨也。若谓有心为善,为知善而为之,则其行为可称为道德的。总之道德的行为,必据一己之知识心思,以为裁夺,然后行之。而又绝不能以一己之利害为前提者也。

元旦后五日稿

（第四卷第二号，一九一八年二月十五日）

文学革新与青年救济(通信)

邓萃英　钱玄同

玄同兄:

我前信一面说要扫除腐烂口调;一面露出丑相,用那“千虑一得……”等不通套语。前日偶然想那书信,觉得前后自相矛盾。且中国语言文字中包含数字的成语,大半不合论理(西文亦如是,然较少),我屡以此为本校生徒戒,今竟自犯,可笑可笑。我们自信中毒未深者还如是,可见那老先生们除腐烂不通的口调外,实说不出话来。他们若肯老老实实吃一碗闲饭,我们自必谅其苦情(此因并不是他们做的,他们特收其恶果耳),不必与他为难。无奈他们执迷不悟,不但以此自诩,并欲以此陶铸青年,所以我们为“人道”计,不得不与之宣战。宣战之目的,实在于是。现在,兄等既张宣战之旗帜了,亦既揭破他们之劣迹了,唯对于他们之罪状,尚未明白宣告。故我甚望兄等于此长驱直入之顷,再注意及此,使世人知兄等之挑战,非有意与彼为难,亦非因他们之自诩而反动,实为表扬真正文学,保护中国青年起见,迫于良知不得已而出此。此义若大明,则兄等破坏之功可告一段落,然后赶紧谋建设。至建设之道,兄等亦已着着进行,毋庸我局外人妄参末议。但我所欲忠告于兄者,乃在速谋所以救济青年之道。盖全国中小学生,现仍在倒悬之状态中,若不速救,则数年之后,浅则如我者,深则如老先生者,又将产生数十万个,彼时再谋营救,恐事倍功半。我虽屡以口舌略尽天职,为力究有限,故不能不求援于兄等若再注意及此,则诚教育前途之大幸也。最后我再结束数语,反复申明如下:

一、老先生之罪,不在“不通”,不在“自诩”,实在“戕贼青年”,犯精神的杀人罪。

二、我们目的,不在“与彼为难”,不在“攻其不通”,实在“救济青年”,并“表扬文学”。

兄以为何如?

邓萃英(四月十九日)

芝园兄:来信所说的话,实在痛切得很。中国自经一八九四年,及一九〇〇年两次打败在外国人手里以后,偶然有几个人讲了几句变法革新的话,于是政府和社会两方面为遮羞计,勉强开了几个不伦不类的学堂。还有极少数的人说,文章也该革命,于是才有了一种所设“报馆体”的文章(从《时报》起,才把那些《西政原于周官说》的论文题目,“祝融肇祸”“瀛眷北上”“京华冠盖”“羊城异俗”等等四个字的纪事题目变换)。其实,于革新的根本上还没有讲到,不料一九一一年革命以后,上有袁皇帝,下有一班死不尽的遗老、遗少(什么叫做“遗少”呢?现在有一班二三十岁的少年人,或学老前辈的样子,做什么书的“考证”,什么书的“札记”,或则想做大文豪,学蒲松龄的滥调文,王次回的肉麻诗。这两种人的文章里,照例用干支纪年,阴历纪月日,籍贯必须写满清时代的旧地名,神圣曾、左而尽贼洪、杨,追念满廷而咒诅民国。他的年纪“少”而未“老”,他的资格本不配“遗”而妄欲自命为“遗”,这便叫做“遗少”),大倡“复古”之论:说什么“世衰道微,人心不古,非昌明圣教,遵修旧文,不足以挽将丧之斯文,回既倒之狂澜”。于是一班做投机事业的新书店,赶紧印什么“诗话”“文集”,一班剪了辫子的半边和尚,趁这机会混到中小学校里去教国文。其效果,竟至有堂堂中华民国的中学校学生,听见人家称伦理学为Ethics,会大大的生气,骂人家不爱国。老兄!你说“全国中小学生现仍在倒悬之状态中”,我看那班老不死的废物拿青年来“倒悬”,青年不但不觉得不舒服,遇到我们要想去解他下来,他还用嘴咬我们的腿,用脚踢我们的手,大骂我们不该头向天,脚踏地,说非倒立不可呢!唉!老兄!你想这有什么办法呢?你是一位大教育家,对于这种现状有什么法子想呢?《新青年》同人不过目睹青年界之消沉,本一己之良心,讲几句极和平的劝告话,即以文学革命而论,不过略略说了几句旧文学的劣点。然而已经招了一班略读几篇唐宋古文,全不懂得旧学的青年反对了,说:“照这样讲法,非将数千年的文学完全打消不可,这还了得吗?”老兄!你想这班暮气甚深,呻吟垂毙的青年,该用什么法去救济他?——但是悲观的话,也不用说。我的思想,认定中华民国的一切政治、教育、文艺、科学,都该完全学人家的好样子,断不可回顾七年前的“死帝国”。不好的老样子,虽然行了数千年,也该毅然决然的扑灭他；合理的新法，虽然一天没有行，也该毅然决然的振兴他。“相斫书”上的老例，和旧戏里的“脸谱”一样，断断没有采用的价值。所以我的意思，以为既然觉悟汉文不合论理，不宜新学，就该用全力来推翻他，用别种较文明的文字为中华民国的国语（此意详《新青年》四卷四号我给独秀君的通信里）。总期中华民国的国民，做一个二十世纪时代的文明人，不做那清朝、唐朝、汉朝、周朝、五帝、三皇、无怀、葛天时代的野蛮人。《新青年》同人抱定这个目的立论，愿老兄也出其研究新教育之心得，来救济这班暮气甚深、呻吟垂毙的青年。

钱玄同　1, July, 1918.

（第五卷第一号，一九一八年七月十五日）

告青年

郭仁林

尝谓青年为人生最好时期,亦人生最危险时期。以情识不深,行为易陷迷谬,稍一不慎,堕落随之,所谓"一失足成千古恨,再回头已百年身",岂不悲哉!为此文者,特堕落之一青年,数稔已往,曾以忧思构奇疾,受尽折磨,几濒于死。今者疾虽已,而神志消损殆尽,自顾残生,几成一半废之人,不复能有所建立矣。是以痛定思痛,抚今忆昔,每不胜其于邑忏悔之思,尝欲就所体验者,辑为"过来人语"一书,久久未就。兹姑就近日札记所识,略举数则,借为一般青年告。唯愿读者审知其为一种老实话,非漫取浮谈以相眩者。略一寻味,或亦不无微末芥子之得也矣。

兹举所欲告者有数事:

一曰尽其在我。此为安身立命第一义,辨之不可不早。因我尝见一般人心怀悲愤,动曰"人之无良,天下之大事不可为",如何如何,因其尝抱此种观念,愤世之极,不期转入厌世,其终也,遂多至于自暴自弃,乃至于自杀。此就近数年来所见所闻者,已绝非一二数也。其实据我看来,也不必说人之无良,也不必叹天下之大事不可为,第一要当回光返照,把自己这个人先做得他妥妥当当、完完全全的,是第一切己的事,亦第一有把握的事。质言之,即人诚无良,而吾个人所待改良之处亦甚多。吾今不必预计天下事当如何改革,改革之使成若何之局面,唯当预计吾个人当如何改革,改革之使成若何之人格而已。盖即以天下国家论,亦无非此个人分子之积,未有分子不良而群体能健旺者。此理易明,则试想吾国数十年来,亦尝昌言改革矣,亦既经过改革矣,而卒也收效如是。是否即此分子不良问题,有以致之,是故吾侪青年,生于今日,正不必因天下事收拾不易,遽尔灰心,只须抱定一个完成个人的宗旨,切实从自己一方面做起,其着手既易为力,其期望亦不难得达。究之,自渡者可以渡人,成己者可以成物。

果真人人如此，天下事亦不难于转移也。脱不出此，而但空怀一种忧世救世之心，心诚有余，力则不足，吾恐言政治而政治益以紊乱，言教育而教育日以堕落。即使不涉仕途，潦倒以终，而要可自白于天下者，亦只此空空一个忧世救世之心愿而已，庸有济乎？凡吾青年，于此等处不可不一深长思也。

其次曰务正其心。此与上文所述，可互发明，亦不外尽其在我的意思，不过易一解以言之，进一解以言之耳。为何单单要提出这“正心”二字，因为吾侪生于今日，这时局总是纷纷扰扰，没有一个定体的，所以闹得一般人的心里也是纷纷扰扰，没有一个定体。心里既是没有定体，要想做事有恒、有秩序、有进步，是很难的。况且青年人血气未定，神经易受刺激，往往小有波动，便至惶惑不安，所以今日一般青年人的心里，愈是慌不可问。若不于此等处先求一安顿之法，恐是蹉跎蹉跎，即此荒荒扰扰之中，已几错过一生，岂不可惧！我尝抱定一个老主意，就是即事论事，随时论时。换言之，就是事情自有事情在，到什么时候说什么话。比如我现在干这一桩事，便要死心塌地地把全副精神注重在此，任他外界闹至哪种田地也不理会。盖徒事皇皇，于实际一无所裨，而先已自丧其神守，殊不值也，亦无谓也。昔者宋儒讲学，动曰“汝须把心放在你的腔子里”，此最警切之言。刘十功之言曰：“世乱无主，吾心讵无主。”此语尤可为当代人痛下一针砭。吾兹所欲明者无他，亦要人把心放在腔子里，不要因世局的乱酿成心里的乱，且预防因心里的乱愈以酿成世局的乱而已。

其三曰戒虚荣。在青年人，虚荣心过甚，最为立身之累。余尝谓求学时代与做事时代不同，切不必滥讲社交。纵曰今日求学，即为他日做事之准备，故应有尽有。（求学是否即为做事之预备，尚为另一问题。兹姑取如是说。）然所预备者，亦只应在学力一方面去讲求，至于学成德就，果真有问世的能力了，然后去讲社交、讲联络，自然声应气求，同志不期而集。所谓“有朋自远方来，不亦乐乎”，此未可以侥幸求，亦未可以侥幸得者也。奈何今之学者多不知此，尽日驰心外骛，做些不相干的事体。或则弄几篇无聊文字在报上出出风头；或则发起几个有名无实的党会，也显着在人群活动；或者结识几个有名位的大人先生，也常常来往几次，便觉着自己的身份也了不得了。凡此种种，其行为既日趋浮薄，其志趣亦日以卑劣，都非抗志前修、勉成远器者之所为。所愿吾侪，亦以是为戒忌也。

其四曰戒权诈。昔人谓踝虫三百，人为最劣。爪牙皮革，不足自雄，唯以诈伪迭相、恣其嚼啮云云，其言绝趣，亦绝痛。世习至今，险恶愈益厉矣。我闻人言，居今为人，其入世第一方法,唯在要干练滑头。以今日世界,已完成一个滑头世界。做事而不滑头,即不足以成事;为人而不滑头,直不可以为人。微论自社会之习染言之,已具有种种夹持、种种刺激,教人不能不日趋于滑头之一途;即就个人之利害关系言之,人皆滑头,而我独否,即吃亏亦将吃不起也。此等言说,我审闻之,亦尝审思之。我今有一言,正告于我最纯洁之青年曰:君诚纯洁,唯宜坚定其步趋,平居为学,所以自许者何如?何者为真诚?何者为操守?何者为不失本色、不丧人格?我不尝以矫正社会自矢乎?则当此沧海横流之日,正吾侪中流作砥之时,空气愈恶,则吾所用以自矢者愈益厉。纵曰大势所趋,非少数人之熏化所能挽,然吾行吾之素而已,纵使人尽坏了,我还要把住我自己这个人不教他坏了。吾安肯苟苟且且,向那种鬼窟里觅生活,冀得赢润,以自滋益其膏肤乎?且也吾侪做事,固不可不首具有一种牺牲之精神,有时利害当前,牺牲身命且不惜,何况小小吃点眼前亏。一点眼前亏都吃不过,更何论及其他,即此一义思之,亦可以省矣。

其五曰耐吃苦。苦非人情之所甘,教人吃苦,毋乃拂人之性,曰是不然,苦非人情之所甘,而要非人生之所可避,无论何人,不能常保一生处安乐。即不能一生无忧患,乐天主义,固吾侪所主张而奖导之者,然若不察世相之真际,而漫欲以"乐天"二字抹杀一切。此种人只可谓其毫无阅历,盖就实际之所征察,世间苦量,实过多于乐量。吾人于此,若非具有一种战胜忧患的能力,直是不能挺立于世间,乃至不能存在于世间,此等处,固全由于锻炼,非徒事口舌者所能说。然提醒意志,亦是一最简当之方法。如何提醒意志?其第一观念,唯在认定吾人所处世间,是一个多缺憾多苦恼的世间,没有那些可心可意的事。纵曰最后目的,终期有尽善尽美之一境,而目前所遭,要不可不有许多委曲、许多迁就处。苦趣既非所可避矣,便顶好把这"受苦"二字认做我生一种应有之担负、应尽之义务。果真处处作如是观,则虽外围遭境,不无荆棘之感,而内顾神明,究多慰藉之地矣。此以言其概念也,至于平日之间,一切动定,要在随时锻炼。凡事忍得住,吃得过,方算好汉子。我又尝说:一个人总须爱惜自己,然却不可娇惯自己。以娇惯自己,即是不爱惜自己也。此亦不可不知。

上所举义凡五则,大抵收敛之意多,而发展之意少。盖纯为针对时症起见,故立论多陷于偏锋,是在读者分别观之耳。余有剩义,当俟后说。

(第五卷第一号,一九一八年七月十五日)

敬告新的青年

朱希祖

世界是时时进化的,时时变换的。把旧的、不适用的变换做新的、适用的,就叫作革命。所以新的都是由革命而来,新的青年是最富于革命精神的。

我所以要告诉新的青年,有两句最要紧的话:(一)革命须从万恶丛集的地方革起;(二)革命须从自己革起。

万恶丛集在什么地方呢?就是传子孙的遗产。传子孙的遗产,为世界一切罪恶的源泉。家的思想,国的思想,甚至战争的思想,都是由此而起。简单说,都是所谓为子孙计而已。据进化的学理讲来,子孙的学问、见识、才力,总比祖、父要进步。要是把遗产给子孙,使子孙坐享幸福,不求自立进取的学问,是轻视子孙必不如我,是强使人类退化。这就是弥天的大罪恶。现在的文武官僚、豪富商贾,一人占据财产至百万、千万、万万的,为什么呢?若为自己,一生享用不尽,要这许多做什么呢?他们的意,必以为"传之子孙,世世永保",所以愈多愈好。

巧取豪夺,比盗贼还可怕,比虎狼还凶猛。只知自己得财产,不管他人性命。所以国也可以卖的,赃也可以贪的,地皮也可以刮的,军饷也可以扣的,鸦片、吗啡也可以偷贩的,娼妓、婢妾也可以贸易的。一切最有财产的人,就是最多罪恶的人。他们何苦要这许多呢?他死了又不能带去,原来不过是为遗产。

这家的遗产为祸已这样可怕,国的遗产为祸更加可怕。古来的天子,少有不为"家天下"之计的,诸侯世袭,卿大夫世禄。后来秦始皇出来,把诸侯、卿大夫的世袭制度,尽根铲除,然而他自己却又为子孙帝王万世之计。

幸而我们中华民族奴隶根性不深,所以秦打破封建制度统一全国以后,只有二世,已革了命了。自汉以后,虽然仍为君主世袭,公侯亦有世禄,不到数百年,必然有几次革命。到了现在,总算把君主世袭的制度打破了,就是把国的遗产打破了。这也算我们中华民族的光荣。西洋各国,也没有子孙万世为帝王的,也常常要革命。只有奴隶根性最深的民族,或有万世一姓的君主。我们以子孙帝王万世为可恨的事,人家却以君主万世一姓为可喜的事。就把这件事来说,我们到底不愧为文明先进的民族了。以国为遗产的民族,最喜夺他国的土地,劫他国的财产,虐杀他国的人民。始终要扩张他的遗产,巩固他的遗产。战争这件事,所以视为神圣的。杀人流血,动辄数百万。所以说国的遗产,比家的遗产更加可怕。

战争是最危险的,最残酷的,他们为什么视为神圣呢?就是为子孙。我们中国春秋时代季氏将伐颛臾,孔子问何以要伐他呢?冉求说:"今夫颛臾,固而近于费。今不取,后世必(为)子孙忧。"古今中外战争的心理,大都不过如此。

为了遗产这件事,家与家争,国与国争,闹得来没有安宁的时候,没有太平的地方。富贵的人为保全家产而设攻守,贫贱的人为迫于饥寒而疲奔走。人生一世,忧患的时多,欢乐的时少,种种困苦,种种不平,无非为这遗产酿出来的。

若使人对于子女,只尽教育成才的义务,不负留传遗产的义务,则子女既受完全的教育,成了有用的人才,自能发挥能力,突过先辈。为人父母的,既无须遗产留遗子孙,则负担既轻,赡足亦易,亦可出其余力,为人间立伟大的功业,成高深的学术,或则优游于山水、艺术之间,以消除劫夺杀戮的戾气。所积的余财,养老送死之外,都捐与人类公共教育及有益的事业。(我们中国有句俗谚说道:"儿孙自有儿孙福,莫为儿孙做牛马。"很有意思。)世界的人都如此,则家界、国界自然消灭,战争亦无自而生。人人都有发挥能力的机会,互相扶助,以进于和平康乐的境界。如此,则个人不失自由,社会亦渐渐平等了。

遗产传子孙,就是万恶丛集的地方,不可不革命,既已说过。现在却要说到革命须从自己革起。

遗产不传子孙(遗产传子孙这句话,是我国的旧习惯语。为什么呢?因为遗产只传子,不传女,男女不平等极了。既只传子,所以必传于孙),为父母的,或则也有愿意。可是他的子女,大都不愿意把这现成家产送给别人,所以这种阻力,全在青年的子女。为父母的明白了以上所说的道理,何以也有愿意把遗产捐与公共有益的事业呢?例如我们中国的人,家有二千万财产的,亦不下三四十人。二千万的财产,年得五厘利息，也有一百万。我们北京大学常年经费，不过六十万。他就可以独力设一大学。北京农业、工业各高等学校常年经费，不过十三四万。他就可以独力设高等学校七所。

若中等学校常年经费，不过二万。他就可以独力设中等学校五十所。国民学校常年经费，不过二千。每校学生约百六十人。他就独力可以设国民学校五百所，教学生八万人。假使有了三四万财产的人家，把这种遗产捐为国民学校的基本金，就可开一国民学校，年年造就百数十学生。再降下去，假如有数百、数千遗产的，积聚起来，亦可合开一国民学校。如此，乃真可以教育普及。

不过为子女的看见父母把百千万财产赠为学校基本金，他们虽然受了完全教育，成了有用人才，恐也不能割舍的。

所以我说革命须从自己革起。靠父母的遗产度日，是最无志气、最可羞耻的；靠自己的本领度日，方是有志气、可尊敬的。父母的财产，父母愿意捐为公共事业，子女固当乐从；就是父母不愿意，为子女的等到父母百年之后，也应代为捐做公共事业。（我们中国又有一句俗谚，说道："好男不吃分家饭。"也很有意思。）

享受父母遗产的纨绔子女，不但不肯尽心学术，毫无能力，而且追欢逐乐，俾昼作夜，促寿短命，不一二代而绝的很不少！或则家产荡尽，善的为乞丐，为奴婢；恶的为盗贼，为娼优。试观古今来富贵的人家，能有几代绵延下来！所以父母传遗产于子女，可称为绝尾巴的药；子女受父母遗产，也可称为绝命根的汤。

现在我国男女不平等，讲妇女问题的，要主张男女平分祖父遗产。这话虽然是公平，然我以为不如主张男女平等受完全教育，使男女都成有用的人才，都能自立，将来结婚以后，都能自食其力，出其余资以教养子女。（我们浙江的妇人有句俗谚，说道："穿老官，吃老官，灶里无柴烧老官。"言穿衣、吃饭、烧柴，都靠老官。老官，就是夫。这就可以代表妇女依赖男子的劣根性。所以非教育女子与男子成平等的学业不可以救此弊。）如此积累下去，男女真可以平等，女子不必靠父母及丈夫的财产了。合全世界的男女都成了生产的人，然后可以达到真正和平康乐的境界。

遗产的弊病，使子女成为废物而不生产，既如上边：假使青年子女，预先有一种毫无恒产的心理，觉得父母、丈夫都不能靠，非靠自己的学业，不能生活成立，不知不觉就对于学业要努力精进，把心思、才力尽量开展，向着进化这条路走。则一两世后，世界必全然改观了。

我们东洋的人有一种普通缺点，所有生计，总是要战胜人，不是要战胜天然物。做出来的事业，无非欺骗他人财产，或劫夺他人财产。人对于人，家对于家，国对于国，都是如此。我们新的青年，以后须改变方针！生计须从天然物这边开展，不要对于人转移。对于未曾有的地方扩张，不要对于已经有的地方劫夺。官吏、军阀、资本家、奴隶、盗贼、娼妓，只能劫夺、移转人的财产，不能开展、扩张天然的财产。我愿新的有志青年，把这六种事业，看得一样重轻。生存固不免要战争的，我愿新的有志青年，只要对于天然物战胜，不愿对于人类战胜。

我这篇文章是极粗浅的，没有学术上的见解，不过我本良心上、直觉上说一说而已。世界上要革命的事很多，我以为新的青年，志趣总要放得大，脚跟总要踏得实。与其零零碎革命，不如从根本上革命；与其革他人的命，不如对于自己先革命。对于自己不能革命，要想对于社会上做革命的事业，总是空谈，不能发生实力的。

八年十二月二十日

（第七卷第三号，一九二〇年二月一日）

关于妇女

結婚與戀愛

美國高曼女士著　震瀛譯

世之論婚姻與愛情也、以爲二者同其意義、同其源流、同爲人類不可須臾離者。若是、謂爲世俗之迷妄則可、謂爲事實則不可也。

婚姻與愛情、二者無絲毫關係、其處於絕對不能相容之地位、猶南極之與北極也。雖有結婚後而愛情甚篤者、然不得謂愛情必由於婚姻也。不過世人不能超脫乎社會之陋習耳。乃今日多數男女之婚姻、皆隨波逐流、阿尙時好、以記者視之、無異一滑稽短劇而已。總之、婚姻以愛情而配合者有之矣。而以愛情相終始者、亦有之矣。然與婚姻無涉、不得謂愛情由婚姻而致也。

準斯而談、謂愛情爲婚姻之結果、乃大謬不然也。夫婦之愛情、生於既婚之後、若鳳毛麟角不可多覯。即或不然、若深察之、其能免矯情之譏者鮮矣。夫相處既久、熱度漸下、色衰愛弛、利盡情疏等弊、於焉以生。此夫婦之道所由苦也。

婚姻之原意、如一保險合同、乃經濟上之支配耳。惟其苛刻束縛、較尋常之保險合同爲尤酷。其利息亦較普通之投資爲更劣。若以保險政策相提并論、則保險所出者惟金錢、猶有自由繼續付欵之餘地。而婚姻則不然。女子以其夫婿爲保險費、其名譽生命幸福自尊之種種觀念、一概委於其夫之手、誠有之死靡他之慨。不惟此也、以若斯婚姻之保險合同、且判定其一生之倚賴、爲寄生蟲、爲一完全廢物、不惟無益於個人、且貽禍於社會。男子之範圍較廣、其限制不若女子之甚、然不免有納稅之義務。故於經濟

选自《青年杂志》第三卷第五号(原版内文)

欧洲七女杰

陈独秀

居恒以为男子轻视女流，每借口于女子智能之薄弱。犹之政府蹂躏民权，每借口于人民程度之不足。此皆蔽于一时之幻象，而未尝深求其本质也。具本质于何证之？欧洲记载所传女流之事业，吾侪须眉对之，能毋汗颜乎？爰录其脍炙人口者七人，以为吾青年女同胞之观感焉。

奈廷格尔(Florence Nightingale，生于一八二〇年，卒于一九一一年)，英人也。儿时即好取偶人做卧病状，戏为医治，长不适人，习医术。且 ·意看护病人之法，且游学德意志半年，复赴法京，学于某看护院，尽得其术。归英后，即于伦敦组织看护妇会。一八五四年，俄土战起，奈氏遂率同志女流三十七人，赴黑海任看护伤兵之役，活英法战士无算。时年三十有四，积劳致疾，众促作归计，氏不纳，治事如初。战罢回京，迎者空巷，相与醵金，创立军医讲习院及军用看护会。自黑海之役，奈氏创阵前看护之法。其后战役，辄仿行之，氏恒与焉。一八六四年，美国红十字会因以成立，今日规模浩大。开其基者，一英年独身女流奈廷格尔也。

苏非亚(Sophie Perovkasa，生于一八五三年，卒于一八八一年)，俄罗斯虚无党人也。年十七，接交虚无党某，父怒禁之，出逃求学，益坚其为人类牺牲之信念。任小学校教师，充看护人，无往而不以鼓吹革命为己任，祸福非所计也。一八七三年，被捕旋释，然自此遂为警吏所监察。后五年，以党案入狱，判流罪，脱于中途。一八七九年，谋炸俄帝于莫斯科，未遂。又一年，以炸毙俄帝亚历山大二世被戮，时年二十有九。

贞德(Jeanne d.Arc.生于一四一二年，卒于一四三一年)，法兰西爱国者也。幼时，英法方事战争，贞德即怀爱国之志。托神意，谓见空中明光，有神人告之曰："贞德往救王，恢复其国土。"遂自负奉神命，备刀马。偕数人见王，以解奥良城围自任。久困之法军得此惊奋，乘英兵骄懈，一击溃之，连下数城。后坠马被擒，英军生焚之。年犹未及笄也。

居礼（Marie Curie.生于一八六〇年），法兰西人也，曾卒业于巴黎大学物理科。年二十九，于归居博士，共肆力于“类电母”之发明。“类电母”者，坚质不灭之光，能彻物体，如X光然。以此被举为女博士。一九〇六年，夫亡，氏遂代为巴黎大学类电母科教授。女子为大学教授者，自居氏始。

罗月（Clemence Royer.生于一八〇三年，卒于一九〇二年），法兰西人也。幼习博物哲学于瑞士。年三十，为瑞士某女学伦理学及哲学教授，又任某《经济学报》记者。其著作《论税》《天文史》《道德公例》《哲学概略》诸书，盛为学界所推重。

米雪儿（Louise Michel.生于一八三六年，卒于一九〇六年），初为小学教员，后研求社会问题，以政治犯被放于澳洲。一八八〇年，归巴黎，鼓吹极端社会主义甚烈，以率众威胁政府，禁锢二年。释后布其道于亚耳白山中，严冬以寒疾终。其著述有《民女》《公民》《困苦》《新年》《被侮者》《人类之微生物》数种行世。

罗兰夫人（Madame Roland.生于一七五四年，卒于一七九三年），少好学，喜读卢梭之书，遂抱澄清之志。年二十一，适罗氏，少其夫二十岁。其时法国革命风潮渐剧，罗氏夫妇相携由里昂至巴黎。民党知名之士，多会其家，商榷国计。明年，罗氏亲任内务大臣，颇得夫人内助。民党旋分温和、激急二派，罗氏为温和党首，与激急之山岳党不相能。共和告成，山岳党逞其狂热，悉锄王党，并及温和党人，罗氏被刺毙。夫人两次入狱，卒以通谋叛徒之伪证，宣告死罪。临刑，仰见断头台上自由神像，叹曰：“自由自由，汝为人假借以行恶也！”此言传诵于今。西俗行刑，后男先女，虑其怯惧也。罗兰夫人，见同刑男子，多有畏色，请易其次，虽临难犹不改其常度也。

（第一卷第三号，一九一五年十一月十五日）

女性与科学

[日本] 医学士 小酒井光次 作 孟 明 译

欲以科学解释人生社会问题,有二种方法:其一,即系统发生;其二,即个体发生之研究也。系统发生之研究者,生物现今所见之形状、性质,乃经如何之顺序而成,即就各种属之异同、生人存在之历史,广搜而博证之谓也。个体发生之研究者,探求各个生体,其状态随时变化,以至其完成个体之谓也。故研究男女二性二者孰胜,抑或二者并行,皆世之一问题也。阿斯加休尔谒氏等曰:两性之人类学的研究,宁取个体发生之研究,即胎生学之研究足矣。以此参照生后之发育史,可断论矣。

斯退特生夫人曰:女性原为全部,男性乃附属之一部分。乃引蜜蜂及波乃利亚之雄者,寄生于雌者以为证。复有多人主张原始之民族,男女同等从事剧烈之劳动,较今之文明妇人,其力量必远过之。现今之妇人,受男子压迫,而至失其自由者,因文明及社会事情相逼而退化者也。然实际果如此乎?尚未能断言也。

斯退特生夫人之证例,蜜蜂及波乃利亚是矣。二者之中,蜂为人所恒知,兹特述波乃利亚之生活史。波乃利亚(Bonellia viridis),其躯干长约八米里米达,绿色圆筒状,节节有绉文之蠕虫类也,表面全部蔽以小疣,躯干前端伸出等于象鼻之突物,约半米达长,突物有纵沟一条,围以毡毛,其前端分为两枝,其根处有口,躯干之后端有肛门。此动物生于坎拿大海岸及其他海中,以突物运动,避日光,黎明时出游,大概居海岸五寸以下砂砾中,故虽海滨之民多未知者,为波乃利氏所发现,即其人之名名之,对于人类无用无害之动物也。

以上所言,乃波乃利亚雌虫之状态也。雄虫体极小,蔽以毡毛,似涡虫类形,泳回于海中,近雌虫之突物,则固着其上。一定时间来往于纵沟之内,滞留颇久,自雌虫口中入食道内求食,有时一雌虫寄生十数雄虫。由食道出寻雌虫之生殖器,集附其处恒亦有十数。

与波乃利亚不同，而为同样雌雄之关系者，若属于虾蟹类蔓足类(Cirrihepio)之种属是也。由卵生，额眼一，以三对足游泳海中，为西洋黎子状，分泌石炭质，制壳以护其身，坚附他种物体，以营生活。此类多雌雄同体(Hermaphroditism)，其中仅Cryptophialus与Alcippe，分为两性，而雄较雌小，身体构造亦异。自由游泳于海，二个乃至三个寄生于雌虫之外膜腔，名曰补缺雄(Komplementaere Maeunchen)。总之，蔓足类也，波乃利亚也，蜜蜂也，其生活状态，皆为下等动物，未可与语人间之生活。直据以论女人问题，宁有当哉？讨论女人之生活，当以其个体。易词言之，观察女人当视为一有机体。吾固以阿斯加休尔谒等之研究方法为适当也。有名之瓦尔戴谒尔氏，其论男女之区别曰：现今所见男女区别之大端，决不认为男子压迫女子所致。盖人类形态之持续性(Dualism)，有种种之点，可见其真。故吾人不得不由人类学、解剖学之见地以为女人观察之始也，兹于各内部脏腑骨骼，限于篇幅，不能详举就中姿势形态之关系，头脑发育之程度。多数内脏诸机关言之，女子较男子近于小儿，此事实未有能否认者也。然以近于小儿之词，遂涉思女子之形态不完全者，则大谬也。所谓小儿者，正女子之美之艳柔之表象也。或曰女子之乳房及骨盘，不较男子为发达乎？是乃女子生理必然之义。故知女子之观察，应以生理为要点也。然以女子比诸男子为近小儿，决非武断之言。盖因女子十三岁乃至十六岁，月经即来，每二十八日一次，每次三日乃至六日间，流弃最尊贵之血液一百乃至二百格拉姆，即失去身体上营养发育之液体，故其生活机能，不得不一时中止。猿以外之哺乳动物，亦一年一次乃至二次，同此事实，然而不可与人同日语也。此种生理的妨碍，影响于精神肉体者甚大。叶里斯氏曰：男子之生活，行乎平面。女子之生活，行乎波面。月经之前，生活机能最高。月经行中，顿然下降。月经之后，渐次上升。故女子每月中之生活状态，可以曲线示之也。米利坚之女医亚柯比氏曰：月经中罹痛苦者，百人中居四十之多。此天然缺憾存诸女子之身者，数千年于兹矣，此其弱于男子之故也。彼野蛮人之女子能堪男子之同等劳役者，不外无理强行之习惯耳。

月经云者，是为受精之准备，此不待言者也。图子孙之繁衍，期种族之保存，此乃必要之条件，人类之天职也。故性的生活，占女人重大之部分。月经之际，破裂之子宫粘膜渐合，无何，而对于次回月经之准备，已在粘膜内行之矣。月经出血虽月只一次，而子宫粘膜殆无休息。巴尔特耳斯氏及瓦尔戴谒尔氏曰:妇人第一使命,在输灌家庭以文明良妻贤母,世所尊重者也。对于妇人个人生活及其自身发展之要求,根本上虽无以反抗,而由人类学生理学之见地观之,妇人之性的生活为最要,且合乎自然之事理焉。

(第一卷第四号,一九一五年十二月十五日)

贤母氏与中国前途之关系

陈钱爱琛

天赋自由，人类平等，此世界最正大之公例也。不期吾侪中国女子，屈伏于黑暗之域久矣。盖自古之学说，无不主张女内男外，更不许其有文字之智识，与国家世界之思想，以三步不出闺门为女德。呜呼！是何异于朽木耶？其不作一般男子之附属物也几希矣。

吾侪女子同是黄帝之裔也，同是圆颅方指也，同具数磅之脑筋也，何乃不平等若是，可悲孰甚！其不可解也又孰有甚于此。读者乎，抑知此乃阻东半球各国发达之莫大原因也。试以中国、日本、印度、埃及为例，乃世界有史时已为文明之国，读上古史者更知为人类发源之地。当此之时，欧美澳诸洲，尚为蛮夷未化之野。洎乎近世纪，而欧美之文化竟加中、印诸国而上之，且有望尘不及之势。吁何其异也！辩者谓皆由于科学日发达，物质日进于文明耳。予曰："然，但其最大之原因莫非由于男女均受平等之教育耳。"一国文明之进化，以国民之智识高下为标准。但国民者，女子亦居半数，此造物主之巧妙也。今者中国二万万之女子，其中多为愚昧无学之辈，此尤可深讳者也。然则欲与列强争长，其可乎？或曰，国中之男女有学识则足矣。盖彼辈有柄政权，执于戈卫社稷之能，则女子何用嚣嚣为？予曰，否！否！今吾之目的所在者，非争政权与执干戈之役也。所论者其在女子之教育问题，与养成贤母氏，从而振起我中华民国耳。

今日身为女子，孰不知他日而为人之妻乎？又孰不知而为人之母氏乎？又试问于我国民孰无母氏乎？又谁不爱其母乎？溯人类自呱呱坠地，以至长大，无日不依倚于慈母之膝。然则世界上最亲密者，又孰有逾于母氏乎？自心理学言之，凡事愈亲密，其感化力愈大。古人所谓"近朱者赤，近墨者黑"是也。然则良母氏出产优秀国民，可无疑义。故母氏又可比于陶人，盖磁土性柔，可随意操攦。可为碗碟，亦可为盆砀，是在陶人之手耳。然则母氏在所操纵一国之权，大总统莫之与京也。

吾观于欧美文明国之母氏，而有感焉。盖与吾国异也。彼等具普通之智识，能轨其子女于正道，且能相其夫。有男子堕于酒色之欲者，恒为其妻所感化，而改正。无怪其国家日进于文明也。更考古今中外之伟人，亦多出于贤母之家者。试观于孟母之断机择邻，而孟轲终成亚圣；以一慈祥善教之母，养成华盛顿为美利坚开国元勋；又亨利 Patrick Henry 之母，乃一高谈鸿辩之妇人，故亨利为美国善言之士，“不自由毋宁死”“Give me liberty or give me death”即其遗谚也；又罗马帝尼罗 Nero，其母乃凶手也，无怪当罗马京被焚时，而尼罗尚鼓琴自乐。此可见家庭中之母氏，乃国民陶冶之炉也。

我国自海禁开后，欧美之风东渐。我国不完全之社会，一与外物相触接，优劣遂立判。吾人知国势日危，非速法泰东西各强邻不可。故学者之论纷纷，救国之道万绪千端。或曰改良政治，或曰开办矿务，或曰兴教育。曾试以种种方法，而老大之中华民国亦如故，何也。予曰：“是不得其救国之要道耳。”善医者究其病之本源，然后施以疗治之方，其效始显也。当时曾有人问于法帝拿破仑曰：“法国目下最急需者为何物乎？”彼答曰：“贤母氏也。”夫以穷兵善战之魔王如拿破仑者，尚不以兵械金钱为重，而以贤母氏为宝，何也？盖彼知良母可出产未来之新法兰西耳。其眼光之远大，岂庸人所可及乎！今者我中华民国，丁此外忧内患纷纷之日。其国势之危，有孤舟泛重涛遭旋风之状。非有优秀伟大之国民为后盾，其能立足于二十世纪之地球乎。故徒曰开矿办实业兴工艺，严国防者，实一时治标之策耳。然则贤母氏为我国今日最急之物，可毋疑义。

或曰，我国自欧风东渐后，女学渐兴。女子得受普通教育也，已不乏人。然则中国既有贤母，而竟不振。何也？吁！子过矣！夫亦知贤母为何物乎？非今日一般女学生稍受科学之教育，略点缀欧美之皮毛，便诩诩然谓人曰，吾女中之志士也。察其品行，则逾闲放荡，国人见之则睨视，父母亦不敢送其女入学。此近年来各省女学之所以有退而无进也。予非故自贬女界，不过有不能忍而言之耳。吾不禁为中国之女学前途悲！此等女子，将来岂可作贤母乎！何谓贤母氏？曰，有道德、有学问、有经济之女子是也。三者缺其一亦不可。盖予之所谓道德者,非我邦之旧俗屈制女子之谓也。易而言之,则真道德,真学问,真经济是也。故吾侪女界,当入学时,宜抱定一最纯正之宗旨,以自养成为贤母氏,方不负己之责任,与国民之希望也。至于吾国一般无道德之自由女,实不足道者。予深望我最亲爱之女子,勿以此自污污人也。

今日欧美之女子程度日高,乃起而与男子争参政权。我国趋时之女子,亦闻风而起矣。吁!当此女子智识方萌芽之日,而骤起与男子争政权,实非祥物也。至于其详,他日有暇再与读者论焉。以予之管见,则谓中国今日女子之急务,乃当洁身自爱,以期养成真道德、学问与经济之女,而作中华民国之贤母氏。岂非幸福哉!

(第二卷第六号,一九一七年二月一日)

女子教育

梁华兰

吾国无所谓女子教育问题也。兴学三十年以来，近顷女学始稍见萌芽，仍无所谓女子教育问题也。顽固者流，犹谓男子教育尚未普及，遑论吾辈女子。其有教育之责者，对于女子教育，无通盘筹算之方针，仅具补苴罅漏之条文以号令天下。所谓某种女学者，不过为一种学校耳，岂有最后最大之目的存乎其间？则甚矣，吾国女子教育尚未成问题也。然吾视东西各国，其女子教育问题，或已解决，或将解决。教育状况，尤不蒸蒸日上。吾国不欲立国则已，否则此后大问题，女子教育必其，可断言也。

女子教育应与男子教育平等也。女子无教育，或限制其教育，皆由轻视女子而生也。世界女子无受教育之机会者，以吾国为特甚，盖吾国轻视女子为特甚也。英国百年前，女子无受大学教育之权利。以后事势所趋，卒不能不许之，然无领受学位之权利。晚近四十年，女权发达，潮流所冲突，亦不得不破其成例，行学位之授予。然女子能得最高之学位，不过硕士而已，博士尚无予也。日本明治以前，亦无女子教育之可言。自明治维新以后，设立各种学校，至今四十年间事耳，女子遍国中，下至娼妓佣工，无不知书识字，其受高等教育及大学教育者，虽属少数，然女子已有此权利，自必日起有功。夫日本后进国也，其国政多仿效欧美。然于女子教育，实有不能不仿效之势。又视美国，自脱离羁绊三百年间事耳，其女子教育，实为最善。多数大学校中，男女同堂同学，领受学位，男女无异。女博士女硕士，社会中数见不鲜，盖美国女权号称最发达也。夫就三国观之，女权愈发达，其教育愈趋于平等。将来之鹄的，必至两相平等而后止，此趋势可见者也。然所谓男女教育平等者，非教育种类之平等，乃教育人格之平等也。男子能受大学教育，女子亦能受大学教育；男子能受学位，女子亦能受同等之学位；男子能受教育上之尊荣及权利，女子亦能受同等之尊荣及权利，此所谓教育平等也。至教育种类繁多，有适于男子而不适于女子者，有适于女子而不适于男子者，此何能矫揉造作，强而同之？大抵女子宜于文，男子宜于质，此因生理关系无可如何者也。故女子习美术者多，学理科者少，而研究工科者，前此殆无人焉。近顷欧美女子，不认生理之微弱，颇事工艺之活动（如美国史天逊女士学航空术，最近来上海演飞机），从事工科者亦略有其人，然吾恐终不能大盛。盖所谓教育平等者，非此之谓也。吾国尚无女子教育问题，然亦不能不揭橥平等之义，为吾辈运动之指归。且正以不成问题之故，不得不急急揭橥之，急起直追，而跻于平等。夫吾国今日女子所受最高之教育，普通教育而已，过此则无有矣。吾以为出洋留学返国之女学生，当群集设法以自办女子大学也，或要求政府设立女子大学也，或要求政府令各专门大学招收女生也（近顷上海某学院招收女生二名，习高等文学，有人非之，此实男女同校之先声。某学院长留学美国，博通文哲，其眼光不似议者之狭）。舍此女子无受高等教育之望，亦即无教育平等之望。

女子教育应以贤母良妻为主义也。女子治内，男子治外，吾国无论已。欧美女子职业发达，女权伸张，女子要求参政权之风甚炽。且美国女子既有参与政事者，然于斯二语，大都不欲，多所攻击。多数稳健派尤力持斯义，以尽其内助之功。夫效力国家，其道多端，非必躬登政坛而后可也。女子者人类之母也，相夫教子，持家处世，其所贡献于国家者既多。吾闻英国妇人，家庭琐细，必躬亲之。日本亦然。法国妇人，则恶劳苦，好逸乐，避妊之风甚炽，至政府奖励生子，实为人道之大苦。至美国妇人，本甚勤劳，近有一班女子，效习法国，此风不可长耳。吾国女子以数千年之压制，服从既成为第二天性。然正可利用其服从之性，尊之以良好教育，终成世界第一等女子。夫教育之义，教之育之至于至善而已。吾固有之善，必当保存之，不可见异思迁，事事仿效他人也。窃谓科学艺术，吾国无有者，固当取法于人。而良法美风，为吾国所固有者，亦当斟酌时宜，不能因之而尽弃。盖立身行己之道，各国有历史之遗传，因有特异之点，非比科学艺术之公于万国者也。吾国兴学之初，事事皆仿效日本，以为艺术优于我，教化亦优于我。一班留学生，更为之助焰，几几乎无不日本矣。近者又转趋西洋，轻视日本，迹其用心而异往昔，是谓无本之教育甚矣。为之立鹄，使有所趋，实为刻不容缓之事也。或谓贤母良妻主义，其所需之教育，养成贤母耳，良妻耳，无与于高深，是不与教育平等之义相违背乎？曰未也。夫贤母良妻，乃教育之指归，而教育自身，则为其途术。固未有受高深教育,不能为贤母良妻者也。且正以受高深教育之故,思想高超,见解精确,益以知贤母良妻为人类之所急耳。不揣简陋,聊陈管见,愿国人教正之。

（第三卷第一号,一九一七年三月一日）

女子问题之大解决

高素素

中国文明在吾东亚，有如太阳系之于太阳，具宗渊代表之资格，世所公认，无俟喋喋。观海通以还，欧风东渐，势如破竹，所向披靡。社会状态，日易月迁。闭关时代之旧思想，不足应时势要求。新思想之输入，虽欲严绝，有所不可。二十年以来，新旧相竞，一消一长，一进一退。稍稍观察，足见其趋势所在，竞争之剧烈。就中女子问题，尤其显著者。

我国旧时，有所谓"女子无才便是德"之谬论，与现代时潮，固属水火。即揆诸事理，亦为扞格。自教育之声高而女校林立，国人对于女子，未尝不鉴于时力要求，力求改善。惜乎旧思想之惰力犹存，潜势骤发，女子之激而逾越过甚者亦时有所闻。逮乎今日，女子教育，敷衍纷饰，未尝脱幼稚之域。女子问题，琐碎支离，未尝有根本之大解决也。

西谚曰，罗马之为罗马不成自一日。吾国旧思想之蕴结盖亦久矣。自汉以来，尊崇孔氏，罢斥百家。女子问题，所受影响，决非轻鲜。比来尊孔定教之说，喧呶国中。果见诸实行，是无异恐惰力之速灭，故助而长之。是无异恐逾越者之不多，故激而生之也。孔氏学说，剖击辩辟，非本论之旨，故止不述。就其入女子问题范围者，略辞辟之如下。

(一)男尊女卑

狉獉时代，专尚腕力，视女子如物资，作掳掠之目的，多多益善，主人益严，尊乃如天帝。及进而为家族，求一族之统一，不能不定尊卑之位，而仍之如故。此所以男尊女卑者，人类进化必经之阶，不特异于吾国。孔氏者袭斯旧习，立为说耳。《易》曰："天尊地卑，而乾坤定。乾道成男，坤道成女。"此种学说，离乎旧时习惯，直无成立之望，无掊击之价值者也。视女子如物资，不认其人格；视女子如附属品，不认其完全资格，于是三从之说兴，七出之义生。要皆家族主义之所毓成，保家族统一之策耳。

三从之说，一曰从父母。未达成年之期，固所当然，非漫然无限制也。二曰从夫。三曰从子。揆诸事理，皆不词而破。读吾论下节，了如指掌，照如观火，兹弗庸辩。

七出之说，曰不顺父母者出，无子者出，淫者出，妒者出，恶疾者出，多言者出，窃盗者出。为此说者，何责人深而恕己厚耶？男子之淫（多妻即淫）者，恶疾者，多言者，窃盗者，女子果不蒙其害乎？何不闻女子之出之耶？且也，七者之中，揆诸事理，复多违例。无子者，生理问题也，责不专系乎女子。彼妻妾满堂，终至无后者，时有所闻矣。当医学未进之际，既未足明证，贸然归罪，谓非荒谬，不可得也。况夫人也者，介乎神物之间。夫妇之道，乃基于神的爱，而不专系乎物的遗种，视物的遗种为结婚之唯一目的者，不异自侪于禽兽；视女子为制儿机械，则其婚媾如犬马之野合耳，流于本能，去神格趋物格也。妒者，爱之所生。一方面爱之专一，一方面爱之不专，于是而妒生。爱能专一，妒何自生？以妒为恶，黑白颠倒。（妒之极，足以扰秩序，自非佳象。然妒之所由来，必非恶也。世之究恋爱心理者，当首肯吾言。）己之爱人也不专，而责人之爱自专一，何不平之甚？妒者出，淫者出，乃与男子之多妻不相并立者。己淫矣，而禁人之淫，己所弗欲，强施于人，又何不通之甚耶？吾国夫妇间，爱情薄弱。揆其主因，禁妒之反动，多妻之结果耳。积势所至，女子亦矫情自诩，有听男子作狎邪游，自为贤善者，真不堪闻问矣。多言者，人之性情，不涉及道德。列七出之中，益知其视女子之轻有如器物，便则置之，否则弃之。以此轻故，可作出妻条件，益知其婚媾仅物的野合，未尝有神的爱存也。三从七出之说，仅于家族主义之下勉强成立。视彼狉榛时代，以女子为物质，转相虏掠，女子之生死存亡，一视主人之喜怒，相处一间耳。孔子曰，唯女子与小人为难养也。近之则不孙，远之则怨。曰养，曰不孙，与小人同论。孔子不认女子有人格，是其明证，不仅吾之推测訾语已也。

（二）男女严别

儒之别男女也，甚为严重。曰男女授受不亲。曰七岁不共席。群性者，人之通性。必划鸿沟，将使之索然离群以孤立，不亦慎乎？问其起因，则己之多淫，爱人不专。畏人他爱，禁女之妒之淫，便己之多淫耳。否认女子之人格，以为一与男子遇即生淫乱，在昔未尝不视为美德，保秩序于消极。时至今日，顽梗者犹以自诩，是不啻告人以吾国之男女善淫，而自以为荣也。试更自实际利害言之，男女之交际既无，恋爱两字可自字典铲削，其结婚也，皆流于物的野合，不复有神的爱存。就职不能，社会事业必待于女子者，皆废而不举。吾国医学专门学校附设之医院，竟不得看护妇，外人传为笑柄。创设病院，看护妇乃远求诸日本。试闭目一思，是何景象？丁兹生存竞争时代，各国国民方尽其全力。吾国乃有半数无人格之废人，男子之功，不能代女子之责。所余半数，又皆因以为不具者矣。以此欲求竞争于二十世纪大舞台上，尚望有立锥地可容足乎？不宁唯是，男女之相恋，乃自然天性，非人力足阻。譬诸水之就下，因其为患，有能扬流而逆行之者乎？治河者不知浚渫利导，唯以堤堰障之者，可苟安于旦夕？壅之愈甚，溃也愈烈。一旦泛滥，祸且莫抗。吾国水患，何一不因于此。察物情以知人事，何其昧耶。吾国之淫杀案，殆占世界各国之第一位，可以思之过半矣。近来新思潮澎湃，堤堰将倾之象也，女子有逾越范围者，泛滥开始之兆也。不速浚导之，终且大决。谁使之然，推厥祸首，儒家之严防男女也。谓余不信，不观彼欧西举国成风，秩序井然，较吾国之强施压力，反事半而功倍者，何耶？察物情以揆人事既如彼，觇他国以自省又如此，有心人当亦知堤堰须早拆，浚渫利导之不可缓矣。

（三）蓄妾弊风

多妻制度，渊源于掠夺。考诸各民族史，莫不皆然，吾国何逃斯例。穆罕默德规定以人当四妻，为其极小限。吾国儒家虽未尝积极规定，天子之一后、三夫人、九嫔、八十一御妻，固其承认为正当者。“一夫一妇，庶人之职”，是明明谓非庶人者可多妻矣。故谓其为消极之主张殆无不可。逮乎今日，蓄妾成风。民国更兴，未尝明禁。积势所至，禁亦不易。睹其成效，弊害之多，论者众矣，不俟多赘。

（四）节孝名教

节孝者，吾国之所谓名教也。问其根源，野蛮时代之家法耳，否则野蛮时代之遗蜕耳。际此真理渐明时代，个人者非家族之私有，女子者非男子之私有。曰父没三年，无改其志。曰父在不远行。曰从一而终（孔子不认女子有人格，故其言举父而不及母。以母者，父之所有，是不啻以一部分之男子专属于一人，以全部分之女子分配于男子个人也）。其主义所在，不外蔑视一部分男子之人格，蔑视全部分女子之人格也。人虽下愚，决不欲以无人格自居，愿为他人所有。而防范劫持之邪说生，节孝是也。迄乎今日，此风不杀。男子之受害如何，非本论范围，可不具论。壮年女子，不幸早寡，受精神上之苦痛，物质上之挟迫，以壮健有为之身，陷于病废，浸且丧生者，何可限量。语曰未亡人，待亡者，岂其当然耶？恋爱之中坚，本为牺牲性质。男女能本此性质，不再醮再娶者，固天下之至洁至高。然人非神也，健忘乃其特性。虚悬久保，可一遇于非常人，而不可求之于常人。况乎由儒家之道，婚媾既取物的野合，降人格为物格矣。待其死后，乃欲女子自物格骤升神格，谓非丧心病狂者，不当作此矛盾之思想也。

役事翁姑无所不至，甚且加以酷遇，犹必忍受。忍之无可忍，因以戕生于有形无形。普天下女子遭斯厄运者，又何限量。语曰，娶妻以事父母。岂女子者其责任所在仅代人事父母、作婢仆而已耶？嗟乎！男女者，同人类也，人格相同，乃有此不平，使吾女子受厄，足以助男子于成，则犹可言。试一探吾国积弱之因，堕落之源，推厥祸首，何一非名教为魁，尊男卑女，梏禁女子之所致耶。呜呼！家族主义一日不破，中国永无复兴之望。故今日欲解决女子问题，吾敢冒大不韪，昌言曰：请自破名教始，请自破习俗始。破坏之后，方有建设余地。兹事非易言也，略举所见及者，述之如下。

（五）教育问题

考欧美教育史，其呈发达现象者，亦不过近代而已。六七十年前，“女子受高等教育者，对上帝为罪，对政府为罪”之谬论尚现英伦，可想见其黑暗，或不亚于吾国。去腊，日人上田万年氏晋谒大总统，论及女子教育，其辞曰：“贵国女子教育取何方针，将固守旧习欤，将创行欧化欤，将取折中主义欤，关系至巨，必组织委员会研究确立之。”黎氏首肯其说，唯未闻实行耳。局不乏洞明世界潮流者，吾人似可不越俎代谋。然不得不一言告之，女子者，国民之一，国家所有，非家族所私有，非男子私人所有，具完全人格者也。故所受教育方针，当为女子自身计，当为国家前途计，非以供男子私人之役使也。良妻贤母之说，盛唱于日本，吾国近日亦稍稍有其趋势。日本贱视女子，较吾国尤甚，本不足怪。依其教育方针，达其极峰，不过造成一多知识之顺婢良仆，供男子之驱策耳。有良妻贤母之名，无良妻贤母之实。果以封锁女子于家庭，听男子指挥为贤良模范者。吾国村妪，类能道之，旧说足矣。何事纷扰，多此设学之举耶。当局者，望其三致意于此。

（六）结婚问题

吾前不云乎，人也者，介乎神物之间。高尚理想，如威廉克女士所述“恋爱中心之结婚论”，恐弗克实现，普及一般。恋爱为结婚之第一要素，则毫无疑义。举世滔滔，所谓结婚者，皆金钱肉欲、卑污野心、物的苟合耳，不现些微之神的爱。女子仅为男子之牺牲，甚焉者，男女同为家族主义之牺牲。故所组成之家庭，无生气无精神，傀儡之扮演场;交谪交谇,相诈相虞,恶魔之黑暗狱耳,幸福两字,非所梦见。故无爱之结婚,不如其已。由吾之论,则结婚当始于男女之恋爱。人非神也,物的关系入焉,一方当听于父母。前《大中华》杂志论之详矣,颇中肯要,故不再赘。

(七)职业问题

由吾前论,女子当具职业,理固昭然,故反对者呶呶。今试辟之,其持论虽有异同,要其言不过曰:女子于家庭责任重大,系于国家盛衰。女子就职,日增月盛,至其极,必置家庭于不顾,所谓 Sweet home 者必破坏无余。此盖男主外女主内之訾言也。初闻之,未尝不言之成理。加以推究,则知二五不知一十之陋说耳。吾非不承认有斯倾向,然两害相权取其轻,两利相权取其重。试言其弊:方今物质文明锐进之际,生活程度日趋日高。八口之家,其负担之巨,男子营之。女子乃困守家中,寄生住处,仰食于人,累及男子,亦非爱夫之道。吾前既主张女子为国民矣,非男子私人所有。欲不遗半数废人于国家,则舍就职供役社会,他道何由?不观乎欧战乎,凡百事业,女子皆代男子矣。甚者战地负担,女子与焉,非其明证耶。谓女子之有职业,遂失家庭乐趣,亦仅见及皮毛。闭女子以役事男子,男子言乐,或且有然。设身处地为吾女子一思,心所计及,不出米盐之外;目所见者,不出斗室之外;耳所闻者,不出闺阃之外,将何以堪?男子之乐,仅以女子无知,足供其役使为乐者,乐亦卑矣。更进论之,家庭负担全恃男子。不幸男子失职,则一筹莫展,牛衣相泣者,将谓之乐耶悲耶?更不幸男子中道殂丧,贫无立锥,或竟沦落,即女子不足惜,死者之亲戚故旧对于死者将谓之乐耶悲耶?世之主张女子治内,不须职业,方嚣然张甚。呜呼!吾欲无言。

总上所述,解决女子问题,有两前峰,曰破名教,曰破习俗。有两中坚,曰确立女子之人格,曰解脱家族主义之桎梏。有两后殿,曰扩充女子之职业范围,曰高举社会上公认的女子之位置。

女子问题者,大问题也。吾之此论,所辖甚广,皆未克详。他日有暇,当秉如椽巨笔,扫旧布新,与诸姊妹相见。海内女士,不乏贤明,望加以指导。女子问题,不仅系于女子。吾之此论,非作愤怒之不平鸣。海内男子,能平心静气,着真理匡翼不逮,则尤所盼也。

(第三卷第三号,一九一七年五月一日)

论中国女子婚姻与育儿问题

陈华珍

呜呼，天生人类，无论男女，同为圆颅方趾。而男尊女卑，岂非人间大不平之事哉？征之各国，男女平等，无异视之习，独中国为然？吾侪生而为中国妇人，其不幸为何如耶？

吾国妇女缠足穿耳，以为美观。终日枯坐，不问外事，不啻日处于樊笼地狱。以视欧美妇女，在于学校，则练体操。在于家庭，天气晴朗之时，未嫁者伴其父母兄弟，已嫁者携其丈夫儿女，遨游郊外，散步公园，领略新鲜空气。意象之活泼，以我恹恹若病之妇女比之，相去不啻天壤也。迩年来，西洋文明挟太平洋之潮流输入中土。有志之士，知旧法之不足株守，世界以优胜劣败为公例，天演难逃，不可不力图富强。故中国人口号称四万万，而残弱之女子居其半。男子之中，顽固者又居多数。其健良完全之国民，可供国家之役者，百不得一。故国势日益浸弱，致外人有病夫之讥。今日中国，竞言改良，提倡农业，振顿工商，而无健全之国民以任之，吾恐仍空言而无补也。然则若之何而可也？吾可断言曰，非培植健良完全之国民，以任国家之事不为功。顾欲培植健良完全之国民，舍从女界上进行，其谁属哉？然则普及女子教育，改良婚姻与育儿问题，岂非今日之第一急务哉？

女子之结婚，乃终身最大之问题也。毕生之幸福，胥在于是。而我国人于婚姻一事，多轻忽而怠于注意，唯任父母之相攸耳。只知计家产之多寡，学问与性质不顾也。一旦不幸而所适之夫为有病不良者（如素有结核、梅毒等病因者），因之累及妻子。健强之身，变为弱质，失生人之快乐，终身陷于悲境。此皆我国不自由结婚之弊也。欧西各国，无不崇尚自由结婚者，而于身体之健强与否亦极注意。故所生儿女，鲜羸弱夭折者。近日中国女界亦有抱自由思想者，奈程度幼稚，往往反陷于野蛮，良可慨也。迩年来，中国仍盛行早婚，男子年未弱冠，女子年甫十六，而父母急欲为其结婚。以致心身均不能完全发育,所生儿女不克强壮,甚有夭折畸形者,贻祸子孙,为害不浅。试观印度女子,年方十二三时已有抱子者。年未三十,即呈衰老之相,故卒致罹灭国之祸。今中国若不打破此风,长此以往,恐不免履印度之辙矣。泰西各国早婚之禁,载于民法。我国早婚陋习已牢不可破,非由国家严行取缔,决不能达革除之目的也。

吾国女界于育儿问题,素不讲求。夫长江九曲,流必有源。高木千寻,伐当求本。女子非国民之母乎?盖小儿由襁褓以及成童,凡哺乳、衣服、沐浴、运动、眠食、教育等事,一举一动,无不依赖母氏,而受其感化。试观孟母断机择邻,孟子卒成亚圣。夫小儿之心地,无先入之言为之主,无偏僻之见蔽其明,如水之澄清,如纸之洁白,其天赋之良心,未遭戕贼也。然近朱者赤,近墨者黑,凡家庭之习惯,邻里之陶冶,俱足影响以及于小儿。而尤赖母氏指教,以轨入正道。他日之为英雄、为盗跖,其基础实出于幼年时代母氏之手。中国妇女教育儿童,每施以柔弱保育,以过度之慈爱,养成儿童软弱之体质。例如冬日风雪交加,为亲者恐其子之受寒,裹以重裘,围以火炉。使之任意食过量之食物,如酒类香料等,有刺激性者皆不之禁。事事悖理,无怪国势不振,国多病夫矣。东西各国于教育儿童最为注意,广设产科生育等专门学校。即普通之女学校,亦多注意及之。故外国妇女无不具育儿知识者。吾愿吾国女界入校读书者,宜竭力注意,以养成他日为国民贤母良妻之资格。二万万女同胞,其各勉之。

稿将脱手,为兄德明见之,谓余曰,迩年来中国妇女有主张独身生活者,此问题甚难解决。考女子思想变更之由来,约有二端。一以女子程度日高,其知识范围扩充,遂觉旧道德之内容未能餍意,而反抗男子之心自起。一以女子有相当之职业,经济上稍可独立,遂欲脱离男子之束缚。然从生理心理上观察之,大有所不能者。盖女子之脑力与体质,其发育不如男子,而近似小儿。且女子任分娩育儿等事,已负绝大之责任,若复欲与男子享同等之地位权利,势所不能也。况以中国程度之幼稚,早婚之习尚未打破,遑论他乎?余为女界计,不如一志力求道德学问,以养成他日国民之贤母良妻。余深然其言,故志之,为吾女同胞告。

(第三卷第三号,一九一七年五月一日)

女权评议

吴曾兰

欧洲自卢梭、福禄、持尔、穆勒·约翰、斯宾塞尔诸鸿哲提倡女权，男女渐归平等。美洲男女同校，自小学至于大学，学科一律。女子之成绩，反优于男子。立法、司法、行政，女子皆得为之。纽约一府，女子之为官吏者，且数千人。而发明家尤以妇女居其多数，美洲人至有“男子末路”之叹。此次大战争，妇女起而同男子服务于国家社会者，尤卓著于世界。其运动参政权风潮之激烈，更非吾国议员所敢几其毫末。报章所载，昭布耳目，非空言也。夫谓吾国女子二千年来受儒教之毒，压抑束缚，蔽聪塞明，无学问，无能力，现在不可与欧美并论，即起而行使无意识之女权，尚可言也。若漫不加察，指主张女权者为谰言，而必谓女子学问不可造，能力不可复，则妄矣。今谓革命二字，唯政治与种族上可言，家庭与道德上则不可言，而言女权革命为尤甚。吾试问家庭不可改革，则今之家族主义，能永久保持不改入个人主义乎？今之大家庭主义，能永久保持不改入小家庭主义乎？恐言者不敢坚也。道德不可改革，则历史忠臣之义，不见于共和。一夫一妻之制，特著于《新刑律》，言者又将何以解。按《革卦疏》云：“革者，改变之名也。此卦名改制革命，故名革。已日乃孚者，夫民情可与习常，难与适变；可与乐成，难与虑始。故革命之初，人未信服，所以即日不孚，已日乃孚也。”然则革者，改变之名，非必断脰流血而后可谓之革命。吾国人拘墟囿教，则古称先，已成天性。语以适变虑始之事，则适然而惊。故观于赵武灵王、商君、李斯之议变法，可知反对者多，笼统而无当。《革卦疏》又云：“计王者相承，改正易服，皆有变革，而独举汤武者，盖舜、禹禅让，犹或因循，汤武干戈，极其损益，故取相变甚者以明人革。”是知变革之道，不贵因循，取其变甚。政治如此，余可推知。证诸欧美潮流，日异月新，更无不合。夫事之是非，学之优劣，苟无比较，曷明得失？故欧美为学之方，皆以比较为重。若既不深知欧美之俗，而仅举古义为言，一隅之见，宁有当哉？

言者谓吾国男女之权，实未有天然之阶级，何革命之足云？不过分为内治、外治而已。外与内相对抗，不平云乎哉？按《易坤卦》云："阴虽有美，含之以从王事，弗敢成也。"地道也，妻道也，臣道也。《疏》云："地道、妻道、臣道也者，欲坤道处卑，待倡乃和，皆卑应于尊，下应于上。"《系辞》曰："天尊地卑，乾坤定矣。卑高以陈，贵贱位矣。"又曰："乾道成男，坤道成女。"《说卦》曰："乾为天，为君，为父；坤为地，为母。"《繁露基义》曰："天为君而覆露之，地为臣而持载之；阳为夫而生之，阴为妇而助之；春为父而生之，夏为子而养之。王道之三纲，可求于天也。"《白虎通》论三纲之义曰："君臣、父子、夫妇，六人也，所以称三纲何？一阴一阳之谓道（《易·系辞传》文）。阳得阴而成，阴得阳而序，刚柔相配，故六人为三纲。"据《易》之文，与董、班之说，以坤为地道、妻道、臣道，为女、为母、为卑、为贱、为下；以乾为天、为君、为父、为尊、为贵、为上。又以阳刚为君、父、夫；阴柔为臣、子、妇。尊卑、贵贱、上下之义，皆由《易》确定其天然之阶级。董仲舒、班孟坚不过本《易》之理申明之。陈硕甫曰："为学当从西汉人。东汉人名物象数，言之非不精确，然西汉人无意流露一二语，已胜东汉人千百言。"此即微言大义也。故就中学言中学，不能据东汉许氏解字之书，以反驳西汉董氏之微言，及班氏所录十四博士之大义，谓孔氏之书未尝明言三纲，遂归狱董、班也。《大戴礼·本命》曰："夫者，扶也。"《白虎通·嫁娶》曰："夫者，扶也，扶以人道者也。"而《曲礼》曰："庶人曰妻。"《释名·释亲属》曰："士庶人曰妻。妻者，齐也。夫贱不足以尊称，故齐等言也。"《大戴礼·本命》曰："妇人者，伏于人者也。"《白虎通·三纲六纪》曰："妇者，服也，服于家事，事人者也。"是夫之于妻，仅著有扶佐之义。而妻之于夫，则当服之、事之。其训齐者，乃夫贱不足以尊称，始言齐等。齐等于贱，非齐等于夫。其所谓治内，即服事人耳。《易·家人》卦曰："无攸遂，在中馈。"《疏》云："妇人之道，巽顺为常，无所必遂。其所职主，在于家中馈食供祭而已。"《诗·斯干》曰："无非无仪，唯酒食是议。"《笺》云：妇人无专于家事，有非，非妇人也。有善，非妇人也。妇人之事，唯议酒食尔。《白虎通》论妇人之贽曰："妇人无专制之义、御众之任、交接辞让之礼，职在供养馈食之间。"此则妇人治内，于供养馈食之外，不但御众交接辞让之事不能预闻，且有非有善，皆所深戒。其视妇人不啻机械玩物，卑贱屈服，达于极点。尚谓内与外可相对抗，男与女可称平等，真所谓违心之论，非愚即诬也。

言者又谓：古代男女权或不平，女权重，故姓字从女生。男权优，故以女子为产业、为货财。此又当考社会之起源，进化之次第，乃可以明其说。盖原人时代，男女皆平等。女子亦以个人自视，扶阳抑阴之风，一无所有。亦以斯时之妇人，绝无依赖男子之心，有以致之。至于姓字从女生，则《曲礼》曰：“姓之言生也。”《左昭四年传》释文曰：“女生曰姓。”有贺长雄曰：当族制未发生之世，无所谓夫，无所谓妻。人即有名，唯以明其人与地之区别。而其父母之血统，与他血统之区别，初无称号。故此期间，只有个人之名，而姓尚未起。及部落争斗之事起，而掠夺外女之习生，人皆以掠外女为荣，婚同姓为辱，于是异族相婚之例出。迨时移世易，异族同化本族，乃不得已以外来女子之子孙，作为异族之人，而与之结婚。特以一称号加诸其子孙，使不与他血统相混，以避误与同姓结婚之事，是即姓之所由起也。未开化之世，只知有母子之血缘，而不知父子之血缘。如使原人父子有亲密之血缘犹如母子，则姓之一字，必难起于天地之间。因原人之始皆以女为姓故也。试观古代之姓，皆多“女”字连合者，如姬、姜、嬴、姒、妫、姞之类皆是。证以《白虎通·论姓》曰：“人所以有姓者，所以纪世别类，使生相爱，死相哀，同姓不得相娶。”又《论字》曰：“妇人姓以配字何？明不娶同姓也。”希腊历史家巴罗多他斯曰：“利其安人为子者，只继母姓，不继父姓。若人问以血统，则答以母系之称。”并曰：“某女之某代孙。”北美曷德顺江近傍，有印度土人居之，呼子以其母之姓。问其故，则曰：子之生于父，无形，目不能见。若母之出也，人皆见之，人皆知之。身体发肤，全由母胎来，非母之赐而何？其信确实无一毫假借，故姓不如从母。由是观之，无论洋之东西，种之各色，要皆以母族为姓。苟其姓同，则禁互婚。《说文》云：“姓，人所生。古之神母感天而生子，故称‘天子’，因以从‘女’。”由不识进化之理，遂妄为臆说。盖姓之从女生，一由于禁同姓相婚之习惯。二由于原人不知生殖之理。三由于原人之婚姻不定。四由于一夫多妻之故。至父子之情薄弱，故姓从女生。人从母姓，原因复杂，非仅以女权之重而然。而同姓不婚，尤非吾国之所独擅也。若夫由女姓进而为男姓，则美因罗博、摩尔干、马克勒兰李白耳诸氏之书已多发明，而以斯宾塞尔之说为可信。其略曰：原人舍女姓法而采男姓法者，在废渔猎之生活，而营耕牧之时代。盖原人当渔猎之世，孤立营生，既不为猛兽所毙、强敌所侵，而其得衣食不定，故子孙繁殖颇难。及耕牧事起，其情形大变。此际必人人率其眷属，出乎其族，自成一队，以营生于外。开垦之术未明，耕牧唯求便地。然此适宜之地，非随处皆有。山南川北，大小散处，求如可曼德人全族聚居非常广阔之地，时或狩猎，时或牧畜，不必远求者，殊不易得也。当此之时，一人之男，率其家眷牛羊及耕具，远辱他地，左右睥睨，不见异族外人。于是妻若生子，则不特知其母，即孰为其父，亦不难辨。而异族外人见之，皆曰："此某男之群，此某男之子。"初则互以此为记号相呼，渐则以此冠其族，而男姓法由是起矣。

由渔猎生活之平等夫妻时代，入于耕牧生活之专制夫妻时代，则妇女失其自由，为男子之财产，为男子之奴隶矣。西人沈文林曰："有身躯无动机者，谓之木偶。有身躯有动机而无自由者，谓之牲畜。"专制时代之妇女出则听命于夫，入则听命于翁姑。幽闭闺阃，不能自主，一无所知，一无所能，与六畜无异，只知饮食，只知养子。以此辈无知无能之人为群男之母，则举国男子当幼稚之时，不受其害者鲜矣。以此辈禽兽之人为群男之妻，则举国男子当既壮以后，不受其害者鲜矣。担拿马人以一牛换一妻，径打人以双鞋换一妻，六针易一妇，则视妇女如货财之说也。拉丁购买妇女之名词曰"满灯林"，希腊购买妇女之名词曰"哑华"。今西人授戒指之礼，犹是此俗之遗积。据轩利勉所考，凡妇女被擒逼而为妻者，头上须戴一簪，如箭形，以示驯服之意。今世妇女之插簪，犹是此俗之遗积，则视妇女为奴隶之证也。是故女权之重，男权之优，乃自有其先后，而非同时见其优重。进化之迹，不可诬也。吾国儒教，素主宗法社会之阶级制度，故尊卑、贵贱、上下之义，由《易》发其凡。文字具存，勿能深讳。即言者所引《家人卦》考之，曰，"女正乎内，男正乎外；男女正，天地之大义也。家人有严君焉，父母之谓也。"《疏》云："男女正，天地之大义也者，因正位之言，广明家人之义，乃道尊二仪，非唯人事而已。家人则女正于内，男正于外。二仪则天尊在上，地卑在下，同于男女正位，故曰天地之大义。家人有严君焉，父母之谓者，上明义均于天地，此又言道齐家邦。父母一家之主，家人尊事同于国君。"据《易》之义，则女内男外，同于天尊地卑。男尊在上，女卑在下，无所谓平等。其曰，家人有严君父母之谓，则以父母为一家之主，家人当尊事之。犹国君为一国之主，国人当尊事，乃明下对于上，卑对于尊之义，非夫对于妻之义。儒教恒以君比父，化家为国，此亦其一端，不得皆指为汉儒之瞽说。再证以《诗·斯干》曰："乃生男子，载寝之床。乃生女子，载寝之地。"《笺》云："男子生而卧于床，尊之也。女子生而卧于地，卑之也。"《礼·丧服》曰："妇人有三从之义，无专用之道。故未嫁从父，既嫁从夫，夫死从子。"《古梁·隐二年》传曰："妇人在家制于父，既嫁制于夫，夫死从长子。妇人不专行，必有从也。”此则《诗》《礼》《春秋》皆源于《易》，董、班、郑、孔悉本于《经》。学有所从出，说有所自始。推之《唐律》十恶之条，八曰不睦。注曰：殴告夫。《疏·议》曰：“依礼，夫者妇之天。”又云：“妻者，齐也。恐不同尊长，故别言夫。”此《唐律》以夫同于尊长也。又“诸殴伤妻者，减凡人二等，死者，以凡人论”。《疏·议》曰：“妻之言齐，与夫敌体，议同于幼，故得减凡人二等。”此《唐律》以妻同于卑幼也。又，“诸妻殴夫徒一年，若殴伤重者，加凡斗伤三等”。在妻之于夫，则视同尊长。夫之于妻，则视同凡人。论刑，则妻独加重三等，夫独减轻二等。责之极重，视之极轻。《新刑律》杀伤罪理由曰，杀人者死，虽为古今不易之常经，‘然以中律而观，妻之于夫，与夫之于妻，其间轻重悬绝。推而至于尊长卑幼良贱，亦复如此区别。（满清律例于夫妻之科刑，更不平等，试考之。）重男轻女，刑礼同然。夫父子、夫妻，伦理上之名分不同，法律上之人格则一。刑法上之性质，止论其人之行为，究应科刑与否，而个人身份地位，于犯罪之成立及科刑之加重减轻，本无何等之关系。此文明国家法律之所同，所谓法律上之平等也。吾国专重家族制度，重名分而轻人道，蔑视国家之体制，道德法律并为一谈。此西人所由讥吾为三等国，而领事裁判权卒不能收回，贻国家莫大无穷之耻也。

故考礼刑之所出，其义悉根本于儒教。况孔氏常以女与小人并称，安能认为主张男女平等之人？且吾人所争平等，为法律上之平等；所争自由，为法律内之自由；非无范围之平等，无界限之自由。而天尊、地卑，扶阳、抑阴，贵贱上下之阶级，三从七出之谬谈，其于人道主义，皆为大不敬，当一扫而空之，正不必曲为之说也。

言者又曰，我国男女之权，无精确之考察。有奴视其妻者，亦有奴蓄其夫者。不知女权之轻重，当以世界所标者为准，法律所与者为衡。奴视其夫，苟裁之以法，妻必无幸，奴蓄其妻者则不然。此观于古代汉武之诛句弋，元魏之立太子辄诛生母，臧洪、张巡杀妾以享士卒，及近日人口之买卖，子女之抛弃诸事，实多男子尊长操其权，可以恍然矣。

《抱朴子》曰：“西施有所恶而不能减其美者，美多也；嫫母有所善而不能救其丑者，丑笃也。”吾亦曰，吾国女子，非尽无权，特无权者众；而有权者，又非礼经法律所明与，乃偶有而非确定也。原人时代，男女虽平权，无意识之平权也。立宪时代，女子当平权，有意识之平权也，是即法律所许国民平等自由之权。吾女子当琢磨其道德，勉强其学问，增进其能力，以冀终得享有其权之一日，同男子奋斗于国家主义之中，追踪于今日英德之妇女。而固非与现在不顾国家之政客议员，较量其得失于一朝也。呜呼！良妻贤母固为妇女天职之一端，而生今之世界，则殊非以良妻贤母为究竟。吾读欧美人所著新伦理学，以欧美妇女之趋势，证吾国家庭之现象，诚有不忍言者。夫报章为输入文明之具，而非拥护顽梗之符。语曰："知今不知古，谓之聋瞽；知古不知今，谓之陆沉。"愿通达古今之君子，览世界之大势，勿徒吟咏咀嚼二千年以上之陈言，甘以国家殉古之圣人于荒冢。以其为祸之烈，不独在吾女子也。

此文作者吴女士，即又陵吴先生之夫人也。

记者　识

（第三卷第四号，一九一七年六月一日）

改良家庭与国家有密切之关系

孙鸣琪

余曩者游学美国，见彼国于通都大邑之间，皆有一种特别审判厅，名曰关系家庭宫院，审理一切夫妇间不愉快之事，每岁案以数千百计。经法庭审查，不愉快之原因，其故有三：

（一）男子与女子成亲之前，相识未久，遽订婚约。在女子一方面，不知男之家世如何，职业如何，其力量能否供给家室之费用。男子一方面，亦不研究女之学问如何，情性如何，有否为母之资格。或为容貌之爱恋，或为金钱之媒合，一时间不暇细究，草草成婚。异日色衰爱弛，下堂求去，纷纷呈诉，请求离婚，此其不愉快之原因一。

（二）男子与女子，均属愚蠢之流，对于夫妇之责任与其重要，茫然不知。平日未尝学问，缺乏教育。于供给与支持家庭之事务，或男子不愿以劳苦之资财供给家用，女子亦不知保守良好家庭。当关系家庭宫院初立之时，对簿公庭者，工业中人居其多数。或女子在工场做工，辛苦终年，不能享家庭快乐，或男子又不愿以工资供给家用。女子亦无识成立一清洁人家，又不知卫生之道，家居什物不合卫生，致使男子放工回家，又要料理家事。或女子专喜讲究衣饰，搔首弄姿，竭男子终岁所入，不足以供给女子挥霍之需。要皆由双方缺乏家庭教育之故。以上种种，不一而足，此其不愉快之原因二。

（三）工业中人，工钱所入，不敷赡家，又无才学，不能另营他业。夫妇之间，时闻诟谇，绝少家庭快乐之趣。甚或袱被他乡，归期莫卜。此其不愉快之原因三。

以上三端，皆余游学美国时所见闻者。考之西文著述中，大略相同。然皆欧美习尚使然，而非所论于中国女子者也。余更为中国女子进一说焉。中国女子界之黑暗，匪伊朝夕。欲改良如以上家庭之恶感，其策有二，特详述之：

（一）应解除男女早婚之事。何以言之？盖男女当十余岁妙龄时，童心未化，科学不知，一旦使之成家，微特不识爱情为何物，娇痴性成，不能操持家政。如此欲其成立良好家庭，不戛戛乎其难之哉。夫男子三十而娶，女子二十而嫁，古有明训。女子当十岁时，宜令就学。科学中以家政科，保姆科必要，以养成他年嫁为人妇之预备。男子亦宜早入学堂，俾习各种学科，略知家庭之道。男子对于女子之职任与家政，一一练习于平时，庶不致流荡忘反。夫唱妇随，自有天然乐趣。至于订婚之时，不宜偏信冰人之言，必其人学问职业家世，博访周咨而无遗。为父母者慎毋草率从事，致贻种种之恶感。此亦改良家庭之必要，愿世人其三致意焉。

（二）男女宜知生命之要旨。亦宜教授高尚之生命与思想，盖男子必须有职业。卫生之学，亦应研究。公益之事，不可漠视。为父母者，各宜教导男儿以爱国齐家之道，更当教女儿为妇治家之要务。必先有好家庭，然后可成强国。语云，欲治其国者，先齐其家，欲齐其家者，先修其身。此之谓也。

总之一切关系家庭之问题，要皆关系国度。国之强弱，视家庭之良否以为断。故端正之士，能成立一清洁快乐之家庭，而后方能于社会上谋公益。齐家治国之道，息息相通。余故曰，改良家庭与国家有密切之关系。

（第三卷第四号，一九一七年六月一日）

结婚与恋爱

[美国] 高曼女士 著 震 瀛 译

世之论婚姻与爱情也,以为二者同其意义,同其源流,同为人类不可须臾离者。若是,谓为世俗之迷妄则可,谓为事实则不可也。

婚姻与爱情,二者无丝毫关系,其处于绝对不能相容之地位,犹南极之与北极也。虽有结婚后而爱情甚笃者,然不得谓爱情必由于婚姻也。不过世人不能超脱乎社会之陋习耳,乃今日多数男女之婚姻,皆随波逐流,阿尚时好。以记者视之,无异一滑稽短剧而已。总之,婚姻以爱情而配合者有之矣,而以爱情相终始者,亦有之矣,然与婚姻无涉,不得谓爱情由婚姻而致也。

准斯而谈,谓爱情为婚姻之结果,乃大谬不然也。夫妇之爱情,生于既婚之后,若凤毛麟角不可多觏。即或不然,若深察之,其能免矫情之讥者鲜矣。夫相处既久,热度渐下,色衰爱弛,利尽情疏等弊,于焉以生。此夫妇之道所由苦也。

婚姻之原意,如一保险合同,乃经济上之支配耳。唯其苛刻束缚,较寻常之保险合同为尤酷,其利息亦较普通之投资为更劣。若以保险政策相提并论,则保险所出者唯金钱,犹有自由继续付款之余地。而婚姻则不然。女子以其夫婿为保险费,其名誉、生命、幸福、自尊之种种观念,一概委于其夫之手,诚有之死靡他之慨。不唯此也,以若斯婚姻之保险合同,且判定其一生之倚赖,为寄生虫,为一完全废物,不唯无益于个人,且贻祸于社会。男子之范围较广,其限制不若女子之甚,然不免有纳税之义务。故于经济方面察之,其束缚尤有难言者。

Dante 格言曰:“其入是者,一生之希望绝矣。”其用于 Inferno 人谓其确当,若用之以比婚姻,则亦甚妙也。

婚姻乃人生之不幸事,已不能为讳。其否认此说,非愚则妄。试观离婚之统计表,

乃知婚姻失败之痛苦为如何矣。而顽固之辈,反谓离婚律例之不严,致女子渐习于放荡,岂不诬乎?离婚之统计表如下:

一、普通每十二人之已结婚者,则有一人离婚。

二、自千八百七十年起,每十万中,其离婚者,由二十八人增至七十三人。

三、自千八百六十七年起,离婚媒介之奸淫案,每百人增至二百七十零八分。

四、抛弃而私奔者,每百人增至三百六十九零八分。

除上列之可惊可骇一统计表外,其文章剧曲之详细讨论此问题者更不可胜算。如 Robert Herrick 之 *Together*,Pinero 之 *Mid-Channel*,Eugene Walter 之 *Paid in Full*,及其他之文人,著作其评论婚姻者何止千百。然此以为无意识之举动,不允当之作为,没趣卑鄙,有若留声机焉。

故凡理想活泼之学生,咸不满意于此现象。稔悉婚姻之苦痛,此思想深印脑海中,而不能拔,故脱俗之行为,所以时见也。

Edward Carpenter 曰,男女一生之命运,可由其结婚与否而觇之。其性情之水火者,名虽夫妇,实则路人也。以今日万恶社会为之魔障,婚姻之知识,决无进步;婚姻之结果,定乏美满,审是曾何庄重之足云乎?Henrik Ibsen 者,证明此真谛之第一人。其对于社会之各种制度,皆深恶痛绝之。其评 Nora 也,非若荒谬评论家之所为。盖 Nora 之所以弃其夫,乃苦其责任之重,又或忆其女子主权之重要。觉其与一不相识之人,同居八载,且为之诞子焉。夫以两不相识之人,终身相处,其屈辱忍痛,孰有过于是者耶?今日之女子,举凡各事,皆委于其夫之手,乃谓悦己者容,故于修饰之外,非所计也。若是,适足以保存男子权利耳。是以吾人对于前人之窠臼,须破除之。若神道学之野史,谓女子只适为男子之附属品,因其感情思想之不高尚。即以男子之体格而论,可为天之骄子。其体魄魁梧,虽觑其影犹不能无惧焉。

女子之应居下流,或以物质之未尽文明而致之耶。若以女子之思想感情为不高尚,然则女子所具者何耶?且也,女子思想感情之愈不高尚,其为男子之玩具必矣。其所恃以图存者,舍其夫婿莫属。男子之尊贵,有若神怪,而甘为奴隶之服从,此婚姻制度所以保存不败也。际兹女子之大梦已醒,所谓夫权者,乃束缚自由之具,今不再受其愚矣。于是世俗所谓神怪婚姻制度,亦居于摈斥之列,势无挽回之希望也。

世之女子,其自幼即教以婚姻为人生之要点。故其教育学问皆趋向是途,其希望与蠢豕之致肥而待屠者无异。然尤有可笑者,乃其对于为妻母之道,懵然不悉,非若美术家之专心致志从事其业也。以庄严之女子,只关心于婚姻卑鄙之事,其可耻孰甚。噫,婚姻之无足重视,人所易知。而从未有敢纠正其谬误,以实行我神圣之恋爱者。然今日之所谓维持婚姻者,亦无声无臭。女子以期望为人妻母之念,致于不知不觉之间,牺牲一切以为代价,而堕入此竞争场中。所谓竞争场者,果何物耶?男女之界线是也。故男女有界线之分,而女子乃终身堕入男子之牢笼,受男子之压制,脱辐之占,亦难免矣。岂非作茧自缚,求荣反辱乎?记者敢大声疾呼于我同胞之前曰,今日世人重视之男女界线,一日不破除,则人类多数之困苦,与夫婚姻精神上之痛楚,一日不能免。虽千百之家庭,终无完美之望,非伪言也。

若夫女子不凭国家或教会之奖励,而得以自由发展,以求男女之玄理,吾决知其必为世人所唾骂,谓其不合为"正"士之妻。然其所谓"正"士者,乃大腹便便,胸无点墨者也。以活泼多情,完美长成之女子,乃反乎天然之要求,遏抑一己之希望,捐弃其康健精神,收缩其眼光经验,诛锄其男女之玄理及幸福,而待世所谓"正"士者,攫为己有,名之曰妻。其倒行逆施,孰有甚于此者耶?婚姻之意义,正复类是。其配合若是之腐败,祸害何可胜言?此婚姻制度所以远不及自由恋爱之为愈也。

今何时乎?非一实行之时期乎?当 Romeo 与 Juliet 彼此钟情,虽各处其父盛怒之下,亦冒死而不顾。又如 Fretchen 之钟情于邻氏子,种种故事,今已亡矣。若乎青年男女之纵情于稗官野史,乐而忘倦,而又受其尊长之训练摧残,其能不受此荼毒者鲜矣。此今日少年所以无自觉心者也。

女子之脑根既受旧道德之熏染,故于男子未尝用其爱情。即或然矣,其所有者几何乎?美人一生之要义,则以"其人能自立乎?""其有供给妻儿之能力乎?"其所质证婚姻在,如是而已。故女子之思想,久为其融化。对于婚姻,其幻想者乃万恶之金钱,非月下花前携手接吻之事。此思想之卑劣,精神之痛苦,皆婚姻制度之遗毒也。此国家与教会所以为祸不浅者也。

今之人必仍有以为金钱对于爱情不足以施其伎俩。然金钱之罪恶,已驱若辈于自私之途矣。将来女子位置,必大变更。自若辈之加入工业竞争场中,其时间虽甚短促,亦可谓非常之变动也。一以六百万之女子劳动家,其公权与男子等,俱置身于图利之场,亲行劫夺之事。同盟罢工,发现于女子,饥寒亦不能免,众目所共睹。不宁唯是，此六百万之劳动家，于人生事业范围中，劳心劳力，侦探、警察、开矿、筑路无不有女子焉。其自由得以完全恢复，斯诚然哉。

如上所论，仍未已也。此数百万之女子劳动家，其视此为常业者不可多睹。其志趣与男子无异，唯男子虽处老病之年，仍有独立自给之必要。虽然，举世之人谁不知寄生虫之可耻，其真能自立不为金钱所驱迫而执贱役者谁乎？故女子之视其职业，咸存五日京兆之心。若婚姻之期既至，则弃之如敝屣。此女子所以较男子为难于联络也。是以女子之恒言曰："吾将结婚而家道成矣。吾何所望于党会乎？"此岂非今日社会之习尚，视为女子最后之职业耶？既嫁矣，其家庭之中，坚墙厚壁，虽不若工厂之广大，然无殊牢狱也。出入既不自由，事务较为烦苦，不亦大可哀乎？

据委员会最近工人及工资之统计表，纽约城之劳动家，其已结婚者十分之一耳。且其执此贱役仍如故也，其处境既足悲，况加以家庭之辛苦乎。所谓家庭之庇护与家庭之幸福，果何在耶？概自男女之阶级分，虽中流社会之女子，无论其有唱随之乐与否，均不能言为自己之家庭。吾更欲有所证明者，则婚姻能否为女子家庭之保证，与其丈夫能否垂怜耳。其处家庭之中，终岁劳苦，及至身世凋零，黯然消魂之候，其境遇尚可问乎？虽家庭诟谇至于不可忍受地步，而欲其逐夫于家庭之外，亦无所措其手足也。之东不能，之西不可，其时乃知世界已无吾之生路矣。不宁唯是，婚姻既成，则凡事皆受制于男子。交际场中，无容足地。若夫颜色渐衰，举止濡滞，果决心亡，而依赖心起，明察之机能为之怯懦矣。如是，必启男子轻视之心，虽欲不为男子之赘疣而不可得，岂非作茧自缚乎？

然则所产之婴儿，非婚姻而谁保养之乎？此讵非一最重要问题耶？噫，为此言者，非欺骗之徒即伪君子也。婚姻真足以保卫婴儿耶？何育婴院与青年改良公所之多也，而社会之设立以禁止儿童之虐待。终日惶惶，以救卫为其亲爱之父母所虐待者，而 Gerry 会之所以立，此亦不过欲置此等无苦之儿童于乐境耳。嘻，其说之不当，于此可以觇之矣。婚姻之为力（足以生子而不足以养子）足以使马至于水傍，而不能使之饮水也。法律足以逮捕监禁其父母，使儿童之免为饿殍乎？若其亲不事工作，或不近乎人情，则婚姻又何足以施其技乎？以婚姻之故，而致触犯禁例，乃置之于法囚之于狱，其所做之苦工，非所以养其子女也，但供国家之用度耳。且其所遗传于子女者，必为一种恶劣性根。盖其父曾于严刑峻法之下，身无完肤，其种嗣焉有良善之望乎？

至若论及女子之保障,婚姻乃为其祸水也。不唯不能为正当之保护,其真相竟绝对相反。以若是之侮辱,倒行逆施,人类之幸福,摧残已尽,所以不能不归咎于此寄生虫之婚姻制度也。

其更有与此相类者,资本制度是也。其剥夺他人之公权,摧残他人之生机,涂毒他人之身躯,使之不知不觉促之以贫乏,起其倚赖之心,后复兴善举以救济之。则世人之自重心,以此泯灭殆尽矣。

婚姻制度,使女子为寄生虫,极端倚赖,减其生存竞争之能力,灭其对于社会之感情,而断绝其理想,诡谓为正当之保护,其实乃一陷阱耳。自人类性情言之,殆若涂改陈文以资戏谑也。

若以孕育为女子最高之天职,而欲保存婚姻制度,则世间无一不在保存之列矣。其如自由恋爱何?婚姻乃为倒行逆施之事,遏抑女子之发展。而其对女子皆曰,汝当从我,不然者,汝之生机绝矣。是岂非欲置之于死地耶?若女子不允其所求,则横逆侮辱之来,必难免矣。今世婚姻,岂非独为保存孕育计耶?鄙夷之,强迫之,犹未已也。若夫孕育为出乎自主,发乎至情,自由恋爱,其荣幸何异以帝王之冕加于平民之首。而乃以血书镌其碑铭曰,私生子,以鄙夷之。岂各种德行,俱应为婚姻所责骂乎?而反对孕育,即永不能登爱情之极乐国乎?

爱情者,人生最要之元素也,极自由之模范也,希望愉乐之所由创作,人类命运之所由铸造。安可以局促卑鄙之国家宗教,及矫揉造作之婚姻,而代我可宝可贵之自由恋爱哉?

自由恋爱乎?恋爱无他,自由而已。男子可买他人之脑髓,而不能买他人之爱情,其失败者以千万计。男子又可克服他人之肉体,而不能克服他人之爱情,男子更足以攻取敌国,而不能攻取他人之爱情。男子足以折抑他人之性情,而于爱情乃不足施其技矣。贵为天子,富有四海,若爱情不属于已,终难免离索之苦也。若爱情之我属,则如冰天雪地,忽现阳春;瓮牖绳枢,骤登大宝。是以爱情之魔力,足以使乞丐变为天上人。诚哉,自由恋爱之不可不实行也。

自由者,一完全发展光明磊落之事。一旦爱根既固,虽宪法之条文,世界国家之法庭,俱不能转移之。故婚姻如硗瘠之土地,无良好之结果,事势使然也。

爱情须能自卫,无待他人之保护也。生命延长一日,则爱情亦存在一日。所产之儿，亦不致饥寒交迫，流离失所，此诚然矣。吾知女子得生育之自由者，必为其男子所钟情。至于成年之儿女，而亦得其爱护者，则属罕闻。唯热心自由恋爱之人，差堪语此耳。

秉国钧者，唯恐自由产养之发达，将来无人肯为彼辈之奴隶，以执兵役，以充库财。警察狱吏，谁肯为之哉？若自由恋爱之实行，种族阶级，势将不保。于是君主也、总统也、资本家也、牧师也，咸大声疾呼曰：种界！种界！吾人虽贱视女子为制造人类之机械，然种界不可不保，而婚姻制度不可不存。此婚姻制度，乃独一无二之万全政策，以抵抗女子之醒悟、男子平等之真理也。此狂谬之行为，保存拘囚女子之现象，然终无效也。甚如宗教之诱导无益也，君主之横逆无益也，其他如法律也、警察也，皆无足以施其技矣。女子不愿久为一生产之机械，以其所产者柔弱不武之人，不能溃决奴隶贫穷之藩篱。而欲以少数良美优秀之子女代之，其必出自自由恋爱，非如婚姻之出于强迫而后可近。曰伪道德家亦觉悟其对于儿女之责任，而自由恋爱之足以警醒女界之迷梦矣。若以女子为人母之责任，较之颠沛流离尤为惨酷。及其既为人母，则必竭其心力，得善良之人格，以遗传其子女。至若从子之格言，彼既知之。如是，果足以造成正当男女之人格乎？

Ibsen 描写 Alving 夫人也，其考察甚属精微，必早有自由恋爱之观念。Alving 为一理想恋爱之人，经过婚姻之种种恐慌，因彼曾破除婚姻之羁绊，得精神上之自由。高飞遐举，而归真于完善之人格，振刷其精神，底于革新强固之域。其对于 Oswald，卒不能达其终身愉乐之目的，良足悲也。然彼决知自由恋爱为人生独一无二之良好景象。其他如 Alving 夫人者，尚不乏其人，然俱以血泪为之代价，始获精神上之醒悟。而否认婚姻，视若丧心病狂，徒供他人之嘲笑，毫无意识，彼辈所知者，唯制造一新种族、一新社会之基础而已。

处今日之偏促国家之中，多数人民未悉爱情之作用。至若爱情发生于不可思议之时，反从而遏抑之，其凋谢必易。盖其纯良之质，不能受其终日之摧残也。近日社会构造之不良，而爱情之心思，复杂太甚，难于整饬矣。人类乏爱情而不自觉，则爱情将无力以唤醒世人之迷梦也。

男女奋兴之日，达于极端地位，造成一伟大强固之社会，以享受此可宝可贵之爱情，人类之幸福。虽诗歌异能，理想遥远，亦难预言其真境。若世人能破除婚姻之陋习,结纯粹之团体,人类之和谐,必皆以爱情为之根源矣。

高曼女士者 Miss Goldman,美洲著名之无政府党员也。其先本俄属之波兰人,善雄辩,著书极富,主张激烈。凡聆其言论者,莫不感动。其一生之革命运动,勇往无伦,曾以是入狱数次。其罢工之运动,今为尤甚。现任美国纽约之《大地》(*Mother Earth*)杂志之编辑。又设星期讲演会,极力鼓吹无政府主义。其著述有《近代戏曲之社会意趣》《无政府主义》《政治暴动之心理》《工会主义》《祖国主义》《道德之牺牲与耶教之失败》等。此篇《结婚与恋爱》*Marriage and Love* 亦女士之杰作,凡我男女青年不可不读也。

译者 识

(第三卷第五号,一九一七年七月一日)

婚制之过去、现在、未来

刘延陵

吾国文人,每论及婚姻,辄有数种陈言,点缀其文。譬如"天地之道,肇端阴阳;人伦之始,起于夫妇""《诗》始《关雎》,《易》首《乾坤》"是也。然此等古说,虽经人人引用,至于如通衢之石,因万人磨足,而销损磨灭,其所含之真理,岂不能见。而引用之者,为延长篇幅计,照例抄述,以明婚姻关于社会者大。而其关系何在,又不能言。然而二者非无涉也。依进化学者之说,生物必需之机官能力,虽无亦生(譬如猬本无刺,而因足短口小,无术自保,故遂生刺。犬之嗅觉本非甚锐,而因其口不择食,不能辨毒,则不能自保,故嗅觉变锐)。其不必需者,虽生亦灭(譬如人猿本皆有尾,而因上肢能及全身,尾遂缩灭。人类本能猱木,而因其后保身之术既多,食料又丰,不必登高,故遂不能猱木)。由此推论,人而无求于婚姻,则性觉(男女之欲)当已早绝。然自古及今婚制虽屡变,而人鲜恶婚,则人类果何求于婚姻哉?吾文主旨在答此问题。但人类有求于婚姻之故,因时不同。已往之事实,可以寻史而知。未来之现象,非恃推考莫明。吾述已往之事实,俾世明其进化之史。吾求未来之正轨,俾世知其趋向之道。

一　婚制之过去与现在

社会学者或分人类之进化为三期,曰:原人社会、宗法社会、文明社会。而婚制之进化,即随人群之进化而变。原人社会与宗法社会之初期,男女之交,全生于天然之性觉,不含其他目的,故可称为无目的之婚姻。此期婚姻之形式,论者异辞。罗伯氏 Lubbock 谓妇人为人人之妻,所谓公妻 Communism。巴哥分 Bachofen 谓其事杂乱无制 General Promiscuity。毛根氏 Morgan 则谓兄弟姊妹为婚 Consan-guine Family。此三说者,皆由观察一群一族之事例而得,不可谓人类祖先尽然。人类祖先之婚姻,多数学者,皆认为短期一夫一妻制。人之得妻,或取自本族,或取自异族。娶自本族者,夫妇大抵平等,唯其结合不久,男子或弃妻他适,或与人易妻。娶自异族者,又有二种不同之式。一曰摆那Beena,一曰劫妻。相邻之两族若相亲善,则一族之男可妻他族之女,而即随妻族而居,男子不能自主,事事受制外家,儿女亦尽归之。若欲弃妻他适,则一芥半勺之微,皆归妻族。锡兰岛土人及几尼亚之亚拉瓦克人 Arawaks of Guinia、鲍尼阿之蒂克人 Dyakes of Borneo 今日犹守此制。而一八九一年,美国副将比来 Peary 探险绿岛之时,曾目击之,绿岛土人,皆依妻族而居。有时弃之而别赘于他族,数年以后,复还寻故剑。是为摆那。劫妻之事,多行于相邻而相仇之两族。此则妻受制于夫,离婚亦甚速。离异之后,妻与子女或仍为夫族之人,或归外家。前者如泰斯摩尼人 Tasmanians,行之后者今犹见于卡力勃种人 Caribs。由此言之,最古婚制共有三式:一为同族婚配,一为摆那式之异族为婚,一为劫妻式之异族为婚。同族为婚,夫妇平等,于社会制度无所变迁。摆那制中,夫弱妻强,子取母姓,故血统为女统。其在劫妻之制,离婚之后,若妻与子女归于妻族,其结果与摆那制同。若留夫族,则子从父姓,而血统为男统。最古之时,婚制与社会之关系此数言尽之矣。然女统社会演为男统社会之际,社会之中有二种现象与男统制度汇合,由无目的之婚姻一变而为嗣宗继业之婚姻。所谓二种现象者:

一、为财产之积聚。劫妻制中,妇既从夫,夫妇遂有分工。盖上古之生活,战争之生活也。妇人因妊娠之故,不利用武,故男子独任战斗,妇人就其力之所及者为之。内则烹食、葺巢、织席、制网,外则输食、负重、济夫于战场。因有此种分工,故家室之中,经济的生活以生、物用亦既阜矣。而当女统社会之变为男统也,人类亦由渔猎而游牧而稼穑。渔猎之时,一日所得仅支一日、数日之食。游牧稼穑之时,牲畜米谷积而人有贮蓄之产。《史记》言,胡人计富,驱羊于谷而算其数。《汉书》言,乌孙富人,皆贷其谷于贫家,而来年受二倍之偿。当时既有大然之积蓄,又有男女之分工,故财物益聚,而人身后有遗业。夫初,民日事仇杀,异族不相亲,故有遗产之人,莫不愿有子以承之。唯其如此,故当时男女之交,不仅为满足其自然之欲,而亦为生子。

二、为祖先之奉祀。初民愚昧,以为世界之中,有无数灵魂。而灵魂者,可寄于山川、草木、鸟兽以为生。故于日月、星辰、风雨、雷电之外,并崇拜多种之生物、非生物,以为神祇。然初民又恒以生物、非生物命名者也,由是而若其俗拜鹰,某人之名亦为鹰,则鹰受其人之崇拜,为其人之图腾 Totem。迨至男统社会,父之名为子之姓,故父之图腾亦为子之图腾。以图腾为其姓元祖,世世事之。而男子身操大权,死后亦受崇戴,其子若孙以为其神常陟降左右,而佑其宗也,乃为之祠庙,为之报享焉。是为祀先之制。因人人注意身后,欲有子孙祀享,故绝嗣之事,往时或为福祉,今则以为大戚。子文之忧其宗,首以若敖之鬼冻馁为念。惠公之请亡晋,必以秦将祀吾为言。孟子以舜盲从父命为孝,而于其逆父娶妻,亦以为孝。可知祀先之制既生,则婚姻视为大典,人之娶妻,不仅为满其自然之兽欲,而亦含有宗教的意味。

有此二因,前期无目的之男女结合,遂变为嗣宗继业之结合。其结果视男女婚媾,不为个人之事,而为全族之事。不定于男女自身之意见,而定于父母之命,媒妁之言,亲族之意。他不远证,吾国三千年来之习俗即其写照也。

嗣宗继业之婚姻,见于宗法社会之末期与国家社会之初期。国家社会之中期,人民自由思潮发生,既破专制之政治以后,遂破专制之家族制度。以婚姻非一族神圣之典礼,乃个人法律上之契约。其目的不在延续血胤,而在致男女自身之快乐。故当定于男女相对之恋爱,不当定于他人之意思。于是嗣宗继业之婚姻遂一变为恋爱的婚姻。然恋爱的婚姻,恒有趋于极端之倾向。极端之恋爱婚姻,其弊乃不可胜言。人人耽于逸乐,不受缚于德义,故夫妇微有不和,则断绝离异,唯恐不速。且不以生育为对于社会应尽之职,故杀胎溺儿,习见不鲜。*Jay's a Report on marriage and Divorce in Europe and U.S.A.*一书中(145 页)有统计表,记各名都每百人中离婚之数。

地名	一八八五年	九〇〇 年	一九〇五年	一九一〇年
巴黎	二六	三六·五	三六	三七
柏林	二〇	二九·三	三一	三一
纽约	二四	二九·一	三二	三四
伦敦	二一	二九	二九·九	三〇
布鲁塞尔	二五·四	二五	二三	二七
巴维利亚	一四	一四	二五	二五·五
华盛顿	一二·三	二三	二〇	二二
维也纳	二三	二〇	一四	一七

由上表观之,自一八八五年至一九一〇年之间,各国离婚者之数,大抵日增,而尤以巴黎为最甚。离婚之事,道德法律,皆不绝对禁止,然至于十人之中必有小半数离异,则男女之间,只知有欲与乐,而不知有义务可知也。又夫妇耽于逸乐,以生子为累,乃有堕胎溺儿之事,其事亦以巴黎为最甚。故各国人口之增虽缓,而法国则人口日减。去年(一九一六年),其政府竟发凡生一子给四百法郎之令。凡此皆今日恋爱之现象。欧洲有识之士,莫不痛心疾首,思有以改革之。然而亚洲人士,则方且随波逐流而追之。吾国无统计。日本每百人中离婚之数,明治二十五年为三二・五,二十六年为三二・六,二十七年为三一・七,二十八年为三〇・三,三十年为三四,平均为三二・二,几欲与法京相抗(商务译本,横生雅男著《统计通论》三七二页)。

统而言之,舍最古无目的之结合不论,嗣宗继业之家庭,为血种之传续,牺牲个人之自由;恋爱的结合,为个人之自由,牺牲血族之传续。已往如此,未来如何?其将由极端之恋爱结合,而灭绝人类耶?抑将返为嗣宗继业之结合,而行古于今耶?此则今日社会一大问题,而不佞所欲贡其一,得于吾国之青年者也。

二 婚制之未来

吾以为天下有一至理焉,即过与不及,皆非事之正轨,唯中庸唯可行。孔子他种学说之偏正,非所欲论,唯其所谓中庸,则吾以为不易。亚里士多德丁其伦理学中亦云,德者,二极端之中点。其一端为过,他端为不及(Every ethical virtue is a mean between two vices, on the one side of excess and on the other side of defect.Nic Eth.Bk.ii chs. 6—9)。英国亦有成语曰 Golden Mean,即谓中道金制之道。征以私人道德,则勇为怯与暴之中点,俭为奢与啬之中点。征以群事,则专制与无治之间有民政,社会政策与自由政策恒不独行而相和。读者忆物理学中之锤秤乎,悬球于线而向右纵之,则球先右荡而后左旋,动力既消,乃静止于两点之中。嗣宗继业之婚姻,专顾血种之传续,如球之右荡。极端之恋爱婚姻,专顾个人之自由,则如其左旋。今左旋之事将完,未来之婚姻,必为以前两种制度之调和。是即学者理想的婚姻,亦可谓为伦理的婚姻。伦理的婚姻,不使人种绝灭,亦不侵害个人合理之自由,兼以前两种制度之利,而祛其弊。

虽然,伦理的婚姻,既如此诠释,则欲依逻辑法理,证其适当,则应证明二点:(一)

个人合理之自由不当侵。（二）血种之传续不当忽。当此自由思潮澎湃未艾之时，第一点之理，人人知之，毋庸赘述。故以下但就第二点稍为解说，以明极端之恋爱结合未为正，独身主义之学说未必当，而社会各种制度之演进，亦自有其不易之轨道与终止。

古今学者，或信有主宰万物之上帝，或不信之，而皆认有所谓"自然"。自然 Nature 者，即万物已定之状态，及其应守之规则 The established order and rules of, and for things in the universe。譬如吾有目，有目而能见，即可谓为目之自然。吾有耳，有耳而能听，即可谓为耳之自然。学者于公认自然之外，又多数承认一理，曰："顺自然者善"，"逆自然者恶"。此理为吾以下立论之前提，谨先引诸家之说以明之。

（一）吾国学者之信此理者，首推老子。其疏证此理之言，散见于其全书。

（二）次有亚里士多德。故勃龙 Browe 之序其《伦理学》一书也，曰，亚氏伦理学说，全以人之心理为基础，全书筑于人间自然之性之上。The foundation of Aristotle's system of Ethics is deeply laid in a psychological system.Upon the nature of human soul the whole fabric is built and depend for its support.—Browe's Analystical Introduction to Nic Eth.

（三）俞鲍尾 Ueberweg 之著《哲学史》也，称无觉派 Stoics 之学说，亦以顺从自然为本。曰："生活之最后目的，在符于自然之道。故伦理的极峰，醉诺释为'行为之合于人之自然'。克兰司以之为'合于万物之自然'。克里息白则综合其说以之为'行为之合于人之自然与万物之自然'。并谓人之自然即万物之自然之一部。其格言曰，'依汝所得于自然之经验而生'。此理，后世无觉派学者犹守之勿失。故克兰司曰，'人生最后之目的，在于人身之自然组织无忤而已'。"The supreme end of life is a life conformed to nature.Zeno defines the ethical end to be harmony with nature; Cleanthes, with the nature of universe; Chrysippus, with one's own nature and that of the universe together, our nature being but a part of universal nature. The Formula of Chrysippus is κατ' ἐμπειρίαν τῶν φύσει συμβαινόντων. This Anthropological conception of the principle of moral was adhered to by the later Stoics, as in the following dictum of Clement of Alexandria, one of the lats: τέλος εἶναι τὸ ζῆν ἀκολούθως κατασκευῇ. Ueberweg, History of Philosophy.§55

（四）哲学者包尔生于其《哲学》绪言中言曰，道德的命令，即自然的命令。自然的命令，人或尊之，或卑之。然因其能决定人之健康与幸福，故为人之自然的法律。凡个人与国家，顺之者昌，逆之者亡。Moral laws are natural laws. We may assign to them a transcendental significance or not; They are, first of all & at all events, natural laws of human life in the sense of being the conditions of its health & welfare. According to the natural course of events, their transgression will bring upon nation's as well as individuals misfortune and destruction. While their observance is accompanied with welfare and peace.—Paulsen's Int.toPhi.BK.ich.1 § 3.

（五）群学者吉丁斯之《论人类社会之目的》也亦曰，所谓合于自然者，科学的解释为“于互相影响之万物之中，保其固有之职守”。故其狭义的解释为“与使之生存之势力全然相合”。凡不合于自然者，非支离破碎即斩除消灭。In its absolute scientific sense, the natural in that which exists in virtue of its part in a cosmic system of mutually determining activities; Hence, in a relative and narrower sense, it is that, which is, on the whole, in harmony with the conditions of its existence.—Giddings' Principles of sociology p. 419.

诸家之言如此，而于事实非为无证。例以明之，信实所以为善，欺诈所以为恶，因吾望人信，人亦望吾信，乃人人之自然（自然之性）。信实之人，顺己之自然亦顺人之自然，故善；欺诈之人，但顾己之自然，不顾人之自然。不顾人之自然，即违背自然，故恶。节欲之人，使己之各种机官能力，得其自然之用，故善；纵欲之人，失其自然之用，绝欲之人，禁其自然之用，故恶。由此类推而证（凡依循自然为善，逆之为恶），学者盖无异辞。由是言之，男女之欲，为自然之性欤，非自然之性欤。动物之中，上自人类，下及极微之 Amaeba，或雌雄各别，或同体而具两性。植物之中，高者花蕊有雌雄，低者根分阴阳。总而言之，凡为生物，皆有生殖传殖之能，是盖自然界最普遍之自然现象矣。极端之恋爱结合，唾弃传殖，而但顾男女个人之乐，何异有耳不听，而但淫之于声（悦耳之声）？有目不观，而但淫之于色（悦目之色）？独身主义，塞绝性觉，则更同于挖目割耳。天下而有违逆自然之事，则违逆自然，孰愈于此。违逆自然，而为不善不德，则不善不德，孰甚于是。

（自然）以外，尤有（个人对于社会之义务）为吾立说之基。社会者，如一有机物，而各个个人,则同组成此有机物之细胞。一个人之得生,分析言之,赖其他无数个人之助。总合言之,赖社会全体之力。正如一生物之中某个细胞之得生,分析言之,赖其他诸细胞之通力合作,综括言之,则赖此生物之未死也。譬如吾无衣不得生,而使我得有衣者谁乎,自其最易见者。言之,无农夫之耕种,食无从出;无商贩之转运,食无从至。进一步言,无前人相传之法,农不知耕。无制造耒耜之人,农不能耕。无制造舟车之人,商不能运。无圜币交易之制,商不乐运。更进一步言之,稼穑之法、耒耜之制、舟车之造、圜币之制,又非少数人为之,而由无数之人辗转承递相辅相助而为之。故我之得食,非受惠于数人,乃受惠于无数人。饮食如此,教化亦然。吾何由而得受教育乎,使吾得受教育者,非仅吾之师与著书者数人之力,乃历来制造文字、制造思想、制纸、制笔等等无数人,及创造教育学说、教育制度与管理教育行政、兴办教育事业等等无数人之力也。饮食教化如此,其他居住饮食、各种营生之道、娱乐之法亦无不如此。故质而言之,一人之得生,众人生之。个体之得生,全体生之。人人施惠于我,我受惠于人人。人人为我之债权者,我为人人之债务者。但有惠利,即有义务。个人既受惠于社会,则不能无以报答社会。而因其所受之惠利至重且厚,故其所负之义务亦至厚且重,虽竭一生之力,尽瘁于社会,亦不足以报其万万分之一。然而于此有一最善之法,使一人虽死,而其未尽之义务,有人代负;其所受于群之无涯之恩惠,有人代报者,则生殖之事也。某生物中,一个旧细胞殂谢,而无新细胞代之,则此旧细胞为负此生物及此生物中其余各细胞。何则?少一个细胞,即吐旧纳新、通力合作少一分之力,而全体少一分之利。一个人既死,而无子以继之,则此个人负社会与其他各人。何则?社会少 人,即保守矩范,开展文明少一分之力,而其他各人少得一分之利。细胞无知,且必得代工者而后殂,人为万物之灵,能无代替报答社会之人而死乎?

尤有进者,吾人身为社会之一员,凡为一事,不当仅计吾一人为之,其结果如何,当计人人为之,其结果如何。盖人人皆处同等之地位,凡吾能为者,人人能为之,人人效吾而因以害社会,吾罪固不赦,即使无人效我,而一效我即足以致弊,则吾对社会亦为有罪。何则?报答社会之道不一,而以善行为群众之表率其一也。若以恶率众,则社会之道德即于无形之中,破于吾手,而吾即为其罪人。(杀人之人虽治以律,无补于死者,然而法不宥者,盖法之主旨非仅以惩杀人之人,亦所以戒效尤故。Austin 曰 The main object of law is not to punish the perpetrater of a sin but to prevent others from doing the same.又法律上,刑事诉讼原告为国家,而非受害之人,何则?因刑事犯以恶率众,侵害国家全体,不仅侵害被害者一人。法律如此,道德亦然。)循此以推,吾不欲有子,则人皆可不欲有子。吾可无子,则人皆可无子。夫至于人人无子,则人类几何而不绝。故奉行独身主义之人,及极端恋爱自由的夫妇(即但顾自身之逸乐,而恶生育子女者),不啻持“灭绝社会”之旗而行其“斩断文明”之志也。人无社会不得生,今社会生彼等,而彼等死社会。人无文明不得活(野蛮之人亦自有其野蛮的文明),今文明活彼等,而彼等绝文明。例以报施之义,毋乃不可。(忆曩读英人某著之小说,述数人聚谈报国之方。一白发老将指其跳憨之诸孙曰,“吾所以报英国者在此而已”。言有至理。)

有此两理由,故著者尊重爱情,亦尊重传殖,唾弃嗣宗继业之婚姻也,不赞成极端恋爱自由的结合,而附和所谓伦理的婚姻(西文称伦理的家族 Ethical Family)。伦理的婚姻,欧西已有倡者,吾但就其主张,附以以上所述一己之意见,以告吾国青年耳。但此种婚制并非“学者理想之制度,其实现与否尚不能定”。乃“于理论上固为至善,于事实上亦为必至”者也。何则?世界上各种文明,无不以“希望社会久存”为前提。(此处前提二字,谓其与伦理学中 premise 相合,毋宁谓其合于 presupposition)此理可由反证而得。盖人若不望社会久存,则世界既今日消灭,地球既明日破碎,国家何为而图富图强,众人何为而营营扰扰。故吾以为“希望社会久存”者,乃人人心中不言而喻之意见,乃万有界中种种现象动作之前提也。唯其如此,故知多数之人必不愿唾弃传殖,以使人类灭绝。(由此亦可知少数唾弃传殖者,但顾一己之适意,不顾社会。)夫今后之人,不肯不顾爱情与自由,不须言矣。爱情与自由,既不肯不顾,血种之传衍,又不能忽略。则未来之婚制,非“尊重爱情自由并尊重传殖”之婚制而何?非吾文所谓伦理的婚制而何?

三　结论

至此而本文之职务了矣。仅总其大意,以作结论。过去之婚制,曰无目的的婚姻(其解释见前),曰嗣宗继业之婚姻。现在最流行之婚制,曰极端之恋爱自由的婚姻。未来之婚制,曰伦理的婚姻。无目的之婚姻,非人类有为而为之(见前)。嗣宗继业之婚姻，所以保守一姓之产业，传衍一姓之血系。恋爱自由之婚姻，几于与最古无目的的婚姻相同，舍满足男女自然之性欲以外，无他企图。唯伦理的婚姻，所以使男女相对之爱情得其满足，世上数千载缔造经营之文明得其继续，万物中最高等生物之血种得其传衍。兼嗣宗继业的婚姻之善，而无其压迫自由与爱情之弊。兼恋爱自由的婚姻之善，而无其忽略传殖之弊。于理论上为至善之制度，于事实上为必至之境界。吾愿吾国青年尊重爱情，亦尊重传殖；尊重自由，亦尊重自己对于“自然”“社会”“文明”之义务。而认已往诸种制度为婚制进化道中过渡之阶级，而独以此为其最后之至善目的地。伦理的婚姻万岁！中国无数之新青年万岁！

（附言一）预计有反对之论数则，仅简略答之，以助明本文立论之旨。其一曰，孟子“不孝有三，无后为大”之言，已遗中国以无大之弊害，吾人当力矫其失，不当为相似之论调，尊重有后。须知本论与孟说形相似而实相反。孟氏从家族着眼，吾从社会着眼，孟说基于鬼神之迷信，乃宗法时代之思想，而本论则非然。或又曰，理由虽异，宗旨则一，宗旨既一，则由孟说而生之弊害，由作者之说可以免否。譬如为祖宗而欲有后，则人置妾，对社会不能无后，人岂不能多妻。答曰，不能。伦理学之原则，不许借恶为善。譬如无钱之人，途见饿民，杀人越货而救之乎，抑唯无法而置之乎？曰，无钱则置之，固不可责。然则有妻而无后，乃必责之置妾耶？其二曰，生产良好之子孙，固为报答社会之一道。但今日吾国大多数之人民，皆自身未受教育，且无力教育子女，故生子愈多，则社会受害愈大。然则著者之说，即使于理无忤，而不合于今日吾国之情势。答曰，无教育而人民多，诚不如有教育而人民少。但欲使国家无多数未受教育之民，当自教育上设法，不当以人工遏制人口之增加。即欲以人工遏之，亦不当提倡独身、堕胎、弃儿诸事。盖奉行此种主义之人，大半为受过中等教育而溺于快乐之人。（因贫而为之者固有，然实为少数。）至于愚蒙无知之民，则方迷信于旧式婚姻（嗣宗继业之婚姻），既无理解诸新说之程度，亦无奉行之之志愿。故中国今日而行独身主义及极端之恋爱家族制 Romantic Family，将使全国有才有财教育子女之人无子无女，无才无财教育子女之人仍然多子多女，其害社会将益烈。唯读者幸毋误会，不佞此文,乃所以明婚制进化之程序及各种制度之得失,非专为反对一种学说而作。此段所言,特附言耳。

(附言二)近世各种文明,一言蔽之,为征服自然 Conquest of Nature. Nature 欲寒人类,人类为衣以敌之。Nature 欲以风雨雷电畏人类,人类收服风雨雷电以为己用而报之。Nature 以山川河海隔绝人类之交通,人类乃造舟车邮电以败之。夫然,则何解于文中所述"顺自然者善、逆自然者恶"。不知 Nature 一字,同字而含数意。"征服自然"中之"自然"=自然界,"顺自然者善"之"自然"=万物已定之状态及其应守之规则(见前)。同字异义,无异于异字,此逻辑学中所以有 Ambiguity of Terms 一语。恐读者误会,故并及之。

刘君此文,意在反对自由恋爱及独身生活两种思潮,以为充其类尽其量,必至文明消灭人类断绝也。夫文明消灭人类断绝,自非怀抱"空观"疾视文明,主张"无生"学说之人。固所不愿,唯鄙意方今世界人口加增,率已逾物产加增之量。默计将来,人增无穷,物增有限。马查士(Malthus)《人口论》,今仍为经济学界有力之说。杞忧之士,方欲于法律道德种种方面,谋遏制人口加增之量,独身主义,其一端也。男女性欲,出于自然,少数贤哲,乃能制止,岂有全体人数胥能遵循此法,而使社会断灭之理?若云一人所为,必求可以表率群众,人人效之而无弊,则我耕而人皆可耕,我仕而人尽可仕,岂可因人人将效我耕我仕,致社会他业俱废,而我遂不可耕不可仕乎。若云个人对于社会之义务,则社会之存立重在分工互助。人人各尽其能,互为施报,足矣,不必别事酬劳也。即欲格外酬劳,其道甚多,又何必限于为后耶。若夫自由恋爱,更无妨于传殖,亦不逆乎自然。至其以此而轻视育儿之义务者,由于个人不德耽于逸乐者半,由于社会制度不良者亦半。欧洲妇女率劳于生业,倘兼及育儿,财力时间,均所不济。若公共育儿制度完全发达,则避妊堕胎弃子之风,当可大刹。无论何种婚制,皆源于传衍一姓一族之血统而生。全体人类社会之存亡,与之无涉也。少数独身生活,人类社会不必因之灭亡。全体自由恋爱(育儿职务属之公共机关,此亦社会事业分工之一),人类社会又岂害于传殖,唯不利于一姓一族之嗣续耳。然衡以中国之现状,诚有如刘君所忧，倘尚独身主义及自由恋爱，则贤者行之，不肖者惑焉，将收“择种留劣”之效。且吾华女子，育儿外率无他业。（吾俗男子谋生，女子育儿，亦分工之法也。）今不以教育职业先之，猝尔教以放弃为人妻母之责任，淫媠者益以自恣，岂为社会之福？（犹之人力车，恶制也。今不为别谋生计，遽令停业，岂车夫之福？）故刘君此文，于吾之男女青年，颇有一读之价值也。

独秀　识

（第三卷第六号，一九一七年八月一日）

女子问题

——新社会问题之一

陶履恭

《新青年》征集关于女子问题之文章,既有日矣。而女子之投稿者寥少,已若珠玉之不多觏。更通观本志所刊布诸文,舍一二投稿家外,非背诵吾族传来之旧观念,即抄袭西方平凡著者之浅说:欲求其能无所忌惮研究女子问题,解决女子问题,释女子之真性,明女子之真位置,定女子与国家社会相密接之关系者,殆若凤毛,若麟角。吾兹非好为褒贬,专以评骘诸勇敢之投稿家为能事。诚以今日中国之社会,稍受教育稍有知识之男子,方群陷于物质的生存竞争。高官厚禄(合法的或非法的),为毕生至高之希望;美姬娇妾,奢车丽服,为人生存在之真理由。男子既群以此为风尚,恬然奉此虚伪龌龊之标准,以轨范一般人之行动,鼓舞一般人之希望,而犹希冀数千年来受束缚之女子,解脱重轭,振拔流俗,不尚物质,不慕虚荣,推倒群盲所崇拜之偶像,排斥时髦所趋逐之倾向,又岂可能?事实之未明,真理之未昌者,今日我国思想界、言论界之现象也。而关于女子问题,缄默尤甚。揆其原因,诚以常人惑于一时之卑风劣俗,为社会状态所摆弄,道在迩而不之求,非真理易晦,事实难显也。

女子问题,欧美社会问题之最重者也。其成为问题也,纯为社会状态之所诞生,所酝酿。其所由来,非一朝夕,必社会状态有其所以兴起之原因。吾今欲究中国女子问题,自不能不述及女子问题发源地之欧美,自不能不述及该发源地之社会状态,以供吾人之借鉴。且所谓女子问题者,在今日已无国界之可言。自欧至美,自美至亚,女子之申诉呼吁,几无宁日。今日已成为一般女子之大觉醒。即吾国二万万之女生灵,鼾睡方酣者,终亦必为世界女子活动之潮流所卷收,相与共谋解决之方。

一、经济之发达。男女之别,性 Sex 之别也。自生物学观之,男女生理之形态、组织、变化,有种种之差异。根本于生理上之差异,其精神作用之状态,复有异同。此不可掩之事实，依常识，依科学，皆可得明证者也。故二者之在社会也，初亦一本自然。各因其特能专长，而据其位置。考先民之分工制度，最初现于家族之内者，厥为男女之分工。夫耕妇织，夫猎妇炊，妇事养育而夫任保护。乃先民生活之状态，自然之分工也。后世群制稍进，治者更定为礼制：内言不出于阃，外言不入于阃。严防男女之别，使各不相侵。吾族数千年来，迄于今兹，遵守斯制，犹未尽替。已成为道德之要旨。使先民男女分工之经济状况永久而不变也，则男女间之关系，今日无以异于昨。然一旦男女之分工渐失其平，社会一般之分工代之以起，财货有畸轻畸重之势，而女子有独立自主之机，则女子之活动，不能不因之而嬗变。昔之女子，以育儿、煮饭、缝衣为惟一天职。今则以社会上经济状况之蜕化，而另谋活动之方。昔之女子以家庭为世界、为学校、为工场，生于兹，育于兹，受教于兹，劳动于兹，老死于兹。碌碌终生，舍生殖传种而外，所事惟满足家族经济之需要而已足。今日大工业勃兴，物品不复产于家庭，而产于工场。女子不复操作于家庭，而受佣于外人。此欧美今日之现状也。女子之位置于以变，女子之问题于以起。

经济状况之发达，实女子问题之一主因。今日盈千累万之女子，莫不食工业革新之赐，减劳役，轻思虑，而家庭种种之需要尽得偿。不役于父，不役于夫，而种种之生活得独立。盖先有经济界之革命，然后向来家庭之经济组织破。家庭之经济组织破，然后女子博得经济的独立。既获经济的独立，然后能脱历史传来之羁绊。

二、教育职业之发达。质言之，今日欧美社会之大运动，尽可以经济说明其原因。所谓社会问题，不过经济问题之变象而已。即吾兹所论究之女子问题，与详细剖辨其原因，亦可以经济之发展总括之。而吾以为经济状况而外，社会上有种种现象，虽以经济之影响而后发生，而其自身，更直接影响社会上其他现象，关系密切，有不容忽视者。经济之发达，固为女子问题之主因，而教育、职业、民政诸端，亦莫不被经济之影响，而后发展綦速。然其直接影响，促生今日之女子问题，其重要、其密切，有不能不承认其为原因之势，故特揭出论之。

昔男女分工之时代，女子活动之范围，不出于家庭之外，吾既言之。近世国家，设强迫教育之制：国民不问男女，不问贫富，凡逮一定年龄，概须受国民之教育。如是，则今之女子，非复一家一族之女子，而属于国家社会。其教育遂亦不仅系于一家一姓之兴衰，而系于社会国家之治乱。今日之女子，乃获空前之机会，出家庭之小社会，见闻狭隘，不出张长李短，思想卑浅，不外米酱油盐者。今乃诲以世界之山川形势，诏以国民之权利义务。眼界既开，知识斯长。藩篱一破，女子遂登社会之大舞台矣。

与教育相伴，促生女子问题之又一因，厥为职业之发达。昔之所谓职业，男子之职业也。女子，舍良妻贤母，女红割烹，别无职业之可言。教育既遍施于男女，不特女子之聪明者，能驾男子而上之，即一般之女子，在学成绩，亦不见劣于男子。加以近世工商业发达之社会，各种职业之要求，殆无底止。或从事技术，或从事学问，苟有一才一艺之能，不问男女，无不能见售于世。故今日之女子，不仅从事于家庭之职业，更从事于社会之职业，不止于良妻贤母之国民，更兼为良工巧匠、诗人、学士之国民。此职业发达之结果。女子活动之范围，殆与男子活动之范围相吻合，工场、市廛、学校、政府，无往不见其足迹也。

三、思想之发达。右（上）兹所述，仅就物质方面而言，显而易见。试一游欧美诸文明邦，家庭之中，日用物品，十之八九，取诸市廛，而不在家制备。若在通都大邑，即每日三餐，犹且有悉仰诸餐馆者。女子在家，服役至寡。主妇之任务，要在主持家政，监埋一切而已。而市衢之上，熙熙攘攘，往来摩肩者，以女子之从事于劳动职业者充其强半。方今战事正酣，各国男丁，多投身于疆场。凡百事业，尽赖女子。而女子职业之范围，愈益扩张。此种现象，皆有目者所共见者也。女子问题，亦有非物质之原因，常人所未觉察，是为近世思想之发达。

欧洲自宗教革新而后，思想一变，而神学之权威杀。自法兰西大革命后，思想又一变，而社会制度、政治制度积久之权威摧。（思想之嬗变，必非一朝一夕之故，而为历史的经过。肇源湮远，积日持久，乃克成熟。吾兹取宗教革新及法之大革命为两种思想革命之纪元，取便志思想潮流之变迁而已）近世之思想，勿论关于科学、宗教、政治、经济，继乎两种思想革命之后，常取怀疑之态度，含革命之趣味。欧洲女子固有之位置，乃千余年来所演成之社会制度。耶教经典之所制限，各族法典之所规定，从来相率因袭，谁复敢起而抵抗、非难者？今亦受革命的思想之磅礴，终将沦于淘汰之数。抗之者谁？难之者谁？女子之诞生于革新思想之世界者也。

吾今欲缕述新思想之实现于女子问题，恐势有所不能。近百余年来之文学，关于女子位置之讨论，靡不见新思想之势力。最初若法之龚道西 Condorcet 于《进化史表》（*Esquisse d' un Tableau Historique des Progrès de l' Esprit Humain*），申男女平等之义，约翰·穆勒著《女子服从论》(*The Subjection of Woman*),论女子雌伏之非。此男子为女子作不平之鸣,彰彰有名,无俟吾言之赘。而现代女子著述家,若英之佛西脱夫人 Mrs. Henry Fawcert(已故财政总长、经济学者佛西脱之夫人),瑞典之克倚女士 Ellen Key,南非之谢莱纳夫人 Olive Schreiner 及合众国之亚当斯女士 Jane Addams,思想一发,形诸楮墨,皆能为女子吐气焰,增价值。虽至鄙薄妇女之人,亦不能不为所折服。然所谓思想之发达,非仅见于上述之四氏已也,亦非仅见于今日欧美文学界之女子著作家已也。今日新思想之势力,弥漫磅礴,殆无往而不是。状态万千之女子,或在家,或在市,或为人妇,或为人女,咸于不知不觉之中,有伟壮不挠之精神。(吾友某,营商于伦敦。一日,以事访某肆主人。主人不在,其书记出款待之,女子也。畅论女子问题,友大惊诧)宁愿自食其力,不肯仰人鼻息;宁愿独身终生,不肯配偶失意。此种健旺之精神,可以于今日欧美社会之妇女觇之。

上所述者,皆促生女子问题之主因。语焉不详,仅借以识产生女子问题诸主要社会状态而已。社会状态,常相为因果。以上诸种原因,既促女子之猛省,成为问题。诸种原因之外,若民政之进步,新伦理观念之发明,女子生率之增加,其他种种,更仆难数,亦鼓舞女子之大动力。而女子之自觉,自身之猛省,又反而直接、间接促进以上诸种原因。今欲考女子问题之纯因,则错综纠纷,渺不可得。盖所谓社会问题,苟探其原,莫非若是之繁杂而难明也。

吾述女子问题既竟,而关于本题,未加界说,未下定义。读者不能无所疑。然女子问题,包含无数之意义,无限之希望,无尽之计划。若欲遍数,请俟异日。吾惟解释女子问题之原因,即能明其趋向,亦即可以与吾国今日社会状态相比较。视女子问题在吾国之位置,果为何如。今日吾国之经济、职业、思想,远逊于欧美,自不待言。而国中女子,处于今日之社会,亦自然无奋发策励之机会,似亦无足深怪。然今日之世界,乃交通频繁之世界,经济、职业、思想之发展,无不遍布于全球,成世界的潮流。现于欧洲今日之社会者,明日即将现于吾族之社会。今日欧美之女子问题,必将速见临于此邦,无俟疑惑。至于预俟其来,谋解决之方,则责艰任重,匪一人任。要在今日之青年,而尤在今日之青年女子。

(第四卷第一号,一九一八年一月十五日)

贞操论

[日本] 与谢野晶子 著 周作人 译

我译这篇文章,并非想借它来论中国贞操问题。因为中国现在,还未见这新问题发生的萌芽,论它未免太早。我的意思,不过是希望中国人看看日本先觉的言论,略见男女问题的情形。

《新青年》曾登了半年广告,征集关于“女子问题”的议论,当初也有过几篇回答,近几月来,却寂然无声了。大约人的觉醒,总须从心里自己发生,倘若本身并无痛切的实感,便也没有什么话可说。而且不但女子,就是“男子问题”,应该解决得也正多。现在何尝提起男子尚且如此,何况女子问题,自然更没有人来过问。

但是女子问题,终竟是件重大事情,须得切实研究。女子自己不管,男子也不得不先来研究,一般男子不肯过问,总有极少数觉了的男子可以研究我译这篇文章,便是供这极少数男子的参考。

我确信这篇文中,纯是健全的思想。但是日光和空气,虽然有益卫生,那些衰弱病人,或久住在暗地里的人,骤然遇着新鲜的气,明亮的光,反觉极不舒服,也未可知。照从前看来,别人治病的麻醉剂尚且会拿来当作饭吃。另外的新事物,自然也怕终不免弄得一场糊涂。然而我们只要不贩卖麻醉剂请人当饭便好,我们只要卖我们治病的药,又譬如虽然有人禁不起日光和空气——身心的自由——的力,却不能因此妨害我们自己去享受日光和空气,并阻止我们去赞美这日光与空气的好处。

与谢野晶子是日本有名诗人与谢野宽的夫人。从前专作和歌,称第一女诗人。又是古文学家,用现代语译出《源氏物语》《荣华物语》等书,极有名誉。后来转作评论，识见议论，都极正大。据我们意见，是现今日本第一流女批评家，极进步、极自由、极真实、极平正的新妇人，不是那一班女界中顽固老辈和浮躁后生可以企及。就比那些滑稽学者，见识也胜过几倍。与谢野夫人的和歌，是不能译它。今且译这篇论文，请识者看它原来的篇目，是《贞操ハ道德以上ニ尊贵デアル》。

我因为最尊重贞操，想把它安放在最确实坚固的基础上，所以作这一篇文。

今年发生了贞操问题，非但女子的贞操，连男子的贞操，也经多人讨论，有知识的人，如今对于这个问题，都肯郑重反省，原是极好的事。但如将贞操单当作道德，想要维持下去，这事可否，却不易决定。非更加审慎研究，再行定夺不可。现在有许多人，并不将此问题新加解释，仍旧将它当作道德，强迫实行，却觉得不甚妥当。所以我们对于贞操道德问题，颇感着几件疑惑。

我们的希望，在脱去所有虚伪，所有压制，所有不正，所有不幸，实现出最真实，最自由，最正确而且最幸福的生活。我们就将这实感作基础，想来调整一切的问题。譬如古代道德，在当时人类的生活上，虽然有益，如今已不能满足我们的情意时，便已同我们生活的规律不合。倘若仍然拿来强用，便是用虚伪来施压制，我们应当排斥这暴虐的道德，再去努力制定我们所必要的新道德才是。

道德这事，原是因为辅助我们生活而制定的。到了不必要，或反于生活有害的时候，便应渐次废去或者改正。倘若人间为道德而生存，我们便永久作道德的奴隶，永久只能屈伏在旧权威的底下，这样就同我们力求自由生活的心，正相反对。所以我们须得脱去所有压制，舍掉一切没用的旧思想，旧道德，才能使我们的生活，充实有意义。

我们要脱去压制，并非要过放纵无秩序的生活。我们还须仔细聪明的批判商量，建设起实际生活上必要的一切自制律，如新道德新制度之类。我们现在对于贞操道德，怀着许多疑义，倘若得不到明快的解决，不能确认贞操为现代道德，这意思也无非想建设真实的道德。使我们的道德性，不至更有动摇，可以遵守着行，也就是想把贞操，照现代的思想，当作新道德，去拥护它。

贞操的起源和历史，我们可以不必深究。无论怎样都好，我们要晓得的，便只是现代人对于贞操这事,聪明的解释,和真切的实行。

如今先把我怀着的疑惑,随便记下:

贞操是否单是女子必要的道德,还是男女都必要的呢?

贞操这道德,是否无论什么时地,人人都不可不守,而且又人人都能守的呢?

照各人的境遇体质,有时能守,有时不能守;在甲能守,在乙不能守。这等事究竟有没有呢?如果人人都须强守,可能做得到么?

无论什么时地,如果守了这道德,一定能使人间生活,愈加真实,自由,正确,幸福么?

倘这贞操道德,同人生的进行发展,不生抵触,而且有益,那时我们当它新道德,极欢迎它。若单是女子当守,男子可以宽假,那便是有抵触,使是反使人生破绽失调的旧式道德,我们不能信赖它。又如不能强使人人遵守,因为境遇体质不罔,也定有宽严的差别。倘教人人强守,反使大多数的人,受虚伪压制不正、不幸的苦,那时也就不能当作我们所要求的新道德。

贞操是属于精神的呢?属丁肉体的呢?属于爱情的呢?属于性交的呢?还是又属精神,又属肉体,所谓灵肉一致的呢?这种区别,也还未定得明白。

倘说是属于精神的,照意淫的论法——见别家妇女动了情,便已犯了奸淫。

凡男人见了女人,或女人见了男人,动了爱情,那精神的贞操,便算破了。无论单相思,尢论失恋,或只是对于异性的一种淡淡爱情,便都是不贞一。照这样说,有什么人在结婚前,绝对的不曾犯过这"心的不贞"呢?

人若不独居山中,全离了社会,可有一个人不曾这样破了贞操道德么?如果说贞操是属于精神的,对于这个问题,却须彻底的想一想才是。道德这事,果能制裁人心的机微,到如此地步么?

现在且不必如此穷追。假定作贞操是只是结婚的男女间应守的道德,这样说,那结婚以前的失行,不是应该一切宽假了么?即使肉体上曾有关系,只说精神的未尝相许,岂非便与贞操道德毫不相背了么?

世间的夫妇,多有性交虽然接续,精神上十分冷淡。又或肉体上也无关系,精神上也互相憎恶,却仍然同住在一处。这样的人,明明已经破了精神的贞操了,可是奇怪,贞操道德非但不把他们当作不贞的男女看待,去责备他,只要他们表面上是夫妇,终身在一处过活,便反把她当作贞妇看待,那又是什么缘故呢?

倘说是属于肉体的,男女当然是绝对不能再婚,不但如此,如或女子因强暴失身,男子容纳了奔女,便都已破了贞操,一生不能结婚了。又如为了父母兄弟或一身一家的事情,不得已做了妓女的人,便永久被人当作败德者看待。“精神上悔过的人,罪自除灭”,这样美的思想,也可以说是曲庇败德者,想该不能存在了。反过来说,倘若肉体上只守着一人,即使爱情移到别人身上,也是无妨。这样矛盾的事,也就不免出现了。

又若说是灵肉一致的,这样道德,现今的社会制度上,能够实现么?精神和肉体上都是从一的结婚,除了恋爱结婚,决不能有。但现在既不许可恋爱的自由,教人能享恋爱自由的人格教育也未施行的时候,却将灵肉一致的贞操,当作道德,期待它实现,这不是想“不种而获”么?

现代的结婚,大抵男女两者之中,必有一边是一种奴隶,一种物品,被那一边所买。不是男子去做富家的女婿,便是女子要得衣食保障,向男子行一种卖淫,这便是现在结婚的状态。对着这样结婚的夫妇,期待他灵肉一致的贞操,岂不是使夫妇两方都受一种痛苦,强要他作伪么?

现在世间当作奇迹一样看待的恋爱结婚,为了生活理想转变的缘故,实行时代,恐不久也将实现。但虽则如此,人心不能永久固定,恋爱也难免有解体的时候。就是用热烈的爱情结合的夫妇,未必便能永久一致,古来这样的实例也不少。所以恋爱结婚,也不能当作贞操的根据地,我对于贞操的疑惑,大体就是如此。

凡是道德,必须无论什么时地,决无矛盾。又如有人努力实践了这道德,虽不免稍受苦痛,然而必又能别得一种满意,能胜过这苦痛,因为我们所要求的将来的道德,是一种新自制律。因了这新道德,能将人间各自的生活,更加改善,进于真实自由正确幸福的境地。因这缘故,所以即使由社会强迫个人遵守,也是可以。

但今如要彻底的实践贞操道德,又不曾将它解释得决定明白,仍旧照从前暧昧的解释,想去实行,必然生出许多矛盾,不能彻底的通行。

世间有许多人说,即使再婚妇,或曾经嫁过两三次的妇人,甚而至于娼妓,只要她对于现在的丈夫保守唯一的爱情,以前同别人的关系,都不要紧,不能定现在的贞操。一面又有许多人,对于结婚前失行的女子,无论她是由于异性的诱惑,或是污于强暴,或是由她自己招来,便定她是失节的人,极严厉的责她。这种风气,现在颇有势力。

照这样说,那男子在结婚前失行过的,也应该算不贞么?这样质问发出去,世间上还要笑问的人没常识呢。原来男子的贞操,不曾当作道德问题,有人去研究它过。男子虽然在结婚后,原是公然许可可以二色的。在男子一方面,既没有贞操道德自发的要求,也没有社会的强制。若在女子一方面,既然做了人妻,即使夫妇间毫无交感的爱情,只要跟着这个丈夫,便是贞妇。社会上对于女子所强要的,也便只是这种贞妇。甚至于爱情性交都已断绝,因此受着极大的苦闷,但是几十年的仍同丈夫住在一处,管理家务,抚养小孩,这样妇人,也都被称赞是个贞妇。又或爱情已经转在别人身上,只是性交除丈夫外不肯许人,这样妇人,也都被称赞是个贞妇。世间上这样的例,实在很多。

又听有人说,贞操是只有女子应守的道德,男子因生理的关系,不能守的。照这样说,岂不就是贞操并非道德的证据,证明它不曾备有人间共通应守的道德的特性么?

若照生理的关系说起来,在女子一方面,也并不是全然没有性欲冲动的危险时期。且并不止因生理的关系——爱情关系,自不必说。或因再婚等事,反可开辟一种新生活的缘故,有许多女子不固守处女寡妇的节,于他却反是幸福。这样的例,世间上也极多。

无论什么时地,要把贞操道德一律的实践起来,便生出许多矛盾。与实际的生活相矛盾,岂不便是这贞操算不得道德。基本不曾完固,不能来调节现代生活的证据么?如要补这些缺漏,定出许多例外,说什么结婚前的不贞一,不关紧要,或说再婚不妨,只求以后灵肉的贞洁,或又说恋爱结婚果然是理想的办法,但是无爱情的夫妇生活,勉强着厮守下去,也当作一种贞操,是必要的。这样看起来,这贞操道德的内容,可算是最不纯不正不幸不自由的了。同旧时那妨害我们的生活,逼迫我们到不幸里去的压制道德,一点都没有差别。我们不愿信任这矛盾的道德,来当作我们生活的自制律。

我们对于从前所谓结婚这一件事,也觉得可疑。仪式,同居,户籍呈报,只以形式关系为重的结婚,到底有怎样的权威呢?将结婚前后,来区划贞操,宽假结婚前的失行,固是无理,结婚后无论如何,只要合在一起,便算是贞德完全,也是形式的解释。

自从古时直到现今社会,夫妇可以结了婚,同住在一家里。但是以后,因经济或其它事情的关系,户籍上并不呈报,也不同住在一家,却结夫妇关系的男女,怕要渐渐多起来了,欧洲近来各社会中这样的人已经渐有增加的倾向。这是学者的道德论所难以制止的社会事实,无可如何的。在这样的夫妇关系上,结婚这形式,便毫没用处。爱情相合,结了协同关系。爱情分裂,只索离散。这样社会事实同贞操道德怎样能得一致呢?男女必须结婚这个理想,方在动摇。贞操的永久性,怎样能够保证,使它确实成立呢?

我从前在《太阳》杂志上说过,我对于贞操,不当它是道德,只是一种趣味,一种信仰,一种洁癖。(按:原文中有一节,比得极好。说"贞操正同富一样,在自己有它时,原是极好。但在别人,或有或无,都没甚关系"。)既然是趣味信仰洁癖,所以没有强迫他人的性质。我所以绝对的爱重我的贞操,便是同爱艺术的美,爱学问的真一样,当作一种道德以上的高尚优美的物事看待,且假称作趣味,或是信仰都可。倘若要当它作道德,一律实践,非先将上文所说的疑问解决不可,非彻底的证明这贞操道德,无论何人,都可实践,毫无矛盾不可。不然,就不能使我们满足承认。

我今重又申明,我的尊重贞操,决不让人。所以作这一篇文。

(一九一五年十一月)

(第四卷第五号,一九一八年五月十五日)

贞操问题

胡 适

(一)

周作人先生所译的日本与谢野晶子的《贞操论》(本报四卷五号),我读了很有感触。这个问题,在世界上受了几千年无意识的迷信,到近几十年中,方才有些西洋学者正式讨论这问题的真意义。文学家如易卜生的《群鬼》和 Thomas Hardy 的《苔丝》(*Tess of the D' urberilles*)都带着讨论这个问题。如今家庭专制最厉害的日本居然也有这样大胆的议论!这是东方文明史一件极可贺的事。

当周先生翻译这篇文字的时候,北京一家很有价值的报纸登出一篇恰相反的文章。这篇文章是海宁朱尔迈的《会葬唐烈妇》记。(七月二十三四日北京中华新报。)上半篇写唐烈妇之死如下:

> 唐烈妇之死,所阅灰永,钱卤,投河,雉经者五,前后绝食者三;又益之以砒霜,则其亲试乎杀人之方者凡九。自除夕上溯其夫亡之夕,凡九十有八日。夫以九死之惨毒,又历九十八日之长,非所称百挫千折有进而无退者乎?……

下文又借出一件"俞氏女守节"的事来替唐烈妇作陪衬:

> 女年十九,受海盐张氏聘,未于归,夫夭,女即绝食七日;家人劝之力,始

进麋曰,“吾即生,必至张氏,宁服丧三年,然后归报地下”。

最妙的是朱尔迈的论断:

> 嗟乎,俞氏女盖闻烈妇之风而兴起者乎?……俞氏女果能死于绝食七日之内,岂不甚幸?乃为家阻之,俞氏女亦以三年为己任。余正恐三年之间,凡一千八十日有奇,非如烈妇之九十八日也。且绝食之后,其家人防之者百端……虽有死之志,而无死之间,可奈何?烈妇倘能阴相之以成其节,风化所关,猗欤盛矣!

这种议论简直是全无心肝的贞操论。俞氏女还不曾出嫁,不过因为信了那种荒谬的贞操迷信,想做那“青史上留名的事”,所以绝食寻死,想做烈女。这位朱先生要维持风化,所以忍心害理的巴望那位烈妇的英灵来帮助俞氏女赶快死了,“岂不甚幸?”这种议论可算得贞操迷信的极端代表。《儒林外史》里面的王玉辉看他女儿殉夫死了,不但不哀痛,反仰天大笑道:“死得好!死得好!”(五十二回)王玉辉的女儿殉已嫁之夫,尚在情理之中。王玉辉自己“生这女儿为伦纪生色”,他看他女儿死了反觉高兴,已不在情理之中了。至于这位朱先生巴望别人家的女儿替他未婚夫做烈女,说出那种“猗欤盛矣”的全无心肝的话,可不是贞操迷信的极端代表吗?

贞操问题之中,第一无道理的便是这个替未婚夫守节和殉烈的风俗。在文明国里男女用自由意志,由高尚的恋爱,订了婚约,有时男的或女的不幸死了,剩下的那一个因为生时情爱太深故情愿不再婚嫁。这是合情理的事。若在婚姻不自由之国,男女订婚以后,女的还不知男的面长面短,有何情爱可言?不料竟有一种陋儒,用“青史上留名的事”来鼓励无知女儿做烈女,“为伦纪生色”,“风化所关,猗欤盛矣!”我以为我们今日若要作具体的贞操论,第一步就该反对这种忍心害理的烈女论,要渐渐养成一种舆论,不但不把这种行为看作“猗欤盛矣”可旌表褒扬的事还要公认这是不合人情、不合天理的罪恶;还要公认劝人做烈女,罪等于故意杀人。

这不过是贞操问题的一方面。这个问题的真相,已经与谢野晶子说得很明白了,她提出几个疑问,内中有一条是:“贞操是否单是女子必要的道德,还是男女都必要的呢?”这个疑问,在中国更为重要。中国的男子要他们的妻子替他们守贞守节,他们自己却公然嫖妓,公然纳妾,公然“吊膀子”。再嫁的妇人在社会上几乎没有社交的资格;再婚的男子,多妻的男子,却一毫不损失他们的身份。这不是最不平等的事吗?怪不得古人要请“周婆制礼”来补救“周公制礼”的不平等了。

我不是说,因为男子嫖妓,女子便该偷汉;也不是说,因为老爷有姨太太,太太便该有姨老爷。我说的是,男子嫖妓,与妇人偷汉,犯的是同等的罪恶;老爷纳妾,与太太偷人,犯的也是同等的罪恶。

为什么呢?因为贞操不是个人的事,乃是人对人的事;不是一方面的事,乃是双方面的事。女子尊重男子的爱情,心思专一,不肯再爱别人,这就是贞操。贞操是一个“人”对另一个“人”的一种态度。因为如此,男子对于女子,也该有同等的态度。若男子不能照样还敬,他就是不配受这种贞操的待遇。这并不是外国进口的妖言,这乃是孔丘说的“己所不欲,勿施于人”。孔丘说:

> 君子之道四,丘未能一焉;所求乎子以事父,未能也;所求乎臣以事君,未能也;所求乎弟以事兄,未能也;所求乎朋友,先施之,未能也。

孔丘五伦之中,只说了四伦,未免有点欠缺。他理该加上一句道:

> 所求乎吾妇,先施之,未能也。

这才是大公无私的圣人之道!

(二)

我这篇文字刚才做完,又在上海报上看见陈烈女殉夫的事。今先记此事大略如下:

> 陈烈女,名宛珍,绍兴县人,三世居上海,年十七,字王远甫之子菁士。菁

士于本年三月廿三日病死，年十八岁。陈女闻死耗，即沐浴更衣，潜自仰药。其家人觉察，仓皇施救，已无及。女乃泫然曰："儿志早决。生虽未获见夫，殁或相从地下……"言讫，遂死，死时距其未婚夫之死仅三时而已。（此据上海绍兴同乡会所出征文启。）

过了两天，又见上海县知事呈江苏省长请予褒扬的呈文，中说：

呈为陈烈女行实可风，造册具书证明，请予按例褒扬事……（事实略）……兹据呈称……并开具事实，附送褒扬费银六元前来……知事复查无异。除先给予"贞烈可风"匾额，以资旌表外谨援褒扬条例……之规定，造具清册，并附证明书，连同褒扬费一并备文呈送，仰祈鉴核，俯赐启行内务部将陈烈女按例褒扬，实为德便事。

我读了这篇呈文，方才知道我们中华民国居然还有什么褒扬条例。于是我把那些条例寻来一看，只见第一条九种可褒扬的行谊的第二款便是"妇女烈节贞操可以风世者"；第七款是"著述书籍，制造器用，于学术技艺或发明或改良之功者"；第九款是"年逾百岁者"！一个人偶然活到了一百岁居然也可以与学术技艺上的著作发明享受同等的褒扬！这已是不伦不类可笑得很了。再看那条例施行细则解释第一条第二款的"妇女节烈贞操可以风世者"如下：

第二条：褒扬条例第一条第二款所称之"节"妇，其守节年限自三十岁以前守节至五十岁以后者。但年未五十而身故，其守节已及六年者同。

第三条：同条款所称之"烈"妇"烈"女，凡遇强暴不从致死或羞愤自尽，及夫亡殉节者，属之。

第四条：同条款所称之"贞"女，守贞年限与节妇同。其在夫家守贞身故，及未符年例而身故者，亦属之。

以上各条乃是中国贞操问题的中心点。第二条褒扬"自三十岁以前守节至五十岁以后"的节妇，是中国法律明明认三十岁以下的寡妇不该再嫁；再嫁为不道德。第三条褒扬"夫亡殉节"的烈妇烈女，是中国法律明明鼓励妇人自杀以殉夫；明明鼓励未嫁女子自杀以殉未嫁之夫。第四条褒扬未嫁女子替未婚亡夫守贞二十年以上,是中国法律明明说未嫁而丧夫的女子不该再嫁人;再嫁便是不道德。

这是中国法律对于贞操问题的规定。

依我个人的意思看来,这三种规定都没有成立的理由。

第一,寡妇再嫁问题。这全是一个个人问题。妇人若是对他已死的丈夫真有割不断的情义,她自己不忍再嫁;或是已有了孩子,不肯再嫁;或是年纪已大,不能再嫁;或是家道殷实,不愁衣食,不必再嫁,——妇人处于这种境地,自然守节不嫁。还有一些妇人,对她丈夫,或有怨心,或无恩意,年纪又轻,不肯抛弃人生正当的家庭快乐;或是没有儿女,家又贫苦,不能度日。——妇人处于这种境遇没有守节的理由,为个人计,为社会计,为人道计,都该劝她改嫁。贞操乃是夫妇相待的一种态度。夫妇之间爱情深了,恩谊厚了,无论谁生谁死,无论生时死后,都不忍把这爱情移于别人,这便是贞操。夫妻之间若没有爱情恩意,即没有贞操可说。若不问夫妇之间有无可以永久不变的爱情,若不问做丈夫的配不配受他妻子的贞操,只晓得主张做妻子的总该替她丈夫守节;这是 偏的贞操论,这是不合人情公理的伦理。再者,贞操的道德,"照各人境遇体质的不同,有时能守,有时不能守;在甲能守,在乙不能守"。(用与谢野晶子的话)若不问个人的境遇体质,只晓得说"忠臣不事二君,烈女不更二夫";只晓得说"饿死事极小,失节事极大";(用程子语)这是忍心害理,男子专制的贞操论。——以上所说,人旨只要指出寡妇应否再嫁全是个人问题,有个人恩情上、体质上、家计上种种不同的理由,不可偏于一方面主张不近情理的守节。因为如此,故我极端反对国家用法律的规定来褒扬守节不嫁的寡妇。褒扬守节的寡妇,即是说寡妇再嫁不道德即是主张一偏的贞操论。法律既不能断定寡妇再嫁为不道德,即不该褒扬不嫁的寡妇。

第二,烈妇殉夫问题。寡妇守节最正当的理由是夫妇间的爱情。妇人殉夫最正当的理由也是夫妇间的爱情。爱情深了,生离尚且不能堪,何况死别。再加以宗教的迷信,以为死后可以夫妇团圆。因此有许多妇人,夫死之后,情愿杀身从夫于地下。这个不属于贞操问题。但我以为无论如何,这也是个人恩爱问题,应由个人自由意志去决定。无论如何,法律总不该正式褒扬妇人自杀殉夫的举动。一来呢,殉夫既由于个人的恩爱,何须用法律来褒扬鼓励?二来呢,殉夫若由于死后团圆的迷信,更不该受法律的褒扬了。三来呢,若用法律来褒扬殉夫的烈妇,有一些好名的妇人,便要借此博一个"青史留名";是法律的褒扬反发生一种沽名钓誉,作伪不诚的行为了!

第三,贞女烈女问题。未嫁而夫死的女子,守贞不嫁的,是"贞女";杀身殉夫的,是"烈女"。

我上文说过,夫妇之间若没有恩爱,即没有贞操可说。依此看来,那未嫁的女子,对于她丈夫有何恩爱?既无恩爱,更有何贞操可守?我说到这里,有个朋友驳我道,这话别人说了还可,胡适之可不该说这话。为什么呢?你自己曾作过一首诗,诗里有一段道:

我不认得她,她不认得我,我却常念她,这是为什么,
岂不因我们,分定常相亲?由分生情意,所以非路人。
海外土生子,生不识故里,终有故乡情,其理亦如此。

依你这诗的理论看来,岂不是已订婚而未嫁娶的男女因为名分已定,也会有一种情意。既有了情意,自然发生贞操问题。你于今又说未婚嫁的男女没有恩爱,故也没有贞操可说,可不是自相矛盾吗?

我听了这番驳论,几乎开口不得。想了一想,我才回答道:我那首诗所说名分上发生的情意,自然是有的;若没有那种名分上的情意,中国的旧式婚姻决不能存在。如旧日女子听人说她未婚夫的事,即面红害羞,即留神注意,可见她对她未婚夫实有这种名分上所发生的情谊。但这种情谊完全属于理想的,这种理想的情谊往往因实际上的反证,遂完全消灭。如女子悬想一个可爱的丈夫,及到嫁时,只见一个极下流不堪的男子,她如何能坚持那从前理想中的情谊呢?我承认名分可以发生一种情谊,我并且希望一切名分都能发生相当的情谊,但这种理想的情谊,依我看来实在不够发生终身不嫁的贞操,更不够发生杀身殉夫的节烈。即使我更让一步,承认中国有些女子,例如吴趼人《恨海》里那个浪子的聘妻,深中了圣贤经传的毒,由名分上真能生出极浓挚的谊情,无论她未婚夫如何淫荡,人格如何堕落,依旧贞一不变。试问我们在这个文明时代是否应该赞成提倡这种盲从的贞操,这种盲从的贞操,只值得一句"其愚不可及也"的评论,却不值得法律的褒扬。

法律既许未嫁的女子夫死再嫁,便不该褒扬处女守贞。至于法律褒扬无辜女子自杀以殉不曾见面的丈夫,那更是男子专制时代的风俗,不该存在于现今的世界。

总而言之,我对于中国人的贞操问题,有三层意见。

第一,这个问题,从前的人都看作"天经地义",一味盲从,全不研究"贞操"两字究竟有何意义。我们生在今日,无论提倡何种道德,总该想想那种道德的真意义是什么。《墨子》说得好:

> 子墨子问于儒者曰,"何故为乐?"曰:"乐以为乐也。"子墨子曰:"子未我应也。今我问曰:'何故为室?'曰:'冬避寒焉,夏避暑焉,室以为男女之别也。'则子先我为室之故矣。今我问曰:'何故为乐?'曰:'乐以为乐也。'是犹曰:'何故为室?'曰:'室以为室也。'"(公孟篇)

今试问人"贞操是什么"? 或"为什么你褒扬贞操"? 他一定回答道:"贞操就是贞操。我因为这是贞操,故褒扬它。"这种"室以为室也"的论理,便是今日道德思想宣告破产的证据。故我做这篇文字的第一个主意只是要大家知道"贞操"这个问题并不是"天经地义",是可以彻底研究,可以反复讨论的。

第二,我以为贞操是男女相待的一种态度;乃是双方交互的道德,不是偏于女子一方面的。由这个前提,便生出几条引申的意见:(一)男子对于女子,丈夫对于妻子,也应有贞操的态度。(二)男子做不贞操的行为,如嫖妓娶妾之类,社会上应该用对待不贞妇女的态度来对待他。(三)妇女对于无贞操的丈夫,没有守贞操的责任。(四)社会法律既不认嫖妓纳妾为不道德,便不该褒扬女子的"节烈贞操"。

第三,我绝对的反对褒扬贞操的法律。我的理由是:(一)贞操既是个人男女双方对待的一种态度,诚意的贞操是完全自动的道德,不容有外部的干涉,不须有法律的提倡。(二)若用法律的褒扬为提倡贞操的方法,势必造成许多沽名钓誉,不诚实,无意识的贞操举动。(三)在现代社会,许多贞操问题,如寡妇再嫁,处女守贞,等之问题的是非得失,却都还有讨论余地,法律不当以武断的态度制定褒贬的规条。(四)法律既不奖励男子的贞操,又不惩(罚)男子的不贞操,便不该单独提倡女子的贞操。(五)以近世人道主义的眼光看来,褒扬烈妇烈女杀身殉夫,都是野蛮残忍的法律,这种法律在今日没有存在的地位。

（第五卷第一号，一九一八年七月十五日）

我之节烈观

唐　俟

“世道浇漓，人心日下，国将不国”，这一类话，本是中国历来的叹声。不过时代不同，则所谓“日下”的事情，也有迁变。从前指的是甲事，现在叹的或是乙事。除了“进呈御览”的东西不敢妄说外，其余的文章议论里，一向带这口吻。因为如此叹息，不但针砭世人，还可以从“日下”之中，除出自己。所以君子固然相对慨叹，连杀人、放火、嫖妓、骗钱以及一切鬼混的人，也都乘作恶余暇，摇着头说道：“他们人心日下了。”

世风人心这件事，不但鼓吹坏事，可以“日下”；即使未曾鼓吹，只是旁观，只是赏玩，只是叹息，也可以叫它“日下”。所以近一年来，居然也有几个不肯徒托空言的人，叹息一番之后，还要想法子来挽救。第一个是康有为指手画脚地说虚君共和才好，陈独秀便斥他不兴。其次是一班灵学派的人，不知何以起了极古奥的思想，要请“孟圣矣乎”的鬼来画策，陈百年、钱玄同、刘半农又道他胡说。

这几篇驳论，都是《新青年》里最可寒心的文章。时候已是二十世纪了，人类眼前，早已闪出曙光。假如《新青年》里，有一篇和别人辩地球方圆的文字，读者见了，一定发怔。然而现今所辩，正和说地体不方相差无几。将时代和事实，对照起来，怎能不叫人寒心而且害怕？

近来虚君共和是不提了，灵学似乎还在那里捣鬼。此时却又有一群人，不能满足，仍然摇头说道，“人心日下”了。于是又想出一种挽救的方法，他们叫做“表彰节烈”！

这类妙法，自从君政复古时代以来，上上下下，已经提倡多年；此刻不过是竖起旗帜的时候。文章议论里，也照例时常出现，都嚷道“表彰节烈”！要不说这件事，也不能将自己提拔，出了“人心日下”之中。

“节烈”这两个字,从前也算是男子的美德,所以有过“节士”“烈士”的名称。然而现在的“表彰节烈”,却是专指女子,并无男子在内。据时下道德家的意见来定界说:大约“节”是丈夫死了,决不再嫁,也不私奔;丈夫死得愈早,家里愈穷,她便“节”得愈好。“烈”可是有两种:一种无论已嫁未嫁,只要丈夫死了,她也跟着自尽;一种是有强暴来污辱她的时候,设法自戕,或者抗拒被杀,都无不可。这也是死得愈惨愈苦,她便烈得愈好,倘若不及抵御。竟受了污辱,然后自戕,便免不了议论。万一幸而遇着宽厚的道德家,有时也可以略迹原情,许她一个“烈”字。可是文人学士,已经不甚愿意替她作传;就令勉强动笔,临了也不免加上几个“惜夫惜夫”了。

总而言之,女子死了丈夫,便守着,或者死掉;遇了强暴,便死掉。将这类人物,称赞一通,世道人心便好,中国便得救了。大意只是如此。

康有为借重皇帝的虚名,灵学家全靠着鬼话。这表彰节烈,却是全权都在人民,大有渐近自力之意了。然而我仍有几个疑问,须得提出,还要据我的意见,给他解答。我又认定这节烈救世说,是多数国民的意思;主张的人,只是喉舌。虽然是他发声,却和四肢五官神经内脏都有关系。所以我这疑问和解答,便是提出于这群多数国民之前。

首先的疑问是:不节烈(中国称不守节作“失节”,不烈却并无成语,所以只能合称它“不节烈”)的女子,如何害了国家?照现在的情形,“国将不国”,自不消说。丧尽良心的事故,层出不穷。刀兵、盗贼、水旱、饥荒,又接连而起。但此等现象,只是不讲新道德新学问的缘故,行为思想,全抄旧账;所以种种黑暗,竟和古代的乱世仿佛;况且政界、军界、学界、商界等等里面,全是男人,并无不节烈的女子夹杂在内。也未必是有权力的男子,因为受了他们蛊惑,这才丧了良心,放手作恶。至于水旱、饥荒,便是专拜龙神、迎大王、滥伐森林、不修水利的祸祟,没有新知识的结果,更与女子无关。只有刀兵、盗贼,往往造出许多不节烈的妇女,但也是兵盗在先,不节烈在后;并非因为她们不节烈了,才将刀兵、盗贼招来。

其次的疑问是:何以救世的责任,全在女子?照着旧派说起来,女子是阴类,是主内的,是男子的附属品。然则治世救国,正须责成阳类,全仗外子,偏劳主体。决不能将一个绝大题目,都搁在阴类肩上。倘依新说,则男女平等,义务略同。纵令该担责任也只得分担,其余的一半男子,都该各尽义务。不特须除去强暴,还应发挥他自己的美德。不能专靠惩劝女子,便算尽了天职。

其次的疑问是:表彰之后,有何效果?据节烈为本,将所有活着的女子,分类起来,大约不外三种:一种是已经守节,应该表彰的人(烈者非死不可,所以除出);一种是不节烈的人;一种是尚未出嫁,或丈夫还在,又未遇见强暴,节烈与否未可知的人。第一种已经很好,正蒙表彰,不必说了;第二种已经不好,中国从来不许忏悔,女子做事一错,补过无及,只好任其羞杀,也不值得说了;最要紧的,只在第三种。现在一经感化,她们便都打定主意道:“倘若将来丈夫死了,决不再嫁;遇着强暴,赶紧自裁!”试问如此立意,与中国男子做主的世道人心,有何关系。这个缘故,已在上文说明。更有附带的疑问是:节烈的人,既经表彰,自是品格最高。但圣贤虽人人可学,此事却有所不能。假如第三种的人,虽然立志极高,万一丈夫长寿,天下太平,她便只好饮恨吞声,做一世次等的人物。

以上是单依旧日的常识,略加研究,便已发现了许多矛盾。若略带二十世纪气息,便又有两层:

一问节烈是否道德?道德这事,必须普遍。人人应做。人人能行。又于自他两利,才有存在的价值。现在所谓节烈,不特除开男子,绝不相干;就是女子,也不能全体都遇着这名誉的机会。所以决不能认为道德,当作法式。上回登出的《贞操论》里,已经说过理由。不过贞是丈夫还在,节是男子已死的区别,道理却可类推。只有“烈”的一件事,尤为奇怪,还须略加研究。

照上文的节烈分类法看来,烈的第一种,其实也只是守节,不过生死不同。因为道德家分类,根据全在死活,所以归入烈类。性质全异的,便是第二种。这类人不过一个弱者(现在情形,女子还是弱者),突然遇着男性的暴徒,父兄丈夫力不能救,左邻右舍也不帮忙。于是她就死了,或竟受了辱,仍然死了;或终于没有死。久而久之,父兄丈夫邻舍,夹着文人、学士以及道德家,便渐渐聚集。既不羞自己怯弱无能,也不提暴徒如何惩办,只是七口八嘴,议论她死了没有?受污没有?死了如何好?活着如何不好?于是造出了许多光荣的烈女,和许多被人口诛笔伐的不烈女。只要平心一想,便觉不像人间应有的事情,何况说是道德。

二问多妻主义的男子,有无表彰节烈的资格?替以前的道德家说话,一定是理应表彰,因为凡是男子,便有点与众不同,社会上只配有他的意思。一面又靠着阴阳、内外的古典,在女子面前逞能。然而一到现在,人类的眼里,不免见到光明。晓得阴阳、内外之说,荒谬绝伦;就令如此,也证不出阳比阴尊贵、外比内崇高的道理。况且社会国家,又非单是男子造成。所以只好相信真理,说是一律平等。既然平等,男女便都有一律应守的契约。男子决不能将自己不守的事,向女子特别要求。若是买卖、欺骗、贡献的婚姻,则要求生时的贞操,尚且毫无理由;何况多妻主义的男子,来表彰女子的节烈。

以上,疑问和解答都完了。理由如此支离,何以直到现今,居然还能存在?要对付这问题,须先看节烈这事,何以发生、何以通行、何以不生改革的缘故。

古代的社会,女子多当作男人的物品,或杀或吃,都无不可。男人死后,和他喜欢的宝贝,日用的兵器,一同殉葬,更无不可。后来殉葬的风气,渐渐改了,守节便也渐渐发生。但大抵因为寡妇是鬼妻,亡魂跟着,所以无人敢娶,并非要她不事二夫。这样风俗,现在的蛮人社会里还有。中国太古的情形,现在已无从详考。但看周末虽有殉葬,并非专用女人,嫁否也任便,并无什么裁制,便可知道脱离了这宗习俗,为日已久。由汉至唐也并没有鼓吹节烈。直到宋朝,那一班"业儒"的才说出"饿死事小,失节事大"的话,看见历史上"重适"两个字,便大惊小怪起来。出于真心,还是故意,现在却无从推测。其时也正是"人心日下,国将不国"的时候,全国士民,多不像样。或者"业儒"的人,想借女人守节的话,来鞭策男子,也不一定。但旁敲侧击,方法本嫌鬼祟,其意也太难分明。后来因此多了几个节妇,虽未可知;然而吏民将卒,却仍然无所感动。于是"开化最早,道德第一"的中国,终于归了"生长天气力里大福荫护助里"的什么"薛禅皇帝、完泽笃皇帝、曲律皇帝"了。此后皇帝换过了几家,守节思想倒反发达。皇帝要臣子尽忠,男人便愈要女人守节。到了清朝儒者真是愈加厉害。看见唐人文章里有公主改嫁的话,也不免勃然大怒道:"这是什么事!你竟不为尊者讳,这还了得!"假使这唐人还活着,一定要斥革功名,"以正人心而端风俗"了。

国民将到被征服的地位,守节盛了,烈女也从此着重。因为女子既是男子所有,自己死了,不该嫁人,自己活着,自然更不许被夺。然而自己是被征服的国民,没有力量保护,没有勇气反抗了。只好别出心裁,鼓吹女人自杀。或者妻女极多的阔人,婢妾成行的富翁,乱离时候,照顾不到,一遇"逆兵"(或是"天兵")就无法可想。只得救了自己,请别人都做烈女,变成烈女,"逆兵"便不要了。他便待事定以后,慢慢回来,称赞几句。好在男子再娶,又是天经地义,别讨女人,便都完事。因此世上遂有了《双烈合传》《七姬墓志》,甚而至于钱谦益的集中,也布满了“赵节妇”“钱烈女”的传记和歌颂。

只有自己不顾别人的民情,又是女应守节、男子却可多妻的社会,造出如此畸形道德,而且日见精密苛酷,本也毫不足怪。但主张的是男子,上当的是女子。女子本身,何以毫无异言呢?原来“妇者服也”,理应服侍于人。教育固可不必,连开口也都犯法。她的精神,也同她体质一样,成了畸形。所以对于这畸形道德,实在无甚意见。就令有了异议,也没有发表的机会。做几首“闺中望月”“园里看花”的诗,尚且怕男子骂她怀春,何况竟敢破坏这“天地间的正气”?只有《说部》书上,记载过几个女人,因为境遇上不愿守节。据做书的人说:可是她再嫁以后,便被前夫的鬼捉去,落了地狱。或者世人个个唾骂,做了乞丐,也竟求乞无门,终于惨苦不堪而死了!

如此情形,女子便非“服也”不可。然而男子一面,何以也不主张真理,只是一味敷衍呢?汉朝以后,言论的机关,都被“业儒”们垄断了。宋元以来,尤其厉害。我们几乎看不见一部非业儒的书,听不到一句非士人的话。除了和尚道士,奉旨可以说话的以外,其余“异端”的声音,决不能出他卧房一步。况且世人大抵受了“儒者柔也”的影响,不述而作,最为犯忌。即使有人见到,也不肯用性命来换真理。即如失节一事,岂不知道必须男女两性,才能实现。他却专责女性,至于破人节操的男子,以及造成不烈的暴徒,便都含糊过去。男子究竟较女性难惹,惩罚也比表彰为难。其间虽有过几个男人,实觉于心不安,说些室女不应守志殉死的平和话,可是社会不听。再说下去,便要不容,与失节的女人一样看待。他便也只好变了“柔也”,不再开口了。所以节烈这事,到现在不生变革。

(此时,我应声明:现在鼓吹节烈派的里面,我颇有知道的人。敢说确有好人在内,居心也好。可是救世的方法是不对,要向西走了北了。但也不能因他人好,便竟能从正西直走到北,所以我又愿他回转身来。)

其次还有疑问:

节烈难么?答道,很难。男子都知道极难,所以要表彰她。社会的公意,向来以为贞淫与否,全在女性。男子虽然诱惑了女人,却不负责任。譬如甲男引诱乙女,乙女不允,便是贞节;死了,便是烈。甲男并无恶名,社会可算淳古。倘若乙女允了,便是失节;甲男也无恶名,可是世风被乙女败坏了!别的事情,也是如此。所以历史上亡国败家的原因,每每归咎女子。糊糊涂涂的代担全体的罪恶,已经三千多年了。男子既然不负责任,又不能自己反省,自然放心诱惑;文人著作,反将她传为美谈。所以女子身旁,几乎布满了危险。除却她自己的父兄、丈夫以外,便都带点诱惑的鬼气。所以我说很难。

节烈苦么?答道,很苦。男子都知道很苦,所以要表彰她。凡人都想活;烈是必死,不必说了。节妇还要活着。精神上的惨苦,也姑且弗论。单是生活一层,已是大宗的痛楚。假使女子生计已能独立,社会也知道互助,一人还可勉强生存。不幸中国情形,却正相反。所以有钱尚可,贫人便只能饿死。直到饿死以后,间或得了旌表,还要写入志书。所以各府各县志书、传记类的末尾,也总有几卷"烈女"。一行一人,或是一行两人,赵钱孙李可是从来无人翻读。就是一生崇拜节烈的道德大家,若问他贵县志书里烈女门的前十名是谁,也怕不能说出。其实她是生前死后,竟与社会漠不相关的,所以我说很苦。

照这样说,不节烈便不苦么?答道,也很苦。据社会公意,不节烈的女人,既然是下品,她在这社会里,是容不住。社会上多数古人模模糊糊传下来的道理,实在无理可讲,能用历史和数目的力量,挤死不合意的人。这一类无主名、无意识的杀人团里,古来不晓得死了多少人物。节烈的女子,也就死在这里。不过她死后间有一回表彰:写入志书。不节烈的人,便生前也要受随便什么人的唾骂,无主名的虐待。所以我说也很苦。

女子自己愿意节烈么?答道,不愿。人类总有一种理想,一种希望。虽然高下不同,必须有个意义。自他两利固好,至少也得有益本身。节烈很难很苦,既不利人,又不利己。说是本人愿意,实在不合人情。所以假如遇着少年女人,诚心祝赞她将来节烈,一定发怒,或者还要受她父兄丈夫的尊拳。然而仍旧牢不可破,便是被这历史和数目的力量挤着。可是无论何人,都怕这节烈,怕他竟钉到自己和亲骨肉的身上,所以我说不愿。

我依据以上的事实和理由,要断定节烈这事是极难,极苦,不愿身受。然而不利自他,无益社会国家,于人生将来又毫无意义的行为,现在已经失了存在的生命和价值。

临了还有一层疑问：

节烈这事，现代既然失了存在的生命和价值，节烈的女人，岂非白苦一番么？可以答她说：还有哀悼的价值。她们是可怜人，不幸上了历史和数目的无意识的圈套，做了无主名的牺牲。可以开一个追悼大会。

我们追悼了过去的人，还要发愿：要自己和别人，都纯洁聪明、勇猛向上，要除去虚伪的脸谱，要除去世上害己害人的昏迷和强暴。

我们追悼了过去的人，还要发愿：要除去于人生毫无意义的痛苦，要除去制造并赏玩别人苦痛的昏迷和强暴。

我们还要发愿：要人类都受正当的幸福。

（第五卷第二号，一九一八年八月十五日）

社会与妇女解放问题

华　林

社会学重要之论点,即妇女问题是也。妇女占人类半有之数,社会对于妇女之情形如何,足证文明之进化与否。故妇女解放之后,则各种不良之私团体必因之消灭、公共幸福之增加必因之发展。中国今日,民气消沉,社会寂寞无生趣。举东亚之同胞陷于凄凉残酷之冤狱,岂偶然有以致之耶?

社会由大多数个人所萃集而成,各个间皆负一连带之关系,故曰一男不耕,或受之饥,一女不织,或受之寒。故研究社会问题,必须研究各个间之问题。各个所处之境遇及各负连带之关系,因其所处之时间与地位不同,而产生之文化亦异。于是社会学家就时与地,除去各个之特性,而得一社会之通性。此即经济与道德之问题也。

吾人既得研究社会之方法,而由实验考究,发现一较明确之鹄的与趋向此鹄的之方法,则妇女处于中国社会腐陈之境遇,而不能变更其周遭困迫之状态。所谓解放问题,究以何者为实施之正鹄乎?就其大意撮要言之。

(一)道德问题。纲常腐败之旧道德,已不适用于新时代之生活。故教育上之实施,极端主张男女受平等之教育,而以人道为旨归。如忠臣孝子、贤妻良母之规范,为新教育所不容。盖新教育之鹄的纯以改革正当之人生,以求人类正当之福利而已。故新道德之价值,即在尊重各个之人格,发展各个之自由为要旨。无论男女,均不能受人为律及假定悬想之鹄的所牵制也。

(二)经济问题。私产之制度,为垄断人群之命脉。妇女解放,私产绝不能成立。故解放妇女,即经济革命之先声也。况妇女天赋教育、文学之能力及美术、工艺之生活,倘人人能致力于社会,则文化之发展,必能创造一种特别之新境遇,生产之前途,自必日见增加。举世界劳动之事业,以享受于劳动之社会。公共幸福增加,则私产之团体必灭。妇女既各有正当之职业，男子亦无负担之累矣。

就以上二者言之，可见妇女解放问题为当今之急务，其与社会之前途、关系自为密切。倘妇女不解放，则人力、时光与地位上之牺牲，为害至巨。社会罪恶横流，未始非不解放之原因也。兹将女子一人之耗费而影响于社会之状态，约略言如之次。

（一）女子既不解放，必仰给男子之生活，于是以修饰为取媚之要素。若花粉、香水、发油、珠宝等，一日之耗费，几供数人之生活。世界上多少人力，从事于修饰品之制造，而舍其正当之职业。男不负耙、女不上机、生产日薄、生计愈危，此造成社会恐慌之原因也。

（二）女子既不解放，必以出嫁为托身之所。于是夫荣妻贵，妇女欲出人头地，必促男子猎取功名，因而群趋于利禄之一途，大施其掠夺盗贼之手段，以供献于私亲，此家庭之所以为万恶也。富贵者日益奢华，贫苦者流为娼妓，此世风所以日益卑下也。

总之，妇女若不解放，社会无由发达。女子既不能享受自由之幸福，男子亦不能增进高尚之人格。呜呼，女子陷于此凄惨、残酷之冤狱，而日斫其生机，此皆社会之罪恶也，即道德与经济之罪恶也。然今之教育家、实业家仍主张腐败之学说，处处侵犯女子之自由，于是妇女咸为道德、经济所压制，而不能保障天赋之人权。然则东亚社会，将长此而终古乎？吾知自由、平等之声浪，又将随欧战后之怒潮弥漫亚东矣。故妇女解放问题，岂仅女界之福，亦世界前途之幸也。

（第五卷第二号，一九一八年八月十五日）

美国的妇人

——在北京女子师范学校讲演

胡 适

去年冬季，我的朋友陶孟和先生请我吃晚饭。席上的远客，是一位美国女子，代表几家报馆，去到俄国做特别调查员的。同席的是一对英国夫妇和两对中国夫妇，我在这个“中西男女合璧”的席上，心中发生一个比较的观察。那两位中国妇人和那位英国妇人，比了那位美国女士，学问上、智识上不见得有什么大区别。但我总觉得那位美国女子和她们绝不相同。我便问我自己道，她和她们不相同之处在哪一点呢？依我看来，这个不同之点，在于她们的“人生观”有根本的差别。那三位夫人的“人生观”是一种“良妻贤母”的人生观。这位美国女子的，是一种“超于良妻贤母”的人生观。我在席上，估量这位女子，大概不过三十岁上下，却带着一种苍老的状态，倔强的精神，她的一言一动，似乎都表示这种“超于良妻贤母的人生观”；似乎都会说道：“做一个良妻贤母，何尝不好？但我是堂堂地一个人，有许多该尽的责任，有许多可做的事业。何必定须做人家的良妻贤母，才算尽我的天职，才算做我的事业呢？”这就是“超于良妻贤母”的人生观。我看这一个女子单身走几万里的路，不怕辛苦，不怕危险，要想到大乱的俄国去调查俄国革命后内乱的实在情形：——这种精神，便是那“超于良妻贤母”的人生观的一种表示，便是美国妇女精神的一种代表。

这种“超于良妻贤母的人生观”，换言之，便是“自立”的观念。我并不说美国的妇女个个都不屑做良妻贤母，也并不说她们个个都想去俄国调查革命情形。我但说依我所观察，美国的妇女，无论在何等境遇，无论做何等事业，无论已嫁未嫁，大概都存一个“自立”的心。别国的妇女大概以“良妻贤母”为目的，美国的妇女大概以“自立”为目的。“自立”的意义，只是要发展个人的才性，可以不依赖别人，自己能独立生活，自己能替社会做事。中国古代传下来的心理，以为“妇人主中馈”“男子治外，女子主内”;妇人称丈夫为“外子”,丈夫称妻子为“内助”。这种区别,是现代美国妇女所绝对不承认的。

她们以为男女同是“人类”,都该努力做一个自由独立的“人”,没有什么内外的区别。我的母校康乃尔大学,几年前新添森林学一科,便有一个女子要求学习此科。这一科是要有实地测量的,所以到了暑假期内,有六星期的野外测量,白天上山测量,晚间睡在帐篷里,是很苦的事。这位女子也跟着去做,毫不退缩,后来居然毕业了。这是一条(个)例。列位去年看报定知有一位美国史天孙女士在中国试演飞行机。去年在美国有一个男子飞行家,名叫 Carlstrom,从 Chicago 飞起,飞了四百五十二英里(约一千五百里),不曾中止,当时称为第一个远道飞行家。不到十几天,有一个女子名叫 Ruth Law,偏不服气,便驾了她自己的飞行机,一气飞了六百六十八英里,便胜过那个男飞行家的成绩了。这又是一个例。我举这两个例,以表美国妇女不认男外女内的区别。男女同有在社会上谋自由独立的生活的天职。这便是美国妇女的一种特别精神。

这种精神的养成,全靠教育。美国的公立小学全是“男女共同教育”。每年约有八百万男孩子和八百万女孩子受这种共同教育,所发生的效果,有许多好处。女子因为常同男子在一处做事,自然脱去许多柔弱的习惯。男子因为常与女子在一堂,自然也脱去许多野蛮无礼的行为(如秽口骂人之类)。最大的好处,在于养成青年男女自治的能力。中国的习惯,男女隔绝太甚了,所以偶然男女相见,没有鉴别的眼光,没有自治的能力,最容易陷入烦恼的境地,最容易发生不道德的行为。美国的少年男女,从小受同等的教育(有几种学科稍不同),同在一个课堂读书,同在一个操场打球,有时同来同去,所以男女之间,只觉得都是同学,都是朋友,都是“人”:所以渐渐地把男女的界限都消灭了,把男女的形迹也都忘记了。这种“忘形”的男女交际,是增进青年男女自治能力的唯一方法。

以上所说是小学教育。美国的高级教育,起初只限于男子。到了十九世纪中叶以后,女子的高级教育才渐渐发达。女子高级教育可分两种:一是女子大学,一是男女共同的大学。单收女子的高级学校如今也还不少。最著名的,共有六处:

(一)Vassar College	在 Poughkeepsie, N.Y.	有一千二百人
(二)Wellesley College	在 Wellesley, Mass.	有一千五百人

(三)Bryn Mawr College	在 Bryn Mawr, Pa.	有五百人
(四)Smith College	在 Northampton, Mass.	有二千人
(五)Radcliffe College	在 Cambridge, Mass.	有七百人
(六)Bamard College	在纽约	有八百人

这种专收女子的大学,起初多用女子教授,现今也有许多男教授了。这种女子大学,往往有极幽雅的校址,极美丽的校舍,极完全的设备。去年有一位中国女学生,陈衡哲女士,做了一篇小说,名叫《一日》,写 Vassar College 的生活,极有趣味。这篇小说登在去年的《留美学生季报》第二号。诸位若要知道美国女子大学的内部生活,不可不读它。

第二种便是男女共同的大学。美国各邦的"邦立大学",都是男女同校的。那些有名的私立大学,如 Cornell, Chicago, Leland Stanford,也都是男女同校。有几个守旧的大学,如 Yale, Columbia, Johns Hopkins,本科不收女子,却许女子进他们的大学院(即毕业院)。这种男女共校的大学生活,有许多好处。第一,这种大学的学科比那些女子大学,种类自然更丰富了,因此可以扩张女子高级教育的范围。第二,可使成年的男女,有正当的交际,共同的生活,养成自治的能力和待人处世的经验。第三,男学生有了相当的女朋友,可以增进个人的道德,可以减少许多不名誉的行为。第四,在男女同班的学科,平均看来,女子的成绩总在男子之上:这种比较的观察,一方面可以消除男子轻视女子的心理;一方面可以增长女子自重的观念,更可以消灭女子仰望男子和依顺男子的心理。

据一九一五年的调查,美国的女子高级教育,约如下表:

大学本科	男	一四一,八三六人	女	七九,七六三人
大学院	男	一〇,五七一人	女	五,〇九八人
专门职业科(如路矿、牙医)	男	三八,一二八人	女	一七七五人

初看这表,似乎男女还不能平等。我们要知道女子高级教育是最近七八十年才发生的,七八十年内做到如此地步,可算得非常神速了。中美和西美有许多大学中,女子人数或和男子相等(如 Wisconsin),或竟比男子还多(Northwestern),可见将来未必不能做到高等男女教育完全平等的地位。

美国的妇女教育既然如此发达,妇女的职业自然也发达了。"职业"二字,在这里

单指得酬报的工作。母亲替儿子缝补衣裳,妻子替丈夫备饭,都不算“职业”。美国妇女的职业,可用下表表示:

一九〇〇年统计	男	二三,七五四,〇〇〇人		
	女	五,三一九,〇〇〇人	居全数	百分之十八
一九一〇年统计	男	三〇,〇九一,五六四人		
	女	八,〇七五,七七二人	居全数	百分之二十一

这些职业之中,那些下等的职业,如下女之类,大概都是黑人或新入境的欧洲侨民。土生的妇女所做的职业,大抵皆系稍上等的。教育一业,妇女最多。今举一九一五年的报告如下:

小学校	男教员	一一四,八五一人	女教员	四六五,二〇七人
中学私立	男教员	五,七七六人	女教员	八,二五〇人
中学公立	男教员	二六,九五〇人	女教员	三五,五六九人
师范私立	男教员	一六七人	女教员	二四九人
师范公立	男教员	一,五七二人	女教员	二,九一六人
大学及专门学校	男教员	二六,六三六人	女教员	五,九三一人

照上表看来,美国全国四分之三的教员都是妇女!即此一端,便可见美国妇女在社会上的势力了。

据一九一〇年的统计,美国共有四千四百万妇女。这八百万有职业的妇人,还不到全数的五分之一。那些其余的妇女,虽然不出去做独立的生活,却并不是坐吃分利的,也并不是没有左右社会的势力的。我在美国住了七年,觉得美国没有一桩大事发生,中间没有妇女的势力的;没有一种有价值的运动,中间没有无数热心妇女出钱出力维持进行的。最大的运动,如“禁酒运动”“妇女选举权运动”“反对幼童做苦工运动”……几乎全靠妇女的功劳,才有今日那么发达。此外如宗教的事业,慈善的事业,文学的事业,美术音乐的事业……最热心提倡赞助的人都是妇女占最大多数。

美国妇女的政治活动,并不限于女子选举一个问题。有许多妇女极反对妇女选举权的,却极热心去帮助“禁酒”及“反对幼童苦工”种种运动。一九一二年大选举时,共和党分裂,罗斯福自组一个进步党。那时有许多妇女,都极力帮助这新政党鼓吹运动,所以进步党成立的第一年,就能把那成立六十年的共和党打得一败涂地。前年

(一九一六年)大选举时,从前帮助罗斯福的那些妇女之中,如 Jane Addams 之流,因为怨恨罗斯福破坏进步党,故又都转过来帮助威尔逊。威尔逊这一次的大胜,虽有许多原因,但他得妇女的势力也就不少。最可怪的是这一次选举时,威尔逊对于女子选举权的主张,很使美国妇女失望。然而那些明达的妇女却不因此便起反对威尔逊的心。这便可见她们政治知识的程度了。

美国妇女所做最重要的公众活动,大概属于社会改良的一方面居多。现在美国实行社会改良的事业,最重要的要算"贫民区域居留地"(Social Settlements)。这种运动的大旨,要在下等社会的区域内,设立模范的居宅,兴办演说,游戏,音乐,补习课程,医药,看护等事,要使那些下等贫民有些榜样的生活,有用的知识,正当的娱乐。这些"居留地"的运动起于英国,现在美国的各地都有这种"居留地"。提倡和办理的人,大概都是大学毕业的男女学生。其中妇女更多,更热心。美国有两处这样的"居留地",是天下闻名的。一处在 Chicago,名叫 Hull House,创办的人就是上文所说的 Jane Addams。这位女士办这"居留地",办了三十多年,也不知道造就了几多贫民子女,救济了几多下等贫家。前几年有一个《独立周报》,发起一种选举,请读那报的人投票公举美国十大伟人。选出的十大伟人之中,有一个便是这位 Jane Addams 女士。这也可想见那位女士的身价了。还有那一处"居留地",在纽约城,名叫 Henry Street Settlement,是一位 Lilian Wald 女士办的。这所"居留地"初起的宗旨,在于派出许多看护妇,亲到那些极贫苦的下等人家,做那些不要钱的看病、施药、接生等事。后来范围渐渐扩充,如今这"居留地"里面,有学堂,有会场,有小戏园,有游戏场。那条亨利街本是极下等的贫民区域,自从有了这所"居留地",真像地狱里有了一座天堂了。以上所说两所"居留地",不过是两个最著名的榜样,略可表见美国妇女所做改良社会的实行事业。我在美国常看见许多富家的女子,抛弃了种种贵妇人的快活生涯,到那些"居留地"去居住。那种精神,不由人不赞叹崇拜。

以上所说各种活动中的美国妇女,固然也有许多是沽名钓誉的人,但是其中大多数妇女的目的只是上文所说"自立"两个字。她们的意思,似乎可分三层。第一,她们以为难道妇女便不配做这种有用的事业吗?第二,她们以为正因她们是妇女,所以是该做这种需要细心耐性的事业。第三,她们以为做这种实心实力的好事,是抬高女子地位声望的唯一妙法:即如上文所举那位 Jane Addams,做了三十年的社会事业,便被国人公认为十大伟人之一;这种荣誉岂是唐群英、沈佩贞那种举动所能得到的吗?所以我们可说美国妇女的社会事业不但可以表示个人的"自立"精神,并且可以表示美国女界扩张女权的实行方法。

以上所说,不过略举几项美国妇女家庭以外的活动。如今且说她们家庭以内的生活。

美国男女结婚,都由男女自己择配。但在一定年限以下,若无父母的允许,婚约即无法律的效力。今将美国四十八邦法律所规定不需父母允许之结婚年限如下:

男子可自由结婚年限		女子可自由结婚年限	
三十九邦规定	二十一岁	三十四邦规定	十八岁
五邦规定	十八岁	八邦规定	二十一岁
一邦规定	十四岁	二邦规定	十六岁
三邦无法定的年限		一邦规定	十二岁
		三邦无法定的年限	

自由结婚第一重要的条件,在于男女都须要有点处世的阅历,选择的眼光,方才可以不至受人欺骗,或受感情的欺骗,以致陷入痛苦的境遇,种下终身的悔恨。所以须要有法律规定的年限,以保护少年的男女。

据一九一〇年的统计,有下列的现象(此表单指白种人而言):

已婚的男子有一六,一九六,四五二人　已婚的女子有一五,七九一,〇八七人

未婚的男子有一一,二九一,九八五人　未婚的女子有八,〇七〇,九一八人

离婚的男子有一三八,八三二人　离婚的女子有一五一,一一六人

这表中,有两件事须要说明。第一是不婚不嫁的男女何以这样多?第二是离婚的夫妻何以这样多?(美国女子本多于男子,故上表前两项皆女子多于男子。)

第一,不婚不嫁的原因约有几种。(一)生计一方面,美国男子非到了可以养家的地位,决不肯娶妻。但是个人谋生还不难;要筹一家的衣食,要预备儿女的教育,便不容易了。因此有家室的便少了。(二)知识一方面,女子的程度高了,往往瞧不起平常的男子;若要寻恰好相当的知识上的伴侣,却又"可遇而不可求"。所以有许多女子往往宁可终身不嫁,不情愿嫁平常的丈夫。(三)从男子一方面设想,他觉得那些知识程度太高的女子,只配在大学里当教授,未必很配在家庭里做夫人;所以有许多人决意

不敢娶那些“博士派”(“Ph.D.type”)的女子做妻子。这虽是男子的谬见,却也是女子不嫁(的)一种小原因。(四)美国不嫁的女子,在社会上,在家庭中,并没有什么不便,也不致损失什么权利。她一样地享受财产权,一样地在社会往来,一样地替社会尽力。她既不怕人家笑她白头“老处女”(Old Maidens),也不用虑着死后无人祭祀!(五)美国的女子,平均看来,大概不大喜欢做当家生活。她并不是不会做:我所见许多已嫁的女子,都是很会当家的。有一位心理学大家 Hugo Muensterberg 说得好:“受过大学教育的美国女子,管理家务何尝不周到,但她总觉得宁可到病院里去看护病人!”(六)最重要的原因,还是我上文所说那种“自立”的精神,那种“超于良妻贤母”的人生观。有许多女子,早已选定一种终身的事业,或是著作,或是“贫民区域居留地”,或是学音乐,或是学画,都可用全副精神全副才力去做。若要嫁了丈夫,便不能继续去做了;若要生下儿女,更没有作这种“终身事业”的希望了。所以这些女子,宁可做白头的老处女,不情愿抛弃她们的“终身事业”。以上六种都是不婚不嫁的原因。

第二,离婚的原因。我们常听见人说美国离婚的案怎样多,便推想到美国的风俗怎样不好。其实错了。第一,美国的离婚人数,约当男人全数千分之三,女子全数千分之四,这并不算过多。第二,须知离婚有几等几样的离婚,不可一笔抹杀。如中国近年的新进官僚,休了无过犯的妻子,好去娶国务总理的女儿:这种离婚,是该骂的。又如近来的留学生,吸了一点文明空气,回国后第一件事便是离婚,却不想想自己的文明空气是机会送来的,是多少金钱买来的;他的妻子要是有了这种好机会,也会吸点文明空气,不至于受他的奚落了!这种不近人情的离婚,也是该骂的。美国的离婚,虽然也有些该骂的,但大多数都有可以原谅的理由。因为美国的结婚,总算是自由结婚;而自由结婚的根本观念就是要夫妇相敬相爱,先有精神上的契合,然后可以有形体上的结婚。不料结婚之后,方才发现从前的错误,方才知道他两人决不能有精神上的爱情。既不能有精神上的爱情,若还依旧同居,不但违背自由结婚的原理,并且必至于堕落各人的人格,绝没有良好的结果,更没有家庭幸福可说了。所以离婚案之多,未必全由于风俗的败坏,也未必不由于个人人格的尊贵。我们观风问俗的人,不可把我们的眼光,胡乱批评别国礼俗。

我所闻所见的美国女子之中,很有许多不嫁的女子。那些鼎鼎大名的 Jane Addams,Lilian Ward 一流人,自不用说了。有的终身做老女,在家享受安闲自由的清福。

有的终身做教育事业，觉得个个男女小学生都是她的儿女一般，比那小小的家庭好得多了，如今单举一个女朋友作例，这位女士是一个有名的大学教授的女儿，学问很好，到了二十几岁上，忽然把头发都剪短了，把从前许多的华丽衣裙都不要了。从此以后，她只穿极朴素的衣裳，披着一头短发，离了家乡，去到纽约专学美术。她的母亲是很守旧的，劝了她几年，终劝不回头。她抛弃了世家的家庭清福，专心研究一种新画法，又不肯多用家中的钱，所以每日自己备餐，自己扫地。她那种新画法，研究了多少年，起初很少人赏识，前年她的新画在一处展览，居然有人出重价买去。将来她那种画法，或者竟能自成一家也未可知。但是无论如何，她这种人格，真可算得“自立”两个字的具体的榜样了。

这是说不嫁的女子。如今且说几种已嫁的妇女的家庭。

第一种是同具高等学问，相敬相爱，极圆满的家庭。如大哲学家 John Dewey 的夫人，帮助她丈夫办一个“实验学校”，把她丈夫的教育学说实地试验了十年，后来他们的大女儿也研究教育学，替她父亲去考察各地的新教育运动。又如生物学家 Comstock 的夫人，也是生物学名家，夫妇同在大学教授，各人著的书都极有价值。又如经济学家 Alvin Johnson 的夫人，是一个哲学家，专门研究 Aristotle 的学说，很有成绩。这种学问平等的夫妇，圆满的家庭，便在美国也就不可多得了。

第二种是平常中等人家，夫妻同艰苦、同安乐的家庭。我在 Ithaca 时，有一天晚上在一位大学教授家吃晚饭。我先向主人主妇说明，我因有一处演说，所以饭后怕不能多坐。主人问我演什么题目，我说是《中国的婚姻制度》。主人说：“今晚没有他客，你何不就在这里先试演一次。”我便取出演说稿，挑出几段，读给他们听。内中有一节讲中国夫妻结婚之前，虽然没有爱情，但是成了夫妇之后，有了共同的生活，有福同享，有难同当，这种同艰苦的生活也未尝不可发生一种浓厚的爱情。我说到这里，看见主人抬起头来望着主妇，两人似乎都很为感动。后来他们告诉我说，他们都是苦学生出身，结婚以来虽无子女，却同受了许多艰苦。近来境况稍宽裕了，正在建筑一所精致的小屋，她丈夫是建筑工程科教授，自己打图样，他夫人天天去监督工程。这种共同生活，可使夫妇爱情格外浓厚，家庭幸福格外圆满。

又一次，我在一个人家过年。这家夫妇两人，也没有儿女，却极相敬爱，共尝艰苦。那丈夫是一位化学技师，因他夫人自己洗衣服，便想出心思替她造了一个洗衣机器。

他夫人指着对我说，“这便是我的丈夫今年送我的圣诞节礼了”。这位夫人身体很高，在厨房做事，不很方便，因此她丈夫自己动手把厨房里的桌脚添高了一尺。这种琐屑小事，可以想见那种同安乐、同艰苦的家庭生活了。

第三种是夫妇各有特别性质，各有特别生活，却又都能相安相得的家庭。

我且举一个例。有一个朋友，在纽约一家洋海转运公司内做经理，天天上公司去办事。他的夫人是一个“社交妇人”(Society Woman)，善于应酬，懂得几国的文学，又研究美术音乐。每月她开一两次茶会，到的人，有文学家，也有画师，也有音乐家，也有新闻记者，也有很奢华的“社交妇人”，也有衣饰古怪、披着短发的“新妇女”(the New Woman)。这位主妇四面招呼，面面都到。来的人从不得见男主人，男主人也从来不与闻这种集会。但他们夫妇却极相投相爱，决不因此生何等间隔。这是一种“和而不同”的家庭。

第四种是“新妇女”的家庭。“新妇女”是一个新名词，所指的是一种新派的妇女，言论非常激烈，行为往往趋于极端，不信宗教，不依礼法，却又思想极高，道德极高。内中固然也有许多假装的“新妇女”，口不应心，所行与所说大相反悖的。但内中实在有些极有思想、极有道德的妇女。我在 Ithaca 时，有一位男同学，学的是城市风景工程，却极喜欢研究文学，做得极好的诗文。后来我到纽约不上一个月忽然收到一个女子来信，自言是我这位同学的妻子，因为平日听她丈夫说起我，故很想见我。我自然去见她，谈起来才知道她是一个“新妇人”，学问思想，都极高尚。她丈夫那时还在 Cornell 大学的大学院研究高等学问。这位女子在 Columbia 大学作一个打字的书记，自己谋生，每星期五六夜去学高等音乐。他们夫妇隔开二百多英里，每月会见一次，她丈夫继续学他的风景工程，他夫人继续学她的音乐。他们每日写一封信，虽不相见，却真和朝夕相见一样。这种家庭，几乎没有“家庭”可说；但我和他们做了几年的朋友，觉得他们那种生活，最足代表我所说的“自立”的精神。他们虽结了婚，成了夫妇，却依旧做他们的“自立”生活。这种人在美国虽属少数，但很可(以)表示美国妇女最近的一种趋向了。

结论。以上所说“美国的妇女”，不过随我个人见闻所及，略举几端，既没有“逻辑”的次序，又不能详尽。听者读者，心中必定以为我讲“美国的妇女”，单举她们的好处，不提起她们的弱点，未免太偏了。这种批评，我极承认。但我平日的主张，以为我们观风问俗的人，第一的大目的，在于懂得人家的好处。我们所该学的，也只是人家的长处。我们今日还不配批评人家的短处。不如单注意观察人家的长处在什么地方。那些外国传教的人，回到他们本国去捐钱，到处演说我们中国怎样的野蛮不开化。他们钱虽捐到了，却养成了一种贱视中国人的心理。这是我所最痛恨的。我因为痛恨这种单摘人家短处的教士，所以我在美国演说中国文化，也只提出我们的长处；如今我在中国演说美国文化，也只注重他们的特别长处。如今所讲美国妇女特别精神，只在她们的自立心，只在她们那种“超于良妻贤母人生观”。这种观念是我们中国妇女所最缺乏的观念。我们中国的姊妹们若能把这种“自立”的精神来补助我们的“倚赖”性质，若能把那种“超于良妻贤母人生观”来补助我们的“良妻贤母”观念，定可使中国女界有一点“新鲜空气”，定可使中国产出一些真能“自立”的女子。这种“自立”的精神，带有一种传染的性质。女子“自立”的精神，格外带有传染的性质。将来这种“自立”的风气，像那传染鼠疫的微生物一般，越传越远，渐渐地造成无数“自立”的男女，人人都觉得自己是堂堂的一个“人”，有该尽的义务，有可做的事业。有了这些“自立”的男女，自然产生良善的社会。良善的社会绝不是如今这些互相倚赖、不能“自立”的男女所能造成的。所以我所说那种“自立”精神，初看去，似乎完全是极端的个人主义，其实是良善社会绝不可少的条件。这就是我提出这个问题的微意了。

（第五卷第三号，一九一八年九月十五日）

战后之妇人问题

李大钊

现代民主主义的精神，就是令凡在一个共同生活组织中的人，无论他是什么种族、什么属性、什么阶级、什么地域，都能在政治上、社会上、经济上、教育上得一个均等的机会，去发展他们的个性、享有他们的权利。妇人参政的运动，也是本着这种精神起的。因为妇人与男子虽然属性不同，而在社会上也同男子一样，有她们的地位、在生活上有她们的要求、在法律上有她们的权利，她们岂能久甘在男子的脚下受践踏呢？妇人参政的运动，在这次大战之前，久已有她们奋斗的历史。美国有许多州，已经实行了。可是当时有很多人反对这种运动，他们大都说，女子的判断力薄弱、很容易动感情、不宜为政治家。也有对于女子的能力怀疑的。我们东方人对于这个问题的观念，更是奇怪，不是说"礼教大防""男女授受不亲"，就是说女子应该做男子的"内助"，专管"阃以内"的事。到了战争起来的时候，那些男子一个一个的都上了战场，女子才得了机会，去做出一个榜样来，让那些男子看看，到底女子有没有能力。于是当警察的也有，做各种劳动的也有，在赤十字救护队中活动的也有，在车队中做后方勤动的也有，做了种种的成绩，都可以杜从前轻视女子的口实。所以在战事未了的时候，美、英、德诸国已经都有认许妇人参政权的表示。俄国 Bolsheviki 政府里边有一个救济部总长，名叫郭冷苔，就是一位女子，这就是妇人参政的一个新纪元。

妇人参政的运动，到了今日，总算是告一段落。这过去半世纪的悬案，总算有了解决的希望。但在战时有一段事，还引起了许多人怀疑。就是美国对德宣战的时候，孟塔拿州有位女议员，名叫兰金，是美国最初的女议员，一时世间对她，很有不满意的批评。因为决议宣战案的时候，一次唤她，她并不答，第二次仍是无语，第三次问她，她才哭着、颤声答了一个"No"字，后来有一位新闻记者去访问她，她说，惩膺德国的横暴，她也认为必要，但不赞成战争。于是有人说，妇人解一件事，往往不靠理性、单靠感情，所以让她们去做政治家很不相宜。但是我们对于这种话，实在是有些疑问。那些政治家的理性，都是背着人类感情的么？那些背着人类感情的理性，都是好的么？都是对的么？这个不忍的感情，都是错的么？都是坏的么？这几点，我们都应该拿出纯真的心想一想，然后再下断语的。就美国而论，妇人中有很多比获享选举权的男子们还有独立的判断与知识的。美国西部各州，有很多实行妇人参政卓有成效的地方。数年前，考劳拉豆州有夫妇二人，各有各的投票权，他们所欲选的人，却正是反对党；结果，其妇所选举的人归于失败；选举后家庭的感情，并不以是生何影响。这个例子，不可以证明妇人也有独立的判断力，妇人参政也不至与社会及家庭以恶影响么？就说关于社会一般的文教制度、法律习惯、妇人的判断知识实视男子为贫弱，而关于妇人切身的问题、与其父兄夫友全不相干的问题，令她们自己也有发表意见的机会，难道不比由男子一手代办、把妇人当做一阶级、排出政治以外妥当的多么？又有人说，妇人的大多数，对于政治并不发生兴趣。这也不可一概而论。像美国的考劳拉豆和优达二州，各阶级的妇女对于选举投票，均很踊跃，很可以证明她们承认妇人选举权是正当的。又像最近英国的总选举，那些妇人行使选举权踊跃的样子，令人惊愕。一个社会生活上有了必须的要求，就应该立一种制度，适应它的情况，才是正当的道理。

预想这回战后，欧美妇人社会发生许多难解决的问题。

第一，就是妇女过庶问题。据人口统计，从前欧美男女的比例，就是女多男少。经这回战争，壮丁男子在战场上死得很多，已嫁的女子添了许多新寡，未嫁的女子也天天想着结婚难，妇女过庶的倾向愈益显著。这时的社会，必起许多悲惨的现象，生活一天难似一天，结婚也不容易，离婚却更增多，卖淫、堕胎、私生子，一天多似一天。妇女一个阶级有了这样悲惨的现象，社会全体必也受莫大的影响。

第二，尚是女工对男工的问题。欧战既起，做工的男子都上了战场，　时非用女工填他们的缺各工厂就得停工。英国政府拿战后必恢复旧状做条件，违背战时劳动组合的规定，许工厂得以女工代男工用。其他各国，也大都如此。欧洲妇女界骤得了工作的机会，如同开辟了新领土一样。那些资本家也很愿意雇用这工价低廉的女工。到了战后，从前赴战场的男子都还乡土，看见他们做工的地盘都被价廉的女工们占领，自然要同这些女工起一场争斗。那些女工因为生活难的结果，也断断不肯把已经取得的新领土拱手让还男子。那些资本家也不愿辞退这价廉的女工。从前妇女劳动最大的缺点,就是不熟练,经这次战争中的训练,与职工教育的发达,这种缺点已经消灭。既没有不熟练的缺点,又有工价低廉的便宜,资本家正可以利用女工操纵男工。为防止男工女工间的竞争,与资本阶级的操纵,必须谋一个对于同一工作给予同额报酬的方法。可是这个方法,很不容易定规。因为妇人劳动的团体结合不坚,她们的势力也很微弱,不能独立抗资本家;要求得与男子同额的报酬,恐怕做不到。解决这个问题,有的希望政府定出一个公定工银法来,有的主张设法奖励男女劳动组合的一致提携。总而言之,男女工人间有了争执,必为资本家所乘,结局都是不利。男女工人间有了结合,定能于阶级战增添一层力量。将来出于哪条道路,虽难预定,若从俄、德革命的潮流滔滔滚滚的及于全欧的大势看起来,英、法的动摇也是迟早间的问题。男女工人,大约不致长相争执,他们或者可以互相提携,于阶级战增加一层力量。

第三,就是劳动阶级的母亲问题。战时丁男骤去出征,剩下家中的老弱没人照管,甚为可怜。因此有的国家就规定一律办法,对于出征兵士的家族,发一项扶助费。这个费额,不是拿那为家长的男子出征前的工银做标准的,乃是按那家族人数的多寡发给他们。从前因为收入不足,且不确定,天天在苦痛的生活中鬼混的劳动阶级的母亲们,这才有了确实生活的保障。她们在这战争期间,算是享了一点子的幸福。一旦战争停止,这种幸福也就跟着消灭,又要回复她们那暂时忘下的苦痛生活。她们怎样抛弃这暂时的幸福,去迎受那旧日不要的生活,实在是一个问题。这次战争,丧失壮丁不少,为补充战后的人口计,对于母性的保护,应该特别注意,像那育儿扶助费,及种种母性保护的方法,也是不能不研究的。还有一样,开战后英国所设的儿童保护所约有二百处,收容的儿童约六万人,这种机关,战后必愈见发达;因为有些做工同时而为母亲的妇人,若去做工,就不能照管小孩,这种机关,实在是必要的。儿童的养育,由家庭移到社会的共同育儿机关,这也是社会进化的一个新现象。

这些问题,若是单靠着女权运动去解决它们,固然也不能说全没有一点效果。但是女权运动,仍是带着阶级的性质。英国的妇人自从得了选举权,那妇人参政联合又把以后英国妇人应该要求的事项罗列出来,大约不过是:

(一)妇人得为议员。

(二)派妇人到国际战后经营会议。

（三）使同外人结婚的英国妇人也得享有英国国籍。

（四）妇人得为审判官及陪审官。

（五）妇人得为律师。

（六）妇人得为政府高级官吏。

（七）妇人得为警察官。

（八）使女教师与男教师同等。

（九）以官费养育寡妇和她们的子女。

（十）父权及母权的均衡。

（十一）男女道德标准的一致。

这几项，都是与中产阶级的妇人最有直接紧要关系的问题，与那些没有财产、没受教育的劳动阶级的妇人全不相干。那中产阶级的妇人们是想在绅士阀的社会内部有和男子同等的权利；无产阶级的妇人们天高地阔、只有一身；她们除要求改善生活以外，别无希望。一个是想管治他人、一个是想把自己的生活由穷苦中释放出来，两种阶级的利害，根本不同，两种阶级的要求，全然相异。所以女权运动，和劳动运动纯是两事。假定有一无产阶级的妇人，因为卖淫，被拘于法庭；只是捉她的是女警官，讯她的是女审判官，为她辩护的是女律师，这妇人问题就算解决了么？这卖淫的女子受女官吏的拘讯，和受男官吏的拘讯，有什么两样的地方么？就是科刑的轻重有点不同，也是枝叶的问题。根本的问题，不问直接间接，还是因为有一个强制妇人不得不卖淫的社会组织在那里存在。在这种组织的机关的一部安放一两个妇人，怎能算是妇人的利益呢？中产阶级妇人的利害，不能说是妇人全体的利害。中产阶级妇人的权利伸张，不能说是妇人全体的解放。我以为妇人问题彻底解决的方法，一方面要合妇人全体的力量去打破那男子专断的社会制度，一方面还要合世界无（产）阶级妇人的力量去打破那有产阶级（包有男女）专断的社会制度。

我们中国的女界，对于这世界的妇人问题，有点兴趣没有，我可不敢武断。但是我很盼望我们中国不要长有这“半身不遂”的社会。我很盼望不要因为世界上有我们中国，就让这新世纪的世界文明仍然是“半身不遂”文明。

（第六卷第二号，一九一九年二月十五日）

男女问题

张崧年

看《每周评论》仲密君所说欧洲小说中的男女问题还是没有彻底圆满解决，所以仍弄出不自然的结果。这都因想解决它的人没有在根本上着想，不敢倡言把行了几千年的婚姻制度从根废除。没晓得这个制度也是有废除的可能的。君宪可以改成共和，专制可以改成民主。婚姻本也是古来传留、霸据、偏狭、欺伪的制度中的一种。但使吾们明白它的真作用，把对于它的心理改改，这种作万恶源泉的制度有什么不可去？有什么不该去？有什么不能去的？须知爱情不过自然界里一种自然现象，它的发露与消灭都有自然不可逃的势子在后边。发的时候不能不发，灭的时候不能不灭。这并没有什么可以稀奇，岂可加以束缚？岂可加以逼迫？也岂能加以束缚、加以逼迫？因为这个缘故，从爱情生出来的人间关系，便该纯全随着爱情定去留。爱情断了，还定要保留因它起的关系，那便是强迫！那便是作伪！那便是假冒、违背自然！那便是完成男女间的关系只有肉欲。把人间可贵的精神去了，只留下干枯的躯体，或者恐怕只拿爱情做主，男女间的关系不免过易动摇、过易解散。因此要讲什么贞操，要讲什么节制，其实这并没有了不得的必须。男女关系不严重，也不见得总有害。就要保持它的郑重切实，也只有仍就爱情想法子。想法在爱情上求纯净真洁、想法把本能之爱养成精神之爱，（如罗素说，人之活动，可约略从三原孳乳出来。一、本能。二、心。即思想、即知识。三、精神。）养成高闳纯洁、深邃闲寂殷切、连接"无穷"的爱。若不这样，想在爱情以外，弄别的责务、制裁，根本已不妥；就令能行，终究也必归于无用、归于失败。所以吾尝说，两个男女有爱情，便可共处；（夫妻的名字，自然也不必须，并且也不可要。因为凡物事改了，名字就当随着改，免得生误会、出毛病。）爱情尽了，当然走开。这本没有什么奇怪、可羞耻、可惊骇，更用不着发什么恼。爱情原与天气是差不多一样的自然现象。天气不能天天一样,爱情自然也难免有时要有转变。(又如罗素说:“终身的一夫一妻,当其成功,虽然是最好的。但是吾们需要之越发复杂,使它越发常常成个失败。阻止那个失败,只有离婚是最好的方法。”“要索或希期一生的固定,苛求互诺以外的离婚根据,都是无理由的。”)比方今天晴得很好,明早忽然起了暴风,要是对着这个发恼;不呆,也有点傻。再不然,便是中了感情,不能见真,不能攻理窟、破理障。

男女的关系或是爱情,本来都不可看得太过板滞,看得太过重。只是有人终见不到这个,没有爱情还要装成像有的样子,便造出种种的恶业。也有只知死守着狭小、拘束、离索的爱情,不晓得把它推到它所能到的深闳,便也不能得到至善的生活、终极的圆满。就是见到爱情不可赝、不必赝不能赝的,也或仍然客气、矫情、虚伪地不肯明说。这都为人类把自己看得太高贵、太骄蹇了(其实是外强中干),怎会见着真理?怎会能成侣伴无与自由冲突?怎会得到不伤犯心与精神之生活的本能联合?自然界的东西都脱不了自然律的支配。他们可主张什么人间律。哪知就有人间律,也不能出了自然律的范围。现在还有许多人牿在人生讲人生、窝到瓮里想见天。恁地道德,怎生制裁。绝不从本源上想想,绝不跳出圈儿去睁开眼睛四下里望望。这个样儿行去,必定离真越来越远(在吾意,真即是自然,自然即是真,即真即自然;美善视此。这本不过常识,但科学、科学的哲学都栽根在常识思想),还有什么学问可说、什么道理可论。照着那样讲人生,必是越讲越令人生空浮委琐、粉饰做作,虚骄且枯丁。谈道德的,根本总仍离不了为过重什么不当现、不重什么当现,误了的传袭、习俗道德。这样儿谈,也必越谈越迫人世欺诈而晦暗;越促世人偷薄、苟且因循依阿,只去恐虞怕惧,不去希望去喜欢。看破国界,种族界的本早就很有。可是更进一步,看破男女性界,再进一步,看破人与人外的自然界的,却到如今不多。这仍是见小不见大,仍是识近不察远,仍是扩充未达极处,没有止到至善的地步,不知人生除了至好顶善的没有善的。对着种种结织坚密的网罗,变成铁石的偶像,怎么会能真实撞破,怎么会能全般铲除?《每周评论》译的莫巴桑的小说,所说杀父母的儿与被儿杀的父母,根由也不过是被不自然、不良的制度所害。双方又犯了同一样的成见,执着习惯病,遂就造成那种不自然的恶果。果然吾们承认爱情、性欲,当真吾们赞成真诚、不赞成欺伪;那么,有了爱情,生儿子是自然不可免的事。处在这种不必因为真爱情、不必因为精神爱情成关系的制度下，找个发露真爱情、发露精神爱情的地方，也是自然合该。怕生先就不必爱，不准她们生就应一概不准人有爱。既然一样生来的，有什么公生私生的别异？为了什么真实道理，公生私生应该歧待？公生没有什么希罕，私生有什么可丑？私生不但没有什么可丑，因为公生常常是虚假生的、常常是专为肉欲生的，私生倒常是由真爱情生出来，过情说，私生简直有时更觉光辉。（此所以历来私生子每每多奇才。）可惜人类作伪惯了，甘心处在逼人作伪的制度下，明明爱着那个，偏偏要敷衍这个，等到弄出爱的结局，越发要藏藏盖盖，讲什么体面。哪里知道越昧着越是不体面？人类不知怎么竟矫揉造作成这个样子，糟到这个地步。一面僭称“万物之灵”，同时可又胆怯过鼠、苟苟且且、偷偷摸摸。照着这个情景，老不顺道走，何时会真实见着天日的光明？

上边这片话的主意，只是说，“男女间的关系应当纯全以爱情为主（或说由精神发出的爱情），绝对自由，非占据的自由、相敬重的自由、与公道相辅的自由”。（如罗素说：“不论法律或是舆论，都不应过问男女之私关系。”又说：“自由是营生的（政治）慧智之根底，它处然，此处‘在男女关系问题’亦然。”）随带着必须的便是“儿童共育。”（罗素也主张：“身心健全人生的儿子的教养费应完全归群众负担。”并且说：“能挣钱的女人，为生育不能挣了，公家应当仍照数给她。”）这虽然是个理想，但是现在盛行；认为当认的思想自由、信仰自由、民治主义、社会主义、女权恢复、国际组织等等。那个当初不是几个人的悬想？“吾们第一但求心里明白，那类的生活吾们想着好？那类的变迁吾们愿欲世间有？”吾们的期望绝不是就为明天，也必不得就为明天。但今到了现在几个人的孤独思想变成多数人普通思想的时候，那个思想自然就会实现。“论到究竟，思想的力量是比任何别的人力都大的。有能力去思，并能想象按照众人的需要去思的早晚要可得到他志在的善”，所以论现在这个男女关系的理想，吾可断言，人间光明坦荡荡的将来，一定不能不出那条路。可是中国男女关系的黑暗，到现在还没有减淡多少。怎么样子引到那条路上去，还要有几句话，稍微说说。

审察西方行过的步骤，想使中国走向那条路去，第一必须就是使离婚容易，说实话，就是怎么使离婚制度能够行到中国。要想这个，不可不再谋、重新谋：振兴中国的女子教育，提高中国女子的知识，使她们也大多半有自立的职业；最要紧的还要想法，使社会对她们改改观念，改了把她们当货品、当玩物的不当观念。现在离婚所以不能行，在所谓上等社会，行到所谓要什么所谓体面的社会，大部分仍然是为了那个老观念。因为若有离婚的事情,人仍都看她作出妻的旧套,就是当作嫌那个东西不好,把她丢掉。这个人丢的坏东西,自然别人愿意要得很少。被丢的、有意识的东西,虽然可有娘家归,不必就要饿死,但自然要觉得是个大不体面,所以宁甘受无论如何的苛待,随她心里怎么不舒帖,总少高兴被出。男子也有什么"物议"的束缚,又为不是成俗、习惯的事,自然敢作的也很少。因此两方都在乌黑里摸路,绝少有心想及光明。与离婚相补足,应当同时并行的,就是结婚的真正自由。这也是要拿教育、知识作前备。外此要讲交际一层,也与上头那个观念大有关。没有男女交际,自难有自由婚嫁可说。没有真自由地,长期地,不是受利用被强迫地交际,自难有由精神爱情成立的关系可言。

后时几百年的中国,倘能渐渐也使结婚普遍自由,离婚正当容易么,未来的大路上,自然会有一道"赤"光向它闪!

附言一:篇中有处说到人生,吾并不是反对谈人生。人既是人,如何能于这种切身问题不谈?就是吾今论男女关系又何尝不是谈人生?吾的主意只是:就令谈人生,绝不可被它囚住。假若被它囚住,那就永不会知识它,永不会得它的真。就如幸福,假若天天求幸福,绝不会得到幸福。

附言二:篇中所引罗素(Bertrand Russell)语都散见其 *Principles of Social Reconstruction*,1916(此书又有美国版改名 *Why Men Fight:A Method of Abolishing the International Duel*,1917)。罗素是现代最有创发的数学原理家、数理名学家、数理哲学家,正在哲学里开新纪元,是吾几年来最仰望的学者。生在一八七二年。出身英国一个伯侯家。在剑桥三一书院做过讲师,就讲世界上没有几人能讲,他自己集大成的一种新学:"数学元理"实新派的数理逻辑,亦即二百年前,德国头一个大数学家,哲学家来本之(Leibniz)计划一生的"通指"。欧战以来,罗素很感战祸之烈,唱不抗主义,非战论,主张公道,又替遵着良心行的人说话,为此受了罚(一九一六年六月),教职也被开掉。但仍径行不挠,遂又惹得不得出境,并禁锢监牢。美国哈佛大学早请定他去讲演,就也不能去了。他这个头脑极恬静、态度极和蔼、情意极恳至的思想家,全世界数一数二的学者,时到今日,这等待遇,还会遭遭!(或者当真仍是自然,应该!)所著书,除讲几何基础,评述来本之哲学,说数学原理,证他自成的新哲学法(名理解析法),论他自发的

"科学法哲学""名理原子论哲学""数理名学""数学哲学"的等等外,论群治的尚有 *German Social Democracy*,1896(他第一部著作);*Justice in War Time*,1916;*Political Ideals*,1917。又出版较近的文集 *Mysticism and Logic and Other Essays*,1918。也有几篇论到人生的通俗文章。他所持改造社会的原理与方法都是由科学、事实同理想参和出来,很有根据。

(第六卷第三号,一九一九年三月十五日)

男女社交公开

杨潮声

破除男女界域,增进男女人格。

我想男女同是人类,除了生理的组织稍有不同外,并没有两样的地方;我们中国人为什么因了这两个字,生出种种的问题呢?照我个人看起来,都是受古人遗传下来的“礼教”两个字的毒。“礼教”原来并不是一件毒物,为什么要叫它毒呢?我们人类在上古的时候,没有什么“礼教”不“礼教”,就没有什么男女问题,自从有了这“礼教”两个字,那么,男女有起界域来了!有起礼防来了!男女的交际秘密起来了!男女的情感,变成不可以对人说的了!因了这种种的缘故,就生出什么“奸淫”“贞操”“节操”等等的问题。一个四万万人的中国,几乎变成二万万人的两个中国,这不是一件可笑的事么?我说这几句话,一班自命维持“礼教”的人,定要说这个人真是“荒诞不经”了。但是我有几个问题,要问维持礼教的人,这几个问题,就是我主张男女社交公开的根本问题。

(一)中国的礼防,是哪时候起的?自从有了礼防以后,有没有你们所说的不贞不操奸淫的事?(二)女子是一个人还是一件东西?(三)礼防与道德是一件事,还是两件事?

从第一个问题说起来,礼防自古有的,并且看得极重的;但是比不贞不节还要不道德的事,也自古有的。不但是一般智识浅薄的人有这种事,就是所谓礼教中人,犯的也很多。那么,可见“礼防”并不能防不道德的。所谓“礼防”者,不过是一种假面具,哄哄人的。照我看起来,唯其防得严,一旦抉破起来,更不得了。假使向来男女看得一样,就也不至于有鬼鬼祟祟的秘密行为了。因为男女之交际,是自然的,男女情好也自然的,而礼防是人为的,人为的决不能胜自然。我们不设“礼防”看人类一律平等，那么，交际自然不秘密而公开，情感不滥发而专一！于是人类的真真自由幸福可享，人格也高尚了。Aristotle 所说，以人类待人，乃肯以人类自居，这句话实在不错。向来我们不以人类待人，所以人也不以人类自待，故礼防的意思要限制男女的自由，其结果反而养成男女不规则的自由，而比较的高尚人格的自由幸福，被它抑制摧残尽了！我所以要主张男女社交公开的理由一。

照第二个问题讲，我想无论如何顽固的人，无论怎样伸张男权的人，对于女子总是看她是人，不是东西。那么，我的立论，就不怕它打破了！女子既也是一个人，人与人交际，为什么不可呢？既认她是人，就该认她有人格，有人格的男，和有人格的女，交际就是人与人交际，无所谓“礼防不礼防”。假使有一件东西，我们看它有益不有益，有害不有害，心理上生出避害就益的观念，是当然的。但是这是人，并不是东西，那么共同交际，也是当然的。

退一步说，因为看得女子重，就尊敬起来，不敢待慢了！因为看得轻，就有玩忽的意思了！再换一句说，因为一样的对待，一样的交际，就不觉得有什么欲念。因为隔绝的严，就生出“穴隙相窥”等的事了！可见欲隔绝男女之界，以养成高尚人格，是一种“南辕北辙”的办法，有害无益。我所以要主张男女社交公开的理由二。我已经把以前两个问题说明了！第三个问题，是不必说的。但是恐怕有人还要看“礼防”就是“道德”。拿我的破除“礼防”当做破坏“道德”，我不能不再说明。“道德”是真的，善的，美的，“礼防”是伪的，虚的；有礼防并不足以致道德，无礼防并不就是不道德，并且可以致道德。所以要守旧道德，也不妨使男女之界域破除，交际公开。至于口说维持礼教而多妻多妾者，劝他不必再说了！所以我要主张男女社交公开的理由三。

我这篇议论才完，友人来说教育部将要筹设女子大学。故前几天（三月中旬）召集中等以上女校长，讨论这件事，结果还没晓得。不过我又有一种感想，以为教育部在这“百孔千疮”的时代，居然想到这一件事，也是行政官的进步，佩服得很。但我以为与其左支右绌，办两个不完全的男大学女大学，还是合起来办一个完全合男女的大学。因为分设女子大学，适与我这篇的主张，根本反对，所以附带说几句，将来怕还要惹起一般教育家讨论咧！

（第六卷第四号，一九一九年四月十五日）

一个贞烈的女孩子

夬　庵

“爸爸我实在饿得忍不住了。你四天多不给我一口饭吃，爸爸呀，你当真忍心看着我饿死吗？”

一个十四岁的女孩子锁在后堂屋西头房里，两只手不住地捶打房门，连哭带喊，声音已经哑了。他的父亲坐在房门外头一张椅子上，脸上颜色，冷冰冰地好像铁一样。听着他的女儿喊叫，忽然站起来指着旁门说道：“阿毛，你怎么这样地糊涂？我自从得了吴家那孩子的死信，就拿定主意叫你殉节。又叫你娘苦口劝你走这条路，成就你一生名节，做个百世流芳的贞烈女子。又帮你打算，叫你绝粒。我为什么要这样办呢？因为上吊、服毒、跳井那些办法，都非自己动手不可，你是个十四岁的孩子，如何能够办得到。我因为这件事情，狠费了踌躇，后来还是你大舅来，才替我想出这个好法子，叫你坐在屋里从从容容地绝粒而死。这样殉节，要算天底下第一种有体面的事，祖宗的面子上，都添许多光彩。你老子、娘沾你的光，更不用说了。你要明白，这样的做法，不是逼迫你，实在是成全你。你不懂得我成全你的意思，反要怨我，真真是不懂事极了。”

王举人说了一篇大道理，他女儿听了还是不懂，哭喊越发厉害，后来竟然对她老子人骂起来。王举人没有法了想，只好溜出来，叫陈妈把他房里书桌了上那把新洋锁拿来，连穿堂后边通后院的门，也锁起来了。

到了明天，阿毛的娘，躺在床上，正在为她女儿伤心流泪。看见王举人从外面进来，就向他说道：“阿毛不吃饭也(已)经六天了，还没有饿死，还是直著脖子在那里喊骂。今天嗓子更哑，声音好像老鸭子，我听到耳朵里，比刀扎我的心还要难受，这样惨的事情，我实在经不住了。依我的意思，不如拿你吃的鸦片烟膏，和在酒里，把它灌下去,叫她死的快些,也少受许多苦。这样的办法,我想你也没有什么不愿意。"

王举人说:"你这个主意,我倒也很愿意办。但是事到如今,已经迟了。你要晓得我们县里的乡风,凡是绝粒殉节的,都是要先报官。因为绝粒是一件顶难能而又顶可贵的事,到了临死的时候,县官还要亲自去上香进酒,行三揖的礼节,表示他敬重烈女的意思,好叫一般妇女都拿她作榜样。有这个成例在先,我们也不能不从俗。阿毛绝粒的第二天,我已经托大舅爷禀报县官了。现在又要叫她服毒,那服过毒的人,临死的时候,脸上要变青黑色,有的还要七窍流血。县官将来一定要来上香的,他是常常验尸的人,如何能瞒过他的眼。这岂不是有心欺骗父母官吗? 我如何担得起。"

又过了一天,是阿毛绝粒的第七天了。王举人清早起来,躺在炕上过瘾,后堂屋里连鸭子似的声音,也听见不了。知道阿毛已到要死的时候。连忙出来,开了两道门上的锁,进去一看。阿毛直挺挺地,卧在床上,脸色灰白,瘦得皮包骨头,眼珠子陷到里头,成两个深坑,简直像个死过的人。拿手放在她小嘴唇上,还略有一丝鼻息出进。紧按他两手上的脉,也还觉得有点跳动。知道他还可以经过三四个钟头,才能断气。正当这个时候,可巧大舅爷来了。王举人就托他赶快往县衙门里去报告。又托他顺道代邀几位熟识的乡绅,预备县官来的时候作陪客。王举人叫人把香桌抬到客厅里正面摆好。就同他夫人把阿毛抬起,放在一张大圆椅上坐着,拿几根丝带子,把她从头到脚,都绑在椅子上,抬到客厅里香桌跟前。再看阿毛,两只眼睛的光,已将散了,只有气息还没有断尽。他娘看见他这个样子,就忍不住大哭起来。王举人皱着眉头说道:"今天县太爷来上香,总算我们家里百年不遇的大典,你这样哭哭啼啼,实在太不像样,你还是忍着些好。"他夫人就哭着进后面去了。

大舅爷同着几位乡绅进来了。不多一刻,合肥县官也来了。上香,进酒,作三个揖,礼毕。王举人向县太爷作揖道谢。坐定后彼此说了许多客气话,县太爷端茶碗告辞,几位陪客略坐一坐,也都散去了。

王举人送完了客,向大舅爷说道:"刚才县太爷说的,他那里还预备了'贞烈可风'四个字的一方匾额,明天早上就用他衙门里的全副执事鼓乐送过来悬挂。这件事情,一定要轰动了全城的亲友,都来贺匾,又要到阿毛灵前上祭。明天还要劳舅兄的驾,早些到我这里,替我烦一烦神招待他们。"大舅爷说:"那是应该的事,何消你说,我想我这外甥女儿,不过十四岁的一个孩子,死后惊动了阖城官绅,替他挂匾上祭,他的福命,总还……”刚说到这里,忽然听见后面上房里一阵乱嚷,老陈跑出来喊道:“老爷,请你快些进去,太太哭晕过去了。”

(完)

(第七卷第二号,一九二〇年一月一日)

妇女选举权(通信)

明 慧 独 秀

记者足下:

现在世界文明国大半妇女都有选举权。为什么我国妇女独没有呢?有人说:“中国女子的程度还没有到。”我不晓得他们说几时就算可以到了。若是他们说中国女子没有做出什么可观的事在社会上,但是这不可以怪我们,只因为政府不给事我们做。虽然我们有能力、有才干,不能显出来,真是可恨!也是因为我们自己不奋斗的缘故。比方我们现在还不快快起来,我不晓得几时能够有选举权送到我们的懒手上来。我想我们起头做的时候,一定要受许多可怕的阻滞,但是我们不必怕它。倘是前几年没有革命的举动,那就我们现在仍旧要受专制的压制。我们的民国,名誉上已经有八岁了,但是实事上一点也没有实行。因为民国的意思,就是国民应该用选举权来直接表明本人的意思。虽然男子已经有选举权表明他们个人的意思,可惜我们女子同在专制国手下并没两样,就是因为我们女子没有选举权来表明我们个人的意思。我不信男子能够用他们的选举权来表明我们女子的意思。有人想选举是男子特有的权柄,可惜这是错了。前几年的时候,权柄都在一个专制皇帝的手里,平民哪有什么选举权呢?倘是那时候的男子要选举权,平常的人要讥笑他们,像现在的人要讥笑女子要选举权一样。幸而他们男子不怕别人愚笨的讥笑,所以能够造成一个民国,他们才能享受选举的权柄。我们当然是很佩服他们的,为什么我们不自己去照我们自己的意思做呢?我望我女同胞同心合意一齐起来废去这不平等的制度,和得到我们希望的选举权。我们若是一天不达到我们的目的,我们就一天不可以算是民国真国民了。既是这样,那就民国也不能算是一个有名有实的民国了。

明慧上

十二月五日

我们若还要国会政治,男女都应当有普通选举权。他们如若不肯,必有一班学者帮他们说出种学理来,我们若是再进一步,他们必然又强制我们要选举权。到那时必有一班无耻的学者,又来说出选举权的一篇大道理。

独秀

(第七卷第三号,一九二〇年二月一日)

女子将来的地位

汉 俊 译

德国伯伯尔(Bebel)所著《社会主义与妇女》(*Die Frau und der Sozialismus*)英译本有几种,此文乃是列文(*Daniel De Leon*)所译题名 *Woman under Socialism* 的第三篇 *Woman is the Future*,一九一七年纽育出版。

这篇只用几句话就可说完,他只是上文的结论,这个结论读者自身都可以引申得出来。

将来社会的女子,在社会上,在经济上,都是独立的,伊是一点都不会再受别人的支配和利用的,伊是自由的,与男子是同等的,是自己的命运的支配者。除了内性的差别和生殖机能所特别需要者外,伊的教育与男子的教育是一样的。伊在自然的环境之下生活,伊是又能够发展又能够锻炼伊的心灵的能力的。伊在伊的愿望、嗜好、实力相当的范围内,选择伊的职业,并且劳动条件是和男子一样的。伊就是在那一界从事实际劳动,伊每天也可以有剩余时间或是做教育者,或是做教习,或是做保姆,又有时间可以学艺术或一种科学,又有时间可以来尽伊所理的任务。伊如果高兴或者有机会,伊可以和别的女子或男子,结合起来讲学问讲游戏讲社交。

在选择情人的时候,伊与男子一样是自由的,是不受拘束的。伊向人求婚或受人求婚和与人结合,除了伊自己的欢喜以外,是没有别的动机的。这个结合是一种私的结合,是不要用什么形式的仪式来举行的。与中世纪末尾以前,婚姻是一种私的结合一样。社会主义在这个地方并不创什么新例,不过是将私有财产还没有来支配社会以前,在比较原始社会通行过的东西,在文明程度比较高满新社会之下恢复起来罢了。

在不使别人受损害的条件之下,各个人自己想法子来满足自己的本能。满足性欲,也与满足别的自然本能一样,是各人的私事。没有一个人对于别人要负责任,也没有裁判官能够不受依赖就来干涉。我如何吃喝,我如何睡觉,我如何穿衣,都是我的私事。我与异性如何交媾也如此。知识和修养,完全的个人自由,经将来社会的教育和环境迁入正轨了的一切特性,是要来保卫各个人,使足以引起他的损害的命令,不能施行于他的。将来社会的男女对于自己生存的自修和知识,是要比现在增加到很高的程度的。关于自然事件的一切淑女式的含羞和秘密的虚饰,都是要消失的,这个单纯的事实,就是较之现在所通行的更要自然的性交的一个保障。如果要结合的两个人之间,发生了不和合或爱情消失或憎恶之事,道德就来命令这个不自然的,因之不伦理的,结合一解散。加之像现在令许多女子不能不守独身,不能不做娼妓的一切环境和条件消灭了,男子就再不能把自己看做比女子尊贵了。又一方面,完全改变了的社会状态,已经把现在碍及婚姻生活,或时常妨碍这生活的有利的解散,甚或完全令他不能改解的那许多障碍铲除了。

现在妇女地位的许多矛盾和许多不自然的状态,在广大的社会里面,继续不断地以加速度暴露出来了。无论是在社会问题的文书上面,无论是在小说的著作上面,都有感觉及此的活跃的发言,往往也许有些是用不正当的方法来忏悔的。现在的婚姻形式总是与目的不相称的,这个事实,有思索的人已经没有人加以否认了。就是不愿意走到改造现在社会制度所必需的结论的人,也来要求选择情人的自由或婚约的自由解除(有必要的时候)了。不过他们相信,性交的自由只应该为特权阶级的利益而主张。在反对为妇女解放努力的纽瓦德(Fanny Lewald)的争论上,莱希哈特,修顿伯希(Mathilde Reichhardt)女士说:

“如果你(纽瓦德)主张女子,在社会和政治生活上,与男子完全平等,那么尚德George Sand只为得到男子向来内他无条件的私有品所得的东西,而作的解放努力,也是正当的了。实在说来,说女子的脑筋(不是心),对于这个平等,能够与男子一样给予和取得,是没有合理的根据的。反之,如果女子一生下来,就有把伊的脑筋组织活用到极点,来与异性的聪明睿智的台坦(Titans,希腊神话中的人,表示知识极高的人。译者注。)相竞争的权利(结果也有这个义务,因为我们不能埋没我们天赋的才能),就有刚刚一样的权力,用尽方法来枯竭心血,以保存伊的平衡。我们不是个个连最微的道德上的侮辱观念都抛弃了,来读格特(Goethe),(为例证最初引用这个最大的伟人,)对于一个异样的女子,再三耗费了他心中的至诚和他伟大精神的热情的一段事实么?有理性的人,都以他精神的伟大,和满足这个精神的困难,为理由,把这件事看做完全是自然的。只有度量狭小的道德家,现在还责备他的品行。何等侮辱女中'伟人'!……'假如个个女子都是像尚德这样的伟人,个个女子都是弗洛利亚尼(Lucretia Floriani),伊的小孩子都是爱的小孩子,伊又以母的爱情和热诚,同时又以知识和常识,来教育他们。那么世界就要变成怎么样呢?不待说,他刚与今天一样,是能够继续存在,继续进步的,他或许还要在这种配置之下感受特别的安乐的。"注:《妇人的权利和义务》(*Frauenrecht und Franenpflicht*)。这是修顿伯希女士对于纽瓦德的书简对于女子的可否(Fuer und Widerdie Franen)的覆书。

那么,修顿伯希的意见就是:要个个女子都是弗洛利亚尼,换句说,都与尚德一样是弗洛利亚尼那样的伟人,伊们才能够有"用尽方法来枯竭心血,以保存伊们的平衡的自由了"。但为什么只有"伟人"才有这个特权,别的不是"伟人"和不能是什么的人,就没有这个特权呢?在我们是没有这些分别的。如果一个格特和一个尚德,我们现在暂且由与这两个人一样行动,和正在行动中的许多人中,选取这两个人做例子,是随他们心意的趋向而生活的,又关于格特的恋爱经过,全部文书都出了版,使一般男女的赞美者都销魂失魄——为什么断定别人也要将一个格特和一个尚德之所为当做销魂失魄的赞美材料呢?

实在说来,这种选择情人的自由,在有产阶级是不可能的。这个事实,是我们上例许多证据的着眼点。但是你们只要把全社会都放到那些在物质上及精神上的选民(合乎神意良民,译者注)所享乐的那样社会状态之下,无论什么人马上就可以得到自由平等的机会了。在驾克(Gacqnes)上面,尚德描写一个裁判他的妻子与一个男子间的奸淫事件的丈夫说:"没有一个人能够制驭恋爱,人只要没有恋爱或恋爱的感觉,就不会有罪。使这个妇人堕落的,就是伊的虚伪,存立伊的通奸的,不是伊耗费于恋爱的时间,乃是伊与伊的丈夫共枕的夜分。"因伊这个批评,驾克就觉得他不能不将他的位置让给他的竞争者波列尔(Borel)的,并且还要进而作哲学的说法:"占了我的位置的波列尔或者是要从从容容地来打他的妻子,又或许于打了之后脸也不红地又请伊上床共枕,也不以打了之后再接吻为羞。有许多男子,学东洋人的法子,不问三七二十一地扣他不忠实的妻子的喉咙,因为他们把他们的妻子当做他们法律上的私有品看待的缘故。又有许多男子或者与他们的竞争者争斗,或者杀他,或者驱逐他,闹了之后,他们又假装着恋爱的样子去找妻子接吻,伊是怕他们怕得要死的,或者无法还要甘受的。在夫妇爱情的场合,这些事情是最寻常的,我要说猪犬的爱,都比这些人的爱,还要有价值一点,还要高尚一点。”布兰德(Brandes)批评这段文章说:“在我们知识阶级看来,只是初步的这些真理,只在五十年以前就是‘了不起的邪说’了。”但是“财产和知识界”,在实际上,虽然大部分都是从前就实行尚德的主义,现在却还不敢公然承认这个主义。同在道德上和宗教上一样,资本家在婚姻上也是伪善者。

格特和尚德之所为,已经有数十万人做过,现在也继续不断地有人在做,他们也并没有因此失一点社会上的尊敬,不过没有人把他们拿来和格特比较。人只要有受人敬尊的地位,一有了这个地位,无论什么都不必怕了。无论如何这一个格特和一个尚德的自由,从有产阶级的伦理上看,是不正当的,又是与这阶级的社会原则相矛盾的。强迫婚姻是有产阶级社会的正则的婚姻,只有这个婚姻是两性间的“伦理”的结合,余外的两性结合,(无论何人都是染了指的)都是非伦理的。有产阶级的婚姻,我们已经证明了他无驳责的价值,是有产阶级财产关系的结果。与私有财产和相续财产有密切关系的这个婚姻,要求“嫡出”子女来作相续人,这是以得到这些财产为目的而加上的。在社会环境的压迫之下,就是无所传授的人也是要受他的强迫不得不如是的,这成了一种社会法律,如果有人犯了这个法律,国家就来行惩罚,将通了奸,离了婚的或男或女监禁数年。注:谢夫列博士 Dr.Schaeffle 在其所著《社会体的组织和生活》(*Bau und Leben des Zoziialen*)内说:“把离婚的困难解除了,使夫妇间的结合松懈,的确不是好事。这违反人类配偶的伦理主旨,这对于人口保存,儿童教育也是有害。”他接着又说的话,我们不但认他为错误,并且还要认他为“不道德”。但是博士对于发生及维持使这个道德观受危害的思想,也是要承认他在文化比现在要高得很的社会里面,仅是一个不可思议的东西。

将来的社会,除了家用器具和个人的物单可以认为相续财产以外,是没有什么可以传授的:现今的婚姻形式就要消失它存在的根据而瓦解的。相续的问题也就此解决,社会主义也无需来操废除相续财产的心了。没有私有财产的地方,自然不会有相续权发生。

女子也就自由了,就是伊有子女,伊的子女也不会来损害伊的自由,他们只能够将他们幸福的杯子装满享乐和快乐。保姆,教习,女朋友,女青年等等,只要做母亲的需要帮助,伊们都可以随时随地来帮助。

将来的社会,也或许有男子赞成混波尔特(Alexander von Hum·boldt)说:“我不是生出来作家庭的父亲的。并且我以结婚为罪恶,以生小孩子为罪恶。”这怎么样呢?自然本能的势力是要来恢复平衡的。一个混波尔特对于婚姻的敌意也吓不着我们,一个萧便好耶尔(Schopenhouer),一个门喇验达尔(Marnlaender),一个哈德满(V.Hartmani)的哲学的厌世主义,使人发生自灭在“理想国家”的预想,也吓不着我们,在这一点,我们赞成喇则尔(Fr, Razel)的正当的说法:

“男子再不会把自己在自然法则上当做特别的人;他终究一定还要认识那作他自己的行为和思想的基础的法则起来,还要努力在自然法则之下营他的生活。他是要达到一种地步,同他的同伙(即家族)和国家来整理他的社会生活,但并不是依照数世纪前的箴言来整理,乃是依照自然意识的合理的原则来整理的。政治,道德,法律,在现在这些东西都是由一切原因受供给,只是依照自然法则而定。数千年来,人人所梦想的不愧为人类的生存,终是要成为事实的。”注:这一段话,是在吓克尔(Halckel)的自然的天地创造史(Natuesliche Schopfungs Geschichte)内引出的。

这个日子蹈着大步地要来了。人类社会,在数千年的进程上,经过了许多发达的阶级而达到终点,由这个终点又出发,公共财产和完全的平等与友爱,已经不是只限于同种之间的,乃是全人类间的了。大进步实在就在这个地方。有产阶级的社会所争而未得的,及其所由之而受或将要受破灭的。他们的破灭就是人类的自由平等和友爱的恢复社会主义是要来完成的。有产阶级的社会能够提倡了理论,在这个地方,也与别的许多地方一样,他们的实行总是与他们的理论不一致的。使理论与实行一致,是社会主义的任务。

人类虽然是回到他发达的原来出发点去,但是这个回去,是要在比他从前出发的社会程度,更要高得不可以道里计的社会程度上面成就的。原始社会把财产作为氏族和部族之间的共有,并且只是初步最不发达的程度的共有。自此以后经过的发达过程,确是把这个共有财产减到只剩得一点若有若无的痕迹,破碎氏族,最后就将全社会打得粉碎了。但是同时,虽然产出了与社会要求相矛盾的一个状态,将那个社会的生产力,也随各种程度各种方面的社会要求,大大地抬高了,又由氏族和部族造出了国民和大国家。将来的事业,就是在最广大的基础上,回转去使这个矛盾告终,就是将财产和生产力变成集产。

社会将它从前的东西恢复转来,但是依着新造出的生产状态,社会将它的全生活方法置于文化最高的场面上,使从前在比较的原始状态之下,只成了各个人或各特殊阶级的特权的东西,能够为人人享受。

于是女子又将伊在原始社会曾经执行过的固有任务再执行起来。不作男子的私有品,伊与男子是平等的。

“社会发达的极点,与人类之初相像。原有的平等回来。人类的母系又开始,以完成人事的循环道。”这几句话,是巴火防(Bachofen)在他那常为人所引用的著作《母权》(*Das Mutterrecht*)上,预想将来的事件的时候讲的。与巴火防一样,莫尔干(Morgan)也对于有产阶级的社会下了一个判断,他对于社会主义虽然没有什么特别的知识,他的这个判断都与我们的在根本上是一致的。他说:

> 自从文明发生以来,财产的效果就广大无边了,形式就多种多样了,效用就扩大了,治理就在他所有者的利益上巧妙无比了,于是他对于人就成了不可制驭的势力了。人的精神在他自己的创造物的面前,已经不能不受扰乱了。但是人的智慧增加到能够支配财产,能够确定国家与其所保护的财产间的关系,和国家与财产所有者的义务及权利限制间的关系,这个日子是要来的。社会的利益较之个人的利益更为重要,这两种利益应该达到合理和相宜的关系。如果进步,与在过去一样,在未来也是要成自然法则的,仅仅财产的急速增加,还不是决定人类最后的命运的。自从文明开始以来到今天所经过的年月,仅不过是人类生存过去的连续的一片断,又有许多年代的一片断也要来了。社会的分离,是要使财产所引以为最终目的的增加告终的,因为这种增加含得有自灭的要素。政治上的德谟克拉西,社会上的友爱,权利和特权上的平等,教育的普遍,是将来的社会程度必然加高的征兆,这个程度更高的将来社会,是为经验,智慧,知识所必然招致的。古昔氏族的自由、平等、友爱是要在更高的形式上复活的。注:莫尔干著《古代社会》

(*Ancient society*),于是我们可以晓得,就是出发点不同的人,他用科学的研究,还是可以得到同一的结论。女子的完全解放,伊对于男子的平等,是我们社会运动的最后目的,地球上没有东西能够妨碍他的实现;只要将社会改造,使人支配人,结果资本家支配劳动者的事消灭了,就能够实现。到了这个时候,人类才可以得到最高级的发达。数千年来人所梦想所渴望的"黄金时候",到了这个时候才出现。阶级的支配要永远消灭,随着他,男子支配女子的事也要永远消灭。

译例

原书上用了草书(Italic)以引起读者特别注意的地方,就在旁边加了符号。

非固有名词,而原书上用了大体字(Capital),以表示其有主要的意义,或用如固有名词的地方,就在旁边加了○的符号。' '" "都是原有的,或是说话,或是引起读者特别注意的。

(第八卷第一号,一九二〇年九月一日)

妇女·青年·劳动三个问题(通信)

费哲民　独　秀

独秀先生：

近一年来新文化的运动，都说是受《新青年》杂志的觉悟，于是新思潮的勃发，就跟着这个云头，改造环境。思想界的变迁，可谓革新中国的好现象了。现在北平、上海及各处地方出版的新杂志很多，高谈主义的，研究问题的，也有讲哲学、文学的……思想都是很新，大体都含有“德谟克拉西”(Democracy)的意味，还有些抱积极运动者，把“布尔什维克主义”(Bolshevism)去直接运动，也是不少　虽然文化运动，红灼灼，热烘烘，极可喜事了。但照我想来，这个交运未必可喜，只可吊呵！是什么缘故呢？因为现在这种新思潮杂志不单是出风头，并且还犯一个大毛病就是：“叠床架屋”，“炒冷饭”的令人看了都要摇头了。

现在最是动人听闻的声浪，便是“解放”和“改造”这些名词。试问：这些名词，这些声浪，时时在我们耳朵里经过，要说到底实践了多少，这个怀疑，我实在解决不下——新中国，新社会，固然很好，不道那背后的“军阀”“政客”“官僚”和那肮脏的空气，究竟用什么方法能够铲除这种障碍的东西呢？我说现在的国家，只有悲观！哪里有乐观？现在的社会，只有黑暗！哪里有光明？现在的小民，只有痛苦难堪！哪里有享共和的幸福？我思量了一回，什么解放，什么改造，都觉得麻烦够了。我对于现社会的感触，写在下面：

(一)妇女问题。妇女这个问题，讨论的人也很多了。有一部分为争“妇女的人格”起见，她们自己起来解放自己，很是不少。现在听得广东方面，已经有女权运动发生了，像这种妇女，是已经觉醒的新妇女了。这种运动，成败利钝，都不去论它，但是她们在这个专制的家庭里，觉得很不耐烦，恨不得立即推翻，解放她们的几千年的束缚，做个自由的新妇女；她们现在最要的一件事，就是要社交立刻公开，实行她们男女的自由恋爱的主义。我想，社交公开，极容易一桩事，要在这过渡时代的当中，难保不发生道德上的意外问题吗？

（二）青年问题。现在中学以上的学生和思想活跃的青年，因为受了新思潮的刺激，都要和旧社会斗，恨不得立时跳出旧家庭，度他们的简易生活（新生活）；恨不得立刻建设个新社会，过他们的世外桃源。我想，这种青年，这种学生，在这个“新陈代谢”的时期里，或是神经过敏者，往自杀路上去走，这又从哪里去挽救他们呢？

（三）劳动问题。劳工解放，农人解放，商人解放，研究这些问题的人，也是不少了。但是我国的工人，到底从哪里着手——去做解放的运动？我国的农人、商人（店员、学徒包括在内），应该给他们解放不要？解放之后的利益，究竟能够享受不能够享受呢？即使能够享受，到底有几种呢？

上面三个问题，我实在不能圆满解决，现在就请你在《新青年》杂志里给我一个答案，下一个批判，我正感激你呀！

费哲民

我以为解决先生所说的三个问题（其实不止这三个问题），非用阶级战争的手段来改革社会制度不可。因为照现在的经济制度，妇人的地位，一面脱离了家庭的奴隶，一面便得去做定东家的奴隶；至于自由恋爱一层，在财产制度压迫和诱惑之下哪里会有纯粹的自由！在国内外两重资本主义压迫之下，青年向何处去寻新生活和世外桃源？即于劳动问题，更可以说除阶级战争外都是枝枝节节的问题。先生说：“劳工解放，农人解放，研究这些问题的人，也是不少了。”何以我绝对未曾听见看见，这句话先生说得太轻率了。

独秀

（第八卷第一号，一九二〇年九月一日）

列宁的妇人解放论

李　达　转译

去年列宁公布一本小册子,题为《劳农俄罗斯中劳动的研究》。这一篇就是其中的一节,可以窥见列宁对于妇人解放思想和施设的一斑。

实际上,当最近十年之中,在全世界的民主党,绅士阀共和国的指导者之中,能够做到像俄罗斯一年间所实现的妇女解放事业的百分之一的,一个也找不到(在俄罗斯中)。凡含有剥夺妇女权利的意味的屈辱法律,一切都已经废止了。例如妨害自由离婚,规定"私生儿"的父权,以及其他亲属关系等的法律,现在都没有了。这等法律,现在正行于文明各国,正所以表彰绅士阀与资本主义的羞耻。在这一方所成就的进步,我们有夸耀的权利。但是我们越是把绅士阀的法律和制度的基础颠覆得净尽,我们的事业,就越发显明是预备的性质,差不多是在准备着一片干净的地面,使地上面可以立起建筑物。可是我们现在还没有从事起造建筑物的。

别的且不用讲,妇女们依然做着家庭的奴隶,育儿和庖厨等事束缚着她们,她们做着不生产的活动,种种家庭的琐事,苛酷的也有,卑贱的也有,简直成了一个苦痛的连锁,她们若是还在这种境遇之中,解放的法律,对于她们简直没有什么效力。

无产阶级,若不是自己掌权,来和家庭奴隶制度开战的时候,更切实些说,社会若不曾达到全体依据社会主义的家政组织的基础而组织完成的时候,纯粹的妇人解放,纯粹的共产主义,不能实现的。

这种计划的实行,固然开始了,还说不到结果。然而我们对于这些柔嫩的前途有望的萌芽,决不轻视。公共食堂和幼稚园等,就是它所生的芽,离成熟固然还远得很,但是在社会的生产与社会生活之中,依了男女渐趋平等的事实,或者还算是妇女实际的解放的导线。

这些方法,并不是新的。和许多的社会主义设备一样,也是由资本主义所组织而成的东西。然而在资本家政治之下,这等单单是例外。他们这班人,在许多时候和境地,提出了千万种投机、贪欲和诈欺等恶迹的实例,或者是无产阶级中最良分子,看了也是不憎恶,也不反对的,这等设备,只是绅士阀慈善的机关变形。

我们已经掌握了这等制度的大部分了。现在这等制度已经失去了从前的性质了。

我们从来不拿这等设备,到闾巷中间去吹,可是绅士阀那边却已经完全晓得颂赞这制度的功绩的方法了。销行极广的绅士阀报纸,夸赞这事业,足以抬高国民的荣誉:我们的报纸却不愿破费许多时间,去赏赞我们的民众的庖厨功绩。

我们既不干吹听的事,可是这些制度,却是自然而然的根基了这种主义做的。譬如节省劳动、节省食物的供给、改良卫生状况,而且使妇人从家庭的奴隶变为自由人之类,皆是。

(第九卷第二号,一九二一年六月一日)

劳农俄国的妇女解放

山川菊荣 作 李 达 译

一 革命与妇人的活动

“面包！面包!”大声直呼,拥到凡尔赛离宫引起大革命的导火线的,是法国无产阶级的妇人,俄国革命也是这样,最初开幕的也是些妇女们。

一九一七年三月九日,是社会党规定为“妇人日”的一天,这一天彼得格勒的劳动妇人,因为生活费用暴腾,行了一个大示威运动,来要求面包,于是给了一个大革命勃发的机会。近来三月九日这一天,成了俄国革命的纪念日了。

帝制倒坏以后,劳动妇人对于革命的活动,并未停止,而且反对那违背无产阶级和联合国及绅士阀握手的克伦斯基政府,并且反对该政府的主义和主张。

一九一七年六月九日,在各劳动妇人团体机关杂志编辑部指挥之下,行了第一次反对战争的大示威运动的也是她们。又,这一年五月里,彼得格勒浣衣女工人四千人,干了一次同盟罢工。当时彼得格勒市浣衣女工会会员只有六百名,全体也加入了。这次罢工,劳动者方面虽没有完全得胜,可是她们罢工的主要目的,在将洗衣工场收归市有,劳动者自身当然有管理权的——她们这个目的在罢工终止后不过几个月就有几处工场实行了。

一九一七年十一月,诱发多数派的反动——真正的无产阶级革命——的一大刺激物,也是彼得格勒各大工场中纤维女工人的同盟罢工。这些女工人去了工场,成群结队,拥到市内来,煽起了彼得格勒市无产者革命的烽火。

劳农会中最初就有妇人加入了。无论什么地方,劳动妇人总是加入多数派,支持劳农会左翼的势力。三月革命与十月革命之间,彼得格勒市,发行了社会主义的妇人新闻,继续办了一年之久。

一九一八年四月,莫斯科市及附近地方开了一个妇人大会,讨论粮食问题、生活费、儿童保护等问题,通过了重要的决议案。

这一年的十一月,开了一个妇人大会,这大会是代表彼得格勒市和北部各自治团十万多劳动妇人的。有五百代议员会同起来讨论母性保护和失业保险等问题,通过了重大的决议案。

十一月革命之后,亚历山大郭伦泰做了社会人民委员,列入劳农政府最高执行委员会,几诺维夫人勒尼拉做了几诺维所主办的北部自治团的社会委员,教育人民委员卢那查尔士的夫人,做了儿童殖民地等事务的主任,这儿童殖民地,乃是为劳动者儿童谋便利,兼管家庭和学校和运动场的事务的。此外通全国无数万劳动妇人,都尽力教育和社会事业。就是旧时代的上流妇人为学校和儿童殖民地等事出力的也不少。

大战之中热心爱国的中流妇人所组织的决死队,是两百多天真烂漫的女子组成的。这团体为支持第三阶级革命受了利用,多数派得势后同时解散了。至说赤卫军中不过没有特别的妇人队为止,而妇人当兵的很多,这是事实。

多数派下总动员令的时候,劳动妇人都愿争入拥护的革命的军队。政府把她们分配各种军队送到战场里去。

无产者军队中这些女军人和男性战友一样奋勇攻击那破坏革命的人。这些事都在沉默之中干的。在俄国说起来,妇人打仗已是平常的事,并不成为问题,而且也没有特别称赞她们的勇气的必要了。

更有很多妇人投到军队里做非战斗员,而尤以办卫生事务的多,无虑数万人。她们受了充分的训练之后,附属在卫生队里送到战场和野战病院去,或在内地充当看护妇。她们的勇气实可惊异,战争还没有终止的时候,她们在炮火中出入战场,运回那负伤的军人,救护那些武装兄弟们的生命。

妇人兵士多在后方勤务。无论在兵站部、输送部、司令部、邮政局等等地方,无不有妇人服务的。她们为支持无产阶级共和国之故,不惜一切努力和牺牲。

尤其以赤卫军内部的启蒙运动和宣传事业,差不多归妇人独占了。赤卫军中不单是有图书馆读书室,而且因为要深深地了解社会主义,队里常常集会讨论讲演的。

妇人就利用这个机会,把那为实现社会主义而战的赤卫军的光荣和责任,印入到兵士的头脑中,继续的鼓舞激励他们。

住在彼得格勒阿德兹撒萨马拉各大都会的妇人,给了防御那些都会的机会。劳农俄国陷入危险的时候,他们曾经下了妇人的动员令。她们主要目的就是代替出征的男子做事,其中也有到军队里荷枪训练,危急之际,她们为保护自己的乡土,有不少流了最后的血液。

妇人按着自己的能力受军事上的训练。共产党的女党员,与男子同受军事训练,已经成了义务了。男女兵士武装军队,每礼拜一两次,进到地方练兵场学习射击并受别的训练。称为"普通军事教练会"的劳动团体之中,加入的妇人有数百之多。五月一日那一天,劳动义勇军队之中,有一队妇人兵队,受了很好的教练。这"普通军事教练会"的女会员,当守备都会之任,这些都会中,妇人兵士每日都可以看得见,一点儿也不奇怪。妇人也可以入士官学校当士官。一九一九年的秋天,劳动妇人义勇军出身的最初将校,开始送到战线去了。

俄国劳动妇人用高尚的感情和无限的热诚和谦逊的美德履行自己的义务。她们当无产者国家遭到危险的时候,忍冻受饿,忘了穷乏,舍弃一身一家的私事而不顾。她们对于战胜资本阶级所得的结果,即是她们推倒资本制度得来经济上政治上的自由,决不肯让敌人夺去的。她们决不甘忍受回返到以前的境遇,让那劳动妇人的奴隶状态的专制主义把她们压迫在铁索之下。她们所以牺牲生命保护无产者共和国的原因,就在这些地方。一九一九年狄诺勃夫在北部自治团劳动妇人大会里有一段演说道:"若没有劳动妇人的援助,我们的革命决不会成就的。若没有那些劳动妇人在危险时期内同我们一致作战,恐怕离革命还遥远呢! 这是男子们要记忆的事情。"

二 母亲与儿童之保护

"家庭破坏""妇人国有"这两句话,也算是多数派震骇世界的重大"罪状"了。实在说起来,要晓得多数派对于家庭与妇人办了的事情,是很有兴味的问题。所以我们最先就要晓得那与妇人生活最有密切关系的政治机关即社会人民委员会的职务。

社会人民委员会是劳农政府的一部,是全俄罗斯一切社会事业的枢轴。各地方劳农会中附有社会委员会地方部,与中委员会联络,实行所布告的事务,各个分担各地方的事务。

劳农政府掌握政权以后,同时把一切个人的或半官的慈善事业都废止了,所有一切不能劳动的人都由国家担负扶养的义务了。依一九一八年一月三十日社会人民委员会的布告看起来,凡是劳力谋生的人,若遇暂时的或永久的不能劳动即是老衰、疾病、伤害、妊孕与非由自己过失而陷于失业的人以及没有适当保护者的儿童,一概都有受国家保护和扶养的义务。受伤害病者不收医药等费。

依哥伦泰所记,下列各部门都算入社会人民委员重要部门之中。

(一)儿童局。凡是没有保护者的儿童即孤儿、弃儿、乳乞丐、淫妇之子,以及依法律被剥夺亲权者(即犯罪人、酗酒人等)之子,和三种病的儿童等,都由儿童局担负保护之任。上面所说病的儿童的第一种,就是有道德的缺陷的人,即适用一九一八年一月十八日之法律而犯罪之儿童(俄国少年裁判已依此法律废止,犯罪之儿童,委社会委员保护)。第二种就是有知识的缺陷的人,第三种就是有肉体的缺陷的人。儿童局设有养育院、儿童自治团、儿童 home 等,为儿童设代用的家庭。在 home 和养育院中,以儿童的劳动和独立为根本的主义。达于一定年龄之后,此类儿童也和寻常儿童一样,都要进学校。儿童在十七岁以前都要住在这种 home 里,十七岁以后,任其自由行动,此后国家亦负保护义务。一九一九年一月一日委社会人民委员保护的儿童达十万人,包有儿童 home 千五百个,现在想必更增多了。

(二)母亲及乳儿保护局。此局掌管保护产妇及乳儿的事务。体力劳动的妇人产前产后十六周间,他种职业妇人十二周间,可以免除劳动而仍得照原额领取工钱。分配妊妇的面包分量可以增加,药医无费。通各都鄙收容妊人妇的妇 home 设立的很多。妊妇在这种 home 里可以依照自身健康程度做轻便的工作,又可以单单地休养,并授育儿的知识。分娩之时则入国立产育院,尽俄国现状所许可的范围以内,给予优良的食物和补助金,又有好医生和产婆看护妇,殷勤看视,可以安心分娩。此处待遇绝对平等,无论何人之子都一样贵重都一样受国家保护。产后三星期之间产妇与小儿,收容于专门家监督的乳儿院中,在院中可以育儿至三个月之久。若产妇想在自家分娩哺育,那么照前面所说的待产前后免除劳动,并且在授乳期内劳动时间短缩为四小时,并且有权利请求经济上之补助以及特别分给肉类牛酪等物。

各处又设有官立诊病所，凡有乳儿的母亲，都负有一种义务，在定期内带领小儿赴所检验身体，验知儿童的健康和成长的状况，领受育儿上必要的注意和教训。母亲及乳儿保护所，于工场等处设有托儿所，与供给授乳的休憩室。在夏季时，农村中也设有此种托儿所。乳儿保护局在此种处所设立榨牛乳的工场，把纯良的牛乳配给劳动阶级的母亲和小儿不收费用，而且对于儿童所用牛乳，更注意监查的。无母的乳儿，收容于乳儿院，由专门家监督，用牛乳或人乳哺育。

莫斯科母亲及儿童保护局中，附有常设的育儿展览会；凡自妊孕以及产前产后，乳儿期，幼稚儿时代所有关于母亲及儿童心身一切注意事项，都用图画或模型或详细的说明，无大无细，网罗无遗，大可以启发育儿的知识。例如将妊孕中胎儿发育的各时期用图描写出来，供妊妇参考，自遗传和饮酒对于胎儿所被之影响为始，优生学上种种原则和统计，都用图解和说明书表示出来。又适于妊妇的卫生衣服样本，分娩时所有用具和卫生材料，都一一陈列，以及应行注意事宜，都一样的用艺术详细明白表示出来。又健康之时和患病之时所有儿童生活各方面，都用图描出，作为模型，表明健康儿童和患病儿童在各时期中发育之大小，所有儿童的病态及其显著的征候，可以一望而知。又用艺术的方法把蝇类传染病菌的径路图解出来。儿童用器具、玩具、食物、衣服等类陈列之旁，都附解说批评其利害。此育儿展览会又设有电影戏部为附属事业，简易地说明母亲及儿童保护局的职分。儿童展览会的陈列品，后来渐次增加力图完备。社会人民委员和教育人民委员互相联络，办理此项事宜，幼稚院制度普及于全国，四岁至八岁的幼儿，都在院中哺育。但四岁至六岁之儿童入院与否，可以自由，而六岁至八岁之儿童，就有必须入院的义务，上级生受习轻易的学课，以为小学教育的准备。可是在现时的俄国，母亲和儿童保护的设备，还不能十分增加，其原因有二，第一就是经济困难，第二就是缺乏熟练的育儿人。所以教育委员和社会委员都很努力地设立哺育者讲习所，养成此项人才。多数派执政以来，很尽于保护母亲及儿童的事务，所费之款亦甚多。极端的穷困和艰难，是帝制和资本主义的遗产，同时又是欧战和封锁的结果，然而俄国的无产阶级人民，却为保护母亲和未来的国民不惜牺牲一切，这是很可佩服的一件事。

(三)废兵局。废兵局的任务，系应废兵能力的大小分配工作的。

(四)养老局。一九一九年受此局保护的老人有六万五千，其后大见增加。

（五）扶助费局。此局掌理支出对于失业者及赤卫军家族之扶助费。在俄国中凡一切五十五岁以上的男子和五十岁以上的女子，有当受扶助费之权利，这是社会人民委员的布告所认定的，照俄国现时经济状态而言，虽然不能即时实行，而在事实上只有不能劳动的人单受此局保护，取得衣食。

（六）临时扶助局。受此局临时补助的老穷兵卒达四十万人。此外为授职业于贫民起见，又由此局开设各种工场有免费的食堂，和住宅和寄宿所。此局为救济白卫军占领地带之避难人民，几有日不暇给之势。

（七）反革命牺牲者救济局。此局专救济因反革命受损失的势农会和共产党内部的劳动者以及随同共产党入国的外国亡命客，为他们设有种种农业自治团。在他们未得工作之先，由此局领受扶助费。

以上各局之外还有掌理廓清乞丐和娼妓的局，分为种种小部门。在一九一八年时，有二百五十万的废兵，有七百万的伤病兵，更有三十五万因战争产生的孤儿，有二十万的盲人哑子和聋人，此外更有多数疯癫白痴和犯罪人，都受社会委员保护以谋生活。在一九一八年的后半期，社会委员为办理此项事业，曾费出六亿卢布，一九一九年前半期的预算为二十亿卢布。

在克伦斯基时代曾为社会大臣的伯爵夫人巴尼那，她是个富足而且贤明的好社会改良家，能使列宁也赞叹她是“一个最伶俐的资本主义拥护者”，她是与帝制时代的俄国继续奋斗的自由主义者。她对于政治运动和慈善事业不惜耗费私财，因此大受一部分劳动者和贫民所崇拜，只是她的思想习惯，原是贵族的，到底不与劳农政府相容，到十一月革命之时，她就失掉了原有的地位，这时候，她曾经使嗾部下的吏员实行同盟怠业之举，将重要的书类、锁钥和巨额的公金隐匿了。若以她的经验和手腕援助新政府很能尽力，可是她为破坏者的政府却弄了许多手段的。

劳农政府成立之后，代巴尼那的人是郭伦泰。郭伦泰就职后，立即在部内开大会议，连最下级的雇用人都要求出席。席上她说俄国财政状态濒于危机，为社会事业所残留的基金极少，所以无论何人不能充分领得他所应受的报酬，列宁杜洛基和她自己以及一切人民委员的月薪不过五十元，她把这些话说明，要求部下的给以牺牲的援助。以前年薪二万五千卢布职业的救济家，因此受了大打击。她又说以后要常常开会要求一切雇员出席，并说无论专门家或洒扫妇人的话，都一样的尊重，她这种话越发使人惊愕起来。巴尼那常把郭伦泰看做仇敌，听着郭伦泰这一番话，她说："听说那没有办法的郭伦泰夫人，当开会的时候，唤小使坐在旁边。这种办法对么？小使一流人都懂社会改良的话么？"

巴尼那和郭伦泰的差异——即第三阶级的社会改良和劳农政府的社会施设之间的差异——单就这一事看起来，就很容易窥察出来。就是前者是施恩惠于人民的，后者是认定人民的权利的。

三 结婚制度

劳农俄国于一九一八年一月卅日制定婚姻法。这婚姻法的制定及其内容，对于妇人国的谣言给了最决定的反证。

男女关系，纯然是个人间的私事，不是国家和社会所应干涉的问题，这是许多社会主义者所相信的。漫说是妇人国有，就是制定婚姻法确立自由意志结合的一夫一妇婚制这件事，也招了一部分人激烈地反对，说是国家侵越权限了。对于这种反对也有一个解答。"就理想上说，很希望男女关系不受外的拘束，不受法律的支配，但这种制度，要在社会主义制度永久确立以后的社会方能实现的。"在现时由资本主义到社会主义的过渡期内，什么标准和原则都未确定，人民保守的习惯，不易打破，表面虽似乎急进。其实反以维持现状逆行时势为便的。俄国无产阶级革命，是在中产阶级革命中途挫折而与封建时代传统思想开始妥协的时候发生的，所以无产阶级的使命应当继承中产阶级之后打破那封建时代的思想和习惯。就是现在的俄国负有一种任务，连同资本主义和资本主义以前的制度习惯都要扫减的。

"然而有一部分急进的人，以为婚姻法没有制定的必要，宗教的结婚听本人自愿，可以不去干涉。话虽如此，而现在的俄国的婚制只有向来的教会结婚一种。教会和宗教都是教人崇拜天上人间的权力，和科学的社会主义思想不能并立，而尤以俄国教会简直与皇室不能分立，教会的势力就可说是旧思想旧制度的势力。所以成就革命的最大急务就在打破教会的势力，要和教会奋斗就有另建新理想新标准的必要。新婚姻法不单是驱逐人民中所有教会和宗教势力的武器，同时又是革命的，又是社会主义的。这新婚姻法，在法律上实现男女的绝对平等，在资本主义到社会主义的过渡期内，给妇女们最大限度的自由，离婚容易办到，夫妇的权利和义务平等，因此打破旧婚制，同时又做成将来更自由的男女关系的基础。”依据新婚姻法，唯有经过民法上手续的结婚，方发生夫妇的权利和义务，而惯例的宗教结婚，一切都失其效力。

婚姻年龄，男子十八岁，女子十六岁。

想结婚的男女，预先到所管的官厅去，用口头或书件，通告结婚的意旨。官厅若判明这两人没有法律上的障害，当着两人来厅的时候，把他们的婚事登录好了，就给予婚姻证明书。

要结婚的男女，若是重婚，或互为直系尊卑，或为异父同母，异母同父的兄弟姊妹之时，不许结婚，就是万一许可了，若把事实判明即为无效。又未经一方之应承，或应承而在人事不省之状态，或强制成婚，这类婚姻，也作无效。

夫妇用共同之姓，或用夫姓，或用妻姓，或用二人合姓均可。

夫妇有同居之义务，关于财产之权利，各有区别，夫妇不得互相承受遗产。死者遗产中劳动必要器具等物，得分配于亲类。

夫妇互负同等扶养之义务，一方陷于不能劳动状态之时，他方必须赡养。若对手方面没有扶养资力，则由国家助其责。

夫妇合意离婚或仅一方有离婚希望，均成为离婚的理由。双方意思互缺一致之时，则成诉讼。一切地方裁判所，为谋处理解除婚姻的诉讼起见，至少每礼拜规定定时一次。

又依亲族法，凡是结婚而未通知于官厅之双亲所生之子，与已通知于官厅之双亲所生之子，有同等之权利。

未婚妇人怀妊之时，至少要在三个月以前，对于住在地之民事登记所，将受孕时期，及孕儿之父亲的住所一一通告。有夫之妇而与夫以外之男子交接受孕时亦同。登记所接受此项通知时，须将此事实通知该孕妇所指定为父亲之男子。若此人不承认为实事时，在两礼拜以内有起诉之权利。若此人认为实事之时，裁判所要命令他分担怀胎分娩及扶养小儿各项费用。若与此妇人有关系不止一人之时，裁判所也命令他们共同担任此项费用。父母协同行使亲权。但至男儿十八岁，女儿十六岁之时为止。关于儿女诸事，概由父母合意办理，意见若不一致，双方出席法庭由裁判所决定。

父母分居时，未成年的子女，应与谁同住，又离婚时子女应用谁姓，一切由父母合意决定，意见若不一致，则诉于裁判所。

父母有扶养不能劳动之子女的义务，子女有扶养不能劳动之父母的义务。但受政府扶养时，不在此限。

子女对于父母之财产，父母对于子女之财产，并无权利。

离婚之时，父或母谁应养育子女，养育费如何分配等事，依父母双方协议决定。双亲关于子女教养的协定，若遇与子女的利益不相一致之时，裁判所有向该父母请求法律规定之扶养费。裁判所当决定分配子女扶养费之时，须要考虑子女有无受照料的必要，又子女之母亲或因受孕不能劳动，以及父母收入的多寡和劳动能力的大小，须均加以考虑的。

依以上所述显然可以知道的，劳农俄国的新婚姻法和特色，有四：（一）立在男女同权基础之上。（二）专以当事人意思为结婚离婚之条件。（三）私生子的制度完全废止。（四）父母两方之亲权平等。

资本主义的社会里，女子常受父母及夫和监护人所监督，不能自主。结婚这种重大事情，女子的意思毫不受尊重的。而尤以没有劳动能力缺乏职业的机会的结果，不得不把结婚当作唯一的生活手段，就是违反了自己的意思，也要继续她的生活了。又亲权专属于父，女子对于自己所生育的儿女并无权利，离婚之时非将子女留归其父不可。但是劳农俄国的妇人却不是这样，完全脱离了那一切不合理的拘束了。她的身体若是健康，无论什么职业在她可以做得到的都可以做。若因失业、妊孕、病痛等事不能劳动，就有受国家扶养的权利，为劳动生活谋便利，就有公共寄儿所，这种寄儿所，并不是资本国里慈善家所造的那样小猪栏的托儿所，这乃是由国费办成的，有熟练的医生、看护妇和保姆当保护之任，可说是儿童的乐园，我们应当记忆的。现时俄国妇人，经济的精神的完全得以独立，可以结成一种除自己爱情和良心以外并无烦恼的纯洁的夫妇关系。

资本主义与社会主义的根本不同之点，就是前者是利益本位金钱本位，后者是人的本位。新俄国的立法——纵令在过渡时代迫于必要不能称为十分彻底的社会主义立法——和资本国的立法，其间相异之点，简直可用这种本质的相异点说明出来。

四　家庭劳动之社会化

劳农政府妇人解放的两大计划，就是母性保护和家庭劳动的社会化。资本主义社会之下，妇女唯一的天职是做母亲，所以不欢喜妇人的社会的生活。不单是对于她做母亲这件事没有报酬，而且当着因做母亲而不能劳动的时期内，连她的职业和独立都要夺去，使她不得已仰社会或他人的恩惠谋生。所以在这种社会中，女子在专做母亲的范围以内，她的经济独立，在原则上是不可能的。而劳农俄国，却不甘于承认为母是妇人的一个天职，而且有进一步的设备，使妇人安然愉快得以完成她的职分。

单是这样，还不充分。现时那样原始的家庭劳动，消耗主妇的时间和精力，妨害她的自由活动和发达，这种劳动若不废除，妇人若不免去烦琐的家事，真正的解放不能实现的。

把现在的家庭和百五十年以前的家庭比较起来，家事自然是减少许多。譬如在我们祖母的祖母的时代，纺纱、织布、染色、缝衣等事，一切都是家妇的主要家务，但在今日除裁缝外，一切都有专门的工人经营。就是裁缝一项，在现时比在我们母亲的时代，也没有那样重要，因职业为生活的妇人增加，没有闲工夫去做裁缝，而且不以自己做裁缝为利益的人也多了，这是显然的事实。而尤以现时都会中的家庭，有煤气电气自来水的便利，家事越容易办理，生产方法进步，普通的生产物多用廉价供给，从前认为主妇所必要的个人的生产，到现在已不觉得必要，而且变为快乐了。今日的家庭已不生产专以消费为职务了。

这样的变化，都是资本主义产生出来的结果。此外洒扫洗濯食物调理等主妇应做之事，都改为生产和劳动的组织，为全国民劳动为全国民生产，这种社会若是实现，无论何时都可由妇人手里分离出来。就是在现时那些能够充分利用文明利器的富有阶级，已经照这样实行了。社会主义更进一步，就是把那一部分人独占的便利，给全国民解放出来。

劳农政府在经济状态所能做到的范围以内，要用很低廉的价值或者不收费尽将优美的食物供给于公设食堂，要力谋这种食堂的普及和完备，个个主妇的劳苦和个别的家计法的不经济，都除去了。“洗衣和别的事，都是这样。劳动妇人早已不埋身在污秽物的当中做工,袜子、衬衣都无须修理。她每礼拜只要把那污秽物和破裂的东西送到洗衣处和修缮处,等下礼拜去领回来就好了。所以劳动妇人并不像在资本主义支配之下那样耗费晚间的余闲,做无限制的苦工,现在尽可以读有用的书做娱乐的事情了。”这是郭伦泰的话。

又先前在资本主义之下教育的任务,也是由父母移到社会的手中的,儿童达到就学年龄,到学校去受教育。

可是儿童衣食住的费用和在学校就学时间内的照料,还是归父母私人担负的。所以劳动阶级的父母没有余力供给能使自己的儿童就学。无产阶级大部分的子弟,不满十岁就要开始过劳动生活,所谓国民教育不过是一纸空文。不仅如此,而且得工资做工的父母,不过在晚间归到家里睡,对于儿童精神上肉体上的发展丝毫不能注意的。所以在资本主义之下,为父母的觉得子女是一种重担负,子女是子女,被置在无保护者的状态。

劳农俄国对于这一点,大加改革。社会人民委员会和教育委员会,关于教养子女的事情,努力减轻父母的劳力和经济的负担。婴儿院、托儿所、幼稚园、儿童 home、儿童殖民地、医疗院、儿童静养所、儿童食堂、学校的无费备餐、教科书、温暖衣服、靴子及发给不收费的必要品等项,一切都为实行此种目的方设备的。

劳农政府照这样把那妇女最重大的担负即家事和育儿诸事,概收归国家办理由社会去担负责任。个别的家计法和育儿法生出来的劳力滥费和不经济一概免除,同时使妇人专心做适应个性的事情。

世人轰传的多数派一个凶恶的罪状即所谓“破坏家庭”的本体,就是以上所述的。家长做本位的旧家族制度之解体,是资本主义发生以后的事实。劳农俄国认定这种事实,要建设一种新制度,代替那早已失掉保护个人的力量的家族制度。关于这一点,郭伦泰有一个说明:

> 劳动阶级做母亲的妇女们,尽可安心。社会主义的社会并不是要从人家父母手里抢去子女,也不是要从母亲怀里夺取婴儿,什么灭亡现在的家庭要诉诸暴力的事,全然没有这样想法的。旧家族制度正在解体了。所有家庭劳动,在先前是使家庭当作社会单位的支柱,到现在都社会化了。把家事

看得重要的时代也过去了。关于子女的事,也是一样。无产阶级的父母,早已不能去照料他们,教养他们。子女和父母同是一样的苦痛。所以劳农俄国向无产阶级的男女说:“你们年纪轻,你们互相爱,你们有生活于幸福的权利。你们要享乐你们的生活。勿要逃避幸福。不要回避结婚——虽然在资本主义之下,结婚是劳动者的锁。你们年轻强壮的人不要害怕,你们要为国家造些新劳动者少国民出来。劳动者的社会要求新劳动者。你们对于你们子女的未来不要担忧。你们的子女不会知道冻不会知道饿的。像资本主义社会里那样把小儿们抛弃使遭逢不幸的事是没有的。小儿们一生下地来,劳动者的国家就连同母子,一并扶养,殷勤照料。小儿们受劳动者的祖国扶养和教育,但这祖国却并不是从父母手里将小儿夺去的。劳动者的社会虽然负有教养儿童的一切义务,而为父的仍有为父的喜悦,为母的仍有为母的满足,意会并没有夺情的事实。”照这样看来,那些用暴力破坏家庭,用强制力分割母子爱情的话,还说得上吗?事实是逃不过去的东西。旧家族制度的时代已经过去了。这并不能归咎劳动者的国家,这是新社会状态的结果。家庭使妇人从生产的事业分离起来所以对于国家已没有必要了。又育儿诸事,在以前是家庭的任务,现在渐渐移到社会上去,各个人可以不去干了。我们眼看见旧家族制度废址之上有全新的男女关系的新制度生出来了。这是爱情和友爱的结合,即是都自由都独立都平等都为劳动者的新社会中同人的结合。妇人早不要做家庭的奴隶了。家庭之中已没有什么不平等了。女子纵然为丈夫所弃,也没有拥抱子女彷徨歧路的害怕了。劳农俄国的妇人,不倚靠丈夫,倚靠自己的工作。养她的人不是丈夫,是自己强壮的腕膊。对于儿童的命运全不要担忧。劳动者的国家,负担对于儿童的责任。以前结婚是把家庭生活弄黑暗了的一切物质的要素和金钱上的打算。现在的结婚却把这些弊端除净了。以后的结婚是互相信互相爱的两个灵魂高尚的结合,这种结合对于男女劳动者,约定有一种最完全的幸福和最大的满足,凡是能够自己觉悟能够自觉自己境遇的人都能享受的。以前是奴隶的结婚,现在是用友爱确定的自由结合,这就是新劳动者的国家要替男女们提供的。古时奴隶的两性关系,并不如现时这样是爱人又是朋友的自由公正的结合,这时候，人类的污辱，压迫劳动者的一种可怕的弊害可以消灭的。

劳动者的国家，要求新的两性关系。做母亲的对于自己子女那种狭义的排他的爱情，要扩充起来，对于无产阶级一大家族中一切子女，都一样地用这种爱情去爱他们。使妇人隐忍屈从的旧结婚制度要倒坏了，义务权利都平等的劳动国中两个人民用爱情和尊敬确定的“自由结合”要起来代替了。个人的利己的家庭消失了，一切劳动者都是兄弟都是僚友的大劳动家庭要起来代替了。

我们要为那健康的含苞未放的儿童展开道路！我们要为那有自由感情自由爱情来追求人生娱乐的强壮青年展开道路！这两句话是劳农俄国的标语，我们在自由平等爱情的名义之下，希望男女劳动者男女农民拿一种信念勇猛地去做改造事业，把人类社会弄得更完全更正确充分地保证各人有相当的幸福。

五　劳动妇人之觉悟

在资本主义之下的俄国妇人，不分中产阶级劳动阶级，都与一切政治的社会的生活全无关系。因为如此所以女子的知识经验不如男子，一旦政权归无产阶级掌握以后，他们要去参加于新俄国事业的建设，总觉得有多大的困难。所以首先要启发劳动妇人，教她们了解这新事业，教她们晓得尽力做事。

因为适应劳动妇人的心理要行一种宣传所以产出了妇人代表大会。这会是由一区或一市各工厂中妇人劳动总会所选出的妇人代表组织而成。这会一方面是使劳动妇人精通劳农会事业，教她们晓得运用的教化机关，他方面又是劳农制度和妇人全体的联络机关。

妇人代表分为数个团体，附属各处劳农会行事，以前她们很尽力做的是社会部劳动部教育部卫生部各方面的事情，她们监理产妇院，妇人及儿童 home，儿童游园地，小学校，和别的学校；公设食堂和庖厨所。分别说起来，她们所做的事，就是纠正产妇院 home 的秩序，监督并分配学校里的靴子和服物，辅助劳动监督官提供材料，考察妇女和小儿劳动，是否严守规律——但俄国十六岁以下的少年男女禁止使用的。他们受了委任,组织普通病院野战病院,看护病人和受伤的人,监督兵营。她们也参与警察事务,介绍妇女做一切生产的劳动。

劳农会中各部门,各设有讲习会,即如社会科、保姆科、赤卫军看护妇养成科、卫生科等类,因为要使那些妇人代表精通劳农会的职能,所以把她们编入各科里头去。同时在工场事务所做事的代表,也把自己和属于自己各部门所做的事,按一定时期报告于选举人,在工厂里则组织警备委员会,探听劳动妇女的鸣不平和希望和她们的建议。

妇女代表们对于劳农会和共产党所行的一切运动,譬如燃料征发队、卫生队、食料队、救济负伤人、扑灭传染、地方宣传运动诸事,一概参加。

代表会每月开会二次或三次。近来莫斯科和别的都市,都把代表选出的基础改小,每劳动妇人二十名,得选出代表一名。因此借这代表会可以使劳动妇人全体相接近,劳农会的新势力也得确立了。

还有一个好行宣传的机会,就是各地方村郡每三月或四月召集的无党派妇人大会,出席人数最多,最便宣传。

宣传事业都借文章和讲演举行,差不多一切共产党机关杂志,都设有劳动妇人栏。

革命以后妇人进步的猛速,无论何人都预想不到的。在革命的时候,真有阶级的自觉的劳动妇人,不过占少数,大多数有革命趣向的人,很缺乏明白的自觉和组织的。但到现在,能够精通某项事务的贤明的劳动妇人,增加得很多很多的。明干的宣传家和妇人记者,多数都由劳动阶级出身的。

劳动妇人的运动,已达到最广的范围,有很大的政治的势力。彼得格勒莫斯科附近地方伊瓦诺维、武阿奈逊斯克等地方,这类事业尤其发达。其中最富于阶级的自觉而最有组织的,莫过于彼得格勒的劳动妇人。此种运动,别处地方也很普及,成绩颇有可观。共产党全俄劳动妇人组织大会,出席的地方代表有二十八县之多,当时未能出席的诸县在共产党妇人部的地方有乌拉尔、乌夫亚、阿连布克、阿斯特拉坎各县。照这样看来,劳动妇人的运动,业已普遍全俄国了。尼古拉·布哈林有一段话说:

> 把那纯粹无产阶级和农民的妇女之间所生的变化观察起来,最有趣味。

先前被他人当做家畜看待的人,居然自觉起来,晓得自己也是人也有同等的权利了。她们对于资本主义对于资本家的压榨,对于所有一切奴隶制度,都加入斗争的队伍中了。劳动妇人和农村妇人开始参与农政了。她们参加于劳农会和种种执行委员会,达到有责任的地位,又在战场手执武器从事看护,毫不足怪。中流劳动妇人和农妇,尤其活动谋运用社会的保护制度,保护妇人、母亲、儿童、老人、病人等人。她们照管产妇妊妇,在婴儿院、儿童殖民地、职业介绍所、学校饭厅公设食堂、吃茶所、病院、公立图书馆等处办事,并宣传共产思想普及一般知识。她们所办的事,多以这种运动为中心,她们在尽义务时,表示理智和感情并行,用热烈的感情发挥新创造的能力,关于实际问题,具有丰富的常识。

革命以前并没听见讲过共产主义,多数都在党内的学校学会读书写字的妇人们,她们能够实现党内的理想,真是可欣赞的事情。革命以后妇人的才能和精力,借自由活动的便利,正如骤雨之后在日光中的植物一样的成长。这种新生活,使无产者和农家的妇人觉悟起来。使她们得着工作、得着义务、得经验和训练。使她们成了勇敢的战士,成为新社会中的共同劳动者。拥护劳农俄国的存在,维持他本然的发达,其间所必须经过的一切困苦和争斗,在现时想起来,这是很可惊叹的。多数派因为要粉碎那反动革命所藉以武器的资本主义精神,不得不继续战斗。国内经济的紊乱,惹起穷乏饥饿和病的各种不幸。虽然如此而劳农俄国却为灿烂的将来,为自由幸福的共同生活而战。无产阶级和农家的妇人,都加入战斗之中。要把这些妇人的活动按日按月记录起来,究应从何处起至何处止方好,就难知道了。

现在莫斯科所开的哥萨克大会,就是表示妇女中觉悟的新个性的好证据。妇女与男子有同等的权利做代表参加此会。革命一事促起她们觉悟,使她们成为劳动者而战的战士。若在革命以前,这些妇人住在哥萨克的乡村,她们只看见她们的母亲和祖母所做过的家事,她们照管公园和田土。当时她们除了所住的小村的境界以外,全然不顾虑的。妇人们中若有一个到郡议会或县议会去旁听,就成了远近的嘲诮的种子。但是到了现在,她们自己去参加劳农会的讨论和决议,长途跋涉跑到莫斯科去也不畏远。她们坐在向未见面的人的当中,发表意见讨论决议。她们觉得和在自家的兄弟姊妹当中一样,议论大俄罗斯最重大的问题。有许多伶俐的话句,贤明的建设,有思虑的质问,都是从农妇的口中发出来的。这事完全像梦一样,然而是现实的。

劳农政府对于一切用手足头脑而创造的劳动者,给他们增进共同幸福和进步的机会;给他们面包、自由、威严、名誉;使他们营人的生活。不分男女都有共同动作的权利和义务,这是劳农俄国的法则。这种协同作业,无论工厂农村和行政,一概通行。帝制时代的妇女们与国家政治的生活全无关系。上流妇人做人的妻,做人的情妇,与国家问题全无关系。平民阶级的妇女与此相似。

常用勇敢充满牺牲精神的俄国妇人,只有革命者之间过了充分的政治的生活。革命运动,女子也和男子一样都做成功了。不单是一个苏菲亚女革命党如此,就是横死于断头台和牢狱和荒野的别的许多妇人,她们的操行也铁石一样,劳动阶级的妇女们,战死沙场的很多。可是和全体劳动阶级的人数比较起来,加入政治的斗争的妇人还算是少的。说起来,就是以前少数特殊的妇人为那些被虐待的妇人奋斗的。只是到了后来,无产者十一月革命就有很多数的劳动妇人和农妇都自己觉悟伟大的理想了。

以上不过就我所得的材料作个记述,确实推定劳农俄国妇女的状态。

要之,劳农俄国中,凡在政治教育经济社会一切方面,妇人与男子受同等的权利,有平等的发达的机会。照这样的妇人解放决不是否定女性,决不是抑压妇人为母的生活,那种周到的设施,世界良母贤妻国家梦想都不到的。俄国的设施不过使女子和男子一样,尽能力得满足,尽能力尽职务。把这种解放看作是女子的不幸的人,那是特别例外,若对于此事觉得有趣味的人,一定是这样想的了,劳农俄国建国之始,为什么把男女同权作为当然的事来认定呢?

在旧俄帝国当时,像欧洲各国那样以中流妇女为本位的妇女运动差不多没有。唯其不是女权运动而是革命运动,所以得今日这样的解放。一九一八年十一月莫斯科第二次全俄无产妇人大会有一个决议:

> 劳动妇人的解放，与无产者全体解放的条件一致，所以我们除了无产者一般的问题没有问题。现在正当社会革命发展之时，一切男女劳动者都要尽全力争无产者的胜利。

过去前半世纪以来，为俄国民众解放运动牺牲的妇女的精神，实是如此。俄国无产者中，从前有苏菲亚、查斯里菲克纳，现在有郭伦泰、斯比里特诺、巴尔巴诺，照这样看来，世人怎么能够说妇人先天劣弱，要抑压她们社会的活动，要把她们逐回厨房、儿童房屋里头去吗？男和女都曾经做过奴隶。现在都自由了。我想俄国的革命唯有无产者从赁银制度解放的当时，才是妇人从性的奴隶制度解放之时，这是我极力要对世人说的话。

（第九卷第三号，一九二一年七月一日）

教育
改革

新青年 第四卷第五號目次

(一九一八 民國七 年五月十五日發行)

选自《青年杂志》第四卷第五号(原版内文)

今日之教育方针

陈独秀

居今日之中国而谈教育,无贤不肖将共非之。上方百计仆此以为弭乱之计,下亦以非生事所需。一言教育,贤者叹为空谈,不肖者詈为多事,吾则以为皆非也。多事之说,良以教育非能致富求官也,然则教育之所以急需,正为此辈而设;空谈之说,亦志行薄弱、随俗进退者之用心,吾无取也。何以言之?盖教育有广、狭二义:自狭义言之,乃学校师弟之所授受;自广义言之,凡伟人、大哲之所遗传,书籍报章之所论列,家庭之所教导,交游娱乐之所观感,皆教育也。以执政之摧残学校,遂谓无教育之可言。执政倘焚书坑儒,将更谓识字之迂阔乎?以如斯志行薄弱之人主持教育,虽学校遍乎域中,岁费增至亿万,兴国作民之事,必无望也!反乎此者,虽执政尽废全国学校,而广义教育,非其力所能悉除。强毅之士,不为所挠,填海移山,行见教育精神,终有救国新民之一日。发空谈之长叹,煽消极之恶风,其罪殆与摧残教育之执政相等。即以狭义之教育言之,二三年来,学校破坏,诚可痛心;然就此孑遗,非绝无振作精神之余地,乃必欲委心任运,因循敷衍,致此残败之余,亦归残败。青年学子,用以自放,绝无进取向上之心。呜呼!是谁之罪欤?吾以为已破坏之学校,罪在执政;未破坏之学校,其腐败堕落等于破坏者,则罪在教育家。

教育家之整理教育,其术至广,而大别为三:一曰教育之对象;一曰教育之方针;一曰教育之方法。教育之对象者,即受教育者之生理的及心理的性质也;教育之方针者,应采何主义以为归宿也;教育之方法者,应若何教授陶冶以实施此方针也。三者之中,以教育之方针为最要。如矢之的、如舟之柁,不此是图,其他设施,悉无意识。第所谓教育方针者,中外古今,举无一致。欧洲中世,教育之权,操之僧侣,其所持教育方针,乃以养成近似神子(即耶稣)之人物。近世政教分离,国民普通教育,恒属于国家之经营。施教方针,于焉大异。斯巴达(Sparta Laconia,古代希腊州之首府)人之教育,期以好勇善斗,此所谓军国民教育主义也。此主义已为近世教育家所不取(德意志及日本虽以军国主义闻于天下,然其国之隆盛,盖不独在兵强。其国民教育方针,德、智、力三者未尝偏废),以其戕贼人间个性之自由,失设教之正鹄也。法兰西哲学者卢梭,以人生本乎自然为立教之则,此哲家之偏见,未可施诸国民普通教育者也。德意志之哲学者赫尔巴特(Herbart),近世教育家之泰斗也。其说以品行之陶冶为教育之极则。十九世纪言教育者,多以赫氏为宗。所谓赫尔巴特派教育学与康德派哲学,殆如并世之双峰。然晚进学者多非之,至称为雕刻师而非教育家,盖以其徒事表象之庄严,陷于漠视体育与心灵二大缺点也。现今欧美各国之教育,罔不智、德、力三者并重而不偏倚,此其共通之原理也。而各国特有之教育精神:英吉利所重者,个人自由之私权也;德意志所重者,军国主义,举国一致之精神也;法兰西者,理想高尚、艺术优美之国也;亚美利加者,兴产殖业,金钱万能主义之国也。稽此列强教育之成功,均有以矜式宇内者。吾国今日之教育方针,将何所取法乎?窃以理无绝对之是非,事以适时为兴废。吾人所需于教育者,亦去其不适以求其适而已。盖教育之道无他,乃以发展人间身心之所长而去其短,长与短即适与不适也。以吾昏惰积弱之民,谋教育之方针,计惟去短择长,弃不适以求其适。易词言之,即补偏救弊,以求适世界之生存而已。外览列强之大势,内鉴国势之要求,今日教学相期者:第一,当了解人生之真相;第二,当了解国家之意义;第三,当了解个人与社会经济之关系;第四,当了解未来责任之艰巨。准此以定今日教育之方针,教于斯,学于斯,吾国庶有起死回生之望乎!依此方针,说其义于下方:

(一)现实主义

人生之真相,果如何乎?此哲学上之大问题也。欲解决此问题,似尚非今世人智之所能。征诸百家已成之说,神秘宗教,诉之理性,决其立言之不诚。定命之说,不得初因,难言后果。印度诸师,悉以现象世界为妄觉,以梵天真如为本体(惟一切有部之说微异斯旨)。惟征之近世科学,官能妄觉,现象无常,其说不误。然觉官有妄,而物体自真;现象无常,而实质常住。森罗万象,瞬刻变迁,此无常之象也;原子种性,相续不灭,此常之象也。原子种性不灭,则世界无尽;世界无尽,则众生无尽;众生无尽,则历史无尽。尔我一身,不过人间生命一部分之过程。勿见此身无常,遂谓世间一切无常。尔之种性及历史,乃与此现在实有之世界相永续也。以现象之变迁,疑真常之存在,于物质世界之外,假定梵天真如以为本体,薄现实而趣空观,厌倦偷安,人治退化,印度民族之衰微,古教宗风不能无罪也。耶稣之教,以为人造于神,复归于神,善者予以死后之生命,恶者夺之,以人生为神之事业。其说虽诞,然谓天国永生,而不指斥人世生存为妄幻,故信奉其教之民,受祸尚不若印度之烈。加之近世科学大兴,人治与教宗并立,群知古说迷信不足解决人生问题矣。总之,人生真相如何,求之古说恒觉其难通;征之科学,差谓其近是。近世科学家之解释人生也:个人之于世界,犹细胞之于人身,新陈代谢,死生相续,理无可逃;惟物质遗之子孙(原子不灭),精神传之历史(种性不灭),个体之生命无连续,全体之生命无断灭。以了解生死故,既不厌生,复不畏死。知吾身现实之生存,为人类永久生命可贵之一隙,非常非暂,益非幻非空。现实世界之内有事功,现实世界之外无希望。唯其尊现实也,则人治兴焉,迷信斩焉,此近世欧洲之时代精神也。此精神磅礴无所不至:见之伦理道德者,为乐利主义;见之政治者,为最大多数幸福主义;见之哲学者,曰经验论、曰唯物论;见之宗教者,曰无神论;见之文学、美术者,曰写实主义、曰自然主义。一切思想行为,莫不植基于现实生活之上。古之所谓理想的、道德的黄金时代,已无价值之可言。德意志诗人海雷(Heine,生于一七九七年,卒于一八五六年。)有言曰:“海之帝国属于英吉利,陆之帝国属于法兰西,空之帝国属于德意志。”斯言也,意在讽劝其国人,一变其理想主义而为现实主义也。现实主义,诚今世贫弱国民教育之第一方针矣。

(二)惟民主义

封建时代,君主专制时代,人民惟统治者之命是从,无互相连络之机缘。团体思想,因以薄弱。此种散沙之国民,投诸国际生存竞争之漩涡,国家之衰亡,不待蓍卜。是以世界优越之民族,由家族团体进而为地方团体,更进而为国家团体。近世欧洲文明进于中古者,国家主义亦一特异之征也。第国家主义既盛,渐趋过当,遂不免侵害人民之权利。是以英法革命以还,惟民主义已为政治之原则。美、法等共和国家无论矣,即君主国,若英吉利,若比利时,亦称主权在民,实行共和政治。欧洲各国,俄罗斯、土耳其之外,未有敢蹂躏宪章、反抗民意者也。十八世纪以来之欧洲绝异于前者,惟民主义之赐也。吾人非崇拜国家主义,而作绝对之主张;良以国家之罪恶,已发现于欧洲,且料此物之终毁。第衡之吾国国情,国民犹在散沙时代,因时制宜。国家主义,实为吾人目前自救之良方。惟国人欲采用此主义,必先了解此主义之内容。内容为何?欧美政治学者诠释近世国家之通义曰:“国家者,乃人民集合之团体,辑内御外,以拥护全体人民之福利,非执政之私产也。”易词言之,近世国家主义,乃民主的国家,非民奴的国家。民主国家,真国家也,国民之公产也,以人民为主人,以执政为公仆者也;民奴国家,伪国家也,执政之私产也,以执政为主人,以国民为奴隶者也。真国家者,牺牲个人一部分之权利,以保全体国民之权利也;伪国家者,牺牲全体国民之权利,以奉一人也。民主而非国家,吾不欲青年耽此过高之理想;国家而非民主,则将与民为邦本之说背道而驰。若惟民主义之国家,固吾人财产身家之所托,人民应有自觉、自重之精神,毋徒事责难于政府。若期期唯共和国体是争,犹非根本之计也。

(三)职业主义

现实之世界,即经济之世界也。举凡国家、社会之组织,无不为经济所转移、所支配。古今社会状态之变迁,与经济状态之变迁,同一步度,此社会学者、经济学者所同认也。今日之社会,植产兴业之社会也,分工合力之社会也。尊重个人生产力,以谋公共安宁、幸福之社会也。一人失其生产力则社会失其一部分之安宁幸福。生产之力弱于消费,于社会、于个人皆属衰亡之兆。征之吾国经济现象,果如何乎?功利货殖,自古为羞;养子孝亲,为毕生之义务。此道德之害于经济者也。债权无效,游惰无惩,此法律之害于经济者也。官吏苛求,上下无信;姬妾仆从,漫无限制,此政治之害于经济者也。并此数因,全国之人,习为游惰。君子以闲散鸣高,遗累于戚友;小人以骗盗糊口,为害于闾阎。生寡食众,用急为舒。于此经济竞争剧烈之秋,欲以三等流氓(政治家为高等流氓,士人为中等流氓,流氓为下等流氓,以其均无生产力也)立国,不其难乎?今之教育,倘不以尊重职业为方针,不独为俗见所非,亦经世家所不取。盖个人以此失其独立自营之美德,社会经济以此陷于不克自存之悲境也。

(四)兽性主义

日本福泽谕吉有言曰:“教育儿童,十岁以前,当以兽性主义;十岁以后,方以人性主义。”进化论者之言曰:“吾人之心,乃动物的感觉之继续。人间道德之活动,乃无道德的冲动之继续。良以人类为他种动物之进化,其本能与他动物初无异致。所不同者,吾人独有自动的发展力耳。强大之族,人性、兽性同时发展。其他或仅保兽性,或独尊人性而兽性全失,是皆堕落衰弱之民也。”兽性之特长谓何?曰意志顽狠,善斗不屈也；曰体魄强健，力抗自然也；曰信赖本能，不依他为活也；曰顺性率真，不饰伪自文也。皙种之人，殖民事业遍于大地，唯此兽性故；日本称霸亚洲，唯此兽性故。彼之文明教育，粲然大备。而烛远之士，恒期期以丧失此性为忧，良有以也。余每见吾国曾受教育之青年，手无缚鸡之力，心无一夫之雄；白面纤腰，妩媚若处子；畏寒怯热，柔弱若病夫。以如此心身薄弱之国民，将何以任重而致远乎？他日而为政治家，焉能百折不回，冀其主张之贯彻也？他日而为军人，焉能戮力疆场，百战不屈也？他日而为宗教家，焉能投迹穷荒，守死善道也？他日而为实业家，焉能思穷百艺，排万难冒万险、乘风破浪制胜万里外也？纨绔子弟，遍于国中；朴茂青年，等诸麟凤。欲以此角胜世界文明之猛兽，岂有济乎？茫茫禹域，来日大难。吾人倘不以劣败自甘，司教育者与夫受教育者，其速自觉觉人，慎毋河汉吾言，以常见虚文自蔽也！

（第一卷第二号，一九一五年十月十五日）

体育之研究

二十八画生[①]

国力苶弱，武风不振，民族之体质，日趋轻细。此甚可忧之现象也。提倡之者，不得其本，久而无效，长是不改，弱且加甚。夫命中致远，外部之事，结果之事也。体力充实，内部之事，原因之事也。体不坚实，则见兵而畏之，何有于命中，何有于致远？坚实在于锻炼，锻炼在于自觉。今之提倡者，非不设种种之方法，然而无效者，外力不足以动其心，不知何为体育之真义，体育果有如何之价值，效果云何，著手何处，皆茫乎如在雾中，其无效亦宜。欲图体育之有效，非动其主观、促其对于体育之自觉不可。苟自觉矣，则体育之条目，可不言而自知，命中致远之效，亦当不求而自至矣。不佞深感体育之要，伤（倘）提倡者之不得其当，知海内同志，同此病而相怜者必多。不自惭赧，贡其愚见，以资商榷。所言并非皆已实行，尚多空言理想之处，不敢为欺。倘辱不遗，赐之教诲，所虚心百拜者也。

第一　释体育

自有生民以来，智识有愚暗，无不知自卫其生者。是故西山之薇，饥极必食；井上之李，不容不咽；巢木以为居，皮兽以为衣，盖发乎天能，不知所以然也，然而未精也。有圣人者出，于是乎有礼。饮食起居，皆有节度。故子之燕居，申申如也，夭夭如也；食饐而信息餲，鱼馁而肉败不食；射于矍相之圃，盖观者如墙堵焉。人体之组成，与群动无不同，而群动不能及人之寿，所以制其生者无节度也。人则以节度制其生，愈降于后而愈明，于是乎有体育。体育者，养生之道也。东西之所明者不一：庄子效法于庖丁，仲尼取资于射御；现今文明诸国，德为最盛，其斗剑之风，播于全国；日本则有武士道，近且因吾国之绪余，造成柔术，觥觥乎可观已。而考其内容，皆先精究生理，详于官体之构造，脉络之运行，何方发达为早，何部较有偏缺，其体育即准此为程序，抑其过而救其所不及。故其结论，在使身体平均发达。由此言之，体育者，人类自养其生之道，使身体平均发达，而有规则次序之可言者也。

第二　体育在吾人之位置

体育一道，配德育与智育，而德智皆寄于体，无体是无德智也。顾知之者或寡矣，或以为重在知识，或曰道德也。夫知识则诚可贵矣，人之所以异于动物者此耳。顾徒知识之何载乎？道德亦诚可贵矣，所以立群道、平人己者此耳。顾徒道德之何寓乎？体者，为知识之载而为道德之寓者也。其载知识也如车，其寓道德也如舍。体者，载知识之车而寓道德之舍也。儿童及年入小学，小学之时，宜专注重于身体之发育，而知识之增进道德之养成次之。宜以养护为主，而以教授训练为辅。今盖多不知之，故儿童缘读书而得疾病或至夭殇者有之矣。中学及中学以上，宜三育并重，今人则多偏于智。中学之年，身体之发育尚未完成，乃今培之者少而倾之者多，发育不将有中止之势乎？吾国学制，课程密如牛毛，虽成年之人，顽强之身，犹莫能举，况未成年者乎？况弱者乎？观其意，教者若特设此繁重之课，以困学生，蹂躏其身而残贼其生，有不受者则罚之，智力过人者，则令加读某种某种之书，甘言以诂之，厚赏以诱之。嗟乎，此所谓贼夫人之子欤！学者亦若恶此生之永年，必欲摧折之，以身为殉而不悔，何其梦梦如是也！人独患无身耳，他复何患？求所以善其自身者，他事亦随之矣。善其身无过于体育，体育于吾人实占第一之位置。体强壮而后学问道德之进，修勇而收效远。于吾人研究之中，宜视为重要之部。学有本末，事有终始，知所先后，则近道矣，此之谓也。

第三　前此体育之弊及吾人自处之道

三育并重，然昔之为学者，详德智而略于体。及其弊也，偻身俯首，纤纤素手，登山则气迫，步水则足痉。故有颜子而短命，有贾生而早夭，王勃、卢照邻，或幼伤，或坐废，此皆有甚高之德与智也。一旦身不存，德智则从之而隳矣。唯北方之强，任金革死而不厌，燕赵多悲歌慷慨之士，烈士武臣，多出凉州。清之初世，颜习斋、李刚主文而兼武。习斋远跋千里之外，学击剑之术于塞北，与勇士角而胜焉。故其言曰：文武缺一岂道乎？顾炎武，南人也，好居于北，不喜乘船而喜乘马。此数古人者，皆可师者也。

学校既起，采各国之成法，风习稍稍改矣。然办学之人，犹未脱陈旧一流，囿于所习，不能骤变。或少注意及之，亦唯是外面铺张，不揣其本而齐其末。故愚观现今之体育，率多有形式而无实质。非不有体操课程也，非不有体操教员也，然而受体操之益者少，非徒无益，又有害焉。教者发令，学者强应，身顺而心违，精神受无量之痛苦，精神苦而身亦苦矣。盖一体操之终，未有不貌瘁神伤者也。饮食不求洁，无机之物，微生之菌，入于体中，化为疾病。室内光线不足，则目力受害不小。桌椅长短不合，削趾适履，则躯干受亏。其余类此者尚多，不能尽也。

然则为吾侪学者之计如之何？学校之设备，教师之教训，乃外的客观的也，吾人盖尚有内的主观的。夫内断于心，百体从令，祸福无不自己求之者。我欲仁斯仁至，况于体育乎？苟自之不振，虽使外的客观的尽善尽美，亦犹之乎不能受益也。故讲体育必自自动始。

第四　体育之效

人者，动物也，则动尚矣。人者，有理性的动物也，则动必有道。然何贵乎此动邪？何贵乎此有道之动邪？动以营生也，此浅言之也；动以卫国也，此大言之也，皆非本义。动也者，盖养乎吾生，乐乎吾心而已。朱子主敬，陆子主静。静，静也；敬，非动也，亦静而已。老子曰无动为大，释氏务求寂静。静坐之法，为朱、陆之徒者咸尊之。近有因是子者，言静坐法，自诩其法之神，而鄙运动者之自损其体。是或一道，然予未敢效之也。愚拙之见，天地盖唯有动而已。

动之属于人类而有规则之可言者曰体育。前既言之，体育之效，则强筋骨也。愚昔尝闻，人之官骸肌络，及时而定，不复再可改易，大抵二十五岁以后，即一成无变。今乃知其不然。人之身盖日日变易者，新陈代谢之作用，不绝行于各部组织之间。目不明可以明，耳不聪可以聪。虽六七十之人，犹有改易官骸之效，事盖有必至者。又闻弱者难以转而为强，今亦知其非是。盖生而强者，滥用其强，不戒于种种嗜欲，以渐戕贼其身,自谓天生好身手,得此已足,尚待锻炼,故至强者或终转为至弱。至于弱者,则恒自悯其身之不全,而惧其生之不永,兢业自持。于消极方面,则深戒嗜欲,不敢使有损失;于积极方面,则勤自锻炼,增益其所不能,久之遂变而为强矣。故生而强者不必自喜也,生而弱者不必自悲也。吾生而弱乎,或者天之诱我以至于强,未可知也。东西著称之体育家,若美之罗斯福、德之孙棠、日本之嘉纳,皆以至弱之身,而得至强之效。又尝闻之,精神身体,不能并完。用思想之人,每歉于体。而体魄蛮健者,多缺于思。其说亦谬。此盖指薄志弱行之人,非所以概乎君子也。孔子七十二而死,未闻其身体不健。释迦往来传道,死年亦高。邪苏[②]不幸以冤死。至于摩诃末,左持经典,右执利剑,征压一世。此皆古之所谓圣人,而最大之思想家也。今之伍秩庸先生,七十有余岁矣,自谓可至百余岁,彼亦用思想之人也。王湘绮死年七十余,而康健矍铄。为是说者,其何以解邪?总之,勤体育则强筋骨,强筋骨则体质可变,弱可转强,身心可以并完。此盖非天命而全乎人力也。

非第强筋骨也,又足以增知识。近人有言曰:文明其精神,野蛮其体魄,此言是也。欲文明其精神,先自野蛮其体魄,苟野蛮其体魄矣,则文明之精神随之。大知识之事,认识世间之事物而判断其理也。于此有须于体者焉,直观则赖乎耳目,思索则赖乎脑筋。耳目、脑筋之谓体,体全而知识之事以全。故可谓间接从体育以得知识。今世百科之学,无论学校独修,总须力能胜任。力能胜任者,体之强者也,不能胜任者,其弱者也。强弱分,而所任之区域以殊矣。

非第增知识也,又足以调感情。感情之于人,其力极大。古人以理性制之,故曰主人翁常惺惺否,又曰以理制心。然理性出于心,心存乎体。常观罢弱之人,往往为感情所役,而无力以自拔。五官不全及肢体有缺者,多困于一偏之情,而理性不足以救之。故身体健全,感情斯正,可谓不易之理。以例言之,吾人遇某种不快之事,受其刺激,心神震荡,难于制止。苟加以严急之运动,立可汰去陈旧之观念,而复使脑筋清明,效盖可立而待也。

非第调感情也,又足以强意志。体育之大效,盖尤在此矣。夫体育之主旨,武勇也。武勇之目,若猛烈,若不畏,若敢为,若耐久,皆意志之事。取例明之,如冷水浴足以练习猛烈与不畏,又足以练习敢为。凡各种之运动,持续不改,皆有练习耐久之益,若长距离之赛跑,于耐久之练习尤著。夫力拔山气盖世,猛烈而已;不斩楼兰誓不还,不畏而已；化家为国，敢为而已；八年于外，三过其门而不入，耐久而已。要皆可于日常体育之小基之。意志也者，固人生事业之先驱也。

肢体纤小者举止轻浮，肤理缓弛者心意柔钝，身体之影响于心理也如是。体育之效，至于强筋骨，因而增知识，因而调感情，因而强意志。筋骨者吾人之身，知识、感情、意志者吾人之心，身心皆适，是谓俱泰。故夫体育非他，养乎吾生、乐乎吾心而已。

第五　不好运动之原因

运动为体育之最要者，今之学者多不好运动，其原因盖有四焉：一则无自觉心也。一事之见于行为也，必先动其喜为此事之情，尤必先有对于此事明白周详知其所以然之智。明白周详知所以然者，即自觉心也。人多不知运动对于自己有如何之关系，或知其大略，亦未至于亲切严密之度，无以发其智，因无以动其情。夫能研究各种科学孜孜不倦者，以其关系于己者切也，今日不为，他日将无以谋生。而运动则无此自觉，此其咎由于自己不能深省者半，而教师不知所以开之，亦占其半也。一则积习难返也。我国历来重文，羞齿短后，动有好汉不当兵之语。虽知运动当行之理，与各国运动致强之效，然旧观念之力尚强，其于新观念之运动，盖犹在迎拒参半之列。故不好运动，亦无怪其然。一则提倡不力也。此又有两种：其一，今之所称教育家，多不谙体育。自己不知体育，徒耳其名，亦从而体育之。所以出之也不诚，所以行之也无术，遂减学者研究之心。夫荡子而言自立，沉湎而言节饮，固无人信之矣。其次，教体操者多无学识，语言鄙俚，闻者塞耳。所知唯此一技，又未必精，日日相见者，唯此机械之动作而已。夫徒有形式而无精意以贯注之者，其事不可一日存。而今之体操实如是。一则学者以运动为可羞也。以愚所考察，此实为不运动之大原因矣。夫衣裳襜襜、行止于于、瞻视舒徐而夷犹者，美好之态，而社会之所尚也。忽而张臂露足，伸肢屈体，此何为者邪？宁非大可怪者邪？故有深知身体不可不运动，且甚思实行，竟不能实行者；有群行群止能运动，单独行动则不能者；有燕居私室能运动，稠人广众则不能者，一言蔽之，害羞之一念为之耳。四者皆不好运动之原因，第一与第四属于主观，改之在己。第二与第三属于客观，改之在人。君子求己，在人者听之可矣。

第六　运动之方法贵少

愚自伤(幼)体弱,因欲研究卫生之术,顾古人言者亦不少矣。近今学校有体操、坊间有书册,冥心务泛,终难得益。盖此事不重言谈,重在实行。苟能实行,得一道半法已足。曾文正行临睡洗脚、食后千步之法,得益不少。有老者年八十犹康健,问之,曰:吾唯不饱食耳。今之体操,诸法繁陈,更仆尽之,宁止数十百种。巢林止于一枝,饮河止于满腹。吾人唯此身耳,唯此官骸藏络耳,虽百其法,不外欲使血脉流通。夫法之致其效者一,一法之效然,百法之效亦然,则余之九十九法可废也。目不两视而明,耳不两听而聪,筋骨之锻炼而百其方法,是扰之也。欲其有效,未见其能有效矣。夫应诸方之用,与锻一己之身者不同。浪桥所以适于航海,持竿所以适于逾高,游戏宜乎小学,兵式宜乎中学以上,此应诸方之用者也。运动筋骸使血脉流通,此锻一己之身者也。应诸方之用者其法宜多,锻一己之身者其法宜少。近之学者,多误此意。故其失有二:一则好运动者,以多为善,几欲 人之身,百般俱备,其至无 益身者。一则不好运动者,见人之技艺多,吾所知者少,则绝弃之而不为。其宜多者不必善,务广而荒,又何贵乎?少者不必不善,虽一手一足之屈伸,苟以为常,亦有益焉。明乎此,而后体育始有进步可言矣。

第七　运动应注意之项

凡事皆宜有恒,运动亦然。有两人于此,其于运动也,一人时作时辍,一人到底不懈,则效不效必有分矣。运动而有恒,第一能生兴味。凡静者不能自动,必有所以动之者。动之无过于兴味。凡科学皆宜引起多方之兴味,而于运动尤然。人静处则甚逸,发动则甚劳。人恒好逸而恶劳,使无物焉以促之,则不足以移其势而变其好恶之心。而此兴味之起,由于日日运动不辍,最好于才起临睡行两次运动,裸体最善,次则薄衣,多衣甚碍事。日以为常,使此运动之观念,相连而不绝。今日之运动,承乎昨日之运动,而又引起明日之运动。每次不必久,三十分钟已足。如此自生一种之兴味焉。第二能生快乐。运动既久,成效大著,发生自己价值之念。以之为学,则胜任愉快;以之修德，则日起有功。心中无限快乐，亦缘有恒而得也。快乐与兴味有辨：兴味者运动之始，快乐者运动之终；兴味生于进行，快乐生于结果，二者自异。

有恒矣，而不用心，亦难有效。走马观花，虽日日观，犹无观也。心在鸿鹄，虽与俱学，勿若之矣。故运动有注全力之道焉。运动之时，心在运动，闲思杂虑，一切摒去。运心于血脉如何流通，筋肉如何张弛，关节如何反复，呼吸如何出入。而运作按节，屈伸进退，皆一一踏实。朱子论主一无适，谓吃饭则想着吃饭，穿衣则想着穿衣，注全力于运动之时者，亦若是则已耳。

文明柔顺，君子之容。虽然，非所以语于运动也。运动宜蛮拙，骑突枪鸣，十荡十决，喑呜颓山岳，叱咤变风云，力拔项王之山，勇贯由基之札。其道盖存乎蛮拙，而无与于纤巧之事。运动之进取宜蛮，蛮则气力雄，筋骨劲。运动之方法宜拙，拙则资守实，练习易，二者在初行运动之人为尤要。

运动所宜注意者三：有恒一也，注全力二也，蛮拙三也。他所当注意者尚多，举其要者如此。

第八　运动一得之商榷

愚既粗涉各种运动，以其皆系外铄而无当于一己之心得。乃提挈各种运动之长，自成一种运动。得此运动之益，颇为不少。凡分六段，手部也，足部也，躯干部也，头部也，打击运动也，调和运动也。段之中有节，凡二十有七节。以其为六段，因名之曰六段运动，兹述于后。世之君子，幸教正焉。

一、手部运动，坐势：

1.握拳向前屈伸，左右参，三次（左右参者，左动右息，右动左息，相参互也）；

2.握拳屈肘，前侧后半圆形运动，左右参，三次；

3.握拳向前面下方屈伸，右左并，三次（左右并者，并动不相参互）；

4.手仰向外拿，左右参，三次；

5.手复向外拿，左右参，三次；

6.伸指屈肘前刺，左右参，三次。

二、足部运动，坐势：

1.手握拳左右垂,足就原位,一前屈,一后斜伸,左右参,三次;

2.手握拳前平,足一侧伸,一前屈,伸者可易位,屈者唯趾立。臀跟相接,左右参,三次;

3.手握拳左右垂,足一支一揭,左右参,三次;

4.手握拳左右垂,足一支一前踢,左右参,三次;

5.手握拳左右垂,足一前屈,一后伸。屈者在原位,伸者易位,两足略在直线上。左右参,三次;

6.手释拳,全身一起一蹲,蹲时臀跟略接,三次。

三、躯干部运动,立势:

1.身向前后屈,三次(手握拳,下同);

2.手一上伸,一下垂,绷张左右胸肋,左右各一次;

3.手一侧垂,一前斜垂,绷张左右背肋,左右各一次;

4.足丁字势,手左右横荡,扭捩腰胁,左右各一次。

四、头部运动,坐势:

1.头前后屈,三次;

2.头左右转,三次;

3.用手按摩额部、颊部、鼻部、唇部、喉部、耳部、后颈部;

4.自由运动,头大体位置不动,用意使皮肤及下颚运动,五次。

五、打击运动,不定势(打击运动者,以拳遍击身体各处,使血液奔注,筋肉坚实,为此运动之主):

1.手部,右手击左手,左手击右手;

(1)前膊,上面、下面、左面、右面;

(2)后膊,上面、下面、左面、右面。

2.肩部;

3.胸部;

4.胁部;

5.背部;

6.腹部;

7.臀部；

8.腿部，上腿，下腿。

六、调和运动，不定势：

1.跳舞，十余次；

2.深呼吸，三次。

①即毛泽东。②今译为耶稣。下同。

（第三卷第二号，一九一七年四月一日）

近代西洋教育

——在天津南开学校演讲

陈独秀

今日之中国,各种事业败坏已极。承贵校诸君招来演说,鄙人心中想说的话极多,但是从何处说起呢?诸君毕业后,或当教习,或别入他校求学,大约不离教育界。现在就着教育事业,略说一二。

吾人提起“教育”二字,往往心中发生二种疑问:第一是吾人何以必须教育?第二是教育何以必须取法西洋?

第一种疑问,就是西洋也有一派学者,主张人之善恶智愚乃天性生成,教育无效的。但是此种偏见,多数学者均不承认。以为人之善恶智愚,生来本性的力量诚然不小,后来教育的力量又何尝全然无效?譬如,木材的好丑和用处大小虽然是生来不同,但必经工匠的斧斤雕凿,良材方成栋梁和美术的器具。就是粗恶材料,也有相当的用处。教育的作用亦复如此。未受教育的人,好像生材,已受教育的人,好像做成的器具。人类美点,可由教育完全发展;人类的恶点,也可由教育略为减少。请看世界万国,那教育发达的和那教育不发达的人民,智愚贤否迥然不同,这就是吾人必须教育的铁证了。

第二种疑问,乃是中国人普通见解,以为西洋各国不过此时国富兵强,至于文物制度、学问思想,未免事事都比中国优胜。简单说起来,就是不信服西洋文明驾乎中国之上,所以不信服中国教育必须取法欧美。方才贵校校长张先生说:“此时西洋各国学术思想潮流居世界之大部分,吾国不过居一小部分。只合一小部分随从大部分,不能够强教大部分随从一小部分。所以我们中国必须舍旧维新。”鄙人觉得张校长这话,犹是对那没有知识比较中西文明优劣的人说法。其实吾国文明若果在西洋之上,西洋各国部分虽大,吾人亦不肯盲从,舍长取短。正因西洋文明远在中国之上,就是中国居世界之大部分,西洋各国居世界之最小一部分,这大部分的人也应当取法这一小部分。所以鄙人之意,我们中国教育必须取法西洋的缘故,不是势力的大小问题,正是道理的是非问题。秋桐先生方才说道:“西洋种种的文明制度,都非中国所及。单就经济能力而言,我们中国人此时万万赶不上。倘不急起直追,真是无法可以救亡。”鄙人以为秋桐先生此言,可谓探本之论。

吾人的教育既然必须取法西洋,吾人就应该晓得近代西洋教育的真相、真精神是什么,然后所办的教育才真是教育,不是科举,才真是西洋教育,不是中国教育。不然,像我们中国模仿西法创办学校已经数十年,而成效毫无。学校处数固属过少,不能普及。就是已成的学校,所教的无非是中国腐旧的经史文学,就是死读几本外国文和理科教科书,也是去近代西洋教育真相、真精神尚远。此等教育,有不如无。因为教的人和受教的人都不懂得教育是什么,不过把学校毕业当做出身地步,这和从前科举有何分别呢?所以我希望我们中国大兴教育,同时我又希望我们中国教育家,要明白读几本历史洋文,学一点理化博物,算不得是真正的近代西洋教育。我们教育若想取法西洋,要晓得真正的近代西洋教育有几种大方针:

第一,是自动的而非被动的,是启发的而非灌输的。我国教育和西洋古代教育,多半是用被动主义、灌输主义,一心只要学生读书万卷,做大学者。古人的著书,先生的教训,都是神圣不可非议。照此依样葫芦,便是成功的妙诀。所谓儿童心理,所谓人类性灵,一概抹杀,无人理会。至于西洋近代教育,则大不相同了。自幼稚园以至大学,无一不取启发的教授法,处处体贴学生心理作用,用种种方法启发他的性灵,养成他的自动能力,好叫人类固有的智能,得以自由发展。不像那被动主义、灌输主义的教育,不顾学生的心理状态,只管拼命教去。教出来的人物,好像人做的模型,能言的鹦鹉一般,依人作解,自家绝没有真实见地、自动能力。此时意大利国蒙得梭利(Maria Montessori)女士的教授法轰动了全世界。她的教授法是怎样呢?就是主张极端的自动启发主义。用种种游戏法,启发儿童的性灵,养成儿童的自动能力。教师立于旁观地位,除恶劣害人的事以外,无不一任儿童完全的自动自由。此种教授法现在已经通行欧美各国。而我们中国的教育还是守着从前被动的、灌输的老法子。教师盲教,学生盲从。启发儿童的游戏图画等功课,毫不注意。拼命地读那和学生毫无关系的历史(小学生绝不懂得自己与历史有什么关系),毫无用处的外国文,以为这就是取法西洋的新教育了。哈哈,实在是坑死人也!

第二,是世俗的而非神圣的,是直观的而非幻想的。孔特分人类进化为三时代:第一曰宗教迷信时代,第二曰玄学幻想时代,第三曰科学实证时代。欧洲的文化,自十八世纪起,渐渐地从第二时代进步到第三时代。一切政治、道德、教育、文学,无一不含着科学实证的精神。近来一元哲学、自然文学日渐发达。一切宗教的迷信,虚幻的理想,更是抛在九霄云外。所以欧美各国教育,都注重职业。所教功课,无非是日常生活的知识和技能。此时学校教育以外,又盛兴童子军(Boy Scout)的教育,一切煮饭、烧菜、洗衣、缝衣、救火、救溺、驾车、驶船等事,无一不实地练习。不像东方人连吃饭、穿衣、走路的知识本领也没有,专门天天想做大学者、大书箱、大圣贤、大仙、大佛。西洋教育所重的是世俗日用的知识,东方教育所重的是神圣无用的幻想;西洋学者重在直观自然界的现象,东方学者重在记忆先贤先圣的遗文。我们中国教育,若真要取法西洋,应该弃神而重人,弃神圣的经典与幻想,而重自然科学的知识和日常生活的技能。

第三,是全身的而非单独脑部的。谭嗣同有言曰:“观中国人之体貌,亦有劫象焉。试以拟之西人,则见其委靡,见其猥鄙,见其粗俗,见其野悍,或瘠而黄,或肥而弛,或萎而伛偻。其光明秀伟有威仪者,千万不得一二!”这是什么缘故呢?就是中国教育大部分重在后脑的记忆,小部分重在前脑的思索。训练全身的教育,从来不大讲究。所以未受教育的人,身体还壮实一点。唯有那班书酸子,一大只知道咿咿唔唔、摇头摆脑地读书,走到人前,痴痴呆呆地歪着头,弓着背,勾着腰,斜着肩膀,面孔又黄又瘦,耳目手脚,无一件灵动中用。这种人虽有手脚耳目,却和那跛聋盲哑残废无用的人好得多少呢?西洋教育,全身皆有训练,不单独注重脑部。既有体操发展全身的力量,又有图画和各种游戏,练习耳目手脚的活动能力。所以他们无论男女老幼,做起事来,走起路来,莫不精神夺人,仪表堂堂。教他们眼里如何能看得起我们可厌的中国人呢?

中国教育,不合西洋近代教育的地方甚多。以上三样,乃是最重要的。诸君毕业后,或教育他人,或是自己教育自己,请在这三样上十分注意。

(第三卷第五号,一九一七年七月一日)

以美育代宗教说

——在北京神州学会演讲

蔡孑民

兄弟于学问界未曾为系统的研究，在学会中本无可以表示之意见。唯既承学会诸君子责以讲演，则以无可如何中，择一于我国有研究价值之问题为到会诸君一言，即以美育代宗教之说是也。

夫宗教之为物，在彼欧西各国已为过去问题。盖宗教之内容，现皆经学者以科学的研究解决之矣。吾人游历欧洲，虽见教堂棋布，一般人民亦多入堂礼拜，此则一种历史上之习惯。譬如前清时代之袍褂，在民国本不适用，然因其存积甚多，毁之可惜，则定为乙种礼服而沿用之，未尝不可。又如祝寿、会葬之仪，在学理上了无价值，然戚友中既以请帖、讣闻相招，势不能不循例参加，借通情愫。欧人之沿习宗教仪式，亦犹是耳。所可怪者，我中国既无欧人此种特别之习惯，乃以彼邦过去之事实作为新知，竟有多人提出讨论。此则由于留学外国之学生，见彼国社会之进化，而误听教士之言，一切归功于宗教，遂欲以基督教劝导国人。而一部分之沿习旧思想者，则承前说而稍变之，以孔子为我国之基督，遂欲组织孔教，奔走呼号，视为今日重要问题。自兄弟观之，宗教之原始，不外因吾人精神之作用而构成。

吾人精神上之作用，普通分为三种：一曰知识；二曰意志；三曰感情。最早之宗教，常兼此三作用而有之。盖以吾人当未开化时代，脑力简单，视吾人一身与世界万物，均为一种不可思议之事。生自何来，死将何往，创造之者何人，管理之者何术？凡此种种，皆当时之人所提出之问题，以求解答者也。于是有宗教家勉强解答之，如基督教推本于上帝，印度旧教则归之梵天，我国神话则归之盘古。其他各种现象，亦皆以神道为唯一之理由。此知识作用之附丽于宗教者也。且吾人生而有生存之欲望，由此欲望而发生一种利己之心。其初以为非损人不能利己，故恃强凌弱，掠夺攫取之事，所在多有。其后经验稍多,知利人之不可少,于是有宗教家提倡利他主义。此意志作用之附丽于宗教者也。又如跳舞、唱歌,虽野蛮人亦皆乐此不疲。而对于居室、雕刻、图画等事,虽石器时代之遗迹,皆足以考见其爱美之思想。此皆人情之常,而宗教家利用之以为诱人信仰之方法。于是未开化人之美术,无一不与宗教相关联。此又情感作用之附丽于宗教者也。天演之例,由浑而画。当时精神作用至为浑沌,遂结合而为宗教。又并无他种学术与之对,故宗教在社会上遂具有特别之势力焉。迨后社会文化日渐进步,科学发达,学者遂举古人所谓不可思议者,皆一一解释之以科学。日星之现象、地球之缘起、动植物之分布、人种之差别,皆得以理化、博物、人种、古物诸科学证明之。而宗教家所谓吾人为上帝所创造者,从生物进化论观之,吾人最初之始祖,实为一种极小之动物,后始日渐进化为人耳。此知识作用离宗教而独立之证也。宗教家对于人群之规则,以为神之所定,可以永远不变。然希腊诡辩家,因巡游各地之故,知各民族之所谓道德,往往互相抵触,已怀疑于一成不变之原则。近世学者据生理学、心理学、社会学之公例,以应用于伦理,则知具体之道德不能不随时随地而变迁。而道德之原理,则可由种种不同之具体者而归纳以得之。而宗教家之演绎法,全不适用。此意志作用离宗教而独立之证也。知识、意志两作用,既皆脱离宗教以外,于是宗教所最有密切关系者,唯有情感作用,即所谓美感。凡宗教之建筑,多择山水最胜之处,吾国人所谓天下名山僧占多,即其例也。其间恒有古木名花,传播于诗人之笔,是皆利用自然之美以感人者。其建筑也,恒有峻秀之塔,崇闳幽邃之殿堂,饰以精致之造像,瑰丽之壁画,构成黯淡之光线,佐以微妙之音乐。赞美者必有著名之歌词,演说者必有雄辩之素养。凡此种种,皆为美术作用,故能引人入胜。苟举以上种种设施而摒弃之,恐无能为役矣。

然而美术之进化史,实亦有脱离宗教之趋势。例如吾国南北朝著名之建筑,则伽蓝耳,其雕刻,则造像耳,图画,则佛像及地狱变相之属为多。文学之一部分,亦与佛教为缘。而唐以后诗文,遂多以风景人情世事为对象。宋元以后之图画,多写山水花鸟等自然之美。周以前之鼎彝,皆用诸祭祀。汉唐之吉金,宋元以来之名瓷,则专供把玩。野蛮时代之跳舞,专以娱神,而今则以之自娱。欧洲中古时代留遗之建筑,其最著者率为教堂,其雕刻图画之资料,多取诸新、旧约,其音乐,则附丽于赞美歌,其演剧,亦排演耶稣故事,与我国旧剧《目莲救母》相类。及文艺复兴以后,各种美术渐离宗教而尚人文。至于今日，宏丽之建筑，多为学校、剧院、博物院。而新设之教堂，有美学上价值者，几无可指数。其他美术，亦多取资于自然现象及社会状态。于是以美育论，已有与宗教分合之两派。以此两派相较，美育之附丽于宗教者，常受宗教之累，失其陶养之作用，而转以激刺感情。

盖无论何等宗教，无不有扩张己教、攻击异教之条件。回教之谟罕默德，左手持《可兰经》，而右手持剑，不从其教者杀之。基督教与回教冲突，而有十字军之战几及百年。基督教中又有新、旧教之战，亦亘数十年之久。至佛教之圆通，非他教所能及。而学佛者苟有拘牵教义之成见，则崇拜舍利受持经忏之陋习，虽通人亦肯为之。甚至为护法起见，不惜于共和时代，附和帝制。宗教之为累，一至于此，皆激刺感情之作用为之也。鉴激刺感情之弊，而专尚陶养感情之术，则莫如舍宗教而易以纯粹之美育。纯粹之美育，所以陶养吾人之感情，使有高尚纯洁之习惯，而使人我之见、利己损人之思念，以渐消沮者也。盖以美为普遍性，决无人我差别之见能参入其中。食物之入我口者，不能兼果他人之腹；衣服之在我身者，不能兼供他人之温，以其非普遍性也。美则不然。即如北京左近之西山，我游之，人亦游之。我无损于人，人亦无损于我也。隔千里兮共明月，我与人均不得而私之。中央公园之花石，农事试验场之水木，人人得而赏之。埃及之金字塔、希腊之神祠、罗马之剧场，瞻望赏叹者若干人，且历若干年，而价值如故。各国之博物院，无不公开者，即私人收藏之珍品，亦时供同志之赏览。各地方之音乐会、演剧场，均以容多数人为快。所谓独乐乐不如众乐乐，与寡乐乐不如与众乐乐。以齐宣王之惛，尚能承认之，美之为普遍性，可知矣。且美之批评，虽间亦因人而异，然不曰是于我为美，而曰是为美，是亦以普遍性为标准之一证也。

美以普遍性之故，不复有人我之关系，遂亦不能有利害之关系。马、牛，人之所利用者。而戴嵩所画之牛、韩干所画之马，决无对之而作服乘之想者。狮、虎，人之所畏也。而芦沟桥之石狮、神虎桥之石虎，决无对之而生搏噬之恐者。植物之花，所以成实也。而吾人赏花，决非作果实可食之想。善歌之鸟，恒非食品。灿烂之蛇，多含毒液。而以审美之观念对之，其价值自若。美色，人之所好也，对希腊之裸像，决不敢作龙阳之想。对拉飞尔若鲁滨司之裸体画，决不致有周昉秘戏图之想。盖美之超绝实际也如是。且于普通之美以外，就特别之美而观察之，则其义益显。例如崇闳之美，有至大至刚两种。至大者，如吾人在大海中，唯见天水相连，茫无涯涘。又如夜中仰数恒星，知一星为一世界，而不能得其止境，顿觉吾身之小虽微尘不足以喻，而不知何者为所有。其至刚者，如疾风震霆，覆舟倾屋，洪水横流，火山喷薄，虽拔山盖世之气力，亦无所施，而不知何者为好胜。夫所谓大也、刚也，皆对待之名也。今既自以为无大之可言，无刚之可恃，则且忽然超出乎对待之境，而与前所谓至大至刚者肸合而为一体，其愉快遂无限量。当斯时也，又岂尚有利害得丧之见能参入其间耶！其他美育中，如悲剧之美，以其能破除吾人贪恋幸福之思想。《小雅》之怨悱，屈子之离忧，均能特别感人。《西厢记》若终于崔、张团圆，则平淡无奇，唯如原本之终于草桥一梦，始足发人深省。《石头记》若如《红楼后梦》等，必使宝黛成婚，则此书可以不作。原本之所以动人者，正以宝黛之结果一死一亡，与吾人之所谓幸福全然相反也。又如滑稽之美，以不与事实相应为条件。如人物之状态，各部分互有比例。而滑稽画中之人物，则故使一部分特别长大或特别短小。作诗则故为不谐之声调，用字则取资于同音异义者。方朔割肉以遗细君，不自责而反自夸。优旃谏漆城，不言其无益，而反谓漆城荡荡，寇来不得上。皆与实际不相容，故令人失笑耳。要之，美学之中，其大别为都丽之美、崇闳之美（日本人译言优美、壮美）。而附丽于崇闳之悲剧，附丽于都丽之滑稽，皆足以破人我之见，去利害得失之计较，则其所以陶养性灵，使之日进于高尚者，固已足矣。又何取乎侈言阴骘，攻击异派之宗教，以激刺人心，而使之渐丧其纯粹之美感为耶。

（第三卷第六号，一九一七年八月一日）

大学改制之事实及理由

北京大学

大学改制之议发端于本年一月二十七日之国立高等学校校务讨论会，其时由北京大学蔡校长提出议案。其文如下：

窃查欧洲各国高等教育之编制，以德意志为最善。其法科、医科既设于大学，故高等学校中无之；理工科、商科、农科既有高等专门学校，则不复为大学之一科；而专门学校之毕业生更为学理之研究者，所得学位与大学毕业生同。普通之大学学生会常和高等学校之生徒而组织之，是德之高等专门学校实际增设之分科大学，特不欲破大学四科之旧例，故别立一名而已。我国高等教育之制规仿日本，既设法、医、农、工、商各科于大学，而又别设此诸科之高等专门学校。虽程度稍别浅深，而科目无多差别，同时并立，义近骈赘。且两种学校之毕业生服务社会，恒有互相龃龉之点。殷鉴不远，即在日本。特我国此制行之未久，其弊尚未著耳，及今改图，尚无何等困难。爰参合现行之大学及高等专门学校制而改编大学制如下：

（一）大学专设文理二科，其法、医、农、工、商五科别为独立之大学，其名为法科大学、医科大学等。

其理由有二：文理二科专属学理，其他各科偏重致用一也。文理二科有研究所、实验室、图书馆、植物园、动物园等种种之设备，合为一区，已非容易，若遍设各科而又加以医科之病院、工科之工厂、农科之试验场等，则范围过大，不能各择适宜之地点一也。

（二）大学均分为三级：（一）预科一年，（二）本科三年，（三）研究科二年，凡六年。

上案经北京高等师范学校陈校长、北京法政专门学校吴校长、北京医学专门学校汤校长、北京农业专门学校路校长、北京工业专门学校洪校长一致赞同，即于同月三十日由各校长公呈教育部请核准。二月二十三日，教育部开会议，列席者，总次长参事、专门司司长、北洋大学校长及具呈各校长。第一条无异议，于第二条则多。以预科一年之期为太短，又有以研究科之名为不必设者，乃再付校务讨论会复议。二月五日，校务讨论会开会。议决大学均分为二级，预科二年，本科四年，凡六年。复以三月五日在教育部会议一次，无异议。乃由教育部于三月十四日发指令曰“改编大学制年限办法，经本部迭次开会讨论，应定为预科二年、本科四年”云云。此改制案成立之历史也。

依上案，则农、工、医等专门学校均当为改组大学之准备。而设备既需经费，教员尚待养成，非再历数年不能进行。而北京大学则适有改革之机会，于是由评议会议决定而实行者如下：

（一）文理两科之扩张　大学号有五科，而每科所设少者或止一门，至多者亦不过三门。欲以有限之经费博多科之体面，其流弊必至如此。今既以文理为主要，则自然以扩张此两科，使渐臻完备为第一义。然为经费所限，暑假后仅能每科增设一门，即史学门及地质学门是也。

（二）法科独立之预备　北京大学各科以法科为较完备，学生人数亦最多，具有独立的法科大学之资格。唯现在尚为新旧章并行之时，独立之预算案尚未有机会可以提出，故暂从缓议。唯于暑假后先移设于预科校舍，以为独立之试验。

（三）商科之归并　商科依部令，宜设银行、保险等专门，而北京大学现有之商科则不设专门，而授普通商业，实不足以副商科之名，而又无扩张之经费。故于五月十五日呈请教育部，略谓“本校自本学年始设商科，因经费不敷，不能按部定规程，分设银行学、保险学等门，而讲授普通商业学颇有名实不副之失。现值各科改组之期，拟仿美、日等国大学法科兼设商业学之例，即以现有商科改为商业学而隶于法科。俟钧部筹有的款，创立商科大学时，再将法科之商业学门定期截止”云云。旋于二十二日奉教育部指令曰“该校请将现有商科改为商业学门隶于法科一节尚属可行，应即照准”云云。

（四）工科之截止　北京大学之工科仅设土木工门及采矿冶金门，北洋大学亦国立大学也，设在天津，去北京甚近，其工科所设之门与北京大学同，且皆用英语教授，设备仪器，延聘教员彼此复重，而受教之学生，合两校之工科计之不及千人，纳之一校,犹病其寡,徒縻国家之款以为增设他门之障碍而已。故与教育部及北洋大学商议,以本校预科毕业生之愿入工科者,送入北洋大学,而本校则俟已有之工科两班毕业后即停办工科(其北洋大学之法科亦以毕业之预科生送入本校法科,俟其原有之法科生毕业后即停办法科,而以其费,供扩张工科之用)。

(五)预科之改革　大学预科由旧制之高等学堂嬗蜕而来,所以停办高等学堂而于大学中自设预科者,因各省所立高等学堂程度不齐,咨送大学后,生种种困难也。不意以五年来经验,预科一部、二部等编制及年限亦尚未尽善。举一部为例,既兼为文、法、商三科预备,于是文科所必须预备,而为法、商科所不必涉者,或法、商科所必须预备,而为文科所不必涉者。不得不一切课之多费学生之时间及心力于非要之课,而重要之课反为所妨。此一弊也。预科既不直隶各科,含有半独立性质,一切课程并不与本科衔接,而与本科竞胜。取本科第一年应授之课而于预科之第三年授之,使学生入本科后以第一年之课程为无聊,遂挫折其对于学问上之兴趣。且以六年之久,而所受之课实不过五年有奇,宁不可惜。此二弊也。此亦促进大学改制之一原因。改制以后,预科既减为二年,而又分隶于各科,则前举二弊可去。或有以外国语程度太低为言者,不知新章预科止用一种外国语,即中学所已习者。习外国语积六年之久而尚不能读参考书,有是理乎?

大学改制有种种不得已之原因,如上所述。唯未经宣布又新旧两章同时并行易滋回惑,故外间颇多误会。如前数日,《北京日报》之法律、冶金并入北洋大学之说,其实毫无影响。又八月三日、四日之《晨钟报》揭载余以智君之《北京大学改制商榷》,其对于本校之热诚深可感佩,唯所举事实均有传闻之误。即如引蔡元培氏之言谓"文科一科可以包法、商等科而言也,理科一科可以包医、工等科而言也"。询之蔡君,并不如是。蔡君不过谓法、商各科之学理必原于文科,医、农、工各科之学理必原于理科耳。若如余君所引之言,则蔡君第主张设文、理二科足矣,何必再为法、医、农、工、商各为独立大学之提议乎?其他类此者尚多,故述大学改制之事实及理由以告研究大学制者,如承据此等正确之事实而加以针砭,则固本校同人之所欢迎也。

八月五日　北京大学　启

(第三卷第六号,一九一七年八月一日)

新教育与旧教育之歧点

——在天津中华书局"直隶全省小学会议欢迎会"演说

蔡元培

今日承京津中华书局代表之招，得与诸先生晤言一堂，不胜荣幸。中华书局，为供给教育资料之机关。诸君子皆有实施教育之职务。今日所相与讨论者，自然为教育问题。鄙人于小学教育，既未有经验，又于直隶省教育情形，未有所考察，不能为切实之贡献。谨以平日对于教育界之普通感想，质之于诸先生。

夫新教育所以异于旧教育者，有一要点焉，即教育者，非以吾人教育儿童而吾人受教于儿童之谓也。吾国之旧教育，以养成科名仕宦之材为目的。科名仕宦，必经考试，考试必有诗文。欲作诗文，必不可不识古字，读古书，记古代琐事；于是先之以《千字文》《神童诗》《龙文鞭影》《幼学须知》等书，进之以四书五经，又次则学为八股文、五言八韵诗，其他若自然现象、社会状况，虽为儿童所亟欲了解者，均不得阑入教科，以其于应试无关也。是教者预定一目的，而强受教者以就之。故不问其性质之动静，资禀之锐钝，而教之止有一法，能者奖之，不能者罚之，如吾人之处置无机物然，石之凸者平之，铁之脆者煅之；如花匠编松柏为鹤鹿焉；如技者教狗马以舞蹈焉；如凶汉之割折幼童，而使为奇形怪状焉。追想及之，令人不寒而栗。新教育则否，在深知儿童身心发达之程序，而择种种适当之方法以助之，如农学家之于植物焉，干则灌溉之，弱则支持之，畏寒则置之温室，需食则资以肥料，好光则覆以有色之玻璃。其间种类之别，多寡之量，皆几经实验之结果而后选定之，且随时试验，随时改良，决不敢挟成见以从事焉。故治新教育者，必以实验教育学为根柢。实验教育学者，欧美最新之科学，自实验心理学出，而尤与实验儿童心理学相关。其所试验者，曰感觉之阈，曰感觉之分别界，曰空间与时间之表象，曰反射，曰判断，曰注意力，曰同化作用，曰联想，曰意志之阅历，曰统觉，凡一切心理上之现象皆具焉。其试验之也，或以仪器，或以图画，或以言语，或以文字。其所为比较者，或以年龄，或以男女之别，或以外界一切之关系，或以祖先之遗传性，因而得种种普通之例，亦即因而得种种差别之点。虽今日尚未达完全之域，然研究所得，视昔之纯凭臆测者，已较有把握矣。

因而知教育者，与其守成法，毋宁尚自然；与其求化一，毋宁展个性。请举新教育之合于此主义者数端：一曰托尔斯泰(Tolstoy)之自由学校。其建设也，尚在实验教育学未起以前，乃本卢梭、裴斯泰洛齐、弗罗贝尔等之自然主义而推演之者。其学生无一定之位置，或坐于凳，或登于桌，或伏于窗槛，或踞于地板，唯其所欲。其课程亦无定时，唯学生之愿，常以种种对象间厕而行之。其教授之形式，唯有问答。闻近年比利时亦有此种学校，鄙人欲索其章程，适欧战起，比为德所据，不可得矣。二曰杜威(Dewey)之实用主义。杜威尝著《学校与普通生活》一书，力言学校教科与社会隔绝之害。附设一学校于芝加角大学，即以人类所需之衣、食、住三者为工事标准，略分三部：一曰手工，如木工金工之类；二曰烹饪；三曰缝织，而描画、模型等皆属之。即由此而授以学理，如因烹饪授以化学，因裁缝而授以数学，因手工而授以物理学、博物学，因原料所自出而授以地学，因各时代、各民族工艺若服食之不同而授以历史学、人类学等是也。三曰蒙台梭利之儿童室，即特设各种器具以启发儿童之心理作用者是也。吾国已有译本，想诸君已见之。四曰某氏之以工作为操练说。此说不忆为何人所创，大约以能力说为基础。能力者，西文所谓 Energy 也，近世自然哲学，以世界一切现象，不外乎能力之转移，如燃煤生热，热能蒸水成汽，汽能运机，机能制器，即一种能力之由煤而热、而汽、而机、而器，递相转移也。唯能力之转移，有经济与不经济之别，如水力可以运机发电，而我国海潮、瀑布之属皆置而不用，是即不经济之一端也。近世教育，如手工、图画等科，一方面为自力手力之操练，而一方面即有成绩品，此能力转移之经济者也。其他各种运动，大率止有操练，并无出品，则为不经济之转移。若合个人生理及社会需要两方面而研究之，设为种种手力足力之工作，以代拍球蹴球之戏，设为种种运输之工作，以利用竞走竞漕之役，则悉于体育之中，养成勤务之习惯，而一切过激之动作，凌人之虚荣心，亦可以免矣。其他类是之新说，为鄙人所未知者，尚不知凡几，亦足以见现代教育界之进步矣。吾国教育界，乃尚牢守几本教科书，以强迫全班之学生，其实与往日之《三字经》、四书五经等，不过五十步与百步之相差。欲救其弊，第一，须设实验教育之研究所；第二，教员须有充分之知识，足以应儿童之请益与模范而不匮；第三，则供给教育品者，亦当有种种参考之图画与仪器，以供教员之取资。如此，则始足语于新教育矣。

（第五卷第一号，一九一八年七月十五日）

德国分科中学之说明

蔡元培

近日北京大学方鉴于文理分科之流弊，提出“文理合并”之议；而中学教育界乃盛传“文实分科”之说，异哉！原中学文实分科说之由来：

(1)由国文教员嫌国文教授时间之不足，而欲减数学，若自然科学之时间以补之；

(2)由数学教员嫌数学教授时间之不足，而欲减国文，若历史、地理之时间以足之。

为调和两者计，乃有文实分科之说，在清季已试行之。其制有数种流弊：

(1)各省竞设文科中学，而实科至少，以实科之设备，较普通中学需费更巨；其教员，亦非现在高等师范之毕业生所能任。至于文科，则设备之费更简；而科举时代之文人皆可为教员也。

(2)既少实科中学，则专门以上学校之属于文、法、商诸科者，虽不患无可招之生，而理、医、工、农诸科，则合格之生甚少。

(3)文、法、商诸科所招之中学毕业生，科学知识太缺乏，仍为变相的举子，而不适于科学万能之新时代。

故民国元年，教育部取消文实分科之制，而定现行之中学制。在现行中学制所需改革之点固多，而绝无恢复文实分科之理。说者动引德国文实分科制以为凭借。不知德之中学，本只文科，其后因时势之需要，而增设实科。未几，又有文实合科之制。后者已出，而前者未被淘汰，且因一部分人之尽力，前者亦次第改良，有以适应乎时势，故亦随教育之进步而稍有增设，遂使三者得并存于教育界。初非建设之初即规定有此三种也。今先述三种中学教科差别之大略及建设时期，如下：

<table>
<tr><td rowspan="11">教
科</td><td></td><td>文科</td><td>实科</td><td>文实科</td><td colspan="3">新式</td></tr>
<tr><td>第六级</td><td>拉丁开始</td><td rowspan="9">无希腊、拉丁而注重于法语、英语、数学、自然科学及图绘</td><td rowspan="9">无希腊文。注重拉丁文，如文科；注重法语、英语、数学、自然科学，如实科</td><td colspan="3" rowspan="3">唯有一种近世外国语（如法国语之类）</td></tr>
<tr><td>第五级</td><td></td></tr>
<tr><td>第四级</td><td>法语始</td></tr>
<tr><td>第三级下</td><td>希腊开始</td><td rowspan="6">实科无拉丁、希腊</td><td rowspan="6">文科有拉丁及希腊</td><td rowspan="6">文实科有拉丁无希腊</td></tr>
<tr><td>第三级上</td><td></td></tr>
<tr><td>第二级下</td><td></td></tr>
<tr><td>第二级上</td><td>英语始</td></tr>
<tr><td>第一级下</td><td></td></tr>
<tr><td>第一级上</td><td></td></tr>
<tr><td></td><td>其他历史、地理、国语、数学、宗教、自然科学、图绘、体操、唱歌</td><td>余同上</td><td>余同上</td><td colspan="3">余同上</td></tr>
<tr><td>创始时代</td><td></td><td>中古时代</td><td>一八六〇年</td><td>未详，稍后于实科</td><td colspan="3">最近</td></tr>
<tr><td rowspan="2">校数增加率</td><td>一八九五年</td><td>四三九</td><td>一九八</td><td>一二八</td><td colspan="3">未详</td></tr>
<tr><td>一九〇三年</td><td>四六八</td><td>二六五</td><td>一二二</td><td colspan="3">未详</td></tr>
</table>

方实科及文实科中学之初设也，其毕业生之资格不能与文科等。文科毕业生，得于大学之神学、哲学、医学、法学四科自由选择；而其他两校毕业生，仅得进哲学科之近世外国语、数学及自然科学等门。及其毕业于大学也，文科出身者，得任各种官吏；而其他两校出身者，以下级官吏为限。文科出身者，得任各种教员；而其他两校出身者，以中学校中一部分之教员为限。及一八九八及（一八）九九年，教育会议之结果，而资格遂以平等。唯非文科毕业生欲入神学、法学两科，须受希腊文或拉丁文之特别试验而已。在实科诸生，以先习近世外国语之故，补习古代语，进步甚速。故佛郎福脱（Frankfort）之新式中学，遂规定先习近世外国语，而于第四年始习古代语。行之卓有

成效,而其他都会仿行之,尚名为佛郎福脱式也。

由是观之,德国之中学制,由文科而趋于实科,乃有折中之文实科;由分而合,初不足为由合而分者之凭借也。

且欧式中学,年限较长,含有高等普通及高等预备之两种作用,故佛郎福脱式及法国式皆始合而后分。我国既采日本制,于大学及高等专门学校皆有预科(日本之高等学校,即大学预科),中学年限较短,而偏重高等普通一作用。若分中学为两科,是破坏普通教育之原则矣。今并表法国中学制于下,以备参考。

<table>
<tr><td>小学</td><td colspan="9">四年,为第十至第七级</td></tr>
<tr><td>中学</td><td></td><td colspan="4">甲种</td><td colspan="4">乙种</td></tr>
<tr><td rowspan="7"></td><td>第六级</td><td colspan="4" rowspan="2">有拉丁或希腊</td><td colspan="4" rowspan="2">无拉丁有两种近世外国语</td></tr>
<tr><td>第五级</td></tr>
<tr><td>第四级</td><td colspan="4" rowspan="2"></td><td colspan="4" rowspan="2">自是年起,国语及科学加重</td></tr>
<tr><td>第三级</td></tr>
<tr><td>第二级</td><td colspan="2" rowspan="2">(子)
拉丁希腊</td><td colspan="2" rowspan="2">(丑)
拉丁及近世外国语</td><td colspan="2" rowspan="2">(寅)
拉丁及较完备的科学</td><td colspan="2" rowspan="2">(卯)
近世外国语及较完备的科学</td></tr>
<tr><td>第一级</td></tr>
<tr><td>哲学数学级</td><td>(天)
哲学</td><td>(地)
数学</td><td>(玄)
哲学</td><td>(黄)
数学</td><td>(宇)
哲学</td><td>(宙)
数学</td><td>(洪)
哲学</td><td>(荒)
数学</td></tr>
</table>

(第五卷第五号,一九一八年十月十五日)

论吾国父母之专横

张耀翔

世上有一等人，论其尊严，则神圣不可侵犯；论其威权，其恒越乎法律范围以外。仗古人之妄言，陷人民于奴隶；填一己之欲壑，误苍生于无尽。革命家所不能推倒，社会党所不能剂平。其凶恶较诸罗马教皇、专制魔王，有过之无不及；特其辖境较后二者为窄耳。噫！此何等人？吾国为父母者是也。

父母之辖境限有家庭，子女即其属民也。父母得任意驱使之，玩弄之，督责之，据之为私产，视之为家仆，乃至售之为奴婢，献之为祭品。举凡天下一切暴政苛刑，父母皆可一一施诸子女之身。其罚子女也，又从无规定之刑律，往往以父母之气平怒息为止点。“君要臣死，臣不可不死。父要子亡，子不可不亡。”呱呱坠地之胎儿，果负何罪而应置之死地，乃溺婴之风则盛行也；七八岁之儿童，果具何体力而能谋生养家，乃强迫幼童做苦工之事，则遍见于市村也。贩卖奴婢与畜养奴婢，皆古世纪之人所以待其征服之民族，而文明国所竭力禁止者也。乃吾国父母则以此待其亲生之子女，或同一国民之子女。“……与得金钱知几何，甘心鬻我做人婢。尔时幼小只从他，薄命飘零可若何？当年携到扬州地，山程水程万里多。扬州一入主翁宅，年复一年谁爱惜！朝捧茶饭暮捧汤，寒缺衣裳饥缺食。主翁有时稍见怜，主母鞭棰那禁得……可怜我貌空如花，可怜我命真如叶。今日人家呼作儿，来日人家呼作妾。以此伤心怨复嗟，夜深掩涕肝肠裂。早知粉面换黄金，悔不当年堕江月……”（见清朝《闺秀正始续集》）此何桂枝女士自作之悲命诗也。不啻为普天下一切做人婢者写照也。凡此种种，虽曰儿女命薄，生未逢辰，遭家不造，遂堕劫尘。然吾必谓万方有罪，罪在父母，当子女未成胎之前，父母宁不自知其家况，既知其不能抚，而复生之，知其不能抚而复生之，而又不善设法寄养之，父母之罪不容辞矣！然则奈何，曰既不能收获，则不当耕耘；既不能望生意之发达,则不当妄投资本。由陌路人而夫妇,由夫妇而父母,此间有莫大责任,岂可以儿戏出之?(泰西男子结婚,必先自量其财力,能否养育将来之子女,不能,则宁迟婚或终身不娶,亦不愿累害无辜,可谓仁矣!)

子女之未遭毒害,不为人婢,及无须作工者,似为有福矣;实则不然,以其尚有种种不堪之家庭义务须尽也。吾国父母有一极谬理想,为后此种种要挟儿女之根本者即据生育事完全为一己之功是也。《孝经》曰,"身体发肤,受之父母",此犹二千年前之理想也。更举一最新教科书之言以为证。

> 世界人类,无贵贱无智愚,试执一人而询之曰,汝何以有汝身,则无不曰,父母之所生也。又询试之曰,汝有此身,何以能成立,则无不曰父母之所养也。然则父母之恩何如乎?……父母之恩如此,以言报答,殆非人力之所能及……(见初等国文教科书第八册,"劝孝"课。)

此种论调,与"米从何处来,麻布袋中来;麻布袋又从何来,米船中来"同一见识。夫人之生也,冥冥之中,造化小儿不知预先作几许安排,卖几许心机,始借男女之体以传,男女传种亦不过偶逢其会耳!当男女欢悦时,是否皆有此诚心,尚属疑问。母怀胎十月,苦则苦矣;谓母对于胎之构造,有丝毫主权曰,此胎必须如是如是成之,吾恐虽一指一发之微,亦只有听天唯命而已。唯吾国父母人人以造物主自命,对于子女,不以平等之人类视之,而以受造物视之(常见人对客称己子为犬子,又以各种下贱走兽命其名,荒谬绝伦),故父母得享其专利,以后种种残暴之待遇,及过分之要求(如拜祖宗之类),皆假此名分以行。

名分既定,为人子者系终不得不做人之专利品。凡有利于父母之事,子女须牺牲一切以趋之;有害于父母之事,须牺牲一切以避之。当子女之事亲也,子女以亲之福利为目的,己身非所顾也;亲之事子女也,亲则以己身之福利为目的,子女则不过借以达其目的之利器而已。父母何贵乎!有子女以其能服劳、奉养、承欢、送终、继嗣扫墓也。此外若社会、若国家、若世界许多事业,皆非所计也。子女之被教养成人者,至能亦不过宜家宜室耳!彼等所受于父母师长之第一职任,乃仅在一孝道。夫孝道为何等狭隘之物?充其量亦不过造福二人耳(纵使父有多妻,造福应在二人以上,然其中岂无嫡庶之嫌)！况吾国先圣规定孝道之条件极苛，即以“生事之以礼，死葬之以礼，祭之以礼”，一条行之，已足竭子女毕生之精力而有余。犹恐不及，父母在，则不许远游，游必有方。（一语消磨多探险家）父母没，则又三年不许改其道（按心理学家言，一事行之多日不改，则成习惯，行之经年，则习惯终身难移。果尔，三年不改其道，是习惯不能改其道矣)，期必完全削夺子女之自由权而后已。乃后世行之，愈出愈奇，愈趋愈下，最可骇者，割股疗亲是也。姑无论人肉治病，天下无此医理，即令有之，此风尚可长耶！吾闻老年人每多重病，患一次，割一次，人身有多少肌肉，足供彼常年之需乎？此种野蛮风俗，吾国言论家不速为之化除，反从而推波助澜，作孝子传以表扬之。谓其行虽愚，其志可嘉。所谓志者，亦不过怕“罪孽深重，不自陨灭，祸延考妣”而已；所谓愚者，则真愚到不堪闻问矣！除割股外，尚有数事，载在某孝子传中（下节见《中国维新报》七年九月七号，该报发刊虽在纽约城，所载之事则仍出于中国。该文大约亦系由国内报纸转载过来。记者寄居异域，甚乏书报参考，不然，将更有较妙之材料，实我篇幅，盖此种传记，国内报纸到处登载也)。

“蔡孝子……每晚归，或值门闭。知亲已睡也，跪俟门外。父母闻犬吠声，知孝子之至也，启之，则俯偻而入……父殁，哀痛几绝。……凡母饮食器用，必亲料理，虽衣襦缠足布等，必亲洗濯……一日母病，涕泣无以为计，有告罗浮神可求寿者，即斋戒沐浴……走数百里遄往。……母卒……既葬，编茅庐墓旁三年。邑贡生杜显荣禀县令，以克敦孝行旌其家。孝子既丧母，心念无已，为一炉，每食必焚香默祝，母食而后食，每出入必与俱，捧炉如捧母……孝子每除夕，必入山寝宿墓前，乡人危以虎豹鬼物，答曰，鬼则我不知，虎则噬猪犬耳；我人也，非人而猪犬者，何噬我为？世以为知言。……或曰愚，郑浩（作传记者）曰，此乃所以为蔡孝子也。”

呜呼！此非吾国朝野上下所称道之一种人格乎？孝子之所以为孝子者，不过尔尔，无怪乎吾国千年来孝子之多也！一部金科玉律，历代相传之《四书》，依余计算，注重孝道之句，竟重复至四十八次之多；论父慈则仅仅六言散见各章而已（就中以《大学》“为人父止于慈”一句为最显。其余如“父子有亲”“仁之于父子也……命也，有性焉”“小者怀之”等句，皆极含糊)。此亦吾国慈父少，孝子多之一大原因也。使孝子而无害于国家，这也罢了；无如产孝子愈多之时代，产忠臣必愈少。盖忠孝相冲突之点极多，如伍员为父报仇不惜覆人邦国之类，二义最难两全也。若以今世共和民主之义言之，则爱家之心愈重，爱国与爱社会事业之心必愈轻。如梁任公先生在国家危急存亡之秋，因丧父而辞讨袁军职，宁置国于不护。(按：讨袁军亦名护国军。)留学生往往因亲病，或因亲望孙心切而废学之类。即有贤父母如窦燕山、孟母其人者，不欲其子女作一生之家奴，乃示之以宦途，或教之以义方，而其最终目的，仍不过"扬名声，显父母"耳！初何尝以国利民福为前提哉！

余今请以一言正告国人曰，父母者，天生所以教育子女，非利用子女者也。正如天生鸡，所以复卵，非食卵也。子女者，天生以预备做父母，教育未来之子女者也；非仅为孝敬父母而生也。亦如鸡卵乃天备以作鸡，而复他卵者也；非供养老鸡而生也。此喻虽浅，天理固不悖也。今之父母则不然，未尽亲职，便思反哺，其向子女索报，如索债然。有圣人作中，借字前已写好，期以必偿为止，岂知尽亲职断非放债与子女之谓，正还债与天之谓也。天生禽兽，传种后多则数年，少则顷刻即灭，以其无亲职可尽也。传下之种，类能自活，至传种事毕，他无所用，故灭。天生人则不然，父母时期延长至数十年之久，诚以教育子女，非一朝一夕所可奏功。树木十年，树人百年，此天之用心也。故尽亲职，即尽天职；未尽亲职，即辜负天心。受亲恩，即受天恩，若仅知图报、代天行事之双亲，则置天于何在？抑家之存在，端赖国之存在，若一国之少年徒知尽义务于护己之家，则置护家之国于谁人料理耶？吾言尽于此矣。世之闻吾言而摇首切齿，骂我为忤逆不道，加我以冒天下大不韪之名者，则必仍属大古时代家天下之遗民，未足以语共和国民之精神者也。

(第五卷第六号，一九一八年十二月十五日)

对于今日学校之批评

缉　斋

（一）教室制度

现在教员和学生在教室以外接洽的机会甚少，教室就是教员指导学生求学的唯一的地方。我们推想，学生既然以求学为目的，当然愿意上讲堂的；然而实际上，十个学生有九个欢喜缺席，查堂查得松，他们不是用个小手法不上堂，便是点名以后逃堂。查得紧，既不能缺席，又不能逃堂，他们在教室内或偷看小说报纸及其他书籍，或和同桌坐的同学闲谈，或伏在案上睡觉，仍然是不听讲。如果教员的规矩严，在教室内不能明着看书、闲谈、睡觉，坐在后面的学生，还可以将小说夹在讲义里面看，或是与同桌的同学，以笔谈代口谈，或是眼上戴上一副眼镜，将两手垫着下巴对着讲义睡。这种现象各学校都有的。一般办教育的人都是用扣分、记过、休学、退学种种的法子防备学生这些恶习，但都无甚效验。因为教室这种制度，根本上有短处，并且还有别的原因，使学生不愿意听讲。扣分、记过等法，只能将学生的身子关在教室里面，不能拘束学生的心。教室制度有什么短处呢？

现在流行的教室制度多半都是在未上课之先，发给学生几页讲义；上课之后，教员照着讲义讲，学生看着听。听的有疑问的时候，在下堂之后十分钟以内可以问教员。教员所授的功课，到了一学年终考试一次，这门功课就算毕业了。这种制度有一个大短处。按照这种教室制度，教员的责任，只在平时上课的时间按着讲义讲，到了年终，出几个题目考学生；学生的责任只须平时听讲，年终给每门功课写一本卷子。换一句话说，学生所须的事，只是能记得讲义，答出教员所出的问题。所以现在的教室制度,不是求发达学生的思想,但求学生能写考卷。既然是以学生能写考卷为目的,学生又有讲义可以供给写考卷的材料,无论教员讲的如何快,一年里头各门功课的讲义一共只有二千余页,考试前一个月的工夫,便可预备好了。平常的日子,为什么不得乐且乐,自在玩耍,反去坐在讲室内听讲呢?有人以为不发讲义,就可以使学生听讲了,其实不然。第一层,因为现在教室制度的弊病,不是在发讲义,是在不求发达学生的思想;第二层,教员所讲的多是从书籍上抄来的,学生如果将教员所用的原书寻到,即使不发讲义,听否亦可以随便。

除去以上所说的教室制度的短处,还有两种别的原因,使学生不愿意上堂听讲。第一桩是教员所讲的话,不能引起学生的兴味;第二桩是学生因为自己有种种事情不能听讲。现在先说第一种的原因,教员的责任,在指导学生求学的门径,鼓励学生求学,学生遇着困难的时候,想法子帮助他。学生有教员的指导,求学才有次序,才有兴趣,才可不至因为一点的困难,便不愿研究学问了。学生借着教员的鼓励,遇见困难的问题反能引起好胜的心,力求解决;学生的思想更可以活动,智识自然日进了。然而近日的教员,多半是不勤学的,只会解释讲义不会指导求学的方法,不会帮助学生求学的困难。学生求学与否,向来是不过问的。教员的讲义,往往是他们在外国留学的时候所用的书籍,或所抄的笔记。所以讲义内的材料,多是数年或十数年前的。如山东某校一位宪法教员,一日讲预算,就在清水澄的宪法书上,抄了一个法国预算表,证明他的理论。这个预算表的年龄,比那一班内年龄最高的一位三十七岁的学生,还大六岁。又如北京某校的农业政策教员,一天讲到农业与交通的关系,便将九十二年前德人 Von Thunen 所作 *Der isolierte Staat in Beziehung auf Landwirtschaft und Nationalökonomie* 书中大意,用一副庄严的面孔,一种沉重的声音,讲了一点半钟。凡是新东西才能引起人的好奇心,惹起人的注意。这种几十年前的古董,怎么能使人愿意听呢?有时候就是讲义里面的理论,教员亦往往讲不清楚。多数教员的习惯,是事前不预备,到了讲堂现看讲义现讲。遇着困难的复杂的理论,讲不出来,或是阿阿几声顺口带过去,或是说一段大概、似乎、仿佛,像是这样讲法,或是随便造一个意思讲下去。下了讲堂,学生如果要问,教员不是跑,就是说下次再讲——这个下次,是教员来世再做教员的下次,不是今生下次上堂的下次。学生坐在讲堂里面,听这种糊涂讲,岂不是白费时间么?怎么会愿意听糊涂讲呢?就是讲的清楚的教员,多数是无批评的能力。北京某校农政学教员,最欢喜用统计。然而常常不写统计的年月日,不问调查的机关,不问调查的方法,不参照有关系的别的统计,便硬下断案。一日,用不知何年月日的英、法、德、美等国的每百人平均,可有若干家畜的统计,和不知何年月日的中国的同样的统计,比较了一番,下了一个巧妙的断案。说道:“中国只有猪比他国多,因为中国人吃猪肉。”这种用统计的法子,可谓独一无二。然而这囫囵吞枣的讲法,多数的教员是常用的。学生在教室内听这种讲,怎么会不厌烦想逃跑呢?

学生因为自己有种种事情,不愿意上堂,或虽上堂亦不能听讲。第一样,是学生有神经衰弱病或其他的神经病的,然而因为怕扣分休学,勉强上堂,却不能听讲;第二样,是因为家内有困难不易解决的事,或其他的事情,终日里闹的心思不宁,不能听讲;第三样,是习于嫖赌,终日以妓馆、博场当作讲堂,不上课的。另有专章论这一条,现在可以不论。现在所要详细说的,就是那学力不足,上课以后,听讲听不明白,因而不愿意上讲堂的。学力不足,可分两层讲:(一)现在的中小学的教授法,只求学生死读教科书,不求教育学生的推想及想象,所以一般的学生,到了专门以上的学校,多不能深思。遇着教员讲授复杂的理论,或复杂的制度,总不能十分了解,自然是不愿意上讲堂了。(二)现在的中小学既不能教学生能用确当的本国文字,表明自己的思想,又能得使学生得一种现在求学所必须的外国文字。中小学的国文教员,不求学生用字确当能把意思表示出来,反讲给学生气势、神韵等话听。这种话教员虽讲得有趣,学生是完全不懂。所以学生的文字,多半是不好。这个结果,一面使一般老先生骂学堂不好想恢复科举,以保存吾国文学;一面使学生受一种求学的障碍,作文的时候,往往有一种词不达意的苦处。自己虽有见解,不能写出来,同他人讨论,岂能希望有进步。本国文字教授不良,虽是一种求学的阻碍,然于学生不愿上堂无甚影响;外国文字教授不良,往往使学生不愿上课。吾国沿海商埠和内地商业发达的都会,尚可以有好外国文教员。内地商业不发达的城市,外国文教员多是坏的。学生学了三四年外国文字,认识的极少,文法亦知道不清楚,一句的主词、宾词都闹不明白,名词竟可以当作动词用。学的这样外国文字不中用,是不必说的。现在专门以上的学校,多欢喜用外国文直接讲授科学。外国文不好的学生,必听不懂,自然是不愿意上堂的了。

(二)考试制度

学校里教授学生唯一的法子,是教员按着讲义的演讲。而此种演讲的目的,是在年终每个学生写一本考卷,所以考试是现在学校考查学生的成绩,鼓励学生求学主要的方法。点名、扣分、记过、留级休学、退学等等,不过是考试的补助方法。对于教室及考试这两种制度加以批评,就把现在学校里所用发达学生思想直接的方法,全批评了。教室制度的短处,已如上述,现在接续评论考试。

考试的法子,是根据着赏罚。学堂里面对于考第一的学生,加以奖励便是赏;对于不及格的学生,命他留级,便是罚。罚与赏均有弊病。罚的效力在使人惧怕,而勤于读书。惧怕这种情绪,诚然可以禁制人不做可以生损害的事。然惧的效力,仅及于一时,非祸到临头,是不怕的。所以多数的学生,平日游戏玩耍,到了考试前一个月,便都抱起佛脚来了,星期日出门的必少;而且考试那几天,往往有通夜不睡的学生。由此看来利用惧使学生求学,一年之中,只能逼着学生读一个月的书,不能希望他真正求学,并且可以损害学生的身体。有人以为一年考一次,学生只读一个月的书,常常有考试学生便可勤学,这却不然。学生勤于读书,而不能思想,不能叫做求学。况且惧的效力,不独是一时的惧,还可以因人习于其事,便失其效力。常有考试的学生,考惯了,便不生惧怕之心。考试的功能,岂不失了么?再者惧的目的在用躲避的方法,求免祸患。所以利用惧,使学生求学,决不能达到目的。一层,学生中,因恐怕不及格而读书的,他的目的只在及格,不在求学。这种学生,在考试期内,把每门功课考完之后,便把功课都置诸脑后了。出学校的时候,与入学的时候,智识相差不多的。再一层,只求及格的学生,全用躲避的方法求及格。要范围、带夹带、找枪手、传递,种种方法,皆是常用的。考得严,夹带办得巧妙;考得松,夹带办得粗略。勿论考试的法子如何严密,这种弊端是去不了的。有以上三种原因,所以利用惧,使学生求学,是无甚效力的。

利用罚,既无效力,利用赏如何呢?按现在的情形而论,赏亦无效。赏之所以能鼓励人的缘故,在能兴起人的好胜心。而好胜者所求的,只在比他人高。所以利用赏求学生勤学,因着赏的法子不同,而赏的效力不一样。现在的赏法,是赏考第一的学生。第一比别的学生高,好胜的学生所求的,就是第一。他平日读书,是专为的考试,与怕不及格而读书的学生,是一样的。不过读得遍数多,能记得长久一点儿,就完了。不能有自动的思想,算不得求学。想考第一的学生,如果欲念过于强盛,心里一时想到考了第一以后的快乐,便欢喜得了不得;一时想到考不了第一,便懊恼万状弄得坐不安,立不宁。这种悬念(anxiety)的情绪,轻的时候,可以使想取第一而勤于读书的学生因为恐怕不能遂他的志愿,往往用种种法子,倾轧可以与他竞争的同学。到了考试的时候,带夹带等事,有时亦不能免的。悬念重的时候,每日的幻想太多。日子久了,往往真假不分,生出变态心理学上所谓 Graudise and Persecutory Delusiono 来,因而成了疯狂。所以在现在的考试方法赏亦是用的不当。赏罚只生恶结果,不能劝人求学的。

(第五卷第六号,一九一八年十二月十五日)

我们现在怎样做父亲?

唐 俟

我做这一篇文的本意,其实是想研究怎样改革家庭。又因为中国亲权重,父权更重,所以尤想对于从来认为神圣不可侵犯的父子问题,发表一点意见。总而言之,只是革命要革到老子身上罢了。但何以大模大样用了这九个字的题目呢?这有两个理由:

第一,中国的"圣人之徒"最恨人动摇他的两样东西。一样不必说,也与我辈绝不相干;一样便是他的伦常。我辈却不免偶然发几句议论,所以株连牵扯,很得了许多"铲伦常""禽兽行"之类的恶名。他们以为父对于子有绝对的权力和威严。若是老子说话,当然无所不可,儿子有话,却在未说之前早已错了。但祖父子孙,本来各各都只是生命的桥梁的一级,决不是固定不易的。现在的子,便是将来的父,也便是将来的祖。我知道我辈和读者,若不是现任之父,也一定是候补之父,而且也都有做祖宗的希望,所差只在一个时间。为想省却许多麻烦起见,我们便该无须客气,尽可先行占住了上风,摆出父亲的尊严,谈谈我们和我们子女的事。不但将来着手实行,可以减少困难,在中国也顺理成章,免得"圣人之徒"听了害怕,总算是一举两得之至的事了。所以说,"我们怎样做父亲"。

第二,对于家庭问题,我在本志《随感录》中(二五·四〇·四九)曾经略略说及;总括大意,便只是从我们起,解放了后来的人。论到解放子女,本是极平常的事,当然不必有什么讨论。但中国的老年,中了旧习惯旧思想的毒太深了,决定悟不过来。譬如早晨听到乌鸦叫,少年毫不介意,迷信的老人,却总须颓唐半天。虽然很可怜,然而也无法可救。没有法,便只能先从觉醒的人开手,各自解放了自己的孩子。自己背着因袭的重担,肩住了黑暗的闸门,放他们到宽阔光明的地方去。此后幸福地度日,合理地做人。

还有,我曾经说,自己并非创作者,便在上海报纸的《新教训》里,挨了一顿骂。但我辈评论事情,总须先评论了自己,不要冒充,才能像一篇说话,对得起自己和别人。我自己知道,不特并非创作者,并且也不是真理的发现者。凡有所说所写,只是就平日见闻的事理里面,取了一点心以为然的道理,至于终极究竟的事,却不能知。便是对于数年以后的学说的进步和变迁,也说不出会到如何地步,单相信比现在总该还有进步还有变迁罢了。所以说,"我们现在怎样做父亲"。

我现在心以为然的道理,极其简单。便是依据生物界的现象:一、要保存生命;二、要延续这生命;三、要发展这生命(就是进化)。生物都这样做,人也这样做,父亲也就是这样做。

生命的价值和生命价值的高下,现在可以不论。单照常识判断便知道既是生物,第一要紧的自然是生命。因为生物之所以为生物,全在有这生命,否则失了生物的意义。生物为保存生命起见,具有种种本能,最显著的是食欲。因有食欲才摄取食品,因有食品才发生温热,保存了生命。但生物的个体总免不了老衰和死亡,为继续生命起见,又有一种本能,便是性欲。因性欲才有性交,因有性交才发生苗裔,继续了生命。所以食欲是保存自己,保存现在生命的事;性欲是保存后裔,保存永久生命的事。饮食并非罪恶,并非不净;性交也就并非罪恶,并非不净。饮食的结果,养活了自己,对于自己没有恩。性交的结果,生出子女,对于子女当然也算不了恩。前前后后,都向生命的长途走去,仅有先后的不同,分不出谁受谁的恩典。

可惜的是中国的旧见解,竟与这道理完全相反。夫妇是"人伦之中",却说是"人伦之始";性交是常事,却以为不净;生育也是常事,却以为天大的大功。人人对于婚姻,大抵先夹带着不净的思想。亲戚朋友有许多戏谑,自己也有许多羞涩,直到生了孩子,还是躲躲闪闪,怕敢声明。独有对于孩子,却威严十足。这种行径,简直可以说是和偷了钱发迹的财主,不相上下了。我并不是说,如他们攻击者所意想的,人类的性交也应如别种动物,随便举行;或如无耻流氓,专做些下流举动,自鸣得意。是说此后觉醒的人,应该先洗净了东方固有的不净思想,再纯洁明白一些,了解夫妇是伴侣,是共同劳动者,又是新生命创造者的意义。所生的子女,固然是受领新生命的人,但他也不永久占领,将来还要交付子女,像他们的父母一般。只是前前后后,都做一个过付的经手人罢了。

生命何以必须继续呢？就是因为要发展要进化。个体既然免不了死亡，进化又毫无止境，所以只能延续着，在这进化的路上走。走这路须有一种内的努力，有如单细胞动物有内的努力，积久才会繁复。无脊椎动物有内的努力，积久才会发生脊椎。所以后起的生命，总比以前的更有意义更近完全，因此也更有价值更可宝贵，前者的生命，应该牺牲于他。

但可惜的是中国的旧见解，又恰恰与这道理完全相反。本位应在幼者，却反在长者；置重应在将来，却反在过去。前者做了更前者的牺牲，自己无力生存，却苛责后者又来专做他的牺牲，毁灭了一切发展本身的能力。我也不是说，如他们攻击者所意想的，孙子理应终日痛打他的祖父，女儿必须时时咒骂她的亲娘。是说此后觉醒的人，应该先洗净了东方古传的谬误思想，对于子女，义务思想须加多，而权利思想却大可切实核减，以准备改作幼者本位的道德。况且幼者受了权利，也并非永久占有，将来还要对于他们的幼者，仍尽义务。只是前前后后，都做一个过付的经手人罢了。

"父子间没有什么恩"这一个断语，实是招致"圣人之徒"面红耳赤的一大原因。他们的误点，便在长者本位与利己思想、权利思想很重，义务思想和责任心却很轻。以为父子关系，只须"父兮生我"一件事，幼者的全部，便应为长者所有。尤其堕落的是因此责望报偿，以为幼者的全部，理该做长者的牺牲。殊不知自然界的安排，却件件与这要求反对。我们从古以来，逆天行事，于是人的能力，十分萎缩，社会的进步，也就跟着停顿。我们虽不能说停顿便要灭亡，但较之进步，总是停顿与灭亡的路相近。

自然界的安排，虽不免也有缺点，但结合长幼的方法，却并无错误。他并不用"恩"，却给予生物以一种天性，我们称它为"爱"。动物界中除了生子数目太多——爱不周到的如鱼类之外，总是挚爱他的幼子；不但绝无利益心情，甚或至于牺牲了自己，让他的将来的生命，去上那发展的长途。

人类也不外此。欧美家庭大抵以幼者弱者为本位，便是最合于这生物学的真理的办法。便在中国，只要心思纯白，未曾经过"圣人之徒"作践的人，也都自然而然的能发现这一种天性。例如一个村妇哺乳婴儿的时候，决不想到自己正在施恩；一个农夫娶妻的时候，也决不以为将要放债。只是有了子女，即天然相爱，愿他生存；更进一步的，便还要愿他比自己更好，就是进化。这离绝了交换关系、利害关系的爱，便是人伦的索子，便是所谓“纲”。倘如旧说，抹煞了“爱”一味说“恩”，又因此责望报偿，那便不但败坏了父子间的道德，而且也大反于做父母的实际的真情，播下乖剌的种子。有人做了乐府，说是“劝孝”，大意是什么“儿子上学堂，母亲在家磨杏仁，预备回来给他喝，你还不孝么”之类，自以为“拚命卫道”。殊不知富翁的杏酪和穷人的豆浆，在爱情上价值同等，而其价值却正在父母当时并无求报的心思；否则变成买卖行为，虽然喝了杏酪，也不异“人乳喂猪”，无非要猪肉肥美。在人伦道德上，丝毫没有价值了。

所以我现在心以为然的，便只是“爱”。

无论何国何人，大都承认“爱己”是一件好事。这便是保存生命的要义，也就是继续生命的根基。因为将来的命运，早在现在决定。故父母的缺点，便是子孙灭亡的伏线，生命的危机。易卜生做的《群鬼》（有潘家洵君译本，载在《新潮》一卷五号）虽然重在男女问题，但我们也可以看出遗传的可怕。欧士华本是要生活能创作的人，因为父亲的不检，先天得了病毒，中途不能做人了。他又很爱母亲，不忍劳她服侍，便藏着吗啡，想待发作时候，由使女瑞琴帮他吃下，毒杀了自己。可是瑞琴走了，他于是只好托他母亲了。

欧：“母亲，现在应该你帮我的忙了。”

阿夫人：“我吗？”

欧：“谁能及得上你？”

阿夫人：“我！你的母亲！”

欧：“正是那个。”

阿夫人：“我，生你的人！”

欧：“我不曾教你生我。并且给我的是一种什么日子？我不要它！你拿回去吧！”

这一段描写，实在是我们做父亲的人应该震惊戒惧佩服的。决不能昧了良心，说儿子理应受罪。这种事情，中国也很多，只要在医院做事，便能时时看见先天梅毒性病儿的惨状。而且傲然的送来的，又大抵是他的父母。但可怕的遗传，并不只是梅毒。另外许多精神上、体质上的缺点，也可以传之子孙。而且久而久之，连社会都蒙着影响。我们且不高谈人群,单为子女说,便可以说凡是不爱己的人,实在欠缺做父亲的资格。就令硬做了父亲,也不过如古代的草寇称王一般,万万算不了正统。将来学问发达,社会改造时,他们侥幸留下的苗裔,恐怕总不免要受善种学(Eugenics)者的处置。

倘若现在父母并没有将什么精神上、体质上的缺点交给子女,又不遇意外的事,子女便当然健康,总算已经达到了继续生命的目的。但父母的责任还没有完,因为生命虽然继续了,却是停顿不得,所以还须教这新生命去发展。凡动物较高等的,对于幼雏,除了养育保护以外,往往还教他们生存上必需的本领。例如飞禽便教飞翔,鸷兽便教搏击。人类更高几等,便也有愿意子孙更进一层的天性。这也是爱,上文所说的是对于现在,这是对于将来。只要思想未遭锢蔽的人,谁也喜欢子女比自己更强,更健康,更聪明高尚,更幸福;就是超越了自己,超越了过去。超越便须改变,所以子孙对于祖先的事,应该改变,“三年无改于父之道可谓孝矣”当然是曲说,是退婴的病根,假使古代的单细胞动物,也遵着这教训,那便永远不敢分裂繁复,世界上再也不会有人类了。

幸而这一类教训,虽然害过许多人,却还未能完全扫尽了一切人的天性。没有读过“圣贤书”的人,还能将这天性在名教的斧钺底下,时时流露,时时萌蘖;这便是中国人虽然凋落萎缩,却未灭绝的原因。

所以觉醒的人,此后应将这天性的爱,更加扩张,更加醇化;用无我的爱,自己牺牲于后起新人。开宗第一,便是理解。往昔的欧人对于孩子的误解,是以为成人的预备;中国人的误解,是以为缩小的成人。直到近来,经过许多学者的研究,才知道孩子的世界与成人截然不同;倘不先行理解,一味蛮做,便大碍于孩子的发达。所以一切设施,都应该以孩子为本位。日本近来觉悟的也很不少;对于儿童的设施,研究儿童的事业,都非常兴盛了。第二,便是指导。时势既有改变,生活也必须进化;所以后起的人物,一定优异于前,决不能用同一模型,无理嵌定。长者须是指导者协商者,却不该是命令者。不但不该责幼者供奉自己;而且还须用全副精神,专为他们自己,养成他们有耐劳作的体力,纯洁高尚的道德,广博自由能容纳新潮流的精神,也就是能在世界新潮流中游泳,不被淹没的力量。第三,便是解放。子女是即我非我的人;但既已分立,也便是人类中的人。因为即我,所以更应该尽教育的义务,交给他们自立的能力;因为非我,所以也应同时解放,全部为他们自己所有,成一个独立的人。

这样,便是父母对于子女,应该健全地产生,尽力地教育,完全地解放。

但有人会怕,仿佛父母从此以后,一无所有,无聊至极了。这种空虚的恐怖和无聊的感想,也即从谬误的旧思想发生;倘明白了生物学的真理,自然便会消灭。但要做解放子女的父母,也应预备一种能力。便是自己虽然已经带着过去的色彩,却不失独立的本领和精神。有广博的趣味,高尚的娱乐。要幸福么?连你的将来的生命都幸福了。要“返老还童”,要“老复丁”么?子女便是“复丁”,都已独立而且更好了。这才是完了长者的任务得了人生的慰安。倘若思想本领,样样照旧,专以“勃溪”为业,行辈自豪,那便自然免不了空虚无聊的苦痛。

或者又怕,解放之后,父子间要疏隔了。欧美的家庭,专制不及中国,早已大家知道;往者虽有人比之禽兽,现在却连“卫道”的圣徒,也曾替他们辩护,说并无“逆子叛弟”。因此可知:惟其解放,所以相亲;惟其没有“拘挛”子弟的父兄,所以也没有反抗“拘挛”的“逆子叛弟”。若威逼利诱,便无论如何,决不能有“万年有道之长”。例便如我中国,汉有举孝、唐有孝悌力田科,清末也还有孝廉方正,都能换到官做。父恩谕之于先,皇恩施之于后,然而股上有疤的人,究属寥寥。足可证明中国的旧学说旧手段,实在从古以来,并无良效,无非使坏人增长些虚伪,好人无端的多受些人我都无利益的苦罢了。

独有“爱”是真的。路粹引孔融说,“父之于子,当有何亲?论其本意,实为情欲发耳。子之于母,亦复奚为?譬如物寄瓶中,出则离矣”。(汉末的孔府上,很出过几个有特色的奇人,不像现在这般冷落。这话也许确是北海先生所说;只是攻击他的偏是路粹和曹操,教人发笑罢了。)虽然也是一种对于旧说的打击,但实于事理不合。因为父母生了子女,同时又有天性的爱,这爱又很深广很长久,不会即离。现在世界没有大同,相爱还有差等,子女对于父母,也便最爱、最关切,不会即离。所以疏隔一层,不劳多虑。至于一种例外的人,或者非爱所能钩连。但若爱力尚且不能钩连。那便任凭什么“恩威、名分、天经、地义”之类,更是钩连不住。

或者又怕,解放之后,长者要吃苦了。这事可分两层:第一,中国的社会,虽说“道德好”,实际却太缺乏相爱相助的心思。便是“孝”“烈”这类道德,也都是旁人毫不负责,一味收拾幼者弱者的方法。在这样社会中,不独老者难于生活,即解放的幼者,也难于生活。第二,中国的男女,大抵未老先衰,甚至不到二十岁,早已老态可掬。待到真实衰老,便更需别人扶持。所以我说,解放子女的父母,应该先有一番预备:而对于如此社会,尤应该改造,使他能适于合理的生活。许多人预备着,改造着,久而久之,自然可望实现了。单就别国的往事而言,斯宾塞未曾结婚,不闻他侘傺无聊;瓦特早没有了子女,也居然"寿终正寝"。何况在将来,更何况有儿女的人呢?

或者又怕,解放之后,子女要吃苦了。这事也有两层,全如上文所说,不过一是因为老而无能,一是因为少不更事罢了。因此觉醒的人,愈觉有改造社会的任务。中国相传的成法,谬误很多:一种是锢闭,以为可以与社会隔离,不受影响。一种是教给他恶本领,以为如此才能在社会中生活。用这类方法的长者,虽然也含有继续生命的好意,但比照事理,却决定谬误。此外还有一种,是传授些周旋方法,教他们顺应社会。这与数年前讲"实用主义"的人,因为市上有假洋钱,便要在学校里遍教学生看洋钱的法子之类同一错误。社会虽然不能不偶然顺应,但决不是正当办法。因为社会不改,恶现象便很多,势不能一一顺应;倘都顺应了,又违反了合理的生活,倒走了进化的路。所以根本方法,只有改良社会。

就实际上说,中国旧理想的家族关系父子关系之类,其实早已崩溃。这也非"于今为烈",正是"在昔已然"。历来都竭力表彰"五世同堂",便足见实际上同居的为难;拼命的劝孝,也足见事实上孝子的缺少。而其原因,便全在一意提倡虚伪道德,蔑视了真的人情。我们试一翻大族的家谱,便知道始迁祖宗,大抵是单身迁居,成家立业;一到聚族而居,家谱出版,却已在零落的中途了。况在将来,迷信破了,便没有哭竹、卧冰;医学发达了,也不必尝秽、割股。又因为经济关系,结婚不得不迟,生育因此也迟,或者子女才能自存,父母已经衰老,不及依赖他们供养,事实上也就是父母反尽了义务。世界潮流逼拶着,这样做的可以生存,不然的便都衰落。无非觉醒者多加些人力,便危机可望较少就是了。

但既如上言,中国家庭实际久已崩溃,并不如"圣人之徒"纸上的空谈;则何以至今依然如故,一无进步呢?这事很容易解答。第一,崩溃者自崩溃,纠缠者自纠缠,设立者又自设立;毫无戒心,也不想到改革,所以如故。第二,以前的家庭中间,本来常有勃谿,到了新名词流行之后,便都改称"革命",然而其实也仍是讨嫖钱至于相骂,要赌本至于相打之类;与觉醒者的改革,截然两途。这一类自称"革命"的勃谿子弟,纯属旧式,待到自己有了子女,也决不解放;或者毫不管理,或者反要寻出《孝经》,勒令诵读,想他们“学于古训”都做牺牲。这只能全归旧道德旧习惯旧方法负责,生物学的真理决不能妄任其咎。

既如上言,生物为要进化,应该继续生命,那便“不孝有三,无后为大”;三妻四妾,也极合理了。这事也很容易解答。人类因为无后绝了将来的生命,虽然不幸;但若用不正当的方法手段,苟延生命而害及人群,便该比一人无后,尤其“不孝”。因为现在的社会,一夫一妻制最为合理;而多妻主义,实能使人群堕落。堕落近于退化,与继续生命的目的恰恰完全相反。无后只是灭绝了自己,退化状态的有后,便会毁到他人。人类总有些为他人牺牲自己的精神。而况生物自发生以来,交互关联,一人的血统,大抵总与他人有关,不会完全灭绝。所以生物学的真理,决非多妻主义的护符。

总而言之,觉醒的父母完全应该是义务的、利他的、牺牲的、很不易做,而在中国尤不易做。中国觉醒的人,为想随顺长者解放幼者,便须一面清结旧账,一面开辟新路。就是开首所说的“自己背着因袭的重担,肩住了黑暗的闸门,放他们到宽阔光明的地方去;此后幸福地度日,合理地做人”。这是一件极伟大要紧的事,也是一件极困苦艰难的事。

但世间又有一类长者,不但不肯解放子女,并且不准子女解放他们自己的子女,就是并要孙子、曾孙都做无谓的牺牲。这也是一个问题,而我是愿意平和的人,所以对于这问题,现在不能解答。

(第六卷第六号,一九一九年十一月一日)

儿童公育

沈兼士

彻底的妇人问题解决法,处分新世界一切问题之锁钥。

解决妇人问题,其最大之障碍物,即为家族制度。家族制度者,人类私有财产制度的历史上之恶性传统物。自来社会种种进化,莫不受其累而形迟滞焉,不过亚洲与欧美,其受毒程度有深浅之别耳。今世界大战告终,社会行将改造,建设此新世界之惟一原则,人莫不知其为 Democracy 矣。假使不趁此时机打破家族制度,则妇人终竟不能脱离向日之羁绊,而社会之重心,仍属于男子方面。是 Democracy 云者,但为片面的而非普遍的。

今世与妇人问题并为人所重视之劳动问题,其最重要之条件,曰:“工资增加。”假使家族制度不先打破,则生活程度逐日增高,赡妻养子,终莫能释内顾之忧。此种不均等的经济支配法,殊难维持长久之治安。是工资增加云者,但为治标的而非治本的。

妇人解放,其难点不在未生育之前,而在既生育之后;此为研究妇人问题者最当注意之处。欧美妇人知识程度,未必遽逊于男子,而卒未能与男子并驾齐驱,共同活动于社会中心者,亦家族制度为之累故耳。家族制度重要之元素,实为儿女。今欲解决妇人问题,若不先从处置儿童方法着手,是妇人解放云者,但为一时的而非到底的。

年来国人对于妇人问题,发表之文章颇多:或据事迹以评现状,或本理想以定目的。至于处此现状之下,当用如何手段,而后可以排除障碍,完全达到理想中所定之目的,此种方法,却少精密之讨论。间有言之者,亦不过一枝一节,绝鲜道及根本的具体进行方法者。今本一己之见解,粗分进行方法为四级,陈说于此。

四级方法:

(1)女子须与男子受同等之教育,备有同等之智识。由小学以至大学,男女均须同校。破除向来以“良母贤妻”为惟一标准之女子教育。

(2)知识既备，生计自广；然后可以脱离男子之羁绊，为社会服一切职务。

(3)男女既能各谋生计，夫妇当以分居为常法，合居为例外，破除固有之家庭形式。

(4)妇人问题最难解决之点，在于既生育之后。今研究妇人问题者，对于儿童，若无相当之良法以处置之，则妇人问题终无彻底解决之一日。良法惟何？吾以为即“儿童公育”是也。

儿童公育之组织：社会先当立一调查机关，酌定每若干人口之间，于适当地方设一公共教养儿童之区，其中如“胎儿所”“收生所”“哺乳所”“幼稚园”“小学校”“儿童工场”“儿童图书馆”“儿童病院”等，及其它卫生设置，均须完备。担任教养之人材，以体格壮健，常识完备，秉性亲切为合格之三大要件。此外更当设一“儿童学研究会”，聘任“儿童学专家”(如“儿童心理学者”“儿童生理学者”“儿童教育学者”之类)，随时调查讨论；每年联合若干区，开一“儿童比赛会”，请专门“儿童学者”评定成绩之优劣，以期竞争改良儿童公育之组织，至于尽善尽美。

儿童公育之经费：凡为母父者，每一儿童，须年助金若干；极贫者，得酌减助金，或免助金；资产家，除年助金之外，尚须纳开办临时助金，及特别常年助金；大率以资产之多寡比例出金。凡助金额数，及减免纳金，均须由本区人民公决之。至于遗产，统须归入儿童公育机关，不得授予私人；如遇特别情形，可由本区人民公决办法。

四级方法关于社会各方面之利益。

(每条下附识之(1)(2)(3)(4)即上方所列之四级方法。兹欲表明其与各方面有因果关系，故分识于各条之下。)

关于女子方面之利益：

(a)女子之智力体力，原与男子无大差别；其后因女子为男子所私有，遂终身埋头于生育中馈之职务。数千年来，乃养成男优女劣之习惯，今将桎梏女子之制度一切解放，女子之智力体力，不久必可恢复本来面目。(1)(3)(4)

(b)不至因养育而废学问，失职业，终身可以不依夫赖子。(3)(4)

(c)永无操婢、妾、娼妓诸贱业者。(1)(2)

(d)不必人人备有贤妻良母之惟一知识。(3)(4)

(e)长于教养儿童者可以作为专业,在儿童公育机关为一般儿童造福。(3)(4)

(f)独身,结婚,离婚,夫死再嫁,或不嫁,可以绝对自由,无家庭之拘束与儿女之牵制。(3)(4)

关于男子方面之利益:

(a)可以终身免负家累。(2)(3)(4)

(b)可以改良纳妾宿娼之恶习。(1)(2)(3)(4)

(注)男子纳妾宿娼,实为蔑视女子之人格。由心理方面观察之,其最大原因,则惟厌故喜新;此层,(1)(3)法足以防止之。此外尚有特别情形,如为求嗣续纳妾者,(4)法足以防止之。如畏负家累,宁宿娼而不娶者,(2)(3)(4)法足以防止之。

关于儿童方面之利益:

(a)使自觉其个人在于社会上之位置,以发达其对于人类互助之观念。(3)(4)

(b)不受父母之溺爱或压制,可以扫除崇拜祖先,依赖家长之恶习,使其有发挥本能之机会,了解独立之精神。(3)(4)

(c)先天遗传之恶根性或病质(如腺病质之类),得赖合于学理的教养以救正之,不致将来遗害于社会。(3)(4)

(d)妇人解放后,为社会上种种之活动,不能家居抚顾儿女,往往于儿童健全上发生影响。儿童公育之后,可勿虑矣。(4)

(e)依分功原则教养儿童,其德育、智育、体育可以平行发达,成效必在旧式专赖父母为生活者之上。(3)(4)

关于教育方面之利益:

(a)联合家庭教育、学校教育、社会教育为一气,可免向来学校与家庭隔阂矛盾之弊,且可化学校之死教育为适应社会需要之活教育。(4)

(b)各种儿童教养机关合而为一,自人力财力两方面言之,亦为最经济的组织。(4)

(c)无凭借世产,或因贫乏而失教育之儿童。(4)

关于社会方面之利益:

(a)纯粹以个人为单位,男女平行发展,共同尽力于各种事业,社会生产之能率自必倍增。(2)(3)

(b)家族制度,权贵阶级,资产阶级,均可借此打破,永无复活之机缘。然后劳动问题,经济均等问题,得有根本之解决。(2)(3)(4)

(c)家庭破除,儿童公育之后,无产阶级间接可以得有产阶级之挹注(参考上文“儿童公育之经费”节)。又公共宿所及食所,自必应势而兴,当然腾出许多土地,节省许多粮食,以调节过与不足。此亦均贫富之一方法也。(3)(4)

(注)或以儿童公育之后,人人对于养育子女不负责任,恐将来发生人满之患。此固为理想上必有之问题。故上文规定:凡为父母者,均须以子女之多少为比例,助金于儿童公育机关,即所以令其负责任也。此外如禁止早婚,可于法律上规定之;节制性欲,可于道德上提倡之;皆消极的防止人口增多之法也。倘因此而竟谓儿童公育之必不可实行,则亦因噎废食之论已。

综观上说,欲解决社会一切问题,非先解决妇人问题不可;欲解决妇人问题,非先解决家族问题不可;欲解决家族问题,非先解决儿童问题不可。解决儿童问题之惟一良法,曰“儿童公育”。美总统威尔逊尝谓“国际同盟为解决和会一切问题之锁钥”。我于儿童公育之对于新世界一切问题亦深信其有此锁钥之价值。颇欲趁战后社会组织须变动之时机,将此主义宣传,以供同志之研究。

或有以儿童公育难于实行为虑者,不知理想为事实之先导。易卜生、托尔斯泰当时所主张之正义人道,世多疑其太迂。迄至今日,已得发展之机势,人莫不以其所主张为事理之当然矣。儿童归国家教养之说,昔日柏拉图辈早已引其端绪,今时机已经成熟,人类私有财产制度的历史行将告终。儿童本为社会之分子,今归之于社会公共教养,实合于自然之原理。吾深信欲立 Democracy 稳健完密之基础,破除旧世界之种种恶业。舍此别无根本的良法。

(附言一)此种组织,与旧式之“育婴堂”“贫儿院”,其性质根本不同。此为根本的、互助的、平等的;彼为补救的、慈善的、阶级的,不能混为一谈,认此为含有彼之扩张性也。

(附言二)此稿成于病余,无力参考成说,仅抒己见而已。尚望研究社会问题专家有以教之,幸甚。

(第六卷第六号,一九一九年十一月一日)

教育问题(通信)

虞杏村　独　秀

记者足下:

今年夏天我从商业学校毕业出来,在银行里谋了位置,有一位年老的同事问我:"商业学校教些什么东西?"我一时说了几句大话,后来想想汗流满面。虽则我在学堂的时候,成绩亦不算恶,终觉得成了一个不伦不类的商人,现在把原因说些出来:

(一)学校里好尚虚名。办学的请了几位留学生同不得意的政客,教学生读了几本似通非通的讲义,就说得天花乱坠,不是夸造就人才,就是说改良商业。其实造成的人才极少,并且何曾把商业改良。

(二)讲义来历不明。外国留学生,把外国书译了几本,或者把编成的书,东拉西扯成了一本讲义,只要名目的同,不管能否适用。

(三)教员不适宜。请一位师范学校毕业生教经济学,请一位工科大学的工学士教银行学,只要能照讲义读一篇,亦不管学生明白不明白。

名词不统一:譬如"Current Account"有的译为"往来存款",有的译作"活期存款",还有用东文"当座预金"的,弄到学者摸不着头脑。

我记得以前有位蒋梦麟先生,他在《时报》上投了一篇稿(《与某银行经理谈话》),说得实在不错。因为商业学校的毕业生,真是没有用处。虽然学生自己亦有不好的,但一半是受学校的害。还请几位教育家和实业家,快些想个法子,救我们可怜的青年!

一九一九年十二月十一日　虞杏村自大连中国银行寄

中国的学校,简直是害人坑,是黑暗牢狱。请看有名的清华学校和北洋大学还是这样，别的不用说了。我也曾经害过人，现在想起来真是汗流浃背呵！这件事不但不必责备政府，并不必指望什么教育家，谁配当教育家？只有学生自己起来解决。

独　秀

（第七卷第三号，一九二〇年二月一日）

林纾与育德中学（通信）

林　纾　臧玉海　独　秀

独秀先生：

我和先生是从来没见过面的，这回无故的相扰，真是觉得对不起！

先生也许知道：直隶的学校除了京、津略开通些，保定的是极死不过的！在这许多极死不过的学校里边，还是只有个育德中学气压略低些。你想，在这个学校里的学生们还不快些走向光明去，偏要自寻不快，有些人立起个“国故促进社”来。学生的知识虽则幼稚，却也知道已死的东西是不能促进的。——研究也可，整理也可，怎的会促进？不料他们讲了些圣贤书——囫囵吞枣地讲了些《史记》《畏庐文集》——还不算，又给那承道统的林琴南写了去一封信：拿他比韩愈、孟轲，拿那所谓倡新学说的比杨、墨、佛、老，求他给他们讲的那课程做个序。林老头子，居然就来信应允了他们。序还没做成，我先把这封信抄上给先生看看，看了真是肉麻啊！先生要不嫌扎眼，以后我可以再把那序子寄给先生。来信如下：

育德诸君子同鉴蒙：

赐书以孟、韩见待，读之汗浃于背。仆伏处京邑，年垂七十以卖文、卖书自活，不敢问及世事。以叛伦逆常者，闹如蛙蝇，复有大力者，拥最上之皋。比率之为禽兽行，名曰“新道德”，实则示之以忤逆淫荡。凡能力反道德者，均谓之新，视杨、墨、佛、老之祸，酷至万倍。杨、墨、佛、老，均不足祸人，而孟、韩尚力攻之。今之倡率人类反于禽兽，孟、韩虽作，又将如何？而况世无孟、韩，又焉能制！

诸君子崇尚儒先，保守经学，此沧海横流中一砥柱也。鄙人斡力虽薄，敢不起从。

诸君子之后，请将所选之书凡例，一纸见示，以便恭撰序言以如尊嘱。

铅椠困人，不暇多述，诸希鉴宥，不备。

林纾顿首

独秀先生：

我想我们这些很活泼的青年生在现在，真算走了背运了！不但没人领我们走向光明去，还有许多的大人先生们要蒙蔽我们，压制我们，摧残我们。你看残苦不残苦！可怜不可怜！我在这个生涯里瞎混，一方面可怜自己，一方面可怜我那最亲爱的同学。我是不能不奋斗，不敢不奋斗的！——虽则那些事可以任着他们，可是我怕把我那很好的同学领错了路！所以我写信给先生商量。总之，先生如果不忍于看着他们瞎子领瞎子，我还是请先生努力地领我们向光明去！

一九一九年十二月廿四，学生臧玉海

林老先生自命为古文家，其实从前吴挚甫先生就说他只能译小说不能做古文，现在桐城派古又正宗马先生也看不起他这种野狐禅的古文家，至于选派文家更不用说了。我们现在不必拿宝贵的时光和他说废话。况且现在青年思想的大害，不是这班顽固的老辈，乃是有点新思想而不彻底的少壮学者呵！

独　秀

（第七卷第三号，一九二〇年二月一日）

新教育是什么

陈独秀

这篇是本年一月二日我在广州高等师范学校的演说，当时朴生、载扬二君记得很清楚，兹就二君所记略加增改，在本志上发表，因为广州的报纸别处不大见得着，今天讨论的问题是“新教育是什么”。新教育的对面就是旧教育，新教育和旧教育有什么分别呢？

或者有人说：新教育是学校，旧教育是科举。其实这个分别不过是形式的分别；科举时代所贵的是功名，是做官；现在学校所贵的还是有文凭，也是去做官，精神差不多是一样。

或者又有人说：旧教育是习经、史、子、集；新教育是习科学。其实这个分别也不过是教材上的分别；不能够当做新旧教育绝对不同的鸿沟。况且讲哲学可以取材于经书及诸子，讲文学可以取材于诗经以下古代诗文，讲历史学及社会学，更是离不开古书的考证，可见即以教材而论，也没有新旧的分别。经史子集和科学都是一种教材，我们若是用研究科学的方法研究经史子集，我们便不能说经史子集这种教材绝对的无价值；我们若是用村学究读经史子集的方法习科学，徒然死记几个数理化的公式和一些动植矿物的名称，我们不知道这种教材的价值能比经史子集高得多少？

旧教育——科举 }
新教育——学校 } 形式的不同

旧教育——经史子集 }
新教育——科　　学 } 教材种类的不同

照上看起来，科举和学校只是形式的不同，经史子集和科学只是教材种类的不同，不能说科举和经史子集是旧教育，也不能说学校和科学便是新教育，我们必须另外找出新旧教育分别的地方是什么。在我说明之先，我请各位想想到底什么是新教育，什么是旧教育？

新旧教育不同的地方，各位一定有许多意见，但现在没有机会可以和诸君各个讨论，只好拿我的意见告诉各位。我以为：

旧教育——主观的 { 教育主义——个人的；教授方法——教训的 }

新教育——客观的 { 教育主义——社会的；教授方法——启发的 }

旧教育的主义是要受教育者依照教育者的理想，做成伟大的个人，为圣贤，为仙佛，为豪杰，为大学者；新教育不是这样，新教育是注重在改良社会，不专在造成个人的伟大。我们现在批评这两种教育主义的好歹，应该先讨论社会和个人的力量哪样较大。我以为社会的力量大过个人远甚，社会能够支配个人，个人不能够支配社会。

各位对于这个意见，一定很怀疑，以为中国民族受孔子的影响何等伟大，印度民族受释迦牟尼的影响何等伟大，欧洲民族受耶稣的影响又何等伟大，支配世界的这三大民族完全为三个伟大的个人之精神所支配，怎么说个人不能支配社会，反说社会能够支配个人呢？

其实，诸位细想，世界各民族思想固然为这几个伟大的个人所支配，但我们要想想中国为什么有孔子？孔子的学说思想何以不发生在印度或欧洲，而发生在中国？反之，释迦、耶稣的说学思想何以发生在印度、欧洲，而不发生在中国？这是因为中国的气候土地适于农业，农业发达的结果，家族主义随之而发达；孔子的学说思想，和孔子所祖述的尧舜思想，都是完全根据家族主义，所谓有夫妇而后有父子，有父子而后君臣，与夫教孝祭祀，无一非家族主义的特征；由此可以看出孔子的学说思想绝不是他自己个人发明的，孔子的学说思想所以发生在中国也绝非偶然之事；乃是中国的土地气候造成中国的产业状况，中国的产业状况造成中国的社会组织，中国的社会组织造成孔子以前及孔子的伦理观念；这完全是有中国的社会才产生孔子的学说，绝不是有孔子的学说才产生中国的社会。又如印度地在热带，人民抵抗不起天然压迫，素具悲观性质，所以释迦牟尼以前的乌婆尼沙陀各派，释迦牟尼以后的小乘大乘各派，通印度全民族的思想，对于现世界无一不是彻头彻尾的悲观；释迦牟尼佛正是这种悲观民族的产物,并不是因为有了释迦牟尼佛印度人的悲观思想才发生的。至于耶教不重宗族不尚悲观,也是地多临海便于贸易往来富于自由迁徙勇于进取的社会造成的。我相信耶稣若生在中国,也必然主张夫妇父子君臣的伦理道德,孔子若生在印度,也必然是一个悲观厌世的宗教家,释迦牟尼若生在欧洲,也必然是一个主张自由进取的伟人。为什么呢?因为他们所在的社会都有支配他们思想的力量。

世界各民族中个人的伟大像这三大人物尚且是社会的产物,其他便不需讨论了。

又如非洲蛮人以斩杀仇人为道德,印度女子以自杀或自焚殉夫为道德,像这种个人的道德,他们自己必以为是他们个人的伟大,其实是社会一种恶俗造成他们个人的盲目行动。

又如一个城市里面公共卫生极不讲究,个人无论如何注意,在防疫的效果上总是力量很小。

又如现在的广州有许多很明白的人也坐轿,我敢说日后道路修好了,交通方便了,就是不明白的人也不肯坐轿。

又如现代就是教育程度极低的人也知道奴隶制度不好,但是在蓄奴社会的古代希腊,个人伟大的亚里斯多德竟主张奴隶制度不可废。

像这种个人必然受社会支配的例也不知有多少。前代的隐者,现代的新村运动及暗杀,都是个人主义教育结果的表现。前二者是想拿个人或一小部分人做改革社会的先驱或模范,后者是想除去社会上恶的一部分好达到改良社会的目的。其实都是妄想,他们都不明白社会支配个人的力量十分伟大。要想改革社会,非从社会一般制度上着想不可,增加一两个善的分子,不能够使社会变为善良;除去一两个恶的分子,也不能够使社会变为不恶。

反之,在善良社会里面,天资中等的人都能勉力为善;在恶社会里面,天资很高的人也往往习于作恶。譬如我们现在生存在这资本制度之下,无论如何道德高尚的人,他的生活能够不受资本主义支配吗?社会差不多是个人的模型,个人在社会里,方圆大小都随着模型变,所以我敢说如果社会不善,而个人能够独善,乃是欺人的话。

我所以反复说明社会支配个人的力量比个人支配社会的力量大,并不是主张个人只要跟着社会走不需努力;不过在教育方面着想,我们既然不能否认社会的力量比个人大,我们便应当知道改革教育的注重点在社会不在个人了。因为人类的精力不可滥用,必须用得很经济;比方用十分精力去注重社会得十分效力,如注重个人不过得两三分效力,就是能得七八分效力,我们的精力也用得不经济了。精力用得不经济,减少教育的效力,这是旧教育个人主义的第一个缺点。

旧教育个人主义的第二个缺点,就是减少训练的效力。从实际经验上看起来:(1)可见之于家庭教师的成绩,在家庭教师之下受教育的儿童,学科上或较优于学校的儿童,然对于社会的知识及秩序与公共观念之训练完全缺乏,最好的结果不过养成一个文弱的乖僻不解事的书痴。(2)可见之于学校儿童的成绩,我们往往看见小学生在学校受训练时,颇为活泼、守秩序、能合群,一人家庭社会,即与学校环境相反,在学校所受短时间的训练遂不发生效力。(3)可见之于专门以上学生之成绩,我知道有许多学生,在学校读书时,品行很纯洁,志趣很高尚,很是一个有希望的青年,一旦出了学校,入了社会,马上就变成一个胸中无主的人,在社会里混久了,会变成一个毫无希望的恶人。这都因为个人主义的教育把教育与社会分离了,社会自社会,教育自教育,致使训练失了效力。

旧教育个人主义的第三个缺点,就是减少学术应用的效力。教育本是必需品不是侈奢品,个人主义的旧教育把教育与社会分为两件事,社会自社会,教育自教育,学生在社会中成了一种特殊阶级,学校在社会中成了一种特殊事业,社会上一般人眼中的学生学校,都是一种奢侈品装饰品,不是他们生活所必需的东西。此种弊病,社会固应该负责任,而教育家至少也要负一半责任。农学生只知道读讲义,未曾种一亩地给农民看;工学生只知道在讲堂上画图,未曾在机械上应用化学上供给实业界的需要;学矿物的记了许多外国名词,见了本地的动植物茫然不解;学经济学的懂得一些理论,抄下一些外国经济的统计,对于本地的经济状况毫无所知;像这等离开社会的教育,是不是减少学术应用的效力?因此社会上不感得教育之需要,不相信教育,教育家是不是应该负责任?救济这个弊病,唯有把社会与教育打成一片,一切教育都建设在社会的需要上面,不建设在造成个人的伟大的上面;无论设立农工何项学校以及农工学校何种科目,都必须适应学校所在地社会的需要以及产业交通原料各种状况。

即以广东教育论,广州附近丝业颇盛,即应设立蚕桑学校;潮惠富于海物及渔业,即应设立水产学校;北江多森林,即应设立森林学校。倘然把森林学校设在惠潮沿海地方,水产学校设在北江,那便违反了社会需要的原则,减少学术应用的效力了。

第四个缺点就是旧的个人主义教育减少文化普及的效力。古时“纯粹的个人主义”之教育，不但是贵族的，而且是神秘的；一般著书立说的学者文人，务以藏之名山传诸后世造成个人名誉为目的，专以玄秘难解为高贵，通俗易解为浅陋。现时有许多学问很好的留学生不肯著书译书恐怕坏了自己的名誉，正是承受了这种古代文人的陋习。

现代“学校的个人主义”之教育，仍然不脱贵族的神秘的旧习惯；此种旧习惯的精神，完全可以由学校门首挂的“学校重地闲人免进”的虎头牌表示出来。新教育对于一切学校的观念，都是为社会设立的，不是仅仅为一部分学生设立的；自大学以至幼稚园，凡属图书馆试验场博物院都应该公开，使社会上人人都能够享用；必如此才能够将教育与社会打成一片；必如此才能够使社会就是一个大的学校，学校就是一个小的社会；必如此才能够造成社会化的学校，学校化的社会。现在各学校门首大书特书的“学校重地闲人免进”，明明白白地是要把学校与社会截为两段，明明白白地是“学校的个人主义”，明明白白地是教育界的闭关主义，这种教育减少了文化普及的效力，也是明明白白的事。

以下再就教授方法下点批评，也可以看出新旧教育的根本不同及其好歹：

现在欧、美教育界有几句很流行的话：前代的教育是先生教学生，现代的教育是学生教先生；这话初听很觉奇怪，其实大有道理，是教训式的教授法和启发式的教授法不同的界说，是新教育的精神所在，现在在座各位不是教师就是师范生及热心教育的人，关于这点很望诸君注意！

医生诊病，必须详察病人的病状病源才能开方，服药后的经过状况也是一毫都不能忽略的；若只凭主观的想像，补药多吃，不但不能治病，恐怕还要杀人哩。哺养小儿也是这样，依照大人的意思来哺养小儿是不成的，全靠检查小儿的体温、血液需要、消化机能，来做大人的指导；并且大人在此指导之下学得许多实际的知识，好过从书本上得来的。先生可以从学生得到许多经验、知识，且必须从学生学得充分的经验、知识才能够教学生，也和医生诊病大人哺养小儿一样。

旧教育是教学生应当如何如何，不应当如何如何，完全是教训的意味，不问学生理会不理会，总是这样教训下去，这正是先生教学生。新教育是要研究学生何以如何如何，何以不如何如何，怎样才能够使学生如何如何，怎样才能够使学生不如何如何，完全是启发的意味,是很要虚心去研究儿童心理,注重受教育者之反应;譬如在实验室试验理化,用什么方法,得什么反应,全靠对象的反应教我们知识;若试验者不注意反应,全凭主观的理想妄下方法,不但徒劳无功,而且在化学的试验上还要发生危险;启发式的新教育也是这样,事事需由学生之反应供给先生教授法之知识,这不是学生教先生吗?

教训式的教授法和启发式的教授法之不同及好歹,大概我们可以明白的了。

但我不是说中国的古代的教授方法一概都是教训式的,旧的;不是说欧美各国的现代的教授方法一概都是启发式的,新的。中国古代教授方法也有是启发的,例如孔子答弟子问孝问仁没有一个相同,这不是他滑头,也不是他胸无定见,正是他因材利导启发式的教授方法。现代欧美各国的教育也还是教训式的居多;就是实验心理学新教授法最发达的美国,杜威式纯粹的启发教授法也只有一部分人在那里试办。所以新旧教育的区别,只是采取的主义和方法不同,并不是空间(国界)或时间(时代)的不同。

杜威先生曾说,中国的教育比日本更有希望,因为中国的教育方才着手,可以采用最新的方法,不像日本的教育制度已凝固不易改用新法。杜威先生这话是中国主持教育的人都应该十分注意的!按照新的教授方法,我们学校里有许多学科要大加改革:

(一)伦理。伦理这科是教人应当如何如何,不应当如何如何,完全是教训式教育的代表,完全是没有效果的。人冷了才知道穿衣的必要,饿了才知道吃饭的必要,他若不觉得冷和饿,我们无论如何花言巧语劝他去穿衣吃饭,都完全是没有效果的。教训式的伦理科应该废除,在游戏体操以及对人接物时,采用实际的训练方法,使儿童感觉道德之必要,使儿童道德的本能渐渐发展,这才真是伦理教育。

(二)历史。历史教员拿着一本历史教科书,走上讲台,口中念念有词,什么蚩尤、黄帝、唐尧、虞舜、夏、商、周,小学生听了,真莫名其妙;唯有死记几个名词,备先生考问,毫无益处,毫无趣味;还不若叫他们去看戏,指着那个红花脸是黄帝那个黑花脸是蚩尤,他们倒还有点兴趣。所以历史一科在小学校应该废去;就是教历史,也只可以教最小范围的乡土史,不应该教国史。

(三)地理。天天向小学生说什么伦敦巴黎柏林北京青海,他们懂得是什么?所以小学校只能教乡土地理，而乡土地理的第一课，就应该从本校讲堂教起，一间讲堂内有几许长，几许阔、几许高、几个窗，有些什么东西，这都是最好的材料最好的教法。因为发展小儿观物推理力的程序，只能够由已知推到未知，很难有凭空超越的机会；学生在学校得了讲堂的长短高低实际的观察方法，他们一出学校，便会自己推广到沿途所见及他们家里房屋的状况。这种实际观察的教授方法，比教学生死读教科书怎么样？比教学生死记一些无从养成小儿实际观察力的地名怎么样？

（四）理科。理科各科目不用说更是要注重实物经验的了，但是小学的理科还要注重乡土的教材，各省的物产不同，各省小学的教材便不能一样。譬如在广州教理科，说到冰雪这两件东西，我就不知道那位先生怎样能够解释得明白。广州有二十多年没下雪，香港有活着八十几岁没见过雪的人说雪像玻璃一样，大人尚且冰雪不分，何况小儿；先生若被学生质问怎样叫做冰，怎样叫做雪，我想那位先生除了叫学生牢记着冰雪两个字不必问，或是令学生快去睡觉以外，恐怕没有第三个方法来圆满答复。

（五）图画手工。我见过许多学校陈列出好些很精致的手工和图画的成绩品，装潢学校的门面；内中有些教员代学生做成骗人的固然不值得批评，就真是学生自己做的，在外行看起来，必以为成绩很好，在懂得教育的人看起来，便不敢恭维了。因为教育品和美术品有很大的分别，我们不当把教育品看做美术品，若是教育品做成了美术品，便算是手工图画的教育大失败，还说什么成绩呢？因为教育儿童直接的目的，不是马上要教他成一个圣贤学者，所以不用教伦理道德及历史地理等知识；也不是马上要教他成 个艺术家，所以不用教他习美术品的手工图画；教育儿童直接的目的，是要寻种种机会，用种种方法，训练儿童心身各种感官，使他各种器官及观察力创造力想像力道德情感等本能渐渐的自由生长发育。游戏体操手工图画正是用作生长发育这些本能的工具，所以小学的游戏体操不专是发育体力的，兼且是发育各种器官肢体之感觉神经及运动神经反应的本能和道德情感的；所以小学的手工图画不是教成艺术家的，是用他发育儿童观察力创造力想像力的。因为手工图画的目的专在发育观察力创造力想像力，最好是听凭儿童喜欢做什么做什么，喜欢画什么画什么，使他观察创造想象的天才得以自由发展。若由先生的意思教他造成美术品，只算是先生自己的成绩，与儿童教育无关，这种教育可以叫做“填谱的”教育；一切“填谱的”教育都适以限制受教育者的知识自由活动而使其固定，且造成机械的盲从的习惯，戕贼人类最可贵的创造天才，不单是在手工图画教育如此。

（六）唱歌。唱歌是发育儿童美的感想；合唱比单唱好听，可以养成儿童共同协作的精神；按节拍比不按节拍好听，可以养成儿童遵守规律的习惯。唯选用歌词不可文雅，哥哥妹妹，小猫小狗，树著花，蝴蝶飞，这些眼前事象都是歌词的好材料。现在有许多小学的唱歌中，填满了国家人群社会互助平等自由博爱牺牲种种抽象名词，这班人对于小学教育完全是门外汉，完全是迷信教训式的教育之结果。

由以上的讨论我们可以看出新教育的两个特点：

（一）新教育的主义和方法都和旧教育完全不同；

（二）新教育的效力大过旧教育。

（第八卷第六号，一九二一年四月一日）

儿童公育(通信)

杨钟健

记者足下:

我这篇通信,是对于《新青年》六卷六号《儿童公育》一篇论文,发表一点意见。

《儿童公育》这篇文章,我读了第一遍很高兴,很相信这是解决新世界一切问题的锁钥。不过我仔细研究了一遍,我便有些怀疑了,我不能不质问。

主张儿童公育的理由,我很赞成的。儿童公育的方法,也很完美的。并且我也很相信以后总有儿童公育实现的一天。不过我根本见解和沈先生不同的地方,是沈先生以为要解决社会上一切问题,非先儿童公育不可。儿童公育,方可以打破家族制度方可以实行妇女解放……我以为儿童公育是妇女问题,家庭问题……解决后的成绩。换句话,就是:先有各种的革新运动,才可以实行儿童公育,否则万难实现的。

我相信世界的进化,是演进的,而今世上这些文明,都不是忽然来的,是经过几千年的历史才有今日的成绩。

民治主义是而今人人说好的,但也是由部落、封建、专制……渐渐到了现在。而今的民主政治,只可算政治上几千年来,渐渐蜕化的成绩罢了。不能凭空说在某时代要以民治主义解决政治上一切问题的。我想儿童公育也如此一样,我们人类的历史,当初妇女何尝莫解放?

只因一天一天的受了经济的逼迫,和社会上一切环境的支配,直到现在悲惨的时候。现在经济的状况,和一切社会上的环境,都大变了,自然渐渐地可到快活的理想的未来世界。我很相信而今经济这样的变迁,社会革新运动这样的进步,那人的一切环境一天一天的光明了,人类的文明也自然随着进步。到了那时,沈先生主张的儿童公育是一种必要的制度,自然会产出的。所以我说儿童公育,是革新运动的唯一产物，唯一成绩。

若谓儿童公育实行，就可解决一切问题，这话我很怀疑。我想这样做去，不但不能收良好的效果，或者可使革新运动的速率减少，甚且“演出”社会上骚动的惨相。

还有顶困难的，就是即使沈先生的主张可以实行，用来试办解决一切问题。但向我国内一看，有没有实行这种组织的程度？有没有实行的能力？沈先生所说儿童公育的种种组织，我国现在有没有这些人才？所说的儿童公育的经费？试问：中国大多数儿童的父母，有没有担负这经费的能力和程度？所以我就退一步，承认了沈先生的主张，我可不能再退一步取消我的疑问的；就是这种有组织的制度绝不能施行到这等纷乱的国家，这等污浊的社会，这样知识相差太远之一般儿童的父母。

所以沈先生以为，用儿童来解决旁的问题。我看儿童公育的先决问题，是妇女解放，是家庭改造，而最要紧的是国民的知识相差不宜太远。

沈先生那篇文章，是就理论上的研究。我对于沈先生主张的怀疑，是从事实上着想。我不知沈先生对于儿童公育这事，有没有实行的毅力和计划？若有计划，能不能收到完美的效果？

因为我有以上说过的观念，所以我对于一切激进的个体的及一切革新主张，总免不了怀疑。近来有好几种报纸，都发表过“新村生活”的组织。我对此也有同样的怀疑。而今这种学说已经发生许久了，除了几篇文章以外，何以没有很大的影响？反过来说，近来文化的革新和九月来的排日运动，何以收效很快进步很速？这都是一个从事实上着想，一个只从理论上研究的缘故。

我对于革新运动，很惭愧没有精辟主张发表，这由于我的功课太忙了，也由于我的知识太少了。但我近日对于家庭的改造作了一文名叫《怎样改造中国式的家庭》预备在《新潮》上发表。大旨是希望我们革新的人要从事实上着想，对症下药，怎样可以解决这个问题，那个问题……而今沈先生提出这些问题解决后的成果产物，未免令我怀疑。

我这通信太长了，我的要紧的意见是：

（一）我说“儿童公育，是各种革新运动成功后的自然趋势，自然的产物”这见解错不错？

（二）如果我的见解对着哩，那么我的疑问少点了！若是我的意见完全错了，我又

提出以下的疑问:

1.中国现在配不配实行儿童公育?沈先生能观察到实行后使社会秩序不至纷乱,并且很有把握吗?

2.怎样马上就可以把母子间天然的爱感打消,实行儿童公育?

3.沈先生儿童公育的主要宗旨在解决沈先生所谓"四级法"的第四点"妇人问题最难解决之点,在于生育之后"。

我按沈先生本意怕是因妇女生育不便,于职业,交际……有碍,所以必须儿童公育。但我想就是实行儿童公育,有孕的妇人,还免不了进沈先生所拟组织的"胎儿所""收生所"……这不是还免不了妨碍职业交际……吗?

这不过是我的三个大疑问,如果我说(一)的问题解决,这儿童公育应讨论的问题还多,只好以后再谈吧!

我是一个正求学问的学生,对于一切问题,见解一定容易错误。我却不敢自弃,只有请教。这是我要请沈先生和《新青年》诸先生的原谅的!

杨钟健上

(第八卷第一号,一九二〇年九月一日)

工人教育问题(通信)

知 耻 独 秀

独秀先生:

读八卷一号《新青年》,知道先生对于我的意见还有误解之处,现在再略加说明如下:劳工问题之解决,不是一朝一夕所能成功,所以我虽没有"神通"使他们立刻受平等的教育,但是我的意见仍希望一般热心劳工问题的人,以全副精神注重工人教育这一点,因为我身居工厂,实在觉得一般工人知识的饥荒,比无论什么痛苦都要深一些。他们肚饥知道要食,身上寒冷知道添衣,唯有没有知识的痛苦他们完全不觉得,所以若不想法增加他们一些知识,即使先生们天天为劳工问题做文章,还是不中用,于他们身上还是不能发生效力。如此情形,试问先生有何方法可以解决劳工问题。

先生最质疑于我的,以为是"拿教育这句话来搪塞好做加工资减时间的障碍",我不能不说这是先生的武断。我三次通信俱在,明明主张减少工作时间增加工资与先生无异,但不以此二事——减时增资——为满足,力主实施工人补习教育及储蓄与减时增资同时实行,所以免工人耗费时间金钱及习于游惰之弊,而谋增进改善工人之地位。即使他们的知识能力经济能力逐渐增进,成为工厂股东之一分子,股东即是劳工,劳工即是股东,这就是我的希望,不知先生何以看不明白。至于如何入手,我们都是"人",没有"神通",只好于就所能去做就是了。

一九二〇年九月八日 知耻白

先生也主张要加工资减时间,那便好极了;先生又主张不以减时增资为满足,更力主实施教育,那便更好极了。但先生是主张拿教育做减时增资的条件,我以为减时增资是工人应得权利,若加上条件便是搪塞的话。我主张拿减时增资做教育的条件,先生以为怎么样？每日做工十二点钟，上海现在的生活必需品这样昂贵，每月只有十元八元的工资，试问先生若处到这种境遇，哪里会有时间力量去受教育，哪里会感觉没有知识的痛苦？人类生活的欲望是由物质的进到精神的，断没有丢开物质的便进到精神的。饥寒救死不暇的人还说什么知识不知识！先生自己说是主张减时增资的，说我"还有误解之处"先生说我"武断"；先生说"三次通信俱在"现在把屡次通信里关于主要争点的话录在后面，请先生及读者诸君大家看看是不是我误解，武断。

先生第一次信上说：

"总之工人缺乏知识，非注重工人教育，则减少工作时间，增加工资，适足以资其为恶。"

先生第二次信上说：

"若对于无知识之工人实行增给工资，减少时间，而不谋增进工人知识，则于社会于工人均无益而有害。"

先生第三次信上说：

"仆深信教育平等为人类平等之唯一基础，欲求人类平等之实现，而不以教育为基础，虽以多财与工人，亦难有善良之结果。"

先生这次信上说：

"所以我虽没有神通使他们立刻受平等的教育……"把四次信上的话综合起来，先生是竖了一块教育平等的大招牌，随即自认没有神通使它实现，这便是只有招牌而无货卖了；但是先生一方面又力说没有教育是不能减时增资的，那么，先生所主张的减时增资，在逻辑上是不是已经自己取消了呢？换句话说，就是：先生明明晓得教育是不容易实现的，然而偏要拿它来做减时增资的条件，这不是拿句空话来搪塞好做减时增资的障碍是什么？

独　秀

（第八卷第二号，一九二〇年十月一日）

马克思的家庭教育

李 子

前在德国所计划的《马克思——其生平其著作及其学说》一书,上编久已草成(约五十万言)。去年因游历东欧,今年因任学校教课,未能早日将其誊正付印。今特于课余将草稿略加整理,择要在《新青年》上发表。预计三个月后,上编第一册即可付印。这里便是这部书的第一篇第一章——《家庭教育》。

作者识

"人类的意识并不决定他们的生存,反之,他们在社会中的生存却决定他们的意识。"这句名言是本书主人卡尔·马克思于出世四十年后在他著的《政治经济学批评》(*Zur Kritik der Politischen Öekonomie*)序言(见原书第八版序言五五页)中说出来的。我们相信他这句话是真理,因此,我们替他作传,首先要说明他出世前后的社会状况和环境。

自十八世纪中叶至十九世纪初期,代表欧洲最新文化的英、法、德三大国发生三大革命,即英国的产业革命、法国的政治革命和德国的哲学革命。马克思承受这三大革命的精华,融会贯通,造成马克思主义,这不是一桩偶然的事。因为在他产生的莱因省,当时就是这三大革命潮流的交叉点。

莱因省位于德意志的西部,有德国最美丽和最大的莱因河纵贯其中,交通便利,物产丰富,一端隔比、荷两国而遥遥与英国相望(自一八一七年起,即有汽船往来伦敦),一端与法国毗连,故德意志容易感受英、法两国文化的地方,当以莱因省为第一。此地自十八世纪末年起,受法国大革命的影响至二十年之久;到了十九世纪初年,莱因省的一部分且受拿破仑(Napoléon Bonaparte)间接的统治,盛行一种法国化,至一八一五年全省才归入普鲁士统治之下。当十九世纪初叶,发源于英国的资本主义的纺织工业在此地正开始萌芽,新兴的资产阶级很富于反抗封建制度的革命精神,而无产阶级也因工业的发轫,跟着出现了。又自一八一八年起,有邦恩(Bonn)大学出现,所以莱因省对于德国伟大的学术思潮也有接受的机关了。总之,莱因省在当时的德国,几乎无论在任何方面,要算是首屈一指,特别是它的工业的发达(比较的)、政治的进步、维新的气象和革命的精神,为全国之冠。

可是马克思要于不知不觉之间,感受上述三种伟大的潮流,当在年纪稍长的时候;在他幼年,还没有直接与此等环境接触,还处于另一种环境中。他是一八一八年五月五日在德国莱因省居利(Trier,按:此地在前又名居列夫——Treves)产生的。居利为德国最古的城市之一,曾为古罗马帝王游息之所,自中世纪至法国大革命时,复为神圣罗马帝国大教主兼德意志选帝侯的住在所,又为天主教牧师大学的区域,所以此处有罗马皇宫和圆形剧场的遗迹,有黑门(Portanigra)的伟大纪念物,并且有罗马时代和莪特(Gothie)时代的礼拜堂。列文多尔之(Reugen Lewin-Dorsch)谓此等古迹"使这个活泼的孩子,感觉灵敏的心神,获益匪浅,使他的思想已经很早地注射到世界史上的对象"(见《钟声周刊》第九年度第一卷三四五页,列氏作的《马克思家庭与家谱》一文——*Die Glock Familie und Stammbaum Von Karl Marx*),这是不错的。当马克思出生的一年,居利有居民一万一千四百,这还算是一个中等的城市了。

关于马克思出生前后的社会状况和环境,已如上所述。我们现在再讲他的家世。他出身于犹太人的家庭,据维也纳图书馆员瓦哈斯台(Wachstain)博士的考据,远溯他的祖先至十五世纪初叶(参看《钟声周刊》第九年度第一卷三四〇页至三四二页),他们世代相传,均为犹太法律博士(Rabbi)和学者。一直到他的父亲海恩利系马克思犹守此业。原来在犹太教解放以前,犹太教社对于犹太人中的民事大部分自有其法律和裁判,因此,需要娴于犹太法律的学者,马克思的祖先世习此业,当是应这种需要而起的。马克思说:"一切过去世代的遗传,像阿卑山(Alps)一样压在活人的头脑上。"(见马克思著的《路易·拿破仑的二月十八日》第七页,一九二一年出版,Der Achtzehnue Brumaire des Bonapart,Stuttgart.)马克思生平观察事物,精细透彻,无以复加,这是由于他出身于这种"精神贵族"(引列文多尔之语,见《钟声周刊》第九年度第一卷三四四页),有这样久的精细分析法律的世代遗传性,这一点我们是不当轻轻看过的。

海恩利系马克思夫妇虽属犹太种族,然他们却不为犹太人一脉相传的旧习或成见所拘束,当卡尔六岁的时候(一八二四年),他们舍弃犹太教而改奉基督新教。世人因此误传他们的改教是出于普鲁士政府强迫一切担任公家职务的犹太人舍弃犹太教,否则解除职务的命令。但据墨尔林的考证,此说毫无根据,他们此举完全是出于自由意志的。(参看墨氏校的《马克思与昂格斯文汇》一卷第三至四页)居利本是天主教盛行的城市,至于基督新教并不占势力,"当一八一六年的时候,此处才有三百个教徒,一直到一八一九年,还没有自己的教堂"。(见《钟声周刊》第九年度一卷三四五页)然海恩利系马克思夫妇不信盛行全市的旧教,而偏信没有势力的新教,可见他们的改教是确有主宰,并不是随波逐流的。

马克思说:"宗教是人民的鸦片。"(见《马克思与昂格斯文汇》一卷三八五页)宗教本是一种麻醉人心的催眠药。自反对宗教和不信宗教的人看来,他的父母由犹太教改奉基督教,并没有脱去迷信的圈套,这至多也不过是五十步与百步的比较,哪里值得我们大书特书?其实不然,他们此举对于卡尔精神上的发达是很关重要的。德国著名的社会主义诗人汉讷(Heinrich Heine)也和卡尔一样是犹太人的儿子,他的出生比卡尔早二十一年,可是他改奉基督教却比卡尔迟一年(一八二五年),他称那种受基督教洗礼的券是一张"欧洲文化入门券"(Eeintrittasahein Zur europaischen Kultur)。卡尔后来研究欧洲各国的学术,成为一个自由思想家,全是由于他从小时起受了他们父母之赐,得脱去犹太教一切深痼巨蔽的成见,全是由于他预先获得一张"欧洲文化入门券"。所以关于他的父母改教一事,并不像脱尼斯所说的一样:"在表面上是很有意义的,在里面是很少意义的。"(见脱氏《马克思传及其学说》第三页)

卡尔生长于一个具有高深教育和处境丰裕的美满的家庭中,他幼时的景状是很优美的。关于他幼年的经过情形,虽很少表见于世,然就曾经留下来的一鳞半爪看来,他所受的家庭教育是普通的中等家庭儿童所梦想不到的。他秉性刚强勇猛,沉毅果敢,并且聪颖绝伦,当他到了能读书识字的时候,他的父亲即尽心竭力教他读书,后来并授以德、法名人关于哲学和历史等等的著作。他对于所教的东西很容易了解和领悟,因此特别为他的父母所钟爱。他的父亲看见他具有一种天才和优美的性质,对他便抱有无限的希望,断定他将来当为人类造幸福。同时他的母亲则相信他将来必定得到好处,必定是诸事如意,所以常呼他为“幸运儿”(Ein glückskind)。我们看他此后一生的努力毕竟是为人类谋幸福,而他的遭遇也是一个“幸运儿”应有的遭遇(指他得到绝无仅有的妻子和朋友等事),果然像他的父母所期望的了。

卡尔小时从他的父亲受得德、法优美的教育,这已经不是寻常儿童所能希冀的,然我们所谓“家庭教育”,还不止此。居利尚住有一家贵族,与马家为比邻,家主为威斯特华伦男爵(Baron Ludwig von Westphalen)。他于一八一六年才迁居此地,来就居利政府顾问之职。他到居利后,与海恩利系马克思成为很好的朋友,因此卡尔自小时起即出入他的家中,与他的小女儿燕妮(Johanna Bertna Tuliu Tenny vun Weslphalen)共同嬉戏。威斯特华伦擅长希腊和英国的诗歌戏曲,他常以希腊最著名的诗人荷马(Homer 生于纪元前九百年)的叙事诗和英国最大的戏剧家莎氏比亚(Shakespeare)的戏曲教卡尔和他的女儿等等。卡尔的资质非常聪颖,所以威斯特华伦非常爱他,并且乐于教训他。他在此处所受的教育,又是他的家庭中所没有的。墨尔林谓“幼年时代的马克思在这位自由思想官吏的家中找着一个第二家庭”(见墨氏《德国社会民主党史》第一卷二〇八页,一九二一年第十一版),这是丝毫不错的。

卡尔的家庭教育即是合德、法、英、希等国著名学者的作品而成的,所以他幼年的学业已大有可观;他以后做学问,所涉的范围非常之广,这是因为他的家庭教育预先替他安下一种坚固不拔的、宽广的基础,所以他能够造成宏大的建筑物。概括说起来,他从他的父亲所受的教育,是偏于哲学一方面的,因此,引起他后来研究哲学的兴味;他从威斯特华伦男爵所受的教育,是偏于文学一方面的,因此,引起他后来嗜好诗歌、戏曲,要做诗人的念头,他并且对于荷马和莎氏比亚的著作,是终身向往,不时诵读的。

卡尔幼时在教育上即获得他的父亲和威斯特华伦男爵绝大的益处,所以他对于他们两人是特别感恩,终身不忘的。关于他不忘父恩一事,我们可以从他的女儿伊利安乐的一段话中看出来:“他(指卡尔·马克思)讲他的父亲的事,从来不觉得疲倦,他把他父亲的相片放在身上……当马克思于他的妻子死后,作长途的悲惨旅行,去恢复他已经丧失的康健之际——因为他要完成他的著作——他仍以他父亲这个相片和我母亲一个玻璃制的旧相片(装在盒子里面)及我姐姐‘小’燕妮一个相片自随,我们于他死后,在他的胸前衣袋中发见这些相片。昂格斯将这些相片放在他的棺材里面。”

（见《新时代杂志》第十六年度一卷第五页）至于马克思对于威斯特华伦，也有一种特别的表示。当他在大学毕业的时候，他草就一本数百页的论文誊正预备付印，他在卷首题名篇上大书特书"'敬献此书'于亲爱如父亲的居利政府顾问威斯特华伦先生，借志子侄之爱"（参看《马克思与昂格斯文汇》第一卷六三页）等字，由此可见他敬爱威氏是至深且切了。

（第四号，一九二六年五月二十五日）

图书在版编目(CIP)数据

《新青年》百年典藏. 社会教育卷/张宝明主编. —郑州:河南文艺出版社,2019.5

ISBN 978-7-5559-0537-0

Ⅰ.①新… Ⅱ.①张… Ⅲ.①期刊-汇编-中国-民国 Ⅳ.①Z62

中国版本图书馆 CIP 数据核字(2019)第 064164 号

主编:张宝明　总策划:王国钦
责任编辑:王国钦

出版发行　河南文艺出版社
本社地址　郑州市郑东新区祥盛街 27 号 C 座 5 楼
邮政编码　450018
承印单位　河南瑞之光印刷股份有限公司
经销单位　新华书店
纸张规格　700 毫米×1000 毫米　1/16
总 印 张　153
总 字 数　2529 000
版　　次　2019 年 5 月第 1 版
印　　次　2019 年 5 月第 1 次印刷
定　　价　880.00 元(共 5 册)

印厂地址　河南省武陟县产业集聚区东区(詹店镇)泰安路
邮政编码　454950　　电话　0391-2527860

新青年

LA JEUNESSE

5

《新青年》百年典藏

翻译随感卷

张宝明 主编

河南文艺出版社
·郑州·

新青年

第八卷 第一號

上海新青年社印行

中華民國郵務局特准掛號認爲新聞紙類

列寧號

新青年

中華民國郵務局特准掛號認為新聞紙類

第一號　一九二五年四月二十二日出版

目录

翻译

随感

翻译

娜拉 A Doll's House

「娜拉」三幕，首二幕為羅家倫君所譯，略經編輯者修正。第三幕經胡適君重為迻譯。胡君並允於暑假內再將第一二幕重譯，印成單行本，以慰海內讀者。編輯者識。

羅家倫譯

劇中人物

郝爾茂(姓)滔佛(名) Torvald Helmer

娜拉Nora(郝爾茂之妻)

南陔醫生 Doctor Rank

林敦夫人 Mrs. Linden

柯樂克(姓)猊兒(名) Nils Krogstad

郝爾茂家兒女三人

意娃　寶寶　愛妹

阿奶Anna(老乳母)

女僕愛蘭Ellen

挑夫一人

第一幕

（佈景）　一間房子擺設得很精緻很安妥，卻不很奢華。房子後壁的右邊有一重門通客廳，左邊有一重門通郝爾茂的書齋。二重門中間有鋼琴一架。左壁之中央有門一，邊門即為窗，窗前有一張圓桌椅子和一個小榻。右壁向後也有一重門。右邊近舞台前面為一火爐，爐前有兩個扶手椅一個搖椅。門同火爐的中間有一張小桌。壁上懸有雕刻品。櫥中有磁器同零碎小物。小書架一只，內有裝訂華美的書。地板上鋪了氈毯。火爐的火是燒着的。正是冬天的氣候。

（外廳門鈴響。等一會兒聽得門開了。娜拉從外走進來，口裏哼著調子，極高興的樣子。身上穿着出門的衣服，拿了幾個小包，放在右邊桌上。再推開客廳的門進去了。同時大門外有一個挑夫拿了一株聖誕樹（西洋的風俗，當耶穌聖誕的第一夜，家家有一株聖誕樹，樹上點着燈燭。凡一家人互相餽送的東西都掛在樹上，待各人親自去拿。）和一個籃兒，給那開門的伊媽。）

娜拉　伊媽！你快把這株聖誕樹藏好。不到夜裏點着的時候，千定不要把小孩子看見。（拿出錢袋兒向着挑夫）多少？

《新青年》第四卷第六号(原版内文)

陀思妥夫斯奇之小说

〔英国〕W.B.Trites 著　第七一七号译《北美评论》

周作人　译

近来时常说起"俄祸"。倘使世间真有"俄祸",可就是俄国思想。如俄国舞蹈、俄国文学皆是。我想此种思想,却正是现在世界上最美丽最要紧的思想。

试论俄国舞蹈,英法德美的舞蹈,现今已将衰败。唯有尼纯斯奇 Nizhinskij 所领的俄国舞曲十分美妙。将使舞蹈的一种艺术可以同悲剧与雕刻并列。

正如尼纯斯奇指挥世界舞蹈家一般,世界小说家亦统受陀思妥夫斯奇 Dostojevskij、果戈尔 Gogol、托尔斯多 Ljov Tolstoj、都介涅夫 Turgenjev 的指挥。《罪与罚》*Prestuplenie i Nakazanie*、《死魂灵》*Mertvago Dushi*、《战争与平和》*Vojna i Mir*、《父子》*Ottsy i Djeti* 与世界小说比较,正同俄国舞曲和平常舞蹈一样的高下。

陀思妥夫斯奇是俄国最大小说家,亦是现在议论纷纭的一个人。陀氏著作近来忽然复活。其复活的缘故,就因为有非常明显的现代性。(现代性是艺术最好的试验物,因真理永远现在故)人说他曾受迭更司 Dickens 影响,我亦时时看出痕迹。但迭更司在今日已极旧式,陀氏却终是现代的。止有约翰生博士著《沙卫具传》,可以相比。此一部深微广大的心理研究,仍然现代,宛然昨日所写。

我今论陀思妥夫斯奇止从一方面著手,就是所谓抹布的方面。要知道此句意思,先须绍介其小说《二我》*Dvojnik* 中之一节。

> 戈略特庚 Goljadkin 断不肯受人侮辱,被人蹈在脚下,同抹布一样。但是倘若有人要将他当作抹布,却亦不难做到,而且并无危险。(此事他时常自己承认)他那时就变成抹布。他已经不是戈略特庚,变成了一块不干净的抹布。却又非平常抹布,乃是有感情通灵性的抹布。他那湿漉漉的褶叠中,隐

藏著灵妙的感情。抹布虽是抹布,那灵妙的感情,却依然与人无异。

陀氏著作,就善能写出这抹布的灵魂给我辈看。使我辈听见最下等、最秽恶、最无耻的人所发的悲痛声音。醉汉睡在烂泥中叫唤,乏人躲在漆黑地方说话,窃贼、谋杀老妪的凶手、娼妓、靠娼妓吃饭的人亦都说话。他们的声音却都极美。悲哀而且美。他们堕落的灵魂原同尔我一样。同尔我一样,他们也爱道德,也恶罪恶。他们陷在泥塘里,悲叹他们的不意的堕落,正同尔我一样的悲叹,倘尔我因不意的灾难同他们到一样堕落的时候。

陀氏专写下等堕落人的灵魂。此是陀氏著作的精义,又是他唯一的能事。伟大高贵的罪人——身穿锦绣珠玉,住在白玉宫殿里,自古以来怨艾其罪——他的心理,早已有人披露。但是醉汉(靠著他卖淫的女儿,终日吃酒)、当铺主人(他十六岁的妻子,因不愿与他共处,跳楼自尽),他们灵魂中也有可怕的美存在,陀氏就写给人看。

但空言无用。今且略译陀氏名文数节为证。可知陀氏能描出堕落人物,他们也有灵魂,其中还时时露出美与光明。

如世间有个堕落的灵魂,那便是摩拉陀夫 Marmeladhv。我今所译,便是《罪与罚》中名文,摩拉陀夫的一段说话。少年学生拉科尼科夫 Raskolnikov 走进酒店,方吸啤酒,有一人同他攀谈。年纪五十以上,身穿破衣,已经半醉,却曾受过教育。此人便是摩拉陀夫。摩拉陀夫吸著烧酒,一面谈天,店主人同酒客都在旁边听他说,有时大笑,有时问他。今但摘述摩拉陀夫之言如下。

> 我是一口猪。但是她(指其妻),她是贵妇人。我的身上,已有了畜生的印记。我妻加德林 Katerin Ivanona,她是文明人,是官吏的女儿。我自己承认是个流氓。但我妻却有宽大的心,微妙的感情,又有教育。阿,倘是她能够可怜我呵!……但加德林虽有伟大的灵魂,却不公平。她没有一次可怜过我。但是……我的性格如此。我是一个畜生。
>
> ……中略……
>
> 我们住在冷屋子里。今年冬天,她受了寒,咳嗽而且吐血。当初我娶她的时候,她是个寡妇,带著三个小孩。她的前夫是步兵军官,同她逃走出来

的。她敬爱她的丈夫。但这男子赌博、犯法，不久也就病死。临了并且打她。……

她丈夫死后，孤零零止剩了一身，同三个小孩在一荒僻地方。我遇见她，就在那个地方。我现在也无心来描写她那时候的苦境。……少年，我告诉你，于是我——一个鳏夫，有十四岁的一个女儿——对她求婚，因为我看她苦难，十分伤心。她应许了我，哭哭啼啼，搓著两手。但她终竟应许了我，因为她更没别的地方可去。……

十足一年，我好好的尽我义务。但我后来失了地方，却并不是我的过失。从此我便吃酒。……我们应该如何过活，我已毫不明白。

当时我的女儿，渐渐长成。她的后母如何待她，我不如不说罢了。……少年，你可相信，一个正直穷苦的少年女子，真能自食其力么？她倘没有特别技能，每日可以赚到十五戈贝(一戈贝约值一分)？但便是这一点，亦……而今小孩子饿得要死。加德林在房中走来走去，搓著手无法可施。她对女儿说，懒骨头，你一点事不做，在此过活，不羞么？其时我睡在那里。老实说，我可实在醉了。……那时正是五点过。我见苏涅 Sonja(其女名为苏菲亚之昵称)立起来，戴上帽子，出门去了。

八点钟，她才回来。她一直走到加德林面前，不作一声，拿出三十银卢布放在桌上。便将那绿色大手巾(这块手巾是合家公用的什物)，包在头上。上了床睡下。面孔朝着墙壁，但见她肩膀和身体，都微微地发抖。——至于我呢，仍然照旧睡着。——那时，少年，我见加德林立起，一言不发，跪在苏尼契加 Sonetchka(亦苏菲亚之昵称)的小床旁边。她跪了一晚上，在女儿脚上亲吻，不肯起来。随后她们都睡熟了。互相抱着……她们两个都……我……我却仍然如故，醉得动弹不得……

谁还可怜我，像我这样的人？先生，你现在能可怜我么？……你问，为何可怜我？是的。那是毫无理由。他们止应该钉杀我，将我挂在十字架上，不应该可怜我。……但是他，知道一切，爱怜人类的上帝，他可怜我。到了世界末日，他出来说："那个女儿在那里呢？她为了那可恨的、肺痨病的后母，同并不是她兄弟的小孩，牺牲她的身子。那个女儿在那里呢？爱怜她的父亲，不曾嫌弃那下作的酒鬼的那女儿。"他就又说:"你来。我一切赦免你了。因为你的爱力,你的罪也一切离了你。"一切的人,统要归他裁判。他将赦免一切,善的、恶的,智的、愚的,都被赦免。他裁判已了,轮到我们。他说:"你们也来。你们酒鬼,你们乏人,你们荡子,统向我来。"我们便上前去,毫不怕惧。他又说,"你们统是猪。你们都印着畜生的印记在身上。但是一样的上来。"其时那贤人智者便问:"上帝呵,你为何容受他们呵?"他答说:"阿,你们贤人呵,你们智者呵,我容受他们,因为他们相信自己当不起我的恩惠。"于是他张了两臂向着我们,我们都奔就他,大家都哭了,明白一切了。那时人人都将明白一切。加德林,他也将明白。上帝呵,你的天国快来呵!

此是陀氏最有名的一段文字。你倘同俄国人谈起陀氏,他便热心问你,你记得《罪与罚》中摩拉陀夫的一段说话么。你点点头。他又问你读的是哪一国文。你说或英、或法、或德。他便叹着说:唉,这要从俄文读,才能完全赏鉴他的好处。所以我对于上面摘译,十分抱歉。但我的摘译,虽有许多漏略,十分拙滞,读者总可因此略知其中的精意。你看陀氏能够就摩拉陀夫心弦上,弹出新声,如何美丽,如何伤心而且可怕!

摩拉陀夫的人,不能得一般读者的同情。他并非少年,可望改良,因他已经五十多岁,又是个酒鬼。吃了烂醉,睡在家里,醒来便拿了他妻子的一双袜子,又偷偷的走到酒店里去。否则跟着他卖淫的女儿讨酒钱去吃酒。就是同拉科尼科夫谈天时所吃的半瓶酒,正用他女儿钱袋底里的三十戈贝买的,摩拉陀夫的人,实在不能求谅于世间一般的人。他简直是一块抹布。但他自己觉得他的堕落,正同尔我一样,倘是我辈晚年遇著不幸,堕落到他的地步。

《罪与罚》一部小说,就是申明上文所说陀氏精义的书。这宏大长篇的小说,说一谋杀的案情。一个放债老妪同他姊妹,被一少年学生心想谋财,害了性命。这件谋杀,实在写得血泪模糊,恐怖悲哀,非常猛烈。试看老妪的姊妹被害光景,如何惨痛。

少年骑在她身上,手中举着斧头。那不幸妇人的唇吻间,露出那一种可哀的表情。大凡小孩受惊时,眼睛看着他所怕的东西,刚要哭出来,脸上常有这一副情形。

此后警察四面探查，犯人终于逮捕。这就是《罪与罚》结构的大略。如此案情，倘使现代小说家看见，又将如何？他们不去理它，因为太粗俗下等，看不入眼里。柯南达利 A.Conan Doyle 或来试试，将它做成一部平庸的侦探小说，亦未可知。但陀氏自出心裁，先写谋杀情形，次写侦探行动，那恐缩的犯人步步跟着他们走。如此，能够作出一种新奇的恐怖，为平庸的侦探小说中所未尝有。但却不因此新奇的恐怖，使《罪与罚》不朽。使《罪与罚》不朽者，止在书中谋财害命的犯人表示他灵魂给我们看。他的灵魂，却正同戈略特庚、摩拉陀夫一样，又正同我的或你的灵魂一样。

《克罗加耶》*Krotkaja* 是陀氏最美的一篇短篇小说。其中说一军官，因为懦怯不敢决斗，被逐出了军队，经道多年穷困耻辱之后，开了一间当铺，渐渐小康。一天有一个十六岁的美少女，来当一支不值钱的银针。她孤茕贫困，正想寻一女师的位置。当铺主人借了她几次。日日看她报上的广告，日日逐渐地绝望。（案：原书第一章述初次广告云：少年女师愿旅行，俸面议。未几改曰：少年女士，愿任女师、女伴、看护妇、缝女。末乃续其后曰不需俸给，但求食宿，而位置终不可得云）末次来店时，当铺主人便向她求婚。她别无依赖，没法便应允了。

此篇结构极奇，是一篇独白 Soliloquy 的形式。当铺主人满腔悲苦，在房中且走且说，他妻子的尸首卧在两张板桌上。她因为要逃脱这不幸的婚姻，已从楼窗跳下死了。

中年的当铺主人，书中写得甚好。他对妻子的严厉，是故意的，本意却仍是为他妻子的益处。我想世界少妇，像克罗加耶一样，在老夫手中受那好意的严厉待遇者，大约不少。当铺主人实在写得甚好。但克罗加耶，又加一等，真可称得杰作！

要画少女，这笔尖须蘸著神秘、清露和朝霭。其中神秘却最要紧。伊勃生 Ibsen 六十五岁时，同十七岁少女有奇怪的恋爱事件之后，在希尔达 Hilda Wangel 身上，写出一极妙少女。所有神秘完全都在，克罗加耶亦是如此。但陀氏写克罗加耶，试了两次。所以共有两篇。第一篇在《文人日记》*Dnevnjak Pisatelja* 中，篇幅甚长，将那少女细细分解。少女宛然活在纸上，但那一种朦胧可爱的神秘，却是没有。所以算不得成功。

陀氏后来改作克罗加耶，将分解一切删去。写得克罗加耶沉默、美而神秘。结果乃成一完全的杰作。克罗加耶同希尔达，比街上走过的明眸巧笑的少女，更觉活现，更觉多有生气。

《加拉玛淑夫兄弟》*Bratja Karamazovy* 又是一部描写堕落的灵魂的小说。我以为其中最巧妙处,却是写波阑人的一节。格鲁兼加 Grutchka 为少女时,曾被一波阑人所诱。别了六七年,男子又回来访他。当初在他纯洁的眼光中,看那男子是个高尚优良的人物。即在现时,却还爱他,而且已经预备嫁他。岂料这波阑人竟是一个俗恶的骗子。他同着一个党羽回来,专来谋吞格鲁兼加的金钱。这波阑人举动,如假装财主的那拙劣计划,打瞒天诳时装出的那庄重情形,赌博作弊被人发见时那强项态度,统写得甚好。格鲁兼加知道底细,斥逐他时,他便来向他诈钱。

> 他写信来,口气很大,要立逼着借二千卢布。没有回信,他却并不失望,仍然屡次写信来逼。口气仍旧很大,可是银数渐渐减了。他初说一百,随后说廿五,随后说十。到临了,格鲁兼加接到一信,那两个波阑人请他借一卢布,给两人分用。

两个傲慢的冒险家,至于请求一个卢布,两人分用——这一段巧妙的描写,陀氏能够令读者发起一种思想,觉得书中人物与我们同是一样的人。这是陀氏本领,不曾失败过一次。他写出一个人物,无论如何堕落,如何无耻,但总能令读者看了叹道:"他是我的兄弟。"

译者按:陀思妥夫斯奇 Fjodor Mikhajlovitch Dostojevskij(1821—1881)自幼患癫痫。二十七岁时,以革命嫌疑,判处死刑。临刑,忽有旨减等,发往西伯利亚,充苦工四年、军役六年。归后,贫病侵寻,以至没世。今举其代表著作如左(下):

一 《苦人》*Bjednye Ljudi*。 一八四六年

二 《死人之家》*Zapiski iz Mertvago Doma*。 一八六一至二年

三 《罪与罚》*Prestuplenie i Nakazanie*。 一八六六年

四 《白痴》*Idiot*。 一八六八年

五 《加拉玛淑夫兄弟》*Bratja Kamarazovy*。 一八七九至八〇年

以上五种，可以包括陀氏全体思想。其最重要者为《罪与罚》。英法德日皆有译本各数种。汉译至今未见，亦文学界之缺憾也。今吾辈方著手移译，但未知何日得成耳。

《罪与罚》记拉科尼科夫谋杀老妪前、当时及其后心理状态，至为精妙。英国培林 M.Baring 氏云："此书作时，心理小说之名，尚未发明。但以蒲尔基 Bourget 等所著，与此血泪之书相较，犹觉黯然减色矣。"然陀氏本意，犹别有在。《罪与罚》中，记拉科尼科夫跪苏涅前，曰："吾非跪汝前，但跪人类苦难之前。"陀氏所作书，皆可以此语作注释。

拉科尼科夫后以苏涅之劝，悔罪自首。判处苦工七年，流西伯利亚。苏涅偕行。拉科尼科夫向上之新生活，即始于此。原书末节云：

七年——不过七年！他们当初快乐，看这七年止如七日。他们不晓得，新生活不是可以白得的。须出重价去买，须要用忍耐、苦难、同努力，方能得来。但是现在，一部新历史已经开端。一个人逐渐地革新，缓慢而确实地上进，从这一世界入别一未知世界的变化，这可以做一部新小说的题目。但我所要说给读者听的故事，却在此处完结了。

在西伯利亚情状，陀氏本其一己之经验，记载甚备。至于七年后之新历史，则未著笔，托尔斯多氏乃完成之《复活》*Boskresenie* 所记纳赫鲁陀夫 Nekhludov 事，是也。

《克罗加耶》凡二卷十章。上卷回忆结婚缘起，以至决绝。下卷则述改悔复和及女之自杀。其中当铺主人，虽龌龊小人，然殊爱其妻，终亦改善，将闭店散财，以别求新生活。克罗加耶亦感其意，允为夫妇如初。顾终竟不能爱之，自审难于践约，遂抱圣像坠楼而死。陀氏于此，意谓虽在鄙夫，灵魂中亦有潜伏之爱，足与为善。一面又示无爱情结婚之不幸。盖女能忍其夫之憎恶，而不能受其夫之抚爱，至以死避之。原书末章当铺主人之言曰：

我妻，你盲了，你死了，不能再听见我的说话。你不知道，我原想把你放在如何一个乐园中呵！我心中已现出一个乐园，我亦想造个乐园给你住。或者你不爱我，但此亦无妨。倘你自己愿意，我们原可以同从前一样地相处，（指决绝后别居时事）你就止同我谈天，同朋友一样。我们仍旧能够愉快,相视而笑,安乐度日。倘你或爱著别人——这恐是必然的事情——你可以去同他散步,同他谈笑。我止立在路旁看著你。阿,这也无所不可,止要你肯再开一开眼,就一刻也好呵!你可能再注目看我,像几分钟前你立在这里,对我说仍为我的诚实的妻那时候呵。阿,你止要再开一开眼,一切事情,就都可明白了。

阿,虚无呵!自然呵!止有人类住在地上,同他的一切苦难。俄国古英雄说:“这平原上还有一个活人么?”现在说这话的是我,不是个英雄。没有人来答应我的呼唤。他们说,太阳放生命入宇宙。他上来,人看见他。但他不是也是死的么。凡物都是死了,到处都是死人。止有人类在这里,顶上伏著个大大的沉默。这就是世界!“人呵,你们应该相爱。”这是谁说的?是谁的命令?时辰表的振子,还是蠢蠢地、恶狠狠地摆个不住。现在是早上两点钟了,她的小靴立在床边,好像在那里等她。唉——但是,实在,……明天他们抬她去后,我却怎么了?

其言悲凉殊甚。读《克罗加耶》者,对于当铺主人,又不能不寄以同情焉。

(第四卷第一号,一九一八年一月十五日)

娜拉

〔挪威〕易卜生　著　罗家伦　胡　适　译

《娜拉》三幕，首二幕为罗家伦君所译，略经编辑者修正。第三幕经胡适君重为移译。胡君并允于暑假内再将第一二幕重译，印成单行本，以慰海内读者。

编辑者识

剧中人物

郝尔茂（姓）滔佛（名）Torvald Helmer

娜拉 Nora（郝尔茂之妻）

南陔医生 Doctor Rank

林敦夫人 Mrs.Linden

柯乐克（姓）猊儿（名）Nils Krogstad

郝尔茂家儿女三人：意娃　宝宝　爱妹

阿奶 Auna（老乳母）

女仆爱兰 Ellen

挑夫一人

第一幕

罗家伦　译

〔布景〕一间房子摆设得很精致，很安妥，却不很奢华。房子后壁的右边有一重门通客厅，左边有一重门通郝尔茂的书斋。二重门中间有钢琴一架。

左壁之中央有门一，过门即为窗，窗前有一张圆桌椅子和一个小榻。右壁向后也有一重门。右边近舞台前面为一火炉，炉前有两个扶手椅，一个摇椅，门同火炉的中间有一张小桌。壁上悬有雕刻品。橱中有磁器同零碎小物。小书架一只，内有装订华美的书。地板上铺了毛毯。火炉的火是烧着的。正是冬天的气候。

（外厅门铃响。等一会儿听得门开了。娜拉从外走进来。口里哼哼着调子，极高兴的样子。身上穿着出门的衣服，拿了几个小包，放在右边桌上。再推开客厅的门进去了。同时大门外有一个挑夫，拿了一株圣诞树——西洋的风俗，当耶苏圣诞的第一夜，家家有二株圣诞树，树上点着灯烛。凡一家人互相馈送的东西都挂在树上，待各人亲自去拿。和一个篮儿给那开门的伊妈）

娜拉　伊妈！你快把这株圣诞树藏好。不到夜里点着的时候千定不要把小孩子看见。（拿出钱袋儿向着挑夫）多少？

挑夫　五十乌耳。（钱币名）

娜拉　这是一块克郎不要找了。（挑夫说过谢谢，走出去。夫人关了门带着笑脸儿除去出门的衣服。从荷包里拿出一二块马克伦糖果吃了。再轻轻踮起脚尖儿，走过郝尔茂的书斋门口去听）

娜拉　哈。他在家呢。（口里哼哼的又唱起来走到右边的桌子旁）

郝尔茂　（在书斋里）可是我的鸦雀儿在跳呀？

娜拉　（急忙打开他的包裹）是喂！

郝尔茂　难道那又是我的松鼠儿在跳么？

娜拉　是的！

郝尔茂　我的松鼠儿什么时候回来的呀？

娜拉　就是这一会儿。（把马克伦糖藏在荷包里。抹抹他的嘴）滔佛！来唷！你看我买了什么东西在这里。

郝尔茂　不要吵我。（歇了一会儿他打开了门，向外面望一望，手上还拿着一支笔）你才将不说买了东西吗？可是这些？为什么我这小败家子又浪花起钱来呢？

娜拉　唉。滔佛,我们现在多花点儿也不要紧。这是我们第一个不拮据的圣诞节。

郝尔茂　我是没有许多钱给你花费。

娜拉　呵,是呀!滔佛,让我花费一点儿。就只这一点儿。因得你也就要赚大堆的银子了。

郝尔茂　是的。从新年初一起。但是还要三个月才有薪水拿呢。

娜拉　不管他。我们可以借的。

郝尔茂　娜拉!(走到夫人身边戏着拿手拨拨他的耳朵)你难道还是棉花脑筋一点儿也不想么!如果我去借了一千块克郎你在圣诞日子一齐买了零碎东西。等到三十夜晚屋上落一块瓦下来把我的脑子打出来!……

娜拉　(拿着手帕儿蒙在郝尔茂的嘴上)胡说!为什么讲得这样可怕呢?

郝尔茂　倘设果是如此。——又怎么样?

娜拉　如果真有这样可怕的事出来,欠债不欠债是于我没有什么分别。

郝尔茂　但是债主怎么样呢?

娜拉　债主!什么人去管他们?他们不过是路上的人罢了。

郝尔茂　娜拉!娜拉!难怪你是这样的女子啊!我同你正经说,你应该知道我的宗旨。不欠债!不借钱!无论什么人家,借了钱,欠了债,就不能清闲自在了。我们两夫妻辛辛苦苦把门户支持了多少年,难道我们不要支持到底吗?

娜拉　(走到火炉旁边)好的,听你便罢。

郝尔茂　(跟着娜拉)来来,我的鸦雀,不要拖着翼膀垂头丧气似的。怎么样?我的松鼠儿不高兴么?(拿出一个钱袋儿来)娜拉!你看这里什么东西?

娜拉　(急忙转过来)钱!

郝尔茂　这里!(拿着一搭钞票给娜拉)我自然知道在圣诞节是有很多东西要买的。

娜拉　(数那些钞票)一十——二十——三十——四十!暖呀!谢谢你谢谢你,这又可以用许多时候了。

郝尔茂　我也盼望如此。

娜拉　是的,一点不错,又可用得许久了!但是你看这里我买的东西呵!很便宜呢!

这套衣服和这把小宝剑是预备给意娃的。这马同铜号是给宝宝的。并且这里还有一个小傀儡和摇床儿是给爱妹的。这些东西很平常，给他撕撕却也还好。这另外还有些衣料和手帕儿是给仆人的。老阿奶处我应该给他好点儿的东西才是。

郝尔茂　那另外的包裹里是什么呢？

娜拉　（叫起来了）不要动。不到夜里你是不能看的！

郝尔茂　啊！啊！你这小败子告诉我，你自己想要什么呢？

娜拉　我自己！我是一点也不要。

郝尔茂　胡闹！告诉我你真真想要什么。

娜拉　真的我是一点也不想。你听啊，滔佛……

郝尔茂　什么！

娜拉　（低着头儿不瞧他丈夫，只是不停的玩他衣襟上的纽扣儿）如果你真要给我点东西你应该知道。——你——应该——

郝尔茂　喂！说出来呀！

娜拉　（急忙的说）滔佛，你给我钱好了。只你想可以给我的，我将来可以同他买点东西。

郝尔茂　但是……

娜拉　不必多讲。给我好了。滔佛给我！我把他用好看的金叶子包起挂在圣诞树上岂不有趣吗？

郝尔茂　你道有一个小雀儿会浪花钱的叫什么名字呢？

娜拉　叫败子。自然我是知道的。我问你要的东西你快给我呀！我将来想起来合用的。东西我就可以买。难道不对吗？（挪威有一种鸟名嬉鸟，就是赌鬼的意思）

郝尔茂　（微笑着）一定对，不过我给你的钱，你要好好留起。或者买些东西为你自己。但是你常常把它用在家务上，买些无益的东西，使我又要给一次。

娜拉　滔佛！但是……

郝尔茂　你能抵赖吗？娜拉我的爱呀！（拿他的手腕抱着夫人的颈儿）我这鸦雀儿真好阿！但是太会花钱了。别人却不知道我养你这小鸦雀花费多少钱呢。

娜拉　羞啃！你能讲这话么？哼，我能省的我却都省下了。

郝尔茂　（笑出来了）不错不错……你能省的你都省下了……但是实际上何曾有一

点东西。

娜拉 （哼哼着唱，暗喜的微笑）哼！滔佛，你只知道我们小鸦雀松鼠所花费的便了。

郝尔茂 你这小娃娃真奇怪呵！你正同你爹爹一样，是钱都要。但你的漏巴掌又装他不住。钱一到手上就不见了。这也是天生得你是如此。娜拉！你这种习惯真是从你爹爹传下来的。

娜拉 我如果把我爹爹的习惯都传下来，我却也很高兴。

郝尔茂 我想你就是这样就已经好了。我娇滴滴会唱的小雀儿呀！但是我想你……你好像怎么……怎么……连我都讲不出……怎么今天可疑……

娜拉 我可疑？

郝尔茂 不错。你是的。看我脸上一看。

娜拉 （看看他的丈夫）好么？

郝尔茂 （举起手指儿吓他一吓）今天恐怕这小嘴儿又弄把戏了？

娜拉 没有。你怎么这样想！

郝尔茂 那没有到糖食店里望望么？

娜拉 没有，滔佛真……

郝尔茂 真一点糖酱也没吃么？

娜拉 没有滔佛。真没有。

郝尔茂 好好好。那我只讲笑话了。

娜拉 （走到桌子的右边）你不喜欢的事，我永不去做。

郝尔茂 没有。我也想是没有。你讲过了的……（说时走向他夫人去）好你且把这圣诞节的秘密礼物藏起来。好在夜晚总是要发表的。

娜拉 你记得去请南陔医生么？

郝尔茂 没有。这却不要紧。他自己会来的。我却要问问他今天什么时候来。我已经预备下了好酒，娜拉你知道我盼望极了今天晚上么。

娜拉 我也一样。滔佛，这些小孩子更要快乐呵！

郝尔茂 呵。我们想起将来的地位。同那种大计划岂不荣耀。那事情想起来真快乐呵？

娜拉 那真是教人快乐的不得了。

郝尔茂　你记得去年的圣诞节吗？你在三礼拜之前，就关你自己在一间房里。从傍晚起，一直做到半夜。说是做那圣诞树上各种的花和其余种种奇怪的东西，来吓我们。我却一生永没有讨过那时的烦恼。

娜拉　我自己一点也不讨烦恼。

郝尔茂　(带着笑脸儿)但是成绩在什么地方，娜拉？

娜拉　嗳唷。你又要来挑剔我了。一下不小心猫儿走进去把他撕了。我又有什么法子呢？

郝尔茂　我可怜的娜拉呀！你却是真没法子想。你费了许多功夫。目的不过为了我们的快乐。现在别的同以前倒是一样。但艰难的日子却过去了。

娜拉　这真有趣呵？

郝尔茂　到今日我也不致单单坐在家里讨烦恼。你……你也必劳你这娇滴滴的媚眼儿同这又细又嫩的小指尖儿去……

娜拉　(拍手)不要吗我不要吗。滔佛呀？嗳呀。想起来多有趣呵？(拿着他丈夫的手)我告诉你，我们怎么管这个家才是。等到过了圣诞节呵……(电铃一响)呀？电铃！(收拾房间)什么人又来了。讨厌！

郝尔茂　外人来找说不会客。记住了。

伊妈　(站在当门)一位太太来看你，奶奶。

娜拉　请进来。

伊妈　(看着滔佛)南医生将才来了。先生！

郝尔茂　他到我书斋里去了么？

伊妈　先生！他去了。(郝尔茂走进书斋里去了。伊妈请进了林敦夫人，作旅行装束，就顺手带上门出去)

林夫人　(现出一种困难的神色，讲话也是踌蹰的)娜拉！你好呀？

娜拉　(现出神色不定的像子)你好呀？

林夫人　我想你是不认得我了？

娜拉　不……不……我想……嗳呀……我想起……(吃了一惊)……怎么敦……就是你么？

林夫人　是呀！就是我呀！

娜拉　敦！你想我不认得你呵！但是我怎么会不……(声音更要娇嫚)你此刻怎么样？敦！

林夫人　是的。在这九年十年之内……

娜拉　我们难道离别了许久么？呵。是不错。前八年的事我却都还记得清清楚楚的。你现在进城来么？这样大冷天走这许多路。你很可以呵！

林夫人　我早上坐轮船到的。

娜拉　自然是过一个好圣诞节！多快乐呀！真是好节。请宽衣。你不冷么？(帮他脱衣服)那边。我们坐过那火旁边去。不，你坐这张扶手椅，我坐这张摇椅。(捉住林敦夫人的手)我们老朋友又看见了。起初一看……但是你稍为白了一点。敦……并且比先瘦了一点。

林夫人　并且我也老……老多了。

娜拉　是的。稍微老了一点儿。……还好……并不多。(忽然停住现出一种正经的样儿)唉！我真粗心！我只是琐琐碎……敦，对不起呵！

林夫人　娜拉，这是什么话呢？

娜拉　(轻轻的说)我可怜的敦。我记不清楚，你此刻守着寡呵！

林夫人　是的。他前三年不在世了。

娜拉　那我知道我知道，我看见报上的。呵！敦，那时候我总想写封信安慰你。但是永远有事，永远延迟下了。

林夫人　我却知道你的心。我的亲——娜拉！

娜拉　嗳唷！我听了都害怕。我可怜的敦，你怎么过得去呢！他留了点东西把你么？

林夫人　一点都没有。

娜拉　没有小孩子么？

林夫人　没有。

娜拉　没有。真什么也没有么？

林夫人　我此刻真是无挂无念。

娜拉　(看了林夫人现出一种将信将疑的样子)我的敦！那怎么办呢？

林夫人　(带着愁眉不展的微笑，摸摸他自己的鬓角儿)唉！这亦是常有的。

娜拉　这样孤孤单单的！真可怕呵！讲到我……我倒有三个最可爱的小孩子。但是他们此刻都同奶妈出去了，不能教他们就来见你。你现在要所有的事情告诉我。

林夫人　不必。我要你告诉我……

娜拉　不，你先讲起。我今天并不想我自己。今日我只有你在心里。啊！但是我必定要告你一桩事……恐……恐怕你已经知道了我们那件好运气？

林夫人　没有。什么事呀？

娜拉　你想一想！他却得了银行的总理呢！

林夫人　你的丈夫！那好极了！

娜拉　岂不是么？大律师的位置是极不一定。你知道不干净的钱，滔佛又是不要的。我的心事却也同他一样。所以境遇总不见佳。你想他明年做了总理，拿了大薪水，还有红分，我们岂有不快乐之理。那时我们过日子也要两样点儿……真的，可以稍为随便一点。有了钱，种种也不愁。真是世上顶高兴的事呵！

林夫人　是要什么，有什么，是很可乐的。

娜拉　不但是要什么就有什么，还有那一堆一堆的钱……一堆一堆呀！

林夫人　娜拉，你懂得那是什么道理么？我们同学的时候你却是小败子呢。

娜拉　(轻轻的一笑)不错。到至今滔佛说我还是的(拿起林夫人的手指尖儿)但是娜拉却不是你所想的从前那种笨了。唉。他们总说我是败子，实在我那有做败子的福气。我们夫妻还不免做工呢。

林夫人　你也要吗？

娜拉　是的。细嫩工夫。编物呀，绣花呀，都是这一号的事体。(随便的样子)却还有别种呢。你知道我同滔佛结婚以后，他就脱离了机关里的位置。他又没有旁的好机会，自然要去设法赚钱。我们结婚的第一年，他寻许多事体做，自早到晚。一会儿也没得停。操劳过度所以得了很厉害的病。医生说他一定要到南方才会好。

林夫人　我听你在意大利过了一年呵！有没有？

娜拉　是，不错的！我告诉你呵，那却很不容易办。那时我意娃将才下地，但是我不得不去呀。这一次旅行却正好把我滔佛的命都救了。敦，钱却用得吓人呵！

林夫人　我也这样想。

娜拉　一千二百块洋钱！四千八百个克郎！难道不是一大堆的钱吗？

林夫人　你有这许多钱用,真好运气。

娜拉　你要知道我是从我爹爹那里拿来的。

林夫人　啊！我明白。尊大人就是那时候去世的,是的么?

娜拉　是的,敦,正是那时候。回头一想当时我也不曾去伺候他老人家。意娃落月要生,滔佛也是病的,要人照应。我最亲爱的爹爹从此就再也见不着了！唉！这是我出嫁之后第一桩难受的事体。

林夫人　我知道你待他老人家是很好的。但是那个时候你就到意大利去了么?

娜拉　是的。等钱一到手,医生说立刻就要去。所以我们下一个月就急忙动身。

林夫人　你丈夫回来就全好了吗?

娜拉　非常之好。

林夫人　但是……这个医生呢?

娜拉　什么?

林夫人　我想起我来的时候贵管家说是医生来了。

娜拉　啊,不错,那是南陔医生。但是他不是为得他职业上关系来的。他是我们的好朋友。没有一天不来的。滔佛自那时再起,却一点钟也不曾有病。我几个小孩子都乖,我也很好。(说到此地跳起身来拍着手)啊！敦,敦,人生在世,快快乐乐。多有趣啊！……咳！我想起来我太坏了,我现在又专是讲我自己的事了。(坐在榻板上,靠近林夫人,并且拿手放在夫人的膝头上)啊,请你不要发气啊！你何妨告诉我你可是真爱你丈夫么?当时你何以嫁给他呢?

林夫人　唉,当时我母亲是还活着你知道。病得不能起床又无依无靠,还有两个小兄弟,刻刻要我照应。我所以想我不应该拒绝他那要求。

娜拉　不止如此罢。我想他当时还是很有钱呢?

林夫人　我信他极有钱。但是他的事情却是不稳固,他临死的时候就糟了。一点东西也没留下。

娜拉　日后呢?

林夫人　日后我就开店呀,办学堂呀,我能做的事情,都去做,最后的三年,我真苦的不得了。现在苦是过去了。我可怜的母亲死了。不要我了。二个孩子们也都去学生意。能够自立。

娜拉　此刻你身体真自由呵！

林夫人　娜拉，不见得呢！现在只说是不出的空。一身一世我也不为什么人了。所以那偏僻地方，我也不愿住。我想在此地总容易找点事做……可以分分我的心。若是我真能找到点事……事务所里的事体。

娜拉　但是，敦那很辛苦呢。我看你也辛苦够了。最好是找一个海边的地方。休息休息。

林夫人　（走到窗子面前）我却没有爹爹给我钱呀。娜拉。

娜拉　（站起来）唉。不要取笑我了。

林夫人　娜拉，你却不要厌烦我。处我这个地位，真是容易使人尖刻。一生辛辛苦苦去做究竟为着那个呢？死又死不了。所以不免生出一种为自己的私心来。我方才听说你所交的好运。……你相信吗……我为自己高兴却比为你高兴得多呢。

娜拉　你是什么意思呀？啊，我猜想你要滔佛找一个位置不成。

林夫人　我确实这样想。

娜拉　他仅可以。敦，这事由我担当罢了。我要办得他好好儿并且使他高高兴兴的为你安顿一个位置。我是真心真意的要替你帮忙。

林夫人　你这样待我热心，真是难得。你不很知道人生艰苦的人，能够如此更是加倍的难得了。

娜拉　我？我不很知道……

林夫人　（带着笑脸儿）啊……那一点小事……娜拉那还早得很呢。

娜拉　（摇摇头在房里走来走去）唉，你又摆出老前辈的样子来了！

林夫人　并没有！

娜拉　你岂不是同他们一样想。我一生不曾办过一件正正经经的事体……

林夫人　哪里哪里——

娜拉　那你只以为我在世上全然无忧无虑罢了。

林夫人　你的忧虑你方才刚说过。

娜拉　呸，那点儿！（声音更轻轻点儿）大的事我还一点没有对你说。

林夫人　什么？大的事！

娜拉　我早料你瞧不起我。但是我以为你还够不上。你此刻的神气，也不过因为你当年替你令堂大人小小的受了一点儿辛苦。

林夫人　那却不要误会。我哪里会瞧不起你。若是我想起从先伺候先母快快乐乐的到死,我心里却有几分高兴,却不免带点儿神气。

娜拉　你想从前待你令弟的事。恐怕也带点神气。

林夫人　难道我不应该吗?

娜拉　不是不应该。但是我告诉你。敦……我也有点儿事情使我高兴得意。

林夫人　我却不疑到。你讲什么呀?

娜拉　呸,轻一点。就只这件事要瞒着滔佛!他万不要……不能知道一点儿。敦再没有别人可以知道!除了你。

林夫人　那是为什么呢?

娜拉　到这里来。(拉林夫人坐在他旁边小榻上)我……敦……我也曾经有过点又高兴又神气的事。我把滔佛的命都救了。

林夫人　怎么?救他的命?

娜拉　我不方才告诉你,我们到意大利去么。如是不去,滔佛的性命也就不保了。

林夫人　喂……那是你尊大人给你的钱。

娜拉　滔佛同他人现在还是这样想,但是……

林夫人　但是……

娜拉　爹爹连一个便士都不曾给我,去找那项用款的人还是我小区区。

林夫人　你?这多钱。

娜拉　一千二百块洋钱。四千八百个克郎。你以为何如呀?

林夫人　我亲爱的娜拉。你怎么办的呢?你难道中了发财票不成?

娜拉　(现出一种不屑的神色)中发财票?那就人人都会办了!

林夫人　你究竟从什么地方办来的呢?

娜拉　(哼着发出一种不可思议的微笑)哼哼 Ha—la—la—la。(外国音乐里的一种调子)

林夫人　你天然是借不到的。

娜拉　借不到?为何借不到?

林夫人　妻子岂可背着丈夫去借钱。

娜拉　(摇摇头)啊！如果那妻子想办件事,并且懂得如何办事,那……

林夫人　娜拉,我真不明白你……

娜拉　你不必一定要明白。我也不曾说是借过钱。我弄钱却是有我的法子。(躺在小榻上)从那一班称赞我的人那里我何尝弄不到。一个人同我这样漂亮时候是……

林夫人　娜拉你太胡闹了。

娜拉　我想你此刻奇怪得要得会死。敦……

林夫人　你听我说,娜拉你这样难道不嫌鲁莽点吗?

娜拉　(重新坐起来)救丈夫的命还是鲁莽吗?

林夫人　不同他商量。我想稍为鲁莽点……

娜拉　若是那时他知道了,就有性命关系——你懂得么?那时候他不知道他自己病到什么情形。医生私下走来对我说,他的病不免有性命之忧。如不到意大利处过冬,就是医生也束手无策。你想我那时候岂可不用点外交手段呢?我就对他说,我也同别的青年妻子一样,要想出去到外国旅行。劝他应该体贴我一点不要阻止。求了他,又对着他抹眼泪。暗暗奉劝他去借钱。敦哪知道他几乎发起气来。反讲我是轻薄,他说他做丈夫的人,不能听我有这种胡思乱想——那不过是他讲的是了。我想他命总是要救的。于是再从另外设法。

林夫人　你丈夫还不知道这款项不是从你尊大人那里拿来的吗?

娜拉　没有。永没有。爹爹正是那时候死的。我原想把这些事体和盘告诉他,并且请他老人家代守秘密。但是那时候他的病势已经万分沉重——不幸得很,那也用不着了。

林夫人　你始终没有在你丈夫面前承认吗?

娜拉　天呀!你怎样会想到这上面去?他现在已经有了一大堆的债,难道还可告诉他吗!就不是这样说——他堂堂的丈夫,一旦听说他得了我许多好处你想他多难为情呢!我们夫妻间的关系不免生出种种的枝节。我们这样和乐的家庭,也就不能同现在一样了。

林夫人　你将来永不对他说吗?

娜拉　(想了一想轻轻的一笑)将来恐怕……多少年之后……那时候我……我没有现在这种风致。你不要见笑呵……我讲等那滔佛也没有同此刻爱我的时候我的跳舞呀，衣饰呀，姿势呀，也不能够使他开心——那时候我们却要留着一点。（止住）唉，胡说……胡说……我们哪里会有那日子。敦，你现在想我这件大秘密何如？我难道一钱不值吗？你要知道那件事体苦死我了。敦，一定的期限不是好玩的。商业场中的，什么限期交款呀，按季付利呀，都却很难对付。我东括一点西括一点，处处都括到了。但那一切家用，又不能省。因为滔佛总要过好点儿的日子。至于小孩子吗，我又不能使他们太穿坏了。贴得到多少钱与他们，我总用多少在他们身上。我那可爱的宝贝呵！

林夫人　可怜的娜拉，那你一定是拿出私房钱唷。（外国女子有一种 Pocket-money 都是他丈夫或者长辈给他的，同中国女太太们的私房钱一样）

娜拉　那自然。但一切的事，都是我管。滔佛给我做衣服的钱同其余的钱，我永不用到一半。我买的东西也是很简单很便宜的。天却可怜我，使我件件都合用。所以滔佛不生半点疑心。敦，这样办法，还要穿得漂亮，却不容易呢。我穿得漂亮不漂亮？

林夫人　漂亮极了。

娜拉　唉，除此之外，我还要想别的法了弄钱。去年冬天我运气很好，我接到一大批誊写的生意。我关了房门，每每写到半夜。呵，我真疲倦……真真疲倦。但是只要有钱赚，未始不高兴。那时候我想我宛然是一个男子。

林夫人　你的债已经还了多少？

娜拉　多少我却说不出。那种事总不易算清就是了。我只知道凡可以收括的钱，我却都付了他。有时我真不知怎么办。（轻轻的一笑）我只得常常坐在这里想有一位有钱的老年人爱我……

林夫人　什么？什么老年人？

娜拉　唉，没有人！他早死了。但是那时候打开遗嘱来看，上面写着太太的字，说“我死之后，将我所有，都付与那仙姿绰约的郝尔茂夫人”。

林夫人　我可爱的娜拉……你究竟是说那位呀？

娜拉　啊，我的爱呀。你还不知道？何曾有这样一个老年人。不过我一没有法弄钱的时候，做这样的梦想罢了。就是现在还有这样一个老年人也不要紧。我的难关已经过了。（跳起来）啊，敦，想起来多高兴呵！什么烦恼都没有了！自由！真自由！可以同小孩子跳呀玩呀！家里有种种滔佛所爱雅致精美的东西呀！春季同那蔚蓝的天

色快到了。我们恐怕可以有个小小的假期,去海上逛逛。过快活日子,多有趣呵!(厅前的门铃响)

林夫人　(站起)现在铃响。我最好走开。

娜拉　在此地不必。没有人来。就是有人来也是找滔佛的。

伊妈　奶奶,那里有位先生,有话要同我家的先生说。

娜拉　是谁?

柯乐克　(站在当门)郝太太是我。(林夫人吃了一惊,转过窗子那面去)

娜拉　(急忙的往那客人面前去,轻轻的说着)你?为什么?有什么话同我丈夫说?

柯乐克　银行的事……多少有点。我在银行就了点小事。现在听说你丈夫是我们新总理了。

娜拉　现在为……

柯乐克　为一点小麻烦事,郝夫人,其余没有什么。

娜拉　那就请到他书房里去罢。(柯乐克去了。郝夫人随便的点了一下头,就去把大厅的门关好,走到火炉边看看火)

林夫人　娜拉,那是谁呀?

娜拉　一位柯乐克先生——一个律师。

林夫人　真是他么?

娜拉　你认得他不成?

林夫人　多少年前,我常常认得他。他就住在我们城里一个律师办公处。

娜拉　正是。

林夫人　他为什么变成现在这副神气呢!

娜拉　我想是他婚姻不能满意。

林夫人　他现在只单身一个人呵?

娜拉　还有一群小孩子。呵呵那火已经着了。(他去关了火炉门,拿那把摇椅靠近炉子)

林夫人　有人说他做事情不可靠呢?

娜拉　难道不是吗?我想说那是不成,——我却不知道。我们去管他什么事情不事情——未免太麻烦了。(南陔医生从郝尔茂房里走出来)

南医生 (还当着门)不必不必。我打搅了你。我去同你夫人谈谈。(带上门,又看见林夫人)啊,对不起。我又来打搅你了。

娜拉 不,一点都不,(介绍他们相见)南陔医生——林敦夫人。

南医生 啊,是的。我久闻林夫人的大名了。我来的时候,上那踏步,正走你身边过。

林夫人 是的,我走得很慢。上踏步都觉得非常竭力。

南医生 啊——你身体大概不见强壮?

林夫人 只是过劳。

南医生 其余没有原因!现在你一定是来城里,找处地方消遣消遣啊?

林夫人 我来找事做唷。

南医生 难道这是医辛苦病的妙药吗?

林夫人 那日子是要过的呀,南先生。

南医生 是人人都是这样想。

娜拉 喂,南先生——你也总是想活着。

南医生 真真不错。无论我如何倒霉,我总想多拖一天好一天。我那里心神不定的病人,都同我是一样的意见。还有那些道德堕落的人也是一样呢。我方才尚同郝尔茂谈起这班道德上不可医救的……

林夫人 (轻轻的轻声叹道)唉!

娜拉 你说谁呀?

南医生 啊,一个人叫柯乐克,那个人你却不知道——品行上没有一件不是坏的。但是他还要郑重宣布,说他也是要活在世上。

娜拉 是真吗?他要滔佛替他做甚么?

南医生 我不知道。我只在旁边听见他说银行里的事。

娜拉 我不知道柯乐克——柯乐克先生同那银行有什么事?(西洋人对于不甚亲密的朋友不能单呼其名,必须加先生二字。所以郝夫人说出"柯乐克"又改称柯乐克先生)

南医生 正是他在那银行里有个位置。(向着林夫人道)我不知贵处是否有一种人,专找他人道德的病——如果他找到一种症候呀,他就一刻不停的要把那个人搬在一处好点的地方时时的监守着。那些体格单上没有病的呢,他也就毫不过问。(南先生

是个医生。所以他拿“症候”“体格单”等名词开在道德问题上。才活泼泼现出一个医生的口吻）

林夫人　我想那品质不坚的人要多当心点才好。

南医生　（耸耸肩膊）世间真有这种！照这样办法我们的社会变成一种大病院了。（西洋人每逢“不以为然”或“不知道”的时候，常常耸起肩膊。我见过几位留学过的学生们，都会做呢）

（郝夫人深深的在想，露出嫣然的一笑再拍拍手）

南医生　你笑什么？你以为我们这个社会究竟何如？

娜拉　我管这讨厌的社会干甚么？我笑旁的东西——那很有趣的。南先生你告诉我现在这银行里办事的人都归滔佛管束吗！

南医生　难怪这件事使你笑啊？

娜拉　（哼的一笑）不必管不必管！（在房间里走来走去）想起来真有趣。滔佛此刻有权力管许多的人了。（从荷包里拿出一个袋子来）南先生，你拿一块马克伦糖去罢？

南医生　什么！马克伦糖！我想这东西在这里早已禁止。

娜拉　是，但这是林夫人送我的。

林夫人　什么！我……

娜拉　好了！不要怕。你不知道，滔佛怕我吃坏牙齿，所以禁止这样东西上我们的门。讨厌，这一次好了！南先生，这你的。（塞一块糖到南医生口里）这块你拿去，敦，你们剩下给我的不过一块了——一小块——最多不过两块。（又不停的走）嗳呀，我真高兴！世上我最要的就是那一件。

南医生　嗳，那一件？

娜拉　那件我要当着滔佛才说。

南医生　你为何此刻不说？

娜拉　我不敢说，太不好听了。

林夫人　不好听？

南医生　你不说也好。但是对于我们你应该——你对着郝尔茂又喜欢说什么？

娜拉　我喜欢说的是混帐！

南医生　你发疯么？

林夫人　哎呀，娜拉你……

南医生　说出来呀！他在此地！

娜拉　（立刻藏起马克伦糖）嘿吁——吁——吁！

（郝尔茂手上拿着帽子，臂上搭着大衣，从他房里走出来）

娜拉　（走到他丈夫面前）呵，滔佛你赶他走了吗？

郝尔茂　是。他去了。

娜拉　等我介绍把你——这位是林敦夫人，方才到城里来……

郝尔茂　林敦夫人？对不起，我还不知道……

娜拉　林敦夫人——就是林敦夫人呀。

郝尔茂　（向着林夫人）啊！那一定是我内人的同学了？

林夫人　是。我们做女孩子的时候就相认识。

娜拉　你想！他这远走来要同你说话。

郝尔茂　同我说话？

林夫人　却不尽然……

娜拉　你看，林敦对于一切公事都非常明白。他现在还想在那商业场中的大班手下更多学点——

郝尔茂　（向着林夫人）真聪明极了。

娜拉　他听说你得银行总理——你知道，那见电报的呀——他立刻动身就来——滔佛，看我份上，你总要帮我敦英的忙。可以吗？

郝尔茂　那没有什么难。林夫人此刻是守寡呵？

林夫人　是。

郝尔茂　你在商业中大概已有经验。

林夫人　却有不少。

郝尔茂　好。我想我总可以代你安插一个位置。

娜拉　（拍着手）对了！对了！

郝尔茂　林夫人你这次来得很凑巧。

林夫人　嗳唷，那我都不知道如何谢你才……

郝尔茂　（带着笑）用不着。（披上大衣）此刻还有事要出去。对不起……

南医生　等一会。我同你去。（拿着大衣，到火边一烘）

娜拉　滔佛快点回来呵。

郝尔茂　只一个钟头。不会再多。

娜拉　敦,你也去吗?

林夫人　(穿上出门之物件)是的。我还要去找房子。

郝尔茂　那我们可以同一道出去?

娜拉　(帮着林夫人整备一切)我心里很过不去,因为我这里不能代你收拾一间空房。那真不成……

林夫人　我也不愿来打搅你。再见,娜拉。谢谢你呵。

娜拉　再见。你们今晚都回来呵。南先生,你也要来。这么!你们衣服够了吗?够了。围紧点。(他们连谈带走的,走进大厅。外面踏步上有一群小孩子的声音)他们来了!来了!(他急忙跑去开门。阿奶同一群小孩子进了大厅)进来!(低下来,同一个一个小孩子亲嘴)啊,我的小宝宝呵!敦,你看见他们吗?他们不好玩吗?

南医生　我们不要站在风头上谈天。

郝尔茂　林夫人,我们去。只有他做娘的人是受得住这冷。(南医生、郝尔茂、林夫人三人一同出去。阿奶同那些孩子走进房间,娜拉也走进去,关上门)

娜拉　你们多伶俐活泼呵!你们的脸儿都红了!好像苹果,又像玫瑰色。(小孩子都不停叽叽呱呱的谈话)你们有趣吗?多好!啊,真好!你让爱妹同宝宝坐了你的雪车啊!两个一回坐的!喂,意娃,你真像个大人。阿奶,把他抱来。嗳唷我小把戏啊!(从奶妈那里接过来。同他跳舞)好好。妈妈也同宝宝一道跳。你玩过雪球吗?我先该同你们一道去。不要,随他们,阿奶!等我替他们脱。等我。那真有趣。阿奶房里去。你们都冻了。到火炉上拿杯熟咖啡喝。(阿奶到左边房里去。郝夫人把小孩子身上的东西脱下,丢在满处。小孩子却还在谈天)真的!一只大狗追你们呀?但是他没有咬你?不会。那狗怎么会咬我小把戏意娃。不要去偷看那包裹。当心——会咬人的!什么?我们还要玩吗?怎么玩?“捉蒙蒙”?(迷藏)宝宝先藏。我也藏躲好。让我先藏。(郝夫人同这些小孩子在靠右的房里带笑带吵的玩耍。最后他藏在桌子底下。一群小孩子冲进来寻找。但是寻不着。听见他格——的笑一声,连忙冲到桌子前面,揎开桌布就看见了。哈哈的鼓噪起来。他爬出来,装要吓他们。又鼓噪起来。当那时候,有人敲门但是无人听见。那门半开了。柯乐克走进来。等了一会。他们又要藏)

柯乐克　郝夫人，对不起……

娜拉　（唷的一叫，转过身来，惊得一跳）啊！你要什么？

柯乐克　对不起，这门是半掩的……一定，这些人忘记关了……

娜拉　（站直来）柯先生，我丈夫不在家。

柯乐克　我早知道。

娜拉　那你来干什么事呢？

柯乐克　对你讲两句话。

娜拉　对我？（轻轻朝着小孩子说）进去。到阿奶那里去。什么？不会。这生客不会咬妈妈的。他去了，我们再玩。（他领着小孩子进左手房里去，回身关上门。现出疑惑不安的神色）你要对我讲话吗？

柯乐克　不错。对你。

娜拉　今天？但是今天还不到一号……

柯乐克　不是。今天是圣诞节前一天。你是否要过一个好节期看你自己了。

娜拉　你要什么？我今天却没有预备……

柯乐克　现在不要去管那件事。我为别的事来。你此刻有闲工夫吗？

娜拉　啊。我大概可以有。虽然……

柯乐克　我先坐在对面饭馆里的时候正看见你丈夫出去……

娜拉　怎么？

柯乐克　……同着一位女太太。

娜拉　那又怎么？

柯乐克　这位女太太就是林敦夫人吗？

娜拉　是的。

柯乐克　他才进城来吗？

娜拉　就是今天。

柯乐克　我想他一定是你的好朋友。

娜拉　不错。但是我不明白……

柯乐克　我以前也认识他。

娜拉　我知道你认得。

柯乐克　啊！我想，你一概知道了。现在老实对我说，林夫人是否来接替我银行里的位置。

娜拉　你好大胆来质问我，柯先生——你不是我丈夫手下一个属员吗？你既来问我，我也让你知道罢了。不错，林夫人是要进银行去办事。是我介绍的，柯先生，你要知道。

柯乐克　我果然猜中了。

娜拉　(走来走去)你看一个人总可以有点势力。别人不留意只以为他是一个女子罢了……柯先生，以后做属员的人，要当心少得罪那种有……哼……

柯乐克　那有势力的人吗？

娜拉　正是。

柯乐克　(声调陡变)郝夫人，你那种势力可否为我一用？

娜拉　怎么？你怎么说？谁要你那位置？

柯乐克　唉，你不要装糊涂。我知道你朋友，对于我不怀好意！我更知道我是为了谁的缘故，被人排斥。

娜拉　但是我真对你说……

柯乐克　去，去罢，这一次好了，为时还不迟。我劝你用点势力快去挽回。

娜拉　但是，柯先生，我何曾有势力——一点没有。

柯乐克　没有！我记得你方才说的……

娜拉　那不是这意思。我！你怎么会想到我有这样势力在我丈夫身上呢？

柯乐克　唉，我在大学的时候，就同你丈大认识。我想他不能较比别的丈夫刚直的。

娜拉　你如果糟踏我丈夫，我却对不起要请出去。

柯乐克　你胆却不小，郝夫人。

娜拉　我此刻不怕你了。新年一过，我就可完全脱离关系。

柯乐克　(强自镇摄)郝夫人，听我说。我争持到死，也要保全我在银行里的地位。

娜拉　你却像这样。

柯乐克　那却不是为薪水，薪水我却毫不介意。为了点别的事……唉，我最好只有忏悔。你也一定知道前几年我……我有点困苦。

娜拉　我想曾经过。

柯乐克　那件事虽然没有闹到法庭,但是自此以后,我也日暮途穷。无容身之地。我不得已去干了点小事。我想也不曾做错。现在我已改过自新。我儿子也快要长大。我看他们分儿上,我也不能不尽我的力量,恢复我的品行。银行的位置,就是我入世的第一步。现在我要前进,你丈夫反把我从楼梯上踢下泥坑里。

娜拉　柯先生,我真对你说,我实在没有力量帮助你。

柯乐克　你先有成见,自然不肯。但是我要强迫你。

娜拉　你难道去对我丈夫说,我借了你的钱不成?

柯乐克　哼!如果那样……

娜拉　你还不惭愧。(发出含泪的声音)我一生的高兴,一生的乐趣,都在这件秘密上。他怎么可以从粗鲁……鄙陋的你那里得着这消息,那把我一生的兴趣都送尽了……

柯乐克　单是无兴趣吗?

娜拉　(起劲的说)你去做好了。那你还要坏下去,因为我丈夫知道你究竟是个什么人,你位置也真要保不住。

柯乐克　我问你。这是否你所怕的断送家庭兴趣的事?

娜拉　如果我丈夫知道他也不过立刻送钱还你。我们对于你也就没有关系。

柯乐克　(走前一点)郝夫人听。不是你记性坏,就是商业场中的事不懂。我总要使你晓得这地位清楚点儿。

娜拉　怎么样?

柯乐克　当你丈夫病重的时候,你来问我借一千二百块洋钱。

娜拉　那时候我也并不认识别的人。

柯乐克　我答应去替你找钱……

娜拉　那你真找着了。

柯乐克　我有过几种条规,才答应代你去找。那时你为了你丈夫的病,急忙要靠着那宗款项出去旅行,所以匆匆承认,不假思索。我替你找来,立了一张借字。

娜拉　是,并且我签了名。

柯乐克　对的。但是后面我加了几句,要你尊大人担保。并且尊大人也要签名。

娜拉　一定要？他签了呀！

柯乐克　我留下日期没填。待尊大人签字的时候去填。你还记得吗？

娜拉　是，我相信……

柯乐克　当时我就把这张借字，由邮政局送去尊大人。是不是？

娜拉　是。

柯乐克　自然你立刻就去办。过了五六天，你把借字拿来我把钱付你。

娜拉　怎么？难道以后我没有按期还你么？

柯乐克　一点不差迟——是的。但是闲话少说，你那时一定是很困难，郝夫人。

娜拉　真是！

柯乐克　我想那时候尊大人的病是很重呵！

娜拉　他病得快死。

柯乐克　不久就死了呵？

娜拉　是。

柯乐克　娜拉，你还记得他死的日期吗？那个月几号？

娜拉　爹爹是九月二十九号死的。

柯乐克　丝毫不错。我也调查过了。现在来了一个显而易见的事……（拿出一张借字来）我都不知道怎么解释。

娜拉　什么显而易见的事？我不知道……

柯乐克　这一点呀，夫人，就是你尊大人死过两天之后还会签字！

娜拉　怎么！我不明白

柯乐克　你尊大人是九月二十九不在的。你看这里：他在十月二号签这个字！郝夫人，这还不显而易见吗？（郝夫人一声不响）你能解释我听吗？（郝夫人还是不响）这里还有一点可注意的地方，就是“十月二号”同那年份都不是尊大人写的。什么人写的，我都知道。这还可以讲得过去，说尊大人忘记填日期，他死期没有宣布之先，别人替他乱填的。那也不算错。百事但靠在所签的字上。郝夫人，那是真的吗？这字究竟是否尊大人亲自签的？

娜拉　（停了一刻不做声。扭转头来，带一种侮蔑的样子，望着柯乐克）不是，我爹爹的名，是我签的。

柯乐克　啊！夫人你，知道你这样的承认，是很危险呢。

娜拉　怎么？你钱快有了。

柯乐克　我还可以再问你一个问题吗？你何以不把那借字送到尊大人那里呢？

娜拉　那怎么可以。爹爹是病的。若是我去请他签字我必定要告诉他我为什么要用这项钱。但是他的病这样重，我岂可以再对他说我丈夫的性命危险。那是一定不可以的。

柯乐克　那你不旅行好了。

娜拉　不，我又不可以。我丈夫的性命，都靠在这次旅行上。我岂可以把他丢开。

柯乐克　你不想到你是骗我吗？

娜拉　那干我什么事。我还管你。你虽然知道我丈夫的病如何沉重，但是你给我的苦痛，我也受够了。

柯乐克　郝夫人，你还不知道你犯了什么罪。我对你说，那正是同我不见容于社会的原因，一点不多一点不少。

娜拉　你！难道你也有这胆量救了你妻子的命吗？

柯乐克　但是法律不问人心术。

娜拉　这就一定是坏法律。

柯乐克　不问他坏不坏。如果我拿到法庭上去，你就要照着法律定罪。

娜拉　我不相信。你难道说做女儿的人没有权力，可以免除将死的父亲的烦恼吗？做妻子的人没有这权力救他丈夫的性命吗？我不知道什么法律，但是我断定无论何处你总可以找到这是为法律所许可的。你还不知道——你律师！柯先生你一定是坏律师了。

柯乐克　也未可知。但是公事——我们这种公事——我却还可以知道点。你相信吗？好。听你便。我告诉你，如果我再往下讲去，你不免要陪陪我。（点首走出大厅去了）

娜拉　（站住想一想。摇摇头）胡闹！他要恐吓我。我没有这笨。（折叠小孩子的衣服，停了一口气）但是……不，那万不会！喂，我为了爱情干这事体！

小孩子　（在左边门口）妈妈，现在生客走了。

娜拉　是的，是的，我知道。不要告诉别人说有生客来了啊。听到吗？连爹爹也不要告诉。

小孩子　妈妈,不嗗。你现在再同我们玩吗?

娜拉　不,不,现在不。

小孩子　妈妈玩。你答应我们的。

娜拉　是的,但是我现在不能够。你们到阿奶房里去。我有好多事要做。我小宝嗗!去跑跑。好好听话。(轻轻的将他们推进里房去,关好门。坐在小榻上,挑了几针绣工。但是停了一口气)不吗?(把手工丢开,站起来。走到门口,开口叫)伊妈,把圣诞树拿来!(到左边桌子前面,打开抽屉。又停一会)不,那一定不能!

伊妈　(拿着一株圣诞树)奶奶,放在什么地方?

娜拉　那里房中间。

伊妈　还要拿别的吗?

娜拉　不要。难为你。我所要的都齐备了。(伊妈把树放好。走出去)

娜拉　(急忙把树装饰好)那里还要一支蜡烛……那里一朵花……那可怕的人啊!胡说胡说!怕他做什么。这株圣诞树一定很好看。滔佛我都是为了你。我唱歌跳舞,并且……(郝尔茂走进来,手上拿着一卷公文)

娜拉　啊!你回来了!

郝尔茂　没有人来过吗?

娜拉　这里?没有。

郝尔茂　那怪了。我看见柯乐克从这屋里出去。

娜拉　你看见?啊,不错,才将他来了一会儿。

郝尔茂　娜拉,从你神色里看出来,他在此地求你说好话。

娜拉　正是。

郝尔茂　你拿他的事当你自己的去做吗?你不告诉我他在此地。是他教你的吗?

娜拉　是的。滔佛但是……

郝尔茂　娜拉娜拉,你自己看得太轻了!去同这种人说话,还要答应他!并且对我说起假话来了!

娜拉　假话!

郝尔茂　你方才不说是没有人来吗？（用手指头吓他夫人一吓）我这小雀子再不能这样了！会唱的雀子必定要清清楚楚诚诚实实的唱。不能有那种假的音节。（用手围着他夫人）是的。是不是？是。我想一定不错。（放了他）现在不必再说那件事了。（坐在火炉前面）这里多舒畅多安静！（看他的公文）

娜拉　（忙着那株树，一会儿不响）滔佛！

郝尔茂　啊。

娜拉　我很注意后天施登堡的奇装跳舞会。

郝尔茂　那我一定悬念着要看你预备点什么东西来吓我。

娜拉　唉，太麻烦了。

郝尔茂　什么？

娜拉　我想没有一件东西好的。什么都是笨的，不足道的。

郝尔茂　我小娜拉今天也知道这个吗？

娜拉　（站在他椅子后面把手放在椅子背上）滔佛你很忙啊？

郝尔茂　还好……

娜拉　这是些什么纸？

郝尔茂　银行里的事件。

娜拉　已经动手了！

郝尔茂　我方从前任总理处拿来，我对于该行规则及办事人，不免要有点更动。趁这圣诞节内做好了，到新年就可以去办。

娜拉　这就是柯乐克为何什么要……

郝尔茂　哼。

娜拉　（还靠在椅子背上，用手摸摸鬓角儿）滔佛，如果你没有什么事，我要请你给我一个大大的情面。

郝尔茂　什么东西？说出来。

娜拉　世上没有男子会同你这样修饰的。我现在非常喜欢那奇装跳舞。我的爱呀，你可以帮我，替我整顿一切，代我布置衣裳吗？

郝尔茂　哈哈。我这伶俐的女子，现在也无法可想救命旗了。

娜拉　是。滔佛请你了。我没有你真不能办。

郝尔茂　好好等我去想。我们总可以想。可以想出点东西来。

娜拉　啊，你真好！（再走到树边停了一口气）这种红花多好看啊！告诉我那可怕的事情。为何柯乐克受这困难呢？

郝尔茂　假造公文完了。你知道那为什么意思？

娜拉　莫非你是不得已吗？

郝尔茂　大概是。或者同别人一样。单是因为不小心。一个人单单犯了一桩罪。我却没有这硬的心肠去罚他。

娜拉　不要。滔佛，真不要！

郝尔茂　如果他能够认罪受罚，还有许多人肯帮助他恢复人格。

娜拉　罚……

郝尔茂　但是柯乐克又不这样办。他用了种种的阴谋诡计要脱离那法律的支配。他道德上已经不可收拾了。

娜拉　你想这……

郝尔茂　你想这种人的良心上多少欺骗、狡诈、无耻。戴着假面具，对着他接近的人——对他的老婆对他的儿女。那他儿女所受的影响——娜拉，更可怕呢。

娜拉　为何原因？

郝尔茂　因为在这欺诈的空气的中间，家庭的生命一丝一毫都是有毒的，不干净的。没有一次小孩子的呼吸不是含着毒菌。

娜拉　（紧紧靠着他）你想真的吗？

郝尔茂　我做律师看得多了。那些最先不道德的行为总要推到母亲身上去。

娜拉　怎么……母亲？

郝尔茂　大概从母亲方面来得多。但是父亲方面也有同等影响。个个律师都很知道的。这柯乐克多少年来以欺骗的生涯毒了他的小孩子——所以我说他道德上已经不可收拾了。（娜拉伸出两只手到他丈夫）所以我总教我可爱的娜拉不要替他辩护。拿手来这里。来来。这是什么？拿手把我。对呀。等我同你约好。我告诉你，我绝对不能同他在一处办事。同这种人在一处，我觉得全身都不爽快。（娜拉拿开手。移到圣诞树那边处）

娜拉　此地多热。我还有许多事要做。

郝尔茂　(站起来理好这些纸)好,我饭前一定要把这几件公文看过一道。并且我还要为你想衣服。恐怕我还可以在圣诞树的金纸上找着一点东西。(用手拍拍夫人的头)我宝贵的小雀儿呀!(他走到他自己的房里去,关上门)

娜拉　(歇了会轻轻的说)那不能够。那不会,那不会!

阿奶　(在左边门口)这几个小的讲得多好。要到妈妈这里来唷。

娜拉　不,不,不。不要让他们到我这里来。阿奶带住他们。

阿奶　奶奶,好唷!(关上门)

娜拉　(脸上吓得发白)害了我的孩子!毒了我的家庭!(停一口气,回转头来)那不会!那永——永不会!

第二幕

罗家伦　译

〔布景〕同以前一个房间。房角的风琴旁边有一株圣诞树。树上挂了许多东西,同点过的蜡烛。郝夫人出门的装饰都放在小榻上。

(娜拉只是不停的走。最后站过小榻旁边拿起大衣)

娜拉　(放下大衣)有人来呀!(走过门边去听)没有人。今天圣诞节天然没有人来。明天也不会有。但是恐怕……(开门向外一看)……没有,信箱里一点也没有空的。(走向前)胡闹!他天然不会干那事。那一定没有。万不成!喂。我还有三个小孩子。

(阿奶拿着一个大纸箱从左边进来)

阿奶　我终究在这箱子里寻着这化装的衣服。

娜拉　多谢你。把他拿出到桌上。

阿奶　(照他的话做)但是我怕已经捣乱了。

娜拉　唉,我想把他撕得粉碎倒也完事!

阿奶　啊,不要。把他理好是很容易——只要耐点烦。

娜拉　我去请林夫人来帮我。

阿奶　还出去?这样的天气!奶奶会受寒,会生病呢。

娜拉　比那更要坏的事还要来呢。——小孩子在做什么？

阿奶　他们在玩圣诞节的礼物。那些小宝贝啊。但是……

娜拉　他们常常问着我吗？

阿奶　还好。那些孩子无论怎么都可以。

娜拉　你想他们可以？若是他母亲静静的离了他们，你想也可以吗？

阿奶　嗳呀！静静的离开？

娜拉　阿奶告诉我——我总常常想得奇怪——你何以舍得把你孩子们交给别人呢？

阿奶　我不得不来带我娜拉姑娘。

娜拉　你怎么会拿定主意干这事呢？

阿奶　当我有这好机会吗？一个可怜的女子有好机会总是不肯放过的。那个坏人又不管我。

娜拉　但是你女儿一定忘记你了。

阿奶　啊，没有奶奶，他没有。他信教的时候同出嫁的时候，都还写信寄我。

娜拉　（抱着他）我亲的老阿奶唷——我小的时候，你真好是我的好母亲。

阿奶　我可怜的小娜拉那时候没有母亲，还只有我。

娜拉　若是我的小孩子没有别人，也还有你……胡说胡说！（开箱子）到小孩子那里去。现在我一定……你能看见我明天多漂亮啊。

阿奶　我想那跳舞会里一定没有第二个人同我娜拉姑娘一样漂亮的。（他走进左边房里去）

娜拉　（在箱子内拿出衣裳又放下）啊，如果我敢出去……如果没有人来……如果这时候不发生一点事……胡闹，不会有人来。不必去想他。多娇艳的袖筒！漂亮的手套——漂亮的手套！忘记他——忘记他！一——二——三——四——五——六……（叫了一声）啊！他们来了。（走到门前。犹豫不决的站了一会）

（林夫人走进大厅，就把他出外的东西脱下）

娜拉　啊。是你，敦，没有别人吗？我很欢喜你来。

林夫人　我听说你先到宿舍访我。

娜拉　是，我才将过去。现在有点事要你帮忙。让我们坐在这小榻上……坐。明天晚上,有一个奇装跳舞会在施登堡领事的地方。滔佛要我扮个渔女,去作这泰兰梯式的跳舞。我还是在意大利的地方学的。

林夫人　啊,——很好的一套。

娜拉　是,滔佛欢喜他。看,就是这种服式,滔佛在意大利替我做的。现在这样坏了。我不知道……

林夫人　啊,那一会儿就可以整好。单是边上脱了。你有针线么啊?这里都有。

娜拉　唷,你待我真好。

林夫人　(缝衣)你明天就要穿吗,娜拉?我告诉你……你最漂亮的时候我要来看看。但是那样好的,昨天夜晚我都忘记多谢你了。

娜拉　(站起来在房里走来走去)啊,昨晚还不及以前高兴——敦,你进城迟了——滔佛真有这本事使得家庭清洁漂亮。

林夫人　你也能这样,我想,不然那你不是尊大人的女儿了。但对我说……南医生总是同昨天一样忧闷吗?

娜拉　不,昨天格外觉得如此。你要晓得他得了一种可怕的病。可怜啊,他有"脊骨痨"。人人都说他父亲是个可怕的人,蓄妾等等无所不为。……所以他儿子在幼稚时代就受了这病,你懂得吗?

林夫人　(把他的缝纫放在膝头上)喂,我可爱的娜拉,你何以知道这些事?

娜拉　(绕着房间走)啊,一个人有三个小孩子总要去访问那懂……懂点医道的女人。于是。他们就说这说那。

林夫人　(又提起缝物停一会儿)南医生天天来吗?

娜拉　天天来,他是滔佛小时候的好朋友,也是我的好朋友。南医生差不多同我们一家人一样。

林夫人　但是告诉我……他诚实吗?我说他是否会奉承人吗?

娜拉　不,绝对不。你何以想起这件事情?

林夫人　昨天你介绍我给他的时候,他说久闻我的大名。但是我想你丈夫都不知道我。怎么南医生会……

娜拉　敦,那是真的。你知道滔佛爱我,真是形容不出,他说他巴不得我就是他。我初嫁他的时候,我一说我在娘家的旧朋友,他就带着醋兴。所以我也就不讲。南医生都很愿意听,所以我对他时常谈起。

林夫人　听我娜拉!你还有很多事同小孩子一样。我年纪比你大点,经验比你多点。我告诉你罢?你应该同南医生脱离关系才是。

娜拉　脱离什么关系?

林夫人　我说一切的事。你昨天不说有一个称赞你的富翁,替你找钱……

娜拉　是的。但是倒霉。那人早不在了。现在怎么?

林夫人　南医生有钱吗?

娜拉　是。他有。

林夫人　并且他没有人要照顾吗?

娜拉　没有人。但是……

林夫人　那他天天到此地来吗?

娜拉　是的。我早告诉你了。

林夫人　我想他总不至于有什么长短。

娜拉　我全不明白你。

林夫人　娜拉,不要装糊涂。你怕我知道谁借你一千二百块钱吗?

娜拉　你疯了呵?怎么会想到这样的事上去?不过一位朋友天天来!喂,这地位我如何可以受得住。

林夫人　真不是他?

娜拉　我老实对你说,真不是的。我永没有那样……况且在那时候,他也无物可借。他的财是后来发的。

林夫人　好,娜拉,我想那是你运气好。

娜拉　真没有,我永不想到去问南医生……并是我知道。如果我这样做那……

林夫人　自然你不应该。

娜拉　自然不。但是有时候也莫名其妙的,觉得非此不可。然而我却知道,若是我去向南医生开口那……

林夫人　瞒你丈夫吗?

娜拉　但是我必定要弄清楚那件事。那也是他不知道的。我一定要弄清楚。

林夫人　是的,是的,我昨天已经对你说过了。但是……

娜拉　(走上走下)男子办这事体总比女子好一点儿。

林夫人　自己的丈夫更是。

娜拉　胡闹!(还站着)什么付清的时候,人也就可以把那张纸拿回来。

林夫人　自然。

娜拉　那我就把他扯得粉碎,烧了讨厌的东西——龌龊的东西。

林夫人　(眼睁睁的望着他,放下手工,慢慢的站起)娜拉你此刻瞒我。

娜拉　你在我脸上看得出吗?

林夫人　从昨天早上起好像发生了一件事。娜拉,那是什么事?

娜拉　(走到他身边去)敦……!嘿嘘!听!滔佛回家来了。你肯暂行到阿奶房里去坐一会儿吗?滔佛不喜欢看人做衣服。去叫阿奶帮你。

林夫人　(把那些物件收起)很好。但是我等你那件事全告诉我之后,我才回去。(他从左边走出。滔佛从大厅进来)

娜拉　(跑去接他丈夫)滔佛,我许久就望你回来唷!

郝尔茂　这里有过裁缝……

娜拉　没有。敦,他帮我做衣服。你不久可以看见我多漂亮。

郝尔茂　是的,那就是我为你想的吗?

娜拉　真妙!我听你命去加入那泰兰梯式的跳舞,岂会不好吗?

郝尔茂　(拉他夫人来靠着他的下颏)乖啊,听从你丈夫吗!好好,你这小痴子,我知道你心里不是这样想。但是我也不来闹你。我敢说你还要练习呢?

娜拉　我想你也要来干呵?

郝尔茂　好。(拿一卷纸把他夫人一照)看这个。我将才从银行来……(一直向自己房里走)

娜拉　滔佛!

郝尔茂　(停住)呀?

娜拉　若是你的小松鼠那样娇媚的要求你一件事……

郝尔茂　怎么?

娜拉　你干不干?

郝尔茂　我必定先知道这是一件什么事。

娜拉　若是你那样好，这小松鼠就要跳来跳去替你开玩笑。

郝尔茂　好，说出来呀。

娜拉　你那小鸦雀儿从早跳到晚……

郝尔茂　啊，原来如此。

娜拉　我还会同神仙样的在月亮之下为你跳舞，滔佛。

郝尔茂　你岂可以想那早上流露的事吗！

娜拉　(走近一点)是。滔佛，我请求你。

郝尔茂　你还有这大胆子敢说那件事？

娜拉　是的，是的。为了我，你一定要保全柯乐克在银行里的位置。

郝尔茂　这位置就是我想安插林夫人的。

娜拉　是。那是你的好意。但是你不要辞柯乐克，辞别人好了。

郝尔茂　唉，为何这样固执？为了你那无意识的吹嘘，我就会……

娜拉　难道就一定不成，滔佛，还是为了你自己。这样的人呀专会到那造谣生事的报纸上去投稿，你也曾经说过的。那时他害你不知到什么地步呢。我真怕他……

郝尔茂　啊，我知道，你想起从前的事还在害怕。

娜拉　你说什么？

郝尔茂　自然，你想起了你爹爹的事。

娜拉　是的——是的，那自然。你想这般坏蛋是怎么不要廉耻的诬蔑我爹爹。若是那时候你没有出来帮助他，照应他，那他的位置是一定被他们推翻了。

郝尔茂　娜拉，我同你爹爹的情势却有不同。你爹爹不是完全没有可指摘的地方。我却是没有，我想将来也不至如此。

娜拉　那坏蛋如要害人来，谁能知道。我们能够安安静静的住在这美和乐的家庭，你我同小孩子。滔佛呀！这就是我为何求你……

郝尔茂　正是因为你求了我，所以我更不能保全他的位置。我要辞柯乐克，全银行都知道的。若是传出去说新总理听他妻子的指尖儿一拨就转过来了，那……

娜拉　那怎么？

郝尔茂　啊，若是那刚愎自用的女子可以这样……那什么也办不成！使他人说我这容易受影响，那我岂不是做人的笑柄吗？我料到我一定会有这结果。并且除开这……还有一件事使我万不能同柯乐克在一处……

娜拉　什么事？

郝尔茂　当这要紧关头，我对于他道德堕落还不这样注意……

娜拉　啊，滔佛，你不？

郝尔茂　并且我听说他办事很能干。这事体是他以前是我大学的同学……我们的友谊以前是极密……日后方才后悔。我老实承认……他还是直叫我名字。他又没有手段当大众的面也是如此。扬扬得意摆出旧相识的架子——这里也滔佛呀那里也滔佛呀？我真觉得难过。他使我在银行里位置都坐不安稳。

娜拉　滔佛，你不见有这认真？

郝尔茂　不？为何不？

娜拉　这也不过一些小事。

郝尔茂　怎么！小！你想那小吗？

娜拉　不，不是，滔佛，这正是为何……

郝尔茂　不要问他。你说我气量小，那我总是小了的。小！好罢！现在一下办完算了。（走到大厅里叫道）伊妈！

娜拉　你要什么？

郝尔茂　（在纸里找着了）这件事。（伊妈进来）这里。拿这封信去交给邮差。这是钱。

伊妈　是，先生。（拿了信走出去）

郝尔茂　（收集各纸）那里固执太太。

娜拉　（不声不气的）滔佛，那信说什么？

郝尔茂　辞退柯乐克的信。

娜拉　滔佛，叫他回来还不迟。啊，滔佛，叫他回来！为我，为你自己，为了小孩子！你听到吗，滔佛？去做！你还不知道这封信将来对于我们发生什么事呢。

郝尔茂　太迟了。

娜拉　是太迟了。

郝尔茂　娜拉虽然你得罪于我，我却不发你的气。你怕他这般无聊的写字的攻击做什么？但是我总饶恕你，因为你真是爱我。（用手抱着他夫人）这是应该的，我的亲娜拉唷！看他怎么样——就是到危险的时候，我还有我的胆量、我的能力。你看，我还这宽的肩膊担这一切的担子。

娜拉　（吃了一大惊）你说什么话？

郝尔茂　这一切的担子，我说……

娜拉　（拿定主意的说）那你永不——永不要这样做。

郝尔茂　好。那我们两夫妻分开担好了。我是这样。（拍着他夫人）你现在满意吗？来来来，不要同惊弓之鸟一样。一点事没有——呆想头——此刻你可以拿着手鼓练习泰兰梯式的跳舞去。我去里面房里，把两边门都关好，不会听到。你要闹得多响，你闹罢。（转过身到门边去）若是南陔来，你对他说我在什么地方好了。（对着夫人轻轻一点首，就拿着一卷纸向自己房里去，关好门）

娜拉　（吓得神魂不定，站在那里好像木头轻轻的说）他会干那事。真的，他会干。他世上一切不问，定会去干！——见不得永不……永不会如此！难道还有比那再坏的事！唉，有什么法子可以避得了！教我怎么办……（大厅里的门铃响）南陔医生……无论如何……无论如何，这却不成……（郝夫人拿双手蒙面不声不气的走去开门。南医披着大衣出外面。天气渐渐要黑）

娜拉　南医生，你下午好。我一听铃就知道是你来了。你此刻不必到滔佛那里去。我知道他很忙。

南医生　你怎么？（进来把门关了）

娜拉　你知道的，我为了你总是有闲。

南医生　你这样待我好，我无论为你报效多久，都无不可。

娜拉　你说什么？无论多久都可以？

南医生　不错。你一听就吓倒了吗？

娜拉　我想你这话很奇怪。你发现了什么事吗？

南医生　这事我早就预备到了，但是不料来得这快。

娜拉　（把着南医生的手）你发现了什么事？南医生，你要告诉我！

南医生　（坐在火炉旁边）我真倒霉。一点帮助没有。

娜拉　（申了一口长气）是你自己……

南医生　不是我是谁？……对于自己还骗吗？郝夫人，我比我那里一切病人还要糟。近来几天我统计一生账目……已成破产了！恐怕一月之后我身子睡在教堂的葬地里腐烂呢。

娜拉　唉！说得多难听。

南医生　你看这事本来就非常不好听。但是那更不好的就是预先还要经过许多事。现在只有末次的调查,等着过了,我就明明白白的知道何时破产。我却有一件事要通知你:滔佛娇脆的天性,是经不起风波的。我一定不要他到我病房里去……

娜拉　南医生,但是……

南医生　我说无论如何我不要他去。我关门拒绝他。当我那最不好的时候决定了,我会送你一张请帖,上面画着个黑十字。那你就知道我末日到了。

娜拉　喂,我要你高兴,你何以这样没有道理。

南医生　我面上现死色吗？为了别人的罪来受苦！公理到什么地方去了？无论在哪个家庭,你总可以追溯那惨酷的报应……

娜拉　(掩了双耳)胡说,胡说！不要愁了！

南医生　呵,总而言之,诸事也只可付诸一笑。我爹爹不规矩。我可怜的背脊骨倒来替他忏悔。

娜拉　我想他太好吃龙须菜同施太堡的包子,是不是？

南医生　是,还有冬菇。

娜拉　是。一定的。冬菇。我相信还有牡蛎呢？

南医生　一点不错,牡蛎。

娜拉　并且那各种的香槟酒！那样好的东西会遗害背脊骨,真是可恼。

南医生　更可恼是这倒霉受害的背脊骨对于他们(意思是指着牡蛎香槟等物而言)并没有好处。

娜拉　啊,真坏极了。

南医生　(现出窥探的神色看着郝夫人)哼……

娜拉　(停了一会儿)你笑什么？

南医生　没有,你自己在笑。

娜拉　没有,分明你自己在笑。南医生。

南医生　(站起来)我看你比我还要想得深一点。

娜拉　我今天精神疲倦。

南医生　好像是的。

娜拉　(拿手放在南医生的肩膊上)亲……亲爱的南医生,“死”一定不会从我同滔佛这里把你拿去。

南医生　啊,我死你们是很容易丢开的。我若不来,你们也就忘了。

娜拉　(殷殷勤勤的望着他)你这样想?

南医生　每逢人一结新交那时候……

娜拉　谁结新交?

南医生　你同郝尔茂等我去后。我想你们决不会失此时机。昨天林敦夫人来是为什么?

娜拉　唉! 你岂不是忌妒我可怜的敦吗?

南医生　是的。我正是。他将来在这屋里做我的替身。当我不来了这女子恐怕会……

娜拉　嘿嘘! 不要这样响! 他在那里。

南医生　今天也在? 你看!

娜拉　他不过替我整理衣服——天呀。你何以这样不讲情理! (坐在小榻上)老老实实,南医生! 明天你看我跳舞多漂亮。我心里常想要使你高兴高兴——自然滔佛也是要的。(从箱子里拿出种种东西)南医生坐在这里。我要拿点东西给你看。

南医生　(坐下)什么东西?

娜拉　看这里。看!

南医生　丝袜子。

娜拉　同肌肉一样的颜色。岂不漂亮? 此刻太黑了,但明天一定……不不不。你一定要看脚底下。啊,我想你其余也要看。

南医生　哼……

娜拉　你好像要批评吗? 你想这些东西于我合不合适?

南医生　我对于这事没有适当的意见。

娜拉　(看了他一会儿)不惭愧! (拿袜子轻轻的打他耳朵)拿去。(又把东西卷好)

南医生　还有什么奇怪东西拿我看?

娜拉　你一点也没得看了,你太不老实。(哼哼的在寻东西)

南医生　(停了一会不做声)我同你谈天的时候,我不想到……我单是不知道——若是我以前不曾到此地来,我又是怎么样。

娜拉　(轻轻的一笑)却是。你同我们在一处。也同在自己家里一样。

南医生　(声音更轻——一直对着他)现在是要离开一切……

娜拉　胡说。你怎么会离开我们。

南医生　(同以前一样声音)就离开也不能留下一点小小的感谢纪念品,却没有追悔的事……只留了一个空位置。让先来的那个人补上。

娜拉　若是我要求你为……不……

南医生　为什么?

娜拉　为你友谊上的表示。

南医生　是——是吗?

娜拉　我意思是……为了一件很……很大的事……

南医生　你这次真能使我这样高兴?

娜拉　啊,你却不知道那是什么事。

南医生　那就请告诉我。

娜拉　不,南医生我不能告诉你。那太……太离远了……不但为一件事。除此之外,还要你帮我忙,劝导我……

南医生　有这多,那更好。我却不知道你的真意何在。你难道不相信我吗?

娜拉　我不相信别人,单相信你。我知道你是我最好的朋友。好,南医生你一定要帮我拦阻一件事。你明白,滔佛爱我这般深、这般奇怪。为了我,那就要他的性命,他也立刻不辞。

南医生　(弯着身子向郝夫人)娜拉……你想单只他那一个人……

娜拉　(小小一惊)那一个人……

南医生　那一个人就拿性命托付你吗?

娜拉　唉!(带着愁音)

南医生　我料定我未去之先,你一定可以明白。我以后也不会的再有好时运。——啊,娜拉!这我却也告诉过你,况且你也知道除我以外,你也无人可托。

娜拉　(站起来,沉沉无语)请让我过去。

南医生　(让他走过去,但是依然坐着)娜拉——

娜拉　(站在门口)伊妈拿灯来!(经过火炉)啊,南医生你太不好了。

南医生　(也站起来)我爱你岂不同……同那个人一样深?怎么我还不好?

娜拉　不,你不过不应当对我如此说。是很不必……

南医生　你说什么?你知道……?(伊妈拿灯放在桌上。再走出去)

南医生　娜拉——郝夫人……我问你,你知道了吗?

娜拉　啊,我何从晓得什么知道不知道呢?我真说不出……南医生,喂,何以这样笨?也罢!

南医生　喂,无论如何你要知道,我的性命、我的灵魂都愿为你报效。现在好说出来呀。

娜拉　说出来……现在?(看着他)

南医生　你说你要什么。

娜拉　现在我无可告诉你。

南医生　呀……呀!你不能这样苦我。是男儿能做到的事,让我为你做罢。

娜拉　你现今对我无可为力。——况且我也无须你帮忙。你要觉得那无非是我一种幻想。是,一定对。那天然是的!(坐在摇椅上含笑着看他)南医生,你真好人!对着桌上品灯,也不惭愧吗?

南医生　不见得!但是怕我要永远分别了。

娜拉　不,你千万不能。你还是要照常来往的。你知道滔佛没有你一定不成。

南医生　是,但是你呢?

娜拉　你知道我是很高兴你到此地来。

南医生　正是。因此我就离弃正路。你把我迷住了。我几乎觉得我也同郝尔茂一样。

娜拉　是。你不见得吗?有种人是人心爱的,有种人不过是人高兴同他谈天的。

南医生　是。却也有点道理。

娜拉　我做女孩子的时候,自然我是爱我爹爹。但是我总欢喜到仆人房里去。一则因为他们永不来教训我。二则听他们谈话,很有趣味。

南医生　我岂不处于女仆地位吗？

娜拉　(跳起来跑到他前面去)啊，我亲热的南医生，我不是这样说。但是你知道，我待滔佛却同爹爹一样……

(伊妈从大厅里进来)

伊妈　请奶奶……(对郝夫人轻轻耳语并且给夫人一个名片)

娜拉　(一看名片)唉！(拿他放在荷包里)

南医生　有什么事不对？

娜拉　不，不，一点没有。单是……是我的衣服……

南医生　你的衣服！怎么在那里。

娜拉　啊，那一套是。但这是另外一套……我定的……一定不能让滔佛知道……

南医生　啊哈！原来这样的大秘密。

娜拉　自然。请你到他那里去，他在里面房间里。守住他，当我……

南医生　不要怕，他一定不能逃出来。(走进郝尔茂房里去了)

娜拉　(对着伊妈)他在厨房里等候吗？

伊妈　是。他到后面楼上去……

娜拉　你告诉他我有事吗？

伊妈　是。但是没有用。

娜拉　他还没有去？

伊妈　奶奶，没有。他不同你说话，他不肯去。

娜拉　那让他来罢，但是轻一点。并且伊妈……不要常说这件事，我丈夫听了，要吓倒的。

伊妈　啊，奶奶，是，我知道了。(他走出去)

娜拉　来了！这可怕的东西终究来了。不不不，永不会，那一定不会！(走去插好郝尔茂的书斋的门闩。伊妈开了大厅的门，延进柯乐克之后，就把门关上。柯乐克穿着出行大衣、长靴并且戴上皮帽)

娜拉　(走到他前里去)轻点说，我丈夫在家。

柯乐克　对，那于我有何关系。

娜拉　你要做什么？

柯乐克　一点小小的通告。

娜拉　快。是什么？

柯乐克　你知道辞我的信我已经得到了。

娜拉　我无法阻止他，柯先生。我为你争持到底，但是没有用。

柯乐克　你丈夫看你这样轻？他知道我能对付你，但是他还敢……

娜拉　你怎么会想我能告诉他呢？

柯乐克　啊，就以事实论，我也不作此想。但是我的朋友滔佛岂有这样胆量……

娜拉　柯先生，请敬重点谈论我丈夫。

柯乐克　自然，能敬重的都会敬重。但是自从你保守秘密起，我想你现在对于你所作所为应该比昨天明白一点儿。

娜拉　比你以前能教我的总更明白。

柯乐克　就是同我这样坏律师……

娜拉　你到底要什么？

柯乐克　单要看你如何过去，郝夫人。我全天的想着你。就是那放利的市侩，那无聊的记者，那……总之，就是同我那样的动物……也有一点什么叫感情。

娜拉　那就表现出来，为我小孩子计。

柯乐克　你丈夫何以不为我的小孩子计？这也管不得了。我单告诉你不必过于郑重其事。我现在却还不报告出来。

娜拉　不要，千万不要。我早知道你不会。

柯乐克　这事我们可以平安了结。没有人知道。除了我们三个人。

娜拉　我丈夫一定不能知道。

柯乐克　你怎么可以阻得了。其余款项你就能付清吗？

娜拉　不，此刻不能。

柯乐克　或是数日之内你有什么方法可以将款项如数凑好。

娜拉　没有——那我日内还要钱用。

柯乐克　就是你有，也对你无益了。设如你真能凑齐，也不能拿回这借据。

娜拉　告诉我你要他做什么用？

柯乐克　我单要藏好他——藏在我这里。外面没有人可以知道。所以就是你有最悚的手段也……

娜拉　若是我有又怎么样?

柯乐克　倘若你想离夫别子……

娜拉　那又怎么样?

柯乐克　或则你更要想到那……那再坏的事……

娜拉　你怎么知道?

柯乐克　你不要问他。

娜拉　你何以知道我心里的事呢?

柯乐克　人人都作此想。我也如此想,但是我没有这胆量……

娜拉　(几至无声)我也没有。

柯乐克　(欠伸)没有,没有人有。你也两种都没有,你有吗?

娜拉　我没有,我没有。

柯乐克　除此不论。这真笨极了。——不过起一次家庭的风潮,什么事都完了。我荷包里有封信致你丈夫。

娜拉　一切事都告诉他?

柯乐克　尽我的力量为你开脱。

娜拉　(急忙说)他千万不能看。撕去罢。无论如何我都去预备款项……

柯乐克　对不起,郝夫人,我相信我已对你说过……

娜拉　我却并非对你说我欠款的事。我问你究竟要求我丈夫什么事……等我去办呀。

柯乐克　我也并不问你丈夫要钱。

娜拉　那你要什么呢?

柯乐克　我对你说。我还要在世上占点位置。我正要向上,你丈夫非帮助我不可。最近一年半里头我不曾做一点错事。我穷得不得了。但是我总一步一步的挣扎。现在我又被推下来了。就是再恢复原位我却不能满意。我对你说我要向上。我必定要回到银行里得一个比先好一点的位置。你丈夫应当为我添设一个位置才是……

娜拉　他永远办不到。

柯乐克　我办得到,我知道他……他没有奋斗的胆量!你快看见他与我同在一处!一年之后我是总理的大帮手了。管理银行的不是郝尔茂却是柯乐克。

娜拉　那一定不成。

柯乐克　恐怕你将来……

娜拉　现在我有胆量对付。

柯乐克　啊,你不要恐吓我!同你这样玲珑娇小的东西……

娜拉　你可以看见,你可以看见!

柯乐克　恐怕在那水底下罢?在那冰冷墨黑的水底下罢?明年春天浮起来。怪像秃头,认不清楚……

娜拉　你吓我不倒。

柯乐克　你也不能吓倒我。郝夫人,人人都不这样做。就是这样做又有什么用呢?不论如何,你丈夫已经在我荷包里。

娜拉　以后怎么?若是我不在……

柯乐克　你忘记了你名誉还在我手里!(郝夫人一声不响。望着他)好,你现在预备好。不要糊涂。等滔佛一接到信,我就要望他回音。记牢你丈夫逼我到这地步我一定不饶过他。郝夫人再见。(走出大厅。郝夫人匆匆走到门口开一门缝听)

娜拉　他去了。他不曾丢信到信箱里。不不,那一定不会!(慢慢的开门)怎么,他还在那里。没有下踏步。他念头转了吗?他是……(一封信丢进信箱。听到柯乐克的脚步声下那踏步。郝夫人隐隐叫苦,冲到小茶几前面停了一刻不做声)在信箱里!(萎萎缩缩的走到大厅门口)在那里。——滔佛滔佛——我们糟了!(林夫人拿着衣服从左边进来)

林夫人　一切都弄好了。我们试一试罢?

娜拉　(带着又沙又软的声音)敦,此地来。

林夫人　(把衣服丢在小榻上)什么事?你好像魂不附体。

娜拉　你看见那封信吗?看那里……从这信箱的玻璃望过去。

林夫人　是,是,我看见了。

娜拉　那信是从柯乐克……

林夫人　娜拉……借你钱的就是柯乐克吗?

娜拉　是的,现在滔佛什么事也要知道了!

林夫人　娜拉,我相信这事对于你们两人都很好。

娜拉　你不全知道。我签了假字——

林夫人　天呀!

娜拉　现在听我说,敦,你一定要为我做见证——

林夫人　什么见证?我做什么——

娜拉　若是我疯狂了……那也好办——

林夫人　娜拉!

娜拉　若是真遇着什么事……那我也不能在此地——

林夫人　娜拉!娜拉你真疯了!

娜拉　当一个男子要出来担当……一切的罪过……你知道……

林夫人　是,是,但是你何以想到……

娜拉　敦,你一定要为我证明那事不是真的。我一点也不疯。我所说的,我都知道得很清楚。我对你说没有人知道这样事。一切事只是我一个人做的。记好。

林夫人　记得。但是我不懂你其意何居……

娜拉　啊,你知道又怎么样,你"玄机"(miracle)一到就解决了。

林夫人　"玄机"!

娜拉　是"玄机",但是这件事如此可怕。敦,世上永不能有这种的事。

林夫人　我一直到柯乐克那里去,对他说罢了。

娜拉　不要,他会不利于你。

林夫人　以先无论什么事他都要为我做。

娜拉　他?

林夫人　他住在什么地方?

娜拉　啊,我怎么能告诉你……是……(摸着他的荷包)他的名片在此地。但是那信……那信……

郝尔茂　(在外敲门)娜拉。

娜拉　(吓得一叫)啊什么事呀?你要什么?

郝尔茂　好,好,不要怕。我们不进来,你把门都闩了。你此刻在穿新衣服吗?

娜拉　是的,是的,我正正穿上。滔佛,很合身材唷。

林夫人 (看过名片)喂,他住在此地相近。

娜拉 不错,但是此刻无济于事。我们糟了。信已在箱子里。

林夫人 你丈夫带着钥匙吗?

娜拉 一刻不离。

林夫人 柯乐克一定能把这信于未读之先索回。他一定能找着借口……

娜拉 但正当这时候,滔佛常常……

林夫人 阻住他。使他没有空闲。我去并且赶快回来。(他匆匆走出大厅)

娜拉 (开郝尔茂的房门朝里看)滔佛!

郝尔茂 终究一个人能够回自己房里去吗?来,南陔,我们来看看……(走到门口)这为什么?

娜拉 什么,滔佛?

郝尔茂 南陔对我说了一件大变故。

南医生 (正当门口)我以为是如此,恐怕错了。

娜拉 不到明天没有人可以看我穿这漂亮的衣服。

郝尔茂 喂。娜拉!你好像疲倦。莫非你练习太辛苦吗?

娜拉 没有。我丝毫不曾练习。

郝尔茂 但是你必须要……

娜拉 啊,是的,我一定要,一定要!但是滔佛,没有你的帮助我真完全办不下地。我件件都忘了。

郝尔茂 啊,我们再从新来过。

娜拉 是,滔佛,你帮我忙。你一定要答应我……啊,我对于这件事是如此慌张。在大庭广众之间……今天晚上你一身都要为我。你一点事也不能做,你也不能提笔。滔佛,你答应我!

郝尔茂 我答应你。今晚我做了你的奴隶罢!无用的小东西……但是还有一件事,此刻我正要……(走到大厅门口)

娜拉 你要到那里去做什么?

郝尔茂 去看有信没有。

娜拉 不,不,不要干那件事,滔佛。

郝尔茂　为何不要?

娜拉　滔佛,我求你不要。那里并没有。

郝尔茂　待我看。(正要去)

(郝夫人在风琴旁边按泰兰梯式跳舞第一个调子)

郝尔茂　(正到门口停住)啊哈!

娜拉　若是你不帮我预先排演,我明天一回也不能跳舞。

郝尔茂　娜拉,你真这样慌张吗?

娜拉　啊,慌张死了!让我立刻排演。我们快吃饭了。啊,坐下来为我踏琴。滔佛,同往日一样指导我。

郝尔茂　你既然想如此,我一身都爽快极了。(坐在风琴旁边。郝夫人从箱子里拿出手鼓,急忙覆上五彩的披纱,并且手中拿了一束东西立在房中)

拉娜　此刻为我踏呀!我要跳了!(郝尔茂踏琴,郝夫人跳舞,南医生站在风琴旁边看)

郝尔茂　(正踏着琴)慢点!慢点!

娜拉　那一点也不能慢!

郝尔茂　娜拉不要这激烈。

娜拉　我一定要!我一定要!

郝尔茂　(止住琴)不,不,不不——这却不成呢。

娜拉　(摇着手鼓哈哈的笑)我难道没有对你说过吗?

南医生　让我来帮他踏琴。

郝尔茂　(站起身)好。你去踏罢——我可以指导他好一点。(南医生坐下踏琴,郝夫人渐渐作不合规则的跳舞。郝尔茂站在火炉旁边指导他,但是夫人只当不听到。夫人的头发也散了披在满肩。但他只是跳舞也不问。林夫人进来站在门口,看得莫名其妙)

南医生　啊……

娜拉　敦,我们多有趣!

郝尔茂　喂,娜拉,你这样跳舞仿佛拼命似的。

娜拉　正是。

郝尔茂　南陔,停住。这岂不全是发疯。喂,停住。(南医生停止踏琴,郝夫人站住不动)

郝尔茂　我不信有这事。我教你的你难道完全忘了。

娜拉　(丢开手鼓)问你自己好了。

郝尔茂　你真要受过训练才好。

娜拉　是。你看训练多要紧。你非同我练习到最后五分钟不可。滔佛,你能允许我吗?

郝尔茂　一定,一定。

娜拉　无论今天明天,除了我,你一点别的也不能想。你不能拆一封信。——不能看那信箱。

郝尔茂　啊,你还怕那个人……

娜拉　啊,是的,是的,我正是。

郝尔茂　娜拉,我从你脸上看出来——他定有一封信在箱子里。

娜拉　我不知道,我想是如此。但是你此刻一点东西不能看,就是有坏事到我们中间,我也等诸事了后再说。

南医生　(轻轻的对着郝尔茂说)你不要违背他。

郝尔茂　(拿手抱住他夫人)这小孩子专是随自己的意。但是明天晚上,跳舞过了的时候……

娜拉　那你可以自由了。

(伊妈站在右边门口)

伊妈　饭开在桌上,奶奶。

娜拉　我们要喝点香槟酒,伊妈。

伊妈　是,奶奶。

郝尔茂　嗳呀!真好花球。

娜拉　是,我们还要留点到明天早晨。(叫)拿马克伦糖来——伊妈——拿很多来——就只这一次了。

郝尔茂　(捉住他夫人的手)来来,不要这样发狂!还做我的小鸦雀儿罢。

娜拉　啊,是的,我会。但是此刻到饭厅里去。南医生你也去。敦,你来帮我理好头发。

南医生　(他们去的时候轻轻说道)不要有点故事吗?没有……我想……

郝尔茂　啊，没有这回事。我对你说过这是他小孩子脾气。（他们从右边走出）

娜拉　怎么？

林夫人　他出去了。

娜拉　我早已从你脸上看出来。

林夫人　他明天晚间会回来。我留了一个条子给他。

娜拉　你不应该如此。凡事听其自然罢。末了坐候“玄机”却也不错。

林夫人　你候什么？

娜拉　你不知道的。到饭厅里罢。我一会儿就来。

（林夫人走进饭厅。郝夫人站了一刻似乎收集杂念，然后看他自己的表）

娜拉　七点钟到夜半。二十四点钟到明天的夜半。那时候泰兰梯式的跳舞也过了。二十四同七吗？还有三十一点钟好活。（郝尔茂跳在右边门口）

郝尔茂　我小鸦雀儿此刻干什么？

娜拉　（张开两手跑到他前面）来了！

第三幕

胡　适　译

〔布景〕同前。桌子摆在中间，四周都是椅子。桌子点着灯。通外厅的门正开着。楼上跳舞的音乐正闹热。林敦夫人坐在桌边，手里翻一本书的页子，却没有心读书。他时时到大门边去留心细听。

林敦夫人　（看他的表）还没有来，——时候要到了。若是他老是不……（再听）哦，他来了。（走进外厅，轻轻的把大门开了。门外阶级上有轻轻的脚步声。林敦夫人低声说）进来，此地没有别人。

柯乐克　我回家看见你的条子。这是怎么一回事？

林　我们两人万不能不谈一谈。

柯　当真？一定要在这屋里谈吗？

林　我不能请你到我住的地方去，我那边进出不方便。你进来罢。这里没有别人。女底下人已睡了，郝尔茂一家都在楼上跳舞。

柯　(走进房)郝尔茂的一家今晚还在跳舞吗？

林　是的。有什么不可？

柯　是呵，有什么不可？

林　猊儿(柯乐克之名)，现在我们可以谈谈。

柯　我们两人还有话谈吗？

林　话多呢。

柯　我可没有想到。

林　这是因为你总不曾真真知道我。

柯　有什么我不知道？那是世上最容易懂得的事：——一个没有心肝的女子，有了婚姻的机会，便把原有的人丢了。

林　你当真以为我没有心肝吗？你以为我那时心里好过吗？

柯　有什么不好过。

林　你当真那么想吗？

柯　不然，你当时为什么写那封信给我？

林　那是不得不如此。我那时不能不同你决绝，只好写那封信打断你的念头。

柯　(绞自己的手)原来如此。总总——都为钱罢了！

林　你不要忘了我那时有一个无依靠的母亲和两个小兄弟。猊儿，我们那时实在不能等你，你那时的光景也很困难。

柯　即使是那样，你总不该为了别人把我丢了。

林　连我自己也不知道。我常常问我自己该不该那样办。

柯　(软了一点)自从你丢了我，好像我站的地面都陷了下去。你看如今的我，竟成了一个翻了船抓住一块破船板的人了。

林　救星就来了。

柯　救星却真来了，又被你挡住了。

林　那是无心的。猊儿，我到今天才知道我在银行里的事就是顶你的缺。

柯　我相信你这话。但是你如今知道了，难道你还让给我吗？

林　不。我就让还你，于你也无益。

柯　有益，有益，——无论如何，我总得要干的。

林　你如今知道凡事要慎重，这都是一生的艰苦阅历教训我的。

柯　我的一生阅历也教我不要相信一切好听的话。

林　要是果然如此，也不枉了一生阅历。但是你虽不信好话，你总该信实事。

柯　你这话是什么意思？

林　你说你是一个翻了船抓住一块破船板的人。

柯　我该说那话。

林　我也是一个翻了船抓住一块破船板的人，也不记念谁，也不用照应谁。

柯　那是你自己拣中的。

林　我当时何尝有什么别的可拣。

柯　现在又怎样呢？

林　猊儿，若是我们两个翻了船的人能互相帮衬，你看怎样？

柯　你说什么？

林　两个人在一块，总比一人抱着一片船板要好一点。

柯　姬婷！

林　你想我为了什么事到城里来？

柯　难道你还想着我吗？

林　我不做工，便觉得没有生趣。我做了一生的工，觉得做工是我最大的乐趣。现在我孤孤单单的一个人，觉得什么都是空荡荡的，无味得很。一个人替自己做活总没有乐趣。猊儿，给我一个人，给我一点东西，使我有个生活的目的。

柯　我不相信。这不过是妇人家的慷慨心太重了，使你情愿牺牲自己。

林　你觉得我是那样的人吗？

柯　你当真肯那样做吗？你可知道我从前所做种种坏事？

林　知道。

柯　你可知道旁人怎样看待我？

林　你刚才好像说，若是你当初有了我，决不会弄到这步田地。

柯　那是一定的。

林　难道现在已太迟了吗？

柯　姬婷，你说这话，可曾预先筹划过？——我看你的神气，我该知道你果然决意要这样做。你真有这个胆量？

林　我爱照应小孩子，你的孩子们也要一个母亲。你正缺少一个我，我也正缺少一个你。猊儿，我相信你本来的人格。有了我们俩儿在一块，我什么事都敢做。

柯　（紧捻着林敦夫人的手）多谢你，姬婷，多谢你！我现在要努力做人，好教旁人也能这样看待我。哦，我忘记了……

林　（细听楼上的音乐）不要响！他们在那里跳“泰兰梯拉”了！你去罢！

柯　怎么？什么事？

林　你听！他们跳了这一种，就完事了，他们就要回来了。

柯　是的，是的，我就去。但是已经不能挽回了。你自然不知道我对付郝尔茂夫妻的手段。

林　我全知道。

柯　你知道了还敢……？

林　我知道像你这样的人到了失望的时候，会做到什么地步的。

柯　我但愿能挽回这件事。

林　你还可以挽回。你的信还在那信箱里面。

柯　真的吗？

林　真的。但是……

柯　（仔细观察林敦夫人）原来有这个道理。你无论如何总想救你的朋友。你老实说，是不是这个意思？

林　猊儿，一个妇人曾经卖了自己去救人，再不会卖第二次了。

柯　我想把那封信要回来。

林　不要，不要。

柯　我一定要讨回那封信。我要在这里等郝尔茂回来，要他把信还我。我只说那信说的是辞退我的事，我如今不要他看了……

林　猊儿，你千万不要讨回那封信。

柯　你老实告诉我，你不是为了这件事才叫我来这里吗？

林　我起初害怕的时候，确有这个意思。但是这事已经过了二十四点钟，我这一天在这家里,很看出了许多万想不到的事。郝尔茂应该知道这桩秘密借款。他们夫妻两人应该完全开诚相待。这样支支吾吾,决没有开诚相待的日子。

柯　也罢,只要你肯担这干系。但是我若是可以帮忙,我立刻就做去。

林　(细听)赶快走罢。跳舞完了。再停一刻,我们都有不便之处。

柯　我在对面街上等你。

林　好的,你须要送我回家。

柯　我一生从来不曾有过这样的快乐!(从大门出去。房里通外厅的门还是开着)

林　(收拾房间,把自己的帽子和大衣检好)变得这样快!变得这样快!可以为人做事,可以为人生活,可以替一个不幸的人家造点幸福。是的,我一定那样做。他们怎么还不回来。(细听)哦,他们回来了。我且把东西穿好。(戴上帽子,披上大衣,听得外面郝尔茂与娜拉的声音。门上锁一转,郝尔茂拖着娜拉进到外面厅上。娜拉扮作意大利的装束,披着黑色的围巾。郝尔茂穿着晚间礼服,披着一副揭开的黑色罩衣)

娜拉　(在门口站住,和他丈夫挣扎)不,不,不!——我不进去。我还要上楼去,我不愿意这么早就歇了。

郝尔茂　但是,我的最亲爱的娜拉……

娜　亲爱的滔佛,我求你,我哀求你,——再跳一点钟。

郝　一分钟也不能添了。好娜拉,你知道我们先讲好了的。进房来罢,站在外面怕受风。(娜拉虽不愿意,却被他丈夫轻轻的拉进房来)

林敦夫人　你们晚上好呵。

娜　姬婷!

郝　什么!林敦夫人,这个时候你还在这里吗?

林　是的,你不要见怪,我总想看看娜拉穿了那套衣服是个什么样子。

娜　你坐在这里等了我这许久吗?

林　是的,我来得迟了,你们两位先上楼去了,我没有看见你,总舍不得回去。

郝　(把娜拉的围巾取下)你来仔细赏鉴。我想他是很值得看的。林敦夫人,你看他多标致!

林　是的,他真标致。

郝　他可不是非常可爱吗?跳舞的时候,人人都这样说。但是这个小宝贝固执得很,有什么法可以收拾他?你不知道我几乎须用强迫手段才把他拉出来。

娜　滔佛,你这一次不让我多跳舞半点钟,将来你一定要后悔。

郝　林敦夫人,你听他说!他刚跳完了那"太兰梯拉",跳得真好——稍有一点太过火了——但是那是小节,不要管他。总而言之,他这一次算是大大的成功,满堂的人没一个不拍手称赞。你想我如何肯让他再等在那里?极盛之后,他要再耽搁一会,便减少他的魔力了!我一定不干那样蠢事,所以我挽着我的意大利美人——我的怪俏皮的意大利美人,手挽手的,忽忽的兜一个圈子,四面对大家行一礼,谢谢他们,好像小说书上说的,一个转身,那可爱的花妖便不见了!这样的下场,魔力最大。只可惜娜拉不懂得这个诀窍!——该死,这房间热得狠。(把罩衣抛在椅子上,把他内室的房门打开)怎么没有点灯?是了,——少陪了。(他进房去,把蜡烛点上)

娜　(赶快低声问)那事怎样了?

林　(低声答)我同他答过了。

娜　是了,他……

林　娜拉,你应该一五一十的都对你丈夫说。

娜　(有意无意的)我知道了。

林　你不用害怕柯乐克,但是你总得老实告诉你丈夫。

娜　我不告诉他。

林　那么,那封信会告诉他。

娜　姬婷,多谢你。我知道我该怎样办了。不要响!

郝　(从房里出来)林敦夫人,你可曾仔细赏鉴?

林　我已经赏鉴了,明天再见罢。

郝　你就要走了吗?这块编织是你的吗?

林　是的,多谢你,我几乎忘了。

郝　原来你做编织吗?

林　是的。

郝　你不该做编织,该做挑花。

林　为什么呢?

郝　因为挑花的姿态好看些。我做个样子给你看。你把左手拿着挑花品,右手拿着针，这样挑来挑去，很好看的。你说对不对？

林　是的，我也这样想。

郝　但是编织便不同了。编织总不好看。你看，两只手腕差不多摆在一块，编织的针走上走下，很像中国人的神气，怪难看的。……他们今晚给我们喝的香槟酒真好得很！(这一节极无意识的话，是写郝尔茂喝多了酒，有点醉了，故说话没有条理。看末句可见)

林　明天再见，娜拉，你不要再固执了。

郝　说得好。

林　郝尔茂先生，明天会。

郝　(送他到门口)明天会，明天会。我本该送你回去，……但是你也没有多少路走。明天会，明天会。(林敦夫人走了。郝尔茂关上大门，回进房来)好了，好容易把他弄走，讨厌得很。

娜　滔佛，你疲倦了吗？

郝　我一点也不倦。

娜　不瞌睡吗？

郝　一点不瞌睡。我反觉得精神很好。你呢？你很像又倦又瞌睡了。

娜　是的，我很倦了。我巴不得立刻就去睡了。

郝　你看，我不许你再跳舞了，原来是不错的。

娜　你做的事总是不错的。

郝　(亲他的额角)我的小鸟儿这回说话才有点道理。你可看见南陔今晚那么高兴？

娜　真的吗？他居然那么高兴吗？我今晚不曾同他说过话。

郝　我同他也不过说了几句话。但是我好久不曾见他有这样兴致了。(对着娜拉细看，走近他身边)我们回家来，我同你坐一块，——你这迷人的东西！——可不好吗？

娜　不要那样对我看。

郝　难道我不该看我最亲爱的小宝贝吗？不该看我自己的，我一个人独占的好宝贝吗？

娜　(走到桌子那边去)你今晚不要对我说这种话。

郝　(跟过来)我看你血管里还带着那“太兰梯拉”，所以你今晚格外可爱，格外动人。你听,楼上的客也都要散了。(低声说)再过一会,这屋里便都安静了。

娜　我巴望如此。

郝　可不是吗?我的娜拉。你知道我同你出去赴宴会的时候,我总不大同你说话,往往故意避开你,只不过偶尔偷看你一眼——你知道我为什么要这样?我心里总想我们好像还不过是暗地里相爱,好像我们还不过暗地里许了婚姻,好像人家都不知道我们有什么亲密的关系。

娜　是的,是的。我知道你的心思时时刻刻都在我身上。

郝　每到了要回来的时候,我把你的围巾披在你那可爱的肩上,——披在你那可爱的颈儿上,——我每想你好像还是我的新娘子,好像我们刚行了婚礼,第一次带你回家,——第一次和你独自在一块,——第一次和我的含羞的小宝贝在一块!即如今晚,我心里不想别的,只想你一个人。当我望着你飘来飘去跳那"太兰梯拉"时,我的心也飘飘荡荡的,我的血都滚了,我再忍不住了,所以我那么早就拉你回来。

娜　走开,滔佛!你不要来缠我。不要……

郝　什么话?我的小娜拉,你当真同我闹玩笑?你不要?你不要?难道我不是你的丈夫吗?(外面有人敲门)

娜　(一惊)你听见吗?

郝　(走到外厅)谁?

南陔医生　(在门外)是我。我可以进来坐一会吗?

郝　(嘴里咕噜说)讨厌,他这时候来干什么?(高声)等一等。(开门)进来,你真要好,总不肯过门不入。

南陔　我走过这里,好像听见你的声音,很想进来望一望。(四面一望)这个房间和我亲热极了。你们俩儿在这里很快活,很清静。

郝　但是你在楼上也很高兴了一番。

南　快活极了!我为什么不高兴高兴呢?人生在世,有得受用时,为什么不受用呢?人生能受用多少,就该受用多少;能快活几时,就该快活几时。今晚的酒真好!

郝　那香槟酒更好。

南　你也这么说吗?我几乎不相信就会喝了那么多。

娜　滔佛今晚喝的香槟酒也就不少。

南　他也喝了许多吗?

娜　是的,他喝了酒之后,总是很高兴的。

南　一个人整整的忙了一天,到了晚上应该高兴高兴才好。

郝　整整的忙了一天? 我可不配说这话。

南　(拍郝尔茂的背上)我倒可以说这话。

娜　南陔先生,你今天一定是做了一天科学的研究了。

南　正是如此。

郝　你听我的小娜拉居然谈起科学的研究来了!

娜　我可以恭喜你研究的结果吗?

南　可以。

娜　结果很好吗?

南　好极了。于病人也好,于医生也好。我得的结果是“一定无疑”四个字。

娜　(接着追问)“一定无疑”?

南　绝对的“一定无疑”。你想我得了这样结果,还不该高兴一晚吗?

娜　你正该高兴一晚。

郝　只要你明天不用还快活账。

南　那是没有的事。人生在世那一件是可以受用了不还账的?

娜　南陔先生,我知道你很欢喜奇装跳舞。

南　是的,只要有许多有趣的奇装的人。

娜　我问你! 我们两人下一次去奇装跳舞会时,应该扮做什么?(此时娜拉有死志,故说“我们两人”)

郝　你这小孩子,早又想到第二次跳舞了。

南　你说我们两人吗? 我告诉你:你可扮一个仙女。

郝　很好,但是扮仙女该穿什么衣服呢?

南　不用别的,他只穿家常衣服就是了。(南陔本爱娜拉,故说娜拉穿家常衣服,即是仙女。深赞其美也)

郝　你真会说。但是你不曾说你自己扮做什么。

南　我吗? 我早已打定主意了。

郝　什么?

南　下一次奇装跳舞,我来的时候,你们都瞧不见我。

郝　这个主意倒很好玩的。

南　我要戴上一顶黑的大帽子,——你们不知道有一种黑帽子戴上了可使人看不见吗?

(西洋人画死神,作髑髅像,戴黑色大帽)

郝　(忍住笑)是的,不错的。

南　呵,我几乎忘了我进来干什么。郝尔茂,请你给我一支雪茄烟,要那种黑色的哈巴纳。(哈巴纳是古巴京城。其地出雪茄亦名此)

郝　请请。(把雪茄烟盒递给他)

南　(拿了一支,割去一头)谢谢。

娜　(替他擦一支火柴)让我给你一个火。

南　多谢多谢。(娜拉拿火柴,南陔点着雪茄)现在我要同你们告别了。

郝　明天见。

娜　南陔先生,我望你安睡。

南　多谢你的好意。

娜　你也该那样回敬我。

南　你?也好,你要我说,我只好说。我望你安睡。(娜拉知南陔将死,故祝其安睡。又以自己亦有死志,故欲南陔反祝之也)多谢你替我点火。(点点头,他走了)

郝　他喝得太醉了。

娜　(有意无意的)想必是的。(郝尔茂袋里摸出一串钥匙,走进外厅)滔佛!你去干什么?

郝　我把信箱子倒出来。这箱子都满了,明天的报纸要放不下了。

娜　你今晚还办事吗?

郝　你知道我今晚是不办事的。——什么?有人弄过这把锁。

娜　弄过这把锁?

郝　是的,这是什么道理?我想不到这女底下人……原来是一根断了的头发簪。娜拉,这是你的簪。

娜 (忙答)那一定是小孩子们……

郝 你该不许他们做这种事。好了,居然弄开了。(把信件拿出,厨房边喊道)爱兰,爱兰,把门口的灯吹了。(进房来,把通外厅的门关了。手里拿一大堆信)你看,这样一大堆!(把信翻过来)这是什么东西?

娜 (站在窗边)是信吗!滔佛,不要看!不要看!

郝 是南陔的两张名片。

娜 南陔医生的吗?

郝 (读名片)"南陔医生",这两张名片在顶上,一定是刚才他出去时丢下去的。

娜 上面可写了什么?

郝 名字上有一个黑十字。你看,这不是吉兆,他好像是替自己报死信。

娜 正是这个意思。

郝 什么?你知道这事吗?他对你说过吗?

娜 是的。他对我说,他的名片来时,那就是他和我们告别了。他要关了门去死。

郝 可怜的人儿!我早知道他活不长久了。想不到这样快!他竟这样躲起来,像受了伤的野兽带伤进洞去。

娜 一个人要死的时候,还是不声不响的死得好。你说对不对?

郝 (走来走去)他竟成了我们生活的一部分。我真不信他会这样死了。他一生的寂寞苦恼,比起我们家庭的快乐,就像日光衬着黑云,觉得苦乐格外分明。——也罢,这是无可如何的事。在他自己看来,或者还是这样好。(忽然站住)于我们两人也未必不好。娜拉,我和你如今少了一个好朋友,更亲密了。(抱住他)我的爱妻,我心里总觉得不知怎样才可紧紧留住你。娜拉,你可知道我常常希望你有一天遇着一点大危险,好让我拚着性命抛了一切来替你出力。

娜 (推开他,斩钉截铁的说道)滔佛,你现在可以看你的信了。

郝 不,不,今晚不看了。我的好宝贝,我要陪你。

娜 你难道不想着我们那位临死的朋友吗?

郝 不错。他这个消息扫兴的很。我们心里想着死的可怕,便没有兴致了,我们总得把这种念头排解开去。这个时候,我们只好暂时分开来住。

娜 (抱住他丈夫的头颈)滔佛,明天见!明天见!

郝　(亲他的额)明天见,我的黄莺儿。你好好的去耍罢。我睡去看我的信了。(他拿了信,走进他自己的房)

娜　(睁着眼,摸来摸去,拿起郝尔茂的罩衣,披在身上,嘴里断断续续的自言自语道)再见不着他了。永不见了,永不再见了。(把他自己的围巾围在头上)永不再见我的孩儿们了。永不再见了！永不再见了！啊,那乌黑冰冷的水！——那无底的河！——我巴望什么事都完了！——他拿到了那封信,他正在看咧。——哦,还没有！——滔佛,告别了！——我的孩子们,告别了！……(他正往外厅跑,忽然郝尔茂用力把房门推开,站在门口,手里拿着一封拆开的信)

郝　娜拉！

娜　啊！……

郝　这是怎么一回事？你知道这信里说的什么？

娜　我知道。你让我走,让我过去。(娜拉欲投水死)

郝　(拉他回来)你到那里去？

娜　(用力想摆脱他丈夫的手)我不要你救我,滔佛。

郝　(退一步)当真的吗？他说的都是真的吗？没有的事,这断不会是真的。

娜　全是真的。我只知道爱你,别的什么都不顾了。

郝　呸,不要把这种蠢话来推托！

娜　(走近他丈夫一步)滔佛……

郝　你这混账的妇人,干得好事！

娜　让我去——我不要你救我！我不要你把这桩罪名担在你身上！

郝　不要装腔做戏给我看。(把房门锁了)我要你站在这里老实招来。你知道你干的什么事？你说！你自己明白不明白？

娜　(睁着眼望他丈夫,冷冷的答道)我现在方才完全明白了。

郝　(走来走去)哼！可怕！到这时候我才睡醒！过了八个足年,——我最疼的,最宠爱的人,——原来是一个骗子,——比骗子还要更坏,还要更坏,——原来是一个犯了罪的罪人。唉,说不尽的丑！——呸！呸！

(娜拉不开口,只眼睁睁的望着他)

郝　我该早知道了。我该早料到有这一天。你父亲种种不规矩,——(娜拉正要开口)不许开口!——你父亲种种的不规矩,都传给你了,——没有宗教,没有道德,没有责任心。我当初替他遮盖,如今我来受这种报应!我当时帮他的忙,为的全是你。如今你这样报答我。

娜　正是。——这样报答你。

郝　你断送了我的终身幸福。你断送了我的前程。哼,想起来真可怕!我现在被你送到那个光棍的手里,由他摆布,由他勒索,由他指挥,我只好件件依他。——种种的祸事,全都因为一个不懂事的妇人!

娜　我死了,你就没有事了。

郝　哼,你倒说得好听。你真像你父亲,他到处把许多好话挂在嘴上。你说你"死了",死了你于我有什么好处?一点好处都没有。他还可以把这件事传扬出去,人家免不得疑心我和你同谋,人家或者竟会疑心是我出的主意,把你哄出来干这事。——总总一切,总算我承你的好意,蒙你这样照应我,总算我疼了你这几年!你如今明白了你替我干的什么事?

娜　(镇定冷淡的答道)我明白了。

郝　这件事真是梦想不到,我竟摸不着头脑。但是我们总得商量一个办法。把你的围巾脱下来。脱下来,你不听见吗?我必须想个法子安慰他,这件事无论如何不可叫外面知道。——至于我和你两个人,我们外面还照常做夫妻,——外面还照常,你要知道。你自然仍旧住在这里。但是我不许你看管这些小孩。我不敢把他们付托给你了。唉,我真想不到要对你说这种话,——对我心上从前爱过,现在还……但是爱情是已往的事。从今以后,不能讲什么快乐不快乐了,只好补救补救装个面子,免得出丑……(门铃响,郝尔茂吃一惊)什么事?这时候!难道这事已经到了那步田地?难道他……娜拉,快躲起来,你说病了。(娜拉不动身。郝尔茂把房门开了)

爱兰女仆　(披着衣服,在外厅上)奶奶,有一封信是给你的。

郝　拿来给我。(抢过信,关上门)果然是他的信。我不给你看,让我看。

娜　你看!

郝　(走到灯光下)我几乎不敢拆这信。恐怕我和你两个人都断送了。——也罢,我总得知道。(撕开信封,看了几行,又看了信里夹的一张纸,大喜喊道)娜拉!

(娜拉不明白,只对他望)

郝　娜拉！且慢，等我再读一遍。——不错的，不错的。我有救了！娜拉，我有救了！

娜　我呢？

郝　自然你也有救了，我们两人都没事了。你看，他把你的借据送来还你。他说他对不住得很，很抱歉的。他说他现在转了好运，……啊，管他说的什么，我们没事了就是了。现在没人能害你了。啊，娜拉，娜拉，——且慢，先把这件可恶的东西毁了。等我看看；——（看借据）——我看他做什么？好像做了一个梦。（把柯乐克的两封信和借据都撕成几片，抛在火炉里，对着烧了）完了！——他说从圣诞节的头一晚起，——啊，娜拉，你这几天一定很难受。

娜　我这三天真不容易过。

郝　你烦恼的时候，想来想去，想不出别的法子，只有……那样可怕的事，现在且不要去想。我们正该高高兴兴的唱道，“完了，没有事了！”娜拉，你听见吗？怎么你好像不大明白，现在已没事了？你为什么这样板板的放下脸来？哦，我懂得了，你疑心我还不曾恕你的罪吗？娜拉，我可以发誓，我一点都不怪你了。我知道你干的那事全因为你爱我。

娜　那是真的。

郝　你那样爱我，正是做妻子的应该爱他丈夫的道理。不过你缺少阅历，用错了方法。但是你当真想我因为你不会做自己担干系的事，就不爱你了吗？千万不要那么乱想。你只要一心一意靠着我，我自然会教导你，指点你。若是你这样无能无用的女孩儿相还不能使我加倍疼爱你，我还算什么男子汉？刚才我一时气急了，觉得好像天翻地覆一般，不免说了几句气话，你可不要记在心上。我已经恕了你的罪，娜拉，我可以发誓说我已经饶恕了你。

娜　多谢你饶恕了我。（向右边出去）

郝　不要去！（向门里看）你去干什么？

娜　（在里面说）我去把奇装跳舞的衣服脱了。

郝　（在门边说）不错，去脱了。我那受了惊骇的黄莺儿，你且安静一会，定一定心。你不用害怕。凡事有我咧。我的翅膀大，可以保护你。（在门边踱来踱去）娜拉，我们的家庭何等安逸！何等可爱！在这家里，你不用怕什么。我可以保护你，如同保护我从鹰爪里救出来的鸽子一样。等一会我就要把你那拍拍跳的心定下来。到了明天,什么事都忘记了,还照从前一样。我不用再说我饶恕你了,你心里自然会知道我这话是真的。难道我会有那样狠心肠要赶你出去吗?不要说赶了,我舍得责怪你吗?娜拉,你真不懂得男子的心肠。一个男子饶恕了他妻子的错处,真真实实的饶恕了他,从心窝里饶恕了他,——这里面有一种说不出的畅快。从此他妻子便加倍成了他的私产了。做妻子的受了他丈夫这样恩典,就像死了重生一般;不但做他的妻子,竟成了他的孩儿了。我的好孩子从今以后,你也该这样待我。娜拉,什么事都不用烦恼。你只要坦坦白白的待我,我自然可以做你的志向,又可以做你的良心。……(娜拉换了家常衣服,走进来)怎么,你还不去睡吗?你换了衣服吗?

娜　是的,滔佛,我把衣服换了。

郝　这时候换他做什么?

娜　今晚我不睡了。

郝　但是,我的亲娜拉……

娜　(看他的表)此刻还早。滔佛,坐下来,你和我有许多话要谈谈。(他自己坐在桌子的一边)

郝　娜拉,这是什么意思?你这冷冰冰的脸儿……

娜　坐下来。话长呢?

郝　(坐在桌子那一边)娜拉,你来吓我。我不懂你。

娜　正是如此,你不懂我。我也不曾懂得你,——直到今天晚上。你不要打岔,你听我说。我们不能不算一算账。

郝　这话怎么讲?

娜　(略停一会)我们两人坐在这里,你觉得有什么感触吗?

郝　有什么感触?

娜　我们结婚了足足八年,今天刚是第一次我同你两个人正正经经的开谈。

郝　正正经经的!什么叫做"正正经经的"?

娜　这八年之中,——还不止八年呢——自从我们初次认得,我们两从不曾谈了一句正经话,从不曾谈到一件正经事。

郝　我怎肯把那些你管不了的事来麻烦你。

娜　我不说那些家庭的困难。我说的是,我你从不曾好好的坐下来切切实实的谈过什么事。

郝　但是,我的娜拉,谈了于你有什么益处?

娜　正是如此,你从来不曾懂得我。我一生吃了大亏,先吃我爸爸的亏,后吃了你的亏。

郝　什么话?世上谁能像我同你爸爸那样爱你?你还说吃了我们两人的亏!

娜　(摇摇头)你何尝爱我?你不过觉得恋爱着我是很好玩的。

郝　你说的这是什么话?

娜　这是千真万真的话。我跟着爸爸的时候,他怎么说,我也怎么想;他怎么想,我也怎么想。有时候,我的意思与他不同,我也不教他知道。为什么呢?因为他不愿意我有别样的意见。他叫我做"玩意儿的孩子",他把我做玩意儿,正像我玩我的玩意儿一样——后来我到你家来和你同住……

郝　"到我家来和我同住?"你说的是我们的结婚吗?

娜　(不睬他)我说我那时不过是从爸爸手里换到你手里。你样样事都安排得如你自己的意。你爱什么,我也爱什么——或是我故意爱什么——我究竟不明白还是真同你一样嗜好,还是有意如此——大概是有时是真的,有时是故意的。我如今回想起来,简直像一个叫花子,讨在手里,吃到肚里。滔佛,我在这里只不过是玩把戏给你开心。都只为你要我这样做。你同爸爸害得我不浅。我现在一无所能,都是你们两人的罪过。

郝　你真不讲道理,真忘恩负义,娜拉!你在这里,难道不曾快活过。

娜　我不曾快活过。我那时以为我很快活,其实不曾。

郝　不曾快活过?

娜　不曾,不过高兴高兴罢了。你并不曾待差了我。但是我们的家庭实在不过是一座戏台。我是你的"玩意儿的妻子",正如我在家时,是我爸爸的"玩意儿的孩子",我的孩子们又是我的"玩意儿"。你同我玩,我觉得很好玩。正如我同他们玩,他们也觉得很好玩。滔佛,这就是我们的结婚生活。

郝　你这番话虽然有点太过分了,但是里面却也有点道理。这都是过去的事,将来便不同了。玩的时候过了,如今该是教育的时候了。

娜　谁的教育？是我的还是孩子们的？

郝　两边都有，娜拉。

娜　只可惜，滔佛，你不配把我教育成你的好妻子。

郝　你又配说这话吗？

娜　我也不配教育小孩子们。

郝　娜拉！

娜　刚才不是你自己说，你不敢把小孩子们交给我吗？

郝　那是气头上的话，记着他做什么？

娜　其实你那话真不错。我不配干那事。我还有我自己的事要做。我总得设法教育我自己。——你不配教育我。我须要自己教自己。因此我现在要离开你这里了。

郝　（跳起来）你说什么？

娜　我如果想要懂得我自己和我自己的事，非得独居不可。因为这个缘故，我一定不能同你住下去了。

郝　娜拉，娜拉！

娜　我立刻就要走了。我想姬婷总可以留我住一夜。

郝　你疯了！我不许你走！我禁止你走！

娜　你现在禁止我也不中用。我只带我自己的东西。无论现在将来，你的东西我一点也不要。

郝　你怎么疯到这样！

娜　明天我要回家去，——回到我的老家去。我想那里总该可以找点事体做。

郝　你一点阅历都没有。

娜　我没有阅历，应该去得一点。

郝　你就这样去了你的家，你的丈夫，你的儿女了吗？你不想想旁人要说什么！

娜　我也不管旁人说什么。我只知道我该这样做。

郝　这真是岂有此理！你就可以这样抛弃你那些神圣的责任吗？

娜　你以为我的神圣的责任是什么？

郝　还用我说吗？可不是你对于你的丈夫和对于你的儿女的责任吗？

娜　我还有别的责任，同这些一样的神圣。

郝　没有的。你说那些是什么?

娜　我对于我自己的责任。

郝　第一要紧的,你是人家的妻子,又是人家的母亲。

娜　这种话我如今都不信了。我相信第一要紧的我是一个人,同你是一样的人。无论如何,我总得努力做一个人。我知道多数人都同你一样说法,我知道书上也是那样说。但是从今以后,我不能信服多数人的话。也不能信服书上的话。一切的事我总得自己想想,总得我自己明白懂得。

郝　你自己明白懂得你在家的地位吗?这种问题,你难道没有靠得住的指导吗?你难道没有宗教吗?

娜　滔佛,我实在不知道宗教究竟是什么东西。

郝　你这话怎么讲?

娜　我只知道我进教的时候我们的牧师对我怎么说。他说宗教是这个,是那个;是这样,是那样。等我离了此地,一个人慢慢的去想想看。我要看看那牧师说的话是不是真的,至少我总得看看他的话我自己身上是不是真的。

郝　我从来不曾听过一个年轻妇人会说这种话?宗教不能引你向善,我且提醒你的良心,——你总该有一点道德观念?难道你连这个都没有吗?

娜　滔佛,这话不容易回答。这些事我真不懂得。我只知道我的意见和你全不相同。我听说国家的法律同我心里想的全不相同,但我总觉得那些法律是不对的。法律说一个妇人不该免了他临死的父亲烦恼,也不该救他丈夫的性命。这种法律我不相信。

郝　你说话真像小孩子。你不懂得你现在住的是一种什么世界。

娜　我真不懂得。但是我要去学习学习。我要看看究竟是我错了,还是世界错了。

郝　娜拉,你病了,你说的都是害热病的话。我几乎当你有点疯了。

娜　我一生从来不曾有今夜这种明白清爽。

郝　你难道明明白白清清楚楚的把你的丈夫儿女都丢了?

娜　正是。

郝　这样看来,只有一个解说。

娜　什么解说?

郝　你如今不爱我了。

娜　一点都不错。

郝　娜拉,你当真肯说这话吗?

娜　我说这话,滔佛,我心里也不好过,因为你待我很好。但我也不能不说。我如今不爱你了。

郝　(勉强镇住自己)这也是你明白清楚的话吗?

娜　是的,非常明白,非常清楚。因为如此,所以我不能再住在你这里。

郝　你可以告诉我,为了什么事你不爱我了?

娜　可以。就是今晚。我盼望一件"奇事"出现,却没有出现,我才知道你不是我这几年来理想中的你。

郝　这话我不懂。

娜　我眼巴巴的望了八年,我也知道那种"奇事"不是天天有的。后来这件祸事发生,我心里想那件奇事不能不出现了。当柯乐克的信还在那信箱里的时候,我万想不到你会遵依他要求的条件。我以为你一定会对他说,"你尽管发表这事。"发表之后……

郝　发表之后,我把我妻子的名誉体面一齐丢了,又怎样呢?

娜　发表之后,我以为你一定会挺身出来,把一切罪名都担在你自己身上,说,"这事是我做的。"

郝　娜拉!

娜　你的意思以为我一定不肯让你为了我去牺牲自己吗?我自然不肯。但是我说的话哪有你的话能使人相信?——这就是我又巴望又害怕的"奇事",因为我想阻住他,所以我自己去寻死。

郝　我日夜替你做事,忍穷忍苦,我都愿意。但是世上没有一个男子肯为了他所爱的妇人牺牲自己的名誉。

娜　几十万的妇人都肯为了他们的情人牺牲名誉。

郝　你所想的所说的都像一个蠢孩子。

娜　你所想的所说的也不像我愿意嫁的男子。后来你的惊吓过去了,——你害怕的，并不是为我，全是为你自己，——后来事体完结了，你自己一方面还只当没有这回事，我仍旧是你的小雀儿，你的玩意儿，仍旧那样不中用，要你加倍的保护。——（站起来）——滔佛，就在那时候，我忽然大觉大悟，我这八年原来只是同一个陌生人住在这里，替他生了三个小孩子。——唉，我想起来真难过！我恨不得把自己扯得粉碎！

郝 （带悲容）原来如此，原来如此。我们两人中间今隔开了一条无底的界河。娜拉，这条界河还可以填得满吗？

娜 现在的我已不是你的妻子了。

郝 我还可以做一个完全改变的人。

娜 只要把你的"玩意儿"去了，你或者可以改变。

郝 当真和你分开吗？不行，不行，娜拉，我不懂你这个意思。

娜 （从右边出去）你不懂我们更该分开。（他又回来，着大衣，帽子，一个小包裹，都放在桌边椅子上）

郝 娜拉，娜拉，现在不要去！等到明天罢。

娜 （穿上大衣）我不能在陌生人房里过夜。

郝 我们不可以当哥哥妹子那样住下去吗？

娜 （戴上帽子）你知道那样办法是不会长久的。（披上围巾）滔佛，再会了。我也不去看小孩子们了。我知道有比我好的人照管他们。我现在这个样子，他们也用不着我了。

郝 将来总有一天，娜拉，我们……

娜 那个我不知道。我自己也不知道我将来如何。

郝 无论怎样，你还是我的妻子。

娜 你听我说。我听人说一个妇人像我这样离开他丈夫的家，他丈夫对他可以完全不管了。无论那话确不确，我把你对于我的一切责任一齐取消。我对你，你对我，如今全不相干。两边都有完全自由。拿去，这是你的戒指。把我的还我。

郝 连那个都要吗？

娜 也要。

郝 拿去。

娜 好的。现在什么事都完了。我把这些钥匙都放在这里。这屋里的事，这些女人比我还熟的多。明天我动身之后，姬婷会来拿我从家里带来的那些东西。我要他随后寄来。

郝　都完了！都完了！——娜拉，你还会想着我吗？

娜　我知道我总要常常想着你，和小孩子们，和这所房子。

郝　我可以写信给你吗？

娜　千万不要写。

郝　至少我可以寄点……

娜　什么都不要。

郝　你如果到了困难的日子，可以让我帮衬你一点。

娜　不要。我不能受陌生人的帮衬。

郝　难道我于你只不过是一个陌生人吗？

娜　（提了包裹）滔佛，那须要等“奇事中的奇事”发生。

郝　你告诉我什么叫做“奇事中的奇事”？

娜　你和我都要改变到……滔佛，我如今不信世上真有“奇事”出现了。

郝　你不信，我却要信。你告诉我，我们应该变到怎样？

娜　须要变到那步田地，要使我们同居的生活，可以算得真正夫妻。——再会了。（他从外厅上走出去了）

郝　（倒在门边一张椅子上，坐下，双手蒙着脸）娜拉，娜拉！（抬头四望，站起来）没有人了，他去了！（忽起作希望之心）“奇事中的奇事？”（外面大门关闭的声音）

（第四卷第六号，一九一八年六月十五日）

不自然淘汰

〔瑞典〕August Strindberg 著 周作人 译

A. Strindberg(1849—1912 年)为瑞典近代最大文人。又多所学问,凡天文、矿物、植物、化学、经济、历史、伦理、哲学、美学,皆有著作。文章一类,则有戏曲五十六种,小说三十种,其精力盖非常人所及。尝为 Stockholm 图书馆员,有中国文书未编目,乃习华文定订之。又研究十八世纪中瑞典与中国之交际,作文发表,得俄国地学会赏。其博学多能,盖除 Goethe 外,世间文人,莫能比类也。

A. Strindberg 于一八七九年作《赤屋》(*Röda rummet*),仿 Dickens 体,写社会恶浊情状而更精善,遂有名。及短篇集《结婚》(*Giftas*)出,世论哗然。其书言结婚生活,述理想与现实之冲突,语极真实,不流于玩世,而反对者乃假宗教问题罗织成狱,然卒无罪。又作自叙体小说九部。《婢之子》(*Tjänstekvinnans son*)、《痴人之忏悔》(*Die Beichte eines Thoren*,原书为本国所禁,故以德语刊行)、《地狱》(*Inferno*)等最有名。

A. Strindberg 著作中,戏曲尤为世间所知,与诺威之 H. Ibsen 并称,如《Julie 姬》(*Fröken Julie*)、《父》(*Fadren*)、《伴侣》(*Kamraterna*)皆是。其艺术以求诚为归,故所有自白,皆抒写本心,毫不粉饰,甚似 Tolstoy。对于世间,揭发隐伏,亦无讳忌。又缘本身经历,于爱恋深感幻灭之悲哀,故非议女子亦最力,遂得 Misogynistes(厌恶女性者)之称。然其本原,固仍出于求诚也。《Julie 姬》剧自序有云:"人皆责吾剧为太悲,意似谓世间有欢愉之悲剧也者。世人喜言人生之悦乐。剧场所需,亦唯诙谐俗曲。一若人生悦乐,即在愚蠢中间。剧中人物皆患舞蹈病(chorea),或悉白痴也。吾则以为人生悦乐,乃在人生酷烈战斗之中。吾能于此中寻求而有所得，斯即吾之悦乐也。”此一节，足为 Strindberg 艺术之正解，即其行事思想，亦可因是解悟，无余蕴矣。

（以上是译者从前所编《欧洲文学史》的一段。因为可供读者参考，所以抄在前面。以下所译，便是《结婚》中的一篇，原题是《不自然淘汰》，一名《种族之起原》。）

男爵读过《人生的奴隶》（译者按：这是指诺威人 Jonas Lie 做的 *Livsslaven*），听说贵族的孩子，倘不是吃下等社会的乳，就要灭亡，很是憎恶愤怒。他又读过《达尔文》，极相信这学说的精义是说：贵族的小孩子，因为历代淘汰的关系，是“人”类的最完善的代表。但又看了遗传说，他对于雇用乳母这件事，最为反对，因为一用乳母，那一种下等思想和欲望，岂不也要跟了下等社会的血，一起混入贵族的里面么？他所以决定他的夫人应该自己哺养孩子，倘若不能，便用牛乳瓶。他对于牛乳，有十足的权利，因为牛吃他的草。要是不给草，牛便要饿，而且甚或至于不能生存。

孩子生了。是一个男孩！他的父亲，在男爵夫人怀孕确定以前，很觉忧虑。因为他是穷人，他的妻子却极有钱。要不是结婚后生下一个合法的嗣子，他不能得他妻子的财产。——依嗣续法〇〇章〇〇节——所以他现在的喜欢，大而且真。这孩子是一个透明的纯种，黄蜡色的皮底下，隐出蓝色静脉，他的血可是太少了。他母亲身段极好，同天使一样；吃的是顶好的食物，着的是最厚的皮，都从异域各地运来。她的脸上，有一种贵族的苍白色，表明她是高贵出身的妇人。

她自己哺养孩子。这样做去，他们生长在这世界上，便毫不受农妇的恩惠。男爵从前所读的，都是诳话罢了。孩子吃了乳，又只是叫喊，约略有两个礼拜。但是凡有孩子，都是要叫喊的，这也算不了什么。可是这孩子渐渐瘦了，瘦得很可怕，于是请了一个医生来。他同父亲暗地里说，如果男爵夫人自己哺养下去，这孩子一定要死，因为男爵夫人一则神经过敏，次则没有什么可以养育孩子。他将母乳行了定量分析，用“方程式”证明，倘若不改哺养的方法，这孩子只好挨饿。

这怎么好呢？孩子是死不得的。牛乳呢？乳母呢？乳母这件事，不必提了。现在只好姑且试用牛乳罢了。但是这医生的方子，是只用乳母一味药。

最好的荷兰牛，曾在本县领过金赏牌的牛，隔离起来，用上上的干草去饲它。医生将牛乳分析过了，一切都好。这方法简易极了。从前未曾想到，真真奇极！这样子，人都不必雇乳母了。乳母是个暴君，人不敢违拗它，又是个游惰的人，要人去养活它，更不必说有传染病了。

然而小孩还是瘦，又还是叫喊。他连日连夜地叫。这一定是生了胆汁病了。于是又养了一只母牛，重新分析过了。牛乳中间，又和了 Karlsbad（译者按：这是地名，有著名的温泉）的泉水，真正的 Strudel（译者按：字书说是一种饼饵，又有旋涡发泡及喷出的几个意义，所以疑他又是一种汽水），然而孩子还是叫个不住。

医生说："除了雇乳母，没有别的法子了。"

男爵说："啊！除了这一件，别的都可以。人不愿强夺别家的孩子，因为这事违反自然；而且遗传又怎么样呢？"

男爵正讲自然不自然的时候，医生告诉他说，倘使自然得势，贵族就要灭亡，财产全归公家。这正是自然的智慧，人类文明不过是一种愚蠢的争斗，同自然反抗，人类毕竟要被克服。男爵的种族，是一定灭亡的了，他的妻子不能养育他的种子便是证据。只有或买或偷了别人的乳吃，才能够活着。所以这种族的生存，全靠强夺，下至最小的事情，也是如此。

甲　"买乳能说是强夺么？这是买呢！"

乙　"是的。因为买的钱，是工作得来的。谁的工作？平民的工作！贵族是不能工作的。"

甲　"医生是个社会党！"

乙　"不然，是个达尔文派。但是叫他社会党，也不介意。这于他毫无关系。"

甲　"然而购买究竟不是强夺。这句话太重了。"

乙　"用钱购买，便不是他自己挣来的。"

甲　"这是说用两手工作挣来的么？"

乙　"对了。"

甲　"照这样说，那医生也是强盗了。"

乙　"正是，但是他终不肯埋没真理。男爵不记得那悔悟的贼，说出这样真话的故事么？"

这谈论中途打断，男爵请了一位有名的大学教授来了。大学教授一到，便立刻叫他是杀人犯，因为他没有早雇乳母。

男爵此时须得劝服他的夫人，将他从前的议论，完全取消。特别注重申说一件事情，就是——依嗣续法的规定——对于他孩子的爱。

但是乳母从哪里来呢？市内是不必去寻了，因为市内的人，全是腐败的。只可寻一个乡下女子罢了。然而男爵夫人很是反对，以为有了小孩的女子，一定是不道德的人，她的儿子，将来也怕染了习气。

医生回答说，所有乳母，大抵是未嫁的女子。倘若小男爵传染了爱异性的习气，长成起来，可以成一个好人物。这类倾向，很应该奖励。至于农妇，未必肯就乳母的位置；因为有田地的农夫，总愿意和妻子一处生活，不肯分离的。

甲 “假如他们将一个女子，和一个农家长工结了婚，怎么样呢？”

乙 “这么办，须有九个月的迟延。”

甲 “又如他们替那有了小孩的女子，寻一个丈夫，怎样呢？”

乙 “这却是条好计。”

男爵认识一个女人，三月以前，生过一个孩子。男爵认识她，只是有点太熟了。他订婚过了三年，这其间因“医生的命令”，便瞒过约婚的新妇，有了不义的事。如今他便到这女人那里，对她说，她如果肯嫁给农家长工 Anders，随后到府里做了小男爵的乳母，可以得一所庄园。这样办法，她不但免了耻辱，还可得到利益，自然便应允了。于是约定礼拜这一日，将第一次、第二次、第三次的结婚通告，接连宣布。随后 Anders 便回到村里，两个月没有出来。

男爵看那女人的孩子，很觉羡慕。他是个大而且强壮的孩子。他并不美丽，但看他相貌，很可保得几代的繁盛。这孩子生下来，是打算来活的，可是他命运决定，不能达他的目的。

Anna 眼见她的小孩，拿到育婴堂去的时候，哭了一场，后来得了府里的好食物——她的食物是从食堂里分出来给她的，又有黑麦酒、葡萄酒，可以尽量地喝——也就安慰了。她又可以坐大车出门，有一个仆役和车夫，排着坐在前面。她又读《一千零一夜》（译者按：*Alf Laylah wa Laylah*，是十三世纪时编成的阿拉伯传说集，俗称《天方夜谭》），她一生，从来没有经过这样的好日子。

Anders去了两月,又回来了。她在家里一事不做,只是吃喝睡觉。他收了庄园,却又要他的Anna。她不能时时回家,看她的丈夫么?这却不能,男爵夫人决不答应。决不能有这种糊涂事!

Anna瘦了,小男爵又只是叫喊。医生又请了来,他说:“让她回去,看她丈夫。”

男爵说:“假使于孩子有害,怎样呢?”

医生说:“不会。”

但是Anders又须得先经“分析”(译者按:这“分析”二字,承上文分析乳汁而来,然在此处,只是检查的意思),Anders不肯。后来受了男爵送的几只胡羊,也就“分析”过了。

小男爵也不叫喊了。

此时育婴堂里来了通知,说Anna的孩子,因为白喉死了。

Anna整日焦急,小男爵比以前叫得更响。Anna就解雇,送她回到Anders家里,府中别雇了新乳母了。

Anders得他妻子回来,同在一处,很是喜欢,只是Anna却染了奢华的习惯,譬如咖啡茶,她不能喝巴西的,须得爪哇的才好。她的身体,不能许她一礼拜里吃六回鱼,又不能在田间做工(译者按:北欧滨海多鱼,所以鱼是贱品,不能多吃),所以庄里的食物,渐渐缺乏了。

十二个月之后,Anders本该将庄园交出,但男爵对他很有感情,许他仍旧住在里面,算作佃户。

Anna仍然日日进府做事,时常看见小男爵。他可是已经不认识了。这也是极好的事。然而他从前,终竟是在她怀里睡过的。Anna又牺牲了亲生的孩子,救了他性命。Anna却善于生育,生了许多儿子,长大起来,都成了工人和铁路小工,其中一人,是个罪犯。

老男爵眼巴巴的,只望着有一日,他的儿子也娶了妻子,生下儿女,可是他不甚强壮。假使将那死在育婴堂里的小男爵当了嗣子,这希望还可较为确实。男爵第二次读《人生的奴隶》时,他也只得承认:上等社会全仗下等社会的慈悲,才能存活。他再读《达尔文》时,他也不能否认:现在的自然淘汰,是全不自然。但事实终是事实,纵使医生和社会党竭力反对,也毕竟不能更改。

(第五卷第二号,一九一八年八月十五日)

改革

〔瑞典〕August Strindberg 著 周作人 译

这也是短篇集《结婚》里的一篇。从前读日本田村俊子著的《彼女之生活》,也感到同一的印象。但田村是"新妇人",将此事说得很痛切;Strindberg是一个 Misogynistes,自然别有一种气味。现在翻译这一篇,并非附和著者的态度,也不是因为他比田村有名,不过这篇较短。可是其中的问题,原是一样,很可研究,所以便译了这一篇。

中国第三人称代名词没有性的分别,很觉不便。半农想造一个"她"字,和"他"字并用,这原是极好。日本用"彼女"[Kanojo]与"彼"[Kare]对待,也是近来新造。起初也觉生硬,用惯了就没有什么了。现在只怕"女"旁一个"也"字,印刷所里没有,新铸许多也为难,所以不能决心用他。姑且用杜撰的法子,在"他"字下注一个"女"字来代。这事还得从长计议才好。

她看见世上女子,养大了,专给未来的男子做管家婆,心里很是气愤。所以她学了一种职业,终身可以自立。她是专做人工花卉的。

他看见世上女子专等嫁一个丈夫,好养活她,心里很是惋惜。他决心要娶一个独立自由的女人,能够自己生活,是他平等的人,是他一生的同伴,却不是管家婆。

命运断定,他们两个人,终于会见。他是个美术家;她呢,我已经说过,是做人工花卉的。他们都住在巴黎,同时怀着这样思想。

他们结婚,很是新式。他们在 Passy 租了三间房:中间是画室,右边是他的房,左边是她的。这样就废去了那一房两榻的制度——这可厌的事,不合自然,又是放纵亵渎的根源;而且也就废去了在一个房间里脱衣穿衣的不便。现在各人各有一间房子,画室当作中立的公共会场,便好得多了。

他们不用使女,自己烹调,单雇一个做短工的老妇人,早晚来做杂事。这法子想得极好,而且理论上也很对。

怀疑派便问:“假如你们有了孩子,怎样呢?”

“说哪里话!不会有这等事。”

诸事进行顺当。早上他出市去,买办食物,再调咖啡。她叠被褥,收拾房间。随后两人坐下,各自工作。他们工作倦时,随便谈天,互相忠告,笑着,很是欢乐。

到十二时,他生起灶火,她便去做菜。他煮牛肉,她跑到街上,到杂货店去;以后是她摆食桌,他将菜盛起来。

他们自然也相爱,同平常夫妻一样。他们各道晚安,走进自己房里,但门上没有锁,他敲门时,原可进来。可是房间狭小,到了早上,他们仍然各在自己房里。他就叩壁说:“小姑娘,早上好,你今天好么?”答道:“很好。你呢?”

他们早饭时的会见,像是一件新鲜经验,永远不会陈旧的。

他们晚上一同出门,时常和本国人相见。她并不反对烟草的烟,也不妨碍别人。人人都说是理想结婚,比他们尤为幸福的夫妇,还没有见过。

但是新妇的父母,住在远处,时常写了信来,发各种不雅的问:他们很望得一个外孙。Louisa 应该记得,结婚制度之设,是为子孙利益计,不是为父母的。Louisa 说,这意见是旧式。阿母问她,可曾想到,新思想的结果,不就是人类的全灭么?Louisa 没有从这方面想过,而且对于这问题也无趣味。她和她丈夫,都很幸福。幸福夫妇的榜样,已经宣布给世间看,世间却很妒忌他们。

生活很是愉快。两个人谁也不是谁的主人,费用是共同负担。有时他赚得多,有时她多,但算起来,他们寄附的资本,到底同一数目。

她的生日到了!早上醒时,做短工的老妇人拿了一球花进来,附着一封信,信笺上都画花卉,上面写道:

> 花蕊:呈夫人,拙画工上。祝夫人长寿,并请即赴早餐为幸。

她敲他的门——“进来!”于是他们早膳,坐在他的床边。这一日,特留短工老妇人,做一日事。这真是很可喜的一个生日!

他们的幸福,永远无缺。这样计有两年之久。所有预言者的话,都是假的了。

这真是模范的结婚!

但两年过去,新妇生病了。她说是中了糊壁纸的毒,他猜是一种微生物。是的,确是微生物,但事情有点不妙。应该有的事,却没有了。她想必受了寒了。然而又壮了起来。莫非患了肿瘤么?是的,他们怕她正是这病。

她去请医生看——哭了回来。这真是一种萌芽,但这件东西,总有一日须见阳光,开花,而且结果。

丈夫晓得了,欢喜得不知怎样才好。他跑到俱乐部,说大话给朋友知道,但他的夫人仍是啼哭。如今她的地位,将怎么样呢?她将不能工作赚钱,只好靠他生活。他们以后又不能不雇一个使女了。唉,那些使女呵!

所有从前的小心谨慎,撞着这不可避的岩石上,都已粉碎了。

但是丈母却写了很高兴的信来,反复申说,结婚制度,是神为保护孩子起见而设的,父母的快乐,算不得什么。

Hugo 求她不要因为将来不能赚钱,心里懊恼。她哺养小孩,岂不是已尽了她的工作么?这岂非同钱一样好么?钱这件事,正当说起来,无非也是工作,所以她的一份,也已经完全付清了。

她想现在自己要他养活了,过了许多日子,总是忘不了。但是小孩生了下来,她一切都已忘记了。她仍旧与他做妻室,做同伴,和从前一样,却又添了一件——做他小孩的母亲:这一件事,他觉比一切尤其可贵。

(第五卷第二号,一九一八年八月十五日)

结婚论

（译自威斯达马克氏《道德观念之起源与发展》）

杨昌济　译

自男女之关系，生种种之行为，遂至生道德之判断。吾是以有结婚之论。

考人类之历史，几无不结婚之时。此盖起源于猿人时代。故吾人可视结婚为两性动物同居稍久之关系。然自社会之组织观之，则更有特殊之意义。盖此乃风俗、法律所规定之结合也。社会定择配之法与结婚之形式及其同居之期限，此等规则，固道德、感情之表示也。

自其最初言之，则有某范围以内之人不许结婚之例。盖人类几无不恶亲属相奸，其有反此者，不过为少数之例外。唯亲属之不许结婚，其程度亦自有异。父子之间不结婚，乃极普通之事。同父同母之兄弟姊妹结婚，人皆以为大恶。然唯皇室间有之，因其血统太尊，不欲与臣下为偶也。有少数种人，有此不合法之结婚，或因离隔太甚，或因不正之冲动。或谓锡兰之威达种人，以与妹结婚，为正当之配偶。其实，此种不合法之配偶，从不为社会所容许。彼等谓同产相奸，其恶甚于杀人。有一流传之故事，谓威达人有因其妹诱奸而立杀其妹者，亦可见其反对此事之烈矣。此因不识威达人之习俗，故致有此误。彼等可与舅父之女或姑母之女结婚。彼等称表妹为妹。假如问威达人曰："汝与妹结婚否？"彼将曰："然。"若问曰："汝与汝亲生之妹结婚乎？"则必盛怒而斥之，以问者为侮辱之也。同姓不婚，乃此种人之习俗。无论若何疏远，决不为之。如此之结婚，乃亲属相奸也，犯者必死。

此类之禁制，未开化之民，较已开化之民更为繁重。有禁与全族为婚者，有犯此者，则视为大罪。

中国亦痛恶亲族相奸。若女子与堂伯叔或兄弟或侄有奸，则处以死刑。若男子与从母结婚，则处以绞罪。若男子与同姓之女子结婚，则杖以六十。古代亚利安种人，亦深恶此事。有一种人严禁母子、父女、翁媳之通奸,有犯者,则焚之。

关于近亲不许结婚一事,有种种之解说。以吾之所见,人类生而不喜与自幼同居之人结婚,而自幼同居者,多系骨肉之亲。此种厌恶之情现为风俗,成为法律,遂有不许近亲结婚之事。有多数人类学上之事实,可以证明此禁,不纯起于血统之关系,而由于亲密之同居。多数之种人有异族结婚之制,此不关于族谊之有无,但因其地方之关系。一群集或一村落之人,虽并无族谊,而亦不许结婚。此禁止之程度,各种人互异其风俗与法律。然通观之,则其禁止结婚之范围,似以亲密之同居而定。且亲属相奸之禁,往往偏于一方,或宽于母党而严于父党,或宽于父党而严于母党。此事又由其世代承继之为男系与女系而定。世代之承继既不能离地方之关系,故吾人可以推想,地方之关系,大有影响于禁止结婚之范围。但在多数事情之下,禁止结婚,唯间接关系于亲密之同居而已。其初固因厌恶与亲密同居之人结婚,而制定此法律,其后乃因同姓之故,而认为禁止结婚之关系。此制度势不得不偏于一方,或男系,或女系。唯其一方可以有详审之记载,而不能二者皆记之。其一方未经记载者,虽仍认为有亲谊,必渐怠而忘之,于是禁止结婚之事,于一方则甚严,或且及于全族,而于他方则否。又有一事当注意者,在原始人民之思想,以为姓乃同姓之人神秘之连锁。南生博士曰:"格林兰地方之人及各处之人,皆以姓为非常重要者。彼等以为两人同姓,则姓为此两人精灵之和合。"普通言之,据观念联合之法则,两人以同姓之故,觉其有亲密之关系,遂至以同姓为婚为亲属相奸。于是联宗者与抚异姓为子者,亦皆在禁止结婚之例。而罗马教与希腊教之禁止同姓为居,亦以精灵之关系为理由焉。

然则人何故厌恶与自幼同居之人结婚,或为两姓之接触乎?此或由天择之结果。达尔文研究植物之同花受精作用与异花受精作用,又就鼠、兔等动物为种种之试验,乃知植物之同花受精与动物之亲密孳乳,有害于其种。因其两性之作用,不甚相异也。生物学上之法则,可应用之于动物与植物者,即可应用之于人类。唯欲举近亲结婚有害之直接的实例,则亦非易易。近亲结婚,并无显然有害之实例。即父女、母子、兄弟姊妹不正之关系,其有害之结果,亦非必即刻可知。从父兄弟姊妹与从母兄弟姊妹之结婚,虽与吾人以可研究之机会,然据以前之观察,则其结论尚未判然。唯古今论及此事者,其中有多数之能人,无不谓此种结婚,为不利于生育,而吾人至今尚未见反对此说之科学的论证。从父兄弟姊妹结婚之有害,于野蛮之人种较为显著,因其竞争甚为激烈也。至文明社会中家资充裕之人,则其害不若斯之著。而此种结婚,多出于此阶级之人,此吾人所当记忆者也。

由以上所言,吾颇信近亲结婚为多少有害于种族。于是,人类之厌恶亲属相奸,可以说明之矣。人类非必常觉近亲结婚之恶影响,然天择之法则,必有作用行于其间。吾人类之祖先,亦如他种动物,必有无问亲疏互相婚配之时,然其间必有互异之情事。而两性之冲动,尤因人而不同。或与亲者为婚,或与疏者为婚,有生存而传种者,有数传而衰亡者。于是,厌恶不正结合之感情,以渐而强。此不以厌恶近亲结婚而现,而以厌恶自与幼同居之人结婚而现。而自幼同居者,常为骨肉之亲。此适者生存之结果。此冲动起于未有人类以前或起于既有人类以后,此则吾人之所不能臆断,然此必起于夫妇同居而子女生长于其膝下之时。而异族结婚,为此情之自然开展,又必起于众家族合为一部落之时,则可无疑也。

有反对余说者曰:"若亲密之同居,引起亲属相奸之厌恶,则夫妇亦亲密同居,何以不生厌恶之心乎?"然此两者,实不能视为同一。余所言者,乃人厌恶与自幼同居之人结婚也。自幼同居,其初并无情欲之感。夫妇则不然,其情欲不以同居而减,且有以同居而增者。然夫妇之间,亦非无经永久之同居,而毫不起情欲且厌恶情欲之事。有人谓亲属相奸,全赖法律禁止之力,乃不知分别者也。法律但能禁止亲属之结婚,不能禁止其相恋之情欲。柏拉图曰:"一不成文之法律,足以禁父女、母子、兄弟姊妹间之相奸而有余,盖无人发生如此之思想也。"因男女之欲于人为最强,故间有例外之事。然以其例外之少,足以证此种厌恶之情,确为人类之公性矣。

又有反对余说者曰:"人厌恶与自幼同居之人结婚,其说若确,则非亲而自幼同居者,亦同此例。何以前者视为相奸,而后者则否耶?"此当视其亲密之度若何。若如论者所言,引法人多与自幼同嬉游之女友结婚为例,尚不甚合。以余之所信,则义兄弟姊妹之结婚,其厌恶亦与亲生者无异。多数之人种不以如此之结合为然,且有实行禁止者。即同校之男女学生,亦有不愿互相结婚之事。芬兰某女校长,从事教育者多年,其所言甚有趣味。一青年曾向之言曰,彼与彼之同学,无人愿与同校之女学生结婚。余亦曾闻一少年言,彼分别同校之少女与他处之少女,谓后者乃真少女也。义兄弟姊妹结婚之不自然,既若此矣,然同产之结婚,实尤为使人厌恶之事。故此事之禁止,自昔已然,习俗斥之,法律禁之,宗教戒之。而义兄弟姊妹之结婚,则不甚为人所注意。

厌恶亲属相奸之情,更有神道之思想寓于其中。关于生育之事,昔人视为神秘。古代有一种人,以亲属相奸为大罪,谓如此则将生一畸形之怪物。又有一种人,亦有同一之思想,谓此乃祖先之罚也。苏门答腊有一种人,谓久旱为从兄弟姊妹相奸之所致。又有一种人,谓亲属相奸,常引起可惊之灾变,如地震、海啸、火山爆裂等是也。世界宗教,无不禁止亲属相奸。而在基督教国,则此等案件,归于宗教裁判。

不仅在一小范围之内不许互相结婚而已,此外更有一大范围,不许结婚者。此范围之广狭,亦以种族而异。无论何人,不愿其部中之男子或女子与他部之人结婚。若他部之程度较低,则此情尤甚。罗马人不与野蛮人结婚,曾有因此而处以死刑之事。今日欧洲之女子,若与澳洲之土人结婚,必见弃于其族类。多数之种人,唯于其部族之内结婚,于印度可多见此例。古代之秘鲁异郡异村之人,不许结婚。与外国女人结婚,为雅典人及斯巴达人之所不许。罗马人若与无罗马公民之资格者结婚,则其婚约为无约,其所生子女,但可认为私生。

禁止结婚之事,又行于同社会中殊异之阶级。试举数例以证明之。布拉济尔之野人,以自由人与奴隶结婚为非常可耻之事。在达希弟若有身家之女子,择一下贱之人为夫,则杀其所生之子女。在马来亚欺配拉果异阶级间之结婚,为社会之所不许,或为法律之所禁。在印度喀私德相异之人互相结婚,昔日事属可行,今则全然禁止。在罗马铺勒彼安人与拍特立先人初不得互相结婚;直至纪元四百四十五年始解除此禁。拍特立先人与克林特人亦不得相互结婚。昔瑟洛亦不以因子努易人与自由人结婚为然。在昔时条顿民族之中,如自由人与奴隶结婚,则其人亦变为奴隶。在十三世纪之时,日耳曼女子若嫁一农仆,则已亦失其自由。在德意志与瑞典、挪威、丹麦等国,贵族高出于平民之上。若贵族与平民结婚,则视为不正之结合。照今日德国之民法,若贵族与平民之女结婚,其妻不得有其夫之爵位,且其妻与其子女,无完全承袭财产之权。虽此种类之结婚,不必有法律之禁止,然风俗习惯自然避忌之。结婚之范围,多以时尚及偏见而定。此事在英国但有细微之痕迹,然亦非全不可寻。在美国则尤为显著,因有白种与黑种之界限也。在德国则如上所述,有因此种结婚而丧失一部分之权利者。法国宪法,虽以平等为主义,然亦有自然之阶级,属于不同之阶级而互相结婚者,虽非无之,然亦甚少也。

宗教亦每为通婚之障碍。在回教之国,不许教内之女子与信奉基督教之男子结婚。教内之男子,则可与信奉基督教与犹太教之女子结婚,而不可与此二教以外之人结婚。此等结婚,必须其人对于所欲结婚之母子有强烈之爱情,又于其教内无他途可以得妻之时始为社会之所许。信奉犹太教之人,不许与教外之人结婚。在中世纪,基督教亦禁止教内之人与信奉犹太教者结婚。保罗曾言,耶教徒无许与异端结婚。达透廉谓如此之结合为奸淫。在四世纪,爱尔威拉议会禁止为父母者嫁女于异教徒,即属于基督教中之各派者,亦不许通婚。旧教新教,皆曾有此禁令。在今日则此种通婚,无论新教之国与旧教之国,皆不为民法所禁。唯希腊教国,则仍有此种教宗上之禁令,而国家亦认此禁令为有效。

同部族结婚之规则,起于人有轻视异种、异国、异阶级、异宗教之人之心。人若犯此规则,则伤其部族以内之人之感情。彼不独自贱其身而已,其所蒙之耻辱,乃累及于全部。与异部族之人通奸,其罪较轻,而与异部族之人结婚,其罪尤重,因其以平等相待也。一旅行之人言曰,在第吉达地方,淫风流行。然其地之女人,宁受欧洲人或突厥人之金而失其身,而决不肯与之结婚。盖彼等视如此之结婚为非常之耻辱也。在罗马,自由人与奴隶可以同居,但不能结婚。即在欧美今日之社会,若一贵族蓄一品格低微之人为外妇,而不以之为妻,则人亦不甚恶之也。

现今之治化,使人类之隔阂,渐以消除。种族、国籍、阶级、宗教之殊异,不复如前日之妨碍亲交。同部族结婚之规则,非如前日之严重矣。不许结婚之范围,日益缩小;可以结婚之范围,日益扩张。此事于人类之历史,有极重要之关系。禁止异部族间之结婚,本起于藐视异部族之感情,而因有此禁止之故,此藐视之情乃益增长。反而观之,此种禁止之捐除,其有益于人类相互之感情,可断言也。

非特择配之标准而已,即结婚之方法,亦遭遇不断之变化。今日世界之一部分,犹存掳妻之习。即文明社会结婚之仪式,犹有掳妻遗迹之可寻。可知太古之时,此事必尤为多见。此事之起源,一则因厌恶与亲近之人结婚。一则未开化之人,非用强力,不易有获妻之机会也。此事当起于已有家族之结合而尚无交易之习惯之时,唯吾人以为无论何时,此必非唯一获妻之方法。谓人类有一时代,家族之间,全不知商量嫁娶之事,此则吾人所不能信者。男子入赘妻家,今为多数野蛮人种之俗,此事固起于甚早之时代也。

现在,许多浅化人种之中,娶妻之时多备赔偿。其最简单之法,则以已家之一女子,易他家之一女子是也。此事盛行于澳洲土人之中。又有一法则,以人工易之。男子先服役于女父之家,以一定时为限。然最普通之法,则纳一定之财礼于女子之父,或并及其伯叔与他近亲。以交易或买卖而结婚,不仅行于程度低下之民族而已,即文化已开之民族,亦尚行之,或曾行之。如中亚美利加与秘鲁、中国、日本、塞米第克种族及古代之亚利安种族,皆可发现此事实。吾人尚无此事为人类进化必经过之阶级之证据。吾人于所熟知今日尚存程度最低之种族中,未见此俗之存在。然吾人可言以捕虏而得妻与以买卖交易而得妻,乃人类历史中所经过之一阶级。虽然两种获妻之法,或同用于一时,而前者必较先于后者,亦犹交易之必后于劫掠也。由掳妻而进于买妻,其间亦经几回之变化。其初则为诱逃,或惧女家之报复,而以财物偿之。其后乃先进财礼而后娶妻,其财礼则所以偿其父养育此女之费。昔人视己女为其财产,若未得所有者之承诺而娶去之,则等于盗窃。故嫁女而索赔偿,乃父之权利也,抑父之义务也。哥伦比亚之西印度人,以无偿而给女于人为莫大之耻辱。加利福尼亚有数种人,以未得财礼而嫁之女人所生之子女为无异私生,其一家皆为众所不齿。

及治化之进,买妻之习遂以捐除,全视为极不名誉之事。富家开其先,贫人踵其迹。印度古时,买妻之事行于两喀私德之中。其后,上等之两喀私德禁止之,然犹行于下等之两喀私德中。至其后,则法律全然禁之。其法律之文曰:“守法之父,不得因嫁女而取丝毫之财礼。若有人因贪而取财礼,是自卖其骨肉也。”希腊人至有史时代,已弃去买妻之习。罗马人亦自最早之时代,捐除此俗。日耳曼民族自信奉基督教以来,始无复买妻之事。中国人娶妻,亦有聘礼。此固无异买妻,然彼等决不肯承认聘礼为卖女之价值,是亦以卖女为可耻之事也。

买妻之习,其变也出于二途。其一则唯寓买卖之意于结婚仪式之中,或为礼物之交换。其二则买妻之价,变为给予新妇之资,或由其夫给之,或由其父给之。此种给予,含有种种之目的。盖妇亦如其夫,有供给一家费用之必要,且宜预储一定之资,以备万一有夫死或离婚之不幸。在人类文化进步之历史,奁资实为一重要之作用。人类不仅有掳妻、买妻之时期,且有一时期,为父母者负给其女以奁资之义务。在犹太教与回教,以给予奁资为为父母者宗教上之义务。在希腊,则以有奁资与否为妻与妾之区别。以撒乌斯曰:“有礼之人,必给其适正之女以其资产十分之一。”在亚里士多德时代,斯巴达土地五分之二属于女人,以当日嫁资甚厚也。罗马较希腊尤甚,非有奁资者,不得为法律上之妻。其后,就斯第严虽谓给予奁资仅为有爵位者之义务,然古来之习惯犹存。普鲁士田地法,载为父者、为母者,宜预备嫁资,使新夫妇得以维持生活。而照拿破仑之法典,则为父母者无必与其女以嫁资之义务。此主义乃今世文明各国之所采也。在近日诸拉丁民族之国家,虽仍有厚给嫁资之倾向,然反对此事之学说,亦渐有势力。在现今之社会,法律上唯许一夫一妻。长成之女子,多于长成之男子。男子多不愿结婚,而结婚之女子,多喜为怠惰之生活。处于如此之社会,嫁资乃父母为女购买一夫必不可少者。一如昔日之社会,男子以资买一妻于其父之手也。然婚姻之事,而以资财之计算杂于其间,无论得资者为何方面,皆为不雅之事,此决非情操发达之人之所好。故在程度高尚之社会,嫁资亦渐以捐除,亦如买妻之值,渐不用于开化之民族也。

多数之下等动物,恒以一雄一雌或一雄众雌为其配合之原则。至人类则有种种不同之结婚形式,有一夫而配一妻者,有一夫而配多妻者,有一妻而配多夫者,更有多夫而配多妻者,此则极少之例外而已。

诸种结婚形式之起源,男与女人数多少之比例有密接之关系。一妻多夫,必起于男子之数多于女子之时,又必其他之情形,有足以助成此俗者。盖必其男子妒忌之情甚弱,此要为普通人类之所不常有。马克连南氏谓此事流行于幼稚之时代,然无确实之证据,且似必稍经开化,始能有此,于最低之野蛮民族中,尚未得有可信之实例。在一妻多夫之家族,其为夫者多为兄弟,其长兄往往有优先之权。此事似起于长兄友爱之情与诸弟切迫之求,因女人难得,舍此法将以独身终也。若此后再得一妻,彼等自然视为公共之所有。托塔式之集合结婚,盖始于此。一夫多妻,亦与男女人数之多寡有关系。在印度各地方,一妻多夫,多行于女少男多之地。一夫多妻,则行于男少女多之地。凡未受基督教影响之地方,若男少女多,恒有一夫多妻之俗。但此亦不过其多数原因之一耳。

人之乐有多妻也,有种种之理由。在一夫一妻之制,其夫不免时有绝欲之事,非仅月有定期而已,即怀妊之时,乳哺之时,有因习俗而须异寝者。且妇人得其夫之怜爱,恒在年少貌美之时,而野蛮社会之女子,较文明社会之女子尤为易老。不独此也,男子之于女色,又有厌常喜新之情,亦如人之频食一物而生厌。又人无不欲其子孙之众,财产之殖,权力之强。妻之无子,为另择一妻极普通之理由。古代印度有多妻之俗,实由于其人有乏嗣之忧。即今日在极东,犹以愿望多子之故,有多妻之俗。多妻则子众,子众则势强。在昔日之社会往往唯恃己之眷属为己之援助。若其社会无奴仆之存在,则可为己之奴仆者,妻以外唯子而已。且财产之殖,有赖于多妻者甚重,非徒为其能生育,抑亦为其能工作也。若不有奴仆,又难得雇工,则人之欲多得仆者,唯有多得妻之一法而已。

然人虽愿有多妻,而有多数之社会,实行禁止此事。即在可以多妻之社会,能有多妻者,亦限于少数之一阶级。此固与男女人数之多寡有关系,此外更有其他重要之理由。若女子之工作有限,而男子之资产无多,则势不能供给多妻之费用。若女子之工作颇贵,则购之之价亦增,非富有者不能任之。此外更有生理上之理由,若娶妻专取美色,爱情固难于久长。若相互之间有同情,则色衰而爱不必弛。且爱情贵于专一,不欲他人分之,此人类之公性,虽野蛮人亦有此倾向。且尊敬妇女之情,尤足为多妻之梗。女子每多妒忌,恒愿独为一家之主妇。若女子能有权力及于其夫,或男子有仁爱之德,不忍伤弱者之感情,势必为一夫一妻之制矣。

一夫多妻,不多见于极低之野蛮社会。在如斯社会之中,虽有战斗,而男女之人数不甚相差。其时之生活,多资狩猎。女子之工作,无甚价值。财富之增殖,亦不甚巨,且无阶级之区别。此其所以多妻者少也。稍进步之野蛮社会,则较多一夫多妻之事,然多采严密之一夫一妻制。布拉济尔林中之种族,多仅娶一妻,加利福尼亚多数之种族亦然。此乃世界最低之种族也。在威达人种之中,与安达曼岛人之中,守一夫一妻之制甚严,无异于欧洲之人。卞尼可巴之土人,唯有一妻,视不贞为莫大之罪。苦去斯之种人,多妻、多纳妾,皆所不许。印度中多数种人,虽不明禁多妻,然舆论不许之。哀马在地方之卡伦人,在印度支那之种人,在马来半岛,在印度亚欺配拉果,一夫多妻,或为犯禁,或乃未闻。山中之第亚克种人,只许一妻。其酋长若犯此禁,即失其所有之权力。在澳大利亚洲,亦有纯然一夫一妻之种人。试举一例,如哀利亚种人,多妻为法律所禁。此禁起于白人未到以前。一夫一妻,似为吾人类祖先之公例,即近人之猿亦然。达尔文谓果利拉以一牡而配众牝。然多数之学说,则反对之。哈特曼博士曰,“据极可信据之学说,果利拉常一牡一牝同居,附以年齿不齐之幼者。”及社会之文明,达一定之程度,始有一夫多妻之事。及其再进步,乃复为一夫一妻之制。在进步之种族,战争大减,男子之死者不多,男女之数,相去不远,又无妇人怀妊与乳哺之时不便同居之迷信，及牛乳用为饮料，而哺乳之时期愈短。有修养之人，不以年少貌美为唯一之好尚，而因文化进步之故，貌之美又可久延。多子之欲望，亦不如前日之甚。子孙众多，不足为生存竞争之助，反为不可堪之负担。人不念倚其亲属为助，其财富与权力并不赖其妻与其子人数之多。妻不复为劳作者，多数之工作，以牛马或器具代之。且男女之爱情益进于纯洁，而钟爱于一人，更为可贵。女子之感情，愈为男子之所尊重。女子得受良善之教育，彼不借丈夫之助，亦可以自由生活。

当论各种结婚形式之价值，吾人有不可不注意者，即在一夫多妻或一妻多夫盛行之种族，亦有一夫一妻之事，为习惯或法律之所许。不过或以财产之计算，谓一夫一妻者为卑贱而谓一夫多妻者为可羡而已。有谓一夫一妻为唯一之正当结婚形式，其余皆为不道德者。此观念或全由习惯之势力，或因有人拥有多妻，遂使他人难于得妻，或因一夫多妻，有害女子之感情，或以为此乃好淫也。至基督教以一夫一妻为应守之义务，则因此教初行之诸民族，一夫一妻，乃社会所认可唯一之结婚形式。又因此教蔑视两性之冲动，而以奸淫为大罪之故也。观昔日之教会，不尊重女子，而大忌邪淫，可以思其故矣。

澳大利亚居民结婚之习惯，又有当费数言者。在多年之前，于南澳大利亚有一事，引起世人之注意。彼地卡密拉落伊诸种人分为四阶级，各阶级中，男女又各为一团。一阶级中之男女，不得互相结婚，而限定与其他一阶级之人结婚。甲阶级中之男，必配乙阶级中之女，丙阶级中之男，必配丁阶级中之女。以此类推。尚有一说，谓某阶级中之男子，视某阶级中之女子，无论何人，皆为其妻。此非由于个人之契约，乃法律之组织也。如甲阶级之男子遇一属乙阶级未曾谋面之女子，彼等相呼以配偶。又如甲阶级之男子遇一乙阶级之女子，虽此女属于他种，彼得视之为妻，而此权利当然为此女种之人所公认。一群之男子，以一群之女子为妻，如此之组织，菲孙氏谓之集合结婚。彼谓在南澳地方，此种结婚之制，近已渐变为个人结婚，唯理论上仍以结婚为公共之事。盖一种中一群之男子，应与其种中一群之女子之同世代者结婚，此立说之根据也。菲孙氏所据以证其学说者，为此诸种人所用之称呼。然彼言此诸种人实际之习俗，非必恰如其称呼之名。现在之习惯，实已进于其所用之名词。此等名词，乃古俗之遗物，非现今之实事也。哈尾特氏亦同此说。虽然，吾人若因此等名词而推想最初之习俗，最易陷于误会。盖虽今日彼地属于甲团之男子呼属于乙团之女子为妻，非必昔日属于甲团之男子婚于属于乙团一切之女子而毫无分别也。盖彼等相呼为配偶,乃为表示其可以互相结婚之资格,而与其他不许互相结婚者之关系大不相同。哥林登博士述美兰西人之事,可以为此说之佐证。其言曰:“普通言之,对于一美兰西之男子,可云一切女子之属于同世代者皆其姊妹也,或其妻也。对于一美兰西之女子,可云一切男子之属于同世代者,皆其兄弟也,或其夫也。此非谓一美兰西之男子,视一切女子不属于其本团者实为其妻,或认己为对于此等未婚之女子有如此之权利。唯足以见女子之可以与彼结婚者,与女子之不能与彼结婚者,对于其人之关系大不相同而已。”

近日斯宾塞尔氏与吉伦氏,谓上文所言南澳结婚之习,今行于中澳。彼等以为此习乃真正集合结婚晚近之变形。彼等以为在于今日,妻固属于个人,然在于昔日某一定之时期,则夫妻之关系之范围遥广今。制不过为昔制之变形而已,然此法则有一例外。在乌拉奔拿种人之中,集合结婚,乃实存于今日一群之男子。在通常之情形,与一群之女子有夫妇之关系,非仅虚名,乃为实事。于此乃不见个人结婚之存在,不唯无其实,抑且无其名。虽然,即在乌拉奔拿种人之中,每一女子为一男子之洛拍(犹言正夫),而其匹朗甲洛(犹言副夫),对于彼女,不过有副贰之权利。若正夫在时,则副贰之诸夫,必得正夫之承诺,始得与彼女交际。然则乌拉奔拿如此集合结婚之俗,果为真正集合结婚之变形否乎?(此所谓真正集合结婚者,乃属于某团一切之男子,对于他团一切之女子,有同一之权利之谓也。)基于此事实而为推论,乃甚为危险之事,欲决某种习惯为古代之遗物与否,实有甚难者。吾人可于一妻多夫之制与一夫多妻之制,发现与乌拉奔拿集合结婚之制相似之变形。在一妻多夫之家,恒有一人为正夫。在一夫多妻之家族,亦恒有一人为正妻。吾人不能想象在未有此等结婚形式之前,有人人平等之事。而因正夫、正妻有优先权利之故,反可证未有此制以前必为一夫一妻之俗。乌拉奔拿之俗,亦未必不由个人结婚变化而来。其起源或由于澳洲之土人,难于获妻之故。凡人类学者所举澳人近似集合结婚之事实,其真正之意义,甚不明了,或者以为有神秘之意存于其间。然谓其为集合结婚之遗物,实不过揣测而已。

斯宾塞尔氏与吉伦氏所举之事实,与其对于我不信非孙氏集合结婚之态度之批评,犹不能使我信南澳奇异之个人结婚形式为出于昔日多夫多妻之制。即哈尾特氏最近之论著,关于澳洲东南之土人,亦不能证明其曾有如此之发展。彼责人不信其人类学上直接之经验，然直接经验之知识，与对于此经验之解释，要非同物。即让一步谓澳洲之土人有集合结婚之事，亦不能证明人类全体皆曾有此习惯。此则余之所信也。

夫妇同居时期之久暂，亦大生差异。有时虽名为结婚，而时期甚短，几不足称为结婚者。亦有同居到老，非死不相离者。在原人时代，夫妇之关系，或至生育之后而解，而此关系或延长至数年之久。及文化愈进，而夫妇同居之时期乃愈延长。当进化之初期，妇人以能工作而益为可贵。故于幼年与美貌之外，更加一层亲密之关系。而买妻之价与陪嫁之资，又有以坚固其结合。且对于子女深切之爱情与长久之计划，尊重妇女之心与纯洁之恋爱，皆足以增长其固结，遂至于永不相离焉。但吾人不能预想后日离婚之事，较之今日欧洲诸国将愈少而愈为法律所限制。欧洲基督教国之离婚律，源于宗教之理，以施之法律，大不合于普通人民之心理。罗马旧教谓婚约为不可解者，及宗教改革，人民于此一事，始多自由之余地。而近今之法律，乃更有进于此者。在欧洲大陆诸国，离婚之条件，可适用于女子者，亦可适用于男子。唯英伦不然，男子但犯奸淫，非有他罪，则其妻不得请求离婚。在意大利、西班牙、葡萄牙，如妻犯淫，则当离婚；若夫犯淫，则必有甚可恶之情事，离婚之条件始为成立。据此等法律观之，夫妇之关系，犹非全然平等之契约，但事实虽不平等，而人类之理想，则以为当如此。若夫与妻皆愿意离婚，则母家亦不宜干涉之，唯不得令所生之子女失所而已。即为其子女计，与其长养于不和之父母之膝下，反不如归于一人之监护，较为妥适也。

（第五卷第三号，九　八年九月十五日）

协约国与普鲁士政治理想之对抗

陈达材　译

美国韦罗贝博士在国际研究社之演说

此次大战争，其关系所以为非常重要者，不特以其结局为多数国家运命之所系已也，抑以此为双方政治之理想与实施互争胜负之所在。其利害得失，将遍被于人类。故其影响所及，不特交战国首先蒙受，即其他各国，或出于便宜，或迫于事势，名义上今尚守中立者，亦将不免。此次战争，诚文化兴亡之枢纽也。

政治之实施与理想，二者相系而不可分，因今次战争而益著。盖凡人于一己所为必力求证其所是，饰其所非，冀以慰藉己心，而求他人之尊崇，理性使然也。此于个人有然，于国民亦有然。每见国民对于其所行政策，凡苟可以资辩护证明之学说，无不力为援引，发挥而张皇之，此可证矣。

抑有所不幸者，则国民个人皆常为私欲所驱使，于所著述学说，辄掺以自利之私遂至前提谬误，结论之流毒无穷。今日普鲁士所自作之政治理想，正坐此也。及假其理想，发为残暴之行，乃得中欧各国民之援助。若夫土耳其、勃尔格利亚诸国政府嘉纳此种之实施，固亦无足怪也。

普鲁士之政治理想，兹限于时间，谅不能详为讲述。今将其立论之前提，与其大旨之为世界公德所不许者，说明于后。普鲁士政治理想之前提，谓古今事物有一至理之存在。即人事之发生，必有一目的或策划潜为指挥。此种目的策划，随各人观察而殊。神学家见之，则谓之为神意之实见；理学家见之，则谓为天理之发生。而其为物，与生俱生，人群所不可须臾离也。黑格尔（Hegel）倡导于前，普鲁士政治学者附和于后，谓神意天理所示之正鹄，人类固当悉力以赴之。然于此人群之中，有能有不能焉。其能者，非特有率不能者以赴之之权，且有率不能者以赴之之义。在昔希伯来、希腊、罗马尝以其一己特有之文化贡献于世界，此皆以能者率不能者以赴之之证也。至于今日此种传播文化之大任，将属于条顿民族，而普鲁士人实为其领袖。故载其一己特别文化(Kultur)播之世界，普鲁士人当自负之矣。此普鲁士之理想也。

普鲁士政治理想既如上所言，至其实施，皆委之强有力之国家机关，故其国家组织，以武力与专制为基础。国王对于王位，本于一己之权，以为承袭国王之权力。除一己所加之限制外，不受拘束。国王之行为，除对于万能之上帝外，不负责任。凡此，皆予国家机关以莫大之权，所以利其政治理想之实行也。

由此观之，此种政治理想，其前提，乃国民自傲自利之表示；其结论，为人类幸福之蟊贼；其实行，为正人君子所深恶而痛绝。自开战以来，人所共见，无待鄙人喋喋也。

夫普人自认条顿民族独为上帝所眷顾，而赋予优良美善之文化，可以强他人以接受，虽迫以武力，亦不为过。此种立论，无异将国际平等之义取消，而不认国民于国体、政体、文化三者有自行决定之权矣，夫国民自宝爱其固有之文化，不肯舍己从人，非特于理无悖，抑且有可嘉赏者。苟普人仅谓一己固有之文化胜于他人所代为移植者，所言止此，吾人诚不敢非难。盖自有民族，如可以以其特有之文化与理想生存于世，则吾人殆可证明民族各有其适宜之文化。盖一民族之理想，常与其生生之道相应；一民族之特性，常与其合理之需要相须矣。至于其民族之理想与特性，若由于社会之陶冶，与个人之鼓铸而来，而非由于少数执政诸人之制造，则其相应相须，更可决也。

夫一国对于他国固有之政治制度，与固有之风俗习惯宜令其随志所愿，以定趋向。此为吾人一般之通义，而非可为德国人言也。德人自命为真正文化之民，非他人可及，不认他国国民有自决之权。且更进而谓德国政治势力前进之际，他人有当之者，则国家主权与独立之权利可以忽视，而个人生命与财产之权利可以蹂躏也。

协约国之政治理想，大异于此。其视各国国家为法律上、道德上之人格，彼此立于平等地位，互尊重其主权，不以大小强弱有所轩轾。对于他国内政，若非有大违正义人道之事，则彼此各行其是，不相强也。虽然，此非各国宜彼此分离，休戚无关之谓也，乃彼此互助，善意相维之谓。换言之，各国宜组织一真正国际团体彼此互享其利之谓。夫唯如此，而后国际法得以存在。盖法律存在之前提，在乎彼此权利义务之与共,与利益之交享也。返观德国视国际条约如废纸,等国际法于弁髦。正义人道,乃各国所常存,彼则违背之而不顾。德人所以如此者,盖由于彼国国际法学者之学说,无有可为正义人道之援据也。要之德国之国际学说,实持国际专制主义与协约国之国际平等主义相反。其国际政策,不本于友谊,而本于武力,本于趾高气扬普鲁士之武力。

据普国政治学说所论,国际常态,非为敬重而为恐惧,非为和合而为竞争。故谓暗斗明争之可颂扬者,不特以其可使国家最高权之实见,且以其为发育个人天能之不可缺。德国学者多赍乞克(Treitschke)有曰:"上帝常留意于战争之将至。"又曰:"永久和平之理想,非特不根,抑且不德。"哲学家尼采(Nietzsche)有言:"和平只为战争之导线。"德意志青年(Jugend Deutschland)与童子军之组织相似之机关报对于德国少年之宣言曰:"人类活动最神圣最高尚之表示,莫若战争。"

由此观之,德人既自夸为文物之邦,非他国所及,因而对于因他人权利所加于己之约束,遂亦认可以自由出入。此种理想,实源于历史哲学。盖德国政治学者视国家为神奥之物,为超然之物,自有权利,自有目的,自有达其目的之手段。因而国家之权力,非吾人所言主权在法律上之绝对权与最高权,而为一种命令权。命令一发,内而本国人民,外而他国国家,不能执道德以议其后。此种解释国家之性质与根本,不外一种单纯之武力而已。德人之立论如此,盖由于执尼采为个人立言之"自强"(Will to Power)一语,以用之于国家政治也。德国著名学者多赍乞克有言,"自奋者无敌,懦弱之罪恶至危亦至可鄙,实为政治上不可逭之罪恶"是获罪于神明也。由多氏所言观之,弱小国家之权利,虽至要求强大者之矜怜,亦不能有国际上之义务。历数百年之履行,经各国之同意,又有正义人道以盾其后者,亦尽可以捐弃。而国家之言,虽严重说明,有如盟誓,而事机一至,即可反汗也。准此以谈,国家所为,若出之国家之意,虽穷凶极暴,不得谓之为非;虽于实际有损而无益,亦不得不谓之为是。然则国家之事无是非,第问何者为其所欲,何者为其所令,足矣。

关于国际方面之政治理想,德国与协约国之比较,已如前节所述。其关于国内方面者,虽属内政问题,然与他国亦有密切利害。盖德国国家先在宪法上有如此之权力,如此之组织,然后能邀国民援助,而肆其侵略政策,且德人常欲将其一己之政治理想与制度加之被屈服之外人,此非德国一国之事,较然可知矣。兹先将德国政治之优长处略述之。

普国与其他帝国联邦之各国，皆以立宪主义为治。政府之权力，为法律所规定，官吏之行为，亦严守法律之所约束，与欧美各国原无有异。人民之生命财产受法律之保护，无私人与官吏欺凌之虞，亦与各国相仿。平情言之，普国官吏违法之事，或较诸协约国中为少也。

普国行政一端，成绩甚优。关于改良人民生活与工作状况之立法，亦完善而美备。各级教育，自小学至大学，皆由国家特别培植。至于工商事业，与工业之依赖技术而后能立者，尤奖励提倡，不遗余力。凡此种种优长之处，吾人当赞颂之而不敢非难者也。至其短处，今将以其余时而略论之。盖此种短处，非仅德国之不幸，实全世界之不幸也。

德国政治，性质上虽属立宪，然其根本之旨则国王以其属人的世袭不破之权以为统治一切法律政治权力之源出自王意。关于此点，普国国法学者之意见殆同然一辞。国法学者拉般(Paul Laband)所著《德意志帝国国法学》有言："国内之意思，无有高于国王意思者。国王意思，为宪法与法律之效力所从出也。"然则普国之宪法，非本于法定之民意，而出于王意。观其宪法绪言，可以知矣。其绪言有云，"朕威廉以上帝之眷佑普鲁士之君主，将下列各项特公布之。"

今试观比国宪法有曰，"一切权力，本之国民。"曰"此种权力之行使，以宪法定之。"又曰，国王之行政权"须受宪法规定之限制"。中华民国临时约法亦曰，"中华民国，以中华人民组织之。"曰"中华民国之主权，本诸国民全体。"美国宪法绪言亦云"我等合众国人民制定此宪法"。而法国宪法之制定，一本之民权主义，此则与普国宪法比较，其相悬之远为何如耶！英国王位虽累世相袭，然自一六八八年以来，王位继承之权，决属于议院。换言之，即属之国民代表之意思。而宪法上之习惯，积久遂成国王服从立法之主义。国王理论上所有之权力，唯视立法机关之意思以为行使。盖此种立法机关，二百年来已认为有议决王位继承之权矣。

普国国王统治之权，虽为属人的世袭的，然若仅为理论上、法律上之意义，则无重大关系。即为实际的意义，若国王于其权力之行使允以民意为依归，而负一种道德上之责任，则亦无重大关系。顾普王之权力，于斯二者皆非其类也。普王尝言，一己以统治权，乃上帝所亲授，故唯对于上帝而负道德上之责任。又于一八九一年二月廿日在柏林宣言曰:"吾之地位与职务,乃上帝所委派。吾今奉行上帝之命令,吾且行将对之以负责任。"又于一九一〇年八月廿五日在哥尼斯堡(Königsberg)宣言曰:"吾祖曾以一己固有之权利自行加冕,并自证其冕之给予,乃本之上帝之意,故彼视一身为上帝所特选之代表。吾今亦视一身为上帝之代表,今日之公论公意如何,吾所弗恤,吾唯行吾所行而已。"

战争前,普王曾向东部军队布告有言曰:"上帝精神,今降于予身,因予为德人之皇帝也。予今为彼之代表,彼之剑,彼之代理人,凡有拒予意思,疑吾职务者,当敌视而歼灭之。呜呼!德国国民之公敌,吾务必使其澌灭以尽,此上帝之意。今托于吾言,命汝曹实行之也。"

普鲁士王对于国家政策,有绝大操纵之权,与比英意诸国国王大异。而普国视为事物之当然,不以为怪。且其宪法之制定,亦斤斤以此为主旨,既如上所述。顾何以对于帝国政治亦能操纵之耶?普鲁士兼德皇之职,以职权而论,其独立自行之权无如是之广;以身份而论,其左右政治之力无如是之宏。帝国皇权,在宪法上多属之各邦代表之参事会。然德皇所以能操纵帝国政治者,在联邦参事会之议事,普国委员实司其枢。普国委员之进退,普王实操其柄。故德皇以兼有普王权力之故,遂得操纵帝国之政实。德国人民对于德皇之言行,深怀不满,非以其展发个人之势力,乃以其假宪政轨道外之途径也。

据德国帝国宪法,帝国被他国攻伐时,德皇其自行宣战之权。若攻伐他国具宣战权唯属之联邦参事会。此次战争,德皇不提交参事会议决,即行宣战,以受他国攻伐为解。此殊与事实相背,即德亦认为舛谬。而德皇竟断然行之而不顾,实无异以一己之命令,使帝国各邦相从于空前之大战也。

在真正民主国,国民意思,借所选举之代表为表示,因而对于国家政策之决定与有大力焉。然德国之各君主国与此大异,普国尤然。其人民意思,虽可借国民议会为表示,时有几分重量,然关于国家政策之决定,则普王与其左右大臣实司最终与积极之枢。此普国执政所倡言,而其民亦安之,无异议也。普国国民对于一己之统治,操之何人,行之何若,与其政策如何采用,如何实施,固无道德的权力以为决定。即其学问甚高之人,亦不能借代表资格以操政治之中枢。由此言之,普国政治之决定与实施,与英法美诸国大有径庭矣。

吾人研究普王对于下议院之关系,而得特异之数点焉。(一)“政府”(即国王与其左右大臣,下称“政府”者准此)不特设种种方法以操纵议员之选举,且更以报酬压力诱引国会议员以拥护政府。此种举动,彼固视为正当而不以为非。(二)“政府”对于政党,常用捭阖手段时联彼制此,因而政府行事,遂得院中多数之同意。(三)英法内阁制度之最初步,所谓阁员对于国会负责之制度,普国尚未实行。德国学者论此种制度所以不见行之故,谓与王权制度不相容,可谓得其旨也。

(四)德国政府遇政策为国会阻挠之际,常不惜使用自由解散之权,以图政策之实施。乃观其改选结果,新国会常带政府之臭味。政府势力之强大如此,则王权制度为之也。昔首相比洛(Bulow)所著《帝国德意志》一书,常叹德国小党林立,眼光短小,常局于微小一隅之利益,或个人之利益,而乏宏廓之主义,因斥言德人无政治之能力。其言虽美,犹有未尽。盖德国政党所以不能发育为两三大党,而分裂为数多小党者,由于政府待遇之关系者不少。盖如社会党,专以帝国政治为务,在德国政党中可称强大。然其所以为强大者,乃人数之众,非势力之强,其在政党中,实立于特别地位,常为政府所监视。而在政府心目中,有如比洛所言为无存在权利者也。夫德国政府视社会党如仇雠,百计图谋欲拔除其会员以消灭其党者,无所不用其极。苟为事势所许出以武力,亦所不顾。(比洛之书于此次战争后再版时,已巧将此段删去。)究其所以召政府之忌,乃不在其党之法案与政府相违,而在其所持政治根本主义为德国王权制度不两立也。试细读比洛之书,则于上列数端可以释然冰解矣。

(五)德国政府,对于报纸,常严行监视。遇有攻击政府政策之论,动以侮辱皇帝之罪相加,借以钳制舆论。而政府又自行散布言论,潜移民志以制造舆论。故德国舆论几全在政府掌中,此亦王权制度特征之一也。

由此观之,普国政权,几全在国王与其左右大臣掌握,则国民议会将司何事乎?今考国民议会之职权有四:(一)报告政府。政府据其报告,可以察知国民之经济状况与其希望。(二)条陈。议员可以个人意见或团体意见资陈政府,以备采择施行。(三)评议。国会对于政府之政策与行为,得评其是非可否,以供众论。(四)否决。国会对于政府提交之法案,若根据宪法有否决权者,得以多数同意而否决之。虽然,即就此种消极之权而论,国会仅能将新法案否决,不能使已施行之法律失其效力以中断。其应需之费,倘其费原非出之国会之议决,则国王更可扩充必须款额,以利固有法律之推行。夫普国预算制度所以如此者,盖由于法律渊源出自国王意思,而国会无权以中止法律之实行也。

普国国会对于政府法案不赞成者,仅有否决之权,既如前述。至关于赞成之法案,所得参议者,亦限于实质的内容。而予此种实质的内容以精神使成为法律者,厥唯国王意思,此于法律公布以国王之名行之之一事可以见也。至于已得国会同意之法案,无论何时公布与否,当一任国王之意思,不待言也。

有一事足以使德国政治生活大异于英美法比意诸国者,则军人政治是也。德国军人,不特在社会上视为高级,且其长官于外交政策亦许其参与,甚至完全由其决定,此实颠倒军民两政之关系也。盖军备之设,原期保政策之推行。至于政策之采决,乃民政官之事,于军人无与。军队不过为政府之武器,政府之奴仆,只有服从命令,断无于国家大计得置喙也。故政治历史若不吾欺,则当武人放弃服从义务而相从干涉国政之时,其距危亡为不远矣!

普鲁士军队对于政府之命令,虽不能谓为有违抗之意,然以许其参与国政之故,遂致太阿倒持,流祸甚烈,此皆德人自取其咎也。盖德人重武功而轻文德,常视武力为国家之命。虽在平时,不惜虚糜巨费,创设大军,欲借此以行其侵略之志,遂致利令智昏,不知军备日充,适足以蹈弗戢自焚之祸也。

吾人于此,关于德国政治之性质既已述完。然则德国如此之政治,与他国有何关系乎?考之国际法,一国对于他国国体,无权干涉,此为一般原则。顾联军反要求普国政治大加改革,而自谓有合于公理者,何耶?此乃今次所讲述最终之问题,吾人所亟欲讨论者也。

德皇与其左右大臣对于所订条约,无信守之心。对于国际法所予他国之权利无尊重之意(如比利时固为永久中立,彼为达其一己之目的,乃破坏之而不恤,且加以重大损害)。妄以上帝之代理自居,一若一己所为皆合于理,借以簧惑国民而求其援助。且自视国家为超然神奥之物,以传播自有之文化为职志,而一己即为彼立法之喉舌,与执行之利器。然则普国王权制度,非仅为德国一国之事可知矣。故非将此种侵略主义与其主持此种主义之人渐为国人所鄙弃,则世界人民将无安枕之日。而联军与美国所以要求德人,于政治学说上与宪法实施上,所予现行政策种种利便之处须铲除净尽者,盖为自卫计,思患预防,不得不如此也。

协约国今次要求普国政治必须推翻者，非谓一国有权强输其政治理想于他国，即以此旨为根据也。盖恐普国专制政治不除，则国际条约将无拘束之效力，而德国国民将附和其主义与政策以妨害国际安宁，捣毁世界文化也。故联军与美国对于德国之处置，非使德国势力降至于不足以危害世界之程度，则必使此次妄用此种政治势力之人解除政柄。其所能采之途仅此二者而已。

夫协约国所要求，易词言之，皆可谓为一种民治主义之要求。盖在民治主义之下，智识发达之民，上无政府强输愚妄之思想，可以自由发表言论，以论政俗之是非，断未有能堪德国专制君主所立之政策托天命以行之者也。欲使民治主义得安存于世界，窍要在此。今日断不容此少数人眈眈势利，醉心神权，致世界汹汹，日在忧患中也。

夫普国于一己所持主义，既不惜用武力以加之人。吾人对付之道，唯有用更大之武力，使其主义尽归澌灭，勿为人患而已。此次战争告终，其疆土与国家损失之问题，姑不具论。必先于和约上使德国予受害者以相当之赔偿，且定条件，宣明德国此种主义为文明世界所不许，防其再发。对于此次战争，莫大之牺牲，相当之酬报，唯此而已。

（第五卷第五号，一九一八年十月十五日）

小小的一个人

〔日本〕江马修　著　周作人　译

这一篇从江马氏小说集《寂寞的路》(Sabishiki Mitshi,1917)中译出。本名Tshijsaj Hitori,用英文译,不过是A Little One的意思;译作汉文,却很为难,变成了那六个生硬的字了。江马氏是新进作家,有人道主义的倾向。此外著作,有长篇小说《受难者》《暗礁》两种,又有《爱与憎》也是短篇小说集。

一日下午,工作到了两点钟,想要散步一回,便从家里走出。正在且走且想的时候,——这是我的习惯如此,——忽听得可爱的孩子声音说“再会”,随后便是得得的一阵脚步声响,一个五岁上下的小女孩子,从木槿编成的篱下走了出来。可是奇怪,我虽认不得他,他见了我,却立住了,笑迷迷地仿佛先经熟识一般,问道:

“先生,你到哪里去呢?”

我也笑着好好的答道:

“我散步呢!小姑娘,不同我去走走么?”

“一同去吧!”

我递过手去,她也欣然伸出她可爱的手来。但是这孩子怎么会同我一个面生的人,这般驯熟呢?——在儿童一面,大约也是极平常的事,不足为奇的。

正月末的道路,冰冻都融化了,泥滑滑得很是难走。孩子紧拉了我的手,才能走得路。

“姑娘叫什么名字?”

“我叫鹤儿(Tsurutan)。”

“几岁?”

“现在成了六岁了。”

“家在哪里呢?”

“就是那家!”

这人家的前面,我散步时候常常经过,曾有一两次,隔着篱听得琴声;但从来没有见过家族的影子。

“那就是鹤儿姑娘的家么?那么,我是晓得的。”

“我也晓得先生呢!”

“晓得?怎么晓得的?”我不觉出了惊,去看鹤儿的脸。鹤儿是一个大眼睛——几乎教人疑心她是患 Basedow 氏病的,红面庞,可爱的孩子,但一时总是想不起,曾在哪里见过。

“可不是,有一天你同一个更长大的书生,两个人都笑我么?我还清清楚楚记着呢!”

啊!那是了。我被她一说,才想到了。那时我同 K 君正谈欧战的事,在这街上散步,讲到战争的惨虐,不觉发了愤,我便说:

“战争的可怕,无论怎么说法,总说不尽。每天早上,翻开新闻来看,便是死伤几万几十万。你想,这样文字,亏他们还能毫不相干似的写出,印了出来。日俄战争的时候,我还在乡间,很有几次遇见这样的事,现在回想了起来。晚上家族聚在一处,都议论着,怕今夜又有号外。夜已深了,正要睡觉,远远的微微的听得铃声,叫卖号外的声音,渐渐近来了。我便走到街上,买了号外,急想看时,墨黑的一点也看不见,急忙赶到家里,家族的人也正等得焦急,把号外就灯光下一照,便突然现出一行文字:‘我军大胜利,战死者几万!’那时候一种惶悚恐怖的心情,至今还不能忘却。你试想象看,眼前放着一万个战死的人,又要晓得这一个一个的人,都有精神感觉,各有完全的肉体和贵重的生命;而且各人必有父母,许多人还有几个兄弟,有妻子、本家、亲戚、朋友。你又假想,试去尝尝他们对于这不可动移的事实的心里的苦痛,正同夹在榨木里一般。或者有人说,这是极平常,又是一定的事,何必多说。但因为是极平常又是一定,这岂不更可怕么?譬如那个孩子,——我便指着前面走路的一个小女孩,接着说,那个孩子,我们不晓得她什么名字,单是才能说话的一个女儿罢了。但是人都晓得,无论活着或是死了,她总有父母,有祖父母,或有兄弟。这样牵连过去,远远近近,还有许多亲戚。如此想起来,就是我们眼前走路的那个全不相识的孩子,在人类的世界里面,实有复杂的缘,像网一样,同他系住。”

孩子回过头来,便对着我们笑,我们也便留心那边,将话打断了。我们也笑着问道:

“哪里去呢?”

“到小林先生家有事去。”

说了,孩子就跑了。一面跑着,一面还屡次回过头对我们笑。这孩子,就是我现在搀着手同走的鹤儿。我便对她说:

“鹤儿姑娘的记心真好呢!”我此时因为得了一个新的小朋友,心里十分喜欢;但我们一同走着,倘被鹤儿家里的人看见,岂不要疑我是拐子么?又不免略觉不安,因此便想到打听鹤儿家里的人的事情。

“鹤儿姑娘,家里时时在那里弹琴的,是鹤儿姑娘的母亲么?”

“是的!我母亲可是做针黹的时候多。”她忽然又说,“正儿(Matshan)现在才能放风筝了。可是要不是每天练习,也放不上,因为人还太小呢。”

“正儿是谁?”

“就是家里的正儿。”

“鹤儿姑娘的父亲每天在哪里办事呢?”

“父亲,他在美国呢!”

“阿,美国么!用功去的么?”

“到公司里去的。父亲到美国去的时候,我同母亲和正儿到横滨去送,还叫万岁呢。”

“这样说,鹤儿姑娘同母亲留在这里看家,可不冷静么?”

“祖父也在这里,没有什么冷静。”

“但是你不想同父亲见面么?怎样的人?记得么?”

“那是记得。头发分开了,戴着眼镜,很时髦呢!等我到了八岁,那时才回到家里来。”

“那么说,这几年里,鹤儿姑娘须得上学,上心用功才好呢!”

“可是,母亲寄去的信,都被美国的使女偷了,不送给父亲,所以父亲也没有一封回信,祖父同母亲正在那里生气呢。"

从天真烂漫的儿童口里,将一幅家庭悲剧,展开在我的眼前。我虽出于无心,但引逗孩子说出这样事来,自己也觉十分抱歉,仿佛做了一件恶事。我想以后不再打听她家的事了。但因此愈觉得她可怜,愿意永远做了朋友,尽力帮她。

我们走到一座土堆上,满生着枯槁的野草。我便蹲下,心里想着新相识的小朋友的事。鹤儿同我已经极熟了,就靠在背上,玩我外衣(Haori)的丝纽,又用她还未十分灵便的口舌,同我谈话。

"正月一过,我就要到别处去了。"

"哪里去呢?"

"到大阪去,随后又一直到马关。"

"母亲也一同去?以后不回东京么?"

"是的!"

我听这话,觉得非常冷静。好容易刚才认识了一个好的小朋友……

"鹤儿姑娘你高兴、愿意去么?"

"大阪我是晓得的。出了横街,不是拐角上有一间菜店么?我们的家就在那里。"

我不觉失了笑,答说:

"我可不晓得大阪呢。这样说,鹤儿姑娘可不是大阪人么?"

"是的。到大阪去,姊姊在那里,我可以和姊姊耍纸牌(Karuta)了。"

"姊姊还很小么?"

"她现在进了女学校了。"

"那么,鹤儿姑娘想必愿意早到大阪去了。马关也去过么?"

"那可没有去过!"

被弃的母亲带着这小孩,坐了长路火车,到海风猛烈的岛国尽头去,那孤寂的影子,仿佛在我眼前浮出,感着一种说不出的哀愁。而且从这样小的时候,不得不尝漂流苦味的,这孩子的运命也很是可念。

我想要回家的时候,看鹤儿意思,仿佛还要游戏,便约他到我的家里去。鹤儿也踌躇了一会,随后便一声不响,跟我走来,很有一副天真的自负的样子。似乎说:无论什么地方,我总一人去得。

回到家里，妻见我认领了一个不识的女儿回来，很为诧异。我将如何同她遇见，和她家里的事，极简的说了一遍，妻是本来喜欢孩子的，便很欢迎她。鹤儿同妻也立时熟识了。

“鹤儿姑娘的衣裳，都是母亲做的么？这针线真叫好呢！一定是个好母亲，想必是很爱鹤儿姑娘的！”妻这样问，鹤儿点点头，也不作声。此外正又要往下问，我因以前多问了几句，已极抱歉，便使个眼色，止住了妻的话。

拿出糕饼来，鹤儿很有喜欢的样子，却总不动手。妻拿了给她，就用两只小手，恭恭敬敬的接去，立刻吃了。

“现在刚才熟识了，却又要到远的地方去，真是无聊。”妻说这话，就显出真觉无聊的情状。“但如回到东京的时候，请到我们家里来玩！”

“几时回到东京来，虽然不晓得，但回来时，我一定天天到伯母家里来。”鹤儿也很伶俐地回答。鹤儿大约游戏了一小时，说要回家去了。我因为自己工作的关系，也不强留。妻将糕饼包了给她，又对她说：“明天再来玩！”“在这里的时候，天天都来！”鹤儿答应说，明天这时候再来。我送她到她家近旁，她并不回头看我，便急急忙忙地跑进去了。

第二天我同妻闲谈着鹤儿的事，等她再来，可是终于没有来。想必因为到了不认识的人家去玩，被母亲骂了，来不成了。第三天第四天，也没有来。那时我感了风寒，睡了十天左右。到得可以出外散步的时候，无意中走过鹤儿门口，却见那家已变了空屋，贴着招租的条子。鹤儿一家，早已出发了。

自此以后，过了两月，我仍然时时想起那孩子的事，常同妻提起她。又想象她一人的运命，和她家中不幸的情事。我同妻到街上的时候，屡次看见极像鹤儿的孩子，那不必说，原是别一个人了。可是无形之中有一枝线索牵着，我们总是忘不了溶化在人类的大海中的那小的一个人。我又时常这样想：人类中有那个孩子在内，因这一件事，也就教我不能不爱人类。我实在因为那个孩子，对于人类的问题，才比从前思索得更为深切。这绝不是夸张的话！

（第五卷第六号，一九一八年十二月十五日）

遗扇记

〔英国〕王尔德　著　沈性仁　译

序言

最初介绍王尔德给国人的是周作人先生。所译的是《安乐王子》(*The Happy Prince*)的短篇。(见《域外小说集》第一册)这是十年前的事了。秋桐在东京作《双枰记》,独秀作的序文曾引过王尔德的故事。以后《新青年》登过薛女士所译的《意中人》(*An Ideal Husband*),可惜没有登完。此外,再没有提过王尔德的名字了。

王尔德 Oscar Wilde(1856—1900 年)是爱尔兰的贵族。他的母亲也是很有文名的。他的传记在英文里有好几种,现在我也不必述他一生的事迹,料想将来一定有人替他用汉文作传的。王尔德是一个奇怪的才子,颇有一种特别审美的趣味。他曾把他的夫人用希腊的古装装扮起来,在鄂斯福大学的时候创一种审美的运动。他一生最受人家唾骂的就是因为犯了刑事罪,在雷丁 Reading 狱里监禁了两年。出狱后流落在大陆上,以后便死在巴黎,葬在那有名的 Pere Lachaise 墓地里。近几年里,法庭上还有著名的案子与王尔德有关系的。

王尔德的为人、他的癖性嗜好是另外一个问题,我们且不必讨论他。我却是极好读他的著作。我对于文学是一个门外汉。王尔德的戏曲、小说、诗歌,在英国文学史上占怎样的位置,自有文学家去批评的,但是由我"俗人"layman 的眼光看起来,价值是非常之高。他的著作里我所最喜欢的就是《遗扇记》(*Lady Windermere's Fan*)、《德利安格雷的画》(*The Picture of Dorian Gray*)、《雷丁狱中之歌》。他还著有一短篇,论社会主义,我想读过的很少,却是一篇极美的文章,以先我极爱读的。

《遗扇记》是他戏曲里的第一篇。在一八九二年作的，在伦敦圣哲姆斯戏馆里扮演的。据我"俗人"的眼光看起来，也算是他的戏曲里最大的杰作。那对话的巧妙伶俐，语气的庄谐并见，诡辞 parody 的蕴藏真理，真是天才的著作。我想就这三点看起来，现在只有英国的萧伯讷可以比得上他；但是萧伯讷同他却又不是一派。一般文学家批评萧伯讷说他的戏曲里的人物不是像易卜生那样专把一个人来代表易卜生的思想。萧伯讷把每一个人物多少都加上点萧伯讷的人生观 Shavian Philosophy 的话头在里头。我想王尔德戏曲里的人物也是这个样，各个人物的说话都带着点王尔德机警的气息。

王尔德的戏曲大部分都是用本地风光 local color 所描写的，又是极纯粹的英国上等社会，所用的话也是极纯粹的英国熟语，所以外国人不容易领会的。但是我因为这个缘故，更觉着有趣味。今年九月性仁在病院里，闷极无聊，我又没有工夫去陪伴他，乃请王尔德的《遗扇记》给他解闷。性仁喜欢这出戏里的故事，出院后就把他译出来。译笔倒没有大错误，我又替他修改了些，想还没有失掉王尔德的原意，至于那漂亮的语气，俏皮的说话，恐怕不能依样画葫芦了。

《遗扇记》日人即按原名直译。现在这个名字，是适之代拟的。应当谢谢他！

陶履恭

剧中人物

温特米尔勋爵

达林顿勋爵

阿格司脱 · 洛顿勋爵

西西尔格拉汉先生

丹比先生

霍泊尔先生

泊克尔　仆役总管

温特米尔勋爵夫人

勃利克公爵夫人

阿格塞女公主

普林达勋爵夫人

嘉德布勋爵夫人

斯达斐尔特勋爵夫人

克波克波夫人

尔林夫人

洛色丽　下婢

时间　现代

地方　伦敦

戏剧里的情节一共经过二十四点钟，自从礼拜二午后五点钟起，至次日午后一点半钟止。

第一幕

〔布景〕温特米尔爵邸之早憩室。室有二门（中左），写字台上置有书籍报纸（右），沙发一张，旁立一个小茶几（左），一窗向草地开着（左），长桌一（右）。

（温特米尔勋爵夫人立在桌前［右］，两手在那里摆弄一个蓝瓷碗里的玫瑰花。）

泊克尔　（入）夫人，今天下午会客么？

温夫人　会客？谁来拜会我？

泊　达林顿勋爵，夫人。

温夫人　（踌躇了一回）请他进来！无论哪一位来拜会我都见。

泊　是了，夫人。（由中门出）

温夫人　很好！今天晚上以前能够见他，我很愿意他来了。

泊　（由中门入）达林顿勋爵到。

（达林顿勋爵入，泊克尔退出）

达　温夫人，你好呀！

温夫人　你好，达林顿勋爵！不行，我不能同你握手。我的手都被这些玫瑰花弄湿了。你看，多可爱呀？那是今早从塞尔皮（地名）送来的。

达　真好看！（看见了桌上的一把扇子）那把扇子多少好看！可以给我看一看么？

温夫人　可不是嘛！请看罢！有我的名字和好些别的东西在上面咧，我自己也是才看见。这是我丈夫送给我的礼物，你知道吗？今天是我的生日呢。

达　不是吧？真的吗！

温夫人　当真的，今天是我成年的日子。这不是在我一生里最重要的一天吗？所以今天晚间我才开这个跳舞会咧！请坐吧！（依旧在那里装她的花）

达　（坐下了）温夫人，可惜我不能早一点知道今天是你的生日，好把你邸前的路上，满铺起花来，为你行走。那些花都是为你生的。

（半晌不语）

温夫人　达林顿勋爵，你昨夜在外交部里搅得我好难过，我怕你今天再要苦我！

达　我么？

（泊克尔和一从仆手托杯盘、茶器等由中门入）

温夫人　放在那边！泊克尔好了。（用手巾擦她的手，走到茶几前坐了）达林顿勋爵，你不到这边来么？

（泊克尔退出）

达　（拿了椅子踱过中门到茶几边）我好难过，温夫人！请你告诉我吧，到底我做了什么呢？（坐下）

温夫人　啊！昨天一整晚上，你对我拿些花言巧语来恭维我。

达　（笑）啊，我们现在都是这样穷，最讨人欢喜的礼物，还算是恭维的话咧！我们也只有这个能够送得起。

温夫人　（摇头）不要这样说，我是正正经经讲。请你不要笑，我实在不喜欢听恭维的话，并且我不知道为什么一个男子要那样想，不从他的本心随口说了一大些好话，以为是可以讨好一个女子！

达　啊，但是我是真真出于本心的！（双手接了温夫人送给他的茶杯）

温夫人 (很庄重的样子)我盼望不是！达林顿勋爵,我实在不高兴同你这样吵闹。你知道,我很欢喜你的;假使我当你和一般人一样,那我一点也不能欢喜你了。相信我,你比较一般人确是好些,有的时候我想你是假装着坏。

达 我们都有些好自炫的毛病,温夫人。

温夫人 为什么你要特别,拿那个来当作你的毛病呢?(依旧坐在茶几旁边)

达 (安坐不动)啊,现在有好些个好自炫的人在高等交际场中往往假装做好,照我看来,假装做坏在性情上比较起来,显得稍为和平谦虚一点似的。换一个说法,你要是假做好,世上人拿你看得很认真,倘使你假做坏,就不然了。

温夫人 你不要世上人看重你么,达林顿勋爵?

达 不要,不必世上人！世上人所看重的是哪一类呢?都是些笨牛可以想得出来的一般人,从大僧正一直到讨厌的东西。温夫人,我愿意你看重我,你比较旁人总得要看重我些!

温夫人 为什么——为什么我呢?

达 (稍为踌躇)因为我想我们或者可以做极好的朋友。有时候你也须用得着一个朋友。让我们来做个好朋友吧!

温夫人 为什么你要说那一种话?

达 啊！我们都有用得着朋友的时候。

温夫人 我想我们已经是很好的朋友了,达林顿勋爵。我们永远可以像这个样,只要你不……

达 不什么?

温夫人 不要拿过分的傻话来毁坏我们的交情。我想你当我是一个清净教徒吧?(译者按:清净教徒的意思并不是属于清净教派,不过保守严格的宗教道德的。凡是肉体上的快乐一概戒除的意思)不错,我是有点儿清净教徒的派头,我照那样教养成的,倒也很愿意是那个样。我的母亲死的时候我不过是一个小孩子。以后就同裘利亚夫人住在一块儿,她是我父亲的大姐,你知道的。她管得我很严厉,但是她教导我现在一般人所忘记的是非的区别。她不承认是非会有折中。我也不承认。

达 嗳唷,我的温夫人呀!

温夫人 (向后倚在沙发背上)你看我的见识好像跟不上这个时代——啊,我是的!

我不愿意和现在的人有一样的见识。

达 你想现在的时代不好吗?

温夫人 是的,现在的人拿生命当作投机。生命不是投机。是一个圣礼。生命最高的理想是个爱。洁净生命的是牺牲。

达 (微笑)啊,无论哪一件事也比牺牲强!

温夫人 (向前倾)不要这样说!

达 我要这样说!我觉着这个——我知道这个。

(泊克尔入)

泊 夫人,那些工人问今天晚上草地上要铺地毡不要?

温夫人 达林顿勋爵,你想不会下雨吧?

达 在你的生日里要下雨,我不答应的!

温夫人 泊克尔,叫他们即刻铺起来吧!

(泊克尔出)

达 (照旧坐着)那么,你想——我当然是说一个比喻——你想,倘使一对少年夫妇,才结婚了两年的光景,这个丈夫忽然和一个——啊,行为极暧昧的妇人结交了,成了很亲密的朋友,常去访她,和她一块儿吃饭,或者替她还账——你想那个夫人能够安慰她自己吗?

温夫人 (皱着眉头)安慰她自己?

达 是的,我想她应该——她有这个权利。

温夫人 因为丈夫的卑鄙,做妻子的也应该卑鄙么?

达 温夫人,卑鄙两个字用得太厉害些!

温夫人 达林顿勋爵,因为这桩事情是厉害。

达 你知道么,我怕那好些人在世上做出许多罪过来!他们最大的罪过是把坏处看得太郑重。人也无所谓好的歹的,不过有漂亮的,有讨厌的。我是在漂亮的一边,温夫人,你呢?也不能不在这里的!

温夫人 哦,达林顿勋爵。(起身走到达林顿的面前)不必动,我只过去弄完了我的花。(来到桌前)

达 (起来移动他的椅子)我不能不说一句话,温夫人,你对于现在的生活责备得很厉害。我也承认有好些个可以反对的,现在许多妇人都是唯利是图的。

温夫人　不要议论这一般人!

达　啊,那么,把唯利是图的人放开在一边,他们确是可怕!你想那些妇人犯了世俗所谓的罪过,就永远不能被饶恕么?

温夫人　(站在桌旁)我想永远不能够被饶恕吧。

达　我也不能够么?你想男女应该受一样的法律么?

温夫人　当然的!

达　我想生命是一个很复杂的东西,不能用那固定的规则来判断的。

温夫人　假使我们有"这些固定的规则",我们的生命倒觉得格外简单了!

达　你不承认有例外么?

温夫人　不承认!

达　啊,温夫人,你这迷魂的清净教徒呀!

温夫人　达林顿勋爵,这个形容词倒用不着。

达　我不能不用这个字,除了引诱,我都能抵抗的!

温夫人　你也有现在一般人的毛病,假装软弱。

达　(注视温夫人)温夫人,不过是假装罢了。

(泊克尔入)

泊　勃利克公爵夫人,阿格塞女公主。(退出)

(勃夫人和阿格塞入)

勃夫人　(走近前来握手)爱的马格雷脱,我很喜欢见你!你还记得阿格塞吗?(踱过了两门)达林顿勋爵,你好呀!我不让你认识我的女儿,因为你太坏。

达　不要那样说,公爵夫人。论到坏人,我是一点也没有做到。有些人说我这一辈子从来没有真真做错了什么。他们当然是背着我说的。

勃夫人　这样厉害啊!阿格塞,这是达林顿勋爵。留心着,他说的话,你连一个字也不要信。(达林顿向右中行)不要,不要茶,谢谢你,爱的。(过去坐在沙发上)我们刚在麦克皮夫人处喝过的,又是那样坏的茶,简直是喝不得。那也没有什么奇怪,她的姑爷送给她的。马格雷脱,阿格塞很盼望到你今天晚上的跳舞大会里来。

温夫人　(坐在几前)啊,公爵夫人,你不要想今天晚上是大会,不过是一个小跳舞会贺贺我的生日罢了！一个很小的并且早的。

达 （立着）公爵夫人，很小很早，并且所请的也都是特别斟酌过的？

勃夫人 （在沙发上）当然是要特别斟酌过的！马格雷脱，我们知道你的家里是那样的。这里实在是伦敦少数里头的一家，我可以领阿格塞来，并且可怜的勃利克（其夫之名）到这里也是最妥当的。我不知道这交际社会要变成个什么样子，坏的人似乎哪里都去的！他们的确到我所开的会里来——假使人家不请他们倒还要发气。实在应该有人出来矫正这个才好！

温夫人 公爵夫人，我愿意！我可以不叫一个有丑历史的到我家里来。

达 啊，温夫人，不要这样说！我永远不能进来了！（入座）

勃夫人 啊！男子不要紧，女子是不同的。我们都是好的，在我们里面至少也有几个，但是我们的确被推到角上去了。假使我们不向我们的丈夫吹毛求疵的闹着，他们竟会把我们的存在都忘记掉了。这正可以教导他们，我们是有完全依法的权利可以这样做。

达 公爵夫人，讲到婚姻这个把戏，倒是一个很巧妙的事情，——啊！这个把戏已经渐渐不流行了——这些妻子们虽然拿到了好牌，却总是输掉一副。

勃夫人 输掉的一副？就是丈夫吗，达林顿勋爵？

达 这个名字给现在的丈夫还是太好咧！

勃夫人 达林顿勋爵，你这个人坏到这个地步！

温夫人 达林顿勋爵太无聊！

达 哦，温夫人，不要这样说。

温夫人 那么，你为什么拿生命论得这样轻呢？

达 我想生命是一件太重要的事情，倒不能够看得太认真。（移至中）

勃夫人 他是什么意思？达林顿勋爵，请你原谅我的糊涂，只求你讲给我听是什么意思？

达 （走回到桌子边来）公爵夫人，我想我还是不讲好。现在说得清楚要露出马脚来了，再会！（和公爵夫人握手）（走上一步）温夫人，再会！我今晚可以来吗？让我来吧！

温夫人 （与达林顿立在上方）当然许你的！但是你不要对人家说那些傻而不诚实的话。

达　哦，你倒要来教训我！温夫人，要教训人家是一件危险的事情呢！（鞠躬而出）

勃夫人　（起身走到中间）多漂亮的一个坏东西！我很欢喜他。我愿意他走了！你的样子多可爱！你的外衣哪里做的？现在我要告诉你，爱的马格雷脱，我为你担了多少的忧愁！（移近沙发前和温夫人坐在一处）阿格塞宝贝！

阿格塞　是，母亲。（起立）

勃夫人　那边的画片帖，你不去看看吗？

阿格塞　噢，母亲。（行至桌前）

勃夫人　小宝贝！她顶喜欢看瑞士的画片，我想她的眼力真是不错！马格雷脱，我真真为你忧愁！

温夫人　（微笑）为什么呢，公爵夫人？

勃夫人　哎，都是为那个可恶的妇人。她穿得又很讲究的，正是叫她格外坏，做这种可怕的模范出来。阿格司脱——你认得我那没有出息的兄弟——真是我们大家的一个累赘——啊，阿格司脱完全是被她迷住了！实在是件可耻的事情，因为她是一个绝对不能容在交际社会里的女子。一般的女子，那不名誉的事情免是总有些免不了的，但是我听见这个妇人至少也有一打，并且和她都是合得上来的。

温夫人　公爵夫人，你到底讲的是谁？

勃夫人　讲的是尔林夫人。

温夫人　尔林夫人？我从来没有听见过，公爵夫人！并且她与我有什么干系？

勃夫人　可怜的孩子！阿格塞宝贝！

阿格塞　是，母亲。

勃夫人　你不到外面草地上去看看太阳落山吗？

阿格塞　是，母亲。（由左窗出）

勃夫人　可爱的女儿！真爱看日落！感情多少优美，是不是？没有比天然的景象再好看了吧？

温夫人　公爵夫人，到底你说的那个是什么？为什么你对我提起那个人呢？

勃夫人　你真的不知道么？我老实告诉你，我们都为这件事很担心！昨晚在方生夫人那里大家都议论着说那是一件非常的事，在伦敦这个城里那么多的男子，为什么就只温特米尔要走这条路呢？

温夫人　我的丈夫——他对于那种女子怎样呢?

勃夫人　啊,爱的,真是怎样呢? 那是个要点。他时常去看这个妇人,并且每回在那里总要待好几个钟点,只要他在那里,总不招待别的客了。不大有女子去访她,都是些卑鄙的男朋友——特别的是我的兄弟,方才已经告诉你了——因此使得温特米尔格外可怕! 我们总想他是一个模范的丈夫,但是这个恐怕再没有什么可疑了! 我的侄女们——塞维尔家的姑娘们你不认得吗? ——很好的闺女们——平庸,平庸极了,但是很好——她们常在窗口做手工,做些丑陋的东西给那些穷苦的,我想在这个可怕的倡社会主义的日子里,于她们很有用处的。那个妖精女子在克而崇街上租了一宅房子,正在她们对面——又是在这样体面的街上。我不知道我们要变成个什么样子咧! 并且她们告诉我,温特米尔每礼拜总要去访她四五次——她们都看见的。她们不能看不见的——她们虽然不会诽谤人,她们——啊,当然要传给别人听的! 还有不可堪的事情咧,有人告诉我说这个女子从一个人手里得了许多钱,她在六个月以前初到伦敦的时候,什么东西也没有,现在她居然在梅琲而伦敦贵族之区住起这样高雅好房子来,每天还在公园里驾了她的小马,这都是——哎! 都是——自从她认识了可怜、可爱的温特米尔!

温夫人　啊,我再也不相信这个!

勃夫人　我爱,可惜这个的确是真的! 全伦敦都知道了。所以我觉得还是走来告诉你好,并且要劝你快领温特米尔到霍堡温泉或是哀克司温泉去,那里很有些东西可以使他快乐的,并且在那里你可以一天到晚看着他。我爱,我告诉你,自从我初结婚之后,有好几回不得不假装着病,并且不得已喝那种极恶心的矿泉,不过是要使勃利克离开这个城市罢了! 他是极容易感动的! 虽然,我不得不说一句,他永远没有送给人家大宗款子过;对于那种事情他的宗旨是很高的。

温夫人　公爵夫人,公爵夫人,不会到这个地步!(起身走过台前)我们结婚了才两年的工夫,我们的孩子只有六个月大。(坐在桌[左]前的椅子里)

勃夫人　啊,可爱的孩子! 小宝贝好吗? 是一个男的还是女的? 我盼望是一个女孩子——啊,不是,我记得是一个男孩子吧! 我很不喜欢。男孩子最坏不过,我的那个男孩子非常的坏,你再也不信他什么时候回家来。他离开奥克司福而特大学才几个月——我实在不知道他们在那里教他们些什么。

温夫人　男子都是坏的吗?

勃夫人　哎,他们都是的!我爱,没有一个例外!并且他们永远不能改好的了。男子会老,但是永远不会好!

温夫人　温特米尔和我两个人因为爱才结婚的。

勃夫人　是的,我们起初也是这样的。只因为勃利克常常拿暴烈自杀的话来威吓我,才叫我允许他。还没有到一周年他就去跟随那些形形色色各种的女子。蜜月还没有完的时候有一次被我捉到了,他在那里和我的女仆使眼色。这个女仆是很美出身也很体面的。我立刻把她辞退——不是,我记得荐给我的妹妹了。可怜爱的乔治(其妹丈之名)是近视眼,我想是不要紧的;不料又不然,真是不幸!(起立)我爱,我现在一定要走了,因为我们要到外面去吃饭。盼望你不要拿温特米尔这一点点的错处搁在心里头,只要领他到外国去,他就会回心转意来待你了。

温夫人　回心转意来待我吗?

勃夫人　真的!我爱这些坏女子夺了我们的丈夫去,但是他们总会回心转意的。稍为有点损伤,那是当然的;并且不要演出活剧了,男子恨这些个的。

温夫人　公爵夫人,你是好意来告诉我这件事情;但是我总不信我的丈夫会欺骗我的。

勃夫人　可爱的孩子!我有一次也是这样的,现在才知道男子却残忍的。(温夫人按电铃)只有一件事要做,就是把这些可怜的东西们喂得好。好本领的厨子可以显出神妙的手段来,这个我想你是有的。马格雷脱,我爱,你不是要哭吗?

温夫人　公爵夫人,你不用怕,我再也不会哭的!

勃夫人　我爱,那才对了!普通的女子借着哭躲忧愁,但是好看的女子因为哭要损颜色呢!阿格塞宝贝!

阿格塞　(进来)来了,母亲。(立在桌后)

勃夫人　来,和温夫人说一声再会,还要谢谢她!(又走下来)我应该要谢谢你送给霍泊儿先生的请帖——他就是现在大家正注意的那个从澳洲来的年轻的财主。他的父亲因为卖那圆罐头食物发了财——我相信那滋味很好的——但是我恐怕连仆人都不要吃的,但是他的儿子倒很有趣。我想他爱阿格塞讲的话聪明。我们少了阿格塞当然是很难过,但是我想做母亲的每年不能嫁出一个女儿去,反倒不是真爱她。今天晚上我们准来,我爱!(泊克尔开门)记住了我的忠告,赶快同这可怜的人离开这城里,只有这件事最要紧的。再会!阿格塞来!(公爵夫人和阿格塞出)

温夫人　这样厉害!方才达林顿勋爵说那个刚结婚了两年的夫妇的比喻,我现在才明白。啊!这个不会真的——他说送给这个妇人大宗的款子。我知道阿撒的银行簿子放在那里——在那个书桌的抽屉里,或者可以从那里找出凭据来。我一定要找它出来。(开抽屉)不对,这是弄错了。(立起来走到中间)是些瞎话,毁谤他爱我!他的确是爱我!但是我为什么不看一看呢?我是他的妻子,有权利可以看的!(重又回到书桌前,拿出账本来一张张的细看,微笑作慰藉状)我知道这个,这一番蠢话里头没有一句会真的。(把账本仍搁在抽屉里,再拿别本来看)第二本——秘密——锁上了!(要想开它,但是不能够,看见书桌上的裁纸刀,拿来把包皮切开了从第一张看去)尔林夫人——六百磅——尔林夫人——七百磅——尔林夫人——四百磅。啊!这是真的了!这是真的了!这样厉害!(把书丢在地板上)(温特米尔勋爵自中门入)

温　我爱,那把扇子送来了没有?(走近书桌前看见账本)马格雷脱你开过我的银行簿子了?你不应该做这件事体!

温夫人　你想是你被人家找出来了,是错了么?

温　我想做妻子的不应该去侦探她的丈夫!

温夫人　我没有侦探你!半点钟以前我再也不知道有这个女子,有人可怜我,一番好意来告诉我的,那件事在伦敦的地方个个人都早已知道了——你天天到克尔崇街去,你昏迷了,把大宗的金钱都浪费在这卑鄙女子的身上!(走近了书桌)

温　马格雷脱你不要讲尔林夫人是这样的一个人,你不知道多少罪过!

温夫人　你很爱惜尔林夫人的名誉,可惜你没有爱惜我的!

温　马格雷脱,你的名誉没有伤!你万不会疑惑我——(把账本搁在书桌里)

温夫人　我想你的钱用得很奇怪,不过如此罢了!啊,你不要想我计较这些钱,论到我呢,你把所有的钱都花掉也可以;但是我计较的是你,曾经爱过我的,也曾教过我爱你的。现在不受人家白给的爱,反倒要拿钱去买人家的爱!啊,可恶极了!(倒身沙发上)你是不觉得什么,我倒觉得十分羞辱!我实在觉得玷污了,实在玷污了!你看不出来我觉得这六个月里多少可怕——你每次和我亲的嘴,回想起来都是玷辱我!

温　(走近夫人前)马格雷脱不要说那些话!在这个世界上,除了你,我没有爱过第二个人。

温夫人 (起立)那么,那个女子是谁?为什么你租房子给她住呢?

温 我没有给她租房子。

温夫人 你给她钱去租,也是一样的!

温 马格雷脱,据我所知道的尔林夫人——

温夫人 有尔林先生没有——或者她是一个神吧?

温 她的丈夫死了好几年了,她在这世界上是孑然一身的。

温夫人 没有亲戚吗?(稍息)

温 没有!

温夫人 有点奇怪,是不是?

温 马格雷脱,我正要告诉你——并且要你听我——据我所知道的尔林夫人,她的行为极端正的。要是几年前——

温夫人 啊!(走近右方)我不要听你讲她的历史!

温 我并不是要告诉你她的历史,不过要告诉你这个——尔林夫人也是被人家尊敬过、恋爱过的人。她的出身很好的,也是一个有身份的——她把样样都没有了——你或者要说她是有意去掉的。所以这才更苦痛咧!灾祸,人是可以忍受的——那是从天外飞来的,偶然发生的;是假使是为自己的罪过遭难的——啊——那是一生一世的苦痛。二十年以前她也是一个小姑娘,她做了人家的妻子,比你的时候还少些。

温夫人 我对于她没有什么趣味——并且——你不该同时拿我和这个女子来议论!你这个辨别力错了!(坐在书桌边)

温 马格雷脱,你有能力救这个女子!她要回到交际社会里来,并且要你帮助她。(走近夫人前)

温夫人 我?

温 是的,你!

温夫人 她倒这样冒昧!(稍顿)

温 马格雷脱,虽然你已经发现了我送给尔林夫人的款子,我起初是决计永远不给你知道的,但是我还是要求你把今天晚上开会的请帖送给她一张。(站在他夫人的左

边）

温夫人　你疯了吧！（立起来）

温　我恳求你！或者有人要议论她，那当然要议论的，但是他们都不知道她有什么错处。她到过几家——并不是你去的家里，我承认的，但是也都是现在称为交际社会的女子所去的家里。那还不能满足她的意思，她要你请她一次。

温夫人　我想那算是她的胜利吧？

温　不是！不过因为她知道你是一个好人——并且她要是到这里来了一次，就有机会使她的生命又有幸福又稳当，比较从前要强些。你肯帮助一个悔过学好的妇人吗？

温夫人　不行！假使一个妇人真真的懊悔过来，她再也不肯回到使她零落的那个交际社会里去了。

温　我总算恳求你！

温夫人　（走到门边）我要换晚装吃饭去了！今天晚上再也不要提到这个题目！（走近她丈夫的面前）阿撒你妄想着，因为我在这世上是没有父母的一个人，所以任凭你喜欢怎样就怎样待我。你错了！我有朋友的，不少的朋友咧！

温　马格雷脱，你讲的都是瞎话、糊涂话！我不要和你争论，不过今天晚上我还是主张你去请尔林夫人来。

温夫人　我不做这样的事！（走向左方）

温　你不答应吗？

温夫人　绝对！不答应！

温　啊！马格雷脱，看我的面上请她吧，这是她最后的机会了！

温夫人　这与我有什么关系呢？

温　好妇人！多少强硬！

温夫人　坏男子！多少软弱！

温　马格雷脱，我们男子里头没有一个够配得上我们所娶的女子——倒是的确的——但是你不至于想我会——咳，这个想头太坏了！

温夫人　为什么你会比别人不同呢？我听见在伦敦做丈夫的，没有一个不是因为可羞的贪恋败坏他的生命的！

温　我不是他们里面的一个!

温夫人　那我不敢定!

温　在你的心里敢定!但是不要在我们中间生层层的隔膜!天呀,方才这几分钟的时候我们两人已经成冰炭了,坐下来写请帖吧!

温夫人　全世界没有可以劝导我请她的!

温　(行近书柜前)我可以!(按电铃坐下写了请帖)

温夫人　你去请这女子吗?(行近她丈夫前)

温　是的!(稍停,泊克尔入)泊克尔!

泊　是,我主。(走下来到左方)

温　把这个条子送到克尔崇街A字八十四号尔林夫人家里!(走过来拿条子给泊克尔)不要回信!(泊克尔出)

温夫人　阿撒,假使这个女子到这里来,我要羞辱她!

温　马格雷脱,不要这样说!

温夫人　我要这样呢?

温　孩子,你倘使做出这样事来,怕伦敦没有一个女子不可惜你的!

温夫人　伦敦的好女子没有一个会不称赞我的!我们现在这些人也太没有检束了,我们应该做个榜样才好!我的意思就从今天晚上做起。(拿起她的扇子来)不错,你今天送我这把扇子,算是你给的生日礼物;倘是那个女子走进我的门口,我就拿来打她的脸!

温　马格雷脱,不准你干这样的事!

温夫人　你不知道我!(移向右。泊克尔入)泊克尔!

泊　是,夫人。

温夫人　我到我自己屋里去吃饭,实在我用不着晚餐,到了十点半钟件件事体都要预备好!还有,泊克尔晚上你报客人名字的时候要叫得清楚,有时候你说得太快,我常听不见。我要仔细听他们的名字,好叫我不会弄错!泊克尔,你明白吗?

泊　明白的,夫人!

温夫人　好了!(泊克尔出)(向温爵说)倘若那个女子来了——我警告你——

温　马格雷脱,你要败坏我们!

温夫人　我们！从这个时候我的生命和你的已经分开了；倘使你愿意免去在大众面前出丑，即刻写一封信给这个女子，告诉她我不准她到这里来！

温　我不干——我不能——她一定得来！

温夫人　那我就老老实实照我说的那样行去，（行至右）你不给我一条别的路！（外出）

温　（随他夫人的后面叫）马格雷脱，马格雷脱（稍停）我的天呀！叫我怎样呢？我不敢告诉她这个女子真真是谁，就怕羞死了她！（倒在一个椅子里用手遮住他的脸）

（第一幕完）

（第五卷第六号，一九一八年十二月十五日）

第二幕

〔布景〕温爵邸之客室。一门开着通至跳舞室。一班乐队正在那里演奏。众客由左门入。又一门通至照得很亮的草地上。棕榈花卉等还有很亮的灯光。屋子里拥挤了一大堆的客人。温夫人一个个地迎接他们。

勃夫人　（走到中间）很奇怪温特米尔勋爵怎么不在这里。霍泊尔先生也不早来。阿格塞你留了五次跳舞给他罢！（走下）

阿格塞　是的，母亲。

勃夫人　（坐在沙发上）给我看你的名单。（西洋跳舞的时候各人都有一个次序单，上边列着同跳的人名字）我很喜欢温夫人重新用起名单来了。做母亲的只有借着这个可以防范她的女儿。你这个可爱的傻东西！（把名单上涂去了两个名字）规矩的女子力不会同这样年轻的男子跳舞的！样子太放荡！最后的两次你一定得和霍泊尔先生到草地上去。

（丹比先生和普林达夫人一齐从跳舞室里走进来）

阿格塞　知道了，母亲。

勃夫人　（用扇子扇）那边的空气很清爽。

泊　克波克波夫人，斯达裴尔特爵夫人，哲姆斯洛斯顿先生，勃克电先生。

（报名的时候这些人就依着次序进去）

丹　斯夫人，晚间好。我想这节（伦敦的高等交际社会里每年到四五月的时光特别多开跳舞会、宴会、茶会等等，而此时期名之日节 Season）里的跳舞会这回算是末一次了罢？

斯夫人　丹比先生，我想是罢。这是个快乐的季节，是不是？

丹　很快乐！公爵夫人晚间好。我想这季里的跳舞会这回算是末一次了罢？

勃夫人　丹比先生，我想是呢。真个很闷气的季节，是不是？

丹　真闷气！实在闷气！

克夫人　丹比先生，晚间好。我想这一节的跳舞会这回算是末一次了罢？

丹　哦，不是罢，大概还有两次。（转身到普夫人那边来）

泊　罗福特先生，佳德布先生，格拉汉小姐，霍泊尔先生。

（泊克尔报名，他们便都进去）

霍　温夫人好！公爵夫人好！（向阿格塞行了一礼）

勃夫人　好个霍先生，难为你来得这样早。我们都知道这些在伦敦的都想攀附你。

霍　伦敦好地方！在伦敦的不像在息特纳（澳洲的一个都会）的那样排斥外人。

勃夫人　啊！霍先生，我们知道你的尊贵，并且像你这样的人再多些，可以使生命舒服些。霍先生，你知道阿格塞跟我两个人对于澳洲的地方怎样喜欢的。那地方一定有那些小袋鼠跳来跳去的，多好看。阿格塞从地图上看见过那地形又是够奇怪的！正像一个装货的木箱子。这是个很新的地方，是不是？

霍　公爵夫人，这不是和别的地方同时生成的吗？

勃夫人　霍先生，你真聪明。你是独出心裁的。现在我不要再耽搁你了。

霍　公爵夫人，我要请阿格塞一同跳舞。

勃夫人　我想她总有空的跳舞。阿格塞你还有未定的跳舞吗？

阿格塞　有的，母亲。

霍　可以赏我这光荣吗？

（阿格塞领首）

勃夫人　霍先生你可要仔细照管我的多嘴小丫头呢。

（阿格塞和霍泊尔一同进跳舞室去）

温　马格雷脱,我有话跟你讲。

温夫人　等一会儿。

(乐止)

泊　阿格司脱·洛顿勋爵。(阿格司脱入)

阿格司脱　温夫人,晚上好。

勃夫人　佳姆斯勋爵,你陪我到跳舞室去,好不好?阿格司脱今天跟我们在一块儿吃饭。现在我实在受得他够了。(佳姆斯勋爵伸手挽了公爵夫人送她到跳舞室里去)

泊　阿撒包顿先生和夫人,丕司雷勋爵和夫人,违林顿勋爵。(泊克尔报名他们便都进去)

阿格司脱　(走向温爵前来)好小子,我有句特别的话要跟你讲。我消损到不堪了。我知道我的外面还看不出来。男子们不容易露出他的本相来。倒也是一件好事。我问你,这女子是谁?是从哪里来的?怎么她也没有一个讨厌的亲戚?亲戚讨厌的东西!但是一个人有了亲戚,可以显得体面。

温　我想你讲的是尔林夫人罢?我在六个月前才遇见她。以前我一点也不知道有她这样的一个人。

阿格司脱　自从那时起你就常见她罢。

温　(极冷淡)是的,以后我常去看她。刚才我还见过她呢。

阿格司脱　哈哈!这些女子们都看不起她呢。今天晚上我跟阿雷白拉一块儿吃饭,啊唷!你没有听见他这样地议论尔林夫人,简直骂得她丝毫不留……勃利克跟我都说这没有什么要紧。我们议论的那女子的身段一定是很好看的。你应该看看阿雷白拉形容的样子!……但是,哎,好小子,我不知道对于尔林夫人怎样才好。唉!我或者可以娶她!她待我是没有什么亲热。她真是出奇的聪明,什么事她都会讲。啊哈!她讲你。你的事情她都讲……并且又都不一样的。

温　我跟尔林夫人的交情没有什么可讲的。

阿格司脱　哼喂,老朋友,你想她再能够到那个讨厌的交际社会里去吗?你会介绍她给你尊夫人吗?不要推托。你肯干吗?

温　今天晚上尔林夫人要到这里来的。

阿格司脱　是尊夫人给她的请帖吗?

温　她接到了一张。

阿格司脱　那么样，她就好了。好小子，你为什么不早一点告诉我，省得我难受，并且也不至于误解了。

（阿格塞和霍泊尔先生到草地上去）

泊　西西尔格拉汉。（西西尔入）

西　（向温夫人行了礼，过去和温爵握手）阿撒晚上好。为什么你不问我好？我欢喜人家问好我。见得大家都注意我的健康。今夜我有点不大好。方才跟家里人一块儿吃饭。真奇怪，为什么家里人总是那么讨人厌的呢？晚饭之后父亲跟我们谈些道德的事情。我说他老了应该明白些。但是据我个人的经验，人一到老了应该明白的时候，反倒弄得一点也不明白了。喂，老头儿，我听见你又要结婚了罢！我想这个把戏你也干得厌烦了。

阿格司脱　好小子，你真琐碎，太琐碎了！

西　喂，老头儿，你到底是娶两回亲离一回婚，还是离两回婚娶一回亲呢？哪一个对？我看还是离两回婚结一回亲像些。

阿格司脱　我的记性太坏，实在不记得哪一个是对。（移向右边）

普夫人　温爵，我有点特别事情要问你。

温　我恐怕……你肯原谅我……我要看看我的夫人去。

普夫人　哼，你不要做梦。现在的时代做丈夫的在众人面前照管他的妻子是一件危险的事！因为惹人家生疑心，想他在背地里打他的妻子。这个年头，美满的婚姻，都变成了可疑的了。等吃夜饭时候再问你罢。（向跳舞室行去）

温　马格雷脱，我有话跟你讲。

温夫人　达爵，你替我拿住我的扇子，可以吗？谢谢。（走近她丈夫身旁）

温　（走近夫人身边）马格雷脱，你在饭前说的话，当然，不行的？

温夫人　今天夜里不准那个妇人来！

温　尔林夫人要来的。你倘使用种种法子羞辱她，或是伤害她，那是叫我们两个人失面子添忧愁。马格雷脱记得这个！只要信我！做妻子的应该信服她的丈夫！

温夫人　信服丈夫的妻子在伦敦多着呢。她们不高兴的样子常容易看出来的。我不做她们那样的人。（走上来）达爵，我的扇子请你还我罢。谢谢……扇子是件很有用处的东西,是不是?……达爵,今夜我用得着一个朋友了。我想不到要这样快。

温:我一定得跟她讲,我应该。倘使真做出点活剧来,多可怕。马格雷脱——

泊　尔林夫人——

(温爵露惊状。尔林夫人神气很庄严,穿得很讲究。温夫人紧紧握住了她的扇子,旋又落在地板上,冷冷地向尔林夫人点一点头。尔林夫人亲亲密密地回了一个,飘然踱入室内)

达　温夫人,你的扇子掉了。(拾起来递给她)

尔林夫人　温爵你好呀?你可爱的夫人多漂亮!真像一张画片!

温　(低声)你来得真冒失!

尔林夫人　(微笑)这是我一生里做的一件聪明事,并且——喂,今天夜里你待我要特别殷勤才好。我怕这些女子,你也得介绍几位给我。这些男子我倒常常可以处置的。阿格司脱勋爵,你好呀?你近来跟我疏远了,自从昨天我说没有见过你。我怕你不信实因为人人都是这样说。

阿格司脱　尔林夫人,让我解说给你听罢。

尔林夫人　不要,阿爵,你什么也不能够解说。这是你的好处。

阿格司脱　啊!你要是找得出我的好处,尔林夫人……(两人谈天的时候温爵便走开了,一个人在屋里绕行,两眼直望着尔林夫人)

达　(向温夫人)你的气色多难看!

温夫人　胆怯的人的气色总不好看的。

达　你好像要发晕了。出来到草地上去罢。

温夫人　好。(向泊克尔)泊克尔,把我的外套拿出来。

尔林夫人　(走近温夫人边)温夫人,你的草地上照耀得多好看!使我想起罗马多利亚亲王家里来了。(温夫人向她很冷淡地行了个礼,遂同达爵到外边去了)啊!格拉汉,你好呀!这位不是你的姑母佳德布爵夫人吗?我很愿意认识认识。

西　(踌躇了一回,并且很窘迫的样子。)当然的,要是你愿意。克洛林姑母,让我介绍给你这位尔林夫人。

尔林夫人　佳德布夫人,我极愿意见你。(靠近她旁边坐在沙发上)你的侄儿跟我是很好的朋友。我对于他的政治生涯很注意的,我想他一定会大大的成功。他的思想像个稳健派,而他的说话又像个急进派,现在的时代很要紧会装那个样子的。他讲话又是很漂亮。我们都知道那个他从哪一位遗传下来的。昨天在公园里阿伦台尔勋爵跟我说格拉汉先生说话的神气很像他的姑母。

佳夫人　你对我讲这些好话,真好!(尔林夫人微笑,依旧讲她的话)

丹　(向西西尔)你把尔林夫人介绍给佳夫人了吗?

西　没有法子,我的好朋友,不能不介绍的。那个女子无论要什么,她有能力叫人替她做到的。到底为什么,那我不知道。

丹　啊,我盼望她千万不要来跟我说话!(缓缓步至普夫人那里)

尔林夫人　(向佳夫人)在礼拜四?好极了。(起身微笑,和温爵讲话去)和这些老太太们周旋真讨厌。但是她们又喜欢这一套。

普夫人　(向丹比)跟温爵讲话的妇人穿得很好看的,是谁?

丹　我不知道。看她的外貌很像一部装订得很好的法国坏小说,专在英国市场上销卖的。

尔林夫人　那就是可怜的丹比和普夫人吗?我听见普夫人很嫉妒她的。今天她很像不愿意跟我讲话。我想是怕普夫人罢。这些皮肤焦黄的妇人,好大的性子。温特米尔你知道,我想先跟你跳舞。(温爵齿咬着嘴唇皮,把眉头一皱)不过阿格司脱要妒忌了!阿爵!(阿格司脱走下来)温爵的意思要我跟他先跳。这是他的家,我也不便拒绝他。你知道我是愿意跟你先跳的。

阿格司脱　(低低地行一个礼)尔林夫人,可惜我不能这样想。

尔林夫人　你很明白的。我想一个人一生一世跟你跳舞还觉得有趣的。

阿格司脱　(手插在白色的背心里)谢谢你,谢谢你。你是女子里头最可钦慕的一个!

尔林夫人　多好听的话!很简单并且极至诚,我正欢喜听这种话。喂,请你替我拿住了这个花球。(挽了温爵的臂走入跳舞室里去了)啊,丹比先生,你好呀!我很过意不去的,你三次来看我,我都不在家。星期五请你来吃午饭。

丹　很好。(冷淡的样子)

(普夫人气哄哄的样子望着丹比阿爵手里拿着花球,跟了尔林夫人和温爵从跳舞室里出来)

普夫人　(向丹比)你真是一个没良心的东西!连一个字我也不能相信你!为什么你告诉我说你不知道这个女子呢?你连去看她三次,是什么意思?你不要到那里去吃午饭,当然你明白的。

丹　我的劳拉啊,我做梦也不会去的!

普夫人　你还没有告诉我她的名字。究竟她是谁?

丹　(轻轻咳嗽了一声,抓头摸耳的)她是一位尔林夫人。

普夫人　那个妇人!

丹　是的,人家都这样称呼她的。

普夫人　这样有趣!多有趣!我一定要仔细看她一看。(走到跳舞室的门口头张望)我听人家说她很难听的事情。他们说她在那里陷害可怜的温特米尔呢,并且像温夫人那样行为端正的人倒去请她!真有趣!十分愚笨的事本来要一个好女子才做得出来。礼拜五请的午饭你去吧。

丹　为什么呢?

普夫人　因为我要你陪我的丈夫去。他近来很留心我,使得我种种不方便。像这个妇人正合他的式。假使那女子愿意,我的丈夫一定高高兴兴去侍奉她,就不来打扰我了。我告诉你,像那样的妇人倒很有用处,为得可以撮合别人的姻缘。

丹　你实在神妙!

普夫人　(注视他)可惜你不是!

丹　我是——对于我自己。在这世界上我只愿意把我自己知道详细点,但是现在还看不出机会来。

(两人走入跳舞室,温夫人和达爵从草地上进来)

温夫人　是的,她到这里来实在大不应该,我真受不了。我现在才明白白天里吃茶的时候你所说的话了。为什么你一直不告诉我呢?你应该的!

达　我不能够!一个男子不能把这种事来议论别个男子的!假使我早知道你的丈夫今夜要你请她来,我早就告诉你了。你也可以免掉这种侮辱了。

温夫人　我没有请她。我的丈夫硬要她来——不听我的恳求——不听我的命令。啊!这所房子污辱我了!当她跟我丈夫一同跳舞的时候,我觉得这里的女子个个在那里嘲笑我。我做错了什么要叫我受这样的痛苦呢?我把我的全部生命都献给我的丈夫。他既经受了——用了——又把她毁了!使我吃了这种眼前亏。我并且没有胆量——我是一个懦夫!(坐倒在沙发上)

达　如果你是我所想象的一个,我想你决计不能够和一个待你这样的男子住在一处的！你同他还会有怎样的生命呢？你会觉出他对于你没有一刻是真的了。觉出他眼睛的神色是虚假的,他的声音是虚假的,他的抚摸是虚假的,他的爱情全是虚假的。他厌烦了别个女子的时候他到你这里来！你得要安慰他。他爱上了别的女子他到你这里来！你也得要哄着他,你要做他真生命的假面具,做他的外套遮盖他的秘密。

温夫人　不错——你说得很对。但是叫我怎么样呢！你说你会做我的朋友,达爵——告诉我,叫我怎么个办法呢？你现在做我的朋友罢。

达　男女中间不能有朋友的交情。只有情、仇恨、崇拜、爱,就没有朋友的交情。我爱你——

温夫人　不,不！(起立)

达　真的,我爱你！我看这世上没有比你再好的了。你的丈夫有什么东西给你呢？一点也没有。所有的东西他都给了这个恶妇人了,又把她推进你的交际社会里来,到你的家里来,在大众面前羞辱你。我呢,愿意把我的生命都献给你——

温夫人　达林顿勋爵！

达　我的生命——我的全部生命,受了罢。你愿意怎样就把他怎样——我爱你——爱你从来没有这样爱过别人的。自从我第一次看见你就爱了你,爱得你迷糊了,发疯了！你从前不知道——现在你知道了！今天夜里就离开这所房子罢。我不能说一般的舆论没有关系,或是大众的议论或是交际社会里的批评,都很有关系的,那些关系太大了。但是有时候一个人的生命只有两条路可以选择的。一个自己的生命、满足的、纯粹的、完全的,还是拖着一个虚假的、浅的、卑贱的,是那伪善的世界所需要的生命呢？现在正当你选择的时候。选择！啊！我爱,选择！

温夫人　(慢慢地脱开了他,又做惊骇的样子,仔细注视他一回)我没有这样的胆量。

达　(随着她)有,你有这个胆量。大概有六月光景的苦痛,或者甚至于羞辱;但是到那时你不姓他的姓名而姓我的,什么事也都太平了。马格雷脱,我爱我的妻子,总会有一天——啊,是我的妻子！你知道这个！你现在算什么呢？在你权利以内的地位被那个女子占去了。啊！出去罢——快用你的胆量,昂着头笑嘻嘻地从这房子里出去罢。伦敦的人都知道你为什么要走。谁来责备你呢？没有一个。假使有,也没有什么关系。错？什么叫做错？一个男子为了一个无廉耻的女子而背弃他的妻子是错的。做妻子的和一个凌辱她的男子住在一处是错的。有一次你说过你不愿意和解事情的，现在不要和解。振作些！问你的良心！

温夫人　我就怕问我的良心——等我想一想！让我等一回！我的丈夫或者会回心转意过来的。（至沙发上坐下）

达　你还会要他！你不是我向来所想象的那样人了。你还是跟别的女子没有什么分别。什么事情你都担负得起，就怕大家的责备，但是这般人的赞美你又看不起的。我料你一星期之内要跟这个女子驾了马车一同到公园里去了。她要做你的熟客——最亲爱的朋友了。你宁可都忍受，只不要一下子断了这莫大的束缚。你想得不错。你没有胆量，没有。

温夫人　哎，给我点工夫去想一想。现在我不能回答你。（不知所措的样子。用手抚她的额）

达　一定要现在，要不然就罢了。

温夫人　（从沙发上跳起来）那么就算罢了！（半晌不语）

达　你使我的心碎了！

温夫人　我的心早也碎了。（少顷）

达　明天我就离开英国。这是最末次我能够看着你了。你也永远不能见我。有了一息工夫我们的生命相遇——我们的灵魂相接触，永远也不再相遇相接触的了。马格雷脱再会。（退出）

温夫人　我的生命多少孤苦！哎，多少孤苦！

（乐器的声音止了，勃夫人和普爵对讲对笑地进来。别的客也从跳舞室里出来）

勃夫人　马格雷脱，我刚才跟尔林夫人谈得很高兴。我很惭愧今天下午跟你讲她的话。假使是你请她来的，当然没有什么要紧。一个很惹人欢喜的女子，并且很通达世故的。她说她十分反对人家结婚几次的，所以我想阿格司脱是不要紧了。我想不出为什么人家都批评她。都是我的坏侄女们——塞维尔家的姑娘们——她们常常造人家的谣言。但是我想还是到霍堡（温泉场）去一趟好。我爱，真的应该去。她不过太讨人欢喜一点。啊呀，阿格塞哪里去了？啊，她在那边呢。（阿格塞和霍泊尔从草地里进来）霍先生，我很不愿意你领阿格塞到草地上去，她又是那样娇弱的。

霍　爵夫人,我实在过意不去得很。我们出去得没有多大工夫。后来就在一处谈天。

勃夫人　呵,我想你们谈到可爱的澳洲罢?

霍　是的。

勃夫人　爱的阿格塞!(把她招呼过去)

阿格塞　是,母亲。

勃夫人　(在旁边)霍先生曾清清楚楚的——

阿格塞　是的,母亲。

勃夫人　宝贝,你怎样回答他呢?

阿格塞　是的,母亲。

勃夫人　(很慈爱的样子)我爱的!你常常说对的事情。霍先生!哲姆士!阿格塞把样样事情都告诉我了。你们两人好聪明,保守你们的秘密。

霍　公爵夫人,那么你不怕我带阿格塞到澳洲去吗?

勃夫人　(作怒状)到澳洲去?啊,不要提起那个粗俗可怕的地方。

霍　不过她说她愿意跟我一同去。

勃夫人　(厉声说)阿格塞,你是这样说的吗?

阿格塞　是的,母亲。

勃夫人　阿格塞,你会说这样的蠢话。我想拢总看起来就是格文大院(伦敦上等人住的地方)才算是一个卫生的地方,可以住得。许多的下等人住在格文大院,但是无论怎样总没有可怕的袋鼠爬来爬去的。有话都等明天讲罢。哲姆士你可以带阿格塞下去。哲姆士,午饭你当然肯来的。改了一点半,不是两点。我知道公爵有话跟你讲。

霍　公爵夫人,我很愿意公爵跟我谈谈天。他还没有跟我说过一句话呢。

勃夫人　我想他明天要有好多话跟你讲呢。(阿格塞和霍泊尔出)马格雷脱再会罢。我爱,我怕这还是往常的老故事罢。爱——爱,不在初见面发生,而在季末的时候发生更觉得满足。

温夫人　公爵夫人再会。

(勃夫人挽了普爵出去了)

普夫人　我爱的马格雷脱,跟你丈夫一同跳舞的女子多漂亮!我要是你,一定要生妒忌的。她是你的好朋友吗？

温夫人　不是！

普夫人　真的吗？再会，爱的。（注视丹比先生，出去了）

丹　这年轻的霍泊尔样子太难看！

西　啊！霍泊尔是自然界里边的绅士，我所见过的绅士中最坏的样子了。

丹　温夫人是一个通达世故的妇人。一般的女子一定要拒绝尔林夫人，不准她来的。但是温夫人倒有那世人所不常有的那个常识。

西　温特米尔把不应该做的事看得像没有罪一样。

丹　是的，可爱的温特米尔渐渐变成了时髦的一派了。我从前料他再也不会这样的。（向温夫人行礼而去）

佳夫人　温夫人，再会了。尔林夫人这个人真是讨人欢喜！星期四她到我家里去吃午饭。你也去吗？我盼望僧正和麦尔顿夫人都来。

温夫人　佳夫人，可惜我另外有约了。

佳夫人　很可惜。爱的，来。（佳夫人和格拉汉小姐出）

（尔林夫人和温爵入）

尔林夫人　今夜的跳舞真有趣！实在使我想起从前的景象来。（在沙发上坐下）我看见现在交际社会里讨厌的人还像从前那样多。我倒很高兴什么都没有改变！除了马格雷脱，她长得格外漂亮了。我最末次见她——二十年以前，裹在一块小绒布里的一个丑东西。真是一个丑东西，我告诉你。可爱的公爵夫人！跟那位可爱的阿格塞公主！正是我所欢喜的那种小姑娘样子！温特米尔真个我能够做公爵夫人的弟媳妇——

温　（坐在她的左边）但是你会——

（西西尔先生和好几个客都散去了。温夫人面上现出一种轻蔑、苦痛的样子，一心注意着尔林夫人跟她的丈夫。他们两个人却是一点也不知道她在那里）

尔林夫人　啊，是的！他明天十二点钟来看我。他本来今夜里就要向我求婚。实在他已经说出来了，他径自说他的。可怜的阿格司脱你知道她说了多少遍。这样的坏习气！到后来我告诉他明天给他回音。我当然允许他的。论到做妻子呢，我敢说我可以做个贤妻。阿格司脱勋爵的人很有些好处的。侥幸他都露在表面上。好品性正应该现在表面上的。这件事情你当然肯帮我的忙罢?

温　我想不是叫我去鼓励阿格司脱罢?

尔林夫人　那不是！我可以鼓励的。不过要你给我一点产业,数目要体面点。

温　这就是你今天夜里要同我讲的事情吗?

尔林夫人　是的。

温　(暴躁的样子)这个事情我不能够跟你在这里讲的。

尔林夫人　(微笑)那么,我们到草地上去讲罢。无论做什么总应该有个好看的背景。温特米尔,难道这个不要吗?女子要是有个好背景什么事也做得出来的。

温　明天讲,不好吗?

尔林夫人　不行,你知道明天我要答应他了。我想这是件好事,假使我能多告诉他那个——啊,我应该这样说——我的远房堂兄有二千镑一年给我——或者我的第二个丈夫——或者差不多像这样的一个远亲。这样更加可以引诱他。会不会?温特米尔,你现在有个很好的机会可以恭维我。不过你对于恭维方面不大擅长。我怕马格雷脱没有鼓励这样的好习惯。这是她的错处。人要是不说漂亮的话也就没有漂亮的思想了。我们现在谈正经的罢。二千镑你以为怎么样?我想要二千五百镑。现在的生活最要紧得宽裕才好。温特米尔,你想这世界是不是一个极快乐的地方?我是这样想!(跟温爵到草地上去。跳舞室里的音乐又作)

温夫人　再不能在这家里滞留了。今夜那个男子爱了我并且把他的全部生命都给我。我拒绝他,真是傻子！现在我去把我的给他罢。我一定把我的给他。我一定到他那里去!(穿了大衣,走到门口又回转来,在书桌上写了一封信,封好了,搁在台上)阿撒永远没有明白我的心,等他读了这封信才会明白。现在他愿意怎样就可以怎样了。我行我的意思那是最好的,最正当的。婚约是他破坏的——不是我。我不过脱了这个束缚罢了。(出门去了)

(泊克尔进来,走过跳舞室门口,尔林夫人走了进来)

尔林夫人　温夫人在跳舞室里吗?

泊　夫人刚出门。

尔林夫人　(听了一惊,吓昏了,看住了仆人)出门了?

泊　是的,夫人——夫人告诉我她有一封信在桌上留给主人的。

尔林夫人　一封信给温爵的？

泊　是的，夫人。

尔林夫人　谢谢你。（泊克尔出。跳舞室里的音乐也停了）从她的家里跑了！留一封信给她的丈夫？（走到桌前看信。拿起来又搁下，怕得浑身都发抖）不行，不行！这个万万不行的！生命不能像那样再演悲剧的！哎，为什么我有这样的幻想呢？为什么我现在又要记得那在我一生里我极愿意忘记的一个时辰呢？难道生命又要演悲剧吗？（拆开了信读了一遍，倒在椅子里，苦痛得万分）呀！真怕！跟我二十年前写给她父亲的信用的一样的话！为了这件事我受了多少刑罚苦痛！还不是，我的刑罚，我真正的刑罚是今天夜里，是现在！（动也不动）

（温爵入）

温　跟我的妻子告辞没有？

尔林夫人　（把信团在手里）说过了。

温　她在哪里？

尔林夫人　她很倦，已经去睡了。她说有点头痛。

温　我去看看她。失陪了。

尔林夫人　（急起）哦，不要，没有什么厉害，只不过很疲倦罢了。并且饭厅上还有许多客在那里。她要你去告诉他们一声，对不住。她说她不要人家去打扰她。（把封信掉下了）这都是她叫我告诉你的。

温　（把封信拾了起来）你掉了东西了。

尔林夫人　啊，是的，谢谢你，那是我的东西。（伸手来接信）

温　（仔细看这信）咦，很像我夫人的笔迹，是不是？

尔林夫人　（赶快拿了信）是的，这是——一个地名。请你叫他们配我的马车，可以不可以？

温　当然可以的。（出去了）

尔林夫人　谢谢。叫我怎么办呢？叫我怎么样呢？我觉得有个从来没有觉得过的情在我里面醒悟了。这是怎么讲呢？女儿一定不能像她的母亲——那真可怕，叫我怎样救她呢？叫我怎样救我的孩子呢？在一息工夫里可以毁坏一生。谁比我明白这个得多呢？温特米尔呢，一定得打发他出门。那是一件最要紧的事情。（走向左边）

但是这件事叫我怎么办呢？无论怎么样一定得办。哎！

（阿格司脱拿了花球从外面进来）

阿格司脱　爱的夫人，我总惦念着！我的请求可以得个回音吗？

尔林夫人　阿爵，听我说，快领温爵到你们俱乐部里去，留住他，不叫他出来。你明白吗？

阿格司脱　但是你说你叫我早回家。

尔林夫人　（很着急的样子）照我说的去办。照我说的去办罢。

阿格司脱　我的酬谢呢？

尔林夫人　你的酬谢？你的酬谢？啊！明天问我好了，但是今夜不要让温特米尔离开你的左右。要是你放他跑了，我可永远不能饶赦你。永远不再和你讲一句话，也不跟你有关系了。记住了，把温特米尔留在俱乐部里，今天夜里不要让他回来。（出去了）

阿格司脱　啊，实在的，我已经可以做她的丈夫了。的确可以了。

（做出一种很迷惑的样子跟了尔林夫人出去）

（第二幕完）

（第六卷第一号，一九一九年一月十五日）

第三幕

〔布景〕达林顿勋爵的屋内，壁炉前面摆一个大沙发，台的后面一个幔帐横挂在窗上，左右两个门，右边的桌子上摆了些文房具，中间的桌上摆了些曹达水瓶、琥璃杯等等，左边桌上有个盛雪茄纸烟的盒子，电灯开着。

温夫人　（站在炉边）怎么他不来？这样等起来，要苦极了。他应该在这里的。为什么他不在这里拿热情的说话来感动我，使我的心里好火热起来呢？我冷——冷得像没有感情的东西。现在阿撒一定读过我的信了，假使他还要我的，他一定赶着我来，强迫我回去。但是他不管了，他是被这妇人缠住了——被她迷住了——被她支配了。假使一个妇人要管住一个男子,她只要利用他的坏处。我们把男子当做神圣,他们倒离弃我们。别的女子把他们当禽兽看待,他们倒很情愿很忠心奉顺他们。生命多么可怕!……啊!我到这里来简直是疯了,真真疯了。但是我还不明白到底哪一个厉害;受那爱我的男子的支配呢,还是做那在自己家里污辱我的男子的妻子呢?女子懂得什么呢?全世界上是什么样的女子能懂得呢?但是我假使把我的生命给这个男子,他会永远爱我吗?我有什么东西给他呢?失去快活声音的嘴唇,泪水泡坏的眼睛,冷的手,冷的心,我没有什么给他。我一定回去——不行;我不能够回去了,我的信使我伏在他们的权力底下——阿撒也不会叫我回去了!那封致命的信!不要紧!达林顿勋爵明天就要离开英国,我好跟他一同去——另外也没有别的办法了。(坐定了一回,又跳起来,穿上了外套)不,不!我还是回去,随便阿撒怎样待我,我不能在这里等了。我到这里来真是发疯,赶快走才好。至于达林顿勋爵——啊呀!他回来了!叫我怎么好呢?叫我跟他说什么话呢?他会放我走吗?我听见人家说,男子们都是很强暴,很可怕的……哎!(双手捧着脸)(尔林夫人入)

尔林夫人　温夫人!(温夫人直跳起来,睁着眼看她,又缩退了几步,现出一种很轻蔑她的样子)谢谢天爷,我来得还巧。你一定得赶快回去,到你丈夫的家里。

温夫人　一定得去吗?

尔林夫人　(很威严的)是的,你一定得去!一秒钟也不能迟了。达林顿勋爵不定哪时候回来。

温夫人　不要走近我身边来!

尔林夫人　咳,你在堕落的边上了,你在可怕的悬崖上了。你一定得快快离开这里,我的马车在街头上等着。你一定得同我一直回家去。(温夫人把她的外套脱了丢在沙发上)你干什么?

温夫人　尔林夫人——你假使不来,我倒回去了。但是现在我看见了你,我觉得世界上没有可以劝我回去再跟温爵住在一所房子里的了。我见了你很害怕,你有一种势力使我心里发怒。我知道你为什么来的,我的丈夫叫你来骗我回家,好做你们两个人的屏风,遮蔽你们的关系。

尔林夫人　哎!你不要想那种——你不可以的!

温夫人　尔林夫人,你到我的丈夫那边去罢。他现在属于你,不属于我的了。我想他只怕闹出笑话来。男子实在懦弱。世上各种的法律,他们都有胆量去犯的,但是怕人家的议论,叫他小心点罢,就要弄出笑话来了。他就要出那伦敦好几年来没有听见过丑名声,快了。各种下贱的报纸上都要发他的名字,我的也要登在各种可恶的广告上。

尔林夫人　不会——不会——

温夫人　会的!他会有的。假使他自己来请我,我也肯回去,去到你跟他两人为我预备好的那个卑辱的生活里——我还可以谦就回去——但是他自己躲在家里,叫你来当他的使者——哼!真不知羞耻——不知羞耻。

尔林夫人　温夫人,你把我误会了——并且你把你的丈夫也误会了。他还以为你安安逸逸地在家里呢。他当你在你自己的屋里睡觉呢。他再没有读过你写给他的疯信!

温夫人　没有读过!

尔林夫人　没有——他一点也不知道这件事情。

温夫人　你当我的脑筋这样简单!(走上一步)你说谎话!

尔林夫人　(强制自己)我没有。我告诉你的都是真话。

温夫人　假使我的丈夫没有读过我的信,你怎么会到这里来?谁告诉你我离了像你那样不知羞耻地肯闯进去的家呢?谁告诉你我到的地方呢?全是我的丈夫告诉你的,并且叫你来骗我回家。

尔林夫人　你的丈夫没有看见你的信,我看见的;我把它拆开的,我读的。

温夫人　(转向尔林夫人)你拆看我给我丈夫的信?要你不敢!

尔林夫人　不敢!啊!只要能够把你从深渊里救出来,这世界上,还有什么事情不敢做的呢?全世界上没有什么不敢做的事。这封信在这里,你的丈夫没有读过,并且也不会再读着了。(走到壁炉边)这封信再也不应该写的。(扯碎了,信丢在火里)

温夫人　(她的眼睛里和说话的声音里,都带着十分轻蔑的)怎么叫我知道那是我的信呢?你以为想出一个极平常的计策来就可以叫我回去!

尔林夫人　哎!为什么我告诉你的话,你一点也不信!你想一想,我除了从危险里糊涂里救你出来,还打什么主意,要到这里来呢?现在烧掉的就是你的信:我可以对你起誓的!

温夫人 (慢慢地说)我还没有看之先,你就要紧把它烧了。我不能信你,你这个人一生里都是假的,哪里还会说句真话呢?(坐下)

尔林夫人 (很躁急的样子)随你怎样看我,随你欢喜说怎样的话来反对我,只要你回去,回到你爱的丈夫那里去。

温夫人 (面上很阴沉的样子)我不爱他!

尔林夫人 你爱他的,并且你也知道他爱你的。

温夫人 他不懂得什么叫做爱,他所知道的跟你差不多少——我晓得你要的是什么。把我叫回去你可以得大大的利益。天呀!以后我还有什么生命呢!一个没有慈爱怜恤的妇人,人遇见她都算不名誉的,跟她来往都算卑贱的一个恶妇人,一个离间人家夫妇的妇人,要在这样的人的手底下过生活!

尔林夫人 (作绝望状)温夫人,温夫人,不要说这些可怕的话。你自己不知道你说得太过分,多么不应该。听我,你一定要听我!只要你回到你丈夫那里去,我乞许你,以后再也不借什么名义同他往来——永远不再见他——于他或你的生命上永远不再有关系了。他从前给我的钱不是出于他的爱心,乃是出于恨;不是尊重我,乃是轻看我。我对于他拿得住的是——

温夫人 (站起来)喝!你承认你拿得住他的!

尔林夫人 是的,我告诉你是什么,就是他爱你,温夫人。

温夫人 你想我会相信那个吗?

尔林夫人 你一定得信!这是真的。因为他爱你的缘故所以使他受——啊!随你欢喜叫他什么,暴虐,威吓,随你拣选。总之,这是他爱你,他希望免你的——羞辱。是的,羞辱,丑名声。

温夫人 你说的什么意思?你太没有礼!我与你有什么相干?

尔林夫人 (谦恭状)没有什么。我知道的——但是我告诉你,你的丈夫爱你——这一生里你不能再遇见这样爱你的人——这样的爱,你再也遇不见了——你假使背弃了他,总有一天你要想这样的爱而没有人来给你,你求爱人要拒绝你——啊!阿撒爱你!

温夫人 阿撒?你说你们两人没有关系?

尔林夫人 温夫人,你的丈夫对于你在上帝面前可告无罪的!并且我——我告

诉你，我要是早想到你会有这种疑心，我死也不愿意接近你或是他——啊！死，死也情愿的！（移近沙发）

温夫人　听你的话你倒像有心肝的。凡像你这样的女子不会有心肝的，心肝不会在你这种人里面的。你是个被人家买卖的东西。

尔林夫人　（两眼直挺着，现出一种很痛苦的样子。自己勉强压制住了，走到温夫人的身边，但是不敢碰她）随便你把我当做什么，随你便罢。我不值得有一点难过。但是不要为了我的缘故把你美丽少小的年华消磨了！你还不知道你的前途要怎么样，除非你赶快离开这所房子。你还不知道掉在坑里的滋味；要受人家的轻侮嘲弄，被人家驱逐出去，冷嘲——成个无家可归的。人家要关门拒绝她，只好从可怕的小路里扒进去，心里还要时常担心事，只怕人家触破她的假面子，常常听人的笑声，听人家可怕的笑声，这种笑声比哭声还要悲惨。你不知道这是为什么，是偿她的罪孽，并且永远也偿不清，把她的全生命都赔偿掉还不够。你一定没有懂得这种事情。至于我呢，假使受苦算是赎罪，那么，无论我从前所有的罪孽怎么样，在这个时间里我就把那罪孽都赎清了。一个素来没有心的人，今天你替她造了个心。造成了，又把她毁坏了——这都不去管它罢。我宁可毁坏我自己的生命，只不要毁坏你的。你——你还是小姑娘一个，怕你要走错路了。你还没有使一个妇人回转来的脑筋。你没有这种机警，又没有胆量。你受不了这些羞辱。不行，回去，温夫人，到爱你的丈夫那边去，他就是你爱的人。你有小孩子的，温夫人。回去到你小孩子那边去。他现在或是苦痛，或是快乐，在那里叫你。（温夫人直站起来）上帝给你这个小孩子，他要你把他造成一个好生命，要你保养他。假使为了你，把他的生命毁坏了，你怎么能够回答上帝？快回到你的家里去，温夫人——你的丈夫爱你。他对于你没有一息工夫敢存一点不忠心的，就是他爱千万个别人，你也得跟你的小孩子同住。假使他待你很严厉的，你也须跟你的小孩子同住。假使他虐待你，你也得跟你的小孩子同住。假使他丢弃你。你还应该跟你的小孩子同在一处。

（温夫人听了这些话，淌出许多眼泪来，双手蒙了脸）

尔林夫人　（奔到温夫人面前）温夫人！

温夫人　（握住了尔林夫人的手，好像没有帮助的一个小孩子）带我回家，带我回家。

尔林夫人　（要去抱住她，又把自己制住了。脸上现出一种非常快活的形状）来！你的外套

在哪里？（从沙发上拿起来）在这里，穿上了，赶快来！（两人同到门边）

温夫人　等一等！你没有听见声音吗？

尔林夫人　不是，不是！那里不会有人！

温夫人　是的，有的！你听！啊呀！那是我丈夫的口音！他进来了！救救我！啊这是诡计！你叫他来的！（外边杂声）

尔林夫人　不要做声！我要是能够，一定在这里救你。只怕太迟了！那边！（指窗前的幔帐）你看一有机会就溜出去！

温夫人　但是你呢？

尔林夫人　不要顾算我！我要搪着他们。（温夫人躲在幔帐后面）

阿格司脱　（在外）胡说！温特米尔，你一定不准离开我！

尔林夫人　阿爵！那是我糟糕了！（踌躇了半晌，四面望了望，见右边的门，就从那里出去）

（达爵，丹比先生，温爵和西西尔先生入）

丹　这个时候把我们赶出俱乐部，多讨厌！现在才是两点钟。（坐倒在椅子里）夜里最有趣的时候才起首呢。（闭上眼打了个呵欠）

温　达爵，你真是个好人，随便让阿爵拉我们到你这里来！但是我不能久留。

达　你要走！真可惜！抽一根雪茄罢？

温　多谢！（坐下）

阿　（向温爵）我的好小子，你不必想走了。我有好些话要跟你讲，并且是很重要的话。

（跟温爵在左桌边坐下）

西　哈！老头儿，我们都知道你的，除了尔林夫人一个人之外，没有别的话会讲了！

温　西西尔这不关你的事罢？

西　不关事！所以这才于我有趣咧。我自己的事，常常烦得我要死。我宁可管别人家的。

达　诸位，喝点水罢。西西尔你要韦司格苏打吗？

西　多谢。（和达爵同至桌前）今天夜里尔林夫人装扮得实在漂亮，你说是不是？

达　我不是仰慕她的。

西　我从前也不是，现在倒是了。她几次要我介绍她给我可怜爱的克洛林姑母。我相信她会到她那里去吃饭的。

达　（惊奇状）不会罢？

西　真的，她会去。

达　诸位，请原谅我。我明天要走，还有几封信得写。（走到写字台前坐下）

丹　尔林夫人，聪明伶俐的女子。

西　喂，丹比，我想你睡着了。

丹　我是睡，我常要睡的！

阿　一个很聪明的女子。她很知道我是笨人一个——像我知道我自己一样的明白。

（西西尔走到面前来，面上带着笑容）我的小子，随你笑罢，能够遇见一个知己的妇人，真算是大幸呢。

丹　这是件很危险的事情。结果就是一定得娶她了。

西　老头子，不过我想，你不再去见她了罢。不错！你昨天夜里在俱乐部是这样跟我说的。你说你听见了——（和他作耳语）

阿格司脱　啊，那个。她解释过了。

西　那么，韦司巴屯（德国温泉场）的事呢？

阿格司脱　那件，她也解释过了。

丹　老头儿，她的收入呢？她讲过了吗？

阿格司脱　（放重了声音）要待明天她才讲给我听。（西西尔回到中桌边）

丹　现在的女子都是金钱主义。我们的祖母辈，不管她怎么样，只把她们的帽子丢过风车就算完事了。但是现在她们的孙女们，把她们的帽子丢过风车之后立刻要使风起来才好。（英国乡间的旧迷信，把帽子掷过风车，可以使风车转。但是现在先要知道风车必转动，才肯把帽子掷起，此言实利主义之意；恭注）

西　坏女子使人讨厌，而好女子使人腻烦，就只一点分别。

达　（手拂雪茄灰）尔林夫人的前途很远大的。

丹　尔林夫人过去的历史很多的。

阿格司脱　我宁可要一个女子有过去的历史的。同她讲话总是很有趣的。

西　老头子,那么你可以有好些个话头跟她讲咧。

阿格司脱　好小子,你真讨厌。太讨人厌了。

西　(一手搭在阿爵的肩上)喂,老头儿,你的体格损失了,你的品格丢了,可是再不要丢了好脾气。因为你只有一个脾气。

阿格司脱　好小子,假使我不算是在伦敦的最好脾气的人——

西　我们大家还应该待你恭敬些,是不是,老头子?(走开了)

丹　现在这班青年真是太随便了。他们对于年老的人,没有一点尊敬心。

(阿爵怒容向四周看)

西　尔林夫人对于老头儿很尊敬的。

丹　尔林夫人在她同类中倒可以做个榜样。现在的女子对于她丈夫以外的男子,简直不成样子了。

温　丹比,你真可笑。西西尔,你也讲起毁语来了。你不要爱尔林夫人。你真不知道她,所以常常毁谤她。

西　(走到温爵前)我爱的阿撒,我从来没有讲过毁语。我只有讲过人家的闲话。

温　毁语和闲话有什么分别?

西　啊!闲话是好听的!历史上的事都是闲话。毁语是把闲话弄得讨厌些,里边有道德的判断就是了。我向来没有讲过道德。男子讲道德的都是伪君子。女子讲道德的都是平庸的。

阿格司脱　正是我的意思,好小子,正是我的意思。

西　老头儿,我很不愿意听这话;每回人家跟我表同情我总觉得我是错的。

阿格司脱　我的好小子,当时我像你这样年岁的时候——

西　老头儿,你可从来没有像我这样的年纪过,并且也永远不会有像我这样的年纪了。(走上前)喂,达林顿我们打纸牌罢,阿撒你愿意来吗?

温　不来,谢谢你,西西尔。

丹　(叹了一口气)天呀!婚姻真是怀(坏)人的事!像纸烟一样的败坏风纪,并且格外费钱。

西　老头儿,你当然打的罢?

阿格司脱　(斟满了一杯勃兰提苏打)好朋友,我不能打。曾经允许了尔林夫人永远不再打牌喝酒了。

西　老头儿,你留心不要走错到正经路上去呢。你若是改良了,将来你一定会厌烦的。那是女子的坏处。她们常要叫人做好。若是我们好了,她们见了我们,一点也不爱了。她们第一次见我们,愿意我们是一个极坏不可救药的人。等到要撇下我们的时候,又愿意我们成一个淡而无味的大好人。

达　(从他写信的桌子起来)她们常常看见我们的坏处!

丹　我想我们都不坏。除了老头一个都是好的。

达　不对,我们都是在小沟里,但是有几个还可以看得见天上的星宿。(来到中桌边坐下)

丹　我们都在小沟里,只有几个人看得见天上的星宿吗?啊唷!你一定掉在爱情中了。哪一位姑娘?

达　我爱的是一个不自由的女子,她自己或者以为她不自由。(说话的时间不知不觉的两个眼移到温爵身上去)

西　那是一个有丈夫的女子!世界上没有像一个有丈夫的女子那样专爱的。论到有老婆的男子对于这种爱情,是不懂的。

达　哎!她是没有爱我。她的确是一个好女子,我生平第一次碰见这样的好女子。

西　是你生平第一次见的好女子吗?

达　是的!

西　(燃着了雪茄)那是你真运气,喝!我的眼里见过了几百几百的好女子了。都是好的,没有别的。这个世界是充满了好女子。不过认识她们如同受中等社会的教育罢了。

达　这个女子真是又贞节又天真,男子所没有的,她都齐备了。

西　好朋友,我们男子又何必要贞节天真呢?只要留心去把个钮口花做得好点,比较着还有功效些。

丹　她没有真真爱你?

达　没有,她没有爱我!

丹　恭喜你好朋友。世上只有两种悲剧。一种是心里所要而得不到的，一种是得的到的。第二种更可怕，并且是真真的悲剧！她不爱你，我倒很欢喜。西西尔，要是一个不爱你的女子，你能爱她多久？

西　不爱我的女子？啊，我的全生命！

丹　我也是这样。但是不容易碰见的。

达　丹比你怎么会这样自负？

丹　我所说的并不是自负，乃是悔恨。人人都爱我得了不得。我很不欢喜她们这样看待我。应酬她们很讨厌的。因为有时候我愿意留点闲工夫给我自己。

阿格司脱　（向四围看了看）我想留点工夫可以教导教导你罢。

丹　不是，留点工夫可以把我从前学过的忘记了。老头儿，你该知道这是更要紧。（阿爵坐在椅子里很不自然地移动）

达　你们这班真是滑稽家！

西　什么叫做滑稽家？（坐在沙发的后面）

达　只晓得物事的市价而不知道物事的真价的人。

西　达林顿，感情派呢是把物价看得太过分而一点不管市价的人。

达　西西尔，你常常讨我欢喜。你说的话好像你是富有经验的人。

西　我是的。（移到火炉前来）

达　你年纪还太轻！

西　这是你大大的谬见。经验是关于生命的一个本能问题。我有这个本能。老头儿是没有；老头儿之所谓经验者，就是他一生的错处。

（阿格司脱气哄哄地向四周看看）

丹　经验这个名词，个个人称它为一生里的错处。

西　（背向火炉站着）人总不该有错处。（看见在沙发上温夫人的一把扇子）

丹　没有他们，生命就没有趣味了。

西　达林顿，你对于你所爱的那个女子，那个好女子，当然是很忠心的了？

达　西西尔，假使一个人真爱一个女子，看世上别的女子都没有趣味了。爱可以改变人——我是改变了。

西　啊唷！真有趣。老头儿，我有句话对你说。

（阿爵一点也不睬他）

丹　跟老头儿讲，没有什么用处，只当对一块砖墙讲。

西　我欢喜砖墙讲——老头儿，世界上只有这个东西，从来不会反驳我的！

阿格司脱　要跟我讲什么呢？什么呢？

（起来走到西西尔这边去）

西　到这里来，我只要你。（在旁）达林顿嘴里刚讲道德，纯爱，还有这类的东西在这里，他屋子里藏的女子好久了。

阿　不会，真的！真的！

西　（低声）有的，这里有她的扇子。（指着扇子）

阿格司脱　（呵呵而笑）啊唷！啊唷！

温　（起身向门）达爵，我真要走了。很可惜你快要离开英国了，你回来的时候请来看看我们！我的夫人跟我都很想见你！

达　（站起来同温爵）我怕我出去要几年工夫罢。再会！

西　阿撒。

温　做什么？

西　等一下，我有话跟你讲。不要去，来罢！

温　我不能——我要走了！

西　这是件特别的事。于你很有趣味的。

温　（微笑）西西尔是你的糊（胡）说。

西　不是的。实在不是的！

阿格司脱　（走到温爵身边）好朋友，你现在一定不要走。我有好多话要跟你讲，西西尔还有点东西给你看呢。

温　（走过去）是什么东西？

西　达林顿藏了个女子在他屋里。这里有她的扇子。是不是很有趣的？（少顿）

温　天呀！（握住了扇子——丹比立起身来）

西　什么事？

温　达爵！

达　（回头来）是！

温　为什么我夫人的扇子会在你屋里？西西尔放手，不要碰我。

达　你夫人的扇子？

温　是的，在这里！

达　（走过来）我不知道！

温　你一定知道。我要你解说出来。（向西西尔）可恶东西，不要捉住我。

达　（在旁）她毕竟在这里！

温　先生，说出来！怎么我夫人的扇子在这里呢？对天，回答我！我要抄你的屋子，假使我的夫人在这里，我要——（走）

达　你不能抄我的屋子，你没有这权柄。我不准你。

温　你坏小子！我不把个个角儿里寻到之先，我决不离开你的屋子！幔后动的是什么？（奔到幔前）

尔林夫人　（躲在右桌的后边）温爵！

温　尔林夫人！

（每个人都吓一跳，回转头来看。温夫人从帽后溜出，向右屋逃出）

尔林夫人　我怕我夜里离开你家的时候，拿错了你夫人的扇子，把他当我自己的了。（很对不起的从温爵手里拿过扇子来。温爵很轻蔑的样子看她。达爵又怒又惊奇。阿爵掉转点头。其余的都相对微笑。）

（第三幕完）

（第六卷第三号，一九一九年三月十五日）

第四幕

〔布景〕和第一幕相同。

温夫人　（躺在沙发上）我怎么能够告诉他？我不能告诉他。告诉了他会要我的命。自从我逃出那所可怕的屋子之后不知道那里怎么样了。或者她已经告诉他们她为什么到那里去的，并且把那——我那要命的扇子的实情告诉了。啊，他要知道了——叫我再有什么脸见他呢？他再也不能饶我的。(按铃)一个人好好过日子不受外物引诱,无罪无辜的,心里怎样舒服呀。不料忽然——啊！生命真可怕。生命原来是治理我们的,我们不能治理他。

(罗色丽入)

罗　夫人叫我吗？

温夫人　是的。你知道温爵夜里几时回来的？

罗　爵爷到五点钟才回来。

温夫人　五点钟！今天早起他打过我的门没有？

罗　打了,夫人——九点半的辰光。我告诉他,夫人还没有醒来。

温夫人　他说了什么话没有？

罗　好像提起夫人的扇子。我没有听清楚主人说的话。夫人那把扇子丢了罢？我怎么找也找不着,泊克尔说那一间屋里也没有。间间屋里,都找遍了,连那台子上也看过了。

温夫人　那没有什么要紧。告诉泊克尔不用再找了。算了罢。

(罗色丽出)

温夫人　(起来)她一定告诉我丈夫了。我可以想象出来的,一个人做那种惊奇的事情牺牲自己,当时原很豪气的毫无踌躕的——到得后来她才觉着丧失太厉害了。为什么她宁可牺牲自己不愿我败坏呢？……真奇怪！我要在我家里当大众的面前羞辱她。她肯在别人的家里容受大众的羞辱来救我……一定有点苦痛的讥刺在里头,我们所谓好女子坏女子真是一种苦痛的讥刺。……啊,真是好教训！多么可惜,我们得到那些教训,反于我们没有用了！就是她没有告诉,我也一定要告诉的。哎！真是出丑,真是出丑。告诉一遍,就同再经过一番。行为是生命里第一种悲剧,说话还是次之。有时说话也是最可怕的,说话是不仁的……啊唷！(温爵进来把她吓了一跳)

温　(和她亲嘴)马格雷脱你的面色多难看！

温夫人　我睡得不甚好。

温　(和她同在沙发上坐下了)真可怜,我回来得太迟了,那时我不敢惊动你。我爱,你哭过了。

温夫人　是的,我哭过了,我有点事要告诉你,阿撒——

温　我的孩子,你身上不大好罢。事情干得太多了。我们到乡下去住几天罢。到塞尔皮去,你就会好的。这季节差不多也算完了,住在这里没有什么用处。可怜的宝贝你若是高兴的话,我们今天就走。(起身)我们很可以乘四点半的车。先打个电报给丰南去。(到书桌边写电报)

温夫人　好,我们今天走。不行,阿撒,今天我不能走。没有走之前,我还有个人一定要见她一面——那个人曾经有恩于我的。

温　(过来靠在沙发上)有恩于你的?

温夫人　比这个还重些。(起来到他身边)阿撒我告诉你,不过还要你爱我的,爱我像从前一样。

温　像从前一样?你是不是想起昨天到这里来的那个恶妇人罢?(走来坐在她右边)你不可以再在那里瞎想——不,你不能够。

温夫人　我没有,我现在明白了我是错的,糊涂了。

温　你气量真大,肯接待她——但是从今以后你再也不要见她。

温夫人　你为什么这样说?

(少顷)

温　(握住她的手)马格雷脱,以先我想尔林夫人那个人,如同俗语所说的,人家对她作孽,不是她自己作孽。还想她要学好,再回她因为一时受愚所失去的地方来,从新再造一个高贵的生命。我相信她告诉我的话——哪里知道我都有错了——她还是坏的——女子可以坏的地方她都做到。

温夫人　阿撒、阿撒!随便哪一个女子你都不要议论太刻薄。我想现在一般人谁也分不出哪是好的哪是歹的来,仿佛她们是两个不同的种族,或是两个天地的。大家认她为好女子的,也许她心里头坏到不堪问的,昏乱,自骄,嫉妒,罪恶什么毛病都有。人家骂她为坏女子的,也许她心里头悲伤,懊悔,怜爱,倒肯为人家牺牲。我想尔林夫人不是一个坏女子——我知道她不是。

温　我爱的小宝贝,这个女子是不行了。无论她怎样想法伤害我们,你一定不能再见她。她这个人随便走到哪里,都不让她进去了。

温夫人　我可是要见她,我要她到这里来。

温　不能!

温夫人　她到这里来过一次是做你的客。现在我也要请她来算做我的客。那才公平。

温　她不应该再到这里来。

温夫人　(起立)阿撒,你现在说得太晚了。(走开了)

温　(起立)马格雷脱你要是知道尔林夫人昨天夜里从我们家里出去之后到哪一家去,你可再不愿意跟她同坐在一间屋子里了。做这段事情,简直一点没有羞耻的。

温夫人　阿撒,我不能再忍受了。我告诉你罢,昨天夜里——

(泊克尔入,手里托了一个盘,里面盛了温夫人的扇子,另外还有一张名片)

泊　这是尔林夫人拿来还您夫人的扇子,说是昨天夜里拿错的。尔林夫人还写了几句话在名片上。

温夫人　啊,请尔林夫人进来。(读名片)喂,告诉她,我很要见她。(泊克尔出)阿撒,她要见我。

温　(拿名片看)马格雷脱我求你不要罢,无论怎样,等我先见她。她是个极险恶的女子。我所知道的女子里头,她是最险恶的一个。你还不知道你自己做的什么。

温夫人　我应该见她,这是正当的。

温　我的孩子,你要走到苦痛的所在去了。不要见她,还是应该我先见她。

温夫人　为什么是应该的呢?

(泊克尔入)

泊　尔林夫人。

(尔林夫人入,泊克尔出)

尔夫人　温夫人,你好呀!(向温爵)你好!温夫人,你知道么?你的扇子,实在对不起。我真想不到怎么我会弄错的。我真糊涂。方才我一路到你这里来,心里想,我应该自己送还你的东西,可以当面谢罪,并且来顺便辞行。

温夫人　辞行?(搬到沙发边去跟尔夫人一同坐下)尔林夫人,你要往别处去吗?

尔夫人　是的,我又要到外国去住。英国的天气跟我不大合适。我的——心里不安,所以我不喜欢。我宁可到南方去。温爵,伦敦地方云雾太多,还有——还有真心的人。不知道是云雾产出真心的人来,还是真心的人产出云雾来,我不明白。总而言之,使人难受的。所以我今天就乘下午的一趟俱乐部车走了。

温夫人　今天下午？不过我很要去见你。

尔夫人　你怎么这样好？但是我恐怕一定要走呢。

温夫人　尔林夫人，我永远不能再见你面了吗？

尔夫人　我怕不能，我们的生命隔得太远了。不过有一点事情要请教你做。请你给我一张你的相片，温夫人——你肯给我一张吗？你不知道我心里会怎样好过。

温夫人　那是我很愿意的。那边桌子上就有一个。我来拿给你看罢。（走到桌边）

温　（走到尔夫人身边低声说）你昨天夜里做出那种行为来，怎么还有这样胆子闯到这里来。

尔夫人　（很乐地一笑）我爱的温特米尔你先安静些，再讲道德罢！

温夫人　（转来）我怕这一张不大像——我自己没有相片上好看。（指着相片）

尔夫人　你自己比相片上好看得多咧。你跟你的孩子同照的，有没有？

温夫人　有的。你要那张吗？

尔夫人　是的。

温大人　对不起，请坐一刻。我去拿一张给你。楼上有一张。

尔夫人　对你不起，温夫人。这样麻烦你。

温夫人　（走到门边）一点也没有什么，尔林夫人。

尔夫人　多谢。（温夫人由右门出）温特米尔今天有点发气似的。为什么这样呢？马格雷脱跟我渐渐走得拢了。……

温　在她面前见你，我真受不了。并且你没有老实告诉我。尔林夫人。

尔夫人　你的意思是说我没有老实告诉她罢。

温　（立在中间）有时候我倒愿意你告诉她。我这六个月里的窘迫，忧虑，苦恼都可以免去了。宁可以叫我的夫人知道——她向来以为已经死去时常思念的母亲还是好好地活着——并且是一个被弃的妇人；顶了假名字在各地方混，一个极坏的妇人，欺骗人的，我现在知道你确是那样的人。我本来预备供给你的用度，一回一回替你还账，供你的浪费，以至惹起昨天那样的事情，使我第一次跟我的夫人嗓闹。你不知道我那心里多少不愿意。你哪会懂得那个？不过我要告诉你，从她可爱的嘴里吐出那难堪的说话来，都是为你。所以我见你在她的旁边，真叫我发恨。你把她的天真污灭了。（走至左旁）我总想你有这样多的罪恶，倒还是快快乐乐自以为荣耀的。

尔夫人　你为什么提那事呢?

温　因为你强迫我,问我夫人给你一张跳舞会的请帖。

尔夫人　为了是女儿的跳舞会——不错。

温　你既然来了,刚离开我家一点钟的时候,又在一个男子的屋里——你在众人面前出丑。(走上一步)

尔夫人　是的。

温　(转过身来向着她)所以我可以照你的品格看待你——一个没有人品的,不洁的妇人。我可以禁止你永远不到我家来,永远不要打算走近我夫人的身旁——

尔夫人　(冷淡的样子)你说的是我的女儿罢。

温　你没有权利可以认她为你的女儿。当时她还不过在摇篮里的一个小孩子,你就离开她,丢弃她,为了你相好的,你就不顾她了。她也报应你,丢弃你。

尔夫人　(起身)温爵,你说这话是为那男子的名誉——还是我的?

温　算那个男子的,因为现在我知道你了。

尔夫人　留神点——你得要留神点才好。

温　我不跟你讨论字眼儿,我知道你很清楚的。

尔夫人　(睁了两眼看他)我倒有点疑惑。

温　我知道你的。你二十年工夫离了你的孩子,就是想也不想着她。有一天,你看见报上载她嫁给一个富豪了,于是有了你的机会了。你料定我因为想免去她的羞辱,不叫她知道像你这样的人是她的母亲。想我样样都可以承受的,所以就实行你那欺诈的手段,取财的行为来了。

尔夫人　(耸肩)不要说那种难听的话,温爵。那是下贱的。说我见了我的机会这句话倒是不错。并且我赶上这机会了。

温　是的,你赶上那机会了——并且因为昨夜你被人家看出来,又把她完全毁坏了。

尔夫人　(作奇笑)你说的不错,昨天夜里我把她完全毁坏了。

温　至于你为鲁莽从这里拿错了我夫人的扇子,又丢在达林顿的屋里,这是不能饶你的。我现在看也不要看它了。永远也不叫我夫人用它了。这件东西于我已经污辱过的,你还是拿了去不应该拿回来。

尔夫人　我想拿了去好。（取了扇子）我问马格雷脱要了罢。

温　我希望我夫人肯给你。

尔夫人　那我料她一定不会答应的。

温　并且我还盼望她把那个小像也给你，那个东西她每晚为她祷告跟她亲嘴——这像是一个年轻天真的小姑娘，头上长了满头的黑发。

尔夫人　啊，不错，我想起来了。那个好像是多久了！（走到沙发边坐下）这是我出嫁以前制的。黑头发和天真的面相算是当时最流行，温特米尔。

温　今天早晨你为什么来的？你的目的是什么？（走过中间坐下）

尔夫人　（说话里带了是刺的声音）当然是跟我亲爱的女儿告别来的。（温爵一股怒气咬着下嘴唇。尔林夫人睁眼看他，声音渐渐庄重了。发音的高低里含一种极深的悲痛，一时把她的真像显露出来了）哦，你不要想在她面前演出什么悲剧来，抱住她的颈骨哭，告诉她我是谁，像这种事我都不会的，我也没有念头想做娘了。我一生里只有一次觉着有做娘的感情，就是昨天夜里。真叫我可怕——使我难堪——受的苦太厉害。我活了二十年的光景，照你所说的，没有孩子——我还是愿意没有孩子好。（微微一笑，把她的真情隐藏起来了）并且我爱的温特米尔有这样长大的女儿，我怎么可以扮做母亲呢？马格雷脱已经二十一岁了。我向来只承认我二十九岁，至多不过三十岁。有红晕面颊的时候就算二十九，没有的时候就算三十。那么你可以看出这里头牵挂的难处了。不行，论到我呢，让你夫人，保存她那已死纯洁的母亲的记念罢。为什么我要干涉她的幻想呢？我觉得我自己很难保守的。昨天夜里我失去一个幻想，我以为我没有心，后来才觉得有的；不过这个心跟我不合式。它跟时式的衣服不配。它把人显得老相。（从桌上拿起手镜来照）并且在最要紧的关节，把人的前途耽误了。

温　你害我满心惧怕——十分惧怕。

尔夫人　（起来）温特米尔我想你愿意我隐居在修道院内，或者去做个病院里的看护妇，或者跟这相类的事情，像那种蠢笨的近代小说里的人。阿撒那是你笨了！在真生命里的人不做这种事情的——无论如何，我们只要好看不做的。不是——现在的人用什么方法可以安慰自己，并不是懊悔，乃是快乐。懊悔是完全不通行了。并且，还有，假使一个妇人真真懊悔了，她得要到一个坏女裁缝那里，不然，没有人会相信她。世上没有人可以强迫我做那样的。不行，我永远不要再跟你们两人往来了。我来是错的——昨天夜里我才发觉的。

温　一个致命的错处。

尔夫人　(微笑)差不多致命。

温　我很懊悔不把拢总的事情告诉她。

尔夫人　我懊悔我的坏行为。你懊悔你的好行为——这是我们两人不同的地方。

温　我不信服你。我要告诉我的夫人。我想要是叫她知道好,并且是从我知道的。不过告诉了她,一定使她很苦痛——并且使她大受屈辱,但是还应该使她知道好。

尔夫人　你打算告诉她吗?

温　我要告诉她的。

尔夫人　(走上他前来)你假使真要告诉她,一定弄得我的名字非常丑,使她一生没有片时的快乐了。并且会毁害她,弄得她非常苦。你倘使敢告诉她,一定使我降到极深的阶级里去,受最大的羞辱。你不要告诉她——我禁止你。

温　为什么呢?

尔夫人　(少息)假使我说因为挂念她或者爱她——你可要冷笑我罢,会不会?

温　照我看来恐怕不确罢。做母亲的爱子女是专心,不利己,情愿牺牲。你怎么会懂这些事呢?

尔夫人　你说得不错。我能懂什么呢?我们不要再讲这件事罢,什么,你要告诉我女儿,我是谁,我不能允许你。这是我的秘密,不是你的。假使我心里要告诉她,等我没有走之前,我自己会告诉的——要不然,我就永远不告诉了。

温　(有怒容)好,那么请你赶快走罢。我可以代你向马格雷脱请罪的。

(温夫人由右门进来。走到尔林夫人面前,手里拿了一张相片。温爵向后退至沙发边,当两人谈话的时候,很注意尔林夫人)

温夫人　很对不起的尔林夫人,要你等这半天。我怎么找也找不到我的相片。到后来在我丈夫的洗脸房里寻出来的——把它偷走了。

尔夫人　(从她手里接相片来看)这也难怪——这是漂亮。

(跟了温夫人走到沙发边坐在她身旁。又拿起相片来看看)这是你的孩子罢!他叫什么名字?

温夫人 叫哲拉尔,跟我父亲的名字起的。

尔夫人 (将照片搁下了)是吗?

温夫人 是的。假使他是个女孩子,我要把我母亲的名字给他。我母亲的名字跟我的一样,也叫马格雷脱。

尔夫人 我的名字也是马格雷脱。

温夫人 真的吗?

尔夫人 温夫人,你的丈夫告诉我,说你一心记念你的母亲。

温夫人 人人心中都有个理想,就是没有,也应该有的。我的理想就是我母亲。

尔夫人 理想是件靠不住的东西。实事是好些。虽然也有害处,比较着好些。

温夫人 (和她握手)我如果失了我的理想,就同把所有的东西都丢了。

尔夫人 所有的东西?

温夫人 是的。(少息)

尔夫人 你父亲常常提起你的母亲吗?

温夫人 不常讲,因为使他心里很难过。他只告诉我过,说我母亲怎样死的,自从我生了没有几个月之后。他一说起就流眼泪。所以他叫我以后再也不要在他面前提起我母亲的名字。因为使他听了太苦痛。我母亲——我父亲实在是心碎了死的。我所知道的人里头要算他的生命毁坏得最厉害。

尔夫人 (站起来)温夫人,我想要走了。

温夫人 (起立)啊,不要走。

尔夫人 我想,我还是走好。我的马车大概回来了罢。方才我叫他送张条子到佳德布夫人那里去的。

温夫人 阿撒!你肯替尔林夫人去看看她的马车回来了没有?

尔夫人 温夫人不要劳动温爵了。

温夫人 阿撒,劳你走一躺(趟)罢。(温爵迟疑的样子,又向尔林夫人看看。尔林夫人只装做没有看见,他就出去了。温夫人向尔林夫人说)你昨天夜里救我,叫我怎样跟你说呢?(走近她面前)

尔夫人 哎,——不要提这事。

温夫人　我一定要说的。我不愿意安安稳稳受你这样的牺牲,我不会。这件事情太大。我要把所有的事情都告诉我的丈夫,这是我的本分。

尔夫人　这不是你的本分——除了他,你对于别人还有点本分。你不是说你还欠我点东西吗?

温夫人　我欠你样样东西。

尔夫人　那么,请你不要开口,就算偿还我,只有这个法子可以做报酬。不要向个个人告诉,以至于败坏我一生所做的只有这件好事。昨天夜里的事,只准我们两人知道,不再告诉第三个人。不要叫你的丈夫一生里受痛苦。为什么好端端要破坏他的爱情呢?你一定不要破坏他。爱情是最容易消灭的。啊,爱情这样东西真是容易消灭呀!温夫人,我一定要你答应永远不要告诉他那件事。

温夫人　(点点头)这是你的主意,不是我的。

尔夫人　不错,是我的主意。还有,永远不要忘记你的孩子——我愿意把你当着做母亲的看待,并且望你自己也记着你是个母亲。

温夫人　(向上看)以后我总愿意了。我一生里只有一次把我自己的母亲忘记了——就是昨天夜里。咳,假使我记着她,一定不会那样糊涂,那样坏了。

尔夫人　(身体微微震栗)哎,昨天夜里的事早已完了。

(温爵入)

温　尔林夫人,你的马车还没有来。

尔夫人　那不要紧。雇辆双轮马车罢。我想马车里头没有比雪罗公司的再体面的。温夫人,我现在真要走了。(走至中央)啊,还有一桩事体,我记起来了。不过你会想我太冒昧罢。你知道我很喜欢你的扇子,昨天夜里跳舞完了,迷迷糊糊我带了就走。我现在想问你要了去,你可允许吗?温爵说过你也许肯的。不过我知道这是他送给你的礼物。

温夫人　你要是欢喜,那自然可以的。但是有我的名字"马格雷脱"在上面。

尔夫人　好在我们两个人的名字都是一样的。

温夫人　不错,我忘记了。那当然可以给你了。多奇怪,我们的名字会一样的!

尔夫人　是奇怪的。谢谢你——我见了这个可以常常使我记得你。(与温夫人握手)

（泊克尔入）

泊　阿格司脱勋爵到。尔林夫人的马车来了。

（阿爵入）

阿　好孩子，你好呀。温夫人，你好呀。（见尔林夫人）尔林夫人！

尔夫人　阿爵，你好呀？你今朝早起来怎么样？

阿　多谢你，尔林夫人，很好。

尔夫人　阿爵，看你的气色不大好。你睡得太晚——于你很不好的。你还得格外留心你的身子才好。温爵，再会。（走向门前向阿爵一鞠躬。忽又转身向他一笑）阿爵！你可以送到我的马车里去吗？替我拿这把扇子。

温　我替你拿！

尔夫人　不必，我要阿爵，因为有点特别事体托他传给公爵夫人。阿爵，你替我拿这把扇子可以吗？

阿　尔林夫人，你当真愿意我拿，我就拿。

尔大人　（一笑）自然真的。你要拿了真是好看。可爱的阿爵，你拿了什么东西都好看的。

（尔夫人走到门边，又回头来看温夫人，四只眼睛却好碰见。她才转身出去。阿爵在后跟着）

温夫人　阿撒，以后你不要批评尔林夫人，可以吗？

温　（庄重状）她不是像人家说得那样坏。

温夫人　她比我好。

温　（手摸着她的发笑着）孩子，你跟她两人是属于两个世界的。在你的世界上没有邪恶可以进来。

温夫人　阿撒，不要说那种话。我们拢总人都是属于一个世界上的。善的、恶的、有罪的、无罪的都是手拉手从这世界经过的。对于生命的半面闭上了眼睛，以为生命是安稳的，就好比一个人瞎了眼可以在崎岖不平的地方走来走去的。

温　（走至夫人前）宝贝，你为什么说那种话？

温夫人　（坐在沙发上）因为我，在一生里瞎了眼，走到危险边上。并且有一个使我两个人分离的人——

温　我们两人没有分离过。

温夫人　我们永远不再分了。阿撒要照样爱我,我也会格外信你。我会完全信你。我们到塞尔皮去玩玩罢。塞尔皮的玫瑰花园,里边的玫瑰花有红有白的。

(阿爵入)

阿　阿撒,她把样样事情都说得明明白白!(温夫人立刻变了色。温爵睁了眼。阿爵挽了温爵到台前)她把昨夜的事情都讲明白了。我们实在是误会了她。她到达爵屋里去都是为我——起初到俱乐部,实在是要不叫我提着心,他们说我走了,她跟了来——自然的——美男子进门的声音,她害怕——退到旁一间屋里,——我告诉你,这回事情我心里都很满足的。我们看错了她,她做我的妇人正正合式。从头到地都很配的。她所定的条件,只有是要叫我们两人离开英国——也算一件很好的事!——混账的俱乐部,可恼的天气,惹厌的厨子,样样东西是坏的!

温夫人　(害怕的样子)尔林夫人有没有?——

阿　(走上前来向温夫人行一礼)是的,温夫人,尔林夫人赐顾我,答应嫁我了。

温　好。你娶着了一位聪明的妇人。

温夫人　(拿了她丈夫的手)啊!你娶着了一位贤德的妇人。

(全剧完)

(跋)这本戏另由潘家洵君译登《新潮》第一卷第三号,译名《扇误》,读者可以参看。

(记者)

(第六卷第二号,一九一九年二月十五日)

卖火柴的女儿

〔丹麦〕H.C.Andersen 著 周作人 译

天气很冷,天下雪,又快要黑了,已经是晚上——是一年最末的一晚。在这寒冷阴暗中间,一个可怜的女儿,光著头,赤著脚,在街上走。她从自己家里出来的时候原是穿着鞋,但这有什么用呢?那是很大的鞋,她的母亲一直穿到现在;鞋就有那么大。这小女儿见路上两辆马车飞奔过来,慌忙跑到对面时,鞋都失掉了。一只是再也寻不着;一个孩子抓起那一只,也拿了逃走了。他说,将来他自己有了小孩,可以当作摇篮用的。所以现在女儿只赤着脚走,那脚已经冻得全然发红发青了。在旧围巾里面,她兜着许多火柴,手里也拿着一把,整日没有一个人买过她一点东西,也没有人给她一个钱。

冻饿得索索地抖着,向前奔走,可怜的女儿!正是一幅穷苦生活的图画。雪片落在美丽的长发——披到两肩的卷螺发上,但她并不想到它。街上窗棂里,都明晃晃地点着灯火,发出烧鹅的香味,因为今日正是大年夜了。咦,她所想的,正在这个!

两所房子前后接着,其间有一个拐角,她便在那里,屈身坐下。她将脚缩紧,可是觉得愈冷了;又不敢回家,因为她没有卖掉一把火柴,也没有一个钱拿回家去;她定要受父亲的一顿打;而且家里也冷,因为他们家里只有一个屋顶,大的裂缝虽然用了稻草破布已经塞好,风却仍然呼呼地吹进来。

她的小手,几乎冻僵了。倘从柴束里抽出一支火柴,墙上擦着,温温手,该有好处。她便抽了一支。霎的一声,火柴便爆发烧着了。这是一个温暖光明的火。她两手拢在上面,正像一支小蜡烛,而且也是一个神异的小火光!女儿此时觉得仿佛坐在一个大火炉的前面,带着亮明的铜脚炉和铜盖。这火烧得何等好!而且何等安适!但小火光熄了,火炉也不见了,只有烧剩的火柴头留在手中。

第二支又在墙上擦着。火一发,火光落在墙上,墙便仿佛变了,透明同薄幕一样,她能见屋里的事情。桌上铺着一块雪白的布,上面放着光亮的晚饭器具,烧鹅肚里满装着苹果、干枣,蓬蓬地发出热气。还有更好看的,那鹅跳下盘,在地板上摇摇摆摆的,胸前插着一把刀一把叉,向女儿走来。那时火柴熄了,只有厚实、潮湿、冰冷的墙,仍在她面前。她又烧一支火柴。这回她坐在一株美丽的圣诞节树下,这树比去年她在那富商家隔着玻璃窗望见的那一株,更加高大,更装饰得好看。一千多支蜡灯,点在绿树枝中间;许多彩色图画,同店头所有的一样,都向上看这烛光。女儿伸出两手向它们,火柴就熄了。圣诞烛渐渐地升高。她现在再看,却是天上的星。一颗星往下落,曳了一道火光。女儿心里想道:"现在有一个人将死了",因为她的祖母——世上唯一爱她的人,如今已经死了——常常告诉她说,凡是一颗星落下,就有一个灵魂升天去了。

她又在墙上划一支火柴。火发了光,在这亮光里,立着她的祖母——清净光明,和善可爱。女儿叫道:"祖母,你带我同去!我晓得火柴熄时,你就要去了。你也要同温暖的炉火、好的烧鹅、美丽的圣诞树一样,就要不见了",她忙将整把的火柴擦着,想留住她的祖母。火柴烧得很猛,比日中还光明。祖母的相貌,也很大很美丽,不同平常一样。她将女儿抱在手里,两个人在光明喜乐中,离开地面,飞得很高,到那没有寒饿忧愁的地方去——她们是同神在一处了!

但次日清早,女儿仍旧坐在拐角,靠着墙,两颊绯红,口边带着笑容——在旧年末夜冻死了。新年的太阳起来,照在一个小死尸上!这孩子坐在那里,冷而且硬,手里拿着火柴,其中一把已经烧过了,旁人说"她想自己取暖"。但没有人知道她看见怎样美景,也不知道她在怎样的灵光中,同她祖母去享新年的欢乐去了。

Hans C. Andersen(1805—1875)的著作的特色,曾在《随感录》二四中约略说过;现在所译的便是他的童话之一。他的童话全分收在全集第二十七、二十八两册中。在第二十七册卷头,有他自撰的童话年谱,今将关于这一篇的说明,抄在下面——

一八四八年童话第二集第二分出,中为《老屋》、《一滴水》、《卖火柴的女儿》、《幸福的家庭》、《母的故事》、《苎麻》六篇……《卖火柴的女儿》在Grasteen旧城所作;当时接到Herr Flinch(案:此系当时出版业者)的信,嘱我为他题画,共有三张,我取了一张绘着女儿拿火柴的画,就写了这一篇。

当时所印的画,可惜现在已经没有了。但他集内丹麦人 Pedersen 的插画,有两张小图插在这故事里,也非常得神。

Andersen 这篇故事,又与平常的童话略略不同,所以别有一种特色。他写这女儿的幻觉,正与俄国平民诗人 Nekrassov 的《赤鼻霜》诗里,写农妇在林中冻死时所见过的情景相似。可以同称近世文学中描写冻死的名篇。

(第六卷第一号,一九一九年一月十五日)

铁圈

〔俄国〕F.Sologub 著 周作人 译

一

一个女人,清早晨在一条市外的冷街上散步,一个四岁的孩子同她一路走。她很年少活泼,喜滋滋地微笑。她常常极慈爱地看她儿子,那孩子的红面颊上,也仿佛映出幸福的光。他正在那里抛一个圈,一个大而且新,明晃晃的黄色圈子。他跟着圈乱闯,喜欢得了不得,大声说笑;撒开他小肥腿,膝弯下全是露着;挥他抛圈的棒。他本不必将棒举向头上,有这样高,但这有什么要紧呢?

真好快活!他从前未曾有过一个圈,这圈又跑得怎么活泼呵!

从前一切都未有过,在他看了,一切全是新的——早晨的街道,快活的太阳,市内远远的嚣尘。在孩子看了,一切都新,都快活洁净。

二

一个穿破衣的老人,两手又粗又硬,站在十字街口。他将身体贴着墙壁,让女人和孩子过去。老人用没有光泽的眼,望着孩子,很粗蠢地微笑。混乱迟钝的思想在他秃头里,挣扎出来。他对自己说,“一个小绅士!正是一个小东西。喜欢得快要炸了。看他怎样开步走呵!”

他心里不甚明白。这件事似乎有点奇怪——

这里是一个孩子——一个小东西，只配拔住头发，拖来拖去的。游戏是坏事。孩子又是专做坏事的人，大家都晓得的。

那里是一个母亲——她并不发话，也不吵闹，也不骂他。她是很活泼愉快。很容易看出，他们是惯在温和安乐中过活的人。

但在老人自己一面，他做孩子时，过的是狗的生活。便是到了现在，也并无什么好的景况，虽然可以不再挨打，也有食料吃饱了。他记起少年的时候——饿呵，冻呵，打呵。他未曾有过一个圈玩耍，也没有好人家孩子所要的种种玩物。这样子，他在穷愁苦难中间，过了一生。他记不出一件喜欢的事。

他张着没牙齿的嘴，对孩子笑，心里很羡慕他。他又回想道，"真无聊的游戏！"

但他心里很是妒他、羡他。

他去做工——去到工厂。在这厂里他从小做起，一直到老了。他终日想那孩子。这是一个极深极固执的思想。他竟不能忘却那孩子。他心里看见他跑着，笑着，顿脚，抛圈。怎么的肥小腿，直露到膝弯……

在工厂里机轮喧闹的中间，他整日里仿佛见那小孩拿着铁圈。夜里又在梦中看见他。

三

次日早上，老人的幻想，依旧跟着他走。

机器哐哐地响。工作很是单调，又是机械般的自动的事。他的两手急急忙忙地做习惯了的工作。没牙齿的嘴上，现出微笑，心里怀着愉快的空想。空气里面，夹着许多尘埃，愈显得浓厚；承尘底下，许多皮带从无数轮子上转来转去，嗤嗤地响。略远的地方，被散出的蒸气遮住，全不能见。只见一两个人，忽隐忽现，像鬼怪一般，人的声音，因为机器的不断的响声，也一毫不能听得。

老人的空想，也正是热闹——他这时候变了一个小孩，他的母亲是一个上流妇人。他有他的圈和小棒，他正在那里游戏，用小棒赶那圈。他穿了一件白衣服，他的小腿很肥，一直露到膝弯上。

几日过去了，工作也逐渐进行，他的空想还是如此。

四

一日晚上，他从工厂回家，在路上见了一个木桶的圈。这是一个粗恶污秽的圈。老人见了，喜得遍身发抖，没有光泽的眼里，流出泪来。有一种突然发生的不可抗的欲望，将他制住。

他很小心地向四面一望，于是蹲了下去，伸出发抖的手将它拾起，又惭愧似的微笑，拿了它回家。

没有一个人留心他，也没有人问他。这与人有什么相干？一个穿破衣的老人，拿着一个破旧无用的圈！有谁来留心呢？

他偷偷地拿着走，怕人看了见笑。为什么拾了来，又为什么拿着走，连他自己也说不出，单是这很像那孩子的圈罢了。将它放在随便什么地方，也没有什么妨碍。

他能看这圈，也能用手抚摩这圈，还更能引起他的幻想。工厂里的呼啸喧扰声音，便觉渐渐微弱，散出的蒸气，也渐渐淡了……

这圈在老人的歪斜不正的房子里的床下，放了几日。他时时拿了出来，看它一回。这污秽灰色的圈，很能安慰老人的心，他见了圈，便使他更加想念那幸福的孩子。

五

一日是清明和暖的早晨，鸟在市内虚损的树上，叫得比平时尤其高兴。老人一早起身，拿了圈，走出市外。

他在林中，从老树和荆棘堆里，直向前走，一面咳嗽。这树上都包满了黑色干枯的开裂的树皮，老人看了，觉得很是不测，又像是板著脸不说话。林中的气味也很奇，昆虫都很怪异，羊齿植物似乎非常高大。这里并无尘埃喧闹，只有温和细密的朝雾，散布在树木后面。老人的脚，在枯叶上滑过，有时遇着趴在地上的老树根，几乎绊倒。

老人折了一枝枯枝，将圈挂在枝上。

他走到一片空地，充满着日光与寂静。无数露珠，在新刈草地的绿叶上，闪闪有光。

忽然老人将圈溜下树枝，他用枝打，使圈在草地上旋转。老人大笑，颜色很为喜悦。他跟着圈跑，正同那孩子一样。他踢脚，用棒打那圈子，又将棒在他头上高高举起，也同孩子一样。

他觉得自己还是幼小，被人所爱，又很幸福。他又觉得他的母亲正看守着他，微笑着，紧跟着他走。仿佛初次出外的孩子，他觉得与鲜明的草和闲寂的青苔接触，十分舒畅、快乐。

他的灰色羊髯，同他苍白的脸色恰相调和，抖个不住。他的咳嗽同笑混作一堆，奇怪的嗄声，从他没牙齿的口中发出。

六

此后，老人一天比一天更爱他早上带着圈在林中游戏的时光了。

他有时想到，怕被人发现，被人见笑——想到这里，引起一种深切的惭愧心来。这惭愧很像恐怖，他便渐渐麻木，他的膝髁几乎发软。他慌忙向四面探望。

不——四面没有一个人看得见，也没有一个人听得到。

他尽意地游戏够了，便回到市里，很温和、愉快地微笑。

七

没有一个人发现了他，也没有非常的事出现。老人平平安安地游戏了几日。一日露水很多的早上，他便受了凉。他卧倒在床上，不久死了。虽然死在工厂病院里，死在不知不识的不相关切的人的中间，他很平静地微笑。

他的空想，使他心里很得安慰。他也曾做过孩子，也曾笑着在阴暗的树木中间、在绿草上跳跃，他的亲爱的母亲，将眼紧跟着他。

Sologub 本名 Fjodor K.Teternikov（1863—）。本志四卷三号已经载过他的一篇《童子 Lin 之奇迹》，但他的杰作是长篇小说《小鬼》与短篇《迷藏》等。这一篇《铁圈》虽然并非他的一等著作，但很可看出他的根本思想，所以颇有研究的价值。

Sologub是厌世家,又是死之赞美者(Peisithanatos)。他在《小鬼》中,表明人生的恶浊无意义;要脱离这苦,仅有死这一条路:如《迷藏》中的小女儿Leletshka,又或如《未生者之接吻》中的胎儿,便最好了。其次要算发狂,他称为祝福的狂气。此外还有两种法门,可免人生的苦恼:第一是美,第二是空想。但无论怎样天真的美,一与人世接触,也被污染毁坏。所以诗人的空想,便是唯一的避世的所在。英人Cournos说,"空想是美的媒介,能令人在悲哀中求得悦乐。有空想的人,真是幸福。他在这日光所照鄙俗可厌的人世之外,别有一个世界:怪异荒唐,同童话的世界一般,也便是夜的世界"。(见一九一五年九月份两周评论中)

Sologub的意见大略与意大利诗人Leopardi相似,"以为人生只有苦趣;灵智之士,苦亦益大。盖人生慰藉,实唯空虚。人有希望、空想、幻觉,乃得安住。如幻灭时,只见实在,即是悲苦。欲脱此苦,唯梦或死"。(译者所编欧洲文学史的一段)这篇小说里的老人,便只因能有了空想、幻觉,所以虽然过了一世"狗的生活",也能很温和愉快地微笑;死在不相关切的人的中间,也能很平静地微笑。所以他可算一个"真是幸福"的人。因为他能在这不幸的真实的世界之外,别有一个空虚的世界,可以容得他安住。

但我的意见,不能全与著者相同,以为人的世界,究竟是在这真实的世界一面,须能与"小鬼"奋斗,才算是唯一的办法。所以我们从别一方面,看这抛圈的老人的生活与《卖火柴的女儿》比较观察,也是一件颇有意义的事。

七年十二月三十日

(第六卷第一号,一九一九年一月十五日)

灵异论

（节译 *Die Lebenswunder* 的第三章）

〔德国〕哲学博士、医学博士、法学博士、理学博士　赫克尔　著　刘叔雅　译

这两年，国人因为精神的不安、政治的紊乱、生事的压迫，更加上缺乏科学知识、固执陈旧思想，所以群众心理忽起变态。什么《灵学丛志》、心灵学、四秉、十六司、城隍、土地、四大元帅、玉鼎真人、盛德坛、先天道，百怪千奇，纷纷出现。科学昌明的时代，万不能容这种惑世诬民的东西来作怪害人。他们的学识，到 Karl du Prel，James，Maeterlinck 辈，还差一两千年程度，我也不肯做文章去说他们。不过我看今日中国的思想界，和欧洲的中古时代差不多，除了唯物的一元论，别无对证良药。什么 Eucken 的 *Geisteslebens*、Bergson 的 *L' Evolution Creatrice*，都谈不到。我所以发愤把 Haeckel 的 *Die Lebenswunder* 和 *Die Welträtsel* 两部书译成中国话，叫那些好学深思的青年读了，好自己建立个合理的人生观、世界观；仗着纯粹理性的光明，去求他们自己的幸福。我先把 *Die Lebenswunder* 的第三章摘出来登在《新青年》上。我译这书，但求忠于原文，绝不怕丧失了我的古文家的资格。万一有一本《新青年》落到那些灵学家、活神仙、阴差、巫、觋的手里，要是觉得这话不对，请用那“佉卢左行之书”写几封信，做几篇文章，直接去问著者，或者能难倒他，也未可知，我却不耐烦代负责任。

叔雅记

“灵异”两个字的意义，在平常说起来，就是许多奇怪的事。我们对于一个现象，要是解释不来、不晓得它的原因，就说它是灵异、说它是不可思议。然而自然物或是艺术品，要是异常美妙动人，得未曾有，我们也说它是不可思议。我这书里所说的，却

不是这相对的意义，我是说那世人认为超乎自然法范围之外、不能加合理说明的现象。照这样的意义，“灵异”两字，就和“超自然的”、“超越的”是一样。自然现象，我们可以仗着理性去解释它、去认识它。至于那些灵异，是只有靠信仰去承认它罢。

十九世纪科学进步的伟动，以及其构成合理的生命哲学的理论价值和近世文明各方面上的实际价值，都全在绝对承认一定的自然法。我们由那所谓“因果律”的事物的相互关系，可以了解说明一切的事实。我们觉得要等科学把这些原因的充足理由寻了出来，然后我们的知识欲才能满足。在无机的宇宙学全分野里，现在已经承认自然法有绝对的威权，诸如天文、地质、物理、化学等科学里，一切现象都已经归诸一定的法则，属于物质不灭、能力不灭两个大包举一切的实质法则了。（参看《宇宙之谜》第十二章）

但是在生物学等有机的宇宙学里，就不是这样了。这种科学里，还是说有那抵触实质法则的灵异和那违背自然法的超自然力。这灵异的迷信，依然是流播很广，其盛行竟出人意想之外。据我看起来，迷信和非理是人类的大敌，科学和理性是人类的挚友。所以要为人群谋幸福，见着灵异的迷信，就要攻击，这是我们的事业，也是我们的义务。我们能证明，凡是人所能达到的现象界的全境，都属于自然法的版图。只要把信仰的历史和科学的历史大概一看，就晓得科学进步，总是随着个自然法知识的增进和迷信范围的日益缩小。今日我们将各级文化的精神加了个公平的观察，确信这个道理。我因此把佛理慈修尔财（Fritz Schultze）的《野蛮人之生理学》和亚力山大兹特尔兰德（Alexander Sutherland）的《道德之起源及其发达》两部书里所说的精神发达的四大阶级举出来，一是野蛮人，二是未开化人，三是文明人，四是有教育的人。（比照第一章）

野蛮人的精神生活是和猿猴等高等哺乳动物的系统相近，比它高不了许多。他们的兴趣，只限于营养、生殖等生理的机能，或是饥食渴饮等兽欲。他们也没有一定的住处，时时要竞存争生，全靠果实草根或渔猎来的动物为生。他们的理智范围极其狭隘，他们的理性和灵巧的动物实在是不相上下。艺术科学，那是说不到的。他们想研求事物原因的心，只要见着现象表面的联络，就满足了，是不是互有密切的关联，却是不问的。他们那拜物教，就是这样兴起的。这种非理的庶物信仰，佛理慈修尔财把它归诸四种原因：第一是他们对于物体价值的误算，第二是他们对于自然的拟人思想

(译者谨按,就是把自然看得和一个人一样),第三是他们观念之不完全的联络。第四是他们的希望恐怖等心情太强固。他们连喜欢的一块石头、一块骨头都以为可以发生灵异、致人祸福,所以就去尊敬它、畏惧它、崇拜它。起初还是崇拜那物件里的无形精灵,后来竟往往弄到崇拜那死物了。各种野蛮人里,这庶物崇拜,也随其理性的程度,分为几等。最下等的人种就行那最低级的庶物崇拜,像锡兰岛的吠多(vedahs)人、安达曼(Andaman)岛的土人、布西门(Bushmen)人和马来群岛里新机尼亚(New Guinea)的亚加(Akkas)人。中等种族的就稍微高些,像澳洲的土人、他斯马尼亚(Tasmania)人、荷腾多(Hottentot)人、非吉安岛土人、Tierra de Fuegians 等种族。至于像南、北美洲的印第安人和印度的土著,那智灵的发达还要较高些。近世比较人种学、进化论和有史前的人类学的研究,证明了我们自己的远祖在一万多年以前,也和各种民族有史前的远祖一样,也是野蛮人,他们那太古的灵异信仰,也是个极陋劣的庶物崇拜。

所谓未开化的人,是介在文明、野蛮之间的人种。他们是文化初开,比野蛮人高的处所,就是有耕稼牧畜。他们会利用有机自然界的生产力,用人工产出很多的食品;食品多了,所以就有工夫用心到别的方面去。他们也有那粗浅的艺术学问。他们的宗教,起初也比拜物教高不了许多,但是随即也就达到崇拜灵精的阶级,把无生命的自然物附上个灵魂。他们已经不再崇拜石头、骨头等死物,大概都是崇拜草木鸟兽等生物,尤其崇拜人形或是兽形的神像;相信这神像是有灵魂的,以为这是些魔鬼精灵,可以左右人的命运。起初以为这灵魂是个纯物质的,身体一死,灵魂就走开到别处去了。因为看见人死了,那呼吸就止了,脉和心脏的搏动就停了,他们以为灵魂的位是在肺里、心里,或是身体的其他部分里。这灵魂不灭的信念,分作无数的样式,好像那神祇、魔鬼、精灵等灵异信仰一般。我们要是把上、中、下各等人种一比较,就晓得信仰的各种样式,也是经了极长的进化而来的。

文明人种胜似半开化人的处所,就是组织国家、盛行分业。其社会的组织,不但是更广大更有力,并且能成更多样的事业。各种国家社会里劳工的职务分别更大,又互相辅助,好似高等动物的细胞组织一般。营养物也更容易得着,更晓得考研。艺术科学也很发达。宗教也大有进步,相信许多神祇是人样的精灵,这些小神都属一个大神管的。灵异的信仰,大抵都在诗歌里,至于哲学里就很有限。灵异的事,只有一个神或是神的僧侣和通神的人能行。

据我看起来,别于旧文明的近世新文明,是到十六世纪初年才开端的。这时候,文明种族里成就了几件人类思想上的奇功伟业,扭脱了传说的桎梏,促起了后来的进步。柯卜尼加斯的太阳中心说,开拓了人心的眼界。宗教改革,解脱了教皇权的羁勒。在这些事的稍前几年,新世界的发现和世界周航,证明了大地是个圆的。地理学、博物学、医学和其余的科学受了感动,各自独立。又有印刷术、镂版术,做了传播新知识的利器。这个新刺激,哲学大得其力,虽然尚未能尽脱羁绊,已经渐渐的在那里排斥教会和迷信了。直到十九世纪,实验的科学突飞进步。其后的思想界里,物理学的世界观渐渐压倒了形而上学的世界观。根据科学的纯粹知识和宗教信仰争斗得更加猛烈。我们要照上文那样,把近世文明的发达分做三大阶级,就看得见那用科学知识渐渐摆脱迷信的状况了。

我们把文明民族的那些宗教形式只要一加比较,就看得出其中都是些同样的心情愿望、同样的思想,在哪里隐现出没,连那些灵异信仰的发达也都是一个样子。地中海沿岸三大一神教的开祖:摩西、基督、摩罕默德,都是一样的能行灵迹的先知,都能和神直接交际,把神的命令用法律的形式传达给人民。他们享有的那无上威权,使得他们所建立的宗教更加光耀。像那治愈疾病、起死回生、驱除恶鬼等事,在寻常百姓看起来,都是由于他们的那通神能力。我们要把《福音书》里所载基督的奇迹一考察,件件都是反乎自然法、不能加以合理地说明的,和印度神话里佛陀梵天的奇迹、《可兰经》里穆罕默德的灵异是一般的。就是那圣餐里面包葡萄酒奇迹的信仰,也是这样。大约二世纪里基督教会长老所起草,四五世纪里南高尔(Gaul)的教会所制定的信条,把基督教徒束缚了一千五百年,并且教会、国家两方面都认为非此不可。这个使徒的信条,连路德(Luther)的《教理问答》里都认为是基本信条,除了希腊公教之外,一切新教旧教都拿它当宗教教育的基本。

几千年来,基督教信仰和国家狼狈为奸所施于文明民族的绝大影响,只看那蚩蚩群氓的迷信,就可见了。信仰的自白,简直和新式的衣服、时兴的风俗一般,变成了极寻常的事。连许多哲学家也都随俗雅化,不能自拔。不过有几位大思想家,实在早已仗着纯粹理性,摆脱了这威权赫赫的迷信,丢开传说和僧侣,别创一种学说。但是大多数的哲学家,哪里及得上这班勇猛的自由思想家,他们还是那冬烘学究的样子,阿附权势、依傍着学校传说和教会的义理。哲学在那时候,竟成了神学和教会的婢妾了。我们要是用这种眼光去看哲学史,见这里面是两大倾向二千五百年的一场大战,一边是那多数的二元论(神学的神秘的话)、一边是那少数的一元论(合理的自然的主张)。

基督纪元前六世纪倡导一元人生观的几位古代大自由思想家,像依阿尼亚的自然哲学家塔理斯(Thales)、亚拿克西曼德尔(Anaximander)、亚拿克西门雷斯(Anaximenes)和稍后些年的海拉克莱兹斯、埃姆培德克理兹(Empedocles)、德摩克理塔斯(Democritus),这几位尤当重视。他们是最先抛却一切神话的传说、神学的独断说,要想建立个合理的世界观。这些太古的一元论,到了纪元前一世纪,大诗人哲学家刘克理提斯加尔斯(Lucretius Carus)所著的《万象自然论》说得已经很超妙了。不幸被那从柏拉图的奇怪的二元论生出来的什么灵魂不死、观念的超越世界等信仰排挤掉了。

埃理亚派(Eleatics)的巴迈尼德斯(Parmenides)、才浓(Zeno)等学者,在纪元前五世纪,早(已)经说哲学可以分做两个支派。到纪元前四世纪,卜拉图和他的弟子亚埋斯多德承认他们的这个二元论,分什么形而下学,形而上学。说形而下学(物理学)专以经验去研究事物的现象,那现象背后的本体,是留待形而上学去研究的。这内面的本体,是超乎实验研究之外,或者永久观念的形而上世界,和这现实世界悬绝,它那最高的统一是神、是绝对。那灵魂,是个暂居在变灭的肉体灭的永久观念、是不灭的。卜拉图这种二元论的特色,就是说此世界和彼世界、肉体和灵魂、神和世界,是对峙的。卜拉图的弟子亚理斯多德把这些话又编到他那根据广博科学经验的实验形而上学里去,又指摘出来万物的目的观念(就是有意识的活动),加之三百年后基督教兴起来的时候,又把这种二元论欢迎了去做他那超越倾向的一个哲学上的护符,势力越发大起来了。

从四百七十六年罗马帝国覆亡,到一千四百九十二年哥仑布发现美洲,这一千多年间,史家称为“中古时代”的时候。文明民族的迷信,算是到极处了。亚理斯多德的势力,在哲学里要算至大至尊,那当权的教会利用他的话去文饰自己的教义。然而基督教的信仰,连叫做圣书的神仙传加到教理上去的那些热热闹闹的话,在实际生活上势力还更大。信仰的前面有三条形而上学的中心教理,都是卜拉图所首先倡导的,就是:(一)造物主是个有人格的上帝。(二)灵魂不灭。(三)意志自由。基督教在理论上极其注重前两条,在实际上极其注重末一条,所以形而上学的二元论,立刻就盛行到各方面。基督教最妨害科学研究的处所,就是他轻视自然,想着未来的永生、蔑弃现世的生活。哲学的批评的光一天灭了,宗教诗歌的花园里一天柳暗花明,灵异的观念也一天视为固然。这种迷信的实际结果,就是那种古时代的宗教裁判所、宗教战争、酷刑、溺巫种种惨史了。虽是时下都热心十字军和教会的艺术等中古传奇的文艺,然而那时代的黑暗惨痛,我们却真不敢恭维。

只要把十九世纪科学的大进步加以公平的研究,就晓得卜拉图所建立的那三大形而上学的中心教义,确乎是和纯粹理性不相容的。近世的学术,洞见自然界现象的整齐规律、因果关系又知道实质法则包罗宇宙间一切现象,所以绝不能信那有人格的神和灵魂不灭、意志自由。这三大迷信依然是深入人心,就连那些哲学先生们都还主张这是批评哲学的一个不可动摇的断案,这大概都是由于中了康德的毒。康德的那批评哲学,其实虽是个纯粹理性和实际迷信羼杂出来的杂种,它那势力却比一切哲学都大,所以我们不能不把它略加评论。

因为是康德首先提出这个问题,问知识是怎样得来,人都说这算是他的首功。他想把他自己的精神活动细细分拆,想用这内省法来解决这个问题;所以到后来,就主张说,一切知识中最重要、最健全的那数学知识,是由综合的先天的判断而成,纯粹科学是要脱却一切经验、绝无后天的判断,只留真正先天的观念才行。康德把这最高的精神能力视为一本来的,至于这精神能力的渐次发达、生理的机体、解剖的器官(就是头脑),他都绝未研究。当十九世纪的初年,关于头脑构造的解剖学知识那样浅薄,所以于其生理的机能也不能有正确的理解了。

康德的那最出名的《批评的知识论》,和他所说的那藏在现象背后不可知的"物如",都是一样的独断说。我们由感觉得来的知识,本是很不健全,所以他这独断说的根据倒也不差。这种知识,本是为感觉的特种能力和思想细胞约组织所限的。但是绝不能因此就说这种知识全是幻影、身外的世界,全是我们的观念。健全无病的人用他的触觉和空间觉,个个都相信他摸着的那块石头是占块空间,都相信这空间是实在有的。长双眼睛的人,个个共睹太阳天天起、天天落,这可见太阳和地球的相对运行,所以时间也是实在有的了。空间和时间,不但是人智直觉作用的必要方式,并且是独立自存、不假知识的。

随着十九世纪科学的发达,世人日益确认一定的自然法。那盲目的灵异信仰,自然一天天的缩减了。然而这种迷信何以还不能铲除呢?这其中有三个大缘故:一是那二元的形而上学的余威,二是那基督教会的权势,三是近世国家和教会混在一起的压力。迷信的这三个坚强保障,同纯粹理性及其所求的真理是深仇大敌,绝不相容,叫我们倒不能不深加注意。这是关系人群福祉的大问题。和迷信无知的奋斗,就是个为文明战争。要到真知识的光明扫清了灵异信仰和二元谬论之日,才是我们近世文明大获全胜昂首伸眉之时,也才是我们的社会生活、政治生活脱尽野蛮样子之时呢。

把那光芒万丈的十九世纪哲学史(现在虽是没有人有这样公平眼光、闳博学识把它编好)打开一读,就晓得方兴的少年科学和传说独断说在那里奋命死战。在这世纪的上半期里,生物学各科的进步,和自然哲学不生直接冲突。比较解剖学、生理学、胎生学、古生物学、细胞学、分类学等科的大进步,供给科学家这许多的材料,至于他们竟不注重那思索的形而上学了。到十九世纪的后半期,就不是这样了。不久就起了那"神灭"、"神不灭"的争论。摩理少特(Muleschott)、布希纳(Buchner)、加尔·瓦格特(Carl Vogt)等说:灵魂不过是头脑的机能。卢德夫瓦格奈尔(Rudolph Wagner)却极力维持那盛行的形而上学的见解,说灵魂是超自然的。到了达尔文一八五九年把生物学大加改革,阐明了种的自然起源,把那《创世纪》的灵迹说得半文不值。后来说和生物发生法则应用于人类,证明了人类是从别种哺乳动物进化出来,那灵魂不灭、意志自由、拟人的神种种信仰就失了最后的根据。然而那随着康德脚跟的旧哲学,对于这三个根本的教义,依旧还很欢迎的。许多大学校里的代表哲学者,都是狭隘的形而上学家和唯心派,这班人是不重感觉世界之真理,而去做那"不可知世界"的梦。他们不晓得近世生物学的大进步,进化论学更是不懂,全靠用一种淫辞诡辩去弥缝他们那超越的理想主义之罅隙。这些形而上学的争论之外,又还有个希望灵魂不灭的个人欲望藏在里面;因为这点,所以和那重新用康德学说建造的现行神学同心勠力起来了。近世心理学就是为了这种情形,弄到那样的可怜的状况的。虽然实验的脑生理学、脑病理学有了许多大发明;比较脑解剖学、脑组织学阐明了头脑的精微构造,脑个体发生学、脑种类发生学证明了头脑的自然起源;那思索派哲学却毫不理会,专想用内省法去分析头脑的机能，关于头脑本身的话一句不听的。试问要想说明一部极精细复杂机器的动作，可能绝不去留心它的构造呢。所以康德的二元论，在现代的大学校里那样昌盛，不亚于中古时代，这也就不足怪了。

专以研求真理和自然法为事的哲学专家，要是还忽视实验科学的进步、固执那灵异的信仰，那神学专家就更不足怪了。但是真理的感觉，提醒了许多明通公允的神学家，对于那尊严的教条取了个批评的态度，对于近世科学的光明深致钦敬，十九世纪的头三十年里，基督新教的合理派想脱却独断说的羁绊，使他那宗教的观念和纯粹理性一致。

这一派的首领柏林的希莱埃尔马赫尔(Schleiermacher)虽然是个崇信卜拉图二元哲学的人，他的话却和近世的泛神论极其相近。后起的合理派神学家，像求宾根派的巴尔(Baur)和采尔理尔(Zeller)等，致全力于《福音书》之历史的研究，考其起源发达，渐渐把基督教迷信的根盘破坏了。后来大卫佛理德莱希斯特劳斯(David Friedrich Strauss)在一八三五年又著了部《耶稣传》，把基督教全体神话性质加了些激烈的批评。这位聪明正直的神学家，一八七二年又著了部《旧信仰和新信仰》，抛弃了灵异的信仰，转向自然的知识、一元的哲学，要据批评的经验来建立个合理的人生观。后来亚尔伯尔特加尔特何夫(Albert Kalthoff)又继续这种事业，并且萨维吉(Savag'e)、尼颇尔德(Nippold)、卜夫莱德理尔(Pfleiderer)等自由派神学家，用种种的方法，想参酌进步的科学之要求，叫神学同科学调和，把灵异的信仰丢个干净。但是这根据一元论、泛神论的合理说，还是孤立无援，好像没有得什么效果，多数近世神学家，依旧还固执那教会的因袭教理，在灵异信仰里过日子。少数自由新教徒的信仰，是只限于那三大根本教义，然而大多数的还是相信《福音书》里满纸的那些神话、圣迹。这种所谓“正教”，因为近来各国政府为政治上的关系，采取那保守的反动的政策，很去保护他，所以又更得势了。

近世各国的政府想着这因袭的灵异信仰，最利于保持他自己的权势，所以都要同教会连成一气。帝位和神坛，是一定要互相保护、互相扶持的。但是这守旧的基督教政策，遇见了两个愈弄愈大的难关。一面教会时刻要想把教权加于俗界之上，把国家供他利用。一面近世的民权派又利用这个机会，主张理性的要求，反对那反动的保守。各国的元首和理务大臣们，在这竞争里很有势力的，他们大概都是帮着教会，他们并非是出于信教的真诚，不过觉着“知识会引起不安”，愚蠢的驯良百姓，比那受了教育的独立公民要容易管些罢了。所以那朝堂、宴享、教堂弥撒礼、碑碣除幕礼的演说词里，到处都听见那些很能干、很有势力的演说家在那里称扬信仰的好处。他们总想帮着信仰和知识竞争。所以弄到像普鲁士这样教育发达的国，都有那一面奖励近世科学工艺，一面又奖励他的那死对头正统教会的怪现象。那些华妙的演说里，都并没有说这贵重的信仰究竟应该信几多灵迹、信哪一种的灵迹。然而因为扩张德国里知识的反动，一切僧侣、教员、官吏，至少大概总应该要相信这三大神秘，就是上帝的三位一体、灵魂不灭、意志绝对自由。只怕连《福音书》里、圣迹里、现代宗教杂志里所说的那许多灵异，都是应该要相信的呢。

在康德的实际哲学里合成的，那种修饰过一番的灵异信仰，经他的徒弟新康德派改成许多种的样式；对于因袭的信仰，乍前乍却地有些接近。经过了许多变迁，依旧还很发达，渐渐变成了一种极陋劣的迷信；就是今日所谓心灵学，供那种所谓鬼学的去做根据。康德虽然赋有极明晰密致的批判力，却是很倾向神秘主义、独断思想，到他的晚年，那就更甚了。他服膺斯威敦堡（Swedenburg）的见解，相信另有个心灵世界，和这可知世界对立。十九世纪上半期的自然哲学家，像谢林格（Schelling）的晚年著作、秀伯尔特（Schubert）的《灵魂的历史》和《科学隐面之观察》两部书、裴尔台（Perty）的那《神秘的人类学》，都专是研究精神活动的神秘现象，想要一面把它和头脑的生理机能联合，一面和那超自然的精神作用关联。那近世的鬼魂研究，比中古时代的魔术、密教、占星术、巫术、占梦术、捉鬼术等的价值并不高些。

近世书籍里那些心灵学、鬼学，都应该列为迷信。文明国里时常总还有成千整万轻信浅识的人受了心灵学家和灵媒的诱惑，想要信这荒诞无稽的话。什么鬼敲棹子咧、仙人推磨咧、鬼写字咧、鬼出现鬼照像咧，不但是未受教育的人肯信，就连许多很有教育的人，甚至于往往很有理想力的科学家，都肯信了。许多平允的观察家实验家已经确实证明，这些鬼学家的把戏，一半是故意的诈欺，一半是人不留神的幻觉，应了那句“世人好欺”（Mandus vult decipi）的古话了。这种心灵的诈欺，要戴着科学的假面具、利用催眠术的生理现象，甚至于冒充一元论，那就尤其危险了。例如那有名的鬼学著作家加尔多卜理尔（Karldu Prel），不但著了部《神秘哲学与科学之研究》，并且一八八八年又著了部《一元心理学》，这部书从头至尾都是二元论。这等的书籍里，丰富的想象，华美的文章和批判力的欠缺、生物学知识的浅陋混合在一起（比照宇宙之谜第十六章），喜欢神秘、喜欢迷信的遗传性，好像很有教育的人，心里都不容易铲除似的。这个现象，可以用系统发生学来说明它是从有史前的野蛮人遗传而来，那野蛮人最古的宗教观念，本全是“万有皆灵论”和“拜物教”。

（第六卷第二号，一九一九年二月十五日）

可爱的人

〔俄国〕Anton Tshekhov 著 周作人 译

休职学务官 Plemjanniakov 的女儿 Olenka 坐在屋后面廊下,恍恍惚惚地尽想。天气颇热,苍蝇成群地飞着,极是恼人,但想到快要晚了,也便觉得愉快。暗黑的雨云从东方会集,空气中时常夹着湿气,一阵阵地吹来。

寄寓在家里的,露天剧场 Tivoli 的总经理 Kukin 立在园的中央,仰着头看天。他绝望地说道:"又下雨,又要下雨了!日日下雨,仿佛特地欺负我似的。我还不如自缢的好!这真是灭亡!每日的大损失!"他擎起两手对着 Olenka 说道:"Oljga Semjonovna,你看,这是我们所过的生活。这真够教人哭了。人家尽心竭力地做事,夜里不得睡觉,困倦得要不得,而且费尽心思,想顶好的方法。可是什么效验?第一,这班看客全是愚蠢粗鄙。我给他们看最好的小歌剧,风雅的假面剧,第一等的戏子,但你猜他们所要的是什么?他们不懂这些东西。他们只要小丑,要俗恶的东西。其次,又看这天气。几乎每晚下雨。这雨从五月十日下起,一直过了五月六月。这真是可怕。看客不来,可是我一样要付地租,与戏子的工钱。"

次日晚上,又上了云,Kukin 便又狂笑说道:"好,只管下雨。你淹没了园,淹死了我也好!将我现世与来世的幸运都消灭了也好!让戏子来捉了我去!送我到监狱里去——到西伯利亚——到刑场上去!哈哈哈!"

次日又是一样的事。

Olenka 不开口,很庄重地听他说话,有时眼里流下泪来。到了后来,他的不幸的事,很感动了她的心。她渐渐爱他了。他是一个瘦小的人,黄面皮,卷螺发梳下了盖在额上。他说话时,声音很低,口角扯向一边。他的面上,常带着绝望的颜色。但他却引起了她的深而且真的爱情。她平常总有所喜欢,是无爱不能生存的一个人。她最先爱她的父亲——他如今坐在暗屋子里喘气——又爱她的姑母(住在 Briansk,隔年总来一趟的)。从前在学校时候,又爱她的法文教师。她是一个温和慈善的女子,眼光很温柔,身体也很壮健。假如人见了她颜色如蔷薇花一般丰满的两颊,白嫩的头颈,生着一粒小黑子,听人家愉快的谈话时候,面上现出的和善真率的笑容。男子便心里想道:"这倒很不丑。"面上也堆上笑来。若是女客,便在谈话中间,也不禁突然捏住她的手,很高兴地说道:"你这可爱的人啊!"

她住的屋——她从出世以来,便住在这里,父亲写好了遗书,已将这屋传付给她——在市的尽头,去 Tivoli 不远。每晚或夜间,她能听到乐队的奏乐,花炮的爆裂声,她便仿佛觉得这正是 Kukin 在那里同运命争斗,正在炮击他敌人——便是冷淡的看客——的壕堑。她心里觉着一种愉快的震动,不想睡觉了。清早他回寓的时候,她轻轻敲着卧房的窗门,从帷后露出面孔和一个肩膀,对他温和地微笑……

他向她求婚,他们不久便结婚了。他初次走近看见她的头颈和肥白的肩膀时,他擎起两手,说道:"你这可爱的人啊!"

他很幸福。但结婚这一日,昼夜都下雨,他的面上,仍然留着绝望的颜色。

他们很顺遂地过日子。她常坐在 Kukin 的事务所,管理 Tivoli 的杂事。记账目,付工资。她的蔷薇一般的面颊,愉快真率的笑容,各处出现;忽在事务所窗口,忽在食堂里,忽在剧场的背景后面。她又常常对相识的人说,剧场是人生最重要的东西。只有从戏剧,人才能得到真正的娱乐,能够造成文明温厚的人。她又这样说:"但你想看的人懂这道理么?他们所要的只是小丑。昨天我们扮演《翻转》Faust 客座几乎都空了。但若是 Vanltshka 和我做粗俗的戏给他们看,我知道剧场一定挤满。明天 Vanitshka和我要做《Orpheus 游地狱》了,请你务必来看。"

凡关于剧场以及戏子,Kukin 怎么说,她也一样地说。又同他一样地轻蔑看客,因为他们的无知识与对于艺术的冷淡。她参与演剧练习,矫正戏子的科白,监督后场的乐队。有时地方新闻上,略有微词,她便看了下泪,跑到主笔的事务所,将这话更正。

戏子都很喜欢她,常称她做"Vanitshka 和我"或"可爱的人"。她很怜惜他们,有时借给他们几个钱。若他们欺了她,赖了不还,她只是暗地里落几点泪,并不告诉她的丈夫。

这一冬季,他们很顺遂地过日子。他们将剧场移到市里,短期的租给一个小俄罗斯戏班,或变把戏的人,或本地的戏剧团。Olenka 愈加壮满了,又很满足地常带着喜色;Kukin 却渐渐黄瘦下去。虽然这冬季,他营业并不衰落,他却仍然总是诉说他们重大的损失。他夜里常常咳嗽,她便给他莓茶或菩提树花水喝,用 eau de Cologne 摩擦,又用她温暖的领巾,包裹着他。她用手掠他头发,十分真挚的说道:"你真是好宝贝!你怎的这样可爱!"

将近四旬斋的时候,他往莫斯科,招集新班去了。她没有了他,便夜里也合不上眼,整夜的只是靠窗坐着看天上的星。她自比像那母鸡,倘若公鸡不在屋子里,便终夜不安地睡不着了。Kukin 在莫斯科因事留住了,寄信来说复活祭那日才得回家,又加上些关于 Tivoli 的指导的话。但在复活祭前的礼拜日,夜已深了,忽听得一种不吉的敲门声音,似乎一个人捶着木桶,蓬蓬蓬地响。厨房的使女睡眼蒙眬,赤着脚,跄跄踉踉踏过许多水洼去开门。外面一个人声音很粗的说道:"请开门,这里有一封电报。"

Olenka 向来也曾收过几回从丈夫发来的电报,但这一回,不知什么缘由,慌得几乎发昏了。抖着两手拆开电报来读,里面写道:

Ivan Petrovitsh 今日猝故。耶覆。礼拜二葬葬。

电报内正是这般写着,"葬葬",又这"耶"字也不可解。署名的是歌剧团的前场经理人。

Olenka 哭着说道:"我可爱的人! Vanitshka,我的宝贝,我的可爱的人! 我为什么遇见了你! 为什么认识了你,爱了你! 你的可怜的伤心的 Olenka 如今没有了你,只剩了一个人了!"

Kukin 的葬仪,礼拜二日在莫斯科举行,Olenka 于礼拜三日回家。才进屋子里,她便倒在床上,号啕大哭,连隔壁与路上都能听到。邻人听了,都画了十字说:"可怜那可爱的人,可怜那 Oljga Semjonovna! 现在她将怎样过日子呢!"

三个月以后,Olenka 从弥撒回家,带着重丧,很忧苦的样子。适值有一个邻人 Vassili Andrejtsh Pustovalov 也从礼拜堂回来,同她并着走。他是木商 Babakajev 栈里的经理。他戴一顶草帽,穿一件白的背心,挂着金表索,很像一个乡村绅士,不是商人的模样。他便庄重的说,声调中很带着同情,"Oljga Semjonovna,万事都由天定。譬如我们所爱的人死了,都是命所当然,因为这是上帝的意思;所以我们只应忍耐,顺受这苦难才好”。

他送 Olenka 到家,作别去了。这一日里,她耳边只响着他镇静庄重的声音,她合眼时便看见他的黑胡须。她很喜欢他。在他也显然受了一种极深的铭感,因为不久便有一个半老的妇人,与她略略相识,走来同她喝咖啡;才在桌旁坐下,便提起 Pustovalov,说他是一个极可靠的男子,无论哪一个女子都愿意嫁他的。三日以后,Pustovalov 自己走来。他也不久停,只留了十分钟,也不多说。但他走后,Olenka 便爱了他——这样爱他,她通夜醒着,像发了热一样,到早上,她叫了那半老的妇人过来。媒事立刻成就,于是便是婚礼了。

Pustovalov 同 Olenka 结婚以后,两个人很顺遂地过日子。

他大抵坐在事务所里,直到午饭时光,随后出外办事。Olenka 便代他,坐在事务所里,结算账目,登录定货的账,一直到晚。她常对客人或熟识的人说:“木材年年增价,价目已经涨了二成;你只试想我们从前单贩卖本地的木材,现在是 Vassitshka 须得到 Mogilev 贩木去了。还有那运费呵!”她用两手捧着面颊,像是惊惶的样子,又说道:“那运费啊!”

她似乎做木材生意,已经几十年了。又以为人生最重要的东西,第一便是木材。又如听到栋梁、桁柱、细柱、厚板、薄板、窗格板等字样,便只在这声音中间,也有一种极亲密的感觉。

她夜间熟睡时,常常梦见薄板厚板的山,整列的大车,运木材向远方去。她又梦见“六寸梁”有四丈高,直立着,排了队在木场空地上走;柱子梁和板,互相冲突,发出枯木相撞的声音,忽而趺倒,忽而站起,又堆在别个的上面。Olenka 在睡梦里发喊,Pustovalov 温和的对她说道:“Olenka,什么事了?你快自己画十字!”

她丈夫的意见,便是她自己的意见。倘他以为这屋子里太热,或生意不旺,她也是如此想。她的丈夫不爱娱乐,礼拜日便只在家里坐,她也照样做。她的朋友对她说:“你整日的在家,事务所里,你何不到剧场或马戏场去玩玩呢?”她便庄重的答道:“Vassitshka 和我没有工夫到剧场去。我们没有工夫做无聊的事。那些剧场有什么用处呢!”

每逢礼拜六,Pustovalov 同她常去做晚祷,礼拜日早上去做弥撒。从礼拜堂回家时,他们并着走,面色很是和悦。他们身边有一种微香。她的绸衣,瑟瑟的响得十分好听。在家时,他们先喝茶,上等面包,各色果酱,随后再吃馒头。每日十二点钟,他们庭中,便散满了萝卜汤羊肉或鸭肉的香味,斋戒日是鱼香;走过他们门口的人,没一个不觉着肚饿的。事务所里的茶炊(Samovar),总是沸着,客人一到,便拿茶与饼干请他吃喝。一礼拜一次他们同往浴场;都红着脸,并着走回家来。

她常对相识的人说:"谢上帝,我们没有什么不满足。我愿人人都像 Vassitshka 和我一样幸福地过日子。"

Pustovalov 往 Mogilev 买木材去时,她很觉寂寞,夜里醒着,只是啼哭。寄寓在他们家里的一个少年陆军兽医,姓 Smirnin 的,间或晚上起来,同她谈天,或者斗纸牌。她丈夫不在时,便专靠这等消遣。她对于兽医说他家事,又特别注意。他娶了妻,已有一个儿子,后来因他妻子不规矩,便分离了。如今他恨他的妻子,每月送四十卢布去,养他儿子。Olenka 听了,叹口气,摇她的头。她很觉得他可怜。

临走时,她拿蜡烛照他到阶下,常说:"上帝保佑你。谢你来替我消遣,愿圣母保你健康。"她说话时,很是镇静庄重,很有条理,模仿她丈夫的样子。兽医走出门,她又说:"Vladmir Platonitsh,我想你不如与你妻子和解的好。你应该为你儿子,饶恕了她,你该知道,这小孩子会晓得这事。"

Pustovalov 回来之后,她低声告诉他兽医的事,和他不幸的家庭生活,两人都叹气摇头。又说及他的儿子,想必为了不见他的父亲,很是悲哀。因为不可思议的思想的牵连,他们走到圣画前面,跪伏在地,求神赐给他们儿子。

这样,Pustovalov 夫妇很平安的,在爱与和合的中间,过了六年。

但是,看啊——一日冬天时候 Vassili Andrejtsh 在事务所喝过热茶,走到院子里去看发送木材,没有戴上帽子,因此受了寒,便生病了。他请了最好的医生诊治,但他渐渐沉重,四个月之后,便死了。Olenka 于是又成了寡妇了。

她丈夫葬后,她哭着说:"我现在没有爱的人了。你舍了我去了。我没有了你,怎能过得这悲惨的生活呢?你们大家可怜我,我现在只是一个人在世上了。"

她穿了黑色衣服,挂着长的丧章;帽子同手套,一切不用了。她除了到礼拜堂,或到她丈夫的坟前以外,不很出门。她的生活,几乎同比丘尼一样了。六个月以后,她才脱去丧章,开了窗户。人家有时见她同了厨房的使女到市场去买食物,但家中情景如何,她怎样生活?没有人能够推测。可是人也约略猜着,见她在园中同兽医喝茶,他大声读新闻给她听;又见她在邮局遇着相识的妇人,便这样说:"我们市里没有正当的牲畜检查,这便是一切传染病的原因。大家时常听到从牛乳传染了,或从牛马得了病。家畜的健康也该留心,同人类的卫生一样。"

她复述兽医的话,对于一切事情,也同他一样意见,因此可见她不能无所爱着。经过一年,已在那寓居里面,得到新幸福了。若是别人,这事便要大受非难,没有人以Olenka为非的,她所做的事,一切都极自然。她同兽医都未曾对着别人,说起他们关系的改变,并且反竭力隐藏似的。但终是无效,因为Olenka是不能守秘密的。在军队里共事的客,来访他时,她来进茶,或备晚饭;她便同他们谈起牛疫,蹄与口里的病以及市立屠杀场等事。他非常窘苦,客散之后,气愤愤地说道:"我从前告诉你,请你不要多讲你所不懂的事。我们兽医自己谈天的时候,你不要来插嘴。这事真真窘极了。"她惊恐狼狈,看着他,问道:"但是,Volodlshka,我说什么话才好呢?"她垂泪,拥抱他,求他不要生气。他们两人都很幸福。

但这幸福不得长久。兽医去了,永远同他军队去了。此时军队移了地方——或是到西伯利亚去了。于是Olenka留下,只剩了一个人了。

现在她真是只有一个人了。她的父亲早已死了,他的安乐椅放在楼上,遮满了灰尘,又断了一只脚。她渐渐瘦了,容貌也减了,人家在街上遇见她时,不似从前一样地看她,也不对她笑了。她的盛年显然已经过去,现在是一种不堪设想的新生活,正要开始了。Olenka晚间坐在廊下,听Tivoli乐队的奏乐,花炮的爆裂声,但这声音,现在已不能惹起心的反响来了。她眼望着院子里,毫无关心,也无思想欲望。到夜里她上床休息,所梦见的也只是空虚的院子。她随便饮食,仿佛不愿意似的。

而且更坏的事,便是她对于万事,一毫没有意见了。她看见面前的东西,晓得这是什么,但意见却一毫没有,不知怎样说才好。没有意见,这是如何可怕的事!譬如人看见一个瓶或是雨或是乡人赶车,但这瓶是什么用的,雨同乡人是怎么样,有什么意思,却说不出,即使赌一千卢布,也说不出。从前有Kukin或Pustovalov或兽医的时候,她能说明一切,对于万事都有意见;但现在她脑里心里,正同外面的院子里一样空虚。这味真是苦涩,有如苦艾放在嘴里。

这市镇渐渐地向四面扩张,路变成街了。剧场和木场的地方,现在是新的拐角新的房屋了。时光真过得快!Olenka的家却渐渐暗淡,屋顶生了锈,小屋坍在一边,院子里都生满了酸模与荨麻。Olenka 也愈变老丑了。夏天她坐在廊下,她的心同从前一样,仍是空虚荒凉,充满苦味。在冬天时候她靠着窗坐,望那积雪。有时她嗅到春天的香气,或听得礼拜堂钟声,过去的记忆,蓦地上来,心里隐隐觉得痛楚,眼眶内满了眼泪,但这也只是一分钟的事,此后心里仍是空虚与人生无聊的感觉。黑毛小猫Briska靠着她挨擦,喉里呼卢呼卢地响,但 Olenka 对于这猫的亲昵毫无感触。她所要的,不是这些东西。她要得一个爱情,能够将她的全人格、全灵魂与理性,都吸收了去——能给她意见与人生的目的,能使她老年的血,温暖过来。她将猫从衣裾上摔开,很不高兴地说:"去,我不要你。"

这样的过日子,一日又一日,一年又一年;也无欢乐,也无意见。厨房的使女Mavra怎么说,她便依着做。

一日傍晚,七月很热的天气,正是赶牛回去的时光,院子里全是尘土,忽然有人在外敲门。Olenka 自去开门,向外一看,似乎发了呆:她看见兽医 Smirnin,白了头,穿了文官的服装立着。她忽然记起从前一切的事,她不禁哭了,将头倒在他怀中,说不出话;昏乱中她也不觉得他们已经走进屋内,坐下喝茶。她喜欢得发抖,说道:"Vladmir Platonitsh,你怎能到这里来?"他答说:"Oljga Semjonovna,我想在此永远定居。我已经辞了职,到这里住下,且试办点事业。而且现在也是我的小儿应该上学的时候了。他是一个大孩子。你可知道,我已同我的妻和解了。"Olenka 问:"现在她在哪里呢?""她同孩子在旅馆里,我现在寻寓所呢。""啊,寓所!你为什么不到我家里来?还与你不合适么?我也不要你房租!"Olenka 很兴奋地说,便又哭了,"你住在这里,这家里便会热闹。啊,我真欢喜啊!"

次日,屋顶都加上油漆,墙也刷白了。Olenka 两手叉着腰,在院子里走来走去地指挥。她的面上,现出从前的笑容,举止甚是活泼敏捷,仿佛正从长眠里醒过来的样子。兽医的妻到了——一个瘦小丑陋,短头发,性情躁急的妇人。同来的便是她的十岁的孩子 Sasha,照年纪看来,生得略觉矮小,却很肥壮,蓝眼睛,两颊上有个小窝。孩子一进院子,便去追那猫,屋里立刻充满了他愉快的笑声。他问 Olenka 道:"姑母,这是你的猫么?他生小猫的时候,请你给我们一只小猫,因为母亲是很怕老鼠的。"

Olenka 同他谈天,给他茶喝。她的心又温暖转来,胸中感着一种愉快的痛楚,似乎这孩子竟是她亲生的一般。晚上他坐在桌旁,温习功课;她看着他,很是可爱又是可怜,口里喃喃说道:“你可爱的人……我的宝贝……这样一个好的小东西,又这样聪明。”他高声读道:“岛是一片陆地,四面被水所环绕。”她也复述道:“岛是一片陆地。”这是她在多年沉默之后,第一次明确发表的意见了。

她现在已有了自己的意见。晚饭时候,她对Sasha的父母说,高等小学的功课,怎样困难,但高等小学总比商业学校好,因为受了高等小学的教育之后,可以就各种职业,如医生或工程师之类。

Sasha上高等小学去了。他的母亲往住在Kharkov的妹子家去,不再回来。他的父亲每日出外检查牲口,有时接连三日不曾回家。所以Olenka似乎觉得Sasha已全然被父母所弃,家里不要他了,又或时常饿着他,便带他到自己那边去,给他一间小房子居住。

Sasha同她共住了,有六个月。每日早上,她走进他的卧房,看他将手垫在颊下,静静睡着。她觉得不忍叫他醒来。她便悄悄的叫道:“Sashenka,好孩子,起来罢。上学的时候了。”他坐起身,穿上衣服,说过早祷,随后坐下用早膳,喝三杯茶,吃两个大饼干,半个牛油面卷。此时他还未十分清醒,所以稍不高兴。Olenka望着他,仿佛他便要上远路旅行的一般,说道:“Sashenka,你还没有熟读那篇故事呢。我为了你,真不知费了多少忧虑。好孩子,你须得竭力用功,听先生的话。”Sasha回答说,“啊,请你不要多管我!”

他出门上学校去,一个小小的人,戴着一顶大帽,肩头挂着一个皮包。Olenka静静地跟了他走。她在背后叫道:“Sashenka。”将他叫住,拿一个枣子或一个糖饼,塞在他手里。到了学校那条街上,他觉得被一个又长又壮的女人跟着,很是可羞,便回过来说:“姑母,你不如回去罢。其余的路,我自己能走了。”她站着望他,一直等他进了校门,不见了才罢。

啊,她怎样爱他啊!她从前的爱着,没有一次是这样的深。这一次引起了她母性的本能,她将她全心都消费在这里,很自然很公正又很愉快,为从前所未曾有过。她为了这戴很大的制帽、颊上有小窝的孩子,真肯将性命舍去,而且还是欢喜感谢。为什么呢?这缘故有谁能说呢?

她送了Sasha进校,她心中充满了爱情,很满足高兴的,回家去了。她的面貌,这六个月中变了非常年少,满堆着微笑;人家遇见她很愉快地向她看,问道:“Oljga

Semjonovna,早上好？可爱的人,你好么?”Olenka便在市场上,同他们谈道:“现在高等小学的功课非常难了。那可是太过了;昨日一年级他们拿一篇寓言,教他熟读,又要做一篇拉丁翻译,一个答案。你想这在小孩子,真太难了。”她又接着说教员如何,功课与教科书如何,同Sasha所说的话一样。

下午三点钟,他们同吃中饭;晚间他们同习功课,又都哭了。她照料他睡下之后;还在他身上画十字,喃喃的祷祝,在床前停留许多时光;随后她自己睡下,想象辽远朦胧的将来:那时Sasha毕了业,成了医生或工程师;有自己的一所大房子,一辆车,许多匹马;娶了妻,生了子女……她一面想着,一面渐渐熟睡了,闭着的眼里,流出泪来,从颊上滚下;那黑猫伏在她的身边,喉里呼卢呼卢地响。

有时突然有人很响地敲门。Olenka惊醒了,气也转换不迭,心脏跳得很猛。过了半分钟,又敲几下。她便从头到脚都发了抖,心里想,“这一定是从Kharkov来的电报。Sasha的母亲,从Kharkov来叫他去了……啊,这怎么好呢?”她全然绝望了。她的头和手脚,都变了冰冷;她觉得自己是现在世界上最不幸的人了。但再过一二分钟,便听得人声,才知道原来是兽医从俱乐部回家来了。她想,“好了！谢上帝。”心里的重担,渐渐卸下,觉得安心了。她回到床上,心里念着Sasha,他此时正在隔壁房中熟睡,有时从睡梦中高声喊道:“我给你！去罢！不要多说!”

Leo Tolstoy对于《可爱的人》的批评

《民数纪略》中有一篇意思极深的故事,记摩押王(Maob)巴勒(Balak)召预言者巴兰(Balaam)(译者注译名及此后引文均依美国圣经会旧约白话译本)咒诅他境内的以色列人。巴勒允给巴兰许多报酬,巴兰受了诱惑,到巴勒那边去,同他上山,祭台上供好了公牛犊和公绵羊,预备咒诅。巴勒等候这咒诅,可是非但不咒诅,巴兰却祝福了以色列的人民。

“巴勒对巴兰说,你这是怎样待我呢？我请你来咒诅我的敌人,你反倒为他们祝福。”

“巴兰回答说,主传在我口中的话,我能不谨慎传说么?”

“巴勒说,求你同我到别处去……或者在那里你可以咒诅他们。”(《民数

纪略》第二十三章第十一至十三节)

但巴兰又不咒诅,又祝福了。第三次也是如此。

“巴勒对巴兰发怒,拍手对他说,我召你来为我咒诅敌人你倒三次为他们祝福。”

“如今你快回本乡去罢。我意思要尊荣你,主却使你不得尊荣。”(同前第二十四章第十至十一节)

于是巴兰去了,没有得到报酬,因为他非但不咒诅,反祝福了巴勒的敌人。

巴兰遇见过的事情,在真的诗人与艺术家,也常常遇见。他们受了巴勒的报酬……声名……的诱惑,或为谬误的思想所迷,虽然驴子看见天使阻了他的去路(译者注:见《民数纪略》第二十二章),诗人却不见,仍要去咒诅;但是——看啊!——他却为他们祝福了。

真的诗人和艺术家 Chekhov,做这篇可爱的小说《可爱的人》的时候,便正遇着这样事情。

著者的原意,确要嘲笑这可怜的“可爱的人”——他用了他的理智,但不曾用了他的心去裁判她。她最初同着 Kukin,忧虑他的剧场;随后专心去管木材的营业;又受了兽医的感化,以为防止蹄与口里的病,是世间第一重要事情;末后又劳心去管文法问题与戴大帽的孩子的事。Kukin 这姓已是可笑(译者注:Kukin 疑是 Knkushka(鹁鸪)转变之字,所以意含滑稽);连他的病症与报死的电报,也都可笑。那庄重的木材商,兽医,孩子,也无一不可笑。但“可爱的人”的灵魂,与她能将全生命专注在所爱的人的身上那种力量,却不可笑,却极伟大而且神圣。

我想,著者方做《可爱的人》的时候,他的心里,大约存着一种新妇人的影像:能同男人平等,智力发达,极有学问,能独立劳动,为社会出力,纵不胜过男子,也同男子一样有用,提倡女子问题,极力主张。他写这篇《可爱的人》便是表示一种形式,教女人不可如此。舆论的“巴勒”命令 Chekhov 咒诅那柔弱的、顺从的、智力不发达的、专心奉事男子的女人。Chekhov 走上山去,牛犊与绵羊已经供在祭台上了,但他开口说话时,他反祝福了他想要咒诅的人了。虽然篇中有许多微妙快活的诙谐,我读到几节地方,不能不流下泪来。我见篇中写她全心的爱 Kukin 和他一切的意见。爱木材商以及兽医,以致只剩一身,无人可爱时的悲哀。后来用了女性的母性的——在她一生,虽未曾经验,——感情的全力,与无限的爱,专心奉事那未来的男子,那戴大帽的孩子。我不能不非常感动。

著者使她爱可笑的 Kukin,无价值的木材商,讨厌的兽医,但爱是一样神圣,无论所爱的事物是一个 Kukin,一个 Spinoza,一个 Paseal,或一个 Schiller,无论所爱的事物时常变换,同"可爱的人"一样,或终生不变。

前几时我在《新时代》报上见到一篇论女子问题的好论文。著者在这文中,表示出一种关于女子的极深切聪明的意见。他说:"女人正要表示她们能做一切的事,同男子一样,我并不否认。我还承认女人也能做一切男子所能的事。可是为难的是,男子不能做女人所能的事。"这话十分真实。非但在生产养育及儿童教育上如此。男人不能做那最高最善,使人与神接近的那件工作——爱的工作,对于所爱者全心的奉事:这件工作,凡女人皆能极自然地做去,过去如此,现在如此,将来也如此。倘使女人没有这种能力,或不去实行它,那时世界不知变成什么样子,我辈也不知变成什么样子呢?我们现在即使没有女医生,女电报生,女律师,女科学家,女著作家,并无什么要紧;但倘若没有母亲,友朋,帮助的慰藉的人,爱重男性,无形中助成扶持他们的发展,那时人生可真足悲伤了。这样世上将没有忠于基督的抹大拉的马利亚,没有 St Francis 的 Claire,也没有西伯利亚的十二月党(译者注:俄国革命党人于一八二五年十二月十四日起事不成,故名)的妻子了。Dukhobori(译者注:俄国新教派意云灵魂的战士)中间,也便没有那样的妻子,非但不将她们的丈夫阻止,反将奖励他们为真理受难,也便没有那些千万无名的女人——最可贵重的人,同无名的英雄一样——慰藉那懦弱的酗酒的放荡的男子。这种男子数目最多,也最要爱的慰藉。这个爱情,无论对于基督或 Kukin,便是女人的重大唯一的力。

这所谓女子问题,真是一个可惊的谬见;多数的女人,甚至有许多男人,也被这问题支配,大抵卑俗的思想,都有如此力量。

“女子想求自己发展。”——世间还有比这更正当合法的事么？

但女人的事业，从她天分上，便与男子的不同；所以女性完成的理想，也不能与男性完成的理想相同。我们承认，这女性完成的理想，不知应该怎样，但绝非便与男性完成的理想相同，可是无疑的了。但现在那里时式的妇人运动的可笑而且有害的进行，却正向着男性的理想这一方向走去。

我怕 Chekhov 做这篇《可爱的人》的时候，也很受这谬见的影响。

他像巴兰一样，本想咒诅；但诗神禁止他，命令他祝福。他祝福了，无意中将这可爱的人披上微妙的光明，使她成了女人的模范的形式：倘她要自己幸福，并使运命给她的那人幸福，她便该当如此做。

这小说很优美，因为在无意中显出他的效力的缘故。

我曾经在一个可以练得一队兵的大厅上，学坐自转车；厅的那边，有一个女人，在那里读书。我想我应当留心避开，便将眼看着她。我看着她时，无意地渐渐走近了。她觉察着危险，急忙躲避，我已到了，将她撞倒。因为我的注意力集中于她，所以我做了心里所想的反面的事。

Chekhov 也做了同样的事，不过意思相反，他想撞倒“可爱的人”，将诗人的注意力集中于她却反将她扶起了。

Anton Chekhov（1860—1904）本是医师，初作短篇两卷，很有诙谐趣味。一八八〇年后，时势改变，他的作风也变了，虽然仍带滑稽，却满篇有一种阴惨之气。其时亚力山大三世即位，听了旧党的话，大行虐政，民气颓丧，Chekhov 所写，便是此时的现象，所以有人说他著作里的人生是灰色的。他以短篇出名，与法国 Maupassant 并称，但只是技术相似，思想实不尽同。他虽悲观现世，对于将来却有希望。如剧本《樱树园》所说，十分明了。所作小说共十六册，译成汉文的有《塞外》及《戚施》两篇，载在《域外小说集》中。

这篇《可爱的人》是 Chekhov 杰作之一，很得 Tolstoy 称赞。曾有一篇批评，这批评也有名，所以一并译出，附在篇末。著者的本意，大约正如 Tolstoy 所说：“表示一种形式，教女人不可如此”，他未必咒诅这“可爱的人”，唯造成这样的咒的社会，才应得咒诅。Tolstoy 是近代大思想家，他的主张，可以佩服得极多；但这篇评话，却尚有可商的余地，必须略略说明。Tolstoy 提倡人道主义,这人道里面,本只有唯一的道,不能有两性的差别。若轻轻断定女子天分上,与男子不同,便不免立出两歧的道来,不能圆满了。南非洲女著作家 O.Schreiner 做的《女子与劳动》第五章,对这问题,也已辩白。我辈虽承认女子生理、心理上与男子有多少差异,但不能因此便成别一种人,别有一种天职。爱与生殖这两件,并非专是女子的事。男子既于这两事外,还有许多做人的事业。女子也是如此。她爱男子,生育儿女,此外也还应做人。她对于丈夫儿女,是妻是母,还有对于人类是个人,对于自己是"唯一者所有"。我辈不能一笔抹杀了她的"人",她的"我",教她做专心奉事别人的物品。Tolstoy 说 Olenka 是柔弱的、顺从的、智力不发达的、专心奉事男子的女人。在这些德性上,译者也不觉可以赞美。她固然可爱可怜,然而世间女人,正不必如此。譬如见一小孩,走不得路,说话也未能清楚,诚然是怪可爱的,但绝不望他永远如此。愿他长成了,为人类的一员。所以译者对于这篇里"可爱的人"的态度,是与著者相同,以为她单是可爱可怜,又该哀悼,并且咒诅造成这样的人的社会。希望将来的女子不复如此,成为刚健独立,智力发达,有人格,有自我的女人;能同男子一样,做人类的事业,为自己及社会增进幸福。因为必须到这地步,才能洗净灰色的人生,真贯彻了人道主义。

(第六卷第二号,一九一九年二月十五日)

近代戏剧论

〔美国〕高曼女士(E.Goldman) 著 震 瀛 译

社会一小部分,久已不满意于今日之制度。压力愈重,则反抗力之兴愈速。且愚蒙之辈一旦醒悟,则举世界人之思想举动,莫不一变。社会与个人表示其生存之价值,渐次不同于往昔矣。

近代思想之传播,不仅一派之文字所能成功。艺术文学上所表示之人生观,范围更为广大。故近代戏剧描写社会之弱点,较之它种文字,其功用亦特大也。

画家美拉(Millet)之描写社会,极为淋漓尽致;唤醒社会之愚顽,其力甚伟。其形容农民之惨状,惕目惊心。对于社会缺憾之注意,尤无微不至。天然之物产本甚丰富,而农民终日劳苦,不得一饱,其惨状何可胜言?麦耶(Meunier)之理想,在描写劳动界之联合,及矿工之协助以拯救其伤亡之侣伴。麦氏以其卓越之天才,形容奴隶之社会,传播革命之精神,其文字之功甚伟。

近代文学之革命潮流,诚为警醒愚蒙之利器。观乎都介纳夫(Turgenev),陀思妥大斯基(Dostoyevsky),陶斯道(Tolstoy),安特米大(Andreyev),哥尔基(Gorky),威德曼(Whitman),爱马生(Emerson)等,可以知矣。其著作中莫不含有人道之情感,而希望社会之革新。戏曲之势力尤大,为自由思想之萌芽,传播新思潮之利器。

余之论戏曲如此重要,诚非过当。若考察世界各国之新思潮,其发达之程序,足以证明戏剧之功效。盖戏曲能使社会之真理大明,非其他各种文学之功用所能及。唯俄法两国,不在此例耳。

俄国平民,处于专制政治范围之下,晓然于社会之情感,思所以改革之;以人民智育之发达,决不容于残暴之专制政体。陶斯道契诃夫(Chekhov),哥尔基,安特夫之剧曲,大为社会所欢迎,盖以描写国民之生活与竞争,为俄人所欲闻者也。但其功效之影响于他国自由思想者，较之己国尤为重要，政治使之然也。

《黑暗之力》（*The Power of Darkness*）及《夜店》（*Night Lodging*）两曲，其影响之大，难以尽述。陶斯道诚属耶教之徒，乃其著作反足以为近代耶教组织莫大之劲敌。陶氏以其天才，描写黑暗之威力及耶教之迷信，惨无人道，莫逾于是，其效验之大，远非其他文字所能几及。无知之民，被诱而为种种罪恶，耶教之会不能辞其咎，陶氏唤醒人类之良知，及不平之气，功莫大于是矣。

哥尔基之《夜店》对于社会问题，意见与陶氏曾无少异。无知小民，被驱于忧患及罪恶，几无一线之生机。其惨无人道、流离失所之境遇，随地皆是，不仅西伯利亚一地为然也。

法兰西一国，为自由而竞争，无时或已，为近代自由思想之渊源，故不必尽赖剧曲为醒群之利器。唯佳剧亦甚伙多：如白利奥（Brieux）之《红袍》（*La Robe Rouge*），形容司法之极端腐败；而马尔堡（Mirbeau）之《物之为物》（*Les affaires sont les affaires*），描写金钱之势力，使人类之灵魂受无限之痛苦。法国研究社会问题之文字范围极广，然其中剧曲亦占其一部分。

其他如挪威、瑞典、丹麦、英、德、美诸国，虽其程度略有等差，然剧曲固属历史上传播自由思想之利器也。德国二三十年来，哲人达士，以其不朽之文字，灌输人类平等博爱之真理，使痛苦之平民猛然醒悟，即其一例。近代社会主义，为极大之革命潮流。处此惨无天理之制度之下，平民一线之希望，全在于此。而今日所谓有教育之人，反毫不动心；其对于革命潮流，不过视为平民不守本分之怨怼；以为平民因无教育而作乱，应以刑罚制止之，否则恐其足以危及社会也。

"安守本分"为"有教育者"之常语，彼辈不知何以处此物质文明之世界，不知千万之平民，仍颠连无告也。以今日之奢华，诚不信尚有其他人类之无希望无意志者，可怜无告，犬马不若。此等惨状，英法战争之后，德国尤甚。彼以其战胜之功，目空一切；以歌功颂德之文章，为忠君爱国之论调；更以其穷兵黩武之功勋，荼毒少年之心志，以演成今日战争之惨剧。

是以德国之智育，不能不借赖他国之文学为之助矣。其最著者，有易卜生（Ibsen），左拉（Zola），杜达（Daudet），莫泊三（Maupassant）等，而陀思妥夫斯基、陶斯道都介纳夫之著作，尤为重要。凡国家如无文学剧曲，以描写本国之社会现状，决不足以维系教育之标准，与世界各国抗衡。于是德国之剧曲，亦渐次发达，叙述其国人之生活及竞争。

诃尔兹（Arno Holz）为德国剧曲界之先进，少年英俊，始行描写己国鄙陋之人民。《莎力克格之家庭》（*Die Familie Selicke*）一剧，文笔畅达，得未曾有。描写社会之迷妄，与夫人民之抵抗力，只图目前之私利，罔计日后之安宁，苟安旦夕，为进化之障碍。此等民族之心志精神，牢不可破，可忧孰甚。

此剧出世，社会大恚，不言而喻。然真理终难泯灭，是以柏林顽固者流，亦以反对真理之故，为世间所唾弃也。

此种论调，早已弥漫于社会，非待诃氏始然，不过其剧曲之才技，能形容尽致，绘声绘影，非他人所能及。其影响所及，使人民觉醒，不能不考察其境遇之极为不平等也。

苏达曼（Sudermann）之《名誉》（*Die Ehre*），及《故乡》（*Heimat*），对于此种问题，更加以严重之讨论。余尝谓感情作用之爱国主义，至此已完全变易。德人之心志，足以使其名誉之概念，趋于邪僻，贻害世界。如决斗之成为风尚，牺牲无数之生命是也。著名之文人，多已大声疾呼，群起反对；而《名誉》一剧，尤为痛快，至骂之为国蠹也。

此剧不独描写决斗，且表明名誉之真义，证其非为一定不易之天赋情感。吾人于此剧中，见君，相之所谓名誉，大异于平民之所谓名誉也。

此剧之情节，写一伙伴为其主人谋利远方，生意极为发达，赢利甚巨。其主人坐享其成，富甲一方。其伙伴以远行之故，托其家人于主人；其主人以小破屋居之，而其家人乃感戴不已。及伙伴回家，睹其妹为小主人利诱，致身败名裂。世所谓家庭光荣之里面，如是而已。此伙伴所以痛骂一切也。

《故乡》一剧之精神，形容新旧思想之争竞。写一女子名玛格大（Magda）者，为一副官之女，因反对其父代为择婚之故，致犯不可赦之罪状（欧洲古例），为其亲所弃。此女以其天真烂漫自由之精神，专心致志以谋。独立十二年后，成一大音乐家，驰名社会。后至故乡往见其亲，唯其父固执"亲权"为严重之质问。其女怒不可遏，乃宣布其一生之惨状。当此女图谋经济社会上之独立，曾与一学生相识，迨怀孕后，为其所弃。此男子亦在故乡，已为议员，玛格大之父遂逼之使复认其女为妻；议员今又钦其荣誉，即允其所请，唯此时其女已不复从事歌舞事业，并置其私生子于育婴院中。此嗣续上新旧之争,毕露之于玛格大言辞中,痛骂社会之罪恶,牺牲无数女子,散布伪善,适足以增人类之羞。

《故乡》一剧布局之大概,对于新旧竞争,诚非创作;俄国大文豪都介纳夫之《父与子》(*Fathers and Sons*),已先此而言,描写一时代之醒悟。虽苏氏之文笔远不及都氏,唯其唤醒女子问题,诚为革命重要之利器,全因其为剧曲体裁故也。

哈德曼(Hauptmann)为一传播自由急进主义之剧曲大家。最初作一剧,名《日出前》(*Vor Sonnenaufgang*),德国舞台,莫肯为之排演。后得拉星(Lessing)独立舞台之允诺,开演之日,如雷电交至,社会惊骇万状,大梦骤然惊醒。

此剧描写一暴发富户之平生,粗鄙暴戾,唯以酒色为事。其工人之愚蒙,亦无殊于其主人。且叙金钱罪恶,主人工人,均蒙其害。而顽固者流,反责难著者,以为煽惑后进也。

《织工》(*Die weber*)一剧开演时,思想家及道德家咸哗然。彼辈之言曰:"何哉!工人固秽朽不堪之奴隶也,何以排演之于舞台之上?其疾病困穷,使人见之不欢。岂足以供茶前酒后之娱乐乎?失当之甚矣!"以饱食终日之中流社会,而参观织布工人之生活,其不乐也无疑矣!真理之传播,如暮鼓晨钟,发聋振聩,自甘暴弃之徒观之,能不恼煞!

此剧之反响,自可预料。其写人生之所以能致富者,定因刻剥工人,不顾他人之饥寒困苦。此种现象,执政者常欲为之保存。诚恐平民一旦醒悟,则知其境遇之痛苦,将有害于社会也。近代剧曲之正鹄,在乎唤醒被压制之人民。此作者之所以形容叙利西亚(Silesia)工人之景况,而表暴之于世。其叙人类以每日十八小时之工作,不能谋一温饱,破屋一椽,衣衫褴褛,加以孩童之号泣,孕妇之哀鸣,凄惨难以尽述,而耶教之恩惠固不及此辈可怜人也。人生之生机及希望,消灭净尽矣!

以作者之奇才,其剧曲之形容人生,无微不至,不仅描写金钱之罪恶,且及个人之竞争,摆脱身心上旧制度之奴隶性。故又作《沉钟》(*Die Versunkene Glocke*)一曲,叙人生之奴隶性,牢不可破。顽固之羁绊不去,则自由之幸福难臻。非有革命之精神以惊醒之,使之抵抗陋习,则个人及社会之解放,难于实现也。

哈尔培(Max Halbe)之《少年》(*Jugend*),及卫特坚(Wedekind)之《春醒》(*Frühlings Erwachen*),为剧曲中之别体;以他法而描写自由思想,形容孩童及庶人与夫局促之清教制度(Puritanism),已臻于醒悟之境。青年男女,为不正当之教育及伪道德所牺牲者,不知几许,遏抑青年之发育之教育,诚足以障碍社会之幸福及生机。社会上所谓慈母,对于其女之年已长成者,仍不使之有丝毫社会交际,更不知其有所谓男女问题,卒之其女不幸夭死,是无异为其母置之于死地;而社会反以为不足怪,谓其体弱而死;以为如是,始于道德,可谓完满也!

此种情节,诚为清教(Puritan)伪道之大打击;加以卫氏之雄才,尤放异彩。今日社会中无数可爱之青年男女,为情而死,其致此之由,莫不由于儿童教育之失当,无以唤起其自觉力。大抵青年男女之罪恶,多由于父母所造成,而父母自身则独莫名其妙;今日之为父母者,莫非此类也。

年来德国有思想之青年男女,从事于男女问题,为自由之讨论,视为必要。言论界中,无时或已。其剧曲影响所及,虽教育界及各学校,亦多设男女卫生一科焉。

北欧诸国,如那威、丹麦、瑞典等,亦无异于德国,文学界中之提倡此问题者,以剧曲为最早。易卜生以前,早已发表于大文豪勃尔生(Bjornson)之著作中,极力攻击世间之不平等及不公道,唯其效力,远不如易氏也。

易卜生之《白兰特》(*Brand*)、《娜拉》、《社会栋梁》、《群鬼》及《国民之敌》等剧,以近代人生之真义,打破往昔之迷梦。读《白兰特》一剧,而知近代宗教之概念,不过为世间之一旧理想。而宗教之原意,亦不过人类博爱之原理耳。

易卜生嫉恶为仇,对于社会一切罪恶,莫不揭破其黑幕,尤肆力攻击社会所维系之四大恶:其一,为今日人生一切之诈伪;其二,为传播道德法律,牺牲之无益;其三,为世人崇拜之物质精神;其四,为顽固之死之势力。此为易氏剧曲之主旨,而以《社会栋梁》、《娜拉》、《群鬼》及《国民之敌》四剧为最著。

《社会栋梁》乃攻击社会之组织,支持于枯朽之栋梁;其表面上金色辉煌,无丝毫之瑕疵,唯其内容则不堪问耳。此剧之情节,以一领事,而执社会经济事业之牛耳,为全城最重要之人物。人民不识其中之诈伪,反为之歌功颂德呼之为仁人;实则攘夺亲友之令名;弃己之情妇,而娶其妹,贪其财故也;假公益之名,图私利之实;终至不惜以人命为牺牲,以破底之轮船,而载客航海矣。迨夫黑幕既破,其卑劣之行为,大白于世,良知发现,忧患靡穷,往者不谏,来者可追,为后人计,为社会计,不能不为积极之忏悔也。唯真理不能以诈伪为之基础,其罪恶之身,已不能自拔。乃世人尚依然醉生梦死,为之表扬也。

《娜拉》一剧，乃易氏为妇人建设其解放之途径之作也。娜拉能醒悟己身之为他人玩偶，并悟其夫其父之待遇极为不平等。其夫罔顾人生之正鹄，而以为妇之道及社会之责望为口头禅，但娜拉已脱离其玩偶之衣裳，发表其完全觉悟之态度。彼知人生第一要义：乃对于己身之责任；知己身为人类之一，无殊于为人父，为人夫者。至于为人妻，为人母之责任，乃人生之余事耳。彼宁见弃于社会，此志终不可移。因彼对于所谓法律之正谊，及制度之意义，已怀疑义，不为所欺矣！其革命之精神，在乎反对一切社会制度。故彼果敢而言曰："吾志万无可移，试观吾与社会，孰为正谊。"

娜拉前日之所希望于其夫者，今乃终不可见，始晓然于婚姻之诈伪。其夫反谓人生不可有丝毫损坏社会之现状。其伪善有如此者！

娜拉逃脱其黄金色之藩笼，以独立之新人格，开社会广大之生机。将来男女种嗣自由之真理，发轫于此时矣。

《群鬼》一曲，对于社会之组织，从根本上推翻，不留余地，如迅雷不及掩耳。世界上之剧曲，无出其右者。

在《娜拉》剧中，论断夫妇关系不免之，陋习，其夫对于今日社会之为人夫，为人父之责任，可谓无缺，然此非所以语《群鬼》一曲也。此妇人见其夫之身心，已无可救药，若与之偕老，定无生人之乐趣。且于后嗣遗传问题，尤有危险，失望之余，唯有脱离之一法。彼因求教于一青年之伴侣，为教会之牧师，其职志乃代表天堂，为灵魂之真救主；故以为人生之知遇，各有不同，应各守其本分，乃遣其女友归于其夫家，使之含羞忍辱，以克尽其为妇为母之职。此牧师谓人生无幸福之可言，其欲求之者，乃革命精神之发现，亵渎神圣，罪莫逾于是，且其以妇人之责，只在于三从四德，他非所计也。

此妇人背负耶教之十字架，至二十六年之久！忍痛负重，无敢稍犯神威。唯对于其幼子，则百计图谋，使之脱离其万恶之家庭，因污浊之空气，大不利于血气未定之青年也。且期此子能干乃父之蛊，仍未脱前人之迷梦。迨乎醒悟，则己身已完全为其夫所牺牲，而其子亦为其父之罪所遗传矣。疾病既深，挽救乏术，噫嘻晚矣！此其所以列举今日社会之万恶制度，而痛骂之也。

易卜生此曲，为社会革命之首功。而社会之人，醉生梦死，习为诈伪，甘于暴弃；不唯不感戴易氏指导之功，而乃驱逐之，仇视之，侮谩之，不遗余力。易氏所以不能不鼓其勇气，成《国民之敌》一剧，以解答之。

易卜生于此名著中，对于今日社会腐败不堪之死制度，为之行丧葬礼，而愿其永远不复现于社会之上。处此局促社会中，而能产生此百折不挠之易卜生为革命之先导，斯诚怪事！斯铎曼博士（Dr Stockman）亦以一理想家，而爱护社会，无所不至。彼为一镇中浴池之官医，察知其水源之不洁，不唯不能使病人身体复原，且有害游客之卫生。此诚悬之博士，以己之经验与职务故，必须将此事实宣布于世，免使贻祸他人。唯社会之人，只顾一己之私，对于公理卫生，皆可置于不闻不问之列。全城固以民《声报》为改良之代表，而已发民之隐为职志者，今乃亦反对博士之举动，诋为暴躁之理想家，盖恐博士之言一出、其城之声价将减，而于己之私产有损也。

博士坚持其志，不为所动，召集市民，共计其事。其初人民非不乐为赞助，及开会，即为他人利害之说所动，乃群起而反对。曲高和寡，特立独行，且全城曾未肯借一会场为其宣布之所。今幸而得，其结果又若是。市民莫不自私自利，讥笑侮谩，无所不至，且公决其为人民之公敌。以博士之始愿，欲借助于人民，以去此恶物；今乃被逼于绝境，为民之仇。今日社会之公理，已灭绝净尽。其发现之毒菌，一经宣布恐无以广招徕，全城必至失其利益，是以官吏、公民、民党，全体禁止此真理之宣布。社会欲求全城之发达，不惜以诈伪为之基础；而博士之志，则断乎不可摇动“所谓非全有即全无”也。

博士睹兹恶浊社会，欲从根本上解决，为之完全推翻。因人民日夕呼吸此诈伪腐败之空气，必将传染此霉菌！社会之情势如此，不亡何待乎！博士以初入政途，未尝深悉政治之罪恶，彼以为自由之人，不应如狡徒之无行。唯天下之懦夫，乃以一党，一部之私利，置真理于不顾。故党章社约，仅足以窒塞真理之萌芽；政治生涯，常以颠倒黑白为事；道德正义，亦所不悉；社会所由危险矣。

易卜生四剧，描写群鬼之游荡于此社会地狱，以示今之所谓文化者，不过如是。然易氏之功，不仅此也，其破坏之中，含有建设之能力；不独去此腐败之栋梁，且建筑将来之基础；使人生各能自由独立，改革此恶社会，不致为后人累也。（以上四剧，《新青年》“易卜生号”拙著《易氏传》亦详论之。）

英国自由思想之先导，传播智育上之种子，如哥文（Godwin）、阿文（Owen）、达尔文（Darwin）、斯宾塞（Spencer）、莫理士（Morris）等辈，不胜枚举。其诗人之高唱自由歌曲者，尤为可贵。如莎里（Shelley）、拜伦（Byron）、基兹（Keats）皆是。剧曲界中之势力，亦属可观。现代作者，如萧伯讷（Bernard Shaw）、宾纳罗（Pinero）、格斯威地（Galsworthy）、坚尼地（Kennedy）等，竭力传播自由之思潮，英国历史上所未尝见者也。是以其社会之变迁，亦因之历历可考。视阿文氏之论贫，或读萧伯讷社会主义之作，如《巴巴拉少佐》（*Major Barbara*）一剧，则可知贫穷为耶教文化中最大之罪恶。所谓"贫穷使人为懦夫，为奴隶，且能产生疾病罪恶，卑污，刑罚等。故贫穷乃负其完全责任"。贫困既能造成世间一切罪恶，更使人倚赖性成不能自立，任他人之践踏，使社会各种恶剧制度，保存不败。萧氏此剧中之救世军，与酒魔相战，使卖糖者损害无数之金钱，亦属人间快事。萧氏结论，写少佐之父，为一制造枪弹者，其平生宗旨，乃以为火药之势力，非公理所能冀及也。其论贫之言，极为痛快。其言曰："贫穷者，人生最大之罪恶。其他一切之罪恶，莫不有善行为之伴，而其一切之羞辱，以己身较之，亦得称为英勇焉。贫穷足以墟人之城市，置人于死地。凡略尝贫穷之滋味者，若闻其声、嗅其味、见其色，即莫能免于罪戾。精神因之而颓败，终身由是而牺牲。而人类之为罪恶者，亦莫知其故。此一暗杀，彼一窃盗，今日一争斗，明日一冲突，而人不以为怪也。此等事实，仅为人生偶然之缺憾。以伦敦之大，无五十非有应得之犯人，然其中至有千百万之穷人贱夫，无衣无食，精神肉体，为之戕贼；社会幸福，为之摧残；吾人之自由，为之剥夺。暴虐无伦，稍一动荡，即能驱吾人于万劫不复之地。贫困与奴隶两问题，数百年来，所严重讨论者也。彼既不能以理喻，以言劝，则吾唯有利用吾之机关枪，以歼灭之耳。此乃最终之试验，信而有征，此势力足以推翻社会之恶制度。所谓选举者，儿戏耳！其所更变者，乃内阁之名号，而非内阁之实也。诸君若从军，则推倒政府，可也！破坏旧制度，可也！建其新者，以代其旧，为之创造一新纪元焉！"

世人所以不愿读萧氏社会主义之论著者，无足怪也。除剧曲一门外，萧氏不能传播历史上显明之真理，故萧氏乃利用此一道，以传播革命利器之自由思想也。

劳动界剧曲，自哈德曼之《织工》后，以格斯威地之《竞争》（*Strife*）为最著。此剧之内容，有两重要份子；其一为工厂之总理，苛刻残忍，固执己见，不肯稍为让步。虽工人罢工数月，形势惨切，几为饿殍，彼不顾也。其它为工党之代表，与之相持不下，以其革命之精神，为劳动家谋自由幸福，有死无二。以彼二人之故，致数月未能解决，工人及其妻子，流离失所，其惨状不能尽述。

此剧中写劳动家，衣衫褴褛，知识愚陋，任人播弄，毫无定见。或赞成他人传播宗教思想，而反对革命；或驱逐其联合会代表之宣布罢工之理由者，以馁工人要求之志；亦有赞颂其代表之有毅力者。其团体之散漫，有若是之甚者。此工人所以不易有为，而任人践踏也。

无应变之才，乃今日商战时代最大之罪恶。无论其志愿如何坚决，位置如何重要，时机既至，则不能不牺牲其宗旨，任人处置。彼两人之命运固如是，其各处极端，恐终亦不能解决也。

工厂之总理，为一旧思想之人物，固足以阻碍社会之进化，非吾辈所赞同。然其宗旨始终不变，其毅力固足嘉也。较之假公益以图私利者，犹为胜之。而横征暴敛者，略解私囊，以尽公益。或对于青年女子，设一工厂为之栖留，以为蹂躏女权之预备，而他人反为之颂扬，其手段之卑劣为何如乎？唯此工厂之总理，以其堂堂正正之旗鼓，为工人之敌，而不以狡猾伎俩出之，尚不愧为有价值之敌党也。

工党之代表，以全力对付之，其理想之新颖，且以道德精神及革命精神为之副，故有"之死靡他"之概，非至完全成功不可也。

唯两方面之损失过重，难以持久，不得已而让步，使和议成立，而置彼两人之持极端者于不顾，能不为之怃然？此次工党虽未能全得胜利，然敢信将来之劳动家，必有后起者成代表之志。虽预言固非剧曲家之职志，然欲为社会之先觉，则不能不如是，故将来工人之改弦易辙，亦意中事也。

调和资本与劳动之主张，将必归于淘汰，因二者终无和协之日也。欲拯救此社会于专制魔王之手，唯革命精神是赖。将来之社会，定必光明璀璨，造成自由正当之人生，共悉生存之真义焉。

近数年来社会对于刑罚问题，为严重之研究，较之其他之社会问题为甚。舆论界以是为讨论欧美文人，亦专心研究此问题。以历史心理及社会上之观察，对于今日刑罚制度，与夫世人抗拒罪恶之方法，皆谓为倒行逆施，无益于实际，而犯人则皆由社会之罪恶以造成之。欲从根本上解决，则不能不借助于文字。今日之牢狱，尤须改革，此社会之重大谬误，乃发表于格斯威地之《裁判》(*Justice*)以剧曲之体裁传播之。

此剧之首幕，为一律师事务所。父子共同执业，其中并有书记数人。是时发现一伪汇单，为其一少年书记所为者；因其恋爱一妇人，而此妇人，则为其夫所虐待者也。此书记因为其主人所迫挟，不能不自白其罪，谓因欲营救其情人以脱离其夫之苛刻，乃冒险而为此，并哀求赦免。唯法律乃不近人情者，而此少年于是被逮于警察，第一幕至是止矣。

第二幕为裁判所，建筑极其宏伟。此少年今已为囚人，形容憔悴，时年仅二十三。其情人亲临旁听，尤为憔悴。少年以爱彼之故，致陷于罪戾，其痛苦何如耶？故一腔热诚，欲为之拯救。被告之律师，高谈雄辩，历言人类之良知及情感，以及奥妙之社会哲学发挥之，畅言一切，不仅为此伪单而发也，亦不仅为此被告而言也。其根据于社会之觉悟性，深得辩护之本旨，且痛论及今日社会罪恶之源流。彼谓被告不忍见其所爱之人为其夫虐待，而法律又束缚之，使之不能离婚，故不得已而至犯法，非求法官之原宥不可。

法律既背乎人情，而法官乃依据之，此少年之难逃法网，乃意中事；于是三年之苦役，乃定谳矣。此无知之少年，日处囹圄中，乃悟其自身之为恶制度所戕贼，而法官亦知其不得已而为之，然皆无足以施其技。生今之世，天下几多无知之少年，堕入此严刑峻法中？噫！亦可怜矣。

其后少年出狱，身心上已历受荼毒，额上隐然见罪人之符号，其旧主复回其职任，是可喜也。唯恶消息同时而至，其所爱之人，已因贫而自卖其身，今为他人所有矣。

当此少年之出狱，其禁期固未满，不过其情人哀求其旧主之恩，复回其职守，使法庭行特赦之例，而彼则自愿与少年永远脱离关系。唯此少年因未娴法律上之手续，致为警察复驱于牢狱。少年绝望乃自投楼下而死，遂闭幕完场。

此剧对于社会问题，功德无量。英国牢狱之革新，诚不容缓。近代剧曲对于此问题，其力甚大，足以警醒社会之良知。然此剧乃其中最佳者也。

坚尼地（Kennedy）之《家奴》（*The Servant of the House*）一剧，尤为社会现状重大之打击。此剧之主人翁，为一下流之酒徒，而为社会所唾弃者；然不惜牺牲一己，以惠同群，犹为士流所不及。劳动为社会幸福之救世主，已为众所共认；而此狂徒，亦能明确解释劳动之特色，并大有功于社会，斯识难能可贵矣。

美国之剧曲，犹在幼稚时期，其描写人等，毫无效验。幸而文学界对于剧曲之事，极表同情，虽取材于外国者，亦重视之，其一线之希望在是矣。

美国独一无二之完美剧曲，为华尔特（Eugene Walter）之《捷径》（*The Easiest way*），此剧描写纽约城之生活，别开生面。形容社会，如一明镜，其价值特色，乃在是耳。纽约城中最流行之社会病,在乎取巧;贪目前之微利,罔顾人生之正鹄,致为真理正义之敌。此剧善能表现此种情状。其次则形容女界之醉生梦死,惨不忍闻,其针砭社会,以此两事为特色。

社会之罪恶,虚耗人类之精神;而金钱之罪恶,乃驱世间可怜之女子日夕以求夫为事,视为一生之正鹄,以家庭为生活立足地。次则又驱世间之男子甘执贱役,以谋温饱也。又有其他之恶制度,足以制女子之死命者,娼妓问题是也。女子名为人妻,实无异于娼妓,其所恃以图存者,乃为男子之玩具耳。故今日之万恶社会中之男女生活,舍盗与娼二者之外,几别无所有也。

此戕贼人生之制度,惨无人道,使女子尽为寄生,无人类之精神,其视为人生捷径者,乃为妓妾耳,而社会之心理,则又视为天经地义也。

其他剧曲之传播自由思想者,日前加增。其彰彰在人耳目者,如克黎(Charles Klein)之《第三级》(*The Third Degree*),巴达生(Medill Patterson)之《第四级》(*The Fourth Estate*),与夫克鲁遮(Crothers)之《一人世界》(*A Man's World*),皆足为美国剧曲界发达之表征,而为发表今日社会罪恶之利器也。

(第六卷第二号,一九一九年二月十五日)

俄国革命之哲学的基础（上）

〔英国〕Angelo S.Rapport 著

一九一七年七月 The Edinburgh Review

起 明 译

人常常说十八世纪的法国哲学者，对于法国大革命，没有什么贡献；即使 Rousseau 不曾著作，民主主义也早晚总要出现。不安不满足的精神，久已充满国内；一七五三年 Lord Chesterfield 到法国时，曾说所有政府大变革以前的征候，都已存在。所以 Voltaire, Rousseau, Condorcet, Mably, Morelli 等一群人，不过是发表这隐伏的感情，叫了出来罢了。但我想，这或者不如这样说倒较为的确：法国哲学者将新思想散布在预备好的熟地上，播了革命的种子。俄国的哲学者，对于本国也正尽了同一的义务。俄罗斯——真的俄罗斯，不是 Romanov 家的俄罗斯，——希望改革，已经长久了；俄国哲学家的功绩，便在指导他，使民众心里的茫漠的希望，渐渐成了形质。

加德林二世的时代，十八世纪的政治，社会，哲学各种思想在俄国得了许多信徒，但能完全理解 Voltaire 与百科全书派学说的人却很不多。只有结社的影响较为久远。俄国秘密结社，并不违背基督教，反以此为根据。所重在个人的完成，对于政治社会的改革，还不十分置重；但在当日政治及社会思想上，也间接造成一种影响。他们竭力反抗国民的与宗教的狂信，自然不得不指出现存的弊害，判它的罪恶。他们的事业所以也就是破坏与建设两面。德国的党会，多有神秘性质；在俄国便变了一种伦理的组织的运动。聚了许多有思想，有独立的判断力的人，使他们在民众上造成一种极大的影响。

加德林二世时，党会里面最重要的人物是 Novikov。在他的报纸 *Utrenyj sujet* 上，非但提倡高等的伦理思想，而且竭力功击女王的外交政策，与因此引起的战事。他说，战争这事，除了自卫之外，是应该避忌的。加德林当初也是 Voltaire 的弟子，Diderot 的朋友，所以也任凭他做这些博爱的事业。但法国革命起后，便变了心思了，伊看了社会的独立思想的发表，都认作一种政治的煽动；所以会所一律封闭，Novikov 虽然已是老年，也投入 Schlusselburg 狱中了。他的著作可以算是俄国独立思想的萌芽，希求自由的第一叫声。这思想还是蒙胧茫漠，又多偏于慈善的与伦理的一面；因为他还不敢将改造社会国家这两项，列入他的宗旨里去。但这总是一种破坏运动，在俄国造成独立的舆论，就为一切社会改革上，供给一种必须的资料。

在加德林的末年，微弱的声音，要求社会改革，渐渐起来了。俄国有智识的人，受了 Rousseau 影响，知道一切的人本来都是平等，如今看了少数的人奢华度日，多数的人饿着，觉得不甚正当。这革命思想的前驱中最有名的是 Radishtshev，曾经模仿 Sterne 的《感情旅行》，作了一部莫斯科圣彼得堡《旅行记》。他虽然反对专制，但不敢要求政治的改变；他只注重在说田村改革的必要。他并不组织什么党会，不过发表公同的意见。那时俄国有智识的人，受了西欧的哲学、政治、社会上各种主义的影响，大抵都是这样思想。可是他却因此终于被捕，审问之后，定了死刑。加德林算是很慈仁的，将他减罪，改为西伯利亚十年的徒刑。保罗一世将他母亲所罚的人，多放免了，也将他叫了回来。亚力山大一世又召他编订法律。但 Radishtshev 觉得自己急进的意见，不能与当日的俄国相容，绝望厌世，一八〇二年九月自杀了。

俄国第一次真正的革命运动，要算是一八二五年的十二月党的起事。这是一群贵族军官所结的党会；他们在抵抗拿破仑并联军占据法国的时候，吸收了西欧自由的民主思想。这时候，他们对于亚力山大一世的希望，已经完全破灭；从前的 La Harpe（译者按：此人本瑞士人，属法国查可宾党，为亚力山大一世的师傅）的弟子，如今缔结神圣同盟，变了一个极端的顽固党了。这群军官组织了一个秘密会，希望本国改行西欧自由的民主的制度。十二月十四日——十二月党的名称，便从此出，——在伊撒街行了一个示威运动。这还未成熟的革命，终于压服，流了许多血；五个首领处了绞刑，其余的都送到矿洞里——帝制的干燥的断头台——去了。

十二月党人是俄国的革命的爱国者。他们的动机，全是对于本国的爱情，热心希望那完全的独立。他们爱俄国的过去，爱历史上自强不挠的时代，所以他们希求平民议会的复活，Novgorod 政府时代的独立强盛的再兴。十二月党虽然想采用西欧制度，但并非奴隶的模仿，原是主张依着本国情形，加以改变的。他们并不如大斯拉夫主义者一样，相信俄国有特别的使命；但对于国民的物质与精神的能力，却深信不疑。有几个主张君主立宪,有几个是纯粹的民主党人。对于当时的一派社会主义,大多数却是反对。宗教上全是自然神教的信者(Deists)。他们承认,如望在俄国建设起政治和社会的新制度,只有革命这一法。这次革命虽然很残酷的压服了,可是发生了极大的影响。正如Herzen说,“伊撒街的炮声惊醒了全时代的人。”因为做了一个手势,便遭流徙;为了一句话,便遭绞死;俄国少年很勇敢的与专制战斗。虽然有政府的迫害,中古式的虐待苦刑,继以黑暗的压迫时代,那十二月党的思想,终于不能灭绝。好像一颗活的种子,埋在地下,等到三十年后,克利米亚战争的时候,又开起花来。

专制政治能够钳制言论,但终不能禁止思想。俄国有智识的人,虽然嘴里不能高声说出,手里不能明写,但心里仍是想着。他们缓缓地,却又极坚定地积聚思想,又传播出去。有许多人,转入绝望,有如Lermontov所表示的;但也有许多人积极进行,借了批评或讽刺——这一种文学,在迫压的政治底下最容易养成发达的形式发表他们的思想。他们不能批评政府的事,又不若直说出自由思想来,所以他们便做小说及喜剧。Gogol的《按察使》(*Revizor*),《死灵魂》(*Mertvye Dushi* = *Dead Souls*);Griboyedov的《聪明的不幸》(*Gore ot Uma* = *Misfortune out of Cleverness*)诸书,对于官僚政治,都加以批评嘲笑。言论虽然受了钳制,但他们也想出方法,能在夹行里寄寓一种意义。俄国人因此养成了一种技术,为西欧人所不晓得的,就是翻弄那出版检查官的手段。

其时Hegel的哲学,初在俄国出现,得了许多徒党。从官府一方面看来,这Hegel学说是一种保守派的主张,所以俄国政府也便不加禁止。于是德国的玄虚飘渺的形而上学进来,替代了法国哲学家的明白简洁的人道主义的、革命的思想。俄国社会,不准像百科全书派一样的直接议论政治问题,便从德国哲学借了抽象的言语来用。这德国哲学在俄国的影响,很是有害;因为使人只是空谈理论,不着实际。但在当时,也有益处;因为他使俄国思想家,因此能够用哲学的文句来说话,尼古拉一世的检查官,不大容易懂得。空想的社会主义,不主张革命,只想从道德与精神的复活上,求出人类的救济;这种思想,也瞒了检查官的眼,混进国内。这样俄国哲学家暂能介绍新思想与读者,又用隐藏的文句讨论宗教政治的根柢。各地方都有团体发生,讨论社会与政治各问题;Aksakov, Khomyakov, Herzen, Ogarev诸人都在Stankevich家中聚会。在这样空气中,十二月党播下的种子,才生了根,证明他的精神比暴力尤为坚固强大。

克利米亚的大不幸,又使社会的不满,愈加增高。但尼古拉暴死,亚力山大二世即位,人心又略安静。政治的自由,与社会的平等诸问题公然可以讨论了。

发表这种思想最有力的人,是 Aleksandr Herzen,世间通称他为俄国的 Voltaire。他的思想,很受着 St.Simon 社会主义的影响;但关于政治的改革却多遵十二月党的意见。他又特别注意于解放农民这件事。他于俄国革命思想上造成一个深长的影响;但论他气质却是破坏的不是建设的人;是传播理想的,不是创立学说的人。他是一个艺术家,又是革命的哲学家。他想推行他的理想,用"时间"的力量,不想用凶暴的方法。因此他和他的朋友 Ogarev,都时常被人责备,说他们是消极的;不能做事,只会坐着悲叹。他们两人,曾在伦敦住过多时,发刊《北极星》与《钟》两种报章,主张各种改革,如解放农奴,废去检查官,许可言论自由等。

Herzen 的政治理想,是想合斯拉夫民族,设立一个联邦的共和国;波兰听它独立。他很赞成土地公有制;以为用了此制,将来容易改行社会主义的新制度,使俄国可以不受资本主义及中产阶级的压制。Herzen 虽不是斯拉夫国粹党,但他的意见,也以为俄国社会革命,比欧洲各国更有好的希望。因为在俄国过去的迫压,还是较少些许。别国都经了多次变革,所以个人略一行动,便被过去的遗迹纠倒,阻了上进的路;俄国的个人,便没有什么"过去"来妨碍他。

Herzen 比别人更懂得他自己国民的心理。俄国人在善恶两方面,在积极地拥护人权,与消极地顺受两方面,都是绝对的。所谓自由政治,在他们看来,不过真的民权思想的赝品。他们知道专制或民主,不知道有什么折衷,什么调和。"旧酒瓶上的新标纸"是不能使他们满足。君主的自由政治称作立宪政体,决不是俄国人所喜的。但 Herzen 反对国家,还不如无政府主义者一般,要完全将国家废去。他赞成"国民的结合",却尚未说到"人类的结合"。据他说,国家自身本无存在的价值,不过是人民生活的有组织的机关;所以须顺应了人民生活的发达变化而改革。国家是人民的仆役,不是人民的主人,如西欧社会党所说的一样。

亚力山大二世解放农奴的宣言,很使 Herzen 喜悦,对于俄国将来大有希望。当时有名的经济学家批评家 Chernyshevsky 也抱同一的乐观。Chernyshevsky 的哲学的意见,是以 Feuerbach 的唯物论为本;他的对于将来社会的思想,则出于 St. Simon 与 Fourier的学说。他也与 Herzen 相同,很说乡镇土地公有制的重要。他说,在俄国这种制度人人都已晓得,容易实行社会主义;若在欧洲,则土地私有制便很足为梗。所以俄国可以立时行用共产制度,即不然,也很可缩短私有制的期限。他的意见以为民众应有统辖政府的权;只因现在教育不足,所以改革只能从上而下。但要行这种改革,从下发生的一种运动,或阴谋反抗,也是必要。各国民都有自决的权,所以不但波兰应该独立,便是 Ukrain 也应听其自主。Chernyshevsky 的有名的小说《怎么好》(*Tshto-dtelatj* = *What is to be done*?)在俄国革命思想上也有实际的影响。这书是在狱中时为《现代》杂志而作,经检查官许可出版。因此可以想见书中并无明白确定的政治理论;但关于哲学、宗教、家庭生活、私有财产诸问题隐隐地含着许多破坏的议论。当初官僚以为这是一种平常小说;但俄国读者能从夹行里寻出意义,于是检查官发了慌,将这书又禁止没收了。

Tshernyshevski 的社会主义的思想和对于农民问题的解决办法,成了一八六〇年以后发起的一切革命主张的根本。俄国有知识的人,看出政府的无能,和它不肯废弃旧制度的情形;所以决心到人民中间去,寻出在这急剧改革上所必要的力量来。一八六一年 Markov 发布他对于青年的宣言书,指出推翻专制,解决土地问题的绝对的必要。一八六二年土地自由会(Zemlya i Volya)成立,这会的目的,是在求政治的自由,改造联邦,均分土地这几件事。其时波兰革命已经发生,政府有了口实,可以大行反动的新政策。但在俄国此时,已没有什么迫害方法能止住革命运动了。国内有知识的人,因为要避专制的毒害,多逃往外国,往瑞士的尤多。在那地方遇着西欧社会主义运动与文学的影响,受了一种新刺激,俄国革命运动愈加旺盛了。但他们还未得到一面旗帜,在这旗底下,大家可以聚集。——Peter Lavrov 便是为他们竖起这样一面旗帜的人。

Lavrov 是俄国哲学家中最有科学思想的人。他不像前代人物,看重神学或玄学上的思索;他以为哲学的目的,是在研究事实,与从事实得来的推论。所以他专心研究历史社会学的哲学,和社会伦理的组织。他所想要解决的重要问题之一,便是个人的人格。Marx 学说的枢轴,是经济的进化,与生产力的发达;Lavrov 学说的中心,是个人的进步与发展。照他的哲学说来,一切进步,全靠个人的物质上、知力上、道德上的发达;又因行用正当的社会组织实现信实与公道才能成就。Lavrov 所说的社会的幸福,实不过是造成这社会或这国家的个人的幸福;所以各人都有权利,可以变更现在社会的组织。有知识的精粹人民,从思想上得到确信,才真是历史的创造者。其余的因袭的奴隶，对于古来习俗传说，不加考察，一味盲从，都是历史以外的人物。他们或者也有教化，有知识；但他们只用这知识来拥护现在的制度，并不仔细批判，只以为古来传下来的，便都是好的，所以还只可称“有教化的野蛮人”或是“高等文化的野蛮人”。Lavrov 计算这种历史以外的人物，是主治的一班人；他们固执地不肯讲论法理，又竭力保守他们从历史的因袭上得来的特权。其余是穷苦的劳动者，他们为生存竞争所迫，每日仅够作工，没有工夫去思想考察。他们是文明的牺牲，是人类的“罪羊”。所以这是有思想的少数人的义务，应当去启发他们，明白他们不幸的原因；使他们能协力来改造历史，向进化的路走去，使个人的自觉与社会的共存（Solidarity），同时并进。

他在《历史论集》（*Lettres Historiques*）中说道：

“我们将到了这时期了，那时人类的理想，可以实现；个人本能的倾向，也可以使得与公众的幸福相调和。只有将人类组织成一个和合的大团体，用公益公理互相系住，这样才能造成个人的幸福。”

那时人能战胜生存竞争，战胜动物世界，能够将批判思想压服自然；这乃是真的进步的根基。但要做这事，孤立的思想家，没有什么力量；他必须依托着在那里作工受苦的民众才可。凡是有知识的少数人孤立存在的时候，文化必然消灭。试引古代文化为证，其时民众居于奴隶的地位，不懂得文化的内面的意义，所以并无要护持文化的意思；所谓超人的一个等级（译者按：谓贵族），自己掘了一道沟，同民众隔开，造成他自己的灭亡。反过来说，便是凡有关心个人的发展与公众的幸福的人，都应该从他们的 Pisgah 山顶（译者按：旧约里摩西登高望乐土的地方）下来，走进平民的大平原里，握着漂流人民的手，引导他们到乳蜜随处流着的乐土。凡是一种高等的文化，倘欲存在，必须以民治为基本；因为倘没有民众的帮助，文化必将灭亡，或遇着侵略的异族、野心的军阀，也不免立时颠覆了。

Lavrov 有名的《历史论集》在一八六八年付刊，在革命运动上，造成极大影响。这部书将从前有知识的人蒙蒙胧胧的感着的思想，总结起来；对于“怎么好”这问题下了一个极明白确实的解答。Lavrov 说，有知识的人对劳动阶级应有一种义务；因为他们全仗劳动者而生存，他们自己并不生产什么物质的财富。所以他们若仍然很傲慢高贵地同民众远隔，那时他们非但自私，在社会的意义上，简直已是无价值。他们就是自己宣告了对社会的破产，对于社会的债务无力偿还了。他们对于供给物质安乐的民众的债务,只有一法可以报答,便是投身于平民中间,顺应了他们现时的需要、永久的权利与所有的力量,去启发他们。有知识的人,不可迟疑犹豫,应该提倡民主主义,打倒那武功政治,建设起一个根据公理的新社会、新秩序。Lavrov 说,现存的社会秩序,是极端的不道德。什么是“不道德”呢?对于这问题,Lavrov 立下明决的答语;“凡阻碍个人的物质及精神的进步的发达者”都是不道德。只有根据公理的社会,使人人为公众的幸福,进步的发达起见,通力合作,纵使不能全灭人生的不幸,也竭力设法减少;这样的社会,才是合理的、道德的。所以 Lavrov 是个人主义者,又同时是社会主义者。他的学说,可以与 Benoit Malon 所创的 Le Socialisme Intégral 相比。Lavrov 同Malon 一样,将 Kant 的“纯粹义务”说与唯物论派的自利说,一齐打消。他完全承认 Malon 的主张,“利他主义是我们新道德的根本,这道德既非神学的,也非玄学的,只是社会的罢了。”总而言之,Lavrov 所要求的,不在部分的改良,乃是社会的急剧的变革。实行这个变革,至必要时,激烈的手段,也可以采用。

(第六卷第四号,一九一九年四月十五日)

俄国革命之哲学的基础（下）

〔英国〕Angelo S.Rapport 著 起 明 译

上回所说，是 Lavrov 从“知识阶级的破产说”引申出来的学说，他便将此来答俄国有知识的人的疑问。但对于这个“怎么好”的问题，Mikhail Bakunin 所提出的答案又是不同。Lavrov 是 Malon 派的社会主义者，Bakunin 是无政府主义者，因此两方的意见便有点差异。Bakunin 少年时候，很喜欢 Hegel 的哲学，这虽然也以自由说为根本，可是将他圈禁在精神的范围以内。在实际上，Hegel 便为了国家，将个人牺牲了，因为他是承认国家万能的。他的学说到了俄国，无异于一种辩护专利的文章。所以 Bakunin 依据了 Hegel 哲学，觉得尼古拉一世的政治还有理由。便是德国人所创的最激烈的主义，内中也终脱不了崇拜强力的气味。我们顺便说及，也是一件极有趣味的事。Bakunin 本系“北派”，就是十二月党的一派，但那时他还不十分热心这事，不很与闻，所以事发之后，他独逃脱了多数同党的“悲壮光荣的运命”。可是俄国人人心中所有的爱自由的心，终于醒了。他弃去了 Hegel 的正宗学说，加入新哲学派这派名叫“Hegel左党”。对于祖师的专制政治与宗教的理想主义，都很反对。

这新派的首领是 Strauss，Feuerbach 及 Bruno Bauer 等。此后 Bakunin 的知力的世界，全为自由说所主宰。Hegel 从前教他到影象的国土，精神的地域，形而上的世界里去求自由；但现在 Bakunin 已经改变，不肯承认梦幻作为事实了。

> 那统不过是我们平常很蔑视的现实世界的，暗淡的再现和怪异的夸张罢了。我们现在懂得了。神往那虚无飘渺的境界，我们在心志精神上，不但无所得而且有损，不但无所加强而且加弱。我们方才同小儿一样，同我们的梦想充塞太虚，聊以自娱的时候，一面放弃了现实的世界与我们的全存在，

> 交给宗教上政治上经济上种种的假先知，暴君，武功家了。我们到现实的世界以外，去求理想的自由，却将自己陷入最悲惨最可羞的奴隶境遇中了。[①]

Bakunin 相信，除这个现实世界以外，别无世界。一切超越的概念，都是虚幻；人类只要能够摆脱一切拘束，能够得到完全幸福；他又相信尽他能力所及帮助人类实现这希望，是他应尽的义务。

Bakunin 是唯物论者，所以他认定人类只是进化最高级的动物。思想这事物，不过是脑里的一种物质发生物。人与下等动物不同的缘故，便只因他有思想的能力与合群性。因了这两件事，所以人类比地球上一切动物都更高等，独有着一个“将来”。合群性与人类的共存，便是人的进步的第一原因。Rousseau 说，人孤立时，本来完全自由；等到与同类相处，不得不牺牲他的一部分的自由了。这话其实是错的。Bakunin 说，

> 人本来生就是一个野兽，一个奴隶。只有与同类相接触，生在群众中间，那时才成了人，得了自由，得到思想言语及意志的能力。倘若孤立生存着，也决不能发达这些能力了。人类的所以能够发达到了现在的地位，都应感谢过去及现今的社会公众的合群的努力。

所以人类的运命，是在合群的生存，互相扶助。战胜自然，这样一个目的。须经过长的历史进化之后才能达到人类的终极目的。一方面是在服从自然的法律；这却并不由于外面的强制，有天人的规定，要个人或社会服从，实只因这法律原与人性相合的缘故。在另一方面，人又当求个人的解放？脱离一切社会上要求遵守的权威，这都是自由的紧要条件，人类的将来，也就在此。“历史的真正伟大高尚的目的，便是个人的真实完全的解放。”所以一切过去与因袭，都应尽数弃去。因为进步这事，就是指渐渐地脱去过去的错误，“我们的动物性，在我们的后面；我们的人性，是在我们前面。只有这人性，能给光明与温暖与我们。我们决不可回顾，应该单向前望。倘我们有时回顾过去，这目的只在看清我们从前如此，以后不要如此！”

Bakunin 对于中产阶级的国家与中产阶级的社会，都很激烈的非难。他说，在劳

动者与中产阶级争斗的中间,国家必然成了一种迫压的机械。他的结论,与多数社会党的意见绝对相反,也与Lavrov不同。Lavrov的主张,是叫有知识的精粹人民传播思想,养成民众,以供将来的革命及组织新国家的用。Bakunin却教全世界被迫压的人民,摆脱拘束,将人类亲手制造的两个偶像——国家与中产阶级,从座上直摔下来。他以为国家只能保持从前的情状:一头是富,一头是贫,就是所谓现状(Status quo)。国家又养成人类的争胜与不和。"总而言之,国家的最上的法律,就是保持国家,一切国家自从建设之后,便为争竞战斗的根源。国家与人民的战争,各国交互的战争;因为不是邻人弱,自己便不能强有力。"所以,国家是一切内外战争的根源,其存在便是"最不合理的人性的否认"。

革命运动家的多数,都是民族主义者,如德人(Lassalle)、意大利人(Mazzini)、法人(Blangui)皆是;Bakunin虽然是俄国人,却为人类全体尽力。在他看来,国民种族,不过人类大洋里的一个浪头罢了。他的理想,是"人类的友善",不是"国民的结合"。但在这一点上,他却仍然是完全俄国人的气质。Dostoyevsky说:"我们俄国人至少有两个祖国,一个俄罗斯,一个欧罗巴。我们的使命,应该完全的人类的。我们努力,不仅奉事俄罗斯,也不仅斯拉夫全族,应该去奉事全人类。"

在这地方,我们可以看出Marx与Bakunin的不同。Marx是冷静的理智家,Bakunin虽然怀着唯物思想,却是感情家、理想家。Marx深信公道,却不甚重自由;Bakunin全心渴望自由。两人的气质与种性,都很有关系。Marx虽然原是犹太人,但已完全德国化了,Bakunin是斯拉夫人。他的性质的不同,并非由于学说的不同的缘故,其实是因为性质不同,所以学说也不同了。我们如在人类思想事业的历史上,详细考察,当能看出:许多为公众做过事业的人,都不过是理智的机械,对于个人的苦难,并不曾有什么感动。我们看出历史上几多行政家、政治家、经济学家、哲学家、宗教家,提倡各种学说方法,要为一群一族或一阶级,求物质及精神上的幸福,大抵是出于理智,不出于爱。只爱将来的世代,不爱在我们眼前活着苦着的人,不能算是真的爱;为将来的世代,未知的人民求幸福的人,他的动机或者很是崇高伟大;但正直的心理学家恐不免在他的动机中间,寻出若干野心自利或空想的分子。人心里的爱究竟是有限的,所以如将这爱分给将来无量数的人民,各个人所得的分量,便极微少了。真实的好心,真正利它的情绪,纯粹的爱,只有为个人求幸福,专心致志为一部分的人尽力,隐默无闻,不在公众与历史的面前,表白他的事业的人,他们心中才有这爱。这谦逊的真正的爱,断然不是一阶级一族一国一群的所谓救主的所能有的。这样的救主,无论他称作社会党,民族主义者,大日耳曼主义者,大斯拉夫主义者,犹太主义者,他们对于个人的受苦不甚关心,只梦想着无量数人的幸福安乐,终于不能算是博爱家、感情家、理想家。他们即使不是利己家,也不过是枯燥的理智家罢了。爱全群的一部分,是在人力以内。但爱全体而轻部分,这可能算是爱? 纵说是爱,也是虚空的了。兵士在濠沟中战斗,死在战场上,是因为他爱他的故乡家庭,爱他的妻子或姊妹,爱他的母亲或儿女,并不是爱未来的子孙;人为了理想而死,从来如此,现在也还如此。但这只因为那理想已成了他的生命的一部分,他的宝贵的精神的遗传或所有品,才能如此的。

Bakunin 与 Marx,斯拉夫与条顿族的代表,正可很明了地证明上面所说的事。Bakunin 天真的心同儿童一样,对于个人怀着无限的真实的爱;Marx 是一阶级的救主,是一个精粹的理智的机械身,“科学的煽动者”,“民主的狄克推多的化身”。正如 Bakunin 所说一般。[②]关于这几方面,现在不及详说。但我们倘若公平地研究民族心理,便可证明,世间所通行对于公众的爱或恨,无一不从德国发起。如科学的社会主义,万国工人协会,反对犹太主义,与此外许多爱什么主义(Philisms),恐什么主义(Phobisms)的发源地,便都是德国。

在社会革命的实行方法上,Marx 与 Bakunin 也很不同。德国人所期望的是在受过教育,能懂得他的学说的科学的根底的人;俄国人是期望最爱自由的一般的人。Marx 相信,第一个发起社会革命的国民,当然是最进步的国家,如德国便是。(他在英国住了几时之后,似乎又改变了意见。)Bakunin 却以为最有反抗的精神与自由的本性的国民,才能够发起这革命。他不信条顿人种有自由的本性,他们都是很威严高慢的。只在腊丁与斯拉夫种中,这本性完全发达。一八七〇年普法战争的时候,Bakunin 很偏袒法国,便是这缘故,他对于万国工人协会会员,又特别对瑞士人发表一篇热烈的演说;劝他们起兵,帮助新近发布的法兰西共和国。法国在欧洲是代表自由的国,德国却是“欧洲社会党的公敌”,因为他是“专制与反动的化身”。Bakunin 是自由的战士,他虽是无神论者,却独为自由建造说作曲圣堂;所以他恨德国,正与他的爱法国一样的深。A.Richard 说,“这俄国人,这无政府党与国家的仇敌,深知法国精神的历史及法国革命的时代精神。他爱法国,他于法国的所憎恶,深感同意,于法国的不幸,也深感痛苦”。[3]但Bakunin这样的爱法国为什么呢?这当然不是为他的政治的势力也不是国家。不是帝党或王党的法国,而且也不是共和的法国。他所注意的只是那伟大的国民性格,法国精神,宽大勇侠的本性,敢于推倒过去历史所拥护承认的一切权威一切古偶像的革命的举动。便是这与条顿族的文物破坏(Vandalism)显然不同的法国的偶像破坏(Iconoclasm)使Bakunin这样佩服他。说:

> 倘使我们失却了那历史的伟大的国,倘使法国从世界上消灭了,倘使更不幸而至于跌入泥中做毕士马克的奴隶,那时世界将大受损失,立时将现出一个大的空虚;这不但是一国的灾祸,实是世界的大不幸。

因为那时高慢反动的德国将使欧洲都受到它的迫压。无论何地自由的萌芽都将被摧残。德国人民没有自由的本性,他们还有方法,将万国工人协会变成一个(Sozial-democratie)“社会民主国”呢。所以凡是爱自由的,希望人道战胜兽性的,想求本国独立的人,都应该出来与闻这民治与专制的战争,这是他们的神圣的义务。

一八八四年Plekhanov, Vera Zasulich, Deutsch, Axelrod四个激烈派,在瑞士发起了社会民主党。他们传道的新法,是从Marx与Engels直接得来的。他们在劳动界传播Marx学说,预备经济的战争。从一八九一至一八九四年,在俄国中部莫斯科、圣彼得堡等处,连续举行了许多次的罢工。一八九五年在圣彼得堡Lenin与Martov为头,又起了大同盟罢工,有工人二十五万名,与闻这件事。

一九〇一年社会革命党重新改组,推Lavrov为首领。这里边最有势力的一个党员是《劳工之旗》的编辑者Viktor Chernov。党员的多数都是高等职业的人,在官吏联合会,海陆军人联合会上很有影响。党里又有许多农人,俄国农人多还守着古代共产制的村会(Mir)原有社会主义的倾向;所以党里很看重这一方面,就希望立刻将土地依社会主义分配。但社会民主党却不以为然,说这古代原始的共产制,须先行消灭,改成现代的资本的生产制,以便预备实行完全的社会改造。这件事业须由徐徐地造化,才能成就的。社会革命党的主张,除了土地改革之外,又包括激烈的手段在内。

一九〇七年社会民主党在伦敦开大会,因为党员意见不合,便生了分裂。这党分作两派：一是多数派（Bolsheviki），Lenin 为头；一是少数派（Menshevik），首领是 Plekhanov，Martov，Dahn 三人。多数派不愿与开明的中产阶级联络，说他们有君主的倾向。又攻击 Plekhanov 一派，说他们对付中产阶级及贵族士官过于宽大。少数派则主张说，俄国如不先将西欧通行的政治社会制度实现，革命便不能成；在这革命运动中，开明的中产阶级，也是很有用的分子。倘将这一部分国民的同情失去，逼得他们投入反动里去，那是很危险的。这两派都各有他的主张，依了俄国人的特性，各各走往极端，至今还没有解决。

上边的一篇对于造成俄国革命的哲学思想的观察，非常简短。但我们看了，约略可以懂得现在新俄罗斯必须经过的困难情形了。我们要理会这事，单从表面考察，是无用的，所以必须去求更深的理由。说俄国革命党都是平和主义者，现在这已变成一个恶名，好像从前欧洲平和时候的称暴徒了，原是不对的。因为他们勇于攻击敌人，未尝退时；又为了主义，毫不恐惧的向牢狱，流放，苦工，死刑走去。总而言之，毕生是一个战士。“卖国者”也是一个不适用的丑恶名词（译者按：此当系指俄德讲和时世间对于俄人的恶骂），又没有正当的与心理上的证明。俄国革命党里有无卖国者，都不可知，须待将来由历史判断。现在的困难情形的原因，其实更为复杂。简约说便是如此。制造革命的人，无论他是哪一党，抱什么主义，对于破坏的工程，却都同心一致，至于手段方法的不同，也不关紧要。到了破坏已经成功，帝国推倒了，革命的势力里面的各分子，便又各自分散了。现在要在旧废基上，建造新房屋，那些建筑家的意见，各自分歧，不能相合了。我们现在所见的扰乱，正是感情思想的冲突纠纷。人类虽然不至如 Babel 塔下的人，各说各的言语，但各人都有各自的思想，却是确实的了。他们又时常将伦理学上的“应该”当作日常的“实是”；将梦想当作事实。俄国人是生就的理论家，专讲抽象的理想，又竭力地执着他们自己的理论。各种意见如立宪制，开明的中产阶级，社会主义，无政府主义，民族主义，帝国主义，人道主义，国际主义及此外各种主义都夹在一起，各有主张。有些俄国人单要求政治的解放便满足了；那些人却梦想“解放政治”。这一部分的人只要将新偶像代出旧偶像，或旧建筑上加点修补就满足了；那一部分却主张大扫除，要将所崇拜的偶像全数推倒，打扫出一片白地，预备重新建筑。这一部分的人以国民为重，那一部分又极尊重个人。第一派如 Lavrov 主张“国民的结合”；第二派如 Bakunin 则主张“人类的结合”；不分什么种族国家言语。在

Bakunin 同他的一派看来,个人是最重要的东西,社会只是精神理想的集合,他的共通的目的便是自由。人与人不相附属各自平等;政府便没有什么事可做。俄国革命党人有许多只期望同英国一样的君主立宪便已满足。有许多人却希望联邦的共和国,同瑞士或美国一样。还有许多人梦想正义的共和国,以 Plato 的理想国,St. Augustine 的神国,More 的乌托邦(Utopia),Harrington 的大洋国(Ocenia),Campanella 的太阳国,Fenelon 的 Salente 与 Rousseau 所想像的社会或古先知所说的天国为模范。可是他忘记了,连 Rousseau 自己也说,这样的国,只是神所居的。用现代的文句说明,便是超人的国土了。在这国里,没有人类降生,也没有活人生存。这国不过在空想的境中存在。梦想这空虚世界的人,只好为精灵立法,在云中建国罢了。

近三年来,我们熟闻这一句话说,"现在的战争是一个理想的战"。但这句话依了各人的思想,也可有几种解释。有的说理想的战,是指人用了枪炮互相杀伤,各求自己理想的胜利。有的却以为这是指纯粹用理想去克服人的战争。但这不是唯一的原因,使俄国许多革命党变成平和主义者,他们同威尔逊总统一样,将德国政府与德国人民划清界限。他们相信德国人民也能同俄国人对付 Romanov 家一样,去对付 Hohenzollern家的。这是俄国社会民主党的意见,他们是 Marx 派,很信用德国的工人。社会革命党现在改称国民社会党,却同无政府主义者如 Kropotkin 等,对于 Marx 与德国社会党都不相信。他们同 Bakunin 一样,说将德国政府与德国人民划清界限,这假说是错误的。德国人是世界上最高慢反动的人民,缺乏自由的本性的。社会民主党说,"让我们同德国人讲理,便能胜利"。国民社会党却更明了的答道,"让我们先打胜了,然后讲理"。俄国的 Marx 派并且还想推广范围,将国民的战争变成阶级的战争。他们对于欧洲的地图的改变,毫不注意,只要他们的社会改造的理想,能够从牺牲的扰乱中间得胜成功。

俄国现在的纷扰中间,还有别一个理想从中主动,便是民治问题。民治这两个字,也可依了各人意见,寻出各种解释。这民治什么时候开端?什么时候可以全占优势呢?他们说,倘使民治是现代欧洲的口号,此次对德国军国主义的胜利,便是民治主义的胜利。那时便在战争中间,即使公理还未完全胜利的时候,也应略有民治的表示了。但是照俄国民党说,当时宣战及作战,著著进行,全没有和我们商量。我们模模糊糊地听得发表的那些规定,然而我们没有控制战争的力;我们不知道那些秘密外交与条约的内容;我们不知道政府对于国民与他的富力及未来,负着什么责任。我们听人说,此次战争是将安放了新建筑新欧洲的基础;但我们劳动者对于新建筑的意见,或未必与政府及资本家的相同。我们又听人说,此次战争是征服时代的末期了;我们却不愿它又为一个新的武功时代的开端。我们都望推倒德国的军国主义;但政府及资本家或别有意思;为利益中产阶级起见,所以如此期望。德国的中产阶级或者也受利益,只苦了我们平民。我们俄国民党所以决心继续战争,必要使民治主义即从此刻发端,直到完全胜利而后已。只有这样办法,我们才能一面推倒德国军国主义,一面保全我们工人的将来。我们只望我国资本家也同德国的一样受窘,德国的工人也同我国的一样受益,便满足了。

这是俄国革命的各种思潮。这运动中各首领的思想理论,这都从播种革命种子的俄国哲学家 Herzen, Chernyshevsky,Larvov, Bakunin 诸人的学说出来。我们恐以后还须经过多少时间,多少困难,才能望新俄罗斯的产生。

这一篇论文,原是两年前的著作。因为他说俄国革命思想的过去的历史,很觉简洁明白,在现在还有价值,所以翻译出来,介绍予大家了。至于著者的批评,译者却颇有不能同意的处所:譬如论中太重现实而轻理想,到后来理想成了事实,那批评便也难于存立。即如他以为断不会有的德国革命,现在居然实现,便正是一个极显的例了。一九一九年三月三十一日,译者附记。

(第六卷第五号,一九一九年五月)

注:①M.Nettlau, *Life of Bakunin*.London.1896-99.P.37.

②Preaudeaw, *Bokunine et* 1' *Internationale*.Paris.1911.P.37.

③*Revue de Paris*.1896.Sep-Oct.P.148.

选举权理论上的根据

(摘译二月号《中央公论》"选举权扩张问题"的第二章)

〔日本〕吉野作造 著 高一涵 译

当讨论选举权的时候,第一应该弄清楚的,就是"为什么要有选举权"的一个问题。这个问题不能决定,连那关乎选举权的一切问题,都不能明白了。

从古至今,选举权理论上的根据,也不晓得有许多学说。

就是到了现在,尚且有多少人拿那最旧的学说,说过不歇。我们要想明白真正的理论根据在什么地方,顶方便的法子,就是把古来的各样学说,一齐拿来比较比较。

古来讲选举权根据的学说,粗粗地分一下,大概有两种:(一)把选举权看作国民固有的权利,(二)不把它看作国民固有的权利,单看作国家为某种目的特为把给国民的权利。

先讲不认选举权为国民固有的权利一派学说:这派学说之中,又有两种说法:第一种说,选举权是国家对于特别效劳特别贡献的国民,所馈赠的报酬。日本到了现在,还有一部分政客,说尽了服兵义务的人,可以取得选举权;就在英美,也有说妇人得到参政权,是因为她们在战争的时候,尽了很大的义务。这些主张,大概总受过这派学说的影响。近来关于选举权学理上的普通学说,老早就不承认这些话了。照现在的理论:若是国家拿选举权作效劳和贡献人的报酬,也没有仅限于尽了兵役义务人的。原来兵役,是全体国民共同担负的义务,本没有必要给他特别报酬的道理。就是把兵役看作特别的事务,也可以拿旁的方法报酬;单拿选举权报酬,总不能说是正当的。况选举权也不限定服兵役的人,把它看作对于特别事务的报酬,在现在讲起来,是很旧的学说了。

若是从议会制度沿革上讲起来,这一说也很有历史的意义。现在议会制度,本是从英国发生的,英国议会是怎样弄起来的呢?就是因为想叫老百姓担认租税,所以让他们推出代表，到中央来集会。

也不但英国是这样，古代的国家，一切费用，皆用国王的私财；到了后来，国用越多，单靠国王的收入，是不够用的，所以渐渐叫地方上有钱的人去担认新税。若是一回两回，倒也罢了，到了一而再，再而三的，那些有钱有势的人，可就不能够叫怎样便怎样了，到了这时，上下之间，也有起了冲突的。

有了这种经验，渐渐开了一个新例：凡要叫国民承认租税，事先就要叫他们的代表会议，把为什么要钱的理由，说明白给他们听听。这样一来，那担认特别钱粮的财主，就得了讨论政府财政问题的权利。想实行这种权利，所以就把自己的代表，送到中央——这就是民选议员发生的缘因。照这样看来，议员原为承认纳税选出的，选举权也不过是纳税的报酬罢了。所以不纳税的人，就没有选举权，只有纳税的人才有。日本现在的选举制度，选举权的资格，以一定的税额为限，就是根据这个意思相传下来的。但是现在理论上租税性质，已经变了，不把它看作国民的特别担负，单把它看作国民的共同担负，同那兵役一样。所以法制上要承认租税和选举权有一定的关系，实在没有什么根据。

现在若承认选举权应该受特别限制的，自然不能不按照有没有纳税，和纳税额数多少，去作有没有参政能力和参政能力高低的标准了。拿纳税多少，来作限制选举的标准，自不得不单靠财产多少，去作分别能力高低和有没有能力的独一无二的标准了。到了现在，财产的多少，实在和能力高低没有什么相干；所以现在人对于财产限制的选举制度，都大声疾呼地反对。所以反对的理由就是证明古时候把选举权看作纳税报酬的制度，到现在没有法子可以保存了。

把报酬特别的义务，看作选举权的根据，固然是完全错了。但是拿义务换来公权，很可以唤起国民的感情，叫他们欢天喜地地去尽义务，也是很有价值的政策。法国的被选资格，拿尽完兵役义务，做一个重要的条件，就是这个意思。但是现在欧洲各国，都把选举权和兵役一样看待，当做人人都应该做的事，既是人人都应该做的，实在没有交换的必要了。惟在行限制选举之国，才讨论到这个问题。

日本现在还有许多人是这样主张，所以我们应该特别留心的就是这两件事的关系，万万不可看做报酬的。况且照我们的意见，鼓动国民兵役义务的感情，不但不是什么上策，而且和扩张选举权问题，实在没有关系，又何必出力去讨论呢！若说到限制选举,把选举权给那受过一定教育的人,无论是拿利益说,是拿道理说,倒比刚才讲的问题好得多呢。

说选举权不是国民固有权利的第二种学说,就是把议会看做君主的咨询机关,说它权限有一定的限制。不过当组织议会时,想选出顶好的人,所以才承认由一部分人民选举的制度。

选举权是因为组织这种咨询机关,才由国法承认的。这派学说,把议会的权限,看做太狭,以为议会仅仅有立法权和预算议定权。又把人民所有的选举权,当做由国家命令中反射出来的。照日本宪法条文,作形式上的解释,也有一点道理。不过现在议会的权限,不仅仅有立法权和预算议定权;单看做咨询机关,同枢密院实在没有什么不同的地方。且把选举权当做选出顶好人的一种方法;试问根据什么理由,一定要用这种麻烦的法子呢?再把选举权当做由国法反射出来的人,更不明白现在所以大声疾呼,要求扩张选举权的道理。这种解说,和现在宪政运用上的实在情形,真是互相矛盾。现在一部分保守的专制政治家,只晓得守着这种解说,去解释宪法,运用宪政,实在不合现在政界的实情。我们原不必因为这种解说不合政界大势,就说他是没有用的;然费许多气力,去争辩这个无用的问题,实在可以不必。

照上头说的看起来,当讨论现在议会制度和选举制度的时候,应该把形式的法律论搁将起来,应该去研究研究政治的实质。研究现在政治的实质,开宗明义第一章,就不能不承认选举权——人民的参政权——为人民固有的权利。固有两个字,并不说是从先天得来不必根据法律的;说是由法律承认的,不是完全由法律创造的。法律不能创造新的权利,因为人民权利,在没有法律以前,老早就有了。照这样讲起来,选举权的本质,实在是人民固有的权利,一点也用不着疑惑的。不过人民拿出什么理由,可以要求那参与国政的地位,为固有的权利呢?这是顶大的一个问题。看最近思想沿革的历史,关乎这个问题,从十九世纪到现在,已经变过三次。所以论选举权根据的学说,大致也可以分作三种:

(一)天生人权说。这种学说,是把那十八世纪末了,法国人所主张的个人绝对自由和个人无上权利的各样学说,总合在一块儿的。这种思想的发生,和它在文化史上的意味,虽不必详加说明;但是他们根本的论据,说人生来就是绝对独立的,无论何人,也不能侵犯他独立自由。——这就是天生人权说的根本理由。是不能不说一说的。人类不问在什么时候，都可以自由创造国家，保全他们的生命。人类既有了国家，就不得不在自由独立之上，加了一道金箍圈，这种事实，当年的人也曾承认过的。若要想把免不了的事实，和天然生成的权利，拿来调合起来，就不能不想出一种理论；这种理论，就是他们所讲的那个“社会契约说”。他们说：要想自由独立的人，对于他人担负义务，只有一个法子，就是叫他们凭自由的意思，去立个凭据。拿古来私法生活的道理，搬到公共生活上头去；把公共的义务约束，也看做了从凭据上生出的。拿这个道理推究起来，到了末了，自然说拘束个人的国家权力，也是拿个人自由意思合拢起来的。

因为有这个理由，所以把参政权看做个人固有的、绝对的权利。照平常人所说的：个人是组成全体的有机体的一部分，所以可说个人都是有主权的人。把这个道理引申起来，凡是国内的人民，没有一个不应该参与国政的——这都是主张人民参政权的论据。这种理论，直到一七九三年才在法国宪法里面，现出来成了一种制度。那个时代的论据，大概都根据这段所说的道理。

这种天生人权论，在那个时代，不但看做选举权的论据，并且看作普通平民政治理论上的根据。所以不但争论人民参政权的人，是这样主张，就是提倡平民政治的人，也是这样主张；这是看那个时代政论的人，应该格外留心的。后来政治学理虽大大的变迁，直到现在，还有许多人死死地抱着这种理论说话，这也是我们应该格外留心的。

天生人权说对于扩张选举权的问题固然是很有影响的，但天生人权说可算是扩张选举权的正正当当、独一无二的根据吗？我们应该斟酌的。就是第一死抱着天生人权说的人，必定想以民主共和作顶好的国体，到了结局，自然是不承认君主政体的。第二天生人权的思想，在文化发达史上虽有许多意味，但按着现在学问说起来，这句话实在说不过去。因为我们决不是生来就独立自由的；独立自由，不过是我们将来可以做到的理想的标准。我们必须要努力修养，才能够成就独立自由的人格，不能说他们生来就是这样的。人民参政权是根据这个理由成立的，这个理由既已不可靠了，还能够拿来做人民参政权的论据吗？

若是人民参政权，只有天生人权的一个根据，天生人权的基础已经倒塌，人民参政权说也应该跟着倒塌了。然事实上不但不倒塌，并且主张的人日见其多，这就不能不在天生人权说之外,再找出一个根据了。

(二)第三阶级说。这派人说一国之中第三等的人很多,要想设个法子,去扩张他们权利,营谋他们利益,所以要给他们选举权。

选举权论从根据天生人权说,变到第三阶级说,中间的线索,看看历史,更觉得明白。鼓动变迁顶有力量的,第一是"最大多数的最大幸福"学说,第二是社会主义的政治组织。主张天生人权说的人,都把国家的权限,缩到不可再缩的地步;国权可以命令人民的地方,只限于谋最大多数的最大幸福一件事。本来以最大多数最大幸福作国权发动的一个标准,是很好的事。不过要成为问题的,就是谁是最大多数呢?关乎这个问题,社会主义渐渐发达,乃把第三阶级当做最大多数。英国本是"最大多数的最大幸福"学说发源的地方,反仅仅守着这种观念,不再进步;到了欧洲大陆社会主义活动起来,要求扩张工人权利的时候,两个思想才结成一块,才说国家目的,在极力要求保护第三阶级的人民。

当十九世纪开头,法国革命的时候,大陆各国,处处起了政治革命的运动;这种运动,都是得众人力量成功的。改革之后,当权的人,多是中人以上的阶级。剩下来许多劳动的人,后来也跟着文化前进,自己知道降在下层阶级,对于那种不正当的压制,起了反动,于是就大张旗鼓去要求扩张自己的权力。他们自认为第三阶级,又拿第三阶级占了国民顶大的部分为理由,要求国家以经营第三阶级福利,作重要的目的——这就是第三阶级的说法。

这种要求拿增加第三阶级福利为国家重要目的的思想,后来一变,变成要求普通选权的思想。这种变迁,全是德国社会党的功劳——拉色尔(Lasalle)的功劳尤其大。拉色尔以前,和拉色尔以外,虽也有唱这种议论的,但总要推拉色尔的功劳第一。关乎这种思想都是由他传播的。

现在没有细说德国社会主义主张的工夫,所以单说拉色尔的学说,不是从马克思出来的一件事。马克思同拉色尔的根本思想,原来一样,这固是应该留心的;但是两个人实行理想的法子可就全然不同了。马克思是讲国际社会主义的,不问是那一国的劳动家,都可以合在一块,去同资本家争斗。他说这国同那国战争,单是为贪得无厌之资本家战的,对于劳动的人,一点意味也没有。要想为劳动家作大有意味的战争,只有同心合力去打倒那些资本家。因为现在资本家自己占了便宜,把苦给劳动家去受;我们要想抵抗他,非凭藉武力,讲究顶好防备的法子不可。倘若说用武力抵抗,是破坏国家法制的纪律。要知道国家的法制,不过是帮助资本家压制劳动家的一种武器。现在俄国的列宁、楚自克所讲的就是这个道理。拉色尔不是这样,他是尊重国家的,想在法律范围以内,实行他的主义。他说这是可以做得到的,又是很合算的。他相信在现在法律范围以内,可以实行社会主义的理想,却有两个根据:(一)社会主义所注重的劳动家,现在实在占了国民的大部分;(二)自一八四九年法国采用普通选举以后,德国人民,也大声疾呼来要求这桩事,可见这种制度,是现在可以实行的。若是实行普通选举制度,让劳动家自己去选举代表,劳动党必定占了一大半议员。照宪法上议院的权限做去岂有不能实行社会主义理想的道理吗?他当一八六〇年前后,自己挺身出马,到处运动,叫劳动的人合在一块,去要求普通选举;又再三说明组织政党万不可缓的事。德国到一八六三年才组织社会主义的政党,就是他极力鼓吹的。从此以后,普通选举,就认为主张第三阶级权利的,更认为所以令国家尽那顶重要任务的顶好的法子。拿这种思想来主张普通选举权的人,就在现在也是不多的。

但是这种理论,也有两个不好的所在:(一)拿选举权当做达到某种目的的手段。(二)因为要扩张第三阶级的利益,反惹起阶级的差别,令社会难得统一。最大多数的最大幸福一说,早已和最新的国家观念不能相容,这派学演的第一根据,已经没有了。就是不然,这第三阶级也只能说是人数多一点,不能说他人品好;所以第三阶级,只能代表人数,却不能代表人品。这种学说,打破少数特别阶级的权利,把参政权范围扩张许多,功劳固然不小;但拿来做解说选举权根据的理由,现在已经不行了。

(三)社会协动说。这种学说,是现在新起的。法国人所倡的(solidarity sociale)就是这个。现在选举权的论据,固然是不必为"社会协进"说所限;但是因为有这一说,影响近来国家理论的地方很多。这种学说的大要,是说人类生在国家团体之内,才遂他生存的目的。若离开团体的生活,我们的生活就不能说了。所以我们要想使自己的生活结实,第一步就要使团体结实。因为国家和个人,是因有机的关系成立的,所以个人不能不尽心竭力的把国家弄好,国家也不得不想方设法把个人弄好。一方可见国民有分担经营国家的积极的责任,又可见我们也定要要求能尽经营国家职分的地位。这件事无论在君主国,在民主国,皆是一样,简直可说是现在国家的原理。既然如此,我们一方面为尽经营国家的积极的责任,所以有要求保护我们物质上精神上的权利;同时又可以说决定国家意志,是我们固有的权利。从国家方面说来,不但应该叫组织国家的个人,物质上精神上都要满足;并且要叫他们为国家作有意识的行动。这是顶好的事,也是顶重要的事。平民政治是根据这个上头来的,选举权也是从这个上头起的。

以上讲的选举权理论的根据,已经变过三次了。第一期随共和主义变的,第二期随社会主义变的。直到现在,看它历史上变迁的经过,或与共和主义或与社会主义有密切的关系,都是明明白白没有疑惑的。现在一般人所承认的理论,说选举权是根据国家本质来的,有国家当然就有选举权;无论什么国家,都不能不承认的。常有人说普通选举,只有共和国家可以行的;这话实在可笑。普通选举说,多是抱共和主义社会主义的人倡的,就是现在,也是这样。所以稳健的政治家说到这件事,多愁眉叹气说是过激的议论。国人对于普通选举之说,动不动就有误会,也是当然的;不过"因噎废食",就嫌太无道理了。

如果因为把普通选举看错了,连选举权的论据也受些影响,实在是一桩憾事,所以我们不得不拿来讨论讨论。

(第六卷第四号,一九一九年四月十五日)

文艺的进化

〔日本〕厨川白村 著 朱希祖 译

Taine 尝以生物进化的理法，应用到文艺变迁的历史上去；Bruntiere 亦效他的法，作《种族的进化》一种论文。他亦说，“文艺几同一种生物，由最初生出，慢慢发育成熟；到了十分完全的地位，就暂时维持它的状态；到了后来，就渐渐由衰而灭了。”——所说的灭了，自然是一种通俗的意义；实在讲起来，不过它的形变化做别种文艺，顺次向进化一方面去罢了。他的论文要点，简单说，就是这样。

现在虽不必一定要学 Bruntiere，然照我想起来，欧罗巴近世文学变迁的径路，大略照下文说明，亦可。

文艺思潮的本流，明白老实说，就是在情绪主观。这不是我一人独断，远自从前 Homer 以来，直到现在，把几千年欧洲文运流转的迹，除了偏见看起来，即明白了。虽然，文艺本流中间，常常应了它的时代，把情绪主观以外的别种性质，由旁边横流进来了。这就是时代精神的影响，而文艺之变迁及进化，全从这几种外物而生的。由卑近的例讲，在十八世纪时代，重“冷的理智”而尊“形式”，偏于这种倾向的性质横流进来，就起了那种拟古主义的文艺。到了十九世纪的初年，仍旧归到情绪主观的本流，于是乎浪漫主义就勃然而兴。到了十九世纪的中叶，更有从旁横流进来的一种科学万能说，于是重直接经验，而变为现实主义的文艺。至最近新浪漫派发生，这就是现实的自然主义重复归到本流的情绪主观罢了。总之，情绪主观是文艺的始终（alpha and omega）；此外支配于理智的科学的经验的种种文艺，实在可以当做一时变态现象看，这种都不能到底永续的，不久都归到情绪主观的本流一边；今日自然主义衰退，新浪漫派代它而起，亦是自然的势。

然而世或以为文艺思潮的变迁，单像走马灯一般，别无深的意义，不过将以前所有的颠倒回转,顺次返归原处;这样想的人亦不少啊。这是极大的误解哩!这些从旁横流进来与文艺本流以变化的例,如形式主义,纯理主义,客观主义,现实主义,经验主义这几类,(由它影响的结果说)都是调节情绪主观使它充实;这是引导文艺本流于完美之域所不可缺的,换句话讲,文艺常由这种外物调节刺激,所以生出拟古主义,自然主义等等变态文学的时代。通过这种变态时代,于是始有进步与发展。形式与热情,实验与冥想,主观与客观,写实与诗情,凡一看似矛盾的两种意义,好好的融合调和起来,那才有真正的大文学发生。然而文艺上有了一种主义流派,无论什么时候,总要偏到一方。不知不觉,把艺术的世界限制到了狭的一方;动辄注重人生的一方面和一局部,其他皆闲却了。这种倾向,是最容易有的。所以一种主义荣盛时代告终,到了其次时代,总要把以前主义闲却的缺陷补足,因此融合调和,方得把与前异趣的主义发现出来。所以文艺进化的历史,不外乎连结种种相反主义之变迁而已。由此,就可晓得情绪主观时代,与其它变态时代,这两方面,常互相交错而为循环的表现。假使在本流的一方,——或在变态的一方,——若只偏于一方,尽管循例进行,到后来必至弊病百出。这样的文学,自然要招衰颓自灭的结果。那反对主义,须于其次时代发生出来。以上所讲的,皆是古来文艺进化历史的明证。彼自然派的衰势,全是这个理由。

至于晚近新浪漫派,明明是复归文艺本流的倾向,然与从前的浪漫派比较起来,他的性质早已完全变化了。既已一次通过现实主义的变态,这已是内容丰富而充实的浪漫派了,——且是现实觉醒后的浪漫派了。若但闻浪漫派的名,以为就是走马灯的样子,这种人实在未曾明白思潮变迁的真相。情绪主观的本流,有从旁横流进来的现实主义与它相合, 时呈出变态。因此,那所流的质与势与量皆增人了,这才是最近文艺的思潮。虽然,同样是浪漫的水,然决不是原来旧样的水,这是不可不知道的。

译者按:厨川白村尚有《自然派与晚近新文艺比较上美丑的问题》一篇,与此篇相发明,附译于后:

自然科学的勃兴,那时的"诗美",从地上灭掉了。而且自然主义的文艺,把世界全然丑化了。然而到了最近的时代,从更深一层的奥底观察,从前所看为丑的事物中,反有今日以前全然不知的美发现出来了。譬如那种有毒的花中,能吸出很甘的蜜来一样。单从外形物质的方面看起来,无论丑到什么地步,若把那潜在极深极奥的真精神抓住,其中必有一好的"美"感得。这就是新艺术的特色。现在姑且拿雕刻的例来说:法兰西近代巨匠Rodin的名作《Balzac着寝衣的像》与《已老的兜工的像》,这两种的颜面与肌肤,若把从前的美术做标准,那就成了一种说不出的丑物与不快物了;虽然,说到那丑的姿态,未曾为前人所表现得的,却有一种说不出的美存在其内:这又是新艺术的特别面目了。所以现代的艺术,既不像从前的浪漫派,全把丑的分子除外,一切非经美化了不休;又不像拟古派的艺术,故意用人工的技巧来掩蔽那丑,补了自然的缺点,宛然把极臭的物,做了一盖,放置其上。它的手段,恰与自然派相同,既是丑的,必照它原状描出它的丑来,惟作者自己用那极锐极强的主观力,把纤细的美妙情趣表现出来;这一点,就是现代艺术的特色。从前的艺术,例如拟古派,浪漫派,一切皆彻头彻尾把美的快的描写出来;否则如自然派的样子,全把那丑的不快的描写出来,总是偏到一方面走。现代的艺术,决不如此。自然的现象,决非全是丑的,亦非全是美的。所以作者须把有生气的感受性对着它,凡自然的,就把自然的原状看,若是丑的,那么就当做丑看,更就它极微奥的地方看出它一种的美来。所谓"有生命的心中深伏一种内部的美"(the inner beauty that lies deep at the heart of life),这就是新艺术生命所存的地方了。

更就别方面想起来,从前的浪漫派但求美于天上的梦幻境;自然派又只管观察地上的现实生活,但见它的丑。晚近的新艺术,却与此相反。尝以自然科学所与之精微的观察力,和那强劲而清新的主观,把地上的现实生活,从前所视为丑的里头,仿佛可以看出新的乐园来。对于平凡的日常生活中,能开拓"诗美"的新领域来,就是他们这班人了。

又案:我们中国现代的文艺,大部分尚在拟古时代。厨川先生所谓"故意用人工的技巧来掩补那丑,补了自然的缺点,宛然把极臭的物,做了一盖,放置其上"。试读近人的诗文,其中谀死颂生的作品,照例是掩蔽丑的;其它抒情述志之作,饰辞矫说的又不知多少。我要用《史通·载文篇》的句子改了数字,以形容此类文人:——"迹实同于娼盗,言乃类于圣贤。"(原文作"迹实同于莽卓，言乃类于虞夏。”）“观其行事，则某某不如！读其诗文，则某某再出。”（原文作“观其政令，则辛癸不如；读其诏诰，则动华再出。”）“某某”二字，无论男女，善恶两方，皆可任意填写；掩蔽的人类和方法甚多，皆可把这个公式类推。

十八世纪的时代，欧洲古典主义的作家，欢喜用修饰语法，以为典雅。若把自然的情绪露骨地描写出来，必以为下品。及至十九世纪初，浪漫主义兴，于是反对形式主义，把向来的一切因袭打破，Rousseau 归于自然的说方盛行起来了。不过浪漫派的弊病，也是把丑的分子除外，一切非经美化了不休；而且他们只求美于天上的梦幻境。我们中国元明的曲，颇有此种倾向。自唐刘知几《史通·言语篇》主张记载当世口语，以为“周秦言辞，见于魏晋之代；楚汉应对，行乎宋齐之日；而伪修混沌，失彼天然；今古以之不纯，真伪由是相乱。”于是唐宋以来渐有用白话作诗、文、词、曲者，元明的南北曲，尤觉归于自然；一切文章的因袭完全打破。不过他们抒情写志的地方，往往托之于天上神仙，所以与西洋浪漫派相似地方甚多。——有人译浪漫派为“传寄派”，大约亦是此意。他日当作文一篇，把他们来比较一番。——可惜到了清代的曲家，变亦成古典派了。

有人说，宋元以来的小说，及现在的“黑幕小说”，描写社会实在的黑暗状态，完全与西洋的自然派相同。我以为这不过描写丑的兽性相同而已。其实自然派的周围描写、个性描写和科学的制作法，他们完全未曾梦见。而且我们中国的小说，都含一种讽刺和教训，都有解决的地方。自然派则照自然的原状写出，毫无解决，所谓客观的描写而非主观的。近来吾国新进小说作家，颇有几篇近乎自然派的了。

吾国文艺若求进化，必先经过自然派的写实主义，注重科学的制作法，方可超到新浪漫派的境界。若不经过这个阶级，而漫然学起新浪漫派的文艺来，恐怕仍旧要退到旧浪漫派的地步。因为未讲科学而讲新神秘主义，未能写实而讲象征主义，其势不陷入于空想不止的。

（第六卷第六号，一九一九年十一月一日）

精神独立宣言

(Déclaration d'indépendance de l'esprit)

张嵩年 译

精神的劳动者诸君,五年以来被军队、被检查吏、被交战诸国的憎恶怨恨所分异离析、散遍全世界的诸同人,今当藩篱方隳、边界重开之顷,我们敢请于诸君之前,把我们亲爱的联合重新成起,但是非求赓续旧有,乃要成一个新的,比前有的更安稳、更坚固经久的联合体。

这一次战争把我们的侪辈既投入迷离骚乱之地。大多数的知识界的人都把他们的学、他们的术、他们的聪明才力,供他们的政府之用。我们现在并不要归罪哪一个,也非要弄些什么谴责的话。我们晓得个人精力之薄弱,伟大的集合潮流之天然力量,这一次因为未预筹有抵拒之方,顷刻间遂被他们这种潮流扫荡一空。但是无论怎样,这一次的经验,对于我们将来,至少总要使它有用。

第一,我们请记取这次因为全世界的智力殆完全处于退让,而且甘心屈服于忽然奔放的强力之下造成的种种不幸,种种灾祸。许多的思想家,许多艺术家,对于蚀耗欧洲肉灵的凶厄灾难,不但不去阻挡,而更加上不可计数的恶毒的仇恨。从他们知识、记忆、想象之武库,为怀恨,为结怨,找出许多旧的、新的理由,许多历史的、科学的、逻辑的、诗的理由。天天从事于毁掉互相的了解,天天从事于破坏人人间亲爱之情。他们原本是思想的代表,他们这样子作去,遂把思想大大地损坏、玷污、贬落、糟蹋了。他们把思想竟弄成了情热之器,又且(或许不自知)成了一个政治的或社会的、党派的,或一个国、一个邦、一个阶级的营私利的用具。但是如今,从打这个蛮野仓皇的乱打乱闹,一切交哄的民族,无论胜的败的,都弄得破头乱脑,穷乏困羸,狼狈逃出,而且于心底(虽然不自认),在他们的疯狂之暴发上,也不免觉着羞惭、卑贬、屈辱。就是思想,因为被他们的争逐所连累,也同他们损掉价值,堕落而出。

起！既知这样，那么我们便请把精神解脱了这些连累，脱离了这些卑辱的结合，祛除了这些隐秘的奴役。要知道精神是不为一切东西的奴仆的。为精神奴仆的就是我们。我们是除他以外，更不晓得别的主人。我们是受命去维持、去拥护他的光的，我们是受命去把迷了路途的人重聚在他的旁边。我们的职任，我们的本分，就是要保持一个定的鹄的，并当情热的旋涡中，宵夜的晦暗中，指出极星的所在。于种种不同的傲慢骄夸和互相倾轧的情热间，我们是不作简择的，我们但把他们通通斥弃。

我们尊敬的唯有真理，自由的真理，无边界，无限际，无种级族类之偏执。信然，我们不是对于人类漠不关心的。我们是正在为人类而工作，只是我们所作非人类的那一分，乃人类的全体。我们不认得这民众，那民众，种种许多的民众。我们但认唯一民众（The People）——一而普遍——就是那受苦、竞争、跌而复起，沿着浸泡在他们自己的汗血中凹凸不平的路，永远相续不断地前进的民众——就是合一切人类之民众，一切同是我们的弟兄。而且就是为的他们，同我们一样，也可以觉悟到这个弟兄之谊，我们故于他们蒙瞀的争斗之上，高举“约章之匮”——高举那自由、一而多、永远长久的精神。

签名人：

（在法）Romain Rolland, Henri Barbusse, Georges Duhamel, Charles Vildrac, Emile Masson, Mathias Morhardt, Paul Signac，等。

（在英）Bertrand Russell, Israel Zangwill，等。

（在德）Professor Georg Nicolai, Heinrich Mann, Hermann Hesse，等。

（意大利）Benedetto Croce, Roberto Bracco，等。

（奥大利）Stefan Zweig，等。

（西班牙）Euganio d' Ors, M.López-Picó.

（比利时）G.Eekhout, Henry van de Velde，等。

（荷兰）Dr.Frederik van Eeden, J.C.Kapteyn, Dr.L.E.J.Brouwer，等

（瑞典）Ellen Key, Selma Lagerlöf，等。

（丹麦）Sophus Michaelis，等。

（在美）Jane Addams，等。

这个宣言是今年夏间以法文发出来的。曾载在六月二十九日的巴黎的 *Humanité*

报上。可惜我们找他这天的报没有找着,我们这译文是根据两种英译(一载七月十九日的 *Cambridge Magazine* 周刊,一载九月份的 *World Tomorrow*)译出的。巴黎通信社本曾发过一篇译稿,但他是译意,拿与英译比较很有些不甚相符,所以我们未敢从之。因为我们未得着原文,所以不得把签名的人全体举出(两英译均但举最著名的人)。现在姑就上列的人中,把我们所知道的人的著作开出几种,以便读者诸君研稽。要晓得这些人不但在战后发出这样宣言,就在战时,就在那样发狂热的时际,他们也曾不失本色、不辞劳瘁、不避艰难、不畏强御地为精神、为真理、为人类全体,很出过力。他们发这个宣言,自然是出于不得已。战起以前,哪个学者、作家的话不是都说得很好听?可是一遭这个战争的变故,许多讲好听的话的人竟都改了色,失了节,丢人丢到那样的田地!这种的事情怎能不令心韧的人痛心呢?所以他们要宣言精神独立,要认真思想精神的地位、价值。既然从事于精神的事业,便不可再在别的东西之前屈膝,以失精神之体,而令因为自己屈辱了连累精神也陷入污泥。要而言之,这个宣言的主意不外:无论求学、求术,除了为他自己外,都是为的个人,自己和自己以外真实存在的各个体——便是全人类——绝不是为的哪一部分,绝不是为的私人徒党的营私射利。所以要望以后有学、有术、有思想、能文章的人,万不可再拿他们的文章、学术、思想供什么万恶的东西、虚伪的东西、不必需的东西作文饰、作利器。读者诸君,你们还要晓得假使世界只有武人,假使世界只有财奴,世界也还不会有恶;世界的恶业哪一回不是由有思想、有知识、能说能道的、为虎作伥的引导着、帮助着作出来的?那么有思想、有知识的人对于世界的罪过怎能不负责?人总要自反!我们不是常说什么这好、那好么?其实我们何尝愿意世界□好。我们自己理想一个好的世界还可以的,如若别人也想出一个,我们便打着徐缓、轻慢、不负责的腔调,说什么“不——能——罢!”这还是上焉者。其次便连思索也不思索,本着目空一切的习养,浮浮躁躁说些“不会,不会,那哪里能成”。真想世界好的是不是应这样子的?“我欲仁,斯仁至矣。”我们如果愿意世界好,如果虔诚切至愿意世界好,世界当下便会好。世界所以不好,全因人没有那种诚心。这个宣言上签名的一个(罗素)曾说过:

……我们必须求的世界就是一个于其中创造的精神是活泼生动的,于其中生活是一个充满愉乐和希望的冒险事业,基于去建设的冲动而非基于去保留自己所有或去攫取他人所有的欲望的世界。他必是一个于其中情感得自由活动，于其中爱情是去净了求为主宰的本能的，于其中残忍与忌妒已为幸福与一切建立生活而充以诸种精神的大欢喜的种种本能之放达不羁的、发展的、驱散的世界。这样一个世界是可能的。他只待人想要去创造他。(译《向自由去的路》结语倒第二段。)

晓得这个，第一便是要认定的鹄，便是要保住那一体多方、恒久不灭、自由超脱的精神。

以下略举我们知道的几个签名之人的著作或略历。

一、Romain Rolland 罗曼·罗兰，生一八六六年，即二十世纪开头第一部大小说之著者。他最擅长的学问还在音乐，巴黎大学(苏尔明)曾为他创设音乐史一席。欧战起后，因为全欧洲、全人类说话不容于法人，乃躲至瑞士日内瓦，从事慈善事业(国际俘虏经理处)，把所受的一九一五年份“诺贝尔”文学奖金也全用在上面(约美金四万多元)。同时并作了几种小说戏曲，又作了很多文学的、哲学的、时事的文章。一九一六年二月英译的、关于战事，很有声名的 *Above the Battle*(法名 *Au-Dessus de la mêlée* 可译《超于浑战之上》)便出于是。罗兰的人生理想受托尔斯泰的影响最巨。他是始终只认一个人类的，如 Adolphe Ferrière 说：“欧人中，他是越乎一切民族主义者的精神之上，出乎一切国家主义者的精神以外，把共同祖国之精神，把超民族的文明之精神，体现得最好的。”在《超于浑战之上》以前，罗兰最得名誉的杰著自然是 *Jean-Christophe*，此书叙述的就是罗兰理想的一个音乐家(即书名人)之一生史。法文原版凡分十卷。(英版四册，美版三册。外更有德、意、俄、波兰、瑞典译本。)一八九七年写起，一九〇四出第一卷，一九一二乃完成。他这部书真是他心血的结晶。论质、论量，并属一时无两，所以英国有名的老批评家、文学史家 Edmund Gosse(今年七十)尝称他为“二十世纪最名贵、高尚的一部著作”。但这个书性质虽高，却是对一切人而发，为一切人而作，无阶级之分别，无生身之歧视：人人可读，人人可喻。他的主宰标识就是至诚无伪。一部小说把著者精神表得这样完备，实前所未有。解说现代生活的著作，也没有比他更翔实、更启发人的。此外，罗兰著作已译成英文的有：

Some Musicians of Former Days(法原版，一九〇八出)

Musicians of Today(法原版,同年出)

Beethoven(音乐家),Michel Angelo(雕刻家,画家)

Händel(音乐家),Tolstoy(小说家,社会改革者)

Millet(画师)等人传记。(此中后一种,原以英文著,最先出。但裴多芬、弥开安楼、托尔斯泰三传最有名。许多人讲,裴传最是他模范著作。)

由这些个书,都可看出罗兰是崇拜英雄者。但此不要误会,他的英雄是与常义不同的。如他自言:"吾是不与或以无穷的思想(心力)奏凯,或以独绝的体力获胜的英雄之名的。吾所予英雄这个名的只是那以心之善成伟大的""那作其所能的"(我们给他解释可说,就是永向至善勇进的)。"开开窗!放新鲜自由空气进来!让我们呼吸英雄们之呼吸!"这便是他的英雄主义。他崇拜英雄,他自己实就是一个英雄。"英雄常食苦难与试炼之面包",也正说了他自己。

The People's Theater(法原版一九〇三出,英译去年出),此书是罗兰为建立民众戏院的计划而作。什么是民众戏院?就是属于民众的戏院,为民众而设的戏院,以民众而成的戏院:以民众为主,不以戏院为主的戏院。就是施演民主的、艺术的、应令现代社会使艺术是活的、与生活并进的戏院。民众于是娱乐,民众于是苏息,为精力源泉,为智力导光。愉乐、精力、智力,是他那基本的三需要。民众于是宣其情思,民众于是觉其美妍:于是彻感弟兄之谊。罗兰设此的计划也是受托尔斯泰——近代最懂得民众的——的感化。据托尔斯泰,凡把人分离的东西都是丑的,恶的;凡把人联合的东西都是美的,善的。此后艺术若要是真的,必须不再只为一有特权的等级所操执,必须归还于民众。罗兰这本书引论中有几句话也可译在此地,请读者诸君思索思索:"我不用告诉你国站在哪儿。就由他那界说,他是永远属于过去的。不论他所代表的生活的诸种样子怎么新,他总把他们止住、固住。但是你不能把生活只定一次就结了。可是把任凡他接触的东西都变成顽石,把生事弄得成了官僚的种种理想,这便是国之职能。"

The Fourteenth of July&Danton,这两出戏都是为民众戏院作的,同记法国大革命事。(法文原本第二种一九〇一出,第一种次年出。)

罗兰除此以外尚有以前作的十几种戏本。战时在瑞士又著两种,今年已出一种名*Liluli*,也还无英译。他的小说著作*Jean-Christophe*之后,曾又作一种,在战前一月本已付印,但今年才发行,已有英译(十月九日出),这就是 *Colas Breugnon*。此书作法虽与前著不同(著者自谓此书是他对于 *Jean-Christophe* 之拘迫反动的结果),但以愉乐为百行首,却是在《裴多芬传》(一九〇七)已表的思想。书中主人(即书名人,著者同乡 Burgundian)生在宗教战争正酣的时代,也看打仗不但可悲,且是不能见信的蠢笨事,又说人总先是人,后属这宗那派。所以由此也可见罗兰的共同祖国、一个人类的思想是早就有的。

法文中尚有罗兰的博士论文《乐剧史》和别人作的他文章的节选等。德文中亦有他特为作的论音乐的书。

至于研究他叙述他的单行本著作,法文的有:

Paul Seippel, *Romain Rolland*, *L' homme et l' oeuvre Henri Guilbeaux*, *Pour Romain Rolland* 等。

英文中好的有:

Miss Winifred Stephens, *French Novelists of Today*, *Second Series.*(外有一种很不好。)

日本也有:

内藤濯,ロマン,ロオランの思想与艺术。又(中泽临川、生田长江)《近代思想十六讲》中所载。

罗兰单篇文章最近译为英文的有今年五月号 *Atlantio Monthly* 登的一篇。题为 Go to the Ant,是记述佛瑞(Aug Forel)的蚁的研究的,因论本能并非进化之起点,已是进化之结果,本能也是可变化的——特如战争本能——进步不是不可能的,并言"我实不确信人是如其所说,自然之王——他实以是自然之肆行蹂躏的暴君为多得多。我相信人有许多的事应从那些比人的更古的、无穷多的种类的动物社会去学"。

现在这个宣言盖也出于罗兰手笔。

二、Henri Barbusse 巴比塞,小说家,战时曾从军,与 Adolf Andreas Latzko(奥大利军官)同以军人锐烈地反抗战争,高唱"战争是地狱!"同著有极悲痛恳至、可怕可哭的名著,为战争于战事书的翘楚。拉刺古著的是 *Men in War*(笔记小说,美译,一九一八春末出),巴比塞所著就是 *Under Fire*:*The Story of a Squad*(Fitzwater Wray 译)。

此书法文原版是一九一六年十二月里出的(原名 *Lefeu*《火》,英译,一九一七出),受巴黎龚谷尔学会(Académie Goncourt)对于那年最好的书的奖金。他把军营生活的最凶狞、最污秽的情形，以至痛苦流离的状态，都实写出来。战争的丑恶，谁不知道？但是经巴比塞那样的活泼有力的一述，竟成了新的一样，从未想到的一样，使人怎能不感动？使人永远不能忘。巴比塞的著作新近译成英文的又有一个短篇小说集、一个小说，都在本书以前（且是战前）作的（译本去年出），都不及它，但态度却一样是悲观的。

1.*We Others*（此书分三分：第一分题 Fate.第二分 The Madness of Loving.第三分 Pity.）

2.*The Inferno*（地狱），此书颇写社会之虚伪，示人从墙缝里可见人生之精神的悲剧，由一个很小的隙孔见恒久不灭的东西。其中有几句话，可以译在此地：

> 如若我们想要治好吾们自己压制和战争的病，便有权用一切能有的手段去攻落它——一切！——遗传之原理与祖国之崇拜。
>
> 传说之精神败坏人性。
>
> 爱国心已成了一个褊狭的、攻击的情操，只当他存在，便将维持战争，空虚世界的。

三、Georges Duhamel 杜阿美，诗人，哲学家，外科医士。尝为战地军医四年，亲接战地病院中伤兵的苦况，因也不能忍地作笔记，著小说，叫《战争之侵犯人道》。其书已译英文的有三种，即：

1.*New Book of Martyrs*，去年出，九篇笔记，述战地医院中见的痛苦。

2.*Civilization*，1914—1917，E.S.Brooks 翻（译），今春出。原本曾受一九一八年的龚谷尔小说奖金。（于原著者是用假名 Denis Thévenin）此书也是笔记体，记战地医院事，亲切哀痛之至，可怕之极，足与《火之下》《战中之人》齐名。末卒题为《文明》，尽致地表其痛恨现代、痛恨现代文明之悲怀。“但是，文明，真的文明，吾是常常思想他的！……他就是一个说‘彼此相爱’‘以善报恶’的人。文明是不在虚美的卖品的可怕的堆里的，假若他不在人之心中，好，那便他无地方在。”

3.*The Heart's Domain*，译者同上，去九月出。文集，有《幸福之希望》《贫与富》《别人有的》《发现世界》《生活之抒情诗》等章，与前书神情大异。

四、Bertrand Russell(生一八七二),罗素的生世,我已在本志的六卷三号里和他处约略说过,更详细的也当到别处去讲。于今只把他的著作略照先后说一说:

1.*German Social Democracy*,1896.

此是他于一八九六年二三月在伦敦经济政治学校讲的六个讲演。后有《论社会民主与德国的妇人问题》的附录,是他夫人作的。

2.*An Essay on the Foundations of Geometry*,1897.

此书有法译,他和他的同道库居刺修改加注本:*Essai Sur Les Fondements De La Geometrie*, *Traduction par C.Cadenat*, *revue etannotee par lf Auteur etpar Louis Couturat*,1901.

3.*A Critical Exposition of the Philosophy of Leibniz*, *with an Appendix of Leading Passages*,1900.

此书是罗素的来本之(德国顶早的大哲学家、数学家,头一个计划数理逻辑的)研究。须知罗素的学问很受来本之的影响,和他很有些地方相似,所以人称他是二十世纪的来本之。这本书也有法文译本:Laphilosophie de Leibniz, *Trad.par J.Ray*, *Préface de L.Lévy-Bruhl*,1908.

4.*Principles of Mathematics*, vol.1.1903.

此书是讲数学原理很要紧,极受人称引的书。他的主旨只在证明一切数学不外以逻辑原理由逻辑原理的演绎。纯粹数学的根本不外几个逻辑的常量。"纯粹数学就是'P 含蓄 Q'形的一切辞(命题)之类,P 与 Q 是二含着相同的一或数个变量,不含逻辑常量以外的常量的辞。"逻辑论的是原,数学论的是委。

"数学与逻辑同可界说为只含变量与逻辑的常量的些辞的类。""凡数学统是记号逻辑,这桩事实实现代最大发现之一。这个事实确定了,其余的数学原理便只在记号逻辑自身之解析。""近世数学最主要的胜利的一个就在发见了数学真实是什么东西。"(即前说的界说等。)罗素便是宣扬这个最有功的。

这本书便是圆成证实这个的。但他后来看出这书还有些地方没有弄好,所以出一卷便不接续了。这一卷且早已绝版,也还未重出。不过出后次年,他的同道库居刺便在巴黎"*Revue de Métaphysiqueel et de Morale*"(一九〇四—五年份)上解说于法文,后又印为单行本(Couturat, *Les Principes des mathématiques*,1906.)并有德、俄译本,均还可得。

5.*Philosophical Essays*,1910.

此文集共七篇,今也绝版。中载有罗素以前的伦理学说及他对于实用主义极平允切当的批评。此书有前哈佛大学哲学教授桑陀耶那(G.Santayana)的解说,见一九一一年的*Journal of Philosophy, Psychology and Scientific Methods*(vol.8,nos.3,5,16)和其*Winds of Doctrine*,1913.又日本中岛力造编的《新著梗概》第八辑里也有解说。

6.*Problems of Philosophy*,1912.

此书是Home University Library丛书中的一本。虽是为通俗作的小书,颇含着许多前所未发的新理,文章又作得那样公正痛快,明澈缜密,使人诚服,召人深入。(罗素的文章从来如此,不论讲什么。"作这样散文的本领,没有一个英人能比过他的。")虽里面也有些哲学的意见著者后已改过,不可磨灭的却更多。如他说哲学的特性:"哲学的主要特性,使它成一个与科学别异的,就是批评。"但这种批评并不是绝对的批评,一切都批评,不求信,不求有立,而但批评:绝对的怀疑。这种的批评乃是代加德的"方法之疑"(*Descartes' "Methodical doubt"*):"疑凡像是可疑的,而迟疑于对于显然的知识的片片,自问是不是,在反省上,能觉着确是真实知道了。"一言以蔽之,哲学里"所志向的批评不是那无理由的决意排斥的,是把显然的知识片片,但照着内在的价值,去思量。这样思量,再把凡仍然像是知识的留起来的"。此书末章论"哲学之价值",对于一般读者最有价值。结论是:"哲学之所以要研究,不是为的对于他的问题的什么确定的答。因为通例,没有定答能晓得是真的,宁只为的是那问题自己。因为这些问题,扩大我们对于可能的东西的意念,丰富我们的智的想象力,而减小那使心闭拒悬想的武断的固执。尤更因为由哲学所沉想的宇宙的伟大,心也弄得伟大,并得能与宇宙成那构成其至高善的联合。"

7.*Philosophy of Bergson*,1914.

是一个演说,批驳柏格松学。一九一二年三月在剑桥异端会所演,曾登那年七月的*The Monist*季刊。此单行小册中附有嘉尔(H.Wildon Carr.在英宣传柏格松学最力者)的答词,并罗素的应答。

8.*Our Knowledge of the External World as a Field for Scientific Method in Philosophy*,1914.

这是罗素的劳威尔讲演(Lowell Lectures)。一九一四年三、四两月在美国波斯顿城所讲。是他近来讲学的很要紧著作。也是通俗的。是一九一四年唯一的书(*The Book of the Year* 1914)。显扬一个新方法,传道一种新哲学,这种哲学就是他的逻辑(名理)原子论或叫绝对多元论,也可叫它作罗素的新实在论。这个方法就是用在哲学里的科学法,就是"逻辑——解析法"。"这个方法在像数、无穷、相续、空时,那些以老而尊的问题,已经成功。"本讲演,就是用例喻,指明哲学里的逻辑解析法之性质、能力、际限。他说用这个方法在哲学实成与奠立近世科学的伽离略用科学法于物理所成同类的进步——名理原子论便是代表这个进步的。讲演之末,罗素曾训言这个哲学方法。大意是:但用别的科学不能使哲学成为科学的。欲成一个科学的哲学家,必须一种特殊的心的练习。第一必须有求知哲学的真理的欲好,这个欲好且须非常地坚毅。又须慎防系统之爱:喜欢造立系统。其次必须如代加德一样,实习方法论的怀疑,以解心习的执著,并须培养逻辑的想象力,以得许多的假设备用,而不为常识弄得容易想到哪一个假设之奴隶。这两个程术,疑习而想象未习,实居哲学家所须的心的训养主要部分。问题选定,心养得了,要从事的方法简直是一律无二的。因为问题常复杂,所以必要解析。解析遇了阻碍,便要哲学的妙观慧悟,逻辑的想象。如是到底便只须综合,再无难了。新的事实,逻辑的方法,是今日由同时得到它们,正使哲学日成为科学的。书之最后,罗素因说到:"欲令哲学不久得一个空前的成就,必需的唯一条件就是创造一派有科学的训养和哲学的兴趣,不为过去的诸种传说的阻碍,不为把古人除其好处以外全盘抄袭来的人之诸种文学的方法所迷惑的人。"

9.*Scientific Method in Philosophy*, 1914.

小册。《罗素的斯宾塞讲演》(*The Herbert Spencer Lecture*),一九一四年十一月在牛津讲。宗旨与前书同。罗素在这个讲演里,由哲学的辞(命题),必须普遍,必须先验两个特性结拢来,为哲学下了个界说,就是:"哲学是可能的之学。"可能的是什么?可能的与普遍的在事实上是不能分别的。把这个界说详细说来,就是:哲学所论的是一切可能的东西的最普通的特性。哲学所研究绝非止于现实的。强它如是,便是减它的真值。把哲学拘在人生问题,说哲学全是人生哲学,更属违实,非科学。

10.*Justice in War-Time*, 1916.

这是罗素第一部因此次战争而作的文集。主张和平,主张不抗主义,非驳英国近年的外交政策。第一篇是《敬告欧州之知识界》,意思颇多与罗兰相同,与现在这个宣言相同。一九一七年正月份的 *Open Court* 对于本书有个很长评论,可以参阅。

11.*Principles of Social Reconstruction*,1916.

(在美国翻印本改名:*Why Men Fight:A Method of Abolishing the International Duel*. 1917.)这是一部因战争而作的讲演。罗素的改造社会的原理就是尽力发展创造的冲动,尽力消灭占据的冲动。他说冲动于陶铸人的生活上,比自觉的旨趣影响大得多。而冲动泰半可分两类:占据的与创造的。占据的冲动志在把不能大家有份、不能大家同享的东西得来或留住;创造的冲动志在弄进些有价值的东西到世界里。他以为最好的生活是那最建立在创造冲动上的,最坏的生活是那最为爱占据之情所引起的。

政治制度于人之性向(气禀)上有很大的影响。应当是那样子的:就是损占据以促进创造。不论政治上的改革,经济里的改革,都应在培植外人创造的东西,铲除引动占据冲动的东西,都应该以创造之解放为原理。使得罗素作这些讲演就是这个信念。此书已出再版、三版,稍有更改的地方。

12.*Political Ideals*,1917.

此书集的文章也是曾在杂志上登过的。主意也与前书大同。他仍告人要希望不要怕。以前和现在全坏在只怕胜了希望,恐怕与贪婪是以他们一切自由的生活统被阻遏窒塞的两个关联的情热。世界为什么不好?贫、病、罪恶、奴制压迫为什么老除不了?为什么不能充世界以美、乐、和平?只因为人太冷淡、无性情,想象力太惰、太不活动,把以前总有过的当作永远总必有,但以善意、大度、智力,这些废除贫、病、奴压,充满美乐、和平事体,都能弄出来。

13.*Mysticism and Logic, and Other Essays*,1918.

此是战前所作,讲学或教育的十篇文集。前印在《哲学文集》内的。《数学之研究》《自由人的崇拜》两篇名文;一九〇一年所作,登在那年的《国际月报》的。《数学之哲学里新近的功业》,一篇重要文字,前举过的斯宾塞讲演,和曾登在 *Scientia* 杂志讲外界之逻辑的构作很详尽的一文,都印在里边。有一篇《论科学在普通教育上的位置》,也很重要。

14.*Roads to Freedom:Socialism, Anarchism, and Syndicalism*,1918.

此书是罗素最近的直接关系社会问题的著书,去年十一月末在伦敦出,修改再版今年七月出。又有三月中出的在美翻印本,改名 *Proposed Roads to Freedom:Socialism*,

Anarchism, and Sydicalism。这个书不但是评述这三个主义最公平、明晰，并讨论些将来的问题：工作与报酬、政府与法律、国际关系、社会主义的学术。最后第八章，题 The World as It Could Be Made，叙其理想的世界。他自标其主张是一样倾于无政府主义的行会(Guild)社会主义。他承认国暂时不可缺，但要极力消灭其权力，可以怎样消灭就怎样消灭，并要认明他仅仅的不过一个手段。他说："吾们应当服事、效力的不是国，乃是群合(公众)。一切现在、将来的人类的普盖世界的群合。"他又在开端指明："在他的意见，纯粹的无政府主义，虽应是终极的理想，社会向他应相续不断趋近，但为现在是不可能的。"他又说："无政府主义讲最强的地方就在政治家常例忽略的事件上——科学与艺术，人间关系和生活之乐。"罗素遂为这些东西主张人不论工作不工作，不论工作什么，都应与以必须的生活费。"人不论工作不工作都有得生事之资，极小量的资的权。"这也是罗曼·罗兰的主张。罗兰在他的大著第九卷尝把这个论得很痛快。这个制度实是使人真高兴工作、使人真有工作的精神、使人工作真实的工作、作出真有价值的工作品必须的条件。劳动神圣，只在实行这个制度时才会有。

15.*Introduction to Mathematical Philosophy*, 1919.

此是罗素一般最近的著作。里面所载多是未曾以普通言语公开的最新研究结果。但论的还不是数理哲学——数学之哲学——只不过向它的一个"引导"，只论的是数理逻辑之开头、主要结果。著者殷殷勤勤愿人入他的专门学，在本书结语说："因为这个科目里，有不能数的未解的问题，许多的工夫还须作，假若任何一个学者被这个小书(按原书六九半本，本文二〇八页，五号字并不小，是谦辞)引入个数理逻辑的郑重的研究，那它便遂了作它的主旨。"

以上都是罗素一人作的书(或小册)，外还有他同怀惕黑博士(A.N.Whitehead)合著一部大书，即：

Principia Mathematica(卷 1,1910　卷 2,1912　卷 3,1913)

这部书出全应有四大册，第四册今尚未出。这实是讲数学原理——数理逻辑——无比的大作。数学的崇闳的美术品——数学文艺的金字塔。拿逻辑的记号把数学的辞都一条一条敷演出来。罗素愿人入的就是入这个。虽用的是记号，但如罗素在前书又说过："因为文字是误会的，因为它用到逻辑是散漫而不精密的，逻辑的记号制对于吾们的科目任何精密或周到的叙说都是绝对必须。所以欲得精通数学原理的读者要望,不畏练达那些记号之劳——这个劳,于实,比或想的小得多多。"

除上以外,罗素还在英、法、美、意几个哲学和数学杂志作了很多讲学的文章未印单行本的。从去年末号到今年三号芝加高的 *The Monist* 季刊上登有他的名理原子论哲学的八回讲演(去年正、二、三月,入狱之前,在伦敦讲)。今年第一号 *The Journal of Philosophy*,载有他答杜威的一文,并很重要。一九一四年出的 Francis Maitland 所译般迦雷的《科学与方法》(Poincare, *Science and Method.*)有他一席,也属要紧。此是学问方面。社会问题方面,今年伦敦的 *The Athenaeum*, *The Nation* 两个周刊和纽约的 *The Dial* 间周刊等都登有他的文章。他又在今年的 *The Athenaeum*, *The Daily Herald*, *International Review*(《伦敦月刊》)等处发有书评。新近又有讲"心之解析"的一个八回讲演和在英国三哲学心理学会开的联席会里读过的一个论"辞"的论文(此已印),都盼望早日公刊。

二十世纪以来罗素的名字在英、美、法的哲学杂志上及哲学的书上,差不多期期、本本要逢见的。至于评述罗素学的专书,去年出有诸而亶(同他研究一样的学问,也出身剑桥)的 *The Philosophy of Bertrand Russell, edited by P.E.B.Jourdain*,虽像诙谐之作,却实有价值,治罗素学的必不可不看。

五、*Israel Zangwill* 臧威尔,生一八六四,住在英国的犹太人。小说家,戏本作家。这几年内新出的非小说书有:

War for the World,1916.

Principles of Nationalities,1917.

此书中谓对于一民族性必不可缺的,非种族、或言语文字、或宗教、或土地、或利害、或文化、或精神的同一,只是相应于一政治事实的一心境。又谓"诸民族性之真实需要不是独立,乃是超脱压迫而得自由。"

Chosen Peoples:*The Hebraic Ideal Versus the Teutonic*,1919.

此外有许多小说及戏本。

六、Dr.Georg Nicolai 尼高来,前柏林大学生理学教授。极耻德国九十三个学者、术士、文人为德谎辩的宣言(一九一四,十月发),后因于狱内,作 *Die Biologie Des Krieges*(英文译本去年在美、今年在英出,题 *Biology of War*)。

本生物学见地,极冷静毫无偏颇地指出德国的国家社会主义和德国的军国主义之愚,证明战争之可废。又说必须为将来之领率精神的乃是人性,不是动物的冲动。

七、Hermann Hesse 黑瑟,诗人,小说家。罗兰曾论此次德国的战争文学,称他道:

但是作最澄静,最崇高的话,在这个恶凶的战争当中保持个不辱哥德(Goethe)的态度的那一日耳曼诗人却是赫蛮·黑瑟。(见其《超于浑战之上》战争文学篇)

著有诗集及小说多种。

八、Heinrich Mann 门恩,小说家。

九、Benedetto Croce 克楼池,生一八六六,新黑格尔派的哲学家,艺术批评家。他对哲学最重要的贡献是其美术学说与历史哲学。他的著作译英文的已很多。欲得其学的梗概,可看:

Carr, H. W.*Philosophy of Benedetto Croce*:*The Problem of Art&History*,1918.

由此也可晓得他的著作。嘉尔又说他与柏格松同代表哲学里的新观念论(Carr, *The New Idealist Movement in Philosophy*,1918)。

十、Roberto Bracco 布腊古,著作家。

十一、Stefan Zweig 刺外赫,文学家。

十二、Euganaio d' Ors 戴奥,学士院员,一九一四年十一月自西班牙巴塞洛纳城发出的《欧洲德性统一同志会宣言》之领衔者。此宣言罗兰曾译登《日内瓦报》及其《超于浑战之上》内,极表钦感之忱。

十三、M.López-Picó 洛贝比高,著作家,也曾署名前宣言上。

十四、G.Eeckhout 爱孤,比利时刚城(Gand=Ghent)国立大学法科学教授。

十五、Dr.Henry van de Velde 汪德卫尔,刚城公共及大学合立图书馆修纂。

十六、Dr.Frederik van Eeden 万爱丹,小说家,罗兰之同情者。《超于浑战之上》载有罗兰给他信一篇。

十七、Dr.J.C.Kapteyn 迦普廷,天文、物理学家。荷兰哥洛宁根(Groningen)国立大学天文及力学教授,观象台长。又美国加尼基学院附设的太阳观象台研究协理员。

十八、Dr.L.E.J.Brouwer 布鲁威,生一八八一,数学原理家,荷兰阿姆斯特丹大学的数学及力学教授。数学原理的研究素分法模(形范)主义、直观主义两派。近代法模主义派的代表有德之堪韬(G.Cantor,去年正月卒),意之帕诺(G.Peano),法之库居剌,荷兰之曼奥黎(G.Mannoury,布鲁威的同事,在阿姆斯特丹大学讲"数学之逻辑的基础”“数学之所谓记号的方法之历史与应用”，一八六七年生），最著是罗素。近代直观主义派的代表就是七年前死去、大家公认为当时数学界第一人的般迦雷及今之布鲁威（一九一三年十一月的 *Bulletin of the American Mathematical Society* 曾译载布鲁威在其大学论比此两种主义的一个讲演）。

十九、Ellen Key 爱伦开女士，一八四九年生，著作家，教育家，曾为瑞典都城里的民众学院教员二十余年。现代妇人运动之领袖，今日欧洲最著名的女子。著书有（举英译。德译中 *Persönlichkeit und Schönheit* 一种，未知有无英译）：

Century of the Child.

Education of the Child.

Morality of Woman and Other Essays.

Love and Ethics.

Love and Marriage.

Women Movement.

Renaissance of Motherhood.

Younger Generation.

War, Peace, and the Future: A Consideration of Nationalism and the Internationalism, and of the Relation of Women to War, 1916.

此中末一本是关系战争的，她说：“相信吾们有一天能把战争阻止住，就同相信能使人类真实为人一样。”所以她虽晓得世界的种种罪恶、种种缺陷，但对于将来，很抱乐观。评述她的书有：

Louise Hamilton, Ellen Key: *Her Life and Her Work*. Eng.Tr.by Anna E.B.Fries.1913.

本间久雄、エレン、ケイ《思想之真髓》。

二十、Selma Lagerlöf 拉哥乐馥女士，生一八五八年，小说家。瑞典近世浪漫派的领袖。大著 *Gösta Berling's Saga.*

英文译本今年又在美增补修正，重印出来，凡两册，并附有她的著作详目。（初译，一八九四，刊于英）此书有“最近的瑞典经典”之称。

二十一、Sophus Michaelis 弥开利斯，小说家。

二十二、Jane Addams 亚当斯女士，生一八六〇年，社会学家，著作家，慈善家，很尽力于社会事业。她在美洲与在欧洲的爱伦开与蒙台梭利实鼎足而三，大有功于人类。善哉！不嫁的女子！不嫁的人！她的著作有：

A New Conscience and an Ancient Evil.

Democracy and Social Ethics.

Newer Ideals of Peace.

Spirit of Youth, and the City Streets.

Twenty Years at Hull House.

Long Road of Woman's Memory.

（与 Emily G.Balch，Alice Hamilton，合作）*Women at the Hague.*

（余）前未及记的 Emile Masson，Paul Signac 等均是著作家。

（第七卷第一号，一九一九年十二月一日）

诱惑

〔波兰〕Stefan Zeromski 著 周作人 译

伯爵夫人 Anna Krzywosad-NasLawska 的最小的儿子,旨经决定就"圣职"了。他从幼小的时候,就很喜欢祈祷;向来很是沉静从顺,面上显出一种诚实虔敬的表情。他在一个疏远的中表兄弟——是个主教——监督之下,在罗马受教育;刚才二十岁的时候,就在大学里优等卒了业。因为还没有到可以受圣职的年纪,所以他在离家许多年之后,初次回到故乡来,住在他母亲的家里。

他住在庄院中角上的一间屋里,又冷又潮湿,正同僧房一样。他睡在地板上,不断的斋戒,读拉丁文的书,在夜里或者还鞭打自己;在破旧的法衣底下,穿著一件毛衫。他是说不尽的和善,饶恕人的各种的损害,而且是过度的谦逊。

他坐下的时候,只坐在椅子的角上,仿佛是怕急忙起立时,法衣将要妨碍他,使他像神甫一样的动作。他踮着足趾走路,好像是有神密的脚跟保护著他,使他不沾地上的灰尘。他逃避社会,看见一个村里的少女,更喃喃的祈祷。

每日清早,他便离家往田间去。他觉得在那里更能密切的同他的创造主接触,更能明了的遇见法悦的幻景。他循了踏成的泥路,通过无数的大麦田,到得高地;在松林的影里,藏著一座半颓败的小寺。

一日早晨,他同平常一样的出去。山林物色还埋在夜雾的中间,但一缕紫色的曙光,已经展开在地平线上。多须的大麦,在他膝前扫过,撒下大点的露水;但小路还没有润湿,因为被垂下的饱满的穗子遮住了。那些稻在晨光中微微的照著,宛如一片波浪,沿著山坡上去;在这地方,弥漫的稻田的分界线,映著树林,显然可见。土的气息和成熟的稻的气息,充满微风的中间,令人引起健康、力气与少年的感觉。大树的顶,几乎撑破了蓝色的天空;从这阴暗的枝叶丛中,发出浓郁的潮湿的树林的气息。大学生缓缓的懒懒的走著,将手掠著大麦的顶。叫天子和冠雀在他的脚边飞起,又像石子一样的落在密生的大麦丛里。

现在曙光已经将蔷薇色的光,染了地平线了;他的出来像是电光的暴发,把懒懒的躺在树林上的云的裂缝与曲折,都照得通明了。生在山上的几百株红松,不意的从夜色中钻了出来,又高又大;他们的枝干靠着蓝色的透明的背景,俨然的立著,好像伸出他们的臂膊,向著那近前来的太阳。

忽然全世界似乎打了一个寒噤。一刹那中,一阵风——破晓的先驱——吹动松树的枝,对着树和草和稻,通告太阳的到来。

仿佛地正颤动著,正如伊的心跳将起来了。那时风又展开他的翅膀,飞翔到有香气的树干上、柳条和远地的稻上。接连著是死一般的沉寂的、长久而且愉快的一刹那;其次便是清晨的神秘的那一刹那,——在这时候,一切生活的植物,在他的各部分,各各发大光明,如在火焰的中间。

学生走著,面向著东方。祈祷的文句,从心中涌到唇边,正如春天到来,树汁上升到松树的外皮去一般。他走到小寺,开了满攒著铁钉的灰色的板门,伏在乡里人自画的粗笨的基督的像前,面贴着地,两手向前伸著。

他觉得他的灵魂似乎已从地上飞去,直到神的座前去了。这一刻中,他眼上的翳障脱落了;他正注视著永久的面了。

忽然听见很粗重的声音,唱著一支乡里的俗歌——

> 那小时候,我最喜欢你,Hanka,
> 那时你晒在田里,想晒白了自己,
> 在那田里,像是一只小鹅儿。

一个女人的声音作答,远远的走来——

> 我并不是晒自己,我是晒一件布衫;
> 但是你,Kaska,道我是搽了粉。

学生从地上立起，站在小寺的门口。他见一个壮健的农家的少年，穿了小衫，赤著脚，头戴草帽，背著许多桧树的柴，同驮马一样。他正在拣拾树根，将灌木带著土块一并掘起，在树枝里润湿他的两手。一个女人沿了这条路走来，背上扛著一捆杂草。伊的裙裾都折上，挟在带里；伊的宽阔的肩，被重担压着，向前俯屈，只举了裹着红巾的头，向着那少年正在工作的山上望着。伊走到十字路口的时候，他叫住了伊，曳下腰带里的裙裾，替伊将担子放在地上。伊笑着，用两手将他推开了。

学生用手遮了他的眼，但立刻便又放下。这时候又听见他们两人在路上所唱的清新的歌声了。这是很奇异的音乐。这树林像是调和的弦索，合着两人的歌声，都颤动起来了。

花园里有一株樱桃树，
果园里是有两株；
我爱你，Hanus，从你小的时候，
除了你再没有别人。

他们从稻田中间，走下到低地来；那稻正同他们的头一样的高，相对的垂著。两个人的头，映著黑的大麦，明显的现出。那太阳的巨大的铜盾，已经从山脊上渐渐上升了。他们这样的走了多时，没有被两旁的稻，完全的遮住。

从他的合著的眼睑底下，流出眼泪；他颤抖抖的紧握了两手。他所不曾知道的言语，所谓爱的希望与欲求的言语，不自觉的涌到他的口边来了。

他在幻景中，见润湿的眼，和女子的长的编发，在一个海边的洞窟里，忽隐忽现。一种未知的力，说不出的甜美，不能驱逐又不能降伏的力，在他的心中觉醒，带他远远的到空间去了。他的灵魂舍去了他的镣铐，自由的冲决出去，正如小马开始了狂奔一般。……

（第七卷第三号，一九二〇年二月一日）

晚间的来客

〔俄国〕A.Kuprin 著 周作人 译

灯光落在我所坐的桌上,映出一个光明平正的圆圈。在这圈子以外,一切物事都暗黑、空虚,没有生气;一切都于我很生疏,都为我所忘却。全世界聚集在这小小的空间里,——每个墨水痕、刀痕,木质粗糙的处所,与我完全稔熟。我不需要别的东西了。在我面前的这张纸,白到眩目;纸的四边,在绿布上面,很分明的映出。晚上一秒一秒的时间,轻轻的缓缓的单调的过去;在这光的圈子里,一切都简单、光明、合意、亲密、稔熟,又朦胧如梦。我没有需要,不再需要别的东西了。

可是有人敲我的门了。一,二,三,……急迫而且杂乱的,接连起了三声沉重不安的敲声。光的圈子底梦一般的幻乐便消灭了,宛如影戏帘上的图画,忽地移去了。我又在我的房里,在市内的家里了。……人生奔向我来,正如街上的声音,从开著的窗户乱奔进来似的。

门外面是谁呢?不一刻,他便要走进我的房里,我将看见他的面貌,听他的声音,握他的手。我将用了我的视听,我的身体与思想,和他接触。阿,这都是很简单,但又怎样的神秘,不可思议,几乎吓人么?

因为世上没有一个现象,无论怎样微细,不在我的心上留下他的不可磨灭的踪迹。我的地板下的老鼠静悄悄的行动,死刑的执行,小孩的出产,秋天一片树叶的响,大洋上的风雨,时表的振动,所爱的女人的拥抱,一个普通的广告,——一切事物,或大或小,或有心的或无心的感到,都触著我的脑,画上不可辨别的线与曲线。我的一生的每一刻,都留下一个无心的,却是不可磨灭的印。在我的性格上,——在我的对于生活的爱或憎,我的心意,我的健康,我的记忆,我的想象,我的将来的生活,或者还在我的儿子与孙子的生活上。但我不知道事件的结果,不知道他们来的时候,也不知道他们根本的力量与隐藏的意义。

我不知道明天我将怎样。……只有那浅薄、自满、蠢笨的伪君子;或是那被选的预言者,凭著他们异常灵敏的精神,能够知道,——或者欺骗他自己和别人,相信他能知道。我不知道这一时间或一分钟间,将要遇见的事件。我像博徒一样的生活著,运命永久的推转著我的神异的轮子。

为什么赌博能使人兴奋呢?因为我们若在桃子九点上放下一注钱,我们不能预知他从落在那里:如在右边,我们输了;如在左边,我们便赢了。因为在我们的眼前,未来立刻变成过去,我们的希望与计画,变成失望或喜悦了;因为纸牌的赌博也是人生,只是更紧缩,更密集,仿佛养气瓶中的生活罢了;因为赌牌的时候,我们心里觉得在我们面前,走著一位可怕的神明,主宰一切的"或然"及"可能"。

然而平凡寻常的生活的现象,不能深切的感动我们,我们盲目的、无关心的生活在那些现象的中间。但每日每时,我们吃食,或赶去幽会,或签押商业文件,或坐在戏场上,或摸牌,或引了一个新朋友到我家里,或买或卖,或睡或醒,——实在我们不断的从人生每举步间送上来的大瓶中,拈出阄来。总之,赌牌的时候,只有两个机会:你不是赢,便是输了。生活里却有几万机会,又用几万相乘,没有一支签是空的。赌牌完了的时候,你立刻将钱付了。但在人生,却有无数支付的方法与不同的日期。有几时他付的很吝啬,像放债的人一样;有时又像暴发户的浪费;有几时公然的付出,像慈善的恩人;有时又很秘密,像圣书里的寡妇;有几时付的鹘突急速,宛然手枪的一响;有时又缓缓的,如不可救药的病……

这都是不可解,神秘,而且因为他简单,所以更是当真可怕。现在想象,假如有一个暴君,真的人间的暴君,有天才的狂人:他厌倦了他无限的权力底寻常的享乐,想出一种新方法,要在他的国内举行每年的人生的彩票。规定每日某时,兵队便赶人民都到一个广场上,中央放了一个大瓦瓶,满盛着纸牌,详细写定各人在来年应过的生活。凡是人智所能计画的一切事物,都写在这些纸牌上面:富、声名、权力、耻辱、监禁、恋爱、自杀、荣誉、流放、战争、劳工、称号、拷打、死刑。……你又试想象,假如你夹杂在这精明的暴君属下的不幸臣民的队伍中间,等候你的轮番。阿,你的面色,恐要忽然变成青白,你的两膝颤抖起来了,你被引到那运命的瓦瓶的前面的时候,你的心将怎样的跳,怀着两个正相反对却又一样有力的欲望,——想提早,或迟延你的拈阄的时间……

但是,我们实在每日拈阄,不过因为蒙昧、迷信、懦怯或平常的习惯。我们不曾注意,不愿注意,或不曾想到,也不相信,一个人说:“我要把我的生活,做成这样。”别一个人说:“我知道,一年、两年或十年以后,我将仍旧坐在这椅子上,在文书上签字。”又别一个人更相信他到死为止,决不出他隐居的四壁,比他生存的事实尤为确实可信。……倘若他们的信念并没有欺骗了他们,那些自足的人将对著自己或他们的子孙,或他们的朋友说:“你看,我要得这些荣誉,于是我得到了。坚忍与劳力,会使你得到所要的一切。各人都能铸造他自己的幸福。”但这话是一样的愚蠢率真,正如一个人要证明他运命的自主,说“现在我要用指头敲这桌子”,便真敲了。但前者比后者的思想,尤其愚蠢,因为他的愚蠢是更为复杂错综了。

第一,一个人倘若硬化成为某种限定的终极的形式,他便已经进了死的征候的第一状态,因为生命是在于不断的流动。第二,倘若我能够将当日的他,给今日的他看了,他必将惊讶,不相信这灵魂真是他自己的;如果他相信了,他也将迷惑,不能说明那些影响与联络,使他起了这样可惊的变化。第三,这人如不认识灵魂,只认识那包围的纤维,他便不能了解:人生最重要的现象,——生产、恋爱与死,——显然使我们惊恐,也是为机会的无常所统辖的。

我们有谁知道我们入世的意义与原因呢?我们的父母,关于这件事,必然知道的最少。在小儿的受孕与生产,在他的体质与精神的构成,在他全个未来的生活的决定上,有几千种的原因,一样的占有重大的位置。日间所吃的大餐,园里的花香,自觉的记忆上的断片的印象,——这或者都是一种要因,而且此外还不知道有几十百种呢,最简单,最微细,不曾注意著,也是完全忘却了的事件,或者反是最重要有力的原因,也未可料的。

在恋爱的上面,也正是一样。谁能告诉我们在什么时候,什么地方,又怎样的,将成为这美的破坏的或可嫌的威力的奴隶呢?没有人能够预知他的妻子,或伊的情人。一个朋友绍介我到他的朋友家去,在那里我又遇见别人;因了他们,我遇见了一个向来不曾相识的女人。我被绍介于伊的时候,我不曾知道在这一刻中,我正从运命的瓶里抽了一支签,上面写著这几句话:“你被判定在将来的多少年内,应该同这女人同桌吃食,睡在伊的身边,同伊生下孩子,被称作伊的丈夫。”还有这种事情,岂不也是时常发生？两个人多年希望会见的机会，却在街上对面走过，臂肘相触，不曾看见；而且这一别离以后，或者终生不再遇见！

还有那孩子们呢？我可曾以先想到他们么？我能约略知道，我的身体、心意与灵魂的那一部分，将传给他们么？这不但是我的如此，便是我的父亲、祖父与曾祖也如此。我能够预知在他们的灵魂上留下不可磨灭的痕迹的一切事件么？这在我虽然或者并未注意，但在我的孩子，却是关系他的运命的事。

所有一切的结果，终于由死拿来了，——他是真实的又最是不意的来客；我们无心的用了我们的衣与饮食，我们的家庭生活，我们的心的倾向，我们的爱与憎，预备他的到来。

不，我于人生的事情，一点都不知道，一点都不懂得。我在从顺的迟钝的恐怖之中，拈了我的阄，连上面不可辨别的刻文，也不能读。

在这晚上，听到门外有不安的敲门声的时候，感到这事，更比以前明了。我的心里想到："这是运命，带了伊的魔法轮来了。"我不得不去，拈我的阄。有谁知道，站在门外的人带来给我的，是喜或是忧，是爱或是憎呢？他的来访，将造成我的一生的转点？还是便流过去了，只留下不很可见的痕迹，我便立刻忘了，到了死时或在死后，也不再记起呢？我起了一种迷信的思想，仿佛觉得倘若我大声问道："谁呢？"便会有一个冷淡的，几乎不能听到的声音答道："运命！"

我说："进来！"在他敲门的声音同我答应的中间，没有一秒钟的间隔。但在这短时间内，通过我的脑的许多思想，已经揭起了黑暗深渊前面的幕的一角；他们已经老了我了。我觉得那不安的敲门声，已经在门外的那个人和我的中间，牵了一条线了。

现在他开了门。再一刻，那最简单却又最不可了解的事，将要出现了。我们起首谈话，借了不同的高低强弱的声音的帮助，他将用习惯的形式表现他的思想；我接受了这声音的颤动，翻出他们所表的意义，于是别人的思想便变成了我的了。

阿，人生最平常的现象，在我们看来，怎样难解，怎样神秘，又怎样奇异呵！没有懂得他们，没有想到他们的真意义，我们将他们重重叠叠的堆起，交错了、联结了、伸展了；我们遇见人，结婚、著书、说教、组织内阁、开战、通商、发明、修史！我每想到一切人生的大交错底广大、复杂、暗黑与根本的偶然，我自己的生活便觉得仿佛只是尘土的一小粒，消失在暴风雨的中间。……

Aleksandr Kuprin(1870—)的著作,从前曾译过两篇:《皇帝之公园》(《新青年》四之四)与《圣处女的花园》(《晨报》三四四),都是一种空想的作品。他别有《马盗》等一类短篇,是强烈的写实;但最有名的《生活的河》与《泥沼》等几篇,写实里面,也都含有新理想主义的色彩:这可说是他的特色所在。

我译这一篇,除却绍介 Kuprin 的思想之外,还有别的一种意思,——就是要表明在现代文学里,有这一种形式的短篇小说。小说不仅是叙事写景,还可以抒情。因为文学的特质,是在"感情的传染",便是那纯自然派所描写,如 Zola 说,也仍然是"通过了著者的性情的自然"。所以这抒情诗的小说,虽然形式有点特别,但如果具备了文学的特质,也就是真实的小说。内容上必要有悲欢离合,结构上必要有葛藤、极点与收场,才得谓之小说:这种意见,正如十七世纪的戏曲的三一律,已经是过去的东西了。

一九二〇年二月二十九日记

(第七卷第五号,一九二〇年四月一日)

民主与革命

〔英国〕罗素 著 张崧年 译

在讨论我的名义上的题目以前，打算本着“自由所可能”的见地，先把世界现状略为考查。自由终极的可能现在实比从来都大，但危险也大，目前的将来实在困难得很。

人类名义上的信念像哪个强哪个弱已由这次战争得着一个试验。许多传袭下来的东西若不因为这次战争强使人注意的种种令人难堪之事实，大概还应保存很久。又有许多什么可以叫作上品的东西，许多因为不寻根究底，或挑动原始的情欲才能够存在的东西，也都扫除净尽。战争以来的世界实在严厉得多，不柔顺得多，凶野得多。老少之分也比常时大多了，因为年老的已成功把战争做了理想化，并且为了要这样去做，不得不比平常离实际更远；而少年人却已洞察实际为从来所未有。这个结果便是政治不再像先前的可爱，并且为领袖的政治家们就令还可以耽溺于旧的欺骗，但此欺骗已失其把持力，人们投票的动机都是很迫近实际的了。

战争之结果不但自由党，便自由派的许多理想也都受了侵蚀。他们的失败已由威尔逊总统颠覆弄得很分明。真正的自由派理想全靠着人与人之间一定程度的宽容，不愿使一切事情走到极端。宗教的宽容（即信教自由），民主政治（德谟克拉西），自由言论，自由出版及自由贸易，这些都含着“不同的团体间不同之点不是不能相容”之理想。我便是以战争之结果已从自由主义渡到社会主义的一个人，并非因为我已停止称赞许多自由派的理想，实因为我见得除非社会的经济组织完全变形以后，他们无甚活动之地。

战争已弄出一个富人政治与劳动资本主义与社会主义的对抗。社会主义已到底成了一个坚强略与资本主义相等的强力。在俄罗斯他正得势，别处也有他得势之可能。那么,这两种相反的信条须提供的是什么?

资本主义,当他与封建制度战斗的时际,原是和几个自由派的理想联合的,即:自由,民主,与和平。他和增加出产也是联合的。封建制度留下的残屑已为这次战争所扫除:宰辖东欧的三个皇帝都已去掉。在存留的王国里,也但如弥尔顿的话,"国王们瞪着狠狠的眼睛静坐着。"但是资本主义对于过去的战胜却步步都使他越发敌视将来,越发减少宽大。我听说,现在美国自由神像脚下有了一个监狱(我不知这个就是照字面所说的,还是比譬的话。——就是照字面所说的:—— *The Liberator* 月刊记者答)。

现在文明世界的大部都仍在恐怖的治下。布尔什维克恐怖的统治自然已常使人发抖,但他的目的是和别的不同。我所指不但像匈牙利(此地布尔什维克政制已被压倒)等地方的恐怖,剧烈稍减的同样方法已差不多遍地都有。在法,以赦放谋杀柔来(记者按:Jaurès,1859—1914 年法社会党领袖,欧战将发时运动反抗最力,因此被害)之凶手,法庭已经使人了解暗杀社会党人不算犯法。在美,随便什么人公然宣说社会主义的意见便会被监禁或放逐,正当选出的社会党议员乃不准出席纽约邦立法院。在爱尔兰,无论何人相信小民族的权利,或自决,或随便什么别的这次战争所为的目的,都会不经审判,便受监禁。至于印度,事实已大昭著,更不须言。通全世界我们都是为赤裸裸的力之冲撞而对抗。社会主义和被压迫的民族主义结盟,被那战胜的民族主义加力的资本主义所反对很是残酷。

在这种情势之下,通资本主义的世界自由是不要想的。但民主怎么样?民主主义原是激励我们从事战争的观念之 。现在布尔什维克派告诉我们,照我们从来所了解的,民主不过是有产阶级的一个诡计。反之,资本家们就告诉我们,打算借直接行动防止复古派的国会侮弄多数意志,这是反民主的。我们试先了解民主在资本主义的社会里是包含什么而成的。从司法及民事起,两者都是富人政治的同盟。国会议员,尤其是国务员,因为他们的社会上地位及收入,遂与占有阶级成了自然的结合,这是我们晓得的事实。资本家的势力比劳动的势力更为集中、迅速而隐秘;权力之心理每致握有权力之人,对于资本家的工业机械之指挥者,比对于现时阻碍他顺利动作的人更有同情,这也是我们晓得的事实。民主国宪法权力是限于大约五年一次选举的表示,而这种选举常常是行于一班候选者之间,他们没有一个人是真实表白选举区的政见,这实因为选举费用既大,所以只有大而富的团体、或很富的个人,才能怀着点成功希望去竞争选举。在行使投票以前造成舆论的方术,在全方术中资本主义是有绝大的优势。从学校始,学校里教育是为造就承认现状而计划的,继以报纸,报纸又是资本家的投机事业,偏向资本主义的利益,例外很少。所以经此途术,儿童的心早被学校弄偏曲了;成人的心也充满了妄谬;因此遂致只有有例外的精力与思想独立之人乃能希望对于要立选举上决定的问题,得到一点近似真的见解。初期枭沁派辩护民主的人想像以为一个人现出自己的利益是容易的,又以为人应该一定照着自己的利益去投票,因此民主的结果应该是一切利益与其人数的力是成比例的公正表示。理论诚可称赞!但若他们曾经研究过,例如,耶稣会人与其影响,便该见到这个学说的谬妄。平常人的意见和他住的房屋一样是别人给他做成的。他固然能够在几个样子里边选择,但样子的范围是确乎为完全出乎他支配以外的强力所限制。诚然,在制造舆论上所能作的事那是有限制的。假若极力鼓吹的舆论引得一大部分人死于不成功的战争,又弄成妇人小儿的饥饿,那么,若干年后,这种产生舆论的常是会失败的。在这种情景,实产生革命。可是未达到这个极顶以前,所受的艰难实在是怕人。所以有产阶级的民主国里号称外数统治,其实不过是支配"制造舆论方法"——尤其是学校里和报馆里——的一班人的统治。给这样制度一种若崇拜妖魔的崇拜,或因为几年前完全为别的问题选出的政府之假设的神圣不可侵犯的权势,而把"直接行动"的武器之一切用处都以为不对,这实在是荒谬。布尔什维克派以为有产阶级的民主是一种骗局用以诱被骗者自己定自己的罪,以减小实行他所须的强力,这话真是对的。

当前次战争之爆发,资本主义曾错认这灾难是德皇所代表的封建制度弄出来的。现在封建制度去了,但资本主义已证明自己不能够造成一点真实的和平。就完全除去对于共产主义的俄罗斯之敌意,资本主义里固有的贸易上之对敌,已必须苛待德奥,这桩事实使任何稳固的和平都不可能。凡有思想的人必须真实了解资本制度之继续是与文明之继续不相容的。假若这种制度仍然存留,必有许多别的战争继续这次战争而起。而且那些战争将至比照着越是科学的而破坏越激烈,这实昭昭如午昼。只再有不多的几个这样冲突必把所有使欧罗巴种人见重于世界的东西全盘灭绝。

最后,资本主义已开始不配做生产之专门方法了。在生产的重要上,那种有根据而普遍的信仰已不复像从前坚执资本制度之保持了。旧的使人工作的刺激既已破坏,因为蜜蜂(忙碌的工人)已开始去想为他们的所有者作蜜是不值得的。在现刻,以战争的结果,世界方需要空前的迅速出产,但是迅速的出产若要可能,必须找些新的刺激,而这种刺激只有由工业自治才能找着。今在大不列颠给行会(Guild)观念以非常而出乎不意的强力就是这个(译者按:英伦新兴的"行会社会主义"根本主张便在以行业分组织,某行工业由某行人自己管理)。曼切斯特建筑行的试验我们都正在看着,彼处,在全体资本家的机械对于处置房屋问题绝望的失败了之后,却是到行会方法实足供一个完全的解决,由出产者见地看,由消费者见地看,都是同等的完全。社会主义的出产方法之来临,现在比任何前代都是不可计算的容易,大致是因为资本主义这种技术上的溃败。在经济的公正上,无论工人决意要求什么,他们都能够得到。除了他们自己要求之缓和以外,没有东西阻挡他们。

照这样子,资本主义已把所有往时他用以求自夸于平常人的优点都失掉了。由于托拉斯(公司联合)及国的亲密联合,资本主义已成功把差不多一切自由之痕迹都破毁。由于支配学校及报纸,他已使民主成了一种滑稽。由于民族的对敌,他又使和平除非把他覆灭便不可能。因为激起工人的不满足,他已不能做一个出产的方法。这些失败中前三个都是愿望他覆灭的理由。第四个,伐幸,也是期望这个的一个理由。

资本主义已不足获得自由、真正的民主,稳固的和平或世界所需增加的出产了而且无理由去想他这些方面的失败无论如何只是暂时的。反之,这种失败由于他惹起的不足满,会生长得渐次显著。那么,社会主义须提供什么?

所有由这次战争发出来的新事实中,最重要的是一个实际采用社会主义的大强国之存在。社会主义以前只是一个学说,实行家轻看他是不可能而属于幻想的东西,布尔什维克派不论我们对于他的优点劣点可以怎么想,但至少总已证明社会主义是和一个强有力的成功的国相容的。

外受欧洲联合的敌视,内为内乱所抵抗,又方兴于前未曾有的骚乱饥荒之时,一切外边的援助都被封锁所剥夺,而他们(布尔什维克派)却击退他们的仇敌,克复旧俄罗斯帝国之大半,经过饥馑极恶的时期不为域内的革命所覆没仍然存在,又着手以惊人的强力刷新出产。自从革命时代的法兰西以来,实无可比的东西;且就我而论,我但能以为布尔什维克派人现在正在做的事,对于世界的将来,简直比雅谷班派人(译者按:Jacobins 即一七八九年在巴黎雅各班庵成立,名叫立宪同志会的极端民主主义的革命家的俱乐部人)在法国成就过的重要更大,因为他们的行动规模更大,他们的学说更基本的新。我相信通全世界的社会主义者都应该扶持他,并和他协同动作。我又以为“行会人”(按:即指行会社会主义者)特别应当对于布尔什维克的组织方法大加注意,不但因为他们的强力与声势,更因为他们那“议团”(苏维埃)替代地理的基础,而部分的采用工业的基础。不过我非有意提示我们在情形和俄罗斯极不同的英国应盲然模仿布尔什维克。我与别的“行会人”一样认以职工组织的重要,但同时相信地域的议院(巴力门)仍有有用的职分要做,所以我不赞成对于我们(英人),完全压制议院以为他和“议团”的形式相反,我且坚信在社会主义上凡此邦(英)能行的,不用武装的革命就能成就。奴隶的模仿布尔什维克不是我所欲辩护的。我固心以为布尔什维克的方法大概是在俄罗斯用以成功的唯一方法,但决不因此当他也是我们(英人)的唯一或最好的方法,不过我们的境况是特殊的,若通欧洲大陆和俄国情形相同的很多,社会主义若要得势,需要相同的方法也很多。且看布尔什维克主义打退他的敌人之成功,社会主义之传布于全欧洲大陆已成了一个决不远的可能。

布尔什维克主义暂时轻侮了两个理想,这两个理想我们的大多数以前都是深信不疑的;我意即指民主与自由。我们因此就要轻视他么?我以为不然。

无产阶级专政原是自认的一个过渡的情形,一个战时的方策,但当旧有产阶级仍在奋力鼓动反革命时,是有正当的理由。列宁,照着马克思,把国家在本质上当作群合中一阶级的权势。但至共产主义把阶级的分别废除了,国家立刻便要消灭。除无产者以外更无什么阶级的时候,无产阶级的专政,在事实上便自然停止;而国家——照列宁用这个字的意思——也将不见。我们要因这个历程可以一时使少数握权的理由就反对他么?或且要因同一理由遂反对在我们国里(英)为达政治目的而用的直接行动么?列宁对于他的行动的辩护,大体不外外对共产主义必然是暂时的现象,一旦共产主义建立确定了,他定将博得普遍的扶助。这种的议论是只能拿结局来判断。如若结局证明,像俄罗斯似已证明的,反对者大致是无知识,并且新制度的经验引导民众扶助他,那便可以说使用强力的过渡时期已经证明是正当的。偏袒民主与自由的议论,可以说,是可用于平常的时候,而不可用于四方大乱和世界革命的时候。在这种可怕的时期,人必须准备助成他自己的信仰;这样子做是对是不对,只有结果能证明。我以为把平常的时候对于我们自己是很妥当的那种议论与原理应用到俄罗斯的境况上,实不免有些学究气。俄罗斯只有强固的意志可以救济,而且若没有或种形式的专政,强固的意志能不能救了他也是可疑的。不过,就令我们对于完全的社会主义之建立比现在还近得多,我并不以为这些论议应用到我们自己。英伦自从一六八八年(按:是年英国之革命,历史上称为平和革命)以来,就已有一种爱温和的脾气。像布尔什维克的那些方法应为寻常英民所疏远。而英国复古派之反对,也不是充分的惨忍足以证明这种方法是正当。我们(英)劳动党的温和固常常使人激忿,但无论怎样总和他们的反对党的温和相匹配。此在铁路罢工时曾经明白表现了,阶级战争说的巨子马克思尝声言,在英伦,社会主义可以和平手段而来。马克思在许多地方已是一个真预言者,我们望他于此亦然。但在大陆,照我俄罗斯的例所指示我们的,这种希望大概是虚幻。预言自然是很靠不住的等于一种游戏,但我相信,由俄罗斯共产主义抵抗那资本主义的诸大强国联合对敌的成功看来,十来年内,社会主义在德、法、意的胜利,完全是在可能的界限以内。实在很有理由恐怕不经过我们已在俄国看见的战争和恐怖政策之同样实行(纵或是一种很较薄弱的样子),在这几国里他将不会成功。假若他在这样抗争胜利了,我实不相信他会限定他的胜利只在多数人倾向社会主义的民族,特别若社会主义的起事者请他帮助时。例如波兰便很会再属俄罗斯统治之下如俄皇当日。民族主义及宗教会要使波兰人一时敌视社会主义,却不论他是世界性的(国际的)或是复兴的俄罗斯帝国主义。如是会要必须用强力压制波兰人的独立及陷害犹太人之欲望,而且一定要用严厉管理教育手段,拿一种更严格的马克思派见解训练方兴的后辈。同样的麻烦会起于全巴尔干。国际社会主义的政制至少一世(三十年)以内在许多地方须是一种武力的政制,拿严厉管理报纸及学校为后盾。不论布尔什维克现在的目的里所有帝国主义怎样少,似若以为时候到了,他们也不会有这种行径,这样设想实无理由。他们的世界观,同初期谟哈默德教徒一样,同时是实行的又是狂信的。他们因相信马克思的不可免的经济发展之公式,遂觉着他们终极的胜利是前定的确实。他们以为最要紧的事是军器应在有阶级觉悟的无产阶级之手。这个得到了,他们确信从事宣传便能把仍然为“有产阶级的标语”——如宗教及爱国心所述的那部分无产阶级引到他们的方面去。他们的这种见解很可以证明是正当的;而且假若他们能统治欧洲几十年,其后对于他们的反对,应该不出于过去的死势力,而出于布尔什维克那时或已忘掉的那种社会主义理想起来的新运动——这也是很可以有的事。

如若我们本着布尔什维克之成功继续不辍的假定,上面说的那样一种发展者是可期,那么,我们应当求促进这些成功呢,还是因为这些成功包含着流血、恐怖和必然的冲突,至少暂时间文明受损失,便畏缩不去促进他们呢?

照我们的意见,我深信此世界中随便什么重要的进步都以国际社会主义之胜利为依据,假若为这个胜利必须出一个大代价也是值得的。我又深信非至国际社会主义已战胜,世界不会有和平,强固国际社会主义的力量而削弱反对者的力量是终止冲突最快的方法。一言以蔽之,我相信"每个新兵都有加速和平的意思"。我所说的社会主义,并非指一种水乳似的软滑制度,乃指一种全盘透彻,从根到梢的变形,如列宁所已试行的。假若他的胜利对于和平是不能缺的,我们便须容忍冲突中含带的恶,但只令冲突是资本主义强逼我们起来的。

(第八卷第二号,一九二〇年十月一日)

但有几件事是这结论的? 条件应该记在心里的。

最重要的便是社会主义不应该丢了世界主义。我们想像几个强大的国,仍在国家的基础上面建设社会主义的组织,为了占领原料互相竞争,这完全是可能的。譬如高加索之油矿很可成为这种的竞争地。因为社会主义若只是国家的,那么和一种新的排外主义(Chauvinism)不是不相容的。布尔什维克派力持当革命时代不取多数统治,并且他们的信条在由少数觉悟阶级的暂时的狄克推多化导多数,明明以为为传播社会主义而战争是对的,而这种战争起于社会主义国和资本主义国之间,很容易变成国家化。社会主义目的在于废除掠夺,掠夺废除才不至再生战争;国家的掠夺要是仍旧继续,那掠夺自然不曾完全废除。所以要社会主义确立,须得把世界的原料归一个世界的政府处置。社会主义有没有力量能够把民族的利害及感情完全压平得用这种方法处置,却是个疑问,这一层如能做到,那么防止战争一定不费什么力了。(参看列宁之《民族自决》演说,*The Liberator* 记者附注)

除原料之外,还有一个问题,他足以使共产主义的国家间发生战争:这就是移民之权利问题。将来好多年之内,在澳洲和通南北美洲这问题关系恐怕很重要。

除美国外,还有一种强大的民众势力,和世界的社会主义反对,这就是民族主义之势力。民族主义的意义,就是不管人家怎样只图己国利益的一种决心,就是相信利害不同的民族本来是不相容的,或者仇怨他种民族更以为这种信念是一个合理的表示。在和约造成的各新国中,这种民族主义大概绝对占有势力。有许多国家情愿忍着饥饿去屠杀邻人,却不愿意和他们所仇视的邻国照友谊的关系过太平日子。这种心理一部分是出于本能,一部分是教育和宣传的结果,除非用强力防止争斗,鼓励贸易自由,建设一种新的教育,恐怕不能把这种心理快快铲除。国际联盟是一种战争仇怨的产物,教他去遏止民族争执,是万万不胜任的。在现在世界各种势力当中,只有世界的社会主义,才真能把人民好战的心理完全改变。我不敢说世界的社会主义能够立刻做成此事,但我敢说若是世界的社会主义握权之后,几十年内一定做得成的;因为世界的社会主义必须克服本能,因袭和利己心,而另建一种普遍的理想,使最大多数民众可以得到物质的幸福。

无论社会主义实行以后必遇着何种困难引起何项问题,我总以为若是西方文化有点存留,在世界的进步上他是必须的一个阶级。我又相信社会主义能够做成的好事程度如何,要看那创造社会主义者一般的希望之程度如何。要是大家都了解由经济的掠夺流出之罪恶,大家都希望把这种罪恶完全消灭,好另建一个新世界,那时一定有一种新势力生出来,把深入人心的民族主义尽情拔去,现在欧洲及亚洲,只有那国家主义帮同资本主义作恶,一旦国家主义除去,理想和自利会同时唤起世界多数文明的人采用世界的社会主义;这种新制度一旦采用,因为他的许多便利,而且没有显然的阶级利害,所以一定很稳固,不是轻易推得翻的。

自由,民治,平和,生产效率的增加,以及经济的公平,只有从世界的社会主义才能够做到;据我所见,没有别的法子能够做到。但社会主义虽然可以做到这些,将来究竟做得到否,却并不一定。将来做得到这些或做不到这些,却要看那先驱者之态度如何,奋斗的勇气如何,胜利者的性情如何了。

我想我国(英国)在这过渡时期内——尤其是为基尔特主义——应该有一定的贡献。我想我们能够不用暴力成就改革,我们在奋斗中比较他国更容易维持个人的自由之理想,没有这种理想,便是社会主义的社会造成之后,也是呆板的,无进步的,无生气的。自由和战争势不两立,可是扩张自由之范围,可是社会党所公认的目的之一。社会党的目的:在工作中拿工业自治来谋群合的自由;在工作外拿缩短工作时间来谋个人的自由。社会主义的形式有多种,谋达到社会主义的策略也有多种,判断他的价值,是看他能不能达到那些目的。

社会主义和资本主义同是人类发展之一个阶段,这是毫无疑义的。社会主义之后,继承的是什么,我们现在还无从推测,或者是无政府主义也未可知。若是社会主义和迁到君士坦丁以后的教会一样,把自己当做正统,束缚人类的心灵,阻止思想的发展,到千余年之久,那么对于世界未来的进步阻碍是很大了。若社会主义之胜利,是用武力经过长久的战争得来的,那么这种结局并不是不可能的。单是这个理由——不要说别的——已可见社会主义之胜利,应该用平和方法博取了。

每个人类生活上之强有力的主义,大概总要经过三个阶段。初起的时候,他总是很可亲爱,很合于人道,很能使人信服,用辩论使人信服多过用武力。到了第二阶段主义自身有了相当的势力,反对的也凶恶起来了,他便变为战争的不是可爱的了,拿信仰做战争之辩护,接着可爱的阶级,以为他的胜利可以弃来千万年的幸福。等到第三阶段主义得了权,便变为压制的及暴虐的。基督教迁到君士坦丁之前是在第一阶段;到了十字军兴起,便入第二阶段;等到后来屠戮异教徒,已是第三阶段了。资本主义也经过同样的阶段。在斯密亚丹,谷伯顿(Cobden)伯赖(Bright)时代,是他的可爱的阶段。他推翻封建制度的时候,到了战争的阶段。等到掠夺再下的阶级,施行反社会主义的恐怖政策时,便是他的第三专制阶段了。民族主义之发展虽在各国有强弱大小之分,可是也经过同一的阶段。马志尼表示可爱的阶段,毕士麦表示战争的阶段,近代帝国主义便是专制的阶段了。

自从列宁得势,社会主义已从可爱的阶段走到战争的阶段。因此他已失去许多娱悦人心之爱娇。有些人觉得现存的世界有许多恶罪,并很热切地希望另有一个脱离这些恶罪之世界,可是在排除这些罪恶之严酷的战斗中,他们畏缩着不敢出头。我对这些人却很表同情。我看不论哪种主义,在争斗之际,免不了逐渐退化的;往往一个党派用强力得胜之后,反将所以要希望得胜的那种精神,大半失去。而且暴力的争斗,尤其是长久的范围广大的争斗,往往使社会退化。我不能相信社会主义可以成就胜利于长久的及广延世界的战争之后,要是遗留些一个幸福的进步的社会所必要的性质。他的胜利后之进步差不多要靠着一班人在他的胜利的形式上反抗他,要自由增加一点,要制度的铁板减少一点,要旧的自由主义之理想再现出来——这是社会的理想,确实不是如自由竞争那样经济的理想,而智力的自由没有哪一党能够出死力竞争的。

社会主义有各种的形式,将来各国社会主义胜利之后,各采各的形式,那不是不可能的。凡社会主义的制度最主要的目的是自由,这个比秩序和增加生率能率更为重要。国家基尔特主义者比集产主义者把自由更看得着重。

基尔特制度主张巴力门和基尔特议会权力均衡,目的是在巩固政治的自由。基尔特制度主张工业自治,恰和国家社会主义的官办制度相反,目的是在巩固各种产业工人之自由,产业的(一般总问)归国家的基尔特,地方上能够决定的问题归地方的基尔特,基尔特的移转制度办法都是一样(System of devolution)不单是以地理为本位,而且是以产业为本位的,对于创造自由之意识,个人创意权的可能性,有益的试验之机会,这几点更是极重要的。

工作中的自治制是人类所争的一切自由当中最重要的,因为和人关系最切的便是工作,而且这是引起政治自觉之最好的方法。工作的自由本是工团主义之主要目的,也就是基尔特社会主义之目的。我相信用国家基尔特之方法比用别种生产之经济组织更稳固。我相信用了工作自治制,使劳动者可以独立,可以自己管理,那么一定能把平常劳动者对于工作之观念完全改变,而且一定能够激发生产能力比旧时资本家单用恐怖政策鞭策劳动者,自然要好得多。

除工作中的自由之外,自然也应该有工作外的自由,就是休息时的自由。要求得这种自由,须把劳动时间减少,因此效率方法增大将来是能够做到的。在现在采用效率较大的工作方法,不过使资本家得利益罢了。但在新的制度之下,那全利益当然是劳动者的,所以改革之后,生产能率一定比现在进步得多。只看布尔什维克采用泰劳(Taylor)的科学管理法就可想见了(参看列宁之 *The Soviets at Work*)。

但此外还有一种自由,这种自由只和少数个人有关,在人类进步上却也是一件重要的事情:那便是在社会组织中应该有拒绝加入任何职业的自由。譬如一个人有的喜欢传播新宗教,有的志在发明新科学,有的情愿创造新艺术,这些人当然没有相当的行会(基尔特)可入。那么社会要把他们当作游民或是流氓了。不论经济制度是怎样,凡是根本的革新,必须和社会意志反对的。为这等人想法,总得使自愿耐苦的人不至于受新制度束缚才好。例外的待遇也许是有点害处,但也可以很有益处(像图画这件事专门家觉得无价值)。于志在牺牲百折不回的人要是希望社会进步,特殊和例外待遇是应该绝对注重的。在我们英国若竟要采用社会主义,总得逐段的不板定的采用才好,这样比布尔什维克采用板定的式样使特殊和例外的分子都忍受苦痛总要好得多了。我们希望大陆的社会主义一旦稳固了,能够补救这种板定式的缺感。在这一点,我相信我们对于终极的结局有些重要的贡献。

资本主义在今日已不容于世界,我们文化的遗产,已不是资本制度所能保存的了。假如世界的社会主义能够不经长期的残酷的战斗便告成功,那一定能保全文化。反对社会主义进行的人,自己要负重大的责任。旧制度的保存,是不能相信的了;反对派费了许多气力,只不过使新制度失却许多价值罢了。我们赞成社会主义的人必须记着我们打败敌人却没有像打败自己那样容易;若是我们努力创造的新社会中,人类创造精神的自由,平常男女的生活自由不比以前的社会多些,那么就好像我们自己打败自己了。我虽然相信在我国不用暴烈的革命能得着些必要的强力,但我却不相信全然不用强力是可能的。强力是达终极目的之工具,应该和宣传相附而行。强力应该用了使人心归附,不应该用了使人民厌弃。而且无论何时无论何事都应该弄清楚用强力乃是暂时的,这目标在造成一个不需要强力的社会。只有由大希望心的鼓舞,由我们所求的较善的世界的实现,才可使我们的目的不在争斗中退化,才可得着胜利,不单是吾党的胜利,而且也是各种理想的胜利。自由主义,经济的公平,世界的协力合作,这些理想却是世界所需要的,只有社会主义能够做成。

(完)

(第八卷第三号,一九二○年十一月一日)

游俄之感想

〔英国〕罗素　著　雁　冰　译

按：此篇先登在伦敦出版的 *Nation* 周刊，连登四期；纽约 *Nation* 登载的名为 *Soviet Russia*-1920，连登两期，共六章，章的先后和伦敦 *Nation* 不同。傅君译过第一二两章登在北京晨报，即是从伦敦 *Nation* 译的，我现在继续译的便是依着伦敦 *Nation* 所标次序，共三，四，五（第五国际地位章，纽约 *Nation* 列在市镇与乡村章之前，我未及见七月三十一号以后的伦敦 *Nation*，不知有没有此章，不过看全篇的意思，国际地位一章应在末，所以便移了一下）三章。另有一章"列宁，托洛斯基、高尔基，伦敦 *Nation* 不列游俄感想之内，另题，我看于全篇文义亦没有什么贯串，故把它放在最后。又纽约 *Nation* 第一章首尾尚有四五节，话都不重要，傅君原译依伦敦 *Nation* 无，现在也不替他加上去了。

雁冰记

（一）发端

我于五月十一日入苏维埃的俄罗斯境，于六月十六日出境。俄国当权只准我和英国劳动代表团同游，此种条件我自然很愿意听从，劳动代表团也惠然许多实践。我们从边界上到彼得格勒及以后的游历，都坐在很舒服的专车，车上写着种种关于各国"社会革命"和"无产阶级"的格言；我们到处被军队欢迎，军乐队奏着"国际大同"歌，市民脱帽致敬，军人举枪行礼；地方上的领袖演说，表示欢贺，而伴随我们的著名共产党员答之。上车的道上，有穿着闪亮的军服的壮伟巴什克尔 Bashkir 骑兵护卫。总而言之,事事都作得使我们觉着和英国太子出游一样。为我们布置了无数的仪典,如宴会、公共集会、阅兵,等等。

他们假定我们是来证明英国劳动界与俄国共产主义,利害休戚的共同,以此假定,遂为布尔什维克主义的宣传,极顶的尽力用我们。但是我们此来,是欲尽我们所能的求出俄国的情形和俄国政治的方法,这个照皇室巡狩的气派是不可能的。因此我们和他们遂发生了友情的争论,竟有时弄成了捉迷藏的把戏:他们告我们宴会或阅兵将要怎么样辉赫,我们却试去解说怎么样宁愿在街上安安静静地走一走。我因不是这个代表团的一分子,所以比我的同伴们自由些,不如他们那么必须去听心里早已晓得的那种宣传主义集会的演说。因此我便能用无常见的翻译者作翻译(多是英人或美人),去与在街头上草地间偶然相遇的人谈许多话,发现平常不涉政治的男女对于现制全体所生的感想。头五天我们是在彼得格勒过的。次在莫斯科住了十一天。在这期间天天和政府要人接触着,所以知道政府对于现制的见解,并无难处。两地的知识界人我也尽我所能的见过。我们都许有去见反对派政客的完全自由,我们自然要尽量行使这个自由。孟什维克派,各样的社会革命党,无政府党,我们都见过,见的时候我们并无布尔什维克派人在旁,他们起头虽有些顾虑,但这个念头息了,后便自由的谈论起来。我和列宁谈了一点钟,实际上可算私谈,我曾遇到托洛斯基,但是同着别人。我在乡间和卡门诺夫谈了一夜。我还见过许多别的人,他们在国外虽不大著名,在他们政府里都很重要的。

我们在住莫斯科的时期将完的时候,全想到乡下看看,去与农民接触接触,因为农民是占俄国人口百分之八十五的。政府表示最大的厚意应合我们的想望,遂决定了行程要沿伏尔加河 Volga 而下,从年尼诺格洛 Nijut Novgorod 至沙拉托夫 Saratov,中间逗留了许多大的小的地方,和住民自由的谈话。我觉得这部分时间特别与人以教训,因为这一行对于农民,乡村先生,犹太小贩,和各色人等的生活及见解,所得知道的,初实不料能有这么多。不幸我的朋友爱兰(Clifford Allen 代表之一,属独立劳动党)生了病,我的时间许多用在伴他。但这却发生一个好结果,就是,因他病重不能离船,我却能在这船上直到阿斯多汗 Astrakhan。这不特更给我许多乡间的知识,而且使我认识了代理运输总长斯佛洛夫 Sverdlov,他正在这船上料理运煤油由巴库 Baku 沿伏尔加河上行的事,他又是我在俄罗斯遇见的最能干最仁慈的人之一。

(二)布尔什维克主义的理论

自从我经了苏维埃俄罗斯边界的红旗,在一片原始松林的铁网围络的中间,最先发现的事情的一件,就是布尔什维克实行派所持的理论,和我们国内一般进步的社会主义家间所流行的这个理论的翻本大不相同。此间(英)俄罗斯的朋友们想到无产阶级的专政“狄克推多”,以为不过是代议政府的一个新样子,在其中只有劳动者有投票权,其选举区域之划分,半依据职业为标准,不采用地方选举制。他们以为“无产阶级”就是“无产阶级”,“专政”却不尽是“专政”。此实恰是事实的反面。俄国共产党人讲到“专政”时,他是照这个字的字义用的,但说到无产阶级,他却有一种专门的意思。他所指实只是无产阶级中有“阶级的觉悟”那部分(即是共产党)。他把并不属于无产阶级而意见对的人,如列宁,提且林,等,也包括在内,而真正依工资生活,但意见不对的人,乃被摈除,乃被呼为有产阶级的跟随。真信共产党党义的人,很觉得私产是万恶的根源;相信之坚,竟至于对于无论何等方法,无论怎样严酷,但似于建设维持共产的国家是必要的,决不畏缩不敢采用。他的不自爱惜直与不爱惜别人一样。他一天做十六小时的工,礼拜六的半天休息也放弃了。凡社会上需要的工作,不管如何困难或危险,例如清理高尔哲(Koltchack)尼金(Denikin)所留下一堆一堆的受传染病而死的尸体,等等事件,他都投效去做。他虽有权位,虽有食粮的管理权在掌握中,他的生活是极刻苦的。他并不为个人的营求,只尽力于创造新社会的秩序。但是使他刻苦的动机也就使他刻薄,马克思说共产党主义是像命运一样前定的要出现的,这种议论,充满俄罗斯人的东方特性,遂造出了一种和摩诃末(Mahomet)的初世教徒的不无相同的心境。他们的人是被残酷的压迫的,而且竟不惜使用以前隶属俄皇的警察的法子,许多这种警察都仍然用来作他们的旧业。因为一切恶都是从私产来的,布尔什维克的政制当他征伐私产的时际所有恶点,一俟他成了功,是要自动的消灭的。

这种见解实狂热的信念之通常结果。对于英人,此实益坚其自一六八八年以来英人生活所依据的那种信仰,便是仁慈与容忍值过世界上一切的教义——固然,这种见解英国人并不把他应用于他种民族或被统治的种族。

我们看见一个很新奇的社会,自然要在历史上去找一个类似的时期。现在俄政府的不好方面,最近法国革命后之统治时 Directoire 好的方面,最近克林威尔的统治。诚信的共产党人(老分子的诚信已由多年受的逋罚而不改行证明),很像清教徒的军人,怀抱着严刻的政治,道德的目的。克林威尔对于巴力门(英国会)的处置,不谓不似列宁对于宪法会议的办法。他们两个都是从民主主义与宗教式的信仰之结合发轫,后乃迫于无奈,把民主主义牺牲于以武力的专政厉行的宗教。他们两个都勉力逼着国民为一种高度的道德及勤奋之生活,这种生活实非一般国民所能忍受。新近的俄罗斯生活,和清教徒时的英格兰一样,许多地方,是违人本能的。倘若布尔什维克到了失败了找失败的理由,也要和清教徒失败的理由一样:因为有一个地方人觉得喜乐安闲,比一切别的好处合在一起,都值得多。

俄国现状比与实际历史上的事物更相近的,便是与柏拉图的共和国类似。共产党正当书中的"保护者"Guardian;俄国的兵便是书中的兵;俄国现在这种家族改造的试验,差不多像柏拉图所提议的。我想所有世界上教授柏氏著述的人,都要否认布尔什维克,而个个布尔什维克,也要认柏氏为"有产党"。Bcnrgecis 但是,柏氏的共和国与现在好一流的布尔什维克人,所正在努力创造的制度,竟有极端的密合。

布尔什维克主义在内是贤人治的(就是少数专擅),对外是黩武的。凡一少壮的贤人政治国的好处坏处,俄国共产党人都有。他们一方[面]是勇敢的,富于精力的,能施令的,无时不预备着为国服务;但一方[面],又是很专擅的,对于平民寻常的顾虑也没有;就如对于雇用的人,常使之工作过度,又每非常不留意的驶行摩托车,危及街上人的生命。他们实际上是唯一有权力的人,结果遂享受无数的利益。他们大多数虽决不奢侈,但比别人实吃的好。只有在政治上有些重要的人,才能有摩托车或电话。铁路旅行之许可,在政府商肆中购物之许可(其价只有市价约略五十分之一),往戏园之许可。这一类的事,自然是有权力的人的朋友比常人容易得到。许多方面,共产党的生活比一般人民是较快活的。且最要的就是,他们的行动,不怎么受警察和非常委员团的监视。

共产党关于国际问题的理论是很简单的。以前马克思预言的革命,就是全世界废除资本主义的革命,这种革命,虽然在马氏的理论上推来,应该在美国开始,然现在已在俄国爆发了。在革命未动的国家,共产党的唯一职务是快使革命发生。现在共产党及资本主义的国家所订之种种协定,只能作为一时权宜之计,在哪一方面都不能算的真实和平。共产党以为不经流血的革命,无论在什么国,不能有真好的事情出现:英国劳动党虽然妄想和平的进化是可能的,但将来定要见到他们的错误。列宁曾告诉我,他希望看到英国有劳动政府,且愿意那些赞成劳动政府的人急起去做,但做法也只要把巴力门的无用,决绝的暴露于英工人之前。他以为除非无产阶级都有了武器,有产阶级都解除了武装,没有事能做得好。那些不注意鼓吹这一点,而另有举动的人,非为社会之蟊贼,即为被骗之愚人。

就我个人的见解,把上述的理论仔细称量之后,一方面虽然尽承认了他们所攻击有产阶级资本主义之恶迹;但一方面我又很反对他们这个革命论。第三国际会议(The Third International)乃专为促进阶级战争与革命而设的组织。我的反对,并非谓资本主义不若布尔什维克所说的那么坏,乃谓凡由战争得来的社会主义,不论是何式的,他的好处总要少些。因为战争——尤其是国内战争——的恶果,是必有而且很大的;而由战胜所得的好处却是一个疑问。拼命战争下去,文化的遗物光景是要失掉的了,而同时恨怨,疑虑,暴虐等等,却渐渐要变为人类关系上的常态。想打胜仗,必须要集中权力,而集中权力所生的恶结果,和资本集中所生的简直绝无差别。我不能赞成世界革命之运动,主要原因就是这一个。一国之内,若因革命而致生文化上的损失,还可以拿没有革命国文化之传播而补足之;要是世界一哄而卷入革命漩涡,文化可就得沉落一千年。但我虽不主张世界革命,我却不能不承认现在资本主义领袖国的政府正在尽全力促成世界革命。他们对着法、俄、印度,都滥用权力,(别国暂不提及)这种行为很可以使世界沦于堕落,而所生出的恶果也就是布尔什维克主义的仇人看见了怕的。

真共产党是彻头彻尾世界主义的。例如列宁,照我所能判断的,他关心于俄国的利益,并不比关心于别国的利益更切。俄国在现在固是社会革命的主人翁,因此对于世界是很有价值,但若俄罗斯与世界的革命之间须牺牲一个时,则列宁还是要牺牲俄罗斯的。这便是他们的正宗态度,他们的多数领袖是真这样。但是民族主义本是自然出乎本能的,因革命成功而有得色,虽在共产党的胸中民族思想也不免重复发长起来。因为波兰战争,布尔什维克已得到民族感情做后盾,于是他们(布尔什维克)在国内的地位已非常的强固。

我只于莫斯科歌院中见托洛斯基(Trotsky)一次。那时英国劳动代表正坐在当年俄皇御用的包厢内。杜民在对面房中和我们谈过之后,随去到我们所坐的包厢前,双挽着手站着,其时全场对着大欢呼。他就说了几句话,又短又锐,如军用语的简切,举手向大众说"为我们在前敌的勇敢伙伴三声欢呼"。于是大家立时三声欢呼,其应声而发就好比一九一四年秋天初开战时伦敦市民的样子。托氏与红军现在实已有很大的民族感情做他们的后盾。亚洲方面俄罗斯之重新征服,不免复活了所谓帝国主义的观念,虽然有许多人,我能指出他们是这样的,听到我这样说,要发怒否认,然终不能讳其实在。对于权力有了经历,不免要改变原来共产主义的理论;掌握一个大政府机关的人对于人生的观念很难得像他流亡时一样。假若布尔什维克仍继续着当权,他们的共产主义恐怕要渐渐褪色,并要渐渐地愈弄愈像一个别的亚洲政府——例如英国在印度的政府。

(三)共产主义与苏维埃制

赴俄之先,我臆想这次是去看一个新式代议政府的有趣的实验。凡对于布尔什维克主义有兴趣的人都晓得与那个自乡村会议起直至全俄苏维埃止的一串选举,这全俄苏维埃便是俄国人民委员(中央执行委员)的权力所托根的。这些制度都告诉我们:有一个新而完备得多而又多的制度可以决定及表示一般意志的,已经被人想出来了。我们曾希望研究的问题便是:在这一方面(决定及表示一般意志)看来,是否苏维埃制真能胜过议院主义。

这个研究,我们到底不曾办到,因为这苏维埃制仅剩一口气罢了。不论是在乡村,或是在市镇,竟没有一个自由选举制度可让共产党得多数。种种方法无非采用来备政府的候补人得胜利。第一,投票是用举手法的,因而只有出头露角的人才投反对政府的票,(即举手)。第二,没有一个不属于共产党的候补人能发印刷品,一切印刷工程都在国家手内。第三,他(反对政府者)不能开会演说,因为一切大会场都在国家手内。全国的报馆自然也都是官办的报纸,不许有独立的新闻日刊。虽然有这些阻障,孟什维克(Menshevik 少数党即与布党立于反对者)也能在莫斯科苏维埃一千五百名代表中占了四十名,这四十名是靠某,等几个工厂选出,彼处的选举竞争许用口舌。莫斯科苏维埃虽在名义上是莫斯科一地的至高政府,实则只不过是一群的选举人担任选出四十个执行委员罢了，四十个中又自选出“Presidium”，就是那日日开会，握有一切权力的九个人。莫斯科苏维埃全体原定是一礼拜开会一次，但我们在莫斯科时，不曾看见他们开会。“Presidium”则相反，是天天开会的。从此可见政府欲实行干涉执行委员的选举以及“Presidium”的选举，当然是极容易。我们一定要记好，因为言论自由和出版自由是绝对地完全受禁，所以有效的反抗是不可能的。结果是莫斯科苏维埃的“Presidium”只包含了正统派共产党。

卡满南夫（Kamener）是莫斯科苏维埃的主席，他报告我们，说补选（Recall）是常有的事，在莫斯科地方平均每月有三十次。我问他补选根据什么主要理由，他举出四个来：饮酒，调赴前敌（这是自然不能执行职务了），选举人方面政策的改变，还有一个，不能在每两星期舆报告于选举人，这件事是苏维埃中一切会员都要做的。以我所见的俄人说，恐怕都要犯这么项的罪。这是显然的，所谓补选正给了政府一个干涉的机会，但是我亦不曾找出证据。

乡村用的方法又略有些不同。我们不能保险说乡村苏维埃会员都是共产党，因为据我所见，无论在哪个村中，照例是没有共产党的。但是当我在乡村时问他们怎样在 Volost（比村大一些的）代表，或是怎样在 Gubernia（比 Volost 大一些的）代表，我得的回答常是：他们简直不曾代表些。这句话我不曾证实真否，或者这是一句过当的话，但是有一句话是众口相同的，便是为果他们举出一个不是共产党的人做代表，这位代表便不能上火车，那就不能列席在 Volost 或在 Gubernia 苏维埃。我曾见 Saratov 地方的 Gubernia 苏维埃开会。议场中代表的座位特排列的使市镇劳工代表占优越的形势，而且在如此一个重要的农业中心地点，竟让农人代表的数目比之工人代表出惊的少。

全俄苏维埃在宪法上是最高机关了，人民委员是对他负责的，开会期却少，而且逐渐地变为形式的会议。现在他唯一的机能，据我所能发现的，是不用讨论即核准共产党所预先决定的事项（大概是关于对外政策），这些事项宪法上明定应归他决定的。

一切实权都在共产党手内，共产党的人数在 120,000,000 人口中占有 600,000 人。我从不曾偶然会见过一个共产党：我在街上或在乡间遇见的人，我和他们谈时，大都是说无党的。唯有几个农人的话不同，他们公然宣称自己是俄皇党。有一句话一定要说一说的，就是农人不喜欢布尔什维克的理由很不正当。据说——而且我所见的可以证明这句话很确实——农人的情形实在比从前好了些。我在乡时,不曾见有一个人——男人女人或是小孩——像是不曾吃饱。大地主是没有了,农人都得了好处。但是市镇和军队仍旧需要粮食供给,政府更无别物,只有用纸币来换农人的出产,农人拿了纸币很后悔的。俄皇所发的卢布要比苏维埃发的贵上十倍,而且在乡间更为通用,这是实情。虽然这些旧币是非法的,然而钱囊里满藏着的人常公然在市场上夸耀。但因此推想到农人们希望俄皇复辟,我也不以为然,他们(农人)只是泥守惯习和不喜新奇罢了。他们从不曾听说封锁;多数人竟不大晓得本国和波兰正开战:因是他们也不懂为什么缘故政府不能拿他们所需要的布匹和农具给他们。他们既已拿到土地了,并不知道他们邻国的事情,他们就想望自己的村子独立,对于无论何种的政府命令都很讨厌。

共产党内当然也逃不了政治组织(Bnreanoracy)的常规分做好几派,虽然外界的压力一向是阻止他们分裂的。我看来似乎可分为三个阶级。第一是老革命党,他们的商标便是受过多年的苦刑。此班人大部占着最高的位子。牢狱和刺配已把他们做到坚强不屈,执著自信,和自己国家宁是不生接触了。他们都是诚实人,深信共产主义将改造出个世界来。他们自以为完全脱离感情作用了,实则他们是最易起感情作用,对于共产主义和他们首创的军队。他们不能觉悟到事实上他们所创的不是共产主义,也不觉这个共产主义为农人诅咒,农人只要自己的地,旁的都不要。他们若找见官吏中有腐败的和饮酒的,他们处罚一点不容情;但是他们建立的制度却很能引人到小小的腐败,他们自己的唯物论(Materialistic)总也要引他们相信在这样一个制度之下腐败是一定要蔓延的。

第二是占有极顶之下的政治地位的人,大都是后生新进,热心的布尔什维克,因为看见布尔什维克主义的物质的成功。和他们一起的一定还得算进警察,侦探,和暗探,这班人大都是从俄皇时代传下来的,他们就乘着只有破坏法律方能生活这事实的存在从中取利。这也是布尔什维克的一方面,举个例,就是非常委员会(Extraordinary Commission),这团体实际上是独立的,有它自己的军队,这军队喂养得比红军好。这团体有不经审判即以阴谋或活动于反动革命等等罪名收押任何男女的权力。已有千多个人被它枪毙,不经审判。现在虽然面子上他已经失却判人死刑的权力,实际上可不能说它完全失却。它有侦探在各处地方,没有人不见了心慌的。

第三类不是热心的共产主义者。他们是在布尔什维克政府固定后才归附的,他们有的是出于爱国心,有的是想借这机会来自由发展他们的理想不受传统思想的束缚。在这一班人中,也有像已成功的商人一般模样的人,这些人的能力很像美国自做托辣斯(今译作托拉斯)的有名人的能力,不过目的却不在金钱,而在成功与权力。我们可信布尔什维克已经成功地解决这个问题:把这一类的有能耐人编进政府,使服务公事,而不许他们得成大财主,像在资本家社会内所做的。这是布尔什维克除了战胜以外的大成功。由是我们可以猜想:如果许了俄国成就和局,一个可惊的工业发展就要做出来,使俄国成了北美合众国的敌手。布尔什维克一切目的都在工业;他们对于近世工业件件都爱,除却过度报酬资本家是不爱的。他们所以要给劳工们以严厉的训练,即在使这班一向缺乏工业上习惯和诚实的人们得到一些工业上习惯和诚实,工业上习惯和诚实的缺乏便是阻止俄国成为一个工业国的唯一原因。

(四)市镇与乡村

劝导农人供给市镇粮食这问题是俄国和中欧共有份的,据传闻的话,俄国对于这问题比诸别国并不更少成功。这问题在苏维埃政府是吃紧在彼得格勒和莫斯科两城;其余的市镇都不很大,而且有一大半是位置在富有农产的县份的中心。在北方呢,即乡村地方的人民也要靠南方的粮食来供给,这原是确实的;但是北方人口也是很少。人又常说,供给彼得格勒和莫斯科以粮食这问题是一个运输问题,但据我看来,这话只是一半不错。铁道上用的机关车以及车辆等等交通工具诚然是严重地缺乏,尤缺乏修缮完善的机关车。可是莫斯科的四周都是很好的土地。据我坐摩托车周游莫斯科邻近地方这一天的所见,觉得母牛出的奶足以供给莫斯科全城的小儿,虽然我所见有这些牛的地方是儿童病院不是农场,却已有这许多牛了。出了重价,便无论何物都可在市场上买得。我坐俄国火车旅行,走的路着实不少,见有很多的好车辆。就这些理由,我觉得敢信那些说俄国运输问题影响及粮食困难这句话有点过甚其词。自然的,彼得格勒的粮食短缺更甚于莫斯科,其缘故运输问题也占有一大部,因为粮食大半是从莫斯科以南来的。在彼得格勒街上所见的人大部显然有不饱食的神气。在莫斯科就少见此等人了,但可说,虽不至挨饿,总不能饱食,这现象无疑是几于普遍的。

凡在市镇工作的人,受政府供给一定的低值的口粮。公文上虽说是政府有粮食的专卖权,口粮是足够维持生活的。其实呢,口粮是不足的,而且只占莫斯科的粮食供给的一部。据有些人的怨言,我可不知如何的确实,甚至说口粮颁发全无定期;又有些人说,隔日发一次。在这当儿(口粮未发),不论贫富,几乎人人要到市上买食物吃。市上的食物可就要比政府所定的价格大上五十倍左右,一磅重的牛油值到一个月的工钱。人民用尽种种方法以求可得额外的食物。有在额外时间之外专做工的。因为法律规定的工作时间虽只每日八小时,而这八小时工的工钱却不是能活命的工钱,所以无法可以阻止工人们于正当工作之外另寻工作。但是普通所用谋得额外食物的方法还是所谓"Speculation"这法子,就是"贩卖"。这是从前富有的人出卖衣服家具珠宝等物换取食物,买者从中赚了几个钱又卖给一个人,为此转辗贩卖,有时竟多至经过二十多人,方到了一个真买主的手里。这买主非富有的农人,便是很富的投机商人。或者,那些有亲戚在乡下的,他们就时常下乡探望,回镇时便带了一大袋面粉回来。私人带着粮食进莫斯科是法律所不许的,所以常在火车上搜查。但是带粮食的都是腐败狡猾的人,便往往能不被查出。市场上卖粮食也是犯法的,警吏时时要来查抄,但也是照例躲过一刻即算了事。所以,禁止私商的结果反使私商买卖大增,比资本主义的国家更甚。须待很久的日子才或者能办得更好些;又因为是犯法的,莫斯科的全体人民简直是常在警察威权之下,仰人鼻息。还有一层,现在是全靠从来富有的人的一点藏货,将来一旦这种藏货一尽(额外粮食便绝对不可得),全制度将立见崩坏,除非到了那时,工业已经再造好,立于不败的基础。

这种情形不无满意很明白的,但是从政府的立脚点看来,便不容易看见什么事是应该做的。都会的工业的人民大部分是在进行政府的工作和制造军需供给军队。这些是最要的功课,并支应在赋税项下支出的。如在农人身上收一笔适中的赋税,便很容易供给彼得格勒和莫斯科的粮食。不过农人们对于政府或战争是没有兴味的。俄国土地太大了,此一部受人侵掠,它一部简直觉不到;农人们又太欠缺知识,不能有什么民族的自觉,如英人法人或德人一般。农人不见得肯只为了民族的自卫,便情愿拿出他们出产物的一部分来,唯有为了他们所需要的东西——如布,农业器具等等,——(才能够他们情愿拿出来),这些东西,政府因为受了战争和封锁的亏,是供给不来的了。

当粮食短缺到极点的时候,政府曾强制农人平匀摊认输助粮食,红军曾很严厉地执行这法令。现在这方法是已经废弃了,但是农人仍不是情愿地卖他们的粮食来,这是当然的,他们也见得纸币不值钱,况且私商的价格又要比政府定的高得多。

粮食问题是布尔什维克受人一致反对的主要原因,可是我竟不知还有什么四面玲珑的政策可以采用。布尔什维克不为农人喜欢,因为嫌他们在乡下拿了这许多粮食去;他们又不为镇上人所喜,因为嫌他们拿来的这样少。农人所要的就是所谓自由交易——就是农产物不受(政府)支配。如果这个政策现采用了,市镇就要完全饿死,不单是挨饿忍苦罢了。那猜想农人们对于 Entente 条约含有敌意的,简直完全误会。七月十三日的《每日新闻》说的"既不是共产党又不是布尔什维克的俄国农人渐渐恨着各协约国了,而对于此邦(英国)尤甚"一段话,要不是说的不对实情,倒是很好的一段评论文章。俄国真正的农人决不会听人说过什么协约国或是英国,他不知道有封锁这一回事,他所知有的只是:他本来有六只牛,现在政府减少他只剩一只,把其余五只给更苦的农人了。此外又知政府用极低的价钱硬买他的米(除了他一家家族所需的米不买他),至于政府此种行动的理由不能使他生兴味,因为他的地平线是限于他自己一村之内的。说得广泛些,可说每一个村是一个独立的单体。政府只要能得粮食和需用的兵,便可两不相犯,随着这古老的乡村共产主义自己存在,那是异常的不和布尔什维克相像,而且是完全依在极原始的文化阶级的。

政府代表的是都会及工业人民的幸福,他好像是一个营盘扎在农人民族的中间,他们中间的关系,与其说是政府的,倒不如说是外交的或军事的。譬如在中欧的经济地位是利于国家而不利于市镇的。如果俄国行使民治主义,依大多数的意见而治国家,莫斯科和彼得格勒的人民只好饿死。因为是如此的,莫斯科和彼得格勒有了国中全部的内政权军事权应他们的需要,刚巧能够办到生活。俄国庞然巨观的一个大而强有力的帝国,外相是极好看的,但是中心是糟的不可言。那些产业很小的人,权力却很大;他们能够活着,也唯在他们有过度的权力。这个情形,根本上是因两个事实所致:一是因为人民的工业能率几乎全都放在战争身上了,一是因为农人不了解战争的重要,也不知有封锁这回事。

我们若拿布尔什维克所不可能免避不满意而困难的情形来责骂布尔什维克,这话是废话。他们这问题只要在下面的二个方法中取得一个便可解决(而且也唯有如此方能解决),这两个方法是:(一)停止战争与封锁。那就可以使他们能够拿货物供给农人来换粮食;(二)渐渐发展成一个独立的俄国工业。后一法恐是很慢的,而且也恐有许多困难,不过俄政府中的能干人相信这是可能的。如果竟不得和平,如果我们拒绝和平与通商,迫俄国上这个方法,我们将失却与俄联络友谊的唯一介绍了;这苏维埃国家将得借口以努力煽动各处的革命,我们反无言可以责他挑动革命了。但这是个大问题,最好是留在结论里讲罢。

(五)国际的地位

前面尝偶然说到布尔什维克派不满人意的地方。但是我们应得常常记好,这是全因为俄国的工业生活除却供给军队需要的工业而外,全都破坏了的缘故,也因为布尔什维克政府不得不尽力对付惨苦的国内外战争以及不绝的内乱恫吓的缘故。由于这等困难自然生出剥夺,限制自由等等事来。无论如何,我是很信只要一个方子就可以医治好俄国所受的一切罪,这一个方子便是和平与通商。和平与通商可以止却农人们的仇视心,可以使俄政府立刻弃却武力来依靠民意。政府的品性也会立刻就改变,现在正推行的工业征调便也成为不必要了,那些求有更自由的精神的人们也能够露脸说话不致被疑为帮助反动派或敌国了,粮食困难也就会没有,现在市镇上所用的专制制度也就随之没有了。

普通反对布尔什维克主义的人都说在俄国建立他种形式的政府是很容易的事,这句话我们必不可相信他。依我想来凡新近曾到俄国去观察一回的人个个相信现政府的基础是稳固的。如无列宁,或许经过内部的发展之后,便容容易易地变成一个滂拿伯式的军国专制政体。但是这个变换只是内部的变换——或许不是很大的变换——恐怕不大能够改变经济制度。以我所见的俄国人品性以及那些反对派而言,我竟因之很信俄国初无需强有力政府之必要,不用任何式的民治政体。布尔什维克他们自己宛然是西方急进社会主义联盟的代表,这一点是最受人严重批评的。依我的意见,他们并不成国际问题。但是若以一个民族政府,继彼得第一之后的,看他们,他们正干着必要的——虽不为人所喜的——功课。他们正尽其力之所能,引进美国的能率(Efficiency)到懒做而又未经训练的人民中。他们正预备用国家社会主义这方法去开发国中的天然富源,这话在俄国是常听到的。他们在军队中正淘汰不学的人。如果和平成功,他们更要处处大做其教育事业了。

但是如果我们继续拒绝和平与通商,我也不以为布尔什维克会干不下去。俄国将忍苦耐劳于来日,如过去数年一般。俄国人习于愁苦,西方民族没有一个及得来,他们能在我们所不能忍耐的情形下生活做工。其政府将一日甚一日的由仅仅的自卫政策而进于侵伐政策,Entente 条约逼迫德国解除武装并许波兰卷入不祥的战祸,实是完全把德国赤露出,让他受俄国的侵掠军队的和印刷品宣传的侵掠。亚洲也全部开着等布尔什维克的土耳其。前俄罗斯帝国的亚洲的一部几乎全都在布尔什维克很紧握的手掌中。火车直通到土耳其斯坦(Turkestan),照常的迅快,我曾见有从那边来的棉花装到 Volga 汽船上。印度和红军接触也不过是几年内的事。如果我们尚欲继续地反对布尔什维克,我不知道那一个政府能够止住他们在十年之内取了全个亚洲去。

现在俄国政府不是帝国主义为精神的政府,要和平,不要征伐。俄国是倦于战争竭于物品了。但是如果西方列强固执欲战,俄国政府的别一精神,那是已经见有端绪的,便欲变成极有势力。于征伐和降服二者之中挑一个,将只挑征伐来代替降服了。征服亚洲光景不是难事。可是我们完全糟了。大陆上有的,将是革命内乱和经济大变。所以,用武力压碎布尔什维克主义的政策总是又愚笨且不正的政策;这政策现在已成不可能,满储着不祥了。似乎好像我们的政府已经起始实觉着这危险;我们希望他的很真切,足够加强他的见解,去抵抗反对者。如果不然呀,此次大战便只算是将来大决裂的一个引线,比较起来,仅是前哨的小接触罢了。

相信布尔什维克者以及布尔什维克的助者对于这将来的事,自是很镇静不怕的,因为他们相信终结能建立共产制度,把世界现有的罪恶一齐扫光。这话我却不能相信。我对于共产主义是信仰的,但不能信仰那种集中大权于少数人手内的共产主义。依我意见看来,公平分配权力正和公平分配物质原料一般地重要。一切的经验都指出:可长托以大权的人是很少的。如果俄国赢得了和平,则自由而得人心的政府在战时被压的自由思想将复盛行,布尔什维克主义初期的劳工控制工业或者可以再见。但如继续战争,便不得不继续"迪克推多",那些统治者便迟早终必要用他们的特殊的政治地位获得特殊的经济地位。这事是已经有几分征兆;高位的共产主义者的生活,已比民众略为舒服安适了。不过就通体说来，俄政府委员得到这一些，安适也不为不公，他们比诸西欧列强政府诸公自然工作的时间也要长些，负担也要重得多。

虽然如此，也恐怕不是能长久的事。虽然现在在俄国握权的人大部是极热心的共产主义者，曾经表示愿为了他们的信仰牺牲一切。但此等人总有一天要让位给其他不甚热心忠于主义而甚能利用机会的人们，他们可就要和一般实行政治家一样，把地位当作实在利益般看待了。此辈如找得了兵队来济恶，便不难以一道命令，给统治者的贵族阶级以大薪俸和特别的私产。他们方在成功，那腐败和掠夺的机会也就继长增高地跟了来。这种的诱惑，我不信会能永久抵挡得住。

布尔什维克有完全的理论包括在第三国际说（The Third International）内。据说，共产主义可拿努力的少数人的（迪克推多制）的手段在各处建立起来，和俄国一样。这理论又补足一句道，当一切鼓吹主义的大兵器——尤以教育及印书馆为最大的——尚落在资本家手内的时候，要转移多数人心是不可能的。这一辩很是有力，能够切实指出用和平手段以建立共产国家是极端的难事原是不错的。错却错在说的共产主义——任何稳固的或要得的形式的共产主义——能够以少数人的“迪克推多制”来建立，这一句话。在政治理论上说来，这是必须顾到所谓心理的动力（Psychological Dynamics），就是说人的目的与信仰的变换是由于外界情形的先变换来的。人既有了掌握权力的习惯，但觉得权力实在可喜舍不得放弃他，这是差不多人人如此的。如果握权者本就不得人心的，他还欲自己怂恿自己，以为他握权在于上实在是为公共幸福所必不可少的。然而问不他确是自己真不明白，或是假借这话来欺人，他一定要牢握这权柄，非到为武力逼迫放手是不肯放手的。共产主义的少数人（如俄国的）如果一旦得到了军事的迪克推多，虽然起意时是不想永握大权的，却终要走到这条路上，不肯放手了。设有几个能奋斗有能耐的人，有大帝国和大军队供他们玩弄，那么他们一定会找个借口说明他不得不大权独揽的缘故。而且权力最大的人，倘然是要钱的，往往又能有最多的财产。他们是迟早要出于此途的，那时，共产主义的可望的好处全都失掉了。

因为这些理由，并因温和主义的理由，我不能跟了布尔什维克的哲学走，也不能使我相信他们所说的放弃民治主义的缓慢方法，信任民众暴动。

俄国是个后进的国，还不配用平等合作的方法，这方法是西方诸国所求以代替政治上和工业上的专断权的。在俄国呢,布尔什维克的方法或者是多少免不了的;无论如何,我是不想就他们大体下批评。不过可说这种方法不是合宜于先进国的方法,如果我们的社会主义者要去看他们样,模仿他们,这可就是不必退化而退化了。如果我们的反动派人冒冒失失地迫得社会主义者去采用这种暴烈的方法,这就是不可恕的大错。我们所有一份的文化遗产和互让精神那是我们所引以为重亦是世界所引以为重的。俄国的生活往常本是可怖的残酷的,和我们的简直相差天渊,然大战之后,这种的恐怖和残酷竟有要变成普遍的样子。这是新来的危险。由于两方面的互让,我看英国有希望能免去这危险。但是我们且莫乐着,应知布尔什维克唱的浪漫喜剧不一定能收梢到底;他们既不是被人崇拜的天神,也不是受人驱逐的恶魔,他们只是勇敢有为的"凡人",方用极大的智巧企图一桩几乎是不可能的事业。

(六)列宁　托洛斯基　高尔基

我到了莫斯科,立刻就见列宁,用英国话讲谈,列宁说英语说得很好。翻译是有一个的,不过难得用着他。列宁室内很简单,一张大书桌,墙上几幅地图,两架子书,还有一张安乐椅和二三张硬板椅,那是预备来客用的。显然可见列宁不喜奢华,甚至不喜安适。他很和气,显然是率真而全无一丝一毫排场的人。如果不认识他的人碰见了他,决不会想到他是握有大权的人,甚至决不会想到他是有一些名声的人。这样谦卑自下的人我从不曾碰到过。他很亲切地对来客看,他看时眨着一只眼,好像是眨了一只使可使他一只的透视力得到可惊地增加。他笑得很多。起初我尚觉得他的笑是出于好客和娱客的意思,但是渐渐儿我觉得他是狞笑。他是专断的,镇静的,不怕并独研不倦一个复合的理论。我觉得唯物的历史观是他的生命血。他在求知一个理论,并怒人误解或不赞成这理论时,好像一位大学教授,他的爱注释,也很像大学教授。我知道他蔑视许多人,他是个知识上的贵族。

我问他的第一个问题便是他承认英国经济情形和政治情形的特点到如何程度?我急要知道是否鼓吹暴力革命这件事是加入第三国际劳动党者所必不可少的,这一点因为别人还要正式问,所以我不直接提出这问题。他的答语不能使我满意。他认英国现在很少革命的机会,工人们尚不曾厌恶巴力门政治。但是他希望这结果(革命),或可从一个劳工内阁带出来。他想，如果亨特生君(Mr.Henderson)(英国劳工党首领)做了首相，一定不会做出什么重要的事来；于是已团结的劳工，他这样想并这样相信，就要转而革命了。据这理由，他愿他的助手在英国者，竭尽能力去弄得一个在巴力门的大多数。他不鼓吹不加入巴力门的竞争，但以为加入应抱一个目的，就是要使得巴力门成为显然可恶的东西。我们大半的人所见以为暴力革命在英国是不想望他来并且不一定来的理由，他不介意，而且在他看来，这不过是有产阶级人的成见罢了。我提起凡英国所可能的都不用流血得到这一句话，他听了时，他一句撇开，以为是妄想罢了。我又知道他全不知英国的心理见解。实在说罢，马克思主义的全体倾向都是违反心理的见解，因为马克思主义把一切政治上的事项都归到纯粹的物质原因上去。

其次我又问他，在涵有如此大多数农人的国家内建立共产主义，以他想来，是否稳固。他承认这是很难的事，又笑着讲强迫农人拿出粮食来换纸币去。他看得俄国纸币之不值钱像是一桩可笑的趣事。但是他说——那是不用怀疑是确实的——一到有货物可给予农人的时候，自然一切事都会自己平定起来。要办到这一层，他想在工业中应用电气，他说，这是俄国最需要的，但需十年工夫方可以办得完成。他很高兴地(那是他们大概相同的)讲到用泥炭以生电力的大计划。自然他也看到开放封锁是根本救济法；不过他不很以为开放封锁能彻底办到或立刻办到，除非别国内有了革命。他说，布尔什维克俄国和资本家的国家间的和平一定是常常不坚固的。列国为了厌倦及相互间的不和，Entente 得可引进和平，不过他觉得这和平只有短期的延长。我看出他对于和平及开放封锁这两件事的热心，不及我们这边热心多了，这是一切共产党领袖相同的。他相信，除非经过了世界的革命和资本主义的废除，没有一件有真价值的事可以得到。我觉得他看得和资本家的国家重新通商这一件事仅仅是价值无定的缓痛策略而已。

他说明农人中间富者与贫者的分界，政府鼓吹贫者去反抗富者，指导暴烈的行动，他说来很似津津有味的。他竟至说，加于农人方面的“迪克推多”或者要继续很久，因为农人们都求自由交易(按自由交易是指不由官买官卖)。他说，他从统计表(那是我很相信的)上晓得农人们在这两年来，吃的东西一天富足一天，这是他们从来不曾享受过的，“但是他们还欲反对我们”，他说这句话时略有些不愉快的神气。我问他如何回答批评家说的他(列宁)建立在农村的，不是共产主义却是“迪克推多”这一句话;他答道那个很不是实情,但他不说出实情是什么。

我最后问他,如果和资本主义的国家重新通商这件事办成功了,是否会造成资本家势力的中心而使共产主义更难保持?以我所见到的说,愈热心于主义的共产党都很怕和外边的世界有商业上的往来,因为这件事能引进邪说的浸润,使现存的共产制度几于不能存立。我要晓得他是否也有这个感觉。他说通商后自然要生出难处来,不过比诸战争总要好些。他说,两年之前,他和他的同事都不曾想到他们会在全世界的对敌中长命到现在。他以为这长命是由于资本主义的各民族互相妒忌和利益冲突,也靠着布尔什维克宣传的力量。他说,当布尔什维克拿传单(宣传革命的传单)来挡排炮的时候,德国人曾大笑他们,但是做出来的事情已经证明传单的力量要比排炮大得多。我不想他会承认劳动党和社会党曾在这件事里出过一分力。他好像不晓得英国劳工的态度确曾阻止对俄大战的可能,这态度实在是使政府不能不秘密做事,并且大声说谎否认的。

他说起 Lord North Oliffe 的攻击很快乐,他愿意送一个宣传布尔什维克的徽章给他。他又郑重说,掠夺的控诉也许能震骇有产阶级,但是无产阶级却收到了相反的效果。

我想,如果我遇见他时不晓得他是谁人,我决不致猜到他是一个大人物:他的太固执和狭义的正统派社会主义使我大吃一惊。据我的想象,他的勇力都是从他的诚实,勇敢,以及不可摇动的信仰出来——这是马克思福音的宗教般的信仰,代替了基督教殉道者天堂的期望,只除是更少些唯我观罢了。他不大爱自由,正和屈服在狄欧可里淫威之下而一旦得权便欲报仇的教徒一样。光景相信有一个包医百病的药方能把一切人类的病根统统治好的人,和爱自由是格格不相入的罢。如果真是如此的,我不得不反觉得西方的王权式的温和是可喜了。我到俄国时自信是共产党;但是既和这些无疑于共产主义的人接触了,我反加多了一千个疑团,不但怀疑共产主义,并怀疑到人们不惜忍受许多愁苦以坚求达到的一切信条。

托洛斯基(Trotsky),共产党不当他是和列宁同等的,他的知识和人才(虽然不是他的品性)对我所留的印象更多。不过我见他的次数很少,也许这印象是不中肯綮的。他这人,眼是尖利的,有军人的气概,开明的知识,和磁石一般能感动人的人才。他生得很俊秀,有美丽的卷发,妇人见了没有一个不爱的人。他不受人反对的时候,脾气也是很好的。我看他这人,(也许是我看错)好名甚于好权力——这是艺术家和名优所好的一种名。我不禁将他和拿破仑相比较。可是我并不含有要估量他信仰共产主义坚否的意思,他对于共产主义光景一定是很忠心很坚信的。

和这两个人大相反的便是高尔基,我在彼得格勒时和他见过一面。他卧在床,显然是心绪悲伤而且快要死了。他求我,以后对人说俄国时,不论说什么,总要注重说俄国人受了痛苦了。他是赞助现政府——如果我是俄人,我也欲如此做——并非因为俄政府一无错处,乃是因为若再换上一个一定更要不好。人都可以觉得他是爱俄国人民,很感于俄国现在苦况的难受,很觉得纯粹马克思派信仰之无谓。我觉得所见的俄人当中,他最可爱,最可表同情。我想多听他说些他的见解,但是他说话时很困难而且又咳嗽得利害,所以我也不便久留。我所见的知识阶级人——可怕地受着痛苦的一个阶级——都表示他们对于高尔基的谢意,因为高尔基为他们做了许多事。唯物的历史观到处应用,但对于文明的高等出产物也要留神些,才是个救济。布尔什维克说他们在艺术上出过大力,但是他们除开保存已有的艺术外,我不能发现他们做的事。我把这问题曾对一个布尔什维克说,他听了发怒道:"我们没有时间顾到新艺术,也没有时间顾到新宗教。"俄国现在的空气不能培植艺术,这是免不得的,因为艺术是"无政府的"而又反抗秩序的。高尔基已把一人所能做的尽力做了,去保存俄国的知识和艺术之命脉。但是他是快要死了,或者俄国这命脉也快要死了罢。

听说罗素发表了这篇《游俄之感想》以后,受了各方面非常大的反响。守旧党大高兴,他大概很懊丧;英国首相鲁意乔治在下议院宣布对俄政策竟引他的话为据,他的懊丧可知。*Soviet Russia* 周刊上有一篇文章很挖苦他,我们打算译登下期本报。罗素也在七月二十四日的 *Nation* 内有一段附白如下:"上星期六登出我的一篇文章的末句不意生出了一个误解,那就是俄国政府对于艺术不措意或竟有敌意。这不是如此说的。俄国政府善视艺术更甚于我国政府。我在那一句里提起的意思是说俄国人心理上的空气是很难长育艺术的,但我不曾说俄政府对于艺术家不好好看待。"

记者附识

(第八卷第二号,一九二〇年十月一日)

文学与现在的俄罗斯

〔俄国〕高尔基(Gorky)　著　郑振铎　译

本篇是登在本年六月四日及十一日两期 *The Athenaeum* 周刊上的。

高尔基 Maxim Gorky 新近在布尔什维克政府庇荫底下,组织了一个伟大的出版所,名"世界文学丛书社",刊行世界的文学名著。这篇文章就是这个"世界文学丛书社"第一次出版目录上的序言。高尔基的高尚的理想主义,没有别的地方比这个序讲得更详细,更明了的了。所以这篇文章也可以说是高尔基的思想的结晶。

这篇文章不仅是高尔基的重要的著作,也是现在的最紧重的,最伟大的出版宣言。使我们与俄国的文学关系,更增亲切。

这序中所说的要出版一千五百种的三百二十页的书,与三千乃至五千种的三十二—六十四页的小册子,我们相信这实是空前的最伟大的平民教育计划,不仅在俄罗斯没有过,即全部的文明世界里也没有这样的伟大的出版计划。

在俄罗斯革命方在建设的时期,即有这种大规模的出版计划出现,"俄罗斯的人民实有权利以为这种事业是值得起树立纪念碑的"。"他的仇敌所视为'引起人类的野蛮性的革命'"乃为这样伟大的文化活动,这是不得不使他的仇敌们吃惊并且闭口的。而我们则由此可以更了解布尔什维克,知道他们不是"文化的破坏者",乃是"文化的拥护者,创造者"。——无论哪一个国家没有比他更具有拥护的热忱,与创造的力量的。

我译了这篇东西,我实为他所感动;我知道凡读这篇东西的人,也一定要受他的感动。

我很感谢张崧年先生,因为他借给我这两本的 *The Athenaeum* 使我得译这篇东西。

一九二〇,九,十三,郑振铎于北京

文学的深刻研究,或至少与他有很亲近的必要,是应该要讲的么? 文学是世界的心,一切世界上的喜与忧,人类的幻梦与希望,他们的失望与愤怒,他们对于自然的美的尊敬,及他们对于宇宙的神秘的恐怖,多翱翔于其中。这个心因自己知识(Self-Knowledge)的干渴,激烈的,永久的颤动;好像在他里面的一切创造所谓复杂与智慧的最高解释的人格的自然的实质与势力,渴望去阐晰人生的意义与目的似的。

文学也可以说是世界的无所不见的眼,它的眼光透入于人类精神的最深处。书籍——这样简单,这样熟知的一件东西——是世界上伟大的,神秘的奇物之一。我们不认识的一个人,偶然说出一种不能懂得的话,在数百里以外,以一种我们所称为文字的符号或记号的各样联合,记在纸上面,我们看见它们时,我们异地之人,远隔于这书的创作者,就能够不可思议的知道所有文字、思想、感情及意像的意义;我们称赞这天然景色的描写,喜欢这些话音韵的优美,与这些文字之音乐的。我们被感动至于哭泣,愤怒,幻想,有时且对这斑驳的印过的纸页而笑,我们理会得那些接近于或远隔于我们的精神生活。书籍是,似乎是,人类在他的到达将来的快乐与势力的路上所创造的一切奇迹中,最复杂最有力的一个。

我们没有一种世界的文学(Universal Literature),因为现在还没有地球通用的文字,但是所有的文学的创作品,散文的或诗体的,却满注着同样的,一切人们所通有的感情,思想,及理想;同样的,人的对于精神自由的快乐的神圣的热望;同样的,人的生活痛苦的厌恶;同样的,他的更高的生活方式之可能的希望;也还满注着一些不能用文字或思想定义他,又难能以感觉理会得,而我们称为美(Beauty),能回复永久的,更光明的,更快乐的花在世界上,在我们自己的心里的神秘的东西。

无论国家,种族,个人的内部怎样的差异,也无论政府,宗教,风俗的外形怎样的不同,阶级间的冲突怎样的难以调和——在所有这些我们自多少世纪来所创造的差别上,却翱翔着普遍认识的悲剧性质的人生的黑暗,与吓迫的幽灵,及人类在世界上的孤寂的残酷的意义。

起于"生"的神秘,我们突进于"死"的神秘里。偕同我们的行星,我们进于神秘的空间中。我们称它为宇宙(Universe),但我们对于它还没有正确的概念,并且我们在它里面的孤寂,乃有这样一个暗讥的完全(Such an ironical Perfection),甚至于我们没有东西去比较它。

人类在宇宙间及在地球上的孤寂,只有少数的人是实在的承认它,多数的人都以为"是一个沙漠,咳! 不是没有人民住的"——在地球上许多最使人苦恼的欲望与可能的冲突中间。但它的微弱的感觉却差不多如恶草似的遍植于每个人的本能里,并且它也常时囚禁那些好像是完全解脱于那普遍于所有年代,所有人民的杀人的思乡病的人的生命,使英国人 Byson, *Ecclesiates* 一书的著作者意人 Leopardi 及亚洲的大圣人老子同样的受苦痛。

这个从人生的不稳与人生的悲剧的蒙昧意义里所生出的烦闷,多少的普遍于有张开眼睛看着人生的勇气的每个人。要是将来有一个时候,人类能够战胜这个烦闷,使那种悲剧的与孤寂的观念自行阻止,那么,他们之所以能完成这个胜仗者,只有用精神创造的方法,只有由文学与科学的合力协作而已。

除了空气与光的包裹,我们地球的全部还为一个带着我们能力(Energy)的各样虹彩的放射的精神界(A Sphere of Spiritual Creativeness),所有神圣的美(Immortally Beautiful)的组合,熔铸,或成型,都出于此;最有力的思想,及我们的迷人的复杂的机械,惊人的庙宇,及贯穿大山岩石的隧道,书籍,图画,诗歌,及横跨大江,费数百万吨铁所造成,而这样奇怪的,轻便的悬在空中的桥梁——乃至人生所有庄严的及可爱的所有有力的与仁慈的诗歌,也都创造出于此。

人类的心灵与意志战胜他们里面的天然的与兽性的分子,从"未知"(Unknown)的铁墙上,击出永久的,更光明灿烂的希望的火星。以此,我们人类乃能以正当的快乐,讲述我们精神的伟大的功能的无定的意义,(Planetary Significance)这种伟大的功能,最辉煌的,最有力的表现在文学及科学的创作品上。

文学的大用就在深邃我们的意识,广大我们的生命的承认,给形式与我们的情感,而对我们说如下的话:所有的理想与行为,所有的精神的世界,都是由人类的血与脑筋创造出来的。他告诉我们说,中国人 Hen Toy 对于妇人爱情的苦闷的不满足,同西班牙人 Don Juan 是一样的;Abyssinia 人也唱同一的爱情乐的歌,如法兰西人所唱的;一个日本人的 Geisha 的爱情与 Manon Lescaut 的爱情,也是有同等的激力的。要之,男人们寻求妇人,即他的灵魂的他半的欲望所放出来的火焰,一切地方,一切年代都是同样的。

谋杀者之为人憎恨,在亚洲是与欧洲一样的,俄国的可怜虫 Plushkin 之使人怜悯是与法国的 Grandet 一样的;所有的国家里的伪善者 Tartubes 是一样的;无论什么地方里的愤世者 Misanthropes 都是一样的可悲的,而每一地方,每一个人也都是一样的为精神的武士(The Knight of the Spirit) Don Quixote 的可爱的幻象所喜悦的。要之,所有的人们,说所有的语言的,都常时讲到同样的事情,关于他们自己的,及关于他们的命运的,兽性的人们,无论什么地方都是一样的,其有无限的异点者,唯有智慧的世界而已。

优美的文学给我们以一切这些不可数的同点与无限的异点,这是我们很明白,很坚确的相信的。——文学是人生的颤动的镜子,能够反映出悲苦或愤怒 Dickens 的慈善的笑,或 Dostoevsky 的可怕的皱颜,反映出我们精神生活的一切的复杂,我们欲望的全体,平凡与愚笨的无底的渟静的池子,我们在命运前的勇敢与怯懦,爱情的勇气与嫌恶的强力,也反映出我们的诈伪的一切污秽,及谎言的许多羞耻,我们心中憎厌的停滞,及我们的无尽的苦楚,我们的搏动的希望,及神圣的幻梦——乃至一切使世界有生气,一切在人们心中颤跳的东西。文学以一个易感动的朋友的眼光,或以一个法官的严厉的视线,看着人们,同情于他,笑他,称赞他的勇敢,咒骂他的无用——文学超越在生命上面,与科学合力协作,为人类,把到达他们目的之完成的道路,到达他们所谓善的东西之发达的道路,照亮着。

有时,文学迷惑于科学的美丽的隔离(Beautiful Aloofness),竟为独断之见解所愚:于是,我们看见 Emile Zola 所谓人类不过是一个"肠胃"("Belly")用"可喜悦的粗糙物"("With Charming Coareness")所组成的话,我们也看见 Du Bois-Reymond 的冷酷的失望怎样的传染到如此伟大的一个艺术家如 Gustave Flaubert 的身上了。

文学之不能完全脱离了 Turgenev 所谓"时间的印象"是很明白的,这是天然的,"十分接近时代就是坏处"。并且时代的坏处可以说是更常的囚禁美的纯洁精神与我们对于他的"灵感与祈祷"的寻求;而这些灵感祈祷也是被时代的污秽的尘埃所隐蔽的。但是,正如 Edmond Goncourt 所说的,"美是稀有难得的",而我们也常极确实的想到美与琐屑的习惯之物(insignificant habitual things)的缺乏——这些习惯的东西,就是,如退到过去的时候一样,使我们的后代得到所有的真正的,不褪色的,美的号志与性质的。古代希腊的朴素的生活,我们看来不以为善么?文艺复兴时代的流血,骚乱,创造的时期,及它的一切的"习惯"的残忍,不使我们狂喜么?我们现在所经过的社会变动的大时代之将引起我们后嗣的出神,崇敬,与创造品,也是可以决定的。

我们是不要忘掉,Balzac 的穷亲戚"Poor Relations"Gogol 的死灵 *Dead Souls* 乃至 *The Pickwick Papers*(译者按:这部书是 Dickens 的名著)等书,虽然他们完全是描写实际生活状况的书,但却含有最好的大学所不能备,平常的人即经过五十年的辛苦工作的生涯也不能知道这样真确,或这样清楚的伟大的,不可磨灭的教训在里面。

习惯不常是平凡的,因为人之消磨于他的虚空的鬼火(Hellfire of his vocation)里是习惯的,而这个自己消磨又常是美丽的,必要的,足以悬训于那些一生懦弱的气闷,而不能在摧毁人体而照耀他的精神的神秘的绚烂火花里燃着的人的。

人的差误,不常为文字及想像的艺术(Art of word and images)的特质,它包含更多的特质是它的超升人们于外形的存在之上。自由人们于卑下的现实的拘束以外,及使他自己觉得他不是奴隶,乃是环境的主人,生命的自由创造者的愿望,所以在这个意义上,文学是永久革命的。

以天才的伟大能力,而超越于一切现实的环境之上,满注着人道的精神,燃着他的由过度的爱恋而生出的憎恶心,优美的文学,散文及诗,乃是我们的伟大的辩护,而非我们的责备者。他知道没有事情是有罪的——虽然一切的事情都在于人类中,一切的事情都由于人类做出。生活的热烈的冲突,引起国家,阶级,个人间的仇视与嫉忌者,在文学上只算是一个旧的错误,他相信人们的高尚的意志能够,并且一定要摧灭所有这些的错误,所有这些妨碍精神的自由发展,使人们入于兽件的威权之下的东西。

当你密切的看着那显在文字与想像里的创造力的巨大川流时,你觉得,并且相信,这个川流的伟大的目的,就是永久的冲洗去所有的种族、国家、阶级间的隔阂,并且把人们相互竞争的重担取下,使他们直接地用他们所有的力量与自然界那些神秘的势力相竞争。这样说来,那么,那文字与想象的艺术似乎成了,将成了,人类全体的宗教了——这个宗教是吸收所有写在古代印度的圣经里 Zend Avesta(译者按:这是波斯古代的经典)里,福音及可兰经(Koran)里的东西的。

以上的简陋肤浅的大概意思,就是"世界文学丛书"(World Literary)的一班工作者对于文学的态度——不损害于个人的偏于一个或其他的方面上——这个丛书的机关,是隶属于"平民教育委员会"(The Peope's Commissary for Instruction)之下的,它的目的就在刊行英,美,法,德,意,西班牙,葡萄牙,斯堪德那维亚(Scandinavia)(按:即北欧瑞典,挪威诸国),匈牙利等国的最著名的作家的著作。

由所附的目录上,可以看出那出版的公司,"世界文学丛书社",现在——它的工作的头一步——正由从十八世纪之末到我们的时代,即从法国大革命之始到俄国大革命的时期内各国所刊行的著作里选出许多书来。因此,俄罗斯的国民将有由欧洲的热烈的精神创造力,自一世纪有半来,所创造出来的所有诗与艺术之文的精华在其手中了。

把这些选出的作品,集在一起,将成一个依年代排列的宏伟的文学选本,使读者能够十分知道这些作品的创造,起源,及文学派别的兴废,诗文技术的发达,各国文学相互的影响,及历代文学进化的全部运动——自 Voltaire 到 Anatole France,自 Richardson到 Wells,自 Goethe 到 Hauptmann,等等。

这个丛书是为平民教育用的,欲使读者得以研究在这两个革命中间的文学创作品的历史。这些书都附以序言,作者传略,那曾生产几个派别或著作的时代的略史,并有一部以年相次的文学史及好些关于传记的注释。这个丛书想刊行这一类的书一千五百种以上,每种大略有三百二十页。

以后,"世界文学丛书"还想以中世纪的文学,俄国及其余斯拉夫国家的文学,以及东方的意象的思想与文学的创作品,印度、波斯、中国、日本及阿拉伯的优美的文学,贡献给俄罗斯的人民。

与这个丛书同时,还要刊行一种小册子的丛书,想要最普遍的散播于民间。这些小册子包含欧洲及美洲的文学中最超萃的东西,而附以传记、注释、社会学上的杂记等等。

因他决定入于欧、亚两洲人民精神联合的道路上,所以俄罗斯人民之读之者,一定要知道这些国家及种族的历史,社会生活及心理学的详细,他现在止渴想着同他们在一起,去造成社会生存的新形式。

文学是我们祖先的功业与错误,超越与失败的活泼的,意象的历史。有伟大的势力,以影响于思想的构成,以妨制本能的残酷,并以教育意志。而到了最后,还一定要完成他的重大的责任——就是那最坚固,最亲切的联合那些人民,用他们的痛苦与愿望的觉悟,用他们想望一个美丽自由的生活的快乐之共有的觉悟,的有力的责任。

这些小册子的目的,就在使读者从中完全得到欧、美人民生活的方法,以示他们的思想、情感、风俗的异同——预备叫俄罗斯的读者去得到世界的及人类知识。这种知识是这样的普遍的、活泼的、在艺术的文学表现出来,并且,由他,而言语不同的各民族乃能最容易的完成他们的互相了解。

文学著作的范围,在精神上是无国界的。于我们现代,人类皆同胞及世界的社会之思想显然的变成现实,变成必要时,我们是不得不尽力的。求世界同胞的有益思想的同化之以极大快度实现,并透入民众的心灵及意志的深处的了。

人的知识愈广,则人愈为完全,人对于他的同人的兴趣,愈锐敏,愈热切,则融合善的创造分子成一个联合势力的历程,完成得愈快。我们经过我们的横断的驿站而达到相互的了解,敬重,友爱的普遍的快乐也愈快——到达我们自己的光荣也愈快。

因欲使未受教育的人养成读书的兴趣,这些小册子的丛书,将包含有一种外面有兴趣的书籍,如情节复杂的故事,娱乐的、滑稽的故事,历史小说,冒险小说等。

这些小册子将依年代的次序刊行,所以即使平民的读者也能够很清楚的去追溯欧洲精神界发展的历程——自大革命到我们的悲惨的日子。这个丛书想刊行三千至五千种,每种包含三十二—六十四页。

以它的质量而论,这个伟大的出版计划,在欧洲实是空前的举动。

实现这个计划的荣誉,乃属于俄国革命的创造力——这个革命即他的仇敌所视为“引起人类的野蛮性者”。在它的活动的很早的时候,在难以叙述的状况底下,去起首做这样的一种负责任的,规模广大的教育事业,俄罗斯的人民实有权利以为这种事业是值得竖立纪念碑的。

在因人类为他们的肥胖之金钱的黄色魔鬼的热烈崇拜所发狂而招致的罪恶的,可咒诅的杀戮之后,在怨毒与厌恶的流血的骚乱之后,而把精神创作品的宽广的图画表现出来,没有东西是比它更合时宜的了。在野蛮的禽兽的喜乐的时候,令我们回想到所有那些年代所教训我们,智慧与天才所教训于世界的真正的人类的东西。

马克辛·高尔基(Maxim Gorky)

(第八卷第二号,一九二〇年十月一日)

能够造成的世界

（译自《到自由之路》第八章）

〔英国〕罗　素　著　李　季　译

在多数男子和妇女的日常生活中，恐惧心占据一大部分而希望心只居一小部分：他们总时常顾念他们的可以为别人夺去的财产，不甚想及他们的可以在自己的生活及和他们相接触之人的生活中创造出来的愉乐。

人的生活不是应当这样度过的。

有些人的生活对于自己，朋友和世界，都有益处，这种人是受了希望的鼓励和快乐的营养：他们的脑子里面，知道世间可以发生的事件，和这些事件实现的方法。在他们私人的关系上，他们是不惦念着怕失去世人对于他们的敬爱的，他们乃一心敬爱世人，酬报不待求而自来。在他们的工作上，他们是不为妒忌竞争者之念所扰的，他们所关心的只是应当做的实在事件。在政治上，他们不枉费时间和热情去拥护他们阶级或民族之不正当的特权，他们的志愿是在使全世界更加快乐，减少社会中的暴行和各对敌团体间因贪婪所起的冲突，使世界得遂自由生长（未被压制妨碍发达）的人日加增多。

在这种精神中过的生活——就是志在创造不志在占据的精神——是有一种根本上的快乐的，这种快乐是横逆的环境所不能完全打消的。这种生活方法便是《福音书》（*Gospels*）和世上各大教主所赞美奖劝的生活方法。凡曾经遇着他的人，都是不受制于恐惧心的专暴，因为他们生活中所最宝贵的东西，是不受制于外力的。如果人类都能不顾障碍和失意的事件，振起他们的勇气，洗刷他们的眼光，生活于这种方法之中，那么，就用不着从政治和经济的改革去着手世界的再造了：由个人道德的再造，凡改革上必须的事件，都会自动无阻的实现出来。但是耶稣的教义为世界所遵信，在虚名上虽有了好几世纪，然一般实行这种教义的人，和在君士坦丁（Constantine）以前的时代一样,仍受惩罚。经验已经证明,世界没有几个人能从一个游荡者的生活表面上的恶点里看到那种由诚信和创造的希望所生之精神上的快乐。如果要推翻恐惧心的宰制,就普通人民而论,单靠叫他们具一鼓勇气,对于患难存一种冷淡之心,是不够的;必须要除去恐惧的原因,使善良的生活不复为世俗所谓不成功的生活,并减少那种加于一般不知自卫者的损伤。

论我们所知道的世间生活里的恶点,大概可以把他分为三种。第一种起于物质上的性质:凡死亡,痛苦和使田地生出养生品的困难,都属此类。这种恶点今称之曰"物质上的恶"(Physical evils)。第二种起于受苦者性格上的缺点或他的自然嗜好;凡痴愚无知,无志意,和暴烈的脾气,都属此。这种恶点今叫做"性格上的恶"(evils of character)。第三种起于一人或一团体压制别人或别团体的权力:不仅公然的专暴属此,就是以强力或以过度的精神上的影响——如教育上可以有的——去干涉别人的自由发达,也属于此。这种恶点今叫做"权力上的恶"(evil of power)。一种社会制度的好坏,便可照他在这三种恶点上的关系去判断。

这三种恶点的界限并不能严格划分出来。纯粹物质上的恶本是一种极限,这种极限我们决不能相信已经达到:我们虽不能铲除死亡,我们固常能应用科学将死亡延迟,到后来,并可能使大多数的人都得高寿;我们虽不能完全防住痛苦,我们固能使人类都得康健的生活,因此把痛苦无阻的减少;我们虽不能不劳动,便使地球产出丰盛的收获,我们固须减少劳动的分量,改良劳动的境况,以至于使他不复是一种恶。性格上的恶常是病的样子的物质上的恶之结果,更常是权力上的恶之结果,因为专暴是使行他的人和受他的人(就大体而论)都堕落的。权力上的恶,是为有权力者性格上的恶,和无权力者物质上的恶——这种物质上的恶每成无权力的人的命运——所生的恐惧,愈加利害的。因有这些理由,故三种恶点实互相牵绕。但泛言之,我们固可把我们的患难分为一种起于物质界的一种大体由我们自已的缺点而起的,和一种因我们的受别人的支配而生的。

和这些恶点决斗的主要方法是:对于物质上的恶用科学;对于性格上的恶用教育(最广义的)和各种不含专制的冲动之自由发挥;对于权力上的恶则由把社会之政治和经济组织的改革,得使一个人干涉别人生活之事降至最低限度。我们今先讨论第三种恶,因为权力上的恶是社会主义和无政府主义特别力求补救的。他们对于财富

不平均的抗议大半是以他们对于由财富所具的权力发生出来的恶点的见解为基础。寇尔已将这一点说得很好,他说:

> 我要斗,在近世社会中,我们应当指明,铲除的根本恶点是什么?对于这个问题是有两种答案的,我确信很多很想好的人会要答出那个错的来。他们应答“奴役”的时候,他们会答是贫穷,他们每天逢着巨富和赤贫,高红利和低工银,这些可耻的对照,他们痛心疾首的知道借公私慈善事业的方法去调剂贫富,使之平均,是无效的,他们遂会毫不迟疑答说,他们是赞助铲除贫穷的。
>
> 也好!也好!在这个问题上个个社会主义者都和他们一致。但是他们对于我的问题的答案也绝不得错差一点。
>
> 贫穷不过病象,奴役乃是实病。束缚与放纵达于极端,贫富不可免的也要随着达于极端。多数人并非因其贫而被奴,乃因其被奴而贫。但一班社会主义者乃太常常注目于贫民物质上的困苦,而不知道这种困苦是基于奴隶之精神上的堕落的。见《工业自治》的第一百十页和第一百十一页。

我以为凡有理性的人必相信现制度中权力上的恶实过大,于必须的,并相信可以用一种适当的社会主义将他们大大地减削,少数幸运的人现在诚能依赖租金或利息自由生活,他们如在别种制度之下,殆不能享有更大的自由。但是不仅大多数赤贫的人民,须为着赚钱过活做奴隶,就是各种佣工甚至于各种专业阶级(Professional classes)也须为着赚钱过活做奴隶。他们做工差不多都是十分着力的,他们简直没有娱乐和做别种事业的闲暇工夫。一般能于中年以后休养的人,又是索然无趣的,因为他们未曾学得闲暇的时候怎样消遣,而他们以前工作以外所有的兴趣,又不复存在了。但这些人已是非常幸运了。至于大多数人都须苦工到老年为止,常常存着怕穷的心理,稍微富足点的怕无力使子孙受教育,或无力供给子孙疾病时必需的医药,贫穷点的就时常不免于饥饿的祸患了。对于工作的管理,差不多所有做工的人都无发言的权利,当工作之时,他们不过是些机器,专完成主人的意志罢了。他们时常在种种不合意的条件之下实行做工,精神上方感受痛苦,而身体上复疲劳不堪。工作之唯一的动机是工银:说工作是一种乐趣,如美术家的工作一样,这种意见时常被人嘲笑,称为一种完全乌托邦的理想。

但是这些恶点大部分都不是不能免除的。如果能够使人类的文明分子只希求自己的幸福,而不存加人以痛苦的心思,如果能够使他们从事于与天下共享之建设的改革事业,而不出于妨碍别种阶级或国家进步之破坏的行动,那么,在三十年之内现在世界的全部制度定可完全改了。

从自由见地看起来,什么制度会是最好的呢?我们应愿意进步的势力往什么方向进行呢?

如暂时将所有别种思虑都丢开,单从这个见地去观察,我深信一种最好的制度一定是和克鲁泡特金所主张的制度相差不远,而由采取行会社会主义的主要原理,弄得更可实行的。因为不论什么论点都可以生出争论,我今姑不加议论,只把似乎最好的那种事业,组织说明出来。

教育应当是强迫的,直到十六岁为止,或更长一点。从此以后,是不是还应教育,当随学生自己的意思,如果愿意再受教育,尽可自由继续下去,至少至二十一岁。当教育期限已满之时,没有一个人当被强迫去做工,凡不愿意做工的人当得到一种仅够维持生活的生活费,并且当听其完全自由。但是社会上有偏袒做工的一种有力的舆论,也或者是很要得的,因此使喜欢懒惰的人在比较上不过最少数。使懒惰在经济上成为一种可能的事,一种大益处,就是,他会在使工作不是不可乐的上头,供给一个有力的动机;在大部分工作都不合人意的社会中,他的经济问题不能算是已经解决了。现在那些每年从投资收入(假定)一百镑的人,十个之中至少有九个愿意从事于有偿的工作,借以增加他们的收入,从这种事实看起来,我以为假定喜欢懒惰的人只居最少数,这种说法是合理的。

讲到大多数不喜欢懒惰的人,我以为一方面利用科学,一方面除去国内和国际竞争中大堆不生产的工作,我们可假定每人每天做工四点钟,就可使社会全体的生活十分舒服。一班有经验的雇主现在已经力言他们的佣工在六点钟的工作时间内所产的物品竟能够和在八点钟工作时间内所产的相等。在一个技术教育的程度比较现在更高的世界中,这种工作力增进的倾向将更迅速。对于普通一般人民将不和现在一样,仅教以一种艺术,或一种艺术中的一小部分,但将教以几种艺术,使得因气候和需要的变迁,随时改业。凡关于各种工业内部之事,将由他自理,就是各种分立的工厂对于只和厂内工人有关系的各问题,都将由他们自己决定。工厂的管理权,将不和现在一样,操在资本家的手中,但将操于被选举的代表之手中,恰和在政治界一样。凡生产者相异的团体间各种关系,将由行会议会决定,而关于社会中某一处居民的事件,将仍由国会决定,同时国会和行会议会间各种争端,将由这两种机关选派人数相等的代表,组织一个团体,共同解决。

凡报酬的法则,不是和现在一样,仅对于需要的和已经履行的工作,才给予报酬,将来凡愿意做工的人都能取得报酬。这种制度在好些薪水优厚的工作中已经采用:一个人据有某种位置,当没有多少事做的时候,他仍然保持这种位置。赋闲和失去生路的恐慌将不复和梦魇一样,时常来扰人了。所有愿意做工的人所得的报酬都是相等的,或是非常的技艺仍将取得非常的报酬,这桩事可听各行会自己去决定。一个乐剧唱演人所得的报酬如果不多于舞台上一个布景的人之报酬,他或愿意去当一个布景的人,一直到这种制度变更为止。既有这样的情形,更大的报酬一事,或将觉得是必要的。但是这种制度如果是由行会自由投票决定的,也总不会发生一种隐痛出来。

对于使工作适合人意的事无论如何尽力,据一般的推测,总有几种职业是大家所不乐为的。一般工人既不受穷困的压迫,去从事这种职业,就只能为更大的工银或更短的工作时间两桩事所诱动,去做此等事业。那时社会为想设法减少这种职业中不适合人意之点,会有一种强大的经济动机力。

在我们现在所想像的社会中,仍须有货币,或和货币相似的东西。无政府主义者自由平均分配工作全体产物的计划,不足以除去一种交换价值的标准之需要,因为各人的嗜好都不相同,一个人愿意取得某种物品当作他所应得的分子,而别人又愿意取得别一种货物当作他所应得的分子。到了分配奢侈品的时候,年老的太太们就不愿意取得雪茄烟当他们应得的分子;年少的男子们也不愿意取得叭儿犬(Lap-day)当他们应得的分子。有了这种情形,知道多少支雪茄等于一只叭儿犬是必要的。一种极简单的方法就是和现在一样,付人以一种进项,并照着需要规定各物相关的价值,使相调剂。但是付出时如果用一种实在的现金,一人或将把这种东西储藏起来,历时既久,就变成资本家。要阻止这桩事的发生,最好付给一种证券,只于一定期限之内有效,例如从证券发出之日起,以一年为有效期限。这种方法能使一个人储蓄证券为过年节之用,但不能够永久存储。

无政府主义者的计划是,凡日常生活品和一切很容易产出的无论如何足可应需各种物品,都无需收价,自由给予一般要求这些物品的人,至于分量的多寡,也不加限制。现在要批评这种计划,议论是很长的。据我的意见,这种计划是否应当采用,纯粹是一个技术上的问题:采用这种计划对于必需品的生产,在事实上能够不浪费有用的劳力么?我没有法子回答这个问题,但我以为因生产方法继续改良,无政府主义者这种计划迟早将可以适用,当他可以适用的时候,固然就应当采用。

在家中做事的妇女,无论已嫁未嫁,将得到报酬,恰和他们在工业中做工一样。这种方法将使为人之妻的人在经济上得完全独立,这桩事是用别种方法所难成功的,因为有小孩子的妇女不应期其做家庭以外的工作。

小孩子的费用将不和现在一样,由父母担任。小孩子和成年人一样,都可取得他们所应得的必需品,他们的教育是不收费的。有些人或怕这种结果定使人口有一种不适当的增加,但我以为这样的恐惧是无理由的。参看本书第四章《工作和报酬》。又可参看《社会改造之原理》的第六章。在一班能力更大的儿童中,将不复和现在一样,因想得学校津贴而起竞争。任教育的人将不作他们从小便养成一种竞争的精神,也将不强迫他们使用脑力,用到一种不自然的程度,致使后半生精神疲敝,体质衰弱。教育的分类将远过于现在。此后当更加注意,使教育适合于性分不同的青年之需要。对于初学的青年学生,将努力奖励他们的创造,不复想把国家所好的许多信条和知识上的惯例去灌入他们脑筋中,国家好这些东西印入青年脑筋中的主因,就在这些东西能够帮助维持社会的现状。对于大部分的小孩子,或将觉得须有更多的乡村中的户外教育。至对于一般觉得学术或美术无趣味之年长的男女孩子,一种具有自由精神的技术教育,于启发他们心智上的活动,比较书本上的知识当更加有益,因为他们以为(无论如何不真)这种书本上的知识除掉用作达到试验的目的外,完全是没有用的。真正有用的教育是在能随儿童本能上兴味的趋势为转移,能供给他以他所要求的知识,不在供给他以一种干燥无味,而又和他的自然意志完全无关系的知识。

在我们的社会中,政府和法律将仍是存在的,不过二者的权力都将降至最小限度罢了。被禁止的行动将仍有的——例如暗杀之类。但是刑法中关于保护财产的部分差不多全体将成废物,而现在发生暗杀的种种动机有许多将不复出现。那些仍旧犯罪的人将不被视为坏人,将被视为一种不幸的人,他们将被关在一种治心病的病院中,直等到大家承认他们不复为一种危险为止。犯罪的行为,藉教育,自由,和铲除私有资本之力,能减至极少的数目。凡待遇一个犯罪的人,应用一种个人疗治法,除掉疯癫和心志薄弱的人外,此法大概可使一个人第一次的犯罪行为,就是他末次的犯罪行为,至对于疯癫和心志薄弱的人自然要有一种长期的拘留。

政府可以看做由两部分成立的:一部分是社会或其所承认的各种机关的各种决议;他部分是对于反对这种决议的人加以压力使之遵从。无政府主义者对于第一部分并不反对。而在一个平常的文明国家中,第二部分也可完全不表现出来。当一种新法律正在讨论时持反对论的人,到了这种法律通过之后,大概就将服从,因为在一个安定有秩序的社会中,抵抗法律多半是无效的。但是政府用武力的可能仍然存在,并就是使武力不必须的那种服从的理由(因有武力可行故不得不服从,既服从武力便又无用了)。如果像无政府主义者所心想的一样,政府无需使用武力,大多数人仍能够结合拢来,用武力欺凌少数人。他们的军队或警察的武力与政府武力唯一不同之点就是,他们以武力是有特别目的,并不是永久的和专业的。然此事的结果将使人人须练习战术,因恐训练纯熟的少数人将袭据国家权力,组织一种旧式寡头政治的国家。照这样看起来,无政府主义者的目的似乎不能够用他们所主张的方法实现出来。

如我们所见的不错,则阻止国内或国外人事中所出现的暴力,只有依赖一种能够宣布使用各种武力,并且能够压服各种武力的权力,不过这种权力也有限制。当自己行为不法之时,无力宣布使用各种武力。当对手方的武力是拥护自由,或抵抗强暴,得了舆论的赞助时,他也无力压服这种武力。这样的权力是存在一个地方里的,他就是所谓国家。但是在国际事务中,这种权力尚待创造。创造这种权力的困难非常之大,但是要把世界从隔若干时一发,发就必较前更惨烈的战争中拯救出来,不可不将这些困难设法除去。此次大战之后,国际联盟是否可以告成,是否能履行这种任务,现在尚不能预先言明。然不管此事的成败如何,在我们的乌托邦能够出现之前,一种防止战争的方法,是必须创造出来的。人类一旦相信世界是免掉战争而得安的,全部困难将都解决:那时解散各国海陆军队,另代以一种小小的国际武力以为防御各未开化的民族之用,这桩事将不复遇着很重大的阻力。一到这种时期,实际的和平就将确定了。

大多数人专政的政府是无政府主义者所指摘的，在实际上，这种政府实不免为他们大部分的反对论所言中。还有一桩更可反对的事，就是行政部对于关系全体人民幸福的事件所具的权力，如媾和及宣战之类。但这两桩事都是不能够骤然不要的。然有两种方法可以减少他们所弄出的损害：（一）大多数人专政的政府可用转落他的权力之法，去减少他的压迫，凡只和社会中一部分人有重要关系的问题，当由那一部分人议决，不由一个中央议院议决。因此一般人民不复被迫服从那些多半不知道事件内容与不和这种事件有直接利害关系的人仓促所通过的决议。内部事件的自决权不独应当给予各地方，并且应当给予各团体，如各工业或教会之类，因为这些团体有重要的公共利害关系，是和社会中他部分无关系的。（二）近世国家行政部所以得到很大的权力，大概是由于敏捷的决断之必要，而关于外交事件这种决断尤非常重要。如果战争的危险在实际上不复存在了，那么，较繁重但较少专制的方法一定可以实行，而立法部或可以恢复好些被行政部夺去的权力。用以上两个法子，政府对于人民自由的严厉干涉能够逐渐减少。有种干涉，甚至于有种未有保证和强暴的干涉之危险原是政府的本质，政府一日存在，这种干涉也一日不会消灭。但是非到人类横暴的倾向比现在减少了，政府一点子武力，似乎还是两种坏处中的较少那一个。然战争的危险一经告终了，我们可希望人类横暴的冲动，将渐次不大发现，当大大地减少那种使政府当局因压服反对者不惜流于任何种专制行动的个人权力之事，能够见诸实行，这种冲动将愈加减少了。虽政府的武力（除掉防御疯癫外）也成为无用的东西，这种世界的发展必是渐渐而然的。以作一种逐渐发达的历程，这个是十分可能的。当这种历程已经完成，我们便可望看见无政府主义的原则实行于公共事务的管理中。

我们已约略说明的政治和经济制度，对于性格上的恶，将发生一种如何的效果呢？我相信他的效果是非常有益的。

引导人类的思想离开使用武力一途，这桩事的进行因铲除资本主义的制度，将愈迅速，不过继承这种制度的要不是那种使官吏具有绝大权力的国家社会主义才成。现在资本家支配别人生命的权限比无论何人所应有的权限还大；他们的朋友在国内有权力；他们经济上的势力就是政治上势力的榜样。在一个男女享有经济自由世界中，将没有这样命令的习惯，因此，也将没有这样喜欢专制的心理。而一种比现在人性更柔和的性情将逐渐陶养出来。人类是由环境造成的，不是生下来就是这样或那样的。现在经济制度对于人性之恶影响,和要由共产制期望的极好的影响,实属主张改革最强固的理由。在我们所想象的世界中,经济上的恐慌和大部分经济上的希望,将一样地,不复存在,没有一个人将为贫穷的恐惧念头所烦扰,没有一个人将为发财的希望所驱策,而出于残忍的行动。在现在的生活中,社会阶级的分别关系非常重大,到了将来就没有这种分别了。凡不成功的专业家将不致在恐怖中生活,怕他的子孙要陷于苦境;一个渴想做工的人将不汲汲盼望他也轮到能为雇主。怀抱野心的青年,将须作别种幻想,不复再做使竞争者失败和劳动界堕落来成就自己发财事业的梦了。在这样的世界中,伏在人心中的梦魔之大部分将不复存在了;反之,人类的野心和好胜心所表现出来的形态,比较一个商业社会鼓励他们所表现出来的,将更加高尚。所有真正有益于人类的各种活动,不独对于少数气运好的人是公开的,对于一般有野心和能力的人都是公开的。凡科学,节省劳力的发明,以及各种技术上的进步,一定可希望远胜于现在,因为这些东西就是走向荣誉的道路,而在一般志在有所成就的青年中,荣誉将要代替金钱。至于美术在一个社会主义的社会之中是否能够发达,全靠所采的是一种什么样子的社会主义。如果国家或任何公共机关(不论什么机关)主张管理艺术,并且主张只对于他所认为造诣很深的人就予以特许权,此事的结果一定是不幸的。但是如果有一种真正的自由,允许每个愿意从事美术事业的人,宁甘牺牲一点快乐,去研究这种东西,那么希望心和不受经济的压迫这两点将使浪费才能之事,比在我们的现制度中要少得多,并且将使因生存竞争而压制冲动之事,也要少得多。

当多数人初等的需要已经满足之时,他们真正的快乐就在两桩事上面:他们工作和他们的人间关系。在我们所描写的世界中,工作是自由的,不至于过度的,凡进步迅速的,集合企业虽位置最低的单位也有创造的快乐的,这种企业的乐趣。有的一定充满于将来的工作中。在人间的关系利益将与在工作上恰恰是一样大的。唯一有价值的人间关系,是以彼此自由为根据的,既没有压制,也没有屈服,除掉爱情之外,没有互相维系之物,当内部的精神关系已经断绝之时,也没有经济上或习俗上的必要,去保持外表的形式。商业制度遗害于男女间的关系,是他所产出的最可恐怖的事件中之一种。卖淫的坏处是普通所承认的,但是据我看起来,这种坏处虽大,然经济上的情形及于婚姻的影响简直更加利害。婚姻上常常有一种买卖的暗示,以某种程度的物质上之愉快供养她为条件,获得一个妇人的暗示。婚姻关系除掉更难脱逃外,和卖淫行为常常是没有区别的。这些坏处全基础都在经济。经济使婚姻成为一种卖买的事件,在这上头爱情完全居于附属地位,没有爱情遂并不成解放的公认的理由。婚姻应当是男女彼此本能的自由的自发的结合,充满以幸福,而又不杂以一种近于敬畏的感情:婚姻应当具有那种彼此互相尊重的意思,足令稍微干涉自由之事,也是绝对不可能的,足令一方面违反他方面意志的强迫共通生活成为一种不可设想之极可迫的事件。这种婚姻不是订婚约的律师所想到的,也不是对于一种假装在一个法定丈夫的兽欲或昏暴中觉为庄严的法式,而予以"圣典"(Sacrament)名称的牧师所念及的。现在大多数男女所想念的婚姻并不照着一种自由的精神:现在的法律使干涉自由的意志,得一种尽量发挥的机会,男女因喜欢断绝彼此的自由,遂使各人都失去自己一部分的自由。而私有财产制的空气使婚姻更不容易发生一种优美的理想。

当经济上的奴役之恶遗传不复能铸造我们本能时,大家所怀想的人间关系将不和现在一样。夫妻亲子的关系将单由爱情结合:爱情断绝,便可认这种关系无复保存的价值。因为爱情是要自由的,凡男女在私人生活中,将不致有引导喜欢专制的心理的道路与刺激,但凡他们爱情上有创造性的东西,都将有更自由的发展之地。凡尊重被爱者心神之事将不和现在一样,不可多见:现今许多人爱他们的妻子和他们爱羊肉一般,只当作一件吃嚼糟蹋的东西。但是在一种具有尊重意味的爱情中,有一种快乐和带着专制意味的爱情中任何种快乐都迥然不相同,这种快乐不独使一个人的本能满足,并且使他的精神满足:本能和精神的一齐满足,是一种快乐的生涯所必需的,也真正是发扬男女最好的冲动之生活所必需的。

在我们所愿意看见的世界中,生活的快乐将比近世日常生活所演的悲剧中所有快乐多得多。就现时情状讲起来,大多数人一过了幼年时代,便有一种预先筹谋生活的思想挠着心头,为此低头不复能有一种心神泰然的欢乐,只有一种按时的强乐罢了。"变成小孩子一样"(to become as little children)这句箴言在好些方面对于许多人是有益的,但是和他相似的还有一句,就是"不要想及明朝的事"(take no thought for the morrow),在一个竞争的世界中,这种规则是不容易遵守的。凡科学家就是到了老年,常还具有几分小孩子似的天真烂漫的样子:他们因一心注意于抽象的思想,遂得和世俗分离,世人因尊重他们的事业遂供养他们,初不因他们不谙世故,加以欺凌。

这种人是已作成,凡人类都应当能有的生活;但是在现今的情形中,因经济上的竞争遂使他们的生活方法为大多数人所不能企及。

末了,我们对于我们所设想的世界及于物质上的恶点的效果将怎样说呢?将来的疾病将比较现在少些么?将来一定分量的劳力所生产的物品将比现在多些么?或是将来的人口将超过生活必需品限度之上,和马尔萨斯(Malthus)为驳高德文(Godwin)的乐观主义所说的一样么?

我想这些问题的回答在结局上只靠扫除了经济竞争的刺激物之社会,在知识上努力的程度如何。在这种世界中人类将流于懒惰和冷淡么?他们将不复运用他们的思想么?那些运用思想的人将觉得遇着保守主义牢不可破的壁垒,比较现在挡着他们的壁垒还更难穿过么?这些都是重要的问题,因为人类要制胜物质上的恶点,终久必须借助于科学。

我们前假定的别的许多条件如果能够实现,将来的疾病似乎定比现在要少些。一般人民将不复密集于陋巷之中;小孩子将得到充分的新鲜空气和野外运动;做工的时间将以适合卫生为止,必不和现在一样,一直做到精疲力竭。

讲到科学的进步,全靠新社会中知识上自由的程度如何而决定。如果各种科学都受国家的指导和监督,他不久将变成板滞的和死的东西。科学中根本上的进步将不能实现,因为当这种进步尚未实现之时,他的效果似乎可疑,好像不能补偿公家因他所耗的款项。关于监督科学上的权力将操于老年人的手中,尤其将操于一班科学上素著名誉之人的手中;这种人对于青年中那些不用表同意于他们的学说去谄媚他们的人,将抱一种仇视的意思。在一种官僚制的国家社会主义之下,恐怕科学将即刻归于停滞,不复进步,并且得一种中古式的对于权势的尊敬。

但是在一种较为自由的制度之下,在一种能使各种团体随意任用多少科学家,并且对于那些愿意研究一种完全未通行的新学问之人,肯许予以“游士的工钱”(Vagabond’s wage)的制度之下,科学之发达,定为从来所未有,这样想法是很有理由的。参看本书第七章中讨论这种问题的议论。如果这个能办到,我相信对于我们的制度中物质上的可能,必定没有什么别的阻碍。

对于生产充足的品物,使大家能享物质上的安乐的,必须的工作时间的数目,这个问题一半是属于技术方面的,一半是属于组织方面的。我们可以大胆说,将来一定没有不生产的劳力,如制造军器,筹划国防,散布广告,制造富人的奢侈品,以及附着我们的竞争制度而起的别种无用物品之类。每个工业的行会对于他所发明的新物品或他所引用的新法子如果能够享有全部或一部的专利特权至若干年之久,则大家对于技术的进步,必竭力奖励,这是一定的。一个发现家或发明家的生涯是很有趣味的:就现在的情形而论,一般操这种生涯的人大概不起于经济上的动机,多由于他们的事业,富于趣味,而他们心中又存有一种享荣誉的希望;这种动机在将来必比现时更加发达,因为没有几个人会再被经济上的必要所遏制,不能从心所欲。在一个世界中,如果人类的本能不和现在一样横被阻遏,他们生活上的快活更大,他们的生气也因此更盛,那么,他们的才智一定更敏锐,更富于创造力,这是毫无疑义的。

现在还剩了一个人口问题要讨论的,自从马尔萨斯的时代以来,这个问题就是一般不表同意于一个更好的世界可能之人最后的护符。但是现在这个问题和百年以前大不相同了。在各文明国中,人口的出生率逐渐下降,这种趋势无论采一种什么经济制度,一定是会继续下去的,有了这种趋势,又加以战争的影响,则西欧的人口似乎不敢十分超过现在的等级以上,而美国人口的增加似乎只由于移民的关系。在热带地方之黑种人的人口或将继续增加,但是这桩事对于温带地力(方)的白种居民未必是一种很重大的恫吓。自然还有黄祸,但是在亚洲的各民族中,当人口问题开始变成重大问题的时候,人口的出生率也将逐渐下降。如果不是这样,也有别的方法来解决这个问题。无论如何,要慎重的把这桩事当作我们的希望之障碍物,实未免太武断。我的结论是,我们对于人口问题虽不能有一种确实的先见,然以人口可能的增加当作社会主义重大的阻力,实无妥当的理由。

我们所讨论的事件已经使我们相信构成社会主义和无政府主义的共产主义之特别教义的土地和资本共有制对于除去现今世界所受的恶,和创造各仁人君子所愿意实现的社会,是一种必要的步骤。但这种步骤虽是必要的,然单靠社会主义是决不够用的,社会主义有种种样子:那种以国家为雇主而使做工的人领受工银的社会主义,实含有专制和阻碍进步的危险,这种危险能力所及之处,甚至于使国家比现制度还要坏些。反之,无政府主义虽免去了国家社会主义的危险,他自己也有种种危险和困难,因此在一种相当的时期中,他就是见诸实行了,恐怕也难得长久。然这种主义是我们愿意极力趋近的一种理想,我们希望在一种久远的时期中,能够完全达到他的面前。工团主义也有无政府主义的许多缺点,他和无政府主义一样,现在都是不稳固的,因为他如得势,一定即刻自觉得一种中央政府是必要的。

我们所已主张的制度,是一种行会社会主义倾向无政府主义的程度或更较正式行会人所完全认可的为甚。一般政治家通常所忽略的事件——科学,美术,人间的关系,和生活的愉乐——是无政府主义所极力注重的,我们多少加入无政府主义的提议,如"游士的工银"之类,主要就是为这些事件的缘故。凡对于一种社会制度,至少应当以他在经济及政治以外的效果,和他在经济及政治以内的效果,同时并重,加以评判。假如社会主义一朝实现,大家重视,并且自觉的从事于非经济的事业,将只见为有益。

我们必要求的世界是一种世界,在这种世界中,人类创造的精神是活泼的,他们的生活是一种富于快乐和希望之进取的生活,而这种进取心是基于建设的冲动,不是基于保持自己所有物或袭据别人所有物的欲望。他必是一种世界在他里边,情感有自由动作之余地,爱情是除去喜欢揽权之本能的,而幸福和创造生活,予生活以知识上乐趣之种种的本能自由发达,是已经驱除了残暴和嫉妒之心的。这样的世界是可能的;只待人类愿意去创造,他就会出现。

这当儿我们所生存的世界是有别的目的的。但他定将消灭焚化于他自己热烈的欲火中!从他的灰烬里将生出一个富于新鲜希望,晨光满目的新而青年世界。

这种稿子本是吾友李懋猷所译,经吾对原文草草改了一过,所以与原译有些不一样。说明,以明责任。

张崧年。十月十七

(第八卷第三号,一九二〇年十一月一日)

到工团主义的路

〔英国〕哈列(J.H.Harley) 著 李 季 译

工团主义是在工联政府之下,由各工联的行动去实现一种幸福时代的方法,而他所根据的基本说,是为工界或第四阶级保持正义唯一的法子,在乎工界自己独立的和强迫的努力奋斗。

工团主义的界说既是如此,故他出现于世界文明之中,在比较上,只能在一种很后的时期。在人类史上早前好些时代中,我们对于一般耕作纺织者的生存状况,几乎毫无所知。不平等是原始社会中一个显著的特点。当石器时代之际,那些大猿一样的土豪,筋肉既强壮,爪牙又锐利,他们使用严刑酷法,统治一般弱小的同胞。到了后来,一班神秘的人物,和行妖术的人,藉保持各种可恐的仪式之力,造成一种鬼怪的特权。无论在什么地方,总是少数人为治人者,大多数人为被治者,故我们在精细考究工团主义之先,对于大多数被治者或第四阶级,知道公然联合,并且敢称他们的生命为自己的所有物这种进程中各时期的事实,必须略微懂得一点。

当人类初有历史的时候,第四阶级努力工作,劳苦终身,而他们的事业是湮没不彰的。他们做工时的工具极不完备。他们当被暴虐的监工人强迫去建筑一个国王的陵寝之时,多因此丧命,恰和朝生暮死的昆虫一样。古代东方各帝国劳动者的呼声间或也遗传下来,达于我们的耳边,下面的苦情话是从马斯波罗(Maspero)的书中抄下来的,这是三千年以前的事:"我看见一个冶工正当着火炉之前做工。他的两手非常粗糙,好像鳄鱼的皮一样。在家内有一个织工,他的命运比一般妇女的命运还要更苦些。他的两膝和他的肚子成一水平线,他不能呼吸新鲜空气,如果他有一天没有做完曾经配定的工作,他就要受羁束,和湖中的荷梗一样。直立不能移动。他只有赂通一班狱卒,才能够希望重见天日。"一个人只要领略了这种活现的记述所描写的种种恐怖,便知道在那个时代要找出一条到工团主义的大路,简直是不可能的。在亚西里亚(Assyria)的商业帝国中,奴隶可私有一定分量的财产,并可和他们的主人交接,但是在别处地方,一般对敌的酋长互相雄长,互相侵伐,把第四阶级当做粪土,任意践踏,毫不顾惜。

在斯巴达(Sparta)国内,政府当局恐怕奴隶(Helots)的势力逐渐增加,将预先想像一种工团主义,故于一定的时期之中加以残杀。雅典(Athens)的民主主义久已成为许多严格的共和主义思想家之理想,然就是在此处地方,还是把多数人陷于奴隶的境遇。而使少数人享自由的幸福。柏拉图(Plato)曾默想一种理想的社会,但他以为人类不是自由的,和平等的,他以为人类好像是由各种不同的金属造成的——有些人是金子造成的,有些人是银子造成的,但还有些人是顶劣的金属造成的。西色罗(Cicero)做了好些如火如荼的演说词,可以传之后世,但是在罗马庞大的住宅里面,大多数居民生死于罪恶,拥挤,饥饿,和瘟疫之中,情状甚为可怜,西氏却不大提及。暴动和革命的纷乱——近世工团主义者于此将点头称许——是第四阶级使古代历史家知道他们的生存状况唯一的方法。斯巴达卡斯(Spartacus)译者按斯巴达卡斯原是诸列斯(Thrace)人,因率队远征,被虏,并被卖于罗马一个教角斗的人为奴。他力劝各奴隶起兵恢复自由;他们遂于耶稣纪元前七十三年在罗马发难。两年之间,屡败罗马军。后卒为罗马军所败,斯氏亦被杀。叛乱惹起布鲁达克(Plutarch)的批评,但是生在斯巴达卡斯以前而备受痛苦,不为人所知的角斗者(Gladiators)不知道有多少啊?当卢先(Lucian)将他的精神沮丧和秩序紊乱的群众带到斯提克斯(Styx)河之际,他看见众人都哭,无法制止,他只能使一个贫穷的补鞋匠非常安静。这个补鞋匠没有什么东西恐怕失掉。等到亚洛薄斯(Atropos)初次的号令一发,他就欢天喜地跳上来了。麦曲列(Mercury)向他表示一种意思,说他应当出一点眼泪,说几句悲悼的话(你要知道,这就是从俗),于是他就尽力说了几句悲哀的话如下:"唉,我的皮条啊!我的旧鞋啊!可叹!可叹!我自早朝至晚上,将不致再没有食物充饥,我在整个的冬季中将不致再没有鞋穿,没有丰足的衣服遮蔽身体,当着严寒,牙齿乱战起来!唉,可怜啊!谁将承袭我的旧钻子和皮刀呢?"和古代这个补鞋匠一样的工人差不多不是与现在工团主义者一同体质的人。

耶稣教兴起和发达的时代,是第四阶级运动中一个可纪念的时代。帝斯曼

(Deissmann)和别人的研究已经指出《新约全书》(*New Testament*)——除掉《希伯来》一章以外——是用人民的土话做成的,并且起首信仰这种新宗教的人直接出于贫民的社会中。我们在这部书最早的一封信中——第二次致截萨罗尼亚人书——看见一句话,很足以表示一种工团主义的幸福时代——如果一个人不喜欢做工,他就不应当得食。这部书于世界末日的神话对于人民的权力,也有一种适当的说明。在耶稣纪元的早年各种协会,盛极一时,这是丝毫不错的。这桩事还须详细调查,不能以现在已经知道的为已足。当时一定有好些工人秘密会的存在,而这些会因和耶稣教结合,遂使后来的职工会(Craft guilds)和早前的工联(Trade Unions)之仪式,都带着宗教的性质。

耶稣教虽要求"应没有什么犹太(Jew)和希腊(Greece)之分,应没有什么束缚和自由之别",然这种新宗教却没有即刻摇动当时存在的奴隶制。当罗马帝国衰微的时候,在实际上唯一的大变迁就是,土地问题在经济史上成为一个主要的问题,而一班替战胜者耕种土地的奴隶——有时他们就是真正的土地所有人——从奴隶(slave)一变而为田奴(serf)。一般喜欢看司卞特(Scott)的小说之人,当记得他对于撒克逊田奴格慈(Gurth)之历史的叙述——格慈的皮制短衣,他的猪皮带绑着的草鞋,他的暴露出来的头颅,他的颈上戴着的铜圈,并刻有下面那些字:"格慈是俾阿威尔夫(Beowulph)之子,为罗截屋德(Rotherwood)的塞德里克(Cedric)之奴隶。"

在最近一班调查中古奴役的人中,有好些人对于讨论田奴的困苦,有一种逐渐减轻的倾向。凡田奴可以被主人卖给他人,但是主人却不大行使这种特权。田奴负有贡献物品的义务,并且在法律上有许多地方成为一种无能力的人,但是后来的风俗习惯却将此等义务和无能力之事加以严格的限制了。中古的田奴和古代大队的奴隶互相比较,便显出第四阶级的状况略微改良了,这是毋庸怀疑的。但是如果说中古的田奴自己能够开始为拯救自己的运动,那就未免言过其实了。他们在一处地方出生,就只能栖息于那处地方。他们负有供给主人所诛求的物品之义务,此等诛求无论如何严格为风俗习惯所限制,然若应用于每桩事上,便繁琐苛刻,使他们不堪其苦了。他们若派代表到封建主人那边去申诉待遇的不良,他们的主人就将那些替同胞诉苦之良民的手足砍断——当十世纪之末,这桩事真正发生于诺曼德(Normandy)——以为报复之计。法国的《如卢小说》(*Romande Ron*)中有一段有名的叙述,后来遂称为千年的马塞列国歌(*The Marseillaise of the year* 1000)。当日的田奴曾大声疾呼道,“把我们从繁琐的专制之下解放出来啊,我们也是人类,恰和我们的主人一样;我们也有四肢,恰和他们一样。我们受苦的限度,只能够和他们一样,我们也有一个心脏——我们的心脏是温和的,是真实的”。我们在此处看见一种精神,可以构成一种工团主义的运动,但是他没有工团主义所必须之结合的能力。

一直到了十四五世纪,我们才看见那些职工会,有一点倾于工团主义运动的趋势。当十四世纪的时候,一般短工或自由民(yeomen)起首组织团体借以拥护他们的权利。这种团体的组织指出在特别的工人阶级之中,有了一个裂口——这就是佣工或地位较高的工匠和普通工人之冲突。那些短工互相联合拢来,保护他们的特别利益,如工作时间和工价之类,他们因劳动问题遂从各方面和主人宣战。雇主所组织的团体和佣工所组织的团体互相争斗,这桩事在西欧蔓延很广,但是在德国所起的争斗比较在法国或英国所起的争斗,愈加显著。当十五世纪的时候,这种争斗真正是德国工业生活中主要的特点之一。英国的佣工团体经过一次争持完全独立之后,似乎是陷于雇主公会(Masters' guilds)的监督和管理之下了;换一句话来说,他们的团体变成旧职工会(old craft fraternities)之辅助的或联合的机关了。(见《大英百科全书》)

我们在第四阶级之中似乎发现——至少在德国是如此的——一种十五世纪工团主义运动的倾向。从那个时候起,在好些职工会的学徒中,即有一种组织,并具一种精神,到了十九世纪,这两种东西都达于成熟之期,遂有一种结果,这是显然无疑的。一班工人因为他们做长时间的工作,又因不得已而屈服于不堪忍耐的情形之中,遂激而生怒。一千五百三十九年,在里昂(Lyons)的印刷工人同盟罢工,那些学徒陈述他们的事件,词锋是很锐利的,语句是很有力量的。他们说,“我们的主人过了很快活的日子。他们躺在铺中,非常安逸,而瑞士,德意志,和意大利的学者又群集市中,讲演自己国内的风俗习惯。他们听得好些很有趣味的故事。他们听得好些外国奇怪的故事。但是我们呢,——我们对于这些好事情简直没有份啊!我们做奴隶,从早晨两点钟起,一直到晚上八九点钟才止,我们的主人现在是伟人,是富豪,所以不能来到工厂中,站在我们的旁边看一看这种情形。”

然在世界史上,这样的罢工要想成功,时机未免还没有成熟。在里昂地方,主人阶级和学徒阶级的界限隔离虽很远,然有一桩事情尚没有严格的限制。凡学徒仍然可希望变成一个工人。而一个前程有望的工人可向他的主人的女儿求婚，到了结婚之后，他的手中，就拿着一个宝贝了。此外，大家还须记着，当时不和现在一样，却没有民事执行官以严刻的手段，去助长法律的威风。也没有警察去执行当时各种势力的命令。当里昂的印刷工人同盟罢工之际，他们起初觉得他们能够和市中民事上的势力相对敌。他们攻打一班没有罢工的人，抵抗市长和他的巡查，而国中的军事执行官，当纷乱的初期，也没有干涉的意思。但是当他们几乎要饥死而仍然倾于抵抗的时候，法王的长吏遂决意把他的威风显出来。他强迫他们回去作工。禁止他们五个人以上集合开会，干涉各种独占和联合之事，并且限制他们携带武器及加横暴于没有罢工的人。既是如此，里昂印刷工人后来的景状比初时似乎定要更坏一点。

职工会运动的目的既在乎工团主义这一类的事情上，因此遂失败了。在第四阶级中，想要有一种强有力的结合，第一须有完全的结社自由；第二在主人和佣工之间须有一种固定的大界限；第三社会的现状须安宁，而公理须有战胜强权的希望；第四无产阶级的大聚合须集在纯粹工人所居的中心点；第五工人中间须有少数有学问和有思想力的人。这些条件在十五世纪和以后几世纪的职工会运动中，没有一条是完全备具的。这种运动和势将歼灭他的经济上之大势力宣战，虽没有什么效果，却也支持一时。在各大市镇里面，职工会一时成为工业中一种不可免的附带物。但是到了十六七世纪的时候，职工会运动的运命显然就要告终了。工业的新组织遂成为一桩不可免的事实了。“个人的自由”和“自由竞争”就是当时的格言。一个在工厂中的工人要想有一天能成为一个自由独立的人，便觉得毫无希望了。故十九世纪一经开幕，职工会的时代就过去了，而第四阶级遂不得不组织工联，这种机关虽含有好些旧职工会的特点，然和早前的活动完全相异的要点，加入的也很多。

十九世纪在一个大著作家卡乃尔（Thomas Carlyle）的眼中是一种革命的时代，卡氏是第一个发现这种时代之工团主义精神的人。各种旧障碍物一概除去了，各种旧禁令都为人所深恶痛绝，而向来的特权也成为过去的历史了。人类的衣服都剥去了，他如初生时一丝不挂，站在他的兄弟的面前，任其用电光似的睛眼注视。他当从事于新结合；他当寻找新的依赖物。他起初自然不能十分成功。“支付现金”就是“人类中唯一的义务”，这并不是一种理想上的事情。这位有天才的苏格兰农夫卡乃尔听见机轮的轧声继续不止，便知道他的好几千亲友戚族都关在令人讨厌的工厂里面。他遂用他自己特别的语法问道,“你听见一个曼切斯特(Manchester)城在礼拜一早晨五点半钟就醒了么?他的几千工场的轰声和大西洋的怒潮一样啦,好几万线轴纺锤都在那里营营地叫啦。”他后来听了这种声音,心中就带厌了,他在少年的时候,反复诵读格特(Goethe)的《威特》(*Werther*)和协列(Schiller)的《强盗》(*Robbers*),借以鼓舞文学上的兴趣,以为他的革命的呼声之助。

我们曾经说过,一种有效力的工团主义运动须具有几种必要的条件,此时这些条件中已有实现的,而卡乃尔的著作更把他明白宣布出来了。工业革命使人民集合于新的人口集中点。普通知识的发达,遂使有思想力的工人互相结合,成为一种工人贵族。在雇主和佣工之间,界限很分明,佣工要想向主人的女儿求婚是不可能的,而他们且以单纯无变化和前途无希望的苦工终身。近世所称的国家此时正在创造之中,社会制度颇为复杂,而公理战胜强权的倾向也愈加显著了。当十九世纪的初期,工团主义运动所必须的条件有三种正在酝酿,而此时所需的是完全的结社自由,有了这种东西,第四阶级便可自由组织工联或工团,以为工界新运动的出发点。

一直到十九世纪已经过了二十年,这种结社的自由才大概实现。德国此时还是限制工人结社,法国的工联到了一千八百八十四年才得到一种保证自由的宪章。一千八百年的英国条例(The British Act of 1000)规定,无论何人,如果联合别人,要求增加工资,或减少工作的数量,或以别种方法挟持从事制造或经营商业的人,可以被控于治安判事之前,并可以被拘于普通监狱中,以不超过三个历月(Calendar month)为限,或是被放在改过院中做苦工,以两个历月为限。至一千八百二十五年,工界所受的压迫略微改正了一点,凡以“磋商和议决工价为唯一目的”的会议,只要那些和这种会议的方针不同的人,不加“干涉”或“阻碍”,都认为合法。这种改正案对于工联的前途,并不是一种很大的鼓励物,不过此时工联的概念至少也是可能的,而一般工界领袖都转而希望英国树一个将来真正无产阶级运动的模范。

一千八百四十二年,马克思(Marx)在伦敦(London)一个劳动会中演说,他说:“雇主和工人间的对抵,在英国极为发达,故社会中这两种阶级激烈的战争在此处是万不能免的。这种冲突将在英国开始,到结局,民主主义将得到普遍的胜利。欧洲民主主义者的成功,就在英国民权主义者的胜利。”(见马克思和恩格斯的《共产党宣言》)当时代向前推移,就证明这种预言有须改正之处,但是马氏说这种话时的自信力,足以表示当时英国为新劳动运动中有希望的地点所达之限度。工联在别国内是一种秘密的结社,并且于办理时有种种神秘的仪式和信条。这种机关在英国可以于政府和大群的国民前公然出现。故马克思和恩格斯(Engels)于一千八百四十七年草《共产党宣言》(*The Communist Manifesto*)之际,特于书中指出那种夹着许多中等阶级奸徒的秘密结社之时代,已经过去了。将来工界可以自由组织工联,不受丝毫限制。《共产党宣言》说:"工界除掉自己身上的锁链子外,没有丝毫损失;但是他们所得的就非常之多啦。"如果英国没有一个先例,做这种宣言的人决不能显出这样洋洋自得的兴致。

到工团主义的路现在是开通了;但就是在第一章中也必须声明一下,十九世纪后半期的劳动运动并不完全向着工团主义的方向走。大概说起来,工界的"活动"有三种主要的方法——第一是政治的方法;第二是协作的方法;第三是工团主义的方法。我们起初如果略微分清了这三种方法,读到本书的后面,将愈加明白了。

在劳动界活动所表现的各种动作中,大概政治运动在公众的眼前,极为显著。这种运动除掉在英国外从没有直接依赖工联的组织,他虽是由一种"阶级战争"的观念而成立的,然他对于中等阶级的人之加入,却不拒绝。但无论在何处,这种运动也是基于集产主义的经济学说,这种学说为比人恺撒(Caesar de Paepe)于一千八百六十年以后的几年输入国际工人协会,并且有一种进步,因为大家都更懂得近世国家的重要和政治上的影响。工团主义于传播时大都直接反对政治的劳动运动。他赞成国民的直接运动,不赞成近世民主主义的代议政府。他喜欢使用暴力,没有讨论和争议的忍耐性,这种性质是近世政治思潮中的特点。他不是主张集产的,因为他把国家当做一副政治的机器,更疑国家只顾别种阶级的利益,不管工界的利益。工团主义的战争是一种坚持到底的战争,因为没有一种国家一样的最高权力,能够在两敌之间,担任裁判。工团主义政府的单位是工联,而工联除掉拒绝雇主以外,听一般工人自由加入。工团主义的眼界是以国际为止境的,因为工联的组织是普遍的,远过于一个特别国家的疆界或政治范围之上,在政治的和工团主义的大劳动队伍中,似乎有无数复杂不同之点;然在实际上,这都可以说是起于一桩很大的和显著的事实,就是,集产主义所依靠的是特别的国家,而工团主义所依靠的是普遍的工联。

就工团主义和协作运动加以区别,不是一桩容易的事体。协作者和工团主义者一样,定要将工业——生产的和分配的工业——归工界联合会管理,而每一个工团主义的理论家以为在社会革命的初期，当大大地借助于协作者。然到了后来，据工团主义者的意见，凡现在的协作社会所做的事体，工联将来都能够做；所以他就判断协作在本质上是一种过渡的和有止境的运动。协作没有工团主义之战斗的或强迫的精神。协作所遇之工业革命中对抗的势力，没有达到工团主义所遇的那种程度；工团主义的理论家对待主张协作者的态度，虽不像他们嘲笑社会主义的大政治首领一样，然他们却以为他和他们自己特别运动的领袖相比较，只占得一个次等的地位。

（第八卷第五号，一九二一年一月一日）

少年的悲哀

〔日本〕国木田独步　著　周作人　译

“少年的欢喜倘是诗,少年的悲哀也是诗。宿在自然的心里的欢喜若是可歌的,那在自然的心里低语的悲哀也是可歌的了。

“总之我现在想将我少年时候的悲哀之一,讲给诸君听听。”……一个男子这样的说。

“我从八岁起到十五岁止,养在叔父的家里;其时我的父母都在东京居住。

“叔父的家是那地方的一个大家,有许多山林田地,家里的男女佣人,平常也总有七八人。

“我的父母使我在乡村里过了我的少年时代,我不得不感谢他们的好意。倘若我八岁的时候同父母一起住在东京,我今天的情形恐怕很要不同了罢。无论如何,我的知识即使比现在或者更要进步,但我的心却未必能从一卷威志威斯(Wordsworth),享受高远清新的诗思罢。

“我在山野间随意奔走,过了七年的幸福的日子。叔父的家在小山的脚下,近郊多是树林,有河有泉有池,而且相距不很远便是濑户内海(Setonaikai,即日本内海)的湾港。山野,树林,溪泉,河海,都于我没有一点不自由的地方。

“我记得这是十二岁的时候。有一天,一个名叫德二郎(Tokujiro)的佣人来约我,说今夜带你往有趣的地方去玩,去不去呢?

“‘什么地方呢?’我问。

“‘你不必问什么地方。无论哪里,都有什么要紧呢?阿德带你去的地方,没有不有趣的。’德二郎微笑着说。

“这德二郎在那时大约二十五岁,是一个倔强的少年。原是孤儿,从十一二岁的时候起,便在我叔父的家里做事。颜色浅黑,容貌整齐,喝了酒必定唱歌,便是不喝也唱着歌劳动,兴致总是很好。不但他的样子常是高兴,便是他的心事也很正直;叔父常说在孤儿里是很难得的,本地的人也没有一个不佩服他的。

"'但是对叔父和叔母,须得秘密才好呢。'德二郎说了,便唱着歌爬上后山去了。

"这正是盛夏中间,月色鲜明的一夜。我跟在德二郎的后面,来到田间,沿着稻香馥郁的田塍走去,走上河边的堤上。堤比别处原要更高一级,所以上了这堤,便可以望见广漠的田野的一面。这虽然还是黄昏时候,高寒明净的月光,漫盖山野;田野尽头冒着薄霭,如在梦里;树林含烟,仿佛浮着一般;低的河柳叶尖的积露,珠子一样的发光。小河的末尾便是湾港了,正满涨着晚潮。用船板拼合了驾着的桥,这时候看去忽然觉得很低,便因为水面高了的缘故;河柳也一半浸在水里了。

"堤上虽有微风,河里却毫没有波纹,水面像镜子一般,映出澄清的天空的影。德二郎下了堤,解开系在桥下的小船的绳索,一脚跳下去;本来静着的水面,这时候忽然起了波纹了。

"'哥儿,快点快点!'德二郎催着我,便驾起橹来。我急忙也跳下船去,不一刻这小船已向着湾港的方面溜下去了。

"渐渐的同湾港相近,河身也渐渐的广阔起来:月将他的清光浸在河面,两边的堤愈走愈远,回顾上流,已经被薄霭遮掩,我们的船早已进了湾港了。

"在这时候横渡这湖一般广阔的湾港的,只有我们这一只小船。德二郎在今夜,不像平常的高声,只用了小声唱着歌,静静的摇橹。退潮的时候差不多像沼泽一样的湾港,现在因为高潮与月光,完全变了模样,在我看去也觉得不是平常见惯的那泥臭的湾港了。南方山影,阴暗的倒映在水里;东北两面的平野上,月光苍茫,更辨不出哪里是水陆的界线;我们的小船,正向着西方前进。

"西方是湾港的入口,水狭而深,岸促而高;在这里下锚的船数目虽然不多,形状大抵是西洋式帆船,所装的货物是此地出产的食盐;此外本地的做朝鲜贸易的人所有的船舶,也颇不少,也还有往来内海的客船。两岸的人家,高高低低,居山临水,约有好几百户。

"从湾港的内部望出去,舷灯高高的点着,几乎疑是星光;灯影低低的映着,又像是金蛇;寂寞的山色,浮在月影里,看去真同绘画一般。

“小船渐渐前进，这小港里的各种声音也愈加听得清楚了。我现在虽然不能将这港的光景详细说明，但是那夜的情形还是历历的在我眼前，可以说个大略：这是夏夜的月明的一晚，船里的人都走到甲板上，家里的人走出门外来，临海的窗户也都开了，灯火在风中微漾，水面平滑如油，有吹笛的，有唱歌的，又有夹着三弦的音的喧笑的声音从临水的妓楼起来，很是快乐热闹的样子；但包住这一幅繁华的画图的寂寥的月色，山影与水光，我却也不能忘记。

“在帆船的影底下钻过去，德二郎便将小船在一处阴暗的石级面前停住了。

“‘请上来罢！’德二郎对我说。他只在堤下说了一句‘请下船罢’，以后在船里不曾开过口，所以我毫不知道他为什么带我到这里来；但我也就依着他的话，出了小船。

“德二郎系了船索，也跨上石级，尽向前面走去，我也不作一声，只跟在后面走。石级宽不到三尺，两旁都是高的墙壁。我们走完了石级，似乎到了人家的一个院子里了。院子的角里放着太平水桶，四面用板壁围着；一面的板壁上边，露出繁茂的树顶，似乎是一株香团树。月光印在地上，寂然无人。德二郎暂时立定，仿佛静听模样，随即走近右边的板壁，向里推去；原来这里是一个小门，那扇黑门便一声不响的张开了。门里面就是一座楼梯。门开的时候便听得有脚步声悄悄的下那楼梯来，‘德爷么？’一个年青的女人窥探着说。

“‘等了好久了罢？’德二郎对女人说，又回顾着我道，‘哥儿也带了来了。’

“‘哥儿请上来罢！你也快点上来，在这里耽搁是不行的。’女人催着德二郎，他便走上楼梯去，只对我说了一句，

“‘哥儿，这里暗呢。’他同女人已经上了楼，我没法也只得跟着爬上暗而且狭，又颇峻急的楼梯去。

“原来这家也是妓楼之一，现在女人引导我们进去的屋子是临海的一室，凭栏望去，不但港内的情形，就是湾港的内部，田野的尽头，以及西边的海岸，都能看见。但是这间屋里，铺着的六张席子已经古旧，看去不像是一间华丽的屋子。

“‘哥儿，请这里坐。’女人将垫子掷在栏杆底下，又拿了香橙与各种果子点心劝我吃。打开间壁的门，那边预备着酒菜；女人便搬了过来，同德二郎对面坐下。

“德二郎现出平常没有的懊恼的样子，将女人所酾的一杯酒一口喝干了，注视着伊问道，

"'终于决定在几时了?'

"这女人大约十九或二十岁的模样,脸色苍白,仿佛一点没有力气,我看了几乎疑心伊是病人。伊屈指数着说:

"'明天,后天,大后天;决定在大后天了。但是,我到了此刻,又有点迷惑起来了。'说着垂了头,偷偷地用袖角揩眼;德二郎在这时候独自酾酒,尽量地喝下去。

"'到了此刻,岂不是没有法子了么?'

"'这虽是如此,——但想起来觉得倒不如死了,却要好得多呢。'

"'哈哈哈,……哥儿,这个姐儿说死了好,你看怎样办呢?——喂,喂,前回所约的哥儿现在带来了,你不好好的看么?'

"'我从先便看着呢。心想这长的真像,正佩服着哩。'女人说了,含笑向我注视。

"'像谁呢?'我急忙询问说。

"'像我的兄弟,……说哥儿和我的兄弟相像,虽然是唐突的事,你请看这个。'伊从衣带中间取出一张照片给我看。

"'哥儿,这个姐儿将照片给我看,我说这同家里的哥儿一般无二,伊托我一定带来要看一看,所以我今晚带了哥儿到这里来的;你非要教伊好好的款待不可呢。'德二郎说着话,还只是尽量喝酒。女人挨到我的近旁来,很和气的微笑着说,

"'那自然要好好的款待;哥儿你要吃什么呢?'

"'什么都不要。'我说着,转过脸去。

"'那么,坐船去罢,和我坐船去罢。呃,这样好罢?'伊起身出去,我便也跟着下了楼梯,德二郎却只是带笑望着我们。

"走下前回的石级,伊先将我放在船里,解了船索,随后飒的跳下船来,很轻便的摇起橹来了。我那时虽然还是儿童,看了伊的举动,也不禁觉得惊异。

"离了河岸,回头仰视楼上,只见德二郎靠着栏杆,向下眺望;里面点着灯,外面又受了月光,所以他的姿势很分明的可以看出。

"'小心!怕危险呢。'德二郎从楼上说。

"'不要紧!'伊从下边答应。'立刻就回来的,请你等一会罢。'

我们的船暂时在六七只大船小船的中间,曲曲折折的行了一刻,便出到广阔的河面。月光愈加清寒,几乎是秋夜模样;女人停了橹,坐在我的旁边,又仰视月光和四周

的景色，对我说道，

"'哥儿，你几岁？'

"'十二。'

"'我的兄弟的照片，也是十二岁的时候照的；现在是十六……是的，虽然十六岁了，但是十二岁的时候分别之后，便不曾会见过；所以到了此刻还觉得他是哥儿一般模样呢。'伊注视着我的脸，忽然伊流下泪来，在月光底下显得伊的颜色更加苍白了。

"'死了么？'

"'不，倘若死了，倒也就断念了；分别以后，还不知道他的下落与情况呢。两亲早已死别，只剩了姊弟两人，正是互相靠傍着过活，现在却又分散了，连生死还不明白。而且我不久也要被人带到朝鲜去了，恐怕在这一生中已经不能再会了。'伊的眼泪沿着面庞流了下来，伊也并不揩抹，只望着我的脸低声啜泣。

"我向着河岸眺望，不作一声，听伊这番说话。人家的灯火映在水里，闪闪的摇曳着。缓缓地响着橹声，太传马船开驶过去，船上的男子用了清亮的声音唱着船歌。我在这时候，觉得在我幼稚的心里感着说不出的悲哀。

"忽然有人操着小船，飞奔而来的，却正是德二郎。

"'我拿了酒来了！'德二郎在一二丈以外大声地说。

"'好呵！我正同哥儿讲我兄弟的事，哭着呢。'伊正说着，德二郎的小船已经到了。

"'哈哈哈，我也正想大概是这样罢，所以拿了酒来了。喝酒罢，喝酒罢！我给你唱歌！'德二郎似乎已经醉了。女人拿了德二郎给伊的一只大酒杯，注了满杯的酒，一口气喝下去。

"'再一杯！'这回是德二郎替伊斟满了；伊拿来又一口喝干，呼的将酒气对着月光喷去。

"'这就好了。现在我唱歌给你们听罢。'

"'不，德爷。我想尽量的哭一场。在这里没有人看着，也没有人听见，请让我哭罢。请让我尽量的哭罢！'

"'哈哈哈……那么，你便哭罢。我同哥儿两人看就是了。'德二郎对着我笑。

"女人俯伏着，哭泣起来。但是也不便发出大声，所以只见伊背上抽搐，很是痛苦的模样。这时候德二郎忽然变成一副庄重的相貌，看着伊的这情形，随后突然回过脸去，对着山看，也不作一声。过了一刻，我说道：

"'阿德，回去罢！'

"这时候女人连忙抬起头来，说道：

"'对不起，哥儿看着我哭，真无聊了。……我因为哥儿来了，仿佛已经得同兄弟会见过了的样子。哥儿，也请你健康，快点长大起来，成为伟大的人。'伊用了悲切的声音说。'德爷，时候太迟了，恐怕家里对不起，你早点带了哥儿回去罢。我现今哭过了，昨天以来的那种心里的闷气都已消散了。'

"伊跟了我们的船，送了三四町，后来被德二郎阻止，方才将橹停住；两只小船便渐渐的离远了。小船将要分开的时候，女人对我反复着说，

"'请你不要忘记了我！'

"以后过了十七年，直到现在，我还清清楚楚的记着当夜的情景，想忘记也忘记不得。那可怜的女人的容貌，至今还映出在我的眼前。这一夜里，淡霞似的包着我的心的一片悲哀，跟着年岁逐渐的浓厚起来；即在此刻回想起那时的心情，也感着一种不可堪的，深而且静的，无可如何的悲哀的情绪。

"以后德二郎因了我的叔父的帮助，成为像样的农夫，如今已经是两个小孩的父亲了。

"那个漂流的女人，转到朝鲜去之后，又漂泊在什么地方，过那不幸的生活；还是已经辞了这人世，到静肃的'死'的国土去了呢：在我固然不能知道，便是德二郎也似乎不曾知道了。"

国木田独步（Kunikida Doppo 1871—1908）是日本自然派小说家的先驱，他的杰作《独步集》在一九〇四年出版，但当时社会上没有人理会他，等到田山花袋等出来，树起自然主义的旗帜，这才渐渐有人知道他的价值，但是他已经患肺病，不久死了。《独步集》里的《正直者》（*Shojikimono*）与《女难》（*Nyonan*）等几篇，那种严肃的性欲描写为以前的小说所未有，的确可以算是自然派的旷野上的喊声；但他的兴味并不限于这一方面，他的意见也并非从左拉（Zola）一派来的：他的思想很受威志威斯（Wordsworth）的影响，他

的艺术是以都尔盖涅夫(Turgenev)为师的,所以他的派别很难断定,说是写实派固然确当,说是理想派也无所不可。现在所译的《少年的悲哀》(*Shonen no Kanashimi*)也是《独少集》里的一篇,颇可以看出他的特色。漂流之女的命运,原来很是明显;那高兴的少年的农夫,在他高歌大笑的中间,也隐藏着多少悲哀的痕迹。"他描写那些回避公开的不幸,他特别是服从命运的人们的作者。他描画沉默的悲哀之内面的生活,——便是说不幸者的静生活。"我想起丹麦勃阑兑思(Brandes)博士批评都尔盖涅夫的话,觉得独步虽然不能完全承受,却也不愧为都尔盖涅夫的真的弟子了。

一九二〇年十二月十日记

(第八卷第五号,一九二一年一月一日)

社会主义国家与劳动组合

［日本］山川均 著 周佛海 译

一 劳农俄国的劳动组合

俄国的政权，由一九一七年十月的第二革命，完全归于劳动者和农民的委员会，于是苏维埃政府遂确立了；政府是极努力完成劳动组合的组织的，所以次年一九一八年一月，组合员有了二百五十万，再于一九一九年二月，有了三百五十万，一九二〇年四月的第三回全俄劳动组合大会的时候，遂到四百万人了，据全俄劳动组合的代表罗卓士起的声明，则该年八月时，已达到五百二十万人，这些组合，都是网罗从事于一种产业的一切劳动者的大产业组合，一九二〇年时，共有三十一个，由该年四月八日第三回全俄劳动组合大会的决议，遂减其数而为二十五。

这些组合，若就工业劳动者说，则先以大小工场为单位，而属于同一种类的产业的工场委员会，则组织以大小地方为单位的支部组合，这些属于同一产业的支部组合则相合而形成普及全国的全俄劳动组合，照这样组织成的二十五个全俄产业组合，更由全俄劳动组合大会而为全劳动阶级的集中，由大会选举全俄中央委员会，从大会到大会之间，则以这个中央委员会为全俄劳动组合的最高机关，组合的组织和构造，等到后节再说明，不过这里要说一下的，就是为劳农政治原则的“民主的集中”组织。也表现于劳动组合的组织上面，因为俄国的劳动组合，一方面虽行组织的集中，然而同时它的集中，不是从上面的官僚主义而行，乃是从下面的民主而行的。

第一回的全俄劳动组合大会，是在一九一八年开的，当时代表二百五十万左右的组合员，第二回大会，是在次年一八一九年六月十六开的，有代表三百四十二万人的八百七十九名议员参加该会，一九二〇年四月十六日所开的第三回大会里面，则有代表北至姆尔满斯克南至巴克地方的四百万组合员的一千六百名议员列席，波兰、芬兰、里斯亚里亚，没有派议员来列席，但是如巴克地方，当时是归英军占领着的，还排除英军的监视，竟列席这个大会。

二 “劳动宫”与组合运动的代表人物

旧莫斯科的贵族会馆，现在成为全俄劳动组合本部而叫做劳动宫，这个会馆的大厅堂，以前每于俄皇访莫斯科时，都为大宴会的会场，平素则为莫斯科贵族的夜总会和跳舞所，现在则成为劳动者的集会场所了，无论是可以容三四千人的全俄中央委员会，或全俄组合大会，或莫斯科劳动组合评议会，以及其余关于劳动组合的一切集会，都是在这里开，壁上的旧装饰都取掉了，而以表示社会主义共和国徽章和各劳动组合徽章的石膏细工来装饰，以前挂着拿破仑战役时代俄国将军像的地方，现在则挂着马克思和列宁的半身像。

全俄中央执行委员会的委员长杜姆斯起，乃是头发还黑的三十八岁的青年；他乃是石版工人，于一九零四年才投身于劳动运动，不久就被处十年徒刑，充到西伯利亚去了，戴着铁索劳动了四年，以后二三年间，则取掉了铁索，这个时候就逢着赦免归国了。

副委员长罗卓士起，稍为大得一点，他于一九零四年初下狱，第二年（一九〇五年）被处终身徒刑，充到伊尔库茨克去了，到伊尔库茨克的第二天，就逃脱跑往巴黎去了；在那里起初做运转手，后来做新闻记者和消费组合等，前后共劳动了八年，后于一九一七年回了俄国。

莫斯科劳动组合评议员会的委员长麦尔里羌斯起，也是今年才三十一岁的青年，初被逮捕时，是在一九〇四年，当时才十五岁，他设法逃脱，参加一九〇五年的禾特莎暴动，再被逮捕，但是再逃走了，此后又被捕，受了终身惩役的宣判，解到西伯利亚；但是到西伯利亚不久，又逃走了，改了姓名，出席于尼古拉地方社会革命党大会，遂又被捕了，监禁了十八个月之后，遂被处八年的惩役，又解到西伯利亚，但是又逃走了。跑到乌拉尔地方，后来因为发行秘密定期刊行物，又受了终身惩役的宣判，再解到西伯利亚来了，这一回遂完全逃脱，跑到美国去了，起始暂担任俄文的日刊新闻《新世界》的事务，后来遂为机械工而生活，在美国住的整个时期内，他是属于少数派的世界主义派的，一九一七年归俄后，不久遂为共产党党员了，这三个人，现在在俄国劳动组合运动里面，占着很重要的位置，就他们的人品、才干、阅历说，也是革命的劳动阶级的代表人物，此外在俄国劳动组合的中心活动的人物，大概都有这一种的阅历。

三　劳动组合的职分的变化

我们若看一看俄国的劳动组合，就可发现它和别国的劳动组合之间，机能和职分上有非常的差异，就是现在各国的劳动组合，是以对于资本阶级而战斗为主要目的的劳动者的阶级的组织，而俄国的劳动组合，已不是为战斗的机关，而有着劳动组合的另一职分——为新生产组织的基础的职分了。

劳动组合的职分，随着革命进行而起的这个变化，明白地表现于俄国组合劳动者的意识上面，一九一八年一月，莫斯科全俄劳动组合第一回大会的决议，特就这一点说道："把权力从有产阶级移归劳动者和农民的十月革命，对于一切劳动团体，尤以产业劳动组合，是造出完全的新状况的，在这个新状况下面，劳动者的产业团体，已不能当做劳动者因为卖自己给雇主而战争的前卫队了；像以前一样的买劳力的雇主，现在已不存在了，所以聚集罢工基金和组织同盟罢工等事，对于组合，已是不必要的了。"然则劳动组合在这个新状况下面的职分，究竟是什么？上述的决议答道："组合现在要把全力转向经济改造的方面"，该决议就资本制度之下的组合和现在的组合的职分差异说明道："俄国现在产业的劳动组合，是从事于一产业的一切劳动者的永久的团体组织，而为无产阶级独裁组织的第一基础……就是现在的产业劳动组合，把它的主力转向经济组织的领导，而参加劳动者以再建社会于共产主义的基础之上及废止社会的阶级为目的之一切努力，协力进行，这个协力，是以下述的形式而进行的：

（一）一般协力在共产主义的基础上面，组织生产；

（二）复兴因战争和国内的危机而破坏的生产力；

（三）配置和算定全国的劳动；

（四）组织都市和地方之间的交换；

（五）实行义务的劳动；

（六）帮助政府，以谋食物的供给；

（七）帮助解决燃料缺乏的危机和其余的种种难问题；

（八）给赤卫军的编制以一般的助力；

（九）拥护劳动者的经济的利害，同时和个人主义的倾向战，且和因为没有知识，还把现在无产阶级的国家当做往时的雇主一样看的一部劳动者的浅见战。

照这样就和该决议所指摘的一样，“劳动组合之间正在发生的某种作用，就是变这些组合而为社会主义国家的部门（department），同时为劳动组合的组合员一事，乃是属于该部门的产业的一切劳动者对于国家的义务。”

第三国际共产党的委员长琦诺维埃夫注释这个全俄组合大会的决议道：“全俄劳动组合大会这样的确信，乃是基于事实的、产业的劳动组合，渐渐占得为国家的诸部门的性质和职分，这些组合，或动员它的组合员，或集中劳动者于某都会，或把劳动者从一地移往别地，或票决工银问题，更由它的代表而左右国民经济最高委员会的行动；它乃是当做国家的一部门而活动的……”一九一九年六月的第二回全俄劳动组合大会的决议，更把上述的决议确定了，他道：

> ……俄国的无产阶级，于资本制度崩坏之后，负担了建设新社会主义的俄国的任务，他们于还在斗争和征服的时候，已渐渐转向建设的事业，就是转向掌握全国的经济管理的一切机关，由此而巩固无产阶级独立产权的建设事业。
>
> 为劳动组合所组织了的无产阶级，成为社会主义的革命的前卫队，组合乃是革命的基础，但是这个组合，现在立在要解决最纠纷的问题的地位来了。就是组合现在担任一切经济事务的管理了……
>
> 我们在第一回大会上，不过只能说产业的管理和整理罢了，然而在第二回大会上，我们可以列举已由劳动阶级自己的努力，在产业的领域内所行的组织的结果……
>
> 第二回劳动组合大会，于九天的会期中，解决了俄国劳动组合运动的各

根本问题，更精密地定明了无产阶级国家内的劳动组合的位置，更具体地确定了行政上的各机关（尤以劳动人民委员）和劳动组合的相互关系。

此外如劳动时间及工银的规定，劳动对于危险的保护，社会的劳动保险，生产的编制，劳动者的工场管理等问题，都以过去一年间的经验为基础而解决了。

俄国劳动组合，突入了无产阶级活动的新时期，组合已向着实际上的问题，实行采用了的决议和原则，就种种方面的事业，都取唯一的方向而前进，这就是更为切适地协力以树立无产阶级俄国的势力。

为全俄劳动组合中央委员会的一人，去年秋天代表俄国组合访问德国组合的罗卓士起，当时和《赤族报》的记者会见时，也说了这样的话：

劳动组合的职分，于十月革命以后，明明变化了，它已不是对于有产阶级和他的国家的斗争机关了，为什么事？因为这两件东西现在都已消灭，俄国的国家，已成为劳动者的国家了，所以劳动组合，现在有着性质完全不同的任务，例如决定劳动报酬的金额和效率，也就是其中之一，劳动人民委员对于这件事，只有登录组合的决定的权能，劳动组合像这样在生产的管理和指挥的上面行着极重要的任务，现在俄国，无论公共生活上的什么机能，没有不属于劳动组合的势力下的……

罗卓士起在伯林劳动者的集会上所作的演说，内中也道："劳动组合从对于资本主义的斗争组织发展起来，现在成为经济改造的机关了……劳动组合乃是无产阶级独裁的经济上的机关……"

这样的劳动组合的职分变化，在它对于同盟罢工的观念上，表现得很好，在资本制度之下，同盟罢工是主张为劳动者自己防卫的权利，破坏罢工是看做对于劳动阶级的最大反逆，但是现在俄国，反把同盟罢工看做对于劳动阶级的反逆，罢工和怠工，都是拥护资本家的学者和专门技术家拿来当做反抗劳农政治的武器而用的，这些事现在固然已是很少有的，但是至少同盟罢工对于属于一些劳动组合的筋肉劳动者和头脑劳动者，乃是反逆的意思，同时又成为完全无用的东西，为什么原因？因为决定一切劳动条件的，乃是劳动组合它自己，不待说就和该议决文中所说的一样，劳动组合里面，也有因为要求增加工银，而拿着对于资本家——雇主的态度来对苏维埃政府而进行了罢工的，例如伏尔加河上的船坞劳动组合，就是一例，但是这不过是因为一部分劳动者忘却组合的职分上已起了大变化，或者是因为社会革命党等反革命派把组合利用做政争的武器罢了，俄国劳动组合，无论就事实上，或多数劳动者的意识上，现在已失了为反抗旧经济组织而战斗的武器性质，而成为新经济组织的一部分了。

四　为生产组织和政治组织的基础的组合

劳动组合，在俄国的生产组织里面，究竟是怎样重大的要素？我们看一看第二回全俄组合大会关于“产业的编制和组合的参与”的决议，就可知道它的大体的原则：

> 因为要于生产、经营及分配的计划而谋统一，所以有把现在委给种种部门（例如枪炮部、海军部、军事部及其余各部）的一切生产单位集中于一个中心的必要。（第三项）
>
> 主要部门和主要中心的干部，须在与此相当的全俄产业协会，或全俄劳动组合评议会及国民经济最高委员会委员的了解之下，以劳动组合的代表来组织。（第四项）
>
> 代表劳动组合而入行政上及管理上的诸机关的一切代表，须各对于其组合负责，并于每一定期间，报告他的行动。（第五项）
>
> 因为要于组合和国有工场管理部之间保着有机的联络，组合至少要每月开一次以上该事业管理部的会议以讨论议决重要的实际问题。（第六项）
>
> 因为要把经营及管理（产业的）的机关变为社会主义的建设事业所必要的无产阶级机关，并且要于这些事业上取得进步的多数劳动者的协力，所以有拿无产阶级的分子充满一切管理及经营的机关的必要，因此要以在中央及地方的劳动组合团体里面活动着且负有责任的劳动者为这些机关的办事员。（第七项）

劳动组合以在必要的方向指导产业生活为任务,因此组合取和生产的根本要素的劳动相关联的行动,所以劳动组合中央诸团体的决定事项,只要是关于工银率、劳动的监督、工场的内部整理、生产的标准、以及劳动规律等问题,都有强制力。(第八项)

组合现在……立在生产的编制者的地位上了,所以组合当这个危机,要保护为生产阶级的无产者以对抗困惫和堕落,并要防御无产阶级的核心,以妨社会的分解作用和无产阶级为别阶级所吸收。(第九项)

供给工场以必需的生产物,(主要为食料品)乃是第一要紧的事,这个问题若不得满足的解决,增加劳动生产力和增进劳动规律等事,是不可能的,所以使劳动组合尽力切实地关于食料生产和分配的事业,乃是很必要的事。(第十项)

就和这个议决所表示的一样,俄国劳动组合,一方面当做组合而行动,同时别一方面又由它的代表构成政府各机关,经过这些机关而行动,代表无产阶级国家的权力的苏维埃的选举,乃是以劳动组合为基础的一事,暂置不论,就是在可称为全俄苏维埃中央执行委员会专任委员的人民委员(政府)各机关里面,劳动组合的代表,都是重要的要素,劳动组合的代表,不单是在和劳动者有直接关系的劳动人民委员会、国民经济最高委员会、以及地方委员会等机关里面,为有力的要素,并且直到和生产组织隔得很远的赤军编制,只要是无产阶级国家机关里面,没有一处没有劳动组合的代表活动着的,现在俄国的政治组织,就是所谓无产阶级独裁的组织,再说一句,就是因为要对于反对阶级而强制无产阶级的意志的组织,就这个范围里面,俄国的政治组织,也是"以人支配人的",和资本主义国家的政治机关,本质上没有什么不同,但是同时俄国的政治机关,和资本制度下的政治机关比较起来,则纯粹可以看做"以人支配物"的职分,大大地扩张了,这个职分,渐渐扩大,渐渐加重,最后一定要把"以人支配人"的职分吸收罄尽,所以俄国的现状,还在过渡时期,这个过渡的性质,并且表现于政治机关的本质上,劳动组合,就这两方面,为国家机关的重要要素和基础,换句话说,就是:现在俄国的劳动组合,一方面为无产阶级独裁组织的重要要素,同时又为经济组织的重要要素和基础。

一九一九年九月，彼特罗格拉劳动组合评议员命劳动统计部行了加盟组合的职员的登录，其结果登录了的组合职员，共有五百六十四名，其中的十分之七点五，为组合的干部职员，这个十分之七点五的干部职员里面，继续一年以上而为干部职员的，只有十分之一点五四，其余的十分之八点四六，乃是一年以下，平均起来看，留在组合干部内的，平均六个月为百分之六，组合干部，像这样换得快的，是因为当做组合干部而得了相当的经验的人，都接续入政治上和经济上的机关去而为劳动组合的代表了，干部变动的结果，一方面固然有种损失，因为使组合事务总要有些停滞；然而别方面又有种利益，就是有为的新人物，不绝地从组合员内面出来，而做组合干部，以获得运用无产阶级国家的种种机关所必要的经验和训练，它的结果，就是不绝地送新鲜血液给组合的干部，以防其硬化，就是防所谓组合的官僚主义化，若看一看这些组合职员现在所活动的种类，俄国劳动组合的职分上所起的大变化，就要更为明了，调查的结果，把它分类如下：

担任组合的组织编制的，三四点七（百分率）

工银的决定和取缔，九点四

劳动争议的裁决，八点一

教育事业，七点六

劳动的分配和配置，〇点九

其余各种事业，一四点〇

上述的是组合内的事业，至于组合办事员之中，直接在组合内活动的，有三百四十二人，其余的则代表组合在政府和公共机关里面活动，组合的办事员的十分之四点七，就政府的职务，其中也有同时兼两三个职务的，以上是一九一九年九月组合的办事员登录时的统计，以后政府的经济的活动，范围越扩越广，组合也越多包容一些劳动者，所以上述的倾向，一定更为显著。

俄国劳动组合，照这样为国家机关的重要构成分子，至于劳动人民委员的组织，只就它和劳动者的生活有直接的关系一点说，也可以说是彻头彻尾以劳动组合为基础而形成的，劳动人民委员会的委员长，虽是由全俄苏维埃中央执行委员会选举的，其实是由全俄组合中央委员会选举，苏维埃执行委员会不过是批准一下罢了，就是现在的劳动人民委员秀米特，也是从劳动组合选举来的，劳动人民委员会，除委员长外，是由九名委员所组织的,这个九名之中的五名,从全俄组合执行委员会选出,其余四名,则归人民委员评议会内阁会议选任:但是对于这个选任,全俄组合中央委员会于必要时可以唱异议。

照这样在为决定劳动条件的最高机关的劳动人民委员会里面,劳动组合的代表者,决定地占着多数,至关于劳动条件的一切法律,先由全俄劳动组合中央委员会议决,次经劳动人民委员批准,然后才当做法律而发布,全俄组合中央委员会之下,有由工场委员会所选举的几多专任委员会:有些决定工银率,有些决定劳动者的配置,有些担任疾病及别的保险,有些担任劳动者的教育,有些担任关于劳动者娱乐的设施,这些委员会的调查和立案,经过全俄中央委员会的议决,则成为法律案,由劳动人民委员的批准,则成为法律。

劳动人民委员,虽然很像资本主义的国家内的劳动大臣,但是他的职分,则很有不同:于有着劳动交易所、工场监督官、劳动保险等职分以外,又兼别国现在是属于议会的职分,同时又行现在属于劳动组合的一些职分。劳动人民委员和劳动组合的关系,是有很重要的意义的,所以第二回全俄组合大会通过秀米特所起草的下述的决议,以区明两者的关系:

……劳动人民委员,是为劳农政府的一机关,现在它的里面,是组织的工业劳动阶级行着主要的任务,劳动委员乃是使用实施劳动阶级的经济政策和为此目的而施行法律规则的政府的机关和权力的手段。

所以因为防止劳动阶级的经济政策出于二途而不统一,劳动人民委员有采用组合的最高机关——劳动组合大会——的一切重要决定而以之为法律,和承认一切与劳动及生产的条件有关系且有强制的性质的细则,先要以多数通过全俄劳动组合中央委员会的必要。

大会十分承认全俄劳动组合中央委员会和劳动人民委员会的协力及行动的统一,这个协力,要以中央机关(全俄劳动组合中央委员和劳动人民委员)之间所行的关系为基础。

五　劳动组合与工场管理

工场委员，在十月革命以前就存在的，但是这个制度的职分也随革命变化了，第二回全俄组合大会的决议道："劳动者的管理，以前是劳动团体对于雇主等因和无产阶级争经济的主权而行的怠业及经济破坏的最有力的革命武器，但是这个制度，现在成为使劳动阶级直接参加生产的组织编制的东西了。"

第二回大会关于"劳动者管理"的决议，确立了工场委员制的根本原则，该决议先说明工场委员而行劳动者管理的目的道："……劳动阶级对于全国经济生活的支配，还没有完成，隐藏着的斗争，还在经济生活的新形态里面出现，这个就以为劳动阶级管理担任生产经营的诸机关的行动一事为必要。"

工场委员的职分，照这样第一就为无产阶级独裁的基础，但是它的职分的内容和实质，渐渐受了变化。

> 因为在这样从资本制度到社会主义制度的过渡状态下，劳动者的管理，是以无产阶级经济的独裁为目的的革命的武器，所以要把这个独裁权，在生产过程里面，发展为确立巩固的实际制度。（第四项）

但是这个制度里面，还有一个重要职分。

> 劳动者的管理，也和直接参加产业的编制及经营上的事一样，要解决给渐次的准备与劳动阶级的大众的一种问题。（第六项）

但是工场委员的职分，自然有一定的界限，由工场委员而行的劳动者的管理，要和生产力的维持及增进一致，所以大会的决议，把工场委员的职分，只限于工场经营的监督，就是工场委员，不是指挥工场的经营的，乃是监察工场的经营的。

> 劳动者管理的问题，须只限于监督各工场内的事业的进行，及实际上监

察各个工场及全产业部分的经营上的行动,就是劳动者的管理,要依据这个管理,不是在工场经营之先,乃是在工场经营之后而进行的一定的顺序而实施。(第五项)

大会的决议,以上述的原则为基础,命令管理委员会,须由(一)属于该工场的产业的劳动组合的代表,(二)从该工场的从业劳动者总会选出的委员(不过要组合的承认)而组织;又命由劳动组合的执行委员所选出的代表的任期,务必要长;从一般从业员之间直接选出的委员的任期,务必要短,以"使多数劳动者得产业的编制上及经营上的训练,确立向着全部劳动者参加产业的编制和经营的一般的参与制度向前进的道路";更命照这样选出的工场委员,无论对于该工场内的从业劳动者总会,或该产业的劳动组合管理部,都要一样负责,设若滥用委托的权力或玩忽其义务的时候,委员须附以严重的处罚。

大会更命须与指挥劳动者管理的诸机关的权能给全俄组合中央委员会,又因为这个目的,全俄委员会须组织由组合的代表而成的劳动者管理的最高机关。

此后俄国由工场委员而行的产业管理,资本家的新闻屡次说它已废止了的,但是一九二〇年二月十三日以全俄组合中央委员长杜姆斯起的名,公布这些全是虚报。

由组合大会的决议而表示的劳动者管理规则,可以同样地适用于国有工场和私人经营的工场,但是对于国有工场,别设了施行规则,而对于私人经营的工场,则规定适用一九一七年十一月十四日的工场管理的布告。

六　劳动组合与国民经济最高委员会

现在俄国内的大工场,十分之九已成为国有,这些国有工场,依据一九一八年三月所制定的《国有产业管理规则》而经营,据这个规则,则国有事业中央管理部,在各工场选任技术主任和管理主任,纯粹关于生产技术的事,则技术主任握着全权,但是对于他的决定,工场管理委员可以上诉于中央管理部。

又除掉关于生产技术的事项以外的一切管理,则由在管理主任之下而设的管理经济委员会执行,但是就关于生产技术的事务,则这个委员会只能给予助言,管理经济委员会,由(一)从业劳动者的代表,(二)下级事务员的代表,(三)技术员和担任商业事务的上级事务员的代表,(四)管理主任,(五)劳动组合地方评议会(各种劳动组合选出的委员会)的代表,(六)属于该工场的产业劳动组合的代表,(七)国民经济地方委员会的代表,(八)有着利害关系的地方的劳动者消费组合的代表,(九)该地方的农民委员会而组织的,而全委员里面,可以以劳动者和下级事务员的代表占半数。

统辖全俄国有工业的管理的最高机关,乃是在国民经济最高委员会之下组织的国有产业中央管理部,在这个中央管理部里面,劳动者直接地、间接地(经过劳动组合)被二重代表,就是中央管理部,它的三分之一,一是由该产业的劳动者乃事务员;三分之一,二是由无产阶级的政治上及经济上的机关和团体(公共经济最高委员会,全俄劳动组合委员会,全俄劳动者消费组合委员会,全俄苏维埃执行委员会)的代表;其余的三分之一,三则由学术上的团体技术及商业上的上级事务员,民主的全俄团体(各种全俄大会的执行委员会、给养组合、农民委员会等)的代表而组织的。

又还没有变为国有的工场,已由一九一七年十一月的《劳动者产业管理法》把产业管理权给予从业劳动者的全体,工场委员,就是行这个管理权的机关。

同时又以重要都市,州及工业地域为单位,各设由(一)劳动组合的代表,(二)各种工场内的工场委员会的代表,(三)劳动者消费组合的代表而成的地方管理委员会,工场主若不服工场委员的决定的时候,可于三日以内上诉于地方管理委员会,地方管理委员会的上面,更有全俄劳动者产业管理委员会,而为产业管理的最高机关全俄委员会,是由(一)全俄苏维埃执行委员会的代表五名,(二)全俄劳动组合委员会的代表五名,全俄劳动者消费组合执行委员会的代表二名,(三)全俄工场委员会的代表五名,(四)全俄农业组合的代表二名,(五)各全国的劳动组合的代表(组合员十万以内一名,十万以上二名,彼特罗格拉劳动组合评议会三名)而成的。

俄国经济上的最高机关,是由一九一七年十二月的布告所定的国民经济最高委员会,它的职分,是统一、调整和集中一切经济上的机关和行动,这个委员会,就现在的状态说,虽然是从属于人民委员会之下的,但是就它的职分的重要性,反足以和人民委员会并立,就是人民委员,是无产阶级国家的最高政治机关,而国民经济最高委员会,则为社会主义的新社会的最高经济机关。前者代表政治上的过渡时期,后者则为影响将来生产组织的重要机关,但是组织这个最高经济机关的,还是劳动组合,布告的第五条里面规定道："国民经济最高委员会，由（一）据一九一九年十一月十四的布告所定的全俄劳动者管理委员会，（二）各人民委员的代表，（三）特别有才能的人物而组织"，第三种的委员，只有发言权，不加入议决，又国民经济最高委员会之下，各地方各有国民经济地方委员会，而行带有地方的性质的同一职分，它的组织，是准最高委员会的组织的。

七　组合的组织和构造

由以上所述，我们可以知道俄国劳动组合，它的机能和职分，完全和资本制度之下的劳动组合的不同，俄国劳动组合已不是以各个工场和各个地方的特定资本家和雇主为敌的劳动者的战斗机关，乃是在应怎样给养社会全体的唯一计划之下而行动的新生产组织它自身，所以组合的构造，不待说也是顺应着这个一般的目的的。

俄国劳动组合照这样不是各有别的目的的许多团体，乃是只有一个目的，因为遂行一个计划的生产组织，所以它的构造，当然也要应着这个，是单一的组织。

这个单一劳动组合的最高机关，和前面说过的一样，就是全俄劳动组合大会，（不能正式组织大会的时候，就是全俄劳动组合会议）从大会到大会之间，就是由大会选出的全俄劳动组合中央委员会为最高机关，全俄大会（及全俄会议）和全俄中央委员会的决定，对于加盟的组合，及其组合员，都一样地有强制力，加盟组合若反对这个决定的时候，即由"无产阶级的家族"除它的名。

组织全俄劳动组合的二十五个全俄产业组合，各有为它的最高机关的中央执行委员会，这个中央执行委员会的决定，只要不和全俄劳动组合（大会、会议、全俄中央执行委员会等）的决定相反，则对于各该产业组合的支部和其组合员，都有强制力。

全俄产业组合，照这样产业别地组织全劳动阶级，全俄劳动组合同盟，更把这样纵断地组织了的劳动者，横断地——换句话说就是全劳动阶级地——组织了，这个纵断的组织——产业的组合——从稍小的纵断的组织成立的，就是它的单位，乃是各工场俄国的组合，是纯粹产业的组合，包括属于同一产业的一切从业者，所以就要是以各工场为其最小单位或最小支部，不由产业的基础，只是地方地或全国地团结的组合，不能加盟入全俄劳动组合中央委员会，就和纵断地组织劳动阶级的全俄产业组合,是由各工场这种小纵断的组织成的一样,为横断的阶级组织的全俄劳动组合同盟,也是由较小的横断的阶级组织而成的,这就是各地方的劳动组合评议会。都市则有由各种产业组合的代表而成的劳动组合地方评议会,就是地方评议会,乃是准全俄劳动组合中央委员会组织的,乃是各地方的缩圈,各地方的劳动者的全阶级的组织。

照这样一方面有二十五种全俄产业组合,别方面各地方又有劳动组合地方评议会,但是两者的决定相反的时候,前者的决定,不因后者的决定而归无效,地方的各组合,有从前者的决定的义务。

但是为劳动组合运动的指导机关的,乃是地方评议会。为什么呢?这是因为地方评议会,是把在一定的地域内经济的和产业的组织了劳动者,再进而组织了的全阶级的代表机关,但是同时地方评议会,不待说是应遵守全俄大会(及会议)和全俄中央委员会的决定,并且加盟于地方评议会的各产业组合的支部,也有服从该产业的全俄大会及中央执行委员会的决定的义务,地方评议会的决定,若和全俄组合同盟的一般政策相反的时候,则各产业组合的支部,就没有服从它的义务。总而言之:地方评议会的职分,是在适当地组织该地方的组合,使各组合和全俄组合同盟的一般政策一致,并且监督缴纳会费,帮助组合的活动。

各产业组合的全俄执行委员会和各地方支部之间,又全俄劳动组合中央委员会和各地方评议会之间,都不承认例如以县或州为单位的中间的组织的,乃是俄国的组合组织的特色之一。第二回全俄大会的决议,以这样的地方中间组织为"中心和周围之间的无用的传达机关,只是无益地用费精力和费用"而明白地排斥之,不认这个中间组织一事的利害得失,姑置不论,而不认它的理由,总是为"集中组合的行动,坚固中心各机关和地方团体之间的结束"。

会费虽是由各组合自定,但是第二回全俄大会规定工银百分之一为标准额,又(一)会费的半额,拿来做征收它的支部组合的基本金,剩下的半额,则为组合所属的全俄产业组合执行委员会的基本金;(二)各支部更从这个半额里面,交百分之十给地方评议员会;(三)支部组合若更分为小地方支部时,后者则照前者所定的预算而行动;(四)没有全俄产业组合的地方组合,则缴其会费的百分之十给地方评议会,又经地方评议会,再交百分之十给全俄劳动组合中央委员会;(五)无故而不缴三个月的会费的,就认为退出者,再加入时,须缴滞纳的会费和入会金。

入会金分几种:(一)一个人加入组合的时候,则缴一天的工银的半额;(二)全俄产业组合加入全俄组合同盟的时候,则缴该产业组合征收的入会金的百分之十;(三)北方支部组合加入地方评议会的时候,也是缴该组合征收的入会金的百分之十;(四)没有全俄产业组合的地方组合,加入地方评议会的时候,也缴该组合征收的入会金的百分之十,但是内中的一项,要交给全俄组合中央委员会;(五)组合员(或个人或一工场和团体地)从一组合移到别的组合时,则不要会金。

照这样俄国的劳动组合组织,就是由全俄大会和全俄中央委员会代表的全俄劳动组合同盟,为其基础的单位的。就是工场委员会或事务劳动者组合,工场的事务员和技术员,是属于一般劳动者的组合的,此外还有单是头脑劳动者的组合,"组合"这种名称,只有加入全俄劳动组合同盟,且经中央委员会的承认和公布的团体,才有专用它的权利,其余经济上的团体,要和它区别起来而用"协会"这种名称。

俄国劳动组合的特征,就是它的组织的纯一;从构成它的基础团体起,到中心的各机关止,从脚底起,到顶上止,都是一贯而期望组织的纯一的,又组合的管理机关,执行机关等名称,也是一定的。由第二回全俄组合大会的决议,定各机关的称呼如下:

一、全俄组合大会的执行机关,叫做"全俄劳动组合中央委员会"。

二、各产业全俄组合大会的最高机关,为"劳动组合中央委员会",它的执行机关则为"劳动组合中央委员会执行委员"。

三、各产业全俄组合的州支部及省支部的最高机关为"全俄劳动组合州(省)支部管理部"。

四、由省支部而组织的组合地方评议会为"——省劳动组合评议会"。

五、县及小都市的组合地方评议会为"——县劳动组合事务局""——镇劳动组合事务局"(但是在大都会则叫评议会,例如莫斯科劳动组合评议会)。

八　全俄组合大会和中央委员会

俄国劳动组合的最高执行机关——全俄劳动组合中央委员的组织怎样?它是用下述的方法选的:

一、由全俄劳动组合大会选举的九名委员；

二、由各产业全俄组合以下述的比例选举的代表：每组合有三万至五万组合员的，则选一名；三万人以下的组合，虽派代表一人，但只参加会议，而不参加票决；但是三万人以下的组合，可以联合几个而派代表，这个时候代表就有票决权。

照这样选出的中央委员里面，由大会选出的九名，则为中央委员会的执行委员，执行委员虽然是每次大会改选一次，但是就是在任期中组合也可以解任其一部或全部，不过这个时候，要求解任的组合的组合员，非占加入全俄劳动组合同盟的组合员全体的半数以上不可。执行委员的解任或辞任的时候，虽然应由临时大会改选，但是临时大会不能开的时候，则可由中央委员会以委员全数的三分之二以上的同意而定后任者，中央委员又可以以全员的三分之二以上的同意而解任执行委员，但是无论组合解任或中央委员会解任，都只限于临时大会不能开的时候，全俄中央委员会，至少一月开一次。

全俄中央委员，至少一年召集大会一次，第二回全俄组合大会的决议，决定大会所代表的组合的资格道：

> 派遣代表赴劳动组合大会的权利，只限于依据无产阶级的国际的阶级斗争主义而行动及加入劳动组合地方评议会照规纳缴会费的组合，出席大会的代表，由下述的比例选出。
>
> 一、组合员（都是纳会费的组合员）三千名以下的地方的组合，代表一名；五千名以上的地方的组合，每五千名一名；五千名未满的则弃掉；
>
> 二、全俄的组合各一名，但组合员一万以上的时候则二名；
>
> 三、彼得格勒及莫斯科各三名；
>
> 四、组合员三千以下的地方组合，可以联合起来派代议士，以上是正式的代议员，参加大会的票决，但是下列的代表，只能参与讨论，而没有票决权：
>
> 1.各社会党的中央机关的代表，劳农苏维埃全俄中央委员会的代表，全俄中央委员会及大会自己招待的个人或团体的代表；
>
> 2.全俄中央苏维埃的全员。

正式大会不能开的时候,则开协议会,已如上述;全俄劳动组合会议,是由组合地方评议会的全员和组合省评议会的代表组织的,又在大会只有讨论权的全俄组合的代表,在会议则有票决权。

以上是据以全俄组合中央委员长杜姆斯起的报告为基础而提出一九一九年七月在莫斯科开的第二回全俄劳动组合大会的二种决议,和通过该大会的全俄组合中央委员会的细则,以及根据这议决于一九一九年十一月制定的全俄组合委员会加盟的规则等而说明俄国组合组织的大体的,该大会并且明白地方表示组合组织的根本原则。

据这个决议,则劳动组合有下列的性质:(1)不同属于某生产部门的劳动者和别的使用人的职分怎样,而把它们结束为一团体;(2)财政的集中;(3)组合的事务,以民主的集中的原则为基础;(4)劳动条件和工银率,对于各种类的劳动,在一个中心机关决定;(5)从基底到顶上,都组织于一样的原则上面;(6)各部行为专门的补助机关的任务;(7)对于组合外部,代表依产业而组织的劳动者和别的使用人。

大会又把可以加入组合的劳动者,只限于"某产业的劳动者和别的使用人,或直接从事于生产过程或只帮助它的常职的劳动者"。但是虽不是从事于直接生产,而在帮助生产者的一切补助部门里面工作的人,以及一切一时的助手,都可以为该产业的组合员,据这个定义则可以包容于组合的劳动者的范围,非常地广,筋肉劳动者,和别的技术者及事务员,不待说都是一样认为劳动者。这个原则,虽在第三回劳动组合协议会,才被采用,由最初全俄劳动组合,方被确认,但是在一般劳动者和技术员及事务员为政治上和经济上的偏见所隔离的时候,不待说是不能实现的,但是第二回大会的时候,形势遂大变,第二回大会的决议道,"——劳动者和别的使用人之间的种种对立,已由一年间的无产阶级被独裁,大为抹杀了;组合是帮助除去劳动者间的一切对立的,所以现在不得不认为把在一工场、一产业和一机关里面工作的一切工银劳动者团结于一个组合的事,是必要的。"但是在劳动者的雇佣和工银增减的权限都握于一个人的手上的这样的工场和机关里面,固然是不能使它的当局者加入组合的,关于包容知识阶级和别的纯无产阶级于组合内的必要,大会的决议特别道,"现在当无产阶级独裁的过渡时代,为完全的阶级消灭而活动着的全俄组合运动,想把一切劳动者结束为集中的、产业的组合，以在经济地组织了无产阶级的感化之下置准无产阶级的分子，使他们也加入阶级斗争，为社会主义的改造，所以全俄组合运动，以为在完全服从无产阶级的规则及劳动组合运动的重要中心机关的规则的条件之下，使政府的职员和社会的勤劳者等还没有组织的新要素，加入全俄劳动组合一事，是必要的”，俄国的组合，虽然是这样极包容的，但是同时又禁止独立手工者和小店主加入组合，它的理由，是因为恐怕这些分子要使个人的生产和小本家的产业的保守的经济思想侵入，致经济地组织了的一般无产阶级崩坏，而在组合组织还没有完全发达的现在，把这些分子包容入组合，实在是有一些危险。

又结合几种类似的产业部门的组合，可以在组合内分部门，又可以因为决定关于各产业部门的事务而开各该产业部门的大会，但是它的决定，设若和组合全体大会的决议或全俄的组合机关的决议相反的时候，自然归于无效；又这些部门，不能别有独立的会计或征收特别的会费，又禁止无论在什么形式之下，为要是单一的组合的实质的各部门的联合团体。总之：俄国劳动组合的组织的原则，乃是结束全劳动阶级而为一生产组织，做一句话说，就是“民主的集中”。就是因为这个而依据统一的计划，以划一全劳动组合的构造，所以为一产业组合的一员的，同时也当然就是全俄劳动组合的一员，就是从一组合移到别组合时，不须什么入会金，可以得和旧组合员同样的权利等规定，就是表现这个原则的一端的，最后不可看过的，就是由无产阶级独裁而行的社会主义的实现和承认以此为目的的革命的阶级斗争二事，为许各组合加盟入全国团体及地方团体的条件。

俄国劳动组合的组织和构造，大体就如上述的，但是也还是在形成的途上的，所以后来一定有了许多变化，然而即使有了多少变化，我们也可从上面的记述，预想它的变化的方向。

九　劳动组合与共产党

研究俄国劳动组合的时候，不能轻轻看过的，就是组合和共产党的关系，据一九一九年九月彼得格勒劳动组合评议会劳动统计部的调查，则当时该评议会所属组合的办事员五百六十四名之中，现加入政党的，有百分之五十七，其中的百分之三十六，于十一月第二次革命后才加入政党，所以它的多数，都是共产党员，又列席于第二回全俄组合大会，正式有票决权的代表，有七百四十八名，单只有发言权的，有一百三十一名，其中共产党员，就占了全数之半。

然而组合的中心分子，不限定都是共产党员，现第二回全俄组合大会的决议道，“不管政治上，宗教上的信条怎样，而结束劳动者”，但是同时这个大会的决议又道，“俄国劳动组合的全运动，是取国际的阶级斗争的态度，断然排斥中立的思想的，所以组合以为承认由无产阶级独裁而实现社会主义为目的之革命的阶级斗争为加入全俄团体和地方团体的必要条件”，“由无产阶级的独裁而实现社会主义”，乃是共产党的根本思想，以承认这个根本思想为加入全俄组合的条件，则无论组合员的多数加入共产党与否，都不得不说俄国的劳动组合运动，是被共产主义的精神所指导的。

第三国际共产党的委员长季诺维叶夫论劳动组合和共产党的关系，排斥从来各国社会民主党所主张起来的组合和社会党的“平等权利”一说，而主张共产须当做无产阶级的前卫，常以他的精神来指导组合运动，他道：

> 现在产业的劳动组合，不限定是从属于共产党之下的，一切劳动者，不问男女，不问他的政党和信条怎样，都可以加入组合，就是不是属于共产党的劳动者，也有加入产业的组合的完全的权利，但是在产业的组合内部活动的共产主义者，不能因此就忘却非共产党的组合员，是有保守的倾向的一事实，在产业的组合内部的共产主义者和它的团体，不可不公然地宣传共产主义……
>
> 近代产业的组合，为着伟大的活动，它们很快使共产党及苏维埃的社会主义战争容易了，但是同时这个过渡时期的产业组合的行动，有一暗黑面……

季诺维叶夫他举出伏尔加船坞劳动组合支部只固执职业上的利害而对于苏维埃政府罢工的事实，而为这个“暗黑面”的一例，以排斥他们的“职业组合的狭隘”，并且非难所谓产业组合万能主义堕落为劳动阶级的贵族制度，以为要除这个弊害，共产主义的精神非常指导组合运动不可而论道：

各产业组合里面，不可不各有具备巩固的组织和规律的共产主义者的一团，以和全俄劳动组合中央委员会里面的共产主义者的一团共宣传同一经济政策……各产业组合内的共产主义者的一团，不外为该地方的共产党支部的核心，照这样一方面共产党的地方委员会，完全支配该市邑的产业组合的支部，别一方面共产党的中央委员会则由其优势支配全俄组合委员会……

共产党的委员会，和产业组合内的共产主义者的团体相提携，照这样共产党指导劳动组合运动的建设的方面……

这一节就是在共产主义者之间，也有多少异议，因为季诺维埃夫太高调组合运动须弃职业组合的狭隘，离开地方主义的偏执，而经常由共产主义的精神指导，所以要避免以为组合只是共产党的从属机关，完全失掉自主的行动和存在的误解，去年十月英国共产党协议会里面，有由上述的见解而主张请求中止发行季诺维叶夫的小册子的，但是若把他的论文精密地看一看，他的主张并不是不认为生产者的组织的组合有独立的意义，他所论的，不是新社会内的组合的职分，乃是论资本主义的心理，还显著地浸润于劳动阶级之间的过渡时期的组合运动，应向着那一方面前进的，又我们不可忘记他所以主张组合非由共产党的精神指导不可的，乃是特别在这个过渡时期的组合运动的"建设方面"——怎样建设新社会的方面。

季诺维叶夫他又直率道："我党是信劳动组合是不可缺的"，不过他所信为建设社会主义的社会所不可缺的组合，并不是为资本主义的心理所束缚，为职业主义和地方主义所浸润的现有的组合运动，乃是立于阶级的自觉上的劳动组合，所以据他的意见则"在无产阶级革命的时期内，劳动组合，要像社会民主党分裂了的一样，也要分裂"，照这样从旧组合运动分裂出来的真有阶级自觉的部分，据季诺维叶夫的意见，则真正是全劳动阶级的前卫队，可指导全劳动组合运动的，他说"这个指导，决不可带指挥命令的性质"的，就是说明所谓这个"指导"的性质，是怎样的。列宁也于一九二〇年四月第四回全俄组合大会的演说里面道：

这几年间，像劳农俄国这样开大会开得多的国家，什么地方都没有，无论那个国家，没有像这样充满民主主义的精神的，所以苏维埃的决定，有着人家想象不到的权威……

现在必要的东西，就是有机的结合，这就不可有一人所命的规律，又不可只有一个人的责任，这就是已不可有独裁了，劳动组合的总人数，有三百多万，其中的六十万人为共产主义者，他们须为其余的组合员的先导者，我们为最后的胜利，不可不排斥团体和职业上的利害……

但是我们所研究的，不是季诺维叶夫的组合论，和列宁的组合论，乃是俄国劳动组合的实际上的事实。

法国工团主义者，怕俄国劳动组合，在共产党和苏维埃的权力之下，完全失掉他的自主的行动和性质，又恐怕加入莫斯科国际共产党就是要变为法国的组合，为莫斯科的共产党所指挥，所以亲自视察了俄国组合运动回来的社会党加西安，在他的社会党与组合的一文中解他们的疑惧道：

……法国人都以为莫斯科欲以第三国际共产党为手段而指挥命令全世界的劳动组合，大大地来反对……

然则我们在俄国，看了些什么回来？在法国，是官权窘迫官吏的组合，压迫劳动组合，每日把他们带到有产阶级的法庭来，以解散威胁劳动总同盟，做一句话说，就是资本的伪善的独裁，加于一切组合团体之上，但是在俄国组合乃是真实的主人。各工场的管理部，在组合的守护之下而行动，各职业的劳动条件，则由他们决定，他们决定工银和赏与底额，他们有选任劳动大臣的权利，他们的代表，在管理全国的生产和分配的国民经济委员会里面，占着多数，无论就工业，就运输机关，就一切生产物的分配，从社会构造的基底到顶上，一切机关里面，都是要求劳动组合的经验和劳动者的实际的观念的。俄国劳动组合，在运用苏维埃共和国的一切机关里面，直接地、有效地被代表着，占着重要的地位，事实上他们是指挥俄国的新组织的，什么劳动组合的屈从和从属，都是无谓的妄言，他们乃是真实的主人。不过他们之所以得到占这个有力的地位,乃是社会革命的结果,确是事实,他们知道从来残酷地绞取他们的有产阶级,决定地败北的,乃是靠着社会党的行动的。法国劳动团体的历史,和俄国的不同,斗争状况,不是一样,这是不待说的……但是事实证明这个……就是俄国社会主义家,不给劳动组合以从属的卑贱地位,而给他们以第一的地位,最高的地位!

十 国际劳动组合运动的新阵势

研究俄国劳动组合,势必不得不言及以俄国的组合运动为中坚的国际劳动组合委员会。

金属工、矿夫、纤条工、运输劳动者、油漆匠、制帽工、木工、建筑工、裁缝、皮匠之间,在欧战以前,已就组织了国际的组合,不过这些组合,都是以职业上狭隘的目的为主的,并且它的组织,也不过只是通信机关,就把这些国际的组合送在一边,各国劳动组合运动的多数,都已加入国际社会党事务局(第二国际社会党),到了一九〇二年才组织国际劳动组合书记局,和第二国际社会党并立。

国际劳动组合书记局,以勒银为委员长,置本部于德国,开了几次大会;但是这个大会,不过只为各国组合代表的意见交换机关,差不多没有见什么有力的国际行动,欧洲战争一爆发,这个国际劳动组合运动,也和第二国际社会党一样,暴露出自己的无力,同时成为事实上解体的形式,几次经大会所决议的国际主义完全忘记,勒银、究俄、亚卜尔通、康巴氏等所率领的德、法、英、美的组合都成了资本主义的战争的有力机械,战争告终时,列国的战争社会主义者等,在柏林开了国际协议会,使第二国际社会党的残骸复活了,同时集于旧国际书记局的残骸的各国的组合领袖等,也在柏林开协议会,组织了国际劳动组合联合。国际劳动组合联合,在安斯特尔坦开第二回大会,现置本部于该市,国际社会党协议会,是继承破产了的第二国际社会党的,而安斯特尔坦的国际组合联合,可以看做是继承破产了的旧国际书记局的,国际劳动组合联合是一方面和第二国际社会党相策应,一方面和国际联盟的劳动事务局相提携,为勒银、究俄、亚卜尔通、康巴氏等所率领的而代表各国组合运动的右翼和中央的,革命的组合主义者,和叫第二国际社会党一样,也叫这个国际的联合为黄色的。

俄国共产党，纠合各国社会党的革命的分子，在莫斯科组织第三国际共产党，以和这个黄色的国际社会党相对立，对于国际劳动组合联合，起了两种议论，就是应该从内部赤化它，或从外部破坏了它？第三国际共产党的第一次大会，议决须取第二说，遂由第三国际共产党执行委员会发起，各国劳动组合的代表，于一九二〇年六月十六日在莫斯科的劳动宫开了协议会，这个协议会，是以第三国际社会党的委员长季诺维叶夫为议长，英国则派运输劳动者联合委员罗伯·威连和劳动组合大会议会委员巴伯舍尔列席；意大利方面，则有代表意大利劳动总同盟的达拉哥纳和皮安起以及金属工、农业组合等代表列席，俄国方面，则有全俄组合中央委员会的罗卓夫斯起、杜姆斯起和莫斯科劳动组合委员会的麦尔里羌斯起等列席。该协议会前后讨论了一月，遂议决下述的宣言，赤色劳动组合国际协会，遂由此成立。

由第三国际共产党执行委员会召集而会合并且署了名的俄国、意大利、西班牙、法国、保加利亚、捷克斯洛伐克和佐尔加等国的劳动组合的代表，像下述的一样忖度：

> 万国劳动阶级的地位，因为当做帝国主义的战争的结果，而完全废止劳动的榨取及确立共产制度，实行更为明白、更为有力的阶级斗争的必要。
>
> 这个斗争，须由一切劳动者的——不是职业的团体，乃是由产业的团体——较为紧密的组织，在国际的规模上面实行劳动时间短缩、工银增加、劳动条件的管理等所谓社会的改良，在某种状况下面，虽是缓和阶级斗争的，但是没有解决社会问题它本身的力量。

但是大多数交战国内，劳动组合——中立的或非政治的组合——的大部分，在可怕的数年战争中，成为帝国主义的资本主义的奴隶，阻害劳动者的究极的解放，劳动阶级，非把一切劳动组合结束为一个有力的阶级的团结不可，这个阶级的团体，又非和奉共产主义的无产阶级的国际政治团体密切地提携着行动不可，照这样劳动阶级的团体，可以为社会革命的终局的胜利及全世界苏维埃共和国的树立而充分伸张它的力量。

> 所有阶级，因为要粉碎被榨取者的解放运动，无论怎样的努力，都是不

惜的。

所以对于有产阶级的这个独裁非拿着无产阶级的独裁来对抗不可，这个方法，是过渡的方法，然而又是确乎不可动的方法，是粉碎榨取者的抵抗，确立无产阶级支配的效果的唯一方法。

单以安斯特尔坦国际劳动组合联合的纲领和战术，不能致上述那样的原则的胜利和确保万国无产者以胜利。

所以我们议决如下：

（一）进步的革命分子，排斥从现存的组合脱离的一种战术，反之，这些革命分子，非把以种种手段，帮助帝国主义的战争，和有产阶级协力，并且参与伪国际同盟的行动，现在还从事资本主义的帝国主义的灰色主义者驱逐出组合外不可。

（二）在各国劳动组合内实行共产主义的宣传，在一切团体的内部组织共产主义的革命的团体，以宣传使他们容受我们的纲领。

（三）组织战斗的国际委员会以改造劳动组合运动的组织，这个委员会，就当做"国际劳动组合委员会"，和第三国际共产党一致行动，加入这个委员会的一切劳动组合，都要派代表来委员会，由国际劳动组合委员会派一名代表赴第三国际共产党的执行委员会，同样后者也派一名代表到前者来。

这个协议会，决定于一九二一年一月一日在莫斯科开第一回国际会议，就是由这个会议，正式地成立劳动组合国际联盟，这个国际组合团体，已包含七国，代表九百万劳动者，就是俄、意大利、西班牙、法国、捷克斯洛伐克、保加利亚、佐尔加七国；英国的代表，把全权委给俄国和意大利的代表而归国去了，所以英国的三十万运输劳动者，当然也要算在该国际劳动组合团体的势力内的，设若把埃斯特里亚、挪威、芬兰的劳动组合，德国、奥国、波兰、加拿大、美国、爱尔兰的革命的组合运动也算来，则该团体的实力，竟可说是代表一千万的组合劳动者的。

这个新劳动组合的国际的组织，和从来的不同的，就是它并不只是为通报机关、联络机关,更不只当做单纯的意见交换机关,而通过杂多异己分子都能同意的同乘马车的议决的机关,乃是为国际的阶级斗争的实际焦点、实际中心、依具体的一定的行动方法而结束的一点。

"俄国的全劳动组合运动,是立在国际的阶级斗争的地位上的……"一句话,就是第二回全俄大会的决议所明言,以表示组合组织的一般原则的,设若以为俄国组合的组织和构造,是筑于这个一般原则的上面的,那么,我们得见这样赤色劳动组合国际团体的组织的,就不得不说是当然的结论。

一九二一年六月一日

(第九卷第二号,一九二一年六月一日)

结群性与奴隶性

〔英国〕戈尔敦　著　周建人　译

我拟在这一篇文章里讨论一件下等的德性以及知识缺乏上的奇异而且显然反常的事，这性质是属于天成，并非全由习得，只要一考察动物界的类例与这种性质养成的状况，便可以知道了。这便是人类中的奴隶性；除却领袖的人之外，在平常人的本性中，都极显著。我们的民族中大多数的人都有不敢独断独行的自然倾向；他们以人民之声为神明之声，虽然他们明知道这类声音，是出自类于无人的乌合之众的；他们又甘心为传统、威权以及习俗的奴隶。与这道德的瑕疵相对的知识的缺乏，从他们的缺乏自由与创造的思想，而常常愿意承受威权的意志去束缚其判断可以察看出来。我将证明人间的奴隶性，是结群性的直接的结果。至于结群性则又是当初原始野蛮时代及以后开化时代两方面的景况之下所造成的结果。我的论据是：凡好结群的走兽，非常缺乏自恃的性质。而这种动物的生活状况实有使它们自恃性必须缺乏的必要，因此自然选择的法则，便使它们结群性与相连带的奴隶性渐次发展起来。人类的远祖，生活在相同的景况之下，而且还有几种人间社会特有的原因，相沿至今，向着这方向进行，将在往昔的生活状况之下有所必须的结群性与奴隶性遗传下来，但在今日的文明之下，则这种性质反成为害多而利少了。

我在早年，幸而能够得到关于几种结群动物的密切的知识。当我的长期的旅行的时候，经过北非洲的许多沙漠，知道骆驼有急切求伴的性质，是使我惊叹不已的一件事实。我又曾耳闻并且从书籍上，得详细的知道了骆马（Llama）的尤其显著的结群性；但合群动物的心理中，我所研究最深的，则为南非洲西部荒野中的牛。我所以举出野牛者，因为驯养的牛，本性已有不同；例如英国的牛，便远不及南非洲西部的牛的乐于结群，倘用作我的论说的引证，也便减了价值了。今我所说的牛，是产在达玛拉司(Damaras)的野牛,其祖先从来没有服过霸勒。它们在白昼时,徘徊旷野上,牧人远远地望着,到夜便呼号驱进圈中,正如一群受惊的野兽,被猎人赶到陷坑里去。它们的惊慌的程度是如此之大,所以要捕捉它们,更无别的方法,除了将全群赶在一处,用捕兽的轮索套住了要捕的兽的腿,巧妙的将它摔倒在地面上。我和它们密切地住在一处,计一年有余,这些雌雄的牛的性质既然如上所述,则公牛(译者按:指种牛)也必如此无疑了。

我约有一百只驯养的牛,以供挽车,负荷以及骑坐之用。我的探险旅行,几乎全坐在牛背上,其余的牛跟在旁边,或者随同劳作,或随同闲步;又有些不全驯的牛,则作为一个行走的庖厨。到夜间,不及设立栅栏来关住它们时,我便睡在它们的队伍中间,察看它们怎样愿意的利用这炬火与人的接近,是很有趣味的。它们知道现在有了对于肉食兽的防护了,这些猛兽的叫声,时远时近,不断地打破这寂静。研究这些特别牛类的性质的机会,在我并不虚度。我很有闲暇工夫来思索这种性质,而且这种动物的性习,也很能够引动我的好奇心。我知道它们的性习愈深,便愈觉它们的心理复杂而有研究的价值。但我现在所说者,只是它们的盲目的结群性,这种结群性与平常所谓社会的欲望显然不同。在这牛类中,并无这种交际欲望;所以它们并不彼此相亲,只有轻蔑憎恶的表情尤多于宽恕与亲爱。群居本可以去无聊,但它们并不觉得无聊,因为它们惯吃粗食与反刍的习性,使它们成为鲁钝了。群居本可使生活更充满而且更有变化,但它们并不如猴类一般爱群,因为它们身在群中,而仍然各自分离;猴类则有聚众游戏、攀援、打斗、相爱以及吱吱地谈论。但牛类虽然对于同类不甚有感情与兴趣,却不能暂时离群。倘用计略或强力将其分离,它便显出精神上的十分苦恼;它定必竭了全力要回到群中去;倘得归去,它便突入牛群的中心,将密群的慰藉,来浴它的全身。牛类的这因为分离而生恐怖的性质,便是牧人得到便利处,它尽可以安然休息在阴暗或浓雾中间,只要有时一瞥见有一只牛在那里,便知是全群俱安的了。然而这也是牛车队中旅客的不便处,它觉得在牛群中所处的地位,正如一群客气的客人里的主人,它想请它们从客厅到食堂去,然而没有一个肯上前先行,彼此都退后,让给在旁的人。旅客想得一牛能为群的先导,实在十分困难,因为野生的牛,处在这样的超群而且孤独的地位,天生的极不适宜,虽然平常照例有一个童子牵先,或驱使它们前进。所以,一只"前牛"(Fore-ox),便是有非常的独立性的了。

驯养野牛的人留心察看,见它们里有自恃性的,敢于离群或在先头吃草,便将它拿来养成前牛。其余的只可以供平常骑乘或宰杀了。倘若生而能为前牛的实在太少,则不叫它做通常的事,往往使它任独特的工作。更有例外的好牛,在达玛拉司数千的牛中,有时也能一见。牛可以骑坐,虽然还不如骑马的自在,——这样的成绩我从来没有听到,——不过能够离去其群罢了;但倘是骑术高强的人,则能径从牛群的中央,一直骑了跑出。至于相对的一方面的情形,我虽然未曾博收例证,然而我从回忆上知道平常的牛的自恃性的缺乏,大抵正与平常的前牛的自恃性的超过相等。我还记得有几只牛具有特别的求心性,它们一受惊吓,便急急奔入群的中心,比别的牛尤其狂暴;我毫不疑心,凡由一平均数得来的差数的公式,也可以应用于牛类的独立性质上,正如人家所设想一般。我们由此所得的结论是,达玛拉司的牛类中,真有创意与独立性,可以不靠帮助,冒着每日的危险舒服的度日的牛,实在不多。它们根本上是奴隶性的,除却跟着群中的一只有自恃力的牛而行之外,再没有别的方法。没有牛敢于有违拗群众的作为,它承认它们的公共的决断是束缚住它的良心的权威。

不依赖自己而信托别个的性质,这正是强迫兽类必须聚众,结群而生活的条件;而且处于有巨大食肉兽的地方,要望生活安全,则密切的结群而居更加紧要。一只单独吃草的牛,并没有几日可以生存,倘非在土人的能力以上的极小心严密地保护之下。达玛拉司的牛主,常以二百多只牛,托付一对半饿的少年去管领,他们两人则在打磕(瞌)睡或掘食草根中度日。牛主明知道其实无法可以保全牛群,使不受狮子的侵袭,所以他们即便任其自然;至于盗贼,他们也知道纵使尽力多设看管的人,也决不足抵抗它们;所以只要派遣两人,倘遇盗贼,他们尽够奔回家来警告全部落的男子,便可结队追踪被掠的财物。因此牛只能自己结群以拒野兽;倘没有自己的警卫,它们必不免为野兽所残害,这事当初一见实在不容易明白估量它们的价值。我们先一设想一只牛的危险怎样,随后对于上面的话便容易明白了。当一牛独在的时候,它不但太无保护,且又最易被袭。蹲着的狮子也害怕那大胆向它攻来的牛类。牛或羚羊的角很能使跳扑的猛兽的掌上或胸部受一难看的创伤,正如太激烈的拳师遇着他的对手的回打一样。所以如有母牛在路旁产犊,一时被商队委弃了,从不被狮子所攫食。这种事是屡有的,而且常常得以带回野帐中来;由它的足迹,可以证明那母牛曾经抵御野兽的攻击,只因它防护仔儿如此切心不怠,所以没有肉食野兽能够乘隙近前了。这种精神激昂的情形,自然是在常情之外。平时牛的生活,白昼常将头埋在草丛中,外边情形如何,它不看见也嗅不到。更多的时间,则静静咀嚼食物,当这时候,它们大概不很机警。但这种动物,若就全群而言,却常常很机警;几乎每一刻中总有几只的眼睛,耳朵与鼻子审察四方近状,一牛的惊叫,便是它的全队伙伴的警报了。这样集合的生活,每一个体便是有知觉力的大网中的一线,铺张在极广大的地面之上;各个都成为常常醒着的能力的所有者,有眼可以了望四方,有耳与鼻可以考察极大面积中的空气;而且它们又是兽类容易偷偷的出入的各要害的占领者。生活在群中的各个体的保护的感觉非常大,只须耗费极小量的警醒,便可以得到极大量的平安。我们倘使一个惯于结群生活的动物独居,便是去掉了它的保护的感觉,它即觉身在危难中间,四面俱有危险,除了它正在注视的一面之外。它知道灾难或者容易从后面到来,所以它的眼光没有宁息而且忧虑,不绝的环视周围;它的举动仓卒而且急促,它成了极端的恐怖的俘虏了。这实在毋庸疑惑,牛类因为处于多有猛兽的地方,所以密集的生活,最适于它们的安全;因为安适,所以顺着自然选择的公律,结群性与其后的奴隶性的发达,于这些牛类也便非常有益。又从这自然的条律,可以看出这种本性发达的程度,正与它们的安全最相适合。倘它们结群性更进一点,则在达玛拉司草地上吃草的时候,将挤在一处,以致彼此相妨;倘稍差一点,它们又将散得太远,不便于防御野兽了。

我现在更当特别考究何以平均上的差数如此,在五十只牛中只有一只是有独立性的,可以为良好的前牛。何以并非五中之一,又非五百中之一呢?这缘故,便的确因为自然选择使它们在每一个大小适中的牛群中,只生这一个首领,将多余的芟除了。一群的大小,则视适宜于地理上及各种境遇上的情形而定;这不宜于过大,否则分散的水洼——它们大半年中的饮水场——要不足了;在牧场方面也有同样的妨碍。群又不宜于过小,否则比较的不安全了;如仅有五只兽类的群,比起二十只的群来,一个潜行的猎者即易于近前,二十只的群又比百数只的群较易近。我们知道,那自己分离而吃草的牛与带领全群的牛,都被教练牛畜的人所取,认为具有自立的性质,可以当群的首领。这种单独吃草的牛实在比真的牛群首领还要被赏,它们敢于独自行动,所以它的独立性是无疑的了。而且群的首领并没有狮子的危险,因其左右及后面,都有随从的牛给它守护;但那些单独吃草的牛,群中多余的有自恃力的动物,却有一侧与后面空虚,所以被狮子所食的便正是它们。我们若放眼一看这种情形,便可以断定说,野兽常在群旁删剪歧枝,使群队成为一个极密集的团体,一团体中只有一个善被拥护的首领。所以牛群中独立性的发育,都被野兽的影响所压倒,在它自然的标准以下,这其实只要回过去一看那祖先数代未尝遇到这种危险的牛群里,自恃性比较的更为发达,便很明显了。

以上所说的牛类与野兽的关系,大约只须略加修正,便可以应用在野蛮民族与其邻族的关系上。我以为有几处地方,实在十分相像。例如多数野蛮人如此不亲善而且阴闷,似乎除了互相倚靠之外,更没有别种合群的目的了。

我们若一考察与我所讲的和牛类同地居住的土人,我们便知他们聚集为许多部落,总是互相争战。我们见各部落中,极小的部落不多,极大的也不多,这便因为过大或过小的部落都不安定。一个极小的部落,必容易被强邻所灭亡,杀却,或被驱使为奴隶。一个极大的部落则因运用不灵而破裂,因为依了物之本性,他必是中央集权不稳固,或缺少食物,或两者都有。所以野蛮民族不能不分散生活,因为一方里的地面只能供给少数的猎者,或牧人的生活;在别一方面,酋长若不时时与他的部下相接触,统治必不能久,但他的部属散布的地面既然广大,要时时相接触便在地理上有所不能了。所以自然选择的律,不得不惩罚那些野蛮民族,那其中产生有自恃性的个体太多了,致使一个大小适中的部族,失了盲目的结群性。他却又惩罚那无用的民族,他们不能产生这样的人与其余的人数比例相宜,足以维持并不过大的部落的存在。我们不可因此设想,以为结群性在一切野蛮生活中,都是一样的重要;但据我所见,从考查我们先祖的部族争战的习性的证据,我以为这可以应用在我们欧罗巴族的远祖,正与现今可以应用在非洲大部分的黑色民族上,丝毫无二的。

在人类的部落与国家中的元首有一种异常的权力,较之动物群中的首领所有的力尤为强大。在一群兽类中,遇有一兽被首领所憎嫌,为首领的兽便攻击它,于是两相争闹,余兽只作旁观罢了。但若在人类,遇有一人为元首所恶,则他不但被首领所攻击,而且还被那一班他的执行官吏以极大的压力。这反叛的人便须抵挡一群训练的群力:有侦探立刻能报知他的举动,有地方官能差遣一小队的兵卒,将他牵来审问;早经造好了牢狱可以监禁他,文官挥了法律的权没收他一切的所有,执法官吏预备拷打或杀戮他。人民所受的这种暴力,无论在粗暴的野蛮民族的酋长之下,或在半开化的东方国的专制政治之下,或在现在的虽然较为修饰而仍旧严苛的政府之下,在芟除人族中独立性的发展上,必定有一种很可怕的影响。试想奥地利,那波尔,以至于拿破仑第三治下的法国。一八七零年间,据报章所载(十月十七日的《日日新闻》),依在条叠黎宫(Tuileries)寻出的记载上说,从一八五一年十二月二日起,法国有二万六千六百四十二人,因政治犯罪被捕,其中一万四千一百一十八人已受徒刑流刑或禁在监狱中。

我在《遗传的天才》(*Hereditary Genius*)中已曾说起,近代宗教迫害在民族的自然的性格上有很大的影响,这里可以不必多说了;但现在要讲从有史时期起以至今日,接续的毁灭人类里有自恃性的,因此也就是高贵的民族的许多确实的势力,在这张表上,也不可不将所说的宗教一面的力加进里面去。

我以为从这等长久接续的情况之下发展起来的这种盲目性,已经渗入了我们的种族里面,足为我们享受自由的障碍,这些自由在近代文明组织里,本来是我们可以得到的。一个真有智慧的国民,当由一种比从单纯的结群本能而来的更为强固的力所结合。凡一国民不必是一群奴隶的乱众,因为恐慌而互相揪着,大多数缺乏自恃力,只求别人的引导;他应由许多有强大的自恃力的人所合成,因了无数的关系而互相联结,成为一个强的紧张的而有弹力的团体。

在个人各有判断力的国民中,其团体的动作性,应当有一种恒久性质。这是同一民族里的大多数的各人的主宰性的表现,自然当能一致。国民性之所以轻躁者,原因在于人群中的多数人都没有独立的判断,只是跟着别人,忽此忽彼,一任有势力的新闻记者,雄辩家以及感情家等暂时得到指挥他们的机会的人们的驱使。

我们现在的自然的性质,使我们不能达到各人都能清醒的自己判断的理想的标准,所以我们国人,不论在道德以及知识方面,只有奴隶性在一切革新的政策计划上,是一件公认的事实了。

这种污染,本起源于我们种族的原始的野蛮状态,其后又受后代的影响,留传至今,必须先行除去,我们的后代才能站起,得到知识社会里的自由会员的地位:我又加说一句,现代的最适于自恃的本性的窠,只有在由移民建立而且维持的联邦中才能寻到。

服从自有其传奇的一方面,在奴隶献身的去报答主人最微的心愿与最小的快慰,在忠顺臣民的报答其君主;但这种献身的行为,不能视为合理的自己牺牲,这不过是对于人所应负的义务——各人应该善用他的判断,各应依了自己以为最好的而行的义务——的弃绝罢了。信托权威是儿童与弱女子以及病人衰弱者的一种特质,但在昌盛而果决的社会里正在五十上下的中年的人民中间,是不适宜的了。生在自由的国土的人,觉得父权统治的空气非常压迫。在各人都有公共负责的观念,并且知道一切的成功都凭着自己正确的判断与努力的时候,充实而诚实的政治的与个人的生活自然实现。但在专制之下,这种生活固不可得,却有两种东西作为替代,便是等候主人指挥的懒惰的依赖性,与那败坏道德的信念,以为得个人的进益的最好的方法是由于请求与恩惠。

这一篇原名《牲畜与人的结群性》,在一八七二年发表,已经是五十年前的事了。一八六三年《人类才能与其发达的研究》(*Inquiries into Human Facults and Its Development*)出版,收在里面,改题今名,现在据《各人的丛书》中一九一一年再版本译出。

戈尔登(Francis Galton)是善种学的创始者,关于他的学说,我曾做过一篇文章,发表在今年的《东方杂志》上,现在也不再说了。

一九二一年八月三十一日记

(第九卷第五号,一九二一年九月一日)

俄国的新经济政策

〔俄国〕布哈林　演讲　雁　冰　译

（以下乃布哈林的演讲，当一九二一年六月八日的第三国际世界大会在莫斯科开会时所讲）

要明白我们现在所采用的新政策，必须知道他和去年春天我们所经过的经济的和社会的生死关期的连带关系。

俄国革命的经验指出我们从前的革命程序观念完全是痴人说梦。从前即使是最正派的马克思主义者也以为无产阶级只消抓住政权便可充分管理生产机关了——当然的先要除去那些高一级的有产阶级。但是经验告诉我们，简直不是这样的。每个革命包含一次复杂的社会改组。而一个无产阶级的革命所包含的社会的改组，比从前过去的中产阶级的革命所包含的，更要复杂得多。一个无产阶级的革命不但需要人民去抓得政府而改组之，并且要去抓得整个社会的生产机关而改组之。在实际上，后者尤为重要之事。

现在我们且看在资本主义的国家里，这生产机关的性质是怎样的？第一，我们先看见一个资本主义的阶级制，一级压一级的制度——最高的是富有的资本家；其次是亲理各项事务的经理；又次是专门人才；又次是熟练的技手和机器手，这一级和上一级是差得很厉害的；又次即是底基了，便是普通的劳动者。当你开始要去改组这个社会，你可就扰乱了他们各级中间的平衡了，你把他们中间的联带关系割断了。劳工们开始用罢工用暴动来攻击政府。兵士们尚服从他们长官的时候，军队革命不能起来。劳工们尚服从他们的工头和雇主的时候，工业革命亦不能起来。但是一旦你把他们各级中间那些联带关系一割断，革命自然能起了，生产事业却也就停止了进行，如果劳工们罢工,或是派人守起街堡垒来,工作也就停止了,如果熟练的工程师和科学专门人才怠工起来,出产就缩少了。

守旧的社会主义者像考斯基(Kautsky)与巴尔(Bauer)之流,每说,同时不间断生产,同时起革命;他们这些话简直是废话。这犹之说兵士要反抗他们的长官而同时又要服从长官。有革命即不能不暂时阻滞生产,若要生产事业照常过去,便没有革命。你要一个革命,不能不付些代价呵!你不能不拿出一些代价就安然转换到较高式的生活。我们应该不怕我们的物质繁华暂时的有些破绽呵。你不打破鸡蛋,怎样做成蛋糕呵。

我们大家都知道,如果社会中别的阶级的反抗力愈强,则我们的革命的代价,便必须愈高;而且我们又都明白知道,第一个实行无产阶级革命的国家,其所出的代价必定最高。在我们俄国,阶级战争不但是内国的,还有对外的战争。当内国政变发展成为战争以抵抗国外的强有力的政府的时候,革命的代价真是不可数计了。我们的可怕的贫乏,其主要原因不外乎此。我们不得不把我们那一些枯竭的物力的四分之三都用在供养红卫军。我们不得不如此的原因,除了疯子,没有一个人不知道的呵。

人类要生活,缺不了面包。面包问题是革命时最难解决的问题。在那种危机时期所必不可免的经济的紊乱,也把城市和乡村的联络割断了。当无产阶级在城市奋斗时,城市里的工作全然停顿,城市和乡村的关系也就中止了。大地主和富农人觉得团积操纵是行不去了。农民组合就此破裂。城市出产品和乡村出产品停止交换了。记账交易制被打得粉碎,非用现钱不可了。城市既然不肯和乡村通融,乡村当然也不肯和城市通融了。城市居民和乡村居民间有无相通的办法便也全然消灭了。

因为城里人即使是在革命时候也是不能不生活的,所以我们必须筹划出特别方法来喂他们。第一,聚积在城市里的先必把来用完。第二,我们能用强迫手段从农人手里拿出米粮来。第三,农民对于无产阶级的同情,也帮助了我们,因为农民知道无产阶级的政府是保护他们反抗他们从前的地主以及其他的掠夺者,他们应得报答的。

当我们尚在锄削内乱并且抵抗国外的反动派与他苦战的时候,上面所述三者中的最后一个,在农民中施行重要的作用。当我们用强迫手段时,我们还是根据在这感情上,每个马克思主义者知道:我们的反对派说的什么农民是布尔什维克派的仇敌,我们的权力全恃枪尖来维持,等等的话,全是废话。如果真照反对派的说法,便是俄皇的根深蒂固的政府也要维持不下的。我们用武力,因为我们背后有农民的信仰做后盾,农民信仰再没有第二个政府能保护他们不受大地主的伤害。我们已把俄国大田地的百分之八十二给予农民,而且农民们亦不是愚子,肯把到手的东西放弃。他们很聪明的计称到将来的生活会要好些,只要手里得的田地不被收回去;因为将来他们的收入是稳定的了。就因为这些缘故,他们原谅我们的不得已办法,而且也正因为这些缘故,我们给他们个例外,在我们的经济社会内(就是说允许农民私有田地),在我们脚下,我们的根据是坚牢的。

资本家的政府已经从经验中知道了:有几种在平时万万不能见诸施行的经济管理法,到战争时是可以强迫施行的。我们当时的情形正和这个一样。俄国的一切阶级,造那些小有产阶级也在内,都觉得当战争时候是不论怎样的牺牲是只得牺牲的。我们应用"狄克推多"的方法,可以依靠这种感情。

但是战争完了以后,对于我们的设施而起的反对是一定不免的呵。他的最初的表现是在抗拒我们的管理制度,和农民中间的无政府的暴动。从经济学上讲来,这是很明显的,若我们取尽了农人的生产盈余,他们增加生产的动机便没有了。剩下来的唯一的动机便是:他们深信必须扶助那些都市的劳动者,好让他们来帮着使他们不再落于大地主之手。等到那些武装的仇敌都被我们打倒了以后,连这个动机就也变成很微弱了。我们立刻看出来,田地渐渐荒废了。这个,固然一部分是由于我们抽调农民入军队的缘故,一部分也是由于牲畜和器械渐渐缺乏的缘故,但农民的不复愿意耕种也是一个原因。因此我们现在就逢着一个农业上的危机,快要发生饥馑之灾了。

这是自然的趋势:农产一匮乏,城市生产也衰颓了。有人说,我们的工厂和制造场多半是毁坏到不堪设想,这不是真的。在许多炼钢的和制造金属品的大工厂里面,我们还有看上好的机器但是最大的问题却是如何去使得城中的人有得粮食吃。我们的工人都枵腹做工,城市和乡村之间的生产和制造又周转不灵。

这种经济状况发生了种种社会的结果。我们的工厂既然停顿,工人就四散觅食去了。例如,他们在制造金属品的工厂里留着,但是为他们自己制造了每天要用的小金属品。由是他们便不像个无产者的样子。他们方才晓得他们已经有了营业的自由,于是得到了小有产阶级的许多心理状态。于是我们便有了无产者变为小有产者,而且具备有产者的种种坏脾气的事情发现了。一般无产者不绝的向乡村间散去,而去经营小规模的独立工业了。社会混乱的程度愈甚,这种无产阶级的堕落愈快。

无产者的阶级势力本是这样的被我们的经济状况弄成衰弱,加之在战争中间他们里面的精英渐次丧失,这倾向就加倍的利害起来了。我们的大小军队都是由参差不齐的农民,加以共产党员和非党员的在上指导而成的。我们有许多最好的无产阶级指导者,在他们同伴的“工厂手”的中间,享着最高度的尊敬和信仰的人,都这样丧失了,我们的损失极大。并且我们不得不派出许多最好的人到乡间和别处去推行政府的事业。你在农业国的地面上组织一个无产阶级的狄克推多制度,你必须像走棋一样地把你的人员派在全国,像在棋盘上一样的巡转,方可以指导农民做事。所以,你立刻就会明白,无产阶级在工厂中的力气是削弱到如何的程度了。那边只剩了些最没用的分子。劳动阶级分崩的现象因此而入于我们眼帘之下。那便是目前最大的危机。

农民未尝不受苦,但是他们的苦却不及无产阶级所受者之甚。从经济的立脚点,却不是政治的立脚点,看来,他们已经比人民中任何别个阶级,得了更多的利益。物质生活上,农民是比无产阶级好些,虽然那后者是执着政府的大权。农民们都觉得他们是比从前不论何时更强有力了。此外我们还曾目睹过几种次一等的结果。农民在军队里学了不少政治的知识。他们从战场上回来的时候,已经换了一个人似的不同了。他们的知识,他们的阶级意识,都有进步,他们的脑筋也灵活了许多。这时候,他们已经很懂得政治了。他们对自己说:“我们是这国中真有权力的人呵。我们不愿再被人当作家庭中间的小儿子看待。我们不是不愿意喂养那些工人,可是我们是长子呀,我们先得要求我们的权利呢。”

农民们一旦脱除了战争的束缚,立刻就提出要求了。他们喜欢做小本生意。他们是恢复自由买卖制的先锋队,是实行政府管理制和生产品社会化的仇人。他们的需要是大家都知道的,而且在西伯利亚、泰晤勃夫(Tambov)等处,他们已起暴动,来反对我们。那边的情形,并不像外国报纸上登载说的那么样坏,但是扰乱恐不能终免。

他们发明了一句政争的口号,表示他们的经济政策的大纲。他们宣言:“赞成布尔什维克,但是反对共产党!”这句话初看是不通的。但是其中自有理由。当十月革命时,和在十月革命之前,我们一党屡次忠告农民:“杀你们的地主,拿他们的田地。”以此布尔什维克党得了好人之名。布党把一切都给了农民,并不要回一些。然而近年来,我们一党却变为不给农民一些东西而向他们要回各种东西。所以农民们都诅骂共产党,说他们要了许多东西去,回报都没有。

他们第二句口号是:“赞成无党派的苏维埃,反对党派的专政。”既然共产党中尚有不明白为什么一个阶级只能给领袖人去支配管理,难怪农民不能懂得这个了。

同样的观念也被刚才我所说的那些堕落而成小有产阶级的无产阶级保存着。有好多次,五金工人为求自由做买卖而向共产党宣战,说赞成阶级专政,却不赞成政党专政。

这样,无产阶级与农民中间的平衡是被扰乱了,而危及无产阶级专政制的全体的情形也起来了。当克朗思泰(Kronstadt)暴动的时候,这危机正高到极度。我们后来找得了文书,证明帝制派的阴谋家也参加在这一次暴动里工作。但是这克朗斯泰暴动同时纯然又是小有产阶级反对产业社会化的叛乱。

俄国的水手大半是农家子,而且他们有许多是从乌克兰来的。乌克兰的小有产阶级气味比中部俄罗斯要厉害许多。乌克兰的农民像德国农人,不像俄国农人。他们恨俄皇,但是他们于共产主义是没用的。那时我们的水手告假在家,他们自然染了家里人的思想。这就是那次暴动的起因。

你们知道我们的动作很敏捷。我们派了三分之一的同志去抵抗乱党。我们丧失了许多人,但是到底把乱事镇定。虽则如此,我们的胜利尚未把那个问题解决。我们不得不修改我们的党纲。如果那时德国革命已经成功,我们便可从德国运进无产阶级人来,实行外科手术的补创法了。但是德国未曾革命,我们只得自来修补。有一件事是无条件的。我们必须保护我们的“迪克推多制”,不问出何等的代价。事情是明明白白的:如果我们不对农民让步一些,我们难免要蹈匈牙利的覆辙。虽然事实上,数年之后,也许我们仍能握得政权;但是当我们得这机会以前,有产阶级也会试手来做改组的事。一个国家的经济改组是困难而重大的事,谁也不能预先见到究竟会不会出乱子。

我们一天把着政权的舵,我们便能驶着它向右向左。舵儿离了我们的手,我们所取的路径便可以不必谈起了。所以我们抱定这个信条:不可一刻离开舵;经济的让步是必须多少就让多少,政治上可一点不放松。我们的反对党都在想:我们起初在经济上让步,过些时,政治上也要让步了。但是我们却实在是因为要免去政治上的让步,才做经济上的让步。凡类似于协同政府的东西，哪怕像允许农人以与工人同等政权之类，我们都不喜欢。

我们所有过的让步从不损害我们的狄克推多制的阶级性质的一丝一毫。一个工厂主对他的工人让了步，并不见得厂主就变了工人。

我们在这些让步中所含的社会的和政治的目的，是要使得那些小有产阶级的群众变成温和，变成中立者。从我已经对你们说过的话中，他们晓得，我们的主要的经济困难是缺乏那种鼓励人们去生产的动机。把某种的税则代替了摊派制度以后，我们已经创造出一个动机来了。一般农民现在知道，若是他生产得多，他必须拿出得多，但是同时，就是他可以私有得更多。我们从经验中知道这是他们计算利益的方法。自从我们决定了这个新章以来，被耕治的土地增加了。它已经达到一九一六年，甚或至于一九一五年时的状况了。

政治也从此得了太平。农民的反叛差不多消弭尽了，连在乌克兰都是这样。马克诺的许多军队(Mochno's Bands)都遣散了。

当然的，这种对于小有产阶级的让步，要防人误会。有些人或者要反对，说，照这样，资本是又要渐渐地累积起来，而自变成工业的资本了。一九一八年春天布兰斯德-列托夫斯克的条约初成以后，德国资本主义一涌而前，几乎将我们一口吞了下去，不是"前车之鉴"吗？然而这个，却全然要看时势如何再定的。我们的意思是：目前我们刚刚缺乏的是粮食和太平的农事；没有这个，我们要站不住了。劳动者自己也要起来反叛他们自己的政府，假如他们得不到东西吃。但是有我们在此掌权，资本主义若要复活，恐非短时间所能办到的吧！一切大的制造业建筑和煤矿，和铁路，都在我们手里。农民要变成资本家，也须得整个的历史时期来让他们变，这才行呵。我们想象着，以为这种资本主义是会在暗中慢慢地发达的，但是主要的财源却在我们手里呢。我们要粮食来复活我们的工厂。这一步做到了以后，我们就有力量去进行我们其余的计划了。无产阶级可以免涣散而成为小的独立生产者，我们可以从国外招进人工来。我们可以应用技术上的新改良，把全俄国通起电流来。做到了那一步，我们再来对付那些小有产阶级就绰绰乎有余裕了。农民居然受了我们的电光和电力的供给，他实际上就成为政府的一分子，他的经济独立的情感能成什么事。

假如资本主义的发展竟比我们的工业改良更快，那么单就我们讲，是糟了。但是我们希望它不会这样，我们希望我们的希望能实现，而我们路中的经济的障碍能这样的被扫开去。

（根据 Living Age 四〇二四号英译文译出）

（第九卷第六号，一九二二年七月一日）

殖民地及半殖民地职工运动问题之题要

陈独秀　译

洛若夫斯基所论，仅为总括的原则，即有实际运动的方法，亦偏于欧美，而未及东方。世界职工运动，凡属共产派的，尚有赤色职工国际总其成。上篇本只是洛若夫斯基以赤色职工国际委员长之资格，对于共产国际第四次大会之报告。一九二二年十一月间，共产国际开大会时，赤色职工国际同时亦开第二次大会于莫斯科，关于各国特别问题，多有讨论。其内容本非洛若夫斯基那篇报告所能包括净尽——仅得知其总体的状况及大致的概念而已。兹因中国处于半殖民地之地位，特取赤色职工国际第二次世界大会所议决的"殖民地及半殖民地职工运动问题之题要"译之，以见共产派对于职工运动中之"东方问题"的方针及其念。

殖民地及半殖民地职工运动问题之题要

、殖民地及半殖民地是现代帝国主义制度所不可少的部分，若无殖民地及半殖民(地)，则帝国主义必不能存在。

A.殖民地常为其"宗主国"(metropolis)国家收入之直接渊源，宗主国常以租税制度、国家专卖制度吸取此等收入。

B.帝国主义的资产阶级利用殖民地土人之军队，以巩固其在殖民地之统治权，甚至于以之巩固殖民地以外的统治权(如英国之在印度、波斯；法国之在非洲、德国)。

C.殖民地是宗主国恶劣贱售的工业品之大市场。

D.殖民地是宗主国"余资"之发泄地(如铁路、商港、电站、电车、殖民银行等)。

E.殖民地是宗主国之工业原料及燃料之渊源，此层于今日尤关重要，原料之争夺，已成各国帝国主义政治变迁之重要原因之一。

二、殖民地及半殖民地受政治的及经济的种种掠夺。政治方面,则军事权、立法权及行政权皆集中于少数大地主大资本家及“政府”人员之手。此等大地主大资本家,来自侵略国者居多。经济方面,则利用立法、行政、关卡、税则以及其他方法妨碍殖民地之工业发展。不仅以此种方法妨碍殖民地之工业发展而已,即其已有之工业亦往往濒于灭亡。帝国主义实是故意设法令向日原有制造品及输出品之殖民地,变成纯粹的农业国,至于仅能输出原料品,推销其宗主国之制造品(如印度)。且帝国主义的资产阶级,欲任意剥削,必且对于殖民地之劳动群众,行其愚民政策,故不仅物质方面而已,即智识方面,亦见其掠夺行为,断绝殖民地社会上的文化上的发展。

三、殖民地既能助资产阶级增加宗主国之富力,因亦大有影响于宗主国内之劳动运动。殖民地之劳动报酬,恒远不及其宗主国,况殖民地工业既不发达,手工业的技术,万不能敌宗主国所输入之贱售的工业品,因而日益破产,加以宗主国所行种种政策,令农民日见贫困,丧失其土地,故殖民地上常有过剩的劳动力。此等劳动者一般之生活程度既甚恶,工会组织又非常薄弱,因此不论何等条件下无不忍受,但求得自卖其劳动力,所得报酬几至不能维持生活。于是资本家乃能取得“超越的利润”远过其在宗主国内所能得者。当宗主国工业隆盛之际,需求劳动力,尤其需要高等的熟练工人,资本家于是以其在殖民地及半殖民地所得之厚利,略分余润于宗主国内之高级工人。于是造成所谓“劳工贵族”其地位既优越于工资微少的劳工群众,自然与之分离。劳工阶级中既分出此特权阶级,宗主国内劳工运动之组织,当即因之而分裂破坏。此等“劳工贵族”,遂成帝国主义之机械。欧美高级工人之所以沉溺于改良主义者,其主因正在于此。改良派能笼络此种国家内之高级工人,绝非偶然无因而至。正缘殖民地上剥削而来之厚利,于其国经济生活中确占重要地位也(如英国、美国、荷兰、日本及战前之德国)。至于白种工人之在殖民地上者,道德亦甚堕落。因其工资与本地工人不同,生活程度亦异,两者每每互相仇视,互相竞争。本地工人罢工时,白种工人从而破坏,反助资本家,在高丽之日本工人亦然。

四、至欧战而殖民地及半殖民地之经济政治地位大有变更。战期中列强对殖民地及半殖民地之输入减少,列强对于殖民地反有军事上财政上之依赖。各帝国主义国家之间竞争异常激烈,凡此一切皆令殖民地及半殖民地之资本家取得自由发展之机会，渐离各宗主国之帝国主义者之荫庇。于是殖民地及半殖民地（如印度、埃及、中国）发现急遽的工业化，因此殖民地上欧美式的企业中发生许多工业的无产阶级，群众咸集中于工业都市。此新生的无产阶级，即时涌出广大运动，弥漫东方全部。

五、然殖民地及半殖民地之幼稚的劳工运动颇有特点：

A.已组织的工人人数虽多，然在无产阶级全体比例上，究属少数。

B.最近发生者亦有较巩固之工会组织，然多有仅因罢工而生之工会，随罢工风潮之息静而灭者。

C.工会组织又常带有"行会性质""团体主义""省界主义""地方主义"（如中国），除罢工之时外，少能表现阶级的意识。

D.反对帝国主义的民族运动遍于东方各国，因而殖民地及半殖民地上幼稚的劳工运动每每为资产阶级及其领袖之势力所支配。资产阶级因此运动之有利于己，故欲利用此群众，甚至于工会之首领往往为资产阶级的"社会事业家"，且有资本家者。

此等特点，乃因殖民地及半殖民地之工业，在封建的宗法的制度之下，又当高利的商业资本流通之冲，急遽发展所致，虽各地有种种形式上的不同，而实为一切殖民地及半殖民地上之工会所同具的性质。

殖民地及半殖民地同受帝国主义之束缚，因而有民族运动。本地之资产阶级遂能利用人种观念、民族观念、门第观念以及种种传说迷信，凡为农民式的无悟觉的无产阶级群众所不能详辨者，皆足为鼓动之助。资产阶级往往假名独立解放运动，以图诱惑劳苦群众之阶级的社会运动，令成为简单的资产阶级的民族运动，虽然，资产阶级即于其所谓"民族运动"，亦未必忠实耳。

六、故殖民地及半殖民地之职工运动问题，应有下列的策略：

A.根据阶级斗争的原理组织依产业而联合的工会，当完全脱离资产阶级之势力，务以保护无产阶级之阶级的利益为目的。欲达此目的，在大多国家内尚需力争工会立法及集会结社之自由权。

B.当实行有系统的不折不挠、继续不断的奋斗，以求殖民地本地工人与来自宗主国之白种工人，劳动条件相平等（工资、工时及一般待遇）。

C.同时，当竭力消灭殖民地本地工人与白种工人间之民族的仇视心，此种仇视心实有利于资本家，为阻滞殖民地及半殖民地劳工运动发展之主要原因。

新生的殖民地资本家，本甚乐于煽动增长此种仇视心，其利用之也，有两种目的：一、令劳动阶级内部分裂；二、号召大多数群众以从事于资产阶级式的民族独立运动。

D.然仍必努力参加反对帝国主义的运动，此种运动于殖民地及半殖民地上，自然必有民族解放运动之性质。帝国主义既以吸所厚利于殖民地为共同目标，则殖民（地）及半殖民地之工人阶级必先破坏帝国主义之统治，方能得较优之劳动条件。故参加一般的民族运动时，劳工运动当能于此反对帝国主义的战线上，取得最先进的完全独立的地位。同时即可暴露大小资产阶级及其政党（如中国之国民党、印度之甘地派、荷属南洋群岛之回教社、土耳其之“平民军”等）之虚伪的骑墙态度，指明其轻视农民问题。吾人正应努力于农民群众革命的斗争中，取得指导者之地位，若无农民革命，则殖民地及半殖（民）地之民族解放，必不可能也。

E.殖民地及半殖民地之职工运动尤有特别职任，即（农场工人）之极大的群众组织。农民乃东方诸国（如高丽、波斯、土耳其）人民中之最大部分，至于手艺学徒，亦须令脱离家长式的行业制度，加入无产阶级之斗争。

七、凡此一切问题，不仅在殖民地上非常重要，即在全世界劳工运动中亦复如是！赤色职工国际必当扶助此殖民地及半殖民地之幼稚的职工运动。

A.凡革命的职工联合会，有殖民地的各国之职工联合会中少数的革命派，已加入赤色职工国际者，皆当特设机关，与其殖民地之职工运动相联络。日本、美国与其殖民地及半殖民地高丽、中国、远东相接近，于此工作中尤有重任。太平洋一切问题之解决，将由此诸国劳工运动发展之程度而定。

B.根据各国及各殖民地实际境况，定具体行动的计划。赤色的职工国际决议于下次世界大会时，同时召集一全球殖民地及半殖民地之革命的职工会议，即日着手筹备。

C.于此殖民地职工会议之前，为建立东方与西方之间及东方诸国之间革命的职工运动中更密切的关系起见，必须先在各重要港口设立“港口办事处”。港口之选定及设立“港口办事处”之切实办法，由此次运输工人特别会议讨论之，赤色职工国际亦当特派代表参加。

（季刊第一期，一九二三年六月十五日）

列宁论

腊狄客(Karl Radek) 著 张秋人 译

列宁之生长而成今日之"列宁",正和小孩子长成大人一样。有一次,他看见我,适我正在浏览他方才出版的一九〇三年所做的文集,他笑着说:"读一读我们从前是怎样的笨伯,倒也很有趣的!"但我并不要在这里把列宁十岁二十岁或三十岁时的脑筋和他主席共产党中央执行委员会各种会议或人民委员会会议时的脑筋相比较。这里,并不是把列宁当一个首领的问题,不过把他当一个平常的人罢了。亚克谢勒罗德(Axelrod)——少数党的祖宗之一,切心刺骨地恨列宁,他和我的辩驳之中,有一次说到列宁第一次如何到外国去,他如何同他散步和洗浴。他曾想借此使我信服多数主义之有害,尤其是列宁。他说:"在那时,我曾觉得这里有一个人,他将来会做俄罗斯革命的首领。他不仅是一个学识丰富的马克思主义者,学识丰富的马克思主义者多着呢。而且他知道他要做什么和怎样地去做。他熟悉俄罗斯的国情。"亚克谢勒罗德是一个恶劣的政治家,因为他不懂国情。他只能在自己的研究室中推求理论,他一生的缺憾就是:在俄罗斯没有劳动运动的时候,他想出议论,以为应该有这样的劳动运动发生;若劳动发生适与他的议论不同,他就要老羞成怒了,现在,他还是向着这个不服从的小孩大发其怒呢。但是,人们往往批评别人,而所批评的,正是他们自己的缺点,所以亚克谢勒罗德说及列宁自以为聪明过人的地方,正是列宁所以能做首领的特点。

不知劳动阶级的历史,而做劳动阶级的首领,是一种不可能的事。劳动运动的首领,必须知道劳动运动的历史。若没有这种知识,便不配做首领。譬如近世的大将,他若不知将略的历史,他决不能以最少的兵力得胜的。将略的历史并不是一部如何能打胜仗的方法书,因为情形一经叙述过,彼本身并不能重演一番的。不过大将专心研究,烂熟胸中,能使他在战场上运用自如,并且他能看出那只凭经验不研学理的将军所不能看出的危险和可能罢了。劳动运动的历史并不告诉我们应做什么,不过使我们能够把我们的现状和劳工阶级所已经过的阵势相比较罢了。因此,在各种危急的时候,我们能认清我们的道路,看出将要临到的危险。

但是,我们若不彻底明白资本主义的历史及其在一切经济的和政治的现象中的作用,我们便不能知道劳动运动的历史。列宁很知道资本主义的历史,只有几个马克思派学者能赶到他。他不仅明白书上的字,且能想出从来没有人想出的马克思的理论。我们且拿他在我们与职工联合运动冲突的时候的小册子来做个比方,在那书中,他称蒲哈陵(Bukharin)为工团主义者,折衷派,而且说他在许多别的事情上是罪魁。这本争辩的小册子也略略地说明互辩律(Dialectics)和折衷说(Eclectics)之不同。所发的议论虽不引用任何唯物史观的材料,但所说到的唯物史观,却多于比这小册子更大的书的全本。列宁独特地领会和想出唯物史观的理论,以至无人能及他的,因为他研究唯物史观所见到的事物,与当时激动马克思创立理论的事物是一样的。

列宁之投身于运动,具有革命的意志(Will to Revolution),且他的研究马克思主义、资本主义之进化以及社会主义之进化,皆立足于革命的意义上。朴列哈诺夫(Plekhanov)也是一个革命家,但他不具有革命的意志。他虽是一个俄罗斯革命的重要教师,但他只能教革命的方式,而不能教革命的方法。列宁之所以由理论家而变为政治家,全在于这一点。

〔注〕原文谓朴列哈诺夫只能教“革命的代数”而不能教“革命的数学”——意思是说朴氏只能说明抽象的方程式,而不能求得具体的答数。

列宁把马克思主义与普通劳工阶级的战略相化合。他能具体地运用马克思主义于有关俄罗斯劳工阶级的运命的战略。我们可以说:列宁在军官学校里不仅研究克老史活兹(Clausewitz)、毛奇(Moltke)等,而且同时也研究将来俄罗斯无产阶级战争的区域。这种研究,在俄罗斯找不出另外的人。列宁的奇才,全在于此:就是能够以全身的精力,服务于他所任的事业上。

我必须趁着机会辩明,当多数主义发轫的时候,何以像卢森堡女士(Rosa Luxemburg)这样聪明的人,也不能明白列宁的主张的正确。我现在且大略说一说:卢森堡不十分明白俄罗斯无产阶级的战争状况,那是和西欧无产阶级的战争状况有经济上与政治上的不同的。因此,伊于一九〇四年倾向于少数主义了。我们依历史说起来,少数主义是小资产阶级智识者的政策,能使无产阶级的根基多与小资产阶级发生密切关系。依方法论说起来,少数主义是一种转输西欧的劳动运动到俄罗斯的舶来货。若我们读一读亚克谢勒罗德或马尔托夫(Martov)关于劳动阶级发展的独立论,他们以为劳工阶级"不得不练习站立在自己的脚上"。这种论调,凡生长在西欧劳动运动中的任何人听着,无不惊异赞赏。我很记得,当第一次革命的时候,我得读着俄罗斯社会民主党的辩论文,若我不十分熟悉俄罗斯的实情,决不会否认这种根本的真理。他们这种伟大的计划并不缺少什么,可惜没有实行战略的预先应备品。到了今天,历史已给我们证明,少数主义者关于"劳动运动的独立"所发的言论,简直是俄罗斯的劳动运动有附属于俄罗斯资产阶级之必要的废话。

今天我们试翻开共产党章程(Party statutes)上的著名的第一节上的争论来读一读,便觉得有趣味。因为这一节,曾使社会民主党分为多数派与少数派。在那时,列宁要求只把秘密组织的分子视为党员,这桩事,大显他自立一派的样子。但究竟的争点是什么呢?是列宁想决定劳工党的政策,以免除某种知识者的混乱观念。在第一次革命之先,凡对于政府不满意的医生或律师偶然地读一读马克思,便自命为社会民主党人,究其实,不过一个自由主义者罢了。甚至于他们曾进一个秘密组织,甚至于他们曾毁弃小资产阶级式的生活,而历史仍然告诉我们:有许多知识者还存留自由主义于他们的心灵中。但是党章之限制:"只愿属于秘密组织的人加入,要人人愿受秘密组织之危险",已经可以减削资产阶级在劳工当中之优势的危险,并使革命的红光从劳动阶级发出,而射进党的组织里,虽然里面还有许多智识分子,也不要紧了。然而要能坚持这层意见,要能为这缘故而不惜分裂工党,则必须如列宁一样地根据俄罗斯的实情,而做有力的俄罗斯马克思主义者和俄罗斯革命家。若是许多好的马克思主义者在一九〇三和一九〇四年还不明白这一点,那么,当亚克谢勒罗德开始把那反抗俄罗斯资产阶级的无产者的阶级斗争与有名的田地运动(Agrarian campaign)混合起来的时候,就应该明白了。这件事就是:工人列席自由派的宴会,有二种用意:一、可以知道知道资产阶级;二、可以充满着怨恨而反对资本阶级。人人都知道他们除了这宴会上,从来没有见过劳动阶级。再,资本家可在这里得点教训,会觉悟到促进全国的共同利益的必要。

列宁之知道俄罗斯实情的方法又有一个特点,他与他们那些伸出手来讨那领导俄罗斯无产阶级的权势的人不同。他不仅知道俄罗斯的实情,而且非常明白。凡在党的历史变迁的时候,尤其在我们握得政权的时候,一千五百万人民的运命系于党的议决案上,我往往惊骇列宁之储有英国人所说的常识。譬如现在我们谈论一个人,而我们相信这一世纪必不再有像他一样的人,他的常识何值我们称赏?不过至于政治家而有常识,那就伟大了。当列宁要决定一个重要问题的时候,他不想到抽象的历史情况,也不想到地租、剩余价值、专制主义或自由主义。他想到德维里(Tver)省之沙伯格维支(Sobakevitch)、建逊(Gessen)、塞达尔(Sydor)、浦帝老甫(Pútilov)的工人、街上的巡察,他也想到那"乡下人"(Mujik)塞达尔和工人奥纳甫立埃(Onufria)的成效。他以为凡此种种,都是革命的柱石。

我永久不能忘记在白莱斯德(Brest Litovsk)和会之前与列宁的谈话。凡我们所提出来反对白莱斯德和议的理由,都受他驳回,好像弹豆到墙壁上,受其反动而弹回一样。他用最简单的理由:战争不是一些好革命家的党便可指挥的,因为他们已经尽力控制自己的资产阶级的咽喉,所以不能与德国的资产阶级停止交易。"乡下人必定要进行战争。"我当时说了这一句话。列宁就问我说:"难道你不看见乡下人投票反对战争吗?"我说:"他何时并且如何投票反对的呢?""他用他的脚投票的,因为他从战线上逃去了。"列宁就是这样地解决这件事。我们不能同德国帝国主义妥协,列宁知道这一点与别人一样。不过列宁赞成白莱斯德和议,为的是要休息一下子——但是他主张和议时,并不在群众面前把接踵而来的苦难隐藏片刻。这件事的确无异于立即颠覆俄罗斯的革命。可是却能给我们一个希望之影,可以喘一时之气。若这休息只有几个月,那就当时确是一紧要关头。因为"乡下人"必定要先接受那革命所赐予的土地;必定要他觉着土地有重新失去的危险,他才知有保护彼的必要。

我们再举当我在波兰战争中败退,磋商和议于里嘉(Riga)的时候来做个例。在那时,我要到外国去,未起程之先,去访列宁,因为要同他说一说我们对于职工联合会之关系所起的各种不同的意见。正如白莱斯德和议时一样,那略赞省(Riazan)的农民(乡下人)在他的测度中是战争中之重要人物,列宁便根据农民心理决定和议。所以当内争一变而为重建经济的问题的时候,他也同样地把自己站在一个朴素的工人的地位上,因为没有这位朴素的工人,就没有重建经济的可能。但是他如何问自己呢?

党的会议上讨论职工联合会在经济事业中所应做的职务,工团主义者与折衷派都有不同的意见。但是列宁所看见的,是被宰割的工人,忍受着无人过问和不能形容的痛苦,现在却要来重定经济事业。重建经济是一桩非常重要的事,我们不得不汇集我们的一切力量,并且我们有权可以请求劳动阶级参与这种工作,凡此种种,于他毫无异议。不过有一个问题:我们应该怎样开始做此工作,我们应该怎样把几千好同志从他们已经习惯于军事指挥的陆军中撤回,送他们到工厂里去呢?采用这样的策略,必不济事的。所以列宁说:"他们必须休息,因为他们疲乏了。"这是列宁的重要理由。他看见在他面前真的俄罗斯工人,如他在一九二一年之冬季时一样,他知道那样可能,那样不可能。

马克思在他的《经济学的批评》的绪言中说:历史只能处置彼自己所能成就的工作。换言之,凡深察历史在某定期所能成就的事业,而且不为决意只为可能而战的人,就是历史的工具。列宁之所以成为伟大,在乎当实际情形变化之时,不会被任何预定的公式所蒙蔽,当公式稍有不合实际情形的时候,他有立刻弃彼于深山大海之勇敢。在我们未握政权以先,我们既是革命的国际主义者,所以有"平民间的和平!反对政府间的和平"的口号。但后来我们突然地跑上劳农政府地位,而四面围着的平民都还没有推翻他们的资本家政府。有许多同志都问:"我们如何能同德皇霍亨差伦(Hohenzollern)的政府议和?"列宁带玩笑似的回答说:"你们简直不如鸡。一只鸡不敢走出粉笔所画的圆圈一步。但是鸡可以说'这圆圈是别人画的'以自解。至于我们的公式,是我们自己的手画的。你们现在只见公式,而不见实际情形。我们之所以要有'平民解决和平'的公式,用意在乎唤醒民众反对军阀和资本家政府。现在你们却要我们走到颠覆的路上去,反让资本家政府假我们革命的公式的名义而得胜。"

列宁之所以伟大,在乎找准实际的目标,在这实际中,他找着一匹强有力的骏马,彼会驮他到他的目标里去,而且他很相信彼。他永不空想。不仅如此。他的天才还有一种特性:他决定一个某目标之后,他还要从实际上找寻达到目标的工具。他不以决定了目标而知足,他还要具体地想出一切用以达到目标的不可少的东西。他不仅想出作战的方法,而同时想出作战的全部组织。我们的"组织家"——他们只是组织家——往往讥笑列宁当一个组织家。凡看见列宁在家里在人民议会里或委员会里如何工作的人,也许想:再也找不出比他更不如的组织家了。因为他不仅没有书记官替他预备材料,并且到如今他还不会学会述给速记生默写的方法,而自己定睛望着速记生所写的笔,好像乡下人第一次看见汽车一样。但是我们全党中只有一人能够明白数十年内关于改革我们官僚主义制度的重要观念,若我们不要农民怨恨劳农政府,此种改革是必不可免的。我们都明白官僚主义制度,而且带着悦人耳目的口气在半官式的机关报上说:“苏维埃制的小缺点”,我们都大声反对同志斯脱克拉夫(Steklov,《新闻报》的总主笔)所称为专闹笑话的事务国(The scandalous state of affairs)。不过我们党的首领中,谁问过自己:新经济政策已创立了无产者与农民之同盟的新基础,我们如何阻止官僚主义恶习不破坏这种同盟呢?仅有俄罗斯无产阶级的大政治家,虽然因每天的工作而患病,总是想到国家的组织的重要问题,预先做出数十年斗争的计划。我在这里所说不过是一个约略的草稿,详细情形,可以得之于年来所经过的事实。但是我们越对于这约略的草稿留意,越明白地看出列宁是一个伟大的政治家与伟大的政治组织家合而为一的人物。

这一切何以都会联合在他身上,只有上帝知道(请斯德凡诺夫 Stefanov 同志与反对宗教委员会原谅我说这一句话)。历史自有彼自己的机器去蒸馏白兰地酒,没有特别的侦探能侦查出来。譬如德国的资产阶级没有统一德国的力量,历史就在某处或一小田庄上放他的机器做起工来,得着上帝或魔鬼的帮助,造出一个俾士麦克(Bismarck)来,他就成功了统一的工作。若我们读他第一次的报告,一步步地跟着他的政策,我们不得不问问自己:一个地主如何能了解全欧的实情。

凡我们想党的历史、革命的历史和列宁的时候,亦有像上述的同样的思想发生。十五年以来,我们看见这个人战胜难题上之任何障碍,以反对最近二十五年来所发明的任何主义(Ism),自尾巴主义(Khvostism)以至经验的批评主义(Empiric cretism)。列宁以为凡这样的主义往往与真正仇敌联为一气,存在于别些阶级或劳动阶级之中,不过无论在什么地方,总是存在于实情中。这些主义都是用以知道实情的工具,他把这实情的全部吸收进去,加以研究,思索,直至最后的结果发现为止,并且显明他自己是一个最懂俄罗斯的实情的人。从明白实情的革命家渡到政治家,历史再不能给我们第二个例了。这样的大理论家、政治家、组织家的特性的结合,使列宁做成一个俄罗斯革命的首领。他自己想使我们相信人需要绝对的真理,不过在易卜生(Ibsen)的个性主义的表示中,这种真理并算不得真罢了。真理对于许多人是死的，甚至对于许多阶级是死的。若资产阶级领悟真理本身，且透彻真理，则他们早已败了。因为当那历史的真理告诉他们：他们不仅该定死罪，并且他们的尸体应该投于阴沟的时候，谁还敢去战？资产阶级不知他们自己的运命。但是革命的阶级必须真理，因为真理就是明白实情。若不知道真理，就不能明白实情。我们做成一部分实情，就是劳动阶级、共产党。若我们能鉴别我们的力量和弱点，那么我们就能鉴别保险最后胜利的方法了。列宁以真理告诉无产阶级，并且只是真理，虽然失意，也不顾的。（所谓“苦的真理”也是要说——译者）。当工人们听他演说的时候，他们知道在他的演说中没有一句空话。他帮助我们以实情去告知我们自己。有一次，我同一个将死于肺痨病的多数派工人住在达华斯（Davos）。在那时，正在辩论自定国籍的权利，而我们波兰的共产党人反对列宁的意见。我所说的同志读完我的反对列宁的论文之后，说：“你所写的，我完全信服，不过无论何时我反对列宁，到事过之后，往往总是我错的。”这是领袖党的职员们所想的，列宁之所以在党中有声望，也是这个缘故，但工人们并不如此想。他们很相信列宁，因为他曾有数千次的不错，若他偶然有一次错，或他所指导的事错误了，他立即公开地承认说“我们已经错误了，所以我们败的，这种错误应该怎样怎样地补救”。许多人曾经问他何以这样地公开地承认错误。我不知道列宁何以如此的，不过这种行为的结果是显而易见的。觉悟的工人决不至于因一小过失而不信他的救主的。当列宁承认他的错误的时候，他一点也不隐瞒，他引工人到他自己的思想的实验室里去，他使工人参与决定最后的议案，工人们看出他是个首领，代表他们的实验室——阶级斗争的结晶。一个本身需要绝对的真理的人阶级，必用全心去爱一个首领，这首领是爱真理和说实话的。有这样的一个首领，工人才能负担任何的真理，甚至最难的。人们相信他们自己，只在他们一点事情不隐瞒的时候。凡关于他们自己的事，他们都知道，甚至最不幸的可能，然而他们觉得可以说：不拘何事……列宁帮助劳动阶级知道一切有害于他本身生存的分子，使他在最后能说：“朕，无产阶级，是将来的现实生活之主宰和创造者。”这是列宁的伟大之又一点。

我们的党不仅负有地球上六分之一的运命的责任，而同时也是世界无产阶级胜利之主要柱石，所以在这个党的二十五周年纪念日，俄罗斯共产党人和各国的无产阶级革命家都充满着以下的愿望：愿这个“摩西”（Moses）——他曾经把奴隶们从被囚的地方领出来——一定会和我们同到“应许地”(Promised land)!

(此篇乃腊狄客为俄共产党二十五年周年纪念所作)

(季刊第二期,一九二三年十二月二十日)

随感

的經驗家也愈多。待到經驗家二世的全盛時代，那便理想單被輕薄，理想家單當妄人，還要算是事福徼幸了。

現在的社會，分不清理想與妄想的區別。再過幾時，還要分不清「做不到」與「不肯做到」的區別；要將掃除庭園與劈開地球，渾作一談。理想家說，這花園有穢氣，須得掃除；——到那時候，說這宗話的人，也要算在理想黨裏，——他却說道，他們從來在此小便，如何掃除，萬萬不能，也斷乎不可。

那時候，只要從來如此，便是寶貝。即使無名腫毒，倘若生在中國人身上，也便「紅腫之處，豔若桃花；潰爛之時，美如乳酪。」國粹所在，妙不可言。那些理想學理法理，既是洋貨，自然完全不在話下了。

但最奇怪的，是七年十月下半，忽有許多經驗家，理想經驗雙全家，經驗理想未定家，都說公理戰勝了强權；還向公理頌揚了一番，客氣了一頓。這事不但溢出了經驗的範圍，而且又添上一個理字排行的贓物，將來如何收場，我是毫無經驗，不敢妄談。經驗諸公，想也未曾經驗，開口不得。

沒有法，只好在此提出，請敎受人輕薄的理想家了。

（四〇）

（唐俟）

終日在家裏坐，至多也不過看見窗外四角形慘黃色的天，還有甚麼感?只有幾封信，說道，「久違芝宇，時切葭思；」有幾個客，說道，「今天天氣很好；」都是祖傳老店的文字語言。寫的說的，既然有口無心，看的聽的，也便毫無所感了。

有一首詩，從一位不相識的少年寄來，却對於我有意義。——

愛情

我是一個可憐的中國人。愛情！我不知道你是什麼。

我有父母，敎我育我，待我很好；我待他們，也還不差。我有兄弟姊妹，幼時共我玩耍，長來同我切磋，待我很好；我待他們，也還不

《新青年》第六卷第一号(原版内文)

（一）学术与国粹

独　秀

学术何以可贵？曰以牖吾德慧，厚吾生。文明之别于野蛮，人类之别于其它动物也，以此。学术为吾人类公有之利器，无古今中外之别，此学术之要旨也。必明乎此，始可与言学术。盲同之国粹论者，不明此义也。吾人之于学术，只当论其是不是，不当论其古不古；只当论其粹不粹，不当论其国不国，以其无中外古今之别也。中国学术，隆于晚周，差比欧罗巴古之希腊。所不同者，欧罗巴之学术，自希腊讫今，日进不已。近数百年，百科朋兴，益非古人所能梦见。中国之学术，则自晚周而后，日就衰落耳。以保存国粹论，晚周以来之学术，披沙岂不可以得金。然今之欧罗巴，学术之隆，远迈往古。吾人直径取用，较之取法二千年前学术初兴之晚周、希腊，诚劳少而获多。犹之欲得金玉者，不必舍五都之市而远适迂道，披沙以求之也。况夫沙中之金，量少而不易识别。彼盲目之国粹论者，守缺抱残，往往国而不粹，以沙为金，岂不更可悯乎？

吾人尚论学术，必守三戒：一曰勿尊圣。尊圣者以为群言必折中于圣人。而圣人岂耶教所谓全知全能之上帝乎？二曰勿尊古。尊古者以为学不师古，则卑无足取。岂知古人亦无所师乎？犯此二戒，则学术将无进步之可言。三曰勿尊国。尊国者以为“鄙弃国闻，外励进民德之道”。（用“重组中国学报缘起”之语）夫尊习国闻，曾足以励进民德乎？国闻以外，皆不足以励进民德乎？吾以为此种国粹论，以之励进民德而不足，杜塞民智而有余。（古人以尊国尊圣故，排斥佛教，致印度要典，多未输入中国，岂非憾事？奈何复以此狭隘之眼光，蔑视欧学哉）

国粹论者有三派：第一派以为欧洲夷学，不及中国圣人之道，此派人最昏聩不可以理喻。第二派以为欧学诚美矣，吾中国固有之学术，首当尊习，不必舍己而从人也。不知中国学术差足观者，惟文史美术而已。此为各国私有之学术，非人类公有之文明。即此亦必取长于欧化,以史不明进化之因果,文不合语言之自然,音乐绘画雕刻,皆极简单也,其它益智厚生之各种学术,欧洲人之进步,一日千里,吾人捷足追之,犹恐不及,奈何自画。第三派以为洲人之学,吾中国皆有之。《格致古微》时代之老维新党无论矣。即今之闻人,大学教授,亦每喜以经传比附科学,图博其学贯中西之虚誉。此种人即著书满家,亦与世界学术无所增益。反不若抱残守缺之国粹家,使中国私有之文史及伦理学说,在世界学术史上得存其相当之价值也。例如今之妄人,往往举《大学》“生众、食寡、为疾、用舒”之说,以为孔门经济学。不知近世经济学说,“分配论”居重大之部分,《大学》未尝及之。即“生产论”及“消费论”中,赀其劳力与时间问题,原则纷繁,又岂“生众、食寡、为疾、用舒”之简单理论所可包括。不但不能包括,且为“生产过剩”之原则所不容。倘执此以为经济学,何异据《难经》以言解剖,据《内经》以言病理,据《墨经》以言理化,据《毛诗》《楚词》以言动植物学哉?

(第四卷第四号,一九一八年四月十五日)

（二）国会

独 秀

世人攻击国会议员最大之罪状有二：一曰捣乱，一曰无用。所谓捣乱者，大约以其时与政府冲突，或自相冲突。所谓无用者，大约以其未尝建立利国福民之事业。为此言者，盖不知国会之为何物也。国会唯一之责任与作用无他，即代表国民监督行政部之非法行动耳。此外固无事业可为，安得以有用无用评判之耶？吾国会时与政府捣乱者，正以实行监督政府之非法行动，若大借款，若外蒙俄约，若宋案，若伪公民团围攻议院事件，此之谓尽职，此之谓有用。其或自相冲突，亦因发挥民主政治之精神，与政府与党相搏战耳，此得谓之无用耶？国人须知国会之用处，正在捣乱。若夫不捣乱之参政院及今之参议院，斯真无用矣。

（第四卷第四号，一九一八年四月十五日）

（三）元曲

独　秀

上海某日报，曾著论攻击北京大学设立“元曲”科目，以为大学应研求精深有用之学，而北京大学乃竟设科延师，教授戏曲，且谓“元曲”为亡国之音。不知欧美日本各大学，莫不有戏曲科目。若谓“元曲”为亡国之音，则周秦诸子、汉唐诗文，无一有研究之价值矣。至若印度希腊拉丁文学，更为亡国之音无疑矣。此次北方发生之 Pest，西医曾以科学实验之法，收养此种细菌，证明其喜寒而畏热，乃无识汉医，玄想以为北方热症，且推源于火坑煤炉之故，不信有细菌传染之说，妄立方剂。而北京各日报，往往传载此种妖言，殊可骇怪！国人最大缺点，在无常识。新闻记者，乃国民之导师，亦竟无常识至此，悲夫！

（第四卷第四号，一九一八年四月十五日）

（四）《升官图》

孟　和

阴历新年，一件最可怪的现象，即上海某书局所发售之《升官图》。某书局之支店分局，殆遍设于全国各重要都会，则其《升官图》销行之数，销行之范围，吾意揣之，必亦可睹。此种事业自书贾方面观之，以为不过一种营利之方法，以高尚之游戏品供给人民，原无损于道德，无害于教育。殊不知若追究其功用，弊害正无穷也。人之不能缺游戏娱乐，亦正如人之不能缺食饮呼吸。一般动物，莫不知先天的有游戏之倾向（试观德国学者格鲁司所著《动物之游戏》一书，征引证据，至为繁博）。其中实含有教育训练的意思，发达能力，备将来成长时生存之用。人类之好游戏，正为其重要之本能。而尤以儿童时代发展转甚，造就将来处世合群之具。故吾人之所当深注意者，不在束缚游戏之本能，而在以适当之方法发挥奖励之。所谓适当之方法者，即视其游戏之原理若何，果否有背于处世合群之旨也。吾所欲批判《升官图》者，正以其原理荒谬，不适用于儿童之游戏也。

第一，《升官图》之游戏，与人以定数之观念，命运之迷信。骰子一掷，即分出德才功赃诸花样。不费气力，不俟心思智慧，竟能由学生步步高升，跃而为总长，为省长，为督军，为总统。于兹群纲紊乱，法律废弛之时代，《升官图》或可作为吾族政法社会之写影。奈何更以此状态炫惑童稚，以此秘诀，传授方兴未艾之青年耶？游戏而不能使人运用心思筋力者，不能谓为好游戏。游戏而发达人之侥幸之心，命数之见者，更不能称为好游戏。

第二，崇拜官僚，乃吾国一般人民之心理。详究其源，有历史上，风俗上，经济上，政治上，种种之关系，吾今不暇殚述。此种观念，流弊滋多，顾不能用全称命题谓凡官僚皆恶，以不作官为德也。吾谓今日之官吏，对于自身，多无正确之观念。以为是一位置，不知其为一职务；以为是一“差事”，不知其为政治制度中之一功能；以为官吏其物即是生存之目的，不知是一作事之机会。今人只知总长坐汽车，不知当筹划全国之行政；只知督军可以垄断一省之利益，不知有开拓地方教导人民之职务。《升官图》之大害，即是以种种煊赫之官职，导儿童以权利争竞之观念，忘却与诸官职相连带之责任也。

第三，近人谈教育者，多重在发达群性。故游戏之法，亦当然以游发挥群性者为上品。西洋各种游戏，如足球，庭球（四人合拍者），野球，网球，赫奇 Hockey，等等，莫不重在组织，视个人能力及组织之若何，定两方之胜负。即如叶子戏之卜立奇、惠斯特、五百，亦以二人为一组（今日吾国盛行之朴克戏，最为下流，而吾亲见吾国政客、官僚、买办，与西国小贩商于火车餐室中为之），有相互倚助之意。于此重要之意味，即诲人以互助，组织联络，诸种结群之妙决也。《升官图》者，发达个人权利之观念。使儿童只知希冀为总统，而不知总统仅为行政中之一部分，与政治上其它诸部分有相依相助之关系。只知进一己之位置，不知当恃个人之道德的努力，友僚之同情的协助，乃能增进一己之位置也。

（第四卷第四号，一九一八年四月十五日）

（五）留学生界说

孟 和

近日社会上最通用之一名词，使吾厌烦不置者，即是“留学生”三字。此语在英文中，本无字与之适合，而一般辄用“归来之学生”，亦不知创自何人。吾意彼邦学说派之文学家，未肯用此生硬不通之名词也！留学生！留学生！吾见其人矣！吾闻其语矣！或在东京，或在西京，或在纽约，或在芝加角，或在伦敦，或在巴黎，或在柏林，或在冥亨，其形形色色，至为不齐，其种种活动，至为驳杂。讵能以留学生一语悉包括之耶？及其归来也，吾亦见之矣。或在西比利亚之急行车中，或在金山斐律宾间，或马赛上海间回航船之甲板上，其意气，其态度，其言论，其怀抱，今固犹宛然在吾目前也。及其足既降于正阳门前之月台上，浮泛于北京之潮流中，留学生之官衔名，呼声最高，而留学生之实质真能，愈益不可捉摸。然则留学生果何属？社会上之一特殊种类欤？官制上之一种新出身欤？谋事用之一种新履历欤？讣闻上之新官衔欤？

留学生最简单之界说，即曾到过海外之意。曾为学生与否，曾从事学问与否，曾得到真学问与否，果能用其所学以济世与否，概不可知，要亦不必为今日所谓留学生必备之资格也。吾曾见吾国国立大学三数英秀之才，其学问，其眼光，其见解，其思想，其德行，远出所谓留学生之上。其不及留学生者，即未能常用西餐，乘自动车，散步于通衢，boulevard 或流连于跳舞场而已。旅游最能增扩见闻，进益知识。某厨丁滞留于欧洲者十余载，归来询其所知，唯有鱼肉蔬菜之名及价值。并西语且未能娴熟，更何论彼邦文学界之明星若 Bernard Shaw，H.G.Wells，Anatole France，Sudermann 诸氏乎！噫！

（第四卷第四号，一九一八年四月十五日）

（六）兵匪

孟　和

某西友新自绥远归，招余晚餐，告我曰："关外村落，十室十空。土匪先来，官兵继至。二者之目的皆同，唯来去非同时耳，于是民皆去为匪。无业之民，遇招兵时，投充步兵。步兵跋涉，困惫殊甚，逃而为匪。为匪有所获，购马一匹，投充骑兵。（该处骑兵，马皆士卒自备，此似大欧洲中古武士之风）月得洋十五元！票洋现洋各半！一旦饷糈不给，复投归匪。寇贼出后之乡，官吏当若局振作勤劳，以保民为己任，而其人又多来自江南诸省。老态龙钟，气志颓靡，塞外之气候饮食，诸多不惯，困守边野，唯冀优差之早至，更何能希其为人民，兴利除害乎？"

（第四卷第四号，一九一八年四月十五日）

(七)“这等人”

半　农

近来甚病,《新青年》四卷四号将出版,几乎不能撰稿以应。一日,体热极高,头昏脑痛之际,恍惚有这一种人物,活现于我眼前——

这等人,虽然不在政界,而其结合团体,互相标榜,互相呼应,互相指使之能力,对于所在之一界,实不啻政界中“全盛时代之督军”!其中心点则在上海,羽党散布于四处。

这等人,恒以“融会中西,斟酌新旧”八字为其营业之商标!然其旧学问,固未尝能做得一篇通顺之文字;其新学问,亦什九未能读毕日本速成师范之讲义。以此之故,彼辈虽日日倡言保存国粹,灌输新知,而其结果,则凡受彼辈熏陶者,文字必日趋于不通,知识必日趋于浮浅。问其故,则曰:“高深之旧学,与玄妙之新知,均非普通人所能领受。我但致力于‘普及’而已。”呜呼!何颜之厚!诸公纵善于文过,岂能以一手掩尽天下目,以为中国四万万人中,竟无一人能在诸公之大著作中,于文字上指斥其不通,于材料上指斥其陈腐敷衍耶?

这等人,亦有时自知其陋,故每与两种“洋货”——一种是不学无术,而喜出风头之“洋翰林”,一种是在华经营滑头的名誉事业之“Money maker”——相遇,必力与周旋,以资借重。而两种洋货,亦有借助于此等人处。物以类聚,声势益大,其结果遂益形其非驴非马,不成事体。盖第一种洋货,固未能在外洋学得什么;第二种洋货,又悉为外洋学术界思想界所吐弃不屑称道之人物!

这等人,时时在营业上变更节目。这一月是提倡什么,那一月又提倡什么。(都是本其一知半解的眼光,向日本书上剽窃了些皮毛)开会讨论咧,杂志报纸的鼓吹咧,招了人传习咧,报部通饬全国试办咧,朝三暮四,闹得天花乱坠。其实他们本身既没有明白，所提倡的东西，究竟有何真义。更没有顾到提倡以后，有无成效，不过胡哄一下，热热场面，像上海新世界出卖“活怪”一般！

这等人，倘见中国原有的东西，为外国人所赏识，他们便大大的提倡，当作国粹。（其为国粹与否，应当自己辨别，决不能取决于外人）即如自以为能讲老庄哲学的某君。看见日本有人讲究中国“丹田”“泥丸宫”之说，他便极意提倡，闹得一班信徒，也有伤风咳嗽的，也有大便带血的，也有打噎放屁的。而某君却已得了个“卫生哲学家”的头衔，竟有人称他“吕仙”了！记得吴稚晖先生的《朏庵客座谈话》里，说有一个瑞典人，因为迷信中国老庄之学，竟要吸起鸦片来，以实行其自然主义，假使“吕仙”知道了这件事，也许要著一部书，提倡吸鸦片烟哩！

此外还有许多东西，本应写出，只因头痛已极，不能再写，姑且把他结束起来！

总而言之，这等人自己头脑不清，全无知识，所以要借着“普及”二字，一壁是自掩其丑，一壁是拒绝有知识的人，使“优胜劣败”的公例，不能适用于中国。这是小人的惯技，不足深责。

所可怪者，这等人既然借着“普及”二字来愚人——我并不是说世间“普及”二字可以消灭，但以为这等人拿“普及”二字来限制高等学术思想的进步，那便是荒谬绝伦——人家亦甘受其愚，把“庸人”看作“伟人”，而自居于“小庸人”之列，弄得十几年来，各种思想学术，都是半死不活，全无进步。难道中国人的脑筋，竟全被 Devil 迷昏了不成？

今日之中国，不必洪宪临朝，宣统复辟，已有岌岌可危之势，然以救国的根本事业，交托在这等人手里，恐怕未必靠得住罢！

我病中的感想是如此。诸位看了，请平心想，究竟有些道理没有，说中了一两句没有？

（第四卷第四号，一九一八年四月十五日）

（八）斥《灵学丛志》

玄　同

近来看见上海《时报》上登有广告说，有《灵学丛志》出版，此志为上海一个乩坛叫做什么“盛德坛”的机关报。其中所列的题目，都是些关于妖精魔鬼的东西。最别致的，有吴稚晖先生去问音韵之学，竟有陆德明江永李登三人降坛，大谈其音韵。我看了这广告，觉得实在奇怪得很，因此花了三角大洋，买它一本来看看，究竟是怎么一回怪事。

买了来，大略翻了一遍，真是光怪陆离，无奇不有。不料世界已至二十世纪时代，中国号称共和者亦已七年，还居然出现此种怪事。唉！——现在姑且耐住火性，替它开一篇帐再说。

(a)来的有颜回曾参……董仲舒扬雄……朱熹陆九渊这些儒者；“生殖器崇拜”的混账道士（如什么“祖师”“真人”“仙翁”之类，周朝的列御寇庄周墨翟三位哲学家，也被他们逼了跟着葛洪魏伯阳孙思邈这些混账道士去研究“生殖器崇拜”之学）；杀人放火的关羽张飞；张巡许远岳飞文天祥这些武将；佛教的菩萨；《封神传》一类书里的妖精畜生（如什么马元帅温元帅王灵官柳仙龟帅蛇帅之类）。

(b)上列的六种怪物（其中虽有几个正正经经的人，但是死了千百年，现在忽然出现，也只好称他为“怪物”），十之七八都会做诗，诗的格调意境，都是一样。这真是仙人了！我们常人，不要说各人所做的诗不能相同，就是两个人同学杜甫或同学黄庭坚，也是各有各的面目。不料一做仙人，无论中国人、外国人、文人、武人、动物、植物……竟能做出“一套板”的诗来！

(c)颜回孟轲扬雄这些人，都会做齐梁以后的七言绝句。

(d)从颜回起，一切怪物的诗，百分之九十五都用清朝做“试帖诗”时所用的《诗韵合璧》的韵。

(e)其中言偃的诗,把十二侵的"深""音"二字和"十一真"的"新"字通押,董仲舒的诗,把"八庚"的"明""情"二字和"十一真"的"神"字通押。

(f)还有几个怪物做不出四句的,更四个四个地联句,联成一首七绝。

(g)这个乩坛是"孟圣"做"主坛","庄生"和"墨卿"做"代表"。(这称呼和名目,照录原文。他们叫庄周做仙教——就是混账道士的代表,墨翟做佛教耶稣教的代表)说,因为孟轲会"息邪说",所以主坛者"其轲也欤","归孟圣矣乎"。二句皆乩坛原文,在一篇文章里。——我记得"孟圣"所"息"的"邪说"里面,有一部分似乎就是那位官拜"代表"的"墨卿"!

(h)关羽会写几个鸡脚爪样子的怪字,岳飞会写几个香炉样子的怪字("灵学丛"三字都写成香炉样子,独有"志"字糟了,写不像香炉样子)。济颠和尚秉钺仙吏秉笔花月仙史卫瓘四个怪物写的字,笔姿都是一样。还有一个什么长乐金仙画的济颠和尚的怪面孔。

(i)记载门中有曰:"周代诸圣贤书体,多以篆画写今楷,书写时有极艰滞者,且笔画次第,亦不与今人同,盖均是篆书之遗意也。惟孟圣则作大草,劲而雄肆,或者曾加功摹仿后代书体欤!列庄两贤,书法尤奇。"——我看了这段话,实在不好意思多开口,只得说道:"原来如是!"

(j)有一个讲音韵的李登,会写西洋的字母和日本的假名。

帐是开完了,就请大家看看罢!

陆江李二个怪物的《音韵》篇,我细细地拜读了一番,觉得如此讲音韵之学,真和那位王敬轩先生解"人""暑"二字的字形之学可称双绝。(王说见本卷三号)

平上去入四声,是讲一个母音的长短;喉腭舌齿唇五音,是讲子音发音的所自;宫商角徵羽五音,是和那"凡工尺上一四合"一类的名称。齐梁以前,未立"平上去入"的标题,因为"宫、商、角、徵、羽"五字,却好是"平、平、入、上、去"(五音之羽当读去声)五声,所以李登吕静都借此五字来标上平、下平、上、去、入。不料陆德明这个怪物竟说道:

> 四声之说,古来无之……原天地之籁,本具自然,发于喉者谓之宫音,发

于腭者谓之角音,发于舌者谓之徵音,发于齿者谓之商音,发于唇者谓之羽音。然古来传者各异其说,或不尽同。沈氏初创,当时天子尚疑之,不见信用,犹存古法……

说四声以前标平仄的记号,竟异想天开,牵到喉腭舌齿唇上去了。你道这种音韵之学,奇也不奇!

其下又云:

司马丸宫反纽,神珙三十六母,更属支离。幸陈第顾炎武戴震段玉裁朱骏声辈维持古韵,不致失坠。

这更是"七支八搭",胡说一阵子昏话。吴稚晖先生问的是"吕静《韵集》之'宫商角徵羽'如何分配",与三十六字母等有什么相干?更和明清以来的古音学家有什么相干?况且清朝的古音学家,有大发明的像江永孔广森王念孙诸人,都不叙入,忽然拉进一个碌碌因人的朱骏声,这也可笑得很。这种"缠夹二先生"真是"少有少见"。

江永的《音韵》篇,满纸胡言乱话,完全在那边说梦话。今录其尤妙之数说如下。略懂音韵之学的人看了,必为之皱眉摇头也。

东方多角音,西方多商音,南方多徵音,北方多羽音,中央兼备四音。而喉音则诸方各具,故音韵之学,当以喉音统其余诸声。

宫隆不过示明宫音之广声,居间则其狭声。宫居又宫中之宫,隆间则宫中之徵。

原音、韵、声三名,各有分则。宫韵中有宫音,宫音中复有宫声。

人籁成于音声,配合声韵,配合皆以双声叠韵,上翻下切,而成音节。

宫居二字,宫隆二字,实具反切之原,为一切声音之母。后世字母,不能出其范围。

欲知其详,《太平御览》《永乐大典》《苑台秘要》诸书可检阅之,必能得其底蕴。

记得十五年前，我遇见一位“孝廉公”，他说他乡试时，答过一个“句股”题目。其实他于句股之学从未研究，瞎七搭八，画了几个圆的、三角的图，填上些“甲乙丙丁”的字，又瞎做了几句说明的话，连他自己也看不懂。现在这位江慎修先生的音韵之学，若和那位先生的句股之学相比，一个是十六两，一个便是一斤。

李登的音韵之学却更妙了，——记录者曰：“唐李登，治五方元音字母。”想来这是另外一个李登，不是那做《声类》的李登，因为做《声类》的李登，是曹魏时人也。——兹将其最妙之语录于下方：

> 人为万物之灵，……其心中所欲表宣其念虑之蕴蓄，……必有次第节奏以限制之，此之谓音韵，故言而有节，从口含一。

按，“音”字“从口含一”，其上半之“丷”（隶省作“立”）不知是否衍文。

> 音之寄于人者，本二气之能；虽有出入，其状则理在一揆。如喉音，在中原有四音，其诸异域有过者否。

“二气之能”，不知当作何解，可是那位朱老爹说的“鬼神者，二气之良能也”吗？“其理……”“其诸……”二句，颇觉费解。

> 以五方元音论之，其最简者，莫如二十母；若稍通用，则五十音足矣，合乎大衍之数，真秘藏也：此之谓元音。若殊方之音或不尽同，有所损益，亦至微也：此之谓闰音，言其在余而非正也。各处有各处之闰音，绝不相通；至元音，则亘古今，贯中外，自有天地人类以迄于兹，无或少变；而有依时迁移，域地异陔，彼此不属，茫然不达者：此之谓变音。元音为声律之本，闰音为韵节之佐，变音为音异之源。故论乐必本性情，言礼当适起居，谈音必审闰变。

"元音""闰音""变音"之界说如此,可谓奇绝。不知道"五方"与"殊方"与"域地异陔"如何分别?"亘古今贯中外无或少变"之音,何以有"最简"及"稍通用"之别?且"稍通用"三字,又作何解?"二十""五十"与"损益"如何分别?"绝不相通"与"彼此不属茫然不达"如何分别?"故论乐……"三语,又是"缠夹二先生"的做文章法子。

> ……此何故欤?岂音韵果无定欤?随时随地,可以任意变易欤?夫然,则音韵可以不作。何苦穷研殚思?是岂知其道者哉?必不然矣。当必有所法式矣。

此段文调,唯有批他八个字道,"黄绢幼妇,外孙齑臼"。至其意义如何,小子不学,真"莫能仰测高深于万一"矣。

> 故宫转为徵,而舌头舌上,齿尖齿身,轻唇重唇,古今异声,古今混用,非有他异,简繁之殊。其诸不当转而转,不当通而通。准是以例,旋宫之义明矣。

"其诸……"二语,又颇费解。"旋宫之义",实在难"明"。

"音有主音仆音。有母音父音。"请问"主音"与"母音"如何分别。"仆音"与"父音"如何分别?

"唇音,滂(b英美法德皆同。パ日本)英美法德之"b",其音竟同于中国之"滂",日本之"パ",不知是几时改良的?又"美文"不知是怎样的东西?——其后有注云,"美附于英",既曰"附",必与英文不同。

> 俟《丛编》第二册刊行后,当刻列一详表,以汉文三十六母、五十母、二十母、十二母、三六李母、陶母谈文,华岩册二母及明清各家之简字、省笔字、一笔字、快字、官母、奇字等等。各种有关韵学者,亦附其中。

他原来早已知道有人在那里刊行《灵学丛志》,真是仙人了。所叙各种什么"母",

什么“字”,我见闻浅陋,很多不知道的,只好照原书圈点。明朝的“简字”,不知是什么样子?“官母”“奇字”,更不知是什么东西?

真倒霉!真晦气!我们的《新青年》杂志,并非 W.C.的矮墙,供给人家贴“出卖伤风”,“天黄黄,地黄黄,我家有个夜啼郎……”这一类把戏的,然而今天竟不能不自贬身价,在这《随感录》中介绍这种怪物的著作。真倒霉!真晦气!

这扶乩的邪说,本期有陈百年先生的《辟“灵学”》一篇,据心理学的真理来驳斥,说:“假使果非有意作伪,在现今心理学视之,纯属扶者之变态心理现象。”陈先生之文,皆以科学的眼光,来评判这些荒诞不经的邪说,有脑筋的人看了,决不至再为什么“灵学”所惑。

唯吴稚晖先生,实为极端提倡科学,排斥邪说之人。这回因为被朋友所拉,动了一点好奇之心,遂致那个什么“盛德坛”上发现这三篇讲音韵的怪文章。在不知其中情形者,对于吴先生此番举动,约有两派议论。一派是头脑清楚的人,说:“怎么吴稚晖也信起扶乩来了!他从前做《新世纪上下古今谈》的思想见识到那里去了呢?”一派是昏头昏脑的人,说:“你看,吴稚晖都相信扶乩了,可见鬼神之事,是的确有的,是应该相信的。”前一派的议论,不过损吴先生个人的价值。后一派的议论,为害于青年前途者甚大。本志以诱导青年为唯一之天职,不可不有所矫正。

矫正之法,陈先生做《辟“灵学”》,固是“正人心,息邪说”的正办,我以为仍以吴先生之言辟之,亦是一法,因为吴先生实在不信此事,即不为“息邪说”计,亦不可不替吴先生辨明。

《灵学丛志》中有吴先生给俞复的一封信,兹录其要语如下:

> ……昨闻仲哥乃郎又以催眠哄动于甘肃路。鬼神之势大张,国家之运告终,其预兆乎!弟甘心常随畜道以入轮回,不忍见科学不昌,使我家土壁虫张目。先生欲以挽世道人心,于鄙意所属,适得其反……

这不是吴先生反对提倡“灵学”的铁证吗?

扶乩的要是有心作伪,则当科以“左道惑众”之罪,自不消说。如无心作伪,则为扶者之变态心理,决非那些怪物果真降坛,陈先生的论文里已经说得明明白白。若云不信鬼神之吴稚晖曾经亲睹此音韵三篇,故断言鬼神之当信,则吴先生已有上列之宣言,并且我还看见吴先生给蔡孑民先生的信,中有此音韵三篇陈义敷浅,仅可供场屋中对策之用,与音韵之学相去尚远之说(此约举其意非直录吴君原信之语)。如此,则欲以“不信鬼神之人且不得不信,可见圣贤仙佛之降坛必实有其事”之说为词者,其人非愚即诬。我可爱可敬有希望之青年!千万不可随声附和,作此妄想!

呜呼!汉晋以来之所谓道教,实演上古极野蛮时代“生殖器崇拜”之思想。二千年来民智日衰,道德日坏,虽由于民贼之利用儒学以愚民,而大多数之心理举不出道教之范围,实为一大原因。一九〇〇年,竟演出“拳匪”之惨剧。吾人方以为自经此创以后,国人当能生觉悟之心,道教毒焰,或可渐渐澌灭。岂知近年以来,此等“拳匪”余孽,竟公然于光天化日之下,大施其妖术:某也提倡“丹田”,某也提倡“灵学”。照此做去,非再闹一次“拳匪”不止,非使中国国民沦于万劫不复的地位不止。

陈独秀先生说:“增进自然界之知识,为今日益世觉民之正轨;一切宗教,无裨治化,等诸偶像。”又说:“人类将来真实之信解行证,必以科学为正轨;一切宗教,皆在废弃之列。”这话说得最是。我们的意思,以为就是最高等最进化的宗教如佛教耶教,在这二十世纪科学昌明的时代,也是不该迷信。何况那最野蛮的道教,实在是一种“生殖器崇拜”的邪教;既欲觍然自命为“人”,决不该再信这种邪教。

青年阿!如其你还想在二十世纪做一个人,你还想中国在二十世纪算一个国,你自己承认你有脑筋,你自己还想研究学问,那么,赶紧鼓起你的勇气,奋发你的毅力,剿灭这种最野蛮的邪教,和这班兴妖作怪胡说八道的妖魔!

(第四卷第五号,一九一八年五月十五日)

（九）斥《灵学丛志》

半 农

由南而北之“丹田”谬说，余方出全力掊击之；掊击之效力未见，而不幸南方又有灵学会若盛德坛、若《灵学》之妖孽丛志出现。

陈百年先生以君子之道待人，于所撰《辟“灵学”》文中，不斥灵学会诸妖孽为“奸民”，而姑婉其词曰“愚民”。余则斩钉截铁，劈头即下一断语曰“妖孽”，曰“奸民作伪，用以欺人牟利”。

就余所见《灵学丛志》第一期观之，几无一页无一行不露作伪之破绽。今于显而易见者——除玄同所述各节外——略举一二，以判定此辈之罪状：

（一）所之扶乩，既有“圣贤仙佛”凭附，当然无论何人可以扶得，何以“记载”栏中一则曰“扶手又生”，再则曰“以试扶手”，甚谓“足征扶手进步，再练旬日，可扶《鬼神论》矣”，及“今日实无妙手，真正难扶”云云。试问所练者何事？——岂非作伪之技，尚未纯熟耶？此之谓“不打自招”！（杨璇扶乩学说中，言“扶乩虽童子或不识字者，苟宿有道缘，或素具虔诚之心，往往应验”。此是自打反手巴掌）

（二）玉英真人《国事判词》中，言“吾民处旁观地位……尚望在位者稍知省悟……庶有以苏吾民之困……”试问此种说话，岂类“仙人”口吻！想作伪者下笔失检，于不知不觉之中，以自己之身份，为“仙人”之身份，致露出马脚耳。

（三）《性灵卫命真经》之按语中，言“此经旧无译本，系祖师特地编成”。既称无译本，又曰特地编成，其自相矛盾处，三尺童子类能知之。然亦无足怪。米南宫之法帖，既可一变而为米占元，则本此编辑滑头书籍之经验，何难假造一部佛经耶？

（四）佛与耶与墨，教义各不相同，乃以墨子为佛耶代表，岂佛耶两教教徒，肯牺牲其教义以从墨子耶？且综观所请一切圣贤仙佛中，并无耶教教徒到台；则墨子之为耶教代表，究系何人推定？又济祖师《宗教述略》中，开首便言“耶稣之说，并无精深之理，不足深究其故”，中段又言耶教“盛极必招盈满之戒，如我教之当晦而更明也”。此明明是佛教与耶教起哄，墨子尚能以一人而充二教之代表耶？

（五）所请圣贤仙佛，杂入无数小说中人。小说中人，本为小说家杜撰；藉曰世间真有鬼，此等人亦决无做鬼之资格。而乃拖泥带水，一一填入，则作伪者之全无常识可知。吾知将来如有西人到坛，必可请福尔摩斯探案，更可与迦茵马克调弄风情也！

（六）“简章”第九条谓“每逢星期六，任人请求医方，或叩问休咎疑难”。此江湖党“初到扬名，不取分文”之办法也。下言“但须将问题先交坛长坛督阅过，经许可后，方得呈坛”。此则临时作伪不可不经之手续，明眼人当谅其苦心！

（七）关羽卫瓘济颠僧等所作字画，均死无对证，不妨任意涂造；故其笔法，彼此相同，显系出自一人之手。惟岳飞之字，世间流传不少，假造而不能肖合，必多一破绽；故挖空心思，另造一种所谓“香云宝篆”之怪字代之。此所谓“鼯鼠五技而穷”。

（八）玉鼎真人作诗，“独行吟”三字，三易而成，吴稚晖先生在旁匿笑，乩书云，“吾诗本随意凑成……不值大雅一笑也。”真人何其如此虚心，又何其如此老脸！想亦“扶手太生”，临场恍惚，致将拟就之词句忘却，再三修改，始能勉强“凑成”耳！

（九）丁福保以默叩事请答，乩书七绝一首，第一语为“红花绿柏几多年”，后三语模糊不能全读。后云，“此本不可明言，因君以默祷我故，余亦以诗一首报。”此与第六项所举参观之，未有不哑然失笑者。

以上九节，均为妖人作伪之铁证，益以玄同文中所述各节，吾乃深恨世间之无鬼，果有鬼者，妖人辈既出其种种杜撰之技俩以污蔑之，鬼必盐其脑而食其魂！至妖人辈自造之谬论，如丁福保谓禽兽等能见鬼，丁某似非禽兽，不知何由知之。又言鬼之行动如何，饮食如何；丁某似尚未坠入恶鬼道，不知何由知之（友人某君言，“丁某谓身死之后，一切痛苦，皆与灵魂脱离关系；信如其言，世间庸医杀人，当是无上功德”）。至俞复之谓“鬼神之说不张，国家之命遂促”，陆费逵之将其所作《灵魂与教育》之谬论，刊入《教育界》——《教育界》登载此文，正是适如其分，然使知识浅薄之青年见之，其遗毒如何？如更使外人调查中国事情者见之，其对于中国教育及中国人之人格所下之评判为何如？——则吾虽不欲斥之为妖言惑众，不可得矣！

虽然，彼辈何乐为此？余应之曰，其目的有二，而要不外乎牟利：

（一）为间接地牟大利。读者就其“记载”栏中细观之，当知其用意。

（二）为直接地牟小利，而利亦初不甚小。中国人最好谈鬼，今有此投合嗜好之《灵学丛志》应运而生，余敢决其每期销数必有数千份之多，即此造孽之卖书钱已足供数家之温饱。而况会友、会员、正会员、特别会员年纳三元以至五十元之会费，益以迷信者之“随意捐助”，岂非“生财有大道”耶？

呜呼！我过上海南京路吴鉴光倪天鸿之宅。每闻笙箫并奏，铙鼓齐鸣，未尝不服两瞽用心之巧，而深叹伏拜桌下之善男信女之愚！今妖人辈扩两瞽之盛业而大之，欲以全中国之士大夫为伏拜桌下之善男信女，想亦鉴夫他种滑头事业之易于拆穿，不得不谋一永久之生计。惜乎作伪之程度太低，洋洋十数万言之杂志，仅抵得《封神传》中“逆畜快现原形”一语！

（第四卷第五号，一九一八年五月十五日）

（十）韩世昌

独　秀

社会之文野，国势之兴衰，以国民识字者之多寡别之，此世界之通论也。吾国人识字者之少，万国国民中，实罕其俦。不但此也，此时北京鼎鼎大名之昆曲名角韩世昌竟至一字不识，又何怪目不识丁之行政长官盈天下也！更何怪不识字之国民遍国中也。

（第五卷第一号，一九一八年七月十五日）

（十一）自由正义与和平

独　秀

德意志以军国主义为厉世界，吾人之所恶也，列国讨之，亦以尊重自由、正义与和平，不得不捨此军国主义之怪物。独不可解者，北京、东京两政府，方极力模仿普鲁士以军阀势力耀武于国中，奈何亦自标扶持自由、正义与和平之旗帜而对德宣战耶？毋怪德人齿冷！

（第五卷第一号，一九一八年七月十五日）

（十二）科学与神圣

独　秀

宁宙间物质的生存与活动以外，世人多信有神灵为之主宰，此宗教之所以成立至今不坏也。然据天文学家之研究，诸星之相毁、相成、相维、相拒，皆有一定之因果法则。据地质学家之研究，地球之成立、发达，其次第井然，悉可以科学法则说明之。据生物学者、人类学者、解剖学者之研究，一切动物，由最下级单细胞动物，以至最高级有脑神经之人类，其间进化之迹，历历可考，各级动物身体组织繁简不同，势力便因之而异。此森罗万象中，果有神灵为之主宰，则成毁任意，何故迟之日久，一无逃于科学的法则耶？有神论者其有以语我！

（第五卷第一号，一九一八年七月十五日）

（十三）学术独立

独　秀

中国学术不发达之最大原因，莫如学者自身不知学术独立之神圣。譬如文学自有其独立之价值也，而文学家自身不承认之，必欲攀附“六经”，妄称“文以载道”“代圣贤立言”，以自贬抑。史学亦自有其独立之价值也，而史学家自身不承认之，必欲攀附《春秋》，着眼大义名分，甘以史学为伦理学之附属品。音乐亦自有其独立之价值也，而音乐家自身不承认之，必欲攀附圣功王道，甘以音乐学为政治学之附属品。医药、拳技亦自有独立之价值也，而医家、拳术家自身不承认之，必欲攀附道术，如何养神，如何炼气，方“与天地鬼神合德”，方称“艺而近于道”。学者不自尊其所学，欲其发达，岂可得乎？

（第五卷第一号，一九一八年七月十五日）

（十四）阴阳家

独　秀

吾人不满于儒家者，以其分别男女尊卑过甚，不合于现代社会之生活也。然其说尚平实、近乎情理，其教忠、教孝、教从，倘系施者自动的行为，在今世虽非善制，亦非恶行。故吾人最近之感想，古说最为害于中国者，非儒家，乃阴阳家也。（儒家公羊一派。亦阴阳家之假托也。）一变而为海上方士，再变而为东汉北魏之道士，今之风水、算命、卜卦、画符、念咒、扶乩、炼丹、运气、望气、求雨、祈晴、迎神、说鬼，种种邪僻之事，横行国中，实学不兴，民智日僿，皆此一系学说之为害也。去邪说，正人心，必自此始。

（第五卷第一号，一九一八年七月十五日）

（十五）书局与“进化”

半　农

近来上海广智书局把十几年前出版的各种书籍，登报廉价发卖。我因为它价钱很便宜，便托人去买了几本。买来之后，略略看了一看，觉得所有各书，虽然内容都不十分好，译笔也不大高明，然就当时而论，这一班编译家、出版家，都是极可敬的人物。因为他们心中，都想向前进，不想向后退；都是想做人，不是想做下等动物；都是想求生，不是想求死。若依着进化的程序说，十几年前是如此，十几年后的今日，至少应有二三百种东、西洋名人的著作输入中国来。不料按诸事实，乃大谬不然：天天报纸上所登的新书广告，无非是什么《黑幕大观》《小姊妹罪恶史》，或是红男绿女的肉麻小说，“某生”“某翁”的腐败小说；连提倡“丹田”的谬书，扶乩的鬼话，也竟公然出版；最高等的，也不过影印几部宋版、元版的，无用古书，便算空前绝后的大事业了！唉！

（第五卷第一号，一九一八年七月十五日）

（十六）新学与古学

玄　同

有人转述一位研究古学的某先生的话道："外国的新学，是不用研究的。我们中国人，只要研究本国的古学便得了。近来的人都说，'中国政治不好，社会不好，眼见得国就要亡了，青年学子非研究新学，改革旧污，不足以救亡。'这话是不对的。要知道就是中国给别国灭了，外国人来做中国的皇帝，我们本来不是中国的官吏，就称'外国大皇帝陛下'，也没有什么不可以，但是到那时候，还该研究我们的古学，不可转旁的念头。"我听了这话，觉得太奇了，便再转述给一个朋友听听。那朋友说："这又何足奇？你看满清入关的时候，一班读书人依旧高声朗诵他的'四书''五经'八股、试帖。那班人的意见，大概以为国可亡、种可奴，这祖宗传下来的国粹是不可抛弃的。现在这位某先生，也不过是率由旧章，这又何足奇？"我乃恍然大悟。——但是我要问问一班青年：你们对于某先生的话，究竟以为怎样呢？

（第五卷第一号，一九一八年七月十五日）

（十七）西装与礼节

玄　同

有一位留学西洋的某君对我说道："中国人穿西装，长短、大小、式样、颜色都是不对的，并且套数很少，甚至有一年三百六十五天，天天穿这一套的。这种寒酸乞相，竟是有失身份，叫西洋人看见，实在丢脸。"我便问他道："西洋人的衣服，到底是怎样的讲究呢？"他道："什么礼节，该穿什么衣服，是一点也不能错的。就是常服，也非做上十来套，常常更换不可。此外，如旅行又有旅行的衣服，避暑又有避暑的衣服，这些衣服，是很讲究的，更是一点不能错的。"我又问他道："西洋也有穷人吗？穷人的衣服也有十来套吗？也有旅行、避暑的讲究衣服吗？"他道："西洋穷人是很多。穷人的衣服，自然是不能很多，不能讲究的了，但是这种穷人，社会上很瞧他不起，当他下等人——工人——看待的。"我听完这话，便向某君身上一看，我暗想，这一定是上等人——绅士——的衣服了。某君到西洋留学了几年，居然学成了上等人——绅士——的气派，怪不得他常要拿手杖打人力车夫，听说一年之中要打断好几根手杖呢！车夫自然是下等人，这用手杖打下等人，想必也是上等人的职务，要是不打，大概也是"有失身份"罢！

（第五卷第一号，一九一八年七月十五日）

（十八）昆曲

玄　同

两三个月以来，北京的戏剧忽然大流行昆曲，听说这位昆曲大家叫做韩世昌。自从他来了，于是有一班人都说："好了，中国的戏剧进步了，文艺复兴的时期到了。"我说，这真是梦话。中国的旧戏，请问在文学上的价值，能值几个铜子？试拿文章来比戏：二黄西皮好比"八股"；昆曲不过是《东莱博议》罢了，就是进一层说，也不过是"八家"罢了，也不过是《文选》罢了。八股固然该废，难道《东莱博议》、"八家"和《文选》便有代兴的资格吗？吾友某君常说道："要中国有真戏，非把中国现在的戏馆全数封闭不可。"我说这话真是不错。——有人不懂，问我，"这话怎讲"，我说，一点也不难懂。譬如要建设共和政府，自然该推翻君主政府；要建设平民的通俗文学，自然该推翻贵族的艰深文学。那么，如其要中国有真戏，这真戏自然是西洋派的戏，绝不是那"脸谱"派的戏。要不把那扮不像人的人，说不像话的话全数扫除，尽情推翻，真戏怎样能推行呢？如其因为"脸谱"派的戏，其名叫做"戏"，西洋派的戏，其名也叫做"戏"，所以讲求西洋派的戏的人，不可推翻"脸谱"派的戏。那我要请问：假如有人说："君主政府叫做'政府'，共和政府也叫做'政府'，既然其名都叫'政府'，则组织共和政府的人，便不该推翻君主政府。"这句话通不通？

（第五卷第一号，一九一八年七月十五日）

（十九）圣言与学术

独　秀

印度因明学家言，尽论辩之则，统依三量：一曰自心现量，一曰比较量，一曰圣教量。夫现量乃玄妙难言之境，以之立正破邪，将何以喻众？比量乃取众象以求通则，远西归纳论理之术，科学实证之法，是其类也。圣教量者，乃取前代圣贤之言，以为是非之标准也。圣贤之智慧，固加乎并世之常人，然谓其所言无一不周万类而无遗，历百世而不易，有是理乎？倘曰未能，则取其言以为演绎论法之前提，保无断论之陷于巨谬乎？吾国历代论家，多重圣言而轻比量，学术不进，此亦一大原因也。今欲学术兴，真理明，归纳论理之术，科学实证之法，其必代圣教而兴欤。

（第五卷第二号，一九一八年八月十五日）

（二〇）基督教与迷信鬼神

独　秀

吾友某君与余言：吾辈虽不赞成基督教，然吾国人若信基督教，岂不愈于迷信鬼神，崇拜动物乎？一日余以此语李石曾先生。李先生则云："宁任其迷信鬼神，崇拜动物，勿希望其信基督教，因鬼神、动物之迷信，较基督教之迷信，浅薄而易解悟也。中国人种种邪说迷信固极可笑，然当以科学真理扫荡之，不当以基督教之迷信代替之。"斯言也，吾无以难之。

（第五卷第二号，一九一八年八月十五日）

（二一）社会裁制力

独　秀

世间事物，皆有善恶两面，社会裁制力亦然。易卜生所攻击者，乃社会裁制力之恶面；若彼贪鄙无耻辈，亦恒为社会所不容，此其善面也。吾中华之社会裁制力，则只有恶面而无善面，故特立独行之士罕若凤毛，贪鄙无耻之人盈天下也。中国社会之不及欧西也以此。

（第五卷第二号，一九一八年八月十五日）

(二二)伪善的基督教国民

独 秀

《兴华杂志》第三十一册录载《美以美会韦会督关于时局之伟论》一文,并附以感言,余读之不得不愤恨基督教国民之伪言欺世也。当吾国与德意志决裂之初,余以正义故,以自由故,以反对武力专制故,固与汪精卫、蔡孑民、张溥泉、王亮畴、王儒堂诸先生热心赞成与德宣战,不惜与吾友马君武、徐李龙诸先生立于反对之地位,君武先生且以余在本志宣布赞成绝德之论文,怒而取消其投稿之约。当时颇以君武为迂怪,及今思之,殊自惭悔也。据《兴华》记者之言,曾热心从事反对对德宣战之运动,使当时与余相见,必有剧烈之争论。今日对于《兴华》记者之言,不得不洒同情之泪矣。余责韦会督之言为伪言欺世,《兴华》记者即或以为过激,然亦必未绝对不表同情也。彼信奉基督教之协约国,动以尊重自由人道,反对德意志之武力专制为旗帜——韦会督有言曰:"为世界自由而战。""德国激起此次大战争,毁坏人类自由,强制他国服从其命令,狂暴无理,自私自利,以致行不顾言,不履行所订条约,不守人类公共法则,蹂躏妇女,虐待残杀无助之孩童,惨杀非战斗无辜之人民,只求得胜,无恶不为。如此之国,是为妖孽。"——却直接间接扶助德意志式之妖孽,横行远东。吾力争自由正义者伏地呻吟可怜之声,尔伪善之基督教国民,其亦闻之否耶?

(第五卷第二号,一九一八年八月十五日)

（二三）信神与保存国粹

独　秀

印度某妇人，孪生二子，其一则生而瞽目者也。妇病濒危，乃许愿于神，献以一子。其后病愈，果以一子弃置河中，饱鳄鱼之腹。由是妇人出入，辄抱其瞽目之子，他人见而异之曰："何不以此瞽子献神乎？"妇人曰："是乌乎可！献神之物，为选精良佳品，况一子乎？"（录《兴华》杂志第三十一册第十六页）印度人信神之愚如此。德国普鲁克陀尔福女士，初欲皈依佛教以安心立命，见印度之一喇嘛僧，问改宗佛教之可否。喇嘛僧正襟言曰："女士莫如学基督教，宗教如言语，弃国语者妄，弃己国之宗教者亦妄。"（见第十五卷第六号《东方杂志》译载之《中西文明之评判》文中）呜呼！此喇嘛僧可为保存国粹大家也矣。诚如其言，则一民族之思想，永应恪守生民之典型，绝无革新之理，此印度人笃旧之念至深，而其国所以日益削弱也。

（第五卷第二号，一九一八年八月十五日）

(二四) 被误解的安得森

作　人

凡外国文人,著作被翻译到中国的,多是不幸。其中第一不幸的,要算丹麦诗人“英国安得森”。

中国用单音整个的字,翻译原极为难,即使十分仔细,也只能保存原意,不能传本来的调子。又遇见翻译名家用古文一挥,那更要不得了。他们的弊病,就只在“有自己无别人”,抱定老本领旧思想,丝毫不肯融通,所以把外国异教的著作,都变做斑马文章,孔孟道德。这种优待,就是哈葛得诸公,也挡不住,到了安得森更是绝对的不幸。为什么呢? 因为他独一无二的特色,就只在小儿一样的文章,同野蛮一般的思想上。

日前在书铺里,看见一本小说,名叫《十之九》,觉得名称很别致,买来一看,却是一卷童话,后面写道“著作者英国安得森”,内分《火绒箧》《飞箱》《大小克劳势》《翰思之良伴》《国王之新服》《牧童》六篇。我自认是中国的安党,见了大为高兴,但略一检查,却全是用古文来讲大道理。于是不禁代为著作者叫屈,又断定他是世界文人中,最不幸——在中国——的一个人。

我们初读外国文时,大抵先遇见 Grimm 兄弟同 Hans Christian Andersen 的童话。当时觉得这幼稚荒唐的故事,没甚趣味,不过因为怕自己见识不够,不敢菲薄,却究竟不晓得它好处在哪里。后来涉猎 Folklore 一类的书,才知道 Grimm 童话集的价值:他们兄弟是学者,采录民间传说,毫无增减,可以供学术上的研究。至于 Andersen 的价值,到见了诺威 Boyesen,丹麦 Brandes,英国 Gosse 诸家评传,方才明白:他是个诗人,又是个老孩子(即 Henry James 所说 Perpetual boy),所以他能用诗人的观察,小儿的言语,写出原人——文明国的小儿,便是系统发生上的小野蛮——的思想。Grimm 兄弟的长处在于“述”;Andersen 的长处,就全在“作”。

原来,童话(Märchen)纯是原始社会的产物。宗教的神话,变为历史的世说,又转为艺术的童话,这是传说变迁的大略。所以要是"作"真的童话,须得原始社会的人民,才能胜任。但这原始云云,并不限定时代,单是论知识程度,拜物思想的乡人和小儿,也就具这样资格。原人或乡人的著作,经学者编集,便是 Grimm 兄弟等的书;小儿自作的童话,却从来不曾有过。倘要说有,那便是 Andersen 一人作的一百五十五篇 Histories 了。他活了七十岁,仍是一个小孩子。他因此生了几多误解,却也成全了他,成就一个古今无双的童话作家。除中国以外,他的著作价值,几乎没有一国不是已经明白承认。

上面说 Andersen 童话的特色:一是言语,二是思想。——Andersen 自己说:"我著这书,就照着对小儿说话一样,写下来。"Brandes 著丹麦《诗人论》中,说他的书出版之初,世人多反对他,说没有这样著书的。"人的确不是这样著书,却的确是这样说话的。"这用"说话一样的"言语著书,就是他第一特色。Brandes 最佩服他《邻家》一篇的起头:

人家必定想,鸭池里面有重要事件起来了,但其实没有事。所有静睡在水上的,或将头放在水中倒立着——它们能够这样立——的鸭,忽然都游上岸去了。你能看见湿泥上的许多脚印。它们的叫声,远远近近的都响遍了。刚才清澈光明同镜一般的水,现在全然扰乱了……

又如《一荚五颗豆》的起头说:

> 五颗豆在一个荚里:它们是绿的,荚也是绿的,所以他们以为世间一切都是绿的;这也正是如此。荚长起来,豆也长起来;他们随时自己安排,一排地坐着……

又如《火绒箧》也是 Brandes 所佩服的:

> 一个兵沿着大路走来——一,二!一,二!他背上有个背包,腰边有把腰刀。他从前出征,现在要回家去了。他在路上,遇见一个老巫:她很是丑恶,她的下唇一直挂到胸前。她说:"兵啊,晚上好!你有真好刀,真大背包!你

真是个好兵！你现在可来拿钱，随你要多少。”

再看《十之九》中，这一节的译文：

> 一退伍之兵，在大道上经过，步法整齐，背负行李，腰挂短刀，战事已息，资遣归家。于道侧邂逅一老巫，面目可怖，未易形容，下唇既厚且长，直拖至颏下。见兵至，乃谀之曰：“汝真英武，汝之刀何其利！汝之行李何其重！吾授汝一诀，可以立地化为富豪，取携甚便……

误译与否，是别一问题，姑且不论。但 Brandes 所最佩服，最合儿童心理的“一二一二”，却不见了。把小儿的言语，变了大家的古文，Andersen 的特色，就“不幸”因此完全抹杀。

Andersen 童话第二特色，就是野蛮的思想——原人和小儿，本是一般见识。Gosse 论他著作，有一节说得极好：

> Andersen 特殊的想象，使他格外和儿童心思相亲近。小儿像个野蛮，于一切不调和的思想分子，毫不介意，容易承受下去。Andersen 的技术，大半就在这一事：他能很巧妙地，把几种毫不相干的思想，联结在一起。例如他把基督教的印象，与原始宗教的迷信相混合，这技艺可称无二……

还有一件相象的道德上的不调和，倘若我们执定成见，觉得极不容易解说。《火绒箧》中的兵，割了老妇的头，偷了她的宝物，忘恩负义极了，却毫无惩罚，他的好运，结局还从他的罪里出来。《飞箱》中商人的儿子，对于土耳其公主的行为，也不正当，但 Andersen 不以为意。小 Klaus 对于大 Klaus 的行为，也不能说是合于现今的道德标准。但这都是儿童本能的特色；儿童看人生，像是影戏：忘恩负义，掳掠杀人，单是并非实质的人形，当着火光跳舞时，映出来的有趣的影。Andersen 于此等处，不是装控作势地讲道理，又敢亲自反抗教室里的修身格言，就是他的魔力的所在。他的野蛮思想使他和育儿室里的天真漫烂的小野蛮相亲近。

这么一句话,真可谓"一语破的",不必多加说明了。《火绒箧》中叙兵杀老巫,只有两句:

于是他割去她的头。她在那里躺着!

写一件杀人的事,如此直截爽快,又残酷,又天真漫烂,真可称无二的技术。《十之九》中译云:

忍哉此兵,举刀一挥,老巫之头已落。

其实小儿看此"影戏"中的杀人,未必见得忍,所以 Andersen 也不说忍哉。此外译者依据了"教室里的修身格言",删改原作之处颇多,真是不胜枚举,《小 Klaus 与大 Klaus》一篇里,尤为厉害。例如,硬叫农妇和助祭做了姊弟,不使大 Klaus 杀他的祖母去卖钱;不把看牛的老人放在袋里,沉到水里上天去,都不知是谁的主意;至于小 Klaus 骗来的牛。乃是"西牛贺洲之牛"!《翰思之良伴》(本名《旅行同伴》)中,山灵(Trold)对公主说:"汝即以汝之弓鞋为念!"这岂不是拿着作者任意作耍么?《牧童》中镶边的铃所唱德文小曲:

Ach,du liedor Augustin.(唉,你可爱的奥古斯丁。)

Ailes ist weg,weg,weg.(一切都失掉,失掉,失掉了。)

也不见了,Andersen 的一切特色,"不幸"也都失掉。

Andersen 声名,已遍满文明各国,单在中国不能得到正确理解,本也不关重要。但 Andersen 是个老孩子,他不能十分知道轻重:所以有个小儿在路上叫他一声大 Andersen,他便非常欢喜,同得了一座"北极星勋章"一样;没价值的小报上,说他一句笑话——关于他的相貌!他看了就几乎要哭。如今被中国把他杰作,译成一种没意思的巴德文丛著,(他的希腊神话,今已译出古文。)岂不也要伤心么?我也代他不舒服,就写这几行,不能算是新著批评,不过为这丹麦诗人,说几句公话罢了。

附记:Hans Christian Andersen 生于一八〇五年,一八七五年卒。著有小说数种,《即兴诗人》(*Improvisitoren*)最有名,但童话要算是他独擅的著作。《无画的画帖》(*Rilledbog uden Billeder*)记"月"自述所见,凡三十三夜,也是童话的一种,又特别美妙。他的童话全集译本,据我们所晓得的,有英国 Craigie、德国 Mannhardt 两本,最为确实可靠。

(第五卷第三号,一九一八年九月十五日)

（二五）“人”之父

唐　俟

我一直从前，曾见严又陵在一本什么书上，发过议论，书名和原文，都忘记了。大意是：“在北京道上，看见许多孩子，辗转于车轮马足之间，很怕把他们碰死了。又想起他们将来，怎样得了，很是害怕。”其实别的地方，也都如此，不过车马多少不同罢了。现在到了北京这情形还未改变，我也时时发起这样忧虑，一面又佩服严又陵究竟是做过赫胥黎《天演论》的，的确与众不同，是一个十九世纪末年中国感觉锐敏的人。

穷人的孩子，蓬头垢面地在街上转；阔人的孩子，妖形妖势、娇声娇气地在家里转。转得大了，都昏天黑地地在社会上转，同他们的父亲一样，或者还不如。

所以看十来岁的孩子，便可以预料二十年后中国的情形；看二十多岁的青年——他们大抵有了儿子，尊为爹爹了——便可以推测他儿子、孙子，晓得五十年后、七十年后中国的情形。

中国的孩子，只要生，不管他好不好，只要多，不管他才不才。生他的人，不负教他的责任。虽然“人口众多”这一句话，很可以闭了眼睛自负，然而这许多人口，便只在尘土中辗转。小的时候，不把他当人，大了以后，也做不了人。

中国娶妻早是福气，儿子多也是福气。所有小孩，只是他父母福气的材料，并非将来的“人”的萌芽。所以随便辗转，没人管他。因为无论如何，数目和材料的资格，总还存在。即使偶尔送进学堂，然而社会和家庭的习惯，尊长伴侣的脾气，却多与教育反背，仍然使他与新时代不合。大了以后，幸而生存，也不过“仍旧贯如之何”，照例是制造孩子的家伙，不是“人”的父亲。他生了孩子，便仍然不是“人”的萌芽。

最看不起女人的奥国人华宁该尔（Otto Weininger），曾把女人分成两大类：一是母妇，一是娼妇。照这分法，男人便也可分做父男和嫖男两类了。但这父男一类，却又可以分成两种:其一是孩子之父,其一是“人”之父。第一种只会生,不会教,还带点嫖男的气息。第二种是生了孩子,还要想怎样教育,才能使这生下来的孩子,将来成一个完全的人。

前清末年,某省初开师范学堂的时候,有一位大老先生听了,很为诧异。便发愤说:“师何以还须受教,如此看来,还该有父范学堂了!”这位先生,便以为父的资格,只要能生。能生这件事,自然便会,何须受教呢。却不知中国现在,正须父范学堂。这位先生,便须编入初等第一年级。

因为我们中国,所多的是孩子之父,以后是只要“人”之父!

(第五卷第三号,一九一八年九月十五日)

（二六）英雄与时代

孟　和

今年夏天在西山消夏，读了一篇意大利建国者的传记，里头有诗家 Aefieri、文学家 Manzoni、哲学家 Gioberti、威尼斯的恩父 Manin、先知玛志尼、政治家加富尔、骁勇善战的加里波的和贤君 Victor Emmanuel 共七人。这七个人建国的功劳各自不同，各人有各人的长处，各人有各人的功用。意大利的建国，这几个人是缺一不可的。我读了他们平生的事迹，起了无限景慕英雄的心。

我们读传记或读历史，常容易专注在一个人、一个豪杰或是一个奸雄，一个贤人或是一个巨慝。要知一个人生在世上，必定与他生存的环境有相互的影响，有无限的关系。所以要明白一个历史上的人物，考察他的言行，是万不可以把他所处的时势并他所处的环境抛开的。然而这个时势、环境，也并不是天造地设，乃是人类过去的生活积久的结果。一时代的时势、环境、制度等等，都要追溯既往才可以了解。了解了那时代的状况，才可以真明白那历史上的人物，才可以评较那些人物的言行。我们研究意大利建国诸杰的事迹，也当然是不能把他们的时代抛开不管的。

因为我们专注意在一个人，所以就把那大多数的人丢开了。因为只崇拜那轰轰烈烈的英雄，所以就把那些潜晦无名的英雄忘记了。意大利建国固然是首推上边所说的七杰，然而此外还有无数的意大利人名字未必见诸史传，事迹未必传颂万方，可是他们的功绩却不敢说在那七个人之下。那些随从加里波的几番血战的勇士（Garibaldini），最先由加富尔所召集，后来加里波的替他统率的“阿尔布士山中猎队”，同玛志尼共患难的那般“青年意大利”的党人，还有那推戴 Manin 抵抗奥军的威尼斯的市民，都是在诞生意大利王国上有大功的。试想那些有名的英杰，若无此万千无名英雄的通力合作，都向一个共同的目的努力地去做，又哪能够有今天的意大利呢？现在的人,个个都想去做有名的英雄,为自己造出一番轰轰烈烈的声势来,哪里会有共同的目的呢?各人既然都是孜孜于个人的目的,哪里会脱出个人的范围保存那广大的目的——国家的目的,人道的目的——呢?

还有一桩事,我们常容易忽略的,就是英雄尚未显名时代的行为。现在的政客,自拟为中国的加富尔,要知道那贯彻外交政策的加富尔,既没有戴着顾问的虚衔,又没有支着谘议的薪水,匿迹于 Leri 以农业自食其力者十五年。现在的军人也必有以加里波的自喻的,也知道这位出奇制胜的军人,能为人之所不能吗?一八六〇年五月,加里波的同他的一班勇士进攻希西里,全意响应,所向披靡。同年十月,希西里、拿波里两地都平服了。加里波的遵从民意把所攻下的地方,双手奉献于 Piedmont 王(即 Victor Emmanuel)。一切的名誉,一切的馈赠,加里波的一概谢绝不受,借了二百块钱还了旧债,又回到 Caprera 荒岛作农夫的生活去了。那个时候加里波的声名是怎样显赫,他的势力是怎样伟大,然而他竟能拱手把所有的权利都让给旁人,自己回复旧日贫苦的生活去,现在的"伟人"有这样的吗?

(第五卷第三号,一九一八年九月十五日)

（二七）社会风尚

孟　和

保定军官学校今年夏天招考新生,原定额数只有二百名,但是投考的竟来了七千人。听说后来陆军部没有法子,在正额以外又多取三百名。这些投考的有什么志向,怀着什么远大的希望,我们猜不透,我们亦就不敢用先天的(Apriori)论法去责备他们或是称赞他们。不过这桩事叫我们要注意的,就是社会风尚这个问题。为什么社会里头造出一种风尚来呢?虽然是膻的,亦要附;虽然是臭的,亦要趋。到底是什么缘故呢?我想,现在倘若有人可以找出这个缘故来,就可以研究救济社会的方法了。

现在要讨论这个问题起来,总要几十万言。我现在只就一时想到的写几句吧。我想,人的行为的动机不是单纯的。一个人为什么做这件事,不是一句话可以包括说的,一定有许多心理的作用:爱啊,惧啊,贪啊,自骄啊,许多的作用在那里时时改变他的行为,扰害他的心思。所以,评定一个人的动机不是容易的事。所以,投考军官学校的不必有同样的动机。然而,有三种事是人人都想的。人总想要活着,还要活着舒服,并且还要人家看得起他。说到这里,不能不考察我们社会的情形了。我们以先的社会,只有读书的、做官的两种人算最高贵。自从科举废了,学堂开了,读书的也就没有什么特别荣幸了。现在的官职,虽然有什么国务院记名、道尹记名的花样,但是学堂毕业的还有许多找不到官做的。现在,出身最快、实力最多的就是军官了,所以,投考的这样多并不是什么可怪的现象,差不多一般的人遇见机会可以投考,当然也是报名的。可怪的倒是那遇见机会也不去投考,就是反对社会风尚的那一般人了。

什么就可以叫人不附和那社会风尚呢?宗教家说要信上帝,帝制派说是要复辟或是设虚君制,那实业家就要倡起那物质救国。我想,这个问题也不是这样容易解决的。那转移社会的事情,并没有什么金丹,一服就好的。现在的人要找那 Carlyle 书上所说的“毛利孙的丸药”，那是求(永)远找不到的。(参观 Carlyle 的《过去和现在的》一书)我想，我们青年人不必学那般名流，专去在嘴上研究那“大政方针”或是救国秘诀，反把自己忘了。我们先就我上边所说的三件事想一想吧。

一、人总要活着　　但是，我们的生命什么样才值得活着呢?

二、活着要舒服　　但是，要什么样的舒服才值得活着呢?

三、要大家看得起　　但是，要世上哪一类的人看得起才值得活着呢?

每个青年人要是对于这个问题分为三层仔细想了，就可以定他自己的人生观。按着自己的人生观去行去，青年对于自己的义务就尽了。我们先盼望把对于自己的义务尽了，再去研究那个社会的大问题吧!

(第五卷第三号，一九一八年九月十五日)

（二八）奉告国民

玄　同

既然叫做共和政体，既然叫做中华民国，那么有几句简单的话要奉告我国民。

民国的主体是国民，绝不是官，绝不是总统。总统是国民的公仆，不能叫做“元首”。

国民既是主体，则国民的利益，须要自己在社会上费了脑筋费了体力去换来。公仆固然不该殃民残民，却也不该仁民爱民。公仆就是有时僭妄起来，不自揣量，施其仁爱；但是做国民的决不该受他的仁爱。——什么叫做仁民爱民呢？像猫主人养了一只猫，天天买鱼腥给它吃，这就是仁民爱民的模型。

既在二十世纪建立民国，便该把法国、美国做榜样，一切“圣功、王道”“修、齐、治、平”的鬼话，断断用不着再说。

中华民国既然推翻了自五帝以迄满清四千年的帝制，便该把四千年的“国粹”也同时推翻，因为这都是与帝制有关系的东西。

民国人民，一律平等。彼此相待，只有博爱，断断没有什么“忠、孝、节、义”之可言。

（第五卷第三号，一九一八年九月十五日）

（二九）国粹

幺 冋

中华民国成立之后，有一班“大清国”的“伯夷叔齐”，在中华民国的“首阳山”里做那“义不食周粟”——他们确已食了民国之粟，而又不能无“义不食粟”之美名，所以我替他照着旧文，写一个“周”字，可以含糊一点——的“遗老”。这原是列朝“鼎革”以后的“谱”上写明白的，当然应该如此，本不足怪。但是，此外又有一班二三十岁的“遗少”，大倡“保存国粹”之说。我且把他们保存国粹的成绩随便数他几件出来：

垂辫；缠脚；吸鸦片烟；叉麻雀（即麻将），打扑克；磕头，打拱，请安；“夏历壬子年——戊午年”；“上巳修禊”；迎神，赛会；研究“灵学”，研究“丹田”；做骈文，“古文”，江西派的诗；临什么“黄太史”“陆殿撰”的“馆阁体”字；做“卿卿我我”派；或“某生者”派的小说；崇拜“隐喻褒贬”的“脸谱”；想做什么“老谭”“梅郎”的“话匣子”；提倡男人纳妾，以符体制；提倡女人贞节，可以“猗欤盛矣”。

有人说：“朋友！你这话讲得有些不对。辫发、鸦片烟、扑克牌之类，难道是国粹吗？”我说：“你知其一，未知其二。你要知道，凡是‘大清国宣统三年’以前支那社会上所有的东西，都是国粹。你如不信，可以去请教那班‘遗老’‘遗少’，看我这话对不对。”

国粹何以要保存呢？听说这是一国的根本命脉所在。“国于天地，必有与立”的，就是这国粹。要是没有了这国粹，便不像“大清国”的样子，“大清国”就不能保存了。

那么，我要请问先生们：先生们到今天还是如此保存国粹，想来在贵国“宣统三年”以前，先生们一定也是很保存国粹的了。但是，中华民国元年二月十二日那一天，先生们为什么“独使至尊忧社稷”，忍令贵国大皇帝做那“唐虞禅让”的“盛德大业”，不应用这国粹来挽回贵国的“天命”呢?

(第五卷第三号,一九一八年九月十五日)

（三〇）学习西学

玄　同

适用于现在世界的一切科学、哲学、文学、政治、道德，都是西洋人发明的。我们该虚心去学他，才是正办。若说科学是墨老爹发明的；哲学是我国固有的，元待外求；我国的文学，既有《文选》又有“八家”，为世界之冠；周公作《周礼》是极好的政治；中国道德，又是天下第一。那便是发昏做梦。请问如此好法，何以会有什么“甲午一败于东邻，庚子再创于八国”的把戏出现？何以还要讲什么“中学为体，西学为用”的说话？何以还要造船制械，用“以夷制夷”的办法？

（第五卷第三号，一九一八年九月十五日）

（三一）阳历

玄　同

有人说，阳历真是没有道理，什么连端午、中秋都没有了，除夕晚上月亮会圆的。这还成个什么样子？我要问他，有了端午、中秋，有什么用处？除夕晚上月亮圆了，有什么坏处？我的意思，以为端午、中秋，正该废除。若要吃箬壳包的糯米、玫瑰白糖馅儿的圆饼，什么时候都可以吃。现在特别定了这两个日子来吃这两样东西，白白地耗费了两天的光阴，已觉荒唐。何况端午还要挂什么没有做过人的鬼的鬼脸，叫做什么钟馗；中秋还要供什么"兔儿爷"，磕上一阵子头。这简直是疯子胡闹，当然应该废除，当然应该禁止。

（第五卷第三号，一九一八年九月十五日）

（三二）“脸谱”

玄　同

前几天，我到中央公园里，忽然看见一班人，在中间的拿了一把钢叉，装出种种怪相，前面有敲锣的人，四周有叫“好——好——”的人，把公共的路堵塞了。好容易等他过去，不料后面又有一班人，前面有敲鼓的人，四周也有叫“好——好——”的人。因为四周围住的人太多，我懒得挤进去“瞻仰”中间这位的“道范”，因此不知道他是装怎样的怪相。这一班人把公共的路又堵塞了，好容易等他过去。我以为这个后面一定没有什么了，不料“柳暗花明又一村”，后面又有更妙的怪相，有一位扮了女人，扭头摆腰，“轻移迈步”，打起了老雄猫叫的腔调，装出种种“娉娉婷婷、千娇百媚”的妙相，四周叫“好——好——”的人比前面更多，可是没有人替他敲着锣鼓。这三批人，不但行动极妙，并且还画着极妙的脸。我是学问浅陋，“莫能仰测高深于万一”，想来这总是照着“脸谱”临摹的，和清道人临《郑文公碑》可以媲美。并且这种红的、黑的颜色，长的、短的胡子，大的、小的脸盘，种种不同，其中必有绝大道理。一脸之红，荣于华衮，一鼻之白，严于斧钺。正人心，厚风俗，奖忠孝，诛乱贼，胥在于是。请问，我这话对不对？

（第五卷第三号，一九一八年九月十五日）

(三三)科学与鬼话

唐 俟

现在有一班好讲鬼话的人,最恨科学,因为科学能叫道理明白,能叫人思路清楚,不许鬼混,所以自然而然地成了讲鬼话的人的对头。于是讲鬼话的人,便须想一个方法排除它。

其中最巧妙的是捣乱。先把科学东扯西拉,掺进鬼话,弄得是非不明,连科学也带了妖气。例如一位大官做的卫生哲学,里面说:

> 吾人初生之一点,实自脐始,故人之根本在脐。……故脐下腹部,最为重要,道书所以称之曰丹田。

要用植物来比人,根须是胃。脐却只是一个蒂,吊了便罢,有甚重要!但这还不过比喻奇怪罢了,尤其可怕的是:

> 精神能影响于血液。昔日德国科布博士发明霍乱(虎力拉)病菌;有某某二博士反对之,取其所培养之病菌,一口吞入,而竟不病。

据我所晓得的,是 Koch 博士发现(查出了前人未知的事物叫发现,创出了前人未知的器具和方法才叫发明)了真虎力拉菌,别人也发现了一种,Koch 说他不是,把他的菌吞了,后来没有病,便证明了那人所发现的,的确不是病菌。如今颠倒转来,当作“精神能改造肉体”的例证,岂不危险已极么?

捣乱得更凶的,是一位神童做的《三千大千世界图说》。他拿了儒、道士、和尚、耶教的糟粕,乱作一团,又密密的插入鬼话。他能看见天上地下的情形,他看见的“地球星”,虽与我们所晓得的,无甚出入,一到别的星系,可是五花八门了。因为他有天眼通,所以本事在科学家之上。他先说道:

> 今科学家之发明,欲观天文则用天文镜,……然犹不能持此以观天堂、地狱也。究之学问之道如大海然,万不可入海饮一滴水,即自足也。

他虽然也分不出发见和发明的不同,论学问却颇有理。但学问的大海,究竟怎样情形呢?他说:

> 赤精天……有毒火坑,以水晶盖压之。若遇某星球将坏之时,即去某星球之水晶盖,则毒火大发,焚毁民物。
>
> 众星……大约分为三种,曰恒星、行星、流星。……据西学家言,恒星有三十五千万,以小子视之,不下七千万也。……行星共计一百千万大系。……流星之多,倍于行星。……其绕日者,约三十三年一周,每秒能行六十五里。
>
> 日面纯为大火。……因其热力极大,人不能生,故太阳星君居焉。

其余怪话还多,但讲天堂的远不及六朝方士的《十洲记》,讲地狱的也不过抄袭《玉历钞传》,这神童算是糟了!另外还有许多感慨的话,说科学害了人。下面一篇《嗣汉六十二代天师正一真人》张元旭的序文,尤为单刀直入,明明白白道出:

> 自拳匪假托鬼神,致招联军之祸,几至国亡种灭,识者痛心疾首,固已极矣。又适值欧化东渐,专讲物质文明之秋,遂本科学家“世界无帝神管辖,人身无魂魄轮回”之说,奉为国是。俾播印于人人脑髓中,自是而人心之敬畏绝矣。敬畏绝,而道德无根柢以发生矣!放僻邪侈,肆无忌惮,争权夺利,日相战杀,其祸将有甚于拳匪者!……

这简直说是万恶都由科学，道德全靠鬼话，而且与其科学，不如拳匪了。从前的排斥外来学术和思想，大抵专靠皇帝，自六朝至唐宋凡攻击佛教的人，往往说他不拜君父，近乎造反。现在没有皇帝了，却寻出一个"道德"的大帽子，看他何等厉害。不提防想不到的一本绍兴《教育杂志》里面，也有一篇仿古先生的《教育偏重科学毋宁偏重道德》（宁字原文如此，疑是避讳）的论文，他说：

西人以数百年科学之心力，仅酿成此次之大战争。……科学云乎哉？多见其为残贼人道矣！

偏重于科学，则相尚于知能；偏重于道德，则相尚于欺伪。相尚于欺伪，则祸止于欺伪；相尚于知能，则欺伪莫由得而明矣！

虽然不说鬼神为造德根本，至于向科学宣告死刑，却居然两教同心了。所以拳匪的传单上，明白写着：

（孔圣人、张天师）傅言由山东来，赶紧急传，并无虚言！（傅字原文如此，疑傳字之误。）

照他们看来，这般可恨可恶的科学世界，怎样挽救呢？《灵学杂志》内俞复先生答吴稚晖书里说过：

鬼神之说不张，国家之命遂促。

可知最好是张鬼神之说了。鬼神为道德根本，也与张天师和仿古先生的意见毫不冲突。可惜近来北京乩坛，又印出一本《感显利冥录》，内有前任北京城隍白知和谛闲法师的问答：

师云：发愿一事，的确要紧。……此次由南方来，闻某处有济公临坛；所说之话，殊难相信。济祖是阿罗汉，见思惑已尽，断不为此。……不知某会临坛者，是济祖否？请示。

乩云：承谕发愿，……谨记斯言。某处坛，灵鬼附之耳。须知灵鬼，即魔道也。(知)此后当发愿驱除此等之鬼。

“师云”的发愿,城隍竟不能懂,却先与某会力争正统。照此看来,国家之命未延,鬼兵先要打仗;道德仍无根底,科学也还该活命了。

其实中国自所谓维新以来,何尝真有科学。现在儒道诸公,却径把历史一味捣鬼、不治人事的恶果,都移到科学身上。也不问什么叫道德,怎样是科学?只是信口开河,造谣生事,使国人格外惑乱,社会上罩满了妖气。以上所引的话,不过随手拈出的几点黑影,此外自大埠以至僻地,还不知有多少奇谈。但即此几条,已足可推测我们周围的空气,以及将来的情形,如何黑暗可怕了。

据我看来,要救治这“几至国亡种灭”的中国,那种“(孔圣人、张天师)传言由山东来”的方法,是全不对症,却只有这鬼话的对头的科学!——不是皮毛的真正科学!——这是什么缘故呢?陈正敏《遁斋闲览》有一段故事(未见原书,据《本草纲目》所引写出。但这也全是道士派编造谣言,并非事实。现在只当他比喻用)说得好:

杨勔中年得异疾,每发语,腹中有小声应之,久渐声大。有道士见之,曰:此应声虫也!但读《本草》取不应者治之。读至雷丸,不应,遂顿服数粒而愈!

(第五卷第四号,一九一八年十月十五日)

（三四）女子解放

作　人

近来读英国 Edward Carpenter 著的《爱的成年》(*Love's Coming-of-age*)关于两性问题,得了许多好教训、好指导。女子解放问题,久经世界识者讨论,认为必要;实行这事,必须以女子经济独立为基础,也是一定的道理。但有一件根本上的难题,能妨害女子经济的独立,把这问题完全推翻,那就是生产。瑞典 Strindberg 著《结婚中改革》(译载本志五卷二号)、《自然的障碍》诸篇,即说此事,但他是厌恶女性的人,不免怀有恶意,笑"改革"之终于失败。Carpenter 却别有"改革"的方法,第四章论女子的自由,有两句说得最好:

> 我们不可忘记:如无社会上的大改革,女子的解放,也不能完成。如不把我们商贩制度,——将人类的力作,人类的爱情,去交易卖买的制度,——完全去掉,别定出一种新理想新习俗时,女子不能得到真的自由。(五十四页)

他又加上一段小注,意思更为明了:

> 女子的自由,到底须以社会的共同制度为基础。只有那种制度,能在女子为母的时候,供给养活他,免得去依靠男子专制的意思过活。现在女子力求经济独立,原是好景象,也是现时必要的事;可是单靠这一件,解决不了那个问题,因为在为母的时候,最需帮助,女子在那时,却正不能自己去做活赚钱。(同上)

英国 Havelock Ellis 著《性的进化》(*Evolution in Sex*),关于这事,也有一节说:

> 民种的生殖,是社会的职务(a social function)。所以我们断定说:女子生产,因为尽她社会的职务,不能自己养活,社会应该供养她。女子为社会生一新分子,于将来全群利害,极有关系,全群的人对于她,自应起一种最深的注意。古时孕妇有特权,可以随意进园圃去,摘食蔬果,这是一种极健全美丽的本能表现。(十五页)

以上所说的话,都十分切要,女子问题的根本解决,就在这中间。此外方法,如画师的“改革”,不能彻底,遇着“自然的障碍”,终要失败。——但在中国,连画师夫妇那样见识的人,怕还不多。

《爱的成年》第一章论性欲,极多精义。他先肯定人生,承认人类的身体和一切本能欲求,无一不美善洁净。他所最恨的,便是那“卖买人类一切物事的商贩主义,与隐岁遮盖的宗教的伪善”。(十九页)他说明,“对于人身那种不洁的思想,如不去掉,难望世间有自由优美的公共生活”。(同上)从前的人也曾经说过相似的话,Squrgeon 著《英文学上的玄秘主义论》*William Blake* 这一节中说:

> 人的欲求,如方向正时,以满足为佳。Blake 诗云,“红的肢体,火焰般的头发上,禁戒(Abstinence)播满了沙,但满足的欲求,种起生命与美的果实”。(案此系格言诗第十,原题《柔雪》的第二章。)世上唯有极端纯洁,或是极端放纵的心,才能宣布出这样危险的宗旨来,在 Blake 的教义上,正如 Swindurne 所说,“世间唯一不洁的物,便只是那相信不洁的念”。(百三七页)

Ellis 又著有《新精神》(*The New Spirit*)一书,其中评论美国诗人 Walter Whitman,称述他对于肉体及爱的意见,随后说:

> 宗教政治上,我们经过了大争斗,总算得到了无价的自由与诚实。但在

性的地界内,正同我们道德的和社会的生活上一样,还不能得这幸福。现在还有那种野蛮的传说,经中世教会竭力宣传,流传在世间。把女子当作性的象征,说物事经她接触,就要污秽。Plinius 说:“世上无物,比月经更丑。”到现在这句话还有势力。为什么不放科学的光,到这地方,使我们也得自由与信实呢?因我们对于这一部分的意见如此,就使我们对于人生全体的态度上,也很发生影响。(二百二十六至七页)

Blake 承认“力(Energy)是唯一的生命,从肉体出;理(Reason)便是力的外界。力是永久的悦乐”。(见《天堂与地狱的结婚》中)Whitman 能“把下腹部,与头部胸部同一看待”。Carpenter 的意见,就同他们相似,却更说得明白,又注重实际的一面。他的希望,是在将来社会上,成立一种新理想新生活,能够以自由与诚实为本,改良两性的关系。第八章论自由社会,就是议论这件事。

《爱的成年》系一八九六年出版,在本国销行甚广,别国也多已译出。我本想多译几节,因为没有余暇,所以只能说个大略。

(第五卷第四号,一九一八年十月十五日)

(三五)“保存国粹”

唐 俟

从清朝末年直到现在,常常听人说“保存国粹”这一句话。

前清末年说这话的人,大约有两种:一是爱国志士,一是出洋游历的大官。他们在这题目的背后,各个藏着别的意思。志士说保存国粹,是光复旧物的意思;大官说保存国粹,是教留学生不要去剪辫子的意思。

现在成了民国了,以上所说的两个问题,已经完全消灭。所以我不能知道现在说这话的是哪一流人,这话的背后藏着什么意思了。

可是保存国粹的正面意思,我也不懂。

什么叫“国粹?”照字面看来,必是一国独有、他国所无的事物了。改一句话,便是特别的东西。但特别未必定是好,何以应该保存?

譬如一个人,脸上长了一个瘤,额上肿出一颗疮,的确是与众不同,显出他特别的样子,可以算他的“粹。”然而据我看来,还不如将这“粹”割去了,同别人一样的好。

倘说:中国的国粹,特别而且好,又何以现在糟到如此情形?新派摇头,旧派也叹气。

倘说:这便是不能保存国粹的缘故,开了海禁的缘故,所以必须保存。但海禁未开以前,全国都是“国粹”,理应好了,何以春秋战国、五胡十六国闹个不休?古人也都叹气。

倘说:这是不学成汤、文武、周公的缘故,何以真正成汤、文武、周公时代,也先有桀纣暴虐,后有殷顽作乱,后来仍旧弄出春秋战国、五胡十六国,闹个不休?古人也都叹气。

我有一位朋友说得好:“要我们保存国粹,也须国粹能保存我们。”

保存我们,的确是第一义。只要问它有无保存我们的力量,不管它是否国粹。

（第五卷第五号,一九一八年十一月十五日）

（三六）我的大恐惧

唐 俟

现在许多人有大恐惧，我也有大恐惧。

许多人所怕的，是“中国人”这名目要消灭；我所怕的，是中国人要从“世界人”中挤出。

我以为“中国人”这名目，绝不会消灭；只要人种还在，总是中国人。譬如埃及犹太人，无论他们还有“国粹”没有，现在总叫他埃及犹太人，未尝改了称呼。可见保存名目全不必劳力费心。

但是想在现今的世界上，协同生长，挣一地位，即须有相当的进步的智识道德品格思想，才能够站得住脚，这事极须劳力费心。而“国粹”多的国民，尤为劳力费心，因为他的“粹”太多。粹太多，便太特别；太特别便难与种种人协同生长，挣得地位。

有人说：“我们要特别生长；不然，何以为中国人！”

于是乎从“世界人”中挤出。

于是乎中国人失了世界，却又暂时仍要在这世界上住！——这便是我的大恐惧。

（第五卷第五号，一九一八年十一月十五日）

（三七）“打拳”

鲁　迅

近来颇有许多人，在那里竭力提倡打拳。记得先前也曾有过一回，但那时提倡的，是满清王公大臣；现在却是民国的教育家。位分略有不同。至于他们的宗旨，是一是二，局外便不得而知。

现在那班教育家把“九天玄女传与轩辕黄帝，轩辕黄帝传与尼姑”的老方法，改称“新武术”，又称“中国式体操”，叫青年去练习。听说其中好处甚多，重要的举出两种来是：

一、用在体育上。据说中国人学了外国体操，不见效验，所以须改习本国式体操（即打拳）才行。依我想来：两手拿着外国铜锤或木棍，把手脚左伸右伸的，大约于筋肉发达上，也应有点“效验”。无如竟不见效验！那自然只好改途去练“武松脱铐”那些把戏了。这或者因为中国人生理上与外国人不同的缘故。

二、用在军事上。中国人会打拳，外国人不会打拳。有一天见面对打，中国人得胜，是不消说的了。即使不把外国人“板油扯下”，只消一阵“乌龙扫地”，也便一齐扫倒，从此不能爬起。无如现在打仗，总用枪炮。枪炮这件东西，中国虽然“古时也已有过”，可是此刻没有了。藤牌操法，又不练习，怎能御得枪炮？我想！（他们不曾说明，这是我的“管窥蠡测”）打拳打下去，总可达到“枪炮打不进”的程度（即内功）。这件事从前已经试过一次，在一千九百年，可惜那一回算是名誉的完全失败了！且看这一回如何。

（第五卷第五号，一九一八年十一月十五日）

(三八)“个人的自大”与“合群的自大”

鲁 迅

中国人向来有点自大——只可惜没有“个人的自大”,都是“合群的、爱国的自大”,这便是文化竞争失败之后,不能再见振拔改进的原因。

“个人的自大”,就是独异,是对庸众宣战。除精神病学上的夸大狂外,这种自大的人,大抵有几分天才,——照 Nordau 等说,也可说就是几分狂气。他们必定自己觉得思想见识高出庸众之上,又为庸众所不懂,所以愤世嫉俗。新新变成厌世家,或“国民之敌”!但一切新思想,多从他们出来,政治上、宗教上、道德上的改革,也从他们发端。所以多有这“个人的自大”的国民,真是多福气!多幸运!

“合群的自大”“爱国的自大”,是党同伐异,是对少数的天才宣战;——至于对别国文明宣战,却尚在其次。他们自己毫无特别才能,可以夸示于人,所以把这国拿来做个影子。他们把国里的习惯制度,抬得很高,赞美的了不得;他们的国粹,既然这样有荣光,他们自然也有荣光了!倘若遇见攻击,他们也不必自去应战,因为这种蹲在影子里张目摇舌的人,数目极多。只须用 Mob 的长技,一阵乱噪,大可制胜。胜了,我是一群中的人,自然也胜了;若败了时,一群中有许多人,未必是我受亏。大凡聚众滋事时,多具这种心理,也就是他们的心理。他们举动,看似猛烈,其实却很卑怯。至于所生结果,则复古尊王,扶清灭洋等等,已领教得多了。所以多有这“合群的、爱国的自大”的国民,真是可哀!真是不幸!不幸中国偏只多这一种自大,古人所作、所说的事,没一件不好,遵行还怕不及,怎敢说到改革?这种爱国的自大家的意见,虽各派略有不同,根底总是一致。计算起来,可分作下列五种:

甲云:“中国地大物博,开化最早;道德天下第一。”这是完全自负。

乙云:“外国物质文明虽好,中国精神文明更好。”

丙云:“外国的东西,中国都已有过;某种科学,即某子所说的云云。”这两种都是“古今中外派”的支流。依据张之洞的格言,以“中学为体,西学为用”的人物。

丁云:“外国也有叫花子,——(或云)也有草舍——娼妓——臭虫。”这是消极地反抗。

戊云:“中国便是野蛮的好。”又云:“你说中国思想昏乱,那正是我民族所造成的事业的结晶。从祖先昏乱起,直要昏乱到子孙;从过去昏乱起,直要昏乱到未来。……(我们是四万万人)你能把我们灭绝么?”这比“丁”更进一层,不去拖人下水,反以自己的丑恶骄人。至于口气的强硬,却很有《水浒传》中牛二的态度。

五种之中,甲乙丙丁的话,虽然已很荒谬,同戊比较,尚觉情有可原,因为他们还有一点好胜心存在。譬如衰败人家的子弟,看见别家兴旺,多说大话,摆出大家架子;又或寻求人家一点破绽,解他自己的嘲,固然极是可笑。但比那一种掉了鼻子,还说是祖传老病、夸示于众的人,总要算略高一步了。

戊派的爱国论最晚出,我听了也最寒心。这不但因其居心可怕,实因他所说的更为实在的缘故。昏乱的祖先,养出昏乱的子孙,正是遗传的定理。民族根性造成之后,无论好坏,改变都不容易。法国 G.Le Bon 著《民族进化的心理》中,说及此事道,原文已忘,今但举其大意:“我们一举一动,虽似自主,其实多受死鬼的牵制。将我们一代的人,和先前几百代的鬼比较起来,数目上就万不能敌了。”我们几百代的祖先里面,昏乱的人,定然不少。有讲道学的儒生,也有讲阴阳五行的道士;有静坐炼丹的仙人,也有打脸打把子的戏子。所以我们现在虽想好好做“人”,难保血管里的昏乱分子不来作怪,我们也不由自主,一变而为研究丹田脸谱的人物,这真是大可寒心的事。但我总希望这昏乱思想遗传的祸害,不至于有梅毒那样猛烈,竟至百无一免。即使同梅毒一样,现在发明了六百零六,肉体上的病,既可医治;我希望也有一种七百零七的药,可以医治思想上的病。这药原来也已发明,就是“科学”一味。只希望那班精神上掉了鼻子的朋友,不要插着“祖传老病”的旗号来反对吃药,中国的昏乱病,便也总有痊愈的一天。祖先的势力虽大,但如从现代起,立意改变,扫除了昏乱的心思,和助成昏乱的物事(儒道两派的文书)再用了对症的药,即使不能立刻奏效,也可把那病毒略略掺淡。如此几代之后,待我们成了祖先的时候,就可以分得昏乱祖先的若干势力,那时便有转机,Le Bon 所说的事,也不足怕了。

以上是我对于“不长进的民族”的疗救方法，至于“灭绝”一条，那是全不成话，可不必说。“灭绝”这两个可怕的字，岂是我们人类应说的？只有张献忠这等人，曾有如此主张，至今为人类唾骂。而且于实际上发生出什么效验呢？但我有一句话，要劝戊派诸公：“灭绝”这句话，只能吓人，却不能吓倒自然。他是毫无情面，他看见有自向灭绝这条路走的民族，便请他们灭绝，毫不客气。我们自己想活，也希望别人都活。不忍说他人的灭绝，又怕他们自己走到灭绝的路上，把我们带连了也灭绝，所以在此着急。倘使不改现状，反能兴旺，能得真实自由的幸福生活，那就是做野蛮也很好。——但可有人敢答应说“是”么？

（第五卷第五号，一九一八年十一月十五日）

（三九）理想、经验与事实

唐　俟

《新青年》的五卷四号，隐然是一本戏剧改良号。我是门外汉，开口不得；但见《再论戏剧改良》这一篇中，有“中国人说到理想，便含着轻薄的意味，觉得理想即是妄想，理想家即是妄人”一段话，却令我发生了追忆，不免又要说几句空谈。

据我的经验，这理想价值的跌落，只是近五年以来的事。民国以前，还未如此；许多国民，也肯认理想家是引路的人。到了民国元年前后，理论上的事情，著著实现，于是理想派——深浅真伪现在姑且弗论——也格外举起头来。一方面却有旧官僚的攘夺政权，以及遗老受冷不过，预备下山，都痛恨这一类理想派，说什么闻所未闻的学理、法理，横亘在前，不能大踏步摇摆。于是沉思三日三夜，竟想出了一种“兵器”。有了这利器，才将“理”字排行的元恶大憝，一律肃清。这利器的大名，便叫“经验”。现在又添上一个雅号，便是高雅之至的“事实”。

经验从哪里得来，便是从清朝得来。经验提高了他的喉咙，含含糊糊说：“狗有狗道理，鬼有鬼道理，中国与众不同，也自有中国道理。道理各各不同，一味理想，殊堪痛恨。”这时候，正是上下一心理财强种的时候，而且带着理字的，又大半是洋货；爱国之士，义当排斥。所以一转眼便跌了价值，一转眼便遭了嘲骂，又一转眼，便连他的影子也同全民时代的教育一般，竟犯了与众共弃的大罪了。

但我们应该明白，人格的平等，也是一种外来的旧理想；现在经验既已登坛，自然株连着化为妄想；理合不分首从，全踏在朝靴的底下，以符列祖列宗的成规。这一踏不觉过了四五年，经验家虽然也增加了四五岁，与素未经验的生物学学理——死——渐渐接近，但这与众不同的中国，却依然不是理想的位家。一大批踏在朝靴底下的学习诸公，早经竭力大叫，说他也得了经验了。

但我们应该明白，从前的经验，是从皇帝脚底下学得；现在与将来的经验，是从皇帝的奴才的脚底下学得。奴才的数目多，心传的经验家也愈多。待到经验家二世的全盛时代，那便理想单被轻薄，理想家单当妄人，还要算是幸福侥幸了。

现在的社会，分不清理想与妄想的区别。再过几时，还要分不清“做不到”与“不肯做到”的区别；要将扫除庭园与劈开地球，浑作一谈。理想家说，这花园有秽气，须得扫除——到那时候，说这宗话的人，也要算在理想党里——他却说道，他们从来在此小便，如何扫除，万万不能，也断乎不可。

那时候，只要从来如此，便是宝贝。即使无名肿毒，倘若生在中国人身上，也便“红肿之处，艳若桃花；溃烂之时，美如乳酪”。国粹所在，妙不可言。那些理想学理法理，既是洋货，自然完全不在话下了。

但最奇怪的，是七年十月下半，忽有许多经验家，理想、经验双全家，经验、理想未定家，都说公理战胜了强权，还向公理颂扬了一番，客气了一顿。这事不但溢出了经验的范围，而且又添上一个理字排行的厌物。将来如何收场，我是毫无经验，不敢妄谈。经验诸公，想也未曾经验，开口不得。

没有法，只好在此提出，请教受人轻薄的理想家了。

（第六卷第一号，一九一九年一月十五日）

（四〇）爱情与苦闷

唐 俟

终日在家里坐，至多也不过看见窗外四角形惨黄色的天，还有什么感？只有几封信，说道："久违芝宇，时切葭思。"有几个客，说道，"今天天气很好"。都是祖传老店的文字语言。写的说的，既然有口无心，看的听的，也便毫无所感了。

有一首诗，从一位不相识的少年寄来，却对于我有意义。

爱情

我是一个可怜的中国人。爱情！我不知道你是什么。

我有父母，教我育我，待我很好；我待他们，也还不差。我有兄弟姊妹，幼时共我玩耍，长来同我切磋，待我很好；我待他们，也还不差。但是没有人曾经"爱"过我，我也不曾"爱"过他。

我年十九，父母给我讨老婆。于今数年，我们两个，也还和睦。可是这婚姻，是全凭别人主张，别人撮合；把他们一日戏言，当我们百年的盟约。仿佛两个牲口，听着主人的命令："咄，你们好好地住在一块儿罢！"

爱情！可怜我不知道你是什么！

诗的好歹，意思的深浅，姑且勿论。但我说，这是血的蒸气，醒过来的人的真声音。

爱情是什么东西？我也不知道。中国的男女大抵一对或一群——一男多女——地住着，不知道有谁知道。

但从前没有听到苦闷的叫声。即使苦闷，一叫便错；少的老的，一齐摇头，一齐痛骂。

然而无爱情结婚的恶结果,却连续不断地进行。形式上的夫妇,既然全不相关,少的另去姘人宿娼,老的再来买妾:麻痹了良心,各有妙法。所以直到现在,不成问题,但也曾造出一个妒字,略表他们曾经苦心经营的痕迹。

可是东方发白,人类向各民族所要的是"人"——自然也是"人之子"——我们所有的是单是人之子,是儿媳与儿媳之夫,不能献出于人类之前。

可是魔鬼手上,终有漏光的所在,掩不住光明。人之子醒了,他知道了人类间应有爱情,知道了从前一班少的、老的所犯的罪恶,于是起了苦闷,张口发出这叫声。

但在女性一方面,本来也没有罪,现在是做了旧习惯的牺牲。我们既然自觉着人类的道德,良心上不肯犯他们少的、老的的罪,又不能责备异性,也只好陪着做一世牺牲,完结了四千年的旧账。

做一世牺牲,是万分可怕的事;但血液究竟干净,声音究竟醒而且真。

我们能够大叫,是黄莺便黄莺般叫,是鸱鸮便鸱鸮般叫。我们不必学那才从私窝子跨出脚,便说"中国道德第一"的人的声音。

我们还要叫出没有爱的悲哀,叫出无所可爱的悲哀……我们要叫到旧账勾消的时候。

旧账如何勾消?我说:"完全解放了我们的孩子!"

(第六卷第一号,一九一九年一月十五日)

（四一）改革

唐 俟

从一封匿名信里看见一句话，是“数麻石片”（原注江苏方言）。大约是没有本领便不必提倡改革，不如去数石片的好的意思。因此又记起了本志通信栏内所载四川方言的“洗煤炭”。想来别省方言中，相类的话还多；守着这专劝人自暴自弃的格言的人，也怕不少。

凡中国人说一句话，做一件事，倘与传来的积习有若干抵触，须一个斤斗便告成功，才有立足的处所，而且被恭维得烙铁一般热。否则免不了标新立异的罪名，不许说话。或者竟成了大逆不道，为天地所不容。这一种人从前本可以夷到九族，连累邻居，现在是受了外来的影响，形式上难于办到。社会上虽然深恶痛绝，却未必对面现出战士，迎头杀来。不过几支暗箭，连声冷笑，掷几粒石子，送几封匿名信罢了。但意志略略薄弱的人便不免因此萎缩，不知不觉地也入了数麻石片党。

所以现在的中国社会上毫无改革，学术上没有发明，美术上也没有创作；至于多人继续地研究前仆后继地探险，那更不必提了。国人的事业，大抵是专谋时式的成功的经营，以及对于一切的冷笑。

但冷笑的人，虽然反对改革，却又未必有保守的能力。即如文字一面，白话固然看不上眼，古文也不甚提得起笔；照他的学说，本该去“数麻石片”了，他却又不然，只是莫名其妙地冷笑。

中国的人，大抵在如此空气里成功，在如此空气里萎缩腐败，以至老死。

我想，人猿同源的学说，大约可以毫无疑义了。但我不懂，何以从前的古猴子，不都努力变人，却到现在还留着子孙，变把戏给人看。还是那时竟没有一匹想站起来学说人话呢？还是虽然有了几匹，却终被社会攻击他标新立异，都咬死了，所以终于不能进化呢?

“尼采式”的超人,虽然太觉渺茫,但就世界现有人种的事实看来,却可以确信将来总有尤为高尚、尤近圆满的人类出现。到那时候,类人猿上面,怕要添出“类猿人”这一个名词。

所以我时常害怕。愿中国青年都摆脱了冷气,只是向上走,不必听自暴自弃流的话。能做事的做事,能发声的发声。有一分热,发一分光;就像萤火一般,也可以在黑暗里发一点光,不必等候炬火。

此后如竟没有炬火,我便是唯一的光。倘若有了炬火,出了太阳,我们自然心悦诚服地消失。不但毫无不平,而且还要随喜赞美这炬火或太阳,因为他照了人类,连我都在内。

我又愿中国青年都只是向上走,不必理会这冷笑和暗箭。尼采说:

> 真的,人是一个浊浪。应该是海了,能容这浊浪,使他干净。
>
> 咄,我教你们超人:这便是海,在他这里,能容下你们的大侮蔑。(《札拉图如是说》的《序言》第三节)

纵令不过一洼浅水,也可以学学大海;横竖都是水,可以相通。几粒石子,任他们暗地里掷来;几滴秽水,任他们从背后泼来就是了。

这还算不到“大侮蔑”——因为大侮蔑也须有胆力。

(第六卷第一号,一九一九年一月十五日)

(四二)“土人”

鲁　迅

听得朋友说，杭州英国教会里的一个医生，在一本医书上做一篇序，称中国人为土人。我当初颇不舒服，仔细再想，现在也只好忍受了。土人一字，本来只说生人在本地的人，没有什么恶意。后来因其所指，多系野蛮民族，所以加添了一种新意义，仿佛成了野蛮人的代名词。他们以此称中国人，原不免有侮辱的意思。但我们现在，却除承受这个名号以外，实是别无方法。因为这类是非，都凭事实，并非单用口舌可以争得的。试看中国的社会里，吃人、劫掠、残杀，人身卖买、生殖崇拜，灵学，一夫多妻，凡有所谓国粹，没一件不与蛮人的文化恰合。拖大辫、吸鸦片，也正与土人的奇形怪状的编发及吃印度麻一样。至于缠足，更要算在土人的装饰法中，第一等的新发明了。他们也喜欢在肉体上做出种种装饰，剜空了耳朵，嵌上木塞；下唇剜开一个大孔，插上一支兽骨，像鸟嘴一般；面上雕出兰花；背上刺出燕子。女人胸前做成许多圆的长的疙瘩，可是他们还能走路，还能做事。他们终是未达一间，想不到缠足这好法子。……世上有如此不知肉体上的苦痛的女人，以及如此以残酷为乐，丑恶为美的男子，真是奇事怪事。

自大与好古，也是土人的一特性。英国人乔治葛来任纽西兰总督的时候，做了一部《多岛海神话》；序里说他著书的目的，并非全为学术，大半是政治上的手段。他说，纽西兰土人是不能同他说理的。只要从他们的神话的历史里，抽出一条相类的事来做一个例，讲给酋长祭师们听，一说便成了。譬如要造一条铁路，倘若对他们说这事如何有益，他们绝不肯听。我们如果根据神话，说从前某某大仙，曾推著独轮车在虹霓上走，现在要仿他造一条路，那便无所不可了（原文已经忘却，以上所说只是大意）。中国十三经、二十五史，正是酋长祭师们一心崇奉的治国平天下的谱，此后凡与土人有交涉的“西哲”,倘能人手一编便助成了我们的“东学西渐”,很使土人高兴,但不知那译本的序上写些什么呢?

(第六卷第一号,一九一九年一月十五日)

（四三）我们所要求的美术家

鲁　迅

进步的美术家——这是我对于中国美术界的要求。

美术家固然须有精熟的技工，但尤须有进步的思想与高尚的人格。他的制作表面上是一张画或一个雕像，其实是他的思想与人格的表现。令我们看了，不但欢喜赏玩，尤能发生感动，造成精神上的影响。

我们所要求的美术家，是能引路的先觉，不是公民团的首领。我们所要求的美术品，是表记中国民族智能最高点的标本，不是水平线以下的思想的平均分数。

近来看见上海什么报的增刊《泼克》上，有几张讽刺画。他的画法，倒也模仿西洋。可是我很疑惑，何以思想如此顽固，人格如此卑劣，竟同没教育的孩子只会在好好的粉白墙上，写几个"某某是我儿子"一样。可怜外国事物，一到中国便如落在黑色染缸里，无不失了颜色；美术也是其一。学了体格还未匀称的裸体画，便画淫画；学了明暗还未分明的静物画，只能画招牌。皮毛改新，心思仍旧，结果便是如此。至于讽刺画之变为人身攻击的器具，更是无怪了。

说起讽刺画，不禁想到美国画家勃拉特来（L. D. Bradley 1853—1917）了。他专画讽刺画，关于欧战的画，尤为有名；只可惜前年死了。我见过他一张《秋收时之月》（*The Harvest Moon*）的画。上面是一个形如骷髅的月亮，照着荒田；田里一排一排的都是兵的死尸。唉唉，这才算得真的进步的美术家的讽刺画。我希望将来中国也能有一日，出这样一个进步的讽刺画家。

（第六卷第一号，一九一九年一月十五日）

（四四）多余的“典故”

玄　同

近见上海《时报》上有一个广告，其标题为《通信教授典故》，其下云：“……搜罗群书，编辑讲义；用通信教授；每星期教授一百，则每月可得四百余……每月只须纳讲义费大洋四角，预缴三月，只收一元……”有个朋友和我说：“这一来，又不知道有多少青年学生的求学钱要被他们盘去了。”我答道：“一个月破四角钱的财，其害还小。要是买了他这本书来，竟把这四百多个典故熟读牢记，装满了一脑子，以致已学的正当知识被典故驱出脑外；或脑中被典故盘踞满了，容不下正当知识，这才是受害无穷哩！”

我要敬告青年学生：诸君是二十世纪的“人”，不是古人的“话匣子”。我们所以要做文章，并不是因为古文不够，要替他添上几篇，是因为要把我们的意思写它出来。所以应该用我们自己的话，写成我们自己的文章；我们的话怎样说，我们的文章就该怎样做。有时读那古人的文章，不过是拿他来做个参考；绝不是要句摹字拟，和古人这文做得一模一样的。至于古人文中所说当时的实事，和假设一事来表示一种意思者，在他的文章里，原是很自然的。我们引了来当典故用，不是肤泛不切，就是索然寡味，或者竟是“驴唇不对马嘴”，与事实全然不合。我们做文章，原是要表出我们的意思，现在用古人的事实来替代我们的意思；记忆事实，已经耗去许多光阴，引用时的斟酌，又要煞费苦心。辛辛苦苦做成了，和我们的意思竟不相合——或竟全然相反。请问，这光阴可不是白耗，苦心可不是白费，辛苦可不是白辛苦了吗？唉！少年光阴，最可宝贵，努力求正当知识，还恐怕来不及，乃竟如此浪费；其结果，不但不能得丝毫之益，反而受害——用典故做的文章，比不用典故的要不明白，所以说反而受害——我替诸君想想，实在有些不值得！

（第六卷第一号，一九一九年一月十五日）

（四五）成语与譬喻

玄　同

有人说：典故虽然不该用，但是成语和譬喻似乎可以沿用。我说：这也不能如此笼统说。有些成语和譬喻，如胡适之先生所举的“舍本逐末”“无病呻吟”之类，原可以用得。但也不必限于“古已有之”的，就是现在口语里常用的，和今人新造的，都可自由引用；并且口语里常用的，比“古已有之”的更觉得亲切有味。所以“买椟还珠”“守株待兔”之类如其可用，则“城头上出棺材”也可用，“凿孔栽须”——这是吴稚晖先生造出来的——也可用。至于与事实全然不合者，则绝不该沿用。如头发已经剪短了，还说“束发受书”；晚上点的是 lamp，还说“挑灯夜读”；女人不缠脚了，还说“莲步珊珊”；行鞠躬或点头的礼，还说“顿首”“再拜”；除下西洋式的帽子，还说“免冠”……诸如此类，你说用得对不对呢？大概亦不用我再说了——更有在改阳历以后写“夏正”，称现在的欧美诸国为“大秦”者，这是更没有道理了。照此例推，则吃煎、炒、蒸、烩的菜，该说“茹毛饮血”；穿绸缎呢布的衣，该说“衣其羽皮”；住高楼大厅，该说“穴居野处”；买地营葬死人，该说“委之于壑”；制造轮船，该说“刳木为舟，剡木为楫”了。这“茹毛饮血”确是成语，但是请问，文章可以这样做吗？如曰不能，则宜知“夏正”“大秦”和“茹毛饮血”正是一类的成语呀。照此看来，则成语有可用，有不可用，断断不可笼统说是“可以沿用”的（譬喻也有可用与不可用两种）。

（第六卷第一号，一九一九年一月十五日）

（四六）外国偶像

唐 俟

民国八年正月间，我在朋友家里见到上海一种什么报的星期增刊讽刺画；正是开宗明义第一回，画着几方小图，大意是骂主张废汉文的人的。说是给外国医生换上外国狗的心了，所以读罗马字时，全是外国狗叫。但在小图的上面又有两个双钩大字“泼克”，似乎便是这增刊的名目。可是全不像中国话。我因此很觉这美术家可怜。他对于个人的人身攻击姑且不论；学了外国画，来骂外国话；然而所用的名目，又仍然是外国话。讽刺画本可以针砭社会的痼疾。现在施针砭的人的眼光，在一方尺大的纸片上，尚且看不分明，怎能指出确当的方向，引导社会呢？

这几天又见到一张所谓“泼克”，是骂提倡新文艺的人了。大旨是说凡所崇拜的，都是外国的偶像。我因此愈觉这美术家可怜，他学了画，为且画了泼克，竟还未知道外国画也是文艺之一。他对于自己的本业，尚且罩在黑坛子里，摸不清楚，怎能有优美的创作，贡献于社会呢？

但“外国偶像”四个字，却亏他想了出来。

不论中外，诚然都像偶像；但外国是破坏偶像的人多。那影响所及，便成功了宗教改革，法国革命。旧像愈摧破，人类便有进步。所以现在才有比利时的义战，与人道的光明。那达尔文、易卜生、托尔斯泰、尼采诸人，便都是近来偶像破坏的大人物。

在这一流偶像破坏者，“泼克”却完全无用。因为他们都有确固不拔的自信，所以决不理会偶像保护者的嘲骂。易卜生说：“我告诉你们，是这个——世界上最强壮有力的人，就是那孤立的人。”（《国民之敌》第五幕，见本志前卷）

但也不理会偶像保护者的恭维。尼采说：

“他们又拿着称赞，围住你嗡嗡地叫；他们地称赞是厚脸皮。他们要接近你的皮

肤和你的血。”(《札拉图如是说》第二卷《市场之蝇》)

这样,才是创作者。我辈即使才力不及,不能创作,也该当学习。即使所崇拜的仍然是新偶像,也总比中国陈旧的好。与其崇拜孔丘、关羽还不如崇拜达尔文、易卜生。与其牺牲于瘟将军、五道神,还不如牺牲于 Apollo。

(第六卷第二号,一九一九年二月十五日)

（四七）本领与学问

唐　俟

有人做了一块象牙片，半寸方，看去也没有什么。用显微镜照了，却刻着一篇行书的《兰亭序》。我想显微镜的所以制造，本为看那些极细微的自然物的，现在既用人工，何妨便刻在一块半尺方的象牙板上，一目了然，省却用显微镜的工夫呢？

张三、李四是同时人。张三记了古典，来做古文。李四又记了古典，去读张三做的古文。我想古典是古人的时事，要晓得那时的事，所以免不了翻着古典。现在两位既然同时，何妨老实说出，一目了然，省却你也记古典，我也记古典的工夫呢？

内行的人说，什么话！这是本领，是学问！

我想幸而中国人中，有这一类本领学问的人还不多。倘若谁也弄出玄虚，农夫送来了一粒粉，用显微镜照了，却是一碗饭。水夫挑来了水湿过的土，想喝茶的又须挤出湿土里的水，那可直要支撑不住了。

（第六卷第二号，一九一九年二月十五日）

（四八）维新与守旧

唐 俟

中国人对于异族，历来只有两样称呼：一样是禽兽，一样是圣上。从没有称他朋友，说他也同我们一样的。

古书里的弱水，竟是骗了我们。闻所未闻的外国人到了，交手几回渐知道“子曰《诗》云”似乎无用。于是乎要维新。

维新以后，中国富强了，用这学来的新，打出外来的新，关上大门，再来守旧。

可惜维新单是皮毛，关门也不过一梦。外国的新事理，却愈来愈多，愈优胜；“子曰《诗》云”也愈挤愈苦，愈看愈无用。于是从两样旧称呼以外，别想了一样新号：便是“西哲”，或曰“西儒”。

他们的称号虽然新了，我们的意见却照旧。因为“西哲”的本领虽然要学“子曰《诗》云”也更要昌明。换几句话，便是学了外国本领，保存中国旧习。本领要新，思想要旧。要新本领旧思想的新人物，驮了旧本领旧思想的旧人物，请他发挥多年经验的老本领。一言以蔽之，前几年谓之“中学为体，西学为用”，这几年谓之“因时制宜，折中至当”。

其实世界上决没有这样如意的事。即使一头牛，连生命都牺牲了，尚且祀了孔便不能耕田，吃了肉便不能榨乳。何况一个人，先须自己活着，又要驮了前辈先生活着。活着的时候，又须恭听前辈先生折中。早上打拱，晚上握手；上午“声光化电”，下午“子曰《诗》云”呢？

社会上最迷信鬼神的人尚且只能在赛会这一日抬一回神舆。不知那些学“声光化电”的“新进英贤”能否驮着山野隐逸，海滨遗老，折中一世？

“西哲”易卜生盖以为不能，以为不可。所以借了 Brand 的嘴说，All or

Nothing!

（第六卷第二号，一九一九年二月十五日）

（四九）进化

唐 俟

凡有高等动物，倘没有过着意外的变故总是从幼到壮，从壮到老，从老到死。

我们从幼到壮，既然毫不为奇的过去了；自此以后，自然也该毫不为奇的过去。

可惜有一种可怜人从幼到壮，居然也毫不为奇的过去了，从壮到老，便有点古怪；从老到死，却更奇想天开，要占尽了少年的道路，吸尽了少年的空气。

少年在这时候，只能先行萎黄；且待将来老了，神经血管一切变质以后，再来活动。所以社会上的状态，先是"少年老成"；直待弯腰曲背时期，才更加"逸兴遄飞"，似乎从此以后，才上了做人的路。

可是究竟也不能自忘其老，所以想求神仙。大约别的都可以老，只有自己不肯老的人物，总该推中国老先生算一甲一名。

万一当真成了神仙那便永远请他主持，不必再有后进，原也是极好的事。可惜他又究竟不成，终于个个死去，只留下造成的老天地，教少年驮着吃苦。

这真是生物界的怪现象！

我想种族的延长，便是生命的连续，的确是生物界事业里的一大部分。何以要延长呢？不消说是想进化了，但进化的途中，总须新陈代谢。所以新的应该欢天喜地的向前走去，这便是壮；旧的也应该欢天喜地的向前直去，这便是死。各各如此走去，便是进化的路。

老的让开道催促着，奖励着，让他们直去。路上有深渊，便用那个"死"填平了，让他们走去。

少的感谢他填了深渊，给自己走去；老的也感谢他们从我填平的深渊上走去，远了远了。

明白这事,便从幼到壮到老到死,都欢欢喜喜地过去;而且一步一步,多是超过祖先的新人。

这是生物界正当开阔的路!人类的祖先,都已这样做了。

（第六卷第二号,一九一九年二月十五日）

(五〇)“古已有之”

玄　同

王闿运说，耶教的十字架，是墨家“钜子”的变相。钜子就是“矩子”。姑勿论矩的形状和十字架的形状是否一样；就算是一样，请问有什么凭据，知道从中国传出去的呢？就算查到了传出去的凭据，请问又有什么大道理在里头？近来中国人常说：“大同是孔夫子发明的，民权议院是孟夫子发明的，共和是二千七百六十年前周公和召公发明的，立宪是管仲发明的，阳历是沈括发明的，大礼帽和燕尾服又是孔夫子发明的。”（这是康有为说的）此外如电报，飞行机之类，都是“古已有之”。这种瞎七搭八的附会，不但可笑，并且无耻。请问就算上列种种新道理、新事物，的确是中国传到西洋去的，然而人家学了去，一天一天地改良进步，到了现在的样子。我们自己不但不会改良进步，连老样子都守不住，还有脸来讲这种话吗？这好比一家人家，祖上略有积蓄，子孙不善守成，被隔壁人家盘了去；隔壁人家善于经理，数十年之后，变成了大富翁；这家人家的子弟已经流为乞丐，隔壁人家看了不善，给他钱用，给他饭吃，他还要翘其大拇指以告人曰：“这隔壁人家的钱，是用了我们祖宗的本钱去孳生的，我们祖宗原是大富翁哩！”你们听了这话，可要不要骂他无耻？何况隔壁人家的本钱是自己的，并不是盘了这位乞丐的祖宗的钱呢？

（第六卷第二号，一九一九年二月十五日）

（五一）微生虫

玄　同

有一位中国派的医生说:“外国医生动辄讲微生虫。其实哪里有什么微生虫呢?就算有微生虫,也不要紧。这微生虫我们既看不见,想必比虾子、鱼子还要小。我们天天吃虾子鱼子还吃不死,难道吃了比它小的什么微生虫,倒会死吗?”我想这位医生的话讲得还不好。我代他再来说一句:“那么大的牛,吃了还不会死,难道这么小的微生虫,吃了倒还死吗?”闲话少讲。那位医生自己爱拿微生虫当虾子、鱼子吃,我们原可不必去管他。独是中国这样的医生,恐怕着实不少。病人受了他的教训,去放量吃那些小的虾子鱼子,吃死的人大概也就不少。我想中国人给“青天老爷”和“丘八太爷”弄死了还不够,还有这班“功同良相”的“大夫”来帮忙,也未免太可怜了。但是“大夫”医死了人,人家不但死而无怨,还要敬送“仁心仁术”“三折之良”“卢扁再世”的招牌给他,也未免太奇怪了。

（第六卷第二号,一九一九年二月十五日）

（五二）"怪身体"

玄　同

中国人自己说自己身体的构造，很有些特别：心在正中，一面一个肝，一面一个肺，这三样东西的位置，和香炉蜡台的摆法一样。这已经很奇怪了。此外还有什么"三焦"，什么"丹田"，什么"泥丸宫"，什么"气"。身体里还有等于金、木、水、火、土的五样东西，联络得异常巧妙。所生的病，有什么"惊风"，什么"伤寒"，什么"春温""冬温"，还有什么"痰裹火""火裹食"。这样的怪身体，这样的怪病，自然不能请讲生理学的医生来医了。

（第六卷第二号，一九一九年二月十五日）

（五三）内讧

鲁 迅

上海盛德坛扶乩，由“孟圣”主坛，在北京便有城隍白知降坛，说他是“邪鬼”。盛德坛后来却又有什么真人下降，谕别人不得擅自扶乩。

北京议员王讷提读推行新武术，以“强国强种”。中华武士会便率领了一班天罡拳阴截腿之流，大发冤单，说他“抑制暴弃祖性相传之国粹”。

绿帜社提倡“爱世语”，专门崇拜“柴圣”，说别种国际语（如I do等）是冒牌的。

上海有一种单行的《泼克》，又有一种报上增刊的《泼克》，后来增刊《泼克》登广告声明要将送错的单行《泼克》的信件撕破。

上海有许多“美术家”，其中的一个美术家，不知如何散了伙，便在《泼克》上大骂别的美术家“盲目盲心”，不知道新艺术真艺术。

以上五种同业的内讧，究竟是什么原因，局外人本来不得而知。但总觉现在时势不很太平，无论新的旧的，都各各起哄。扶乩、打拳那些鬼画符的东西，倒也罢了；学几句世界语，画几笔花，也是高雅的事，难道也要同行嫉妒，必须声明鱼目混珠，雷击火焚么？

我对于那“美术家”的内讧又格外失望。我于美术虽然全是门外汉，但很望中国有新兴美术出现。现在上海那班美术家所做的，是否算得美术，原是杂说；但他们既然自称美术家，总该有多少美术气，即使幼稚也可以希望长成；所以我期望有个美术家的幼虫，不要是似是而非的木叶蝶。如今见了他们两方面的成绩，不免令我对于中国美术前途发生一种怀疑。

画《泼克》的美术家说他们盲目盲心，所研究的只是十九世纪的美术，不晓得有新艺术真艺术。我看这些美术家的作品，不是剥制的鹿，便是畸形的美人，的确不甚高明。恐怕连十八世纪,也未必有这类绘画。说到底,只好算是中国的所谓美术罢了。但那一位画《泼克》的美术家的批评,却又不甚可解。研究十九世纪的美术,何以便是盲目盲心?十九世纪以外的新艺术真艺术,又是怎样?我听人说:后期印象派(Post impressionism)的绘画,在今日总还不算十分陈旧,其中的大人物,如 Cézanne 与 Van Gogh 等,都是十九世纪后半的人,最迟的到一九〇六年也故去了。二十世纪才是十九年的初头,好像还没有新派兴起。立方派(Cubism)、未来派(Futurism)的主张,虽然对奇,却尚未能确立基础;而且在中国,又怕未必能够理解。在那《泼克》上面,也未见有这一派的绘画。不知那《泼克》美术家的所谓新艺术真艺术,究竟是指着什么?现在的中国美术家诚然心盲目盲,但其弊却并不在单研究十九世纪的美术,——因为据我看来,他们并不研究什么世纪的美术,——所以那《泼克》美术家的话,实在令人难解。

《泼克》美术家满口说新艺术真艺术,想必自己懂得这新艺术真艺术的了。但我看他所画的讽刺画,多是攻击新文艺新思想的;——这是二十世纪的美术么?这是新艺术真艺术么?

(第六卷第三号,一九一九年三月十五日)

（五四）二重思想

唐 俟

中国社会上的状态，简直是将几十世纪缩在一时。自油松片以至电灯，自独轮车以至飞机，自镖枪以至机关炮，自不许"妄谈法理"以至护法，自食肉寝皮的吃人思想以至人道主义，自迎尸拜蛇以至美育代宗教，都摩肩挨背地存在。

这许多事物挤在一处，正如我辈约了燧人氏以前的古人，拼开饭店一般。便是竭力调和，也只能煮个半熟；伙计们既不会同心，生意也自然不能兴旺——店铺总要倒闭。

黄郛氏做的《欧战之教训与中国之将来》中，有一段话，说得很透彻：

> 七年以来，朝野有识之士每腐心于政教之改良，不注意于习俗之转移；庸讵知旧染不去，新运不生；事理如此，无可勉强者也。外人之评我者，"谓中国人有一种先天的保守性。即或迫于时势，各种制度有改革之必要时；而彼之所谓改革者，决不将旧日制度完全废止乃在旧制度之上，更添加一层新制度。试览前清之兵制变迁史，可以知吾言之不谬焉。最初命八旗兵驻防各地，以充守备之任。及年月既久，旗兵已腐败不堪用；洪秀全起，不得已，征募湘淮两军以应急。从此旗兵、绿营，并肩存在，遂变成二重兵制。甲午战后，知绿营兵力又不可恃，乃复编练新式军队，于是并前二者而变成三重兵制矣。"今旗兵虽已消灭而变面换形之绿营，依然存在，总是二重兵制也。从可知吾国人之无彻底改革能力，实属不可掩之事实。它若贺阳历新年者，复贺阴历新年；奉民国正朔者，仍存宣统年号。一察社会各方面，盖无往而非二重制。即今日政局之所以不宁，是非之所以无定者，简括言之，实亦不过

一种“二重思想”在其间作祟而已。

此外如既许信仰自由,却又特别尊孔;既自命“胜朝遗老”,却又在民国拿钱;既说是应该革新,却又主张复古。四面八方,几乎都是二三重以至多重的事物,每重又各个自相矛盾。一切人便都在这矛盾中间,互相抱怨着过活,谁也没有好处。

要想进步,要想太平,总得连根的拔去了“二重思想”。因为世界虽然不小,但彷徨的人种,是终竟寻不出位置的。

(第六卷第三号,一九一九年三月十五日)

（五五）“真”与“像”

玄 同

昨天在一本杂志上，看见某先生填的一首词，起头几句道：

故国颓阳，坏宫芳草，秋燕似客谁依？笳咽严城，漏停高阁，何年翠辇重归？

我是不研究旧文学的，这首词里有没有什么深远的意思，我却不管。不过照字面看来，这“故国颓阳，坏宫芳草”两句，有点像“遗老”的口吻；“何年翠辇重归”一句，似乎有希望“复辟”的意思。我和几个朋友谈起这话他们都说我没有猜错。照这样看来，填这首词的人，大概总是“遗老”“遗少”一流人物了。

可是这话说得很不对，因为我认得填这首词的某先生。某先生的确不是“遗老”“遗少，”并且还是同盟会里的老革命党。我还记得距今十一年前，这位某先生做过一篇文章，其中有几句道：

借使皇天右汉，俾其克绩旧服，斯为吾曹莫大之欣。

当初希望“绩旧服”，现在又来希望“翠辇重归”，无论如何说法，这前后的议论总该算是矛盾罢。

有人说：“大约这位某先生今昔的见解不同了。”我说：这话也不对。我知道这位某先生当初做革命党，的确是真心，但是现在也的确没有变节。不过他的眼界很高，对于一班创造民国的人，总不能满意，常常要讥刺他们。他自己对于“选学”工夫又用

得很深。因此,对于我们这班主张国语文学的人,更是嫉之如仇,去年春天,我看他有几句文章道:

> 今世妄人,耻其不学。已既生而无目,遂乃憎人之明;已则陷于横溷,因复援人入水;谓文以不典为宗,词以通俗为贵;假于殊俗之论,以陵前古之师;无愧无惭,如羹如沸。此真庾子山所以为"驴鸣狗吠",颜介所以为"强事饰辞"者也。

但是这种嬉笑怒骂,都不过是名士应有的派头。他决非因为眷恋清廷才来讥刺创造民国的人;他更非附和林纾、樊增祥这班"文理不通的大文豪"才来骂主张国语文学的人。我深晓得他近来的状况,我敢保他现在的确是民国的国民,决不是想做"遗老",也决不是抱住"遗老"的腿想做"遗少。"

那么,何以这首词里有这样的口气呢?

这并不难懂,这个理由,简单几句话就说得明白的。就是:中国旧文学的格局和用字之类,据说都有一定的"谱"的。做某派的文章,做某体的文章,必须按"谱"填写,才能做得像。像了,就好了。要是不像,那就凭你文情深厚,用字得当,声调铿锵,还是不行,总以"旁门左门""野狐禅"论。——所谓像者,是像什么呢?原来是像这派文章的祖师。比如做骈文,一定要像《文选》;做桐城派的古文,一定要像唐宋八大家;学周秦诸子,一定要有几个不认得的字和佶屈聱牙很难读的句子。要是做桐城派古文的人用上几句《文选》的句调,或做骈文的人用上几句八家的句调,那就不像了;不像,就不对了。——这位某先生就是很守这戒律的。他看见从前填词的人对于古迹总有几句感慨怀旧的话;他这首词意的说明,是:"晚经玉蛛桥……因和梦窗'西湖先贤堂感旧'韵,以写伤今怀往之情",那当然要用"故国"……这些字样才能像啊!

有人说:"像虽像了,但是和他所抱的宗旨不是相反对吗?"我说:"这是新文学和旧文学旨趣不同的缘故。"新文学以真为要义,旧文学以像为要义。既然以像为要义,那便除了取销自己,求像古人,是没有别的办法了。比如现在有人要造钟鼎,自非照那真钟鼎上的古文"依样葫芦"不可。要是把现行的楷书、行书、草书刻上去,不是不像个钟鼎了吗?

（第六卷第三号,一九一九年三月十五日）

（五六）“来了”

唐　俟

近来时常听得人说，“过激主义来了”。报纸上也时常写着，“过激主义来了”。

于是有几文钱的人，很不高兴。官员也着忙，要防华工，要留心俄国人。连警察厅也向所属发出了严查“有无激党设立机关”的公事。

着忙是无怪的，严查也无怪的，但先要问什么是过激主义呢？

这是他们没说明，我也无从知道。我虽然不知道，却敢说一句话：“过激主义”不会来，不必怕他，只有“来了”是要来的，应该怕的。

我们中国人，决不能被洋货的什么主义引动，有抹杀它扑灭它的力量。军国民主义么，我们何尝会同别人打仗；无抵抗主义么，我们却是主战参战的；自由主义么，我们连发表思想都要犯罪，讲几句话也为难；人道主义么，我们人身还可以买卖呢。

所以无论什么主义，全扰乱不了中国。从古到今的扰乱，也不听说因为什么主义。试举目前的例，便如陕西学界的布告，湖南灾民的布告，何等可怕！与比利时公布的德兵苛酷情形，俄国别党宣布的列宁政府残暴情形，比较起来他们简直是太平天下了。德国还说是军国主义，列宁不消说是过激主义了；然而我们这中国的残杀淫掠，究竟是根据着什么主义呢？

这便是“来了”来了。来的是主义，主义达了还会罢。倘若单是“来了”，他便来不完，来不尽，来的怎样，也不可知。

民国成立的时候，我住在一个小县城里，早已挂过白旗。有一日忽然见许多男女纷纷乱逃，城里的逃到乡下，乡下的逃进城里。问他们什么事，他们答道：“他们说要来了。”

可见大家都单怕“来了”，同我一样。那时还只有“多数主义”没有“过激主义”哩。

（第六卷第五号，一九一九年五月）

（五七）现在的屠杀者

唐　俟

高雅的人说:"白话鄙俚浅陋,不值识者一哂之者也。"

中国不识字的人,单会讲话。"鄙俚浅陋"不必说了,"因为自己不通所以提倡白话,以自文其陋"如我辈的人,正是"鄙俚浅陋"也不在话下了。最可叹的是几位雅人,也还不能如《镜花缘》里说的君子国的酒保一般,满口"酒要一壶乎?两壶乎?菜要一碟乎?两碟乎?"的终日高雅。却只能在呻吟古文时,显出高古品格;一到讲话,便依然是"鄙俚浅陋"的白话了。四万万中国人嘴里发出来的声音,竟至总共"不值一哂",真是可怜煞人。

做了人类想成仙,生在地上要上天。明明是现代人,吸着现在的空气,却偏要勒派朽腐的名教,僵死的语言,侮蔑尽现在。这都是"现在的屠杀者"。杀了"现在"也便杀了"将来"。将来是子孙的时代。

（第六卷第五号,一九一九年五月）

（五八）人心很古

唐　俟

慷慨激昂的人说，“世道浇漓，人心不古，国粹将亡，此吾所为仰天扼腕切齿三叹息者也！”

我初听这话也曾大吃一惊。后来翻翻旧书偶然看见《史记·赵世家》里面记着公子成反对主父改胡服的一段话：

> 臣闻中国者，盖聪明徇智之所居也，万物财用之所聚也，贤圣之所教也，仁义之所施也，诗书礼乐之所用也，异敏技能之所试也，远方之所观赴也，蛮夷之所义行也；今王舍此而袭远方之服，变古之教，易古之道，逆人之心，而怫学者，离中国，故臣愿王图之也。

这不是与现在阻抑革新的人的话，丝毫无异么？后来又在《北史》里看见记周静帝的司马后的话：

> 后性尤妒忌，后宫莫敢进御。尉迟回女孙有美色，先在宫中；帝于仁寿宫见而悦之，因得幸。后伺帝听朝，阴杀之。上大怒，单骑从苑中出，不由径路，入山谷间三十余里；高颎、杨素等追及，扣马谏，帝太息曰：“吾贵为天子，不得自由。”

这又不是与现在信口主张自由和反对自由的人，对于自由所下的解释，丝毫无异么？别的例证，想必还多，我见闻狭隘，不能多举了。但即此看来，已可见虽然经过了这许多年，意见还是一样。现在的人心，实在古得很呢。

中国人倘能努力再古一点，也未必不能有古到三皇五帝以前的希望，可惜时时遇着新潮流、新空气激荡着没有工夫了。

在现存的旧民族中，最合中国式理想的，总要推锡兰岛的 Vedde 族。他们和外界毫无交涉，也不受别民族的影响，还是原始的状态，真不愧所谓“羲皇上人”。

但听说他们人口年年减少，现在快要没有了，这实是一件万分可惜的事。

（第六卷第五号，一九一九年五月）

(五九)"圣武"

唐　俟

我前回已经说过"什么主义都与中国无干"的话了。今天忽然又有些意见,便再写在下面:

我想,我们中国本不是发生新主义的地方,也没有容纳新主义的处所;即使偶然有些外来思想,也立刻变了颜色;而且许多论者,反要以此自豪。我们只要留心译本上的序跋以及各样对于外国事情的批评议论,便能发现我们和别人的思想中间的确还隔着几重铁壁。他们是说家庭问题的,我们却以为他鼓吹打仗;他们是写社会缺点的,我们却说他讲笑话;他们以为好的,我们说来却是坏的。若再留心看看别国的国民性格,国民文学,再翻一本文人的评传,便更能明白别国著作里写出的性情,作者的思想,几乎全不是中国所有。所以不会了解,不会同情,不会感应,甚至彼我间的是非爱憎也免不了得到一个相反的结果。

新主义宣传者是放火人么,也须别人有精神的燃料,才会着火;是弹琴人么,别人心上也须有弦,才会出声;是发声器么,别人也必须是发声器才会共鸣。中国人都有些不很像,所以不会相干。

几位读者怕要生气。说,"中国时常有将性命去殉他主义的人;中华民国以来,也因为主义上死了多少烈士,你何以一笔抹杀吓!"这话也是真的。我们从旧的外来思想说罢,六朝的确有许多焚身的和尚,唐朝也有过砍下臂膊布施无赖的和尚;从新的说罢,自然也有过几个人的。然而与中国历史仍不相干。因为历史的结账,不能像数学一般精密,写下许多小数。却只能学粗人算账的四舍五入法门,记一笔整数。

中国历史的整数里面,实在没有什么思想主义在内。这整数只是两种物质,是刀与火,"来了"便是它的总名。

火从北来便逃向南，刀从前来便退向后。一大堆流水账簿，只有这一个模型。倘嫌“来了”的名称不很庄，“刀与火”也触目，我们也可以别想花样，奉献一个谥法，称作“圣武”，便好看了。

古时候，秦始皇帝很阔气，刘邦和项羽都看见了。邦说，“嗟乎！大丈夫当如此也！”羽说，“彼可取而代也”！羽要“取”什么呢？便是取邦所说的“如此”。“如此”的程度，虽有不同，可是谁也想取。被取的是“彼”，取的是“丈夫”。所有“彼”与“丈夫”的心中便却是这“圣武”的产生所与受纳所。

何谓“如此”？说起来话长。现在简单说，便只是人类中的纯粹兽性方面的欲望的满足——威福、子女、玉帛罢了。然而在一切大小丈夫，却要算最高理想了。我怕现在的人，还被这理想支配着。

大丈夫“如此”之后，欲望没有衰，身体却疲敝了。而且觉得暗中有一个黑影——死——到了身边了。于是无法，只好求仙，这在中国，也要算最高理想了。我怕现在的人，也还被这理想支配着。

求了一通神仙，终于没有见，忽然有些疑惑了。于是要营造山陵保存死尸，想用自己的尸体，永远占据着一块地面。这在中国，也要算一种没奈何的最高理想了。我怕现在的人，也还被这理想支配着。

现在的外来思想，无论如何总不免有些自由平等的气息，互助共存的气息。在我们这单有“我”，单想“取彼”，单要由我喝尽了一切空间、时间的酒的思想界上，实没有插足的余地。

因此，只须防那“来了”便够了。看看别国抗拒这“来了”的便是有主义的人民。他们因为所信的主义，牺牲了别的一切。用骨肉碰钝了锋刃、血液浇灭了烟焰。在刀光火色衰微中，看出一种薄明的天色，便是新世纪的曙光。

曙光在头上不抬起头，便永远只能见物质的闪光。

（第六卷第五号，一九一九年五月）

(六〇)“危险思想”?

赤

“危险思想!”“过激思想!”简直都是无知识的盲话,无脑筋的妄语!

什么是思想?思想有不危险的么?过激两字更不通!什么是激?怎么样便成过?必如何才足不?思想也有不激的么?

凡思想都是捣乱的、革命的。凡思想都是破坏的、可怕的。不论什么特权特典,什么固定的制度,什么舒服的习惯,思想对于他们都是一无情恩。

凡思想都是无政府无法律的。他对什么权势典重既从没有关过心,老人们屡试很有效的智术也岂能在他的意。

死亡,痛苦,绝望,贫,病,命运,固然都是可畏的。但是思想能思想他,思想的能力更伟大。地狱的洞里,思想可以走进去循察,毫无恐惧。

思想看人不过一个软弱的微尘,围在深渊不可测的静寂里。但人却自负傲然,仿佛宇宙之主似的屹然不可移动。世界实在没有比思想更伟大的东西。什么都可阻障,思想不可阻障。什么都可拘束,思想不可拘束。它实世之光,它实人之头一个荣辉。

劳动者若能自由思想财产,足令富人不安;当兵的若能自由思想战争,足令军律破毁;少年男女若能自由思想性欲,足令“道德”扫地。一国的人若能自由思想人的本性、政治的组织,足令政治法律一切失其效力。你们怕思想比怕地球上什么东西都厉害,以至怕死怕覆败也没有怕思想怕得很,这也是你们合该。但是思想本来全都如此。你们怎么能分别哪个危险?哪个不危险?你们怎么会挑出哪个过激?哪个激?哪个不激?

凡使人伟大的都是由于企图保持善,哪里有由争着躲避恶?思想那样的能力也岂是胆怯的人能抵抗的？防民之口，甚于防川。倒人之脑岂不甚于倒海？“三军来侵犹可拒，思想来侵不可拒。”虞哥的话更是含着真理。你们历来的教育方法，哪个不是压制思想的，也曾收过什么效？

且，就是你们怕思想，咒骂它，诡谋抵拒它，也岂能缺了它？你们怎么会不再茹毛饮血？你们怎么会不再穴居野处？你们怎么会不再摘拾树叶蔽身？你们怎么会逃了虎狼毒蛇之害？你们怎么会有了书契记载？优雅崇闳峻冽的美术，谨严精密雄伟有条有理有致的科学，是从什么地方出来？相隔几百十万千里的人可以对面语，可以几点钟内通消息！周匝七万多里的地球走一圈不过用四十几日，这是谁的功劳？你们试想想，假使世界一天没思想，世界应当怎么样？其实就在你们“想”抵拒思想，你们怎么能说不是先已思想？“造作之谓思，思非动变不形。”你们若是反对思想，是不是只要因循苟且，全身充满惰性与钝感？宁可世界文明尽成墟，你们不可不安宁？

但是做《一个经济学者之再思》的说过“将来能生存的人是去思去想的人”。

（第六卷第五号，一九一九年五月）

（六一）不满

唐 俟

欧战才了的时候，中国人很抱着许多希望。因此现在也发出许多悲观绝望的声音，说“世界上没有人道”“人道这句话是骗人的”。有几位评论家，还引用了他们外国论者自己责备自己的文字，来证明所谓文明人者，比野蛮尤其野蛮。

这诚然是痛快淋漓的话。但要问：照我们的意见，怎样才算有人道？那答话，想来大约是“收回治外法权，收回租界，退还庚子赔款……”。现在渺茫的多，实在不合人道。

但又要问：我们中国的人道怎么样？那答话，想来只能“……”。对于人道只能“……”的人的头上，决不会掉下人道来。因为人道是要各人竭力挣来，培植保养的，不是别人布施捐助的。

其实近于真正的人道，说的人还不很多，并且说了还要犯罪。若论皮毛，却总算略有进步。这回虽然是一场恶战，也居然没有“食肉寝皮”，没有“夷其社稷”，而且新兴了十八个小国。就是德国对待比国，都说残暴绝伦，但看比国的公布，也只是囚徒不给饮食，村长挨了打骂，平民送上战线之类。这些事情，在我们中国自己对自己也常有，算什么稀奇？

人类尚未长成，人道自然也尚未长成，但总在那里发荣滋长。我们如果自己问问良心，觉得一样滋长，便什么都不必忧愁，将来总要走同一的路。看罢，他们是战胜军国主义的，他们的评论家还是自己责备自己，有许多不满。不满是向上的车轮，能够载着不自满的人类，向人道前进。

多有不自满的人的种族，永远前进，永远有希望。

多有只知责人不知反省的人的种族，祸哉祸哉！

（第六卷第六号，一九一九年十一月一日）

（六二）恨恨而死

唐　俟

古来很有几位恨恨而死的人物。他们一面说些"怀才不遇""天道宁论"的话，一面有钱的便狂嫖滥赌，没钱的便喝几十碗酒——因为不平的缘故——于是后来就恨恨而死了。

我们应该趁他们活着的时候问他：诸公！您知道北京离昆仑山几里，弱水去黄河几丈么？火药除了做鞭炮，罗盘除了看风水，还有什么用处么？棉花是红的，还是白的？谷子是长在树上，还是长在草上？桑间濮上如何情形，自由恋爱怎样态度？您在半夜里可忽然觉得有些羞，清早上可居然有点悔么？四斤的担，您能挑么？三里的道，您能跑么？

他们如果细细地想，慢慢地悔了，这便很有些希望。万一越发不平，越发愤怒，那便"爱莫能助"。——于是他们终于恨恨而死了。

中国现在的人心中，不平和愤恨分子太多了。不平还是改造的引线，但必须先改造了自己，再来改造社会，改造世世；万不可单是不平。至于愤恨，却几乎全无用处。

愤恨只是恨恨而死的根苗，古人有过许多，我们不要蹈他们的覆辙。

我们更不要借了"天下无公理，无人道"这些话，遮盖自暴自弃的行为，自称"恨人"；一副恨恨而死的脸孔，其实并不恨恨而死。

（第六卷第六号，一九一九年十一月一日）

(六三)《与幼者》

唐 俟

做了《我们现在怎样做父亲》的后两日，在《有岛武郎著作集》里，看到《与幼者》这一篇小说，觉得很有许多好的话。

时间不住地移过去。你们的父亲的我，到那时候，怎样映在你们(眼)里，那是不能想像的了。大约像我在现在，嗤笑可怜那过去的时代一般，你们也要嗤笑可怜我的古老的心思，也未可知的。我为你们计，但愿这样子。你们若不是毫不客气的拿我做一个踏脚，超越了我，向着高的远的地方进去，那便是错的。

人间很寂寞。我单能这样说了就算么？你们和我，像尝过血的兽一样，尝过爱了。去罢，为要将我的周围从寂寞中救出，竭力做事罢。我爱过你们，而且永远爱着。这并不是说，要从你们受父亲的报酬，我对于"教我学会了爱你们的你们"的要求，只是受取我的感谢罢了……像吃尽了亲的死尸贮着力量的小狮子一样，刚强勇猛，舍了我，踏到人生上去就是了。

我的一生，就令怎样失败，怎样胜不了诱惑；但无论如何，使你们从我的足迹上寻不出不纯的东西的事，是要做的，是一定做的。你们该从我的倒毙的所在，跨出新的脚步，但哪里走怎样走的事，你们也可以从我的足迹上探索出来。

幼者阿！将又不幸又幸福的你们的父母的祝福，浸在胸中，上人生的旅路罢。前途很远，也很暗。然而不要怕，不怕的人的面前才有路。

走罢！勇猛着！幼者阿！

有岛氏是白桦派，是一个觉醒的，所以有这等话；但里面也免不了带些眷恋凄怆的气息。

这也是时代的关系。将来便不特没有解放的话，并且不起解放的心，更没有什么眷恋和凄怆；只有爱依然存在。——但是对于一切幼者的爱。

（第六卷第六号，一九一九年十一月一日）

（六四）有无相通

唐　俟

南北官僚虽然打仗，南北的人民却很要好，一心一意的在那里“有无相通”。

北方人可怜南方人太文弱，便教给他们许多拳脚：什么“八卦拳”“太极拳”，什么“洪家”“侠家”，什么“阴截腿”“抱椿腿”“谭腿”“戳脚”，什么“新武术”“旧武术”，什么“实为尽美尽善之体育”“强国保种在于斯”！

南方人也可怜北方人太简单了，便送上许多文章：什么“……梦”“……魂”“……痕”“……影”“……泪”，什么“外史”“趣史”“秽史”“秘史”，什么“黑幕”“现形”，什么“淌牌”“吊膀”“拆白”，什么“噫嘻卿卿我我”“呜呼燕燕莺莺”“吁嗟风风雨雨”“阿再是勒浪勚面孔哉”！

直隶、山东的侠客们、勇士们啊！诸公有这许多筋力，大可以做一点神圣的劳作；江苏、浙江、湖南的才子们、名士们啊！诸公有这许多文才，大可以译几页有用的新书。我们改良点自己，保全些别人；想些互助的方法，收了互害的局面罢！

（第六卷第六号，一九一九年十一月一日）

（六五）暴君的臣民

唐　俟

从前看见清朝几件重案的记载,"臣工"拟罪很严重,"圣上"常常减轻。便心里想:大约因为要博仁厚的美名,所以玩这些花样罢了,后来细想,殊不尽然。

暴君治下的臣民,大抵比暴君更暴;暴君的暴政,时常还不能餍足暴君治下的臣民的欲望。

中国不要提了罢。在外国举一个例:小事件则如 Gogol 的剧本《按察使》,众人都禁止它,俄皇却准开演;大事件则如巡抚想放耶稣,众人却要求将他钉上十字架。

暴君的臣民,只愿暴政暴在他人的头上,他却看着高兴,拿"残酷"做娱乐,拿"他人的苦"做赏玩做慰安。

自己的本领只是"幸免"。

从"幸免"里又选出牺牲,供给暴君治下的臣民的渴血的欲望。但谁也不明白,死的说"阿呀",活的高兴着。

（第六卷第六号,一九一九年十一月一日）

（六六）生命的路

唐　俟

想到人类的灭亡是一件大寂寞大悲哀的事；然而若干人们的灭亡，却并非寂寞悲哀的事。

生命的路是进步的，总是沿着无限的精神三角形的斜面向上走，什么都阻止它不得。

自然赋与人们的不调和还很多，人们自己萎缩堕落退步的也还很多；然而生命决不因此回头。无论什么黑暗来防范思潮，什么悲惨来袭社会，什么罪恶来亵渎人道，人类的渴仰完全的潜力，总是踏了这些铁蒺藜向前进。

生命不怕死，在死的面前笑着跳着，从死里向前进。

许多人们灭亡了，生命仍然笑着跳着，跨过了灭亡的人们向前进。

什么是路？就是从没路的地方践踏出来的，从只有荆棘的地方开辟出来的。

以前早有路了，以后也该永远有路。

人类总不会寂寞，因为生命是进步的，——是乐天的。

昨天，我对我的朋友鲁迅说："一个人死了，在死的自身和他眷属是悲惨，但在一村一镇的人看起来不算什么；一村一镇的人都死了，在一府一省的人看起来不算什么；就是一省一国一种……"

鲁迅很不高兴，说："这 Natur 的话，不是人们的话。你该小心些。"

我想，他的话也不错。

（第六卷第六号，一九一九年十一月一日）

（六七）中国狗和中国人

孟　真

有一天，我见着一位北京警犬学校的人，问他道："你们训练的狗，单是外国种呢，或者也有中国狗？"他答道："单是外国种的狗。中国狗也很聪明，它的嗅觉有时竟比外国狗还灵敏，不过太不专心了。教它去探一件事，它每每在半路上，碰着母狗，或者一群狗打架，或者争食物的时候，把它的使命丢开了。所以教不成材。"

我听了这一番话，很有点感触：何以中国狗这样的像中国人呢？不是不聪明，只是缺乏责任心，——他俩一样。中国人"小时了了"的很多，大了，几乎人人要沉沦。留学生在国外的成绩颇不恶，——胡适之先生说，只有犹太人在美国大学的成绩最好，其次便是中国学生，至于真美国人，远不如这两种民族。——然而一经回国，所学的都向爪哇国去了，大约也是遇着了母狗，或者加入一群狗打架，或者争食物，所以就把已经觉悟的使命丢掉了。

中国狗和中国人同生在一个地带，一个社会以内。因为受一样环境的支配，和西洋的狗和人比起来，自必有人狗一致的中国派的趋向。和狗有同样的趋向，并不是可羞的事；所不得了者，这趋向偏偏是无责任心。

我以为中国人的无责任心，真要算达于极点了。单独的行动，百人中有九十九个是卑鄙的。为什么呢？卑鄙可以满足他自身肉体的快乐——他只对这个负责任——至于为卑鄙而发生的许多恶影响，反正他以为在别人身上，他是对于自己以外的不负责任的，所以不顾了。团体的行动，百人中有九十九是过度的，斗狠起来过度。求的目的便在度之外，手段更是过度的。这可就中国历年的政争证明。为什么要这样呢？他以为虽过度了，于他自己无害；成功了他可抢得很多的一份，失败了人人分一份，他所分的一份也不比别人多，所以不择手段。一人得或一团体得，而国家失的事，屡屡地见。现在“鱼行”当道固不必说了，就是前几年也有若干溢出轨道的事；若国会的解散，六年临时参议院的召集；等等，都是以一团体的利害做前提，而把国家的根本组织打散。我很觉得中国人没有民族的责任心，——这就是不怕亡国灭种。我又觉得中国人没有事业的责任心，——所以成就的事业极少。没有私立的学校，公立的学校也多半是等于官署；没有有力的工厂；没有不磨的言论机关。一时要做事业，不过预备他“交游攘臂”的媒介物：一旦求得善价，还是沽出去罢！

中国人所以到了这个地步，不能不说是受历史的支配。专制之下，自然无责任可负；久而久之，自然成遗传性。中国狗所以如此，也是遗传性。中国狗满街走是没有“生活”的。西洋狗是猎物种，当年的日耳曼人就极爱狗，常教狗做事，不专教他跑街，所以责任心不曾忘了。中国人在专制之下，所以才是散沙。西洋人在当年的贵族时代，中流阶级也还有组织，有组织便有生活，有生活便有责任心。中国人没有责任心，也便没有生活；不负责任的活着，自然没有活着的生趣。

我总觉得中国人的民族是灰色的，前途希望很难说。自“五四运动”以后，我才觉得改造的基本的萌芽露出了。若说这“五四运动”单是爱国运动，我便不赞一词了。我对这“五四运动”所以重视的，为它的发点是直接行动，是唤起公众责任心的运动。我是绝不主张国家主义的人，然而人类生活的发挥，全以责任心为基石，所以“五四运动”自是今后偌大的一个平民运动的最先一步。

不过这一线光明也很容易烟消云散。若不把“社会性”用心的培植一番——就是使责任心成习惯——恐怕仍是个不熟而落的果子。

前清末年的改造运动，无论它革命也罢，立宪也罢，总有坚苦不拔、蓬蓬勃勃的气象，总算对于民族责任心有透彻的觉悟。民国元二年间更是朝气曈曈。然而一经袁世凯的狂风暴雨，全国人的兽性大发作。官僚武人在那里趁火打劫，青年人便预备着趁火打劫。所以我以为中国人的觉悟还算容易，最难的是把这觉悟维持着，发挥去。

我们自以为是有新思想的人，别人也说我们有新思想。我以为惭愧得很。我们生理上，心理上，驮着二三千年的历史——为遗传性的缘故——又在“中国化”的灰色水里，浸了二十多年；现在住着的，又是神堂，天天必得和庙祝周旋揖让。所以就境界上和习惯上讲去，我们只可说是知道新思想可贵的人，并不是彻底地把新思想代替了旧思想的人。我不曾见过一个能把新思想完全代替了旧思想的人。我们应当常常自反:我们若生在皇帝时代,能不能有一定不做官的决心？学生在科举时代,能不能一定不提考监？能不能有绝俗遗世的魄力？不要和好人比,单和阮嗣宗、李卓吾、袁子才一流败类比,我们有没有他们那样敢于自用的魄力？我们并袁子才的不成才的魄力而亦没有。那么后人看我们,和我们看前人一样。我们现在靦颜自负的觉悟,不和当年提过考监而不中秀才的人发生一种“生不逢时”的感情一样么？有什么了不起呢？这感情能造出什么生活来呢？

所以新思想不是即刻能贯彻了的,我们须得改造习惯。

（第六卷第六号,一九一九年十一月一日）

(六八)“笼统”与“以耳代目”

独　秀

头脑不清的人评论事,每每好犯“笼统”和“以耳代目”两样毛病。这两样毛病的根源,用新术语说起来,就是缺乏“实验观念”;用陈语说起来,就是“不求甚解”。这种不求甚解的脾气,和我们中国人思想学术不发达的关系很大,详细说起来,不但太长,而且要惹出许多无谓的是非和可笑的辩论。现在且举一个极浅显的例:几十年前,毫无教育、脑筋极简单的蠢男女,对于一切学堂都叫做“武备学堂”,一切报纸都叫做《申报》,一切新派的人都叫做吃洋教的。像这样不求甚解,像这样“笼统”,这样“以耳代目”,你说可笑不可笑?我真想不到现在北京竟有一班士大夫,攻击蔡孑民先生说他是耶稣教徒。又有一班留美学生,攻击胡适之先生,也说他是一个耶稣教徒。蔡、胡两先生是不是耶稣教徒,他们曾在本志发表的文章可以证明,硬相信他们是耶稣教徒,未免犯了“以耳代目”的毛病。即令他们的确是耶稣教徒,也不算什么错处,拿这个来做攻击的材料,未免犯了“笼统”的毛病。我并不是替蔡、胡二人辩护,他们也用不着我辩护,我所伤感的是中国现在的士大夫、留学生,还是和几十年前毫无教育、脑筋极简单的蠢男女一样!

(第七卷第一号,一九一九年十二月一日)

（六九）法律与言论自由

独　秀

法律是为保守现在的文明，言论自由是为创造将来的文明。现在的文明，现在的法律，也都是从前的言论自由对于它同时的法律、文明批评、反抗创造出来的。言论自由是父母，法律文明是儿子，历代相传，好像祖孙、父子一样。最奇怪的是旧言论自由造成了现在的法律文明，每每不喜欢想创造将来法律文明的新言论自由出现。好像一个儿子，他从前并不孝顺父母，到了他做父母的时候，他的儿子稍有点意思不和他一样，他便要办他儿子忤逆不孝的罪。认真严办起来，岂不要断绝后代！世界上有一种政府，自己不守法律，还要压迫人民并不违背法律的言论。我们现在不去论它，我们要记住的正是政府一方面自己应该遵守法律，一方面不但要尊重人民法律以内的言论自由，并且不宜压迫人民“法律以外的言论自由”。法律只应拘束人民的行为，不应拘束人民的言论，因为言论要有逾越现行法律以外的绝对自由，才能够发见现在文明的弊端、现在法律的缺点。言论自由若要受法律的限制，那便不自由了；言论若是不自由，言论若是没有“违背法律的自由”，那便只能保守现在的文明、现在的法律，绝不能够创造比现在更好的文明，比现在更好的法律。像这种保守停滞的国家社会，不但自己不能独立创造文明，就是跟着别人的文明一同进步，也不容易。

（第七卷第一号，一九一九年十二月一日）

（七〇）过激派与世界和平

独　秀

俄国 Lenin 一派的 Bolsheviki 的由来，乃是从前俄国的社会民主党在瑞典都城 Stockholm 开秘密会议的时候，因为要不要和 Bourgeoisie（工商社会）谋妥协的问题，党中分为两派，Lenin 一班人不主张妥协的竟占了多数，因此叫做 Bolsheviki，英文叫做 major group（多数派），乃是对于少数派（英文叫做 lesser group）Mensheviki 的名称，并非是什么过激不过激的意思。日本人硬叫 Bolsheviki 做过激派，和各国的政府、资本家痛恨他，都是说他扰乱世界和平。Bolsheviki 是不是扰乱世界和平，暂且不去论它，痛恨 Bolsheviki 的各强国，天天在那里侵略弱小国的土地利权，是不是扰乱世界和平，我们暂且也不去论它，那第一叫我们觉悟、叫我们注意的，有两件事：（一）反对 Bolsheviki的渥木斯克政府，居然无理拿大炮来打我们的军舰，又拿中、俄、蒙条约来抗议蒙古取消自治。（二）反对李普克内希所创斯巴达苦司党（他们的主张和 Bolsheviki 相同，都是马克思派，都想建设劳农政府）的德国的现政府，又在那里鼓吹德意志帝国主义，又在那里讨论扩充海军预算等。扰乱世界和平，自然是极大的罪恶，Bolsheviki 是不是扰乱世界和平，全靠事实证明，用不着我们辩护或攻击。我们冷眼旁观的，恐怕正是反对 Bolsheviki 的先生们出来扰乱世界和平！换一方面说：Bolshevikism 的内容，和他们如果得志思想上有无变迁，能不能叫世界和平，固然没有人能够断定，但是现在反对他们的人，还仍旧抱着军国侵略主义，去不掉个人的、一阶级的、一国家的利己思想（日本压迫朝鲜，想强占青岛的土地和山东的经济利权，就是一个显例），如何能够造成世界和平呢？

（第七卷第一号，一九一九年十二月一日）

（七一）调和论与旧道德

独　秀

现在社会上有两种很流行而不祥的论调，也可以说是社会的弱点：一是不比较新的和旧的实质上的是非，只管空说太新也不好，太旧也不好，总要新旧调和才好。见识稍高的人，又说没有新旧截然分离的境界，只有新旧调和递变的境界，因此要把"新旧调和论"号召天下。一是说物质的科学是新的好，西洋的好，道德是旧的好，中国固有的好。这两层意见，和我们新文化运动及思想改造上很有关系，我们应当有详细的讨论，现在姑且简单说几句。

新旧因调和而递变，无显明的界线可以截然分离，这是思想文化史上的自然现象，不是思想文化本身上新旧比较的实质。这种现象是文化史上不幸的现象，是人类惰性的作用。这种现象不但在时间上不能截然分离，即在空间上也实际同时存在。同一人数中，各民族思想文化的新旧不能用时代划分；同一民族中，各社会、各分子思想文化的新旧，也不能用时代划分。这等万有不齐、新旧杂糅的社会现象，乃是因为人类社会中惰性较深的劣等民族、劣等分子，不能和优级民族、优级分子同时革新进化的缘故。我们抱着改良社会志愿的人，固然可以据进化史上不幸的事实，叙述它，悲悯它。实在是如此，不忍心幸灾乐祸、得意洋洋地主张它应该如此。譬如人类本能上，有侵略、独占、利己、忌妒、争杀、虚伪、欺诈等等恶德，也没有人能不承认是实在如此，然断乎没有人肯主张应该如此。惰性也是人类本能上一种恶德，是人类文明进化上一种障碍。新旧杂糅、调和缓进的现象，正是这种恶德、这种障碍造成的。所以新旧调和只可说是由人类惰性上自然发生的一种不幸的现象，不可说是社会进化上一种应该如此的道理。若是助纣为虐，把他当做指导社会应该如此的一种主义、主张，那便误尽苍生了。譬如货物买卖，讨价十元，还价三元，最后的结果是五元；讨价若是五元,最后的结果不过二元五角。社会进化上的惰性作用,也是如此。改新的主张十分,社会惰性当初只能够承认三分,最后自然的结果是五分。若是照调和论者的意见,自始就主张五分,最后自然的结果只有二分五。如此社会进化上所受二分五的损失,岂不是调和论的罪恶吗?所以调和论只能看做客观的自然现象,不能当做主观的故意主张。

再说到道德问题,这是人类进化上重要的一件事。现在人类社会种种不幸的现象,大半因为道德不进步。这是一种普通的现象,却不限于西洋、东洋。近几百年,西洋物质的科学进步很快,而道德的进步却跟它不上,这不是因为西洋人只重科学不重道德,乃因为道德是人类本能和情感上的作用,不能像知识那样容易进步。根于人类本能上光明方面的相爱、互助、同情心、利他心、公共心等道德不容易发达,乃是因为受了本能上黑暗方面的虚伪、忌妒、侵夺、争杀、独占心、利己心、私有心等不道德难以减少的牵制。这是人类普通的现象,各民族都是一样,却不限于东洋、西洋。我们希望道德革新,正是因为中国和西洋的旧道德观念都不彻底,不但不彻底,而且有助长人类本能上不道德的黑暗方面的部分,所以东、西洋自古到今的历史,每页都写满了社会上、政治上悲惨不安的状态,我们不懂得旧道德的功效在哪里。我们主张的新道德,正是要彻底发达人类本能上光明方面,彻底消灭本能上黑暗方面,来救济全社会悲惨不安的状态,旧道德是我们不能满足的了。所以若说道德是旧的好,是中国固有的好,简直是梦话。旧的中国固有的道德是什么,好处在哪里?勤俭二字用在道德的行为上,自然是新旧道德都有的,不算旧道德的特色。若是用在不道德的行为上,像那刻薄成家的守财奴,勤俭都是他作恶的工具。如何算是道德的标准呢?忠、孝、贞节三样,却是中国固有的旧道德,中国的礼教(祭祀教孝,男女防闲,是礼教的大精神)、纲常、风俗、政治、法律都是从这三样道德演绎出来的;中国人的虚伪(丧礼最甚)、利己,缺乏公共心、平等观,就是这三样旧道德助长成功的;中国人分裂的生活(男女最甚),偏枯的现象(君对于臣的绝对权,政府官吏对于人民的绝对权,父母对于子女的绝对权,夫对于妻、男对于女的绝对权,主人对于奴婢的绝对权),一方无理压制,一方盲目服从的社会,也都是这三样道德教训出来的;中国历史上、现社会上种种悲惨不安的状态,也都是这三样道德在那里作怪。章行严先生说"中国人之思想,动欲为圣贤、为王者、为天吏、作君、作师,不肯自降其身,仅求为社会之一分子,尽我一分子之义务,与其余分子同心戮力,共齐其家,共治其国,共平天下"。这种偏枯专制,没有人己平等的思想,也正是旧道德造成的。这种道德就是达到它"人人亲其亲、长其长"的理想,也只是分裂的生活,利己的社会,去那富于同情心、利他心、相爱互助全社会公同生活的理想,还远得很。所以我们对于中国固有的旧道德,不能满足。西洋的男子游惰好利,女人奢侈卖淫,战争、罢工种种悲惨不安的事,哪一样不是私有制度之下的旧道德造成的?现在他们前途的光明,正在要抛弃私有制度之下的一个人、一阶级、一国家利己主义的旧道德,开发那公有、互助,富于同情心、利他心的新道德,才可望将战争、罢工、好利、卖淫等等悲惨不安的事止住。倘若他们主张物质上应当开新,道德上应当复旧,岂不是"抱薪救火,扬汤止沸"!

(第七卷第一号,一九一九年十二月一日)

（七二）留学生

独　秀

日本历史上，有两次派遣留学生的事，一次是古代派到中国，一次是现代派到西洋。这两次的留学生，在日本文化史上，都有重大的位置，简直可以说日本全部文化史，都是这两次留学生造成的。我们中国派遣学生出洋的时间、人数都不算很少，东洋留学生和中国文化史未必有什么关系，和中国卖国史却是关系很深了。西洋留学生除马眉叔、严几道、王亮畴、章行严、胡适之几个人以外，和中国文化史又有什么关系呢？这班留学生对于近来的新文化运动，他们的成绩，恐怕还要在国内大学学生、中学学生的底下（至于那反对新文化的老少留学生，自然又当别论）。这是什么缘故？各部里每月用几百张纸钱，可怜裹住了多少英雄！我奉劝已回国、未回国的留学生诸君，别抛弃你自己在中国文化史上的位置！

（第七卷第一号，一九一九年十二月一日）

（七三）段派、曹陆、安福俱乐部

独　秀

哪个军人不横暴不抢钱？哪个官僚不卖国肥家？哪个政客不结党营私？我们从前专门骂段派、骂曹陆、骂安福俱乐部，以为中国人要算这班分子最坏，中国必断送在他们手里，以为别的军人、别的官僚、别的政客，总要比他们好些。其实这种观察是一偏之见，大错而特错。

南京、武昌、广州也都禁止国民爱国运动，拘捕学生，打伤学生，比北京还要厉害。广州的护法军人居然赶跑了议员，打毁了报馆，枪毙了主笔。北海的鱼都飞了，佛也跑了，河间府的田地现在也买不着了。南昌的商会叫苦连天，全国督军的荷包都满了。吴佩孚一旦做了湖南督军，假面就会揭穿。我们为什么专门反对段派呢？

中国实业公司是些什么人主持，在那里内外勾结大卖而特卖呢？北京的中交票是何人弄到这步田地，现在还设法阻碍他兑现呢？“新华储蓄”的功德是谁做的呢？各条铁路是哪一系的人把持舞弊弄到这步田地呢？北京××胡同新造的大洋房，这钱是从哪里来的？军事协定究竟有没有得过日本贿赂的人？北方官场中能找得出几个像董康那样干净的人呢？南方官场中能找得出几个像伍廷芳那样干净的人呢？我们为什么专门反对曹陆？

上海某某制药公司是哪些人帮他运动注册的？第一次北方议和代表用的八十万，南代表都毫无沾染吗？倪嗣冲盐斤加价的事，安徽人无不痛心切齿，偏偏有个进步党的首领说是义举。新思潮的运动，已经很受压迫了，现在又加上一个国民党的要人大骂无产社会，说是“将来之隐患”，“大乱之道”。广东财政厅、盐运使、关税余款、西南银行的问题，闹得鸭屎臭，北京固然是一派人的家天下，广州也是政学会的家天下。军人反对旧国会的军政府改组案，不是他们指使的吗？他们上海的机关报，现在开始攻击新文化运动了。我们为什么专门反对安福俱乐部?

我并不是为段派、曹陆、安福部辩护,我只希望我们青年国民要有彻底的觉悟。所谓彻底的觉悟,并不是要来彻底地攻击他们,是要一方面彻底地觉悟他们都不可靠,一方面彻底地觉悟只有我们自己可靠。不管他们怎样横暴贪污,只要我们自己万万不可再像他们那样横暴贪污。从自己个人起,要造成完全公正廉洁的人格,再由自己个人延长渐渐造成公正廉洁的社会。这公正廉洁的部分渐渐延长,那横暴贪污的部分自然就渐渐缩小。照这样办法,虽说过于迟缓,就怕比用特别大气力求急速改造社会的效果还大,还要实在。就是攻击他们,也不可偏责一方,因为他们通是一路的人,若是责甲恕乙,不但甲心不服,乙必暗笑这班书生容易欺骗。

(第七卷第一号,一九一九年十二月一日)

（七四）《浙江新潮》——《少年》

独　秀

《浙江新潮》是《双十》改组的，《少年》是北京高等师范附属中学“少年学会”出版的。《少年》的内容，多半是讨论少年学生社会的问题，很实在有精神。《浙江新潮》的议论更彻底，《非“孝”》和攻击杭州四个报——《之江日报》《全浙公报》《浙江民报》和《杭州学生联合会周刊》——那两篇文章，天真烂漫，十分可爱，断断不是乡愿派的绅士说得出的。我读了这两个周刊，我有三个感想：（1）我祷告我这班可爱可敬的小兄弟，就是报社封了，也要从别的方面发挥“少年”“浙江潮”的精神，永续和“穷困及黑暗”奋斗，万万不可中途挫折。（2）中学生尚有这样奋发的精神，那班大学生，那班在欧、美、日本大学毕业的学生，对于这种少年能不羞愧吗？（3）各省都有几个女学校，何以这班姊妹们都是死气沉沉！难道女子当真不及男子，永远应该站在被征服的地位吗？

（第七卷第二号，一九二〇年一月一日）

（七五）新出版物

独 秀

近来新出了许多杂志，并且十种里总有八九种是说“人”话的新杂志，不用说中国社会上只有这件事是乐观，但是我对于这件事，更有数种进一步的感想：

（一）出版物是文化运动的一端，不是文化运动的全体。出版物以外，我们急于要做的实在的事业很多，为什么大家都只走这一条路？若是在僻远的地方——云南、甘肃等处——发行杂志，到也罢了，像北京、上海同时出了好些同样的杂志，人力上、财力上都太不经济了。

（二）我们的民族性，是富于模仿力，缺少创造力，有了大舞台，便有新舞台，更有新新舞台，将来恐怕还有新新新舞台，还有新新新新无穷新……舞台出现，像这点小事，都只知道模仿不知道创造！现在许多人都只喜欢办杂志，不向别的事业的方面发展，这也是缺少创造力的缘故。就以办杂志而论，也宜于办性质不同、读者方面不同的杂志，若是千篇一律，看杂志的同是那一班人，未免太重复了。

（三）凡是一种杂志，必须是一个人、一团体有一种主张不得不发表，才有发行的必要。若是没有一定的个人或团体负责任，东拉人做文章，西请人投稿，像这种“百衲”杂志，实在是没有办的必要，不如拿这人力、财力办别的急于要办的事。

（第七卷第二号，一九二〇年一月一日）

（七六）保守主义与侵略主义

独　秀

我从前总觉得尊孔与复辟，有必然的因果关系，现在又觉得保守主义与侵略主义，也有必然的因果关系。

日本要侵略我们土地、利权的，是那军阀、财阀、外交官和保守主义的新闻记者，那进步主义的社会党人，却都以为不应该侵略中国。进步主义的列宁政府，宣言要帮助中国，保守主义的渥木斯克政府，自己已经是朝不保夕了，还仍旧想侵略蒙古和黑龙江，它若是强起来，岂不是第二个日本吗？现在保守主义的英、法政府，仍旧在那里梦想侵略主义的、帝国主义的虚荣，而倾向社会主义的劳动家、学者，却都宣言侵略主义不合人道。最近、最明白的一个例，就是现在意大利的大政变，大政变的原由，是因为国会议员分为两派：一是保守派，主张侵略主义，主张兼并非麦；一是社会民主派，反对侵略主义，攻击段迪阿的行动。保守派的军队枪杀社会党员，劳动界便全体罢工，要求政府卸去保守派阿尔兰特兵队的武装。军阀、财阀们脑子里装满了弱肉强食的旧思想，所以总是主张侵略主义；社会党人脑子里装满了人道、互助、平等的新思想，所以反对侵略主义。这不是必然的因果吗？我们中国人对于日本人的侵略主义，没有不切齿痛恨的，但是我们究竟应该走哪一条路？

（第七卷第二号，一九二〇年一月一日）

（七七）裁兵？ 发财？

独 秀

裁兵自是人民最希望的事，但像政府现在的办法，实在令人失望得很：（一）查八年度预算案，陆军费在二万万以上，裁兵二成，岁费应该减少四千万元，何以只能减二千万？（二）八年度预算案及路、电、邮、航四政特别会计预算案，每年短少有三万万之多，只节省军费二千万，何济于事？（三）各处军队的空额何只二成，现在只裁二成，便是不裁一兵反可以得一笔裁兵费，岂不是无上妙计？（四）公文上虽然裁去二成，倘再招警备队，每年节省的二千万，是否改个名目还要政府拿将出来？（五）整顿丁漕、税契、一切杂捐，何以和裁兵做在一篇文章里面？是不是又要借裁兵来横敲人民的骨髓？

（第七卷第二号，一九二〇年一月一日）

（七八）学生界应该排斥的日货

独　秀

中国古代的学者和现代心地忠厚坦白的老百姓，都只有“世界”或“天下”的观念，不懂得什么国家不国家。如今只有一班半通不通自命为新学家的人，开口一个国家，闭口一个爱国。这种浅薄的、自私的国家主义、爱国主义，乃是一班日本留学生贩来的劣货。（这班留学生别的学问丝毫没有学得，只学得卖国和爱国两种主义。）现在学界排斥日货的声浪颇高，我们要晓得这宗精神上输入的日货为害更大，岂不是学生界应该排斥的吗？有的人说：国家是一个较统一、较完备的社会，国家是一个防止弱肉强食、调剂利害感情冲突、保护生命财产的最高社会。这都是日本教习讲义上的一片鬼话，是不合天理人情的鬼话，我们断乎不可听这种恶魔的诱惑。全人类的吃饭、穿衣、能哭、能笑、做买卖、交朋友，本来都是一样，没有什么天然界限，就因为国家这个名儿，才把全人类互相亲善的心情上，挖了一道深沟，又砌上一层障壁，叫大家无故地猜忌起来，张爱张的国，李爱李的国，你爱过来，我爱过去，只爱得头破血流，杀人遍地。我看它的成绩，对内只是 个挑拨利害感情、鼓吹弱肉强食、牺牲弱者生命财产、保护强者生命财产的总机关，对外只是一个挑拨利害感情、鼓吹弱肉强食、牺牲弱者生命财产、保护强者生命财产的分机关，我们只看见它杀人流血，未曾看见它做过一件合乎公理正义的事。

这个名儿原来是近代——十九世纪后半期更甚——欧洲的军阀、财阀造出来欺人自肥的骗术，这种骗术传到日本，日本用它骗了许多人（日本的平民和朝鲜人、中国人都包含在内），中国留学日本的人，现在又想从日本传到中国。其实大战以后，欧洲的明白人已经有了觉悟（参看本志前号中《精神独立宣言》），想把这流血的陈年账簿烧去不用了，就是日本也有几个想烧流血账簿的明白人，武者小路先生就是其中的一个。中国人原来没有用这种账簿的习惯,现在想创立一本新的从第一页写起,怎么这样蠢笨!

但是我们对于眼前拿国家主义来侵略别人的日本,怎样处置它呢?我以为应该根据人道主义、爱公理主义,合全人类讲公理不讲强权的人(日本人也包含在内),来扑灭那一切讲强权不讲公理的人(日本人也包含在内),不要拿哪一国来反对哪一国。若是根据国家主义、爱国主义来排斥日货,来要求朝鲜独立,未免带着几分人类分裂生活的彩色,还是思想不彻底。拿日人来排斥日货,在人类进化史上仍是黑暗的运动,不是光明的运动,我们学生界应当有深一层的觉悟,应当发展在爱国心以上的公共心。至于那连爱国心都没有的奸商、奸官,根据个人的私利主义,贩卖日货,贩卖中国米出口给杀中国人的人吃,我不承认他们的见解和我一样。

(第七卷第二号,一九二〇年一月一日)

（七九）阔处办

独　秀

我看见多少青年，饮食起居，婚丧酬应，都想着朝阔处办才有面子，他眼中的朴素生活，大约是很寒酸可耻。

我回想从前有许多亲戚朋友，都因为喜欢朝阔处办，才破坏了家产，牺牲了气节，辱没了人格，造成了痛苦，我想起来，我浑身战栗！

现在的青年他们又想朝阔处办，然而没有钱。没有钱仍然想朝阔处办，所以身为大学生不得不投降安福部，不得不听安福部的命令拥护胡仁源，不得不利用胡仁源来分配他们自身的位置。现在失败了，大家看穿了，丑得不好意思和旧同学见面了。

阔处办！阔处办！过去已堕落的青年，现在方堕落的青年，都被你害得苦了。我盼望未堕落的青年，倘若这位先生叩门求见的时候，总要挡驾才好。现在你若见了他，将来你就不好意思见你的朋友了。

（第七卷第二号，一九二〇年一月一日）

（八〇）青年体育问题

独　秀

健全思想、健全身体本是应该并重的事，现在青年不讲体育，自然是一大缺点。

听说杜威博士说奉天的学生体魄好，不像南方和北京的学生，都现出疲弱的样子，这是学生界应当警觉的一件大事。但是备体育应有三戒：（一）兵式体操。（二）拳术。（三）比赛的剧烈运动。

这三件事在生理上都背了平均发达的原则（小学教育更不相宜），在心理上都助长恶思想。军国民教育的年代过去了，什么兵式的杀人思想，少输入点到青年的脑筋里罢。庚子年"神拳"的当我们已经上够了，现在马师长的武艺我们也领教了，别再把孔夫子所不说的"怪力乱神"来"贼夫人之子"。比赛的剧烈运动，于身体不但无益而且有害，至于助长竞争心、忌妒心、虚荣心，更是他的特色。

（第七卷第二号，一九二〇年一月一日）

（八一）约法的罪恶

独　秀

从前旧人骂约法，现在新人也骂约法，这约法合该要倒运了。

旧人骂约法是骂他束缚政府太过，新人骂约法，是骂他束缚人民太过。但照事实上看起来，违法的违法，贪赃的贪赃，做皇帝的做皇帝，复辟的复辟，解散国会的解散国会，约法不曾把他们束缚得住，到是人民的出版、集会自由，却被约法束缚得十分可怜，约法！约法！你岂不是一个有罪无功的厌物吗？

政府拿《治安警察条例》和《出版法》两种武器，来束缚人民的出版、集会的自由，许多人背着眼睛骂政府违法，其实政府何尝违法。约法里明明说："本章所载人民之权利，有认为增进公益、维持治安，或非常紧急、必要时，得依法律限制之。"正因为约法对于人民的权利，原来有这样一手拿出、一手收回的办法，政府才定出许多限制的法律，把人民的出版、集会自由，束缚得和钢铁锁链一般。这本是约法的罪恶，何尝是政府违法呢？这种约法护它做什么？

我要请问护法的先生们，护法的价值在哪里？

（第七卷第二号，一九二〇年一月一日）

（八二）男系制与遗产制

独　秀

对于李超女士的事件（见《新潮》二卷二号），我们可以看出社会制度上两大缺点：一是男系制，一是遗产制。

远古乱婚或同姓为婚时代，曾经过女系制（或是母长制）及父母同长制，这是各国社会学者所同认的了。在他们渔猎为生、家族初成立的时候，社会上固不尽是男子掌权，家族以内更多半是母长制，这也是自然之理。后来农业发达，人口加增，土地所有权的观念一大深似一大，战争也就多起来了，那战胜的部落把掳来战败的男子为奴、女子为妻（古代的掳妻 Capture-wife，自然不能和本族的自由妻平等，仿佛和后世的妾相似。后来妾的制度，也是从掳妻变化出来的，所以汉文“妾”字从“立”从“女”，就是罪人的意思），在社会学上这就叫做“掳妻”或“掠夺婚姻”。又有一种和平的方法，乃是用农产物或家畜交换，这就叫做“买卖婚姻”。因为这两种婚姻制度，女子在家族、在社会的地位，自然发生和以前不同的两种现象：一是女子不能和男子平等，一是女子变为个人的私有物。自从女子变为个人的私有物，所以女子的身体便不能归自己所有，在家归父所有，出嫁归夫所有，夫死归夫家或子所有。既是个人的所有物，便和别的动产、不动产一般，所以她的物主任意把她毁坏、赠送、买卖，都不发生什么道德的、法律的问题。在家从父，出嫁从夫，夫死从子，这是东方礼教国女教的“三从”大义，也就是男系制完全胜利的正式宣告，也就是女子终身为男子所有的详细说明、铁板注脚，不如此便不算孝女、良妻、贤母。只可惜中国人的三从主义、女子归男子所有主义，还不及匈奴发达。匈奴父死，父的妻和别的财产都归儿子所有，这种从子大义，这种把女子也归在遗产以内一同承袭的制度，比中国人更做得淋漓尽致。

从前在女系制度下的子女，只知有母不知有父，那遗产自然是男女平分或是专归女子。到了女子专归那一个男子(女子的夫)私有以后,接着许多教主、圣人都说出一篇男尊女卑的大道理,女子的地位自然渐渐低将下去,自然由女系制变为男系制,由母长制及父母同长制变为完全父长制,同时父子关系也分明了,遗产也自然变为男子专有了。后来宗法观念和家长观念发达起来,长子、嫡子的地位又比次子、庶子加高,便发生了长子或嫡子承袭爵位的习惯。由这个习惯,一切没有爵位的平民,也模仿他们造成了长子一人承袭遗产的习惯。东洋各民族男系的血族观念,格外发达,女子的地位也格外低,所以宁可以承继旁系的男子,嫡系的女子反没有承袭遗产的权利。

现在已经不是宗法社会,什么男系制、女系制,都是过去的历史问题,不是现在的社会问题,除了几个贱丈夫,自然没有人明目张胆地拿男系制来做道德、法律的标准。

至于遗产制度,也应该随着社会的趋势有个应时的改革才好。有一班思想彻底的人,总觉得劳力所得以外,不会有许多正当的财产,就说凡是财产都算是劳力所得,都算是正当,那绝对不劳力的子孙,也没有安坐而得遗产的道理,就勉强说不劳力的子孙所得遗产,是他劳力的先人自由遗赠的权利,也断乎没有嫡系的女子不能承袭遗产、旁系的男子反来可以独霸的道理。这是什么道理、什么法律?我想了三日三夜,也想不出头绪来。

李女士的承继的哥哥,固然是残忍没有"人"的心,但是我以为不能全怪他,我对于社会制度要发两个疑问:

(一)倘若废止遗产制度,除应留嫡系子女成年内教养费以外,所有遗产都归公有,那么李女士是否至于受经济的压迫而死?

(二)倘若不用男系制做法律习惯的标准,李女士当然可以承袭遗产,那么是否至于受经济的压迫而死?

李女士之死,我们可以说:不是个人问题,是社会问题,是社会的重大问题。

(第七卷第二号,一九二〇年一月一日)

（八三）解放

独　秀

我们中国人不注重实质上实际的运动，专喜欢在名词上打笔墨官司，这都是迷信名词万能的缘故。

现在大家对于“妇女解放”这个名词也是这样。有人方才主张妇女解放，实际上还没有一点事做出来。又有人并不反对“妇女解放”这个事实，却反对“妇女解放”这个名词，说解放不是自动，辱没了妇女的人格，惹得大家怀疑，慢说实际运动，连口头上也几乎不好说了，这是图什么！

解放就是压制的反面，也就是自由的别名。近代历史完全是解放的历史，人民对君主贵族，奴隶对于主人，劳动者对于资本家，女子对于男子，新思想对于旧思想，新宗教对于旧宗教，一方面还正在压制，一方面要求自由、要求解放，事实本来是这样，何必要说得好听？男子也是如此，并非专门辱没妇女。况且解放重在自动，不只是被动的意思，个人主观上有了觉悟，自己从种种束缚的、不正当的思想、习惯、迷信中解放出来，不受束缚，不甘压制，要求客观上的解放，才能收解放的圆满效果。自动的解放，正是解放的第一义。

我们生在这解放时代，大家只有努力在实际的解放运动上做工夫，不要多在名词上说空话！名词好听不好听，彻底不彻底，没有什么多大关系。在思想转变的时候，道理真实的名词，固然可以做群众运动的共同指针，但若是离开实际运动，口头上的名词无论说得如何好听，如何彻底，试问有什么用处？

我们迷信名词万能，还是八股的余毒。名词若果万能，“共和”这个名词，自然比“专制”“君主立宪”都好听得多，彻的得多，可是中国现在总算有了“共和”这个名词了，实质上实际的效果怎么样？所以我们要觉悟：(一)我们所需要的是理想的实质，不是理想的空名词;(二)我们若要得到理想的实质,必须从实际的事业上一步一步地开步走,一件一件地创造出来,不要睡在空名词圈里,学那变戏法的,把名词当做一种符咒,只是口中念念有词,就梦想它、等候它总有一天从空中落下,实现在我们的眼前。

空名词固然没有价值,就是他所代表的实质,也只有他本身相当的价值。没有像"万应丸"百病包治的价值。我们被那些"先王之法""圣人之道"等包含一切金科玉律的空法名词遗误已久,此后不可再误了。

(第七卷第二号,一九二〇年一月一日)

（八四）虚无主义

独　秀

中国的思想界,可以说是世界虚无主义的集中地:因为印度只有佛教的空观,没有中国老子的无为思想和俄国的虚无主义;欧洲虽有俄国的虚无主义和德国的形而上的哲学,佛教的空观和老子学说却不甚发达。在中国这四种都完全了,而且在青年思想界,有日渐发达的趋势。可怜许多思想幼稚的青年,以为非到一切否定的虚无主义,不能算最高尚最彻底。我恐怕太高尚了要倒下来,太彻底了要漏下去呵！我以为信仰虚无主义的人,不出两种结果:一是性格高尚的人出于发狂,自杀;一是性格卑劣的人出于堕落。一切都否定了,不自杀还做什么？一切都否定了,自己的实际生活却不能否定,所以他们眼里的一切堕落行为都不算什么,因为一切都是虚无。我敢说虚无思想,是中国多年的病根,是现时思想界的危机。我盼望笃行好学的青年,要觉悟到自己的实际生活既然不能否定,别的一切事物也都不能否定。对于社会上一切黑暗,罪恶,只有改造,奋斗,单单否定他是无济于事,因为单是否定他,仍不能取消他实际的存在。

（第八卷第一号,一九二〇年九月一日）

（八五）俄国精神

独　秀

黄任之先生说：中国人现在所需要的，是将俄国精神，德国科学，美国资本这三样集中起来。我以为我们倘能将俄国精神和德国科学合二为一，就用不着美国资本了。但是中国人此时所最恐怖的是俄国精神，所最冷淡的是德国科学，所最欢迎的只有美国资本！

（第八卷第一号，一九二〇年九月一日）

（八六）男女同校与议员

独 秀

男女同校本来一件很平常的事,在理论上简直用不着讨论。上海大同学院是首先实行的了;北京大学收容女生,就是腐败的教育部也居然许可了;现在南京高等师范也打算收女生(听说“苏社”的首领很反对这件事,南京的教职员因此有点迟疑:我劝南京教职员勿为谣言所惑,因为“苏社”诸君总不至像安福部那样横霸)。可见男女同校,在中国也已经成了事实了。但是广东浙江江苏什么省议会,都提出什么禁止男女同校的议案。哼!议员议员!尔等恶也做够了,人民厌恶尔等也到了极点,何必又闹笑话!

(第八卷第一号,一九二〇年九月一日)

（八七）上海社会

独　秀

上海社会，分析起来，一大部分是困苦卖力毫无知识的劳动者；一部分是直接或间接在外国资本势力下讨生活的奸商；一部分是卖伪造的西洋药品卖发财票的诈欺取财者；一部分是淫业妇人；一部分是无恶不作的流氓包打听拆白党；一部分是做红男绿女小说做种种宝鉴秘诀做冒牌新杂志骗钱的黑幕文人和书贾；一部分是流氓政客，青年有志的学生只居一小部分。处在这种环境里，仅仅有自保的力量，还没有征服环境的力量。像上海这种龌龊社会，居然算是全中国舆论的中心，或者更有一班妄人说是文化的中心，上海社会若不用猛力来改造一下，当真拿它做舆论和文化的中心，那么，中国的舆论和文化可真糟透了。因为此时的上海社会，充满了无知识利用奸诈欺骗的分子，无论什么好事，一到了上海，便有一班冒牌骗钱的东西，出来鬼混。流氓式的政客，政客式的商会工会的利用手段更是可厌，我因此联想到国民大会如果开得成，总以不在上海开会为宜。

（第八卷第一号，一九二〇年九月一日）

（八八）比较上更实际的效果

独　秀

“不劳而获”，自然是不好的观念；劳而不获，也不是正当办法。最好是用劳力去求那比较上更实际的效果。例如：与其提倡废姓，不如提倡名号统一；与其提倡女子剪发，不如提倡女子放足及解放胸部的束缚；与其邀集朋友办杂志，不如邀集朋友设读书会；与其高谈无政府主义社会主义，不如去做劳动者教育和解放的实际运动；与其空谈女子解放，不如切切实实谋女子的教育和职业。

（第八卷第一号，一九二〇年九月一日）

（八九）再论上海社会

独　秀

从前做《黑幕》一类的小说，不用说是为了金钱主义。世界上弄钱的法子很多，做这种小说来弄钱已经是有点黑心了。现在因为《黑幕》的生意不大好，摇身一变来做新思潮的杂志骗钱，外面挂着新文化的招牌，里面还是卖《黑幕》一类的货。上海骗钱的法子很多，拿这种法子来骗钱来糟蹋新文化，更加是黑心到了极点了。

从前贪官奸商合起来运米出洋，不用说是为了金钱主义。世界上弄钱的法子很多，运米出洋好叫自己发财穷人吃贵米，已经是有点黑心了。现在因为贩米出洋受人唾骂，换一个法子来办平粜局，就由这平粜局运米出洋（详见八月二十六日上海《时事新报》本埠时事栏），上海骗钱的法子很多，拿这种法子来骗钱来造成米荒，更加是黑心到了极点了。

你们提倡新文化反对《黑幕》，我就挂起新文化招牌来卖《黑幕》；你们提倡办平粜反对运米出洋，我就挂起平粜招牌来运米出洋。这种巧计，可比《三国演义》上的诸葛先生还要利害。因此推论，打着"毋忘国耻"的招牌卖日货，打着社会主义的招牌拥护军阀官僚，也是意中事。所以什么觉悟，爱国，群利，共和，解放，强国，卫生，改造，自由，新思潮，新文化等一切新流行的名词，一到上海便仅仅做了香烟公司药房书贾彩票行的利器，呜呼上海社会！

（第八卷第二号，一九二〇年十月一日）

（九〇）学说与装饰品

独　秀

本来没有推之万世而皆准的真理，学说之所以可贵，不过为他能够救济一社会一时代弊害昭著的思想或制度。所以详论一种学说有没有输入我们社会的价值，应该看我们的社会有没有用它来救济弊害的需要。输入学说若不以需要为标准，以旧为标准的，是把学说弄成了废物；以新为标准的，是把学说弄成了装饰品。譬如我们不懂适者生存的道理，社会向着退化的路上走，所以有输入达尔文进化论的需要；我们的文学、美术都偏于幻想而至于无想了，所以有输入写实主义的需要；我们士大夫阶级断然是没有革新希望的，生产劳动者又受了世界上无比的压迫，所以有输入马克思社会主义的需要。这些学说的输入都是跟着需要来的，不是跟着时新来的。这些学说在社会上有需要一日，我们便应该当做新学说鼓吹一日；比这些更新的学说若在社会上有了输入的需要，我们当然是欢迎它；比这些更旧的学说若是在社会上有存留的需要，我们不应该唾弃它。现在有许多人说，达尔文的学说、写实主义自然主义的文艺、马克思的社会主义都是几十年前百年前的旧学说，都有比它们更新的，它们此时已经不流行不时髦了。这种论调完全把学说当做装饰品，学说重在需要，装饰品重在时新，这两样大不相同啊！

（第八卷第二号，一九二〇年十月一日）

（九一）懒惰的心理

独　秀

改造社会自然应该从大处着想，自然应该在改革制度上努力，如此我们的努力才是经济的。但是不可妄想制度改革了样样事便立刻会自然好起来。只可说制度不改，我们的努力恐怕有许多是白费了，却不可说制度改了，我们便不需努力。无论在何种制度之下，人类的幸福，社会的文明，都是一点一滴的努力创造出来的，不是像魔术师画符一般把制度改了那文明和幸福就会从天上落下来。怀这种妄想的人就是人类懒惰的心理的表现。例如中国辛亥革命后，大家不去努力创造工业，不去努力创造教育，不去努力创造地方自治，不去努力监督选举，不去努力要求宪法上的自由权利，妄想改了共和就会自然有一步登天的幸福。又如俄罗斯十月革命以来，大家不想想他在这短期间，除了抵抗内外仇敌及大饥馑，他所努力创造的只应该到何程度，便无理地责备他的成绩，这都是人类懒惰的心理的表现。我们现在及将来的改革倘不排除这种心理，定会要失败的。据我所知道的：北京工读互助团以为他们是新思想新制度的产物，便不需照旧式工商业那样努力那样竞争，他们便因此失败了。某处有一消费合作社，他们以为合作社是新的理想新的制度，不需要从前的营业技术，他们便因此失败了；有好几处学生贩卖部，他们以为是传播新文化的机关，不必采用营业的麻烦手续，连出入账目都随随便便不去用力弄清楚，他们便因此失败了；我看照这些同样不努力的懒惰的空想，都没有不失败的。

此外我们时常有“彻底”“完全”“根本改造”“一劳永逸”一些想头，也就是这种懒惰的心理的表现。人类社会的进化决不是懒惰者所想象的那样简单而容易。

（第八卷第二号，一九二〇年十月一日）

（九二）社会的工业及有良心的学者

独　秀

中国急需发达工业，但同时必须使重要的工业都是社会的不是私人的，如此中国的改革才得着西洋工业主义的长处，免得他们那样由资本主义造成经济危殆的短处。中国急需学者，但同时必须学者都有良心，有良心的学者才能够造成社会上真正多数人的幸福；我们敬爱一个诚实的农夫或工人过于敬爱一个没良心的学者，这班学者脑子里充满了权门及富豪的肮脏东西，他们不以为耻辱还要把那些肮脏东西列入学理之内，他们那曲学阿世底罪恶助成了权门富豪的罪恶都一件一件写在历史上，我们不曾忘记呵！

（第八卷第三号，一九二〇年十一月一日）

（九三）劳动者的知识从哪里来？

独　秀

日本贺川丰彦先生(贺川先生是一位有良心的学者,他住在神户的贫民窟里十几年,专门出力帮助贫民,前两个月曾来上海调查中国之贫民窟)。在大阪劳动问题讲演会曾说:“在今日资本家制度的社会,金钱比生命还要贵重。资本家因为致富不惜牺牲劳动者的生命。大正六年算是最隆盛时代,然全国增加了医生五万人,看护妇六万人,而人口死亡率还是增加。”又说:“据文部省研究调查,十五万小学生中,贫民子弟的平均生长,男的矮一寸,女的矮一寸五分;食物不足的人身长及知识都不能发达。第一要叫他们食物充足呵！社会若不叫他们的食物充足,有非难劳动者无知识的权力吗?”我盼望主张工人缺乏知识不能增加工资之人,都注意贺川先生所举的事实！

(第八卷第三号,一九二〇年十一月一日)

（九四）三论上海社会

独　秀

上海社会除了龌龊分子以外，好的部分也充满了戴季陶先生所谓曼彻斯特的臭味。偌大的上海竟没有一个培养高等知识的学校，竟没有一个公立的图书馆，到处都是算盘声铜钱臭。近来不但是曼彻斯特的臭味充满了，拜金主义的国里纽约的臭味也加进来了。而且这种纽约的臭味在上海大时髦而特时髦；他们分明是不过为自己、为资本家弄了几个铜钱，而偏偏自谓是在中国实业上贡献了许多文化。杜威、罗素来了，他们都当做福开森朱尔典拉门德一样欢迎，而且引为同调（硬说罗素劝中国人保存国粹），大出风头（屡次声明罗素是某人请来的），但是杜威反对形式教育的话和罗素反对资本主义的话，他们都充耳不闻，却和杜威、罗素这班书迂子谈起什么中美中英邦交问题来了。罗素初到上海，在大东欢迎席上就有人在演说中替商务印书馆登了一段卖书的广告。我们一方面固然赞叹商务印书馆的广告术十分神奇，一方面可是觉得曼彻斯特、纽约两种臭味合璧的上海社会实在唐突学者！

（第八卷第三号，一九二〇年十一月一日）

（九五）华工

独　秀

英国人自夸说：无论太阳走到何处，都照着英国国旗；我们也可以自夸说：无论太阳走到何处，都照着中国人做工。中国劳动者在国内做的工，除了瞎子都可以看得见，这是不待说的，他们并且散布到全地球了，地球上五大部洲，到处都有华工的足迹，至于开辟那新旧金山的功劳，更是历史的伟大。最近一班无耻的军人政客各人自夸参战的功，试问除赴法的华工外什么人对于参战有丝毫功绩？我们可以自夸的只有伟大的劳动力这一项，但偏偏有一班心盲的人硬说："吾辈居今日之中国欲建立劳动者专政而患无劳动者也。"在外国的华工姑且不论，试问中国国内若无劳动者，我们吃的饭穿的衣住的房屋乘的车船是从那里来的？我想他只有答道："这些都是资本家做给我们的。"

（第八卷第四号，一九二〇年十二月一日）

（九六）四论上海社会

独　秀

上海社会是那一种人最有势力？从表面上看来，政治的经济的大权不用说都在西洋人手里，但社会的里面却不尽然。大部分工厂劳动者，全部搬运夫，大部分巡捕，全部包打听，这一大批活动力很强的市民都在青帮支配之下。去年学生运动时的大罢工已经显出他们的威信。他们的组织上海没有别的团体能比他大，他们老头子的命令之效力强过工部局。他们所做的罪恶实在不少，上海的秩序安宁可以说操在他们的手里。他们的团结是跟着物质上生活需要自然发生的，决不能够全由政治法律的力量任意将他消灭下去。消灭他们之根本办法，唯有使各业工会在法律上都公然成立，并且使工会的权力能够容纳他们，团结他们，能够应他们物质上的生活需要，他们的秘密团结自然会消灭下去。在这一点看起来，上海工会发达不发达，不仅是劳动界利害问题，简直是上海全社会治安问题。

（第八卷第四号，一九二〇年十二月一日）

（九七）劳工神圣与罢工

独　秀

常常听见人说，你们一方面提倡劳工神圣，一方面又提倡罢工或提倡减少工作时间，岂不是自相矛盾吗？像这种头脑不清的说话，一班头脑不清的人或者以为很有道理。但是要晓得我们所崇拜的劳工神圣，是说劳动者为社会做的工——即全社会所享用的衣食住及交通机关——是神圣事业，不是说劳动者拼命替资本家增加财产是神圣事业。为资本家做工是奴隶事业，为社会做工是神圣事业，头脑清楚的人应该懂得这个区别。我们提倡罢工或减少工作时间，正因为现时生产制度下的奴隶事业玷辱了“劳工神圣”这四个字。可见提倡罢工或减少工作时间和提倡劳工神圣是一致的不是矛盾的。我盼望社会上要把这个道理弄清楚，免得思想新的资本家又来假劳工神圣的名义欺骗劳动者！替他拼命做工。

（第八卷第四号，一九二〇年十二月一日）

（九八）主义与努力

独 秀

我们行船时，一须定方向，二须努力。不努力自然达不到方向所在，不定方向将要走到何处去？

我看见有许多青年只是把主义挂在口上不去做实际的努力，因此我曾说："我们改造社会是要在实际上把他的弊病一点一滴一桩一件一层一层渐渐的消灭去，不是用一个根本改造的方法，能够叫他立时消灭的。"又曾说："无论在何制度之下，人类的幸福，社会的文明，都是一点一滴地努力创造出来的，不是像魔术师画符一般把制度改了那文明和幸福就会从天上落下来。"这些话本是专为空谈主义不去努力实行的人而发的，譬如船夫只定方向不努力，船如何行得，如何达到方向所在。

但现在有一班妄人误会了我的意思，主张办实事，不要谈什么主义什么制度。主义制度好比行船的方向，行船不定方向，若一味盲目的努力，向前碰在礁石上，向后退回原路去都是不可知的。

我敢说，改造社会和行船一样，定方向与努力二者缺一不可。

"教学者如扶醉人，扶得东来西又倒。"这话真是不错。

（第八卷第四号，一九二〇年十二月一日）

（九九）革命与作乱

独 秀

我们为什么要革命？是因为现社会的制度和分子不良，用和平的方法改革不了才取革命的手段。革命不过是手段不是目的，除旧布新才是目的。若是忘了目的，或是误以手段为目的，那便大错而特错。政治革命是要出于有知识有职业的市民，社会革命是要出于有组织的生产劳动者，然后才有效果。若是用金钱煽动社会上最不良的分子——无职业不生产的流氓地痞盗贼——来革命，这种无目的之革命，不能算革命，只能算作乱。革命的目的是除旧布新，是要革去旧的换新的，是要从坏处向好处革，若用极恶劣的分子来革命，便是从好处向坏处革了；那么，我们为什么要革命？

革命是神圣事业，是不应该许社会上恶劣分子冒牌的呀！

（第八卷第四号，一九二〇年十二月一日）

(一〇〇)虚无的个人主义及任自然主义

独 秀

上海《时事新报》上所载P.R.君那篇《世界改造原理》,简直是梦话,简直是渔猎社会以前之人所说的。人类自有二人以上之结合以来,渐渐社会的发达至于今日,试问物质上精神上那一点不是社会的产物?那一点是纯粹的个人的?我们常常有一种特别的见解和一时的嗜好,自以为是个性的,自以为是反社会的,其实都是直接间接受了环境无数的命令才发生出来的,认贼作子我们那能够知道!即如P.R.君所谓"不听命于人"之理想,当真是他个人的理想,绝对未曾听命于人吗?不但个人不能够自己自由解放,就是一团体也不能够自由解放,福利耶以来之新村运动及中国工读互助团便因此失败了。不但一团体不能够自由解放,就是一国家也不能够自由解放,罗素先生所以说俄罗斯单独改革有点危险。不但物质上如此,精神上也是如此,譬如妇女殉夫他自以为个人道德是应该如此的,又如我们生在这资本制度社会里的人,有几个人免了掠夺的罪恶,这种可怕的罪恶是个人能够自由解放的吗?除了逃到深山和社会完全隔绝,绝没有个人存在之余地。我所以说P.R.那篇文章是梦话,是渔猎社会以前之人所说的。至于他反对一切建立一个主义的改造,我试问他反对一切建立一个主义,是否也是一种主义?他主张个人物质的及精神的方面完全解放以后再改造,是否也是一种主义?他所希望的人人各得其所的理想世界,他所希望的干干净净的人生,是否也是一种主义?我们若是听命于他的这种无信仰无归宿之改造,是否也要"深入一层地狱不能自由超拔的反于本来大路上去",是否也是"人类听命于人的改造"方法,是否也要"弄得非常紊乱无限苦恼,造罪作恶总不了悟"呢?

我们中国学术文化不发达,就坏在老子以来虚无的个人主义及任自然主义。现在我们万万不可再提议这些来遗害青年了。因为虚无的个人主义及任自然主义,非把社会回转到原人时代不可实现。我们现在的至急需要，是在建立一个比较最适于救济现社会弊病的主义来努力改造社会；虚无主义及任自然主义，都是叫我们空想，颓唐，紊乱，堕落，反古。

（第八卷第四号，一九二〇年十二月一日）

(一〇一)民主党与共产党

独　秀

民主主义是什么?乃是资本阶级在从前拿他来打倒封建制度的武器,在现在拿他来欺骗世人把持政权的诡计。在从前政治革命时代,他打倒封建主义的功劳,我们自然不能否认;在封建主义未倒的国里,就是现在我们也不绝对的反对他。但若是妄想民主政治才合乎全民意,才真是平等自由,那便大错而特错。资本和劳动两阶级未消灭以前,他两阶级的感情利害全然不同,从那里去找全民意?除非把全国民都化为资本家或都化为劳动者才真有全民意这件东西存在,不然无论在何国家里,都只有阶级意党派意,绝对没有全民意。民主主义只能够代表资产阶级意,一方面不能代表封建党的意,一方面更不能代表劳动阶级的意,他们往往拿全民意来反对社会主义,说社会主义是非民主的所以不行,这都是欺骗世人把持政权的诡计。请看哈尔滨俄旧党《光明报》记者和上海《时事新报》记者的谈话(见十一月二十六日上海《时事新报》哈尔滨特约通信),这班民主派欺骗世人的诡计便完全暴露出来了。他说:“我们非社会党的主张,就是要在远东建立一真正民主的共和国,决不赞成建立共产主义的国家。”又说:“至于日本呢,我相信他能帮助我们。”又说:“谢米诺夫却是真正的民主党,现在只有他一人抵御共产党。”又说:“不论是美国是日本他们取得中东路权之后,总没有我们俄国人好。”又说:“中国取消俄使领,是不应当的。现在俄国人没有一个满意中国的审判庭的。”由他这些说话,我们看出两件事:(一)原来反对共产党的真正民主党就是谢米诺夫这贪鄙不法的人物;(二)原来民主党对中国的外交,和共产党放弃中东路权放弃领事裁判权恰恰相反。

(第八卷第四号,一九二〇年十二月一日)

（一〇二）提高与普及

独　秀

一国的学术不提高固然没有高等文化，不普及那便是使一国的文化成了贵族的而非平民的，这两样自然是不能偏废。适之先生对于大学生主张程度提高，理论上自然是正当，别人驳他的话，我看都不十分中肯。我对于这个问题有两种感想：（一）大学程度固然要提高，同时也要普及，提高而普及的方法，就是全国多设大学，各大学中多收绝对不限资格的自由旁听生。学术界自然不能免只有极少数人享有的部分，但这种贵族式的古董式的部分，总得使他尽量减少才好。（二）专就北京大学学生而论，现在低的还没有，如何去提高？我觉得眼前不必急于提高，乃急于实实在在的整顿各科的基础学。历来北大的毕业生有几个能自由译读西文参考书的，有几个基础的普通科学习得完备的？蔡孑民先生到北大以后。理科方面并不比从前发展，文科方面号称发展一点，其实也是假的，因为没有基础学的缘故。没有基础学又不能读西文书，仍旧拿中国旧哲学旧文学中昏乱的思想，来高谈哲学文学，是何等危险！我劝适之先生别高谈什么提高不提高，赶快教朱谦之易家钺一流学生多习点基础科学，多读点外国文，好进而研究有条理的哲学，好医医他们无条理的昏乱思想罢！

我这两种感想适之先生以为如何？

（第八卷第四号，一九二〇年十二月一日）

（一〇三）无意识的举动

独　秀

倒军阀我们是赞成的，但是倒一军阀成一军阀，实在是无意识的举动。战争我们虽然不绝对的反对，但是无主义的地盘战争，实在是无意识的举动。各省自治运动我们也很赞成，但是混合一班腐败官僚、安政余孽、烂污政客、警察侦探、运动省自治，实在是无意识的举动。广州人赶去一班政客官僚我们固然很赞成，但是他们又迎去一班政客官僚，实在是无意识的举动。各地学生排日货我们固然不反对，但是去年天津学生今年河南学生强迫贩卖日货商人游街，实在是无意识的举动。政局统一我们也不反对，但是赞成现政府统一中国实际上就是日本间接的统一中国，实在是无意识的举动。

（第八卷第四号，一九二〇年十二月一日）

（一〇四）旧约与恋爱诗

仲　密

《旧约》是犹太教与基督教的经典，但一面也是古代希伯来的国民文学，正同中国的五经一样。《诗经》中间有许多情诗，小学生在书房里高声背诵；《旧约》的《雅歌》更是热烈奔放，神甫们也说是表人神之爱的。但这是旧事重提，欧洲现今的情形便已不然了：美国神学博士谟尔（G.F.Moore）在所著《旧约的文学》第二十四章内说，"这书（指《雅歌》）中反复申说的一个题旨，是男女间的热烈的官能的恋爱。……在一世纪时，这书虽然题著所罗门的名字，在严正的宗派看来不是圣经；后来等到他们发现——或者不如说加上——了一个譬喻的意义，说他是借了夫妇的爱情在那里咏叹神与以色列的关系，这才将他收到经文里去。"这几句话说的很是明了，可见《雅歌》的价值全是文学上的，因为他本是恋爱歌集；那些宗教的解释，都是后人附加上去的了。

但我看见《新佛教》的基督教批评号里，有一篇短评名《基督教与妇人》，却说"《雅歌》一章虽寄意不在妇人，然而他把妇人的人格，实在看得太轻漂了"。又引了第八章第六节作证据，说"是极不好的状妇人之词"，其实这节只是形容爱与妒的猛烈；我们不承认男女关系是不洁的事，所以也不承认爱与妒为不好："爱情如死之坚强，嫉恨如阴间之残忍。"这真是极好的句，是真挚的男女关系的极致，并没有什么不好的地方。若说男女的不平等，那在古代是无怪的，在东方为尤甚；即如印度的撒提也是一例，但他们基督教徒也未必能引了这个例，便将佛教骂倒，毁损他的价值。

中国从前有一个"韩文公"，也不看佛教的书，却做了什么《原道》，攻击佛教，留下很大的笑话。我们所以应该注意，不要做新韩文公才好。

（第八卷第五号，一九二一年一月一日）

（一〇五）野蛮民族的礼法

仲 密

三年前的笔记里，有这样的一条，系阅英国弗拉塞(J.G.Frazer)著 *Psyche's Task* 时所记之一：

野蛮礼法对于亲属有规避之例。非洲班都诸部落男子避其妻母，并及妻党，不得相见；此外玛撒等诸族亦然。美洲加里福尼半岛及智利土人，英属几尼亚之加列勃人等亦同，凡妻党之外并及中表，唯以异性为限；苏门答腊土人亦避妻党：其意盖以防微杜渐，著者故以不见可欲则心不乱解之也。班都族之亚康巴人，又父避其女，自女成人时始，至嫁后乃止；苏门答腊之鲁蒲人翁媳不相见，加罗林群岛土人则父女母子兄弟姊妹互避，不同坐，不共杯盏，男子长成则外宿 Fel(未婚男子公共之宿所)中；黑岛群岛之少年亦居外舍，避其母及姊妹，互避名字，并名之部分(非名字而中含有其一部分的一切言词)亦禁之，母子食不授受，置令自取；又苏门答腊之巴尔达人规避之例亦同：著者引其所撰《族徽与外婚》(*Totemism and Exogamy*)云："巴尔达人规避之俗，非出于道德之整肃，正由于道德之颓弛；巴尔达人以为男女独遇，即成私通……荷兰教士报告中曾云，此种规则虽迹近荒谬，但在其地实为必要。"按中国古时所定男女七岁异席，授受不亲，并考《孟子》嫂溺援之以手之文，礼俗正亦相近，又今妇女亦尚多讳言其名，当亦因名为身之一部，准感应魔术由偏及全之律，易于因缘为奸耳。

这篇笔记，我本来没有发表的意思；近来看见浙江省议会里什么人的一篇查办第一师范男女共学的计划的议案，竭力主张男女的隔离，我所以将各方规避的成例绍介给他们，以供参考。倘若他们承认这办法在中国“实为必要”如荷兰教士所说，那我也不同他们多辩，不过最后要重复声明一声，那些实行男女隔离的模范礼法的是苏门答腊的土人们啊！

（第八卷第五号，一九二一年一月一日）

（一〇六）个性的文学

仲　密

假的，模仿的，不自然的著作，无论他是旧是新，都是一样的无价值；这便因为他没有真实的个性。

印度那图夫人（Sarojini Naidu）的诗集《时鸟》（*Bird of Time*，1915）上，有一篇英国戈斯（Edmund Gosse）的序文。他说，那图夫人留学英国的时候，曾拿一卷诗稿给他看。诗也还好，只是其中夜莺呵，蔷薇呵，多是一派英国诗歌里的习见语，所以他老实地告诉伊，叫伊先将这诗稿放到废纸篓里，再下手去做真的伊自己的诗。其结果便是《黄金的门》（*The Golden Threshold*）以下几部有名的诗集。这一节话，我觉得很有意味。戈斯并不是说印度人不应该做英国式的诗，不过因为这些思想及句调实在是已经习见，不必再劳伊来复述一遍；伊要做诗，应该去做自己的诗才是。但伊是印度，所以伊的生命所寄的诗里自然有一种印度的情调，为非印度人所不能感到，然而又是大家所能理解者：这正是伊的诗歌的真价值之所在，因为就是伊的个性之所在。正确的说来，伊的个性不但当然与非印度人不同，便是与他印度人也当然不同；倘若伊的诗模仿泰戈尔（R.Tagore），也讲什么“生之实现”，那又是假的，没有价值了。或者伊的确是做自己的诗，但所含的倘是崇拜撒提（Suttee）一类的人情以外的思想，在印度的“国粹派”——大约也是主张国虽亡而“经于”不可不读的一流人——看来或者很有价值，不过为世界的“人”们所不能理解，也就不能承认他为人的文学了。

因此我们可以得到结论：（1）创作不宜完全抹杀自己去模仿别人；（2）个性的表现是自然的并非由于民族主义等的主张；（3）个性是个人唯一的所有，而又与人愿有根本上的共同点；（4）个性就是在可以保存范围内的国粹，有个性的新文学便是这国民所有的真的国粹的文学。

（第八卷第五号，一九二一年一月一日）

(一〇七)性美

陈望道

性美的理想,在各民族各时代虽然不是完全没有统一的处所,却也不免有分歧的现象,概括地指出,自然有点为难。但研究低级社会性美的理想,却也还容易,我们只需看那些人为的装饰,便可了然。

许多土人们已经将他们身体上的造作,显出他们性美的理想了。北亚美利加印第安人往往用人工把颜面压平,太平洋诸岛也有压平儿童鼻梁的习惯,这完全同中国人缠足一样。我们看见缠足便晓得中国人们性美的理想,看了这些,我们也便学得他们的性的美感了。

那望低级的人们并将他们性美的理想,在抹粉一桩事情里显示我们了。亚美利加印第安人身上往往涂着赭石或污泥;亚非利亚达拿河畔古铜色的土人往往染着浓厚的黑色;戛胡人盛装时,多将黄粉抹在身上;日本老年女人,齿上也还染着黑色。这又同中国人们抹粉涂脂的性美的理想,几乎可以嵌入同一的模型。

现在有位论者反对湖南女人恢复人权的宣言,说"涂脂""抹粉"者,"人类应有之修饰也",又说"涂脂""抹粉"者,"完全一美术上之问题……深愿我敬爱之女同胞,培植吾国之美术,更谋发挥而光大之"。但是可惜这位热心的论者并不曾举出别处的模范,"发挥""光人"似乎没有把握。我现在略略指出低级人们的习惯给他们看,他们从此也许更有希望了!

(第八卷第六号,一九二一年四月一日)

（一〇八）女人压迫男人的运动

陈望道

最近日本“新妇人协会”有一种运动,引起世人的注意了。这就是对于花柳病者限制结婚并请求离婚的请愿。

这请愿事件的主要点是:

(a)要结婚的男人须将有资格的医生那一星期内作成证明没有染传性花柳病的诊查书,送呈市町村长换得“婚姻许可证书”。

(b)没有婚姻许可证书的男人不得结婚,也不得结事实上的夫妇关系。

(c)女人不得与没有婚姻许可证书的男人结婚,也不得与他结事实上的夫妇关系。

(d)违背(c)条的男人处断三百元以下的罚金。

(e)违背(c)条的女人也同。

(f)对于提出伪虚的诊查书换得婚姻许可证书而结婚或结事实上夫妇关系的男人,处断五百元以下的罚金。

(g)结婚后当事者的　造害花柳病时,他造得请求这病痊愈以前分居或离婚。

(h)离婚后被害者得向加害者请求直到痊愈为止的医治费与相当的慰藉金。

这运动一发现,日本男人就以为是女人在压迫男人的运动,群起反对了。但我却觉得男人无需反对,而且还须赞成伊们。因为男人们花柳的毒霉也许因这运动可以减少一点咧。

但又觉得女人们似乎还须更进一步!更进一步那就不致被人指摘为“中等阶级妇女利己的运动”,于理论与实际上也更为妥当了。

(第八卷第六号,一九二一年四月一日)

(一〇九)从政治的运动向社会的运动

陈望道

最近湖南成立了个女界联合会,开成立会这一天就通过一篇“恢复女子人权的宣言”。

宣言的大纲是:

(a)要取得“财产匀分权”,“公民选举被选举权”,“教育同等权”,“职业对等权”,“婚姻自决权”这五种权利。

(b)现在先运动取得“匀分财产”和“参与选举”两事。

(c)预备从“宪法”上着手运动。

这纲要里最可使我们注意的就是“参与选举”这政治的运动的事。

现在男人已经从政治的运动向社会的运动了,女人如果同男人有同等的自觉,似乎不该终于落后,终于不同男人走同一的路径。我也知道女人的政治运动,在或一意义上也有相当的需要和根据;但从当代政治的本质和女人的地位下评判,我们却总没有力量反驳那些讥刺女人参政的议论。

因为现代的政治,从治者一面看,不过是取得自己或自己阶级生活上特权的事;从被治者一面说,便是自己生活上的支配。所以现在政治运动,总是朝着两个方向走:一个方向是取得权力,使自己或自己阶级的生活享有特权;别一个方向就是图谋那生活所受的支配得着最便利的一境。所以现在男人的政治运动,积极方面就是生活余裕的人想得到特权;消极方面就是生活没有余裕的人想脱却生活上穷乏的压迫。但要在消极方面脱却生活上穷乏的压迫,终非得到特权不能实现他们的希望,结果便又须从积极方面运动了。

以前因袭的政治运动,都是这样抢夺特权的扰乱。特权在你手里,我就受压迫;

特权在他手里,你便被损害:人们本性不肯终于受压迫被损害,抢夺的扰乱这一篇著名悲剧也便没有闭幕的时候了。

所以男人现今注意到这历史上著名悲剧的葛藤,便着手改造这国家权力的本质,从事于根本的社会运动了。

女人怎样?可是重新要想做这悲剧里的艺员吗?

我希望女人们觉醒过来。虽然不一定要如圣书所说,“落后者在前,在前者反而落后”,却也似乎不应该终于“落后”!觉醒过来,向社会的运动去罢!

(第八卷第六号,一九二一年四月一日)

(一一〇)跑到内地才睁开了眼睛么?

汉 俊

臭气弥茫,褐灰色破烂衣服随风飘摇着的天空里,粪溺相杂疮毒满身似的黑地上,杂聚着些十鹑白结皮黄肌瘦污垢的群众,有的在道路上行走嘈杂,有的在太阳光里脱衣坐着捕虱,有的在房内清理布片,有的在污烂的被下做无力的呻吟:这种景象,大约谁也以为是地狱的景象,绝不是人间所有的。那晚这却是华丽的上海的贫民窟的景象咧!(不是长沙城里的景象。长沙城里有没有这种景象,我不晓得!但我在我的乡间和我所经历的内地却还没有看见这种程度的景象。)这种贫民窟,在上海至少也十多处,只要是睁开眼睛的人,就是不很经意也会看见。然而竟有人,在上海住过好几年没有看见,一定要跑到了内地才看见,这真是奇怪的事。难道跑到内地才睁开了眼睛么?

(第九卷第一号,一九二一年五月一日)

（一一一）社会主义是叫人穷的么？

汉　俊

有位先生跑到内地去，看见了这种景象，才晓得人间也有地狱的景象，中国也有营非人生活的人，于是大发慈悲，发愿救济这些人，使他们能够营“人的生活”。因为要使这些人能够营“人的生活”，就想到要发展实业；因为要发展实业，就主张资本主义。因为要主张资本主义，于是就反对社会主义。大概世间只有资本主义的发展实业，才能够使人营“人的生活”，社会主义是不能发展实业，是不能使人营人的生活的！但我都不知道这位先生睁着眼睛跑到那资本主义的实业发达到了极点的英国去，看了伦敦的伊斯特砚德，美国去，看了纽约的哈克洛、巴俄列，并跑到那资本主义的实业不如英美而比中国发达的日本去，看了大阪的滩波、东关谷叮，俄国去，看了莫斯科的希特尔斯卡耶（现在的景象或者变了）。——不知又作若何感想，又来提倡什么？

（第九卷第一号，一九二一年五月一日）

（一一二）进了步了！

汉　俊

中国在进化上比欧美落后几百年。在海禁未开以前，还是不问紧要；海禁开了以后，已经成了世界的一部分，就非赶快追及欧美以求调和不可，不然就要遇着天然的淘汰了；所以中国在这很短的期内，就在这里把欧美过去数百年间徐徐进化过来的过程赶快蹈完。因为要在这很短的期内，蹈完别人数百年经过的过程，所以不免有脚步凌乱，或几步并作一步走的事。现在的中国在经济上已经走到欧洲封建制度破灭后的资本制度了，政治上却还没有脱离欧洲资本制度尚未发生的封建制度。所以百余年前欧洲第三阶级要推翻贵族握得支配权，和欧美现在的第四阶级要推翻第三阶级握得支配权，这两个进化历史上的过程，在中国却因时显现了。两过程同时显现了，支配权又只握在贵族手中，所以这两阶级在政治上所攻击的目标就并作一个。有许多糊涂虫，本来想干第三阶级运动的，看见了第四阶级在政治上所攻击的目标，与他们所攻击的目标一样，就以为第四阶级是他们的同志，第四阶级的运动就是他们的运动，第四阶级所信奉的社会主义也就是他们所信奉的主义。第四阶级的运动是不单在政治的革命，乃是主张以第四阶级自己的力量实现自己的理想，并不与别政党发生关系，并且还要讥诮现在活动的政党的。于是这些糊涂虫又以为社会主义就是反对他们所反对的政党，于是更将社会主义看作他们所应信奉的主义，大大地唱起社会主义来了。但第四阶级运动与第三阶级运动的目的是不同的：第四阶级运动的目的是在造出生产工具归社会公有的社会；第三阶级运动的目的是在造成欧美现有资本主义的国家：两边在目的上是绝对不能一致并且是互相排挤的。所以第四阶级里面明白点的人，不管他们唱社会主义怎样热烈，总是不理睬他们，并且还要讥诮他们。他们觉得很奇怪，以为你们是我们的同志，同我们走的是一条路，为什么不一致起来，反而攻击我们呢？但第四阶级里面明白的人，还是不理睬他们；他们也还是不理会，还是在那里大唱社会主义。但后来，不知是欧洲回来的先生指明了他，还是因为他们经过内地观察得了教训，却终了恍然大悟，大大地反对起社会主义，提倡资本主义了。有人看了这种情形，说他们是变了节，但我却说他们是进了步了。

（第九卷第一号，一九二一年五月一日）

（一一三）日本人尽管放心就是了！

汉　俊

近来日本人因为罗素到中国来，日本要从中国翻译罗素的思想，又听见那到北京去——到北京去的声浪……恐怕遣唐时代再现，日本又要从中国输入文化。就有人大大悲观起来。但日本诸君尽管放心现在的中国还是从前的日本的呢！一九零几年的时候，日本某检事不是说过马克思是无政府主义的首倡者么？一九二一年的中国政府也还是说“京师地面，屡次发现无政府印刷书件……可知此等过激党徒……”。日本政府从前不是因为恐惧社会主义，连社会学的书籍都禁止了么？一九二一年的中国政府也还是因为恐惧什么主义，连协力主义的书籍都扣留了。而且一九二一年的中国学者，也还将社会主义同社会政策要混同了。现在的中国还是从前的日本呢，诸君尽管放心就是了！

（第九卷第一号，一九二一年五月一日）

（一一四）文化运动与社会运动

独　秀

文化运动与社会运动本来是两件事，有许多人当做是一件事，还有几位顶呱呱的中国头等学者也是这样说，真是一件憾事！

文化运动的内容是些什么呢？我敢说是文学美术音乐哲学科学这一类的事。

社会运动的内容是些什么呢？我敢说是妇女问题劳动问题人口问题这一类的事。

这两类事的内容分明是不同的，硬要把它们混为一谈，岂非怪事吗？

文学美术里面，也许有人喜欢加上一点社会化的色彩，描写到妇女问题和劳动问题；从事社会运动的人，也许要很留意文学美术哲学科学做他们社会运动的工具；但这两类事业的本身，仍然是两件事，不可并为一说。或者有人一方面从事文化运动，一方面又从事社会运动，这只可以说一个人兼做两类的事，不可以说这两类事是一类。

有一班人以为从事文化运动的人一定要从事社会运动，其实大大的不然；一个人若真能埋头在文艺科学上做工夫，什么妇女问题劳动问题闹得天翻地覆他都不理，甚至于还发点顽固的反对议论，也不害在文化运动上的成绩。又有一班人以为社会运动就是文化运动，这更是大错而特错；试问妇女问题劳动问题在文艺科学上有何必然的连带价值？并不是我们看轻了社会运动，只因为它和文化运动是两件事，我们不能说在社会运动有成绩的人在文化运动也有成绩，也和我们不能说在文化运动有成绩的人在社会运动也有成绩是一样。以上两种人的误会，都因为不明白文化运动和社会运动是两件事。

又有一班人并且把政治实业交通都拉到文化里面了，我不知道他们因为何种心理看得文化如此广泛至于无所不包？若再进一步，连军事也拉进去，那便成了武化运动了，岂非怪之又怪吗！

政治实业交通都是我们生活所必需，文化是跟着它们发达而发生的，不能说政治实业交通就是文化。这个道理罗素在北京演讲的《社会结构学》里面有一段说得很清楚，现在录在下面：

> 什么叫做文明，其定义可以说是要求生存竞争上不必要的目的——生存竞争范围以外之目的。古化文明，第一次发源于埃及巴比伦大河出口之处，地土膏腴(腴)，宜于农作，由农业发生文明……在膏腴(腴)的地方，如长江黄河的下游，一人工作出来的不止供给一人的需要，于是少数人得着闲暇，可以从事知识思想的生活如文字算术天文等，均为后世文明的基本；但在这时候虽有少数人从事文明事业，其大多数人做工还非一天到晚劳苦不可，科学哲学美术固然也有人注意，但只是少数幸运的人；在实业发达时代，生产必需品既然增加，要多少就有多少，一人只要每天四小时做工，余剩的就可以从事知识思想的生活了。

创造文化，本是一民族重大的责任，艰难的事业，必须有不断的努力，绝不是短时间可以得着效果的事。这几年不过极少数的人在那里摇旗呐喊，想造成文化运动的空气罢了，实际的文化运动还不及九牛之一毫，那责备文化运动的人和以文化运动自居的人，都未免把文化太看轻了。最不幸的是一班有速成癖性的人们，拿文化运动当做改良政治及社会的直接工具，竟然说出“文化运动已经有两三年了，国家社会还是仍旧无希望，文化运动又要失败了”的话，这班人不但不懂得文化运动和社会运动是两件事，并且不曾懂得文化是什么。

（第九卷第一号，一九二一年五月一日）

（一一五）中国式的无政府主义

独　秀

我近几年来细细研究我中华民族种种腐败堕落到人类普通资格之水平线以下，我的惭愧悲愤哀伤常常使我不肯附和一班新旧谬论。

我敢大胆宣言：非从政治上教育上施行严格的干涉主义，我中华民族的腐败堕落将永无救治之一日；因此我们唯一的希望，只有希望全国中有良心有知识有能力的人合拢起来，早日造成一个名称其实的"开明专制"之局面，好将我们从人类普通资格之水平线以下救到水平线以上。

施行这严格的干涉主义之最大障碍，就是我们国民性中所含的懒惰放纵不法的自由思想；铸成这腐败堕落的国民性之最大原因，就是老庄以来之虚无思想及放任主义。

近来青年中颇流行的无政府主义，并不完全是西洋的安那其，我始终认定是固有的老庄主义复活，是中国式的无政府主义，所以他们还不满于无政府主义，更进而虚无主义而出家而发狂而自杀；意志薄弱不能自杀的，恐怕还要一转而顺世堕落，所以我深恶痛绝老庄的虚无思想放任主义，以为是青年的大毒。

《民国日报》《觉悟》上，太朴答存统的信中说："我相信中央集权的政治组织与中国的国民性不能容；马氏主义是中央集权，故我不信其能实行。"又说，"中国的国民性既不容中央集权的政治组织，而中国的社会情形又向来是无政府已惯的，所以一旦要行起劳农政治，要组织强有力的中央机关，我真不知其可也！"又说，"我是中国式的无政府主义者。"

太朴先生这几句话诚然不错，但我以为若要迁就中国国民性和社会情形而不加以矫正，只有袁世凯、张勋一班人绝对赞成罢；因为袁张都正是口口声声根据国民性和社会情形发挥他们的主张呵！

我发誓宁肯让全国人骂我攻击我压迫我，而不忍同胞永远保存这腐败涣散的国民性，永远堕落在人类普通资格之水平线以下。

（第九卷第一号，一九二一年五月一日）

（一一六）下品的无政府党

独　秀

我前次所说中国式的无政府主义即虚无主义的无政府党，在中国读书人中还总算是上品；其余那一班自命为无政府党的先生们，投身政党的也有，做议员的也有，拿干俸的也有，吃鸦片烟的也有，冒充人家女婿的也有，对人说常同吴稚晖先生在上海打野鸡的也有，做陆军监狱官的也有，自称湖南无政府党先觉到处要人供给金钱的也有，以政学会诬人来谋校长做的也有，书已绝版尚登广告劝人寄钱向他购买的也有，谋财杀害嫂子的也有，可以说形形色色无奇不有了。

吴稚晖先生说："什么无政府党，简直是拆白党！"

沈玄庐先生说："传播一种主义，为现社会所嫉视的；或单独施行一种牺牲生命的行为给社会群众一个暗示；这是何等简单纯洁的行为。勇于群众所不敢做的事，拿躯体做了肉弹，在已身一无所图而给昏迷的群众一个大大的暗示，尤为难能可贵。群众中间，亦须万人中得一二这样的分子，无论旧势力怎样严重的压迫，没有不崩溃的。可是这类的动作，是沉默中的迅雷，是立体的事实，决不是被雇佣或鼓吹别个人去做的事。现在居然有几个人把（手枪炸弹）挂在口头，印上纸面，做传播主义的锋头；这些不实的平面的空谈，拿来吓死老鼠都无用，打算骗哪个人呢？如果说这也是一种鼓吹，希望别一个人去实行。这种叫人家去放火，自己立在隔岸做指挥者，事成，居了功；事败，免得祸；这是什么心理？

"现在有几个人，既不是过资本生活，又不做工银劳动，据他们的主张是'传播主义维持生活'。在操行清洁的，未尝不像一个沿门托钵的苦行僧；只是借传播主义来维持生活，就活现一个择肥而噬的拆白党。依我个人当面接受到的口吻，公然有无论取到哪一个人的财货，就算是'光复'的。分明不是生产的劳动者，却把生产劳动者该说的话该做的事也横领了来,掠夺的手段,几乎驾在资本家之上。一面还要反对劳工专政,这又是什么心理呢?‘你的就是我的我的还是我的’,社会上为这些人下了这种标语,这正是克鲁泡特金《互助论》例外的人,更是托尔斯泰对他无抵抗的人物,尤其是马克思阶级争斗史中变态的产儿。这几个人,常常自命为‘万国政府所不容’,幸而资本主义的国家和政府存在,一般人因为正在起阶级仇视的思潮,不注意这些少数变态的拆白党身上去,如果经济制度革了命,哪里有他们的立脚地!”

（第九卷第二号,一九二一年六月一日）

（一一七）青年的误会

独　秀

“教学者如扶醉人，扶得东来西又倒。”现代青年的误解，也和醉人一般。你说要鼓吹主义，他就迷信了主义的名词万能。你说要注重问题，他就想出许多不成问题的问题来讨论。你说要改造思想，他就说今后当注重哲学不要科学了。你说不可埋头读书把社会公共问题漠视了，他就终日奔走运动把学问抛在九霄云外。你说婚姻要自由，他就专门把写情书寻异性朋友做日常重要的功课。你说要打破偶像，他就连学行值得崇拜的良师益友也蔑视了。你说学生要有自动的精神自治的能力，他就不守规律不受训练了。你说现在的政治法律不良，他就妄想废弃一切法律政治。你说要脱离家庭压制，他就抛弃年老无依的母亲。你说要提倡社会主义共产主义，他就悍然以为大家朋友应该养活他。你说青年要有自尊的精神，他就目空一切妄自尊大不受善言了。你说反对资本主义的剩余劳动，他就不尊重职务观念连非资本主义的剩余劳动也要诅咒了。你说要尊重女子的人格，他就将女子当做神圣来崇拜。你说人是政治的动物不能不理政治，他就拿学生团体的名义干预一切行政司法事务。你说要主张书信秘密自由，他就公然拿这种自由做诱惑女学生的利器。长久这样误会下去，大家想想是青年的进步还是退步呢？

（第九卷第二号，一九二一年六月一日）

（一一八）反抗舆论的勇气

独　秀

舆论就是群众心理的表现，群众心理是盲目的，所以舆论也是盲目的。古今来这种盲目的舆论合理的固然成就过事功，不合理的也造过许多罪恶。反抗舆论比造成舆论更重要而却更难。投合群众心理或激起群众恐慌的几句话往往可以造成力量强大的舆论，至于公然反抗舆论便不是一件容易的事了。然而社会的进步或救出社会的危险，都需要有大胆反抗舆论的人，因为盲目的舆论大半是不合理的。此时中国的社会里正缺乏有公然大胆反抗舆论的勇气之人！

（第九卷第二号，一九二一年六月一日）

（一一九）说实话

张嵩年

人生最要的一事是敢于"承认事实"：黑的认为黑，白的认为白；不以白之有利于己而认不白为白，不以黑之有害于人而认白为黑；因为白有利于己，遂愿意凡色都白，因为黑有害于己，凡遇黑的便讳而不言——这种心思，更要敢于自认。科学方法的精神在是，理性（戴东原说，理是情之不爽失的。协于天地之德的欲即理之正的，吾所谓理性差不多如此。）之胜利在是，通俗言之，不过敢"说实话"而已。科学并非能战胜自然，只是认识自然，随顺自然，至多也不过利用自然。再换句话，就是能说实话而已。

本来，真理不过是实话之文雅的名称。

可惜人们，故意或非故意，自觉或不自觉，意识的或无意识的，总多少是说谎者。人心中很普通的一种现象，弗洛伊德心理学中所谓"合理化"的，便是撒谎的一种。

想从根本上打破以虚伪为一种特性的现世界，吾以为很有组织一个"实话党"的必要。这个党要从心理上，从形成这种心理的人间关系上，毁掉不说实话的因缘。

（第九卷第三号，一九二一年七月一日）

(一二〇)社会

张嵩年

社会是什么,社会在哪里? 找不出上帝,不能使吾信上帝。指不出社会,不能使吾从社会。

吾知许多人虽不能晓得社会是什么,却晓得社会的代表者。

社会的代表者是什么? 在上者,现在占优势有权力者。

现在在上者占优势有权力者是什么? 资本家、官僚、皇帝、孔子、释迦牟尼、耶稣、男子;比较抽象的:习惯、风俗、从古传来的制度、先民遗留的思想、法律、禁(入国问"禁"之"禁")、私有制度、婚嫁制度、国(吾信国是一种制度,但新有社会学者说国是一种结社,如寇尔 Cole、马克威 Maciver 等);爱国心、国旗崇拜、崇拜生殖器、上帝……在现在服从社会,能外乎服从这些东西么?

(第九卷第三号,一九二一年七月一日)

（一二一）过渡与造桥

独　秀

今人多言过渡时代，我以为这名词还不大妥，因为有个彼岸才用渡船渡过去，永续不断的宇宙人生，简直是看不见彼岸或竟实无彼岸的茫茫大海，我们生存在这大海中之一切努力，与其说是过渡，不如说是造桥。自古迄今人人不断地努力，都像是些工程师和小工在那里不断地造桥。这座桥虽然还没有完工的希望，或者永无完工的希望，但是从古到今已造成的部分却是可以行人，并非劳而无功。我们今后若是不想双脚蹈海，若是还想在桥上行走，只有接续前人工程努力造桥，使这桥一天长似一天，行人一天方便一天；不但天天要把未造的延长，而且时时要把已造的修整，不可妄想一劳永逸，更不应因一时不见彼岸而灰心。或者可以说，这桥渐渐造得又长又阔，能容大家行车跑马，又架上楼阁亭台，这桥便是彼岸，此外更无所谓彼岸。

（第九卷第三号，一九二一年七月一日）

（一二二）卑之无甚高论

独　秀

高论倘能救世，孔孟之称仁说义早已把世界弄好了。

罗素离中国最后的演讲《中国人到自由之路》里面说，“中国最要紧的需要是爱国心的发达，而于有高等知识足为民意导师的尤为要紧”。这句话恐怕有许多高论家骂他不彻底，更要责备他和从前热心主张的世界主义反背了。我独以为这正是对中国人很适当的卑之无甚高论。他又说：“希望在极短促的期间，把公精神分播到民间去，实是痴想。但是改革之初，需有一万彻底的人，愿冒自己生命的牺牲，去制驭政府，创兴实业重新建设。”这句话恐怕有许多高论家骂他提倡少数人专政。我也以为这正是对中国人很适当的卑之无甚高论。

中国人民简直是一盘散沙，一堆蠢物，人人怀着狭隘的个人主义，完全没有公共心，坏的更是贪贿卖国，盗公肥私，这种人早已实行了不爱国主义，似不必再进以高论了。

一国中担任国家责任的人自然是越多越好，但是将这重大的责任胡乱放在毫无知识、毫无能力、毫无义务心的人们肩上，岂不是民族的自杀！中国此时不但全民政治是无用的高论，就是多数政治也是痴想；若照中国多数人的意思，还应该男子拖下辫子，女子包起小脚，吃鸦片，打麻雀，万事都由真命天子做主。这种事实决不是高论能够掩住使我们可以不承认的。

吴稚晖先生说：“现在只好令列宁杀了我们，然后我们再杀列宁。”我想吴先生这种卑之无甚高论的论调，不专为老腐败而发，也并为一般自命为觉悟的青年而发。

可怜我们中国幼稚的产业和幼稚的教育逼迫着我不得不鼓起勇气说句实话，“卑之无甚高论”。

我希望不愿意民族的自杀之人，勿闭起眼睛妄发不认事实自欺欺人的高论！

（第九卷第三号，一九二一年七月一日）

（一二三）革命与制度

独 秀

社会的进步不单是空发高论可以收效的，必须有一部分人真能指出现社会制度的弊病，用力量把旧制推翻，同时用力量把新制度建设起来，社会才有进步。力量用得最剧烈的就是革命。革命不是别的，只是新旧制度交替的一种手段，倘革命后而没有新的制度出现，那只算是捣乱、争权利、土匪内乱，不配冒用革命这个神圣的名称。若说制度总不是好东西，不如根本革了它的命；这种高论或者有人以为如此才算彻底，其实旧制度正可借这种高论苟延残喘；因为凡是一种制度，都有它所以成立的理由和成立经过在历史上的势力，非有一种新的制度经过人们努力建设，成了舆论，成了法律，在事实上有代替它的势力，它是不会见了高论便自然消灭的；所以不切于实际需要的高论往往可以做旧制度的护身符，这种高论只算是低论罢了。

（第九卷第三号，一九二一年七月一日）

（一二四）政治改造与政党改造

独　秀

“人是政治的动物”，政治只可以改造变形，要说人类可以绝对不要政治，这话此时还没有证据。既然有政治便不能无政党，政党只可以改造，要说政治可以绝对不要政党，这话此时也还没有证据。无论是有产阶级的政党或无产阶级的共产党，凡是直接担负政治责任之团体，似乎都算是政党。一般人民虽然都有选举被选举权，但实际上被选举的究竟多是政党；一般人民虽然都有参与政治的权利，但实际上处理政务直接担负政治责任的究竟还是政党；所以政党不改造，政治决没有改造的希望。

有产阶级各政党的过去的成绩，造谣、倾陷、贿卖、假公肥私、争权夺利、颠倒是非排斥异己，不分东方西方都在百步五十步之间。以这班狐群狗党担负政治的责任，政治岂有不腐败之理。有人说，在有产阶级的政治之下，由金力造成的政党，这种现象是必然的，是无法改造的，只有以共产党代替政党，才有改造政治的希望。我以为共产党的基础建筑在无产阶级上面，在理论上，自然要好过基础建筑在有产阶级上面用金力造成的政党；但是天下事“无征不信，不信民弗从”，旧政党的腐败诚然是信而有征，新的共产党究竟如何，全靠自己做出证据来才能够使人相信啊！

罗素在《中国人到自由之路》里说：“改革之初，需有一万彻底的人，愿冒自己生命的牺牲，去制驭政府，创兴实业重新建设。这类人又须诚实能干，不沾腐败习气，工作不倦，肯容纳西方的长处，而又不像欧美人做机械的奴隶。”又说，“中国政治改革，决非几年之后就能形成西方的德谟克拉西。……要到这个程度，最好经过俄国共产党专政的阶级。因为求国民的知识快点普及；发达实业不染资本主义的色彩，俄国式的方法是唯一的道路了。”

罗素这两段话，或者是中国政党改造的一个大大的暗示。

政党是政治的母亲，政治是政党的产儿；我们与其大声疾呼“改造政治”，不如大声疾呼“改造政党”！

（第九卷第三号，一九二一年七月一日）

（一二五）难道这也是听天由命的教义吗？

佛　海

中国人有个最大的毛病，就是以为凡事不要自已努力，而可委诸天命，一件事成功，不说是努力的结果，而说是命该如此，或运气到了。一件事失败，不说是努力未到，而说是命中该劫，或运气未来，所以常有人以为命里该穷，运气未到，就做死也是穷的；命里该富，运气一到，就是不做也可发财，这种心理，也可以把中国人的惰性表现到十分了。

不图现在竟有拿这心理来解释唯物史观的。

他们以为马克思说经济的条件未具备时，就是要实现社会主义也是不行的；经济的条件一具备，就坐着不动，社会主义也是自然要出现的，于是以为就前者的场合，不宜去努力，因为即努力而一定没有效果；就后者的场合，不必去努力，因为即不努力也可以坐收成效，总而言之：他们以为无论何时，都不要努力，这不和以为财运未到，就做也是穷，财运一到，不做也会富，所以率性都不做的是一样吗？

朋友们！唯物史观不是叫你们听天由命的，不是叫你们不要努力的！

经济的条件未具备时，不是不容人的努力的，人的努力，可以促自然的进化，经济的条件既具备时，不是不须人的努力的，新社会组织，不能从空降下，若说前句话不对，何以产业未发达的俄国，竟先成功社会革命。若说后句话不对，何以产业发达到极点的英、美，还在资本制度底下讨生活？这是两个活泼泼的实证，你们要睁起眼睛看一看！

要惰的，尽管去惰；要听天由命的，尽管去听天由命；可是不要再来污蔑唯物史观！唯物史观绝不是听天由命的教义！

（第九卷第五号，一九二一年九月一日）

（一二六）狄克推多制(Dictatorship)与农民

佛　海

有同一个事实，而可以拿来做反对及主张同一事情的理由的，这就是说拿一种事实来做反对某事的理由，却不料那种事实就是主张某事的重要理由。有些人拿着农民于保守的一事实，来做反对中国行狄克推多制的理由，他们以为农民是不喜欢根本变动的，若拿狄克推多制来变更他们的日常生活一定要遭急激的反对，而使改革的事业不能成功。他们的这一说，确是事实，因为农民确是保守的；但是我不知道他们究竟晓不晓得为什么要行狄克推多制？狄克推多制之所以必要的一个理由，正是因为农民习于保守！农民习于私有制度，最初是不肯赞成社会革命的，要他们不来妨碍社会革命，放弃土地私有，就非用狄克推多制不可，不然，像俄国农民一样，把谷物深藏起来，都会的人民都会要饿死，设若不如反对者所说的，农民不是保守的；那么，他们一定要来赞助社会革命，狄克推多制的必要至少也要失掉了一部分，所以他们以为农民是保守的，所以中国不宜于狄克推多制；我则以为正因为农民是保守的，所以中国才要行狄克推多制。

（第九卷第五号，一九二一年九月一日）

（一二七）革命定要大多数人来干吗？

佛　海

革命的原动力在哪里？我答道：在少数先觉的人，打开历史看上下，睁起眼睛观东西，无论什么时代、什么地方，革命思想，都是由少数人里面，传到大多数群众里面去，绝没有反从大多数民众里面，传到少数人里面来的；革命行动，都是由少数人先发，多数人附和，绝没有由大数人先发，人少数附和的。

大多数的群众，为传统的习俗所因袭，为奴隶的教育所熏染，对于现状，绝不知抱不满，绝不敢抱不满的，使日本全国人民，总投票以决皇室的去留，我敢断言皇室的运命，至少还有一百年。

若要等到大多数人崛起，才说可以革命，那真是等百年河清；若以大多数人都是如醉如痴，就来悲观革命，那也是无聊的杞忧。

要讲革命吗？第一要知道的，就是：革命不是要大多数人来干的。

（第九卷第五号，一九二一年九月一日）

（一二八）切实试行！！！

赤

杜威实在没有多少好处。有之，只一点，胡适之很晓得。便是他的实验方法。便是他的日尝主义。科学上用这个方法，日常生活上用这个方法。社会、政治上也要用这个方法。

罗素的好处，吾们能知道。他是最重科学方法的，他广大、深微，而切实。他唱哲学里的科学法，开哲学的新纪元。他是晓得哲学之真意思的。他是晓得哲学之真价值的。吾们相信，哲学如果长存在，意思绝难出了罗素所说的意思；价值绝难多过罗素所说的价值。

但罗素的好处，还不止此。他还有他的真理说。他说真理是与事实相应的说话。吾们常说，真理就是实话。真理不过实话之雅名。实话以外，更无什么高不可攀的真理。吾们这个说法，小部分由于自家的体验，大部分根本罗素所说。

柏格森的哲学殊多欺人之点。然而他能重行，也是不可磨灭之处。

吾们现在要把杜威、罗素、柏格森三家之说合在一炉。吾们因此主张“切实试行”。这四个字要平等重看，半个轻忽不得。吾们不论主张什么东西，都要实地试试看。不论做一种什么事业，都要敢于承认事实，敢于说实话，敢于自己批评自己，勇于更改做过的错误。

吾们经营一件事，不能总说要预备。预备与实行不能划为截然的两件事。

孔子说，未有学养子而后嫁者。

特洛斯基说，学骑马要骑在马上学。

卢森堡说，群众必须以用权，学怎样用权。

孔子说，学而不思则罔，思而不学则殆。

吾们今以为不但学,思相依;学、思、行也相待;三者缺一,余不立。吾们看学、思、行;如同相对论者论空、时、物;相联同存,相离同与我无与,同与世无与。凡吾们所实见,都是三者连着出现。

不诚无物,不行也无物。

一个思想、一个学说,不体验,怎能知其真妄?

一个主张、一个方法,不行,怎能知其可行不可行?

凡是思想、学说、主张、方法,都要起于事实,更要归于事实。

不论什么思想、学说、主张、方法,未试未行之前,不论作者自己觉着怎样周到,怎样美备,怎样圆满,都是靠不住的。学说在未有充分的印证之前,都只叫作假设。"闭门造车,出门合辙";其实殊不见得,如果前无畴范,如果前无法模,如果前无数度,如果前未就辙量过。

凡是新思想,凡是新学说,凡是新主张,凡是新方法,必有待于体验,必有待于尝试,必有待于行。不行,不知道合实不合实。不行,不知道可行不可行。不行,不知道何处不妥。不行,不知道哪儿应改。不行,不知道有什么难处。"经一蹶者,长一智"。但世如此,智几几乎都是由蹶来的。

试验可以发新理论,实行可以得万想不到的巧方法。

吾们如果不愿做寄生虫;吾们如果不肯拿思想、主张,当游戏;吾们如不肯拿知识、学术当玩具;吾们有所知、有所思、有所主张,总是愿意把它实现的。既然自己如此愿,就要自己如此行。

越是一个主张,行出去,一时行者要受现状的痛苦的,要受现状的生活的压迫的;越非由主张者自己作前驱不可,越非由主张者自己先试行不可。主张者如果有痛苦,痛苦当然不能归别人。

吾们是庶人,吾们不是绅士,吾们不是大夫。吾们不会美名归己,过错待人。吾们更不怕失掉什么。吾们何所失?吾们只有失网罗!吾们只有失偶像,吾们只有失旧制度、旧风习、旧道德!吾们怕失地位么?吾们的地位已在最低层!吾们怕失产业么?吾们原是无产者。吾们怕失生命么?吾们的生命无时无刻不在被迫害之中!看!社会所以对付吾们还有什么?戕残吾们的生命罢了!困难吾们的生活罢了!夺去吾们的饭碗罢了!吾们怕什么,吾们失什么?

不知则已,知则必行!不思则已,思则必行!不主张则已,主张则必行!

不论什么好东西,没有徒徒空想能成功的。岂但徒徒空想不能成功;源起,也没有源起于空想的。不论什么好思想,都是生活迫出来的。不与实际接近,如何能说实话?不与社会奋斗,能把社会怎着?没在工厂生活过,说工人应怎样怎样组织,终究要隔一层膜。不是无产阶级的人必不能评论无产阶级举动的是非。

更有一个必要的常识,罗素说过。他说,对于一个东西,总是越离近,越认识的真切;越解析,越晓得清楚。

吾们也说,一个主张,必越切实的试行,才越觉着有活趣。

(第九卷第六号,一九二二年七月一日)

（一二九）个人不负罪恶责任

赤

果然世界有罪恶，罪恶责任绝不在个人。

此理至显，常识可喻。

第一，人是不是天性愿意作恶？人如不是生来就想作恶，后来如果作了恶，必是境遇迫的，社会挤的。罪在社会，恶在境遇，个人何忧？

第二，如若作恶是天性，天性既然如此，个人更无责任之可言。

有人必说："人应有自由意志，人要战胜环境，人须自拔。"

是的，人是万物之灵！人有无穷无限比天还大的本事！

但是为什么两千年前孔二哥就做大同的梦，柏大个就想"共和那"，到了现在，世界还是这个相？

自然界如无定数，科学都不成立。必行如无定数，弗老大夫的心解学说也不成立。

作恶只是个人做了社会的牺牲，是极可怜堪悯的现象。要他负什么责任？

不但男盗女娼是现社会很可伤，很好的人。什么军阀资本家也在可恕免之列。

社会是万恶之成就者。人性是罪恶之教唆者。

吾们只有

革社会之命；

调理人之性。

社会革命，人性调理，现在最切实，因此可备最好的计划，便是共产主义。

伯讷萧新近告我们："在吾们把文明当作一个纯粹病的现象而弃之之前，吾很愿意看见把共产主义试一会儿。无论如何，它不至会产出比资本主义更坏的结果。"

（第九卷第六号，一九二二年七月一日）

(一三〇)"社会问题"

赤

社会问题！社会有什么问题？饮食男女四个字，有包不尽的么？但能把关系吃饭的事，关系男女合伙睡觉的事，布置得法，使无一夫一妇不得其所，无一夫一妇不得果其腹，餍其欲，无过也无不及，——但能如此，社会还有什么问题？世界不从此长治久安了么？

许多人说弗洛伊德(Freud)主张性欲冲动是一切心的活动之本原，说他主张"泛性欲论"(Pansexualism)。他现在差不多已誓死不肯承认。他现在主张的是：人的根本冲动有两种：一种叫性欲冲动(Sexualtriebe)，一种叫自我冲动(Ichtriebe)。两种在人，最初是不可分的，后来也常常相连结。人的一切行动都直接、间接、饰的、露的，发于此。吾们可以觉得这个说法实更近于事实。吾们更觉得改造世界，非着眼这个人心的根本不可。罗素改造论之惊人的地方，最在他注意到冲动那一点。自我冲动的发露，就是自我的安宁，自我的尊贵鲁莽言之，不外乎吃饭。再鲁莽言之，性欲冲动的归趋，男女合伙睡觉六字可包。冲动是委屈不得的。定立一种社会品制，如果妨碍了这两种冲动，如果不能使口腹的饿，与性欲的饿得适分的满足，必不能长治久安。

这件事却是非易。徒打多暂就有人想改造社会！哪个人不想世界长治久安？可是直到现在还逃不出一治一乱的话，或且"更有甚焉"。这个情景只是原因想改造的人看不到这个人性的根本事实，或是不敢看到，再不就是看到一点了，处置仍未得法，暂安一时，长久还糟。

孔仲尼，孟子舆，总算很看到这个了，所以说"饮食男女，人之大欲存焉"；所以说"食色性也"。然而他们对付这个的方法，只有礼乐。乐自要紧，礼便只有流弊。后来出了迂阔的宋儒，说什么"失节事大；饿死事小！"两句话恰恰与人心的两个根本相反！

似乎要误尽苍生了,然而苍生岂肯受他误!

现在还有想解决社会问题的人么?第一,你们要大起胆子,睁开眼睛,敢于看到这个人心的根本事实!

(第九卷第六号,一九二二年七月一日)

（一三一）完人

赤

The Matto of the revolution no less than of the reaction, must be! Thorough.

一个朋友说，完人不是容易的，做事不必求完人。吾当时听了，很不高兴，以为为什么做事定要求完人，把完人看得这样儿高！既而一想，不然，不然。做事是非求完人不可的，不是完人绝做不出什么大事业出来。“小德”是万万出入不得的！

如果做强盗，便应一言一行，一举一动都是强盗模样。没有一贯的主张，没有彻头彻尾不离其宗的行动，口口声声骂旧道德，却绝不敢向圣人的藩篱外伸伸腿，心里总想这样子一来，现在的地位要保不住了罢，饭碗要落地一声乓罢，——这种人真所谓“畏首畏尾，身其余几！”

言行不一致，最可怜！如果觉着现在这样也就够了，还说革命革命，大可不必不必！

所以吾所谓完人只是：做强盗便完全做成一个强盗！做李世民便不应惦记隋炀帝。做朱元璋便不应顾念元顺宗。

这个主张自然根据一种人生观与认识观。吾以为人生最要紧的是一个真字。人总要做得赤裸裸，没有不可见人的地方。说得出来，做得出去，做得出来，说得出去。所谓反身而诚，乐莫大焉。人做事，总求能自知其根据。

真理是实话之雅名。在科学史上有充分的根据。

在世界观上，作伪最劳，劳与自然根本违反。

（第九卷第六号，一九二二年七月一日）

(一三二)"研究问题"

赤

衰老的民族,惰性非常充足。

因为偷惰的缘故,于是只道听途说的瞎谈主义,绝不把实际的问题,一加研究。这很像只知背方书,而不临床!

一个人出来说,这样子不行。于是许多人也渐渐地口说问题,笔写问题。

可是问题从何而来?问题发生于事实。有了事实的不相容,有了事实的搁浅,于是成立问题。解决问题只是求去掉事实的不相容,使其归于和谐,进行遂顺。所以解决问题必须明白事实,必须按切事实。没有现成主义做指导,解决问题必至事倍而功半;自然,现成主义,也可以为解决问题之妨碍。自然,人也不可以为事实所拘,矫枉过正。

然而现在之讨论问题的怎么样,不察事实,不管事实之有无,捕风捉影,设立问题。问题之设立竟可以与事实无关!问题之解决如何会能与事实有涉?

这样子的清谈问题,与空谈主义,究竟何异?

"狐埋狐抓"!

"一丘之貉"!

(第九卷第六号,一九二二年七月一日)

（一三三）共产主义之界说

赤

一切生产器具大家共有。一切生产结果大家共有。公共生产，公共消费。不牺牲个人于公众，不牺牲公众于个人。全体享乐，各个享乐。社会良善组织，人人圆满发达。普通说起来，这就是所谓共产主义。但这样说法，究嫌太泛。若求严明，须看共产主义今日实际的意思。

共产主义在今日，实指一种最有组织的"推翻现在的社会品制而代以一个较好的"计划。在这个计划的下，有五个主要的坚强信念：

第一，资本制度，在世界文明上，就令可算一个必经之阶，绝不能为真文明之基础。

第二，资本制度现在已处在一种极不安的状态：资本主义已不能管他自己的事；就说大混乱还未开始，实已迫在眉睫。

第三，只由无产阶级的专政，建立了共产主义，社会的安定才能重得，秩序与进步才能再望。

第四，这个变更，必须是革命性质的；必须以非宪的手段抓住权力：必须以强力扑灭反革命。

第五，资本主义的推翻必须是全世界的；地方的革命不济事；非实现世界革命的计略，共产主义不能成就。

简括言之：阶级战争，世界革命，无产阶级专政，全权属于"苏维埃"（农工评议会）：一切共有的共产主义舍此不立。

除这以外，固然还有许多含意，但这五条实当代共产主义最关要害的特性，且是凡今自讲共产主义者无不同意之点。这五条很可指出共产主义革命一个重要特色，与以前一切变更社会结构的革命不同的,便是它的完全有意识性,便是它是人的自觉的企图,一种正在进行所及深远的社会变迁,出自人心之创造的革命力的,世界史中第一次于共产主义见之。

（第九卷第六号,一九二二年七月一日）

后记

摆在读者面前的这一套《〈新青年〉百年典藏》，已经是由本人主编出版的第三个有关版本了。而且，已出版的三个版本也都是在河南文艺出版社出版的。从表面来看，《〈新青年〉百年典藏》是在《回眸〈新青年〉》和“平装普及”版基础上的重新类分，好像有些重复的味道。但在本质上，完全不是浅层次意义上的重复。

2016年是《新青年》创刊100周年，当时的10卷本“平装普及”版各卷可以分售，主要是要让大众读者能够各自理解、品味《新青年》的杂志文化意义。

2019年是五四运动100周年，这一“精装典藏”版5卷套售，更多的是让学术领域的研究者可以整体感受五四新文化运动的思想经典价值。

每一次的选择，都如同欣赏一轮新的日出，都具有一种全新的文化感觉。但对我这个主编来说，一个永恒的况味，则每一次都是一种艰难的选择。这个艰难本身并不需要做更多的说明，倒是从这个艰难中让我们更进一步领略了古人“天降大任”的箴言。所谓好事多磨，所谓玉汝于成，所谓烈火真金等，也许就是我们所感受的况味吧！

有一点特别值得纪念的，就是通过20多年、三套丛书的坚持出版，在让我和河南文艺出版社结下不解之缘的同时，也留下了许多值得况味的记忆。

以上这一席话，三套丛书的策划兼责编王国钦先生应该也有强烈的同感。自上个世纪80年代我们彼此认识以来，对《新青年》的共同认知让我们紧紧地联系在一起，使我们的每一次见面、每一次电话都几乎是“言必称”。对一个出版人来说，在这个“言必称”背后必然有着说不清、道不明的人文情结。对于这样一题多出的选择来说，如果没有胆识、没有勇气、没有担当，必将是一个无言的结局。好在国钦兄不是一个无言的人，他每次见面或在电话里的“喋喋不休”，已经让我无处可逃，使我所有能做的选择只有一个:配合他做好迎难而上的心理准备。的确,由于《新青年》这样一本杂志的牵线,我们俩已经远远超出了作者与编者的关系。在很多情况下,我被他不服输的精神所感动、所引领、所共鸣。可以这样说,没有他的坚持与执着,《新青年》的三种版本是不可能先后与诸君见面的。

从第一次合作《回眸〈新青年〉》至今,我们一起携手走过了20多年。站在100周年这个特殊的时间节点上,重新回望这个惊心动魄的五四运动,《新青年》已经以那个时代特有的担当为20世纪中国乃至当下中国的走向留下了永恒的路标。此时此刻,笔者更为这个百年记忆所感动。我们非常感谢中宣部文化名家暨“四个一批”人才项目的支持,感谢河南文艺出版各届领导不弃不离的长期支持,更感谢王国钦先生为这个系列策划所持续做出的种种不懈努力。

斯文在兹! 或许,这将构成另一个百年的历史记忆!

编者

2019年4月16日

图书在版编目(CIP)数据

《新青年》百年典藏. 翻译随感卷/张宝明主编. —郑州:河南文艺出版社,2019.5

ISBN 978-7-5559-0537-0

Ⅰ.①新…　Ⅱ.①张…　Ⅲ.①期刊-汇编-中国-民国　Ⅳ.①Z62

中国版本图书馆 CIP 数据核字(2019)第 066080 号

主编:张宝明　总策划:王国钦

责任编辑:崔晓旭

出版发行　河南文艺出版社
本社地址　郑州市郑东新区祥盛街 27 号 C 座 5 楼
邮政编码　450018
承印单位　河南瑞之光印刷股份有限公司
经销单位　新华书店
纸张规格　700 毫米×1000 毫米　1/16
总 印 张　153
总 字 数　2529 000
版　　次　2019 年 5 月第 1 版
印　　次　2019 年 5 月第 1 次印刷
定　　价　880.00 元(共 5 册)

图书如有印装错误,请寄回印厂调换。
印厂地址　河南省武陟县产业集聚区东区(詹店镇)泰安路
邮政编码　454950　电话　0391-2527860